China Press and Publication
Yearbook on Deep Integration and Development

中国新闻出版
深度融合发展年鉴

2021—2024年卷

《中国新闻出版深度融合发展年鉴》编辑部 编

线装書局

图书在版编目（CIP）数据

中国新闻出版深度融合发展年鉴. 2021-2024 年卷 /
《中国新闻出版深度融合发展年鉴》编辑部编. -- 北京 :
线装书局, 2024. 10. -- ISBN 978-7-5120-6229-0
Ⅰ. G219.2-54；G239.2-54
中国国家版本馆 CIP 数据核字第 2024ZU5567 号

中国新闻出版深度融合发展年鉴（2021—2024年卷）

ZHONGGUO XINWEN CHUBAN SHENDU RONGHE FAZHAN NIANJIAN（2021-2024 NIAN JUAN）

编　　者：《中国新闻出版深度融合发展年鉴》编辑部
责任编辑：李春艳
出版发行：线装書局
　　　　　地　址：北京市东城区建国门内大街 18 号恒基中心办公楼二座 12 层
　　　　　电　话：010-65186553（发行部）010-65186552（总编室）
　　　　　网　址：www.zgxzsj.com
经　　销：新华书店
印　　制：河北景丰印刷有限公司
开　　本：787mm×1092mm　1/16
印　　张：54
字　　数：2000 千字
版　　次：2024 年 10 月第 1 版第 1 次印刷

线装书局官方微信

定　　价：498.00 元

编辑说明 Editor notes

2024年是中央全面深化改革领导小组发布《关于推动传统媒体和新兴媒体融合发展的指导意见》10周年，谨以此书纪念中国新闻出版深度融合发展10周年。《中国新闻出版深度融合发展年鉴》创办于2022年5月，由资深传媒人魏明明主编，该卷是总第2卷，恰逢其时出版在我国新闻出版广电行业深度融合锐意创新、积极探索、蓬勃发展的进程中，首卷的出版为业界填补了该领域的空白。

《中国新闻出版深度融合发展年鉴》是一部翔实记录和反映我国新闻出版深度融合发展的综合性、权威性、史料性大型工具书，也是我国唯一一部新闻出版深度融合发展纪年文献，具有“存史”和“镜鉴”价值。该书已加入中国知识资源（CNKI）工程，被《中国年鉴网络出版总库》全文收录。其最突出亮点，就是收录全国报业、出版、期刊、新闻网站、广播电视（含融媒体中心）等五类传媒融合实践的示范创新案例，非常值得业界单位互学互鉴、共同进步。该书面向社会公开发行，中国邮政各网点及平台均可订购，邮发代号18-500。

朝花夕拾，回首往昔。2021年是中国共产党成立100周年，也是“十四五”开局之年。我国媒体深度融合发展进入新发展阶段，媒体融合全面发力、构建体系、体质增效，全媒体战略布局初建完成。2022年是党的二十大召开之年，媒体融合转型的深入和融合水平的升级提质，大大提升了主流媒体的生产力、传播力、引导力、影响力和公信力。2022年4月18日，中宣部印发的《关于推动出版深度融合发展的实施意见》指出，要立足扩大优质内容供给、创新内容呈现传播方式、打造重点领域内容精品，强化出版融合发展内容建设；要充分发挥技术对出版融合发展的支撑作用，打造出版融合发展重点工程项目，建强出版融合发展人才队伍，健全出版融合发展保障体系，“到‘十四五’时期末，推动主力军进入主战场，打造一批竞争力强、优势突出的出版融合发展示范企业，有效巩固数字时代出版发展主阵地，始终用主流价值引领网上出版舆论，进一步扩大主流价值影响力版图”。作为与新一代信息技术高频链接的传媒行业，从“铅与火”“光与电”“数与网”“云与端”，走向了“智与境”。2023年是人工智能大模型的元年，生成式人工智能以其创造性的技术逻辑带来内容生产能力的跃升，深化智能机器与从业者价值互构的生产流程，大幅提高驱动媒体深度融合的实践潜力。新闻出版业正在面临着数字化、网络化、人工智能化的深刻变革。技术的迅猛发展不仅改变了人们的阅读习惯和信息获取方式，也促使新闻出版深度融合在内容生产、传播渠道、商业模式等多个层面进行深度创新。

2024年是中华人民共和国成立75周年，是实施“十四五”规划的关键一年。该卷主要篇章简要阐述如下，“特载”篇章刊发了习近平总书记关于媒体融合发展和宣传思想文化工作重要论述摘编、国家广电总局制定的《广播电视和网络视听“十四五”科技发展规划》和国家新闻出版署编制的《出版业“十四五”时期发展规划》，以及工信部、教育部、文化和旅游部、国务院国资委、国家广电总局联合制定的《元宇宙产业创新发展三年行动计划（2023—2025年）》；“大事记”篇章，以具体、准确、清晰的事实，忠实地连载了 2021 年至 2023 年与业界融合发展相关的事件，客观呈现了我国新闻出版广电业界这三年深度融合发展的轨迹和脉络；随着媒体深度融合发展的继续深入，“大融合观”不断深化，“专题 / 创新案例样本”篇章对五类传媒进行了科学分类，分为“新闻传媒类”和“出版发行类”，新闻传媒类入编创新案例 215 种，出版发行类入编创新案例 62 种；“特别关注”篇章，对国家新闻出版署 2021 年中国报业深度融合发展创新案例 60 个、第三届中国报业深度融合发展创新案例 60 个，共 120 个创新案例进行了客观的亮点提炼，供业界互鉴赏析，同时还对传媒科技企业创新案例优选了 6 个入编该卷。同时，该卷新增设“人物”篇章，主要刊登了“2022 年度入选国家新闻出版署出版融合发展优秀人才遴选培养计划”和“《中国新闻出版深度融合发展年鉴》2021—2023 年度领军人物”的名单。

《中国新闻出版深度融合发展年鉴》（2021—2024 年卷）分十三个篇章，包括特载、要闻、2021—2023 大事记、理论研究与探索、专题 / 创新案例样本、中国新闻出版深度融合发展概览、特别关注、重点实验室、获奖、人物、教育与培训、政策与法规、附录等内容。

《中国新闻出版深度融合发展年鉴》编辑部常设在大方智库（北京）信息技术研究院，并邀请行业有关部门领导、知名专家、学者和新闻出版单位负责人组成《中国新闻出版深度融合发展年鉴》编纂委员会指导编辑。2021—2024 年卷由中国社会科学院大学媒介与社会发展研究中心学术支持。编辑部在广泛征询意见和论证的基础上，会对下一卷的相关篇章进行适当的调整和完善。

《中国新闻出版深度融合发展年鉴》（2021—2024 年卷）的编辑出版工作得到了国家有关部委、业界社会组织、新闻出版广电单位、新闻与传播院校和传媒科研院所有关单位，以及业界相关部门领导、专家和学者的大力支持，在此表示衷心的感谢！

《中国新闻出版深度融合发展年鉴》编辑部

二○二四年九月三十日

目录 Contents

目录 Contents

北京市

上海市

天津市

目录 Contents

重庆市

河北省

山西省

内蒙古自治区

辽宁省

黑龙江省

江苏省

浙江省

目录 Contents

河南省

湖北省

湖南省

目录 Contents

四川省

贵州省

目录 Contents

出版发行类

目录 Contents

目录 Contents

政策与法规 801

附录 829

·特载·

Feature Article

习近平总书记
关于媒体融合发展、宣传思想文化工作重要论述摘编

加强全媒体传播体系建设，塑造主流舆论新格局。健全网络综合治理体系，推动形成良好网络生态。

——摘自2022年10月16日，在中国共产党第二十次全国代表大会上的报告

用党的创新理论武装全党是党的思想建设的根本任务。全面加强党的思想建设，坚持用新时代中国特色社会主义思想统一思想、统一意志、统一行动，组织实施党的创新理论学习教育计划，建设马克思主义学习型政党。

——摘自2022年10月16日，在中国共产党第二十次全国代表大会上的报告

意识形态工作是为国家立心、为民族立魂的工作。牢牢掌握党对意识形态工作领导权，全面落实意识形态工作责任制，巩固壮大奋进新时代的主流思想舆论。

——摘自2022年10月16日，在中国共产党第二十次全国代表大会上的报告

广播电视和网络视听“十四五”科技发展规划

“十四五”时期是我国全面建成小康社会、实现第一个百年奋斗目标之后，乘势而上开启全面建设社会主义现代化国家新征程、向第二个百年奋斗目标进军的第一个五年，我国将进入新发展阶段。为深入学习贯彻习近平新时代中国特色社会主义思想，全面贯彻新发展理念，加快推进媒体深度融合和智慧广电发展，充分发挥科技对广播电视和网络视听高质量创新性发展的引领、驱动和支撑作用，特制定《广播电视和网络视听“十四五”科技发展规划》。

一、“十三五”回顾

（一）大力推进新一代信息技术应用，科技创新引领作用显著

“十三五”期间，我国广播电视和网络视听科技工作深入实施创新驱动发展战略，组织开展了大数据、云计算、4K/8K 超高清、VR/AR、5G、区块链、人工智能和物联网等重大关键技术的集成创新和应用创新，全面赋能行业融合创新，有力支撑了媒体融合发展和智慧广电建设。一是人工智能技术应用不断拓展。开展了智能处理、智能识别、智能分析、智能生成、智能传输等关键技术研究，人工智能技术在广播电视内容生产、分发传输、监测监管、网络安全保障等领域的融合应用取得初步成效。二是区块链技术应用逐步推进。利用区块链分布式、安全可信的技术特点，推动了区块链技术在广播电视和网络视听版权管理、内容运营、安全审核、传播分析、系统迭代等领域的创新应用。三是构建起基于大数据技术的新型收视调查体系。按照“全网络、全样本、云计算、大数据”的要求，分步建设了广播电视节目收视综合评价大数据系统，实现多维度收视数据融合分析，构建起客观公正的新型收视调查体系。四是技术标准引领行业创新发展的作用进一步发挥。制定发布了媒体融合、超高清视频、收视综合评价大数据、视听内容版权管理、互联网电视、应急广播等百余项行业标准和技术文件。积极参与国际标准化工作，成功推动 HiNOC、C-DOCSIS、DRM、DCAS、TVOS、DTMB-A、CDR 等技术成为国际标准，国际影响力日益提升。

（二）积极拓展政用民用商用新模式，服务用户水平不断提高

“十三五”期间，全行业积极推动智慧广电建设融入文化强国、网络强国、数字中国、智慧城市、乡村振兴等国家战略部署，与教育、医疗、养老、文化、旅游、交通、商务、扶贫等领域深度合作，广播电视和网络视听服务政用、民用、商用的新业态新模式不断涌现，展现出蓬勃的发展势头。一是科技支撑智慧广电建设效果显著。发布《关于促进智慧广电发展的指导意见》，推动了全行业从数字化网络化

向智慧化发展，从功能业务型向创新服务型转变，全国已有北京、河北、内蒙古、黑龙江、江苏、浙江、福建、河南、湖南、广东、广西、四川、贵州、甘肃、青海、西藏等16个省区发布了省级智慧广电建设实施方案。二是融合传播能力明显提升。各地运用云计算技术结合自身媒体优势和视听特长，面向各类终端，建成融合媒体传播平台，信息服务聚合与分发能力明显增强。三是媒体服务新业态不断创新。全国涌现出“最多跑一次”“街乡吹哨，部门报到”“雪亮工程”“同上一堂课”“名师空中课堂”等一大批典型成功应用案例。

（三）不断推动媒体融合向纵深发展，媒体生产效能稳步攀升

“十三五”期间，我国广播电视和网络视听科技工作贯彻落实媒体融合发展战略，取得了积极进展。一是技术标准引领发展。制定发布系列融合媒体云平台建设白皮书，中宣部和国家广播电视总局颁布县级融媒体中心系列标准规范，为推进媒体融合向纵深发展、向基层延伸提供了技术指导和标准支撑。二是媒体云平台广泛部署。中央和较发达省级广播电视播出机构、主要网络视听机构基本建成媒体云平台，有19个省级云平台为本省县级融媒体中心提供云服务。三是各地融媒体中心建设加快推进。县级融媒体中心积极构建起技术系统，打造出融合媒体产品，为广播电视和互联网用户特别是移动互联网用户提供服务，强化了广播电视媒体主力军的作用。

（四）持续推进节目制播高质量发展，内容供给能力大幅增强

“十三五”期间，我国广播电视和网络视听科技工作紧紧围绕供给侧结构性改革，高品质视听内容供给体系加快建设，节目制作能力和技术质量大幅提升，满足了新时代人民群众的精神文化需求。一是广播电视和网络视听节目制作高清化进程全面提速。全国广播电视制播系统全面实现数字化网络化，经批准的高清电视频道达750个，省级频道高清化率达70%，地市级频道高清化率达50%，省级以上和较发达地市级电视主频道、网络视听节目基本实现高清化。二是超前谋划我国4K超高清发展。国家广播电视总局会同工业和信息化部、中央广播电视总台联合印发《超高清视频产业发展行动计划（2019–2022年）》及配套工作方案、标准体系等相关文件，引领我国超高清电视全产业链健康有序发展。截至2020年底，中央及广东、上海、广州、杭州、北京先后各开办了一套4K超高清频道，部分网络视听机构可提供4K超高清节目服务。三是积极打造高新视频新 业态。发布面向5G的高新视频技术白皮书和标准体系，设立超高清视频/高新视频实验室及产业园区，努力培育孵化5G+4K/8K+AI、互动视频、沉浸式视频、8K VR、云游戏等更高技术格式、更新应用场景、更美视听体验的高新视频新业态。

（五）深入实施网络融合一体化建设，分发传播体系全面优化

“十三五”期间，广播电视和网络视听科技工作深入实施宽带中国及智慧广电战略，打造智慧广电媒体，发展智慧广电网络，推动了全国有线电视网络整合和广电5G建设一体化发展。一是获得5G商用牌照。2019年6月，中国广电获得工信部颁发的5G商用牌照，成为我国第四家拥有5G牌照的运营商，为广电行业转型升级、高起点建设现代传播网络奠定基础。二是有线网络数字化双向化升级改造明显加快。出台《有线电视网络升级改造技术指导意见》及其技术实施指南，推动全国有线电视网络技术改造、转型升级和业务拓展。目前已有6个省级 有线网络建设了融合媒体服务云平台，其中有4个为本省县级融媒体中心提供云服务；全国有线广播电视用户数超过2亿，其中数字用户1.98亿，双向用户近1亿。三是积极推动了面向5G的移动交互广播电视研究与试验。积极参与国际5G标准研究，中国广播电视网络集团有限公司联合国内外主要通信设备厂商完成5G广播电视初步试验，努力推动了广播电视进手机等移动终端。四是推进卫星直播系统服务升级。积极推进高清节目上星同播，积极应用北斗定位管理、AVS+、DCAS、TVOS等自主创新研究成果，部署了新一代卫星直播广播电视技术系统。卫星直播电视用户近1.5亿。五是推进地面电视数字化进程。加强中央节目无线数字化覆盖，发布全国地面数字电视广播频率规划，基本关停地面模拟电视信号。六是推进终端智能化。全国共有18个省（区、市）有线电视网络共计部署了1600万台TVOS终端。七是建立起视听内容版权保护体系。在有线电视、IPTV、互联网电视、网络视听等12家机构实现视音频内容分发视听内容版权管理技术体系产业化部署，为多个企业近7000万智能终端集成了视听内容版权保护客户端。八是大力推进应急广播建设。发布全国应急广播体系建设总体规划，建立起应急广播技术标准体系，颁布12项应急广播相关标准规范，有力支撑了全国各级应急广播体系规范化建设。

二、当前面临的形势

（一）党中央推进媒体融合对广播电视和网络视听科技发展提出新要求

当前，舆论生态、媒体格局、传播方式发生深刻变化，出现了全程媒体、全息媒体、全员媒体、全效媒体，信息无处不在、无所不及、无人不用。推动传统媒体和新兴媒体融合发展、主力军全面挺进主战场，这是党中央巩固宣传思想文化阵地、壮大主流思想舆论的重大战略部署。在媒体融合已进入向纵深推进的关键阶段，提高主流媒体的影响力和竞争力、构建主流媒体内容生产体系和舆论传播格局等离不开先进技术的支撑。广播电视和网络视听必须要及时掌握和运用先进技术，建成全媒体传播体系，不断提升传播力、影响力。

（二）人民美好生活新期待对广播电视和网络视听服务升级提出新需求

当今中国正经历从站起来、富起来到强起来的伟大飞跃，我国社会主要矛盾已经历史性地转化为人民日益增长的美好生活需要和不平衡不充分发展之间的矛盾。在新发展阶段，人们对更高质量、更高水平的精神文化生活需求不断上升。广播电视和网络视听作为我国公共文化服务供给的重要渠道，要不断适应受众移动化、分众化、差异化、互动化趋势，努力满足人民群众均等化、多样化、个性化、高质量的精神文化需求，为人民群众提供用得上、用得起、用得好的高质量视听内容服务和综合信息服务，不断增强人民群众文化获得感、幸福感、安全感。

（三）互联网信息泛在传播给广播电视和网络视听安全保障带来新挑战

当前，移动应用、社交媒体、问答社区、网络直播、聚合类平台、自媒体公众号等新应用不断涌现，网上信息传播呈现出海量聚集，“深度伪造”等技术很容易被用于制作虚假图像、音频、视频等信息，给舆论引导和内容管理带来新课题新挑战。广播电视和网络视听作为舆论引导的重要阵地，要加强安全体系和能力建设，要坚持用主流价值驾驭新兴技术、引导技术发展、规范技术运用，提高用网治网的技术水平，努力做到趋利避害、确保安全。

（四）新一轮信息技术革命给广播电视和网络视听转型升级带来新机遇

当今世界正经历百年未有之大变局，新一轮科技革命和产业变革正在加速兴起。信息技术和人类生产生活交汇融合、数字信息爆发式增长、信息网络基础设施加快建设，全球范围内广播电视网、通信网、互联网等基础网络持续互融互通，正在逐步形成万物感知、万物互联、万物智能的信息网络空间。在我国，云计算、大数据、人工智能等新技术正在网络传播领域大规模应用，5G 网络商用和千兆宽带逐步普及，高新视频快速发展。广播电视和网络视听应紧跟信息化发展趋势，坚持创新驱动高质量发展，以科技创新催生新发展动能，以技术更新业态，以技术丰富表现，以技术促进融合，不断打造传播新优势、开拓辐射新版图，把竞争和发展的主动权牢牢掌握在自己手中，抢占科技竞争和未来发展的制高点。

三、指导思想、原则和目标

（一）指导思想

以习近平新时代中国特色社会主义思想为指导，全面贯彻党的十九大和十九届二中、三中、四中、五中全会以及全国宣传思想工作会议精神，立足新发展阶段，贯彻新发展理念，构建新发展格局，落实国家“十四五”规划纲要，衔接国家科技中长期发展规划，以推动广播电视和网络视听高质量发展为主题，以深化供给侧结构性改革为主线，以科技创新为根本动力，以科技自立自强为战略支撑，以满足人民日益增长的美好生活需要为根本目的，推进媒体融合发展，打造智慧广电媒体，发展智慧广电网络，为建设文化强国、科技强国、网络强国、数字中国贡献广电力量。

（二）基本原则

系统观念、前瞻布局。按照“四个面向”的要求，坚持系统观念，加强前瞻性思考、全局性谋划、战略性布局、整体性推进，发挥各方面积极性，构建质量与规模、效益与安全相统一的发展格局。

创新引领、深度融合。坚持创新思维，充分发挥科技第一生产力作用，加强新技术在广播电视和网络视听领域的前瞻性研究，打造自主产业链，推动科创与文创深度融合，孵化新业态。

移动优先、一体发展。坚持移动优先，加强移动传播技术研究和标准体系建设，为广播电视媒体挺进互联网主战场奠定基础；统筹兼顾存量资源，推动全国有线电视网络整合和广电 5G 建设一体化发展。

可管可控、保障安全。坚持安全与发展并重并举，主动适应、积极应对新技术、新应用、新业态、新服务可能带来的安全风险和隐患，高度重视互联网传播给网络空间治理和安全播出带来的新变化、新问题、新趋势，积极应用新技术防范新风险，实现行业发展和安全保障双促进齐发展。

机制创新、合作共赢。坚持开放合作，深化科技创新体制机制改革，集聚全社会力量共同推进广播电视和网络视听创新发展，形成政产学研用结合、区域协作、行业协同、系统内外优势互补的创新生态。

（三）发展目标

到 2025 年，科技创新驱动智慧广电业务能力和服务能力显著提升，智慧广电建设取得突破性进展，媒体融合深入推进，形成布局合理、竞争有序、特色鲜明、形态多样、可持续发展的智慧广电新发展格局。新一代视听技术、信息技术在全行业广泛深度融合应用，实现智慧广电服务业态多元化、内容供给高端化、媒体生产一体化、网络传播泛在化、用户终端智能化、监测监管精准化、科技支撑体系化，广播电视和网络视听高质量发展取得显著成效，为拉动数字经济促进新消费做出广电贡献。

——业态多元催生新动能。以科技创新催生智慧广电新服务、新业态，建立健全广播电视+“政用、民用、商用”模式，丰富完善智慧广电生态体系，形成智慧广电与各行各业融合发展新格局。

——优质视听引领新消费。视听内容供给丰富多样，广播电视和网络视听节目基本实现高清化，开通20个4K超高清频道，开展8K超高清电视、多维声技术研究与试验，高新视频落地应用，激发新增长点新增长极，促进国内国际双循环。

——平台再造构筑新优势。广播电视和网络视听媒体平台实现IP化、云化、融合化、智慧化、标准化，基本形成媒体协同发展新布局，服务用户能力显著增强。

——网络升级重塑新渠道。全国有线电视网络整合和广电5G建设一体化发展取得重大突破，有线电视网络IP化、智能化改造取得明显成效，建成全国广电服务云、新型广电5G网络，形成新型智能协同泛在的广电天地一体化全媒体传播矩阵。

——终端迭代开启新体验。智慧电视屏、智慧家庭信息终端、云端化软件化智慧广电终端等在全国普遍应用，自主智能电视操作系统在各类电视接收终端广泛部署。

——科技支撑得到新提升。科技对行业治理、产业服务、研发服务的支撑能力明显增强，技术规划、政策、标准对行业发展的规范引领作用进一步发挥，科技创新实验室作为“策源地”“孵化器”的作用进一步凸显。

四、主要任务

（一）拓展媒体服务领域，发展智慧广电新业态

深化5G、物联网、云计算、人工智能、大数据、区块链等新一代信息技术在广播电视和网络视听领域的应用，打造即时可取的大众化、个性化新视听业态，提升广电行业综合服务能力，扩大服务新版图，以科技创新强化智慧广电新供给、新模式、新业态。

1. 打造面向媒体宣传服务的智慧广电新业态。围绕广播电视宣传主业，建立健全智慧广电技术体系、运营体系、创新体系，支撑建设新型主流媒体。推进科创与文创融合，推进理念、内容、形式、方法、手段等创新，推出更多适合移动传播、社交传播的内容产品；运用VR、AR、MR和超高清等技术，推出全息化、可视化及沉浸式、交互式内容产品，丰富智慧广电的传播形态、传播样式。强化互联网思维和移动优先策略，推进媒体宣传服务的智慧化、便捷化、个性化，满足跨屏、跨域、跨网、跨终端的传播需求。到2025年，科创与文创融合的智慧广电新业态丰富多样，广播电视服务全媒体传播的作用更加凸显。

2. 打造面向行业协同服务的智慧广电新业态。支持有条件的广播电视和网络视听机构构建云基础设施、数据中心、媒体工具、媒体资源库，面向行业用户提供智能云采编、智能云制作、智能云审核、智能云分发、版权交易等服务，推进各云平台的互联互通、资源共享，

引入多方资源，加强协同合作，提供全网舆情分析、头条热点分折、传播效果分析、智能画面识别及编目、智能画面比对、智能化运营、视听内容版权保护、追踪监测服务。到2025年，智慧广电协同服务能力体系基本建立。

3.打造面向便民利民服务的智慧广电新业态。加快智慧家庭智能组网技术研究，发展大屏连小屏、小屏回大屏、多屏连用户等新模式。积极利用云边协同技术推进智慧家庭服务平台建设，拓展高质量视听媒体和信息消费领域的家庭智慧化服务产品，优化互动式、沉浸式体验，为家庭用户提供数字文娱、购物消费、居家生活、健康养老、旅游休闲、交通出行等智慧服务。到2025年，建成智慧广电家庭服务体系，实现家庭综合服务的智慧化、便捷化、个性化。

4.打造面向惠政助企服务的智慧广电新业态。主动加强智慧广电与文化强国、网络强国、数字中国、数字经济、乡村振兴、新型城镇化等战略规划的对接，拓展面向政企用户服务的新业态。链接政府资源、社会资源、生产资源、生活资源，统筹线上线下、公共服务与市场运营，提供全场景高质量综合服务，发展在线课堂、电视会议、远程医疗、物联网等生活性服务和生产性服务，组织实施智慧广电固边工程、智慧广电乡村工程，积极参与智慧城市建设，加快打造服务经济社会发展的“枢纽”平台。到2025年，智慧政务、智慧社区、智慧乡村、智慧养老、智慧教育、智慧文旅、智慧医疗等智慧广电典型应用基本普及。

（二）发挥内容品质优势，培育智慧广电新视听

加快智慧广电视听节目技术迭代升级，推进节目内容形态创新，大力开展超高清视频、多维声、VR、AR、MR、360°全景视频、全息成像等新视听技术研究，建立新视听节目的拍摄、制作、存储、播出、分发、呈现全链条技术体系，向用户提供高品质视听服务，增强广播电视节目内容竞争力，引领文化新消费。

5.推进高新视频发展。按照国家5G发展战略部署，落实以新业态新模式引领新型消费、扩大战略性新兴产业投资、培育壮大新增长点增长极等有关要求，打造更高技术格式、更新应用场景、更美视听体验的高新视频，丰富5G业务形态。着力打造与我国电子信息产业技术成熟度和市场需求相匹配的互动视频、沉浸式视频、VR视频、云游戏等高新视频内容产品，开展标准体系研究与规划，完善技术体系；持续研究开发面向5G的高新视频应用场景，深化云计算、大数据、人工智能、区块链等新技术应用，加快节目拍摄、后期制作、内容存储、业务包装、分发传输、用户互动、终端呈现、内容监管等环节技术研发攻关，突破采集设备轻量化、图像实时缝合、内容制作工具、边缘计算渲染处理、互动传感、沉浸显示等关键核心技术；发挥协同作战效应，引导全链条、各要素优质资源集聚，合力打造高新视频新生态；探索高新视频在重大赛事（活动）中的示范应用，推进高新视频技术在教育、健康、文娱、旅游、体育、会展、电竞、电商等领域的应用，实现互动化、全景化、全息化展现，发展新业态，带动新消费。到2025年，高新视频标准体系基本完善，建立10个以上高新视频科技创新实验室，打通全产业链条，孵化20个以上典型应用；高新视频设备、平台、系统技术支撑基本完备，产业生态初具规模，内容产品丰富多样；省级以上广播电视播出机构、有条件的地市广播电视播出机构和网络视听机构具备高新视频制作、播出和分发能力。

专栏 1 高新视频

（1）互动视频

互动视频以“非线性视频”内容为主线，可支持时间域互动、空间域互动、事件型互动业务，具有分支剧情选择、视角切换、画面互动等交互能力，能够给用户带来强参与感。

重点突破互动视频制作、编码和封装、传输和播放等环节涉及的关键技术，包括研发互动信令数据封装、自适应码流传输、互动播放引擎、自由视角、多视角、边缘计算渲染处理等，规范自由视点视频数据格式，推动交互模式创新，推进互动视频标准研制及相关质量监督，提高互动视频生产效能。

（2）沉浸式视频

沉浸式视频采用裸眼观看，呈现画面覆盖人眼至少水平 120° × 垂直 70°视角的视频系统及多维声系统，通过播放器、投影或 LED 屏、多声道扬声器、播控系统等构建出超大视角、超高沉浸感的视听系统。

重点突破沉浸式超高清视频拍摄、无人机航拍摄制、实时缝合、三维图像映射、裸眼 3D 虚拟影像制作、4K/8K 视频编解码、多维声录制、监听及还音、终端显示设备的小型化、投影显示、互动引擎、互动传感等关键技术，支持多样性显示终端、体验系统装备和交互式设备支撑系统等研发，制定沉浸式节目拍摄及后期制作标准，提高沉浸 式视频节目生产能力。

（3）VR 视频

VR 视频借助 VR 眼镜、头盔等虚拟现实设备观看，呈现水平 360° × 垂直 180°或者水平 180° × 垂直 180°视角的全景视频画面，用户可获得身临其境的视觉感观。

重点突破 VR 内容制作工具引擎、云端实时渲染、6DOF VR、基于视角的 VR 视频编码、30K VR 等关键技术，规范 8K VR 内容制作技术参数，完善 8K VR 视频与平面视频混合制作流程，推进 8K VR 拍摄制作、编码传输、终端接收和检测验证等技术的优化提升，加快云端高速读取、极速传输、高效渲染、云上编辑等为特征的云 VR 技术研究及标准制定，开展基于 5G 网络的 8K VR 视频直播 / 点播业务试点，提高 VR 视频技术质量和呈现水平。

（4）云游戏

云游戏是以云计算为基础的游戏方式，本质上为交互性的在线视频流，在云游戏的运行模式下，游戏在云端服务器上运行，并将渲染后的游戏画面或指令压缩后通过网络传送给用户，用户可通过输入设备对游戏进行实时操作，获得即时在线游戏娱乐体验。重点突破基于边缘云的流化处理、超高密度 GPU 服务器、网络切片 SLA 保障、超低时延视音频编解码等关键技术，支撑云游戏服务体系建设，推进云游戏标准体系完善，助力云游戏产业化发展。

（5）前沿技术研究

研究高新视频高性能渲染、拼接、编解码、8K VR 显示、基于云计算的超高清视频编辑、智能视频处理、自由视点交互等技术。跟踪研究新型全感知、自然交互、扩展现实、全息影像等视听技术，推进大众化、个性化新视听业务发展。

（6）应用示范

支持面向高新视频业务场景的云制作、云播出、云转播和内容资源共享等平台建设，集合云计算、边缘计算和高速云联网等技术，开展高新视频业务示范和试点，支持打造高新视频创意中心、拍摄中心和制作中心。

6. 提升高清 / 超高清节目技术质量。加快研发应用高分辨率、高动态范围、宽色域、高帧率等高技术格式的超高清视频技术，继续完善超高清标准体系，支持引导自主算法研究，重点解决超高清视频制作播出、超高速大容量存储、高速率网络分发、智能视频增强与修复等技术难题，引导产业链研制相关设备。加快推进电视频道、网络视听节目全面高清化，调整开办 4K 超高清频道，开展 8K 超高清电视技术研究和试验。支持超高清多业态内容研发和创新应用研发平台建设。建立超高清视频技术质量监测 / 检测机制，推进超高清视频技术质量检测服务平台建设，推动超高清节目源端和用户端的视频质量评估，保障超高清节目播出与分发技术质量。到 2025 年，超高清视频标准体系基本完善；地市级以上和较发达县级广播电视播出机构基本实现高清化，4K 超高清频道开办 20 个以上；主要网络视听机构视频服务全部高清化，具备 4K 超高清视频播出能力。

专栏 2 超高清视频

（1）超高清视频编码

研究面向超高清视频实时制播需求的浅压缩编码关键技术，满足实时制播高质量、低复杂度和低延时等应用要求；面向超高清视频传输需求，在兼容现有视音频混合编码框架下，研究视觉优化编码、视频质量增强等关键技术，提升编码设备性能；研究基于神经网络的预测、变换、率失真优化等视频压缩编码算法，提高 4K/8K 超高清视频压缩编码效率，突破传统编码效率瓶颈。

（2）超高清视频质量评测

建立超高清视频质量评测体系，结合 AI 视频检测技术、视频内容监测技术与传输环境监测，建立超高清视频标准符合性测试、质量评估标准及平台化服务技术体系。

（3）HDR 关键技术演进研究

研究面向超高清视频 HDR 实时制播需求的关键技术，利用 AI 机器学习的优势，满足实时制播高质量、低复杂度和低延时等应用要求；研究 HDR 技术在 VR 领域应用的关键技术以及相关性能指标；研究 HDR 技术在全息领域应用的实际需求与关键技术，解决在全息投影场景下全息色彩失真问题。

（4）视频内容增强与修复

研究不同类型视频内容智能增强与修复算法模型，研发应用去噪、插帧、补帧、色域调整、颗粒调整等视频处理关键技术，对大量低质量、有缺陷的珍贵历史影像资料进行修复，解决画面抖动、画面丢失、画面偏色等问题，实现高质量、高规格呈现。

7. 推进音频节目高质量发展。加强多维声关键技术研究，基于声道、对象和场景等要素，重点开展元数据封装、音频压缩编码、终端渲染等技术的自主研发，实现将带有元数据的多维声音频流在广播电视网络、互联网等渠道自适应传输，满足用户个性化自主选择收听方式的需求。规范多维声节目技术指标和制作流程，推动多维声质量检测和评估，推进多维声技术在超高清视频、高新视频的应用示范。到 2025 年，多维声音频节目制作能力逐步提升，多维声音频节目供给逐步增强，声音体验从单声道、立体声向多维声演进。

专栏 3 高质量音频

（1）多维声采集与制作技术

支持多维声采集、编码、渲染、监听、重放等关键技术的自主研发，研究规范多维声采集和制作工艺流程，实现不同场景下多路或虚拟多维声音频的采集制作，适配全媒体音频制作要求。

（三）加快媒体深度融合，建设智慧广电新平台

加快智慧广电媒体平台 IP 化、云化、融合化、智慧化发展，推动建立“一体化资源配置、多媒体内容汇聚、共平台内容生产、多渠道内容分发、多终端精准服务、全流程智能协同”的智慧内容生产体系，增强媒体服务供给能力。

8. 构建融合媒体云平台新格局。建立健全融合媒体标准体系，推动中央、有条件有实力的省级广播电视播出机构完善融合媒体云平台，按业务需求部署边缘云，提高自身内容生产、传播分发效能，同时为地市级广播电视播出机构、县级融媒体 中心提供技术和业务支撑，向垂直行业输出服务能力。围绕京津冀协同发展、长三角一体化发展、粤港澳大湾区建设、成渝地区双城经济圈等国家重大区域发展战略，推进省级融合媒体云平台互联互通、资源共享、业态创新，打造区域一体化联动的融合媒体云平台。充分利用现有融合媒体云平台资源和新一代移动通信网络，推动中央、有条件有实力的省级广播电视播出机构发挥整体优势和内容优势，构建新型开放移动传播平台，加强面向移动终端用户的传播能力建设，以开放平台吸引广大用户参与信息生产传播，形成多元主体参与的内容创作和互动新生态。利用智能数据标签与结构化技术实现媒体内容管理智慧化、应用便捷化、交换高效化，推进广播电视播出机构与网络视听机构实现内容、业务、用户等资源共享。建立融媒体中心技术评价体系，提升融媒体中心业务能力。到 2025 年，完成融合媒体云平台关键技术标准制定；省级以上广播电视播出机构基本建成融合媒体云平台及移动传播平台，基本形成中央媒体、省级媒体、市级媒体和县级融媒体中心四级融合发展的格局；全面构建多方主体协同的媒体融合发展生态，基本形成全国广电融合媒体云平台体系。

专栏 4 融合媒体云

（1）云采编

加强云计算、边缘计算在内容采集、写稿、翻译、转译、编辑、制作、审核、发稿等环节的应用，探索本地技术系统和云端技术系统的一体化融合构建。加强 5G 技术在内容采集、信号馈送等环节的应用，充分利用 4G/5G 背包、无人机等装备，建立响应快捷、安全可靠、流程优化的新闻采编系统。

（2）云转播 / 云演播

研究云转播 / 云演播全流程关键技术，包括云导播、云编码、云上图文包装、云通话、云监看、云上实时渲染、超低延时高码率双向传输等环节；支持智能化云端专业演播 / 转播系统研发，为各级广播电视播出机构和网络视听机构提供专业技术支撑。

（3）云播出

研究基于融合媒体云平台的智能编排、元数据管理、IP 流直播、云编码、大小屏互动、智能监控、质量管理等关键技术，支持基于融合媒体云平台的云播出系统研发。支持面向广播电视网发布节目内容，作为传统广播电视播出模式的有益补充和升级；支持面向互联网发布视听内容，构建适应媒体融合发展的云播出服务。

（4）云审核

研究机器学习、深度学习在融媒体内容审核方面的关键技术，实现对字幕 / 音频以及视频 / 直播等融媒体数据审核的全覆盖和

实时响应。研究基于知识图谱的融媒体内容分析技术，提升云端内容审核的效率。

（5）异构云智能协同

结合融合媒体云平台的技术架构和业务需求，应用虚拟化、分布式存储、微服务、混合云管理平台等云计算技术，研究融合媒体云协 同机制，规范数据接口和交换格式，推动各地异构媒体云平台的智能协同。

（6）基于云原生架构的融合媒体云

开展基于微服务架构的媒体云 SaaS/PaaS 层标准化研究，以微服务技术构建新型视听媒体云原生架构体系，支撑生产工具快速上架和敏捷迭代，解决因媒体业务需求快速变化所带来的延滞和重复开发建设等瓶颈型问题，以共享厨房模式为广大 PGC 和 UGC 用户提供安全可 管可控的广播级专业化智能服务，全面实现精准绩效评价。

（7）中台架构

探索不同业务共用的工具和技术，研究构建业务中台共享基础架构，将核心业务能力以服务的方式进行有效沉淀，实现服务在不同场景中的业务能力重用。全域汇聚数据资产，通过一站式加工和数据治理，升级数据体系，快速生成数据应用，构建具有融合媒体特色的数据中台。

（8）“云＋边缘”协同生产

研究边缘云技术架构、边缘云 PaaS、边缘云节点管理、边缘云安全等“云＋边缘”计算的关键技术，推进中心云平台＋边缘云节点协同生产，增强融合媒体云平台生产制作能力，支撑高新视频、融合媒体等智慧广电创新业务智能生产。

（9）区块链在融媒体中心的应用

研究以区块链技术为支撑的省级融媒体平台和融媒体中心运营体系，推进融媒体创作传播评估与监管体系建设，服务融媒体中心可持续发展。

（10）AI 推荐算法优化技术

研究用户数据智能分析挖掘关键技术，加强数据安全和隐私保护，研发将大数据用户画像与广播电视传播导向相融合的智能推荐模型，研究人工智能推荐算法标准，构建可量化的传媒影响力综合评价指标体系，引导广播电视和网络视听媒体及平台优化智能推荐算法，提升主流舆论的传播力、引导力、影响力、公信力。

（11）智能数据标签与结构化技术

研发广播电视和网络视听内容、用户数据标签规则与自动化标签技术，研究基于机器学习的自动命名实体识别、记录连接、关系图谱技术，推动建立行业统一的数据结构化体系。研究数据集成模式匹配技术和数据规范性约束自动发现技术，推动行业大数据资源的高效汇聚与质量提升。

（12）基础技术研究

跟踪研究全媒体内容智能认知和生产处理技术，构建“云、边、管、端”智能协同的内容生产汇聚、实时处理和高效传播平台，丰富完善智慧广电生态系统。

9. 加快推进制播体系技术升级。加快推进制播系统向全 IP 技术架构转变，构建面向下一代媒体制播网络的 IP 化高清 / 超高清 / 高新视频制播体系，加速文件域制播和信号域制播的融合，建立内容审核共享机制，重塑制播流程。推动面向互联网、云平台的 IP 化制播标准体系建设，加快制定全 IP 化制播标准。强化人工智能、大数据、区块链在内容选题、素材集成、编辑制作、内容审核、媒资管理、字幕制作等环节的应用，促进制播流程智能化。推动虚拟主播、动画手语广泛应用于新闻播报、天气预报、综艺科教等节目生产，创新节目形态，提高制播效率和智能化水平。到2025年，IP化制播标准体系基本完善；各级广播电视播出机构制播系统广泛实现IP化，制播流程更加优化，内容生产智能化水平显著提升。

专栏5 智慧制播

（1）新型IP化制播网络基础架构

研究面向高清/超高清/高新视频融合制作的IP化制播网络基础架构，研究软件定义的全IP化制播网络的组网方案、组网协议、地址规划、调度交换、时钟同步等技术，研究通过25/100/400G及新一代通信技术实现专业制播大带宽、低时延、高安全等需求的网络方案，制定相关行业标准，推进相关技术装备研发。

（2）IP化制播信号处理及安全管控技术

研究基于IP化制播的净切换、同步授时、交叉变换、帧频变换和纠错等信号处理技术；研究IP制播系统的全网监测及自动网络运维技术，制定IP化全网监测信息结构化标准，凝练关键监测KPI并建立逻辑关系；研究TB级高通量网络隔离、防火墙、网闸等网络安全技术，解决IP化制播系统的智能路由控制、路由快速自愈和网络流量工程等核心技术难题。

（3）IP化制播互操作性测试

研究IP化制播网络系统、媒体节点的互操作性测量技术，研究IP化制播互操作性测试方法及关键指标，推进IP化制播系统的互联互通，研究制定相关行业标准。

（4）AI字幕

研究语音识别、多模态语音识别、降噪、断句等关键技术，提升识别效果，支持专业化工具开发，提升非直播类节目的字幕制作效率，探索直播类节目字幕叠加的可行性。

（5）AI无障碍播报

研究语音、文本到手语翻译中的情感分析、语义分析、手语动作驱动、表情驱动等关键技术，为节目提供手语、表情、唇语等多模态的表达方式，提升翻译准确度，扩大播出内容影响力，满足听障人士、噪声场景观众理解视听节目内容的需求。

（6）虚拟主播

面向新闻、综艺、体育、财经、气象等电视节目研究虚拟形象合成技术，包括2D虚拟形象的合成、3D虚拟形象的驱动、虚拟引擎构建、语音驱动、动作捕捉、面部表情捕捉等技术，提升节目制作效率及质量；同时探索短视频主播、数字网红、直播带货等虚拟形象在节目互动环节中的应用，增加个性化和趣味性。

（7）人物档案数字化

面向体育、新闻、综艺节目、历史档案等电视节目研究结合人脸识别、人体识别、声纹识别的多模态人物结构化与剪辑生成技术，提升关键人物识别效果，为建立人物数字档案、开展媒体痕迹检索提供技术支撑。

（8）媒资内容精准化管理

研究解决新媒体和传统媒体双向数据交互、二次开发利用难题，提升媒体核心竞争力。完善媒资内容管理标准，建设媒资内容标签体系，提升媒资系统精准服务能力。

（四）加速传播体系创新，重塑智慧广电新网络

加快智慧广电传播体系转型，统筹有线、无线、卫星、互联网资源，构建高速泛在、天地一体、集成互联、智能协同、安全高效的新型广电网络，建成业务运营智慧化、用户服务精准化的主流媒体融合传播网、数字文化传播

网、基础战略资源网，增强广电网络辐射力、传播力。

10. 加快构建广电5G网络。推进广电5G网络建设，支持广电5G与其他运营商网络的互联互通、协同组网，建立广电5G业务应用平台，研究应用广播通信协同、有线无线融合、大塔小塔联动、大屏小屏交互、室内室外协同的关键技术，采用“云、网、端”融合的技术架构，依托广电5G网络建设5G广播电视业务网以及5G公共服务专网，推动广播电视终端通、移动通、人人通。积极参与3GPP国际组织5G标准制定，建立完善我国5G广播电视标准体系，加强国内外技术合作，研究核心技术，推动产业链研制5G广播电视相关设备和产品，开展端到端系统测试和技术验证，开展广播电视和公共服务专网业务协同传播试验。顺应移动化、泛在化、交互化需求，利用5G技术提供广播电视、视频点播、公共服务专网、物联网及多种面向垂直行业的服务，拓展行业发展新空间，塑造行业竞争新优势。到2025年，建成广电5G网络，5G广播电视业务网、5G公共服务专网投入使用，并在5个以上重点行业开展垂直应用。

专栏6 广电5G

（1）广电5G核心网

开展5G核心网技术研究，重点突破NFV、SDN、云原生等关键架构及技术，推进MEC落地部署，研究“切片+MEC”关键技术及应用，满足高新视频、广播电视业务和移动互联网业务等对5G网络的要求。

（2）5G NR广播关键技术及标准研究

深入研究3GPP 5G NR标准体系，开展5G NR广播关键技术研究，推动5G NR广播技术演进，研究编制符合我国实际国情需要的新型5G广播电视技术标准及系统技术方案。研究我国5G NR广播模式定义、接口定义、核心网流程定义、网元功能定义、消息类型定义等，推进5G NR广播模式的国内国际标准化进程。

（3）5G NR广播应用研究及示范验证

基于5G NR广播技术特性，开展关键技术和特性的试验验证，研究设计、开发试验系统，搭建5G NR广播试验网，建设流媒体播控、CDN、边缘云等系统，研发移动智能手机、CPE、PAD、工业模组等无线接入终端，实现端到端的试验环境，验证5G NR协议栈方案、广播终端接收方案、精准区域覆盖和广域覆盖效果、广播多种接入场景切换效果、异网异系统互联互通性、网络切片SLA保障技术等，探索5G NR广播与公共安全、物联网、车联网等垂直行业的协同创新业态，并在广电5G网络或5G试验城市推广。

（4）5G公共服务专网

基于广电5G基础设施，面向全国党政军和行业用户需求，探索构建统一标准、统一规划、统一建设、统一运营，公专网一体化部署、一网多用、各部门独立使用、按部门业务优先级对设备接入和带宽动态调整的5G公共服务专网。

（5）广电5G物联网

基于广电5G技术体系开展物联网关键技术研究，打造固移融合、宽窄结合的广电5G物联网，强化广电特色业务应用的需求拉动作用，实现技术、网络、业务的协同推进。

（6）前沿技术研究

密切跟踪6G技术发展态势，研究空天地一体化新型广电网络组网技术。跟踪研究新型泛在、高效、低时延、安全网络技术，以及NFV、SDN、网络切片和多接入边缘计算等核心网关键技术和大规模MIMO、毫米波、载波聚合等无线接入关键技术，基于广电网络开展相关组网试验及应用示范。

11. 推进面向广电5G的有线电视网络技术升级。按照有线电视网络升级改造技术指导意见和实施指南要求，着重构建以“云、网、端”为基础的新型网络总体架构。推进多级分布式架构广电服务云平台标准体系建设，支持在全国建成多个互为备份、高速互联的广电服务云平台，研发具备全国业务管理、网络管理、资源管理和运维管理等功能的融合业务运营支撑系统，实现统一管理及区域化差异化业务运营，保障全国网络分级分域统一监测、管理和运维。推进有线电视网络IP化、光纤化，继续推动IPv6规模部署和应用，建设有线和5G一体化融合发展的安全可靠、可管可控、调度灵活、高速智能的传输网和数据网。构建大带宽有线和无线融合接入网络，支撑高品质视听服务及智慧广电业务应用。深入探索终端智能化，支持多元视听业务的媒体处理、业务呈现、设备互联、资源共享、多屏协同和安全防护等功能。积极参与国家文化大数据体系建设，支撑构建国家文化专网。到2025年，形成有线电视网络“云、网、端”架构，建成与广电5G融为一体的新型有线网络技术体系。宽带固网与5G网络融合接入能力达到千兆，面向家庭用户和垂直行业用户，提供全景式、沉浸式、互动式、大带宽、低延时的高品质业务，为政用、民用、商用智慧广电服务提供技术支撑。

专栏7 面向广电5G的有线电视网络

（1）广电服务云平台

研究制定广电宽带电视技术规范体系，包括直播、点播、回看、智能搜索AI人机交互、视频通话、应用软件服务等。研究融合视频CDN技术、面向全国融合业务的家庭网关终端管理技术体系。

研究智能识别、智能分析、智能生成、智能决策等人工智能技术，推动视频标签、视频指纹、图像搜索、内容审核等人工智能服务的应用，构建可扩展的AI能力层，提升融合业务智能化处理能力。

研究异构云计算资源池的一体化智能管理和智能安全运维技术，研发符合广电特色高安全属性的智慧云管平台，制定统一的云管平台接口对接技术规范，实现跨数据中心级的超算、存储和网络资源调度和管理，为各地各级广电服务云平台统一运营、统一集成、统一运维提供技术支撑。

（2）融合业务运营支撑系统

研究面向全国服务的融合业务运营支撑系统技术架构，规范中央系统和各省分系统的接口，推动中央和省分运营支撑系统的互联互通和规范对接。开展区块链技术应用研究，推动可回溯、可验证、不可否认的区块信息记录服务和智能合约服务在运营支撑系统的应用。

（3）传输网

研究应用OXC/ROADM、光层/IP层协调技术，提高传输网灵活配置和保护恢复能力，自动进行业务疏导，根据业务量的变化优化网络。研究应用超100G、SDON技术，提升传输网传输容量，增强传输网可靠性和灵活性。研究规范传输设备与数据网设备对接接口标准化。

（4）数据网

研究应用FlexE技术，提升数据网转发能力，增强组网灵活性。研究应用SR/SRv6、EVPN技术，简化网络协议，降低网络复杂度，加速业务部署。研究应用SDN

技术，实现网络智能化管控与能力开放，提升数据网可靠性和保护恢复能力，结合大数据、人工智能等技术实现网络流量分析与智能分流。

（5）接入网

研究宽带固网和5G无线的双千兆接入技术应用，研究广电5G一体化基站，研究构建广电家庭网络技术，实现有线无线协同组网，支撑高新视频、广播电视、高速互联网接入等业务的发展需求。

充分利用高渗透、广覆盖建筑楼宇的广电同轴电缆和光纤资源，研究低成本高质量的用户侧5G信号覆盖方案，重点验证技术可行性和商业可行性，探索符合广电自身特色的5G信号室内深度覆盖技术方式，开展应用示范。

12. 推进地面覆盖网络效能优化。持续优化地面数字电视、调频广播、中短波广播等无线覆盖网络在公共服务领域的效能，推进地面无线电视高清化，研究利用AI语音语义分析等关键技术，提升精准覆盖能力。落实移动优先战略，研究新技术条件下的无线广播电视传输覆盖技术路径、方案和应用场景，研究构建内容多样、覆盖灵活、适应于应急情况和日常播出等多应用场景的新型数字短波广播体系。继续完善无线广播电视标准体系。

13. 建设交互卫星广播电视系统。加快推动卫星传输和卫星直播系统新技术应用部署，向IP化、双向化演进，进一步提高智慧广电业务承载能力。积极应用推广新型信道编码和高阶调制技术，推进卫星传输系统向效率更高的新一代传输技术标准升级。推进卫星直播系统与广电“云、网、端”、互联网及卫星互联网的系统集成和协同融通，研究构建双向、互动、跨网络的新型卫星直播融合业务平台，研发基于北斗定位的直播 卫星智能协同系统和大数据系统，研发业务支撑系统，建立安全防护措施，向交互卫星直播系统演进。到2025年，卫星传输 系统全面实现高清化，超高清节目上行传输效率显著提高，卫星资源利用效能明显提升；卫星直播系统技术和业务形态双向交互化、智能融合化升级取得积极进展。

专栏8 交互卫星广播电视系统

（1）推进卫星传输系统升级

推进卫星节目集成加密平台和卫星传输上行系统能力建设，全面应用新型信道编码和高阶信号调制技术，探索开展卫星IP化传输技术应用试点。

（2）提升直播卫星业务承载能力

实施前端系统IP化、业务支撑系统云化改造升级，推进直播卫星技术标准迭代升级，探索直播卫星与互联网电视融合发展模式，开展4K超高清电视直播卫星传输试验。开展Ka频段卫星广播试验，探索Q、V频段卫星广播业务应用，推动直播卫星向更高频段、更高效率、更大带宽、双向交互升级，提升系统对广播电视业务、融合业务的承载能力、保障能力。

（3）探索直播卫星与宽带通信卫星、卫星互联网的融合应用

研究卫星IP化、下一代卫星接入、卫星组网、广播和多播内容分发、低成本相控阵天线等技术，推动开展卫星直播智慧服务，研发基于卫星互联网的新型直播卫星智能接收终端，以及直播卫星与卫星互联网一体化接收天线等关键技术和设备，探索开展直播卫星与卫星互联网业务一体化运营试点。跟踪6G及天地融合技术，为构建广电天地一体化网络做好技术储备。

14. 加快推进 IPTV、互联网电视服务升级。进一步完善 IPTV、互联网电视相关标准，规范内容汇集、筛选、播出、分发、传输、接收各环节的接口方式，优化工作流程，推动平台建设标准化。推进集成播控平台 4K 超高清视频服务能力建设，开展 8K 超高清电视、高新视频传输试验，推进服务多元化智慧化升级。应用视听内容版权保护、商用密码等技术，加强 IPTV、互联网电视内容保护和安全。依托 IPTV、互联网电视业务的强交互属性，研究大小屏互动、多屏联动技术，借助人工智能、大数据分析等技术手段，围绕家庭多用户观影行为及特征，搭建符合大屏业务的分时多用户模型，打造基于多角色的内容精准智能服务，提高用户粘性。推进内容智能审核及关联推荐技术在 IPTV、互联网电视大屏端的应用，研究 IPTV、互联网电视大屏端短视频业务服务技术和方式，研究 IPTV、互联网电视传输质量检测、智能终端内容加密校验、智能应用审核等技术和标准，保障内容的安全分发和接收，规范终端应用的认证和安装方式。研究所见即所得的 EPG 框架排版系统，增强平台的内容组织和排版能力。推进区块链技术在 IPTV 和互联网电视的应用部署，加强平台、应用、内容和数据的管理。推动应用场景 分析、人物分析、声效分析以及基于知识图谱的智能联想等技术，实现互联网电视入库内容的智能编目、智能标签，提升节目的编目效率、出库筛选效率及内容推荐能力。到 2025 年，4K/8K 超高清承载能力显著提高，高新视频业务丰富多样，多元化服务全面开展。

（五）推动用户体验升级，打造智慧广电新终端

加快智慧广电终端用户体验升级，打造新型智能终端，着力实现智慧化、云端化和软件化，使之成为智慧广电服务的重要入口和智慧家庭的信息中枢，不断增强对智慧广电业务和应用的承载能力。

15. 推动电视屏智慧化。支持研制新一代智慧电视屏，内置 AI 摄像头、线性麦克风阵列，集成多方视频通话、环境自动识别、远近场语音交互等技术和模块，连接强大的云端算力，通过智能交互、服务智能适配、智能识别增强等技术引入，强化电视屏的智能应用。到 2025 年，智慧电视屏实现 AI 软硬一体化，支持视音频创新业务，支持智能家居联动、智能显控、云游戏等智慧广电“政用、民用、商用”业务。

专栏 9 智慧电视屏

（1）智能交互技术

研究电视遥控器、智能音箱、智能摄像头等协同技术，运用多模态交互、智能语音、图像识别、语义理解等技术与算法，充分模拟人与人之间的自然交互方式，使智慧电视屏能听、能说、会认人、会思考，赋予电视终端智慧能力。

（2）服务适配技术

研究引入知识图谱、语义理解、智能搜索等技术，通过对海量、异构、动态的大数据的分析与表达，创新研究青少年、老年人、弱势群体收视保护模式和体验方式，建立账号体系和“成员－角色－家庭”关系模型，实现电视内容、各项智慧家庭服务与家庭成员的智能适配。

（3）智能识别增强技术

智慧电视屏应具备 NPU 和高性能算力，支撑开展 AI 远场语音、AI 视觉识别、AI 图像增强等相关技术应用。

研究应用远场语音的 AI 增强技术与算法，包括回声抵消、环境音降噪、以及波

束成形相关声源定位等技术，获取清晰人声数据。

研究应用AI视觉识别技术，运用智慧电视屏的AI算力和算法模块，识别视频图像、解析特征数据，将用户手势转换成系统标准输入事件，供智慧应用捕获处理。

研究应用AI图像增强处理技术，进行图像降噪、对比度、清晰度、图像、补帧、还原等相关处理，智慧电视屏通过AI场景识别，动态适配相应最优参数。

16. 打造标准化智慧家庭信息终端。运用国际国内物联网成熟技术和标准协议，适配并规范智慧家居的数据格式和产品接口，研究提出边缘计算支撑模式，制定基于智慧广电终端的家庭组网方案，推进智慧广电终端成为家庭信息终端，并向智慧家庭融合网关演进。探索运用视频流化处理技术承载更多智慧广电应用，丰富现存非智能机顶盒的业务形态。到2025年，智慧家庭信息终端普遍应用，并成为家庭信息中枢。

17. 推动终端云端化软件化。开展终端云端化技术试验和规模应用，通过部署“云、边、端”的系统架构，将视音频等计算处理能力从终端解耦迁移至中心云和边缘云，各项新型创新业务可在边缘云敏捷迭代并推流到终端，及时满足用户不断变化的视听业务需求。研究终端软件化技术，推进终端软硬件 系统解耦，支撑业务快速迭代。到2025年，云端化软件化智慧广电终端规模应用。

专栏10 智慧家庭信息终端

（1）智慧媒体网关技术应用

研究家庭网关、物联网关、Wi-Fi家庭互联、IoT设备接入与管理等技术应用于广电智慧家庭信息终端的解决方案，使其具有有线固网接收、5G室内覆盖功能，具备4K超高清、高清电视解码和转码以及AI图像视频的转发能力，支持安全启动和媒体内容保护。

（2）插件式媒体处理技术

研究多种不同格式的媒体数据处理与底层媒体处理的协同技术，研发快捷灵便的多种媒体规格插件，支撑数字电视直播和点播、互联网电视、IPTV、游戏视音频和本地媒体文件等各种视音频媒体形态和规格的解析、播放、录制、转发等功能，实现对全媒体高效、灵活和开放的统一处理。

（3）端与端协同技术

研究多终端分布式算力资源共享、智慧感知与控制、多终端分享与聚合显示等技术，协同处理、共同支撑同一业务场景，实现在家庭局域网范围内的物联终端数据采集汇聚和场景化的有效控制，提升多终端协同服务的便捷性。

（4）家庭智能融合产品

未来智慧家庭的中心设备，将融合家庭ONU、无线路由器、机顶盒、物联网关、家庭边缘云及其他智能设备功能，为家庭用户提供一体化的宽带接入、智能组网、视听服务、智能家居、家庭云计算、多屏互动等解决方案。

18. 推进自主智能电视操作系统迭代升级。研究自主智能电视操作系统AI能力引擎、物联网关组件、人机交互组件、大小屏联动组件、跨网安全传输组件和智能协同计算框架等关键技术，推进自主智能电视操作系统技术演进、版本迭代和平滑升级，促进自主智能电视操作系统在智能媒体网关和电视大屏等终端部署应用，加快自主智能电视操作系统兼容更多的物联网及各类终端。到 2025 年，自主智能电视操作系统在有线电视、卫星直播电视、地面数字电视、IPTV 和互联网电视等接收终端中广泛应用，自主智能电视操作系统应用生态初步构建。

专栏 11 自主智能电视操作系统

（1）AI 能力引擎

研究基于智能电视操作系统的 AI 能力支撑技术，实现 AI 算法的开放性安全内置，与智能终端底层 AI 芯片共同构建智能终端 AI 能力，支撑与前端 AI 能力系统和分布式边缘计算 AI 能力系统协同构建智慧广电 AI 能力平台，支撑实现广电“云、边、端”架构的智慧广电 AI 能力平台，拓展基于人工智能的智慧广电业务，构建基于人工智能的智慧广电生态。

（2）物联网关组件

研究基于自主智能电视操作系统的广电终端物联技术，实现物联网关能力内置，与智能电视终端底层芯片共同构建智能电视终端的物联网关功能，实现对家庭或社区物联设备的控制及相关物联设备之间的协同。

（3）人机交互组件

研究人机交互组件对多操控设备的支撑技术，实现人机交互组件与业务应用之间交互指令协议的扩展、完善和标准化，实现对多种智能语音识别引擎的统一管理，实现无线遥控器的智能识别和动态加载。

（4）大小屏联动组件

研究融媒体业务大小屏智能联动呈现技术机制，与融媒体业务前端系统协同，实现融媒体业务的大小屏智能联动呈现。

（5）跨网安全传输组件

研究直播频道跨网安全传输终端侧技术机制和功能，与直播频道跨网安全传输前端系统和相应软终端 APP 协同，支撑实现内网直播频道跨互联网端到端安全传输，以及在智能电视终端上的安全接收。

（6）智能协同计算框架

面向端到端之间业务协同场景需要，研究跨 APP、跨终端的能力共享和协同计算技术，包括自动发现和计算能力协商协议，稀有资源（如 AI 计算引擎）的多设备能力共享和调用，复杂任务的多设备自组织协同计算和分布软总线等。

（六）夯实科技创新基础，构建智慧广电新支撑

推动建立开放、融合、智慧的新型广播电视和网络视听技术体系，引导多元主体参与建立协同化的科技创新生态，激发科技创新活力，自主创新夯实基础，增强创新驱动发展能力。

19. 加强行业科技创新实验室建设。聚焦智慧广电、媒体融合、网络视听、云转播、5G 广播电视、高新视频、智能终端等领域的创新技术，布局一批国家广播电视总局实验室和重点实验室，形成结构合理、运行高效的实验室体系，推动自主关键技术研发，打好关键核心技术攻坚战，支撑全行业科技创新发展。鼓励优秀重点实验室争创国家重点实验室，支持行业内有关科研机构、企事业单位申请创建国家工程研究中心、国家技术创新中心等，推动广电科技力量融入国家创新体系。发挥企业创新主体作用，推进重点项目协同和研发活动一体化，加快构建龙头企业牵头、高校院所支撑、各创新主体相互协同的创新联合体，推动创新链产业链深度融合，提高科技成果转移转化成效。到 2025 年，国家广播电视总局实验室体系更加健全，布局更加合理，对行业发展的支

撑作用更加明显，力争创建 2 个以上国家重点实验室。

20. 加强行业科技创新基础设施建设。围绕行业发展共性需求，聚焦广电 5G、高新视频、智慧家庭、人工智能、视听内容版权保护、商用密码应用等领域，支持建设一批支撑科学研究、技术开发、产品研制的具有公益属性的基础设施，培育孵化行业新技术、新应用，支撑新服务、新生态。到 2025 年，人工智能、区块链、视听内容版权、深度伪造鉴别、智慧家庭、商用密码应用等公共技术服务能力显著增强有力支撑产业链各 参与方技术应用和产品开发。

专栏 12 科技创新基础设施建设

（1）人工智能技术开发服务

紧密结合国家新一代人工智能发展规划，和国家科技主管部门密切合作，推进人工智能技术开发服务能力建设，为人工智能算法训练、智能工具、服务优化、测试评估、服务认证等提供开放的共性支撑服 务。

（2）区块链技术开发服务

推进区块链技术开发服务能力建设，提供案例参考代码、应用开发接口、链间协同接口、共识算法优化、存储容量优化、在线测试、性能评估等共性支撑服务。

（3）视听内容版权保护技术开发服务

推进视听内容版权保护技术开发服务能力建设，提供参考代码、在线调试、在线评估、密钥管理、服务认证、版权维权、新技术研究等共性支撑服务。

（4）深度伪造鉴别溯源支撑服务平台

建立深度伪造鉴别溯源基础支撑服务平台，持续完善深度伪造鉴别资源库，建立健全深度伪造鉴别算法测试、评估、认证机制，支撑各类科研机构、产品研发机构持续开展深度伪造鉴别技术研究与产品研发。

（5）商用密码应用服务

推进商用密码应用服务能力建设，提供行业密码应用靶场、安全性自评估、态势分析以及知识共享等服务。

（6）智慧家庭应用服务

推进智慧家庭应用服务支撑能力建设，为各类智慧家庭类应用开发、测试、审核、管理等提供服务。

21. 加强行业技术规划和标准化工作。跟踪最新前沿关键信息技术，系统性研究新技术在广播电视和网络视听领域的融合应用，增强战略眼光和技术前瞻性，及时编制发布技术专项规划、白皮书、指导意见等文件，引导新技术在全行业应用。加强标准顶层设计，完善广播电视和网络视听标准体系，加强需求调研，开展云平台、人工智能、大数据、区块链、高新视频、5G 广播电视、融合媒体等领域的标准化研究，及时制修订紧迫性、关键性标准，统筹行业标准与国家标准、国际标准及团体标准之间的关系，形成完整的标准体系。加快广电大数据的分类整理、整合融通、汇聚应用、开放共享及安全保护，形成以数据为关键要素、大数据平台为纽带的智慧广电新业务体系；加强广播电视和网络视听云平台标准化建设和互联互通、协同应用，推动构建统分结合、互为支撑、高效协同的云服务体系；加强广播电视和网络视听区块链建设的顶层设计，加快编制区块链技术应用规划，着力构建多链架构、链间协同的区块链技术体系，推动区块链技术在节目制作与传播、内容审核与监管、视听内容版权保护与激励等领域的应用。到 2025 年，标准体系完备性和标准制定及时性进一步提高，技术规划、技术政策、技术标准对行业发展的规范引领作用进一步发挥。

22. 提升行业治理科技支撑水平。以先进技术赋能广播电视和网络视听治理能力现代化建设，深化大数据、人工智能、区块链等技术在行业统计监测、决策分析方面的应用，不断提升行业治理的科学性、精准性和有效性。到2025年，收视综合评价体系更加完善，广电大数据体系、融合传播基础信息平台、数字政府一体化在线服务平台基本建成，收视综合评价、广电大数据共享共用、融合传播效果评估、视听数据治理、网络传播秩序管理、视音频内容交易、智能电视APP管理、政务服务等各方面工作更加规范高效。

专栏13 行业治理科技支撑
（1）收视综合评价大数据系统 推进广播电视节目收视综合评价大数据系统扩容建设，进一步优化迭代收视综合评价算法和模型，加快用户收视数据有效汇聚，扩大数据汇聚规模。 **（2）广电大数据体系** 研究广电大数据体系方案，整合广电行业大数据资源，推进行业大数据资源的开发利用，使海量的数据资源转化为丰厚的数据资产，推进广电大数据共享开放，提升行业数字化管理能力，全面发挥大数据价值引领作用。 **（3）广电视听融合传播基础信息平台** 基于大数据、区块链等技术，建设广电视听融合传播基础信息平台，打通广播电视网和互联网之间、视听节目制作传播各环节之间的信息孤岛，建立融合传播信息综合大数据体系、从业主体信用精准评价体系。 **（4）全国视音频内容交易服务** 运用区块链、视听内容版权保护等技术，研究推进全国视音频内容交易服务能力建设，构建快捷高效安全的内容交易环境，为内容提供者、平台运营者、内容使用者提供信息共享、信息安全、审核共享、确权交易、维权监测等服务。 **（5）智能电视APP管理** 推进基于智能电视操作系统的APP支撑管理能力建设，为各类APP开发、审核、管理等提供服务。 **（6）数字政府一体化在线服务平台** 加强广播电视和网络视听数字政府建设，推动一体化在线服务平台升级和完善，提升政务服务和政务数据融合开放共享水平以及网络安全保障能力。

23. 进一步推进应急广播体系建设。加强新技术的创新应用，完善应急广播体制机制和标准体系，着力打造安全可控、反应敏捷、反馈迅速、全面覆盖的国家应急广播指挥调度控制平台，持续推动全国各级应急广播平台建设。研究运用广电5G、卫星、有线、无线、IPTV、互联网等渠道资源，提出应急广播消息快速传送和信息触发终端机制，触达手机、电视机、收音机、大喇叭、户外大屏等各类终端，不断提高应急广播人口覆盖率。到2025年，全国各级应急广播平台基本建成，实现与政府应急管理部门信息系统对接，工作机制基本确立，初步形成上下贯通、综合覆盖、平战结合、安全可靠的应急广播体系，提供覆盖城乡、精准管理、多场景应用的应急广播服务。

24. 加强科技国际交流合作。加强国际学术交流，积极参与ITU、ISO、IEC、ABU、APT、EBU、3GPP、IEEE、SMPTE、IETF等国际组织的技术交流、标准制定活动，围绕国家“一带一路”倡议，推进应急广播、视听内容版权、融合媒体、视音频编码、地面数字电视、

5G广播电视、智能监测、智慧电台等新技术应用成果走向世界，展示中国广播电视和网络视听技术自主创新实力。到2025年，我国自主创新的广播电视和网络视听技术对外交流成果显著，国际话语权进一步增强。

五、保障措施

（一）加强组织领导

各地区、各部门、各单位要高度重视广播电视和网络视听科技工作，主要负责同志要亲自抓、负总责，加强组织领导和管理创新，明确责任分工，健全协调推进机制，落实相关配套政策，加强同宣传、发改、财政、金融、网信、工信等部门的沟通协调，积极争取支持，协同推进重点任务落实。推动科技管理职能转变，按照抓战略、抓规划、抓改革、抓服务的定位，转变作风，提升能力，强化规划政策引导，形成支持全面创新 的体制机制。

（二）完善配套保障

各地区、各部门、各单位要将本规划提出的任务与经济社会发展规划有效衔接、同步推进，强化项目、人才、基地、资金等创新要素一体化配置，完善财税、金融等配套政策，争取各类资金支持，加大科技创新投入。要完善政策法规，深化科技体制改革，改进科技项目组织管理方式，加强科技攻关顶层设计和闭环管理工作机制，建立“揭榜挂帅”“赛马制”等制度，广泛撬动社会科研资源，完善科技成果评价机制，提高科技成果转移转化成效。

（三）强化人才支撑

健全专业技术人才培养、使用、评价、激励机制，加大人才引进力度，完善工资待遇、职称评定、职业技能等级评价等激励政策，加强科研诚信和监管机制建设，加快建立以创新、价值、能力、贡献为导向的科技人才评价体系，激发科技人员创新活力，培养造就一批瞄准科技前沿、潜心研究攻关、掌握关键技术的广播电视和网络视听科技领军人才和创新团队。加强广播电视和网络视听科技专家库建设，发挥行业内外专家咨询指导作用。

（四）加强督促落实

各地区、各部门、各单位要加强规划宣贯和培训，因地制宜制定具体实施方案，细化落实措施，明确时限计划，积极有序推进。要完善评估考核机制，组织对规划落实情况进行监督检查，开展中期评估，确保规划目标如期实现。

国家广播电视总局
2021年8月

出版业“十四五”时期发展规划

国新出发〔2021〕20号

为推动“十四五”时期出版业高质量发展，深入推进出版强国建设，根据《中华人民共和国国民经济和社会发展第十四个五年规划和2035年远景目标纲要》、“十四五”文化发展规划、《关于加强和改进出版工作的意见》等，编制本规划。

一、深刻把握出版业发展新任务新要求

“十三五”时期，在以习近平同志为核心的党中央坚强领导下，出版业深入贯彻落实党中央关于出版工作的重大决策部署，出版事业与党和国家各项事业同向同步，在正本清源、守正创新中取得历史性成就、发生历史性变革，为社会主义文化强国建设提供了重要支撑。党对出版工作的领导全面加强，出版治理效能不断提升。党的创新理论出版传播工作深入推进，习近平新时代中国特色社会主义思想更加深入人心，深刻地改变着中国、影响着世界，有力发挥了统一思想、凝聚力量的重要作用。出版业持续繁荣发展，各类出版精品佳作迭出，为满足人民日益增长的美好生活需要提供了更加丰富优质的精神食粮。全民阅读活动深入开展，实体书店、农家书屋建设扎实推进，2020年全国出版物发行网点超过26万处，全社会爱读书、读好书、善读书的文明风尚更加浓厚。出版业整体实力与质量效益稳步提升，2020年全国出版、印刷和发行服务营业收入超过1.6万亿元、资产总额超过2.2万亿元、净资产超过1.1万亿元，数字出版产业规模不断壮大，出版业在文化产业中的地位更加凸显。出版走出去取得新进展，2020年出版版权输出规模超过1.38万项，出版在增进中外文化交流互鉴、扩大中华文化感召力和影响力方面的作用显著增强。

“十四五”时期，是我国全面建成小康社会、实现第一个百年奋斗目标之后，乘势而上开启全面建设社会主义现代化国家新征程、向第二个百年奋斗目标进军的第一个五年。出版工作是党的宣传思想文化工作的重要组成部分，是促进文化繁荣兴盛、建设社会主义文化强国的重要力量。进入新发展阶段，出版工作迫切需要更好发挥服务大局、统一思想、凝聚力量的重要作用，进一步巩固壮大主流思想舆论；迫切需要提升内容建设水平和服务供给能力，更好以精品奉献人民；迫切需要积极适应新一轮科技革命和产业变革趋势，深化改革创新，转化增长动能，更好抢占数字时代出版发展制高点；迫切需要用好国内国际两个市场两种资源，增强走出去实效，讲好中国故事，传播好中国声音。

（一）指导思想

高举中国特色社会主义伟大旗帜，深入贯

彻党的十九大和十九届历次全会精神，坚持以马克思列宁主义、毛泽东思想、邓小平理论、“三个代表”重要思想、科学发展观、习近平新时代中国特色社会主义思想为指导，全面贯彻落实习近平总书记关于出版工作的重要论述，紧扣新时代中国特色社会主义事业总体布局和战略布局，围绕立足新发展阶段、贯彻新发展理念、构建新发展格局，聚焦举旗帜、聚民心、育新人、兴文化、展形象的使命任务，以社会主义核心价值观为引领，以推动出版业高质量发展为主题，以深化出版领域供给侧结构性改革为主线，以推动出版业改革创新为根本动力，以多出优秀作品为中心环节，以满足人民日益增长的学习阅读需求为根本目的，为人民群众提供更加充实、更为丰富、更高质量的出版产品和服务，推动出版业实现质量更好、效益更高、竞争力更强、影响力更大的发展。

（二）基本原则

——坚持党的全面领导。贯彻落实党管出版原则，健全完善党领导出版发展的体制机制，严格落实意识形态工作责任制以及主管主办制度和属地管理责任，把党的领导落实到出版工作的方方面面，为实现出版业高质量发展提供根本保证。

——坚持以人民为中心。尊重人民主体地位，坚持为人民出好书理念，保障人民阅读权益，把服务群众和教育引导群众结合起来，把满足需求和提高素养结合起来，促进满足人民文化需求和增强人民精神力量相统一。

——坚持新发展理念。把新发展理念贯穿出版发展的全过程、各领域，不断推进内容创新、技术创新和体制机制创新，支持产业链上下游深度融合，优化出版发展生态，转变出版发展方式，构建出版业发展新格局，实现更高质量、更有效率、更加公平、更可持续、更为安全的发展。

——坚持质量第一。把提高质量作为出版工作的生命线，牢固树立精品意识，增强原创能力，构建品位健康、品质优良、品类丰富的出版生产服务体系，着力打造思想精深、艺术精湛、制作精良的精品力作，充分发挥出版精品的示范引领作用。

——坚持把社会效益放在首位。以社会主义核心价值观为引领，正确处理出版意识形态属性和产业属性、社会效益和经济效益之间的关系，积极履行出版社会责任，注重出版的社会效果，弘扬主旋律，传播正能量，践行好出版职责使命。

——坚持统筹兼顾。牢固树立系统观念，加强顶层设计和协调推进，统筹好出版事业与出版产业、出版发展与出版管理、传统出版与新兴出版，促进出版全领域各环节协同高效，实现出版发展质量、结构、规模、速度、效益、安全相统一。

（三）主要目标

展望2035年，我国将建成出版强国，出版创新创造活力充分激发，优质内容供给能力显著增强，出版服务大局服务人民能力凸显，出版业实力、影响力、国际竞争力明显提高，出版领域治理体系和治理能力基本实现现代化，出版在增强国家文化软实力和中华文化影响力中的作用更加彰显。

锚定建成出版强国的远景目标，结合出版改革发展的形势和条件，坚持目标导向和效果导向相结合，坚持守正和创新相统一，到“十四五”时期末，出版强国建设取得重大进展，努力实现以下目标。

服务大局的能力水平达到新高度。全行业牢固树立围绕中心、服务大局意识，党的创新理论出版传播广泛深入，党中央决策部署宣传阐释准确到位，主题出版的传播力引导力影响力明显提高，出版在宣传思想文化阵地中的重要性进一步凸显，服务党和国家事业发展的作用更加显著。主题出版印刷保障能力和应急印刷保障能力大幅提升。

满足人民学习阅读需求实现新提升。以人民为中心的出版导向更加鲜明，出版原创能力明显增强，精品生产机制更加健全，人民群众喜爱的优秀出版物持续涌现，出版公共服务体系更加完善，书香社会建设取得显著成效，出版在提升人民思想境界、增强人民精神力量中的作用更加突出。到“十四五”时期末，全国出版物发行网点数量达到30万处左右。

行业繁荣发展取得新突破。出版业供给侧结构性改革深入推进，转变发展方式迈出重要步伐，出版品种、结构、布局显著优化，现代出版体系建设取得重大进展，行业整体实力进一步增强，对文化产业增长的贡献率稳中有升，在坚持把社会效益放在首位的前提下，努力实现社会效益和经济效益双跃升、双丰收。重点培育10家左右主业突出、综合实力强、品牌价值凸显的出版发行企业。国家印刷示范企业增长引擎作用更加明显，数字印刷等新动能持续增强。到“十四五”时期末，出版、印刷和发行年营业收入达到2万亿元左右。

产业数字化水平迈上新台阶。出版科技创新与成果转化能力明显增强，数字技术赋能引领作用充分发挥，内容生产传播数字化水平显著提升，数字出版、按需印刷等新业态新 模式更加多元，精品供给更加丰富，数字化营收占比持续提 高，行业融合发展进一步深化。重点培育10家左右优势明显、传播力强、影响广泛的新型出版企业。

出版走出去取得新成效。出版国际交流合作渠道更加丰富有效，对外贸易的范围、领域、层次进一步拓展，中国优秀出版物国际影响力明显增强，出版走出去取得更大实效。到“十四五”时期末，出版物版权年输出规模达到2万项左右。

行业治理效能得到新提高。党管出版的体制机制更加健全，出版领域法规制度体系更加完备，全社会版权保护意识和保护水平明显提高，应对防范出版领域意识形态风险能力进一步增强，出版业数据共享、开发、应用和网络安全水平显著提升，行业发展安全保障更加有力。形成统一开放、竞争有序的出版物市场体系，市场环境持续改善，行业生态不断优化。

二、做强做优主题出版

把学习宣传贯彻习近平新时代中国特色社会主义思想作为长期重大政治任务，及时策划、编辑、出版、传播党的创新理论读物，打造文献精编、权威读本、理论专著、通俗读物等多层次作品体系，推动党的创新理论更加深入人心、落地生根。坚持围绕中心、服务大局，打造更多培根铸魂、启智增慧的出版精品，更好为全面建设社会主义现代化国家统一思想、凝聚力量。

加强党的创新理论出版传播。发挥出版在理论研究宣传中系统深入的优势，推进马克思主义中国化、时代化、大众化最新成果的出版。聚焦学习宣传贯彻习近平新时代中国特色社会主义思想，统筹做好习近平总书记重要著作、讲话单行本、论述摘编、思想研究、实践成果、用语解读以及描写习近平总书记工作、生活足迹等作品出版工作，加强学理化、学术化阐释，推出一批有学理深度和学术厚度的理论专著；增强针对性，扩大覆盖面，面向党员干部、知识分子、工农群众、大中小学生等不同群体，推出一批在深入研究基础上进行浅出表达的大众化读物。聚焦习近平总书记“七一”重要讲话提出的一系列新的重大思想、重大观点、重大论断，推出一批重要理论力作。强化习近平新时代中国特色社会主义思想读物发行保障和网上出版传播，让党的创新 理论传得更开更广更深入，更好地武装全党、教育人民、推动工作。整合对外出版资源力量，推动习近平总书记著作及相关图书译介出版，扩大海外发行规模，深入宣介习近平新时代中国特色社会主义思想。

做好重大主题作品出版传播。聚焦党和国家重大决策部署和年度工作主题主线，推出一批反映时代新气象、讴歌人民新创造的重点出版物。围绕国家有关重大战略，有针对性地策划出版一批准确阐释、解疑释惑、凝聚力量的优秀读物。紧扣宣传党的十九届五中全会精神，解读“十四五”时期我国发展的战略目标和任务部署，阐释进入新发展阶段、贯彻新发展理念、构建新发展格局、推动高质量发展的丰富内容和实践要求，策划出版一批服务创新驱动发展战略、新型城镇化战略、区域协调发展战略、制造强国战略等国家重大战略和反映我国社会主义现代化建设伟大成就的精品读物。聚焦宣传党的十九届六中全会精神，推出一批深刻阐述党的百年奋斗重大成就和历史经验、深刻阐释全会提出的重要思想和重大论断、深刻阐明“两个确立”对新时代党和国家事业发展及对推进中华民族伟大复兴历史进程具有决定性意义的理论力作。围绕建党 100 周年、党的二十大、毛泽东同志诞辰 130 周年、邓小平同志诞辰 120 周年、中国人民抗日战争胜利 80 周年等重要时间节点，打造一批高质量、影响大的主题出版精品。

推进弘扬中华民族精神作品出版传播。围绕充分展现中国人民的伟大创造精神、伟大奋斗精神、伟大团结精神、伟大梦想精神，打造一批出版精品。聚焦中国特色社会主义、中国梦、社会主义核心价值观、坚定理想信念、民族团结进步等，围绕公民道德建设、褒扬英雄模范、宣传先进典型人物等，推出一批主题鲜明突出、内容丰富生动、形式灵活多样的优秀出版作品。围绕深入开展党史学习教育和“四史”宣传教育，出版一批党史、新中国史、改革开放史、社会主义发展史相关读物。

强化主题出版组织引导。进一步完善主题出版选题策划机制，优化主题出版选题结构，提升选题质量。严格落实重大选题备案制度，加强选题内容审核把关，确保坚持正确政治方向、出版导向、价值取向。鼓励创新表达方式和传播手段，增强主题出版物的吸引力感染力影响力，打造一批双效俱佳的主题出版精品。建立重点作品跟踪推进机制，整合各方有效资源，加强全流程内容把关和质量管理，打造标杆性主题出版精品。

专栏 1 习近平新时代中国特色社会主义思想出版传播

习近平新时代中国特色社会主义思想重要读物出版：认真做好习近平总书记重要著作、讲话单行本、论述摘编的出版发行工作，并精心组织少数民族文字版、外文版、繁体中文版、盲文版等的出版发行。继续编辑出版《习近平谈治国理政》。重点做好习近平总书记“七一”重要讲话多语种多版本的出版发行工作。

习近平新时代中国特色社会主义思想研究阐释读物出版：围绕习近平新时代中国特色社会主义思想的丰富内涵，推出一批高质量高水平的理论阐释读物，重点组织出版《习近平新时代中国特色社会主义思想学习问答》，编辑出版《习近平外交思想学习纲要》《习近平经济思想学习纲要》《习近平法治思想学习纲要》等分领域学习问答、学习纲要。

习近平新时代中国特色社会主义思想大众化普及化读物出版：围绕生动普及、有效传播习近平新时代中国特色社会主义思想，组织出版一批吸引力、感染力强的分众化作品，重点打造描写习近平总书记工作、生活足迹的系列重要作品，打造“习近平讲故事”系列丛书、《总书记来过我们家》、《收到总书记回信后》等大众读物、特色读物。

习近平新时代中国特色社会主义思想读物发行传播：做好党的创新理论相关出版物发行保障工作。建好用好“新时代 新经典——学习习近平新时代中国特色社会主义思想重点数字图书专栏”。做好习近平总书记著作海外翻译出版发行。

习近平新时代中国特色社会主义思想读物出版统筹组织：根据中央部署和工作重点进行统一安排、合理规划、分类实施，建立健全习近平新时代中国特色社会主义思想读物出版的统筹协调机制，做好立项、编写、审核、出版、印制、发行、宣传等工作。设立“习近平新时代中国 特色社会主义思想大众化普及化精品项目库”。

专栏2 主题出版传播

马克思主义经典著作研究出版工程：推动出版单位深入研究马克思主义深邃的思想内核，加强总体性研究，拓宽研究视角，重点打造《马克思主义经典文献传播通考》《马克思主义经典作家文库》《马藏》等，不断丰富马克思主义经典著作成果宝库。

“四史”题材作品出版工程：围绕“四史”宣传教育，推出一批经典教材和主题出版物，打造“建党百年书系”、“党的革命精神谱系”丛书等，打造《中国共产党简史》《中华人民共和国简史》《改革开放简史》《社会主义发展简史》等重点作品。开展“书映百年伟业”好书荐读、“红色经典、献礼百年”阅读、党建文献主题阅读等读书学史活动。

现实题材作品出版工程：围绕全面建设社会主义现代化国家等主题，打造坚定信仰、信念、信心的“三信书系”；服务有关国家重大战略，精心打造“强国书系”。做好纪录小康工程相关出版工作。围绕经济持续健康发展、深化改革开放、精神文明建设、生态环境保护、民生福祉保障等主题，鼓励出版单位推出一批重点作品。持续实施“中华人物故事汇”丛书出版工程。

重点时政社科期刊舆论引导能力建设工程：根据年度党和国家重大主题宣传需要，每年遴选支持一批重点时政社科期刊，策划推出相关重点专题和专栏专刊，形成舆论强势。开展“期刊主题宣传好文章”推荐活动，每年遴选推荐100篇左右主题鲜明的好文章。

三、打造新时代出版精品

着眼提高全民族思想道德素质、科学文化素质和身心健康素质，促进人的全面发展和社会全面进步，改善人民生活品质，提升社会文明程度，大力加强精品出版、原创出版，推出更多既能满足人民文化需求、又能增强人民精神力量的出版精品，着力打造一批在全国有影响力、在国际上有竞争力的出版品牌。

实施一批重大出版工程。围绕巩固壮大主流思想舆论、服务经济社会各领域高质量发展、传承弘扬中华优秀传统文化等，规划实施若干体现新时代文化成就、代表国家文化形象的重大出版选题，推出一批具有长远意义、代表国家水准、产生世界影响的传世精品。

整理出版一批重要文化典籍。坚持创造性转化、创新性发展，着眼加强保护、研究与利用，系统性整理出版一批重点古籍。加强对出土文献、重要考古成果和具有重大价值社会档案的抢救性整理。针对存藏海外的中国古籍，加强查访了解、调研摸底，利用多种方式进行整理出版。持续推广普及经典古籍权威版本。健全全国古籍工作体制机制，完善覆盖全国的古籍工作体系，形成古籍工作“一盘棋”格局，提升新时代古籍保护利用能力和古籍工作水平。

推出一批人文社科领域出版精品。着眼推动构建中国特色、中国风格、中国气派的哲学社会科学，打造一批高水平哲学社会科学重要著作。着眼以文化人、以文育人，鼓励出版更多体现人文精神、彰显人文关怀的优秀出版物，重点扶持一批反映时代新气象、讴歌人民新创造的文学艺术出版精品。着眼满足人民群众多层次、多方面、多样化的阅读需求，出版更多普及知识、陶冶情操的大众读物。

推出一批科学技术类出版精品。服务科技强国建设，面向世界科技前沿、面向经济主战场、面向国家重大需求、面向人民生命健康，打造一批反映科学研究前沿、代表国家科技实力的出版精品。着眼满足重大科技攻关需要，瞄准人工智能、量子信息、集成电路、生命健康、脑科学、生物育种、空天科技、深地深海等前沿领域，推出一批具有前瞻性、战略性的科技出版精品。加快世界一流科技期刊建设。推出一批弘扬科学精神、普及科学知识的科普读物。

推出一批少儿读物精品。面向青少年积极传播党的创新理论，开展“四史”宣传教育，贴近青少年阅读习惯，创新方法手段，组织推出一批生动阐释、丰富呈现的学习读物。聚焦培育时代新人，引导青少年以实现中华民族伟大复兴为己任，推出一批立德树人、启智增慧的教材、读物，培养德智体美劳全面发展的社会主义建设者和接班人。落实《新时代公民道德建设实施纲要》《新时代爱国主义教育实施纲要》，组织出版一批大力弘扬民族精神和时代精神、培育和践行社会主义核心价值观、传承中华优秀传统文化的优秀少儿图书、绘本连环画、有声读物等。

专栏 3 新时代出版精品
重大出版工程：推进《中国大百科全书》第三版编纂出版，推进《复兴文库》编纂。推进中华民族音乐传承出版工程、中国经典民间故事动漫创作出版工程。支持有关重点志书、专门史、盲文、民文项目出版。 **重要文化典籍整理出版**：整理出版 300 种以上中华典籍，组织《永乐大典》、敦煌文献等重点古籍系统性保护整理出版。推进点校本“二十四史”及《清史稿》修订工程、《中国历代绘画大系》等重点古籍整理出版项目和中华优秀传统文化普及出版工程。 **原创精品创作出版**：继续实施优秀通俗理论读物出版工程、优秀现实题材文学出版工程，启动实施科普读物等原创精品出版工程。深入推进优秀青少年读物出版工程，打造一批青少年喜闻乐见的高质量少儿读物、教辅读物，重点打造《我听习爷爷讲故事》、《青少年读“四史”》、《童心向党、热爱祖国》（连环画）、《我爱传统文化》（连环画）等精品读物。 **精品出版建设引导**：开展精神文明建设“五个一工程”奖优秀图书、中国出版政府奖、

中华优秀出版物奖评选和“中国好书”推荐。扶持引导出版更多反映各领域各学科最新成果的学术研究著作。组织实施出版内容和编校质量提升计划，进一步完善出版物质量保障体系。

精品科技期刊建设工程：鼓励有实力的科技期刊出版企业整合重组期刊资源，加快形成具有较大规模、较强实力的科技期刊出版集群和集团，打造一批高品质科技期刊。着眼建设世界一流科技期刊和推动学术期刊繁荣发展，优化科技期刊出版资源配置，进一步完善学术期刊评价体系，展示高水平学术研究成果。

四、壮大数字出版产业

实施数字化战略，强化新一代信息技术支撑引领作用，引导出版单位深化认识、系统谋划，有效整合各种资源要素，创新出版业态、传播方式和运营模式，推进出版产业数字化和数字产业化，大力提升行业数字化数据化智能化水平，系统推进出版深度融合发展，壮大出版发展新引擎。

着力推出一批数字出版精品。加强数字出版内容建设，深入推进数字出版供给侧结构性改革，有力发挥重点项目和工程示范带动作用，推出一批导向正确、内容优质、创新突出、双效俱佳的数字出版产品和服务。实施品牌提升计划，鼓励出版单位推出更多数字出版拳头产品，打造一批国际知名数字出版品牌。着眼弘扬中华优秀传统文化，加强古籍数字化开发利用，推出一批古籍数字化重点项目。引导网络游戏健康有序发展，支持创作更多优秀现实题材和历史题材网络文学精品，加强网络数据库建设。

大力发展数字出版新业态。推动数字技术赋能出版全产业链条，补足补强出版业数字化薄弱环节，进一步催生传统出版与数字业务相融合的新型出版业态。着眼满足消费升级新要求，顺应数字时代文化生活移动化智能化个性化新趋势，精准匹配用户需求和应用场景，推广互动式、服务式、场景式传播，打造数字出版新产品新服务新模式。鼓励跨界融合，推动数字出版与经济社会各领域相加相融，构建附加值高、功能多样的新型“出版+”业态。

做大做强新型数字出版企业。根据不同出版门类的规律特点，推出一批技术领先、融合度高、精品聚集、示范性强的出版单位，带动行业全面提高融合发展能力和水平。鼓励有条件、有实力的出版单位加大投入力度，巩固壮大数字出版规模优势，打造主业突出、国际竞争力强的数字出版龙头企业，建设具有广泛影响力的国家级数字出版平台。对接国家区域发展战略，加强对数字出版基地（园区）的规范管理和科学引导，突出基地（园区）对数字出版企业的孵化、服务、支撑作用，形成创新活跃、资源集聚、带动效应明显的数字出版企业集群。

健全完善数字出版科技创新体系。突出科技创新在推动出版业数字化转型升级、实现深度融合发展中的重要作用，大力推动5G、大数据、云计算、人工智能、区块链、物联网、虚拟现实和增强现实等技术在出版领域的应用，推动国家出版发行信息公共服务平台的应用。鼓励出版单位与高等院校、科研机构、科技企业等加强合作，建设高水平行业重点实验室、协同创新平台、技术研发中心，促进相关科技成果高效转化。强化出版企业创新主体地位，促进各类创新要素整合集聚，形成以企业为主体、市场为导向、产学研用相衔接的技术创新体系。推动建立行业数据服务规范，构建出版行业数据服务体系，开展面向政府、企事业单位和个人的数据服务。

专栏 4 出版融合发展工程
重大出版融合发展项目：围绕国民经济和社会发展重要领域、重大工程，重点聚焦社会主义核心价值观、新时代公民道德建设、新时代爱国主义教育、乡村振兴等主题，推出一批出版融合发展重点项目。打造推出代表国家水平的党史文献、社科文献、科技文献、学术文献融合出版精品。 **文化传承融合出版工程：**遴选一批具有重大文化传承意义的出版融合发展项目。深入推进国家古籍数字化工程，重点建设国家古籍数字化总平台和国家古籍数字资源版本库。 **数字出版内容精品工程：**深入实施数字出版精品遴选推荐计划，面向出版单位和文化科技企业评选 100 种左右优质数字出版产品和服务项目，建立数字出版精品项目库。深化实施优秀现实题材和历史题材网络文学出版工程、有声读物精品出版工程，启动实施主题游戏出版工程。 **出版融合发展示范单位和大型数字出版平台建设：**实施出版融合发展示范单位遴选推荐计划，区分不同类型出版单位，遴选 20 家左右综合实力强的出版融合旗舰单位、30 家左右优势突出的出版融合特色单位，培育融合发展第一方阵。鼓励有条件的出版单位积极建设综合性、专业化大型数字出版平台。 **出版业科技与标准创新示范项目：**每年评选确定一批出版技术研发、标准研制等方面的优秀成果，一批在出版科技与标准应用方面具有示范作用的单位。 **报业创新发展引领示范工程：**每年面向报纸出版单位遴选 60 种左右优质深度融合发展创新项目，举办中国报业创新发展大会、创新案例展览、新媒体业务培训，培育一批具有强大影响力和竞争力的新型报纸出版单位。

五、促进印刷产业提质增效

深化印刷业供给侧结构性改革，扩大优质印刷产品和服务供给，统筹发展和安全，加快构建产能供给优质、技术先进安全、绿色融合开放的印刷产业体系。

提高印刷供给体系质量。建立健全重点出版物印刷保障体系，高质量做好重大主题出版物、中小学教科书和重点应急印刷品的印制保障工作。针对高品质、个性化印刷产品需求，顺应消费升级趋势，加快新旧动能转换，优化供给结构，改善供给质量，提升印刷供给体系对国内需求的适配性。

推动印刷产学研用协同创新。集中优势资源突破喷墨数字印刷等关键核心技术，解决一批“卡脖子”问题。加快重大印刷技术装备工程化产业化步伐，分类布局建设印刷技术装备创新高地。建立重大需求传导机制，支持印刷骨干企业与高等院校、研究机构等加强合作，协同创新。高标准办好中国印刷业创新大会，加强大会对印刷业发展的引导和推动。

培育一批优质骨干印刷企业。加强统筹规划，强化新技术新创意新服务应用推广，打造先进制造业和现代服务业深度融合的印刷骨干企业。实施全印刷补链强链护链工程，培育壮大一批国家印刷示范企业、细分领域单项冠军企业和“专精特新”中小企业。发挥骨干企业的示范带动作用，提升我国印刷业的国际竞争力和影响力。

推动印刷业区域协调发展。规划引导东中西部印刷业梯度布局，深化京津冀印刷业协同发展先行区、长三角印刷业一体化创新高地、珠三角印刷业高水平对外开放连接平台建设。优化印刷生产要素空间配置，增强梯度发展韧性，形成特色鲜明、优势互补、融合互动、全面升级的产业布局。

专栏 5 印刷业创新发展
重大任务印制保障工程：科学布局一批政治过硬、质量可靠、管理规范的骨干印刷企业，做好峰值生产的产能储备和特殊情况下的产能备份。布局建设一批优质原辅材料生产基地，提升统筹调配和智能仓储管理能力。完善相关印刷标准和检测标准，开展质量巡查和抽查，确保印刷质量。 **中国印刷业创新大会**：发布推动发展和加强管理的政策举措、产业发展趋势报告、重要专题报告、重要研究成果等。交流印刷业创新发展、产能升级、技术研发、绿色融合的典型经验。拓展深化创新项目路演观摩活动，推动优秀项目落地，推动成立专门基金。完善协同创新运行机制，组建细分领域协同创新产业联盟，推动破解协同创新难题。 **印刷业关键核心技术及装备器材研发攻关工程**：开展以高精度微机电系统、激光技术、集成电路芯片技术等为代表的喷墨数字印刷喷头关键核心技术和高速喷墨控制技术、数字前端印刷软件系统、墨水及数字化控制技术、数字化书芯成型技术等数字印刷核心技术研究攻关。开展多色高速胶印机、环保高速凹版印刷机、高速柔性版印刷机、高速涂布印刷机、高速智能清废模切机、无线胶订智能联动线、精装智能联动线等高端装备自主创新，推进高速免处理 CTP 版材、数字化柔性版材、绿色油墨、环保橡皮布等印刷器材国产化进程。 **印刷智能制造示范工程**：升级完善“一本图书印刷智能制造测试线”，建设按需印刷智能制造测试线、包装印刷智能制造测试线，并实现应用推广。建设若干家印刷智能制造应用示范中心和一批示范智能工厂、数字化车间。 **全印刷补链强链护链工程**：补链是指分领域建设一批印刷互联网信息平台，推进企业数字化管理进程和自动化生产进程。强链是指推进印刷智能制造，推动按需印刷出版、个性化包装发展，推动印刷与各领域融合发展。护链是指推广使用绿色环保低碳的新技术新工艺新材料，推动关键零部件、重要原辅材料供应多元化。 **分期建设中国数字印刷大数据中心**：一期建设管理部门、出版单位、印刷企业与电商平台统一在线的信息化管理系统，对生产型数字印刷设备的生产信息实施在线监管。

六、加强出版公共服务体系建设

坚持政府引导、社会参与、全民共建，围绕优秀城乡文化资源配置，创新出版公共服务供给模式，提高公共服务的效率和质量，不断增强人民群众文化获得感幸福感。深入开展全民阅读活动，加强特殊群体和乡村地区阅读服务保障，在全社会大力营造爱读书、读好书、善读书的良好氛围，建设书香社会。

增强出版公共服务效能。优化出版公共资源配置，推动出版公共服务社会化发展、专业化运营，加快建设现代出版公共服务体系。加强各类出版公共服务设施建设，优化服务定位，升级服务标准，提升数字化水平，推动出版公共服务标准化、均等化，保障人民群众基本文化权益。推进国家版本馆等国家重大出版文化设施建设，持续优化馆藏内容和社会服务，充分发挥优秀出版文化资源在传承中华文明、赓续中华文脉中的重要作用。

创新开展全民阅读活动。着力推进主题出版阅读，聚焦学习贯彻习近平新时代中国特色社会主义思想，开展丰富多样的阅读推广活动。整合全民阅读资源，组织开展重点阅读活动，着力打造“书香中国”全国性阅读活动品牌，举办全民阅读大会，推动各地区各部门结合实际，以实体书店、农家书屋等为基础，大力开展读书节、读书月、阅读季等特色鲜明的品牌阅读活动。组织引导社会各方力量共同参与，充分发挥文化名家、知名作者的阅读引领作用，提升阅读活动的群众参与度、辐射面、号召力。加强阅读分众分类分级指导，健全全民阅读推广服务体系，营造良好社会阅读风尚。建好用好全民阅读公共服务平台，促进阅读便利化，提高阅读普及率。

保障特殊群体基本阅读权益。丰富老年人、进城务工人员、农村留守妇女儿童的阅读资源供给，保障特殊群体的出版文化权益。大力推进盲人读物出版，扶持盲人阅读推广。推动优质公共出版资源向农村地区、革命老区、少数民族地区倾斜，提高社会整体阅读服务水平。

提升乡村阅读服务水平。推动农家书屋对接基层群众实际阅读需求，增加优质内容供给，加强数字化升级改造，深化“百姓点单”服务模式，推动与“两中心一平台”共建共享，用高质量阅读服务提升书屋综合服务效能。支持加大乡村阅读投入和帮扶力度，鼓励出版单位积极参与乡村阅读推广，缩小城乡出版公共服务差距，助力乡村振兴。

专栏6 出版公共服务建设
国家级出版文化设施建设：坚持高质量推进、高水平运营，建好用好国家版本馆等国家重大出版文化设施。 **优化公共出版阅读资源配置：**优化基层出版阅读资源配置，推动公共图书馆、农家书屋、社区书屋、职工书屋等阅读场所完善配套设施，推动车站、机场等公共场所改善阅读条件，深入推动全民阅读进农村、进社区、进家庭、进学校、进机关、进企业、进军营、进网络。 **优秀全民阅读项目评选：**推动深入开展“书香中国”系列活动，每年评选资助10个左右全国性全民阅读优秀项目，总结推广基层促进全民阅读的好经验好做法。 **盲人群体阅读权益保障：**实施盲人数字阅读推广工程，建设盲用资源平台和数字出版基地，推进盲用数字化深度融合发展与传播，为盲人提供阅读便利。研制3D盲文绿色印刷技术及智能生产系统，推动盲文印制转型升级。 **农家书屋数字化提升工程：**加快农家书屋数字化建设，研发适合农民群众阅读的数字文化产品，丰富数字阅读资源供给，增强农家书屋数字化阅读服务能力，培育一批数字化服务典型模式和示范案例。探索建立农家书屋智能化管理体系，提升管理水平。

七、健全现代出版市场体系

进一步发挥市场在出版资源配置中的积极作用，更好发挥政府作用，深化体制机制改革，培育壮大更有活力、创造力和竞争力的出版市场主体。健全出版要素市场运行机制，全面促进出版市场消费，加快构建高效规范、竞争有序的出版市场。

推动市场主体做优做强。健全有文化特色的现代出版企业制度，支持出版发行企业在坚守主业基础上适度开展多元化经营，不断提升经营能力和管理水平，充分激发和释放市场主体活力。鼓励出版发行单位调整盘活存量资产，优化增量资本配置，探索利用市场化手段提升行业集中度，打造行业发展龙头。发挥出版产业基地优势，加强出版优质资源集聚，推动出版发行企业在业态创新、资源整合上取得更大突破。实施创建国际一流出版企业计划，推动建设实力雄厚、国际竞争优势明显、可持续发展能力强的世界一流出版企业。建设中国国际出版交流中心，努力打造主题出版发布交流平台、出版融合发展平台、出版精品展示平台、国际版权贸易和人文交流平台。

加强出版领域市场建设。优化提升人才、技术、数据、知识产权等出版要素资源质量，完善要素市场化配置体制机制，增强要素配置效能和保障能力，提高出版业全要素生产率。打通出版用纸、高端印刷、智能发行等行业堵点难点，推动畅通出版生产、分配、流通、消费各环节，实现行业上下游、产供销有效衔接、高效运转，提升出版产业链供应链现代化水平。突出消费对出版业发展的带动作用，稳步提升传统消费，培育促进新型消费，推动国内国际出版供给需求有效对接，形成需求牵引供给、供给创造需求的更高水平动态平衡。

健全出版物发行渠道。创新出版物发行业态形式、经营模式和服务方式，加快发行渠道资源整合，提升线上线下发行能力，健全广覆盖、多层次、多样态、可持续的发行网络和服务体系。完善城市出版物发行网点布局，鼓励发行企业参与城市文化功能区建设，支持社区书店、校园书店等发展，合理建设小微型发行网点，改善城市报刊亭面貌和服务水平。加强乡村地区出版物发行网点建设，鼓励农村发行网点与电商联合，建立实体与网络相结合的新型农村发行网点。推进新华书店网上商城建设。

完善出版领域市场准入机制。加强出版资质管理，进一步规范党和国家重要文献、教材、教辅、辞书、地图等门类的出版资质要求。建立健全出版单位及从业人员违规行为记录和信用管理制度，加强违规责任追究和失信惩戒，促进出版业健康发展。

专栏7 出版市场体系建设

出版要素流通建设工程：支持出版单位开展出版资源要素交易，支持具有产业链、供应链带动能力的出版企业探索构建适应企业业务特点和发展需求的数据中台、业务中台。

发行单位能力提升工程：鼓励各地加大实体书店支持力度，推动实体书店加快数字化、智能化改造，探索多业态融合发展，全面提升管理、运营、服务水平。推出一批具有文化地标意义的特色书店。打造和扶持具有重要品牌影响力和综合实力强的全国统一新华书店网络发行平台，扶持若干家骨干网络发行企业。

出版单位全媒体营销示范工程：每年遴选20家左右图书、期刊、音像制品、电子出版物出版单位，支持拓展线上线下发行渠道，利用短视频、网络直播、新媒体矩阵等新型营销方式，提升出版物发行能力。

八、推动出版业高水平走出去

统筹引进来和走出去，深化出版国际交流合作，扎实推进出版走出去重点工程项目，创新出版走出去方式，扩大出版物出口和版权输出，增强我国出版产业的国际竞争力，更好推动中华文化走出去。

加强出版走出去内容建设。着眼加快构建中国话语和中国叙事体系，策划出版一批面向国际市场的优秀图书，着力讲好中国共产党治国理政的故事、中国人民奋斗圆梦的故事、中国共产党和中国人民血肉联系的故事、中国坚持和平发展合作共赢的故事，让世界更好地了解真实、立体、全面的中国。坚持贴近不同区域、不同国家、不同群体受众，更好适应海外读者的阅读和文化习惯，创新出版物内容表达和呈现形式，增强国际出版传播的亲和力和实效性。加大对中国图书海外译介的扶持力度，提升翻译质量，增强传播效果。大力传播弘扬中华优秀印刷文化。

拓展出版走出去方式渠道。办好北京国际图书博览会，用好重要国际书展平台，适应线上线下融合办展趋势，完善国际书展参展及主宾国活动机制，高效传播中国优质出版内容。建设国际印刷技术交流合作平台，大力发展数字文化贸易，推动网络文学、网络游戏、在线教育、数字阅读、专业数据库等数字出版精品走出去。鼓励出版企业通过新设、收购、合作等方式，加大海外投资力度，优化境外投资结构布局，提升本土化运营能力水平。

增强出版国际竞争力影响力。加强出版走出去统筹协调，有效整合各种资源、渠道，加大支持保障力度，形成走出去工作合力。持续引导出版进出口贸易平衡，提升版权输出质量，扩大实物出口规模，改善贸易结构。支持瞄准海外细分市场和主流受众，培育国际知名出版品牌，推出更多具有国际一流水准、引领国际文化消费潮流的产品和服务。引导基础较好的出版单位优化海外发展战略，用好国内国际两个市场两种资源，积极融入国内国际双循环，提高企业国际化运作能力和经营水平。支持出版单位、行业协会等参加相关国际组织，参与制定国际标准和规则，增强我国出版国际话语权。

专栏8 出版走出去工程

亚洲经典著作互译计划：与亚洲国家商签双边协议，确定互译输出引进书目，开展书目互换、互译、出版发行工作。

中国出版物国际营销渠道拓展工程：组织出版企业参加国际书展，举办重要国际书展中国主宾国活动。打造北京国际图书博览会等国际书展品牌，建好用好“中国书架”、中国图书春节联展等活动平台。

对外翻译出版工程：实施经典中国国际出版工程、丝路书香工程、中外图书互译计划。

国际出版版权数据库建设项目：支持企业借助大数据、人工智能等新兴技术，动态实时收集分析出版物进出口、版权引进输出数据，为出版走向海外市场提供参考依据。

九、提高出版业治理能力与管理水平

坚持党管出版原则，更好履行政府职责，进一步加强和改进党对出版工作的全面领导，推动构建行政管理、社会治理、企业行业自律相结合的出版治理体系。

完善党管出版工作体制机制。深化落实党中央关于党委宣传部门统一管理出版工作的决策部署，理顺出版工作领导体制和工作机制，坚决落实党管出版原则。强化政治引领，充分发挥党组织在出版重大决策等方面的决定性作用，完善出版领域重大问题分析研判机制，健全出版工作重点任务部署落实制度，牢牢掌握党对出版工作的领导权。大力强化制度执行，加强属地管理、主管主办等制度落实情况的监督检查，推动属地管理部门和主管主办单位切实担负起对本地区本部门出版工作的指导、协调和管理职责，督促有关高校落实党委宣传部负责指导和管理所办出版单位制度。

规范网上网下出版秩序。严格规范出版单位与民营机构合作，严肃查处“买卖书号”行为。加强出版物价格监督管理，推动图书价格立法，有效制止网上网下出版物销售恶性“价格战”，营造健康有序的市场环境。进一步压实网上出版有关单位和平台的主体责任，强化分级分类管理，改进创新内容监管方式手段，加大网络游戏等重点领域专项治理，对人民群众反映突出的问题和乱象重拳整治，更好优化网上出版生态。加强对报纸出版秩序的规范管理，严肃查处报纸出版单位违规与民营机构合作、转让出版权、买卖刊号、出售版面、违规刊发广告等违法违规行为，持续深入开展打击新闻敲诈和假新闻专项行动。深入开展“扫黄打非”，严厉打击各类涉黄涉非出版传播活动，健全网上“扫黄打非”联席会议制度，加强区域性联防协作工程建设，推进基层“扫黄打非”工作常态化长效化，提升“扫黄打非”法治化信息化水平。加强出版物进口审读把关。用好文化市场综合执法队伍力量。

加强著作权保护和运用。改进和完善著作权登记、集体管理制度，健全版权保护、共享和交易系统，推进全国版权示范创建和国家版权创新发展基地试点工作，促进全国版权展会授权交易体系建设，进一步提升版权社会服务能力和水 平。推动数字版权发展和版权业态融合，充分利用云计算、物联网、大数据、区块链、人工智能等新技术，创新版权监管手段，强化版权全链条保护，鼓励有条件的机构和单位建设基于区块链技术的版权保护平台，提高版权执法有效性和 精准度。坚持正版化与信息化、信息安全相结合，推动重要行业和重点领域软件正版化工作制度化规范化，保障国家网络信息安全。提高版权保护工作法治化水平，严厉打击各类侵权盗版行为，持续开展“剑网”专项行动，加大执法监管力度，营造良好版权保护环境。

深化出版领域“放管服”改革。推进落实“证照分离”改革全覆盖要求，编制出版领域中央层面设定的行政许可事项清单，分级分类落实证明事项告知承诺制、涉企经营许可事项告知承诺制，编制基层政务公开事项标准指引。准确把握出版领域行政许可意识形态特点，坚持依法、安全、稳妥，创新工作理念思路，优化工作机制流程和营商环境，提高审批效率和服务水平。

加强出版领域法规体系建设。研究制定网络游戏管理办法和新兴出版业态管理相关规定，修订《中华人民共和国著作权法实施条例》《著作权集体管理条例》《网络出版服务管理规定》《印刷业经营者资格条件暂行规定》《报纸出版管理规定》《出版物市场管理规定》等法规规章。健全出版单位考核评估机制，优化社会效益评价指标体系，完善考核结果运用办法。

专栏 9 出版市场管理
报业行政管理能力提升工程：推进建设全国标准统一的报业行政管理网络系统，构建机构、人员、活动、内容“四位一体”的管理服务平台。 **地方新闻出版（扫黄打非）联防能力提升工程：**建设中央、省、市三级协同监管体系，

在5个重点地区分别建设1个监管中心及宣传教育基地，充分发挥有关联防协作机制作用，切实增强相关地方“扫黄打非”部门技术保障和协同能力。

出版领域区块链技术创新应用工程： 推动智能合约、共识算法、加密算法、分布式系统等区块链技术在出版产业中的创新应用，以联盟链为重点，发展区块链服务平台，完善数字资产与供应链管理，健全行业监管机制，提高出版（版权）管理水平。

十、完善出版业高质量发展保障措施

顺应出版业高质量发展要求，加强政策有效供给，完善制度保障体系建设，促进出版业质量变革、效率变革、动力变革，推动出版业提质增效，为建设出版强国提供强有力的支撑保障。

加强出版重大课题研究。站位全局，着眼长远，聚焦出版业发展基础性战略性关键性问题，组织开展前瞻性系统性研究，为出版业高质量发展提供智力支持。围绕制约出版业高质量发展的困难和挑战，深化开展专题研究和应用对策研究，为科学决策提供参考依据。推进出版高端智库建设，更好发挥出版研究机构、行业协会、高等院校的智库作用，支持有关地方和单位积极开展出版智库建设，加强社会类出版智库规范引导，统筹推进各类出版智库规范发展。

健全精品出版激励机制。推动出版单位构建以精品生产为中心的考核评价体系，引导激励多出优秀作品。优化提升各类出版物评奖推荐活动效果，改进出版阅评、图书排行、图书评论等工作，坚持精益求精，加强宣传推介，更好引领出版精品创作生产。加强源头原创，制定重点选题规划，优化重点选题策划论证机制，加强重大题材内容审核把关，提高出版原创能力水平。建立健全精品出版与社会效益考核评价、评奖评优、出版资源配置协调联动机制。继续实施出版宏观调控，优化书号、刊号等出版资源配置。

完善出版经济政策体系。推动完善出版融合发展、印刷业转型升级、实体书店提质增效、深化出版走出去等财税政策。推动延续出版、发行、出口等环节有关税收优惠政策，建立宣传文化增值税优惠政策长效机制。积极对接运用国家有关企业设备更新和技术改造、扩大战略性新兴产业投资、推进新型基础设施建设等方面的支持政策。

优化资金投入机制。提高国家出版基金资助力度和精准度，统筹用好相关出版专项资金，加大主题出版、学术出版、融合出版支持力度，提高原创精品扶持效能。对国家级出版公共文化设施、重大出版工程、重大出版融合发展项目，积极协调财政资金支持。鼓励获得国家社科基金、国家自然科学基金资助的项目研究成果在国内出版、发表，协调进一步加大基金对优秀科研成果出版、发表的资助力度。用好中国文化产业投资基金、国家文化产业发展项目库等政策渠道。鼓励各地区各部门加大对出版领域的资金支持力度，积极出台扶持出版业发展的政策措施。

强化出版技术支撑。把先进科技作为出版业发展的战略支撑，推进实施一批出版科技创新重点项目，推动将出版技术研发列入国家重点研发计划，加强出版领域基础性和关键共性技术研发推广。统筹行业重大科技工程与企业基础技术设施建设，培育技术要素市场，扶持创新示范项目，促进科技资源优化配置和科技成果转化应用，以科技创新带动出版产品创新、服务创新、模式创新、业态创新。优化行业标准体系结构，建立符合出版业发展要求的高质量标准体系，推动标准工作提档升级。

加强出版人才队伍建设。深入开展马克思主义新闻出版观教育，推进增强“四力”教育实践工作，发挥文化名家暨“四个一批”人才、宣传思想文化青年英才等高层次人才工程作用，培养造就一批出版领军人物和出版家。加强创新型、应用型、复合型人才培养，重点打造出版理论人才、优秀骨干编辑、优秀校对人才、数字出版人才、印刷发行业务能手、版权运营专家、出版国际贸易人才等，建设新时代出版人才矩阵。推动从事网络出版业务的企业配备一支政治素质高、业务能力强、与内容生产规模相适应的编辑、审核队伍，提高对网络出版物的把关能力和水平。健全以创新能力、质量、实效、贡献为导向的出版人才评价体系，对急需紧缺的特殊人才实施特殊政策，构建充分体现知识、技术等创新要素价值的激励机制，鼓励在人才引进、绩效考核等方面加大对出版融合发展业务的支持力度。深化出版专业技术人员职称制度改革，推进实施完善职业技能等级认定工作，支持举办全国行业职业技能大赛，畅通数字出版从业人员职业资格考试渠道，健全完善继续教育培训和职称评定的长效机制。加强出版学学科建设和专业人才培养，构建中国特色社会主义出版学学科体系。

专栏 10 出版业高质量发展保障工程

出版智库高质量建设计划：深入推进出版领域智库建设，着力打造 20 家左右有较大影响力和知名度的出版高端智库，每年遴选 5 家左右方向定位清晰、研究水平上乘、学术影响广泛的出版智库，在出版战略研究、政策建言、人才培养、舆论引导等方面发挥智力支持作用。加强出版智库后备力量建设，每年扶持 5—10 家基础好、有潜力的出版研究机构。

重点出版物规划引导：编制实施《“十四五”时期国家重点图书、音像、电子出版物出版专项规划》《2021—2030 年国家古籍规划》，建立滚动式、可持续的创作生产机制，持续推出质量上乘、吸引力感染力强的重点出版物，更好发挥引领带动作用。

出版领域青年人才能力提升计划：推动传统出版单位和数字出版企业加大优秀青年人才培养力度，每年遴选 30 位名编辑、30 位名校对、30 位优秀青年数字出版人才，在学习培训、课题研究、交流锻炼等方面予以支持。每年遴选 30 位报业创新发展领军人才。

出版学学科高质量建设计划：深入推进出版学学科建设，进一步优化学科顶层设计，加强理论研究、人才培养等工作，为出版高质量发展提供有力理论和人才支撑。

编辑记者队伍建设提升计划：加强编辑记者队伍人才培养和管理的顶层制度设计，建立健全新闻专业技术人员职业资格制度，加强政治教育引领，编辑出版专业培训教材，提升全媒体编辑记者报道水平，推动人才培养使用、激励约束、待遇保障等体制机制不断优化，建设高素质、专业化编辑记者队伍。

十一、强化规划部署实施

各级新闻出版部门和出版单位主管部门要以习近平新时代中国特色社会主义思想为指导，增强“四个意识”、坚定“四个自信”、做到“两个维护”、胸怀“国之大者”，从全局和战略的高度，对标本规划提出的目标任务，加强政策和制度衔接，可结合各自实际编制本地区本部门出版规划。

切实加强组织领导，建立规划推进机制，明确责任分工，调整优化预算支出结构，确保规划抓实抓好抓出成效。重大工程、重点项目的牵头部门要切实落实主体责任，明确细化任务书、时间表、路线图，确保扎实高效推进。积极协调发展改革、科技、财政、税务等部门加大对本规划重大任务、重大工程的支持力度。指导行业协会坚持正确政治方向和工作导向，完善沟通机制、加强工作衔接，始终与主管部门保持步调一致、同频共振。完善行业协会管理体制，推进行业协会制度化规范化建设。发挥行业协会在主管部门与出版企业之间的桥梁纽带作用，促进行业自律，凝聚行业力量。

建立规划实施监测评估机制，加强对规划实施情况的年度监测、中期评估和总结评估，加强评估成果运用，确保规划确定的重大任务、重大工程、重要政策落地实施，确保规划目标如期实现。

附件：（具体内容，略）

1.“十四五”时期国家重点图书、音像、电子出版物出版专项规划

2. 印刷业“十四五”时期发展专项规划

3. 出版物发行业“十四五”时期发展专项规划

国家新闻出版署

2021 年 12 月 28 日

元宇宙产业创新发展三年行动计划（2023—2025 年）

工信厅联科〔2023〕49 号

元宇宙是数字与物理世界融通作用的沉浸式互联空间，是新一代信息技术集成创新和应用的未来产业，是数字经济与实体经济融合的高级形态，有望通过虚实互促引领下一代互联网发展，加速制造业高端化、智能化、绿色化升级，支撑建设现代化产业体系。当前，全球元宇宙产业加速演进，为抢抓机遇引导元宇宙产业健康安全高质量发展，有力支撑制造强国、网络强国和文化强国建设，制定本行动计划。

一、指导思想

以习近平新时代中国特色社会主义思想为指导，全面贯彻党的二十大精神，完整、准确、全面贯彻新发展理念，加快构建新发展格局，把实施扩大内需战略与供给侧结构性改革有机结合，以构建工业元宇宙、赋能制造业为主要目标，以新一代信息技术融合创新为驱动，以虚实相生的应用需求为牵引，以培育元宇宙新技术、新产品、新模式为抓手，发挥有为政府和有效市场合力，统筹发展和安全，系统性谋划、工程化推进、产业化落地，推动元宇宙产业高质量发展。

二、基本原则

坚持创新驱动。释放元宇宙集成创新动能，带动相关技术跨界融合发展。坚持补短板和锻长板并重，加速元宇宙关键核心技术突破，推动产业加速向高端化迈进。坚持场景牵引。开拓元宇宙应用场景，以场景建设带动元宇宙技术与产品落地应用，形成需求牵引供给、供给创造需求的高水平发展局面。坚持融合互促。把握元宇宙虚实融合的特征，构建物理世界的虚拟映射，激发数字技术赋能、叠加、倍增作用，提升数字空间和物理世界生产力。坚持安全可靠。统筹发展与安全，加强政策引导和标准引领，推动元宇宙治理体系建设。筑牢产业基础，增强产业链供应链韧性，提升安全保障能力。坚持开放协作。深化国际交流合作，主动参与国际治理，实现互利共赢。加强产学研用协作，有效配置资源，推动创新链产业链资金链人才链深度融合。

三、发展目标

到 2025 年，元宇宙技术、产业、应用、治理等取得突破，成为数字经济重要增长极，产业规模壮大、布局合理、技术体系完善，产业技术基础支撑能力进一步夯实，综合实力达到世界先进水平。培育 3—5 家有全球影响力的生态型企业和一批专精特新中小企业，打造 3—5 个产业发展集聚区。工业元宇宙发展初见成效，打造一批典型应用，形成一批标杆产线、工厂、园区。元宇宙典型软硬件产品实现规模应用，在生活消费和公共服务等领域形成一批新业务、新模式、新业态。

长期看，元宇宙关键核心技术实现重大突破，形成全球领先的元宇宙产业生态体系。打造成熟的工业元宇宙，开拓虚实互促的制造业增长新模式。建成泛在、通用、无感的元宇宙空间，推动实现人类生产生活方式的整体跃升。形成安全高效的元宇宙治理体系，营造健康可持续的产业发展环境。

四、重点任务

（一）构建先进元宇宙技术和产业体系

1. 加强关键技术集成创新。强化人工智能、区块链、云计算、虚拟现实等新一代信息技术在元宇宙中的集成突破，推动智能生成算法、分布式身份认证、数据资产流通等元宇宙关键技术在国家重大科技项目中的布局。发展关键基础软件，开发面向元宇宙的操作系统和中间件，突破建模软件、绘制引擎、物理仿真引擎、沉浸式视音频编解码引擎，构建一站式元宇宙开发平台。突破高端电子元器件，加快图形计算芯片、高端传感器、声学元器件、光学显示器件等基础硬件的研发创新。

专栏1 提升关键技术

数据流通技术。持续攻关区块链、隐私计算等技术，探索数据资产的价值发现、确权保护、授权流通，推进以区块链为核心的数据治理和数据资产跨平台流通技术体系，实现数据流通到价值流通的转变，构建元宇宙信任基础设施。

内容生产技术。打造适用元宇宙的智能内容生产工具，发展智能采集、智能渲染、智能编码、智能审核、智能驱动、智能生成与智能编辑，提高内容生产效率和质量，实现多人实时协同、端边云一体渲染的内容生产。

数字孪生技术。重点发展实时化仿真、物理精准仿真、云化建模仿真、数据驱动混合建模、群体智能优化仿真等技术，研发模型封装、资产管理壳等模型互操作技术，建立面向特定行业、特定环节的模型库、工艺库等基础知识库。

感知交互技术。突破手势、眼动、头部追踪、动作捕捉等体感交互技术，攻关语音、情感交互技术，前瞻布局新型显示、肌电传感等，实现基于自然交互的人、物、场同步，推动多通道感知交互的融合发展。

网络与计算技术。推动5G-A/6G、千兆光网/万兆光网、FTTR、高速无线局域网、卫星互联网、云网融合等新型网络技术创新，加快高性能计算、异构计算、智能计算、量子计算、类脑计算等突破，推动云网、算网协同发展。

2. 丰富元宇宙产品供给。拓展元宇宙入口，加速XR头显、裸眼3D等沉浸显示终端的规模化推广，丰富基于手机、计算机、电视机等终端的元宇宙应用，支持脑机接口等前沿产品研发。创新数字人、虚拟空间开发工具组件，推动数字人制作便捷化、精细化、智能化，推广虚拟会议室、展厅、营业厅、社交空间等产品。培育写作、绘画、编曲等智能内容生成产品。发展全息实时通讯、3D实景地图等超高沉浸感产品。

3. 构筑协同发展产业生态。着力培育元宇宙龙头企业和专精特新中小企业，打造产业创新联合体，构建大中小企业融通发展、产业链上下游协同创新的生态体系。鼓励地方结合产业基础，建设一批元宇宙创新应用先导区、科技园区、产业园，构建特色化的元宇宙产业集群。支持建立元宇宙开源社区，鼓励用户积极参与元宇宙技术创新和内容生产，建立健全数字内容流通新机制、新模式、新业态。

专栏 2 培育产业生态
开发元宇宙“名品”。持续完善元宇宙产业图谱，编制元宇宙优秀产品目录，助力企业拓展市场合作渠道。面向细分领域，打造一批标杆产品，征集发布典型应用案例和场景。举办元宇宙专题竞赛、产业峰会，推广优秀技术产品、解决方案。 **培育元宇宙“名企”。**建立元宇宙企业梯次培育库，培育遴选专精特新“小巨人”、单项冠军和领航企业。发挥元宇宙创新探索方阵、联盟等行业组织作用，探索成立元宇宙产业生态联合体，打造安全可靠产业生态。 **创建元宇宙“名区”。**选取产业基础好的地区设立元宇宙创新应用先导区，依托高水平研究机构和企业建设元宇宙科技园区，立足各地特色和产业优势打造特色产业园，引导产业链上下游集聚发展。在元宇宙虚拟时空打造特色功能区，加速现实经济主体和模式在元宇宙空间的重构。 **打造元宇宙“名人”。**培育一批知名数字人，打造数字人标杆产品和品牌。发掘具有创新精神的元宇宙优秀企业家，培育一批有带动效应的领军技术专家及优秀创作者。成立元宇宙产业百人会，打造元宇宙产业交流平台，汇聚高端智慧推动产业发展。

（二）培育三维交互的工业元宇宙

4. 探索推动工业关键流程的元宇宙化改造。建设工业元宇宙基础通用模型数据库，打造高精度、可交互的工业虚拟映射空间。建设工业元宇宙仿真设计与验证平台，布局生产环节应用，提升设计阶段有效性和生产阶段效率。探索基于元宇宙的产线运维、产品检测新模式，强化预测性维护，提高运维检测效率和服务质量。打造基于工业元宇宙的营销平台和虚拟培训系统，提供沉浸式销售和培训环境。

5. 加快重点行业工业元宇宙布局。针对家电、汽车、船舶、航空航天、重大技术装备、电子信息制造等离散型制造业，加速实现基于工业元宇宙的跨行业协同。构建重点行业机理模型库，开发面向不同产品的个性化全生命周期管理系统。针对钢铁、纺织、电力等流程型制造业，推动工业元宇宙在物料配方优化、工艺模拟仿真等关键场景中的应用，强化流程排产、物料计算、材料追踪等预测性服务能力。

6. 探索工业元宇宙创新应用模式。建设工业元宇宙数字身份管理平台，构建全链路可信识别服务体系。加快推动工业数据要素资产化，打造工业数据资产服务平台，探索工业数据确权、定价、交易和流通机制。探索供应链金融应用模式，围绕资产设备、订单数据等开展供应链金融服务。打通产业链供应链各环节数据壁垒，打造三维立体、虚实融合的动态监测、预警、运营和决策等应用。创新研究工业元宇宙应用评估方法，建立分级分类的成熟度评价体系。

专栏 3 工业元宇宙赋能
工业元宇宙 + 产线：推动人、机器、数据等关键要素的融合，构建虚实结合的产线数字孪生体。打造工业元宇宙虚拟装配空间，推动零配件辅助装配。丰富非接触式检测手段，利用虚拟仿真设备实现三维自动化、智能化质检。建设工艺仿真模型库，引导规范产线操作，提供专家远程协同指导。 **工业元宇宙 + 工厂：**布局建设工厂级元宇宙平台，打造低时延、高保真、智能决策的数字孪生系统。推动多类型工业软件集成，推进物流、资金流和信息流的融合应用。广泛采用沉浸交互设备实现工厂的智能巡检、远程协作等应用，打造生产运行监测系统，实现工厂生产运营各环节信息全面感知和实时反馈。 **工业元宇宙 + 园区：**打破传统时空限制，

促进虚拟空间集聚，发展虚实结合的新型园区建设模式，提升工业园区产业规划和布局能力。探索工业园区的虚拟运营模式，优化园区空间布局、设施配套、资源调配等协同服务能力。建立基于工业元宇宙的科技创新和招商引资平台，创新园区服务模式。

（三）打造沉浸交互数字生活应用

7. 推广沉浸交互的生活消费场景。建设文旅元宇宙，围绕文化场馆、旅游景区和街区、节事活动等应用场景，提供数字藏品、数字人讲解、XR 导览等产品和服务。打造数字演艺、“云旅游”等新业态，打造数智文旅沉浸式体验空间。构建商品三维模型、数字人导购、虚拟商场，提升沉浸式购物体验。加快元宇宙在广电视听场景的应用，推动建立元宇宙形态的节目制播体系，建立虚拟制作、虚实融合工具池及公共服务平台，促进节目生产工具迭代和创新，打造未来电视新模式，提升媒体服务能力，丰富人民精神世界。

8. 打造虚实融合的公共服务场景。加快数字人客服、实景导航等在政务服务应用，构建面向公众的一体化元宇宙政务服务体系。推动数字孪生技术在电力行业的应用，构建全域全时数字孪生电网，促进电力企业元宇宙化转型，提升供电服务水平。推进构建虚拟教室、虚拟实验室等教育教学环境，鼓励通过平台共享虚拟仿真实验实训资源，扩大优质教育资源覆盖面。积极稳妥推进数字孪生等技术开展临床研究，支持元宇宙企业与医疗机构加强研发合作。

9. 支撑智慧安全的应急保障场景。推动元宇宙与自然灾害预警预报、高危企业园区监管执法、灾害事故预测推演、应急救援处置等应急管理领域的创新融合，探索建设虚实一体的数字洪区、虚拟危化园区、数字矿山、灾害事故模拟推演等场景应用，为精准监测、智能预警、精细管控、科学救援提供支撑。建设实时监测、沉浸映射的智慧城市，赋能安全防范、管网诊断等重点场景，提升城市治理效能。

（四）构建系统完备产业支撑

10. 完善产业标准体系。开展元宇宙标准化路线图研究，建设元宇宙产业标准规范体系，全面梳理元宇宙产业链标准化需求，分级分类推动标准规范制定。围绕基础共性、互联互通、安全可信、隐私保护和行业应用等，组织开展国家标准、行业标准和团体标准制定和预研。鼓励各应用行业推进细分领域标准制定工作。深入开展标准宣贯推广，促进标准落地实施。推动元宇宙标准化组织建设，鼓励业界积极参与国际标准化工作。

11. 提升创新支撑能力。支持建设元宇宙重点实验室、制造业创新中心、内容制作基地等载体，加强基础技术研究，加快共性技术突破。打造元宇宙中试平台，强化新技术产品测试验证能力，加速优秀成果产业化落地。构建元宇宙产品评估评测体系，提升元宇宙产品和服务质量。健全元宇宙知识产权保护体系，提供高质量、专业化知识产权服务。引导金融资本支持元宇宙发展，推动减税降费政策向元宇宙相关产业倾斜，营造健康可持续的产融合作环境。

12. 打造一流基础设施。建设 5G-A/6G、千兆光网 / 万兆光网、FTTR、卫星互联网等新型网络，满足元宇宙高速率、低时延、全域立体覆盖的应用需求。建设云边一体、算网一体、智能调度、绿色低碳的新型算力，为元宇宙超高内容拟真度、实时交互自由度提供算力保障。发展元宇宙信任基础设施，试点去中心化场景应用，支撑元宇宙可信存储需求。打造元宇宙基础设施综合管理平台，实现计算、存储和通信能力的分布式协同，提升运营效率与可靠性。

专栏 4 强化产业基础
强化标准引领。成立元宇宙标准工作委员会，加快重点和亟需标准制定，促进不同元宇宙系统互联互通。强化标准应用，鼓励

制定团体标准，选择条件成熟的行业和地区开展试验研制和试点推广。

构建产权体系。支持元宇宙产业重点领域知识产业优先审查，实施专利导航服务行动，鼓励企业加强知识产权合作。加速数字资产、数字人、数字内容等新兴领域产权归属研究。

加速成果转化。建设元宇宙创新成果产业化公共服务平台，建设一批元宇宙成果孵化创新中心，支持建设高水平元宇宙中试产业基地，加快共性技术转移和推广应用。组织专场对接活动，集中发布新技术、新成果和新产品，提高元宇宙工程化速率。

加强金融支持。引导中小企业发展基金等投资基金支持元宇宙产业发展，健全基金管理制度，完善基金市场化运作机制。引导建立元宇宙产业基金，用好国家产融合作平台，降低融资成本，支持企业做大做强。

（五）构建安全可信产业治理体系

13. 完善元宇宙协同治理机制。持续完善元宇宙政策法规，加强元宇宙风险跟踪研判，打造部门协同、社会参与的治理体系。明晰元宇宙监管主体职能，完善内容审查、风险处置、违规处理等规则流程。开展元宇宙伦理研究，将主流价值和伦理要求贯穿技术研发应用全过程。加强元宇宙行业自律，提升企业合规能力和社会责任意识，压实主体责任。加强社会监督，防范概念过度炒作，保障产业公平健康发展。

14. 强化安全保障能力建设。加强元宇宙安全技术研究，常态化开展安全风险评估，建立安全风险事件处置机制。指导元宇宙企业加强信息安全管理，建立健全违法信息监测、识别和处置机制，遏制虚假有害信息传播，切实防范网络诈骗等违法活动。建立元宇宙数据治理框架，加强数据安全和出境管理，规范对用户信息的收集、存储、使用等行为，提升数据安全治理能力和个人信息的保护水平。

五、保障措施

（一）强化统筹协调。统筹协调各部门，加强产业、创新、财政、金融、区域等政策协同，协同推进元宇宙技术攻关、标准制定、治理体系建设等工作。深化央地协作，鼓励地方结合实际制定针对性强、可操作的政策措施，优化产业布局，因地制宜推动元宇宙技术创新和产业发展。

（二）优化人才培养。支持高等院校加强元宇宙相关学科专业人才培养，深入推进产学研合作，鼓励企业与高校、科研机构联合培养人才，支持建设元宇宙技术技能人才实训基地，增强高水平人才供给。加强人工智能、区块链、虚拟现实等新一代信息技术融合创新海外高层次人才引进力度。选拔和支持一批元宇宙相关领域高水平管理、技术、技能人才，提高企业人才集聚能力。

（三）深化国际合作。深度参与元宇宙国际治理规则和标准制定，结合我国治网主张，推动建立多边、民主、透明的国际元宇宙治理体系。做好国际元宇宙治理规则与国内的衔接，提升国内元宇宙企业的国际化水平。加强元宇宙国际交流合作，集聚全球创新资源，拓展国际市场应用，推动国内国际双循环相互促进。

工业和信息化部办公厅
教育部办公厅
文化和旅游部办公厅
国务院国资委办公厅
国家广播电视总局办公厅
2023 年 8 月 29 日

·要闻·

Important News

中宣部印发实施意见

推动出版深度融合发展

为深入学习贯彻习近平总书记关于媒体融合发展的重要论述，按照《中华人民共和国国民经济和社会发展第十四个五年规划和2035年远景目标纲要》有关部署，根据《出版业“十四五”时期发展规划》有关安排，中共中央宣传部近日印发《关于推动出版深度融合发展的实施意见》。

意见围绕加快推动出版深度融合发展，构建数字时代新型出版传播体系，坚持系统推进与示范引领相结合的总体思路，从战略谋划、内容建设、技术支撑、重点项目、人才队伍、保障体系等6个方面提出20项主要措施，对未来一个时期出版融合发展的目标、方向、路径、措施等作出全面部署，提出明确要求。

意见提出，要围绕坚持正确发展方向、科学设定发展目标、统筹规划发展布局，加强出版融合发展战略谋划。要立足扩大优质内容供给、创新内容呈现传播方式、打造重点领域内容精品，强化出版融合发展内容建设。要着眼加强前沿技术探索应用、促进成熟技术应用推广、健全科技创新应用体系，充分发挥技术对出版融合发展的支撑作用。要聚焦优化提升重大工程实施效果、着力打造重点品牌项目、做强做优头部示范企业、加强重要成果展示交流，打造出版融合发展重点工程项目。要围绕夯实人才培养基础、强化高层次人才培养激励、发挥企业人才建设主体作用，建强出版融合发展人才队伍。要不断完善政策扶持机制、深化体制机制改革、营造良好发展环境、逐级抓好贯彻落实，健全出版融合发展保障体系。

据悉，该意见是中宣部首次就出版融合发展领域专门发布的政策文件，是对新时代深入推进出版深度融合发展作出的全面安排，为出版单位探索融合发展新模式、新业态、新领域提供了行动指引。此次意见发布，与国家新闻出版署正在实施的出版融合发展工程相互支撑，从政策指引和重点布局方面共同发力，进一步形成推动出版融合向纵深发展的政策合力。

（新华社北京4月24日电）

（本文摘自《人民日报》2022年4月25日）

中办国办印发《意见》

推进实施国家文化数字化战略

近日，中共中央办公厅、国务院办公厅印发了《关于推进实施国家文化数字化战略的意见》（以下简称《意见》），并发出通知，要求各地区各部门结合实际认真贯彻落实。

《意见》明确，到“十四五”时期末，基本建成文化数字化基础设施和服务平台，形成线上线下融合互动、立体覆盖的文化服务供给体系。到2035年，建成物理分布、逻辑关联、快速链接、高效搜索、全面共享、重点集成的国家文化大数据体系，中华文化全景呈现，中华文化数字化成果全民共享。

《意见》提出了8项重点任务。一是统筹利用文化领域已建或在建数字化工程和数据库所形成的成果，关联形成中华文化数据库。二是夯实文化数字化基础设施，依托现有有线电视网络设施、广电5G网络和互联互通平台，形成国家文化专网。三是鼓励多元主体依托国家文化专网，共同搭建文化数据服务平台。四是鼓励和支持各类文化机构接入国家文化专网，利用文化数据服务平台，探索数字化转型升级的有效途径。五是发展数字化文化消费新场景，大力发展线上线下一体化、在线在场相结合的数字化文化新体验。六是统筹推进国家文化大数据体系、全国智慧图书馆体系和公共文化云建设，增强公共文化数字内容的供给能力，提升公共文化服务数字化水平。七是加快文化产业数字化布局，在文化数据采集、加工、交易、分发、呈现等领域，培育一批新型文化企业，引领文化产业数字化建设方向。八是构建文化数字化治理体系，完善文化市场综合执法体制，强化文化数据要素市场交易监管。

《意见》要求，在数据采集加工、交易分发、传输存储及数据治理等环节，制定文化数据安全标准，强化中华文化数据库数据入库标准，构建完善的文化数据安全监管体系，完善文化资源数据和文化数字内容的产权保护措施。加快文化数字化建设标准研究制定，健全文化资源数据分享动力机制，研究制定扶持文化数字化建设的产业政策，落实和完善财政支持政策，在文化数字化建设领域布局国家技术创新中心、全国重点实验室等国家科技创新基地，支持符合科创属性的数字化文化企业在科创板上市融资，推进文化数字化相关学科专业建设，用好产教融合平台。

《意见》强调，各地要把推进实施国家文化数字化战略列入重要议事日程，因地制宜制定具体实施方案，相关部门要细化政策措施。各地区各有关部门要加强对《意见》实施情况的跟踪分析和协调指导，注重效果评估。

（新华社北京5月22日电）

（本文摘自《人民日报》2022年5月23日）

中宣部、教育部联合印发

《关于推进出版学科专业共建工作的实施意见》

近日，中宣部、教育部联合印发《关于推进出版学科专业共建工作的实施意见》，坚持以习近平新时代中国特色社会主义思想为指导，进一步深化出版学科专业共建工作，建设中国特色的出版学科专业，为推动出版业繁荣发展、建设出版强国提供有力支撑。

2022年以来，中宣部、教育部推动全国8所重点高校与相关管理部门、出版单位、行业协会开展出版学科专业共建工作，取得积极成效。为系统总结出版学科专业共建工作经验，进一步加强对共建工作的统筹指导，提升质量，提高出版学科专业发展水平，中宣部、教育部联合制定了该实施意见。

意见强调，要优化出版学科专业建设布局，分批次、多层级推进共建工作，加快构建中国特色出版学科专业自主知识体系；中宣部、教育部指导推动一批重点高校，与相关部门和单位紧密合作、资源共享，共建高水平出版学院、出版研究院；各地党委宣传部和教育主管部门积极推进属地相关高校开展出版学科专业共建工作，充分挖掘相关高校学科专业优势和共建单位资源禀赋，打造各具特色的出版学院、出版研究院；引导鼓励有实力的出版单位、数字技术企业，积极参与出版学科专业共建工作。

意见明确，实施出版学术人才培养支持计划，着力培养一批理论功底扎实、创新能力突出、实践经验丰富的出版学术领军人才、骨干人才。在有关高层次人才工程实施中，对出版教学科研人才给予支持。教育部引导支持有关高校调整优化出版学科专业招生结构，扩大出版学科专业人才培养规模。支持有学位授权自主审核权的共建高校试点建设出版学一级学科，健全完善出版学科专业本硕博衔接的人才培养机制。

意见提出，增加出版学科专业在国家社会科学基金、国家出版基金、教育部人文社会科学研究等项目中的选题规划和立项分量，推动设立出版领域学术研究专项，支持共建高校承担国家社会科学基金特别委托项目。在高等学校科学研究优秀成果奖（人文社会科学）评选中关注出版学科专业研究成果，引导各地人文社会科学研究优秀成果奖支持出版学科专业研究成果申报。

（新华社北京12月19日电）

（本文摘自《光明日报》2023年12月20日）

中宣部、教育部有关司局负责同志

就《关于推进出版学科专业共建工作的实施意见》答记者问

近日，中宣部、教育部联合印发《关于推进出版学科专业共建工作的实施意见》。中宣部、教育部有关司局负责同志就相关问题，回答了记者提问。

问：请介绍意见出台的背景是什么？

答：出版是文化建设的基础阵地，在建设中华民族现代文明中承担着重要使命。出版学科专业建设，是出版领域一项打基础、利长远、管根本的工作。2022年7月以来，中宣部、教育部推动两批共8所高校与相关管理部门、出版单位、行业协会开展共建工作，取得积极成效。《全国宣传思想文化领域“十四五”人才发展规划》对加强出版学科专业共建作出专门部署。新版研究生教育学科专业目录中“出版”单列，可培养出版博士专业学位人才。为进一步加强对共建工作的统筹指导，提高出版学科专业的发展水平，中宣部、教育部联合制定了该意见。

问：意见的主要内容是什么？有哪些亮点？

答：意见坚持以习近平新时代中国特色社会主义思想为指导，包括总体要求、加强师资队伍建设、提升人才教育培养水平、增强学术研究能力、强化组织保障5个部分，涵盖出版学科专业共建工作的相关重点领域。如，实施出版学术人才培养支持计划，着力培养一批出版学术领军人才、骨干人才；引导支持有关高校调整优化出版学科专业招生结构，扩大出版学科专业人才培养规模；共建高校积极设立出版硕士和出版博士专业学位授权点，提高建设质量，支持有学位授权自主审核权的共建高校试点建设出版学一级学科；增加出版学科专业在国家社会科学基金、国家出版基金、教育部人文社会科学研究等项目中的选题规划和立项分量，支持共建高校承担国家社会科学基金特别委托项目。

问：意见提出的出版学科专业共建工作目标任务是什么？

答：意见明确，出版学科专业建设将进一步优化布局，分批次、多层级推进共建工作，加快构建中国特色出版学科专业自主知识体系。重点从三个层面谋划推进：一是中宣部、教育部指导推动一批重点高校，与相关部门和单位共建一批高水平出版学院、出版研究院；二是各地党委宣传部和教育主管部门积极推进属地相关高校共建一批各具特色的出版学院、出版研究院；三是引导鼓励有实力的出版单位和数字技术企业，积极参与出版学科专业共建工作。

问：意见聚焦出版学科专业共建工作，“共建”特色有哪些体现？

答：意见不少内容都反映出“共建”的特色。

如，出版学科专业共建工作进一步密切高校、研究机构、出版单位、数字技术企业和相关协会学会的联系配合，促进出版学科专业在理论和实践上取得新突破；支持共建高校之间建立师资互聘机制，积极引进出版方面和跨学科优秀教师；吸纳有关重点出版社、出版集团和数字技术企业负责人、知名编辑、承担国家重大出版工程的资深专家等担任导师；支持青年教师到出版管理部门、企事业单位和国内外知名高校挂职学习、实践锻炼、交流访学；推动出版单位、数字技术企业等扩大出版学科专业毕业生招聘规模，增加出版学科专业优秀毕业生招聘比例。

问：人才培养是学科专业建设的重要内容，意见就人才培养有哪些专门设计和安排？

答：意见关于出版学科专业人才培养的内容，主要包括教师和学生两个方面。

关于教师培养，意见支持共建高校面向优秀博士毕业生招收师资博士后；共建高校在研究经费、学术资源、项目申报、办公场所、科研设备等方面，给予出版学科专业教师有力保障；完善符合出版学科专业特点的教学科研成果评价机制。在有关高层次人才工程实施中，对出版教学科研人才给予支持；在中国出版政府奖优秀出版人物奖、出版融合发展优秀人才遴选培养计划等评奖遴选中，对出版学术人才给予支持。

关于学生培养，实施意见提出共建高校加强出版相关本科专业建设，完善出版相关本科专业人才培养方案。共建高校建立针对出版学科专业毕业生的就业指导体系，对优质创新创业项目给予支持。

问：学科专业发展水平的一个显著标志是研究成果的质量，在这方面有哪些促进举措？

答：意见提出3方面支持举措。一是加强重点科研选题引导，推动地方社科办、社科联、出版单位、数字技术企业等，紧扣关系出版业繁荣发展的基础性、战略性问题，面向共建高校设置相关研究课题。二是建强科研服务平台，支持共建高校申报省部级哲学社会科学重点实验室和研究基地等科研平台，深入实施哲学社会科学期刊重点专栏建设计划、国家社会科学基金学术期刊资助等项目，加大对共建高校所办学术期刊的支持力度。三是强化成果传播应用，在高等学校科学研究优秀成果奖（人文社会科学）评选中关注出版学科专业研究成果，引导各地人文社会科学研究优秀成果奖支持出版学科专业研究成果申报。

问：下一步如何推动意见有效落实？

答：中宣部、教育部发挥牵头组织和统筹指导作用，对成效良好的共建高校，在资源配置等方面进一步加大支持力度；对成绩突出的共建单位，在评价、考核、推优等方面予以激励。各地党委宣传部、教育主管部门加大对共建工作支持力度，每年安排一定经费保障出版学科专业建设。共建高校和相关共建单位切实履行主体责任，有效汇集校内外优质资源力量，组建全国出版学科专业共建工作联络处和专家组。

（新华社北京12月20日电）

（本文摘自《人民日报》2023年12月21日）

· 2021—2023 大事记 ·

2021—2023 Memorabilia

2021 年

1月

1月1日 由中国报业协会主办的新型权威融媒体平台——“人民之窗”(peoplezc.com) 正式上线。该平台以“有温度，看世界”为口号，坚持“客观、公正、沟通”的理念，旨在发挥“纽带、桥梁”作用，以“多形式、全媒体”的目标，通过融合网、端、微等方式和手段，建立融合传播矩阵，加快推动媒体融合发展，构建全媒体传播格局，及时传播信息，大力宣传、贯彻、落实党的路线、方针、政策，配合党的中心工作，积极引导社会舆论，热情服务广大网民及所有读者。

1月6日 《未来媒体蓝皮书：中国未来媒体研究报告（2020）》在福建省厦门市发布。该活动由厦门理工学院文化产业与旅游学院、社会科学文献出版社主办，蓝皮书由厦门理工学院、福建省高校人文社科研究基地未来媒体发展研究中心、福建省网络视听应用创新重点实验室、福建省社会科学研究基地文化产业研究中心、福建省高校新型特色智库两岸文创研究院联合编撰。蓝皮书指出，2019—2020 年，未来媒体发展主要呈现三大热点：一是未来媒体与战略性新兴产业融合发展不断推向纵深；二是 5G 时代下未来媒体的应用创新发展不断加速；三是未来媒体的智能化发展逐步加速，融媒逐步向智媒发展。

▲ 音频平台荔枝正式上线一款“荔枝播客”的中文播客 APP。该 APP 是专注于音频领域的荔枝公司打造的垂直类播客内容平台，致力于为用户提供海量的海内外精品播客内容、丰富的交流互动场景，以及纯粹的播客收听体验。

1月7日 浙江省绍兴市打造的全民阅读主题公交车上路。首发的两辆全民阅读主题公交安排在客流量大、辐射范围广的 5 路、BRT1 号线两条线路，车载电视滚动播放荐书视频，还有可看、可扫的书架、书墙。在公交车上看书、听书，不仅能很好地利用碎片化时间，更能用文化润泽人心。即使不拿着书本，只要通过扫码听书，或者抬头看看扶手上的名人名言，乘客也能感受到一种精神的抚慰。

1月15日 国家新闻出版署官方网站公布了 2020 年中国报业深度融合发展创新案例。全国 271 家报纸出版单位申报案例 367 个，共评选出人民日报社全媒体生产传播平台建设项目、《参考快评》栏目、光明日报抖音官方号、“数说 70 年”数据新闻可视化系列短视频产品、中央纪委国家监委网站微信公众号、全息军报等 60 个优秀案例。

1月16日 《长沙晚报》联合长沙移动在全国省会城市媒体行业中率先推出 5G 消息，并首次用 5G 消息报道长沙市“两会”。5G 消息是对传统短消息服务的全新升级，当下用户在微信上操作的大部分功能，都可以在 5G 消息中实现。用户既能像短信一样点开浏览新闻，还可以在消息窗口实现搜索、交互、分享和支付等一站式业务体验。

1月18日 《楚天都市报》全媒体第三方平台账号，包括微博、微信、抖音、快手、人民号、头条号、企鹅号、百家号等，统一更名为“《楚天都市报》极目新闻”。从纸端到指端，《楚天都市报》是集主报、社区读本及行业读本、新闻客户端、社交账号、各类资讯平台号、视频账号、垂直公众号等 50 多个传播渠道的全媒体矩阵。

1月19日 甘肃省级融媒体技术平台“新甘肃云”自有直播平台——“看看直播”正式亮相。该平台在直播过程中，可同步实现短视频生产，并迅速推送至第三方平台。后台编辑可实时截取直播中需要快速生产的片段内容，进行短视频的重新包装、剪辑、推送，让新媒体产品更具时效性、冲击力，多方式还原新闻现场。同时，该平台还可实现对直播带货等的运营支持，增强用户互动能力。未来，入驻“新甘肃云”的所有融媒体平台，可通过省级平台即时实现移动端全时直播、慢直播、VR 全景直播等直播节目呈现。

▲ 由湖北教育出版社出版的《走进民法典——青少年学习民法典知识一百问》，以抖音直播的形式举办了新书发布会。直播中，该社两位编辑以对谈的形式带领读者走进《民法典》。

1月20日 湖南日报社与湖南省商务厅战略合作协议签署暨新湖南“湘商务”频道上线仪式在新湖南大厦举行。双方携手共建湖南商务“主流发声”的重要窗口，并在宣传策划推广、品牌营销、活动策划等方面开展战略合作。

1月26日 “文化强国”光明日报协同推广平台正式上线。这一平台通过理念、机制、模式的系统创新，提供融媒体产品、社会活动、文创产品一体化的传播推广解决方案，力求破解地方不擅传播的“痛点”，赋予央媒的专业能力；破解不会转化的“难点”，促进优秀传统文化的创造性转化和创新性发展。

1月28日 中国搜索5G版正式上线。新版应用率先运用了跨APP搜索、区块链搜索等新技术，全面支持5G消息商用服务，充分体现出多模态、多元化、多平台的融媒特征。大幅提高了移动端数据抓取量和覆盖面，新闻数据源达15000多家，总索引量超过6亿。同时，5G版还集成了学习搜索、“中国好故事”中英文搜索、花漾搜索、区块链搜索、游戏版号搜索等新功能，服务内容更全面，垂直搜索特色更鲜明。同期，还发布了“媒体融合链”区块链版权平台。中国搜索是新华社主管主办的搜索引擎，在《互联网周刊》评选中被评为“2020年度最佳搜索产品创新奖”，在新闻资讯搜索APP中排名第一。

2月

2月3日 中国台湾网（www.taiwan.cn）新版首页全新上线运营。此次改版是中国台湾网向提质增效转型迈出的重要一步，是顺应媒体融合发展、做大做强主流舆论的现实需要，是扩大中国台湾网传播力、引导力、影响力、公信力的实际举措。此次改版按照中央重点新闻网站、国家涉台门户网站的标准精心设计，坚持“稳中求进”总基调，从内容、设计、功能三个方面着手，宣传中央对台政策，讲好两岸融合故事，服务台胞工作学习生活，回应网民对台湾问题的关切，将给网民带来更好的阅读、互动体验。

▲ 中国互联网络信息中心（CNNIC）发布第47次《中国互联网络发展状况统计报告》。该报告显示，截至2020年12月，我国网民规模达9.89亿，互联网普及率达70.4%。我国网络视频用户规模达9.27亿，其中短视频用户规模为8.73亿，占网民整体的88.3%。

2月4日 中央广播电视总台2021网络春晚黄金时段在央视综合频道、央视网多终端、央视新闻客户端、央视频客户端等渠道同步播出。2021网络春晚在内容上将深度融合经典IP，并与时代热点紧密结合，以跨时空的流行元素唤起不同年龄层的青春记忆，用更加符合年轻人的潮流文化引发圈层共鸣，实现网络春晚的内容开新。其打破传统晚会的模式，呈现出新锐演唱会的形态。“开新合伙人”的创新模式将迭代传统主持人模式，沉浸式的交互舞美，为观众带来绝佳的视听观感和交互体验。中央广播电视总台网络春晚由央视网2011年创办，已成功举办10届，逐渐打造成为央视“春晚、宵晚、秋晚、跨年、网晚”五大晚会IP之一，并且塑造了以青春为底色的独特风格。

2月9日《光明日报》联合腾讯在春节期间推出“国宝全球数字博物馆”微信小程序，收录全球顶级博物馆近300件馆藏中国文物珍品。该小程序采用腾讯自主研发的“高清拼接”和“三维全景”数字技术，首次实现文物珍品《康熙南巡图》第三、四卷跨越地域的数字化“合体”，并通过算法被渲染在一个虚拟3D空间。

2月14日 川观新闻联合咪咕音乐继续推出“难忘歌声陪你过年”和“朗诵名家陪你过年”系列栏目，用视频、图文的方式，每天介绍一首经典歌曲，17位朗诵名家每天以视频或音频形式在“云端”诵读经典。

2月16日 黑龙江日报报业集团精心策划的“龙头新闻·生活报手机春晚”，通过龙头新闻客户端、抖音、快手、微博、头条、微信视频号六大平台，以及《南方日报》《浙江日报》《湖北日报》《福建日报》《山西日报》五家报业集团的新媒体和黑龙江省50多家地方新媒体同步播出。

2月24日 浙江日报报业集团与浙江省11家市级党报在内的融媒共享联盟成员单位共同启动“最好的礼物”——建党百年大型融媒体新闻行动。该活动将以短视频、图文等形式深入宣传中国共产党的百年光辉历程和伟大业绩，生动展示浙江全省上下忠实践行“八八战略”、奋力打造“重要窗口”，争创社会主义现代化先行省的生动实践。同时，11家市级党报及其新媒体正式加入浙报集团融媒共享联盟。该活动以行进的方式，边拍边采边播。成品将在《浙江日报》、浙江新闻客户端、天目新闻客户端、小时新闻客户端、“学习强国”浙江学习平台、11家市党报新媒体和有关县融媒体平台同步刊播，充分展现浙江省新闻单位深化合作、进一步推进媒体深度融合发展的成果。

2月25日 由《羊城晚报》等单位联合出品的系列微纪录片《圆梦小康，我家的故事》在金羊网、“羊城派”新闻客户端等新媒体平台正式上线。该纪录片以孩子的视角讲述脱贫奔小康、过上幸福生活的故事，以生动、接地气的方式展现了我国在脱贫攻坚战中所取得的举世瞩目的伟大成就。系列微纪录片共4集，陆续在羊城晚报报业集团旗下各平台推出。

2月26日 由中国少年儿童新闻出版总社有限公司重磅打造的“轻幽默校园小说绘”丛书第一部——《钱嘟嘟校园日记》在线上举行了新书发布仪式。该书作为“轻幽默校园小说绘”丛书的首部作品，立足现实，反映时代，通过“儿童文学+创意漫画”的新阅读模式，引导孩子体会文学与图画的双重之美。本次发布会还特别设计了钱嘟嘟的虚拟人物形象，借助专业AR技术，让主人公钱嘟嘟也能来到发布会现场与全国小读者见面。

3月

3月1日　新华社新媒体中心推出全新创意新闻产品——全球首个5G沉浸式多地跨屏访谈。无论相隔多远，在5G沉浸式多地跨屏访谈中，身处北京演播室的新华社记者，可以和采访对象实现“裸眼3D”般的面对面交流，而且是全实景、真跨屏。

▲　重庆日报报业集团与中国移动重庆公司签署战略合作协议，双方共建的“5G+融合新媒体创新实验室”举行揭牌仪式。双方主要合作内容一是运用5G技术资源开展新闻报道；二是共建“5G智慧传播”示范项目。将着眼媒体深度融合，广泛整合资源，不断摸索基于5G新技术新应用的媒体5G传播技术、标准、产品等，探索形成媒体5G传播一体化解决方案。

3月3日　新华网推出2021全国“两会”大型融媒体专题。该专题全面适配桌面端、移动端，设置“现场零距离”“履职面对面”“两会炫视角”“汇聚好声音”“高清影像集”“数据热力榜”“多语看两会”等多个板块，专题页面设计风格庄重大气，契合“两会”氛围，融文字、高清大图、音频、视频等于一体，全媒态呈现“两会”最新动态。

▲　江苏省新闻工作者协会召开提升县级融媒体中心内容生产能力和水平座谈会，探讨县级融媒体中心内容生产建设发展路径。

3月4日　从即日起在全国“两会”期间，《光明日报》两微一端、PC端及两微账号同步推出交互产品“问计民生——带着你的问题上‘两会’”，开展2021全国“两会”建言投票活动，与《光明日报·民生特刊》选题联动，吸引近10万网友参与投票、互动留言。携手“文化强国”光明日报协同推广平台合力打造“文化强国云访谈”融媒体专栏，综合运用5G通信及人工智能技术搭建虚拟文化强国空间站，邀约代表委员、专家学者与演播室实时视频连线，围绕文化领域热点话题开展“云端交流”。对访谈内容进行实时跟踪、实时渲染，并配以三维虚拟仿真数据，让内容丰富多元、生动直观；提炼嘉宾观点、金句，同步制作海报助力推广。

3月5日　第十三届全国人民代表大会第四次会议上所作的《政府工作报告》单行本，由人民出版社正式出版，并出版了《政府工作报告（2021）》（视频图文版）。该书在报告文本中配插了相关视频二维码、图示图表、名词解释、延伸阅读等解读内容。同时，人民出版社还推出了《政府工作报告》的电子书、有声书等融媒体出版物，在多家网络平台同步上线发布，供读者免费阅读、收听。

▲　十三届全国人大四次会议首场“部长通道”现场，人民日报社借助“智能创作机器人”现场拍摄和剪辑。“智能创作机器人”由《人民日报》智慧媒体研究院研发，集“5G智能采访+AI辅助创作+新闻追踪”多重本领于一身，可以实现新闻策划、采访、编辑、评论、发布环节的“人机协同”。5G智能采访功能通过智能眼镜解放了采访者的双手，只需记者一人即可完成访谈、拍摄、记录等工作，前后方可以实时同步采访内容。AI辅助创作功能将现场采集的文字、语音、视频素材自动整理，智能提取有效部分，一键检索全网相关资讯，自动汇总梳理背景信息，自动编写各地区、行业热点聚合新闻。在视频制作方面，机器人可以智能生成视频，只需上传图文稿件，AI就能自主提取关键信息，自动制作视频。除此之外，还可以实现直播剪辑、4K在线快编、视频横转竖、智能配音等功能。新闻追踪功能可以追踪全网舆情，添加关键词，自动跟踪热点，就可一站式接收网站、APP、微信、微博等平台的实时新闻推送。

3月6日　长江日报社推出融媒体视频栏目《“两会”Rap》，以说唱、喊麦的形式将全国“两会”首场“委员通道”上7位全国政协委员就农业安全、航空航天发展、网络安全、人民健康方面采访内容中最核心、最亮眼的关键语句变成了Rap与新闻主播互动。

3月8日　在全国“两会”期间，新华社AI合成主播雅妮通过黑科技“跨入”宁夏，来到全国人大代表马慧娟的家乡。在沉浸式的场景中，马慧娟回答了提问。这是新华社此次全国“两会”不断使用的沉浸式多地跨屏访谈，新闻工作者不断提升脑力，让“云采访”内容更丰富、形式更多样。

▲　十三届全国人大四次会议召开第二次全体会议，听取最高人民法院工作报告，由最高人民法院新闻局指导、人民法院新闻传媒总社策划推出的手绘长图H5作品《一起旁听2021年最高人民法院工作报告》上线。该H5作品的画面采用卡通画形式，多组场景组合起来，构成了一幅动态长卷，读者点击进入后可以从头看到尾，声音配合画面，确实让人有沉浸其中的感觉。为了保证连贯性，H5作品把答题的“机关”设置成飘浮在画面中的气球，只有读者点击了才会暂停，不点击画面会一直播放下去，这样的设计确保了画面的流畅度。另外，场景之间的转场物也很巧妙，如法槌、警车等动态的转场小物，让画面连接灵动自然。同时，同一场景的不同元素是分开呈现的，如上诉人、证物、审判席依次出现，在让画面更有动感和层次感的同时，重点能更加突出。精美的视觉效果、多样的互动方式、沉浸式的体验效果，让这一H5作品在推出两天后便被200多家媒体转载，阅读量近40万次。

3月11日　由湖南日报社和国防科技大学计算机学院联合共建的“媒体融合内容感知与安全湖南省重点实验室”在湖南省长沙市成立。该实验室以人工智能和内容安全研究为核心，努力打造成媒体融合基础理论和关键技术的科研创新平台，持续研发对媒体融合有重大影响的科技创新成果，并通过湖南日报社各类媒体平台快速进行成果转化。

3月12日　为帮助读者提高辨别谣言和虚假信息的能力，助力清朗网络空间，中国互联网联合辟谣平台与“学习强国”学习平台共建的“辟谣平台”频道正式上线。该平台聚焦网络谣言治理工作，设五大常规栏目《治理动态》《曝光台》《大讲堂》《警示录》《举报查证》；一个主题专栏《每日辟谣》；优质短视频同步在“百灵”平台发布。

3月16日　由南京市委宣传部、南京市委网信办共同举办的南京融媒体宣传深化协作会在江苏省南京市江宁区融媒体中心举行。以“开局‘十四五’聚力深融合”为主题，“奋斗百年路、传播时代声”系列网络宣传活动也同时启动，该系列活动包含“宁听”城市云空间项目、2021年度南京市新媒体创新载体展赛、南京市“网聚宁新”融媒先锋展示大赛、“为爱西行·礼赞百年”网络云歌赛、“礼赞百年·辉煌有宁”城市摄影展等子活动。

3月18日　“新甘肃5G智慧电台”上线试运行，成为全国首家省级主流融媒体24小时5G智慧电台，也是5G智慧电台首次入驻省级新闻党端APP。该智慧电台通过引入先进的智能广播系统，以互联网技术应用为传统广播赋能，以“技术＋系统＋内容”为整体服务，突破了传统广播的节目编排、主播播报形式。智慧电台利用AI技术，通过智能抓取、智能编排、智能播报、云端分发，实现全天候播报新闻、资讯、天气、路况等内容。这是甘肃日报社、甘肃日报报业集团、甘肃新媒体集团推进媒体深度融合发展的一项新成果。甘肃新媒体集团此次创造性推出甘肃新媒体平台广播音频板块，以搭建在“新甘肃”客户端上的5G智慧电台为龙头，将带动形成全省县级融媒体平台音频矩阵，最终建成全省同频共振的县域音频广播平台，让党和政府的声音在基层群众中传得更开、更广、更深入。

▲　以“学史力行，使命引领”为主题的2021年深圳市福田区全媒体通讯员第一期培训启动，来自福田区的百余名基层宣传干部、通讯员参加了培训。本次培训由深圳市福田区委宣传部主办，深圳商报社、“读创”新闻客户端协办，旨在通过专业、系统、有针对性的培训，进一步增强全区宣传干部的互联网意识和创新思维，提升通讯员适应媒体融合发展的能力。

3月19日　由党史学习教育领导小组办公室指导，人民网·中国共产党新闻网承办的党史学习教育官网（http://dangshi.people.cn/）正式上线，官方微信公众号“党史学习教育”也同步推出。该教育官网设置《权威发布》《互动交流》《党史资料》等20余个栏目，集部署、学习、互动、服务等功能于一体。官网开设《我为群众办实事》实践活动等栏目，大力宣传各地各部门各单位为群众办实事解难题的有力举措。特别推出的“融媒专区”还将重点展示各类特色鲜明、形式丰富的党史学习教育融媒体产品，服务广大党员干部群众特别是青年群体学习党的历史、传承红色基因。该官方公众号着力打造随时、随地学习的移动平台，成为广大党员干部群众及时了解学习教育动态、党史权威资料查询、有效互动交流的好帮手。

▲　大武汉之夜·长江日报报业集团创新大会暨“大武汉”客户端上线大会在湖北省武汉市举行。该客户端是武汉市委、市政府中心工作报道的首发地，聚合了各个城区、机构部门的政务信息。深耕本地、连接市民，长江日报报业集团20个媒体融合精品栏目也以“大武汉号”的形式入驻“大武汉”客户端。

3月21日　浙江日报报业集团“百年大党的支部力量”大型融媒体报道启动仪式在浙江省杭州市西湖区翠苑街道翠苑一区举行。

3月22日　大型融媒体报道《红色印记——百件革命文物的声音档案》在中央广播电视总台央广中国之声正式开播，同步在总台央视新闻、云听等新媒体平台上线，以“最美声音”讲述党史、献礼中国共产党成立100周年。

3月23日　国家新闻出版署《关于申报2021年全国有声读物精品出版工程项目的通知》发布。本次申报重点：一是学习宣传习近平新时代中国特色社会主义思想；二是讲述中国共产党百年光辉历程和伟大业绩；三是展现人民群众奋进新时代、开启新征程的信心面貌；四是传承和发扬中华优秀传统文化；五是传播普及科学文化知识。申报项目应为2019年12月至2021年6月全部录制完成的有声读物，版权清晰，版权文件完整。

▲　“百年初心 重走信仰之路”大型融媒体直播行动暨无锡市庆祝中国共产党成立100周年网络主题宣传活动以及“我苏·无锡频道”改版上线启动仪式在江苏省无锡市举行。

3月24日　云南日报报业集团与云南省社会科学院、中国（昆明）南亚东南亚研究院战略合作签约仪式在云南日报报业集团全媒体中心举行。合作内容包括共建“云南融媒体研究与交流中心”，深度开展智库合作，打造云智媒专版，举办高端论坛，共建云南社科研究与融媒数据库，共建科研成果制作出版平台等，进一步促进“智媒合作”走深走实。

3月25日　中国传媒大学媒体融合与传播国家重点实验室新媒体研究院与新浪AI媒体研究院联合发布《中国智能媒体发展报告（2020—2021）》。

▲　北京出版集团与北京印刷学院在北京市签署战略合作协议。双方深度合作内容：一是优势互补，合力打造北京出版产业研究平台，共同发起成立北京出版研究院；二是校企合作，协同建设京版集团研发中心，将聚焦新产品开发、新业态培育、新模式探索、IP价值挖掘、新产品推广、品牌设计、品牌建设、市场调研和行业研究等；三是产教融合，协同共建出版人才培养体系，在教育资源共享、干部人才交流、企业员工人才培训、

学校专业建设、大学生实习实训基地建设等方面开展全方位合作。

▲ 融·合——2021 年佛山传媒集团新传播力发布会举行。佛山传媒集团下属新闻类网络传播平台达 263 个，总粉丝量超过 4000 万。该发布会以“新平台”“新模式”“新业态”三个篇章，集中展示推介了“佛山+”“花生 FM”“醒目视频”“畅驾”等下载量超百万客户端和“飞跃 924”“咩啊”等百万级粉丝网络传播平台，用视频生动再现了佛山传媒集团 5G 直播间、快手大湾区泛家居直播中心、中视大湾区产业直播基地、五区融媒体中心等媒体融合新模式探索。

3 月 28 日 极目新闻客户端上线仪式在湖北省武汉市东湖宾馆举行。该活动由湖北省委宣传部指导、湖北日报传媒集团主办。该客户端上线标志着极目新闻“1+N”新型主流媒体矩阵初步成形。极目新闻注重“强纸”“强新”，不断强化《楚天都市报》纸媒品牌的影响力，不断发掘精彩的湖北故事；依托新媒体矩阵，立足湖北的地理特色、历史文化底蕴等优势，注重网、端、微的融合互动和新闻产品的创新。

3 月 29 日 人民网旗下人民在线公司宣布，人民在线将依托自主打造的“人民云”平台为地方与行业融媒体中心赋能。具体举措：开放技术服务，提升新闻生产能力；开放内容策划，提升媒体传播能力；开放产品渠道，提升媒体经营能力。“人民云”平台上的“云媒”“云视”“云屏”“版权”“人民通”等应用均是独立的标准化模块。“人民云”免费开放融媒体传播的策划能力和执行能力，通过“云策划”“云编审”，实现“统一策划、千媒联动、互动传播”新业态，在“内容+运营”维度上，协助各融媒体中心打造本地化的主流媒体与服务平台。

3 月 30 日 “南京历史文献数据库”上线发布暨战略合作签约仪式在北京市举行。该数据库是基于南京出版传媒集团（南京出版社）《金陵全书》推出的数字化项目，由中华书局下属古联（北京）数字传媒科技有限公司承担共建。本次上线的是数据库平台和移动端的建设成果，以及该项目第一阶段 70 册《金陵全书》。《金陵全书》是距今 600 多年前明朝中央政府在南京编纂《永乐大典》以来，南京地方政府对南京文献的首次系统编纂整理，也是南京自行组织编纂的最大规模的出版工程。该数据库以《金陵全书》以及南京文化研究成果为支撑，由方志、史料、档案、文献四部分组成，使用了自动标点、简繁转换、智能识别等创新技术，其中自动标点技术准确率达 91%。

3 月 31 日 第 34 届北京图书订货会在中国国际展览中心（老馆）开幕。本届订货会在新华网开设线上主题书展专题，还在现场设置了央广直播间，邀请主持人现场播报订货会的实时动态；邀请知名主播进行现场视频直播和巡馆探秘活动，充分发挥主播的“直播带货”能力，让直播订货功能首次走进订货会。

4 月

4 月 2 日 根据沪苏浙皖三省一市广电局《长三角地区广播电视和网络视听一体化高质量发展战略合作框架协议》，上海市广播电视局、江苏省广播电视局、浙江省广播电视局、安徽省广播电视局联合举办“2021 长三角广播电视媒体融合优秀案例评选”活动。本次评选持续到 9 月，面向三省一市区域内的广播电视相关机构，设立长三角广播电视媒体融合先导单位奖、成长项目奖、典型案例奖各 10 个，优秀案例网络人气奖 6 个，以及庆祝建党 100 周年融媒体宣传优秀案例奖 10 个，分类分组进行评选。

4 月 7 日 由湖北省委宣传部、湖北省委网信办、湖北省广播电视局主办的“2021 年湖北省媒体融合创新案例评选活动”启动仪式在湖北省武汉市举行。该评选活动面向各级报社（传媒集团）、广播电视播出机构（融媒体中心）、网络视听节目机构等单位和组织，鼓励新媒体从业者及社会各界积极参与。活动将通过评选、路演、集中展播等形式，评选出优秀机构、主题宣传、内容创新、技术创新、服务群众、网络人气作品等六大类别的优秀典型案例，并在发展政策、资金扶持等方面给予支持。

4 月 8 日 河南日报报业集团新乡分社全媒体中心正式成立。开展驻地分社全媒体建设，是河南日报报业集团推进媒体深度融合、构筑现代传播体系的重要举措。新乡分社全媒体中心成立后，将深入推进内容生产的供给侧结构性改革，不再是“我写你看，我说你听”的单一型、告知型媒体，而是一个用户参与、共享的开放媒体平台。

4 月 10 日 首届中国数字新闻学年会在深圳大学召开。本届年会由深圳大学传播学院与《新闻界》杂志社联合发起，深圳市人文社会科学重点研究基地深圳大学媒体融合与国际传播研究中心承办，以“数字新闻学的理论想象与经验田野”为主题，国内外 50 余位专家学者共同探讨数字时代新闻学理论与实践的发展前景。

4 月 11 日 “读掌上精品 庆百年华诞——百佳数字出版精品项目献礼建党百年专栏”上线仪式在北京市举行。该上线仪式由国家新闻出版署主办，专栏中的 100 个数字出版精品项目从 1000 多个项目优中选优产生，包括数据库、数字出版平台、AR 出版物、融媒体出版物、有声读物等。专栏主建方为光明网，19 家设立专栏的平台为人民网、新华网、央视网、光明网、“学习强国”学习平台、中国文明网、党建网、新华书店网上商城、中图易阅通、中文在线、咪咕阅读、掌阅、沃阅读、文轩网、天翼阅读、微信读书、京东读书、喜马拉雅、快手，从即日起向社会免费开放 100 天。中宣部出版局、北京市委宣传部、光明日报社负责人和有关部门、项目单位、中央重点新闻网站、数字阅读平台等方面代表参加了专栏上线启动仪式。

▲ 由天津市滨海新区区委宣传部主管、滨海新区融媒体中心打造的移动互联网传播平台——“津滨海”客户端实现改版升级。该客户端从诞生之初就肩负着加快推进媒体深度融合的责任，坚持“新闻 + 政务 + 服务 + 商务”的定位，融合报纸、电视、广播等滨海新区原创内容于一体，成为当地移动网络传播的主战场，持续为用户提供权威、及时、贴心的新闻信息。现有各类城市服务 79 项，涵盖政务、便民、医疗健康、交通出行、文化旅游、电子卡包证照、随手拍、金融、城市智慧应用等，初步实现“一端在手、应有尽有”。

▲ 天津市滨海新区融媒体中心启动“讲述经典故事、感悟红色力量——百年党史 滨城诵读”线上线下系列活动。该活动从 4 月中旬持续至 10 月份，滨海新区融媒体中心将组织新区各行各业的优秀党员、先进典型和融媒体中心的播音员、主持人一起以“诵读党史”的形式讲述中国共产党的历史、党史中的经典故事和现实体会，鼓舞全区人民积极投身“滨城”建设。同时，融媒体中心将开设“津滨海”客户端新媒体互动栏目，制作广播电视专题节目，为活动进行全媒体展示。

4 月 14 日 《四川观察》内容开放平台——“观察号”正式上线。该平台首批入驻了市州号、专栏号、健康号、消防号、青年号五大优质内容，号内汇集了全川主要政务发布机构、知名医院、消防和共青团以及四川广播电视台品牌栏目等，共计 170 家机构，将为广大网友提供更优质的内容和服务。

4 月 18 日 2021 年“书香天津云课堂”首次开讲。该“云课堂”由天津市全民阅读办公室主办，天津广播电视台少儿频道承办，通过网络云课堂方式，每期邀请知名专家、作家、主持人、教师等围绕经典阅读等主题，通过知识问答、互动交流在线上线下开展阅读推广活动，与广大读者一同分享读书乐趣，进一步提升书屋书吧服务效能，丰富书屋书吧阅读活动资源。

4 月 20 日 京津冀新视听媒体融合学院启动 2021 学年首期研学班。此次研学班为期 3 天，邀请国家广播电视总局媒体融合发展专家库专家和国内有代表性的媒体融合相关单位代表讲课，从总局评选的全国广播电视媒体融合先导单位中选取优秀案例，设置政策解读课、行业趋势课、发展模式课、案例示范课、实践交流课、现场教学课等多元多样的学习模块，研讨如何加快融合步伐、拓展融合深度、制订好“三年行动计划”等行业热点话题。本期培训班吸引了来自京津冀三地省级、地市级、区县级广播电视台（融媒体中心）、有关媒体融合单位的主要负责人和相关项目负责人 100 余人参加。

▲ 湖北省鄂州市融媒体指挥中心揭牌。这是湖北首家地市级融媒体指挥中心，为全省地市级媒体融合发展探索路径。鄂州市融媒体中心整合鄂州日报社、鄂州广播电视台组建成立，鄂州市融媒体指挥中心委托湖北长江云新媒体集团有限公司规划设计，是湖北首家也是目前唯一一家地市级融媒体中心。

4 月 23 日 在中国新华书店协会指导下，新华书店总店联合各省（区、市）新华书店共同举办第三届新华书店网上商城读书大会系列活动。本届读书大会以新华书店网上商城、“学习强国”新华书店网上书城、“学习强国”新华书店文创商城、全国新华书店线下门店及新华书店“学习强国”体验空间等线上线下平台为依托，以“阅读点亮信仰 共庆百年华诞”为主题，紧紧围绕庆祝建党 100 周年这条主线，推出全国新华书店主题出版物线上线下联展、新华书店网上商城读书大会主题出版物联合首发、2020 年度“中国好书”及各出版社“镇社之宝”专题推荐等一系列精彩活动。本次联展活动设置“学四史”“守初心”“担使命”“筑信仰”4 个主题，采用线上线下相结合的方式开展。

4 月 24 日 首届新时代中国教师数字化教学研讨会在北京市召开。该研讨会由国家新闻出版署出版融合发展（北师大出版社）重点实验室、北京师范大学出版科学研究院、北京师范大学教材研究院、《中国教师》杂志联合主办，主题是“后疫情时代中国教师数字化教学能力提升”，旨在推动我国中小幼数字化教学的普及和发展，提升我国中小幼教师数字化教学能力，更好地引导数字化教学的融合发展，探讨数字化教学未来愿景。

4 月 27 日 河北日报报业集团与河北广电信息网络集团签署战略合作协议。双方将在内容制作推广、媒体运营、网络传输、大数据服务、项目开发等业务上开展全方位合作，共同推动媒体融合高质量发展。

▲ 甘肃省全省市辖区融媒体中心建设现场工作会在甘肃省天水市召开。会上宣布甘肃省 17 个市辖区融媒体中心建设工作圆满完成，这也标志着全省 86 个县市区全部建成县级融媒体中心并全部上线运行。会议指出，这将为甘肃进一步推动全省县区融媒体中心建设工作走深走实和启动市级媒体融合打下坚实基础，确保全省媒体融合向纵深发展，稳步实现“全省一张网”，不断壮大主流舆论，更好引导群众、服务群众。

4 月 28 日 河南日报报业集团与河南省律师协会战略合作签约暨“律媒团”正式上线。双方将围绕联合打造河南律师品牌、培养优秀法律人才、宣传法治河南等方面展开合作。“律媒团”将依托各自资源，联手打造的全国首家“互联网 + 新闻 + 法律 + 短视频”垂类服务平台；是顶端新闻正式上线后孵化的第一个全新短视频互联生态的产品；是基于顶端新闻及其旗下自有平台和第三方平台的媒体深度融合产品；是由国内主流机构媒体主导、组建的大型 MCN 探索产品。

▲ 海峡两岸 5G 融媒体应用实验室筹建签约仪式在北京市举行。北京大学互联网发展研究中心、中国传媒大学新媒体研究院、中国联通北京产业互联网运营中心与中国台湾网共同签订筹建协议，将为实验室功能开发

提供理论和互联网技术支持。目前，海峡两岸 5G 融媒体应用实验室是大陆首个面向海峡两岸同胞的线上服务平台。

5月

5月7日 国家新闻出版署《关于组织实施出版融合发展工程的通知》印发。根据通知安排，出版融合发展工程由系列子计划组成，子计划坚持格局大、步子稳、措施实的原则，成熟一个、推出一个，形成品牌、形成影响。2021 年，国家新闻出版署优先实施数字出版精品遴选推荐计划和出版融合发展示范单位遴选推荐计划，同时将研究拓展出版融合发展工程内容，后续公布其他有关子计划，更好地示范带动全行业提升融合发展的能力和水平。

5月8日 2021 世界超高清视频（4K/8K）产业发展大会在广东省广州市举行。该大会会期三天，以“超清视界 睛彩生活”为主题，由工业和信息化部、国家广播电视总局、中央广播电视总台、广东省人民政府共同主办。同时，“百城千屏”8K 超高清视频落地推广活动在会上正式启动，该推广活动将依托中央广播电视总台建设 8K 频道，在 100 座城市的中心广场选址建设 8K 超高清大屏，形成 8K 超高清大屏传输矩阵。大会举办的开幕式、主题论坛、企业专场发布会等活动，充分展示了摄制、传输、显示、芯片、内容等超高清视频产业链的最新成果。

▲ 社会科学文献出版社在北京市举办首届数字技术合作交流会议。25 家知名数字技术商代表共聚一堂，探讨出版企业数字化新未来。

5月9日 浙江省市县一体化传播技术生态产品体系揭开面纱。该产品体系是浙江日报报业集团提高数智创新能力，以数字化改革引领文化领域改革、加快推进宣传文化智融工程建设、深入推动数字化社会智治拓展的重要部署。一体化产品体系由全媒体智能中台驱动，通过“天目云 3.0”“天枢”“数媒通”三大数字化产品赋能，实现高效运营联动，其主要部署方向为智能传播、内容服务和智慧服务三大应用场景。

▲ 浙江共产党员杂志集团正式成立，一个“刊网出版社”相融合、“党建 +”服务多元化的全媒体集群全新亮相。《浙江共产党员》杂志于 1958 年创刊，已形成“四刊、两网、三微”的红色媒体矩阵，在精品内容打造、融合传播探索、智库平台建设等方面取得了明显成效，实现了从单一的党建宣传报道者向全媒体党建综合服务平台转型。

5月10日 “白山黑水 百年风华——庆祝中国共产党成立 100 周年东北四市党报联动采访行动”分别在吉林省长春市、黑龙江省哈尔滨市、辽宁省沈阳市、辽宁省大连市四地同时启动。为整体展示发生在白山黑水之间的艰苦斗争、火热建设、辉煌成就，长春日报社联合哈尔滨日报社、沈阳日报社、大连日报社等东北三省副省级城市党报等单位，联合开展本次联动采访行动。此次联动采访行动将作为开展“四力”教育实践的生动课堂，全面运用媒体融合发展成果，集中推出一系列有思想、有温度、有品质的融媒作品，以广泛深入的主题宣传和浑厚激荡的红色旋律向中国共产党成立 100 周年献礼。

5月11日 2021 县级融媒体中心东西协作交流公益项目启动仪式在江苏省南京市举行，来自全国 17 个省份的 30 家县级融媒体中心参与该项目。启动仪式上，“县融 1+1”全媒技能练兵活动同步开展。“县融 1+1”全媒技能练兵结合庆祝中国共产党成立 100 周年、巩固脱贫攻坚成果、全面推进乡村振兴等年度重大主题，突出结对县融中心“东 + 西”联合制作特点。

▲ 陕西新华出版传媒集团参展第五届丝绸之路国际博览会暨中国东西部合作与投资贸易洽谈会。该集团展台主要分为 4 个展区，其中庆祝建党 100 周年主题图书展区设计摆放了立体图书造型，展示了党史学习教育指定学习资料和党史类重点图书；精品图书展区展示了集团近年来出版的 500 余种获国家级奖项的图书、重点项目图书、主题图书和畅销图书；出版融合产品展区由 VR 红色资源平台、VR 青铜文化数字展示平台、“奇妙的博物馆之旅”融合出版数字体验平台、数字党建平台等融媒体产品组成；文创和阅读体验产品展区展示了拓片、木版年画以及新华朗读亭、留声墙等。

5月12日 由云南省委党史学习教育领导小组办公室指导，云南省档案局、省委老干部局、云南省委学史研究室、云南日报报业集团云南网出品的《红色档案 · 云南中共党员口述历史》微视频系列首发。该微视频系列以云南省首部“口述 + 档案”的方式，记录云南籍中共党员个人奋斗史、革命战斗史，让党史学习教育更加深入人心。

5月14日 中国新闻出版传媒集团、中国传媒大学联合主办的“短视频版权治理研讨会”在北京市举行。此次研讨会设置了“短视频行业版权生态优化”和“短视频版权治理新机制构建”圆桌讨论环节，16 位相关领域专家学者围绕合理使用、平台责任、授权渠道、许可制度等进行了交流。

5月15日 全国高校第二届网络与新媒体专业建设研讨会暨新媒体 C9 联盟新书发布会在北京师范大学举行。该会议由人民邮电出版社、北京师范大学新闻传播学院主办，主题为“新文科、新模式、新媒体”。来自全国高校新闻传播类专业的 100 多位院长、系主任、专业负责人和骨干教师出席会议。

5月17日 百集文献纪录片《山河岁月》启播仪式在北京市举行。该纪录片精心选取党史上 100 个重大事件、关键场景、重要人物，讲述建党百年感人故事，展示建党百年史诗画卷。《山河岁月》将分为四季播出。

第一季22集计划从5月18日开始，在中央广播电视总台央视综合频道20:00档、纪录频道21:00档播出，央视频、央视网等新媒体平台同步播出。

▲ 由河南日报报业集团、百度在线网络科技（北京）有限公司联合主办的“宝藏中国·河南站”在河南省郑州市全新起航。发布会现场，河南日报报业集团与百度APP达成战略合作，双方将共同协作，讲好黄河故事，打造城市品牌IP，共建内容传播生态，传承中原文化精髓。在城市服务方面，双方将共同打造咨询服务双平台，提升政务服务效能，依托百度知识平台，拓宽线上公示渠道；入驻线上服务化平台，开启便民咨询通道。“宝藏中国”是百度首个城市营销IP。此次全省联动百度生态矩阵打造的城市品牌“宝藏河南”，将延续线上微纪录片+线下活动全场景形式，以郑州、洛阳、开封为核心区域，上线包含城市宣传片、好看短视频挑战赛、百家号创作者直播等一系列创意活动，让观众在节目和互动中充分领略河南的独特魅力。

5月18日 “百部经典影片献礼建党百年”系列宣传展映活动在河北省保定市举行。该展映活动由华夏电影发行有限责任公司、中国出版集团、“学习强国”学习平台共同主办。活动也将编写出版图书《海报里的百年风华》，面向全国30余所高校征集具有新时代精神、新时代元素的“老电影、新海报”。此外，还将举办“时光放映厅”系列活动，在10个省会城市展映带有重要历史节点意义的经典影片，在20个城市以流动放映车形式开展沉浸式体验及放映，并录制《华夏电影大讲堂》，在校园院线开展公益放映活动。

5月19日 中国出版协会与北京字节跳动科技有限公司共同发起的“书房计划”新媒体训练营在北京市启动。“书房计划”项目组将邀请各个领域的知名创作者、运营讲师，分垂类对出版机构营销部门及作者、编辑进行新媒体创作培训，包括短视频创作技巧解析、直播技巧解析、电商带货讲解、实战指导及案例复盘，同时结合北京图书订货会等中国出版协会主（承）办的全国重要书业展会，开展实战演练。

▲ 学术出版新技术应用与公共服务实验室在北京市成立。该实验室由中国期刊协会发起，秘书处设在中国期刊协会数字期刊分会，中华医学会杂志社、北京钛学术智汇科技有限公司为联合发起单位。该实验室旨在集聚行业资源，实施技术攻关，推动集成创新，广泛运用新技术为期刊出版赋能，促进期刊出版动能转换和体系升级，促进期刊业深度融合发展，提升出版水平和影响力，打造一个让刊社、作者、平台、用户等全行业全产业链共同受益的平台。具体讲，实验室将着力推动期刊媒体融合向产业融合发展，使用区块链等新技术推动期刊IP增值和版权保护。

▲ 人民网“网上群众工作智慧大屏”正式在上海市亮相。该主屏幕可实时显示上海市下辖各区的具体网民留言量、回复量、回复率、满意度等数据，相关信息系人民日报社人民网建设的“领导留言板”所产生的实时数据，及各地各维度网上群众工作落实情况与舆情动向。

5月21日 为展示党的百年奋斗伟大征程，深入开展党史学习教育，北京日报客户端“建党百年”频道正式上线。该频道设置有“奋斗百年路 启航新征程”“学党史悟思想 办实事 开新局”等主题宣传专题，也聚合了“红色足迹”“山河岁月”“红色档案”等央媒重点栏目，同时对北京日报社庆祝中国共产党成立100周年重点报道“我们的第二生日”“誓言”“京畿红迹”“我为群众办实事”“光影记忆 薪火相传”“党史日历”“踏寻北京红色印记”等10余个特色栏目进行了集中展示，通过图文、视频、直播、音频等新媒体形态，展示了中国共产党波澜壮阔的百年历史，是广大党员干部和群众学习党史，开展党史学习教育的重要阵地。

5月25日 陇东报社掌中庆阳客户端“党史学习教育在线课堂”正式上线。“云端课堂”设置专题专栏学习、党史知识练习、学习效果测试等板块，在线凝聚广大党员干部奋进力量，助推党史学习教育深入开展。

5月27日 《辞海》（第七版）网络版正式发布，并同步上线“学习强国”学习平台，百年《辞海》开启数字时代新篇章。网络版以第七版纸质版内容为基础，可以在电脑网页、手机应用、微信公众号和“学习强国”中使用，用户可根据所处场景，选用不同的终端。网络版检索方式十分丰富，可以检索词目或者释文，还可以按学科浏览；可以单一关键词检索，或多个关键词组合检索；手机用户还可根据不同需要使用语音识别检索、拍照识字检索，等等。网络版还增加了大量图片、音频、视频内容，并制作了近500个三维动态模型，直观展示远古生物、历史建筑和部分天体的形态，呈现出更加多维立体的百科内容。所有百科条目还增加“推荐阅读”和“延伸阅读”，智能生成“知识导图”，能够可视化立体呈现词条间的关系。

5月31日 全新改版的湖北日报新闻客户端6.0版上线运行。新版本采用目前最新的新闻客户端布局样式，增加了滚动、快讯等活动栏目，信息量更加丰富；增加了滑块等新推荐样式，更加简洁明了；同时，首页还增加了“Mini浮窗”，可一键抵达热点投票、活动等板块。

▲ 未来媒体研究院在浙江工业大学揭牌成立。未来媒体研究院由浙江省广播电视局和浙江工业大学共同建设，将聚焦媒体融合、媒体智慧化与智能化研究，探索数字经济与传媒新业态深度融合，推动传媒业关注新业态、新入口与新内容，积极谋划、提早布局科技前沿。研究院后续还将规划建设人工智能媒体实验室、全国声音名家语料云平台、音视媒体实训基地、智媒融合创新孵化谷，携手推进广播电视网络视听产业发展。

6月

6月1日　中国版权协会“中国版权链”正式上线。中国版权链是中国版权协会推出的开放、多元、中立的版权保护平台，全面结合数字内容生态的业务场景，致力于打造数字内容时代版权保护的新基建。其将围绕“版权存证”“版权维权”“版权交易”3个核心场景，打造包含作品存证、侵权监测、在线取证、侵权下架、纠纷调解、诉讼维权等功能模块的全流程版权保护方案，服务能力贯穿版权保护全生命周期。通过全方位、高水平、低成本的版权保护服务，中国版权链切实保障权利人核心利益，激发创新活力，促进数字版权市场蓬勃发展。

▲ 中国图书进出口（集团）有限公司联合中国宋庆龄基金会共同发起的“阳光阅读计划”项目在北京“云启动”。该项目旨在通过海外线下传统销售渠道、线上跨境电商平台、海外主流媒体 / 社交平台，满足海外华人子女及中文学习者的阅读和购买需求。同时，中图公司打造的“CHINA BOOKS”线上书店正式上线。该渠道为速卖通平台，销售覆盖全球的220多个国家和地区，未来将在虾皮、Shopify等平台依次上线。

6月3日　由国家新闻出版署主办的“2021中国报业创新发展大会”在四川省成都市召开。该大会以“创新赋能高质量发展”为主题，大会上宣读了2020年中国报业深度融合发展创新案例60个入选项目名单。同时，举办了“2020年中国报业深度融合发展创新案例展”，展览采用线上线下结合、触屏体验、现场讲解等方式，对60个入选案例进行了全方位立体化展示。

▲ 都市时报新闻客户端“一点关注”APP正式更名为“都市时报”APP，并进行改版升级。改版后的都市时报APP，将重点做好原创新闻、品牌活动、精品视频等三个板块，突出《都市时报》的特质和原创新闻的能力。

6月17日　《红岩家书》新书暨纪录片首发仪式在重庆红岩革命纪念馆举行。这次中央与地方媒体联动、出版与电视联动是重庆党史学习教育的一次创新。在重庆市委宣传部的指导下，中央广播电视总台重庆总站、重庆广播电视集团（总台）、重庆出版集团等多家单位开展了“红岩家书——寻访红岩绝笔后人”联合行动，出版发行《红岩家书》图书，并推出7集党史纪录片《红岩家书》。

6月21日　“2021英国伦敦书展”线上展会举办。书展会期11天，受全球新冠肺炎疫情影响，创办50年之久的伦敦书展取消实体展会，首次改为线上举办。119家中国出版单位通过中国图书进出口（集团）有限公司设立的“阅读中国”网站专页，整体线上亮相伦敦书展。

6月22日　由湖北省委宣传部、省委网信办、省委党史研究室、共青团湖北省委、湖北广播电视台联合主办，湖北长江云新媒体集团承办的“理想照耀中国——湖北省庆祝中国共产党成立100周年网络视听全媒体大型传播行动”，正式上线推出首个沉浸式党史学习教育互动平台“湖北全景红色教育地图”。该“红色地图”以具有导航功能的开放式地图元素为信息传播入口，运用VR全景技术，采取高关联性加载的方式，融合文字、图集、海报、短视频、H5、直播等多种传播形态，汇聚以百集党史进万家、百首红歌给党听、百场直播荆楚红、百篇报道讲故事为主体的“四个一百”大型网络视听融媒传播特色内容，以及全省各市州县庆祝建党百年的传播内容和党史学习教育动态。同时，加入图像登录、点赞问答、点亮火炬、热力排行榜、生成个性化线路图等UGC趣味互动元素，增强党史学习教育的互动性，打造全民学习，尤其是青少年人群党史学习教育的网络视听新媒体平台。

6月23日　由中国报业协会、中共达州市委主办，四川省报业协会协办，达州市委宣传部、达州日报社承办的“践行‘媒体+文创’多元发展之路 党报当先锋”峰会在四川省达州市举行。全国56家党媒120多名负责人分别围绕“媒体+文创”拓展产业发展新空间、报业文创的思考等作了主旨交流，共商全媒体时代报业发展大计。

▲ 机械工业信息研究院（机械工业出版社）融媒体中心启用暨新华网联合演播中心揭牌仪式在北京市举行。机工融媒体中心建设面积约1100平方米，主要由一个演播大厅、两个访谈区、四个小型演播厅和一个大型会议室组成，并配有会客室、导播间、化妆间等配套设施。未来，机工融媒体中心将依托机工社在工业及科技信息领域的内容优势和新华网强大的传播影响力与科技创新能力，为信息出版传媒行业的共享共融赋能，为各级各类战略合作伙伴、机关企事业机构的融媒体发展提供新的助力。

6月24日　从即日起，由长春市委网信办在全市范围内组织的“我身边的党员故事”百部优秀短视频全网全平台上线展播。人民网、新华网、凤凰网、“学习强国”、中国吉林网等网络媒体每天推出3个优秀作品，作品中有抗战老兵对党的忠诚与信仰；有响应党的号召奔赴抗疫一线，有爱、有责任、有情怀的白衣战士；有躬身科研一线，奉献智慧与汗水的航天追梦人……他们善良、真诚、敬业，他们勇往直前、敢于担当、任劳任怨，他们朴实、平凡而又令人感动，他们眼里有光、心中有爱、肩上有责。

6月25日　江苏省举办“百年红 广电颂——全省广播电视系统庆祝中国共产党成立100周年百媒联动直播活动”。该活动由江苏省委宣传部指导，江苏省广播电视局、江苏省广播电视总台、江苏省广电有线信息网络公司主办，各设区市文广旅局和广播电视台、县级融媒体中心、持证网络视听机构协办。直播活动以省、市、县三级广电媒体联动的方式，通过江苏省广电总台城市频道，各市、县广电播出机构，荔枝新闻、我苏客户端及相关网络视听新媒体平台等100多家媒体单位同步直播。设在江苏省广电总台的主演播室现场连线13个设区市，通过主持人、记者走进雨花台烈士陵园、新四军纪念馆、周恩来纪念馆、淮海战役纪念馆等红色教育基地，策划组织《唱支山歌给党听》《咱们工人有力量》等红色主题“快闪”活动，探访自贸区、创新城等开发园区和高新企业，展示城乡面貌变化、经济社会发展成果和美好发展前景，以广电人的视角多角度、多层面展现江苏各地在党的领导下革命、建设、改革和奋进新时代的光辉历程和辉煌成就。

6月26日 国家新闻出版署“中医药知识挖掘与出版创新服务科技与标准重点实验室”揭牌仪式在北京市举行。该重点实验室由中国中医药出版社联合中国中医科学院中医药信息研究所、安徽中医药大学、北京大生道科技有限公司共同建设，将在中医药行业科技的提升与标准建立方面发挥强有力的作用。

6月30日 由中共福建省委文明办、《福建日报》新福建客户端联合主办的“童心向党·我向党旗敬个礼”活动在新福建客户端上线。该活动结合青少年的兴趣点，通过融媒体产品创新党史学习方式，引导青少年在交互活动中了解中国共产党的历史，增进敬党爱党之情。

7月

7月1日 中国移动咪咕公司旗下咪咕“云”书店发布的第一台文化新零售产品5G+AI读机，在浙江省嘉兴南湖畔亮相。5G+AI读机是一种文化新零售产品，5G新用法，可以延展文化消费场景，补齐碎片化营销触点，同时依托5G+技术，帮助AI/AR/VR在阅读领域应用落地。南湖畔的5G+AI读机陈列了党史学习教育、党的创新理论、党的光辉历程等书籍和《百炼成钢》《红船》等AR视频。

7月6日 新华社新闻信息中心“融媒体千万联动计划”启动仪式在云南省玉溪市举行。该计划将通过发布联动计划、启动研究中心、征集影像作品、举办短视频创作实训班等形式，帮助县级融媒体中心提升内容生产力、信息聚合能力和技术引领能力，培养全媒体采编播管人才。

7月8日 河南省网络直播和短视频发展促进工作委员会成立大会在河南省郑州市举行。大河传媒有限公司担任主任委员单位，促工委以倡导新风尚、传播正能量为指导思想，秉承自律协作、开放创新、服务至上的理念，凝聚网络直播与短视频应用各方力量，未来将会促进网络直播与短视频在社会各领域的健康快速发展。并推动全省互联网、大数据、人工智能等新技术、新应用、新模式与社会各领域的深度融合，助力数字河南建设，促进全省数字经济繁荣发展。

7月10日 国家新闻出版署“出版业用户行为大数据分析与应用重点实验室”在北京市揭牌。该实验室以北京师范大学为主体单位，化学工业出版社、上海新华传媒连锁有限公司、北京当当网信息技术有限公司、北京中启智源数字信息技术有限责任公司为联合共建单位。

7月14日 “新发展阶段下的融合出版创新”高端论坛在山东省济南市举行。该论坛以“融合助推出版，创新催生动能”为主题，由全国图书交易博览会组委会和山东出版集团主办。同期，“融合出版内容传播创新应用”出版业科技与标准重点实验室和“山东省数字融合出版创新创业共同体”在论坛上揭牌。“融合出版内容传播创新应用”重点实验室将基于区块链技术在可信体系构建方面的独特优势，在数字产品传播与营销、版权保护与应用等研究方向进行集智攻关，以此解决出版单位数字资源因版权权属集中管理存在的版权不清晰、传播不可信、应用交易不可知等核心痛点，并实现成果产业化落地。“山东省数字融合出版创新创业共同体”聚集“政产学研金服用”七要素，面向产业需求，探索创新创业模式，推动“产业链、创新链、资金链、人才链、服务链”五链融合，探索建设“知识+、服务+、运营+、技术+”的“4+”知识服务生态循环，培育发展数字融合出版产业新业态。

7月15日 以“科技推动融合 资本助力创新”为主题的“教育出版融合发展创新论坛”在山东省济南市举办。论坛由第30届全国图书交易博览会组委会主办，中国新闻出版研究院承办。在主题报告环节，与会嘉宾围绕教育出版的路径与思考、技术变革推动教育出版变局、短视频直播营销等话题，分享教育出版融合发展的探索与实践，探讨中小学学生用书发展新态势，谋划“十四五”时期教育出版的结构调整与转型发展。

7月16日 科技日报社与长城新媒体集团签署战略合作协议，开启科技赋能、联合驱动新征程，探索央地主流媒体融合发展新模式。双方将遵循“资源共享、优势互补、共谋发展”原则，创新“新闻+政务服务商务”运营模式，共同推动内容生态建设、品牌活动策划、媒体技术开发、服务平台建设等方面全方位深度合作。

▲ 中国音像与数字出版协会数字教育出版工作委员会、出版融合工作委员会换届工作会在山东省济南市召开。

7月17日 中国经济传媒协会新媒体分会在北京市举行揭牌仪式。新媒体分会于2021年5月批准成立，将通过公益、内容、交流、维权、评价等五大平台服务，为会员单位发展赋能，同时加强各单位之间的交流联系，促进媒体深度融合。

7月20日 以“新技术 新融合 新传播”为主题的2021中国新媒体蓝皮书发布会暨中国新媒体发展研讨会在江苏省无锡市举行。该会议由中国社会科学院新闻与传播研究所、江苏省委网信办共同主办。共同发布了《新媒体蓝皮书：中国新媒体发展报告No.12（2021）》，全面分析新媒体发展状况，解读新媒体发展趋势，总结新媒体发展问题，探析新媒体的深刻影响。同时，还发布了《融媒体传播评价体系》。

7月21日　南方报业传媒集团与腾讯集团在广东省广州市签署战略合作框架协议。未来双方将共建南方融媒实验室，开展媒体深度融合前沿课题研究；在“双区”建设、乡村振兴、创新驱动以及文化强省建设等方面共建服务平台，探索媒体单位和互联网企业联合服务重大战略新模式；共建正能量传播机制，探索营造清朗健康网络空间的新业态。

7月27日　重庆日报报业集团与重庆市南岸区政府战略合作暨视觉图库（重庆）传媒科技有限公司及视觉重庆总部基地合作协议签约仪式在重庆市南岸区举行。视觉重庆总部将深耕泛视觉文化产业链，打造重庆首个视觉文化产业园。该项目以视觉重庆影像库为基础，联动全市各区县各行业，形成全市影像大数据库集群，开展泛视觉文化产业布局，汇聚重庆影像，探索建立“视觉传播 + 政务商务 + 智慧城市”运营模式，成为媒体融合发展的全新尝试。

8月

8月1日　中共黑龙江省委《奋斗》杂志社主办的奋斗网、“奋斗者”APP 正式开通上线。奋斗网、“奋斗者”APP 将以“纵深、博观、立行”为宗旨，紧紧围绕理论研究阐释，突出思想性、专题性、综合性、服务性，强化理论武装和思想教育的学习探索，努力打造成党刊重要网络传播阵地。同时推出 8 位专家型栏目主持人，分别主持《佳话有约》《博观》《地平线》《看今朝》《胡蕊心语》《任我行》《诚者谈》《看见》8 大原创精品栏目。

8月3日　南方报业传媒集团与广东省农业农村厅（省乡村振兴局）联合发起的广东乡村振兴智库正式成立。该智库将整合、深耕和拓展“三农”领域的智力、政务与产业资源，致力于打造国内有影响力的乡村振兴研究平台、传播平台与产业平台，立足广东、辐射全国，全面服务广东乡村振兴工作。

8月4日　云南出版集团召开实施融合发展二次跨越战略动员大会。两天的大会紧紧围绕云南省委、省政府“数字云南”发展规划的决策部署，深入分析集团所处方位和发展条件，全面贯彻新发展理念，凝聚融合发展共识，明确提出推进融合发展、实现二次跨越，建成现代化新型出版集团的战略目标。

8月5日　《新京报》独立财经 APP“贝壳财经 News”正式上线。该 APP 是一个基于互联网的独立财经新闻内容原创平台，是深耕于宏观经济、金融、上市公司、互联网、汽车等领域，拥有海量即时资讯、深度报道、数据新闻、智库、短视频、直播连线等不同形式的内容传输阵地。

▲ 陕西新华出版传媒集团、中国移动通信集团陕西有限公司 5G 战略合作签约仪式在陕西省西安市举行。双方按照“一次规划、分步实施”的思路，在智慧文化服务、渠道建设等领域开展深度合作，切实推动传统出版和新兴出版在内容、渠道、平台、运营等方面的深度融合。深入研究 5G、云、人工智能等技术在文化产业的应用场景，重塑资源配置和生产运营逻辑，打造“5G+ 智慧新华书店”，全力满足文化产业转型升级的数智化需求。

8月6日　哈尔滨工业大学（深圳）—深圳报业集团数据新闻实验室挂牌仪式在广东省深圳市举行。该实验室将依托深圳报业集团新闻数据资源与媒介传播优势，利用哈工大（深圳）计算机科学团队大数据处理、可视化技术与科研创新能力，探索媒体与高校合作新机制，提升数据化、智能化、现代化新闻生产水平。

8月9日　北京经济技术开发区融媒体中心在尚亦城（北京）科技文化集团有限公司正式挂牌。这意味着北京首家由事业单位整建制转为企业方式运营的融媒体中心正式运营。

8月10日　南方报业农业公园一期建设项目启动暨南方优品丝苗米基地开秧活动在广东省广州市增城区派潭镇高埔村举行。活动现场展示了数字化设施设备，并进行智能化作业。该项目一期占地 1600 亩，按照以“传媒 + 现代农业、农旅、研学、康养”为特色的发展思路，汇聚数字农业要素，以西游记为主题打造农业公园。

8月13日　甘肃省国际传播平台集群正式上线运行。该集群本次上线的网站包含甘肃英文网、兰州英文网及七里河英文网，结合读者的阅读和访问习惯，采用扁平化的设计理念，分别突出甘肃特色及各市区特色。集群还配套推出了手机适配版本，访客可随时随地通过移动端快捷访问阅览。

▲ “新甘肃”（客户端）首场“云助农”公益带货直播正式开启。甘肃新媒体集团携手甘肃省定西市陇西县供销社，甄选了来自当地的土蜂蜜、黑小米等 20 余种优质农特产品走进直播间。在主播推荐下，吸引了许多网友下单购买，取得了“开门红”。

8月18日　由中央广播电视总台音频客户端“云听”和甘肃新媒体集团联合推出的“云听中国甘肃频道”在“云听”客户端正式上线。“云听中国甘肃频道”是继北京、浙江、粤港澳大湾区、安徽、四川后，第六个入驻“云听”客户端六大业务板块之一“云听中国”的地方频道。该频道汇集了站内与甘肃相关的优质音频内容，同时也引进了“新甘肃”客户端叨叨音频下设《读书吧》《红色陇原》《Hi，晚安》等优质栏目。

8月19日　国家新闻出版署《关于开展 2021 年中国报业深度融合发展创新案例征集工作的通知》发布。本次案例征集类别强调六方面创新，分别是系统性创新：全媒体传播体系建设类；内容供给创新：网络内容建设类；细分领域服务创新：专业信息服务类；运营模式创新：

媒体＋政务服务商务类；方法手段创新：前沿技术应用类；管理创新：体制机制创新类。申报材料须于9月18日前报送。

8月23日 贵州出版集团有限公司与贵州省贵阳市云岩区人民政府签署战略合作框架协议。根据协议，双方将就“新华文化创意街区”项目进行合作。

8月25日 重庆日报报业集团上游新闻和腾讯“小鹅拼拼”携手打造的新一代媒体社交电商平台 “上游合作社”正式上线。双方致力于将特色重庆农特产品及优质重庆消费品推向全国，为供应商搭建无障碍社交电商平台，实现资源共享、互惠双赢，促进电商发展，助力重庆乡村振兴和消费工业品提升计划。

8月27日 “服务驻沈央企，助力沈阳高质量发展”沈阳日报社全媒体用户节走进驻沈央企活动，在中国邮电器材东北有限公司互联网＋创业基地启幕。该活动由沈阳日报社、通用技术沈阳机床（集团）有限责任公司、中国邮电器材东北有限公司、沈阳市新闻工作者协会企事业协会联合主办，邀请到通用技术沈阳机床（集团）有限责任公司、中国邮电器材东北有限公司、航空工业沈阳飞机设计研究所、中国航发沈阳黎明航空发动机有限责任公司、中国航发燃气轮机有限公司、中国石油辽宁沈阳销售分公司、中国石化销售股份有限公司辽宁沈阳石油分公司等近50家驻沈央企，参会单位将围绕工业物联网、营商环境、企业党建、数字化转型、企业融媒体等方面的内容开展经验分享和业务实践活动。

8月29日 由中国地图出版社出版的《走近地球之巅》新书发布分享会在北京市举行。该书首度系统展示我国6次珠峰地区大型综合科考、2次青藏高原综合科考成果；详细绘制18条人类成功登顶珠峰路线，解读从北坡登珠峰的路线及营地，沉浸式呈现攀登珠峰全过程；讲述珠峰最新高程数字背后不为人知的故事，解读“中国制造”首次登顶珠峰。全书采用了近300张摄影图片、手绘插图、专业地图及信息图表，扫描书中二维码，还可以看到20多个音频、视频、VR三维地图。

▲ 二十一世纪出版社集团举办“大中华寻宝系列”新书《黑龙江寻宝记》百店首发线上活动。首发仪式由12家媒体平台同步直播，同时正式开启了百店首发活动序幕——全国272家线上、线下、新媒体店铺联播联动。“大中华寻宝系列”作为二十一世纪出版社集团原创知识漫画图书的领军产品，丛书以独特的漫画元素和创新的故事语言，悬念迭出的情节和匠心独运的编创，将神州大地的地理风貌、历史遗迹、文化艺术、物产资源、民族风俗等内容巧妙融合，为小读者开启一场场足尖上的中国之旅。

9月

9月1日 从即日起，参考随时随地，消息尽在掌上——《参考消息》数字报正式上线。

9月3日 “拇指的点赞会”——福建电视台少儿频道“新宜求新”资源发布会在福建省广播影视集团举行。福建少年儿童出版社和福建少儿频道开启全面合作，将丰富“拇指班长”IP的文化内涵。“拇指班长”系列是儿童文学作家商晓娜“校园轻幻想”小说的经典之作。该项目将推出大型集纳式节目《偶们来了》、拇指广播剧、拇指动漫视频等全媒体内容，覆盖知识科普、幼儿陪伴、音频互动等多个领域，力求为少年儿童带来正能量的绿色视听体验。

9月7日 “出版业技术与标准应用重点实验室”授牌仪式在北京市举行。该实验室是2021年国家新闻出版署批准的重点实验室，其主要职能是出版业前沿技术应用和标准研究推广。实验室由中国新闻出版研究院牵头，参与单位包括中国音像与数字出版协会、中国科学院自动化研究所、深圳市天朗时代科技有限公司、同方知网数字出版技术股份有限公司。实验室设立ISLI/MPR基础应用研究中心、知识服务研究中心、出版标准符合性测试中心、全民阅读大数据研究中心、内容资源元数据体系研究中心5个研究中心，分别负责实验室5个主要的技术和标准应用研究方向。

▲ 兰州日报社与中国广电甘肃网络股份有限公司战略合作签约仪式举行。双方将携手共建兰州短视频产业园，围绕技术、平台、人才、资本，在平台建设、媒体联盟、新闻舆论、政务服务、文化旅游、乡村振兴、智慧城市、数字丝路、中医药产业等重点领域开展全面合作。内容涵盖基础平台建设、媒体联盟建设、户外主流意识形态新阵地建设、短视频政务服务、乡村振兴项目、视频内容服务、“5G短视频＋”行业、媒体金融服务、智慧城市建设等。

9月10日 第九届天津融媒体粉丝狂欢节在天津梅江会展中心开幕。天津出版传媒集团及旗下10家出版社以及多家直营书店首次亮相融媒体粉丝狂欢节，以“读者嘉年华”为主题，给读者带来千余种高品质图书、音像制品、文创产品，以及一系列阅读活动。

9月12日 2021北京出版高峰会议在北京以“线下会场＋线上直播”形式举行。本次会议由北京国际图书博览会组委会主办，中国图书进出口（集团）有限公司承办。会议聚焦“出版文化合力构建人类命运共同体”“新技术赋能出版新发展”等多元主题，围绕新时代出版业交流合作、融合发展、智慧创新等广受关注的议题进行交流讨论。

9月14日 由国家新闻出版署、科技部、北京市人民政府、中国作家协会、中国出版协会主办，中国图书进出口（集团）有限公司承办的第二十八届北京国际图书博览会（BIBF）正式开幕，巴基斯坦担任书展主宾国。作为全球疫情下首个恢复线上线下结合办展的重要大型国际书展，本届BIBF采取线下展会为主、网上平台配套的方式举办，致力于为国际出版界和广大读者打造一场集版权贸易、出版展示、文化交流、专业研讨和阅读推广等功能于一体的大型国际文化交流盛宴。本届 BIBF 特设中国共产党成立 100 周年精品出版物展，在实物展陈的基础上运用 3 面 LED 270° 大屏的全景剧场搭载裸眼 VR 内容等手段，全面展示习近平总书记大国领袖、大党领袖的思想、风范和魅力，生动讲好中国共产党的故事、新时代中国的故事。

9 月 15 日　江西营商全媒体平台重磅上线。该平台由江西省发展改革委（省优化营商环境办）指导、江西日报社主办、江南都市报运营管理，是全国首个报网端融合、政企媒互动的营商全媒体平台。聚焦讲好江西营商“好故事”、传播江西营商“好声音”、当好江西营商“监督员”“参谋员”“联络员”。江西营商全媒体平台始终围绕中心、服务大局，为江西深入推进营商环境优化升级提供强有力的舆论支持和决策参考。

▲　由中国音像与数字出版协会指导、中国音像与数字出版协会出版融合工作委员会和中国图书进出口（集团）有限公司承办的首届出版融合发展国际化论坛在北京国际图书博览会上召开。该论坛旨在从数字产品走出去的路径、问题和案例等入手，探讨中国出版融合的国际化之路。论坛上还发出《数字出版产业“走出去”倡议》，同时数字出版产业“走出去”推广联盟成立。

9 月 16 日　国家新闻出版署“出版业‘一带一路’国别化语言服务关键技术研发与应用重点实验室”揭牌仪式暨全球国际中文教学云平台发布会在北京市举行。该实验室由北京语言大学出版社牵头，联合中国新闻出版研究院、中国音像与数字出版协会、北京语言大学新闻与传播学院、福建网龙计算机网络信息技术有限公司等 5 家单位共同建设。重点实验室旨在通过科研创新驱动领域发展，验证和提高国际中文数字化教育出版产品在支持和服务“一带一路”合作发展中的作用。“全球国际中文教学服务云平台”是重点实验室成立后产出的首个平台级创新研究成果。

▲　由中国图书进出口（集团）有限公司举办的第二届 5G 新出版高层交流会在北京市举行。该会议以“5G 赋能出版，出版丰富 5G”为主题，共商共探行业未来的发展方向。新出版 AI 代言人“小云”在会上发布建党百年、传统文化、少儿通识、科幻漫画四大象限全景作品，带给读者全新、沉浸式、720 度全视角的新阅读体验。

▲　川观新闻 8.0 版正式上线。该版本以用户互动能力建设为重心，对信息流进行了优化重构，提升互动内容展示层级，突出用户评论，引导用户互动，优化参与体验。川观新闻 8.0 推出“主流媒体算法”，通过把控内容质量、加深内容认知、优化智能分发、追踪传播效果四方面工作，用主流价值导向驾驭“算法”，全面提高主流媒体的舆论引导能力。

9 月 22 日　紫荆文化集团重点文化项目发布会在广东省深圳市举行。作为首次整体公开亮相的配套活动，紫荆文化集团此次发布了多个重点文化项目，涵盖新闻出版、文旅演艺、影视等多个产业。紫荆文化广场由紫荆文化集团旗下联合出版（集团）有限公司投资建设，该项目位于北京经济技术开发区，以“科技与文化深度融合”为业态定位，吸引出版、视听科技、网络直播、影视、动漫、网络文学、游戏电竞、人工智能等企业入驻园区。中华商务贸易公司在会上发布了一款自主研发的内容阅读社群平台“墨库”APP，“墨库”阅读平台旨在为内地读者打造全球读书社交平台。同时，会上还发布了《紫荆》杂志社新媒体及紫荆研究院项目、“盲人中小学生无障碍阅读工程”等新闻出版媒体融合项目。

▲　中国建设科技出版社启新暨建设领域减碳发展研讨会在北京市举行。经国家新闻出版署批复同意，中国建材工业出版社正式更名为中国建设科技出版社。会上还发布了“大道碳中和”融合发展项目。该项目是中国建设科技出版社特别策划的融合发展项目，是出版社贯彻落实国家“双碳”目标、更好履行社会责任做出的重要举措，是一个新型的线上线下、纸媒网媒一体化的传播交流平台。

▲　清华大学出版社与百度签署战略合作协议。双方将携手打造国内首套产教融合人工智能系列教材，共享各类智库教材、题库、课程等资源。同时，双方将在师资培训及学生实践基地等领域展开深入合作，推进师资培训活动组织和落地。

9 月 23 日　第十七届中国（深圳）国际文化产业博览交易会在深圳国际会展中心开幕。本届文博会线下在媒体融合·智慧广电·电影工业馆（14 号馆）的新闻出版展区，“庆祝建党百年红色主题数字内容精品展”展示的电子书、有声书、融媒体出版物、知识服务产品等形式的数字内容产品引人关注。中国出版集团、深圳出版集团、深圳报业集团等新闻出版单位与腾讯等互联网公司就内容、技术、渠道、平台、管理等方面的深度融合展开合作。上海张江国家数字出版基地、北京国家数字出版基地、天津国家数字出版基地、重庆国家数字出版基地等相关产业园区组团参展，集中展示各基地的新产品、新技术，并探讨分享基地园区发展的创新经验。同时，云上文博会依托虚拟现实技术，实现全景云上展馆的构想，线上展品展示平台、展商直播平台、供采对接平台三大互动板块，让展会从“面对面”交易转为“屏对屏”交流。

9 月 24 日　“一带一路”共建国家出版合作体高峰论坛（2021）以线上线下相结合的方式在中国人民大学举办。该论坛以“文明互鉴 合作共赢”为主题，围绕“聚焦疫情时代的出版发展经验、探索出版合作新方式”，“创新数字出版模式、助力出版业高质量发展”两个议题展开深入探讨。中宣部相关领导和相关局室负责同志、教育部社科司、中国人民大学负责同志和俄罗斯、孟加拉国、牙买加、巴哈马、吉尔吉斯斯坦、哈萨克斯坦、伊朗、越南、古巴等驻华使馆代表以及来自全球近 20 个国家和地区的百余名成员代表出席论坛。

▲ 由国家版权局、四川省版权局、中国版权协会指导，成都市广播电视台主办的“2021 成都数字版权交易博览会”在四川省成都市开幕。该博览会为期 2 天，以“版权新价值 数字新生态”为主题，聚焦我国数字版权的发展趋势，深度布局数字版权全产业链，全力推动数字版权产业与数字新经济深度融合。在展会期间，还举办了数字版权产业融合创新发展峰会，共同探讨数字版权行业如何实现产业创新，开拓现代化的数字版权创新发展模式等内容。

9 月 26 日 以媒体融合为主题的国家级产业投资基金——央视融媒体产业投资基金在上海市正式成立。该基金由中央广播电视总台所属中国国际电视总公司，以及中国电信、中国文化产业投资母基金等共同发起设立，总规模 100 亿元，首期规模 37 亿元。基金主要投向 5G、超高清、人工智能、云计算、区块链等前沿技术应用，扶持新媒体、新业态，实现大文化、大资本、大经营的战略蓝图。

9 月 27 日 上海报业集团与中国移动上海公司签署深化战略合作协议。双方将探索 5G、大数据、云计算、物联网、区块链、人工智能等新兴技术在城市数字化、智能化转型领域的应用场景，结合上海移动的先进技术和上海报业的传播优势，共同打造融合发展的解决方案。

▲ 光明网与杭州安恒信息技术股份有限公司在浙江省乌镇揭牌“智慧融媒网络安全实验室”。双方携手探索媒体融合建设中网络安全可借鉴、可推广方案，以推动媒体深度融合发展，服务构建全媒体传播格局。

9 月 29 日 第二十二届深圳读书月组委会全体委员会议举行。本届深圳读书月将进一步强化“文化的闹钟”“城市的雅集”“阅读的节日”的办节定位，年度主题为“打开一个新视界”，突出“全域、全景、全民、全媒”的特色。“文化的闹钟”旨在释放人文信号、传播文化理念、引领价值方向；“城市的雅集”努力为社会各界搭建共读对谈、思想碰撞的文化平台；“阅读的节日”倾情打造全民共同期待、乐享其中的阅读嘉年华。全域，即加强粤港澳大湾区及境内外联动，让书香的氛围辐射全国乃至全球；全景，即本届读书月提供多媒体、多介质、多场景的阅读体验，让阅读无处不在，唾手可得；全民，即兼顾不同人群的阅读需求，实现阅读推广活动的全民覆盖；全媒，即联手中央、省、市各级主流媒体和知名自媒体进行全媒体、矩阵化传播。

10 月

10 月 1 日 从即日起连续 7 天，北京日报客户端“京直播”联动上海看看新闻、河南日报顶端新闻、河北日报河北新闻网、贵州电视台《百姓关注》、成都电视台看度新闻、苏州电视台联合推出“国庆假期 博物馆里云打卡”主题联动特别节目，以直播形式，陪伴读者云游博物馆。

10 月 7 日 《兵团日报》“团炬”客户端正式上线。该客户端立足“新闻 + 政务 + 服务”定位，第一时间发布新闻资讯，通过《要闻》《政声》《融媒》《小炬》《服务》《帮》《团炬号》等特色栏目，实现发布、求助、评判、链接四大功能，突出政务服务和群众服务两大重点，打造“网上群众路线”总平台。将依托人工智能、知识图谱等技术，推动新闻策、采、编、审、发全业务融合、全流程再造，实现线索发现、热点监控、全网采集、智能分类、视频生成智能化，以此推出《一周视评》《朝闻兵团》《夜读兵团》等特色视听栏目。

▲ 央视新闻推出《致敬国家丰碑——全国红色故事讲解员大赛》新媒体赛段，这是首档以红色故事为主题的全媒体跨屏联动大型赛事。该大赛由中宣部指导，中央广播电视总台联合退役军人事务部、文化和旅游部、中央军委政治工作部主办，中央网信办、中央党史和文献研究院、国家广电总局、全国妇联联合主办。这场“云端”大赛，吸引了全社会各行各业的讲解员，特别是年轻讲解员的参赛，选手将在网络空间展开一次精彩的红色故事“云讲解”“云比拼”，把丰富多彩、感人肺腑的红色故事传递到千家万户。经过 6 场志愿组和 6 场专业组比赛，晋级的 48 名选手将参加下一阶段电视赛段的比拼。

10 月 8 日 甘肃新媒体集团精心打造的新甘肃客户端英文频道（国际传播频道）上线试运行。该频道主要设置两大类栏目，即新闻信息与资讯服务，用“news+service”的形式，打造外国友人了解甘肃的权威新媒体平台。其中新闻类栏目包括《双语海报》《双语新闻》《双语视频》等，以国际化的表达方式，集中展示甘肃社会、民生等领域的热点新闻事件、暖心故事等；资讯服务栏目则主要包括 Travel（旅游）、Culture(文化)、Service（服务）等，在讲好甘肃故事、充分展现甘肃形象的同时，重点介绍甘肃的旅游、交通、生活等与民众息息相关的资讯，全方位服务来甘和在甘外籍人士，感受了解“一带一路”上的新甘肃。

▲ 河南广电与阿里文娱达成战略合作。双方基于加强中国优秀传统文化的传播，打造整条中国文化节目排播带，“2022 中国节日系列”、《隐秘的细节》第二季、《从来就很美》等文化季播节目将贯穿全年。双方将筹备开发《唐宫夜宴》超级综艺，联合开发中国文化系列线下演出，推出多种衍生品，让中国文化 IP 引领精神消费新浪潮。

10 月 9 日 国家新闻出版署公布出版融合发展工程 2021 年度入选项目和单位名单。其中，在数字出版精品遴选推荐计划中，习近平新时代中国特色社会主义思想概论课程精讲等 20 个项目入选 2021 年度数字出版精品遴选推荐计划；《党的十九届五中全会〈建议〉学习辅导百问》有声书等 20 个项目入选 2021 年度数字出版精品遴选推荐计划提名项目。在出版融合发展示范单位遴选推荐计划中，人民出版社等 8 家出版单位入选出版融合旗舰单位；上海交通大学出版社有限公司等 12 家出版单位入选出版融合特色单位。

▲ “云听中国声音博物馆——数字党建 / 数字阅读”项目启动仪式在浙江省宁波市举行。该项目旨在通过推进数字党建产品化、场景化、公益化，孵化数字党建典型案例，打造数字党建体验馆，推动党建工作跃迁升级。立足国家平台，打造文化高地，以政务服务、党建学习、城市宣传、全民阅读四大项目板块，搭建智慧城市服务配套产品，以科技化、高效化、数字化亮点，实现党建、社区、图书馆、农家书屋等多种不同应用场景，不断增强党内政治生活的时代性，讲好中国故事，传播好党建声音。

▲ “读特”新闻客户端 6.3.1 版正式上线，新版客户端升级了飞卡阅读模式，并新增频道切换功能。用户在飞卡阅读页面横向切换不同频道，便可以选择自己感兴趣的内容集中阅读。在飞卡阅读模式下，新闻视频、图文皆以卡片视觉形式呈现，实现图文一屏预览。同时，飞卡阅读模式融入了人工智能算法推荐技术，可以根据用户的浏览习惯和偏好进行标签匹配，从而形成更加精准的推荐。

10 月 10 日 由中国音像与数字出版协会和浙江省委宣传部、宁波市委宣传部共同举办的《2020 浙江省数字阅读报告》在浙江省宁波市发布。这是浙江省首次发布年度数字阅读报告，报告从政策、产业、用户、趋势 4 个方面，全景式呈现数字阅读在浙江发展的新成果和新理念。该报告还根据中国数字阅读城市指数相关指标，首次发布了 2020 年浙江省各城市数字阅读指数，排名前六的依次为杭州、宁波、金华、嘉兴、温州及绍兴。

10 月 12 日 “2021 智能视听大会”在山东省青岛高新区开幕。该大会由中央网信办、人民日报社、山东省人民政府指导，青岛市人民政府、山东省委网信办、人民网主办。大会以“视听联万物 数字新格局”为主题，采取“会议、展览、聚焦单元、产业对接、系列论坛及配套活动”等融合联动形式，聚焦数字中国与智能视听，打造产业创新平台，构建产业生态圈。除了主论坛，还包括“红色云展厅”公益展播活动研讨会、内容科技与版权价值论坛、中国电影评论高峰论坛、政务融媒新业态研讨会、蓝贝超高清视频与 XR 专业赛决赛等分论坛。

▲ 第二十九届全国副省级城市党报总编辑联席会议在广东省深圳市举行。该会议以“新时代党报如何当先锋”为主题，探讨交流创新做好习近平总书记在庆祝中国共产党成立 100 周年大会上的重要讲话精神的宣传报道，探索党报改革发展大计和进一步推进媒体深度融合之路。会议由联席会议秘书处主办，《深圳特区报》承办，全国 15 家副省级城市党报、新媒体部门的负责人出席。会上，全国 15 个副省级城市党媒新闻客户端联盟正式成立，联盟单位将利用新闻客户端自主平台优势，整合渠道资源，围绕中心、服务大局，进一步发挥党端服务城市中心工作和“新闻 + 政务服务商务”的积极作用，共同打造媒体融合向纵深发展新样板。

10 月 13 日 第二届中国广电媒体融合发展大会启动式暨高端峰会在北京市举行。该大会以“视听引领，融合未来”为主题，由国家广播电视总局、北京市政府指导，北京市委宣传部、北京市广播电视局主办。启动仪式上，首届新视听媒体融合创新创意大赛启动，京津冀、江苏、浙江、湖北、湖南、陕西、苏州等 7 家全国广播电视媒体融合发展创新中心签署《协同推进媒体融合创新发展战略合作协议》。来自中央广播电视总台、新华社、新京报社、上海广播电视台、湖南广播电视台等单位的代表分享了各自在推动媒体深度融合方面的经验和做法，来自清华大学、鹏城实验室等高校和研究机构的代表介绍了媒体融合发展的新趋势。

10 月 14 日 北京市新闻工作者协会与社会科学文献出版社共同在北京市发布《媒体融合蓝皮书：中国媒体融合发展报告（2021）》。新版蓝皮书显示，2020—2021 年，中央级媒体在融合传播中发挥中流砥柱作用，主旋律更加响亮强劲；省级媒体步态逐渐从容，活力逐渐迸发；县级融媒体中心踏雪留痕，条件建设接近全面完成。总体上看，各类媒体在内容、平台渠道建设和经营管理方面实现了稳健增长，媒体融合已由增量扩张变为内涵拓展，进入智能融合、生态融合、柔性融合的新阶段。

10 月 17 日 第十八届（2021）中国城市新闻网媒联盟联席会在湖北省武汉光谷召开。该活动由中共湖北省委网信办、中共武汉市委网信办指导，中国城市新闻网媒联盟、长江日报报业集团主办。来自全国各地的 100 多家城市新闻网站总编，围绕以创新网络传播手段、携手打造“现象级”传播产品主题展开研讨交流。

10 月 18 日 由天津市委网信办、天津海河传媒中心指导，津云新媒体策划推出的《我和我的家乡 @最美乡愁》大型融媒体报道启动。该报道以外国友人的视角，采用 Vlog、脱口秀、访谈等形式，通过中英文双语讲述天津“新时代农民”在乡村振兴路上追求幸福美好生活的奋斗故事。报道团队践行“四力”，深入天津 10 个涉农区的村庄、社区、农田、工厂等，挖掘典型故事、传播文化价值、弘扬奋斗精神，通过图文、短视频、H5、手绘画卷等报道形式，并加持 AR 技术，表达情境式、沉浸式、交互式的“最美乡愁”。

▲ 江西日报社与景德镇陶瓷大学签约合作共建国际传播中心。该中心致力于打造成为媒体和高校深度融合的一个标杆和示范点，通过深入研究国际理念、国际心理、国际话语体系，充分借鉴融合发达地区的国际传

播实践经验，持续优化江西对外传播体系的顶层设计、内容策划、渠道拓展及文化交流方式，共同探索江西省国际传播建设的新理念、新模式、新方法，构建出以“陶瓷＋传媒”为核心、适应全媒体时代需要的新型国际赣鄱文化传播平台。

10月19日 全国新闻出版深度融合发展创新案例征集活动入选的482个创新案例揭晓。该活动由中国新闻出版传媒集团有限公司主办，中国新闻出版广电网、大方智库（北京）信息技术研究院承办，征集时间为2020年9月至12月。该活动旨在深入学习贯彻落实习近平总书记关于加快推进媒体深度融合发展的重要指示精神，贯彻落实两办《关于加快推进媒体深度融合发展的意见》，客观真实地总结反映各地区媒体深度融合发展的进程与现状，通过典型经验和创新案例进一步集中展示新闻出版单位深度融合的成果，发挥深度融合发展过程中涌现的新模式、新技术、新平台的示范引领作用，推动业界互学互鉴。经过专家推荐委员会对报送的案例进行初审、复审、终审等程序的严格审核，按照审核得分情况并参考案例材料，推荐入选创新案例482个。

▲ 由重庆市委宣传部主办、西部十二省（区、市）和新疆生产建设兵团党委宣传部联合主办的首届西部数字出版年会在重庆市开幕。该年会以“数字出版赋能出版业高质量发展”为主题，展示西部数字出版业的新技术、新模式、新成果。年会同步举行了《2020—2021年西部数字出版发展报告》发布、西部数字出版精品项目库上线、重庆数字出版产业基地授牌、数字出版相关产业项目签约等活动。

▲ 河南日报报业集团信阳分社与信阳师范学院传媒学院签署战略合作协议。双方决定共建《河南日报》、信阳师范学院融媒实践基地，以充分发挥传媒类院校与主流媒体阵营优势，推动融媒发展理论与实践相结合，加快融媒体从平台建设到内容生产、从技术融合到终端应用、从理论创新到实践检验、从人才培养到成系统转型的实践创新。

10月20日 2021年法兰克福书展在德国法兰克福开幕。本届书展以线下实体展会为主，线上平台与之相互呼应，主题为“再次连接”。中国图书进出口（集团）有限公司组织51家中国出版单位，以线上线下相结合的方式参展，展出1007种、1495册精品出版物，包括主题类、文学类、社科类、传统文化类、少儿类、语言学习类等六大类别。

▲ 为进一步夯实网络传播秩序管理基础、丰富互联网新闻信息供给，国家网信办公布最新版《互联网新闻信息稿源单位名单》。名单涵盖中央新闻网站、中央新闻单位、行业媒体、地方新闻网站、地方新闻单位和政务发布平台等共1358家稿源单位，并首次将公众账号和应用程序纳入。2016版《互联网新闻信息稿源单位名单》同时作废。

▲ 由2021世界VR产业大会组委会主办，中国新闻出版研究院承办的“VR+传媒主题论坛”在江西省南昌市举办。论坛上出现了不少包括《两神山建医院》VR慢直播这样VR+新闻出版的新探索、新实践。

10月23日 国家新闻出版署“智慧出版与知识服务重点实验室”在江苏省南京市揭牌。该实验室由南京大学信息管理学院、南京大学出版社、南京大学出版研究院牵头建设，将立足南京大学综合性大学的人才、学科、科研优势，依托图书情报与档案管理A+学科，与共建单位密切合作，集聚各类优质资源，开展协同创新。

10月25日 国家新闻出版署“智能与绿色柔版印刷重点实验室”揭牌仪式在上海市举行。该实验室由上海出版印刷高等专科学校牵头，与行业企业、研究机构共建申报，系国家新闻出版署确定的42家出版业科技与标准重点实验室之一，主要研究方向是柔性版印刷领域的智能化技术、绿色制版技术和环保新材料应用等。

10月27日 以“落实数字化战略 开启‘十四五’新篇”为主题的第十一届中国数字出版博览会在北京市开幕。本届数博会由国家新闻出版署、北京市人民政府指导，中国新闻出版研究院、北京市委宣传部（北京市新闻出版局）、中国邮政集团有限公司报刊发行局主办。数博会为期两天将线上线下同步举行，在重点展区设置和论坛活动方面进行诸多创新。在展区设置上，特设党史学习主题内容数字化联合展、中华优秀传统文化数字化联合展。设置科技与标准实验室成果展，2021年国家新闻出版署发布的42家出版业科技与标准重点实验室首次集体亮相。

10月28日 新甘肃客户端4.0版正式上线。新版本立足视觉革新、智能推送、功能完善、服务升级等四大方面的全面改版，进一步精耕内容分层、重塑自身定位、提升用户体验、丰富平台功能，阅读体验焕然一新。该版本导航区设置了“新闻”“呦呦视频”“新甘肃云”“融媒工场”“服务”等五大模块，集新闻报道、视听产品、省市县三级融媒、音视频制作和多平台浮标展示于一体。同时，新版本实现了省市县三级媒体在“云”端互融互通，通过页面浮标功能可一键直达甘肃党建APP、云听APP、“百草园”公共文化服务平台，一站式聚合了政务服务、民生服务、特色服务，增加用户可自定义编辑的“常用服务”功能。

10月29日 《羊城晚报》联合网易互娱人工智能实验室、科大讯飞股份有限公司共同推出《羊城晚报》真人AI合成主播。两位真人AI合成主播分别是“羊小晚”（女）和“羊小派”（男），他们都是由《羊城晚报》采编人员的真人形象定制而成，不仅容貌高度还原真人，口型与输入的音频也能实现精准匹配。他们将用于多种场景下的新闻播报，而真人AI合成主播投入新闻生产，也让《羊城晚报》从传统的报纸向更全面立体的传播场景迈进。

▲ 《潇湘晨报》全力打造的新型短视频平台——晨视频 APP 上线。该平台聚焦新闻热点与生活资讯，覆盖时政、社会、经济、汽车、美食、房产、健康、旅游等多个领域，主打 3 分钟以内优质短视频，将新闻深度、人文深度、思想深度囊括其中，为用户带来最具价值的资讯服务和视听体验。

11 月

11 月 1 日 红星新闻区域频道正式上线。首批包括北京、上海、广东、浙江、江苏、山东、福建、湖北、湖南、陕西、山西、云南、河北等 13 个省（市），以及四川省内德阳、眉山、资阳、绵阳、乐山、南充、达州、凉山、内江、宜宾等 10 个地（市）州。区域频道将开设《城市头条》《城市观察》《区域引擎》《城市对话》《红星快评》等子栏目，提供丰富的原创新闻和独到观点，并同步各地主流政务发布平台资讯和新闻内容，筑造一个与区域共成长的新闻交汇场。

11 月 2 日 科技部官网发布《科技部 中央宣传部 中央网信办 文化和旅游部 广电总局关于认定第四批国家文化和科技融合示范基地的通知》，正式公布第四批国家文化和科技融合示范基地名单。其中新闻出版行业有 4 家基地入选，分别是时代出版传媒股份有限公司国家文化和科技融合示范基地、四川封面传媒有限责任公司国家文化和科技融合示范基地、广东南方报业传媒集团有限公司国家文化和科技融合示范基地、中文在线数字出版集团股份有限公司国家文化和科技融合示范基地。国家文化和科技融合示范基地在发挥文化和科技相互促进作用、深入实施科技带动战略、增强自主创新能力等方面都拥有独特优势，不仅是文化和科技深度融合的示范区，还是政策体系和管理机制先行先试的试验田和文化科技产业创新发展的先锋队。

11 月 4 日 中南地区人民出版社出版业务研讨会在广东省清远市召开。该会议由广东人民出版社承办，来自广东、广西、海南、湖北等中南地区地方人民出版社的领导和业务骨干代表参加会议，湖南人民出版社代表线上参会。会上，传达学习了习近平总书记致人民出版社成立 100 周年贺信精神，各出版社代表就如何聚焦时代课题，捕捉人民群众精神文化需求、在守正创新中推动出版业高质量发展等议题展开深入讨论，并围绕做好新时代主题出版、一般图书出版和融合出版发表观点和看法。

11 月 5 日 河南日报报业集团洛阳分社与洛阳师范学院合作共建融媒实践基地暨签约授牌仪式在河南省洛阳师范学院举行。双方开启共建融媒实践基地，旨在深入学习贯彻落实习近平总书记关于"推动媒体融合向纵深发展"重要指示精神，在传媒人才培养与实践、传媒产业融合与发展等方面深入合作，充分发挥传媒类院校与主流媒体阵营优势，推动融媒理论与实践相结合，加快融媒体从平台建设到内容生产、从技术融合到终端应用、从理论创新到实践检验、从人才培养到学科建设的实践探索。在理论与实践的多元化互补中实现新闻传播人才培育模式的创新，走出一条新闻媒体与高校开展全方位教育合作、共同培育新闻人才的新路径。

11 月 7 日 中国少年儿童新闻出版总社旗下官方抖音号"中少读书"举办了一场主题为"保护自己，关心他人"的线上心理健康直播互动活动。

11 月 8 日 中国（浙江）广播电视媒体融合发展创新中心授牌在浙江省杭州市举行。新版"中国蓝新闻"客户端上线，将进一步强化新闻资源整合共享。中国（浙江）广播电视媒体融合发展创新中心是全国广播电视系统第七家，也是目前浙江唯一一家国家级媒体融合发展创新中心。该中心以浙江广电集团为依托主体，以集团融媒体新闻中心、融媒体技术中心、新蓝网、"中国蓝TV"人文综艺视听平台为实践平台，协同国家广电总局广播电视规划院、华为、浙江电信、浙江传媒学院等 14 家单位以及全省 101 家市县（区）融媒体中心参与共建。中心将立足浙江，面向全国，链接多方创新力量，积极开展广播电视媒体融合发展理论研究、模式探索、技术应用、项目孵化工作，着力打造媒体资源的供给枢纽、产业发展的创新高地、成果转化的孵化平台。

▲ 河南日报报业集团周口分社全媒体中心、穆青精神实践基地正式成立，顶端新闻周口频道同步开通。开展驻地分社的全媒体中心建设，是河南日报报业集团推进媒体深度融合、建设现代传播体系的重要举措。

11 月 11 日 国家新闻出版署"2021 年全国有声读物精品出版工程"入选项目发布。学习出版社有限公司的《习近平新时代中国特色社会主义思想学习问答（有声版）》等 37 个项目入选。入选作品主要特点呈现为主题出版类作品内容丰富，着力讲述党领导人民走过的光辉历程、作出的伟大贡献、取得的宝贵经验；传统文化类作品题材多样，从人文素养、审美情趣、情感追求上凝聚中国精神；科普类作品类型多元，集思想性、艺术性、知识性、趣味性于一体，展现我国各领域最新研究成果与创新实践。

11 月 12 日 安徽省首届县级融媒体中心主持人大赛在安徽省肥东县丁玉兰庐剧院举行。该大赛由安徽省广播电视联合会、安徽艺术学院、肥东县委宣传部联合主办，旨在为充分发挥县级融媒体中心担负的党和政府的喉舌作用和引导群众、服务群众的职能，主动适应媒体传播业态的发展变化，加快推进媒体深度融合发展，进一步提高主流媒体的传播力、引导力、影响力和公信力。

11 月 16 日 内蒙古日报社与内蒙古自治区文联签署战略合作协议，双方携手打造的"内蒙古文艺"APP 重磅上线。双方立足内蒙古，共同打造"文艺＋媒体"传播体系和"内蒙古文艺"品牌，共同讲好内蒙古故事、传播好内蒙古声音，以“文媒融合”传播新模式掀开内蒙古文艺事业发展新篇章。

11月20日 由中国编辑学会科技读物编辑专业委员会主办的“科技编辑融合出版研讨会” 在北京市召开。该活动由电子工业出版社、冶金工业出版社承办、《中国编辑》杂志社协办，采用线下和线上结合的方式举办。与会代表紧紧围绕“科技编辑融合出版”这一主题展开探讨，认为如何加快融合出版发展步伐，推动融合向纵深发展，是摆在出版行业面前的重大课题。科技出版单位必须以改革创新为动力，在观念创新、体制机制创新、人才培养创新、服务创新、新兴技术赋能出版转型等方面下功夫，积极探索深度融合发展之路。

11月25日 国家新闻出版署“数字教育出版技术与标准重点实验室”在人民教育出版社揭牌。该实验室由人民教育出版社牵头，中国人民大学、人教电子音像出版社、人教数字出版公司、中教云智数字科技有限公司等4家单位参与共建，是唯一一个专注于我国基础教育领域数字出版技术与标准研究的实验室。

11月28日 “人民共和国党报论坛”第十八届（2021）年会在北京市举办。本届年会由中国传媒大学党报党刊研究中心、中国传媒大学新闻学院与河北大学新闻传播学院联合主办。来自人民日报社、求是杂志社等19家中央及地方党报党刊主流媒体，16所高校、科研机构以及地方党委宣传部门的80多名嘉宾，围绕党报党刊发展、党的新闻理论与新闻思想、新时代党报党刊创新实践以及媒体深度融合发展等议题，在线上展开交流研讨。

12月

12月2日 国家新闻出版署发布“2021年出版业科技与标准创新示范项目”入选名单。其中，13项创新成果与14家示范单位入选。为更好发挥科技与标准在出版业高质量发展中的支撑作用，国家新闻出版署于2021年首次开展出版业科技与标准创新示范项目试点工作。其中，优秀成果类包括科技创新成果与标准创新成果，示范单位类包括科技应用示范单位与标准应用示范单位。

▲ 由中国出版协会、海峡两岸图书交易会组委会主办的两岸出版高峰论坛在福建省厦门市举办。该论坛以线上线下相结合的方式，围绕“两岸出版业数字化发展路径”的主题，与会嘉宾交流传统出版面临的挑战与转型经验，探讨数字化发展的路径。

12月4日 甘肃省媒体融合技术与传播重点实验室在甘肃省兰州市正式揭牌。该实验室是经甘肃省科技厅批准成立的省级重点实验室，由甘肃日报报业集团与兰州大学等单位联合共建。重点实验室将重点开展全媒体信息智能处理与无障碍关键技术研究、全媒体传播态势感知和评价研究、西部地区媒体融合创新发展模式研究、内外宣联动的国际传播话语体系构建研究等，为甘肃省媒体深度融合发展提供强大技术支撑。

▲ 甘肃第一个全域性综合型移动新媒体平台“奔流新闻”客户端正式上线。该客户端的上线运行是甘肃日报报业集团加快推进媒体深度融合发展，着眼于主流舆论阵地建设，推进主力军全面挺进主战场的又一举措。“奔流新闻”客户端的前身是“掌上兰州”客户端。新上线的“奔流新闻”以整体转型后的《兰州晨报》采编队伍为内容生产团队，以全面升级后的“掌上兰州”为基础平台，设置有《奔流时事》《奔流深度》《奔流视频》《奔流观点》《奔流青年》《奔流创意》等重点栏目。同时，将以“讲好中国故事、讲好‘一带一路’故事、讲好新时代甘肃故事”为宗旨，从全域广度、青年角度、文化厚度、民生温度等方面着力，持续做大、做强、做精内容、平台、运营建设，打造成全国知名的全域性综合型移动新媒体品牌。

▲ 以“智汇新时代 启航新征程”为主题的2021（第四届）甘肃媒体融合创新与发展论坛在甘肃省兰州市举办。该论坛由甘肃省委宣传部指导，甘肃日报社、甘肃日报报业集团主办，已成为推动甘肃媒体深度融合发展的品牌活动和交流平台。来自中国传媒大学、复旦大学、上海社会科学院、华为技术有限公司等的专家学者通过线上线下方式，围绕应用5G新技术、建设传播新体系、构建媒体新生态、打造融合新动能等话题进行了深入探讨，为甘肃省媒体融合创新发展、建立更大范围的融合发展共同体、全面开启媒体深度融合新征程，提供了可行的对策和解决方案。

12月8日 首届全国中医药出版传承创新发展会议在北京市召开。该活动围绕《中国中医药年鉴（行政卷）》特约编辑工作、国家新闻出版署“中医药知识挖掘与出版创新服务重点实验室”工作和全国中医药行业新媒体建设能力提升研修班3项内容具体展开。会议由中国中医药出版社有限公司主办，国家新闻出版署“中医药知识挖掘与出版创新服务重点实验室”是中医药领域首家国家出版业重点实验室。

12月15日 抖音宣布联合少年儿童出版社推出“十万个为什么”系列短视频。《十万个为什么》是新中国第一套系统的青少年科普读物，曾被誉为“共和国明天的一块科学基石”。2021年是《十万个为什么》出版60周年，《十万个为什么》已出版了六个版本，累计发行量超过1亿册。其中，第六版于2013年出版，由115位两院院士担任编委，768位优秀科学家和科普作家参与编写。这次将其视频化，是该读物加深与当代青少年交流、进一步增强科普互动性的又一次进步。

12月16日 北京广播电视台与中国移动咪咕公司在北京市举行了战略合作发布仪式。双方将携手做好赛事内容服务，共同探索2022北京冬奥会8K制作标准，推进5G技术以多种文化形态应用于冰雪运动，就冰雪主题剧集、综艺等内容展开联合策划、联合开发、联合运营，推广冰雪文化。在5G技术应用方面，共同推进“5G+”媒体产品形态、技术应用和业务模式创新。咪咕将整合旗下全平台资源，与北京广播电视台就5G云演播、4K/8K超高清直播、XR等方向进行联合探索，创新5G音频及视频彩铃形式，加深台网互融互通。

12月17日　江苏省镇江市首批“阅读e栈”正式建成投入使用。“e栈”分为视频区、图书共享区、数字阅读区、阅报区和休息区，提供免费借阅、听书看书、Wi-Fi上网和手机充电等服务。

12月20日　国家新闻出版署公布2021年中国报业深度融合发展创新案例60个。2021年是第二次开展这项工作，本次共有312家报纸出版单位申报案例451个，申报案例数量增长23%。本届最终入选的60个案例中，全媒体传播体系建设类6个、网络内容建设类22个、专业信息服务类8个、媒体+政务服务商务类14个、前沿技术应用类5个、体制机制创新类5个。这些入选案例涵盖了报业在内容、渠道、平台、经营、管理等方面的创新融合，体现了我国报业担当新时代宣传思想工作使命任务，深度融合创新发展的积极探索和最新成效，具有较强的代表性、创新性、示范性。

12月22日　以“新征程 新使命 新格局”为主题的2021中国经济媒体融合发展高峰论坛在云端召开，该论坛由中国经济传媒协会主办，传媒茶话会、中国经济传媒协会版权分会承办。

12月23日　2021年北京数字出版精品内容推荐会在首都图书馆举行。该活动由中共北京市委宣传部主办，以“拥抱数字经济 开拓出版新局”为主题，旨在营造生动有趣的“青春化、年轻态、潮流性”数字出版氛围，搭建数字出版行业内交流合作、平台受众双方互惠、政府企业相互共赢的坚实桥梁，全面提升数字出版“集合企业、吸引观众”的凝聚力和影响力，有效引导和助推北京地区未来数字出版产业的良性发展。

12月28日　由上海出版印刷高等专科学校与上海市奉贤区人民政府共建的南上海数字出版传媒产业园揭牌仪式在上海市举行。该园区在上海“文创50条”背景下，立足国家级数字出版传媒产业园区和示范基地建设，以数字出版、文化装备、版权交易、广告传媒、科技转化与创新创业为主要内容，旨在构建“政、产、学、研、用”一体化的文化创意、出版传媒产业集群。

12月29日　甘肃省媒体深度融合发展推进会在甘肃省兰州市召开。该会议提出，要深入学习贯彻习近平总书记关于推进媒体融合发展的重要论述，始终坚守正确方向导向，加快构建全媒体传播体系，不断开拓媒体发展新境界，推动省级媒体融合向纵深发展、建设市级融媒体中心、县级融媒体中心提质增效。至2022年3月底前，全省各市（州）要完成市级融媒体中心的整合和挂牌，6月底前全面完成与省级技术平台的对接。

12月30日　深圳报业集团与深圳大学战略合作签约仪式暨未来媒体（深圳）实验室揭牌仪式在广东省深圳市举行。双方为未来媒体（深圳）实验室及实习实践基地和深圳报业集团政务融媒体服务中心、深圳报业政务融媒体运营有限公司揭牌。双方的战略合作将深化产学研结合，建设国内领先水平的省级融媒体重点实验室，以新技术改造新闻的生产、传播方式，推动媒体融合向纵深发展。此外，还将以共建实习实践基地、媒体实验室为契机，积极培养媒体发展所需的技术和内容运营人才。深圳报业集团政务融媒体服务中心、深圳报业政务融媒体运营有限公司的成立，是深圳报业集团积极探索建立“新闻+政务服务商务”运营模式的重点改革项目。实行公司化运营，以优质产品助力政务新媒体内容传播，不断提升政务新媒体竞争力。

12月31日　新版河南日报客户端升级亮相。升级改造是河南日报社顺应媒体深度融合发展趋势的题中之义，下一步将以“政务管家”的形态，充分适应移动互联网传播规律，通过技术迭代与不断更新优化，最终打造为服务河南省委、省政府中心工作，覆盖河南党政领导干部，辐射中原乃至全国的“政务百科全书”。

▲　由全国科学技术名词审定委员会主办的“融合出版概念及定义专家审定会”在北京市召开。该会议讨论同意将“融合出版”纳入编辑与出版学名词术语表中，并就“融合出版”的概念表述进行深入研讨交流，最终形成一致意见，即“将出版业务与新兴技术和管理创新融为一体的新型出版形态”。

▲　人民文学出版社首开文学跨年直播的先河，邀请到18位重量级嘉宾，以文学之名相聚在北京首创·郎园Vintage，通过线上平台为全国读者呈现了一场长达5个小时的“文学·中国——人民文学出版社2022文学跨年盛典”直播。

▲　由中国农业科学院农业信息研究所牵头承建的国家新闻出版署“农业融合出版知识挖掘与知识服务重点实验室”揭牌。同时，中国农业科学院农业信息研究所研制的中国农业期刊集成服务平台上线。

▲　2021中国期刊协会商业期刊媒体分会云年会在线上召开。该会议以视频的方式举行，主会场设在《徽商》杂志社，《浙商》《川商》《赣商》《楚商》《企业管理》《企业家》等多家杂志社分别设立了分会场，近百位杂志社从业者参加会议。会议期间还举办了中国商业期刊媒体高质量发展云论坛，各家商业期刊媒体主要负责人围绕“构建‘新闻+政务服务商务’新模式”的主题，展开了务实、专业、深入的讨论。

▲　“2022跨年知识大会”是由江苏省广播电视总台出品，江苏广播、南京博物院、快手新知联合主办，在众多跨年产品中，这场晚会因其独具的主题性、知识性、话题性“破圈”爆发。全程3个小时，16位来自科技、文化、体育、艺术等领域的知识明星接力分享，奉上了一场视听俱佳的知识盛宴。

2022年

1月

1月2日　为助力“停课不停学”，陕西新华出版传媒集团充分发挥自身优势，迅速搭建“疫情期间指尖上的精品课”线上网校，为西安市封闭在家的中小学生以及老师、家长提供线上服务。该精品课利用抖音平台推出，计划开播30天，至1月31日结束。陕西人民教育出版社作为承建单位，大力弘扬伟大抗疫精神，仅用3天时间就把近年来优秀的数字出版成果转化成融媒体系列课程，全面上线推出。该线上网校设置7门课程，分别是“智动思维课程”“美育学堂开讲啦”“古文古诗赏析”“长安处处有故事”“云游博物馆”“红色基因代代传”“陕西最美是秦岭”。每门课程安排班主任、任课老师各一名，配有精彩的音视频。同时，为更好地服务广大师生，陕西人民教育出版社把每天的直播课程上传至全媒体数字教学应用平台，以便没有看到直播的用户可以回看。

1月5日　立体书《打开中国冰雪》由国家体育总局冬季运动管理中心和电子工业出版社共同策划，电子工业出版社出版发行。该书以冰雪文化与冰雪运动为主题，用大型立体结构与小型互动结构，让读者沉浸式感受纸上冰雪魅力，爱上冰雪运动。该书由3个篇章组成：“中国传统冰雪文化立体篇章”主要介绍了中国冰雪文化的源头以及中国传统冰雪文化和运动；“中国传统冰雪文化和运动与冬奥项目平面篇章”主要介绍了二十四节气里的冰雪文化、丰富有趣的传统冰雪运动、来自北欧的现代冰雪运动、精彩纷呈的冬奥会；“现代冰雪运动立体篇章”主要介绍了滑冰、冰球、冰壶等具有代表性的现代冰雪运动。

1月7日　中国青年报社与北京煜盛文化有限公司订立文创IP开发合作协议。双方合作内容为：针对文创IP泛娱乐项目的开发、运营开展合作；进行线下动漫IP、文创IP中心的开发、孵化、沉浸式体验馆的建立及运营；进行相关资源IP的授权与活动，相关物业的运营及管理；及双方将打造资源联盟，在IP开发、行业投资等领域进行深入合作，共同探索和实现新的合作模式。

1月9日　《新华日报》健康APP正式上线。该APP内容集江苏省卫健系统重要政策信息以及防疫信息、健康科普、视频直播等于一体，设有“健康江苏”“中医强省”等频道，同时设有《中医药文化》《防疫知识》等丰富的子栏目，还将邀请院士专家、知名医生等入驻平台。

1月13日　由南方报业传媒集团旗下《南方都市报》、N视频和《海南日报》联合举办的“遇见‘港·湾’之美”粤琼融媒交流合作启动仪式在海南省海口市举行。双方将启动融媒平台的内容交流与资源互换合作。本次合作也将助力两地媒体以全新的融媒视角发掘“港湾之美”，讲述“港湾故事”，共同助力粤港澳大湾区与海南自贸港建设。

1月14日　由甘肃省委宣传部和甘肃省广电总台共同策划，联合全省各市（州）、县（市、区）党委宣传部、广播电视台及全省县级融媒体中心，共同实施并推出的甘肃省“100系列”献礼建党百年大型全媒体主题宣传活动圆满收官。该活动作为甘肃省庆祝建党100周年系列活动的一项重要内容，于2020年12月18日正式启动以来，围绕建党百年主题主线，贯穿2021年全年，先后共征集、制作、发布了14个系列的音视频原创稿件3900多条，亮点纷呈、成效显著，引发社会各界广泛关注。

1月20日　由中国记协新媒体专业委员会组织开展的庆祝建党百年融创报道精品案例推荐活动推荐结果正式揭晓。人民日报社《复兴大道100号》《“初心心愿”系列融媒体产品》，新华社《送你一张船票》《望北斗》，中央广播电视总台《中国是如何运行的？》《红色印记——百件革命文物的声音档案》，中国日报社《求索：美国共产党员的中国行》，经济日报社《党史中的经济档案》，中国妇女报社《时间纪录·巾帼赤城》，科技日报社《百名院士的入党心声》等10件案例入选“庆祝建党百年融创报道十大精品案例（中央媒体）”。新民晚报社《百年大党——老外讲故事》，四川日报报业集团《初心·追梦人 请做我的入党介绍人》，甘肃新媒体集团《H5丨追星，追心！》，云南日报报业集团《百年芳华 初心传承》，安徽日报社《总书记点赞党史上的安徽》，浙江广电集团《梦开始的地方》，湖南广播影视集团《百炼成钢·党史上的今天》，新华报业传媒集团《号角催征——解码新华日报老报纸里的百年初心》，天津海河传媒中心、北京广播电视台、河北广播电视台《同唱一首歌》，上海广播电视台《理想照耀中国》等10件案例入选“庆祝建党百年融创报道十大精品案例（地方媒体）”。这些案例创意丰富、形式多样、情感深厚，反映了广大新闻工作者围绕庆祝建党百年主题积极践行“四力”的鲜活实践和守正创新的丰硕成果。

1月22日　《海南日报》新媒体中心策划拍摄的乡

村振兴主题互动采访式情景剧《真做得》正式上线。该片讲述的是一位在海南生活了十年的美国人托米和一位海南人琼琳为寻找乡村振兴致富密码而开启一段妙趣横生又惊喜不断的乡村之旅的故事。

1月24日 安徽省智慧广电数字产业发展联盟在安徽省合肥市成立。该联盟由安徽广电传媒产业集团牵头发起，安徽文化金融服务中心有限公司、安徽广电信息科技有限公司、安徽省广播电视科研所、安徽皖云传媒科技股份有限公司、国家广播影视科技创新实验基地、京东科技集团等10余家行业领军机构组成。联盟将致力于整合安徽智慧广电数字产业发展过程中形成的各类优势资源，集聚高校、科研单位、企业、媒体机构等行业和社会力量，集战略研究、技术研发、产业服务、成果转化、信息交流等功能于一体，推动安徽省智慧广电产业发展。

1月25日 化学工业出版社推出文创图书《繁星作伴好还乡——空间站全景立体书》，用独创的立体工艺，融合多学科理念，普及了空间站内的各项黑科技，为读者献上一堂别样的“太空课堂”。该书将系统工程思维与科学逻辑融会其中，通俗易懂地讲解了航天器中的科学原理，再现了空间站这一大国重器的研制过程，带给读者直观、深刻的科普体验。在这部颇具文创意味的全新立体书里，全景展示了火箭升空、宇航员训练、空间站结构、舱外工作、宇航员生活工作和空间站的科学研究等方面的系列硬核知识，可以说是一本空间站的立体大百科。同时，随书赠送的“载人飞船”拼装后可使全书长度达到2.3米，达到可读可玩可拼的多元效果。书中所有机关、部件均为手工制作。书中附赠的“太空护照”印有图书的配套音视频二维码，扫描这些二维码，可以看或听到航天科学家致读者的话、立体书的玩法讲解、对接舱的手工教程以及全书音频。

2月

2月6日 北京市文学艺术界联合会、中国图书进出口（集团）总公司共同打造的5G全景新文学《星鱼》VR动画同名主题曲及MV正式上线。5G全景新文学《星鱼》VR动画是中图云创智能科技（北京）有限公司开展“5G新阅读”以来对文学IP转化的首次尝试。该项目通过5G、VR等数字技术，将科技与文学进行结合，激发创意灵感、丰富文化内涵，首创5G全景文学作品，是对传统文学IP进行创造性转化、创新性发展的有益探索与尝试。沉浸于720° VR全景空间之中，观众可徜徉于浩瀚星辰，遐观宇宙奇景，亦可漫游于深邃大海，跟随星鱼的旅程探索，心随奇景而跌宕，情随趣事而起伏，开启一段如痴如醉的文化沉浸之旅。

2月8日 扬州发布客户端推出《聚焦扬州荣膺国家历史文化名城40周年》专题报道。该报道内设《重点报道》《融创产品》《大家说》《城年往事》《扬州24邀》等多个栏目，各个专栏均聚焦“历史文化名城扬州40周年”的主题，挖掘背后故事，回顾发展之路，为大家讲述了很多鲜为人知的故事。《重点报道》栏目多以记者口吻报道了重大工程项目的变化及其背后发展故事；《大家说》专栏邀请当地知名作家、主编及文化名人逐一讲述自己与扬州的故事；《城年往事》专栏则聚焦历史文化名城保护背后的故事，记者把一些能体现扬州悠久历史的古槐、遗址、道路等，和不同群众的感受结合起来讲述；《扬州24邀》专栏，让扬州与其他23座名城一一对话，以一城一视角展示历史文化名城保护的亮点，探讨新路径。

2月15日 佛山传媒集团策划开发的“爱满佛山·2022网上行通济”融创产品正式上线。“行通济”是广东省佛山市一带在元宵节期间举行的传统民俗活动，家家户户在这一天都会扶老携幼，自清晨到夜幕，举着风车、摇着风铃、提着生菜，浩浩荡荡地由北到南走过通济桥，祈求来年平平安安、顺顺利利。集手绘长图、定制专属海报、迎春纳福、助力公益慈善事业等体验和趣味互动于一体的融创产品，打造元宵通济桥的虚拟空间，最大限度激活了社交媒体互动参与的表达形式。借鉴了网游的代入感场景，将民俗活动搬到社交媒体上，充分利用其感召力，实现社交媒体上集体认同的参与性。

▲ 北京市广播电视局组织开展“北京视听零距离”乐享冬奥元宵节专场活动。该活动以线上直播方式举办，同时组织部分8K示范社区居民开展线下活动。活动邀请非物质文化遗产教学志愿者在线分享元宵节历史文化知识，开展元宵花灯剪纸教学，邀请北京市夕阳再晨社会工作服务中心志愿者为观众在线科普冬奥知识，着重介绍北京冬奥会我国优势项目情况和冬奥健儿夺冠的精彩瞬间。

2月16日 北京冬奥会主媒体中心召开“转播及数字媒体数据”主题新闻发布会。北京冬奥会实现了在奥运史上首次用8K视频技术直播开幕式和转播重要赛事的目标。数字媒体技术的出现与成熟，将体育赛事转播带入新时代。每一个项目的特点与运动员的“精彩”都会被镜头完美捕捉，以自由式滑雪大跳台项目为例，360°“自由视角”系统为观众多角度重现运动员的高光时刻；还有冰壶比赛中的“子弹时间”技术，任意视角切换、自由缩放、随时暂停、定格旋转、慢动作环绕……手持5G手机，点开应用程序，手指触动屏幕的瞬间，即可实现任意视角的自由观赛。

2月17日 人民网·人民数据（国家大数据灾备中心）和河南中创算力信息科技有限公司共同建设的人民数据中原算力中心在河南省郑州市揭牌。该中心将数字新基建数据中心作为重点，为地方政府提供数字新基建下的技术支持、容灾备份、产业赋能等全方位服务，为政府和企业搭建一个集政、产、学、研于一体的新基建协同协作平台，协助政府精准把握数字新基建的政策内涵和重大意义，帮助企业数字化改造，助力地方经济高质量发展，为地方新旧动能转换提供新引擎、新动能，推动数字经济高效快速发展。

2月20日 《海南日报》新媒体精心策划创作了创意 H5、章回体微电子书《冰雪逐梦录》。以新媒体的呈现方式和传统古朴的表达方式，在二者之间找到一个结合点。仿线装书封面、目录、竖排章回小说笔法……让人仿佛瞬间穿越到古代。在二十回的章回体叙事中，作者依托权威媒体报道、电视直播及多方搜集的资料，对北京冬奥会做了全景式回顾。每一章的回目也有讲究，如“五猛将一刀险胜”“羽生孤勇挑极限”“徐梦桃长啸正名”“勇少年摘金庆生”等，使得全“书”与普通的新闻稿件相比，更具文学性、趣味性。每一章附有文字录制的海南话说书音频，通过声音的二次创作，让广大海南网友获得听评书般的精彩体验，同时彰显海南特色。

2月21日 由中宣部宣传教育局、中央网信办传播局、教育部思想政治工作司、共青团中央宣传部共同指导，中央广播电视总台新闻新媒体中心主办的第四届“你好，新时代——心中的旗帜”青年融媒体作品大赛颁奖典礼在北京市举行。本届大赛以“心中的旗帜”为主题，为当代青年搭建起展现激扬风采的平台。大赛聚焦建党百年、乡村振兴等重大主题，关注太空逐梦、“我为群众办实事”等焦点热点，以短视频、Vlog、动漫、H5 等生动多样的形式，记录下为祖国、为人民奋斗的火热身影，刻画出凝聚在信仰旗帜下的鲜活影像。一大批热情洋溢、极具时代气息的作品传递着当代中国青年奋进拼搏、昂扬向上的力量。

2月22日 由广东省委网信办指导、南方网运营的“粤学习”APP 正式上线。该客户端设有《学习头条》《学习要闻》《学习金句》《学习时评》《广东践行》《美好生活》6 个栏目，全面反映广东贯彻落实习近平新时代中国特色社会主义思想的具体举措和生动实践。

2月23日 “重报时尚设计中心”战略合作签约暨揭牌仪式在重庆日报报业集团新闻发布大厅举行。新女报时尚传媒集团携手工业设计知名企业，实践以时尚设计为主的产媒融合发展思路，是媒体与产业平台的深度融合。双方将充分发挥在各自领域的专业优势，主导时尚设计产业化运营，发挥媒体活动策划执行优势，举办时尚消费设计大赛、重庆时尚设计周及“设计重庆”系列节会活动，搭建时尚设计交流平台。

3月

3月2日 由中国出版协会、中国期刊协会、中国编辑学会指导，国家新闻出版署出版融合发展（武汉）重点实验室、武汉 · 国家出版融合数据共享研发基地主办的“第四届出版融合技术 · 编辑创新大赛”第三季获奖名单正式公布。全国共有20余家出版单位30多位编辑（团队）获奖。出版融合 · 匠心服务奖是根据所申报纸质出版物上所匹配的线上读者服务的丰富度、贴合度以及纸质出版物自下厂日后 3 个月内的读者扫码量，进行综合统计和评选；出版融合 · 品牌营销奖是针对所申报纸质出版物上所匹配的线上读者服务在营销和宣传策略上的创意，以及投放到市场后实际收益成效来进行综合评选；出版融合 · 赋能大使奖则是表彰积极参与，并带动所在出版单位其他编辑参与此次大赛，同时个人至少有一个作品获奖的编辑。

3月3日 甘肃省首个市级融媒体中心和市级新时代文明实践中心办公室，在甘肃省定西市正式揭牌成立。这标志着甘肃省在加快推动全省市级主流媒体融合发展进程中迈出了坚实一步，也标志着定西市新闻宣传工作将从传统媒体和新兴媒体的“简单相加”正式迈向“深度融合”。定西市融媒体中心和市新时代文明实践中心办公室是通过整合原定西日报社、定西市广播电视台、定西市新时代文明实践志愿者服务中心设立的全新机构，旨在进一步强化宣传服务功能、优化政府资源配置，把牢主阵地、唱响主旋律、凝聚正能量。

3月4日 国家新闻出版署印发《关于实施出版业科技与标准创新示范项目的通知》。该通知面向全国出版单位以及与出版工作相关的科研机构、高等院校、技术企业等，每年评选确定 10—15 项科技与标准研发方面的创新成果，10—15 家科技与标准应用方面的示范单位。科技应用示范单位应积极运用前沿数字技术，创新出版业态、传播方式和运营模式，技术水平领先、协同创新能力强、成果转化成效突出，在推进行业数字化数据化智能化方面具有较强示范价值。标准应用示范单位则应积极推广应用新技术、新领域和新业态、新形态等方面的重点标准，在提高产品和服务质量、促进产业转型和融合发展等方面成效明显，具有较强示范作用。

3月6日 河南日报客户端图解产品《金图解丨读政府工作报告，看河南行动》，通过梳理政府工作报告中的亮点内容，结合河南本地实际，将顶层设计与地方规划相结合，对照报告找方向，按照报告抓落实，凝聚起谋发展、速行动、共向前的精神共识。

▲ 河南日报报业集团顶端新闻推出的报告解读创意 H5 产品《巍巍焦桐成长记 祖国邀你助把力》，采用拖动式时间轴技术和画中画、一镜到底、一键穿越等特效设计，将政府工作报告中经济、文化、科技等领域的成绩和计划，转变为助力焦桐成长的“能量球”，用户通过点击“能量球”，即可获取报告相关重点内容，并帮助焦桐树苗长大开花。同时，该产品还以手绘的形式，设计了高铁站、黄河边、航天火箭、丰收麦田等场景，以一棵焦桐树的成长经历，串联起新时代中原和中华大地发展出彩的方方面面。产品发出后 1 小时内，点击量即迅速实现 10 万 +。

3月7日 河南日报报业集团大河财立方联合《新京

报》贝壳财经、封面新闻、羊城晚报新媒体平台推出“四地媒体连麦专家读报告”直播报道。邀请国内7位知名专家，分别从GDP增速目标、数字技术与实体经济、创新驱动发展等方面，对政府工作报告的相关内容进行深入解读，并解答公众关心的问题，让广大网友更直接、迅速地了解政府工作报告的核心要点。微博话题“四地媒体连麦专家读报告”登上全国热搜榜第六位、要闻榜第四位，截至3月7日21时，话题阅读总量超2800万，直播播放量超70万。

▲ 北京长江新世纪文化传媒有限公司联合海南火链科技有限公司，打造出版业首个NFT数字藏品。恰逢长江新世纪即将迎来创立20周年，公司特别推出数字藏品《贰拾年·光阴的故事》。该数字藏品汇集长江新世纪20年出版生涯之精华，从2000多幅图书封面中精选出近700幅具有时代代表性的封面，记录了出版公司与读者共同成长的美好记忆。产品上线当日中午12时整，定价19.9元，限量8888份的数字藏品，上线仅20秒就宣告售罄。

3月10日 中新社移动新媒体“东西问”客户端正式上线。该客户端定位“学媒结合”，以“理性对话，文明互鉴”为核心理念，力求打造成以学理、观点为鲜明特色的聚合传播平台。客户端以《东西问》特稿栏目为基础，开设《政论》《商道》《文谭》《哲思》《天问》《漫评》《华舆》《外观》等栏目，聚焦东西方文明互鉴、文化交融，注重“陈情”与“说理”相结合，积极探索人类文明融合发展的最新形态，力求为东西方文明对话架起一座桥梁，构筑起东西方文明与交流互鉴新平台，找到东西方比较的新钥匙，探索文明互鉴新方法，凝聚东西方文明新力量。

3月11日 内蒙古新华报业中心与新浪内蒙古就新媒体生态共建签订战略合作协议。双方以新媒体资源、专业技术经验和平台优势为基础，优势互补，共同致力于做好内蒙古宣传，共同开拓内蒙古媒体宣传业务，共同生产推出更多内容优质、有传播力和感染力的新媒体产品，共同培养新媒体人才，面向全国宣传推介内蒙古品牌形象。

3月12日 海峡出版发行集团首款数字藏品——“天下妈祖”（盲盒）正式上线发行，6000份藏品上线5分钟即售罄。此次推出的“天下妈祖”（盲盒）精选自集团旗下福建电子音像出版社优质自有版权，旨在利用区块链技术可溯源、防篡改、不可复制的特点，永久记录妈祖精神之美，推动“福”文化广泛传播、传承。标志着海峡出版发行集团在版权开发转化、交易授权等“区块链＋版权”创新应用领域探索首战告捷。

3月15日 国家新闻出版署印发《关于组织实施2022年度出版融合发展工程的通知》。该通知要求坚持以习近平新时代中国特色社会主义思想为指导，深入贯彻落实习近平总书记关于推动媒体融合发展的重要论述，按照《中华人民共和国国民经济和社会发展第十四个五年规划和2035年远景目标纲要》有关部署，推动出版深度融合发展，进一步巩固壮大数字时代网上出版主阵地。

3月20日 四川日报报业集团运营的四川国际传播中心正式揭牌，四川国际传播媒体矩阵Center正式上线。四川国际传播中心以“移动传播、视频传播、社交传播”为抓手，对内整合川观新闻、封面新闻、四川文传、看四川、藏地阳光、一带一路报道等优势力量，加快建设具有四川特色的国际传播媒体矩阵和服务平台；对外联动国际传播各个领域，积极构建境内与海外传播的融媒体生态，推动四川同各国的人文交流和民心相通。

3月21日 国家新闻出版署印发《关于公布2021年度出版业优秀科技与标准重点实验室名单的通知》。经对42家出版业科技与标准重点实验室2021年度工作开展情况进行综合考核评价，现确定8家实验室为2021年度出版业优秀科技与标准重点实验室。

3月22日 由甘肃省委宣传部主办，甘肃日报社、甘肃日报报业集团、甘肃新媒体集团承办的“2022年甘肃省融媒体业务交流培训”活动通过网络直播形式成功举办。该培训为期4天，依托“新甘肃云”省级移动新媒体技术平台进行。全省各级党报社、市县两级融媒体中心采编人员，以及部分尚未融合的市级广播电视台采编人员参加了此次培训，累计培训人员达1.6万余人次，点赞、交流评论超过2万条。

▲ 云南日报报业集团与云南大学战略合作协议签约暨融媒学院授牌仪式在云报集团全媒体中心举行。双方旨在推进云南首个媒体融合生产领域的省级重点实验室——云南省媒体融合重点实验室建设，更好地发挥高校助力产业发展优势，让人才更好地支持媒体融合创新与发展。

3月23日 第十三届全国人民代表大会第五次会议上的《政府工作报告》单行本和视频图文版，由人民出版社出版发行。同时，电子书、有声书等融媒体出版物同步在多家网络平台上线发布。

3月28日 “2022浙版传媒春季‘云馆配’图书展示会”在云端举办。该“云馆配”为期6天，以“思想引领时代 知识服务用户”为主题，由浙江图书馆、浙江大学图书馆、浙江省新华书店集团有限公司联合主办。

4月

4月7日 中国纺织出版社有限公司旗下国家级专业期刊《中国服饰》杂志，作为监制方携手蟾宫数字藏品平台，推出以中国传统服饰为基础的“华夏霓裳”系列数字藏品，上线即售罄。此次“华夏霓裳”系列数字藏品特别选取了唐、宋、明、清最具代表性的服饰，以此为基础进行二次创作，以这种创新的形式在弘扬和传递中华文化符号的过程中不断传递中国审美、表达中国声音。

4月15日 中华书局籍合网从即日起开放所属全系列产品试用功能。籍合网是古籍数字化整理与应用的综合服务平台，积累优质资源近40亿字，涵盖古籍文献、学术研究、文化艺术等多种类型。不同产品支持试用时长3—7天。

4月18日 湖北宜昌三峡新闻传媒中心（宜昌三峡新闻传媒集团）揭牌仪式举行。宜昌三峡新闻传媒中心（宜昌三峡新闻传媒集团）由三峡日报社、宜昌三峡广播电视台组合而成，将整合报纸、广播、电视、网络以及“两微一端”等各类宣传文化传媒资源，坚持传统媒体和新兴媒体一体化发展，建立以内容生产供给侧结构性改革为重点、先进技术为引领、创新管理为保障的全媒体传播体系，实现信息内容、技术应用、平台终端、管理手段共融互通。

▲ 清华大学出版社与琥珀数字艺术合作开发的3500份《山海经》系列首款数字藏品《精卫》正式对外发售，3分钟内全部售罄。清华版《山海经》集敦煌壁画、古希腊瓶画、中国传统工艺美术、水墨意境、比亚兹莱唯美主义等艺术于一身，还原度极高地向读者展现了中华远古文化之美。该数字藏品包括五大系列，除分属女神系列的首款数字藏品《精卫》外，还有神、天地通道、龙元素、鸟元素四个系列，所有藏品于2022年4月起通过琥珀数字平台陆续对外限量发售。

4月23日 中央广播电视总台文艺节目中心联合人民文学出版社推出“开卷品书香——‘4·23’全民阅读十小时直播活动”。这是总台首次推出全天候世界读书日活动，全场活动由近7小时的网络直播、1台“世界读书日特别节目”，以及9个篇章的整点推送组成，全网直播观看总量超过1200万，“10小时接力开卷品书香”等话题登上多个热搜榜，掀起评论热潮，话题总讨论量129.2万，总阅读量达36.74亿。

▲ 新华文轩旗下四川数字出版传媒有限公司推出全国首个区块链图书融合出版发行项目“数字藏书”。该藏书是由国家新闻出版署科技与标准综合重点实验室区块链版权应用中心牵头，联合线上拍卖市场“阿里拍卖”，利用区块链基础服务设施“数字中国链”、国内优秀区块链版权服务平台“知信链”和繁星超越（福州）科技有限公司共同创新推出的重大项目。首发作品包括四川数字出版传媒与数字中国链、知信链联合四川人民出版社、浙江人民出版社、湖南人民出版社、巴蜀书社、天地出版社、四川文艺出版社、浙江文艺出版社等推出的珍藏版数纸融合产品——《瞻对》《变形金刚绝密人物大图鉴典藏：汽车人物篇》《刘心武爷爷讲红楼梦之十二金钗》《刘墉带你看宋画》《马识途西南联大甲骨文笔记》《漫画百年党史：开天辟地1921—1949》等。产品形态为“区块链限量珍藏实体书＋区块链限量数字藏书票”，首创性地实现实体图书与数字资产的结合，为每本具有珍藏价值的限量图书上链颁发唯一、不可篡改的原作者亲笔签名的数字“身份证”——“区块链资产数字凭证”。

▲ 成都时代出版社甄选我国已经发现的年代最早的围棋对局记录——《孙策诏吕范弈棋局面》，精心创作铸成《弈藏》数字收藏进行发售。这是出版社结合旗下“蜀蓉棋艺”多年的专业积累沉淀出的传统围棋文化和新时代“数字开放世界”概念的结晶。藏品分三款，分为传奇款、稀有款和普通款，数量分别为10枚、60枚、2930枚，共3000枚，每一枚都对应实体书籍权益。

▲ 文学杂志《收获》与收获APP，与人民文学出版社、译林出版社、花城出版社、作家出版社、中信出版集团、果麦，联合专业数字藏品服务平台Amall.ART，共同发行文学类数字藏品盲盒——“无界”。《收获》邀请了8位知名作家，每位作家都发行两款数字藏品：一是静态数字藏品，即一张图片，包含经过创新设计的书封及作者手写签名，装入“盲盒”，供读者“开盲”收集；二是动态数字藏品，即一个视频，在静态图片的基础上增加了作者原声音频与视频特效，供合成活动使用。

4月24日 由中宣部出版局主办的“2022年出版融合发展经验交流会”在北京市召开。该交流会深入学习贯彻习近平总书记致首届全民阅读大会的贺信精神，发布中宣部《关于推动出版深度融合发展的实施意见》，开展出版融合发展经验分享、案例交流和技术研讨，汇聚融合力量，谱写蝶变新篇。来自出版融合发展示范单位、数字出版精品项目单位以及有关出版行业协会、研究机构、新闻媒体的负责同志共90余人参加活动。

4月27日 天津市武清区“学习强国”乡村大喇叭正式上线。经天津市委宣传部推荐，中宣部“学习强国”总平台批准，天津市首个“学习强国”乡村大喇叭在武清区融媒体中心上线，通过“村村响”大喇叭系统和各级各类广播载体，利用专门时段播放“学习强国”授权内容，打通了“学习强国”学习平台宣传教育群众、服务“三农”工作的“最后一公里”。

4月28日 中国青年报社联合北京市东城区委宣传部、央视动漫集团、煜盛文化集团发起青年文化大数据平台项目。该项目包括四部分：一是在有关部门的指导下探索并发布青年文化大数据标准体系；二是成立青年文化数字研究院；三是建设青年文化数字基地；四是打造青年文化大数据总部基地。将构建以青年为核心的文化大数据体系，用数字赋能青年文化高质量发展。

4月29日 中国音像与数字出版协会组织召开落实《关于推动出版深度融合发展的实施意见》线上座谈会。出版单位负责人纷纷表示，实施意见涉及内容建设、重点项目实施、技术支撑领域、专业人才队伍建设，以及顶层设计的战略谋划、保障体系等，构建了多维融合体系，能促使出版单位从数字业务与融合出版的相加到相融、从相融到深融，将推动形成出版融合发展的全新格局。

4月30日　由共青团上海市委员会指导，上海音乐出版社、上海文艺音像电子出版社策划编选的主题出版物《强国有我——中国共产主义青年团成立100周年歌曲集》于“五四”青年节前实现纸电同步出版、上线。全书精选百年来深受青年人喜爱的54首作品，以《国际歌》、中华人民共和国国歌《义勇军进行曲》、中国共产主义青年团团歌《光荣啊，中国共青团》为序曲，分别以歌曲名《没有共产党就没有新中国》《我们走在大路上》《青春啊青春》《我们都是追梦人》作为4个部分的标题。为方便群众性歌咏活动选曲，歌曲集以简谱形式呈现，54首歌曲附有作品简介二维码。

5月

5月3日　中国青年出版总社联合数元Meta平台，推出首款数字文化藏品美术《双饮图》。该数字藏品运用区块链技术，将图片、音频、模型等数字产品写入智能合约，具有独立的认证代码和元数据。每件藏品都拥有认证的唯一序列号，限量发行、不可篡改、不可复制。

5月4日　长江日报报业集团联合武汉文化艺术团体奉献的“大武汉之夜·云上艺术季”2022第一季完美收官。“大武汉之夜”是长江日报报业集团从2021年开始打造的大型公益文化活动品牌。《长江日报》文旅传播中心联合大武汉客户端精心策划，将活动从线下搬到线上，推出“大武汉之夜·云上艺术季”系列直播活动，借助新媒体平台，让市民足不出户就能领略到不同形式的艺术精品。2022第一季共推出“花开盛世满庭芳”戏曲名家演唱会、“礼赞劳动美·致敬劳动者”歌舞专场等，带来20部优秀剧目，吸引968.8万网友观看。

5月9日　由浙江日报报业集团整合技术力量形成的数智技术品牌——“浙报数智”品牌亮相。目前，“浙报数智”已形成大数据治理与数字政务服务、数字文化、数字社会、数字法治、智慧城市和基层治理等多个数智生态板块，服务于省市级党政部门、地方政府、报业集团、各级融媒体中心、高校以及各类企事业单位。

▲ 人民文学出版社文创品牌“人文之宝”上线了一款新产品——日本插画师正子公也《百花三国志·五虎将》动态版画数字藏品，上线不到1分钟，首批25000份数字藏品即告售罄，第二批于14时上线，也在1分钟内售罄。该藏品通过数字科技手段，将正子公也《百花三国志》五虎将（关羽、张飞、赵云、马超、黄忠）原画中的坐骑、武器、甲胄、服饰等元素“动态化”，为作品增加了传神的点睛效果。

5月10日　中央重点新闻网站“中国新闻网”新版首页(www.chinanews.com.cn)正式升级上线。新版页面依托中新社、中新网强大的新闻采集能力，以及与海外华文媒体的密切联系，发挥中新网全媒体传播矩阵优势，以全媒体时代用户需求为导向，打造融媒视听全新体验。

5月12日　甘肃日报报业集团携手兰石集团共同打造的企业综合性移动新媒体平台“新兰石”客户端正式上线运行。该客户端是甘肃省第三家上线的机构融媒体中心，设置“要闻”“推荐”“视听”“媒体报道”“职工园地”“服务”“读报纸”“看电视”等多个板块。

▲ 长城新媒体集团与中国地质科学院水文地质环境地质研究所战略合作签约仪式在河北省冀云融媒体中心举行。双方共同推动“新媒体+科研院所”模式，将在宣传报道、政务合作、活动策划及执行等方面开展全方位深度合作。2022年双方围绕赶考日、世界水日、中国水周、世界地球日等宣传主题，精心策划重要选题，坚持内容为王，以快取胜，在“学习强国”、冀云客户端、长城网等平台利用图文、现场直播、科普视频、Vlog、SVG海报等形式，推出多个内容丰富、形式鲜活、传播广泛的融媒报道，实现内容价值的最大化。

5月13日　国家新闻出版署出版融合发展（浙报集团）重点实验室和浙江天目智慧科技有限公司联合发布了首个《全媒体智能中台白皮书》。全媒体智能中台，是媒体开展内部数字化改革的重要技术基座，是媒体数据治理能力提升的重要技术手段。白皮书聚焦媒体融合发展的趋势与挑战，详解全媒体智能中台的建设路径、实践案例和未来展望，为各级媒体重塑内容产制流程、打造数字资产、优化管理手段、建设平台生态、巩固媒体核心能力提供了重要指导。

5月16日　中华全国新闻工作者协会发布《中国新闻事业发展报告（2022年）》。该报告重点关注报纸、广播电视等传统媒体的深度融合与数字化转型，介绍媒体变革与创新发展，以及在此背景下，中国百万新闻从业人员素质、结构等方面呈现的新特点、新变化。

5月19日　重庆市委宣传部组织召开推动出版深度融合发展调研座谈会。该座谈会深入学习贯彻中宣部《关于推动出版深度融合发展的实施意见》，要求重庆出版业要整合资源、形成合力，做好在深度融合发展中推动重庆出版业高质量发展这篇文章。出版单位要立足出版资源禀赋，明确本单位发展目标、路径，做好重庆特色出版，形成重庆出版特色。出版协会、智库要充分发挥行业纽带、学术研究方面的优势，提供强有力的智力支撑。

5月20日　“健康魔方”全媒体新闻行动启动，新华日报健康传媒中心一同成立。该中心作为瞄准垂直行业创办的专注健康领域的融媒体平台，将依托主流党报集团强大的优质内容生产能力、媒体融合传播能力和社会资源整合能力，围绕广大群众全方位全周期的大健康服务需求，全力打造具有广泛影响力的传播矩阵平台、品牌活动平台、产业众创平台、高端智库平台、公益服务平台“五大平台”，构建涵盖报、网、端、微、屏“五位一体”的全媒体传播矩阵，从而为推动健康江苏建设注入传媒力量。

5月21日　由中国新闻史学会传媒经济与管理专委会、上海市科学与艺术学会、华东政法大学传播学院联合举办的首届数字传媒与文化产业前沿论坛在线上举行。该论坛以“从平台媒体到文化元宇宙”为主题，以主旨论坛和平行主题论坛形式举行。主旨论坛设有理论建构、理论创新、实践智慧3个专场，共邀请了数字传媒与文化产业领域的8位学术专家与5位实务专家、业界从业者发表演讲；平行主题论坛设有“元宇宙时代的媒介演化”“元宇宙时代的文化产业”“元宇宙时代的数字治理”和“元宇宙时代的平台发展”四大主题分论坛。

5月24日　首部《中国新闻出版深度融合发展年鉴（2021年卷）》由中国出版集团研究出版社正式出版发行。该书由资深媒体人魏明明主编，是一部翔实记录和反映我国新闻出版深度融合发展的综合性、权威性、资料性大型纪年文献，具有“存史”和“镜鉴”价值。该书以入选“2020年度全国新闻出版深度融合发展创新案例”内容为基础，全面翔实地总结记述2014年“媒体融合元年”至2020年“媒体深度融合攻坚年”的发展脉络与趋势，汇聚大量行业发展中的学术成果、行业信息和486种实践创新案例，并附有不同传播介质的二维码。全卷200万字，分12个篇章，包括特载、要闻、2014—2020大事记、理论研究与探索、专题/创新案例样本、中国新闻出版深度融合发展概览、特别关注、重点实验室、获奖、教育与培训、政策与法规、附录等内容，通过该书可以全面、清晰地了解我国报业、出版、期刊、新闻网站、市县融媒体中心在深度融合发展中的具体情况，对进一步推进行业深度融合高质量发展具有重要的经验借鉴意义。该书的出版填补了新闻出版深度融合发展年鉴史方面的空白。

5月26日　中国音像与数字出版协会主办，中国音像与数字出版协会数字教育出版工作委员会、出版融合工作委员会、数字阅读工作委员会、数字音像电子工作委员会、有声读物专业委员会共同策划推出的“中国音数协公开课”开讲。该公开课旨在深入学习贯彻习近平总书记关于媒体融合发展的重要论述，落实《出版业“十四五”时期发展规划》和《关于推动出版深度融合发展的实施意见》要求，围绕加快推动出版深度融合发展、构建数字时代新型出版传播体系的要求，就行业关注和关心的话题，从理论到实践、从宏观到微观，邀请出版、教育、科技、传媒等领域专家进行分享，力求跨界融合、多元视角、兼收并蓄。

5月29日　由北京日报社、北京市东城区融媒体中心、百年嘉华影业（北京）有限公司、北京东方文化经济发展集团有限公司共同出品的系列动画短视频作品《东方燕燕探中轴》正式上线。该视频以正阳门上的小雨燕“东方”和城楼屋脊上的垂脊兽“骑凤仙人”为主角，讲述他们探寻中轴线上的建筑景观与文化名人的故事。动画第一季共20集，每集70—90秒。该系列动画短视频还将打造“东方燕燕”IP，进行相关文创产品的设计研发与推广售卖。未来将推出以“东方燕燕”IP形象制作的北京历史文化教育读本。

5月31日　河南首个报纸数字藏品“《河南日报》创刊号”在数藏中国平台发布，以全新的数字化体验为《河南日报》创刊73周年送上跨越时空的祝福。使用区块链技术衍生出的“数字文创”“数字藏品”，凭借唯一的数字凭证、真实可靠的数字化发行和平台化购买、收藏、使用，受到年轻群体的青睐。该藏品由河南日报报业集团有限公司子公司河南大河全媒体广告集团发行，售价29.9元，限量5000份。

▲　由中国外文局（中国国际传播集团）下属中国互联网新闻中心（中国网）和当代中国与世界研究院共同发起的“元宇宙国际传播实验室”宣布成立。该实验室将围绕“元宇宙对国际传播带来的挑战与机遇”“基于元宇宙的跨文化交流形态和国际传播策略”“虚拟形象与智能问答机器人”“沉浸式虚拟空间与文化传播”“数字藏品/NFT”“区块链在国际传播中的运用”等多个方向开展课题研究，并定期举办“对话未来”系列学术沙龙，邀请专家委员会成员、产业领军人物、技术创新带头人等与青年人对话。

6月

6月1日　5G价值阅读平台——悦读汇与新华出版社联合打造《国家相册 · 我的小人书》首款限量版数字版权藏品。该藏品通过3D化场景建模首创3D数字展馆，置身其中可观赏到20世纪50年代至今由新华社记者拍摄的部分珍贵老照片，在视觉上创造超现实的立体感。《国家相册》是新华社重点打造的微纪录片栏目，它依托中国照片档案馆珍藏的上千万张历史照片，每一集节目用五六分钟时间、三四十张照片，带领观众重回历史深处，重温家国记忆。“我的小人书”系列亲子读物从《国家相册》中精选10集契合青少年兴趣点的节目，通过富有创意的编排，化视频产品为图文并茂的绘本。

6月6日　由福建省委宣传部指导，福建省广播电视局主办的“山海交响·振兴的力量”全省融媒传播活动在福建省福州市长乐区启动。该活动邀请了百名全国各地及福建省内融媒体记者，在福建进行4场落地联合采访和全程直播报道融媒传播活动，采撷福建乡村振兴建设新风貌，探索融媒直播助农新路径，融合运用多种宣传报道手段，充分发挥全媒体线上线下联动、大屏小屏共振作用，多角度、全方位、立体化展现新福建的独特魅力。

6月8日　奔流新闻·兰州晨报“融媒会客厅”在甘肃省兰州市正式启动。该平台由甘肃日报报业集团和甘肃新媒体集团支持指导，兰州晨报与奔流新闻联袂打造，是集政务访谈、公益讲座、民生讲述、商务营销等多功能于一体的传播平台。以“融媒讲述，全网触达”为宗旨，打通线上线下、内景外景、直播录播等传播渠道，重点突出“政务 + 服务”和“公益 + 营销”的定位特色，针对各行各业不同的服务诉求，在行业形象塑造、自主品牌营销、企业文化展示、优质产品推介等各方面，实现了视频演播、活动直播、业务培训、信息发布、产品展销、企业年会等一系列综合服务功能，打造“新闻 + 发布 + 传播 + 服务”的全链条、一站式主流媒体信息服务中枢。

▲ 四川师范大学电子出版社联合中央广播电视台旗下的云听客户端为四川蜀交中油能源有限公司打造的“有声图书驿站”正式落地。该次合作是云听客户端服务首次在四川落地，云听为蜀交中油公司定制了四面有声图书墙，各图书频道涵盖思政建设、历史沿革、文艺休闲等，细分的模块设计适合各年龄段的人群。该驿站内有 98 个门类的有声书供蜀交中油公司职工休闲学习，无须额外安装 APP，微信扫码即可收听。

6月10日 北斗导航科普领域的首部融媒书《北斗导航（航天卷）》由国防工业出版社正式出版发行。该书综述了我国自主北斗卫星导航系统的发展历程，并以亮点呈现的方式展示了北斗关键技术体制、多样化服务集成、应用产业培育和国际化发展等重大科技及应用成果等内容。书中融入了大量音视频技术、沙画工艺、VR 技术、H5 长图等，并通过二维码的形式将数百兆的原创音视频资料呈现给读者。

6月16日 “我为河南发声”2022 首届顶端发声者大会在河南省郑州市启幕。该活动由河南日报社顶端新闻主办，政府机关、专家智库、名企协会等代表欢聚一堂，共同为河南发声喝彩。该活动是主流媒体坚持开门办报、开门办端的创新实践，更是党端责任担当的重要体现。

▲ 中国唱片集团开发的音乐文化类 APP“中唱音乐”正式上架 iOS APP Store、腾讯应用宝和华为应用商店。该 APP 主要资源分为“中国歌曲”“中国戏曲”“中国曲艺”“中国器乐”四大曲库，同时精选一些主题制作成歌单，整合展示相关专辑和单曲。主题专区中还配有文章专栏“鉴赏指南”，是与平台中资源相关的乐评文章合集，给使用者带来更具深度的体验。APP 还包括私人电台、音乐榜单、视频功能，从多个维度发挥平台资源的特性，展现资源优势。

6月21日 “新时代 新经典——学习习近平新时代中国特色社会主义思想重点数字图书专栏”进一步优化升级，重点在专栏内容的呈现形式、深度推介、传播平台等方面进行丰富拓展。该专栏新增上线 35 种重点数字图书、101 种重点有声书，涵盖习近平总书记著作、讲话单行本、论述摘编，以及学习读本、思想研究、用语解读、描写习近平总书记工作生活经历的作品等，重点数字图书品种、形态进一步丰富，更加契合读者阅读新需求。目前 19 家网络传播平台设立专栏，包括“学习强国”学习平台、新华书店网上商城、全国高校思想政治工作网、中国大学生在线、咪咕阅读、掌阅、文轩网、QQ 阅读、微信读书、中文在线、易阅通、博库网、京东读书、天翼阅读、“学习强军”平台、中国军网、沃阅读、龙源期刊网、喜马拉雅。

6月22日 第六届世界智能大会网络媒体采访团授旗仪式在天津市举行。天津市委网信办搭建了云平台、云采访间等智能化宣传载体，组建以中央新闻网站、属地新闻网站、重点商业网站为主的近百家网络媒体的宣传矩阵，对大会进行全方位报道。同时，天津市委网信办统筹组建直播矩阵，对大会主题峰会等活动进行网络直播，充分利用大数据、人工智能、虚拟现实等技术，通过专题、图片、短视频、直播等传播形式，在网站、客户端、移动端等平台上展示大会盛况，形成多角度、全方位、高科技的全新报道体系。

6月24日 作为第六届世界智能大会平行论坛——“媒体智能高峰论坛”线上举行。该活动以“智媒时代 融合创新”为主题，会聚媒体智能领域著名专家和领军人物，聚焦世界人工智能技术发展前沿，探讨人工智能算法理论研究发展动态，分享内容智能和传播技术的国内外最新发展，展望媒体智能未来趋势，推动人工智能更好地赋能媒体融合发展。

6月26日 中部地区首个国家级广播影视内容媒体基地——长江文创产业园正式开园。该开园活动由湖北广播电视台（集团）主办，以“党旗领航 焕新视听”为主题，融入“一场游园体验、一批牌子挂牌、一段园区告白、一批企业入驻、一堂党课洗礼”等产业活动要素，展示园区视听产业布局及入驻企业特色，树立园区引领产业发展的新平台、新部署和新担当。该产业园位于武汉光谷中心城，是湖北广电传媒基地的重要组成部分，也是中国（湖北）网络视听产业园的核心产业承载区。致力于构建“文创 + 传媒 + 网络视听”新文化融合高地，形成湖北广播电视和网络视听行业的新技术研发、新产业业态、新场景应用、新消费方式的融合，培育网络视听新经济业态，创湖北数字文化产业高地和城市文化产业名片。

7月

7月1日 《中老年时报》创刊 30 周年纪念日，推出 30 周年特刊，并与电台联合推出特别节目。为纪念创刊 30 周年，该报特别推出 8 个版的特刊，内容涵盖天津广播电视塔“创刊 30 周年灯光秀”、金婚读者征集活动、读者故事、读者活动图集、名人访谈、30 周年读者征文、名家书画作品、30 周年趣味问答等。同时，海河传媒中心生活广播《枫叶正红》推出特别节目，在直播中分享报纸从无到有、从小到大的幕后故事，采编人员与读者的感人情谊。

7月3日 苏州大学出版社推出“数字媒体艺术丛书”新书首发式。“数字媒体艺术丛书”共8册，包括《融媒体传播概论》《数字交互媒介设计》《短视频艺术传播通论》《短视频类型创作导论》等。丛书研究视角新颖，旨在提升教学和课程的前沿性与先进性，从而适应新形势下传媒人才培养的战略要求。

7月4日 传播创新与未来媒体研讨会暨实验平台启动仪式在线上举行。由北京师范大学新闻传播学院喻国明教授团队编写的《元宇宙与未来媒介》一书，深入探讨了元宇宙以及相应的社会深度媒介化问题、范式变革及其实践行动路线图，是传播创新与未来媒体实验平台成立伊始的首个代表性成果。书中所指出的“微粒化社会”“体验时代”“游戏场景”“算法即媒介”的元宇宙时代标签，以及关于元宇宙在升维意义上为互联网发展全要素融合提供整合模式的思考，都是未来的新闻传播学科创新及元宇宙产业发展中最为重要的关键性探讨要素，对于推动未来媒介向度的学术研究具有重要指导意义。

7月5日 数字内容智能分发技术研讨会暨“数字内容智能分发技术创新中心”揭牌仪式在北京市举行。该中心由中国音像与数字出版协会指导，外语教学与研究出版社有限责任公司、高等教育出版社有限公司、人教数字出版有限公司、中国少年儿童新闻出版总社有限公司等单位联合发起成立，将通过研发新技术、新机制提升我国传统出版业务与信息技术应用的融合能力，最终打造专业的、开放的教学与知识服务形态。

7月6日 网络音频分享平台喜马拉雅联合少年儿童出版社打造的少儿音频科普剧《十万个为什么》正式上线。该剧面向7—12岁听众，从《十万个为什么》（第六版）中筛选出150个热点问题，融入互动和提问，引导青少年在声音中探究科学知识。该剧在喜马拉雅上线一周播放量突破100万，在推动出版物融合发展进程中，助力经典图书品牌与版权发展释放更大价值。

7月18日 由社会科学文献出版社与新译研究院共同主办的社科文献AI多语学术资源库发布会在北京市举行。该资源库以马克思主义中国化理论研究与实践、中国发展与中国经验、中华优秀传统文化三大主题为主要选题进行内容的组织和筛选，首期选择英语、法语、德语、俄语、西班牙语和阿拉伯语6种语言作为首发语种，在技术上基于新译科技具有自主产权和自有技术优势的智能翻译引擎，针对学术内容资源的特性定制专有的全文资源处理机制。

7月19日 安徽日报报业集团与安徽省退役军人事务厅签署战略合作协议，共同打造新时代退役军人宣传工作“安徽样板”，谱写退役军人宣传工作新篇章。签约仪式上，安徽省委退役军人办秘书处与安徽日报农村版报社签署“老兵融”建设服务协议，安徽党媒云“老兵融”正式上线。

7月21日 “龙鼎农业·北方新报数字农场”项目签约仪式在内蒙古日报社举行。草原全媒·北方新报和龙鼎（内蒙古）农业股份有限公司携手共建数字农场，开启“媒体＋企业”的发展新模式，助力内蒙古绿色农业产业化发展。

7月23日 中央广播电视总台数字文化艺术博物馆——“央博”数字平台建设在北京市启动。该平台聚焦中华优秀文化艺术作品，通过数字化手段更好地传播中华文化，弘扬中华文明，建设成为具有典型时代特征的新时代数字文化高地。平台将以“央博”APP为核心载体，汇集国家级文化战略资源，把各大博物馆、美术馆、美术院校及知名艺术家的典藏文物、艺术作品、美育课程等聚合在一起，通过总台融媒体平台展示给广大受众。

7月24日 首期国家文化公园主题数字藏品正式发售。该数字藏品由中国文化传媒集团旗下中传文创投资有限公司与三七互娱联合打造，首套共5款，分别为长江、长城、黄河、长征、大运河，由国家文化公园专家咨询委员会进行产品研发的全程指导，三七互娱进行藏品研发。藏品展现了各个国家文化公园的代表性元素，呈现了中华文化的独特魅力。该藏品限量12500份，以盲盒形式发售，上线一秒售罄，当日浏览量60万＋，相关话题阅读量破千万。

7月25日 《海南日报》首个虚拟数字主播“海蓝蓝”正式上线。通过AI算法等科技手段，“海蓝蓝”在虚拟场景的构建中，可以整合各类新媒体素材，实现视频、音频、图像、文字的全媒体呈现。

7月27日 海南日报客户端法治频道上线启动仪式在海南省琼海市博鳌镇袁家村沙美印象举行。该频道将深入挖掘海南政法系统的典型经验和亮点工作，讲好政法故事，传播好政法声音，让广大人民群众切身感受到海南政法队伍的新变化新气象。

7月30日 甘肃日报报业集团、甘肃新媒体集团联合甘肃演艺集团、甘肃省歌舞剧院将大型经典舞剧《丝路花雨》搬上“云端”舞台。该剧通过“新甘肃客户端”微信视频号进行全球网络首播，不仅是一次新媒体播放与经典剧目牵手的有益探索，也打破传统演出平台固有限制，打造了“新兴媒体＋经典艺术”的文艺新样态，让更多群众足不出户就能享受到优质文化盛宴。

8月

8月3日 由湖北省委宣传部、湖北省委网信办、湖北省广播电视局联合主办的2022年湖北省媒体融合创新案例评选活动揭晓，共评选出6类33个优秀案例。该活动以“携手共进　融合创新”为主题，坚持以新理念引领新发展，以新技术打造新业态，以新实践实现新目标，旨在通过广泛开展全省媒体融合创新案例评选，充分激发全省各级媒体的创新创造活力，及时总结推广全省媒体融合先进经验、成功做法，打造具有强大影响力和竞争力的新型主流媒体。

8 月 4 日 新京报社宣布与腾讯新文创研究院成立“创意传播中心”。同时，发布了首部飞跃北京中轴线视频作品——《雨燕跃中轴》。该作品采用 3D 建模、CG 特效等方式，引领观众穿越北京 700 年历史变迁，感受中轴线文化的厚重与多姿。

8 月 8 日 澎湃新闻牵头发起的“数字内容生态实验室”在上海市成立。该实验室由澎湃新闻、上海人工智能研究院、上海市信息安全测评认证中心、上海新华传媒连锁有限公司和上海蜜度信息技术有限公司 5 家机构联合共建，旨在打造集产学研用于一体的数字内容安全与治理研究与服务机构，开展内容生态演变机理及其调控对策机制研究，为数字内容生态创新与治理提供理论研究支持、决策参考和技术支撑。

8 月 10 日 中国新闻出版研究院主办的“元宇宙出版融合发展机遇与挑战研讨会”在北京市举行。该会议围绕元宇宙的概念、特点、应用等话题展开研讨，与会专家认为，对于出版业来说，拥抱元宇宙的关键是产品创新与实现落地应用。

▲ “共建同心圆 共筑出彩路”2022 顶端优秀创作者大会暨河南优秀网络创作者上顶端启动仪式在河南省郑州市启幕。该活动顶端首次起用数字主播顶顶协助主持本次大会，百余名优秀网络创作者、专家、学者齐聚一堂，畅谈媒体融合等话题。

8 月 11 日 北京市海淀区融媒体中心在北京市海淀区花园路街道举办“北京视听零距离”融媒惠民进社区首场活动。该活动以“海淀掌上社区”小程序应用推广为服务内容，采取集中教学与一对一教学相结合的方式，手把手地教授老年朋友使用小程序等内容，并为来到现场的居民拍摄全家福。

8 月 15 日 “‘赶考路’上再寻焦裕禄”全国网络媒体采访活动在河南省兰考市正式启动。来自全国的 30 余名媒体记者瞻仰焦桐、拜谒焦陵，切身感受焦裕禄留下的精神财富。记者们在采访中纷纷表示，将积极践行“四力”，通过走访与探寻，发掘新时代传承弘扬焦裕禄精神的先进典型，用各种融媒体形式深入宣传焦裕禄精神，用心用情采写出更多有思想、有温度、沾泥土、带露珠的新闻作品。

8 月 16 日 中国社会科学院新闻与传播研究所、社会科学文献出版社在北京共同发布《新媒体蓝皮书：中国新媒体发展报告 No.13（2022）》。该书全面分析中国新媒体发展状况，解读新媒体发展趋势，总结新媒体发展问题，探析新媒体的深刻影响。

8 月 19 日 敦煌遗书数据库（网址：dhyssjk.dha.ac.cn）在甘肃省敦煌市上线。该数据库是全球敦煌文献资源共享平台，内容包括敦煌文献的基本信息、数字图像、全文录文和相关研究文献目录 4 个部分，数据库同时提供汉、藏文文献的全文检索和图文对照浏览。敦煌遗书指 1900 年敦煌莫高窟藏经洞出土的公元 4 世纪至 11 世纪的古写本及印本，包括宗教典籍、官私文书、中国四部书、非汉文文献等。但由于晚清国力衰落，致使藏经洞出土文献文物流散于世界各地，总数在 7 万件以上。目前敦煌遗书分藏于中、英、法、俄、日等国数 10 家收藏机构，一直缺乏一个完整的联合目录。此举是敦煌研究院建设敦煌学研究高地、推动敦煌文物数字化回归、实现敦煌文化艺术资源在全球范围内数字化共享的重要举措。

8 月 22 日 吉林省地市级媒体融合现场会暨县级融媒体中心建设工作推进会议在吉林省白山市召开。该会议强调了习近平总书记关于推动媒体融合发展的重要论述，为我们推动媒体融合发展指明了方向，厘清了思路，明确了重点。要认真学习领会、不断深化认识、全面贯彻落实，更加有力有效地推动媒体融合发展。推动市县两级媒体深度融合，是巩固壮大主流思想舆论的迫切需要，是媒体自身发展转型的根本路径。要以高度的政治责任感和时代使命感，紧紧抓住发展机遇，积极回应时代挑战，坚定不移推进媒体融合发展，进一步巩固好、发展好主流思想舆论阵地。要坚持正确方向导向，坚持一体化发展方向，推进内容供给侧结构性改革，着力推进媒体纵向联通，持续加强新闻管理。要加强组织领导，加大支持力度，强化人才支撑，全力推动媒体深度融合。

8 月 26 日 第三届中国期刊高质量发展峰会暨第十一届上海期刊论坛在上海大学举行。该活动以“繁荣学术出版 促进深度融合 推进高质量发展”为主题，由国家新闻出版署指导，中国期刊协会、上海市出版协会、上海市期刊协会、上海大学联合主办。

8 月 29 日 2022（第五届）甘肃媒体融合创新与发展论坛在甘肃省兰州市举行。该论坛由甘肃省委宣传部、甘肃省委网信办、甘肃省文明办指导，甘肃日报社、甘肃日报报业集团主办，甘肃新媒体集团、兰州新区党工委办公室承办，主题为“拓展新路径 增强新动能”。来自国内学术界、媒体界的专家学者和业界同人，围绕论坛主题，采用线上线下相结合的方式，共同探索面向未来的深度融合发展之道，为全面开启媒体融合新纪元建言献策。

▲ 甘肃国际传播中心揭牌仪式在甘肃省兰州市举行。该中心是由甘肃省委宣传部主管，甘肃日报报业集团主办，依托甘肃新媒体集团组建的省级对外传播机构，是甘肃探索地方主流媒体参与国际传播路径方法的创新实践。中心以“服务大局”为准则，以“一带一路”为线脉，以“矩阵传播”为手段，立足敦煌文化、丝路文化和地域特色，根据“内容生产、平台运营、全域传播、交流互动”的定位，加强平台、渠道、内容及队伍建设，

推进中国故事和中国声音的全球化表达、区域化表达、分众化表达，打造具有“国际风范、中国元素、甘肃特色”的国际传播新名片。

▲ 甘肃省新时代文明实践中心省级技术平台在甘肃省兰州市正式上线。该平台由甘肃省文明办指导，甘肃新媒体集团负责搭建，是甘肃省运用互联网、大数据、云计算、人工智能等新技术，创新新时代文明实践工作的重要举措，也是甘肃发挥省级技术平台集约化优势，一体融合推进融媒体中心和新时代文明实践中心建设，更好服务地方经济社会发展的生动实践。

▲ 广西教育出版社和广西壮族自治区少数民族古籍保护研究中心联合打造的“广西古籍文库”数字平台正式上线运营。该数字平台是依托广西古籍搜集、整理、研究及出版成果而开发的同步数字平台，集数字化古籍、古籍整理数字出版物、古籍相关音视频及图片等资源于一体，支持在线阅读、快速检索、文图对照等功能。

8月30日 以“新主流 新征程”为主题的2022中国新媒体大会在湖南省长沙市开幕。该活动由中央宣传部、中央网信办、国家广播电视总局、湖南省人民政府指导，中国记协、湖南省委宣传部主办，来自中央有关部门、中央和地方新闻单位、网站平台、新闻院校和研究机构的代表参会。

9月

9月1日 川观新闻推出“数藏天府·四川70年记忆影像”数字藏品。“《四川日报》创刊号”版面数字藏品，采用超高清8K数字扫描技术，全景数字化展示《四川日报》创刊号内容细节、版面质感。展示内容包括头条《四川省人民政府今日起正式行使职权》、社论《庆祝四川省人民政府成立，为迎接国家大规模经济建设和建设新四川而奋斗！》，以及创刊启事等，富有历史意义和收藏价值。

9月8日 由中央宣传部（国家新闻出版署）指导、中国报业协会主办的新时代党报成就展（线上展）启动仪式在北京举行。该展览在人民网、中国文明网及国家新闻出版署网站同步上线，展览时间持续至2022年年底。展览内容分为“新时代党报图文展区”“新时代党报优秀版面展区”“党报老报纸展区”“党报人风采展区”和“党报人书画展区”五部分，具体展示了人民日报社、新华通讯社、解放军报社等中央新闻单位，部分行业报，全国各省（自治区、直辖市）和新疆生产建设兵团所属党报的历史沿革、基本情况、融合发展成果，遴选展出了党的十八大以来的近200幅党报优秀版面，展示回顾了党的不同历史时期的100份老报纸图片，简要介绍了百年来尤其是进入新时代后党报系统涌现出的100余位优秀报人，旨在充分展示新时代各级党报坚持党的全面领导、服务经济社会发展所取得的重大成就，激励各级党报和党报人凝心聚力奋进新征程、建功新时代。该展览运用虚拟现实、全景观展等先进技术，采用图片、文字、音频、视频等多种形式，打造网络三维虚拟展馆，并提供“自主参观”和“自动观展”两种观展方式。社会公众通过电脑或手机访问线上展馆，既可身临其境地漫游展区，详细了解展览内容，也可点击“自动观展”，观看展览导览片。

9月9日 “唯围品书”数字阅读平台上线启动仪式在北京市举行。该平台是中国科学技术出版社精心打造的数字内容和社交服务平台，结合互联网云计算、大数据、区块链等技术，通过智能化知识服务体系实现“内容+社交、公域+私域、流量+留存”的闭环，以“轻阅读+精品内容”提供便捷阅读，以“书单+书云推荐”解决找书难题，以“创作+消费返利”让利终端读者，为用户提供“一站式”精品数字阅读体验。

9月13日 国家新闻出版署发布通知，公布2022年度出版融合发展工程优先实施的2个子计划遴选结果，共11个项目入选数字出版优质平台遴选推荐计划，50人入选出版融合发展优秀人才遴选培养计划。入选的11个优质平台，包括爱课程（中国大学MOOC）平台、人卫融合出版平台、籍合网等，从平台层面反映了我国出版融合发展的新进展新成效，具有较强的示范推广价值。入选的50名优秀人才，主要为出版融合发展一线骨干，为本单位乃至本行业出版融合发展作出了积极贡献，是当前和今后一段时期推动出版深度融合发展的重要力量。

9月14日 广东省东莞融媒集群成立启动仪式暨融媒创新分享会在广东省东莞广播电视台举行。该集群的成立标志着东莞初步构建起以“东莞发布”官方号、东莞日报社、东莞广播电视台为龙头，3个园区和32个镇（街）融媒中心全覆盖的媒体组合。在东莞融媒集群中，东莞日报社、东莞广播电视台通过立足媒体融合主战场，打造以“东莞+”和“知东莞”为旗舰的新媒体矩阵，建立起“一体化生产，多平台发布”的媒体传播格局；东莞市委网信办持续拓展媒体融合发展新版图，推动“莞香花开”升级为“东莞发布”，打造网上宣传核心枢纽，通过多平台深度联动，组建网络传播的“朋友圈”，实现“同频发声，群策群力”网络宣传格局；东莞各镇（街）园区与市直媒体互融互通、共建共享，通过整合融合实现“借船出海”。

9月19日 环球时报社媒体深度融合发展工作推进会暨环球时报客户端更名改版、数字报上线仪式在北京市举行。“环球TIME”客户端正式更名为环球时报客户端，《环球时报·数字报》同期上线。更名后的环球时报客户端以及《环球时报·数字报》将继续秉承《环球时报》特色，为读者展现精彩内容，成为读者了解国际、国内资讯的重要渠道。

9月20日 以“创意点亮梦想 融合开创未来”为主题的第二届新视听媒体融合创新创意大赛启动仪式暨新

视听媒体融合峰会在北京市举办。该活动由国家广播电视总局和中国记协指导，北京市委宣传部、光明日报社、北京市广播电视局等单位共同主办。大赛赛程从2022年9月持续到12月，共设置“媒体融合技术创新”“媒体融合内容创新”“媒体融合模式创新”3个赛道，将从技术、内容、模式3个维度推动媒体融合发展，呈现出“突出AI技术对媒体发展的引领作用”“注重推动内容传播形态的创新”等鲜明特点。

▲ 由福建人民出版社与福建省广播影视集团卫视中心共同出品的《中国闽菜》全媒体出版工程一期视频首发式在福建省福州市举行。《中国闽菜》一期视频以26集人文纪录片形式呈现，视频制作阵容包括数位元老级闽菜大师、注册级闽菜大师，以及1位国家级非物质文化遗产聚春园佛跳墙制作技艺传承人。节目选取20道反映闽菜荣光和闽人智慧的经典闽菜，并为6位资深闽菜大师制作人物专辑。

▲ 粤学习APP“学习文库”应用平台正式上线，并同步推出《习近平谈治国理政》第四卷场景化交互学习专题。该平台全面集纳党的十八大以来习近平总书记系列重要讲话、重要活动，特别是对广东系列重要讲话和重要指示精神的权威报道和解读，立足广东实践，全力打造广东学习习近平新时代中国特色社会主义思想的移动数据库。“学习文库”目前收录9000多篇学习资料，拥有6个权威媒体文库，全部学习资料分为经济、政治、文化、社会、生态、党建、国防、外交等8个领域，并通过文本数据分析，进一步细分为200余个学习主题，涵盖“高质量发展”“生态文明建设”“粤港澳大湾区建设”“新发展理念”“创新驱动”等主题标签。

9月22日 以“出版业数字资源供需交流”为主题的2022数字出版部门主任联盟会暨出版业数字资源供需交流研讨会，以线下线上相结合的方式在北京市召开。该会议由中国新闻出版研究院主办，旨在共同研究探讨如何打通数字资源供需产业链、做大数字内容资源供需市场，由政策解读和趋势分析；打造优质资源，打通产业渠道；打通供需，做大市场；新消费、新服务、新模式四部分组成。

9月27日 由北京市广播电视局、天津市广播电视局、河北省广播电视局指导，中国（京津冀）广播电视媒体融合发展创新中心主办的“京津冀媒体融合系列交流活动”之京津冀媒体号运营策略交流对接会在北京市举行。该活动旨在落实京津冀区域协同发展战略，推动三地广电媒体深度融合发展。主题涵盖资源、内容、人才、市场、技术等方面，以线上参与为主要形式，来自京津冀三地的70多家媒体机构代表，央视频、抖音、快手、微博、微信等新媒体平台代表，以及央视市场研究（CTR）的新媒体研究专家开展了积极讨论，共同探讨融媒浪潮下的运营共赢之策。

10月

10月8日 从即日起，北京日报客户端推出的“非凡十年看北京”系列短视频正式上线。北京日报客户端联合“16+1”区推出“非凡十年看北京”系列短视频，全方位、多角度展示新时代伟大成就，凝聚奋进新征程的磅礴力量。

10月15日 社会科学文献出版社打造的知识服务型融合出版产品——马克思主义研究数据库（新版）上线。该数据库突出“前沿”“学科”“服务”，将学科基础资源与热门研究领域相结合，提供外延性知识服务。该数据库涵盖马克思主义中国化研究、党史党建、思想政治教育、中国近现代史基本问题研究和国外马克思主义研究等分类文献资源，包括人类命运共同体、乡村振兴研究、人类文明新形态研究、意识形态与社会思潮研究等分类主题资源，并附学术出版和学术共同体服务。以增强用户体验作为主要建库目标，既设置精细化检索条件，又增加“笔记画线”“文献引用”等阅读功能，从而帮助用户提高检索和参阅效率。

10月24日 中央广播电视总台大型融媒体节目《中国短视频大会》在浙江省杭州市举行项目启动仪式。该节目是在中央广播电视总台与浙江省人民政府签署深化战略合作协议的框架下，为国家（杭州）短视频基地量身定制的首个大型季播融媒体节目，共计12期。节目创作者通过作品创意展演、杭州命题创作等赛段的层层甄选，角逐节目最高荣誉。

▲《吉林日报》彩练新闻客户端升级版上线。该客户端由吉林日报社主办，致力于构建吉林省头部新闻客户端，目标是打造集新闻资讯、政务发布、生活服务于一体的全省公共服务平台，聚焦“新闻＋政务＋服务＋商务”，坚守“内容为王”，促进“用户生产”，开启指尖新体验，建设讲述中国故事、传播吉林声音的第一平台。升级版在首发频道中推出贯彻二十大精神、汽车、长白山、长影、抗疫等五大频道，积极将党报的传播力、引导力、影响力、公信力向移动端延伸。

11月

11月1日 四川新传媒集团有限公司揭牌仪式在四川省成都市举行。四川新传媒集团以川网传媒为主要支撑成立，前身为四川新闻网，其拥有四川新闻网、《四川手机报》、四川发布、麻辣社区、可乐影视、中国西部网等多个独具特色的优势媒体品牌，目标是以互联网传播和新媒体生产为主攻方向，以文化传媒和新一代信息技术融通创新应用为核心竞争力，建设体系完备、影响广泛、国内一流的新媒体传播矩阵，建设文化、传媒、创意等文化产业数字经济创新发展高地，建成新媒体主业突出、具有全国竞争力影响力的互联网文化传媒龙头企业。

11月2日 由北京市委组织部与北京日报社联合举办的学习宣传贯彻党的二十大精神线上答题活动正式开启。该答题活动题目由党的二十大报告、党章等内容组成，引导全市广大党员干部群众原原本本、逐字逐句学习党的二十大报告和党章，学习习近平总书记在党的二十届一中全会上的重要讲话精神，推动党的二十大精神在京华大地落地生根、开花结果，形成生动实践。

11月4日 由民进中央主办的2022开明出版传媒论坛暨第九届上海民进出版传媒论坛成功举办。该论坛聚焦融合发展，助力出版"破圈"，以"后疫情时代出版传媒业的走向和发展趋势"为主题，采用线上线下相结合的形式在北京、上海两个会场举办。开明出版传媒论坛是民进在出版传媒领域参政议政的重要品牌活动。

▲ 全国驻深记协融媒创新基地揭牌仪式在广东省深圳市龙岗融媒集团文创大厦举行。深圳市驻深新闻工作者协会融媒创新基地（龙岗）、龙岗区各街道融媒体分中心、龙岗融媒创新实验室、龙岗融媒学院同期正式揭牌。深圳市驻深新闻工作者协会融媒创新基地（龙岗）、龙岗融媒创新实验室将通过开展媒体融合关键技术研究和产品开发，引领"智慧媒体""数字文化""国际传播"发展和创新；龙岗区各街道融媒体分中心将向基层延伸宣传触角，打通舆论宣传工作的"最后一公里"；开办的龙岗融媒学院将通过创新人才引进、智库建设、政策研究、培训内训机制，为媒体深度融合提供全方位的支撑，进一步提高龙岗区新闻舆论传播力、引导力、影响力、公信力。

11月7日 可信数字资产区块链服务设施"新华链"正式发布。"新华链"由华为云计算技术有限公司、新华文轩四川数字出版传媒、华中文化产权交易所、香港联合电子出版等单位发起建设，并集结各方的优势力量以数字文化为基础，专注于文化要素、生产要素、数据要素等领域，是面向全球的可信数字资产区块链服务设施，并为Web3.0等虚拟现实场景提供坚实可信的基建支撑。"新华链"具备完善的版权审核、内容审核、网络出版、资产评估等资质和能力，以保障数字资产中不可或缺的一环——"数字内容可信"；并为链上的文化资源数据和文化数字内容提供评估、匹配、交易、分发等专业服务。

11月8日 全网推出"第九套广播体操创意短视频"献礼记者节。每天锻炼10分钟，践行"四力"在路上。该活动由中国行业报协会、中国新闻出版传媒集团共同发起，联合人民公安报社、中国教育报刊社、健康报社有限公司、金融时报社、英大传媒投资集团有限公司、《人民铁道》报业有限公司、中国体育报业总社有限公司、中国航天报社有限责任公司等8家行业媒体，共同推出"2022年中国记者节特别活动——第九套广播体操创意短视频"，作为献给广大新闻工作者的礼物全网推出。

▲ 由中国出版协会、中国新闻出版研究院、北京市委宣传部、中国新闻出版传媒集团联合主办的"第六届中国数字出版创新论坛"采取线上线下相结合的方式在北京市举行。作为第十二届中国数字出版博览会的重点活动之一，该论坛以"探索数字出版新型业态 推动出版深度融合发展"为主题，邀请政府部门领导、数字经济与元宇宙领域的专家学者，探讨数字经济、元宇宙背景下，数字出版产业在人才创新、场景创新、生产创新、消费创新、投资创新、政策创新和技术创新等领域的机遇和挑战，以及数字出版通过"数字化创造"和"创作者经济"在激活数字经济方面的新业态、新消费、新模式，为政府、企业、教育、团体、媒体和创意个体搭建跨行业、跨领域、跨学科的协作平台，实现数字出版行业与相关产业的相互赋能。

▲ 广西壮族自治区柳州市融媒体中心（指挥中心）、钦州市融媒体中心分别揭牌启用。柳州市融媒体中心是全国60家地市级融媒体中心建设试点之一。揭牌启用后，既可上联中央媒体和广西云平台，又可下接县级融媒体中心，推动柳州市新闻舆论工作从"简单相加、单兵作战"迈向"融合发展、全媒传播"，是柳州市推进媒体深度融合迈出的实质性一步。钦州市融媒体中心是广西首家实现一体化建设的地市级全媒体机构。2017年出台的《钦州新闻传媒中心组建方案》，提出"以业务融合驱动机构整合、以机构整合推动业务融合"的改革思路，致力于市属各媒体"横向打通"，着力构建全媒体传播矩阵，打破传统媒体和新媒体的行业壁垒，有序推进媒体融合；2018年7月，原钦州日报社与原钦州市广播电视台进行机构整合，组建成立钦州新闻传媒中心，成为广西首个由报纸、广播电视、新闻网站以及移动媒体聚合组建的地市级融媒体。2022年4月被纳入全国60家地市级融媒体中心建设试点之一。

11月12日 由中国新闻出版研究院主办的"元宇宙出版融合发展论坛"在江西省南昌市举行。该论坛以"数字新机遇 产业新未来"为主题，是2022世界VR产业暨元宇宙博览会重要活动之一。与会嘉宾表示，在新一轮科技革命、产业革命及数字经济大潮背景下，新闻出版业要抓住数字化机遇，拥抱创新技术，实现深度融合发展。

11月14日 出版融合发展优秀人才培养项目集中学习结业仪式在北京大学举行。该集中学习为期15天，是首次对出版融合发展优秀人才与宣传思想青年英才进行集中培养。该项目由中宣部出版局、干部局指导，北京大学出版研究院承办。培养项目为期两年，每年一个阶段，今年为集中学习阶段。50位入选国家新闻出版署2022年度出版融合发展工程出版融合发展优秀人才遴选培养计划的出版人，以及10位来自出版业的宣传思想文化青年英才参加集中学习。

▲ 浙江省《安吉县融媒体中心（安吉新闻集团）发展战略规划（2023—2028）》通过专家评审。该规划是

全国首个县级融媒体五年发展战略规划，梳理了近年来安吉县融媒体中心发展取得的成绩，明确了未来五年的发展目标。在我国全力构建全媒体传播体系的新形势下，安吉县融媒体中心（安吉新闻集团）致力于打造宣传主流舆论、关注基层民生、传播地方文化的引领型、服务型、智慧型媒体平台，成为生动展示安吉县和浙江省高质量推进媒体深度融合、数字化改革、共同富裕和乡村振兴建设成果的重要窗口，成为我国县级融媒体发展的标杆示范单位。

11 月 17 日 浙报融媒体发展中心项目在浙江省杭州市萧山区戴村镇开工。该项目总用地面积 54.4 亩，共分二期建设。将立足浙江日报报业集团媒体融合及数字文化产业资源，依托萧山区良好的数字经济发展生态，建设引进新媒体产品生产和运营、新媒体技术研发、数字文化服务、数字印刷出版等产业项目，着力打造“融媒体产业生态集群”。

11 月 21 日 2022“世界电视日”中国电视大会以线上线下结合的方式在北京市举办。该大会是由中国文学艺术界联合会、中国科学技术协会指导，中国电视艺术家协会、中国电影电视技术学会主办。以“连接新视界 融合向未来”为主题，深入贯彻党的二十大报告中关于“加强全媒体传播体系建设，塑造主流舆论新格局”的相关精神，落实中央《关于加快推进媒体深度融合发展的指导意见》，全面展现我国电视行业改革发展成果、媒体融合最新进展以及国际电视传媒行业发展新趋势，推动电视行业高质量创新性发展，呈现电视行业的未来与价值。

11 月 25 日 中国出版创新发展 · 首届全国出版学院论坛在四川省成都市举行。该论坛以“新征程 新使命 新作为”为主题，采用线上线下同步的方式展开，由四川省委宣传部、四川大学指导，中国新闻出版传媒集团、四川新华出版发行集团主办，四川大学出版学院、《中国出版》杂志、新华文轩出版传媒股份有限公司承办。该论坛会聚政产学研用专家学者代表共议出版学科建设与产学研深度融合，首批出版学科共建单位负责同志、全国出版专家学者代表围绕出版政产学研用协创与共同体建设展开交流。

11 月 28 日 衢州市新闻传媒中心、衢州传媒集团正式挂牌成立，三衢客户端正式上线运行。衢州是浙江启动新一轮市级媒体融合后首个成立融媒体中心的设区市。新成立的衢州市新闻传媒中心、衢州传媒集团，是一家集报纸、广播、电视、网站和各类新媒体于一体的综合性市级主流新闻单位。

12 月

12 月 8 日 从即日起，中国政府网联合人民网、新华网、中国日报网、光明网等 23 家网络平台，以及各地区、相关部门政府网站开展 2023“我向总理说句话”网民建言征集活动，听取网民对政府工作的意见建议，推动公共政策进一步完善。活动将持续到 2023 年全国“两会”。这是连续第九年围绕《政府工作报告》开展网民建言征集活动。该活动设“构建高水平社会主义市场经济体制”“市场主体和营商环境”“教育和人才”“科技与创新”“全面推进乡村振兴”“实施就业优先战略”“健全社会保障体系”“推进健康中国建设”等 14 类话题。网民可登录中国政府网，国务院 APP，国务院客户端微信、百度、支付宝小程序，以及各相关网站和平台留言。部分有较高参考价值的建言将报送《政府工作报告》起草组，并转有关地方和部门研究处理。

12 月 19 日 第四届中国出版业知识服务大会暨中国音像与数字出版协会知识服务工作委员会 2022 年年会以线上形式召开。该会议由中国新闻出版研究院、中国音像与数字出版协会主办。国家知识服务平台 3.0 版本在会上发布，该平台是中国新闻出版研究院国家知识资源服务中心为出版业提供的一个由政府主导的第三方公益服务平台，目前已对接了 32 家出版单位的 40 个专业知识库，涵盖了交通、卫生、法律、建筑等诸多领域。

12 月 21 日 由中国图书进出口（集团）有限公司打造的首个阅读元宇宙——图壤在北京市发布。图壤 · 阅读元宇宙是以 5G 新阅读内容为核心，基于人工智能、虚拟数字人等关键技术，并适配全球主流 CAVE、VR、MR 等各类终端，通过聚合文化出版产业上下游资源，为出版文化行业提供基于互动内容开发、虚拟场景建设与数字品牌推广的深度合成技术综合解决方案。图壤 · 阅读元宇宙依托出版 IP 与地方特色文化，打造以优质 IP 为核心的出版产业链，构建可持续的融合出版数字经济新模式，科技创新文化传承与传播，搭建可持续发展的数字文化 IP 新业态，并打通线上线下入口，链接读者与用户，形成数字出版新产品、新服务、新模式。

12 月 22 日 甘肃省酒泉市融媒体中心正式挂牌。这标志着甘肃省除兰州市以外的 13 个市（州）融媒体中心已全部完成机构整合并挂牌成立。同时，这也是甘肃省在加快推进媒体深度融合发展中，继创出县级融媒体中心建设“甘肃经验”后，市级融媒体中心建设再次走在了全国前列。

12 月 26 日 中国青年报社全媒体平台推出“陪你慢慢变好 · 迎春到”跨年可视化联播活动，邀请年轻朋友在云端共同迎接 2023 年。该活动由中央网信办网络传播局、共青团中央宣传部指导，《中国青年报》、中国青年网主办，中青在线协办。连续 12 天（至 2023 年 1 月 6 日止）的跨年联播、直播，以及与之相呼应的传统纸媒形态的图文报道、评论，新媒体形态的 H5、MV、小程序，新文化业态的“青春元宇宙”融合传播，旨在记录不同行业年轻人的故事，关照和关爱他们的身心健康和成长成才，同时探索云端思政课堂新模式，做好党的二十大精神的青年化阐释。

12月27日 甘肃省兰州新区融媒体中心正式揭牌，由甘肃日报报业集团与兰州新区国有企业科文旅集团合资成立的兰州新区云上融媒体发展有限责任公司同步揭牌。这标志着兰州新区媒体融合发展迈出了关键性一步，正式开启了媒体传播从“相加”走向“相融”的新征程。

12月29日 由中宣部出版局、版权管理局指导，中国新闻出版研究院、深圳出版集团有限公司主办的“2022数字出版高端论坛”在广东省深圳市举办。该论坛是第十八届中国（深圳）国际文化产业博览交易会媒体融合·新闻出版展区的配套论坛，以“融合驱动 创新服务”为主题，出版业界、学界代表通过线上线下相结合的方式，探讨出版深度融合发展，共议建设出版强国之路。

12月30日 人民日报视频客户端“视界”正式上线。“视界”以《人民日报》新媒体资源为依托，坚持主流价值引领，汇聚优质视频，积极探索建立新闻＋政务服务运营模式，在视听呈现上，创新应用秒播、8K、人工智能等新技术，满足用户多元需求。

▲ “渝见未来·共赢2023——《重庆晚报》轨道上线暨百万轨道族最喜爱品牌盛典”在轨道交通沙坪坝枢纽站换乘大厅隆重举办。2023年1月3日，《重庆晚报》正式在重庆轨道全线网发行，将实现“媒体＋资源”融合创新，成为集报纸、新媒体、轨道语音、轨道视频、主题列车、大平面广告等于一体的“枢纽型轨道融媒体服务平台”，每天可形成约1000万＋的传播流量。

▲ 河南省南阳市全媒体中心揭牌成立。南阳市全媒体中心与南阳日报社合署办公，承担着宣传党的理论和路线方针政策，把握正确舆论导向，推进媒体深度融合发展，壮大主流舆论阵地的重要职责。该中心目前已经建成“诸葛云”全媒体指挥平台，分为全媒指挥调度区、全媒体办公区、“学习强国”南阳学习平台专区、虚拟演播厅、智能会议室等，以“诸葛云”全媒体指挥平台为枢纽，实现媒体指挥一体化、内容生产智能化、技术服务开源化，形成“一次采集、多元生成、多平台传播、数据共享”的融合传播格局。

2023年

1月

1月2日 北京市通州区融媒体中心推出“通州融媒5G消息”正式上线。该平台将借助5G消息的强触达能力，为公众提供直通重大活动的5G消息服务。首条5G消息分别为参加通州区“两会”的人大代表、政协委员推送了参会指南，代表、委员通过点击相关链接就可便捷地获悉会议日程安排。

1月7日 呼和浩特市融媒体中心揭牌仪式在内蒙古呼和浩特市举行。2022年4月，呼和浩特市入选全国市级融媒体中心建设试点城市。呼和浩特市融媒体中心整合呼和浩特日报社、呼和浩特广播电视台、呼和浩特新闻网组建，将市属媒体版面、频率、频道及网站、客户端、媒体号整合为“青橙融媒”全媒体传播矩阵，全面推动媒体转型升级，打造新型传播平台。该中心将通过全链条策划、全流程管理，实现信息内容、技术应用、平台终端、管理手段共融共通，形成一次采集、多次生成、多元发布的全媒体传播格局。

▲ 由广东新华发行集团打造的广东新华直播基地在广东省广州市琶洲举行开业典礼。该直播基地设有9个直播间、1个综合性拍摄间，是广东新华发行集团投资设立的广东新荷传媒有限公司在新媒体营销方面的又一重要战略性举措。新荷传媒运营的“广东新华严选”在抖音平台多项榜单中名列前茅。

1月9日 新华社出品的系列微纪录片《中国女记者》上线。这是一次向社会讲述女记者背后的故事、真实呈现女记者群体形象的有益探索。该微纪录片第一季共5集，分别讲述了新华社陈芳、北京广播电视台颜葵、人民日报社陆娅楠、中央广播电视总台洪玫、中国自然资源报社焦思颖5位记者忠实履职、勇于担当的经历，故事既有温度也有硬度。

▲《农民日报》推出的大型视频栏目《农业强国说》在《农民日报》官网、APP、微信公众号、微博、视频号等多个平台同步上线。该栏目将持续关注农业强国建设相关话题，持续更新推出系列视频产品，努力为加快建设农业强国营造良好舆论氛围。

▲ 新余市融媒体中心揭牌仪式举行。该中心由新余日报社、新余市广播电视台组合而成，将整合报纸、广播、电视、网络及“两微一端”等各类宣传文化传媒资源，坚持传统媒体和新兴媒体一体化发展，建立以内容生产供给侧结构性改革为重点、先进技术为引领、创新管理为保障的全媒体传播体系，实现信息内容、技术应用、平台终端、管理手段共融互通。

▲ 嘉兴市新闻传媒中心（传媒集团）举行挂牌仪式。新成立的嘉兴市新闻传媒中心（传媒集团）将立足红船

旁主流媒体的使命担当，充分整合报纸、广播、电视、新媒体等各大平台，形成更有力的采编力量、更多元的产品结构、更广阔的传播平台，突出有思想、有品质、有特色的内容追求，以新闻的力量高水平服务嘉兴对标“两个先行”、奋进“两个率先”的新征程。同时，中心（集团）将打造全新的读嘉新闻客户端，建设集策、采、编、发、评为一体的智慧融媒数据中台，充分发挥全媒体生产传播的优势，持续完善多路输入、多元生产、多端发布的融媒体传播格局，合力形成更具传播力、引导力、影响力和公信力的全媒体传播矩阵。

1月10日 昆明市图书馆与海航航空旗下云南祥鹏航空有限责任公司签约，整合双方资源合作建立昆明市图书馆特色分馆——祥鹏“云端”分馆。这是全国第一家直接建在飞机上的图书馆。昆明市图书馆祥鹏“云端”分馆是“航空＋文旅”产业深度融合新的探索与尝试，让乘客们亲身体验到“心读万卷书”与“身行万里路”的舒适与浪漫，实现了昆明市优质公共文化资源的破界、跨界、闯世界。祥鹏“云端”分馆遵循全开放、公益性的服务原则并实行动态管理，通过收集读者的阅读需求、及时对阅读流量进行分析，有针对性地对图书进行流转和配送，丰富和满足机上乘客的不同阅读需求。

▲ 青海省海东市互助土族自治县广播电视局举行融媒体中心全媒体直播车交车仪式，这标志着青海省县级融媒体中心第一辆真正意义上的4K超高清全媒体直播车正式投入使用。该直播车能够满足时政类、综艺类、简单体育赛事类等节目的现场直播和节目录制；可以实现4K节目制作、4K超高清与高清同播；采用5G技术实现和应急广播平台对接等多种功能。

1月11日 中央广播电视总台央视频与青岛城市传媒联合出品的《奇妙中国》，每日19:55在CCTV-9播出，至20日止，在央视频、央视网全网首播。青岛城市传媒由青岛出版集团控股，是山东省首家在主板上市的文化传媒企业。作为讲述中国工程与科学成就的人文科学类纪实系列短视频，《奇妙中国》创意融合微观影像呈现童话视角、CG动画重现科技原理、微缩模型展现科技细节，用工业美学的方式雕刻出科技美感，同时契合影像风格的旁白和音乐元素，进一步烘托出童话奇幻的氛围。该系列短视频让深奥的科学变得生动、鲜活、有趣。节目如同一张张“小而美”的中国科技名片，展现其中蕴含的中国智慧、中国力量和中国精神。

1月13日 由央广网“大时代”系列主题报道结集出版的《大时代》视频书在北京市首发。该系列报道用40篇逾16万字通讯、470多张图片、4800秒视频、9000多秒音频，立体呈现各地的变革性实践、突破性进展、标志性成果。报道上线后，获得全国700多家重点新闻网站、商业平台首页首屏推荐，“学习强国”学习平台建专题首页推荐，全网触达超30亿人次。

1月18日 由浙江省委宣传部指导，浙江日报报业集团、浙江广播电视集团、浙江出版联合集团、浙江省文化产业投资集团四大省属文化集团共同发起的传播大脑科技公司在浙江省杭州市揭牌成立。传播大脑科技公司有效整合四大省属文化集团数据、技术、运营等资源，探索智能时代“传媒＋科技”的前沿发展战略，建立全省“横向到边、纵向到底”的传播体系。其目标是打造引领媒体变革的技术集成中心、数据交互中台、融合传播中枢，以移动互联网新思维新技术，赋能媒体深度融合发展。传播大脑将以浙江省内媒体技术统一支撑平台的形式，推进“天目云”和“新蓝云”两云合并，构建省市县媒体融合“一朵云一张网”，同时发力新兴技术的创造性融合，聚焦媒体融合、数字文化等领域，逐步建立省域媒体全场景智能传播能力体系。

1月29日 由浙江人民出版社出版、微信公众号“浙江宣传”署名作者之江轩编著的新书《与时代肝胆相照》正式面世。同时推出电子书和音频书。该书收录了“浙江宣传”自2022年9月7日至12月31日推送的245篇原创文章，分为上中下3册，内容涵盖时事评论、理论解读、行业观察、人文历史、档案解密等多个领域，语言生动、观点独到、紧跟时事，直面热点、解剖难点、亮出观点的鲜明风格。

1月30日 澎湃新闻专攻气候变化的电子月刊《临界点》1月刊正式上线。该电子刊物每月定期刊发，内容包括报道全球各地当月最重要的极端天气气候事件资讯，介绍最新气候科学研究成果和气候活动，对权威气候专业人士的专访，解读国际气候治理谈判进程，讲述受到气候影响的个体故事，以及探索应对气候危机的适应之道和解决办法。

2月

2月1日 由来宾日报社和来宾市广播电视台两家市属媒体整合组建的来宾市融媒体中心正式揭牌成立，“来宾融媒”APP同步上线。该中心将在办好原有的《来宾日报》和来宾广播电视台的基础上，重点建设“来宾融媒”手机客户端。“来宾融媒”APP通过整合组织、宣传、党校、教育等公共文化资源，为机关企事业单位提供网上党建、志愿服务、新闻策划、品牌包装等外包服务。

2月5日 江苏省昆山市融媒体中心推出全国县级融媒体中心首个3D超写实AI数字人主播——“昆小融”，为广大受众带来突破次元壁的智能新体验。“昆小融”由AI超写实数字人建模、多模态识别及生成、实时面部动作生成及驱动等多项人工智能前沿技术打造而成，是一位超高清、智能化的3D超写实数字人，外形既具有江南女子样貌特征，又符合媒体主持人和记者形象，性格活泼开朗、阳光自信、亲和力强。“昆小融”入职后将担任昆山首档全媒体“元宇宙”栏目主播，为观众介绍数字经济及元宇宙知识、发布元宇宙产业大会等信息。

未来，她将打破虚拟与现实的边界，参与活动主持、公益活动、元宇宙综艺等，为媒体融合发展探索无限可能。

2月6日 厦门理工学院、福建未来媒体智库、社会科学文献出版社等联合发布《未来媒体蓝皮书：中国未来媒体研究报告（2022）》。该书呈现2021—2022年我国未来媒体在新型基础设施建设、媒体深度融合、新兴业态、网络监管等方面的发展热点，探讨未来媒体发展面临的机遇与挑战。

▲ 甘肃广电融媒体中心在甘肃省兰州市挂牌成立。其标志着甘肃省广播电视总台为加快媒体深度融合的“主引擎”按下了启动键，也标志着全省广播电视系统的媒体融合进入一个崭新的阶段。甘肃广电融媒体将以内容建设为根本、先进技术为支撑、创新管理为保障，旨在打造更为集约高效的全媒体传播体系。

2月7日 由中国记协新媒体专业委员会指导、北京师范大学中国公益研究院提供学术支持、阿里巴巴公益提供支持的“中国新媒体公益研修班”在北京市开班。该研修班为期4天，推进“媒介＋公益”深度融合，以“凝聚向善力量，助力乡村振兴”为主题，围绕思想性、专业性、行动性、发展性特色开展授课，来自39家中央及在京媒体代表参加，邀请来自北京大学、中国社会科学院、北京师范大学等媒体公益方面的专家开设专题讲座、互动交流等活动，组织学员进行公益创投、公益路演等。

2月8日 由国家图书馆、北京大学数字人文研究中心等单位研发的《永乐大典》高清影像数据库及《国家珍贵古籍名录》知识库在国家图书馆正式发布上线。该发布会由国家图书馆（国家古籍保护中心）、北京大学主办。《永乐大典》高清影像数据库和《国家珍贵古籍名录》知识库，是国家古籍数字化工程首批26个重点项目中的代表性成果。《永乐大典》高清影像数据库项目的第一辑收录了国家图书馆藏《永乐大典》40册、75卷的内容，共涉及14个韵部、17个韵字、1800部书，除呈现《永乐大典》高精图像、整体风貌及相关知识外，还尝试对部分大典内容做了知识标引示范。《国家珍贵古籍名录》知识库包含了已批准公布的六批《国家珍贵古籍名录》，还收录了大量书影图像、说明文字内容。

2月9日 《福建日报》新福建客户端青春版试上线。青春版是新福建客户端全新打造的年轻态“新闻＋服务”平台，面向广大青年用户，展现福建主流媒体的“青春面貌”。新福建客户端经典版与青春版采用双UI设计，用户只需下载一个APP，即可实现两个版本之间的“一键转换”。青春版采用青年人喜爱的卡片式设计，让图片、视频先行，用户可根据简单易读的摘要，快速判断并获取自己感兴趣的内容，并随时进行评论和分享。青春版除了提供青年专属的资讯，还有美食探店、可爱萌宠等板块，推出针对青年群体的“青春服务”，汇集招聘信息查询、登记求职等便捷服务功能。

2月10日 人民文学出版社在新浪微博直播间举办2023年的第一场魔法主题活动。由人民文学出版社出版的《神奇的魁地奇球》（全彩绘本）、《神奇动物在哪里》（全彩绘本）线上与全国“哈迷”见面。长达2小时40分钟的活动在微博平台直播、搜狐同步转播，获得了超130万粉丝的热烈响应，话题热度持续飙升。

2月14日 长兴县融媒体中心正式宣布成为百度“文心一言”（英文名：ERNIE Bot）首批先行体验官，是全国首个接入“文心一言”的市县媒体。中心旗下“掌心长兴”客户端将率先体验“文心一言”的全面能力，并将其结合应用到媒体领域中去，引领对话式语言模型技术在县级融媒体中心场景的首次着陆，从而打造内容生态人工智能融媒体产品，推动融媒体中心从融合媒体向智合媒体跃升。

2月16日 第十二届中国数字出版博览会在北京首钢园开幕。本届数博会贯彻落实党的二十大精神，以“再出发 创未来”为主题，通过报告发布、展览展示、集中采选、论坛会议、推介洽谈等活动，集中呈现融合发展新进展新成效，推动出版行业加强主题内容数字化传播，持续打造数字出版精品，坚定不移走融合发展之路，助力文化强国、出版强国建设。本届数博会设置了主题出版融合创新、古籍数字化、数字教育、专业出版内容服务、数字文化等多个展区，以及部分省（区、市）出版集团、出版单位展示区，吸引了包括传统出版单位、数字技术服务企业、数字传播企业、渠道服务商、高校、科研院校等多个方面的展商，较为全面地展示了数字出版产业发展的新进展新风貌。大会论坛活动丰富，主论坛分为数字产业高质量发展、数字出版新发展格局、报刊融合创新发展三大板块。此外，还设置了数字教育与出版高质量发展论坛、数字资源采购平台品控沙龙等多个专注不同领域的主题论坛。

▲ 中国新闻出版研究院《2021—2022中国数字出版产业发展年度报告》发布。该报告显示，2021年我国的数字出版产业整体规模全年达到12762.64亿元，比上年增加8.33%。同时提出了未来数字出版产业发展的八大新趋势：意识形态主阵地地位更加凸显；出版深度融合发展布局趋于完整；数字教育生态格局面临重塑；加强数字内容风控成为行业共识；出版科技创新支撑体系加快构建；数据对产业的赋能作用日益提升；数字内容产业多个领域迎来发展拐点；元宇宙将为数字内容产业开拓新空间。

2月18日 由中共浙江省委宣传部指导，浙江日报报业集团主导打造的重大新闻传播平台启动、潮新闻客户端上线。重大新闻传播平台旨在打造具有鲜明新时代味、人文味、浙江味的新媒体平台。潮新闻客户端重点突出“直面热点、解剖难点、亮出观点”的“三点新闻”，“全国热点发出浙江声音，浙江热点引导全国舆论”；设有“推荐”“看浙江”“视频”“亚运”“潮客”等丰富的频道。它以原创生产+PGC、UGC、OGC为主要方式，将构建一个“视频 + 图文”全类型内容生态，形成一个覆盖全网、触达更广泛用户的新媒体传播体系。

▲ 粤港澳大湾区国际传播论坛暨大湾区（南沙）国际传播中心启动仪式在广东省广州市南沙举行。该中心首期面积约 1500 平方米，内设新闻发布厅、专访室、直播室、会议室、常驻记者办公室、共享办公区域等功能空间，将在服务媒体内容生产、凝聚媒体主流价值、发挥媒体专业特长上持续发力。新华社等 32 家国内外主流媒体首批入驻，粤港澳大湾区国际传播研究院、南方舆情数据研究院等平台也将入驻该中心，共同构建起协同联动、高效运转的国际传播媒体矩阵。

2 月 22 日　“强技术 促精品”融媒有技系列活动（南京站）举行。该活动由中国记协新媒体专业委员会指导，中国记协新闻培训中心与江苏省记协新媒体专业委员会、新华报业传媒集团共同举办，新华报业传媒集团技术装备部、新华日报大数据有限公司承办。来自新闻业界学界、商业平台和科技公司的嘉宾会聚一堂，共商新技术助力媒体深融发展大计。

▲ 由金盾出版社主办的融合创新项目“金盾小慧郎国潮乐园”专题推介会在北京市举行。“金盾小慧郎国潮乐园”是以“阅国潮、越快乐”为品牌理念，在实体书店中建设针对 3—12 岁少年儿童，推广以中国传统文化为主题、以新国潮为风格、以自主研发的多种益智及 VR 游戏为载体，以植入儿童图书和文创产品为创新点的线下沉浸式文创主题乐园。项目在培养动手能力的同时，更注重加深少年儿童对中国传统文化的认识和理解。目前，该“乐园”包含“非遗”皮影、古法造纸、大宋印刷、陶艺、盐雕等“12+N”个游乐场项目、国学课堂，以及 48 个训练营。

2 月 23 日　国家新闻出版署印发《关于实施 2023 年出版业科技与标准创新示范项目的通知》，面向全国出版单位以及与出版工作相关的科研机构、高等院校、技术企业，新闻出版领域标准化技术委员会，以及国家新闻出版署确定的出版业科技与标准重点实验室，推荐评选 10—20 项科技与标准研发方面的创新成果，10—20 家科技与标准应用方面的示范单位。申报项目分为创新成果和示范单位两个类别。根据申报办法，创新成果分为科技创新成果和标准创新成果。科技创新成果应为跟踪信息技术发展趋势，利用 5G、大数据、云计算、人工智能、区块链、物联网、虚拟现实、数字孪生等技术，在出版业内容生产、排版装帧、印刷发行、数字内容资源管理、版权保护等领域取得的创新成果。标准创新成果应为围绕出版业发展关键领域、关键环节，重点关注有利于促进行业数字化转型和融合发展，有利于打通行业壁垒、突破技术瓶颈的重要标准。

▲ 第十二届数字出版博览会“数字出版与元宇宙产业发展”研讨会在北京市召开。研讨会由中国新闻出版传媒集团主办，人民卫生出版集团协办。与会嘉宾分别结合数字出版转型升级、融合出版与国际传播等主题作了发言。圆桌论坛阶段围绕“元宇宙生态下的新型融合出版”“元宇宙产业中的新技术和成果应用”等内容展开，多位专家学者参与研讨。

2 月 24 日　由中国言实出版社出版的融媒书《功勋张富清》在北京市发布。该书是一部向广大读者介绍“共和国勋章”获得者、全国优秀共产党员张富清传奇人生的融媒书，也是一部思想性、艺术性、知识性、史料性、可读性俱佳的精品力作。全书通过诸多媒体报道以及重要历史时期现场图片（视频资料）、影视舞台剧照、各艺术作品的精彩片段（附部分原创作品）等，向读者展示了张富清老英雄被发现的来龙去脉以及他的生平事迹，以期致敬老英雄、怀念老英雄、追思老英雄。10 余名专家学者高度评价了《功勋张富清》的出版价值。

2 月 25 日　以“推进纸电融合 打造优质馆藏”为主题的 2023 全国馆社高层论坛在北京市举办。该论坛由北京图书订货会组委会、中国出版集团有限公司、新华书店总店有限公司主办，论坛旨在为出版发行、图书馆界融合发展搭建合作交流平台，切实推动馆配行业高质量发展。

▲ 广东省出版集团与北京师范大学在北京市召开“数字出版研究院共建工作座谈会”。会议认为，建强出版学科是建设出版强国、培养高层次出版人才、加强出版科学研究的迫切需要，双方将认真落实中宣部出版学科共建工作部署，按照广东省委宣传部与北京师范大学学科共建协议要求，锚定目标，发挥各自优势，深化交流合作，推进重点项目，扎扎实实推进数字出版研究院建设，助推我国出版业高质量发展。

▲ 2023 第三届全国县级融媒体中心能力建设年会在山东省青岛市崂山区举行。该活动由中国广播电视社会组织联合会、中国报业协会、中国新闻文化促进会、中国行业报协会、国家广播电视总局发展研究中心、中国新闻出版研究院指导，中国新闻出版研究院传媒研究所、中共青岛市崂山区委、青岛市崂山区人民政府主办。来自全国各地的传媒界人士齐聚一堂，以“学习贯彻党的二十大精神 推动县级融媒体中心建成新型主力军”为主题，就做强新型主流媒体，建强用好县级融媒体中心等内容碰撞思想、分享智慧，共同探讨县级融媒体未来发展方向。该活动举办“融媒体中心与建党精神传播”“融媒体中心与中国式现代化”和“融媒体中心与新科技应用”三个专题论坛。发布了《全国县级融媒体中心能力建设研究报告 (2022—2023)》，报告对县级融媒体中心建设发展的基本情况、亮点特色、面临的挑战进行了总结和梳理，并提出县级融媒体中心进一步建设发展的建议与对策。

3 月

3 月 1 日　国家新闻出版署印发《关于组织实施 2023

年度出版融合发展工程的通知》。该年度出版融合发展工程着重深入实施数字出版精品遴选推荐计划和出版融合发展示范单位遴选推荐计划。该年度数字出版精品分为重大类项目和特色类项目。经批准设立的具有独立法人资质的图书、期刊、音像电子出版单位和网络出版服务单位，以及从事数字阅读、数字内容服务相关业务的单位和机构均可申报。遴选范围涵盖主题出版、大众出版、专业及学术出版、教育出版、少儿阅读服务等类别数字出版项目，以及其他对出版融合发展有积极影响和创新价值的内容产品或服务项目。

▲ 人民网·人民数据与北京师范大学新闻传播学院在人民日报社新媒体大厦举行战略合作签约仪式。双方就数字媒体领域中的创新数字人才培养方面开展深层次的合作，还将在舆情监测、融媒体中心建设、直播电商、国际传播等领域开展交流合作，以研讨会、沙龙、论坛等多元方式促进数字媒体领域产业健康发展。

3月3日　人民网以“开局起步 团结奋斗”为主题，推出2023年全国“两会”大型融媒体报道专题上线。人民网首页推出2023年全国“两会”报道专区，同时还推出“习近平的‘两会’时间”专区。专题设有“两会”要闻、“两会”直播、代表委员之声、“两会”访谈、特别策划、全媒交互等10余个板块，紧跟“两会”进程，聚焦主题主线，关注代表委员履职，设置5种少数民族语言和12种外文版本在国内外同步传播，通过图文、音频、视频、直播、访谈等多种形式呈现全国“两会”全景，人民网微博、微信、抖音账号、“人民网+”客户端等媒体矩阵全程报道，全媒体、多终端展示全国“两会”盛况。

3月5日　第十四届全国人民代表大会第一次会议在人民大会堂举行开幕会，“扎实推进媒体深度融合”首次写入政府工作报告。政府工作报告中指出，扎实推进媒体深度融合。提升国际传播效能。加强和创新互联网内容建设。

▲ “永不磨灭的信仰——主题网络电影展映”活动启动。北京卫视晚间黄金时段陆续播出《勇士连》《浴血无名川》《特级英雄黄继光》等6部优秀网络电影，这是网络电影首次登陆电视频道。此次网络电影精品集中亮相卫视的“跨界”创新，意义深远。

3月10日　甘肃省庆阳市举行6个市级新时代文明实践示范基地、庆阳市短视频直播孵化基地、庆阳市融媒联盟揭牌授牌仪式。打造“两基地一联盟”是庆阳市两家市级主流新闻媒体融合之后，全面转型发展的一次新尝试，开辟了市、县（区）融媒体中心同频共振、抱团发展的新路径。

3月15日　重庆瞭望微信公众号正式上线。该公众号由重庆日报报业集团主管、《重庆日报》主办，旨在立足重庆、瞭望天下，围绕政经大事、解读发展大势、抒写民生期盼，发出主流强音、引导网上舆论。

3月19日　广西日报社广西云数字媒体集团揭牌，广西云客户端5.0版本、广西新闻网新版首页同步上线。全新的广西云平台，在目标定位上，深耕广西、解读中国、连接东盟；在战略考量上，移动优先、内容为王、主动融合，打造舆论引领者；在传播方式上，团结全区网络媒体力量，共融发展，做好党政企融媒体大联播，提升主流舆论的战斗力、凝聚力、变革力；在技术创新上，借助精准的党媒算法，实现数字化融合实力，更精准触达用户，全面实现新闻信息增量、政务服务质量升级、用户交互体验提升，让用户通过“一个入口”即可读懂广西、看见未来。

3月24日　广东省佛山市新闻传媒中心（佛山传媒集团有限责任公司）举行挂牌仪式。该中心全面落实顶层设计，整合原佛山传媒集团、佛山日报社、佛山人民广播电台、佛山电视台、珠江时报社、珠江商报社和市内其他国有媒体资源，实行“两块牌子，一套人马”的一体化运作，重塑全媒体组织形态和管理架构。立足“横跨全媒体、纵跨市区镇”的媒体特色，佛山市新闻传媒中心持续将媒体改革向深水区、向新蓝海推进，努力当好融媒改革排头兵，再造市、区一体的“全市域、全媒体”传播新格局，全域提升主流媒体集团的传播力、影响力。

3月30日　中国地市媒体融合发展大会暨“全国百家党媒看柳州”活动在广西柳州市举行。该活动由中国记协指导，中国地市报研究会、中共柳州市委宣传部主办，中共柳州市委外宣办（柳州市政府新闻办）、柳州市融媒体中心承办。以“汇聚奋进力量 共谱时代华章”为主题，深入学习贯彻党的二十大精神，扎实推进媒体深度融合发展。来自全国23个省份、120多家媒体代表和互联网传播一线平台专家200余人齐聚一堂，共同交流探讨推进媒体深度融合发展。

▲ 全国首家省级全媒体中心——黑龙江省全媒体中心揭牌仪式在黑龙江广播电视台举行。黑龙江省委、省政府按照全媒体时代的发展规律和趋势，加快推动媒体深度融合发展，着力加强新型主流媒体建设，巩固壮大主流舆论阵地，依托黑龙江广播电视台，整合东北网和县级融媒体中心省级技术平台，打通省、市、县三级融媒体平台，优化资源配置，在全国率先组建省级全媒体中心。

4月

4月7日　《深圳商报》和“读创”客户端正式推出读创大数据开放平台。该平台是财经信息服务场景的落地应用，也是企业智慧数据服务的一站式平台，共包含数据地图、读创数据工具箱、数据日历、政策解读、企业榜单、深企总览等六大板块。“数据地图”板块引入天眼查等国内头部企业服务商，通过大数据采集和存储技术，引入数据仓库、运营数据和行为数据等大数据工具，实时更新行业数据、产业数据、企业数据，以可视化、场景化形式展示深圳及各区企业分布情况。“读创数据工具箱”板块包含公司数据、法人数据、数据接口、数据定制 4 项功能，其中“数据定制”功能可实现定制读创数据并下载，实现用户“所想即所得”的精准服务。“数据日历”板块汇集了最新最全财经资讯、分门别类政策性资讯、行业发展资讯和企业工商事务服务资讯，逐步形成企业价值资讯产业链。“政策解读”板块，企业可根据发展环境、人才政策、创业扶持、科技创新等关键词智能匹配政策，实现一键智能申报。“企业榜单”板块汇集了深圳行业领袖企业 100 强（2019—2022 年 4 年榜单），有利于用户掌握深圳头部企业榜单。“深企总览”板块贴近深圳本土，用户可按照“批发与零售业”“租赁和商务服务业”“住宿和餐饮业”等分类，查找深圳不同行业企业信息。

4 月 10 日 由中宣部出版局主办、江苏省委宣传部承办、江苏凤凰出版传媒集团协办的“2023 出版融合发展经验交流会暨专题研讨班”在江苏省南京市举办。该研讨班为期 5 天，邀请有关管理部门、数字出版企业、研究机构、高校、行业协会相关负责人开展经验交流与专题辅导，由 10 家出版单位就数字出版精品项目与优质平台进行案例分享。研讨班还将安排现场教学、主题教育活动等环节。

▲ 云南省普洱市融媒体中心正式揭牌成立，“景迈山”新闻客户端正式上线运营。普洱市融媒体中心是普洱日报社、普洱广播电视台和《普洱》杂志社的改革融合，是推动普洱媒体融合向纵深发展的重大成果。该中心坚持导向为魂、移动为先、内容为王、创新为要，整合“报、刊、台、网、微、号、端、屏”八大平台，实现“思想、机构、平台、队伍、机制、技术、资源、营销”八大融合，推动主力军全面挺进主战场，让“正能量”产生“大流量”，让“好声音”成为“最强音”。“景迈山”新闻客户端整合“掌上普洱”“普洱广播电视台”新闻客户端，依靠“内容驱动 + 数据赋能 + 场景匹配”，构建“新闻 + 政务服务商务”运营模式，设置有新闻、政务、直播、电子报、视听端等频道和栏目，推动人员技术集聚化、媒体业态集成化、新闻生产集群化，打造上通中央和省级媒体平台、下连 10 个县级融媒体中心，功能互补、功率强大、功效倍增的融媒体传播矩阵。

4 月 12 日 “推进媒体深度融合 共创主流舆论新格局”媒体融合创新发展研讨会在北京市召开。该研讨会由中国传媒大学媒体融合与传播国家重点实验室主办，中国传媒大学中国网络视频研究中心承办。相关高校、视听平台、主流媒体的专家学者和业界代表围绕媒体融合发展趋势、视听新媒体平台特性、融媒创新典型案例等议题展开深度探讨。

4 月 13 日 由中国新闻技术工作者联合会、广西云数字媒体集团主办的“数字中国”下的媒体新机遇——“王选新闻科学技术奖”获奖案例分享会暨媒体融合创新发展研讨会在广西南宁市举行。同时，中国新闻技术工作者联合会 AIGC 应用研究中心（广西实验室）正式成立，这是国内首个全国性的媒体类 AIGC 研究机构。该研究中心将助力主流媒体提升核心竞争力，推动全媒体传播体系建设，增加 AIGC 自动化生产的安全性、可信性、优质性，从而提高人机协作能力，提升内容生产效率。推动媒体机构打造“智能感知设备 +AIGC 内容生产 + AIGC 效益评估”等新技术应用，构建内容生产自动化的新型智能媒体，研究中心后续将持续在 AIGC+ 信息采集、AIGC+ 数字人、AIGC+ 元宇宙、AIGC+ 资讯生成、AIGC+ 内容分发、AIGC+ 内容审核、AIGC+ 效益评估等方面进行应用创新及研究。

4 月 17 日 成都市广播电视台新媒体中心正式成立，打造的新型主流视听新媒体头部平台“看度新闻”V23 版全新上线。该台从“平台渠道”“组织架构”“生产方式”“队伍建设”等立体维度全新组建新媒体中心，构建以“看度新闻”为核心平台的新媒体传播体系，切实肩负起新型主流媒体责任。全新改版的“看度新闻”将全方位强化广电媒体在长、中、短、微视频和网络直播的优势，重点打造重大新闻现场直播、24 小时实时直播、优秀栏目移动直播、文化大咖 IP 等类直播系列。

4 月 20 日 2023 期刊深度融合创新前沿（春季）峰会暨中国新闻出版深度融合发展年鉴论坛（期刊专场）在湖北省武汉市成功举办。该峰会暨论坛是由大方智库（北京）信息技术研究院（《中国新闻出版深度融合发展年鉴》编辑部）主办，国家新闻出版署出版融合发展（武汉）重点实验室、湖北中图长江文化传媒有限公司、湖北报刊编辑经营服务有限公司等单位协办，中国社会科学院大学新媒体研究中心和武汉大学数字出版研究所联合学术支持，以“后疫情时代复苏、创新与深度融合”为主题，通过主题分享和圆桌论坛两种形式，10 位数字出版融合专家及期刊业界经验丰富的负责人解读国家相关政策、解析国内外期刊传播新业态，围绕本单位在深度融合创新方面的新实践新经验展开深入探讨，分享思想、交流经验。

▲ “学习强国”佳县融媒号上线启动仪式成功举办。该融媒号是榆林市首家获批的“学习强国”县级融媒号，将开设《县域动态》《人文佳县》《魅力佳县》三个栏目，全面展示佳县在基层党建、乡村振兴、文明实践、红色文化、生态文明等方面所取得的重要成果，是讲好佳县故事、传播佳县声音的新平台、新窗口、新阵地。

4 月 21 日 由安徽日报报业集团重磅推出的“安徽媒资版权云”平台正式上线。该平台将依托大数据、云计算、人工智能等前沿技术，提供全天候的数字版权确权、监测、取证、维权、交易等一站式版权服务，助力媒体版权保护与版权价值变现、建立健康版权生态。平台具有高并发的数据处理能力、新闻搜索海量大数据优势、精准高效的图片识别检索能力以及专业的数据挖掘、清洗、分析能力。

▲ 由中央学习贯彻习近平新时代中国特色社会主义思想主题教育领导小组办公室指导，人民网·中国共产党新闻网承办的学习贯彻习近平新时代中国特色社会主义思想主题教育官方网站（http: //ztjy.people.cn）正式上线，官方微信公众号“学习贯彻习近平新时代中国特色社会主义思想主题教育”同步推出。该网站和公众号聚焦党中央关于在全党深入开展学习贯彻习近平新时代中国特色社会主义思想主题教育的重要精神和决策部署，紧紧围绕习近平总书记重要活动和重要讲话宣传阐释，集中展现主题教育进展情况和实际成效，及时反映主题教育中的经验做法和先进典型。官网设置《权威发布》《进展动态》《学习服务》等10余个栏目，为广大党员干部群众跟进学习习近平新时代中国特色社会主义思想，及时了解主题教育开展情况提供权威平台。

▲ 由中国音像与数字出版协会主办的第二届出版融合发展创新论坛在浙江省杭州市举行。该论坛为期两天，以贯彻落实《出版业“十四五”时期发展规划》和《关于推动出版深度融合发展的实施意见》为宗旨，业界人士会聚一堂，共同探讨出版深度融合新路径，共谋出版高质量发展新策略。

4月26日 由中国电信、中国传媒大学新媒体研究院、光明网联合编写的《5G融媒体应用研究报告（2022）》在福建省福州市正式发布。该报告是由中国电信、光明网、中国传媒大学新媒体研究院共同发起成立的5G融媒实验室的一项重要成果，也是5G融媒实验室连续第三年发布相关报告。该报告指出，2022年，技术要素成为推动媒体深度融合的重要构成，各级各类媒体机构运用5G、大数据、人工智能、区块链等新技术，全面驱动传媒向“数智化”演进，媒体的核心能力从单一内容生产层面走向融合数据挖掘与数据可视化的更高层面。

4月27日 重庆首个AIGC创作的新闻产品——“上游新闻AIGC创作中心”上线，由百度智能云提供技术支持。上游新闻和百度智能云的深度融合，旨在推动数字化转型，打造一个全新的上游链媒体平台，重塑内容生态系统，构建一个高效化、智能化的新闻传播体系。

5月

5月6日 以“加强内容建设 推进融合发展”为主题的全国地市媒体内容建设推进会在贵州省黔西南州兴义市举行。该活动由中华全国新闻工作者协会指导，中国地市报研究会、黔西南州委宣传部主办，黔西南州新闻工作者协会、黔西南日报社承办。来自全国各地的80余家媒体代表150余人出席会议。

5月9日 吉林东北亚出版传媒集团与吉视传媒战略合作协议签约仪式在吉林省长春市举行。双方将围绕国家文化数字化发展战略及“数字吉林”建设，整合双方优势资源，围绕“多阅网数字管理平台、出版资源数字化管理平台、三维学习中心、空中英语教室在线音频学习课程”等方向，开展合作项目额度将超过千万元，共同探索出版产业数字化、文化产业数字化发展新方向，建立健全服务对接机制，全面深化开展业务合作。

5月16日 中国日报社与武汉大学国际传播战略合作协议签署仪式在湖北省武汉市举行。根据协议，双方将进一步发挥各自优势，在品牌国际传播、融媒体平台建设、复合型国际化人才培养、智库建设、面向青年学生群体的国传平台建设及国际交流等方面深化合作，携手做好国际传播工作。

▲ 由河南省报业协会主办、南阳日报社承办的第十一届河南报业高层论坛暨全省报业社长（总编）看南阳活动在河南省南阳市举行。该论坛以“智媒 领跑”为主题，旨在深入学习宣传贯彻党的二十大精神，交流研讨河南全省报业发展形势机遇，探索新时代报业高质量发展、现代化发展之路，加强全媒体传播体系建设，塑造主流舆论新格局，促进报业高质量发展。邀请媒体负责人以及业界知名专家学者对“媒体助政”、推动媒体深度融合的观点和经验进行分享和阐释。

▲ 由深圳报业集团、云从科技集团股份有限公司和国家超级计算深圳中心三方合作成立的AIGC（人工智能生成内容）联合实验室在广东省深圳市正式揭牌。该实验室将为三方共同开展基于传媒数字化转型创新场景的研发与应用提供载体和平台，以探索多维立体融媒产品体系，共同推出AIGC传播应用品牌，增强文化、文旅、文娱、文创、文艺及市民服务等增值产品，打造国内首个城市级文化自进化智能体。此外，AIGC联合实验室还将面向数字媒体、数字城市、数字商业、数字安全等领域，致力于提供多语言、跨模态的大数据与人工智能基础平台及解决方案，并开展AIGC技术应用传媒领域的合规监管、风险规避与价值伦理研究。

5月18日 国际博物馆日，闪电新闻联动极光新闻、奔腾融媒、黄河plus、起点新闻、大象新闻、长江云新闻、上游新闻、百姓关注、广西广播电视台都市频道、海南网、触电新闻、江西广播电视台都市频道、中国蓝新闻、荔枝新闻等全国多家主流媒体推出大型直播《时间的答案·博观中国》。15省（自治区、直辖市）形成接力环线，走进全国各地最具历史价值的博物馆，触摸百代秦政、晋魂风采、六朝烟雨、巴渝文脉、海丝文化、华乐重器、汉字之源等中华灿烂文化，探寻中华文明的答案。

5月19日 人民音乐出版社推出的“人音教育钢琴教室”项目运营发布会在北京市举行。该项目在专家教师、合作单位等大力支持下，对人民音乐出版社具有市场优势的优质内容资源进行数字化课程研发，推出软硬件一体化钢琴学习解决方案，提供教学支持、运营支持、品牌保障、区域保护、赛事支持、教材周边等六大支持，赋能一线机构、帮助一线教师。

5月22日 榆林市融媒体共享平台发布暨省级平台接入上线仪式在陕西省榆林传媒中心举行，这也标志着全省首家市级融媒体平台与省级技术平台实现融合互通、正式上线运行。该平台已围绕省市县平台互通共享及资源优势赋能、内容生产发布一体化管理、升级"榆林发布"客户端等5个方面进行了内容建设，实现了陕西省媒体融合省级技术平台对榆林市级融媒体中心在内容、协作、技术、运营方面的数智赋能和综合提升，为全省市级融媒体中心建设探索了深度融合新路径。

6月

6月1日 中国日报社与兰州日报社共建的兰州黄河国际传播中心（LICC）正式揭牌。双方在严格遵守国际传播工作政策要求的基础上，紧密结合兰州国际传播需求，开展具体业务合作，共同提升兰州的海内外影响力。

6月6日 国家新闻出版署公布第三届中国报业深度融合发展创新案例。该评审共遴选出60个创新案例，其中全媒体传播体系建设类18个、内容供给创新类22个、运营服务模式创新类11个、数字技术应用类4个、管理体制机制创新类5个。创新案例反映了我国报业融合发展向纵深推进取得的新进展新成效，具有较强的示范推广价值。国家新闻出版署要求各地区各部门积极宣传推广，组织学习借鉴创新案例经验做法，进一步提升报业深度融合发展的质量和效益，守正创新做大做强报业新型主流媒体，加快塑造主流舆论新格局，巩固壮大奋进新时代的主流思想舆论。

▲ 北京市广播电视局主办的2023年媒体融合创新技术与服务应用征集评选启动。征集评选范围涉及5G、大数据、云计算、物联网、区块链、人工智能、超高清、AR/VR等技术，在媒体融合内容采集、生产、分发、接收、反馈等全链条中的创新应用，以及在媒体与政务、商务、服务融合中的创新应用。重点突出国产化、超高清、智能生产、虚拟现实等技术的应用。项目形态包括但不限于创新技术、应用工具、系统解决方案、集成平台、服务模式等。

6月8日 首届文化强国建设高峰论坛之数字出版前沿技术发展与应用分论坛在广东省深圳市举办。该活动由中宣部出版局主办，中国新闻出版研究院、深圳市委宣传部、北京大学出版研究院承办，深圳出版集团有限公司执行。以"数字出版前沿技术发展与应用"为主题，出版业界、学界代表齐聚一堂，探讨出版深度融合发展，共议建设文化强国、出版强国之路。

6月13日 人民日报微信公众号推出融媒体产品《这两个字，你认识吗？》。该产品借鉴了游戏的表达形式，呈现了青铜器何尊、《四库全书》、《儒藏》、曾侯乙编钟等器物、文献，以及良渚古城遗址公园、雄安新区南阳遗址等中华优秀传统文化的代表，并结合习近平总书记关于文物和文化遗产保护，以及传承发展中华优秀传统文化的重要论述，展现出传承中华民族千年文脉的发展脉络，描绘出一幅气象宏大的盛世修文画卷。

▲ 由河南日报社大河财立方自主开发的财金先生APP正式上线。该APP是大河财立方全力布局技术和数据赛道的重磅产品，与现有的大河财立方APP数据互通、功能互补、发展互联，将打造河南财经大数据平台、河南企业家大数据平台，构建财媒数智服务新样式。

6月15日 由中国图书进出口（集团）有限公司主办，华东师范大学出版学院、北京大学出版研究院、北京印刷学院出版学院、四川大学出版学院联合主办的首届出版与技术创新大会在北京市举行。该活动以"创新、机遇与挑战"为主题，作为第二十九届北京国际图书博览会的重要活动之一，是汇聚中外洞见、引领行业发展、展现未来趋势的重要窗口和平台，也是推动全出版行业切实落实《关于推动出版深度融合发展的实施意见》中提出了要着眼加强前沿技术探索应用、促进成熟技术应用推广、健全科技创新应用体系，充分发挥技术对出版融合发展的支撑作用的典范。

6月16日 顶端新闻举行2023顶端战略品牌升级发布会，将媒体定位从"河南优质资讯集散地"升级为"中国优质资讯集散地"。围绕这一战略品牌升级，同步推出两个旗舰产品：打造"中国顶端创作者MCN"，做大做强传媒经济，增强自我造血能力；启动"一端百面"工程，加速传媒数字化基础平台建设。"中国顶端创作者MCN"即以顶端新闻平台为依托，以顶端优质创作者为主力，通过优质内容营销、品牌全案矩阵营销的智慧型媒体营销方式，打造平台创作者营销生态。"一端百面"工程是一站式智媒孵化、运营、管理平台，可为省、市、县三级媒体生成客户端等智媒产品，通过推进三级主流媒体互联互通，实现全省宣传资源"一张网""一盘棋"，实现省、市、县一体化指挥调度和联动传播，为河南"建设一体化全媒体传播体系"提供技术支持和平台保障。

6月23日 中国（上海）广播电视媒体融合发展创新中心授牌仪式在上海广播电视台举行。该创新中心由上海市广播电视局统筹指导，以上海广播电视台、上海文广集团为依托单位，以26家科研院所、高校、企业以及上海16个区级融媒体中心为共建单位，汇聚了上海产、学、研等多方优质资源，着力打造在全国具有示范意义的媒体融合高地。

6月25日 第二届小哥节（中国·浙江）启动暨"小哥之家"揭幕仪式在浙江省杭州市举办。该活动由浙江日报报业集团、浙江省邮政管理局、浙江省人社厅、浙江省总工会、共青团浙江省委共同指导，浙江日报报业集团潮新闻、杭州市快递行业党委主办。"小哥之家"方便快递小哥、外卖小哥和网约车司机等在此休息、充电、用餐，也将成为"小哥节"的线下关心关爱中心，联动更多的企业、社会资源加入，为小哥们搭建温暖的落脚点。

同时，潮新闻客户端开设“小哥之家”专区，为全国小哥们打造线上“大本营”，通过小哥正能量、心声社区、小哥学院、政策服务、行业动态五大特色板块，唤起全社会对小哥们的关注，助力小哥进阶成长。

6月26日 上海报业集团“2023年度融媒工作室赋能计划”在上海市上报大厦43楼融媒创新空间举行启动仪式，来自《解放日报》《文汇报》《新民晚报》《澎湃新闻》等9家媒体的36个融媒工作室入选。上海网络辟谣、伴公汀、文汇·文艺评论工作室、新民帮侬忙、晏秋秋工作室、澎湃明查、Andy工作室、魔都新鲜事SH等在“2022年度融媒工作室赋能计划”中表现突出的14个工作室获表彰并继续入选，原点、文汇视讯、许蜜桃下午茶、江江三人行、World湃、纵相视频、上海市民生活指南等22个2023年新申报的融媒工作室入选。

▲ 南昌市融媒体中心正式揭牌成立，并同步上线了“洪观新闻”客户端，标志着南昌市媒体融合进入纵深发展新阶段，新闻舆论从“相加”迈向“相融”新征程。南昌市融媒体中心依托南昌日报社组建，实现南昌日报社和南昌广播电视台的内容整合、服务融合、用户聚合，构建“1+2+12+N”的全媒体传播矩阵。其中“1”是指市融媒体中心，“2”是指南昌日报社、南昌广播电视台，“12”是指12个县级融媒体中心，“N”是指市直单位新媒体、市属企业新媒体以及市域其他新媒体，打造新媒体传播新格局。

6月27日 由国家新闻出版署主办，以“新时代 新报业 新征程”为主题的第二届中国报业创新发展大会在江苏省南京市召开。该大会由主论坛和4场分论坛组成。来自人民日报社、经济日报社、中国日报社、河南省委宣传部、健康报社、新华报业传媒集团、羊城晚报报业集团、济南日报报业集团等8家单位的代表在主论坛发言。分论坛围绕新时代新征程报业内容供给与价值引领、全媒体传播与智能化转型、体制机制创新与公共服务能力建设、管理模式优化与监管创新等主题进行了交流研讨。大会期间举办了中国报业深度融合发展创新案例展、报业创新发展培训班等配套活动。各省级党委宣传部相关负责同志，省级、省会城市、计划单列市党报集团（社）主要负责同志及部分中央报纸出版单位有关负责同志参加了会议。

6月29日 中国近现代新闻出版博物馆在上海市杨浦区滨江开馆。开馆活动上，举行文物捐赠仪式。该馆是全国首家新闻出版专业博物馆，藏品超60万件。展厅分序厅、主题馆、儿童出版馆、印刷技术馆等8个板块。展陈中以厚重实物、新颖立意、多元手段，呈现党的领导下新闻出版事业发展壮大的光辉历程、非凡成就。

▲ 兰州日报社承建的“观澜新闻”客户端正式上线。“观澜”二字，取自《孟子》“观水有术，必观其澜”。该客户端坚持以全媒体传播技术为驱动，以区域辐射全域为原则，以融媒体采编平台为支撑，注重可视化呈现、互动化传播、精准化推送，增强沉浸式体验和用户黏性。在内容上覆盖了报纸、广播、电视、视频、直播等融媒场景，特色打造了新闻资讯、24小时时政报道、党建、澜、记者帮、视频、拍客、国际传播、速读九大板块和二十个细分栏目，涵盖了文字、图片、视频、小程序等多种表现形式，满足用户多样需求。

6月30日 中华全国新闻工作者协会开发的“记者之家”大学堂教育平台正式上线。这一平台面向全国新闻工作者开设理论课、党建课、基础课实务课、公共课等五类内容，学员通过实名注册，从微信小程序登录，在线观看、互动交流。

7月

7月3日 首届大模型媒体应用创新工作坊在北京市举办。该工作坊活动为期3天，由北京师范大学新闻传播学院、中国中文信息学会社会媒体处理专委会、第二届人工智能与未来媒体创新创意大赛组委会、智谱AI联合主办。共吸纳了60多名学员，会聚来自人民日报社、新华通讯社、光明网、中国记协、四川日报社等单位的新闻传媒业界人员，北京大学、中国科学技术大学、中国社会科学院大学、中国传媒大学等高校青年学者及国内外高校学子。采取“实战学习＋项目开发”相结合的学习模式，在课程学习中采用“场景导入—技术引入—应用接入”的学习路径，旨在帮助学员建立起大模型媒体应用的技术思维和场景理念。

▲ “湾有引力”国际传播能力建设交流活动暨深圳广电国际传播中心揭牌仪式在广东省深圳市举行。深圳广电国际传播中心由深圳市委宣传部指导，深圳广播电影电视集团发起设立，业务涵盖电视、新媒体、海外社交平台矩阵、内容产品定制、境内外营销推广、活动策划执行、信息咨询分析服务等，拥有深圳卫视、国际频道、“直新闻”全媒体矩阵等自有平台，覆盖200多个国家和地区的受众。

7月12日 2023中国新媒体大会在湖南省长沙市举行。该大会由中宣部指导，中华全国新闻工作者协会、湖南省人民政府共同举办，来自中央有关部门、各省区市党委宣传部、中央和地方新闻单位、网站平台、新闻院校和研究机构的代表800余人参会。

▲ 2023中国新媒体大会“融创新范式 区域新主流”省级融媒创新论坛在湖南省长沙市举行。该论坛是2023中国新媒体大会首次设置，来自新闻宣传部门、行业组织、新闻媒体等方面的嘉宾共话智媒时代区域主流媒体的新机遇、新挑战。“省级融媒协作圈”机制启动仪式同步举行。“省级融媒协作圈”以中国新媒体大会省级融媒创新论坛为平台基础，加强交流合作共享。一是融合经验互享，不定期举行活动交流研讨发展经验，组织媒体融合先进案例学习会，共享互鉴好的创新机制、先进做法；

二是人才交流互通，以地域相近为原则，加强互访互通，推动新媒体人才队伍建设；三是产业发展互联，围绕“新闻 + 政务服务商务”新模式，取长补短、加强合作，推动升级媒体融合向纵深发展。

▲ 2023 中国新媒体大会“媒体 +”创新案例库首批上线 15 个案例集中发布。这 15 个案例分别是：“人民好医生”客户端、“我为群众办实事”网络平台、“北京时间”融媒体平台、江西营商“营商帮办”应用、“我想 @ 领导”问政平台、“四川乡村”客户端、“民声”应用平台、“雷蒙帮忙团”直播、“我的长沙”城市融媒平台、牛咔视频、“汉新闻”融合云、贵阳“壹刻宝”社区平台、“南太湖号”移动开放平台、“清晨热线”综合服务平台、“最江阴”城市入口。

▲ 由江苏省广播电视总台重点打造的我苏国际传播中心成立仪式在江苏省南京市举行。该中心将以“Jiangsu + You”国际传播核心品牌为支点，打造 7 语种海外融媒矩阵，向全球推出多部重量级精品力作。

7 月 17 日 天府融媒联合体在四川省成都市成立。该联合体由四川省委宣传部牵头领导，各市（州）、县（市、区）党委宣传部协助指导，成员包括四川广播电视台、四川日报报业集团、四川新传媒集团、中国广电四川公司等 4 家联合发起单位，以及全省 21 个市（州）的市级媒体、185 家县级融媒体中心。该联合体成立了天府融媒（四川）科技有限公司，围绕融媒体建设中的公益产品供给、融媒技术支撑、增值服务提供、社会资源整合等方面提供技术支撑和运维服务，为省、市、县三级媒体提供传播赋能、技术赋能、人才赋能。

7 月 18 日 潮新闻 · 法治频道正式上线。该频道是浙江省政法系统依托省级重大新闻传播平台重点打造的浙江政法新媒体平台，也是潮新闻客户端首个政法领域专业频道，激发媒体深度融合新动能。由浙法传媒集团运营，内容上关注全国、聚焦浙江，实时呈现全国、浙江省有温度的政法故事、有深度的法治新闻、有态度的法治评论，推动政法舆论宣传“正能量”产生“大流量”。

▲ 农村百事通杂志社首场农业技术科普直播在江西省水产科学研究所开播。此次直播，杂志社将“线上直播”与“线下观摩”相结合，创新农业技术传播手段，用视频直播的形式架起传播农业技术的桥梁，以现场学习的形式夯实学习农业技术的基础。

7 月 20 日 香港联合出版集团旗下香港中和出版有限公司联手南方出版传媒股份有限公司旗下广东人民出版社、花城出版社举办“千种图书汇湾区——粤港合作、融合出版首批项目”签约仪式。该项目是港、粤两地出版社携手的重点项目，以双向版权输出、融合出版的形式，实现千种优秀纸本图书及其有声书、电子书在全球中文市场上架销售。线上线下深度合作，共同搭建粤港数字化传播通道，充分发挥数字化产品传播成本低、速度快、效果好、跨国界等优势，有力推动“书香人文湾区”建设，密切粤港“双城联动”。

7 月 21 日 中国社会科学院新闻与传播研究所、社会科学文献出版社共同发布《新媒体蓝皮书：中国新媒体发展报告 No.14（2023）》。新媒体蓝皮书全面分析中国新媒体发展状况，解读新媒体发展趋势，总结新媒体发展问题，探析新媒体的深刻影响。同时发布了中国新媒体发展十大未来展望：智慧城市建设打通基层治理链条；数字经济成为经济结构转型的主要方面；新媒体内容生产更加垂直细分；区域一体化建设助力全媒体传播体系格局；媒体融合规范化程度更高；主流意识形态与网络舆论空间治理加强；全媒体传播人才培养成果显著；文化产品更具中国文化特色；融媒体产业边界持续拓宽形成发展范式；国际网络安全问题亟待关注。

▲ 中国社会科学院新媒体研究中心融媒体（无锡）实践基地启用仪式在江苏省无锡市滨湖区山水城举行。“一基地三中心”，即中国社会科学院新媒体研究中心融媒体（无锡）实践基地及县融建设研究中心、城市形象提升研究中心、智能媒体与社会治理体系现代化中心集中揭牌，标志着基地项目建制起航，开启实体化运作模式。“三中心”致力于将无锡打造成为新时代融媒体发展优秀案例的重要窗口、行业研究的理论高地和技术发展的前沿阵地。县融建设研究中心将结合全国多个县融中心案例，打造形态鲜活、具有宣介功能的融媒体建设展示平台。在此基础上，中心致力于成为全国 2200 多个县级融媒体中心建设、发展经验的汇聚场所、交流场所、培训场所，将适时组织开展对全国县融媒体记者编辑的业务培训。城市形象提升研究中心基于相关成果，为全国各大中小城市提供短视频制作与城市形象提升的解决方案。智能媒体与社会治理体系现代化中心将开展智能媒体与国家治理能力现代化相关问题的持续研究。

7 月 22 日 由中国社会科学院新闻与传播研究所、清华大学新闻与传播学院、广西壮族自治区党委宣传部主办，广西云数字媒体集团承办的第 40 届《中国新闻年鉴》年会暨首届媒体融合创新案例研讨会在广西南宁市举办。该活动同期发布了《中国新闻年鉴》关注的媒体融合创新案例名单。由中国社会科学院新闻与传播研究所、清华大学新闻与传播学院、广西壮族自治区党委宣传部三方共建的“中国—东盟全媒体发展研究院”举行了签约仪式，该研究院依托广西云数字媒体集团，以企业化方式运转，聚焦中国—东盟媒体合作、提升面向东盟对外传播能力等，开展人才培养、项目研究、业务培训和产业孵化等，推动传媒产业项目落地。

7 月 27 日 高等教育出版社与华为云计算技术有限公司在北京市签订战略合作协议。双方将在教育大模型、云服务、技术开发与人才培养、职业教育领域、教育“出海”、联合实验室等六大方面展开合作，携手助力教育强国建设。高等教育出版社将利用出版行业优势和资源积累，结合华为云计算技术有限公司在云计算、人工智能、大数据、应用生态、开发者培育等方面的创新能力，开发出服务于个性化学习的教育应用场景；结合华为国产化算力云服务、昇腾 AI、鲲鹏计算解决方案，进行“云 +AI”领域新场景、新应用的孵化，打造出教育出版行业标准；依托华为在信息通信技术领域资源、课程、人才标准、教育平台等方面的优势，建设国产化数字技术的相关教材，提升高教社在职业教育领域研学交流、课程教学、职业技能等级认证方面的全流程服务能力；依托华为全球化经验和资源布局，以及覆盖全球 110 多个国家的信息通信技术学院优势，在学术期刊、数字化内容资源、畅想学习中心建设等方面开展国际化合作和推广运营，提升国际影响力。

▲ 苍穹文学版权服务平台在山东省济南市正式发布。该平台由新华文轩四川数字出版传媒策划搭建并自主运营，为全国数字文学版权提供深度数字化运营服务，主要包括版权登记与保护、版权监测与管理、在线分发与交易、版权开发与应用等服务，支持官方授权引导用户进行内容共创与二次创作，将 IP 价值延续化最大化，共建开放的文学版权生态。

▲ “童诗百年”丛书新闻发布会暨童诗研讨会在山东省济南市举行。“童诗百年”丛书是山东电子音像出版社与北京书香文雅图书文化有限公司联合打造的一套汇聚 120 多位作家、70 册图书的童诗大系。该丛书收录众多名家经典童诗，出版社还为每册图书配备了配乐诗朗诵，扫码即可收听，力求将丛书打造为可读、可听，同时具有一定收藏价值的多元融合出版产品。

8月

8月5日 天津人民出版社《走向人类文明新形态》有声书上线中央广播电视总台“云听”平台，以有声书方式呈现主题读物，运用融合出版新平台、新技术，进一步挖掘该书传播潜力。

8月8日 由吉林省新闻出版局支持、延边大学出版社承建的吉林省大型文化综合体——“吉云轩”项目落成启动仪式在吉林省长春市举行。该项目位于长春市经开区东方广场万豪中心城市综合体，总建筑面积近 2000 平方米，分为国家吉林民文出版基地融合出版科技馆、吉林出版精品馆、中国朝鲜族非遗馆、吉云轩艺术馆、樊登读书馆、文创咖啡馆、休闲体验馆、多功能厅7馆1厅。该项目体现了文化与科技融合发展的新业态、新成果，是吉林出版业实施文化产业数字化战略的创新之举，也标志着吉林出版融合发展取得新成效。

▲ 首届融合出版与学科建设学术研讨会在吉林省长春市召开。该会议由国家吉林民文出版基地、延边大学出版社主办，国家吉林民文出版基地融合出版实验室、延边大学外国语言文学“一流”学科承办，以“融合出版赋能民族地区高校‘一流’学科建设”为主题，设有总编辑、主编论坛和教授论坛、特邀演讲等环节。该活动是朝鲜文出版单位和民族地区高校“一流”学科之间的深入协作、深入互动，搭建了主管单位、出版社、期刊社、高校之间的沟通交流平台。

▲ 首届全媒体产业融合发展年会暨百家媒体进榆林系列活动在陕西省榆林市举行。该活动为期2天，以“助力融合新发展 赋能媒体新生态”为主题，由中国广播电视社会组织联合会指导，榆林市委宣传部、中广联合会智能全媒体委员会主办，榆林传媒中心承办。从启动仪式到年会论坛，一场场精彩的专家讲座，一个个鲜活的案例分享，让与会媒体同人感同身受、获益匪浅，现场不时响起热烈的掌声。

8月13日 由中国音像与数字出版协会、辽宁省委宣传部指导，辽宁省音像协会主办的“首届北方地区数字出版经验交流会”在辽宁省沈阳市举行。该会议旨在为全面贯彻党的二十大精神，深入贯彻落实习近平总书记重要指示精神，坚持守正创新、双效统一，充分发挥科技对出版融合发展的支撑作用，推进出版融合，构建新发展格局，推动出版高质量发展，为建设数字强国积极贡献力量。与会人士献计献策，共同探索出版融合发展新模式、新思路、新领域，有效推动出版业在内容、渠道、平台、经营管理等方面的深度融合发展。

8月15日 2023（第六届）甘肃媒体融合创新与发展论坛在甘肃省兰州市开幕。该论坛由中共甘肃省委宣传部指导，甘肃日报社、甘肃日报报业集团主办，甘肃新媒体集团承办，主题为“深耕共融 创新致远”。论坛旨在进一步深入学习贯彻习近平新时代中国特色社会主义思想和党的二十大精神，推动媒体融合发展走向纵深。本届论坛上，业界、学界的专家学者齐聚一堂，共同探讨新形势下加强全媒体传播体系建设的对策与办法，为讲好新时代中国故事汇智聚力。

▲ “新甘肃”客户端 6.0 版在甘肃省兰州市正式上线。新改版上线的“新甘肃”客户端在文化赋能、全媒体生态、运营凸显、算法引入、布局优化等方面做出了全新改变，引入敦煌元素，以国潮风弘扬地方特色文化，搭配了更高效的“内容 + 技术 + 用户 + 活动”融合驱动。

▲ 杭商全媒体中心正式成立。该中心由杭州市委宣传部、杭州市委统战部、杭州市工商联共同打造，成员包括中央和省市级主流媒体，旨在深入贯彻落实《中共中央 国务院关于促进民营经济发展壮大的意见》，通过整合多渠道资源，搭建新时代数字化宣传平台，构筑杭州民营经济舆论阵地，讲好杭商故事，为杭州奋力打造“两个健康”城市之窗，推动民营经济高质量发展贡献力量。

▲ 由上海世纪出版集团规划设计、上海辞书出版社研发运营的聚典数据开放平台 2.0 版在上海发布。该平台是一款基于传统工具书的创新型互联网数据服务产品，自 2020 年 8 月正式运行以来，已与“学习强国”学习平台、微信读书、百度百科、掌阅、起点读书等 40 多

个应用开展了深度合作，累计为4000多万用户提供了超过10亿次的知识查检服务，其中海外用户500多万，先后入选全国新闻出版深度融合发展创新案例、国家新闻出版署数字出版优质平台遴选推荐计划。2.0版将进一步提升用户体验、提升查得率、拓展数据类型、提升对接效率，更好地满足各类数字阅读场景下的知识查检需求。

8月16日　甘肃省媒体深度融合发展工作推进会在甘肃省兰州市召开。该会议深入学习贯彻习近平总书记关于推动媒体融合发展的重要论述和对甘肃重要讲话重要指示批示精神，总结经验、交流工作，安排部署媒体深度融合发展工作。

8月18日　江苏广电旗下“荔枝新闻”客户端改版上线。改版后以“泛资讯＋视频化”为定位，在架构、内容、功能、运营等方面全面升级，打造沉浸式视听体验，为读者提供智能化、个性化服务。此次升级，荔枝新闻大力度提升时政报道、现场报道、深度报道、舆论监督、新闻评论的水平，持续为舆论场供给优质“硬通货”；重点升级荔枝TV、悦听两个视听板块，打造沉浸式无边界视听体验。重点打造健康、教育、娱乐、体育、观点、文旅等17个频道，汇集专业领域一流资源；基于品牌特色，打造观点频道，首批已入驻50余位全国知名专业评论员。

8月23日　中国报业新媒体（客户端）发展大会在辽宁省沈阳市举行。该会议为期3天，以“新时代　新媒体　新发展”为主题，由中国报业协会、中国晚报工作者协会、中共沈阳市委员会、沈阳市人民政府共同主办，由中共沈阳市委宣传部、沈阳日报社承办。该大会旨在深入学习宣传贯彻习近平总书记重要指示精神和党的二十大精神，借鉴新时期国内报业转型发展和创新融合的经验，加强全媒体传播体系建设，塑造主流舆论新格局，凝聚奋进新征程强大精神力量。

▲ 由菏泽市委宣传部指导，菏泽市融媒体中心重点打造的市级权威新媒体平台“山河新闻”客户端正式上线。该客户端是菏泽市融媒体中心成立以来的首个新媒体融合成果，实现了横向与菏泽市大数据局、菏泽日报社、菏泽市广播电视台智慧媒体云、各级各部门政务服务平台、公共数据开放平台对接联通，纵向与县级媒体内容、技术、数据等互联互通互融。

8月24日　中国经济特区主流客户端联盟成立仪式暨五大经济特区主流客户端总编辑看深圳活动在广东省深圳市举行。深圳报业集团“读特”客户端、珠海传媒集团“观海融媒”客户端、汕头融媒集团“汕头橄榄台”客户端、厦门日报社“潮前智媒”客户端、海南日报报业集团海南日报客户端的主要负责人共同签署战略合作协议。该联盟将在使命践行、阵地建设、技术共享、内容生产、产业拓展等领域，探索广泛的合作，包括共建联动频道，为市民提供最新最全的新闻资讯服务；共谋重大策划，联动各地开展直播等融媒体报道活动；促进新技术应用共享交流合作；共享优势资源，赋能业务拓展。

8月25日《大众日报》最新一代数字人主播——“钟小加”上线。“钟小加”将主要应用于新闻播报、视频制作、活动主持等采编业务，与广大网友一起分享山东美好生活，讲好山东故事，传播山东好声音，为大家带来智媒新体验。

8月28日　《中国数字出版》创刊暨编委会成立大会在北京市召开。该刊物由国家新闻出版署主管，中国音像与数字出版协会主办，作为面向国内外数字出版产业的一本综合性刊物，围绕“文化强国”“数字中国”“全民阅读”等国家重大战略，以推进数字技术与出版深度融合发展、促进出版强国建设、为出版业高质量发展提供支撑保障为宗旨。

9月

9月10日　由云报客户端、草原客户端、珠峰云客户端、丝路视听客户端、吉刻新闻、广西云六地省级党媒强强联手推出的“我在边疆望北京·融媒体联动报道”第2季正式启动。该活动持续42天，作为全网重大主题宣传项目，6个边疆省区主流媒体再度携手，沿国道219线和331线进行采访报道，串联起边疆的壮美风光和岁月生活场景，讲述各族儿女奋力绘就中国式现代化发展的边疆新图景，书写建设美丽中国的动人故事。

9月11日　由《新闻战线》杂志社、浙江日报报业集团主办，潮新闻客户端、浙江传媒研究院承办的“共潮赢未来 打造主流媒体自主可控平台”新媒体内容生态建设研讨会在北京市举行。浙江日报报业集团潮新闻倡议携手30余家全国主流新媒体，启动杭州第19届亚运会联合采访活动。亚运会期间，参与合作媒体将共享报道资源、共建专题，携手传播亚运好声音。

9月12日　国家新闻出版署发布通知，公布2023年度出版融合发展工程入选名单。2023年度出版融合发展工程着重实施两个子计划，共41个项目入选数字出版精品遴选推荐计划，30家单位入选出版融合发展示范单位遴选推荐计划。入选的数字出版精品项目包括《习近平新时代中国特色社会主义思想学生读本》配套教学资源平台、“一带一路”非通用语数字教育资源项目、“公民科学素养”融合出版项目等，反映了近年来我国出版融合发展的新进展。入选的出版融合发展示范单位包括人民交通出版社股份有限公司、中国少年儿童新闻出版总社有限公司、外语教学与研究出版社有限责任公司等7家旗舰示范单位，以及广东省出版集团数字出版有限公司、上海辞书出版社有限公司、中国人民大学出版社有限公司等23家特色示范单位，这些单位通过加大投入等取得了融合发展业务的积极成效，具有较强的代表性、示范性。

9月20日 第十三届中国数字出版博览会在甘肃省敦煌市开幕。本届数博会以“数智赋能 联结未来”为主题，共有来自全国各地出版行业的220余家参展单位和15个展团参展，展示一批具有代表性的新产品、新技术、新模式、新成果，集中呈现中国数字出版产业发展的新进展、新成效。除主论坛外，还有中国数字出版创新发展论坛、出版融合发展百人论坛、古籍数字化创新论坛、数字资源建设与渠道创新论坛、网络文学创作论坛、数字IP授权论坛等6个专题论坛。

▲ 以“交流 共享 发展”为主题的河南日报客户端“企业家”频道上线仪式在河南省郑州市举行。该频道将成为河南企业家们沟通交流的新平台，聚焦企业、企业家关心的热点话题，通过开设《企业家访谈》《企业家高论》《企业家故事》等栏目，举办企业互访、企业管理大讲堂、企业掌门人对话等线下活动。

9月21日 由中国报业协会、青岛市委宣传部、青岛市崂山区委区政府联合主办，青岛报业传媒集团、中国报业协会全媒体发展研究中心承办的首届报业传媒元宇宙应用大会在山东省青岛市举办。该大会以“虚实共生 未来已来”为主题，展示近年来报业融合发展的新思维、新技术、新应用。其间，发布了《中国报业传媒元宇宙白皮书》，从“技术”和“媒体”视角阐释概念并回顾媒体发展历程，通过“理念篇”“应用篇”“商业篇”3个层面，对元宇宙背景下报业传媒的未来发展进行认知逻辑推演、技术应用展示和商业创新构想，探讨元宇宙和报业传媒潜在的“融合”良机。

▲ 音乐剧《将进酒》在北京市首演。央视网充分整合新媒体资源，多渠道推送，深入传播中华优秀传统文化。该剧由四川省文化和旅游厅指导，绵阳市委宣传部、中国东方演艺集团有限公司、绵阳市文化广播电视和旅游局、江油市人民政府、央视网共同出品，剧内国风的表达和美学形式呈现剧情；剧外唐代美学将开拓更具感知力的产品形式。《将进酒》系列文创产品，包括场刊、定制票夹、香囊、绒面布包、扇子、文创衫等。

9月26日 重庆市国资委与《重庆日报》联合打造的重庆国资传媒中心正式成立。该传媒中心将以“新闻+政务+服务”的方式，聚焦市属国资国企改革发展和党的建设的经验成效。

▲ 每日甘肃网全新改版。该网由甘肃日报报业集团主办，是甘肃省规模最大、最具影响力的新闻门户网站。改版后仍坚守“新闻+行业”“平台+资源”的理念，持续打造精品栏目，在“丝路话语”频道下开设《丝路漫评》等专栏，以新的传播形式积极主动发声，抢占网上舆论高地；进一步推动“理论甘肃”频道建设，持续打造甘肃第一理论阵地；加强“通讯员”频道和“图片”频道推送，为基层新闻工作者搭建快速、便捷的发声平台。同时，致力于宣传推介甘肃丰富多元的文化、旅游产业，打造有特色、高品质的文化、旅游、教育等资讯频道。特别注重移动端呈现，在首页改版及WAP版后还将推出“每日甘肃”微信小程序，不断优化网民上网体验，实现网站功能的全面升级。

9月27日 “皓月名楼诗意中华”2023年网络中国节·中秋赏月直播活动在江西省南昌市滕王阁举行。该活动由中央网信办网络社会工作局指导，光明网、南昌市委宣传部主办，南昌市融媒体中心承办。光明网、“中国好网民”矩阵账号及抖音、微博、快手、微信视频号、哔哩哔哩、洪观新闻等平台将同步直播。活动期间，还发布了“网络中国节”青年共创计划。

10月

10月8日 由河南省委宣传部和省教育厅联合指导，中原出版传媒集团策划编排的大型红色系列沉浸式系列书本剧《不朽的丰碑·红旗渠水到俺村》成功上演。该剧是中原出版传媒集团推动出版融合发展的又一力作。此前，该系列书本剧《不朽的丰碑·山河传》同样大获成功。在书本剧创作中，中原出版传媒集团秉持传承红色经典初心，创新表达方式，持续打造适用于研学实践、课后服务、党政教育等多种场景的鲜活灵动的红色主题“课堂”，旨在推动广大党员干部、广大青少年、中小学生感悟红色精神，厚植家国情怀，让红色资源焕发新光彩。

10月11日 人民音乐出版社中国原创音乐数字出版平台在上海市正式上线发布。该平台是国内第一家致力于原创专业音乐作品编辑、出版、传播的全流程在线平台，旨在集聚中国优秀的原创音乐作品，培育作曲新生力量，以数字出版形态为用户呈现更多音乐佳作。目前平台粉丝量超4.5万人，入驻作曲家300余人，发布专业音乐作品1900多部。

10月16日 北京日报超级客户端上线试运行。由北京日报客户端迭代升级而来的超级客户端，聚合京报集团旗下报、网、端、微、屏所有内容，以图文、音视频全媒体形态呈现。点击左上角“模式切换”，可以看到“基础版”“《北京日报》版”“《北京晚报》版”“我的客户端”四种模式。

▲ 由人民网主办的以“奋进新时代 塑造主流舆论新格局”为主题的2023（第八届）党媒网站发展论坛在广东省深圳市举办，发布了《智能互联网发展报告》。该报告认为，通用人工智能平台的出现并广泛应用，标志着人类在经历PC互联网、移动互联网之后，开始进入智能互联网时代。智能互联网是人工智能技术与互联网、物联网、算力网络等的深度融合，它具有人工智能“强融合”、智能互联“泛终端”、传输服务“智能化”三个基本特征，是产业互联、价值互联、虚实互联的基础。同时，展望了智能互联网发展的六大未来：一是人类社会迎来“智力革命”；二是智能互联发展走深向实；三

是融合应用迈向宽广场景；四是更新社会治理运行体系；五是AI治理AI实现良好生态；六是重塑未来全球秩序格局。

10月17日 荔枝APP发布《Z世代十年音频消费报告》。该报告显示，国内网络音频的典型用户是生活在一二线城市的年轻白领阶层，女性居多。他们的整体学历及收入水平偏高，生活节奏快。并且，年轻人已成为在线音频的主要用户群体，其中“95后”“00后”用户霸榜用户年龄段前两位。按2023年数据来源，活跃用户中男性约四成，偏爱听脱口秀；女性约六成，最喜欢听情感调频。同时，收听时长Top3城市分别为广州、北京、上海。

10月18日 以“新媒体新技术 新机遇新服务”为主题的中国报业发展大会暨中国报业协会六届二次理事会在甘肃省武威市召开。该大会由中国报业协会、甘肃省委宣传部、武威市委市政府主办，武威市委宣传部、甘肃报业协会、甘肃新媒体集团承办。立足主流媒体内容建设、发挥创新引领，围绕媒介形态、运行机制、内容生产、话语体系等方面展开研讨，为中国报业高质量发展搭建新的交流合作平台，将持续激发报业发展的动能和活力，进一步夯实主流媒体舆论宣传阵地。

▲ 黑龙江省教育厅、新华社新闻信息中心、新华社黑龙江分社共同举办黑龙江省教育融媒体中心成立启动大会暨教育系统融媒素养培训。该中心将探索新时代“全程、全息、全员、全效”政务融媒体发展路径，为推动教育高质量发展提供坚强思想保证、强大精神力量和良好舆论环境。

▲ 北京广播电视台与北京市园林绿化局联合打造的北京时间“自然”频道正式推出并在客户端正式上线。该频道采用互联网的编辑、运营方式，用“广电＋互联网”的融合技术手段，集纳优质原创的园林绿化内容，设置了“绿色追踪”“文明游园”“生态多样性”等多个特色板块。

10月20日 由中国新闻出版研究院主办的“AI+VR”新闻出版融合发展论坛在江西省南昌市举办。作为2023世界VR产业大会的分论坛之一，该论坛以“技术赋能新闻出版高质量发展”为主题，与会嘉宾围绕人工智能（AI）、虚拟现实（VR）、元宇宙背景下新闻出版行业的机遇与挑战展开研讨。同时，发布了《AI+VR新闻出版融合发展研究报告》。该报告显示，VR在出版领域的应用主要集中在VR/AR融合出版物、数字教育平台、沉浸展览展示三大方面，内容涵盖红色教育、文化旅游、青少年科普和知识培训等多元化领域，推动产业链条进一步拓展延伸。

10月23日 由中央网信办网络传播局指导，湖北、重庆、四川、贵州、安徽等五省市党委网信办主办的“最美新农人”网络主题宣传活动在湖北省黄冈市罗田县启动。该活动仪式上，4位优秀“新农人”代表进行了分享交流。来自中央主要新闻网站、省主流媒体、全国重点商业平台的新闻记者及网络达人共百余人参加了活动，他们将继续深入罗田、黄陂、洪湖、潜江、秭归等地进行为期5天的“最美新农人”主题采访，并通过直播带货形式开展助农活动。

10月24日 宁夏回族自治区党委宣传部与人民网在银川举行人民网·宁夏国际传播融媒体中心揭牌仪式。双方将打造宁夏特色外宣品牌产品，讲好各国各领域外国人在宁故事，通过不同国籍的人物向世界传递价值观，形成宁夏沟通世界的名片。

10月26日 澎湃新闻24小时直播频道 π24H live 正式上线。这一新型直播平台由四大矩阵组成：全球新闻事件的实时现场（事件直播）、澎湃视角的“千里江山图”（慢直播）、覆盖各个采编部门的“数字人矩阵”、20个全新栏目以及未来打通内外资源孵化出的更多新闻up主。

10月27日 陕西日报星辰传媒信息技术有限公司在陕西省西安市成立。该公司以“服务主流舆论，护航数字传播”为发展定位，以“媒体＋技术”为总路径，以技术创新为驱动，通过整合陕西日报社在传媒领域的技术积累和北京启明星辰信息安全技术有限公司在安全领域的先进技术，聚焦数字传媒服务和数字安全服务两大业务板块，提供安全的“媒体＋”泛行业场景化服务，建立政产学研用结合、行业协同的跨界融合解决方案，赋能传媒领域数字化发展，辐射相关领域数字产业新生态。

▲ 浙江省长兴县融媒体中心的首批微融中心正式授牌成立，长兴县纪委、开发区、泗安镇3个微融中心率先试点运行。微融中心集镇街（部门）跑线记者、宣传干事、网格员等基层宣传力量，建起“县—镇街—村社—网格”四级宣传矩阵，通过下沉宣传力量，实现长兴融媒资源一站聚合，打通信息沟通、引导和服务群众的“最后一公里”。长兴融媒充分发挥在内容生产、选题策划、活动开展、产品推广等方面的优势，开展线索搜集、新闻采写、活动策划等，做强做大基层舆论阵地，形成服务群众有力的基层融媒传播体系。

10月31日 湖北省“广电媒体融合助力乡村振兴和共同缔造”系列活动启动仪式在湖北省恩施州鹤峰县中营镇大路坪村举行。该活动由湖北省广播电视局主办，中国（湖北）广播电视媒体融合发展创新中心和湖北广播电视台承办。湖北将组织开展专题研讨、业务培训、电商直播等一系列落地活动，进一步促进省级媒体与县市融媒体中心，以及传统媒体与新兴媒体携手共进，探索共生共赢新模式，共同助力乡村振兴，缔造幸福生活。同时，湖北长江垄上传媒集团与鹤峰县举行优质农产品一体化运营中心共建协议签约仪式，将采取上下联动、优势互补、深度合作方式，务实推进乡村振兴广电媒体融合传播试点工作。

11月

11月1日　张家界市级媒体深度融合发展改革挂牌仪式暨动员大会在湖南省张家界市广播电视台召开。活动现场，张家界市融媒体中心(筹)、张家界传媒集团(筹)正式挂牌，这是该市市级媒体转型发展的新起点，更是自我革命、奋发图强的新征程，标志着该市市级媒体深度融合发展改革迈出实质性步伐。

▲　高等教育数字教材创新发展联盟成立大会在北京市召开，会议选举产生联盟首届理事会。高等教育出版社成为联盟首届理事长单位，中国新闻出版研究院等12家单位成为首届副理事长单位，人民卫生出版社等69家单位成为首届联盟会员。该联盟旨在推动现代信息技术与教材建设深度融合，推进数字化、智能化时代新形态教材建设，构建灵活开放的数字教材建设、出版、运营、服务机制，研制相关标准并在实践中应用，促进国内、国际行业交流，推动数字教材创新发展，引领中国高等教育数字教材走在世界前列。

11月15日　由中国记协新媒体专业委员会指导，四川日报报业集团主办，中国新闻出版传媒集团联合主办，封面传媒、封面科技承办的2023AI+智媒科技大会在四川省成都市举行。会上，天府融媒（四川）科技有限公司与封面科技公司签署战略合作框架协议，四川省文化大数据有限责任公司与封面传媒、封面科技签订战略合作框架协议。封面科技与阿里云、华为云、百度云就“融媒大模型共创计划”签约。封面传媒科技与黑龙江广播电视台极光新闻、兵团日报社团炬客户端、中国航空报社、辽宁日报社、西藏传媒集团、《扬子晚报》紫牛新闻等6家单位共同发布智媒生态共创计划。

▲　南方报业传媒集团正式发布“两端一云”建设方案，全力推动“南方+”客户端提档升级、建设今日广东国际传播中心（GDToday）和开发支撑服务全省媒体融合的统一技术平台“南方智媒云”。“南方+”客户端将全力打造升级版，坚持扎根广东、深耕湾区、辐射全国、面向世界，建设成为在全国具有强大影响力的广东传播主平台。今日广东国际传播中心（GDToday）将努力打造广东对外传播主平台、世界了解广东第一端、粤港澳大湾区外宣旗舰媒体。“南方智媒云”将打造成支撑全省、服务省市县三级媒体融合发展的“智媒空间站”，构建全省媒体技术底座，建成自主可控、安全可靠、竞争力强的媒体深度融合发展统一技术平台。

▲　2023出版业新媒体发展经验交流会在江苏省南京市举行。该活动由中国音像与数字出版协会、江苏凤凰出版传媒集团有限公司主办，江苏凤凰出版传媒股份有限公司、中国音像与数字出版协会出版融合工作委员会承办，《中国数字出版》杂志、《数字出版研究》杂志、《出版商务周报》和《中国出版传媒商报》协办。主题是“融合互鉴 赋能共创”，聚焦新技术驱动下的内容产业以及新媒体发展趋势，邀请出版行业和相关互联网科技企业的专家学者、资深业务人员进行主旨演讲与专题交流，共同探讨AI背景下出版业的新媒体传播新视角、新思路、新方法，梳理出版行业新媒体融合发展现状、问题与趋势，促进出版行业在新媒体领域的交流与合作。

11月24日　《南京日报》、龙虎网联合制作的大型文化融媒体产品《行走文脉一眼千年》正式上线。该产品以习近平文化思想为指引，围绕习近平总书记关于中华优秀传统文化传承发展的一系列重要论述，由10位青年文化工作者担任“文化导游”，带领网友“走进”明城墙、鸡笼山、乌衣巷、西街遗址、小西湖街区等10处古今交融、具有显著文化标识的地点，通过视频访谈、观点评述、趣味互动等方式，展示出南京在文学之都、文明探源、历史文化街区保护、古籍事业发展、非遗文化传承等领域的探索和实践。

11月28日　“中国式现代化与出版高质量发展”2023年全国出版融合发展论坛在北京市举办。该论坛由中国传媒大学主办，设有三个分论坛，分别为“中国式现代化进程中的出版学自主知识体系建构”“教材数字化建设与出版专业教学创新论坛”“中国式现代化进程中学术期刊编辑出版的创新发展”。近20名专家学者作主题发言，10多家学术期刊的主编进行圆桌研讨。

11月30日　《深圳商报》与《每日经济新闻》在广东省深圳市签署战略合作协议。双方充分利用各自媒体的新闻优势、资源优势和影响力优势，从数智媒体、智库及城市研究与营销、品牌活动、创投领域等方面进行战略合作，加强对相关城市及区域经济的内容策划和新闻报道，通力合办具有权威性和影响力的城市品牌营销活动，推出以内容影响力为核心，符合市场需求、技术赋能的各类型传媒产品。

12月

12月9日　河南日报社财经全媒体中心正式揭牌暨京津冀、长三角、大湾区频道上线仪式举行。该财经全媒体中心聚合河南日报社优质财经资源，是河南日报社在垂直领域进行的一次深层次融媒改革。以“财媒+”为战略指引，拓展“财媒+N”运营路径，重点发展智媒服务、金融服务、数智服务、线下服务等核心业务，立足河南、辐射全球，为河南高质量发展蓄势赋能。功能定位包括：坚持移动优先、内容为王，借助互联网传播规律，加快传统内容生产、传播手段、话语方式的转型和创新；通过生产传播、技术应用、平台终端、人才队伍、管理手段等方面共享融通，建立优势互补、权责清晰、协同高效的内部融合机制；以数据为支撑，以项目为纽带，以媒体型智库为引领，不断提升在财经、产经领域的议题设置、资源链接、智库研究、全案执行能力，不断提升为企业、产业、区域经济发展服务的专业化水平，做大做强“中原首席财经服务商”品牌。

12 月 10 日 陕西国际传播中心在陕西省西安市成立。该中心依托陕西广电融媒体集团（台）国际传播融媒矩阵，由陕西省主流媒体、各地市和相关单位共同建设，整合全省对外传播资源，着力打造集海外传播矩阵、外宣内容生产、对外文化交流、国际传播研究等功能于一体，具有陕西特色的对外传播平台，旨在进一步提高陕西国际传播能力，面向世界讲好中国故事、陕西故事、丝路故事。

12 月 14 日 以“融合出版赋能出版高质量发展”为主题的 2023 社长代言出版深度融合发展交流会在湖北省武汉市举行。该活动由中国新闻出版传媒集团有限公司、湖北省委宣传部主办，长江出版传媒股份有限公司、武汉大学信息管理学院、武汉大学出版研究院联办。来自全国出版单位的 200 余位社长和数字出版工作负责同志，共话文化数字化发展，共商出版融合事业建设。活动还分别举行了省级出版集团融合发展建设座谈会、大学社出版融合创新座谈会两个平行会议。

12 月 15 日 中国日报社与南通广电传媒集团签订合作协议，共建“南通国际传播中心”。根据合作协议，双方将发挥各自优势，探索央媒与地方媒体、报媒与广电深度融合合作新模式。作为江苏省首家地市级国际传播中心，将推动南通“朋友圈”蓬勃壮大，开创南通国际传播新局面。

▲ 《深圳晚报》推出全国首份 AI 融媒新闻纸。该报纸内容包括智能生成内容摘要、新闻背景 AI 写作、AI 和记者分别解读、写作天气新闻，以及 AI 文生图、文生视频匹配新闻消息稿等。为了让读者清晰辨识记者编辑原创和人工智能创作，版面用白色和蓝色两种背景进行了区分，白色背景部分是记者编辑采编的内容，蓝色背景部分则是人工智能生产内容。AI 融媒新闻纸在多个版面运用了 AI 智能生成内容摘要的功能，与记者所采写的报道形成内容的呼应关联。

▲ 深圳广电集团旗舰客户端“壹深圳”客户端全新升级。该客户端重点突出可视化，将视频、直播作为主要呈现方式；突出智能化，积极尝试应用各类人工智能先进技术；突出功能化，推出更多场景化、特色化、定制化智慧服务；突出社群化，将社群运营作为未来发展的重中之重；突出社交化，强化平台与用户交流互动，进一步提高平台黏性和活跃度。“头条”产品线将及时发布深圳各类官方信息，第一时间汇聚全网热点资讯；“直播”产品线将突出“壹直播”等潮流产品；“服务”产品线将搭建民生诉求一站式服务新场景，满足市民刚性需求；“社群”产品线将通过提供丰富的新媒体产品、工具，使其成为集团深入开展社群运营、深耕垂直产业的重要阵地。

12 月 22 日 湖北省荆州市融媒体中心（荆州市传媒集团）正式揭牌成立，这是湖北省第四家挂牌的地市级融媒体中心。荆州市融媒体中心（荆州市传媒集团）由荆州日报社、荆州广播电视台整合组建而成，以全国地市级媒体深度融合发展试点建设为契机，建立以内容生产供给侧结构性改革为重点、先进技术为引领、创新管理为保障的全媒体传播体系，着力打造全国知名、全省领先的地市级新型主流媒体。具体将按照改革有方向、工作有创新、发展有亮点、全省有位置的要求，以“五个一体推进”发展模式，即一体推进“双一流”保障机制、一体推进“融合精品”建设、一体推进“双优化”格局、一体推进变量加速进程、一体推进“全产业链”创建，稳步推进媒体平台整合，全面推进传媒产业转型，加快推动市级媒体高质量发展，为荆州建设江汉平原高质量发展示范区赋能引流。

▲ 第二届智能传播案例发布仪式暨大视听产业发展研讨会在北京市举行。该会议由中国广播电视社会组织联合会主办，中广联合会智能全媒体委员会联合北京印刷学院新闻传播学院、中国传媒大学传播研究院开展。新华社媒体融合生产技术与系统国家重点实验室“‘问道’学习知识云权威思想智能问答学习平台”、国广国际在线网络（北京）有限公司“楼兰国际传播智慧云平台”、河南广播电视台卫星传输中心“卫星传输中心数据中心的建设与运营”、江苏省广播电视总台“基于‘中心云 + 边缘云’架构的融合业务系统”、广州广播电视台“‘粤伴湾’MCN 文化湾区智慧融媒孵化计划”等 16 个项目入选本届智能传播案例。

12 月 29 日 由新华出版社、中国传媒大学播音主持艺术学院、北京新华音像电子出版社共同主办的《新华通讯社 90 年 90 篇精品选》（有声版）发布会在北京市举行。该精品选有声版正式上线新华社客户端、中央广播电视总台声音新媒体平台“云听”、喜马拉雅 FM。《新华通讯社 90 年 90 篇精品选》由新华出版社于 2021 年 11 月新华社建社 90 周年之际出版发行，全书以时间为脉络，收录了新华社记者在中国革命、建设、改革各个历史时期采写的 90 篇新闻作品。有声版由中国传媒大学播音主持艺术学院师生共同创作，北京新华音像电子出版社出版。

▲ 内蒙古自治区赤峰市融媒体中心正式挂牌成立。至此，内蒙古 12 个盟市全部完成报纸和广电资源整合，实现盟市级融媒体中心全覆盖。盟市级媒体处于四级媒体架构的“腰部”，是全媒体传播体系中承上启下、不可或缺的一环。内蒙古自治区党委宣传部结合工作实际，会同自治区有关部门先后制定印发推进盟市级媒体加快深度融合发展实施方案等文件，统筹推进媒体深化改革、融合发展。

注：本大事记采用公元纪年顺序编排，所列条目标明年、月、日，同一时间有两条或两条以上条目时，在首条开头写明时间，其余条目则用“▲”表示。

· 理论研究与探索 ·

Theoretical Research and Exploration

媒体融合发展十年纵览

黄楚新 陈玥彤

媒体融合概念自2013年由中央正式提出以来，主流媒体持续践行政策导向与制度规范，借力技术升级与市场驱动，构建全媒体传播体系，不断扩大主流媒体声量，以转型的方式增强媒体可持续发展能力，适应数字化时代网络传播生态，取得了一定的成效。媒体融合十年，我国媒体在顶层设计之下实现升级转型与体系化发展，成为社会治理不可或缺的一环。本文聚焦十年间主流媒体的融合实践，梳理不同阶段的媒体融合发展特征，并对未来进路提出展望。

一、宏观布局：媒体融合十年历史回顾

回顾媒体融合十年进程，以政策导向为标准，可将其分为四个阶段，从道路初探到系统布局体现出我国媒体融合发展的宏观规划。

（一）开局之年：媒体融合道路初探（2013年至2014年）

2013年8月19日召开的全国宣传思想工作会议上，习近平总书记指出，“宣传思想工作创新，重点要抓好理念创新、手段创新、基层工作创新”，其中着重强调要加快传统媒体和新兴媒体融合发展，占领信息传播制高点。当年11月，党的十八届三中全会将“整合新闻媒体资源，推动传统媒体和新兴媒体融合发展”写入党的中央全会公报，至此媒体融合概念正式出现在官方表述当中，成为发展主流意识形态，引导正向价值观的重要策略。在此基础上，2014年8月18日，中央全面深化改革领导小组第四次会议审议通过《关于推动传统媒体和新兴媒体融合发展的指导意见》，提出“要着力打造一批形态多样、手段先进、具有竞争力的新型主流媒体，建成几家拥有强大实力和传播力、公信力、影响力的新型媒体集团，形成立体多样、融合发展的现代传播体系”。这一政策的推出将媒体融合上升至国家战略层面，与深化改革进程紧密相连，2014年也因此被称为中国的“媒体融合元年”。随后，各地各部门以此为依据，出台相关政策，比如2014年10月14日，国家新闻出版广电总局发布《深化新闻出版体制改革实施方案》，其中强调要“鼓励和支持传统出版传媒与新兴出版传媒融合发展，推动传统出版企业兼并重组”。《上海市主流媒体发展新媒体专项资金实施办法（2014年版）》《海南日报报业集团媒体融合发展实施方案》《新疆推进传统媒体与新兴媒体融合工作计划》和《山西日报媒体融合发展规划方案》等相继出台。统一设计与规划下，媒体融合受传播生态推动和政策支持，在国家牵头下展开布局。

作为奠基阶段，头部媒体在这一时期迅速发力形成集团化优势，着手构建转型范式，同时以“产消融合”思维催生系列IP化产品，构建新时代媒介生产者与消费者的文化融合关系。首先，以人民日报社为代表的中央级媒体，整合融合社内资源，变革重组组织形态，为媒体融合转型提供有力保障，“两微一端”成为标配。《人民日报》启动人民日报社全媒体新闻平台、人民日报社数据中心和人民日报客户端三大项目，领跑央级媒体融合的战略化转型。《中国日报》建立全媒体指挥体系，建设全媒体一体化采编平台和新媒体实验室大数据支撑服务，这一举措为其客户端带来翻倍增长的用户数量，日活量攀升。其次，集团化与平台化成为共识，多家地方报业集团推出特色客户端，澎湃新闻、界面新闻等作为上海报业集团成立后的重点新媒体产品，在当年引发了现象级关注。最后，随着广电媒体融合的逐层推进，IP化成为市场需求下媒体产品的发展方向。例如湖南卫视充分挖掘综艺节目《爸爸去哪儿》的IP价值，链接电影、游戏、亲子教育APP等多项线上线下产品，实现内容变现。

（二）多点扩散：主流媒体形成转型范式（2015年至2017年）

继媒体融合成为国家战略，相关政策与技术推进也持续为传统媒体转型带来新动能。2015年政府工作报告中首次制订“互联网+”行动计划，提出“推动移动互联网、云计算、大数据、物联网等与现代制造业结合，促进电子商务、工业互联网和互联网金融健康发展，引导互联网企业拓展国际市场”，“互联网+”的融合方式成为传统媒体融合发展的新方向。随后，顶层设计层面从融合的具体实践入手，在“互联网+”的基础上提出进阶的融合要求。2016年2月，习近平总书记在党的新闻舆论工作座谈会上提出“融合发展关键在融为一体、合而为一”的要求。2017年5月，中共中央办公厅、国务院办公厅印发《国家“十三五”时期文化发展改革规划纲要》，其中提到要“扶持重点主流媒体创新思路，推动融合发

展尽快从相‘加’迈向相‘融’，形成新型传播模式”。

在这一阶段，智能化技术除了促进媒体在新闻生产、分发等内容领域的创新，同时也进一步消解媒体边界并重塑了媒介产业格局，主流媒体利用转型机遇，形成发展范式，媒体融合呈现出多点扩散的态势。其中，人民日报“中央厨房”模式成为热点，其以建设“面向受众、面向国际、面向未来的新一代的融合传播体系”为口号，实现内容协作、资源共享以及整合传播。2016 年 10 月人民日报“中央厨房”启动了“融媒体工作室”计划，进一步整合报社资源，提升内容质量。传统媒体继续拓宽内容生产模式，将 UGC 引入新闻制作流程，通过互联网技术增强对信息的把控能力。比如新华社客户端推出“我报道”平台，唤起用户参与的同时也增强了媒体的信息掌控力。

（三）体系建设：四级融媒体中心初成（2018 年至 2019 年）

进入 2018 年，我国媒体融合发展逐渐进入深水区，由宏观铺排向体系化建设方向迈进，强调整体布局与细节思考。2018 年 8 月，习近平总书记在全国宣传思想工作会议上指出：“要扎实抓好县级融媒体中心建设，更好引导群众、服务群众。”次月，中宣部提出了“2020 年底基本实现在全国的全覆盖， 2018 年先行启动 600 个县级融媒体中心建设”的建设目标，县级融媒体中心成为此阶段媒体融合发展的重中之重。2019 年 1 月 25 日，习近平总书记在中共中央政治局第十二次集体学习上发表重要讲话，明确了全媒体传播体系建设的战略布局。同年 10 月 31 日，党的十九届四中全会审议通过《中共中央关于坚持和完善中国特色社会主义制度推进国家治理体系和治理能力现代化若干重大问题的决定》，“建立以内容建设为根本、先进技术为支撑、创新管理为保障的全媒体传播体系”正式成为媒体融合战略的发展目标。

在这一阶段，媒体融合发展的重心已经从以人民日报等大型传媒集团为主的融合探索向前一步，县级融媒体中心建设成为新要点。筹谋至今，甘肃、贵州、北京等多地已经实现全省县级融媒体中心挂牌，至 2020 年年底基本实现全国全覆盖。县级融媒体中心作为基层治理的“最后一公里”，链接基层服务和乡村治理，具备舆论引导、综合服务和信息枢纽等各项职能，能够有效实现媒体融合高质量发展。首先，县级融媒体中心建设坚持在地化与平台化相结合的发展理念，多地从自身区域特色出发，自建平台以拓展媒体功能，吸纳县域网络群体，提升媒体融合发展的深度和广度。其次，以平台化为基础，县级融媒体发挥基层服务功能，助力国家综合治理，借技术东风形成多维发力。比如浙江省安吉县融媒体中心依托全县 13 万数字电视用户而打造的“指惠家”平台，在疫情防控期间自我研发“口罩预购系统”“安居码”“安畅码”等多个防疫系统，提升精准管控能力和治理效果。福建省尤溪县融媒体中心推出数字乡村小程序，以此为平台，构建“县—乡镇—村（社区）—党支部—微网格”的分级管理体系，着力解决乡村治理的痛点难点。最后，县级融媒体构建“新闻 + 政务服务商务”模式，以融媒体中心提振乡村活力，推动产业升级。比如云南省景洪市融媒体中心，背靠本地优质文旅资源，全方位布局美食、旅游等多种业态，丰富县域经济。内蒙古科右前旗融媒体中心发展“媒体 + 直播 + 电商”模式，开辟线上销售渠道，助力合作社和种植养殖户收益攀升。

（四）纵深推进：系统化布局与腰部补齐（2020 年至今）

行至 2020 年，网络基础设施建设为媒体融合带来新的发展机遇，顶层设计持续发力，仅 2020 年一年相关文件就多次提及媒体融合，并以技术进步为发展契机引导媒体融合朝纵深推进。2020 年 6 月 30 日，中共中央审议通过《关于加快推进媒体深度融合发展的指导意见》，成为媒体融合的最新纲领性文件。9 月 26 日，中共中央办公厅、国务院办公厅印发《关于加快推进媒体深度融合发展的意见》，将“推动”改为“加快推进”，从“融合发展”变为“深度融合发展”，凸显出媒体融合发展已经进入新的阶段。10 月 29 日，党的十九届五中全会通过的《中共中央关于制定国民经济和社会发展第十四个五年规划和二〇三五年远景目标的建议》中，明确提出“推进媒体深度融合，实施全媒体传播工程，做强新型主流媒体，建强用好县级融媒体中心”。我国媒体融合发展政策呈现出连贯性和可持续性，伴随着传播生态与技术的不断革新，宏观层面持续深入，实现对未来发展的预测性规划。在此基础上，广电融合也继续发力，2020 年 11 月 26 日国家广电总局印发《关于加快推进广播电视媒体深度融合发展的意见》，细节化广电媒体融合策略，“智慧广电”成为主要实现路径。相关政策夯实全媒体建设重要性，在县级媒体融合全面普及的基础上，开始转向腰部补齐，形成横纵交错的网络化结构。习近平总书记在党的二十大报告中提出“加强全媒体传播体系建设，塑造主流舆论新格局”，为我国媒体融合发展指明方向。2022 年 4 月，中宣部、财政部、国家广电总局联合下发《关于推进地市级媒体加快深度融合发展实施方案的通知》，在全国范围内遴选 60 家市级融媒体中心建设试点单位，推进地市级媒体融合发展，实现以点带面式的整体提升，至此我国媒体融合发展进入新的篇章。

全方位融合和系统化布局是这一阶段的主要特征。由政府主导的媒体融合转型已经基本完成，四级融媒体中心链条也初步健全，形成了全国一体的传播网络，建构起上下一体、内外互动的主流舆论格局。在县级融媒体中心全面铺排的基础上，地市级媒体作为“腰部地带”不断加快融合进程，实现机构改革与流程优化。其中“广电 + 报业”是市级融媒体中心发展的主要模式之一。如安徽芜湖传媒集团即是由原芜湖日报报业集团和芜湖广播电视台组建而成，建立跨部门的全媒体新闻中心和全媒体编委会，打通不同部门之间的壁垒，形成一体化流程再造，凸显全媒体传播优势。同时，通过发挥市级融媒体的衔接功能，各级主流媒体不断加强整合融合力度，形成媒体资源优势，构建优势互补的传播链条。比如，三明市对三明日报社、三明市广播电视台、三明市新媒体发展中心三家新闻单位进行了资源统筹与机构整合，形成三明市融媒体中心，积极开展全媒体信息服务工作，构建大数据资源库，形成承上启下的全媒体传播力量。

二、驱动力量：媒体融合十年现状概览

2014 年以来，我国媒体不断调整融合转型策略，除技术驱动与顶层设计层面的引导之外，用户及市场作为固有动力也持续激发媒体创新能力。同时人才结构调整作为转型期的重要因素也成为内部动力，不断促进媒体融合快速发展。

（一）底层逻辑：技术生态推动媒体转型

智能技术深入影响媒体融合，以技术视角形塑转型逻辑，网络传播环境持续呈现出数字化、移动化的特点。各主流媒体积极引入先进技术，改善发展迟滞局面，以技术应用实现流程再造。具体而言，技术助力一方面体现在新闻内容创作层面。媒体利用 VR、AR、H5 等新兴技术，提升内容的感染力和用户的参与度，使融合产品更具传播力和影响力。早在 2017 年，主流媒体就已经应用新技术生产出一批“爆款”作品，最典型的是人民日报客户端推出的“我的军装照”H5 产品，引发群众广泛使用和热议。北京冬奥会期间，央视频推出《VR 看冬奥》系列融媒体产品，贯彻 5G+4K/8K+AI 的发展理念，以虚拟现实技术报道重大体育赛事，以新技术赋能媒体转型。另一方面，技术引导也体现在媒体生产逻辑的重构层面。以元宇宙为代表的新技术有具身性等特征，从一维传播进阶到多维并进，重新形塑媒体传播的逻辑。2022 年两会报道中，中央广播电视总台以 AI 主播为主题，推出 AI 节目《“冠”察两会》，基于现实人物原型进行复制创造，体现出数字孪生的元宇宙属性，凸显了媒体融合下的技术逻辑。

（二）顶层设计：政策引导促成全媒体传播体系

顶层设计作为媒体融合的指导性力量，深入主流媒体的转型路径中，在融媒体发展的基础上实现对主流价值观的高度引领。一方面，媒体融合逐渐与政府治理相联系，参与国家治理体系现代化进程。除以在地化优势增强治理与服务功能外，各级融媒体中心在全媒体传播体系建构的基础上，借行政区域划分促成一体化之势。比如长三角地区依照行政区域划分构建媒体一体化格局，形成同频共振的传播矩阵，增强内容影响力。另一方面，政策兼顾特殊人群，形成制度为先、媒体跟进的转型流程，使媒体融合与社会关照紧密相连、互相借力。比如，在对适老化媒体的探索中，2022 年工业和信息化部发布《移动互联网应用（APP）适老化通用设计规范》及《互联网应用适老化及无障碍水平评测体系》，展开多个适老化专项行动，出台十余项适老化标准规范。在此基础上，广播电视行业借转型契机入局适老化产业，构建“智慧广电 +”模式，涵盖从内容到业务、从产品到服务的多维创新，不断整合媒体资源，提升融合能力。以“智慧广电 + 教育” 为例，中国广电辽宁公司开通“老年大学专区”数字电视功能，串联数字电视、互动点播、网络线下教学等多功能共享，形成政策引导、媒体搭建的新型老年教育模式。

（三）固有动力：用户市场推动媒体形成产业链

媒体融合转型的原因之一始于报业危机，传统媒体时代以受众注意力为盈利方式的经营策略，受到互联网技术的冲击，单一广告收入难以维系媒体生存， 促使媒体在转型过程中探索更丰富的盈利模式。因此，十年来主流媒体在融合发展中重点关注市场逻辑，形成多种路径的盈利结构，延长产业链条，形成可持续发展路径，反哺内容生产。首先是形成平台化思维，将内容创作与媒体经营相串联，构建一体化生产。具备用户思维和市场化思考的媒体商业模式不再以信息传播为单一支撑点，而是以平台为基础架构，将用户作为核心，以此形成互动的生产动力，实现新闻、服务、社交等多层交融的商业模式。其次，数字经济作为经济发展的大势所趋，已经成为产业结构调整的重要方向，也是媒体融合的路径之一。各大主流媒体积极发展数字化、智能化业务，推出具备移动化特征的数字内容和产品，提升数字经济产能，形成媒体融合框架下的新业务，增强核心竞争力。比如福建省尤溪县以平台化建设为核心，搭建“机制创活、技术创新、内容创优、产业创效”的“四创四融”模式，将融媒体与产业结合，原广播电视台经营性业务转由公司运营，同时还引入现代企业管理制度，多渠道创收提升数字经济实力。

（四）内部动能：人才结构调整促进媒体转型

随着媒体融合发展的深入，技术、政策等不断形塑新闻传播业界生态，在集体性结构化转型过程中，人才调整也成为媒体融合十年来的重要发展动能，以内部力量的方式，满足媒体传播、经营等多维度现实需求，全媒体能力已经成为媒体融合时代人才评判的重要指标。2020 年 6 月，中央全面深化改革委员会通过《关于加快推进媒体深度融合发展的指导意见》，提出“要深化体制机制改革，加大全媒体人才培养力度”，将人才培养贯穿于媒体融合的发展流程中。人才结构调整主要体现在三个方面：一是平衡人才配置，动态安排人力资源，实现人才的柔性使用和管理， 建构集约型内容生产体系和传播链条；二是培养全媒体人才，激发团队活力和创新能力，部分主流媒体积极与高校联动，形成产学研一

体的人才培养模式，引入复合型媒体行业领军人才；三是调整考核结构，强化激励制度建设，增加竞争机制，拓宽晋升通道。比如设置专项资金，破除固有编制制度，提高从业者工作积极性。

三、未来进路：媒体融合发展前景展望

目前我国媒体融合发展已经取得诸多成效，全媒体传播体系的建立在主流价值观引领和社会综合治理方面都发挥着正面效力，主流媒体在内容创作、技术拓展和公共服务等领域也展现出巨大潜能。未来，媒体融合将向着进阶方向快速迈进，网络监管、内容建设、技术关照等问题仍是亟待关注的焦点。

（一）加强监管：网络传播生态仍需优化

伴随着媒体融合进程不断深入，网络内容生态也朝着多元化方向发展，由此而来的网络空间治理也成为媒体融合进程中的重要内容。目前，由政府部门、媒体集团、网络平台、用户等多主体共同发力，形成多元协同的网络传播生态治理格局，加速实现互联网治理现代化。未来，如何维护网络空间秩序，推动主流舆论与优质内容的传播，仍是需要持续关注和重点解决的问题。除对个人用户的网络使用进行规范外，相关措施也应落实到传播组织中。一方面是形成平台自律机制，以技术手段制造过滤器，扩大优质内容的传播范围，以平台流量推动优质新媒体内容产品破圈。另一方面是对组织化的不良信息及时惩处，缩小负面影响。过去几年，我国多次进行网络清朗运动，截至 2022 年 12 月底，有关部门对造谣引流、舆情敲诈、刷量控评、有偿删帖 4 类常见“网络水军”重点打击，关闭相关账号 537 万个，相关非法网站 530 余个，有效优化了网络内容生态，提升了主流价值观影响力。

（二）回溯根本：流量追逐应内容为先

数字化思维主导下，流量数据成为媒体集团评判内容好坏的标准之一，同时也是媒体融合转型成功与否的关键。伴随着市场竞争的加剧，过分追逐流量也引发网络空间出现内容乱象等负面后果，数据化呈现虽能一定程度激发媒体从业者的创造力，但也使创作中心偏移，新闻属性被削弱，难以回应主流价值期待。内容建设是构建全媒体传播体系的根本，媒体的内容创新能力决定着媒体转型是否能够长期可持续，关乎媒体是否能够盘活资源进而破圈传播。因此，在媒体融合过程中，关注数据的同时也应以内容本身为创作重点，从流量导向转为效果导向。各大主流媒体应持续推动内容科技的有效发展，实现系统化升级，深入推进文化要素与内容策划的结合，推出高质量新媒体内容，构建创新性高、体系完善、影响力强的全媒体传播体系。

（三）技术驱动：持续推进智媒化发展

技术作为贯穿媒体深度融合的重要力量，其不断推动传统媒体向智能媒体转型，深刻融入全媒体传播体系的建构过程当中。媒体融合十年来，VR、AI、元宇宙等新兴技术不断更迭，为媒体转型带来发展契机。依靠前沿技术，媒体融合也逐渐转向数字化和移动化，形成智能化的媒体传播生态。未来，随着 ChatGPT 的推出，人工智能技术将进一步影响媒体融合进程，因此主流媒体要尽快适应 AIGC 发展趋势，寻找智能化发展路径，减少技术冲击引发的负面影响。同时也应利用好新兴技术，使其能够成为媒体深度融合发展的有效助力，将其融入我国社会综合治理体系的建构当中。

（黄楚新：中国社会科学院新闻与传播研究所数字媒体研究室主任、研究员，陈玥彤：中国社会科学院大学新闻传播学院博士研究生；本文摘自《视听界》杂志 2023 年第 6 期）

媒体融合发展十年观察与思考

陈国权

2013 年 8 月 19 日，在全国宣传思想工作会议上，习近平总书记强调：“要适应社会信息化持续推进的新情况，加快传统媒体和新兴媒体融合发展，充分运用新技术新应用创新媒体传播方式，占领信息传播制高点。”这个战略性的顶层设计指引，让当时面对新媒体冲击的传统媒体找到了转型和发展方向。

此后，习近平总书记在多个场合的重要讲话中不断丰富媒体融合的内涵。这十年来，全国各级各类主流媒体在顶层设计的牵引力、技术创新的推动力、资源资金支持的驱动力合力作用下，积极投身媒体融合发展，在

媒体整合、新媒体平台打造、新技术应用、传播力提升等方面成果斐然，坚守住了舆论阵地，牢牢掌握了舆论场的主动权和主导权。站在新的起点，面对新的媒介环境，致力于在中国式现代化进程中积极作为的主流媒体，将继续沿着总书记指引的方向，按照《关于加快推进媒体深度融合发展的意见》的要求，在市场机制、自主可控平台、资源整合、造血机能、全媒体传播体系、中国式现代化助力等方面寻找新的突破。

一、2013 年前的融合实践探索

2013 年前的媒体行业中，对传播格局变化形势的警觉者已经开始了应对新媒体的转型探索。

2011 年，智能手机加速普及；2012 年，4G 网络开始建设；2013 年底，三大运营商开始运营 4G 网络业务；使用手机上网愈发便捷，上网资费也大幅降低。据中国互联网中心（CNNIC）发布的第三十三次《中国互联网发展状况统计报告》显示，截至 2013 年 12 月，中国手机网民规模达 5 亿人，较 2012 年底增加 8009 万人，网民中使用手机上网的人群占比提升至 81.0%。2013 年，对于传播舆论格局而言是个重要年份，也正是 2013 年，现在已成各自领域领军者的微信、快手、知乎、微博、爱奇艺等，正陆续进入爆发期。这些移动互联网平台都带有鲜明的媒体属性，提供更便捷、更贴近受众、体验更好的信息服务，深刻地影响了传播格局。人们阅读新闻、收看视频、获取信息的方式和渠道发生了巨大变化，媒体形态和竞争格局也有了根本性改变。

2012 年、2013 年报业广告分别陡然下降 7.3%、8.1%；阅读率分别陡降 12%、8.7%，这也正是报业断崖式下跌的由来；电视也是如此，北京地区电视机开机率从 2010 年的 70% 下降到 30%，电视观众在迅速流失。前所未有的来自新媒体的冲击，红色警示的经营数据，迅速流失的受众，传统媒体呈现出行业性衰退的趋势，这让当时的传统媒体人忧心忡忡，伴随悲观“消亡论”的，也有此起彼伏的各种转型探索。

（一）“融合产品”初现

实际上，2007 年 1 月，iPhone 正式上线并迅速风靡全球，2008 年 7 月，iPhone store 上线，正高歌猛进的传统媒体人居安思危，已经开始探索除了传统媒介之外的“另一条路”。2009 年 9 月，南方周末 APP 上线，成为中国市场上最早问世的新闻类 APP。

实际上，传统媒体人是最早的新媒体创业者，那些年是传统媒体盈利的黄金年份，拥有足够的创业资源和动力，新创了大量的新媒体产品；但受限于既有的传统媒介优势，更多的是以叠加了传统媒介优势的“融合产品”的面目出现，比如电子版、新闻网站、视频网站、手机报、Pad 端等，主打理念是将传统媒体的内容搬上这些新媒体产品或渠道中。南方周末 APP 也是如此。

北京青年报社甚至在 2011 年还联合厂商造出了“北青 Pad”，试图向渠道生产商转型。但总的来说，这些“融合产品”在移动互联网的媒介环境中缺乏足够竞争力，随着媒介形态的更迭，或影响力衰微，或昙花一现，逐渐偃旗息鼓。

（二）内容生产流程变革初探

变革内容生产流程，努力地让内部生产环节既能适应传统媒体内容生产，也能满足“新媒体”的生产需求。2013 年前的融合实践探索，除了“融合产品”，主要就是组织变革与流程再造。

2007 年，当时的国家新闻出版总署启动了“全媒体数字采编发布系统工程”，确定中国安全生产报、南方报业传媒集团、解放日报报业集团、烟台日报传媒集团等为全媒体出版领域应用示范单位，进行数字复合出版的研发和试点。

当年 6 月，《广州日报》成立了“滚动新闻部”，滚动采访、滚动传播，主要职责是组织催促报纸记者向滚动新闻部发稿，然后将稿子传递到集团内各个渠道。这种滚动新闻部的模式已经初步有了后来流行的媒体“中央厨房”的雏形，但是当时滚动新闻部仍依附于报纸，并未形成针对新媒体平台的运营流程和规范。内容同质化，造成内在竞争力被消解等难题，两三年后《广州日报》停止了“滚动新闻部”的运行。同年底，烟台日报传媒集团的“全媒体集团、全媒体平台、全媒体记者”三大理念及实践成型，其中的“全媒体平台”也即“全媒体数字采编发布系统”，由全媒体记者采集同一个素材，包含文字、图片、音频和视频等，然后将这些素材放入全媒体数据库进行二次加工和编辑，成为新闻半成品，最后由各子媒体各取所需，并对新闻半成品再次深加工成各种形态的新闻产品呈现。这种全媒体操作模式初步实现了一次采集、动态整合、多个渠道、多次发布的传播。但在实践中发现，只有采集的内容，而无好的平台、渠道，无法形成强大的传播力；而且“全媒体记者”什么都包揽就导致什么都做得不专，烟台日报传媒集团的“全媒体模式”也逐渐偃旗息鼓。

融合产品、生产流程再造等实践努力，由于缺乏方向性的指引，呈现浅层次、零散化，并没有为传统媒体探索出一条应对新媒体竞争压力的转型成熟路径。

二、2013 年至 2020 年：推动传统媒体和新兴媒体融合发展

2013 年 8 月 19 日，在全国宣传思想工作会议上，习近平总书记强调：“手段创新，就是要积极探索有利于破解工作难题的新举措新方法，特别是要适应社会信息化持续推进的新情况，加快传统媒体和新兴媒体融合发展，充分运用新技术新应用创新媒体传播方式，占领信息传播制高点。”2013 年 11 月 12 日，党的十八届三

中全会通过《中共中央关于全面深化改革若干重大问题的决定》，其中强调："要整合新闻媒体资源，推动传统媒体和新兴媒体融合发展。"

"仿佛是一个未带地图的旅人，忽然间有了精准的定位与导航。"中央关于媒体融合的战略部署让传统媒体人欢欣鼓舞、跃跃欲试，大量的媒体融合实践如万马奔腾，全国各级各类媒体开始了这场已持续十年，波澜壮阔、意义久远的融合发展征程。

2014年8月18日，中央全面深化改革领导小组第四次会议审议通过了《关于推动传统媒体和新兴媒体融合发展的指导意见》，指出："整合新闻媒体资源，推动传统媒体和新兴媒体融合发展，是落实中央全面深化改革部署、推进宣传文化领域改革创新的一项重要任务，是适应媒体格局深刻变化、提升主流媒体传播力公信力影响力和舆论引导能力的重要举措。"

由此，媒体融合正式上升为国家战略，在顶层设计的推动下，全国各级各类主流媒体都开始积极行动起来。原有的"融合产品"、采编流程再造等内容生产端的零星变革，迅速地在实践探索中体系化。推动传统媒体和新兴媒体融合发展成为主流媒体的主要任务。

（一）打造新型主流媒体

习近平总书记指出，推动传统媒体和新兴媒体融合发展，要"着力打造一批形态多样、手段先进、具有竞争力的新型主流媒体，建成几家拥有强大实力和传播力、公信力、影响力的新型媒体集团，形成立体多样、融合发展的现代传播体系"。

在总书记的指引下，围绕着形态多样、手段先进、具有竞争力这三个具体指标，全国各级各类主流媒体展开了丰富多样的融合探索。

1.创办新闻客户端

新型主流媒体应是"形态多样"媒介的聚合体，旗下拥有多种媒介渠道，通过整合旗下媒介终端的力量，形成舆论宣传的合力，进行全媒介形态的立体化传播，以此提高在新形势下的传播能力与竞争能力。

为实现形态多样的目标，主流媒体两条腿走路，一方面合作入驻其他平台，一方面建设自主可控新型传播平台，如客户端、户外大屏等。全国各地各新闻单位绝大部分都开发了自己的新闻客户端，行业人戏称的"东澎湃，西封面，南并读，北无界，中猛犸"就是那个阶段此起彼伏的"明星产品"。经过多年的累积，目前，主流媒体运营的自主可控新型传播平台已遍地开花，一些传媒集团旗下有多个新闻客户端同时运行，甚至在一些县级融媒体中心都同时运作两三个客户端。借用原有传统媒体内容资源，秉承原有风格，这些新闻客户端层出不穷，大浪淘沙之后，有些客户端影响力持续增强，如"人民日报""新华社""澎湃新闻""封面新闻"等，而有些客户端逐渐销声匿迹，或推倒重来。不断地做增量，成了2020年前主流媒体运作新闻客户端的特点。

2.合作入驻，提升传播力

自建平台与合作入驻两条腿走路，是主流媒体这些年探索媒体融合路径的典型做法。在其他已经成熟的商业互联网平台中开通账号，能够快速有效地提升内容覆盖面和传播力。2012年8月，微信开启了订阅号功能，并迅速推广壮大，成为微信用户获取信息的重要方式，也让传统媒体找到了一条新的获取传播力的路径。从2013年起，开通微信公众号，甚至建立"微信矩阵"，成了很多传统媒体融合转型中的重要抓手。《钱江晚报》在2013年下半年，就建立起了一个包含20多个微信公众号的"微信矩阵"，从文艺演出到升学就业，从心理测试到吃喝玩乐，覆盖生活的方方面面。

经过这十年来的耕耘，商业互联网平台已越来越成为主流媒体履行传播职能的重要阵地。近年来，人民日报社、新华社、中央广播电视总台等主流媒体先后入驻抖音、快手、B站、喜马拉雅等音视频平台，着力改变传统新闻严肃的叙事风格，以新媒体的话语表达方式，吸引流量，传播主流声音。

3.以技术创新助力内容升级

《关于推动传统媒体和新兴媒体融合发展的指导意见》强调，推动媒体融合发展，要将技术建设和内容建设摆在同等重要的位置。要顺应互联网传播移动化、社交化、视频化的趋势，积极运用大数据、云计算等新技术，发展移动客户端、手机网站等新应用新业态，不断提高技术研发水平，以新技术引领媒体融合发展、驱动媒体转型升级。同时，要适应新兴媒体传播特点，加强内容建设，创新采编流程，优化信息服务，以内容优势赢得发展优势。

为实现"手段先进"，主流媒体主要在以下三方面发力。一是利用新媒体技术提高传播能力，创新采编流程，优化信息服务，提高传播时效，提供更高质量、满足新时期人们需求的内容产品。传统主流媒体的数字化解决的是传播技术问题，利用各种新媒体技术，如手机拍照、传稿，利用移动终端看版。二是扩大传播覆盖面。主流媒体借船出海，利用商业互联网平台积极扩大传播覆盖面，面向最广泛的人民群众，实现舆论引导。三是提高内容与受众的匹配性。在今日头条等商业互联网平台的算法模式取得巨大成绩的基础上，如何通过先进手段让内容找到对的用户，比如大数据技术、算法的应用等，成为主流媒体努力的方向。

（二）县级融媒体中心建设

2018年8月21日召开的全国宣传思想工作会议上，习近平总书记提出"要扎实抓好县级融媒体中心建设，更好引导群众、服务群众"。由此拉开县级融媒体中心建设的大幕，作为媒体融合的"最后一公里"，县级融媒体中心不仅要成为综合服务平台和社区服务枢纽，还应成为主流舆论阵地；不仅要向人民群众传播党的方针政策，还要向党和政府反映人民群众的声音，承担着桥梁和纽带的作用。在各级党委政府的大力扶持下，2020年基本实现了全国县级融媒体中心全覆盖的目标。

各县级融媒体中心在国家战略部署、政策、财政扶持下，媒介技术水平显著增强，新闻资讯的传播速度与广度大大提升，政务服务功能丰富而实用，传播力、影响力大幅提升。比如，北京朝阳区融媒体中心，2017年北京朝阳微信公众号的发布条数是345条，总阅读量是126.3万，2020年上半年的发布条数就达931条，总阅读量达807万；2018年新媒体端粉丝量是20万，2019年为120万，到2020年就增长到330万，三年增长了16倍。县级融媒体中心有效整合县域内外各种媒体资源，实现“上下通达、左右协同”；角色与功能也发生了巨大变化，不仅仅传播信息，更为当地人民群众提供很多服务；助推国家治理体系和治理能力的现代化。

县级融媒体中心就像是一条鲇鱼，一方面，县级融媒体中心的高速高效发展为地市级、省级媒体的融合发展提供镜鉴；另一方面，县级融媒体中心建设还将各级传播资源都激活起来，从中央到地方的各级媒体，纷纷为县级融媒体中心建设整合资源、提供技术、搭建平台。人民日报社搭建全国党媒信息公共平台，新华社成立了县级融媒体专线，中央广播电视总台推出“全国县级融媒体智慧平台”；省级、市级媒体也纷纷建立融媒体云平台，吸引县级融媒体中心入驻，实现资源共享、联合联动，推动县级融媒体中心的融合进程。浙江的“天目云”“富春云”，湖北广电的“长江云”，四川广电、电信联合打造的“熊猫云”，江西的“赣鄱云”“赣云”等，都为各地县市融媒体中心积极助力。

（三）推进媒体整合

一方面，“四全媒体”时代，报刊社、广播电视台、通讯社、互联网平台等媒体互相融合、渗透已经成为常态，一个媒体拥有多种媒介形态、多种传播渠道；另一方面，主流媒体市场空间被BAT等互联网平台侵蚀而逐渐缩小，同城已没有必要同时存在多个媒体单位。不同媒体单位的整合，有利于解决重复建设问题，有利于优化资源配置、降低运营成本、增强媒体实力，更好地推进媒体深度融合发展。这成为推进媒体融合发展的基础工作与动力方向。

目前，整合的媒体层级多样。中央、省、市、县四级都有，整合的媒体介质多元，报刊、广电、网站，甚至大连媒体的整合中还有京剧院团，属于当地文化产业的大整合。2018年3月，中央广播电视总台成立，由中央电视台、中央人民广播电台、中国国际广播电台三台组建而成。2013年10月，上海报业集团成立，由解放日报报业集团与文汇新民联合报业集团组建而成；2020年5月，上海报业集团、上海东方网股份有限公司又实施联合重组。2018年11月，天津海河传媒中心成立，由天津日报社、今晚报社、天津广播电视台、天津广播电视传媒集团有限公司、天津报业印务中心、中国技术市场报社组建而成。地市媒体方面，2014—2016年，银川市、石嘴山市、中卫等宁夏地级市分别启动了报社、广播电视台、网络信息中心等的整合，挂牌成立了市级新闻传媒集团。

三、2020年以来及展望：加快媒体深度融合发展

2020年9月，中共中央办公厅、国务院办公厅印发了《关于加快推进媒体深度融合发展的意见》，这成为引领媒体融合加速迈向纵深的纲领性文件，为媒体融合迈向新阶段提供了具体指引。从重要意义、目标任务、工作原则三个方面明确了媒体深度融合发展的总体要求，要求深刻认识全媒体时代推进媒体深度融合的重要性紧迫性，坚持正能量是总要求、管得住是硬道理、用得好是真本事，坚持正确方向，坚持一体发展，坚持移动优先，坚持科学布局，坚持改革创新，推动传统媒体和新兴媒体在体制机制、政策措施、流程管理、人才技术等方面加快融合步伐，尽快建成一批具有强大影响力和竞争力的新型主流媒体，逐步构建网上网下一体、内宣外宣联动的主流舆论格局，建立以内容建设为根本、先进技术为支撑、创新管理为保障的全媒体传播体系。

（一）探索自主可控平台做大做强

《关于加快推进媒体深度融合发展的意见》指出：要推动主力军全面挺进主战场，以互联网思维优化资源配置，把更多优质内容、先进技术、专业人才、项目资金向互联网主阵地汇集、向移动端倾斜，让分散在网下的力量尽快进军网上、深入网上，做大做强网络平台，占领新兴传播阵地。在普遍建立新闻客户端的基础上，如何深化拓展自主可控平台的内涵，深度连接用户，满足移动优先要求，主流媒体对此进行了更深入的探索。

1. 移动优先

《关于加快推进媒体深度融合发展的意见》提出，要“坚持正确方向，坚持一体发展，坚持移动优先，坚持科学布局，坚持改革创新”。

近年来，主流媒体积极淘汰传统媒体中的落后产能，关停并转一批牵扯主流媒体巨大精力，实际并没有多少传播力与竞争力的媒体产品。精简一批产业经营中风险较大、消耗主流媒体品牌价值、效益不够明显的产品与业务。将精力与资源投向互联网主阵地，特别是移动互联网主阵地。绍兴市新闻传媒中心（绍兴传媒集团）总编辑单滨新介绍：中心成立后，压缩机构24个，减少中层岗位27个，减少子公司13家，清除过剩产能，关停绍兴广播电视报、绍兴广电网、绍兴电视台商务频道，整合28个微信微博为“越牛新闻”微信公众号，做强做优若干家微博，将“掌上绍兴”“今日绍兴”“树人导报”三家APP合并为“越牛新闻”一个。实现了淘汰传统媒体、新媒体落后产能，集聚力量办好优势平台的目的。“越

牛新闻”客户端总下载量突破 1000 万，日活达 25 万。

整合移动互联网平台的工作这些年一直在进行。天津海河传媒中心集中力量做大做强津云客户端；大众报业集团强力推出海报新闻客户端，逐步整合集团旗下新锐大众、山东 24 小时、山东手机报、大众论坛、齐鲁壹点等客户端的内容与资源；重庆日报报业集团逐步整合慢新闻、上游财经等客户端资源，融入上游新闻，集中资源与精力做好上游新闻客户端。2023 年初，浙江日报报业集团集聚三家 APP 的力量做强“潮新闻”。

2. 群众路线

《关于加快推进媒体深度融合发展的意见》指出：要走好全媒体时代群众路线，坚持以人民为中心的工作导向，坚持贴近群众服务群众，创新实践党的群众路线，大兴“开门办报”之风，把党的优良传统和新技术新手段结合起来，强化媒体与受众的连接，以开放平台吸引广大用户参与信息生产传播，生产群众更喜爱的内容，建构群众离不开的渠道。

商业平台的运营模式中，由于符合移动互联网时代的特点与规律，UGC（用户自制内容）大行其道。主流媒体纷纷创建了各自的 UGC 平台，“人民日报”客户端创办了“人民号”“人民视频”，“新华社”客户端创办了“全民拍”“现场云”“问记者”等，“澎湃新闻”创办了“湃客号”，“南方 +”创办了“南方号”等。一些主流媒体 UGC 平台探索激励机制，在用户的成就感与获得感上下功夫，着力提升用户内容生产的质量和可持续性，增加平台黏性。顶端新闻探索创作者 MCN 的营销模式，将频道运营者转换为“创作者经纪人”，引入了覆盖时政、财经、文化、文学、军事等 30 余个行业的 1.5 万名优质创作者。

主流媒体坚持群众路线，实行“开门办报”“开门办台”，还广泛吸引用户参与内容生产与传播。《湖北日报》在抖音号、快手号的建设过程中，重视开放供稿渠道，与省内外供稿团队构建共享机制，实现了优质素材持续供给；新华报业传媒集团旗下客户端交汇点尝试纸媒客户端的社交化转型，面向用户发起系列线上活动，激发用户的互动参与。

3. “新闻 + 政务服务商务”

《关于加快推进媒体深度融合发展的意见》强调：“探索建立‘新闻 + 政务服务商务’的运营模式，创新媒体投融资政策，增强自我造血机能。”

一些媒体在“新闻 + 政务服务商务”方面做出了积极探索。拓展政务服务商务领域，长城新媒体集团深耕社会资源，多元布局，通过科技、电商、品牌活动、政务新媒体等服务板块，增强新媒体产业综合实力，深耕“融媒 + 县域电商产业”、特色产业新基建、新型智慧城市建设模式，主动融入地方数字化建设，赋能县级融媒增强综合服务能力。截至 2022 年底，该集团资产总额是筹建初期的 5 倍，净资产总额是成立之初的 13 倍。

河南顶端新闻 2021 年创办，短短两年，已初步形成了自我造血能力，探索打造了顶端巨浪、顶端文创、顶端智库等数字营销品牌。顶端新闻传媒科技有限公司董事长关国锋介绍，顶端新闻 2022 年营销较 2021 年增长 418%，2023 年上半年营收同比增长 443%；顶端商报融合后，2023 年上半年营收同比增长 79%。

（二）市场机制改革推向深入

《关于加快推进媒体深度融合发展的意见》强调，要发挥市场机制作用，增强主流媒体的市场竞争意识和能力。

在媒体融合中发挥市场机制作用，不仅意味着主流媒体需要增强自我造血机能，拥有经济支撑能力；更意味着打造新型主流媒体过程中技术手段、运营推广、内容生产、流量变现、发展战略等系列环节市场竞争意识的建立和市场竞争能力的增强。

传统的事业体制越来越成为制约发展的瓶颈，在市场机遇面前的反应速度、反应能力明显落后于市场；传统的行政级别和有限的绩效奖励制度也不适应市场，导致人才流失、新兴市场人才不愿意来。传统媒体存在着容错机制弱、激励办法少、市场反应慢等问题，融合障碍、隐性风险增加。在融合发展中，事业体制管理模式与新媒体市场化方向不匹配；同时，在一个体系内，事业和企业两种体制并存，资源和业务板结，难以打通。

安吉县融媒体中心主任祝青说：“市场高于扶持，要坚持走市场化路子，以竞争来保持媒体单位的良性发展。只有走市场化路子，通过良性运营源源不断从市场中获得资金支持，才能让‘新闻 + 政务服务商务’有效运行。”2021 年，安吉县融媒体中心确立了事业单位企业管理的公司化运营模式，充分释放了体制机制改革的活力，营收连续 9 年增幅都在 10% 以上，2022 年总营收达到 4.87 亿元，2023 年上半年更是同比增长 38.3%。

（三）发力基层社会治理

媒体在国家治理体系与治理能力现代化中扮演着重要角色，应跳出媒体做融合，在整体深度融合转型的基础上，充分利用制度优势，积极融入国家和当地经济社会发展大局以及国家治理体系和治理能力现代化的工作中。比如，“南方 +”采取“全面融合”的平台搭建思路，并通过一体化措施，彻底打通集团内部资源并有效对接集团外部相关资源，初步形成了具有一定用户规模、盈利模式多元、服务能力强的“基于广东、面向全国”的“治国理政新平台”。

从县级融媒体中心发展角度看，更应有效整合县域内各种媒体资源，才能实现“主流舆论阵地、综合服务平台和社区服务枢纽”的建设目标，包括县域内各部委办局创办的各种政务自媒体、商业自媒体等，借势县级融媒体中心建设将其整合管理，协同发布。要让县域内几十万人、各部委办局、企事业单位为“县级融媒体中心”制造信息产品并创造交易，达成“服务群众、引导群众”

的目标。河南项城县融媒体中心整合了全市70个官方网站、42个微信公众号，进行统筹管理，信息统一发布；还与其他单位合作，将各镇办的服务大厅业务办理、问题投诉、热点答疑等接入融媒体中心，打造“智慧城管”，将井盖、路灯等实行网格化管理，市政设施一旦损坏，融媒体指挥中心能收到警报，然后定位处理。

（四）建设全媒体传播体系

2020年6月30日，习近平总书记在主持召开中央全面深化改革委员会第十四次会议时强调：“推动媒体融合向纵深发展，要深化体制机制改革，加大全媒体人才培养力度，打造一批具有强大影响力和竞争力的新型主流媒体，加快构建网上网下一体、内宣外宣联动的主流舆论格局，建立以内容建设为根本、先进技术为支撑、创新管理为保障的全媒体传播体系，牢牢占据舆论引导、思想引领、文化传承、服务人民的传播制高点。”

党的二十大报告提出：“加强全媒体传播体系建设，塑造主流舆论新格局。”这是基于时代发展趋势和国家战略要求，建设具有强大凝聚力和引领力的社会主义意识形态，服务中国式现代化进程的重要文化建设方向和目标，也是新闻事业中国式现代化的重要特征。

近些年，在新兴媒体的冲击和媒体融合的纵深推进下，我国长期形成的中央、省、市、县四级媒体架构，以及广播、电视、报纸、期刊、网站多元媒体格局，面临挑战和重构。一方面，新媒体传播的无疆域特征消解了四级媒体架构的传统传播生态，新媒体传播并无层级的区别，区域特性也几乎无法凸显；另一方面，在媒体融合向纵深发展中，广播电视台、报社、杂志社、网站等各自为政的多元媒体格局面临挑战与重构，同质特征明显。

建立全媒体传播体系的价值正在于此，必须将改造现有媒体结构和布局放在首要位置，这也是媒体融合发展步入系统化、全局化的更高要求。它适应新兴媒介发展和媒体融合纵深推进的大趋势，针对中国媒体格局重构的需求，提出有中国特色的解决方案。目标就是要“形成资源集约、结构合理、差异发展、协同高效的全媒体传播体系”，手段就是“以内容建设为根本、先进技术为支撑、创新管理为保障”。

在顶层设计的推动下，全国各级各类主流媒体积极参与全媒体传播体系建设。省级、地市级广电与报业的整合如火如荼；中央、省、市三级媒体积极打造云平台，为县级融媒体中心提供技术与平台入驻支持，形成传播合力……全国各级各类主流媒体积极开拓新媒体市场，围绕媒介形态、内容产品、生产机制、话语方式等全方位创新，积极利用5G技术、大数据、云计算、物联网、区块链、人工智能等为用户提供更丰富的内容服务、满足个性化需求，在移动传播环境中不断提升自身“四力”。一个服务并助力于中国式现代化的全媒体传播体系正在加速推进中。

四、结语

习近平总书记指出，要推动传统媒体和新兴媒体从简单嫁接迈向相“融”阶段，从“你是你，我是我”变成“你中有我，我中有你”，进而变成“你就是我，我就是你”，实现内容、渠道、平台、经营、管理等方面的全面融合。媒体融合的十年历程已历经这三种不同形态，正在走向真正的“相融”。不可否认，媒体融合仍然处于探索中，深度融合推进中存在的一些问题也不容忽视，解决、克服这些问题必然会推动媒体融合实现新的跨越，更大程度上实现“你就是我，我就是你”的全面融合局面。

（陈国权：新华社研究院主任编辑、中国记者编辑室副主任；本文摘自《中国记者》杂志2023年第8期）

新时代我国媒体深度融合发展的理路与进路考察

沈正赋

媒体融合发展是新闻媒体和科学技术发展到一定程度产生交互作用和影响的产物，既是新旧媒体迭代发展的必然结果，也是新技术在媒介领域的广泛应用与扎根生发。在全世界范围内，媒体融合至今没有现成的成功经验值得借鉴，探路就成为传统媒体在转型过程中一条不可回避的发展选择。党的十大以来，我国逐步探索出了一条符合中国国情、具有中国特色的媒体融合发展道路。

2014年8月18日，中央全面深化改革领导小组第四次会议审议通过了《关于推动传统媒体和新兴媒体融合发展的指导意见》。这一年，被称为“媒体融合元年”。自此，我国的媒体融合进程按下了“开始键”。

以习近平同志为核心的党中央高度重视媒体融合发展，注重加强顶层设计和媒体的体制机制创新，把推动媒体融合发展作为党中央的重大决策和战略进行全面部署与落实。从媒体融合发展到媒体深度融合发展，再到县级融媒体中心建设，层层推进、步步为营。2022 年 8 月 18 日，中宣部相关负责人在“中国这十年”系列主题新闻发布会上正式宣布：中国这十年，我们着力“促进媒体融合发展，各级各类媒体传播的内容方式发生重大转变，中央主要媒体完成创新转型，2585 个县级融媒体中心建成运行，新闻舆论传播力、引导力、影响力、公信力大大提升”。这段带有结论性意义的官方观点表明，党的十八大以来，我国媒体融合发展已经取得了较为显著的阶段性成果，而且这些业绩还得到了官方的接受、认同和认可。本文拟结合过去十年来我国在媒体融合发展中取得显著成绩和卓有成效的一些代表性和典型性案例，对这一时期我国媒体融合发展的理路与进路作出梳理和归纳，力求阐述其中所体现出来的具有指向性、规律性、普遍性和操作性等理论与实践问题。这不仅是对过去十年媒体融合发展历史和经验的总结，也是对未来媒体融合发展路径和趋势的探索和展望。

一、我国媒体深度融合发展的理路

媒体融合绝不是远离社会现实的一种奇思妙想，而是经历一个从“可能”到“可行”的渐进式发展过程，在探路过程中既要遵循新闻媒体和科学技术自身的发展规律，也要拥有突破传统、解放思想、与时俱进的创新性意识与工作理念。

（一）打破传统媒体固有生态格局，构建互联网思维

传统媒体时代的报纸、广播、电视都属于单一化的媒体，报纸主要依托文字、广播主要依托声音、电视主要依托画面，基本上是以某种信息表现符号和形态在进行新闻的生产与传播。这一时期，由于媒体本身的稀缺性和受众选择的有限性，这三种传统媒体大多处于“井水不犯河水”的生存与发展状态。新媒体时代，随着网络技术在新闻传播领域的广泛运用，这种“鸡犬之声相闻”“老死不相往来”的“信息孤岛”局面被彻底颠覆和瓦解，受众对信息的需求发生了革命性变化，不再满足于接受单一符号的信息传播，而是倾向于多业态、多形态、多品种的复合式媒介产品。在媒体融合发展逐渐变成可能和现实的情况下，媒体融合发展便打破了传统媒体过去“躲进小楼成一统”的独立发展的单一模式，逐步消除了长期以来存在彼此间的天然区隔，形成相互连接、联通的新媒体矩阵格局。这就是互联网思维方式带来的结果，是新技术在新闻传播领域嫁接和催生的结果。“互联网思维是互联网时代媒体人必须具有的思维品质，其基本内涵主要包括互动、自由、合作、协商、平等、体验、对话、共享等传统媒体思维中所缺失的关键要素。”互联网思维主张互通互联，反对信息垄断与媒体割据，打造信息生产与传播的利益与命运共同体，从“以人为本”出发，引领信息革命与发展新潮流，满足受众和用户对信息的多样化和个性化需求。

（二）满足受众的主体性诉求，坚持视频优先、移动优先

传统媒体时代，由于新闻媒体在信息生产和传播上具有一定的垄断性和主导权，受众在新闻的接收和接受上往往是被动的，缺乏主动性，再加上信息资源和传播渠道相对匮乏和稀缺，受众在别无选择的情况下只能被动地接受这种信息的传播方式。或者说，受客观条件的制约，受众的部分诉求难以得到满足。到了互联网时代，受众或用户的主动性显著增强，随着传受双方反馈和互动机制的建立和健全，受众的合理诉求能够得到及时的掌握和回应。随着手机、平板电脑等移动新媒体的出现和普及，受众不再满足于纸质版的纯文字阅读，也不再受制于“只闻其声，不见其人”的广播语音播报方式，以及受到时间和空间限制的电视机观看模式，在“无图像，不新闻”“无视频，不传播”的新媒体时代，受众大多追求的是立体多维的、直观的、通俗易懂的、流媒体的短视频播报形式，而且能够在移动状态中接收、浏览和观看。有研究显示，大脑处理视觉信息的速度比文字要快 6 万倍，视觉辅助可以将学习效率提高多达 400%。这是从科学层面印证了视频化叙事的存在优势。于是，视频优先、移动优先的传播新方式应运而生，也成为传统媒体转型升级与新媒体融合发展的重要选项。一方面是科学技术的发展与广泛运用使得条件得以满足和实现，另一方面也是新闻媒体“以人为本”“以受众为本”理念的真正落实。在市场经济的背景下，受众就是上帝，市场就是生命。尊重受众的主体性地位，满足受众对信息传播的多样化需求，应是新闻媒体改革的基本方向和发展的动力源泉。

（三）摒弃传统落后评价体系，树立新型人才标准与理念

传统媒体时代的人才标准和绩效薪酬考核方式比较符合当时各类新闻媒体的实际运行状况，纸质媒体稿件质量的评判标准主要参照字数和版面位置，广播和电视稿件的质量主要参照播出条数与时长；新闻记者或编辑的专业水平主要参照所采写和播发的稿件数量与质量来衡量。至于新闻稿件的报道效果和影响力则缺乏统一和科学的评判标准，大多只能以内部资深评审专家的主观印象与主观化评分作为参考依据。一般而言，报纸的发行量、广播的收听率、电视的收视率只能衡量媒体的综合实力，难以评估具体新闻作品的水平，更难以评价新闻记者或编辑的专业水准和业务能力。新媒体可以根据具体新闻作品可以量化的阅读量、点击率、跟帖数，以及内容的评价来衡量和评判其质量，再依据这一组相对

客观的数据来对记者或编辑的“爆款”作品及其工作绩效进行评判。不仅如此，新媒体作品与传统媒体作品在形态上也有不同，除了文字，还有音频、视频、图表、漫画、表格等多形式的作品样态，以及微博、微信、客户端、微视频、抖音、快手、小红书等新媒介的运用，这些都要纳入新闻工作者业务考核和薪酬绩效计算的范畴。全媒体时代，新闻记者需要是个多面手，融媒体记者样样精通，擅长使用多种业务手段进行新闻的策、采、写、编、发、评，传统的主要以文字来衡量新闻记者的办法明显不符合时代发展。在媒体融合发展的情境中，媒体的经营与管理能力也应当被纳入新型人才的评价标准与理念中，媒介市场的调研与开发、各类媒介作品的推广与营销、媒介作品版权的维护与交易、多种经营业态和资源的整合与利用等，都是新媒体背景下的媒体功能再造与媒体人新的职业行为，理应成为评价和衡量新型新闻传播人才的重要参数和新的标准。

二、我国媒体深度融合发展的进路

媒体融合发展是一个世纪性命题和世界性难题，各国新闻媒体都在“摸着石头过河”中上下求索，既有一些阶段性成功经验，也有一些改革失败的教训。我国各级各类新闻媒体经过了十年的艰苦探索和大胆实践，媒体深度融合发展的路径大致表现在这样几个方面：

（一）实施传播平台再造

平台建设是媒体融合发展的关键聚合力。传统媒体都是一个个独立的实体单位，主要是报社、广播电台、电视台、网站等，其工作模式基本上是独自操作新闻的采编工作流程，独立运营，实行企业化管理，自负盈亏。新媒体融合发展就打破了原来的媒体生态格局，将原来各自为政的报纸、广播、电视及其新闻网站、“两微一端”等进行有机整合，在融入式、嵌入式、渗入式上用力，打通媒体间的天然屏障，实行一体化管理和运作，打造全方位、多层次、立体化传播矩阵，在互联网思维的统领下，构建新型综合性新闻生产与传播主流平台。把过去分散在报、台、刊、网、端和其他第三方平台的采编力量和内容资源整合集中起来，建设一支同时服务于新媒体、报纸、广播、电视等多平台一体化运行机制的采编队伍。如果把原来的单一媒体视为一条条小船、一叶叶扁舟，那么整合后的新媒体平台就是一艘“航空母舰”，综合性功能齐全，整体实力雄厚，分工科学合理，相互配合协调，便于统一作战和实施大规模团队作战，适合驾驭重大主题的采访报道，最大限度地发挥平台集约化传播效应，进而彰显我国新型主流媒体助力经济社会发展的强大功能和引导舆论的积极作用。

作为媒体融合发展的最先探索者和践行者，《人民日报》推出全国移动新媒体聚合平台“人民号”，打造主流价值内容生态，探索为优质内容创作者大力提供平台流量支持，逐步形成了“图、文、音、视”四大内容形态，形成了涵盖新闻、政务、科技、社会在内的全领域、深垂直的资讯结构。新华社新媒体中心开发的“现场云”全国服务平台就是一个综合性的媒体融合发展新平台，是新华社从传统媒体内容供给侧改革出发，自主设计、自主建设、自主掌控的新媒体原创内容移动化生产传播平台，为入驻用户免费提供基于移动端的全媒体采编发功能和面向移动互联网的现场新闻生产系统。该平台采取全媒体信息流的方式，兼容视频直播、视频导播、短视频、动图、轻应用、图文等报道手段，提供强交互的用户互动功能，实现只用一部手机即可发起全息化、直播态报道的设计目标。

（二）推进生产流程优化

传统媒体的新闻生产和传播流程都是在媒体内部进行自我体内循环，与其他媒体基本无涉，这样不同媒体可能会为了同采一则新闻，出现众多记者扎堆现象以及新闻同质化倾向，一定程度上造成新闻资源和新闻人才的浪费。再加上媒体各种资源相对分散，难以形成合力并产生拳头产品和精品作品，缺乏应对市场的抗风险能力和核心竞争力。新媒体平台搭建之后，在“中央厨房”的统一策划、统筹、指挥和调度下，新平台集策划、采写、编辑、审稿、发稿、评论、反馈、互动等为一体的全链条业务操作流程，实行“一次采集、多种生成、全媒传播”的新型生产与传播模式，真正实现全程媒体、全息媒体、全员媒体、全效媒体。不仅简化了新闻工作流程，节约了新闻生产与传播成本，最大限度地调动了各方面的积极性、创造性和主观能动性，发挥物尽其用、人尽其才的作用，而且提高了新闻传播工作效率，形成了符合受众个性化需求的多种表现手段及其形态的作品，根据媒介市场的受众分类及其差异化诉求，把不同媒体定位后的独特作用充分激活起来，从而满足不同受众群对相应媒介产品的不同需求。

媒体融合时代，“中央厨房”成为媒体转型与升级的标配。《人民日报》依托全媒体新闻平台“中央厨房”再造新闻生产流程，有效整合各种媒介资源和生产要素，让“一次采集、分类加工、多元生产、分众传播”的全媒生产成为常态。《中国青年报》全媒体采编系统经过升级迭代，支持报社体系下所有原创新闻内容的采集、编辑、审核、分发，并与中青智慧云内容管理系统、中青网内容管理系统、中青视频直播管理系统、青波大数据传播跟踪反馈系统、全媒体考核系统有效衔接，构成“融媒云厨”内容生产制作分发平台，实现了客户端、报纸、网站原创新闻内容统一策划、采集、编辑、存储、终审、共享使用、多元发布，使报社在“专业主导，三端融合”的内容生产制作模式下通过全媒体协调机制形成新闻报道的有机整体。

（三）实行体制机制改革

体制机制改革是实现媒体融合向纵深发展的关键，

体制机制创新是媒体融合发展的强大支撑力。传统媒体背景下的体制与机制虽然曾经发挥过重要的历史作用，但是经过了较长时期的运行就显得较为僵化和呆板，难以适应时代的进步和新媒介的发展形势，束缚了新时代新闻传播事业继续发展的“手脚”，对落后的体制与机制进行改革势在必行。党的十八大以来，我国各级各类媒体从供给侧结构性问题入手，树立人才是第一生产力的发展理念，改变新闻人才的评价标准，调整绩效考核管理方法与体系，最大限度地调动新闻媒体内部新闻工作人员的积极性和主动性。在体制上，虽然“事业单位、企业化管理”的体制维持不变，但是根据现代企业管理制度的要求，大多数媒体实行“老人老办法、新人新办法”的政策，不再增加事业单位编制，而是采取更加灵活的人事代理聘用制方式解决新进人员的劳动用工问题，实行同工同酬、按劳取酬的薪酬待遇标准。在机制上，打破传统媒体原来的内部格局，整合成立融媒体新闻中心，鼓励采编人员向融媒体全技能人才转型，实现从单一新闻形态记者转变为掌握文字、摄影、视频、微信运营的“全能记者”，记者负责所有媒体的新闻采访工作，编辑主要根据不同媒体的性质进行分工，负责编辑和处理融媒体新闻记者中心提供的分类新闻稿件。改进传播方式，实现重大消息先上网再见报，先简报再详报，形成即时采编、即时发稿的传播新机制，这些完成的新闻成品再由专人推送到相应平台供各类用户选择使用。

《新疆日报》融媒体技术平台“石榴云”，通过多维度数据挖掘分析，建立综合考量内容导向、创新方法、发稿量、点击量等指标的绩效考核标准，用考核指挥棒引导采编队伍转型。《兰州日报》融媒体中心运用新闻大数据技术辅助全媒体新闻生产，实现传播分析、版权追踪、竞媒分析、用户分析，能够让新闻生产更加高效、传播更加精准。中心通过大数据智能辅助生产系统，可以对稿件阅读量、转载量、点赞量、评论量进行量化分析，也可以通过数据进行受众画像。通过全媒体稿件动态追踪，全面检测稿件传播效果，对记者编辑进行考核，改变以往主观考核的局面，保证考核公平公正。

（四）打造现象级“爆款”作品

新闻媒体是为受众提供新闻作品和产品服务的，只有能够生产出优质的新闻产品，才能满足受众的新闻消费需求。媒体融合发展状态下，各家媒体均鼓励采编人员跨媒体、跨部门组建工作室或成立创意项目团队生产新闻创新产品。与此同时，在考核机制上，也加大融媒体作品考核比重，鼓励采编人员多写稿，写好稿优稿，多出融合创新的优质融媒体作品。在这一导向机制的驱动下，新媒体作品无论是数量还是质量都得到了大幅度提升，一些现象级爆款产品开始涌现，既增强了新闻媒体的市场竞争力，又打造了一幅幅新媒体作品有效传播的新景观和独具特色的新闻风景线，新闻媒体内容和品牌的传播力、引导力、影响力、公信力不断提升。

中青报全媒体推出的《习近平与大学生朋友们》系列特稿、周播交互视频产品“青年大学习”系列团课等，全媒体推出的“中国好青年”“强国青年”“强国一代有我在”“向上向善好青年”故事等，都成为向世界讲好中国故事的青春样本，成为努力实现中国梦的青春“宣言书”。中青报发布“战疫”原创报道约2万篇（条），传播总量超170亿人次，开设网络专题9个，主持微博话题800余个，涌现了一批新媒体爆款产品。其中微信公众号刊发的《互喊加油，四大“天团”会师武汉！网友：王炸来了，中国必胜！》阅读量达1559万、转发量82万、点赞量6.6万，创该报单篇微信作品阅读量新纪录。《青年大学习：在疫情防控中体现负责任大国担当》H5，点击量达到1.4亿人次，直接参与学习互动的人数高达4678万人。《羊城晚报》、羊城派客户端、金羊网等平台发布与抗疫相关的新闻稿件超过7万篇，其中原创稿件超3万篇，《羊城晚报》自有全媒体平台流量超5.3亿。疫情期间推出了《我们不怕》《疫·家人》《中国行！让我们共护家园》等4个上亿流量的“爆款”现象级短视频产品。

（五）开展资源要素整合

无论是传统媒体还是新兴媒体，一般或多或少都拥有专属的优质资源和稀缺资源，包括内容资源、渠道资源、人才资源等。对于传统媒体而言，这些资源和条件大多是长期以来积累起来的宝贵资源，弥足珍贵，单一资源的作用可能较为有限，然而，如果把这些散落的资源整合起来，就会产生明显的综合作用与影响。对于主流媒体而言，这些资源是无价之宝，开发、挖掘和有效利用这些优质资源是进一步提升党媒生存和发展空间的重要途径。媒体融合发展背景下，各级各类党媒的主要做法是，充分利用党媒的传统资源优势，坚持社会效益和经济效益相结合的方针，重视对科学技术在新闻传播领域的广泛运用，着力构建“新闻+政务+服务+商务”的新手段与新方法，吸引和吸纳社会资本输入和参与新媒体建设，强化媒体版权维护意识，一方面加大对新闻侵权不法行为的监督与法律诉讼，另一方面充分利用自己的独家新闻资源作为盈利的无形资产在媒介市场上开展合理和公平的版权交易，进而助力经济社会的发展。这些有形和无形资源要素的有效整合，通过开疆拓土既实现了“节流”又做到了“开源”，既服务了社会又壮大了自己，可谓一举多得。

《南方周末》实施“内容付费”工程，对外打通知识付费渠道网络，对内扫清内容生产转型障碍，推进从新闻到内容衍生产品的开发，构建具有自身调性的知识付费产品体系与品牌形象，再造南周的生产流程和消费场景，促进南周长期稳定可持续发展。《新京报》不断强化内容版权意识，尤其是新媒体版权意识，重视版权作用，收集打造专门的素材库，加大版权合作力度，确保优质内容在全网络主要平台的全覆盖，促进了版权收入的大幅度增长。在版权、政务和媒体智库等方面共同发力，既拓展、延伸了新闻报道内容，也为经营工作开辟了新的经济增长点。

在媒体融合推进过程中，我国的媒体融合发展经历了媒体融合、媒体深度融合发展等几个阶段，其中县级融媒体中心建设是作为媒体深度融合发展的一个重点单元单独设计和发展的。此前，在我国推动媒体融合发展以新闻媒体为行为主体，而不是以行政级别为单位进行媒体融合发展设计和推动的。我们既没有看到国家级融媒体中心建设的概念，也没有看到省级、地市级融媒体中心建设的概念，不是不提倡建设国家级和省级、地市级融媒体中心，而是在推动国家级、省级和地市级融媒体中心建设的同时，着意突出和强调县级融媒体中心建设的特殊性、重要性和必要性。因此，为了行文的方便，下文把县级融媒体中心建设的基本方略单独列出进行论述。

三、我国县级融媒体中心建设与发展方略

我国新闻媒体一般根据行政级别划分为中央级、省级、地市级和县区级等四级媒体，各级别媒体具有独特价值和作用。县级媒体也被称为“根部媒体”，一方面说明它是最接近基层群众的一级媒体，另一方面也说明它是我国社会阶层中最基础、最根本的媒体组织。2018年8月，习近平总书记指出：“要扎实抓好县级融媒体中心建设，更好引导群众、服务群众。”这是从国家战略层面为县级融媒体建设指明方向。建设好和发展好县级融媒体中心就意味着“上接天线、下接地气”，打通了我国媒体深度融合发展的“最后一公里”，补齐了我国媒体融合发展的最后一块“短板”。

（一）自建和搭建并举，注重新媒体平台的自主与寄生

建设与媒体融合相适应、相匹配的新媒体平台是推进与落实媒体融合发展的重要载体与抓手。然而，以“中央厨房”为标配、为代表的新媒体平台建设，需要投入一笔不菲的资金，而这笔资金又不是每个县级媒体都能够承担得起的。在地方经济实力较强的沿海发达地区，一些县级融媒体中心在政府财政的大力支持下，搭建了属于自己的新媒体平台，助推媒体融合发展。而对于一些经济相对欠发达的地区而言，在当地政府财政一时难以满足新建新媒体平台的情况下，县级媒体坚持“不求所有、但求所用”的原则，与省级、地市级融媒体中心合作，在它们的新媒体平台上设置或开辟自己的门户或窗口，谋求资源共建共享，充分利用省级、地市级已有的新媒体平台，通过寄生和侨寓的方式承建县级融媒体中心平台，实施和推进自己的媒体融合发展工程。坚持“造船”或“借船”两种方式“出海”，是我国不同地区县级融媒体中心在新媒体平台建设上根据自己的经济状况所选择的两条道路，无所谓孰优孰劣，只是所在县级媒体立足自身实际、量力而行的结果，充分并有效地利用新媒体平台才是县级融媒体中心建设需要考量的前提和依据。

基于全省一张网的总体设计，山东省宁津县依托该省县级融媒体中心技术支撑，建立了融媒体中心指挥调度系统“中央厨房”和闪电云系统，在全省率先实现了省、市、县、乡四级平台关联，为一体化运行奠定了基础。为解决县级融媒体中心面临的现实困境，探索出一种激发内生动力与外部有效支撑的模式，贵州日报报刊社、贵州日报当代融媒体集团发起组建了贵州融媒体云上编辑部，以“云编辑”为理念，构建了贵州首家覆盖全省县级融媒体中心的编辑部，协助入驻的各县级媒体实现内容、技术、创意、策划等方面的“共建、共享、共融、共赢”。

（二）深耕本土，根植乡土，打造原创新闻作品与产品

相对于中央级、省级、地市级媒体，县级媒体是离基层和老百姓最近、最接地气的一级媒体，它的最大优势和天然资源是本土和乡土信息，这些无疑是县级媒体的第一手资源，不仅获取成本较低，而且获取的都是原汁原味的鲜活素材。县级媒体无须与中央级、省级、地市级媒体抢夺那些“高大上”的共性信息，避免出现新闻同质化倾向，而应立足本地，深耕本土，根植乡土，在本地化上下功夫，在个性化和独特性上做文章，就地取材，因地制宜，打造具有浓郁地方特色和地方文化、服务当地群众的原创性新闻作品和产品。实际上，在我国，每个地方经过几百年甚至上千年的文化和生活浸润，都有独特的风土人情、风俗习惯、人文景观、文化特质等，各地的受众也有他们的审美习惯和审美趣味，县级媒体可以根据他们的精神需要和心理诉求，精心定制并精准推送这些原创的融媒体新闻产品，甚至还能打造深受当地受众欢迎与喜爱的“爆款”产品，不仅让当地受众实现了对媒介的使用与满足，而且也让县级融媒体中心的功能和作用得到最大限度的彰显和发挥。

湖南省醴陵市融媒体中心在推进媒体融合过程中，紧扣“新闻本土化、栏目民生化、直播常态化”原则，以内容为王、以质量取胜，持续做优新闻、做精专题、做实报纸、做响广播、做活新媒体、做大外宣，推出了一批有锐度、有温度的融媒产品。“醴陵党史故事”“渌水儿女心向党”“记者带你打卡醴陵红”3个主题鲜明的系列短视频，总点击量达350万+。湖北省宜昌市夷陵区融媒体中心，针对三峡地区得天独厚的旅游资源，将目光聚焦三峡人家风景区，把“媒体+旅游”作为“媒体+”的突破口，与三峡环坝旅游集团积极开展合作，联袂打造2020“云端三峡”大型山水实景直播上线仪式，绝美的三峡人家风光、原生态的民俗歌舞表演、独特的峡江文化在“云端上夷陵”APP“云端·三峡大剧院”

专题精彩呈现，以直播等形式为游客打造沉浸式游玩体验，推进文旅融创深度合作。

（三）发挥社区信息枢纽功能与作用，提供精准化服务

社会学认为，社区是指生活在一定地域内靠互动关系和共同文化来维系的人们所形成的生活共同体。在社区内，人们不仅有着频繁的交往，而且有着共同的归属意识和一定的社会利益关系，社区因此成为人们日常生活的最基层社会单元。在我国，无论是城市社区还是农村社区，它们都是社会中最小的一个单元组织，被誉为社会肌体里的毛细血管。网格化结构是社区的基本形式，这是一个既便于居民生活又便于社区管理的群体"部落"，整个社会就是由无数个网格化社区所组成的庞大组织架构。生活在社区的普通居民在日常工作和生活中需要及时全面地了解并掌握各种资讯和信息，这些信息既有来自大千世界的外部信息，也有来自所在社区的内部信息，以求进行共享与分享。县级融媒体中心作为居民身边的媒体，就可以扮演社区信息供给者的角色，工作重心下沉到社区，根据社区居民们的普遍需要，生产和传播适销对路的信息产品。县级融媒体中心要经常走进社区实地开展调查研究、体验社区居民生活，通过开展传受双方的信息互动与交流反馈，了解他们的所思所想所盼，大到政务信息，小到居民日常的用水用电、教育医疗、交通天气、法律咨询、劳务用工等基本信息，便于及时发现问题、分析问题和解决问题，真正实现贴近实际、贴近群众、贴近生活，打通信息传递"最后一公里"，不让较为偏僻的社区沦为被新媒体遗忘的"信息孤岛"，让新媒体在网格化社区管理工作中发挥媒介化治理的独特价值和辅助作用。

宁夏回族自治区银川市贺兰县融媒体中心打造的"魅力贺兰"APP，聚合数十个职能部门的发布平台，推出直播、在线访谈、在线咨询等在线互动，接入就医、气象、快递、机票、酒店、电影、家政、代驾等10余项便民服务，逐个搭建社区平台，成为社区群众的"便民店""便利店"，打通引导群众和服务群众的"最后一米"。江苏省邳州市融媒体中心，利用APP对接"智慧城市"建设和公共服务平台，聚合各类优质公共服务资源，打造一站式社区服务终端，开通便民查询、便民支付、同城生活、房产、招聘、医疗服务、明厨亮灶、教育培训等功能应用，已接入各项便民服务事项50多个，入驻商家企业达230多家；开通"云招聘"平台，帮助近6000名求职者在疫情期间线上找工作；启动智慧社区云平台建设，融入网格化社会治理；推进新媒体梯影终端部署，覆盖社区小区、车站、医院、商超等公共场所，提供政务信息、应急发布、生活服务等信息。

（四）助力乡村振兴战略，推广直播带货活动

乡村振兴是继脱贫攻坚之后党和国家实施的又一项重大战略决策，对于全面建成小康社会、建设社会主义新农村来说具有继往开来、彪炳史册的重大意义。长期以来，我国城乡二元结构导致城乡之间在经济和文化上存在较大的鸿沟和差距，尽力缩小这种城乡差距绝不仅仅是各级政府所要面对和解决的事情，也是县级融媒体中心可以有所为作为、发挥作用的"用武之地"。虽然"新闻+政务""新闻+服务""新闻+商务"是目前各级各类融媒体中心普遍采用的"新闻+"模式，但是县级融媒体中心利用新媒体平台开展和推广"直播带货"活动所发挥的积极作用还是较为突出和明显的。因为农村的一些季节性农产品和土特产品积压与滞销现象较为普遍和严重，直接影响了农民的经济收入和生产积极性，亟待推销变现，而一些偏远农村由于远离城市，受到信息缺失、交通不便等因素的制约，农副产品很难在更大的范围内推广与销售。在这样的关键时刻，县级融媒体中心将直播间设在了田间地头，邀请地方政府官员、名人明星、电台电视台主持人等走到台前、镜头前，在线上宣介这些鲜活的农副产品，给当地农民带来实实在在的好处，让"藏在深山人未识"的农副土特产品"终有时日露峥嵘"，进而实现社会效益和经济效益双丰收，助力乡村振兴战略的实施。

河南省汝州市融媒体中心与淘宝、商博会等电商平台合作，开展"书记镇长代言家乡"公益直播助农活动，推销汝瓷、水果蔬菜等当地特产及名优农产品，先后开展150余场直播活动，拓宽农副产品线上销售渠道，助力全市乡村振兴。2020年6月，湖北省保康县融媒体中心与中燃集团、歇马镇联合开展"深化政企合作、助力脱贫攻坚"网络直播带货活动，为该镇的有机绿茶、土蜂蜜、生态大米等农产品"代言"，助力群众增收致富，直播2小时30分钟，吸引5万多名网友观看，线上下单1280单，销售农产品50.83万元。他们还以"暖心助农乡村发现"为主题，进村组、到车间，现场推介农副土特产品，使爱心网友与贫困群众精准对接，12场大型直播共为群众增收400多万元。不仅如此，该中心40名全媒体记者、主持人还自发深入贫困户家中制作、推送《我为贫困群众代言》短视频，销售农产品30多万元。

四、结语

媒体融合发展战略在我国已经推行了10年，如何在巩固现有的基础上继续推进和完善媒体深度融合发展，中共中央办公厅、国务院办公厅印发的《"十四五"文化发展规划》中对未来5年的发展目标作出了明确的规划和部署。"十四五"期间，推动有条件、有实力的中央媒体尽快建成新型主流媒体"航母"和"旗舰"，其他中央媒体围绕自身定位，打造专业优势、鲜明特色；省级媒体要重点建设成为区域性传播平台，打造特色新媒体品牌，提高新闻生产力，更好地服务地方经济社会发展；地市级媒体要坚持因地制宜、因势利导、灵活机动，

积极探索自身融合发展模式，可各自建设融媒体中心和传播平台，也可以做好资源统筹和机构整合，共同打造市级融媒体中心；县级融媒体中心建设要在基本实现全覆盖的基础上，进一步建强用好，实现可持续发展，推动2500余家县级融媒体中心深化“新闻+政务+服务”，更好引导群众，服务群众。由此可见，我国媒体深度融合发展需要分级分类精准施策，每一层级的发展都需要根据自己的优势和特色进行精准定位，不能盲目地照搬照抄，生吞活剥，一味模仿，简单搞“一刀切”，导致失去了自己的独特性、个性化和创新性，从而出现千“媒”一孔，万“媒”一面。我们需要结合中国的国情、省情和地方的实情进行小心求证、大胆实践，遵循新闻传播规律和媒体深度融合发展规律，科学稳步地实施与推进，探索出一条适合中国媒体深度融合发展的理路与进路，为促进世界新闻媒体融合发展彰显中国智慧、打造中国方案、提供中国样本。

（沈正赋：安徽师范大学新闻与传播学院教授、博士生导师；本文摘自《新闻春秋》杂志2023年第3期）

AIGC在新闻传媒业的应用、问题与前景展望

杜智涛 张新俏

人工智能在创作速度、内容创意、表现力和传播力方面表现出令人亮眼的成绩，被公认为继PGC和UGC之后的新一代内容创作方式。随着人工智能技术的不断发展，AIGC技术在新闻传媒业的应用也日益成熟，在新闻信息采集、生产、分发、反馈等各环节不断渗透，推动着内容产业全链条的变革和重塑。

一、智能媒体AIGC在新闻传媒业的应用现状

（一）发展历程：AIGC应用进入破圈爆发阶段

2022年是AIGC爆火出圈的一年，不仅被消费者追捧，而且备受新闻传媒业的关注。结合人工智能的演进历程，AIGC的发展大致可以分为4个阶段，即早期萌芽阶段（20世纪50年代至90年代中期）、沉淀积累阶段（20世纪90年代中期至21世纪10年代中期）、快速发展阶段（21世纪10年代中期至今）以及当前的破圈爆发阶段（2022年至今）。

对于新闻传媒业而言，将人工智能技术用到具体的新闻生产环节集中出现在AIGC的快速发展阶段。

（二）应用布局：互联网企业与专业媒体共同构筑智媒生态

1. 互联网企业争相布局AI大模型，应用领先专业媒体

目前，国内已有百度、阿里巴巴、腾讯、华为等公司对AI大模型进行开发， AIGC领域热度持续上升，众多国内企业正尝试将相关技术应用于自身业务。虽然生成型人工智能的商业化落地仍处于探索阶段，但以内容服务为特色新闻传媒业潜力巨大，有望迎来市场机遇期。

2. 头部新型主流媒体加紧智媒布局，AI赋能媒体生产

在当前我国智能媒体生态中，新型主流媒体和头部互联网商业平台是最重要的两股力量，二者持续竞合将形塑智媒生态的未来格局。

AIGC正逐步从突发性、灾害性报道向重大时政报道拓展，作为新型融媒体生产技术在2023年全国两会期间频频亮相。

（三）技术场景：AIGC在新闻传媒业的多元化应用

1. 文字生成

在文字生成方面，按照AIGC的生产形式可以分为交互式文本和非交互式文本两种。交互式文本主要应用于聊天机器人或社交机器人。对于新闻写作而言，AIGC生成的文字大多属于非交互式文本，主要应用于结构化写作和辅助性写作。

在辅助性写作上，语音文字转录成为主要应用领域，字幕自动生成器、语音智能转换文字等AIGC应用被广泛应用于新闻生产。其次，AI生成文字类工业品还被广泛应用于生成创作型文本，适用于剧情续写、营销文本等细分场景。总体来看，文本辅助生成，是目前国内工具落地最为广泛的场景，AI技术将写稿机器人和媒体资料库结合起来，在视频、图像、音频等方面进行内容快速生产，甚至能有一定的个性风格和价值取向。

2. 图片生成

基于AI驱动的内容感知技术在图片编辑领域广泛应用，可以自动识别、一键抠图、涂抹消除、虚化背景、

更换背景等。随着国内外科技公司相关技术不断成熟，在图像自主生成领域，其落地场景不断丰富。其中，AI作画最为大众所熟知，国内外相关产品不断涌现。

3. 音视频生成

随着技术的发展，音频生成变得越来越复杂，从最初的语音克隆到拟人化语音合成，再到乐曲、歌曲生成，不断攀升。

在视频生成方面，AIGC可以完成部分视频属性调整和视频剪辑工作，助力智媒转型和视频创作提质增效。视频生成技术在自动化视频集锦、视频拆条、视频超分等领域拥有广泛的应用前景，并且有效节省了人力时间成本。

4. 虚拟数字人生成

近两年，虚拟数字人主播频频出圈，人工智能生成的虚拟数字人在广播电视和网络视频领域得到了广泛应用，各级媒体纷纷推出自己的虚拟数字人主播。除了新闻播报，虚拟数字人主播也可以应用于晚会主持、记者报道、天气预报等更广泛的场景。

二、风险与隐忧：几个亟待解决的问题

（一）深度合成服务下面临信息失序风险

具体来说，深度合成服务的滥用可能会导致信息失序和恶意传播问题。这是因为深度合成服务可以生成高度逼真的虚假文本，这些虚假内容可能会被误认为是真实的。

（二）数据管理和隐私泄露问题成为潜在威胁

对于新闻传媒业而言，AI生成的新闻报道和文章需要大量高质量文章数据支持，新闻机构、传媒公司等组织或个人的敏感信息、数据一旦被非法获取、泄露或这些主体被黑客攻击，将产生无法挽回的后果。同时，AIGC可能会受到训练数据的影响而存在偏见。如果训练数据不够全面和平衡，AI生成的新闻报道和文章也会存在偏见。

（三）法律主体性争议与著作权归属模糊

在新闻传媒业的实际应用中，AI生成的内容的著作权归属仍存在一定的模糊性和争议。如果AI生成的内容被商业使用或者进行二次创作，著作权的归属问题就更加复杂。因此，需要在新闻传播的具体实践中进一步加强对于AI生成物著作权保护的探讨和规范，明确其著作权归属，防止著作权的滥用和侵权行为的发生。

（四）建设成本过高成为规模化应用的主要限制

虽然AIGC可以大幅降低新闻生产过程中的制作成本和人力成本，但从近些年人工智能技术在新闻传媒业的应用实践来看，AIGC应用主要集中在一些新型主流媒体，主要落地的场景为大型会议报道和突发性报道，难以实现日常化、规模化的应用。其中，建设成本过高提高了许多中小型媒体的进入门槛，成为人工智能规模化应用和推广的主要制约因素。

从新闻媒体的具体实践来看，AIGC在新闻业的技术落地多通过技术合作的方式展开，人民日报、新华社、中央广播电台基于科大讯飞、百度智能云、阿里云等公司的AI技术先后成立相关智能编辑部。对于新闻业而言，在AI技术的通用性和工业化水平日益提升的当下，降低应用成本、提高应用效率和利润是其被大范围应用的关键。

三、前景展望：智能媒体传播新生态

（一）创作赋能：推进媒体内容形态创新，助推内容供给侧改革

从内容供给侧来看，AIGC可以持续、实时、高效地供给内容，传媒内容将打开增量市场，迎来内容增长的爆发期。同时，AIGC也将赋能更多非专业人士，从而促进UGC的创作浪潮。同时，AIGC的内容爆发，进一步推动元宇宙的数字场景不断落地，带来内容生产、内容消费、数字营销的新变革。

在内容供给质量上，随着数字内容数量和多样性的迅速增长，AI的创作能力得到了提升，从限定式、模板化、特定范围的模仿转变为智能化、灵活性、多模态、多感官的内容生成。

（二）助推深融：加快媒体数智化探索，智媒应用有望遍地开花

各级媒体正依托AIGC的快速发展实现其业务数字转型，并且不断扩大AI技术在媒介内容生产和分发领域的应用范围和应用场景。这些媒体平台包含主流新闻媒体、财经类媒体、行业类媒体、户外媒体等，通过文心一言提供的智能化工具，实现了智能新闻写作、智能视频剪辑、AI合成主播等功能，提高了生产效率，并带来了新的视觉化、互动化体验，推动传媒向智媒转变。可以预见的是，在不远的将来，智媒应用有望遍地开花。

（三）人才变革：亟须培养“内外兼备”的交叉型、创造型人才

面对技术革新带来的传媒变局，新闻业需要更多精进技术、业务扎实的交叉型、创造型人才。首先，新闻传媒工作者要不断精进技术，以把握新工具与新技术所带来的优势。其次，新闻传媒业需要具备跨学科背景和创新思维的“创造型”人才。

新闻工作者仍需不断增强“脚力、眼力、脑力、笔力”，创作出更多思想精深、艺术精湛、制作精良的好作品，践行新闻人的职责和使命。

（四）风险防范：生成式AI的法律规制与责任规范

首先，就法律规制而言，在《生成式人工智能服务管理办法（征求意见稿）》中规定了利用生成式人工智能产品服务的组织和个人应当承担的责任和义务。当前

尚缺乏明确、全面的法律框架来规范生成式 AI 在新闻传媒业的应用。因此，需要建立一套科学、合理的法律框架，明确生成式 AI 在新闻传媒业应用的法律责任和法律限制。

其次，构建责任规范是规制生成式 AI 在新闻传媒业应用的另一种重要手段。

此外，还需要加强对人工智能生成的文本的监管，建立人工智能生成的相关识别机制。为有效规范人工智能的发展，需要统筹制定一系列法律、行政法规、部门规章和技术标准，形成政府、行业、企业和社会各方多元治理格局，为技术发展的可持续性与安全性提供有力保障，共同推动人工智能技术的健康发展。

（杜智涛：中国社会科学院大学新闻传播学院副院长、教授、博士生导师，张新俏：中国社会科学院大学新闻传播学院硕士研究生；本文摘自《智能媒体发展报告（2023）》，中国社会科学出版社出版）

媒体融合下的出版融合与融合出版应用场景研究

董玲

媒体融合、出版融合、融合出版是目前学界和出版界热议的三个概念。截至 2023 年 5 月，知网上关于融媒体出版的论文有 1290 篇，关于融合出版的论文有 2660 篇，出版融合论文有 2132 篇。从搜索主题分布来看，出现最多的主题是媒体融合、融合出版、出版融合等。面对繁多的关于融合、媒体、出版这三个词语组成的概念，各种讨论和研究的文章纷至沓来。而很多文章对这三个概念混用，也就造成了很多因概念内涵不明造成的文章文意表达不清、论述混乱的情况。本文以出台的各种文件为切入点，分析三者的内涵和特点，研究它们之间的联系和区别以及对于出版行业的意义。通过辨析，读者可以了解三者在具体使用场景上的区别，了解各种政策背后的实际含义，以更好地开展理论研究和实践探索。

一、相关文件演进

媒体融合是一个大的概念。它的产生和提出背景源于信息技术和社会的进步发展。在互联网、大数据、5G 和人工智能迅猛发展下，基于 PC 端互联网、移动端互联网等互联网新介质，报刊、图书、广播、电视等传统媒体在新介质上开始了转型。广大读者依靠新型媒介获取信息和知识已经成为常态。

在这样一个大背景下，中央提及了“媒体融合”这个概念。2013 年 8 月 19 日，在全国宣传思想工作会议上，习近平总书记作出加快传统媒体和新兴媒体融合发展的重要指示：“要适应社会信息化持续推进的新情况，加快传统媒体和新兴媒体融合发展，充分运用新技术新应用创新媒体传播方式，占领信息传播制高点。”

中央全面深化改革领导小组于 2014 年 8 月 18 日审议通过了《关于推动传统媒体和新兴媒体融合发展的指导意见》。这标志着媒体融合正式走入中央文件，而这一年也被称作中国“媒体融合元年”，传统媒体和新兴媒体两种媒体的融合指向更深层次，从内容扩展到了渠道、平台、经营和管理，在横向和纵向上亦实现了产业内部和产业之间的贯通融合。

此后，中央各部门开始颁布“媒体融合”的各项政策和措施。2015 年 4 月，新闻出版广电总局、财政部两部门联合印发文件，对出版融合发展进行系统性、规范性的指导，推进传统出版和新兴出版在五个方面（内容、管理、经营、平台、渠道）的深度融合。

面对日新月异、迅猛发展的大数据、区块链、元宇宙、人工智能等科技，加强媒体深度融合的意见再次被提及并提到党和国家发展规划的议程上。2020 年 9 月，中共中央办公厅、国务院办公厅联合印发了《关于加快推进媒体深度融合发展的意见》，提出要加快推动传统媒体和新兴媒体融合的步伐，明确指出在政策措施、体制机制、人才技术、流程管理等方面融合的具体要求。2021 年，国家“十四五” 规划纲要明确提出了要在未来五年推进“媒体融合”的目标，强调要深入推进媒体深度融合。

在此背景下，行业内的“十四五”规划加紧落地。出版行业的“十四五”规划于 2021 年 4 月由机构调整过后的国家新闻出版署公布。2021 年 5 月，国家新闻出版署印发《关于组织实施出版融合发展工程的通知》。该通知明确了出版融合的具体实施形式，即以出版融合发展工程为重要抓手，聚焦重点领域和关键环节打造示范样本。2022 年 4 月，中宣部又印发《关于推动出版深度融合发展的实施意见》，提出了 20 条实施意见，其目标是到“十四五”规划期末，传统出版与新兴出版“融为一体、合而为一”的体制机制更加健全。

二、概念辨析

从 2013 年“媒体融合”概念被提出开始，到国家“十四五”规划中要求未来五年继续推进媒体深度融合，媒体融合频繁出现在中央各项会议和文件之中， 可见中央对这个问题的关注和重视。根据文件表述，媒体是指传统媒体包括报刊、图书和广播电视等，新兴媒体则是指新技术支撑的各种网络音视频平台、社交平台等，二者的融合不仅仅是横向上的融合，更是对内容、管理、经营、平台、渠道等方面纵向上的融合。

出版融合，是出版行业在媒体融合大趋势下的自我革新，是为进一步提高行业影响力、竞争实力而规划的实施方案和目标。出版融合与媒体融合的目标一致，即立足传统出版业，发挥在内容策划、制作和编辑上的优势，运用先进技术，利用网络平台和介质，在内容、管理、经营、平台、渠道等五个方面推动传统出版和新兴媒体的融合，实现出版内容、技术应用、平台终端、人才队伍的共享融通，形成一体化的组织结构、传播体系和管理机制。

那么，出版融合和融合出版，又是怎样的关系呢？2021 年 12 月，“融合出版”这个概念被认可，全国科学技术名词审定委员会正式将其纳入编辑与出版学名词术语表。专家学者们对“融合出版”所下的定义为：“将出版业务与新兴技术和管理创新融为一体的新型出版形态。”关于这个概念的内涵和外延，专家们还有更多的讨论。但从定义可以看出，融合出版是一种新型的出版形态。

媒体融合、出版融合、融合出版三者关系如图 1 所示。

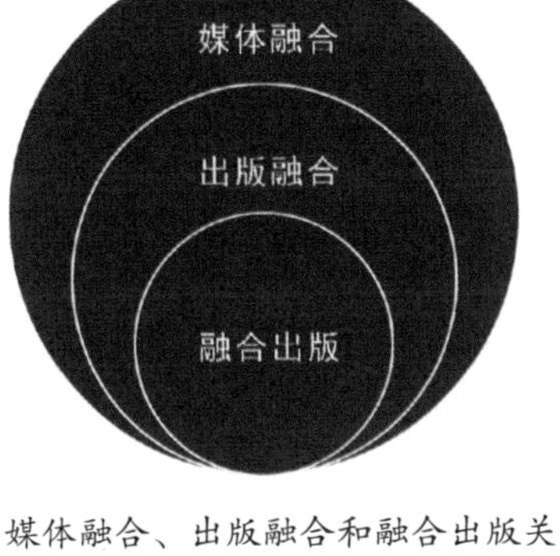

图 1　媒体融合、出版融合和融合出版关系图

融合出版和出版融合最重要的区别在于是“出版”还是“融合”。融合出版，落脚点还是在出版，融合是形式或方法，结果是以多媒体或全媒体形式呈现的出版。也就是说，无论怎样融合，一切都在出版范围之内，或者说，一切都还属于出版。出版融合，落脚点则在融合二字，是跨行业上的横向融合，也是人才、管理、体制纵向上的融合。

三、相关概念的应用场景

通过官方文件的阐释，传统媒体和新兴媒体之间在内容、管理、经营、平台、渠道方面进行融合，同时还被赋予了构建新闻、出版、传播行业等全媒体传播工程这个大的规划，这是一个纵向和横向上的大概念。媒体融合不仅表现在出版融合方面，也在传统广播电视媒体、新兴媒体领域有所行动。如 2016 年 7 月，国家新闻广电总局发布了《关于进一步加快广播电视媒体与新兴媒体融合发展的意见》，对广播电视媒体推进媒体融合发展指明了方向和道路。如何把这个融合发展落地实施，中央全面深化改革委员会又再次提升了这个问题的重要性和迫切性。该意见可作为中央对基层媒体融合发展的实践性指导，指明了县级融媒体中心建设的基本思路，即全面整合县级报刊、广播电视、网络媒体等资源，运用互联网、 手机等客户端开展媒体、党建、政务、公共等业务的融合媒体平台，打破原有媒体各自为政的传统模式，推行内容、管理、经营、平台、渠道上的融合。随后，在抢占新型传播阵地上，全国不少县级融媒体成果突出，在微信、微博、抖音、快手、小红书等平台上纷纷开设账号，打造了很多有温度、有内容、传播正能量的新闻，根据媒体融合的特点创新了很多路径， 探索叙事手段、风格，用小故事反映大时代，获得很多流量和关注。

出版融合主要指习近平总书记和中央关于“媒体融合”政策所提出来的在出版行业内在技术融合、内容融合、渠道融合、人才融合这四个方面的深入融合。与此相配套，2016 年底国家新闻出版广电总局经过层层评比和考察，最终批准建立了 20 家出版融合发展重点实验室。出版融合发展重点实验室依靠出版集团和高校研究机构相结合的方式， 重点关注前沿性的技术创新和行业内的发展趋势，对出版领域开展研究，着眼于创新模式，对出版领域的理念、管理、经营和生产进行创新性研究，为出版融合发展提供智力、技术上的支持，形成一批在行业内具有代表性、可以复制推广的示范性项目，对促进传统新闻出版业转型升级、推动传统出版和新兴出版深度融合、优化出版业的发展具有重要意义。

融合出版，是一种出版行业的形态，是出版融合中的一个环节。融合出版中内容为王，内容建设是融合出版的核心要素，承担着巩固意识形态、传播中华优秀传统文化、凝聚社会共识、扩大出版行业国际影响力的重要责任。而除去内容，新兴技术和管理创新手段在融合出版中也是重要的环节。为贯彻落实媒体融合的中央部署和顺应行业内出版融合的大形势，全国各大出版集团和出版社开展和加快了各项出版融合方面的部署和实施进程，在内容、平台、渠道、经营等方面有很多的尝试和成果。例如，新星出版社以纸质大众图书出版项目为基础，在优秀的原创内容基础上，捕捉社会热点，与网络平台合作，开发有声类衍生视频产品，为读者打造多维度的阅读体验。通过这些措施，提高纸质图书的销量，增加了产品附加值，同时也提升了品牌影响力。社科文献出版社利用自身在社科学术方面的传统优势，形成了 11 个数据产品库，以科研用户为导向，通过知识服务的方式，策划开发数字学术服务产品，数字出版年收入超过 3000 万元，海内外数据库使用机构用户超过 2000 家。

四、结语

通过对上述概念的辨析和应用场景分析，可知媒体融合的适用性更广，不仅适用于出版业，也适用于广播电视等媒体；融合不仅是指行业内部的深度融合，也包括了行业之间的融合。出版融合是专业领域的媒体融合。融合出版，范围最小，是出版融合的体现之一。这三者概念是一脉相承的，都需要以数字化、网络化、智能化为基础的信息技术为支撑。在媒体融合的大背景下，出版工作者深刻理解这三者的概念以及其对整个出版产业链的影响，有助于对出版行业新环境、新趋势和新形态做出准确的判断，为其预知行业风向、开拓新项目、制定新规则、创造新产品、认知新业态、策划新消费模式等提供明确的方向。

（董玲：四川人民出版社副编审；本文摘自《传媒论坛》杂志 2024 年第 3 期上）

出版深度融合背景下学术期刊数字平台建设

左畅　李明德

学术期刊是学术思想传播的核心载体，是出版行业的重要产品。学术期刊的媒介性与社会性促使其追求推送范围、阅览广度与影响深度的不断提升。伴随移动数字技术的发展与用户信息快消习惯的形成，数字平台快速渗透至学术期刊的出版与发行领域，成为学术期刊传播学术思想、开展学术交流、提供知识服务的重要途径。

当前，我国学术期刊数字化转型正在破局前行，虽已取得一定成绩，但转型的成效并不显著。不少出版主体机械地将数字化视为技术在出版流程和传播载体上的应用，仅实现了出版工具的浅层改变。而出版思维逻辑、组织架构等仍保留原有模式，尚未对出版业的高质量发展产生决定性影响。在出版深度融合背景下，现行的学术期刊数字化转型不仅难以满足数据赋能的迫切需求、充分开放科学与学术合作的端口，而且在国际出版行业中缺乏核心竞争优势。

只有平台逻辑与出版逻辑实现互嵌，学术期刊出版实现平台化升维，媒介融合才真正从“相加”走向“相融”，学术期刊才能实现数字化、数据化、智能化繁荣发展。主动适应社会平台化背景，借鉴平台逻辑将数字出版逻辑拓展为出版平台逻辑，进而搭建具备平台核心特征与学术期刊出版价值的数字平台，是学术期刊践行出版深度融合、打造全媒体传播体系的重要环节。

一、融合逻辑：学术期刊数字平台建设的基本遵循

出版深度融合，指出版产业与其他相关产业实现深度的融合，旨在形成新的产业生态，从而推动出版业实现跨越式发展。学术期刊出版经历了传统出版到网络出版、移动出版、知识出版的过程，均体现了媒介发展驱动下的融合逻辑。这种融合逻辑在学术期刊数字平台建设与平台传播中占据核心地位，要求平台在构建和运行过程中实现内容、技术、服务等多方面的融合。

（一）融合模式：学术期刊数字平台建设与传播实践现状

何塞·范戴克等学者在《平台社会》一书中表明，平台是一个旨在组织用户之间的互动，面向用户数据的系统收集、算法处理、流通和货币化的可编程数字结构。

各种平台通过网络形成集合体，在相同的机制管理下，构成了平台生态系统，形塑着用户的日常实践。该论述强调了当前社会中在线平台和社会结构之间不可分割的关系。作为新闻出版行业的子系统，学术期刊处于社会信息传播系统中，同样面临着数字时代平台化的社会现实与行业转型趋势，进入平台化发展阶段。《关于推动出版深度融合发展的实施意见》等政策文件也为学术期刊发展擘画了移动化、智能化发展的实践战略。目前，我国学术期刊的平台建设与平台传播实践主要分为以下几种模式。

一是“借船出海”，即借用社交媒体平台传播。社交媒体平台自身丰富的平台功能、泛在化的服务模式、私域流量专一、用户圈层广泛等特征，符合学术期刊数字化传播与知识服务的需求。学术期刊采用账号入驻的方式，建立同步“纸、网、移、微、博、视”等多渠道的账号矩阵，将社交媒体平台作为“学术管道”，进行以科普与推广为目的的新形态出版，促进科技成果的大众传播。二是“荟萃群英”，即嵌入出版组织与数据库等商业平台传播。在大数据促成数据密集型科学的媒介技术背景下，学术期刊将自身获取的内容数据嵌入以中国知网、万方数据、Scopus为代表的知识服务平台，以CSCD、CSSCI、SCI为代表的数据库平台，以STM、Crossrel、爱思唯尔为代表的国际出版组织，与以谷歌搜索、百度搜索、必应搜索为代表的搜索引擎。在简易用户数据获取的同时，积极尝试增强出版、网络首发等多种方式，形成数字出版物与各类数字信息资源生产服务融合的全新数字复合出版系统。三是“自力更生”，即搭建自主平台。当前大多数期刊或所属出版社都具备自身的采编平台，提供数据采集、相关检索、元数据服务、审稿人智能推荐、参考文献检查等功能。同时部分期刊社也建立了如Frontiers Journals、SciEngine等全流程数字服务平台典范。但目前我国学术期刊搭建的自主平台，对标国际五大知名学术期刊出版商所建立的数据出版平台，在学术期刊集群化建设、元数据资源整合、知识服务功能开发的数量与质量上都仍有较大差距。上述现状对我国学术期刊的出版深度融合提出了建设数字平台的发展指向。

（二）平台再造：出版深度融合中的平台嵌入逻辑

平台社会语境下，数字平台是社会平台化的重要方式和创新手段，成为信息匹配、资源供给、渠道整合甚至社会服务的系统化机制，被多种社会主体所运用。各类出版机构同样能够凭借数字技术的核心逻辑，将数字平台融入其传统平台或客户端的升级过程中，赋能出版服务的数字化转型，实现真正意义的出版深度融合。学术期刊的平台化是出版深度融合的特殊组成部分，既充当载体的功能，又体现传播的价值。平台化的核心是要打造基于互联网技术，囊括更多出版流程，具有信息传播与知识服务能力的数字平台，提升出版各流程数据传播效率和资源整合能力，形成使用数字传播场景、数字服务需求与数字产制结构的组织机制。该过程需要基于学术期刊出版的独特定位价值，对作为基础设施的传统商业平台逻辑进行再造与平衡。

平台对社会的影响分为日常化与内生化两种，目前阶段的媒体融合已通过账号入驻、共享数据资源等方式基本实现对平台基本功能的运用。仍需要深耕的领域在于如何使平台运行中的边界突破、形态创新、用户策略、盈利模式等特征嵌入并渗透到出版行业的各系统中，实现思维方式、生产方式、分工形式、组织形式等平台逻辑的内化。出版与平台合作的本质是平台逻辑与出版逻辑的互构。所谓逻辑，即基于所在场景与架构所确立的一套运作准则。传统意义上的平台逻辑，主要以商业思维与技术发展交织为主导，融合技术、市场、关系、用户等关键特征，以实现商业价值为主要导向；而出版特别是学术期刊出版，则主要以学术交流、思想传承、知识服务与学术影响为导向，社会价值是其主要衡量标准。因此，平台逻辑与出版逻辑的融合，本质上是商业逻辑与期刊学术性和社会性之间的交融。该融合方式产生了“在符合出版行业规则、学术传播规范基础上，强化出版主体的平台化能力，提升数字传播效能，拓展出版数字平台知识服务属性”的出版平台逻辑。

二、建构生态：学术期刊数字平台的本质属性

学术期刊出版深度融合的建设，旨在实现数据高效传输、资源深度共享、用户需求导向，从而提升我国学术期刊出版业的整体竞争力、传播力、影响力与话语权。建设过程中，数字平台的作用至关重要。学术期刊出版深度融合目标的实现，需综合考虑媒体演进趋势与平台搭建的多元结构要素。

（一）智能技术：出版深度融合的主体驱动

数字技术的应用和拓展是出版深度融合创新发展的驱动、支点与保障。以算法与AI为代表的智能技术嵌入生产生活，使平台生态的演变更为剧烈。作为媒体运行机制的基础架构，数字技术首先通过大数据、算法、人工智能、云计算等技术的应用优化出版流程，推动内容创作与分发的精准高效。数字技术在促进出版内容的数字化、全媒体化的同时，还拓展了出版物的传播渠道与表现形式，满足了读者多元化的阅读需求。同时，智能技术也为出版深度融合过程中的平台建设带来了创新的业务功能板块，如个性化推荐、智能客服、审稿人匹配等，提升了用户体验和出版效率。因此，伴随着智能技术在学术期刊平台搭建中的作用不断显现，出版正在逐步实现深度融合与可持续发展建设。

（二）数据管理：期刊出版平台的运转基础

在智能技术为社会数据资源提供支持的社会发展逻辑下，数据已经成为一种生产要素。以数据存储为基础，

不断加强平台数据开发、数据转换、数据应用、数据审查能力，是期刊出版平台得以建成、运转与传播的关键。区别于其他新闻媒体，学术期刊对元数据的要求具有多源、异质、异构、海量的性质。这对出版平台的信息整合、安全存储和高效利用提出了更高要求，平台需要确保出版内容的准确性、完整性和可追溯性。数据化能力是学术期刊提升平台化能力的关键所在，高效的数据化能力推进多元数据资源汇聚到平台之中，同时通过数据标注实现数据向服务的转换。数据管理流程为期刊的策划、编辑、发布等环节提供了有力支持的同时，还能够助力平台实现快速响应市场变化和满足用户需求，出版深度融合也在这个过程中由数据化应用的初级阶段升级到数智化拓展的创新阶段。

（三）知识服务：出版平台逻辑的核心竞争

随着信息时代的到来，读者对知识的需求不再仅仅局限于单一的出版物内容，而是追求全面、深入、个性化的知识服务。出版平台通过整合丰富的知识资源，运用先进的信息技术，提供精准、高效的知识服务，满足用户多样化、个性化的需求。这种服务不仅增强了出版平台的吸引力和影响力，还提升了用户黏性和忠诚度。知识服务还伴随着场景带来赋能，通过将期刊内容与特定场景相结合，平台能够为用户提供更加精准、个性化的信息互动体验。这种场景化的服务不仅加深了用户对期刊内容的理解和兴趣，还促进了知识在不同场景下的应用和创新。期刊出版平台通过引入先进的信息技术和数据分析手段，不断优化场景化知识服务效能，进一步提升了平台的参与度和满意度。

三、价值涌现：学术期刊数字平台各主体价值增值

价值涌现，指在复杂系统或过程中各个子组成通过相互作用，产生出新的、超出单个组成部分本身价值的整体价值或特性，这种涌现出的价值具有新颖性、连贯性和整体性，是系统作为一个整体所独有的。出版平台生态系统的建设，便可以看作以政府、出版社、企业、用户为代表的行动者，和以智能技术、数据、场景、商业平台为代表的内外环境，各个要素之间产生丰富的跨层次互动，涌现生成新资源、新价值的过程。出版平台逻辑视野下，实现价值涌现，达到推动学术期刊平台产业化发展、提升学术期刊影响力的目的，需要推动集群搭建、关系链接、服务拓展的建设与变革。

（一）集约化发展：搭建以期刊集群为基础的数字出版平台

集约化发展是出版平台逻辑中出版逻辑与平台逻辑的共同要求。其中，出版逻辑要求学术期刊数字出版平台应当具备集群化的平台主体。以国际五大知名学术期刊出版商所运用的数字出版平台为例，一个优秀的学术期刊数字出版平台，首先需要具备整合优质期刊资源的能力。当前，我国已经建有中华医学会期刊群、中国光学期刊联盟等以学会为主导、统一管理且具备独立数字平台的刊群，同时也具备丝路期刊集群等以高校出版社为主导的、正在蓬勃发展的期刊集群探索模式。树立学术期刊共同体意识，共同开发基于数据融合的学术期刊“数字化开放共享平台”，不仅具备有效整合数据资源、提升平台传播效率、减少账号矩阵损耗的优势，还有利于达到出版产业转型升级的最终目的。

平台逻辑则要求学术期刊数字出版平台管理模式的集约化。在集约化的管理下，平台能够通过整合优质期刊资源，实现信息高效汇集与共享，优化资源配置，降低运营成本，提升服务质量。集约化管理为出版产业的可持续发展提供有力支撑，助力学术期刊在数字时代实现跨越式发展。通过出版逻辑与平台逻辑的互嵌，实现学术期刊数字平台行动者主体的价值涌现。

（二）关系化发展：建立以数字出版为主题的多元关系网络

出版平台逻辑强调行动者之间、行动者与场景之间建立高效互动关系。关系化发展是数字平台出版领域的重要战略，其核心是建立数字出版框架下的多元关系网络。这一网络涵盖了作者、读者、出版商、技术提供商等多个利益相关者，通过相互关联和互动，形成紧密的合作伙伴关系。这种关系网络不仅促进了信息的快速流通和知识的广泛传播，还推动了内容的创新、传播与消费，以及数字出版产业的创新与发展。

同时，行动者与技术场景之间的互动关系也至关重要。通过XML技术、超链接、栏目设计等交互功能连接学术内容；通过智能分发、精准推动、AIGC辅助等方式连接内容与用户。因此，关系化发展不仅加强了行动者之间的联系，也促进了行动者与场景的深度融合，共同推动了数字出版平台的建设与传播效能，并助力出版产业走向新的发展阶段。

（三）情感化发展：拓展以学术服务为中心的平台生态模式

平台逻辑衍生出了具身传播与共情传播的新传播模式，该传播模式正是传统出版融入数字出版进程的升级关键。因此，情感化发展是学术服务平台生态模式的重要方向，它强调在提供知识服务的同时，注重用户的情感体验和场景赋能。在这一模式下，平台不仅致力于提供全面、精准的学术资源，还通过深入了解用户需求，打造个性化的知识服务体系。将当前出版传播中以提供信息与学术交流平台的“信息服务”，升级为具备数据仓储、文本挖掘、语义出版、数据关联、开放共享等功能的“数据服务”。借助智能技术，平台将数据融入具体知识使用场景，最终在内容增值与创新的过程中实现知识的价值涌现。

同时，平台应积极构建多样化的应用场景，将学术

服务融入用户的日常工作和学习中，实现场景赋能。通过情感化的交互设计和用户关怀，平台能够增强用户的归属感和忠诚度，促进学术生态的繁荣与发展；通过跨学科深度融合与知识共享，提升知识传播的深度与广度；推动刊学研一体化发展，在提供学术内容数据的基础业务之上，拓展以科普教学为主的教育业务和以供需关系为核心的联动业务，最终形成成熟的数字化盈利模式。因此，情感化发展是拓展学术服务平台生态模式的有效途径，有助于提升知识服务的深度和广度，为用户提供更加全面、高效的学术服务体验。

四、余论：出版深度融合下的思维跃升

出版深度融合旨在形成新的产业生态，推动出版业在内容创新、技术升级、市场开拓等方面的跨越式发展。无论是数字平台建设，还是其他形式的尝试与探索，其目的都是突破当下对传统媒体、商业平台发展逻辑的认知，实现社会生态系统框架下媒介传播建设的升维。回归到学术期刊数字平台，需要出版工作者思考如何通过多样的层级、拼装与依附关系，构建包含学术期刊出版中的行动者、相互作用与内外环境的复杂关系网络，连接社会各层组织皮肤，在推进出版产业价值涌现的同时，实现公共价值与社会效益的最大化。

（左畅：西安交通大学马克思主义学院博士研究生，李明德：西安交通大学新闻与新媒体学院教授、博士生导师）

高质量发展报道新媒体叙事新探

张云莲 李修利

“高质量发展是全面建设社会主义现代化国家的首要任务。”这是习近平总书记在深入分析我国发展新的历史条件和阶段、全面认识和把握我国现代化建设实践历程以及各国现代化建设一般规律的基础上，作出的具有全局性、长远性和战略性意义的重大判断。贯彻新发展理念、构建新发展格局、推动高质量发展，是关系现代化建设全局的一场深刻变革。准确把握高质量发展的历史逻辑、深刻了解高质量发展的实践要求，因地制宜发展新质生产力，把推动高质量发展贯彻到经济社会发展的全过程各领域，是主流媒体必须承担的重大课题。

主流媒体深入经济主战场，将宣传阐释习近平新时代中国特色社会主义思想与创新经济传播话语体系和叙事体系相结合，秉持专业精神，唱响经济光明论、机遇论，探索苏州经济充满活力的密码，展现普通人在高质量发展中的奋斗与机遇。本文综合近期苏州广播电视总台及旗下主流媒体经济报道的实践与探索，梳理高质量报道的叙事重点和特征，与同行学习交流。

一、深刻领会党的创新理论的思想伟力

十八大以来，我党始终坚持发展是解决我国一切问题的关键，不断推动经济发展理论创新，明确提出我国经济已由高速增长阶段转向高质量发展阶段，必须坚持以高质量为主题推动经济发展。党的二十大报告将实现高质量发展作为中国式现代化的本质要求之一，鲜明提出高质量发展是全面建设社会主义现代化国家的首要任务，主流媒体必须深刻全面领会这一创新理论的思想伟力。

把握“发展主基调”是解决我国一切问题的基础和关键。新时代的发展必须贯彻新发展理念，必须是高质量发展。“高质量发展”与“坚持以经济建设为中心”“发展是硬道理”既一脉相承，又与时俱进，明确了我国未来经济社会发展的任务和方向：高质量发展“必须坚持在发展中保障和改善民生”；要“以新安全格局保障新发展格局”；必须“站在人与自然和谐共生的高度谋划发展”……

新华社报道《从党的二十大看中国共产党的成功密码》中，将“发展”作为成功密码之一，“发展，关乎人民幸福、民族复兴，是党带领人民从一个胜利走向另一个胜利的成功密码之一，是中国式现代化不断取得新成就、开辟新境界的关键所在”。

突出“实践新路径”完整、准确、全面贯彻新发展理念，始终以创新、协调、绿色、开放、共享的内在统一来把握发展、衡量发展、推动发展。高质量发展要更

好统筹质的有效提升和量的合理增长，始终坚持质量第一，大力增强质量意识，视质量为生命，以高质量为追求。高质量发展意味着转变发展方式，以效率变革、动力变革促进质量变革，加快形成可持续高质量发展的体制机制。

落脚“美好生活民生福祉” 高质量发展坚持人民主体地位，顺应人民群众对美好生活的向往，不断维护好、发展好最广大人民群众的根本利益。以满足人民日益增长的美好生活需要为出发点和落脚点，从人民群众最关心最直接最现实的利益问题入手，不断提高人民生活水平，把发展成果不断转化为生活品质，不断增强人民群众的安全感、获得感、幸福感。

二、深刻解析高质量发展实践密码

主流媒体把握区域特色、产业特色、企业特色，从现象入手、从实际出发、宏观统筹、微观分析、挖掘典型、提炼经验、洞察规律，展现各行业各领域以习近平经济思想为指导，攻坚克难、创新创造，推动新发展理念落地生根为生动实践。

（一）城市新叙事：彰显资源禀赋与比较优势

一个地区的经济发展必须通过发挥资源禀赋、错位优势来实现。高质量发展的故事首先能符合区域特色、反应区域地位、代表区域未来发展方向。苏州资源禀赋优势明显：有长三角区位优势，科技产业超前布局，营商环境优良，传统文化深厚……

高质量发展报道的重点方向有：一是城市在全国战略中的地位，比如《央视聚焦，遥遥领先，这些方面苏州又赢麻了！》专题聚焦苏州传统街区保护、可持续生态化保护等古城保护的命题，系统介绍苏州在古城保护上的创新与发展。比如《智造中国调研一“线”》《超级生产线》走进苏州，深入探访我国具有自主知识产权、行业领先水平的顶级“生产线”。二是城市在全国策略中兼容并蓄的能力，苏州广电总台在内的主流媒体 2023 年策划执行《海阔潮头风正劲——高质量发展粤浙行》，通过媒体行动向其他城市学习先进经验，坚持先立后破、因地制宜，根据本地资源禀赋、产业基础、科研条件等，推动新产业、新模式、新动能发展，积极促进传统产业高端化、智能化、绿色化。

城市新叙事不仅体现在经济报道里，也体现在文化和社会领域。比如《探索·发现》聚焦了苏州制扇技艺、剧装戏具制作技艺、苏州灯彩等多个非遗传承项目和传承人的故事；人文历史片《苏州记忆》上档了央视网；文化考古纪实片《何以苏州》实现融媒体传播。这些报道深刻解读了城市的文化形象，展示了高质量背后的协调发展、平衡发展和综合推动的城市实践。

（二）产业新叙事：新质生产力孕育新未来

“高质量发展”要着眼产业集群、产业链供应链，围绕战略性新兴产业、关注数字经济赛道、特别关照“专精特新”企业发展。产业新叙事聚焦城市产业优势，聚焦战略新兴产业的培育，聚焦枢纽型企业的供应链价值，为产业发展提供智库参考、为城市产业升级提供舆论支持和社会动能。

1. 战略新兴产业是高质量产业叙事的重点。发达的制造业是苏州的显著优势，也是培育新质生产力和战略新兴产业的肥沃土壤。苏州已经形成电子信息、高端装备、先进材料 3 个万亿级产业，纳米新材料、生物医药及高端医疗器械、高端纺织 3 个国家先进制造业集群，并把推进新型工业化作为重要路径，加快提升产业发展的含金量、含新量、含绿量。这些战略性新兴产业是孕育未来产业的基础，是高质量产业发展叙事的重点。

2. 战略产业新故事离不开营商环境。产业发展需要政府引导，市场驱动。政府要加强产业规划、产业政策、产业服务支撑。密切关注推动有效市场、有为政府紧密结合的举措，优化产业发展环境的积极行动。

3. 产业叙事要落实到生产实效。央视《朝闻天下》“活力中国”经济观察栏目聚焦张家港钢铁行业，从钢铁物流、生产研发、销售出口看经济增长，以货车司机的进出、卡车的货运量报道了钢铁行业的快速复苏和增长。产业报道要用来自一线的经济活动和经济数据说话，要用经济行为和真实体感说话，讲述高质量发展的真实故事。

（三）企业新叙事：关注企业的创新动力和企业家精神

企业作为市场主体，是经济发展的载体，是新时代构建新发展格局，推动高质量发展的生力军。通过聚焦典型企业，生动展现广大企业在高质量发展道路上奋勇前行的积极成效。名城苏州网站在系列报道“企业高质量发展苏州新实践”中，我们找到了一批以创新渠道获得企业发展动能的企业。比如，“专精特新”企业通锦精密优化伺服电动缸产品，打破了国外的市场垄断，实现了进口替代；存储器企业欧康诺电子破解“卡脖子”难题，成为国内半导体行业的黑马。关注产业链主企业的发展，比如服装制造业企业晨风集团在昆山开辟文创设计产业园，助推设计师产业的发展，集聚了数以亿级的企业集群。关注开辟新市场企业，比如一批出海成功发展茶饮新零售企业昆山速品公司进军东南亚市场；吴江蜜思肤化妆品下沉全国三四线市场拿份额。

这些案例充分体现了企业在新环境、新形势下，在技术突破、市场突破、生态位突破等方面所做的积极有成效的努力。这种创新突破的动力来自企业家的创业精神，来自企业员工奋斗拼搏的意志，也来自创新发展民族自强的社会动能。在高质量发展主题下，企业新叙事不仅见人，见事，见精神，更需要看见企业上下在新发展理念下，构建新发展格局的共识和努力，以点带面推进企业、行业、区域的高质量发展。

三、努力践行“四力”讲好中国经济故事

新闻工作者扎实践行“四力”，以讲好生动立体的高质量发展故事为己任，深入实际、深入基层、深入群众，充分挖掘各地区各领域推动经济与社会发展质量变革、效率变革、动力变革的经验做法和突出亮点，展现推动高质量发展的思路举措、生动实践、探索经验。既要诠释硬核经济数据，也要增强人文精神，以人讲故事，以故事折射经济。新闻报道要不断创新经济报道理念和方式，讲好新时代高质量发展的故事。

（一）在高质量发展深度和高度上做文章

记者要带着专业精神、人民情怀，深入基层一线，以“脚力”为出发点掌握社情民意，获取鲜活新闻素材，以自身体感深度发掘高质量发展的好故事好典型。而“脑力”则是对新闻要提高政治站位，要深入思考研判，把准时代脉搏，开展深度调研，深刻领会高质量发展是我党经济发展理论的重大创新。挖掘各行业各领域重大变革性实践、突破性进展、标志性成就背后的理论逻辑和战略思想。记者要有理论的思想高度和实践的深度温度，才能使报道有真实的说服力、感染力和影响力。

（二）在高质量发展叙事丰富性上见功力

记者“眼力”不仅仅是眼见为实，更是透过现象看本质，从基层海量的信息中发现重大主题新闻，并通过深入挖掘新闻事件的时代意义，从而让新闻作品具有深度、厚度。好的“笔力”能见人所未见，能够以新视角展示新面貌，做到见人、见事、见精神。新叙事要挖掘新气象新案例。经济承压，各行各业昂扬奋进勇毅前行，高质量发展报道要面对新情况寻找新方案：外贸依存度很高的企业如何开拓国内市场？昆山宜美照明抓住了国内教育行业视力健康需求，深入挖掘内需市场。国际服装制造业企业晨风集团失去部分欧美订单后，转身培育文创平台扶持国内设计师品牌闯市场。这些新故事能够激发人们面对新市场的新动力。新叙事还需要媒体拿出新动作：央视推出的“智造中国”大型融媒体行动示范性走进了苏州科技企业、以一线生产者的视角和感触，讲述中国制造业发展壮大的故事，全景呈现“中国制造”迈向“中国智造”。这也是媒体深刻洞察产业趋势后才具备的行动能力。

（三）在跨区域学习和战略思考上见行动

记者的“脚力”不仅是行走的距离，也是行走的方向和深度。高质量发展新课题对新闻记者提出了更高的要求：面临百年未有之大变局，没有现成的参照，没有标准答案。苏州作为全国“高质量”“走在前”的典范，如何对标，如何借鉴，如何突破。包括苏州广电总台在内的主流媒体2023年策划执行《海阔潮头风正劲——高质量发展粤浙行》，发挥新闻媒体的优势，向水平更高的对手、向发展更快的伙伴跨区域取经学习。报道紧扣“高质量”“走在前”等关键词，以新闻记者的独特视角，多角度展示了深圳、广州、温州、杭州四城在产业创新、数智化转型、政府服务以及智慧城市建设等方面的最新动作、最新经验、最新理念，为苏州增强紧迫感，奋力谋发展提供了可资借鉴的宝贵经验。

跨区域报道是新闻工作者推进改革开放践行“四力”的深度实践，也是主流媒体不断创造高标准高质量高效率的新闻供给的积极探索。

四、结束语

作为全国著名的制造业城市、科技创新示范区，历史文化名城苏州的高质量发展动能强劲、资源丰富。主流媒体在稳经济、促发展，强信心、稳预期，应变局、化危机的宣传报道和舆论引导中，把镜头对准高质量发展，积极发挥正面宣传和舆论引导作用，围绕增强信心、凝聚共识，构筑主流舆论新态势，持续加强正面宣传和舆论引导。通过报道凝聚推动高质量发展的共识力量，奋力谱写全面建设社会主义现代化国家的新篇章。

（张云莲：名城苏州网站新闻中心副主编，李修利：名城苏州网站总编辑）

2021—2023 年县级融媒体中心建设发展报告

李聿哲 李明德

一、县级融媒体建设历程回顾

党的十八大以来，以习近平同志为核心的党中央高度重视传统媒体和新兴媒体的融合发展。2014 年 8 月 18 日通过的《关于推动传统媒体和新兴媒体融合发展的指导意见》标志着媒体融合上升为国家战略。随后，我国媒体融合持续推进，至 2021 年，中央、省市一级的媒体已基本完成媒体融合建设。

2018 年 1 月 3 日，全国宣传部部长工作会议的召开标志着全国县级融媒体中心建设全面启动。2018 年 9 月 20 日至 21 日，中宣部在浙江省召开县级融媒体中心建设现场推进会，对县级融媒体中心建设做出部署，要求"2020 年底基本实现在全国的全覆盖，2018 年先行启动 600 个县级融媒体中心建设"。同年 11 月 14 日，《关于加强县级融媒体中心建设的意见》出台，县级融媒体中心建设的布局初步显现。2019 年 1 月中央政治局第二次集体学习中，明确了县级融媒体建设的重点工作，即如何将坐落于县域的节点有机嵌入全国各级、各类媒体组成的传播矩阵中。2020 年 9 月，《关于加快推进媒体深度融合发展的意见》提出了"新闻 + 政务服务商务"的新发展模式，为县级媒体融合发展指明了科学路径。

特别是 2021—2023 年以来，依托国家战略部署与政策支持，我国县级融媒体建设不仅从传统媒体与新兴媒体的有效整合发力，还着力提升基层媒体的服务能力与影响力，为推动社会信息化进程和乡村振兴战略实施奠定了坚实基础。比如，2021 年 4 月，《2021 年推进广电媒体深度融合发展工作方案》出台，对县级融媒体建设制定了系统性目标和详尽工作规划，并督促加快向全国各县级融媒体发放信息网络传播视听节目许可证。同年 10 月发布的最新版《互联网新闻信息稿源单位名单》，将 10 家县级融媒体纳入其中，有效激发了县级融媒体融入主流舆论场的积极性。2022 年 2 月，《中共中央国务院发布关于做好 2022 年全面推进乡村振兴重点工作的意见》，明确县级融媒体中心成为乡村治理中最重要的一环，各地方应不断领会相关政策，深化体制机制建设。同年 9 月印发的《数字乡村标准体系建设指南》，则为县级融媒体中心建设提供了行动参考。2023 年 2 月 1 日，根据《推进地市级媒体加快深度融合发展实施方案》的安排部署，《市级融媒体中心总体技术规范》等 5 项技术标准出台，对县级融媒体中心的技术系统和外部平台建设提出了新的要求。

二、县级融媒体建设的媒介技术应用

2021—2023 年，我国县级融媒体建设从媒介机构整合的摸索中，逐渐过渡到平台间的相互融合。不少县级融媒体将建设重心放在了提升信息传播质量和效果上，运用 5G、人工智能等新技术推动服务升级。

2021 年，各地县级融媒体在内容生产、信息分发、媒体服务等方面开始使用高新技术手段。比如，湖南广电运用"5G+AI"技术推出"5G 智慧平台"，为全国 177 个县级融媒体提供服务；江阴市与江苏广电合作，运用 AI 写作、AI 播报等技术丰富传播手段，构建了"5G+4K+8K+AI"的内容生产新模式；四川日报报业集团带头打造一系列智慧平台，拓宽当地县级融媒体的传播功能，进一步彰显了县级融媒体对基层治理的赋能优势。

基于 2021 年的技术积累，2022 年不少县级融媒体开始在运用前沿技术的基础上，探索数字平台建设新路径，发掘其应用潜力。比如，福建尤溪县融媒体中心研发"极存"超高清节目制作存储系统，有效降低了高清节目制作的成本问题；安吉县融媒体中心研发"智管家""云计算"等新型数字产品，对县域情况进行实时监控，不仅提升了政府决策水平和工作效率，还为其他县级融媒体建设提供了模板。除此外，不少县级融媒体在完善新闻业务的基础上，开始探索融媒体平台的服务功能，着力打造共建共治、智能高效的基层数字治理新范式，给群众更好的体验。比如，江西大余县融媒体中心与县大数据中心建立数据链接，使其在客户端中开设"智慧服务"板块，打造了一个集新闻推送、旅游、教育、生活等功能于一体的服务圈，满足了当地民众在政务、教育、交通、旅游等方面的诉求；浙江安吉县融媒体中心推出“指惠家”线上服务平台，解决了民众数字电视线上开户难、缴费订购不方便等问题。部分县级融媒体开始依托前沿技术打造“媒体+文旅”“媒体+直播带货”等线上应用业态，带动土特产营销和旅游业发展。比如，江西分宜县融媒体中心推出“村主播”平台，通过直播平台推荐当地的优美景点、特色文化等，吸引游客目光，促进当地文旅产业升级。

2023年，随着前沿技术在县级融媒体领域的普及，新技术开始在内容共享、资源整合、跨区域互动等方面发挥积极效能。比如，浙江长兴县融媒体中心将客户端“掌心长兴”接入“文心一言”系统中，成为全国首个将AIGC纳入内容生产环节的县级媒体。

总的来看，2021—2023年全国各县级融媒体通过对高新技术的探索与应用，在提升自身传播力和服务力的同时，深度融入基层治理，展现其对提升社会治理效率、推动社会治理现代化转型、促进地方经济社会发展的重要价值。

三、县级融媒体建设的信息内容生产

2021—2023年以来，各地县级融媒体通过探索信息内容生产新方式，创新话语表达，优化政务服务，有效提升了自身的影响力和社会公信力。

2021年是国家“十四五”开局之年，传媒行业逐渐向智能化、数字化方向发展。在此背景下，县级融媒体中心必须坚持“内容为王”，结合智能技术手段在内容输出、表现手法、呈现形式等方面强化创新，切实发挥基层新型媒体的作用。因此，创新话语方式成为县级融媒体的关注重点。2022年，四川古蔺县融媒体中心创造性地将中国二十四节气与中华节日融合，巧妙植入本地少数民族特色文化、非物质文化遗产等，打造出《二十四节气》古风短视频。该系列作品精准对接了当下年轻群体对文化内容的个性化需求，收获了广泛赞誉，为当下县级融媒体创新话语方式提供了借鉴。2023年，各地融媒体继续借助本土优势，不断开发内容创作潜力，在传播中华优秀传统文化等方面彰显优势。比如，甘肃敦煌市融媒体中心结合本地敦煌特色，在其融媒聚合型APP上策划推出《人类敦煌心向往之》《敦煌文化进校园》等专题栏目，不仅深挖文化底蕴，还将其独特魅力传递至更广泛的人群中，受到了用户喜爱和赞誉。

政务信息服务方面，“新闻+”模式在2021年已成为全国各地融媒体的共识。如何在壮大主流舆论场的基础上继续开发具有本地特色的“新闻+”模式，推动平台服务转型升级，成为2022—2023年各地县级融媒体平台着力解决的问题。浙江省有88家融媒体中心建设了“新闻+政务+服务”平台；湖南省有123家融媒体中心建设“媒体+政务商务服务”平台；福建尤溪县融媒体中心通过旗下的乡村公共服务平台，了解民众在出行、生活等方面的需求并及时给出解决对策。这些县级融媒体坚持“新闻+”理念，综合收集民众需求，有些还推出“新闻+政务”新型网络问政模式，强化社会舆论监督功能，都极大完善了平台中的政府服务功能。

四、县级融媒体建设的可持续发展思路

2021—2023年，各县级融媒体中心积极探索多元化发展路径，通过跨界合作、产业融合等模式打破以往的传播盈利模式，反映出县级融媒体在新时代背景下的转型升级潜力和可持续发展活力。

2021年，不少县级融媒体开始尝试跨界跨域多方合作的方式，与地方企业联合发展自身产业，以探索“自我优势为主、他方优势为辅”的经营模式。比如，福建尤溪县融媒体中心与电影公司合办3D电影院，与地产公司共同经营地产销售，不仅缓解了地方政府的财政压力，还实现了经济产业营收的自给自足；广东清远市清新区融媒体中心打造“清新MCN”机构，建立农产品电商产业链以发展助农产业；河北香河县融媒体中心以直播带货的方式，推荐香河景泰蓝、香河肉饼等家乡特产，实现平台营收与地方经济发展的“共赢”。

2022年，县级融媒体突破产业合作模式，开始联合形成媒体矩阵，广泛吸收高校理论内容，并将自身实践经验与之结合，提升经济效能。比如，黑龙江网络广播电视台主动吸纳数十家市县融媒体中心账号，共同搭建“龙江有好货”矩阵平台，联合省内高校建立融媒研修学院，培养了一批新媒体人才，形成“媒体电商+供应链+培训+新媒体账号孵化+人才输出”的产业链条。同时，不少县级融媒体将文旅与产业融合，开拓新的经营模式。山西省广电局将省内100个县级融媒体与重点景区结合，专门开展“百融直播——千名主播秀山西”的活动，同步宣传文旅产业，带动特产营销。

2023年，随着县级融媒体中心建设的不断完善，各地融媒体中心开始注重“建强用好”的发展思路，在发挥本地优势做大做强商业模式的同时进行新的产业拓展。比如，新疆库车市融媒体中心通过直播平台，传播该地独有的白杏节、丰收节等传统节日，吸引游客关注，当地政府配合做好旅行社联系、旅游路线推介等后勤工作，将库车知名度和影响力传递到了全国各地。

五、县级融媒体建设的问题

从2021—2023年的情况看，我国县级融媒体建设逐渐完善，成效显著，但也暴露出了诸多亟待解决的问题。

一是人才短缺。不少乡镇地区的“互联网劳动力”缺口较大，新媒体相关专业人才短缺。县级融媒体工作人员的思维依旧停留在传统媒体的运营模式上，缺乏平台思维、产品思维和创新意识。二是政府部门的协同受阻。

媒介融合需要不同部门在政策、举措、人员等方面协同发力，但当前多地的“全域中央厨房”模式尚未构建成型，思路共通、数据共享、风险共治等方面的桎梏导致融媒体建设受阻。三是各地县级融媒体发展失衡。不少县级融媒体习惯生搬硬套“新闻+政务服务商务”的发展模式，与当地情况的适应力较差，造成发展水平单一、技术支撑不足等问题，智慧城市、数字乡村的基层战略需求难以满足。

因此，推动县级融媒体快速发展，必须结合上述问题进行精准施策。在政策上加大引进人才力度；深化体制改革，强化政府部门间的协同合作；深入基层了解民众需求，发掘具有当地特色的优势产品，打造差异化发展模式。

（李聿哲：西安交通大学新闻与新媒体学院博士研究生，李明德：西安交通大学新闻与新媒体学院教授、博士生导师）

·专题 / 创新案例样本·

Special Topic/Sample Innovation Case

新闻传媒类

中央及国家部委

案例类别：产品

“人民日报评论”新媒体账号群建设：写好全媒体时代的“大评论”

人民日报社评论部

评论是《人民日报》的优势所在。习近平总书记在中央和国家机关党的建设工作会议上强调，各级领导干部要“养成读《人民日报》时政报道和重要评论”的习惯。牢记习近平总书记对《人民日报》提出的“扩大地域覆盖面、扩大人群覆盖面、扩大内容覆盖面，充分发挥在舆论上的导向作用、旗帜作用、引领作用”的重要指示要求，贯彻“主力军挺进主战场”的重要部署，人民日报社评论部深入推进评论融合发展，在“加强全媒体传播体系建设，塑造主流舆论新格局”上创新探索，取得了成效。

2014 年 1 月 6 日，“人民日报评论”首先在微信开设公众号，后陆续开设微博号、头条号、微信视频号、抖音号、快手号，账号群不断壮大。截至 2024 年 5 月，粉丝总量已超过 2570 万。10 年来，“人民日报评论”主动拥抱媒体融合发展大势，努力写好全媒体时代的“大评论”，为构建主流叙述、凝聚“主场优势”作出了一些有益探索。

一、拓展平台，当好“定盘星”

“社论”“评论员文章”“任仲平”“任平”“仲音”等重要评论，是《人民日报》的金字招牌。“人民日报评论”积极推动报网融合，拆解内容、提炼主题、更新形式，让这些报纸上的重要评论，成为微信、微博、头条号等平台上的“王牌部队”，把党报楷体字写到了全媒体平台，主流内容被更多用户看到、读到、听到。

2022 年 3 月 30 日，《人民日报》第五版整版刊发“任平”文章《时代是出卷人，我们是答卷人，人民是阅卷人》，“人民日报评论”微博号制作推送 9 个话题，多个分话题进入微博热搜，阅读量超 4 亿次。

党的二十大闭幕之际，《人民日报》社论《团结奋斗，谱写新时代中国特色社会主义更加绚丽的华章》引发广泛关注，22 小时全网点击量达 28 亿次。

2023 年以来，评论部在“人民日报评论”头条号的转发评论，累计展现量超过 45 亿，其中有 10 篇评论展现量过亿，展现量过千万的超过 55 篇。

打通传播平台、创新传播形式，既稳住了存量，又拓展了增量，让党报评论声音更响亮，更好发挥“定盘星”作用。良好的传播效果充分证明，既有内容也有渠道，既有质量又有推广，才能让正能量澎湃大流量。

二、做强内容，树好“风向标”

习近平总书记强调：“网络空间已经成为人们生产生活的新空间，那就也应该成为我们党凝聚共识的新空间。”着眼广大干部群众的思想关切、现实关切，“人民日报评论”新媒体账号群突破内容题材限制，推出类型多元、内容丰富、思想深刻的评论产品，关键时刻发挥关键作用，实现了强信心、聚民心、暖人心、筑同心的良好社会效果。

湖南长沙“4·29”特别重大居民自建房倒塌事故调查报告公布后，“人民日报评论”在微信、微博号刊发“仲音”文章《深刻汲取教训，确保人民生命财产安全》，全网 359 家媒体转载。胡鑫宇事件新闻发布会后，推送评论《真相呈现，让理性回归》，新浪微博话题阅读量达 2.1 亿。

2021 年，围绕“眯眯眼”问题，各种声音齐飞、各色论调纷起，《〈人民日报〉多角度思考“眯眯眼”争议》一文在“人民日报评论”微信公众号推出，以圆桌形式多角度探讨，起到定纷止争、凝聚共识的作用。相关话题微博阅读量超 4.3 亿。

以专业的视角、理性的思考、深刻的洞见解疑释惑、明辨是非，“人民日报评论”新媒体账号群有力服务党和国家中心工作，有力疏导情绪凝聚共识，成为主流舆论的“风向标”、干部群众思想的“观察哨”、社会思潮的“晴雨表”。

三、丰富表达，铸就“扩音器”

作为新媒体账号群的“人民日报评论”，既有深入诠释党中央精神的重要评论，也有迅速切入社会热点的时评和寻求与年轻人对话的音频评论。“人民日报评论”新媒体账号群的两个原创评论栏目《人民锐见》《睡前聊一会儿》，着力改进文风、创新表达、融合语态，成为舆论场的轻骑兵。

《人民锐见》注重捕捉舆论动态和思想动向，引导读者全面、深入、理性看待社会热点事件和现象。2024 年 4 月，围绕整治形式主义为基层减负问题，连续推出《村支书无奈办 20 张营业执照？“形式主义累死人”》《要求村支书做 PPT 述职被叫停，整治形式主义不能停》两篇文章，在微信公号的阅读量均超 20 万次、留言均超 500 条，取得良好社会效果。

《睡前聊一会儿》以“文本 + 音频”的方式展开评论，聚焦社会心态、文化现象等软话题，比如评“元宇宙”、酒局文化、恋爱观等等，语态轻松、思考理性、观点辩证、视角全面，成为读者睡前必听、必看的栏目。《九块九的咖啡，如何抓住我的心》《无接亲、无车队、无堵门，这届年轻人为啥要“爆改”婚礼？》等评论成为爆款文章。

党报评论要进行有效的舆论引导，必须让内容更符合传播规律、更契合现实脉动、更符合受众要求。《人民锐见》和《睡前聊一会儿》，在逐步扩大“共鸣边界”的同时，也逐步扩大“共识范围”，铸就扩大主流声音的“扩音器”，为“寻求最大公约数、画出最大同心圆”作出积极探索。

四、完善机制，锻造“评论铁军”

浏览短视频，已成为越来越多人生活娱乐和获取新闻资讯的重要渠道。紧跟这一趋势，“人民日报评论”主动向视频评论进军，进一步完善合作机制，激活新闻生产力，生产更多精品力作。

2022 年五四青年节之际，“人民日报评论”与人民网人民视频联合制作访谈节目《金台访谈录》，在人民日报客户端、B 站等多个平台落地，6 期视频累计播放量超 4000 万次。

2023 年全国“两会”期间，“人民日报评论”与人民日报社国际部、人民视频等进行跨部门合作，推出融媒体产品《评论君聊两会》，成功在美国《洛杉矶邮报》等数十家国外媒体以及 Youtube、TikTok 等海外社交媒体平台落地。

2023 年 5 月起，“人民日报评论”与人民日报媒体技术公司合作，推出视频评论栏目“人民评说”，用凝练的表达迅速介入热点事件和现象。目前已推出 150 多期，相关话题阅读量超 7 亿次，其中《山河锦绣 只待归人：今天，接英雄回家》单条点赞次数上万。

“人民日报评论”还联合人民视频，推出视频评论栏目“评论君开讲”，邀请部门评论员出镜，就党中央关心、人民群众关切的话题及时发声。目前已推出 10 期，在舆论场收获良好反响。

全媒体时代，呼唤能拍、能写、能评的优秀编辑记者。通过策划、生产这些类型丰富的融媒体产品，党报评论员在思维方式上发生转变，人人在实践中练就了几把刷子，为锻造“评论铁军”储备了人才。

据第三方机构统计，“人民日报评论”微信公众号热度超过 99% 的时事类公众号。实践证明：牢记导向为魂、移动为先、内容为王、创新为要，不断创造新的呈现方式、拓宽新的传播渠道、拓展新的适用场景，学会与时代对话、与读者对话、与社会对话，善于用事实的力量、逻辑的力量、表达的力量、思想的力量说服人、感染人，我们就能做好融合发展这篇大文章，为进一步壮大主流价值、主流舆论、主流文化作出自己的贡献。

（人民日报社评论部）

案例类别：产品

“侠客岛”栏目

《人民日报海外版》

一、情况介绍

侠客岛工作室是人民日报社最早探索媒体融合的工作室之一，创办于2014年2月。创办十年来，侠客岛坚持以时政热点新闻解读为主业，内容丰富优质，话语清新活泼，在微信、微博、抖音、视频号、门户网站、主要资讯客户端等多个媒体平台落地，在国内外舆论场尤其是互联网舆论场拥有广泛影响力，全网用户量超2000万，是“融合发展时期主流媒体积极影响海内外舆论的轻骑兵”（中宣部《新闻阅评》）。2019年1月25日，习近平总书记带领十九届中央政治局同志到人民日报社进行第十二次集体学习。在学习前的参观中，习近平总书记主动问及“侠客岛是你们办的吧”，表示“我经常看”，并与现场的侠客岛主创人员亲切交谈。

十年来，在《人民日报海外版》编委会的大力支持和悉心指导下，侠客岛工作室坚持守正创新、稳中求进，发布各类新媒体产品2万余篇（个），综合阅读量达300多亿次，获得中国新闻奖一等奖、中宣部中国报业深度融合发展创新案例、中央网信办“2023中国网络正能量精品”、中央网信办“两微一端”百家评选“微信创新力十佳”、全国中小企业发展宣传报道优秀作品特等奖、中国经济新闻奖一等奖等，成为在海内外舆论场具有广泛影响力的党报新媒体品牌。

二、具体成效与社会反响

（一）以进促稳，在众声喧哗中掌握舆论主导权

十年间，侠客岛充分发挥“舆论场轻骑兵”作用，以权威、理性、客观的姿态，紧跟重大话题和社会热点，积极而稳妥地做好舆论引导，拓展了主流媒体的传播力、引导力、影响力、公信力，“热点问题看侠客岛”成为众多网友的阅读期待。

侠客岛以时政解读立身，擅长用“有网感”的语言解析中央大政方针。在十九大、二十大、建党百年、新中国成立70周年、改革开放45周年以及全国两会、“一带一路”、反腐倡廉等重大时间节点和重要时政话题上，侠客岛的解读及时精准，深受海内外舆论关注。如“侠客岛两会观察”推出一批旗帜鲜明、文风活泼的千字时政短评，首创“西方一些国家搞拳击赛，中国在跑接力赛”等生动提法，被境内外媒体广为引用。党的二十大期间，侠客岛推出“二十大观察”系列短视频评论，直面外界各种疑虑，《谁说中国要“闭关锁国”？》《谁说社会主义不要资本？》《谁说共同富裕是劫富济贫？》等短评理直气壮驳斥谬论，观点犀利，深入浅出，迅速刷屏，综合播放量逾1500万。

近年来，国内网络频发奇谈怪论，与境外反华舆论臭味相投，侠客岛均以鲜明的立场态度展开坚决斗争。“民营经济退场论”甚嚣尘上时，侠客岛摘引习近平总书记重要论述，发表《习近平：任何想把非公有制经济否定掉的观点都是错误的》，拨开认识迷雾；有人鼓吹“反腐影响经济”“讲政治规矩让干部躺平”，侠客岛推出长文《中共的政治规矩是什么》，讲明反腐从来不是什么“宫斗剧”“纸牌屋”，政治规矩是改善政治生态的必要之举；针对历史虚无主义等错误观点，侠客岛策划《下架〈晓松奇谈〉，这事儿解气》《今天，要为全国人大的这份立法草案叫好》等报道，有理有据、正本清源。

在热点舆情引导上，侠客岛保持高度的政治敏锐力和责任感，对热点问题冷观察、深思考，不仅有态度，更重解心结、聚共识。新冠疫情期间推出评论《一刀切封控堵路，就是懒政》《防疫层层加码，怎么破？》《给维权储户精准赋红码，这种“机灵”抖不得！》等，明确传递中央精神，直击形式主义痛点，综合阅读量超10亿，频登热搜，得到多位中央领导同志点名表扬。针对江西“鼠头鸭脖”事件撰写的微评《一颗老鼠头为何要省级调查组才能查清？》在央媒中率先发声呼应权威调查结果，有效引导舆论走向，疏解社会情绪，话题总阅读量超8亿次，中宣部、中国记协领导充分肯定。

（二）敢于亮剑，在对外舆论斗争中大显身手

面对严峻复杂的国际舆论斗争，侠客岛始终坚持中国立场、中国表达，在中美经贸摩擦、南海争端、打击“台独”“港独”等事件中，创作了一批剑锋锐利的原创融媒作品，向世界响亮发出中国声音。“《人民日报》旗下社交媒体侠客岛”是BBC、CNN、路透社、美联社、

法新社、《纽约时报》、《联合早报》、《朝日新闻》、《泰晤士报》等众多西方主流媒体竞相引用的信源，成为外媒观察中国的一扇新窗口。

自2018年3月美国挑起贸易摩擦至今，侠客岛在微信、微博、视频等各平台累计发布对美舆论斗争报道1000余件，总浏览量超55亿次，外媒累计转引超5000篇次。中美贸易战最激烈时，侠客岛连夜牵头组织摘编美国贸易代表办公室加征关税的听证会实录，报网端微齐发力，将美方内部分歧公之于世，《来，听听美国业界的声音》《美企一片反对，白宫一意孤行》等重磅稿件，“以美制美”，打脸白宫。侠客岛既怼“带头大哥”，也盯“宵小跟班”，对“台独”“港独”露头就打，是港台媒体经常引用的信源。2023年5月，“国泰航空歧视普通话乘客”事件发生，一些美西方媒体借机挑拨香港与内地关系，侠客岛第一时间发文《在香港歧视普通话注定是个笑话》，话题阅读量超5.5亿次。“崇拜英语而看不起普通话的逆流必将快速湮没于历史大潮”等观点被路透社、美联社、CNN等近百家外媒转引，有的甚至直接把侠客岛观点做上标题，香港《明报》专门做了一整版报道呼应侠客岛评论。

在舆论斗争的磨砺中，侠客岛建立了一支政治可靠、业务过硬的作者队伍，多是来自大学、研究机构的优秀中青年学者，也有国内外知名的大专家。如《侠客岛对话郑永年》栏目以重大国际新闻为切口，话题热、谈得深、传播广，在对外舆论斗争中屡屡出击，累计阅读量突破10亿次。其中，《美国选择使领馆下手，是精心计算过的》《美国现在的“愤怒”很没道理》《北约有疾，疾在头脑》等成为爆款，“佩洛西窜台，是美国政治智慧衰落的象征”“西方舆论围攻中国抗疫是新冷战的升级”“香港需要二次回归”等独到见解在海内外热传。

（三）以融促变，锻造网友喜闻乐见的新媒体品牌

经过十年努力，侠客岛已发展为拥有文字、音视频、海报、线下活动、文创产品等多种呈现形式并覆盖主流移动互联网平台的党报新媒体品牌，用户知识层次高、黏性强，以各级党政机关干部、企事业单位人员、各领域专家和高校师生为主，其中不乏省部级以上领导干部。侠客岛的运营经验被不少媒体同行借鉴，纷纷来取经或寻求合作，新闻学界对侠客岛品牌的研究也产生了不少成果。

侠客岛勇于尝试新技术，注重互动性，创新表达方式，与广大受众交朋友，“岛友”一家亲，营造健康向上的社群文化。热点事件发生后，“岛友”可以进入侠客岛微博“直播连麦”，与业界专家和资深记者在线探讨；为了参加在三星堆、良渚、二里头、仰韶等考古现场的一次线下沙龙，上千岛友踊跃竞争几十个线下名额，只为近探“何以中国”；新电影首映，“侠客岛观影会”邀请知名导演、主演与岛友面对面，没到现场的岛友还可以收看“侠客风云会”，听主创揭秘背后故事；每逢除夕，侠客岛新春贺岁视频如约登场，满满都是来自全球各地岛友的美好祝福；推出《侠客岛对话郑永年》《解局》等热销图书，并在相关专业研究期刊上发表多篇论文。

三、融合经验体会

侠客岛政治站位高，对中央精神领会深、把握稳，始终在坚持党媒权威性的基础上敢为人先，以令人耳目一新的文风，将“高大上”的时政话题变成“接地气”的网络话语，赢得广泛认可，受到业界的关注和研究，探索出一条党媒融合发展的新路。我们体会，主流媒体融合发展需要坚持以下原则。

（一）坚守“导向为魂”

正确舆论导向是新媒体产品好坏的根本标准。党报新媒体应该重视到达率、打开率，但不能掉入“唯流量论”陷阱。不打“擦边球”，尤其在重大问题、敏感话题的报道中，必须令行禁止，不越红线，有所为有所不为；不做“标题党”，让新媒体标题兼顾精准和巧妙，既有流量又不失格调；不搞“大轰炸”，热点面前冷静观察、理性发声，避免因“翻车”“反转”而损害党媒公信力。

（二）牢记“内容为王”

现在网络信息极大丰富，权威、专业的新闻机构的声音反而成了稀缺品。尤其在热点新闻发生后，党媒的声音更具有引导舆论乃至一锤定音的独特效果。多年来，侠客岛用及时客观的分析、通俗易懂的语言叫响舆论场。这两年，侠客岛适应媒体形态变化和分众化需求，在继续做好微信文章的同时，微博端推出短平快的“岛叔微评”，少则一两句话、多则三四百字，仗义执言，畅快淋漓；短视频栏目《岛妹快评》《岛叔杂谈》，飒爽主播配上犀利观点，深受年轻人喜爱。

（三）树立“风口意识”

每次新技术的出现就是风口，赶上风口，事半功倍。侠客岛的成功，在相当程度上得益于一次次勇敢站在了移动互联网尤其是微信公众号的风口。让技术为内容赋能、内容为技术赋魂，才能尽早转型为全媒体时代具有全媒体思维的新闻从业者。

（四）强化“全链条思维”

关键时刻出爆款很重要，但还得久久为功，把新闻产品的价值推广做在平时，真正当成一个品牌去精心维护。要树立品牌意识、用户意识，将产品思维贯穿于策、采、编、校、审、播、印、发、评各环节，形成一个包装、运营的完整生产链条，在用户心中塑造正向的媒体品牌形象。

（《人民日报海外版》）

案例类别：产品

人民网“领导留言板”平台

人民网网上群众工作部

“领导留言板”是人民日报社专门为中央部委和地方各级党委政府主要负责同志搭建的全国性网上群众工作平台，创办于2006年，由人民网运营。自创办以来，“领导留言板”始终坚持贯彻网上群众路线，不断创新方式方法，助力广大领导干部通过互联网密切联系群众、精准服务群众、善于团结群众，获取一手信息，有效解决矛盾找不到、痛点找不准、办法找不出等问题，切实把好事办好、实事办实、难事办妥，办到群众心坎上。截至2024年4月，来自广大群众和各类经营主体的450余万件留言通过平台得到回复办理，大批建设性意见得到吸纳。

一、深入贯彻落实习近平总书记重要指示批示精神

党的十八大以来，以习近平同志为核心的党中央高度重视通过互联网开展群众工作，要求各级党政机关和领导干部要学会通过网络走群众路线。人民日报社认真落实习近平总书记重要指示批示精神，专门为中央部委和地方各级党委政府主要负责同志搭建的“领导留言板”，经过人民网多年建设运营，已成为各级领导干部倾听民声、尊重民意、顺应民心和推动工作的有力抓手，也是各方纾解社会矛盾、完善社会治理、密切党群干群关系、凝聚社会共识的重要平台，生动体现了全过程人民民主是最广泛、最真实、最管用的民主，在国家治理体系和治理能力现代化过程中发挥独特作用。

学习贯彻习近平新时代中国特色社会主义思想主题教育期间，人民网认真学习领会习近平总书记重要讲话精神，深入贯彻落实党中央部署，紧紧围绕根本任务，始终坚持以人民为中心，创新走好新时代党的群众路线，忠实履行好党网的职责使命，人民日报社通过“领导留言板”持续开展群众急难愁盼问题征集，一批“骨头案”“钉子案”问题得到化解，赢得了人民群众的称赞。各省区市和新疆生产建设兵团也将“领导留言板”视为察民情访民意的重要渠道，摸排解决了一大批群众集中反映的共性需求和普遍性问题、痛点难点问题以及历史遗留民生问题，把主题教育成果转化为高质量发展成效，让群众看到真真正正的变化，得到实实在在的好处。

目前，31个省区市已全部出台制度办法，积极推进做好人民网网上群众留言办理工作。例如，内蒙古自治区研究室将主席留言办理工作纳入主题教育活动中，对涉及民生问题的留言进行“回头看”；山东省将“领导留言板”上群众不满意的问题纳入专项督察范畴；青海省对“领导留言板”上群众的意见建议开展调查研究，针对性地开展整改。北京、天津、山西、吉林、黑龙江、上海、福建、江西、海南、贵州、西藏进一步加强“领导留言板”群众留言办理工作，不断完善政策制度，提升办理效能，从“办好一件事”延伸拓展到“解决一类事”。

二、践行党媒责任营造互联网建言文化

人民日报社人民网作为党媒党网，积极发挥政治价值、平台价值和连接功能、服务功能，为党政机关单位提供与群众沟通解决问题的桥梁，为高质量营造建言文化贡献力量。近年来，人民日报社把推进媒体深度融合发展作为全局性战略性工程，不断推动更多优质内容、先进技术、专业人才、资金资源向互联网主阵地集聚、向移动端倾斜，人民网“领导留言板”就是人民日报社精心打造的一款战略级拳头产品。人民日报社政治版、读者来信版、经济版等各版面及子报子刊与“领导留言板”保持密切互动，围绕政策重点、社会热点积极主动开展人民建议征集工作，营造良好的互联网建言文化。

2019年，“领导留言板”开通部委留言通道，截至2024年4月，已有36家中央部委以答复群众留言、合作开展话题征集等不同形式通过平台与群众互动，将“领导留言板”视为密切联系群众的重要抓手。国家发展和改革委员会、工业和信息化部、生态环境部、水利部、国家税务总局、国家机关事务管理局、中国民用航空局等中央部委通过“领导留言板”及时收集群众意见建议，部分留言建议得到吸收采纳。

近年来，人民网更加注重开展问需于民、问计于民的工作。基于“领导留言板”所建设的《人民建议》不断联合各方组织公众建言献策，大力营造互联网建言文化。仅2023年，所收集到的群众建言就接近100万件，许多好建议不断转化为政策落实。先后为国务院办公厅

国家政务服务平台、人力资源和社会保障部、应急管理部、国家机关事务管理局、国家体育总局、国家知识产权局、国家档案局等部委开展人民建议征集活动，引导群众积极建言，反响较好。

2023年，人民网《人民建议》新版上线。全新升级版的《人民建议》创新推出了“自助创建征集”功能，各地区各部门可登录“领导留言板”后台自行创建征集专栏，针对不同阶段发展需求设置征集话题及征集时间，一键定制“个性化”建言征集活动。此外，新版本还在服务党委、政府的原有基础上进一步扩大了服务范围，新增“地方人大”和“地方政协”两个板块，方便群众建言更精准递送到各地区各部门各单位。2024年全国两会期间，内蒙古、江苏、湖南、广西、海南、重庆、四川、贵州、云南、陕西、青海、宁夏、新疆等13地省级人大，以及内蒙古、湖南、湖北、广西、海南、重庆、陕西、宁夏、新疆等9地省级政协，通过《人民建议》广泛听民声汇民智。

截至2024年4月，上海、黑龙江、江苏、贵州、甘肃、新疆、西藏等省份和辽宁沈阳、吉林长春、黑龙江哈尔滨、牡丹江、山西运城等市的相关部门已率先与《人民建议》合作共建，开展人民建议征集；人民网《人民建议》已经成为各地、各部门密切联系群众，开展问计于民工作，进行社会动员和宣传推广的首选央媒互动平台。

三、全过程人民民主的创新实践

近年来，在党的二十大相关工作网络征求意见、“十四五”规划编制工作网上意见征求活动中，“领导留言板”均为受权征集平台之一。2021年，作为全过程人民民主的一项创新实践范例，“领导留言板”被载入《中国的民主》白皮书，并纳入“奋进新时代”主题成就展展示。2022年4月，“领导留言板”工作被《人民日报》、新华社、中央广播电视总台等集中报道。

自2011年起，每年全国两会期间，“领导留言板”积极组织公众参与“为两会捎句话”活动，为家乡发展建言献策，各地各部门“一把手”通过这一活动与群众互动已成为一种“两会习惯”。干部们通过人民网公开邀约群众畅谈发展，广泛积极吸收民智，也把受托“捎的话”带到两会上。活动开展以来，参与群众达数亿人次，不仅为两会营造了正能量的浓厚氛围，更成为全过程人民民主的创新案例。

经过18年的发展，人民网“领导留言板”已成为在各地各类网上群众工作平台中规模最大、范围最广、回应机制最健全的平台，在致力于推动平台化建设和外延式发展方面均作出积极有益的示范。

（人民网网上群众工作部）

案例类别：产品

人民网“灵境·人民艺术馆”：以数字作品推动文化资源数字化

连品洁 刘佳 王谊帆

随着“元宇宙”概念的兴起和区块链技术的发展，虚拟现实、增强现实、大数据、人工智能等技术逐步应用于文化产业，极大地丰富了人民群众日益增长的文化需求，提高了人民群众的艺术鉴赏力。文化资源数字化具有更多可能性，大众艺术市场也趁势蓬勃发展，数字发行行业应时而兴。数字藏品等顺应时代的产品开发应用成为数字发行业界新风潮。

为了给艺术家及优秀艺术作品提供数字转化平台，用数字技术服务大众艺术，2022年1月25日，灵境·人民艺术馆正式上线，为优秀文化IP提供数字确权、数字出版、数字转化、数字认证等服务。本文尝试以灵境·人民艺术馆为例，介绍和探讨数字文化产业现状、面临的问题和未来可能，希望为行业探索和研究提供参考。

一、数字藏品产业发展现状

（一）文化数字化建设恰逢其时

近年来，我国文化数字化战略逐步布局推进。从《中华人民共和国国民经济和社会发展第十四个五年规划和2035年远景目标纲要》推出，到《关于推进实施国家文化数字化战略的意见》发布，再到《数字中国建设整体布局规划》的实施，文化事业发展的方向得到明确。在元宇宙、区块链技术的加持下，数字文化产业得到较大扶持，新业态、新形式应运而生。

（二）数字藏品成为文化资源数字化新形式

数字藏品，是经过数字化唯一标识的特定作品、艺术品等。每个数字藏品映射着特定区块链上的唯一序列号。

数字藏品自 2021 年开始在中国兴起，2022 年我国数字藏品市场规模达 3.3 亿元，同比增长 17.86%，市场规模呈增长态势。据统计，截至 2023 年 1 月，我国数字藏品平台已有 2449 家。其中既有阿里巴巴、哔哩哔哩等互联网企业推出的平台，也有人民网、新华社、中央广播电视总台等中央媒体推出的平台。平台的多样性也推动藏品形式和内容的多元化，出现了绘画、视频、3D 模型、音乐、游戏道具、电子门票等数字藏品，呈现百花齐放之态。

目前，我国数字藏品市场已经具备一定规模。通过基于数字平台的艺术创作，数字藏品“以虚促实”，赋能数字文创产业与实体经济融合，打造中国特色品牌价值。

（三）数字藏品发展存在诸多痛点问题

数字藏品在文化资源数字化进程快速发展的同时也存在痛点问题。

项目创作阶段，部分数字藏品在“注意力经济”市场背景下粗制随意，同质化问题较为严重，缺少原创 IP，呈现形式单调。

项目发行阶段，数字藏品以平台自审为主，内容缺乏统一审核标准，易造成内容安全隐患；发行内容的权属不清晰，易出现侵权风险。

衍生应用阶段，由于数字藏品市场不够规范、价值标准尚不清晰，监管政策有待明确，导致数字藏品发行后价值较难得到保障。

为更好促进行业发展，各数字藏品平台均进行了许多行之有效的探索。灵境·人民艺术馆专注于发掘更多文化资源，丰富藏品文化内涵，针对数字藏品探索实践全过程中的各阶段痛点问题，总结创作、发行、应用阶段的创新经验，为文化资源数字化新探索积蓄力量。

二、灵境·人民艺术馆探索数字发行新模式

灵境·人民艺术馆探索新的发行模式，将数字作品纳入数字出版领域，通过内容编校、审核和出版审查提升数字作品发行的合规性。平台所售出的数字作品均已通过中宣部出版局审核并获得数字出版物版号（ISBN 版号）。

从审核角度来看，将数字作品纳入出版领域，是一条具有较高可行性的监管路径：可进行作品版权审核和溯源；可明确价值导向；可筛选出高品质、具有社会效益的艺术作品，提升行业整体作品质量。从行业可持续发展角度看，将数字作品纳入数字出版物范畴，有助于税务机关依法按照相关税种征税，利于塑造有秩序的交易市场。

三、灵境·人民艺术馆数字文化创作新思路

（一）注重内容质量，聚焦文化价值

数字技术为文化数字化诞生出的新作品提供全新的展现形式和更多可能性。形成作品的基础需要有足够的文化内涵做支撑。

灵境·人民艺术馆坚持为大众提供兼具美学性、艺术性的优秀数字作品，与李小可、戴泽等多位艺术家合作，实现传统文化作品的跨界和破圈；发行传统节日主题数字作品，唤起大众对传统文化的关注，弘扬社会美德；与国家知识产权局等单位合作，推出知识科普公益作品，结合 C919 首航、“神舟十六号”等热点话题，发行数字作品，回归社会价值。此外，灵境·人民艺术馆积极推动中华优秀传统文化出海，在海内外发行以版画为基础设计的“人民收藏家——元元”，讲好中国故事。截至 2023 年 12 月，灵境·人民艺术馆累计发行 38 个系列的数字作品，涉及艺术家作品、馆藏艺术、音乐、文旅、影视、游戏等多类主题。

（二）注重确权，合法发掘文化资源

从传统文化中汲取灵感和内容，是文化资源数字化的一大趋势。

灵境·人民艺术馆坚定文化创新的道路，与敦煌研究院、秦始皇帝陵博物院等文博单位合作。在获得授权后，以文物资源为参考，通过发掘文物的文化价值和精神内涵进行创作，以数字技术传播文物价值。如与秦始皇帝陵博物院联合推出“博古通今　数字秦俑”国际博物馆日数字作品，通过提取将军俑、车士俑、立射俑、跪射俑等 13 款兵马俑的形象和特征，参考历史资料，制作成扁平化风格的短视频数字产品，让兵马俑“动”起来。发行搭配多篇趣味科普文章，延伸数字作品的文化价值。

（三）虚实融合，助力实体经济发展

文化资源数字化，要把握准确服务现实社会和实体经济的定位和作用，才具有长远价值。文化创意产品数字化的同时，关联获得相应进阶的实物产品，打造虚实结合的数字新文创，可为数字资产市场注入更持久、更具消费价值的推动力。

灵境·人民艺术馆通过多种形式探索科技赋能实体经济发展。灵境·人民艺术馆与华山景区合作，通过“数字作品 + 景区”，扩展景区宣传方式，支持文旅产业繁荣发展；与文博单位合作，通过“数字作品 + 文创”，带动相关实体产品售卖；与线下展会合作，通过“数字作品 + 门票”赋能观展权益，丰富线下展览的艺术表现形式；通过“数字作品 + 仿制画”的形式，在发行中推出《双喜图》《五牛图》《簪花仕女图》等仿制画作品，积极探索数实融合发展的新路径。

未来，灵境·人民艺术馆还将通过开展线上主题展

览、建设灵境·人民艺术馆线下体验馆等方式，营造新场景，促进新消费，为大众带来虚实结合的文化艺术体验，从而实现数字文化赋能实体经济发展。

四、开展行业研究，共同探讨发展道路

（一）建立行业智库，推动行业学术发展

如何促进数字资产市场的规范发展、完善数字资产相关政策及监管模式、协调金融科技创新平台发展，是目前数字文化产业学术研究和应用研究的关键课题。2022年，灵境·人民艺术馆成立了人民灵境研究院，通过组织理论研究、学术探讨及实践调查，推动行业标准制定，完善管理规范，建立监管模式，与学界、业界展开广泛交流，积极发挥智库作用，为艺术品数字转化提供行业及平台支撑、决策咨询。研究院广泛邀请金融机构、大数据研究、文化版权交易、数字出版方面的企业、专家学者，针对数字资产及数据要素交易、数字版权交易平台建设等课题进行研究。

（二）探讨数字资产交易、结算、流通

部分专家学者认为，数字资产将是未来交易的重要类别。随着数字技术日趋成熟和数字经济更趋活跃，数字资产在经济社会发展中的重要作用进一步凸显。为更好发挥数字资产作为数字技术与实体经济深度融合的桥梁纽带作用，北上广深等地探索数字资产发展和管理制度，多家数据交易所、文化产权交易所通过开展数字资产板块业务，探索数字资产合规化流通。

灵境·人民艺术馆积极参与探索数字资产合规交易，入驻北京国际大数据交易所数字资产登记平台，并将“人民收藏家——元元”数字作品完成数字资产登记备案，为数字权益提供了可查询的端口和保障。此外，灵境·人民艺术馆通过与南方文化产权交易所合作，将《双喜图》仿制画在文化产权交易所挂牌，探索更多流通渠道，为数字作品及文创产品赋予更多价值，更好促进数字技术应用和数字产业的融合发展。

数字资产交易需要明晰的产权、完善的要素市场化配置机制以及配套健全的相关政策体系。数字资产交易的过程中，要根据交易标的、交易类型及交易形式等设定相关的审查机制，既满足监管要求，也满足市场各类主体对于效率的要求。建议数字资产在监管机构的指导下通过“监管沙箱”等试点方式推进。

五、结语

在国家文化数字化战略的推动下，数字文化产业发展恰逢其时。灵境·人民艺术馆通过多点合作聚焦文化价值，注重作品确权，注重虚实融合，优化数字作品产业链；通过将数字作品纳入数字出版审核管理，优化管理模式；成立人民灵境研究院，建立行业智库，为行业发展注入活力。今后，灵境·人民艺术馆将持续探索产业融合新模式，为数字文化产业有序运行提供参考、贡献力量。

[连品洁：人民日报社金报电子音像出版（北京）有限公司总经理助理、人民网灵境·人民艺术馆总编辑，刘佳：人民日报社金报电子音像出版（北京）有限公司数字传播部副主任，王谊帆：人民日报社金报电子音像出版（北京）有限公司数字传播部编辑]

案例类别：产品

“小切口”讲活“长三角”高质量发展“新故事”

——以趣味互动轻访谈《是你呀，中国特色之乡》为例

李晓云 李由 刘袁媛

长三角地区是中国经济发展最活跃、开放程度最高、创新能力最强的区域之一，看长三角，也是看发展全局。新华网《新华访谈》栏目在新华社组织的“新时代中国调研行之长三角篇”系列主题报道中，深入挖掘互联网访谈传播特点，寻找“小切口”展现长三角高质量发展的韧性与底气，讲好新赛道、新产业带来的高质量发展“新故事”。

2024年4月底，连续播发5期趣味互动轻访谈节目《是你呀，中国特色之乡》之长三角篇，从长三角地区小商品大市场、小产业大世界的视角，让中国制造具象化，着力挖掘中国经济发展的地方优势和独特亮点，从细节处探寻中国制造业高质量发展经验。

主创团队深入一线调研，现场实景拍摄，用趣味互动体现“特色”，用深入调研观察“产业”，用面对面交流和体验式访谈打破“信息差”，展现多元、充足的

内需动力和经济活力，探寻制造业一线高质量发展的潜在机遇。带领观众解开真实的中国县域经济发展“密码”，感受特色之乡如何与时代同行，与世界共振。

一、好策划如何诞生，挖掘小产地里的经济大故事

大型主题调研报道因为立意高深和点多面广等要求，在报道形态中多以图文形态或专题片形式呈现，在互联网传播时与网友要求的短视频、快节奏、兴趣点密集等习惯不符。“挖小点”“找反差”成为主创团队重点考虑的问题，通过打破常规叙事视角，找到意想不到的“隐藏”特色，成为策划过程中最关键的环节。

传说中的“特色”实际什么样？为何能集聚这样的特色产业并形成规模效应？基层环境千头万绪，既有经济发展的活力又存在潜在局部误区，调研中，在寻找高质量发展的鲜活切口的目标下，深层实践了调查研究是传家宝。就像挖掘宝藏一样，“国产鱼子酱”“眼镜之都”“中国锁都”“吸管大王”等五个“小而美”的切入口随即确定。同时，以互联网“原住民”喜爱的亲切风格起名，这些低调的“行业冠军”原来“是你呀”，用浓浓的互联网特色语言叙事，在轻松的语态下与访谈嘉宾边走边聊，满足网友的好奇心，也增强了主题报道的新鲜感。

在已播出的节目中力求体现“特色”，观察“产业”，打破“信息差”，充分展现多元、充足的内需动力和制造业一线高质量发展的潜在机遇。

二、好故事如何讲述，网感助力传播，体验带来代入感

“‘Made in China’的标签不断被世界重新定义和认知。它们，是熟悉又陌生的‘哦～是你呀！’”这是我们为系列微访谈每期节目设计的开头，希望用轻快的记者体验式出镜为全片定下轻松欢快的基调。在策划之初，我们就为节目脚本设定了基础结构，即“趣味带入—数据展示—出镜体验—调研式互动”。贴近互联网的叙事话语、记者出镜体验带来的代入感，都成为助力节目取得良好传播效果的关键。

节目的“网感”不仅在于新媒体叙述话语的运用，也体现在张弛有度的叙事节奏。系列节目第一期《看衢州这样生产隐藏款“土特产”》以悠扬的音乐开头，随着主持人说道“你以为我在什么五星级高档餐厅？其实我在浙江衢州鲟鱼养殖基地”，画面与背景音乐画风一转，进入蒙太奇式的快节奏剪辑。通过用有综艺感的情景剧形式，对不同景别画面、剪辑点、转换节奏的恰当把握，增加剪辑的节奏感与张力，迅速将观众带入鱼子酱生产的讲述中来。

体验感也是系列调研微访谈的核心。在每一个特色之乡，报道团队都希望深入挖掘产业特色，还原产业全流程，以出镜记者的深度体验增强代入感。在最终的节目呈现中，记者通过丹阳智能眼镜的同声传译功能剪辑短片、实地挑战百元内在浙江织里购买三套童装、在浙江衢州的鲟鱼养殖基地抱起大鲟鱼……生动的出镜体验将镜头转向第一视角，观众跟随主持人走进真实的制造业一线，活泼的语态、行进式的采访也大大增加了节目的可看性。

进入后期阶段，访谈中心继续精细打磨脚本，每期访谈节目力求体现“特色”，观察“产业”，打破“信息差”，展现多元、充足的内需动力和经济活力，观察中国消费新趋势，探寻制造业一线高质量发展的潜在机遇。在这一阶段，脚本制作重点关注将前期数据、调研与拍摄实际紧密结合起来，“以小见大”从素材中更好突出特色产业之乡的亮点与闪光点，挖掘共性，呈现个性，勾勒中国经济发展的韧性和潜力。

三、带着节目下基层，“行进式调研”收获满满

热点、深度访谈一直是团队的强项，“好奇”是制作好内容的秘钥。通过此次深入的基层调研，团队也对中国的特色产业有了更深入、直观的了解。例如，在“中国锁都”浙江温州的产业调研中，我们观察到高质量发展带来的显著变化——传统锁具产业链不断优化和升级，智能锁具应用场景不断拓宽，市场前景广阔；我们更感受到民营企业的“卷”体现在方方面面，不仅在技术创新上投入，更在品牌建设、市场布局、产品质量、价格等方面频出奇招；调研过程中，我们走访多家工厂车间、出货通道，机器轰鸣声音阵阵，机器人智能生产线优美地律动，集装箱货车不断进出，都是中国经济的活力最真实、也最具张力的展现。

我们也同样见证了供给侧蓬勃发展之下消费端的转型升级。来到浙江衢州，鱼子酱从“吃不上”到“吃得起”，这种来自欧洲的“黑色黄金”从过去百姓在电视剧里方能窥见的珍馐美味，到如今以亲民的价格出现在日常三餐的选项之中，这背后是产研双方的共同努力。小商品做出大市场同样让人震撼，在义乌的吸管产业调研中，我们看到我国企业家如何用脚踏实地、星夜兼程拼出实实在在的成绩。

四、好内容引发好反响，将持续探索访谈报道的创新形式

节目内容挖掘观众身边熟悉又陌生的“原来是你”，引发网友热烈互动。截至2024年6月1日，5期产品被超过180家媒体采用，全网浏览量超过8000万次。《看

衢州这样生产隐藏款“土特产”》在B站推出后，引发网友热烈讨论，点赞评论转发超过2000次，观看量10万+。抖音点赞量过万次，互动话题“原来衢州鱼子酱这么有名”“解锁温州制造”“童装之都竟然藏在湖州”3个话题登上抖音热榜。

在网友积极互动、热议“特色之乡”的同时，主创团队也在积极思考和探索更加松弛、自然的视觉语音，希望能在经济类访谈报道有效触达更加宽广。

（李晓云：新华网访谈中心总监，李由：新华网访谈中心副总监，刘袁媛：新华网访谈中心产品室副主任）

案例类别：产品

上证APP“两会”融媒体产品：三种思维赋能财经报道再造

王宙洁

在2023年全国两会期间，上海证券报社APP采编及技术团队精心策划推出了“踔厉奋发新征程——2023全国两会代表委员访谈”的融媒体产品（以下简称两会代表委员访谈融媒体产品），集中传播财经系统及上市公司代表委员们的真知灼见，是利用新技术在财经报道形式上的一次有效创新。

一、项目基本情况

从“老八股”到5300多家A股上市公司，2亿股民、7亿基民……中国资本市场经过30多年的发展，已经成为世界第二大资本市场。作为新中国第一份提供权威金融证券专业资讯的全国性财经日报，《上海证券报》担负着引导传递稳健前行的“中国预期”的使命，向市场和投资者传递信息和信心。

2023年全国两会期间，集前方记者团队、后方编辑及技术团队之力，上证APP推出的两会代表委员访谈融媒体产品共集纳284篇原创访谈的精彩内容，166位人大代表、118位政协委员的专访，分别配以精美的海报，以H5合成产品形式集纳在移动端集中发布。

该H5产品充分展示全国“两会”代表委员风采，集中传播财经系统资本市场上市公司代表委员们的真知灼见，获得代表委员和财经界人士广泛转发。

二、三种思维赋能财经融媒体报道

随着互联网技术不断发展，数字应用、电子技术迅猛革新，以手机、平板等新兴互联网产品为终端提供服务的新型媒体，更能迎合受众的碎片时间、碎片化阅读需求。

技术在赋能媒体转型的同时也在倒逼媒体推进有关创新的深层次思考。面对全国“两会”这一重大主题报道，上证APP利用产品思维深入思考用户需求，以增量思维持续优化产品，运用分布式思维提供多元化的内容，打造出一款优质的财经融媒体产品。

（一）产品思维：建立新型供需关系

产品思维强调以用户为中心，深入理解用户需求并提供相应的产品和服务。在财经融媒体产品中，首先要明确目标受众是谁、他们的主要需求是什么。

全国两会重量级代表委员云集，他们来自人民，扎根人民，为人民代言，他们的建议提案也因此备受关注。与此同时，上证APP团队调研发现，全国两会的报道也面临着信息庞杂的问题，受众难以从碎片式信息中获得信息全貌。顺应受众需求，上证APP团队推出了这款两会代表委员访谈融媒体产品。

该产品依托H5技术，可以实现网页的在线浏览和交互，产品中加入的搜索功能，可通过名字、公司简称等关键词实现快速查找，内容可分层展示海报及专访的原发页面，既生动形象，又方便检索。

之所以选择将H5作为产品底层技术，是基于其自身特点。一是多媒体性。H5技术可以在网页上轻松地插入视频、音频、音效、图像等元素，能够为用户带来丰富的感官体验。二是互动性。基于H5技术兼容性强的优势，用户依靠移动客户端的传感器，通过滑动、翻页、拖拽等操作，主动地探索页面并参与信息对象的互动传播。三是沉浸性。借由作品设计的互动按钮，丰富动感的画面极大地吸引用户注意力，充分调动用户的视觉、听觉、触觉，为其营造生动沉浸的移动信息场景。

生产新闻产品是一种创造性活动。在融媒体改革过程中，新闻的生产过程要考虑生产者和使用者利益的结构和功能关系，运用产品思维进行新闻生产，从生产者掌握主动权的传统新闻生产方式，向以市场需求为导向的新媒体时代生产方式转变，建立新型供需关系，提升新闻产品的市场价值。

（二）增量思维：从信息发布到“新闻 +”

增量思维强调逐步的、连续的发展，以动态发展的眼光来报道经济活动和事件。在打造财经融媒体产品时，应注重产品的持续优化和升级，不断提供新的服务和内容，以满足用户不断变化的需求。

以“内容 +”服务受众信息需求。中国资本市场发展正呈现出市场规模不断扩大、国际化程度提高和新兴业态涌现等特点。代表委员以真知灼见擘画资本市场的未来发展图景，两会代表委员访谈融媒体产品正是提取了其中的精华部分，短而精提炼让读者在“一滴水中见太阳”。伴随两会的进行，专业团队还定期评估产品的效果和用户反馈，结合前方报道团队的第一手材料不断对产品内容进行改进，以满足受众对第一手信息的需求。

以“形态 +”放大产品传播效果。两会代表委员访谈融媒体产品为每位代表委员设置独立页面，可生成个人专属海报并附带产品二维码，使被采访者个人非常愿意在自有渠道去分享这样一款产品。不仅如此，海报形式也增加了各大渠道传播的便利性。该产品还设置了网站平台接口，希望接受深度信息的读者可至中国证券网阅读访谈全文。

以“渠道 +”拓展媒体传播形式。基于科学技术的演进及受众消费习惯的变化，传统的媒体模式已无法适应新的时代要求，必须对媒体进行持续的革新与扩展。基于代表委员观点多种形态的呈现，该产品轻量化的特点在很大程度上方便了跨渠道整合。基于上海证券报新媒体产品矩阵，两会代表委员访谈融媒体产品得以在微信公众号、微博等渠道进行传播，迅速扩大了影响力。

（三）分布式思维：去中心化的信息生产

随着社交媒体的广泛应用，新闻生产逐步趋向分布式，即多主体在自组织模式下共同参与某一个话题的报道。这种去中心化的新闻生产方式使得新闻报道更加全面和多元。在分布式思维下，信息资源不再由单一的生产组织承担，而是由各种生产组织共同承担。

2023 年全国两会召开前夕，上海证券报在微信公众号上推出了“2023 年全国两会来了！大家都在关心什么？”的互动调查，邀请网友通过中国证券网、上海证券报客户端、上海证券报微博、中国证券网微博、上海证券报官方微信、中国证券网官方微信等多个渠道进入调查页面，填写各自最关心的问题。

问卷收集所获“热词”同步提交给前方上会记者，在后续对代表委员的采访中，记者也有选择性地将这些问题抛出。因契合受众兴趣点，基于热词而形成的问答极大助推了后续对于两会代表委员访谈融媒体产品的传播。

由此可见，分布式的媒体形式，可以有效提高信息质量和传播效率，促进新闻媒体在激烈竞争中处于不败之地。

在这其中，数据驱动也是不可忽视的一环。上证 APP 团队通过收集和分析用户数据，了解受众的行为特点和兴趣偏好，及时调整传播策略和优化内容，与用户保持互动和沟通，建立良好的用户关系，提高用户黏性和忠诚度。

三、社会价值及未来探索

2023 年中央金融工作会议提出，优化融资结构，更好发挥资本市场枢纽功能，推动股票发行注册制走深走实，发展多元化股权融资，大力提高上市公司质量，培育一流投资银行和投资机构。

在此背景下，上证 APP 充分利用自身的资源与平台进行了一次有意义的探索，为构建符合资本市场特征和现代化传播特征的移动网络媒介生态提供生动案例。

未来，上证 APP 将一如既往地遵循媒介深度整合发展的潮流，紧跟资本市场的深入变革，以引导力量为核心，深入探讨中国资本市场新闻报道的新模式。为建设一个规范、透明、开放、充满活力、富有韧性的资本市场，作出“上证智慧”“上证力量”的贡献。

（王宙洁：上海证券报新媒体中心主任助理）

“踔厉奋发新征程——2023 全国两会代表委员访谈”融媒体产品

案例类别：产品

变新闻导向为论文导向 “乡村智理72计”把金点子撒向广袤大地

高赛 王恩慧 董腾飞

光明网用实际行动贯彻落实习近平总书记“把论文写在祖国的大地上”的部署，开设“见微调研丨乡村智理72计”专栏。该栏目以全党开展主题教育、大兴调查研究为契机，变新闻导向为论文导向，以基层干部群众有切实收获为述求，深挖乡村智理中具备的可复用、易传播的具体方法和举措，提炼出对乡村振兴确有指导价值的72计良方，通过图文、视频、H5、动图等传播形式，为全面推进农业农村现代化提供科学的理论指导、生动的实践指引和系统的数字化决策服务。

一、在调研中干实事、谋实招、求实效

人民群众的幸福冷暖是习近平总书记深刻关切的话题。光明网“见微调研丨乡村智理72计”专栏紧扣总书记讲话精神，编辑记者长期扎根一线，在调研中干实事、谋实招、求实效，围绕推进共同富裕、增进民生福祉中的问题，巩固拓展脱贫攻坚成果、缩小城乡区域发展差距和收入分配差距的主要情况和重点问题，密切联系知识分子，展开深入调研，挖掘各地乡村智理的生动实践和宝贵经验，将调查研究的触角延伸到基层治理的优化提升中，为全面推进乡村振兴、推进农业农村现代化、加快建设农业强国提供科学决策服务。

见微调研路上，光明网专栏携手行业专家，聚焦农业农村高质量发展，为全面推进农业农村现代化提供切实可行的方法。新疆生产建设兵团第三师四十一团草湖镇，通过“智慧草湖”创新创业平台，当地纸皮核桃、红枣、苹果、桃子等农产品借助直播销往到全国各地，调研组为农产品销售提炼出“拓展农村电商，按季节切换主副业”差异化做法；在陕西省佛坪县龙草坪村，借助云计算技术实时监测，最大限度减少相关病虫害对蜂农造成的损失，调研组为农业养殖总结出“病虫害防治，凭经验不如靠数据”良方。

河北省肃宁县尚村镇东是堤村党支部书记袁建轮，用数字化激活使当地富硒黑小麦产业。光明网“见微调研丨乡村智理72计”专栏据此推出《本色电商成就特色农产》，相关节目内容在世界互联网大会十周年期间吸引大量海内外网友关注，来自中国华北平原的小村庄成功“出圈”，中国乡村振兴好故事获得海外网友大量点赞。《旱能灌溉涝能排 大国粮仓靠AI》等多篇报道获得百余家主流媒体及商业平台转发、推送，累计传播量超1.17亿次，相关话题引发网友积极讨论，形成一定网络热度。

二、听真话、察实情、建睿智之言、献务实良策

习近平总书记强调，“有力有效推进乡村全面振兴，以加快农业农村现代化更好推进中国式现代化建设”。光明网“见微调研丨乡村智理72计”专栏在“有力有效”上下功夫，以自下而上的见微调研视角，聚焦乡村“智理”思路与做法，提炼出对乡村振兴确有指导价值的72计良方，为全面推进农业农村现代化提供有益的理论指导和生动的实践指引。

在2024年的全国两会期间，光明网“见微调研丨乡村智理72计”专栏开设“代表委员献计乡村智理”话题，与各级人大代表、政协委员履职相结合，邀请中国工程院院士、中国农业大学教授张福锁，第十四届全国政协委员、中国工程院院士孙宝国，“95后”全国政协委员、钰尼文化艺术传承中心校长杨钰尼等农业、科技、教育等领域专家、学者一道献计献策，发挥他们扎根基层、贴近群众等优势，深入基层社区、乡村、百姓家中，听真话，察事情，建睿智之言，献务实良策。

专家团队的加入，让调研主题更加明确、调研内容更加实用，让项目更具有可操作性和延续性，使老百姓切实受益，使调研内容扎实深入、科学严谨，具有可易用性和可行性。通过实地调研和深度访谈，以见微视角收集大量一手资料，挖掘一线鲜活案例，记录基层火热实践。《在云端梯田雕琢活态非遗》等报道在全国两会期间获多位院士、代表、委员点赞，相关内容在全国政协第十四届二次会议新闻中心官方页面展播。

三、转思路、重实效，献计高质量发展

“见微调研丨乡村智理72计”专栏主动设置调研议题，以基层干部群众有切实收获为述求，内容实用性强，涉及数字化农业、电商培训、远程医疗、非遗保护、精神文化生活等与老百姓紧密相关，受关注程度高的内容。

使基层干部群众有切实收获，对老百姓切实有收获，收到良好的社会效果。

为突出差异化，专栏主动求变，调研组成员从新闻采访报道者，变为调查研究参与者，在实地调研中发现问题、总结经验，提炼出具有普遍推广价值的做法；从报道新闻事件到挖掘背后的价值，在深入调研基础上，通过丰富案例呈现和深度评析，以及相关领域权威专家的真知灼见，提炼出对乡村振兴确有指导价值的良方，为全面推进农业农村现代化提供科学的数字化决策服务。

《巧借非遗力 带火乡村游》《做“竹”文章 点“笋”成金》《拓展农村电商 按季节切换主副业》……专栏挖掘出一批行之有效和有代表性的典型做法案例，这些好经验好做法，既可以促进交流、启迪思想、互相借鉴，又可以通过行之有效地借鉴、复用和推广，为乡村振兴和全面推进农业农村现代化凝心聚力。

第十四届全国政协委员、中国工程院院士王金南在仔细阅读“见微调研丨乡村智理72计”专栏内容后表示：“通过丰富案例的生动呈现和深度评析，凝聚出‘三农’领域专家学者的大量真知灼见，该专栏为全面推进农业农村现代化提供科学的数字化决策服务，是数字化农业农村基层干部不可多得的‘枕边书’与‘案头书’。”

专栏入选中国记协“新时代 新征程 新伟业”融创精品十大案例，获评中央媒体十大精品案例。推荐委员会认为作品主题鲜明、题材丰富，创意满满、制作精良，描绘了新时代中国的奋进画卷，是讲好新时代中国故事的生动案例。

（高赛：光明网副总编，王恩慧：光明网视频编辑部主编，董腾飞：光明网视频编辑部副主编）

光明网“见微调研丨乡村智理 72 计”专栏

案例类别：产品

思想之光照亮未来之路

——经济日报《新时代 新征程》系列短视频

朱文娟

党的十八大以来，以习近平同志为核心的党中央围绕新时代中国特色社会主义经济发展的重大理论问题和实践问题，创造性地提出了一系列新理念新思想新战略，形成习近平新时代中国特色社会主义经济思想，有力指导了新时代我国经济改革和发展实践，推动我国经济社会发展取得历史性成就、发生历史性变革。

在党的二十大召开之际，《经济日报》策划推出了12集系列短视频产品《新时代 新征程》，生动展示党的十八大以来非凡十年的辉煌成就，深刻诠释了习近平新时代中国特色社会主义思想特别是习近平经济思想的理论光芒和实践伟力。系列短视频主题鲜明、特色突出、策划精心、制作精良，截至2023年10月23日，视频及话题的累计传播量超1.94亿，为庆祝党的二十大胜利召开营造了良好舆论氛围。

一、解读思想精髓，彰显理论创新高度

新时代画卷气吞山河，新征程篇章气势恢宏。《新时代 新征程》系列短视频共十二集，分别为《进入新时代》《创立新思想》《实现大跨越》《创新引领》《协调制胜》《绿色转型》《开放共赢》《共建共享》《塑造新优势》《发展提质》《跨越关口》《奋进新征程》。系列短视频以“进入新时代”开篇，以“奋进新征程”收尾，前后呼应、结构完整，系统阐释了习近平新时代中国特色社会主义思想，特别是习近平经济思想的核心要义、精神实质、丰富内涵、实践要求。

系列短视频通过细致入微地解读中国共产党带领中国人民勇于进行伟大斗争和伟大实践的“任务书”“时间表”“路线图”等，充分证明党的十八大以来党和国家事业取得历史性成就、发生历史性变革，最根本原因在于有习近平总书记作为党中央的核心、全党的核心掌舵领航，在于有习近平新时代中国特色社会主义思想科学指引，激励全体中华儿女更加紧密地团结在以习近平同志为核心的党中央周围，全面贯彻习近平新时代中国特色社会主义思想，深刻领悟“两个确立”的决定性意义，增强“四个意识”、坚定“四个自信”、做到“两个维

护”，埋头苦干、勇毅前行，为实现第二个百年奋斗目标、实现中华民族伟大复兴的中国梦而不懈奋斗。

《新时代 新征程》系列短视频一集聚焦一个主题，内容均包括习近平总书记关于该主题的重要论述和指示要求、各地各部门贯彻落实的实践与成就，一起形成了新时代、新思想、新阶段、新理念、新格局、新征程的完整逻辑，较为全面地呈现了习近平新时代中国特色社会主义思想特别是经济思想的实质内涵。如，《绿色转型》一集重点展示党的十八大以来，以习近平同志为核心的党中央以前所未有的力度推动生态文明建设，全国各地践行绿色发展的自觉性和主动性显著增强，美丽中国建设迈出重大步伐，创造了举世瞩目的生态奇迹和绿色发展奇迹。《共建共享》一集重点呈现以习近平同志为核心的党中央坚持人民至上，打赢脱贫攻坚战、全面建成小康社会、巩固拓展脱贫攻坚成果同乡村振兴有效衔接、扎实推动共同富裕等新时代中国特色社会主义发展的重大实践，体现新时代中国社会治理制度鲜明的特色和优势。

二、突出经济特色，强化融媒创意表达

十年之变，成就斐然；十年质变，光彩焕发；十年智变，举世瞩目。《新时代 新征程》系列短视频从中国经济实力的历史性跃升切入、实现宏大主题的经济表达，无疑是最有说服力和最具可操作性的，也是符合《经济日报》的特色定位的。

在选题设计上，注重经济话题的覆盖。《新时代 新征程》系列短视频用四分之三的篇幅集中展示经济成就，体现出鲜明的经济特色。在选题框架的设计中，该系列短视频第4—8集系统展现了在创新、协调、开放、绿色、共享五大发展理念引领下取得的辉煌成就；第9—11集讲述了构建新发展格局、贯彻高质量发展和建设现代经济体系的重大意义和卓越成就，为观众提供了关于新时代中国经济历史性跃升的全面解读。

在表达形式上，注重数据说话、技术说话、高质量画面说话。《新时代 新征程》系列短视频创意包装制作了70多组数据，让宏大的历史性变化具体可感、入眼入心。简洁新颖的数据动画融合嵌入在视频中，清晰直观展示了各领域各行业十年来翻天覆地的新变化、蓬勃向上的新气象，尤其重点突出了我国经济实力迈上新台阶、创新发展实现新突破、协调发展取得新进展、绿色发展做出新成效、对外开放迈出新步伐、共享发展得到新提升。

在呈现方式上，注重故事性、场景化。《新时代 新征程》系列短视频结合党的十八大以来总书记调研考察过的地方，围绕总书记关心的重大问题，把理论宣传解读融合于地方、企业的发展故事中，寓宣传引导于与群众生活密切相关的话题中，让人自然而然感受到总书记思想的博大精深、内涵丰富，也使作品具有良好的可看性、传播性。如，为体现代表性和典型性，选用了具备较高知名度和好感度的重大项目重大工程，比如载人航天、高速铁路、5G网络、新能源汽车、港珠澳大桥、大兴机场、智能制造等。为了让画风接地气、聚人气，选取朴实务实的基层群众工作、生活场景展示人民的幸福感和获得感。

三、厚植实践沃土，角力短视频新圈层

用短视频做理论宣传，有一定难度。全力做好迎接二十大胜利召开的宣传报道，用短视频形式深入解读习近平新时代中国特色社会主义思想的精髓，是检验经济日报社推进深度融合发展成果的一次大战大考。《新时代 新征程》系列短视频的成功打造，充分证明不仅“考过了”，而且“考得好”，考出了不输专业平台的水准。

通过精心的整体设计，该系列短视频在用好短视频这一传播方式的同时，将理论阐释与成就宣传有机结合，使产品有血有肉，让理论宣传更有说服力，让非凡十年成就更有张力。如《创新引领》一集，从人们高度关注的我国载人航天和空间站建造事业切入，引出十年间我国全社会研发费用投入增长情况、高新技术企业发展壮大情况以及中国全球创新指数的最新排名提升等，展示我国科技创新实力正从量的积累迈向质的飞跃、从点的突破迈向系统能力提升，也激励各行各业在新征程上不断激发科技创新驱动力。《跨越关口》一集，通过讲述山西太钢成功研发了全球最薄“手撕钢”的故事，阐明了建设现代化经济体系就要建设创新引领、协同发展的产业体系，就要建设统一开放、竞争有序的市场体系，有力说明习近平总书记把经济体系的各个环节、各个层面、各个领域的相互关系和内在联系作为一个有机整体，谋划各个组成部分和整个系统的现代化，这本身就是一个理论和实践创新。

融合十年，破浪前行。互联网思维下重构和锻造新的内容生产力，是当下挺进互联网阵地和主战场的“入场券”，而无论是重大节点宣传还是常态化报道，短视频都以直观的记录和演绎方式占据着重要位置。经济日报不断进行自我革新、自我突破、自我提高，努力通过短视频方式让优质内容突破传播边界，不断夯实属于自己的比较优势，在媒体深度融合的新赛道上跑出更加优异的成绩。

（朱文娟：经济日报社视听部制作室副主任）

《新时代 新征程》系列短视频专题

案例类别：产品

《中国这十年》XR创意视频

中国日报网

一、采编过程

在党的二十大召开之际，中国日报客户端创新推出的《中国这十年》XR创意视频，结合两位美籍记者在中国多年生活工作经历，运用XR（扩展现实）技术，创造出跨越时空、虚实交融的全新叙事空间，让观众沉浸式地感受中国过去十年在脱贫攻坚、经济高质量发展、科技创新、生态文明建设和大国外交等五个领域的发展变化。

（一）“新时代斯诺”的独特视角：是见证者，更是参与者和贡献者

中国日报客户端主创团队经过长期的观察和调研，将节目内容精准“定位”到脱贫攻坚、经济高质量发展、科技创新、生态文明建设和大国外交这五个国际社会最为关注的领域。并选定中国日报“新时代斯诺”融媒体工作室的两位美籍记者成员聂子瑞和伊谷然，分别作为五个领域话题的主讲人。聂子瑞2006年来到中国，10多年的时间里他的足迹几乎遍布中国所有的省市区，不仅见证了各地脱贫攻坚的“人间奇迹”，更把自己的所见所闻写成了一本书，向全世界讲述他的观察和理解。伊谷然作为一名美国共产党员，有着对中国道路、中国制度和中国理论的长期观察和研究。独特的“他”视角和在中国多年生活、工作的经历，让这两位“新时代斯诺”成为对外讲述新时代中国发展的绝佳人选。

（二）XR技术的赋能加持：打磨艺术细节，让技术与主题高度融合

结合两位主讲人的话题内容，主创团队创新探索运用XR（扩展现实）技术来“沉浸式”地讲述十年成就。为了创造出每个领域话题独有的表达场景，团队大量收集资料、做好案头工作，不断细化创意脚本和拍摄分镜，对XR场景的构图、动画、时长等细节进行反复沟通，制作大量三维立体镜头的预览图，反复打磨细节，最终搭建出5个定制化XR场景，让动画特效和XR场景设计完美呈现了主题意境。同时，安排主讲人与实时渲染的XR场景进行多次“预演”，确保讲述人与场景、动画细节无缝衔接、浑然一体。例如在视频开篇，用时钟样式的立体舞台特效突出十年的“时间”概念，主讲人站在时钟舞台中央就像是带着观众开始一场跨越时空的“旅程”；在聂子瑞讲述科技创新成就时，他每讲到一项科技重大创新成果，XR场景中便对应展示“大国重器”的专属动画——雪龙二号就在大洋中破冰前行、空间站在太空中凝视地球家园；伊谷然讲到生态文明建设带来的环境变化时，悠扬的背景音乐仿佛在传递着场景中“春暖花开”的喜悦和热闹……细节之美，写满了XR场景的每一帧画面。

（三）让事实和数据说话：既立足中国，更放眼全人类共同价值与追求

技术的应用，最终是为叙事服务，为内容服务。《中国这十年》XR创意视频亦是如此，两位主讲人结合自身的工作、生活经历，在史料镜头、采访画面和XR创意场景中讲述的过程中，不仅关注中国的发展，从新思想中汲取智慧和力量，也从中聚焦发展问题、和平问题、减贫问题、环境问题这些人类社会的共同关切。例如，伊谷然在讲述中国生态文明建设成就的时候，从累计造林公顷、空气质量和水质改善的客观数据，到塞罕坝和库布齐沙漠的荒漠变绿洲的防治荒漠化“样本”，再到“双碳”目标的提出，层层递进的叙事，彰显出中国在全球环境治理中的大国担当。从载人航天到海洋探测，从基础研究到成果转化，聂子瑞说，中国科技创新的“大国重器”正在帮助人类探索这个世界更多的奥秘，拓展人类的认知。可以说，视频非常成功地将沉浸式创新技术、纪实性内容叙事、国际化观察视野相结合，以更加立体多元的呈现方式，向全球受众展示十年来中国经济社会发展的历史性成就，让他们感知中国与世界共享发展的非凡十年。

二、社会效果

视频在中国日报客户端首发后得到全球移动用户的热烈反响，随后在中国日报网、海内外社交平台发布，年轻态、科技感和国际范十足的表达，获得广泛好评，视频全球传播量达4000万。很多海外用户在中国日报客户端留言评论说，这真是伟大的成就！XR技术太酷了！

三、推荐理由

新时代中国十年的伟大变革，在人类发展史上写下了浓墨重彩的辉煌篇章，伟大的时代呼唤精彩的讲述。在党的二十大即将召开的背景下，中国日报客户端推出的《中国这十年》XR 创意视频，围绕国际社会最关注的中国发展成就领域，以“外嘴 + 科技 + 美学”的全新创作模式，在跨越时空、虚实融合的表达中向世界生动展示新时代中国发展的生动图景。

《中国这十年》XR 创意视频是《中国日报》在重大主题国际传播方面的又一次创新尝试，并在海内外取得优秀传播效果，特予以推荐。

（中国日报网）

《中国这十年》XR 创意视频

案例类别：产品

楼兰国际传播智慧云平台

刘驰 刘波 段蕾 冀璐 王学磊

楼兰国际传播智慧云平台（以下简称楼兰平台）由中央广播电视总台国际在线全力打造，专注政企客户一站式出海营销。楼兰平台融合了“媒体 Saas 服务 + 社交平台运营服务”，实现了多个传播平台的贯通、新媒体矩阵的贯通，引入了 AI 能力智能生产内容，打通了海外平台的数据接口，支持各类工具的智慧协作，赋能媒体与政企部门海外传播工作。

一、项目情况

楼兰平台是国际在线自主研发的新型国际传播综合平台，其融合了“媒体 Saas 服务 + 社交平台运营服务”，重点在运营平台管理、矩阵账号建设、AI 工具、数据中心、生态建设、KTI 指数建设等六大领域，赋能媒体与政企部门海外传播工作。

（一）运营平台管理

对 14 个国内外社交平台（Facebook、Twitter、Instagram、YouTube、TikTok、LinkedIn、VK、Apple Podcast、快手、抖音、微信、微博、央视频、哔哩哔哩）同时进行账号管理、内容发布和数据统计。

（二）矩阵账号建设

利用楼兰平台的矩阵管理功能，可以有计划、成批次地建设和自主控制包括真实人物和虚拟人设在内的海外社交媒体平台账号矩阵。这些矩阵覆盖 Facebook、YouTube、TikTok 以及 Twitter 四大平台，并且通过技术手段进行批量培养和运营管理，从而能够支持、管理和发布几千个海外社媒账号的内容，包括海外网红矩阵、海外企业矩阵，以及 AIGC 账号矩阵等。

（三）AI 工具

引入 AIGC 能力，利用文生文、文生图、文生视频、AI 作曲功能制作相关新媒体作品，提升账号矩阵运营效能。

（四）数据中心

打通海外平台的数据接口，并拿到运营内容在海外平台上的真实数据反馈，建立评价体系产出账号或者活动的数据评价报告（目前获取到高级接口的平台有 Facebook 和 Twitter）。

（五）生态建设

紧跟 Web3.0 时代特点，支持调用各种开放工具进行智慧协作，引入标准接口提高平台的开放性，建设“楼兰平台 + 服务 +AI”的生态体系，目前引入的线上工具有智能翻译、内容审核和文本纠错，语音、图像识别、视频辅助工具等。

（六）KTI 指数

楼兰突破指数（KTI）是基于平台的大数据统计和分析功能衍生的评价产品，涉及 Facebook、YouTube、X、Instagram、TikTok 五大平台，KTI 指数用于评价账号的海外社交媒体传播影响力，评价对象为中国政企的海外社媒官方账号。

二、成效与社会反响

（一）五粮液项目

2023 年 12 月—2024 年 12 月，为五粮液运营海外 Facebook、X、Instagram 3 个平台公共账号矩阵。经过楼兰团队近 4 个月的运营，3 个平台粉丝量已增长至 69600 人、7712 人、6284 人，发帖量分别为 105 条、38 条、101 条。预计服务期内 Facebook 平台在原有基础上新增粉丝总量 15 万人，X 平台在原有基础上新增粉丝总量 2 万人，Instagram 平台在原有基础上新增粉丝总量 3 万人。3 个平台互动量达到 5000+ 的原创帖文不少于 150 条。

（二）宁夏项目

2023 年 8 月—2024 年 7 月，与宁夏文化和旅游厅合作，针对 5 个线上项目产生的传播视频、稿件进行法语翻译、剪辑、二次创作；制作节气海报、“非遗”文化长图内容、活动海报；通过国际在线楼兰自有 KOL 账号传播，展示宁夏线上文化旅游资源；制作“外国人眼中的中国”官网征集网站；实现项目全年包括法国、欧美、全球等海外社交媒体帖文总覆盖 1200 万。

（三）绵阳项目

2024 年，与绵阳市商务局合作，帮助其在 Facebook 平台建立并运营两个文旅方向的主页，全年涨粉 20 万，帖文总覆盖量 1 亿。

（四）山西项目

与楼兰团队合作，建立太原国际传播中心的英语网站、海外社交媒体矩阵等。太原国际传播中心目前自有海外社交账号 Facebook 账号 Discover Shanxi、IP Shanxi、Daka Shanxi 等七个账号，X 平台账号 IP Shanxi，Instagram 账号 IP_Shanxi。国际在线通过嫁接的方式，使得太原国际传播中心总粉丝超过 140 万。2023 年，太原国际传播中心海外社交账号共发布 678 篇稿件，海外触达率超过 300 万次。太原国际传播中心的海外传播矩阵已然成为山西省内最有影响力的海外传播矩阵。

（五）第四届中国短视频大会

楼兰策划的丝路风物展作为第四届短视频大会分论坛《人工智能赋能品牌出海》的配套展览，吸引了食品、文创和科技三大方向的各国商家参展。“以交流促商贸，以商贸促交流”，活动现场气氛活跃，多样化的出海议题、项目、案例和各品类出海产品同场碰撞，引发了与会嘉宾的持续共振。同时，利用楼兰平台“圈子”汇聚资源的能力，展览开辟了线上的“丝路风物圈子”，与楼兰平台的各项服务和资源生态实现有效链接。

三、融合经验体会

（一）技术创新

楼兰平台是一个融合媒体 Saas 服务和社交平台运营服务的技术型国际传播综合平台。采用先进技术进行数据调研，提供传播策略制定、个性化内容制作等一站式服务，利用 AI 技术优化内容生产流程，提升传播效率和质量。楼兰的 KTI 指数将扩展至国内音频播客应用，提供更智能化和专业化的运营及推广方案。楼兰微短剧频道，不仅推动内容形式创新，还挖掘行业培训需求，推动传播内容的多样化和深度定制化。

（二）机制创新

楼兰平台积极发挥其作为内容创新的枢纽作用，通过引入 KOL 和网红共创内容、打通传播路径的方式，建立全流程内容生产新机制，加强融媒体协作，提升传播效能。同时，通过举办峰会和楼兰国际传播实训班以及组织丝路风物展等活动，创新性地推广“出海”战略和分享实战案例，打造国际文化交流的新平台。

（三）融合创新

楼兰平台积极推动与国际媒体资源深度融合，形成了一个多平台、多渠道的全媒体传播网络。通过整合海外媒体资源，楼兰能够将多平台操作与数据分析集成在一起，不仅提高了国际传播的效率，也显著增强了其影响力。在这个过程中，楼兰平台还发起了“丝路好礼”大赛，该赛事以“科技、创意、生态”为三大核心元素，吸引了来自不同领域和文化背景的参与者。通过这种创新的跨界融合模式，楼兰不仅成功打造了一个长期的、国际化的、高水平的城市文化盛事，还推动了文化产品的创新与国际交流。

（四）传播创新

楼兰平台创新地开发了一套针对海外社交媒体传播影响力评价的数据型系列产品——楼兰突破指数（KTI）。楼兰突破指数主要包含“海外社媒账号影响力指数排行”和“互联网音频播客产品影响力排行”两大产品矩阵，目前已经将产品能力扩展至民族品牌出海、国际传播事件舆情监测分析、政企出海解决方案提供领域，以期整合内容、渠道和品牌资源，建立政企国际传播行业化标准、挖掘出海数据型产品的商业价值并为政府和企业对外宣传决策提供可信依据。

此外，楼兰平台通过整合国际传播渠道和融入红色品牌基因，为地方政府提供智库咨询和品牌传播服务。通过这种创新的传播策略，促进城市形象的国际传播和文旅项目的全球推广。

［刘驰：国广国际在线网络（北京）有限公司副总裁，刘波：国广国际在线网络（北京）有限公司技术中心总监，段蕾：国广国际在线网络（北京）有限公司技术中心副总监，冀璐：国广国际在线网络（北京）有限公司技术中心楼兰研发组成员，王学磊：国广国际在线网络（北京）有限公司技术中心楼兰研发组成员］

楼兰国际传播智慧云平台

案例类别：机构组织

《工人日报》系列“工”字特色融媒栏目建设

赵亮

《工人日报》系列“工”字特色融媒栏目建设创新案例，是《工人日报》媒体融合以品牌创建带动内容建设的进一步深入探索，也是一套擦亮“工”特色融媒产品的组合拳。继“工人日报e网评”“三工视频”之《新360行》栏目先后荣获“中国报业深度融合发展创新案例”后，《工人日报》持续深耕“三工”（工厂、工会、工人）报道领域，由聚合性的项目制转向垂直类的专业细作，在移动端陆续推出10余档“工”字特色的融媒品牌栏目，目前累计制作产品达1000多期，社会关注度不断提升。

一、打造“工”字特色融媒产品传播矩阵

《工人日报》始终坚持讲好中国故事、中国工会故事、中国工人故事，大力弘扬劳模精神、劳动精神、工匠精神，并形成了鲜明的“工”字特色。在媒体融合发展的新时期，工人日报新媒体平台陆续推出了“工小妹”“工道”“打工新鲜事”“工人君@权益”“乐健康”“班组天地”“劳动者权益小课堂”等一批极具“工”字特色的融媒产品，形成具有广泛影响力和传播力的新媒体矩阵。其中，“工小妹”脱口秀节目以“三工”视角解读与劳动者有关的各种热点新闻，例如，《密薪制合法吗？》《用人单位辞退隔离期员工？罚！》等，内容涉及职工权益保障、福利待遇等多个热点话题；“工道”栏目，不仅给各地工会提供具有服务性、指导性的内容产品，同时还成为融媒时代工会宣传报道专题化的有益尝试，例如《工会“恳谈会”怎么这么热闹？还带辣味！》《遭遇职场性骚扰咋办？工会告诉你这几点很关键》等多篇文章将一些工会领域的好做法、好故事进行可视化转化；“打工新鲜事”专栏是专门为农民工群体打造的“精神家园”，栏目聚焦打工新闻以及各行各业的能工巧匠，为他们提供最有用的政策信息、新闻故事等，其中《农民工自学考证12本，竟被网友酸……》《快递变慢递？年后这些岗位很缺人》《“被个体户”的外卖骑手没有劳动关系？最高法明确——》等多篇稿件登上各大网站的热搜榜。这些栏目组成的传播矩阵，成为工人日报移动端特色鲜明的一张张名片。

二、创新工作机制，坚持移动优先，实现全员参与

《工人日报》系列“工”字特色融媒栏目建设由工人日报社社长、总编辑直接负责，报社所有采编人员全员参与，实现各部门广泛参与，多专业、多领域资源整合。经过不断打磨，渐渐形成了适应移动端受众需求的流程再造及创新表达，实现了从传统媒体向全媒体全面转型的发展趋势。最初，代表栏目“工人日报e网评”及“三工视频”之《新360行》均是以破除部门藩篱、强化内部协同联动，采取项目制的方式实现工作效率和表达方式的效益最大化。如今，进入融合发展新阶段，“工”字特色融媒栏目建设推出的全员参与机制，则实现了由多部门聚合性的项目制转向垂直类的专业细作，即采编人员根据自身专业特长，专心制作所属领域的品牌栏目，从而生产出一批专业化、精品化的融媒产品。例如，由传统报纸版面的工会新闻部推出“工道”、经济新闻部推出“打工新鲜事”、企业新闻部推出“班组天地”等。通过品牌创建带动内容建设，不断创新工作机制，让传统部门编辑参与新媒体产品生产制作，解决了融合发展

过程中的“两张皮”问题。

与此同时，在打造系列“工”字特色融媒栏目建设的过程中，工人日报社要求传统编辑部门做新媒体时，要在适应新媒体的传播规律的同时进行工作创新，以适应移动化、平台化趋势。在实践中，由不同的传统部门组织、策划、生产、推送部门业务范围内的主打内容和重头报道，再由融媒体中心对这些产品进行重新编辑、包装，并根据不同产品特点分发到不同渠道，以实现传播效果的最大化。

三、尊重用户习惯，创新表达方式，精准生产内容

《工人日报》系列“工”字特色融媒栏目建设除了在“三工”主题上深入挖掘之外，更加注重多样化的表达方式上的创新。例如，面对受众爱拖动进度条、倍速收看视频的浏览习惯，“工小妹”栏目使用当前脱口秀的流行形式，提升主持人的语速，抓住用户稀缺的注意力。同时，运用充满个性和新意的剪辑手法，使用大量动画、贴纸、音效，来解释与推动新闻，具有较强的可看性；“劳动者权益小课堂”栏目则以主持人出镜介绍真实案例，连线法律界专业人士（法官、律师、学者）来进行普法释疑。推出了如《公司电脑“监控”员工离职倾向侵权吗》《下班后必须参加“应酬”，这样的加班要求你遇到过吗？》等一些具有很强贴近性和服务性的普法作品。节目聚焦当下社会广泛关注的劳动用工领域的新情况、新问题，旨在为劳动者维护合法权益发声，找寻规范管理的破解之策，构建和谐的劳动用工关系。

《工人日报》融媒体产品的“工”字特色正是为精准聚焦用户，多维度辐射读者而做出的有益尝试，进而提高新闻舆论的传播力、引导力、影响力、公信力。例如，“工道”栏目自2020年6月正式运营以来已推出378期，总阅读量破1亿，在全国广大职工和工会干部以及劳动领域专家、学者中产生广泛影响；“打工新鲜事”栏目聚焦2.8亿农民工群体，为打工者鼓与呼，以正能量激励他们奋发向上，为他们维权、服务，开办两年来总计发布553期。推出了《总理点名！新就业形态劳动者权益保障再放大招》《高手在民间，这些打工者才艺惊人》等接地气的爆款产品。

四、为讲好中国工人故事、中国工会故事作出示范性探索

《工人日报》系列“工”字特色融媒栏目建设在《工人日报》原有读者的基础上，借助微博、微信、抖音以及多个外部新媒体平台账号，将原有读者群体进一步辐射到了更加细分的群体用户，其中涵盖了关注劳动者权益、大中小企业及相关行业发展的普通劳动者，还包括新就业形态劳动者、企业管理人员、工会干部、党政干部、从事劳动关系领域的专家学者等。

创刊70余年来，《工人日报》始终坚持“导向正确、中央满意、工会欢迎、职工爱看”的精致大报的定位，成为讲好中国故事、讲好中国工人故事、讲好中国工会故事的主流媒体。在全媒体时代，《工人日报》在媒体深度融合方面不断改革与创新，以优质的内容、全新的表达方式、精准的用户服务做出示范性、开创性的探索与成绩。《工人日报》系列“工”字特色融媒栏目建设，推出的一批栏目，在全国工会系统有广泛影响力。栏目发布的一些典型经验、创新做法，有助于更好地指导和服务基层工会工作；为各行业劳动群体提供法律、维权知识普及和服务；成为广大农民工朋友，尤其是新就业形态劳动者群体的展示平台和“精神家园”。

（赵亮：工人日报融媒体中心副主任）

《工人日报》系列“工”字特色融媒栏目建设创新案例

案例类别：产品

《工人日报》“新360行”：用短视频讲好新职业故事

杨登峰

“新360行”是《工人日报》专为移动传播平台量身打造的融媒短视频栏目，于2019年8月16日正式推出。该栏目聚焦中国经济转型升级过程中不断涌现的新职业，通过这些新职业从业者的故事，折射社会进步和时代变迁，以小切口、大情怀、高站位、全新视角讲好新时代的故事、讲好中国工人故事。

该栏目以项目制运作，打破部门之间的行政壁垒，搭建起一个开放的平台：对内聚合所有的采编力量，对外则延伸触角，与各地工会、企业、融媒体中心对接，在降低成本的同时整合视频资源，丰富产品内容，全力打造与《工人日报》传统和定位相一致的融媒精品。

该栏目围绕移动传播特性，不断摸索契合碎片化阅读需求的叙事模式创新。项目坚持每周一期的频率，将工人日报客户端这一自有平台作为第一落脚点，同时在工人日报微博、中工网、百家号、澎湃等平台推送。该项目截至2024年1月1日，已推出203期，其中有4件作品获国家和省部级奖项。

一、以项目制形式运作，推进媒体深度融合

“新360行”栏目从开创之初就以项目制的形式运行，打破报社采编各部门的行政壁垒，整合报、网、微、端、站的资源，每一期基本两三人（每期必须有一位文字记者参与）搭档，从选题策划、联系采访、现场拍摄、后期剪辑、分发推广、反馈互动都是分工明确、互相配合，确保高质量完成。前后有50多位记者参与，并且还在不断增加。

同时，对外加大与各地工会、企业、融媒体中心对接，依托我们的品牌和平台优势，让通讯员提供素材或是成片，比如《盾构机维修员》《机场运行指挥员》等都是外部来稿。这样，在降低成本的同时整合了视频资源，丰富了产品内容，从而达到双赢。

《工人日报》始终将人才视为最宝贵的财富，通过“新360行”这一短视频专栏，号召报社文字记者、摄影记者、视频记者、文字编辑共同参与，并请专家到报社进行讲座、培训，对原创的高质量视频在稿费方面予以倾斜，全力打造一专多能的全媒体采编队伍。在近一两年的大型主题采访报道中，《工人日报》记者的融媒产品制作能力显著提升。

二、尊重互联网传播规律，不断探索短视频的叙事模式创新

短视频不同于电视节目遵循的起承转合、层层推进的叙事结构，短视频强调单一主题，不需要太多铺垫和渲染，直入主题并且在短时间内达到高潮点，更适应现代社会用户阅读移动化、碎片化的需求。

在叙事手法上，“新360行”从一诞生就带着新媒体的基因，用3分钟左右的短视频讲故事，通过VLOG、跟拍、记者出镜、直播等多种形式，更新表达方式，创新表现手法，为大家呈现一种多元化的表现手法，满足不同用户的不同需求。

在叙事内容上，“新360行”确定了用短视频讲述中国工人故事的主基调，我们不光关注新兴的职业，更关注从事新职业的人，他们的就业经过、心路历程、人生故事都是我们需要的，用户看完，不光记住了这个新职业，更记住了从事这一职业的人，有时候因为这个人才对这个职业印象深刻，这是我们努力追求的方向。

三、以用户为中心，用正能量赢得“大流量”

互联互通的融媒体时代，我们以用户为中心，突出“工”字特色，以正能量赢得“大流量”，加快建成新型主流媒体阵地。

在信息洪流中，泥沙俱下，如何甄别出有价值的信息，为用户提供可参考、尝试、择业、推广的信息，考验着我们主流媒体的责任担当，尤其是《工人日报》，在此方面义不容辞。

该栏目的目标用户群体，最初以工人日报客户端的用户为主，现已大大突破了这一群体，借助诸多平台，用户群体扩大到社会不同层面的广大受众，尤其是关注新业态劳动群体、小微企业及相关职业发展的受众。

我们积极介入新就业形态劳动者所从事的职业，先后推出《电子竞技员》《快递员》《代驾司机》，这也为全国总工会等相关部门制定新就业形态劳动者权益保护的“顶层设计”提供了参考。

在栏目初创半年后，遇到了新冠疫情，我们专门推出《专业消毒员》《社区网格员》《核酸检测员》，将镜头对准奋战在抗疫一线的劳动者，讲述他们的动人故事。

同时，我们也关注传统产业所诞生的新职业，比如《林业碳汇业务员》《地下管网智能检测修复员》，这些脱胎于传统行业的新职业，借助于新技术、新设备、新产品的广泛运用，带动工作创新，成为推动经济发展的重要动力。

“新 360 行”第一期《收纳设计师》，就被腾讯新闻要闻在首页重点推介，收获近百万阅读量，用正能量赢得了“大流量”。

四、以“工”字为特色，提升品牌核心竞争力

在媒体竞争日益激烈的当下，品牌毋庸置疑成为每一家媒体的核心竞争力，融媒时代，用户向移动端靠拢，对新闻内容的要求更高，不再需要“千人一面”的内容，而渴求个性化，同时还对其所在专业或感兴趣的优质内容孜孜以求，这就使得品牌媒体的价值日益突出。

《工人日报》深入贯彻习近平总书记关于媒体融合发展“必须坚持内容为王，以内容优势赢得发展优势”的指示精神，尊重新闻规律，把内容建设摆在更加突出的位置，并且在创新表达、丰富形式，尤其强化移动优先、创新移动新闻产品方面下足功夫。

在品牌包装上，我们从一开始就将这一栏目进行精品化打造。我们设计了“新 360 行”LOGO，视频片头和片尾进行了统一规范，每一期都有适合 APP 端的醒目海报，统一推送时间为每周五的 16：30 左右。我们通过量身打造，让这一品牌具有高辨识度和知名度。有效提升了《工人日报》影响力，大大带动了工人日报客户端的下载量，提高了客户端的月活量。

其中，《清华雕塑系女生转行 3D 打印：我做出了杨洋手中的宝剑丨三工视频·新 360 行之 3D 打印设计师》获第三届首都女记者短视频大赛二等奖。

《摸得到的童话丨三工视频·新 360 行之立体书设计师》获第二届女记者短视频大赛优秀标题奖。

《以歌为药，高位截瘫 12 年的他用音乐为病友疗伤丨三工视频·新 360 行之音乐治疗师》获评第 15 届“残疾人事业好新闻”三等奖。

“新 360 行”获得中央网信办举办的 2023 中国正能量网络精品征集展播活动“网络正能量专题专栏”。

在我们推出新职业近一年后，新华社《职场新角色》、央视总台《焦点访谈》和《南方日报》南视频都做了“新 360 行”的视频栏目，第一期都选择了我们的第一期新职业——收纳设计师（衣橱整理师）。同时，这也为人社部、全国总工会等相关部门制定新就业形态劳动者权益保护的“顶层设计”提供了参考。

（杨登峰：工人日报摄影部主任）

《工人日报》“新 360 行”专题

案例类别：产品

《中国青年报》中青报·中青网大思政课云平台

陈华

为贯彻落实习近平总书记关于思政教育的系列重要讲话精神，以及中共中央、国务院印发的《关于新时代加强和改进思想政治工作的意见》，进一步加强网络思政教育，《中国青年报》中青报·中青网打造大思政课云平台，集纳习近平总书记关于思政教育和青年工作的重要论述，阐释党的创新理论，展示高校特色思政课程、思政教育创新成果，开展思政活动，让青年在学习参与中筑牢信仰之基、补足精神之钙、把稳思想之舵，推动青年群体的意识形态工作实现新发展。

一、大思政课云平台凸显融合，积极构建全媒体传播体系

云平台具有鲜明的融合特色，贯通中青网 PC 端、

中青报客户端、中青报报纸版面，三位一体，互联互通。依托云平台生产的思政精品、举办的活动，全方位、立体化、精准式触达青年，积极打造青少年思想引领传播阵地。

（一）中国青年网 PC 端

“青年大学习”聚焦核心宣传，以青年视角，策划制作《青年大学习》《习近平与大学生朋友们》等形式多样的融媒产品，深入宣传习近平总书记重要讲话、重要活动、重要论述等。“青年团课”聚合“入团第一课”“微团课”“共青团新闻联播”等针对广大团员青年开展优质思政课程；展示团中央青年讲师团成员精品思政课程、“团团微就业”就业指导课、中央团校的相关思政课程。“思政慕课”整合全国高校精品思政课程，集纳名师思政课，展示大思政课精品案例征集活动作品。“思政实践”集纳展示全国高校思政社会实践活动和思政教育网络主题活动以及相关作品。依托中青校媒和校园通讯社，策划制作展示相关思政产品。“思政云课堂”集纳展示针对青少年网民开展的重大主题宣传项目，集纳全报品牌栏目的相关作品，以及大量全网优秀时政短视频作品。“思政讲理”围绕思政主题，策划推出理论、评论原创稿件及融媒体产品，同时集纳各方有关思政教育的理论、评论专题解读文章。还对青年现象和青年问题开展调查，形成系列调查报告及融媒体报道产品。“话题互动”主要展示 # 把青春华章写在祖国大地上 # 话题内容。目前话题阅读量达29.2亿，讨论量1805.3万，互动量5024.1万。

（二）中青报客户端“大思政”模块

中青报客户端“大思政”模块是云平台在移动端的重要抓手。2021 年上线运行以来，积累了思政课程 300 余部，原创课程 50 余个，开设了党史学习、经典诵读、时政国情、理想信念、爱国主义、道德品行、人物事迹、团员意识、团务百科等模块。一系列创意新颖、形式丰富、互动性强的融媒精品课程，在移动端显著提升对青少年群体的思想引领能力。

（三）中青报思想理论版面

中青报《大思政周刊》、理论专刊《思想者》是云平台在报纸端的呈现。《大思政周刊》2022 年设立，聚焦高校思政教育和高校思政课堂，并将网络思政融媒产品在版面呈现。报社优质理论专刊“思想者”，刊发研究机构、高校、社会组织等各类专家的理论文章，包括对重要讲话、精神的解读，重点思想理论的专题专版解读。优质深度内容，形成强大理论合力，夯实大思政课云平台理论底盘。

二、聚焦青年群体强化理想信念宣传，提升思想引领与现实的结合度

云平台聚焦核心，持续做好习近平新时代中国特色主义思想青年化解读。扎实推进青年大学习行动。中青报与团中央宣传部联合推出“一起学党史”、学习宣传贯彻党的二十大精神、党领导百年中国青年运动的重大成就和历史经验、总书记和青年朋友们以及总书记重要讲话精神等主题 H5 团课。及时权威精准宣传解读习近平新时代中国特色社会主义思想，进一步增进青少年网民政治认同、思想认同、理论认同、情感认同。2023 年以来，“青年大学习”网上主题团课围绕“总书记和青年朋友们”“学习宣传贯彻团十九大精神”“团员和青年主题教育”等主题，共策划推出 22 期网上主题团课，总阅读量达 20 亿，参与人数达 12 亿，单期平均参与人数 5133 万，多期作品相关话题登上微博热搜。“青年大学习·大思政课”融媒产品实时围绕习近平总书记治国理政实践、讲话、指示及考察活动，邀请有关领域专家、高校或专业思政教师及青年学子广泛参与，多视角、多声道汇聚学习声音。截至 2024 年 3 月，系列产品已推出 17 期，各端口阅读量超2300万，受访师生已覆盖全国20个省（直辖市、自治区），56 所高校。

三、为党育人，紧紧围绕关注青年、青年关注创制思政融媒产品

云平台立足青年视角，回应青年关切。定期对青年现象和青年问题开展调查，全平台选题青年化，思政原创课程关注青年现实问题，提升针对性有效性。例如，就业创业是当前社会尤其是青年普遍关注的问题。对此，《中国青年报》、中国青年网特别策划制作了“了不起的青春小店”系列作品。中国经济的信心如何，小店是很重要的晴雨表。“了不起的青春小店”系列作品，关注青年所思所想，服务青年成长成才，聚焦全国各地数百家青春小店，其中既有餐饮小店，也有非遗文化传承技艺小店，还有特色小店，如青春小剧场、书院、虫文馆、红色手办店、网红文创店等。年轻的店主们走南闯北、自食其力、创意纷呈、向上不屈，如雨后春笋，生长在祖国的各个角落。系列作品生动展现这群开小店的年轻人，如何在市场竞争中不断探索创新，走出一条青春与小店共同成长之路。通过身边真实的青年生活，给予广大青年发展的信心和希望。

四、加强传播手段和话语方式创新，注重互动体验

云平台重视深度内容与创新形式结合，多重手段增强青年思想引领力。比如建党百年之际，开展“红船边的思政课”，邀请中共一大代表王尽美长孙与思政名师、党史专家“重走一大路”，前往嘉兴南湖红船边，开启初心之旅。推出《打卡红色遗址》系列 VLOG、“青声视语·150 秒学党史”系列短视频等节目，让广大青少年感悟初心使命。比如建团百年之际，打造 8 期沉浸式

思政节目，在北大红楼、上海渔阳里等地取景，运用虚拟现实交互技术，革命先烈与当代青年穿越百年跨时空对话。节目全网总播放量超过4000万，得到中宣部“奋斗者 正青春”推荐。深度报道形式也不断创新，推出“精神路标”系列专题，梳理团史核心人物，进行高端访谈；推出中国青少年研究会原副会长与中央党校青年教师、中央团校研究生的对谈《聚青年，时代同奋进；再出发，改革向未来——一位“90后”与两个90后共话“建团百年”》。鲜活生动的视听语言、前沿的媒体技术手段和黏性强的融媒互动性产品，凝心聚力，铸魂育人。

五、打通思政小课堂、社会大课堂、网络云课堂，火热实践踏响青春脚步

云平台实现优质思政教育资源汇聚云端，挖掘高校课堂思政内容精品，展示高校思政社会实践活动及产品，“大思政”记者坚持深入一线采写各地思政课现况；特色网络思政产品“思政第一课”有趣有料、“强国学堂”有声有色、“美育公开课”有知有味、“传承的力量”有魂有韵；“三下乡”走入田间地头，“青年眼”等丰富的思政教育内容擦亮成长底色，“中国青年梦想季”共赴时代之约，“KAB创业教育”等推进国际交流，真正实现网络思政联通实践，推动思政课堂走进网络。例如，2022年9月开学之际，推出“思政第一课”直播，16所高校党委书记、网红教师、博士生出镜。2023年，20多所高校和15个共青团官方账号共同参与直播“思政第一课”，#相约思政第一课#微博话题量1136.3万，中青报大思政版开设《思政第一课》栏目，刊发深度报道、署名文章等，持续影响青年学生。

六、整合优质资源，依托共青团、高校等渠道优势扩大影响

云平台联动各级团组织、全国高校等，对接其他网站及新媒体平台。目前，中青报·中青网已对接200个共青团系统优质公众号。拥有成熟的校园渠道，可直接联动上千家高校。相关渠道形成云平台丰富的内容支撑、工作矩阵和传播矩阵。高校支持建设的新媒体工作室、广播站、录播室等工作场地，将陆续成为云平台的内容生产车间。围绕大学生就业和创业，持续推出“团团微就业”就业指导课、KAB创业慕课。同时，积极拓展对接各省区市网络思政教育中心，联合建立地方思政教育基地。整合地方网络思政内容与渠道优势，联动地方媒体形成传播合力。短视频王牌“青蜂侠”团队就地转化为云思政工作室短视频组，进驻多所高校、武汉市公安局以及河南省高校网络思想政治工作中心。

七、云平台示范性强，延展性好，具备可持续发展能力

云平台课程可透过互联网供给三四线城市，进入城镇乡村，助力全国范围内思政教育水平的提升。

云平台原创课程内容扎实，实用性强。比如云平台主力策划的《用“可视化”重塑全媒体精兵——新媒体时代十八般武艺的修炼之路》系列视频。由中宣部全国宣传干部学院指导，采用“权威主讲+业务骨干”方式，全景式讲述了中青报推动媒体融合向纵深发展的实践探索。课程面向一线采编人员，对全媒体转型提供有益参照。

云平台功能持续升级，满足定制化思政服务。比如，承办团中央宣传部“青梅计划”培训，面向团属新媒体小编培养新媒体人才。承办团中央机关党委的党史答题活动，面向团中央机关和直属单位党员。与团中央组织部、团中央宣传部、中央团校主办中国青年运动史教育精品线路展示活动。搭建移动端专题页，以“地图上的青运史”形式，实现图文音视频展示、点赞打卡、电子徽章等功能。

（陈华：中国青年网副总编辑）

案例类别：产品

《农民日报》：“总书记打卡的土特产”系列融媒报道

农民日报社

习近平总书记在《加快建设农业强国推进农业农村现代化》中指出：“要把‘土特产’这3个字琢磨透。”乡村振兴，产业振兴是重中之重，也是我们报道“三农”工作的关键切入点。习近平总书记提出的琢磨透“土特产”

三个字，为提高乡村产业提档升级、提升乡村发展内生动力和产业振兴助力乡村振兴指明了新方向，提出了新要求。《农民日报》作为“三农”舆论主阵地，做好“土特产”文章不仅是我们的职责所在，同时也是我们突破旧有传播圈层限制，在大背景中寻求时代赋能的一次宝贵机遇。2023 年 7 月农民日报社新媒体中心紧紧围绕重大主题的创新创意叙事表达，倾尽心力创作的“总书记打卡的土特产”系列融媒作品传播效益突出，在业内外刮起了一股“土味浪潮”，创造了报社新的传播现象。

创作周期耗时 60 余天，我们深入陕西、山东、福建、湖南、贵州的 5 个相关土特产片区，采访行程辐射上万里，集中发力挖掘采访对象特征与典型，用心用情讲好每个“小小土特产带动大产业”的故事。截至 2024 年 4 月，“总书记打卡的土特产”视频播放量全网累计 1000 万 +，相关微博话题阅读量累计 6000 万 +，全网总触达超 1 亿次。其中“引领风骚的沙县小吃”强势出圈，相关话题登上微博热搜。系列视频报道中的三期获中央网信办全网置顶转发，为我们打造《农民日报》品牌和提升央媒示范影响力发挥了重要作用，也极大鼓舞了我们继续研发和制作精品内容的信心与决心。

一、创作全程“高强度”，部署紧凑“特种兵”全员出动

越重大的题材，越需要找准切口。与文字报道不同，视频选题的确立需更加精准聚焦，用镜头语言、声画配合，鲜活地讲述时代主线下串联的一个个鲜活的故事。

一是挖掘好“土”，考虑到在报道策略上辐射到祖国的东西南北，让作品在宏观层面有区域平衡之感；二是考虑好“特”，一方水土产一方特色，越是分散点位，越能呈现祖国的地大物博和物产多样性；三是提炼好“产”，相关产地在全国范围内有较高知名度和产业规模，习近平总书记“打卡”调研考察过，并给予过高度认可。最终选取的陕西延安苹果、山东菏泽牡丹、福建沙县小吃、湖南湘西猕猴桃、贵州黔西苗绣五个差异化显著的地方产业，类型既涵盖传统种植，又包含文旅产业，既有大众视角，又有少数民族的小众审美，有利于之后的话题引导和全场域传播。

在确定 5 个“土特产”类别之后，我们系统梳理了 5 个产业前前后后的发展过程，以及总书记对该特产的指示批示和讲话精神，从中仔细研究确定了“总书记打卡的土特产”总片名之下，每一集的内容和片名：《“大有前途”的延安苹果》《“引领风骚”的沙县小吃》《“长见识”的菏泽牡丹》《“有科技范”的湘西猕猴桃》《“何其精彩”的黔西苗绣》，以打造矩阵式、聚合式的 IP 和传播节奏。

此外，在后期制作中，相较以往平铺直叙的“新闻体”“回访体”，此次我们创新采用更受音视频受众普遍欢迎的互联网纪录片式叙事文体——“江湖体”，以朗朗上口的押韵短句，灵活的创意修辞，充沛的故事情节和更加有趣和立体的历史、文化、民族元素，让受众欣然置身于“土特产”在地成长的脉络全景，在张弛有度的内容输出中，让片子在新闻纪实的基础上更富个性。

在每组编导和摄像的极高要求下，视频中许多一闪而过的镜头，其实拍了数次才得以实现。在专业摄像的支持下，特产特写、慢镜头、航拍镜头的大量运用，极大提升了脚本的完成度、叙事的完整性，保证了受众的观感体验。与此同时，我们摒弃以往“正襟危坐”的采访视角，让被访者置身于其最自然的工作和生活场景中，采用多机位主侧视角结合，让关键信息在平易近人的对话和自述间“流淌”出来，感人的细节才能够捕捉到。事实证明，这种偏软性讲述比生硬的说教更有感染力和情感穿透力。

二、传播前置“促融合”，口碑收视双丰收

本次“总书记打卡的土特产”系列报道强势出圈，这与我们和第三方平台在创作全流程的积极沟通和传播规划有着密不可分的关系。

首先，创新合作机制，积极发挥互联网传播势能。“土特产”系列报道策划初具雏形后，我们在“横版”“时长 5 分钟”“精致视觉享受”的产品定位基础上，锚定了最适合传播的平台——微博。在与微博政务和微博乡村振兴办公室对接后，最终确立了“《农民日报》、微博联合出品”的形式首发，平台方给予相关推荐位资源，如首页推荐、开屏推荐等，同时就每期传播文案及话题设计进行协商，最终打造出“总书记打卡的土特产”“闪耀吧 土特产”“六上太空的延安苹果”“引领风骚的沙县小吃”等主话题与子话题，引发广大网友热烈参与讨论，话题总阅读量 6000 多万。仅在微博平台，《“大有前途”的延安苹果》和《“引领风骚”的沙县小吃》视频表现亮眼，单条内容均达 1000 万阅读量，视频播放量分别突破 100 万和 300 万，数据极大证明了我们走“精品路线”的方向，也鼓舞了我们创作精品内容的士气。

其次，争取到中央网信办对“土特产”系列报道的全网推送，给出圈的传播链条上“添了一把火”，强传播赋能《农民日报》品牌建设。《“引领风骚”的沙县小吃》《“有科技感”的湘西猕猴桃》《“何其精彩”的黔西苗绣》三期，获得中央网信办全网推送及首页置顶，这既是上层领导单位对我们工作成果的认可，也为我们提供了更加宽广、更深层次的传播侧支持。

三、经验总结“强信心”，探索优质内容破圈新路径

巨大的流量背后，是民生关切的主题；嘹亮的声势

背后，是故事表达的艺术。2023 年“媒体融合”的第十年，农民日报新媒体中心也一如既往地顺应时代变迁，不断总结经验，在百家争鸣的全媒传播语境中，探索生发以“党媒姓党、农报属农”为底色的媒体融合发展路径。

“总书记打卡的土特产”系列全片没有噱头和口号、更没有刻意拔高，精辟的语言、真实的刻画、创新的形式，才是广大受众成为“三农”报道“自来水”的“王炸组合”。从小切口反映大主题，不拘泥于传统报道的固定程式，用心用情挖掘大背景下的“人间烟火气”，再利用不同平台传播特性生产“适销对路”的融媒体产品，是我们此次融媒报道取得不俗反响的关键所在。

新风口，向农来。未来，我们有信心坚守好“三农”舆论主阵地，将笔头和镜头对准“有血有肉”的“三农”一线工作者，讲述动人心弦的乡村振兴故事。在报道的各个环节，我们也会不遗余力寻找“三农”报道的公共接口，在公共领域找寻“三农”报道的出口，开辟更多独到的新闻视角和人文细节，用心、走心、用情，用源源不断的创新创意，为日后生产出更多优质内容提供高效可行的方法论指引。

（农民日报社）

《总书记打卡的土特产②|“引领风骚”的沙县小吃》视频

案例类别：产品

推进媒体融合发展 服务全面依法治国

——“法治号”固本强元再升级

杨新顺 季天

习近平总书记强调，“着力提升新闻舆论传播力引导力影响力公信力”，为推动媒体融合发展再上新台阶指明了前进方向，提供了根本遵循。法制日报社在推进媒体深度融合发展过程中始终重视自有平台建设，精心打造政法领域内容汇总、功能汇聚、人员会集的主流融媒体平台——“法治号”，并通过不断创新与升级推出 3.0 版，实现新闻舆论“四力”稳步提升，为全面推进依法治国添砖加瓦，营造良好法治舆论环境。

“法治号”作为中央主要新闻单位中唯一法治类媒体《法治日报》自主建设的官方融媒体平台，自上线以来，对报社构建全媒体传播格局起到重要推动作用，助力报社新闻舆论引导力、聚合力、服务力显著提升，先后荣获“2023 年王选新闻科学技术奖”二等奖，获评“第三届中国报业深度融合发展创新案例”“2021—2022 年度全国媒体融合技术应用优秀案例”“第一届中国报业协会新媒体（客户端）发展大会优秀案例”。截至 2024 年 5 月底，“法治号”客户端下载量超 200 万。

一、融合创新：整合资源共建深度融合生态

（一）打通内容供给渠道

按照报社加快推进媒体深度融合方案要求，依托平台内容发布管理系统，打通社内各部门之间内容交流渠道，有效整合多方生产要素，共建深度融合生态，报社各采编部门在平台开设专属频道，依托自身特点和优势进行垂类内容生产和发布。截至 2024 年 5 月底，平台共开设垂类频道 30 个。

（二）邀请入驻形成合力

邀请包括最高人民法院、最高人民检察院、司法部及各省、自治区、直辖市政法委在内的全国 4600 余家单位入驻平台发布内容，其中以政法单位为主，并包含应急、信访、高校等单位，形成法治宣传舆论引导合力，全面实现宣传主力军挺进主战场。

二、内容创新：打造特色品牌引进智慧基因

（一）提高政治站位

平台始终将做好习近平法治思想宣传作为首要政治任务，开设“学习”频道，内设“习近平法治思想学习园地”专栏，及时发布习近平法治思想最新成果、金句论述、学习动态、专家解读等内容。

（二）整合优质资源

平台在做好权威法治新闻资讯发布、积极传播中国法治好声音的基础上，不断推出多种融合创新产品，打

造多个新媒体普法品牌，如“法治金句”“说·法”“追剧普法”“每日学‘典’”等。

（三）引进智慧基因

平台引入 AIGC 技术，制作“法小宝”“法小融”数字人参与内容生产，推出“AI 播报”“AI 热评”等新媒体产品，显著丰富内容品种、提升内容质量、扩大平台影响力。

（四）传播法治文化

平台开设“书·法”频道，将报社重磅品牌活动成果充分进行推广，发布 3000 余幅业内知名书法家和书法爱好者书写的法律法规作品。

（五）加强对外联络

平台与知名律所开展内容合作，在专属频道定期发布法律服务实战课程等。

截至 2024 年 5 月底，平台共开设“学习贯彻习近平新时代中国特色社会主义思想主题教育”“中央政法工作会议”“奋力推进政法工作现代化”“新时代政法楷模”“全国法治政府建设示范地区和项目巡礼”等各类专题近 300 个，原创新媒体稿件数量占一半以上。

三、服务创新：建立完善“一站式”服务超市

平台设置专属服务模块，通过后台动态管理机制，将包括司法行政、法院、检察院、公安、国安、市政等在内的近百种服务进行集纳后分类呈现并作为办理入口，形成高效服务矩阵，打造政法服务、社会治理服务“一站式”窗口。用户只需要通过“法治号”客户端就可以享受到包括法律咨询、公证办理、立案预约、案件查询、举报受理、交通违法查询、缴纳罚款、问题反映等在内的多项服务，有效提升平台实用性、聚合力、服务力。

四、经营创新：构建多元化良性经营机制

（一）探索云服务盈利模式

作为报社媒体深度融合发展的支撑平台，支持各入驻单位在不需要建设专业信息发布系统的情况下，以云架构模式构建信息发布服务门户，探索实现云服务平台可盈利模式运转。

（二）高曝光率推动流量变现

平台通过在高质量“信息内容”基础上聚焦普法宣传及法治服务，形成一条高效的法治聚合传播链路，在高曝光量下创造广告收益，实现流量转化。

（三）承载业务强化造血功能

平台作为舆情服务订制、各类公告刊登的主要载体，强化自身造血功能，为可持续性发展提供有力支持。

五、技术创新：技术架构先进智能化程度高

（一）精确分析精准匹配

平台通过构建用户行为分析模型提升内容智能分析的准确度和效率，将用户浏览停留时长、操作行为、自定义关注内容等进行综合建模分析，形成用户画像，并结合智能分析抽取内容特征进行精准匹配，实现精确推送。

（二）场景优化算法丰富

平台在推荐策略上针对中央权威媒体的宣传场景进行优化，融合协同过滤算法、逻辑回归算法、关联规则算法、热度算法以及文本相似度算法等多种算法相结合，既能满足资讯精准化推送，也能确保内容的权威性和高质量。

（三）支持扩展节约成本

平台技术体系的整体架构采用微服务模式，支持业务弹性扩展，支持面向大负载自动弹性扩容，支持应用系统升级自动发布与构建，可以适应平台推广后海量终端的应用场景，同时大大节省后期运维成本。

六、社会效益：坚持政治引领为人民服务

平台作为报社服务全面依法治国的新闻宣传舆论引导主阵地、法治权威信息发布主渠道、公共法律服务主平台、媒体融合主力军，始终坚持正确的政治方向和舆论导向，把社会效益放在首位。

（一）普及法律知识

平台立足报社法治新闻媒体属性，明确法治宣传站位，深耕行业多年，及时发布热点事件、立法政策、大案要案、反腐倡廉、国际动态等，并推出丰富的普法新媒体作品，有效提升公民法治素养，让法治观念深入人心。

（二）助力法治实践

平台报道大量全国各地政法机关法治实践优秀经验，宣传法治典型人物及案例，展示法学研究和法治建设成果。同时，平台还提供法律咨询、法律援助等服务，帮助群众解决实际“难点”“痛点”问题，为法治实践提供了有力支持。

（三）监督执法司法

平台通过宣传执法司法动态，公开执法司法过程，有效推进公正司法，促进社会公平正义。平台还提供了投诉举报等渠道，鼓励群众参与监督，为营造良好法治环境发挥积极作用。

（四）弘扬法治精神

平台在每年宪法宣传周、民法典宣传月等时间节点开设相关专题，阐释新时代“枫桥经验”法治内涵，推动尊法学法守法用法在全社会蔚然成风。同时，开设“书·法”频道传播中国传统书法文化，引领和推动更

多人拿起笔来学法、写法，提升自身法治素养，在全社会弘扬法治精神。

七、推广价值：积淀深厚体系成熟值得借鉴

（一）基础扎实经验丰富

报社于 2016 年上线官方客户端，2019 年“法治号”平台正式上线，2022 年“法治号”平台 3.0 版升级改造完成，报社用 9 年的时间实现了自主新媒体平台“从无到有、从有到优”的目标，充分彰显了推进媒体融合发展的成就和决心，也从中积累了丰富经验，建立了完善的技术体系、内容规范、管理制度等，极具行业示范性和推广价值。

（二）立足实际科技赋能

平台通过全媒体新闻采、编、发、评一体化功能和丰富的新媒体资源管理工具、音视频编辑工具，配合多终端发布机制，顺应传播移动化、社交化、视频化的融合趋势。引入大数据分析技术，构建智能化内容生产发布与传播平台，将社内高价值资源统一整合，实现内部资源共享，并借助强有力的传播途径，占据法治新闻信息传播和舆论引导高地。

（三）地位权威优势明显

平台分发挥报社作为中央媒体的权威性，结合自身在依法治国、法治建设、普法宣传和法律服务等方面的内容优势，持续扩大舆论宣传能力和影响力，以技术支撑报社融合转型，其发展模式在行业内具有较高的推广和借鉴价值，成为同类媒体的标杆。

八、展望未来：坚定信念助力法治中国建设

“‘法治号’声传四海，破浪前行帆正扬。”在汹涌澎湃的信息化浪潮中，“法治号”如破浪巨舰，勇立潮头，劈波斩浪，以“长风破浪会有时，直挂云帆济沧海”的决心继续扬帆远航，续写法治宣传与服务的壮丽诗篇。“法治号”将以“路漫漫其修远兮，吾将上下而求索”的毅力，不断探索创新，推动法治宣传深入发展，弘扬法治精神，引领社会风尚，让法治光芒照亮每一个角落，让法治力量温暖每一颗心，为推进法治中国建设、实现中华民族伟大复兴的中国梦贡献智慧和力量。

（杨新顺：法制日报社编委、融媒体编辑部主任，季天：法制日报社融媒体编辑部“法治号”组组长）

法治号客户端

案例类别：产品

中国发展改革报社“共富看浙江”调研采访活动

中国发展改革报社融媒体部

中国发展改革报社是国家发展改革委直属的事业单位，经中央编办批复，2021 年 11 月 19 日由原中国经济导报社和原中国改革报社整合组建挂牌成立。在此之前，两家报社都各自拥有近 30 年的发展历史。近年来，报社务实推动媒体深度融合发展，加强融媒体传播体系建设，讲好中国发展改革故事，传播中国发展改革好声音。

中国式现代化是全体人民共同富裕的现代化，中国式现代化的本质要求之一也是实现全体人民的共同富裕。党的二十大报告提出，到 2035 年我国发展的总体目标，其中就包括全体人民共同富裕取得更为明显的实质性进展。2021 年 6 月 10 日，中共中央、国务院公布了《关于支持浙江高质量发展建设共同富裕示范区的意见》。近两年，共同富裕示范区已经实现良好开局，初步形成了一批好经验、好做法，有关示范地区通过不同的方式和路径，探索出了各自推进共同富裕的“致富路子”。

2023 年 4 月，在《关于支持浙江高质量发展建设共同富裕示范区的意见》发布两周年之际，中国发展改革报社采编部门策划了“共富看浙江”调研采访活动，选取浙江省内推动共富经验较为丰富的三个地区——富阳、柯桥、永康，派出一线记者和视频制作团队一同深入地方，

调研采访相关负责同志及正在围绕一线共同富裕努力的社会各界人士，听取他们对共同富裕示范区建设的认知和理念，以及相关探索和经验。通过梳理总结，结合文字、图片、视频、创新图文等全媒体报道方式，在《中国改革报》、《中国经济导报》、“中国发展改革”微信公众号、“中国发展网”视频频道等报网微多平台多渠道全面宣传报道各试点地区推动共同富裕的实践探索、阶段性成果及典型经验。

从报道成果来看，经过紧锣密鼓地调研和走访，采访团队迅速完成6篇稿件和3部新闻专题片，后方编辑团队创新宣传方式，结合图文制作了10个“共富词典”，摄影记者拍摄大量摄影作品，配合文字报道和微信公众号发布。

具体而言，在走访浙江富阳期间，报道团队采写了《现代版富春山居图让共同富裕走进现实》和《描绘现代版富春山居图 走好新时代共同富裕路》两篇大稿，并于2023年4月11日和12日刊发在《中国经济导报》和《中国改革报》上；4月13日，视频团队摄制的新闻专题片“《共同富裕大家谈》走进浙江富阳”发布，微信公众号点击量达到2.2万；同时刊发的还有“富阳图记”和“共富词典”等融媒体产品。

之后在走访柯桥和永康等地时，也相继推出同类报道产品。例如，文字报道《绍兴柯桥区：努力打造共同富裕和中国式现代化县域样板》《“三个密码”探“共富”——绍兴市柯桥区共同富裕建设纪实》《五金争鸣共富交响》《锻造“金钥匙”打开“共富门”》，独家视频“《共同富裕大家谈》走进浙江柯桥”和“《共同富裕大家谈》走进浙江永康”。

“共富词典”采用“词组＋案例＋数据”呈现，涵盖共富工坊、亩均论英雄、数字经济“一号工程”、“两进两回”行动、农村科技特派员制度、山海协作、培育壮大产业工人队伍、帮扶残疾人就业增收、医共体和掌上办事等10方面内容，更加全面深入地解读了共同富裕的内涵和意义。

值得一提的是，在调研采访永康的时候，中国发展改革报社时任党委书记、社长徐强亲自带队，亲自与时任永康市委书记章旭升对话座谈，助推此次调研活动走深走实，调研成果落地见效。

从社会效益来看，6篇文字稿件在百家号平台上阅读量篇均近60万次；《共同富裕大家谈》系列新闻专题片被光明网、凤凰网、澎湃、腾讯视频等多家媒体转载，在微信公众号上点击量最高达到2.2万。此次调研采访活动通过全方位、多形式的融媒报道形式，不仅反映了浙江试点地区实践带来的历史性变化，也得到共富推进牵头单位国家发展改革委以及浙江地方政府的高度重视和肯定，为扎实做好“共同富裕示范区建设”阶段性成果宣传及典型经验推广工作提供了有益的启示借鉴和宣传样本。

此外，“共富看浙江”调研采访活动也获得多项荣誉，例如，入围中央网信办主办的2023中国正能量网络精品征集展播活动评选、入选2023年中国经济媒体融合报道典型案例、入编《中国新闻出版深度融合发展年鉴》（2021—2024年卷）“专题／创新案例样本”等。

共同富裕是社会主义的本质要求，是中国式现代化的重要特征。支持浙江高质量发展建设共同富裕示范区，既是党中央、国务院赋予浙江的一项重大政治任务，也是国家发展改革委重点推动工作之一，因此，作为国家发展改革委的直属媒体单位，积极调研和宣传报道好“共富经验”也是报社2023年最重要的采编策划活动之一。通过此次调研活动，让报社采编系统有了一次深刻且成功的媒体融合报道经验，更加清晰地认识到媒体深度融合发展是主力军挺进主战场的必由之路。我们通过整合采编队伍，前后方同步发力，一体策划、多维采制，叠加放大融合传播效果，并且首次尝试专题片和“词条”形式的传播样态，不仅让文字报道更有说服力，让广大读者也更直观、更生动、更沉浸式地看到和体会到浙江地区在推动“共同富裕”这条路上所探索的路径和付出的努力，同时也总结出一套可复制可推广的经验做法，为其他地区在推动此项工作的过程中打造了精品“样板”。

此外，我们也通过此次调研，认真总结和梳理了经验和不足。下一步，要更加提升数字化改革体系，锚定全新目标，更好催生内容生产新动能、产业经营新动能、新型媒体平台发展新动能，推动核心竞争力向新媒体新赛道转移，努力使互联网这一最大的变量成为发展的最大增量，全力打造更多更好的融媒样本。

（中国发展改革报社融媒体部）

“共富看浙江”报道专题

案例类别：组织机构

海关传媒“三个维度”深化融合发展

孙霞云

习近平总书记强调，推动媒体融合向纵深发展，做大做强主流舆论，巩固全党全国人民团结奋斗的共同思想基础。伴随着新一轮科技革命的深入发展，人工智能、大数据等技术与传媒不断融合，舆论生态发生深刻变革，同时海关改革也处于关键时期，海关新闻舆论工作机遇与挑战共存，改革与发展并重。

中国海关传媒中心作为党在海关系统的新闻舆论阵地，紧扣媒体转型发展、管理体制机制创新等工作重点，主动顺应形势发展、行业媒体变化以及海关系统改革，推进内容和技术之间的相互驱动以及高度融合，优化内容结构、提高报道可读性，在新时代讲好海关故事、唱响海关声音，有效传播主流价值观，服务于国家战略，更好地践行人民海关为人民。

一、充分用好技术进步红利，从相“加”迈向相“融”

对于媒体融合发展，习近平总书记指出“关键在于融为一体、合而为一”。2020 年 9 月，中共中央办公厅、国务院办公厅印发了《关于加快推进媒体深度融合发展的意见》（以下简称《意见》）。《意见》指出，“要以先进技术引领驱动融合发展，用好 5G、大数据、云计算、物联网、区块链、人工智能等信息技术革命成果，加强新技术在新闻传播领域的前瞻性研究和应用，推动关键核心技术自主创新”。《中华人民共和国国民经济和社会发展第十四个五年规划和 2035 年远景目标纲要》对数字社会、数字政府建设以及文化强国建设作出部署，并设置相应专栏提出要加强全媒体传播和数字文化建设。

推动传统媒体和新兴媒体融合发展，是党中央着眼巩固宣传思想文化阵地、壮大主流思想舆论作出的重大战略部署。近年来，中国海关传媒中心认真贯彻落实党中央精神，按照海关总署党委部署，运营微博、微信、头条号、抖音号、学习强国号，积极打造“互联网 +”全媒体系统，着力构建报纸、杂志、微博、微信、客户端为一体的全媒体产品生产格局。通过打造全媒体平台，深化报纸、杂志及各媒体微博、微信、客户端产品的内容协调和互补互动，巩固扩大粉丝量，拓展“微时代”，探索“智媒体”，尽快从相“加”阶段迈向相“融”阶段。

按照“两品牌（海关发布和中国海关强国号）、N 个新媒体矩阵”思路，移动优先、视频优先、故事优先，探索建立功能定位、用户定位清晰的“互联网 + 政务 + 服务”运营模式。其中，对中国海关传媒中心所属“一报四刊”（《中国国门时报》和《中国海关》《金钥匙》《中国口岸科学技术》《海关总署文告》杂志）新媒体进行整合：集中力量打造发布次数权限最多的中国国门时报微信公众号，成为海关传媒线上活动运营的主要阵地之一；停运《中国海关》微信公众号，《海关总署文告》整合更名为“中国海关传媒”微信公众号；《中国口岸科学技术》和《金钥匙》微信公众号按照不同定位独立运营。截至目前，“海关发布”、中国海关强国号等 17 个运营平台成绩显著，2023 年共发稿 17994 篇（条），用户数为 442.5 万，总阅读量超 10 亿，总点赞 500 余万。其中，单篇阅读量百万以上文章 38 篇，阅读量 10 万以上文章 223 篇。

（一）坚持选题策划，紧贴需求提供“菜单服务”，形成传播合力

比如，中国海关强国号坚持第一时间发布海关系统对党中央决策部署的响应，全国海关学习贯彻习近平总书记重要讲话和重要指示批示精神的反响文章，屡获“学习强国”平台首页推荐，其中《学思践悟强党性——全国海关学习贯彻主题教育深入推进》阅读量达 588 万；以共建“一带一路”倡议提出 10 周年为背景，结合第三届“一带一路”国际合作高峰论坛，策划“一带一路 · 辉煌 10 年”系列宣传报道，开设《关影》《见证》《最美共建者》专栏；《薪火相传“海关情”》获学习强国平台“我家的‘人世间’故事”主题征文一等奖；打造海关政务声音网络主阵地，引导正能量舆论方向，2023 年共 121 篇稿件被学习强国首页推荐。“海关发布”突出网络媒体风格，注重标题的简明扼要和生动形象，如《查获百宝箱》《都是洋垃圾》《姐姐的腰不是腰》，报道海关查获象牙等濒危物种及其制品、废旧电子设备、旅客身藏旧手机案等。公众号在国务院部委微信榜单统计中名列前茅，2023 年共发布文章 1843 篇，总阅读量 2946 万，总用户数 98.6 万。

（二）突显海关特色，唱响海关声音

中国海关强国号与学习强国平台联合推出首页大型

专题“中国海关之声”，通过图文并茂的文章、生动活泼的视频，让公众了解实用通关常识、选购进口商品注意事项，以及海关日常监管工作、关税征收、出入境卫生检疫和出入境动植物及其产品检验检疫、进出口商品法定检验、知识产权海关保护、打击走私等相关知识和故事。其中，《“我是海关人”》栏目多篇稿件获学习强国平台推荐；《海关带你“开盲盒”》栏目，采用短视频形式，通过海关关员工作记录仪或摄像镜头，全面直观地向公众展现海关工作现场，有力传播了海关守护国门生物安全，将外来入侵物种阻挡在国门之外的守护者形象。

（三）海关行业特色融合报道多次被主流媒体转载，深受公众喜爱

《查获人身绑藏牛肚入境》被电视新闻微博等多家媒体转载，相关话题阅读量4.2亿。“三八”国际妇女节作品《海关“她”力量》深受欢迎，《这模特不简单》引发热议。话题“海关查获人体模型内藏活体植物根茎”“女子双腿绑14瓶茅台入境”阅读量分别为1.1亿、2.8亿。《惊掉下巴！双腿灌茅台》报道被西部决策等多家媒体转载。“海关发布”获得抖音颁发的“播放过亿奖”和百度颁发的“2022年最具影响力政务新媒体”。

经过“融媒”到“全媒”、再到探索“智媒”的发展和演变，海关传媒充分用好技术进步红利，树立起用户理念，注重“对象感”，强调个性化、专业化的服务，聚合效应和融媒优势日益明显，在日积月累中持续赢得“用户”。

二、重构编审发流程，实现全员融合办报

习近平总书记指出：“对新闻媒体来说，内容创新、形式创新、手段创新都重要，但内容创新是根本的。”内容生产是媒体的看家本领，无论媒体形态怎么变革、传播方式怎么变化，都要巩固和提升内容生产这一核心竞争力。

智媒时代，海关传媒的传播力建设不仅体现在信息对受众的抵达上，体现在对技术和渠道的充分运用上，更重要的在于通过高质量的内容生产，以事实打动人、以道理说服人、以情感感动人，最终实现受众对海关工作的深度理解和高度认同。2023年，中国海关传媒中心在传统媒体与新媒体深度融合的基础上，依托党委领导下的编委会负责制，统筹调配采编力量，实现全员办报。即将《中国国门时报》8个专题版面交至《中国海关》《金钥匙》《中国口岸科学技术》《海关总署文告》等杂志编辑部策划、编审校，充分发挥杂志专精、报纸面广的特点，重构编审发流程，提升报纸专业性、权威性和可读性，以更加权威、更有特色的新闻信息服务读者。

该媒体融合改革涉及中国海关传媒中心业务格局大调整，本着先易后难、试点先行、稳妥推进的原则，中国海关传媒中心加强统筹协调，破除原办报办刊模式存在的体制机制弊端，充分发挥各编辑部门优势，明确相关工作职责。一是报刊内容生产由编委会负责，建立完善统一规范的选题、编审、审读等制度。二是学习借鉴中央媒体机构设置和采编流程，各编辑部按各刊工作方向和特点，承担相应专题和版面。三是各编辑部人员按照工作需要统一调配使用。四是改革采编发流程，使之与改革相适应。总的来说，就是编委会建立定期研究和选题策划制度，各编辑部根据编委会确定的选题计划，加强研究，结合承担的版面和栏目，提高内容建设水平，在办好相应报刊版面、栏目的同时，保障刊物出版水平的不断提高。与此同时，采访部根据编委会确定的选题计划，制订采访计划，做好海关特色内容采写。新媒体部根据选题计划，发挥传播优势，丰富传播形式。各部门采编人员视工作需要，统一安排调配，如遇重要宣传任务和重大选题，建立工作专班，抽调人员集中工作。

秉持这一融合改革思路，《中国国门时报》编辑部承担编委会综合和编务等工作，包括制订采编计划、选题计划等工作。承担一版（要闻版）、二版（综合新闻版）和“理论与实践”“人物”专题版的编辑工作；承担国门时报各版面的审读和照排，以及广告版的统一协调安排等工作。4个杂志编辑部分别承担《中国国门时报》“口岸防线”“口岸监管”“营商环境”“专题报道”“和谐口岸”“科技前沿”“法治纵横”等专题版面的编辑工作。

体现服务国家战略，体现服务人民群众和企业，体现宣传海关正面形象，体现面向国际，在全员办报媒体融合改革中，海关传媒聚焦海关贯彻落实党中央重大决策部署和国家战略，聚焦海关改革贯彻国家战略与海关基层一线工作的典型事迹，聚焦海关新政、海关日常业务及答疑，面向企业精确、客观、深度地开展政策解读，聚焦中国海关的理念、举措和改革的最佳实践的国际传播，重构内容生产力，不断提高内容生产的质量和效率。

自2023年6月改革落地以来，报纸、杂志编辑部发挥自身优势，不断增强策划力度，在稿件选题、政策解读、新闻图片、图表可视化制作等方面实现联动，集中围绕智慧海关建设和“智关强国”行动，治理海关监管面临的“滞、瞒、逃、骗、害”全要素风险的针对性措施及其成效，优化营商环境16条、促进综保区高质量发展23条、促进跨境贸易便利化专项行动、自贸区建设十周年、新丝路上的海关人等工作和典型进行专题宣传，共编辑出版280余个专题版面。实现了一个选题多角度开发，一篇稿件多风格转化，互相补充，有力配合，形成资源高效流动，人才一岗多能，促进媒体深度融合。与此同时，重点报道新媒体的二维码随附于报纸报道，加强互动，改变传统媒体与新媒体“两张皮”现象，取得立体传播效果。

三、树立大宣传理念，提升大宣传工作水平

习近平总书记指出：“要树立大宣传的工作理念，动员各条战线各个部门一起来做，把宣传思想工作同各个领域的行政管理、行业管理、社会管理更加紧密地结合起来。”这是新形势下做好宣传思想工作的重大战略思路，为统筹宣传思想工作与其他各项工作提供了根本遵循。

大宣传是对宣传思想工作的视野、思路、内容、手段、载体、机制、格局以及主客体等提出的全方位的新要求。随着传播技术日新月异，媒体融合从简单的“相加”向深度“相融”加速快跑，进入全面发展新阶段。深度推进媒体融合，建立健全大宣传工作体制机制，既是现实紧迫要求，又是长期艰巨任务。中国海关传媒中心着力构建大宣传格局，在实现传统媒体和新媒体融合发展、全员办报的基础上，推动媒体融合向更深的层次、更高的水平、更好的效果发展。

（一）奏响传播“交响乐”

海关传媒着眼高点站位、响亮发声，调动各方力量、运用各种资源，上下互通、横向联合、齐抓共管，实现工作共融、资源共享、发展共赢，奏响海关传媒融合发展“交响乐”。在上下一体、协同高效上下功夫。对内紧跟海关总署党委决策部署，密切联系全国各级海关尤其是口岸基层一线，传播海关声音、讲好海关故事，始终与推进中国特色社会主义现代化海关建设同频共振；对外常态化联系企业、行业中介组织等，不断提升海关新闻宣传针对性、精准度，有力有效回应人民群众关切，赢得人民群众对海关工作的了解和支持。坚持用好社会平台，做大自主平台。深挖分众传播能力，比如，海关新政策推出时，针对企业关注对其生产经营带来影响的解读，报关员需要实际操作流程的指导，普通群众关心自己生活会有哪些变化，加强“量体裁衣”的及时有效的精准传播，多角度、多渠道讲述海关故事，满足不同受众的个性化需求，让主流海关声音突破区域、行业圈层，传得更远、听得更清。

（二）组建大宣传队伍

人才是第一资源，构建大宣传格局、深化融合发展的根本在于人。一是不断提升传媒中心领导干部政治理论素养。把理论学习作为首要任务贯穿始终，坚持干什么就重点学什么、缺什么就重点补什么，特别是以学习贯彻习近平新时代中国特色社会主义思想主题教育为契机，认真研读中央规定的8种学习材料，重点学习习近平总书记关于海关工作的重要指示批示精神、关于新闻舆论和宣传思想工作的重要论述，跟进学习习近平总书记最新重要讲话和文章，在日常工作中做到“处处是课堂、时时受教育”。二是多举措提升采编人员综合素养。深入开展马克思主义新闻观教育，加强采编人员新闻业务和海关业务的学习，在理论上、笔头上、口才上或其他专长上有“几把刷子”，敏感于海关履职的政治意义和社会意义，捕捉社会、企业和群众关注的热点和焦点，引导舆论、服务发展。三是积极引导各级海关强化新闻宣传意识。通过在海关系统加强记者站建设和壮大通讯员队伍，积极引导各级海关强化新闻宣传意识，提高宣传水平，充分展示海关形象。四是探索建立广泛的联络员机制。尝试在进出口企业、口岸单位、地方政府发展新闻宣传联络员、通讯员队伍，调动各方积极参与海关新闻宣传工作大格局，努力做到基于进出口企业和地方政府、相关部门的视角，基于当事人的感受，体现全国海关不断满足人民群众更新更高需求的不懈努力。

（三）努力形成大宣传效果

党的群众路线是新闻宣传工作的生命线，要从群众中来、到群众中去，海关传媒坚持问题导向，大兴调查研究，不断加强舆论引导力、内容供给力的改革创新。一是聚焦中央重大部署和海关总署重点工作。紧密结合学习贯彻习近平新时代中国特色社会主义思想主题教育，围绕海关重点工作特别是智慧海关建设和“智关强国”行动，从形势与任务、意义与目标、路径与模式、实践与成效，多角度生动报道全国海关解放思想、汇集智慧，大胆创新、以时不我待的紧迫感推进智慧海关建设、开展“智关强国”行动的积极探索；展示全国海关实施守护国门安全、服务高水平开放、促进高质量发展、服务大国外交、海关现代化等行动，以智慧海关服务强国建设的工作成效。同时加大解读报道，特别是对新出台政策、新进行改革的理解适用进行解释报道，助推总署决策部署在全国海关落地见效。二是围绕群众和企业需求。策、采、编、发调查报道，通过采编工作倾听社情民意，了解群众和企业对海关工作的实际需求，为海关工作作出科学决策提供更多有益参考。三是关注基层一线。深入开展“走转改”活动，深入口岸和基层海关，与一线关警员面对面交流，实事求是反映基层海关工作情况，及时反映关警员履职过程中遇到的困难问题和意见建议，问计于一线，问计于实践。四是加强与社会、公众的对话。邀请外部智囊参与调查研究，实现内外视角的打开、专业化和社会化知识的衔接，充分释放海关传媒新闻宣传价值。

（孙霞云：中国海关传媒中心党委委员、总编辑）

案例类别：组织机构

构建“1+1+N”一体化新媒体服务体系让税收正能量产生大流量

邹国金 孙毓泽

税务部门是国家重要经济部门和税收执法部门，服务管理数千万企业纳税人、数亿自然人纳税人、13亿多自然人缴费人，是与人民群众打交道最多、频率最高、范围最广、联系最紧密的政府部门之一，做好税收宣传工作、增强公众纳税意识使命光荣、任务艰巨。《中国税务报》作为国家税务总局党委的机关报、财税领域行业报，深入学习贯彻习近平总书记关于媒体融合发展的重要论述，全面贯彻党的二十大精神，按照中办、国办部署，在中宣部、中国记协和税务总局党委的坚强领导下，加快推进媒体深度融合发展，构建“1+1+N”一体化新媒体服务体系，实现联合策划、一次采集、矩阵分发，不仅成为税务新闻作品的内容生产中心，而且为税务系统提供一体化新媒体综合运维服务，取得了上下联动、融合报道、同频共振、多元传播的效果。2023年6月，“1+1+N”一体化新媒体服务体系入选第三届中国报业深度融合发展创新案例。

一、构建“1+1+N”一体化新媒体服务体系

中国税务报社按照“税务媒体＋政务服务”的融合发展战略，发挥内容生产优势，创新构建“1+1+N”一体化新媒体服务体系，为营造税收大宣传格局贡献智慧和力量。第一个“1”是指提供新媒体账号运维服务；第二个“1”是指提供新媒体产品制作服务；“N”是指通过以上两种方式，为税务总局和省、市、县（区）税务局多级多地税务机关开展税收宣传提供优质服务。

中国税务报社已与国家税务总局及22个省、市税务局签署了合作协议，成功运营了国家税务总局新媒体矩阵、《中国税务报》新媒体矩阵、上海市税务局微信、江西省税务局微信、云南省税务局微信等，服务对象粉丝累计达4046万；为安徽省税务局、深圳市税务局、厦门市税务局等多地税务局提供新媒体产品策划、采编、制作、分发“一体化”服务等，发挥税务新媒体矩阵式宣传效应，不断壮大中国税务声音。

二、项目创新性及亮点：贯通服务矩阵 提升宣传质效

中国税务报社抓住媒体融合发展机遇，整合税务系统资源，创造性地开展工作，构建“1+1+N”一体化新媒体服务体系，成为内容生产中心，大大提升了内容生产质量和效率，高标准完成了包括国家税务总局在内的众多项目服务对象的宣传任务，发挥了税收宣传主渠道、主阵地作用，为高质量推进中国式现代化税务实践营造了良好舆论氛围。具体来说，该项目创新性表现为以下几个方面。

（一）紧紧围绕服务“国之大者”“民至所需”“税之重任”，进行一体化策、采、编，创作精品，并把创作的宣传产品分发至国家税务总局、中国税务报社和多地税务局媒体平台刊播

2022年，围绕党的二十大、全国“两会”、落实税费支持政策等一系列重大宣传主题，进行“一体化”策划、采编、制作和分发，放大了主流媒体价值，起到了很好的舆论引导作用。例如，2022年全国两会期间，围绕《政府工作报告》策划制作了《2022年实施新的组合式税费支持政策，预计全年退税减税约2.5万亿元》等12个新媒体作品，分发至国家税务总局新媒体、中国税务报新媒体及服务对象各平台，形成了矩阵式传播，产生了大流量。

（二）既服务国家税务总局，又服务基层税务机关，极大缓解了各地税务局新媒体运营人力不足、技术不专业等问题

实行项目责任人制，统筹中国税务报社采编资源，优化人员配置，凝聚各方力量做好税收宣传，保障了项目产品的权威性和专业性，并力求将项目平台运维、产品制作做到最优化，以高标准为服务对象提供优质服务。

（三）引入专业人才做好项目运维

通过加大人才引进力度，中国税务报社目前拥有一支深入了解涉税政策法规、熟悉新闻传播规律、深谙新媒体各平台传播特点的项目团队，同时对税务总局新媒体编辑团队、中国税务报社新媒体编辑团队及其他服务对象编辑团队实行一体化管理，用最专业的人才保障服务水平高质量。

三、实现社会效益与经济效益“双赢”

“1+1+N”一体化新媒体服务体系利用资源、人才

和平台优势，持续扩大税务行业主流媒体舆论影响力，实现社会效益与经济效益“双赢”。

（一）社会效益方面

该项目通过提供专业运维和产品制作服务，为服务对象乃至全国税务系统搭建了一个有传播力、影响力的新媒体矩阵，实现集约化管理、集群化发声，让主流税收舆论传播得更广、更远。截至 2023 年 3 月 27 日，中国税务报社通过“1+1+N”一体化新媒体服务体系运维的新媒体各平台粉丝累计达 4046 万。

2020 年至 2022 年，“国家税务总局”微信公众号先后在中央网信办主办和指导的“五个一百”网络正能量精品评选活动中，获得“百名网络正能量榜样”“百个优秀网络正能量建设者”等荣誉；2021 年，“国家税务总局”微信公众号被中央网信办评选为“走好网上群众路线百个成绩突出账号”。国家税务总局抖音号“中国税务”获评 2022 年“走好网上群众路线百个成绩突出账号”。“中国税务报新媒体”先后荣登 2017 年、2019 年、2022 年中国行业报“新媒体影响力指数”TOP10；“税收宣传全媒体矩阵”项目荣获 2018 中国传媒融合发展创新奖，并入选《2018 中国传媒创新经典案例 40 例》。

（二）经济效益方面

“1+1+N”一体化新媒体服务体系提供的两种政务服务模式，每年可创造营业收入近千万元，并有新客户在不断谈签中，实现了经济效益与社会效益的双赢。

四、具有一定的行业示范推广价值

中国税务报社按照“税务媒体 + 政务服务”融合发展战略构建的“1+1+N”一体化新媒体服务体系，既服务上级部门，又服务基层税务机关，新媒体矩阵同时发声，让正能量产生大流量，不仅取得了良好的社会效益，也取得了一定的经济效益，对行业媒体推进媒体融合发展具有一定的借鉴和示范意义。

（邹国金：中国税务报社新媒体和网络中心主任，孙毓泽：中国税务报社新媒体和网络中心主任助理）

“‘1+1+N’一体化新媒体服务体系”视频简介

案例类别：产品

智南针网多重发力 护航企业安心出海

蔡莹 田伊慧 崔静思 张海志

随着经济全球化的快速发展，中国企业“走出去”的步伐也在日益加快。为帮助中国企业顺利走向国际市场，解决中国企业在“走出去”过程中所遇到的海外知识产权信息获取不全面、不及时、不准确等问题，智南针网应运而生。本文旨在简要分析智南针网的发展历程、主要特点、现状以及相关品牌活动开展，探讨其在中国企业海外知识产权布局中所起到的积极作用，以期通过未来不断发展完善，为中国企业走向海外提供更加全面的知识产权服务。

一、智南针网的发展及特点

智南针网由国家知识产权局知识产权保护司指导，中国知识产权报社主办，自 2015 年上线以来，智南针网经历了快速发展和变化。依托政府资源背景，智南针网着力解决中国企业“走出去”过程中获取海外知识产权信息不足等问题。多年来，智南针网积极探索创新的服务模式和运营机制，多次进行优化升级与改进，网站内容涵盖海外知识产权动态信息、各国（地区）知识产权环境概览、各国（地区）知识产权法律法规、海外知识产权实务指引、海外知识产权信息检索、海外专利申请等多个栏目，陆续推出 PCT 专题、专利审查高速路 PPH 专题、美国 337 调查专题、大数据专题、制作海外商标注册专题等 5 个专题，同时专门开辟海外知识产权纠纷应对指导专栏，在充分满足企业海外知识产权信息需求的同时，为企业的海外知识产权纠纷提供简单便捷的在线申报渠道。

智南针网主要包括一站式、指导性、平台化、便捷化和专业化五个方面特点。

一站式服务特点主要体现在为用户提供全方位、多维度的知识产权信息。从法律法规、环境概览、实务指引、专利申请费用流程信息库、产业知识产权分析报告，到各国（地区）知识产权相关年报等海量信息，用户只需要浏览智南针网或者智南针微信服务号即可轻松获取全部信息，无须查阅各国（地区）知识产权局官网以及其他知识产权数据库。这种一站式的服务大大节约了用户的时间和精力。截至2024年3月，智南针网可提供全球189个国家（地区）的1339部法律法规，中文译本136部；14个中国主要贸易伙伴国家（地区）的知识产权环境概览；60余个国家（地区）专利与商标申请流程和费用信息；120余篇知识产权战略信息、100余篇海外知识产权理论文章、240多个典型案例和42篇产业分析报告等。

指导性服务则是针对中国企业海外知识产权工作经验不足、技能不高等特点，智南针网及时发布推送海外知识产权布局、海外参展经验、知识产权海外纠纷应对等实务信息，有效化解了企业在国际化进程中遇到的知识产权难题。目前智南针网已制作发布60余册操作性强的海外知识产权实务指引，帮助企业解决涉外贸易中最突出的知识产权问题。

此外，智南针网还具有平台化、便捷化和专业化等特点。2022年，智南针网完成了共计20余个栏目的改版升级及更新，重新调整并更新了首页五大直通车栏目，新增视频课堂栏目，调整海外知识产权纠纷案例栏目并新增337调查、专利诉讼等4个栏目，调整及新收录一批海外知识产权服务机构、海外知识产权应对指导专家，对首页海外知识产权要点观察、产业要点观察等栏目进行调整合并，整合海外知识产权官费及申请流程栏目并开设60个国家（地区）专利及商标官费专栏等。经过不断优化升级，目前智南针已经由单个网站蜕变为一个由智南针网站、智南针微信服务号、智南针微信小程序、智南针沙龙互相支撑互相补充，囊括网站和移动端，兼具线上线下互动的海外知识产权信息平台，不仅满足了企业对于海外知识产权信息的需求，还为企业提供了更加全面和专业的知识产权服务，使得智南针网成为企业出海过程中的有力助手和护航者。

随着智南针网的发展和功能的不断增强，用户的活跃度也得到了显著的提高。统计数据显示，智南针网注册会员超过2.3万人，日访问量从最初的几千次增长到了现在的数十万次，用户黏性也有了显著的提升。充分体现出智南针网始终坚持以用户需求为导向，不断提升用户体验的理念。

二、智南针网相关活动开展

智南针网自上线以来，积极开展各类相关活动，其中最为突出的品牌活动是“智南针沙龙”。“智南针沙龙”是由中国知识产权报社主办的以海外知识产权领域热点话题为主题的系列沙龙活动，其内容丰富，覆盖了知识产权领域的多个主题，旨在帮助企业解决在国际化进程中遇到的各类知识产权问题。从2016年至今，智南针网已陆续举办欧洲、日本、美国、德国、法国、韩国、墨西哥、巴西、新加坡、越南、印度尼西亚、哈萨克斯坦等多个国家和地区线下专场沙龙，海外知识产权官费、东南亚品牌、海外商标维权等多个线上主题沙龙，围绕企业实际需求提供问题解答和策略建议。此外，“智南针沙龙”还定期邀请政府有关部门专家、业界专家、企业代表等，共同探讨知识产权前沿话题，为企业提供更为深入的洞察和建议。

对于企业而言，“智南针沙龙”活动提供了宝贵的交流和学习平台。在沙龙活动中，企业可以与来自国内外的一流实务专家、企业家进行直接对话，通过与知识产权相关领域的专家进行面对面交流和实时互动，企业可以有效获取实用的知识产权信息和应对策略，提高海外风险防范能力，避免走弯路，降低海外知识产权风险。

此外，“智南针沙龙”还致力于促进企业与律师事务所等机构、企业与企业间的合作与交流。在活动中，企业和机构可以通过活动相互分享成功经验和优势资源，共同应对国际化进程中的知识产权挑战，不仅有助于企业拓展国际市场，还能更进一步激发创新动能与市场活力，为企业的海外发展提供了有力的支撑和保障。

三、智南针网未来发展与展望

随着全球化进程的加速，智南针网未来的发展前景十分广阔。各国知识产权政策不断更新变化，全球技术创新进一步加速，企业对海外知识产权信息服务的需求也将进一步增加，这也为智南针网的发展提供了更多机会。同时，智南针网也需不断更新和完善其服务模式和内容，以适应不断变化的国际环境和企业需求。一是加大投入力度，提升平台的智能化和个性化服务水平；二是拓展服务领域，比如将知识产权金融、知识产权运营等纳入服务范围；三是建立更加完善的用户反馈机制，持续改进服务质量；四是加强与国际组织的合作，共同推动知识产权保护体系的完善和发展。

未来，智南针网将继续深化其服务内容，紧跟国际知识产权保护发展趋势，不断更新和完善信息数据库和服务平台。同时，加强与国内外知识产权服务机构和专家的合作，提高服务的专业性和针对性。此外，智南针网还将加大对新兴市场的覆盖力度，为更多企业提供优质的海外知识产权信息服务。

总的来说，智南针网作为我国最具权威的海外知识产权信息服务平台，已经在为企业提供优质服务方面取得了显著成绩。未来，随着其在技术创新、服务拓展和国际合作等方面的不断努力，智南针网有望在全球知识产权信息服务领域中发挥更加重要的作用。

（蔡莹：中国知识产权报社网络中心主任助理，田伊慧：中国知识产权报社网络中心编辑，崔静思：中国知识产权报社网络中心副主任，张海志：中国知识产权报社网络中心主任）

智南针网公众号

案例类别：产品

中国旅游报社：文旅产业指数实验室

班若川 李鹏冲 冯豪博 牛玲 冯颖 陈尚智

为适应文旅融合与文旅产业发展的需要，中国旅游报社联合中国社会科学院中国舆情调查实验室等单位，成立文旅产业指数实验室（以下简称实验室）。2019 年 12 月 27 日，实验室在第七届中国旅游产业发展年会上正式揭牌成立。2020 年 6 月，实验室入选文化和旅游部 2020 年度文化和旅游信息化发展典型案例，同年 12 月入选 2020 年国家新闻出版署中国报业深度融合发展创新案例。

一、建设目标

实验室通过构建文旅影响力指标体系，采用定量与定性相结合的方式，持续对文旅产业影响力开展研究，以“文旅影响力指数”为脉络和主线，结合统计、调查和大数据，系统深挖中国文旅潜力和特质，洞察中国文旅发展的趋势、潜质和未来。

（一）建设国家级权威文旅大数据智库

实验室致力于服务国家文旅产业发展、国家文旅形象传播和国家文旅“走出去”，通过科学、体系的跨学科专业研究，为国家文旅产业发展提供决策建议和政策咨询；推动转型发展和融合创新；提供基于研究和数据的权威可信的解决方案和战略咨询。依托实验室持续跨学科专业研究、大数据文旅专业平台实时监测及实验室多学科专家的智慧交融，不断提升智库咨询的专业性、权威性。

（二）打造文旅传播创新研究平台

构建文化、旅游、传播、经济、社会等多领域研究的跨学科创新研究平台，以实验室专业委员会为主要依托，形成多领域专家合作的团队，持续进行文旅传播、大数据文旅影响力、城市形象塑造等领域的深度研究。

（三）提供国际国内优质的文旅传播渠道与服务

实验室为城市文旅传播、文旅企业传播提供国际、国内最优质的传播渠道和资源，提供新媒体、AI、5G、VR、AR、MR 等领先技术合作和传播渠道，构建城市文旅、文旅企业、高新技术企业之间的创新传播合作平台，为文旅行业与产业提供战略咨询、各种合作渠道与服务。

二、主要技术应用

1. 采用融媒体大数据、舆情大数据与产业大数据技术。实验室以全网数据、语义分析、情感分析为技术支撑，全方位整合传统媒体、门户网站、微博、微信、论坛等舆情信息矩阵，基于数据化的舆论分析，跟踪传播路径，助力解决文旅传播分析、评估与决策难题。

2. 构建文旅影响力评价指标体系。为更好地服务于行业市场管理、产品开发及精准营销的需求，实验室持续开发了中国旅游产业影响力指数、省级文旅新媒体国际传播力指数、民宿影响力指数、夜游经济指数、景区热度指数、旅游消费信心指数等，并构建完整的文旅融合评价指数体系。

3. 通过文旅指数大数据系统、旅游舆情监测系统等数据平台系统，为各地文旅主管部门、文旅企业、景区景点等提供国际国内文旅舆情调查与监测服务。

三、项目成果

自成立以来，实验室先后承担了文化和旅游部相关司局委托的涉旅舆情和市场秩序、文化和旅游企业、乡村旅游、文旅资源开发资讯、文化市场综合执法、长城国家文化公园、长江国家文化公园、国家文化产业示范园及示范基地等多个舆情监测与新媒体传播研究项目，累计完成相关报告 3000+ 份。

参与支持了四川省、河北省、广西壮族自治区、山东省、吉林省、福建省、江西省、云南省、河南省等地文旅政务系媒体传播影响力研究课题和文旅政务系媒体传播力提升项目，完成相关研究报告 500+ 期。

实验室持续开展文旅新媒体传播力国际及国内指数研究，定期发布省、市、县级和国家 5A 级景区、五星级酒店及重点文旅企业等一系列新媒体传播力指数报告 400+ 期。依托指数报告发布，先后完成了“全国旅游市场秩序满意度调查报告”“5A 景区数字文旅发展水平调研报告”“疫情对中国文旅产业的影响与对策调查报告”“旅游企业复工复产现状与趋势调研报告”“江西‘百县百日’文化和旅游消费季活动总结报告”“2020 年度中国艺术城市影响力”“中国星空旅游报告”“2022 海南研学旅游影响力指数报告”“2022 非遗消费趋势报告”“2022 年非物质文化遗产在海外短视频平台上的影响力报告”“中国冰雪旅游影响力报告”“中国夜间旅游影响力报告”等行业研究报告 120+ 期。

四、项目亮点

1. 实验室采用定量与定性相结合的方式，在行业内首创以融媒体大数据、舆情大数据与产业大数据技术为基础，以全网数据、语义分析、情感分析为技术支撑，全方位整合媒体资源，构建文化和旅游传播力评价指数体系，实现对新时期的文化和旅游传播事业更客观的认识与评价，帮助各级文旅主管部门、企事业单位做好日常传播的运营与管理，进而提升文化和旅游品牌的综合影响力。

2. 实验室将文旅产业发展、形象传播与国家文旅“走出去”战略相结合，构建文化、旅游、传播、经济、社会等多领域研究的跨学科创新研究平台，以实验室专业委员会为主要依托，形成多领域专家合作的团队，持续进行文旅传播、大数据文旅影响力、城市形象塑造等领域的深度研究。依托持续的跨学科专业研究、大数据文旅专业平台实时监测及多学科专家的智慧交融，不断提升实验室的专业性、权威性，为文旅产业发展提供决策建议和政策咨询。

3. 实验室通过对文旅产业数据、舆情数据、消费者调研数据和新媒体传播数据的采集与专家研判，构建文化和旅游综合影响力评价指数体系，持续对文旅传播、影响力、品牌塑造等领域进行深度研究，为文化和旅游产业发展提供决策建议和政策咨询，推动文化和旅游企业转型发展和融合创新，同时向各地文旅管理部门、景区、文化旅游企业提供舆情服务、行业评价、研究咨询及新媒体传播与智慧营销的整体解决方案。

五、经济与社会效益

（一）经济效益方面

文旅产业指数实验室利用所属平台系统及研究成果服务于文旅管理机构、企业和景区的个性需求。成立以来，实验室已完成 100+ 个旅游舆情监测项目，实现收入超 2000 万元；承办大型会议、论坛并完成与之配套的专项调研工作多次，实现收入超过 1000 万元；承接文旅相关调查项目 50 余次，收入超 800 万元。

（二）社会效益方面

致力研究文旅产业传播及其影响力评价体系、传播途径矩阵式资源整合、舆情监测与应对等领域，为文旅产业发展提供决策建议和政策咨询，推动文旅企业转型发展和融合创新，促进城市、企业及景区的文旅传播。文旅行业和产业可根据自身需求参与各项研究，共享研究成果和数据，定制个性服务。文旅产业指数大数据平台是个开放性平台，为全社会、全行业免费提供文旅产业大数据报告及研究成果分享服务。

六、示范推广价值

实验室建立的文旅产业指数大数据平台为我国文旅产业发展提供了决策建议和政策咨询，推动了文旅行业转型发展，符合服务文旅融合时代大数据与传播需求，在信息化领域起到了技术引领作用，具有重大的示范意义和推广应用价值。

（班若川：《中国旅游报》社有限公司党委委员、副社长，李鹏冲：《中国旅游报》社有限公司党委委员、策划总监，冯豪博：《中国旅游报》社有限公司宣传推广中心主任，牛玲：《中国旅游报》社有限公司宣传推广中心副主任，冯颖、陈尚智：《中国旅游报》社有限公司宣传推广中心数据分析）

案例类别：产品

“全国博物馆网上展览”平台打造虚拟化观展新体验

李晨 耿坤

一、引言

展览是博物馆的核心文化产品，据不完全统计，全国 5000 多家博物馆每年举办各类展览 2.6 万个以上，其中多数为临时展览，还有很多优秀的境外展览交流，由于展期、地域的限制，很多观众没有机会参观，并且大多数临展结束后仅以“展览回顾”的形式通过简单的图文简介在官网上展示，传播效果、范围和周期很有限。2019 年 5 月，国家文物局政府网站正式推出了“全国博物馆网上展览”平台，该平台的建设目标是：推动新一代互联网技术发展成果与中华优秀传统文化的传承发展相互融合，创新博物馆陈列展览的传播渠道和形式，建设基于互联网环境的虚拟化“云展览”，集中整合各博物馆陈列展览内容 IP，实现跨馆际的线上展览交流互动，进一步提升博物馆的公共文化服务能力。

二、项目核心功能

“全国博物馆网上展览”项目，研发了集多元数字文化遗产数据汇聚、存储、管理、标准产品编辑、多媒体分发管理以及调用于一体的云端服务平台。面向文博文化机构征集数字文化遗产数据资源，构建标准化产品、聚合平台产品、媒体矩阵产品的推广体系。为文博、文旅、网络媒体等核心用户提供从 VR 数字化、数字内容产品、媒体矩阵文博数字内容推广等多层次立体服务。

（一）平台核心功能

1. 管理后台：集数字文化遗产数据汇聚、数据存储、数据管理、产品应用编辑、分发管理以及调用于一体。核心功能模块主要包括：

（1）数字内容上传模块。通过后台门户入口，实现对全景图片、三维模型、高清图片、史料文字、音视频资料等各类文化资源进行收集整理，采用统一的云端入口上传，在线集约化汇集管理。

（2）数字内容管理。根据行业应用特点，制定数字内容管理规范，实现各单位独立图文视频等展览内容素材管理，后台统一管理。

（3）产品编辑模块。提供组件化模板，实现无代码化的产品编辑，用户可以快速创作一个个性化数字展览前端应用产品。

（4）内容分发模块。平台汇聚的数字内容，支持多种设备终端（手机、电脑、VR、非常规大屏、投影等）、多媒体渠道（社交媒体、视频直播、新闻媒体、电视媒体等）、平台（各机构官网）展示适配，并提供分发统计工具。

2. 前端产品：创新传播推广形式和渠道，构建标准化产品、聚合平台产品、媒体矩阵产品的推广体系。

（1）标准化产品。将文化遗产的图像数据，通过不同的需求主线，策划成标准产品。包括数字文物解析，数字云展览，数字博物馆三种类型。

（2）聚合平台产品。网上展览平台主页包含如“新展上线”“中华文物云”等专题内容。塑造品牌，聚合丰富的文化创作创意资源，实现平台品牌的宣传推广、流量入口，在让文化聚合的同时能够借助社会力量发挥更大的作用。

（3）媒体矩阵产品。整合丰富的媒体渠道，形成文博内容媒体传播矩阵。包括国家文物局官网、中国文物报、文博在线等行业资源；同时，与新华社联合开辟《国云展》栏目，为博物馆内容提供展示传播出口。

（二）基于“全国博物馆网上展览”平台核心功能，平台面向文博机构提供数字展览制作及展示服务；面向媒体机构提供优质文博内容分发服务

具体为：

1. 提供文化遗产数字化服务，包括文化遗产展品、文化遗产空间的全景三维数字化服务，提供基础管理。

2. 提供数字展览展示产品和技术服务，包括标准品和定制化服务系统。

3. 提供数字内容 SaaS 平台服务，将云平台部署至文博文化机构，提供一整套前后端平台解决方案，构建博物馆分级子平台。

4. 提供媒体矩阵文博数字内容推广服务，整合丰富的媒体渠道，形成文博内容媒体传播矩阵，为文博文化机构提供入驻、展示及传播入口。

基于对全景三维核心技术研发的持续投入，“全国博物馆网上展览”平台沉淀了强大的数据内容生产能力和产品服务定制化能力以及大量行业经验。具备从全景

三维内容大数据快速获取，到高精度自动拼接计算、分布式存储、高比压缩、分级简化渲染、发布审核安全可控、人性化交互展示和灵活封装调用等全流程研发能力；并支持多终端同步在线内容编辑、海量全景三维数据存储、数据产品多端适配调用和展示。

三、项目社会效益

经过项目转型升级和资源汇聚，“全国博物馆网上展览”平台推动新一代互联网技术发展成果与中华优秀传统文化的传承发展相互融合，在新冠肺炎疫情防控期间，“博物馆网上展览平台”受到了前所未有的关注。2020 年 2 月 1 日，国务院办公厅将“博物馆网上展览平台”应用项目推送嵌入“全国一体化在线政务服务平台”，作为 10 个新型肺炎疫情防控专题部门服务之一，为丰富防疫期间的精神文化生活贡献力量。2 月 2 日，文化和旅游部将“博物馆网上展览平台”纳入“文旅政务疫情防控公共服务”专栏，向全国重点推送。2 月 5 日，美国有线电视新闻网（CNN）以“疫情没难倒中国的博物馆”为题介绍了国家文物局推送博物馆网上展览的信息。从 2020 年 2 月 1 日至 3 月 3 日，在 1 个多月的时间里“博物馆网上展览平台”分六批推送了 300 个博物馆网上展览。这些网上展览项目一经上线就得到了在疫情期间居家过年的网络受众的普遍欢迎，截至 2020 年 3 月 15 日，平台总浏览量已突破 100 万人次。这是我国文物主管部门首次集中推送博物馆网上展览项目，是“互联网 +”背景下博物馆展示形式创新的标志性事件。

四、小结

建设基于互联网环境的虚拟化“云展览”文博文化行业云平台，集中整合各博物馆陈列展览内容 IP，实现跨馆际的线上展览交流互动，进一步提升博物馆的公共文化服务能力，俨然已成为社会各界认可的在线观展平台。通过持续为市场提供优质的内容服务，足不出户“身临其境”就可以学习中华优秀传统文化，将成为用户新的消费习惯，极具可持续发展空间。

平台通过技术创新、模式创新、传播渠道创新，有助于推动新一代互联网技术发展成果与中华优秀传统文化的传承发展相互融合，对于博物馆事业的健康发展，对于中华优秀传统文化的传播与弘扬都具有十分重要的意义。

（李晨：中国文物报社博物馆研究与传播中心主任，耿坤：中国文物报社博物馆研究与传播中心副主任）

案例类别：产品

“壹生”客户端：媒体 + 教育融合发展平台

中国医学论坛报社

一、项目概述

“壹生”移动客户端（APP）是中国医学论坛报社在融媒体时代积极转型升级的战略级产品，致力于为医务工作者打造值得信赖的医学知识服务平台。自 2015 年上线以来，客户端以内容建设为根本，以先进技术为支撑，不断拓展应用场景、创新学习形式和传播形式，通过系统性的医学专业课程帮助临床医生提升诊疗能力。截至 2024 年 3 月，“壹生”客户端以直播、视频、音频等形式，上线远程培训课程 24400 余节。目前用户量 251 万，90% 以上为各级医院一线临床医生，覆盖全国 34 个省（区、市）。此外，注册用户中还有来自亚洲、非洲 、欧洲、北美洲和大洋洲 28 个国家的医务工作者。

二、创新亮点

（一）注重专业、品质和实用性，打造新型知识服务平台

为保障平台高质量可持续发展，报社在推动现有编辑人员融合转型的同时，积极引进互联网行业技术型人才，逐步形成了由内容、产品、技术、运营、视觉等专业人员构成的多元化人才队伍，为客户端的研发和迭代工作提供了人才支撑。

在内容建设方面，平台注重内容质量和专业度展现，发挥专业媒体特长，与全国各大医学会、各大医院及医疗机构、各领域医学专家建立长期合作关系，邀请专家指导并参与了平台的筹划及搭建、系列课程的策划组织

和内容审核等工作，确保了APP内所有资讯、课程等内容的专业性、权威性和临床实用性。一方面全力做好新时代中国卫生健康宣传思想文化工作，忠实履行委管媒体的职责使命，在壹生APP资讯平台认真落实卫生健康政策宣传、成就宣传、典型宣传的政治任务和政治责任。如以党的二十大、全国两会等重要会议为主线，跟踪报道卫生健康领域的新政策；聚焦医疗卫生行业先进典型，推出“红色百年 医者榜样”“红色卫生故事”等系列报道。同时密切追踪各学科最新医学进展，第一时间将国内外权威、前沿的专业临床资讯传递给中国医生，尤其是我国学者的重要研究成果，获得专家及相关行业高度认可。另一方面，紧跟技术前沿，在壹生APP课程平台深入推进医学知识传播和教育，所运用的线上学习方式包括系列视频课程、直播、训练营、集训营等丰富的类型，并致力于搭建从基础到进阶的临床实用、规范、高质量的体系化课程，让医务工作者可以随时随地通过壹生APP进行学习，获得提升。医生们也给予这些内容良好的评价，包括“非常实用”“接地气”“干货满满”“在家就能聆听大咖精彩授课，受益匪浅”“我觉得我每次遇到临床问题，都可以在壹生APP上找到答案”“这么优秀的课程，平台免费开放，真是太亲民了”“不愧为国家队出品”“壹生平台就是老师的一个综合体，是信息时代老师的另一种形式”……

在传播方面，平台依托自有官网、微博、12个微信订阅号、30个微信服务号及报纸构筑的全媒体传播体系，为全国400万医务工作者提供便捷、高效的知识服务。

在学习形式方面，壹生APP给予用户丰富的选择，包括图文、音频、视频、直播、训练营等。其中，报社自主研发的“训练营”新型线上学习产品，采用了观看体验更流畅的流媒体视频播放技术，通过体系化课程设置、教学视频交互体验、打卡学习，随堂测验、社群互动等功能，为医务工作者打造了专业、高效、便捷的学习场域，进一步提升用户的参与度和学习效果，深受广大一线临床医生喜爱。在知识库方面，壹生APP打造了病例专区、用药助手、临床指南等多个模块，让壹生成为医生们的“工具箱”，帮助快速查找到自己需要的内容，助力其临床问题的解决。壹生“学习圈”则是提供给医生们的专属互动社区，以分享、互助、实战、答疑的方式，实现同行间的交流和学习。

（二）开拓大型基层公益项目，促进医药卫生体制改革

2017年启动“星火计划——提升基层医生规范化诊疗水平大型公益培训项目”，活动以壹生APP作为线上培训平台，以冠心病、高血压等心血管疾病、癌症、早期癌症筛查等重大疾病、常见病、多发病为切入点，切实提升基层诊疗水平，助力分级诊疗，弥合地区差异。此外，平台策划并落地了“壹生青年人才专项培训”集训营、“壹生年度大课——最佳临床实践病例展播活动”等多个有影响力的大型线上基层公益项目，集结协和、瑞金、华西、阜外等“国家级医院团队”力量作为讲师，涵盖了心血管、肿瘤、消化、神经等20余个医学专业领域，提升基层医生规范化诊疗能力，助力分级诊疗，弥合地区差异。

2021年11月，报社启动了“领航计划——自主创新，前沿引领，助力医学科技创新实现高水平自立自强”示范项目。“领航计划”项目紧密围绕国家及主管部门制定的医学科技创新相关政策法规进行宣传报道，助力国家医学科技创新政策落地，促进临床创新学术组织的培养和建设。积极推广、报道国家级及省级医学研究成果及临床转化成果，助力提升成果产出机构学术影响力以及将创新成果应用于临床，提升相关重大疾病领域的诊治水平。通过壹生APP平台，陆续推出“跟着‘国家队’学常见疾病诊疗项目”“血液灌流规范化诊疗项目”等。

2023年，报社基于“灯塔计划——公立医院管理水平提升行动”，以学科建设为引擎，启动“灯塔杯”·2023中国公立医院最佳管理实践案例征集与交流研讨活动。在清华大学医院管理研究院的指导和支持下，围绕公立医院学科发展的12个相关维度，广泛征集全国二级及以上公立医院在加强学科建设、推动高质量发展中的典型做法和创新实践。活动共收到来自全国的数百份案例，经过专家组评选，共计126个精彩案例脱颖而出，评选出43个卓越奖和83个优秀奖，以高质量案例助力公立医院高质量发展。

（三）策划新冠防控视频专栏，助力海内外科学抗疫

2020年1月，及时推出“新型冠状病毒肺炎科学防控”系列视频栏目，6个月时间直播和讲座数量超过160讲，累计观看达到1032万人次。课程内容分层级设置板块，包括方案宣讲、国际防控、医院防控、基层防控、社区防控，并邀请国家卫生健康委专家组成员或一线抗疫专家等进行讲授，涉及呼吸、感染、急诊、危重症、中医、妇产、儿科、检验、影像、流行病学、科研、全科、心理、法律等20余个领域。在国际防控板块，国家卫生健康委国际交流与合作中心委托报社策划、组织57支中国援外医疗队及外方医院/医生的远程培训课程。同年4月，举办《中非连线，携手抗疫——中国—赞比亚新冠肺炎防控视频会议》，60余家赞方医疗机构代表及中赞近2万名医务工作者在壹生平台在线观看了直播活动。整体而言，在2020年1—6月，壹生新冠肺炎视频课程，是所有大众媒体和专业平台中服务于临床医生的、上线最早、专业性最强，也是课程数量最多的平台。

（四）全站云部署，创新应用前沿新技术，筑起平台技术堡垒，赋能医学教育发展

使用大数据平台、知识图谱、画像技术、智能服务、音视频底层技术、直播窄带高清技术、云互动技术、内容智能校对纠错技术、全站搜索技术等9项技术实现以用户学习行为轨迹数据为基础，基于视频观看、答题等行为数据，通过认知推理等相关技术对基层医生用户关注的医疗知识做出智能分析，通过算法在医学专家知识库匹配出合理的候选知识列表。所有知识内容均来自知名专家及权威指南等，并经过专业的医学编辑审核。

三、示范价值

中国医学论坛报社注重专业、品质和实用性，打造新型知识服务平台，以人才为本，打造多元化人才队伍，为壹生移动客户端的研发和迭代工作打下人才基础；在内容方面，注重内容质量和专业呈现，邀请专家把关权威性和临床实用性；在传播方面，构筑全媒体传播体系；在学习形式方面，研发新型线上学习产品，提升用户学习参与度和学习效果；立足媒体定位，开拓大型基层公益项目，促进医药卫生体制改革，策划新冠防控视频专栏，助力海内外科学抗疫；注重创新应用前沿新技术，构筑技术堡垒，赋能医学教育发展。

（中国医学论坛报社）

案例类别：产品

中国家庭报社：健康中国行动知行大赛小程序 + 传播

中国家庭报社

2022 年 3 月，为深入贯彻落实国务院《关于实施健康中国行动的意见》和《健康中国行动（2019—2030 年）》，进一步加大健康知识普及力度，提高全民健康素养，构建健康科普新风尚，助力全面推进健康中国建设，健康中国行动推进委员会办公室决定举办健康中国行动知行大赛活动。

中国家庭报社作为大赛执行单位，主要负责健康中国行动知行大赛主体策划、执行、推广等全方位工作（包括但不限于全国 32 个省级单位的活动组织、支持、联络工作、线上答题小程序策划开发、搭建、运维、推广，线下全国竞赛组织，赛事播出等内容）。

一、题库建设

中国家庭报社组织健康中国行动专家咨询委员会、国家健康科普专家库、委属（管）44 家医院、中央及地方媒体等相关领域专家成立健康中国行动全国知识竞赛题库审核专家组，就题组内容开展专家评审工作。专家组根据题库内容进行逐一审核、评定并给出指导意见。并在原有线上答题小程序题目的基础上，进一步邀请了 100 余位国家健康科普专家库专家三轮审题。工作组根据专家组相关意见将题组进行优化，持续优化初始题库内容，完善大赛题库。

二、小程序开发

健康中国行动知行大赛小程序是本次大赛向全民普及健康知识的重要平台，也是服务线下竞赛环节、助力战队顺利晋级的重要工具。旨在大力宣传健康中国行动的基本理念，广泛传播科学权威的健康知识，让健康中国知行大赛深入基层，健康中国行动的理念得到广泛普及。小程序内设答题练习、正式答题、健康科普和互动交流四个部分，以健康中国行动 15 个专项行动进行分类，收录健康科普知识相关内容，参与者可线上参与答题或提交自己原创的健康题目及答案、解析，并实时在线讨论，并配有“为家乡助力”悬浮窗及“全国排行榜”等功能性设计，提升全民参与健康知识普及行动的积极性、主动性。

三、项目传播

一是设立健康中国行动知行大赛宣传大使、宣推官及健康中国行动宣讲员。邀请奥运冠军丁宁、北京广播电视台主持人徐春妮等具有较强社会影响力和较高社会知名度的公众人士，及网络健康科普达人、健康领域的专家学者等分别担任。依托其自身社会影响力及专业优势，广泛传递健康中国行动意义，传播健康理念，普及健康知识。二是制作健康中国行动知行大赛宣传片，并联合中央网信办、广电总局等相关单位，充分发挥主流媒体和新媒体的优势，扩大宣传片覆盖面和影响力，调动全社会参与健康中国行动的积极性、主动性。

四、项目特点

健康中国行动知行大赛小程序可根据活动进程及规模，开启微信、抖音双平台同时使用、推广的功能。充分利用多平台、多维度的切入，将专业的健康科普内容以图文内容、视频互动、团队参与等形式渗透到广大人民群众的日常生活中。同时邀请行业专家与社会公众人士录制健康问答短视频，引导网友互动及参与答题。根据线上小程序参与者相关反馈及建议，认真研究，积极采纳，不断完善小程序功能。

以 2022 年 3 月启动的医疗卫生机构专场为起点，着重做了以下工作。一是根据广大医疗卫生工作者在健康知识普及、延伸健康教育场景、提升健康素养水平等方面的独特优势，完成健康中国行动知行大赛医疗卫生机构专场线下预选赛、晋级赛、半决赛、总决赛四个阶段方案设计。二是研究制定参赛人员要求，发动组织各省、自治区、直辖市开展参赛战队选拔工作，经医疗卫生专业性、人才培养示范性、患者服务先进性、医风医德代表性、健康科普创新性等维度综合考量，稳步开展各省参赛队员选拔工作。

五、传播效果

（一）全国各地广泛参与

本次大赛，得到了来自全国各级医疗卫生机构及相关单位、中央级媒体的广泛关注。自 2022 年初部署以来，各省、自治区、直辖市及新疆生产建设兵团推进健康中国行动议事协调机构，积极组织各地开展医疗卫生机构专场知行大赛，由本省各医疗卫生机构组成代表队参赛。各地通过开展知识和技能培训、模拟答题和编排健康科普节目等多种方式积极筹备比赛，部分地区，组织了封闭式培训，有效促进了各地医疗卫生机构人员的专业知识学习和健康科普能力。

（二）大赛影响力空前

一是全国各省、自治区、直辖市及新疆生产建设兵团相关单位积极组织公众参与大赛小程序线上答题，大力宣传健康中国行动的基本理念，广泛传播科学权威的健康知识，让健康中国知行大赛深入基层，健康中国行动的理念得到广泛普及。二是通过邀请具有较强社会影响力和较高社会知名度的公众人士、网络健康科普达人等担任健康中国行动知行大赛宣传大使、宣推官及健康中国行动宣讲员，对大赛进行广泛宣传。吸引广大人民群众参与其中，全面扩大健康中国行动知行大赛影响范围，充分调动全社会参与健康中国行动的积极性、主动性。三是通过快速搭建“健康中国行动知行大赛”小程序，推动微信抖音双端同频共振。并邀请宣推官、各地政府机构、医疗健康领域等 170 余个抖音账号参与大赛话题，吸引网上用户关注、参与，话题上线当日冲上抖音热榜，次日抖音话题浏览量达 1 亿人次，线上答题参与人数超过 861 万人。话题浏览量超 1 亿次。

（三）赛事形式新颖，确保健康科普见成效

一是在大赛各环节中涵盖健康中国行动 15 个专项行动，并精心设计了战队科普展示、医学知识答题、现场急救实操题、各省小程序答题成绩助力等环节。给参赛队员搭建了健康科普创作和展示的舞台，有助于服务广大公众生活场景，助力广大群众知晓健康知识、掌握健康技能、践行健康生活。二是设置“大咖出题”环节，邀请钟南山、张定宇、吴尊友、丁宁、张宏民、杨幂等社会知名人士线上出题，呼吁广大人民用实际行动追求健康。三是针对不同健康科普领域内容，定向邀请专家，组成专家评审团并出席大赛现场。对各环节中题目涉及的知识点进行专业点评讲解及延伸，传授健康科普知识。

习近平总书记在中共中央政治局第三次集体学习时强调“要加强国家科普能力建设”“树立热爱科学、崇尚科学的社会风尚”。党的二十大报告也将科普作为提高全社会文明程度的重要举措，强调“培育创新文化，弘扬科学家精神，涵养优良学风，营造创新氛围”“健全基本公共服务体系，提高公共服务水平”“加强国家科普能力建设”。

面对时代之变、人民之需，新时代的科普需要以更高的站位、更新的理念、更宽的视野，全面融入经济、政治、文化、社会、文明建设等经济社会发展各领域各环节，着力实现《关于新时代进一步加强科学技术普及工作的意见》要求的“服务人的全面发展、服务创新发展、服务国家治理体系和治理能力现代化、服务推动构建人类命运共同体”的全面功能，加快构建大科普发展格局，在服务和融入新发展格局中作出更大贡献。

（中国家庭报社）

“健康中国行动”小程序

案例类别：产品

供销小厨 VR 云展厅——数字供销档案

张帆 张晓远 赵雅君 宋麟

数字化改造提升是传统领域深度融合与创新发展的需要，是构建全媒体传播体系和大数据综合管理的驱动。由中华全国供销合作总社信息中心主导打造的数智供销大数据综合管理平台基于媒体深度融合与转型创新的实际需求，进一步了解与之匹配的数据治理技术手段和其他部委信息宣传组织机构与行业报社的数字化转型实践经验，提出对中华全国供销合作总社政务信息服务、媒体数字化、运营数字化、数据资本化的具体办法，并逐步打造供销合作社系统与合作经济领域新闻宣传高效联动推进的深度融合发展态势，在探索内生技术驱动的数据治理路径、加快推进传统媒体转型创新方面积累了实战经验。

一、数据驱动，打造立体化供销合作社文化传播架构

平台作为融媒体数据矩阵的大脑和神经中枢，担负统一指挥、高效协调、报道策划、采编调度、审核把关、效果评估等职责，针对重大事件、突发事件，可实现重要稿件一键上稿、多点分发，重要选题一件置顶，敏感信息一键撤稿功能。数据“一张网”“一盘棋”，可实时进行统计评估。通过对数据流动资源池的指挥把控，使各种媒介资源、生产要素、信息数据有效整合，在“报、网、微、端”全媒体领域重新搭建传播体系，通过“文、图、声、像”全方位展现形式，打造立体化供销合作社文化传播平台。

在强化数据资源共享方面，以“子系统原始数据推送 + 中间库定时任务处理 + 平台统计分析展示”模式，搭建统一数据管理平台，整合全国各级供销合作社机关、所属事业单位、企业、基层社、社会组织等经营情况、为农服务情况、部分财务指标情况、组织机构情况、从业人员情况、项目建设情况等数据。其中，由全国供销合作经济信息平台整合原统计直报系统、财务报表系统和总社“一社一卡”管理平台 3 个填报系统的经营数据，实现总社本级系统数据与数智供销大数据综合管理平台对接，以总社本级云平台作为本级应用系统的数据集成中枢，在私有云完成统计与基础运算，整体汇集后被数智供销大数据综合管理平台调取使用。截至 2024 年 5 月，形成分类数据 6357 万条 26TB。

平台上线以来，以媒体融合创新为引领，集纳来自主流媒体、地方媒体，以及省、市、县、基层社四级单位的网站、300 余个微信公众号和 26 个省级行业社群的行业信息数据。在实现多渠道舆情监测的同时，通过中华供销合作总社官网、中华合作时报以及“中华合作时报”“中国供销”“供销青年”等微信号信息发布，融合中国供销电视频道视频直播全媒体平台的音视频信息，供销合作社系统与合作经济领域新闻宣传逐步形成了高效联动推进的深度融合发展态势。除 90 万多媒体数据的集纳外，通过整合发布，一方面提高了传播效果，另一方面带动了全系统宣传的积极性。各微信公众号平均阅读数提升 40%，原创作品量提升 38%，切实提升了传播力、引导力、影响力、公信力。

二、深度融合，探索数据资产化路径

在加强媒体深度融合的同时，对媒体资源与信息数据的整合、集纳与分发也成为平台的一大亮点。平台充分发挥系统实体网络的组织优势，通过线下抓手进行数据收集，作为数据采集的重要补充。各刊记者可通过手机端实时进行内容编采处理，将报道素材上传至特定稿件库或者媒资库，同步分发至纸媒、各子站点网站、微信、专题、舆情、数据库等进行“二次创作”，真正实现“一次采集、多种生产、全媒融合”的采编机制。平台以技术为支撑，将报纸、微信、网站、客户端等传统平面媒体与新媒体进行整合与联动，进一步扩大了融媒体传播效应，提升综合服务水平。

平台上线以来，充分利用专题数据集纳与全媒体平台的联动优势，着力创新内容生产与表达方式，通过多平台传播与多渠道发布，构建起“数据库 + 立体宣传”的融媒体传播新格局。平台集纳了供销合作社综合改革发展历程数据库、党史 · 供销合作社史数据库、供销合作社政策文件数据库等多个数据库，以及壮丽 70 年奋斗新时代综合网络专题等。各大专题将 300 余篇报道和 4000 余条历史数据资源整合后分特色呈现，借助移动端精准投递可视化表达的优势，发布图文报道 300 余篇、视频 22 个、移动端产品 7 个，呈现出内容形式丰富生动、

栏目结构清晰、线上线下互动效果好等特点，发挥了融媒体传播效应，提升了宣传覆盖面与传播效果。

在抗疫保供的特殊期间，平台发挥集约优势，26万条全互联网和全国供销合作社体系内的信息汇集于此，再分发到报纸采编、微信、网站等多个平台。平台积极整合各类媒介资源，通过一线报道和短视频、手绘漫画、图解、H5页面为传播载体，主动发声，全面、立体展现供销合作社系统在为抗疫保供中发挥的重要作用。同时，平台通过各渠道收集的信息成为全系统最完整的数据综合，以此为基础的针对保供应、稳物价等制作的舆情专报，也成为供销总社职能部门的决策依据。其间，中国供销合作网、中华合作时报网发布图文、音视频信息5.3万条，综合浏览量12.3万人次。监测系统舆情信息21万余条，制作疫情防控舆情专报、热点、摘报50期。

三、应用创新，扩大融媒体传播效应

平台配置融媒体智能AI中台，不断将大数据、云计算、物联网、区块链、人工智能、VR等信息技术应用到新闻传播领域。供销合作社系统各大门户热点、网民关注、视频榜单数据可开展AI识别、智能入库及分类，为选题策划和专题报道提供思路。平台实时掌控各类数据指标，通过横向对比形成融媒体矩阵榜单。投票、抽奖、报名、活动、直播等多种新媒体互动模块，用以支撑开展融媒体线下活动。“一源多端”的管理机制，实现内容素材规范化、新闻发布高效化、管理运营简单化的融媒体宣传矩阵。

2021年，发挥平台优势，以VR等技术为突破，搭建“数字供销VR综合展示大厅”，将传统纸媒、“两微一端”、网站、视频，以及线下展馆等各类资源进行深度整合，通过虚拟与现实技术的赋能，实现一站式聚合传播，充分发挥出平台在数据集纳与VR可视化呈现技术的优势，为读者带来了丰富的内容和全新的阅读体验。“数字供销VR综合展示大厅”包括1个虚拟展示大厅、1个实景还原实体展馆、1个“四史”虚拟展馆，以及“供销合作社改革发展历程”“供销合作社政策文件”“党史·供销合作社史”等多个数据库，集纳了图片、文字、音频、视频等各类信息数据60多万条，具备“历史数据库＋线上展馆＋线上互动答题”等综合功能。在多项信息技术的赋能下，以数据“加法”换效果“乘法”，构建从“相加”到“相融”的融媒体传播格局，体现了“全程、全息、全员、全效”的传播特征，有力提升了传播力、引导力、影响力、公信力。

（张帆：中华全国供销合作总社信息中心副主任，张晓远：中华全国供销合作总社信息中心电子政务处副处长，赵雅君：中华全国供销合作总社信息中心安全运维处处长，宋麟：中华全国供销合作总社信息中心综合处处长）

案例类别：产品

“中合观察”融媒智库服务锻造融合韧性

于璐娜 白京京 米雅娜 计慧

媒体智库是中国特色新型智库的重要组成部分。行业媒体深耕垂直领域，充分发挥媒体智库作用，是有力赋能主责主业本质的趋势要求，对于媒体自身建设及推动行业高质量发展，都具有重要意义。

如何将融媒体发展与智库服务有机融合？作为“立足供销 面向‘三农’”的行业媒体，中华合作时报社向内而生，向外而行，始终坚持对生成优质、专业、深度内容的追求，不断提升自身的内容品质、品牌价值和行业影响，积极向智库型媒体转型，释放融合韧性与活力。

以“中合观察”融媒体智库服务为例，2023年，为深入推进全国供销合作社系统认真学习贯彻习近平新时代中国特色社会主义思想，学习宣传贯彻党的二十大精神，深刻认识和把握在全党大兴调查研究的重要意义，中华合作时报社开展“供销合作社服务乡村振兴——中合观察”融媒体智库服务，以深耕行业的媒体力量，为合作经济和“三农”发展搭建线上线下融合运行的沟通交流平台，助力推动乡村全面振兴和加快农业农村现代化。

一、更新融媒产品矩阵及传播链路

在服务模式方面，“中合观察”围绕融媒体转型升级这一基本生态，牢牢把握习近平新时代中国特色社会

主义思想主题教育“学思想、强党性、重实践、建新功”的总要求，充分运用报社融媒体平台的技术和人才优势，突出行业特色，结合保障粮食安全、推进乡村全面振兴、构建县域商业体系、农业社会化服务、县域流通网络建设等“三农”重点热点焦点，策划调研主题。

2023年全年“中合观察”智库服务共开展10站，走访8省6市23个县区100余个基层网点，组织智库团队在基层一线深入调研，为当地改革攻坚发挥智库作用。

相较于传统调研报道，“中合观察”更注重产品产出和融媒效果呈现。在调研团队人员的设置上，除资深采编团队、专家学者、行业实践者、专业院校师生等成员外，每期还配置融媒体团队一同调研。既对调研内容本身的改革发展实践进行拍摄，也对调研团即时的调研观察、座谈成果进行现场采访摄制。

每期调研开始前，先在新媒体平台进行图文等不同形式的调研预热、主题推介，与行业系统进行相关话题互动，收集相关主题的关注度和影响力。每期调研结束后，除在《中国合作经济》杂志上生成调研报告、专家观点、媒体观察、实践案例等多种产品，还同步刊播调研活动报道、新闻报道，以及既有调研画面、生动实践，又有调研洞察、观点碰撞的纪实性短视频。所有融媒体产品第一时间在《中华合作时报》及其微信公众号、视频号同步刊播，形成有层次、有差异的融媒体报道产品矩阵。与此同时，这些融媒体产品通过中华合作时报社自有“数智化”平台“供销小厨”进行渠道分发，组成完整、立体、全面的融媒体调研成果转化和高效的传播链路。

一次深入调研，多种产品形式，多渠道分发——“中合观察”融媒智库服务在内容供给上实现了焕然一新的突破，也取得了前所未有的传播效果。这其中既得益于选题在站位和立意上的提升、采编平台的创新构建、传播平台的智能化升级改造，也包括专版专栏的融合建设和融媒体呈现的精品打造。总的来说，“中合观察”融媒智库服务既是深入基层调研，潜心撰写调研报告，提升工作本领的一次创新；是扑下身子，迈开步子，到实践中捕捉改革亮点路径，向一线求真求索的一次创新；是通过全方位调研、全媒体呈现，增强受众黏性，开拓新经济增长点的一次创新；也是通过产品品牌提升媒体品牌，媒体融合转型进程中的应用创新探索。

二、发挥引导力及资源整合作用

统一思想、凝聚力量是宣传思想文化工作的中心环节。新时代新作为，行业媒体不仅要坚持正确舆论导向，还要注重传播手段建设和创新，提高新闻舆论传播力、引导力、影响力、公信力。

以传播效果为导向，在目标受众方面，“中合观察”融媒服务以全国供销合作社系统为主受众群。首先这源于“中合观察”的初衷——探寻行业综合改革发展路径，叩问新时代供销合作社如何更好地服务“三农”和助力推进乡村全面振兴。同时，目标受众涵盖社会公众和各级党委政府。这基于习近平总书记关于供销合作社工作作出的重要指示，强调“供销合作社是党领导下的为农服务的综合性合作经济组织”，要“加快成为服务农民生产生活的综合平台”。那么向各级党委政府和社会公众作答“供销合作社是如何用实践认真贯彻落实习近平总书记的重要指示批示精神”“如何成为党和政府联系农民群众的桥梁纽带”，正是该融媒智库服务开展的初心和使命。

行业媒体及其融媒智库服务是传播信息、解读政策、增进交流的桥梁和纽带，发挥着凝聚共识、推动发展的重要作用。《中华合作时报》通过发挥行业媒体的舆论引领、深度挖掘、舆情洞察及资源整合优势，深入开展主题调研探寻改革亮点，展现新时代供销合作社人为保障粮食安全、助力推进乡村全面振兴、加快农业农村现代化的坚强决心和创新探索。

该融媒智库调研服务一经推出，即获得了系统内外的高度关注和好评，增强了行业媒体的公信力、传播力、影响力，同时让行业自身更为清晰地认识到优秀基因和发展瓶颈，增强改革发展的内生动力，起到了实实在在的启示作用。同时也宣传了行业在加快农业农村现代化尤其是推进乡村全面振兴进程中的价值和贡献，引起了广泛的社会反响，践行了专业领域行业媒体应有的社会责任和担当，以媒体力量推进乡村全面振兴。

尤其值得一提的是，作为深耕“三农”领域和合作经济事业的行业媒体，有责任通过内容供给创新，发挥传播优势，因为讲好行业故事，就是讲好中国故事。该项目作为一种创新探索，将融媒体优势、调研形式、产品形式与核心用户进行深度链接，形成了全新的传播链路，不失为推动行业媒体可持续、高质量发展的有益探索。

（于璐娜：中华合作时报社副总编辑，白京京：中华合作时报社总编室/融媒体发展部副主任，米雅娜：中华合作时报社新闻中心主任，计慧：中华合作时报社媒体事业部副主任）

案例类别：产品

发力深耕短视频做中国特色金融发展之路的记录者、传播者

陈继军

党的二十大报告提出，推进文化自信自强，铸就社会主义文化新辉煌，强调加强全媒体传播体系建设，塑造主流舆论新格局。这为媒体融合发展提出了新的要求。

《中国城乡金融报》扎根城乡金融领域近40载，近年来，在农业银行党委的坚强领导下，加快推进媒体融合建设，发展成为拥有报纸、杂志、新媒体等综合平台的现代化媒体传播机构。

在新媒体端，着眼行业发展趋势以及新技术的运用，农银报业将短视频作为推进融合创新、做好宣传思想和新闻舆论工作的新阵地，制作推出一系列立意高、形式美、具有较强互动性、感染力和传播力的视频产品，以融媒体形式讲好中国特色金融发展之路的故事，在受到广大读者欢迎的同时，也获得多个专业奖项和行业表彰，实现口碑与奖杯的双丰收。

一、立足行业使命，生产“走心”作品

（一）以“四度”原则对标内容生产

农银报业将短视频作为做好宣传思想和新闻舆论工作的重要载体，坚持以高度、亮度、温度、角度的“四度”工作原则推进短视频生产，即：在选题策划中注重高度，对标中央大政方针和习近平新时代中国特色社会主义思想；在报道金融业改革发展中注重亮度，突出行业特色、国有大型金融机构主责主业和生动实践；在讲述金融业好故事、传播金融业好声音中注重温度，展现金融行业员工的家国情怀；在把握传统媒体和新媒体关系中注重角度，实现全方位、立体化呈现，不断提高新闻舆论传播力、引导力、影响力、公信力。

（二）以“小切口”实现“大共情”

媒体融合不仅仅是表现形式的融合，其目标还要“融入人心”。在碎片化时代，“传播内容→传递理念”这个过程越来越有挑战性。要想内容“走心”、让读者“秒懂”之后点赞、传播，要求作品内核必须有温度、能共情，这在农银报业“浓情暖域——银行网点暖心服务故事”专题报道中得到充分体现。

2022年以来，为展现金融行业提升网点一线服务品质的作为与成效，农银报业推出了“浓情暖域——银行网点暖心服务故事”专题报道。通过一系列短视频作品，及时宣传报道银行员工为客户提供暖心服务的真实故事、创新做法等，体现有温度、有情怀、有担当的服务文化和服务精神。在每一个作品的制作过程中，短视频编辑团队提前开展头脑风暴，不放过能体现典型人物和故事情节的每一段语言、每一个动作，从文案组织到视频封面设计均仔细打磨。用微观视角的小切口，展现金融为民的大主题，不少作品在新媒体平台实现了10万+甚至百万+的传播量。

以短视频《银行营业大厅内 一个拥抱瞬间破防》为例，作品以银行基层网点员工帮助大妈守住钱财之后，大妈给银行员工一个拥抱动作为切入点，体现出了万千银行人用实际行动打击电信诈骗，守护百姓钱袋子的不懈努力。“拥抱”这一刻，金融为民的情怀得以充分展现。该作品在中国城乡金融报视频号播放量超过200万，被国家反诈中心新媒体、人民日报新媒体等平台转发，并且获得了2023中国行业媒体短视频大赛二等奖。汇集这些作品的农银报业《“浓情暖域”主题融合传播》项目成功入选“2022年中国报业媒体融合‘用得好’案例库名录”。

（三）以“媒体+”服务创造更大价值

好的短视频作品不仅要有意思，更要让人看后觉得有意义，传递正能量。近年来，农银报业在守牢宣传阵地的同时，积极发挥媒介桥梁作用，为社会提供有价值的信息服务。

以适老化服务为例。随着智能手机普及、信息化社会的加速转型，“数字鸿沟”成为备受社会关注的高频词汇。诸如消费支付“玩不转”、健康码“扫不出”、网上购物“套路深”等问题，暴露出老年群体面临的困境。围绕关爱老人政策、社会保障、银行业务、反电信诈骗、生活便民等主题，农银报业推出“转给爸妈看”系列短视频报道，发挥报社青年新闻工作者及银行基层员工创作能力，将情景剧、小品融入短视频报道中，为老年客户群体提供接地气、实用性强的金融小知识。通过温情演绎和专业解答破除“数字鸿沟”，努力提升老龄群体的满足感、幸福感、获得感，生动体现了一家行业媒体的社会责任。

二、创新表现形式，打造传播精品

在深耕短视频领域过程中，农银报业新媒体采编团队树立全媒体理念，围绕主题策划、剪辑制作、传播形式、受众心理、传播效果后评价等进一步深入研究、复盘，着力提升新闻舆论传播力、引导力、影响力、公信力，努力打造城乡金融领域短视频传播精品。

（一）表现形式接地气

要发挥好短视频这一传播载体的优势，就要在表现形式上下功夫。以喜迎党的二十大胜利召开，农银报业新媒体联合多家金融机构共同推出的“人民金融这十年·身边那些事儿”系列报道为例（《阳山水蜜桃的“甜蜜”蝶变》《托尼老师的自白》《奋斗在“海上仙山”》《“老地方”见证“深漂”美好生活》共四期），整组报道采取“短视频＋文字”融媒体形式，由返乡创业大学生、创业美发师、海岛民宿经营者、资深“深漂”等个体出镜讲述自己的故事。通过个体接地气的语言表达和生活化的故事场景，展现了党的惠民政策为一个个群体带来的实实在在变化，从侧面体现出金融服务的政治性、人民性、专业性，受到了读者的普遍欢迎。

（二）主题传播增人气

热点话题即流量所在。近年来，农银报业结合社会热点，推出一系列主题短视频征集活动，进一步提升作品的传播力。譬如为迎接北京2022年冬奥会和冬残奥会召开，展示全民参与冬奥的热情与风采，农银报业推出冬奥广场舞《一起向未来》舞蹈视频征集活动。“让读者成为创作者”的形式进一步激发了大家创作欲望，吸引了广大农行员工的积极参与，不同版本的舞蹈短视频更是收获了不少的关注度。又如农银报业以火爆全网的“我是云南的”上分短视频为表演范本，在新媒体平台推出了农行人“上分”视频大挑战活动，各地农行人纷纷用方言介绍家乡的风土人情，多部作品全网观看量达到10万＋。

（三）紧跟热点有热气

经济兴，金融兴；经济强，金融强。作为城乡金融宣传主力军，农银报业积极通过短视频形式展现金融助力经济发展一个个亮点。2023新春到来之际，农银报业推出了“随手拍·乡村年味儿我来说”系列短视频报道，由基层农行人客串主播，为读者呈现乡村浓浓年味儿和新变化，展现了金融机构贯彻党的二十大精神、助力乡村振兴的新思路。

围绕2023年《政府工作报告》提出经济社会发展总体要求，聚焦新形势下市场新变化，农银报业策划推出《随手拍·经济热点我来说》短视频报道，邀请银行人走进通关口岸、小商品市场等热点板块，探查经济新业态、新特点，展现金融服务新作为。

围绕国家扩大消费政策刺激下，各地以餐饮、文旅、文娱等为代表的“夜间经济”模式纷纷上线，农银报业策划推出“随手拍·乡村年味儿我来说”系列报道，安排各地美食达人走进消费市场，探查提振消费背后的金融力量。

上述报道均以短视频为载体，深度融入衣、食、住、行等百姓关注的话题，通过丰富的元素吸引观众的眼球，体现出金融服务社会经济发展的新实践，受到读者欢迎。

三、抓住特色主题，推出拳头产品

农银报业坚持正确的政治方向、舆论导向、新闻志向、工作取向，深耕城乡金融，持续打造具有鲜明辨识度的行业媒体特色宣传品牌。特别是党中央作出全面推进乡村振兴战略以来，农银报业以习近平新时代中国特色社会主义思想为指导，将全方位、全领域、全视角报道乡村振兴作为义不容辞的政治责任和使命担当，举全报社之力，做好乡村振兴融合报道这篇大文章。

在短视频领域，在2022年推出《乡村振兴金看点》品牌栏目的基础上，2023年伊始，农银报业推出“乡村振兴金看点”融媒体报道行动，派出8路共20余名记者，深入四川、内蒙古、黑龙江等地，历时7个月，总行程超4万公里。采访中充分发挥融媒体记者主观能动性，挖掘生产出一大批沾泥土、冒热气、带露珠的短视频作品。近20篇融媒体报道被新华社、人民网、中国网、中新网、凤凰网新媒体转载，部分作品全网阅读量超百万，大力宣传了以农业银行为代表的金融机构服务乡村振兴的作为与贡献。

为展现蓄势赋能乡村振兴的金融力量，将助农兴农落到实处，农银报业在新媒体端推出《乡味儿·金品》公益助农栏目。以“中国城乡金融报公众号＋视频号”的形式，讲述舌尖上的“农品”故事。先后推出“大埔蜜柚”“脊岭岛盐田虾”“三门青蟹”“阿尔巴斯绒山羊”“赣南脐橙”“建三江大米”等一系列地方特色农品，并通过影像故事或人物短视频，反映金融帮扶对乡村振兴的助力。此外，《乡味儿·金品》栏目还初探“开箱评测”短视频传播形式，以“新闻人替你深度了解”为亮点，全方位、客观真实展现特色农品的“色、香、味”，让公众通过消费帮扶助农副产品走出乡村。

四、组建专业团队，制作丰富“菜品”

（一）挖掘壮大内容生产队伍

好的作品来自基层。仅以农业银行为例，农行有23000家网点，其中在乡镇一级的有7000多家，在海拔3500米以上地区的网点500余个，在边境线2公里以内的网点70余个，是目前唯一一家在全国所有县域设有网点的商业银行。毫无疑问，这是一个汇聚更多报道素材的“宝藏银行”。

为了深度挖掘基层优质素材，用新媒体讲好农行故事，近年来，农银报业面向农行系统广大摄影爱好者启动了“农银拍客”招募，初步组建了一支规模近 200 人，具备策划、拍摄、制作、包装等经验、覆盖农行 37 家境内一级分行和 7 家境外机构的制作团队。依托这些农行系统影像达人，先后推出了“脱贫攻坚鲜镜头”“深贫一线拍客志”等系列短视频报道，挖掘出一大批彰显金融政治性、人民性的故事，产生了更大的传播力和影响力。

（二）持续打造专业化生产平台

近年来，诸多媒体单位特别是报业单位纷纷在视频内容生产制作、包装运营以及视频基础设备上不断加大投入力度。为了进一步提升短视频内容生产能力，农银报业在新媒体中心内部设立影像工作室，以柔性团队形式进行专门内容生产，并对短视频策划、制作包装以及传播机制等进行深入研究，打磨推出精品栏目作品。截至 2023 年 10 月底，仅在微信视频号平台即已推出近 500 个短视频作品，整体浏览量超千万，更创作出了不少 10 万 +、百万 + 级作品，部分作品获得了中国行业报协会表彰。

为了补足影像制作软硬件短板，2023 年，农银报业将演播室等有形载体的建设作为提升专业化制作水平的重要抓手。以演播室为平台，依托 3D 场景、实时合成等演播技术，围绕国家经济金融大政方针、银行业热点话题、农业银行业务创新、先进典型宣传等主题，设计制作具有农银报业特色的高品质视频产品。进一步提升原创水平，打造精品报道和优质栏目。

展望未来，作为一家深耕城乡金融领域近 40 载的媒体单位，农银报业将坚持以习近平新时代中国特色社会主义思想为指导，深入学习贯彻习近平文化思想，不断摸索影像表达的方式方法，致力于打造更多的新媒体精品，以新闻精品宣传党和国家政策主张和重大发展战略，以新闻精品讴歌乡村振兴、民族复兴的伟大时代，切实担负起中国特色金融发展之路的记录者、传播者这一职责使命。

（陈继军：农银报业有限公司董事长、总编辑）

案例类别：产品

全媒 智能 共享

——气象宣传科普业务支撑平台赋能气象行业媒体深度融合发展

张永 刘杰

气象宣传科普业务支撑平台是中国气象报社积极贯彻落实习近平总书记关于推动媒体深度融合发展系列重要讲话精神，结合气象事业高质量发展需求，利用最新互联网信息技术和气象云服务资源，建成的覆盖全国气象部门，满足气象宣传科普业务现代化全流程需求，实现快速调度、高效协同、全媒采集、多元生产、一体发布、多维评估的新一代融媒体业务系统。平台于 2022 年 3 月建设完成，6 月正式投入业务运行。依托该平台建设的中国气象局融媒体中心已成为气象行业新闻宣传的“中央厨房”。

一、补齐业务系统短板

气象宣传科普业务支撑平台面向解决气象宣传科普基础设施与媒体深度融合发展趋势之间的差距显著。长期以来，气象新闻宣传与科普资源分散，共享程度较差，上下左右难以形成合力，部分单位因长期缺乏投入，设备安全和运维存在较大风险的短板。同时，气象新闻宣传业务机制不健全，缺乏覆盖全国集中统一的气象宣传科普业务平台抓手，缺乏完善顺畅的全国气象宣传科普工作管理体系和业务体系，缺乏对新技术、新产品的研发应用推广机制等问题。

气象宣传科普业务支撑平台旨在破解气象宣传科普高质量发展难题，补齐平台和机制建设短板，顺应国家媒体融合战略要求和气象信息化、现代化建设的总体部署，积极推进气象媒体深度融合发展，着力做好气象媒体融合的总体构架和战略性设计，建设具有行业特色的业务支撑平台和相应的工作机制，为新时代气象信息传播服务打造更具活力的发展前景。

二、“一中心、两平台”架构

气象宣传科普业务支撑平台由综合数据中心、业务应用平台、资源展示平台三部分组成，实现了气象报、网、新媒体等全媒体生产传播业务平台的集成化建设和联动配合。

作为平台的基础底座，综合数据中心基于气象大数据云平台建设，集宣传、科普、舆情、传播以及气象观测、预报、服务等数据、产品于一体，构建标准、规范、具有气象特色的融媒体数据中心，实现全国宣传科普业务数据共建共享共用，支撑国省气象科普宣传业务与服务。

业务应用平台为系统核心，支持全渠道、全流程的融媒体采编生产，一体化的流程贯穿策、采、编、发、播、评和运营等整个业务环节，实现文字、图片、视频等各类媒体形态在线生产全流程作业。

资源展示平台以资源展示、资源共享、科普众创三大功能为主，面向社会媒体、商业平台、公众等提供服务，展示气象新闻资讯、宣传科普产品、气象产品、传播数据等内容，体现了中国气象局融媒体平台综合业务能力。资源展示平台的科普众创功能，为气象文化、气象宣传科普等工作提供交流展示互动平台，成为培育科普产业发展的重要平台。

三、引领深度融合发展

气象宣传科普业务支撑平台建设完成后，从资源的汇聚到全媒体产品的生产和传播、服务，实现了根本性变革，切实发挥了技术引领作用，主要体现以下六个方面。

（一）宣传科普数据全面整合

建成了气象宣传科普业务融媒体资源库，打通了基础素材、业务成品如电子报、气象杂志、微博微信、公众号等新媒体资源，汇聚了《中国气象报》、中国气象网、《气象知识》杂志、中国气象新媒体等全部历史数据，形成了权威的气象宣传科普历史数据集，产品分级分类和资源共享，可智能全文检索数据，使历史成果发挥更大价值。

（二）气象行业数据全方位接入

形成气象服务产品与宣传科普产品深度融合数据库，平台与国家气象中心数据深度融合，在媒资素材基础上丰富了气象专业服务产品，实现观测数据、预报、服务产品等气象数据共享。建立了统一的气象宣传科普资源储备标准，进一步打造融媒体平台的数据中台，建立了气象产品结合宣传科普业务快速生产机制。

（三）国省多级协同能力全面提升

建成中国气象局融媒体中心指挥平台，实现多种渠道与全国各级气象部门在线视频会商、调度宣传科普业务，集成全领域信息线索汇聚、全流程报道指挥调度、全媒体内容生产、全渠道信息发布和全媒体传播效果评估监测体系，打造了集融媒体指挥、协调、调度为一体的“神经中枢”，实现了统一指挥、有序调度、一次采访、多元生成、多平台呈现的全国气象行业全媒体传播格局。

（四）融媒体业务一体化能力全面提升

融媒体业务平台提升了业务策划、采集能力以支撑新时代气象融媒体发展。报纸、杂志、网站、新媒体等平台策划编辑制作由相对独立运行转变为“一体策划、一次采集、多种生成、多元发布”的融媒体新模式，构建一体化运行机制，实现内部各种生产要素有效整合，实现了气象宣传科普业务深度融合。

（五）智能化工具为采编人员赋能增效

通过对人工智能、机器学习、大数据等先进技术制作的智能辅助、智能校对、数据可视等工具的深度应用，助力新闻生产策划、采编、发稿全流程，为采编人员提供强大支撑，生产更有创新力的产品。

（六）提升了气象“大宣传”业务延伸能力

依托气象宣传科普业务支撑平台，以基层气象部门、气象信息市场、社会媒体、公共信息平台、个人用户等各领域需求为导向，充分利用资源库信息和大数据、云计算等高新技术，增强气象宣传科普产品定制化、精细化、个性化制造能力，培育以气象宣传科普资源为基础的核心竞争力，实现了面向气象融媒、服务解决方案的展现和互动平台，为气象文化、气象宣传、气象科普等工作提供互动平台，并搭建了与第三方平台服务的桥梁。

四、显著提升行业媒体传播力、影响力

气象宣传科普业务支撑平台的建成，实现了气象宣传数据与气象业务数据、气象科普数据的深度融合，为新闻宣传内容创作提供了强大的基础数据支撑。平台融合了海量网络大数据，利用“大数据 +AI”赋能融媒体建设，内容生产、数据资产、指挥调度、考核评估等效率和水平显著提升。同时实现国省两级气象宣传科普协同联动，打通国省气象宣传科普流程渠道，实现国家级、省级气象部门宣传科普业务深度融合共享。

以气象宣传科普业务支撑平台为总抓手，建立了统一调度、资源共享、上下贯通、内外联动、管理科学的气象宣传科普工作机制，强化了气象信息传播能力、业务协同能力、服务保障能力，有力推进气象宣传科普高质量发展。

依托平台，实现了气象信息与新闻宣传和科普有机结合，大大提升气象媒体深度融合发展能力，形成精准、高效、广泛的传播力和影响力，有效提高了气象信息发布效率，助力提升气象防灾减灾水平和效益，传递气象主流价值导向，切实履行气象宣传思想工作举旗帜、聚民心、育新人、兴文化、展形象的使命任务。

例如，在 2023 年，依托该平台，中国气象报社联合中央媒体和受影响省份气象部门，组织开展了重大天气

宣传科普“一过程一策”26次，推出气象数据新闻和科普产品近百个，显著提升了气象宣传科普覆盖面和影响力。在台风“杜苏芮”影响期间，组织开展了长达140小时的网络直播，吸引了148家媒体及平台参与转播，全网播放量达到3.2亿人次，获得了中国记协网站的肯定推广。

［张永：中国气象局气象宣传与科普中心（中国气象报社）业务科技处（总编室）处长，刘杰：中国气象局气象宣传与科普中心（中国气象报社）信息技术部主任］

案例类别：组织机构

聚合优势资源 讲好石化故事 加速央企领先融媒体中心建设

中国石化报社

中国石化报社（以下简称石化报社）隶属于中国石化集团公司。中国石化集团公司的前身是成立于1983年7月的中国石油化工总公司。目前，公司是中国最大的成品油和石化产品供应商、第二大油气生产商，是世界第一大炼油公司、第二大化工公司，加油站总数位居世界第二，在2023年《财富》世界500强企业中排名第6。

《中国石化报》于1988年7月1日正式创刊，报纸发刊词中明确提出以“为振兴石化鼓与呼”作为办报宗旨。经过36年的创新发展，石化报社已经创建了由报纸、杂志、电视新闻、各类中长短视频、新闻网、手机报、国内新媒体账号、海外社交媒体账号、新闻客户端、集团公司和股份公司官网等48个媒体平台组成的全媒体矩阵，受众遍布近80个国家和地区。

石化报社媒体是党的理论和路线方针政策在中国石化学习宣传的主阵地，是传递中国石化集团公司党组声音的主渠道，是传播石化新闻的主平台，是集团公司文化建设的重要载体。

石化报社大力推进媒体融合，不断拓宽传统渠道，持续发布优质内容。2023年，中国石化微信公众号粉丝全年净增涨148.6万人，10万+文章超228条。中国石化报微信公众号粉丝量增幅达75%。中国石化微博阅读量2.3亿，互动总数93.23万，创作视频938条，累计播放量610万+，13篇微博阅读量超过100万+，登上微博热搜4次。短视频全网粉丝量突破400万，增幅达20%，全年全网流量7亿次。

一、搭建融媒体矩阵，形成聚合效应

石化报社将加快推进媒体深度融合作为“十四五”重大工程，要求聚焦“打造央企领先的融媒体中心”，锚定“党报品质、行业标杆”，做强主阵地，挺进主战场，用好主渠道，聚力提升“精准报道、精彩呈现、融合传播、价值服务”水平。

石化报社以《中国石化报》、《中国石化》杂志等纸媒和电视媒体为依托，顺应移动互联网发展大势，积极构建新媒体平台，建成中国石化新闻网、石化新闻APP等自有新媒体平台；入驻微博微信第三方商业平台，打造中国石化报微信公众号、石化V视等一批有影响力的新媒体账号。目前，石化报社已形成“报刊台网端微屏”为一体的融媒集群，持续增强新时代企业媒体的传播力和影响力。

为充分将新媒体的技术优势、渠道优势和传统媒体的内容优势激发出来，石化报社打破纸媒和新媒内容供给壁垒，所有重大项目、重要决策、重要会议以及重大人事变动信息，新媒体必须当日推出；所有编辑记者采集的音视文图，必须同步向新媒体提供；所有选题策划活动，新媒体记者编辑必须参与；所有重大活动，必须实现融媒传播；对同一题材内容，新媒体负责快速、交互、多元传播，传统媒体负责严肃、深度、精细传播，各司其职、各美其美。在海量内容保证下，石化报社融媒体集群实现持续高产优产，用制度保证媒体融合传播。

二、创新技术赋能，加速主力军挺进主战场

随着媒体融合步入深水区，智能技术成为决定高水平高质量新型主流媒体平台建设的关键，许多依靠技术支撑的内容形式、应用场景和服务模块也展现了更多的变化与可能性。

2024年以来，石化报社开展“占领手机”行动，瞄准手机端，加强各媒体资源共享、信息共享、相互赋能、同频共振、融合互促。深耕自建新媒体平台，打造全新的“石化新闻”APP，操作简便、界面清晰，避免不必

要的烦琐步骤，有效提升全媒体智能化水平，实现新闻产品个性推送、精准高效触达用户，设立海外传播频道，提高新闻作品到达率和读者黏度，实现用户优化体验的运营闭环。

同时，石化报社充分运用AI（人工智能）、AR（增强现实）、XR（扩展现实）等技术，精心策划创意产品，变革内容生产方式和生产要素，用融合创新的技术手段把行业动向和专业知识做成群众喜闻乐见的形式和新颖的新媒体产品，进一步推动媒体智能化转型。

石化报社紧紧抓住大数据、云计算、人工智能、8K超高清等新技术带来的发展契机，建立覆盖短视频、国际传播、石化杂志的多方融合平台。不同社交平台的定位不同，粉丝构成也不同，内容制作和发布方式也大相径庭。石化报社认真研究各个平台特点，对每个账号的粉丝人群进行画像，一号一策制定传播方案，增强传播的指向性和有效性。实践得出：报纸是严肃、深度、精细报道的重要平台，杂志是针对高端人群、专业、开阔眼界、启发思路的重要平台，电视新闻是石化内部视听新闻信息传播的重要平台，手机报是发布高端定制新闻产品的重要平台，微信公众号是发布品牌价值理念长文章的重要平台，微博是感知舆情、发布快讯、制作参与话题的重要平台，抖音快手是发布科普泛娱乐内容的重要平台，海外社交媒体是向世界讲好中国故事、展示中国石化品牌形象的重要平台，今日头条、学习强国等是发布与传统媒体相似稍严肃内容的重要平台。石化报社编辑记者按照媒体特点，将每日生产的优质内容分门别类，向相应平台供给。

三、聚焦内容为王，打造爆款作品

不管技术风口如何转向、媒体融合和媒体智能化进程以何种方式推进，优质内容生产都是媒体赖以生存的核心优势。随着全媒体融合转型步伐加快，传统新闻业中以主流媒体为核心的运作方式也在技术的嵌入下有了更多参与主体，新的内容生产理念与互联网式思维显得尤为重要。

互联网时代，爆款作品最大限度地吸引受众的注意力，是媒体内容质量和传播能力的综合体现，而其出现并非偶然。爆款作品的本质是传者与受者之间形成最大公约数，是双向奔赴的高效传播——传者将信息送达最多用户，受者得到最大信息满足。精品爆款内容不仅能形成强烈的记忆点，提升用户忠诚度，而且能展现媒体单位策划包装制作的综合实力，构建竞争护城河。在运维新媒体的过程中，石化报社通过紧贴热点、强化包装、技术创新、联动传播等四个维度寻找“最大公约数”。

坚持策划先行，以“专业新闻＋真情实感”讲好石化故事、中国故事，将正能量做成大流量。2023年五一假期，“深地一号”直播关注人数超2.3亿人，#亚洲最深井在塔里木盆地开钻#登上微博热搜第三，中国石化媒体矩阵全平台发布内容超百条，总阅读量超2000万；11月，参与跃进3–3XC试产报道，自有全媒体发稿90余条，微博话题#中国刷新亚洲最深井纪录#阅读量8039.6万，登上热搜第三位，话题#亚洲最深井获高产油气流#阅读量6495万。网民评论正向积极，“每项了不起的成绩背后，都是无比艰辛的付出”，“相信未来还会有更大突破”。

强化科学普及，以“硬核内容＋创意玩法”做好石化行业知识推广，丰满我国创新发展的羽翼。短视频平台相继推出“石油从哪里来”“大话加油”“深地一号”“气从哪里来”“硬汉石油”等20多个主题策划系列视频，其中“加油枪抖一抖是为了省油么”播放量超过1亿次。

创新话语表达，以“新鲜内容＋鲜明个性”贴合目标用户的文化特征和接受偏好，赢得用户关注与青睐。2023年2月，中国石化喊话《流浪地球2》、展示央企科技实力的微博阅读量达283万，转评赞1.35万次，话题#你们负责想象，我们负责将科幻变成现实#阅读量超2.3亿次，话题#国家队团建式喊话流浪地球#阅读量1.8亿，相关内容相继被人民日报、新华社、央视新闻、俄罗斯卫星通讯社等20多家国内外主流媒体报道转发。

石化报社紧密团结在以习近平同志为核心的党中央周围，把内增动力与外树形象联动起来，把网上传播与网下宣传融合起来，把“主旋律”变成“高频率”、“正能量”变成“大流量”，忠实践行“四力”要求，打造更多融媒新产品，提供更优融媒新服务，用“快、准、新，严、细、实”的工作作风，朝着“央企领先的中国石化融媒体中心”奋勇前进，努力在担当新的文化使命中走在前列。

（中国石化报社）

案例类别：产品

中国石化报社：塑造“感动石化”品牌经验

刘建中 王雪

典型宣传是党的新闻舆论工作中的重要一环。中国石化报社（以下简称石化报社）聚焦传承石油精神、弘扬石化传统，用十年时间，精心塑造了“感动石化”这一品牌。

一、基本情况

“感动石化”全称感动石化人物评选宣传活动。2012年初，为“迎接、宣传、贯彻党的十八大”，落实中宣部等五部委关于开展“走基层、转作风、改文风”活动要求，经集团公司党组批准，石化报社2013年3月举办了第一届“感动石化”颁奖典礼，到2023年7月举办第七届，68个先进典型获评“感动石化”人物，集团公司党组书记、董事长马永生称他们为“中国石化最闪亮的精神路标”，“感动石化”也成为央视“感动中国”30家媒体联盟之一，成为“叫得响、立得住、传得开”的石化党建品牌，成为中国石化宣传思想文化工作的经典项目、亮丽名片。

二、具体做法

（一）做好顶层设计，确保感动人物“立得住”

“感动石化”人物必须具备“五性”：先进性，积极践行社会主义核心价值观，大力传承石油精神、弘扬石化传统，做出不平凡业绩，没有任何廉洁问题；代表性，兼顾各板块和人物故事差异，让广大干部员工感到，典型就在身边；时代性，选树的人物，要与时代背景相连接，与时代热点相联系，与时代追求相吻合；真实性，坚持用事实、故事说话，做到事迹真实、思想真实、情感真实；共鸣性，用感性的方式表达，以细节的魅力展示，与广大受众形成心灵上的共鸣、触动情感上的泪点。

（二）严格筛选程序，确保评选结果“信得过”

采取“总部部门指导、石化报社主办、企业党委推荐、媒体联动报道、广大员工参与”模式，围绕三个阶段展开。寻找感动人物，全系统征集，每个企业（部门）推荐一名人选，报社媒体开设专栏，持续报道推荐人物先进事迹。确定候选人物，评选委员会初评，选出30位候选人物，报社媒体开展新一轮宣传。综合评定，通过网络投票、企业投票和总部专家投票，经廉洁风险排查，报集团公司党组审核确认，从30名候选人物中选出10名。

（三）办好颁奖典礼，确保现场呈现“真感动”

这是最重要环节，力求让颁奖典礼成为精神殿堂，精心设计三个经典环节。播放短片，每位人物的事迹片都是一部浓缩“感动点”的“新闻大片”。现场采访，保持现场采访的新鲜感，与获奖者真情交流，碰撞火花，产生的“意外”，往往让观众感到更加“真实和感人”。致敬颁奖，致敬词准确贴切，朴素平实，打动人心，而又能反复诵读，是对每位获奖人物“超凡魅力”的社会授予。

（四）立体融合报道，确保典型事迹“传得开”

在寻找、评选和揭晓后各阶段，报社各媒体都会组织立体融合报道。同时，注重影响有影响力的人，每次颁奖典礼，都会邀请中宣部、国资委、中国记协嘉宾出席，“感动中国”项目组现场指导。每次颁奖典礼，都会邀请公司所有在京领导出席，总部部门、在京单位和获奖人物所在单位领导参加，并要求全系统观看。每次颁奖典礼，都会邀请人民网、新华网、光明网等主流媒体，现场报道、同步直播、后续传播，扩大“感动石化”影响力。

三、取得成效

十年七届“感动石化”，取得良好效果。主要体现在：

（一）进一步塑造了中国石化的良好形象

“感动中国”推荐委员陆小华说：“颁奖典礼让我看到了一个全新的中国石化，这些‘石化感动’，足以感动石化系统外的人。”制片人朱波说：“无论是闵先生这样的大科学家，还是一线职工，他们的感人故事，足以感动中国。”中宣部领导参加第三届颁奖典礼后，向有关评委大力推荐，“感动石化”人物陈俊武院士被授予“时代楷模”荣誉称号。中央主题教育第四十四巡回指导组参加第七届颁奖典礼后，将CCUS团队作为正面典型案例增补上报。

（二）进一步激励了石化员工的奋进动力

许多员工留言："一场心与魂的启迪，一场价值观的引领。""每位榜样都让我们心生震撼！石化人都是好样的！""选树的'感动石化'人物，故事很平凡，却令人感动，带给我们温暖，更是力量！""不管身处闹市，还是荒漠大野、偏远海岛，'感动石化'人物身上体现的是中国石化对国家的忠诚、对社会的贡献、对人民的大爱。"

（三）进一步营造了干事创业的舆论氛围

七届"感动石化"成功举办，每届都引发热烈反响，收获广泛好评，每届"感动石化"都被赋予鲜明的时代烙印：中国石化成立 35 周年，主题是"不忘初心 牢记使命 永远奋斗"；新中国成立 70 周年，主题是"壮丽 70 年 奋斗新时代"；中国共产党成立 100 周年，主题是"奋斗百年路 启航新征程"；中国石化成立 40 周年，主题是"致敬四十年 扬帆启新程"。一届又一届的成功举办，大力营造了奋勇争先的浓厚氛围。

四、经验启示

（一）必须始终坚持以党的创新理论为指导

党的十八大以来，习近平总书记着眼宣传思想文化领域的新形势新情况新问题，作出一系列重要论述和指示批示，指引新时代宣传思想文化工作取得历史性成就，形成了习近平文化思想，构成了习近平新时代中国特色社会主义思想的文化篇。下一步，石化报社将不断从党的创新理论中找方向、找思路、找办法，把石化宣传思想文化工作做得更加到位。

（二）必须始终坚持"为中国石化鼓与呼"

石化报社是党组的新闻宣传机构，报社媒体是党的创新理论和路线方针政策学习宣传的主阵地，是传递党组声音的主渠道，是传播石化新闻的主平台，必须始终牢记"为中国石化鼓与呼"，中国石化先进典型层出不穷，为"感动石化"提供了深厚土壤，更是新闻的"富矿"，石化媒体人有责任通过创新性传播，为"打造强大战略支撑力、强大民生保障力、强大精神感召力的中国石化"汇聚干事创业磅礴伟力。

（三）必须加快推进媒体深度融合

在广泛"求关注"时代，传统的典型宣传模式，往往收不到预期效果，而利用融媒体的强大传播力影响力、提升关注度已成共识。"感动石化"通过呈现有血有肉的真情实感，在潜移默化中实现文化感染人、鼓舞人、教育人的目的。"感动石化"的实践，也让我们深切感受到融合传播的力量和必要性，必须进一步打造央企领先的"中国石化融媒体中心"。

（四）必须建设一支让党放心、党组信赖、受众满意的石化新闻队伍

每次"感动石化"，都是石化媒体人学感动人物提升思想道德品质、学央视同行提升新闻专业技能"双学双提升"的过程。下一步，石化报社将把政治建设摆在首位，不断强化能力培养，着力强化"严、细、实"作风，努力打造一支"让党放心、党组信赖、受众满意"的石化新闻队伍。

（刘建中：中国石化报社综合办公室主任，王雪：中国石化报社综合办公室宣传干事）

案例类别：产品

冶金行业舆情监测预警平台项目

熊余平 吕兵 谭裕民 刘经纬 杨凯 燕卫平 李鹏飞

冶金行业舆情监测预警平台（以下简称平台）是中国冶金报社（以下简称报社）深入学习贯彻习近平总书记关于媒体融合发展的重要论述，加快报社改革和融合发展的重要实践。平台成立 7 年来，已实现稳定收益，在促进报社经营工作提升的同时，也为行业舆论形象的改善作出了贡献，成为报社融合发展的典型案例。

截至 2024 年 2 月，平台先后荣获 2021 年全国报业媒体融合案例优秀奖（中国报业协会）、首届中国行业媒体融合发展案例征评（行业服务类）提名案例（中国行业报协会）、2021—2022 年度全国媒体融合技术应用"优秀"案例（中国报业协会）等奖项。

一、平台建设情况

平台由报社与行业领先的数据公司联合打造，是冶金行业第一家专门为行业提供舆情服务的平台，于2017年5月正式上线。报社设置专门部门为客户提供点对点服务，另设专人负责平台维护，由数据公司提供技术支持。

平台采用数据公司成熟的解决方案，包括高效全面的数据采集技术、先进的大数据管理系统、国内领先的文本挖掘技术等。平台数据来源于数据公司大数据中心，基于1000余台服务器、专业IDC机房、200M独享带宽进行24小时不间断采集。报社设置8台云服务器对数据进行云存储。

截至2023年12月底，平台入库监测的网站数量达29339个，监测重点微博账号41190个、微信公众号28920个、APP客户端2881个、国内论坛平台1897个、自媒体平台16个、短视频平台10个，入库信息已达18.5亿多条，共积累新闻信息数据1.5亿多条，专门配置的客户服务账户达60余个（含试用）。

二、功能多样，满足不同需求

平台功能丰富多样并不断完善，可满足用户多种需求。2022年7月，平台进行了一次全面升级，对系统界面进行了全新调整，新增视频网站、短视频数据监测，并将关注度越来越高的自媒体从新闻网站、移动端中剥离出来，单独设类。

平台首页可对热点舆情信息一页尽览，主要包括热门排行、最新报道、舆情地图、热词分析、数据采集量等栏目；行业舆情栏目主要通过预设关键词，关注冶金行业热点舆情；政策法规栏目主要关注行业相关政府网站的政策文件等；重点监测主要针对某一话题进行全方位监测；事件中心则是针对某单一事件（多为负面）进行全方位监测；微信榜单主要关注行业内主要微信公众号的活跃情况；预警中心可设置负面词预警，并通过邮箱、APP及时推送负面预警信息；人物中心主要关注重点人物的舆情信息；舆情简报可以根据选定的信息快速生成简报。

此外，客户还可以在全网搜索栏目设置关键词，自由搜索平台中的舆情信息，包括元搜索、图片识别等，满足各类需求。平台还设有冶金舆情手机APP，可提供简单的查看、检索、负面预警等功能。

三、多种服务模式匹配多种客户类型

报社舆情服务主要面向冶金行业上下游，主要服务对象为行业内各类企业，也服务于工信部、中国钢铁工业协会等政府部门或协会组织。目前，平台拥有40余家付费用户，如首钢、鞍钢、河钢、山钢、马钢、本钢、柳钢、昆钢、建龙重工等，已大面积覆盖行业主流企业，并不断扩大覆盖范围。报社内部也在使用平台，将平台数据接入报社融媒体编辑平台，如利用发现热点等功能帮助纸媒确定选题、利用全网搜索等功能搜索报道反馈和转发情况等。

报社舆情服务基于平台开展，采用多种服务模式。一是为客户开通平台账号，并设置个性关键词，客户可根据需要自行登录平台查看和搜索舆情信息；二是在为客户开通平台账号的基础上，根据客户需求提供日报、周报、月报、季报、半年报、年报、专报等多种类型的舆情报告，并定期制作行业舆情报告；三是依托平台开展定制信息服务，即根据客户需求定期搜集特定专题、行业、企业等方面的舆情信息。

在客户使用平台的同时，报社设置舆情专员为客户提供7×24小时监测，遇负面舆情及时预警并提出建议或协助处理。平台上线以来，报社采用官方发声等方式，已帮助多家企业及时发现、监测和处理重大负面舆情，均得到企业认可。

报社还依托冶金行业媒体联盟年会，定期开展企业舆情工作研讨和培训，帮助各成员企业提高舆情管控水平。

四、经济效益和社会效益并存

平台由报社出资独资持有，目前年收益连续两年稳定在300万元以上。平台可为用户提供主动搜索、查看等功能，相较于其他平台被动告知舆情的方式，冶金行业舆情监测预警平台更具可操作性和个性化，且价格方面性价比较高。故平台上线后得到了众多企业的关注，甚至有许多企业在已有一些其他舆情平台的基础上又添加了冶金行业舆情监测预警平台作为使用工具。目前平台使用情况反馈良好，绝大多数客户也都保持稳定。

平台开创了专门服务于冶金行业的舆情平台的先河。平台上线前，行业内普遍对舆情工作重视不够，仅有部分国企使用国资委提供的舆情平台等进行舆情监测，大部分企业则是没有专业的舆情平台工具。平台上线后，随着平台走进更多的企业，加上报社对舆情工作的宣传和推进，行业内企业对舆情工作的重视程度越来越高，多家企业都成立了专门监测舆情的部门。通过及时监测、加大宣传力度等方式，行业的形象正在逐渐好转，行业内的负面舆情数量总体上也呈下降趋势。

平台目前已实现稳定盈利，在报社诸多产品中收入居前，平台的这一营收模式对其他行业，尤其是对传统媒体开展新型服务，创造新的盈利模式，从而推动融合发展亦有借鉴意义。

（熊余平：中国冶金报社副社长，吕兵：中国冶金报社副总编兼新媒体中心主任，谭裕民：中国冶金报社社长助理兼管理中心主任，刘经纬：中国冶金报社新媒体中心网站副主任，杨凯：中国冶金报社新媒体中心舆情编辑，燕卫平：中国冶金报社新媒体中心舆情编辑，李鹏飞：中国冶金报社管理中心网络管理员）

冶金行业舆情监测预警平台简介

案例类别：产品

中国矿业报社：以信息化和科技创新“双引擎”推动媒体融合发展

奚晓谦 李帅 李惜

“地矿智媒大数据信息服务平台”是中国矿业报社（中国地质调查局宣传教育中心）近年来以信息化和科技创新“双引擎”推动媒体融合发展的初步成果，通过集成报社内部大量新闻媒资和矿业研究等各类数据资源，将新闻报道、矿业研究、市场服务和日常管理等主要业务板块进行模块化整合，形成了一个综合性的信息化工作平台。

依托该平台，对内报社采编人员和管理人员可开展新闻选题策划会商、新闻采编制作、网络信息安全、行业热点跟踪、市场运营支撑等相关工作，对外可提供新闻数据、矿业研究和网络信息监测等服务。

该平台建成上线近一年，全年全平台阅读量（播放量）已突破1.3亿人次，较上一年度提升近75%。同时，拓展信息技术服务模式，以网络信息监测预警、矿业大数据等服务内容，2023年与行业有关企事业单位签立技术服务合同近30份，实现经营性收入近1500万元、成果转化收益近300万元。

该平台建设充分考虑中国矿业报社作为行业报刊的优势和特点，充分遵循“轻量化＋实用性”的基本原则，通过建立标准化、规范化的数据采集、管理机制，以及可视化、互动化的呈现方式，形成了“全媒体采编平台、融媒体传播平台、行业舆情监测平台、融媒演播平台、网络信息监测预警平台、网络安全防护平台、全球矿产资源信息系统与服务平台”等7大功能模块。

模块一：全媒体采编平台

该模块是报社开展新闻采编生产的主业务平台，初步实现了报社新闻信息“采、编、发”的一体化、高效化。该平台打通了报刊、网站、微信、客户端等多种渠道在信息采编发流程上的对接障碍，推动“报、网、微、端”协同发力。依托该平台，报社采编人员可对文字、图片、音视频等进行统一汇聚及按需展现和使用，为报纸、网站、新闻客户端、微信公众号等提供丰富的多媒体新闻素材，做到了一稿多签、移动优先，提高了新闻采集制作发布及管理运行的效率，实现了新闻信息的一次采集多次、多种生成、多元发布。全国矿业、地勘、地调等单位已有近1000名通讯员注册使用该平台，可实现在线投稿、编稿、稿件实时跟踪等。报社总编辑、编委可对稿件内容安全将进行严格把关。借助平台的语义分析、敏感词检查、信息监测预警等功能，以及对各新闻产品、版面等的采编流程的实时把握，实现新闻生产全流程监控，生产流程记录可视化、修改痕迹可追溯，确保新闻生产过程安全、高效、可控。

模块二：融媒体传播平台

该模块集中整合了全球矿业新闻热点实时播报、报社旗下微信公众号和其他第三方平台精选内容和传播情况、《中国矿业报》数字报版面、行业融媒传播力榜单等功能。

该平台获批软件著作权2项。依托平台，报社新闻采编部门和矿业研究部门可实时查询矿业热点，集中会商策划，确定新闻选题和研究选题；可以实时掌握报社自有各媒体账号和新媒体矩阵的精品内容和传播力情况，为开展运营工作提供数据支持；还可以实时掌握全国地矿行业相关机构的各类新媒体账号的传播力排行情况，定期发布融媒指数和榜单，进一步凸显报社在地矿行业新闻宣传工作中的引领作用。

模块三：行业舆情监测平台

该模块充分利用舆情大数据境内外全网的海量数据资源和计算资源，结合地矿行业的特点和需求，通过分布式数据采集、自然语言处理、开源数据分析挖掘、大数据存储管理等技术，为地质调查和地矿行业的实时舆情监测、预警等提供支撑服务。依托该平台，报社采编团队定期编辑出版了内部刊物《矿业舆情》，及时回应矿业界重大关切，全力为矿业高质量发展提供有力支撑。同时可自定义监测栏目、专题，以信息监测、态势感知、事件追踪、传播分析等为目标，对热点事件和新闻进行跨舆论场网络信息洞察、分析、研判。依托该平台，报社采编团队会不定期形成舆情专报，可及时为领导决策提供信息参考。

模块四：融媒演播平台

该模块主要为融媒演播室建设，通过硬装、灯光、场景、声音收录、导播五个方面的建设，打造了虚拟演播区、大屏演播区、站播区等现代化的演播室，在虚拟演播、大屏演播等新技术应用方面取得突破，可实现直播访谈、虚拟播报等内容。

模块五：网络信息监测预警平台

该模块基于人工智能、敏感信息语义识别、算法模型主动学习、命名实体识别、异构数据交换以及大数据实时查重等先进技术，对待发布和已发布至网络平台的信息进行内容识别、实时监测及预警服务。

一是在信息发布前，将平台的智能检测功能内嵌至报社的新闻采编平台和文档处理软件，可一键对文本中的领导人姓名职务、敏感词句、错别字等信息进行内容识别并输出检测结果，结合采编人员的人工编校，真正实现用“人防 + 技防”手段在源头上最大程度避免相关文字差错发生。

二是在信息发布后，平台的智能监测后台对监控平台进行 24 小时实时扫描并自动生成扫描结果，将监测扫描过程中查出的可疑内容、问题链接等实时发送至使用人的手机和邮箱，并在综合信息大屏中进行滚动和高危风险预警，确保出现问题第一时间可得到有效处理。

模块六：网络安全防护平台

该模块是一个本地网络安全防护预警平台，以报社本地网络为依托，结合第三方云端大数据智能网络安全防护策略，能有效为报社的网络环境提供“防护 + 预警”一体化的安全服务。依托该平台，可实现对报社网络环境的 24 小时不间断防护监测，并将检测出来的安全事件以及取证数据上传至云平台，自动比对全网最新漏洞与攻击方法，一旦发现威胁，全报社网络可快速自动免疫。此外，平台通过配置边界防护与响应、威胁信息服务、云管理网络等功能，能够自动封禁外部攻击源，并对失陷主机进行实时告警，精准拦截恶意文件。

模块七：全球矿产资源信息系统与服务平台

该模块是报社矿业研究板块重点打造的全球矿业全产业链信息服务平台，构建以矿业项目库为核心，结合矿业市场走势、矿业政策、储产销贸等矿业信息，深入挖掘全球战略性矿产资源勘查、开发、运输、贸易、安全等信息，为相关部委提供决策支撑

平台通过“一张图”形式展示全球矿业项目分布、按照不同矿种、不同开发阶段、不同国家，不同矿业公司、以及近年的投融资并购项目情况等进行了统计。此外，对重大项目进展、资源来源地、运输通道和港口等信息进行了展示，后续将不断集成各研究所数据和成果服务决策。

数据后台重点建设完成了全球矿业项目库和矿业市场走势库，项目库可按照矿种、矿权类型、区域、国家、项目来源、项目级别等多个条件进行项目查询、编辑、下载。矿业市场走势库主要收集了铜、铝、锂、镍等矿产品十余年的期货和现货价格，为矿业市场价值链分析打下基础。

（奚晓谦：中国矿业报社新媒体技术部负责人，李帅、李惜：中国矿业报社新媒体技术部记者）

矿业界公众号

案例类别：组织机构

以改革创新为突破 数字化转型为抓手 构建新型央企全媒体传播格局

殷伍金 宋超

作为南方电网公司政治思想、舆论宣传、意识形态专业支撑机构，南网传媒公司（南网新闻中心）坚持以习近平新时代中国特色社会主义思想为指导，全面贯彻党的二十大精神，深入学习贯彻习近平文化思想，深入落实习近平总书记关于媒体融合发展的重要论述，加快构建新型央企全媒体传播体系，主动融入主流舆论新格局，全面提升宣传工作水平和效能，大力唱响时代主旋律。

一、以深度融合打造守正创新的央企全媒体矩阵

机构改革，成立融为一体、合而为一的央企融媒体中心。2021 年，南网传媒公司（南网新闻中心）启动机构改革工作，按"大部制"改革思路，将原来 5 个采编部门全部统一为 1 个融媒体中心，成立央企中真正实现机构统一、人员统一的融媒体中心。在机构数量做减法，在组织功能做加法，在业务效率做乘法，以组织体系变革推动媒体深度融合，有效提升新闻宣传工作效能。

近三年，南网传媒公司（南网新闻中心）还陆续成立总部和国际传播等四个工作组，并在南方五省（区）和深圳设立六个新闻工作站，形成横向到边、纵向到底、内外联通的"四组六站"工作格局，探索构建具有南网特色的新闻宣传工作体系。

同时，加大机制创新力度，建立有效一体运作的央企融媒体管理体系，重点以揭榜挂帅制、积分制考核为突破口，探索建立了适应全媒体时代的采编积分体系和计分规则，激发员工干事创业的热情。

经过多年的发展，南方电网公司自办媒体已从早期的报纸、网站，发展成为拥有一报、一屏、三刊、中英文网站以及数字报，入驻微博、微信、抖音、快手等国内主流媒体平台和海外社交媒体平台的新型全媒体矩阵。

二、以内容建设为根本融入主流舆论新格局

南网传媒公司（南网新闻中心）坚持党性和人民性相统一，坚持抓好"第一选题"，以"第一选题"彰显思想伟力，将其作为宣传好阐释好习近平新时代中国特色社会主义思想的最重要任务、最重要内容和最重要方法，为唱响时代主旋律贡献央企力量。

坚持策划引领，找准"第一选题"题材落点。坚持把学习贯彻习近平新时代中国特色社会主义思想贯穿新闻宣传工作始终，深化"第一议题"学习，专题学习习近平总书记重要指示批示精神，结合南方电网公司工作举措，研究形成"第一选题"题材落点。主题教育开展以来，南网传媒公司（南网新闻中心）坚持"以学促干"，建立四级上下联动的宣传策划机制，聚焦"为民解忧办实事"深挖新闻线索，策划"南方电网解决贵州省毕节市黄泥塘镇独立供电区群众用电问题"等典型报道，推动该典型案例被中央主题教育简报、《人民日报》头版等报道。

坚持内容为王，讲好"第一选题"生动故事。立足"第一选题"，建立人无我有、南网特色的题材库，讲好新时代新征程的南网故事。围绕粤港澳大湾区建设这一国家重大发展战略，讲好南方电网服务大湾区绿色低碳发展的故事，塑造"清洁能源装机占比超过 65% 的世界级湾区电网"形象，获《人民日报》、新华社、央视《新闻联播》等报道。

坚持在主流舆论新格局中讲好南网故事，积极融入全国宣传主题和主流媒体大策划。近年来，南网传媒公司（南网新闻中心）聚焦新闻宣传核心能力建设，积极融入主流舆论新格局，新闻宣传每年保持量的合理增长、促进质的显著提升。

国内传播更加响亮，南网目标形象生动彰显。有效融入全国宣传主题、国资央企和中央主流媒体大策划，深挖南网特色内容和素材，在融入中彰显公司鲜明特质，更加精准塑造公司目标形象。打造"两化促两型"、"伏羲"芯片、"电力鸿蒙 OS"、南网知行书屋、充电桩乡镇全覆盖、移动储能等一批叫得响、传播广的"南网新名片"。典型宣传取得新成果，推出李辉、国旗巡线班等一批先进典型。国际数能展、中国品牌日、数博会等重大活动宣传形成声势，在重大节日集中开展南网形象宣传，为南网形象传播增添"亮色"。

国际传播更加系统，中国故事南网篇章传扬海外。坚持全球视野、国家站位、企业定位，战略谋划、对外发声、舆论引导等能力有所提升，公司国际传播工作格局初步形成，国际传播取得突破。2023 年，中国式现代化南网

案例展现在“一带一路”峰会和世界媒体峰会，《“龟”心似箭》《山水有相逢》等作品8次入选国资委海外传播优秀案例。

2022年，《南方电网报》新闻摄影作品《最美冬夜》荣获第32届中国新闻奖三等奖。此外，还多次获“中国经济新闻奖”“国企好新闻”“中国企业新媒体品牌创新奖”“中央企业最具影响力新媒体账号”“中国电力新闻奖”等国家部委级和行业内有影响力的奖项。

三、以数字技术为支撑重塑生产流程实现提质增效

探索数字技术创新应用，打开媒体融合新思路。全媒体时代不仅是媒介形态、业态与生态领域的融合与变革，更是一场深刻的信息革命，是以数字技术为底层逻辑的信息传播格局流程再造，是对人与人、人与媒介、人与信息之间关系的重塑。

2019年之前，南方电网公司宣传系统内容生产和舆论传播手段还十分落后，无法在线索发现、选题策划、采编协同、内容传输、业务交流、效果评估等全宣传业务链上做到融通共享，难以支撑南方电网公司各级、各类媒体一体化发展。

从2019年下半年起，以技术为驱动，开始筹划建设一体化的融媒体技术平台。融媒体技术平台作为南方电网新闻宣传领域的生产调度指挥中心，是基于报、刊、网、端、微、视的一体化媒体融合云平台，形成总部、分子公司、地市及县级供电局多层级的媒体融合一张网。

融媒体技术平台已推动南方电网2000多名宣传通讯人员从线下转到线上，实现策采编发一体化运行，助力宣传工作从“刀耕火种、力量分散”升级为“算力驱动、一体协同”，提高全网新闻舆论工作效率。2021年，该平台荣获“王选新闻科学技术奖”项目奖三等奖。

凝心聚力担使命，奋楫扬帆新征程。党的二十大报告关于全媒体传播体系建设的重大部署，对媒体内容生产、体制机制以及技术研发等方面提出了全新要求。下一步，南网传媒公司（南网新闻中心）将认真贯彻落实习近平文化思想，紧紧围绕党的二十大关于文化建设的战略部署，持续优化运营模式与工作机制，强化数字化赋能，加快推进全媒体传播体系建设，推动媒体深度融合效能发生质变，为增强信心、凝聚共识构筑主流舆论新态势贡献央企力量。

［殷伍金：南网传媒公司（南网新闻中心）总编室主任，宋超：南网传媒公司（南网新闻中心）总编室新闻策划］

案例类别：产品

信睿播客

吴洋

一、项目情况介绍

《信睿周报》（国内统一刊号CN11-0281）是由中国中信集团有限公司主管，中信出版集团股份有限公司主办，北京信睿文化传媒有限公司出版的一份聚焦思想与艺术的双周报。以人文精神为立足点，《信睿周报》关注国内学者的前沿理论探索，关注中国特色的人文社科领域的学术命题和人文关怀，关注新技术革命带来的崭新议题，以学术文章、访谈、书评、文摘、纸上展览等方式呈现国内外思想界和艺术界审视、回应、参与这些议题的尝试，主张打破学科界限、尊重多元文化，回应中国当代文化思潮的声音。

近年来，伴随移动端多媒体技术的发展，利用零碎时间和通勤场景进行知识摄取、通过“伴随性”媒介获取情感陪伴的需求日益增长，“耳朵经济”抓住了听众“碎片化”的时间，在消费市场悄然兴起，也为知识传播创造了新的媒介机遇。在此背景下，《信睿周报》编辑部在《信睿周报》的基础上，于2021年12月正式推出音频节目“信睿播客”（曾用名“信睿电台”），抓住移动音频内容发展机遇，推动媒体深度融合发展，形成了报纸与学术播客的立体传播矩阵。“信睿播客”延续了《信睿周报》的内容定位，依托原有编辑团队及作者资源，依照音频的制作、传播规律，对内容资源进行重新组织和创造性呈现，打造了一档兼顾思想性与传播度的学者谈话类音频节目。

作为中文报纸业界第一档以思想与艺术深度讨论为主题的播客，“信睿播客”于 2021 年 12 月入驻各大主流音频平台；2023 年 2 月，将节目的广播权授权湖南广播电视台，在调频 FM106.9 全天滚动播出。“信睿播客”保持每月两期的更新频率，平均节目时长 60 分钟；选题涵盖经济学、社会学、人类学、历史学、传播学、哲学、建筑学、古生物学、脑科学等多个学科领域，聚焦知识生产、元宇宙、智能穿戴、健身潮、心理热、ChatGPT 等技术革命及新生活方式类议题；每期平均网络播放量达 3 万次，全网累计播放总量超过 75 万次；全网长期订阅人数达 1.86 万；核心听众年龄在 22 岁至 35 岁，大学本科及以上学历听众占比超过 85%，大部分听众来自一线及新一线城市。

二、具体成效与社会反响

自节目开播以来，“信睿播客”凭借策划“全民网购”“职场健身”“35 岁焦虑”“非婚生育”等直击社会热点、痛点的选题，多次入选小宇宙、喜马拉雅等音频平台的首页推荐位，几十篇文字稿被腾讯新闻、澎湃新闻、虎嗅网、网易等转载，对这些话题进行的深度解读，也在社会层面进一步引起了关注与热议。开播一年后，“信睿播客”上榜播客领域自媒体头部公众号“播客先声”的“2022 十大小众精品播客推荐”，被专业“播评人”评价“以该节目的广度和深度，值得拥有比现在多得多的订阅用户数”。

相较纯文本形式的报纸，“信睿播客”在保持专业性、严谨性的基础上，更加注重内容的感染力及互动性，力求还原知识的“现场状态”，为每个“偶然”进入我们视域的话题、事件或文化产品，提供结构化的思考与历史的景深。严密的内容策划、提纲撰写为“深入浅出”地呈现深度知识内容提供了可能：在主持人提问的引导下，嘉宾对现实议题、文化观念进行层层拆解，带领听众逐步深入知识的核心区域。精美的音效设计、熟练的剪辑技巧突出了内容的互动性与伴随感，调和了知识付费的枯燥与娱乐性内容的轻薄，使播客成为知识传播领域的一种重要的新型媒介产品。

“信睿播客”音频文字整理稿曾多次被收录学术期刊。其中，“不只论文代写，知识生产还有这些秘密你不知道”一期的文字整理稿《知识生产你还需要知道这些》被收入《魁阁学刊》期刊 2022 年 12 月刊；“夹缝求生：赴美留学之路的百年浮沉”一期的文字整理稿《“被需要的”和“可抛弃的”中国留学生》被综合社科类 C 刊《文化纵横》转载。“信睿播客”还出现在多篇学术文章的引用脚注中，其输出的选题和观点影响了多个学术研讨会的主题设置。这意味着，媒体人的角色正在从“下游”的内容分发者，逐渐转化为知识生产的实际参与者、议程设置的引领者，并不断向知识生产的“上游”辐射影响力。

值得一提的是，“信睿播客”曾作为媒介融合的成功案例被广播电视学界研习。中国传媒大学学者这样描述“信睿播客”：“《信睿电台》（曾用名）是中信出版集团旗下的《信睿周报》团队出品的学者谈话类播客节目。其第一期节目围绕‘知识生产’，从社会学角度讨论知识中的层级体系，后续内容围绕听觉文化、元宇宙等学术热点问题，将不同学科的思想资源接入播客的知识图谱。这一类学术性知识播客与一般的知识性播客相比，时长更长、信息密度也更大，但基于播客打造的沉浸性声音空间，辅之以播客口语化的信息表达形式，晦涩的理论以轻松的方式传递给了公众，同时也唤起了更多人对‘真问题’的讨论与思考。”

三、融合经验体会

“信睿播客”脱胎于《信睿周报》，但不是《信睿周报》的附属品，而是在不断洞察、分析媒介特性、听众需求、自我优势的过程中，获得了独特的风格和新的生命力。在选题方面，“信睿播客”稳中求变、变中求新，紧扣时代脉搏，把握向上基调，积极发掘优秀本土学者与思想资源；在制作环节，“信睿播客”不懈探索，精益求精，健全节目生产流程机制，探索声音产品的传播规律，提炼出可复制、可推广的出品“方法论”。

开播以来，“信睿播客”推出了一系列专业化、精品化的内容，并积累了一批黏性较高的听众，打造了一个既专业又开放、对社会现实具有及时响应能力的“知识共同体”，实现了与《信睿周报》的协同发展。可以说，“信睿播客”代表了《信睿周报》在刊物融媒化、有声化创新中迈出的新步伐，我们的下一步目标是，继续积极适应技术革命和产业变革趋势，转化增长动能，抢占数字时代出版发展制高点，将其作为营造全民阅读氛围的有效突破口，做好“融出版”“融媒体”探索的创新“排头兵”。

（吴洋：《信睿周报》总编辑）

信睿播客

案例类别：组织机构

搭建时尚轻奢平台 打造“瑞丽轻奢品牌”

常晔

在媒体融合的大背景下，新技术催生新媒体，面对阅读方式的变化，媒体竞争已经跨界跨行，为此，从 2018 年起至今，北京《瑞丽》杂志社有限公司作为时尚媒体一直积极探索品牌化转型的发展之路。

当下，瑞丽正以品牌为引领，以内容建设为核心，以媒体融合为手段，转型为生活时尚和产业时尚的综合服务商。

一、关于瑞丽

瑞丽是中国时尚期刊的民族品牌，时尚行业的引领者，时尚内容的输出者；1995 年创刊，以“实用的时尚”为品牌 DNA，成为中国女性、男性以及家庭装扮的教科书级时尚杂志，深刻影响当今中国都市潮流风尚。

瑞丽旗下拥有《瑞丽服饰美容》《瑞丽伊人风尚》《瑞丽时尚先锋》《瑞丽家居设计》《男人风尚》等知名杂志为代表的期刊群；搭建以瑞丽网为代表的瑞丽全媒体内容矩阵平台，实现瑞丽媒体业务的融合发展。

打造瑞丽模特大赛、瑞丽美容大赏、瑞丽轻奢品牌大赛、美曜东方、瑞丽水蓝跑多项渗透力超强的品牌活动。

二、通过媒体融合，瑞丽探究品牌化转型发展的实践路径

为响应国家“中国品牌创建行动，提升自主品牌影响力和竞争力，在消费品领域培育一批高端品牌”的要求，瑞丽通过媒体融合，搭建时尚平台，引领轻奢品质，打造“瑞丽轻奢品牌”，塑造瑞丽品牌新形象——轻奢品牌的定义者，美好生活的引领者。

（一）组建轻奢团队，线下线上同时发布瑞丽轻奢体系

新人群、新文化推进新经济模式出现，消费者需求发生新的变化，单一的商品消费，已不能带给人们真正的满足感；更多消费者乐于通过对时尚与品质需求的满足为理想的生活方式买单。

瑞丽敏锐地捕捉到这一变化，从各部门抽调人员组建瑞丽轻奢事业部，对瑞丽轻奢体系进行研究制定。2019 年，瑞丽在杭州艺尚小镇举办“瑞丽轻奢品牌体系”发布会，通过线下活动与线上直播及后期双微发布等形式，将轻奢理念、体系与标准面向社会推出。

瑞丽轻奢体系，将轻奢定义为一种态度，是从细微处满足内心需求，是对生活的不将就；将轻奢品类定位于介于奢侈品与快时尚之间，满足消费人群对个性化、品质感、时尚度、舒适度等需求以此达成有调性的轻奢生活方式的商品品类，面向衣食住行四大领域。将轻奢品牌定位为介于奢侈品牌与国家大众品牌之间的国家小众品牌；制定轻奢品牌标准——创意时尚、工艺考究、营销专注、生产精致、产品限量。

（二）瑞丽轻奢品牌大赛——搭建评选中国优质产品线上平台

在从产品消费向品质消费的转型期，消费者对美好生活的需求赋予轻奢品牌生长空间，为此，瑞丽线上开启“轻奢品牌大赛”，通过设置专项报名小程序，让参赛者通过线上提交文字、图片、视频等资料报名参赛。

“瑞丽轻奢品牌大赛”是国内目前唯一面向具有轻奢调性中高端品牌举办的评选赛事。从 2020 年至今已举办四届，参赛品牌涉及衣、食、住、行全品类，参赛群体包括企业、团体、设计师等多方位人群。瑞丽以轻奢品牌评选标准为基础，对品牌产品的创意时尚性、工艺精致性、功能实用性、绿色环保性，轻奢调性、品牌属性进行评选。

至 2023 年，“瑞丽轻奢品牌大赛”已连续举办四届，共 5000 余件产品参与线上报名，最终通过专家评选与小程序投票，甄选出具有轻奢调性的获奖企业产品近 200 件。瑞丽举办大赛颁奖盛典暨轻奢品牌展，对获奖品牌进行表彰与展示，并通过直播，让更多消费者了解中国高品质的轻奢品牌。

从 2023 年第四届大赛起，“轻奢品牌打造企业新质生产力”成为“瑞丽轻奢品牌大赛”举办的全新出发点，参赛产品科技含量不断越升，“质的跃迁”代表了未来产业与产业的未来。

三、携手各地政府助力产业高质量发展，社会效益显著，经济效益增加

让企业品牌化，达成高质量发展，一直是各地政府

关注并推进的发展方向，为此瑞丽轻奢理念得到多地政府认同，“瑞丽轻奢品牌大赛”从第一届开始便与地方政府进行合作。

从首届大赛与北京市文化创意产业促进中心合作，到之后与苏州盛泽、浙江海宁的合作，“瑞丽轻奢品牌大赛”结合当地政府各自的产业特色，专注特色文创、多种面料、服装皮具等等，在对多品类产品进行评选的同时，发掘当地产业中具有轻奢调性的产品，充分利用瑞丽全媒体平台，从线下杂志到新媒体的双微、视频号、抖音等面向全国推广。

因此与政府联手合作的瑞丽轻奢品牌大赛，一方面助力当地产业的高质量发展，推出高品质品牌、产品，满足了人们日益增长的对高品质美好生活的需求；另一方面也为瑞丽带来了一定的经济收益，达成了社会效益与经济效益的双赢。

四、结束语

媒体融合是信息传输通道多元化下的新作业模式，也是新旧媒体在内容、形式、活动等多方面的不断冲击和博弈。对于已在时尚期刊出版领域深耕多年的瑞丽而言，如何通过媒体融合，让平台不断升级、流程不断优化、内容不断创新，同时在品牌定位、产业交融上不断出新，以此树立瑞丽更具特色的品牌新形象，在新的市场环境中建立新的认知，都是瑞丽在时尚媒体转型发展过程中还需要不断探索和尝试的。但无论怎样，瑞丽助力中国品牌向轻奢品牌升级，以满足大众对美好生活的需求所进行的努力都将继续，并愿以此推动时尚媒体行业的创新和发展。

（常晔：北京《瑞丽》杂志社有限公司瑞丽时尚产业事业部总经理、《瑞丽时尚先锋》杂志出版人兼主编）

瑞丽轻奢公众号

案例类别：产品

《中国国家地理》杂志社：深度融合报道《发现大美凉山》

《中国国家地理》杂志社有限公司

全国最大的彝族聚居区四川省凉山彝族自治州，曾是我国深度贫困地区之一，是习近平总书记深情牵挂、始终惦记的地方之一。2020年凉山告别了贫困，开启了巩固拓展脱贫攻坚成果的新征程。《发现大美凉山》深度融合报道是在国家《“十四五”旅游业发展规划》提出的推进文化强国建设，要求坚持以文塑旅、以旅彰文，推进文化和旅游融合发展的背景下，充分发挥媒体的自身优势，履行社会责任，促进文化交流传承，着力打造四川省凉山州文旅品牌的融合报道。

2022年伊始，由科学家、摄影家、作家、编辑组成的《中国国家地理》杂志社专业考察团在副社长兼新媒体首席执行官才华烨的带领下，历时半年三次考察，走遍了凉山17个县（市）的万里河山。通过“杂志特刊+视频影像（微纪录片、短视频）+微信微博图文报道+线下分享会图片展览+线下媒体出行采风”等形式，从专业角度、全新视野，全方位、立体化深度展示凉山州历史人文景观、自然地理风貌及经济社会发展变化情况，用地理思维、科学表达为读者讲述凉山州的故事。

一、凉山州特刊杂志：永不过时的“内容为王”，专业角度、全新视野全面解读

《中国国家地理》四川凉山州特刊以地理为维度，自然山川与人文历史为线轴，分为“山河秘境”“南丝之路”“民族之州”“宝藏凉山”4大板块，以最真挚的文字、最具视觉冲击力的图片，讲述、解读凉山之美。同时纸刊文章中加入视频影像内容的二维码，使读者在领略精彩文字的同时可欣赏新媒体推出的相关视频。文字与视频相得益彰，全面解读凉山州的独特、厚重、神秘、多元、复合性，将凉山州的大美和厚重的文化呈现在全国读者面前。

为满足新媒体用户的需求，凉山州特刊在中国国家

地理畅读小程序上发行电子刊，电子刊集合文章、图片、声音、视频等多种媒体元素，为读者提供了更为丰富多样的阅读体验。

二、微纪录片 & 短视频：真实，细腻的镜头语言记录文化瑰宝

编辑制作微纪录片《凉山不是一座山》1 个，《发现凉山》等系列短视频 17 个，在中国国家地理新媒体矩阵平台（视频号、微博、抖音、B 站、小红书、快手）等多平台播放。通过真实细腻的镜头语言，将凉山州璀璨夺目的人文历史和雄奇壮美的自然风光等多维度内容展现给观众，将观众带入一个视觉与听觉的盛宴，让观众在享受美的同时，深刻感受到凉山州独特的魅力和深厚底蕴。

三、微信微博话题：强曝光性与互动性完美体现

微信主题报道《凉山不是一座山》及微博 # 发现大美凉山 # 话题的图文视频等多种形式，多角度展现了凉山州的壮美，同时众多用户及媒体积极参与，贡献精彩话题内容、讨论、转发等，大大增强了互动性。中国国家地理媒体平台资源优势得以充分展现，极大地提高了凉山州的知名度和美誉度。

四、凉山州特刊主题分享会 & 图片展览：读者身边的交流会

四川成都的“发现大美凉山 深入隐秘热土”主题分享会邀请六位专业领域专家嘉宾分别从自然和人文的角度，以深度行摄体验的视角，用三张印象深刻的照片，解读一个不一样的凉山，让现场听众更加深入地了解凉山文化旅游资源的独特魅力。

线下图片展选取凉山最具代表性的自然、人文两大板块内容图片进行展览，观众可以身临其境地感受凉山的独特魅力，激发观众对凉山州的浓厚兴趣，观众在欣赏展览的同时，相互交流，分享彼此的感受和体验，进一步加深对凉山的了解与认同。对于宣传地域文化，促进文化交流与传承起到积极作用。

五、媒体采风团：实地体验、深入调研构建全新的品牌共识

《中国国家地理》最大程度集合凉山区域内的自然资源、人文资源和红色资源精心打造了沉浸式文旅 IP 体验三条线路：寻访南丝之路、探秘古彝之路、重走洛克之路。并邀请多位专家、摄影师、26 家媒体、8 位 KOL，一同开启了“发现凉山——最美寻摄团采风”宣传活动。通过打卡、打样，打响凉山文旅知名度，打造一景一极致的旅游体验，找准“独特文化 + 极致景观”的旅游优势，打破人们对凉山的原有认知，构建全新的品牌共识，形成独特且具有传播性的旅游线路产品。

六、积极深远的社会影响

2023 年 7 月 22 日，《凉山州特刊》正式发布上市，短短几个月时间，屡屡登上《中国国家地理》各类图书期刊销量榜首。微纪录片及短视频在新媒体矩阵平台累计播放量超 920 万。同时 # 发现大美凉山 # 微博话题阅读量超 5057 万，登上微博要闻榜第八位，凉山州同城热搜榜第一。微信公众号单篇报道阅读量 9.3 万 +，整体覆盖受众超过 5900 万人次。相关报道获学习强国等多家媒体关注转发。线下专家媒体采风团邀请了人民网、新华社、中新社、光明网、《中国日报》、央视网等 26 家媒体，都给予不同角度的全方位报道。

《中国国家地理》在出版深度融合的策划下，以丰富的专家资源媒体资源，通过正能量的系列融合传播报道，树立了凉山州脱贫攻坚后的新形象，并使隐藏在凉山秘境中的自然人文故事真正做到焕活新生，对助力文化旅游产业的发展具有重大意义。

（《中国国家地理》杂志社有限公司）

中国国家地理畅读小程序

案例类别：产品

优质的品牌和内容 就是新质生产力

——从三个维度看《中华遗产》深度融合发展

林少波

2024年的《政府工作报告》将“大力推进现代化产业体系建设，加快发展新质生产力”列为2024年政府十大工作任务之首，引起社会各界的重视。那么，出版传媒界如何打造“新质生产力”？还是要回到初心和自己的定位。

《中国国家地理》杂志社旗下《中华遗产》杂志是联合国教科文组织支持的国家级人文类期刊，以“叩击历史星空，梳理华夏文明”为宗旨，再现文明进程，探寻中华宝藏，讲述中国文化。除了月刊杂志，还出版了“最中国”系列图书《妖鬼记》《神仙传》《中国美色》《美哉妆容》《中国图案》《中国衣冠》《汉字中国》，一再重印，持续畅销。

在信息技术发展，尤其是移动互联网兴起后，读者阅读习惯和知识获取方式发生深刻变化。《中华遗产》顺应时代潮流，成立品牌运营中心，开始以知识服务为方向、以融合发展为目标的探索，经过不懈努力，推出了一批深受用户欢迎的产品和服务，打造了一支内容、技术融合，涵盖运营、销售的专业队伍，初步形成媒体融合发展的新格局。

一、内容＋元宇宙

元宇宙经历了2021年的爆发元年，产业的热度持续增长。如今，在出版传媒行业，元宇宙不仅是一个人人谈论的概念，更是大家争先的实践。

2022年最火的元宇宙概念产品，是数字藏品。6月11日“文化和自然遗产日”，《中华遗产》品牌运营中心结合之前做过的“世遗”相关专题内容，与《人民日报》旗下“人民创意”共同发布“世界文化和自然遗产”系列数字藏品，其中颐和园、长城2款数字藏品为正式售卖，五台山、泰山、良渚、西湖、殷墟、大运河等6款为助攻作品，在百度超链接上线，每款各1999份，价格29.99元，10分钟售罄。

2022年8月，《中华遗产》结合8月刊《中国画》，与天猫共创《收藏960万平方公里的夏天》视频及4款数字藏品，一售即光。微博话题总览一周内5.1亿＋，话题讨论次数5.5万＋，原创人数4000+，视频观看543万＋次，入选大中华区数字媒体及职业招聘社交平台数英网“大中华区优秀广告营销案例”。

因为流通交易等监管，目前国家对数字藏品监管的政策还不明朗，面临一系列挑战。但无论如何，我国已进入信息化技术高速发展的数字时代，《中华遗产》品牌运营中心探索数字藏品的意义在于，文化让人重新思考“想象力”的价值，通过将文化遗产的某一历史场景进行视觉化的复原，充分诠释文化遗产的历史可读性和现实价值。

二、内容＋展览、市集

如果说数字藏品的策划开发是线上，那么展览、市集就是线下。

疫情结束后，这两年大家对出门、出行的需求空前高涨。无疑，广场、商城、各种快消品已是每个城市的标配，满足广大人民群众日益丰富的物质生活需求，但一个地方最吸引人的，不是它的“商业密度”，而是“文化密度”。城市的宣传、空间的增值、产品的溢价，都需要有独特的优质内容支撑。《中华遗产》正是希望通过策划众多优质内容，整合优质资源，营造一个个立体饱满的有“文化密度”的空间。

2022年7月13日至10月31日，《中华遗产》品牌运营中心与宜宾华侨城共同策划打造的首届“燃与潮：长江文化主题展”在四川宜宾正式开幕。此次展览以展示长江文化和宜宾特色文化为思路，基于“艺术、科技、科普”三个核心元素，以“最‘燃’宜宾人，最‘潮’宜宾城”为主题，构建出集艺术展览、互动科技、文化体验于一体的新型沉浸式文旅体验空间，为观众讲述长江的故事、展望城市未来。

如果说展览是固定的文化空间，那么市集就是流动的文化场景。

近年来，人们面对生活、求职求学的压力与日俱增，亟须通过有场景的文化场所来充分释放。短短几年间，各地各类市集层出不穷、蓬勃发展。它与传统意义上的地摊、夜市不同，城市市集更像是一种新的生活方式，在商品交易之外也蕴含着时代的审美趣味，尤其是青年文化的消费取向。在充满松弛感和舒适感的氛围下，消费者更愿意为这样精心营造的仪式感买单。

那么，《中华遗产》如何抓住市集这个风口呢？必须寻找自己的定位。这个定位就是博物馆。

2023年，随着文旅消费“旺起来”，传统文化“潮起来”，打卡博物馆成为假期“顶流”。在博物馆里体验文化年，沉浸式观展与文物“亲密接触”，欣赏独一无二的“镇馆之宝”，入手创意满满的“文创产品”……

为了更好地实现公众与传统文化的“双向奔赴”，《中国国家地理》、《中华遗产》杂志策划主办了“最中国·文博市集”。活动的形式是全国各地博物馆齐聚一堂、空降一地，进行特色文博文创的联展联销，既是让公众文博体验更丰富的嘉年华，也是助力释放博物馆活力的新场景。

2023 年 12 月 15—17 日，“最中国 · 文博市集”在北京西单成功举办。在这场为期三天的市集活动中，《中国国家地理》《中华遗产》携手全国 40 余家博物馆 / 文博机构和 10 多家出版社、非遗品牌 / 国风摊主，共同呈现了一场“2023 年年底北京最火爆”的文博盛宴。活动吸引来大量年轻人乃至老年人，商场内开启了“人从众”模式。在三天时间里，最高成交单品 36000 元 / 个，最多单品爆款 500 个。据统计，本届“最中国 · 文博市集”吸引逾 12000 人次参加，全网平台累计曝光量破亿，其中小红书笔记超 1 万 + 篇，新浪微博 2.3 亿 + 次曝光、45.6 万 + 次互动，全网曝光 7000 万 +；环球网、中国新闻网、央广网、中国交通广播、北京电视台、《中国青年报》等各大主流媒体争先报道，取得较好的社会反响，对博物馆宣传、城市文旅融合、商圈引流等均起到了积极推动作用。

2024 年 4 月 19—21 日，“最中国 · 文博市集 × 何以中国白”瓷专场在福建泉州德化举办。本次市集共邀请全国来自 20 多个城市的 40 余家以海洋、陶瓷、茶叶、丝绸等为主题或有相关镇馆之宝的特色文博机构及博物馆 / 非遗品牌参与，600 余件展品参与展出。除了《中国国家地理》《中华遗产》自身的新媒体平台（微信公众号、微博、小红书、视频号等）预热、宣发，本次市集还联合了三大互联网平台进行助攻：与爱奇艺共同发起“一起中国白”视频共创活动，与淘宝发起“文旅逛起来”话题活动，与哔哩哔哩进行“有求哔应”的闽南特色民俗“掷杯”的线上线下互动。活动期间，合作媒体及其他媒体自主报道，福建、泉州、德化当地各媒体进行报道，最终实现全网传播量 8000 万 +。

接下来，《中华遗产》将持续将“最中国 · 文博市集”办下去，以 2—3 个月为一场，目前排期已经到了 2025 年 4 月。

三、内容 + 文创、研学

在与博物馆 / 文博机构合作的过程中，《中华遗产》发现众多地方特色博物馆存在着文创开发的需求和困境。对于地方的博物馆来说，不像明星类的故宫博物院、中国国家博物馆，他们开发文创囿于人员、创意、成本等多方因素，想做不敢做，做了卖不动。

为此，《中华遗产》利用自身优势，与这些博物馆进行合作。2024 年 2 月，中华遗产品牌运营中心与明十三陵管理中心签署了文创联合开发战略协议，目前已成功推出万历皇帝龙袍、孝靖皇后夹衣创意冰箱贴、明成祖创意开瓶器冰箱贴、仁孝皇后创意开瓶器冰箱贴等热销产品。

“最中国 · 文博市集”让《中华遗产》意识到了公众对文博的巨大需求，但毕竟市集每年的次数也是有限的，辐射的人数也是有限的，那么如何让这个项目价值最大化呢？

下一步，中华遗产品牌运营中心将不断探索“文博 + 文创”“文搏 + 研学”等融合发展之路，以多元化的呈现方式深度介入文旅市场，以更具品质、更富创新的产品结构增强“中华遗产”品牌价值，推动“中华遗产”打造出优质 IP，带动相关板块高质量发展。

近年来，传统出版社、杂志社在融合大潮中奋力转型，做出了很多新尝试。随着出版行业融合向纵深推进，要变革图强，唯有找到正确的策略方针，找准融合的正确路径。对于《中华遗产》而言，做书、做刊只是起点，如何深度融合和多元发展才能走得更远。中华遗产品牌运营中心的整体思路是以中华遗产的品牌、200 多期杂志和众多专辑的内容为基点，生发出更多创意和更多可能。

（林少波：《中国国家地理》杂志社有限公司《中华遗产》杂志运营总监）

大遗产公众号

案例类别：组织机构

《财经》融媒体发展与转型

谢丽容 黄端

《财经》杂志，创刊于1998年，是中国商业经济报道领域多年来的领袖媒体。《财经》于2012年前后开始试水新媒体，通过一横一纵的战略布局，初步建立起一个“T”形新媒体架构。

“一横”，即打通超级平台的渠道通路，建立包括微信、抖音、微博等在内的新媒体矩阵，保证《财经》触达更广泛的用户群体，奠定其作为一家大众媒体曝光度与影响力的基本盘；“一纵”，是孵化细分品牌，垂直深耕行业人群和客户，在此前杂志、网站、APP的基础上，聚焦微信公众号平台和目前受众拓展最有潜力的视频分发平台，打造出一批包括财经十一人、晚点等在市场上有美誉度和竞争力的子品牌。

目前《财经》的子品牌融媒战略建设和发展已经进入深水区，子品牌的成立一定程度上丰富了《财经》品牌的内涵，让《财经》品牌重新焕发活力，找到了新的增长机会。从前期的布局情况来看，各子品牌融媒战略发展有强有弱，各有特点。但也带来了一系列挑战，《财经》融媒体的发展已经走出了坚实的一步，转型还在路上。

一、横向扩展：《财经》全平台矩阵建设

新媒体变革冲击下，《财经》自有渠道“纸刊”的影响力急剧衰退。影响力是媒体生存的根基，《财经》亟须跟随用户注意力的迁移重建渠道，卡位成为超级内容平台头部账号尤为重要。

《财经》传播团队应运而生，这是一支聚焦渠道变革的创新小分队，主要由“95后”组成，也是《财经》最年轻的团队。目前共计10人，岗位分设微信运营、微博运营、短视频运营、数据分析专员等。

《财经》矩阵建设的第一次突破是微信公众号的打造。2020年初新冠疫情期间，《财经》采编团队深入武汉一线，产出了多篇优质报道。激增的读者关注度、源源不断的优质内容……这一切需要一个高效运转的传播团队来承载。

《财经》决策层看到了这一转型契机，抓住疫情传播窗口，带领团队迅速建立起包括热点提示机制、数据复盘机制、日更流量稿费机制、标题和版位优化机制、竞媒监测和分析机制、用户互动机制等在内的一整套运营系统。比如，传播团队每天会在全网监测高热话题，反馈用户对新闻内容的需求。团队还系统研究了微信公众号的数据指标，并高频次组织采编、传播甚至经营部门召开联席数据复盘会，将数据思维渗透到采编人员认知中，采编流程发生了从生产导向向需求导向的融合与转变。

通过这一系列组合拳，《财经》第一次集中地在新媒体介质上彰显自己强大的公信力和影响力。2020年当年，《财经》杂志官方微信用户新增70万人，全年流量8500万。2021年被评为“中国经济媒体微信原创力TOP30”，同时进入新榜500强账号、胡润中国最具影响力财经媒体公众号TOP30，官方微信公众号也成为《财经》核心商业资产。截至2023年，《财经》的新媒体贡献了大盘过半的收入，是平面收入的5倍。更重要的是，这一轮改革给《财经》留下了宝贵的新媒体资产，用户视角开始成为《财经》运转机制不可或缺的一环，实现了“人”和“团队”的融媒体转型。

2021年，《财经》开始发力短视频，这是矩阵建设的第二次飞跃。通过两年多的努力，《财经》杂志抖音粉丝积累至800余万，年播放量超50亿，成为《财经》系产品里最大的流量平台，也是抖音平台头部财经账号。

短视频相较于公众号属于完全不同的物种，为了理解其底层逻辑，《财经》首先系统地研究了平台产品的特性，通过与平台、领先的同行媒体、生态链的服务机构（如MCN等）沟通交流，建立了包括数据逻辑、内容产品特性、商业化路径等方面的基本框架。

其次是摸索财经内容的短视频呈现形式。财经是专业化门槛比较高的内容类目，短视频用户又更加泛化下沉。通过试验，《财经》确定了热点财经快讯这一方向，辅之以选题方向和呈现形式的C端化，颇具效果。同时开发了事件类直播、大咖专访、IP解读等内容形式。

《财经》还尝试以商业化为出发点孵化视频产品，传统的媒体变现通过“二次售卖”流程完成，编辑部的内容生产是起点。新的模式下，产品不再局限于“新闻”内容，而是从变现效率出发设计新产品，孵化了包括IP账号等在内的产品形态，亦初见成效。

如今，《财经》也陆续开拓了微博、视频号、快手等平台，均卓有成效，全网新媒体用户超2000万。全平

台矩阵的建立丰富了《财经》内容输出通道，得以实现整合式传播，单次内容策划传播量级可实现过亿，《财经》初步找回杂志时代的渠道基本盘。

二、纵向打穿：《财经》子品牌融媒战略

如果说《财经》杂志的新媒体矩阵是《财经》影响力的横向拓展，那么多品牌战略便是《财经》在细分用户和商业化场景的纵深布局。通过这一系列布局，我们需要去解决一系列发展进程中出现的挑战：比如读者和客户群扩大了，能不能满足新的市场要求；比如新产品和业务范围的扩大，支撑品牌背后的质量如何保证？外部竞争状态的变化，市场重新被定义，能不能充分解读并随机应变？大平台内部资源和能力的支撑是否及时且充足？

平面媒体时代，《财经》的主要收入来源是平面硬广，通过优质的内容载体，吸引定位为高端人群的品牌在杂志上投放平面广告，但在新媒体时代，这样的商业模式行不通了。来自各行各业的广告主需要更懂行业的媒体策划能力，涉及的用户层也在下沉，除了高端决策和学界人群，也希望影响行业里的核心人群，包括技术、业务、营销等多层次多领域人群。在这样的背景下，一个大而全的大品牌很难精细化体现各细分领域的专业性和下沉性。

《财经》编辑部有多支报道团队，如宏观、金融、证券、公司产业、医疗健康等，这些小报道团队内容报道的编制是完整的，通常是一名或者若干名大编辑加若干名各个条线记者。各条线内容负责人也有意愿成立一个全新的子品牌，进一步在各自领域内深耕内容，服务更加下沉的人群。2018 年开始，《财经》母品牌架构下先后创建了一批子品牌，在子品牌的管理上，内容和经营权都下放给各团队，进一步释放催生了奋战在一线的记者编辑对于这个时代的试探能力。

2018 年底，财经十一人微信公众号应运而生，同期搭建的还有相应的网站、各大平台栏目号等。在这个新的品牌渠道里，团队的内容生产原则和规则发生了质的改变，除了符合《财经》调性的高屋建瓴的公司产业深度报道，对科技、能源、消费、房地产等领域的更细颗粒度报道也大量出现。第二年，财经十一人搭建了一个产业研究小组，在新闻报道之外，增加了对各行业的研究型产品，报道层次和产品类型更加立体。

由于财经十一人采取的是母子品牌策略，既采用统一的《财经》系列企业品牌，又兼容了自身独特的个性，前有母品牌背书，对平台形成了支撑和保证；后有基于公司产业的独立特性，延伸了自身品牌的细分领域专业的优势。当年财经十一人就实现了盈利，商业模式为特

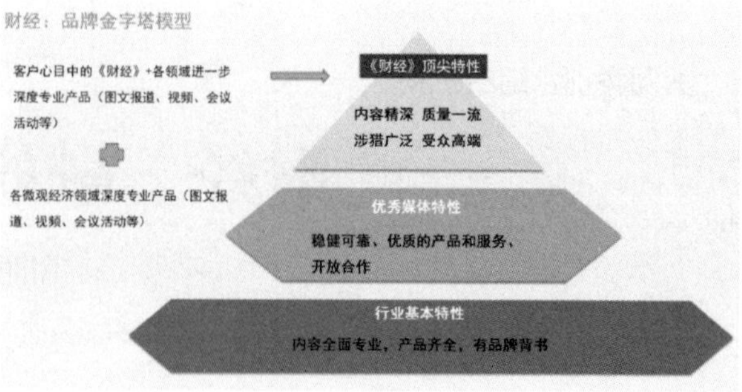

定行业（科技、能源、房地产）制定个性化的营销传播策略，传播载体为《财经》大平台和财经十一人小平台融合联动。迄今，财经十一人仍然保持每年 3000 万元左右的营收规模，并且在快速增长过程中。

受财经十一人的实践启发，此后，《财经》金融组、证券组、汽车组等先后成立财经五月花、读数一帜、财经汽车等共计 11 个子品牌，思路也大致相同，发展普遍较为不错。各个团队结合自身资源优势和行业特性，开发出各种形式的内容产品、活动、榜单等，极大地提升了《财经》的商业化效率，《财经》杂志整体营收实现每年超过 15% 的增长。

目前《财经》的子品牌建设和发展已经进入深水区，从前期的布局情况来看，各子品牌发展有强有弱，各有特点。复盘前 5 年的发展情况，可以得出以下一些经验和教训：第一，从顶层设计来看，在品牌规划上大致没有走错，深耕原有人群和开拓新人群之间的平衡度把握较好；第二，从最终效果来看，读者和客户群扩大了，也通过满足新的市场需求获得了商业上的丰厚回报；第三，新产品和业务范围的扩大，带来了品牌背书的压力，《财经》品牌的成就离不开对内容产品的严格把关和打磨，审核权下放，产品增多，一定程度上靠各小团队“自律”，产品质量把关体系需要进一步完善；第四，经过五年的发展，各大平台内部资源对子品牌的支撑已经到了一个临界点，一些发展好的子品牌需要更多资源，比如自建一套新的财务、销售、营销支撑体系，大平台标准化、入门级的支撑能力不足以支持小平台进一步快跑发展，但同时这将大大增加成本，极大考验决策能力。

从一横一纵入手，《财经》的融媒体转型初见成效，对国内财经媒体同行也有启示激励效应。但从提升财经媒体在新时代的影响力与创新性的更高要求来看，无论是在横向影响力扩展上，还是在纵向专业性深挖上，《财经》还在融媒体战略转型的探索创新之路上。

（谢丽容：《财经》杂志副主编，黄端：《财经》杂志整合传播中心总监）

案例类别：产品

财新媒体融合报道的探索与创新

财新传媒

媒体形态发展日新月异，传播方式也趋于多样化。多媒体融合报道作为一种新兴的报道方式，业已成为新闻报道的主流。作为专业媒体机构，财新积极应用数字化技术，拓展传播渠道，将高质量内容下沉到不同读者圈层。尤其是近年来，财新已摸索出适应新媒体传播的内容组合传播形式，即刊网融合，图文、可视化数据、视听多媒体结合，以多视角、多平台呈现内容，结合AI等新技术，同向发力，多覆盖不同渠道、不同层次的读者，满足用户差异化需求，提升产品使用体验。

一、深度报道与图片的结合

深度报道与图片的结合是财新的一大亮点，也因此形成了具有一定业内知名度的视觉深度报道栏目——《显影》。该栏目通过精心编辑的图片，配以深入的文字报道，呈现事件的背景、细节和影响，让读者能够更加身临其境地感受到报道所涉及的场景和情境。

灾害报道方面，《显影》发挥新闻照片的传播优势，真实地展示了受灾地区的状况、受灾民众的生活等。更重要的是，栏目着力于讲述灾难中的故事，以富有人文关怀的视角，传递灾民的所思所感，从而更加深入地触动读者的心灵，引起读者的共鸣和思考。

比如，2023年土叙大地震的报道中，《安塔基亚震后余生》先是分别讲述丢掉生计的单亲妈妈、瘫痪的父亲与怀孕的妻子、残疾人与叙利亚难民三部分感人至深的个体故事，再以记者手记的形式，生动还原了土耳其华人在地震中的遭遇。

经济报道方面，《显影》一直没有缺席。财新是以经济、金融类报道为其特色，但此类报道通常意义上并不适合视觉呈现。《显影》栏目在此方面迎难而上，通过生动呈现经济活动中的人物故事，全面展现行业发展的变迁和演变，从而让经济报道更加鲜活，更贴近非经济专业读者。

环境科技报道方面，《显影》一展所长，又避免流俗，展现出了独特的视角。栏目一方面关注科技创新在环境治理、文物保护中的应用，另一方面关注环保行动者和科技从业人员的故事，从而引发读者对环保科技方面的关注和思考。

社会民生一直是视觉报道所擅长的领域，《显影》在此方面也有着突出表现。在教育、养老、就业、医疗等方面，栏目常常爆出“破圈”报道。如《为娃赴港求学的中产妈妈》《中年日漂》等等，就不在此一一赘述。

二、图片与文字的多元化结合

除了深度报道与图片的结合，财新一直在尝试发挥图片和文字的不同传播优势，以精准的图文配比，多元化的稿件形态，提高报道的传播效率。

两年多来，财新推出了《视线》《视读》等适配互联网轻阅读的栏目。其中，《视线》是财新在突发报道和节点性报道方面的重要板块。

突发报道方面，《视线》栏目的着力点在于展现第一手的现场图片，在这个层面上，栏目多次做到了行业第一或者行业唯一。比如长峰医院火灾的报道，记者第一时间从前方传来32幅的图片，是整个互联网上唯一的火灾现场内部照片。类似的还有燕郊燃爆报道，也是整个互联网上最早发布的专业新闻照片。

在节点性报道方面，《视线》栏目会关注一些具有历史意义或重大影响的事件，如俄乌战争两周年等。在两周年的报道中，《视线》分别推出了《50张图片中的俄乌鏖战大事记》《俄乌战火下的泪水、音乐、死亡与爱情》《泽连斯基的730天战争往事》3篇稿件，从宏观、微观、人物全方位回顾了战争两周年的点点滴滴。

《视线》栏目更偏重以图片的逻辑去组织稿件，《视读》栏目则更偏向图片与文字稿件的互联。如《封面视读》《特稿视读》《人物视读》，既是对封面报道、特稿报道、人物报道的视觉拓展，同时也是对这些报道的引导阅读。

三、视觉AI工具在新闻报道中的探索应用

2023年以来，人工智能技术的发展有了质的飞跃，诸多行业的发展面临挑战，新闻行业亦是如此。财新作为一家锐意进取的传媒公司，不仅从来不畏惧技术的挑战，而且敢于拥抱新技术。在应对AI工具上，财新先人一步，已经开始了尝试。

首先，在非事件的、概念性的配图上，大胆应用AI

制图。比如在文化随笔类的《对话70后女性：活出下半生的意义》《故乡阳光下，是我的过去与未来》稿件中采用了AI制图做配图，一方面准确传达了文章的含义，另一方面大大节省了设计的人工成本。

其次，在涉及当事人肖像权、隐私权保护方面，财新走出了具有开创性意义的一步。在《困在抑郁里的人们，在心身门诊寻求解药》中，为保护受访抑郁症患者的隐私，稿件没有采用真实照片，而是根据外貌描写，通过AI工具生成形象图片。这些图片既起到了传播信息的效果，又很好地规避了隐私暴露的伦理风险。

四、数据可视化的实践与创新

作为国内最早从事数据新闻和融媒体报道的团队之一，财新数据新闻品牌“数字说”始终致力于用数据解读新闻，用图表展示新闻，为用户提供更好的阅读体验。近年，借助生成式人工智能工具，财新数据新闻在选题发掘、数据挖掘和图表制作方面有了全新尝试。

为进一步扩大财新读者群，财新数据新闻团队正在探索高可读性、趣味性的数据新闻报道方式，如非虚构写作与数据可视化的结合。《失业中年人涌入网约车》一文，以多个网约车司机的微观故事为切口，辅之以某市活跃网约车、日均订单量、在线时间与营收情况的历年变化等行业数据，让读者在真实可感的故事讲述中，同时获取对网约车行业的全貌认知。此类报道还有《陷入分期付款“泥沼”的年轻人：月薪几千、负债数万》《确诊“多动症”的成年人》《那些主动延毕业的大学生们》等等。

财新数据新闻团队擅长用美观的手绘元素为数据新闻报道增色。《巴黎圣母院火灾四周年》《“新工体”揭面纱》《节后北京地铁越来越挤 人流集中在哪几条线上？》《蚊子一年杀死83万人 为什么不让它们灭绝》等稿件将手绘与基础数据图表结合，让数据不再枯燥难懂，为读者提供更有趣的阅读体验。近期，数字说团队也在探索用AI工具制作插图，提高设计效率。

财新数据新闻坚持可视化以信息直观传达而非“炫技”为目标，在必要时，方使用更复杂的可视化技术和更大的数据量进行交互式报道。北京“新工体”启幕之日，财新数字说发布大型交互项目《“新工体”揭面纱》，结合记者手绘，直观呈现了“新工体”的设计亮点，读者也可点击查看全球球场上座率和营收方式等数据。日常报道中，记者也会使用音频交互，即点击播放声音，弥补传统图文报道的局限。

此外，财新数据新闻团队也使用地图等信息可视化图表，为突发新闻事件做及时、直观的注解，此类报道通常需要与一线记者合作。如《图解丨北京长峰医院起火楼层内外结构》一文，基于摄影记者发回的现场视频，以及医院内部结构图，逐帧比对还原了医院起火楼层、过火房间位置，融合文字，令报道更立体、直观；2023年夏秋北京、河北洪灾报道中，财新数据新闻以大量地图、地形图融合文字报道，提升文章信息量和可读性。

除了公众普遍关切的社会热点话题，财新数据新闻也越来越多地将数据可视化应用于影视、音乐等文化新闻报道。泰勒·斯威夫特歌词大数据分析、坂本龙一的音乐人生、《老友记》钱德勒·宾与其扮演者的关系分析，《奥本海默》人物关系解读、《繁花》宝总上海往事等，令读者耳目一新。

五、音视频多样展现新闻内容

财新音视频内容在近些年，进一步加强了与财新网文字内容的融合与协作，并在此基础上通过优质的音视频化改编，实现对财新报道内容以及财新品牌的扩散传播。

《最新周刊导播》和《听懂〈财新周刊〉封面》两档音频节目根据《财新周刊》内容制作。在内容上，音频节目会引入记者对话、采访原声、现场原声等内容，在文字报道基础上进一步丰富形式，并通过更简约易懂的方式全面介绍当期《财新周刊》内容。节目目前在YouTube、Spotify和苹果播客上播出，实现财新深度报道内容的多平台呈现和影响力外扩。

音频产品中，每周五的《周五晚7点》，通过归纳整合当周财新网的重点内容，形成周更的资讯合集，为用户提炼出信息重点，并在文末配上所有重点新闻的链接进行引导。

除此之外，财新网在提供人声音频节目之外，也在每篇文章中加入了机读AI TTS（Text To Sound）的功能，由科大讯飞提供技术，实现全站内容可收听的服务。

视频方面，目前高端访谈节目《财新时间》也与财新刊网进一步融合，除了共同参与采访并分别制作成文字与视频外，还会单独生产一档《面对面》栏目，在短篇的文字报道中嵌入相关视频采访。针对不同的人物，也会根据文字与视频的各自特点，生产出侧重点不同的内容。

六、结语

财新在多媒体融合方面的尝试不仅丰富了报道的表现形式，更为读者提供了全新的阅读体验。通过深度报道与图片的结合、图片与文字的多元化结合、视觉AI工具在新闻报道中的探索应用、数据可视化的实践与创新、音视频多样展现新闻内容等多种方式，财新为读者呈现出了一幅幅生动、直观的新闻画面。相信在未来，随着技术的不断发展和传播方式的不断变革，财新将会在多媒体融合的道路上不断探索，为读者呈现出更多丰富多彩的内容。

（财新传媒）

案例类别：产品

聚焦“融”媒创新 赋能老龄宣传

——《中国老年》杂志社打造品牌活动发展新质生产力

李晓红 王辉 吕建明 刘楠楠

近年来，随着新媒体技术的高速发展，为切实贯彻习近平总书记关于推动媒体融合发展、做大做强主流舆论的指示精神，《中国老年》杂志社（以下简称杂志社）始终坚持发挥国家级党媒喉舌作用，同时加大策划力度，以旗下全媒体平台，特别是新媒体平台为阵地，聚焦媒体融合发展，通过策划开展全国性公益活动，有效提升老年群体获得感、幸福感、安全感，同时为我国老龄宣传事业的高质量发展持续注入澎湃动能。

一、大赛基本情况

近年来，《中国老年》杂志社以“防诈反诈”“科普健康”等主题，以线上答题为主、线下答题为辅的形式，策划开展了“全国老年人防诈反诈知识大赛”“中国老年健康知识大赛”等公益科普活动（以下简称大赛），大赛自举办以来，得到了中央国家机关和各地老干部工作部门，央企、军休及各地涉老部门服务管理的离退休干部、社区服务管理的老年群体及社会老年群体的关注，超过1000家单位组织参加，累计答题量超过200万人次，参与人群遍布全国32个省、市、自治区和直辖市。

通过大赛的广泛宣传和成功组织，《中国老年》的品牌影响力得到提升，对杂志发行工作起到带动作用，转化发行量近20000份。同时，杂志社公众号粉丝量增长4倍，实现了纸媒到新媒的导流，为未来杂志社开拓“微信公众号作为新的营收增长点”打下了良好基础。此外，与各地各级涉老部门新媒体部门的联系得到加强，进一步完善新媒体数据库建设，为未来的杂志社转型发展和衍生业务做好准备。

二、开设线上科普课堂，为大赛预热

大赛启动前，杂志社首先联合公安部刑侦局、中国医药教育协会等在防诈反诈、科普健康领域具有权威性和公信力的单位，在新媒体公号开设“反诈课堂”“健康课堂”专栏，科普相关知识，同时，联合新华社、《人民日报》、学习强国等多家主流媒体和今日头条、腾讯新闻等平台对大赛进行报道。此外，通过设置热搜词、拍摄反诈歌曲等形式，以微信、抖音、快手等平台为载体，提升宣传效果，其中，借助大V分享反诈知识直播的形式，在线观看人数达到230万，得到了老年群体的广泛赞誉。

三、系统宣推，各分赛区积极助推赛事举办

为更好地推广大赛，杂志社注重发挥系统宣推的力量，挑选重点区域设置分赛点，扩大大赛影响力，提升答题效率。据不完全统计，国资委系统、北京市委老干部系统、黑龙江卫生健康委系统、江西老龄办等近10家单位/系统采取发放红头文件的形式对大赛进行宣推，公安部、工信部、商务部、农业农村部等近1000家单位采取新媒体转发、内部工作群转发等多种形式对大赛进行宣推，同时，在辽宁、黑龙江、江苏、广东、重庆、新疆、河北、山西等地开设大赛分赛点，最大程度提升大赛的影响力和参与度。

四、以新媒体为载体，推出特别策划

为进一步做好大赛的宣传工作，在大赛进行中期，杂志社“中国老年杂志老干部工作”公众号向全国各级涉老部门推出“关注防诈反诈 我们在行动”特别策划。通过文字、图片、音频、视频等多种形式，征集老干部工作部门提升老同志识骗防骗能力好经验好做法、老同志参加大赛感受及对大赛的寄语，同时录制大赛宣传语，展现各单位引导老同志强化风险防控意识，提升识骗防骗能力，从而提升老同志满足感、获得感、安全感，得到了各级涉老部门的积极响应。

五、“百城响应”创新品牌活动形式，全网热度“6.8亿+”

在全国范围内挑选中央国家机关和北京、黑龙江、深圳等100个试点单位和社区，开展线下科普讲堂，做到“百城响应”，不仅提升了杂志品牌影响力，还促进发行工作开展，为杂志社创收。

此外，加大策划力度，自编、自导、自剪大赛视频先导片，携手抖音公益邀请百余位大V来科普，近40位高粉创作者挂载小程序推广大赛。设置热搜词，发起话

题活动，据统计含有大赛热搜词的播放量累计超过6.8亿，营造了良好的社会氛围，扩大了杂志社和大赛的品牌影响力。

六、发挥企业资源优势，大赛活动持续曝光

大赛除了线上众多媒体和平台进行推广外，线下在广东东莞、河南新乡、吉林长春等地通过在公交车、出租车、地铁站、住宅楼、商圈广告位广泛投放大赛相关海报，曝光量超过1000万人次。

未来，《中国老年》杂志社将继续坚守舆论主阵地，推进传统媒体与新媒体的融合发展，做好老龄和老干部宣传工作，同时，进一步加强市场化经营模式的探索，深入社区，为老年人提供丰富多彩的文化娱乐产品，让老年人共享改革发展成果，安享幸福晚年，为深入推进新时代老龄事业高质量发展作出贡献。

（李晓红：《中国老年》杂志社副社长，王辉：《中国老年》杂志社宣传活动策划中心主任，吕建明、刘楠楠：《中国老年》杂志社宣传活动策划中心副主任）

案例类别：产品

法学学术期刊与新媒体的融合发展

——以中国法律评论微信公众号运营为例

万颖

在新媒体层出不穷，迭代迅速，对社会生活的方方面面产生广泛而深远影响的当下，新媒体也成为学术期刊传播学术内容、发挥学术影响力、打造学术品牌的重要载体。在众多形式的新媒体中，微信公众号建设是学术期刊与新媒体的融合发展的重要路径之一。

由法律出版社主办的《中国法律评论》（以下称中法评）于2014年3月创刊并公开发行，同时在2014年2月即开通了官方微信公众号，是最早一批开通微信公众号的法学学术期刊之一。随着期刊从创刊到被列入CSSCI源刊，中法评公众号的注册用户也从0发展到57.6万人（截至2024年4月）。在中国人文社会科学综合评价研究院2023年度“CSSCI源刊公众号阅读榜（社科类）”中，中法评公众号名列社会科学类期刊第二，法学类期刊第一。中法评公众号着力创新法学学术期刊传播形式和方法手段，有效发挥期刊在法学学术领域的引领作用，加快融合发展、提升传播能力，推动学术期刊在数字经济时代的转型升级。本文就以中法评公众号运营为例，谈谈作为一本法学学术期刊，如何较好地实现期刊与新媒体融合发展，实现两者的互动、互促，进而形成同进。

一、立足法学学术，内容丰富多元

法学学术期刊的内容载体主要是法学学术内容，为法学学术传播和交流提供平台，为理论成果向司法实践的转化提供桥梁，而学术期刊公众号的加持和助力，可以使学术观点和学术思想得以更加广泛地传播。中法评公众号立足法学学术，其登载的法学学术内容丰富，首先包括中法评纸刊发表的所有文章。中法评纸刊近几年每年发文量为95—115篇，仅占公众号总推送内容的20%以下，可见公众号还登载大量其他法学学术相关，这主要包括转载其他期刊或者公众号的文章，发布会议议程、综述和纪要、学术评论、学术资讯、法学讲堂、立法动态，等等。

公众号推文的方便快捷和高频次，突破了纸刊的版面限制，可以使更多的学术作品、更丰富的学术思想通过公众号更快捷地传播出去。中法评公众号影响力的不断扩大极大提升了期刊的影响力，纸刊和公众号相互助力，在短短几年内中法评迅速成为业内颇具口碑和影响力的学术期刊，在创刊第7个年头迈入CSSCI核心期刊的行列，这个速度在期刊界是罕见的。

二、紧跟法治热点，关切时代命题

中法评秉持“思想之库府，策略之机枢”的创刊理念，聚焦中国社会的法治问题，特别是与社会、经济、民生密切相关的行政和司法实践，检视法治缺失和冲突，阐释法律思想，弘扬法律精神，凝聚法律智慧，研拟治理策略。中法评公众号也秉持此理念，紧跟社会法治热点，关注当下社会甚至全人类共同关切的法治命题，利用其

发布内容多元性和发布节奏灵活性的优势，积极策划选题，回应实践之问、时代之问。

例如，2023年针对在成都崇州发生的恶犬在小区内撕咬儿童的事件，中法评公众号策划推送了程啸教授的《由“恶犬伤童”事件想到的一个不合理的司法解释》一文，从刑法角度分析相关法律问题，此文阅读量超过7万。又如，2023年公司法修订公布之前，中法评密切追踪商法年会，推出商法学会会长们关于公司法的最新讨论——《[会长论辩]公司法修订第三稿的最大隐忧是什么？丨中国法学会商法学研究会2023年年会》，阅读量近2万。这些推送选题取得了良好的社会效果和传播效果，中法评更多地肩负起期刊的使命和担当。

三、服务作者和读者，设计特别策划

中法评不但是一本“有态度”“有力度”的期刊，还是一本“有温度”的期刊。为了传递人文关怀，与作者、读者进行有温度的沟通，拉近与作者、读者的距离，中法评公众号经常会进行特别策划。例如，在新年、妇女节、母亲节、教师节、国庆节或者有纪念意义的日子，制作特殊的文案和海报，在妇女节展示女性作者的寄语、风姿，甚至还策划过“情人节特辑”。又如，制作作者的作品合集，将某个作者在中法评发表的所有文章制作成二维码，嵌入作者海报中，读者扫码可读，海报则在作者生日推送。如果公众号再次发布作者新文章的时候，也会在文末附上这个海报。还有特别值得一提的是，在中法评创刊50期的时候，我们设计了一款和读者互动的小程序，读者输入姓名可以生成个人海报，画面别致，文字优美。再如，2024年是中法评创刊十周年，中法评约请多位作者和编辑们一起演唱和录制了纪念曲《如初》，并约请从创刊伊始就给予极大支持的几位作者撰写回忆小文以纪念和中法评走过的十年路程。这些类似随笔的小文连续在公众号发布，让读者了解了中法评的历史以及和作者们的趣事，获得了他们的喜爱。

诸如以上的巧思妙想还有很多，都是中法评为作者、读者精心准备的。它们使中法评变得不像一般的学术期刊那样严肃呆板、冷冰冰，使中法评与作者、读者保持了长期的良好互动，增加了中法评与作者、读者的黏度。

四、探索推送技巧，保持活跃度

公众号的推送技巧有时候直接影响推文的阅读量，中法评公众号也一直在探索推送技巧，进而提高阅读量，提升影响力。中法评公众号对推送技巧的主要探索有：第一，注重标题吸引力，形式活泼多样，公众号文章的标题设计主要通过否定词、程度副词、导向及劝导性词，疑问、感叹等句式吸引读者点击浏览，提高阅读量；第二，优化公众号推文的呈现方式，以适宜手机阅读的版面为目标，从色彩、段落、字体、字号、图片、视频、音乐、超链接等方面进行精心配置，增加阅读舒适度。

此外，中法评公众号还保持长期的活跃度。2023年全年推送天数是304天，总计推送约480篇内容，平均每月推送天数是25天，平均每月阅读人数为29.2万人次，全年阅读人次为350万左右。

除了上述多元学术发布、关注热点、良好交互、活跃快捷等运营经验和特点之外，中法评公众号还坚持一项基本准则，就是实行信息发布三审制流程，严把政治关。公号推送的每个稿件都要经过三审后才发布，中法评把网络意识形态工作作为期刊意识形态工作的重中之重。

总之，中法评较好地利用媒体时代的机遇，通过公众号实现了科研成果的有效传播，促进学术期刊的品牌建设，增强其社会影响力。当然，中法评在法学学术期刊与新媒体的融合发展方面还有很多继续探索的空间，接下来还要未雨绸缪，应对新媒体时代瞬息万变的挑战。

（万颖：法律出版社《中国法律评论》编辑部副编审）

中法评公众号

案例类别：组织机构

新质生产力视角下 科技期刊融合发展的践行与思考

——以《中国护理管理》杂志为例

邓寒羽

2023 年是全面贯彻党的二十大精神的开局之年，从“高质量发展”到“新质生产力”提出，不仅看到了我国未来的美好前途，也明确了驱动高质量发展的新动力。新质生产力强调了劳动者、劳动资料、劳动对象及其优化组合的质变，对于传统媒体与新媒体深度融合发展路径也给出了清晰的解决方案。本案例劳动者为科技期刊编辑、作者与读者，劳动资料为原创作品的加工工具与传播媒介，劳动对象为科技期刊专业内容。通过对近三年科技期刊学术文章新媒体传播效果进行分析，展示我刊高质量工作成果，同时为下一步创新工作给出启示与建议。

一、研究方法

2020 年由编辑选取 18 篇文章以微信推文的形式进行推送，研究者于 2024 年 1 月在同期刊发的文章中根据刊发时间、栏目、研究类型（尽量是同一时间、同一栏目、同一研究类型）选出 18 篇进行配比，分别定为推送组与传统组，比较两组作者、单位、截至 2024 年 3 月 4 日在万方与中国知网的平均引用量等。

二、结果

（一）推送组 2020 年网络影响力表现（见表 1）

表 1 微信公众号学术推文网络影响力表现

序号	推送日期	微信推文题目（文章链接）	文章原题	1 周阅读量	其他平台转载量
1	4 月 16 日	你幸福吗？你有阳光心态吗？（https://mp.weixin.qq.com/s/tB8Hg7qPEjsggNylZUIJvg）	“阳光心态塑造”辅导对血液科护士孤独感及幸福感的影响	3500	
2	4 月 20 日	当 VR 进入临床，新的医疗时代要来了（https://mp.weixin.qq.com/s/BftPFmZhUGmdm_Iml2mU_g）	呼吸 ICU 患者早期运动虚拟现实康复系统的设计与接受度评价	5400	
3	4 月 22 日	敲黑板划重点：宝妈喂奶，宝爸能干点啥？（https://mp.weixin.qq.com/s/KlgdPjn-yT4hAx4eN1PXAQ）	父亲在母乳喂养中的作用及相关干预研究进展	4490	
4	4 月 24 日	肠道准备，我们可能一直做错了（https://mp.weixin.qq.com/s/PpeQkz-FNyx55IHIdaYFng）	加速康复理念下术前机械性肠道准备对胃癌术后康复相关影响的研究	9280	2 个平台转载
5	4 月 29 日	撒狗粮了：男女搭配，运动不累（https://mp.weixin.qq.com/s/kraySO559QSSXRzWTb_OGQ）	配偶参与的心脏康复锻炼对经皮冠状动脉介入治疗术后患者及配偶的干预效果	8900	1 个平台转载

（续表）

序号	推送日期	微信推文题目（文章链接）	文章原题	1周阅读量	其他平台转载量
6	5月14日	快来抄作业，这里有现成的失智症照护课分享（https://mp.weixin.qq.com/s/z7Rdk9hiba5Q_SbeJec33A）	台湾辅英科技大学失智症照护课程介绍及启示	2264	2个平台转载
7	5月28日	锻炼，不会出血吧，协和骨科用行动研究方法告诉你答案（https://mp.weixin.qq.com/s/6FkClJS8afcKeG2PSK9gEQ）	行动研究法在血友病患者膝关节置换术后功能锻炼策略制定中的应用	2500	2个平台转载
8	6月3日	还用着呼吸机，能做康复运动吗？（https://mp.weixin.qq.com/s/V-L4ItQMsf8bTzE30jXcsQ）	ICU成人机械通气患者早期康复运动最佳证据总结及临床评价	2758	2个平台转载
9	6月11日	腰酸腿痛？您尝试过中医火疗吗？（https://mp.weixin.qq.com/s/xwVd_OFgmUCc0FfofT2nxg）	火疗技术温度变化规律的研究	2355	3个平台转载
10	6月28日	小朋友在手术前大哭大闹？注意合理安排等待时间（https://mp.weixin.qq.com/s/HYW8JrFhSdtZy4sH1RBBPA）	学龄前儿童术前等待时间对焦虑水平影响的研究	2310	
11	6月29日	术后淋巴水肿怎么办（https://mp.weixin.qq.com/s/WPmgJ9znAxpG-OyL6_JIlA）	医院—居家联动乳腺癌术后淋巴水肿管理模式的构建与实施	2300	
12	6月30日	越疼越怕疼？怎样帮助慢性疼痛患者应对疼痛恐惧（https://mp.weixin.qq.com/s/twEL3HcP7TB98I8nIVYn-A）	慢性疼痛患者疼痛恐惧心理研究进展	1874	
13	7月6日	丧亲前的悲痛——预期性悲伤,你关注到了吗?（https://mp.weixin.qq.com/s/PsM9m20ECdTQB7NfbNw39A）	癌症患者亲属照顾者预期性悲伤及其影响因素研究	5425	1个平台转载
14	7月7日	病房护士来手术室做兼职吧（https://mp.weixin.qq.com/s/wZRpon0SB7cFN0x2EJ6_pQ）	机动护士在手术室护理人力资源管理中的应用	14000	
15	7月9日	认知障碍莫害怕，太极运动舞起来（https://mp.weixin.qq.com/s/GvHFrKyYE9i1CmFpWmscYA）	太极拳对轻度认知障碍老年人认知功能干预效果的Meta分析	2940	
16	7月24日	乘风破浪的母婴护理团队（https://mp.weixin.qq.com/s/ofjSwFAQRGqV-vgITNPKqA）	母婴健康管理护理站随访对母婴家庭护理效果的影响	3699	1个平台转载
17	7月27日	“我什么时候可以开始吃东西呀——肠镜息肉摘除术”后早期进食安全吗?（https://mp.weixin.qq.com/s/NKlkDhUfbxW0Ll3_r554PQ）	日间无痛肠镜息肉摘除术后早期饮食的安全性研究	3952	3个平台转载
18	8月3日	我国婴儿6个月内纯母乳喂养率仅为29%，如何扭转劣势（https://mp.weixin.qq.com/s/LpX_Y72S-p8M1IewWVJoiA）	医联体模式下产妇母乳喂养管理实践及效果	3730	2个平台转载

（二）两组文章一般情况及近两年被引用量情况

传统组文章栏目与研究类型完全一致，刊发日期控制在前后 3 个月内，最终具体情况见表 2。

表 2 两组文章一般情况及近两年被引用情况

推送组（n=18）				传统组（n=18）			
文章题目	发表时间	第一作者情况	被引用量（次）	文章题目	发表时间	第一作者情况	被引用量（次）
“阳光心态塑造”辅导对血液科护士孤独感及幸福感的影响	2020 年 2 期	本科，中级，护士长	4	护士不同意愿强度自主排班系统的设计及应用	2020 年 2 期	本科，中级，护士长	4
呼吸 ICU 患者早期运动虚拟现实康复系统的设计与接受度评价	2020 年 2 期	硕士在读	21	沉浸式虚拟现实技术在静脉注射法实验教学中的应用	2020 年 2 期	硕士，高级，主任	22
父亲在母乳喂养中的作用及相关干预研究进展	2019 年 11 期	硕士在读	15	ICF 评估工具的开发与应用现状	2019 年 11 期	硕士，初级	9
加速康复理念下术前机械性肠道准备对胃癌术后康复相关影响的研究	2020 年 4 期	本科，高级，护士长	22	加压冷疗对双侧膝关节置换术后患者失血的有效性研究	2020 年 4 期	硕士，中级	6
配偶参与的心脏康复锻炼对经皮冠状动脉介入治疗术后患者及配偶的干预效果	2020 年 3 期	硕士，中级	20	全程健康教育方案在喉癌术后人工气道患者居家护理安全管理中的应用	2020 年 5 期	本科，中级，护士长	29
台湾辅英科技大学失智症照护课程介绍及启示	2020 年 4 期	硕士在读	2	国外开业护士培养模式概述及启示	2020 年 1 期	硕士在读	12
行动研究法在血友病患者膝关节置换术后功能锻炼策略制定中的应用	2019 年 1 期	硕士，中级	10	剖宫产术中即刻母婴皮肤接触对母乳喂养的影响	2019 年 1 期	本科，初级	38
ICU 成人机械通气患者早期康复运动最佳证据总结及临床评价	2020 年 5 期	硕士在读，初级	38	肿瘤日间化疗患者静脉血栓栓塞症预防和管理的证据总结	2020 年 5 期	硕士，中级	7
火疗技术温度变化规律的研究	2018 年 3 期	本科，初级	20	专业心理咨询技能在艾滋病患者中应用现状研究	2018 年 3 期	硕士在读，中级	17
学龄前儿童术前等待时间对焦虑水平影响的研究	2020 年 5 期	硕士在读，中级	11	基于 HFMEA 模型预防住院精神分裂症患者暴力行为的效果评价	2020 年 5 期	本科，中级，护士长	16
医院—居家联动乳腺癌术后淋巴水肿管理模式的构建与实施	2019 年 11 期	本科，高级，护士长	19	吞咽治疗结合家庭康复训练改善脑瘫儿童吞咽障碍的效果	2019 年 11 期	本科，中级，总护士长	16
慢性疼痛患者疼痛恐惧心理研究进展	2020 年 4 期	硕士在读	13	新生儿疼痛自动化评估技术的研究进展	2020 年 4 期	本科	11
癌症患者亲属照顾者预期性悲伤及其影响因素研究	2020 年 6 期	硕士在读	25	乳腺癌患者重返工作现状及其影响因素分析	2020 年 6 期	硕士在读	31

（续表）

推送组（n=18）				传统组（n=18）			
机动护士在手术室护理人力资源管理中的应用	2020 年 1 期	硕士，中级	20	肿瘤专科医院日间化疗模式的探索与实践	2020 年 1 期	硕士，中级，护士长	17
太极拳对轻度认知障碍老年人认知功能干预效果的 Meta 分析	2020 年 6 期	硕士在读	18	计算机认知训练对认知健康中老年人抑郁焦虑改善效果的 Meta 分析	2020 年 6 期	硕士在读	0
母婴健康管理护理站随访对母婴家庭护理效果的影响	2019 年 2 期	本科，高级，护士长	30	以护士为主导的脑卒中出院患者个案管理实践与效果评价	2019 年 3 期	硕士，中级，护士长	24
日间无痛肠镜息肉摘除术后早期饮食的安全性研究	2019 年 5 期	本科，高级，护士长	12	慢性粒细胞白血病患者规范化管理的效果	2019 年 5 期	硕士，高级，科护士长	13
医联体模式下产妇母乳喂养管理实践及效果	2020 年 6 期	本科，中级	12	卒中急救护士岗位的设立对急性缺血性卒中患者救治效果的影响	2020 年 6 期	本科，高级，护士长	12
被引用量合计（次）			312				284

通过 SPSS 软件进行描述性分析及统计分析，得到两组间第一作者的单位（T 值 =0.131，P=0.717）、职称（T 值 =1.029，P=0.598）、学历（T 值 =2.215，P=0.137）均无统计学差异，说明两组文章具有可比性。推送组总被引用量为 312 次，传统组为 284 次，两组篇均被引用量没有显著差异（P>0.05），传统组有 0 引用情况 1 篇，推送组没有 0 引用。（见表 3）

表 3 两组文章篇均被引用量比较

组别	推送组（n=18）			传统组（n=18）		
	最小值	最大值	$\bar{x}\pm S$	最小值	最大值	$\bar{x}\pm S$
	0	38	17.33 ± 2.056	2	38	15.78 ± 2.340
T 值	0.499					
P 值	0.621					

三、讨论

（一）媒体深度融合有助于提升科技期刊整体影响力

《中国护理管理》杂志社成立于 2001 年，20 年来，为创造一流的学术期刊与推动护理管理发展而不断努力。"中国护理管理"微信公众号于 2014 年 5 月创建，针对的特定人群为专业护士。该公众号不以盈利为目的，设立《最新资讯》《重磅消息》《学术速递》《经验交流》《护届爱迪生》《护士心声》等栏目，工作日每日推送 4 条消息，一般 2 条为原创、2 条为转发。学术文章的推广在 2020 年前以发行杂志为目的，以重点栏目介绍及当期目录推送为主要形式，基本没有做过单篇文章的推送。2020 年《中国护理管理》杂志社经办公会审议论证，决定充分发挥线上学习的前瞻优势，推出一套纸版期刊与新媒体深度融合发展的组合拳，更好地促进了广大读者和作者、临床和学校工作者进行深度交流。其中学术期刊文章的微信改编与推送活动既展示了期刊的学术水平，也起到了良好的宣传效应，一定程度上提高了优质作者投稿积极性。通过近三年的数据跟踪分析，本组文章的整体引用高于传统文章组，说明单篇推送的效果优于既往的整体推送效果。尽管统计学上没有明显差异，但经分析可能和编辑在初选的时候有意将更加学术、较为枯燥的文章挑选出来，有意识地对可能低引用的文章进行加工与改造，从而也锻炼了编辑的选稿和加工能力。

（二）科技期刊向更高质量发展的启示与建议

科技期刊目前主要采用微信、微博等微媒介进行微内容传播，其推送的热点文章的点击率、下载率及引用率均显著高于普通文章。但不同科技期刊文章有不同特点，如何编辑微内容，谁来编辑微内容，以及传播的效果等因刊而异、因文而异。本次尝试对于推文的形式没有要求，由学术文章的编辑与文章作者沟通，对文章进行改编，可以看出对信息传播有敏感度、参与度较高的作者改编的形式更生动。同时自身有传播渠道、有意识推广自己学术的作者受到的关注和被引用也会更高。以往有研究指出传播受众是信息再加工的传播者和传播活动的反馈源，是传播活动产生的动因之一和中心环节之一，在传播活动中占有重要的地位。因此，找准信息受众对于专业文章的科技传播有重要意义。提示编辑应积极与作者、读者交流，获取他们感兴趣的传播点、传播方式，从而引导作者或自行对文章进行改编。另外，无论是微信号还是微博，仍属于私域传播，作为科技期刊，对科学的普及也是办刊人的一项社会职责，与大众传媒进行合作，将优质的科学知识放在公域，逐渐打破科技期刊方的整体汇编权，也是未来的发展方向。对于编辑与作者，适当借助大语言模型技术，对原创知识进行改造与发展，是顺应媒体传播的手段，也是提升新质生产力应掌握的技能。

（邓寒羽：《中国护理管理》杂志社执行主编）

案例类别：组织机构

从微信到直播 出版融合发展助力期刊进步

《中国循环杂志》社有限责任公司

一、前言

新媒体及相关技术的飞速发展，给传统科技期刊，尤其是中文科技期刊带来了巨大的冲击和挑战，同时也带来了新的发展机遇。为了适应新的发展形势，《中国循环杂志》社抓住机遇，摒弃科技期刊“重出版、轻传播”的传统观念，注重科研成果的新闻属性，根据自身的期刊定位走出版融合的道路，制定以“学术信息转化”为原则的新媒体传播策略，在互联网已成为传递信息的最重要渠道的基础上，认准网络直播的巨大潜力，抓住“直播＋健康”的新时代契机，将致力于传播科学知识、加强继续医学再教育和提升全民的健康素养作为杂志发展的三个着力点。搭建了演播间，在传统杂志的基础上，生产视听内容，借助微信、小程序、视频直播、视频号和视频数据库等多种传播方式，开展阜外说心脏项目、大咖说科研、阜外全国大查房、千县万医，“阜”能基层——县级医院疑难病例讨论会等一系列活动，构建了全媒体健康科普知识发布和传播的机制。

二、详细工作介绍

（一）微信公众号：快速而专业的学术传播平台

公众号内容产出坚持“学术信息转化”的宗旨，将深奥的学术论文转化为科普文章，即“出口转内销”，解决了我国学者在国际高影响力期刊发表的论文国人无法知晓的痛点，尤其是对中国公众健康有重大指导意义的学术成果，加工成学术新闻形式，适于医生和公众阅读。公众号文章的选题原则是“考虑健康中国重大问题、对公众健康有重要影响和与公众生活息息相关”，而且必须有文献支持，没有出处的文章一律不得刊登，所有文章的来源必须在文章底部列出。

杂志社团队坚持近十年，共发表原创文章12260余篇，其中92%是原创学术新闻。54%介绍的是中国学者在国际或国内刊物上的研究或观点。文章同步发表在今日头条和搜狐号等新媒体平台，累计订阅用户数超过50万人，篇均月阅读量超过100万人次。2021年中国循环杂志公众号入选全国期刊公众号10强。

（二）开发“中国循环杂志 +”微信小程序：做好读者和编委服务

“中国循环杂志 +”微信小程序与投稿平台账号绑定关联，登录完成后根据相应的角色，编委可直接通过小程序进行审稿，提高办公效率，作者可以投稿和处理稿件等。小程序与中国循环杂志网站互通，杂志自 1986 年创刊以来，所有已发表的文章全文都可在手机端浏览，作者可直接在小程序中免费阅读最新和过刊全文和资讯等。

借助微信小程序，微信推荐的所有《中国循环杂志》的文章都附有二维码，读者可以通过二维码阅读文章摘要和全文，也可以将相关文章二维码或以卡片的形式直接分享给好友、群聊和朋友圈，让更多人看到，使杂志实现了及时高效的传播。

（三）搭建广播级演播间，组建“直播 + 健康”团队，构建网络平台

为构建全媒体健康科普知识发布和传播机制，抓住移动网络直播技术飞速发展的机会，杂志组建了直播“三件套”：直播间（硬件）、“直播 + 健康”团队（人员）和网络平台（软件系统）。

1. 直播间。采用多机位专业高清摄像机，专业导播台，交互式触摸大屏，可实现多媒体远程互动，提供专业级视频内容录制及视频直播。针对医生工作忙碌的现状，直播间租用的房间紧邻阜外医院，一线专家方便参与。在中午，在医生不出门诊、查房或手术的时候就能来直播间开展讲座。

2. 直播团队。目前直播技术已日趋成熟，团队工作日益得心应手，2023 年度直播与转播共计 608 场，相较于 2022 年，这一数字实现了翻倍增长。

3. 直播平台。目前市场上虽然存在大量的视频直播与播放平台，但都不能完全满足海量视频内容的存储、检索利用、回放以及转发分享等要求，如微信视频号平台的视频只能按时间浏览不支持检索。为此，视频内容除了在腾讯视频号、百度、央视频、微博、知乎等媒体平台同步直播外，还建立了网络平台阜外学院（网址：http://fuwaionline.org.cn/，小程序名称：阜外在线）。平台目前已有近 7000 位医生的 3.3 万个讲课视频，累计时长超过 70 万分钟。直播页面和网络平台均架设在公众号（微信搜索：中国循环杂志）的菜单栏上，以手机端展示为主，方便医生进入网络平台学习，不受时间、空间、地点限制，方便医务人员随时学习。同时，基于微信的互通性，中国循环杂志的公众号文章不仅可以轻松融入视频号的内容，还可以灵活调用小程序端的视频资源。这种整合方式使得公众号能够同步呈现视频与小程序文章，极大地优化了读者的阅读体验，提升了手机端的阅读便利性。

（四）建立“常态化、系列化”宣传平台

直播间、团队和网络平台的构建，是打造权威、常态化、系列化的宣传和教育平台的基础，自 2018 年起杂志陆续推出阜外说心脏、大咖说科研、千县万医，“阜”能基层——县医院疑难病例研讨会、阜外大查房等科普、科研和临床教学一系列视频直播节目，均获得了好评。如“阜外说心脏”定期组织以阜外医院一线专家为主的科普直播活动，以访谈和聊天的形式每期邀请 2—4 名专业医生参与，用简单的语言给患者提供科学、靠谱的心血管疾病知识。“阜外说心脏”公众号目前已有用户超过 13 万人，70% 以上的用户为中老年人。该项目也获得了许多荣誉，如 2018 年入选国家卫生健康委员会品牌活动推荐名单；2019 年入驻“学习强国”平台；2020 年入选国家新闻出版署 2020 年度数字出版精品遴选推荐计划；2022 年，“阜外说心脏”项目获华夏医学奖医学科普奖。

三、产业效益

首先，利用新媒体平台对杂志工作进行宣传，同时在新媒体工作开展过程中不断地提高杂志社编辑论文检索、写作和英文阅读及翻译的业务水平，从而提升杂志的质量，使杂志的知名度与影响力得到显著提升。根据 2023 年中国科学技术信息研究所最新统计，2022 年，《中国循环杂志》核心影响因子是 4.495，连续五年在心血管病期刊中排名第一，连续两年在所有医学期刊中排名第一，连续两年获得中国百种杰出学术期刊称号，并入选了“第六届中国精品科技期刊”。

其次，抓住新媒体发展趋势，利用自身的医学背景，积极组织开展各类学术讨论会议，有效地增强了期刊的产业效益，目前新媒体和学术讨论会议等业务收入已占到杂志社总收入的 90%。

（《中国循环杂志》社有限责任公司）

中国循环杂志公众号

案例类别：组织机构

深度媒体融合《协和医学杂志》发展“学术与科普”共融的创新探索

刘洋 李娜 李玉乐 董哲 赵娜 李慧文

《协和医学杂志》作为国家卫生健康委员会主管，中国医学科学院和北京协和医院主办的综合性医学学术期刊，自2010年创刊，始终坚持为医学发声，为健康传播，积极贯彻党和国家的卫生方针政策，以创新、引领学科前沿为特色，倡导“百花齐放，百家争鸣”，开设有述评、专家论坛、指南与共识、标准与规范、临床研究与循证医学、临床实践指南、疑难病与罕见病、协和MDT、医史钩沉、医学人文、争鸣等栏目，发布临床医学、转化医学等领域及交叉学科的新理论、新成果、新进展，致力于促进我国临床医学学术交流，提升医学学科的进步与高质量发展。目前《协和医学杂志》已被评为“中国科技核心期刊”“中国科学引文数据库(CSCD)来源期刊”和“中文核心期刊要目总览（北大中文核心）期刊”，并被Scopus和DOAJ数据库收录。当前融媒体时代，期刊在主编赵玉沛院士和全体编委的带领下，与时俱进，立足引领医学学科前沿，积极开拓媒体融合深度发展，在发布医学学科高质量学术成果的同时，不忘服务百姓民生之健康，充分借力新媒体，探索出一条“学术与科普”共融的创新发展之路，形成“科学”和“科普”的双线发展，有效提升了期刊品牌及综合影响力，为我国“科创中国”与“科普中国”作出积极贡献。

一、明确定位——“学术＋科普”双重服务定位

医学科技期刊作为科技期刊的重要组成部分，在推动医学学术研究及学科创新发展中起重要作用。一方面，作为科学传播的媒介，医学科技期刊承担发布权威医学学术研究成果的重要责任；另一方面，随着国家“健康中国”“全民健康，全民小康”等战略号召，医学科技期刊同样肩负促进健康医学知识普及传播、提升公众整体健康素养水平的重要使命。加之融媒体时代的到来，网络信息技术的飞速发展使得医学科技期刊面临诸多机遇与挑战。《协和医学杂志》敏锐地察觉到这一新型媒介将给出版界带来的无限潜力，于2017年果断转型，积极拥抱新媒体，并对原有纸媒仅针对医学专业人群的单一定位进行了调整，提出了面向医学科研工作者的学术服务以及面向社会公众的科普服务的双重服务定位，并以“为医学发声，为健康传播”作为期刊官方新媒体平台的标语，明示读者期刊既为专业学者发出学术最强音，又为普通公众传递健康福音。从传统纸媒单一定位到新媒体平台双重服务定位的革新，标志着《协和医学杂志》新媒体“学术＋科普”融合发展的最初形成。

二、搭建平台——“学术＋科普”双线矩阵平台

在明确的定位之下，《协和医学杂志》针对专业学者及普通大众，分别构建了不同的矩阵传播平台，形成“学术＋科普”的双线矩阵式传播。“学术”矩阵以“期刊官方网站—中国知网—万方数据库—维普数据库—超星学习通—国际数据库—百度文库—万方社区应用平台—梅斯医学平台—寇享学术平台—科协频道好物集”等互联网平台为主线，该矩阵主要为医学专业垂类传播矩阵；“科普”矩阵以“微信公众号—视频号—今日头条—知乎—搜狐—科普中国云服务平台—人民日报客户端”为主线，主要针对非专业人员的普通大众读者给予内容传播。当然，在双线传播矩阵中，亦有交叉和融合。鉴于不同读者需求，期刊采取内容差异性供给策略。例如今日头条、搜狐、科普中国云服务平台和人民日报客户端主要面向社会公众，投放健康科普内容居多，而微信公众号及知乎平台因在公众心中信誉度较高，赋予许多官方的形象及标签，因此学术内容必不可少，故给予学术及科普两类内容共同传播。

此外，在媒体深度融合的路径探索中，《协和医学杂志》还注重搭建公域和私域引流的传播渠道，联合如凤凰大健康、《科技日报》、《人民政协报》等主流权威媒体，积极拓展“学术＋科普”内容宣推，发挥公域引流作用；同时网罗医学领域知名的自媒体，借力“意见领袖”优势，打通私域引流，形成多维广域的综合传播矩阵，全面助力期刊媒体深度融合发展。

三、高效运营——“学术＋科普”双优内容体系

做好媒体融合，高效持续地运营是重要保障。当前

是“内容为王”的时代，无论传统纸媒还是新媒体均对内容有很高的要求。《协和医学杂志》依托北京协和医院专家团队，拥有强有力的学术内容生产体系，同时编辑部拥有专职新媒体编辑，可为新媒体内容的创作提供重要基础和保障，但如何将“学术”与“科普”充分发挥最大效能，构建完善的“学术 + 科普”内容体系至关重要。

《协和医学杂志》的学术内容已于2018年即形成了以副主编为主导的选题策划制度，在几年的实践中，无论是组稿效率、论文学术质量保障方面均获得了显著成效。在新媒体科普内容策划中，《协和医学杂志》依托期刊专栏中具有高关注度的学术内容，积极进行科普转化，并设立专有名称“一文一普”，打造“学术 + 科普”相融的内容体系。期刊编辑每期在定稿会中即同当期执行主编及副主编商讨适合“学术 + 科普”共同传播的内容选题，并于当期稿件中择选数篇文章，同作者 / 青年编委 / 第三方创作团队邀约，进行学术内容的科普转化，使期刊不仅拥有优质学术文章，同时亦有与之相配的优质的健康科普作品（包括科普图文、条漫、视频、MG动画以及科普主题直播），形成“学术 + 科普”双优内容体系。

《协和医学杂志》结合专刊主题及期刊“指南与共识”“述评”“论著”“综述”“协和MDT”等专栏文章共打造科普文章65篇，科普视频90余部，科普漫画15幅，科普MG动画6个，科普直播5场，于新媒体平台传播总量突破400万，其中单篇科普文章最高阅读量36.5万，视频最高观看量135.5万，漫画最高阅读量1.3万，MG动画最高观看量6.8万，科普直播最高在线人数36万。

四、结语

《协和医学杂志》作为医学科技期刊，能够充分借力新媒体，以明确的双重服务定位、创新的“学术 + 科普”双线矩阵平台及完善的双优内容体系成功探索“学术 + 科普”融合发展，连年入选“委管出版单位卫生健康主题宣传激励项目”新媒体传播案例推荐名单，获得“优秀主题宣传期刊”“中国科协‘2019刊媒惠’优秀组织”等荣誉称号，并于2023年作为学术期刊唯一入榜者，挺进《2023年科普中国科普号典型代表名单》（列机构科普号类型14位），成为医学科技期刊中医学学术与健康传播的典范。未来，期待更多医学科技期刊以服务国家战略目标为己任，以促进医学科学发展及公众健康科学素养的整体提升为努力方向，切实践行“学术 + 科普”两翼发展，实现双飞共进。

（刘洋：北京协和医院《协和医学杂志》副编审，李娜：北京协和医院《协和医学杂志》副主任，李玉乐：北京协和医院《协和医学杂志》副编审，董哲：北京协和医院《协和医学杂志》责任编辑，赵娜：北京协和医院《协和医学杂志》助理编辑，李慧文：北京协和医院《协和医学杂志》责任编辑）

案例类别：产品

创新构建“MDT式”融合传播 赋能《协和医学杂志》高质量发展

刘洋

《协和医学杂志》是由国家卫生健康委员会主管，中国医学科学院和北京协和医院主办的综合性医学学术期刊。期刊于2010年创刊，目前已被评为“中国科技核心期刊”“中国科学引文数据库(CSCD)来源期刊”和“中文核心期刊要目总览（北大中文核心）期刊”，并被Scopus和DOAJ数据库收录。多年来，在主编赵玉沛院士和全体编委的带领下，期刊致力于引领医学学科前沿，报道我国专科临床医师及医学生广泛关注的临床医学、转化医学、药学及与医学有关等边缘学科的最新研究成果、工作进展及学术动态，旨在促进我国医学科学信息的交流，将杂志办成引领学术方向、倡导学术争鸣的高品位临床医学期刊，努力为国家宏观决策不断提供科学支撑，并不忘肩负服务百姓民生健康之使命，为我国“健康中国”战略作出贡献。

随着新媒体时代的到来，作为医学科技前沿知识的重要传播媒介——医学学术期刊，其传统的纸质出版传播方式已不能满足互联网时代用户的阅读需求。自2014年起，国家曾先后发布《关于推动传统媒体和新兴媒体融合发展的指导意见》《加快推动媒体融合发展 构建全媒体传播格局》以及《关于加快推进媒体深度融合发展的意见》和《关于推动学术期刊繁荣发展的意见》等系列号召，鼓励学术期刊提升出版服务能力，加快融合发展——通过编辑评论、会议推介、新媒体推送等手段提升优秀文章传播效果。媒体融合已成为期刊领域关注的焦点，如何将传统媒体和新兴媒体于内容、渠道、平台和技术等方面进行深度融合，从而构建互补、互动、共享的传播生态系统，为新时期学术期刊发展带来新机遇是众多期刊人亟待解决的重要问题。《协和医学杂志》作为北京协和医院的官方医学学术期刊，积极发挥“协和”特色，开拓新媒体融合发展。其基于医学诊疗中的多学科协作诊疗模式（Multi-Disciplinary Treatment, MDT）及“瓦拉赫效应”理论，创新传播机制，构建“MDT 式”融合传播模式，点亮了学术“朋友圈”，为期刊媒体融合发展开创了新的格局。

一、人才融合，组建“MDT 式”传播团队

学术期刊内容由于其过于专业、学术，常被人视为象牙塔尖、金字塔顶，因而受众较少，传播效果受限。想要拥有广泛传播的前提，需要有广域的受众和传播者，因此针对不同用户需求，跨界融合人才，《协和医学杂志》会聚医学专家和期刊编委、作者团队、编辑及社会媒体编辑，面向大众，发挥不同学科及媒介人才优势，形成“多学科协作”，构建坚实的内容生产者及传播团队，使期刊学术内容不再只是“阳春白雪”，更能走进“寻常百姓家”。

《协和医学杂志》曾针对《中国绝经管理与绝经激素治疗指南》一文，分别邀请资深医学专家、中青年学者及在读博士、期刊新媒体编辑从不同角度以图文、视频访谈、专题讲解等形式对指南内容进行新媒体再创作，共产出 5 篇新媒体发文、2 个专家访谈视频，于协和医学杂志新媒体平台发布后，图文平均阅读量 3.5 万 +，视频展现量高达 1503 万次，播放量为 218.7 万次，点赞共 13550 次，评论共 2961 条，形成广泛传播。此外，期刊针对《中国加速外科临床实践指南（2021）》《围术期患者低体温防治专家共识（2023 版）》《中国整形美容诊疗镇静 / 镇痛 / 麻醉操作技术规范（2023）》等文章特邀《健康报》、新华网、《人民政协报》、《健康时报》等主流媒体记者进行新媒体推文撰写报道，其中新华网 24 小时单篇阅读量 15.1 万 +，可见多学科 MDT 式传播团队，对权威学术成果的发布及推广起着至关重要的作用。

二、内容融合，打造“MDT 式”传播产品

当前是“内容为王”的时代，期刊媒体融合同样需要对内容下足功夫。尽管强有力的编委、作者团队能够保证内容来源的优质，新媒体编辑以及社媒记者团队可为内容的创作提供必要的质量保障，但多元立体化的视觉呈现，仍然是加固品牌效应，博得众多用户的重要手段。《协和医学杂志》新媒体潜心打造“图文—音频—视频—动（漫）画—精品微课—病例 / 科普直播”的“MDT 式”传播产品，针对每期专刊的学术内容进行精选，创作符合新媒体用户特征的图文作品，例如对标题的新媒体化，并迎合时事热点及健康日等特殊时机给予新媒体发布；结合医学人文等故事性强的内容进行音频转化，请作者进行有声略读；以及依托“健康中国 2030 行动计划”15 项行动专项要求，策划系列科普视频、MG 动画或科普漫画长图以及主题精品微课——病例 / 科普直播等作品，将学术内容进行多种形式的融合，形成可看、可听、可读、可讲的“活期刊”。

由《协和医学杂志》新媒体原创的 6 个 MG 动画新媒体平台总观看为 260222 次，平均观看量为 43370 次，其中《想要早早发现肝癌，我们应该怎样做？》《孩子窝沟封闭，你应该了解的那些事儿》这 2 个视频均荣获科普视频创作大赛奖项；女性健康科普直播平均在线人数 27 万 +；精品微课也被多平台转载，赢得了业内广泛认可，有效提升了期刊品牌效应。

三、平台融合，构建“MDT 式”传播矩阵

媒体融合不仅需要内容的深度融合，更需要借力新媒体时代，融和多平台多媒介，形成矩阵布局。《协和医学杂志》于 2017 年陆续开通了微信公众号、微信视频号、搜狐号、今日头条、知乎、科普中国、人民号等多个媒体平台，形成了期刊自身的新媒体传播矩阵。《协和医学杂志》在疏通传统纸媒、PC 端及移动端的同时，积极网络各界媒体、自媒体平台，发挥学术平台、媒体平台及网红医生自媒体平台优势，构建“MDT 式”传播矩阵，多条干线发布，让期刊学术内容传播呈现“繁花”态势。

目前《协和医学杂志》拥有自身媒体矩阵用户 35 万余人，且早在 2019 年就积极加入健康自媒体联盟，成为中国卫健委宣传司指导下的“中国医疗自媒体联盟”成员，是为数不多的医学出版单位。此外，期刊积极同新华网、《健康报》、《科技日报》、网易健康、科普中国、凤凰大健康等平台建立深度融合合作模式，将期刊高质量的大众传播作品进行同步宣推。同时不忘与官方专业学习平台的传播合作，拟同知网、万方、学会平台、科协频道 2.0 及自媒体学习平台如壹生、CCMTV 等平台共同分享内容，注重公域和私域引流，并借助中国科协科普研究所平台，与近 20 家主流媒体共同对医学科技成果进行线上线下宣讲，增加平台互转 20 余家，篇均阅读流量 20 万以上。

四、总结

党的二十大报告提出“加快构建新发展格局，着力推动高质量发展”，指出“高质量发展是全面建设社会主

义现代化国家的首要任务”，“实现高质量发展”是“中国式现代化的本质要求”之一。医学科技期刊作为展示我国科技成果的重要载体，始终致力于努力实现高质量发展，为我国科技发展提供优质资源，推动学科创新与发展。《协和医学杂志》作为医学科技期刊的重要组成部分，积极迎合新媒体时代需求，响应“媒体深度融合”的政策号召，创新构建“MDT 式”融合传播，将人才、内容、平台多维度进行深度融合，升腾了学术期刊内容大众传播效果，形成了良好生态，为医学科技期刊实现高质量发展开拓全新格局。

（刘洋：北京协和医院《协和医学杂志》副编审）

协和医学杂志公众号

案例类别：组织机构

《质量与认证》杂志：垂直领域的媒体融合之道

魏亮 曾彬彬

作为一本专注于认证认可检验检测（TIC）行业的期刊，《质量与认证》杂志创刊于 2006 年，2009 年官网上线，2014 年创建官方新媒体平台。多年来，一直深耕检验检测认证行业，不断转型融合，逐步形成一刊一网多平台的出版格局，打造了以公众号为核心，视频号、头条号、人民号、澎湃号、官网、百家号等平台共同发展的融媒体矩阵。借助融合发展的优势，不断创新服务项目，举办行业论坛、展会，组织讲座、培训，为机构提供信息、舆情和数据服务等，成为 TIC 行业最具影响力的专业媒体平台。

一、内容生产，有机融合

互联网的快速发展为人工智能的应用与用户的深度参与提供了可能，以手机、电脑及电子阅读器为载体的数字化阅读以其独有的优势迅速被大众接受。2006 年《质量与认证》杂志创刊时，杂志资讯栏目因其专业性和准确性而得到普遍认可。2014 年官方微信上线后，行业资讯等快速阅读产品全部在微信上更新，读者在快速获取阅读的同时，还能参与评论、互动。同时，期刊杂志内容也适时调整，栏目侧重点转向对重要政策和技术信息的解读，深度挖掘行业关注点，实现新媒体平台发布行业最新消息，杂志跟紧深度报道的有机组合，从内容上各个平台形成互补，各自发挥所长，互补互促，为读者提供了全方位的内容服务。

基于公众号在业内的快速发展，为杂志社的全面转型走出了关键一步。目前质量与认证公众号用户达到 50 万，成为 TIC 这个垂直领域最具影响力的公众平台。随着不同媒体平台的崛起，杂志社结合实际，充分发挥资源优势，先后开通了头条号、人民号、澎湃号、百家号等多个平台，构建了各有侧重、相辅相成的全新媒体矩阵，网站重全面、微信重黏度、杂志社重深度、短视频重广度，实现“一次性采编、多维度编辑、多渠道发布、多层次传播”，新媒体指数在 TIC 领域常年位居前列。

二、链接用户，创新产品

近年来智能手机和移动互联网络飞速发展，视频以及短视频的消费频率越来越高。质量与认证杂志融媒体平台作为服务于企业的第三方检验检测认证行业媒体，具有明显的行业属性，相对于当前新媒体快速、便捷、短平快等特点，TIC 行业从业人员专业、严谨，互联网思维相对比较缺乏。杂志社在充分调研了解了 TIC 行业特点后，寻找从业人员的日常需求，立足专业化媒体，寻找到一条服务第三方检验检测认证行业的服务之路。依托质量与认证官方公众号 50 万 + 用户，新媒体运营团队根据调研结果，根据从业者对 TIC 行业资讯的需求，于 2022 年 3 月推出首档 TIC 行业播报类视频节目——《TIC 晨报》。每天早上 7：00 发布，聚焦 TIC 行业的政策、机构重大新闻，以视频播报的模式服务于广大 TIC 从业人员，切入用户碎片时间，成为 TIC 从业者每天早上的重要信息获取来源。同时，根据国家高质量发展战略，定时推出质量科普类节目，服务社会公众。截至 2024 年 2 月，共制作上百期《TIC 晨报》，逐渐成为 TIC 行业从业者获取信息的重要渠道。结合质量人知识需求，推出“质量人问答”小程序，连接从事质量工作的用户，分享彼此的知识、经验和见解。疫情期间，从 TIC 行业上下游产业链切入，上线实验室仪器线上博览会，打通 TIC 行业机构与仪器设备之间的联系。

从为用户提供有价值的阅读内容，到为用户创新产品，杂志社媒体融合转型过程中一直以用户为出发点，深挖用户需求，逐渐把订阅用户转化为服务用户，产品服务不断延伸到 TIC 行业上下游，实现了产业链的闭环生态。

三、挖掘需求，服务客户

随着媒体转型的不断深入，客户服务需求也更加多元，服务范围也延伸至 TIC 产业的上下游。在广告、线下会议等传统服务的基础上，随着融媒体平台的不断发展，数据分析和资讯整合成为新趋势，传统期刊逐渐成为垂直领域的综合信息服务商。《质量与认证》杂志专注行业 10 余年，积累了大量的行业信息和数据，基于对行业海量信息的及时掌握，并在一定需求导向下进行筛选和分析，对这些数据的再挖掘生发出行业数据分析和舆情分析这一新业务。并为此配备了专门的人员和系统，为签约机构提供阶段性的舆情报告，不仅有检验检测认证机构，也有行业研究机构，市场需求超出预期。

2020 年疫情暴发，基于认证行业的认证人员资格考试从此前的每季度一次，缩减为每半年一次。加之行业“放管服”改革，认证机构总量快速突破 1000 家。一方面是新增机构数量的不断增加，另一方面是具备专业资格的从业人员数量却相对减少，这就导致众多新成立的机构没有专业人才去从事相关工作，认证人员缺口巨大。基于这一行业变化，《质量与认证》在融媒体平台及时推出招聘求职专栏，短短两年时间，发布招聘信息 200 多次，服务近百家认证机构，搭建了行业从业者与机构信息获取的桥梁。

经过多年转型发展，《质量与认证》杂志社一直立足检验检测认证行业，整合资源优势，紧跟媒体融合发展步伐，不断探索实践，找准自身定位，发挥独有优势，真正从用户需求出发，重构自身资源和价值，服务行业用户和产业链上下游，搭建资源需求对接平台，加快转型升级，从而更好地融入媒体发展的新时代。

（魏亮：《质量与认证》杂志社社长，曾彬彬：《质量与认证》杂志社融媒体总监）

案例类别：产品

媒介融合背景下行业类新媒体的破局之路

——以《中国招标》期刊公众号为例

张松伟

随着数字技术和网络技术的迅速发展，“两微一端”、短视频直播等新的媒介形式不断涌现，原来相对独立的传统媒体，开始逐渐与新兴媒体合作形成一种新型的竞合关系——媒介融合。从移动互联到万物互联，5G 技术和互联网技术的不断成熟使人类进入了一个万物互联的“大连接”时代，媒介融合成为大势所趋。与传统媒体相比，微信公众号呈现形式更为多样，可采用图片、文字、音频、视频和超链接等多种方式，同时用户可以及时、快速获取信息，可和运营者进行互动，反馈也比较及时。绝大多数杂志都拥有独立的微信公众号，在《人文社会科学期刊评价》（GB/T40108—2021）中就将“微信公众号的建设情况”作为期刊信息化管理与全媒体运营的重要指标。在媒体融合背景下，如何才能打破行业类公众号的传播壁垒，《中国招标》期刊公众号（以下简称期刊公众号）做了一些探索，以期为期刊的新媒体运营提供参考。

一、中国招标公众号简介

2015 年 11 月 19 日，期刊公众号开始正式运营，定位为招标采购领域的专业知识、服务提供者，是《中国招标》期刊的延展和延伸，针对招标采购领域热点、难点、痛点，第一时间提供专业知识和信息服务。期刊公众号由新媒体编辑统筹运营，文字编辑、美术编辑分工协作，招标采购相关专业资讯、案例解析、招标采购实务等由文字编辑遴选编校，美术编辑负责配图、版式设计等“美”的层面的把关，新媒体编辑负责公众号的排版、发布、运营等。

截至 2023 年 12 月底，期刊公众号共发表推文 1700

余篇，其中原创超过 1000 篇，公众号用户粉丝将近 3 万人，每月新增关注 1000 余人。同时，杂志社还同步运营“中国招标投标网”公众号，“中国招标投标网”主要针对《中国招标》期刊中的经典文章进行分享，用户粉丝数接近 2 万人。

二、中国招标公众号的破局与创新

2015—2019 年，期刊公众号在招标采购行业内的存在感较低，关注用户人数较少，仅有几千人，而且单篇的浏览量较低，平均在 100 以下，尤其发文数量较少，发文频次不固定。2020 年，杂志社开始推行市场化改革，期刊公众号也重新调整了定位，作为行业类媒体的公众号，在发展实践中逐渐形成了全时媒体、受众覆盖广、全面延展的创新路径，走出一条招标采购专业类新媒体的破局之路。

（一）全时媒体

全年持续不间断输出。不论周末，还是节假日，期刊公众号 365 天持续不间断输出招标采购行业专业知识与资讯。不间断的输出内容，意味着只要是招标采购相关的从业者，想要获取行业最新资讯，无论是国家还是各省市的，关注期刊公众号就不会错过重要行业动态。

同时，期刊公众号基本固定每日的发文时间，工作日每天下午 5 点前发文，周末及节假日中午前后发文。公众号之所以选在下午 5 点前后发文，是因为与招标采购相关的国家部委如国家发展和改革委员会、财政部、住房和城乡建设部等，以及各地招标采购监管部门、公共资源交易中心官网发布相关政策、法规、行业动态等一般在工作日的下午 4 点之前，文字编辑要将每天行业内的最新动态第一时间呈现给目标受众。全时既实现了招标采购行业资讯的新鲜、及时，又为行业内的关注者提供了可以预见的发文时间，密切了与公众号关注者的联系。

（二）受众覆盖广

作为招标采购行业类的专业媒体，期刊公众号主要面向的受众对象是从事招标采购工作的招标代理机构、各类招标人及采购人、招标采购工作相关的监管部门、相关法律从业者及高校相关专业研究者等，即招标采购领域的所有相关参与者。招标采购毕竟属于专业领域，受众有限，如果仅就招标采购政策、法规、资讯等谈招标采购，其影响力有限，关注的受众也极为有限。

期刊公众号将关注领域从招标采购，扩展到市场交易、营商环境、数字经济，继而扩展到宣传贯彻党和国家的重大路线、方针、政策，跟踪报道国家重要时事热点。例如，每年公众号都会追踪报道全国“两会”动态，第一时间宣传“两会”精神；对习近平新时代中国特色社会主义思想主题教育的系列报道，从工业和信息化部的主题教育活动，到中国机电设备招标中心（工业和信息化部政府采购中心）、中招国际招标有限公司，逐级宣传贯彻落实；对全国统一大市场和全国省、自治区、直辖市改善营商环境、发展数字经济的最新动态第一时间进行跟踪报道；等等。所以，期刊公众号在内容上已经不再局限于招标采购领域，而是以招标采购领域为主的全时媒体宣传平台，受众也扩展到关心国家经济、政治、文化等的普通群体。

（三）全面延展与破圈

期刊公众号本质上是《中国招标》期刊的品牌外溢，所以首先对于公众号而言，利用好、发掘好杂志资源是第一要务。一方面，期刊公众号与聚焦杂志文章的“中国招标投标网”公众号做好业务分工，形成矩阵协同。期刊公众号以“先睹为快”的形式推介杂志相关内容，刊发杂志中的企业专访、人物专访相关文章。另一方面，聚焦杂志内容之外的招标采购相关的政策、法规等最新动态，是杂志内容的扩展和延伸。“中国招标投标网”公众号主要刊发杂志中的经典案例解析、招标采购实务等文章，实用性、指导性较强。

因势利导，善假于物，与相关单位平台形成良性互动。期刊公众号本质上是行业类媒体，要真正将其影响力扩展到行业的每个角落，需要充分发挥招标采购行业的各参与主体的优势和积极性。招标采购代理领军企业中招国际招标有限公司等代理机构在招标采购实务领域积累了丰富的经验，各地公众资源交易中心对招标采购领域监管又有颇多心得，“政采云”等政府采购服务平台在技术支撑方面专业领先，期刊公众号为它们代言、发声，同时与它们各自的公众号等宣传平台形成互动，将各招标采购参与主体中前沿、成功的经验分享给目标受众。协同发力，打好共同宣传的“组合拳”。

积极探索从宣传平台向服务平台转型。《中国招标》期刊定位为“招标采购行业专业知识服务提供商”，期刊公众号也积极探索从宣传平台向服务平台转型，一方面公众号通过全年 365 天不间断提供最新的招标采购资讯，为所有关注公众号的客户提供知识赋能；另一方面，公众号也是杂志社理事单位、合作伙伴等的服务平台，对理事单位的人物专访、重大会议活动的宣传报道，与合作伙伴共同发布行业研究报告等，为理事单位提供延伸的高附加值服务。

三、结语

期刊公众号是作为传统媒体的《中国招标》期刊搭建的新媒体宣传平台，总结其自运营以来的探索与实践经验，对媒介融合下其他行业类新媒体的转型与发展或有裨益。

推动传统媒体和新兴媒体融合发展，要遵循新闻传播规律和新兴媒体发展规律。行业类媒体要增强互联网思维，充分发挥传统媒体与新媒体的优势，做好技术支撑，为输出的内容找到最好的呈现形式，推动传统媒体和新兴媒体在内容、渠道、平台、经营、管理等方面的深度融合。

行业内媒体的关注点不能局限于行业，要敢于“破圈”。新媒体的运营和内容策划首先要做好目标受众分析，在稳定基本受众群的基础上，向延伸受众倾斜，在传播内容上进行调整，在传播方式上进行创新，突破目标用户“边界”，将所在行业的专业性与媒体传播的广泛性进行深度融合。新媒体的发展不能单打独斗，要善于借势，善于合作共赢。新媒体不仅对内要整合传统媒体的优势资源，还要对外聚合行业内参与主体、其他专业宣传平台等，形成发展合力，这样其影响力才能外溢到行业外。

“全媒体不断发展，出现了全程媒体、全息媒体、全员媒体、全效媒体，信息无处不在、无所不及、无人不用。”在万物互联的时代，新媒体未来必然逐步向全媒体发展。期刊公众号的实践与探索，在某种程度上丰富了全媒体的内涵。

（张松伟：《中国招标》期刊有限公司社长）

中国招标公众号

北京市

案例类别：产品

新京报客户端“六位一体”云综合服务平台

新京报社

创刊20年来，新京报社不断加快媒体融合与业务转型的步伐，成功实现移动优先、视频优先战略。新京报社的各平台、渠道建设都走在全国前列，以“新京报”品牌为核心的全媒体矩阵传播平台实现了信息的互融互通。以新京报APP为内容分发中心和枢纽，将内容传播延伸至微博、微信、抖音、快手、今日头条、百度百家号等社交平台，拓展核心平台传播矩阵、短视频传播矩阵、头部商业平台传播矩阵三大移动传播矩阵，不断对接新的传播平台和渠道，构筑起一报（《新京报》）、一刊（《北京 BEIJING》杂志）、两网（新京报网、千龙网）、三端（新京报客户端、贝壳财经客户端、论法有方客户端）、四阵（微博矩阵、微信矩阵、视频矩阵、音频矩阵）的全媒体传播矩阵平台。

新京报社“报、刊、网、端、微、屏”等全渠道网络覆盖人数超2.9亿人次，全网端口260+，每日全网阅读量超5亿人次，每日视频播放量3.5亿+，日均视频直播3场。

新京报APP下载量破7500万，日均原创300条，新京号精选内容200条，26个频道146个栏目7×24小时更新。2022年8月，新京报APP获得中国新媒体发展年会颁授的“全国十大省市级新闻客户端”。贝壳财经客户端——“贝壳财经 News”APP，2021年8月正式上线，作为《新京报》旗下的独立财经品牌，两年来取得了不俗的成绩，初步打造成为集新闻报道、行业分析、财经智库、数据研究、活动策划、品牌传播于一体的财经新媒体品牌。新京报社自主研发“论法有方”APP，聚焦法律服务、知识解答、案例展示、普法教育等。

新京报客户端近年来在“新闻+政务+服务+商务”等方面进行了多元化拓展与探索，主要以渠道和终端为基点，以打造大端大号大阵为抓手，做优、做精、做强新京报客户端，打造“新闻 +”综合性服务平台。

一、“新闻 + 内容”：融媒体内容生产体系

为适应融媒体新用户，《新京报》创新了适合新媒体传播的内容生产体系。一方面实施移动优先、视频优先战略，积极探索媒体数字化的“破圈”之路，探索传播渠道的新路径、新模式。在新闻内容质量和水平上下功夫，坚持“视频优先、文图升级、音频孵化”三个产品维度，持续推进“快、深、独、准”理念，打磨优质原创“网生”内容，打造传播新业态，推行全领域视频化。

二、“新闻 + 政务”：“数字纽带”动能服务体系

在“新闻 + 政务”方面，新京报 APP 搭建“数字纽带”新动能。为政府及公共机构提供品牌形象服务。利用新京报社的全媒体平台和多元化业务资源，为党政机关品牌形象塑造、城市形象打造、政策解读与战略发展等提供服务。

三、“新闻 + 舆情”：多终端、多形态、全链条一体化舆情监测应对策略服务

《新京报》提供舆情监测应对策略服务，千龙智库多终端、多形态大数据舆情监测，全链条一体化服务，帮助政府及时掌握舆情趋势变化。新京报社赋能全国 200 多个市县党委、政府的新闻宣传和新媒体建设，为他们的网站、两微一端、抖音、快手等政务新媒体提供代运维服务。

四、“新闻 + 教育”融媒共享平台

《新京报》搭建面向政府和媒体的融媒共享平台，主打“专家智库输出”“媒介素养培训提升”“媒体创新实践基地”三大产品。新京报融媒共享平台会集全国顶尖的新闻传播领域专家、知名一线采编大咖，以及在全国融媒体改革中坚韧前行的优秀同行，组成智囊团和讲师团，提供融媒体实务经验共享，直击地方融媒体改革的痛点和难点，打造更多新时代融媒体创新样本和标杆。仅 2023 年以来，新京报融媒共享平台已邀请 20 余名一线资深记者，为学员讲课。新京报融媒共享平台的正式运营，对《新京报》自身来说是一项业务创新，对于地方融媒体中心来说，搭建起了交流、学习、提高新闻业务水平的平台。

五、“新闻 + 服务”：综合信息服务新视角

在“新闻 + 服务”方面，新京报 APP 提供综合信息服务新视角。针对用户关注的话题，《新京报》主动发声、深度调查解读。民生监督类品牌栏目《有事儿 @ 新京报》、随国务院安全委同步暗访的视频专题《暗访来了》等相关报道引发了社会极大关注。《新京报》一方面为企业、消费者提供专业信息服务。另一方面，助力公益服务，发挥媒体社会责任。如疫情期间，《新京报》联合电商平台发起“一起卖”公益行动，为北京、广西、云南等地农户挽回上千万元损失，联合北京市扶贫支援办邀请网络大 V 和著名演员开展线上扶贫公益直播，带动农产品消费数百万元。

六、“新闻 + 商务”：跨终端、多品种、聚合类平台

在“新闻 + 商务”方面，《新京报》拓展全域资源新渠道。一方面通过搭建跨终端、多品种、聚合类的平台，释放媒体流量和潜力。稳定原有基本盘，积极拓展新渠道，开展更多对外合作新尝试。

另一方面，加强经营统筹，形成合力拓市场。全面梳理 IP 项目，为商务合作奠定基础。推动电子商城的跨界营销，拓展版权合作路径和方式，进一步放大《新京报》整体影响力。

新京报客户端“六位一体”云综合服务平台，是传统媒体融合转型的成功范例，具有重要的示范意义。

作为媒体融合转型下的新型主流媒体，《新京报》依托新闻采编、社会调查、深度报道等方面的内容优势，在金融信息、舆情分析、政务服务、智库研究、教育培训、品牌推广、文创研发、活动会展等方面的“新闻 +”功能拓展，推动与行业媒体平台、商业媒体平台的共享共融。同时，还将不断“扩圈”聚力，积极搭建常态化交流互动平台，吸纳更多媒体单位加入“新京号”，共同打造全天候、多层次、多形态、多声部的全媒体传播体系，更加生动地传播百姓声音，讲好北京故事，讲好中国故事。

（新京报社）

新京报客户端

案例类别：组织机构

北京市延庆区融媒体中心：加强全媒体传播体系建设 做好媒体深度融合发展大文章

胡玖梅 付冬月

为贯彻落实党的二十大关于“加强全媒体传播体系建设，塑造主流舆论新格局”的重要部署，做好媒体深度融合发展，北京市延庆区融媒体中心紧密围绕区委区政府工作大局，全面践行举旗帜、聚民心、育新人、兴文化、展形象的使命，努力提升党媒的传播力和影响力，讲好延庆故事，为全面建设生态文明幸福最美冬奥城贡献融媒力量。

一、突出重点，提升融媒建设

在加强全媒体传播体系建设过程中，延庆区融媒体中心在内容创新、平台建设、技术研发、人才队伍和体制机制改革等方面取得了显著成效。

（一）全力提高内容建设

1. 发挥主流媒体作用。聚焦延庆区长城、世园、冬奥三张“金名片”做好全媒体宣传，结合区委区政府的战略发展节奏，主动融入延庆区冰雪、园艺产业发展和长城文化带建设，在新闻内容的权威性、影响力上下功夫，提高网上网下新闻舆论的控制力。

2. 不断优化丰富宣传内容。在继续保持在电视、报纸、广播、新媒体宣传内容优势的基础上，广泛关注与三张“金名片”相关的设施、环境、政策、服务等一切新闻点，加强全媒体选题统筹，提高针对性、有效性，突出延庆独有特色，强化产业吸引力，进一步加大媒体宣传的内容力。仅 2023 年“五一”假期就发布新闻 731 条，总阅读量 61.2 万，市级以上媒体平台推送 310 条。与中央市属媒体合作，推出“司徒建国秀”、网红“姐妹花”等短视频，推介延庆旅游资源，助力实现假日旅游接待和收入“四连冠”。

3. 与各型媒体联合发力。保持与东方、澎湃、凤凰等 30 余家重要传媒渠道积极合作，把延庆故事持续不断地传递到全国各地、世界各地。同时，联合延庆区自媒体联盟，与延庆区近年来涌现出的众多自媒体联合发力，在做大做强本土宣传的基础上，形成更强大的对外媒体宣传冲击力。2024 年 5 月 14 日，习近平回信勉励北京八达岭长城脚下的乡亲们，内外联动迅速铺开宣传“立体图”，3 天内全网推送《像守护家园一样守护好长城》等相关报道累计 1820 条次，其中在央视和北京电视台播出 13 条，在《人民日报》《北京日报》等各大报刊刊发 562 条次。

（二）大力拓展平台建设

1. 充分发挥融媒体自身优势。高质量的宣传产品需要强大的宣传渠道，充分发挥电视、广播、报纸、新媒体的作用，利用融媒体传播迅速、互动性强、内容丰富、形式多样的特性，将视频、文字、声音、图像以更快的速度、更直观的视觉冲击推向社会。

2. 着力推动媒体融合发展。坚持电视、广播、报纸、新媒体资源整合、一体化发展，打造“新闻 + 政务 + 服务”北京延庆 APP——延庆人民的掌中宝。开发“延庆号”模块，全区 18 个街道乡镇全部入驻，74 家政务单位、69 个社会媒体以“延庆号”形式集体入驻，总发稿量达到 14.17 万条。开设“你说我办”等群众诉求办理栏目，链接“我需要”“网上 12345”等群众诉求收集渠道，开通各类民意征集栏目，通过“民意汇”发起有针对性网上民意问卷调查。安装使用突破 14 万人，超过区常住人口的 40.4%。

二、创新机制，深化融合发展

（一）人才“一站式”管理

为适应媒体深度融合发展， 2023 年 6 月 16 日正式成立区文旅局、永宁镇、香营乡、中关村延庆园、北京八达岭文旅集团有限公司共 8 个首批工作站（试点）。针对大部分新闻宣传人员专业能力不足、新媒体宣传运作领域薄弱的问题，区融媒体中心策划推出了“延庆融媒工作站专项业务培训”，培养更为专业的新闻宣传人才。

1. 做法一：经过前期调研，协调多方资源，延庆区融媒体中心策划举办 2023 年延庆融媒工作站专项业务培训四讲，围绕电视摄像、新闻摄影、长城文化带建设以及网络安全宣传等方面开展培训，以提升融媒工作站相关人员的业务水平，促进媒体融合发展，为更好地完成全区的宣传任务、助力延庆高质量绿色发展奠定基础。

2. 做法二：采取各种形式锻炼人才“实战”能力。除充分利用网上网下资源，开展线上线下业务培训外，将策划会开到田间地头，持续“走转改”，推出“乡村振兴新气象”等系列报道，切实提升采编人员“四力”，通过开展岗位轮换和干部外派锻炼，在实践中培养复合型人才，锻造出一支能打硬仗的融媒兵团。

3. 做法三：引进传媒专业人才营造“竞争”生态。发挥“延怀赤传媒联盟”以及京蒙融媒协作的作用，进行人才交流，通过延广融媒公司聘用央视等大平台的专业人才，与各院校积极互动，采取定向委培、招录等方式引进优秀年轻专业人才，增添新闻战线新鲜血液，开启“比学赶帮超”的奋进模式，提高整体效能，构建主流舆论宣传大格局。

此外，延庆区融媒体中心联合八达岭文旅集团走进中国（北京）视听大会直播间，助力延庆文旅产业发展；邀请工作站人员第三届中国广电媒体融合发展大会，接触最前沿的融媒实践；融媒工作站融媒产品硕果累累，以实际行动构建宣传大格局，助力延庆高质量发展。

（二）构建片区传播矩阵

与怀来、赤城，成立“延怀赤融媒联盟”，加强资源共享、新闻互推、人员交流、平安共建，三地充分发挥新媒体矩阵优势，互推美文，联合提升新媒体平台的发布水平，打造城市品牌，积极融入京津冀协同发展大局。2023 年“北京延庆”新媒体平台推送了《京张携手，融聚未来！延怀赤三地融媒体中心开展交流活动，讲好京冀协作生动故事》《协同发展共谱新篇丨北京延庆：携手绘就绿色发展新篇章》等新闻，关于怀来、兴和、赤城的内容 3105 篇，助力打造京津冀区域特色文化品牌，形成协同高质量发展新局面。

三、科技赋能，提升融媒传播效果

（一）不断创新，融合宣传

创新开办《洞见长城》电视专题节目，全景讲述长城的历史与文化、传承与保护、发展与创新的故事，抢救性留存珍贵影像资料。节目采取“室内访谈 + 实景拍摄 + 解密档案”等多种形式，使用 4K+8K 相结合的拍摄制作，融入 VR 技术制作节目，在后世园、后冬奥时期，书写最美冬奥城发展的新篇章。2023 年 10 月，《科技赋能 融合宣传——〈洞见长城〉融媒项目助力长城文化建设》项目，获评 2023 年北京市广播电视媒体融合成长项目，北京新闻奖三等奖。《洞见长城》开播上线以来引起了各界的广泛关注，目前已播 14 集电视专题、生成 110 个短视频，全网传播量达 600 余万，收到良好的传播效果。

（二）更新传播，安全高效

2022 年，建成全市首家新视听小站，让广大市民现场体验 VR、5G+8K 高科技视听感受；建成总面积 206 平方米的超高清大屏，成功转播冬奥开幕及各项赛事，打造冬奥城市“网红打卡点”；在全市率先完成“8K 电视进社区”，让市民在优质的视听享受中感受冬奥激情，展现文明和谐的城市形象。

2023 年，全面启动媒体资源管理系统的升级换代工作，通过引进传媒前沿先进技术，对媒体资源管理系统智能能力、内容建设以及智慧服务等各类公共资源进行整合和统一管理，更好地配合业务人员完成从快速准确地提取素材到制作发布的全过程，为多范畴的用户提供高效、安全、可靠的媒体资源管理与共享平台，实现系统的高效率、智能化、智慧化，以适应社会发展、融媒体发展及媒体资源管理可用性需要。

音频视频、同频共振，大屏小屏、融会贯通。科技赋能融合发展，党媒“四力”持续加强。延庆区融媒体中心，牢记举旗帜、聚人心、育新人、兴文化、展形象的新时代使命，乘风顺势，拼搏有为，不断提升地区美誉度和影响力，为全面建设最美冬奥城、加快建设国际一流的生态文明示范区增光添彩。

（胡玖梅：北京市延庆区融媒体中心主任，付冬月：北京市延庆区融媒体中心总编室主任）

案例类别：产品

洞见长城：发挥媒体融合力量 讲好新时代长城故事

冯亚玲 付冬月

2024 年 5 月 14 日，习近平回信勉励北京市八达岭长城脚下的乡亲们，带动更多人了解长城保护长城，把祖先留下的这份珍贵财富世世代代传下去。北京市延庆区融媒体中心持续打造长城、世园、冬奥三张“金名片”，全景式讲述长城历史与文化、传承与保护的故事，推动区域农文旅高质量绿色发展，取得良好效果。在社会主义文化强国建设、长城国家文化公园和北京“三个文化带”建设中做出延庆融媒表达。

延庆区融媒体中心制作播出的《洞见长城》品牌栏目播出以来受到广泛关注，被列入延庆区全国文化中心建设宣传重点项目，并被写入2023年延庆区政府工作报告，节目获得由北京市委宣传部主办、北京市新闻工作者协会承办的第33届（2023年度）北京新闻奖三等奖、2023北京市广播电视媒体融合成长项目（二类），荣获2023年度学习强国北京学习平台区级融媒体中心优秀作品冬季赛一等奖。节目先后被多家新媒体平台转载，自2023年6月16日开播以来，共制作播出14期专题节目，生成110期短视频，累计浏览量达600万次，受到广大国内和海外长城爱好者关注与肯定。

一、坚持保护优先，精心打造“金名片”

聚合优质资源，成立专门工作室。延庆区融媒体中心于2023年1月成立了《洞见长城》融媒体工作室。经过前期深度调研和紧张筹备，《洞见长城》专题节目和微信短视频账号于2023年6月16日正式播出上线，工作室秉持“内容为王、创意驱动”的工作理念，借助融媒体的优势，生产适应受众需求、符合长城保护的融媒产品，深入推动全国文化中心建设，助力长城国家文化公园和北京“三个文化带”建设，塑造延庆独特的文化优势，进一步撬动长城文化繁荣发展。

开展调查研究，挖掘长城文化价值。延庆区是北京长城遗迹最为丰的地区，是拥有明代长城最长的地区，为做好长城文化宣传，工作室开展深度调研。

1. 与专家座谈调研：与中国长城学会副会长董耀会、长城集邮专家孟宪利等多位老师进行12次座谈调研，了解长城文化的历史、价值及影响。

2. 单位调查研究：与中国长城博物馆、八达岭长城管理处、文旅局等单位进行深度调查研究，获取更多关于长城文化的相关信息。

3. 参阅书籍、影视资料：阅读相关书籍、影视资料，如《充值长城》《八达岭长城志》《长城踞北》《辽宁长城》等，加深对长城历史文化的认识。通过调查研究，明确了做好优秀文化传承发展工作的方向、明确了和融媒体创作的方向改革突破口，决定推出《洞见长城》节目，通过融媒体方式让长城文化“活起来”“火起来”，促进文旅融合，打造新时代长城的“金名片”。

二、做好融合文章，插上传播“金翅膀”

（一）创新技术，展现长城多样魅力

《洞见长城》创新利用VR沉浸式背景和5G+8K拍摄技术：运用虚拟现实和高清技术，全景讲述长城的历史文化，让观众身临其境地感受长城的壮丽与磅礴，这种创新手法引起了观众的强烈共鸣，使得观看节目的体验更加生动，增强观众的沉浸感，提升节目的观赏性。

（二）丰富内容，提升节目热度可视性

我们秉承内容为王、形式为内容服务的原则，每期专题形式不拘一格。如，对于珍贵的资料我们采用“档案”节目的探秘形式，对于现场感较强的内容，我们使用一线纪实的形式等。此外，我们深耕内容，深度挖掘，展示长城文化的多样性，让观众看到不为人知的长城文化。如：挖掘延庆北四楼之旅，通过节目展现延庆北四楼随神州十一号飞船到太空遨游的故事，让观众感受长城的伟大与历史意义；呈现冰心的文学之路，介绍冰心两次到青龙桥写下美文的故事，展示长城所激发的艺术创作；讲述关沟古道五贵头的故事和关沟七十二景的故事，展示长城背后的丰富文化内涵；呈现贵州捐赠留下黔心亭，讲述爱我中华修我长城故事，彰显长城文化的凝聚力和感人力量。

（三）开拓渠道，扩大传播受众群

采取“室内访谈＋实景拍摄＋解密档案”等多种形式，生成以短视频为主的多形态融媒产品，借助融媒平台，全渠道在50多家国内平台及部分海外平台上进行分众式、立体化传播。《洞见长城》开播上线以来引起了各界的广泛关注，截至2024年5月，已播14集电视专题、生成110个短视频，全网传播量达600余万。据不完全统计，新媒体矩阵中北京延庆、八达岭长城、长城小站、延庆生活等微信公众号、视频号和抖音等短视频平台参与转发。

（四）深化融合，打造长城文化品牌

《洞见长城》节目开播上线以来引起了各界的广泛关注，得益于创立之初便成立了传播推广团队，打通了传播渠道。在传统平台的宣传推广方面，我们除了在电视台播出外，还利用冬奥广场户外大屏、电梯楼宇广告、志愿者工作站、博物馆等各类视频平台播放，节目推广引起了社会各界关注，专题节目成为区委理论中心组和区政协常委会专题学习材料，还在中国长城高峰论坛展示；在融合传播方面，《洞见长城》工作室通过一次采集、多种生成、多渠道传播，在北京延庆微信公众号进行“图文＋视频”内容的传播，在《延庆报》专版专题深度报道，在北京延庆客户端上设置垂类频道专题栏目，并与电视频道同步播出。建立了媒体传播矩阵，与八达岭长城、长城小站等平台联合推广，并内宣、外宣联动，多渠道传播。

利用融媒体传播平台，扩大长城文化传播渠道，延庆融媒《洞见长城》为文旅融合发展注入新动力，为后世园、后冬奥时期，延庆以长城为特色，书写最美冬奥城发展的新篇章注入活力，也为推动“长城文化带”建设，长城国家公园建设、全国文化中心建设，讲好中国故事，传播中国声音，贡献了融媒力量。

三、发挥人才优势，推动发展“新突破”

《洞见长城》融媒体工作室在组织架构人员构成上有几个特点。

（一）组织架构规格高

由宣传部部长亲自把关定向，中心“一把手”提供政策支持，主管副主任中心直接领导，音视频部牵头，集中各部门骨干力量 30 人（中心和公司各占一半）。

（二）以人为本、注重专业性和多元性

工作室采取自主报名、内部调配和外部招募的方式。自主报名能够为充分发挥员工的主动性和积极性，吸引更多有志于媒体工作的人才加入；内部调配能够调动原有人员资源，发挥其专业特长和潜力，避免资源浪费和人才流失，如：摄像组长是冬奥高山转播经理返岗后聘为摄像总监、主播是“网红村书记”，此次转型是发挥其评书相声特长塑造的又一新形象等等；多元性体现在会聚了由策划、制片人、导演、摄影师、视频编辑、技术、宣传推广等多专业人才，全面覆盖节目制作的各个环节，以确保专业水平和质量。工作室的构成为节目的成功奠定坚实的基础。

（三）借力吸纳专业人才加入团队

我们大胆聘用有中央、市级媒体经验的导演来指导业务，这种专业性和创新性的人才，为工作室的发展注入新的活力和思维。工作室聘请专家学者为顾问，中国长城学会副会长董耀会、北京建筑大学长城专家汤羽扬以及区内的长城专家孟宪利、范学新等多位老师的加入，为节目提供专业、权威的指导和支持，有助于从不同角度和专业领域深入探讨长城的故事，使节目更加丰富和有深度。延庆融媒体中心通过成立《洞见长城》融媒体工作室培养了一支集编导、播音、拍摄等多方面能力于一身的融媒人才队伍，这些人才的培养不仅提高了节目的质量，也为融媒体中心的发展注入了新的动力。

长城脚下的延庆，将沿着习近平总书记指引的方向，积极融入北京全国文化中心建设和长城国家文化公园建设，坚持保护、传承、发展一体发力，切实守护好、挖掘好、展示好、弘扬好这一宝贵历史资源和根脉，持续擦亮长城这一世界级历史文化遗产“金名片”，努力展现长城文化带建设的“头雁”作为，持续发力。延庆融媒中心聚合优质资源，深化合作，有效利用文物和档案资料，传承文化，通过抢救性留存珍贵影像资料，成功记录下长城的历史文化，通过融媒产品的制作和传播，这些文物得以活化利用，为观众呈现出长城历史的瑰宝。同时，作为县级融媒体中心深化改革的典范案例，通过全新模式的探索实践，也为县级融媒体中心深度融合积累了经验。

（冯亚玲：北京市延庆区融媒体中心副主任，付冬月：北京市延庆区融媒体中心总编室主任）

上海市

案例类别：产品

《大家聊巨变》系列纪录短片

文汇报社

一、创作背景及概况

党的二十大胜利召开前夕，在上海市委宣传部、上海市委外宣办的指导下，文汇报社联合上海市社联、上海社科院推出《大家聊巨变》系列纪录片两季共 14 集，以学者视角阐释习近平新时代中国特色社会主义思想在上海的生动实践。

《大家聊巨变》第一季 8 集于 2022 年 10 月 8 日至 15 日刊播，第二季 6 集 12 月 23 日至 28 日刊播，每集时长近 10 分钟。制作团队跟随上海 14 名知名学者一路行走，登高楼、穿隧道，新城看景、湿地观鸟，在梧桐树下品味街区更新的小美好，在“一江一河”沿岸感受人民城市的新风貌，在充满烟火气的生命空间里，触摸城市脉搏，展示上海十年巨变。作品充分呈现了这座城市一棒接着一棒干，将人民对美好生活的向往高质量转化为“施工图”“实景画”的上海智慧和上海方案。

《大家聊巨变》尝试将学理观察与场景化讲述相融合，从学者的角度深入浅出，娓娓道来，多维度观察新时代10年的伟大变革，探索“人民城市”建设的上海方案，通过《文汇报》融媒体团队拍摄制作，以短视频的方式，向海内外传播上海建设具有世界影响力的社会主义现代化国际大都市的发展成就和奋发有为的精神状态，展示中国式现代化的光明前景，让思想的魅力和理性的光芒，照进幸福生活的方方面面。

二、创新性

新时代十年的伟大变革，书写了经济快速发展和社会长期稳定两大奇迹新篇章。作为全国人文大报，《文汇报》结合自身特色优势，通过以下创新方式创作优质作品，放大主流声音，掀起学习宣传贯彻二十大精神的新高潮。

（一）作品将学理观察与场景化的讲述有机融合，打造充满魅力的“思想课堂”

每集短片都量身定制，精益求精，以理论的高度、思想的深度、叙事的温度，积极构建中国话语和中国叙事体系。作品移步换景娓娓道来，彰显着思想之美，精彩的影像展现了十年砥砺奋进的壮美画卷，激励人们踔厉奋发、勇毅前行。作为上海主流媒体推出的大型系列融媒体产品，作品凸显了鲜明的人文特色、知识涵养和审美张力，并积极探索专家访谈类深度报道的融媒体创新表达和全媒体传播方式。在专家解读类的众多融媒体产品中，尤显视角独到、生动鲜活。

（二）面对一个个宏大的主题，从一个小切口、一个具象入手策划和创作

短片没有面面俱到、泛泛而谈，而是以“四两拨千斤”的方式，借助学者的精准点化，将巨变背后的道和理充分地说透、厘清，以更为引人入胜的方式，洞悉巨变历程中的智慧和经验，更好地讲好中国故事，构建中国话语和中国叙事体系。新时代十年上海发生的巨变，也是这座城市里每个人一笔一画书写的历史，专家通过由点及面的分析阐述，引发了更多的共鸣。

（三）作品打破传统的专家访谈模式，凸显“聊”字的亲切感、接近性

学者并没有完全正襟危坐于摄像机前，而是以旁白讲述人的角色，带领观众走入真实的世界。作品通俗易懂又充满了温度，体现着人民城市的人文关怀。这种平等的“对话”关系，使学者与观众保持着一种亲切感，而融注真情实感的亲身感受，使讲述的内容更有说服力，更易赢得共情共鸣。

（四）作品打破空间的限制，将人物讲述的场景搬到了整个城市中

以纪实风格呈现，真实的场景引发了更多的话题，在视觉表达和画面影像上形成了更多的变化，更有利于将感性的审美经验升华到理性的思维高度。在互联网传播新语境中，这种沉浸式的讲述和演绎，给观众更多的代入感。

三、社会影响

作品在《文汇报》官方微信首发，文汇APP、文汇网、微博、视频号等融媒体，以及本市主流媒体所属新媒体平台、商业网站和海外平台同步发布。众多受众参与评论，留下如“回顾上海的巨变过程，坚定信心继续新的征程！”等热评，还有许多行业专家及学者对作品进行了点评。

作品镜头精致，画面唯美，制作精良，极具感染力的运镜与专家学者声情并茂地讲述完美融合，使理论观点的阐述更加充分、更加生动、更有温度，让受众在一幕幕场景切换中感受伟大变革中的人、事、物，推进党的二十大精神在浦江两岸落地生根。学者们还以手写的寄语展望未来。而这份代入感，也让许多观众在留言中说出了“喜欢上海的理由”，感同身受地表达着自信与自豪。

中国记协党的二十大报道融创精品推荐活动对此作品的评语是：专家边行走边用亲身感受和丰富学识娓娓道来，举重若轻，深入浅出，彰显着思想之美，是新闻性与思想性兼备的融合产品。这也是《文汇报》在重大理论宣传阐释中深度融合创新方式，利用大众化、通俗化融合传播手段，取得巨量传播效果的成功尝试。

作品获评中国记协“党的二十大报道融创精品十大案例（地方媒体）”，中宣部新闻阅评以《文汇报用场景化“思想课堂”讲好中国故事》为题及时作了阅评表扬。作品荣获第三十二届上海新闻奖一等奖、2022银鸽奖“最佳国际新闻作品”、中宣部“2023年优秀理论宣讲微视频”、2023年上海市科学技术新闻奖一等奖、第九届上海市民微电影（微视频）主题活动“非凡十年专题奖”等。据不完全统计，作品全网总浏览量达2.5亿次，互动13万余次。

四、未来设想

下一步，《文汇报》将继续以人文为底色，深耕、扩展“大家”系列作品，围绕城市软实力、科创等主题，邀请相关领域专家学者，通过场景化的叙事，讲述中国故事、上海精彩，展现上海优化创新创业生态，焕发城市软实力的发展活力。在与历史共振、与时代对话的过程中，奏响催人奋进的新时代交响曲，激励人们以实际行动，进一步推动党的二十大精神落地生根、开花结果。为讲好中国故事、传播好中国声音，展现可信、可爱、可敬的中国形象，进行更深入的融媒体创新表达的探索。

（文汇报社）

《大家聊巨变》系列纪录片

案例类别：产品

巧利用“外眼”视角 传播好中国声音

——新民晚报《百年大党·老外讲故事》百集融媒体

新民晚报社

为迎接党的百年华诞，在上海市委宣传部的部署指导下，在上海市委网信办的支持下，上海市政府新闻办与新民晚报社共同策划、制作，从2021年4月8日至7月16日，推出《百年大党·老外讲故事》百集融媒体产品，邀请30多个国家的100位在沪外国人，分享在上海生活工作的所闻所见所感，讲述他们视角下中国经济社会发展和共产党人的人格魅力，成为主流媒体建党百年报道中的一款现象级产品。

系列作品推出后，全网推送、全球传播，覆盖200多个国家和地区，在海内外吸引广泛关注。据不完全统计，境内平台阅读量16亿次，境外平台累计播放近1亿次。

凭借在国内国际舆论场的优异表现，《百年大党·老外讲故事》百集融媒体产品获得了10多项国家级荣誉，如中国外文局主办的第三届“第三只眼看中国”国际短视频大赛“走读城市，探寻乡村”单元一等奖及最佳系列短片奖、被中宣部评为2021年度“优秀理论宣讲微视频”、入选“庆祝建党百年融创报道十大精品案例（地方媒体）”、入选2021年“第二届中国报业深度融合发展创新案例”；荣获第31届上海新闻奖一等奖、2021年度城市党报媒体融合奖融媒创新类一等奖、“我与新时代的中国共产党”国际政党短视频大赛优秀奖等荣誉。

一、创意先行：“外眼”视角引发共情

爆款产品离不开好创意。策划之初，报社就希望邀请在中国生活的老外讲故事给老外听，更真实、生动，更有说服力和感染力，也更容易在国际舆论场引发同频共振和共情。国务院新闻办原主任赵启正认为，成为爆款的重要原因，在于“外眼”这个独特视角——他们为什么讲得好？因为和我们文化背景不同，从各自的教育基础、生活习惯和思维方式出发，描述他们眼中的上海和中国。这样的故事，中国人看了有收获，知道外国人喜欢我们什么；外国人看了也有启示，原来中国和某些媒体讲述的不一样。

比如，在中国生活了近40年的土耳其人诺扬就由衷感叹：“很多外国人好奇，这么大一个国家，怎么可以发展得这么好？如果不住在中国，是无法想象的。这是一个奇迹，但中国人就是做到了！”

实现创意的过程中，聚焦外国友人的个性化表达，不讲大道理，多说小故事，叙事风格平实而鲜活，可读可视性强，让观众可感可亲。

二、流程再造：有效整合各方资源

项目举全报社之力，历时半年多，近百人直接参与。产品形态、呈现方式多样，包括中、英文字幕视频各100集、100篇文字报道以及100张人物海报。生产、发布的流程相当复杂，面临海量协调。

在报社内部，要求各岗位、各部门协同作战，有效整合资源。项目团队确定了规范有效的在线管理流程——

每集视频要历经 13 步，向不同渠道输出 5 个版本。审稿流程、修改意见、责任人和产品输出情况，都汇总到共享文档中，以“红、绿、蓝、黄、橙”5 种色块提示，方便参与者及时了解进展，落实送审、修改、翻译、上传等操作，大大降低沟通成本，提高了制作效率。

在外部协作方面，上海市政府新闻办提供了全程指导和支持，派专人负责采访联络，还多次到现场指导拍摄；上海市政府新闻办、上海市委网信办不遗余力地推广和宣发，积极整合各方资源，为扩大影响力和传播力发挥了关键作用。

项目还聚合上海外国语大学专业翻译团队加盟，明显提升了翻译速度。多语种版于 2021 年 7 月 18 日上线，精选 36 集，译成俄、法、德、西、日、阿 6 个语种，更广泛传递中国声音。

三、传播为重：众人拾柴合力推广

百集产品的发布横跨三个多月，不是昙花一现，而需要持续引爆，这得益于全球多渠道大力推广，众人拾柴火焰高。

《新民晚报》做好主动推荐，海外账号“Voice of the Bund”在海外社交平台每日更新英文版视频；《新民晚报》海外版向 14 国合作媒体发稿近 300 篇，希腊、德国、法国、西班牙、匈牙利等国新媒体也频频转发；“老外讲故事”专题还出现在“学习强国”平台的首页显著位置。

中国国际电视台、《中国日报》等中央外宣媒体和人民日报英文客户端重点推送；通过星空卫视、北美在线、法国华人卫视等平台落地海外，覆盖近 2 亿受众；巴黎、布鲁塞尔、哥本哈根、乌兰巴托等 7 个海外中国文化中心推送；2021 年 7 月 1 日起在央视国际长城频道开播，覆盖北美洲、亚洲、欧洲、大洋洲。

国际媒体尤其是主人公所在国家媒体高度关注，俄罗斯权威媒体《俄罗斯报》报道了奥克萨娜的故事，韩国媒体全文转载了洪原淑的上海生活。外国友人也自发加入传播。海港足球队巴西球星奥斯卡在个人社交平台多次为产品叫好；受访嘉宾和所在公司纷纷在海外社交平台互动，如法国达索系统、法国液化空气、英国石油公司等。

四、机制探索：线下拓展打造 IP

《百年大党 · 老外讲故事》百集融媒体产品发布后，备受关注。项目进行期间，就有不少在沪外国人想加入“朋友圈”。为进一步用好在沪外国友人资源，2021 年 6 月 28 日“老外讲故事俱乐部”在上海成立，百名受访老外成为首批成员。“老外讲故事俱乐部”积极探索机制化运作，通过不定期举办对话会、沙龙、参观等线下活动，挖掘更多外宣主题，凝聚更多外国友人，进一步讲好中国故事，传播好中国声音。

此次融媒体项目实践说明，在国际舞台不但要勇于发声，更要善于发声。要深刻认识新形势下加强和改进国际传播工作的重要性和必要性，尽己所能主动作为。为此，《新民晚报》再接再厉，于 2022 年党的二十大召开前夕，推出百集融媒产品《老外讲故事 · 海外员工看中国》，又于 2023 年初推出《老外讲故事 · 另眼观盛会》，都在国际传播领域取得骄人成绩，境内外总浏览量均突破 10 亿次。

2023 年 10 月、12 月，《新民晚报》再推第四季“老外讲故事”《“一带一路”促共赢》，和全国首部涉外司法专题片《法治化营商环境》。

其中第四季“老外讲故事”在叙事、形态、理念等多方面都有创新和突破，实现品牌的迭代提升。经上海市委网信办向中央网信办积极推荐，10 集视频中 7 集全网推送，全国超 400 家主流新媒体转发。境内外播放量超 5000 万次，互动 2.5 万次。

未来，“老外讲故事”系列产品将继续以习近平总书记关于加强我国国际传播能力建设的重要讲话为指导，在不断推出全新概念产品的基础上，逐步建立《新民晚报》“国际友人资源库”，搭建《新民晚报》国际传播矩阵，在迭代与革新中努力讲好中国故事，用实际行动加强我国国际传播能力建设。

（新民晚报社）

《百年大党 · 老外讲故事》专题

案例类别：产品

擦亮世界看上海的“视觉橱窗”

——IP SHANGHAI 探索国际传播新路径

鲍志恒

为探索新形势下国际传播的新路径和新方法，提升城市形象传播的大众参与度，更好讲述中国故事、上海故事，2021年11月，上海市委宣传部、市委外宣办举办，上海报业集团旗下澎湃新闻建设运营的IP SHANGHAI（上海城市形象资源共享平台）上线。

IP SHANGHAI以视觉表达为特色，以“看见更美的上海”为目标，面向全球征集视频、图片、设计等资源以及上海城市文化IP和对外传播案例，向用户提供城市形象资源下载、分享、传播服务，为创作者提供交流合作空间。

成立两年，IP SHANGHAI着力发展壮大上海形象的民间叙事，走以专业创作推动大众创作的“人人参与”式的国际传播之路，团聚全球用户创意，共同传播上海城市形象，彰显上海城市软实力，进一步强化“上海视觉橱窗”的定位功能，呈现“最美的上海”，成效显著，已成为我国城市形象国际传播的最新创新实践。

一、打造城市形象数字传播的“上海样本”

上线至今，IP SHANGHAI充分发挥全市外宣工作联席会议机制作用，通过边征集边展示，边推广边发展，重点机构用户和专业创作者用户争相入驻、以图片、视频、设计插画等视觉素材为主的城市形象资源迅速集聚。在促进“Z世代”等年轻世代共创共享、共同传播上海城市形象，彰显上海城市软实力方面作用日益突出，受到各方面的关注和肯定。

2023年1月，平台APP正式上线，IP SHANGHAI从PC端的资源库模式迈入了以移动端为主要产品形态的数字资源共创共享时期，从技术上彻底改变了内容上传、分享和传播的障碍。

截至2024年2月，已吸引820余家机构、近3.2万名专业创作者入驻，以视觉素材为主的各类数字资源78万余件，APP新增用户和通过APP上传的新增素材，占到了平台新增用户和素材的90%以上，推动平台影响力跃上了新台阶。

目前，已拥有官方网站、APP，微信公众号、微信视频号以及Facebook、照片墙等海外社交媒体账号，初步形成国内国际一体化的数字传播体系。

越来越多的海内外城市、媒体、机构对平台资源、活动表示关注，期待与平台展开合作。

2023年11月8日，在第六届进博会期间，IP SHANGHAI举办上海数字形象展。

上海数字形象展围绕“SHANGHAI，LET'S MEET”的主题，将IP SHANGHAI平台用户的创作进行AI生成，选用明亮活泼的水彩、油画、动漫等视觉风格，打造长卷式上海城市形象AI动画背景墙，将科技与艺术交织共生的“数字上海”带到公众面前。

现场观众还可扫码登录“IP SHANGHAI智能交互”小程序，现场体验基于平台高质量的视觉作品打造的沉浸式交互系统，打卡生成专属自己的“上海明信片”。

二、海外账号和活动落地双突破扩展国际影响力

2023年，平台开始布局海外社交媒体账号，以呈现上海风光、文化、历史、建筑、旅行、生活方式为重点，提炼高纯、积极和唯美的视觉意象，实现城市软实力输出。

海外账号运营一年，实现了对海外用户的有效触达和高频互动。照片墙Ins和脸书FB海外账号“粉丝”数合计超过50万。

据Meta统计，开通以来，IP SHANGHAI Facebook“粉丝”增速是平台普遍值的315倍，内容互动数是平台普遍值的26倍，新增Ins“粉丝”是平台普遍值的15倍，内容互动数是平台普遍值的10倍，是该平台成长快、互动强的城市形象类“现象级”账号之一。

海外账号打造的栏目“Creators in Shanghai”、“Meet a Local”，会聚了一批以上海为背景的外籍摄影师、插画师和建筑师；建立的群组“行摄上海 Capture Shanghai”成员2.4万人，成为脸书上最大的上海摄影群组之一。

2023年，平台还积极架设中外民间沟通桥梁，努力推动上海形象在海外落地。

由IP SHANGHAI和日本横滨市共同主办的庆祝上海横滨结好50周年纪念摄影展——“上海的现在”，展出5天，吸引了上万名日本观众前往观展，引起上海日领馆、横滨上海事务所、日本《神奈川新闻》、当地政要、

议员等日方机构和代表性人士的关注和肯定。

在列入联合国假日的第一个春节，平台以“我们的节日，世界的春节”为主题，策划推出《当世界唱起中文歌》等一系列国际传播项目，邀请来自全球五大洲 15 个城市的朋友唱响中文歌，海外受众触达涵盖欧洲、美洲、大洋洲、非洲、亚洲各地，得到法国、日本、美国、澳大利亚、巴西、埃及等外国网友的互动和点赞。触达海外账号数 825 万个，播放量 135.6 万，在脸书、Ins 等平台引发海外网友点赞互动数突破 10 万次，并出现了留言长龙，网友们纷纷祝贺“中国新年快乐”。有海外网友写道：“总有一天我会去中国看一看”，“我真的很喜欢中国和中文，喜欢那里的人们，我去过中国五次，那是个非常棒的国家”，“非常棒的帖子，祝福中国”等等。

三、创新探索“人人参与”的国际传播新理念

平台致力于构建众创型资源共享模式，积极探索实践“人人创作、人人展示、人人分享”的国际传播新理念。以重点策划和项目为抓手，汇聚城市形象资源，形成国际传播合力。

作为资源共享、内容共创的城市形象国际传播平台，《当世界唱起中文歌》面向全球开放共创，扩大参与。

创立于 1963 年的意大利最负盛名的儿童合唱团——Antoniano（安东尼亚诺）小合唱团，挑选了《灯火里的中国》和《夜空中最亮的星》两首作品参与活动；西班牙青年歌唱家玛斯瑅，是全球稀有的能用八种语言（中、西、意、法、德、英、俄、日）演唱的抒情剧女高音。在马德里街头，她深情演绎自己原创改编的中西文版的《我爱你中国》；“中文满级”的摩洛哥歌手迪娜身着汉服在摩洛哥街头，演唱了经典中文歌《我只在乎你》……旅法瑞士籍歌手苏菲（Sophie de Quay），今年送上了自己作词作曲的原创中文歌《你能听到我吗》来参与活动。苏菲说：“我热爱并敬仰中国文化，尤其对祖先的崇拜以及对长者的尊重，这首歌里就包含了我对祖父母的思念和爱意。我还邀请了巴黎中国合唱团一起来演唱，他们也很喜欢，非常动人。”

为展现疫情之后上海的城市活力和创造力，聚焦新时代年轻人的奋斗故事，IP SHANGHAI 策划推出了中宣部重点扶持的“Z 世代在上海”全媒体国际传播项目。项目聚焦 Z 世代在上海求学、成家、立业的经历，通过 20 位来自不同国家、不同领域的青年故事，展现上海开放包容的城市品格和卓越的创新创业环境。

项目在海内外实现了跨平台破圈传播，全网浏览量近 7000 万人次，触达海外用户 300 多万人次，受众涵盖欧美澳亚等区域，在海内外 Z 世代青年群体中引发同频共振。

复旦大学全球传播全媒体研究院副院长张志安也称赞该项目“充分遵循了移动优先的数字传播模式，通过专业的内容生产和社交化传播，实现破圈传播，在海内外都形成传播力”。

自诞生以来，平台发起多项大众广泛参与的城市形象征集推广活动，连续三年春节推出数字互动拜年 H5，举办“新年城市摄影大赛”“520 菜场爱情”“SHANGHAI LET'S MEET 漫游上海”“上海官方画册”“我和我的上海”“喝杯咖啡，一句话告白上海”等主题征集活动，将“人人外宣”的特色充分展现。摄影师“暴走的汤”上传的《浦江两岸尽朝晖》被布鲁塞尔中国文化中心选中并在海外展示。

此外，IP SHANGHAI 与上海设计之都促进中心共同发起“SHANGHAI IN MY MIND”全球征集计划，邀请全球数字创意力量，共绘上海城市标识的应用场景；联动插画专业平台鲸字号和海外插画家，在进博会新闻中心二楼环廊，展出体现“海派生活”“申城剪影”“烟火街头”主题的上海城市插画展。

IP SHANGHAI 将不断探索创新，努力打造数字世界里具有世界影响力的社会主义现代化国际大都市形象，成为面向世界的上海形象和中国故事 MCN。

（鲍志恒：澎湃新闻互联网传播研究院院长、IP SHANGHAI 运营负责人）

案例类别：产品

澎湃新闻气候变化电子月刊《临界点》国内首份专注气变的专业刊物 聚焦全球议题 关注人类共同未来

刘栋

2020 年 9 月，习近平主席在第七十五届联合国大会一般性辩论上阐明，应对气候变化《巴黎协定》代表了全球绿色低碳转型的大方向，是保护地球家园需要采取的最低限度行动，各国必须迈出决定性步伐。同时宣布，中国将提高国家自主贡献力度，采取更加有力的政策和措施，二氧化碳排放力争于 2030 年前达到峰值，努力争

取2060年前实现碳中和的“双碳”目标政策。

今天，气候变化正在日益成为国内外高度关注的重要议题。气候问题的巨大影响和复杂性使其涉及整个社会和经济运行的方方面面。而中国主流媒体此前并没有专注于气候变化报道的媒体刊物。基于澎湃新闻在气候变化报道领域长期的积累和我们对于这一议题的责任感，我们于2023年创立了中国第一家专注于报道气候变化的电子媒体《临界点》。

《临界点》名字取自气候变化科学中有着重要意义的气候临界点（climate tipping point）概念，通俗而言，临界点即量变引起质变的关键节点。《临界点》专刊的推出，有助于推动公众更多地关注气候变化，以行动应对气候变化。

在气候变化治理领域，主流新媒体扮演着普及知识、行动倡导、连接各方、凝聚共识的重要角色。《临界点》上线一年多来得到了中外诸多关注气候变化和气候治理的官员、学者、机构代表高度关注和积极评价，取得良好的传播效果和社会效益。

一、项目背景与创新性

如何发挥主流新媒体的优势，拉近气候报道与普通公众的距离，澎湃新闻一直在探索新的传播范式。在《临界点》气候上线之前，澎湃新闻就围绕气候变化议题推出大量报道。

早在2014年创刊初期，就曾经关注过西海固气候移民的话题，曾前往南极进行报道，长期关注冰川消融变化。近年来更是持续关注深入报道国内外一些重大极端天气气候事件及其带来的社会影响。

例如，2023年1月以来，澎湃新闻推出“极值之下｜我们与气候变化的距离”专题，获得上海新闻奖二等奖，入围中国新闻奖初选。通过鄱阳湖大旱、重庆山火、长江口咸潮等极端气象现场的走访，记录气候变化是如何影响并改变普通人生活和命运的，以及人们行动的可能、困境和破解方案。刊发《H5·极值之下｜与大旱、山火与咸潮为邻》《极值之下｜在干旱的鄱阳湖旁，守候候鸟越冬》等报道，于澎湃主站总点击量近800万。

其中，为了更直观易懂地为公众科普解惑“咸潮”这一气候现象，专门推出“视觉调查”，用逐帧动画结合拍摄模拟长江口咸潮的成因，讲述其与上游、海平面、潮汐及气候变化的关系，并以沙盘的方式呈现，拉近了气候报道与普通公众的距离。

二、团队优势与规模

澎湃新闻于2023年1月30日上线气候变化月刊《临界点》，这是国内主流媒体中首个专门关注气候变化的电子刊物。鉴于气候变化的全球性和国内利益相关性，国际新闻中心和国内时事新闻中心的联合常设了报道组，共同参与创办。

《临界点》气候报道依托澎湃新闻实力雄厚的专业采编团队和多年的专业积累，打破常规报道的局限，打通包括澎湃新闻的时事、国际、视频、视觉等中心多部门，这些部门都曾屡获国内外各项专业大奖。每个月围绕一个共同主题协同合作报道。以此前获得上海新闻奖的《极值之下》报道为例，就由澎湃新闻内多个中心30多人共同参与打造的精品报道。

三、创新服务模式与目标用户群体

《临界点》专刊每月以H5形式刊发，主要内容涵盖介绍当月全球最重要的极端天气气候事件和最新气候研究成果；跟踪国际气候治理谈判进程，专访权威气候专业人士解读气候政策；讲述气候影响下普通人的个体故事，以及探索应对气候危机的适应之道和解决办法。

《临界点》的初期的目标基于国内外气候变化专业圈和对气候变化关注的普通读者。在运营一年多后，已在国内气候专业圈中初步见了一定的知名度。现正在逐步出圈，走向更广阔的读者群体。

《临界点》的主要目标用户群体依托于澎湃新闻的主要用户群体，面向国内外华人中青年知识分子，以及对于气候变化关注度较高的人群。

在创新服务模式上，我们也通过与企业、院校与非盈利组织和政府部门合作一些具体的项目，例如报告，线下活动展览、进校园巡讲、研讨会等形式来推广品牌影响力，形成更强传播力的同时也带来一定的社会效益。

四、主要技术应用

《临界点》报道本身为电子月刊，便于互联网传播。月刊的制作基于澎湃新闻现有的后台系统，可以较为方便的将各种类型的报道纳入其中，包括文字、视频、图片、音频播客和H5等多媒体报道形式。

在具体的个案报道上面，我们也在努力尝试以各种被读者喜闻乐见的形式包括短视频、解释性视频、数据新闻、图文新闻等各种形式，力争将气候变化的议题做得更有可读性。

五、社会效益与行业示范推广价值

做好气候变化报道，不仅要求媒体报道者具备相关领域专业素养，同时也需要凝聚更多的专业声音形成传播合力。生态环境部气候司前司长李高在创刊号上刊发《应对气候变化，携手共建美丽家园》的署名文章，其寄语道：“澎湃新闻创办了中国主流媒体第一个专门关注气候变化的月刊，非常有意义。希望《临界点》月刊成为政策制定者、科研工作者、企业家、社会公众等千千万万读者之间的桥梁，发挥新媒体独特的传播优势，普及气候变化科学知识，分享应对气候变化观点，交流应对气候变化实践经验，让绿色低碳理念更加深入人心。”

2023年创刊以来，《临界点》围绕这一年国内外重大的气候事件及其对老百姓生活的日常方面的影响，我们做了一系列深入报道，总的目标宗旨是力图拉近民众对于气候变化的认识距离，促成更多人行动起来。

我们也通过与经营部门的合作，与第三方机构成功洽谈就共同感兴趣的气候议题推出专刊，在联合国气候大会上举办气候传播边会，在撰写更专业的报道同时，也给报社带来一定的经济效益。

应对气候变化是全球共识，主流新媒体以积极主动姿态做好气候报道。澎湃新闻《临界点》月刊的推出，不仅以专业视角聚焦国内外气候变化，而且对于介绍中国应对气候变化的政策立场和实践，帮助国际社会了解中国、平衡国际舆论场亦能起到正向作用。

（刘栋：澎湃新闻首席记者）

案例类别：产品

“数字上海”融媒体 助推内外数字化转型

孙妍

在“数字中国”的国家战略指引下，上海正加快打造具有世界影响力的“国际数字之都”，加强关键技术攻关、着力提升产业能级、优化发展环境，推动“经济、生活、治理”全面数字化转型。

《IT时报》一直都是上海数字之都发展的见证者、记录者。对于“如何持续报道好、记录好、推动好、促进好上海城市数字化转型”这个大命题，《IT时报》的答案是将其作为一个系统工程来持续推动下去，形成一套“以产业内容融合促进新媒体运营提升，以服务上海城市数字化转型发展牵引内容创新”的全媒体融合新模式。

“数字上海”全媒体融合推动了内外数字化转型。对内，《IT时报》可以完成报纸专栏的数字化转型，传统报业记者可借助项目练兵，借助文字、图片、视频、海报和H5等多元化内容的采编，转型成具备全媒体素质的记者；对外，通过连续专栏报道和年度评选，集中展示上海数字化转型实力和成果，这些“上海方案”也将成为推动上海乃至全国数字化转型的重要力量。

一、报纸专栏的数字化转型

从2022年3月开始，《IT时报》开设“数字上海”专栏，截至2024年4月，持续一年时间的采访和调查，几乎以每周一篇报道的节奏刊发在全媒体平台，总计刊发近70篇报道。

为了全方位、多角度地展现“数字上海”的应用场景和技术，专栏内容覆盖了政务、民生、科研、教育等领域的数字化转型，涉及智慧城市、智能码头、未来农业、AI社区等项目，背后的技术全面涉及人工智能（AIGC、算力）、大数据、5G、云计算等。

除了报纸这一纸质媒体载体外，我们还在微信、微博、网站等十多个新媒体平台，以及抖音、快手、视频号等视频网站扩大全媒体传播力，呈现形式包括文字、图片、视频、海报和H5等，完成了报纸专栏的数字化转型。

扎实的内容才能做实年度评选，形成滚动、循环的内容、传播、产业社会互动形式，真正塑造一个“全媒体内容产品”。

二、年度评选寻找“上海方案”

《IT时报》在2022年、2023年持续推出“数字上海十佳表现”“数字上海十大场景”评选，这一系列评选旨在发掘最具代表性的数字城市方案。

每年年底从近百件参评项目中选出，项目主要来源于“数字上海”专栏跨越全年度的采访、调查和报道，以及自愿报名渠道。

通过初期报名、TOP20场景初评和展示、网络投票复评和专家终评审等多环节，从数字技术创新性、实际应用效果、用户体验和满意度、社会影响力、安全性和可持续发展潜力等六个维度对参评项目打分，最终选出十大场景。

为了确保评选过程的全面性和专业性，网络投票初期覆盖300多万名《IT时报》全网读者，专家评审来自同济大学、中科院上海高等研究院、上海计算机软件技术开发中心、上海智慧城市发展研究院等专业机构与高校。

洋山港四期大数据平台、随申码、普陀区城运中心一网统管城市治理引擎、Hello老友亭等10个项目脱颖而出，荣获2023年度“数字上海十大场景”称号，而上海社区云、复旦大学CFFF平台、风乌气象大模型则分获单项奖。叮咚买菜、上海电信云宽带、徐汇滨江智慧水岸、随申行APP、百度飞桨AI产业赋能中心等项目入选2022年度“数字上海十佳表现”。

评选不限企业、不限行业，本着“以城市为本”“以人为本”的评选精神，评价数字应用对推进城市数字化转型的贡献，以及给人们生活带来的真实感知变化，用心挖掘那些点亮“数字上海”的最佳创新应用。

三、传统报业“三复合转型”

虽然“数字上海”全媒体融合只是一个专项，但背后却是以整支内容采编团队的融媒体转型为基座的。

报纸等传统媒体与新媒体融合势在必行，但是几乎所有传统媒体在转型过程中都会遇到“心有余而力不足”的共性问题：报纸与新媒体团队割裂，新媒体成本开支不足；原本周报的节奏无法打破，跟不上新媒体的快节奏；文字记者转型新媒体复合人才的动力不足等。

鉴于人员有限的情况采取人员复用的新媒体运营方式，《IT时报》从2019年开始启动责任编辑制度，责任编辑负责内容，技术编辑负责排版、视频剪辑等，微信等十多个媒体号复用报纸内容，打通了报纸与新媒体之间的墙，初步完成了传统报业人员、能力、平台“三复合转型”。

随着视频、直播等新媒体呈现方式出现，仅打通报纸与新媒体的内容已经远远不够，还需打破传统媒体的操作节奏。

（一）重塑新媒体节奏

从2023年底起，《IT时报》以新媒体轮班制建立虚拟团队，每周由两位记者负责突发报道，其余记者负责深度报道，兼顾新媒体内容时效性与深度。选题制度也从一周一报，改为一日一报，传统报业记者和新媒体记者的复合，给专项打下了基础内容基座。

（二）积分激励向新媒体、短视频倾斜

为了激励记者尽快适应新媒体节奏，绩效机制与之配套，调整《IT时报》原有积分机制，积分向新媒体特供稿件和短视频倾斜，而积分直接与绩效挂钩。

（三）专项演练提升全媒体能力

通过“数字上海十大场景评选”等专项的拉练，迅速提高采编团队的全媒体综合能力，同时也解决报纸与新媒体团队割裂的问题。记者不仅要懂得采访、写作等传统技能，还需掌握视频拍摄、剪辑等技术；美编不仅要懂得报纸排版，还需掌握平面设计、海报制作等能力。从前期采访邀约到采访间设计、搭建，从活动策划到现场采访，从文字到视频，从剪辑到全网发布，全部专业技能都由原先的文字采编团队完成。

（四）在没有大幅度扩充团队规模的情况下，在没有大量资源和资金加持的情况下，当下《IT时报》新媒体由一位新媒体主编和一位新媒体技术编辑负责所有新媒体内容的审核和发布

四、助推内外数字化转型

对外，“数字上海”全媒体专栏已在全网获得千万级的传播影响力，为数字化转型输送了大量的“上海方案”，为其他城市和地区提供了可借鉴的经验和启示，引领城市智慧化新征程。

2023年11月，在中国报业新媒体（客户端）发展大会上，《IT时报》报送的《“数字上海”全媒体融合》获评中国报业协会新媒体（客户端）发展大会主旨报告素材案例。

对内，通过“数字上海”专项的演练，《IT时报》采编团队稳步完成全媒体转型与重塑，在全网300多万读者粉丝，每年都可完成过亿的全网传播力，聚集形成了一套“以产业内容融合促进新媒体运营提升、以服务上海城市数字化转型发展牵引内容创新”的全媒体融合新模式。

新媒体“三复合”转型的虚拟团队模式也多次荣获中国报协的全媒体转型奖项，得以与行业媒体同行深度交流、借鉴全媒体融合发展经验。

以内容全媒体传播为源泉，以年度十大场景评选为牵引，以人员复合转型为基座，《IT时报》“数字上海”全媒体项目助推了内外数字化转型，形成了“1+1+1 > 3”的融合共赢效应。

（孙妍：《IT时报》社采编部新媒体编辑）

案例类别：产品

光学期刊数字化集群化出版探索与实践

《中国激光》杂志社有限公司

《中国激光》杂志社有限公司（以下简称中国激光）由中国科学院上海光机所与中国光学学会联合投资成立于2009年，出版历史可以追溯至1964年，是中国第一批转企改制的学术期刊出版机构。

中国激光现拥有4种中文7种英文的旗舰期刊群，其中5种期刊入选中国科技期刊卓越行动计划，配备中、英文刊群出版平台与全流程数字出版与传播一体化系统。2004年，中国激光在国内成立首个专业学科刊群——中国光学期刊联盟，目前收录期刊80种，其中SCI收录期刊18种，Q1区期刊11种，国内外重要数据库收录比例超过80%。中国激光于2019年入选中国科技期刊卓越行动集群化试点单位，已成为国内最大，全球第三的光学期刊出版单位，在光学期刊出版、专业学科集群化发展、新媒体融合方面是国内科技媒体的领跑者。

一、筑建高水平中文学术生态圈

中国激光出版的《中国激光》《光学学报》《激光与光电子学进展》3种中文期刊历史悠久，是学科内独有的3种半月刊，并被ESCI、EI和国内多种核心数据库所收录，长期保持高学术质量与大发表体量，与国内多数中文期刊发展艰难的态势形成鲜明对比。其中《光学学报》《中国激光》两刊在国内多年保持绝对领先地位，多次获得“中国百强报刊”等荣誉称号。

中文刊对标Nature/Science办刊策略，探索“母刊—子刊”办刊模式，陆续形成了“空间、大气、海洋与环境光学”“生物医学光子学”“前沿激光制造”“先进成像”等细分方向的专题子刊。并发展了“刊会融合”的方式，分别举办与专题子刊同名学术会议，形成“一刊一会一社区”办刊模式，建设高水平的学术生态圈。

在高质量内容建设方面，中文期刊敏锐把握学科热点，面向国家重大需求，每年策划多个热点专题，提升期刊学术质量，引领学科发展；开展英文长摘要工作，拓展国际知名数据库合作，提升期刊的国际影响力和知名度；创立《快报》栏目，让原创性强的学术成果第一时间在期刊上得到发表。

在内容传播方面，中文期刊建立了作者/读者/专家激励机制体制，如遴选封面文章、亮点文章、优秀文章，评选主编推荐奖、优秀审稿人、优秀编委、最美封面奖等，为获奖人员颁发证书等，鼓励各种身份学者投身到期刊建设工作中。开展线下线上会议、培训、走进实验室等活动，实现期刊与学者互动，全方位提升期刊的品牌影响力。

二、探索中国特色英文期刊集群化之路

作为“中国科技期刊卓越行动计划”集群化试点单位，中国激光深刻认识到期刊集群化发展的重大意义，不断整合资源，创办新刊，探索出了一条中国特色的英文期刊集群化发展道路。

2003年，中国激光创办国内第一本英文光学期刊*Chinese Optics Letters*（《中国光学快报》，COL）。2013年和2019年分别创办了3种英文期刊，包括发文量与影响因子齐飞的*Photonics Research*（《光子学研究》，PR），全球高功率激光领域第一本英文期刊*High Power Laser Science and Engineering*（《高功率激光科学与工程》，HPLE），以及杂志社旗舰期刊*Advanced Photonics*（《先进光子学》，AP）。2022年分别创办中国第一本光学纯综述期刊*Photonics Insights*（《光子学评论》，PI）和AP延伸品牌价值的姐妹刊*Advanced Photonics Nexus*（《先进光子学通讯》，APN）。2024年联合西安电子科技大学杭州研究院以全新模式出版第七种英文刊*Advanced Imaging*（《先进成像》，AI）。中国激光顺应时代发展潮流，考虑作者和读者需求，以构建功能相异、层次分明、资源互补的期刊集群为目标，逐步形成了具有国际影响力的世界一流英文光学期刊集群。

我国大多数英文期刊都与国际大型出版商合作来扩大国际传播范围和提升期刊影响力，但是如果完全“借船出海”，不但会导致期刊论文知识产权归属于国际合作方，关键数据和众多权益拱手让人，而且期刊要承担高昂的平台使用费用。

中国激光坚持与国际出版商坚持平等互利的合作模式，在版权归属和经济效益分配等重要问题上，拥有平等的话语权，双方共担成本，共享收益。基于期刊出版方面的收益，中国激光形成了较强的自主造血能力，推动了期刊的集群化发展。经过多年的国际合作交流，中

国激光融会贯通国际一流学会和商业出版机构的模式，走出了一条符合我国科技期刊特点的独特发展道路。

三、自主研发全流程数字出版体系

中国激光通过自主建设的科云出版生产系统，英文出版平台 Researching 和中文出版平台中国光学期刊网，打通了从投审稿系统，到论文数据生产加工，到多模式发布传播的全流程数字化。全流程数字出版体系内所有平台及系统从设计思路和技术实现，采用了成熟的数字系统研发技术、通用的数据标准和 XML 元数据，对绝大多数的专业学科领域的刊群建设具有广泛的普适性。

在中国科技期刊卓越行动项目及专家指导下，中国激光的英文期刊出版平台 Researching（https://www.researching.cn），选用微软、Google 等国际领先技术公司的同源技术，自主研发，在国内首个专业学科刊群英文平台 CLP Publishing 的基础上升级而成。Researching 于 2019 年在中国科技期刊卓越行动指导下策划，2021 年正式上线，由光学牵引物理、地理开展多学科出版与传播服务，入选国家新闻出版署 2023 年度出版融合发展工程。

Researching 的设计思想是针对专业学科，平台功能汲取了国际一流期刊平台的优点，充分发挥 2004 年上线运营的中国光学期刊网 (https://www.opticsjournal.net) 的成熟经验，构建资源丰富功能全面的国际期刊出版平台。

在资源方面，平台已汇聚 80 种优质期刊，基本涵盖国内所有光学期刊，并向材料、航空、生物等交叉前沿领域延伸；积累了超过 100 万结构化学科数据，专业用户超过 200 万，已初步形成全球光学学科资源库。

在功能方面，Researching 深耕垂直领域，选取“高功率激光”这一全球激光研究的金字塔尖的领域，建设了全球唯一高功率特色学术社区，开发了视频出版、论文精准推送与引用的动态监测等特色功能，服务刊—会融合的创新模式，自动生成国际化会议专用网站。兼容国内外多种期刊出版发布模式，与国内外多个搜索引擎、资源库、出版机构建立了顺畅的资源交互机制，让科研成果得到了快速的国际出版与传播服务。

四、建设专业学科 AI 光学智慧平台

人工智能最擅长多维信息的关联处理与提炼生成，将平台知识服务模式从关键词图谱、学科热门作者、学科词云、学科研究趋势的 1.0 版，升级至论文特征库、向量语义库、学科词云库、内容生成等 2.0 版。中国激光刊群积累了超百万的结构化论文数据，聚集了近百万专业用户，拥有自主技术研发能力。

中国激光自有的研发团队已经逐步开展论文特征库、向量语义库、词云、语义全息、精准匹配、NLP 对话式搜索、文本生成、文生图等智能知识服务。杂志社正紧跟人工智能技术升级，探索向量数据库，持续发挥专业资源积累优势升级训练学科模型，优化知识服务算法，建造光学智慧平台。

五、构建多渠道全媒体传播布局

中国激光构建了以数据建设为根本、媒体传播为支撑、渠道分发为保障的全媒体科学传播生态体系，提升高水平学科刊群的国际传播力、期刊影响力和学科引导力。

数据建设方面，中国激光的 Researching、中国光学期刊网、科云出版平台以及会同会议系统，以底层数据核心，搭建数据中台框架，集出版、在线编辑生产、学术活动传播于一体，赋能数据整合与应用，为刊群精准化、个性化触达用户提供有力支撑。

在媒体传播方面，通过对 IP 深度挖掘，以中国激光杂志社的官方微信号为龙头，打造以爱光学、激光评论和科学文字社为核心的微信矩阵，微博、视频号、B 站、喜马拉雅音频平台的多元化传播体系，融合图文、音频、视频、直播等多种形式，为刊群“好发声、发好声”奠定基础。

在渠道分发方面，中国激光多点齐发，深度融合，打开传播新格局。利用 TrendMD、Aminer、邮件推送等方式实现精准传播；国际合作“横向发展”，利用海外专业媒体，以及 EurekAlert、Physics.org、ScienceDaily 等国际科技新闻发布平台，ResearchGate、Twitter、LinkedIn、Facebook、YouTube 等社交媒体扩大国际知名度；举办线下会议促进协同合作、资源共享，拓宽专业交流渠道和机会；线上社区“纵向发展”，搭建垂直社群、学术社区与国内外学者紧密联系。中国激光不断拓宽传播渠道，提高学科刊群信息的覆盖率和传播面。

（《中国激光》杂志社有限公司）

Researching 英文平台

案例类别：产品

《全国报刊索引》新媒体融合发展

彭梅

一、前言

《全国报刊索引》创立于1955年，是上海图书馆（上海科学技术情报研究所）主管主办并倾力打造的专业信息服务品牌。

六十余年来，《全国报刊索引》已由最初的月刊出版，发展为汇聚两百年历史文献成果，深度挖掘和组织的特大型综合性知识服务体系，囊括期刊、报纸、图书、图片等各类文献资源。1996年，制作推出的《中文社科报刊篇名数据库》获文化部科技进步二等奖、上海市文化局科技进步一等奖。

经过数十年坚持不懈地资源挖掘和合作共建，逐步建成《全国报刊索引——数字文献资源全库》，海纳近代时期的20000余种期刊、4000余份中英文报纸、120000余种图书以及10000余种现刊，实现书、报、刊、图全覆盖，为海内外读者提供精致的知识服务。

随着互联网、大数据、人工智能等先进信息技术手段的发展，传统媒体与新兴媒体结合，实现内容、技术、渠道、平台等方面的深度融合与互动，以满足用户个性化、多样化的信息需求，提升媒体的传播效果和服务水平。这种发展模式不仅意味着媒体形式的变革，更是对媒体内容、传播方式、商业模式等方面提出了全新的挑战和机遇。

在这样的背景下，《全国报刊索引》积极思考如何实现新媒体融合以适应时代发展。经过近三十年的努力，逐渐形成以下媒体融合发展矩阵（图1）。

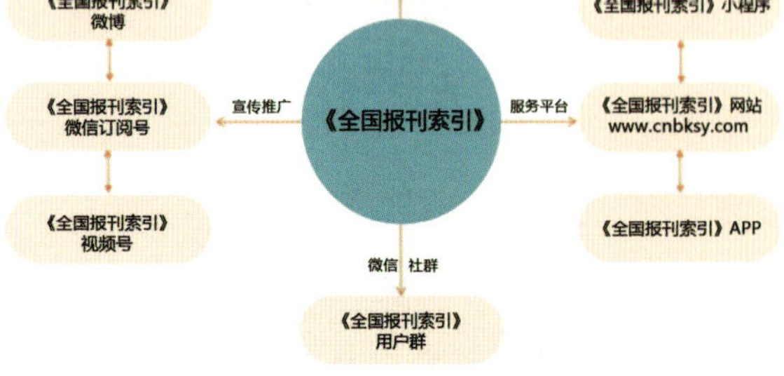

图1《全国报刊索引》媒体融合矩阵

二、融合发展人员构成

目前，《全国报刊索引》除纸质月刊的出版外，已实现全面向新媒体转型。为了适应新媒体时代的要求，我们不断加强人员培训和技能提升，定期举办内部培训和外部学习交流活动，以保持团队的专业水平和创新能力。根据团队业务流程，目前发展人员构成如下图（图2）所示。

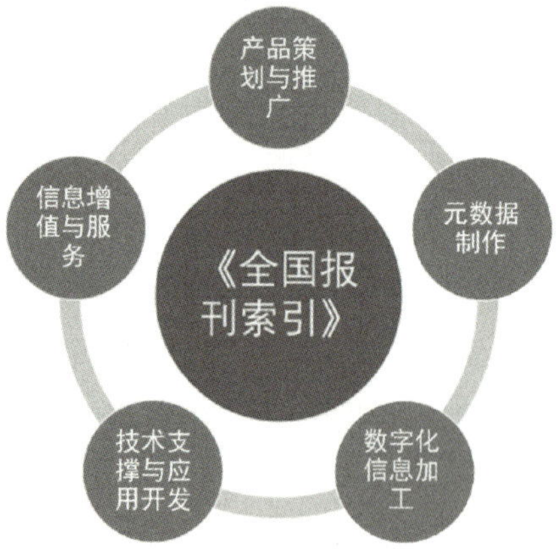

图2 业务人员模块构成

据目前统计，《全国报刊索引》全体员工104人，年龄层次（表1）、学历构成（表2）以及职称分布（表3）情况如下：

表1 年龄层次分析表

年龄层次	人数（人）	比例（%）
35岁以下	47	45.19
35—55岁	54	51.92
55岁以上	3	2.89

表2 学历分析表

学历	人数（人）	比例（%）
硕士及以上	27	25.96
本科	57	54.81
本科以下	20	19.23

表 3 职称分析表

职称	人数（人）	比例（%）
正高	2	1.92
副高	11	10.58
中级	42	40.38
初级	45	43.27
其他	4	3.85

三、平台打造

目前，《全国报刊索引》新媒体平台包括 PC 端网络服务、APP、小程序、微信订阅号、视频号、微博、社群等（图 3），实现了全方位、多终端的服务覆盖。同时，充分利用知识图谱、可视化等先进的信息技术，我们不断优化平台功能，提升用户体验，满足用户多样化的检索需求。

为了增强用户互动性与活跃度，我们也开展了各类线上线下活动，如培训、有奖互动、展览、年终优惠打折等，搭建起与户交流和分享的平台，提升服务质量。

图 3《全国报刊索引》新媒体平台

四、社会合作

在新媒体融合发展过程中，全方位地开展社会合作是推广品牌形象、拓展市场、资源贡献的重要手段。作为上海图书馆主管主办的重要信息服务品牌，《全国报刊索引》在这方面有独到的优势。

第一，可利用图情领域内的关系网络，与众多图书馆实现共同开展资源共享、信息交流、技术合作、联合推广等。通过这些努力，可实现双方的互惠互赢。

第二，充分利用《全国报刊索引》在海内外所拥有的 300 多家机构用户网络，在进行关系维护的同时，也开展近代文献资源的合作共建，不断丰富平台服务资源，推动业务精进和创新。

第三，建立咨询专家库，提升服务的精致度和专业性。《全国报刊索引》的新媒体推广是以平台海量的文献内容为基础的，特别是在中国近代文献领域，具有相当的专业性。因此，我们与国内外相关专家建立广泛联系，员工在向专家学习过程中不断进行知识积累，同时，也让《全国报刊索引》的内容生产有了质量保障。

第四，建立以展览为核心的近代文献阅读推广模式，与国内外众多机构合办展览，进行阅读推广活动。目前，《全国报刊索引》拥有一个能够独立办展的团队，从策划、文案、设计、推广、落地等均有所涉猎，最终形成一套包含展板、线上活动、培训、微信推文等多位一体的展览成果，可供需要合作的单位共同推广，最大化地扩大影响力。

五、社会效益与经济收益

从纸质期刊出版向数字文献服务全面转型是《全国报刊索引》发展历程中的重大转变。这种转变也是在互联网发展大潮中，依托媒体服务渠道的日新月异而产生的。现如今，《全国报刊索引》个人服务平台注册用户近 70000 人，海内外机构用户 300 余家，构筑起广泛的用户服务网络。2023 年，《全国报刊索引》数据库服务收入逾 3000 万元，并赢得了用户的普遍赞誉。

与此同时，《全国报刊索引》微信公众号累计“粉丝”26000 人，微博“粉丝”4000 人，视频号初创一年，已累计原创视频 50 余条，每条播放量均保持在 1000 以上。

从以上数据来看，新媒体融合发展为我们拓展了服务受众，提升了服务质量，取得了良好的社会影响。我们的服务覆盖范围不断扩大，用户满意度和忠诚度持续提升。同时，新媒体融合发展也为我们带来了可观的经济收益，实现了经济效益与社会效益的双赢，为《全国报刊索引》可持续发展奠定了良好基础。

（彭梅：上海图书馆信息处理中心馆员）

案例类别：产品

《全国报刊索引》数字文献资源全库

王晶

《全国报刊索引》创立于1955年，是上海图书馆（上海科学技术情报研究所）主管主办并倾力打造的专业信息服务品牌。近七十年，《全国报刊索引》已由最初的月刊出版，发展为汇聚两百年历史文献成果，深度挖掘和组织的特大型综合性知识服务体系。经过数十年坚持不懈地资源挖掘和合作共建，我们逐步建成《全国报刊索引——数字文献资源全库》（以下简称全库），海纳近代时期的2万余种期刊、4000余份中英文报纸、12万余种图书、180万余幅图片以及1万余种现刊，实现书、报、刊、图全覆盖。

一、资源详情

全库收录海量近代文献资源，囊括期刊、报纸、图书、图片等各文献类型，并且不断补充更新，持续为研究者提供更全面的数字化服务。

（一）期刊

依托上海图书馆丰富的馆藏资源，全库汇集近代出版的20000余种期刊，1000万余篇文献，按《晚清期刊全文数据库》《民国时期期刊全文数据库》分辑陆续推出；并精选文学、电影、红色等各类期刊进行全文识别，推出系列精品期刊库；另收录现刊10000余种，年更新量高达200万余条。

（二）报纸

全库拟收录1850年至1952年间出版的4000余份中英文报纸，现已累计推出1000余种，悉数囊括《申报》《新闻报》《字林西报》《大陆报》等知名大报，近千种“能纪大报所不能纪，能言大报所不能言”的特色小报，以及数千份地方报纸。各类报纸相互印证、各有千秋，为专业、全面、科学地研究近代历史，提供了完整的史料依据。

（三）图书

上海图书馆馆藏有数量非常可观的珍贵近代图书资源，全库汇集其中的12万余种，覆盖马列主义、毛泽东思想，哲学，社会科学，自然科学以及综合性图书各个部类，推出《中国近代图书全文数据库》，其中不乏上图独有的珍稀馆藏，极具史料价值和学术研究意义。

（四）图片

图像是叙述历史的重要形式，也是解读历史的重要证据。《全国报刊索引》对中国近代文献中的图片进行深度挖掘和揭示，汇成《图述百年——中国近代文献图库》，并按照片、木刻、书法、地图、雕塑等16种类型呈现，现已收录各类图片逾180万幅。

二、功能特色

书、报、刊是文史研究的三大载体，各有不同的特色和作用，为全方位探索不同文献类型，全库网络服务平台实现了跨书、报、刊的一站式检索，配备高级检索、专业检索、检索结果聚类、文献导航等基础功能，并根据不同文献类型的特点，开发了系列特色功能。

期刊库精选各类专题期刊，在原本扫描图像的基础上，进行全文本识别，极大地丰富查询结果，提升信息获取效率；将汉典嵌入整本浏览界面，方便随时查阅，轻松快捷。报纸库以日历形式全面展示报纸收录情况，可以拖动时间轴，选择年、月，逐日进行整本浏览或篇名浏览；不同颜色的热区精准定位报纸中的正文、图片、广告，助力使用者快速辨识文章区域。图书库支持书内全文检索，检索词精准定位、高亮显示；依托上海图书馆数字人文团队的研究成果，与相关的人、地、时等基础知识库进行关联，实现了地图检索、人物检索等特色功能；此外提供版本聚类，可以查阅近代图书的不同版本形态，方便使用者进行比较研究。图库分照片、漫画、木刻、书法、地图、雕塑等16种类型，瀑布流式呈现检索结果，浏览便捷；图片与所属文献正文进行勾连，可查看该图所在的原始语境，同时对相关图片进行推荐，方便获取更多信息。

2024年全库网络服务平台进行了全面升级，新增检索结果可视化、报刊沿革知识图谱化等亮点功能，充分利用计量图表和知识图谱技术，集中分散资源，将各类文献的知识信息以图谱形式生动展现，不仅有助于挖掘文献之间的关联关系，还能让研究者更全面地了解资源内容及相关信息。

三、服务模式

全库提供最常用的网络远程和本地镜像服务模式。

（一）网络远程服务模式

使用方式：通过我方授权的有效网络账号，登录《全国报刊索引》网站（限用户在协议约定 IP 地址范围内使用）检索该数据库并获得相关服务，按年度支付网络远程服务费用。网络远程服务模式可提供的在线用户数为 5 个以内。

计费方式：远程服务费。

同时在线用户数：最多 5 个。

使用特点：无须硬件投入和专人维护。

软硬件条件：可以接入互联网的计算机，推荐浏览器 IE7.0 及以上。

（二）封闭式网络镜像站服务模式

使用方式：通过我方授权使用范围，将《全国报刊索引——数字文献资源全库》中的相关资源安装于用户方网络服务器上，限用户方在本单位局域网范围内使用。封闭式网络镜像站服务模式可提供20个以内的在线用户数。

计费方式：一次性付清，购买数据的永久使用权。

同时在线用户数：最多 20 个。

使用特点：检索速度快，不受外部网络环境影响。

软硬件条件：windows server 2003—2012 64 位 / 4 核 CPU 及以上 / 最低内存 8GB，流畅运行 16GB/ 浏览器 IE8 及以上，firefox，chrome，360。

四、经济效益

全库是《全国报刊索引》基于上海图书馆的丰富馆藏独立研发制作的，资源收录全面而珍稀，具有较强的市场竞争力。《全国报刊索引》秉持“走出去”的全球战略，目前已有涵盖海内外的 300 余家机构用户，不仅基本覆盖国内的重要高校、公共图书馆和研究机构，同时，服务范围也延伸至美国、澳大利亚、日本、德国、英国等世界各地。全库自上线运营以来经济效益十分突出，近年销售收入比较稳定，以 2023 年全年销售收入计，达 3000 余万元。

五、社会效益

全库的打造与推出，不仅产生了经济效益，更带来巨大的社会效益。首先，对上图馆藏历史文献资源的数字化揭示，扩大了馆藏资源的社会服务面，不局限于为到馆读者提供阅览服务，可以为更多海内外广大读者群体服务，提高了馆藏文献资源的利用率，充分展示上图作为资源丰富的公共图书馆的服务担当。其次，全库收录资源全面而丰富，包含大量珍稀独家馆藏，为中国近代历史文化相关研究提供了一座资料宝库，具有市场同类单品无可比拟的综合性与珍稀性，拥有极高的史料价值和学术研究价值，能够从最大程度上满足广大读者和专业研究人员的使用需求。再次，对历史文献的数字化更是抢救和保护珍贵文献的重要举措。近代文献老化、损毁现象相当严重，有些看似品相尚佳的报刊，一触即碎，无法提供阅览，亟待抢救和保护；基于保护珍稀馆藏基础上的数字化开发，不仅可以更高效地服务广大读者和专业研究人员，更使中华优秀传统文化得以继承和延续，为促进文化传承和文明发展贡献一分力量。

（王晶：上海图书馆信息处理中心馆员）

天津市

案例类别：产品

津云：创新驱动 效率倍增

——AIGC 技术赋能媒体新质生产力

孙帅 高洁

在生成式人工智能浪潮的推动下，媒体行业正面临着前所未有的转型机遇。随着用户获取信息的方式日趋多样化，主流媒体亟须在保持内容创新的同时，提升生产效率，以满足日益增长的市场需求。这不仅考验着媒体机构的创新能力，也对技术进步提出了更高的要求。

AIGC（人工智能生成内容）技术，作为人工智能领域的前沿技术，通过模拟人类的创作过程，利用算法和大数据，为内容生产提供了全新的解决方案。不仅能够激发创意，提升内容的吸引力，还能大幅提高生产效率，降低成本，成为发展媒体新质生产力的重要基础。天津津云新媒体集团股份有限公司深耕互联网媒体技术 20 余年，始终致力于将技术赋能作为媒体融合发展的有效抓手。近年来推出的 AIGC 智能创作平台、智能内容风控平台及智能视频修复平台，不仅成为融媒体内容生产的重要工具，而且形成云服务产品生态，引领融媒体行业智能化革新，培育融媒体领域的新质生产力，激活媒体融合的创新动力。

一、创新引擎：激发媒体内容创造力

津云 AIGC 智能创作平台是媒体行业创新的前沿工具，它集成了 AI 文稿创作、视频脚本创作、内容大纲总结、风格标题生成、智能配图和智能绘图等模块。这些功能共同构成了一个强大的内容生产系统，能够根据预设的主题、场景和风格要求，快速生成高质量的文本和视觉内容。利用大语言模型和自然语言处理技术，能够理解复杂的语境和语义，生成流畅、准确的文本。新闻稿创作和视频脚本创作模块专为新闻和视频内容设计，能够快速产出符合行业标准的稿件和脚本。新闻大纲总结功能则能够从大量文本中提取关键信息，生成简洁的新闻摘要。风格标题生成模块能够根据内容和传播渠道风格要求，创造出引人注目的标题。智能配图和智能绘图功能则进一步丰富了内容的表现形式，使得生成的内容更加生动和吸引人。

津云 AIGC 智能创作平台代表了媒体内容生产方式的一次革命性转变，是媒体行业创新的真正引擎。平台的个性化内容生成能力，使媒体能够根据不同类型稿件、不同传播介质和不同受众群体，快速生产同一核心主题不同表达形式的多个稿件，更精准地满足用户的个性化需求。不仅提升了用户体验，也增强了用户对媒体品牌的忠诚度。在平台使用过程中，我们发现平台不仅能够辅助内容生产，还能够激发采编人员的创新潜力。传统的内容生产模式往往受限于人力和时间的限制，难以进行大规模的创新尝试。而 AIGC 平台则打破了这些限制，它能够生成各种风格和形式的内容，为采编人员提供了更为广阔的创新空间和灵感来源，为进行各种创新尝试，探索新的内容形式和表现手法，创造出前所未有的内容产品提供了更多可能性。不只是津云 AIGC 智能创作平台，众多 AIGC 平台的兴起也促进了媒体行业的可持续发展。在当前的内容传播环境下，用户对内容多样性的需求日益增长，而传统的内容生产方式已经难以满足这种需求。AIGC 平台的创新能力，为主流媒体提供了一种新的解决方案。

二、效率革命：优化媒体生产全流程

人工智能技术在津云内容生产、内容审核及效果评估中的应用，实现了编审效率的显著提升。在传统的内容生产模式下，从选题、策划到最终的内容生成，需要耗费大量的时间和人力资源。而智能创作平台利用先进的算法快速生成新闻稿、视频脚本等，能够在短时间内生成高质量的内容极大缩短了从构思到成品的时间，降低了生产成本。这种高效率的内容生产方式，使得媒体机构能够快速响应市场变化，及时产出热点内容，抓住

用户注意力。智能创作平台还提供了图文稿生成短视频能力，一键实现文稿理解、智能匹配媒资、文稿向播报稿风格转换、智能朗读配音、智能混入背景音乐，分钟级生成短视频，使更多内容在短视频平台得以传播。智能内容风控平台利用高性能的内容理解能力、场景识别能力、人物识别能力，自动化地进行内容审核，有效避免了潜在的合规风险，加快了内容上线流程。津云智能视频修复平台运用前沿人工智能技术，对旧视频进行修复、上色、超分和增强，使一大批珍贵的历史影像资料得以快速重焕生机，为经典老节目注入了新的生命力，为观众呈现更为丰富、生动的历史画卷。这不仅是对历史的珍视与传承，更展现了媒体人的责任与担当。这些平台的集成使用，形成了一个高效、自动化的媒体内容生产流水线，每一个环节都被精心设计以最大化生产效率。

三、技术赋能：塑造媒体新质生产力

作为技术型媒体的代表，津云坚持AI技术自主研发路线，一站式智能媒体融合解决方案不仅在津云生产中发挥效用，同时还服务着全国70多家省市级媒体单位，数十家海外华文媒体以及多家高校和大中型企事业单位。津云产品凭借自研优势及自身媒体生产运营经验，在同类产品中脱颖而出，在广电总局首届广播电视和网络视听人工智能应用创新大赛中，津云智媒体内容审核平台（智能内容风控平台）获得二等奖。在广电总局第三届广播电视和网络视听人工智能应用创新大赛津云智媒体视频修复平台获得三等奖。2023年7月，津云自主研发的“一站式智能媒体融合解决方案”入选中国记协“融媒有技”优秀案例库首批20个优秀案例。

在生成式人工智能为媒体带来创新和效率的同时，我们也深知它带来的新的风险和挑战。AI在新闻领域中的应用，虽然提高了时效性和生产效率，但若不加以规范，可能会导致由于内容准确性不足造成的公信力损失，可能导致由于监督机制不足造成的导向性错误。为了规避这些风险、坚守新闻伦理，在AIGC应用过程中，必须严格控制人工智能参与生成的内容的准确性、合规性。尽管人工智能技术可以提高效率，但它绝不能完全取代人类的判断和把关。媒体人应使用AI作为辅助工具，而不是依赖它来做出所有决策。媒体单位需要在应用技术平台的同时，建立配套的工作机制，以确保AI技术的安全和可靠。从技术角度来看，国内媒体应坚持自主研发，确保人工智能技术安全可控。通过这些措施，媒体行业不仅能够规避AIGC技术的风险，还能够充分利用人工智能技术赋能的新质生产力。我们坚信通过媒体行业的共同努力，通过社会各界的支持和参与，最终我们将能够一起打造出具有强大影响力和竞争力的新型主流媒体，共同迎接媒体行业的美好未来。

（孙帅：天津津云新媒体集团股份有限公司融媒事业部主任，高洁：天津津云新媒体集团股份有限公司智媒体研究中心主任）

重庆市

案例类别：组织机构

加快培育新质生产力 增强融合发展新动能

——重庆日报报业集团实践与探索

向泽映

党的二十大强调，“高质量发展是全面建设社会主义现代化国家的首要任务”。如何实现更高质量的发展，是新征程上报业必须回答且必须答好的重大课题。

习近平总书记深刻指出，新质生产力是创新起主导作用，摆脱传统经济增长方式、生产力发展路径，具有高科技、高效能、高质量特征，符合新发展理念的先进生产力质态。它由技术革命性突破、生产要素创新性配置、产业深度转型升级而催生，以劳动者、劳动资料、劳动对象及其优化组合的跃升为基本内涵，以全要素生产率大幅提升为核心标志，特点是创新，关键在质优，本质是先进生产力。

重庆日报报业集团（以下简称重报集团）深入学习

贯彻落实习近平总书记关于发展新质生产力的系列重要论述，加快培育新质生产力，推进媒体深度融合发展，奋力建设西部领头、全国领先、国际知名的现代一流传媒集团。

一、技术引领推动新质生产力

重报集团始终坚持“以先进技术为支撑”，以技术驱动融合发展。在这个过程中，重报集团始终遵循三个原则。

（一）强调建用并重

从媒体融合发展之初，集团处理建好自己的技术平台和用好第三方平台的关系。建立三级基本技术平台，为集团新闻生产打下坚实基础。一是与国内先进技术团队合作，先后投入2亿多元，在全国率先建成“全媒体内容生产技术支撑平台”，该项目获国内新闻技术领域最高荣誉——“王选新闻科学技术奖”一等奖。二是构建“集团新闻内容生产监管服务平台”，该项目被国家新闻出版广电总局评为数字化转型升级和媒体融合发展示范项目。三是建成集团“上游云”平台，实现新闻生产、新闻管理、新闻资源的平台化、数据化管理。

（二）坚持平台自有

将核心技术掌握在自己手中。在与第三方合作建设三级技术平台的同时，集团积极组建自有技术团队，自主研发云生态技术体系、内容风控系统、中台能力体系、大数据统计与分析平台、数字化考评体系、智能审校系统，有力支撑集团媒体深度融合发展。华龙网于2023年成立研发中心，基于融媒应用、法律法规定制、政务服务等三个方向建立大模型，致力于前瞻性的智能应用研究。集团借助人工智能技术创新实践，多项技术创新项目成绩斐然，树立了全国媒体融合发展标杆。其中自主研发的智能内容风控系统荣获2023年“王选新闻科学技术奖”一等奖，“‘华龙芯’智慧融媒体中台”和“重庆日报报业集团上游新闻大数据平台”分获2023年“王选新闻科学技术奖”二、三等奖。

（三）重在实用管用

坚持经济合适、实用管用的原则，推动技术建设与创新，最大限度让技术赋能集团融合转型。2020年至2023年，连续三年重报集团共6个案例入选“中国报业深度融合发展创新案例”，分别是上游新闻“融媒体平台的智能化技术研发与应用示范”、华龙网融媒体矩阵平台、重报集团新闻内容生产及运营监管服务平台、上游新闻帮帮频道、重庆国际传播中心海外传播平台、华龙网创新媒体深度融合管理机制。

二、“六化”推动集团转型升级

发展媒体领域的新质生产力，已成为当今媒体行业转型升级的关键所在。集团正在从总台化、开源化、智慧化、链条化、项目化、革新化等“六化”着手，系统推动集团“112N”全媒体传播体系建设（“112N”的第1个“1”是指建设全国一流新型主流媒体集团。“112N”的“12”是指构建以《重庆日报》——新重庆融媒体平台为主体、以华龙网——上游新闻和西部国际传播中心为两翼的全媒体传播体系。“112N”的“N”是指形成多条“新闻+政务商务服务”特色专业传播链），推动集团融合发展、转型升级。

（一）总台化

总台化是将一系列媒体资源进行集中整合，形成统一的运营平台和管理体系。通过总台化，可以优化资源配置，提高协同效率，实现信息的快速传递和共享，提升媒体的品牌影响力和市场竞争力。聚力打造《重庆日报》——新重庆融媒体主平台。2024年3月1日，按照“集团打通、区县打通、部门打通”的要求，重报集团迭代升级“新重庆”客户端，依托《重庆日报》强大的时政采访报道资源，会聚华龙网、上游新闻等集团媒体融合的骨干力量，并携手全市区县融媒体中心，共同打造共建共享大平台。客户端正在依托重庆号，聚合重庆各级政务部门、社团、协会、国企、校园、医院等媒体资源，形成一个努力打造群体多元、形态丰富、内容精彩、共建共享、深度触达广泛用户的总台型客户端，打造具有重庆辨识度、全国影响力的重庆第一端。

（二）开源化

开源化是媒体技术创新、持续发展的重要途径，既可以吸引更多用户共同促进技术创新，也可以降低成本和风险。重报集团新重庆客户端，正在逐步打通华龙网、上游新闻等特色频道、栏目内容，入驻新重庆客户端“重报优选”频道，并启用“重庆号”邀请机构单位入驻，目前，市人大、市政协、川航重庆分公司等已入驻“重庆号”。发挥总台型客户端优势，新重庆客户端不断根据用户的实际需求改进提升有关技术，与内容创作者共享技术。

（三）智慧化

智慧化是一种新的管理模式，它改变了人与人之间的关系和人工系统与自然的互动方式，覆盖了数字化、数据化、网络化、智能化等信息技术特征。这是媒体发展的重要方向，智慧化建设具有全覆盖互联高速网络、全面感知的智能环境、智慧融合的智能系统、对海量系统数据的智能分析及个性化的智能服务等特征。目前，集团将进一步升级技术平台，优化升级一体化新媒体智能采编平台、智能媒资系统，继续加强智能内容风控系统的研发，扩展对图、视频的风险识别。与此同时，集团将在集团一体化新媒体智能采编平台基础上扩展应用和接口，实现横向和纵向数据互联互通，为媒体融合发展提供强劲的技术支撑。在此基础上，集团将以智媒技术为牵引，向智慧化迈进，打造智慧报业，探索智慧传播，积极参与智慧城市建设，让人们真实地感受科技带来的变化。

（四）链条化

通过人工智能先进技术，推进特色专业传播链发展壮大。比如，通过“5G+AR”“5G+VR”技术让用户足不出户就能畅享360°沉浸式“实地”游览。还有许多体育赛事，也采用“5G+VR/XR”等创新技术，让用户突破时空限制，身临其境感受实时赛况。集团在旗下轨道、金融、旅游、专业期刊等媒体领域加强人工智能技术的应用，推动媒体内容生产、文化产业发展、传播方式创新的智能化进程。

（五）项目化

技术创新项目化不仅可以推动媒体集团内部技术水平的整体提升，也可以加强对外输出，提升影响力和竞争力。开展技术创新项目化的主体一般是传媒领域、高校、通信领域的研究院，目前各大省市均建立了有关大数据与人工智能领域的研究院，主要职能一方面是定期推出全国及有关行业的技术创新成果报告；另一方面就是加强研发技术的项目化输出，有关企业、媒体单位采购后，又将有关信息反馈给研究院，最终形成一个技术不断进步的循环。在这方面，集团前几年比较大的项目化就是三级技术平台。下一步，集团继续以项目化的方式，积极引入行业大模型建设集团AIGC研究室，并形成应用成果赋能采编生产。这项工作主要由集团技术委员会牵头推进，用好研究室成果，加速智能化、智慧化集团建设。

（六）革新化

从18世纪、19世纪的工业革命到20世纪的信息技术革命，再到21世纪新科技革命，历史上的每一次科技革命和产业变革，都为人类社会发展按下“加速键”。技术革新，不仅带来先进生产力，而且对生产关系进行革新。对于集团来讲，技术革新不仅给集团媒体内容生产、传播等流程带来革新，更是革新集团媒体业务发展，由传媒领域进入社会治理领域等多个领域，为“新闻+”运营模式提供更广阔的舞台，比如：华龙网利用数字文化技术服务，深度参与“文化·三情联动”应用，为重庆的社会基层治理提供支撑。集团印务公司可以创新采用智慧印刷有关业务，提高生产效能。集团发行公司可以利用人工智能技术加快推进生鲜配送、人力人才等方面技术升级，利用科技的力量助推发展。

三、新质生产力赋能优质内容生产

重报集团注重向技术创新要新闻生产力，注重运用VR、AR、MR和流媒体、超高清等推出全息化、可视化，沉浸式、交互式新闻产品，丰富内容形态、呈现方式、传播样式。一定程度上，重报集团可以算作全国省级党报集团中以新技术赋能内容创新的最大受益者。从2016年至2023年，重报集团共有11件作品问鼎中国新闻奖一等奖，其中10件作品是属于融媒体产品，有4件作品是获得中国新闻奖融合创新类一等奖。这很大程度上靠的是新媒介技术赋能。在信息爆炸的时代，各种媒体平台层出不穷，新闻报道的竞争也越来越激烈。只有提供高质量、有价值的新闻内容，才能吸引读者、用户，赢得广泛认可。

近年来，重庆日报报业集团紧盯中国新闻奖评选标准、中国新闻奖优秀作品，坚持内容为王、移动优先，形成了集团牵头、媒体发力、矩阵传播、精品评优、复盘推广等工作闭环，持续推动“新闻精品工程”建设，新闻作品传播力影响力大幅提升。从2013年至2024年4月，集团逐步建立起了多层次、覆盖集团所有子媒的新闻优秀作品奖励机制，如各级总编辑奖、月度年度好新闻奖。其中，“重报集团新闻奖”的评选标准、项目、字数（时长）要求等对标对表中国新闻奖及时修订。《重庆日报报业集团新闻奖励管理办法》规定，获得重庆新闻奖一等奖一次性奖励5000元；对获得中国新闻奖一等奖的作者重奖20万元，对其所在单位编委会集体奖励10万元。几年下来，重报集团对各类各级新闻奖的奖金投入超过600万元。这极大激发了全体采编人员创优争先的积极性，增强了优秀新闻人才的获得感、幸福感。新时代以来，集团共获48个中国新闻奖，其中一等奖11个。

2024年3月16日，华龙网自主研发的大模型“芯问”上线，包括智能标题、智能摘要、智能标签、智能写稿、智能扩定、智能审校、热点线索等功能。通过数字化手段重塑新闻生产流程，提升新闻制作的速度与品质，进一步用智能化、数字化能力提升媒体四力。

四、科技创新驱动多元产业发展

平台是媒体经营的基础，媒体经营就是平台经营和经营平台。目前，集团形成了以《重庆日报》、华龙网—上游新闻新媒体集群、西部国际传播中心为重点媒体平台，以电商物流、轨道传媒和印刷包装为三个支撑，加快文化地产项目、都市报、专业媒体三个转型，发展文旅、园区运营、户外广告、会展、康养、审读六大特色平台，辅之一套保障的“13361”经营格局。

科技创新引领集团多元化产业向“新”。以电商为例，重报电商物流有限公司是重庆日报报业集团为推动党报发行转型投资成立的全资子公司，是集团应对报纸发行下滑导致发行人员队伍过剩，解决就业难题的创新之举。按照集团关于深入推进媒体深度融合发展工作部署，电商物流公司依托党报发行网络渠道优势，积极深化党报发行改革，再造和延伸党媒渠道价值，主动探索“党媒渠道+生鲜、党媒渠道+物流、党媒渠道+电商”运营模式，形成了“生鲜团餐、外卖配送、电商超市、餐饮管理、人力服务和冷链物流园项目”融合发展的“一园三中心两公司”产业布局。重报生鲜现已发展成为以团餐食材配送为核心，以团膳运营、流通批发、商超供应、食品安全与溯源检测等八大业务板块为一体的智能生鲜配送平台；重报物流构建了涵盖美团外卖配送、冷链配送、物流仓储、干线运输的重庆全境配送平台；重报电商打造了聚焦单位内购超市和企业团购两大核心业务的电商运营平台。重报电商物流有限公司转型先后荣获“中国农产品食材供应链百强企业”“全国4A级物流企业”“重庆市服务业企业100强”“重庆市农业产业化市级龙头企业”“政府采购优秀供应商”“生活物资重点保供企业”等多项荣誉，参与完成2023年4月颁布的重庆市地方标准DB50《食品集中配送服务规范》起草制定工作，“重报生鲜食材配送服务”被重庆市市场监管局确定为市级标准化试点示范项目。2023年重报电商物流公司营收突破10亿元。顺应趋势，集团积极拓展数字经济赛道。

华龙网深度服务数字重庆建设，加快推进“媒情网情社情”闭环处置应用、“民呼我为”融媒问政应用、打卡长江国家文化公园应用、“星耀巴渝·时代新人库”应用等项目实施建设。积极参与“数字网信”相关项目建设。推动文博场馆数字化，全面参与对全市文化馆、图书馆、美术馆等公共文化服务机构的信息化建设，形成云上文化场馆建设集群化。做实做强“1+85”市政府网站集约化平台、“1+41”客户端集群。积极拓展数字党建、数字政务等赛道的技术研发工作。

随着“人工智能+”行动的不断深入，媒体行业将迎来前所未有的发展机遇。重报集团将积极拥抱这一时代潮流，坚持守正创新，充分利用先进技术、先进理念，加快培育新质生产力，催化生产力由量变到质变的转化，推进媒体深度融合，不断发展新质传播力，努力在智能媒体主战场上发挥更大作用！

（向泽映：重庆日报报业集团党委书记、社长）

案例类别：产品

《重庆日报》：乡村振兴大讲堂

——乡村振兴背景下 省级党报媒体融合的深度实践

李苒 张砾丹

民族要复兴，乡村必振兴。习近平总书记指出：“推进中国式现代化，必须坚持不懈夯实农业基础，推进乡村全面振兴。”2017年党的十九大报告中指出，农业农村农民问题是关系国计民生的根本性问题，必须始终把解决好“三农”问题作为全党工作的重中之重，实施乡村振兴战略。自此实施乡村振兴成为国家发展战略，也成为新时代做好“三农”工作的总抓手，其重要性不言而喻。

乡村要振兴，媒体责无旁贷。随着乡村振兴工作的深入推进，各地党报、党媒纷纷针对该主题主动策划，2018年策划，2019年推出的《重庆日报》乡村振兴大讲堂是其中一个鲜活的案例。乡村振兴大讲堂是由重庆日报传媒有限公司发起，重庆市农业农村委员会指导，主要依靠媒体智库资源举办的大型公益讲座活动，该活动由《重庆日报》邀请“三农”领域的专家学者、行业领军人物分享新观点，解读新政策，共同探讨新路径，为乡村振兴事业建言献策。媒体传播资源与媒体智库资源的整合，既为蓬勃发展的乡村振兴实践注入了媒体力量和智慧，也为主流媒体重塑主流价值提供了有益借鉴，体现出主流媒体在乡村振兴领域的责任担当。

一、抢先占位，久久为功坚持五年

抢先占位，是《重庆日报》乡村振兴大讲堂的一大特点。2017年乡村振兴战略提出以后，《重庆日报》一直希望在这一领域有所作为，2018年开始谋划大讲堂，2019年6月推出第一期，纵观当时全国党媒党端，以乡村振兴为主题，邀请众多专家学者、行业人士参与的大型公益讲座尚少有同类案例。《重庆日报》乡村振兴大讲堂在经过充分论证后率先实践，开了全国同类媒体的先河。为了扩大乡村振兴大讲堂的影响力，我们认真筹备组织，举办了大讲堂启动仪式，中国工程院院士、“杂交水稻之父”袁隆平发来贺信祝贺讲堂开讲，“三农”专家温铁军成为第一讲的讲座嘉宾，乡村振兴大讲堂一开办就引起社会各界的关注，一炮打响。

办好一次讲堂容易，难的是如何坚守初心，坚持下去。事实证明，我们做到了，自2019年6月举办第一场活动开始，乡村振兴大讲堂坚持举办，守正笃实，久久为功，5年时间共举办了32场专题讲座。因为坚持，《重庆日报》乡村振兴大讲堂逐渐形成了自己的品牌，有了越来越广泛的影响力。5年来，《重庆日报》乡村振兴大讲堂深入重庆市的各个区县，乡镇，在南岸区、北碚区、永川区、铜梁区、奉节县等地共举办了结合当地特色的专题讲座，邀请了温铁军、张孝德、李昌平等多位国内知名“三农”问题专家，也邀请了武强院士等学界“大咖”来渝授课，更与西南大学乡建学院建立合作关系，邀请本地“三农”专家举办讲座。这些针对性强，转化力强的讲座引发了社会各界的热切关注。

二、线下线上，融媒体手段助推影响力

线下办讲座，因为场地原因，受众有限。为了扩大《重庆日报》乡村振兴大讲堂的影响力和覆盖面，我们依托主流媒体传播资源的优势，利用融媒体手段，对乡村振兴大讲堂活动进行了多渠道多平台多手段的全媒体传播，实现了“线下+线上”的讲堂新形式，让更多关注乡村振兴领域的人士或不能来现场听讲座的人，可以通过“云讲堂”参与其中。

我们每场讲座都采取线上线下相结合的方式举办，提前预热，制作海报、报名H5、预热视频进行活动预告，正式活动通过“乡村振兴大讲堂”“乡学堂”重庆日报视频号、重庆日报客户端进行直播，制作云讲堂回放视频，并由记者采写新闻稿在重庆日报客户端、重庆日报微信公众号、重庆日报头条号、百家号等进行全平台推广。新媒体产品多次出现十万级、百万级爆款，客户端专题、稿件浏览量累计5000万+，“云上讲堂”观看直播及回放人数累计超过1500万人，讲堂的影响力实现了倍数的增长。此外，重点讲座，我们还邀请人民网、央广网、上游新闻、华龙网等多家新媒体参与宣传报道。《重庆日报》全媒体平台更是进行了全覆盖式的推广，曝光量过亿，影响力逐年扩大，已经成为西南地区有影响力的品牌讲堂。

三、策划先行，讲好乡村振兴重庆故事

在运作过程中，乡村振兴大讲堂坚持策划先行，紧紧围绕乡村振兴主题，坚持走媒体融合发展之路，展现主流媒体担当，是《重庆日报》乡村振兴大讲堂得以持续、快速扩大影响力的核心密码。以当下“三农”领域热点问题为依托，《重庆日报》不断策划接地气、有话题性的选题，结合乡村现状，依托自身智库资源，精心策划讲座主题，与时代主题实现主动、有效对接，从讲座题材到讲座形式，与时俱进，有关于“三农”问题的理论研究、问题探讨、乡村振兴发展前瞻与分析，如2019年，温铁军教授《全球危机与中国生态文明转型》、张孝德教授《迈向新时代的乡村振兴》的分享；有国内乡村振兴实践的案例分享和经验介绍，如2022年，重庆市农业科学院农业工程研究所所长高立洪关于《在AI工厂里养鱼种菜——用工业化思维助推农业升级》的分享，2023年，四川省知识产权发展研究中心主任、成都农村产权交易所德阳所创始人姜华分享的《用农村产权交易制度盘活南岸有形资产，用知识产权无形资产赋能南岸产业发展》案例；2022年，《重庆日报》联合重庆市农业农村委、重庆市乡村振兴局推出10期系列讲座“乡村这十年”，围绕“建设宜居宜业美丽乡村”，分享农村人居环境整治实践经验，传播乡村建设优秀案例、分享乡村建设实践经验、服务乡村建设人才成长、形成全社会参与乡村建设的良好氛围，展现了巴渝大地宜居宜业的美丽乡村画面。

四、整合资源，实现经济社会效益双丰收

形式的不断推陈出新也是乡村振兴大讲堂成长发展的重要因素。从学术报告厅到乡村会议室、从阶梯会议室到田间地头，乡村振兴大讲堂面向广大乡村，分享新理念、剖析新模式、商讨新办法、探索新路径，根据每场讲座主题设置不同互动环节，如对话、互动，都给受众带来了新的思考与体验。《重庆日报》积极打造乡村振兴大讲堂，也加深了与“三农”领域的紧密联系，乡村振兴中的各方力量通过平台汇聚。《重庆日报》紧扣“乡村振兴”的时代主题，聚焦“三农”，围绕乡村振兴做文章，还推出了《乡村振兴周刊》及“寻找巴渝乡村振兴榜样评选活动”，在乡村振兴领域不断深耕，《重庆日报》主流媒体地位得到进一步巩固与提升。

乡村振兴大讲堂作为党媒推出的大型公益讲座，线上内容与线下活动都对大众免费开放，但讲堂举办仍需要一些基本费用，为了让讲堂持续办下去，乡村振兴大讲堂也在积极探索自身的造血能力，通过运营，突破变现。乡村振兴大讲堂背靠《重庆日报》党媒的公信力背书与政治站位，为讲座的成功举办奠定了基础。依托长年在“三农”一线形成的行业敏感和积累的第一手信息资料，《重庆日报》从专业化的视角切入，为乡村振兴大讲堂带来了有话题、有流量、有价值的创意主题策划，多个传播渠道、多种传播手段、直达受众的特点也让乡村振兴大讲堂进入了越来越多的涉农部门和企业的视野，获得了一些合作机会。

“既叫好，又叫座”，是社会各界对乡村振兴大讲堂的普遍评价。《重庆日报》发挥主流媒体的传播优势和智库资源优势，搭建了乡村振兴大讲堂这一观点与资源聚合平台，为乡村振兴战略的实施鼓与呼，形成了全社会参与乡村建设的良好舆论氛围。通过乡村振兴大讲堂，跨界的资源得以互通，务实的合作得以达成，乡村振兴大讲堂也实现了社会效益和经济效益的统一，成为西南地区的品牌讲堂。

（李苒：重庆日报传媒有限公司副总经理，张砾丹：重庆日报传媒有限公司融媒体事业部总监）

案例类别：产品

华龙网："华龙芯"智慧融媒体中台

重庆华龙网集团股份有限公司

"华龙芯"智慧融媒体中台是重庆华龙网集团股份有限公司贯彻习近平总书记关于加快推进媒体深度融合发展重要指示精神，落实《关于推动传统媒体和新兴媒体融合发展的指导意见》《关于加快推进媒体深度融合发展的意见》《关于推动出版深度融合发展的实施意见》工作要求，提升集团及41个区县媒体深度融合水平的一项战略性平台项目。项目秉持开放、共享的互联网理念，密切跟踪互联网发展技术和媒体融合发展的新形势，围绕"新闻+政务服务商务"建设主线，以技术创新引领内容变革，助力媒体融合发展稳步向前。

该项目以用户为中心，以技术为引领，构建拥有统一战略目标、资源共享、敏捷高效的能力共享交换中心和统一指挥调度中心。主要建设内容：一是内容生产，构建全流程"策采编审发馈"体系；二是内容互动，构建沉浸式体验"互动视频"表达方式；三是内容汇聚，构建全开放"重庆全域媒体资源"平台；四是内容安全，构建全覆盖"事前+事后"内容检测机制；五是内容应用，构建全服务"新闻+政务服务商务"运营平台；六是国产化适配，通过全面替代基础软硬件，实现系统基于国产化平台终端、服务器、操作系统等基础软硬件替代率100%。

一、技术特色

"华龙芯"智慧融媒体中台以大中台小前台的方式提供业务能力，大中台主要为用户中台、能力中台、业务中台、数据中台、运维中台，小前台面向复杂场景独立定制部署，整体技术架构采用前端分离方式，分布式微服务架构与微前端架构搭配，通过制定标准和规范两端独立研发，减少沟通成本，提升协作效率。

用户中台：主要有统一用户、鉴权体系、组织架构三大核心功能，统一用户中心为接入平台提供统一标准的OAuth2.0登录，具备与非本平台的系统打通，鉴权中心处理平台系统模块的权限的管理和鉴权，组织架构主要是为整个企业的组织体系进行管理。

能力中台：起到承上启下的作用，将整个企业的技术能力与业务能力分离，形成强力业务赋能，该部分包含AI智能审校、智能标签、互动视频、短信能力、视频处理、即时通讯、模板引擎等，为业务系统提供强而有力的后端。

业务中台：业务中台根据不同的场景，有媒体中台、政务中台、生活中台，媒体中台核心业务主要有内容生产平台、各端采编发布平台、资源库、内容云，生产的内容分发到网站、APP、三方平台，也可以一键更新、撤回、删除等管理各端内容；政务中台包含政务服务、志愿者系统、三会一课、问政等系统，生活中台涵盖智慧社区、智慧出行、智慧生活等服务；通过制定标准和规范，达到共享应用服务能力融合互通。

数据中台：其核心有数据汇聚整合、数据提纯加工、数据服务可视化和数据价值变现4大核心能力，打通内外业务平台数据仓库，为前台提供标准的API接口。

运维中台：核心在能力编排和监控，devops自动化运维，开发运维一体化，在面对研发每天迭代版本提测、发布快速响应，全面监控应用服务器和应用组件，Web应用行为可视化、钉钉告警，实时呈现所有组件的性能指标和健康情况，帮助运维快速识别、发现和解决问题。

"华龙芯"智慧融媒体中台是华龙网集团落实国家大数据智能化战略要求，提升集团媒体深度融合水平的一项重要项目。

在横向上，对内通过融合华龙网所有内容分发平台、渠道，辅以移动端采编系统的建设，加速采编发流程再造，提升内容生产传播效能，打造融媒体中台。对外，以平台型产品建设为方向，坚持移动优先战略，深度介入数字重庆、智慧城市建设的发展契机，通过政务服务融合，智慧生活服务融合打造政务服务中台和智慧生活中台。

在纵向上，汇聚集团信息资源，通过领域建模、机器学习、大数据挖掘等技术，构建企业大数据分析平台，提升集团大数据能力，打造共享标准体系，建立集团统一指挥调度机制，打造大数据中台。同时，紧跟时代前沿技术，通过AI/AR/VR、人工智能、虚拟主播、区块链等先进技术进行封装融合，打造基础能力中台，为各业务平台持续"供氧"。

通过"华龙芯"智慧融媒体中台的建设，实现了资源的有效整合与共享，形成了标准的服务体系，通过业务融合、基础能力融合、数据整合、运维资源融合、人才融合五大方面，打造媒体"内容+技术+运营"的融合生态，最终实现产业革新，带来产品升级，提升全方位的用户服务能力。

二、创新成果

媒体融合：以“新闻 + 政务服务商务”为建设原则，为华龙网、重庆 41 个区县融媒体中心、香港紫荆等全国 80 个党网、党媒等平台提供统一技术底座后台，打破各媒体间各自为政、互不相通格局，实现真正统一的用户管理、业务互通、资源共享，为全国媒体融合深度发展树立标杆示范作用。

创新点：打造全国各省区市中唯一覆盖所有地市级行政区域的省级新媒体“1+41”重庆客户端矩阵；“新闻 + 政务服务商务”新媒体生态建设。

智能采编：运用人工智能、大数据、区块链等前沿技术进行封装融合，提供选题策划、智能审核、一键转稿、一端多发、互动视频、智慧媒资、移动采编、传播分析等智能化采编能力，贯穿融合媒体业务场景下的内容策、采、编、审、发、馈的一体化流程，提高内容生产效率，实现媒体产业生态革新。

创新点：智能审核；一键转稿；一端多发；互动视频；智能语音播报、智能媒资库；传播力分析。

在自建 IDC 的基础上，结合 OpenStack 虚拟化技术和第三方安全设备通过接口方式整合接入，结合 K8S 的能力编排和监控和 Jekins 的自动发布脚本及组件化预警处置，并结合国产化系统，构建了集云计算管理、灾备、安全监控、一键部署及一键处置于一体的自动化运维中台。

创新点：虚拟化技术和安全应用整合、云管到发布一键处置流程、K8S 和 Jekin 融合、国产化。

微服务化：采用现目前流行的微服务架构，前后端分离模式。将单块应用拆分成一个个小的服务，以进程的方式横向扩展微服务，每个服务可以使用不同的技术栈或存储机制。

创新点包括：业务总控，研发自主可控，深入媒体融合；平台低耦合高内聚。

三、优势特色

该项目应用与同类产品和技术相比，具有融合性、智能性、管理性、敏捷性等特性。

（一）与国内某同类产品作比较

1. 真正媒体融合，打造全国媒体融合建设标杆。“华龙芯”智慧融媒体中台作为技术底座，建设全国各省区市中唯一覆盖所有地市级行政区域的省级新媒体矩阵——“1+41”重庆客户端集群联盟，由 42 个客户端组成。布局上，联盟坚持平台、数据、标准、服务四个统一；内容上，联盟保持“新闻 + 政务 + 生活”的原则；运营上，坚持抱团发展联动发声，通过内容互推、活动互助、广告互利，实现倍增效应。真正打破各媒体间各自为政、互不相通格局，助力“新闻 + 政务服务商务”新媒体生态建设，在全国媒体融合发展建设中起到标杆示范引领作用。

2. 释放生产动能，助推生产流程向高效转型。“华龙芯”智慧融媒体中台优化传统媒体的采编发流程，融会贯通，实现了华龙网自建 PC、客户端及第三方 UGC 平台微信、微博、抖音的“一端发布，多端输出”，在不增加采编人员总数的前提下释放更多采编动能。同时“华龙芯”智慧融媒体中台运用人工智能、大数据等先进技术进行封装融合和智能化升级，提供选题策划、智能审核、一键转稿、一端多发、互动视频、智慧媒资、移动采编、传播分析等智能化采编能力，实现全媒体采编流程再造，提升内容生产效能。

3. 发挥媒体资源价值，构建全开放“重庆全域媒体资源”平台。在“华龙芯”智慧融媒体中台技术能力基础上构建“融媒数字资产内容云”平台，结合华龙网多年来沉淀的内容资源与 41 个区县的内容资源，进行包括稿件、图片、音视频等数字资产的汇聚整合，结合智能 AI 技术及智能分析算法，对数字内容进行数据再造，实现稿件智能化分析，支持智能化主题内容库，打造全市融合媒体内容云专家智库。

4. 搭建混合云平台，建立安全健康的媒体环境。通过搭建混合云基础平台，华龙网建立了计算、存储、网络资源池及灾备中心，做到基础架构的统一管理、灵活应用、平滑扩展，快速部署新型增值业务，并逐步建立完善自动化运维体系及应急处置机制。

（二）当前存在的问题及改进措施

1. 存在的问题：产品壁垒分明，无法形成拥有全局视野的产品输出能力。

2. 改进措施：积极稳步实施“华龙芯”智慧融媒体中台战略，整合集团资源力，释放生产动能，实现新闻表达方式的跨越发展。借助“华龙芯”的技术能力共享平台，在新闻内容传播形式方面更加多元化，增加虚拟主播、人机对话、虚拟实境内容体验等。

四、应用情况

华龙芯智慧数字能力中台本质是能力复用。是华龙网集团以推动融媒体智能化高质量发展为目标，以“技术融合，数据安全”为原则，以用户为中心，以资源共享为目的，以大数据和 AI 智能为驱动，构建的融媒体数字化转型底座；是集融媒、政务、公共服务与网络安全为一体的智慧化数字化能力超市和统一指挥调度平台。该项目于 2021 年 2 月立项，经过深入调研分析及研制，于 2021 年 12 月完成整个项目的开发落地。华龙网以“华龙芯”智慧能力中台为基座，赋能“1+41”客户端集群联盟，形成全市融媒体联动传播格局，并持续推动对外赋能提升经济效益。具体应用情况如下。

（一）释放生产动能，实现新闻表达方式的跨越发展

该项目构建智能融媒体生产流程，打造智能抓取、智能审核、一键转稿、一端多发、互动视频、智慧媒资库、移动采编、传播分析等智能化采编能力，实现人机协同，提升内容生产效能。

（二）整合内容数据，形成可持续运营发展的数字资产

华龙网积极推动与各级融媒体中心共建共营全国主流媒体以“新闻+政务服务商务”相融合的媒体资源库，以实现媒体间互通有无，版权变现的目标。

（三）搭建混合云平台，营造风清气正清朗的媒体环境

在网络运维方面，通过搭建混合云基础平台，建立了计算、存储、网络资源池及灾备中心，做到基础架构的统一管理、灵活应用、平滑扩展，快速部署新型增值业务，并逐步建立完善自动化运维体系及应急处置机制。

五、社会效益

“华龙芯”智慧融媒体中台承建了华龙网、全市41个区县融媒体中心、香港紫荆等全国80多个单位近200个官方网站、客户端、微信公众号、数字屏、5G消息的建设，用户量、粉丝数达1亿多，持续稳定保障了近200个党网、党刊、党报等系统平台的业务需求及稳定运行，通过技术底层统一平台、统一数据、统一服务标准，统一管理的联盟建设，形成多级媒体同步发声的融媒体联动传播格局，进一步提高了媒体的传播力、引导力、影响力、公信力，为全国媒体融合发展做出重要示范和贡献。

通过“华龙芯”智慧融媒体中台建设，重塑了媒体新闻采编分发流程，实现了PC、客户端及第三方UGC平台微信、微博、抖音的“一端发布，多端输出”，达到了用更少的人做同样事的效果，为使用单位节约人力成本；引入人工智能、大数据、5G消息、区块链等先进技术，提供选题策划、智能审核、一键转稿、互动视频、智慧媒资库、移动采编、传播分析等智能化采编能力，为使用单位提升采编效率，释放更多生产效能。该项目的建设应用，促进了业务融合、能力融合、数据融合、运营融合及人才融合，提升了党网党媒 “互联网+”产业市场竞争能力，抢抓了大数据智能化创新发展机遇、深度融合、数据赋能，实现了社会效益和经济效益相统一。

（重庆华龙网集团股份有限公司）

案例类别：产品

全国首款党史宣传沉浸式互动视频——《党员，请选择！》

重庆华龙网集团股份有限公司

习近平总书记在党史学习教育动员大会上指出，在全党开展党史学习教育要务求实效，“要注重方式方法创新”。2021年6月30日，华龙网推出全国首款党史宣传沉浸式互动视频产品《党员，请选择！》。产品在党史宣传中创新采用当下新颖的“互动视频”新模式，用史实说话，生动传播红色文化，致敬隐蔽战线上的无名英雄，献礼建党百年，具有鲜明的对象化、分众化、互动化特色，成功“圈粉”年轻人。

重庆华龙网集团股份有限公司成立于2000年，是国务院新闻办公室首批批准的省级重点新闻网站，是重庆市委市政府唯一官方新闻门户网。华龙网集团坚持党网姓党、政治家办网，加快推进媒体深度融合发展，创作融媒精品，截至2023年，华龙网连续11年16次获得中国新闻奖。

一、精品内容赋能党史宣传

《党员，请选择！》以习近平总书记重要讲话精神为纲，以隐蔽战线革命先辈们的“潜伏”故事为线，通过高频互动和沉浸体验，让用户真实感受风雨如磐的革命岁月，致敬无名英雄，献礼建党百年。

首先，作品体现本地特色，深度挖掘重庆红色资源。重庆是一块英雄的土地，有着光荣的革命传统。如何用好这些红色资源？采编团队历时半年，走访党史研究室等多部门，多处查阅资料，最终确定从沈安娜等多位历史人物的真实经历中取材，让更多人知晓隐蔽战线上的英雄事迹。

其次，作品贴近青年人群，融合运用年轻话语体系。

作品以互联网产品思维切入，全程贯穿年轻人语境，通过体验革命者工作的不易，教育引导年轻党员坚持理想信念，践行初心使命。同时，采编团队多为“90后”党员和入党积极分子，他们把对历史的重温、对先辈的回望、对当下的思考融入作品中，使之更贴近年轻人群。

此外，作品技术大胆创新，全国首创互动视频党史应用。作品首次将“互动视频”应用于党史宣传，通过代入性选择，让用户决定剧情走向，在沉浸式体验中感悟革命先辈的理想信念。作品突出“选择”这一概念，立意“双关”，既有产品体验本身的选择，也有党员生死的抉择，让党史宣传更接地气、更有网感。

二、创新机制 孵化创优人才队伍

一个成功作品背后，每个角色都不可缺少。参与《党员，请选择！》作品策划的团队成员大多数是“90后”的年轻党员和入党积极分子。作品有30多人参与，来自18个不同岗位。从前期策划选题、撰写脚本；中期出演角色、摄像摄影、服装道具；再到后期剪辑制作、文案打磨、音乐配制等，都是由一线的编辑记者们一手包办。

多年来，华龙网坚持在内容上精益求精、在技术上不断融合创新，推出了《百年百篇留声复兴之路》《绝壁上的“天路”》等多个亿级传播量的爆款融媒体作品，连续11年16次获得中国新闻奖，其中8个一等奖。

回顾过去的实践，有以下探索经验可供探讨。

首先，策划机制常态化。一个优秀新闻选题的成功，都离不开背后的策划意识。自2015年起，华龙网开始实施重点选题策划机制，制定选题策划报道流程。每年年初，我们会根据新闻日历表并对标中央和重庆重点中心工作，在内部全员广泛征集年度重点选题，讨论收集到的每个选题的可行性及具体思路，尽可能从典型人物和具体事迹来切入，力求做到见人见事，从小切口描摹大时代，最终确定重点项目。年度重点选题一经确定，华龙网便会调动各方优质资源协同作战，成立项目组，设定项目进展计划和倒计时，实行挂图作战，反复打磨。

其次，不断创新和突破。多年来，华龙网一直在内容创意和形式革新上不断摸索与尝试。2019年，新中国成立70周年，华龙网推出双屏互动作品《2019对话1949：时代变了 初心未变》，以跨时空的平行世界对话为创意，通过双屏互动等手段，实现了“破壁出圈”的传播效果，获得第30届中国新闻奖融合创新一等奖。站在受众的角度，让用户更有参与感，不断通过技术驱动，丰富内容的多重表达形式，也一直是我们探索的方向。

最后，学习全员化、长期化。我们推出了“10楼夜话”全员分享活动，督促全员学习；我们组织内部业务交流会，总编室牵头，根据不同的主题，分项目分小组定期在线上线下进行分享学习，从全国优秀新闻作品中汲取养分，不断精进；我们还有“融媒特训营”——编委会每年制订专门的培训计划，采编团队全员参加培训并考试。正是在每月、每周、每日的不断学习中，督促团队与时俱进，从最新鲜的创意、最爆款的产品中汲取养分，永葆活力。

三、裂变传播 彰显主流媒体担当

《党员，请选择！》通过年轻人喜欢的方式及年轻人乐于接受的语言，产品一经推出，便吸引用户自发在社交平台裂变传播，尤其是吸引年轻用户体验和参与，在寓教于乐中进行党史学习教育。截至2021年7月1日中午12时，作品及相关报道全网曝光量已突破1.01亿次，实现“破壁出圈”效果。

除了线上传播，作品还在重庆市级机关单位、政府办事大厅、街道社区上千块数字屏展示体验，还走进两江国际影视城、红岩联线等红色景区，线下触达人群超百万人次。

专家表示高度认可。中共重庆市委党校（重庆行政学院）科研处处长、教授侯晋雄表示，作品代入感强，沉浸式的方式非常好，主题聚焦，给人留下深刻印象，极具启发性。

产品在中宣部党史宣传类作品中排第四名，入选中记协案例，获2021中国城市网盟奖“优秀作品奖”，入选“2021党报推动媒体深度融合发展典型案例”，获中央网信办指导的《网络传播》杂志专题关注。

（重庆华龙网集团股份有限公司）

《党员，请选择！》互动视频

案例类别：产品

全景式宣传阐释红岩精神的创新实践

——以红岩精神学习研究宣传数字服务项目为例

许安全 张军兴 董婉妮

今日重庆杂志社有限公司积极推进出版数字化转型升级，按照塑造主流舆论新格局的理念，以全景式宣传阐释红岩精神为重点，探索构建数字技术与党史学习、在线教育、数字阅读深度交融、耦合驱动的创新发展模式，大力建设红岩精神学习研究宣传数字服务项目。

红岩精神学习研究宣传数字服务项目提供新闻信息、党史学习、在线教育、数字阅读等应用场景服务，通过动态文图、党史故事、专业期刊、主题图书、有声读物等富媒体产品形式和“刊、网、微、端、号”全媒体传播渠道，实现红色资源数字化、系统化和产品化呈现，围绕展演讲等活动拓展红色文化应用场景，线上线下结合打造沉浸式观感，探索数字文化消费新场景，实现全平台选题策划、全形态内容生产、全渠道产品分发、全流程数据监管、全社会用户反馈的闭环运行模式，成为传统期刊媒体探索“新闻 + 政务 + 服务 + 商务”的创新尝试。

一、坚持守正创新，持续推动深度融合发展

今日重庆杂志社有限公司是重庆日报报业集团旗下党刊阵地红岩春秋杂志社（今日重庆杂志社）运营发展主体。近年来，公司坚持以习近平新时代中国特色社会主义思想为指导，坚持守正创新，持续推动深度融合发展，加强全媒体传播体系建设，构建“3+3+N”党刊传播矩阵和“党刊 +”体系，加快建设西部一流、具有全国影响力的城市期刊集团。公司运营《今日重庆》、《红岩春秋》、《新闻研究导刊》、今日重庆网、今日重庆视频号集群、红岩精神数据库、重报数媒科技等媒体和发展平台。《红岩春秋》由邓颖超等老一辈革命家创办，由中共中央党史和文献研究院、中共重庆市委党史研究室指导，是全国学习研究宣传红岩精神的重要刊物、重庆唯一公开出版发行的党史刊物，曾首发“狱中八条”等内容，荣登中国新闻出版研究院“2020—2021 中国人文大众数字阅读影响力期刊 TOP100”，被评为“最美渝刊”，稿件入选中宣部第五届“期刊主题宣传好文章”。

红岩精神学习研究宣传数字服务项目是发挥主流媒体的责任和担当，在推动数字化转型过程中根植全媒体矩阵建设，依托《红岩春秋》办刊 30 余年内容资源、作者资源、品牌资源优势，紧扣移动化、知识化、数据化、碎片化、音视频化传播趋势，从内容表达、呈现方式、服务模式等方面进行创新探索，推出的“一站式”红色文化聚合平台和党性教育资源库。2023 年 9 月，红岩精神学习研究宣传数字服务项目入选国家新闻出版署出版融合发展工程。

红岩精神学习研究宣传数字服务项目整合一批从业经验丰富的骨干人员组建数字出版中心专项推进，平均年龄 35 岁左右。团队组织结构灵活，整体呈现出年轻化、专业化、多样化的特点，各板块人员在各自专业领域生产基础上，全流程参与项目实施环节，多视角优化项目数字服务形态与能力。

二、紧扣三个创新，全景式宣传阐释红岩精神

红岩精神学习研究宣传数字服务项目从内容、传播和运营三个维度构建创新型全媒体传播矩阵。

（一）创新内容生产方式

红岩精神学习研究宣传数字服务项目设置红岩动态、红岩精神数据库、红岩故事、红岩文化、红岩讲堂、党史随“声”听、红岩图库、互动交流等特色模块，旨在把红色资源数字化系统化，以红色文化凝聚年轻受众，全景式学习研究宣传红岩精神。其中，红岩精神数据库是重庆市“十四五”重点出版物出版规划项目，形成了“1+4+5+N”的服务创新范式，打造数据化、平台化、智慧化主题数据库。红岩精神数据库提供要素、主题等多种检索途径，通过打破时间和空间的限制，搭建“人人皆学、处处能学、时时可学”的学习场景，为广大学习者、研究者、教育者、宣传者等提供特色鲜明、种类齐全、利用方便的内容供给服务。

（二）创新传播方式

红岩精神学习研究宣传数字服务项目充分利用今日重庆传媒集团全媒体党刊传播矩阵和重报集团渠道资源优势进行全媒体多场域传播，如 PC 端依托进入国家网信办《互联网新闻信息稿源单位名单》的今日重庆网进行传播，移动端在红岩春秋微信公众号、喜马拉雅红岩书院等平台进行整体展示和碎片化内容传播。策划在新重庆—重庆日报客户端、上游新闻客户端、“学习强国”

等平台开设栏目或入口，并依托覆盖“市—区县—乡镇”三级的重报数字屏和《红岩春秋》杂志不定期进行形象传播和推广。

（三）创新运营策略

为发挥项目的研究功能，制定 IP 品牌化运营创新运营策略。一是策划红岩精神学习研究宣传座谈会，邀请知名学者和研究者探讨如何进一步发挥平台优势，助推红岩精神的研究；二是聚焦主题出版推动内容的定制化生产，打造出版精品，如内容爆品《重庆红色文化图谱》《口述·南方局岁月》被评为“重庆市庆祝中国共产党成立 100 周年主题出版重点出版物”。

红岩精神学习研究宣传数字服务项目为用户提供主题线上阅读解决方案、为研究者提供线上沟通交流平台。依托数字化技术，服务主流价值观，构建新型主流媒体传播矩阵。后期将盘活党性教育、爱国主义教育、科普教育等公共教育资源开发主题游览线路，提供从资源接入到资源服务的全流程闭环服务，探索“一站式”线上线下相结合的公共文化服务新模式。

三、实现双效提升，拓展红色文化传承路径

在新时代弘扬红岩精神，对于培育时代新人、规范党建工作以及弘扬社会主义核心价值观，都具有重要的指导作用。红岩精神作为宝贵的党性教育和思想政治教育资源，为开展党性教育和思想政治教育发挥统一思想、凝聚人心等重要作用提供了丰富的精神滋养。服务项目提供主题出版、在线教育、数字阅读等场景服务，运用数字化方式传播红岩精神，让红色文化触手可及，提升红岩精神数字化传播实效，实现网络文化育人。

红岩精神学习研究宣传数字服务项目正式运营一年多来，收录了专业期刊 200 余期、红色图书 20 余册、红色人物 200 余人、红岩故事词条 3000 余条、有声读物近 2000 分钟，总阅读量和浏览量超 10 亿人次。同时通过加强内容创新和话语革新，利用新兴数字化技术，推出全方位多角度多场域的富媒体产品和服务的公共文化服务平台和党性教育及思政教育资源库，打造数字化红色文化宣教场景，构建线上线下协同多方合力推进红色精神传播格局，提供从资源接入到资源服务的平台全流程闭环服务，积极探索“一站式”线上线下相结合的公共文化服务新模式，是“新闻 + 政务 + 服务 + 商务”应用案例的创新实践。

红岩精神学习研究宣传数字服务项目以数字化推广红岩精神，展示了红色教育的新模式与可能性，传承弘扬中国共产党人的精神谱系。利用互联网与新媒体的优势，全方位地呈现了红岩精神，成功扩大了其传播范围与影响。其创新的内容生产、传播策略，以及独特的 IP 品牌化运营模式为其他相似的研究与传播平台提供了可借鉴的策略。

（许安全：今日重庆杂志社有限公司董事、副总经理，张军兴：今日重庆杂志社有限公司董事长、总经理，董婉妮：今日重庆杂志社有限公司编辑）

红岩精神学习研究宣传数字服务项目

案例类别：组织机构

地方高校学术期刊深度融合发展的思考与探索

——以重庆理工大学期刊社为例

重庆理工大学期刊社

一、基本情况

重庆理工大学期刊社（以下简称期刊社）是直属重庆理工大学专门从事期刊编辑、出版和经营的二级部门。期刊社成立于 2006 年，现已由最初的 1 种期刊发展到 6 种期刊；形成了由 SCI、EI、Scopus、ESCI 等国际知名数据库收录期刊，及 CSCD 核心期刊、中文核心期刊、中国科技核心期刊、中国人文社会科学期刊 AMI 综合评价（A 刊）核心期刊、RCCSE 中国核心学术期刊构成的中英文学术期刊集群。

面对数字技术的发展为高校学术期刊出版提出的新挑战，期刊社始终坚持以习近平新时代中国特色社会主义思想为指导，积极顺应现代出版趋势，通过强化出版

融合发展内容建设、创新出版融合发展传播方式等方式，探索跨业态、跨学科、跨群体、跨行业、跨区域的“出版+”运营模式。

二、平台打造

（一）强化出版融合发展内容建设

1. 创造知识衍生物，实现刊与其他的融合。第一，将所办的期刊以主题为线选编不同时间刊发的文章，推出了 90 多期“虚拟专刊”，打破期刊原有的时间限制和栏目限制，甚至是期刊种类限制，实现了刊与刊的融合。第二，与重庆市委统战部、市科协等党政机关、群团组织，或者与央媒和企业合作，将学术文章转化成“资政报告”、学术观点综述，实现学术成果转化效果最优化和利益最大化，为政府决策提供咨询，为企业研发提供参考，助推科技创新和经济社会发展。

2. 顺应现代出版方向，升级数字出版产品和服务。第一，对同一内容进行多样打造，实现融合出版集群传播效应。第二，依托微信公众号等平台，通过“论文导读”“学术快报”等方式，分享学术论文写作背景和创新观点，引入较为前沿、轻松、愉悦的话题，使得文章阅读趣味化、知识生活化、原理可视化，吸引更多的读者阅览论文，提升期刊影响力。第三，打造“故事”栏目，深入挖掘作者及其团队，还有期刊编辑部背后的故事。一方面提升作者及其团队的知名度；另一方面让公众从内容丰富的推文中引发思考、有所收获，同时也可展示编辑队伍的努力和付出。第四，利用 OSID 等平台，实现论文内容的语音、图片和视频转化，以及作者和读者的交互问答，提升出版服务水平和论文影响力。

（二）创新出版融合发展传播方式

1. 打造全媒体传播矩阵，拓展出版传播方式。期刊社打造了微信公众号、微博、微网站、视频号、哔哩哔哩、抖音等多元的全媒体传播矩阵，实现立体化传播；通过用户画像、大数据分析等方式，把握数字时代不同受众群体的新型阅读需求，以文字、图片、语音、视频等不同的形式在不同的渠道进行分众化、差异化传播。重理工期刊社新媒体矩阵被多次评为优秀创新平台。

2. 精准定位受众群体，实现微信公众号的个性化服务。期刊社根据不同的定位，分别开设以刊为主体和以期刊社为主体的 7 个公众号，借助微信公众号较为成熟的运营体制，为学术内容融入音频、动图动画、图片表格、影像，形成音画合一、声像结合的崭新模式。并借助于智慧媒体的大数据分析，分析用户特有的阅读偏好和习惯，为受众进行人物画像后进行内容推送，实现目标人群精准定位，从而实现期刊社内不同微信公众平台的个性化服务，拓宽传播群体的覆盖面。

3. 广开合作渠道，扩大出版融合发展传播领域。第一，与同类期刊及数据库合作。寻求与同类高校学术期刊，以及知网、万方、维普、超星、北大法宝等数据库的合作，利用新媒体技术实现最大程度和范围内的资源整合，通过第三方平台拓展出版传播渠道。第二，与技术服务商合作。利用“非晓学术精准传播”和 TrendMD 等平台的新技术，扩大传播受众；并通过定制服务等方式，实现精准传播。还利用仁和小同行精准传播服务，打破文章传播的时空限制，实现文章的主题化传播。

4. 建立垂直化社群，实现精准传播。第一，根据自身特色，开设不同领域的专家群、作者群。通过社群垂直化运营，锁定目标受众，实现精准传播，以增强知识服务的有效到达率，畅通并优化传播渠道。第二，通过招募学术通讯员的方式，在不同高校设立线上宣传专员，开拓传播渠道，深层次、精准化推广期刊和相关学术活动。

（三）打造出版融合发展品牌

1. 创设小期君 IP 形象，实现宣传品牌化。一是创设了小期君 IP 形象，并以此 IP 为出发点，打造了小期君视觉形象、动画表情包、文具周边等系列文创产品。二是打造了系列新媒体特色栏目，如《说刊》《小期说论文》《故事》《对话》《科普 60s》等，提升传统出版物内容资源的开发程度。三是打造、运营“期刊融合出版工作室”，为期刊融合发展提供高质量技术支持。

2. 孵化品牌学术活动，拓展服务空间。截至 2023 年 10 月，期刊社已举办学术活动 160 余次，培育了“亚洲人工智能技术大会”和“流体动力与机电控制工程国际学术会议”两大品牌会议，通过“重理工期刊谷”平台举办线上学术讲座 24 期，搭建了 17 个“学、研、政、产”合作与交流平台，成立了“重理工期刊智库”，服务学科建设、人才培养、产业振兴。

（四）建设出版融合发展人才队伍

期刊社一直非常重视编辑人才队伍的打造，尤其是高校学术期刊融合发展人才的培养。第一，引进专业人才。期刊社于 2015 年成立新媒体部，并在每个编辑部设立新媒体运营专员，实现出版融合发展。第二，注重培养人才。一方面，鼓励员工走出去，学习出版融合发展先进经验；另一方面，鼓励员工在全国性的论坛上主动分享出版融合发展心得体会，促进资源共享、互惠互利，激发出版融合发展合作火花。

三、效益呈现

坚持以社会效益为首，努力实现社会效益和经济效益相统一。第一，通过开展线上培训、学术会议等多项学术活动，利用专家资源服务高校在读学生，为学生提供不限于论文指导、投稿经验、学术沙龙等服务，近两年累计参与人次超 10 万次。第二，通过《科普 60s》《对话》《重理工期刊谷》等新媒体学术栏目，针对公众关心的热点问题和科学问题，深度挖掘和整合期刊集群资源，推动科学普及，服务广大读者，近两年累计观看人次超 3 万次。第三，通过论文出版、会议组织、技术支持等方式，服务广大学者及学校师生，助推学科建设及科技创新；同时，经济收入近 4000 万元，保证了编辑出版工作的正常运行。

四、结束语

数字时代充满了机遇与挑战，高校学术期刊融合发展势在必行。未来，期刊社还会继续前行，探索和实践出版深度融合发展之路，进一步通过数字技术为出版产业链赋能，提升出版运营市场化和商业化水平，并通过多元化的考核评价机制和激励机制，进一步激发组织和编辑人员创造活力。

（重庆理工大学期刊社）

重庆理工大学期刊社公众号

案例类别：组织机构

《中国药业》深度融合发展的创新探索之路

张小林 刘斌 汤华

医药科技期刊既是医药创新成果的承载者和传播者，也是国家科技创新战略的重要推动者。加快医药科技期刊的创新融合发展，是实现医药科技期刊高质量发展的重要途径，也是实现科技强国宏伟目标的重要基础。2022 年 4 月，中宣部首次就出版融合发展领域专门发布的政策文件《关于推动出版深度融合发展的实施意见》，对新时代深入推进出版深度融合发展作出了全面安排，为医药科技期刊探索融合发展新模式、新业态、新领域提供了行动指引。

《中国药业》为国家药品监督管理局主管，重庆市药品监督管理局主办，中国药业杂志社编辑出版的综合性药学类科技期刊。2020 年，《中国药业》全面启动全媒体建设，搭建“1+4”融合发展平台，在深度融合发展路径优化上取得了一些成效，现报道如下。

一、深度融合发展规划及实施路径

中国药业杂志社于 2020 年 7 月取得“网络出版服务许可证”，并同期全面启动“1+4”融合平台建设，赋能出版融合发展：以《中国药业》(即“1”) 为基础，搭建了学术会议平台、科普宣传平台、期刊纸媒宣传平台、新媒体平台 (即“4”)。学术会议平台主要围绕医药学、技术和管理热点问题，推进学术会议品牌建设，拓宽合作形式，促进产研结合；科普宣传平台主要以中国药业微信公众号和每年的“科技活动周科普宣传活动”为主阵地，宣传健康科普知识；期刊纸媒宣传平台主要对最新医药学科研成果进行传播；新媒体平台主要包括《中国药业》官网、网络出版平台和微信公众号、视频号。通过搭建多功能、复合型平台，《中国药业》实现了多元传播，拓展了经营新模式，更好地推动了期刊的深度融合发展（见图 1）。

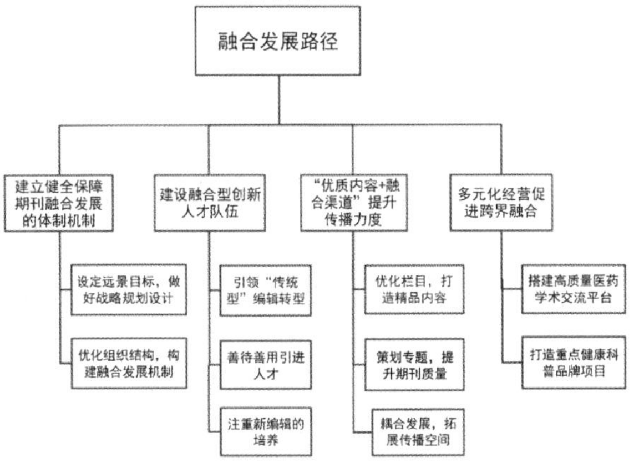

图 1《中国药业》融合发展实施路径

二、成效

（一）建立了完善的融合发展制度

2020 年，在“互联网 +”的飞速发展下和新冠肺炎疫情暴发的双重背景下，《中国药业》在原有的单一融合出版基础上重新规划出版发展战略，制定了《中国药业杂志社 2020—2024 年融合发展规划》，将出版升级、数字化转型和与其他产业跨界融合作为重点工程，以"创新经营，融合发展"为核心发展理念，推动机制、人才、传播、服务的融合创新。该战略规划充分发挥了顶层设计、统筹规划、建章立制、协调实施、督导落实、推动促进的作用，从政策机制上保障了融合项目的发展，创新模式探索，从而推动期刊的融合发展工作。

（二）建设了一支复合型编辑人才队伍

《中国药业》通过引领"传统型"编辑转型、注重"新人型"编辑培养、注重"新人型"编辑培养 3 条途径进行分类管理培训，编辑树立了跨界传播策划、整合思维，并能准确地把握期刊定位、传播特点和受众情况，积极主动地参与选题的策划、组织、实施，灵活多样地制订出立体化传播方案，成功地向复合型编辑转型。同时，编辑团队的综合素质得到了显著提升：2020 年至 2023 年，编辑团队共申请了 5 项市级课题，发表论著 2 本，论文 10 余篇。编辑部获得 2021 年重庆科技期刊编辑学会"鸿鹄计划"优秀编辑团队，第三届"西牛计划"优秀编辑团队；编辑个人也多次获得重庆市科技期刊编辑学会"春泥奖"，第三、四届"西牛计划"优秀编辑、"渝出版"学术优编等称号。

（三）提升了期刊的学术质量

2021 年至 2023 年，《中国药业》向专家精准约稿 596 篇，约占 4 年刊发文章总量的 19.49%（596/3058）。同时加大了栏目优化和专题策划，相继策划推出了 10 余期专题或专家共识。通过精准约稿和专题策划，《中国药业》基金论文比、期刊综合影响因子、综合即年指标学科平均值、高影响作者发文、Web 下载量等学术指标显著提升。在重庆市科技期刊编辑学会组织的 2021 年"鸿鹄计划"项目评选中荣获优秀科技期刊；在 2022 年度"西牛计划"入选项目中荣获优秀中文科技期刊；2022 年，《中国药业》获重庆市新闻出版局"2022 重庆市出版专项资金资助项目"，期刊作为成长型学术期刊、《中国药业》融合出版平台作为数字出版项目，列入重庆市"十四五"重点出版物出版项目规划。

（四）促进产研精准对接

1. 以理论指导研发：自 2021 年起，《中国药业》特别增设了"药学论著"栏目，主要刊登"药物基础研究"和"制剂工艺优化"高创新性论文，截至 2023 年 12 月，该栏目共刊登论文 462 篇，为科研成果转化为生产力、实现科研技术产业化提供了理论支持。

2. 搭平台促进合作：《中国药业》通过举办线上线下学术研讨会，打造精品会议（如"药业 · 药事 · 药师系列专家圆桌论坛"等），为高校、医院医药学科研人员和企业搭建了良好的交流平台，推动了科研成果转化。

（五）赋能"健康中国"建设

《中国药业》公众号特设的"科普栏目"，以原创健康科普文章持续不断地向人民群众普及安全用药知识，发挥好医药科技与大众普及之间的桥梁作用，更好地服务于药学监管和药学学科建设。2020 年至 2023 年，杂志社每年积极组织 2—4 次"药品科技活动周""医疗器械安全宣传周""安全用药月"等科普活动，赋能"健康中国"的建设，受益群众超过 1000 万人次，被人民网、新华网、重庆广电第 1 眼新闻、《重庆日报》、上游新闻等媒体广泛报道。

三、社会效益与经济效益双效俱优

2022 年，《中国药业》在期刊出版单位社会效益评价年度考核获"优秀"等次。同时，融合发展的实施多方位拓展了单位的创收渠道，扭转了以期刊经营为主要收入来源的局面。2021 年会议及编印服务、科普宣传服务及广告收入占比 56.08%，同比增长 50.93%，首次超过单位传统固定收入。且 2021 年至 2023 年单位总收入一直呈递增趋势，员工收入大幅增长。

四、展望

出版深度融合发展背景下，医药科技期刊业迎来了极大的发展机遇，同时也承担着更多的社会责任。虽然《中国药业》通过在制度保障模式、人才培养模式、传播渠道模式、经营方式模式及服务内容模式上的创新取得了一些成效：由传统的使用人才转型为培养人才，为期刊培养了一支复合型人才队伍；由单一传播转型为多元传播，增强了期刊传播力，提升了期刊的品牌影响力；从期刊经营转向经营期刊，提升了期刊的社会效益和经济效益；从内容服务转向知识服务，提升了期刊的知识服务能力，但在优质内容供给、期刊的传播力、学术会议平台规范、产业精准对接、新技术的应用等方面仍需继续提升，以促进期刊出版转型升级和深度融合发展，提升科技期刊的综合影响力，多元化传播医药科研成果，助推医药产业高质量发展。

（张小林：中国药业杂志社副编审，刘斌：中国药业杂志社编审、主编，汤华：中国药业杂志社编审、社长）

中国药业公众号

案例类别：产品

数字化转型背景下《中国药房》网络版（科普刊）的研发及创新应用探析

李劲 刘钰 马曦 舒安琴 邹小勇

2022 年 4 月，中共中央宣传部印发《关于推动出版深度融合发展的实施意见》，主要从战略谋划、内容建设、技术支撑、重点项目、人才队伍、保障体系六个方面提出 20 项主要措施，对未来一个时期出版融合发展的目标、方向、路径等作出了全面部署，提出了明确要求，为出版单位探索融合发展新模式提供了行动指引。作为专业科技期刊，《中国药房》杂志做到了充分将药学专业资源与新型媒体融合发展，在为药学科研人员提供药学新技术、药品应用的专业学术论文发表平台的同时将资源有效整合利用，构建了一个以专业科技知识为基础，涵盖科普知识传播等内容的网络出版物——《中国药房》（科普刊）（以下简称《中国药房》网络版）。

一、研发背景

为响应党的二十大关于推进健康中国建设、优先保障人民健康的战略要求，中国药房编辑出版中心（现为“重庆大学附属肿瘤医院期刊中心”，以下简称中心）认识到医药行业知识更新迅速，传统纸媒无法满足大众需求。考虑到医药行业知识的高含量和快速更新，以及民众和医药工作者获取专业知识的困难，中心于 2018 年创办《中国药房》网络版（http://JC.china-pharmacy.com/523/341），以适应全媒体时代，为公众提供一个实时更新的医药信息平台。

二、应用概况及研发历程

（一）应用概况

《中国药房》网络版（季刊），旨在秉承科学普及筑防线，安全用药益大众，设有《医药前沿》《人文药学》《药师说药》《大众健康》《家庭药箱》《药房视界》《典型个案》等特色专栏，以医院药学部、社会药房工作者和大众为读者对象，内容多样，包括视频采访、音频访谈、图文信息、政策解读、视频教育、药学科普等。定期发行刊载于中国药房网、中国药房移动网、官方微信平台、药尚学医药继续教学系统、药政云课堂等新型媒体平台。在药学界享有高知名度。作为科技期刊数字化转型的先驱，《中国药房》网络版利用数字技术推动纸媒创新，走在科技期刊界前沿。

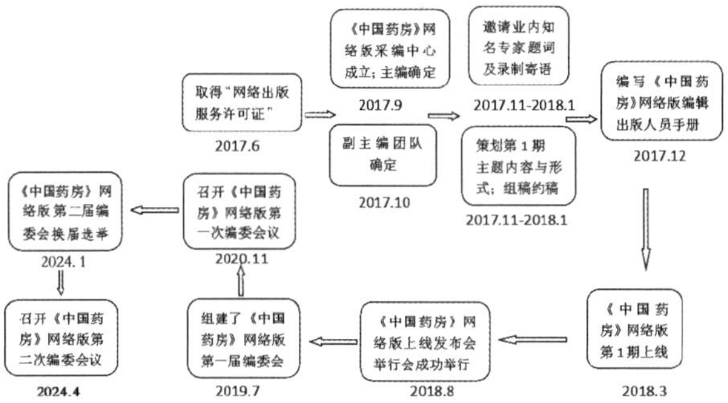

《中国药房》网络版研发历程

（二）研发历程

1. 团队组建。中心 2017 年 6 月获取由原国家新闻出版广电总局颁发的“网络出版服务许可证”，同年 9 月成立由新媒体部负责人、网络技术员、新媒体编辑、记者组建的《中国药房》网络版采编中心，采编中心成员遵循“出版单位 + 学科专家”的办刊模式与发展方向，邀请药学专家以主编身份加入团队，并与其探讨创办《中国药房》网络版相关事宜，相继组建了由全国各三甲医院药学部专家等构建的副主编团队。

2. 发布上线。2018 年 8 月，“《中国药房》网络版上线发布会暨互联网 + 药学服务创新论坛”举行，来自国家卫生健康委、广东省食品药品监管局、中山市卫生计生委、各医药科研院校和全国各地大中型医院药剂科负责人共计 300 余人见证了此次发布仪式，并进行了在线直播。邀请业内知名专家、院士等人士为网络版亲笔题词及录制贺词。

3. 关键技术。数字网络出版技术：《中国药房》网络版运用先进的 HTML5、JavaScript 等技术构建网页界面，适配不同显示工具。内容制作采用多种音视频及图文工具，确保形式多样、内容丰富。书刊界面采用智能编排，并提供电子期刊与 PDF 下载服务。科技期刊编辑出版技术：《中国药房》网络版依托科技期刊出版专家资源，精心策划栏目、组织稿件。编辑出版流程严格，执行三审三校，从主题确定到后期推送，确保内容质量与页面设计的专业性。

（三）运行效果

1. 出版概况。截至 2024 年 4 月，《中国药房》网络版已出版 25 期，发表 600 余篇原创报道，科普采访和教育视频约 40 集，总阅读量超 300 万人次。内容涵盖特殊人群合理用药及多种药物的合理应用等专题。每期封面展示业界知名专家，通过介绍和采访，积极扩大药学影响力，普及药学知识。

2. 编委会组建。《中国药房》网络版自 2019 年起组建了第一届编委会，随后不断扩大，至 2024 年编委人员已增至近 120 人，涵盖全国医药专家及青年优秀工作者。编委会为网络版提供学术指导，确保其舆论导向和学术质量。此外，网络版已召开三次编委会暨学术会议，涉及药学服务、合理用药、药学科普等议题，为网络版未来发展和人才建设提供导向。

3. 社会效益。《中国药房》网络版面向基层医药人员和大众科普医药知识，指导科学、合理、经济用药，特别关注特殊人群和慢病人群的合理用药。同时，为医药卫生工作者解读药品政策、传递药学信息。借助新媒体融合，网络版实现快速推广和传播，阅读和下载量持续增长，远超传统媒体。

（1）内容吸引力。《中国药房》网络版的文章备受业内瞩目，包括院士的《生物医学发展回顾与展望》等深度内容，广受好评。比如，夏也执笔的“人文药学”专栏深受欢迎，不仅填补了药学与文化的结合空白，还吸引了大批忠实作者和读者。此专栏推动了人文药学的发展，并凝聚了药学界和人文领域的关注。在药学进步中，人们往往聚焦于药学服务、知识和合理用药等，但“人文药学”让我们意识到药学与文化的交融同样重要。

（2）行业倡导力。2018 年，《中国药房》网络版联合多个药学专业团体发起了“为药师发声，为自己代言——关于设立‘中国药师节’的倡议书”，提议将每年的 5 月 26 日（李时珍诞辰纪念日）定为“中国药师节”。该倡议在药学界引起了巨大反响，得到了 3 万余名药师的联名支持，广受业内赞誉，充分体现了其在行业内的影响力和倡导能力。

（3）时事响应力。2020 年初，新冠肺炎疫情来袭，中国药房编辑出版中心迅速响应，推出《中国药房》网络版 2020 年第 1 期“万众抗疫”专题，广受业界关注和好评，下载率和引用率均较高，网文阅读量在重庆科技期刊新媒体中排名第一。该专题收录了 25 篇抗疫文章，深入记录了药学人的坚守与奉献，其中包括一线药学人员的心路历程和抗疫文章。因此，中心荣获“重庆数字出版单位抗击新冠肺炎疫情特别贡献奖”。

（4）平台影响力。2019 年，《中国药房》网络版荣获“重庆市 2018 年度优秀数字出版项目奖”，成为当年科技期刊中唯一获奖者。该奖项肯定了我们在内容生产、技术应用和运营模式上的创新。此外，我们还获得了“重庆市优秀数字出版企业”等荣誉，这得益于我们结合专业期刊与数字化建设，成功融合药学资源与新兴媒体。我们为药学界打造了一个学术论文发表与资源共享的平台，已覆盖较广较深的专业用户，享有较高知名度。

（5）学术影响力。自 2021 年起，《中国药房》网络版积极创新，采用“出版单位 + 专家”模式，举办 30 余场线上学术会议。2023 年 6 月，又成功开展了科普作品征集活动，收到近 200 篇稿件，并发布 130 篇优秀作品，总阅读量高达 60 万人次，显示了公众对健康知识的热切关注。此次活动不仅增强了医患沟通，也对提升公众健康意识有深远意义。

4. 经济效益。《中国药房》网络版原本能够为企业药品推广、使用指导、销售提升及疗效排名提供广告效应，为平台带来经济增长潜力。然而，自 2019 年起，其版权归属主办单位重庆大学附属肿瘤医院，作为公益事业单位，原则上不能进行市场经营活动。因此，《中国药房》网络版未来将调整定位，以社会效益为主，成为医院科研推广、科技及科普知识传播的重要渠道，致力于服务医药卫生行业，宣传推广药学科技与科普知识。

四、发展规划与展望

《中国药房》网络版，本质上是一个药学科普知识平台而非传统期刊。2022 年第 1 期及之前采用网页界面，但从第 2 期开始，平台进行了全面改版，转为书刊模式，内容也从专题征稿变为每季度末出版的精选集。所刊载的文章均是从中国药房网新媒体平台征集的稿件，根据学术性、新颖性、点击阅读量、转载量等多个维度精选出的优秀作品。同时，为了提升作者和读者的阅读及收藏体验，平台从网页阅读模式转变为书刊阅读模式，并提供整期 PDF 下载，优化了用户的使用感受。

我们将倾力打造《中国药房》网络版，使其成为一个高阅读量、独立且立体的视觉平台。该平台将搭建起药学专业人士与普通大众之间的沟通桥梁，以更迅速、更全面的视角呈现专业新闻与药学科普内容。通过融入视频、音频及小程序等多元化形式，我们将为读者带来新颖且富有互动性的阅读体验，营造出身临其境的感受。此外，我们还计划推出英文阅读专栏，并与国际知名出版集团（如 BMC 出版社、Springer 出版社、Hindawi 出版社等）展开合作。借助这些合作伙伴的品牌影响力和专业营销网络平台，我们将进一步提升《中国药房》网络版在海外的知名度和影响力，从而塑造出独具特色的期刊媒体品牌。

（李劲：重庆大学附属肿瘤医院期刊中心副主任、编辑、记者，刘钰：重庆大学附属肿瘤医院期刊中心新媒体编辑、记者，马曦：重庆大学附属肿瘤医院期刊中心网络技术工程师，舒安琴：重庆大学附属肿瘤医院期刊中心编辑，邹小勇：重庆大学附属肿瘤医院期刊中心主任、副编审、记者）

《中国药房》网络版（科普刊）

案例类别：组织机构

立足本土 守正创新 全媒传播
——重庆市巴南区融媒体中心推进媒体深度融合发展实践

邓涛 邬昌竹

党的二十大报告指出，要巩固壮大奋进新时代的主流思想舆论，加强全媒体传播体系建设。2019 年 10 月，重庆市巴南区整合原区广播电视台与巴南日报社，成立了重庆市巴南区融媒体中心（以下简称巴南融媒）。作为党媒，巴南融媒立足本土、守正创新，以习近平总书记提出的“导向为魂、移动为先、内容为王、创新为要”为指引，打造融心、融才、融智、融情的“四融”党建品牌，强化全媒体传播体系建设，坚持以高质量主题报道（活动）服务国之大者，彰显时代强音。

一、坚持导向为魂，筑牢舆论“主阵地”

巴南融媒立足本土主题策划，强化主流媒体导向作用。党的二十大期间，巴南融媒主动策划“非凡十年·巴南答卷”，围绕党的建设、开放发展、工业经济、乡村振兴、优质教育等 10 个主题展开宣传，全景式展现了巴南区过去十年各项事业取得的显著成果。

自成立以来，巴南融媒创新策划了“奋进新征程 建功新时代”、“党建统领·百村振兴”、“唯实争先 赛马比拼”、“巴南榜样”、“一把手”系列访谈、“陆海之约”、“巴方来才 南得有你”、“书记晒文化晒风景”、“巴南—温江文旅推介联动直播”等 120 余个重点主题报道，出现阅读量 100 万 + 稿件近 100 条，其中“巴南—温江文旅推介联动直播”获评 2023 年重庆市广播电视媒体融合“典型案例”。因主题报道突出，巴南融媒获评“重庆市宣传思想文化工作先进集体”，入选《2022—2023 全国县级融媒体中心能力建设典型案例研究报告》。

二、坚持移动为先，下好融合“先手棋”

巴南融媒立足实际，从内容视频化、活动交互化、内容个性化入手，在融媒体建设中突显“移动为先”，前瞻性构建了“1+3+N”可延展性媒体传播矩阵。其中，“1”代表“看巴南”移动客户端；“3”即 3 个传统媒体平台，包括巴南电视综合频道、《巴南日报》和广播 FM106.6；“N”则具有延展性，包括“看巴南”微信公众号、视频号、抖音号，“巴南发布”微信公众号、巴南网等新媒体平台。

巴南融媒坚定践行融合传播理念，着重打造全媒体平台的交互式、话题性、可视化。对自有媒体平台进行了全新改版。FM106.6 推出了 13 档全新节目，立足巴南本土，加强传统优秀文化的传播，讲述巴南精彩故事；《巴南日报》新增语音读报和一键自动分享功能；新版看巴南客户端设置了“新闻 + 政务 + 服务 + 商务”一级菜单，新增在线看电视、听广播、新闻回看点播等功能；“看巴南”客户端集合“巴南日报”“巴南电视”“FM106.6”“巴南新闻”“全媒体直播”等内容模块，实现一个平台多端观看。巴南融媒还开通户外高清摄像头，创新性地将广播与城市慢直播相结合，让听众在收听广播的同时，欣赏到巴南南泉峭壁飞泉、西流沱古镇等风景名胜，全面提升收听体验。

三、坚持内容为王，占据传播“制高点”

习近平总书记指出：“读者在哪里，受众在哪里，宣传报道的触角就要伸向哪里，宣传思想工作的着力点和落脚点就要放在哪里。”巴南融媒体在媒体融合发展中坚持“内容为王”，做“关心百姓的媒体，百姓关心的媒体”。2022 年 8 月 21 日，巴南区界石镇发生山火，巴南融媒记者深入山火一线，全程跟踪报道，将群众迫切关心的消息第一时间传递出来。出现阅读量破 10 万的稿件 15 篇，其中短视频《灭火需要水，他说：抽我鱼塘里的》播放量超过 360 万，《巴南正全力扑救山火，直升机从长江取水灭火》播放量达到 456 万，《重庆巴南人民送别人民子弟兵》在人民日报抖音号浏览量超 3000 万、点赞量 51.8 万、评论量 2.3 万。2024 年 1 月 5 日，在巴南鱼洞儿童走失事件中，巴南融媒勇担党媒职责，从发布寻找孩子信息到第一时间奔赴营救现场，以及后续家长答谢等进行了全程跟踪报道。自有平台矩阵共计发布相关新闻 25 条次，视频信息阅读量 2 条 100 万 +，1 条 82.6 万 +，8 条 10 万 +，文图信息 1 条 8 万 +，评论留言达到 1.6 万条次，并在中央电视台新闻频道与中央二台、新华社等播发。据大数据显示，全网刊（转）发 2117 条次，曝光量突破 1 亿人次。上万名网友对巴南区在本次事件中的作为，尤其是对巴南党委政府的高度重视，对公安等部门的不间断搜救，对当地群众的同心聚力等，都给予了高度夸赞。

在“内容为王”的理念下，巴南融媒成功培养了一批忠实用户，平台影响力得到大幅提升，作品质量也拔节而上。2022 年以来，巴南融媒平均每月能创作出 12 条阅读量超 10 万的稿件、50 条阅读量超 1 万的稿件；“看巴南”微信公众号粉丝增长 43%，“巴南发布”微信公众号粉丝增长 41%；“看巴南”APP 成为重庆市十佳客户端；《巴南日报》被评为年度优秀区县报；FM106.6 在蜻蜓 FM 广播综合类电台的全国收听周排名最高上升至 48 名；在第二十六届重庆新闻奖和 2022 年度重庆市广播电视优秀作品中，巴南融媒均有 5 件作品获奖，且各有一等奖 1 件，获奖数量与等级均实现历史性突破。

四、坚持创新为要，深化内容“供给侧”

巴南融媒经历了从简单“相加”到有机“相融”的发展过程，在“变”与“不变”中坚守内容质量，提升“供给侧”能力，推动创新发展。在展示巴南非遗文化的系列视频中，巴南融媒推出的《中国表达》，以国家级非遗项目“接龙吹打”为核心，以外国友人詹姆斯拜师学艺经历为主线，将中国表达方式向世界传播的故事。该作品从 3000 余件作品中脱颖而出，获得 2021“讲好中国故事”全国创意大赛一等奖。2023 年 8 月，巴南融媒在巴南区委宣传部、巴南区人民武装部的指导下，创新推出了“国防开讲啦”系列原创视频第一部《南泉之战—解放重庆城区第一枪》，为国防教育拓展了新路子。在文化服务方面，巴南融媒联合重庆交通广播、重庆诗歌创作委员会等开展“巴风渝韵”2023 重庆中秋诵读会，领略巴山渝水，颂吟巴渝经典。同时，立足巴南本土文化，研发打造巴风渝韵、巴山渝水两大系列 50 余类“巴巴虎”特色文创，并推出 2023 中国杯世界花样滑冰大奖赛专属吉祥物，“巴巴虎”文创被评为 2023 年全市广播电视媒体融合“成长项目”。在政务服务上，巴南融媒创新开通“网络问政”平台，倾听民声、解决群众诉求，致力于解决老百姓不平事、烦心事，该平台被巴南区纳入“德法相伴”主题活动四阶体系之一。

（邓涛：重庆市巴南区融媒体中心党委书记、主任，邬昌竹：重庆市巴南区融媒体中心编辑）

河北省

案例类别：产品

石家庄新闻网融媒生产传播平台

王建永 尚燕华 王云龙

石家庄新闻网作为石家庄日报社所属四报的网上发布第一出口，石家庄市委市政府新闻发布的官方平台，集主流、权威、影响力于一体，是兼具权威性、系统性、聚合性的地方综合性新闻网站，也是石家庄对内、对外宣传的网络门户和重要窗口。

自 2021 年以来，石家庄新闻网在紧紧围绕市委市政府中心工作的同时，不断创新报道方式，积极探索融合转型，实施建设了石家庄新闻网融媒生产传播平台项目，以省会石家庄为主要信息发布区域，辐射省内主要中等城市，集网站、新闻客户端、两微、短视频、数字报、数据服务等功能，涵盖新闻发布、政务公开、信息公开、互动社交、舆情分析、民生服务等内容体系，构建符合“四全媒体”要求和网站特色的自主可控平台新模式，做大做强政务平台，做优做活视频平台，做专做细垂直平台，通过主流媒体传播影响力为石家庄新闻网实现回流，增强“造血”功能。

一、构建“融为一体、合而为一”的融媒传播格局

（一）融合媒体

石家庄新闻网融媒生产传播平台，充分运用移动互联网、云计算、大数据和人工智能技术，实现对 Web 产品、APP 产品、数字报产品、微信微博社会化产品、可视化专题产品、H5 可视化新闻产品、数据中心产品等七大产品生态统一融合一体化的管理，全面支撑媒体实现业务融合、管理融合、用户融合、数据融合，有力促进媒体构建“融为一体、合而为一”的全媒体传播格局。

打造大数据支撑下的融媒体可视化报道指挥、数据追踪评估分析、内容安全审计为一体的融合平台，实现

了集中指挥、资源共享、协同调度、智能编采、一稿多签、统一审核、精细管理的融媒体业务流程。通过业务流程动态组合、数据资源和用户资源的互通共享，打造“中央厨房”式内容调度中心，建立采编联动平台，统筹采访、编辑和技术力量，实现“一次采集、多元生成、多渠道传播”的工作格局。

（二）移动媒体

确立媒体“移动+”战略，贯彻“移动优先”，在强化“报、网、端、微”格局的同时，积极入驻各平台媒体号，如抖音号、快手号、头条号、“学习强国”号等，打造“新闻+政务+服务”的移动新媒体产品，实现立体化传播。

以“内容+互动”增强黏性，以“媒体号”增强“自媒体聚合能力”和“政务服务能力”，实现深度运营，重建用户连接，提升媒体影响力。

同时，将媒体的“核心内容生产业务”向移动终端转移，实现采编移动化，让媒体人在移动的时代具有更敏锐、更快速、随时随地的生产能力和协同能力，从传统编辑流程转向全媒体生产流程。

（三）智慧媒体

通过“大数据+人工智能”双引擎驱动，打造高信源、精加工、面向多元场景的大数据资讯内容平台，实现对全网海量新闻数据的快速检索与筛选、分类与管理、取稿与创作、订阅与推送，打造智能内容新生态，为融媒平台提供实时、精准、智能、个性化的数据推送服务，为融媒体生产、发布、管理的各个环节提供全面的支持。

最贴近媒体特点的业务应用设计，赋能融媒生产，让媒体人实现更贴近用户的选题、更便捷的内容创作、更准确的考核管理、更全面的影响力评估、更科学的分析决策。目前石家庄新闻网编辑人员已全部使用大数据资讯平台实现辅助新闻内容的选取与创作，工作效率提升超过60%。

（四）云端媒体

适应媒体深度融合发展的新阶段，围绕“转场升维”与“重建连接”，更好地将媒体云服务深度应用到各级媒体的区域化建设和行业媒体的平台化建设中来。平台基于云构架，重服务，轻资产，充分发挥云计算优势，通过微服务、组件化技术，满足新业务、新媒体、新模式运营的基础性要求，为传统媒体转型新媒体提供统一的内容支撑、技术服务、数据分析、运营服务等一体化服务平台。

（五）服务型媒体

以全媒体为基础，运用互联网大数据，构建多维度数据应用、知识应用的延伸服务。建设大数据舆情服务平台，可实时掌握舆论信息，为监管部门舆情监测研判处置、网络宣传提供及时、全面、科学的决策支持。

二、媒体融合建设成效显著

石家庄新闻网融媒生产传播平台顺应了互联网传播数据化、移动化、社交化、视频化的发展趋势，有利于满足受众对信息获取渠道、传播途径及附加值的更高要求，对于丰富广大人民群众的精神文化需求将产生积极的影响，对推动全市媒体融合向纵深发展具有示范意义，对支持省会建设、壮大主流宣传思想阵地、丰富广大人民群众精神文化需求将产生积极的影响。

石家庄新闻网融媒生产传播平台运用“大数据+人工智能技术”，通过“新闻+政务商务服务”的运营方式，为报社带来更大的业务扩展空间，有力促进了更广泛的商业合作，创新媒体发展模式，增强自我造血功能，开拓了大数据舆情服务、视觉资源商用等业务类别，并与多个政企单位达成合作，营收同比增长10%。

在2021年中国报业协会媒体融合案例评选活动中，石家庄新闻网融媒生产传播平台荣获“2021年全国报业媒体融合案例优秀奖”。

三、统筹部署、多级联动、技术保障、稳步向前

（一）统筹部署

成立融合发展领导小组，组建编辑委员会和融媒技术委员会，进行一系列的体制机制改革，建立适应全媒体生产传播的一体化组织构架，再造采编流程，创新绩效考核，形成集约高效的内容生产体系和传播链条。

（二）人才培养

大力培养全媒体人才和复合型专业人才，打造一支具有强大战斗力和融媒团队。建立了市场化的用人选人机制，通过定向引进、重点培养等形式引进一批专业人才和业务骨干，畅通人才流动通道，采编、运营、新媒体、技术等部门继续推进一体化运营。

（三）技术保障

积极探索大数据、人工智能、区块链等前沿技术与融媒生产相结合，全面提升石家庄新闻网融媒生产传播平台的功能性和智能化水平。通过技术赋能内容生产和数据服务，提供多项实用性强的功能平台和数据服务平台。

（王建永：石家庄日报社副总编辑兼集团总工程师，尚燕华：石家庄新闻网总编辑，王云龙：石家庄日报社信息技术中心技术工程师）

案例类别：组织机构

少儿期刊营销深度融合发展案例探究

师学磊

一、背景介绍

数智时代，随着移动互联网的迅速崛起，信息传播方式和大众阅读习惯都在发生改变，传统纸媒面临着前所未有的挑战和机遇。少儿期刊作为传统媒体的重要组成部分，长期以来承载着激发儿童阅读兴趣、促进儿童学习提高的重任。面对当下纸媒发行量持续下滑、纸质订阅用户不断流失等问题，少儿期刊营销亟须通过深度融合来推动自身的创新与发展。深度融合旨在实现期刊内容、形态、技术等多方面的跨界融通，以提升其在新媒体环境下的竞争力和影响力，进而实现少儿期刊的转型升级与高质量发展。

本文将以《少儿科学周刊》《快乐作文》为例（以下简称两刊），深入分析两刊的营销策略与深度融合发展的实践，共同探讨如何在激烈的市场环境下实现创新发展，以期为同类期刊的转型升级提供有益的借鉴和参考。

二、期刊概况

《快乐作文》创刊于1994年，是一本面向中小学生的教育类作文期刊，杂志致力于“快乐作文”新理念的实践和研究，经过近三十年的发展，品牌知名度和影响力持续提升，在全国中小学作文教育类期刊中独树一帜，在广大中小学教师和学生中拥有良好的口碑。

《少儿科学周刊》创刊于2011年，是中国优秀少儿报刊奖获奖期刊，并成功入选《中国优秀科普期刊目录》。该刊用主题式阅读、学科综合、动手实践相结合的方式，与少年儿童一起探索天文地理、自然生物、航空航天、物质世界、工程技术等蕴含的科学秘密。因其办刊特色鲜明、内容优良，受到市场和读者的一致好评。

三、深度融合发展实践

（一）品牌活动，助力少儿期刊营销推广

充分发挥少儿期刊文化传播主阵地作用，两刊始终坚持以刊为媒，以新技术为支撑，全力打造品牌赛事活动。《快乐作文》与中国侨联、全国台联、《人民日报海外版》共同主办的世界华人学生作文大赛至今已经成功举办24届。大赛得到了海内外师生的广泛关注和积极参与，参赛学生覆盖60多个国家和地区的华侨华人子女，参赛人数累计达到数千万人次，社会影响力逐年提升，成为教育部批准的唯一面向全世界华人学生的作文大赛，被称为华文教育的一块“金字招牌”；《少儿科学周刊》立足自身优质科普资源，强化品牌活动运营。不断谋划实施融合创新项目。针对教育类期刊因国家“双减”政策影响带来的新变化，该刊有效整合所属出版传媒集团优质科普资源，聚焦课程、研学、图书三大核心板块，积极牵头打造“大科普精品IP”项目。同时围绕社会大众科普需求，强化科技、教育与出版的三向赋能，有效连接科学教育、科学普及、科学传播三方资源，通过承接“京津冀公民科学素质大赛”“河北省优秀科普图书作品推荐”“校园科普资源共建”等系列科普项目，持续推动科技、科普与文化繁荣走向更广阔的天地，不断提升其品牌影响力。

（二）精品内容，推动出版融合高质量发展

优质内容是保持期刊核心竞争力的关键所在。两刊突出其在本领域内的领先优势与核心价值，不断提升其内容质量和专业化程度。

《快乐作文》始终秉承“快乐作文、快乐成长”的办刊宗旨。近年来，紧紧围绕少儿阅读写作需求，从传统四大名著到现代经典美文阅读鉴赏，从《顽说小古文》《话说诗（词）人》再到《跟着古人学写作》《小作文大视野》，一系列栏目的策划和提升都在努力赓续传统文化，教育引导广大少年儿童增强文化自豪感，坚定文化自信。

《少儿科学周刊》作为一份内容权威、特色鲜明的少儿科普读物，持续深入挖掘中华传统文化中的科学精神，以主题出版的形式让古老的诗词与现代科学交汇、碰撞与融合。从“大禹治水”的典故引出现代测量的概念；从应县木塔等古代木建筑的榫卯结构中引出结构力学的相关原理；从汝瓷、白瓷、青花瓷等古代著名的陶瓷制造技术中引出材料科学……将弘扬科学家精神、普及科学知识贯穿于出版全过程，建立起青少年科普素养提升的坚实阵地。

（三）融合共享，加快构建全渠道营销模式

数智时代，两刊主动求变，围绕阅读、科普两大领域，深耕细作，有效整合资源，切实推动全产业链在内容、渠道、平台、经营、管理等方面的深度融合，积极探索少儿期刊全渠道营销新模式。

在营销方面，两刊共同策划实施的“全国编辑校园行”阅读推广活动已持续开展三年，先后在河北省、广东省、福建省、安徽省、内蒙古等多省市（自治区）开展校园活动，直接参与学生人数超过10万人。编辑部和市场部紧密结合共同组成阅读推广团队，通过与学校开展资源共建、专家讲座、教师培训、征文活动、跨区域交流等方式深入合作，品牌影响力不断扩大。

在发行方面，树立一体化观念，强化互联网思维，逐步摆脱传统期刊出版与发行的路径依赖。在以自身内容资源为核心的基础上，以用户价值驱动运营逻辑，创新机制体制，从产品定位、内容定位、市场定位、渠道定位、价格定位等多方面综合考量，依托新技术，持续加强新媒体平台建设和品牌IP打造，深化电商平台推广力度，打造适合新媒体传播特点的优质内容和营销活动，加快构建全渠道营销新格局。截至2024年5月，两刊发行量较2023年同期实现近20%增长，显示出强劲的市场竞争力。

四、案例总结与启示

在上述案例分析和发展策略探讨的基础上，两刊通过品牌建设与推广、内容创新与特色打造等积极探索，在激烈的市场竞争中得到创新与发展。

首先，品牌建设依然是期刊发展的基础。只有建立起独特的品牌形象和口碑，才能在激烈的市场竞争中脱颖而出；其次，“内容特色和资源优势”始终是保持少儿期刊核心竞争力的关键因素，要围绕自身资源优势，深耕细作，突出其在专家、作者等方面的资源优势，加强内容选题策划，不断优化内容供给，强调用户体验。要准确把握国家教育改革实质，更新发展理念，积极主动地融入教育的新发展格局中去；此外，营销手段与活动创新也是提升少儿期刊影响力和市场竞争力的重要手段。资源共享，优势互补，深度融合，才是少儿期刊未来发展的重要趋势。要通过媒体融合与技术创新、跨界合作与资源整合等方式，加强与用户的互动和交流，持续提升用户体验，不断拓宽期刊经营发展的空间与边界。

五、融合挑战与解决建议

在推进深度融合的过程中，也面临着一些挑战和困难。如大多期刊社存在规模较小、经营分散、总体实力弱、竞争力不足等问题。多数期刊是以编辑部形式经营出版，并不具备法人资格。同时在融合创新方面存在体制机制、观念思维、考核评价等众多方面的限制或问题。

实现少儿期刊的融合发展，应积极探索跨界合作的模式和机制，积极争取政策和技术支持。首先，呼吁相关部门应加强对期刊产业的扶持和引导，制定相关政策和法规，为期刊转型发展提供政策保障和资金支持；其次，刊社应加强与新媒体、新领域的合作与交流，不断提升自身的创新力和竞争力；此外，还应创新机制体制，建立完善的人才培养机制，特别是少儿期刊出版经营、新媒体运用等方面的专业人才培养，为行业可持续发展提供有力的人才保障。

随着新媒体技术的快速发展和AI技术的广泛应用，全新的传播形态正不断涌现。未来，少儿期刊营销将迎来更多机遇和挑战，这就需要我们具备前瞻性的眼光和创新性思维，共同探索在新质生产力要求下，少儿期刊从业者如何运用新思维、新技术、新模式，立足主业，融合创新，尽快走出一条可持续发展之路。

（师学磊：河北阅读传媒有限责任公司党总支委员、副总经理）

案例类别：组织机构

构建后奥运时期 京张体育文化旅游带建设宣传推介主阵地

冯海潇 荣洁

北京2022年冬奥会的成功举办，让全世界见证了一届无与伦比精彩纷呈的冬奥盛会，也让全世界记住了一座城市的名字——张家口。

在冬奥会筹办过程中，习近平总书记在2021年1月20日召开的北京2022年冬奥会和冬残奥会筹办工作汇报会上作出了加快建设京张体育文化旅游带的重要指示。

后奥运时期，围绕习近平总书记提出的国家战略，作为地市级主流媒体，张家口日报社主动承担起全面宣传推介京张体育文化旅游带建设成效的责任。

张家口日报社充分发挥旗下河山新闻客户端核心枢纽作用，建立形成“以客户端为主体、社交媒体为侧翼、入驻账号为补充”的“1+N”移动传播矩阵，推出一批互动性高、传播力强、群众喜闻乐见的融媒体产品，为后奥运时期张家口市委、市政府加速推进京张体育文化旅游带建设提供了强大的舆论宣传支撑。

一、深耕细作、内容为王，形成集约高效影响力强的内容生产体系

作为本地第一自主可控移动新媒体平台，河山新闻客户端自觉承担起举旗帜、聚民心、育新人、兴文化、展形象的使命任务，强化舆论引导、创新内容表达，深化内容生产供给侧结构性改革，围绕后奥运时期京张体育文化旅游带建设，强化生产原创报道，深挖张家口人文底蕴，提升内容质量，做强平台影响力。

（一）强化舆论引导创新内容表达，出品影响力强的融媒体产品

精细谋划张家口文旅亮点推介。2022年冬奥会后，日报社新媒体中心特别策划推出“发现京西北 · 打卡张家口”系列产品近40期，对张家口市崇礼雪场、大境门、古长城、草原天路等旅游景点做了重点推介，同时制作《寻宝张家口》《露营地图》等一系列有创意、成系列的高质量融媒体产品，受到网友广泛关注，视频总点击量6000余万。其中《寻宝张家口》对张家口文化名人、民间技艺、非物质文化传承人进行了梳理整合，以短视频或图文海报的形式呈现，共推出作品30余期，点击量近千万，获评“河北省五个十佳网络正能量作品”，并作为优秀作品向国家网信办推荐。策划推出《发现京西北 我是家乡代言人——张家口的鸟》栏目28期，从鸟类栖息视角展示张家口生态成就，张家口日报微信公众号、微博号、头条号、视频号点击、转载量达100万人次，传播效果显著。

（二）聚焦后奥运时期张家口冰雪产业发展，全媒体联动形成宣传矩阵

2023河北张家口冰雪产业博览会开幕前后，23期“探营冰博会”系列新媒体产品火爆“出圈”，《就在明天不见不散》《冰博会上的新玩意》《冰雪之星未来之秀》视频、文图产品引发广泛关注，50万人次涌进张家口日报社新媒体直播间，云参观冰博会，提升了冰博会知名度和美誉度。

（三）结合张家口文旅资源，深入挖掘讲好“张家口故事”

河山新闻客户端推出博物馆系列报道，通过短视频形式，直观呈现金融博物馆、口皮博物馆藏品，生动讲述其背后的历史故事、文物故事，制作生产的《银票防伪术》《掌心算盘》《低调的奢侈品》《奢华羊皮金》等新媒体产品，在微信公众号、视频号、抖音等新媒体平台总曝光量超过50万次。发挥张家口发布微信公众号、张家口日报NEWS抖音号、张家口日报视频号传播优势，持续开展现场直播活动。2023年春节期间共开展9场直播，其中创造性地开展了古装寻城直播，营造出“有文化、有年味、有品质”的春节文化氛围，在线观看人数最高20万人次。

二、京张同频、市县联动，形成辐射力更加广泛的对外传播体系

（一）积极寻求与北京媒体合作，资源共享形成合力

张家口日报社先后与北京日报社、新京报社等北京媒体签署战略合作协议，通过建立密切、长久及融洽的合作关系，实现资源共享、优势互补，形成两地“一盘棋”的宣传报道格局，共同做好京张体育文化旅游带建设的新闻宣传报道工作。

2023年初，京张媒体联合推出“跟着冬奥去旅行”融媒体报道，京张两地记者再次走进冬奥场馆、火炬传递点位等场所采访，带领读者品味后奥运时期京张体育文化旅游带建设中京津冀协同发展路上的新故事。策划推出“两地连麦”活动，邀请京张两地文旅届知名人士和冬奥属地技术官员等嘉宾，在微博、微信以直播的方式回顾冬奥会的成功举办，畅谈后奥运经济发展，扩大主流媒体传播力、引导力、影响力、公信力。2023年4月，联合北京日报客户端开展“网民最喜欢的张家口旅游打卡线路”评选活动，历时3个月时间，网民通过河山新闻客户端、北京日报客户端对京张两地56条旅游路线进行投票，受到京张两地网友欢迎，投票人数达50万人次。2023年7月，联合北京日报社推出“草原天路、桑洋水路全媒体采访行”大型采访活动，在京张两地形成热搜话题近百个，网民互动量10余万。

京张媒体联动，在全市形成全方位、多层次、宽领域的文化旅游宣传推广大格局，利用“多媒体矩阵”力量，吸引更多京津冀游客走旅游路线、游大好河山、品特色美食，推动京张体育文化旅游带建设高质量发展。

（二）完善市县两级融媒体全媒体传播体系，实现重大主题市县宣传同频共振、一体联动

2023年以来，张家口日报社依托河山新闻客户端，邀请各区县融媒体在河山新闻客户端开通绿色察北、涿鹿融媒、蔚县融媒、秀美尚义等19个县区河山号，对县区融媒体中心进行培训赋能，建立完善县区通讯员队伍，实现资源共享、平台共享，推动市县区媒体垂直联动，进一步扩大了河山号影响力，推进形成内外宣一体化、市县区一体化的全媒体宣传大格局。

在完善市县两级融媒体全媒体传播体系过程中，张家口日报社河山新闻客户端联合各县区融媒体中心，在2023年7月发起“这么近 那么美 周末到河北——网红美食打卡”短视频征集活动，各县区融媒体中心将拍摄的美食短视频上传至河山新闻客户端，再由河山新闻客户端编辑将多个短视频进行二次加工，统一包装后推出系列产品，让更多网民加深对张家口的感性认识和了解。这类活动一方面扩大了河山新闻客户端的影响力；另一方面对推进市县区一体化全媒体宣传大格局做出了有益的探索实践。

（三）启动“优质自媒体创作者扶持计划”，吸引网络大V、优质自媒体人入驻“河山”新闻客户端

2023年5月，河山新闻客户端文化频道正式上线，邀请文化人士、专家学者入驻，通过他们的人脉和影响力有效扩大河山新闻客户端的向外辐射效应，为更好服务宣传京张体育文化旅游带开辟一个新的渠道。同步启动“优质自媒体创作者扶持计划”并建立激励机制，会集文化名家、网络红人、自媒体账号350多个，实现市县媒体、官方媒体与自媒体资源共享、平台共享的一体化全媒宣传大格局。

三、展示形象、提升功能，形成服务党和政府中心工作、服务群众生活的价值体系

（一）围绕张家口市委、市政府中心工作肩负起主流媒体责任

自2021年习近平总书记做出重要指示之后，张家口在建设京张体育文化旅游带区域定位是奥运开放城市、国际冰雪城市、知名会展城市，成为全国高端赛事集聚区、国际冰雪运动引领区。围绕这一定位，张家口日报社全媒体平台陆续刊发了《加快建设京张体育文化旅游带，我们这样干》《〈京张体育文化旅游带（张家口）建设规划〉解读》《我市首批京张体育文化旅游带建设项目集中开工》《京张体育文化旅游带建设“加速跑”》等稿件百余篇。围绕后奥运经济推出京张体育文化旅游带建设见闻系列报道，分别以“赛后利用 梦想延续冬奥之城”“体育牵引 激情燃动活力之城”“文化赋能 品牌叫响魅力之城”等不同侧重点为主题，宣传报道张家口市“京张体育文化旅游带”建设发展中的热点和亮点工作。

（二）优化再造流程，提高优质内容产能

立足媒体职责，深耕本地信息资源，精准把握受众需求，有针对性地提供富有特色的新闻产品和信息服务。河山新闻客户端通过优化流程、专题话题引导，运用弹窗、开屏、轮播图等移动端内容运营方式，拓展延伸新闻的广度与深度，核心原创新闻通过每天24小时不间断指挥体系获得融媒体矩阵的“最大声量”。精心设计制作一系列长图爆款产品，如“张家口这20条旅游精品线路你去过几条？”“张家口境内这22座大山你解锁了几座？”等。围绕京张体育文化旅游带建设，设置“这么近，那么美，周末到河北”专题，推出海报、图集、H5等融媒体产品500余条，全面展示张家口深入推进京张体育文化旅游带建设动态和成果。

（三）紧跟技术趋势，不断迭代更新

优化提升“投票”“征集”“答题”等各种互动功能体验，增强用户黏性；建设“百姓呼声”网络问政板块，形成“新闻 + 政务 + 开放生产平台”三位一体用户聚合模式，打造市委、市政府新型主流新闻发布端口、全市的综合服务平台和社区信息枢纽。启动“河山云”智能中台研发项目，引入智能审校、智能视频生产、智能考核等新技术，赋能记者编辑全媒体转型，用新技术引领媒体融合。拓展“北纬41° 张家口文化旅游服务平台”功能，有效整合信息资讯、服务资源、景区资源，打造全市旅游文化信息资讯一体化入口，全域旅游服务功能整合一站式平台，旅游要素、资源智慧化整合一站式平台，成为张家口各类文化和旅游产品服务信息交互的总平台，为用户提供串联式、高品质的文旅产品和服务。目前可通过该平台实现旅游门票、农特产品售卖，酒店预订、车辆租赁等功能。

（四）以跨界思维提供政务、商务、社会服务等融媒体业务

河山新闻客户端以新闻业务为核心，同时不断探索发展“新闻 + 政务”“新闻 + 商务”“新闻 + 社会服务”等基于“新闻 +”的不同运营业务和模式，不断打破不同行业之间的壁垒，以跨界思维促进跨界发展，实现了从传统媒体单一、单向的信息传播方式向新型媒体多元、交互的融合传播与融合业务转变。河山新闻客户端除了固定栏目之外，还开设了经济、文化、指尖都市、金融、医疗健康等自选频道，用户可根据个人喜好和需求进行个性化选择。

未来，河山新闻客户端将立足新发展阶段，进一步强化引领示范，继续以先进技术引领驱动融合发展，大力提升平台内容生产能力、信息聚合能力、平台运营能力，努力建设成为具有京津冀晋蒙影响力的新型主流媒体，以宣传京张体育文化旅游带为契机，推进媒体深度融合转型做出更多探索。

（冯海潇：张家口日报社党委委员、副总编，荣洁：张家口日报社全媒体中心总编室副主任）

案例类别：组织机构

融创聚合 全力打造融媒体“易县模式”

易县融媒体中心

媒体融合发展是习近平总书记亲自部署推动的重要工作。习近平总书记在全国宣传思想工作会议上提出“要扎实搞好县级融媒体中心建设，更好引导群众、服务群众”。易县融媒体中心自2019年12月挂牌成立以来，始终坚持正确的政治方向、舆论导向、价值取向，积极推进媒体融合发展，在体制机制改革、媒体布局、品牌塑造、经营服务方面大胆探索，强化策划功能，统筹整合部室职能，集中优势力量做好各项宣传，在构建新型主流媒体形态、打造县域主流媒体区域品牌方面积累了易县经验，媒体融合的“易县模式”已初步呈现。

一、创活体制机制，激发员工精气神

根据省、市委宣传部门关于融媒体中心建设的指导意见，聚合政策资源，创活运营机制，推动媒体融合改革发展。根据“三定方案”要求，中心设立“三室四部五中心”，实行扁平化管理，小团队作战体系。创活机制、创新办法，研究成立保障委员会、采编委员会、经济委员会，分别统筹协调技术后勤保障工作、新闻采编工作、全媒体运营及产业发展工作。三个委员会实行每周例会制，对重大新闻题材、事项提前策划，全员发力。实现了资源充分共享，重大题材宣传全覆盖；实现了“一次采集、多种生成、多元发布”全媒体传播；实现了中央厨房“点菜”，各灶台“拼厨艺”，观众、用户“点评”的良好宣传生态。

二、加快平台建设，提升媒体传播力

顺应全媒体时代发展的要求，着力打造全程媒体、全息媒体、全员媒体、全效媒体发布平台。建立冀云易县APP、易县发布微信公众号、易县电视台微信公众号、易县电视台视频号、看易县抖音号、易县融媒快手号、易县融媒微博等官方平台，及时引领群众知晓最新政策、掌握官方信息、熟知办事惠民主渠道。各媒体平台紧紧围绕县委、县政府中心工作，积极开设专栏、制作图文并茂的资讯，及时转载中央、省级、市级媒体重点报道，同时加强与上级媒体的联系对接，入驻央视频、央视新闻移动网媒体矩阵。做到了中心工作天天有、重点工作日日发，凸显了强大的传播效果，实现了内容编发高效、外宣直通快捷。

三、深耕优质内容，树立品牌影响力

易县融媒体中心以“加强党的领导、聚焦核心工作、做好媒体融合、抓住内容为王”为原则不断探索。在激烈的竞争中，深化供给侧结构性改革，运用互联网、移动优先思维制定发展规划，以提升用户体验为目标，因地制宜，立足本土，深耕优质内容领域，丰富传播形式和手段，运用直播、短视频等可视化表现形式，将内容优势转变为品牌优势。主办、承办了多届易县“少儿春晚”“春晚”“板栗文化节”“少儿才艺秀”等等，在宣传中显示出强大的传播力，成为媒体融合之后引导群众、服务群众的经典宣传案例。

四、完善服务功能，提高群众满意度

只有服务好群众，增强平台黏性，才能更好引导群众。中心采用“媒体+政务+服务”模式，讲好本地故事，传递本地声音，服务本地群众，实现媒体服务与公共服务一体化融合发展。设立网上意见箱，在“易县电视台”微信公众号开设《民生易线》专栏。通过邮箱、热线电话、公众号文底留言、公众号后台留言、抖音号私信等形式，广泛收集群众意见，发挥媒体优势，与相关职能部门及时沟通，让更多百姓敢于发声、投诉有门，让问题清单变为成效清单，在化解社会矛盾、解决实际问题方面，发挥了重要作用。同时为进一步拓宽党和政府同人民群众联系的渠道，及时倾听群众呼声，全力为民排忧解难，有效促进机关作风转变，在“易县发布”“易县电视台”微信公众号设立《县委书记、县长群众直通车》窗口，为群众咨询、建议、反映、监督各类民生问题，畅通民意诉求渠道，及时解决群众反映和关心的难点、热点、堵点、痛点问题，实现直达民意解难题，打通连接服务群众最后一步路。

五、重树经营理念，提升发展水平

坚持舆论导向、社会效益先行的基础上，拓宽经营渠道，以跨界合作、跨区域合作等方式，延伸产业链，提高经济效益，支持并反哺媒体主业、盘活副业，形成融媒体中心建设良性循环。

引入现代企业管理方式，除传统媒体广告外，全面拓展经营范围，联合社会各界以及各乡镇、行政事业单位联办栏目、承办、自办线上、线下活动。其中《法润易州》《妇幼医声》《乡村记》等栏目寓教于乐；同时根据重大节庆或重要时节策划举办线上、线下活动“我们的中秋”“国庆天天乐”“元旦歌会”“元宵灯会”等一系列品牌活动已深入人心，特别是连续三年举办樱桃节活动，形式新颖又不失传统，持续搭建樱桃产业产销对接、品牌创建信息交流平台，进一步提升“易县大樱桃”品牌美誉度，让樱桃产业成为易县乡村振兴的亮丽名片，既取得了社会效益又取得了经济效益。

“融为一体，合而为一”是媒体融合发展的关键，是对各级持续推动媒体融合向纵深发展的明确要求，更是媒体的重大政治责任和历史机遇。易县融媒体中心将继续乘势而上，各方合力而为，重点在做大做强主流舆论，推进“媒体+”技术建设和政务赋能上下功夫；在筑牢基层基础，建设一支更加坚强有力的媒体“守正”队伍上下功夫；在深化体制机制改革，增强高质量发展动能上下功夫，持续增强主流媒体的工作定力，在加快推进媒体深度融合发展上不断探索。

（易县融媒体中心）

山西省

案例类别：产品

《山西农民报》：乡村振兴地头云端融

曹鑫

一、项目概况

“乡村振兴地头云端融”是《山西农民报》创新实践“新闻+服务”媒体深度融合的一次全新尝试。项目以本报成立的“乡村振兴专家团”为服务支点，以本报开设的“乡村振兴大讲堂”为传播渠道，通过智库建设、平台再造、渠道共融，多屏互动，有效整合媒介资源、生产要素，为山西省乡村振兴高质量发展贡献媒体力量。2023年6月15日，“乡村振兴地头云端融项目”成功获评国家新闻出版署“第三届中国报业深度融合发展创新案例”。

（一）组建权威专家智库，汇聚乡村振兴合力

2022年是党的二十大胜利召开之年，也是全面推进乡村振兴的关键之年。为贯彻落实中央、山西省委省政府关于全面推进乡村振兴的决策部署，《山西农民报》作为“三农”工作的省级主流媒体，以改革创新为动力，找准媒体在乡村振兴中的功能与定位，发挥媒体在乡村振兴中的作用和力量，于2022年5月29日，成立“乡村振兴专家团”。

专家团首批吸纳24名权威“三农”专家倾情加入。山西省农业农村厅原副厅长董希德担任专家团主任。专家中有全国首批高校黄大年式教师团队带头人、山西省委联系高级专家、山西农业大学食品科学与工程学院教授、食用菌专家常明昌；有山西农业大学玉米研究所所长、玉米栽培专家张中东；有山西农业大学园艺学院教授、蔬菜专家李灵芝等，均是业内顶流专家。

以资源共享、产品共创、人员互通、媒体互用为思路，实现主流媒体引领导向，社会力量与主流媒体抱团融合发展。专家智库的建立，为《山西农民报》定期深入乡村、园区、企业开展精准服务提供了“硬核”保障，同时也引领助推专家真正把课题立在产业上，把论文写在大地上，把服务送到农民心坎上。

（二）畅通线下服务渠道，持续深入“三送”服务

服务乡村振兴、服务农业农民，《山西农民报》把以人民为中心的发展思想融入媒体融合的过程之中，立足全省各地乡村振兴实践中的重点难点问题，畅通线下服务渠道，全力推行面对面服务、专业化服务、菜单式服务，精准为群众送政策、送科技、送信息。

把讲堂设在村委大院，把课堂搬进田间果园，把示范延伸到温室大棚，进行“零距离”“接地气”“有根据”的现场服务与互动，专家团在畅通的服务渠道下开展服务，针对性更强、实用性更高、精准度更优。

“前茬莜麦收获后，二茬糯玉米如何种？”在这个农业生产的重要节点，《山西农民报》主动回应忻州市忻府区解原乡小奇村的群众诉求，专家团邀请山西农业大学玉米研究所所长、杂粮研究院院长张中东深入该村调研，对这一关键时期农民朋友的困惑和可能遇到的技术问题进行解答，并对两茬作物种植从选种、田间管理到收获的全生产过程进行技术指导。这堂及时雨般的授课，吸引来自忻府区、定襄县等地的40余名种植户前来聆听，现场气氛热烈，群众一致好评。

哪里有需要，服务就跟到哪里。乡村振兴专家团成立以来，共组织专家下沉基层开展“送政策、送科技、送信息”服务活动27次，接受现场培训的农民达3000余人，为上万亩粮食基地、养殖园区、果园、蔬菜大棚，带来直接或间接经济效益达1400万元。

（三）开辟线上“云享课堂”，不断升级服务形式。

紧扣山西省委、省政府关于乡村振兴的重大决策部署，强化主题策划，创新方式方法，坚持移动优先，凸显多屏互动。《山西农民报》线上线下融合接力，开辟网络“乡村振兴大讲堂”，接连推出“攻坚西红柿产业”“乡村振兴与专业镇建设研究”“核桃‘三位一体’整形修剪技术”“玉米节水抗旱栽培技术”“解读中央一号文件”“农业生产托管未来方向预测”等专题讲座，既有实用技术，又有政策解读，既有产业前瞻，又有市场分析。群众互动积极，授课效果显著，通过山西农民报视频号和山西农民报强农科技两大微信公众平台吸1万余粉丝掌上学科技、长知识、开眼界。

这一融合服务的生动实践，进一步增强主流新媒体的用户黏性，为群众表达诉求提供了出口，把主流新媒体打造成为群众共有的传播平台，把基层百姓所需所盼与党委政府、媒体专家的积极作为有效对接起来。2023年，大讲堂共录制视频30期，总点击量1.58万次，接受培训农民18万人以上。

二、创新特点

（一）党媒专家跨界融

在“联动”“协同”“引领”“服务”上创新突破。汇聚全省农业科技、乡村发展、乡村规划、乡村治理、乡村建设等涉及“三农”各领域的专家人才力量，组建专家智库，为全省乡村振兴提供坚强的人才、科技支撑。

（二）地头云端渠道融

畅通线下服务渠道，开辟线上“云享课堂”，精准为农民群众送服务，主动满足新形势下人民群众对科技信息的多样需求，努力放大“新闻＋服务”的传播效能。

（三）资源要素市场融

整合资源、共享资源、集成要素，牢牢借助团队力量，积极尝试以市场化方式承担乡村规划、项目设计和技术咨询，培育新的经济增长点。向政府部门争取调研性项目和撰写白皮书，向社会展示服务乡村的“智”力量。

三、经验体会

（一）“媒体＋智库力量”，实现报道的共创共享

借助乡村振兴专家团这个支点，让媒体“活”起来，让活动“多”起来，让专家与乡村“互动”起来，发现乡村新动向，挖掘乡村新价值，推动乡村产业、乡村文明、乡村生态、乡村建设大发展大提升。《山西农民报》将媒体服务功能聚焦基层、扎根一线，用足媒体资源、用活传播手段，逐步探索出主流媒体与推动乡村振兴的社会力量互联互通、互补互助、协作发声的互融关系，在全省营造出同向发力、共促振兴的“大宣传”氛围，切实凸显了媒体融合的社会效益。

（二）“活动＋专家队伍”，实现服务的联合联动

《山西农民报》持续深入举办大量的“三送”下乡活动和论坛，通过“活动＋专家队伍”的形式，搭建一个有效平台，按照新媒体时代的市场化需求，有针对性地开展专家团服务活动，助力全省乡村振兴。这种服务的联合联动，不仅推动了更多的专家教授走出大学课堂，通过更接地气的线上线下科技服务，实现科研成果落地见效，而且为广大农民带来了更加精准化、专业化的服务，有效提升了农民的科技务农意识，同时为媒体融合发展注入强劲动力。

（三）“平台＋市场运作”，实现要素的集成增效

专家团的成立，将借助“平台＋新闻＋政务＋服务＋商务”模式，紧紧围绕乡村振兴中的热点、难点、焦点，做好乡村振兴理论研究，通过深入调研、专题论证、科学决策，定期向政府和行业主管部门提供建设性意见，为乡村振兴提供理论支撑和智力支持。

（曹鑫：山西农民报社新闻部副主任）

“乡村振兴地头云端融”宣传片

内蒙古自治区

案例类别：组织机构

内蒙古日报社以“草原云”融媒体平台“五个一体化”开创三级媒体上下贯通传播新格局

刘国栋 赵明亮

近年来，内蒙古日报社坚持以习近平总书记关于推动媒体融合发展的重要论述为指导，按照内蒙古自治区党委和政府部署要求，贯彻铸牢中华民族共同体意识工作主线，守正创新、大胆实践，主动顺应“大报”向“小屏”转向潮流，充分发挥省级党媒龙头引领作用，以建设“草原云”融媒体平台为抓手，通过顶层设计、上下贯通、联动作战、实战实训、技术置顶“五个一体化”举措，大力推动媒体资源整合、布局优化、流程再造，开创三级媒体上下贯通传播新格局。2023 年 6 月，“草原云”融媒体平台入选国家新闻出版署全媒体传播体系建设创新案例，为自治区首例；2023 年 10 月，荣获中国新闻技术工作者联合会“王选新闻科学技术奖”一等奖。

一、从“顶层设计”入手，推动管理一体化重构

（一）建立全流程指挥机制

制定《“草原云”融媒体平台贯通联动和内容推广传播工作制度》，实行 7×24 小时推转机制，对中宣部、内蒙古自治区党委宣传部要求推送的重要内容及内蒙古日报社推出的特别策划稿件，第一时间向入驻“草原云”融媒体平台的盟市和旗县端推送；对重大主题宣传，实行 103 个旗县级融媒体中心统一策划、统一采访、一体化生产、一体化传播；对重大突发事件，实行一体化应急响应、统一指挥调度，实现党的好声音直通一线、直达基层。

（二）开展全方位服务监督

充分发挥自治区旗县级融媒体运营服务中心职能职责，按照“全链条服务、全天候监测、常态化激励”思路，组建全区首支媒体舆情分析队伍，对重要新闻事件、重大新闻传播活动进行传播力分析报告，为旗县级融媒体中心开展定制类 24 小时舆情监测服务，并且每日对盟市、旗县发布内容进行实时安全巡检，每周发布旗县融媒指数，每月编制《内蒙古旗县（市、区）融媒体月情报告》，推动各旗县级融媒体中心“你追我赶、晋位升级”。

二、从“上下贯通”起步，推动路径一体化串联

（一）客户端阵群提质增效

推动盟市、部分厅局和 103 个旗县级融媒体中心入驻“草原云”融媒体平台，将“草原云”融媒体平台客户端“草原全媒”作为传媒矩阵“旗舰”，实现三级客户端阵群在“草原云”融媒体平台上聚合发力。同时，将人力、资金、项目等优势资源向“草原全媒”客户端汇聚，从页面、频道、栏目等方面优化升级改版，带动 103 个旗县客户端形成传播合力。目前，“草原全媒”客户端下载量近 1300 万，步入国内党报客户端第一方阵。

（二）全平台统一调度

围绕重大主题、重要节点，通过“草原云”融媒体平台统一组织调度全区各旗县级融媒体中心开展直播，及时将中宣部、内蒙古自治区党委宣传部宣传要求、重点稿件传达到 103 个旗县。2023 年，共开展直播 1027 场，总观看量达 5590 万人次，各旗县级融媒体中心共转发宣传要求和重点稿件 6.3 万条次。同时，加大盟市和旗县端重点原创产品曝光量，通过设立“草原全媒”客户端“县域”频道，提升“风物”“出彩”频道推发盟市、旗县端稿件占比，实现基层声音更广传播。

三、从“联动作战”破题，推动传播一体化放大

（一）实行三级媒体联动

以统一策划为引领，联动盟市、旗县高标准完成全国两会、自治区两会、两件大事等重大主题报道。2023 年全国两会期间，组织调动 103 个旗县级融媒体中心联合推出“旗县主播聊两会”系列新媒体产品，在全国两

会新闻宣传协调机制通气会上被点名表扬。积极探寻三级媒体合作互动“最大公约数”，推出遇见“河套人”“推动五大任务见行见效·我在现场”“全方位建设模范自治区·北疆新实践现场短新闻大赛”等联动传播活动，全媒体点击量5.5亿+。

（二）深化央地媒体合作

与新华社全力打造央地媒体融合发展新样板，全方位展现内蒙古形象。与新华社内蒙古分社成立“草原三句半”工作室，探索联合打造内蒙古融媒精品栏目之路。此外，与《新华每日电讯》启动联合采访活动，同步开设《亮丽北疆 高质量发展纪行》专栏，刊发《为天下“储”为国家强》《南粤潮涌 北疆风劲》《京蒙双向奔赴 同心追梦共富》《寸土生寸金！内蒙古跑出集约高效用地“加速度”》等报道，特别是2023年11月30日与《新华每日电讯》同日同步推出《万马奔腾向未来》一文，以恢宏的气势展现了内蒙古闯新路、进中游的生动实践，被全网传播。

四、从“实战实训”切入，推动素质一体化提升

（一）通过加强培训提升素质

不定期举办各类培训，全面提升盟市媒体和旗县级融媒体中心业务骨干能力水平。2023年，共开展融媒体线上线下培训、研讨10余次，累计参加2500余人次。同步开展全媒体培训、调训实践、交流学习，分批次组织盟市、旗县媒体采编业务骨干，参加“草原云”媒体融合业务培训班，进一步提升全媒体技能，夯实人才根基。

（二）通过跟岗实战提升素质

注重在内容创作、项目运营等方面以战促练、以战育人，分批次调训各旗县级融媒体中心采编人员到“草原云”融媒体平台跟岗锻炼，联合103个旗县级融媒体中心成立“内蒙古形象工作室”，重点围绕“把内蒙古形象立起来”主题，策划、打造爆款产品，工作室相关产品话题总阅读量突破5亿次，助推优秀人才“破土而出”。

五、从“技术置顶”跟进，推动平台一体化支撑

（一）构建采编融合平台

依托“草原云”融媒体平台6大应用系统74个一级功能模块，为入驻的盟市、部分厅局和103个旗县提供大数据、舆情分析、云计算、数据采集、安全等级保护、安全监管等12项软件及技术运维服务，全区各级客户端6000余名采编人员利用“草原云”融媒体平台，实现高效精准“策、采、编、转（转写）、发、播、评、享、管”的全流程生产发布、监测管控。

（二）提供全面技术保障

适时组织103个旗县级融媒体中心分组召开线上技术服务指导会议，厂家技术工程师、日报社技术运维团队和旗县技术骨干“面对面”解决技术问题。同时，组建“技术应用问题对接”专项小组，为旗县级融媒体中心提供全面技术保障。2023年，共深入旗县50余次进行业务指导，解决旗县级融媒体中心技术问题近2000项。

（刘国栋、赵明亮：内蒙古日报社草原云全媒体传播指挥中心副主任）

案例类别：组织机构

满洲里市融媒体中心：“内”融“外”延构建内宣+外宣的主流舆论格局

徐红梅 林妍

满洲里市融媒体中心成立于2019年8月，将原满洲里报社、满洲里广播电视台、俄语新闻中心、微波站四家单位合而为一，是满洲里市独家新闻宣传机构，也是内蒙古自治区首家实现报、网、台、端全面融合的县级融媒体机构。从1992年的第一张报纸，到现在拥有《满洲里日报》、满洲里电视综合频道、满洲里综合广播调频、满e融媒客户端、阿科诺中俄双语客户端等18个媒体平台的全媒体传播矩阵，中心始终坚持“内”融“外”延发展理念，强化内外宣联动的深度融合方式，构建主流舆论新格局，实现了“纸端”到“云端”的媒体融合转型。满洲里市融媒体中心融合案例入选2020年《中国传媒融合创新研究报告》；在首届全国县级融媒体中心舆论引导能力建设年会上，满洲里市融媒体中心舆论引导力建设作为典型经验进行分享。

一、打造多维度立体化传播矩阵

（一）“内”融有内容

满洲里市融媒体中心坚持“党建引领，导向为魂，移动为先，内容为王，创新为要，融合发展”的工作思路，在“内”融上着力打造全媒体、全方位、全视角发布平台，包括微信公众号、视频号、APP等平台，推动报业深度融合，实现统筹人、统筹事、统筹流程、统筹资源、统筹内容“五统筹”；实行全员、全网、全渠道、全平台、全流程、全天候的“六全”工作机制；再造集“舆、策、采、编、发、传、评”七位一体的全新新闻生产流程；报、网、端、微差异化发展，版面、栏目、频道明确各自定位，更加注重融媒体内容建设。

其中，满e融媒客户端作为对内宣传的支柱产品，在内容质量、报道方式等方面进行创新，形成以内容为核心，以渠道、产品为路径的全新格局。数十部作品荣获国际、自治区级奖项，如MV《有我们》荣获2022年全国优秀区域融媒体作品、《满洲里24小时》荣获2022年全国优秀融媒创新短视频、《兵妈妈的拥军路》荣获新华社优秀融媒体产品奖。

（二）“外”延有品牌

作为一家县级融媒体中心，满洲里市融媒体中心始终坚持坚持“小媒体 大外宣”站位，重点打造了“阿科诺”融媒品牌项目，始终坚持国际视野、国家站位、地方特色三者的有机统一，积极、主动、全面、深入地向俄罗斯宣传中国文化，展示开放中国形象，讲好中国故事，传播好中国声音。该项目以“讲好中国故事的亮丽窗口”为理念，主要包括“阿科诺”中俄双语网站、“阿科诺”中俄双语APP、VK、Twitter、Facebook账号等，搭建了科学完整的网、微、端架构，开启了中俄媒体交流合作的新篇章，构建了“一带一路”上最具活力的中俄融媒体品牌矩阵。

其中，阿科诺中俄双语网站始建于2016年10月，本着“从这里开始，了解中国”理念，是一款具有重要影响力的新媒体国际传播平台。作为自治区首家地方性俄文官方网站，荣获内蒙古自治区优秀创新案例奖。网站推出的《这里是中国》栏目荣获第三十届内蒙古新闻奖专栏类一等奖。《阿科诺中俄双语网站节目制作项目》成功入选国家广播电视总局2023年度“丝绸之路视听工程”项目库。“阿科诺”中俄双语APP于2022年11月建设完成，是一款集新闻、服务、视听等栏目的双语综合平台，为中俄用户提供精准的双边信息服务。《讲好中国故事的亮丽窗口——阿科诺客户端》成功入围全国广播电视媒体融合成长项目。

二、构建创新型全媒体人才队伍

打破原有的组织框架、业务条块梗阻和级别身份限制，满洲里市融媒体中心积极探索“工作室制”的新型生产组织运营方式，具有灵活、机动、专一性等特点，在提升管理效能、激发内在活力、提升媒体“四力”等方面发挥了重要作用。组建“草原新丝路工作室”“新视野工作室”和“949创新工作室”，各个团队成员是从广播、电视、报纸等基础岗位上，跨岗位跨部门选调的“潜力股”，并在实践中全力培养一专多能，集策、采、编、播、发、营（营销）才能于一身的全能型融媒人才，成员平均27岁，是中心最年轻、最有活力、最有创造力的一支新媒体“旗舰战队”，深耕垂直细分领域，并通过项目制量化系统，较好地完成内外宣任务。

新视野工作室将传统媒体的内容生产优势与新媒体的内容表达优势相结合，将内容、设计、策划、技术等多方面进行融合重组，围绕市委市政府的重点工作、亮点工作以及百姓关注的焦点热点等，对重大题材和经济社会现象进行深度关注、广角聚焦、多维探讨，推出最吸引眼球的优质内宣产品。草原新丝路融媒体工作室全面负责阿科诺中俄双语网站、中俄双语APP、VK等十余款外宣平台内容的采、编、发、策划、制作等工作，充分利用好口岸资源，发挥口岸外宣优势，找准境外受众视角、欣赏习惯和社会习俗，有针对性、时效性和较强吸引力、亲和力地传播中华文化，讲好中国故事，传播好中国声音，实现了高效、高质的内容生产，形成了多平台、多渠道、多声部合唱，取得了良好的国内和国际传播效果。

三、拓宽多元化多层面合作渠道

在传播矩阵完善的过程中，满洲里市融媒体中心已经形成从省市媒体到中央媒体、从国内媒体到国外媒体的多层次传播矩阵。一方面，与新华社、人民网、中央电视台、上海东方卫视、内蒙古电视台等展开合作，共同生产精品内容；另一方面，与20多家俄罗斯主流媒体建立合作渠道，扩大海外传播范围。

2023年，与上海广播电视台、重庆广电集团等十家省市广播电视台、融媒体中心共同打造“跟着班列跑丝路”联合融媒直播，获国家广电总局推优；与福建尤溪县融媒体中心联合推出异地联合直播“风景这边独好”，点击量105万+。国际方面，与俄罗斯伊尔库茨克市伊尔库茨克网、赤塔市后贝加尔工人日报、乌兰乌德市基维科母广播电视公司等20余家媒体签署合作意向书，就媒体合作、新闻互换等内容达成共识。以“阿科诺”品牌为载体开展跨境联合采访活动等多项交流合作活动，在俄罗斯多地区建设驻俄“阿科诺”工作站，以“阿科诺”为主题联合打造网络购物平台、信息发布平台等，实现线上和线下的协同推进，构建全新合作平台。

四、发挥全方位可持续社会效益

满洲里市融媒体中心搭建了科学完整的报、台、网、端、号架构，形成了端网并重、端做汇聚、网做引流的内外宣双驱动的宣传格局，向中国讲述满洲里故事、内蒙古故事，向世界讲述新时代的中国故事。地处口岸城市的满洲里市融媒体中心，不仅是展示和树立地区形象的窗口，在国家对外开放总体布局中的积极作用更是明显的。该中心能始终坚持国际视野、国家站位、地方特色三者的有机统一，宣传活动极具口岸特色，在促进交流互鉴、拓宽国际传播渠道等方面发挥了积极作用。

（徐红梅：满洲里市融媒体中心主任，林妍：满洲里市融媒体中心调度部副主任）

辽宁省

案例类别：产品

纪念中国人民志愿军抗美援朝出国作战全景数据库

杨东

“纪念中国人民志愿军抗美援朝出国作战全景数据库”由辽宁报刊传媒集团（辽宁日报社）自主研发，突出以技术驱动内容、以技术引擎弘扬主流价值，打造在全国产生广泛影响的纪念中国人民志愿军抗美援朝出国作战全景数据库，2020 年 9 月 28 日正式上线。

产品以大量运用交互 H5、短视频、图解等多媒体交互手段以及词云智能推荐、云图库大数据呈现等最新技术，紧跟传播新形态变化，促进可视场景化表达，让用户的体验感和参与感提升到一个新的高度。产品将海量的信息内容、独家的现场报道、深远的时代影响融汇在一个融媒体产品中，以“新闻产品 + 活动推广”模式再一次解锁重大主题报道新模式，在全社会产生广泛影响。

一、创新亮点

（一）致敬“最可爱的人”，走心互动脱颖而出

辽宁是抗美援朝出征地。70 年前，中国人民志愿军将士正是从辽宁丹东跨出国门，奔赴朝鲜战场。历经两年零九个月舍生忘死的浴血奋战，这支英雄的队伍同朝鲜人民和军队一道，赢得抗美援朝战争的伟大胜利，作出彪炳史册的历史贡献。为了纪念这段不能忘却的历史，为了唱响那支不老的英雄赞歌，为了传承赓续伟大的抗美援朝精神，《辽宁日报》新媒体通过打造“纪念中国人民志愿军抗美援朝出国作战全景数据库”致敬“最可爱的人”。

70 年斗转星移，人们对“最可爱的人”的敬仰和怀念却从未改变。站在“两个一百年”奋斗目标的历史交汇点上，重温中国人民志愿军建立的不朽历史功勋，致敬谱写了气壮山河英雄赞歌、创造了人类战争史上以弱胜强光辉典范的志愿军将士，对于激励和动员全党全军全国各族人民在新时代新征程上披荆斩棘、奋勇前进，具有重大意义。产品开设“纪念”板块滚动播放在抗美援朝战场上牺牲的烈士名单，突出“浸入式”体验、“代入感”互动，用户点击鲜花便会有片片花瓣飘落，同时也成为第 N 个为 197653 名烈士献花的人，有效实现了话题引领、舆论引导、氛围营造、跨圈层传播的效果，激发了广大网友尤其是年轻人的共情与共鸣。

（二）“技术 + 内容”双驱动，巧妙营造沉浸体验

让技术驱动内容，以创新、创意、创造塑造《辽宁日报》新媒体产品的整体气质和品牌调性，实现了优质内容的多样化展现、多元化传播、多圈层触达。

平台整体设计虽采用传统的下拉浏览模式，但“辽宁贡献”“独家影像”“东北日报”“时间轴线”“英雄”“见证”“遗迹”等多样态模块有机组合，打造出

递进式的主题报道内容，大量运用 H5、短视频、图解等多媒体交互手段以及词云智能推荐、云图库大数据呈现等最新技术，紧跟传播新形态变化，促进可视场景化表达，让用户的体验感和参与感提升到一个新的高度。

（三）手绘动画融合运用，着力增强视觉冲击

中国文化留有烙印的诸多颜色中，唯有红黄色被冠以“中国”。用色彩赋予页面丰富的政治寓意，视觉设计以国旗的红、黄两色为主基调，既烘托出浓重热烈的胜利气氛，又具有鲜明的时代象征意义；渐变色处理和手绘动图过渡产生一种视觉效果极佳的流动感，营造出深沉、大气、律动、有张力的视觉效果。

二、示范价值

（一）数据可视化呈现，解锁重大主题报道新模式

化繁为简，“数”里求新，用数据和图表传递抗美援朝战争独特的新闻价值，通过具有高级交互能力与功效的数据新闻产品，在数据梳理、表现形态、传播路径等方面进行创新，将枯燥内容生动化、将抽象概念具体化、将新闻信息知识化，让受众快速了解新闻事件的发展、演变，为用户提供了沉浸式的阅读体验。同时，产品以“新闻产品 + 活动推广”模式使线上线下良性互动、交互融合，再一次解锁重大主题报道新模式，全网阅读量超千万人次。

（二）技术激活内容，活化重大历史事件的独家记忆

《东北日报》是《辽宁日报》前身，在当时国内派记者到朝鲜战场去采访的媒体中，除《人民日报》和新华社外，地方党报中唯有《东北日报》。平台主打“东北日报”板块，以交互式 H5 的形式首次发布“记者在前线——《东北日报》抗美援朝报道大数据报告”，用海量数据和多类型图表让一张张泛黄的报纸“开口”说话。海量的报道内容、独家的现场报道、深远的时代影响融汇在一个融媒体产品中，以一股沉郁的力量展现党报人在重大历史现场的坚守与担当，带领用户回望 70 年前那段遥远而又清晰的英雄记忆。

（三）创新融合传播，搭建宣传抗美援朝精神重要载体

产品以最具冲击力的视觉、最富创新力的设计、最独家的内容呈现、最走心的深沉互动从众多同类报道中脱颖而出，成为刷屏爆款，在全社会产生广泛影响。产品以“新闻产品 + 活动推广”模式使线上线下良性互动、交互融合，全景数据平台的传播力、渗透力、影响力显著提升，全网阅读量超千万人次。丹东抗美援朝纪念馆将该平台作为其改扩建后举行开馆仪式的直播平台，并在宣传活动中进行推介；在韩中国人民志愿军烈士遗骸归国及安葬仪式，通过这一平台进行全网直播；省内多家高校也将这一平台作为宣传抗美援朝精神的重要载体，依托平台内各板块内容召开丰富多彩的主题互动活动，以此审视历史、观察现实、思考未来，更好地汲取历史经验，从中获得现实和长远的教益。

［杨东：辽宁报刊传媒集团（辽宁日报社）辽宁国际传播中心副主任］

纪念中国人民志愿军抗美援朝出国作战全景数据库

案例类别：产品

推进内容供给创新 构筑主流舆论高地

——党报重大主题宣传可视化转型有效路径的探索与实践

王研

随着 5G 等新兴技术的深入发展和广泛应用，新闻传播模式发生深刻变化，新闻视频化已经成为新闻传播的主要表达方式，报业尤其是党报视频内容生产日趋常态化。《辽宁日报》把握大势，以全媒体视野、可视化思维赋能重大主题宣传，以追求原发性、独家性、原创性为目标，全力打造“辽报视频”项目。该项目从新闻性、精品性、技术性上突破，探索运用无人机航拍、延时摄影、5G 直播、AI 人工智能、XR 扩展现实、3D 建模、工业模型采集等先进技术，大胆创新应用场景，推出一系列有质感、有流量、有创意的优质视频作品，探索和实践出

一条“党报重大主题宣传可视化转型”的发展路径。

一、以用户为中心，让主流声音直抵终端

党报融合发展的目的，是让主流声音借助移动传播直抵各类用户终端，为此，《辽宁日报》用以用户为中心的策划思维推动主题宣传，站在终端视角度量选题，持续探索让主流声音真正入眼入脑入心的有效路径。

（一）让“硬任务”出个性

主题宣传是“硬任务”，不仅要做，而且要做好。但是，在全媒体时代，“硬任务”不能做得太硬，也不能仅仅满足于“做成”，而是要做出个性来。2021 年，全国媒体共同聚焦“中国共产党成立 100 周年”，可谓各出奇谋、创意纷呈。《辽宁日报》策划制作系列短视频《请回答 1921—2021》，由十位“90 后”记者担纲，在全国 17 个省市区的红色地标实景拍摄，从百年党史中汇聚素材，用青春化的视角、大众化的语言、可视化的呈现，生动讲述老故事、深入挖掘新故事，展现百年大党的梦想与追求、情怀与担当。作品上线后，主创人员组成宣讲团，面向广大党员干部群众特别是青年群体“开讲”。其中，记者孙明慧代表团队参加“全国好记者讲好故事”大赛，获得全国十强的优异成绩。作品还获评“全国优秀理论宣讲微视频”，受到中宣部表彰。

（二）让“老面孔”展新意

全媒体时代，受众不再是单纯的内容接受者，而是参与者，因应这种变化，主题宣传必须“敞开大门”“开窗透气”。2022 年，“辽报视频”创意策划，将传统文化二十四节气与辽沈大地的四季景观、物候更替、风物人文、社会发展、百姓日常有机结合，报道组行走辽沈大地，透过普通人视角，细腻刻画不同领域、不同行业的辽宁人，在新时代新征程默默耕耘、开拓奋进、追梦圆梦的动人故事。作品融微纪录片与 VLOG 为一体，大量运用无人机航拍、延时摄影等技术手段，画面精美、制作精良、内容生动、主题突出，兼具新闻性和故事性。作品于北京冬奥会开幕当天推出，以节气为节点定期发布，取得良好传播效果，入选中国记协“党的二十大报道融创精品案例”，被广泛展示和推介。

（三）让“单音符”变交响

随着媒体融合实践步入深水区，主流媒体必须加快增强提供互动性、体验式、沉浸式新闻信息服务的能力，在新媒体平台上奏响主旋律、唱出交响曲。2022 年，党中央确定东北抗联精神的基本内涵。《辽宁日报》策划推出可视化项目《雪冷血热》。报道组兵分多路赴全省各地，踏访省内数十处重要的抗联遗址遗迹、展陈场馆，面对面采访权威专家，搜集整理提炼资料，可视化产品实现“PC 端 + 移动端”双呈现，聚合数据地图、短视频、微纪录片、直播等丰富形态的可视化产品，项目被数十家网站转载报道，各类作品被多座东北抗联纪念展陈场馆转发展示，全网阅读量逾千万次。

二、以原创为核心，让内容价值充分传播

《辽宁日报》在推进媒体融合深度发展的进程中，不断巩固主流媒体内容优势。我们重点做到精准策划，实现精品制作。

（一）精准策划

以全媒体视野、可视化思维赋能重大主题宣传，《辽宁日报》，尤其是我们深度打造的“辽报视频”选题，坚持用全局的视野去判断，用文化的视角去裁量，用学术的态度去操作，突出鲜明的独特性。2020 年，为纪念中国人民志愿军抗美援朝出国作战 70 周年，《辽宁日报》活用珍贵报史资源，当时《东北日报》是唯一向朝鲜战场派驻记者的地方党报，我们以《东北日报》战地记者的视角为视角，全面梳理 4000 余篇鲜活的战地报道，精心策划制作七集微纪录片《独家记忆》。作品第一次生动呈现抗美援朝战场上中国战地记者的重要贡献，从全新视角展现了中国人民志愿军抗美援朝出国作战的历史画卷。

（二）精品制作

在推动媒体融合进程中，《辽宁日报》积极探索运用先进技术，大胆创新应用场景，潜心制作精品。2023 年我们重点推出的大型策划《国宝在辽宁》，以辽宁省珍藏的 30 件国宝级文物为主线，专业化制作，国际化传播，充分展现了辽沈大地灿烂的历史文化，受到国内外社会各界的广泛关注。在纸媒呈现方面，我们报纸的版面编排设计强化视觉美学效果，以辽河作为贯穿系列专版的图形设计核心元素，每个专版讲述一个文物，且以辽河局部脉络为底图，最终 30 个专版有序衔接，形成一个完整的辽河图案。视觉上既独立又融合，设计新颖大胆，令人耳目一新。为了让文物“活”起来、“动”起来，《辽宁日报》视频摄制团队充分运用新技术新手段，将实景拍摄与特效制作有机结合，灵活运用微距摄影、延时拍摄的手法，最大限度展现国宝文物细节。系列短视频，大量应用原创手绘、动画特效，复原历史场景，使尘封已久的文物国宝变得可观、可感、可知。充分发挥媒体融合优势，统筹纸媒、客户端、网站、短视频平台等，多平台动态联动、协同发布、同频共振，《国宝在辽宁》通过全媒体呈现、立体式传播、矩阵式推送，不仅将国宝之美展现得淋漓尽致，更在网上网下、海内外引发强烈反响，目前全网播放量已近两亿次。

三、以融合为重心，围绕视频再造采编流程

《辽宁日报》以视频生产为试验田，进行多方位、多层次的探索与实践，取得了一定成果。一是围绕视频

再造采编流程。为此编辑部专门成立融媒体中心，组建新媒体采访和运维部、新媒体编发部、新媒体推广服务部等部门，为视频生产提供技术、设备、人力保障。二是为专业视频团队打造视频模块、频道和栏目，常态化开展视频生产。通过不断优化人力、物力资源配置，极大提高工作效能。三是全力推动记者全媒体转型。我们要求融媒体编辑部的记者不只用笔记录，更要用镜头记录，力争让每一处新闻现场都有“视频”在场，全面扩大、全力增强视频产品供给能力。

截至2024年2月，项目生产各类视频逾万条，总播放量超30亿，内容覆盖政经、民生、文化、体育等报道领域。

［王研：辽宁报刊传媒集团（辽宁日报社）新媒体创意和制作编辑部主任］

案例类别：产品

“沈阳发布”政务信息协同 共享发布管理机制

伏桂明 孙明鑫

一、创建背景

实行新闻发言人制度后，沈阳每年召开新闻发布会百余场，平均每两天就一场，特别是疫情防控期间，每天要举办一至两场新闻发布会。为了探索政务公开新模式、发挥新闻发布会最大效能，在沈阳市委宣传部的指导下，沈阳日报社积极探索，建立了“统一协调、统一运维、统一发布”的全新组织架构，形成了以“新闻发布会＋网络直播平台＋政务发布矩阵”为运营模式的全网全域城市立体发布体系，打造了政务信息协调统筹、即时发布的“沈阳经验”。

二、运行概况

以“沈阳发布”为品牌的政务信息发布矩阵包括“一端一网多号”十余个发布平台，包括“沈阳发布”新闻客户端APP、“沈阳发布”中英文微信公众号、“沈阳发布”中英文微博账号、“沈阳发布”头条号、“沈阳发布”抖音号、“沈阳发布”快手号、“沈阳发布”视频号、“沈阳发布”PC端专题页等多渠道发布。截至目前，“沈阳发布”政务信息发布矩阵直播新闻发布会和网络问政近1000场，影响人群3000万人。

“沈阳发布”政务信息发布矩阵兼具政务首发、各具特色、分类推送、全网发布、中英文讲述特色，能够将政务信息以最立体的方式发布传播，成为沈阳对内、对外的重要信息发布窗口，能够为用户推送权威、及时的新闻信息，提供有效、有用的服务资讯，实现政府及其职能部门与用户的互动交流，满足用户对重要信息的“一站式”获取。

三、运营特点

“新闻发布会＋网络直播平台＋政务发布矩阵”运营模式重在创新，主要体现以下几个方面。

（一）组织运营上的创新

由宣传主管部门、媒体单位、运维团队等联合组成执行架构，建立了领导层的议事机制和信息分发工作机制，为“一场发布会、一次采集、全网传播”提供了组织保障和制度保障。

“沈阳发布”政务信息发布矩阵是沈阳政务发布的主渠道，城市宣传的主窗口，服务群众的主平台，形成了稳定严谨的即时发布工作流程。而且，各平台、各账号定位清晰，特色突出，任务明确。“沈阳发布”客户端体现“自控、生产、全面”，对新闻事件全程、全景、全时、全面、权威地快速呈现。“沈阳发布”微博体现互动，通过话题设置，有效与网友形成网上互动交流。“沈阳发布”中文微信公号通过图文视频形式，多角度展示沈阳新形象；英文微信公号体现对外国际传播方面，向世界讲好沈阳故事，让更多外国人了解沈阳。抖音号、视频号输出优质视频产品，展示沈阳美景、沈阳新政以及沈阳好人好事，展现沈阳正能量。

（二）传播效能上的突破

“新闻发布会＋网络直播平台＋‘沈阳发布’新媒体发布矩阵”，是媒体实现可持续发展的必由之路，也是新时代做好媒体宣传工作的重要平台，体现了权威性和信息服务性，是形态多样、手段先进、具有强大传播力和竞争力的政务信息发布渠道，全面增强了传播力、公信力、影响力、引导力。

新的运营体系下，能够把握全媒体时代受众习惯，发挥视频直播特性和优势，充分实现全媒传播的本质。一是“沈阳发布”政务信息发布平台能够统筹各渠道、各平台发布资源，取得累加效应，拥有多重传播效果。二是搭建民意沟通桥梁，活动前利用发布平台面向社会征集，发布时对征集的共性问题和具有代表性的问题通过海报、问答等形式予以立体解读、重点讲解，得到网友们的广泛点赞和刷屏留言。三是主动对接市直单位和相关部门，在聚焦解读全市政策时，用喜闻乐见的视频直播形式发布内容，传播效果更好，引导力更强。

（三）服务城市上发挥力量

新运营模式是媒体深度融合发展的重要体现，通过强有力的服务模式，达到了事半功倍的传播效果。一是能够用线上营销赋能区县发展。如针对浑南区推出《对谈“南”主角》大型融媒体报道活动，让“南”主角的主题定位成为具有广泛认可度的高频词，点击量、阅读量累计超过1000万人次。二是能够助力企业纾困发展。“民生连线”是《沈阳日报》品牌栏目，在新运营模式下，邀请职能部门负责人、专家学者做客直播间，面向企业、网民有针对性的答疑解惑，在助力企业纾困、为网民解惑等方面发挥了巨大作用。三是实现现场直播，即时发布。在政务活动发布中，除对活动直播外，还能够实现迅速对内容拆条首发即发，对重点内容采取文字、海报、视频等不同形式反复分布传播，形成重要信息全天候、多频次传播局面。

（四）舆论引导上的精准覆盖

围绕加强策划报道、提升内容质量、扩大影响力和传播力等方面，重点推进“沈阳发布”政务信息发布矩阵建设工作，政务信息协同发布共享机制建设效果明显。瞄准受众群体对于新媒体传播的多样化需求，结合政府部门政务信息发布的主观诉求，提供针对性服务，受到广泛好评。借助发布矩阵平台，整合沈阳日报社所属报、刊、音、视、端、网、微、号等所有传统媒体平台和新媒体平台，充分展现沈阳内外的各类优质新闻内容，第一时间将最权威、最重要的政务信息传递给用户，实现了横向到边、纵向到底的全覆盖，实现了社会效益和经济效益双丰收，在舆论引导、精准覆盖方面进行了有益探索。

（伏桂明：《沈阳日报》副总编辑，孙明鑫：《沈阳日报》全媒体总编室责任编辑）

案例类别：产品

沈阳市委市政府门户网站政务新媒体网群运维项目

张舒 胡阳

沈阳市委市政府门户网站始建于1999年，是宣传沈阳市经济和社会发展的重要平台，为促进信息资源开发、扩大对外信息交流，发挥了重要作用。2012年9月，沈阳网抓准契机，与沈阳市政府办公室达成合作，承担政府网站的运营维护工作。经过多年努力，历经三次重大改版，政府门户网站由单纯的政务信息发布式网站向服务型政府网站过渡，实现了对各部门信息资源的全面整合。2018年6月，按照市委常委会第72次会议精神及市委主要领导要求，更名为沈阳市委市政府门户网站。

至2024年，已是沈阳网对市委市政府门户网站进行内容运维的第十二个年头，沈阳网派驻10名专职编辑，在网站编辑部的指导下，开展网站栏目建设及日常维护管理工作，网站内容汇集沈阳地区政治、经济、社会、文化、教育、生活等各个方面，是全市公众信息网站群的中心和枢纽。

十余年时间里，沈阳网先后为20余家区县政府、委办局提供政务新媒体运维服务，形成了以“沈阳市委市政府门户网站”为核心的政务新媒体运营矩阵，逐步建立了“新闻 + 政务 + 服务”的运营模式，积极整合运营沈阳市各区县（市）、委办局门户网站和政务新媒体，开辟了经营创收的新局面。

沈阳市委市政府门户网站先后获评“2021年度中国优秀政务网站”“2022年度中国服务创新型政务网站”“2022数字政府管理创新奖”“2022数字政府创新成果与实践案例”“2023年度中国优秀政务网站”等殊荣。2023年12月，国家工信部举办了第二十二届政府网站绩效评估结果发布会，由沈阳网代运维的沈阳市委市政府门户网站在全国省会城市政府门户网站中位列第9，较2022年度提升5个名次，首次晋级全国前10。另外，沈阳网“沈阳市委市政府门户网站”政务新媒体网群运营项目荣获2022年度全国城市网盟“创新创意—精品奖”。

政府门户网站是“24小时不打烊的政府”，网站建设的好坏直接影响着政府的形象，网站建设管理要与时俱进，使政府门户网站真正成为数字政府建设的重要载体，持续发挥政务公开、政策发布解读、舆论引导、回应关切、便民服务等重要作用。目前，政府网站资源众多、栏目众多，因此，在集约融合建设阶段，借助媒体力量，加强专业化运维，是持续提升政务网站建设水平的必然趋势。

1. 强化顶层设计，有利于实现政务新媒体标准化、规范化运维

随着移动互联网的持续迭代，党政部门对政务新媒体的运维工作要求日益提高，对网站及新媒体的内容采集、发布要求越来越高。因此，建立“政务新媒体群联系制度”，优化和完善政务新媒体工作人员的日常工作标准流程及制度显得至关重要，有利于形成标准化、正规化、系统化操作，对网友的咨询、建议、要求、举报等做出规范回应。

2. 加快政务信息系统互联，有利于建立公共数据共享平台

党中央、国务院高度重视数据共享工作，先后下发了《国务院关于印发政务信息资源共享管理暂行办法的通知》《国务院关于在线政务服务的若干规定》等文件，沈阳市依托市委市政府门户网站现有数据公开资源，逐步打通与政务网站群内其他网站的信息系统互联，有效推动了政务数据资源优化配置和有效利用，提高政府社会治理能力和服务水平。

3. 利用专业新媒体人才优势，不断提高政务新媒体建设和管理水平

人才培养是实现政务新媒体多元化发展的关键，要进行稳定的、专业的政务新媒体人才资源的培养，复合型人才需在工作技能、服务素质、专业能力等多个方面进行强化。对于政务新媒体工作人员，沈阳网定期举行各种有针对性的政务新媒体主题培训活动，包括政策制度、法律法规、媒体运营、传播推广等，提高相关人员的知识技能，促使其具有良好的媒体运营能力、舆情把控能力、应急处理能力等。

利用“人防＋技防”相结合的方式，对沈阳市“政务新媒体群”进行监测，实时掌控网站链接可用性、栏目更新状况、严重错误、无效下载文件、系统可用性服务等，充分发挥媒体专业能力、海量信息资源和技术资源提升政务新媒体建设中的规范力、运营力、服务力、传播力及成长力。

4. 统一要求、集中管理，坚决杜绝意识形态事故的发生

根据相关要求，严格落实信息发布保密审查机制，由专人负责信息审核、编辑、上传等工作，部门和地区报送的信息经本单位保密审查后进行发布，有利于加强政务新媒体内容监管，同时对各部门、各地区的政务网络信息安全进行监督和管理，确保信息的安全性。对是否该上网发布的信息、是否涉密的信息、网上信息是否有不适宜对外公开的内容、信息的发布审核等有明确规定。建立严格的政务信息发布审核制度，严格按照“公开信息不涉密，涉密信息不公开”、“谁主管谁负责，谁报送谁审核”的原则，建立健全规范的信息采集、审核、报送、发布和更新制度，实行分工负责制，同时督促各地区、各部门对发布的信息严格把关。

基于新技术、新理念以及政务工作信息化、网络化的新趋势，政府网站从技术导向、内容导向、服务导向逐步发展到现在所倡导的集约导向，即强调资源的优化整合，使政府网站成为数字政府的综合服务平台。新时代数字政府建设为政府网站提出新要求，在此背景下，如何方便、快捷、准确地在政府网站获取内容、解决问题，是网站建设管理面临的首要问题，继而推动网站服务模式的持续创新。沈阳网将政务运维工作与本地实际情况相结合，根据最新发展趋势和优秀做法，围绕不同用户特点和需求，按照用户对象组织资源，运用标签、分享等创新资源展现方式，促进政务资源深度融合，突显“互联网＋政务服务”能力，为打造国家治理体系和治理能力现代化的健康、完善的实施平台不懈努力。

（张舒：沈阳网政务中心总监，胡阳：沈阳日报社社委、沈阳网总编辑）

案例类别：组织机构

《美术大观》：融媒体时代的品牌建设

罗楠

移动互联技术飞速发展，融媒体时代已然到来。正如微信的公众号为个体提供了品牌化的机遇，融媒体的普及也为传统学术期刊提供了广阔的品牌建设空间。

在开放的融媒体环境中，《美术大观》始终确保正确的政治方向和出版导向。2022 年 4 月 18 日，中宣部印发《关于推动出版深度融合发展的实施意见》，提出加强出版融合发展战略谋划、强化出版融合发展内容建设等具体要求。《美术大观》根据党和国家对学术期刊融合出版的建议，加强科学谋划，因势利导，发散思路，搭建读者与学者之间的触点，探索转型方法，谋求新时期的发展机遇。

一、品牌权威性建设

作为一个拥有悠久历史的美术专业杂志，《美术大观》本身拥有广大的读者群和专业的作者队伍。入选中文核心期刊后，在学术领域知名度进一步提升，获得越来越多专家学者的关注。

《美术大观》致力于集中编辑部内部力量和外部专家力量，加大国内外专家学者优质文章的组稿力度。《美术大观》长期合作的国外知名学者队伍包括美国哈佛大学洛克菲勒亚洲艺术史专席终身教授、博士生导师汪悦进；著名艺术史家、芝加哥大学教授巫鸿；剑桥大学教授让・米歇尔・马桑，剑桥大学李约瑟研究所教授梅建军；德国埃尔朗根—纽伦堡大学国际文科研究中心研究员、荷兰莱顿大学博士葛思康；德国海德堡大学著名汉学家雷德侯、海德堡大学东亚艺术史研究所所长胡素馨；日本著名学者西上实、弓野隆之、菅野智明、下田章平、藤原贞朗、久世夏奈子等。国内知名学者包括中央美术学院人文学院院长李军教授，黄小峰教授，贺西林教授；中国美术学院艺术人文学院孔令伟教授，曹意强教授；清华大学美术学院副院长、博士生导师方晓风教授，艺术史论系陈池瑜教授，邱才桢教授；北京大学艺术学院李淞教授，北京大学考古文博学院院长沈睿文教授，韦正教授；故宫博物院科研处处长余辉，研究馆员王素、王中旭、纪东歌；台湾地区学者赖毓芝、陈建志、徐小虎等。

《美术大观》编辑部与国内外美术领域知名专家学者一道，组成紧密的学术共同体，为中国美术界创建高水准的学术交流平台，共同打造《美术大观》的权威品牌。

二、品牌专业性建设

（一）扩大优质内容供给

《美术大观》大力推进出版供给侧结构性改革，打造重点领域内容精品，将《大观专栏》作为杂志的王牌栏目，向国内外著名专家、学者约稿，建设专业化、体系化内容。

《美术大观》每期策划不同主题的研究专栏，聚焦古代壁画艺术、石窟艺术、墓葬艺术、书法艺术、书画鉴藏等主题，邀请同一领域的国内外名家共同撰写，展示该领域最新研究成果和最新观点，引起集中性的学术探讨，呈现成果共享、观点碰撞和学术思想争鸣的生动格局，从而取得高质量办刊的成效。

（二）热点响应迅速

在融媒体时代，热点意味着流量与关注度。选对热点，追好热点，不仅体现着杂志的社会关怀和信息敏感，还意味着走出小圈子，获得更广泛的受众认可。

2020 年是不同寻常的一年，疫情给全球经济和人民生活带来重大影响。2020 年 9 月，《美术大观》2020 年 2 期“战疫专刊”入选第二十七届北京国际图书博览会（BIBF）“2020 中国精品期刊展”的“防疫抗疫”主题精品期刊。

在抗击疫情的战疫中，本期《美术大观》独家策划了“战疫专刊”，全景式报道了《为抗“疫”而塑的新时代艺术精神》中国美术馆国家主题美术创作作品，充分展现了特殊时期的艺术家的责任与担当。

三、品牌融合性建设

学术期刊出版融合发展的本质就是基于数字化转型。扩大期刊影响力，形成高知名度的期刊品牌，需要走出传统认知圈层，利用融媒体“出圈”，触达更广泛的受众群。

（一）构建多元触达渠道

融媒体环境中，读屏的频率和效率大大提升。以智能手机为代表的移动互联技术日益发达，产生了多样的媒介形式，也塑造了丰富的信息传递渠道。

《美术大观》顺应媒体环境的变革，建立微信公众号，自 2021 年至 2024 年 4 月份，已发布 450 余篇原创内容，总用户数达 4 万余人，连续推出苏百钧、李晓刚、徐松波、韩璐、刘小东等著名画家的作品和文章，总阅读量为 108.4 万余次，单篇阅读量最高达 3 万余次，扩大了期刊的受众群体，降低了优质学术文章的学习壁垒，提高了期刊影响力。

《美术大观》自 2022 年 8 月开启微信视频号，联合故宫博物院、中国美术馆、辽宁省博物馆等开设多场线上公益讲堂，总播放量达 75.8 万余次。陆续推出“辽宁省博物馆馆藏：宋徽宗《草书千字文》”“吴昌硕的现代意义”“余辉老师讲《清明上河图》深度游”等大众喜闻乐见的线上讲座，邀请名家学者进行深入浅出、妙语连珠的精彩讲解，为专业学者和艺术爱好者提供了知识共享的平台，增加了《美术大观》的社会影响力，形成新兴媒体和传统媒体融合发展的学术生态圈，以高质量学术宣讲提升大众的审美水平，增强读者的精神力量和文化自信。

此外，《美术大观》现已开通官方网站，并配合开通官网移动客户端，形成“自有平台 + 官网 + 自媒体 + 外链数据库”的渠道矩阵。注册用户可以登录官网，免费下载所有文章，实现资源共享，并可在官网直接投稿，一方面可以拓展作者投稿渠道；另一方面也可以扩大《美术大观》作者资源池。

通过多元智慧产品升级，《美术大观》将逐步实现数字媒体出版转型，为广大读者用户、高等院校和行业专家提供一站式、全媒体和平台化的美术专业知识服务内容，建立更为便捷的线上读者触达渠道，实现新的盈利增长点。

（二）出版社资源联动

优秀的作者不仅是《美术大观》高质量文章的来源，也是出版社的潜在作者资源。《美术大观》约稿、投稿机制建立与高水平学者的紧密联系，寻求广泛的合作机遇。

我国当代著名画家、中央美术学院刘小东教授是《美术大观》的期刊约稿作者，以此为机缘，促成了重量级画册《刘小东全方位：1978—2018》在辽宁美术出版社出版，该书在《美术大观》首次采取新书预售形式，带来了一定的社会效益和经济效益。

2019 年 10 月，辽宁省博物馆举办“又见大唐”书画文物展，众多国宝级珍品集中展出，再现盛唐画卷，引起社会关注。辽美出版社配合本次展览，整合资源，以杂志专题及主题图书出版等形式进行热点追踪，形成强烈的学术和业界反响。

《美术大观》在 2019 年第 10 期对“又见大唐”书画文物展进行了实时报道，并邀请辽宁省博物馆副馆长、国宝守护人董宝厚撰写学术文章《从“又见大唐”书画文物展谈唐代书画研究》，当期销量和网络阅读量均大幅增长；图书《又见大唐》一经推出，社会反响强烈，甚至出现“一书难求”的场面。

资源联动、优势互补，共同打造学术热点，出品有社会影响力的佳作，为《美术大观》以及辽宁美术出版社的品牌建设保驾护航。

融媒体语境下，信息快速传播的优势与碎片化、冗杂化的劣势共存，在繁杂的信息海洋中，《美术大观》将继续保持社会重大问题的关注和敏锐的学术趋势洞察，发挥核心期刊的学术导向作用，承担着展示最新学术发现、引领学术发展的重要职责，审慎而积极地建设高水准艺术类期刊品牌。

（罗楠：《美术大观》编辑部编辑）

美术大观杂志公众号

案例类别：组织机构

中国数学教育数字出版融合实验室

纪宪禹 王磊

一、引言

在当今信息化时代，数字融合出版已成为推动教育现代化进程的重要力量。特别是在中学数学教育领域，数字融合出版技术的应用不仅能够丰富教师的教学资源，培养教师的创新思维，还能提升教学能力。《中国数学教育》杂志作为中学数学教育类学术期刊，打破传统学术期刊固有生存模式的桎梏，改变传统学术出版服务教育的思想观念，主动拥抱信息技术成果，建设了中国数学教育数字出版融合实验室，其目的旨在通过数字技术的创新应用，传播先进的中学数学教育理念和科研成果，推动中学数学教育的改革。

二、中国数学教育数字出版融合实验室的概念及特点

中国数学教育数字出版融合实验室是以《中国数学教育》杂志资源开发为基础，深入挖掘行业学会资源和国内知名中学数学教育专家的研究成果等资源，利用数字技术、网络技术、新媒体技术等现代信息技术手段，建设集教育出版、教学研究、科研实践于一体的综合性实验室。旨在打造以数字出版融合产品为主，服务一线数学教师线上服务平台。其特点主要体现在以下几个方面。

（一）资源丰富性

《中国数学教育》杂志作为中国教育学会中学数学教学专业委员会的会刊，会聚了国内数学教育界的专家和学者。主编、编委团队由教材编写专家、教育部考试中心专家以及全国各省市教育研究院和各大师范院校的数学教育专家组成，他们的专业知识和丰富经验为实验室数字融合产品和服务的学术性和专业性提供了坚实的保障。

（二）产品专业性

中国数学教育数字出版融合实验室以先进的数字出版技术和加工工具为支撑，致力于为用户提供一系列高质量、专业化的数学教学服务产品，包括电子期刊、音视频、课件文档等。这些产品汇聚到中国数学教育数字出版融合实验室线上平台，便于教师的备课和查阅。其中，音视频培训课程由数学教育专家和一线优秀教师参与制作，确保内容的准确性和实用性；课件文档包含了丰富的教学素材和案例，使得教师能够全方位的学习。

（三）科研创新性

中国数学教育数字出版融合实验室不仅致力于数学教育的理论研究，更加注重科研与创新能力的探索。实验室定期组织教师参与科研项目的申报与实施，鼓励教师结合教学实践，开展具有创新性和实用性的课题研究。在这个过程中，教师们不仅能够深化对理论知识的理解，还能够将理论知识与教学实践相结合，提升解决实际问题的能力。实验室注重教师的专业发展，为教师提供多样化的培训和学习机会。读者通过参加中高考命题特点及备考策略研讨会，公益直播等活动，了解数学教育的最新动态和趋势，拓展学术视野。

三、中国数学教育数字出版融合实验室建设内容

中国数学教育数字出版融合实验室以纸刊资源为基础，进行融合产品探索，主要集中体现在以下几个方面。

（一）全国青年数学教师课例展示活动优质课例资源数字加工

中国教育学会中学数学教学专业委员会每年都会组织全国范围内的青年数学教师课例展示活动，遴选优秀青年数学教师现场说课，通过与参与活动的教师一一进行沟通，取得全部内容版权授权，获得与展示课例相关的课堂实录、说课视频、教学课件、说课课件、教学设计“五位一体”的全方位教学案例资源，由编辑部将资源进行审读、编校，然后由加工成优质的数字产品进行运营。资源包括从课程设计、课程实施、课程总结，全视角、多维度、全过程地展示出了一节“优质课”的形成过程和呈现的效果，可以帮助青年数学教师迅速提升教学能力。

（二）中高考命题特点及备考策略研讨会和中高考专题直播活动融合产品转化

为全面贯彻党的教育方针，落实立德树人根本任务，

深化义务教育数学评价改革，深入研究和精准把握中高考考命题的指导思想和命题规律，解决数学学科中考备考过程中存在的重点和难点问题，切实提高中考备考的针对性，中国数学教育数字出版融合实验室在中高考复习前都会组织中高考命题特点及备考策略研讨会，为一线教师分享备考经验，并将会议成果加工成数字出版产品。

中高考结束后，杂志社对中高考每个知识模块以“命题分析”和“解题分析”两个维度面向全国各省市教研员、师范院校教授、一线教师等教育专家进行约稿，撰写专题文章，并邀请作者通过讲座的形式对中高考内容分专题进行解读。作者以义务教育数学课程标准为依据，对中高考数学试卷命题思想和试题特点进行分析，探析中高考数学在必备知识、关键能力和学科素养等方面考查要求，并以此为依据给出教学启示和备考建议，为一线教师的中高考数学教学和复习备考提供参考。

（三）积极开展课题申报和提供公益直播的交流平台

中国数学教育数字出版融合实验室成功申报中国教育学会2022年度教育科研义务教育数学课程标准研究（初中）专项课题——基于发展学生核心素养的课程资源优化与整合研究，全国各地名师和名师工作室都可以申报参与课题，课题研究成果通过中国数学教育纸刊和中国数学教育数字出版融合实验室平台分享给读者。同时，实验室以中学数学教育类读物上架微店。并邀请作者以著作内容为基础进行直播，分享教育经验和成果。为作者和读者提供一个学术交流的专业平台。

（四）中国数学教育数字出版融合实验室数字平台

中国数学教师数字出版融合实验室制作的数字融合产品都通过数字平台为读者提供服务。辽宁北方期刊出版集团融媒体中心负责数字出版平台运营、数字内容研发及制作，包括直播、活动策划、视频后期制作等。融媒体中心现有演播室1个，录音室2个，以及若干音、视频制作设备，新媒体专业技术人才5人。目前主要推出了中国数学教育小程序和H5页面两种形态，H5页面嵌入微信公众号的菜单栏，实现以微信公众号为入口用户沉淀，以数字平台为主体服务用户。目前，平台上架PDF文章1000余篇，音频100余个，各类课程500余节。

四、中国数学教育数字出版融合实验室双效显著

自中国数学教育数字出版融合实验室建立以来，其在教学实践中取得了显著成果。《中国数学教育》在人大《复印报刊资料》全文转载量连续14年名列前茅，入选“复印报刊资料”基础教育教学类重要转载来源期刊；中国数学教育数字出版融合实验室荣获了第五届中国数字出版创新论坛出版融合发展优秀案例年度推优结果入围案例，这一荣誉充分证明了平台在出版融合领域的创新能力和实践成果。平台还入选了2022年度技术赋能“新闻+”推荐案例，这进一步彰显了平台在技术应用和新闻传播方面的卓越表现。目前，平台已覆盖近50万读者。无论教师身处何地，无论学校条件如何，都能轻松获取平台提供的丰富教学资源和服务。这种普及性和便利性有助于缩小区域间教育资源的差距，使得偏远地区或条件相对较差的学校也能够获得高质量的教师培训服务，从而推动整个教育行业的进步和发展。

平台目前拥有高精准度的付费用户超过2000余名，这充分证明了平台内容的价值和服务的质量。通过全国青年数学教师课例展示活动融合产品和中高考专题融合产品的推出，平台已获得近百万元的收益。这些收益不仅为平台的持续发展提供了有力的支持，也进一步证明了平台的市场潜力和商业价值。

五、未来发展

中国数学教育数字出版融合实验室展现出了很强的行业可复制性，其成功的数字出版模式、先进的教育技术应用以及丰富的资源开发为其他学术期刊、教育期刊等出版单位提供了融合发展转型可以参考的案例，尤其是小型出版单位要进行轻量化的数字化转型，发挥内容优势，通过技术赋能打造新业态。展望未来，中国数学教育数字出版融合实验室将继续发挥其在推动数学教育数字化进程中的重要作用。一方面，实验室将进一步拓展技术应用领域，探索更多适用于数学教学的数字技术和工具；另一方面，实验室将加强与国内外相关机构的合作与交流，不断探索学术期刊出版的新模式，推动数学教育的创新发展，创造学术期刊融合出版新质生产力。

（纪宪禹：辽宁北方教育报刊出版有限公司常务副总经理，王磊：辽宁北方期刊出版集团有限公司融媒体中心业务主管）

案例类别：产品

《数学小灵通》元宇宙期刊

王磊 盖悦

一、引言

通过调查发现，自美国作家尼尔·斯蒂芬森在 1992 年提出“元宇宙”这一畅想，至今已有 30 年。2021 年“元宇宙”概念引发关注，人们将 2021 年定义为“元宇宙元年”。元宇宙赋能社交、医疗、展览、教育、出版等领域，实现传统行业的转型升级。在出版行业中，元宇宙图书、元宇宙书店先后问世，但是在期刊领域与元宇宙技术的融合还处于空白地带。《数学小灵通》元宇宙期刊是国内推出的第一本元宇宙期刊，作为期刊出版领域的一次创新实践，为传统期刊带来了前所未有的变革，其在数学教育教学与未来技术融合方面的探索与实践，具有重要的理论价值和实践意义。

二、《数学小灵通》改版升级为元宇宙期刊的背景与意义

《数学小灵通》作为中国教育学会小学数学教学专业委员会的会刊，荣获国家新闻出版署向全国青少年推荐百种优秀报刊荣誉。长期以来一直是学生学习数学知识、培养数学学习兴趣的重要读物。然而，随着教育理念的更新、技术的进步以及读者需求的变化，传统期刊面临着巨大的挑战。因此，2022 年辽宁北方期刊出版集团通过对自身优质产品资源挖掘，经过充分调研论证，将《数学小灵通》元宇宙期刊项目正式立项。将《数学小灵通》的启蒙版 (学龄前)、启智版 (1—2 年级) 和烧脑版 (3—6 年级) 分别应用元宇宙技术打造出与学龄段认识相符合的趣味数学思维益智小游戏和中国古代经典数学故事融合服务产品，并于 2023 年 1 月正式出版。

《数学小灵通》元宇宙期刊的出版有助于提升期刊的品牌形象和影响力。通过引入元宇宙技术，期刊可以打造更加独特、有趣的内容呈现方式，为读者提供更加沉浸式的数学学习体验，吸引更多的读者关注和参与。同时，元宇宙期刊的交互性和个性化服务的特点也能够增强读者的参与感和品牌忠诚度，不仅能进一步提升期刊的品牌价值，还能够推动数学教育教学的创新和发展，促进跨领域的合作与交流。

三、《数学小灵通》元宇宙期刊的内容特点

《数学小灵通》元宇宙期刊以传统纸刊内容为基础，通过元宇宙技术的加持，呈现出全新的面貌。每期期刊选取适合制作交互体验的文章内容，通过虚拟现实技术 3D 趣味还原文章中描绘的场景、情节、故事等制作趣味数学益智小游戏和中国古代经典数学故事，并设置虚拟数字人进行导读。在虚拟空间中搭建卡通风格的森林外景、雪山外景和教室内景等，让读者在不同场景中可以进行以数学思维闯关游戏和学习中国古代经典数学故事，包括但不限于数字迷宫、算式过河、扫雷、拼图、找茬等趣味益智游戏和曹冲称象、鸡兔同笼等数学故事。读者通过可穿戴设备可以身临其境以第一视角真实地感受互动游戏和故事场景，身临其境的操作、参与互动，全方位地了解故事情节。《数学小灵通》元宇宙期刊将传统的纸质期刊抽象的数学知识具象化、游戏化、可视化、感知交互化让读者在虚拟的世界里自由探索数学的奥秘，感受到与纸质期刊不同的阅读体验。为读者提供沉浸式的学习体验。随着《数学小灵通》传统期刊的出版同步更新关卡，并逐步形成数学趣味游戏、中国古代经典数学故事的数据库。

四、《数学小灵通》元宇宙期刊的制作支撑

《数学小灵通》杂志作为中国教育学会小学数学教学专业委员会会刊，通过近 20 年的发展，拥有大批高水平的专家编委、作者队伍以及优秀的编审团队，其中包括学会理事、教材编写专家、各省市教研员以及一线教学名师，他们对数学教育教学有着专业且独到的见解。为《数学小灵通》元宇宙期刊提供了坚实的内容基础。

《数学小灵通》的编辑队伍具备深厚的数学素养和丰富的编辑经验，他们不仅擅长于内容的筛选、整理与呈现，更对产品策划与开发有着独到的见解。在元宇宙期刊的制作过程中，编辑团队能够充分发挥其策划能力，结合元宇宙技术的特点，为期刊设计出独特且富有吸引

力的内容架构和呈现方式。

辽宁北方期刊出版集团融媒体中心有专业的运营服务、售后技术支持服务团队，负责与专业科技公司进行技术对接，同时，为运营推广活动宣传策划提供有效且专业的技术支撑。

五、《数学小灵通》元宇宙期刊的双效显著

《数学小灵通》元宇宙期刊在连续在第35届、36届北京图书订货会、第二届全民阅读大会、第十三届中国数字出版博览会等行业展会上进行展示。辽宁北方期刊出版集团在展会现场为期刊出版行业同行分享《数学小灵通》元宇宙期刊制作经验，介绍元宇宙期刊项目的全新的运营模式。现场读者、媒体人、出版商、发行商纷纷体验元宇宙期刊数字阅读，并给予高度评价。《数学小灵通》元宇宙期刊荣获中国出版协会主办的“第六届中国数字出版创新论坛创新案例”、中国音像与数字出版协会“2023年数字阅读推荐项目”、辽宁出版集团的年度优秀报刊、音像、电子出版物及文创奖等殊荣。《数学小灵通》元宇宙期刊不仅提高了纸刊的发行增量，还可通过可穿戴设备的合作销售、元宇宙期刊授权代理、元宇宙期刊知识付费等形式获得收益百余万元。

六、《数学小灵通》元宇宙期刊的未来发展趋势

《数学小灵通》元宇宙期刊的未来发展趋势将更加广阔。一方面，期刊将进一步拓展应用场景和功能，不断丰富读者的学习体验；另一方面，期刊也将加强与其他学科教育资源的整合和共享，形成更加完善的教育生态系统。同时，随着社会对元宇宙认知的不断提升和接受度的增加，元宇宙期刊的受众群体也将不断扩大。

《数学小灵通》元宇宙期刊作为数学教育教学与未来技术融合的创新实践，打造出期刊出版的新形态，不仅具有重要的理论和实践意义。还对少儿期刊融合出版单位转型提供了丰富的经验，这些经验包括创新的阅读方式、融合出版的模式以及与信息技术应用等方面。其他少儿期刊可以借鉴这些经验，结合自身特点和发展需求，探索适合自己的融合出版路径，实现更高质量的创新。未来，《数学小灵通》元宇宙期刊将继续发挥其在数学教育教学领域的引领作用，推动期刊融合出版转型高质量发展。

（王磊：辽宁北方期刊出版集团有限公司融媒体中心业务主管，盖悦：辽宁北方期刊出版集团有限公司《数学小灵通》执行主编）

黑龙江省

案例类别：机构组织

转中促改 以融制胜

——黑龙江日报报业集团构建“龙头+”新型传播矩阵

黑龙江日报报业集团

从2021到2023，从40万到2000万！

黑龙江日报报业集团深入贯彻习近平总书记关于建设“四全”媒体的重要指示精神，坚持内容为王、移动为先，坚持转中促改、以融制胜，通过“七转”举措，在新型主流媒体建设发展上持续发力，媒体风向标引领作用逐步提升。三年来，龙头新闻从无到有、从小到大、从弱到强，下载量迅猛突破2100万，跻身全国省级党报客户端第11位，成为东北地区移动传播领头羊。2022年，中宣部将集团改革做法确定为全国新时代文化体制改革发展典型案例，列入《新时代文化改革发展案例选编》，黑龙江日报报业集团成为全国省级党报唯一入选案例。2023年，黑龙江日报报业集团“龙头+”新型传播矩阵入选中国报业深度融合发展创新案例展。

一、宣传阵地转场

在推进媒体深度融合进程中，黑龙江日报报业集团把做大做强龙头新闻作为打造新型主流媒体的重要支点，

作为“一号工程”“一把手工程”，推进内容生产、下载安装、技术升级、黏性互动、品牌推广同步建设，充分发挥龙头新闻客户端的“龙头”作用。

龙头新闻被定位为移动互联时代报业集团全新的主阵地、主渠道、主战舰，并以此全面构建“龙头+”全媒体生态，打造“新闻+政务+服务+商务+党务”全新业态，新型主流媒体建设跨出重要步骤。

目前，以龙头新闻为旗舰，平面媒体、直播平台、新闻网站、视频账号、音频账号、微信微博等多终端构成新型传播矩阵，“龙头+”传播舰队已具规模。

2022年8月5日，黑龙江日报报业集团与南方报业传媒集团、深圳报业集团联手，以互设龙粤、粤龙，龙深、深龙频道和开设“龙粤招商”微信公众号等方式，共同构建龙粤合作融媒平台矩阵，探索主流媒体跨地域融合共建新模式，实现区域主流媒体传播延展。

二、报道模式转变

改变报业传统的单一化新闻模式，向“新闻+”延伸转化。立足黑龙江特点和优势，结合媒体定位，深耕报道领域，以政务报道改革为突破口，以专业化、精准化、分众化为目标，充分挖掘政务新闻的外延潜力和核心优势，“新闻+政务服务商务”成为自觉追求。

集团与省直各厅局、各单位广泛开展合作，并延伸生成一系列活动。通过“新闻+”的延伸，2021年以来举办各类活动近200场，覆盖全省80%的系统、地市、战线，服务人群超过4000万人次，既提升了党媒的社会影响力，又实现了客户端“拉新”“吸粉”，同时生成了黏性较强的报道内容。

2022年9月底启动的首届“兴业杯”朗读者大赛活动，龙头新闻总访问量1340多万，拉动龙头新闻客户端下载超过120万，为下步吸纳更多“第三方”打下了良好基础。

三、目标人群转换

紧紧抓住融媒日趋粉丝化的时代特征，探索新时代下主流媒体“接地气”的下沉路数，着重解决为谁写、给谁看的问题，通过改变内容生产方式和传播形式，落实“读者在哪里，受众在哪里，宣传报道的触角就要伸向哪里”的要求。依据不同目标人群的需求偏好，实施针对性生产、分众化传播、精准式抵达。

为吸引“更大的公众”，龙头新闻专门设立了多个频道组成大众化便民服务板块，反映百姓生活，通达社情民意，落实落靠“三贴近”，提升党媒在普通公众中的亲近感、有用度；拥有500多个入驻主体的“龙头号”，千余名忠实写手的“采客”频道，已成为重要的用户聚合平台、信息聚合平台，且发展势头迅猛；“记者走基层”专题长期开设，增强了党媒和大众间的亲和度。

四、内容生产转型

报道方式突出柔性化表达。注重产品的柔性和温度，推进内容生产提档升级，突出原生性、独家性，大幅增加原创产品比重，变指令性报道转化个性化报道。

内容生成突出视觉化呈现。视频、H5、动漫、海报等视觉产品，不再是文字报道的附属，而是独立的个性化、常态化报道。《燃情冰雪季》《不一样的哈尔滨》《黑土优品》《冬日顶流哈尔滨》等专题力求抓住好看、好玩、好吃、好用等特点，以短视频传播方式为主，辅以长图、互动H5等多种形式，力争达到交互式报道、立体化传播的全覆盖宣传效果。

产品制作突出数字化技术。视频产品，由单向观看场景，变成虚实结合、沉浸式、互动式场景。视频生产，由单打独斗的视频制作，变成协同策划、采访、编辑、审核流程化生产，过程可视、记录可查。视频传播，利用知名媒体独具的非凡影响力，借梯上楼提升传播效果和品牌影响力。视频交易，运用大数据、人工智能、区块链等技术，打造资源产权、交易流通、版权追踪服务，助力数据资源价值变现。

新闻发布突出交互式传播。“酒香也怕巷子深”，优质内容无法实现优质传播，是困扰主流媒体的一大难题。在内容生产方式转型中，我们确立了“传播导向”，确保优质内容的价值实现。

五、考评机制转向

龙头新闻上线伊始，采编绩效考核便跟进调整转向：确认稿件首发平台为龙头新闻，除特殊稿件外，稿件必须先交龙头新闻，否则不予考核。龙头新闻首发的稿件，纸媒和第三方平台采用后，根据位置和阅读量等指标给予20%—50%的加权。

考评机制的调整，从制度上生成根本性的导向动力，强力引导采编全员向融媒主阵地发力，彻底解决了多年来制约融媒改革进程的“两张皮”问题。

六、采编队伍转身

借力全省事业单位改革之机，实施新的“三定”方案，对分散在传统业务部门和新媒体业务部门的采编力量进行优化整合，建立适应全媒体生产传播的一体化组织架构，推动生产要素、人力资源向移动端汇集，采编力量主力军全面挺进龙头新闻主战场成为基本态势。

促进融媒培训和岗位交流全覆盖、常态化，同时全面提升报业“新兵”专业素养，全面培养创新能力强、业务素质高的全媒体复合型人才，夯实集团发展的人才根基。

七、经营发展转段

龙头新闻上线伊始，集团经营即明确“向新媒体领域转段、向多元方向拓展”的战略目标，向新媒体收入、创新服务和活动营销等多元方向转型。2022 年初出台了《十类创收运营新模式实施方案》，强化顶层设计，丰富经营产品，激发创新活力，全方位推动传统媒体与新媒体经营深度融合。

三年来，基于以移动为先的内容支撑和快速上升的平台影响力，新模式创收收入快速增长，新媒体经营呈现高速、高质量发展态势。

新时代、新起点、新征程。黑龙江日报报业集团将以龙头新闻客户端为端，着力长入数字技术，在数字化、智能化、多元化媒体深度融合进程中不断探索求变、开拓创新，奋力谱写新型主流媒体建设新篇章。

（黑龙江日报报业集团）

案例类别：产品

打造全新平台 服务公众需求

——黑龙江日报报业集团举办朗读者大赛助力新媒建设

黑龙江日报报业集团

习近平总书记指出，要加快媒体融合发展，推动党的声音直接进入各类用户终端，努力占领新的舆论场。按照习近平总书记的重要指示精神，黑龙江日报报业集团加快推进新型主流媒体建设，积极探索“新闻 + 政务 / 商务 / 服务 / 党务”新模式，报业集团策划并承办的黑龙江省首届“兴业杯”朗读者大赛活动，是其履行党媒职责使命、开拓媒体深度融合新路、创新运营方式的一项具体举措与实践。

一、案例概况

朗读者大赛活动由黑龙江省委宣传部、关工委、教育厅、团省委共同举办，黑龙江日报报业集团承办，2023 年 4 月正式收官。大赛以“红心向党 声动龙江”为主题，为宣传贯彻二十大精神，营造了良好氛围，凝聚了思想，统一了行动，引领了全省共同唱响“喜迎二十大、永远跟党走、奋进新征程”的新时代之歌。通过此项活动，集团龙头新闻客户端下载量、访问量、日活量直线上升，用户黏性大大增强。

朗读者大赛活动将社会各界朗读党报作品的短视频在报业集团龙头新闻客户端展播，重要节点的相关新闻在报业集团全媒体平台矩阵进行宣推，集团与人民网、华为公司组成的团队提供全面的技术支持，并对数据进行采集、分析和挖掘。朗读者大赛得到社会各界的广泛关注和积极响应，上传视频作品 4 万余件，辐射人群超过 300 万人，在全省掀起“读党报、听党声、跟党走”的热潮。作为黑龙江的参展项目，此项活动参加了 2023 年 4 月在杭州举办的第二届全民阅读大会 · 书香中国展。

省委宣传部等四家主办单位对大赛的成功举办给予了高度评价，希望将朗读者大赛打造成为黑龙江省宣传教育的主阵地，文化领域的新名片、新品牌。朗读者大赛涌现出一大批各行各业的新时代讲述者，产生了巨大的社会影响力，在全省掀起“读党报、听党声、跟党走”的热潮。

二、案例特点

朗读者大赛活动创新“新闻 + 服务”模式，弘扬主旋律，传播正能量，用声音凝聚起全省社会各界向上的力量，得到全省中小学学校、师生、家长及社会各界的广泛关注与积极参与，为全省打造了一个学习交流的公益平台和思政教育的全新阵地；朗读者大赛是黑龙江省全民阅读活动的一次成果展示，是推动全民阅读、建设书香社会的一次创新之举。活动呈现四个方面特点。

（一）社会参与度高、影响力大

黑龙江省首届“兴业杯”朗读者大赛活动，搭建了与用户共建全社会参与的党报诵读零门槛互动公益平台，覆盖全省 13 个地市 60 多个县（市区）、200 多所学校及企事业单位，3.6 万人在线踊跃报名，超过 80 万人直接参与。活动共收到有效参赛朗读视频作品 4 万余件，网络投票参与人数 521 万，龙头新闻客户端总访问量达到 1340 万，下载量超过 120 万，日活量直线上升，产生了巨大的社会影响力。

（二）发挥党媒舆论引领作用

为共同推动全民阅读活动持续深入开展，进一步开阔人民群众的视野，在首届朗读者大赛活动中，黑龙江日报报业集团与湖南、山东等省级党媒携手联动，共同打造全新形态的“读报用报”活动的全国品牌，积极发挥了省委机关报的社会舆论引领作用。

（三）体现时代精神和创新精神

黑龙江省首届朗读者作品征集活动得到公众的广泛关注和热情参与，报送作品内容丰富，形式多样，符合时代精神，富有创新性。

1. 组织创新。省委宣传部、关工委、教育厅、团省委四部门作为主办单位联合下文，集团 15 个记者站与当地宣传部、教育局、融媒中心共同组织、宣传和推广，提升了活动的关注度和影响力，吸引了全社会不同层次的人群，特别是党媒党端覆盖较弱的广大青少年的广泛参与。

2. 内容创新。大赛朗读作品锁定为《人民日报》《黑龙江日报》等党报党端的时事、要闻、文化类文章，紧扣时代脉搏，凝聚向上力量，更加直接有效地传播党的声音，弘扬中华传统文化，讲好中国故事、龙江故事。大赛启动之际，是黑龙江全省各界向党的二十大的一次集体献礼。

3. 推广创新。活动进学校、进企业、进机关、进社区，并通过黑龙江日报报业集团全媒体平台大力宣推，15 个记者站在各地有效互动，传播速度更快，覆盖范围更广。历时半年的活动启幕、作品展示、网络投票、奖项公布、颁奖典礼等各个节点都成为增强用户黏性的重要举措，推动龙头新闻客户端下载量和日活量的直线上升，并为后续系列活动积累了活跃用户。

4. 服务创新。活动关注全民阅读、书香中国的社会需求，既为朗诵爱好者搭建一个展示自我风采的平台，也在读者与党报、用户与党端之间形成良好、持续的互动，构建起党媒贴近群众、联系群众、服务群众的综合服务平台。此项活动创新了新媒体时代党报党端发行推广新路径，是传统发行向有声发行、有形发行的一次有益尝试。

（四）应用新技术保障活动开展

集团技术部门联合人民网和华为公司，开发了相关软件为活动提供技术支持。

系统 UI 设计简约时尚，使用了响应式布局技术来优化报名和上传页面，适应不同终端设备的显示，从而让用户获得更好的视觉体验和应用体验。

后台提供安全防护、系统监控、故障诊断等全面的技术支持，保证了上传下载的性能和用户体验；采用多重安全防护措施保障数据的安全性和投票的公正性；使用华为云监控工具确保系统的正常运行，并对系统的性能指标进行实时监测和调整。

充分利用数据采集、数据分析、数据挖掘等技术手段，对数据进行实时的统计、分析，为组织者提供精准的分析报告，为后续开发用户提供依据。

三、未来发展与探索

（一）创新丰富活动形式

第二届朗读者大赛即将启幕，内容和形式更加丰富多彩。通过线上与线下相结合，个人诵读和集体诵读相结合，总决赛和分区赛相结合，推动大赛活动进校园、进机关、进企业、进社区、进军营、进乡村，不断扩大活动辐射面和影响力。

（二）打造党媒联动“读报”品牌

实践证明，朗读者大赛活动是“新闻 + 服务”的创新模式，是新闻客户端有效连接用户，特别是广大青少年群体的有效手段。希望此项活动能在全国媒体间推广，各省联动，数据共享，进一步丰富内容与形式，共同打造具有全国影响力的“读报”品牌，让党的声音更加深入人心。

（黑龙江日报报业集团）

案例类别：产品

哈尔滨日报社：“追寻冰城红色印记——红色历史宣传平台项目”实践与路径探析

王涤尘 丛明宇 杨锐 卢丙武

一、项目简介

习近平总书记强调：“党报、党刊、党台、党网等主流媒体必须紧跟时代，大胆运用新技术、新机制、新模式，加快融合发展步伐，实现宣传效果的最大化和最优化。”2021 年，在中国共产党成立 100 周年之际，为深入学习贯彻习近平新时代中国特色社会主义思想，贯彻落实习近平总书记关于媒体融合发展的重要讲话精神，展现全国党报主流媒体融合发展的新实践、新作为、新气象，展示近年来报业融合发展的新思维、新技术、新应用，哈尔滨日报社“冰城+”客户端引入元宇宙概念，运用XR虚拟现实技术，打造庆祝建党百年“追寻冰城红色印记”红色历史宣传平台。

该活动由中共哈尔滨市委宣传部、中共哈尔滨市委网信办、中共哈尔滨市委史志研究室、哈尔滨日报社主办，哈尔滨新闻网承办。活动组织百余人创作团队，历时近一年，行程2万余公里，在哈尔滨市9区9县（市）进行红色历史宣传的同时，引入元宇宙概念，推动红色文化传播和弘扬。平台对100个红色遗址进行了影像资料采集，并录制4K视频等全媒体素材，总时长达千余小时。团队从中精心挑选近1TB的视频素材，以3D建模、网页3D、720云景VR等技术为支撑，对100处红色资源进行数字化复原，打造集VR、3D、视频、图片、新闻报道于一体的“庆祝中国共产党成立100周年——追寻冰城红色印记”红色历史融媒宣传平台。

“追寻冰城红色印记”红色历史宣传平台根据哈尔滨市行政区划分为18个板块，每个板块对应一个区、县（市），通过新媒体技术手段，在线展示当地的红色遗址、红色展馆，通过千段珍贵视频、万张实景图片，沉浸式、立体化讲述哈尔滨红色历史、红色故事。

二、社会效益

“追寻冰城红色印记——红色历史宣传平台项目”立足建党百年重大历史节点，深度挖掘红色资源，充分运用现代信息网络技术，综合运用多媒体手段，以全程、全息、全员、全效的全媒体传播格局，为龙江打造随时可见、身临其境的网络传播产品，建造永不落幕的网上红色教育基地、“红色基因库”，为开展党史学习教育提供鲜活教材，让红色基因薪火相传，生生不息。该平台集有效运用红色资源，充分发挥红色文化的教育功能、社会功能，用红色文化赓续精神谱系，成为黑龙江省首个红色历史融媒体宣传平台。

活动期间，创作团队不仅在哈尔滨市各区、县（市）采集红色影像，还坚持为当地民众宣讲红色故事，受到社会各界广泛关注。相关稿件在哈尔滨新闻网、“冰城+”客户端、《哈尔滨日报》各平台第一时间发布后，被央广网、中国网、长江网、东北网等央级媒体、省级媒体及头条新闻、腾讯网、新浪网、网易新闻、搜狐网等大型商业网站、客户端转载，主题稿件在各平台累计传播量达5000万次。平台获2021年度黑龙江新闻奖融合报道类一等奖；2023年，项目入选首届报业传媒元宇宙应用大会“元宇宙技术创新应用案例征集活动”重点案例。

平台上线后，根据最新应用技术，制作团队每年都在不断丰富完善其内容和展示功能，为广大网民更好地讲述哈尔滨红色历史。

三、路径探析

随着互联网技术的飞速发展，网络已成为人们获取信息、学习交流和休闲娱乐的重要平台。在新时代背景下，红色历史宣传平台的建设不仅是对革命传统的继承和发扬，更是培育社会主义核心价值观、增强民族文化自信的重要途径。面对网络信息化技术条件下以传统媒体和现代媒体间深度互嵌为内核的新型信息传播样态，充分运用全媒体时代产生的诸如VR、AR等新技术，积极创设具有浓烈的场景形塑感与现场体验感的红色网络文化传播情境，使广大网民在教育接受过程中不受时空的限制，如身临其境般深度感受红色网络文化的思想伟力、情感动力、认同效力与行为驱力，强化其对于红色网络文化内容的接受度与认同度。

（一）平台定位与目标受众分析

首先，红色历史宣传平台应明确定位，即作为传承红色基因、弘扬革命精神的重要载体。平台应突出红色历史的时代价值，展现革命先烈的英勇事迹和崇高精神。同时结合新时代的发展要求，赋予红色历史新的时代内涵。

在目标受众方面，平台应面向全社会特别是青少年群体。青少年是国家的未来和希望，通过红色历史教育，可以培养他们的爱国情怀和民族自豪感。此外，党员干部、军人、教师等群体也是平台的重要受众，需要通过红色历史学习不断提升自己的思想政治觉悟和道德品质。

（二）宣传内容策划与制作

宣传内容是红色历史宣传平台的核心。在内容策划上，应注重历史性与时代性的结合。既要深入挖掘红色历史的内涵和价值，又要结合当代社会热点和时事，使内容更加贴近时代、贴近生活、贴近群众。

在内容制作上，应注重多样性和创新性。可以采用文字、图片、视频等多种形式，通过VR、AR等新技术应用讲述故事、展现场景、塑造人物等方式，使内容更加生动、形象、具体，为受众提供沉浸式体验。

（三）宣传渠道选择与整合

宣传渠道的选择与整合，对于红色历史宣传平台的推广至关重要。宣传渠道上应积极利用新媒体如互联网、社交媒体等进行宣传，这些媒体具有传播速度快、互动性强的特点。

在渠道整合上，应注重线上线下相结合，形成多渠道、全方位的宣传格局。可以通过官方网站、微信公众号、微博等线上平台发布宣传内容。同时结合线下活动如讲座、展览、演出等，吸引更多受众关注和参与。

（四）宣传效果评估与反馈机制

宣传效果评估是红色历史宣传平台建设的重要环

节。通过定期评估宣传效果，可以了解受众的接受程度、宣传内容的传播范围以及平台的影响力等情况，从而及时调整宣传策略和内容。

同时，应建立有效的反馈机制，及时收集受众的意见和建议。可以通过问卷调查、在线留言等方式，了解受众对平台内容、形式、渠道等方面的看法和需求，以便更好地满足受众的期待和需求。

“追寻冰城红色印记——红色历史宣传平台项目”是哈尔滨日报社在媒体融合和红色文化传承方面的一次成功尝试，也为其他媒体单位提供了有益的借鉴和启示。在未来的工作中，哈尔滨日报社将继续发挥主流媒体的引领作用，不断创新宣传形式和内容，深入挖掘红色资源，丰富红色历史宣传平台的功能和内涵。同时，也将加强与各级党委政府、红色教育基地等单位的合作，共同推动红色文化的传承和发展，为实现中华民族伟大复兴的中国梦贡献力量。

（王涤尘：哈尔滨新闻网编辑部主任、“冰城+”编辑部主任，丛明宇：哈尔滨日报社舆情监控中心主任，杨锐：哈尔滨新闻网UGC主管，卢丙武：哈尔滨新闻网编辑部主管）

追寻冰城红色印记——红色历史宣传平台

江苏省

案例类别：产品

新华报业传媒集团：5G超高清暨智能媒资管理平台

新华报业传媒集团

随着媒体融合的深入，以及5G、4K/8K视频、人工智能、大数据等数字技术的快速发展，新闻内容的呈现方式更加多样化，而视频化相比于图文阅读单纯的文字语言，视频呈现多了镜头语言的表达，传播内容更加生动、真实，所以近年来网络视频内容急速增长，各主流媒体纷纷也在积极探索视频化转型。新华报业传媒集团始终高度重视新技术赋能融媒发展，积极抢抓视频化风口，努力适应社会对媒体产品更高、更新的要求，通过建设5G超高清暨智能媒资管理平台，解决媒资数量急速增长、新媒体应用场景多样、资源分散等痛点堵点，进一步提升媒体资源管理质效。

一、平台概况

为更好地贯彻落实中央和省委关于推进媒体深度融合的部署，顺应新时代传媒发展要求，助推数字经济发展，在江苏省委和省委宣传部关心支持下，新华报业传媒集团5G超高清暨智能媒资管理平台项目以建设智慧媒体、实现“内容生产、智能应用、终端设备、流程再造”相互协作为目标，更好地深化媒体视频内容的应用与发展，提升传播效果，形成视频生产从拍摄、回传、制作、分发、存储、管理的全流程业务链。项目荣获2023年度“王选新闻科学技术奖”二等奖、入选第三届“中国报业深度融合发展创新案例”、入选2022年中国报业媒体融合“用得好”案例库名录、2022年中国新闻技术工作者联合会技术赋能“新闻+”推荐案例。

二、平台建设路径

项目平台通过“一体规划”，融合超高清视频处理与5G传输、大数据、人工智能、云计算等先进技术，针对性解决海量视觉资源保存分散、格式杂乱、管理无序、复用困难等问题，扩展“基础存储平台”“融合中台”两个底座，搭建“5G超高清平台”“智能媒资管理平台”两大平台，全面提升集团视频化、数字化、智能化水平，实现媒资元素的高清化、视频制作的智能化、直播报道的虚拟化以及生产流程的一体化。

（一）始终以业务需求为导向

面对报业深融中迅猛增长的视频生产业务需求，以及数据量的爆炸式增长，新华报业传媒集团5G超高清暨智能媒资管理平台依托已经建成的“交汇云”混合云平台，更加广泛调研所属各类型媒体平台生产痛点、更加精细规划建设目标，始终锚定媒体深融中的迫切需求，全力建设“更智能、更好用”的新闻业务工具平台。

平台先期集中扩容2PB存储并具备持续扩容能力，在视频部门办公区升级万兆光纤终端网络，结合本地客户端实现无限速传输，解决素材长期传输效率低下、难以保存和管理的痛点，适应媒资数量急速增长的需求，目前已存储超150万条媒资原创数据。

除了全面提升高清、超高清采集能力，为更好适应复杂的新媒体应用场景，我们还将人工智能技术引入中台，通过基于人脸识别、语音识别、OCR、NLP等能力的智能标签体系对所有进入平台的媒资数据进行人物、时间、地点、内容等维度的标签自动化标记；智能拆条功能实现边收录边进行拆条，提升拆条效率；智能审核功能已建立包含千余条人员信息的人物库和人脸库，系统自动对相应的内容进行检测匹配，实现敏感人物、涉黄、涉恐、涉爆等信息的审核和提醒，已完成超900万条AI任务的处理。

为提高媒体资源有效再利用率，平台支持多种类型的组合检索，AI或者人工标注的标签、智能拆条的语音内容、OCR识别出的内容等都可作为检索条件进行全文检索；依托智能中台，系统还提供了以图搜图、以人脸检索以及音频检索的能力，可以更准确地定位到想要的资源；建立具备翻库能力的管理逻辑，实现对含有敏感信息资源的快速下架，已录入人脸库人员15000余人。随着平台的逐步推开使用，大大提升内容生产效率和实时度，为各类媒资的分类管理提供自动化有效手段。

（二）打通内外创新服务能力模式

平台始终围绕“共享”这个关键词设计、建设和运营。深度集成全媒体指挥中心原有采编业务各子系统，打通汇聚新华报业传媒集团所属报纸、网站、客户端等各新闻生产业务平台数据，采集电视新闻节目，通过大数据和人工智能技术，自动进行语音、文字、图像、场景识别，实现视频内容的快速查找，充分为新闻内容生产提供辅助。

通过打通指挥中心、视觉江苏网、新媒体平台，实现媒资数据流转共享，形成素材从上传、编辑、归档、分发的完整闭环，遵循“移动优先”，在移动端就可以方便地进行素材管理和使用，大大提升了视频团队在视频采集、回传、处理、制作、分发等流程的效率。

平台采用多租户体系设计，可为内外部用户提供入驻服务，版权媒资数据不断积累，并且支持媒资素材的在线共享，逐步构建以“新华”内容为中心，覆盖省市县三级媒体单位及泛媒体的视频内容综合服务平台，服务拓展能力提升显著。

三、主要成效

5G超高清暨智能媒资管理平台自投入使用以来，通过持续跟踪一线内容生产部门和采编人员使用过程遇到的问题，平台各项功能不断迭代完善，效用日益凸显，集团视频生产的移动化、协同化和智能化水平全面提升。

（一）助力新媒体传播矩阵，构建主流舆论格局

项目平台为集团各业务单位视频团队提供了视频拍摄、制作等设备的升级，同时升级交汇云直播系统，5G+4K直播、虚拟演播、VR直播等呈现方式丰富了视频业务形态，在党的二十大、全国“两会”、千文千寻大运河专题报道、“先锋直播间”系列直播、中国大运河文化讲堂等重大活动报道中得到广泛的应用，让新闻内容更加即时、丰富，呈现更加立体、生动，也使得内容与形式得到完美融合，真正使新闻宣传“动起来”“靓起来”。

（二）助力优化内容生产流程，扩大优质内容产能

项目平台构建了适应实际情况的视频生产流程，为集团视频生产流程全业务链技术管理从0到1奠定了良好的基础，进一步激发视觉化内容生产动能，通过项目平台，2022年集团主要新媒体生产视频新闻量达42000条，同比增长22.8%，集团新媒体经营收入同比增长8.7%，内容生产加速转型、优质内容高效生产。

（三）增强主流媒体市场竞争力，打造视频内容生态

项目平台构建了新型视频内容生产流程，建立了内部资源共享的机制，一个题材拍摄的素材可供各视频部门选用，节约了人力、物资等成本，形成了集约高效的内容生产体系和传播链条。通过项目提升视频生产的全流程效率，对外可为各省市县媒体单位、政企单位、高校提供媒资服务，依托集团自身品牌内容优势，不断积累媒资数据，打造视频内容生态，增强主流媒体自我造血能力。

四、结语

媒体深度融合发展强调“以内容建设为根本，以先进技术为支撑”，技术的发展与深化对主流媒体传播能力的赋能是我们必须砥砺探索的负重之旅。我们坚信技术改变融媒内容生产方式的同时，带来了新的技术“风口”，视频类内容生产定将获得更大的发展机遇和空间。因此，我们将持续努力以数字技术助力媒体融合发展，不断探索媒资数据在管理、利用及价值变现等方面的应用，推进主流媒体数字化、视频化、智慧化转型，让技术进一步赋能内容生产，在构建新型主流媒体、提升“传播力、引导力、影响力、公信力”实践中提供强有力的技术支撑。

（新华报业传媒集团）

案例类别：产品

媒体融合视野下 生态文明建设报道的创新实践
——以“中国报业深度融合发展创新案例”《古韵新声话长江》为例

邓晓琦

生态文明建设是关系中华民族永续发展的根本大计。党的十八大以来，习近平总书记多次提出加强生态文化建设，高度重视、亲自推动长江经济带发展，提出了“共抓大保护、不搞大开发”的战略思想。作为主流媒体，如何宣传好生态文明建设的政策举措和进展成就？本文以荣获“中国报业深度融合发展创新案例”交汇点新闻《古韵新声话长江》为例，从作品主题立意、表现形式和传播方式三个方面，探讨主流媒体在融合视野下对生态文明建设报道的创新实践。

一、生态文明＋传统文化，“融”出新视角

中国文化源远流长，中华文明博大精深。将传统文化与习近平新时代文明思想相融合、中国古代诗词歌赋与生态文明建设相结合，是《古韵新声话长江》的主旨思想。在项目立项时，我们就将“闻古韵”“听新声”作为贯穿栏目的主轴主线。

（一）一个主题，双线并行

2019年1月，新华报业传媒集团旗下交汇点新闻客户端围绕“长江大保护”这一重大主题，精心策划、推出专栏及新闻专题《古韵新声话长江》。“古韵”以源远流长的长江文化、以与长江有关的诗词名篇为主要载体；“新声”是自然保护背景下的生态原声和少年儿童的朗朗诵读，也是记者深入一线采访新时代长江故事。由此展现自党的十八大以来，由习近平总书记亲自提出长江“共抓大保护、不搞大开发”的战略导向对母亲河及沿岸百姓经济社会文化生活带来的巨大变化。新闻采访小组沿江而行，在报道长江沿线城市的生态保护成果的同时，邀请长江上、中、下游沿线5个城市的孩子，集体朗诵与长江有关的诗词，感受古诗词中的长江文化。

2020年开始，《古韵新声话长江》专题的每期内容都以一首与长江有关的诗词为引子，根据每周的新闻热点或重大时间节点，选择不同的主题，邀请相关嘉宾来讲述自己与长江的故事或自己的长江印象。到目前为止，栏目共选用与长江有关的诗词156首，其中有被誉为“孤篇盖全唐”的《春江花月夜》；有广为流传的《卜算子·我住长江头》《忆江南》《早发白帝城》，还有鲜为人知的《江行四首》《燕子矶即事》《江豚歌》等。从《诗经》到《汉乐府》，再到《七律·人民解放军占领南京》，稿件主题多样，有环保工作者、志愿者的长江故事，有长江流域的非遗传承，有专家对长江经济带的分析建议，还有高科技助力长江生态保护的生动案例，“古韵＋新声”的古今交融展现了别样的长江之美、生态之美。

（二）围绕主线，迭代升级

2019年起，交汇点新闻的主创团队围绕“长江大保护”主题，对专题进行了数次迭代升级：2019年6月，启动“长江大保护 绿色共成长”行动计划；2020年1月，“古韵新声话长江”融媒体报道正式上线；2021年12月，启动“万名长江大保护小使者‘长江行’”；2022年10月，启动“我家住在扬子江——‘长江行’生态保护全民计划”……

每一次的升级，都是紧紧围绕生态文明与传统文化建设相结合的重大主题，进一步讲好新时代长江故事，也让新时代的长江之歌更加生动。

聚焦重大主题，持续迭代升级，收获丰硕成果：基于沿江行采访行动制作的创意互动产品《6397公里的守护》荣获第三十届中国新闻奖媒体（创意互动）一等奖；“长江大保护 绿色共成长”行动计划，荣获2019环境保护宣传教育品质之星、2020年中央文明办、生态环境部联合评定的“美丽中国，我是行动者”全国十佳公众参与案例等；《古韵新声话长江》荣获2021年中国报业深度融合发展创新案例。

二、多元表达＋沉浸体验，“融”出新形式

信息技术的快速发展转变了人们获取信息的方式，并促进了媒体报道传播流程的优化再造。如今，受众对于媒体报道的需求不再停留在简单的内容浏览上，而对报道的互动性、体验感更加关注。《古韵新声话长江》专题系列报道正是以多元、沉浸为显著特点。

（一）多元

《古韵新声话长江》的每一篇报道以图文为主，同时配有采访短视频、童声朗诵诗词的音频及诗词GIF动图。每期内容选择与新闻热点或重大时间节点相关的诗词作为引子，传统诗词本身的韵律美感加上朗朗的童声诵读，配以嘉宾讲述的长江故事、生动案例、分析建议等，

提升了稿件的层次感、趣味度、共情性，增强了新闻报道的吸引力和感染力。

（二）沉浸

荣获第三十届中国新闻奖新媒体创意互动一等奖的《6397公里的守护》便是集趣味性、互动感为一体。打开《6397公里的守护》，从加载页开始出现的江豚瓶和长江流域手绘图，将主题揭示得一目了然。聆听主题班会后，用户便开启了云游长江之旅。滑动江豚瓶，在长江岸线图上的11处“守护地”停留，都可点击选择聆听童声诗词诵读、长江源头水流声、滇金丝猴的叫声、江豚跃出水面的换气声，还有长江上的非遗川江号子、洞庭渔歌等自然原声；还可以观看沿江行新闻采访行动的现场视频，通过触觉、听觉、视觉等多重维度刺激用户的感官调动，促进用户沉浸式阅读体验的实现。

每年的“长江大保护小使者”的采样活动也以全程直播形式呈现，让观众身临其境，同步见证孩子的环保行动。

创新表达方式的背后，是团队持续的创新能力和创作热情，交汇点新闻专门组建的“后浪”工作室，编导、文案、拍摄、执行人员等团队95%以上均为“90后”。《古韵新声话长江》专题从2020年至2022年，保持每周一期的更新频率，年轻主创团队不仅让专题保持创新能力，更收获了很多粉丝。

三、精准定位＋社群传播，“融”出传播力

新闻媒体具有政治和传播的双重属性。讲传播属性绝不是政治属性的弱化，而是要提高议题设置能力，把握好时度效，让传播方式更加适合、更加贴近用户需求，产生更大的受众效果。如何让生态保护这一话题持久地传播、引起更多受众的关注？《古韵新声话长江》选择将传播主体放在“儿童”这一全社会都关注的群体身上，并逐层辐射到家庭、学校、环保机构及全社会，搭建传播链条、撬动传播升级。

（一）受众目标明确，精准送达

交汇点主创团队跳出固有的报道模式，策划了持续12年的报道周期。自2019年首批优选出江苏沿江八市115名小学一年级的学生作为“长江大保护小使者”后，每年定期采集长江江苏段的水、空气、土壤等样本，现场对样本进行环境数据检测，然后灌制封存在采集容器“江豚瓶”中；在记录长江生态环境检测数据变化的同时，交汇点主创团队也同步记录“长江大保护小使者”的成长数值，这一对比记录将持续12年。这样极大地提升用户参与度、认同感、忠诚感。

此外，交汇点主创团队还带着江苏的“长江大保护小使者”奔赴长江沿线各地，开展了形式多样的主题活动，与宜宾、重庆、武汉、上海的“长江大保护小使者”交换长江水样、空气和土壤样本，记录长江大保护的最新图景。

（二）社群链条传播，扩大影响

孩子牵动家庭、学校，进而撬动了整个社会。组建线下社群，即“长江大保护小使者”社群，组织丰富多彩的线上线下社群活动，如“绿色童画”大型手绘长江图景征集、“长江大保护”主题班会、万名长江大保护小使者“长江行”健康跑活动、“我家住在扬子江——‘长江行’生态保护全民计划”等，丰富的活动吸引了广泛的社会关注和积极参与。

与传统的新闻媒体形式相比，融合新闻具有更加多元化、多主体的信源。无论是自媒体、舆论领袖，还是其他组织、单位所形成的数据资源，均是融合新闻信源的重要组成部分。为指导“长江大保护小使者”的采样和环保考察活动更科学，交汇点主创团队与江苏省生态环境厅、团省委、少工委、省妇联等8家厅局单位合作，还邀请了南京大学长江学者、环境科学院所的专家作为理论科研指导，联手以环保为特色的小学、环保公益组织和高校志愿者，共同跟踪记录长江大保护小使者的成长过程和长江生态环境的变化，获取生态、教育、健康、传媒学科的研究样本。

自《古韵新声话长江》立项以来，交汇点新闻构建矩阵式传播系统。从生态环境系统专业媒体平台到省区市报网端微、从央媒到头部商业平台，针对不同平台特性分众传播。采样活动的直播在央视频、新浪、头条、百度、抖音等央媒、头部商业平台和社交媒体同步进行，全网浏览量逾4000万。截至目前，活动的直播和相关稿件全网浏览量过亿。

2020年12月8日，江苏省委常委、宣传部领导来集团考察调研时，特地询问了《古韵新声话长江》栏目的相关情况，并亲手点击打开稿件浏览。生态环境部宣传教育司副司长杨小玲在了解了行动计划及《古韵新声话长江》栏目后表示，要做出江苏示范样本，争取在全国和长江沿线地区进行广泛推广。

大处着眼，小处着手。《古韵新声话长江》见证并推动了“长江大保护”的江苏实践。吟诵诗词的朗朗童声伴随着新时代的长江故事，成为新长江之歌里的动人音符。

（邓晓琦：《新华日报》交汇点新闻客户端平台拓展部主任）

《古韵新声话长江》系列专题

案例类别：产品

《现代快报》：基于5G技术打造大运河、长江文化IP

现代快报社

数字时代，科技赋能让优秀传统文化有了更加多元生动的表达方式。

习近平总书记历来重视大运河与长江文化的保护传承弘扬，大运河国家文化公园、长江国家文化公园相继启动建设。《现代快报》基于5G技术，利用多种科技手段，创新融合线上平台建设、融媒体产品开发制作，以及线下会展、博物馆产品建设等为一体，聚合各类相关资源，致力于大运河文化、长江文化传播，打造出网红IP，广受好评。

一、科技 + 文化，开拓传播的多元表达

2023年6月，《现代快报》"基于5G技术打造大运河、长江文化IP"入选国家新闻出版署公布的第三届中国报业深度融合发展创新案例。

建设大运河国家文化公园、长江国家文化公园，是习近平总书记亲自擘画、亲自部署、亲自推动的新时代重大文化工程。如何保护传承利用好大运河文化、长江文化？对媒体而言，也是重要课题。

5G、裸眼3D、AR、VR、千亿大像素……《现代快报》突破传统的传播方式，充分运用科技手段赋能优质内容，让大运河文化、长江文化的传播变得立体生动，中华优秀传统文化有了更为丰富多元的创新性表达。

该创新案例不是一个单一的项目，而是融合多种科技手段，在传播大运河、长江文化时综合运用。主要包括线下的"5G大运河"沉浸式体验馆、线上大运河全媒体内容聚合服务平台"中国大运河"、"5G飞越长江"IP等子项目。

"中国大运河"平台于2021年6月上线运营；"5G大运河"沉浸式体验馆于2021年6月落户中国大运河博物馆，开馆即网红，成为人气超高的打卡点，很多游客变身"自来水"在小红书、抖音等平台自发宣传推荐；2022年底"5G飞越长江"首秀，亮相深圳文博会，引起众多媒体关注。

二、线上线下融合，合力打造网红IP

《现代快报》自2019年起，探索"5G大运河"沉浸式体验项目。基于5G等前沿技术应用，融合了裸眼3D等多个交互体验。2019年11月，上海长三角文博会上首次亮相，就成了全场人气王，观众在现场排起长队。

2021年，"5G大运河沉浸式体验馆"落户扬州中国大运河博物馆成为常设展区，运营以来，每天万名游客前来打卡，强烈的沉浸式体验令现场很多人惊呼"太震撼了"。故宫学院院长单霁翔参观后也为之点赞，认为用这样的形式来宣传大运河文化特别好，尤其受年轻人欢迎。2021年9月底，5G大运河"搬"到深圳文博会，成为场内最热门的打卡点之一。央视《新闻联播》、《焦点访谈》、新华社、凤凰卫视等各大媒体采访报道；网红旅游博主也闻讯而来，穿着汉服走进馆里做起直播，单场超过200万人观看。

2022年，"5G飞越长江"IP建设启动。包括"最美长江"影像全民征集、实播长江、裸眼3D等。这也是在大运河成功经验的基础上，对前沿技术赋能长江文化应用的再升级。

2022年12月29日开幕的深圳文博会上，5G"飞越长江"沉浸式体验馆首秀，现场展示了裸眼3D视频和"实播长江"，成为全场热门打卡点，《光明日报》、深圳卫视等各大媒体报道。

线上的主宣传"阵地"是大运河全媒体内容聚合服务平台"中国大运河"，这是由《现代快报》全权负责开发运营的江苏省大运河文化带和大运河长江国家文化公园建设工作领导小组办公室官方平台。

该平台包括微信公众号、小程序、手机Web端、PC端、微博等矩阵，第一时间为公众提供大运河权威资讯，聚合运河沿线城市及运河相关部门，充分展示大运河文化带的建设成果。基于5G等技术，该平台以科技赋能文化，融合了千亿像素看大运、VR博物馆、5G+VR|720°直播大运等多种新媒体形式的专题产品，令人耳目一新。

三、创新融合，带来"可持续生长"

科技赋予古老的长江、大运河全新活力，通过直观生动的方式，让更多的人了解它们。《现代快报》将5G、裸眼3D、AR、VR等前沿技术，创新性地应用到大运河文化、长江文化的展示宣传，并依据技术力量，不

断对产品更新迭代。

该案例的强劲活力就源于不断突破，创新融合，让项目得以可持续生长。

“5G大运河、长江”团队是由《现代快报》跨部门抽调骨干组合而成。有熟悉内容、深耕文化领域二三十年的记者，有擅长新媒体传播的采编运营人员，有懂产品懂技术的开发人员。无论是内容还是技术，一直在升级变化。重点IP“5G大运河”，如今已经融合了裸眼3D、5G、VR、AR、千亿大像素等多种高科技。以裸眼3D视频为例，最初仅为两分钟，展现大运河江苏段沿线8市，后来拓展到中国大运河全流域，涵盖京杭大运河、隋唐大运河、浙东运河，选取沿运8省市具有代表性的地标景观。从杭州拱宸桥、无锡清名桥，到山东戴村坝、河北白洋淀、河南洛阳回洛仓、安徽淮北隋堤烟柳……技术上也不断提升，通过三维建模真实还原，让人身临其境，仿佛站在船头一路饱览运河美景，短短5分钟就打卡游玩了运河17个城市。

而在“5G飞越长江”IP的打造中，裸眼3D视频一镜穿越20多个城市，还增加了很多长江沿线的动植物，以及鸟鸣、海豚等环境音的植入，让人感受到生态之美，同时沉浸感也更加强烈真实；“实播长江”更是利用5G、云计算等技术，打造不一样的24小时直播聚合栏目，可以实时云赏南京长江大桥、鱼嘴灯塔等景观。

“中国大运河”平台同样科技感满满，并与线下的“5G大运河”充分融合，齐头并进。例如在线下展示的5G+VR直播大运，千亿像素看大运等内容，在“中国大运河”平台上同步可以看见；而在中国大运河博物馆的线下展厅里，游客也可以通过现场的触摸屏，实时浏览“中国大运河”平台。实现线上线下的全面融合，更加有利于IP的打造。

“基于5G技术打造大运河、长江文化IP”案例，是利用现代科技手段对中华优秀传统文化进行广泛传播的有益探索。当今，各种新科技落地加快，6G正在飞驰而来的路上，将引领我们进入一个全新数字化时代，这也为媒体带来更多挑战和机遇。只有大胆运用新技术、新机制、新模式，加快融合发展、创新传播，才是数字时代媒体的生存之道。

（现代快报社）

案例类别：组织机构

《祝您健康》：从“读者”到“用户”融合出版的探索

董玲

《祝您健康》秉承“倡导科学文明生活方式、传播实用养生保健知识”的办刊宗旨，经过44年的深耕，《祝您健康》从一本64页的纸质期刊，踩着互联网的时代脉搏，发展成了如今的4本纸刊加新媒体矩阵的适应移动化、视频化、社交化和智能化阅读场景的融合产品，形成内容生产方式、产品营销模式全新的期刊新形态，践行了“为读者服务”到“为用户服务”的转变。多次获得国家级、省级优秀科普期刊等荣誉，策划的科普文章多次荣获江苏省优秀科普作品报刊类、新媒体类一、二、三等奖。

一、聚焦健康“耕”内容

合作共享，丰富内容来源渠道。《祝您健康》杂志44年聚焦健康科普，作者资源遍布全国各地三甲医院，从知名专家到国医大师、院士，为杂志融合知识服务平台提供了源源不断的优质内容。借助医学会、医师协会、期刊协会、科普作家协会等行业组织的邀约，不断增加优质健康科普作品的数量，持续提升健康科普知识的质量，并形成了“祝您健康”特色的健康科普知识生产、审核、发布等模式。和北京卫视《养生堂》栏目的联名款杂志《祝您健康·养生堂》，实现了从电视节目到传统期刊的内容融合生产模式，开创了养生保健类期刊与健康类电视节目融合发展的先河，实现了《养生堂》栏目与《祝您健康》杂志专家资源的融合、产品形式的融合与销售渠道的融合；形成了产品层面的创新，又兼具了话题传播、品牌建设的价值，从而提升了老刊品牌新势能，2018年创刊当年发行量超120万册。通过杂志、新媒体向广大用户征稿，通过养生经验分享、书画摄影作品展示等内容，与读者形成良好互动，在原来静态的内容中融入情感、服务，变被动阅读为主动创作，增强了用户黏性。

“中央厨房”，集约内容生产模式。《祝您健康》一刊多平台，融合出版内容并不是从纸刊到互联网的简单搬运，也不是从手机快餐到杂志正餐的简单整合，而是基于对热点的把握、对大众诉求的调研、对平台机制的研究而进行的一次采访、多次加工。编辑团队在多年健康科普领域的能力和资源的积淀基础上，在具有独特的选题策划和挖掘能力的前提下，运用大数据、人工智能等新技术，及时获取用户诉求，重视用户体验，组织和创作出了海量的互动性强、用户体验佳、符合新媒体传播规律的优质内容，并将这些新鲜的“食材”“烹饪”成不同平台、不同受众的多样化的知识“盛宴”。

“视”“听”“感”，立体化内容呈现形式。《祝您健康》知识服务以图文、音视频、直播、课程等各种形式呈现，方便用户在不同的运用场景自由选择。除了杂志44年出品的海量文章，另外已发布710篇公众号推文，上千条科普短视频，几十种健康专题或课程，近200集音频节目，100多场单次1小时的科普直播，几千条微问答，为用户提供有“严”值的健康科普，有态度的生活百科，让健康知识随时可看、随手可得，让健康成为一种习惯。同时融合线上和线下的健康服务，将健康义诊、共享门诊、疾病预防控制训练营等线下健康服务工作，与知识内容和产品相融合，将单向的知识输出，变成能及时反馈的双向互动。具有“交互”功能的融合出版物，不仅串联起出版端、编辑端、作者端和运营端，还让编辑、作者和读者形成紧密互动的生态圈，极大拓展了“内容”的边界、“出版”的边界。健康科普，不仅仅是知识普及，而应该向前一步，走到“运用”层面，贯穿健康管理的全过程。

二、平台矩阵“塑”品牌

《祝您健康》知识服务平台现已布局微信公众号、今日头条、美篇、微博、澎湃新闻等图文平台以及微信视频号等视频平台，并从去年底着力打造“凤凰健康学苑”深度健康知识平台，实现内容生产、新媒体营销的融合，将“祝您健康”品牌传播得更远、更广。

祝您健康微信公众号、视频号和今日头条号三大主平台总粉丝量近40万，各平台总播放量超5000万次，用户覆盖全国各地，以中老年和健康爱好者为主。微信公众号新榜指数常在620以上，在同类杂志账号中，排名前列；单篇阅读量常规超过3000，聚集了一大批高黏度用户。微信公众号紧追热点主打精科普，视频号主打健康资讯、医疗新闻，今日头条主打针对中老年的泛科普，其他平台进行适平台分发，形成在不同平台上内在精髓相同、外在形式互相补充的知识普及与品牌营销双建设的新媒体格局。

“凤凰健康学苑”作为自建的知识付费平台，是在初步完成流量积累基础上的理性回归，是健康科普知识的深度沉淀。本平台正在建设过程中，正在积极接入凤凰传媒的自主数字化平台——凤凰书苑APP，着力打造“凤凰健康频道”垂直板块，构建健康科普出版新业态。目前已经上线有声杂志、视频课程、直播回放以及纸质书刊的订阅和购买。接下来，将联合全国的专家资源，加快平台内容生产步伐，以内容和服务开始社群运营，形成“期刊—新媒体—知识付费”的出版新模式。

三、立体营销“送”服务

紧跟热点，做好公益服务。《祝您健康》积极响应国家号召，关注热点健康话题，重视特定时间的健康主题宣传，创立了公益科普品牌“凤凰健康读书会”，在高血压日、糖尿病日、爱耳日、肿瘤科普宣传周等时间节点，广泛与医疗机构、专家合作，以多种多样的形式进行健康科普宣教，并联合多家媒体平台进行广泛传播，取得了良好的社会效益。

品牌联名，探索商业转化。“祝您健康”与多方进行品牌合作，试水杂志IP的商业转化，目前虽未取得巨大的经济效益，但已经跑通了合作流程，测试了品牌影响力。2019年与中国邮政南京分公司合作开发《祝您健康》杂志加智能拐杖的健康文创产品，主要面向大型国企、部队、高校的离退休老同志及邮政金融客户；2020年提出“出版物+”融合产品概念，与中国邮政集团江苏分公司、上海家化联合股份有限公司联合开发《祝您健康·玉颜》文创产品，是拓展产业边界、品牌联名模式的突破性尝试；2021年和2022年与北京卫视《养生堂》合作出版了健康文创《北京卫视养生堂健康日历》，汇聚5年来的节目精华，集权威专家讲授内容之精粹，形成了知识与日历、电视和出版、媒体与电商的深度融合；2022年与北京卫视《养生堂》合作出版《祝您健康·养生厨房》专刊，与省老体协合作《祝您健康·太极名人名师》专刊，在健康美食、体育运动方面，定制专题杂志，与读者线下活动、健康食品销售结合，用出版为公益服务和商业活动赋能。与口腔诊疗机构、互联网医疗及健康管理机构、养老院等养老产业合作，进行健康知识传播融入健康管理的探索。

《祝您健康》杂志作为面向C端的大众科普类杂志，在承担科学知识普及责任的基础上，融合出版的主要目标是要向市场要效益。因此，出版转型的过程中必须要注重流量数据的积累、黏性用户的沉淀、融合产品的打造、切实有效的营销推广。在各平台免费健康内容指数级产生、非专业账号处处受限的大环境下，这个过程无疑并不容易，但是只要从用户出发，打磨好内容，策划好产品，做好服务，就一定能获得用户的认可。

（董玲：《祝您健康》杂志社主编）

案例类别：组织机构

多模态全网融合创新出版平台建设打造优质学术生产力

钱锋 索晓灿

一、项目简介

面对学术期刊长期存在的小散弱现状，《实用临床医药杂志》编辑部梳理出以往传统出版中的堵点、痛点（稿件流转慢、审稿周期长、信息不对称、版权保护与学术诚信机制不健全等），采用数字化改革建设多模态全网融合创新出版平台，重塑学术出版核心环节，构建高度互联、开放共享的学术资源生态，展现出学术期刊打造优质学术生产力的前瞻性和领导力。

二、项目功能和特点

《实用临床医药杂志》以纸质期刊为基础
打造“七位一体”多模态全网融合创新出版平台

全网融合创新出版平台建设以纸质期刊为基础，建设官方网站、投审稿系统、XML一体化生产管理云平台、网上缴费系统、在线优先发表系统，桥接官方微信、“数智编辑器”（AR论文出版），实现“七位一体”多渠道融合，可完成数据统计、信息留痕、期刊管理，能解决信息和数据碎片化、孤岛化问题，实现了投审稿、编辑出版、学术传播、管理真正意义上的互联互通。

（一）投审稿系统建设疏通学术出版“堵点”

稿件通过投审稿系统可进行“一键式”投稿，1篇文章对应1个ID，作者投稿、修改，审稿专家在线远程审稿，编辑在线编校，总编审稿、编排目录，稿件处理全流程留痕操作；集成AI辅助审稿功能，使编辑出版流程更为科学、公正、高效。此外，投审稿系统桥接官方微信公众号，用户在使用个人微信绑定投审稿系统后可在线即时对话，编辑、审稿专家、作者、读者的在线即时沟通和交流成为可能，而且最大限度地保证个人信息安全。这些可有效疏通稿件处理效率低等“堵点”，预防学术不端行为。

（二）核心技术构筑智能化出版生态

1. 标准化与智能化出版流程：采用XML排版系统，实现稿件的结构化处理与标准化出版，有效提升出版效率与质量。

2. 融合生态与互联互通：构建覆盖全网的数字化平台，消除信息孤岛，实现学术资源的无缝对接和共享；通过跨平台链接，建立全方位、一体化的信息服务体系，将学术成果推向更广阔的开放获取空间。

（三）数智技术驱动的多维展示与交互体验

1.AR技术创新应用：率先应用AR技术，突破了传统平面展示局限，实现了学术成果的三维立体、动态互动展示。特别是AR+AI识别功能，用户仅需通过智能手机扫描，就能快速准确调取与实体设备相关的详细数字信息，如手术说明手册、实验指南和疾病治疗方案等，这不仅显著提高了日常工作效率，也节省了成本，提升了综合效能。

2. 数智编辑器赋能内容创作与传播：授权使用的“数智编辑器”工具，集成了数字资源整合与智能化编辑功能，可将实验数据、实体设备资料、医药产品手册等各种多模态内容（含文字、图片、音频、视频、3D模型和链接等）高效整合至学术论文中，极大地便利了学术内容的创作与分享，标志着学术出版迈入了一个全新的数字化、多模态阶段。

（四）多模态内容与数实融合推动沉浸式阅读

将图文、音频、视频等多种媒介形式与3D模型、AR技术紧密结合，使得研究成果以更为直观、生动的方式呈现，极大地增强了读者的沉浸式阅读体验，既满足了个性化阅读需求，又适应了信息碎片化时代读者的知识获取习惯。

（五）大数据助力深度学术推广和医学专业科普

全网融合创新出版平台可供用户免费下载论文数据，并将筛选出的论文进行深度学术推广，借此培育期刊高被引作者；汇聚和推送医学学术科普信息，通过官网、官微、数智平台集中展现，提高了学术期刊的专业科普水平。

（六）数据留痕实现可溯源性管理

在投审稿系统中建设网上缴费系统，在解决数据安全问题的同时构建集投审稿及缴费、开具电子发票、发放审稿费用等功能于一体的电子化办公平台，实现了内容和数据的真实性验证和可溯源性管理。

三、人员构成和社会合作

《实用临床医药杂志》创刊于 1997 年，中国科技核心期刊、中国医药卫生核心期刊等。作为本项目的具体制作和实施者，《实用临床医药杂志》编辑部在编辑部主任、副编审钱锋的领导下，共有专职编校、美编 10 人，其中专职新媒体编辑 2 人，主要对接多模态全网融合创新出版平台多个数据出口和相关合作公司；联合外部科技企业多模态学术出版模式研究相关技术研发团队资源，实施团队具有元宇宙时代拥有人工智能、区块链、媒体融合资深科研与从业人员，拥有 AR 虚拟展示技术资源。

《实用临床医药杂志》编辑部拥有元宇宙时代科技期刊多模态学术出版模式研究涉及的重要技术——AR 出版，且结合科技公司等组建了实施团队。实施团队成员所在的企业梦想人科技（Mixed Reality），其创始团队在 AR 领域深耕 20 余年，致力于研发全球领先的 AR 技术，持续提供基于 AR 技术的行业应用解决方案，在融合出版等领域深度布局，提供基于 AR 技术的“企业数智平台”，应用于多种场景。

四、社会反响和经济效益

多模态全网融合创新出版平台建设获中国高校科技期刊研究会、中国科学院自然科学期刊编辑研究会立项（2022 年），获评首届虚拟现实新闻出版创新应用案例（2022 年 11 月 12 日），成果《元宇宙多模态、跨模态内容时代的科技出版理论探讨与实践研究》2023 年 7 月在《中国科技期刊研究》发表，该文获评中国高校科技期刊研究会金笔奖论著等。

截至 2024 年 4 月，该项目获得国家级奖项 1 项、省级奖项 1 项、行业级奖项 7 项，2023 年营收达 289 万元。高水准的平台建设，获得了良好的社会反响和用户的广泛认可，获得了较好的经济效益和社会效益，是学术出版领域融合发展的成功案例。

（钱锋：扬州大学《实用临床医药杂志》编辑部主任，索晓灿：扬州大学《实用临床医药杂志》编辑部编辑）

案例类别：组织机构

盐阜大众报报业集团“政务服务 123”全媒体全案营销

宋金淦

《盐阜大众报》创刊于 1943 年 4 月 25 日，是全国创办最早的地方党报之一，刘少奇同志亲笔题写报名。“从大众中来，到大众中去”的办报宗旨，在中国新闻史上书写了光辉的一页。近年来，盐阜大众报报业集团认真学习贯彻《关于加快推进媒体深度融合发展的意见》，着力在顶层设计、战略规划、全面深改、组织架构、机制创新、融合传播、人才培养、薪酬改革等 8 个方面发力，全力构建全媒体传播体系，提升现代传媒治理能力，推动党报事业各领域建设焕发新风貌。

盐阜大众报报业集团依托新型主流媒体区域平台“众媒云”，打造“政务服务 123”全媒体全案营销运营模式，以“需求定位内容，内容驱动流量，流量赋能服务”，有力提升“新闻 + 政务服务商务”能力。在满足用户需求的同时，塑造新型媒体经营服务品牌，增强自身造血功能，实现自身可持续发展。“政务服务 123 全媒体全案营销”案例被国家新闻出版署评为 2021 年中国报业深度融合发展创新案例，获得中宣部项目扶持资金；“众媒云”平台和“三三制”组织构架先后入选 2020 年度和 2021 年度“江苏省出版传媒融合发展创新案例”；集团先后 5 次获得中国新闻奖、7 次获得江苏新闻奖；经济效益大幅上升。

模式一——党报：一策二深三专版

“一策”：帮助梳理工作思路，精心策划选题、设置议题。“二深”：抓准重要节点，记者深挖，深度报道。“三专版”：各类专版包括县域观察类专版。坚持服务市委市政府中心工作，助力各条战线在主流舆论场发出主流声音。2019年，策划推出“盐碱荒滩变身林海绿洲——盐城林工接续奋斗书写绿色传奇”宣传报道，新华社客户端单篇稿件阅读量126万，人民网、学习强国纷纷转载，全网阅读量累计超500万。

模式二——网上：一端二微三新媒

“一端”：升级改版新闻客户端，开设专题、专栏。“二微”：微信、微博建矩阵，吸聚流量传得深。“三新媒”：H5、VR、AR、MG、手绘、全息报纸、全景报纸、视频报纸、电子杂志、一图读懂、九宫格等产品。还为多个部门和行业单位代维公众号，实现从内容策划到呈现方式的全流程服务。

模式三——视频：一短二直三专题

“一短”：短视频，时间一般控制在10秒、30秒，号外、快讯等在一小时内上网，重大活动新闻在1小时内完成海报视频的采集制作。“二直”：图文直播、视频直播、VR全景直播等，配专业主持人，多平台发布。“三专访”：邀请权威学者、政府部门负责人和有影响力的企业家，就共同关心的社会、经济、生活等热点话题进行高端对话。“众媒云”权威访谈已形成品牌，多篇报道单篇阅读量屡破10万。

模式四——政务：一秘二厅三舆情

“一秘”：政务小秘，文案材料编写、PPT制作、公众号代维等。“二厅”：运维盐城市新闻发布厅，提供会务接待、新闻发布、政策解读、网络直播、新媒体传播、新产品发布等服务。“三舆情”：研发“众媒云”舆情分析系统，利用互联网信息采集技术和信息智能处理技术对网络资源进行实时监测，从而帮助用户及时掌握和应对舆情动向。

模式五——智库：一参二智三数据

“一参”：内参，不定期摸排问题线索，深入采写报道，以“内参”形式向上级报告，市委主要领导多次就“内参”内容作出批示。“二智”：决策参考，以“传媒+高校+专家”模式，打造智库，进行课题研究和政策研析，发布行业规划、调研报告等智库成果，为政商决策提供“智能芯”。“三数据”：将平时报道的新闻、数据，以及收集的其他信息和统计数据综合利用，以图表、图像等形式展示出来，为客户提供直观的信息和见解。

模式六——媒资：一库二馆三影像

“一库”：历史资料库，为各地各部门各行业提供检索、查看、下载、分析等服务。“二馆”：新闻档案馆，建设AI智能检索与分析系统，实时监测客户在全网传播情况，帮助客户建设数据大屏，可视化呈现新闻专题、领导活动、网络舆情、政务热点、传播路径等数据。“三影像”：影像盐城数字库，组织成立“盐城市新闻摄影学会”，通过“摄影记者+影像图库+摄影学会”模式，打造盐城最大“图存量”和最美“图片库”，为客户提供各类影像生产和管理。

模式七——技术：一建二保三智能

“一建”：网络建设，专注于政府和企业信息化平台搭建和网站运营、弱电工程、服务器托管、融媒云技术，为客户承建各类官网、客户端和公号等。“二保”：网络等保服务，利用完善的安全产品体系，提供一站式服务的安全解决方案。“三智能”：智能化工程，主营业务智能化工程与软件技术服务，帮助客户完成各类智能化工程建设、推进智慧城市媒体类项目落地、大数据收集、智慧景区、智慧医疗、平安城市等项目。打造的“党报+智慧城市”模式荣获“中国报业首届创新项目二等奖”。

模式八——外宣：一采二发三广传

“一采”：依托媒体间的战略合作，省媒、沪媒、央媒联合采访。“二发”：构建报、网、端、号、微全媒体传播新格局，做到全时传播、全面覆盖、全程在线、全效触达。“三广传”：与央媒、省外媒体等建立沟通联络机制，开展合作，同时“借船出海”进行国际传播，实现更深层次、更广领域传播。

模式九——线下：一训二联三共建

“一训”：各类专项培训，为政府机关、企事业单位提供新闻写作培训、新闻发言人培训、舆情应对培训、新媒体培训等。“二联”：与政府机关、企事业单位联合举办论坛、联手O2O营销、联合征文大赛、联合出版书刊、联合话题传播等活动，拓展转型外延，聚力打造“新闻+政务服务商务”的泛媒体产业圈。“三共建”：共建党建联合体，打造“跟着党报学党史”品牌。

模式十——产业：一展二创三数智

“一展”：承办线下展陈、各类展览会等。融主题策划、文案服务、招投标、创新设计、现场布展、展陈宣传等服务于一体，承接各类重大主题展陈馆策展运营，提供全流程服务。“二创”：共同开发手绘地图、红色地图、新闻年历等创意产品，开拓创意产业、合作创意产业园区。“三数智”：抢抓数字化改革机遇，瞄准新技术、新业态、新产业、新产品、新模式，布局符合集团实际、支撑力强大的产业项目，发展基于传媒属性的数字创意经济。

“政务服务 123” 全媒体全案营销共有 30 种产品矩阵，近 500 种投放组合，优化了经营流程和合作模式，形成全要素服务、全渠道推广、全链条运营的全案服务。同时，形成“分析市场需求—策划创意风暴—全媒体营销全案—全网分发传播—线下活动执行—数据反馈留存”的全流程体系。这一新型运营模式为报业集团经济发展带来显著成效，2020 年以来，广告经营额逐年增长，连续四年实现盈利，成功寻找到一条适合地市级党报融合发展的突围之路。

（宋金淦：盐阜大众报报业集团编委办副主任）

案例类别：产品

轻量化设计 智能化生产 移动化阅读 社交化传播

——常州报业“5G 书香党建”融媒体平台的实践与探索

崔彦玲

常州报业传媒集团正在以智能化为目标建设 5G 融媒体数据库。该项目一期工程——“5G 书香党建”融媒体平台已于 2021 年初正式上线，并入选 2021 年度江苏省出版传媒融合发展创新案例。

“5G 书香党建”融媒体平台，内容紧扣党建主题，将常州报业丰富的本地红色故事和人文内容进行数据化存储、智能化融合，充分运用 AR、VR、AI 语音、云书码等多项技术，利用 5G 高带宽、低延时，便捷地实现移动化阅读、社交化传播。自 2021 年上线以来，“书香融媒体”平台 2.0 版已在地铁、社区、机关、企业等线上线下建立窗口近 90 个，单日触及受众人次过万次。

在架构上，平台采用轻量化设计。用户接触的前端只是一个小程序或 H5，界面极其简单。海量内容分类储存在服务器中，并不直接展示在用户界面上。

在内容上，平台与常州日报社旗下的常州网及常州有声图书馆同步。充分发挥常州报业全媒体矩阵的本土内容生产和传播优势，利用常州报业百名全媒体记者团队，讲好常州的党史故事和人文故事，并将这些故事变成适于移动端阅读、收藏和分享的数字读物、有声读物。平台每周保持百本以上更新量，保证时扫时新。

在体验上，用户只需一部手机，无须加载 APP 即可扫码“阅读”：不仅能收听真人朗读的美文或是 AI 语音导读，还能收看到翔实的文字和高清的影像、图片。AR 技术的应用，让平面化的人物照片、地图、地标都可以变为高清影像，沉浸感更强。用户喜欢的内容可以加入书架收藏阅读。

一、窗口在线下，嵌入场景扩大传播概率

“5G 书香党建” 融媒体平台的基本架构是：窗口在线下，体验在云端。平台以专属小程序和 H5 为前端，在线下场景设置适合场景的内容的入口。

内容入口形式多样，几乎无限制。“5G 书香党建”融媒体平台目前入口最底层的技术主要是图片识别，有两种类型，一种是二维码，另一种是图片。这两种类型的载体，既可以是纸，也可以是各种物品，如办公用品、生活用品、文创产品，只要可以印，可以贴，都可以使用。比如常州报业传媒集团以平台为基础推出的 AR 党史地图产品，即使用了冰箱贴形式的入口。社区手册，则是以纸本页面为入口。在小区，也有以路灯杆挂旗为内容入口的。只要想到，皆有可能。

入口具有科技感、时代感。基于 AR 富媒体、云书码的赋能和运用，“5G 书香党建”在场景生态上，不但能将报廊、宣传栏、文化墙等传统阅读点和纪念馆、校园、社区等线下展示区变得富有时代感、科技感和文化味，还能开拓 AR 和电子书文创产品，衍生出讲好党史故事、时代故事和地方文化的宏大生态。书香地铁、书香公交站、书香社区、书香医院、书香校园等更多书香系列公共阅读空间可复制效应明显。

入口改造方便、经济。任何材质的墙面或实体都能变成书香系数字化空间。极小的硬装面积，即可容纳多个入口；有的不需要重新硬装，在现在展示物上添加、张贴即能完成改造，成本较低。投入轻量化大大提升了项目的实用性、合理性和可推广性。

“5G 书香党建”的入口书码、图片、图形，嵌入市民工作和生活的场景。平台可以根据不同的场景，精心选择对应的线上内容，而且还可以在入口不变的情况下在后台不停更新内容，实现常扫常新。加之作为党媒，天然具备融入各类线下场景的优势，为主流舆论增加了实现传播、增强影响的宝贵机会。

二、复活"死资产"，挖掘数字资源传播价值

"5G书香党建"融媒体平台的核心价值是：资源变产品，扩大影响圈。

首先，平台把常州报业为迎接建党百年策划的内容变成了一本本的融媒体"书"。这些"书"长短不拘，有的一文一书，有的一版一书，有的一栏目一本书，更多的是专题策划、创意整合，随时更新，即时发布。

在即时发布融媒体记者作品的同时，"5G书香党建"平台还注重数字资源的二次开发利用，让沉积在硬盘上的数据化为市民喜闻乐见的"融媒体产品"。一方面充分用好报业沉淀的内容资源，按照时令时机，配合中心工作、重点宣传，策划创意编排全新融媒体产品，及时上架。比如在党史学习教育过程中，平台利用常州日报数字资源，整合推出了党史上的常州、常州走出的共产主义战士等系列产品。另一方面扩大合作范围，挖本地数字资源之矿，炼全息融媒之材，造全新体验之书。如常州爱国主义教育基地系列，与多方合作，深入挖掘各自沉淀多年的数字资源，经创意重组，运用新技术新表达，打造可供市民视听读的全新产品。还有常州名人系列，与常州市图书馆合作，聚焦常州名人著述，挖掘珍贵资料，形成面向大众的融媒体产品。

平台还将扩大"矿区"，向个人或机构开放，让他们自己整理旧资料，或者自主采写优秀故事，经过编辑加工后，以电子书形式出版。

三、生产智能化，提升平台实用性便利性

"5G书香党建"融媒体平台的技术追求是：生产智能化。

首先，广泛应用的场景需要不同主题不同风格的特色内容，不可能全依靠人工来匹配。因此，必须给不同的线下入口智能选择不同的内容。所以"5G书香党建"融媒体平台的数据库必须具有一定程度的智能水平。

其次，海量数据的调取，必须依靠智能数据库的支撑。常州报业传媒在建设"5G书香党建"融媒体平台的数据库时特别强调了便于数据提取使用这一目标。平台大量产品要从海量储存的数据转化而来，只有智能数据库可以根据时间、时令等各种节点主动推送相关数据资源，帮助确立和深化选题。仅仅依靠个人的记忆，是不可以激活那么多数据资源的。用人工智能技术实现主动推送、按需寻找，这是平台数据库有用和管用的必备条件。

第三，产品的整合，离不开语义识别和分析技术。通常数据资源是由很多具有独立意义的基本元素组成的，将原本框架中的数据资源通过语义识别和分析技术分解成更基础的元素，有利于对这些数据进行多种意义阐发，有利于数据库更好地向编辑加工者推送素材，从而加速新产品的生产、优化新产品的内容。

随着常州报业集团5G融媒体数据库建设的整体推进，"5G书香党建"融媒体平台生产的智能化程度一定会越来越高。

总之，"5G书香党建"融媒体平台适应党史学习、党建活动、全民阅读、融媒体实践等多项发展需求，有效整合了常州报业的内容生产优势、公共关系资源优势、策划能力优势，并对AR、云书码等新技术加以深入理解和运用，体现了智能化生产和传播的趋势。随着书香系列品牌效应和内容生态、场景生态效应逐步显现，"5G书香党建"融媒体平台必将融入人们的工作和生活，成为正能量传播的又一重要平台。

（崔彦玲：常州日报社办公室主任）

案例类别：组织机构

在时代的回响中砥砺同行 "党报人"更要积极应答"加分题"

缪伟民 王安琪

2022年是中国梦提出的十周年。在这十年栉风沐雨、砥砺前行的路上，有很多城市发展的重要节点，出现在党报的一条条新闻当中，成为城市发展抢抓机遇、锐意进取，经济实力不断跃上新台阶、民生改善不断取得新成果的历史见证，因此，苏州日报社以党媒视角回顾十年光辉历程，用实际行动献礼党的二十大。

对于一个城市来说，新闻头条或头条新闻所报道的内容，自然是当地经济社会领域发生的大事要事。这些事情于今日的读者来说或许已是尘封已久的往事，但背后却折射出重大的社会发展。在苏州日报社推出的"苏

报头条里的中国梦”融媒体行动中，记者们重回当年新闻现场，重访新闻亲历者，以“旧闻新读”“十年变迁”“我的梦想”等内容，用全媒体的视角来反映苏州非凡十年的日新月异。总共刊出 10 个主题 40 多件融媒体作品。在此次策划中，每个“重读”的“旧闻”，都有个“新闻主角”，或是旧新闻中提到的采访对象，或是当时经历或参与过的人，或是当年参与报道的通讯员、记者。系列策划整体风格是小切口、接地气、更生动。因此，一经推出，就在社会上取得了热烈反响，最终落地的“苏报头条里的中国梦”图片展更是吸引了不少市民前来打卡参观。

一、用好老故事：契合时势激发社会新关注

既是“旧闻”，如何让它们能够吸引如今读者的兴趣和社会的关注度？

2012 年 4 月 29 日发表于《苏州日报》的头版头条《侬好，苏州地铁》。就在这一天，苏州地铁 1 号线正式开通运营。旧闻选择了 78 岁的资深集邮爱好者陆维勇作为报道的线索人物。通过他在地铁开通当天购买纪念邮票、参与开幕式与乘车的见闻，展现苏州地铁开通的盛况。十年后，记者重访陆老，记录了他一家人的生活如何与苏州地铁紧密关联以及新的集邮收获，借他之口表达了苏州人民期待苏州地铁各县级市全接轨的愿望。这组十年对比报道体现了苏州地铁十年织线成网，地铁已融入苏州市民生活，成为促进经济社会发展的一大助力。既是城市现代化建设的重要成果，也是城市“一张蓝图绘到底”，久久为功的重要证明。过去十年间，苏州坚持以习近平新时代中国特色社会主义思想为指导，贯彻新发展理念，保持着平稳健康的经济环境、国泰民安的社会环境、风清气正的政治环境，令人振奋的城市故事不断涌现，因此，寻找出更多让读者感兴趣、和今天紧密相连的事例并不难，串联成系列，更加吸引大家的阅读兴趣和社会的关注程度。

不过，如若一味陷入“怀旧”的情怀中，则整体新闻行动的意义和效果都将大打折扣。该如何恰当地展开怀旧实践却不显伤感，苏报的回望与重述通过连接与对比，打破“旧闻”过时性的本质特征，赋予其具备全新的新闻价值，通过对过去重大城市事件再记录、再创作，使得群体记忆再度得以建构。2022 年 9 月底，“喜迎二十大 奋进新征程 · 苏报头条里的中国梦”图片展正式在城市新地标苏州中心落地。图片展通过 48 组画面集中呈现了《苏州日报》十年间重要的头条新闻，比照苏州十年变迁，体现苏州中心等城市地标的建设发展历程。一幅幅图片、一条条新闻，通过直观强烈的今昔对比，更加体现出新发展的巨大成果、为人民带来的生活改善和幸福感提升。

察旧事，发新声，诉情衷。“苏报头条里的中国梦”融媒行动最让人们感到动容的便是过去发生的故事与新时代的苏州发展相勾连，可以说，新时代苏报人撰写的故事是对从前故事的有力回应，传达出“怀”而不“恋”、观“旧”盼“新”的积极心态。

“苏报头条里的中国梦”新闻融媒行动，就是将以往断裂、零散的新闻记忆片段呈现整合成连续、规整的媒体展示内容，而受众在这一过程中也体现出高度的积极性，通过线上转发、线下参与等实际行动主动接纳十年间的“旧闻”记忆，唤醒并重塑过往记忆，形成新的记忆。

二、讲好新故事：赋予新闻行动新时代价值

在回顾“旧闻”的同时，也讲述了新的故事。其可读性、趣味性是有了，但是其对社会的积极意义如何？

2020 年 5 月 29 日《农业农村现代化为何首发“苏州方案”？》等内容，涵盖苏州经济社会民生等各个领域，与所有市民息息相关。地铁、港口、通信等基础设施建设关系到城市发展的未来，城乡社保、小区改造、污染攻坚、农业农村关乎广大群众的福祉。这些曾经困扰着人们的重大问题，通过媒体的报道和推动，汇集各方面形成合力得以解决。非凡十年的日新月异我们“看得见摸得着”：5 条地铁四通八达，还有 4 条正在建设，新的路线已在规划中；天更蓝水更清，长江的江豚回归了；乡村振兴打造新时代鱼米之乡“苏州样本”；作为全国首批“千兆城市”，数字技术已然深度改变生活与产业……

从前振奋人心的“新闻”依然变成“旧闻”，每一个领域都不断有“新闻”正在被书写。站在新时代重温厚重的十年报纸史料，记录城市发展变革的字字句句仿佛把人带回了数年前，与彼时的广大人民同进退，共悲喜。

“苏报头条里的中国梦”融媒行动用报道串联彼时与今日，用文字与图像记录新时代的城市故事，与人民同行，与时代同步。既回望了过去苏州人民的峥嵘岁月，也让新一代苏州人看到了未来的无限希望。同时，这一系列的报道，也将成为激励如今苏州人继往开来续写中国故事提供前行的动力。

三、当好党报人：做好党媒传播任务的“加分题”

这是一次创新实践，同时也是身为党媒的重要探索，即如何在完成重大节点新闻报道任务“规定动作”的同时，还能很好地完成契合当下环境的“自选动作”。

作为中共苏州市委主办的机关报，《苏州日报》长期以来构建、维护其官方性、权威性的党媒形象，并在专业新闻实践中不断塑造苏州城市形象，清晰地记录了苏州一路砥砺前行的历史脉络和轨迹，从而呈现苏州城市形象。此次“苏报头条里的中国梦”融媒行动就探索《苏州日报》是如何通过进行党媒怀旧再实践，唤醒集体记

忆，从而实现日报与城市形象的再呈现与再塑造，在献礼二十大的重要报道节点中，发挥出党媒的更多优势和更大能量。

"不断增强脚力、眼力、脑力、笔力，努力打造一支政治过硬、本领高强、求实创新、能打胜仗的宣传思想工作队伍。"这是习近平总书记对宣传思想战线提出的谆谆教导、殷切希望。党的十八大以来，苏州坚持以习近平新时代中国特色社会主义思想为指导，贯彻新发展理念，构建新发展格局，产业转型攀高逐新，生态环境持续改善，民生福祉不断增加，开放经济铸强聚优，在8657.32平方公里的土地上，奋力谱写着"强富美高"新苏州现代化建设新篇章。这些辉煌成果，都是我们珍贵且丰富的新闻素材，对这些素材更新更好更灵活的"加工"方式让我们收获了不一样的体验。可以说，"苏报头条里的中国梦"融媒行动也正体现出对记者"四力"的考验和锻炼。

2022年是中国共产党第二十次全国代表大会召开的重要节点。抓住历史时机，我们更加深刻认识到作为地方主流媒体的担当和作为，要如何充分发挥地方党媒主流思想舆论阵地作用，上连党心、下接民心，讲好中国故事，传播好中国声音，让党的最新理论政策与基层群众"零距离"接触，助力党的声音直插乡野。

时代催人奋进！我们每一个人都是时代的参与者。就让我们一起去重温，一起去见证，城市正在讲述的精彩故事，正在发生的生动巨变。十年携手同行，十年笔耕不辍，党的新闻工作者永远在路上，与人民同心，与时代同行。

（缪伟民：苏州日报社经济融媒中心副总监，王安琪：苏州日报社经济融媒中心记者）

案例类别：产品

"乐学先锋"——引领少年儿童"乐中学 学中乐"

陈海勇 左朝勇 魏爱俊 焦霞映

习近平总书记在党的二十大报告中指出："要全面贯彻党的教育方针，培养德智体美劳全面发展的社会主义建设者和接人。"2022年，泰州日报社结合国家"双减"命题和媒体自身特点，依托微信小程序打造了"乐学先锋"线上平台，通过整合媒体、人才、社会资源，把立德树人融于项目实施全过程，帮助青少年提升阅读能力、培养业余爱好、丰富社会实践、熟练融媒技能、提升个人素养，让青少年在乐中学，学中乐，发挥媒体融合特质和优势，助力本地教育高质量发展。

一、数字赋能，打造线上平台

"乐学先锋"是以微信小程序为主要载体，开发建设包括乐学活动、乐学书房、乐学故事、乐学实践、乐学积分、乐学礼遇等功能板块的线上平台，数字赋能，趣味互动，良性激励，坚持以读促学、以乐促智、以技促能，通过开展线上阅读、线下实践、传授融媒技能等，培养少年儿童成长为"既勤学书本知识，又多学课外知识"德智体美劳全面发展的社会主义建设者和接班人。乐学先锋平台上线两年来，注册用户超过18万人，越来越多的少年儿童从中受益，收获成长的快乐，在乐学先锋这个幸福的港湾里追逐梦想。

二、项目丰富，培养时代新人

"线上大阅读"有滋有味，"乐学先锋"为泰州少年儿童搭建了一个线上大阅读、互动交流的数字平台，展示少年儿童参与"大阅读"活动的动态和作品，下设日常投稿、专题活动、乐学书房等板块，不间断推出各类互动活动：开设网络讲座，邀请专家学者为少年儿童网络授课；举办网络展览，让少年儿童在线上了解传统历史文化；建立线上图书馆，为少年儿童打造专属"数字阅读空间"；网络互动，开展线上答题、竞赛等，先后举办"童心里的诗篇"优秀少儿诗歌大赛等活动数十场。

"社会实践活动"欢乐多彩，2023年，500多名少年儿童在"乐学先锋"平台老师的带领下，参加了"生态环境少年公益行"活动，学到了很多平日里学不到的知识。2022年以来，平台举办了24场中外读书交流分享会——"解读二十四节气"系列活动，邀请外国友人与泰州少年儿童一起分享读书经历和阅读体验，帮助少年儿童坚定文化自信，做传统文化的践行者、传承者，十万余名学生通过参与交流、现场学习、观看直播等形式参与到活动中来。除此之外，乐学先锋还举办了走访科学基地、到博物馆领略历史文化、去田间地头感受劳动之美等形式多样的社会实践活动，引导广大青少年在社会大课堂中“乐中学，学中乐”。

“新媒体课堂”生动有趣，启动“泰州教育大阅读·乐学直播间”，邀请了一批“乐学领读者”走进“乐学直播间”领读，“云”端相聚，“声”动有趣；充分发挥媒体采编专业人才的技能优势，分批对平台小用户进行新闻采写、照片拍摄、PS 修图、海报设计、视频拍剪等培训，培养他们的融媒技能。

三、保障充足，社会合作广泛

“乐学先锋”平台保障充足，在组织保障方面，平台在中共泰州市委宣传部的领导下建设，泰州市全民阅读办、泰州市新闻出版局具体业务指导，平台相关活动获得包括泰州市教育局、共青团泰州市委、泰州市关工委、泰州市外办、泰州市侨办等部门单位的全力支持；技术保障方面，泰州报业集团及其旗下全资子公司泰州报业网络科技有限公司拥有专业的网络技术开发团队，有能力开发微信小程序、手机版微网站，为政府机关及企事业单位代运营新媒体平台 20 多个，开发了各类微信插件 30 多个；运营保障方面，泰州报业集团整合新泰州 APP 编辑中心及旗下全资子公司——泰州报业网络科技有限公司、泰州龙达教育发展有限公司等部门公司精兵强将，组成项目运营团队，分工负责平台内容生产、融媒课程开发、社会实践组织、线上活动开展等；经营保障方面，报业集团拥有专业经营队伍，可确保充分发挥平台载体优势获取广告收入和活动创收等。

四、有效融合，创新成效显著

“乐学先锋”平台是泰州首个线上线下互动融合的数字化平台，平台充分运用数字化现代技术示范引领少年儿童开展阅读实践活动，增加互动性、趣味性和激励性；平台也是江苏省首个开展阅读积分兑换的官方数字化平台，平台设立积分兑换标准、方式，形成兑换物品来源、定价、运送等有效实践经验，探索与文创产品、音像书籍的合作模式；平台还通过大数据搜集、整理、展示，为泰州市少年儿童素质教育留下深刻印记，探索数据驱动，实现“阅读 + 实践 + 线上学习”的跨界融合；平台最终实现了社会效应和经济效应双赢，依托报业集团成熟的运营团队和资源整合能力，可保持运营的可持续性，依托庞大的活跃用户数量和较高的用户黏性，不断开发新功能、新应用，探索将流量转化为经济效益。

五、前景可期，“双益”质量高

项目前景可期。在社会效益方面，项目的实施可以帮助少年儿童从小熟悉融媒体技能，培养课余兴趣爱好，锻炼社会实践能力，在“双减”背景下，引领少年儿童自信、阳光、健康、快乐地成长。截至 2023 年 12 月，平台共发布阅读类资讯超过 2500 条、阅读类文章超过 4500 篇、中小学生各类投稿约超过 10000 篇，各类阅读打卡活动总打卡人次超过 150 万，策划线上线下活动 30 多场次，活动总参与人次超过 250 万。

经济效益方面，“乐学先锋”平台符合国家及省市有关政策，采用的是成熟而且主流的技术方案，设计与运行模式已得到实证检验，市场风险较低。本项目在建设及运营初期 1—2 年内，以不断提升平台影响力为主，不断充实平台内容，不断吸收筛选用户，增强平台的广告吸附能力，从而获取收入。同时，持续组织开展线上线下活动，和冠名单位、协办单位、赞助单位进行合作，从中获取利润。2023 年 12 月底，平台共可创造经营收入 510 万元，达到收支平衡。2024 年起，每年预计可创造收入 300 万至 400 万元，利润 100 万至 150 万元。

［陈海勇：泰州日报社（泰州报业传媒集团）党委委员、副总经理，左朝勇：泰州日报社（泰州报业传媒集团）学习强国与新泰州编辑部主任，魏爱俊：泰州日报社（泰州报业传媒集团）学习强国与新泰州编辑部副主任，焦霞映：泰州日报社（泰州报业传媒集团）学习强国与新泰州编辑部副主任］

“乐学泰州”小程序

案例类别：组织机构

三把辛酸泪 浇灌幸福花

昆山市融媒体中心

自2019年成立5年以来，昆山市融媒体中心（以下简称昆山融媒）深入学习贯彻习近平总书记关于加快推动媒体融合发展的重要讲话精神，按照江苏省、苏州市相关部门的部署安排，在昆山市委市政府和宣传部的正确领导下，深入推进县级融媒体中心建设。这几年，我们从无到有，守正创新，一路追风赶月、爬坡过坎、披荆斩棘，“三把辛酸泪，浇灌幸福花”，媒体融合取得了初步成效，初步摸索出了一条符合我们实情、有昆山特色的县媒融合“昆山之路”。

一、五年融合，化蛹成蝶，昆山融媒体中心发展情况

2019年3月，昆山市整合昆山日报社和昆山市广播电视台，挂牌成立融媒体中心，为中共昆山市委直属事业单位，归口市委宣传部管理。同时成立昆山传媒集团，与融媒体中心实行“一套班子、两块牌子”的运营模式。

目前中心（集团）下设编委会、技委会、经委会三大委员会，成立行政中心、全媒体指挥中心、技术中心、公共服务中心和产业发展中心五大中心，共设总编办等28个内设部门及7个下属子公司，同时设立了四个融媒区镇分中心（花桥分中心筹建中）。目前共有职工483人，其中事业编制95人，企业编制388人。

通过5年的融合发展，我们形成了报、台、网、微、端、屏（社区电子屏）为主的融合传播矩阵，并拓展包括抖音号（e昆山）、视频号（昆山发布）、快手号（e昆山）等第三方账号。昆山发布微信公众号粉丝近100万，“第一昆山”客户端累计下载量已经超150万人次，提供数十项项各类资讯和服务功能。昆山融媒公共服务中心设4个事业部，2021年进一步成立了垂直化、个性化、灵活性的琼花影视工作室，获评长三角广播电视媒体融合机制创新典型案例。

2022年10月，昆山融媒有幸成为全省唯一一家派记者进驻党的二十大新闻中心并直接参与大会采访报道的县级融媒体中心。2023年，昆山融媒年度力作《一线调研：信心从何来》开创性获得中国新闻奖，与新华报业传媒集团合作的昆山智慧媒体数据中台获得王选新闻科学技术奖，中心（集团）连续四年荣获昆山高质量发展综合考核第一等次。昆山融媒产业经营稳步发展，从最初的6000多万元到2023年营收1亿元，培育出了多个年创收超千万元的子公司或工作室。

二、守正创新，爬坡过坎，推动昆山媒体深度融合

回首五年融合历程，一路坎坷令人泪目。没有成熟经验可以借鉴，我们一次次外出取经学习；没有时间可以等待，我们每天“开着车子换轮胎”。面对融合普遍存在的“机制怎么建、人心怎么融、钱从哪里来”三大核心难题，我们守正创新，敢闯敢试，硬是用“三把辛酸泪”浇灌出朵朵“幸福花”；我们用改革开路，用创新驱动，推动昆山“融媒号”破冰远航；我们团结奋进，人心相融，打造出“一家人一起拼”的昆山融合文化。

（一）机制怎么建

体制机制改革是一项复杂的系统工程，既要做到“稳”，更要做到“准”。我坚持“事业单位企业化管理、市场化激励”原则，蹄疾步稳地推动内部机制改革与管理创新。

1. 顶层设计：完善中心＋集团顶层运行构架

（1）融合政策保障。2019年5月1日，昆山市委第68次常委会审议通过“融十条”政策文件，是指导昆山媒体融合的顶层规划纲要，明确了“事业单位企业化管理、市场化激励”体制形式和运作方式，为融合改革提供了有力的政策保障。

（2）完善组织架构。中心（集团）按“一个党委、一套班子、两块牌子”运行，下设全媒体、公共服务、技术、行政、产业五大中心，按中心分类实行差异化管理。

（3）创新组织管理模式。引入事业部与工作室制管理，试行竞聘（竞标）上岗、独立核算、自主经营、权责利配套的企业化管理模式，鼓励负责人从行政干部向产品经理转变。

（4）完善集团化管控体系。管控重点，放活经营，规范目标考核，落实团队市场化激励约束机制。在创新性项目领域，积极尝试探索事业合伙、虚拟股权分红、员工跟投持股等中长期激励方式。

2. 人事岗位：从身份管理到岗位管理转变

（1）加强能力评估，淡化身份管理。全面推动事业编员工身份档案化管理，实施岗位职位与行政级别分离的“双轨”模式。优化人岗配置机制，实施竞聘竞标与岗位双选制度。建立人才储备培养制度，增设“首席、资深”专业晋升通道，鼓励一线专业人员深耕业务。

（2）建立灵活动态的岗位管理机制。实施部门“核岗定编”“预算控编”机制，建立不定期“轮岗”制度，试行岗位退出管理，推动员工待岗学习、机动调派及二次上岗机制。

3. 薪酬绩效：从事业化到企业化转变

打造“以岗定薪、同工同酬、多劳多得、奖优罚劣、能高能低”的企业化薪酬体系，实施工效挂钩的薪酬预算机制。加大绩效奖金等浮动薪酬占比，提升薪酬激励效果。分类制定员工绩效考核方案，构建绩效“两级考核二次分配”制度，员工基础绩效考核核定到部门，由部门自主发放，增量绩效核定到下属各中心，由中心考核分配。完善融合创新奖励制度，创新项目服务内购制管理。

（二）人心怎么融

昆山融媒是由原日报社和广电台合并组建，原两家单位因媒体性质、管理方式和文化理念等差异较大，两家人坐到一起话都谈不到一处，“你是你，我是我”的声音一直存在。谈融合人心怎么融，我们用“加、减、乘、除”促成“人心”相融。

1. 在正向激励上做“加法”

一是打造员工“幸福工程”。实施食堂和办公室改造，哪怕加班到很晚，食堂仍可提供热菜热饭。哪怕工作很忙很累，办公室一直都是开心舒心的“港湾”。二是通过反复讨论、征询，以 98.5% 高票率通过了《薪酬与绩效改革实施方案》，落实同工同酬，弱化身份待遇差异，推动以业绩和贡献为核心的绩效管理。三是全面优化晋升管理。常态化实施干部竞聘，引入职业经理人与事业合伙人机制，开设专业级别晋升通道，打造年轻干部储备“琢玉计划”与资深人才“匠心计划”，加大人才培养，规划职业生涯，让职工满意度更好、向心力更足。

2. 在消除顾虑上做“减法”

一是成立“融媒 e 家”党群服务基地，打造了具有互联网特色的党建阵地和温馨家园，打开了员工思想碰撞的心灵之窗，奏响了全员温馨和谐的融合音符。二是塑造统一的融媒品牌认知，营造“一家人一起拼”的价值文化，让“共建共享”理念深入人心。三是举办融媒大讲坛，有话大家说，鼓励敞开心扉、交流思想。四是融合组建 8 个党支部，常态化开展团建和“支部摆擂台大比武”等活动。

3. 在目标引领上做“乘法”

通过目标引领，战略驱动、促成人心融合的几何级乘数效应。一是打造“新闻头条”工程，在“建设新城市、发展新产业、布局新赛道”的实践中找准目标。二是加快数字媒体转型升级，深化移动优先战略，互联网思维深入人心。三是创新“1+N”模式，成立区镇融媒体分中心，服务下沉，深耕区镇，实现“24 小时一直在现场”，打造上下贯通、左右联动的矩阵型融媒体系。

4. 在壁垒打破上做“除法”

一是平台融合，落实移动优先战略，打造自主可控的第一昆山“新闻＋政务＋服务”平台。二是业务融合，统一“策、采、编、审、发”生产流程，实现各业务块融合，整合成立大采访部、大编辑部。三是制度融合，重塑流程，打造全新的融媒运行管理制度体系。

（三）钱从哪里来

没有充足的物质保障，融合的美好愿景就会像空中楼阁一样缥缈，解决资金难题成为融合初期头等大事。我们坚持“两条腿”走路，一方面争取昆山财政支持；另一方面全力做好媒体产业经营，增强自我造血机能。

1. 做好新闻服务，争取财政支持。融合前，昆山成立了由市委书记任组长、市长任第一副组长的融媒体中心建设领导小组，有市里的支持重视，我们顺势而为，主动作为，新闻专班 24 小时枕戈待命，“白天忙改革，晚上忙改稿”，努力争取财政支持。从领导干部到员工紧盯时政民生，用心做好每项宣传、编好每条微信、出好每份报纸、办好每档栏目。在获得市委市政府及群众“两个满意”基础上，基于昆山市财政实力允许前提下，促成出台《融十条》融合改革重磅政策支持文件，我们获得了财政资金大力支持，并明确了不纳入财政“收支两条线”管理、允许自主人事招聘等政策。

2. 做强优势产业，向市场找钱。产业创收是融媒可持续发展的根本保障。我们一方面投资成立 6 个产业子公司，争取地区政策与资源支持，助力产业经营。规范目标奖惩机制，大力拓展营销活动、政务服务、影视制作、少儿培训、资产运营、商贸电商等业务。通过设立区镇分中心，下沉深耕媒体服务，挖掘产业创收潜力。另一方创新成立昆山传媒智库，与人民大学合作成立数字化转型（昆山）创新基地，加快研究布局前沿数字科技产业。下属商贸公司与百度、硅基等数字科技公司合作，打造的“昆小融”数字人直播平台，产业创收稳步增长。

三、春风化雨，“五子登科”，融合发展成效显著

5 年历程，我们“一家人，一起拼”，在“两个满意”“两个效益”和“双轮驱动”充分检验“融”的成效。媒体融合第一个 5 年，是从无到有最艰难的 5 年，也是逐年优化，厚积薄发，不断充实“家底”、牢固“底盘”、增强“底气”的 5 年，初步实现了昆山融媒的“五子登科”。

1.“面子”争回来了。融得好不好不能是融媒体中

心自己说了算，而是要看当地党委政府、人民群众是否满意。昆山融媒2020年、2021年、2022年、2023年连续四年获评昆山市年度综合考核第一等次，连续两年荣获市管领导班子年度考核优秀等次。昆山融媒第一昆山APP聚合了数十个民生服务功能，服务近200万人口，疫情期间记者和员工们纷纷向疫而行，深入社区，在服务群众中擦亮了昆山融媒品牌。

2. “里子”实起来了。2023年自主申报的新闻专题《一线调研：信心从何来？》荣获中国新闻奖。深度参与省广电总台大型全媒体新闻行动，联合申报的《潮起东方 寻找百强“共富”密码》获得中国新闻奖二等奖。与新华报业传媒集团合作的《昆山智慧媒体数据中台》荣获王选新闻科学技术奖。每年各类创优作品获奖数量和质量位居全省县级融媒体中心前列。

3. “票子”赚回来了。昆山融媒尽力用百倍的努力换来用户点赞，用十足的干劲换来市场认可。这五年，我们不断夯实传媒优势产业，积极布局数字科技新赛道。先后成立了6家产业实体公司，不断优化集团化组织管控，规范法人治理，加快体制机制创新，培育了多个千万级公司。我们正在发展社区综合平台及居民服务产业，布局数字人直播业务，推动媒体产业做大做强，集团经营创收从融合初期6000多万元到2023年1亿元。

4. “才子”引进来了。昆山融媒以事业单位企业化管理、市场化激励为突破口，“蹄疾步稳”抓改革，“加减乘除”强激励，人才吸引力和活力不断增强。我们用事业留人，用待遇留人，用感情留人。融合以来，我们不仅没有骨干人员主动离职，反而吸引了包括凤凰卫视、人民网、浙江广电、华为公司等40多位大报大台名企优秀人才纷纷加盟，媒体人才会聚昆山的格局已经形成。

5. “底子”厚起来了。五年来，我们顶层架构“底盘”愈发扎实，传播影响“底气”越来越足，制度流程“底板”更加厚实，技术创新“底座”不断夯实，人心凝聚“底柱”日益壮实。有了第一阶段融合“家底”，“融合再出发”的信心更足，我们将“优势”为胜势，继续扛起“奋发有为”的硬担当，交出“一流媒体”的成绩单。

四、前瞻谋划，展望未来，打造数字融媒新标杆

纵观当今时代，数字化已经成为科技革命、产业变革、传播革新的关键引擎，正在重构全球创新版图、重整工业发展范式，重塑思想传播体系。以数字化、智能化、云计算为代表的第四次科技革命悄悄来临，站在媒体融合5年的新路口，昆山融媒将更坚定地捧起数字、拥抱AI。我们继续强化战略引领，规划未来5年新战略目标：全力打造全国一流的数字传媒集团，争当数字媒体融合转型的县域领头羊、新标杆。

昆山5年融合，是抵达，更是全新的启航！昆山融媒将积极融入昆山数字化、智能化、元宇宙发展浪潮。把握趋势，分析形势，推动落实“数字媒体”转型发展新战略，加快布局媒体数字产业新赛道。厚植融合改革各项成果优势，补齐既有短板劣势。继续用好体制优势，强化区位优势，增进人才优势，积攒技术优势，发挥内容优势，拓展品牌优势，加大科学技术投入，促成“数字媒体+数字产业”的双轮驱动、双飞格局。先人一步，推动媒体数字化转型升级见成见效，书写好新“昆山之路”的融媒新篇章。

（昆山市融媒体中心）

浙江省

案例类别：组织机构

浙江日报报业集团：围绕“潮”品牌 决胜主战场

——以潮新闻的探索实践创新打法为例

浙江日报报业集团潮新闻客户端

潮新闻于2023年2月18日上线，是举整个浙江日报报业集团之力，倾力打造的重大新闻传播平台。在主流媒体客户端日益多元化的当下，浙江日报报业集团以减法做加法，将原浙江新闻、天目新闻、小时新闻三端合一，是“反其道而行之”的改革创新举措。在三端合一前，原三大客户端在各自的赛道上均取得了一定影响力。推

进三端合一，原有的品牌影响力会不会下降？品牌价值如何转移、传承？强行整合用户会不会流失？探赜潮新闻的创新和发展，有一些值得总结的地方。

一、坚持特色的“7 新阵”，抢夺新媒体“主战场”

自上线一年多以来，潮新闻坚持“移动优先、内容为王、流量说话”战略考量和“自设议题、以快制快、纵贯三级”战术打法，打出了凸显平台特色的“7 新阵”。

定位新，坚持“深耕浙江、解读中国、影响世界”目标定位，以思想观点引领为最大特色，打造具有鲜明新时代味、人文味、浙江味的新媒体平台。

呈现新，以新媒体叙事和互联网化表达讲好浙江故事、中国故事，以优质内容、独到见解、良好体验吸引和凝聚广大用户。

打法新，深入转文风、改作风，以特有的生态和有效的互动实现优质内容破圈传播，增强优质原创内容的传播率、触达率。

技术新，成立全新的技术公司传播大脑，做好平台技术护卫，以更前沿、更先进的媒体技术赋能新平台。

运营新，强化政府资源对接、技术开发维护、平台运营推广等职责，构建融通内容、社交、商业三大生态的全媒体整合服务平台。

架构新，重塑新型媒体组织架构，成立潮闻天下党委会、编委会、管委会、技委会，实施潮新闻平台与《钱江晚报》一体化管理的体系，并完成了一体化组织架构的设计和中层干部的选拔，设置职能、内容、运营、垂直和技术五大板块及相应内设机构，将业务重点“转场”到新型媒体平台，以新平台建设带动集团组织重塑。

体制新，完善市场化选人用人、薪酬激励、考核淘汰等机制，重塑移动端市场主体，激发平台队伍的内生活力。

二、坚持开门办端，围绕“潮”品牌做成“小目标”

潮新闻坚持“开门办端”，从单向连接向开放交互转变，打造立体开放、共建共享的平台型、生态型主流媒体客户端。

完善互动评论生态。专门成立互动评论中心，负责客户端用户评论引导和把关审核工作。在严格守好评论审核管理底线的基础上，积极引导好、管理好评论区，以主动跟评的“先声”引导用户跟评的“众声”，在互动中引发共情；探索跟评二次创作，形成原始稿件与跟评互动之间的互动互补。

建立创作者生态。以用户为中心，推出支持发布图文、短视频的用户社区，推动 UGC、PGC、OGC 等内容生产模式的广泛应用。启动“五个一百”计划，邀请百名乡村文化传播官、百名智库专家、百名作家、百名友好使者、百名帮忙记者入驻，让最有思想的人获得最大的流量，让最有流量的产品实现最大的价值。目前，拥有潮客（UGC）用户数 12 万人，拥有企事业单位、专家学者、媒体、高校、网络大咖、专业内容生产机构等领域的潮鸣号创作者 2300 余人。积极引入省外媒体，迄今已有《新华日报》《河南日报》《大众日报》等 27 家省级新媒体入驻、188 家省外媒体入驻，与 357 家国内媒体和机构建立合作关系；累计拓展海外潮鸣号 45 个，其中海外华文媒体入驻 34 家。海外内容网络分布在全球五大洲：欧洲、亚洲、北美洲、大洋洲、非洲，遍布在全球 20 个国家和地区。

运营用户社交生态。上线以来，潮新闻策划各类运营活动 100 多场，围绕“潮”品牌形成“天天有活动，周周出新品”的运营氛围。潮新闻策划了上线仪式、满月主题活动、百日品牌推介会，在上线 200 天之际举办“共潮赢未来，打造主流媒体自主可控平台”新媒体内容生态建设研讨会，有效传播潮新闻平台发展成效，不断提升潮新闻品牌价值。2024 年 2 月 24 日，举行“ONE 有引力 潮向未来”潮新闻用户大会暨“万家开门红”元宵游园会，提出“用户多多的、活力满满的、流量大大的”的小目标。

垂类领域发挥行业优势，探索创新活动形态。开展经典品牌活动“春风悦读”，时尚品牌活动“浙江文化和旅游总评榜颁奖典礼”，打造小哥节（中国·浙江），将“潮”的影响力渗透基层。面向广大用户策划推出长三角美好生活节等系列线下品牌活动，推出“新少年诗词大会”“民间厨神大赛”等八大 IP 项目，视频化 IP“徐徐叨来”等，不断扩大潮新闻在全社会的传播度和影响力。

三、坚持内容新打法，移动端内抓用户、留用户

上线之初，潮新闻即明确“内容为王”的目标导向，持续提升优质内容的生产力和传播力，用源源不断的好报道、好声音吸引用户，在移动端抓住用户，留存用户。

以数据归真倒逼队伍转型。潮新闻从上线伊始便创新性提出对传播数据的归真，不再对客户端内的阅读、点赞、转发等数据做加权，而让原始数据真实地面向每一位用户。

面对“裸奔”的数据，潮新闻上下略显焦虑。在焦虑背后，是从集团社长到普通记者，人人为冲刺端内 1 万 +、10 万 + 所作的努力：转发到朋友圈，配以更多思考、亲历和感悟，让优质内容更大程度地传播；联合央媒、社交平台定制、推送稿件，扩大分发渠道……真实的数据不断迫使每个人去思考，闭环从内部打破，理念、流程的重塑增强了整个团队的内驱力和创造力。

选题策划紧扣浙江和全国、全球热点。长期以来，

地方媒体更注重讲述本地故事，从时政突发到家长里短，致力于反映当地社会生活的方方面面。但面对国际国内重大事件时，往往或是有所顾虑，或是循规蹈矩，大多选择转载央媒稿件。潮新闻秉持“深耕浙江、解读中国、影响世界”目标定位，本地和国内外之“热”两手抓两手硬，并形成了“热点报道＋求证＋潮评＋追踪调查”的特色组合拳。

“千万工程”实施20周年，潮新闻于2023年6月20日启动上线以来最大规模、最长时间的一次直播行动——“浙里和美千万村”，用“镜头＋色彩”，在约5个半小时的直播时间里，走访浙江11市11村，用镜头捕捉浙江乡村20年的巨变。11个直播点位中，8个点位使用手机直播，带大家直观感受“千万工程”带来的新变化、新风貌。

一方面，在舆论引导方面，潮新闻也围绕热点事件话题及时发声，主动承担媒体责任当担；另一方面，潮新闻不拘泥于本地报道，打开题材选择的空间，聚焦全国热点，紧盯国际时事，将网络议题、公众议题和媒体议题有效对接。

打造独立评论团队，强化内容深度和态度。潮新闻在内容上做加法，打造独立的“潮评”栏目品牌，有效引导舆论、凸显立场；推出以“新闻＋评论＋社交”为特色的创新栏目“读端”，邀约政府官员、专家学者对潮新闻原创新闻进行点评，通过各行业人士独家点评的形式，更好地帮助用户理解新闻或换个角度看新闻，形成“观潮”新打法。

打造报端联动的潮新闻样板。创刊37年的《钱江晚报》，随着潮新闻上线，纳入潮闻天下进行一体化管理运行，报端与客户端之间重建用户连接，联动形成良性循环，突破媒介局限跨界传播。两者通过不断联动与活动，激活读者积极性，增强读者对的黏性，从而使客户端与报纸的联合联动渐成良性循环，最终形成互动闭环。

（浙江日报报业集团潮新闻客户端）

案例类别：组织机构

顺“势”而为如“潮”涌至

——“潮新闻”客户端融媒发展报告

周舸 余金叶

2023年2月，浙江省重大新闻传播平台——“潮新闻”客户端正式上线。这不仅是浙江日报报业集团自身战略转型、全面改革的关键一招，同时也是省级媒体改革的创新性探索。截至2024年2月，“潮新闻”客户端下载量突破5000万，用户分布全球527个城市；用户内容日生产量突破4千条；全网粉丝量超1.2亿，其中抖音号突破2360万，居新闻资讯类浙江媒体第一名；微信、微博矩阵粉丝量均超1000万。

一、坚持内容导向 创建融合报道新模式

潮新闻以“争当国家队”的新格局新站位，坚定“深耕浙江，解读中国，影响世界”的定位，努力在全国（全球）热点发出浙江声音，浙江热点引导全国（全球）舆论，提升主流舆论的战斗力、穿透力、凝聚力、变革力、表现力。

（一）主题报道有创新

2023年是全面贯彻落实党的二十大精神的开局之年，也是浙江“八八战略”实施20周年。浙江省委提出实施“地瓜经济”提能升级“一号开放工程”，加快打造高能级开放之省。2023年2月起，浙江日报报业集团组织多路记者走出浙江、走出国门，开启“了不起的地瓜——‘八八战略’实施20周年特别报道”。历时3个多月，采访团队踏访亚欧美三大洲，立体展现地瓜经济壮阔图景。截至2023年5月报道收官，共计发稿70余篇，全网传播超1.8亿。近日，中国记协发布“新时代 新征程 新伟业”融创精品十大案例，中央媒体和地方媒体各10件作品入选，《了不起的“地瓜”》系列报道位列其中。

以浙江为根本，唱响时代声音。全国两会报道《首次记者会上，李强总理为何重提发源于浙江的“四千精神”》，全网阅读量突破400万；“一带一路”十周年之际，推出《一带一路看今朝》全球新闻行动，从“义新欧”中欧班列起点金华义乌、“东方大港”宁波出发踏访泉州、连云港、重庆等国内6个共建“一带一路”重点城市，以及阿联酋、马来西亚、匈牙利和哈萨克斯坦等8个共建“一带一路”国家。截至2023年12月底报道行动收官，共发布稿件近百篇，全网总阅读量近千万。

（二）热点报道有深度

潮新闻抢抓国际国内热点，形成“热点报道 + 求证 + 潮评 + 追踪调查”新体系。围绕“缅甸电信诈骗”，潮新闻推出《国境线上的等待》系列报道，被多家权威媒体及官方机构转载转发。

围绕“杭州外卖小哥跳江救人”，潮新闻通过专题、直播、评论等报道进行全方位报道，并结合抖音、微博、微信、浙江手机报等传播渠道实现整组报道全网传播量超 6 亿。

潮新闻《有请当事人》栏目自 2023 年 5 月推出以来，重点聚焦核心新闻人物，陆续推出多篇深度人物报道，《为清华高考十五年，唐尚珺：困在复读里的停滞人生》上下两篇，采访扎实、可读性强，引发朋友圈刷屏，全网传播量超 150 万。

（三）民生报道有温度

潮新闻积极挖掘身边普通人的温情故事，推出暖心报道，例如《潮新闻首发的一首歌，让“天才儿子”金晓宇开口谈父亲》精选受访者最动容的瞬间和片段，并运用特效渲染使整片效果更为感人，引起了读者共鸣。

在舆论引导方面，潮新闻围绕热点事件话题及时发声，主动承担媒体责任担当。例如“五一”期间推出的西湖“最美人墙”系列报道全网传播超 370 万，通过记者亲身体验、推出潮评等有效引导舆论，大量评论留言对“最美人墙”高度赞扬，多家媒体跟进正向评论。

（四）内容战队有冲劲

面对媒体融合浪潮，潮新闻创新打法思路，推出以内容战队为架构、优秀采编力量参与的生产模式。2023 年 8 月 13 日，潮新闻重磅推出《第一视点》栏目。通过微影像、读端、记者手记、读图等方式，鲜活地呈现了浙江贯彻“八八战略”的生动实践。截至 2024 年 2 月，栏目共发稿 40 余篇，全网传播量超 1.7 亿。

“伴潮而生”，浙江日报报业集团组建“潮声”内容战队。以潮新闻为主阵地，在人员结构、生产流程、工作机制等方面进行全方位创新改革。目前，“潮声”战队已举办至第 5 期，总参与人员近 90 人，共发布原创稿件 500 余篇，多个微博话题阅读量超千万。《潮声丨马先生，好久不见》《潮声丨十年九次出访俄罗斯，向世界传递什么信号？》《潮声丨独家调查：一条鱼和一座坝的战斗》等稿件，一经发布便成为全网传播过千万的爆款。

二、坚持用户导向 打造自主可控新平台

潮新闻通过架构重塑，探索重构平台生态体系，谋划系列线上线下品牌活动，提升客户端用户活跃度，赋能品牌影响力。

（一）深化省市县三级联动

依托传播大脑，潮新闻扎实推进省市县三级实现内容、用户、数据“三打通”。基于“融媒通”系统，浙江宣传稿库、省级广电新闻媒资、11 家市融媒体、90 家县融媒体、各类政务账号和优质自媒体账号等，为潮新闻提供了海量的独家性、优质原创内容。通过建设省市县一体化传播体系，实现“全省抱成团、对外一个端”。

（二）做大做强创作者生态

潮新闻以用户为中心，推出支持发布图文、短视频的用户社区。将潮鸣号、潮客、拍客与平台原创内容团队深度融合，实现 UGC、PGC、OGC 互联互通。启动“潮鸣计划”和“五个一百”计划，前者持续获得一批高端创作者的加盟，邀请专家学者、文旅达人、浙江名嘴等；后者则邀请百名乡村文化传播官、百名智库专家、百名作家、百名友好使者、百名帮忙记者入驻。

截至 2023 年底，潮新闻已拥有潮客（UGC）用户数超 12 万人，拥有专业领域的潮鸣号创作者 2300 余人，与 357 家国内媒体和机构建立合作关系。海外内容网络分布全球 20 个国家和地区。

（三）全力打造系列品牌活动

围绕“潮”品牌，撬动端内端外资源策划运营活动，破圈发展提升关注度。上线至今，潮新闻策划大小运营活动近百场，围绕“潮”品牌形成“天天有活动，周周出新品”的运营氛围。举办了上线仪式、满月主题活动、百日品牌推介会，在上线 200 天之际举办“共潮赢未来，打造主流媒体自主可控平台”新媒体内容生态建设研讨会，面向广大用户策划推出首届长三角美好生活节、小哥节等系列线下品牌活动，有效传播潮新闻平台发展成效，不断提升潮新闻品牌价值。

三、坚持技术导向 布局媒体传播新生态

为紧跟技术发展前沿，潮新闻成立技术委员会，统筹客户端产品需求收集、产品规划和迭代研发等工作。

在新技术面前敢于“尝鲜”。潮新闻以 AI 辅助创作、记者帮功能平台、AR 虚拟潮客厅等多项功能，实现文字、语音、视频等素材自动整理，新闻热点自动追踪，智能处理制作音视频，成为探索技术创新、推动技术升级、优化技术应用的又一次有益尝试。

未来，潮新闻还将以潮新闻吉祥物“潮奔奔”形象为依托，推出全新“潮奔奔”AI 助手，以它为新载体、新桥梁，衔接客户端的内容和服务。

媒体融合是时代所向、大势所趋。在媒体融合进入“深融”的关键阶段，“潮新闻”客户端将继续创新打法，以大策划做强内容、大生态构建系统、大共建聚合资源、大协作打通经脉、大品牌争创活动、大模型重塑流程、大情感装扮家园，不断拓展在全国主流市场的影响力。

（周舸：潮新闻编辑中心主任，余金叶：潮新闻编辑中心头条编辑部副主任）

潮新闻客户端

案例类别：产品

“区块链 +”内容共创模式下的 Z 视介融媒数字藏品馆平台

罗列异 王迪先 蔡景伟 俞妮娜 孙婷 刘雨坤 唐留鑫 宁立森

2019 年 10 月 24 日，习总书记在主持中共中央政治局就区块链技术发展现状和趋势进行第十八次集体学习时强调，要把区块链作为核心技术自主创新的重要突破口，明确主攻方向，加大投入力度，着力攻克一批关键核心技术，加快推动区块链技术和产业创新发展。2020 年 1 月，国务院办公厅发布了《关于支持国家级新区深化改革创新加快推动高质量发展的指导意见》，加快推动区块链技术和产业创新发展，探索“区块链 +”模式，促进区块链和实体经济深度融合。2021 年 6 月，工业和信息化部、中央网信办提出了《关于加快推动区块链技术应用和产业发展的指导意见》，明确到 2025 年，区块链产业综合实力达到世界先进水平，产业初具规模。

浙江广播电视集团作为全国领先、最具影响力的省级广播电视主流新闻单位，围绕中心、服务大局，紧紧围绕中央决策、省委部署，在推进“区块链 +”产业创新道路上全力以赴，发挥重要作用。新蓝网作为浙江广电集团新媒体的运营单位，勇于开拓创新，融合自身互联网技术的优势，打造出基于“区块链 +”核心技术的以内容共创为运营模式的 Z 视介融媒数字藏品馆平台（以下简称平台）。

平台包括区块链服务的蓝云链系统、数字藏品商城、蓝 TV 创作者平台三大系统，具有藏品版权化、玩法多样化、审核智能化、内容共创化、服务平台化等特点。采用混合云架构部署。外租公有云，部署消耗资源的对外服务业务；内建私有云，部署区块链系统，存储核心数据，保障用户和藏品内容安全。

平台自研的蓝云链作为技术底座，提供数字版权上链，数字藏品的铸造、发行、转移等功能。蓝云链采用以太坊技术为基础，进行了自主创新的深度研发。其中研发的链内并行计算技术把平台性能提高了一个数量级。蓝云链全部采用国密算法加密，让数据更加安全合规。

平台以“区块链 + 数字藏品”的创新模式，实现了区块链技术和产业创新发展的要求，促进了传统媒体和新媒体、传统艺术和网络艺术、实体经济和数字经济的深度融合。

平台联合卫视节目推出专题数字藏品，掀起收藏热潮。由 Z 视介与浙江卫视联合推出的数字藏品“王牌仔·遇见宋韵”在 Z 视介客户端一经上线，累计上万用户预约。该藏品从《王牌对王牌》节目获得创作灵感，以王牌仔越剧扮相作为主要造型，旨在契合浙江宋韵文化传世工程，凭借数字藏品这一形式，用科技力量焕活传统文化，传递宋韵文化的魅力，缔造节目的专属纪念。平台可配置性非常灵活，促进藏品玩法多样化，支持用户付费购买藏品、邀请好友抽奖免费领取藏品，用户参与热情空前高涨。正式兑换时，藏品全部秒罄，掀起收藏热潮。“王牌仔”系列数字藏品每期限量发行，兑换期间，Z 视介客户端日活环比增加 35%，新增用户环比增加 55%。

与浙江美术馆合作美誉村项目，用技术为艺术赋能乡村，构造美育共同富裕。助力以文化力量推动城乡社会全面进步、协调发展，推动农村群众的文旅生活数量与质量双提升，实现“富脑袋”与“富口袋”双丰收。“技术赋能”，用数字化赋能乡村美育建设，通过技术 + 文创推动文化传播和文创产业经济。“文化铸魂”，增强精神力量，助力打造新时代乡村精神文明高地和乡村文化高地；“美育富民”，把乡村的绿水青山转化为文旅发展优势，把 GEP 转化为 GDP，切实带动乡村村民增收，助推乡村文旅事业蓬勃发展。

与金华市博物馆合作的数字藏品运用数字技术，以创新传统文化的表达方式，助力传统文化内容以轻盈姿态示人，使优秀传统文化借助数字藏品这一新载体，在现代社会焕发出新的生命力。为传统文化搭建起一条进入数字空间的桥梁，有利于传统文化的传播推广，大大扩展了文物和文艺作品的知名度和影响力，让沉睡千年的博物馆宝藏 IP 更富有当代生命力，让传统文化的保护、传承与传播变得更加高效。

平台以“区块链 + 数字藏品”模式形成数字版权，使艺术收藏的边界得以延展到数字世界，不再局限于物理世界。在数字时代为内容产出者的版权保护、版权交易、内容发行和流转提供有力保障，进而激发其创作热情，促进我国文化创新事业发展。结合省内头部媒体资源优势，纵向打通央媒、省媒、地市区县融媒中心，横向打通政府、企业、自媒体、创作者、艺术家，打造具有全国影响力、高质量发展的“文化数字藏品生态圈”。通过全民共建共享的内容服务平台，做主流宣传的扩音器，让主旋律有大音量，正能量有大流量，不断提升主流价值引领能力。

项目荣获的奖项有2023年度王选新闻科学技术奖二等奖；2022年浙江省广播电视科技创新项目金潮奖二等奖；2022长三角广播电视媒体融合成长项目。

媒体融合的发展在当下呈现出前所未有的态势，这一变革不仅是技术的革新，更是文化传播方式的深刻转变。以习近平同志为核心的党中央对媒体融合发展的战略部署，深刻把握了传播规律，顺应了时代潮流，为传统文化节目的创新展现注入了新活力。

从宋韵文化数字藏品系列的成功案例中，我们可以看到媒体融合如何赋能传统文化。项目将文化底蕴、区块链技术相结合，通过多元技术创新，实现传统文化内容的多维表达，深化传统文化的传播效果。与浙江美术馆合作美誉村项目，在进行形态创意和文化主题时，都瞄准当代乡村艺术者尤其是青年群体的需求，除与传统乡村文化相关的文创收获从业者的口碑外，区块链藏品形式也让传统文化的传播路径、模式产生深远影响。随着未来媒体平台型生态的逐步发展，传统线性的内容文化生产模式和专业传媒机构的供给模式发生改变，生产、分发和消费等各个环节都实现了双向互动和开放链接，个体作为文化创意的主力军，使得文化共创时代即将到来，人工智能、3D互动、区块链技术将更多融入其中，优秀传统文化传播生态的数字化成为必然趋势。运用各种媒体平台、各种产品与服务形态展示传播优秀传统文化内容，实现优秀传统文化与数字技术的全面融合，构建全新的数字化优秀传统文化传播生态，实现优秀传统文化的活态传承。

媒体融合是推动传统文化创新发展的重要途径。浙江广电集团将大力推进文化传播平台建设，全力提升“文化传承”传播能级，积极拥抱技术变革，将新技术纳入创意视野，为传统文化的传承和发展注入新的活力。同时注重保护知识产权，确保媒体内容的安全性和可信度，为构建健康、可持续的媒体生态贡献力量。

［罗列异：浙江卫视（中国蓝新平台）技术中心主任，王迪先：浙江卫视（中国蓝新平台）技术中心首席架构师，蔡景伟：浙江卫视（中国蓝新平台）运营中心副主任，俞妮娜：浙江卫视（中国蓝新平台）运营中心，孙婷：浙江卫视（中国蓝新平台）技术中心，刘雨坤、唐留鑫：浙江卫视（中国蓝新平台）运营中心，宁立森：浙江卫视（中国蓝新平台）技术中心］

案例类别：产品

创新探索橙柿互动“橙友圈＋橙柿电商”模式

林琳

橙柿互动，中国新型都市互动融媒体，杭州城市客户端，荣获2021年度中国报业深度融合发展创新“全媒体传播体系建设案例”。近年来，橙柿互动持续推进平台建设，产品迭代更新，兼具“深度、互动、烟火、潮流”等精神特质，尤其以”橙友圈”和“橙柿电商”为代表，构建了“优质新闻＋同城社交＋新消费”的创新模式，社交互动和电商交易在国内新闻客户端中首屈一指，具备明显的优势地位。

一、每天生产发布大量优质原创新闻，深度参与杭州城市建设与治理

橙柿互动每天生产发布大量优质原创新闻，日均发布、推送原创稿件200篇以上，涉及时政、经济、社会、教育、健康、生活的方方面面，深度与可读性俱佳。

橙柿互动聚焦各阶段的宣传报道重点，融媒体传播为主要手段，推出“橙柿直通车”“杭州战疫求助平台”“十三拼和街力赛”“杭州十年”“杭州超级能量轴”“上天入地大杭州”“一条溪的共富十年”“浙江企业全球抢订单”“一起向未来”等各类主题报道和深度报道，服务党委政府中心工作，大力宣传贯彻落实党的二十大精神、宣传抗击阶段性疫情、宣传杭州亚运会筹办、宣传浙江企业复苏向好局面，受到杭州市委领导、用户、读者的高度肯定。

比如“橙柿直通车”板块，是搭建党委政府和市民交流沟通、民情民意反馈等社会治理的重要平台。2022年以来，橙柿直通车在疫情防控、美发业消费陷阱、老年食堂等诸多涉及杭州市民切身利益和民生类问题上，所刊发一系列报道和收集的市民意见建议，有力推动了相关问题的解决。据统计，2022年，“橙柿直通车”

共收到市民反映各类问题建议16200多条，其中，通过市民互帮互助，“橙柿直通车”协调各部门解决的共计8980多条，彰显了“橙柿直通车”深度参与杭州城市建设与治理的实际成效。

二、橙友圈日均发帖5000条以上，充分发挥城市社交功能，成为杭州人的精神家园

“橙友圈”是橙柿互动APP的同城社交板块，一个让用户和同城的人互动交流的平台，用户可以在这里找到感兴趣的话题组，比如美食、旅游、电影、运动、宠物等等，和其他橙友分享他的经历、心情、观点，或者向他们寻求建议、帮助、推荐。用户也可以发现和参与各种有趣有料的线上线下活动，比如美食品鉴、旅游攻略、电影观后感、运动挑战、宠物聚会等等，结识新朋友，拓展社交圈子，享受城市生活。同时，用户还可以接收到最新最权威的新闻资讯，了解杭州发生了什么大事小情，参与公共事务讨论，就遇到的问题进行投诉爆料，表达他的声音和意见。

“橙友圈”每天有数十个话题和活动进行，用户日均发帖量在5000条以上，成为杭州人普遍认可的精神家园。

比如2022年12月，随着疫情管控政策的调整，新冠疫情进入了“逐步有序免疫”阶段。但因为前期对于新冠病情知识宣传的不足，加上药物的暂时紧缺，杭州市民面对发烧、咳嗽等症状非常紧张，四处求药。橙柿互动运营部门在此情况下，利用“橙友圈”这个杭州市民社交平台的优势，迅速开出了#“杨过”来聊聊#的话题，“杨过”即“阳过”，鼓励用户分享真实经历，并将其中的线索详细采访，利用报纸版面、橙柿互动APP、都市快报微信公众号等渠道发布了《杭州“杨过”来聊聊丨平时坚持锻炼的，症状好像也轻一点！发烧药真的不用囤太多！》《杭州“杨过”来聊聊丨刀片、味觉差的症状挺普遍，希望大家都快快好起来》《杭州“杨过”来聊聊丨守望相助！她把布洛芬拆成50多包分给邻居》等多条稿件，用科学知识抚慰人心，缓解大家的不安与焦虑。

在我们的引导下，“橙友圈”网友异常活跃，有人写日记分享自己的抗疫经历，还有橙友通过这个互助平台分享多余的退烧药，帮助了其他有急需的用户。

2022年12月14—31日，橙柿互动#“杨过”来聊聊#话题，有1072条发帖，阅读数51435人次，点赞数10272人次，评论数6843人次。橙柿互动上发布报道10余篇，总阅读量超过40万。

橙柿互动利用新闻+社交+服务的构架，在特殊时期克服各种困难，推出#“杨过”来聊聊#这个话题，既传播了科学知识，又推动用户之间的互动交流，用温暖和科学抚慰人心，缓解焦虑，是一个很经典的利用新媒体、新技术来进行“传播+服务”的创新案例。

三、交易额突破4000万元，交易用户突破100万人次，橙柿电商强化城市生活服务功能

橙柿互动拥有完全的电商解决方案，构成用户需求解决的完整闭环。用户可以在商城购买实物及权益类产品，也可以通过观看图文，观看直播直接购买，为城市生活提供了更深入的用户服务。

2022年，“橙柿电商”全年实现交易额突破4000万元，交易用户突破100万人次，在商业模式探索方面，提供了流量直接变现的技术可能，在国内新闻客户端中独树一帜。

在发挥媒体服务社会功能方面，电商也在惠企助农方面展现出了优势，2022年发起公益活动20多起，综合帮助企业农户实现销售2000多万元。比如橙柿电商推出的《丰收直播 橙柿助农 橘中林黛玉 象山红梅人 万千宠爱 自山海大棚出 吹弹得破 味柑橘橙柚之美》，直接带货5万多元，综合带动销售30多万元；与新昌县政府合作推出两场助农公益直播：《丰收直播 橙柿助农 天生小蛮腰 喷香带点甜 全国炒食味评比第一名 请你来尝尝刚刚出锅的正宗新昌小京生》《丰收直播 橙柿助农 YY大潘喊你高山野炊啦 可以生吃的茭白 修长软糯紫洛苏 山泉水下锅 治愈你的胃》，直播间直接销售3100余单，带动关联销售突破100万元；《丰收直播 橙柿助农 是生计 是亲情 是乡愁 是希望 是牵挂 咔嚓咔嚓 真香真香 YY带去你临安岛石 尝尝帅老大的头茬新货》，直接带动山核桃销售14万多元，综合带动销售60多万元；《柚到丰收节 YY大潘带你去琯溪蜜柚基地 跟秋天接个甜甜的吻 红柚白柚三红柚 为什么果农说“辞水”之后更好吃？还有隐藏福利哦》，直接带货2300多单，综合带动销售40余万元。

特别是2022年“浙江六月杨梅红”活动，由橙柿互动独家媒体承办，浙江农业系统首次在线上举办活动，电商功能的支持，为用户提供了购买按钮，也为企业和农户打开了新的销售渠道，直接实现销售30多万元，带动各渠道杨梅销售破千万元。

在一系列“政务+商务+服务”活动中，橙柿互动积极回应多方合作多元需求，探索了都市新型融媒体整合传播能力，多维度触达用户，取得了良好的社会效益。尤其是在三年新冠疫情特殊期间，利用多种创新形态，政府、企业、媒体联手，帮助产业宣传，农户销售，为他们走出疫情之下的困境做出了特别的帮助和支持。

此外，橙柿互动电商功能还为用户黏性增长和日活带来帮助，拥有1000多个SKU（Stock Keeping Unit）的商城，为用户积分权益释放，交易用户培养，带来有价值的服务。

下一阶段，橙柿电商将更加突出城市生活的服务功

能，全面立体构建服务用户的生态，在衣食住行，吃喝玩乐等方面，构建服务城市用户的全面能力，打破次元壁垒，让现实权益进入用户生活，为橙柿互动客户端更加忠实用户的培养，更广影响力的塑造，带来更好的支持。

另外，橙柿互动电商将积极探索服务B端客户的商业模式，从传统的广告的单一模式中跳脱出来，为商家服务提供更加多维度可感性的手段，可图可文可视频可直播，品效合一，真正助力客户端在新传播环境下找寻新的商业可能性。

（林琳：《都市快报》副总编辑）

橙柿互动客户端

案例类别：产品

打造夜经济“文旅IP” 主流媒体从“融”而行

——以“一起来嘉游 月河缤纷夜”2022嘉兴消费文旅夜市系列推广活动为例

沈丹虹 许雨欢 杨佳燕 葛丽燕 张琳莉 张梦玥 朱红燕

巨量引擎城市研究院发布了《2023年中国城市夜间经济发展报告》，嘉兴入选中国夜间经济繁荣度TOP100城市，列第二梯队前列，“夜经济”发展驶入快车道，成为拉动经济发展的重要阵地。而随着互联网社交媒体的普及和发展，一个融传统媒体与新兴媒体、融传媒与受众互动于一体的“融媒体”时代已经到来。主流媒体利用传统媒体公信力与权威度，形成一套新的相对独立的媒介环境和运作模式，以其高权威性、高时效性、强互动性、强渗透性，以专业化、精细化、个性化，颠覆传统媒体时代的运作模式，其作为舆论宣导的重要阵地，全力以赴参与本土化夜经济“文旅IP”的策划与打造。

创意策划团队以省级文化和旅游消费试点城市为契机，激发嘉兴文旅消费热点和潜力，助力嘉兴市文化广电旅游局连续三年开展文旅夜市系列推广活动，带动广告营业额近300万元，联动文旅企业带动文旅消费5000多万元，实现了社会影响、经营业绩、经济效益的多重丰收，领跑嘉兴特色夜经济赛道，持续激发了消费新活力，也成为广告经营部门的品牌项目。

一、重新定义“夜经济”文旅IP

丰富“夜经济”产品供给，形成以“夜游、夜景、夜市、夜娱”等为代表的文旅消费产品。通过政府引导、媒体策划、品牌引流，推动新业态向品质化、专业化、产业化方向优化升级，不断满足消费者对夜生活更舒适、更丰富、更便利的期待，促进城市“夜经济”与文旅产业深度融合，让夜间经济更加丰富多彩，让城市更有生机活力。《南湖晚报》全媒体策划团队围绕这一新课题，结合自有的融媒体优势，包括嘉兴本地最具公信力的主流晚报传统平台、最具社会影响力的官媒唯一官方微信公众号、最具核心受众关注的南湖晚报视频号和嘉兴消费指南、吃遍嘉兴垂直融媒体等，搭建了权威的政府类活动宣传推广融媒体矩阵平台，重新定义了“权威发布”的媒介构成。

自2020年以来，联合嘉兴市文化广电旅游局连续三年开展文旅夜市系列推广活动，璀璨的灯光、纷繁的商品、热闹的夜市、水乡的古韵、潮流的地标，共同勾勒出了嘉兴最美的“人间烟火”，也点燃了嘉兴生生不息的“夜经济”。2022年，文旅夜市系列活动规模升级、持续时间拉长，在8月至11月（每周五至周六晚间）在月河历史文化街区举办“一起来嘉游 月河缤纷夜”2022嘉兴文旅消费夜市推广活动（共20场），依托独特资源打造夜宿、夜游、夜吃、夜行、夜读、夜看等一系列夜间生态，让“客流”变成“客留”，激发文旅新“夜”态，点亮禾城“夜经济”。

每次活动预热至活动后续报道，执行团队充分调动、整合融媒体矩阵平台的资源，媒介宣传档期明确、发布平台定位清晰，高时效性宣传推广成为“文旅夜市”活动项目的“标签”。以2022年文旅夜市活动策划执行为例，共举办文旅夜市20场，吸引人流超30万人次，融媒体矩阵平台等发稿共106篇，全网总浏览量300万+，其中被中国网、新华网等国家级媒体报道4篇，被浙江新闻、小时新闻等省级媒体报道6篇。

二、全面提质“融媒体”互动性

文旅夜市的连续开展是嘉兴文旅消费市场复苏的一个缩影，也是嘉兴实现文旅共富的践行路径之一，作为红船旁的主流媒体有着与生俱来的责任与担当。在整体的项目系列活动策划中，充分考虑媒介运营政府活动的特色和属性，以融媒体宣传推广作为最重要的抓手和平台，通过缤纷活动、互动体验持续振兴嘉兴的文化和旅游消费市场，激发文化和旅游消费潜力，推动着文旅消费市场的快速升温。

为了更好地实现媒介突围，在融媒策划宣传上更突出了互动性。以现场探展直播为例，创新性地提出“沉浸式逛展”的模式，通过抖音、视频号、新闻客户端现场直播，由晚报资深视频出镜记者（嘉兴地区生活类网红博主）“月亮”搭配抖音端本地流量博主探展，在逛展过程中通过与参展商家的互动交流，宣传推广嘉兴文化旅游、休闲美食产品，并同步在直播间大量放送礼品及消费券，可以在文旅夜市现场进行兑换使用。2022年文旅夜市直播探展宣传全网关注量已突破100万，引起全国粉丝网友关注的同时也为嘉兴地区网友带去了20万无门槛消费券。

与此同时，在活动设计上突出了融媒体时代下活动策划的强渗透性。以2022年为例，晚报策划团队全面联动全市五县两区文旅部门，采取市县两级联动、政企协同发力、线上线下融合的方式，将传统美食、特色非遗、精品文创、文艺展演、景区推介等内容与夜间集市相结合，把美好夏夜营造起来，点亮嘉兴“夜经济”。比如，开幕启动场以彩虹夜市作为开场，渲染了今年整体充满活力的夜市氛围，南湖区以国风国潮与宋韵文化为主题，解锁夜市新玩法；秀洲区以咖啡为载体，串起充满活力的特色夜市；嘉善县聚焦景区推介，绘出文旅消费新图景；海盐县发挥滨海旅游特色优势，文化赋能夜间经济；海宁市以潮文化为依托，呈现汉服国风大秀；桐乡以复古派、未来派为线索，打造首个元宇宙文旅夜市。

通过策划这些主题鲜明、内容丰富、形式新颖的文旅夜市，突出融媒互动性和渗透性，让嘉兴的夜晚“亮”起来、人气“聚”起来、消费“火”起来、群众“乐”起来。

三、强势打造“传媒版”夜市链

在媒体融合语境下，传统媒体要对媒体产品完成多次售卖，构建一条完整的传媒产业链，形成全新媒体产业生态，要采用多元化的营销模式，探寻多种盈利方式。打造包括文化产业、旅游产业、农业产业、教育培训等多板块的媒体产业集群，建立媒体产业生态，培育媒体产业文化，向媒体产业上、中、下游及纵横产业发力，实现多次售卖、多渠道售卖和全产业链售卖，改变传统媒体单一依靠广告的经营现状。

在运营文旅夜市项目的基础上，晚报团队探索出了一条适合自身媒体属性的经营运营发展路径，联合景区共同推进文旅消费复苏，带动全市文旅企业共同推进夜经济工作，如海宁的后备箱集市、海盐金星仲夏夜乡村集市、海盐猪猪星球的夏日戏水节、乌镇景区如意桥夜市、欢乐世界网红夜市、平湖南河头啤酒龙虾网红夜市等，创新产品供给，景区和酒店业推出促销优惠，不断助推文旅产业高质量发展。

值得一提的是，经过长期的活动策划和宣传推广实战，总结出了一套“优质内容”的择选之道，既能实现经济效益，同时又扩大了群众参与基础，实现了媒体运营的品牌化，晚报与市场监督管理局合作城市伴手礼夜市，与农业农村局合作美丽乡村四季嘉果共富共享市集，与供销社合作嘉田拾趣共富生活市集，与商务局合作嘉肴百碗市集，与非遗中心合作非遗市集等。

（沈丹虹：嘉兴市新闻传媒中心日报晚报事业部副主任，许雨欢：嘉兴市新闻传媒中心日报晚报事业部产经工作室主任，杨佳燕：嘉兴市新闻传媒中心日报晚报事业部产经工作室主管，葛丽燕：嘉兴市新闻传媒中心日报晚报事业部产经工作室副主任，张琳莉：嘉兴市新闻传媒中心日报晚报事业部商贸工作室主任，张梦玥：嘉兴市新闻传媒中心日晚报事业部吃遍嘉兴工作室主任，朱红燕：嘉兴市新闻传媒中心日报晚报事业部商贸工作室副主任）

2023嘉兴“迎亚运 展风采”文旅夜市融媒报道

案例类别：产品

金彩云客户端：“平台自研＋运营‘五化’＋算法深耕”创新探索

金华市新闻传媒中心

根据中宣部关于推进地市级媒体加快深度融合发展的部署要求，金华市牢牢坚持以习近平总书记关于新闻舆论重要论述为指导，坚持以新媒体平台建设为牵引，推动市级媒体深度融合发展。按照“金华新闻资讯传播矩阵‘龙头’”的定位，全力打造金彩云客户端，致力于成为市级媒体融合发展的全终端服务传播平台。金彩云客户端运营服务模式入选2023中国报业协会中国报业新媒体（客户端）发展大会主旨报告优秀案例；获评中国广播电视产业联盟、中国广播电视艺术交流协会2023年度全国城市媒体融合传播优秀融媒平台10强，2024（第十一届）传媒中国年度全国城市融媒平台短视频传播10佳。截至2024年4月，“金彩云”平台全网覆盖用户数超1100万，入驻智慧服务功能150余项；金彩云客户端活跃用户数超200万，日均活跃用户10万，融合指数在浙江省地市级媒体中位居前列。

一、平台自研 主力军挺进主战场

在整合关停原报社的金华新闻客户端、广电的无限金华客户端的情况下，金华市新闻传媒中心系统重塑、自主研发金彩云客户端。金彩云客户端于2022年6月筹建，2022年11月30日上线公测，2023年1月20日正式上线，成为金华“报纸＋广电”跨媒体融合的“先头部队”，在金华市级媒体深度融合中发挥了主力军和主战场作用。截至2023年底，金彩云客户端融合指数在浙江省13家地市级媒体中排名前三。“金彩云”发挥自主研发平台优势，在运营服务创新上不断探索、突破，成为浙江省新一轮市级媒体融合实践中杀出的一匹“黑马”。

金彩云客户端从筹建之初就明确了“开门办端、为民服务”宗旨。坚持以打造“指尖上的市民中心”为己任，包罗万象、兼容并蓄，各种权威资讯、便民服务、潮玩元素在客户端汇集。坚持以技术研发为支撑，以移动平台为载体，定位为金华本地的今日头条、百姓生活的“超级入口”和政府治理的“最强外脑”，以新技术、新思维持续求新求变。

（一）“一站式服务”，做贴近用户的“小精灵”

在用户黏性上表现优异，拥有权威信息发布、便捷生活服务、个性社交分享等功能，自研平台一站式应用，能为用户提供更加本地化、优质化的服务；在时空距离、心理距离上，都更加贴近群众，从而吸引了大批忠实粉丝；在内容上更有温度和深度，以实际行动践行“办端为民”的服务理念。

（二）“社区化服务”，做呵护用户的“百事通”

自上线公测之日起，就坚守用户思维，千方百计在运营服务模式上“服水土”、赢民心。迅速开通支付功能，整合了交通出行、生活消费、文化旅游、消费券发放等便民资源，构建了信息查询、申报审批、注册办证、社保办理、投诉受理等社区服务体系，以更接地气的服务，让用户更有获得感、归属感。比如用“金彩云”支付乘公交享8折优惠等。

金彩云客户端在运营上持续推陈出新，在增强用户黏性上彰显主流媒体影响力。上线以来，策划举办金彩宠粉节、粉丝见面会、“金彩云诗词大会”等互动活动230余次。推出“课文朗诵大赛”“舞王争霸赛”“科普大赛”等大型活动，总点击量600万＋。推出“首届最美劳动者”线上投票、防溺水安全教育知识竞答、亚运文明观赛答题、作风效能专项评价等活动，总参与人数超200万人次。此外，还联合“饿了么”“滴滴”“美团”推出系列惠民促消费活动，开辟媒体融合的新领域，不断塑造主流媒体新优势。

二、运营“五化” 新媒体网罗新势力

无精编不头条，无运营不平台。金彩云客户端从创设之初就将运营置于与内容同等重要的地位，从存量运营和增量运营两方面着手，不断迭代运营服务方式。一方面，牢牢留住从传统媒体引流过来的流量，维护好存量用户；另一方面，在吸引新用户上发力，用互联网思维策划，强势推出“五化”组合拳，深入挖掘用户价值，稳健提升用户黏性。

（一）推广圈层化

通过主动上门对接、高效服务运维，目前已有工（总工会）、青（团委）、妇（妇联）、老（老年体协）、学（在金高校）等共计 76 个行业协会入驻，各协会背后的人群和资源，为“金彩云”提供了强有力的日活粉丝群，这也实现了老、中、青、少优质用户的全覆盖，深深融入金华本地各圈层，在推广互动中双向奔赴。

（二）运营功能化

坚守客户端综合服务的定位，通过持续加强与政府部门合作，开设公共服务入口，实现客户端的刚需服务和高频应用相契合。目前，端内除了最基本的看电视、听广播、读报纸外，还有看电影、看婺剧、网上阅读、心理咨询、预约挂号、政务帮办、金彩钱包、金彩吃豆人、掼蛋游戏等，打造市民一站式的信息枢纽和服务平台。

（三）圈粉社区化

“金彩云”从上线开始就紧紧瞄准市本级各街道百余个社区，在传统媒体持续多年深耕社区的基础上，将线下资源拓展为线上用户，开设了社区、逛吃、健康等与社区群众日常生活息息相关的频道，让市民在这里感受到“全覆盖、零距离、接地气、保姆式”的服务。

（四）服务生活化

“金彩云”立志做一个“受益而不觉、失之则难存”的市民贴心伙伴，坚持扎根本土，与市民共同建立有用实用的金彩生活圈。携手市市场监管局及各协会，筛选并引入优质商家 2400 余家入驻金彩商城，为客户端粉丝提供“足不出户”即可一键触达的购物体验。

（五）网友互动化

互动直播是“金彩云”的亮点板块和品牌栏目，“金彩云”在全集团征集 7 名网红主播，推出“金彩云七仙女”IP，做到每天有直播，场场有福利，成为市民的“心之所向”。“聚吧”则公开招募了 35 位微信群主担任版主，以此带动全市 600 余个 500 人以上的微信群，晒生活、晒工作、聊家常，成为分享喜怒哀乐的“暖心树洞”。此外，不断迭代升级福利活动，如阅读有礼、团红包、赚金豆等，开发金彩农场、金彩元宇宙等互动游戏，让用户真正体验到好看好玩有用有趣的媒体形态，做大金彩朋友圈。

三、算法深耕 重流量更重“留”量

金彩云团队历经反复实践，总结提炼出自己的一套融合打法，以破除“心中贼”的决心和破除“两张皮”的勇气，推进融媒变革，做深做透“加减乘除”，探索运营服务模式创新，力求走出一条传播精准、作为突出的地市融媒发展之路。

（一）在资源整合上做“加”法

按照“融为一体、合而为一”的思路，优化全媒体架构，优选内容、优质服务、优化技术，全力以赴推动“四个全域打通”，一是将全球、全国、全省、全市热点新闻的全域打通；二是将原创作品策、采、编、发的全域打通；三是选题跨部门联动的全域打通；四是与县（市、区）融媒体中心矩阵合作的全域打通，不断提升融合浓度。

（二）在无效生产上做“减”法

时刻牢记“开门办端 为民服务”的宗旨，从理念层面率先转变，主动摒弃官样文章，立足用户思维，在生产供应全流程上重互动、强服务、增黏性，不断提升服务内容的适配性、针对性，让好用、管用、实用成为衡量新媒体产品服务的标准。

（三）在传播效能上做“乘”法

打破单向传播定式，用“万物互联”的全新思维解读新媒体，以“看见你的精彩”强调用户意识，让更多鲜活、有趣的内容走进受众身边。例如“城事”频道，以接地气的态度替百姓发声，帮百姓解忧，让用户成为新闻的主角，同时联动人民网、新华网等大台大网，打破地区界限，开辟媒体融合的新赛道。

（四）在障碍壁垒上做“除”法

厘清关系，确定重点，内容、技术、运营“三驾马车”互为促进，通过导师带徒、轮岗锻炼等方式，推动采编和技术人员从“内容生产者”向“产品运营者”转型。聘任一批国家、省市级专家，构建新型智库，逐渐形成媒体、专家、市民紧密互动的融媒打法。

总之，地市级媒体作为中央、省、市和县级融合发展布局中的重要环节和“腰部力量”，发挥着承上启下的功能。深入探究地市级媒体在媒体融合中的经验方法、工作路径，具有重要意义。随着中国媒体融合迈向 2.0 时代，如何在求同存异的基础上聚同化异，又该如何在坚持新闻媒体属性的基础上，进行新媒体运营上的创新，满足用户多元化的需求，金彩云客户端进行了积极有益的尝试，正在增强用户黏性和提升主流媒体价值的良性互动中昂扬奋进、阔步前行。

（金华市新闻传媒中心）

案例类别：组织机构

内容为王 全媒策划 多元创新

——融媒时代 以《舟山日报》为例看传统纸媒的转型探索

刘辉 刘雨业 胡帆

随着媒体融合浪潮的汹涌前行，传统纸媒的转型策略已跃升为国家文化战略的重要一环。在这个全媒体时代的大潮中，若无法紧跟时代脉搏，传统纸媒将面临被历史洪流湮没的风险，其声音和影响力恐将逐渐消弭。然而，在这挑战与机遇并存的转型关口，全媒体策划与多元创新为传统纸媒提供了重塑辉煌的契机。本文将以舟山市新闻传媒中心旗下《舟山日报》为范例，深入剖析其在融媒时代背景下的转型之路，探索其如何以创新的姿态，引领传统纸媒迈向全新的发展征程。

一、坚守内容为王，党媒属性赋能创精品

在媒体融合的时代浪潮中，内容依然是传统纸媒的立身之本，更是其在竞争激烈的市场中保持核心竞争力的关键。《舟山日报》作为中共舟山市委的机关报，自1955年创刊以来，始终坚守“内容为王”的原则，将内容创新与品质提升置于战略发展的核心位置。

在媒体融合的大背景下，《舟山日报》不仅坚守内容质量，更在品质上持续追求创新，成为党媒的典范。它通过深入挖掘报道的深度，确保每一条新闻信息的真实性，树立了新闻品质的新标杆。这种对内容的坚守与追求，不仅彰显了党媒对社会主义核心价值观的坚定传承与弘扬，也体现了党媒在公共信息服务领域中的专业素养与责任担当。

《舟山日报》承载着传递党的声音、服务海岛人民的崇高使命。它通过创新的报道方式和多样化的传播渠道，与读者建立起了更紧密的联系。作为舟山地区的新闻发布平台，它更是海岛人民了解时事、获取信息的重要窗口。

在媒体融合的新时代，舟山市新闻传媒中心以《舟山日报》为先锋，积极探索党媒经营策略的新路径。近年来，在市两会期间通过精心策划系列宣传活动，成功地将党媒属性与融媒体经营理念相结合，实现了线上线下资源的无缝对接。如2024年初的“书写这‘舟’年·喜迎市两会”，《舟山日报》运用图文并茂、数据可视化等丰富多样的形式，为“市两会”提供了立体全面的报道，极大地提升了新闻内容的社会影响力和传播效果，为党媒在融媒体时代的发展注入了新的活力。

党媒属性助力舟山市金融业高质量展现。在地方金融业信息传播活动中，《舟山日报》每年通过发布《舟山金融蓝皮书》，展示舟山金融业在地方经济发展中的关键作用。在《2023舟山金融蓝皮书》中以翔实的数据、生动的案例和深入的剖析，向公众呈现了舟山金融业在服务实体经济、推动普惠金融等方面的辉煌成就与未来蓝图，还特别受读者喜爱。并借市两会这一契机，向参与会议的代表、委员及全体市民全面阐述了舟山金融的过往成就与未来方向。报纸版块出版后悉心编成书籍，不仅作为礼品强化了金融行业的联系，而且通过“竞舟”APP和“每日舟山”微信号矩阵等数字平台广泛传播，展示了党媒在融媒体时代的战略运用。这一举措不仅彰显了《舟山日报》作为传统纸媒的深厚底蕴与创新能力，更为其在新时代的转型发展奠定了坚实基础。

二、品牌链接“定制”活动，全面转型综合“供应商”

在品牌建设的新征程中，传统纸媒必须敏锐地把握技术革新的脉搏，深刻理解技术支撑对于品牌塑造与传播的重要性。通过全媒策划的精准布局和平台资源的有效赋能，《舟山日报》正以前所未有的方式与读者建立深层次的精神联系，进而增强品牌忠诚度，扩大市场占有率。

以2023年举办的“达州融媒采风行动”为例，这一品牌联动活动巧妙地整合了传统与新兴媒体渠道，构建了一个跨平台、多媒介、全方位的报道矩阵。这一融媒行动的创新做法是对媒体融合趋势的深刻洞察，该行动背后的深远意图是深入学习和贯彻习近平新时代中国特色社会主义思想，并因此获得了舟山与达州两地相关部门的坚定支持。

在采风行动中，《舟山日报》与达州主流媒体携手组成融媒体精英团队，深入实地采访报道产业发展、人文历史及民生变迁等议题。通过日报、晚报、电视、广播等传统媒介的广泛覆盖，以及“竞舟新闻”“舟山有意思”等新媒体平台的精准推送，实现了信息的全方位传播，不仅增进了达州和舟山两地间的深度互动与了解，更提升了活动本身的知名度和影响力，同时吸引了众多读者的积极参与。

此外，《舟山日报》还以“跟着节气逛岱西”为创意核心，策划了一场全案品牌营销活动。该活动以舟山市岱山县岱西文化礼堂为宣传阵地，围绕二十四节气文化展开了一系列丰富多彩的活动。这些活动不仅融合了食、游、购、娱等多种元素，还巧妙地将地方特色与创意、招商相结合，共同打造了一场场视觉与心灵的盛宴。通过这一创新项目，《舟山日报》成功打破了传统经营模式的束缚，参与了从设计、招商到运营的全过程，转型为能够提供全面服务的综合供应商。同时，这一项目也标志着《舟山日报》从传统媒体向全媒体、全方位、全链条、全过程的综合运营服务平台转型的重要里程碑。

在全媒体传播的新纪元中，《舟山日报》以其敏锐的洞察力、前瞻的战略眼光和高效的执行能力，通过摒弃“媒体＋广告”的旧经营模式，探索符合媒体融合需求的新经营模式，不断开创品牌联动“定制”活动的新模式，通过创意、营销、品牌全案、视频、H5、电商、直播、报纸等多元化方式，全面满足了服务单位与用户群体的需求，充分展现了品牌链接“定制”活动在推动媒体转型和品牌建设中的核心地位，为媒体行业树立了新的标杆。

三、线上线下深度融合，构建全媒体生态新境界

在媒体融合的浪潮中，报业的转型已超越了单纯的线上扩张，而是迈向了线上线下业务深度融合、互为支撑的新纪元。《舟山日报》在这场转型中，展现出了前瞻性的思考和坚定的实践，从内部机制优化到技术革新，从人才培育到用户思维，全方位地打造了一个全媒体生态新境界。

在内部机制上，《舟山日报》构建了一套高效、激励人心的管理体系。通过明确的岗位职责、公正的绩效考核和富有吸引力的激励机制，不仅激发了员工的潜能与热情，更为报业的长远发展注入了源源不断的活力。

在人才培育方面，《舟山日报》致力于提升员工的专业素养与综合能力。通过系统的培训、丰富的实践机会以及明确的个人成长规划，为报业培养了一批批优秀的专业人才。这些人才不仅是报业的宝贵财富，更是推动报业转型与创新的重要力量。

在内容制作与策略营销上，《舟山日报》始终坚守用户至上的原则。通过深入了解用户需求与偏好，将用户需求融入创作与营销的全过程，使产品更加贴近市场、满足用户。同时，该报还不断创新营销策略，运用新媒体平台、社交媒体等渠道扩大品牌影响力，实现品牌与用户的深度连接。

在技术创新方面，《舟山日报》更是勇立潮头。积极引入人工智能、大数据、云计算等先进技术，推动报业在内容生产、用户体验、广告效果等多个方面的创新与升级。这些技术的引入不仅提升了生产效率与内容质量，更为报业带来了全新的商业模式与发展机遇。

通过线上线下深度融合，《舟山日报》成功构建了一个全媒体生态新境界。在这个生态中，传统媒体与新媒体相互融合、相互促进，共同为用户提供更加丰富、多元的信息资源与服务体验。

舟山作为一个仅百万人口的城市，但《舟山日报》借助多元创新，2023 年度经营创收近 4000 万元，传统党媒也展现了强大的生命力，这一成就不仅彰显了《舟山日报》在媒体融合时代的创新精神与坚定决心，更为传统纸媒的转型与升级提供了有力的示范与借鉴。

展望未来，《舟山日报》将继续秉持开放、创新的态度，不断探索新的发展模式与路径。同时，我们也期待更多的传统纸媒能够紧跟时代步伐，积极拥抱媒体融合，共同推动传媒行业的繁荣与发展。

（刘辉：舟山市新闻传媒中心地方事业部主任、舟山市新闻传媒集团文化公司总经理，刘雨业：舟山市新闻传媒中心副主任、副总编辑，胡帆：舟山市新闻传媒集团普陀事业部主任）

案例类别：产品

以技术创新为驱动 打造媒体融合新生态

——看“望潮智媒云”如何赋能台州传媒变革

牟同飞

2022 年 12 月 9 日，台州市整合原台州日报社与台州广电总台的优势资源，挂牌成立台州市新闻传媒中心、台州传媒集团。台州传媒实施智慧服务优化提升计划，打造“望潮智媒云”融媒体平台，创新“新闻＋政务服务商务”，依托云计算、大数据、AI、移动互联网和自然语言处理等先进技术，实现报纸、电视、广播、客户端、

网站“五位一体”融合。

“望潮”新媒体客户端在台州市新闻传媒中心（集团）挂牌成立19天后成功落地，创造了上线“台州速度”。这是在全省媒体融合“一张网”背景下建设的市级新型主流媒体平台，保留了原先台州新闻客户端、无限台州客户端的优秀服务模块，集新闻、政务、服务、商务于一体，同时主动对接更多有价值的特色服务。基于一体化技术支撑，率先实现省、市、县三级客户端的内容联通，在市级与县（市、区）级客户端之间开展联合运营活动，相互激活流量。

望潮智媒云的建设，以原台州日报报业传媒集团“台报智媒云”团队为班底。2011年3月，台报集团挂牌组建，同年建成“台报智媒云”，实现报、网、端融合打通，建成一体化生产系统、稿源中心、资源中心、媒体大数据、音视频系统、考核中心、指挥平台、用户中心、运营中心、UGC/PGC、移动采编系统、安全运维体系等。2022年9月，“台报智媒云”融媒体平台荣获中国新闻技联“技术赋能‘新闻+’推荐案例”，以新型融媒体的架构创新、技术创新、平台创新，带动传播力、引导力、影响力、公信力的跨越提升，实现全方位覆盖、全天候延伸、全领域拓展。

一、融合平台赋能新闻+，创新驱动上下贯通，加大新媒体产品创作力度

智媒云以全媒体中心为基础，依托全媒体运行平台，发挥全媒体指挥中心作用，实现文字、图片、视频、音频等多介质的全媒体采编技术平台顺畅运行。在把握时、度、效的原则下，确保准、好、快，借助网络新媒体优势，改变报纸习惯于做昨日新闻的固有模式，多做当日新闻、即时新闻，移动优先，全天候播报，呈现真实、准确、立体的权威声音，第一时间占领舆论制高点。

在智媒云平台的赋能下，采编主动适应新形势、掌握新本领，不断锤炼“脚力、眼力、脑力、笔力”，面对纷繁复杂的社会舆论环境，坚持正确的政治导向，既讲“流量”，更讲“流向”，扎实走好全媒体时代的群众路线，深度发掘党媒内容生产优势，守牢建强意识形态工作的前沿阵地。

其间，抓住当地企业发展遭遇的瓶颈问题，策划了“关注传统产业优化升级—痛点调查”“培育七大千亿元产业推动高质量发展”等20个专版和数十篇专栏报道，深入剖析原因，精准提出对策，有力引导了台州传统产业优化升级，增强了重大主题报道引导力。

二、大数据赋能新闻+，反哺新闻生产和产业升级

在推进媒体融合平台建设中，智媒云融入大数据应用场景，如通过智能媒资、大数据智能辅助写稿工具、智能审校工具、媒体大数据等创新业务生产模式，实现内容精准选材，辅助内容智能高效生产。采编生产均集成智能审校工具，通过大数据分析语句语义，辅助减少差错，助力内容高质量生产。

智媒云平台为记者提供海量实时的本地和热点新闻线索，成为一个重要的新闻发掘地。采编队伍借助智能媒资管理深挖数据价值，加强策划，聚焦热点，关切民生，做深做透。同时，结合浙江省数字化改革工作，自主开发“智媒云驾驶舱”，从融合采编生产、传播、运营等方面动态展示各融合实用性数据。

智媒云平台建设项目，也产生巨大的经济效益。该项目唤醒沉睡于业务流程中的数据资产进行重组，与所采集到的互联网数据进行融合与再造，形成新的数据价值。技术进一步贯通整合渠道资源，通过对APP各项指标的监测和大数据分析，提供APP成长分析、用户画像等，将零散、碎片化的“小流量”汇聚成“大流量”，努力实现媒体在数字化营销、程序化广告层面的突破。上线“好产品商城”，举办线上直播带货等活动，商城累积销售产品136.6万件。“凝聚金融力量 奋进百年梦想”“聚焦台州十大重点区块”等大型融媒体新闻行动，实现经济效益和社会效益双丰收。

三、技术开发赋能新闻+，媒体融合向深水、向蓝海推进

智媒云技术团队，主要由后端开发、前端开发、APP开发、新媒体运维等人员组成，是一支岗位配备较为完善的新媒体技术开发、运维队伍，主要负责集团媒体融合数字化改革和先进技术的支撑工作，并开展APP、数字化改革应用场景、浙里办、浙政钉应用、H5应用、微信小程序等技术开发和输出。2022年，“台报智媒云驾驶舱”建设列入台州市数字文化系统数字化改革项目。

智媒云积极支持APP推广活动，通过线上线下互动，极大提高推广效率。“虎虎生威——2022迷你网络春晚”，通过中国台州网、新闻客户端、视频号、B站、小红书等多个新媒体平台推出，累计播放量达10万+，视频号单视频播放量达4万+。台州媒体号平台建设，推动县市区媒体和部门公众号及优质创作者入驻，分别以“和合号”“金镜头”在新闻客户端上分类展示。

四、智媒云升级迭代，望潮谱写媒体融合新篇章

媒体融合是一场大变革。2022年12月9日成立的台州市新闻传媒中心（集团），深入实施重大技术平台打造升级计划，加快构建省市县三级联动的新形态媒体

格局，建设“望潮”客户端上承中央和省、下接区县，打造与“重要窗口”相适应的省市县一体化布局，共建现代化传播生态圈。

“望潮智媒云”引领各生产经营要素的有机整合、有效融合，构建“一体策划、一次采集、多种生成、全媒发布、上下贯通”的传播格局。台州传媒集团下属两张报纸、三个广播频率、两个电视频道、一个网站、一个客户端以及用户超过550万的新媒体矩阵，全媒体生产已成常态。每日全媒化选题实现占比六成以上，首页原创率超过88%。2023年，“望潮”客户端共发稿83644篇，总阅读量12.12亿，其中，阅读量100万+稿件14篇、10万+稿件1410篇；开设各类重大主题宣传报道和重点经营活动项目专题247个，发稿量12819篇，总阅读量达2.91亿；《重磅原创》栏目发稿217篇，总阅读量2917万，其中阅读量10万+稿件94篇。客户端人均使用时长、人均启动次数、评论数、点赞数、转发数、原创稿件数均实现稳定增长。

杭州亚运火炬传递台州站活动是2023年市里的一件盛事，台州传媒集团携“望潮智媒云”积极投身其中，参与亚运火炬传递台州站活动的起跑和收火仪式的筹备和火炬传递的全程直播。省、市领导对本次台州站的传递活动给予了高度评价。浙江省副省长胡伟在参加杭州亚运会火炬传递台州站活动后指出，台州是最具有现代气息的城市之一，由中心（集团）执行的整个拍摄内容充分体现台州撤地设市以来的成效，起火仪式和收火仪式独具台州特色，文化理念充分体现。紧接着，在杭州第19届亚运会期间，台州传媒集团派出精干报道团队，充分挖掘报道亚运会中的台州元素，在“望潮”客户端先后共发布宣传报道、融媒产品2005条，总点击量4852万人次。

新闻是立身之本，经营是生存之基。在台州传媒集团承办“1+8”会场的2023年台州市房地产交易与展示会，望潮智媒云也发挥了积极作用，同步开展线上房展会；4天展会期间，81家房企105个项目参展，新建商品住宅累计网签540套，签约金额12.47亿元。

当前，台州传媒集团正在推进望潮混合云建设，携手传播大脑，以混合云落地为基础，建设智能媒资、数据中台等，升级“望潮智媒云”融媒体平台，做强“望潮”客户端“互动社区”“回应”专栏，打造具有持续创造力的UGC内容生产体系，将内容生产与媒介生态、地方文化、县域治理等进行全方位融合，探索全新的社区信息枢纽建设模式，大力推进“望潮”客户端走进社区，全方位介入、服务社区居民生活，提升“望潮”与居民生活的黏性和影响力。同时，依托洪泽平台2.0，紧密合作积极探索商业新生态，举办融媒达人赛、衢州城市品牌共推等活动，持续深化新媒体广告方面的合作，通过共享资源、优化策略，提升广告营销效果，实现互利共赢。

［牟同飞：台州市新闻传媒中心（集团）党委委员、副主任、副总编辑］

望潮客户端

案例类别：组织机构

让群众都说党和政府好
——安吉县融媒发展的探索实践

祝青

近年来，浙江省安吉县融媒体中心（安吉新闻集团）围绕党中央关于媒体融合发展要求，在各级各部门的关心指导和社会各界的大力支持下，推动县级媒体在加强舆论引导、服务群众生活、提升社会治理等方面更好发挥作用，媒体融合发展持续走在全国县媒前列。中央深改办专题信息刊发媒体智慧融合经验，中宣部确定“爱安吉”新闻客户端为全国示范项目，国家广电总局授予全国媒体融合先导单位，浙江省委省政府授予全省改革创新成绩突出集体荣誉。营收连续五年增长20%以上，2023年达到6.67亿元，同比增长37%。主要做法如下。

一、新闻主业扛在肩上

坚守新闻主责主业，向上级媒体学习，把复杂问题简单化、简单问题精细化，当好学习生。

（一）内宣无主题不报道

1. 正面报道：关键群众爱看。围绕中心工作，每年推出 100 个以上沉浸式、协同感强的主题报道，形成“阶段性栏目统领、全媒体报道连贯”的主题新闻宣传模式，积极营造干部群众同呼吸、共奋斗的干事氛围，让群众喜看爱看。如围绕 2020 年 3 月 30 日习近平总书记考察安吉，每年推出《习习春风里》《春风又绿苕溪畔》《不负春光不负人》《写在春天的答卷》《又见春和景明新》等主题报道，反映安吉本地干部群众在习近平总书记“再接再厉、顺势而为、乘胜前进”的勉励下不断前行的故事。

2. 新闻监督：重在闭环落实。中心（集团）十年来不断推出《美丽乡村监督哨》《亮短揭丑曝光台》《新闻观察》等新闻监督栏目，每周一期围绕生态环境、城市文明、食品安全等问题进行曝光；2023 年全面升级推出《一线》曝光栏目，每周三期、件件反馈，每年推出上百期，推动曝光问题得到落实改善，以新闻监督推动工作提质增效。

3. 亮点推送：成为全网热点。每年推出 100 多条精品短视频，真实、立体地展示最生动、最生态的安吉。如围绕安吉白茶开采，2021 年推出《安吉县长喊您来喝茶》，2024 年推出《“网红”校长郑强喊您来喝茶》，全网点击量均过亿；围绕全国人大常委会将 8 月 15 日设立为全国生态日，推出《安吉“好日子”成了全国“大日子”》，围绕安吉美丽乡村，推出《遇见安吉》系列短视频，全网点击量破千万。

（二）外宣用大宣领内宣

1. 党政新闻追求显示度。每年在省级以上重点媒体刊播新闻 1000 条以上，以每天 3 条的频率保证安吉在党政主要媒体上的显示度。2021—2023 年，央视《新闻联播》《中国之声》以及浙江电视新闻、浙江广播新闻刊播条数均居全省县级媒体前茅。

2. 网络媒体力求覆盖面。精心组织实施大媒专媒、名栏头条、首页首屏上稿工程，以人民日报新闻客户端、新华社新媒体、上观新闻等党媒新媒体为重点，以哔哩哔哩、新浪新闻、腾讯新闻等平台新媒体为补充，以工业经济、农业经济等领域的专业新媒体为特色，让安吉本地新闻通过网络媒体实现覆盖更广。

3. 国际传播争取多渠道。和中国国际广播电视台、浙江卫视 Z 视介及十多家海外华文新媒体合作，向海外传播安吉。安吉首部当代乡贤纪录片《绿水青山寸草心》第一季除了在国内央省级媒体播出外，还通过其海外 TikTok、YouTube、Facebook、Twitter 等多个平台账号推送，受到海内外乡贤们的热情赞扬。

（三）创优变独乐为众乐

始终将新闻创优作为媒体能力展现、群众认可信服的评判标准之一，积极参加各类创新创优评选，2023 年精品创优共获得 15 项国家级荣誉、17 项省级荣誉、5 项市级荣誉，连续 6 年获得浙江省新闻奖（广播电视部分）、浙江省广播电视新闻奖一等奖，连续 16 年实现全省广播电视对农考核优秀。2021 年以来，共有 31 个新闻作品和短视频获得第三十一届中国新闻奖等国家级奖项，是全国唯一连续两届获得中国广播电视大奖的县级媒体。

二、产业发展勇立潮头

运用“新闻 +”运营模式，践行万物皆媒、媒有万能、媒生万物，敢为弄潮儿。

（一）文创产业敢于破旧

1. 活动策划由单一到多元。在传统房展、车展等单一活动模式基础上，将文创活动拓展至文化展演、文化展陈、文化研学、文化集市、文化交流等方面，每年精心策划文化展演活动百余场，推动夜市经济组织文化集市 50 余场，承办国家级会议 2 场以上。

2. 品牌宣传改低效为高效。传统广告业务断崖式下滑，中心（集团）及时改变广告业务投放模式，利用“安吉优品汇”将本地商家代金券、抵扣券直送消费者，和上海闵行区融媒体中心、浙江海宁融媒体中心等合作，将本地广告投放到对方新闻客户端。

3. 文化服务从被动到主动。主动提供群众喜闻乐见的文化服务，每年进村入企义务演出活动 20 余场，基于安吉旅游产业策划推出《奔着菜香去》《这夜向山行》大型体验类融媒栏目，为本地商家唱响品牌，为消费者提供食宿指引。

（二）数媒相融敢于争先

1. 知民情晓民意解民忧，更显民生。中心（集团）借助媒体扎根基层优势，极力提升研发实力，在第一时间为社会提供解决方案。疫情初期，中心在全国较早推出口罩预约系统，解决百姓口罩购买难题；和乡镇合作推出“5189000”服务，群众可以一键呼叫钟点工、家电维修、管道疏通等各类家政生活服务，2023 年累计共提供各类服务 4383 次，得到群众广泛好评；推出“三务公开”系统，为百姓提供监督平台，让权力在阳光下运行。

2. 求实用很好用更管用，大家愿用。中心（集团）推出各类实用好用管用的应用，让百姓愿用爱用。如安吉美食平台累计聚集全县 708 家优质商户资源，让消费者可以对比选择；“云工益”平台与上百家县内及对口帮扶地区商超合作，吸引 1103 个工会组织、近 10 万会员入驻，有效满足工会职工多元化消费选择需求；垃圾分类智能化管理平台为农村垃圾分类提供数据化考评，直观反映美丽乡村建设水平，已实现县域全覆盖。

3. 赋功能激动能蓄势能，体现高能。整合全县数字资产，在全国率先打造建设研发、安全运维、数字经营一体化的数媒发展新样式，研发上线疫情期间畅通无阻的“安畅码”，疫情解封后缓解药品短缺的“余药共享”，还有“城市智慧管理系统”等数字化应用近 300 个，其中省级场景应用达 12 个，各类智慧产品在全国 24 个省，

417个市县复制推广落地。

（三）平台运营敢于立新。

1. 拥抱互联网。积极利用互联网传播优势，在微信、抖音、今日头条、哔哩哔哩平台开设账号，全媒体推送安吉本地新闻，为不同受众提供新闻服务；农产品销售平台“安吉优品汇”开设抖音号、微信视频号、丰收购店铺、百度店铺、淘宝店铺，利用“新闻+”全方位销售安吉优品。

2. 利用互联网。全国较早研发推出融“新闻+政务服务商务”于一体的手机新闻客户端“爱安吉”，截至2024年4月，在58万人口的县域实现注册用户45万，日活率达11%，被评为中宣部示范项目；打造安吉优品汇电商直播基地全网销售安吉优品，推出云享吉市服务本地群众并与饿了么签订生态型数字商圈共建协议，让互联网为我所用。

3. 引导互联网。不盲目跟从互联网，自主推出“美好生活券”，在为本地商家引流的同时给予消费者实惠，打造安吉优品独有运营模式（商务独有赛道，会员线上、单品线下两线相融，生产端、市场端、管理端三端管理，怡享、怡用、怡游、怡居四种资源统筹），建立安极荟商贸有限公司开展本地贸易直销。

三、党建引领同心共唱

将党的建设贯穿在中心发展的各个层面、各个环节，以刚性管理新闻战线，用柔情关怀员工成长。

（一）队伍管理关键以上率下

实施《领导干部作风建设12条》，同时将班子作风建设的运行机制下沉到二级单位，以上率下带领全体员工做政治生态明白人、发展创新领头雁、敬业奉献孺子牛、贴心服务知心者；常态化开展领导干部月督查督办、党委理论学习中心组学习，要求班子成员“周事周报”、外出考察必须有成果转化等。

（二）清廉建设坚持抓铁有痕

发布清廉媒体实施方案，围绕五大领域，实施九大重点工程，确定班子、中层、专业人才等五个层面的量化目标，并在人员管理、项目实施等领域建立各类管理办法，常态化开展全体干部警示教育、身边案例现身说法、外出学习现场教学等，相关工作经验在县委巡察工作会议上做经验交流。

（三）工作生活体现关心关爱

深入开展早餐知心会、子女陪考假、喜报送到家等关心关爱员工十项实务，在员工身心健康、家属关爱、员工休假等方面建立全方位、全员化关心关爱机制，提升“家园”温度。良好氛围较快促进员工成长，截至目前已有8人次获得国家级网络视听领军人物、省级青年创新人才和南太湖领军人才等荣誉，一人入选全国广电系统先进事迹报告团成员。

中心（集团）媒体融合发展坚持新闻主业、做大传媒产业，为经济社会发展提供了强大的新闻支持和智慧支撑，在这一过程中有着五点体会，既是中心（集团）的经验总结，也是日常工作的方向指导。

一是阵地就是高地。全方位建设声屏报网、两微一端、抖音视频号等新闻传播矩阵，满足广大用户需求，在58万人口县域黏合受众170万，报纸、广播、电视等传统媒体和新闻客户端、微信公众号、微博等新媒体平台双向互动、新闻互通；拓展媒体传播属性进行转型，将看电视变成用电视、送信号变成传数据、读报纸变成藏报纸、听广播变成悦音频；迅速破圈，联合全国20个省500家市县媒体成立长城联盟，构建起全国各地形象宣传、旅游推介、精准扶贫等为一体的线上线下体系。

二是政策大于资金。中心（集团）三十年来没有财政支持，但县委县政府却给予了大量的政策支持，如将广电网络建设纳入中国美丽乡村建设考核，和县大数据局达成绿色智慧城市建设战略合作等，推动中心（集团）借着政策东风快速走上市场化路子，并在这一过程中培养了一大批具有新闻敏锐度又有社会敏感度的员工，为媒体融合发展打下了坚实的人才基础。

三是人才优于资源。资源总有耗尽的时候，但人才却是永恒的“发动机”，中心（集团）构建专家顾问团、揭榜挂帅者、项目领衔人、文化工作室、星级员工制等“五位一体”的人才选培育用工作机制，同时搭建各种平台，让每位员工都能有效成长、一展风采，如让中层干部走上讲台，为文艺人才搭建舞台，让有志青年比赛演讲等。

四是市场高于扶持。坚持以良性的市场竞争来保持产业良性发展，近两年，中心（集团）在市场化竞争中逐渐成长，2022年总营收中县外资金只占8%，2023年已达到49.5%；2022年总营收中市场资金只占41.2%，2023年已达到60.5%。

五是总部强于项目。借助媒体融合发展，让媒体深入到各行各业中，成为群众离不开的好帮手。近年来，中心（集团）逐渐形成了百姓信息绝对支撑、文创产业县内龙头、文产基地一枝独秀、数字智治县域总管、本地配送别树一帜、区域品牌独家经营等六个类别的总部经济，较强的竞争力为中心（集团）发展奠定了良好基础。

融合、创新、跨越、共生，我们永远在路上。中心（集团）将党中央关于县级媒体融合要求落细落小落到实处，从而取得了目前的一些成绩。中心（集团）将继续按照新闻宣传方针政策，在这个“万物皆媒”的时代，不断奔跑，迎向未来。

（祝青：安吉县融媒体中心党委书记、主任）

案例类别：组织机构

领航 AI 赋能媒体融合新纪元
——长兴县融媒体中心全力打造漫极客人工智能重点实验室

黄时兵 王晓伟

长兴县融媒体中心（以下简称中心）始终紧跟新兴技术的前沿，积极拥抱人工智能、虚拟和增强现实、5G 技术等创新元素，努力为用户创造前所未有的互动体验。前期，中心研发的融媒眼智慧系统荣获多项国家级、省级荣誉，并实现整体对外输出；自主研发的第三代客户端攻克技术难题，实现全自主迭代运维；研发的易直播设备获得国家专利，并投入实战应用；新媒体技术研发“数智”团队先后荣获“2019 年度浙江省技术与产品创新团队”和“2021 年浙江省网络视听数字化改革创新团队”称号。2023 年 2 月，中心还成为百度“文心一言”的首批体验官，在全国市县媒体中率先接入“文心一言”，为媒体内容生产引入革命性的创新技术。

2023 年是人工智能大模型的元年，AI 技术在全球范围内飞速发展，渗透到各行各业；2024 年或将成为 AI 产品的爆发年，AI 技术不仅推动着产业的转型升级，更在重新定义每个人的工作和生活方式。2024 年初，中心紧跟时代潮流，全力打造“漫极客”人工智能重点实验室。

一、明确两大目标，组建 AI 核心团队

在“人工智能 +”行动成为打造新质生产力重要抓手的背景下，“漫极客”人工智能重点实验室将专注于两大目标：一是不断强化 AI 技术在媒体内容生产方面的多元化应用，为媒体内容创作赋予全模态 AIGC 能力，涵盖文本、图像、3D 素材、音频音乐和视频生成等，同时催生更多创意及实现可能，快速产出稳定且优质的 AIGC 产品，并形成“人机共创”的 AIGC 新媒体产品生产模式；二是通过自主研发和整合引入，全力构建“融媒芯”媒体 AI 中台，集成 AIGC 应用工具，融合多种 AI 能力，包括多模态素材识别、自动生成稿件、自动生成视频、视频自动剪辑、横屏转竖屏、全语种智能翻译等，并致力于将中心打造成为全国领先的县级融媒体 AI 实验基地。

为此，中心组建了一支由 80 余名媒体内容创作骨干和新兴技术专业骨干构成的 AI 核心团队，其中媒体内容方面人员涵盖新闻、编导、动画、平面设计、策划、技术等多个领域，新兴技术方面人员覆盖人工智能、人机交互、数据治理、云计算和智能识别等数字经济的核心领域，已拥有 25 项软件著作权、研发 30 余款数字化产品，累计完成 300 余个数字化项目。

同时，中心还邀请了业内专家和学者担任顾问，为团队提供技术支持和策略指导，加大 AI 应用人才的联合培养，鼓励全员参与到 AI 技术应用中，在实战中实现“智能进阶”，实现从新闻从业者向 AIGC 生成师的跨越，完善漫极客 AI 人才结构。同时与相关高校、科研院所建立深厚连接，联合中国传媒大学、浙江传媒大学等各类高校科研机构以及上海、杭州等地人工智能产业园，共同推进媒体垂类 AI 大模型构建、媒体领域 AIGC 能力平台研制，以及面向新闻、文旅、视频、音频、短剧、数字展陈、数字购物等业务场景的应用开发。

二、提高文生能力，创作全流程 AI 产品

在 AI 技术的驱动下，中心积极探索媒体生产的新模式，通过快速学习 AI 应用工具，不断提高 AI 文生能力，策划创作多模态 AIGC 融媒作品。

2024 年采茶季前后，中心先后推出了 AI 微短剧《茶韵》——福暖长兴（第三季）共 10 集，阅读量均达到 10 万 +。其中，3 月 13 日成功制作推出全国县级融媒体中心首部全流程 AI 微短剧《茶发芽》，这部短剧是中心首次引入 AI 创作工具，由 AI 采写、AI 主播、AI 视觉、AI 编辑这些“新同事”与采编人员共同创作而成。从稿件采写、文本润色、配图生成、排版设计到内容审核，每个环节都由 AI 参与，为用户带来了全新体验。在制作过程中，通过提供大量与主题相关的信息，引导 AI 进行深度阅读理解，并自动化处理大量数据，提取核心信息，并根据要求整合主题内容，生成文稿和视频。

随后，中心又推出《闲不住——长兴传媒的一天》《AI 看春天》《AI 看未来长兴》等多部 AI 融媒作品，随着人机协作能力的快速提升，AI 作品也越来越成熟和丰富，文字、图片、视频等多媒体内容可以更加流畅地相互转换和展示，为用户提供更加丰富的信息呈现方式。AI 的自然语言处理技术，能够模仿人类写作风格，让文本内容更具故事性和可读性；在后期的 AI 融媒作品中，还逐步增加了 AI 诗文、AI 歌曲等内容，进一步实现了 AIGC 融媒产品的智能化与多元化。

在不断的进化中，个性化文本生成已经成为 AI 文本生成技术的重要发展方向，人机协作能够碰撞出更多创意；AI 的多模态文生能力，也在跨媒体内容创作方面拥有广阔的应用前景。

三、驱动全能进阶，点亮 AI 技能树

在创作 AI 融媒产品的同时，中心也在积极挖掘 AI 技术在媒体采编、传播及运营全领域的应用，目前已在内容生产、个性化推荐、智能交互、审核监管、跨媒体融合以及数据驱动决策等多个方面引入 AI 技术，为媒体与新兴技术的再次创新深融赋能。

比如，在每天的新闻选题例会上，除了传统的新闻选题方式，还增加了 AI 选题。利用 AI 工具从社交媒体、新闻网站、行业报告等各种来源收集新闻信息，在对收集到的数据进行清洗、去重、格式转换等预处理之后，根据预设的筛选标准，提取最有价值、最具吸引力的内容，进行新闻热点的预测，并生成选题建议。截至 2024 年 4 月，新媒体平台已采纳了“柳絮纷飞要防范”“世界帕金森日”“一季度我国汽车产销量”等 AI 选题，且新闻报道阅读量处于篇均高位。

再如，利用 AI 技术增强智能审核与监管。在掌心长兴客户端，中心积极引入 AI 工具，搭建敏感词识别系统，通过图像识别、语音识别和 NLP 等技术，自动检测内容中的违规信息，如暴力、色情、虚假广告等，自动筛核，将 UGC 内容审核压力降到最低。AI 还接管了部分评论审核工作，有效提升了重点稿件、特殊场景的审核能力。这些举措大幅减少了后台工作量，让采编人员从繁重的内容审核工作中“解脱”出来，提高了审核效率。截至 2024 年 4 月，掌心长兴客户端共计审核通过 23 万余条评论、4 万余条用户发帖，拦截了 389 条评论、66 条用户发帖，阻断了 8 万余次敏感词的录入。

四、搭载数据中台，拓展 AI 应用新场景

中心已为全面进入人工智能时代做好了精心筹备和长期探索。2024 年 2 月成立“漫极客”人工智能重点实验室，3 月正式推出“融媒芯”AI 数据中台，致力在数字媒体、数字城市、数字商业、跨界合作等领域，提供多语言、跨模态的大数据与人工智能解决方案。

首先，中心借助 AI 数据中台能力，正在搭建域智慧媒体数据大模型，除了继续为媒体内容的创作生产提供更加丰富的 AI 功能外，还将开发定制化功能，为每位中心员工配备“AI 助手”，让 AI 助手能够自然地融入日常工作，利用强大的数据处理和分析能力，自动化处理一些烦琐和重复性的任务，快速提升员工工作效率；同时为员工提供更加全面和深入的知识背景，激发新的思维方式和创意，通过人机交互协同，共同探索新的领域和解决方案，从而为提升员工创新能力提供坚实基础。

其次，中心积极探索 AI 在媒体运营方面的应用。比如通过深化 AI 数据分析，精准把握用户需求和兴趣点，为用户提供更加符合口味的内容，其中掌心长兴客户端根据吸引年轻化受众的目标定位，设计掌心农场、集五福、热点话题等互动活动，并根据数据反馈催生各类创意策划 20 余个。再如基于社区用户的阅读历史、活跃时间、应用使用记录等多维度行为数据，根据用户标签实现个性化分类推送和服务，为房产、家装、亲子、教育等垂类经营项目创造更多商业机会。

中心还将与其他行业或领域进行跨界合作，共同探索 AI 应用新场景，完成从“单点应用”到“全产业链打通”的整体能力提升。比如，与科技公司合作开发基于 AI 的新闻报道工具；在未来社区、未来景区场景中，研发基于 AI 的交通监测、智能物流、智慧养老等服务；以 AI 赋能传统文化，投身于数字创意产业，等等。

长兴县融媒体中心致力于将“漫极客”塑造为国内顶尖的县级媒体专业垂直大模型和 AIGC 应用平台，不断为传媒事业产业注入新的活力。同时，将依托自身媒体领域资源积累和智慧平台先发优势，携手更多合作伙伴，共同推进大数据和人工智能技术的创新发展，共同开创智能化媒体新篇章。

（黄时兵：长兴县融媒体中心党委书记、董事长，王晓伟：长兴县融媒体中心党委副书记、总编辑）

全国县级融媒体中心第一部生成式人工智能系列人文网剧短视频《福暖长兴》（第三季）（茶韵）

案例类别：组织机构

县级融媒体中心媒体融合数字化先行项目桐乡实践

桐乡市传媒中心

桐乡市传媒中心成立于2019年6月28日，下设行政事务、采编业务、产业经营、技术保障四大板块。目前共有人员214名，运营平台主要有“FM97.1桐乡之声”广播、“新闻综合”“文化教育”两个电视频道、《今日桐乡》报纸、“爱桐乡”新闻客户端、桐乡新闻网，以及“桐乡发布”“桐乡时间”微信公众号、“桐响视频”抖音号等新媒体矩阵。

桐乡市传媒中心成立以来，积极探索实施“采编一体”改革，创新研发“融媒大脑”和“产业大脑”，融媒体建设从“全省上游、嘉兴一流”向“全国上游、全省一流”迈出实质性步伐，初步建成县级媒体融合发展的“桐乡样板”。

2023年，中心以“两化”（队伍创业化、业务数据化）建设为目标，积极实施移动优先战略，获评2023年长三角广播电视媒体融合先导单位。以融媒大脑采编管理平台、产业大脑经营管理平台、智慧传媒管理平台为核心的县级融媒体中心媒体融合数字化先行项目获评2023年全国广播电视媒体融合成长项目。

县级融媒体中心媒体融合数字化先行项目，主要架构是“3+3”，即对外3个平台：“爱桐乡”APP、“桐乡发布”应用、“桐豆豆”平台；对内3个平台：融媒大脑采编管理平台、产业大脑经营管理平台、智慧传媒管理平台。

一、对外打造三个平台

（一）“爱桐乡”APP，致力打造桐乡新闻客户端

“爱桐乡”APP下载量已超60万，日均活跃量稳定在1万以上。以美食、拍客、观影、亲子四大联盟为依托，尝试精细化社群运营。

（二）“桐乡发布”应用，搭建1+3+1+6体系架构

即1个驾驶舱、3个用户端（新闻办治理端、发布主体服务端、记者服务端）、一个贯通平台端（与“爱桐乡”APP实现数据贯通）、6个子场景；构建新闻发布评价指标体系，形成“记者画像”（采访规范性、采访领域分布、新闻报道质量等）和“新闻发言人履职图”。通过数字化手段重塑新闻和信息发布工作的流程与制度规范，相关尝试与探索获得了浙江省委宣传部领导的肯定。“桐乡发布”应用也作为“之江发布”应用的试点，被列入2022年浙江省重大改革（重大应用）“一本账S2”，成为桐乡数字文化系统三个入选应用之一。

（三）“桐豆豆”平台，致力打造桐乡县域内需促销平台

注册用户数已超50万。2023年发放各类消费券1600余万元，拉动内需超7000万元，做到了政府满意、商户满意、用户满意。

二、对内打造三个平台

（一）融媒大脑采编管理平台

融媒大脑是桐乡市传媒中心2021年在省级融媒体平台“天目云”平台的基础上，以本中心的媒体融合探索为蓝本，个性化重构了全媒体生产流程环节的监控和基于新闻选题的全平台考核打分与统计分析两个核心应用场景，在省内率先实现了广播、电视、报纸、新媒体等全平台采编发工作流程的实时、动态的可视化监测与融合考核打分，对全中心整体宣传效能进行一体化管理和数字化展示，通过数字化考核这一指挥棒，真正实现全中心融媒体业务的统一指挥研判和调度协同。

但是随着媒体融合的深入，实际操作中发现离融合生产的标准化、精细化、数字化的要求还有一定差距。2023年，中心委托集团下属广电科技公司自主研发一套标准化、格式化的新闻中心绩效考核评分系统，来配合2.0版本的融合生产体系改革。新闻中心绩效考核系统的基本逻辑是，对于所有的融媒体产品成果进行拆分至最小的独立产品，再对该产品设定参与的岗位角色，每个媒体产品的参与角色在此项成果中均设定基准分（以绝对分值体现），同时设定此项工作成果的评价指标体系，即加减分（以百分比值体现）。这个过程即是对融合生产成果的标准化与格式化，在后续的考核评价中，考评人员只需要对一项工作成果对应评价指标体系打上标签，

如对记者采编的新媒体稿件有“时效性强”“采访深入”“标题新颖”等考评加分标签项，以及“内容失实”“导向错误”“用词不当”等减分标签项，系统即可根据基本分以及标签项进行人员、部门的按时间段得分统计。而作为媒体产品的主创或者参与人，则可以通过系统查看到自己作品的得分，以及为何进行了加减分，为其后续工作和创作提供更为明确的指导方向。

（二）产业大脑经营管理平台

2017年，桐乡市广电传媒有限公司（桐乡市传媒集团有限公司前身）成立，开启了桐乡市广播电视台经营创收业务企业化、市场化运作的新纪元。通过打破原有媒体以硬广为主的创收模式，拓展了活动、会展、创意视频、平面设计、信息技术服务等多种经营渠道，使自2012年之后逐年下降的原广电台的经营性收入迅速触底反弹，从2016年的1600万元营业收入上升到2023年经营利润5000万元。随着公司经营创收业务的高速增长与扩展，参与创收人员队伍的不断壮大，也逐步凸显出产业经营过程中的内部运营管理缺失，急需强化企业内控，既要有严格的制度规范，更依赖一套数字化的经营业务管理系统来促使制度规范的落地。

产业大脑经营管理平台解决了经营洽谈如何定价、物料采购如何提效、经营合同如何监管三个问题。以主流市场行情为基准，形成了集团主营的各平台广告、创意视音频摄制、设备租赁、技术和人员（主持人）服务等800多项标准定价。对于采购需求频次高、数量大的活动、会展类物料，以每年一次的方式进行入围供应商的招标，选定4—5家物料供应商入库，使得300多项标准物料成本清晰。业务员在对接相关业务时，只需要在系统中选择相关业务内容及数量，即可形成标准的报价清单，避免了不同时期、不同业务员对相关业务自行报价的问题。自2019年下半年正式投入使用以来，伴随着传媒集团业绩的快速增长，该平台为集团经营活动的规范、高效开展提供了清晰的流程监管以及精准的数据支撑，并在实践中不断迭代升级，如今功能更加完善、流程更加科学，可谓与传媒产业经营的发展“珠联璧合”。作为服务媒体产业化经营的利器，能够为县域融媒的产业经营解决共同的痛点难点问题，已实现向多个兄弟区县级融媒体中心技术输出，均获得了赞誉与认可。

（三）智慧传媒管理平台

以“提高管理效率，降低运维成本”为目标，智慧传媒管理平台重点解决资产的安全性和使用绩效两大问题。该平台整合了集成智能设备领用系统、智慧人事、智慧财务、智慧后勤、智慧运维、智慧食堂等应用模块，用数字化手段破解顽瘴痼疾，着力倒逼流程优化、效率提升、管理规范，已打造成为中心内部数智化综合性运维管理平台。

（桐乡市传媒中心）

安徽省

案例类别：产品

融合开新局 转型促发展

——以“乡镇融”为例谈媒体融合发展

安徽日报农村版报社

随着传播技术不断进步，尤其是移动互联网的广泛应用，传统纸媒普遍深陷困局。面对受众流失、品牌贬值、动能匮乏导致传统媒体传播力、引导力、影响力、公信力趋弱的困境，安徽日报报业集团以习近平总书记关于新闻宣传工作特别是媒体融合工作的重要论述为基本遵循，积极探索破局之道。按照习近平总书记“要抓紧做好顶层设计，打造新型传播平台，建成新型主流媒体，扩大主流价值影响力版图，让党的声音传得更开、传得更广、传得更深入”，“在信息生产领域，也要进行供给侧结构性改革，通过理念、内容、形式、方法、手段等创新，使正面宣传质量和水平有一个明显提高”的重要指示精神，推进纸质媒体转型发展，启动建设“党媒云”项目。“乡镇融”作为“党媒云”项目早期上线的子项目，由安徽日报农村版报社负责实施。

“乡镇融”项目上线之前，《安徽日报农村版》每周刊出两期，盈利模式为传统的报纸发行和版面广告创收。虽然在为“三农”服务上有着良好的口碑与影响力，但在新的传播生态下面临着发行量和广告额双锐减的压力。项目实施后，农村版从单一的版面跨越到安徽新闻网、安徽日报客户端和安徽日报报业集团学习强国号等传播平台，既满足了新媒体条件下传统读者的新需求，又更好地把“三农”宣传拓展到乡镇村，传播力得到明显放大。

“乡镇融”项目依托安徽新闻网、安徽日报客户端、《安徽日报》和《安徽日报农村版》报纸版面、微信公众号等，通过“报、网、微、端”互动，为乡镇提供新闻宣传服务。具体做法是在安徽新闻网开设“乡镇融”PC端专区，在安徽日报新闻客户端开设“乡镇融”移动端专区，每个合作乡镇一个网络专页、一个手机专页，一个入驻号。与技术开发企业密切合作，开发设计了具有自主知识产权的“乡镇融”采编软件，实现了移动端、PC端的一键发布、多端呈现，技术上达到了目前国内相关行业领先水平。

为了实现“让基层资讯多端发布、主流思想舆论入基层”“打通传播最后一公里”的目标，“乡镇融”设计了三种服务：一是内容服务，让传播平台有质有量引导并采用乡镇的内容，发挥全媒体时代的“通联部”“群工部”功能。“乡镇融”上线后，《安徽日报农村版》日均推送稿件200多篇，一天发稿量超过传统报纸一周；二是平台服务，让基层声音走向更高平台。利用省级党媒优势，与更高平台连接，在学习强国开通账号，与“党媒云”全平台打通；三是资源服务，针对基层宣传人手不足、新闻业务不专、好线索写不出好稿件的困境，自项目启动至今，乡镇融已为广大乡村提供培训服务3000多人次。同时，加强技术服务，对于入驻单位在使用过程中遇到的问题，快速响应、积极解决，不断修改完善平台，提升用户体验。

“乡镇融”项目的成功上线，开启了传统纸媒融合发展的新局面，倒逼媒体融合向纵深发展，倒逼内容生产不断创新，倒逼资源有效整合，推动农村版报社在媒体融合、经营管理、业务创新各项工作的开展。

1. 加快融合步伐，建成全媒体传播矩阵。“乡镇融”项目上线后发挥孵化器的作用，先后成功培育老兵融、农信融，以及抖音号、快手号、百家号等端口，加上学习强国（安徽党媒云）号、安徽农村网、天都新闻公众号和视频号，使农村版从原来的一张报纸成长为“一报、一网、三融、多端口”的传播矩阵，生产内容的传播向移动端、PC端转移，实现了移动优先，使媒体的传播力引导力更强，融合的步伐更稳健。

2. 严格规范管理，推进全媒体流程再造。为了推动传统纸媒与新媒体尽快实现从相加到相融的转变，我们大力推进全媒体流程再造。经集团党委批准，根据媒体融合的需要调整内设机构，新设立全媒体采编部、融媒体拓展部、党媒云事业部等社内部室。在引进年轻的新媒体人才和培训采编人员的同时，报社配套出台了《全媒体绩效考核办法》《薪酬分配管理规定》《全媒体经营管理办法》等一系列适应媒体融合的规章制度。采编人员实行“1 + N”岗位管理，定期轮岗，采编工作量化考核，实现了“所有的事有人干，所有的人有事干”，实现了绩效分配向一线倾斜，向新媒体倾斜，按劳分配的原则得到尊重。

3. 拓展融媒服务，促进报社转型发展。由于受新媒体的冲击，近年来报纸在发行、广告方面大幅下滑，报社一度陷入困境。由于搭乘党媒云平台的快车，利用全媒体手段，依托安徽新闻网、安徽日报客户端、安徽农村网、《安徽日报农村版》等，立足“报、网、微、端”互动，为客户提供信息发布、视频拍摄、形象推介、活动直播、舆情服务、咨询调研、双招双引、文创开发、通讯员培训、互联网推荐投票等融媒体综合服务。

截至2024年5月，安徽省有近900家乡镇入驻乡镇融，覆盖全省70%以上的人口和乡村，体现乡镇特点、党媒特色；老兵融是党的宣传阵地和退役军人工作的有机结合，属全国首创；农信融是安徽党媒云平台孵化的全新项目，使党报集团与农信系统的合作实现了线下向线上成功转移。据不完全统计，自乡镇融上线以来，“三融”共实现营收4800多万元。2023年，农村版新媒体收入占比达到73.53%，实现人均盈利16.71万元，创造了历史新高。

在取得良好经济效益的同时，该报的媒体融合工作受到了上级部门的表彰。主要亮点如下：2021年度，国家新闻出版署授予安徽党媒云乡镇融项目“中国报业深度融合发展创新案例”称号；2022年度，安徽党媒云乡镇融团队荣获安徽省第十五批“115”产业创新团队称号；2022年度，乡镇融项目荣获“安徽省数字出版优质平台”称号；2023年度，老兵融项目荣获全国报业技术赋能媒体融合优秀案例；2023年度，老兵融项目荣获安徽报业深度融合发展创新案例。同时，安徽日报农村版报社荣获“2023年度中国报业经营管理优秀单位创新案例”称号。此外，报社在党的建设、文明创建、安徽好新闻评选等方面都取得了很好成绩。

（安徽日报农村版报社）

案例类别：组织机构

六安广播电视报探索媒体融合发展之路

王政

面对新媒体崛起和舆论环境的深刻变化，习近平总书记和党中央做出加快推动传统媒体和新兴媒体融合发展的重大决策。近年来，六安市委宣传部结合实际，对传统媒体和新兴媒体融合发展提出具体明确的指示，要求传统媒体要充分运用新技术新应用创新媒体传播方式，占领信息传播制高点，提高主流媒体传播力、公信力、影响力和舆论引导力。面对新媒体的迅猛发展，在市委宣传部、市广电台关心指导下，报社积极运用互联网思维，及时转型发展，坚持以内容建设为根本、活动为支撑，全力打造新媒体平台，积极推动传统纸媒和新兴媒体在内容、渠道、平台、经营、管理等方面的融合发展。

一、纸媒架设网络：让传统媒体更有影响力和话语权

率先成立新媒体中心，2011年，六安新周报官方微博正式上线；2012年，主办的六安宝贝网上线；2013年，六安新周报微信公众号成为全市首家上线微信平台的官方媒体；2016年，开启六安首家微博、微信“双微”直播平台；2018年，六安新周报抖音号开通。截至2024年5月，六安新周报新媒体矩阵粉丝突破1000万。粉丝量、影响力居全市官方媒体第一。

目前已拥有六安新周报抖音号、视频号、快手号；六安新周报官方微博、官方微信；《六安广播电视报》、照片故事、市井百味、小馋游记等抖音号；以及六安头条、头条六安官方微信、六安新周报人民号、央视频、新华社现场云、今日头条号、企鹅号（腾讯新闻）、网易、搜狐等新媒体矩阵。承办运营市委市政府官方微信平台《六安发布》和六安市文明办官方网站《六安文明网》和官方微信《文明六安》；以及六安市政法委、六安市卫健委、六安市中级人民法院、六安市应急管理局、六安市数管局、六安市妇联、六安市人民医院等十余家政务官方微信和抖音。

六安新周报微信公众号在全省、全市官方媒体微信影响力排行中一直位居前列。六安新周报微博、微信连续四年获得“安徽省突破力媒体微博”“安徽省新锐媒体微博”“安徽省新锐新媒体”等大奖。2021年，六安发布抖音荣获政务抖音号优秀创作者称号，六安发布微信在“2020年度安徽政务新媒体（微信）影响力评选”活动中荣获“突破力十佳”。《六安新周报》在2021年（第九届）传媒中国百强指数发布中获得融合创新十大综合传播力城市都市报荣誉，六安新周报抖音号在2021年（第九届）传媒中国百强指数发布中荣获城市报业抖音传播力20强。在第四届中国融媒创新发展年会暨2022全国优秀融媒体作品云传播力调研报告结果发布会上，六安新周报微信创作的《谢谢你六安2021》荣获2022优秀城市融媒体综合影响力作品，《六安新周报》获得2022优秀城市融媒综合影响力TOP10奖项。2023年获得中国农业电影电视中心主办的“美丽乡村我代言”短视频优秀奖。

我们通过新媒体融合发展，让周报变日报，让纸媒不能承载的视频音频新闻第一时间呈献给受众，通过与新媒体的相互融合补充，提升了六安新周报的知名度和影响力，新媒体的成长让母体更具影响力和话语权。

二、坚持以人为本：人人都是参与者，个个都是当事人

媒体融合发展没有啦啦队，人人都是参与者，个个都是当事人。媒体融合归根结底要让融合成为每位从业者的自觉追求和自愿选择，媒体融合发展是一场没有退路、没有终点、必须打赢的攻坚战，而打赢这场战役的关键还是在人，在于每一位从业者。

新媒体是全员参与，所有采编人员参与内容策划和采写，线下活动更是要求全员参与。新媒体学习、培训从总编到中层再到采编人员都要参与，报社不允许有新媒体的“外行”。

融合的内容涵盖诸多，宣传形势和技术手段要融合，采访、编辑、传播、管理、机制等方面更要深度融合。过去摄影、文字记者都有分工，现在我们要培养全媒体记者、全媒体编辑、全媒体管理者。新媒体发布有文字、声音、图片、影像等多种表现形式，过去需要各类记者合作完成，现在我们需要全副武装、具备各种技能的“全媒体”记者，目前，《六安新周报》正朝着这个方向摸索和努力。

三、纸媒新媒互动：把媒体矩阵品牌特色作为发展宗旨

报社始终坚持宣传党的路线、方针、政策，倾听群众呼声，突出地方特色，坚持社会效益第一，经济效益并重，两个效益同步增长。严格遵守新闻宣传宗旨，始终以正面宣传为导向，弘扬主旋律，传播正能量，传递好故事好声音，做好新媒体及文化产业。宣传党的路线、方针、政策，倾听群众呼声，突出地方特色。多年来，报社围绕市委市政府重点工作，通过办特刊，创栏目，并利用纸媒图文、网络声频等多种宣传形式，解读国家政策，服务社会百姓。坚持打造深度新闻、独家新闻和新闻背后的故事，通过“内容为王”在本地区树立权威性，新媒体正是借助这一权威性迅速占领本地市场。对于时效性比较强的新闻，在报纸未出版之前，通过“两微”先期进行报道，抢占舆论市场。对于时效性较弱的新闻，在报纸出版之后，进行内容再加工，换成网络语言，通过“两微”推出独家新闻，吸引更多受众关注。

设立“两微”爆料平台，网友通过微博、微信提供的新闻线索，纸媒会第一时间跟进，及时回复，并通过采访整理成文刊登，实现互动。

四、涉足画册影视：为拓展传统媒体业务先试先行

随着报纸广告业务的下滑，报社成立六安报业传媒有限公司，涉足视频拍摄制作、活动策划、画册设计出版、微信“直播”等领域。

我们从做画册起步，利用现有的美工设计、文字编辑、摄影记者、印刷等优势“变现”衍生服务。早在2011年，承接六安创建国家园林城市的画册《六安美景》的制作印刷，历时半年的精心策划、组稿、编纂、印刷，《六安美景》画册收到良好的宣传口碑和社会效益，为以后的延伸服务品牌打响了第一枪。

随后几年，先后承接六安市山水文化旅游节的官方画册《大美六安》、市旅游局的外宣画册《青山绿水 休闲六安》等。2015年，历时半年为市委宣传部策划编纂画册《幸福六安》，成品出炉，获赞无数。报社陆续为市城管局、市林业局等部门制作“六安创建国家节水型城市、国家森林城市”画册，并顺利通过专家评审，收到一致好评。

在制作画册的基础上，报社再次拓宽思路，招募视频专业人才，开始与各个部门合作，承接拍摄微电影和宣传片。

2014年，为六安市交警支队拍摄微电影《让幸福继续》，该片在2014年度全国文明交通宣传作品评选喜获全国三等奖、省文明交通宣传作品一等奖殊荣。

2015年、2016年，六安开始创建国家节水型城市、国家森林城市以及全国文明城市，报社先后通过策划拍摄2部节水公益广告，1部节水创建汇报片，2部森林城市公益广告，1部森林城市创建汇报片宣传片，1部文明城市创建公益宣传片，不但顺利通过专家评审，更是在社会和网络上叫好又叫座。

2017年为六安市旅游局策划拍摄文明旅游系列宣传片《文明旅游 你是最美的风景》，被剪辑成多个短视频，在各大网络媒体、户外宣传载体进行宣传，引起百姓广泛关注，为提高百姓文明程度起到很大的促进作用。

2018年是六安市脱贫攻坚年，我们选派优秀拍摄制作团队，赴各县区贫困人口多、贫困程度深、脱贫难度大的地区，对那些在各级政府的关心支持下，农村贫困户脱贫致富后的新场景、新气象进行集中拍摄，并制作出多种形式的脱贫攻坚专题片，在各媒体平台进行宣传播出，为宣传各县区“政府积极引导、企业示范带动、群众参与增收”的新模式营造良好的舆论氛围。

2016年4月24日，习近平总书记亲临六安市大湾村考察脱贫攻坚工作，为老区人民带来了希望和机遇。从脱贫攻坚到乡村振兴，八年来，我们选派骨干力量深入大湾村，每年一个主题视频，《大湾村的微笑》《大湾的“新生”》《大湾村，下一站……》《大湾村，如此青绿》《大湾村，“声声”不息》《“湾”有引力》等，每个作品从选题策划到成品传播，力求在众多主题报道中脱颖而出，每个作品也均获得了省市新闻大奖。

五、广泛开展活动：利用直播扩大平台影响力

利用现有的媒体资源和社会公信力，积极承办各类活动扩大影响力。近几年，我们举办了5届经典歌曲大家唱，打造平民歌唱舞台；先后邀请盛中国、闵慧芬、刘诗昆等音乐大师级举办音乐会；成功策划第一、二届城市运营商评选活动；开展皖西好老师公益评选活动；举办健康老人评选活动；举办阳光宝贝活动；连续几年承办六安市新媒体峰会，推动全市融媒体行业的创新与协作；开展了三届“红色记忆——我有传家宝”赛宝大会；2024年承办了“皋城之星”六安首届新生代歌手大赛，活跃了夜间经济，提升了城市活力。

我们充分利用微信、抖音、视频号的直播特殊效果，把有效活动空间进行线上扩大，2017年至今，对六安市重大活动和赛事进行了300余次的现场直播，最高单次直播在线观众达到近50万人，总计直播在线观众达1000万人次。通过直播，实现全球同步，同时带来很好的社会传播效益。

此外，通过“活动”为融合发展输入“营养”。如

在微信上开展“快乐小报童爱心义卖”活动、通过“两微”倡议开展“冬衣募捐”等大型爱心公益活动，利用纸媒与新媒体的互动宣传，吸引众多粉丝参与，产生较好的社会影响力，真正实现传统纸媒与新媒体的互动融合，扩大六安新周报品牌影响力，树立公信力。

成功的传播者，一定既是优秀内容的创造者，也是善于利用新型传播介质的高超融合者。我们将紧紧把握新媒体潮流，推动新媒体和传统媒体的融合发展，形成两者之间的优势互补、共同发展。

（王政：六安广播电视报社总编辑）

福建省

案例类别：产品

福州新店古城遗址文化园区

陈龙

一、项目简介

福州新店古城遗址位于福建省福州市晋安区新店村，是战国晚期闽越国故城所在，是福建文明有文字记载的开端，是福州历史文化名城中轴线的北部起点，是福州根之所在、源之所系。它所承载的闽越文化记忆，是闽文化的重要组成部分，是今天闽都文化的重要源流。2001 年 1 月被福建省人民政府列为第五批省级文物保护单位。

新店古城遗址目前由福州日报社承担运营，福州日报社举全社之力，探索打造闽都文化源流艺术聚落，将活态思维用于古遗址保护利用，让传承与传城、记忆与技艺、时尚与食尚同步呈现，并利用 AR、沉浸式体验等多媒体手段创新传承闽都文化，举办“星空音乐节”“天地席茶会”“一碗福州”奖项发布等文化活动，打造“文化流水席、艺术连轴戏”的多维表达，持续推出文化讲坛、非遗传习、文创研学等活动矩阵，形成具有考古、科研、教育、文旅等功能的城市公共文化空间。园区携手周边文旅板块，打造人文与自然结合、历史与现代交融的遗址保护的福州样本。

二、平台建设

（一）闽都文化公共展馆

园区立足考古成果，努力让历史文物“活”起来。园区主要由三处博物馆文化聚落组成，提供食俗、文创、阅读、非遗、音乐等各类活态文化体验，打造成以闽都文化为内核、数字科技表达、创意设计驱动的文化展馆。目前向社会开放“闽风越韵”福州闽越文化展示馆、“一家新店”文创直播共享基地、国创空间、“东海碧玉心”千年福州府双语诗词汇特展、六艺传习所等文化创新空间。

（二）丰富园区文化新内涵，开展专题文化活动

园区汲取外省市遗址文化园区的先进运营管理经验，结合当地文化特色，提升活动策划服务水平。以二十四节气为契合点，组织举办“茶满，茶未满”小满茶事活动、野芒生长、“海上生闽越”福州中秋双语云诗会、闽越丰收节、刀锋上的水墨丹青——福州软木画特展、甜品考古、童心绘古城等专题活动。2022 年“文化和自然遗产日”作为福建主会场开展非遗宣传展示系列活动。

（三）研学体验基地

园区以“闽越”特色文化为魂，拓展 4 万平方米花样农田，目前除传统的农耕文化体验展示外，还联合各中小学、培训机构开展课外农耕教育、节气研学、文化传承等活动。

（四）考古科研基地

园区联动郑国珍、欧谭生、卢美松、林山等文博专家团队，建立考古科研专家资源库，对遗址进行深入研究，为进一步探索福州建城史、城市中轴线、福州东冶港及“海上丝绸之路”研究提供新的依据，对延续福州历史发展脉络，完善福州历史文化名城体系，提升福州城市文化的影响力、软实力和竞争力，具有重要意义。

（五）“福”文化传承与创新运营基地

园区解码福建“福”文化，建设“根之所在 源之所系”闽都福文化展示馆，讲好闽都先祖故事，守住“福”根脉，推动“福”文化创造性转化，擦亮闽都“福”文化品牌。

（六）“云游闽越”线上展示平台

通过开发线上 VR 小程序，引爆线上访古寻城的热潮。每逢节假日与重大活动日，数十万市民和游客通过小程序“游览”古城遗址，在虚拟现实中感受闽越文明的源与魂。

三、社会合作

（一）政府推动，七大环节齐头并进

2018 年，在福州市委、市政府的推动下，新店古城遗址保护利用工作领导小组办公室正式成立，以嵌入式工作法，统筹遗址保护、考古、规划、征迁、建设、展示、营运七大环节齐头并进，推动古城遗址实现文化和自然遗产保护利用、城乡面貌品质“两个新提升”。

（二）与国内先进规划设计院合作，提升保护规划水平

引进国内先进的规划设计院合作，共同编制《福州新店古城遗址保护规划》。保护规划对新店古城遗址的建筑现状、文物构成、保护区划、环境整治、考古研究等多方面进行界定，提升了新店古城遗址保护规划水平。

（三）打造社区融合示范样板

发挥福州日报社媒体优势，协同社会各方力量，推进社区青年团建、社区治理与融合、城市可持续发展、乡村振兴等各类专题行动，建设以古城遗址为中心覆盖周边社区的新生活家园，积极打造“城市更新”与“社区治理”融合的社区示范样板。

（四）共画同心圆，开展党建活动

依托福州日报社宣教学习资源平台，园区开展环古城遗址党建联盟行动，携同近邻社区、企事业单位，开辟“党建小院”，打造“十点钟课堂”“E 路守护”“红色讲堂”“闽都文化传习所”等社会公共服务品牌。

四、社会效益

（一）为社会提供公共文化创新服务

园区几年来坚持内容升级与展陈更新，为社会提供考古体验、文创、研学等系列文化创新服务。目前园区被评为福建省第五批省级文物保护单位、福州市中小学生研学实践教育基地、福州闽都文化对外交流展示基地、福州青少年网络素质教育基地。

（二）迎世遗，全面展示文化遗产保护利用新成果

福州新店古城遗址的保护修复利用，被视作福州国家历史文化名城保护的重要组成部分。2021 年，第 44 届世遗大会在福建省福州市召开。盛会在即，园区（一期）建成，为即将举办的世遗大会献出一份厚礼。值此，福州日报社推出系列报道，全面展示福州系统科学高效推进新店古城遗址保护利用取得的成果。《光明日报》首版刊出《为闽越文化溯源 为闽都精神铸魂——福州新店古城遗址将盛装“出席”第 44 届世遗大会》，为大会在福州召开营造浓厚氛围。

（三）构建福州城北文旅新枢纽

保护修复后的古城遗址文化园区，与周边动物园、儿童公园、森林公园构建起福州城市北部自然与人文相结合、历史与现代相交融的人居环境板块。园区在展示闽越文化，当好文化遗址守护者的同时，还扮演着激活“四园”联动、文旅新枢纽的角色。

五、经济收益

（一）投资与盈利模式

由福州日报社为主体投资 800 万元成立专项运营公司，开展管理运营、展馆装修改造、内容创新升级、活动策划等业务。

主要通过两种盈利模式：一是门票旅游收入，导游讲解结合园区沉浸式互动；二是各类活动、服务收入，包括园区通过挖掘闽都文化资源，开发研学、文创、音乐剧、展览展示等服务项目，以及在文化展馆内提供空间租赁服务，在馆外提供特展活动与形象设计服务。

（二）经济收益

园区通过各类活动运营、政府运营代托管等方式，每年度预计总收入在 600 万元以上。

（陈龙：福州日报社众创孵化中心园区部主任）

新店古城遗址公园公众号

案例类别：产品

泉州晚报社元宇宙实验室 AI 创作平台

苏智峰 黄友添

2023 年，泉州晚报社元宇宙实验室 AI 创作平台建设完成。该平台以数字虚拟人替代真人作为主播为切入点，结合元宇宙概念，为观众带来虚实结合的新型观看体验，是泉州晚报社在媒体融合转型的过程中积极探索出的运用新一代互联网技术推动媒体视频业务和直播业务发展的新型平台。

一、项目介绍

该平台旨在通过元宇宙概念中的数字虚拟人技术实现数字虚拟人新闻播报平台、数字虚拟人动作捕捉直播平台和融媒体短视频快速生产平台的建设目标。首先通过元宇宙数字虚拟人技术，打造一个高效便捷的视频生产工具,通过文本输入的方式,即可生产出具备口唇同步、丰富表情和肢体动作的虚拟主播，为观众带来全新的媒体播报体验。再者，通过动作捕捉、摄像头面部表情捕捉等硬件与技术的支撑，实现虚拟人实时的肢体动作和面部表情驱动。

在内容创作上，通过真人主持人和虚拟形象的融合出镜，基于新闻素材内容形成积极的联动与互动，达到虚实结合，立实望虚，以虚补实的直播效果。为广大观众提供虚实融合的场景体验，为直播内容形式提供技术化的升级。同时，我们结合泉州本地特色历史文化底蕴，在虚拟主播形象创建中融入泉州特色元素，打造泉州专属的元宇宙数字虚拟人形象。

在面向观众提供多模态虚拟主播服务的同时，该专属虚拟人形象也将致力于成为媒体领域的泉州“新名片”，为泉州城市文化的宣传贡献力量。

该平台主要通过以下内容来实现建设目标。

（一）数字虚拟人新闻播报平台

该平台是一款快速生成 AI 虚拟主播视频的制作工具，编辑人员仅需输入文字内容，即可快速生成具备同步口型、丰富面部表情及模型动作的 AI 虚拟主播播报视频。该平台操作简单，编辑人员在零基础的情况下，仅需输入文字内容和通过简单编辑即可在线生成具备同步口型、丰富面部表情及模型动作的 AI 虚拟主播视频。该平台旨在利用 AI 技术，提高新闻内容生产效率，降低制作成本，同时利用虚拟人技术给予观众新的观看体验。

（二）数字虚拟人动作捕捉直播平台

该平台通过 AI 技术、虚拟人技术和实时动作捕捉技术，将后台真人扮演者的神态表情以及肢体动作通过摄像头和动捕设备实时同步到虚拟形象上，结合真人实景或虚拟场景背景画面，通过绿幕方式将背景画面和虚拟人形象进行叠加，最终可为观众呈现虚拟形象和真人主持人实时互动直播的场景应用。直播画面可投放到各大融媒体渠道中，实现全方位的新闻价值传播。

（三）融媒体短视频快速生产平台

该平台是利用先进的三维图形图像实时引擎技术和图像处理技术，推出的全新一代以图形引擎为核心的视频包装创作工具，突破了传统非编软件无法满足越来越多的图形需求，并且操作更为简便。同时配套的 CG SaaS 数字图像资产云平台是依托图形图像核心引擎技术，结合云计算及大数据管理技术打造的图形资源存储运营平台，提供了数十种应用场景，拥有达 330 多个大小不同的分类，数千种标签上万的图形 / 图像 / 模型制作元素以及各级动画效果包和模板库供编辑进行选择，编辑可以随意下载调用，实现快速生成融媒体短视频产品。

（四）元宇宙虚拟直播厅

元宇宙虚拟直播厅位于报社 12 楼，配套专业绿箱背景，以及 4K 摄像机、直播导播一体机、虚拟直播设备等专业视频拍摄设备，不仅能满足传统直播间的需求，也能满足制作虚拟直播的需求。

（五）专业团队

泉州晚报社目前拥有一支呼之即来，来即能战的视频队伍，编导、摄像、后期制作、动漫制作、主播等各岗位配置齐全，天上航拍、地面直播、音视频、动漫、VR、智能 AI 等样样精通。

泉州晚报社元宇宙实验室 AI 创作平台建设完成后，

不仅推动了报社在短视频制作和视频直播业务上的发展，同时也可服务本市各企事业单位及县市区融媒体中心的宣传工作。元宇宙实验室运用数字虚拟人技术及AI技术，同时通过打造具有泉州专属特色，符合宋元中国海丝泉州风格的3D虚拟人形象，使得报社拥有为受众提供虚实融合的场景体验的技术能力。

目前，在各类新闻播报业务及视频直播业务中，报社已布局运用元宇宙实验室平台的技术优势，发挥数字媒体特点，探索媒体传播新范式。这一全新的内容生产形式和内容传播平台，对抢占舆论阵地，提供全新交互方式，开拓创新商业模式具有重要意义，更为党的媒体宣传工作提供新型传播手段。

二、创新点

（一）数字虚拟人技术应用

该平台通过元宇宙概念中的数字虚拟人技术，实现了数字虚拟人新闻播报平台的建设。通过文本输入，即可生成具备口唇同步、丰富表情和肢体动作的虚拟主播，这种技术的应用极大地提高了视频内容的生产效率，降低了制作成本，同时为观众带来了全新的媒体播报体验。

（二）动作捕捉与面部表情捕捉技术

平台利用动作捕捉技术和摄像头面部表情捕捉技术，实现了虚拟人实时的肢体动作和面部表情驱动。这种技术使得虚拟形象能够更加真实地反映真人的神态和动作，增强了直播的互动性和观赏性。

（三）虚实结合的内容创作

通过真人主持人和虚拟形象的融合出镜，基于新闻素材内容形成积极的联动与互动，达到了虚实结合的效果。这种创新的内容创作方式，不仅丰富了直播内容形式，也为观众提供了更加多元的观看体验。

（四）地域文化特色融入

在虚拟主播形象创建中融入泉州特色元素，打造了具有泉州专属特色的元宇宙数字虚拟人形象。这种结合地方历史文化的创新做法，不仅增强了虚拟形象的文化认同感，也为泉州城市文化的宣传贡献了力量。

三、传播效果

在元宇宙技术和AI数字人驱动技术加持下，2023年5月，泉州晚报社投入建设并推出元宇宙实验室AI创作平台，并推出虚拟数字员工“宋元”。“宋元”之名取自“宋元中国 海丝泉州”的文旅品牌，形象及服饰设计上具有典型泉州元素。自上线以来，元宇宙实验室平台应用效果初见，一系列特别节目获得受众好评。

该项目数字人与普通数字人不同，可通过动作捕捉技术，实现真人驱动数字人，从而与记者、采访嘉宾，以及各类新闻报道中的实景巧妙配合，达到虚实结合，立实望虚，以虚补实的直播效果。目前已尝试以城市虚拟代言人形式，将“宋元”和泉州实景结合，服务于文旅产业的宣传报道中。

在社会新闻和时政新闻的具体实践中，目前已推出24期作品，由数字人主播结合视频连线、图片图表、真人嘉宾等形式，打造数智化新型传播方式。比如在2023年台风的报道中，《“杜苏芮”升为17级超强台风！泉州继续发布台风预警III级》《台风“泰利”再次登录！出行请加强防范》等视频，通过虚拟主播结合真实新闻场景、文字图表等多种表达方式，增强节目沉浸感和视听体验，及时回应受众关注，实现了良好的传播效果和社会效果。

该创作平台同时广泛应用于访谈类视频，例如泉州晚报社和教育局推出的“招生政策解读”直播、和博泽幼儿园合作推出的“毕业季”访谈，通过真人嘉宾和虚拟场景的结合，在三维建模技术基础上，引入虚拟数字拍摄技术手段，从而把嘉宾“搬”到演播厅，互动性更强，呈现效果更具视觉冲击力和科技感。

（苏智峰：泉州晚报社融媒二部主任，黄友添：泉州晚报社融媒技术部副主任）

“泉州晚报社元宇宙实验室AI创作平台”专题

案例类别：产品

泉州网 VR 云平台打造媒体融合新引擎

许志荣 林嵩 雷淑蓉

为贯彻习近平总书记提出的“要抓紧做好顶层设计，打造新型传播平台，建成新型主流媒体，扩大主流价值影响力版图”重要讲话精神和关于推动媒体融合发展的重要论述，近年来，泉州晚报社泉州网运用 VR（虚拟现实技术）构建 VR 云平台，创新表现形式、表达方式、传播渠道，不断提升新型主流媒体舆论引导力。2021 年以来，泉州网建设的多个主题 VR 云展馆启用应用，密切契合了党委政府职能部门的主题宣传，有效提高了党员干部群众的学习积极性，取得了良好的社会效益和经济效益。其中泉州红色记忆云展馆和泉州华侨革命历史博物馆 VR 网上展馆等被《人民日报》作为典型案例进行报道。

泉州网 VR 云平台致力于 VR/AR 平台建设、技术创新、内容生产、终端展现、用户体验等领域，项目分为建设和应用两部分。2021 年，泉州网投入技术建设基于 Web VR360 全景可视化系统，即 VR 云平台后端，加强技术开发与场景应用。通过该系统引入三维数字技术以及虚拟现实技术，可生产全景 VR 内容以及其他 VR 新闻内容。平台于 2022 年初建设完成后正式上线。上线后，平台致力于数字化赋能应用。借助数字技术，整合文字、图像、视频、音频等资料，将线下资源转化为线上产品。除了数字化，云展馆还利用数字建模、3D MAX 渲染、全景影像三维重建等技术，通过 VR 全景漫游交互制作完成虚拟展厅空间，集成多维度场景漫游、3D 模型展示、高清视音频播放、热点可触交互等功能，打造深度交互 VR 体验应用。

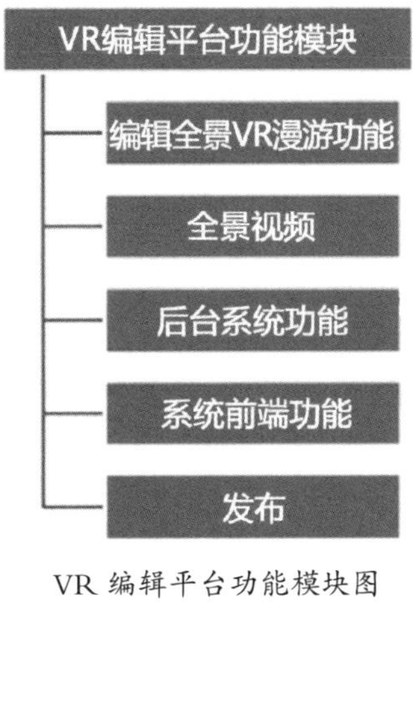

VR 编辑平台功能模块图

2022 年来，泉州网发挥新形态党政媒体的宣传阵地作用，密切联动本地职能部门，整合本地红色资源，依托 VR 新媒体技术平台，重点打造 VR 党建和 VR 红色文化。具体做法是建设红色教育网上展馆。通过云上展馆平台，广大读者网友可以在云端 VR 方式参展、观展、逛展，体验沉浸式、体验式游览，打破传统展览的时空地域限制。平台的应用使用，拓展了主题宣传的覆盖面和参与渠道、丰富内容表现形式，实现线上线下深度融合、一体互动。为了展示 VR 成果，泉州网还开设了 VR 频道，作为集纳 VR 产品的展示平台。

借力 VR 云平台，泉州网陆续制作推出了《泉州“红色记忆”》《泉州华侨革命历史博物馆》《泉州革命烈士陵园》《泉州党员教育基地》《“法映刺桐”》等多个网上 VR 云展馆，在持续推进党史学习教育常态化长效化营造了良好氛围。

泉州“红色记忆”云展馆以百年时间轴贯穿 5 个经典历史场景，精选各个时期革命文物 270 件（套），以 3D 数字虚拟云展馆技术整合文字、图片、视频、音频等红色资料，采用 VR720° 环绕画面、3D 效果呈现历史物件、VR 画面及“图文展示 + 音频解说”等形式，突破时间和空间的限制，把泉州在长期革命、建设和改革进程中形成的红色资源，活化为可听可看、可读可感的网络传播产品打造永不落幕的网上红色教育基地。2022 年 5 月，由中宣部理论局组织撰写，学习出版社、人民出版社联合出版的《百年大党面对面》一书中（第 13 页），将《福建泉州“红色记忆”云展馆实现足不出户学党史》选录于“今日史记”中，为全省唯一入选的经典案例。2022 年 5 月 23 日《人民日报》第 8 版刊发《福建泉州“红色记忆”云展馆实现足不出户学党史》一文。2022 年 8 月 3 日《人民日报》第 5 版（评论版）以“让文化资源活起来火起来”为题，对泉州“红色记忆”云展馆的做法给予充分肯定。

泉州华侨革命历史博物馆 VR 展馆，运用虚拟现实技术，采取多媒体互动叠加文图、音视频等形式，全景展示展览现场，生动再现了泉籍华侨革命先辈的丰功伟绩。展馆的推出，让原先需要线下参观的博物馆，如今只需在手机上点一点，就可以线上观展。2022 年 10 月 3 日，《人民日报》头版刊发《欢度国庆节 喜迎二十大》，报道今年国庆假期，全国多地红色景区在做好疫情防控前提下，举办了丰富多彩的主题活动。其中，将泉州华侨革命历史博物馆作为“创新展览方式，让红色故事绽放光芒”的典型案例进行报道。

泉州（南安）党员教育基地VR云展馆，利用三维仿真和虚拟现实技术，融合了大量文图、语音、视频等，提供“在线学党史、云上逛展馆”的新体验。该举措充分利用了现代技术手段和红色文化资源，提供视听式、沉浸式学习渠道，让党史学习“声”动有趣，利于各级各部门组织多种形式的学习，增强学习效力，创新了学习方式，不断提升党史学习教育的针对性和实效性。

泉州网把建设红色VR展馆作为集中展现红色资源、传承红色基因的重要载体，突破时间空间限制，实现内容与观众的便捷和远程互动，不失为一种扩大宣传覆盖面和传播力的有益尝试，也取得了良好的社会反响。比如，泉州红色记忆云展馆上线以来，单日最高浏览量突破1万人次。相较于线下团队入馆参观，云展馆里有详细讲解、多种互动，激发了观众的学习兴趣。此外，VR展馆展现形式丰富多样，展现的内容系统全面，观展的效果新颖有趣，大大提升了受众的观展体验。

VR应用技术的快速发展和传播，开辟了传统媒体和新媒体融合发展的道路，也为传统媒体创新提供了有力的技术手段，促进了媒体融合。VR云平台作为泉州网的新频道，通过新技术、新手段的探索应用，将使用户获得全新的感官体验，为用户提供更直观、更新颖、参与性更强的视听享受。目前，泉州网正在加速VR自制内容生产，包括新闻、文旅等更多独家VR内容，通过“VR+H5”、VR与数据新闻相结合的新闻形式，实现VR技术与新闻与文化的媒介融合，使VR成为一种新闻内容展示的辅助手段，实现跨媒体、跨行业的联合融合，成为丰富新闻的表达形式，满足广大读者日益增长的文化生活需要。

（许志荣：泉州晚报社编委、泉州网常务副总编辑，林嵩：泉州晚报社网络市场开发部副主任，雷淑蓉：泉州晚报社网络市场开发部编辑）

红色记忆云展馆

案例类别：组织机构

聚力“五个一” 绘就县融深改“尤溪现象”

张敏 池毓腾

一、基本情况

尤溪县融媒体中心成立于2018年9月，下设三大分中心（融媒资讯中心、品牌传播中心、综合服务中心），属公益一类事业单位，全权经营管理一家国有企业（福建省朱子文化传媒有限公司），现有员工88人（其中在编人员65人，公司23人，在编人员待遇财政供养，公司人员自收自支）。

中心成立后，坚持正确方向谋思路、直面难点痛点出实招，打好“机制创活、技术创新、内容创优、产业创效”组合拳。通过融合技术平台，再造生产流程，融通传播渠道，聚合社会资源，实现了各种媒介资源、生产要素之间有效整合；通过做好新闻报道，做特电视栏目，做精影视作品，做优服务平台，创新运营模式，变革电商平台，延伸产业链条，增强自我“造血”功能，闯出一条县级媒体融合改革发展的新路，被国家广电总局评为典型案例、先导单位。

2023年12月22日，由中国传媒大学主办的融媒体发展“尤溪现象”专题研讨会在北京举行，“尤溪现象”得到业界、学界、政界的广泛关注和肯定。

二、创新做法

（一）构建一个“移动优先 立体多样”的全媒体传播体系

向内发力，做强“传播矩阵”。深度融合报、台、网、微、端等平台资源，打造“视听百态 尤为精彩”全媒体传播矩阵，形成全天候、多样化、立体式的全媒体传播体系。其中：“智慧尤溪APP”下载量为19.49万，占县域常住人口数的47.11%，年访问量破1亿人次，成为本地最具影响力的手机客户端。

向外借力，做大“朋友圈”。在中央、省、市以及海外等平台开设账号64个，用户规模134.5万，形成了从本县到海外的全媒体立体宣传矩阵。其中：2021年以来，在海外社交平台共发布图文、视频6800多条。

（二）创作一批“守正创新 内容为王”的精品力作

以小切口，大视角，推出了《640085警号重启》《山海遥望 同心抗疫》等一大批更具网感的千万级“爆款”产品。

以小成本，大制作，打造了大量的宣传片、纪录片等影视作品，以小投入撬动大主题和精品化节目制作，每年保持30多部作品获得国家及省市级奖项（资金扶持）。

（三）应用一批“智慧赋能 数字驱动”的先进技术

在全国县级融媒率先应用AI、VR、AR、4K、8K等新技术，与福建极存数据联合研发“极存”超高清节目制作存储系统，实现市县级融媒体向4K、8K轻松跨越，领跑市县级融媒体超高清节目制作；自主研发“尤溪县数字乡村公共服务平台”，集新闻资讯、民生诉求、农事咨询、便民服务等功能于一体，构建“县—乡镇—村（社区）—党支部—微网格”多元协同的共建共治共享的基层社会治理新平台，让乡村振兴有“智”更有“质”。

（四）锻造一支“勇于创新 干事创业”的优良队伍

提供“保障型”政策。提供保障人才用房、高层次人才生活补助等政策，引进中国传媒大学播音硕士研究生等省外媒体人才13人。

打造“学习型”队伍。成立采写、编导、摄像等12个学习小组，采取“每周一学”固定式学习和“走出去”与“请进来”的常态化学习机制，提升业务技能水平。

培养“全媒型”人才。通过建立融媒工作室，发挥“骨干”人员带头作用和创新能力，锻造精品内容生产“尖兵团”，形成专技传承机制。

（五）开创一个“多元产业 跨区经营”的发展格局

多元发展。在原有户外广告、3D影院、矿泉水等经营项目基础上，还承接全县智慧城市、应急主题公园、朱子文化非遗展示体验馆等文化类项目建设，运营“尤品汇”电商直播基地，开发尤福系列文创产品等。

跨区经营。突破地域限制，承接全国各地的影视业务，足迹遍布上海、浙江、湖北、新疆等20多个省市地区。随着事业产业的不断发展壮大，2023年2月，中心旗下的传媒公司在福州、上海设立了办事处，成为福建省首个在外设立办事处的县级融媒体中心，开拓了更加广阔的市场。2022年传媒公司经营收入3300多万元，并连续四年获福建省国有影视企业社会效益评价考核“优秀”等次。

三、典型案例

（一）媒体融合改革案例：“四创四融”尤溪模式

机制创活，转变理念保障“融”；技术创新，打造平台支撑“融”；内容创优，讲好故事服务“融”；产业创效，多元创收反哺“融”。依托基地（中国市县电视台影视研发基地、全国县级短视频人才孵化基地、福建省市县电视台融合发展实训基地等），在北京设立办事处，与国家广电总局、中国传媒大学等共建合作，提供培训交流平台，为全国市县融媒体提供可复制借鉴的“尤溪模式”样本。截至2024年5月，已有全国800多个单位5000多人到尤溪调研交流或接受业务培训，“尤溪模式”得以在全国范围内推广。

（二）推进基层社会治理案例：尤溪县数字乡村公共服务平台

依托智慧尤溪客户端，围绕县委、县政府中心工作，积极参与基层社会治理，创新推出了“尤溪县数字乡村公共服务平台”。该平台实现通知宣传“一键发”、群众诉求“一键问”、乡村服务“一键连”、便民服务“一键用”、公益活动“一键选”、服务管理“一键办”、基层动态“一键知”。因其服务百姓，使用方便，受到全县农村居民的广泛好评。目前，服务覆盖全县15个乡镇250个行政村30万农村居民。

尤溪县数字乡村公共服务平台先后入围中央网信办举办的全国50个数字乡村创新大赛名单，入选福建省数字乡村试点县项目，入选北京市2022年度媒体融合创新技术与服务应用优秀推荐项目，荣获2023年王选新闻科学技术奖。

（三）内容生产传播与变现案例：做精内容、内容变现

坚持内容为王，到全国各地承接影视项目，实现内容变现；以微纪录片《守摊人》品牌为IP，衍生打造了“朱子文化非遗展示体验馆”和“朱子茶文化陈列馆”线下展示体验馆和“尤福”等文创品牌；锻造精品内容生产“尖兵团”，成立“张敏团队”、熹宝文创、“8分钟”纪录片、TEAM-X短视频、“金点子”创意策划、“鱿鱼”网络科技、“非凡”影像、“小熹的老家”等8个融媒工作室；拥有60多个平台账号，构建“上下互通、内外协同、国际传播联动”的百万用户传播体系，形成了从本县到海外的全媒体立体宣传矩阵。

四、突出成绩

近年来，尤溪县融媒体中心先后荣获全国广播电视系统先进集体、全国广播电视媒体融合先导单位、全国广播电视媒体融合典型案例、全国互联网新闻信息稿源单位、全国县级融媒体中心舆论引导能力建设十大典型案例、中国应用新闻传播十大创新案例、全国新闻出版深度融合发展创新案例、全国普法工作先进单位、全国巾帼建功先进集体、TV地标中国电视和网络视听综合实力优秀团队、福建省优秀县级融媒体中心30强（第一名）、福建省广播电视媒体融合先导

单位、福建省十佳影视创作机构、三明市改革创新特别贡献奖（三等功）、三明市先进基层党组织、福建省朱子文化传媒有限公司连续四年（2020 年、2021 年、2022 年、2023 年）获福建省国有影视企业社会效益评价考核“优秀”等次。

融合作品《武汉记“疫”》荣获第三十一届中国新闻奖，“尤溪县数字乡村公共服务平台”荣获 2023 年度王选新闻科学技术奖三等奖，纪录片《守摊人》和乡村体验真人秀节目《向往的乡村》入选国家广电总局国产优秀纪录片和创新创优节目，宣传片《归来尤溪》荣获国家文旅部和国家广电总局举办的首届全国广播电视公益广告优秀作品，《距离一米 因为爱你》《节约用水 从点滴做起》荣获国家广电总局全国广播电视公益广告二类扶持作品，纪录片《守摊人之斫琴匠》《我的太爷爷要入党》分别荣获第二十七届和第二十八届中国微纪录片十优作品。

五、发展前景

固本强基再发力，提质增效攀新高。今年是县级融媒体改革第二个五年的开局之年，尤溪县融媒体中心将通过再造媒体融合新体制、构建融合传播新模式、拓展传媒产业新版图、建立媒体运行新机制的“四新”举措，进一步深化“四创四融”品牌内涵，努力推进尤溪媒体融合改革迈向 2.0，推动尤溪融媒体“事业 + 产业”发展再上新台阶。

（张敏：尤溪县融媒体中心主任，池毓腾：尤溪县融媒体中心副主任）

江西省

案例类别：产品

VR 让沉浸式新闻成为可能 《美丽中国 VR 看江西》虚拟现实新闻创新应用

胡武龙 许蓓 童孝飞 包鹊宏

一、项目背景

打造美丽中国“江西样板”，是习近平总书记赋予江西的重大责任。习近平总书记曾多次对江西的生态环境和自然美景给予高度评价，指出：江西是个好地方，生态秀美，名胜甚多，庐山、井冈山、龙虎山、三清山闻名天下，人称“庐山天下悠、三清天下秀、龙虎天下绝”。除了绿色生态，红色基因也浸透在江西人的血液和江西的山水。2019 年，习近平总书记在江西考察时指出：我们要饮水思源，不要忘了党的初心和使命，不要忘了我们的革命宗旨、革命理想，不要忘了我们的革命前辈、革命先烈，不要忘了我们的父老乡亲们。

嘱托，声声入耳；厚望，铭刻在心。前行之路，豁然开朗。在 2022 年江西省文化强省建设推进大会上，时任江西省委书记易炼红提出，要打造闪亮的江西标识。聚焦红色、绿色、古色文化优势，深耕细琢、深度打磨，形成具有全民江西特色的系统文化标识。要让“江西风景独好”的赣文化标识更加看得见、摸得着、感受深、体验足，让人发自内心地点赞。

为全面展现具有江西特色的绿色发展新路子，大江网（中国江西网）与江西省新媒体协会、江西手机报、江西发布联合举办了“美丽中国 VR 看江西”大型全媒体采访活动，并在网站、移动端开辟《美丽中国 VR 看江西》专栏，利用航拍、VR 全景等技术手段追寻绿色足迹和红色足迹，以“寻找江西之美 反映辉煌成就 展示生态江西 打造美丽中国”为主旋律，从高空聚焦锦绣山河，展示江西钟灵毓秀的自然山水、日新月异的城市面貌、辉煌厚重的红色文化。

二、创新运用和实现路径

随着 AR/VR/XR，以及元宇宙、区块链等新技术的发明，网络新闻产生了前所未有的新变化。如何跳出图文、视频等传统网络视听载体，调动用户更多感官，丰富用户阅读体验，成为网络媒体的崭新命题。大江网《美丽中国VR看江西》专栏，将新闻报道与航拍、VR全景等技术手段相结合，用强烈的视觉冲击力和画面感，将第三视角的旁观者角色转变为第一视角的“真实体验”，让读者如亲临江西，自由选择视角、细节，即可感受庐山天下悠的悠然之境，亦可通过一草一木、一瓦一碑的真实再现，足不出户便可“游历”赣鄱，体验江西自然之奇、山水之美、红色之魂，以及人文之厚。

项目由一项大型采访活动、两个专栏、近三十件VR航拍作品、多个VR体验馆，以及一个AR视频等组成。案例系列作品启动于2016年，成型于2018年首届世界VR产业大会期间，并一直延续至党的二十大期间，案例实施周期长、项目多，是大江网/大江新闻客户端近年来沉浸式新闻报道领域的长期实践案例。

“美丽中国VR看江西”大型全媒体采访活动由大江网/大江新闻客户端联合江西省新媒体协会、江西手机报、江西发布举办，活动组织多路由记者、编辑、摄影、摄像、无人机飞手和技术人员组成的专业团队，按照追寻红色足迹、畅缆绿色江西等主题分工，奔赴江西各地采访摄制专栏素材。

活动期间，大江网/大江新闻客户端在网站、移动端开辟《美丽中国VR看江西》专栏，围绕打造美丽中国的“江西样板”，通过全景VR技术展示江西钟灵毓秀的自然山水、全国一流的生态环境、日新月异的城市面貌、蓬勃发展的美丽乡村，带网友切身感受VR全景所带来的震撼感受，身临其境地感受“江西离你更近”。并通过旗下大江新闻客户端、手机江西网、微信、微博等全媒体手段展现每期作品。

此外，为追寻江西红色记忆，汲取信仰力量，专栏特别开辟“VR追寻红色足迹”板块，通过VR虚拟现实技术，集中展现了井冈山八角楼、瑞金苏维埃大会会址、兴国将军园、于都革命烈士纪念馆、南昌八一起义纪念碑、庐山会议旧址等著名红色景点，让受众“近距离”感受那段峥嵘岁月，用身临其境的方式追寻红色足迹体验，感受红色土地上的新脉动。

系列作品以“寻找江西之美，反映辉煌成就，展示生态江西，打造美丽中国”为主旋律，从高空聚焦锦绣山河，追寻红色足迹。该系列产品一经推出，受到广大网友热捧，传播效果极佳，阅读量达到千万人次，讲好了江西风景独好的故事，推介了蓬勃发展的美丽江西。

VR体验馆则充分结合江西红色展馆丰富的特点，在重大时间节点适时推出。如《八一建军90周年VR体验馆》结合新技术VR线上教育体验，重温红色记忆。点击进入“体验馆”，鲜红的“铁血铸军魂”赫然映入眼帘，之后便是对八一建军节的简介，让观看的网友对建军节的历史来源有更深入的了解；点击地面移动角标，观看馆内宣传长廊。在这里，你将看到1927年八一起义、秋收起义、转战陕北、古田会议史实，学习红色文化。此外，馆中还有周恩来、贺龙、朱德等10位人物石像，逼真的场景让人身临其境。最后，鲜红的八一红旗矗立馆中，纪念碑浮雕缀于墙上，气势磅礴！

2022年10月，为祝贺党的二十大胜利闭幕，大江网/大江新闻客户端再次升级手段形式，运用AR、三维建模等方式，结合Blender、E3d等影视后期特效技术，制作推出二十大特别策划《江西AR祝贺二十大胜利闭幕！大江大河，今朝好看》视频作品，将我国航天成就、航空母舰、大飞机C919以及江豚等元素，与江西的滕王阁、八一大桥等地标建筑实景相融合，用如真似幻、充满科技感的场景体现十年发展成就，献礼党的二十大。

三、项目意义

VR技术在新闻出版领域的应用最早可追溯至2015年《纽约时报》推出的虚拟现实客户端“NYT VR”。国内则是从2016年开始的新型“两会”报道实践中，各大主流媒体纷纷采用最新的VR技术来真实呈现“两会”的相关热点。截至2023年，世界VR产业大会连续六届在江西举办，“近水楼台”的江西媒体在新技术的应用上也勇于“尝鲜”。2016年大江网/大江新闻客户端启动《美丽中国VR看江西》专题报道；2019世界VR大会前夕，《江西日报》推出了国内首张AR直播报纸，这是在VR应用技术上的进一步创新……

该项目实践表明，VR技术在新闻出版领域的应用改造了新闻的呈现方式，这种全新的沉浸式、互动式的新闻体验，颠覆了传统报刊枯燥、抽象的文字信息获取模式，更弥补了网络媒体缺乏互动、体验感不够丰富的缺点。沉浸式VR新闻让受众从“看新闻”转变为“体验新闻、感受新闻”，身份也由旁观者变成参与者，有效增强了受众对“江西风景独好”的理解和关注度，从而进一步优化了《美丽中国VR看江西》专题报道这一新闻事件的传播效果。

在虚拟现实技术已经渗入社会各行各业的当下，VR已不再是新兴技术的符号，而是新时代切实改变社会生活方式的实用技术。未来，借助虚拟引擎、VR技术，三维数字化报道必将成为新闻生产的标配。如何拓展媒体边界？如何建立技术队伍，让主流媒体插上科技的翅膀？正成为主流媒体需要研究的现实课题。

（胡武龙：大江网副总编辑，许蓓：大江网美工部主任，童孝飞：大江网政媒中心副主任，包鹡宏：大江网编辑）

美丽中国VR看江西

案例类别：产品

讲好江西古村故事
江西云上古村沉浸式互动与虚拟现实技术创新应用

毛宁 徐茜茜

一、项目背景

中国古村落濒危。根据2018年出版的《中国传统古村落蓝皮书》显示，近15年，中国传统村落锐减近92万个，并正以每天1.6个的速度持续递减。为保护丰富的古村落资源，留住古村乡愁，在元宇宙、数字化浪潮的大背景下，如何运用好新技术、新应用、新场景做好古村文化资源的数字化保护、开发与利用，已经成为迫在眉睫的工作。同时，这也是古村落文化产业数字化转型发展的一个契机。

江西古村落承载着生生不息的赣鄱文化，其建筑艺术、人文精神、宗祠演变等文脉自成体系又相互交融。一座古村落绝不仅仅是一个古建筑群，它更是民族深厚历史和文化的载体。正如江西文化具有兼容并蓄、海纳百川的多元特质，形态丰富的江西古村落也是融纷繁多样为一体、化五彩斑斓于一炉。因而，江西古村落便有了一些突出或独有的文化价值。

为更好地传承与发展、宣传推广好江西古村落，释放江西古村文旅体验新动能，打造江西古村落云端应用新典范，大江网充分发挥互联网媒体优势，用好数字技术、用活数字思维，积极探索“技术创新+文旅融合+媒体传播”新模式，聚焦江西古村落保护发展及可持续性利用数字化升级，将江西丰富的古村文化资源与虚拟现实技术相结合，精心打造了“江西云上古村 好物等你来寻——古村寻宝游戏”（以下简称江西古村寻宝）应用场景，同步筹建了“江西云上古村落”数字化古村项目，研究开发“云上古村”APP、江西古村数字博物馆等应用，成为江西省文化产业扶持项目。

二、产品的创新运用

元宇宙、数字化、信息化语境下，大数据、区块链、云计算、人工智能等新兴数字产业、数字业态不断涌现。随着新一轮技术革命成果大规模商用下沉，文化产业从技术、经营和服务模式、消费者群体的偏好都产生了巨大变革。依托数字化文旅创新思维，江西古村寻宝项目以数字传输、数字模拟、数字感应、VR等互联网云技术为抓手，围绕江西古村落文化资源数字化开发，无缝构建沉浸式虚拟现实应用场景，以游戏IP赋能文旅创新应用，为受众带来了生动有趣的数字文旅互动新体验，助力江西古村讲好乡村振兴故事，让更多的年轻人了解江西古村文化。

（一）产品概况

江西古村寻宝是一款以江西古村落VR全景地图为主场景的知识寻宝游戏，是江西首款虚拟现实技术应用于古村文化保护的体验类游戏。游戏通过互联网云技术、数字化技术手段，融合江西古村落的文化特色、历史人文、古村古建等，将丰富的江西古村落资源与虚拟现实技术进行整合升级，选取江西古村落作为原型进行开发创作，绘就了一个美轮美奂、虚实共生的江西古村落云端虚拟空间。

在这个虚拟世界中，用户通过古村地图寻找古村“打怪升级”，以答题形式了解古村背后的历史文化、传统习俗，在游戏娱乐的同时对江西古村落知识进行硬核科普。同时，借助游戏内嵌的VR地图还可以在线观看古村实景、“云”游古村，真正实现了沉浸式线上线下交互式体验，做到了足不出户游古村，足不出户读古村。

江西古村寻宝游戏还是一款多平台的线上游戏，用户可通过网页、微信、云上古村APP等多个渠道参与游戏。为增加游戏吸引力、趣味性及可持续性，游戏内特增设积分商城功能，在积分商城内上架景德镇陶瓷、江西地方特产、美食小吃等商品。所有用户均可通过古村寻宝游戏闯关获取积分，累计积分到达商品所需积分总额，即可从商城中兑换想要的物品。

（二）产品设计理念

用文化创意的理念，媒体融合的思维，深入挖掘江西地方古村落的文化内涵，融入时代审美和艺术创意新元素，赋予传统古村落新的“生命”。

作为江西古村落IP衍生的云端应用场景，江西古村寻宝在保障游戏的趣味性与互动性的基础上，更加注重产品的视觉化表达，希望通过优质的视觉输出打造出能够吸引更多用户的“破圈”产品。

游戏以手绘江西古村落画面为主视觉，在配色上以绿色为主色调辅以大地色系和红色系，呼应了江西的红绿古“三色文化”。中国风的画笔细细勾勒出白墙瓦黛、小桥流水、绿水青山，宛如一幅清新雅致的江西古村画卷，而贯穿整体的水墨画手绘风格则让整个游戏的虚拟场景更加生动立体。

（三）方法与路径

在项目落地应用方面，媒体策划与产品运营思维为项目的设计实施提供了底层逻辑。主创团队从内容创新、形式创新、手段创新三个方面思考，以掌上感受江西古村落沉浸式慢生活为理念，开发一款利于传播的游戏类新媒体产品，通过以江西古村落为原画绘制成美轮美奂的游戏场景，将江西古村文化带入全球玩家的生活场景中。

三维建模、大数据、虚拟仿真、数字孪生等诸多信息技术的运用又为项目的应用落地保驾护航。为凸显数字技术对江西古村文化保护传承的赋能作用，项目组以“互联网+”为切入口搭建了江西古村落数字博物馆等一系列数据集纳平台，以数字化信息采集及数字化应用盘活江西古村落文化资源。同时，借助测绘学科研技术的数字化应用，对古村古建的三维虚拟场景进行形象设计，实现了对江西古村落的可视化表达。

游戏经过前期搭建，目前已对婺源篁岭古村、安义古村、吉安渼陂古村、抚州金溪古村、吉安钓源村、抚州流坑古村、抚州竹桥古村、景德镇瑶里古村、赣州新围村等古村进行数据化收录。

同时，为策应元宇宙产业的发展，应用仍在不断的进行技术和体验的升级。在5G与人工智能、云计算、大数据、视觉技术、VR/AR等多技术合力助推下，江西古村的数字化应用场景必将迎来智能联动期。未来，项目将继续积极拥抱元宇宙，深耕数字应用、数字孪生、虚拟现实等技术领域，通过“产品+场景”的有机融合，聚焦江西古村落的数字化开发，把当下元宇宙业态里的前沿技术与江西古村落应用场景相结合，尝试开发植入虚拟人等方式打造更加人格化的产品，进一步根据市场需求调整优化，构建更加多元也更加多维的游戏生态。

（四）示范性与创新性

多学科联动合作与新技术的创新应用成为项目顺利实施的驱动力。作为一款融合“文旅+科技+传媒”思维的应用产品，江西古村寻宝游戏只是江西云上古村项目照进现实的一个映射，游戏的背后是整个项目组对江西古村落资源的深入探寻与深度挖掘。属于文化与科技融合的前沿研究领域，涉及信息科学、地理学、建筑学、历史学、民族学和艺术学等诸多学科，通过多学科理论的深度融合以及技术方法的广泛协同，准确把握文化与科技的紧密联系，加快推进文化与科技深度融合，通过文化软实力与科技硬实力的融合发展，系统地实现古村落数字化、游戏化、趣味化。

同时，大江网还为项目植入“互联网媒体基因”，特别开设了新闻专题，打造了江西古村数字博物馆、云上古村APP等数字化全媒体应用平台，为江西古村落文化的数字化融合应用提供了“媒体样板”。

一方面基于互联网媒体的技术优势，通过数字化信息获取、多媒体虚拟场景建模、虚拟场景协调展示、网络和人机交互等技术手段，将古村落实体展示馆、博物馆等移植到互联网上，实现古村落数字化博物馆在电脑端和手机端同步呈现。让受众在互联网上就能观赏到古村落丰富的历史遗存和文化产品，如身临其境感受江西古村落厚重的历史文化沉淀，更加便捷地获取古村落的信息和知识。

另一方面在“媒体+”融合应用的背景下，充分用好大江网优质的采编资源，积极与江西各个古村落进行联动，完成古村商城、VR看古村、古村数据数据库建设与古村新闻的采集报道与直播互动。其间，多次派驻多位资深记者走进古村，通过参观采访、直播互动等方式，深入挖掘、传播江西古村落独特的建筑风貌、重要的历史价值、深厚的文化积淀，为江西古村落数字孪生云端应用场景提供全方位、立体化的实景数据支撑。

三、产品的社会意义

党的二十大就繁荣发展文化事业和文化产业进行了战略谋划，明确提出实施国家文化数字化战略，推动中华文化更好走向世界。保护和发掘江西古村文化、古村经济，以习近平总书记关于中华优秀传统文化是中华民族的“根”与“魂”、中华优秀传统文化是我国的独特优势、中华优秀传统文化是中国特色社会主义道路产生和发展的文化沃土、中华优秀传统文化是中华民族的共有精神基因等一系列战略性、方向性、指引性的重要思想为方向。

古村落是中国传统乡土聚落的基本表现形式，具有重要的文化价值。我们国家正处于快速的现代化进程中，推土机将大量的富含历史文化信息的建筑扫进了历史，拆迁“蓝图”在把一座座城市塑造成一副面孔之后，古村落也面临着同样的窘境。

江西古村寻宝应用设计的初衷便是基于古村落数字化保护与传承，希望通过一种让受众更加容易接受的形式，唤醒社会对江西古村落文化遗产的关注。

而利用江西古村落的建筑和民俗文化遗产进行数字化开发，打造出喜闻乐见的爆款新媒体产品，不仅是文化遗产保护的有效方式，也是中国当前实施乡村振兴和精准扶贫战略，乃至弘扬优秀中华传统文化的重要抓手之一。

同样，讲好江西古村故事，打造游戏IP赋能本土文化传承，让众多具有江西特色的古村落文化得以借势出圈，这也是大江网作为党媒党网，积极践行自己的社会责任，为江西古村落文化的保护传承、开发利用，贡献自己的媒体力量。

（毛宁：江西日报社主任记者，徐茜茜：大江网政媒中心负责人）

《江西云上古村 好物等你来寻——古村寻宝》游戏

案例类别：组织机构

“品牌 + 产业 + 网络”的融合与融活

——《农村百事通》的融合发展路径探索

唐甜

《农村百事通》创刊于 1982 年，是一本面向全国发行的农业科普期刊，先后荣获三届国家期刊奖、两届中国出版政府奖先进出版单位奖、全国百强报刊、第二批数字出版转型示范单位等荣誉。创刊至今，《农村百事通》坚持以“为农民生产生活当参谋，为读者经营致富当顾问”的办刊宗旨，在服务“三农”的道路上笔耕不辍；秉持以“刊为主，多角度、多渠道服务读者”的发展理念，在期刊融合发展的道路上探索出了一条“农百”融合之路。

一、拓宽服务领域，实现品牌融合

（一）农村百事通读者服务部

设立于 1992 年的农村百事通读者服务部是《农村百事通》的特色和亮点：开展服务早，服务项目多，服务读者广。农村百事通读者服务部成立至今，累计为读者提供致富信息和致富技术 2 万余条（项），免费回复读者信件近 60 万封、短信 10 多万条，接听读者咨询电话 80 余万个，培训读者 10 多万人次。读者服务部的成立，是《农村百事通》融合发展的雏形，更是产业延伸的第一步，不仅为期刊拓宽了服务领域，更为期刊和读者之间搭建起了一座交心的桥梁。

（二）农村百事通出版产业基地

“农村百事通出版产业基地”是原新闻出版总署新闻出版改革发展项目库入库项目，是《农村百事通》借助品牌优势实现融合发展的重要一环。基地的建设旨在落地式地服务农民读者，是集农业技能培训、养殖示范、种植示范、新产品技术推广、都市人员农事体验、休闲旅游为一体的综合型农业科技服务基地。

二、发掘资源优势，实现产业融活

（一）“优质农产品发现之旅”项目

2015 年，《农村百事通》杂志社启动“优质农产品发现之旅”项目，致力于“让好产品找到俏市场，帮消费者找到好产品”。先后深入王桥花果芋种植农民专业合作社种植基地、江西东华种畜禽有限公司绿壳蛋养殖基地、乐平市盛源葡萄主题公园等地开展活动。该活动的开展，为杂志社后续开展农产品销售打下了坚实的群众基础。

（二）《农村百事通》农特产品 O2O 体验馆

2016 年，杂志社在井冈山风景区天街开设《农村百事通》农特产品 O2O 体验馆，致力于将江西省优质的农特产品销售出去。体验馆以“店内挑选、包邮到家”为特色，最大程度减轻游客因携带不便而阻碍购买的压力。此外，在体验馆的基础上增加线上商城的功能，进一步实现农特产品的二次购买。

三、顺应发展趋势，实现网络融合

（一）建设网站，以特色创新

2002 年，杂志社理念先行，建设农村百事通网站，2011 年升级改版。在网站栏目建设上，始终以读者体验为目标，充分体现互联网服务的优势，为广大读者提供农业资讯、远程教学培训、供求信息发布、在线阅读、农百商城、农百访谈等内容。

（二）上线微信，以互动升级

为适应社群媒体的迅速发展和提高服务的即时性，2013 年《农村百事通》开通了微信订阅号和服务号，订阅号以传播最新农业资讯为主，为交流沟通提供了一个新的平台；服务号以提供优质农资农特产品销售为主，将读者服务部功能与互联网技术融合，拓宽了服务读者的渠道。同时，杂志社利用微信丰富的接口功能和简捷的支付方式，杂志社搭建起了一个集书刊阅读、销售，农副产品销售，互动交流等服务功能的平台。

（三）联合发力，以产品加码

2013 年，杂志社在江西手机台开通了《农村百事通》手机频道，栏目设置包括种植、养殖、法律、加工、心理五个栏目，采用通俗易懂的语言，百问百答的形式展示给读者。

2014 年，杂志社与中国移动合作，在“和阅读”平台推出了手机版《农村百事通》，并与纸质版同步上线。

2015年年底，双方达成深度合作，创建全新的《农村百事通》5元品牌包，以《农村百事通》内容为基础，整合期刊、图书资源，组合成资讯、农技、致富、创业、种养、法律等13个栏目。

（四）蓄势发展，以技术启航

近年来，为加快推进媒体深度融合发展，有效整合各种媒介资源、生产要素，推动在信息内容、技术应用、平台终端、管理手段等方面共融互通，《农村百事通》依托杂志多年积累的内容资源、作者资源，开展“农百之家”科技综合服务项目。该服务项目是以一套知识服务管理系统为主体，分别为不同用户群体打造适合的载体，实现“B端+C端”全覆盖。

1.“农百之家”数字书屋小程序是一款在助力乡村振兴方面提供知识服务及信息惠农服务类的应用，以“三农”领域的相关读者为对象，进一步挖掘新媒体用户。目前，小程序含有《农村百事通》近20年杂志数字资源共260多期，其他类型杂志500余种共30000余期；电子图书数字内容300余种；有声听书目前上线近1000集。以“杂志内容+三农图书”为基础，丰富填充到文章及音频板块，商城以农村百事通读者服务部长期使用传统的经营模式来销售农资产品为基础，建设成线上交易系统，将会更好、更快、更优地服务“三农”，助力乡村振兴。目前，该小程序月活用户人数为6.7万人，用户可通过付费购买会员等形式阅读小程序内的各种数字资源。

2.“农百之家”数字书屋阅读终端，是利用先进技术，将人文期刊、畅销图书、主流报纸等内容进行专业化、数字化加工，以屏幕触摸技术和多媒体形式，实现内容展示和用户浏览，以适应休闲数字化阅读需求。目前，该阅读终端包含期刊、图书、报纸、农业知识、听书、农业视频类等板块。现阶段可呈现500多种期刊和5000多种图书，以及报纸、听书、农业知识等数字化资源。该阅读终端主要通过政府采购配供等形式投入使用，目前已在江西省15个乡村振兴工作站投入使用。

3.“农百之家”数字虚拟馆，是通过采用3D建模、多媒体动画、视频技术、AI智能、大数据等多种技术手段，打造一个沉浸式的数字体验馆，更加全面地向读者展示《农村百事通》的发展历程、栏目设置、公益活动等，让读者直观、具体地感受到《农村百事通》融合新媒体手段服务读者的心意，享受视觉与听觉的盛宴。

4.农业技术直播，是杂志社近年来结合移动互联网传播模式，及时满足广大读者及农业技术工作者需求的农业科普项目。农业技术直播活动是《农村百事通》办刊宗旨与互联网融合的充分体现，作为一本农业科普期刊，《农村百事通》有不可推卸的科普重任，但纸媒的发展却让杂志无法发挥更大的传播力度。为此，杂志社及时组建新媒体团队，上线农业技术直播项目，以“线上直播+线下观摩”的形式开展农技科普活动，不仅通过线上提升了传播效率，更通过线下观摩的形式加深了学习者对技术的理解和掌握，取得了读者和参与者的广泛好评。

融合，是对《农村百事通》更好地服务读者、服务“三农”的一个指向，传统出版只有在融合发展的道路上不断探索、不断创新、不断实践，才能有更加广阔的发展舞台，才能更好地反馈读者。

［唐甜：农村百事通杂志社副社长（主持工作）、执行主编］

农村百事通公众号

案例类别：产品

脚上沾满泥土 心中充满真情

——“以新闻之力 助推乡村振兴”网络公益宣传活动

谢丹

习近平总书记强调，脱贫攻坚取得胜利后，要全面推进乡村振兴，这是“三农”工作重心的历史性转移。为持续巩固脱贫攻坚成果，推动脱贫攻坚与乡村振兴有效衔接，2021年以来，新余市融媒体中心（新余日报社）结合媒体人的工作特点，秉持“以新闻之力 凝聚青春担当”的宗旨，以锐青年志愿服务队为依托，开展“以新

闻之力 助推乡村振兴”网络公益宣传活动，用心用情用力服务乡村振兴。记者志愿者奔走在路上、扎根在基层、活跃在现场，积极参与乡村振兴战略，用一篇篇多种媒体融合的新闻报道讲好新时代新余乡村振兴故事。

新余市融媒体中心（新余日报社）“以新闻之力 助推乡村振兴”网络公益宣传活动，关注在乡村振兴中涌现出来的典型人物、重要产业、亮点做法，注重百姓呼声。通过主题策划和暖心帮扶，发动锐青年志愿服务队的志愿者记者深入乡村一线，抓细节，以小见大，用文字、图片、视频等相结合创新报道方式讲述新余乡村振兴的特色亮点工作、取得的丰硕成果，并且积极回应群众关切。在这一主题报道中，新余市融媒体中心（新余日报社）以内容优势赢得发展优势，不仅打造了“锐青年”志愿服务品牌，还不断提高宣传报道和舆论引导水平，更好地宣传群众、引导群众和服务群众。

2021 年以来，锐青年志愿服务队共开展近 30 次线下志愿服务活动，采写了 50 余篇沾着泥土，冒着热气的融媒体新闻产品。2023 年 6 月，“以新闻之力 助推乡村振兴”入选“全国报业乡村振兴优秀案例（报道）”。同年 7 月，“以新闻之力 助推乡村振兴”网络公益活动荣获“2022 年度全国地方党媒深度融合年度创新优秀项目”。

一、主题策划接地气，在乡村振兴中践行“四力”

2021 年 4 月，为接好脱贫攻坚和乡村振兴“接力棒”，新余市融媒体中心（新余日报社）新媒体部启动“以新闻之力 助推乡村振兴”之“我为群众办实事”主题采访活动，除文字记者，视频编导也加入其中，拍摄全市乡村振兴尤其是产业振兴的生动实践。记者志愿者积极深入产业一线，钻羊圈、摸鸡窝、进猪舍、探牛棚……聚焦现代农业、特色富民产业，为乡村振兴注入新动能。南安乡的五黑乌鸡蛋、水西镇的黑山羊、水西镇的“构树猪”、水北镇的奶山羊、仙女湖的小蚯蚓、钤阳办的紫玉杨梅、湖泽镇的辣椒酱、操场乡的山地西瓜、高新区的双孢菇、姚圩镇的艾草、罗坊镇的高产油茶……这些产业都成为记者笔下的新闻素材。尽管脚上沾满泥土，但参与该系列采访的记者唐齐心中充满激情，她说：“起初觉得养殖基地味道难闻、熏眼睛，经历多了也就渐渐习惯了，反而觉得能用手中的笔和镜头，记录乡村振兴的发展和变化，是一种荣幸。”

2021 年年底，新余市融媒体中心（新余日报社）新媒体部结合“新春走基层”，组织策划开展“以新闻之力 助推乡村振兴”之蹲点调研。调研活动围绕传播正能量，深入挖掘新余乡村的人文底蕴之美、产业兴旺之美、生态环境之美、乡风文明之美，做足“以新闻之力 助推乡村振兴”这篇大文章。新媒体中心的全体采编人员下沉到水西河坪村、南安长塘里、珠珊花田村、良山下保村、马洪桂花村、罗坊彭家村、水西珍田村、南安荆兰村、水北钱圩村、钤阳办白田村、九龙山后元村等 30 多个乡镇，近百个行政村调研采写。热心公益事业的脱贫户简海华、泥里淘金的“挖藕人”、市级非遗项目洞村竹编传承人李年根；垱头村的草莓基地、珠珊镇的马蹄、杨桥镇特色鸵鸟养殖、马洪小鹌鹑孵化的“大产业”；移民渔村楼下村的变迁、花田村党员一对一帮扶、南安乡把秸秆变废为宝……这些在乡村振兴中涌现出来的典型人物、重要产业和亮点做法，一一被记者挖掘，随后推出多条图文、视频结合的精品力作。

2022 年，随着乡村振兴的全面推进，现代农业不断发展，农村涌现出了越来越多的“新农人”。新余市融媒体中心（新余日报社）新媒体中心组织策划“以新闻之力 助推乡村振兴”之“走近新农人”系列采访报道。活动中，新媒体中心抓住 4 月春耕备耕这一有利节点，主动出击，组织精干采编力量报道，通过文图视频形式，展现乡村振兴中的新农人风貌。

“走近新农人”系列报道既立足本地，又上接“乡村振兴”天线，与央广网“走遍赣鄱乡村”、新华网“新农人”等新闻策划相承接。在新闻策划推进过程中，该系列报道得到了央广网、新华网等中央网络媒体的关注。该采访活动先后挖掘采写“新农人”7 人，各平台刊播稿件近 20 篇，吸引江西卫视、央广网、新华网、学习强国等关注，总阅读量近 1000 万次。其中“80 后”女青年彭鹏登上学习强国、央广网，被江西卫视、《江西日报》等媒体报道；返乡农民陈小伟登上学习强国；“养橘人”裴海明登上央广网、新华网；把手机当农具的“蔬菜哥”邱乐安登上学习强国、央广网；把流量变能量的“百万龙帅”登上学习强国，展现了新余乡村振兴“新农人”的别样风貌。作品《江西新余：“90 后”大学毕业生扎根农村 一年卖虾 300 多万元》在第二期全省“市县融媒体优秀原创作品双月赛”中荣获三等奖。

二、暖心帮扶冒热气，在乡村振兴中显担当

2023 年 12 月 15 日，一条“下村镇 12000 斤果冻橙急需您的帮助”求助信息，牵动了新余市融媒体中心（新余日报社）锐青年志愿服务队志愿者们的心。退役老兵黄锋 5 年前因脱贫攻坚产业帮扶种植了近 30 亩果冻橙，

当年是第一年挂果，却遭遇销售"寒冬"。为了解详细情况，志愿者记者三次深入一线，采写稿件《"橙"心求助，下村镇12000斤果冻橙急需您的帮助》《"橙"意十足！暖心帮扶涌向老兵，下村镇果冻橙滞销难题已解！》。短短8天，在社会各界的爱心帮扶下，原本滞销的果冻橙成了传递爱心的畅销产品。这不仅为黄锋化解了燃眉之急，也再一次彰显了新余有爱的城市之美。黄锋虽命运多舛，但这股帮扶暖流让他对来年生活有了新盼头。事后，他给锐青年志愿服务队送来"助人为乐暖人心 热心服务为老兵"的锦旗以示感谢。

新余市融媒体中心（新余日报社）围绕中心、服务大局，树牢用户意识，市场意识，适应新闻传播分众化、差异化发展趋势，通过打造一支勇于担当、锐意创新、团结协作、敢争一流地团队，在新闻实践中凝聚发展合力。在"以新闻之力 助推乡村振兴"这一主题报道中，锐青年志愿者不仅仅是行使宣传报道职能的媒体人，更是亲历一线，参与乡村振兴的亲历者和重要力量。他们用脚步丈量时代，把新闻写在大地上，形成齐奏主旋律，共唱大合唱的正能量传播格局，推出一大批"粘泥土""冒热气""带露珠"，有思想、有温度、有品质的融媒体新闻产品。锐青年志愿服务队被评为新余市创建共产党员示范岗示范团队，获新余青年五四奖章集体称号、第十届江西省青年志愿服务队优秀组织、第20届全国青年文明号青年集体称号。

（谢丹：新余市融媒体中心新媒体部记者）

案例类别：产品

"赣南红+"项目

明心武 王长颉 刘海锋

赣州是全国首批地市级媒体深度融合改革试点城市之一，"赣南红"客户端作为全市融媒体核心主平台，在全力做好"新闻+"内容发布的同时，积极做好"赣南红+"这篇文章，通过聚焦新闻主业，积极拓展发展渠道，坚持"新闻+政务服务商务+文明实践"功能定位，形成主业突出、多点支撑、多业并举、多元发展格局。

2023年，"赣南红"客户端荣获"全国地方党媒融合发展创新项目奖"，中宣部《每日要情》和《新闻战线》等权威期刊先后推介"赣南红"客户端建设经验文章。目前，"赣南红"客户端日活量位居全省第一。

一、"赣南红+县域"：构建市县共生共融新生态

"赣南红"客户端是赣州市委市政府唯一的新闻客户端。为发挥市级端口承上启下的作用，"赣南红"客户端创新推出了"赣南红+县域"共建模式，以"赣南红"客户端为母体，全市20个县（市、区）融媒体中心独立开设频道，所有县级融媒体中心的电视、广播、图文资讯全部进驻"赣南红"，实现了一端观览全市。同时积极争取到市级政策支持，将"赣南红"客户端纳入市主要媒体上稿统计，从考核机制上引导全市各地各单位重大信息发布、重要政策解读等优先在"赣南红"客户端发布，实现"市域重大事件市级融媒体中心首报率≥90%"和"新闻资讯满意率≥90%"的有关要求。

"赣南红+县域"共建模式，让20个县域融媒体既是个体也是整体，有效地推动了"赣南红"平台下沉、资源下沉、服务下沉，对于整合资源、融合服务、聚合用户起到了极大的促进作用，构建了市县共生共融的新生态，形成了全市媒体融合"一盘棋、一张网、一体化"传播格局。

二、"赣南红+共建"：整合市直资源提升黏合度

2023年，"赣南红"客户端围绕"新闻+党务政务服务+文明实践"的定位，大力实施"赣南红+共建"频道策略，从提供媒体服务走向平台化"多方共建"，

变入驻“赣南红”为共建“赣南红”，让平台开放、资源下沉、服务提效。一批“赣南红 + 共建”频道由此孕育而生。

（一）赣南红 + 文明实践

与市文明办联合将文明实践服务从网下搬到网上。截至 2024 年 5 月，赣州已有 20 个文明实践中心、295 个文明实践所、3964 个文明实践站点，4100 多名文明实践员入驻“赣南红”客户端管理平台，14 万名志愿者进行了注册。“赣南红 + 文明实践”为群众提供了个性化的文明实践志愿等服务，实现了线上线下信息共享、数据共通，成为引领文明实践、提供综合服务的重要载体和重要阵地，这也是媒体参与社会治理的一个有益探索。

（二）赣南红 + 网络问政

网络问政全面接入客户端，搭建了一个移动式民生通道，老百姓只需要通过“赣南红”，就能把自己的需求或建议送到各地各单位领导的案头，架起了政府与百姓沟通的桥梁，对促进社会和谐起到了积极的作用。

（三）赣南红 + 赣州教育

与赣州市教育局携手共建的教育移动端主流舆论阵地，是一个集教育信息发布、政务公开、教育服务、传播育人等功能于一体的教育综合服务和资讯发布的权威平台，实现了赣州所有县（市、区）教育全覆盖。

（四）赣南红 + 红色赣州

与赣州市红色资源保护发展中心联合打造赣州红色资源保护发展线上平台，集工作动态发布、红色资源展示、红色场景体验等功能于一体，集中展示赣州红色资源保护工作动态、创新做法、鲜活经验、亮点工作等。

（五）赣南红 + 健康赣州

与赣州市卫生健康委员会携手共建健康移动端主流舆论阵地，是赣州讲述好健康赣州故事，传播好健康赣州声音的重要平台，也是为更好满足人民群众对卫生健康信息服务需求，打造健康赣州综合服务和资讯发布等于一体的权威平台。

这些共建频道丰富了内容，增加了服务，还扩大了朋友圈，为客户端凝聚了更多的核心资源，创造出新的商业模式。

三、“赣南红 + 活动”：打造多元化综合活动平台

“赣南红”客户端积极打造“赣南红 + 活动”体系，发挥好服务本地化优势和资源整合优势，开展形式多样的主题活动，打造形成集多元化服务于一体的综合性活动平台。如与市委宣传部、市教育局合作，在“赣南红”客户端开启“行走的思政课”主题实践活动，成功开展了“喜迎党的二十大，红色地标我打卡”和“喜迎世客会，打卡客家情”活动，收集近 2 万件融媒体作品，实现 2 亿多的播放互动量，活动荣获 2023 年度中国城市网盟全国创新创意奖，江西正能量 2023“五个十”主题活动奖。多个系列短视频，荣获“2023 年度中华文物新媒体传播精品推介项目”，被国家文物局、中央网信办联合推介。

2023 年，“赣南红”客户端推出了 100 余个大小主题活动，如“网络安全知识竞答”“创建国家食品安全城知识竞答”“法律知识有奖竞答”“健康素养知识竞答”“文明有礼知识竞答”等，基本实现周周有策划，月月有活动，促进了“赣南红”客户端下载扩面，提升了“赣南红”客户端品牌价值。

风好正是扬帆时，奋楫逐浪向未来。“赣南红”客户端将继续坚持正确的政治方向、舆论导向和价值取向，做到“心中有党性、眼中有百姓”，始终坚持党性和人民性相统一，坚持“上接天线、下接地气”，力争在功能上不断完善，在内容上点睛吸睛，在运营上出新出彩，为推进媒体深度融合转型作出更多探索。

（明心武：江西省赣州市融媒体中心赣州发布工作部主任，王长颉：江西省赣州市融媒体中心客户端编辑部副主任，刘海锋：江西省赣州市融媒体中心网络直播工作部主任）

赣南红客户端

案例类别：产品

赣州市融媒体中心：《三二五村的“带货书记”》

刘海锋

2023 年 3 月，中国城市新闻网媒联盟发布“2022 年度城市网盟奖”获奖名单，客家新闻网报送的视频作品《三二五村的“带货书记”》获得“年度精品奖”。作品通过讲述中宣部挂职干部的履职故事，以小见大展现对口支援给革命老区带来的喜人变化。作品在江西省赣州市融媒体中心新媒体各平台推送后，引起了广泛社会反响、较强传播效果。现将案例简要介绍如下。

一、项目介绍

2022 年是赣南等原中央苏区振兴发展战略实施十周年。十年来，在以习近平同志为核心的党中央关心关怀下，连续五批中央国家部委派出干部来到原中央苏区开展对口支援工作。这些挂职干部带着党中央、国务院和中央国家机关的关心关怀来到赣南老区，全身心投入新时代赣南苏区振兴发展。2021 年 12 月，中宣部派驻赣州市寻乌县长宁镇三二五村担任第一书记的“95 后”干部张哲瑜就是其中之一。

半年多时间，从清华大学新闻与传播学院毕业的张哲瑜深入基层，学说客家话，和村民打成一片，为当地的乡村振兴注入了新活力，为江西赣州建设革命老区高质量发展示范区加油助力。

2022 年 6 月，结合赣南等原中央苏区振兴发展战略实施十周年选题，赣州市融媒体中心记者选择来到了这里，以跟拍采访主人公张哲瑜的方式，详细介绍她务实创新履行第一书记兼驻村工作队队长职责，通过带领乡亲发展产业、躬身“直播带货”等方式，帮助村民增收致富的生动故事。

作品题材重大、内容生动，素材鲜活、以小见大，采访对象表达自然，处处流露挂职干部与老区群众的深厚情谊。值得一提的是，作品讲述故事的同时，还穿插回顾了三二五村的红色历史。该村因 1928 年发生震惊赣粤闽的农民武装斗争“三二五暴动”而得名，成为全国首批红色名村。

二、具体成效与社会反响

在赣州市融媒体中心新媒体平台首发后，作品得到“学习强国”学习平台等媒体广泛推送，取得了良好传播效果和社会反响。其中，“赣南日报”视频号阅读点击量达 10 万 +。

借助多平台、多频次推送，作品宣传展示了寻乌的红色文旅资源及“三二五红心果社”电商名片，助力打响了当地“红土风”“客家韵”“东江源”“橘乡情”四大品牌。也充分展现了以张哲瑜为代表的广大挂职干部，他们迅速转变角色，积极争资争项，全力为民服务，为革命老区振兴发展倾注的真心、真情。

作品先后荣获江西省 2022 年第 3 期市县融媒体优秀原创作品双月赛市级作品一等奖，2022 年全国县级融媒体中心优秀作品秋赛二等奖，2022 年度中国城市网盟“年度精品奖”，第三十届江西新闻奖一等奖，第二十五届江西报刊网络新闻奖二等奖等荣誉。

三、融合经验体会

党的十八大以来，习近平总书记多次对媒体融合发展提出明确要求，为推动媒体融合发展指明了前进方向、提供了根本遵循。《三二五村的“带货书记”》作品的推出，正是赣州市融媒体中心深入学习贯彻习近平总书记关于推动媒体融合发展的重要论述，加强全媒体传播体系建设，塑造主流舆论新格局的生动实践。作为主创人员之一，结合这次作品的采编经历，主要有三点体会。

（一）小处着手反映重大题材

赣南等原中央苏区振兴发展的十年，正是党的十八大以来的十年，是习近平新时代中国特色社会主义思想在赣南大地化为生动实践的十年。过去的十年间，中宣部在重大政策、重大项目、资金保障、人才培养、业务培训等方面给予寻乌（赣州）倾斜支持，竭尽全力帮助寻乌（赣州）争取一批重大事项，解决一系列节点难点问题。于是，记者从“小”中发现“大”，从中宣部挂点帮扶村的蝶变切入，从这样一个侧面反映中央国家部委对革命老区脱贫攻坚、乡村振兴的倾力支持，进而彰显以习近平同志为核心的党中央将赣南等原中央苏区振兴发展上升为顶层设计、国家战略的英明正确。

（二）人物故事体现真挚情感

写稿见人见事，视频创作同样如此。往往借助“小人物”的故事，更能彰显出一种感人至深的精神力量，鼓舞着每一位奋斗者。作为名校毕业的张哲瑜，其实也是宣传思想文化战线以及脱贫攻坚战场的一名新兵。记者从跟拍她走访入户发现，她从刚来的时候听不太懂客家话，到如今可以在村民家里聊天喝茶而且开始学会讲客家话，便有意识地在视频拍摄中融入张哲瑜与当地村民交流的同期声、现场声，让网友一起身临其境感受、见证她与老区群众的深厚情谊。事实证明，记者需要具备新闻敏感性的一双慧眼，善于从平凡中找到闪光点，于细节处挖掘“情绪价值”，往往“小人物”“小事件”背后同样会有好新闻、大作为，同样隐藏着真挚情感、为民情怀。

（三）独特之处更显新闻价值

无论是从选材角度、选题角度，还是切入方向、表现形式，最终的目的都是传递体现新闻价值。作品有意穿插一段1928年党支部带领农民发起的“三二五暴动”的红色文化故事，顺畅引出张哲瑜带领村“两委”挖掘红色资源，打造三二五村村史馆、三二五红色文化公园等，通过视频号和抖音号推广红色名村的品牌，助力乡村振兴的创新做法。同时，进一步讲出关于“宣传也是一种生产力，而且它所带来的这种影响，是更加深远和持久”的深刻认识。

江西赣州是全国首批市级媒体深度融合改革试点之一。下一步，赣州市融媒体中心将继续当好革命老区媒体深度融合发展的探路兵，积极抢占短视频赛道制高点，生产创作出更多导向正确、内容优质、群众喜闻乐见、适合不同媒体传播特点的短视频精品作品，让“正能量”持续澎湃“大流量”。

（刘海峰：赣州市融媒体中心网络直播工作部主任）

《三二五村的“带货书记”》视频

案例类别：组织机构

共青城市融媒体中心：融合生产传播“共青模式”

王飞

2016年12月，江西省共青城市将原共青城市电视台和原共青城市报社两家正科级事业单位进行整合，设立共青城市融媒体中心（挂共青城市广播电视台牌子，以下简称共青城融媒），为共青城市委直属正科级公益一类事业单位，归口共青城市委宣传部管理，核定事业编制25个，政府雇员23人，职工总人数为48人。共青城市融媒体中心构建了以电视、报纸、网站、客户端、微博、微信公众号、抖音号、头条号、学习强国共青城融媒号为主的媒体矩阵，筑牢了舆论引导的主阵地，提升了新闻传播力、舆论引导力和对外影响力，传播共青城的好声音。

一、项目总体情况

近年来，共青城融媒以习近平新时代中国特色社会主义思想为根本遵循，深入贯彻落实习近平总书记关于“扎实抓好县级融媒体中心建设，更好引导群众、服务群众”的指示要求，立足于新闻生产流程再造、优质内容供给、传播方式创新、引导服务群众，不断强化全媒体传播体系建设，巩固壮大主流思想舆论，走出一条符合自身实际、具有鲜明特色的融合发展之路。连续五年（2019—2023年）在江西省105个县级融媒体中心考核中稳居前三，先后获得全国县级融媒体中心舆论引导建设能力突出案例、王选新闻科学技术奖（项目）、江西省广播电视媒体融合典型案例等 30 多项荣誉。特别是在融合生产传播方面特色明显，在县级融媒体中心建设与可持续发展上具有重要的借鉴意义。

二、主要创新做法与实践

共青城融媒坚持在重点领域和关键环节实现突破，开创了“融合生产、立体传播”新局面。

（一）搭平台、扩矩阵——筑牢传播硬实力

共青城融媒依托全媒体采编平台，实现新闻信息一次采集、多种生成、多元传播、多屏互动，构建并拓展了生产传播新业态。有效整合媒介资源和平台终端，构建以客户端为重点，以一台一网为主力，以微博号、微信公众号、抖音号、头条号、学习强国共青城融媒号以及 10 个海外平台号等为支撑，统筹全市 52 家单位媒体账号，打造了互联互通的传播矩阵，构建了“移动优先、立体多样、内外协同、国际传播联动”的传播体系，形成了强大传播势能。“共青城融媒体”客户端现有用户 23 万人，占常住人口数的 118%；微博号“九江共青城发布”现有用户 25.4 万人，占常住人口数的 130%；微信公众号“共青城发布”现有用户 9.9 万，占常住人口数的 51%；抖音号“共青城发布”现有用户 30 万，占常住人口数的 154%。截至 2023 年底，共青城市融媒体中心 10 个平台用户数累计突破 150 万，是共青城常住人口的 7 倍多。

（二）优内容、活形式——提高新闻传播力

共青城融媒立足本土、服务本土，深挖受众与地方特色之间的共鸣点，推出群众喜欢的本土化和接地气的特色内容，讲共青城人、共青城事，以高质量赢得大流量。2023 年，民生类新闻稿件突破 30000 件，占总稿件量的 62%，浏览量高达 3 亿人次。树立互联网思维和用户思维，注重新闻作品的表达方式和语言“网感”，以讲故事的形式让群众爱看爱听爱互动。《正月十五闹元宵》《青春音乐节》《主播带你看共青》等一批作品深受群众喜爱，互动量均超 10000 人次。成立融创工作室，在吃、喝、玩、乐上垂直策划、制作“爆款”融媒体产品，打造垂直类短视频品牌，《共青龙虾》《共青板鸭》《云游富华山》《青春不夜城》《低空文旅小镇》等一批作品出圈、获奖。坚持移动优先，运用人工智能等技术，制作动漫、短视频、数字海报等形式多样的新媒体产品，让内容更具吸引力。短视频年均达到 10000 余条，直播年均达到 50 余场，在互动传播中传递了正能量。

（三）畅渠道、优服务——增强舆论引导力

共青城融媒在共青城新闻网、“共青城融媒体”客户端、微信公众号“共青城发布”等媒体平台上设立市长信箱、市民留言栏、回音壁等，在电视台、网站等开设问政、曝光台、随手拍、啄木鸟、报料等，建立起群众反映、媒体问政、网上监督、政府回应的闭环机制，用舆论监督的力量促进群众关心的问题落地落实。2023 年，收集梳理问题 1362 件，回复或转交处理问题 1296 件。建立“融媒体中心 + 新时代文明实践中心 + 学习强国平台”机制，通过渠道、载体、内容、机制等创新，让“两中心一平台”融通联动、资源共享，实现“线下活动、线上呈现”。2023 年，群众“点单”5384 件、接单派单 5213 件、群众评单 4627 件。将智能云广播系统接入调度中心，远程操控、定时点播，通过手机操作，实现远程单点或多点广播、一键喊话、循环播放语音等功能，所有喇叭和终端设备“一呼百应”，并采用本地方言播报，方便当地群众获取新闻信息，打通服务群众“最后一公里”。

三、取得的社会反响

共青城融媒主动作为、积极探索，开创了“融合生产传播”新路径，取得了良好社会效益和经济效益。

（一）巩固壮大了主流思想舆论

共青城融媒以高效的新闻生产、优质内容传播、新技术赋能，赢得了用户尊重，得到了群众认可，成为思想舆论主阵地、融合传播主平台、对外宣传主渠道。2023 年，生产新闻稿件 50000 多件，浏览阅读量突破 8 亿人次，点赞互动突破 2000 万人次。“借船出海”，综合运用各种对外传播载体、平台账号等，发布稿件 3200 余件、浏览量及“点转评”近 5000 万人次，实现了“内聚人心、外树形象”的良好传播效果。

（二）提升了基层社会治理效能

共青城融媒依托平台和资源优势，即时传播党中央、国务院以及省市授权发布的各类新闻信息，及时有效地传递党和国家声音，确保党的路线方针政策和决策部署家喻户晓。将本地新闻信息进行有效传播，让上级了解掌握基层群众声音，打通了中央、省、市、县（市）、乡镇（街道）、村（社区）新闻通道，成为党和政府与群众有效沟通的桥梁，创新基层社会治理的重要推动力和有效抓手。《中国新闻出版广电报》刊登共青城融媒打造基层社会治理综合服务平台的经验做法。

（三）提高了服务人民群众水平

共青城融媒践行“引导群众、服务群众”宗旨，坚

持把群众请进来、把群众引导好服务好，成为群众获取新闻信息和咨询服务的重要渠道。打造便民服务平台，结合本地实际推出特色板块，在媒体平台开设资讯查询、生活缴费、业务办理等板块，大到医疗社保、就业求职，小到交通出行、水电缴费等，将精细化服务送到群众手上。与行政服务中心合作，开通“码上办”，群众只需扫码即可咨询办事。建立集新闻信息、政务服务、便民服务等为一体的终端信息服务平台，群众浏览、咨询、办事累计达到 50 万人次。

（四）激活了媒体自身发展动能

共青城融媒坚持事业和产业并重、“输血和造血”并举，在做大做强主业的同时拓展商业，成立共青城市融创文化传媒有限公司，实现了良性互动。转变新闻生产传播方式，新媒体平台成为用户和商户的关注点，新媒体广告业务占比达到 20% 以上。不断拓展增量，从单一的制作宣传汇报片向制作短视频、微电影、微短剧等转变，从做节目、栏目向做创意、做文创、做活动等转变，多点开花、多元呈现。2023 年，公司营收突破 1000 万元。

（王飞：共青城市融媒体中心主任）

共青城发布公众号

案例类别：组织机构

贵溪市：四“深”四“有”闯媒体深度融合发展新路

张志军 易健

贵溪市是中宣部首批 57 个全国县级融媒体融合试点示范县市之一。

近些年，贵溪市融媒体中心着力深化机制创新有活力、深挖资源融合有阵地、深耕优质内容有作为、深拓经营服务有保障，全方位、立体化、跨领域构建全市以内容生产为根本、技术赋能为支撑、管理创新为保障的全媒体传播体系和“新闻 + 政务服务商务”的新型县级融媒体中心。始终围绕“做加法，做减法；找市长，找市场”的工作思路和“一、二、三、四、五”的工作目标进行媒体深度融合。即“一”围绕一个“目标”：新闻事业、经营产业做优做强；“二”实现两个确保：①确保导向正确，②确保播发安全；“三”提升三个“水平”：①提升新闻内容水平，②提升经营操作水平，③提升内部管理水平；“四”打造四个“满意”：①党委政府满意，②受众用户满意，③合作伙伴满意，④干部职工满意；“五”强化五个保障：①体制机制保障，②技术设备保障，③人才队伍保障，④行政服务保障，⑤主题文化保障。通过探索实践，基本实现新闻主业更优、经营产业更强、引导服务群众更好的目标。

近两年，荣获中宣部“全国县级融媒体中心能力建设十佳创新案例”和中央扫黄打非办公室“全国扫黄打非进基层示范点”（全国唯一媒体单位）等荣誉称号。在江西省委宣传部组织的县级融媒体中心建设评估考核中长期位居前列。

一、深化机制创新有活力

（一）深化体制改革

贵溪市率先在江西省建立了以融媒体中心为领导主体的三中心一平台管理协调体制。市财政投资 600 多万元将新时代文明实践中心、党群服务中心、学习强国学习平台整合到市融媒体中心大楼进行“三中心一平台”一体化融合打造，总面积超过 6000 多平方米。

（二）深化机制创新

1. 建立科学有序的运行机构。成立了以班子领导为核心的编委会，负责内容生产、产业经营、后勤服务三大板块的管理和业绩考核。成立贵溪市心学文化融媒有限公司，实行产业经营项目负责制，实现内容生产与产业经营两分开。

2. 建立高效可行的全员考核机制。出台了《全员绩效考核实施方案》和《中层干部聘任制实施方案》，全员纳入绩效考核，中层干部实行一年一聘制，能上能下，实现“人人有岗位，个个想争先”的用人氛围。

3. 建立激发活力的薪酬激励约束机制。破除原有的机关事业单位薪酬制度，实行阶梯薪酬制、部室积分绩效考核制、一线人员首席制、重大贡献重奖制等。

二、深挖资源融合有阵地

（一）新闻资源的融合

做加法对新闻采编播资源进行融合整合，流程再造。成立了一体化的全媒体新闻采访部，现有全媒体采编记者 23 人，通过学习培训、优化组合，使人员、设备达到最优化、最大化的综合运用。

（二）传播平台技术设备资源的融合

做减法，坚持移动优先、内容为王、用户为王的原则进行传播渠道、平台的融合整合，将原有的 20 多个传播平台整合为现有的两微、一端、一抖、一头、一网、一广播、一电视、一报纸等 11 个全媒体传播平台，集中资源、力量打造自有传播平台“掌上贵溪”APP。

三、深耕优质内容有作为

始终坚守“内容为王”的理念，不断拓展新闻信息服务的深度、广度、锐度、温度、力度，每年原创稿件及音、视频作品达 10000 件以上，客户端等 11 个平台总用户数（粉丝数）已超过 160 万，是总人口数的三倍多，以内容优势做强党媒阵地赢得发展优势。“贵溪报”微信公众号传播力一直处于全省县级头部位置，2024 年阅读量突破 1500 万人次，同比增加了 148.75%，粉丝数达 30 万之多。爆款作品不断，单条最高阅读量达 78.65 万次，阅读量超过 1 万的作品 256 件，传播影响力进入全国县级融媒体公众号百强榜，最高月度排名第 12 位；《贵溪发布》微博总阅读量突破 900 万人次，单条最高阅读量达 92 万次；“贵溪发布”抖音号在总点击量高达 4 亿次，单条最高点击量达 7000 多万次，粉丝数从 2020 年 8 万多扩大到目前 60 多万，在全省排名一举进入前 5 名；“贵溪发布”视频号总点击量达 5506 万，单条最高点击量达 404.8 万；掌上贵溪客户端总用户数达 20 多万，总阅读量达 1.6 亿次，单条最高阅读量达 106.9 万次。

四、深拓运营服务有保障

（一）新闻 + 政务

通过对“掌上贵溪”APP 客户端功能完善升级，上线网络问政服务、AI 机器人服务、积分兑换服务、随手拍服务、“3651890”热线服务、文明实践志愿服务、医疗社保水电缴费查询服务等功能，并自主研发移风易俗婚恋交友平台和基层社会治理网格管理平台，打造贵溪市综合智慧服务平台，拓展“新闻 + 政务”服务，增强与群众交流互动，反映群众的呼声并解决群众的困难，全年通过网络问政等平台为群众解决难题 523 个。

（二）新闻 + 服务

“三中心一平台”设有志愿者综合服务、党群服务、国学讲堂、亲子阅读、电影放映、书画练习、群众娱乐等文明实践场所和“3651890”服务群众热线及“掌上贵溪”APP 服务窗口。让群众既可以到中心现场参加文明实践活动，也可以足不出户就把自身服务需求传达到中心，中心对需求进行分类并将服务内容传派给志愿者或加盟的服务商家上门服务，真正做到群众点单、中心派单、志愿者接单，目前已服务群众 8 万余人次。实现了服务群众线上线下全覆盖。

（三）新闻 + 商务

1. 活动营销。通过策划组织“百姓电视春晚”“贵溪好声音歌手大赛”“贵溪市农特产品年货节”“贵溪千人相亲会”等进行活动营销。

2. 品牌营销。挖掘心学文化开发“贵溪养心茶”等系列创收产品进行品牌营销。

3. 项目营销。竞标承接“电商进农村示范县”“中国好粮油”等政府项目进行项目营销。

4. 服务营销。通过与社会资本合作打造线上下单线下配送“生鲜荟”电商超市服务和视频摄制、网络直播及软件小程序开发、网红培育、数字服务等进行服务营销。近几年，年均完成主营业务收入 3600 多万元，年均实现利润 500 多万元，探索出了一条企业化运营媒体资源进行产业化发展的新路子。实现“新闻 + 政务服务商务”的全媒体运营产业链体系，进一步增强经营创收能力，反哺新闻宣传主业，使融媒体中心建设实现良性循环。

（张志军：贵溪市融媒体中心党组书记、主任，易健：贵溪市融媒体中心党组成员、副主任）

掌上贵溪客户端

山东省

案例类别：产品

齐鲁壹点媒体中台

魏传强 司君波 李苗

齐鲁晚报·齐鲁壹点近年来深入贯彻落实习近平总书记关于媒体融合发展的重要讲话精神，主动适应传播生态巨变，加快探索人工智能、大数据、区块链、元宇宙等新技术在传媒领域的应用，积极推动技术与内容生产、技术与内容传播、技术与媒体运营等方面的深度融合，努力追求在智媒建设领域实现核心技术突破，在大数据应用领域实现媒体经营创收突破，并在此基础上形成了以内容、数据、技术、元宇宙为核心的媒体中台。

一、融合发展人员构成

近年来，齐鲁晚报·齐鲁壹点立足底层逻辑和顶层设计进行系统性变革，以互联网思维进行改革创新，将人才、资源、内容、技术等全面向移动端转移，实现传播手段、组织架构、生产流程、体制机制、人才队伍等全方位的融合转型，建立了符合新型现代智慧传媒要求的组织架构，以互联网模式统筹组织生产，实现新媒体、采编、运营三位一体布局；以移动端为中心组织内容生产，报纸只保留了一个小编辑部，其余98%以上的人员都转向新媒体，围绕视频直播进行产品与业务的线上转移。

此外，为激活团队活力，齐鲁晚报·齐鲁壹点在内部试点双跨，即部分采编人员通过换岗或者竞岗到经营部门任职，发挥他们在内容生产、内容策划方面的优势，很快推出一批适应媒体传播规律的策划方案，为客户提供更多的产品和服务，这不仅为报社保留了一批骨干，还培养了一批一专多能的复合型人才，为发展提供源源不断的人才支撑。不少优秀员工通过轮岗转岗，学习新本领，掌握新技能，把采编的内容优势和经营的融合优势相结合，更好推动全媒全案营销和全产业链运营，而随着传统媒体转型向深度融合推进，又更好地提升了技术、大数据、视频等融合创新能力。

同时，齐鲁晚报·齐鲁壹点通过不断优化人才体制机制，加大高端人才的引育力度，引进适合互联网发展规律的技术、视频人才。目前，齐鲁晚报·齐鲁壹点技术团队70多人，视频团队50多人。研究生以上学历占比超过30%，高级职称占比超过20%；团队年龄结构进一步优化，“90后”员工占比超过30%。

二、平台打造

（一）内容中台

内容中台是基于大数据、云计算、人工智能、区块链等核心技术，聚合成智能采集、生产、分发、接收、反馈等系统，搭建的内容生产与传播平台，主要包括壹点智能创作平台、内容策划运营平台、视频直播电商平台、党建齐鲁智慧云平台、新媒体产品运营平台和智能媒资平台等。

（二）数据中台

数据中台基于“一切业务数据化，一切数据业务化”的传媒大数据运营模式，涵盖了数据资产、数据治理、数据模型、全域数据中心、垂直数据中心、萃取数据中心、数据服务等多个层次的体系化建设，主要包括智能营销平台、智能活动平台、用户画像平台、壹点智库平台、蛙眼舆情平台和智慧社区平台。

（三）技术中台

技术中台基于“传媒＋技术”深度融合，由基础层、能力层和业务层三部分构成，具有跨平台、低耦合、易扩展、强安全等特点，能够为各个业务应用输出统一的技术能力。目前技术中台主要包括新媒体产品研发平台、区块链平台和“互联网＋政务服务”平台等。

（四）元宇宙中台

依托区块链、虚拟现实、动捕拍摄等技术，齐鲁晚报·齐鲁壹点研发上线自有元宇宙平台“壹点天元”。壹点天元以开放共生为理念，旨在与用户、客户一起，共同打造一个身份认同、经济繁荣、跨越虚拟与现实、永续存续的3D平行数字空间。实现媒体与用户只要在现实中存在有效连接，就基本可以在元宇宙的空间中，建立起新的媒体运营生态。通过搭建元宇宙平台聚合优势资源，满足用户的个性化需求，重新找回失联用户，实现由运营媒体到运营用户的改变。

三、社会合作

依托内容中台，打造内容宣传的新形态。以壹点视频电商基地为例，齐鲁壹点立足于电商直播服务和齐鲁传媒MCN（多频道网络）两大业务主线，布局全媒全案营销、跨界推广运营、全类型视频制作、直播带货销售、平台账号孵化、供应链管理、网红经济及培训等七大业务板块。2022年，由齐鲁壹点运营的京东农特产馆与齐鲁壹点自营店双店销售额超过130万元。

在党建拓展方面，齐鲁晚报·齐鲁壹点不断提升党建齐鲁智慧云服务水平，打造智慧党建平台和乡村振兴服务平台，打造党建融媒宣传和智慧党建服务平台，以党建为抓手，拓展政务合作。如与济南市历下区住建局挂牌“齐鲁新媒体党建智库红色物业研究基地”，与轨道交通集团成立地铁4号线党建联盟，推进黄河河务局智慧党建平台开发等。

依托数据中台，齐鲁晚报·齐鲁壹点开发了聚惠本地生活服务平台、营销自动化平台，打造壹点魔方、壹点数据罗盘、壹点智会等内外支撑服务平台，实现了行业数据价值和运营能力的互联互通。壹点智库自主构建了山东品牌大数据平台、智能化品牌管理和应用工具，为政府、组织机构、企事业单位提供专家咨询、调查研究、评价模型构建、品牌建设等服务。蛙眼舆情平台包括监测平台和处置平台。其中，监测平台是通过大数据和云计算，对全网数据信息进行24小时实时监测、预警和研判。处置平台是依托舆情平台海量监测数据以及齐鲁壹点专家库、案例库、媒体库资源，为客户提供督办、态势感知、分发拓扑等功能。截至2024年3月，舆情服务团队为全省政务、房产、金融等行业120余家单位提供监测、培训、导控等服务。

依托技术中台，加强技术输出，齐鲁壹点技术团队积极培植技术新业态，先后承接了山东省高院融媒体中心、经济导报客户端、寿光舆情治理平台、河北日报报业集团纵览客户端、合肥日报传媒集团合肥通客户端等项目的开发工作。

依托元宇宙中台，壹点天元已广泛应用于金融、健康、电商、教育、工业等行业多种业务场景，推出60多个元宇宙应用案例，如“云祭孔”元宇宙发布会、元宇宙车展、元宇宙房展、元宇宙幼儿园、元宇宙医院及元宇宙智慧工厂等，大大拓展媒体业务的边界和深度，打造众多全新的业态模式。首创式推出60多个元宇宙应用案例，大大拓展了媒体业务的边界和深度，打造众多全新的业态模式。

四、社会效益及经济效益

齐鲁壹点媒体中台上线以来，依托24个子平台，成为媒体深度融合的重要支撑，为用户、政府部门、商业机构提供了一个集表达交流、宣传展示、智能治理等多重功能于一体的综合平台。通过齐鲁壹点媒体中台，可以实现全面为用户赋能、为客户赋能，为区域和行业治理现代化赋能，将自身打造成为引导群众、服务群众的综合服务平台，实现社会效益与经济效益的同步提升。

依托内容、数据、技术、元宇宙四大中台，齐鲁壹点“传媒+N”融媒业态模式不断优化，包括传媒+内容、传媒+视频、传媒+技术、传媒+智库、传媒+元宇宙，2024年齐鲁晚报·齐鲁壹点营收同比增长6%，利润同比增长37%。

（魏传强：齐鲁晚报·齐鲁壹点党总支书记、总经理，司君波：齐鲁晚报·齐鲁壹点总经理助理、总编辑助理、办公室主任，李苗：齐鲁晚报·齐鲁壹点办公室法务专员）

案例类别：产品

“壹点天玑”传媒大模型

魏传强 司君波 李苗

近年来，大模型技术正在席卷包括传媒业在内的各个领域，以ChatGPT为代表的新技术力量将生成式人工智能推向新阶段。国内前沿互联网公司如腾讯、百度也纷纷加大在大模型领域的投入。齐鲁晚报·齐鲁壹点以基础技术与市场应用为发力，以内容生产与传播为核心，上线壹点天玑传媒大模型，开启媒体重构内容机制、革新传播途径的新板块。

一、融合发展人员构成

在 4G/5G、互联网、大数据、人工智能等新技术的大力驱动下，媒体已经进入平台竞争阶段，竞争焦点是用户、数据、产品和服务、生态运营等，这就迫切要求主流媒体掌握自主可控的技术。齐鲁壹点 2015 年就开始组建自有技术团队，并在团队内部参照互联网企业组织架构，设立产品设计组，前端组、客户端组、后台组、算法组、大数据组、元宇宙组、测试组、安全运维组等若干项目组，负责具体相关技术研发工作。目前，技术团队 70 余人，核心成员大多来自华为、腾讯、百度等一线互联网公司，具有强大的互联网基因和一流的研发实力。团队研究生学历占比 40% 以上，拥有计算机技术与软件技术高级证书、信息管理技术证书、大数据分析师证书等。

二、平台打造

壹点天玑以主流价值观为引领，通过海量的新闻行业大数据训练，加私域小数据微调，具备一体化、私有化、行业化、场景化四大特点，能够实现人机对话、多模态内容生成、跨模态内容理解、私域数据解析等功能，提升内容生产与分发效率，可适配不同媒介场景。

（一）产品特色

一体化：仅需小规模的算力资源，即可实现模型的训练、微调、推理一体化。

私有化：支持离线私有化部署、定制化训练，训练数据不出域，Prompt 沙盒机制防泄密。

行业化：深耕传媒行业大数据，支持接入媒体私域数据库和知识库。

场景化：针对传媒行业的实际应用场景，提供了大量丰富、精准的 Prompt 指令集。

（二）核心功能

1. 智能问答。人机对话：实现人机多轮对话；在线搜索：可以查询天气、油价、汇率等信息，并及时更新最新消息。

2. 多模态内容生成。生成标题：提取或生成适合作为文章或段落标题的内容；生成摘要：提取关键信息，形成简短而连贯的句子或段落；生成跟帖：根据帖子内容自动生成回复或者评论；事件脉络：根据热点事件进行脉络梳理；文案润色：支持对文字稿件进行加工和修饰，使其更加生动、准确和吸引人；风格仿写：通过模仿特定语言风格和特点来进行文本创作；新闻提纲：支持对某一新闻事件或话题自动生成新闻提纲；视频脚本：自动创作拍摄视频时所用的视频脚本；新闻选题：支持对新闻内容加以概括或评价，形成新的选题；即兴发言：短时间内对一个话题或主题生成一篇发言稿；工作总结：对某一时间段内的工作进行回顾、分析和总结；诗歌创作：支持进行诗歌创作；生成图片：按要求绘画，生成符合特定要求的图片；以图生图：以一张图片作为基础，生成另外一张与输入图片相关或类似的新图片；以图搜图：根据上传图片搜索相似图片；热点监控：可搜索并分析当前热点事件；代码生成：输入描述，用 Java、Python、JavaScrip 语音进行代码生成。

3. 跨模态内容理解。观点提炼：根据内容提取和概括出主要观点或核心思想；文档摘要：对一篇文章或文本的内容进行简短而概括性的总结和摘要；文档检索：快速寻找和获取所需文档信息；内容校审：对内容进行审查，查找其中错别字、敏感字及敏感图等；导向把关：对提供的内容进行把关，以判断其是否为舆情事件；说图解图：将照片转化为文字信息，以便更好地理解和传达相关内容；看图识人：根据上传的图片，识别出图中的人物。

4. 私域数据解析。习语库：支持查询习近平总书记近年来的重要讲话或论述；党史库：支持查询党史知识、党规党章、理论创新等；媒资库：支持查询调用齐鲁壹点的图片、视频等媒资库信息；报刊库：支持查询齐鲁晚报历史版面、头版头条等内容。

三、社会合作

壹点天玑传媒大模型以低门槛实现多模态内容生成，使其可以脱离内容而泛化为一种人机对话的媒介，恰好匹配数字人应用需求。得益于大模型技术的助推，齐鲁壹点数字人技术得到快速发展，上线“壹点天成”媒体全类型数字人平台，通过视频采集 + 音频采集，在大模型驱动下进行人物的形象和声音的训练，完成制作，实现真人记者前场采访，数字分身后场出镜解读，由算力驱动进行多线程播报，革新智慧内容生产流程。目前已塑造 26 款 2.5D 数字人，24 位 3D 数字人主播，广泛应用于党建、大数据、教育、房产、政务、体育等 20 余个栏目，月均生产稿件 300 余条，全网观看量超过千万。另外，依托项目成果打造的虚实交互情境短视频栏目《小澜寻宝记》，可实现真实人物与虚拟任务的对话互动，目前已拍摄制作了 8 期节目。并参与“讲好中国故事”创意传播大赛、2023 年山东电商发展峰会、青年企业家新经济高质量发展论坛、齐鲁农超山东农副产品展示交易平台活动、齐鲁国际车展、黄河流域首届孕婴童博览会等重大活动，受到业界的高度认可。

四、社会效益及经济效益

壹点天玑大模型更懂媒体行业规则，更具媒体行业属性，在安全、应用方面都更具媒体行业特色。安全方面，仅需小规模的算力资源，即可实现模型的训练、微调、推理一体化，支持离线私有化部署、定制化训练，训练数据不出域，Prompt 沙盒机制防泄密。应用方面，深耕传媒行业大数据，支持接入媒体私域数据库和知识库，针对传媒行业的实际应用场景，提供了大量丰富、精准的 Prompt 指令集，更符合主流价值观，更符合媒体应用需求，也极大地提高了用户内容生产与传播的效率，从而激活内容生产力，促进传播领域的革新。

（魏传强：齐鲁晚报·齐鲁壹点党总支书记、总经理，司君波：齐鲁晚报·齐鲁壹点总经理助理、总编辑助理、办公室主任，李苗：齐鲁晚报·齐鲁壹点办公室法务专员）

案例类别：产品

坚持内容建设的定力 做强主流新媒体平台

——新黄河客户端的媒体深度融合之道

赵治国

新黄河客户端是山东省、济南市一体化打造的平台型新媒体旗舰，由济南日报报业集团主管主办，2021 年 4 月 28 日上线。在媒体革命性、迭代式的融合变革中，新黄河客户端依托 1996 年创刊的《济南时报》整体转型，与《经济观察报》推进基因重组，立足济南、服务山东、面向全国，秉持“新锐、人文、理性、建设性”内容定位，充分运用全媒体传播方式打造新型传播平台，主打优质原创内容的视频化呈现，打造具有全国重要影响力和强大传播力的主流新媒体平台，建设“新闻＋政务服务商务”智慧媒体平台。

习近平总书记指出：“要抓紧做好顶层设计，打造新型传播平台，建成新型主流媒体，扩大主流价值影响力版图，让党的声音传得更开、传得更广、传得更深入。”传统报业的改革从来都是倒逼的，需要告别传统媒体的舒适地带，全面互联网化，全面向移动端转型。新黄河之“新”，既是将媒体发展与黄河重大国家战略融合的“新”，也是从内容生产、体系构架、到技术平台全方位变革的“新”。从来没有什么新媒体，只有全新的媒体。我们抱着背水一战的决心，全员投入、全力创新、全面变革，瞄准在全国有强大传播力和重要影响力的这一核心目标，全力全速大步迈进。

一、创新顶层设计，打造新型主流媒体平台

新黄河客户端主打优质原创内容的视频化呈现，打造具有全国重要影响力和强大传播力的主流新媒体平台，建设“新闻＋政务服务商务”智慧媒体平台，实现“全新模式、全新生态、全新动能、全新流程”。

（一）全新模式

全员转型“ALL IN”新媒体。全员转型新媒体主战场，面向全国招聘调查记者、视频记者等在内的部分紧缺型人才，建成一批在全国范围内具有较强影响力的网络传播品牌矩阵，原创深度报道采写能力和新媒体产品制作能力显著增强。

（二）全新生态

强强联合构建智媒生态。设立 7×24h 中央厨房、融媒体指挥中心，与《经济观察报》共同设立《奔流》专栏，围绕全国政经热点，持续推出具备全国视野和全国影响力的原创政经深度报道。与 20 多家国家部委建立联系，成为部委新闻发布会固定受邀媒体。

（三）全新动能

深度报道可视化呈现。所有深度报道都实现有字、有声、有影，通过综合运用 GIF 动图、视频、漫绘、MG 动画、图表等视觉元素，营造沉浸式轻松态阅读体验。与全国 500 多家主流媒体建立了良好的合作互动关系；布局抖音、快手、小红书等视频平台。

（四）全新流程

“揭榜挂帅”组建平台工作室。深度优化重塑编采流程机制，内部“揭榜挂帅”组建若干工作室，差异化、精准化对接外部媒体平台，为优质原创内容拓展全网传播疆域。

二、坚持技术驱动，让技术从后台走向前台

媒体深度融合，要以先进技术做支撑，技术要从后台走向前台，发挥技术驱动的作用，在技术研发上掌握主动权。新黄河客户端从创立之初就坚持自主研发平台，构建底层架构与运营逻辑，在关键功能上积极汲取先进技术，有效实现技术赋能。

（一）搭建自主新媒体开发技术平台

成立新黄河软件研究院，具备独立研发新媒体平台建设及后续功能拓展、升级维护等能力。

（二）搭建 LBS“千人千面”智慧平台

根据 LBS 定位，搭建起“千人千面”智慧平台，实现向用户智能推荐其所在区域新闻资讯和有价值信息，现已覆盖全国所有地级市。

（三）引入大数据智能算法推荐

与火山引擎达成内容推荐算法深度合作，根据用户阅读行为和习惯精确画像，精准实施个性化推送。积极对接通信运营商，率先尝试 5G 消息应用，并将其视作移动端的下一个风口。

（四）原创内容全网智能分发

联手华为公司启动内容智能分发合作，原创内容全网高效快速智能分发，第一时间满足用户信息需求。

（五）创新新闻产品生产

AI 技术的广泛应用正在规模化和量产化，其中推出的 AI 数字人系列视频产品，对新闻视频化生产是一个全新的动能引擎。

三、坚持内容为王，扩大正能量影响力版图

新黄河客户端树立“内容为王”的核心理念，在互联网分众化、差异化传播的大趋势下，始终保持优质内容建设的定力，善于设置议题，增强舆论引导的主动性。

（一）用心用情用力，一体化做好正能量主题报道

一年来，新黄河聚焦山东扛牢大省责任、深入推动高质量发展实践，常态化做好正能量主题宣传，并协同全网矩阵全声量多声部做好山东正能量主题报道，讲好中国式现代化的山东实践。

比如，新黄河在“走文化廊道 进经济园区 看山东高质量发展”大型行进式专题报道中，采取“聚焦”策略，通过小切口讲述好故事、通过小细节展现大时代，聚焦故事，打造“共鸣”爆款。《万里挑一的“种子选手”，潍坊这家农企走在全国前列》《景阳冈没有虎，有的是高科技》等作品，小切口反映大主题，既活泼又轻松，一个个鲜活的故事和场景引起广泛共鸣。同时，新黄河记者还深度聚焦本地特色题材，挖掘能激发山东民众自豪感的题材，迅速引发网民传播兴趣，很多人自发分享到各个圈层、各个平台，从而制造了一批大流量的融媒体产品。

（二）冲击热搜热榜，深化深度报道品牌提升影响力

新黄河强化优质原创深度报道能力，用主流媒体舆论及思想影响主流群体。从时事、财经、社会等重点领域切入，以最扎实的原创新闻与最冷静的思想分析为支撑，提升优质原创内容的高质量供给，打造 10 万 +、百万 +、千万 + 直至亿 + 级别的原创优质报道。关注视野和采访足迹覆盖北京、上海、天津、河南、河北、黑龙江、陕西、福建、安徽、四川、重庆等全国十余省（区、市），基本做到了全国热点“第一现场、第一视角、第一声音”。

2023 年以来，新黄河聚焦社会公平正义、密切监控全网热点线索、优化平台合作分发，推出了一批具有全国重要影响力的稿件，不断提升新黄河的知名度、美誉度、传播力。

比如，《“沛县城管撕春联”爆料者被“跨省敲门”：3 名大汉深夜上门，自己被迫逃往外地》报道在发出 3 小时以后，沛县官方迅速回应，对当事人作出处理，影响立竿见影。

在卡塔尔世界杯和杭州亚运会报道中，新黄河客户端敢于投入，分别派出四名国际足联和亚运会组委会官方认证的持证记者，全媒体深度呈现重大赛事报道。特别值得一提的是，2023 年在摩洛哥举行的世界中学生足球锦标赛中，中国的济南历城二中女足和河北保定女足分别荣获冠亚军，新黄河客户端果断投入，派出两名记者全程直播报道，成为全国独家采访报道此项世界赛事的唯一媒体，让一项冷门赛事成为全网关注的热点新闻。

四、践行“四力”提升，扛牢舆论主力军职责

在移动互联网时代，传统媒体依然具有新闻内容的深度挖掘能力和生产能力，依然具有内容传播的持续性和稳定性，依然具有稳定的主流价值观和舆论引导能力，而这些能力恰恰是传统媒体转型成功与否的关键要素。因此，新黄河客户端切实在媒体深度融合转型中践行“四力”提升，坚决扛牢舆论主力军职责。

（一）采编运营团队加快转型

一是积极引入个性化、有创新意识的人才，专职出品金字塔尖上的新闻和有品质的深度报道；二是内部培养和引导有创新潜质的人才脱颖而出，评聘了一批首席记者、首席编辑；三是实行人才结构新陈代谢，不断保持队伍的新鲜血液与战斗力。在薪酬体系上，加大对原创优质报道的奖励力度，利用收入杠杆调动员工积极性。

（二）打造多元新媒体产业布局

持续深耕“新闻 + 政务服务商务”，发力会展活动策展执行、智库咨询服务、舆情监测与危机公关三大板块，持续提升服务能力。迄今已高质量承办了近 70 场“新闻 + 政务商务服务”活动，提供从智库咨询、活动策划、会务执行、赛事运营、内容生产、矩阵分发到传播评价全链条全案运营服务。

（三）平台影响力持续提升

2023 年 6 月，新黄河客户端被国家新闻出版署评为第三届中国报业深度融合发展创新案例。在报业新媒体（客户端）影响力 TOP100 中，位列全国第 18。在 2024 年 1 月的人民日报人民号全国媒体影响力榜单中，新黄河客户端位居总榜单第 16、媒体榜单第 8、山东地域榜单第 1；抖音、微博、快手、搜狐、百度等互联网平台

均授予全国“最具影响力”媒体称号。新黄河全国热点深度调查报道组获评“山东省青年突击队”称号等。

等风来，不如追风而行。现在的媒体信息平台，就像是一座金字塔，记者要以当金字塔尖上的记者为荣，媒体也要努力争做金字塔尖上的媒体。纸媒时期的情怀、理想与追求，到移动优先的当下，应该成为媒体融合深层次的血脉与基因，坚持这种内容建设的定力，我们就能在正确的方向上走得更远，走向更加广阔的世界！

（赵治国：新黄河客户端总编辑、《济南时报》总编辑、山东经济观察报传媒有限公司董事长）

新黄河客户端

案例类别：产品

新闻与艺术的交响：活化恢宏画卷 记录黄河蝶变

——《长卷里飞出黄河赞歌》创作实践与启示

延磊 王洪靓 马进 姜琳 李小东

山东是九曲黄河奔流入海的最后一站，拥有河海汇聚、海岱交融的独特禀赋。2021 年 10 月 22 日，习近平总书记在山东省济南市主持召开深入推动黄河流域生态保护和高质量发展座谈会并发表重要讲话。他强调，咬定目标，脚踏实地，埋头苦干，久久为功，为黄河永远造福中华民族而不懈奋斗。期年之际，为更好地宣传贯彻黄河重大国家战略，《长卷里飞出黄河赞歌》从一幅震撼人心的油画长卷作品起笔，将多种新媒体手段熔于一炉，用新技术手段为网友展开了一幅可看、可听、可感的瑰丽黄河画卷。在艺术与现实的交融中，生动呈现了沿黄九省区在黄河流域生态保护和高质量发展中的伟大实践，拓宽了地方媒体参与重大主题报道的途径。此报道发布后，获得高点赞率、高转发率，引起强烈社会反响，截至 2022 年 12 月 31 日，全网总阅读量达 3000 万。作品获得第 33 届中国新闻奖重大主题报道二等奖。

一、主题为魂 小视角为硬核主题“增色”

重大主题报道是指新闻媒体围绕党和国家重大方针政策、重大事件、重要活动等开展的宣传报道，但归根结底还是围绕着典型的“人”和“事”进行报道。

对于地方媒体来说，新闻信息的“全域传播”“碎片化传播”特点越来越强，但仅仅着眼于本地单一新闻事实的报道只能满足网友当下的期待。而对于一些看似平凡事件的深入挖掘、系统化呈现，并不会使一件作品因制作周期长而失去价值，反而会因其丰富的视听体验而变得更加深刻可感。这件主题重大、内涵丰富、跨越时间和空间的作品，恰恰是主创团队在这样的行业背景、职业敏感性之下完成的。

2016 年 6 月，画家王克举着手开笔他策划构思多年的百米油画长卷《黄河》，本作品第一记者延磊也开始了对这件作品的关注。记者跟踪画家绘画进程，时时了解绘画背后的故事，了解巨作沿线的发展变化，与画家团队交流沿途所思所感。当 2021 年年底油画长卷《黄河》在山东美术馆展出时，作为记者的主创团队在画展现场感受到强烈的震撼。这种震撼是黄河重大国家战略确立的时代背景、黄河流域发展变化的现实与艺术长卷的“时空交汇”所带来的。作品中不仅有黄河及两岸壮美的自然风貌、繁荣景象，更加力透纸背的是艺术家对黄河文化、中华文化高度的文化自信。王克举老师在采访中说道：“作为一个生活在黄河岸边的山东人，我画黄河是因为我爱黄河，我现在去画她（黄河）是因为我知道她（黄河）的分量，她（黄河）的意义。作为 20 世纪 50 年代出生的人，有一种英雄主义的梦想，就是觉得要为国家，为这个民族做一点事情。所以这个作品（油画长卷《黄河》）我义无反顾地捐给中国美术馆。”作为记者，听到王克举老师平静地说出这番话，已被感动得热泪盈眶。正是基于作品本身厚重的时代意义、丰富的画面细节、高度的艺术价值和画家的家国情怀，团队决定把这个作品的捐献从一个单一新闻事件升级为一个沉浸式、游走式的新媒体作品，把济南这座城市的发展融入黄河流域的发展故事，把黄河上下游的关联与变化用丰富的事实予以串联，把黄河的治理与发展放在中华民族千年发展历程中刻画，用小视角反映大主题，用小故事记录属于黄河的大时代。

二、融合为媒 “新闻表达”为艺术作品“提鲜”

主创团队在进行采访和创作时，遇到最大的困惑是：艺术作品如何进行新闻表达。这涉及两个方面的痛点，一是通过一幅画卷如何反映新闻事实，如何表现黄河战略为黄河两岸发展带来的成就。二是主题报道容易形式僵化，用什么样的讲述方式来赢得网友的共鸣。主创团队对此进行反复研讨，决定打破过去传统的报道禁锢，运用当下年轻人喜欢的话语表达方式，构建作品。

短视频可以呈现“长镜头”， 小切口也可记录“大全景”。本作品首先巧妙运用当下年轻人喜爱的短视频作为作品的核心内容，将百米油画长卷《黄河》中表达的黄河风貌、两岸风土人情，在短视频中以拟人化的视角给予解读，并与现实中黄河两岸的发展变化及取得成就给予关联和展现。一滴水、一粒沙、一棵树、一座桥、一块石头、一颗螺丝钉、一个音符等十个角色在短视频中活了起来，他们将自己的所见所闻与长卷中黄河风貌联系在一起，画家画到哪里，短视频就讲到哪里，生动展现了黄河流域的生态之美、文化交融和高质量发展。油画中的狂放笔触，透过短视频中的故事，变为黄土高坡的粒粒泥土，变得立体而可亲。

另外，对于主题报道容易形式僵化的痛点，主创团队巧妙通过一组人物来对作品做体验式的引导，这一灵感来自《黄河》的画展现场。当时记者正在现场拍摄，看到一位妈妈领着一位七八岁的小女孩在看画展，这位小姑娘不停在提问题：“妈妈，这里画的是哪里？这里的山为什么是彩色的？”看到这一幕，主创团队马上有了一个灵感，让这位小女孩和画家王克举漫游在画中，用他们的对话来引导网友去阅读作品。因此就产生了“一位生活在黄河岸边小女孩和画家王克举一问一答的对话”（作品中以音频的形式进行表现）。用对话串联起来的整个作品，更具连贯性和完整性、趣味性。降低了艺术作品鉴赏的门槛，从而让网友轻松进入黄河的故事中，理解作品所传达的信息。

面对重大主题报道，创作者往往力求恢宏卓越，最终呈现出一个个“主旋律大片”，但对主题本身的情感传达容易在包装中削弱。本作品中的十条拟人化视角的短视频的文稿写作，主创团队大胆运用了幽默风趣网言网语的语言风格，例如在短视频《神明之地还是毒虫遍布？探秘高原水塔星宿海》中以“我是一滴水”的口吻讲述道：“这显然是金庸先生缺乏西部大开发的经验。”这一表述是采用了新闻写作中幽默语言的运用技巧。新闻要素给人以“真”，幽默要素给人以“美”，这正是新闻事实的真实性和思想性与幽默的娱乐性、情趣性的有机融合。

三、创新为脉 技术赋能为融媒作品“造血”

如何把画作、视频、音频、文字、互动问答、壁纸功能等众多形式融入一个作品中，同时适应网友不同的终端设备、不同的观看、拖动节奏，又不使网友感到繁冗、反感，是该媒体融合作品需要解决的结构性问题。最终，主创团队决定采用“画卷铺底、层层融合”的方式，来架构作品的阅读动线。这种呈现方式使每一幅画面都含有丰富的内容，给网友以极佳的体验。例如十条拟人化短视频，画家画到哪儿，短视频就讲到哪儿，从一滴水、一粒沙、一棵树的视角讲述天然林保护、退牧还草、沙化治理等一系列生态工程的落实；同时辅以画家王克举的人物访谈，从画家的视角讲述此地见闻，天然融入黄河文化、黄河精神、安居惠民工程等话题。从视觉上，主创人员将作品设计成一幅画卷徐徐展开，多层次的页面与绚丽多彩的画卷协调统一，以景寓意，情景交融，采用横向滚动切换的方式，巧妙设置具有代表性、标志性的景观等画面，全景记录黄河流域生态、文化保护的生动图景，并加入了较多非触发类动画，给网友视觉上带来较强的惊喜感、冲击感。该作品设计上采用 HTML5+CSS3 技术，多终端适配、多终端优化，解决了网民由于电脑、手机屏幕大小、形状差异带来的观看障碍等问题，满足不同用户的阅读体验。从互动上，关于黄河知识的问答互动、作品全画作欣赏，增添了作品的参与性和艺术厚度。更受网友欢迎的是，在征得画家王克举老师同意的前提下，主创团队将精美的画作制作成手机壁纸，让网友可以随时将这幅名家力作下载珍藏。这些因素也构成了作品多维传播、二次传播的基础。

中国正在以中国式现代化全面推进强国建设、民族复兴伟业。作为黄河流域地方主流媒体，把握时代之魂、关注时代之需，积极传播中国式现代化中的黄河故事，才能更好地服务社会大众，在深度融合中引领时代发展。

（延磊、王洪靓：济南广播电视台融合发展中心记者，马进：济南广播电视台融合发展中心主任，姜琳、李小东：济南广播电视台融合发展中心记者）

《长卷里飞出黄河赞歌》作品

案例类别：产品

以影像融合创新 赋能传统期刊全媒体转型

——山东画报社“山东影像全媒体库”融合创新项目

山东画报社有限公司

党的二十大报告提出，加强全媒体传播体系建设，塑造主流舆论新格局。习近平总书记擘画出媒体融合发展的清晰蓝图，系统谋划媒体融合发展实施路径，为媒体融合发展提供了根本遵循。山东画报社紧紧围绕“加强全媒体传播体系建设”国家战略，主动拥抱媒体深度融合浪潮，积极投身媒体融合发展进程，以科技赋能构建媒体影像数字资产融合运营，依托《山东画报》创刊80年的深厚底蕴传承和持续更新的影像、媒体核心内容资源，全力推出“山东影像全媒体库”项目。

“山东影像全媒体库”项目以打造全方位、立体化记录山东发展历程的数字化影像档案为使命，融合创新构建山东首家影像资源最丰富、主题分类最齐全、数据管理最先进、价值转化最高效，集数字化加工、内容资源管理、知识服务及网络社区交流于一体的聚合式影像视觉整合运营平台。

一、以创刊于1943年的《山东画报》为切入点，开展多样化数字出版

长期以来，山东画报社（以下简称画报社）重视数字化建设，不断推进自身业务和经营模式的数字化转型，注重将前沿、可靠的数字技术应用到各种领域中，积极探索新的数字化商业模式，以适应不断变化的市场需求。早在2001年，画报社便建设了自有门户网站，并在后续的岁月中历经多次迭代，不断丰富内容、拓展业务，面向读者、面向社会展示画报社独有的风貌，对画报社树立互联网世界的形象、探索互联网经济新业态、新模式起到了重要作用。2016年，画报社牵头建设了“山东画报社图片库综合开发项目”，开发、建设了山东画报期刊资源库、山东画报图片库，对画报社《山东画报》等期刊、画册的刊物和图片等珍贵历史资料的抢救、修复和整理起到了至关重要的作用，目前期刊资源库存有数字化期刊近1000期、文章近2万篇，图片库影像资源数量已逾12万幅，同期开展数字云刊出版，并在资料库的建设过程中积累了对相关数字化建设项目独有的开发经验，以及对各类资源进行分类、整理、归档的丰富经验，为深度融合发展奠定了坚实的基础。

二、探索出版深度融合，“传统期刊社”升维“具有期刊出版特色的综合文化服务平台”

如今，媒体融合已经跨过“相加”的过程，媒体深度融合已成为新时代赋予媒体工作者的新的历史使命。画报社“强化三个支撑”，筑牢内容根本，积极拥抱前沿技术，大力培养复合型人才，画报社八十年间积累的影像资产、建立的作者队伍等，为画报向融合发展“转场”提供了雄厚支撑；“锚定三个创新”，其关键在于内容生产模式、产品形态及消费场景的创新与突破，通过引入行业外技术、运营等“活力”，探索全新融合协同发展模式；围绕“一个根本性转变”，强化互联网思维和平台思维，构建以用户为中心的服务平台。同时，运用大数据思维优化内容推荐和服务，跨界合作拓宽运营领域，形成出版融合发展新业态。

画报社以技术创新赋能文化出版，实施全版权、多维度、跨界域创新发展战略，致力影像品牌延伸，打造多元业态布局。

（一）“融资＋融智”统筹“影像＋摄影人”两种资源

在影像数字资产的“融资”方面，画报社推进对山东核心影像资源的调取，并对其进行多层次、多维度的分类、标记。“融智”即搭建“媒体人＋摄影人”平台，通过举办、承办全国性全媒体摄影采访项目，实现了全国各级媒体资源及影像资源的创作、传播及运营。

（二）以影像资源铸造精品出版项目

画报社以提升内容创新能力、优化文化产品供给、助力文化产业高质量发展为己任，铸造品质，注重社会效益与经济效益的统一，注重思想性、艺术性、观赏性的统一，多次承担和参与中宣部及山东省委宣传部重点出版项目，以“春风化雨、润物无声”的方式唱响主旋律、传播正能量，以更优质的内容供给营造良好而浓厚的文化氛围，助推社会主义文化强国及强省建设。

（三）从“出版”到“出品”的“＋期刊”式项目执行

画报社以融合创新思维，对传统出版业务的创作、生产、传播与推广进行优化改进，参与主办国家艺术基

金等项目，以多地巡展、学术座谈会、VR 展厅、出版专刊及数字云刊等多种媒介、渠道和手段，打造移动化、交互式的融合创新型的“+ 期刊”出版项目。

(四)影像价值挖潜转化，赋能文旅产业“融”与“合”

画报社与多个现象级景区合作共建摄影创作基地、举办培训活动，并探索落实了团体培训及调研采风项目，开启了“影像媒体”与“文旅产业”的“融通与合作”，更利用自身媒体属性和优势走出山东，举办了国际摄影节及全国画报媒体全媒体采访活动。

三、建设版权交易管理系统，推动影像版权保护

影像版权交易平台是切实强化互联网思维的展现，搭建优质影像版权交易平台，并加强对影像版权的认证工作及对交易乱象的舆论监督，积极引导影像版权交易市场的规范良性发展，让著作权人、版权所有人有尊严地创收增收，实现影像版权知识产权价值快速转化。

“山东影像全媒体库”与国内知名专业领域核心技术提供商及权威机构合作，为作者的影像作品提供在链上存证、在线版权登记等服务，存证数据不可篡改、可追溯，版权登记操作快速、便捷，降低了影像资源版权保护的门槛，提高了版权保护的效率，对维护作者权益、促进创意产业的健康发展具有明显的积极意义。

画报社将以内容创新为基础、技术创新为驱动、人才创新为保障，推动内容与技术深度融合，推动全媒体用户连接创新，吸纳广大用户共同参与信息和数据的生产、传播与治理，探索“开门办刊”的创新模式，努力实现传统期刊社的转型升级，交出一份精彩的融合创新“画报答卷”。

（山东画报社有限公司）

案例类别：产品

从爆款短视频到交互地图产品《每一条路 都是回家的路》融合互动传播 讲好“两岸一家亲”故事

仇瑰丽 陈小松

每一个中国人的心里，都珍藏着一条回家的路。这条暖心的路，不仅是一种情感的寄托和对团圆的期待，更是家国基因一脉相承、源远流长的凝聚和象征。大陆和台湾血脉相连的故事，无时不在牵动着亿万中华儿女的心。

2023 年 6 月 28 日，在国台办发布会上，发言人朱凤莲谈道：“武汉有台北路，青岛有高雄路……每一条路，都是回家的路。期待两岸网友分享这些故事，一起发现在大陆的台湾，发现在台湾的大陆。”

青岛日报社青岛新闻网敏锐地捕捉到了这条既有情感又有网感的信息，第一时间精心策划，快速行动，迭次更新，紧紧地抓住了“回家的路”这一温暖人心的主题，不断拓展，层层开掘，线上线下交互行动，境内境外裂变传播，在此后近半年的时间里持续打造了系列融媒报道《每一条路，都是回家的路》。“回家的路”紧紧牵动着网友读者的心，阅读点击量迅速突破了 2600 万……

以系列报道为契机，中央广播电视总台 CGTN 记者参与了视频拍摄，总台《看台海》栏目先后 5 次在海外转发英文作品，短片获得亚洲微电影艺术节“最佳作品奖”，融媒专题入围“2023 年中国网络正能量精品展播”，融媒报道获得 2023 年度山东新闻奖一等奖。

近年来，青岛新闻网充分发挥全媒体传播体系优势，用心用情做好新媒体产品，讲好中国故事，新闻舆论的传播力、引导力、影响力、公信力不断提高，《每一条路，都是回家的路》等一批贴近时代、贴近生活、贴近人心的优秀融媒作品应运而生。“回家的路”这一案例生动诠释了“正能量澎湃大流量”的时代课题，其策划新思维、操作新创意、传播新路径、技术新赋能等诸多亮点值得总结。

一、胸怀热点，抢抓落点，精准切入涉台报道

新闻就在中心工作和大局之中，新闻工作者必须牢记“国之大者”，胸怀大局、把握大势、着眼大事，找准工作切入点和着力点，做到因势而谋、应势而动、顺势而为。

2023 年 6 月 28 日，国台办发言人朱凤莲的答记者问发布后，青岛新闻网“精品生产突击队”第一时间派出中英双语主播，运用“Citywalk”网红形式打卡青岛的“台湾路”。当天下午推出短视频《青岛有条台湾路通

向大海 每一条路，都是回家的路》，收获了第一波流量。单条视频12小时内转评赞达到15万人次，这也是国台办回应两岸路名热点后，国内外媒体推出的第一篇“打卡台湾路”视频新闻。

视频短片通过青岛新闻网视频号、抖音、微博等总量千万粉丝的全媒体矩阵立体推送，形成裂变传播效应。发布48小时后，视频短片在视频号、抖音、微博、PC、APP等平台综合访问量达到171万人次，迅速成为具有极高热度和关注度的爆款产品。

青岛市台港澳办、山东省台港澳办、武汉等地台办和多家新闻媒体看到作品后，与青岛新闻网积极联动，使用原版视频进行二次传播，“打卡台湾路”视频迅速在全国传播开来。

二、融合传播，共鸣共情，正能量爆发大流量

中华民族的家国情怀早已成为这个民族最温暖人心的情感底色。大陆与台湾，同根同源，血浓于水，这份“乡愁”和“团圆”的共情点就是“正能量”与“大流量”的交叠处。

“一起发现在大陆的台湾，发现在台湾的大陆”，两岸同胞从“行动”到“心动”，从共鸣到共情、共行、共融，路名的小切口折射出促进祖国统一的大主题，通过迭次扩散、提升、深化的融合行进式报道，让正能量澎湃起跨越海峡的大流量。

中央广播电视总台CGTN记者曹冰热情参与了“打卡台湾路”和“路名数据寻根”。第二部短片《央视记者和青岛新闻网主播联动Citywalk打卡“台湾路”》推出后播放量很快冲到“10万+”，12小时内转评赞18万人次，48小时综合访问量135万人次。2023年12月，在亚洲微电影艺术节评选中，这部短片从6000多件作品中脱颖而出，获得民政单元“最佳作品奖”。

紧盯热点，精准选题，深入挖掘，重磅报道，这始终是青岛新闻网策划团队坚持的理念和追求的目标，在“第一弹”引发关注和共鸣的基础上，又推出了“路名故事”系列新闻报道。《“在他乡看见屏东路，感觉台湾一直在身边！”屏东姑娘在青岛遇见爱情，找到未来》《“走在青岛的台北路，好像回到了家乡！”台北咖啡甜点师创业选择扎根青岛》等报道，集图文视频一体，讲述台湾青年在大陆的奋斗故事。

2023年7月至10月，青岛新闻网先后推出“回家的路”图文、视频作品25篇，被国家民政部、北京市台办、山东省台港澳办、山东省文旅局、武汉市台办、青岛市台港澳办、青岛市民政局等多个政府单位账号转载；中央广播电视总台CGTN记者团微博、齐鲁电视台、大众网等70余家中央、省、市媒体转载报道。

让温暖人心的中国好故事传遍世界，让世界聆听中国拨动心弦的好声音。“回家的路”系列短视频同步制作的英文版，多渠道进行了国际传播。中央广播电视总台《看台海》栏目海外YouTube、Facebook账号，以及Twitter、Instagram等海外社交媒体账号发布作品25篇次。境外总访问量310万人次。

三、跨越海峡，双向奔赴，全国网友打卡“台湾路”

内容生产与用户参与的相互作用，可发挥好网络传播优势，强化与受众的连接，作为山东省重点新闻网站，青岛新闻网在进行新闻传播时，既保持了传统媒体的新闻素养，又坚持让作品具备“网味”“网感”，以开放姿态吸引广大用户参与内容生产传播，助推正能量产生大流量。

策划团队一手抓新闻采访，一手抓运营传播，全程采取交互式、共创式传播。运营编辑在微博、抖音上发起话题活动#每一条路，都是回家的路#，征集全国各地的打卡视频，海峡两岸网友纷纷打卡“回家的路”，微博话题访问量近612万人次。

融媒传播时代，用户参与媒体生产，新闻产品才有生命活力。当得知台湾文化交流团来青，青岛新闻网策划团队马上邀请两岸博主和台湾中国文化大学师生来“台湾路”打卡。在持续地策划运营推动下，全国网友纷纷在网上参与打卡，武汉的大学生、南京的网约车司机、烟台的外卖员，全国各地大量网友都制作上传了打卡视频。

网络社交媒体“打卡路名”的热潮在海峡对岸的台湾省迅速得到了积极回应，当地的网友纷纷打卡台湾的“山东街”“青岛街”，台湾省博主曲献平发来了在高雄市的打卡视频，还精心制作分享了极具中华传统文化内涵的“一心路”至“十全路”，并结合《论语》《庄子》等文化经典，展现海峡两岸同根同源的中华传统文化，让“回家的路”成为两岸交互对接的桥梁。两岸网友打卡路名，在社交网络上隔空互动，形成的这场“路是载体，根是魂魄”的双向奔赴令人动容。

四、技术引领，跨界破圈，交互地图引发百万留言

充分利用新技术、新手段、新载体，打造沉浸式、交互式、体验式的现代融媒产品，是时代对媒体的要求。目前，信息化条件下的媒体转型进入深水期，技术迭代升级的融合发展进入了新阶段，而新闻作品要“跨界破圈”，则必须树立符合现代读者口味的“产品思维”。

2023年10月，青岛新闻网“回家的路”系列报道已经积累了大量的新闻素材，如何将爆款短片、新闻报道、打卡视频、路名故事、网友寄语等众多具有“正能量”的好料整合到一起。青岛新闻网经过精心谋划，推动新

闻记者变身“产品经理”，开始打造交互地图融媒专题《每一条路，都是回家的路》。

融媒专题依托民政部地名数据库、百度地图、高德地图等信源，第一次在全国范围内盘点了涉台路名大数据，统计分析全国以台湾省城市和地标命名，以及路名包含台湾省城市和地标的道路数量。

大数据分析后，发现两个“第一”！以台湾地名或地标命名的道路，青岛有 21 条，在城市里排第一；山东有约 42 条，在省份里排第一；全国主要城市有近 200 条……路名大数据的分析和呈现，又成为一件好产品。

融媒专题注重交互式体验，在地图上集纳呈现了各地网友的打卡视频；网友可找到各地的“台湾路”地图，留言祝愿两岸团圆；在“路名故事”板块，讲述了路名传承溯源和“两岸一家亲”故事；在互动分享页，两岸网友还可以预订一张虚拟的“高铁车票”，助力“游子回家”，并留言寄语，表达期盼两岸团圆的心愿。

专题上线后，交互地图的留言区成了热门板块，两岸网友和世界各地华人纷纷寄语，千言万语，真情意切，热忱地表达着对两岸团圆的美好期盼。美国西雅图网友“种花家小柳枝”评论说：“妥妥的一家人！真是双向奔赴，期盼团圆。”专题上线截至 2024 年 5 月，浏览量已经达到了 266 万人次。2024 年 2 月，融媒专题入围“2023 年中国网络正能量精品展播活动”。

面对新时代风起云涌的媒体融合浪潮，青岛日报社青岛新闻网正全力推进媒体深度融合，积极探索现代融媒传播新路径，创新创意讲好中国故事新方式。《每一条路，都是回家的路》这一融合报道实践证明，走媒体融合发展创新之路，既是传统媒体改革创新突围破局之路，也是主流媒体做大做强的必由之路，更是讲好中国故事、放大主流传播的成功之路。

成风化人，让动人的中国好故事入心入脑；沟通世界，让动听的中国好声音飞得更高、传得更远！“回家的路”，仍在每一个中国人的心里延伸；回家的温暖，永远都在每一个中国人的血脉里流淌！

（仇瑰丽：青岛日报社观海新闻副总编辑、青岛新闻网副董事长、总经理，陈小松：青岛日报社青岛新闻网副总编辑）

《每一条路，都是回家的路》视频

案例类别：产品

创新新媒体运营机制 让正能量实现大流量

——从“赵立坚点赞青岛胶州湾大桥”案例谈起

仇瑰丽 陈小松

2022 年 6 月，时任外交部发言人赵立坚在个人微博转发点赞“青岛胶州湾大桥”（以下简称大桥），青岛新闻网第一时间发现并转发互动。之后迅速跟进新闻报道和新媒体产品，对此新闻进行放大宣传，在国内形成传播爆款。与此同时，发挥海外社交媒体账号作用，在推特平台积极与赵立坚互动转发，在海外形成新一轮的传播，策划出正能量的海外传播事件。记者团队持续追访，挖掘出了大桥视频的作者，通过对航拍摄影师的采访，探寻新闻背后的精彩故事。一系列的新媒体策划叫好又叫座，让正能量获得了大流量，既讲好了青岛大桥故事，又生动立体地展示了青岛形象。

一、主要做法

（一）热点监测

青岛新闻网在所辖平台和栏目设定了“网络探针”，定时巡查跟踪新媒体平台的榜单和热搜，监测新媒体热点。2022 年 6 月 8 日，时任外交部新闻发言人赵立坚在新浪微博发布青岛胶州湾大桥的航拍视频，青岛新闻网发现后，在微博第一时间转发点赞，并制作原创新媒体产品进行传播。

（二）名人互动

针对“大桥”这一热点，青岛新闻网开始启动重点选题策划。以青岛胶州湾大桥为引子，制作原创文章《被外交部发言人点赞的青岛大桥，值得！》。重点推介胶州湾大桥并详细介绍10座青岛各具特色的桥梁，随后在微博上积极与赵立坚展开互动，赵立坚在674万粉丝的个人微博转发点赞，产生了传播“二次发酵”，引起网络广泛关注，各媒体账号和网络大V纷纷转载。青岛新闻网大号“青岛新闻网”“浪涨小青岛”也同步力推。截至6月21日，“大桥”话题国内网络阅读量超过500万。

（三）对外传播

在国内成为热点的同时，策划团队运用海外社交媒体对外传播，在推特发布《赵立坚点赞山东青岛胶州湾大桥 看看中国美丽的大桥》双语新媒体产品。“赵立坚”推特转发了“大桥”双语产品，文章24小时内得到144万人的关注，6.2万人次的展示量，320多位世界各地的网友参与点赞转发。推特成热点后，“张和清”“薛剑”等外交部知名大V账号也开始转发点赞，“大桥”成为山东故事海外传播的爆款作品。

（四）延伸放大

“大桥”在国内和海外双线开花后，青岛新闻网继续跟踪报道，在内宣和外宣两条线上同步发力。

记者找到“大桥”航拍摄影师者“玉龙”进行专访，推出稿件《原作者现身了！那条被外交部发言人赞转的青岛大桥视频就是他拍的》。作品通过2000万粉丝的新媒体矩阵开始全面推送，省级媒体转发54次，地市级媒体45次，商业媒体14次；各新媒体账号转发439次。

海外传播方向，策划推出了《中国之桥》系列栏目，设置话题“中国之桥”，综合展示山东青岛的最具特色的现代化桥梁，展现中国建筑之美。系列连载推出之后，受到了海内外网友的持续关注和好评，十几期系列作品，平均每期展示量达到2万人次。有海外网友评论说：“中国桥梁、科技力量，建筑之美！”

（五）协同作战

青岛新闻网文旅频道发现“大桥”话题，在文旅微博上进行了互动，随后在代运营的“青岛文旅局”账号上进行交互传播，同时将热点线索提报。网站预判选题后，马上启动“新媒体策划联合作战机制”。

网站统一指挥调度，采访中心推出《赵立坚点赞大桥》《背后的摄影师找到了》两篇重磅文章；新媒体中心制作抖音、微信等新媒体作品；外宣中心通过海媒账号推出双语策划，策划海外爆款。多部门在新媒体创新机制下协同作战，共同打造出系列爆款策划。

二、特色亮点

（一）监测网络热点，联合响应机制

“大桥”系列策划出圈破阵，成为传播爆款，是媒体内部协同作战的结果，其背后是青岛新闻网新媒体创新运营机制发挥了作用。

网站根据新媒体传播特点，建立了网络热点监测响应工作方法，遇到重大选题马上启动“新媒体策划联合作战机制”。文旅频道根据文化旅游行业的特点进行了城市风景类的二次创作，与赵立坚微博进行互动，并在代运营的“青岛文旅局”政务新媒体发布。采访中心将“大桥”采写成图文新闻，同时延伸采访航拍视频的作者，形成新闻传播的总信源。新媒体中心将相关素材制作成短视频、网络文章，在微博、抖音、今日头条、微信上发布，迅速带来话题热度引发转载。外宣中心根据海外社交媒体的传播风格，重新加工成双语产品，在推特上一炮打响，国际传播系列策划受到山东省委宣传部的表扬。

（二）关注网络大V，名人代言青岛

正能量的新媒体产品要产生大流量，一方面自身发布平台的粉丝数量要足够多；一方面要多与网络大V进行互动，借助网络大V的转发来实现大流量。

外交部新闻发言人赵立坚在微博上有674万粉丝，是国内知名的时政类网络大V；海外社交媒体推特上，赵立坚有187万粉丝，在中文推特圈名列前茅。采编部门和外宣中心的编辑建立了网络大V的列表，定期追踪互动，择机邀请名人转发青岛故事，为青岛代言。本次“赵立坚点赞青岛胶州湾大桥”策划，背后是定期追踪和长期互动的结果。

（三）内宣外宣结合，做好对外传播

“大桥”爆款策划是一次“网络媒体+政务新媒体+网络大V+海媒账号”互动传播出圈破阵的成功案例。网站将对内传播与对外传播作为一个有机整体统筹运营，形成了协同效应，实现协调发展。

2022年9月，配合响应2022年撒马尔罕上合峰会的重大外交主题，海媒账号大V“青青岛主”从小切口进入，推出《上合·会客厅》等6个系列短视频产品，重点展示四年来青岛“办好一次会，搞活一座城”的生动实践。相关产品外网综合展示量达到15万人次，海内外近5000网友参与互动。外交部新闻发言人赵立坚转载了《上合·会客厅》，中国驻大阪总领事薛剑、中国驻巴基斯坦卡拉奇总领事李碧建等外交部大V账号转载了相关产品。

三、应用思考

（一）创新驱动，协同融合，让正能量实现大流量

让正能量实现大流量，要准确把握新闻传播新形势新特点，然后才能因时而变，顺势而为。要不断创新内容、载体、平台、技术、体制、机制等，加快推动媒体融合发展。

青岛新闻网在新媒体平台发展上守正创新、出圈破阵。在数量上，网站目前自身运营新媒体账号131个，总粉丝量近2000万。在机制上，网站建立了“内容爆款突击队”，实施“新媒体策划联合作战机制”，定期监

测热点，随时关注榜单，跨部门协同联动，每日进行新媒体选题策划会议，将新媒体产品创新作为引领网站内容发展的方向。

通过不断创新持续发力，青岛新闻网目前已经形成本地最大的新媒体传播矩阵，在抖音、头条、快手等平台的排行榜单上，网站的新媒体作品每日排行都名列前茅，为正能量产生大流量打下了坚实的基础。

（二）内容为王，运营传播，让正能量实现大流量

媒体要坚持“内容为王”，既要生产优秀产品，也要提升传播能力，既要会说、更要说好，把好声音、正能量传播出去，切实提高传播力、引导力、影响力、公信力。将优秀的新媒体产品进行运营推广传播，这是正能量转化为大流量的关键，正能量形成好声音，才能传得开，传得远。

移动互联网时代的优秀产品，必须带有互联网思维和用户思维。首先要“快”，领先于其他媒体首发，必定会得到平台推荐率先冲上排行榜。同时要“活”，产品风格要鲜活，贴近用户的阅读习惯、语言体系和情感心理，这样才会引发大量点赞转发。

优秀产品要火出圈，运营传播的环节必不可少。首先要善于与网络大 V 互动，通过借船出海、借嘴说话，可以迅速带火话题。还要重视圈层推广和用户转发，哪里受众多、人气旺就往哪里发，通过多渠道多平台推广，让精品成为爆款。

（三）精准施策，对外传播，让正能量实现大流量

对外传播能力建设需要适应舆论生态、媒体格局、传播环境的深刻变化，以推进传播创新不断提高传播效能，让“大流量”和“正能量”在国际传播中相互激荡。青岛新闻网高度重视对外传播能力建设，选拔年纪轻、外语好、网感强的骨干采编人员，组建团队聚焦发力海外社交媒体账号运营。同时依托 iQingdao 外宣网站，整合资源打造青岛对外传播中心。通过高水平的外宣平台和海外社交媒体账号矩阵讲好青岛故事，讲好中国故事。

“内容为王”是媒体的安身立命之本，“流量为王”是新环境下信息传播的生存发展之要。国际传播也要把针对流量精准施策，把数据作为检验传播实效的重要标尺，避免“低流量”传播，让中国好故事不断产生传播“大流量”，让“流量之河”高悬“正能量瀑布”。

实际工作中，需要加强顶层设计和研究布局，统筹好内宣外宣工作，对内报道要有外宣意识，考虑国际影响；对外报道要有内宣意识，兼顾国内受众感受。同时要将对内传播与对外传播作为一个有机整体统筹运营，形成协同效应，实现协调发展，对外讲好中国故事。

新媒体策划《赵立坚点赞山东青岛胶州湾大桥》迅速走红网络，网友纷纷点赞，被各大媒体平台转载获得很高的传播量。实现“墙内开花墙外也香”，说明正能量完全可以实现大流量。在新闻传播实操中，我们要不断提升视觉创意水平和策划传播效果，增强可视性，突出互动性，强化故事思维，深挖新闻背景。同时要坚持用互联网思维、短视频化传播、生活化语态讲好城市故事，以小切口反映城市高质量发展成就，让正能量产品对外传播更加有体量有声量。

（仇瑰丽：青岛日报社观海新闻副总编辑、青岛新闻网副董事长、总经理，陈小松：青岛日报社青岛新闻网副总编辑）

《外交部发言人赞转！青岛又又又又出圈了》报道

案例类别：组织机构

《读报参考》：发展全媒体 拥抱数字化 打造生态链

门亮 张子倩

《读报参考》创刊于 1991 年，由青岛报业传媒集团主管主办。《读报参考》一直旨在提供重大事件背景、解密历史风云真相，以思想性、权威性、可读性高度统一为特色。《读报参考》曾经是阅读市场上的佼佼者，拥有非同一般的光环。然而，近十年，随着互联网特别是移动互联网快速兴起，传统媒体普遍面临着市场竞争加剧、读者群体流失等问题。

机遇与挑战并存，创新是唯一的出路。2022 年下半年起,《读报参考》吹响了转型发展的号角。团队提出,以文史、文创、文旅为特色,以传播智能化、服务智慧化、营销全国化、媒体品牌化为导向,全力打造互联网上的新期刊,以开放思维、创新思维和平台思维系统谋划、全面改革,重振党媒期刊雄风,再造一个全新融媒。

一、传播本土化智能化

《读报参考》内容传播稳步改革,守正创新,在保持原有办刊办栏特色的基础上,重点加大原创独家深度稿件的编采力度。

一方面,围绕城市更新、文史保护、文旅消费等领域频频推出主题性系列策划,如“鸥影城韵”“品淄博烧烤 看读报参考”“带你看看齐长城遗址”等一批融媒报道陆续上线;另一方面,编辑部与青岛市档案馆、青岛市科协、青岛市社科联、莱西市委宣传部、青岛少年科学院等合作推出《发现青岛》《全景莱西 发现惊喜》《科学青岛》《探源青岛》等多个接地气、有温度的系列报道。

转型中的《读报参考》从策划、采写、服务、运营等环节入手重点发力,新栏目的开设大大增加了本土历史文化的所占比重,赢得了读者和用户认可。《发现青岛》上线一年多累计推出《寻宝记》等重点稿件80余篇,受到广大读者订户普遍欢迎,以此栏目为平台编辑部发起成立青岛文史自媒体联盟,与近百位本地文史专家学者和自媒体大V互动,迅速占领高端服务市场。与市南区历史保护发展局联合推出《里院故事汇》迅速升温,多篇稿件被今日头条、百度等转发采用。

“新闻+政务服务商务”是《读报参考》一直努力付诸实践的主阵地。所谓专刊定制,就是围绕政府部门特殊个性化需求,做好本土服务定制的一项创新性举措。2022年底服务崂山乡村振兴论坛编辑出版的《乡村振兴》专刊、中共青岛市党组织成立100周年文史增刊《地下尖兵》,以及2024年初的《科技孵化未来》均是这方面的优秀案例。

二、营销特色化全国化

近期,读者们欣喜地在杂志封底发现一组以“各美其美,美美与共”为主题的形象宣传,原来,这就是《读报参考》的外部生态链和平台朋友圈,目前包括有关政府部门在内的各类深度合作伙伴已突破68家,其中不乏头部品牌和大企业集团。在选择合作伙伴时,编辑部品牌运营中心抽调专人关注业务、地域和资源等方面的互补性,积极探索融媒体时代下的全国化、特色化营销新模式,从而实现与合作方之间的资源共享、互利共赢。

全国地方期刊界首本以元宇宙为主题的AR专刊《你好,元宇宙》即是一例。《你好,元宇宙》以期刊为主要载体,线上线下同步打造,聚焦元宇宙、虚拟现实等数字经济热门话题,将关注点放在城市和区域产业园区,呈现了国内知名企业机构在元宇宙领域的诸多创新成果。专刊以扫描即看、纸面可视的“动”的形式突破传统期刊“静”的限制,通过大量AR技术的使用,以微信端口内置小程序播放方式,让期刊从传统的文字图片二维传播大步迈向三维乃至3R传播,从而实现传播技术和理念的新飞跃。该项目于2023年9月荣获中国报业协会技术创新案例奖。

“甜蜜档案”,是《读报参考》在婚庆文创领域打造的又一营销产品IP。它针对“00后”这一特殊年龄段人群,包含定制产品及主题直播等要素,通过与青岛市婚庆行业协会合作,以权威、公信的主流媒体平台为载体,向新时代的新人和社会传递对幸福生活的祝愿。

如何用好主流媒体公信力和影响力,结合自身实际开辟更多营销新赛道?《读报参考》为此提出了更多极具品牌属性的创意。比如,2023年5月,《读报参考》正式进军培训领域,与集团其他部门联合成立青报直播+学院。该学院聘请了新媒体领域著名的专家、学者为讲师,为政府部门、企事业单位提供新媒体培训服务,收到了良好的社会效益。

三、发行电商化垂直化

在当前的传媒市场中,数字化转型的重要性不言而喻。《读报参考》积极探索融媒体电商化垂直化,与旅行社、政府头部平台、线上各类渠道探索合作,共同开拓发行新业务新渠道。

2023年9月29日,“蓝梦之星”邮轮从青岛开启首航,而本次登船的730多名游客,惊喜地发现床头桌边摆着一本印刷精美的《读报参考》。《读报参考》编辑部得知邮轮首航信息后,主动对接市北区邮轮管理局和有关行业企业,多方合作精准定位并达成共识,认为将高端期刊送上邮轮意义重大,更是提升旅游体验,满足中青年客群精神文化需求的现实需要。

《读报参考》与齐鲁工惠APP的合作,同样是一次具有深远意义的尝试。《读报参考》编辑部主动对接资源,将自身期刊订阅套餐纳入线上平台文创专区打造悦读板块,短短一个月即收获新订户2000余个。和总工会的这一合作,有力推动了媒体的传播力和影响力。

四、媒体矩阵化数字化

《读报参考》积极拥抱新媒体,一个全新青岛文史创意传播“1+9”矩阵横空出世，覆盖刊、网、微、视、号、屏等各个领域，一举实现传统期刊在互联网上的华丽转身。

与喜马拉雅合作，推出“190青报新播客”平台，有声社区账号日活达到3万人次。由编辑部资深一线编辑和工作人员担任主播，组建音频工作室，目前累计上线音频节目86期，内容涵盖文史、中英文朗诵、革命历史广播剧等多个领域，单条爆款内容收听人次破20万。

定位服务文化“两创”，编辑部在2023年下半年又陆续推出了《馆长 你好》《总编辑访问》等栏目。《馆长 你好》在视频号“名城大秀”上实现首播，移动式直播＋沉浸式体验加上灵活的朋友圈推广，使得这一新媒体品牌栏目开张即火爆，崂山矿泉博物馆、电影博物馆、纺织博物馆等内容生动鲜活反响强烈。

五、活动IP化产业化

作为一家融媒体，如何在社交媒体平台上塑造有影响力的IP已经变得至关重要。

创立于2021年的青春之岛青年音乐节，立足青岛，辐射全国，是青岛市目前唯一以高校大学生为主要互动对象的官方原创音乐＋演艺活动平台。2023年“青春之岛”青年音乐节进一步升级，通过拓展与专业机构合作，增加战略合作伙伴实现从赛到节的跨越，并将同步举办青春之歌跨年演唱会。历时三年多发展，音乐节品牌影响力已全面覆盖青岛29所高校43万名在校学生，20多位校园音乐人走出校门走向市场，继续实现音乐理想。

文史采风万里行，通过深入挖掘和传播西部地区文化历史，增强文化自信。这也是读报参考创刊系列活动之一，得到人民视频等媒体广泛关注，连续完成滇藏行和南疆行两条采风线路，历时近三个月，行程5000余公里。大活动方面，由《读报参考》融媒体团队执行的元宇宙应用大会，邀请全国传媒业内近160位高层到会研讨，发布传媒行业元宇宙应用白皮书，并推出首个行业优秀案例评选展示。其中，由《读报参考》联合数智孪生等开发的国内期刊界首个虚拟数字人秀秀亮相，在现场化身为大会主持和展场主播，国内同行纷纷点赞。

（门亮：青岛报业传媒集团《读报参考》融媒体融合采编部业务主管，张子倩：青岛报业传媒集团《读报参考》融媒体执行董事、总编辑、总经理）

《你好，元宇宙》AR专刊

案例类别：组织机构

打造潍坊融媒核心品牌 引领媒体融合纵深发展

蔡相山 孙瑞永

按照中央和山东省委、潍坊市委关于加快推进媒体深度融合发展的部署要求，近年来，潍坊日报社坚持移动优先，全力打造“潍坊融媒”全媒体核心品牌，持续推进媒体深化融合改革，构建起科学完备、权责清晰、分工明确、统一高效的全媒体运行体系。在各类重大主题宣传战役中，潍坊日报社全媒体平台活力迸发，新闻宣传成果斐然，新型主流媒体作用充分彰显，传播力影响力位居全市、全省前列，为服务推动全市、全省高质量发展提供了有力舆论支持。

一、深化媒体融合改革 建设全媒体传播体系

（一）全媒体组织架构融合贯通

潍坊日报社坚持移动优先、全媒为本，着力构建“党委抓总、大平台调控、策采编发联动、多介质传播”的全媒体传播体系，彻底打破了原有的媒体间壁垒，重塑组织架构。原先分别属于《潍坊日报》、《潍坊晚报》、潍坊新闻网等各媒体独立的采访、编辑、经营所有资源融合、职能整合、效能优化，重新归纳、融合，按宜合

则合、宜分则分的科学立场，设立全媒体指挥中心、全媒体采访中心、报编辑中心、融媒体中心、全媒体经营中心等五大中心，建立了全新的一体化全媒体运行格局。尤其是将原来各媒体新媒体平台、账号等归集、梳理后，统一归到融媒体中心运维管理，确立了举报社之力打造以潍坊融媒客户端为核心品牌的新媒体矩阵。

（二）全媒体指挥机制科学高效

着眼顶层设计，潍坊日报社为全媒体新闻宣传体系设立了“核心大脑”——全媒体指挥中心（中央厨房），负责统筹、协调、调度、指挥全媒体策采编审发评全链条各项工作，对新闻业务统一指挥调度，减少不必要的中间环节，业务管理更加便捷、高效、畅通。以全媒体指挥中心为中枢，由分管新闻业务的党委成员任轮值指挥长，负责全媒体策采编发的统一指挥调度和协调联动，新闻宣传实行全媒体策划、全媒体联动、全媒体传播。遵循互联网传播规律，依托融媒体采编一体化系统平台，改革策采编发流程，新闻产品真正实现“一次采集、多元生成、多端发布、全面覆盖”，并全部实现在潍坊融媒新媒体移动端首发，形成集约高效的内容生产体系和全媒体传播链条，大幅提高了新闻传播质效。

（三）全媒体考核激活发展潜力

科学完备的绩效考核机制，是各项工作的指挥棒。潍坊日报社以深化改革为抓手，为全媒体平台发展做好保障，彻底调整薪酬分配制度，引入大众评价机制，打破平均主义“大锅饭”，引导分配向业务一线、向重要岗位、向业绩突出人员倾斜。用好绩效考核“指挥棒”，一把尺子、一个标准，实施全员全岗位绩效考核，真正做到考核全覆盖。加大绩效工资考核比重，除拿出少量基本工资作为固定保障外，其余大部分的工资都纳入绩效考核，上不封顶，大大激发队伍的工作激情与活力。以“移动优先、潍坊融媒首发”为考核导向，把潍坊融媒新媒体平台发稿纳入主要考核指标，鼓励记者采写制作量多质优的新媒体产品，充分激发和释放融合发展活力。

（四）全媒体人才建设持续强化

互联网时代，人才是第一生产力，传统媒体的采编人员必须实现全方位转型，才能适应新媒体的要求。潍坊日报社不断充实壮大潍坊融媒新媒体采编队伍，持续引进了30多名优秀融媒体专业人才，增添了年轻力量。为促进采编全员转型，潍坊日报社组织开展“潍坊融媒十分钟”新媒业务专项培训、“融媒体大讲堂”综合业务学习、“编校质量提升”等业务培训20多期，培训编辑记者2300人次。同时，出台青年记者编辑成长、成才计划，从制度、考核等各方面激励年轻采编人员快速成长，为报社做大做强主流新媒体提供人才保障。

二、坚持内容为王 占领主流舆论制高点

（一）移动优先引领，建强壮大主流舆论阵地

因种种原因，潍坊日报社新媒体建设严重滞后。利用媒体深度融合契机，报社克服经费紧张困难，着眼于做大做强主流新媒体平台，让正能量占据大流量，通过技术支撑、内容建设、功能完善、用户再造，构建媒体融合新场景、新生态，建成以“潍坊融媒”客户端为龙头，涵盖潍坊新闻网、潍坊融媒、潍坊发布以及潍坊日报微信公众号、微博、抖音号、头条号等30多个平台的新媒体矩阵，粉丝量超过2000万。报社新媒体传播力影响力迅速提升，建成仅两年多的“潍坊融媒”客户端下载量截至2024年3月已突破300万人次，迅速跃居全市新闻客户端第一位。潍坊市委市政府的重要会议、主要领导的活动及政策发布等，都由“潍坊融媒”客户端及其矩阵在全市媒体中首发，是全市官方政务信息最权威迅捷的发布平台。“潍坊融媒”微信公众号下载量已达100万，位居全市第一。

（二）强化内容建设，推动正能量实现大流量

围绕全国和省市“两会”、省市党代会、省市工作动员大会等重要会议，及市委市政府中心工作，聚力产业发展、品质城市、项目建设、民生改善等重大主题宣传，以潍坊融媒为媒体核心品牌，充分发挥全平台、多渠道的优势，利用消息、评论、深度、海报、H5、短视频等丰富的表现手段，平均每天发布原创新闻200条以上，阅读量、点击量10万+、100万+作品爆款作品不断涌现，各类新闻产品被市民广泛关注、转发，形成了独特的新闻宣传“潍坊融媒”现象。聚焦市委市政府中心工作，策划开设“新视点”“有解思维大家谈”“七个加力突破 建设实力强品质优生活美的更好潍坊”等专栏专题，推出深度报道、系列评论和新媒体作品，有力发挥了统一思想、凝聚共识的舆论引领作用。

（三）融合成果显现，主流媒体传播力持续提升

2023年以来，在中央和省、市委部署的各类重大宣传战役中，潍坊日报社制作发布全媒体新闻作品15000多件，全媒体矩阵传播力影响力在全省16地市32家主流媒体考核评价中位次持续上升，进入前三行列。潍坊日报社88件新闻作品在省级以上新闻评选中获奖，在全省地市报社中名列前茅。其中潍坊融媒原创报道“18个针眼换你一命，值了！”被《人民日报》、新华社、新华网等转载，阅读量超过100万+；潍坊融媒抖音号首发的“潍坊三位18岁少年冒大雨勇敢救火”原创视频火爆全网人民日报官方抖音号点赞转发，全网点赞量已突破450万，播放量超5亿。

三、跨界打造生态圈 助力媒体扩大“新闻 +”

（一）多方合作，做强“新闻 +”

按照“新闻 + 政务服务商务”发展方向，潍坊日报社依托潍坊融媒主流新媒体矩阵平台，以先进技术激发内生动力，用好 5G、大数据、元宇宙、区块链、AI 等，加强新技术在新闻传播领域的应用，深入探索协办、联办、代运营、外包、直播带货等多种经营模式，创新打造媒体传播生态圈，以突出的内容运营能力提升所服务政务账号的信息传播力，进而更好地服务于主流舆论格局。目前，潍坊日报社为潍坊人大、政协、市总工会、市文化旅游局、市生态环保局等近百家企事业单位提供政务新媒体和舆情监控外包服务。全年承接、运维各类发布会、大型直播等活动 300 余个。

（二）活动是品牌打造的有效手段

通过各类互动运营策划，用新媒体思维和策略，增强黏性，做强网络舆论阵地，助力城市、行业营销，相互之间形成借势借力的共赢局面。2023 年 6 月 17 日，由潍坊日报社策划推出的“潍坊融媒之夜”音乐节引爆全城，全场聚焦了近 8 万市民粉丝，这是潍坊日报社精心为潍坊融媒粉丝和市民打造的一场音乐和文化盛宴，将自我成长融入城市蝶变中，与城市同频共振，双向奔赴，以更年轻、更时尚的表达，为加快建设青年友好型城市建设赋能，同时也大大提升了潍坊融媒品牌在年轻群体中的影响力。

（三）发挥媒体平台优势，积极融入城市基层治理

新媒体技术的发展，为“新闻 +”提供了无限可能，潍坊日报社依托潍坊融媒这一核心品牌，积极连接政府各部门，链接政务审批、掌上“12345”等，借助媒体与受众的常态化连接，建立收集民情、听取民意、汇集民声的网上民意通道，打造集约便捷的一站式便民服务平台，居民日常生活涉及的水、电、暖交费，乘坐公交车、骑行公共自行车等，以及社保、医保、交管、教育等高频民生服务查询、办理等，均可以在主流媒体客户端实现一站通办，推动建设人人有责、人人尽责、人人享有的社会治理共同体，提升智慧城市建设带给群众的获得感、幸福感。

［蔡相山：潍坊日报社（潍坊报业集团）党委副书记、总编辑、总经理，孙瑞永：潍坊日报社（潍坊报业集团）编委、潍坊融媒·潍坊晚报总编辑］

案例类别：产品

地市党报如何推进媒体深度融合发展
——以淄博日报社“博览新闻”客户端为例

冯艳辉 周文聪

党的二十大报告提出，加强全媒体传播体系建设，塑造主流舆论新格局。近年来，淄博日报社媒体融合发展以“改革创新 转型发展”为工作总基调，以提升传播力为首要任务，蹄疾步稳实施了一系列改革举措，重构生产和传播体系，重大主题策划亮点频现，爆款融媒产品刷屏网络，传统媒体向新而生的改革取得阶段性成效。

2022 年 2 月 1 日，淄博日报社全新设计打造的淄博市新闻门户手机端 APP——博览新闻客户端（以下简称博览新闻）正式上线，经过两年发展，博览新闻下载用户达 70 万人次，平均每天更新 200 条次，成为淄博日报社传播矩阵的母舰。同时经过多次优化改版，影响力在逐渐扩大，在山东省委宣传部传播力考核中位列全省前列。

一、聚合资源力量，打造全媒体传播平台

（一）强化顶层设计

淄博日报社着眼媒体融合发展和传播体系重构，以《淄博日报》为龙头，加力推动淄博日报社全媒体转型升级。整合原有《淄博日报》、《淄博晚报》、融媒体中心采编力量，打造一支适应全媒体采编发布流程的采编团队，确立了编委会、全媒体指挥中心为核心的扁平化指挥体系，构建起集中采集、多元发布的生产流程，形成了一个服务报、网、端、微多个媒介，一体化生产各类信息产品的格局。

（二）加快流程再造

对淄博日报社机构设置进行重组，适应转型发展需

要，融媒体流程走到哪里，机构就搭建到哪里。充分发挥编委会职能，形成编委会决策策划，总编室指挥协调调度，细分部室新闻采编，对新闻稿件、图片、视频等各类资源统一调度、实时共享，让一支队伍服务多个平台。

（三）始终把笔端和镜头锁定民生

开设《博览帮办》《找记者》专栏，大事小事只要事关民生，记者都要积极为读者"跑腿"。特别是《博览帮办》自上线以来，已先后为群众解决问题2000余个，冬季问暖专题广受好评。在为群众解决实际问题的同时，透过一条条民生线索，博览新闻策划推出了《雪夜挪车》《一床棉被引发的爱心接力》等十余个暖心策划，引发《人民日报》、新华社等媒体关注和转发，全网流量过5亿。2022年底，策划推出"抗疫在线"应急救助平台，接受市民核酸检测、就医问药等求助信息，全力解决市民涉疫困难、诉求，成为淄博市民重要的民生保障平台，用户下载量和活跃度成倍增加。

二、强化选题策划，提升优质内容产能

（一）强化精品意识

正能量实现大流量，起点在生产，重点在传播。淄博日报社自实行全媒体改革后，开始实行全媒体选题策划报道机制，每天都会对当日新闻进行策划安排，每月召开策划会，根据近期宣传重点，对重要策划提前布置安排。同时强化精品意识，以优质原创内容提升传播力，在重大事件和关键节点上从不缺席，全媒开展了"聚集党的二十大""对标合肥媒体行""探寻淄博产业链发展""聚力五个淄博 共建文明之城"等重大主题宣传，推出了包括图文、短视频、海报、H5、长图等内容丰富形式多样、既有深度也有广度的新媒体作品，为全市经济社会发展贡献了党媒舆论担当。

（二）讲好淄博故事

聚焦城市精神、城市价值、城市力量，全力传播淄博声音、讲好淄博故事、展示淄博形象。在焦裕禄百年诞辰之际，策划推出"追光——沿着焦裕禄的足迹"大型融媒系列报道，在全社会引起强烈反响，该系列报道荣获山东省新闻奖一等奖。2023年淄博烧烤火爆出圈，策划推出"淄博好品进万家"专栏，助力打造更多淄博本土金字招牌，拍摄制作的短视频《大妈用了15年的多星锅坏了 拿到淄博厂家售后维修费用仅6元》，在《淄博日报》全平台点击量突破1500万，互动量达2万次，同时带火了多星锅直播间，共为直播间"涨粉"7万人，公司电饼铛一度售罄。

（三）发力直播领域

围绕国内外热点、本地资讯等，博览新闻每年推出各类直播300余次，实现了粉丝数量的不断积累。2023年5月，与《济南日报》新黄河客户端共同发起策划了"沿着黄河 遇见美好"沿黄九省（区）联动直播，走进淄博齐文化博物馆，向全球推介齐文化。该直播全网观看量突破1.2亿人次，央媒及省市级共计102家媒体转发。央视网、新华社快看、央视频等媒体都做了同步直播。在国际传播方面，贵州国际传播中心、郑州国际传播中心、济南国际传播中心等进行了广泛传播，外网观看量突破80万人次。

三、坚持融合创新，提高用户黏性

（一）做大"新闻+"

为进一步发挥主流媒体的信息集成和传播优势，2024年初，淄博日报社与淄博市教育局、淄博市妇女联合会携手打造的线上家长学校"淄博好爸妈"频道，在博览新闻正式上线。旨在帮助淄博百万个家庭获得最新鲜的家庭教育资讯、了解最前沿的家庭教育理念、对话最权威的家庭教育专家、获得最有效的家庭教育方法。该频道不仅成为淄博教育的新平台，更开拓了传播渠道，增强了用户黏性。

（二）做强"融媒+"

纵观近几年媒体融合改革发展，承办体育赛事、会展经济已经成为不少媒体实现高质量发展的助推器。2023年以来，《淄博日报》相继策划承办了环文昌湖半程马拉松、淄博高青马拉松、淄博马拉松等体育赛事，以全媒体矩阵形式对赛事情况、周边美景美食、民俗文化等进行全方位、多角度宣传，仅文昌湖马拉松赛全网浏览量就超过1730万。文昌湖相关部门发布的数据显示，从3月中旬开始至4月底，每个周末旅游人数不断创下新高。从吃美食到寻美景，再到区域产业提升和政府部门同步统筹推进，成为一场定位精准的成功融媒策划，也成为政府与主流媒体携手合作共推旅游新产业的创新做法，不仅产生良好社会效益，还提升了经济效益。

（三）做足"技术+"

强化技术驱动，依靠技术驱动打造智媒平台，目前博览新闻正探索组建"博览云"平台，对内统领所有办事流程，对外强化技术服务，不断推动平台优化升级。上线"博览圈"板块，用户可以在该板块分享自己的见闻经历，也可以与其他用户进行互动交流，"博览圈"上线以来，已收到不少读者的留言分享，"博览圈"已成为淄博人的朋友圈。同时"博览云"平台将强化服务功能，实现"新闻+政务/商务/社会治理/N"，后期还将持续强化软件设计应用，设置积分商城，用户可在积分商城兑换奖励，不断提高用户参与度、获得感。

（冯艳辉：淄博日报社博览编辑平台主任，周文聪：淄博日报社博览编辑平台记者）

博览新闻客户端

案例类别：产品

从淄博烧烤出圈 看“添一把柴”和“泼一盆水”的融智慧

冯艳辉 王晓楠

2016年2月19日，习近平总书记在京主持召开党的新闻舆论工作座谈会并发表重要讲话，强调要抓住时机、把握节奏、讲究策略，从时度效着力，体现时度效要求。

“淄博烧烤”在流量顶端时，到底有多火？用一个具化的网络行为概之，网友之间流行晒出从世界各地飞淄博的航行轨迹。特别是在舆论主导范式从信息主导转变为情感和关系主导的当下，一座以老工业城市为标签的中小城市想稳稳接住这波泼天流量，实属不易。

淄博日报社立足媒体融合深度实践，以“添一把柴”和“泼一盆水”的融智慧，实践了“情感通，诸事皆通”的传播范式，将“一时现象”变为“一地名片”。

一、顺着大流量“添把柴”

2023年3月初，淄博出现了第一波烧烤客流。当时网上的说法是，这个周末，山东省一半的大学生在淄博吃烧烤。常年坚持每天开“编前会”的淄博日报社融媒体中心编辑敏锐观察到这一全网热点，迅速开展融媒体产品策采编发、全媒体矩阵栏目设计及开发工作。

3月9日，“淄博烧烤有多香”专题在淄博日报社全媒体矩阵具有“航母”地位的博览新闻APP开通。淄博日报社成为最早为淄博烧烤“上大分”的官媒。《今晚，我想和你去烧烤！》《终于“烤”上啦！淄博多家烧烤店一座难求》《淄博烧烤：一支串带火一座城》等新闻产品不仅向受众生动展示出淄博烧烤的“香”，更全面显现出淄博烧烤的“火”。随后，《5条淄博烧烤一日游精品线路来了》《“烧烤”公交专线助力“淄博烧烤”火爆出圈》等产品，紧贴烧烤流量，宣传城市文旅、淄博服务和人文精神。这些作品不仅广泛得到受众关注转发，也被其他省市媒体、头部平台纷纷转载。

随后，淄博市发布多场新闻发布会，发布了烧烤公交专线、开放青年驿站、景区门票减免优惠、“金炉奖”评选、淄博市烧烤协会成立、发布淄博烧烤地图、举办淄博烧烤节活动等信息，并制作相应媒体融合产品，及时响应、回应了网民关切。

身处淄博，我们也感受到了何为流量红利。微博《淄博“八大局”停车场开建 免费停车》上线1小时阅读量突破90万，视频播放量上百万。6月8日，淄博日报视频号发布《淄博大妈用了15年的多星锅……》短视频，当天浏览量超400万，作品不仅在各头部平台“发酵式”传播，更带火了淄博好品——多星锅的直播间，多星锅一度“一锅难求”。在这把“柴”的燃烧下，淄博本土企业鲁泰纺织、宝恩皮具、周村烧饼等一众品牌和企业借势出圈。

二、增强深度融合本领“烧好锅”

在“人人手中都有麦克风”的时代，何时说、怎么说、说多少，很大程度上考验着主流媒体舆论引导的能力和水平。这就要求我们增强深度融合本领“添柴烧锅”。

媒体融合蹄疾步稳，淄博日报社不断扩大人才招揽，加大设备和软件投入，拥有了一支可主播、可出镜、可拍摄、可剪辑包装的视频拍摄制作专业团队。更是在整个报社倡导“全媒体产品一体化融合生产发布”，全体员工已将“无视频不传播”当作铁律。2023年5月初，淄博日报社与新华社共同策划推出了短视频《山东：淄博烧烤“走红” 这些瞬间“走心”》，央视网及头部平台纷纷转发。此外，还有多部短视频在新华社客户端等央媒发布，点击量都突破了150万。

在微博平台，淄博日报官微发布了《女子慕名去淄博吃烧烤弄丢3000元 民警邮寄送还》等暖心稿件。淄博日报今日头条《淄博有关部门协调出租和公交接送游客！为淄博的反应速度点赞！》阅读量超80万次，互动量近3万次；《网红B太：一座让我不得不佩服的城市》阅读量超10万次。全平台实战融合本领，全体系联动掌握“话筒”，让本地官媒在恰当时间有效起到了正能量引导和烧烤流量分流的正向宣传作用。引导全网舆论从“烧烤”美食延伸至淄博美景、“淄博好品”、城市营商环境等。我们同时推出“先进制造”系列策划、“淄博文化灵魂‘三件套’”专题等。将关注点扩大至工业产业发展、招商引资、城市吸引力、人文、情怀、烟火气等，这也恰恰是处在流量核心的淄博最为需要的。

三、把好“时度效”“泼盆水”

八大局便民市场，被网友戏称为“全国唯一的5A级景区农贸市场”，高峰时一天涌入12万人。淄博在2023年的酒店预订量较2019年上涨856%，增幅居山东第一。我们也清醒地看到，“流量红利”的另一面是“流量反噬”，如何能在众声喧哗、网络放大镜下实现稳稳落地、牢牢接盘？此时，主流媒体最需要的，恰恰是给“流量核心”降热度、分流量。

积极配合政府分流类、服务类、处置类信息发布。以淄博在烧烤热中发出的两封信为例。2023年4月19日，我们刊发《致全市人民的一封信》。这一封信，是在城市治理和服务供给集中暴露出短板不足的情况下发出的，起到了号召、凝聚全体市民的作用，点燃了淄博市民的主人翁意识。同时，我们主动科学设置话题，用快速、准确、权威、生动、丰富的权威信息占领舆论场。如《党端网评｜当好东道主 擦亮新名片》《党端网评｜以更灵活的方式破解停车难题》《打卡淄博新晋“爆款”文旅IP 各大文创园区让流量变“留量”》等新闻产品，用健康理性的声音引导群众，起到了恢复正常秩序、平复社会情绪、配合事件处置的作用，在众声喧哗、莫衷一是中牢牢把握了报道方向。4月26日，我们又刊发了由淄博市文化和旅游局发出的《致广大游客朋友的一封信》，又名“劝退信”，被全国舆论研判处置和传媒同行誉为“教科书式”案例。与此同时，我们在各端口加大黄河大集、山东好品、大美齐鲁的推介，如H5作品《风味、匠心、制造……沿齐长城用关键词打开“山东好品”》、图文产品《畅游齐鲁 乐享“五一”｜昼与夜，不舍山东美》等等，都是在把握好引导时机、节奏、频次、角度、力度的前提下，让该热的热起来，该冷的冷下去。

“泼盆水”的冷处理并不是一味“堵”和“降”，我们科学使用媒体融合手段，将热点多元化，让淄博的社会景观多点开花、更加丰富。我们借助城市赛事，探索实践多场马拉松直播，并开设专题报道。开设首届“淄博人才节”专题，策划推出“淄博好品”“乡村振兴齐鲁样板”“高质量发展调研行”“强信心 稳经济 促发展”等几十个专题专栏，让网红城市的更多故事和闪光点为人所知。

淄博烧烤爆火后，不少市民表示，城市里年轻人的身影越来越多，感觉整个城市也越来越有生机活力了。2024年春节，淄博烧烤依然一座难求。这其中，“添一把柴”和“泼一盆水”的融智慧是否做出了关键表达呢？

（冯艳辉：淄博日报社博览编辑平台主任，王晓楠：淄博日报社博览编辑平台记者）

河南省

案例类别：产品

影像创意工厂

闫勇明

党的十八大以来，以习近平同志为核心的党中央对媒体融合发展高度重视。为深入贯彻习近平总书记关于媒体融合发展的重要讲话精神，加快传统媒体和新兴媒体融合发展，大河报社立足主流媒体职责使命，依托传统媒体优势，结合新兴媒体舆论生态和传播方式，从创新发展、服务模式、作业流程、技术应用和人才培养等多角度，重点打造影像创意工厂并取得丰硕成果，该项目于2023年入选第三届中国报业深度融合发展创新案例。

一、案例背景

影像创意工厂，原为大河报社豫视频客户端运营部门，曾用名豫直播，是全国较早向视频化发展的专业平台之一，最初主要负责直播和短视频新闻生产。近年来，为全面深化体制机制改革，加快推进媒体融合高质量发展，大河报社倾力打造影像创意工厂，使其迅速成长为国内专业互联网短视频运营服务商，目前拥有专业影像器材和先进影视后期制作设备130多台（套），多功能演播厅、数字资源库等一应俱全，并且拥有一支专业视频拍摄、制作、运营团队（现有员工55名，其中35周岁以下员工共41名，党员16名，本科生49名，研究生5名，博士1名），专注影像管家服务模式，业务覆盖国内多个省市、延伸海外，主要产品及服务包含视频新闻、TVC广告、宣传片、微纪录片、微电影、视频号代运营、视频拍摄制作培训等。

二、具体做法

（一）坚持创新发展

影像创意工厂坚持创新发展，一是运营理念创新，由内供服务向满足社会市场需求转变；二是产品品类创新，由单一新闻产品向新闻产品、形象产品、商业产品、艺术产品等综合品类转变；三是生产流程创新，由个人全能式单打独斗向车间流水线高效生产转变；四是传播渠道创新，由自有报纸、客户端向报网端微号屏等全媒体矩阵立体传播转变；五是人才培养机制创新，从市场招聘向产、教、研、学、用等全链条服务转变。

（二）打造服务模式

影像创意工厂首创的“影像管家”服务模式，致力于打造短视频服务产业化新生态，创新短视频服务模式，与用户保持紧密联系，收集用户意见，根据用户反馈灵活调整、优化影像服务。从用户角度出发，满足用户碎片化时间需求，影像服务具有便捷性、持续性。

（三）重塑作业流程

影像创意工厂现设市场营销、视频编创、影像采集、后期剪辑和厂办等5个车间，采集摄制、公关对接、平台下单、策划编导、影像制作、产品交付、全媒体推广等流程高效联动，实现批量化流水线生产。

（四）强化技术应用

在影像技术方面，影像创意工厂先后建立5G智媒体视频实验室，开发云视频直播、VR应用、媒体云应用、高清微纪录片等场景化技术应用，并采用动画、沙画、曲艺、航拍、棚拍、虚拟现实等多种方式方法，创新视频表达手段，丰富视频展现形式。

（五）特色人才培养

影像创意工厂打造的豫视频学院，是河南首个打通短视频产、教、研、学、用全链条服务的综合性双创平台，开创全新服务模式，定制化培训是该学院的特色业务板块，可根据多元化市场需求、预算等精准匹配相应的师资和课程，开办两年来线上线下累计培训超5000人次。

三、实际成效

影像创意工厂成立后，取得了良好的社会和经济效益。

社会效益方面，影像创意工厂重点抓好网络主阵地，放大主题宣传报道声量，牢牢把握住舆论引导的主导权、主动权，积极创新丰富视频展现形式，先后围绕红色党建、高质量发展、传统文化和公益正能量等主题，多次联合政府、企业、媒体等，推出相关视频作品及策划报道。这其中，既有以红色党建为主题，结合时代热门话题，创作生产的庆祝建党100周年微型“音乐党课”《赞歌百年唱给党》和《清澈的爱》等作品，也有为传播公益正能量创作生产的《“风”从海上来》和《在大凉山追“球”——让野玫瑰绽放在绿茵场》等作品；既有围绕主题宣传报道的VR视频《报告总书记！河南小麦长势喜人》和《元宇宙“河南号”伴您飞阅中原》，也有助力河南高质量发展的MV《我要从南收到北，我还要从白收到黑》和《这里是郑州》；既有弘扬优秀传统文化的出大型文化视频栏目《厚重河南·诗歌走廊》和《一片甲骨惊天下》，也有提升河南形象及美誉度的《河南“一分钟”“24小时”》和《京津冀洪灾一线河南力量》系列作品；既有成功“破圈”的创意作品《信不信？！我们用锤子凿出一条天河》，也有“大决战——河南省脱贫攻坚优秀摄影作品展”同名汇报片《大决战》和微电影《乌龙状》等。

经济效益方面，影像创意工厂通过视频制作、培训、广告投放、IP招商、直播等业务实现商业变现，开展合作企业包括中国邮政、国家管网、国家电投、南方航空、中建七局、北京快手、中原银行、河南国际、河南宇通、新飞电器、安图生物等，并依托大河报社各产品业务间的相互影响、相互赋能，进一步实现了影像创意工厂互联网短视频运营服务商的迭代升级，取得了良好的经济效益，2023年实现营收超1500万元，5年累计创收达6500万元。

2023年6月，影像创意工厂被国家新闻出版署评选为第三届中国报业深度融合发展创新案例。

四、启示和思考

影像创意工厂自创立以来，一步一个脚印，一年一大创新，从首创影像管理服务模式，到成立豫视频学院，再到实行工厂制，在服务市场过程中取得了良好的社会效益和经济效益，对于加快推进传统媒体和新兴媒体融合发展，加快培育和发展新质生产力，具有一定的示范推广价值。

（闫勇明：大河报社综合事务部文秘主管）

案例类别：产品

大河网舆情系统

李敬欣 陈臣 赛萌萌 王飞 李金 赵文文

一、情况介绍

在网络社区成为舆情首发信息源，改变了社会舆论格局的今天，舆情监测已经成为重要的群众工作。借助舆情的力量可以让很多问题暴露在公众视线之下，但是也会带来负面影响。网络舆论的形成往往非常迅速，很容易在瞬间引发一个社会热点话题，导致社会舆情热点呈现病毒式暴发趋势。如果处理不当，极有可能诱发民众的不良情绪，形成对当事主体形象具有较强破坏力的负面舆论。

大河网舆情系统作为为新闻信息处理服务的平台，以大数据为基础，以算法为驱动，科学的分析网络舆情传播的规律和成因，及时反映网民诉求热点，掌握舆情动态和发展态势，提升决策效率洞察行业趋势、洞悉网民行为，增强舆情预警和研判能力，让舆情不再高深莫测，为用户科学对策、正确进行舆情引导提供有力支撑，有效避免负面舆情恶化带来的影响。

大河网舆情系统运用搜索引擎技术、自然语言处理技术、知识管理方法、人工智能技术，通过对互联网海量信息自动采集、提取、分类、聚类、结构化处理，集成专题舆情聚焦、行业舆情分析、热点自动发现、追踪网络舆情、舆情简报辅助生成、智能舆情预警等核心功能，实时统计、即时分析、清晰可视化呈现，降低数据分析门槛，为用户打造专业的舆情监测服务平台，帮助全面掌握舆情动态，实现舆情信息监测、博文溯源分析、智能分析、舆情展示等功能。可以针对人物、机构、地域等实体，提供热度趋势、视角态度等，为新闻报道提供依据；同时通过持续性对网民、媒体的反应进行跟踪和分析；能够及时响应媒体突发事件，提升工作效率和媒体口碑，具有较高的经济效益和社会效益。

大河舆情产品包含PC版和APP客户端，自上线以来致力打造舆情软件行业排头兵，累计服务近百家企事业单位，经过数次迭代升级，功能不断完善，已形成智能预警、舆情简报、数据定制、大河舆情研究院等多种特色服务。

大河网舆情系统实现了全网信息实时抓取，有效覆盖境内外20余万个新闻网站，以及活跃的微信、微博、客户端、抖音等平台，7×24小时实时监测和提取目标信息，为各级党政机关、企事业单位提供监测、分析、培训等一体化定制服务，目前已涵盖20余万个项目总数。

二、项目建设团队

在董事长李敬欣的坚定带领下，在技术总工程师陈臣的精准指导下，在王飞、李金、李震、赛萌萌等团队成员的共同努力下，打造出了一支高效协作、技术精湛的大河网舆情项目建设团队。

董事长作为团队的领航者，凭借丰富的管理经验和卓越的战略眼光，为整个团队设定了清晰的目标和愿景，为项目的成功奠定了坚实的基础；技术总工程师作为团队的技术核心，具备深厚的专业背景和丰富的实践经验，在项目建设中，不仅负责技术方案的制定和审核，还亲自参与到关键技术难题的攻关中，为团队提供前瞻性的技术指导和支持，确保了项目的顺利推进和高质量完成；团队成员作为项目建设队伍的关键力量，拥有丰富的技术研发经验，具备独特的专业知识和技能，是团队成功的基石和驱动力。

三、社会效益

大河网舆情系统可实现一系列社会效益。

（一）加强监控及时发现负面的舆情

通过加强舆情监控，及时获知舆情动态、深刻分析舆情信息、积极引导社会舆论，从而形成一个健康的舆论氛围。论坛、社区、博客、贴吧、自媒体为网民发表言论提供了阵地，如果缺乏有效的监测手段，一个热点的存在加上一种情绪化的意见，就可以成为点燃一片舆论的导火索。舆情监控可以及时发现相关负面舆情信息，在黄金时间效应内为舆情处理争取时间，启动舆情应对措施或者应急预案，快速地做出正确的舆情应对。

（二）全面监测掌握舆情变化的规律

大河网舆情系统对全网全平台的相关信息进行监测，掌握真实、全面、立体的信息，比如负面信息、热点信息、行业动态、重要人物和地域信息等，解决舆情信息的采集与整合问题。通过系统加强对互联网信息的监管，大浪淘沙般萃取舆情，深度透析热点难点，掌握潜在的变化规律，全面地掌握社情民意。

（三）辅助政府部门制定科学的决策

通过大河网舆情系统建立完善高效的网络舆情预警机制，从社会关系呈现、社会心理描绘、社会诉求预测等角度对网络舆情进行多维透视，通过网络舆情形成对舆情发展状况的整体性认知，便于决策者更有效地认知社会发展的特定阶段的不同需求。通过探测民意、体察民情、顺应民意进行公共决策的制定，为有效解决社会矛盾、实现各方利益提供了技术支撑。网络舆情预警体系运转协调能够赋予网络舆情信息以时效性，将潜在的舆情危机在第一时间报送至上级部门和领导，让其准确获悉网民的焦虑和顾忌，为其科学决策做参考。

（四）提升政府网络舆情的应对能力

预警工作是整个网络舆情管理工作中十分重要的一个环节，高质量的预警工作可防止负面网络舆情的扩散、蔓延，有效避免网络舆情突发事件从虚拟空间到现实社会的恶性发展与演变。网络舆情危机通常源于极易被忽略的微小舆情，倘若各级政府对苗头性舆情缺乏敏锐的洞察力，应对工作开展不及时不适时，通常会导致危害性舆情事件恶化升级，带来难以控制的后果。

四、经济效益

大河网舆情起点就是高端服务，向高端要效益，效益才可观。依托媒体资源优势，正有助于舆情的人工研判。高端客户，需要的恰恰是人工服务。基于大河网舆情系统，技术层面提供海量舆情相关数据，加以专业舆情分析师的研判、筛选，制作日报、周报、月报、专报等舆情报告，并提供专业舆情引导与处置培训，提升客户舆情素养和舆情应对能力。成功服务河南省全省党政部门，合同营收稳定支撑大河网舆情业务发展，已经成为大河网重要营收来源。

（李敬欣：大河网董事长、总经理，陈臣：大河网总工程师，赛萌萌：大河网产品部产品经理，王飞：大河网系统数据部总监，李全：大河网产品部产品经理，赵文文：大河网系统数据部 Python 工程师）

案例类别：产品

河南广播电视台卫星传输中心数据中心的建设与运营

王世栋 付巍 李新建 张晓 任予

为深入贯彻落实习近平总书记“推动媒体融合发展，打造智慧广电媒体，发展智慧广电网络”重要指示精神，践行河南广播电视台党组提出的“融合传播、转型发展、有用有效”发展理念，在当前国内广电行业事业发展转型改革的大形势下，河南广播电视台卫星传输中心深入思考业务转型发展方向，提出“融合新业务、转变旧思路、用好老资源”的转型路线，充分发挥传统广电传输发射单位在人力、物力等方面的优势，积极开展创新融合转型实践。

一、项目介绍

2018 年，在河南广播电视台党组的统一部署下，卫星传输中心积极争取利用闲置场地规划建设大象数据中心，并于 2020 年 4 月正式投入使用。大象数据中心是河南广电首座真正意义上的现代化 IDC 机房，目前部署有河南广电 IPTV 集成播控平台、河南省县级融媒体中心省级技术平台，河南广电 IPTV 集成播控平台通过广电专网将中央、省、市、县各类电视节目汇总，分发至三大运营商，向全省 2000 多万 IPTV 用户提供优质节目源，是河南广播电视台主要创收点之一；河南省县级融媒体中心省级技术平台与全省 104 个县级融媒体平台互为联动，共同组成了广电新媒体宣传新阵地。

二、具体成效与社会反响

近几年，大象数据中心业务稳步发展，IPTV 集成播控平台持续为移动、电信、联通三大运营商提供稳定的节目源数据流，顺利完成党的二十大、全国两会等重点时段的安全播出任务。县级融媒体中心省级技术平台通过专网，与县市融媒体中心实现主备双网互联互通，并通过了国家广电总局专家组的实地验收，成为国内首家通过国家标准验收的省级技术平台。

IPTV 集成播控平台运行及营收情况。截至 2022 年

12月，河南省IPTV（网络电视）用户较上年新增91.8万户，总数达到2015.2万户，居全国第5位，同比增长4.8%。河南广电IPTV播控平台目前集成中央台、省级卫视、河南台、地市县台等400多路信号源，播出质量良好。

县级融媒体中心省级技术平台建设和推广情况。截至2022年12月，平台已完成和全省104个县（市）融媒体中心的对接工作，用户总注册量1717.3万人，总安装量1228.5万套，总发稿量131.7万篇。

三、融合经验体会

（一）在整体转型思路方面的融合经验体会

1. 紧跟河南台党组转型步伐，融合新业务。卫星传输中心深刻认识到确保单位可持续发展的紧迫性，为此，卫星传输中心紧跟河南台党组的全新技术发展布局，积极谋划大象数据中心项目在卫星传输中心落地，为实现成功转型增添新动力。

2. 善于打破传统思想，转变旧思路。充分认清“应该做、可以做就必须做”的工作界面，摒弃固有的观望思想、在做好本职工作的同时，组建大象数据中心运维团队，为数据中心机房提供强有力的技术保障和基础运维，进一步拓展中心的业务范围，力求从“饭碗端得住”提升到“饭碗端得牢”。

3. 充分结合自身优势，用好老资源。在建设规划之初，卫星传输中心多次组织专家详细论证利用现有闲置场地建设大型数据中心的可行性，并从经济节约的角度出发，充分利用所在地交通便利、具有可靠电力设施的优势条件，减少项目建设成本。

（二）在新老业务高效融合发展方面的经验体会

1. 把准传统广电传输发射单位核心优势。卫星传输中心作为运行近30年的传统广电传输发射单位，有着完整且可靠的技术系统。按照《广播电视安全播出管理规定》卫星广播电视地球站实施细则的相关要求，“卫星地球站应接入两路外电，其中至少一路应为专线；当一路外电发生故障时，另一路外电不应同时受到损坏”以及“卫星地球站应有至少两路不同路由或不同传输方式的信号源”，而上述两点对于任何形式的信息机房或者技术系统都是必须具备的条件，加之卫星传输中心所处位置交通条件十分便利，因此卫星传输中心在引进大象数据中心项目建设上具有得天独厚的基础设施优势，为项目建设选址节省了大量的时间。

2. 深挖新业态和旧业务交叉互补区域。大象数据中心内部署的IPTV集成播控平台，配有3幅大口径卫星接收天线，6路光纤信号和上百部信号传输处理设备，卫星信号的接收和分发是平台最主要也是最繁重的工作，卫星传输中心敏锐发现其与自身的重叠业务，找到交叉互补区域并充分发挥卫星传输的业务专长，为IPTV集成播控平台提供优质的卫星信源传输服务。此外，卫星传输中心的原有动力部门同时也为大象数据中心提供持续稳定的电力保障服务。这样一来，通过挖掘业务交叉区域，真正实现了二者优势互补，协同发展。

3. 提高机构人员整体运转效率。大象数据中心建成之后，卫星传输中心积极抽调人员组建运维团队，在确保卫星传输本职工作正常运转的前提下，承担大象数据中心的电力、消防、温湿度、专业精密空调等动力环境设施的基础运维工作，进一步提高了人员运转效率，既为现有人员提供了新的技术岗位，也为河南台节约了大量的因实际需求而产生的业务外包费用，可谓一举多得。

（三）在运营和服务模式方面的融合经验体会

1. 管理职责和运营界面。按照全台数据中心资源统一调度指挥分配的原则，由卫星传输中心组织相应人员承担数据中心值班职能，负责供配电、消防、机房温湿度、精密空调等机房动力环境设施的日常巡检与维护。

由河南广播电视台技术部抽调专业技术人员组建网管团队，接管大象数据中心的相应管理权限，并对大象数据中心的计算、存储、带宽、信息安全等资源进行统一调度，按照各业务单位实际业务需求分配，实现动态管理。

大象数据中心业务系统的运营、运行和维护管理，由IPTV播控平台及县域融媒体河南省级平台等各业务单位全权负责。

2. 运营成本核算。大象数据中心的基础运营成本，主要包括电费（含高压线路抢修、应急供电等）、互联网出口及专线等费用，由河南台设立专项资金统一支付，支付标准根据业务实际发生情况以及相关标准由上级主管部门核定；运营成本由各使用单位按照实际使用情况分担。

大象数据中心值班人员的运维补贴、数据中心易损易耗品费用、专项培训、质保期外的设备维修、备品备件等费用，由各业务单位按照资源占用比例设立专项资金支付。值班人员的运维补贴标准由上级主管部门核定。值班人员上岗前的业务系统培训县域融媒体河南省级平台组织完成。

经过上述职责划分，大象数据中心的管理方、使用方、运维方三方权责清晰、各司其职，不存在管理、使用、运维逻辑流程上的交叉区域，便于机房持续平稳运行。

经过上述成本核算，大象数据中心的日常开销清晰明了、有据可依，按照“谁使用、用多少、按需付费”的原则按比例支付相关的成本费用，这样一来既经济节约，又能足额、及时保证大象数据中心的运转费用。

四、结束语

积极转变工作思路，引入河南广电大象数据中心是河南广播电视台卫星传输中心在新时期、新业态下的一次深入、全面的转型创新实践。2023 年 6 月，申报的“传统广播电视传输发射单位创新融合发展之路”项目荣获“河南省广播电视局 2023 年媒体融合典型案例”；2023 年 12 月，《河南广播电视台卫星传输中心数据中心的建设与运营》荣获中国广播电视社会组织联合会“第二届智能传播案例”。

（王世栋：河南广播电视台卫星传输中心副主任、高级工程师，付巍：河南广播电视台卫星传输中心高级工程师，李新建：河南广播电视台卫星传输中心动环机房主任、高级工程师，张晓：河南广播电视台卫星传输中心办公室主任、高级工程师，任予：河南广播电视台卫星传输中心上行站机房主任、高级工程师）

案例类别：组织机构

坚持内容为王 拓展“1+N”政务服务

——“基于开封政务服务的媒体融合创新平台”的实践探析

屈艳枝 厉思璇

2022 年 7 月，开封日报社“基于开封政务服务的媒体融合创新平台”项目入选国家新闻出版署“2021 年中国报业深度融合发展创新案例”，是河南省唯一入选案例。

通过这个平台，开封日报社把开封市政府门户网站运维作为推进媒体深度融合发展的“先行地”和探索“新闻 + 政务服务”运营模式的“实验区”，实现从相加到相融、从单纯新闻宣传向公共服务领域拓展的转变，形成渠道更加丰富、覆盖更加广泛、传播更加有效的区域传播矩阵，让党的声音离读者更近，让中国故事、开封故事更打动人心，成为开封对外展示政府治理能力和城市魅力的重要窗口。

一、以互联网思维优化资源配置，为“新闻 + 政务服务”提供保障

（一）组建政务运维中心，形成联动机制

开封日报社从内部跨领域、跨媒体抽调媒体运营经验丰富的业务骨干，成立了由 36 人组成的开封日报社政务运维中心，下设政府网站运维中心、政务代运营部、摄影摄像融媒部、数字产品制作部、技术产业部等，形成一支既能建网建端建微的技术团队，又能全面应用文字、图片、H5、视频、直播等复合传播技术，还能服务相关政务单位媒体宣传和线上线下活动项目策划的全媒体政务运维团队，为后期开展“新闻 + 政务服务”工作提供了强大的人才支撑。

（二）打造一流办公场所，加强专业技能培训

开封日报社先后投入 600 余万元打造高端一流的运维中心办公场所和政务访谈虚拟演播厅，极大地满足了政务运维工作的需要。每周定期召开业务研讨会议，围绕如何做好政府网站运维交流经验，在讨论中促进问题解决，打造一支既熟悉网站管理政策和互联网传播规律，又政治过硬、本领高强的专业化队伍。多次组织政务运维人员外出培训，通过专家授课、现场教学等形式学习短视频拍摄、抖音制作、视频剪辑、政府网站监管等业务知识，提高运维人员信息采编、选题策划、编辑加工、视频拍摄和安全保障能力。

（三）建章立制严格管理，规范运营安全运行

政务运维中心成立之初，开封日报社相继制定了一系列政府网站管理制度，建立健全了规范的信息采集、审核、发布、更新、责任追究等机制，保证了网站发布信息的全面、准确、及时和安全。此外，还制定了规范的周检查、月通报、季考评的监测考评制度，采用技术监测和人工检查相结合的方式，对全市所有政府网站和政务新媒体进行系统检查、系统梳理，全面提升了开封政府网站发展水平。截至目前，在河南省政府网站和政务新媒体检查通报中，开封市政府网站和政务新媒体合格率均为 100%。

（四）创新考核制度，激发创作积极性

为了鼓励运维工作人员创作出更多的优秀作品，开封日报社出台了创新考核制度，对原创作品的考核加大了分值，对优秀作品的奖励进行了分级设置，极大地激发了生产积极性。

二、精准定向市场，坚持内容为王，拓展政务合作

2019 年 7 月，开封日报社精准定向服务开封市政府门户网站，实现“多点开花”。

（一）严把网站内容政治标准，提升“新闻＋政务服务”水平

1. 做好日常维护。对照《政府网站发展指引》，深度挖掘网站工作存在的各类短板，进行全面自查，制定问题整改责任清单并逐项整改。每月对网站所有栏目做一次大检查，对常年未更新的栏目进行整合、删减或补充更新工作，保障运维水平不断提升。

2. 加强信息公开。发挥政府网站政务公开第一平台的作用，及时更新政府信息公开目录，主动公开政府信息，全面、及时、准确地报道全市重大决策部署、重要信息和领导活动等，提高政府信息质量。

3. 重视信息发布和内容保障工作。通过突出重大主题、重新提炼标题、切换报道角度等方式，多渠道发掘信息价值，提高信息上报量和采用量。

4. 搭建“一网通办”网络问政平台，打造网络问政“开封模式”。截至 2020 年 12 月，开封一体化政务服务平台覆盖市、县、乡、村四级，全面促进政务便民服务均等化、规范化和高效化。

（二）深度贴近受众，运用新技术新手段生产群众更喜爱的内容

1. 在政策解读上下功夫。开设《政策解读》专区，分为文件解读、媒体视角、政策图解等三个板块，围绕市委市政府中心工作、开封市出台的利民惠企政策，通过文字、图表、图解、动漫、视频、访谈等形式，对政策进行全方位、多形式的解读，使政策主要内容一目了然，架起了利民惠企的“连心桥”。其中，视频、图解新颖美观的形式颇受好评。

2. 在数据发布上下功夫。开设《数据发布》专栏，增加图表的发布形式，定期更新，网站的智能化、服务性得到极大提升。

3. 在畅通群众参与渠道上下功夫。一是开设《市长信箱》《民意征集》等互动栏目，“让信息多跑路、让群众少跑腿”。二是提供服务评价功能、专题或集成服务，打通服务群众“最后一公里”。三是开设《政务访谈》栏目，用视频化新闻打通“政民互动”可视化渠道，被新华网、搜狐网、河南政府网等多家国内知名网站转载。

4. 在创新表达方式上下功夫。围绕重大主题和群众关心的话题，经常采用文字、图表、海报、H5、短视频、动漫、抖音等多种新媒体表达手段进行全方位展示和宣传。如，《政务海报》专栏里的“市政府常务会议”系列海报、“政务访谈”系列海报，图文并茂、端庄大气，宣传效果很好。抗疫期间，开封市政府门户网站利用抖音、新华社短视频智能生成平台制作的疫情每日通报、抗击疫情政府网站每日提醒等系列短视频，在微信朋友圈以及抖音上引起强烈关注。这些新颖生动、互动性强的作品，一改政府网站单一的表达方式，提高了用户的阅读效率，使政务信息更易于被用户理解和接受。

5. 突出原创内容，突出网站特色。如，《助推黄河流域生态保护和高质量发展》专题，紧紧围绕习近平总书记在深入推动黄河流域生态保护和高质量发展座谈会上的重要讲话精神，在一般的新闻头条、要闻动态之外，设置了《影像黄河》《图说黄河》《黄河文化》《黄河故事》等可视性较强的栏目，发挥开封日报社政务运维中心强大的人才优势，策划制作了“黄河航拍”视频，“黄河流域生态保护和高质量发展开封新画卷”的 H5、海报、视频，运用大量精美的图片、视频，全面展示开封在贯彻落实习近平总书记重要讲话精神、助推黄河流域生态保护和高质量发展上取得的新成效。栏目主题“上接天线”，栏目设置“下接地气”，原创内容得到广泛传播。

目前，开封市政府门户网站连续四年获“中国政府信息化管理创新奖”“中国政务网站优秀奖”“中国‘互联网＋’特色政务平台”“2023年度数字政府管理创新奖”等国家级荣誉。在河南省政府网站和政务新媒体检查及管理情况季度通报中，开封市政府门户网站综合评分排名位居前列，多次排名全省第一。在全国政府网站绩效评估活动中，开封市政府门户网站访问量连续四年同比增长 20%。

三、发挥政务平台优势，拓展“1+N”政务服务

（一）走出一条地方党报跨界融合的政务网站、政务客户端、政务微信、政务微博、政务彩信等“一站式”政务融媒体生态服务体系

在开封日报社“新闻＋政务服务”运维矩阵名单上，陆续出现了开封市人大常委会、开封市人民政府、开封市委宣传部、开封市政务服务和大数据管理局等一大批党政机关及单位，服务用户覆盖开封全区域，使开封日报社一跃成为开封最大的政务全媒体服务机构。开封市政府门户网站作为政务公开的第一平台，成为开封市权威、及时、有效的信息发布平台；开封发布平台年均组织新闻发布会上百场，其微信公众号多次在澎湃分省政务榜上冲进前十；《开封人大手机报》面向开封的全国、省、市、县区人大代表传递权威声音；由报社代运营的还有网信开封、市直机关工委、开封市社保局、河南自贸试验区开封片区、文明开封等多家网站、微信、微博；开封＋客户端集新闻、政务、服务于一体，集成了读报、问政、服务、视频、直播等核心功能，为打造开封市媒体融合云平台，形成覆盖全市、功能完备、互联互通、运行顺畅的网络公共信息服务体系和新媒体大数据中心。

（二）精心建设“汴民桥”应用平台，完善互动功能

借助群众反应报事网络，拓宽群众“随手拍、随时报”的互联网政民沟通渠道，让群众能够及时反映自身诉求、报送身边隐患、表达监督意见，有效满足互联网时代人民群众的办事需求，进一步完善公众参与机制、推动市

域社会治理现代化发展，2023 年 9 月获中国报协颁发的 2021—2022 年度全国媒体融合技术应用优秀案例。

（三）抢抓数字化发展机遇，推动政府网站数融平台建设取得实质进展

2023 年底，开封日报社投资 300 余万元，启动了开封市政府网站数融平台（集约化平台）建设项目。该项目以集约、安全、共享、智能为目标，要建成以开封市政府门户网站为核心，10 个县（区）级政府门户网站和 31 个市直部门政府网站为节点的“1+10+31”的开封市政府网站体系，打造成在全省乃至全国一流的政务服务集约化平台。

该项目历时 3 个月，其主站开封市政府门户网站已于 2024 年 3 月 11 日开始上线试运行。2024 年底，将完成全部建设任务。

同时，开封日报社还与政府部门开展广泛合作，积极推进数融平台政务数据的开发与应用，在系统平台建设、项目建设、数据监测分析等方面进行探索，推动政务服务工作迈上新台阶。

截至 2024 年 4 月，开封日报社政务运维中心“新闻＋政务服务”代运营年收入占到新媒体收入的 70% 以上。

四、示范价值

开封日报社“新闻＋政务服务”全面开花结果，充分发挥主流媒体影响力和公信力，服务党和政府中心工作，服务城市治理，通过“媒体＋政务服务商务”，在创新运营模式、放大主流媒体价值、构建社会动员和凝聚力量枢纽方面做了很多创新性工作。其中，开封市政府门户网站及在近年连续获得各项奖项，均源于开封市政府门户网站在媒体深度融合中的先行先试和不断探索。

（屈艳枝：开封日报社党委副书记、总编辑，厉思璇：南方日报社时政新闻部记者）

开封日报社政务服务新媒体矩阵

湖北省

案例类别：产品

长江日报传媒集团长江演播中心

陈旻 陈琘 韩敏

一、项目概况

长江日报传媒集团长江演播中心（以下简称演播中心）是武汉市财政重点支持媒体融合项目，是长报传媒集团“全面互联网化、全面视频化”战略实施、推进“四全媒体”发展的重要举措，也是长报集团深度融合、转型发展的综合性平台。项目总规划面积 4000 平方米。一期项目 2360 平方米，2022 年 3 月开工，同年 10 月完工运行，由多功能演播会议厅、综合直播间、可视化广播间、棚拍直播间、网红直播间、导播控制间、待播讨论区、共享 4K 工作站等 10 多个功能区组成。至 2023 年 12 月 31 日，演播中心承接各类活动 1000 多场，接待参观人数 300 批次，平台的多元价值正在变现，与国内同行及同类项目比，使用率和投资效果位居前列。2023 年 5 月被湖北省委网信办授牌“湖北省全民数字素养与技能培训基地”，同年 8 月获中国报业协会“全国媒体融合技术应用十佳”案例。演播中心团队主持的“极目云”融媒体平台获中国新闻技术工作者联合会 2023 年“王选新闻科学技术奖”一等奖。

二、平台打造

（一）多元集聚，实现应用场景“百变”，提升资

产利用率

项目功能突出多元集聚、弹性可变、复合嫁接、创意体验的特点，灵活布局视频直播演播/论坛会议/庆典演艺/发布展示/参观演练等“百变”空间场景，以时尚与经典兼顾的设计风格、富有创意想象的现场体验，尽最大可能以“一场之地”满足支持各类型应用场景和业务需求，实现以高品质、高产能视频生产为基本功能的多业务集聚，极大提升资产利用率和投资效果。

（二）创新裂变，推进集团各单位业务融合，催生新业态新产品

从设计开始，围绕业务需求、功能布局、技术可行性、性价比、环境风格等，严把项目设计的系统全面、科学合理和先进实用，以项目建设带动集团各单位业务融合、创新、裂变，将演播中心多功能厅、各直播间的技术设备能力以及各种应用场景，嫁接到现有各战线、行业，催生新营销内容，优化已有业务及产品，持续提升集团各单位综合经营、市场拓展能力。

（三）技术赋能，引领和支撑“四全媒体”的生产和传播发布

技术架构上，实现全互联网生态布局，做到平台内外、集团内外、单人与平台的“全时、全链、全能”的数据信号互通；技术应用上，突出最优性价化配置，集成设计会议、展示、演出、直播、制作、办公等综合功能，同时，集纳8K/4K视频拍摄制作、虚拟演播系统、机器人摄像机、共享工作站、灰箱棚拍、多端远程直播等新技术；业务场景上，以智能拍摄、可视化多元互动、虚实背景等，为访谈、发布、综合活动等各类节目制作录制，提供多层次、多空间、多视点的技术支撑。

三、平台运管

（一）组建专业团队，以专业化标准，推进产品制作与运营的一站式闭环服务

演播中心近20人的团队包括策划、技术、设计、制作、项目管理等各类专业人员，除了演播直播场地设备支持和视频产品制作外，团队着重依托演播中心开展多元业务，包括全案全流程活动执行、演播中心/融媒体中心项目复制、技术咨询、集成实施；自选视听产品的拍摄制作销售等。

（二）社会合作，叠加平台功能

开放性、公共性是演播中心的一大特点。演播中心不仅仅是媒体融合的平台，也是面向社会、面向市民的开放基地。2023年4月，演播中心挂牌“湖北省全民数字素养与技能培训基地”，与社会行业、专业机构合作，积极引入才艺表演、技能竞赛、业务培训、聚会临展、私人庆典等，并使之基地化、阵地化、品牌化。2024年上半年，将按照武汉市文旅局关于“城市书房”的统一规范和标准，完成演播中心接待大厅功能叠加改造，届时，演播中心“城市书房”将服务周边区域，与全民读者活动同频共振，进一步促进平台在全民数据素质和技能上的社会普惠，同时更大幅度地聚集平台流量。

四、社会效益

（一）演播中心是武汉市新型互联网主流舆论阵地“长江融媒”建设的重要基础性工程

“1+15+N长江融媒”前期已建设运行融媒体软件工作平台（极目云），演播中心的建设是“长江融媒”舆论阵地的巩固、完善和补全，是互联网、流媒体时代主流舆论阵地发展的必须之举，是提增武汉市媒体在全网影响力、话语权的一大举措。演播中心以规模化、高质量视频/直播生产的物理环境、设施设备，最优化配置场地、设备、技术各要素，特别是灯光、屏示、声音、信号、包装等影响视听画面的因素，持续提高集团视频/直播生产及现场活，极大释放集团新媒体生产潜能，极大推进从单纯文图生产向以视频为主要形态的全媒体传播转型，进而推进集团全程、全息、全员、全效“四全媒体”的发展。一年多来，支撑各类新闻产品生产800多场（期）。

（二）演播中心平台的开放共享具有一定的标志性意义

在支撑本单位新闻生产实际需求的同时，平台面向社会各界开放，使之成为武汉地区市民，特别是青少年参观体验、培训使用，进而提升全民数字素养和能力的特色基地。面向各阶层和人群举办各类主题活动，突出技术设施、环境功能的互动参与、现场体验。一年多来，举办各类研学体验活动，以及舞动全城、武汉文学季、普法网络大赛、街头文化艺术节、财经峰会大型活动260场，现场参与7万多人次。

（三）演播中心的建管理念具有一定的示范价值

1. 长报集团倡导共建共享，把演播中心项目建设演化为集团上下共同意志和行为，成立专班分解任务，落实到人，从需求优化、施工监督到项目验收，全环节全过程共同推进演播中心建设，并以项目建设班子为基础组建专业运管团队，较好地解决了“建、管、用”三者关系，特别是较好地解决了集团从纸媒全面转型互联网视频媒体一大制约问题，即如何激发各单位视频业务需求和设施使用积极性问题。

2. 项目同步考虑了媒体转型生产平台和经营手段拓展创新的兼容问题，不仅考虑自用，同时着重于市场外运营，通过功能区域、场景风格、设备设施、技术系统的灵活弹性配置，尽可能预留多种业务拓展的想象空间。

3. 项目建设过程中，集团方技术人员与项目设计方、施工方紧密协作，深度参与项目布局、设计、选型、施工、集成的全过程，确保项目质量和投资性价比，在实战中速成团队项目集成建设的技能和经验，在管理好自身平

台同时，养成同类业务的外拓能力和资源。

4. 把集团品牌形象功能纳入项目设计建设中。特色的产业基地和生产环境，本身就具有示范和参观价值。长江演播中心兼容业务功能和展示功能，成为长报集团品牌建设的重要内容，以及传统报业在新形势下创新发展的形象标志，受到业内广泛关注，一年多来，接待各界来访参观 300 多批次。

五、经济效益

在新形势下，从媒体界面走向线下活动，是传统媒体机构营销转型的一个趋势。演播中心的投入运行，为长报集团大规模推进线下活动营销提供了平台、空间和手段。演播中心运行一年多来，各演播直播间，共承接支撑各类活动 1000 多场，单场地设备收益预估达 1000 万多元。其中，集团各公司及经营体以演播中心为载体和手段，策划落实大型营销活动、长线栏目或临时经营性活动 200 多场，间接营收约 5000 万元。

（陈旻：长江日报传媒集团长江演播中心主任，陈珉、韩敏：长江日报传媒集团长江演播中心项目建设 / 运营主管）

长江演播中心简介

案例类别：产品

打造武汉城市留言板等集群功能 融入治理服务群众

胡俊 隋元杰 查锴

《长江日报》大武汉客户端定位深耕本地、开门办端，如何增强用户吸引力及平台活跃度，是自主阵地建设中面临的重要挑战。大武汉客户端以武汉城市留言板为核心，明确以政务服务为方向，打造刚需功能，嵌入社会治理，服务群众办实事，让群众用得着、离不了，形成了自主阵地建设“媒体 + 政务服务”的有益实践。

一、民呼我应，武汉城市留言板搭建党委政府与群众的“连心桥”

武汉城市留言板是《长江日报》推进媒体深度融合的创新实践。这一平台由《长江日报》大武汉客户端建设、设计、开发、运营，实现“新闻 + 服务”：是武汉市民诉求受理办理的官方互联网平台，是各级党委政府发布民生信息的权威平台，也是群众参与社会治理的互动平台。武汉城市留言板自主搭建了公开的受理办理运行系统，全市 160 多家单位入驻，在线接单、限期办理，实现“民呼我应”，同时又与媒体功能连接，一体化运行，做到办理结果公开、在线接受群众评价。

该功能设在大武汉客户端显著位置，点击“我要留言”“我的诉求”“办件查询”等功能键，可便捷留言投诉、求助及建言。 城市留言板改变了舆论宣传方式，变“官方发布”为“百姓发声”。职能部门信息发布不再“自我”，而是通过每一次公开回复实现“响应式”发布，精准服务群众诉求。15 人左右的采编团队及时整合发布各类民生服务信息，设置《城市主人翁》栏目突出展示群众好建言，对群众急难愁盼、部门“民呼我应”成效进行追踪，充分发挥媒体监督作用。

武汉城市留言板搭建了党委政府和群众“连心桥”。围绕群众关切，持续开展在线互动。45 场“作风建设在行动”系列直播访谈互动，百余家单位参加，在线收集群众建议及问题线索近 4 万条。

二、升级平台传统硬核功能武汉城市留言板，推出创新产品《拍“板”》，解决群众急难愁盼

武汉城市留言板与武汉市 12345 系统全面对接，汇聚了各级党委政府共 160 多家单位全天候在线接单，马上办，网上办，至今已受理办理群众诉求 250 万件，办结回复率 100%，满意率约 90%。

2022 年推出语音留言、视频留言功能，同时上新话题互动功能及运行机制，将话题专区设在客户端首页，围绕中心工作及群众关切，设置话题，吸引网民互动，同时强化实时问答，提升用户获得感，至今已发起 80 多个话

题。如 2022 年 5 月向市民征集武汉汉阳树公园建设意见，吸引 50 万网友关注，数千条建言进入专家视野，成为建设方案参考；如武汉市“两会”召开前夕，推出民生实事征集，吸引 30 万网友参与，汇聚 6000 余条有价值的群众建议，成为党委政府决策参考。通过这种运行模式，让平台成为群众广泛参与社会治理的重要渠道。

2022 年 8 月起，创新推出建设性监督视频产品《拍“板”》，聚焦武汉城市留言板上反映公共领域服务短板、居民生活痛点难点等方面。由记者深入探访，与相关职能部门和群众携手，有效推动解决群众急难愁盼问题，引导群众共建共治共享、参与基层社会治理，截至 2024 年 3 月已推出 100 期，全平台传播量超过 6000 万，受到中国记协党组书记、副主席、书记处书记刘思扬点赞，称“充分发挥了主流媒体的优势，架起了政府与群众之间沟通的桥梁”“媒体平台变成社会治理平台，政府需要，群众离不开”。

三、贴近群众需要拓展功能，形成市区联动，助力主流舆论新格局建设，实现社会连接

在武汉城市留言板核心功能基础上，大武汉客户端围绕群众需求，持续延展功能，推出了“问法官”“民呼警应”“呼叫大队长”等政务功能。“问法官”功能以习近平法治思想为引领，以使法治成为社会共识和基本准则为目标进行建设，全市 100 名资深、英模法官入驻轮值服务，每天都有法官在线服务，网友可一键 @ 法官提问咨询，法官及时进行解答。同时，还采用视频直播、图文报道等方式进行普法宣传，上线首日便吸引 10 万人关注。“民呼警应”则联手市公安局，15 个区分局局长实名入驻，与群众在线互动，“呼叫大队长”则是联手市交管局，实现所有交通大队大队长定期与市民互动答问。

特殊阶段，大武汉客户端根据群众需要定向推出特色功能，如 2022 年 12 月上线“疫情防控便民服务平台”，聚合为群众办事功能和医生资源，为市民提供诉求办理、在线咨询、信息查询等功能，上线后收到万余市民咨询使用；如高招期间推出高招在线咨询功能，高校入驻，在线答疑；还推出长江公益功能性频道，可在线参与活动，在线打卡，在线交流，还可以在线生成、领取公益证书，2023 年 4 月与对口博乐市开展公益活动，上线了“我家新疆有棵树”功能，所有市民可以在线认捐树，受到市民喜爱。这些定向功能精准对应了客户端用户需求，并逐步丰富了平台自有功能池，吸引用户使用打开。

同时，大武汉客户端作为武汉市级融媒体平台 1+15 的主阵地，与武汉 15 个区实现技术一体化、自主阵地一体化、联动采访一体化和运行机制一体化，15 个区的客户端均由大武汉一体化建设，与大武汉互联互通，可一键进入，无须分别下载，各区发布的政务、服务信息汇聚同步在大武汉，年均发布 20000 余篇，各区的功能也汇聚在大武汉，如围绕新时代文明实践中心的活动报名、问政等。借此实现了全市官方政务信息全汇聚与权威发布，进一步丰富了平台服务能力。

四、建强“网上社区小区”功能，开展进社区活动，深度融入基层治理，连接社会与用户

为更好地深耕本地，大武汉客户端为全市 5000 多个小区开设了主页，每位市民都可以在客户端上找到自己家的“网上小区”，里面可以联系到社区、物业，还可以看到邻里发布的小区风景、故事，同时还能看到大家正在讨论的热门话题。围绕这一功能，平台会聚了小区居民，组建了“小邻通”（小区热心人），核心人数超过 2000 人，成为平台的使用者、内容生产者、产品传播者；吸引了 800 多个社区入驻平台，发布基层治理新鲜事；同时，将 5G 直播车开进社区小区进行直播互动，围绕老旧小区改造、小区公共收益、高空抛物等社会治理热点话题，商议解决路径，分享基层治理、共同缔造的经验心得，至今进行 150 场活动，充分调动群众参与社会治理的热情，真正实现媒体平台的社会连接能力。

五、办理群众诉求近 300 万件，满足群众需求，有力推动城市公共服务提升

武汉城市留言板在全国产生了广泛影响，百度搜索近千万条。目前，武汉城市留言板受理办理网民诉求近 300 万件，办结回复率 99.93%，及时回应了市民疑问，推动了群众急难愁盼问题解决，获得广泛好评。

武汉城市留言板因功能齐全、内容丰富、界面友好、特色突出，成为获武汉市民普遍好评的诉求办理平台及互动平台。城市留言板“新闻 + 服务”的特点，不仅满足了公众需求，还有力推动了城市公共服务提升——不少上夜班的市民在城市留言板建议地铁延时收班，经过媒体设置议题，推动全市地铁延时半小时收班，群众一片叫好。市民在城市留言板建议早餐店推出“小碗面”，记者连续一周追踪报道，市餐饮业协会发出倡议，全市多家餐饮企业推出“小碗面”，有力推动“厉行节约，反对浪费”风尚。城市留言板展现了武汉市走好网上群众路线的成效，提升了群众获得感，有力增强了武汉市主流舆论阵地的传播力、引导力、影响力、公信力。

（胡俊：长江日报社副总编辑，隋元杰：大武汉客户端负责人，查锴：大武汉客户端新闻负责人）

大武汉客户端

案例类别：产品

微信公众号“纺道服途”助力武汉纺织大学期刊社纺织文化栏目建设

李强

一、武汉纺织大学期刊社及微信公众号“纺道服途”的简介

武汉纺织大学期刊社有《纺织工程学报》《武汉纺织大学学报》《对外经贸实务》三个学术刊物。其中《纺织工程学报》由《服饰导刊》2023年更名，刊登纺织工程领域新理论、新技术、新趋势等方面的学术成果，努力使其成为行业权威学术期刊和学术研究的前沿阵地；《武汉纺织大学学报》是RCCSE核心期刊、湖北省优秀期刊，目前重点建设专栏为“中华纺织服饰文化”；《对外经贸实务》为2017版全国中文核心期刊，目前已经成为我国对外经贸领域具有重要影响力的学术刊物。

随着信息技术的迅猛发展，信息受众接受信息进入碎片化、快餐化、图文化、视频化等，加之学术期刊稿源方面的竞争日趋激烈，学术期刊面临着巨大的挑战与绝佳的机遇。2021年11月，武汉纺织大学期刊社创建微信公众号“纺道服途”，用于《服饰导刊》的纺织服饰史、纺织服饰文化栏目建设。配合学校发展战略，2023年《服饰导刊》更名为《纺织工程学报》，微信公众号“纺道服途”的功能转向《武汉纺织大学学报》《中华纺织服饰文化》栏目的建设。经过近3年艰苦努力，“纺道服途”微信公众号在刊物的学术论文宣传、学术讲座、科普宣传等方面获得了较好的效果，提高了两刊的知名度，扩大了稿源，提高了稿件质量。

二、以文为基，以人为本，以传为重

以文为基是指微信公众号“纺道服途”的信息传播是有底线的，必须是以优质论文为基本，只有优秀的论文才能到“纺道服途”上传播。反过来，这无形成为要求提高稿件质量的一个理由。

以人为本是指微信公众号“纺道服途”以宣传作者、培养作者为根本。这是扩大作者群、吸引优秀作者的一个好方法。

以传为重是指微信公众号“纺道服途”以多次传播、深度传播为重点，加强与作者的黏性，使作者成为刊物的忠实作者。

通过微信公众号宣传论文的同时宣传作者，对作者进行详细的介绍，包括照片、学术经历、研究方向、学术成果，从第三方角度来宣传作者，有助于作者将微信公众号随同介绍自己的信息推广出去，这有利于吸引潜在作者。

时不时在纸质刊物的封二、封三上介绍对两刊有突出贡献的作者同时发送到微信公众号上。甚至邀请优质稿件作者在网上进行稿件的学术讲座，给予相关酬劳，讲座完成后在征得讲座人同意的前提下将讲座的视频放到微信公众号上进行二次宣传。这一操作加强了作者和我们两刊的黏性，双方彼此成就。

同时，在荣誉方面给稿件质量较高的作者“青年编委”的称号，时刻关注这些关心刊物的作者的学术动态，对其所取得的成绩在微信公众号大板块报道，做到真心关心作者和宣传作者，助力作者特别是青年作者的成长。除此之外，还每年召开青年编委会，在线下加深彼此的了解和“感情”，支持青年编委们办专刊和召开学术会议，不遗余力提升青年编委和刊物的学术影响力，使两者实现双向奔赴。

三、科创为核，科普为延

科创为核是指微信公众号“纺道服途”以宣传学术创新的论文为核心，科普为延是指微信公众号“纺道服途”同时也进行切实有效的科普宣传，兼顾刊物的社会效益功能，契合“科普中国”“科普湖北”的行动。

组织相关研究者（李强、梁文倩、赖文蕾、张玉琳、郑新等）对中国古代纺织机械进行动画制作，制作出30多个纺织机械小动画，包括纺专、手摇纺车、脚踏五锭纺车、水转大纺车、原始腰机、双轴织机、单综单蹑织机、单综双蹑织机、踏板立机、单动式双综双蹑织机、互动式双综双蹑织机、多综多蹑织机、滑框式多综多蹑织机、曲柄连杆式多综多蹑织机、小花楼织机、大花楼织机等，这些小动画弘扬了中国古代纺织技术，很多观众纷纷在小动画下面留言表达感谢。

对影视作品中的纺织服饰进行媒介考古，将热度极高的影视剧与纺织服饰知识结合起来，把娱乐热度转化为科普热度。如连续两年对春晚中的相关节目（2022年春晚舞蹈诗剧《只此青绿》、2023年春晚舞蹈《锦绣》）中的纺织机械道具进行考辨式点评，抓住它们对织机的错误表征，进行一次古代织机的科普传播，被业界内多个公众号全文转载，引发学术界和大众对古代织机的讨

论。此外，对很多电影、电视剧甚至动画片中的纺织机械、服装都进行解读，增强了观者对纺织机械和纺织原理及不同时期服装的理解，在一定程度上引起戏服界和道具界的触动和反思。

对中国文学经典、蒙学经典的纺织服饰信息及图像信息中的纺织服饰进行深入讨论，从文学维度、美术维度扩大纺织服饰科普的效果。如在“纺道服途”上分别对《诗经》《中庸》《孟子》《孝经》《百家姓》《千字文》《增广贤文》《弟子规》《楚辞》等儒学经典和蒙学经典中的纺织服饰信息进行图文的科普宣传，甚至有一部分内容请相关专家进行视频讲解，真正起到吸引大众热爱纺织科普的效果。对梵高、达·芬奇、米勒画作中的纺织机械进行解读，让观者和读者了解到地球另一端的西方纺织机械，从而形成全球视角下的纺织机械认识。

四、总结

武汉纺织大学期刊社微信公众号“纺道服途”取得一定的成绩，这并不完全是微信公众号本身的努力所得，而是武汉纺织大学期刊社整体运营的结果。微信公众号只是一个载体，其载体要想获得成果，必须在期刊社制度建设和创新建设上有所突破，做到线下紧密联系作者，提供论文审读、编辑、出版、传播等方面的优质服务，同时在微信公众号上做到宣传论文为主，支持作者为辅的策略，将近、远期目标落到实处，真正实现作者与刊物的共同进步和成长。

（李强：武汉纺织大学期刊社副编审、博士）

“纺道服途”公众号

案例类别：组织机构

提升媒体国际传播效能 助力打造世界级宜昌

王贤 王薇 杨春艳

一、背景

为贯彻落实习近平总书记在党的二十大报告中关于国际传播建设的指示精神，落实省委指示要求和市委决策部署，宜昌三峡融媒体中心破局地方国际传播瓶颈，主动融入国际传播体系，组建宜昌三峡国际传播工作室，开设英文网站和海媒账号，打造“1+N”国际传播网络，打造具有“国际风范、中国元素、宜昌特色”的闪亮名片，提升宜昌对外传播的声量，助力打造世界级宜昌。

二、主要做法及创新举措

（一）打破部门壁垒，组建国际传播工作室

2022 年 8 月，宜昌三峡融媒体中心打破部门壁垒，从《三峡日报》、宜昌三峡广播电视台选拔了一批具备较强英语读写能力、全媒体策采编技能、有一定跨文化传播素养的人员，组建宜昌三峡国际传播工作室，将其定位为向世界推介宜昌的主阵地、媒体深度融合的试验田、讲好中国故事宜昌篇的新高地。培养自有人才队伍，引入第三方服务机构（上海外国语大学），在第三方机构指导下提升能力，建设一支有国际传播发现力和想象力的高素质人才队伍。

（二）融入国家战略，搭建对外传播新阵地

建成自有英文网站、开设海外社交媒体账号，形成“1+N”的宜昌国际传播网络。2022 年 9 月 1 日，宜昌三峡国际传播工作室在脸书、推特、优兔、照片墙 4 个海媒平台开通运营账号，根据不同海媒平台的特点，策划内容、精准发布，有效地引导国外受众通过了解宜昌这座中国城市，真正了解中国。2022 年 9 月 30 日，仅用了 1 个月的时间，自主建成 Gorgeous Yichang（绚丽宜昌）英文网站，开设《新闻资讯》《走进宜昌》《城市风貌》《投资宜昌》《畅游宜昌》《城市生活》《连通世界》7 个一级栏目，成为海外网民了解宜昌最权威、最全面的信息平台。

（三）优化生产流程，做好多元化传播表达

宜昌三峡国际传播工作室建立“一体策划、一次采集、多元生成、多渠道发布”的内容生产流程，从策、采、译、编、审等环节入手，把握“内外有别”和“外外有别”的原则，规避国际传播可能面临的陷阱和风险，做好宜昌故事的全球化表达、区域化表达、分众化表达。工作室每日与第三方服务机构开一次视频策划会，在第三方服务机构指导下确定选题。整合国际传播工作室的采编力量，每天推出原创全媒产品。严格比照中央专业媒体内容审核流程，通过“三审三校”机制确保内容安全。

（四）多重维度探索，打造国际传播新样板

宜昌三峡国际传播工作室借力第三方服务机构，在深入开展国际传播实践和教学基础上，探索地方国际传播的新路径、新方式、新经验。充分调动市域内多方资源，形成上下联动、资源共享、同频共振的传播效应，加快构建多主体、立体式的大外宣格局。共同举办地方国际传播经验交流和学术论坛等活动，对宜昌国际传播顶层设计、体系构建、品牌塑造、渠道规划、队伍建设、智库建设等方面进行全方位探索，做好地方形象的国际化营造、国家立场的地方化诠释、文化资源 IP 的跨文化转化。

三、工作成效

（一）创新表达方式，有力推介宜昌

宜昌三峡国际传播工作室采用贴近海外受众的表达方式，挖掘海外受众的兴趣点，对外传播宜昌的好山好水、好人好事、好产好业。截至 2024 年 5 月，Gorgeous Yichang 在海媒矩阵发稿 4500 余条次，英文网站发布原创稿件 2000 余篇。2022 年 11 月，宜昌国际传播工作得到湖北省委常委、宣传部部长许正中批示肯定。2023 年“Gorgeous Yichang 国际传播平台”项目获评“全国地市党媒深度融合年度创新项目”之“示范项目”。

（二）紧抓国际热点，创作爆款作品

2022 年 11 月 5 日，《湿地公约》第十四届缔约方大会（COP14 大会）在武汉举办。国际传播工作室紧抓这一国际热点，主动作为，开展“COP14 大会宜昌湿地保护”融媒体报道，全网浏览量达到 60 万人次。与新华社湖北分社合作拍摄制作国际传播系列片《绿水青山里的中国年》，全网点击量突破 1000 万。为助力宜昌柑橘产业发展，2023 年拍摄英文系列片《橙子之城》，在新华社、中新网等中央省市媒体平台播发，文图报道在欧美地区、亚太地区 29 个国家以五种语言同时发布，被海外 560 余家主流媒体、门户网站及重点资讯网站转载落地，覆盖 3.6 亿人次。

（三）统筹社会资源，形成宣传合力

与市委统战部、市委外办、市侨联等职能部门联动，共同举办宜昌“全球拍”活动，让宜昌与世界相连。邀请上海外国语大学外籍副教授柯丹尼、伊朗国家旅游局前驻华代表何飞，在宜外国友人三峡大学外籍副教授 Tom、小荣恩等，策划制作推介宜昌的系列作品。联系宜昌本地自媒体人，共同创作视频作品，在省十六运会国际传播中得到推特大 V 中国驻贝尔法斯特总领馆总领事张美芳，中国驻巴基斯坦大使馆文化参赞、巴基斯坦中国文化中心主任张和清转发和点赞。

（四）传播宜昌声音，有效引导舆论

2022 年 8 月，宜昌三峡国际传播工作室邀请参加“打卡宜昌”的外国网红博主亲身体验“纳凉公交”，并制作英文视频，在“Gorgeous Yichang”海媒矩阵（脸书、推特、优兔）账号上发布，有效对冲外媒关于中国多省市热射病患者增加的负面报道，积极引导了国际涉华舆情，美联社、彭博社、英国独立报等欧美主流媒体评价称，提供“纳凉公交”是当地政府应对高温天气、保障户外工作者权益的有力举措。这种去政治化的国际传播，对提升中国话语说服力具有积极意义。

四、总结与思考

作为地方媒体，开展国际传播具有本土化、精准化和灵活化的特点，应整合多种传播资源，注重传播内容的故事化，将想讲的宜昌故事具体化或具象化为一个个最能打动人、最能入心的鲜活故事，多渠道、多路径讲好中国故事、传播宜昌声音。

（一）优化宜昌国际传播平台

积极运用互联网思维，进一步优化 Gorgeous Yichang 英文网站和海媒矩阵（脸书、推特、优兔、照片墙），探索适合新媒体网络平台的传播规律，实现宜昌城市品牌和城市形象的精准化有效传播。根据不同海媒平台的特点，精心策划、精准发布，做好宜昌故事、宜昌品牌、宜昌形象的全球化、区域化、分众化表达。

（二）构建国际传播话语体系

探索构建新时代中国国际传播话语体系，将“宜昌想说的”与“海外受众想听的”相结合、“自己说”与“他人说”相结合，以小切口、小故事、小角度讲述宜昌故事，以故事化、可视化、数据化方式传播宜昌声音，展现宜昌发展成就、地域文化独特魅力、人民昂扬向上精神风貌。

（三）加快专业人才队伍建设

加快国际传播人才培养的步伐，锻造一支“想干事、能干事、干成事”的自有国际传播人才队伍。聚力“内培外引”路径，引进专业国际传播人才，优化现有人员队伍，开展常态化线上线下学习，夯实国际传播人才梯队建设。与第三方服务机构、市内高校建立人才共同培养机制，设立国际传播实践基地，合办频道、栏目。

（四）协同整合国际传播资源

对接各类经济、社会、文化国际交流活动，借力高知名度传播平台，提升宜昌国际传播影响力。抓住湖北主场的重要会议、外事活动、经贸活动机遇，与全省各类国际交往中心、跨国公司办事处、国际商会等建立友好联系，让海外宜昌人、来宜在宜外国人、宜昌企业的外国人成为宣介宜昌的重要力量。

（五）借力中央媒体矩阵出海

宜昌加快形成世界级影响力，国际传播是必须的途径，而地方国际传播须借助高知名度的传播平台，才能取得事半功倍的效果。宜昌要用好中央媒体的各类国际传播栏目节目，积极与《人民日报》、新华社、中央广播电视总台（CMG）、CCTV4、《中国日报》、中国外文局、中国新闻社等中央媒体合作，借助国家级国际传播矩阵出海。

（六）探索友城媒体合作交流

国际友城既是宜昌的海外"朋友圈"，也是对外传播的重要渠道。探索与国际友城媒体建立外宣合作，在媒体内容互换互推、媒体渠道共享、媒体深度联动等方面开展多形式、深层次的合作交流，借力友城媒体的"本土化"传播优势推介宜昌。加强与宜昌相关的国际知名机构、智库机构、高校及相关国际组织的联系，共同推动城市 IP 打造和品牌形象宣传。

（七）创新传统文化传播路径

围绕屈原故里端午文化节、国际划联龙舟世界杯等，探索中华文化国际传播新路径。指导全市文艺工作者深入挖掘屈原、王昭君、嫘祖、杨守敬等人文资源，做好宜昌文化的国际化表达。主动对接国家部委组织的各类文化交流活动，积极参与实施中华文化"走出去"工程、中华文化海外推广工程等国家级项目，大力推介宜昌特色文化。

（王贤、王薇：宜昌三峡融媒体中心副总编辑，杨春艳：宜昌三峡融媒体中心国际传播工作室副主任）

案例类别：产品

宜昌"市民 e 家生活"公共服务平台

王林

一、平台定位

"我的宜昌"客户端"市民 e 家生活"公共服务平台是宜昌市政府主导建设的线上公共服务平台，是宜昌市总工会发文指定的工会福利发放平台之一，是全市综合性福利商品集采平台。

二、平台背景

"市民 e 家生活"公共服务平台依托"我的宜昌"客户端建设而成。"我的宜昌"客户端是宜昌城市综合服务客户端，由宜昌市委宣传部主管、宜昌三峡融媒体中心主办，致力打造全市"一主两辅"传播体系中的"一主"、全国地市级新型主流平台标杆。为提升"我的宜昌"客户端下载量和日活，进一步强化客户端和全市各级各部门党员干部的连接，更好传播党的声音，同时拉动消费、活跃市场，宜昌三峡融媒体中心结合浙江省湖州市、嘉兴市等地党媒客户端的运营经验，依托"我的宜昌"客户端开设"市民 e 家生活"公共服务平台。

三、平台建设情况

平台由三峡日报新媒体公司运营，充分发挥党报媒体连接广泛、聚集资源、优化配置的优势，以"媒体 +"理念加大"市民 e 家生活"和不同行业之间的融合，通过"报、刊、网、端、微、屏"立体矩阵传播，发挥媒体营销策划的宣传优势，助力产品品牌孵化成长。

平台开通了限时秒杀、消费扶贫线上商城、餐饮、超市、直播、饮品等 10 余个板块。目前已入驻宜昌国贸超市、雅斯超市、北山超市、伊莉维尔、紫云西饼等 156 个商家门店。

四、平台作用

平台打通了工会补贴资金和市场主体之间的消费通

道，以往大家发在手的是“提货卡”，平台变成了“提货码”；以往大家是“一卡一店”消费，平台变成了“一码通刷”，解决干部职工福利消费场景单一、实体卡携带不便等痛点，方便干部职工，适应市场需求。

五、平台运营模式

平台依托宜昌三峡融媒体中心品牌公信力，充分整合报社、广电媒体宣传矩阵资源、网友读者粉丝资源、物流供应链配送资源，精选优质的商家和产品，打造出本土福利电商平台，从宜昌城区起步，逐步完善平台产品运营策略，联动县级融媒体延伸到各县市区开设分站挖掘全市所有特产商品，最终打造成全省、全国具有宜昌特色的区域媒体电商平台。

平台充分借助日报新媒体公司市级新媒体平台（宜昌发布、三峡宜昌网、云上宜昌、宜昌市政府网）、市县一体融媒体平台区域化的精准粉丝群体、直播带货等主流模式实现网上消费引流，通过强大媒体影响力和公信力对商家和商品进行背书，推动区域内生活服务消费新升级、实现经济新增长、使商品交易数据留在本地、培育本土电商企业稳步健康发展为目标。

（一）对接干部职工工会福利

结合宜昌市总工会下发《实施消费帮扶行动》的工作文件，对接各单位工会使用“市民 e 家生活”服务平台，发放作为国家规定的法定节假日，基层工会向全体会员发放的节日福利。全市行政事业单位可按照实际在岗人数每人每年不超过 1700 元的标准控制，帮助脱贫地区农副产品、茶叶促销。

（二）接入直播带货渠道

将本土直播带货网红人群搬上“市民 e 家生活”平台，邀请本地大咖网红走进“市民 e 家生活”客户端、微信、抖音等直播间，促进用户可以与商品互动与交易，通过直播带货，促进经济发展。

（二）明确产品和市场定位

平台主要为干部职工提供与日常生活密切相关的消费品（餐饮、酒店、食品）交易服务。同时，可以根据各单位职工消费习惯和消费需求的变化，推出个性化定制商务服务。

（三）甄选用户关注商品

通过促销收集系统每天收集商家促销信息，并进行整理审核，根据电商区域大数据分析结果，选取用户喜欢、实用、热点的、折扣最低的、最优惠的商家商品信息。

（四）建立统一的服务标准体系

以保证用户高品质的服务需求，少而精为原则，力求每周推出一款至两款高性价比商品信息来提升市民的生活消费和周末旅游消费，有效拉动消费信心。

六、技术平台功能与实现

1. 直播。通过我的宜昌客户端开通直播功能，打通直播互动与商品销售的闭环。

2. 优选活动。平台发布线上征集、报名活动，可自定义费或付费，线上报名，线下签到。

3. 拼团。以团购的形式，聚集消费者，通过集体议价，降低商品价格，让消费者享受到更实惠的价格。

4. 造节专题。通过制造本地网货节等主题节点性活动内容，搭配多商家、多商品及红包、抽奖等营销场景，通过一个独立的推广聚合页面来呈现所有商品。

5. 商品发现。以精致的测评类型和小编人物属性相结合，配合商品 / 活动售卖以及店铺外宣，增加用户好感度与猎奇心理，培养用户黏性。

6. 红包福利。通过红包减免来刺激用户下单支付与留存；支持定额红包、随机红包；支持新用户红包、商品红包、支付红包、抽奖红包、助力红包等等；支持指定商品可用、部分商品可用、平台通用等等。

7. 礼包商品。多套餐多种活动内容进行打包组合售卖，提高产品本身总价值；预约商品：根据商家每天不同的接待量来设置库存，用户使用前需进行预约，多用于酒店等需要提前预约类型商品。

8. 阶梯价商品。设置阶段库存售卖价格不同，刺激用户快速下单。

9. 推广分销。结合社群活动，开展分销，更多人关注使用平台。

10. 砍价。用户可以通过分享页面，邀请好友的方式进行商品砍价，邀请的好友越多，商品的价格越低。

七、平台运行优势

“市民 e 家生活”平台已在宜昌市多个市直机关单位试点运行，试点单位干部职工反映良好。一是平台消费方便快捷。职工通过“我的宜昌”客户端，就能选择已入驻的商家进行消费，选择面更广泛，使用更便捷。平台还可以定制化实现单位需求，指定专属商家消费。二是平台资金安全合规。单位的餐补和工会资金统一进入平台银行专户，个人余额实时查询，管理透明规范，资金安全有保障。三是平台消费品类依法依规。平台可根据工会福利消费的有关要求，利用技术手段，规范资金使用的商家门店、产品品类和地域范围，确保消费范围、品类依法依规，开具提货类发票凭证。四是平台技术稳定便捷。平台选用成熟技术底座，已在多家党媒使用多年，稳定可靠，打通国贸、北山、雅斯三大商超的进销存系统，实现扫码支付。五是企业宣传提质扩面。中心将充分依托党媒宣传优势，通过报、台、网、微、端全媒体平台，运用直播、团购、联合造节等多样形式，为商家促销引流，为全市市民提供高性价的商品，从而拉动消费、活跃市场。

八、平台操作流程

“市民e家生活”平台操作简便，报销流程高效便捷，资金留存安全有保障。具体流程如下：一是下载注册客户端。部门职工通过在手机应用市场搜索下载“我的宜昌”客户端，用手机号注册登录客户端。二是部门收票打款。平台开具符合规定的发票，部门支付款项。三是平台充值录入。部门提供职工名单、充值金额和电话号码，平台根据部门相关明细进行充值录入。四是职工持码消费。平台打通商超进销存系统，部门职工使用“市民e家生活”付款码，直接到国贸、北山、雅斯超市消费，告知超市收银员使用“我的宜昌”客户端结算，收银员用扫码枪扫码，完成支付。五是服务专员全程服务。平台将为部门配备服务专员，随时在线解决部门职工在使用过程中可能遇到的各种问题。六是资金使用依法合规。平台在湖北银行开通监管账户，根据消费情况，定期和商超进行结算，资金余额留存在监管账户，确保资金安全。

（王林：宜昌三峡日报新媒体有限责任公司副总经理）

案例类别：产品

创新融合传播方式 讲好红色党史故事

——以《薪火“襄”传——襄阳党史故事》系列短视频节目为例

王海青 徐娅莉 吉莉

2023年9月22日上午9点，《薪火“襄”传——襄阳党史教育进校园》活动启动仪式在襄阳市第五中学附属初级中学举行。活动当天，现场的200多名师生代表和襄阳市数万名中小学生一起，通过现场观看和网络直播的方式开展了一次“红色课堂”学习教育，这正是襄阳市创新开展党史教育“走进校园、走进机关、走进社区、走进企业”系列活动的生动实践。

《薪火“襄”传——襄阳党史故事》系列短视频节目于2023年7月1日开播，截至同年12月已经播出25期，学习强国平台为该系列节目设立了专题页面，央视频客户端、湖北长江云客户端、湖北党史网、湖北党史公众号，《襄阳日报》，汉水襄阳客户端、视频号，襄阳市委组织部汉江创客公众号、视频号，襄阳之声视频号、微博、抖音，以及襄阳广播电视台广播、电视等央级、省级、市级各大平台全媒体刊播，襄阳各大影院观影前播放。截至2023年12月，累计集中观看的人数超20万人次，累计各类点击量超500万次。同时，开展党史教育走进校园、机关、社区、企业等一系列线下活动，以推动党史学习教育常态化长效化为契机，以探索党史宣教与新媒体深度融合为重点，创新打造党史宣教新平台，讲好襄阳党史故事，传播红色好声音，引导广大干部群众知党信党敬党爱党。

一、人员融合，整合各方力量

2023年是全面贯彻党的二十大精神和省第十二次党代会部署的开局之年，是加快推动襄阳都市圈高质量发展的关键之年，也是襄阳市开展作风建设的实干之年。襄阳史志研究中心和襄阳广播电视台联合推出了《薪火“襄”传——襄阳党史故事》系列短视频理论宣讲作品，首批节目共有25期，每期讲述一个在襄阳党史中的重要人物或事件。节目在题材上精心选取了襄阳党史上具有代表性的“大人物”“大事件”“大场景”，匠心采用小切口、小故事的方式，放大党史事件党史人物中的“点”，深挖历史细节，采用碎片化方式讲好党史故事。

为了高质量地完成创作任务，组建由襄阳市史志研究中心、襄阳广播电视台主要负责人，各科室、频率负责人及业务骨干为成员的工作专班，负责整个活动的统筹谋划、组织协调、拍摄制作工作。市史志研究中心负责撰写党史资料素材范本、筛选短视频选题、审核把关历史史实、审稿、审片；襄阳广播电视台拍摄制作小组负责改编改写脚本、拍摄制作、包装剪辑、宣传推介。同时，培养并建立红色宣讲团和党史专家团。将全市宣传优秀资源与教学科研人员和热心参与党史工作的同志这“三支队伍”力量进行整合，不断扩大党史宣教的覆盖面和影响力，构建“大党史、大宣传、大视野”开放共享的党史宣教平台和工作格局。

二、媒体融合，拓展宣传新领域

传统的党史宣传教育以图书、展陈为主要形式，受众范围不仅存在局限，书本资料还容易被束之高阁。《薪火“襄”传——襄阳党史故事》短视频节目创新形式，通过新媒体平台发布传播，收到了良好的宣传效果、放大了襄阳党史宣传的正面效应，有效推动党史学习教育常态化长效化。通过全力打好多渠道、广覆盖的党史宣传“组合拳”，最大限度面向社会公众开展宣传和优秀作品展播，更广泛地发动群众参与和观看作品，使党史宣传教育的覆盖面和影响力进一步扩大。

《薪火“襄”传——襄阳党史故事》系列短视频节目于2023年7月1日开播，在做优内容的同时积极统筹放大正面宣传效果，向中央、省、市媒体平台推荐短视频和相关新闻报道。视频内容在学习强国、新华网、央视频客户端、湖北党史网、长江云、汉水襄阳、《襄阳日报》、襄阳新闻、汉江创客、襄阳之声视频号等各大主流媒体播放。新媒体平台的宣传发布，方便了广大党员干部和群众、网友在新媒体端、在手机上观看，在朋友圈转发。同时，襄阳广播电视台电视综合频道每周六晚间《襄阳新闻》栏目后19：50分左右，FM104襄阳综合广播每周六晚9点《聆听夜襄阳》节目中同步播出，广播电视传统媒体的播出，使宣传效果进一步彰显。

三、活动融合，开门办史增强联动

除了线上新媒体平台和传统媒体的助力传播，我们还注重线下活动的举办，让党史教育走深走实，陆续开展了党史教育走进校园、走进机关、走进社区、走进企业等系列活动。在抓好常态宣传的同时，通过重要时间节点宣传造势。牢牢把握“七一”建党节，九月开学季、“十一”国庆节等重要时间节点，作为推动党史学习教育进一步深入人心的工作坐标，以融合传播优势在广大干部群众心中厚植爱党爱国情怀，覆盖人群达20余万人，拓展了《薪火“襄”传——襄阳党史故事》受众面，扩大了党史宣教影响力。

我们以党史学习教育常态化长效化为契机，与全市各大系统合作推广《薪火“襄”传——襄阳党史故事》。2023年8月起，与市直机关工委合作，通过向襄阳全市市直各单位机关党发文，将《薪火“襄”传——襄阳党史故事》纳入全市支部主题党日学习内容；与影院合作，在观影前播放襄阳党史短视频，此举覆盖群众逾10万人次；9月，与市教育局联合发文，引导广大师生“听党话、感党恩、跟党走”确保党史学习教育在走深走实，进一步拓宽本地党史辐射力度，凝聚了党史宣教向心力；与襄阳市教育局联合开展《襄阳党史教育》进校园活动，要求全市中小学结合每周班会、思政课等多种形式，深化拓展学习成效，让党史教育进校园、进教材，做到入脑入心、见行见效。与市委组织部、市直机关工作合作，将《薪火“襄”传——襄阳党史故事》纳入九月全市支部主题党日活动学习内容。近100家市直部门、企事业单位及二级单位利用主题党日活动等多种形式组织专题观看学习，学史明理、学史增信、学史崇德、学史力行。

四、服务大局，放大宣传效应

10月11日，襄阳市委组织部汉江创客微信号推出《党课开讲啦》专题，让襄阳全体党员通过“微党课”的形式，观看学习《薪火“襄”传——襄阳党史故事》。今年以来，襄阳市史志研究中心、襄阳广播电视台针对新媒体传播速度快、传播范围广的特点，创新形式，精心策划推出《薪火“襄”传——襄阳党史故事》系列短视频，将书本中的红色故事转化为图文并茂、视听并举的新作品，系列党史短视频节目一经推出，就得到了社会各界的广泛关注和踊跃支持。襄阳党史短视频创新工作收到了良好的传播效果、放大了襄阳党史宣传的正面效应，有效推动党史学习教育常态化长效化。

党的二十大报告指出“加强全媒体传播体系建设，塑造主流舆论新格局”。党的创新理论传播需要利用好先进的传播手段，下一步我们将继续探索通过沉浸式、多元化、大众化、全媒体的传播，让党史宣教以百姓更加喜闻乐见的形式呈现出来，努力做到深入人心、落地生根，加大党史研究成果的转化。充分挖掘利用红色资源，用党的光辉历史激励人、教育人、启迪人、警示人，用媒体融合的理念，通过线上传播、线下活动的方式相结合，助力推动党史学习教育常态化长效化，巩固拓展党史学习教育成果，让襄阳史志资源“活起来、用起来、动起来、火起来”，薪火相传，接续前行。

（王海青：襄阳融媒体中心综合广播总监，徐娅莉：襄阳融媒体中心综合广播编导，吉莉：襄阳市史志研究中心宣教科副科长）

湖南省

案例类别：产品

“一带一路”上 书写一个中部省份的开放故事

——湖南日报社大型融媒体报道《出海记·走进非洲》

周月桂

作为省级党报，如何对外讲好“一带一路”的故事？《出海记·走进非洲》大型国际传播报道是湖南日报社首个出海的大型融媒体报道，将宏观叙事与微观讲述有机结合，讲述湖南打造内陆地区改革开放高地行动的故事，展示中非合作构建人类命运共同体的努力，为省级党报探路国际传播，取得了良好的传播效果。

一、立足省份特色与优势，在国际传播中主动担当作为

习近平总书记高度重视媒体在共建“一带一路”中的独特作用，要求“讲好‘一带一路’故事，为共建‘一带一路’营造良好舆论氛围”。

共建“一带一路”倡议提出十周年之际，每一个有责任感有担当的媒体，都在围绕这个重大主题进行策划、报道。湖南日报社作为地方主流媒体，主动担当作为，充分发挥媒体融合优势，提前一年就开始筹划奔赴非洲的采访，紧扣习近平总书记“一带一路”重大倡议提出十周年来，湖南积极参与“一带一路”建设特别是中非合作的生动实践。这是《湖南日报》报史上首次组织如此大型的出境采访，充分展现了新时代党报的担当、作为。

对于地方媒体来说，讲好“一带一路”故事，要注意选择具有本省优势与特色的区域、领域。

湖南与非洲有深厚的合作基础，拥有中非经贸博览会和中非经贸深度合作先行区两个重要对非平台。2018年9月，习近平主席在中非合作论坛北京峰会上提出“八大行动”，其中“实施产业促进行动”中的第一项即在华设立中国—非洲经贸博览会。中非经贸博览会每两年举行一届，长期落户湖南，2023年6月，第三届中非经贸博览会在湖南长沙举行。

随着中非经贸博览会的举行，以及湖南打造中非经贸深度合作先行区的努力，湖南与非洲可谓越走越近。围绕建立对非经贸合作交流长效机制，针对中非经贸合作的痛点堵点，湖南创新务实推进中非经贸深度合作先行区建设，形成了中国地方对非经贸合作的“湖南模式”。

二、践行“四力”，融媒表达创意生产

习近平总书记指出：“我们要立足形势发展，坚定不移推动媒体深度融合。”当下，对外传播情境更加多元，媒体必须创新自我话语体系，进行更加开放的创意生产、传播互动和宣传推广工作。

《出海记·走进非洲》是湖南日报社首个出海的大型融媒体报道。2023年4月，12名记者奔赴马达加斯加、埃及、肯尼亚、贝宁、莱索托、南非6个非洲国家实地采访。站在非洲的土地上，记者们对这块大陆有了更深切的体认。

这是一次践行“四力”的采访。记者们克服了经验不足的种种困难，深入采访中国企业、非洲民众以及非洲政要等，讲述湖南建设项目为非洲基础设施改善、粮食安全、民生福利等带来的改变，展现当地政府和民众对中非合作交流的极大认同，凸显中非合作互利双赢的良好效果。正是因为深入现场的采访，留下了许多生动的画面、丰满的细节，使得报道后来取得了良好的传播效果。

这是一次对媒体深度融合的检阅。策划、组织、实施、呈现、传播等全流程，坚持全媒体思维，主打视频和新媒体产品，灵活运用三维动画、可视化数据、原声、音效等，推出系列优质新媒体产品，从“读”“看”“听”三方面为受众带来沉浸式体验。《出海记·走进非洲》大型国际传播报道共推出12个整版图文报道、9期中视频、40多个短视频，以及H5、手绘长卷、海报等系列新媒体产品，形成密集的话题效应和宣传声势。

三、精选主题巧借“外嘴”，有效进行海外传播

多年来，西方媒体对“一带一路”倡议不断质疑、进行抹黑。系列报道《出海记 · 走进非洲》列举大量实例，反击这些妖魔化解读。在取材时注意全面、突出“一带一路”对建设人类命运共同体的贡献。

经过严格甄选，历经数月才最终确定了杂交水稻、中国基建、湖南工程机械、丝路电商等 6 个主题。既讲中国对非洲国家的支持和帮助，如湖南杂交水稻给马达加斯加带来粮食自给的希望，湖南路桥为贝宁首都带去路平道净水清河畅的风貌；也讲“共商、共建、共享”，如丝路电商助力湖南产品与非洲好物实现双向奔赴。既讲中国湖南一个家庭两代三人，50 多年接力投身支援非洲建设；也讲非洲官员和民间热情参与，用一个个共建项目推动中非合作。既讲修路架桥，在“硬件”方面提升非洲基础设施；也讲“软件”，如“绿色‘一带一路’”“数字‘一带一路’”等。

借力“外嘴”客观发声，注重呈现当地民众的获得感。《出海记 · 走进非洲》运用诸多细节和场景表现“中非友好、合作共赢”主题，尤其注重突出当地民众的获得感。湖南路桥在贝宁科特努承建的雨水整治项目，让雨水经排水渠顺利进入河道，当地居民克拉利瑟充满感激：现在家门口终于不积水了。马达加斯加农民尼娜说：“我们现在能经常吃上米饭，得感谢中国专家带来的杂交水稻。”

在报纸报道中，每期报道均设立了《非洲声音》栏目，受访非洲嘉宾谈到项目给当地政府、百姓带来的实实在在变化，并做出客观评价。如马达加斯加农业和畜牧业部长哈里菲迪 · 拉米利松说：“粮食安全对于一个国家至关重要，中国专家是帮助我们实现粮食安全梦想的人。”时任加纳总统约翰 · 马哈马称：“感谢中国政府和中国企业帮助加纳人民实现了百年梦想。布维水电站是加中两国人民伟大合作典范，中国企业建设了优质、漂亮的工程，必将深化加中关系。”他们的讲述，能从多个侧面代表非洲的主流舆论。

湖南日报社《出海记 · 走进非洲》大型系列融媒体报道，被翻译成英语、法语等语种，相继在马达加斯加、南非、肯尼亚、莱索托、贝宁等多个国家的电视台、报纸、网站落地传播，引发热烈反响，非洲各界人士纷纷点赞，称报道用心用情，引人共鸣，让人深深体会到中非是休戚与共的命运共同体。

在海外落地传播中，《出海记 · 走进非洲》关注当地受众接收信息的习惯，进行有效落地。对于肯尼亚等网络基础较好的非洲国家受众而言，社交媒体上短视频的接受程度会更高，但在马达加斯加等通信工具较为落后的国家，民众更常接收信息的是报纸和电视。因此，《出海记 · 走进非洲》在肯尼亚落地的是当地媒体的网站和社交媒体账号，而在马达加斯加落地的是该国发行量最大的报纸《午报》和国家电视台。文字、视频以及其他新媒体产品的融合表达，让产品触达更多非洲受众。

此外，《出海记 · 走进非洲》在国内也广泛传播，全网阅读量超过 10 亿次。中非经贸博览会开幕当天，多个会场现场展播这组系列报道的视频，为深化中非经贸合作、打造地方对非合作桥头堡、讲好新时代“一带一路”上的湖南故事营造了浓厚舆论氛围。

（周月桂：湖南日报社经济频道副总监）

《出海记 · 走进非洲》大型融媒报道

案例类别：产品

红网云数据可视化融媒体编辑平台

喻帅明

为加强红网全平台上稿件的可读性和传播力，红网与武汉镝次元数据科技有限公司合作研发红网云智能数据可视化融媒体编辑平台，极大地丰富和美化红网融媒体产品形态，提升了红网内容生产质量和采编工作效能，在红网内部实现了向区县进行能力输出，增强红网云的区县服务能力。

一、人员构成

主要由红网技术研发团队、融媒体采编骨干以及武

汉镝次元数据科技有限公司技术支持团队人员构成，主要成员为：陈光林、张广蓉、王炫、康维、黎娜、谢宇、邹日顺、王琼、刘真、王晓燕。

二、平台打造

湖南红网新媒体集团（以下简称红网集团）于2017年6月16日挂牌成立，是湖南组建的第一个省级新媒体集团。由中南传媒以红网网站和“时刻”新闻客户端现有业务和团队为基础，整合红网传媒和红网市州、县市区分站资源，构建的省市县三级党媒新型传播平台。为响应县级融媒体中心建设研发了红网云平台。

镝数科技是一家创建于2015年的互联网高新技术企业，提供特有的数据查询与交易、数据可视化、数据传播、数据素养培训等产品和服务，是国内重要的数据综合服务商，拥有独家的数据聚合、数据挖掘与分析、可视化等技术。以镝数聚和镝数图表两大核心产品为依托，镝数开发了为媒体内容生产服务的“数据新闻编辑系统”。

为加强红网全平台上稿件的可读性和传播力，红网与武汉镝次元数据科技有限公司合作红网云智能数据可视化融媒体编辑平台。红网云中已有视频编辑器，通过接入镝数智能数据可视化编辑器可为编辑提供完整的稿件和素材融合编辑，极大地丰富和美化红网融媒体产品形态，实现新闻、专题、微专栏、微网站、互动页卡、图片新闻及相关模版的可视化、融媒化、无代码编辑，普通编辑经过简单的培训后也能操作和使用，帮助美工和程序员减负；有效帮助编辑全员转型，提高红网新闻产品的质量和数量；提高编辑采编稿件的工作效率，节省人力。同时升级后编辑器套件也可向区县进行能力输出，增强红网云的区县服务能力。

镝数数据可视化融媒体编辑平台是国内首个数据新闻写作与发布系统，致力于通过提供有效的数据管理和无须编程的炫酷可视化工具，帮助媒体从业者解决数据新闻生产中的实际问题，提升工作效率。同时还是一个智能的数据融媒体编辑器，拥有自主知识产权的近百种图表库（全网最多）及上千种数据图文模板，仅用拖拽方式即可实现制作单纯数据图表或编辑不同形式的数据新闻、数据策划、数据报告等全媒体内容，并支持图片、视频、H5多种输出形式、高效率地多渠道分发。通过高效、智能、动态的产品体验，颠覆了传统数据内容信息的获取、组织和交流模式，大大提高了数据表达效能。

三、社会合作

红网云数据可视化融媒体编辑平台是基于红网云平台，与武汉镝次元数据科技有限公司合作，结合镝数可视化编辑平台，自主研发的并具有自主知识版权的可视化融媒体编辑工具。

四、社会效益

红网云融媒体编辑平台，形成了数据可视化在媒体行业一体化解决方案的标杆，此数据新闻模版编辑器导入图表、文字、图片、音频、视频等实用元素，可进行自由混合编排，帮助编辑从新闻选题到编辑制作到分发一站完成数据新闻。并在红网内部实现了向区县进行能力输出，增强红网云的区县服务能力。

镝数融媒体编辑平台通过服务深圳标准研究院等政务单位，让政府部门和社会大众更好地了解和使用政务数据，促进信息流通和共享；帮助公众更好地了解政府决策的透明度和合理性，提高政府工作的公信力，促进政府的数据透明度和民主化进程。

镝数融媒体编辑平台通过与光明网、人民日报海外端等单位合作，促进国际舆论传播，更加直观地传递信息，带来更好的感知和学习体验，让全球范围内的任何人都能够更清晰、更透明地了解不同国家和地区的具体数据指标和发展情况，为推动全球化和国际社会的发展做出贡献。

镝数融媒体编辑平台通过服务高校教学，在提成教育质量、开拓创新思维、数据可视化技术传播与普及、帮助人才实践并融入社会等多方面具有积极的社会效益，推动教育的创新和发展，并为学生成长和职场发展提供更好的机会。

五、经济效益

2021年新增税收6.73万元，2022年新增税收12.83万元。

（喻帅明：湖南红网新媒体集团总编室主管）

案例类别：组织机构

挺进短视频主赛道 从相加迈向相融 构建全媒体传播体系

周华平 康漫军

习近平总书记强调，要坚持一体化发展方向，加快从相加阶段迈向相融阶段，打造一批具有强大影响力、竞争力的新型主流媒体。近年来，《潇湘晨报》以此为根本遵循，全员转型，以短视频为抓手，强力推进《潇湘晨报》短视频平台及现代传播体系建设（以下简称该项目），按下媒体深度融合的快进键，通过流程优化、平台再造、资源整合、用户运营，打造了一个具有强大黏着力、影响力、竞争力的新型湖南主流媒体平台。《潇湘晨报》全媒体传播体系初具雏形：以晨视频APP为龙头，构建起报、网、端、微、屏五位一体传播格局。

该项目实施过程中，《潇湘晨报》牢牢把握“内容为根本、技术为支撑”两个关键点，实现技术应用、内容信息、管理手段共通共融，将正能量通过短视频精准触达用户，为主流价值观传播提供覆盖广泛、传播有效、可管可控的新路径、新载体、新渠道，引领湖南省乃至全国传统媒体高质量融合发展。

一、强技术，催化融合质变，实现精细化运营

此项目充分运用互联网新兴技术，实现共融互通，催化融合质变，实现精细化运营。

（一）研发龙渊系统实现一键分发

《潇湘晨报》自主研发了龙渊系统，聚合和分发平台内容可以一键分发，实现全渠道联动。龙渊系统基于采编业务，实现“采、编、审、发”四大环节一体化智能服务。素材采集覆盖全网5万+数据源，全网热点一网打尽。支持移动编审、文本智能校对、敏感词提醒等。

积极探索推荐算法的研究，将基于内容的推荐和协同过滤推荐两种方式组合，弥补各自弱点。运用区块链等技术建立科学激励机制，平台、内容生产者、用户形成稳固利益共同体，推动平台可持续发展。

（二）人工智能运用于生产与审核

采用语音识别、图像分析、人脸识别等人工智能技术，对素材的标签化、结构化缩减后期剪辑的制作时间，提高剪辑效率，降低了视频制作的技术门槛。采用“AI+人工”方式，对内容进行严格审核，实现色情、低俗、暴恐、政治敏感、广告、恶心等多维度智能审核。引入关键帧抽取工具，辅助人工审核，节约审核成本。持续进行审核算法的优化，建立自主黑库，提升智能审核效能，确保内容可管可控。

二、强内容，做大做强融媒体产品增量

《潇湘晨报》坚持用多元化表达，把优质内容可持续供给作为工作重心，跨部门、跨“兵种”作战，做大做强短视频、长视频、H5等融媒体产品增量，实现“现象级”传播，提升传播力、引导力、影响力、公信力。

（一）讲好湖南故事、中国故事

在重大主题报道中，强化叙事能力，以融媒体精品深度呈现湖湘大地沿着习近平总书记指引的方向，全面建设社会主义现代化新湖南的火热场景，讲好湖南故事、中国故事。2023年是习近平总书记提出“守护好一江碧水”五周年，也是“人类命运共同体”理念提出十周年。2023年3月至7月，《潇湘晨报》推出“飞向北极——跟着候鸟去迁徙”大型融媒体报道，紧扣生态环境保护主题，从湖南到俄罗斯，跨越15000公里，追踪一只北迁的小天鹅，呈现实践习近平生态文明思想的湖南故事、中国故事。微观叙事与宏观变化相结合，报道团日行百余里，生产了大批直播、短视频、VLOG、互动等融媒体精品。《潇湘晨报》联合省外主流媒体、央视新闻、俄罗斯媒体等，聚合传播，全网总流量超2亿。俄罗斯媒体《极地灯塔》对报道团进行电视采访。

（二）做新媒体传播的排头兵

《潇湘晨报》持续推出精品内容、爆款话题，影响力稳居全国都市类媒体头部地位。在党的二十大宣传报道中，形成“1+N”宣传报道矩阵，全网总流量1.021亿，凝聚起上下同心的磅礴力量。“鲁迅文学奖之夜”宣传报道中，立体式传播提升活跃度，助力文化破圈传播，全网总流量超过1.59亿，获得中国作协高度肯定。湖南首届旅发大会宣传报道中，制作3000多个文图、短视频、海报、直播等作品，坐拥40多亿流量，将大流量变为湖南文旅发展的“增量”。

着力打造了一批重点栏目，《企示录》栏目通过文图、短视频为100位民营企业家立传；《知事典》栏目针砭时弊，2023年输出300条精品视频及音频，成为喜马拉雅平台头部音频账号。

（三）做舆论监督的引导者

《潇湘晨报》持续办好民生维权帮办栏目《晨意帮忙》，扎根基层，为普通市民解决急难愁盼问题。2023年3月，晨视频APP上线《晨意帮忙》投诉平台，市民可以快速提交线索，专业记者及时跟进。《晨意帮忙》已推出近千篇具有广泛影响力的原创报道。2023年"3·15"消费者维权日期间，《晨意帮忙》推出"消费维权解疑答惑"系列直播，得到网友一致好评。

三、强渠道，布局全域全网影响力

该项目实施过程中，《潇湘晨报》坚持传播渠道最优化原则，不断开疆拓土，挺进短视频产业新赛道，以内容聚合和分发平台建设为基础，全网拓展传播渠道，布局全域全网影响力，谋求可持续发展。

（一）打造晨视频APP短视频龙头产业

2020年下半年，《潇湘晨报》启动短视频平台及全媒体传播体系项目建设，此项目列入《湖南省区块链发展总体规划（2020—2025年）》。2021年10月29日，晨视频APP上线，《潇湘晨报》进入短视频产业新赛道。晨视频APP聚焦新闻热点与生活资讯，覆盖时政、社会、经济、汽车、美食、房产、旅游等多个领域，主打3分钟以内优质短视频。晨视频APP上线以来，以海量丰富的精选视频内容，吸引了目标受众的青睐。

（二）构建"报、网、端、微、屏"五位一体格局

经过整体布局，以晨视频APP为龙头，《潇湘晨报》建成湖南最具影响力的全媒体传播体系，"报、网、端、微、屏"五位一体格局形成。影响力矩阵涵盖一报两刊、两个客户端、八大官方发布账号、一个账号森林、一个短视频IP群等；内容产品覆盖短视频、长视频、音频、直播、文图、海报等形式；垂直领域有知事典、258探房、258说车、主编有态度、向往的湖湘等多个特色产品，形成"以客户端为主体、社交媒体为侧翼、入驻账号为补充"的移动传播矩阵。

（三）传播矩阵粉丝总量超6000万

《潇湘晨报》在全网开设120多个以晨视频为呼号的账号，传播矩阵粉丝总量超6000万，晨报官方微博、官方抖音号粉丝均超1700万。推出"构建海外分发平台，向全球推介大美湖南"项目，《潇湘晨报》YouTube账号粉丝量突破30万，成为在YouTube平台全国都市报领域粉丝量TOP1。

四、强效益，实现社会效益和经济效益有机统一

《潇湘晨报》坚持以习近平新时代中国特色社会主义思想为指导，坚持把社会效益放在首位，努力实现社会效益和经济效益有机统一，确保文化产业持续健康发展。

（一）坚守社会效益第一原则

该项目实施过程中，《潇湘晨报》坚守社会效益第一原则，宣传主流价值观、夯实主流意识形态，尤其在重大主题宣传报道中，坚守新闻舆论导向，让党的声音传得更开、传得更广、传得更深入。晨视频APP深入连接新一代都市人群，诠释健康向上的生活方式。晨视频APP推出"晨益+"公益聚合平台，邀请多家公益基金会和公益机构入驻，搭建慈善机构与受助者的桥梁。

（二）多渠道、多层面优化营收结构

经济效益方面，在传统媒体营收整体继续下滑的形势下，《潇湘晨报》从多个渠道、多个层面优化营收结构。通过和新浪、搜狐、今日头条、凤凰网等互联网公司合作，实现版权收入；通过和抖音等新媒体平台合作，实现点击付费收入。通过视频、活动策划等将品牌影响力变现，实现影响力收益。从2020—2023年，《潇湘晨报》经营连续三年保持增长，影响力连续三年持续扩大。《潇湘晨报》融合创新的过程，正是重建媒体能力的过程。

（周华平：潇湘晨报社总编辑，康漫军：潇湘晨报社资深新闻研究员）

案例类别：组织机构

构建海量版权资源库 成为互联网内容产业深度参与者

周华平 康漫军

习近平总书记强调，要加快传统媒体和新兴媒体融合发展，充分运用新技术新应用创新媒体传播方式，占领信息传播制高点。作为湖南省级大型综合类都市媒体机构，《潇湘晨报》一直积极实施融合转型战略，瞄准和利用最新技术推动融合发展。

2019年，潇湘晨报社重组内容生产流程，以产业互

联网思维，积极推进“全域全媒体内容聚合与分发平台”项目（以下简称该项目）建设，进入内容产业新赛道，通过流程优化、平台再造，打造具有强大影响力和竞争力的新型湖南主流媒体平台。截至 2021 年 12 月底，该项目建设完成目标，《潇湘晨报》成为移动互联网时代、特别是 5G 时代互联网内容产业的深度参与者。

该项目建设充分在技术、内容、渠道、运营等方面进行融合创新，高效提升潇湘晨报内容生产和资源整合效能，原创和聚合内容在全域全媒体分发变现。该项目体现了主流媒体担当新时代宣传思想工作使命任务、深度融合发展的积极探索和最新成效，具有较强代表性和示范性。

一、技术创新，“公有云 + 私有云”混合云框架布局

该项目建设按照“公有云 + 私有云”的混合云框架布局，重构内容生产、聚合和分发流程，搭建连接域内域外、覆盖网上网下的融合传播体系。

（一）多个新兴技术覆盖生产全流程

该项目将人工智能信息聚合与分发技术等多个新兴技术运用到新闻采集、生产、审核、分发、接收等生产全流程中。建设三大中心和六个功能模块。三大中心为：全网监控聚合中心、资讯类平台分发中心、工具类平台分发中心。六大功能模块为：内容采集模块、数据清洗模块、静态建模模块、内容审核模块、内容分发模块、广告管理模块。

（二）“人机结合”审核模式护航导向安全

该项目研发了人工优化审核功能模块，以解决敏感内容导向安全问题，为安全输出、系统优化保驾护航。“机器智能处理 + 人工优化审核”的三审制内容审核模式，确保了导向安全，实现内容可管可控，助力传统媒体转型升级为互联网内容供应商，实现高质量融合发展。

二、渠道创新，全网开辟 120 多个分发渠道

该项目在全网开辟 120 多个分发渠道，搭建起纸质版、微博、微信、抖音号等立体化传播矩阵，为社会主义核心价值观的传播提供新载体、新渠道、新路径。

（一）分发渠道覆盖广泛

该项目分发渠道既覆盖了互联网门户网站、社交类平台、聚合类资讯 APP、短视频平台等互联网平台，还覆盖了 360 安全卫士、墨迹天气、Wi-Fi 万能钥匙、2345 浏览器等应用工具类平台，与华为、OPPO、vivo 等手机厂商合作，在知乎等新型内容社交平台开辟新阵地，与喜马拉雅、天猫精灵等平台探索音频领域的合作模式。头部商业平台发布的监测数据显示，《潇湘晨报》各传播矩阵综合传播力位列全国同行前十，在同类媒体中稳居全国前五。

（二）打通政府连接群众的“最后一公里”

该项目将《潇湘晨报》原创优质内容和聚合的泛资讯信息分发渠道覆盖全网，让主旋律抵达用户的每一个互联网使用场景中，为主流价值观传播提供渠道丰富、覆盖广泛、传播有效、可管可控的新路径。《潇湘晨报》已实现湖南省内部分政务网站信息的及时分发，让党和政府的声音覆盖全网，打通政府连接群众的“最后一公里”。

（三）立足湖南特色，深耕垂直领域

《潇湘晨报》立足湖南特色、用户偏好、市场需求，深耕时政、财经、金融、文旅等垂直领域，集中优势兵力、优质资源，组建主编有态度、258 说车、湘湘来了等多个全媒体运营团队，通过品牌化运营提升话语权、影响力。

三、内容创新，打造原创内容精品爆款

《潇湘晨报》找到一条具有晨报特色的融合发展之路。以短视频为抓手，制作原创精品、爆款，优质原创内容和聚合平台深度融合，加速流量裂变，形成全国影响力，塑造新时代湖南形象。

（一）原创内容精品化

《潇湘晨报》坚守原创阵地，致力于打造原创内容精品、流量爆品，实现快讯更快、深度更深、独家更独，内容生产、传播优势得到进一步加强，影响力位列国内媒体机构头部位置。

2021 年 5 月，袁隆平院士逝世报道中，自有新媒体平台总流量超 11 亿。晨报抖音号作品《为袁隆平理发 18 年的理发师曹小平：我还是无法接受这个消息我一直都在等他回来》，视频播放量 1.39 亿，点赞量 427.3 万。《人民日报》、央视新闻、新华网等媒体转载跟进，形成全国影响力。2021 年 7 月底的疫情防控宣传报道中，晨报主持的微博话题：“被张家界闭园海报破防了”，阅读量超 2 亿，正面导向作用明显。晨报巧妙分析公文“张家界致游客的信”，快速引导舆论，《张家界的果决，湖南人的担当，值得所有人记得》一稿，多渠道分发，《人民日报》、央视新闻等 200 多家媒体跟进，超 500 家自媒体转载，格局张家界、担当湖南成为网络顶流。

（二）报道方式立体化

积极探索新闻内容的融合叙事，拥有一整套文图、视频、短视频、直播生产线，文图、短视频、音频、直播、慢直播、长视频、海报等内容产品全面开花。

“党的生日 人民的节日”宣传报道中，晨报抖音号直播大型音乐焰火晚会，累计 500 多万人次观看。短视频作品《长沙七一主题灯光秀精彩上演，一江两岸披上了动感的中国红》，全平台播放量超 1 亿。精

品版面百年之问、百年之颂、百年之庆，层层递进，气势磅礴。

四、运营创新，找到新的收益增长点

该项目为《潇湘晨报》找到新的收益增长点，《潇湘晨报》以内容提供商身份连接上下游，通过版权合作、流量变现，形成新的收益增长点。

（一）打造领先的版权内容变现平台

围绕内容流通、交换与交易的"多边"授权与分配设计规则，建立两个协作圈，即媒体内容合作圈、媒体与非媒体机构的内容合作圈。通过内容互换、收益分成、版权采购等方式，完成内容提量，构建海量版权资源库，打造中国领先的版权内容变现平台，为传统媒体内容变现提供新路径。

（二）形成新的新媒体产业格局

《潇湘晨报》生产的正能量内容是互联网产业链中的稀缺资源，优质内容每年全域全网带来有效流量过百亿，使平台有稳步增长的信息流广告分成收入、版权资产化变现收入和传统广告增值服务收入，有效带动湖南省文化企业上下游联动发展，产生协同效应，形成新的新媒体产业格局。

五、理念创新，具有典型引领示范作用。

该项目几何量级扩充了《潇湘晨报》内容生产效能和全域全媒体影响力，对全国传统媒体转型升级和创新发展具有典型引领示范作用。

（一）几何量级放大内容生产效能

《潇湘晨报》拥有强大的文图、短视频、音频、直播、深度报道等多种形式内容产品生产能力，专业内容生产能力是潇湘晨报不可替代的核心竞争力。该项目助力《潇湘晨报》内容生产效能呈几何量级放大。《潇湘晨报》成功进入互联网产业链中，成为信息流内容供应商，将版权资产化，与广告商、互联网公司达成相对稳定的利益分配共识，实现内容全域全媒体变现。

（二）快速有效分发版权资源库内容

以 PGC 为主的聚合模式提供优质的信息流内容，采用"智能处理 + 人工优化"模式，对版权资源库海量内容进行快速有效的分发处理。基于大数据分析，向不同人群推荐差异化内容，利用标签分层，为不同渠道定制特色内容。内容全域全网分发到变现渠道，然后将流量带来的广告收入进行分成核算。

（周华平：潇湘晨报社总编辑，康漫军：潇湘晨报社资深新闻研究员）

案例类别：组织机构

"留在长沙过大年"网络创意传播活动

林之乐 杜进 邓佳莹 罗建勋 肖娉婷 魏媛

一、案例背景

2021 年农历春节期间，为落实中央"就地过年"倡导和中央网信办"网络中国节·春节"主题活动部署，引导更多外地务工人员安心留长过年，感受长沙节庆氛围和城市温度，增强对长沙的归属感和认同感，在长沙市委宣传部、市委网信办指导下，星辰在线运维的"长沙发布"发挥自身作为全省最大政务新媒体矩阵龙头的主场优势，紧密围绕"留在长沙过大年"网络活动主题，重点策划制作或包装推出一场挑战赛、一台网络春晚、一个暖心杯、一部宣传片、一朵云烟花、一支短舞蹈、一批文旅攻略等"七个一"系列网络新媒体产品，主动设置议题，创新宣传形式，多方紧密联动，确保春节期间长沙节庆宣传亮点纷呈，惊喜不断，让春节年味深入人心，成功营造起了"身心皆安处，长沙即故乡"的浓厚氛围。

二、社会效果

截至 2021 年 2 月 18 日（正月初七）7 时，长沙发布"留在长沙过大年"挑战赛征集并展示出了一批主题鲜明、充满长沙元素的高质量短视频，网络播放量超过 13.8 亿次，微博话题累计阅读量近 3800 万次，全网涉及"留在长沙过大年"网络主题正面报道综合累计传播量达 28.6 亿次，"长沙手可摘星辰""长沙送你一朵云烟花”“留在长沙过大年暖心杯”等一系列单个点击量均过3亿次的现象级新媒体子产品燃爆全网，“网红长沙”“青春长沙”“幸福长沙”“温暖长沙”等城市名片更是刷屏网络和朋友圈，积极热烈强劲的网络宣传势能显著有效带动助推长沙文旅、餐饮、购物等节日消费持续火爆。据长沙市文旅广电局和市统计局不完全统计，2021年农历春节期间全市共接待游客110.76万人次，同比增长2046.01%，实现旅游总收入9519.96万元，同比增长127.75%；春节档7天全市电影票房达6316万，观影人次达133万，跟春节档前一周（401万）比，约增长5915万票房；零售业销售总额达20389.62万元，同比增长2046.01%。

“留在长沙过大年”网络创意传播活动优秀运作经验先后被《中央网信动态》和省市网络阅评简报专文刊登，湖南省委常委、长沙市委书记吴桂英阅示表扬；时任湖南省委宣传部副部长、省委网信办主任周湘批示：“留在长沙过大年”活动服务大局、精心策划、续密推动，创作推出一系列爆款产品，在全网产生了广泛影响，得到了广大网民的真心喜爱和欢迎，体现出大局意识、责任担当，以及高超的策划能力和强大的网络组织动员能力，值得全省网信战线的同志们学习研究；时任长沙市委常委、宣传部长陈刚批示：“留在长沙过大年”，过得丰富充实。整个假期，宣传口、网信办同事们保持了良好状态，在线、给力，接得住任务，跟得上脚步，可圈可点。牛年行大运，新春开好头！

“留在长沙过大年”网络创意传播活动荣获长沙市2021年对外传播“十大优秀案例”奖和2021年度长沙新闻奖融合创新三等奖。

三、主要经验和创新做法

（一）一场挑战赛，网聚春节幸福瞬间

长沙发布在抖音、微博平台发起“留在长沙过大年”主题挑战赛和讨论话题，征集网友在长沙“就地过年”的幸福瞬间，引导广大市民网友自发贡献内容，在指尖打卡网红长沙、航拍星城、年夜饭、隔屏问安、在岗值守、分享年俗年味、简述正能量故事等，并参与全民互动讨论，一起记录这个特别的春节。截至2021年3月1日（正月十六）17时，“留在长沙过大年”挑战赛征集并展示出了一批主题鲜明、充满长沙元素的高质量短视频，网络播放量超过13.8亿次，微博话题累计阅读量近3800万次，网友互动讨论近4000条，有力浓厚起留在长沙过大年的热闹喜庆氛围。

（二）一台网络春晚，充满节庆长沙年味

长沙发布政务新媒体矩阵以《你会红！长沙大片即将刷屏》为引导，基于“留在长沙过大年”抖音挑战赛为舞台，巧妙加强议题设置的形式与力度，面向全城乃至全国网友“众筹”征集长沙特色才艺表演，在建党100周年、“十四五”规划开局之年的农历新春佳节之际，由网民“自编自演自唱自舞”献礼一台精彩的“长沙新春晚会”，让长沙文化符号突破空间、穿透代际、线上同台，实现全民参与、共赏、互娱的创新传播，引导省外户籍人员留在长沙、打卡长沙、爱上长沙。在这场网络版的“长沙新春晚会”上，“国防科技大学”“笑工场”“金鹰955”“浏阳电视台”“掌上长沙”等抖音大号积极组织参赛，毛晓彤、大兵、李强等知名演员和广大市民网友共同热情参与，自信大方秀出各种形式的才艺绝活。

（三）一个暖心杯，创意营销刷屏朋友圈

借力网红产品提升宣传吸引力和影响力。长沙发布联合本土网红店茶颜悦色推出10万个“留在长沙过大年”暖心杯，印制“留在长沙过大年”LOGO、抖音挑战赛二维码和温馨防疫提示，打通线上线下双向互动，吸引市民参赛丰富假期生活，并号召大家“线上团聚不出游，安心就地过大年”。该暖心杯迅速引发网友追捧和好评，茶颜悦色部分门店出现短时间售罄局面，市民纷纷在微信朋友圈和微博晒出暖心杯照片和视频，点赞这一设计“很暖心”“有创意”，甚至有网友赞誉“用青年人喜闻乐见、易于接受的方式开展宣传工作……目前为止最佩服的文案，没有之一”。

（四）一部宣传片，《长沙，手可摘星辰》

长沙城市形象宣传片《长沙，手可摘星辰》惊艳首发亮相国内顶级流量平台——2021年湖南卫视春节联欢晚会。该宣传片创意独特、技术先进、形式新潮，由当红女艺人万茜带领观众领略星城长沙各种星光红，青春洋溢地展示新时代长沙的新风貌、新风采。以“长沙发布”为龙头的全省最大政务新媒体矩阵精心制作推广《长沙有多牛？万茜说，手可摘星辰！》融媒文章，以该宣传片为切入点，从房价洼地、教育高地、新兴产业发展、美食美景等角度对长沙的青春活力形象进行生动诠释。宣传片一经播出，长沙发布微信、微博、头条号、视频号、矩阵集群各政务号及长沙海外官方账号立即集中火力同步推文，中央、省、市各大权威主流网媒纷纷跟进报道转载转发，迅速引发网友广泛关注和热议，形成多条“10万+”爆款传播，全网信息量达1.6万余条，视频播放量达1.1亿次，微博话题阅读量超7500万，话题“#长沙手可摘星辰#”登顶热搜榜第4名，长沙美好的网红城市形象瞬间燃爆网络。

（五）一朵云烟花，惊艳全网的灯光秀

利用数字科技，将全国知名的橘洲焰火通过环保、生态方式呈现出来。大年初一，长沙发布配合湖南卫视、金鹰955电台的策划，联合抖音打造了“长沙手可摘星辰——送你一朵云烟花”夜景灯光秀，上万朵“云”烟花惊艳亮相长沙“一江两岸”夜景照明带，接近百万网友约会在长沙发布抖音直播间，共赴一场慢直播“云烟花”之约，一起许下新年第一个愿望！央视《新闻联

播》、人民日报客户端、新华社客户端、新华网、中国新闻网等近百家媒体报道，赞誉长沙以绵延20余公里的璀璨夜景，献上一场别开生面的“云烟花”秀，盛放“长沙年味”。以长沙发布抖音直播间为代表的各网络主流媒体代表，循着“一江两岸云烟花”的思路，完美弥补了橘子洲长时间没有焰火表演和今年春节就地过年两大当下痛点，在网络云端实现了全新湘江大型灯光秀场景、全民橘洲焰火情结、全国就地过年主题三者的有机融合，“长沙云烟花”在抖音、微博、微头条等平台掀起多轮热搜，话题总阅读量超3亿，抖音话题进入全国热榜。

（六）一支短舞蹈，记录值守最美身影

2月11日（大年除夕）夜，广西贺州站当天末趟客运列车驶离后，生性乐观的长沙籍客运员李媛今年春节选择就地过年，主动承担了车站除夕值班任务，她在结束值班接车作业的空站台上，突然翩翩起舞，这个不经意的举动感动了许多网民。李媛“深夜舞蹈”的视频经长沙发布刊发后，迅速收获了家乡网友百万人次观看播放量。人民日报官微头条、新华社“@新华视点”、央视“新春在岗位”等各大央媒分别以“女客运员的一个举动被监控拍下！网友：美哭了”“除夕夜站台上最美的舞蹈”“除夕夜值守，女客运员用舞步迎接新年”为题跟进聚焦报道长沙姑娘李媛的事迹。2月16日（大年初五），李媛接受长沙发布专访，并在长沙发布政务新媒体以短视频的形式为家乡父老献舞送祝福，向春节期间各条战线的守护者致敬！一时间，长沙女孩李媛的坚守奉献、积极乐观精神，深深感染了全国无数坚守岗位的一线人员，迅速火遍网络。

（七）一批文旅攻略，茶余饭后口碑相传

长沙发布联合长沙9区县（市）委网信办推出“春节系列旅游、美食、平安攻略”。一是发布春节文旅消费指南。长沙发布推送《免费看电影！长沙真心留你过年！》《那些年错过的长沙，一次补上！| 免费看展，留驻长沙》等热点应景网文报道，及时全面地发布春节期间全市文旅场所的开放信息和留长过年的各种消费场景，引起长沙大街小巷和市民茶余饭后口碑相传。二是开展美食吃播。长沙发布联合抖音开展“多彩年夜饭”直播活动，展示长沙特色菜肴，推介长沙特色年味。三是派发春节“平安福袋”。为做好春节期间的民生服务，长沙发布应节应点推出《叮！长沙特别版“平安福袋”，请查收！》，从出行、用电、饮食等方面提醒市民安全过年，人民日报客户端、市属新媒体、区县（市）融媒体等30余个网络平台转发推广，网友点赞“这波操作很温馨”，认为“热闹过年，更要平安过年”。

（林之乐：湖南星辰在线新媒体有限公司编委，杜进：湖南星辰在线新媒体有限公司长沙发布工作室主任，邓佳莹：湖南星辰在线新媒体有限公司头条工作室主任，罗建勋：湖南星辰在线新媒体有限公司长沙发布工作室编辑、新媒体运维，肖娉婷、魏媛：湖南星辰在线新媒体有限公司创意设计部美术编辑）

“留在长沙过大年”抖音

案例类别：产品

《“长沙这么红”——百部短视频致敬百年华诞》

林之乐 杜进 邓佳莹 文春燕 乐先文 罗建勋 肖娉婷 范立明

一、案例背景

为庆祝中国共产党成立100周年，深入推进全市党史学习教育，由长沙市委宣传部、市委网信办、市委党史研究室指导，“长沙发布”于2021年推出《“长沙这么红”——百部短视频致敬百年华诞》主题宣传。活动充分发挥长沙得天独厚的红色资源优势，以遍布全市的红色教育基地为课堂，聚焦重要人物，重点场馆、重大事件，创新网上学习教育形式，把家门口的“红色地标”变成心里头的“红色课堂”，发扬红色传统、传承红色基因，激发广大干部群众爱党之情、报国之志，引导广大干部群众坚定不移跟党走、同心创造新辉煌，引发强烈的社会反响。

二、社会效果

《“长沙这么红”——百部短视频致敬百年华诞》以 100 部“红色短视频”为主体，每部短视频 3—5 分钟，聚焦红色人物、打卡红色地标、讲述红色故事，配合大量珍贵翔实准确的第一手图文史料，再现了革命先辈最光荣的时刻，可读性极强、信息量极大。长沙发布将党史研究成果转化成人民群众喜闻乐见的新媒体产品后，星辰在线和星辰头条 APP 亦开设网络专题同步进行集纳式展播，叙事宏大、气势恢宏，堪称我党“红色史诗”的长沙篇章数字版百科全书。

长沙发布将党史研究成果转化成人民群众喜闻乐见的新媒体产品后，星辰在线和星辰头条 APP 亦开设网络专题同步进行集纳式展播，叙事宏大、气势恢宏，获网民盛赞点评为我党“红色史诗”的长沙篇章。加上网友“盖楼”式参与话题互动评论，该主题宣讲展播活动专题刚一上线，阅读量就突破 300 万人次，吸引主流媒体广泛关注，人民日报客户端等头部媒体平台纷纷转发，为长沙庆祝中国共产党成立 100 周年营造了浓厚的舆论氛围。

《“长沙这么红”——百部短视频致敬百年华诞》主题宣传展播活动带领更多人近距离感受红色长沙百年风华，为庆祝中国共产党成立 100 周年有力有效地营造了浓厚的舆论氛围，湖南省委网信办、长沙市委宣传部和长沙市委网信办等主管机构分别以阅评简报头条置顶专文进行表扬推介，更被湖南省委网信办评选为庆祝建党百年主题的网络创新宣传精品案例，向中央网信办“网信创新案例交流活动”进行推荐报送，入选由中央网信办编纂、人民出版社出版的《网信工作创新实践 50 例》一书，荣获 2021 中国城市新闻网盟联席会“庆祝建党 100 周年主题宣传特别奖”和 2021 年度长沙新闻奖新闻专题一等奖。

三、主要经验和创新做法

（一）紧扣主题，把镜头对准长沙特色的红色资源

长沙是革命摇篮、红色热土、英雄之城，是湖南“十步之内，必有芳草”的典型所在，拥有各类革命遗址 275 处、英烈人物 19639 人。不论是发出“建党先声”的新民学会，还是成为实事求是思想路线策源地的岳麓书院，不论是文家市的“第一军旗”，还是板仓的一棵“骄杨”，长沙始终熊熊燃烧着不灭的红色火种，矗立着一座座信仰丰碑。长沙发布从长沙人的视角出发，把镜头对准长沙特色的红色资源，集萃 100 个红色选题，开展“长沙这么红”主题宣传，打造党史学习教育“红色大课堂”，引导广大党员、干部和群众深入学习党的不懈奋斗史、不怕牺牲史、理论探索史、为民造福史、自身建设史，感悟精神谱系，赓续红色基因。通过饱含深情讲述一个又一个红色故事，旗帜鲜明亮出长沙最耀眼的底色——长沙就是这么红！

（二）融合创新，将党史研究成果转化成新媒体产品

“长沙这么红”主题宣传以 100 部“红色短视频”为主体，每部短视频 3—5 分钟，结合主持人讲述，配合大量珍贵的翔实准确的第一手史料，可读性强、信息量大，再现了革命先辈的光荣时刻。聚焦红色人物、打卡红色地标、讲述红色故事，长沙发布打造了一系列让人耳目一新、产生强烈共鸣、承载长沙独有城市记忆的新媒体产品，从多个角度呈现中国共产党人始终秉承的初心和使命，让受众沉浸式走进那段波澜壮阔的历史。新媒体产品发布后，市委网信办指导星辰在线和星辰头条 APP 开设专题同步进行集纳式展播，着力打造“红色史诗”的长沙篇章。

（三）讲好故事，挖掘经典背后的真实过往和情节

面对民族危亡之时，总有一群湖南人挺身而出，毛泽东、刘少奇等党和国家领导人的故事百读不厌；蔡和森主张“明目张胆正式成立一个中国共产党”，成为“中国共产党”名称提出第一人；夏明翰用忠诚写下“砍头不要紧，只要主义真”；陈树湘断肠事情节，甚至是鲜为人知的历史细节，为广大网民重现了老一辈无产阶级革命家可歌可泣的故事。通过一堂堂生动的党史课、思政课，将红色文化植根人民群众心间，让红色基因、革命薪火代代传承。

（四）突出特色，借助共情拉近与受众的情感距离

本次主题宣传内容“小而美”“短平快”，突出“移动化”“可视化”“社交化”特色。一是新媒体元素丰富，系列报道推送有短视频、手绘漫画、文字故事等介质多样化的报道形式；二是简洁明快，形式新颖活泼、内容充满正能量，借助共情传播拉近了与受众的情感距离；三是互动热烈，网民以“盖楼”的形式参与话题讨论，纷纷表示：“长沙的红色资源好丰富！”“沿着红色足迹前进，吾辈当自强，传承红色精神！”

（五）整合传播，在全国新媒体平台产生良好效果

“长沙这么红”主题宣传立足本地、面向全国进行整合传播，合集一上线阅读量就超过 300 万次，吸引主流媒体广泛关注，人民日报客户端、新华社现场云、新华网、学习强国、澎湃新闻、网易新闻、腾讯新闻、新浪新闻等重点媒体平台纷纷转发，湖南微政务、湖南日报等省级账号和全国政务新媒体矩阵账号每日与长沙发布进行高频互动，线上线下宣传推广系列新媒体作品，在全国新媒体平台强势传播，产生良好的传播效果。“长沙这么红”主题宣传带领更多人近距离感受红色长沙百年风华，为庆祝中国共产党成立 100 周年营造了浓厚的舆论氛围。

四、思考启示

（一）精准策划，聚焦重点选题

为庆祝中国共产党百年华诞，长沙发布以本地的红

色资源为切入口，聚焦本地重要红色人物、重点红色场馆、重大红色事件，创新网上党史学习教育形式，把家门口的“红色地标”变成心里头的“红色课堂”，以小切口承载大格局，立体式全方位展示“百年党史”中的长沙担当与长沙篇章。

（二）集群联动，打造传播矩阵

长沙依托中央、省市各重点网媒及商业平台、知名自媒体及本地圈群，构建立体化网络传播矩阵。同时，建成以长沙发布为龙头，覆盖近千个账号的中部城市最大政务新媒体矩阵。长沙发布充分发挥长沙政务新媒体矩阵集群主场优势，并基于全平台近1000万粉丝的政务大号优势，上下联动，响应迅速，会同九区县（市）融媒体中心、宣传网信部门、党史馆、红色景点和相关市直部门迅速集中追踪“长沙这么红”系列主题报道，取得良好成效。

（三）加强引导，汇聚网民合力

长沙发布运营团队加强互动引导，走好网上群众路线，充分发挥广大网民在传播正能量中的积极作用。广泛动员各通讯单位和通讯员队伍，积极发动基层组织提供素材支持，努力把内容做好、做强、做扎实、做权威；吸引网民在社交网络平台积极互动转发、点赞跟评，以网民视角解读宏大主题；联动多家中央省市重点媒体、省级政务账号和全国政务新媒体矩阵账号，每日进行高频互动，线上线下宣传推广系列新媒体作品，在全国新媒体平台强势传播，产生良好的传播效果。长沙发布用行动践行“我为群众办实事”，充分发挥了群众基础性力量，将碎片内容绘就成《“长沙这么红”——百部短视频致敬百年华诞》的鸿篇巨制，起到“四两拨千斤”之功效，以小博大，用心巧妙。

（林之乐：湖南星辰在线新媒体有限公司编委，杜进：湖南星辰在线新媒体有限公司长沙发布工作室主任，邓佳莹：湖南星辰在线新媒体有限公司头条工作室主任，文春燕：湖南星辰在线新媒体有限公司采访二部记者，乐先文：湖南星辰在线新媒体有限公司视频部副主任，罗建勋：湖南星辰在线新媒体有限公司长沙发布工作室编辑、新媒体运维，肖娉婷、范立明：湖南星辰在线新媒体有限公司创意设计部美术编辑）

“长沙这么红”专题

案例类别：组织机构

衡阳市石鼓区：发挥“两中心一平台”融合作用 “零距离”为民服务

中共衡阳市石鼓区委融媒体中心

湖南省衡阳市石鼓区充分发挥新时代文明实践中心、融媒体中心和学习强国学习平台空间相邻、线上相融、资源相通的独特优势，推动“两中心一平台”深度融合，打通媒体融合和宣传、教育、引导、服务群众的“最后一公里”。

一、大融合，协同推进“两中心一平台”建设

总体谋划，一体推进，通过抓技术融合、活动融合、人员融合，实现“两中心一平台”的融通贯通，县级平台的小体量成就了宣传思想工作的大可能。

（一）深化技术贯通

“新石鼓”APP一键联通“新时代文明实践中心”管理平台，对志愿者、志愿服务队、新时代文明实践中心（所、站、基地）进行掌上管理，做到活动数据可视化、志愿管理自主化、志愿服务互动化。融媒体中心采编人员可以通过“新石鼓”APP掌握全区新时代文明实践活动和“学习强国”线下活动开展情况，积极组织策划，将活动稿件通过供稿链一键直达“学习强国”学习平台“石鼓融媒”号进行宣传推广。

（二）深化活动互通

拓展新时代文明实践中心功能区，嵌入石鼓融媒元素和“学习强国”体验，用活“学习强国”海量资源，定期组织开展读书会、交流研讨会、学习强国达人竞赛、文艺节目展演等线下互动交流活动。在全国上下深入学习宣传贯彻党的二十大精神之时，石鼓区创新开展屋场

恳谈会、广场故事会、校园思享会、大众读书会、音乐党史课等新时代文明实践“四会一课”活动，并通过融媒体中心全媒体矩阵宣传推广，将“冒着热气”的党的二十大精神和最新理论送到群众身边。

（三）深化人才联通

实现新时代文明实践志愿者、融媒体中心通讯员和“学习强国”学习平台推广员一人三责、三员一体。融合前，区委区政府中心工作和25万人口范围内的相关新闻，仅靠60名通讯员和4名记者跟踪报道。融合后，“学习强国”各级平台和“石鼓融媒”号可同屏随意切换，人人都是新时代文明实践志愿者、融媒体中心通讯员和“学习强国”学习平台推广员，工作成效大幅提升。目前，全区近6万名志愿者可实时上传各类志愿活动图片、视频和工作典型经验，融媒体中心第一时间从后台接收，通过“中央厨房”将素材编辑制作成上接天线、下接地气的融媒产品推送至全媒体矩阵，让“人人都是宣传员，个个都上融媒号”。

二、大宣传，打好融合传播的“黄金组合拳”

把新时代文明实践中心与融媒体中心统筹发展，建立健全“内外网宣一体传播”工作机制，构建“大宣传”工作格局。

（一）内容为王，服务中心大局

聚焦主责主业，把内容生产当作融合发展的第一要务，围绕安全生产、项目建设、乡村振兴、发展实体经济等重点工作，开展系列新时代文明实践活动，采写了一批生动精彩的稿件。2020年以来获各类评奖的作品逐年增多，2023年两篇作品获评衡阳新闻奖，创历史之最。每年春节、端午、“五一”等节日期间的民俗文化活动和新时代文明实践活动，既得到省市主流媒体“青睐”，又得到干部群众的“口碑”，还带来了线下消费热和现场打卡热。

（二）移动优先，实现多元传播

突出移动优先，推动石鼓融媒入驻“学习强国”学习平台。2022年2月，经中宣部批准，“学习强国”石鼓融媒号上线，成为衡阳市首家“学习强国”学习平台县级融媒号，迅速成为全区广大党员干部群众指尖上的“加油站”，建设经验得到省市宣传部门专家点赞。线下开展的新时代文明实践活动经图文、H5、动漫、音视频等融媒“烹饪加工”，涌现了许多出圈的融媒爆款，培育出“小龙女”“蔡伯祥”等大批铁粉。

（三）借船出海，唱响主流舆论

突破地域局限，积极对接大号平台，参加“学习强国”学习平台等中央和省市主流媒体平台的策划，主动“喂料”，融合传播“借船出海”。2022年8月，石鼓区联合中国作协《诗刊》社主办的第38届青春诗会盛大举行，石鼓融媒借助央媒、省媒平台高、覆盖广、影响大的特点和优势，对青春诗会展开“轰炸式”宣传，新华社、《光明日报》、人民网、央广网等媒体在首页或头版重磅刊发青春诗会的盛况，相关报道当天浏览量达百万+。2023年策划的“真抓实干在石鼓”等系列报道和全省现代设施农业高质量发展暨高标准农田建设推进会等专题报道有效推动了线下工作的开展，如创新推行的“房票”安置模式，获湖南省委书记沈晓明高度肯定，石鼓区获评全国现代设施农业创新引领区、全国村庄清洁行动先进县，石鼓区“保交楼”和安全生产工作获湖南省真抓实干表扬激励等，大大提高了全区各战线系统通过“两中心一平台”开展“大宣传”的积极性。

三、大发展，打通服务群众的“最后一公里”

通过“两中心一平台”，架起政府和人民群众之间沟通的桥梁，打通服务群众、引导群众的“最后一公里”。

（一）助力基层治理

推动“两中心一平台”融合向机关、企事业单位、文化场馆等各类公共服务阵地延伸，向乡村振兴、社会治理融合，全区志愿服务团队和项目提前通过融媒体中心平台发布，党员群众根据自己的需要参加志愿服务活动，涌现了“四点半课堂”“牵手·圆梦”“爱心桥”“送餐服务”“孝心敬老”“帮帮团”“6070志愿者”等志愿服务团队和项目，帮助解决群众操心事、烦心事、揪心事，提升基层治理能力和治理水平。区检察院“情理法融合”化解涉法涉诉信访工作法获评全国新时代“枫桥经验”先进典型，基层综治中心建设工作在湖南省现场会上作经验介绍。

（二）开展政策宣传

利用“两中心一平台”大力宣传宣讲党的二十大精神和习近平文化思想，架起党的创新理论与人民群众的“连心桥”，“石鼓干部讲坛”“四会一课”成果丰硕，党的二十大精神在石鼓进一步落地生根。石鼓区多次荣获衡阳市宣传思想文化工作先进单位、对外宣传工作先进单位，“学习强国”学习平台衡阳市推广使用工作先进单位、供稿先进单位。在“学习强国”学习平台衡阳市2022年度学习达人评选表彰中，石鼓区合江街道七里井社区71岁的老党员王公平以近7万分的积分获得衡阳市“学习达人”称号，成为全市年龄最大的“学习达人”。越来越多的干部群众表示，“学习强国”让“学习”融入日常习惯。

（三）推动文明养成

在“新石鼓”APP和“学习强国”学习平台“石鼓融媒”号开设新时代文明实践《志在石鼓》栏目，并给全区各级新时代文明实践站、所、基地分配账号，新时代文明实践活动信息可随时上传，基层群众的精神文化需求也能随时反映。目前，新时代文明实践中心常态化组织全区志愿服务队伍精准对接群众需求，开展送技术、送健康、送文化、送安全、送关爱等志愿服务。融媒体中心则利用全媒体矩阵加大新时代文明实践宣传力度，将文明实践志愿服务报道作为“常规动作”，做到“群众在哪里，文明实践活动就延伸到哪里，融媒体宣传就覆盖到哪里”。

因为使命相同，所以握指成拳。石鼓区推动新时代文明实践中心、融媒体中心和学习强国平台融合互通、各展所长，切实做到“零距离”为民服务，让县级平台的小体量成就宣传思想工作的大可能。

（中共衡阳市石鼓区委融媒体中心）

石鼓融媒公众号

广东省

案例类别：产品

技术力 是深融力 是竞争力

——南方智媒云赋能媒体融合和高质量发展实践

麦淼 范玉平 杨文标

一、建设背景

2023年是习近平总书记作出“加快传统媒体和新兴媒体融合发展”重要指示10周年，广东省委书记黄坤明在全省宣传思想文化工作会议上强调：“聚焦融合发展打造全媒体传播体系，集中优势力量打造‘两端一云’，牢牢占据传播制高点。”随后南方报业正式发布“两端一云”建设蓝图，全力推动“南方+”提档升级，高标准高规格建设“GDToday”，着力打造支撑全省、服务省市县三级媒体融合发展的统一技术平台“南方智媒云”。

二、建设目标

根据广东省委“两端一云”工作部署，南方智媒云将打造成为支撑全省、服务省市县三级媒体融合发展的“智媒空间站”，建成自主可控、安全可靠、竞争力强的全省媒体统一技术平台，以先进技术引领驱动全省媒体高质量发展。通过建设高水平的技术力推动全省媒体深度融合，进而形成全省媒体规模化大发展的平台竞争力。

三、建设内容

（一）省市县融媒贯通的“一张网”

连接省市县三级融媒平台的机构、资源和数据，实现跨层级、跨系统、跨业务的网状互联，形成省市县融媒完全贯通、高效流转的“一张网”。集约建设“一张网”运行所需的信息基础设施和共性应用服务，支持省市县融媒等使用主体以节点形式有序接入和按需使用。共同建立响应快速、运作规范的安全协同运行机制，筑牢全省媒体技术建设和使用的安全防线。

（二）全省宣传资源交换共享的“一体库”

建设省级“宣传资源中心”，打通央媒、省媒、市县级融媒体中心，外连国际传播平台，建设统一、安全、通用、强大的全省媒体资源数据库。制定全省媒体资源公共数据资源目录和数据流动、数据脱敏等方面的数据治理规则规范，打造数据共享和应用平台，推进媒体数据安全合规的交换共享。

（三）全省媒体技术能级整体提升的“一引擎”

建设南方智媒云的业务中台、技术中台、数据中台、AI中台等底层能力，助力媒体内容、经营和运营协同发展，使之成为构建全省媒体数字化底座的重要引擎。和地市深度合作，结合地市特色一地一策，推动平台能力在地市的下沉示范应用。

（四）全省宣传统一指挥调度的“一中枢”

按照统一任务、统一口径、统一宣传、统一监控的原则，筹建全省宣传指挥调度平台，实现对重大宣传活动、重大突发事件舆论引导的高效指挥调度，为全省宣传管理提供技术支撑。实现宣传调度管理、媒体审读传播、涉粤关注监测、综合资源管理、宣传指挥“驾驶舱”等服务，同时配套建立响应快速、运作规范的安全协同机制。

（五）全省媒体数据交易服务体系的“一中心”

建立全省媒体“数据版权服务交易中心”，挖掘盘活利用媒体数据，形成线上线下融合互动的媒体数据服务供给体系。对全省媒体资源库中的基础数据库、业务专题库、用户数据库、地方特色数据库等各类资源进行数据资产化，利用区块链等技术推动形成媒体领域集确权、鉴权、授权和维权于一体的可信数字内容生态，推进数字版权保护和利用。

（六）全省媒体战略创新源动力的“一实验室”

建设媒体重点实验室，集聚高校、科研院所和华为等优势企业力量，开展面向未来媒体的战略性、前瞻性研究，形成具有原创性、关键性的科技创新成果，建立“产学研用”一体化中试基地和产业化基地。依托媒体重点实验室建设，吸引新闻传播领域高端稀缺科技人才，培养高素质的技术队伍，建立媒体技术孵化应用和人才培养的创新生态。

四、赋能全省媒体深融新路径

（一）管理运营侧

1. 组织保障，省宣亲自指导集团紧抓落实。省委宣传部总体统筹，一体推进南方智媒云“建设一张网，串联省市县三级融媒体平台，共享先进技术、共建开放生态”。在省宣的统筹和支持下，集团成立了“两端一云”领导小组和工作小组，每个季度集团主要领导召开“两端一云”推进会，抓紧落实各项工作。

2. 管理撬动，全省宣传统一调度指挥和联动。平台通过整合全省宣传资源和集中指挥调度，实现和各地市党委宣传部门、媒体单位的联动；通过大数据技术，实现对全省宣传情况的数据化统计，为制定更有效的宣传方向策略提供科学依据，通过数字化、网络化的手段，优化宣传流程、实现信息快速传递和共享，保障宣传工作的及时、高效和精准，促进省市县三级宣传统一联动形成合力。

3. 流程再造，推进“技术＋制度”融合创新。南方智媒云以技术平台建设为契机，赋能媒体单位进行流程再造，从采编协调机制、绩效考核机制、经营运营机制等多个领域深化管理改革。通过“技术＋制度”融合创新，共同拟定系列管理制度和规范，全面服务于内容策划、采集、编辑、审核、发布、传播、效果评估、考核以及经营、运营业务等各个环节，使平台规范有序运转。如推出《生成式人工智能服务管理与使用规范》，以防范人工智能技术带来的新风险和新挑战等。

4. 深度下沉，赋能地市融媒打造试点标杆。采取“一地一策、优先试点”模式，打造“南方智媒云”赋能全省市县融媒建设的若干应用标杆和成功案例。选择市融工作推动快的地市，结合当地实际情况，为地市融合提供贴身定制解决方案，集中资源做好新媒体平台的建设和发展，实现移动优先。由于原有报社电视台系统已经成熟且业务没有大的变化，面对各地复杂各异的传统媒体系统我们按需打通，明晰各方安全职责，让电视台和报纸成为新媒体的供稿源，实现融合生产。在总结试点经验基础上，以点带面分阶段有序推进“南方智媒云”在省内广泛应用覆盖和稳步整合对接，实现省市县三级媒体全面贯通。

5. 特色服务，增强服务能力提升用户黏性。深度参与社会治理，推进“新闻＋政务服务商务”运营，更好服务网民。强化数字技术应用，整合政务办事服务，拓展全省教育、就业、民政、电商等多领域服务，创造更多服务社会的价值。在教育领域，助力学校实现教育资源的数字化、智能化互动，提升教学质量和效率；在就业服务领域，创新服务能力、打造服务型媒体产品，将政府资源、高校资源、市场资源充分整合，提供更具价值的岗位资讯，为民生大局助力；民政服务创新上，通过大数据和人工智能技术，提升民政服务的智能化水平，为民众提供更加便捷、高效的服务体验。电商服务创新上，利用直播带货带动乡村产业发展，更好助农、富农等。如承建全省统一的移动公益平台——绿美广东公共服务平台，平台搭建起线上线下相结合的绿美公益植树桥梁，支持APP（南方＋）、小程序、PC（南方网），实现“一平台三载体”的全方位覆盖，更加充分发挥“互联网＋”多平台力量，助力推动绿美广东生态建设。

（二）平台技术侧

1. 人工智能，大模型技术构筑媒体新质生产力。2024年，“人工智能＋”首次被写入《政府工作报告》，人工智能作为新一轮科技革命和产业变革的核心驱动力，在媒体领域正在加速媒体智慧转型，催生新型内容生产模式、升级智能化传播方式，拓展媒体产业形态等。南方智媒云初步建立了人工智能赋能策、采、编等全业务流程的应用，并推进AIGC和融媒生产的试点结合等，平台集成11种机器学习算法和15种深度学习算法，为媒体提供线索雷达、智能问答、智能写作、AI绘画、虚拟主播、智能审核、智能推荐、智慧考核等57个智能化应用场景。后续将通过与华南理工大学、琶洲实验室等科研机构开展深入合作，形成专属于媒体业务的南方智媒AI大模型，在智慧媒体、多模态大模型、人工智能安全与伦理等领域，根据媒体行业特有属性不断创新、持续深化大模型的应用场景，将南方智媒云 AI 大模型进一步深化为新型主流媒体平台大模型基座，并通过大模型与虚拟现实（VR）和增强现实(AR)技术等应用技术的融合，为用户带来更加智能化和沉浸式的互动体验。

2. 通用能力，提升平台赋能业务效率降低成本。深化构建业务中台、技术中台、数据中台、AI 中台等四大底层支撑中台建设，提升平台通用化能力。推动全省媒体行业的数据标准化，建立统一的数据收集、存储和分析标准，使得不同地市平台的数据可以相互对接和共享，制定标准和规范计划全省范围内推广和应用，以支撑全省媒体行业发展。同时对业务规则、管理规则进行梳理分析，找出共性通用的部分，然后进行标准化规范化，形成通用能力。通过打造系列通用能力，进一步推动管理改进和业务标准化，提高功能复用性，减少重复建设降低研发成本，以使平台能力价值最大化，并通过技术组装集成应用于多单位多部门，进行大规模赋能。

3. 卓越品质，坚持长期主义发展。对于平台产品，始终坚持长期战略，高质量高标准要求。充分考虑其业务、架构、性能、安全和稳定性等，反复推衍，通过体系化设计和周密实现，使其能够支撑起新型主流媒体的业务、功能和高流量。在实现过程中，产品技术团队一方面对标国内一流水平，通过竞品分析等方式，学习研究借鉴其他先进的媒体云；另一方面，努力践行软件工程科学理论，从软件工程生命周期各个环节狠抓质量关，以打造长期可发展的平台。

4. 集聚资源，共建开放共享生态。南方智媒云建设秉持开放合作、互利共赢的理念，通过集聚战略创新技术力量，构建广泛而深入的技术合作体系，会聚一批在数据、AI、视频、内容、传统媒体等领域具有卓越专长的技术合作伙伴，共同缔造南方智媒云生态联盟，形成与媒体产业链上下游企业间的紧密合作纽带。通过建立战略性合作关系、共建媒体融合实验室等方式，推动技术创新与应用，为整个媒体行业提供更为先进、高效的技术解决方案，引领媒体行业的转型升级和持续发展，探索媒体行业的未来发展方向。

5. 立体安全，构建全方位多层次安全防护体系。南方智媒云严格遵循《网络安全法》《个人信息保护法》《数据安全法》等国家安全法律法规，构建起一套全方位、多层次的安全防护架构，确保平台运作的稳健性和用户信息的安全性，推动法律法规执行与落地。在内容安全领域，建立“事前智能审校 + 事后自动巡检”的双重风控机制，通过自研的智能校对、智能审核及外链管理平台等先进工具，实现对文本、语音、视频、图片等多种内容形式的全面覆盖。通过构建全方位、业界领先的安全防护与高效运营双重体系，在保持对外开放的同时，确保平台的持续安全性和稳定性，为全省融媒体建设提供坚实的安全保障，推动媒体行业的持续健康发展。

五、建设成效

（一）支撑“四全”媒体，实现传播力、影响力、营收力显著提升

南方智媒云实现了报、刊、网、端、微、屏、号等全媒介产品和业务形态，支撑全息媒体，实现全媒介全形态传播；从专业生产（PGC）和开放生产（UGC）两方面同时发力，构建专业生产、开放生产相互补充、相互促进的协同共生生态，支撑全员媒体，搭建人人参与百花齐放的舞台；对照策、采、编、审、发、评、馈各个环节，研发相应系列平台产品，以全面加强新型主流媒体平台能力，支撑全程媒体，平台能力赋能贯穿业务全链条；充分利用大数据手段对用户访问行为进行全程记录，梳理数百项量化指标，建立数据运营指标体系，以衡量评价产品上线运营效果和内容传播效果，初步建立版权运营服务平台，服务集团及多个省外媒体，从而构建业务全流程生态闭环，支撑全效媒体，检验产品上线运营效果等。

支撑南方 + 建设为广东传播主平台、湾区第一端、全国标杆新媒体，南方 + 目前总下载量突破 1.93 亿、日活超 600 万、年发稿量超百万、营收快速增长，稳居全国主流媒体客户端第一方阵；支撑 N 视频打造年轻人喜爱的视频版广东发布，目前累计下载量超 2000 万，月活用户 50 万，累计邀请 25000 多位创作者入驻，初步建成广东权威视频平台。

在过去几年，南方智媒云赋能南方 +、N 视频等南方报业旗下新媒体平台累计创收超 18 亿元。

（二）内外统筹，稳步启动开展全省媒体深融初见成效

按照省委宣传部的工作部署，南方智媒云开始向省内各地市融媒体中心赋能。目前，云浮融媒项目一期完成上线及验收，正在启动二期建设。云浮融媒（集团）2022 年成立首年即实现扭亏为盈，2023 年总收入突破 1 亿元大关，“云浮通”移动客户端下载量和全媒体矩阵订阅量逾百万，获金标认证及绿色认证，并入选全国“市级融媒体中心融合发展典型事例”等。肇庆融媒项目一期实现“肇庆 +”顺利上线。“肇庆 +”集新闻资讯、政务服务、民生服务、理论学习、互动交流等功能于一体，致力于建设成为具有区域强大影响力的全媒体传播平台、综合性服务平台，是肇庆的舆论引领主阵地、权威发布主渠道、便民服务主平台。两个项目建设成效均获得市委宣传部感谢信肯定。清远等地市陆续启动中。

（三）知识产权和荣誉硕果累累

南方智媒云在建设过程中，坚持技术自主可控和技术创新，至今相关研发成果累计申请 23 项专利，计算机软件著作权登记证书 66 项，入选国家新闻出版署中国报业深度融合发展创新案例，荣获 2023 年王选新闻科学技术奖项目奖一等奖，并获广东省名优高新技术产品、中

国报业媒体融合“用得好”案例、信息化和网络安全项目特别奖等多项荣誉。基于南方智媒云打造的南方 +、N 视频分别获王选新闻科学技术奖项目奖一等奖、二等奖，并获得应用市场金标认证和软件绿色联盟应用认证等。南方智媒云建设团队成员还获得王选新闻科学技术奖杰出人才奖、全国报业优秀技术工作者等荣誉奖项。

（四）打造过硬人才队伍

在全省全媒体传播体系建设的背景下，各市融媒体中心需要迎接新融媒体平台、新考核机制的要求。首先探索技术、内容全媒体人才下沉市区县进行“传、帮、带”的机制，培育出懂全省全局，了解当地实际情况的全媒体人才。其次探索建设更加积极、开放的人才联合招聘和引进政策，提高全省主流媒体整体的吸引力和竞争力，完善人才激励机制，构建适合全省全媒体传播体系特点的薪酬机制、激励机制，让优秀的人才脱颖而出。另外探索完善培训机制，做好全媒体人才培养，不断探索省市县三级联合技术、业务项目制小组、名记者工作室等创新培训机制等。

六、愿景

南方智媒云赋能全省媒体融合和高质量发展是一项系统性复杂工程。当前南方智媒云已有比较坚实的基础，面对赋能全省媒体的新起点、新征程，我们将继续秉持初心，紧跟大数据、人工智能、大模型等新兴前沿技术及鸿蒙等技术国产化的发展趋势，深耕媒体主责主业，以先进技术引领驱动全省媒体深度融合发展，将南方智媒云打造成为全省新闻传播领域的新质生产力，为做大做强主流思想舆论提供坚实保障。

（麦淼：南方报业传媒集团教授级高级工程师、南方智媒科技公司总经理、南方 + 总技术官，范玉平：南方智媒科技公司公共平台研发中心总监，杨文标：南方智媒科技公司行政中心副总监）

案例类别：产品

“大美岭南”小羊拍客大赛项目

周乐瑞 王中杰 罗钧栋

2023 年，《羊城晚报》精心策划发起“大美岭南”小羊拍客大赛，获得广大网友和知名拍客热烈响应，共征集作品近万件，创造全网流量超 10 亿。其中点赞超 100 万作品 3 件，点赞超 10 万作品 12 件，点赞超 1 万作品 60 件，最终评选出 36 件获奖作品。这些作品广泛覆盖广东经济社会发展、自然生态风光和人文民俗风情，立体彰显岭南文化魅力和广东高质量发展活力，取得显著的社会效益。

“大美岭南”小羊拍客大赛是一次主流媒体“搭台”，充分发挥自身品牌影响力和公信力，以丰富内容导向把关经验加持，汇聚民间内容创作者才智，携手合作在互联网上唱响主旋律的新探索，也是集团扎实推进媒体深度融合发展的新实践。

以此为契机，《羊城晚报》基于覆盖 2.19 亿用户的“1+2+3+N”立体移动传播链，创新打造“小羊爆料”短视频收集和展示平台，建立起一支技术精湛、触角广阔的民间拍客与专业自媒体拍客队伍，成员包括全国各地网友、知名摄影师及自媒体达人等，总人数超过 1500 人。打造“拍客社群 + 强大流量”共建平台，将原创作者和自有平台紧密联结起来。在微信和抖音上线的“小羊爆料”投稿小程序累计用户超 110 万，为进一步携手民间内容创作者、自媒体视频达人及年青拍客，在网络空间唱响主旋律奠定坚实的团队条件和平台基础。

一、平台打造与团队组建

在数字化时代浪潮中，信息传播方式正经历翻天覆地的变革。抖音、快手、视频号等短视频平台快速崛起，短视频愈发成为重要的资讯传播方式。随着主流媒体进驻短视频场域，内容素材竞争日趋激烈。

因时而动，因势而为。《羊城晚报》率先抢占这一新兴生产传播赛道，短视频平台传播账号矩阵总粉丝量至今超 3000 万，羊城派抖音号系广东首个拥有千万级粉丝量的媒体抖音账号。作为进军广阔网络空间的“基础设施”，《羊城晚报》“1+2+3+N”立体移动传播链已覆盖 2.19 亿用户。

在这一背景下，“小羊拍客”项目应运而生，成为《羊城晚报》积极适应数字化时代变革、满足用户需求，保持竞争力和影响力的一次重要探索实践。“小羊拍客”着力打造横跨羊城派客户端、微信、抖音等多个平台的爆料小程序，新增投稿入口，提升用户互动体验，实现线上线下“无缝对接”，形成用户投稿与内容生产闭环。此外，有效将平台用户、网友、专业摄影师、通讯员等转化为“小羊拍客”，迅速培养一批高水平的拍客队伍，为《羊城晚报》内容生产源源输送优质原创素材内容。

自2022年8月开始，《羊城晚报》从多个采编部门精选骨干力量组成项目团队，积极研发“小羊爆料”小程序，优化投稿渠道，并在各端口建立对接专员，注册“小羊拍客”服务号，担负起“拍客资源库”的推广和客服等多重任务，并开展拍客圈的运营与培养。为发动更多创作力量，“大美岭南”小羊拍客大赛上线后，项目团队同步进行“线上地推”，重点在抖音、视频号和小红书等新兴平台进行一对一邀约拉新，制定创作者和内容选取标准，有计划性地将优质创作者引导沉淀为可持续拍客资源，为超级爆款产品的诞生做好生产力支撑。

我们认为，“小羊拍客”项目的创新价值，主要体现在两个层面：一方面，它打破传统媒体在用户投稿报料及内容生产模式之间隔阂，构建以用户视频投稿为核心的UGC平台，构筑《羊城晚报》的拍客生态系统；另一方面，面对当前短视频平台中摆拍视频和虚假视频日渐增多现象，通过有效整合专业拍客资源，守牢内容安全把关流程，以优质视频生产传播为导向，营造良好的传播生态，推动短视频内容创作健康发展，加速媒体融合发展步伐。

二、社会合作和社会效益

随着“小羊爆料”平台搭建完成，2023年1月1日，《羊城晚报》发起“大美岭南”小羊拍客大赛，广泛凝聚民间才智，邀请全网内容创作者共同参与，深入挖掘岭南之美，生动展现广东高质量发展的生机与活力。

大赛以“大美岭南”为主题，分“烟火气”“山水间”“最岭南”“新征程”四大板块，全面展现岭南烟火气、绿美广东、岭南文化、高质量发展、制造业当家、乡村振兴等主旋律内容。勇夺视频类特别大奖的作品《遨游广州》，以娴熟技巧、宏大视角、流畅剪辑，呈现激动人心的国际大都市形象；荣获摄影类特别大奖的作品《英歌民俗》突出岭南文化特色，抓拍手法优秀，构图层次分明，充分体现中华传统文化魅力；摄影类金奖作品《夜光鱼市》生动定格了一幅蒸蒸日上的岭南市井风貌。每位参赛者都通过自己的镜头，记录下他们眼中的“大美岭南”，并通过大赛平台，以“大美”视角讲述广东故事，给广大用户带来唯美的视觉盛宴。

（一）全媒体平台立体化广泛传播

大赛举办期间，借助《羊城晚报》“1+2+3+N”立体移动传播链庞大粉丝优势，集团全媒体平台对优秀参赛作品进行多轮线上展播，创造多条爆款产品。其中，单个作品最高播放量近亿次，点赞量达291.4万。征集结束后，大赛发起入围作品网络投票，获得广大用户热情参与，优秀作品再次得到大范围二次传播。

（二）携手民间拍客共建优质内容

大赛期间，《羊城晚报》紧贴全国两会重要节点，策划创作精品短视频《不辞长作岭南人》，从珠三角到粤东西北，从文化民俗、自然生态到经济社会发展等多条轴线和不同角度，立体展示广东发展成就和自然生态之美，生动展现“大美岭南”非凡魅力。此外，大赛成功吸引摄影领域多位大咖参赛，包括央视2022年春晚航拍摄影师、广州城市官方宣传片创作者“流氓兔视觉”以及多位中国摄协成员，助推大赛热度迈向新一轮高潮。

（三）应节应景丰富内容呈现形式

本次大赛邀请广东省网络文化协会和广东省摄影家协会担任指导单位，汇聚众多优质要素。结合春运开启、春节假期等节点，陆续上线“我们的春运故事”“年味天花板”分赛场，邀请广大用户记录春运故事和心中“年味”；陆续举办广州“水上花市”、“广府庙会”、打卡网红社区南石头街等采风活动，携手《羊城晚报》著名摄影记者叶健强，英皇艺人马思惠等大咖，为拍客们提供多场免费培训及采风机会。

三、经济收益和变现探索

“大美岭南”小羊拍客大赛通过阶段展播、总结颁奖、孵化培养等丰富环节，实现线上线下联动，增强互动参与体验，拓展岭南文化传播路径，有序开展活动并有效延续品牌成果，推动社会效益和经济效益共赢。

本次大赛获得来自唯品会等商家的资金支持。活动成功举办后，“小羊拍客”项目进一步探索变现方式，并配合实现经济效益。依托“小羊拍客”生态系统拥有的丰富拍客资源和《羊城晚报》“1+2+3+N”立体移动传播链庞大粉丝优势，项目团队积极探索为政府和企业提供主题内容定制和产品服务，通过线上线下活动，可实现打造网红标签、热门话题，围绕品牌增加曝光度和影响力，为客户集纳丰富的UGC内容。同时，“小羊拍客”项目可针对各地特色，定制从内容生产到分发的全链服务，如组织拍客到特定地点采风，在优质内容中植入相关品牌或产品信息，挖掘带动消费需求潜力，助力区域特色产业增收等。

目前，“小羊拍客”已成功落地多个经营活动或项目，包括与广州市白云区委宣传部共同举办的小羊拍客“心随云动”视频打卡活动，与广州版本馆共同举办“大美广东影像版本专题展”，与肯德基共同举办“湾区星期四”征集活动等。

（周乐瑞：《羊城晚报》羊城派编辑部副主任，王中杰、罗钧栋：《羊城晚报》羊城派编辑部编辑）

案例类别：产品

羊晚数藏平台：数字化运营、传播中国文化的有益尝试与探索

区健妍 邬嘉宏 聂粤

为深化媒体融合发展，全方位、全渠道地为读者提供各种优质的数字化阅读体验，羊城晚报报业集团数字藏品平台“羊晚数藏”于2022年12月正式上线。短短几个月已成为《羊城晚报》数字平台又一新的生力军，成为羊城晚报报业集团借助数字化新载体，积极探索数字化运营、大力传播中国文化的有益尝试与探索。该平台入选2023年度中国报业协会首届报业传媒元宇宙应用大会“元宇宙技术创新应用案例征集活动”重点案例。

一、羊晚数藏平台效益与经验

数字藏品是基于区块链技术和NFT技术对各类作品、艺术品生成的加密数字权益凭证。区块链，就是在每一个区块中保存一定的信息，按照各自产生的时间顺序连接成链条后被保存在所有的服务器中，只要整个系统中有一台服务器可以工作，整条区块链就是安全的。修改区块链中的信息，必须征得半数以上节点的同意并修改所有节点中的信息，而这些节点通常掌握在不同的主体手中，因此篡改区块链中的信息是一件极其困难的事。数字藏品就是基于区块链技术发展的一种创新应用，对文化传播、文明传承具有积极的推动作用。

“从纸开始，向‘云’出发”，作为《羊城晚报》社庆65周年的数字化“献礼”，羊晚数藏的技术底座是基于区块链的创新应用，换言之，这是Web3.0时代的一种全新的数字平台产品。羊晚数藏平台上线，是羊城晚报报业集团借助数字化新载体，积极传播中国文化、讲述中国故事、传递中国声音的有益尝试与探索。

数藏平台兼具了三大核心功能：首先是文化、文创内容的新型传播平台，可以提供全新的阅读体验；其次是文化跨界赋能百行百业的新载体，能支撑内容的运营变现；最后是兼具了文化、文创内容产品的线上交易功能，赋能传统文化的“数字化传承”。也可以说，羊晚数藏平台的上线，是羊城晚报报业集团借助数字化新载体，积极探索数字化运营、大力传播中国文化的有益尝试与探索。

羊晚数藏平台从无到有，推出一系列的数字藏品，短短几个月已迅速积累了超过10万+的强黏性粉丝，成为《羊城晚报》数字平台又一新的生力军。

随着平台注册用户的增加及粉丝黏性的强化，下一步如何通过数藏平台赋能百行百业，从而促成运营变现，是一个值得深入思考和探索的重要命题。

除了数字藏品本身的交易价值，更应该挖掘以文化赋能运营的空间。羊晚数藏平台深度聚焦岭南文化，以“文化+科技融合”的创新方式不断打造、呈现更多更优质的数字藏品。羊晚数藏平台推出的“2023兔年新春勋章”系列藏品便是一次“文化+科技融合”的创新探索与尝试。

在2023年新春佳节来临之际，“2023兔年新春勋章”4款藏品通过玉兔形象和橘子、锦鲤、桃花、书籍等充满年味与祝福寓意的元素与《羊城晚报》相结合，将对用户的新春祝福融入藏品原创设计之中，收藏价值巨大。这一系列藏品创意新颖、画风可爱，受到了网友的热捧。羊晚数藏平台1月19日上新推出的四款兔年新春勋章盲盒共12000个，仅4个小时，即被羊晚数藏平台的注册用户抢空。

羊晚数藏平台从上线到推出一系列的数字藏品，在迅速积累一批强黏性粉丝获得成功的同时，《羊城晚报》也将秉承共创、共享的发展理念，广邀众多艺术家、文创人士、艺术机构、商业机构等关注羊晚数藏平台，共同参与打造蕴含文化内涵、艺术品位的具有中国特色、岭南文化特色的数字藏品IP。

更深远的思考和探索是，在羊晚数藏平台开局良好的基础上，通过整合资源进一步打造“岭南数藏平台”并加以深度运营，汇聚更多具有岭南文化属性的、使用区块链技术衍生出的“数字文创”“数字藏品”，在元宇宙时代即将开启之际，通过市场的力量开拓数字消费新世界，与广大用户尤其是年轻群体产生深度交互，从而让中华传统文化突破时空和地域的局限，得以更好地传播和传承。

二、羊晚数藏平台案例介绍

羊城晚报报业集团数字藏品平台“羊晚数藏”于2022年12月正式上线。目前已推出“时光隽永·羊城晚报创刊65周年纪念勋章”“《羊城晚报》创刊号头版”“《羊城晚报》复刊号头版”“2023兔年新春勋章”“《新

时代 新广州 新财富》手绘纪念版”等多款珍贵藏品，受到读者、网民的极大欢迎。

数藏平台不是一个简单的交易平台，它带给受众的阅读体验，是目前很多数字化传播平台并不具备的。“羊晚数藏”系列藏品借助极限高清数字扫描技术，数字化艺术展示藏品内容细节。例如，收藏者在欣赏“《羊城晚报》创刊号头版”数字藏品时，可放大该藏品查看细节。《羊城晚报》创刊于1957年10月1日，是新中国成立后办起的第一张大型综合性晚报。通过“《羊城晚报》创刊号头版”数字藏品，收藏者可以清晰地看到《羊城晚报》创刊当天头版所展示的所有内容和细节，包括庆祝中华人民共和国成立八周年的新闻《首都今午五十万人大游行》以及《广州的狂欢队伍浩荡前进》等，极具历史意义和收藏价值。

再比如，2017年《财富》全球论坛是党的十九大之后，在中国内地举办的最具国际影响力的全球经济界盛会。论坛在广州举办代表着全球政商名流对广州城市经济发展的看好，让广州又一次站到中国改革开放和全球城市竞争的舞台中央，展示出最优质的营商环境，吸引着全球高端生产要素。《羊城晚报》在论坛召开前夕，推出了一款别具特色的城市礼物——《新时代 新广州 新财富》四连张。此“四连张”纪念版用画笔描绘了广州的温情与活力，从镇海楼、高第街、黄埔古港，到广州塔、花城广场、琶洲国际会展中心，将广州这座千年商都的历史沉淀与新时代的活力气息全景式地展现了出来，形象生动地解码了魅力广州、财富广州、机遇广州。整张长卷的手绘耗时长达三个星期，以钢笔水彩手绘的形式制作。画面中，城市新地标和多个传统经典建筑错落有致，展示了“美好生活、美丽广州”主题。“羊晚数藏”平台借助极限高清数字扫描技术，数字化艺术完美地展示了《新时代 新广州 新财富》四连张的内容细节，收藏者可放大该藏品查看细节，清楚地看到《新时代 新广州 新财富》手绘纪念版数字藏品精心手绘的蓝天绿地、白云红棉、琶洲会展中心、广州塔、有轨电车、无人机等一个个代表广州城市发展风貌的标志性景物，收藏价值巨大。《新时代 新广州 新财富》手绘纪念版数藏藏品，限量发行3300份，上线10分钟内被抢空。

（区健妍：金羊网副总编辑，邬嘉宏：金羊网要闻部副总监，聂粤：金羊网要闻部全资讯编辑部副主任）

羊晚数藏平台

案例类别：产品

突显少儿媒体特色 讲好广州“双减”故事

——《现代中小学生报》的“双减”融媒体报道实践

潘玥 欧阳乐 梁丝 孔祥伦 吴怀玲

近年来，由广州市教育研究院主管主办的广州市现代中小学生报社有限公司认真学习贯彻习近平总书记关于媒体深度融合的系列重要讲话精神，全面加快推进传统媒体和新兴媒体深度融合的步伐。作为一家少儿报刊社，报社在融媒进程中坚守《现代中小学生报》的纸媒主阵地，积极探索纸媒和新媒体“优势互补、一体发展”之路，及时跟进包括“双减”政策在内的各项教育政策的实施动态，报道广州丰富多彩的校园活动，展现广州的良好教育、教研氛围，讲好广州教育故事。

一、精准导引，肩负媒体社会责任

广州市现代中小学生报社有限公司长期服务于中小学校教育教学，努力为中国教育现代化贡献广州智慧。《现代中小学生报》旨在培养中小学生的阅读素养，促进中小学生的全面发展，是一份具有广泛影响力和素质教育特色的少儿报纸。基于少儿报纸服务于少儿读者的特点，报社坚守、深耕纸媒阵地，并与时俱进地探索、实践媒体融合路径。

在推动传统媒体和新兴媒体融合发展的道路上，《现代中小学生报》作为教育垂类的主流少儿媒体，在坚守纸媒主阵地的同时，力求通过新闻传播主体视角的转位，深度挖掘与教育热点紧密相关的内容，借助新媒体宣传报道形式，打造符合学生和教师、家长读者阅读的融媒体教育新闻。报社还依托教育资源和采编资源优势，强化互联网思维，实施采编机构改革，设立全媒体编辑部，大力推进新媒体工作的优先发展。由此，报社探索出以少儿报纸为主阵地、借助新媒体平台拓展多元化发展方向、具备鲜明少儿媒体特色的融媒体转型之路。

2021 年 7 月，中共中央办公厅、国务院办公厅印发《关于进一步减轻义务教育阶段学生作业负担和校外培训负担的意见》，吹响基础教育改革创新的号角。作为全国 9 个“双减”试点地区之一，广州打出一系列减负提质“组合拳”，全力塑造基础教育新生态。报社紧跟广州市作为基础教育综合改革“先锋队”所采取的各项“双减”举措，及时在《现代中小学生报》以及新媒体平台推出丰富多彩、各具特色的“双减”报道，展现广州师生丰富而多元的教育实践。《从化小学生网上“带货”，这里有下一个“董宇辉”吗？》是报社采编团队聚焦“双减”政策落地，创新媒体融合的典型案例之一，体现了融媒视域中实现精准站位的少儿媒体应有的社会责任担当。

二、融媒报道，展现综合实践成果

2023 年，为了进一步落实“双减”政策，提高学生的综合实践能力，广州市从化区教师发展中心向全区小学生布置了一项“一村一品我代言”的特色语文作业。在老师和家长的引导以及支持下，学生们走进乡村，寻找和了解从化乡村的特色农产品，并选择其中一种特色农产品进行代言。

《现代中小学生报》的记者、编辑获知上述新闻线索后，采访了从化区教师发展中心负责人以及流溪小学、车头小学等学校的师生，记录了从化学子为鸡心柿、红葱头、大芥菜、走地鸡等当地特色农产品“带货”的故事。随后，报社采编团队根据融媒内容、宣传渠道和面向的读者对象不同的特点，分别撰写了纸媒报道《一村一品我代言》（《现代中小学生报》总第 4925 期 A1 版面）和新媒体推文《从化小学生网上“带货”，这里有下一个“董宇辉”吗？》（“现代中小学生报”微信公众号 2023 年 5 月 17 日发布）。前者面向广大小学生，为小读者讲述从化学子如何实地考察、选取素材、撰写文稿、录制视频的故事，突出特色语文作业的趣味性。后者面向家长、教师以及其他成年人读者，以学生的视角切入，设计短视频脚本，融合文、图、音视频，介绍从化学子尝试做“带货”主播的过程，进而表现从化学子对家乡的热爱，同时引导其他区域老师、家长借鉴从化区语文特色作业的做法，设计特色语文作业。

广州市从化区“一村一品”发展模式不仅推动了当地农业经济的发展，还为乡村振兴工作注入了新的活力和动力。报社官方公众号作为拥有 40 万粉丝的线上传播平台，紧密围绕乡村振兴、“双减”教育政策落地和直播带货等网络热点，从三个维度齐头发力，与从化区教育局和从化区融媒体中心深度合作，迅速将从化区小学生“带货”视频和推广农产品的推文内容传播给广大读者。报道一经推出，就获得了较高的阅读量，并被各大媒体转载，有效提升了从化区特色农产品的知名度，并展现了广州学生的综合实践能力，突显广州“双减”成效。

三、深耕热点，做教育宣传“领路人”

自“双减”政策发布以来，报社积极宣传广州市中小学校在“双减”方面的优秀经验，从作业布置、课程设置、社团组建、活动开展等多个角度呈现市内各所中小学校贯彻落实“双减”政策，提升学生的综合素养，促进学生全面发展的方式、方法。报社一方面聚焦市教育、教研部门层面组织的各类落实“双减”政策活动、交流会；另一方面派出采编团队深入学校，走近师生，采访学校落实“双减”政策的成效和经验，了解师生享受“双减”政策带来“红利”的生动故事。在获得一线采访材料之后，报社采编团队充分发挥主流少儿媒体优势，用儿童化的语言或视角，以丰富多彩的形式，向纸媒和新媒体读者呈现落实“双减”政策后，师生教与学的新变化和学校开展教育、教学活动的新风貌。精彩纷呈的融媒体报道从细节处关注“双减”政策为广州教育带来的变化，用中小学生、教师、家长等可知可感的切身体会和真实故事，展现广州教育落实“双减”政策所交出的精彩答卷。

通过线上、线下的策划报道，报社突出广州作为全国“双减”试点城市，把提升作业设计质量，减轻学生课业负担落到实处，在跨学科学习、提升学生核心素养和综合能力等方面取得的良好成效。这种集约、高效的内容策划创新模式，充分调动报社采编人员的积极性，发挥传统媒体与新媒体优势互补的长处，面向不同读者群体进行精准化传播，为塑造良好基础教育生态提供助力。

面对新科技浪潮滚滚而来的新形势，广州市现代中小学生报社有限公司将继续擦亮少儿媒体的品牌特色，服务于纸媒、新媒体的不同目标受众，持续探索媒体融合新模式，夯实由融合至深融的发展根基，以精准导引的方式，秉承少儿媒体的社会责任担当，讲好广州教育故事，传播广州教育好声音。

（潘玥：广州市现代中小学生报社有限公司副总编辑，欧阳乐：广州市现代中小学生报社有限公司办公室主任，梁丝、孔祥伦、吴怀玲：广州市现代中小学生报社有限公司全媒体记者、编辑）

案例类别：组织机构

从传统学术出版到新理念、新模式融合出版
——浅析《城市观察》杂志数字化转型发展之路

刘颖 李钧

2021 年 5 月，国家新闻出版署印发《关于组织实施出版融合发展工程的通知》，启动实施出版融合发展工程。2022 年，中共中央宣传部印发《关于推动出版深度融合发展的实施意见》，进一步强调加快推动出版深度融合发展，构建数字时代新型出版传播体系。在推动出版融合发展成为国家战略需要的背景下，如何顺应数字时代的浪潮提高自身竞争力、实现高质量发展是摆在学术期刊人特别是传统学术期刊人面前的重要课题。作为传统智库型学术期刊，《城市观察》杂志一直致力于提高原有的知识生产和传播的效率与质量，不断拓宽数字出版应用场景，探索数字化转型发展道路。

一、基本情况

《城市观察》杂志创刊于 2009 年，是由广州市社会科学界联合会主管主办的综合性城市研究期刊（双月刊）。自创刊以来，《城市观察》杂志始终坚持精品办刊方针，力求“聚集全球城市研究智慧资源，构建城市科学发展公共智库”，积极探索城市科学发展的规律和经验，以展现当今世界城市的最新理论和趋势，努力为各级城市决策者、管理者提供具有前瞻性和实用性的学术参考资料。

为进一步适应出版业新发展新变化，《城市观察》基于传统期刊出版业的实际和数字化的特点，将融合出版的新理念、新模式贯穿期刊的内容组织、选择、编辑、管理、生产和成果转化应用全过程，不断拓展数字化期刊发行渠道，进一步完善期刊协同采编平台、优化数字阅读平台、打通成果转化应用平台，持续打造多元学术期刊数字化平台，进一步实现知识可视化、学术成果可转化、学术资源可共享，更好地提升期刊出版服务能力。

二、主要做法

（一）构建融媒体矩阵，提升期刊传播力

融媒体时代，学术期刊的传播力对学术期刊的影响越来越大，学术期刊必须重视传统传播与新媒体传播的融合与协同，《城市观察》以自身内部资源优势，通过加入专业机构平台、融媒体共享平台和数据库如知网、万方、维普、龙源、长江文库、博看等，探索新合作方式，创新资源共享途径，不断增加杂志文章的可及性和开放获取度，实现多渠道共享中心的共融、共享、共同发展。其中，《城市观察》杂志社依托博看网先进的人工智能、三维全景、空间跟踪技术、人工智能空间数据深度估算技术等前沿科技，利用多形式动态热点捕捉，打造极具人性化的数字阅读空间，进行全真 3D 互联空间的呈现，形成“云体验、云阅读、云订阅”于一体的“《城市观察》元宇宙数字书店”，获评博看网 2023 年“出版融合创新奖”。2023 年，《城市观察》杂志社还被北京万方数据股份有限公司评为“专业内容知识聚合服务平台创新服务示范单位”。

（二）扩大学术交流圈，提升杂志影响力

在期刊资源有效利用的前提下，《城市观察》通过拓展营销渠道，扩大学术朋友圈，提高《城市观察》的知名度和影响力。例如，围绕某一学术热点和主题，与《信息时报》《羊城晚报》等媒体合作推出系列报道和访谈，在更广层面更大范围引起学术探讨；融合学术界、思想界热点制作杂志公众号推文、社科类学术视频等，增加杂志公众号的阅读量、在看数等，提高文章转载量，打造《城市观察》学术品牌；加入国家编辑学会出版融合编辑专业委员会和国家新闻出版署出版融合发展（武汉）重点实验室发起的开放科学公益计划（OSID），不断推进学术资源的公益使用和开放共享；从提升国际化办刊水平的角度与艾思科蓝学术服务平台进行数字化战略合作，对期刊的传统运营模式继承改进之余，依托大数据实现期刊发展模式的精准运营。

（三）完善知识服务圈，提升成果转化力

基于良性互动、合作共赢的原则，《城市观察》利用新型传播手段，提高优质数字出版内容的到达率、阅读率，提升期刊出版服务能力。例如，依托学术科研社区进一步联结专家、作者、读者，增强学术互动交流；探索与长江文库关于学术期刊知识付费的功能延伸项目合作，进一步打通知识资源的转化应用渠道。同时，秉持“构建城市科学发展公共智库”的办刊宗旨，《城市观察》积极融合内参、提案等方式，推动学术成果大众普及和应用转化。例如，《城市观察》2022 年第 4 期刊发《人民城市理念下城市治理众包模式研究》一文，同

时让作者将该文转化为内参，得到市政协的关注。2024年第一期广州市政协“有事好商量”民生实事协商平台邀请该作者作为“百姓提案”群众代表，共同探讨“百姓提案”这一政协工作品牌如何从群众的源头活水中汲取智慧力量，为广州经济社会发展凝聚更广泛共识、汇聚更多“金点子”。

三、经验体会

（一）扩大优质内容供给

从期刊自身来看，杂志社拥有长期形成的内容组织生产能力和丰富的内容资源，除了要保持传统出版对内容生产的重要作用，还需要顺应数字化潮流创新，这是期刊完成知识传播、文化传承的使命职责所在。一方面，要把握数字化、网络化、智能化方向。依托主管主办单位的社科资源，发挥杂志内容资源和编辑把关优势，优化出版融合发展内容结构，打造更多突出思想引领、彰显主流价值、富有文化内涵、产生广泛影响的出版融合发展项目，切实把出版内容优势转化为融合发展优势。另一方面，用好“网络首发”数字出版模式，探索版权合作、项目共建等方式，整合更多优质内容资源，形成品类齐全、内容丰富的出版融合发展资源池和项目库。

（二）提升数字出版服务水平

增强出版服务意识，积极贴近读者，适应网络传播分众化、差异化趋势；积极参加北京国际图书博览会、中国数字阅读年会等重要展会平台，展示出版融合发展重要成果，出版融合发展经验交流会，经验分享和案例交流，认真借鉴同行期刊在数字出版方面的好经验好做法；通过用户画像、大数据分析等方式，充分把握数字时代不同受众群体的新型阅读需求，推出更多广为读者接受、适合网络传播的数字出版产品和服务，并推动这些产品积极服务经济社会发展。

（三）注重培养数字编辑人才队伍

杂志社要发挥育人、用人、留人的主体作用，夯实人才培养基础。一是加强编辑业务培训，大力培养复合型编辑人才，推动全体编辑从业人员的升级转型。二是创新机制，多途径加强高端数字出版编辑人才引进。三是加强组织创新，优化数字出版编辑人才工作环境。

（刘颖：《城市观察》杂志社数字化战略发展部主任、编辑，李钧：《城市观察》杂志社副编审）

城市观察杂志公众号

案例类别：组织机构

《新医学》：坚持守正创新 勇于探索突破

洪悦民

《新医学》是创刊于1969年的综合性医学期刊，在过去的55个春秋里，期刊经历过“医学期刊龙头”的辉煌，也走过“媒体融合转型”的低谷。作为传统科技期刊，如何结合实际走出适合自身的出版融合之路，是期刊在新时代进行高质量建设、打造特优品牌的重要环节。《新医学》一直紧贴时代脉搏，在媒体融合发展的道路上努力前行。作为《新医学》融媒体建设的负责人，笔者将在本篇中就期刊的相关历程进行回顾，希望能为出版业的同人们提供借鉴，共同推动我国出版深度融合发展。

一、《新医学》期刊融合发展背景

《新医学》是由中山医学院（现名中山大学中山医学院）于1969年创办，在纸媒年代，是广大医学科研者成长的摇篮，订户数在同类期刊中一直名列前茅，曾获得国家期刊奖“百种重点期刊”、中国期刊方阵“双百期刊”等荣誉称号。进入互联网与移动互联网时代，读者的阅读习惯发生了巨大改变，由纸媒阅读逐渐转向电脑阅读与手机阅读。《新医学》的传统传播形式已不能满足读者的阅读需求，订户持续流失，从“超高订户数期刊”的巅峰滑落。《新医学》意识到只有拥抱新技术及时进行开拓创新，才能拥有不断前进的活力之源，因此坚定地迈出了步伐，在变革中把握焕发新生的机遇，积极投身于融媒体时代发展的潮流中。

二、采用“一网两微”提升传播效能

（一）构建“一网两微”新媒体传播模式

2008年，《第23次中国互联网络发展状况统计报告》显示，截至2008年12月底，中国网民规模达到2.98亿人，普及率达到22.6%。2008年，《新医学》官方网站开通，由传统纸质投审稿逐步过渡到官网投审稿，并通过官网发布期刊的文章、新闻、通知。在后续的实践中，官网的形式、栏目也在不断更新与完善。目前，《新医学》的官网投审稿系统已成为作者投稿、专家审稿的唯一途径，既规范了期刊的出版流程，也满足了读者的互联网阅读需求。

在互联网发展进入平稳阶段后，随着智能手机的普及，移动互联网逐渐兴起，以微博、微信为代表的新媒体迅速渗入大众生活的方方面面，这类新媒体为传统期刊的发展增添了新机遇。2013年8月，习近平总书记在全国宣传思想工作会议上的讲话中首次提出“加快传统媒体和新兴媒体融合发展”，2014年8月，中央全面深化改革领导小组第四次会议审议通过《关于推动传统媒体和新兴媒体融合发展的指导意见》。在国家大力推动媒体融合发展之际，《新医学》于2014年10月开通了微博认证号，并于2014年12月开通了微信服务号、于2024年3月开通了微信订阅号与视频号。《新医学》的“一网两微”新媒体传播模式为期刊的快速和大范围传播提供了有力支撑。

（二）“两微”在突发公共卫生事件发生时的极速传播效果

传统科技期刊一直是传播科学知识和呈现科研成果的重要媒介，即使在互联网及移动互联网高度发达、电子期刊层出不穷的新媒体时代，传统科技期刊尤其是老牌科技期刊因其被认可度高、具有公信力与权威性，仍在业界发挥着领头作用。与自媒体的繁杂信息相比，传统科技期刊的学术性更强、可信度更高，但其出版时滞长、受众面窄的问题一直饱受诟病。2020年初，我国新冠疫情暴发，全国医护人员齐心协力共同抗疫，在此紧急时刻，及时向医护工作者传播相关的医学知识以助抗疫至关重要。《新医学》首次尝试采用“两微”单篇发布的形式，极速传播了邀约医学专家撰写的抗疫专栏，其中首篇及第2篇文章，从专家受邀至微博首发仅分别用了5天和6天的时间，后续“双微”的总阅读数在短时间内即超过了3万+。在中国知网首发后，抗疫专栏的文章总被引达50次（总下载6296次）。与大部分科技期刊采用以微信为主的新媒体传播方式不同，《新医学》采用的是先微博、后微信的传播模式，这是在分析了“两微”在传播对象、发布形式等方面的差异后，考虑两者优势而得出的实践结果。一是微博发布后可作无限次修改，也没有发布数量的限制，而微信却有修改次数及发布数量的限制；二是微博的受众面广，在短时间内大范围传播具有绝对优势；微信的受众精准，有助于对特定受众进行精准传播。先微博、后微信的极速发布模式弥补了《新医学》出版时滞长、受众面窄的短板，在速度及范围上优化了期刊的传播能力，使期刊实现了快速传播的目标，在突发公共卫生事件中扛起了医学期刊的使命担当。

三、通过创新性短视频助推科创与科普两翼齐飞

2018年起，一种新的传播形式——短视频全面爆发，短视频APP用户数量持续增长，个别科技期刊开始将短视频应用于期刊的推广宣传中。《新医学》在2020年也开始尝试挖掘新媒体的短视频功能，期望通过拓展医学信息的多媒体传播方式，拓宽信息传递的覆盖领域和增加触及层面，同时深化期刊品牌的宣传力度，增强期刊在学术界的辐射力。但是，短视频的探索过程并非一帆风顺。

（一）探索第1阶段——实操类短视频

在本阶段，《新医学》将短视频的受众对象设定为医学专业人员，同时参考其他医学期刊的传统长视频，结合新媒体短视频特点，推出15分钟以内的实操类短视频征集启事。但征集启事发布后作者反响平平，仅刊登了2篇实操类短视频后，该项工作就陷入了停滞状态，分析主要原因：一是《新医学》是综合性医学期刊，作者们往往倾向于将涉及具体操作的视频投稿至本专科的医学期刊，以期获得更精准的受众群体和更对口的学术交流；二是实操类视频涉及手术演示、实验操作等内容，部分作者有强烈的愿望向专业同行们全面展示详细过程和研究成果，短视频时长短，无法充分满足这类作者的要求；三是相较于其他以视频内容为核心竞争力的电子医学期刊，《新医学》这一种新兴投稿形式的品牌影响力和市场认知度仍在积累中，作者们往往优先考虑那些已经建立起视频内容强势品牌的医学期刊。

（二）探索第2阶段——动画摘要

在探索实操类短视频陷入瓶颈期时，笔者重新温习了习近平总书记有关媒体融合以及科技发展的指示，其中的“科技创新、科学普及是实现创新发展的两翼，要把科学普及放在与科技创新同等重要的位置”。为《新医学》短视频的进一步探索提供了新思路，即扩大受众范围，在向医学科研者传递专业信息和科研成果的同时，加入针对普通受众的科普元素以提升全民健康意识。

鉴于期刊条件限制，在人力资源不足（专职编校人员4名）的情况下，另外新设科普视频栏目并不现实，

因此，仍以论文为中心，在实操类短视频的基础上改变策略，采用以专业为主、兼顾科普的方式传播。但医学实操类视频的专业性强，对于普通受众来说缺乏趣味性与吸引力。经审慎考虑后，《新医学》自 2022 年 1 月起推出动画形式短视频——动画摘要，由编辑提炼每期优质论文的内容制作动画进行介绍，将被动接收视频投稿转变为主动制作动画视频。动画摘要中的研究背景、方法、结果和意义等论文核心内容供医学科研人员参考（可插入实操演示）；同时也对文章中涉及的疾病向普通受众作科普介绍。在论文定稿后、出版前于“两微”发布，一方面对医学科研人员起到抛砖引玉的作用，使对论文内容感兴趣者在后续仍关注全文；另一方面也向普通受众科普疾病知识，在专业中融入科普。截至 2024 年 3 月，《新医学》已制作动画摘要超过 100 个，总观看数已超过 90 万，也增加了潜在作者的数量。

四、配合专题推出具有广府特色的医学漫画科普文

为了积极响应国家“加强国家科普能力建设”的号召，推动公益科普资源的传播，自 2023 年的“抑郁相关疾病专题”开始，《新医学》在“两微”推出了医学漫画科普文，配合不同的专题，将医学知识以更为通俗的漫画形式传达给大众，在动画摘要的基础上进一步推动医学科普事业的发展。此外，漫画中还融入了广府文化元素，助力广东省弘扬广府文化。截至 2024 年 3 月，发布 3 篇医学漫画科普文已有近万人次的阅读量。

五、通过新媒体平台捍卫科研诚信

国家高度重视科研诚信建设，也出台了多项相关政策，科技期刊是科研诚信的重要把关人，《新医学》也积极响应国家号召，完善了官网的科研诚信建设栏目，在“两微”向科研工作者们宣传科研诚信的相关知识。

六、总结与展望

《新医学》结合自身条件走出了一条融媒体创新之路，在提升传播力方面获得了一定的成效，但媒体深度融合复杂且艰巨，不可能一蹴即至。在未来的工作中，《新医学》仍将继续紧跟时代步伐进行深入探索，例如在强人工智能时代，如何将人工智能应用到融媒体建设中等等。希望各位出版业的同人们能从《新医学》的探索历程获得启发，在出版融合发展道路上驱散迷雾见晴朗，再攀高峰展新姿。

（洪悦民：中山大学附属第三医院医学情报中心《新医学》编辑部副编审、责任编辑）

NewMed 动态公众号

案例类别：组织机构

珠海传媒集团：以报台融合创新构建新型主流媒体

种筱娜

党的十八大以来，习近平总书记就推动媒体融合发展、巩固壮大主流思想舆论作出一系列重要论述，为我们加快建设新型主流媒体、推动媒体融合向纵深发展指明了前进方向、提供了根本遵循。

2019 年 4 月，珠海市以自我革命的姿态率先破题，市委、市政府制定出台媒体深化改革实施方案，以原珠海报业集团、珠海广电集团为基础，整合市内国有户外传媒类资源，组建成立国内首家全媒体国有文化传媒企业集团，由此珠海传媒集团应势而生。

从全国范围来看，报纸与广电融合早已有之，如何通过改革，既实现两者的真融实融，同时统筹好全市的国有户外媒体，还要顺应移动互联网时代新媒体的发展趋势，将“广电 + 报纸 + 新媒体 + 户外媒体”四者一体融合，实现迭代创新。这是改革能否取得成效的难点与痛点。4 年来，珠海传媒集团深入学习贯彻习近平总书记关于推进媒体融合发展的重要论述精神，认真贯彻落实中央及省市有关部署要求，提出要当好全国媒体深度融合发展的“探路尖兵”和全市文化产业高质量发展的“排

头兵”，在机制重构、技术赋能、流程重塑、平台再造、阵地建设等方面持续发力，媒体融合发展取得阶段性成效，全媒体传播体系建设不断完善，主流价值影响力版图有效扩大，传播力、引导力、影响力、公信力进一步夯实，较好地解决了“报业＋广电”真融实融，融出“化学反应”的难题。2022年，集团被中宣部、国家广电总局确定为全国首批60家市级融媒体中心建设试点之一，获评2022中国报业技术赋能高质量发展创新单位。2023年，集团入选广东省首批文化和科技融合示范基地，集团观海融媒客户端、“九霄”融媒体生态系统两个项目入选国家新闻出版署公布的中国报业深度融合发展创新案例。

一、坚持技术赋能创新融媒体生态系统提质增效

著名学者麦克卢汉曾说“媒介即讯息”，正如我们所看到的，一次次重大科技突破深刻改变着媒介形态和舆论生态，也催生着媒体改革。实现报业、广电的真正融合，并推动传统媒体挺进互联网主战场，切实提升舆论引导力，是改革的难点所在，也是检验改革成败的关键所在。

新技术代表媒体融合的先进生产力，它改变的不只是新闻信息传播方式，更是媒体的生产方式、运作机制和组织形态。正因如此，珠海传媒集团坚持技术先行，先后投入近4000万元自主研发建设了“九霄”融媒体生态系统，打通报纸、广电、新媒体、户外媒体各自的生产平台。该系统不仅在国内率先实现为报纸、电视、广播、新媒体、户外媒体等不同媒介在同一平台进行内容生产传播提供技术支撑，同时还搭建了集宣传指挥、网信管理、舆情监控、融媒生产、传播监测、智能采访、融媒发布、媒资管理、融媒考评等九大系统于一体的生态体系，实现了全市宣传舆论工作全平台、全链条、全区域融合，使媒体融合首次从狭义迈向广义，创造出媒体融合的珠海样本。正是因为“九霄”的成功应用，打破了不同媒体平台间的“有形壁垒”，有效放大了一体效能。目前，“九霄”已推广应用到广东省内外多家媒体。

二、坚持流程重塑以生态再造推动内容生产流程融合聚变

媒体融合发展落地的关键是内容生产流程再造，实现媒介资源、生产要素之间的有效整合。报纸与广电媒体有着各自独立的生产流程，让两者从“相加”到“相融”，真正推进全媒体生产，必须打破原有采编架构，形成新的生产流程。珠海传媒集团整合分散在传统业务部门和新媒体业务部门的采编力量，组建了融媒体采访中心和融媒体编辑中心，统筹考虑报、刊、网、端、微、屏等传播渠道，做到“融策划”“融采编”“融传播”“融评价”。依托“九霄”融媒体生态系统，采取统一汇聚线索、统一指挥调度、分类策划实施、采编快速联动、各端按需发布、综合评价反馈的工作机制，实现了报纸、电视、广播、杂志、新媒体、户外媒体等全媒体整合，策、采、编、发、评、效、数等全流程再造，彻底打破媒体边界，催化融合质变，最终实现“一次采集、N次加工、多元化传播与多终端适配”的全媒体生产。

流程重塑推动着内容产品深度与精度的提升，推动新闻精品生产实现新突破。4年来，珠海传媒集团共获得省级以上奖项297个，其中，纪录电影《港珠澳大桥》获中宣部第十五届精神文明建设“五个一工程”优秀作品奖；直播《跨越——港珠澳大桥通车运营特别直播》、通讯《一本教材种下爱国爱澳的种子》、消息《歼-20用上了“中国心”》等作品获中国新闻奖；纪录片《四十城四十年》等10件作品获中国广播电视大奖或提名。在省级以上采编专业奖项评选中，集团获奖数量和质量连续三年列广东省地市级媒体第一。

三、坚持移动优先以平台导向打造传播矩阵“第三极”

众所周知，移动互联网已成为当前信息传播主渠道和新闻舆论发酵的主要策源地。在改革之初，珠海传媒集团就确立了媒体融合的主攻方向，明确移动优先战略，大力发展移动新媒体，倒逼传统平台从“刊播导向”向“传播力导向”转变，从大屏思维向小屏思维转变。

集团组建后提出把新媒体打造成独立于报纸、广电之外的“第三极”，将原报业、广电两大集团100多个大大小小的新媒体平台进行整合优化，基于用户量、活跃度、专业性、技术性和影响力等因素，通过“关停并转”的方式重新布局，构筑“1+1+4”新媒体集群（1个网站，1个客户端，微信、微博、短视频及其他头部平台4个合作端口）。优化运营机制，统筹全集团新媒体采编资源和技术力量，打造统一的新媒体平台，提升整体效能，重点培育细分领域的精品项目。目前，集团新媒体集群粉丝量突破1000万，与改革前相比增长数倍。集团打造的自主可控的移动端龙头产品——“观海”客户端，获评国家新闻出版署2023年中国报业深度融合发展创新案例，并入选国家广电总局2023年首批全国广电新媒体联盟成员单位，获评“广东省网络品牌传播阵地”地市级媒体第一名。“珠海发布”“珠海特区报”微信公众号跻身全国地市级政务、党报新媒体传播力“第一方阵”。

主力军全面挺进主战场是深度融合的必然要求。为

鼓励全员向移动端转型，集团优化奖励办法，设立媒体融合发展专项绩效奖金，设置优秀产品奖、优秀传播奖、优秀技术奖、年度融合创新奖，推动更多优质内容、先进技术、专业人才向互联网主阵地汇聚。《卫星瞰珠海，发现了这个秘密》《珠海红了》等一批新媒体产品成为网络爆款。在2022年举办的第14届中国航展上，集团策划推出的《用裸眼3D打开珠海航展》全网刷屏，点击量突破1亿，让正能量澎湃出大流量。

四、坚持阵地为基以资源整合激发高质量发展新动能

在万物互联的新时代，户外媒体因时空交织有其独特的“场景”优势，不仅是传播的重要渠道，也是引入新用户与新流量的重要入口。一方面，用媒体专业的内容把关能力实现社会阵地的安全管理，用全媒体平台数据为线下场景提供智能支撑。另一方面，用线下场景中的露出弥补互联网中被大数据算法遗漏的受众群体，两者的结合有着现实需要，更有着广阔空间。

在对报业、广电资源整合基础上，珠海市委、市政府因势而谋，一企一策整合市属各国有企业、各相关部门及各区属户外传媒类资源，采取无偿划转、委托经营、股份无偿划转等多种方式，交由珠海传媒集团“统一规划、统一运营、统一发布、统一管理”，加强社会宣传阵地建设，加大社会公益宣传力度，让党的声音传得更开、传得更广、传得更深入。珠海传媒集团将自主研发的户外媒体管理系统作为“九霄”融媒体系统的一部分，实现了对户外媒体的智能化管理。至此，通过报纸、电视、广播、网站、客户端、微信、电子屏、广告牌八大传媒渠道，集团真正实现了全媒体覆盖，在重大事件、重要活动、重大节日等节点，集团提前策划，推出户外媒体联播，再通过各媒体平台进行二次传播，线下线上、大屏小屏同刷屏，迅速在全城形成热点。

五、坚持多元发展以“媒体+”培育产业升级新动能

由于受到多方面“挤压”，地市级媒体经营市场空间有限。深化媒体融合必须发挥本土优势，推动“媒体+政务服务商务”，不断延链补链强链，让产业结构从单一转向多元，运用市场化手段撬动媒体资源价值变现，实现主流媒体产业结构的适时调整，增强媒体造血机能和发展动能，达到产业反哺事业的良性互动。

珠海传媒集团重点打造“媒体+”业务、多元产业、文化产业投资运营三大板块，推动各板块资源整合、业务融合、组织融合，共融聚力。特别是2021年以来，集团加速文化产业布局，规划构建“一基地五园区”，打造文化产业新高地。“一基地”为文化和科技融合示范基地。今年已入选广东省首批文化和科技示范基地，也是珠海唯一一家获批基地。“五园区”分别是智慧云视听产业园一期、智慧云视听产业园二期、新媒体产业园、直播电商产业园区、数字印刷产业园。以“一基地五园区”为产业拓展总抓手，集团启动两大重点项目建设，其中位于原报业大厦地块的文化综合体项目命名为“香山场”，建成后将成为珠海文化产业新地标。原珠海电视台6万平方米地块作为珠海传媒城市更新项目，定位“智慧视听云产业园”正稳步推进，建成后将成为国内首批集纳前沿算力和先进算法的智慧视听云产业引擎。距离拱北口岸仅1公里的迎宾路上，珠海传媒集团建设运营着珠海最大的巨幕LED广告屏，“铁（路）公（路）机（场）及城市门户户外媒体”的户外媒体大格局日渐成型。

六、坚持高位推动以顶层设计构建一体化运作新机制

媒体融合发展是组织架构、机制体制、运作模式、人力资源、内容生产、业务链等方面全方位融合的系统工程，需要通过构建“四梁八柱”，做好顶层设计，通过信息有序聚合、资源有效整合、各方有力配合，变“你是你、我是我”为“你中有我、我中有你”，进而实现“你就是我、我就是你”，最终从“融起来”到“强起来”。

珠海市委、市政府高度重视媒体融合，从资金扶持、资源注入、政策倾斜等方面全方位支持，集团真正实现了报业、广电、新媒体从采编到管理、经营的全面深度融合。一是构建强有力的组织架构。集团建立了以党委会为核心，董事会、编委会、经营班子协同配合、各司其职的现代国有传媒企业管理体系，下设管理、采编、经营三大板块，内设机构从48个精简为18个，采编部门从18个融合为9个。二是优化人才队伍结构。把更多精通新媒体的中青年优秀人才充实到关键岗位，打破事业、企业身份界限，实行全员聘用，开展中层竞聘和全员双向选择上岗，全集团103位中层干部全部通过竞聘重新上岗，其中29位由原来的普通岗位晋升至中层岗位，破除了人才流动、使用和发挥作用的制度藩篱。三是完善绩效分配管理制度。集团经过两轮薪酬改革，构建以岗位职责、工作业绩和实际贡献为主，符合媒体特点的绩效薪酬制度，从根本上激发了干部职工的积极性创造性，为集团深化改革推进融合提供了坚强保障。

（种筱娜：珠海传媒集团党委委员、副总编辑）

案例类别：产品

创新传播形态 用微电影讲述佛山好故事

——《我和我的佛山》系列微电影

严剑锋 骆静 李晶琳 邓锦壕 甘仲源 庞浩丰

2022年是党的二十大召开之年。围绕这一重大主题，在丰收十月、社会各界喜迎党的二十大这一关键节点，佛山新闻网策划推出《我和我的佛山》系列微电影。十集微电影故事以佛山社会各界贯彻落实新发展理念的十个真实案例为原型展开拍摄，聚焦党建引领、乡村振兴、高质量发展、科技创新等方面，全面展示人民群众撸起袖子加油干、风雨无阻向前行，学习贯彻党的二十大精神，让新发展理念在佛山落地生根的积极面貌。

一、取材真实人物故事 实地采访丰满作品

《我和我的佛山》系列微电影的创作，如何表现佛山新时代新气象，如何把握时代精神，如何找到切入生活的角度，在普通的现实生活场景中呈现奋勇争先的佛山精神？策划期间，创作团队兵分五路，以呈现佛山在过去十年里，社会各界贯彻落实新发展理念的真实案例为方向，用了一个多月时间，深入佛山五区的镇街村居、企业、学校等了解、挖掘人物故事，最终选定十个极具代表性的真实案例为原型展开拍摄。

为了使微电影情节更加丰满，故事内容更加丰富，人物更加鲜活真实，创作团队曾奔赴多地实地采风考察，走进田间地头、一线车间，深入了解故事主人公生活现状和思想状态，以求真实地反映市民的心声心愿，让这些取自佛山的现实题材创作展现弥久的生命力，打造能深入人心、反映时代、经得起受众检验的作品。采访过程中，不少受访者朴实的陈述、真实的心声让创作团队深受触动，为微电影的人物关系和人物故事提供了素材，剧本逐渐丰满和完善。

从前期选题、策划，到角色演员的筛选、微电影实施创作、拍摄，再到后期剪辑合成、海报构思出品，创作团队历时三个月高质高效完成十条微电影作品，并以“全媒体专题+视频产品+文字报道+创意海报”的多媒体方式呈现。经过前后三个月的筹备、拍摄和后期制作，《我和我的佛山》微电影第一集于2022年10月1日国庆节上映。

二、往故事深处挖掘 把正能量传递给观众

《我和我的佛山》系列微电影在深入采访原型人物上生动塑造形象，在故事编排上精心安排，将外出创业的紫南村村民回乡带领村民走上乡村振兴、共同富裕之路，南下务工的一线产业工人逆袭成长为全国人大代表，来自全国各地的科研人才在佛山共同开拓创新、攻克难关钻研出世界先进水平的电饭煲产品等一个个富有感染力的故事，改编提炼创作形成《根》《家》《信》《心》《味》《缘》《彩》《传》《武》《脉》十集绘声绘色的微电影。

其中，微电影第一季《根》，通过演绎港澳青年在粤港澳大湾区（佛山陈村）创业、娶妻成家、扎根落户的故事，将当下粤港澳大湾区融合发展、搭建大湾区青年创业平台的成果生动展现，为港澳经济社会发展以及港澳同胞到内地发展提供更多机会，保持港澳长期繁荣稳定，是“一国两制”内涵的丰富实践，具有重大的意义，是吸引更多港澳青年在大湾区这个宜商宜居的世界级城市群创业、生活的生动范本。

《家》则是“先富带动后富，最终实现共同富裕”的乡村振兴样板。微电影里的村支书从本村外出创业，创业成功再回村，这就是其对村居这个“大家庭”的反哺。微电影《家》的展播，映照出在我国改革开放以来城镇与农村的经济发展历程中，中国大地上涌现了很多民营企业家，他们具有敢想敢干、平和务实、勇于承担社会责任的优良品质，形成了不断与时俱进、把个人命运与国家命运融合到一起的企业家精神。一些优秀企业家成长为共产党员，在事业成功后他们始终不忘生于斯长于斯的家乡。这些企业家党员回乡加入基层党组织，团结广大党员干部，运用现代管理经验对群众晓之以理、动之以情，解决历史疑难杂症，带领村民自发地为村居大家庭发展出力，最终一起走上乡村振兴、共同富裕之路。因此，《家》又是一出反映基层治理的鲜活素材，是习近平总书记在二十大报告中提到的“我们要实现好、维护好、发展好最广大人民根本利益，紧紧抓住人民最关心最直接最现实的利益问题，坚持尽力而为、量力而

行，深入群众、深入基层，采取更多惠民生、暖民心举措，着力解决好人民群众急难愁盼问题，健全基本公共服务体系，提高公共服务水平，增强均衡性和可及性，扎实推进共同富裕”的明星样板。

三、十集作品播放量达 500 万 传播效果显著

《我和我的佛山》系列微电影作品每集时长约 10—20 分钟，通过十个真实故事，提炼展示人民对美好生活的向往的出发点和落脚点，以佛山精神的文化精髓构建佛山叙事体系，讲好佛山故事、传播好佛山声音，展现敢为人先、崇文务实、通济和谐的佛山形象。作品推出后收获社会各界广泛好评，并得到网友们自发性的传播，总播放量平均每集超过 50 万，系列作品播放量达 500 万。作品得到了全国、全市的关注和肯定。“正能量满满！”“与其说是一部微电影，还不如说这就是一部真实的纪录片，看完了作品，把人物精神都演活了。”“微电影把佛山用心进行教育援藏的精神，表现得淋漓尽致。”作品发布后，网友纷纷留言，既为故事人物原型点赞，也表示从作品中收获感动、汲取到奋斗的精神力量，要做新时代的奋斗者！

站在新时代新征程重要节点上，《我和我的佛山》可谓“另辟蹊径”，从最贴近人民现实生活的真实案例出发，进行现实题材创作，提炼展示人民对美好生活的向往的出发点和落脚点，打造出一个个深入人心、反映时代的作品，从小切口体现大变化，用小故事演绎大精神，唱响新时代主旋律。

（严剑锋：佛山市新闻传媒中心对外传播部主任，骆静：佛山新闻网融媒新闻部副主任，李晶琳：佛山新闻网网络采编，邓锦壕：佛山新闻网影像副主管，甘仲源：佛山新闻网编导，庞浩丰：佛山新闻网影像专员）

《我和我的佛山》系列微电影

案例类别：产品

媒体融合路上的“逆行”新模式

——湛江日报社《报小拍》新闻短视频集散传播项目分析

吴文静 罗磊 郑纳川

2022 年 6 月，湛江日报社融媒创意视频中心在湛江云媒 APP 原有视频频道“睇视频”的基础上，创建了《报小拍》视频栏目，并在日常报道产品生产运营中将其逐渐打造成一个网络传播 IP、湛江新闻短视频库，且与包括《湛江日报》《湛江晚报》等传统纸媒和湛江日报官方微信号、抖音号、视频号在内的湛江日报社属各个媒体渠道融合传播，打造一个新闻短视频集散平台，并能够衍生融合新品牌的具有活力的短视频传播基地。

一、媒体融合路上的“逆行”

与图文形式不同，短视频是网络新媒体独有的内容形式。当国内各大纸媒都在绞尽脑汁，思考和探索如何将纸媒的内容资源转化为新媒体的传播资源之时，《报小拍》逆向而行，将新媒体独有的内容形式——短视频转化为纸媒的内容资源。

当前，湛江日报社媒体渠道存在着这些痛点：文字和摄影记者仍以报纸为重点，内容创作上仍以传统媒体思维为主，文艺版面原创内容较少，转刊网稿较多，面临版面多、优质内容少的局面。而湛江云媒 APP 等新媒体平台发布的内容产品只能向青年群体广泛传播，但缺乏忠诚度极高的用户群体，对移动媒体使用不熟练的老年人群体（也是纸媒的忠实读者用户）也无法享受到新媒体创意产品带来的精神充实。

为此，《报小拍》与《湛江日报》《湛江晚报》联合，以湛江云媒《报小拍》视频平台为内容基地，向纸媒衍生了 2 个融合栏目品牌——“悦湛江”和“码上看湛江”。

其中“悦湛江”视频作品主要从各个角度展示湛江城市之美，用图文＋二维码的形式在《湛江日报》上刊出，以航拍和唯美画面为构成，配以网络文艺语言，用粤语进行配音，搭配合适的音乐，旨在为受众用户带来美的感受；“码上看湛江”则聚焦社会新闻和市民生活，用图文＋二维码的形式在《湛江晚报》刊出，带给报纸读者可视可听的社会新闻视频产品。反向内容输出让报纸阅读更具体验感，同时也为新媒体内容形式拓宽了传播渠道。

此外，通过纸媒的传播，《报小拍》短视频品牌的公信力也得到了进一步的加强，传承报业权威公信基因的同时，在融合过程中也实现了内容反哺，促进传统媒体单位的人员、渠道和内容的融合。

二、打通纸媒传播的“最后一公里”

《报小拍》融合栏目“悦湛江”和“码上看湛江”不仅填补了纸媒在内容创新上的不足，同时也为新媒体短视频传播找到了新的传播出口，热度也得到了提升。初尝甜头之后，《湛江晚报》再次提出邀请，与湛江日报社融媒创意视频中心联手打造《报小怕》延伸栏目——《话说湛江》和《走进红树林》，借助新媒体、新形式、新传播手段打通传统纸媒传播的“最后一公里”。

《话说湛江》主要以湛江历史、湛江故事和湛江民俗等为题材，旨在打造一个具有文化底蕴和艺术沉淀的栏目；《走进红树林》则从多角度来展现湛江红树林之美、体现红树林精神和讲述红树林故事，围绕湛江市委市政府创建红树林之城的中心工作展开新闻报道工作。而两个报道栏目都具有共同之处——现场感和感染力。而在传统的图文报道中，只能通过文字描绘和静态的画面进行展示，受众无法直观地感受现场，而视频这一内容形式则为此而生。

《话说湛江》和《走进红树林》的内容载体不仅是图文，还以视频为主要载体之一，通过新媒体和报纸多渠道输出，通过视频载体和新媒体传播渠道，传统媒体的策划栏目，从2D变成了3D，变静为动。读者受众只要扫一扫二维码，即可从报纸前走进新闻现场，这种双向传播模式，也弥补了纸媒在时间和空间上的距离感，打通读者与新闻现场的“最后一公里”，把新媒体新闻的传播优势根植在纸媒之上，实现共赢，为媒体融合探索了新的传播模式。

三、“权威共创”探索短视频生产新模式

随着短视频平台的市场份额和时间占有率不断提高，可以猜想，在不久的未来，短视频或将替代传统的图文载体，成为信息传播的主要形式，而这也意味着，对于短视频的内容需求不断提高，但这又跟有限的记者和无法到达的现场产生了强烈的矛盾。

对此，《报小拍》将探索“权威共创”内容生产模式——除了原有的记者团队，培育一支具有一定专业视频业务能力的供稿员团队，让传统的“通讯员”变身为“拍手”，变传统的报料为“共创”，即在供稿员提供信息线索或者视频素材的基础上，进行二次加工和新媒体运营，让视频产品得到优化，让传播得到最大的反响。这不仅能够满足新媒体平台用户对于海量视频内容的需求，同时用户也可以反向输出，获得创作的满足感，达到平台和用户情绪的双赢目标。

在当今“渠道为王”和“资源为王”的信息时代，以内容生产为路，打通传统媒体与新媒体渠道、打破官方媒体与读者用户的互动壁垒，将为媒体融合发展掌握更多的内容资源和用户资源，为打造具有新闻价值、实用价值和互动价值的可持续传播渠道。湛江日报社融媒创意视频中心将秉承“做好新闻视频的初心、做好商业视频的信心、做大做强视频产业的雄心”为核心理念，为地市传统纸媒转型升级探索一条新的出路。

（吴文静：湛江日报社融媒创意视频中心副主任，罗磊：湛江日报社融媒创意视频中心负责人，郑纳川：湛江日报社融媒创意视频中心记者）

湛江云媒《报小拍》频道

案例类别：产品

绿色发展的媒体创新实践
——以湛江日报社《湛江红树林》原创歌曲传播实践为例

韩海冰 莫松萌

在建设“红树林之城”过程中，湛江日报社践行绿色发展理念，围绕中心工作，纸、网、端、H5、VR、小程序全媒体全平台全矩阵出动，展现媒体担当和创新实践，一年多来共刊、播、发红树林宣传报道和新媒体产品近1000个，传播覆盖人群2.8亿人次以上。特别是，以报社原创歌曲《湛江红树林》为品牌持续创新推广，全国首创原创歌曲机场发布互动模式，在湛江吴川新机场首发后持续输出文化IP，让“红树林之城”名片飞向全国、走向世界，已传播至全国31个省（直辖市、自治区）和世界五大洲近20个国家，超过80家媒体和平台刊播使用，总的点击播放超1000万人次。歌曲作品也获得2022年湛江市直机关第五届改革创新大赛二等奖、2022年湛江市文艺精品扶持既建设“红树林之城”文艺精品奖。

一、党建引领，做好品牌推广规划与传播

湛江日报社强化党建引领，围绕中心，锻造宣传“红树林之城”的专门组织。成立《湛江红树林》歌曲品牌推广策划小组，报社党组书记、副书记担当指导，机关党委副书记任组长，调动各支部和部门力量，由《湛江日报》副总编辑韩海冰与《湛江晚报》副总编辑许冰作词、韩海冰作曲，高质量完成报社原创歌曲《湛江红树林》创作和“红树林之城”宣传推广工作策划。把原创歌曲当作报社文化品牌建设的一项具体内容，立足国内，放眼世界，邀请奥地利维也纳国家大剧院艺术家演唱歌曲，作为“红树林之城”城市品牌歌曲来谋划。前期包括选拔歌曲合作单位、歌手群众演员，选取歌名、制作歌曲、营造舆论氛围等。后期规划歌曲品牌持续推广应用，适时组织员工录制报社版本《湛江红树林》MV，与相关单位策划合作，争取参与红树林论坛和国际红树林节，主动参与市内重要的“红树林之城”活动现场及在各地宣讲传唱。与相关协会联合组织红树林歌曲征集比赛、线上音乐会，《湛江红树林》歌曲进校园进工厂进社区宣传等，创意制作歌曲“快闪”。歌曲演唱数据化记录、版权合作，推出钢笔、台历等《湛江红树林》文创产品等，围绕《湛江红树林》品牌和固定文化IP持续推广下去。2022年以来，从《新年钟声敲响，湛报君邀你唱首歌》开始，到机场发布、线下《湛江红树林》音乐沙龙、参加市直机关改革创新大赛，再到即将上线的“打卡红树林”小程序，做到重要时间节点有《湛江红树林》歌曲相关情况，组建报社“党建轻骑兵宣传队”到赤坎老街打卡点现场演唱，成为引领者策划者歌唱者，舆论氛围强力支撑者宣传者。

二、创新形式，策划歌曲发布推广与宣传

全国首创原创歌曲机场发布互动模式，让歌曲从机场飞向全国。预热阶段，通过征集歌曲合作出品人、演唱者、MV演员、选拔歌手、征集歌名、网民互动等，凝聚共识、智慧、人心，营造出说红树林、唱红树林、为“红树林之城”作贡献的良好舆论氛围。制作阶段，尝试当作“红树林之城”形象宣传片来定位，制作歌曲MV时专门把10个县市（区）的风光全部融入进去。发布阶段，全国首创原创歌曲机场发布互动模式，在“世界地球日”将歌曲首发选择在湛江市吴川新机场入场大厅近20米长的LED大屏上，这在全国原创歌曲发布上非常罕见。连续多天大屏幕播放，让旅客和工作人员在自然过程中感受“红树林之城”魅力。提前与44个通航城市相关单位媒体和市民联系沟通，观看《湛江红树林》MV来熟悉了解湛江。22个城市发来视频向“红树林之城”祝福互动，在本市主流媒体还是第一次。推出“五一假期，你的名字免费订湛江红树林航班”机场飞行H5，将歌曲和城市视频集中在通航图上展示，用大数据记录登录网民名字。在报社全媒体矩阵传播，《湛江日报》《湛江晚报》纸媒制作跨版等等。推广阶段，大学生版本《湛江红树林》歌曲摒弃使用专业歌手传统思路，首创北京大学和中国农业大学学生演唱演绎方式。歌曲发布后，二维码制作成版花在媒体持续推广，线下联合开展“打造红树林之城”主题党日活动，完成湛江市委党校教授现场教学使用，

走进湛江市二中、二十五小、市三中等学校艺术节宣传活动，等等。

三、注重效果，力争将“红树林之城”名片推向更远

报社平台外，南海舰队视频号抖音号快手（10万+）微信推文、湛江发布、视听湛江等多个本地平台发布歌曲MV，连续1个月在广东有线电视导视频道每天10次播放《湛江红树林》歌曲MV，促成在湛采访的三省百家新媒体将歌曲嵌入其相关报道传播，让更多年轻人通过音乐风光片了解“红树林之城”，相关话题阅读数千万。通过机场歌曲发布和全国城市网媒联盟，将“红树林之城”名片送达全国31个省（直辖市、自治区）48个地级以上城市民众。13个省（直辖市、自治区）至少两个城市接收反馈“红树林之城”相关内容和报道，除了广东的广州、深圳等5个城市以外，黑龙江包括哈尔滨、大庆，山东包括青岛、烟台，江苏包括南京、常州，河南包括郑州、洛阳，云南包括昆明、西双版纳，甘肃包括兰州、张掖，四川包括成都、乐山，等等。围绕原创歌曲品牌发布相关稿件、视频、新媒体20余篇幅次，包括人民网、腾讯、澎湃新闻、今日头条等80多家媒体和平台转发了歌曲和相关报道，总的点击播放量超过1000万人次，获得网友、粉丝互动点赞评论等近万条。通过湛江驻外企业、侨胞、友人，MV走向世界，传播至意大利、墨西哥等世界五大洲近20个国家，成为推介湛江新的城市文化名片，也让世界听见绿色发展的湛江故事，中国方案。

（韩海冰：湛江日报社副总编辑，莫松萌：湛江日报社发布中心副主任）

《湛江红树林》——让“红树林之城”飞向全国，走向世界宣传片

案例类别：组织机构

梅州日报社：跨界跨业构建全媒体传播发展新格局

王磊 严海苑

《梅州日报》是中共梅州市委机关报，是世界客都梅州最具影响力的主流媒体。办报50多年来，从小报时代到大报时代，从大报时代到全媒体融合发展时代，《梅州日报》实现了从“一纸风行”到“全媒并发”，形成“一网两微一端一抖”的网络传播矩阵。目前，各平台传播总粉丝达400多万，呈现出全媒体拓展、全天候传播、全方位运营的发展趋势。

一、专业力量强，多种媒介构建融合新格局

在报道宣传方面，我们拥有采写拍摄经验丰富、编辑剪辑技术熟练的媒体宣传和技术保障专业团队。新媒体部团队成员共40多名，包括摄像、后期、主播、编辑、技术等岗位。除了日常宣传外，团队还广泛拓展、深度开发移动化、可视化、智能化、精品化平台产品，通过短视频、H5、SVG等多种媒介深度融合产品，生产了许多融媒体“爆款”精品。

（一）梅州网

创办于2009年10月，系梅州首家新闻门户网站，其前身是创办于2003年的梅州日报网，是梅州对外的主流宣传平台，多年保持40万PV的良好数据。2024年1月，为适应手机端阅读习惯，梅州网完成最新一次改版工作，通过对网页风格及内容架构进行优化调整，让网页呈现更为简洁，新闻产品朝图文化、视频化靠拢，更适应用户阅读习惯。通过技术升级，成功打通与“掌上梅州”手机客户端信息互联工作，共享用户数据与

流量。

（二）“掌上梅州”手机客户端

2016年11月8日，梅州日报社全力推动媒体融合发展，推出“掌上梅州”手机客户端。以“新闻＋政务＋服务＋商务”融合发展模式，打造了一批内容丰富、服务性强的特色栏目及频道。目前，掌上梅州客户端下载量超过200万，年均发稿逾2.2万条，重大突发新闻24小时全天候播报，单篇新闻最高阅读量超过500万。“掌上梅州”手机客户端致力于优质内容生产，累计策划推出形式多样的融媒体产品超过14700件，发布原创音视频产品3100多条，开设各类直播1000多场次。

（三）梅州日报微信公众号、视频号

梅州日报微信公众号于2013年创建，长期稳居广东省地市级党报前列，是2019年全国地市级党报微信传播力第一名。2023年，发布推文975篇，阅读量总计约1697万，单篇文章阅读量约1.7万，公众号粉丝量突破42万。2021年2月，开设梅州日报视频号，对抖音号发布内容进行二次改造。目前发布视频685条，平均播放量5万，单篇最高播放量逾38万。

（四）梅州日报官方抖音号

2018年6月，梅州日报官方抖音号开设（原梅州网抖音号），粉丝量约40万，总点赞数突破1100万，发布作品1868个，平均单片播放量在10万以上。多项数据在梅州本地媒体抖音号中稳居前列，传播力、影响力进一步增强。2023年，阅读量百万以上作品10条，50万以上作品27条，单条最高播放量达2000多万。此外，为抓住短视频风口，2023年下半年，报社组织开通了一批经营类抖音账号，其中“梅州日报业务员”账号起步较为成功，三个月内可开通直播、可承载经营项目的目标。

二、社会效益好，跨界助力智慧梅州新生活

近年来，紧扣改革开放40周年、新中国成立70周年、中国共产党成立100周年、党的二十大等重要节点，围绕“百千万工程”、苏区融湾先行区建设、实体经济发展、乡村振兴等中心工作，《梅州日报》全媒体传播矩阵推出亮点纷呈的全媒体“爆款”作品，新闻资讯多角度、全方位传播，阅读量实现从百万到亿的突破。目前，已成为梅州对外宣传的重要窗口，党委政府联系广大群众的重要平台、听取社情民意的重要渠道，以及传播先进文化的新途径、公共文化服务的新平台和市民健康精神文化生活的新空间。

从提供资讯到便民服务，梅州日报社精准发力，与读者“新”心相“融”。开设移动政务服务频道“12345”政务服务热线、链接提供一键出示“粤康码”、网络医院、一键挪车、中小学云课堂、金融消费等便民服务；构建梅州日报商城、掌上梅州APP“GO购”频道搭建惠农利民平台，提供特惠特色商品；联合各县（市、区）开展“十点查餐厅”直播，聚焦食品安全监管……不断探索推动“新闻＋政务＋服务＋商务”的融合发展模式。

近年来，梅州日报社全媒体传播力、品牌影响力排在广东省地市报前列：荣获2021年“传媒中国年度融合创新十大综合创新力城市党报”，2020年、2021年“传媒中国年度城市报业优秀融媒平台20佳”，入选2022中国报业媒体融合“用得好”案例库名录，掌上梅州APP荣获“2023传媒中国年度全国城市媒体优秀融媒平台20佳”称号，《梅州日报》荣获“2023（第十届）传媒中国年度融合创新十大新媒体传播力城市党报”称号。

三、经济收益高，跨业经营激活平台新价值

依托强有力的资源和团队，《梅州日报》全媒体各平台目前已经形成一套全流程、全方面服务且高效的代运维模式，不断深挖市场潜力，跨业拓展多元经营，取得良好的经济效益。

掌上梅州客户端开设政法、医院、电信、教育等相关合作频道，专人专员对接订制服务，加大宣传曝光度，获得广大读者粉丝的关注。微信号公众号代运营方面，目前承接了12个政府部门、企业的公众号代运维工作。

视频运营方面，近年来与相关部门合作，完成20次网络直播课；承接梅州市文广旅游局的抖音号、视频号代运维，做好多场直播活动。此外，与梅州市委、市政府、各县（市、区）、相关企业等多个单位合作，每年完成20多个专题片拍摄、制作。此外，依托自主技术能力，承担近40个系统开发运维工作，通过内容、技术和运营的相互依托与同向发力，促进实现更大价值。

（王磊：梅州日报社新媒体部主任，严海苑：梅州日报社新媒体部编辑）

案例类别：产品

聚势赋能做优融合 多元发展跑出加速度

——梅州日报社情工作室项目

王丽莉

一、时代背景

据《2023中国网络视听发展研究报告》显示，截至2022年12月，我国网络视听用户规模达10.40亿，网络视听网民使用率为97.4%。在信息传播迅速的时代，任何舆情的“风吹草动”都可能导致意识形态安全出现“星火燎原”的严重态势。面对错综复杂的舆论阵地，对于舆情的有效管理，不仅是社会稳定的重要组成部分，更是助力社会治理创新，打造共建共治共享的社会治理格局，推进国家治理体系和治理能力现代化的重要组成部分。无论是党政机关，还是企事业单位，在科学决策时都不能忽视社情民意的存在。

早在2015年6月17日，习近平总书记在贵州调研时就强调，面对信息化潮流，只有积极抢占制高点，才能赢得发展先机。要推动信息化和工业化深入融合，必须在信息化方面多动脑筋、多用实招。我国大数据采集和应用刚刚起步，要加强研究、加大投入，力争走在世界前列。

《梅州日报》作为梅州市委机关报，一直是与各类舆情“打交道”的主要载体，为协助梅州市委、市政府以及梅州各级党政机关、事业单位做好舆情管理和意识形态安全工作，梅州日报社在市委市政府的领导下，大力打造了“梅州日报社情工作室”（以下简称工作室），致力于把控和引导好网络舆情、媒体舆情与社会舆情，助力梅州市各级政府的精准治理。

二、建设情况

《梅州日报》是梅州地区发行的唯一一份地方党报，具有不可替代的权威性、公信力、影响力。日最高发行量超9万份，覆盖了梅州各级政府、企事业单位等读者群。旗下的梅州网是梅州唯一一家链接百度搜索的网站，日点击量近21万人次。梅州日报官方微信的读者群达42万人，掌上梅州APP下载量逾200万次。

工作室是在梅州日报社现有的传统传播渠道的基础上，整合现代计算机技术、网络信息技术、大数据技术等打造出的专业化舆情服务平台，以创新创意为引领，实施“喉舌+智库+平台”发展路径，采购舆情监测系统，搭建舆情信息获取平台，打造舆情联络员队伍，融合线上、线下数据资源，结合融媒数据分析，加强对网络舆情的及时监测，采用“电脑+人脑”的分析技术，以“问题+对策”作为产品运作价值理念，实现舆情服务的专业化、全覆盖与定制性。

工作室按照“舆情分析导师，舆论引导专家”的定位，构建舆情监控、采集、预警、研判、应对、处置、分析、研究、修复和运用的全链条生态服务体系，侧重于政府治理、地方维稳、民情调查、危机公关、产业安全等重大领域的舆情应对处置战略，开展党建培训、舆情理论与应用实践等学术交流；为地方党委政府、企事业单位和社会团体提供个性化定制服务；是梅州市唯一一家从媒体立场专注“舆情监控处置”领域的专业队伍。

三、运行情况

工作室组建了一支覆盖面宽、结构合理的“舆情信息员队伍”，将信息获取触觉进一步延伸。通过线上监测抓取+线下接收获取的方式，工作室将各类信息进行汇总、分发，与民生记者建立联动机制，及时跟进突发事件，回应民众关切。

工作室每个工作日向市领导报送《梅州日报社每日舆情监测简报》，对国际、国内、省内舆情热点，涉梅舆情热点和动态，尤其是涉梅负面舆情，进行时时监测和预警；对网民的主要舆论倾向进行梳理和分类；给出舆情分析师的研判和处置建议；并针对重点舆情进行“涉梅舆情处置反馈”。在本市特大和重大突发事件的监测、研判及处置过程中，起到了不可或缺的参谋助手作用。同时，工作室值班主任会将日常舆情监测过程中所发现的热点舆情转给民生记者，对有新闻价值的舆情信息进行采编刊发，丰富版面新闻内容，提升报社影响力。

在服务客户方面，工作室整合媒体资源优势与大数据平台优势，可通过独家信息源向用户提供建设性预警、突发事件建议、舆情定制报告，更快、更早地发现问题苗头，把危机化解在萌芽阶段。

四、效益显著

梅州日报社情工作室自成立以来，已取得较好的政治效益、社会效益和经济效益。

在政治效益方面，梅州日报社情工作室的成立，使得梅州日报社在舆情、意识形态、社情民意分析、内参等领域领跑同城媒体。通过打造平台、构建一个高水平的支撑体系，抓住传统媒体转型发展的“窗口期”，进一步强化媒体服务能力，提升社会影响力，为媒体多元化发展背书，为传统媒体不断转型投石问路。

2023 年，工作室共推出《梅州日报社每日民生舆情监测专报》250 份，《舆情动向》12 份，上报舆情信息 1311 条，其中涉梅信息 714 条、国内国际时事热点 597 条。值得一提的是，涉梅舆情题材广泛，主要有重大舆情、学校教育、地产小区、环境污染、食品质量和安全、突发事件、市场诚信、社会治安、违法违规等类别。由于《梅州日报社每日民生舆情监测专报》质量不断提高，引起市委、市政府主要领导和市委分管领导重视，2023 年市领导对涉梅舆情的专项批示 9 条，这些舆情被转到职能部门和相关县（市、区）作进一步调查处理，有力推动了相关问题的解决。此外，2023 年，工作室还向梅州市委报送了舆情专报 5 期，在本市对于特大和重大突发事件的监测、研判及处置过程中，起到了不可或缺的参谋助手作用。

在社会效益方面，工作室充分发挥新闻舆论监督作用，深挖涉及民众关切的话题、本地发生的突发事件，并第一时间安排记者跟进，把握尺度地进行报道，有力推动了相关问题的解决，起到强有力的新闻监督作用，进一步提升了社会影响力。

在经济效益方面，工作室与梅州多家单位等保持着良好的舆情监测预警合作关系，其中多家客户皆在上一年度合作到期后，陆续完成了下一阶段的续签事宜。

（王丽莉：梅州日报社记者部记者）

案例类别：产品

深化媒体融合 建设媒体智库

——东莞报业舆情与智库研究院探索实践

莫延钦 潘少婷 贾庆森

近年来，在媒体深度融合的背景下，越来越多的传媒集团加入智库建设、智库服务的大潮，“媒体智库”建设进入一波新的迸发期。东莞报业舆情与智库研究院（以下简称研究院）是东莞日报社倾力打造的复合型智库，是近年来报社推动媒体深度融合、媒体智库建设的重要成果。研究院成立 3 年多来，逐步发展成为经营“舆情 + 智库 + 城市文化研究策划”三大主业的本土复合型媒体智库，产出一系列专业化舆情与智库成果，品牌效应与影响力初现，实现了政治社会效益与经济效益的“双丰收”。

一、发展过程

2020 年 11 月，东莞日报社顺应媒体融合发展形势，积极尝试智库化转型，正式成立了研究院。这也是东莞市首个由本土主流媒体成立的专业智库，在本地媒体融合创新中具有一定标杆意义。

依托于东莞日报社的政治资源与政治优势，研究院整合“专家学者 + 媒体记者”资源，构建起“专职研究人员 + 第二梯队支持团队 + 省内外专家库”的研究团队格局。从初创时期的小团队起步，经队伍两轮扩容，目前研究院专职人员 11 人。

研究院发展初期，主要聚焦舆情和智库两大业务。在舆情服务领域，研究院借助专业网络舆情监测软件以及特殊信源，为客户开展舆情监测和处置服务，具备“舆情监测—舆情研判—应对处置—声誉修复”全链条舆情服务能力，在常态化监测、研究舆情基础上，曾多次协助相关政府部门或客户处置局部焦点舆情和全市性的重大舆情，妥善化解舆情危机。在智库服务领域，研究院主要开展课题调研、咨政服务、产业研究、决策咨询、项目评估、数据分析、社会调查等多样化智库服务。

为服务东莞文化强市建设大局，研究院将业务拓展至城市文化研究策划领域。2022 年 6 月，在中共东莞市委宣传部、东莞市文广旅体局指导下，依托东莞日报社，成立了东莞市城市文化研究中心。研究中心聚焦建设东莞“七大文化”、擦亮“四张名片”，推动城市文化研究和成果应用，集创意策划、课题研究、信息咨询等综合服务为一体。研究院与研究中心实行“两块牌子、一套人马”模式运作。

二、发展成效

研究院自成立以来，坚持“两手抓”，一手抓服务全市工作大局，一手抓好业务经营。高水平的研究成果、贴心的市场服务，赢得各级党委政府和市场客户的一致好评，实现了政治社会效益和经济效益的共促双强。

（一）社会效益显著

研究院主动作为，围绕全市经济社会民生热点，开展舆情监测和走访调研，撰写舆情报告、调研报告，赢得了各级党委政府的高度肯定。其中，《东莞路内停车位使用管理及公众意见调研报告》《关于消费券发放情况的调研报告》《“潮流东莞”观察报告》等调研报告，以及《网传“东莞多镇街出现疑似病例或密接”舆情专报》《东莞疫情防控面临严峻形势舆情专报》等舆情专报，多次获得东莞市主要领导批示，为党委政府决策提供了重要参考。《突破“卡脖子”关键技术，增强东莞竞争力研究》被评为2021年东莞市哲学社会科学规划优秀课题。

“舆情与智库研究院赋能‘双万’城市经济社会发展创新项目”入选2022年度全国地方党媒深度融合发展“示范项目”名录；同时，研究院“文化强市”服务品牌项目，获评“2022年度全国地方党媒深度融合年度创新项目”优秀项目；《“强化文化担当 推动文化创新”文化强市赋能媒体品牌传播创新项目——东莞市城市文化研究中心建设实践》，入选2023年度城市党报媒体深度融合发展优秀创新案例。

（二）经济效益显著

自成立以来，研究院业务营收连年创新高。研究院的客户覆盖各级政府机关、商协会、央企、“世界500强”企业等，研究院高水平的研究成果和优质的服务，赢得客户高度肯定。试运营1年，经营业绩突破300万元，首年实现收支平衡并创下纯利。随后，研究院经营稳健增长，从数百万业绩向千万体量跨越，成为东莞报业传媒集团新的经营增长点。

三、主要经验

东莞报业传媒集团智库化建设，虽然取得了一定成绩，但也面临很多待解难题，媒体智库建设仍处于探索阶段。研究院发展的粗浅经验体会如下。

（一）内容生产双向赋能，创新媒体融合转型

研究院成立之后，立足本土主流媒体的资源禀赋和优势，开拓舆情监测及智库研究业务，推动媒体内容生产从单一的新闻产品，向舆情报告、智库报告等专业化产品延伸。《东莞日报》成立38年来，持续深耕本土，积累起对本地政治、经济、社会、文化等垂直领域的深入认知，成为研究院成立后迅速生产专业化、高质量智库内容的基础。而智库研究成果反哺新闻报道，提升新闻产品的专业性、权威性，智库和媒体实现双向赋能。

（二）完善舆情服务链条，探索多种资源变现

舆情监测服务市场经过多年发展，已然是一片红海。面对市场挤压和低价竞争，研究院探索一条不同的发展路径。借助自身媒体平台的资源和优势，研究院打通了从前期监测到后期处置修复之间的壁垒，形成了从前期信息采集监控到中期研判预警再到后期处置修复的全链条服务，从专业媒体角度为客户提供定制化舆情服务，并逐渐延伸出舆情培训、战略咨询、品牌塑造等多样化服务，实现多种资源变现，以过硬的服务质量和良好的口碑在本土市场站稳脚跟。

（三）瞄准城市发展所需，凸显智库建设定位

研究院在初期业务开拓阶段，也曾面临核心业务不明，缺乏议价能力、核心竞争能力导致项目难以持续。顺应东莞文化强市所需，报社从自身“城市文化供应商”的发展定位出发，借力成立东莞市城市文化研究中心，着力打造特色鲜明的高水平研究智库。由此，研究院开启了深耕城市文化研究领域的分众化发展路径，致力于推动东莞城市文化研究和成果应用，为本土媒体智库建设开辟了新赛道。

（四）发挥舆论引导优势，深度赋能社会治理

媒体智库相比其他类型智库，具有“上传”“下达”的天然优势。通过舆情智库更为敏锐地把握社情动态，更为迅速地形成专业报告，更有效地联动专家“外脑”，提出有深度的决策建议，可拓宽影响决策层的渠道，发挥媒体“上传”的作用。同时，充分发挥一线记者贴近基层、贴近群众的优势，深入了解和听取不同利益群体的诉求，对政策进行通俗解读和快速传播，提高公众对政策的知晓度、认可度，从而更好地实现了“下达”目的。

（五）推动采编人员转型，优化人才队伍结构

媒体智库建设，人才是根本保障。研究院的发展，为报社采编人员转型提供了一条可行路径。研究院的专职研究人员中，既有资深新闻媒体记者、编辑、评论员，也有舆情分析师、数据分析师、活动策划师等，报社各类人员参与到智库的日常项目中，形成人才培育的良性循环互动，助力报社打造全能型、全媒体的复合型人才队伍。

（莫延钦：东莞报业传媒集团执行副总经理、舆情与智库研究院院长，潘少婷：东莞报业传媒集团舆情智库事业部总经理，贾庆森：东莞报业传媒集团舆情智库事业部分析师）

案例类别：产品

优质版权影像赋能 融合传播精彩无限
——“东莞图库”发展实践

张村城 蓝业佐

全媒体时代，影像融合产品可以更加直观表达新闻内容、传播城市形象。为深入贯彻落实中央关于推进媒体深度融合发展的部署要求，坚持传统媒体和新兴媒体同步发展、融合推进，在巩固发展传统媒体平台的同时，稳步推进新兴媒体平台打造，东莞日报社因势而谋、顺势而为，整合东莞本土影像文化资源，倾力打造东莞图库，在推进媒体深度融合和全媒体传播建设上迈出了更坚实的步伐。东莞图库自2022年8月正式上线以来，持续面向社会征集作品，广泛发动广大摄影爱好者，常态化、全民性、全平台持续输出优质影像，全方位凝聚起东莞城市形象传播的影像力量，助力东莞报业传媒全媒体建设高质量发展。

一、“东莞图库”项目的创新性分析

建设全媒体传播体系，技术与内容契合，方能相得益彰。相较于传统媒体，新媒体传播形式更为丰富、多元，大批“可视化”新闻的出现尤其引人注目。而可视化产品背后需要大量优质版权影像素材作为支撑，以及依靠可视化生产制作团队。正是在这种背景下，东莞图库应运而生。

（一）全新平台，亮点纷呈

“东莞图库”现拥有东莞著名摄影家在内的注册摄影师1000多人，和优质影像素材30万+幅/组。平台利用SaaS服务技术应用，以党政机关、企事业单位、各类媒体出版机构、各类广告传媒企业、国内外新闻媒体、文化旅游交流机构等为目标服务群体，并确立“视觉+”战略，力求提供全方位影像服务。

1. 在栏目设置上，紧扣城市形象主题，力求内容丰富多样。设有大美东莞、东莞老照片、镇街（园区）、分类图片、影像专题、摄影活动、视频等栏目，用精彩镜头聚焦东莞社会经济发展的方方面面。特别是收录东莞本土老一辈摄影家的历史照片，留下东莞这座城市的珍贵记忆。

2. 在页面设计上，遵循极简主义风格，力求简洁美观时尚。不同于其他门户类网站，作为一个以影像视觉内容为主的开放式平台，东莞图库以简洁的设计形式向用户呈现内容，注重实用性，体现精致与个性。

3. 在功能设置上，尊重用户思维方式，力求用户体验至上。一是传输便利化，“东莞图库”小程序版本随网站同步上线，让图片上传下载更加便捷。二是检索智能化，平台定制开发了以图搜图功能，还将上线人脸识别功能，检索更加智能。三是平台社交化，平台开发了一键分享功能，可将精美作品生成海报，分享至朋友圈、微博。

（二）聚焦本土，记录东莞

城事记忆是一座城市的文化之魂，影像则是时间的切片。影像记录了城市空间，也提供了观看城市空间的新角度。本着打造成东莞市最大、最全、最专业图库服务平台和视觉资料数据库的目标定位，“东莞图库”充分发挥海量图片库和图片大数据优势，构建摄影作品传播生态，保护好摄影作品这一核心资源和宝贵资产。

在内容的征集上，平台紧扣时代发展与重大主题，聚焦山河之美与深入百姓生活。在内容生产上，为充分活化利用好征集入库作品，依托平台力量，力求可视化产品爆款呈现。一是天天有作品，择取优质图片，配合走心文案，创新推出城市日历。二是周周有精选，针对入库素材，每周推出“一周精选”，激励更多摄影师参与影像创作。三是季季有影赛，联合有关组织机构，推出影像大赛活动，活跃影像文化氛围。四是年年有节日，连续承办东莞市民摄影周年度影像活动，助力城市文化传播。

二、“东莞图库”项目的社会效益分析

平台围绕东莞都市潮流、自然生态、历史文化等城市形象内容，引导市民记录和传播地方城市形象，用源源不断的影像佳作，向省内外乃至世界展示着东莞的城市风光、特色文化和动人故事，在构建东莞“城市形象传播共同体”的战略谋划中擦亮呈现东莞文化特色的“视觉名片”，取得了良好的社会反响。

影像“众筹”，人人都是城市形象代言人。平台鼓励更多市民拿起相机、手机，用慧眼去发现美、用心灵去感受美、用镜头去记录美，提升了市民群众的互动性和参与感，也一定程度上为提升城市知名度和美誉度提供了影像力量。

活跃文化气氛，发现城市之美。我们追光而动，以全民传播为依托，围绕特定主题定制活动，发掘了一大批东莞本土及大湾区范围内的优质摄影师，平台自上线以来共收到全社会投稿近50000幅（组），叠加东莞报业自有历史影像资料20多万幅（组），多角度捕捉和记录城市各个角落的高光时刻。

可视化产品丰富，传播东莞好声音。围绕平台资源，生产制作了以照片、海报、明信片、短视频等多种形态的新媒体产品，着力将东莞故事和声音传播得更广更远。

三、“东莞图库”项目的经济效益

以影像为媒，充分整合地方影像资源，广泛发动政府机关局办、镇街和企事业单位加入到城市形象传播工程。通过设置摄影比赛、图片展览和画册制作等视觉内容服务，拉动报社经营。据不完全统计，2023年度，通过“东莞图库”平台达成合作项目金额超过200万元，较好地赋能东莞报业传媒集团经营发展。

四、“东莞图库”项目的行业示范推广价值

影像作为记录当下、反映当下的艺术，具有鲜明的时代特色。与此同时，大众影像创作拥有庞大的参与者基数、旺盛的传播力和极其丰富的内容，成为一种时代现象。在全民影像时代，一张照片能够成为一个地方的对外形象名片，一场影展也能成为一座城市走向全国、联通世界的重要桥梁。通过打造一个影像平台，建立常态化、全民性影像创作传播机制，营造“人人都是城市形象代言人”的浓厚氛围。

一是有利于整合地方影像资源，挖掘艺术人才，助力报业经营业务拓展。二是有利于鼓励更多市民拿起相机、手机，用慧眼去发现美、用心灵去感受美、用镜头去记录美、传播美。三是有利于推动精彩的影像作品时时见、处处见，让广大群众切身感受到文化强国的影像力量，凝聚起广大市民向上向善的磅礴共识。四是有利于全方位、多角度地讲述一座城市的精彩故事，向全国乃至全球传播好城市形象、城市气质。

五、结束语

影像是直观展示城市形象、有效宣扬城市气质的重要方式。优质的城市影像不仅可以巩固城市独特的人文底蕴、融合城市发展理念，同时也是树立鲜明城市品牌、准确表达城市差异化定位的有力手段。通过影像平台的建立和运营，整合区域内的行业资源，可以更好地提升社会的版权意识，也能为城市形象塑造和传播提供源源不断的优质素材。

（张村城：《东莞日报》摄影视觉部主任，蓝业佐：《东莞日报》摄影视觉部主管）

案例类别：产品

民间推荐官：城市形象传播的新载体

陈芳　叶卫东

城市是国家的细胞。讲好城市发展故事，是构建中国话语体系的重要元件。为“推进国际传播能力建设，讲好中国故事、传播好中国声音，展现可信、可爱、可敬的中国形象”，东莞提出以提升城市形象为主抓手主载体开展多层次多模态的国际传播，生动展示中国式现代化的东莞实践，对外讲好东莞故事、湾区故事、中国故事。2023年3月28日，东莞发布“每天绽放新精彩”全新城市标识，助力城市形象传播。按照规划，2023年为基础夯实期，目标是扩大城市形象认知，让“精彩东莞”形象在全国产生初步广泛影响。

2023年，东莞广播电视台（以下简称东莞台）依托“今日东莞”“今日广东”海外矩阵，东莞广电台新媒体矩阵、东莞融媒集群等力量，主动策划，培育“民间推荐官”，围绕东莞城市形象传播落点，打造“东莞林志勇”“外国人在东莞”“东莞龙舟”“东莞铁人”4个IP，全网总传播量超5000万，话题曝光量超5亿次，向海内外精准传播东莞人坚韧不拔、勇攀高峰、团结拼搏的精神内涵，生动呈现在东莞工作、生活的幸福场景、底蕴深厚的莞邑文化。其中，“外国人在东莞·欢乐中国年”系列融媒产品，得到中华人民共和国驻大阪总领事薛剑点赞和

转推，产生了前所未有的正面影响。

一、“东莞林志勇”高举东莞全新城市标识登顶珠峰

讲好城市故事，就要善于挖掘典型人物、典型事迹，不仅要能代表城市精神，还应具有时代性，受众面广、影响力大。2022年，东莞清溪林志勇从北坡成功登顶珠峰，引起各界广泛关注。而林志勇本人，正是在改革开放时代背景下，在东莞成功创业的企业家。东莞台敏锐洞察到此类民间运动达人自带的正能量与大流量，正是东莞城市形象传播的鲜活载体。

2023年正值人类登顶珠峰70周年，得知林志勇当年打算从尼泊尔南坡再次挑战世界之巅时，东莞台提前策划，制作了印有东莞最新城市标识的旗帜赠予林志勇，期望他能为东莞代言，将“东莞 每天绽放新精彩”带上世界之巅，对外传播东莞城市形象，激励东莞人志存高远、勇攀高峰。

林志勇不负所托，克服南坡营地新冠疫情、极端恶劣天气等困难，2023年5月22日清晨成功登顶，实现了国内绝无仅有连续两年北坡和南坡成功登顶的壮举。东莞台记者独家连线，通过新媒体矩阵发布《骄傲！东莞的他，再次登顶珠峰！》《实录|带着“东莞”登顶珠峰！最后3000米，林志勇曾与死神擦肩……》等中英文独家报道及短视频，在海内外引起较大反响，TikTok网友留言“为东莞林志勇的精神而感动”。

讲好城市故事，要从细节处暖人心。城市与人的双向奔赴最动人，有温度的新闻才能直击人心。2023年5月27日，在接机现场东莞台给林志勇送上还带着热气的“东莞烧鹅”和“道·棕”，令林志勇及家人感动落泪。同行接机的外地登山爱好者，也为东莞的暖心举动点赞。

数据显示，以“东莞林志勇”为民间推荐官的融媒作品共25个，吸引网友点赞5.9万次，全网总传播量超2000万次。东莞全新城市标识首次飘扬在世界之巅，东莞林志勇所体现出的“坚韧不拔、勇攀高峰”的精神成功出圈出彩，“东莞林志勇”与“东莞烧鹅”“道·棕”等美食IP梦幻联动，通过短视频生动呈现，更是起到了“冒香气”“接地气”的传播效果。

二、外国人在东莞过大年，非遗体验展示文化自信

在构建中国话语体系上，要坚守中华文化立场，增强中华文明传播力影响力，要更好推动中华文化走出去。2023年新春之际，为弘扬中国春节传统文化，推广东莞本土非遗IP，东莞台围绕文化强市建设发展蓝图，从“历史文化”和“莞邑文化”切入，精心设计外国人非遗体验路线。联动东莞市外事局，邀请了来自美国、巴西、墨西哥、俄罗斯的10多名在莞工作生活的外国友人作为“民间推荐官”，来到中国历史文化名镇石龙和中国客侨文化名镇凤岗，实地体验石龙中山路和凤岗竹塘村的“年味”，深入挖掘当地传统年俗及文化内涵。

对外讲好中国故事，要研究国外不同受众的接受习惯，在表达形式和内容上力求融通中外。2023年，东莞台以“今日东莞”“今日广东”外宣矩阵为载体，推出《欢乐中国年·外国人在东莞》短视频、双语海报、微信推文等融媒产品，以更“年轻”的VLOG形式替代讲解，以外宾的第一视角真实呈现他们眼中的东莞年味，获得海内外网友的青睐。DongguanToday、广东国际、Canton Today等海外平台总播放量超1.2万次，居省内各城市同期外宣视频前列。TikTok单平台短时间累计播放量超5000次，超越了同类账号的传播效果。2023年1月23日发布的短视频《歪果仁醒狮新体验，新年醒醒神神》被中华人民共和国驻大阪总领事薛剑点赞并转推，传播实效显著。

在视频采访中，外籍嘉宾自然流露出对东莞的热爱，与网友分享在东莞工作生活的真实经历和感受。他们情真意切的告别富有感召力，展示出多元、包容、友善的东莞城市形象，以及“是人才 进莞来”的良好发展氛围，起到了“让国外受众听得懂、听得进、听得明白”的对外传播效果。系列产品累计阅读量达100万次，总点赞及转发量超16800次，超过3000名网友主动留言交流，表达对中华传统文化的强大自信，产生了前所未有的积极正面影响。

三、巧设话题，助力“东莞龙舟”成为全网“最靓的仔”

文化是一座城市的底色，也是地方文化精神谱系的折射。在东莞城市标识的完整视觉识别系统中，“龙舟”便位列其中，龙舟竞渡是东莞最热闹的景致。为了将“东莞龙舟”IP推向世界，向海内外展示粤港澳大湾区龙舟文化，早在2023年3月东莞台便提早谋划，统筹联动市镇新媒体资源，挖掘20世纪80—90年代东莞龙舟赛事的珍贵视频素材，同时通过互联网思维巧设话题热梗，策划推出“东莞龙舟”系列爆款短视频。

2023年5月，在中堂镇起龙仪式时，东莞台在短视频中巧妙设置“中堂：2023年我们是夺冠大热门”“又是一年房东拼搏的时候”等爆款话题，并在评论区以“我们镇表示不服”带动留言互动，迅速掀起一波“网上撑家乡龙舟”的热潮，单条视频浏览量500万+，点赞量6万+，互动评论数近5000条。随后，结合新龙下水、龙舟训练、龙舟赛等环节，持续发掘“东莞第一龙”“房东划龙舟”“喊加油减租”等网络热梗，全面提升“东莞龙舟”IP关注热度。2023年龙舟季，东莞台共推出73条融媒体产品，总浏览量超过3000万次，总点赞量达

25.1 万次，总评论数达 2.3 万条。# 龙腾大湾区 # 在东莞看龙舟等话题阅读量近 5 亿，连央视都称赞“广东东莞都有着全国最长的龙舟月和最热闹的龙舟氛围”。

传统文化通过网络传播吸引了年轻人和外国友人关注。数据显示，参与传播和互动的用户中，“00 后”和“90 后”占比超 70%，不少网友表示“一定要和朋友到东莞‘扒龙船’”。2023 年 6 月 10 日，粤港澳大湾区（广东）龙舟邀请赛开启，东莞沙田和香港沙田队分别斩获冠亚军，被传为佳话，促进了两地文化交流。龙舟赛热度指数大数据显示，2023 年端午节，传统龙舟之乡广东佛山和东莞以 9.9 分并列第一。“东莞龙舟”民间推荐官，传递“中国龙舟在湾区，湾区龙舟在东莞”的速度与激情，以实际行动展示龙舟文化传播力影响力。

四、“东莞铁人”化身推荐官，自发为绿美东莞代言

要塑造山河秀美的东方大国形象，就要宣介天人合一、和谐共生的生态观，展示中国始终做全球生态文明建设引领者的形象。作为联合国环境署认可的“国际花园城市”，东莞一直坚持绿色发展理念，在快速的工业化进程中，依旧保留着良好的生态本底。获知东莞计划 2023 年 5 月举办有史以来规模最大的全国性铁人三项比赛后，东莞台敏锐意识到，这是一个讲述人与自然和谐共处、中国式现代化的东莞实践的最佳时机。于是东莞广电台第一时间联系组委会，提前介入，寻找并物色合适的“民间推荐官”。

获知参赛人员信息后，东莞广电台迅速抓住“600 多名选手来自全国各地及港澳台地区”“26 名法国、澳大利亚、墨西哥籍友人参赛”“中山大学教授等高素质人才报名”等亮点进行对外宣传。通过这些来自世界各地的民间推荐官的真实体验，在诠释顽强拼搏的“铁人”精神的同时，他们眼中“山清水秀的绿美东莞”“清澈见底的水域赛道”“青春活力的城市气息”犹如一幅幅画卷，通过图文视频徐徐展开在网友面前。

铁人三项虽是小众运动，在东莞却很受欢迎。“东莞铁人”以其顽强、坚韧、活力的形象活跃世界各地，多次在全国乃至国际比赛中获得佳绩，同时自发担当起奔跑的“民间推荐官”，为“精彩东莞”城市形象注入新的内涵。东莞阳光网发布《600 多人齐聚东莞“打铁”！发生了什么？》，在各大媒体和社群广为传播，海内外数万名运动爱好者点赞。当天活动的短视频，在广东省广播电视台体育频道播出。

五、结语

巧借民间推荐官，打造城市形象“出圈”传播的新载体，是东莞台的一次创新探索，是对新闻传播时、度、效的成功实践，也是与央媒、省媒及海外矩阵并肩演练，构建中国话语体系，提升国际传播效能的有益尝试。

（陈芳、叶卫东：东莞广播电视台新媒体中心副主任）

东莞阳光网“# 林志勇”相关报道

案例类别：产品

《中山日报》新媒体活动管理平台

郑泓硕

一、项目概述

随着数字化时代的飞速发展，整个社会获取信息的方式更倾向于网络化、速读化。传统媒体只有适应新的信息生产方式，同时运用这些方式去履行传播的职能，才能激流勇进。新媒体作为新时代的产物，集中了影像、声音、文字、图片等多种媒介形式，实现了多角度、全方位的传播，信息传播快、容量大、覆盖广。

为了能够在节庆时段、时事热点等重要时间节点到来时，快速生产出紧跟新闻要素的新媒体产品，中山日报社依托“中山 + 新闻客户端”打造了“《中山日报》新媒体活动管理平台”。该平台预设了多种基础功能，让活动策划人员能够通过组合功能高效设计出符合使用

场景要求的线上活动。

二、项目建设内容

在真实宣传运营环境中，往往留给新闻工作者去构思和策划宣传活动的时间非常少，所以一款能够短时间生产出具备多种基础功能组合的新媒体生产平台就显得尤为重要。

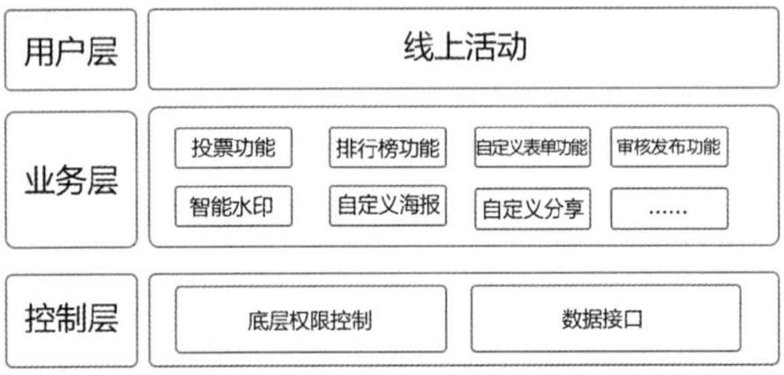

中山日报新媒体活动管理平台逻辑架构

《中山日报》新媒体活动管理平台提供有自定义分享、海报制作、投票排行榜、签到打卡、自定义表单、智能水印等多种基础服务功能，活动策划人员只要梳理好业务流程、设置好关键业务参数，再将美编所设计图片样式上传到平台之中即可完成“中山 + 新闻客户端”中的活动制作生产。

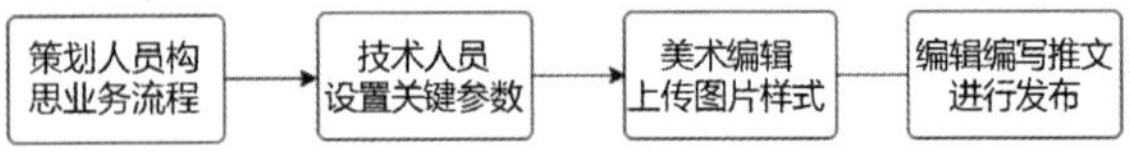

生产流程

基础功能的成熟度往往决定着上层活动的完成质量。以投票功能为例，在“新闻 + 服务”的新闻运营模式下，投票功能是缩短宣传内容与用户距离的有效内容表达形式。在探索新闻内容与投票活动相结合的道路中，中山日报社先后在政务、文旅、教体等领域策划了“稳企安商优秀案例评选活动”“小小档案馆讲解员评选”“一周图片摄影征集点赞”等多个活动中使用了投票功能，场均用户数达 40 万，在收获了内容高热度的同时，也在投票防刷、处理网络请求高并发等方面做了技术创新。

三、开展情况

自 2021 年 11 月上线以来，通过本平台系统已经生产了 121 个活动，这些活动的推出让“中山 + 新闻客户端”成为中山地区最受欢迎的新闻和信息平台之一。这些活动不仅丰富了用户的体验，也为中山日报社的社会影响力带来了极大的提升。

其中，“我为交通治堵献一次”活动得到了广大市民的积极响应，用户们纷纷加入到了这个共建美好交通环境的行动中。他们积极地向交通部门反映道路拥堵问题，为城市的交通治理提供了有价值的建议和意见。

“直通 12345”活动则为市民提供了一个方便快捷的政务咨询平台，用户们可以通过这个平台直接向市政府反映问题和提出建议。这个活动得到了广大市民的好评，不仅解决了市民们在政务服务方面的疑难问题，也提高了政府的服务水平和公信力。

此外，“中山工改通”“中山防溺水地图”“紫马岭公园慢直播”“文明监督平台”“记者帮办”“全民阅读摄影比赛”“消防员叔叔来敲门活动”等活动也受到了用户的广泛关注和参与。这些活动不仅提高了中山日报社的社会影响力，也为读者带来了更加便捷和多样化的新闻和信息服务。

四、平台案例

“中山日报新媒体活动管理平台”出色的功能整合能力，能够快速契合中心工作，推出新媒体产品。

为深入学习宣传贯彻党的二十大精神，2022 年 11 月 9 日，在中共中山市委宣传部指导下，中山日报社的采编人员在“中山 + 新闻客户端”中通过本平台系统策划生产了“学习宣传贯彻党的二十大精神·中山市云平台”项目。该项目 12 个聚合功能板块构建了多形式、分层次、全覆盖的线上学习模式，将一站式帮助中山广大党员干部群众更好地学习宣传贯彻党的二十大精神。

党的二十大是党和国家政治生活中的一件大事，与每个人的生活息息相关。中山日报社坚持守正创新，推动媒体深度融合发展，积极运用新技术、新手法、新形式，推动党的创新理论“飞入寻常百姓家”。

该项目整合了多家权威机构的优质学习资源，以及通过本平台系统自主开发的功能模块，推出了报告全文、报告关键词、学习手账、解读课件、党章学习、文件汇编、理论荐读、青年大学习粤声回响、中山行动、知识答题、学习打卡 11 个学习板块，提供完整、准确、全面、新颖的学习内容，将大大激发学习热度，拓展学习深度，提高学习效率，形成学习宣传贯彻合力。

在该项目中，用户可以查看党的二十大报告全文、检索报告关键词、查询大会所有重要文件；可以通过学习手账、解读课件、青年大学习、理论学习等板块，加深对党的二十大精神的理解；在粤声回响、中山行动等板块，用户可以了解到南粤大地学习宣传贯彻的最新动态，以及中山市的生动实践。在充分学习的基础上，用户可以参与线上答题，检验自己的学习成果。最后用户还可以通过学习打卡板块进行每日打卡，为所在镇街学习榜助力，还可以写下自己的学习心得体会。

另外，“中山日报新媒体活动管理平台”的快速生产能力，能够在热点事件发生后及时建立起与市民的沟通桥梁，更好地履行权威媒体的职责。

以疫情防控方面为例，2022 年 1 月 13 日，广东省中山市某镇发现 1 例新冠病毒核酸检测阳性个案，全镇实行全面交通管控。受此影响，管控区域部分群众面临着就医购药不便等问题。次日上午，中山日报社通过“中山日报新媒体活动管理平台”快速开通了网上“中山疫情应急求助通道”，在疫情防控期间为广大市民朋友解决困难。截至 2022 年 1 月 15 日晚，应急求助通道共收到网友求助和咨询信息 300 多条，已协助解决问题和答疑 200 多条，其余则转给相关部门跟进处理。

互联网快速发展给传统媒体带来了新的挑战，《中山日报》新媒体活动管理平台将在新的媒体传播格局下以其高效的生产能力，助力中山日报社继续发挥党媒的社会影响力。

（郑泓硕：中山日报社软件开发工程师）

案例类别：产品

中山日报社：《消防员叔叔来敲门》科普互动视频节目

夏亮红 张赞 彭锋

《消防员叔叔来敲门》是中山日报社云媒体中心和中山市消防救援支队联合打造的一档集知识性、趣味性、互动性于一体的消防科普互动视频节目，2022 年第一季共摄制 15 集，2023 年第二季摄制 12 集，2024 年第三季计划摄制 8 集。

知识性：通过消防员上门，实地察看家庭、企业、学校、社区等主体消防隐患，与家庭成员、工厂员工、学校学生等进行消防安全知识宣传，真正实现消防安全知识精准入户。同时通过专业媒体记者拍摄制作视频，在官方权威媒体播发，达到更大范围宣传普及消防安全知识效果。

趣味性：消防员来我家（或我厂、我校、我村）做客，无论是对于孩子还是大人，都是十分具有趣味性、足够吸引眼球的卖点，“引爆”一波全社会关心消防、关注消防的热潮。

互动性：消防安全知识要入心入脑，靠讲道理式的单向灌输，收效甚微。本次节目全程采取交流、游戏等互动的方式，打破以往刻板的宣教方式，寓教于乐，极大提升了宣传效果。

该节目灵活新颖、极具亲和力的形式，受到了小朋友和家长的热烈欢迎，也得到社会广泛关注。至今，节目已为 5000 余名小朋友送去关怀和消防安全知识，并进入多个工厂企业探访传播消防安全理念，成为中山日报客户端“中山 +”融媒创新品牌栏目，也成为广东省消防系统品牌节目。

该节目还被中山市教育和体育局推荐给多所幼儿园作为安全课堂视频教材播放，多期节目被《人民日报》、《光明日报》、国家应急管理部、广东省消防救援总队等新媒体平台播出，营造了良好的消防宣传氛围，提升了全民消防安全知晓率。

该节目先后获得 2022 年全国地市新媒体百篇优秀视频新闻案例一等奖、百个优秀新闻栏目案例二等奖、全国地方党媒深度融合年度创新优秀项目等荣誉。还获得了第三届国家应急管理新媒体作品展播资格，以及“美丽中山 红心互联”网络传播精品奖荣誉，节目制作团队——中山日报社云媒体中心荣获“广东 119 消防奖”先进集体，是全省唯一获此荣誉的媒体单位，广东消防抖音号专门对该节目的拍摄过程进行了一次全程直播，反响热烈。

发动阶段：按照家庭、学校、企业、村（社区）分类，从报名市民中各精选 10—30 个主体（家庭 / 企业 / 村），附上各自的“我家（我厂、我村）消防安全口号”，在“中山 +”客户端开设投票点赞页面，接受市民报名。在规定时间内的每一个类别获得点赞最多的 3—5 个主体，将获得一期《消防员叔叔来敲门》上门互动资格，并送上消防礼包。

每期节目启动前推出一张创意海报，对节目进行预告，同时发动市民广泛参与。同时配发一组图文报道，发动市民参与，回顾此前活动。

每一次“敲门行动”制作一辑专题视频，并在“中山 +”客户端开设专题，将相关内容进行集纳呈现。

互动阶段：节目组联系获得互动资格的家庭，约定时间（一般周六、日）消防员敲门入户互动。入户家庭，互动环节包括与孩子开展消防小游戏、与家庭合影、查看家庭以及小区消防隐患、普及消防安全知识、赠送消防礼包、颁发消防小卫士证书等。入户学校，与学生开展消防小游戏之外，还由消防员对老师和工作人员进行消防安全培训。入户厂企村居，消防员与工厂企业的管理人员、一线员工一起查改火灾隐患、手把手教学消防器材、探讨消防管理、解答消防安全疑问。寓教于乐，采用轻松易懂的方式传播消防安全知识，植入消防安全理念。节目组拍摄互动现场，每期制作成5分钟左右的视频短片，在“中山+”客户端、“中山消防”官方微信号、抖音等平台上刊播。

推广阶段：每期活动摄制的短视频，分多种形式在《中山日报》、“中山+”客户端、中山日报微信公众号、中山日报微信视频号、中山日报官方微博等中山日报社旗下媒体平台进行刊播。截至2024年3月摄制了27期节目，在该平台累计播放量近200万人次，达到了很好的传播效果。同时，进行二次包装后推荐给新华社、《人民日报》、央视、《光明日报》、学习强国等中央媒体进行二次传播，已完成的27期节目，其中14集被采用刊播。

实施节点和频率：节目贯穿全年，一般为一个月一期，每一期节目均会结合重大节日或当下热点进行精心策划。

2023年全国消防宣传月活动前夕，我们走进“全国美丽乡村”南区曹边村，通过群众喜闻乐见的互动，介绍消防宣传“进农村”工作经验。11月1日上午，2023年全国、全省宣传月活动启动视频会议举行，曹边村作为全国六个连线分会场之一，其消防宣传“进农村”工作经验在全国推广。

2023年“六一儿童节”，我们走进“亚洲飞人”苏炳添的母校——中山市体育运动学校普及消防知识，和小运动员们一起过节，并送上儿童节礼物，消防员们也借着这个机会，和未来的“世界冠军”们PK了100米短跑、30秒做俯卧撑、高台跳水等项目，寓教于乐中为小朋友们普及了消防安全知识。

2022年6月“中国医师节”到来之际，栏目组走进中山市人民医院，为在新冠肺炎疫情中“舍小家 为大家”的医务人员子女送去了“特别的爱”。节目中，消防员与医务家长上演“接力救援”，相互致敬，活泼可爱的萌娃们参与其中，憨态百出，消防员还展示了液压钳“捏”乒乓球，精准切割等技艺，让大小朋友们惊叹不已。

2022年9月，“国际聋人日”来临之际，栏目组走进中山市特殊教育学校的校门，陪伴孩子们度过了一上午愉快的时光。有爱的孩子们，也给了消防员叔叔们无数惊喜。消防员叔叔和孩子互动的过程虽然“无声”，却充满了爱和快乐。

2022年5月，刘耕宏自编的“本草纲目毽子操”引来无数人追捧，栏目组来到东区街道朗晴假日小区，消防员叔叔带领艾宇霖、艾琳等小朋友跳起了毽子操，掀起了一波运动健身热潮。

暑假期间，栏目组走进国防教育基地的夏令营课间，丰富小朋友的暑期生活。此外，栏目组还走进工业园区出租屋，为“小候鸟”们送去关怀。

安全生产月，栏目组将“消防课堂”搬进车间，给广大员工们送上一堂堂安全生产课。

（夏亮红：中山日报社记者，张赞：中山市消防救援支队综合指导科副科长，彭锋：中山市消防救援支队城区大队初级技术干部）

案例类别：产品

“潮”向未来·高质量发展看潮州

——“百千万工程”记者镇街行全媒采风系列活动

庞磊成 李欢欢

深入学习贯彻习近平文化思想，进一步贯彻落实广东省高质量发展大会和关于“百县千镇万村高质量发展工程”战略部署，为潮州市扎实推进高质量发展蓄力造势，2023年4月起，潮州日报社策划推出“潮”向未来·高质量发展看潮州——“百千万工程”记者镇街行全媒采风系列活动，多角度、全方位报道潮州聚焦高质量发展主题，全媒记录潮州市实施“百千万工程”的有力举措，助力高质量发展。这是潮州日报社贯彻落实党的二十大精神，践行“三贴近”、深化“走转改”，自觉承担舆论引导职责，不断提升党报影响力、竞争力的具体举措；是报社聚焦新闻主业，紧贴地方实际，服务地方发展，积极拓展产业链条，形成多元化发展的有效手段；也是报社进一步推动传统媒体和新兴媒体深度融合，构建立体化传播矩阵的创新实践。

一、高规“下沉”，打造主流舆论新 IP

此次采风系列活动规格高、规模大，由报社社长“一把手”总策划，社班子成员分别带领包括相关部门主任、采编人员组成的四个采风团，分赴各县区“下沉”基层，走进田间地头、乡镇社区、工厂企业等一线现场，围绕新型城镇化、乡村振兴、城乡区域发展等主题，开展零距离感知、深入挖掘实施“百千万工程”助力乡村振兴的鲜活典型和新探索，力求展现潮州市推进美丽圩镇建设的担当作为。

活动期间，各采风团以党建为引领，坚持“立魂”，紧紧围绕当前潮州市委、市政府中心工作，服务大局，把握正确的政治方向和舆论导向，立时代潮头，发思想先声，以媒体的使命担当展现潮州各地各领域高质量发展的生动实践；坚持“立言”，充分发挥主流媒体新闻舆论主渠道、主阵地作用，用差异化视角、媒体融合视角以及深度报道视角发掘更多亮点素材，以“小切口”讲述“大道理”；坚持“立新”，创新表达方式，创优产品呈现，充分发挥媒体深度融合优势，有效地把新思维、新理念、新技术融合在一起，通过文字、图片、海报、长图、短视频等形式，全媒体、立体化打开潮州大地高质量发展的壮美画卷；坚持“立身”，深入基层一线，用脚丈量、用心感知、用情记录，不断增强脚力、眼力、脑力、笔力，采写编发了一批能够引起读者共鸣的连天线、接地气、带露珠、冒热气、沾泥土的精品力作。此次采风活动，其传播力、引导力和影响力很快就通过宣传产品呈现成效，得到上级领导的肯定和表扬，得到镇街、企业和基层群众的点赞，有力体现了党媒的责任担当，“镇街行”成为报社宣传的新 IP，主流媒体主流价值主流舆论传播更“亮”了。

二、主动嵌入，创造更有价值的“新闻 +”

《高扬跨江发展“第一帆” 打造商住文旅“核心区”——桥东街道以“一圈两带三片区”为着力点建设“活力新城·秀美桥东”》《做强特色产业 打造区域商贸副中心——探访“百年商埠”“花卉之都”“家具之乡”之称的潮安区金石镇》《向海而兴 “掘”金深蓝——看柘林镇如何吹响经略海洋的进军号》……此次采风活动中，潮州日报社立足全市乡镇街道广袤的新闻沃土，主动嵌入，自觉将服务地方、服务基层划入党媒党端服务半径，与各地共融互通，加强合作交流，新闻宣传亮点频现，佳作不断。参加此次采风系列活动的新闻工作者，切实担负起“举旗帜、聚民心、育新人、兴文化、展形象”的职责使命，唱响主旋律，打好主动仗，用笔尖记录时代，用镜头见证发展，用心用情用力讲好乡镇街道奋进新故事，传播潮州全方位高质量发展好声音。

从凤凰镇高水平建设好凤凰山茶旅走廊乡村振兴示范带，到汤溪镇经多方评选出的旅游最具代表性的亮丽名片“汤溪八景”，再到意溪镇将景点串珠成链，形成一条河内美丽乡村精品线路等，活动通过宣传报道公开推广潮州文旅产品、线路等资源，提升了潮州文旅的知名度，带动景区、村庄、“农家乐”、民宿等乡村旅游产业的发展，提振文旅行业信心，激发文旅消费潜力。

从中山（潮州）产业转移园湘桥分园官塘片区建设成果卓著到潮安区橄榄产业园成功入选省级现代农业产业园建设名单，再到古巷镇打造智能卫浴和智能装备制造产业园蹄疾步稳等，一篇篇生动鲜活的报道，反映各个乡镇街道坚持新发展理念、推动产业园区建设取得的巨大成就，展现出高质量发展的勃勃生机，为其他地方发展提供借鉴参考，更好地服务基层、服务地方经济社会发展……

三、做强产品，全媒行动效益“双丰收”

活动出发于做强一批传播产品和平台，推出“五个一”全媒宣传方案，包含专版、视频、海报、宣传册、平台推广 4 种宣传形式和多个宣传平台，在“报网微端号”全媒同步发布，形成“媒体融合、一体推进”的良好宣传效果，在社会上引起广泛关注和好评。读者纷纷表示通过新闻报道更加深入地了解潮州乡镇街道的发展和变化，对镇街的未来充满期待。

活动已与潮州市 43 个街道乡镇取得联络合作。截至 2024 年 4 月，已为 23 家单位进行服务，推出系列专版 23 个，精制视频 23 个、精美设计宣传海报 207 张，推出了一批有思想、有温度、有品质的宣传产品，以独特的视角、生花的妙笔、绝美的镜头充分展现了潮州市各地各级上下团结奋斗、勇毅前行，加快推进高质量发展的思路举措、成果成效等，为扎实推进高质量发展提供了强大的舆论支撑，为奋进“百千万工程”和推动现代化建设凝心聚力、加油鼓劲。

活动既彰显了《潮州日报》本土媒体权威、运营创新、服务创新的良好形象，扩大了影响力与美誉度，同时又为报社争创了经济效益，活动收入在 2023 年收入项目中位居前茅，取得了良好的社会与经济“双效益”。活动是潮州日报社党报媒体深度融合发展的又一优秀创新案例。

（庞磊成：潮州日报社评论部副主任，李欢欢：潮州日报社新媒体部编辑）

“‘百千万工程’记者镇街行全媒采风系列活动”专题

案例类别：产品

“到佛山 逛禅城 玩转特色街区”活动品牌项目

佛山禅城融媒有限公司

一、项目背景

2022 年 1 月，佛山市禅城区政府工作报告提出，要支持新业态、新经济发展，大力发展夜间经济、商圈经济、粤菜美食经济，打响“到佛山・逛禅城”品牌知名度，打造区域消费中心。

在此背景下，佛山禅城融媒有限公司与禅城区经济和科技促进局联合，共同策划开展了 2022 年度禅城区特色街区评选系列活动，推出“到佛山 逛禅城 玩转特色街区”活动品牌。采用多样的融媒产品与传播手段，借势借力发掘、宣传和进一步打造更多特色街区，推动城市经济社会发展，提高城市的宜居度、知名度、美誉度，塑造既有文化内涵也兼具发展活力的城市新形象。

佛山禅城融媒有限公司充分利用扎根本地的地域优势，为活动品牌构建起全媒体传播思路。以“到佛山 逛禅城 玩转特色街区”作为活动品牌主题，以“一街一宝藏 一铺一惊喜”作为活动品牌口号，抓住城市经济发展趋势、城市生活文化特色，做出传播文章。通过串连起一系列年轻、潮流、有吸引力的媒体产品，形成有热度、有深度、有广度的品牌传播影响力。

二、项目概况

面对竞争更加激烈的媒体环境和市场环境，佛山禅城融媒有限公司充分发挥媒体深度融合的优势，对项目进行有针对性和创新性的全案策划，把项目规模做大、把网络音量做大，让活动品牌项目既能与党委政府中心工作呼应，又能贴近群众生活，反映城市经济高质量发展的面貌，获得广泛的支持和多方力量参与。

“到佛山 逛禅城 玩转特色街区”活动品牌，选择打破常规的评选活动形式，从让活动更好玩、效果更好、参与更广泛的角度出发，明确划分铺排前期策划、宣传预热、社会征集、线下考察、路演挂牌五大阶段。

在前期策划阶段，强调将“线上 + 线下”相互联动的主线、内容与形式融合创新的主基调贯穿始终，运用互联网思维，创新设计多种时下备受年轻人喜爱的时尚新玩法。

宣传预热阶段，佛山禅城融媒有限公司充分依托图文、短视频、海报等多种融媒体形式，重磅打造了“到佛山・逛禅城・玩转特色街区”佛山 + 专题、“瑶瑶带你打卡禅城”系列短视频、“我在禅城拍大片”系列视频以及海报等。在传播渠道上，分别利用不同平台优势，在客户端佛山 +APP、视频号、公众号进行分发。在宣传内容上，图文报道创新性采用网文风格，打造的系列融媒体产品时尚、亮眼、活泼，每一期都在微信朋友圈里呈现刷屏之势，全平台阅读量更超百万。

社会征集阶段，佛山禅城融媒有限公司设计软性话题发动征集，充分利用新媒体平台的社交特性，策划创意互动玩法，扩大社会参与度。利用佛山 + 客户端、微信视频号、小红书、抖音等平台，打造发布“野生”的互动话题“我在禅城拍大片”。沿各媒体渠道向全社会广泛发动征集，推出“我在禅城拍大片”的征集活动，发布“玩转禅城特色街区——我在禅城拍大片”征集令，广大市民、商家乃至知名网络博主都积极响应参与，成为禅城特色街区的“代言人”，成为宣传内容的生产者以及品牌活动的传播者，品牌活动相关话题再次发酵，再次调动起社会大众对禅城区特色街区品牌的关注和思考。其间话题发帖量超 300 条，总浏览量累计超 90 万人次。

进入线下观察阶段，佛山禅城融媒有限公司利用宣传预热、社会征集阶段的创意产品，为线下活动的影响力再赋能。经过前两个阶段多平台的融合传播，从网络数据以及线下人流来看，品牌活动的社会反响热烈。佛山禅城融媒有限公司乘势策划及开展线下观察团活动，让此前品牌活动的传播效果能够在线下落到实处。在线上，发布“观察员”招募令；在线下，活动分别就专家、投资者的专业视角以及市民、老街坊的本土视角开展两场不同主题、不同聚焦点的特色街区观察团活动，以交流座谈或讲故事的形式，走进本地街区，深入本地街区，同时以观察团活动为抓手进行宣传报道，为品牌活动宣传再造热潮。

经过三个阶段的融合创新、宣传造势，品牌活动进入最终的高潮阶段，佛山禅城融媒有限公司策划举行路演挂牌活动，为项目最终点燃高潮。活动以现场路演形式举行，选择在禅城区最热门、人流量最大的特色街区，采用露天开放式场所，同步进行超 2 万人观看的线上直播，最大程度制造“围观”效应。各个街区项目团队、企业商家、专家学者、投资机构、网络博主以及市民朋友参与，共同聚焦“到佛山 逛禅城 玩转特色街区”活动品牌。

三、项目成效

（一）多样的媒体传播手段，深度融合的创新探索

产品形式、内容、渠道均有创新性实践。形式方面，主张更丰富、更创意，更年轻态的传播形态体裁，既有图文，又有设计感强的海报、短视频、创意短片，还有社交平台的互动话题。内容方面，一是在充分洞察网络传播规律后，就活动品牌的基调和风格输出更新潮、易流行、有格调的内容，打造群众更喜闻乐见的爆点和看点，增强产品内容的可看性，从而扩大覆盖面，进行横向传播。二是围绕品牌活动，深度性探讨，纵向通过设置创意主题和系列强化品牌标识。三是鼓励用户针对产品话题进行内容生产，并在社交平台发布。渠道方面，除传统媒体端例如报纸等常规渠道外，充分调动第三方新媒体平台的矩阵号。在微信公众号、视频号、小红书、抖音平台各自推出个性化的产品，比如推文、短视频、海报。

以此品牌活动为契机，佛山禅城融媒有限公司进一步孵化提升旗下的创意IP《打卡禅城》视频栏目以及“玩转特色街区”佛山+APP专栏，为后续的融合创新发展提供接续力量。

（二）线上引流线下打卡，街区实现长效曝光

截至2024年4月，禅城融媒体推出的系列报道与融媒产品在各个平台进行广泛传播后，全网阅读量突破百万，在各个社交平台上引起了对禅城特色街区的广泛讨论和关注，为本地的各个特色街区实现了有效引流。

同时，大规模的宣传不仅吸引了一批网络博主、自媒体达人自发到各个特色街区点打卡分享至社交平台，而且引发了凤凰网、羊城派等多家媒体围绕这些特色街区的亮点特点进行跟踪报道，促进了街区在各个媒体平台上的二次曝光，也为特色街区建起了更为长久和更有持续性的宣传效应，提升城市形象和品牌知名度，创造城市独特“烟火气”，塑造年轻创意城市符号，吸引更多人来禅游禅，为禅城聚人、引人提供良好外在环境。

（三）多维角度观点碰撞，赋予城市街区建设新活力

在线下，品牌活动以观察团、路演形式，走进本地街区，深入本地街区，并与街区运营方、商家展开交流，从街区的特点特色作为切入点，从不同的维度观察街区的主要业态组成、运营管理模式以及影响，关注讨论所处地域的历史文化关联性、可持续发展方向等，用活动品牌凝聚的社会声音和力量，反哺城市街区建设。

（四）搭建资源联系桥梁，发挥经济效益与社会效益

“到佛山 逛禅城 玩转特色街区”活动品牌是一场多领域的跨界融合，是“文化+商业+旅游+创意”相碰撞的一次开创性实践探索。项目采取更有趣、更活泼、更时尚的宣传手段，创造约40%的利润空间，经济收益良好。

项目打破外界以往对佛山禅城融媒有限公司单一的“政务印象”，以强“网感”走入群众视线，制造情感共鸣。因此，街区、企业、社会资源皆通过这场活动充分联动、交流，对媒体产品思路进行融合创新，提升品牌的关注度，进而激发城市内生商业活力，链接特色文化资源和商业资源，活化老旧街区和厂房，形成多元灵活的城市商业发展机制，培育多种业态的商业经济，助力区域消费中心打造，得到了合作客户、街区商圈、市民群众等多方认可，为今后进一步合作开拓了更多空间，也为城市持续发展活力积聚更多动能。

（佛山禅城融媒有限公司）

“到佛山 逛禅城 玩转特色街区”专题

案例类别：组织机构

高州市“两心”相融 融出文明实践之花

高州市融媒体中心

一、基本情况

广东省高州市将融媒体中心与新时代文明实践中心工作紧密结合，强化顶层设计与路径规划，实现“两个中心”平台共建、资源共享、“两心”相融，合力打通宣传群众、教育群众、服务群众的“最后一公里”，融出了文明实践之花。相关经验先后入选中宣部《宣传思

想文化工作案例选编》、2021 年全国县级融媒体中心舆论引导能力建设十佳创新案例和 2023 年广东省广播电视媒体融合典型案例。

二、创新做法与实践

（一）强化顶层设计，统筹打造宣传服务一体化平台

高州市成立了统筹规划建设“两个中心”领导小组，制定一体化建设方案，统筹推进平台、队伍、功能建设，夯实融合发展基础。

1. 阵地联用。高州市融媒体中心整合广播、电视、报纸、微信公众号、APP 客户端等平台，统一开设“新时代文明实践”专栏，多种形式宣传新时代文明实践活动，开设“群众点单”平台，为新时代文明实践提供线上阵地。新时代文明实践中心整合道德讲堂、党建活动室、农家书屋等资源，统一配备大尺寸触摸阅读屏、电视机和“村村通”大喇叭等设备，拓展了融媒体中心的线下宣传阵地，并通过文明实践活动和志愿者对融媒体中心“看高州”APP 进行推广。

2. 队伍联建。新时代文明实践中心发挥线多面广优势，在全市 28 个镇（街道）文明实践所、488 个文明实践站、155 个机关和企事业单位文明实践点分别选设一名通讯员，组成文明实践通讯员队伍，及时为融媒体中心提供信息素材。融媒体中心组织记者、主持人加入新时代文明实践服务队伍，积极参与文明实践中心大型活动的组织策划和开展，提升活动质量和影响力。每年还联合举办全市通讯员、记者编辑业务培训班，学习普及新媒体、新技术，共同提高，共同进步。

3. 信息联通。融媒体中心的平台资源和信息资源向文明实践中心开放，建立新闻报道工作微信群、QQ 群，所有文明实践通讯员队伍入驻，方便其第一时间了解最新的报道策划、选题情况，有针对性地提供素材。文明实践中心的各级阵地、志愿者网络以及优秀的志愿服务活动和项目库也向融媒体中心开放，帮助编辑记者了解本地文明实践活动的策划开展情况，方便组织宣传报道。

（二）聚力互通共享，同频共振奏响主旋律

充分发挥融媒体平台覆盖面广和新时代文明实践中心贴近群众的优势，互相借力，互相支持，弘扬主旋律、传播正能量、提振精气神。

1. 唱响党的好声音。高州市融媒体中心围绕宣传贯彻习近平新时代中国特色社会主义思想，在各平台开设理论学习专栏，精心制作理论文章、图解、视频、音频，特别将语音录制成国语、粤语、方言等多种版本，利用“报、台、网、端、微”以及全市 488 个行政村的“村村通”大喇叭和新时代文明实践中心宣传阵地发布，让党的创新理论以群众喜闻乐见、通俗易懂的方式“飞入寻常百姓家”。

2. 唱响文明主题曲。在“创文创卫”工作中，“两个中心”紧密联系，密切配合。一方面，融媒体中心开设“创文创卫进行时”等专题专栏，邀请道德模范、“身边好人”代表等为文明创建活动代言，推出了一批文明短视频及动态视频新闻，通过新时代文明实践中心（所、站）电视机、“村村通”大喇叭、户外大屏广泛传播，营造全市动员、全民关注的强大声势。另一方面，“两个中心”共同策划建设农村“小三园”（“小菜园”“小果园”“小花园”）评比和“党员旗帜红、巾帼评家园”等活动，带动了 7 万多个家庭，30 多万人次主动参与，掀起了文明卫生村居创建热潮。

（三）整合线上线下，联动对接服务群众“零距离”

“两个中心”积极践行以人民为中心的理念，聚焦基层群众需求，整合运用线上线下资源，共同打造服务群众的“大本营”，有效打通服务群众“最后一公里”。

1. 把助农公益活动办出实效。“两个中心”策划开展助农公益活动，近年来，先后对全市 20 多条农业特色村的荔枝、龙眼、香蕉、黄皮、淮山薯、桂圆肉等农产品进行助农直播推介和包装推广，平台直播场均点击量接近 20 万 +，总点击量接近 500 万 +，为助力农产品营销奉献了融媒力量。

2. 把农科技术送到田间地头。新时代文明实践中心组织农业、畜牧、兽医、病虫监测、涉农企业研究机构等技术专家 120 多人，成立市科技科普服务志愿队，结合农时实际和群众需求，下到农户家中、田间地头，手把手实操教学，面对面咨询服务。融媒体中心在电视台、网站、APP 等平台开设《高凉乡风》《农科动态》栏目，拍摄播出荔枝、龙眼、百香果等地方重点经济作物种植技术视频，对农技推广活动在线直播，打造网络课堂，并通过网络互动，在线答疑解惑，并在新时代文明实践中心阵地循环播放，有效提高农村群众生产技术水平。

三、取得的成效与反响

（一）“两个中心”发展获得新突破

高州市“两个中心”相互借力，依托文明实践中心，创新新闻采编手段，通过建立文明实践通讯员队伍，让基层的好声音好故事更容易“上得来”，解决了媒体人手不足、原创信息不多等问题；依托融媒体平台，创新文明实践手段，通过开设“新时代文明实践”专题专栏，对文明实践活动进行直播等，为新时代文明实践提供线上阵地，提升了文明实践活动的渗透力、影响力。促进手段创新，成功让各自发展取得新的突破。

（二）基层治理能力获得新提升

融媒体中心和新时代文明实践中心单靠一己之力，工作效果有限。高州市“两个中心”各展所长，改“相加”为“相融”，提升了宣传服务群众的效能。宣传群众方面，全媒体平台与宣讲“轻骑兵”密切配合，新闻宣传与社

会宣传一体推进，两平台联合发声，不仅提升了覆盖面，还丰富了宣教形式内容，更好地传递了党的声音。服务群众方面，线上服务与线下服务同步开展，“田间课堂”与“网络课堂”相互结合，并创新开展农技推广活动直播、扶贫带货直播等活动，较好地满足了群众多样化的生产生活服务需求。通过融合，“两个中心”开展基层工作的方式更多，效果更好，阵地影响力、群众满意度进一步提升。

（三）乡村振兴发展获得新动力

借助融媒体中心平台的影响力和新时代文明实践中心的号召力，提升了本地优质资源曝光率和关注度，带动了地方招商引资和新业态发展。如联动策划开展“高州最美乡村（居）评选”活动，通过对《美丽乡村》系列宣传报道进行矩阵式传播，努力把乡村资源推出去。同时，通过新时代文明实践中心平台线下发动群众参与网络投票，在网络上掀起宣传热潮，使农村自然生态、民俗文化等资源得到广泛推广，成功打造了根子镇元坝村、分界镇储良村、石鼓镇合丫埒村等一大批“网红”乡村，成为投资商、客商、游客关注的焦点。根子镇元坝村勇夺2020年广东省第一届《乡村振兴大擂台》PK赛冠军，分界镇夺得2021年广东省第二届乡村振兴大擂台冠军，分界镇储良村获评2021年中国美丽休闲乡村，高州市荣获2022年广东省第三届乡村振兴大擂台六强，这些成绩的取得，两个中心“联合发力”功不可没。

（高州市融媒体中心）

广西壮族自治区

案例类别：产品

广西非遗传承创新应用

广西云非遗传播团队

非物质文化遗产是中华优秀传统文化的重要组成部分，是中华文明绵延传承的生动见证。党的十八大以来，习近平总书记在不同场合多次对非物质文化遗产的保护与传承工作作出重要指示，为新时期中国非物质文化遗产保护事业高质量发展阶段指明方向。

广西是中国少数民族人口最多的民族聚居地区，非物质文化遗产种类繁多、资源丰富。截至2023年，广西壮族自治区级非物质文化遗产代表性项目达到1115项，70项入选国家级非物质文化遗产代表性项目名录，其中有3个项目列入《联合国教科文组织人类非物质文化遗产代表作名录（名册）》。

2021年起，广西日报传媒集团认真学习贯彻习近平总书记关于非物质文化遗产的重要论述和重要指示精神，以铸牢中华民族共同体意识为主线，主动而为，深刻领悟“四全媒体”传播特点，组建由内容采编、策划运营、视觉设计、技术开发等不同岗位参与的广西云非遗传播团队，启动“广西非遗传承计划”，率先在国内主流媒体中开展常态化非遗系统性传播。

一、推进深度融合内容体系建设，构建广西活态信息最丰富的非遗数据资源库

三年多来，广西云非遗传播团队奔赴广西各地，遍访100多位非遗传承人、采写非遗项目110余个，制作非遗微纪录片100余个，采集文字300余万字、拍摄5万多张原创非遗图片以及250多小时非遗视频素材，数据覆盖广西14个设区市，形成民族、医药、美食、传统技艺等系列的数据采集。

截至2024年5月，已推出《爱上非遗》系列报道超90期，报道以“深度报道+精美海报+短视频”形式，让广西活态的乡土文化走进千家万户，在坚定文化自信、探寻传统文化和现代生活连接点的行动中，奉献媒体力量。

二、拓展“非遗 +”融合发展，扩大广西非遗活态传承能见度

（一）拓展非遗 + 文旅，探寻传统文化和现代生活的连接点

广西云非遗传播团队依托媒体优势主动融入、创意转化，通过传播释放非遗的文化价值、历史价值和经济价值。同广西文化和旅游厅开展深度合作，推出非遗创意视频，开发广西非遗旅游路线；同广西博物馆、广西民族博物馆、广西民族村、南宁方特、南宁孔庙等深入交流，谋划开展系列非遗主题线上线下活动。

（二）拓展非遗 + 教育，助力优秀文化薪火相传

联合广西大学、广西师范大学、广西民族大学、广西艺术学院、桂林旅游学院、广西职业技术学院、广西建设职业技术学院等区内 10 余所高校相关专业院校及机构开展非遗内容传播及传承人培养等方面交流与探索；联合南宁市民主路小学、桂雅路小学、凤翔路小学、翠竹实验学校、五十四中等中小学，开展非遗进校园活动，让学生感受非遗的内涵与乐趣；开展“出发吧！非遗少年”主题研学活动，通过实地参观、跟着大师学非遗，实现融合传播不断走深走新。

（三）拓展非遗 + 科普，挖掘非遗与现代科技融合焕新之路

2022 年 9 月 15 日至 10 月 31 日，广西日报传媒集团联合自治区科学技术协会、广西文化和旅游厅、共青团广西壮族自治区委员会主办 2022“爱上非遗”科普展，展会累计吸引超 16 万多人前来参观。非遗 + 图文科普 + 现场体验 + 科普大讲堂的形式，丰富了非遗传播模式，进一步加大广西非遗传播广度，共同开辟非遗焕新之路。

借助科普传播，广西云非遗传播团队拍摄制作的《壮族会鼓习俗：鼓声嘹亮佑壮乡》中英文纪录片作为课件参与“一带一路”青少年创客营与教师研讨活动，并在“一带一路”虚拟科学中心官网刊播，向国内外网友展示了广西国家级非遗项目壮族会鼓习俗的艺术魅力，作品累积点击量超过 400 万人次。

（四）建立非遗智库，共谋非遗传承新路径

邀请高等院校及研究机构、传媒出版单位、金融系统、知名商业企业等领域热心人士，组建非遗智库团队，不定期与非遗传承人就非遗保护痛点难点，非遗活态传承焕新路径，非遗产业及志愿服务等问题展开研讨。截至 2024 年 5 月，累计开展非遗座谈会 40 余期，参与嘉宾 200 余名。

三、打造非遗融合传播品牌，以精品推动非遗“破壁出圈”

（一）专题式立体传播

持续推出《爱上非遗 “桂”在传承》《爱上非遗科普展》《国潮非遗 “移”起传承》《电亮非遗》等大型个性化融媒体专题，精美的原创图片和手绘场景，让网友沉浸式体验非遗魅力；设计制作《六堡陈醇 瑶乡传情——茶韵越千年》手绘 H5 互动专题，整合视频、评论、深度报道等融媒体产品；通过海报设计、创意短视频拍摄制作、图解等融媒精品，多渠道、多手段全方位展示非遗之美，建立广西云非遗融合传播品牌。

同时，在春节、广西三月三等时间节点，策划推出《非遗闹龙年》《潮起三月三 非遗好春光》等集图文、动画、音视频等内容的个性化专题，让网友沉浸式体验非遗魅力。

（二）媒体联动扩大影响力

2024 年广西三月三期间，广西云非遗传播团队联合海南、湖北、浙江、江西、云南、湖南、河南、江苏、贵州、四川等 12 个省区主流媒体，开展《潮起春茶“上春山”——三月三全国主流媒体特别联动报道》，每个省区选取当地特色非遗茶，推出系列 AI 创意海报、短视频等融媒体产品，集纳于国潮手绘风专题，带领广大网友来一场与非遗茶的浪漫邂逅，共品茶香茶韵，共享美好生活。活动期间，广西日报传媒集团全平台累计发稿 90 余篇，系列产品得到各联动单位、南国早报、各市县融媒体积极转发，全网总阅读量超 1500 万人次。

活动期间，推出 3 场潮玩非遗直播带货专场，通过与广西博物馆合作，向全国网友推荐广西特色非遗茶、非遗美食、民族文创产品等，通过传统文化与时尚潮玩的碰撞，打造集文旅推广、非遗展示、实时互动等内容于一体的直播带货新体验，活动累计互动（转 / 评 / 赞）超 2 万次。

（三）国潮非遗文创助传承

推出非遗口罩、T 恤、手袋、潮流包包、礼品盒、书签、笔记本、明信片等系列国潮风文创产品，融合传统与现代、继承与创新的艺术形式，将现代审美理念与实用功能融入其中，让传统手工艺通过文创衍生产品，让更多人领略非遗之美、广西之美，传递精湛技艺背后的卓越匠心，帮助非遗传承人创收增收。

四、结语

广西日报传媒集团依托媒体融合实力，在非遗传承与创新的实践探索中取得了令人瞩目的成果，通过线上线下活动推广、非遗 + 教育融合、非遗 + 科普融合、建立非遗智库等多项举措，成功地将非遗与现代元素相结合，打造出一系列富有创意和实效的实践项目。这些实践不仅丰富了人民群众的文化生活，也为非遗的传承与创新注入了新的活力。

（广西云非遗传播团队）

《爱上非遗 “桂”在传承》专题

案例类别：产品

融合创新与红色文化传承：广西日报传媒集团的实践与启示

李伟国 李济坤

随着媒体融合的深入发展，如何有效利用红色文化资源，传承革命精神，成为媒体行业面临的重要课题。湘江战役红色文化创新宣传项目，是由广西日报传媒集团创作的院线电影《湘江 1934·向死而生》和同名连环画图书作品，以及系列线上传播、线下活动组成。该项目通过创新的宣传方式和多元化的传播形式，构建湘江战役红色文化宣传的融合创新范例，是广西日报传媒集团响应号召，积极承担主流媒体的社会责任，"学党史、悟思想、办实事、开新局"的创新之举，也是广西日报传媒集团推进集团转型升级、融合发展的生动例证，实现了媒体融合创新与红色文化传承实践。

一、红色题材创新应用与传承

近年来，纸媒发展面临困境，广西日报传媒集团以媒体融合为抓手，加大产业多元探索力度。集团做大做强做优"广西云"融媒体生态系统，强化"四圈深融"顶层设计，打造立足广西、连通全国、辐射东盟，具有区域性国际影响力的融媒体品牌，在内容、平台、渠道、产品、技术、新业态等方面深化融合发展，不断取得新突破。

2021年是中国共产党建党100周年，为献礼建党百年，广西日报传媒集团整合资源提前策划出品动画电影《湘江1934·向死而生》，它也是国内首部用动画电影形式反映"湘江战役"的红色题材文艺作品。青少年可看的革命传统题材作品还不够多，用动画这一喜闻乐见方式制作的作品更少，动画电影《湘江 1934·向死而生》很好地填补了广西、西南地区以及全国在这一方面的空白。

同时，根据电影内容整理编辑出版了同名连环画图书《湘江 1934·向死而生》，首版印刷 5000 册，以纸质图书的形式将湘江战役故事进行传播的固化和深化，电影和图书相辅相成、相得益彰。

二、传播形式和媒体融合新探索

《湘江 1934·向死而生》在宣传上创新形式，既组织了线下首映发布会、进校园巡映、进科技馆研学播放，又推动了全国院线公映，同时新闻网站、微信视频号、新闻客户端、电视台、县级融媒体中心等平台联合发力，还在腾讯视频等商业平台授权播放，融合传播的创新让受众范围不断扩大，掀起全民观看红色动画电影的热潮。

线上传播点燃传播效果。为了在全区高校、中小学营造浓厚的观影氛围，开设了《红色动画电影〈湘江 1934·向死而生〉再现红军长征史诗》大型融媒体专题，并在广西云客户端、广西新闻网、壮观客户端、"学习强国"广西学习平台、微信、抖音等全媒体矩阵连续发布影片相关信息超 110 条，阅读量超 100 万人次；同时通过微博话题引导，互动量约 228 万人次，形成良好的口碑效应。

线下宣传引起观众共鸣。根据不同宣传期，项目组制作了 5 条电影宣传片；20 套用于校园巡映、采访背景板、观影引导展架的主题海报；3 套（约 5000 份）用于高校、中小学首映式的宣传手册。通过一张张极具感染力的主题海报和热血沸腾的宣传预告片，充分展示影片主旨内容、艺术价值和创作风格，取得了良好的宣传效果。

二次传播助力项目延伸。在进行校园放映的同时，广西日报传媒集团出版了连环画图书《湘江 1934·向死而生》同名漫画书籍，在校园营造"观一部红色电影，读一本红书"的爱国主义教育浓厚氛围，备受广大师生欢迎，获得共青团组织、学校、图书馆、博物馆企业的认可和支持。同时，授权商业网络平台、研学机构采买版权，也形成红色文化宣传创新的一个亮点。

三、红色文化传播新成效

电影项目组自始至终坚持"既要争分夺秒，更要创作精品"的理念。在前期摄制阶段，广西日报传媒集团联合广西千年传说影视股份有限公司、清大知好乐教育科技有限公司，精心打造文艺精品；在后期宣发阶段，组建项目宣传和发行小组约 30 人，全力宣推红色文化传播。

电影《湘江 1934·向死而生》于 2019 年底分别在北京、南宁和桂林举行了全国点映式和观影座谈会，三场活动得到党史、军事、影视、学界人士的高度评价，有超过 20 名红军后代参加了活动，50 多家全国主流媒体对影片进行了广泛宣传；电影于 2020 年 10 月起，分别在南宁、桂林、柳州等市举行了近 200 场校园巡映，在全区高校和中小学校引起了极大的关注，覆盖学生观影 11.2 万人次，力度大、覆盖面广、效果好；电影于 2021 年 2 月举行院线首映式，全国同步 1000 个影院上映该影片，其中在广西全区各机关企事业单位、各企业结合党史学习教育主题党日活动、红色主题教育活动、工会活动等主题，组织广大党员干部到影院包场观影约 111 场，开启党史学习新模式。

《湘江 1934·向死而生》在全国点映、校园巡映、全国院线公映以来，尤其是全区各高校中小学、各机关企事业单位结合党史学习教育主题党日活动，组织广大师生、党员、干部职工包场观影，在全社会形成了党史学习教育的浓厚氛围。

四、淬炼红色精品受各界肯定

《湘江 1934·向死而生》在全国院线公映以来，形成了党史学习教育的浓厚氛围，仅在广西观影覆盖人群超 12.8 万人次，电影口碑在专业电影平台评分 7.2 分，点击播放量超 1200 万次。此外，相关红歌和纪念园的建设也取得了显著的社会效应。

在湘江战役红色文化创新宣传理念的影响下，广西众多媒体都以极高的热情、极大的力度推出了各种各样的湘江战役红色文化作品。其中，全州县融媒体中心分别制作完成红歌《过湘江》《我在全州唱山歌》，以习近平总书记考察全州县的两个地点为背景，邀请瑶族同胞以山歌、红歌的形式，讴歌自然生态、脱贫攻坚、乡村振兴以及革命精神和红色文化等，抒发对家乡和国家由衷的赞美之情。歌曲《过湘江》总浏览量突破百万，央视进行了转发；2021 年 1 月 1 日至 2021 年 9 月 3 日，兴安县、全州县、灌阳县三地湘江战役纪念园（馆）参观总人数达到 3.1 万批次，约 660 人次。

《湘江 1934·向死而生》入选广西当代文学艺术创作工程三年规划第一批项目，并荣获 2019 中国卡通产业论坛暨第八届“新光奖”中国西安国际原创动漫大赛“礼赞祖国动画特别奖”提名奖，入选第二届中国报业深度融合发展创新案例（网络内容建设类）。影片分别在“学习强国”平台、腾讯视频等平台播出，进一步扩大了作品的社会效应和经济效应。

五、结论

湘江战役红色文化创新宣传项目是媒体融合发展的一个成功案例。通过电影、图书、线上线下活动等多种方式，传播红色文化，实现了社会效益与经济效益的双赢，该项目不仅实现了社会效益的最大化，也为媒体行业的融合发展提供了宝贵的经验，展示了中国新闻出版业在深度融合和创新传播方面的多样化尝试和实践成果。通过这些探索，中国新闻出版业正逐步形成具有自身特色的融合发展模式。

（李伟国：广西云数字媒体集团媒体融合发展中心主任，李济坤：广西云数字媒体集团南国影业总监）

电影《湘江 1934·向死而生》网络专题

案例类别：产品

依托“洋面孔”讲好中国故事提升国际传播效能

——基于柳州市融媒体中心创新地方国际传播路径实践的探索

李斌 黎寒池

作为中国距离东盟国家最近的较大工业城市，柳州工程机械和汽车等工业产品出口份额逐年递增，遍布“一带一路”沿线国家，是中国制造扬帆出海的缩影。2023 年，柳州市融媒体中心与《中国日报》联合打造国际传播作品《“洋面孔”看柳州》系列中英文短视频，从独特的“外视角”切入，以日常化、平民化、个性化的叙事方式，生动展现了多位“洋面孔”在柳州旅居的幸福生活，以及他们眼中柳州制造不断迈向国际化的故事。作品相关话题登上微博热搜，境内外相关报道超 300 条，前三期全网浏览量超 1.5 亿人次，成为地级市用好自身特色和优势做好国际传播的积极探索，也是加快构建中国话语和中国叙事体系的有益尝试。其中，《“洋面孔”看柳州》第一期《十一年·一碗粉·一座城》在中国外文局等单位主办的第五届“第三只眼看中国”国际短视频大赛中获“食见中国，吃遍全球”主题单元二等奖、2023 年“德行天下·微影故事”——广西践行社会主义核心价值观主题微电影二等奖。

一、拓展地方国际传播渠道

（一）用好社交媒体平台

2023 年，柳州市国际传播中心在柳州市融媒体中心揭牌启用，组建起专业的国际传播编辑小组，利用在 Facebook（脸书）、X（原推特）、Instagram（照片墙）、YouTube（优兔）、TikTok（抖音国际版）等五个海外社交媒体平台开通的“Amazing Liuzhou”账号，以视觉语言为抓手，对外传播柳州本地的美景、美食、新鲜事等“美”的内容，获得海外受众的喜爱。目前，“Amazing Liuzhou”账号总粉丝量突破 15 万。

（二）加强与中央媒体联动

柳州市融媒体中心充分发挥柳州“一车风行、一江旖旎、一花倾城、一粉飘香”的城市效应，以视觉为优势，通过供稿等形式，利用新华社、《人民日报海外版》等中央媒体对外平台，先后将数千张图片翻译成多国文字进行海外传播。2022 年以来，柳州市融媒体中心与《中国日报》形成央地媒体深度联动机制，先后打造《粉红天下——一碗中国米粉的逆袭》《“洋面孔”看柳州》系列短视频等国际传播作品。

（三）加强与出口企业联动

伴随着越来越多知名工业品牌扬帆出海，柳州趁势聚合企业对外优质资源，以企业产品作为媒介，加强地方与海外受众的同频共振，不断整合名企、友城、高校、“洋网红”等国际传播渠道，以一个个跨越山海的生动故事展示生动的城市形象，以“企业之窗”展示“中国之治”，以良好的企业形象展示大国担当的国家形象。

二、创新地方国际传播叙事方式

（一）以“外视角”展示“可信”的地方形象

面对与国内受众有着语言、文化、思维等诸多差别的海外受众，要想赢得信赖，建立可信度更多的地方形象，改变叙事方式迫在眉睫。在《“洋面孔”看柳州》第一期短视频中，故事主角是来自英国曼彻斯特的苏菲，11 年前，为了学习中文，她与广西柳州结缘。因为一碗中国米粉，她爱上中国。如今，她说自己的中文都有“螺蛳粉味儿”了。视频中，“外视角”个性化的带入，让苏菲后面提到柳州螺蛳粉的发展之路变得非常自然，不仅让海外受众见证了中国美食文化的魅力，还充分展示了以美食为代表的地方城市名片，让地方形象变得更加真实、立体，更具有公信力。

（二）以“洋面孔”展示“可爱”的地方形象

“可爱”的形象是一种情感表达，随着越来越多“洋面孔”选择留在中国工作、生活，他们对中国故事、中华文化的感知也越来越深。如何通过“洋面孔”的亲身体会，在轻松、幽默的柔性表达中展示“可爱”的地方形象，逐渐成为地方开展国际传播中面临的新课题。在《“洋面孔”看柳州》第一期视频中，白皮肤、蓝眼睛的故事主角苏菲是一名美食博主，具有较强的网感，镜头前她在中文与英文表达上自由切换，加上各种夸张表达和搞怪的表情，让画面变得生动有趣，让传播姿态变得“可爱”。娱乐化的叙事结构也在不断提高海外受众的认同感，进一步提升了传播效果。

（三）以“国际范”展示“可敬”的地方形象

作为积极向海图强的工业城市，柳州不少企业在长期深耕海外市场，通过良好的企业国际形象对外树立了“可敬”的城市形象。在《“洋面孔”看柳州》第二、三期视频中，故事主角是国际知名的工程机械专家和汽车设计师，他们讲述的柳州制造产品都是畅销全球的知名品牌，有着满满的“国际范”。其中，来自东风柳汽公司的印度籍设计师拉曼在柳州工作 4 年，爱上了中国爱上了书法，还把家人接来定居。在这里，他跟随书法家研习书法，并从草书等字体中找到全新的设计灵感，将中国书法元素融进设计创作中，这款新能源汽车在 2023 年德国国际汽车及智慧出行博览会上亮相，受到海内外车友的关注。视频通过展现这些具体而生动的小切口故事，赢得了海内外受众的点赞，海外网友称“这款车是中西方文明互鉴淬炼的结晶”。

三、提升地方国际传播国际格局

（一）提升情感共鸣的能力

在《“洋面孔”看柳州》第一期中，苏菲讲述她带着柳州螺蛳粉回英国的故事，是整部片子的一个共情点。该片段使用了竖屏自拍的手法，她一边打包螺蛳粉，一边用中文讲述：“过几天终于准备回英国过年，我三年没有回去，一直在柳州，我有点怕我现在吃不惯英国的食物，所以我要多准备几箱我最爱吃的柳州螺蛳粉，然后我到英国可以放心地吃。”随后，影片还插入了她家人在英国吃粉的画面，并用中文点赞：“粉，好吃！”这些极具“网感”的声情并茂画面，生动有趣，通过美食和亲情直抵人心，打动了海外受众，以“润物细无声”的方式对外传递了中华美食文化。

（二）提升精准传播的能力

《“洋面孔”看柳州》第二期，讲述的是来自美国纽约的工程机械专家闭同葆，见证柳工飞速腾飞，感受中国制造创新发展迅猛势头的故事，他说在工业之城柳州实现了他的“中国梦”，并选择留在柳州生活。这期影片虽然没有太多诙谐幽默的“网感”，但由于在 2023 年中美元首会晤期间推送，加上来华访问的美国飞虎队代表团刚刚结束柳州之行，特殊的时间节点大大增强了该片的传播力和影响力。据统计，2023 年 11 月 15—22 日，境内外相关报道 100 多条，全网累计浏览量近 3000 万。

（三）提升“传播美”的能力

近年来，在柳州开展国际传播实践中，美景、美食等美的传播也逐渐成为流量密码。在《“洋面孔”看柳州》系列短视频中，“洋面孔”眼中的柳州之美，正是以螺蛳粉为代表的美食，以及百里柳江为代表的美景。正如第三期视频主角拉曼所说的，这座城市种种美好的事物不仅让他很享受这里的生活，更能激发他设计的灵感，所以他爱上了柳州。因此，有专家认为，“传播美学”也是国际传播一个独特视角。提升“传播美”的能力，同样让海外受众在日常之美、文化之美的细微之处激发“新共鸣”。

（李斌：柳州市融媒体中心总编辑、高级记者，黎寒池：柳州市融媒体中心名企外宣事务部主任、首席记者）

案例类别：产品

柳州螺蛳粉官方平台

高晓珊 陈威 陶功明 陆庆余 黎明

为深入贯彻习近平总书记视察广西和视察柳州螺蛳粉产业时的重要讲话和重要指示精神，准确把握新发展阶段、全面落实新发展理念、积极融入新发展格局，增强实体经济支撑驱动作用，实现地方特色产业转型升级，全力以赴推动柳州螺蛳粉全产业链健康发展、高质量发展，对柳州螺蛳粉从“小米粉”发展成“大产业”续写惊奇，营造良好的舆论氛围和提供有力的宣传支持，进一步提高城市知名度，讲好柳州故事。柳州螺蛳粉官方平台于 2022 年 4 月 28 日正式上线，致力于宣传柳州螺蛳粉品牌形象，培育柳州螺蛳粉文化，助力柳州螺蛳粉产业高质量发展。

一、项目简介

柳州螺蛳粉官方平台，目前已打造“柳州螺蛳粉官方公众号”微信订阅号、“柳州螺蛳粉官方公众号”微信视频号、“@柳州螺蛳粉文化对外传播中心”新浪微博为主的三个宣传矩阵，并开通“柳州螺蛳粉官方”抖音号增加平台和产业曝光量，组成新媒体宣传矩阵。自 2022 年 4 月 28 日上线截至 2024 年 4 月，全平台粉丝量超 16 万人，共推出内容（包括推文、视频、微博、小程序、微应用等）超 1800 条，累计阅读 1000 万次，柳州螺蛳粉官方平台的影响力正逐渐扩大，成为备受关注的食品行业新媒体之一。

二、创新做法与具体成效

广播电视新媒体深度融合，即是按照中央《关于推动传统媒体和新兴媒体融合发展的指导意见》里提出的内容融合、渠道融合、平台融合、经营融合、管理融合 5 个方面多重突围，推动媒体深度融合层层展开。柳州广电新媒体“柳州螺蛳粉官方平台”深度融合的创新实践主要表现为以下几点。

（一）传媒经营，成功实现跨行业经营

柳州螺蛳粉官方平台不再拘泥于传媒行业，跳出传媒做传媒，主动向外延展，进行跨行业合作，形成媒体与旅游、媒体与体育、媒体与农业等领域的深度合作，使媒体经营边界不断延伸，媒体通过跨行业经营提升自身经济效益，实现自我造血。

央地合作，协同发力宣传柳州螺蛳粉文化。与文化和旅游部打造“一碗粉 一座城 打卡宝藏美食”柳州专场活动，并联动本地螺蛳粉企业共同举办线上宠粉福利活动。

推动中国国家地理微信公众号发表头条推文《靠螺蛳粉出名的小城，竟然有这么多惊喜》。

以挖掘柳州螺蛳粉“有趣”内涵的作品——《螺有趣柳州螺蛳粉包装设计》在第四届“金紫荆杯”中国—东盟工业设计大赛产品设计组全国 4000 多件作品中突围，未来将以螺有趣 IP 形象进行更多丰富文创产品的研发。

（二）首创柳州螺蛳粉垂直行业媒体

创造中国首个螺蛳粉垂直行业媒体，根植行业、深耕行业、服务行业，立足行业阵地，整合媒体渠道，链接行业资源，做好行业信息的汇聚点、中转站、扩音器，为社会媒体聚焦柳州螺蛳粉搭建平台，为行业宣传推广提供舞台，进而为整个行业的高质量发展营造良好的舆论氛围。

（三）整合柳州螺蛳粉全产业链资源，实现互融互通

深度整合柳州螺蛳粉全产业链资源，建立宣传数据库，创立柳州螺蛳粉微矩阵，实现人员互通、资源共享、内容共享，打破一二三产业间壁垒，促进柳州螺蛳粉行业主要机构与企业之间的紧密衔接和相互渗透，形成行业新闻生产大格局。积极借助外部渠道，用好社会平台，拓展了行业新闻报道发布渠道，提升传播效果和水平。

参与柳州市商务局和柳州市螺蛳粉协会联合主办的2022年度柳州螺蛳粉十大品牌评比活动，拟订其中网络投票环节方案，设计并开发制作投票页面，执行此项活动，该活动投票系统共接收来自全球79个国家及地区的305.6万票，投票页面总访问量48.7万次。社会效益和经济效益双丰收。

联合柳州市群艺馆进行柳州螺蛳粉技艺非遗资料收集，并计划做一系列柳州螺蛳粉文化的非遗宣传。

为“柳州螺蛳粉”实体店图形商标设计并开发授权名单查询网页，与柳州市商务局和柳州市螺蛳粉协会更好地服务实体店企业。

（四）创作紧跟热点，聚焦行业前沿，做好原创内容

平台坚持以柳州螺蛳粉文化建设和对外传播为主要宗旨，包括行业动态新闻、螺蛳粉文化活动、品牌推广、互动销售活动、行业活动、舆情应对处置等，并且紧跟热点，做到传递有价值的信息、创作有品质的报道，发出有态度的声音。

围绕“国庆黄金周”，双11购物节、春节等热点节日前置策划、抓实细节，联动柳州螺蛳粉企业做宣传，每日推送双11攻略，推送多个品牌引导受众消费，开启各项“宠粉”活动。借螺蛳粉之势传播“网红打卡城市”，全面助力提升柳州旅游形象。

三、社会反响

（一）“这碗螺蛳粉一定要吃吗”拿下微博全国热搜

首次尝试借力突围，试水用互联网赋能“柳州螺蛳粉”对外传播目标：柳州螺蛳粉成为城市文化旅游的助燃剂。2022年国庆假期“这碗螺蛳粉一定要吃吗”拿下全国热搜榜第2位，话题阅读量超2.6亿，讨论次数超1.5万人次。据柳州市文化广电和旅游局统计，假期期间全市共接待游客403.3万人次，实现旅游消费28.8亿元。后被新浪微博征集收入案例库，获评新浪微博蓝V达人，多领域经验分享。

（二）不断扩大与加强海外传播，推出微应用产品

官方平台一周年前夕上线《柳州螺蛳粉环球之旅》微应用，以“螺蛳粉出口海外史”为主线，通过“粉红天下”“异国探店”“真香定律”“美味奇缘”等多个板块，全方面展示柳州螺蛳粉如何受到全世界人民的喜爱，发掘柳州螺蛳粉火遍全球背后的故事等，使每一碗外销的柳州螺蛳粉都成为一张宣传柳州城市形象、传播中华文化的名片。

（三）积极研发融媒体产品，服务消费者服务行业

通过深入挖掘柳州螺蛳粉文化，推出“柳州螺蛳粉美食指南”小程序，通过融媒体形式立体化呈现柳州螺蛳粉制作技艺、记录传承人故事，推广柳州螺蛳粉文化、助力传承非遗技艺，宣传螺蛳粉上下游产业链、一二三产业融合发展，并实现柳州全域优质螺蛳粉店铺数字化收录、评鉴、定位导航等功能，小程序上线至今，已获164万浏览量。

（四）带动柳州城市传播指数上升

因柳州螺蛳粉文旅特色品牌宣传推广活动获2022年度国内旅游宣传推广十佳案例，柳州列2023年全国地级市传播指数百强榜第24名。

四、经济效益

（一）联动企业，合作销售

自柳州螺蛳粉官方公众号上线以来，已有多家知名柳州螺蛳粉企业与平台达成合作，如螺状元、佳味螺、柳宗元、柳江人家、城之螺、螺有道、柳工集团妙寻等多款产品上架柳州螺蛳粉官方商城。

（二）品牌年度合作

与螺霸王品牌签订年度合作，助力品牌各类活动的开展，如国庆吉尼斯世界纪录挑战等。

五、融合经验体会与启示

讲好中国故事，讲好柳州故事，全力以赴对推动柳州螺蛳粉全产业链健康发展、高质量发展，对柳州螺蛳粉从“小米粉”发展成“大产业”续写传奇，营造良好的舆论氛围和提供有力的宣传支持，进一步提高城市知名度。因此需要做到以下几点。

（一）提高站位，把握正确导向

柳州螺蛳粉官方平台是行业媒体，是主流媒体传播矩阵的重要成员，是服务柳州螺蛳粉行业的重要力量，坚持了正确政治方向、营造了良好的舆论氛围，就能为推动柳州螺蛳粉全产业链健康发展、高质量发展，进一步提高城市知名度“摇旗呐喊”。

（二）紧跟热点，聚焦行业，丰富原创内容

平台继续坚持以柳州螺蛳粉文化建设和对外传播为主要宗旨，包括行业动态新闻、螺蛳粉文化活动、品牌推广、互动销售活动、行业活动、舆情应对处置等，并且紧跟热点，丰富原创内容输出，做到传递有价值的信息、创作有品质的报道，发出有态度的声音。

（三）不断延伸传媒经营边界，提升经济效益

有效拓宽服务渠道；寻找合适人选，全新打造柳州螺蛳粉自己的IP人物形象；与多方媒体联合内容共创；持续增强跨界沟通互动；更好地将柳州螺蛳粉文化宣传出去，建立一个服务行业的新渠道，提升经济效益。

只有通过不懈的探索与创新的提升，柳州螺蛳粉官方平台将来才能打造成具有独特优势和较强影响力的跨行业经营传媒标杆。

（高晓珊、陈威、陶功明、陆庆余、黎明：柳州市融媒体中心）

案例类别：产品

探索小而美
——“紫荆赏花指南”小程序的融创实践

王乐　袁静娴

一、项目背景

柳州市作为我国西南工业重镇、广西最大工业城市、全国五大汽车城之一，近年来持续打造了“一台车、一江水、一朵花、一碗粉、一宗师”的亮丽城市名片，先后荣获国家园林城市、国家森林城市、联合国人居范例奖等荣誉，成功实现从工业城市向环境友好型城市转型，跻身“网红城市”。

“一朵花”指代柳州市市花——洋紫荆。每年三四月，柳州市区30万株洋紫荆竞相绽放，为这座频频“出圈”的宝藏之城吸引了新“流量”。柳州市融媒体中心（柳州市广播电视台）聚焦“赏花刚需”，积极拓宽“融媒+”服务模式，充分利用平台优势打造出“紫荆赏花指南”小程序，以花为媒讲好柳州故事、传播柳州声音，助力城市“流量”变“留量”，从“网红”走向“长红”。

二、产品概况

（一）设计理念

“紫荆赏花指南”小程序是由柳州市融媒体中心（柳州市广播电视台）自主策划、设计、研发、运营的一款独具本地特色的媒体融合创新应用，于2023年3月正式上线。“小而美”是贯穿始终的设计理念。

1. 只解决“花粉”刚需。聚焦赏花大圈层人群，垂直细分小圈层用户：来柳游客“一站式”需求、本地市民“进阶式”需求、广大网友“云赏式”需求。

2. 只开发“花粉”功能。围绕“知—寻—赏—游—购”的用户场景，构建满足不同圈层需求的功能点，如面向游客的Citywalk“花粉相约”赏玩路线导航，面向市民的“小众秘境”赏花攻略，面向网友的“云赏紫荆”慢直播，面向所有用户的“花期预测”“AI赏花”等功能。

3. 只连接“花粉”经济。以“三有”（有关联性、有功能性、有互动性）为品牌植入原则，实现广告降噪，提升用户体验，如联合中国电信打造“慢直播网络”及“时光缩影回放”、联合全市文创机构推出紫荆花城市伴手礼商城、联合柳州螺蛳粉官方平台宣推了多家螺蛳粉实体店推荐等。

（二）功能介绍

花开了吗？

网红赏花打卡点在哪？

Citywalk 怎么走？

玩累了去哪里可以嗍螺蛳粉？

针对这些赏花季的常见问题，“紫荆赏花指南”小程序推出了花期预测、赏花路线导航、云赏紫荆慢直播、赏花攻略等功能，以15条“花粉相约”赏玩线路串联起全市具有代表性的58个赏花点、18个嗍粉点、25个观景点，并基于地图API及LBS定位对这些赏玩点进行了精准采集与导航，重点解决游客及市民的赏花需求，使用户能够通过移动端线上指引、获得线下Citywalk的畅玩体验，达到了较为完整的交互闭环。

同时，联动中国电信从“水、陆、空”三个维度提供“12路云赏紫荆慢直播”服务，联动“广西三月三”文旅宣传提供“民俗活动接力直播”服务，并通过融媒技术手段打破了传统慢直播“系统串流、互动单一”的被动式体验“瓶颈”，实现了让用户“自主切流、多维

赏花”的主动式互动体验。

此外，小程序的“AI 赏花”功能可让用户与 AI 共创古风赏花美图，并在小程序“画廊”中展示个人最美画作；用户还可在小程序上的商城，带走紫荆花文创伴手礼。

（三）取得成效

截至 2024 年 4 月不完全统计，“紫荆赏花指南”小程序在全网融媒传播总量超 150 万，多次获得柳州市文化广电和旅游局官方推荐，并陆续受邀在《在柳州》APP、《龙城市民云》APP、《柳州市文化广电旅游局》官方微信号等本地头部新媒体平台开设产品入口，此外还受到了柳州市相关委办局、同城媒体、市民游客的广泛好评。2024 年 3 月，“紫荆赏花指南”小程序已通过柳州市融媒体中心初评，作为“应用创新”推选参评 2023 年度广西广播电视和网络视听优秀作品。

三、主要创新做法

（一）聚焦垂直，差异化创新底色往往是身边“小美好”

与综合性更强、功能性更多的“大而全”产品相比，聚焦垂直领域的“小而美”产品更易精准获取圈层用户，更适用于地市级媒体单位以有限资源将身边的“小美好”快速构建为具有本地特色的媒体服务，增强自身的本地优势、融创实力、媒体竞争力。

“紫荆赏花指南”小程序核心人员 5 人（其中 3 人为抽调）均为本地人，基于对产品需求的快速与深度理解，依托柳州市融媒体中心（柳州市广播电视台）平台优势，实现了从策划到上线仅耗时 14 个工作日的融创实践探索。

（二）技术驱动，从颜值“出圈”到“研值”赋能

春日里的柳州凭借洋紫荆颜值“出圈”，主流媒体有责任搭建起一个连接花与人的桥梁，如何抢占宣传高地并快速构建新型媒体产品是对媒体融合走深走实的一场实测检验。

“紫荆赏花指南”小程序通过综合运用 AIGC、直播、导航、电商等技术，以“研值”强化传播实效，赋能“花粉”服务，助推“花粉”经济。

（三）重塑表达，以“轻量化”传播直抵用户刚需

融媒时代，既应拥有宏大主题叙事的深度报道能力，更应注重表达方式的创新重塑，顺应移动互联网新媒体传播语境下的“轻量化”传播特点与需求，以用户喜闻乐见的形式与话语回应实际生活中群众关切的问题。“轻量化”不应成为内容粗劣的理由，其代表的应该是对用户刚需更深刻的理解，对内容品质的浓缩苛求，对提高新闻传播力、引导力、影响力、公信力的有效探索。

在“紫荆赏花指南”建设过程中，团队在诸多方面都进行了“轻量化”实践，如以小程序为应用载体，无须下载即点即用，依托微信生态圈更易于用户传播；去粗取精，从几百个候选点严选严控上线赏玩点数量，为用户节省筛选时间；精简程序层级，80% 以上功能仅需用户点击 2 次即可抵达；就近推荐，根据用户所在位置智能推荐附近赏玩点与线路，减轻用户选择压力。

四、问题与启示

（一）季节性产品应注重产品活跃度的延续

“紫荆赏花指南”小程序尽管长期运营，但数据显示其活跃周期与紫荆花期保持一致，花期外时间则进入“休眠期”，周而复始。如何在保持产品垂类的同时，将活跃度进行全年延续是值得思考的问题。

下一步将计划有步骤地拓展小程序与其他应用的交流广度深度，借助本市和省内外各地热点活动，扩大“花粉”的朋友圈，持续与各级媒体举办交流、互推、互“撩”活动彰显开放、包容、创新的柳州风格。

（二）二创对提升产品传播力与用户黏性至关重要

“紫荆赏花指南”慢直播摄像头附近曾出现国家二级保护动物红隼停留休憩的画面，通过将该画面剪辑二创收获了一批新用户的关注。这也让运营团队意识到，产品二创翻新出彩是连接更多用户、让功能深入人心的有效路径。

五、结语

基于“融媒 +”服务理念，通过技术赋能移动优先，“紫荆赏花指南”小程序探索出一条以垂类小程序为纽带，快速连接城市、媒体、企业、用户的新路径，为行业发展提供借鉴。

（王乐、袁静娴：柳州市融媒体中心）

“紫荆赏花指南”小程序

案例类别：产品

数字赋能媒体平台多元化创新发展

——以梧州“零距离问政”平台为例

梧州日报社

网络问政是公众行使知情权、参与权和监督权的重要渠道，更是密切党和人民关系的新纽带、新平台。梧州“零距离问政”平台是新时代走好网上群众路线的生动体现，通过“新闻＋服务”“线上接单＋线下解决”的模式，使群众通过网络问政平台反映的问题得到有效解决，在筑牢意识形态和宣传舆论阵地等方面发挥了重要作用。

一、“制度＋平台”，确保问诊有成效

梧州市“零距离问政”平台于2010年8月正式开通，依托梧州日报社旗下梧州零距离网开展日常运行。该平台由梧州市委、市政府主办，梧州市委宣传部负责日常管理工作。在梧州市委、市政府的正确领导下，梧州市形成了各级各部门积极参与网络问政、倾听网友诉求、解决网友难题的良好氛围，网民通过“零距离问政”平台解决问题，政府部门通过回应关切提高公共服务水平，良性互动促进了梧州社会和谐稳定与网络信访健康有序发展。目前，平台共开设86个问政板块，包括书记信箱、市长信箱，以及各县（市、区）和市级职能部门问政板块。

梧州市“零距离问政”平台开通伊始，便建立了传送、办理、反馈、答复、督查一系列工作机制，24小时接受网民的咨询、建议和投诉。根据《梧州市网络问政管理办法》，网民留言的受理答复有严格要求：网民当天发帖，部门需当天受理，一般问题3个工作日内答复，需现场处理的、比较复杂的问政事项15个工作日内答复。“书记信箱”“市长信箱”超时未能答复的要书面向市委、市政府督查室说明理由。2012年起，梧州市还把网络问政纳入全市各部门每年的绩效考评工作，同时建立网民评价机制、手机短信沟通机制、汇报机制、约谈机制、监督落实机制和督办通报机制等六大工作机制，进一步提高各上网部门的责任意识和网上问政成效，切实做到“群众有声音、政府有行动”。

2023年，“零距离问政”网络平台全新改版上线运行。此次升级主要针对平台运行性能、用户操作体验、部门办理质效等方面进行提升改造，大大提升了响应速度、网友群众的使用体验，以及提升问政的办理效率和回复的完整性。

二、“线上＋线下”，延展问政新模式

在做好网上回复的同时，“零距离问政”平台组织各级各部门分管领导和网络发言人，主动从网上走到网下，积极开展各种各样的网络问政走基层活动，走进梧州市7个县（市、区）的乡镇、社区，与群众面对面沟通交流，促成一些社会反映热、网络反响冷，但群众普遍关心又相对敏感问题得到解决。2013年起至2023年，“零距离问政走基层”活动先后多次走进7个县（市、区）接受群众反馈问题。

2015年至2017年，“零距离问政”平台每年均举行一次“你来提，我们一起做”网络问政专题征集活动，工作人员不仅现场接收当地群众反映的问题，还结合线上留言征集，同步征集网友群众最关心、最迫切希望解决的问题，最后经过问题征集、问题筛选、民意搜集、公布结果、监督报道、考核评价、公布成绩单等基本环节，将一批批最需要解决的问题列入当地政府年度绩效考核，以督促问题真正得以解决。

2021年9月起，“零距离问政”平台在“零距离问政走基层”的基础上推出“我为群众办实事 零距离问政进社区”系列活动，并在梧州日报社旗下全媒体平台开设同名专题专栏，派出全媒体记者到各县（市、区）基层一线，现场征集市民群众的报料和求助信息，并进行跟踪采访报道，推动报料求助问题得到解决和回应。通过“线上接单＋线下解决”的模式，使群众通过“零距离问政”平台反映的问题得到有效解决，取得明显工作实效。

活动中，经过记者介入、沟通、协调相关部门，成功帮助群众解决了夜宵店油烟味倒灌进居民楼、民房漏水、寻找牺牲烈士、路树遮挡采光、变压器噪声扰民等众多报料求助，如困扰群众达四年的内墙渗水问题，经记者沟通协调并报道后，仅用35天就得到圆满解决；困扰居民两年的变压器噪声问题，经记者报道后，不到12小时就得到解决……

活动在梧州日报社旗下“两报一网”、手机客户端，以及微信、微博、抖音号、视频号等媒体矩阵立体推送，实现全媒体宣传覆盖。截至2023年12月底，

梧州日报社旗下新媒体平台“我为群众办实事 零距离问政进社区”“零妹跑腿”等栏目今年累计推发图文、视频100多篇(条)，推动50多个(2023年度)民生问题和群众难题得以解决，总阅读量超过200万人次。

三、“新闻＋服务”，联动多方解难题

为了方便市民群众更好地反映问题、表达诉求，进一步拓宽网络信访的渠道，“零距离问政”平台在原来电脑端的基础上，开通手机版，入口扩展至梧州零距离客户端、微信端等。如今，梧州市的老百姓手持一部可上网的手机，就可以随时随地向市领导或相关部门反映问题，也可以随时通过手机查阅有关部门的回复。鼠标动一动，手指按一按，均可实现网络问政。网上信访大大减轻了线下信访的工作量。

为扩大网络问政的影响力，充分发挥媒体的舆论监督作用，“零距离问政”还实施了报网互动，在《梧州日报》《西江都市报》设置“零距离问政”“点击问政”等专栏，刊登问政案例，追踪热点问政的处理过程和结果，借力传统媒体的权威性和舆论监督作用，敦促各级政府、各有关部门及时处理与人民群众息息相关的问题。依托“零距离问政”平台，通过“新闻＋服务”，全媒体多形式正面宣传，讲好网络问政工作中为民服务、善解民忧的故事，引导群众看到党和政府为解决问题所作的努力，增进了群众获得感，促进和谐社会建设。“零距离问政”平台以及相关新闻专题频频获得广西新闻奖。其中，《零距离问政——梧州市网络问政平台》获2010年度广西新闻奖一等奖，《问政面对面·零距离基层大走访》获2011年度广西新闻奖一等奖以及广西新闻战线“走基层转作风改文风”活动优秀专栏奖。《我为群众办实事 零距离问政进社区》获2021年度广西新闻奖应用创新项目三等奖。

(梧州日报社)

案例类别：产品

以节气短视频展城市美景与文化

梧州日报社

近年来，梧州日报社梧州零距离网站坚持守正创新、精准策划，积极推进新兴媒体与传统媒体的融合互动，把重点主题宣传报道延展、深拓，着力推出接地气、有品质的融媒体作品，进一步提升主流媒体的传播力、引导力、公信力和影响力。

“诗朗诵二十四节气”系列短视频，是梧州零距离网站倾力打造的一款原创性强、融合度高、表现力丰富、感染力大的融媒产品，通过短视频形式宣传二十四节气特征，推广本土原创诗词，体现本土风俗特色，展现梧州城事美景，集中彰显中华优秀传统文化之美。

该系列视频共24集，每集时长2分钟内，于2022年3月20日起在梧州日报社梧州零距离网站各新媒体平台同步推出。为拍摄二十四节气下的梧州美景，摄制组跨越梧州七个县(市、区)采风拍摄不同节气下的风土人文，并邀请本土诗词创作者结合本土元素创作古诗词，配以诗朗诵方式，向网友全景式展示二十四节气中梧州的物候和民俗特点。

一、多个主题叠加，形成聚合效应

2016年，二十四节气正式列入联合国教科文组织人类非物质文化遗产代表性项目名录；2022年北京冬奥会上中国二十四节气宣传一经推出，再次掀起各界关注，二十四节气民俗也成为各级媒体的重点宣传，海报、短视频等形式逐步成为主流，并获得受众认可。

2022年是党的二十大胜利召开之年，展现城市建设亮点、体现大美中国(城市)的主题报道也成为重点，如何创新展现城市发展亮点、地方美景，成为新媒体需要考量的重点之一。梧州市创建“诗词示范市”也在2022年进入冲刺阶段，舆论造势必不可少。此外，原创诗词在梧州本地群众中有较好的受众基础，群众创作热情高，《梧州日报》也定期刊登市民群众的原创诗词来稿，本地诗词创作氛围浓厚。

有鉴于此，梧州零距离网站主动谋划，对二十四节气进行了创造性转化和创新性发展，赋予其具有地方特色的影像符号，把二十四节气、本土原创诗词、城市建设巨变三大重点内容结合起来，形成专题化系列主题报道，采用时下流行的影像形式，推出“诗朗诵二十四节气”系列短视频，把节气民俗特色、城市风光亮点、本土原创诗词三者结合展现，形成重点主题宣传系列报道。

该系列视频共 24 集，于 2022 年 3 月 20 日起在梧州日报社梧州零距离网站各新媒体平台同步推出，全平台综合播放量超过 500 万人次。

二、多种形式融合，形成整体效应

《诗朗诵二十四节气》系列短视频定位是本地化，诗词文案本地化、景色画面本地化、民俗特点本地化。对于本地受众而言，本地化的作品更能引起他们的兴趣；对于媒体来说，本地化的城市宣传能成为外宣窗口。该系列视频呈现梧州在各个节气中美丽自然景观的同时，通过原创诗词、节气文化和地方民俗，反映梧州历史人文和地理文化等城市内涵，体现“绿水青山就是金山银山”在梧州的生动实践以及时代强音下城市发展成果。

为做好该系列视频，梧州零距离网站提前谋划，每个节气提前十五天开始文案策划创编，同时发挥梧州日报社的资源优势，向本地诗词作者约稿，结合本地特色对二十四节气的城市景象、气候特点进行描绘。

为拍摄二十四节气下的梧州美景，摄制组跨越梧州七个县（市、区）采风拍摄不同节气下的风土人文，向网友全景式展示二十四节气中梧州的物候和民俗特点。

以其中一个短视频《烟雨玫瑰湖，白鹭展翅飞》为例，该视频文案源自《梧州日报》“创诗词示范市”栏目诗词《玫瑰湖即事 梳妆台》，描绘了玫瑰湖谷雨时节的曼妙景象。谷雨节气前夕，梧州零距离网站派出拍摄团队于梧州市玫瑰湖公园进行蹲点取景拍摄，镜头捕捉了细雨随风飘洒、湖水泛起涟漪、白鹭雨中翩跹、远处山色空蒙、行人雨中漫步等多样的唯美画面。

为了让画面和诗词达到最大程度的融合，视频统一采取朗诵配音形式，一来让受众在观看画面的时候无须费神关注字幕，二来通过朗诵更能突出诗词韵味，剪辑后配以主播柔美知性的朗读声，既展现了城市公园的生态之美和宜人舒适的人居环境，也展现了诗词的传统文化之美。精心制作的内容，赋予节气、城市与人文更深层次的关联，生活气息浓厚，反映自然节律变化的同时，也与梧州这座城市的文化精神相得益彰。相关诗词既作为视频文案的使用，同时在《梧州日报》上刊登；该系列短视频除了在新媒体矩阵平台发布，也随着报纸的节气专版推出，通过刊登二维码的方式，让读者浏览视频，形成媒体融合、一体推进的良好舆论宣传效果和整体效应。

三、多重渠道输出，形成立体效应

“诗朗诵二十四节气”系列短视频，题目统一冠以“今日 ××”为关键词，主要部分或是节气特色，或是心情感受，或是哲理诗句，既有统一标识突出系列化，也保留了每个节气的特色，不同句式的尝试还能网罗不同受众。文案诗词风格略有不同、大体统一，朗诵配音也是固定人选，给受众形成固定熟悉的视听感受。

在该系列短视频宣推过程中，不少受众并非一开始就关注，而是在某一次视频号、公众号推送，某一期报纸报道中看到自己感兴趣的景物，进而持续深入了解、观看更多视频。还有不少受众是在快餐式浏览中，发现报纸一直在刊登、微信一直在推送，受此浓厚文化氛围所吸引，从而观看诗词节气视频系列，并成为忠实“粉丝”。多重渠道持续输出的系列报道，通过精心谋划，对每一篇报道都加以明确主题和相近模式，能从一点到一线，由一线到全面，延展宣传效应，达到事半功倍的效果。

“诗朗诵二十四节气”系列短视频也形成了品牌效应。梧州市气象台、梧州市广电文化体育和旅游局、梧州市妇幼保健院等机构也于 2023 年、2024 年积极与梧州零距离网合作，并推出形式更为新颖、内容更接地气的二十四节气视频。

（梧州日报社）

广西贵港：让“非遗”走进寻常百姓家
——“贵港记忆 遇见非遗”大型直播公益行项目推介

谢静翔

贵港日报社自2020年3月开始，精心组织、策划、开展“贵港记忆 遇见非遗”大型直播公益行活动。据不完全统计，贵港日报全媒体矩阵非遗传播的各个平台流量叠加，浏览量逾500万，传播效果可圈可点。

一、我们为什么要做非遗?

随着社会的进步和科技的发展，人们的生产、生活方式发生着改变，现代文化的多样性大大压缩了传统文化的生存空间，使不少传承困难的非物质文化遗产逐渐走向灭失的边缘。

当前，大多非遗传承人年事已高，不能及时把优秀传承人掌握的技术、技艺、技能或“绝活”用各种方式留存下来，后继乏人，甚至出现“人在艺在，艺随人走”的窘境，有可能会造成非物质文化遗产不可弥补的损失。近年来，为了能够更好地传播非遗文化，在媒体的各个平台制作了许多非遗主题作品，但是由于作品时长过长，或者以传统纪录片的方式传播，且受人们生活和快节奏的阅读习惯影响，很少有人能够花几个小时去完整地观看完一部作品，而且传播渠道相对来说比较单一，在一定程度上无法使传播触达新时代青年群体，导致优秀的非遗主题作品逐渐被人遗忘。

二、贵港市非遗的基本情况

贵港市是一个具有2200多年历史的古郡新城，主要居住着壮、汉、瑶3个民族人民，非物质文化遗产资源十分丰富。目前，全市掌握的非物质文化遗产资源线索共有3500多条，涉及10个类别。

2008年以来，贵港市规范建立非物质文化遗产保护工作系统，截至2023年12月，全市公布非物质文化遗产代表性项目名录项目68项，其中，国家级1项，自治区21项，市级25项，县级21项；非物质文化遗产代表性项目代表性传承人24名，其中，自治区级16名，市级8名；建立自治区级非物质文化遗产保护工作平台15个。

三、我们是怎么做的?

贵港日报社开展“贵港记忆 遇见非遗”大型直播公益行活动后，从刚开始的创新实践和探索，到现在探索出了“四创新、四提升”的成熟运营模式。

（一）创新“政府+”活动载体，提升非遗影响力

在组织开展活动中，贵港日报社直播团队借助属地政府的影响力和号召力，进一步优化活动内容和借助形式多的活动载体，达到事半功倍的效果。

如在平山镇，作为非遗手工技艺代表之一的平南竹木芒藤编织就颇具代表性，竹木芒藤编织可谓遍地开花，几乎家家户户都有一两个编织能手。在平山镇政府的推动下，平山镇现有编织企业50多家，其中14家达到一定规模，17家有自营出口权。摄制组在直播前，需要和各个拍摄对象进行沟通，这个前期的沟通工作得到了平山镇人民政府的大力支持和配合。在一家编织工厂，记者顺利地拍摄了平南竹木芒藤纺织技艺传承人潘振宾现场展现的精湛技艺。通过当地政府的协调，记者还采访了平南县文化馆相关负责人、平南县平山镇党委书记、工艺大师等，请他们就非遗平南竹木芒藤编织技艺的传承谈做法、谈经验、谈传承价值。

通过“创新+”活动载体，政府不仅仅只是承担非遗“拯救”的工作，更应该成为整个非遗产业化的服务者，通过相关配套政策和“走出去+请进来”，优先吸引非遗产业化资源聚集。同时，充分发挥市场优势，对接市场，促进有市场竞争力的非遗项目产业化、品牌化。如此一来，才能让非遗最大限度的发挥市场竞争力，从而产生最大的经济效益和社会效益。

（二）创新“企业+”内容管理，提升非遗企业美誉度

贵港日报社在策划、开展非遗活动的同时，根植于企业的需求，与企业密切合作，线上线下共同发力，助力提升非遗企业美誉度。如在直播平南竹木芒藤编织技艺、平南三利小刀锻制工艺、桂平罗秀米粉手工技艺的过程中，我们同时设置有奖互动、观看直播评论、分时间段抽取幸运观众送小礼品等形式，形成线上线下互动，评论区网友讨论热烈，迅速在朋友圈扩散，“圈粉”无数。

在活动开展过程中，同时运用直播、抖音、快手号等平台，原汁原味地直播技艺展示的全过程。抖音抓细节，以细节打动人心，引起大家共鸣，直播中不断滚动发抖音，满满的干货，形成密集传播攻势，在线吸引大

量用户关注，引起较大反响——进一步扩大了非遗企业的社会影响力。

（三）创新“社会 +”宣传模式，提升非遗传播效果

贵港日报社为提升非遗传播的效果，把非遗放在全社会的大环境下，策划推出能与群众产生共鸣的互动体验，使非遗不再是“单兵作战”“单打独斗”。

据不完全统计，从 2020 年 3 月至 2024 年 3 月，“贵港记忆 遇见非遗”大型直播公益行活动共开展了 30 多期，《贵港日报》直播团队足迹遍布贵港三区两县市，与当地政府、企业密切合作，在社会上反响较好。

在创新“社会 +”宣传模式上，记者还把镜头对准港南区木格镇中心小学的非遗展示厅。贵港客家山歌传承人徐金勇以传承和发展客家文化为己任，从娃娃抓起，组建了木格镇客家山歌队，把山歌唱进社区、校园。因此，不仅仅使陈列馆一件件非遗物件有了生命，而且让非遗以更接地气、更贴近地方群众生活的艺术表演形式呈现，喜闻乐见，从而实现非遗“再生”。目前，港南区木格镇木格小学被列入贵港客家山歌传承基地，为非遗传承找到了一个很好的载体。

（四）创新“媒体 +”全效传播，提升非遗可持续发展后劲

贵港日报社运用“线上直播 + 线下活动”的形式，通过全平台立体宣传，加大了对民间音乐、传统手工技艺、传统戏剧等非遗曝光力度，大量融媒体产品被网友转载转发，提升了非遗传播的效果。

在活动开展的过程中，我们还善于发挥网络、摄影大咖等的作用，通过开展“网眼看贵港”，组织网友、大伽、大 V 们走进非遗的乡镇，如到港南区木格镇，一睹龙凤麒麟舞的风采；到港北区港城街道领略壮族哭嫁歌的魅力；到桂平市罗秀镇，亲眼看到能够荡秋千的米粉。现场探秘罗秀米粉传统手工技艺，挑战令人惊叹的米粉荡秋千，让广大网友不到现场也能感受不一般的舌尖上的非遗传承。

四、我们收获了什么？

四年多来，我们记录了贵港客家山歌、龙凤麒麟舞、平南竹木芒藤编织技艺和三利小刀锻制工艺、贵港师公戏、覃塘东龙彩灯、桂平罗秀米粉制作工艺和杖头木偶戏、壮族哭嫁歌等 30 多项非遗项目；采访、报道了贵港客家山歌传承人徐金勇、龙凤麒麟舞传承人梁仲斌、平南竹木芒藤编织技艺传承人潘振斌、贵港师公戏传承人何家前、东龙彩灯传承人潘铁明、罗秀米粉制作工艺传承人韦瑞员、壮族哭嫁歌传承人梁丽珍、平南三利小刀锻制工艺传承人郑伟明、桂平杖头木偶戏传承人李国权等人。通过“以数量换可见度”的方式，收获了大量的“粉丝”关注。仅壮族哭嫁歌，通过抖音预热、直播、视频号、“学习强国”等平台的推送，浏览量逾 100 万次。

我们致力于媒体的力量推动政府、企业 、社会三方力量，共同推动、引导、包装一个个非遗项目，使非遗在日新月异的当下仍然焕发出时代的价值和光彩。当非遗成为我们生活中必不可少的一部分时，当其价值在当下得到进一步验证时，便为非遗得到真正保护、代代传承找到了源头活水。

（谢静翔：贵港日报社融媒体技术部主任）

“贵港记忆 遇见非遗”电子书刊

案例类别：组织机构

“九强化”促“八大提升”闯出新路子

——来宾市关于市级媒体融合改革的探索与实践

唐毅 张吉矿

2022 年以来，来宾市始终深入学习贯彻习近平文化思想，特别是习近平总书记关于媒体融合发展工作的重要论述，贯彻落实习近平总书记对广西重大方略要求，从最初机构重组、模式探索到全区率先推进报台实质性合并，成为全国市级媒体深度融合发展试点，再到打造媒体深度融合 2.0 版本，来宾一直朝着把市级融媒体中心建设成为广西乃至全国市级媒体融合标杆的目标迈进。

来宾市在市级媒体融合改革的探索与实践中，紧紧抓住试点建设工作契机，通过“九个强化”，“一体化”整体谋划和推进市级媒体深度融合发展试点工作，在观念、机构、人员、平台、技术、管理等多方面实现共享融通，做到“真融”“实融”“强融”，实现“八大提升”。一是厘清媒体的领导管理机制，强化了党对中心的领导，凸显党管媒体、党媒姓党，有效提升了党的领导力。二是建立三大指挥平台，有力加强对宣传工作和全域媒体的指挥，有效提升了指挥协调力。三是建设全媒体融合智能化媒体平台和全媒体矩阵，有效提升了主流媒体传播力。四是坚持内容为王，实施“栏目提质”“精彩视界”“创意动漫”三大工程，有效提升了品牌影响力。五是搭建“来宾融媒”APP，打造“指尖上的便民服务中心”，实现传统媒体服务能力向移动端转移延伸，有效提升了“新闻+”服务力。六是拓展创收运营范围，推动经营渠道由单一向多元化转型，实现跨界经营，有效提升了创收运营力。七是搭建“来宾融媒”APP系统平台主动与来宾市新时代文明实践中心平台对接、资源共享，有效提升了“两中心”的融合力。八是通过党建引领，实现人心融合，实现零上访、零事故、零差错，有效提升了中心内部凝聚力。

一、强化组织领导，改革一体化推进

（一）统一领导

来宾市委、市政府将融媒体改革作为“一把手”工程，市委书记、市长担任组长，市委常委会、政府常务会定期听取融媒体改革工作汇报，安排市委宣传部常务副部长担任中心主任，具体抓落实。

（二）统一思想

来宾市委常委、宣传部部长到中心上党课、召开全体动员大会等，讲形势、厘思路，稳人心、聚人智、促融合、提士气、鼓干劲。

（三）统一协作

来宾市委常委、宣传部部长亲自带头组织协调各部门，按照改革方案逐一落实，确保改革进度。成立10个工作专班，由市委宣传部领导分别担任组长，每周召开一次专题会，研究解决改革过程中的问题，全面推动各项工作。

（四）统一管理

中心由来宾市委主管，市委宣传部履行归口领导职责，来宾市委网信办、市文化广电和旅游局、市新闻出版局进行行业管理，中心“三重一大”事项报经中心领导班子集体研究后，由市委宣传部部务会审定议定。成立机关党委、机关纪委、设立党群部，以党建带工建、团建、妇建，常态化开展政治生活，加强干部职工教育管理。

二、强化政策保障，扶持一体化落实

（一）加强资金保障

2022年，在中宣部支持1100万元专项扶持资金的基础上，来宾市政府在财政困难的情况下，配套落实融媒体改革专项资金1500余万元。

（二）加强绩效政策支持

来宾市委、市政府将原报社、广播电视台的3倍绩效基准线政策调增至4倍绩效基准线，激发改革活力。

（三）加强人才政策支持

市委将融媒体改革所需的媒体专业人才纳入市委人才工作大盘，对媒体行业顶尖人才、特殊人才引进实行“一人一策、一事一议”。

（四）加强资源支撑保障

来宾市委、市政府统筹协调相关职能部门，优先向市融媒体中心开放政务服务资源，支持中心作为政务服务接入口和服务终端，带动融媒体中心网络平台的访问流量。目前，全市6个县（市、区）融媒体中心、11个市直部门、800多个新时代文明实践中心（所、站）已经入驻中心客户端“来宾融媒”APP。

三、强化顶层设计，组织一体化重塑

（一）再造组织架构

在大力推进报台人员合署办公的基础上，重设和精简内部机构，将报、台原有的25个内设机构精简至15个，人员不分编内编外全部重新竞聘上岗。

（二）精简优化平台

关停功能相近或同质化的平台，对栏目进行全面升级改版，人员力量更加集中，新闻报道更加聚焦中心、服务民生、突出特色、彰显文化。

（三）重构采编流程

积极搭建全媒体融合智能化媒体平台，将大数据技术融入“策、采、编、审、发、营、评”全流程，形成全新采编播发体系。

四、强化内容为王，产品一体化打造

（一）强策划

在全区首创区市县三级媒体联动“云上”新闻策划会，实现“一体策划、一次采集、多元生成、全媒传播”，凡重大活动，做到第一时间、第一版面、第一视角、第一梯队通力合作，打好重大主题宣传“组合拳”。

（二）优内容

立足本土，深挖“新闻眼”，推出“120秒·人文来宾”“来宾好商量”“古聊古去”等一批正能量强劲、群众喜爱的栏目报道和融媒体产品。据统计，中心 2023 年获央媒区媒采用稿件 444 条。其中，央媒 198 条，区媒 246 条。2023 年，中心有 98 件作品获广西新闻奖、广西广播电视奖、中国地市报新闻奖等奖项，同比增长 104%。

（三）形式新

组建"90 后小剧场""85 后动漫""看来宾"等 9 个工作室，重点打造微视频、微动漫、微剧场，用视觉语言讲好来宾故事。其中，原创动漫《保护野生动物，就是保护人类自己》获自治区记协推荐参评 2022 年度中国新闻奖，动漫画创作已经成为最有竞争力的产品形式。

五、强化移动优先，技术一体化支撑

（一）指挥系统移动优先

运用 5G、人工智能、大数据和云计算等新型互联网技术，在移动终端同步开发指挥策划、手机采编、"两中心"融合等移动指挥生产系统，实现采编人员跨平台协作和快速传输审核，使新闻报道更加高效、智能、精准和全面。

（二）生产发布移动优先

全新上线"来宾融媒"APP，强化 APP 的首发功能，形成"端—微—屏—网—报"有序发布的机制，提高推送时效。

（三）资源配置移动优先

主力军全面挺进主战场，机构设置、人员配置、激励政策向新媒体岗位倾斜，全员服务新媒体。

六、强化矩阵建设，全域一体化通融

（一）构建传播矩阵

以市委宣传部为总指挥，建立来宾市"1+6+N"二次传播联动矩阵，以来宾市融媒体中心为信息龙头，6 个县（市、区）的融媒体中心、N 个全市各级各部门政务新媒体和商业媒体、自媒体账号为二次传播链条，全媒联动，统一推送，同步发声，形成协同传播的强大合力。

（二）提升宣传质效

充分发挥市、县融媒体中心"中央厨房"内容生产和传播的中枢作用，凡中央、自治区新闻媒体刊（播）来宾市的重点报道，市、县融媒体中心根据平台属性、受众喜好，对报道内容进行二次加工、二次传播。

七、强化运营创收，经营一体化统筹

（一）传统单一向多元拓展

拓宽原有公司经营范围，新成立文化传媒公司，依托公司的灵活性把中心的优质资源集中起来转企运作，推动中心经营渠道从传统的形象宣传输出向多元化的教育培训、项目活动策划、演艺活动承办、品牌营销、智库运营、IP 版权运营等业务转型。进军文化产业，承建了广西第一家政协数字文史馆、来宾多家历史档案馆、文化走廊等项目；组建互联网销售团队，打造电商品牌，线上销售来宾本地土特产、农副产品，助力乡村振兴。

（二）跨界经营，商务活动丰富

跳出传统业务圈，跨界融合。目前，中心已与北京、广州、中山等先进地区的高新技术企业、高校、媒体单位机构签订战略合作协议，独家代理"瑶老爹"活泉水等。

（三）创新媒体管理方式

坚持采编和经营两分开、两加强，出台《来宾市融媒体中心服务项目管理办法》，面向非采编人员挂榜纳贤，组建项目专班，实施单项考核、闭环管理。目前，已组建的 11 个专班涉及教育、健康、科技、文化领域，经营创收氛围浓厚。

八、强化体制机制，薪酬一体化考核

（一）出台经营考核制度

推行经营目标管理、差别考核、绩效二次分配，鼓励全员服务经营，营造"多劳多得""优绩多得""奖勤罚懒"氛围，释放薪酬管理效能。

（二）推进薪酬制度改革

出台《来宾市融媒体中心绩效考核管理办法》《来宾市融媒体中心绩效分配方案》，注重将单位的目标实现与个人的成长及绩效紧密挂钩，精细化管人管事管绩效，鼓励先进、鞭策后进，全面激发干部职工干事创业热情。

九、强化人事改革，人才一体化培养

（一）加强人才培养选拔

打破身份、职位、职称限制，中层干部不分编内编外，全部实行竞争上岗，普通员工开展双向选择，鼓励人员向经营岗位转型。提拔 2 名中层干部担任中心领导班子，组织年轻骨干参加区内外各种业务培训，参训人数同比增长 79%。

（二）优化人才队伍结构

当前中层正副职干部共 35 人。中心采编播人员的平均年龄为 34 岁。此外，选拔有潜力的"90 后"年轻人担任部门首席。

（三）激发人才活力

制定师徒结对工作方案，经验丰富的师父带领徒弟开展采编工作；有序推进报纸、电视、新媒体人员的交叉轮岗，培养出更多全媒体人才。

（唐毅：来宾市融媒体中心办公室副主任，张吉矿：来宾市融媒体中心办公室主任）

四川省

案例类别：产品

川观新闻：深融背景下党端社交化传播的创新与思考

黄云 张剑

党的二十大报告指出，用党的创新理论武装全党是党的思想建设的根本任务。川观新闻积极落实党媒责任，以“新闻 + 党建 + 移动互联网”的运营服务模式，创新推出党的创新理论学习教育区域平台——川观答题，两年来先后与党政部门开展学习教育活动，党员学习人数超 200 万，累计答题达 2.5 亿人次，阅读量超 9 亿，是四川党的创新理论学习教育的一张亮丽名片。

一、守正创新，探索“变被动为主动”的中心工作传播

“川观答题”最初探索于 2021 年。那一年，中国共产党迎来百年华诞，党史学习教育在全党如火如荼开展。结合新媒体时代的特点，川观新闻探索用新技术赋能党史学习教育，不断推动党史学习教育走深走实。

（一）“知识互动”，打造党史学习教育爆款

2021 年，川观新闻联合四川省直机关工委、省委党史研究室推出《“请回答 1921—2021”——党史知识答题四川挑战赛》第一季、第二季，创新采用“线上答题 + 公益捐赠”的“知识互动”模式，以赛促学、以学促行，吸引网友参与答题 4651 万人次，活动阅读量超 4.1 亿，成为四川党史学习教育中的一张名片，获得上级主管部门高度肯定，鼓励主流媒体出现更多运用互联网技术赋能党史学习教育的创新案例。以参与学习的一个成都市川北区县为例，通过加强组织，短短半个月，答题人次从 41 万提升至近 200 万，形成了党史学习教育比学赶超的热烈氛围。数据显示，该区不仅 600 余名科级干部、7000 余名机关干部参与，还辐射带动了 5 万余名党员和群众响应。

（二）深度拓展，构建推动党端传播社交化新路径

“川观答题”从创作之初，就是为了深入贯彻落实习近平总书记关于“四全媒体”建设的要求，提升党报新媒体传播力、引导力、影响力和公信力，让主旋律更高昂。为了在党史学习教育这类重大主题的规定动作之上出新出彩，将被动学习转化为主动学习，“川观答题”从策划之初就把组织性、权威性、有效性摆在首要位置。

通过与各省直机关、市州区县以及国企、高校等进行合作，采用技术手段和全新视觉语言，整合读者的碎片化时间，把握移动互联时代的学习规律，极大地激发了学习竞技感；全民出题、专家把关、干群答题的模式引爆社交媒体；通过每周榜单、每月人物以及系列视频生动展现学习教育过程中的经验心得，紧贴全媒时代用户需求，普及性和趣味性兼具，实现了理论知识、重要会议精神的新型传播，也为全国党端实现社交化创出一条新路。

2023 年，围绕学习宣传贯彻党的二十大精神和中共四川省委十二届二次全会精神，“我们的新征程”网络知识竞赛上新，这次活动不但精心组织了 700 道题的题库让参与者原汁原味地学精神，更有中央党校教授以题带学，带参与者近距离地了解党的二十大报告起草背后的深意。活动上线 2 个月，互动人次就突破了 1 亿。

二、全链参与，构建“变刻板为生动”的新型互动模式

答题活动的首要目的就是让党员干部群众通过这一活泼的形式真正学到知识、用到实际，“川观答题”秉持“一切以用户为中心”原则，突出社交化，在答题

环节、出题环节、成就环节等都进行了系列创新，力求紧贴全媒时代用户需求，让知识学习做到互动性和趣味性兼具，实现学习教育有意义和有意思的有机结合。

（一）权威把关、全员参与，让出题模式更生动

在出题环节，“川观答题”创新形式，严把政治关，既确保出题环节每一道题都经得住考验，又调动社会各界的参与性。

活动预热期，以“署名表彰＋话费奖励”的形式广泛邀请全国网友出题，凡是题目通过的网友每题将获得10元话费，最高可获3000元，且网友昵称将以署名形式出现在题干中，被所有答题者看到。活动进行期间，设立500人的“党史知识出题团”，以短信邀请制的形式鼓励高分选手和天使答题人“成团出道”、扩充题库。

出题模式的创新让答题活动的题目既有权威性、广泛性，又有地域性、趣味性，参与者能真正获得有用的党史知识。系列设计极大提升了出题人和答题人的荣誉感、参与感，也让题库可以长期有效及时地更新，从而让题库内容丰富、题目精练。

（二）创新玩法、沉浸体验，让答题过程更快乐

在答题环节，“川观答题”创新“匹配赛”“房间赛”等多样玩法，开辟党端社交新方式，带给用户有趣又有用的沉浸式答题体验。川观新闻9.0版本在首页底部导航的显著位置增加“川观答题”模块的常规入口。点击“川观答题”，出现的是令人耳目一新的沉浸式答题体验空间。在答题赛制上，“川观答题”设置主题赛、打卡赛、人机赛、匹配赛、房间赛五大玩法，游戏化的设计、全景沉浸体验让用户感受到了边答题边学习的快乐。

2023年9月，“学习贯彻习近平新时代中国特色社会主义思想”网络知识竞赛在四川省兴起，1个月内共有2500万人次学习党的创新理论。本次竞赛解决了基于Web平台多人实时在线答题的关键技术问题，首次研发推出多人实时在线的PK模式，日均百万人次的双向交互，达到了热门游戏在线人数的火爆效果，真人实时PK、错题即时查询、四人同台竞技，既考验答题正确率又考验反应速度，可以说是分秒必争，更加突出了竞赛的竞技感、社交感与成就感。

三、技术赋能，营造“变单向为立体”的知识传播生态

知识学习教育有自身的特点和规律，必须把握正确导向、创新方式方法。“川观答题”充分运用前沿移动传播技术，赋能知识学习教育，打破了原有普及类知识传播的单向传播格局，从而演化成了一款有用户、有流量、有平台的互联网爆款产品。

（一）服务为民、强化激励，打通变积分为公益的生态模式

在参与获得感方面，“川观答题”独创答题学习公益生态，将“学习积分荣誉天梯”与“红色公益捐赠池”横向打通，让所有参与答题的干部群众既有学习教育收获又有公益服务参与感，实现从精神学习到物质捐赠的公益生态，从小切口践行“学思践悟”要求。比如党史答题活动中的“党史学习积分荣誉天梯”，由“六大红军长征沿线徽章”构成，每一个徽章代表一个积分等级，答题者可通过日常答题获得。

“红色公益捐赠池”由活动主办方虚拟设置，通过媒体影响力、公信力与传播力，广泛邀请社会爱心企业或协会为相关地区的学生们捐赠公益物资。“学史力行，答题就能为长征沿线孩子们的学习成长略尽绵薄之力，这也算是践行了我为群众办实事……”首位集齐六枚勋章的答题者这样说道。

（二）创新表达、持续迭代，确保参与者的积极性

“川观答题”采用线上答题形式，设排位赛和匹配赛，方便广大干部群众时时学、系统学。在设计上形式新颖、简洁高效，既符合老同志的审美又贴合年轻同志的喜好；在积分方面，通过以大数据技术为支撑的算法模型创新计分方式，综合答题分数、人次和热度的关系，让分值更注重公平与均衡；从技术的角度解决了参与单位人数规模差距过大而引起的积分不公正问题，确保了只要积极参与、发动有力就能有效体现，从而持续刺激了参与者的积极性。活动至今已全面迭代及优化了多次，保证了答题活动的稳定性与趣味性。

围绕中心服务大局，坚定传播党的声音，弘扬主旋律、传播正能量，传递社会主义核心价值观，是主流媒体义不容辞的职责和使命。如何把党的重大会议精神学深学透，“川观答题”主动谋划、生动实践，以技术的基因、多元的产品、翔实的数据、竞技的心态、鲜明的对比，带领亿万名读者在学习过程中感悟信仰的光辉和真理的力量，成效显著，开辟了一种新型主流媒体的主旋律传播新模式。

（黄云：四川日报社全媒技术中心主任，张剑：川观新闻首席运营）

案例类别：产品

从运营到破圈 “成都方志”新媒体创新运维

红星新闻网（成都全搜索科技有限责任公司）

自2022年7月至今，成都市地方志编纂委员会办公室（以下简称市地志办）委托红星新闻网，代运营“成都方志”系列政务新媒体。在市地志办全方位引领推动下，红星新闻网紧抓媒体融合发展，立足发挥地方志“存史、资政、育人”三大功能，以“时政+热点+知识点”融合生产，促进“成都方志”新媒体平台高质量发展。微信“粉丝”从2021年1.5万人，到2024年增长到30万人。重点稿件获得多方点赞。创新打造“蓉城红领巾小史官”品牌活动，参与人数超60万人次。

一、“粉丝”、阅读量跨越式发展

“成都方志”代运营工作包括微信、微博、抖音、视频号、今日头条的日常运行维护，及向“学习强国”、省志办、中志办报送资料等。

（一）多方肯定

成都“大运会”期间，“成都方志”微信推出《习近平总书记成都用典：“大都会”一词语出苏轼》《习近平总书记在成都的这句用典，你知道出处吗？》两篇稿件，获得成都市委市政府领导以及社会各界的表扬和推荐。

在红星新闻网策划运营下，“成都方志”微信推出“趣说成都地铁地名”系列，已刊发文章6篇，篇均阅读量超过4000。成都地铁公众号对每一篇文稿都进行了转发，篇均阅读量超过2万，社会反响良好，网民纷纷点赞。

此外，“成都方志”政务新媒体矩阵围绕蜀道、城市更新、成都世界园艺博览会等热点话题，整理地方志文献，开发地方志资源，推出蜀道纪程、城市更新看街巷、花重锦官城等专题，以准确的史实、轻松的语言，满足网民对方志文化的阅读需求，收到良好效果。

（二）“粉丝”、阅读量倍增

红星新闻网代运营期间，微信“粉丝”数从8000余人增至30万人，年阅读总数从54.3万次增至217.6万次。受众趋向年轻化，2022年“粉丝”平均年龄49.6岁，2024年降至31.2岁。微博“粉丝”增长5倍，单条阅读数从最高几千突破至10万+的超过10条；抖音号增长2万人；今日头条号各项数据也均有较大增幅。

“成都方志”视频号播放量10万+的视频56条，50万+的6条，2023年全年播放量超过1000万。抖音号“粉丝”144万，浏览量超过5万+的视频7个，超过10万+的视频1个，超过100万+的视频1个。视频结合公众号稿件，推出《摩诃池的前世今生》《一眼千年，东华门遗址归来》《难说再见！市中心又一地标即将谢幕》《〈长相思〉男主玱玹竟然是四川人》等精品短视频，浏览量超过90万。

（三）线下融合推广

由红星新闻网承办的“蓉城红领巾小史官评选”活动，开创了成都历史文化知识普及活动的新范本。全网浏览量超过2000万人次，全市超60万人次参与学习与答题。《寻找“蓉城红领巾小史官”暨成都市第六届红领巾故事会活动安排》一文创新“成都方志”微信最高阅读纪录，达78514次。

通过高质量运营，“成都方志”内容丰富，形成“透过方志看成都”的品牌效应，市地志办影响力得到明显持续提升。

二、“媒体+方志”融合推动，传播破圈

“成都方志”高质量运营的主要经验有以下几点。

（一）围绕中心工作谋划，紧跟时政热点

在内容和活动上，红星新闻网发挥媒体时政优势，主动分析判断当下时政重点，围绕当前中央、省、市中心工作，抓住时事热点、网络热点，精心选取内容，用方志特点融合采编，让方志新媒体内容丰富，既有热度，又有一定知识深度。

（二）媒体融合生产，按照互联网传播规律持续创新

红星新闻网发挥媒体融合优势，按照互联网传播方式生产。网站按照移动互联网受众阅读习惯，对“成都方志”内容进行栏目化，形成特色品牌栏目，便于用户记忆、查阅，其中，“一说成都”专门介绍成都第一次或者全国领先的事件，目前已推出21期。网站发挥设计优势，推出“蓉小志”IP打造计划，为“成都方志”创造出拟人化的IP“蓉小志”，成为“成都方志”标志性形象。网站开拓采编资源，与优秀摄影家、创作

者联系，共同创作“成都影像志”，以丰富的成都影像吸引年轻群体关注，促进“粉丝”量、关注度跨越式发展。

（三）开门办平台，建设内容矩阵

红星新闻网利用媒体资源优势，与主流媒体、政务新媒体、文化类媒介、专家与创作人连横合纵，共同生产，矩阵推广，搭建“方志文化大平台”。一是对接优质文化类公号资源，与“方志江苏”“方志四川”“红星新文化”等大号建立联系，共同谋划生产。二是关注联动成都发布、成都市级、区（市）县融媒体，乃至优质街道政务新媒体，主动提供和选用历史文化类稿件。三是精准联合文化类自媒体账号，如“国家人文历史”“星球研究所”“巴蜀方志”等，创作和选发特色产品。四是挖掘培育专家、优质创作人，生产为我所用的稿件。红星新闻网与市地志办共同开拓人脉资源，邀请专家和优质创作人参加，建立方志智库。

（四）有效嫁接资源，组织品牌活动

市地志办联动市少工委、红星新闻网，2023年抓住大运会契机，成功推出“蓉城红领巾小史官”活动。红星新闻网发挥媒体传播能力和活动执行能力，与市地志办权威史学优势和市少工委校园资源相结合，将“成都方志”有效推进小学初中校园，引来大量家长学生关注，实现“粉丝”量倍增，阅读量创新高。

［红星新闻网（成都全搜索科技有限责任公司）］

案例类别：产品

全国最佳志愿服务项目：

“友善成都 美在志愿——每周一小时”文明实践志愿服务项目大事记

红星新闻网（成都全搜索科技有限责任公司）

2020年3月5日，在成都市文明办、成都传媒集团指导下，集团旗下成都全搜索科技有限责任公司所属成都志愿者网策划发起“友善成都 美在志愿——每周一小时 最暖是成都”大型系列志愿服务行动。倡议成都市民行动起来，每周至少参与一小时志愿服务，让志愿服务成为成都人健康时尚的生活方式。

启动当日，发起招募12类专业队伍、发布100个以上常态化活动，提供5000+个志愿服务岗位，为“我想当志愿者”和“我需要志愿者”的需求双方搭建便捷快捷桥梁。

2020年3月31日，活动启动当月，“加热成都，需要多久？你的一小时就够了”宣传议题持续升温，“致敬逆行英雄，免费洗车一年”“成都志愿者 帮你画店招海报”“5G巡河 dou 当‘云河长’”等百场活动火热开展，带动30位社会名人、近百万名市民、200多家企业参与志愿服务；逾500万网友参与话题讨论等。

2020年7月—9月，“每周一小时——助农增收”活动在简阳市、龙泉驿区、天府新区等广泛开展，100+爱心单位及爱心个人参与果树认养、农产品助收、城乡儿童结对成长、乡村“捉鸡节”等活动，助力村民增收。

2021年1月，“每周一小时——成都志愿者新春关爱系列行动”开展，联动成都市书法家协会志愿者，为市民书写对联和“福”字近3000幅，拍摄新春全家福上万张，持续为旅客行人送出八宝粥等爱心食品。

2021年3月5日，“幸福成都 美在文明——每周一小时 党员志愿者为你办实事”大型文明实践志愿服务行动启动，现场发布“传理论、讲政策、迎大运、种文化、助健康、伴成长、敬老人、解难题、乐环保、帮科普”十大项目，集结100支各级各行业党员志愿服务队入驻新时代文明实践中心、所、站，全年常态化开展文明实践活动。

2021年3月—12月，“每周一小时——党员志愿者为你办实事”志愿服务活动联动市文广旅局、市司法局、市生态环保局、市卫健委、市退役军人局、市文联等多个部门单位牵头的成都文明实践党员志愿服务总队，持续策划文化传承、法律普及、环境保护、卫生健康等文明实践活动。

2021年6月—12月，“每周一小时——小蒲公英文明实践行”系列活动开展，在新时代文明实践站点等设置“小宣讲员”“小厨师”“小劝导员”“小管理员”“小文艺家”五大类少年儿童志愿服务岗位，培育青少年及其家庭成员成为志愿服务主要力量，常态参与社区文明实践活动。并在传统节日等重要节点，向“空巢”老人、留守儿童、残疾人等重点人群提供精准服务。

2022年3月5日，由成都志愿者网、四川音乐学院高校志愿者共同创作的“每周一小时”成都市民志愿服务行动主题曲——《热爱！成都3600″》正式发布。

2022年3月—12月，“每周一小时——成都少年迎大运”十大志愿服务行动发起，包括“大运知识我来讲”“大运礼仪我来学”“大运环境我来护”“大运运动我来做”“大运歌曲我来唱”等主题，吸引了500余所中小学、10余万人次中小学生和家长参与线上线下主题活动，用实际行动“当好东道主、热情迎嘉宾、提质幸福城”。

2023年3月5日，“每周一小时”项目发起“向雷锋致敬——我是成都小雷锋”大型行动，联动全市23个区（市）县，开展“宣讲传新风”“文明迎大运”“文明我行动”“志愿送关爱”四个主题系列活动，引领全市青少年以“城市小主人”的身份参与到志愿服务中去，通过一个个孩子、带动一个个家庭，让学雷锋志愿服务在成都蔚然成风。

2023年7月，中央宣传部、中央精神文明建设办公室、民政部等18家单位和部门近日联合发出通知，公布2022年度全国学雷锋志愿服务“四个100”先进典型名单。在成都市文明办、成都传媒集团指导下，集团旗下成都全搜索科技有限责任公司所属成都志愿者网策划开展的“友善成都 美在志愿——每周一小时”文明实践志愿服务项目（以下简称“每周一小时”项目）当选“全国最佳志愿服务项目”。

2023年7月—8月，启动“每周一小时——大运我出力”随手拍征集互动活动，邀请市民积极践行文明交通、文明观赛、文明待客等，为大运盛会营造文明友善、热情有礼的城市氛围，并用图文记录线上线下观看大运会、感受大运会细节、体验文化交流等的所见所感。活动启动微信阅读量迅速突破10万+，超20万人次的青少年上传随手拍参与活动、带动新增注册志愿者8万人。

2023年5月—12月，助力成都构建环城生态区15分钟绿道文明实践圈，成都志愿者网依托节日节点，在绿道及沿线公园开展了近20场每周一小时系列主题活动，如“在生态绿道中看见文明成都”“就地志愿·无痕露营”“就地志愿·文明骑行”“文明花开美成都”“安全骑行 文明出行”等系列文明实践志愿服务活动，为市民游客提供应急救护、文明劝导、便民助民等服务，并倡导市民践行安全骑行、文明出行理念。

2023年12月5日，在国际志愿者日前后，开展“每周一小时·我为你祝福”和“我为你圆梦”主题活动。聚焦关爱志愿者，“我为你祝福”活动邀请全市少年儿童行动一小时，结合自己的真实经历、切身感受写下祝福语，做成明信片，将心中的感恩送给帮助过、温暖过我们的志愿者们。聚焦“空巢”老人、留守儿童、残疾人、困境儿童等群体，“我为你圆梦”活动则从凉山、甘孜、阿坝等地区，收集了百余个特殊人群的小小心愿，邀请热心群众、爱心企业、社会组织等全部认领。

2024年1月1日，“每周一小时——2024我为祖国送祝福”文明实践志愿服务活动在成都新时代文明实践公园“山上·文明里”举行，众多市民从城市各个角落赶来，相聚一起，凝视着五星红旗冉冉升起，共同祝福祖国繁荣昌盛！上百市民还创作了剪纸作品，为祖国送上祝福。

［红星新闻网（成都全搜索科技有限责任公司）］

案例类别：产品

每日经济新闻融媒体传播矩阵建设

每日经济新闻

融媒体时代，传统主流媒体建立以“两微一端”（微博、微信、客户端）和聚合平台为代表的新媒延展，成为传统新体矩阵，有效提升了影响力。短视频边界不断拓宽、深度持续闻媒体融媒体转型、构建全媒体矩阵的必选的路径。

经过十余年的全平台内容传播矩阵建设，每日经济新闻（以下简称每经）的影响力持续扩大，现已成为中国最具影响力的财经媒体之一。此外，通过研发每经AI电视，每经从以文字内容为输出主体，转变为以全面视频化为输出主体，在原有的读者群体上，大幅扩展了月均千万级人次的视频受众。

一、每经全平台内容传播矩阵建设

每经早在2009年就开通新浪微博。2012年，每经启动商业平台入驻覆盖战略。截至2023年年底，共计入驻信息聚合平台14家，构建了每经全平台内容传播矩阵，全年传播浏览量超360亿次，合计覆盖订阅用户超1亿，影响力长期位居人民号、微博、微信视频号、抖音等平台前列。其中，每经新浪微博“粉丝”超4800万，居财经类媒体账号第一位，被誉为财经第一大 V；微信公众号矩阵“粉丝”合计超 300 万。

在 2023 年 12 月举行的“2023 中国经济媒体融合发展交流大会”上，每经入选“2023 中国经济媒体微博影响力指数 TOP10”和“中国经济传媒协会会员媒体微信公众号影响力指数 TOP10”两大榜单。

在通过全平台矩阵建设扩大影响力的基础上，每经在重大事件从不缺位，重要观点从不失声，以专业财经媒体姿态引导舆论。

2022 年 6 月，唐山发生恶性打人事件，每经第一时间刊发《公布打人事件受害女子近况 宜早不宜迟》评论，呼吁尽快公布受害女子近况，消除民众质疑。该评论引发人民网、《中国日报》等 250 多家媒体跟进转载，占据微博、今日头条等所有商业化平台榜首位置，最终该评论话题阅读量近 20 亿，转评赞人数超 350 万， 56.4 万人次参与讨论。该评论获得 2022 年度四川新闻奖评论类一等奖。

2019 年，每经开始打造“每经头条”IP，坚持工作日每天一篇原创深度报道（2023 年开始改成一周 1—2 篇深度报道），以“专业、深度、 故事、传播”理念，强调故事化表达，文字通俗易懂，以杂志式海报、数据图表等方式传播财经大事件，就热点事件回应社会大众关切，就行业发展提供深层次思考，就价值发现为投资者提供新视角，促进经济良性发展，展现媒体应有的舆论引领担当。

截至 2024 年 3 月，每经头条阅读量超 10 万的稿件超 200 篇， 阅读量超 100 万的稿件达 17 篇。其中，调查报道《婴儿之殇与“雅培母乳强化剂”召回疑云》（2022 年 4 月 14 日）获得第 33 届中国新闻奖舆论监督报道一等奖。该调查报道也取得了极大的传播效果，在聚合平台阅读量达 40 万。《海南整治人工岛调查：保护海洋生态风暴中拆改两难》（2021 年 2 月 4 日），获得第 33 届中国经济新闻大赛新闻报道类一等奖。《攥紧“中国种子”》（2022 年 4 月 29 日）获评中央网信办中国正能量网络精品。近三年，每经已经获得 45 个省部级及以上新闻奖。

二、每经 AI 电视——全套内容生态体系

2021 年 12 月，每经上线全球首个全流程由人工智能技术驱动，从稿件撰写——虚拟主播——视频生成——直播流串联的 7×24 小时每经 AI 电视。每经 AI 电视上线至 2024 年 3 月，已连续播放超 18000 个小时，月均观看人次达 1500 万。

考虑财经新闻播报场景，每经 AI 电视选择全程 AI 驱动的虚拟主播路线。在既符合大众对产品交互需求，选择真人拟合程度较高的 AI 主播形式的情况下，又应用非穿戴设备驱动的技术路径，降低了技术应用成本。

与动辄需要上百人、设备技术投入上千万元才能运转的传统电视频道相比，每经 AI 电视在运作中几乎不需要人工参与，也不受硬件和设备的掣肘。虚拟主播在每经 AI 电视中实现了全天候自动化生产和直播。

每经 AI 电视适用于新闻直播平台、电视大屏、移动端短视频、B 端公司用户多元化业务四类场景。 既可制作和传播媒体的原创内容，又能够实现重大新闻事件、重大新闻活动等的直播、转播。同类型财经新闻直播间每天直播节目数量一般为两位数， 通过 AI 电视能达到 30 倍以上。每经 AI 电视满足了与大屏传播相对应的碎片化短视频传播，并为此专门设计了直播节目分类分拆功能，将最有价值的视频内容通过拆条的方式进行多渠道分发，建立起了一种集约化、智能化的分发模式，在不显著增加传播成本的前提下，与其他的传播矩阵相互赋能、共为生态。此外，每经 AI 电视对政府、企业等群体也同样具备价值，为客户提供了一种新型的含内容传播、形象展示、系统视频制作等于一体的系统性解决方案。

2022 年 7 月研发并推出“雨燕智宣——AI 短视频自动生成平台”。目前，作为每经的核心拳头产品，“雨燕智宣”涵盖机器学习、深度学习、推荐算法、自然语言处理、计算机视觉等多个前沿 AI 方向，能够实现从文本创作到媒资智能匹配，再到短视频自动生成，最后到多平台一键分发的极简式操作和高效率输出。

“雨燕智宣”在中国经济传媒协会主办的 2023 中国经济媒体融合发展交流大会上，获评“2023 中国经济媒体应用创新典型案例”；在中国报业协会主办的 2023 中国媒体技术创新发展大会上，荣获“全国报业技术赋能媒体融合十佳案例”；入选人民网研究院“中国媒体智能化”优秀案例库。

2023 年是每经媒资库建设年，搭建以上市公司为主，包括城市经济运行场景等多维度图片与视频素材为基础的智能媒资库。

2023 年 8 月，“雨燕智宣”上线了集合多种 AI 文本创作能力的全新模块“AI 创作 +”，为媒体采编人员和内容创作者带来包括视频文案写作、财经评论、标题打造、文章润色、采访提纲、微博写作等多项应用场景。

目前，每经 AI 电视正在以“雨燕智宣”、智能媒资库为技术底座，进行 2.0 版的迭代。未来，在大模型和“AI 创作 +”的赋能下，每经深度报道、评论、垂类行业新闻等所有文字新闻栏目都将聚合于每经 AI 电视，并通过 AI 技术将优质内容智能化拆条，形成长、中、短视频等多种形式，在每经 APP、微信视频号、抖音号、微博等商业化平台上多渠道分发、全网传播。

每经 AI 电视获评国家新闻出版署 2021 年度中国报业深度融合发展创新案例，并作为中国智能媒体十大年度案例入选中国传媒大学新媒体研究院与新浪 AI 媒体研究院联合发布的《中国智能媒体发展报告 (2021—2022)》。每经 AI 电视核心团队荣获 “2021 年成都建设

全面体现新发展理念的城市改革创新”先进集体。从新闻媒体角度，技术创新的先进性保证了每经在业内影响力的持续提升。

通过每经 AI 电视，让每经从文字内容为输出主体，转变为以全面视频化为输出主体，在原有的读者群体上，大幅扩展了月均千万级人次的视频观众。每经 AI 电视已成为亿级流量平台。

（每日经济新闻）

案例类别：产品

AI 化 + 视频化
——雨燕智宣赋能每日经济新闻转型

每日经济新闻

短视频是传统新闻媒体融媒体转型、构建全媒体矩阵的必选的路径。人工智能（AI）技术的飞速发展为融媒体建设带来了诸多解决方案。每日经济新闻（以下简称每经）始终站走在视频化、AI 化转型的前列。

一、每经的视频化布局

近几年，短视频边界不断拓宽、深度持续延展，在社会生活与产业结构中发挥着越来越多的连接赋能作用。

作为最早布局短视频的主流财经媒体，每经在财媒领域具有头部影响力，粉丝量、传播量均居前列。旗下视频产品包括短视频、直播、IP 节目及 AI 栏目四大板块。截至 2023 年 12 月底，每经视频矩阵全网粉丝量 1900 万 +，2023 年播放量突破 47 亿，稳居财经垂类媒体 TOP1。

通过全平台布局和以“AI 化 + 视频化”的转型战略，每经实现重大事件从不缺位、重要观点从不失声，以专业财经媒体姿态引导舆论，在重大事件中以强有力的报道提供舆论支持，大力唱响中国经济光明论。

二、雨燕智宣——每经的 AI 化 + 视频化探索

短视频是传统新闻媒体融媒体转型、构建全媒体矩阵的必选的路径。然而，传统媒体，特别是文字媒体在“短视频化”转型过程中始终面临着巨大的难点和挑战。

短视频新闻的生产工序多，涉及策划、编导、摄像、主持、剪辑、后期、设计、运营等诸多岗位，都需要相关的专业技能。

新闻素养高、文字功底强的传统记者和编辑，在短视频时代面临着巨大的职业危机和身份认同危机。文字记者、编辑若要完全转型，学习难度和成本巨大。

媒体转型的核心在人。如何降低记者、编辑的转型难度和成本，是传统媒体及从业人员的迫切需求，AI 技术为满足这一需求带来了诸多解决方案。

每经结合传媒基因、采编经验、技术积累，落地转化前沿 AI 技术，从 2019 年开始，以 AI 化 + 视频化为转型的核心战略，并在 2022 年 7 月研发并推出“雨燕智宣——AI 短视频自动生成平台”。

“雨燕智宣”平台助力每经在传统媒体之中第一个率先实现全量稿件视频化、全量视频矩阵化，是在实践过程中探索出的一条利用新技术、新机制、新模式来实现宣传效果的最大化、最优化的具体呈现形式。

2023 年是每经媒资库建设年，搭建以上市公司为主，包括城市经济运行场景等多维度图片与视频素材为基础的智能媒资库。每经智能媒资库，拥有自主知识产权的标签系统，与垂类大模型文本输出系统标签相匹配，并具有专属化、情感化特性。在媒资储存和调用方面，智能媒资库通过智能标签，对数万条视频、图片等通用型媒资实现精准管理。通过每经自研媒资匹配算法的情感识别模块，智能媒资库能根据文本情绪提供最合适的画面、视频、背景音乐以致 TTS（从文本到语音），达到视频效果与文本情绪贴合、取向统一。

2023 年，随着生成式 AI 成为行业风口，每经在公司层面迅速成立“大模型攻坚组”，要求所有采编部门抽调精兵强将参与大模型在采编领域、行业垂类领域的研究、探索。

2023 年 8 月，“雨燕智宣”上线集合多种 AI 文本创作能力的全新模块“AI 创作 +”，为媒体采编人员和内容创作者带来包括视频文案写作、财经评论、标题打造、文章润色、采访提纲、微博写作等多项应用场景。

“AI 创作 +”以每经百万级优质财经文章库为数据底座，封装每经数百人专业采编团队 20 年的财经写作经验，并与国内多家一线大模型厂商展开合作，实现优质

文本的"一键化"生产。

三、雨燕智宣赋能千行百业

目前，作为每经的核心拳头产品，"雨燕智宣"涵盖机器学习、深度学习、推荐算法、自然语言处理、计算机视觉等多个前沿 AI 方向，能够实现从文本创作到媒资智能匹配，再到短视频自动生成，最后到多平台一键分发的极简式操作和高效率输出。

"雨燕智宣"自 2022 年 7 月推出以来，已完成近 200 家企业路演试用，涵盖媒体、政府融媒体中心、金融、地产、教育、工业等多个行业和领域，并在全国多地宣传交流中获得了较高评价。

"雨燕智宣"在中国经济传媒协会主办的 2023 中国经济媒体融合发展交流大会上，获评"2023 中国经济媒体应用创新典型案例"；在中国报业协会主办的 2023 中国媒体技术创新发展大会上，荣获"全国报业技术赋能媒体融合十佳案例"；入选人民网研究院"中国媒体智能化"优秀案例库。

2023 年 10 月 24 日，每日经济新闻成为工业和信息化部工业文化发展中心 AI 应用工作组首个媒体成员单位，并牵头启动了《新媒体智能短视频生成平台评估》标准的起草编制工作。

在加速每经自身视频转型的同时，也在积极探索赋能千行百业的可能性。

此外，"雨燕智宣"依靠卓越产品力，为用户传播赋能，持续斩获市场认可。多家全国性媒体、城市媒体、区域融媒体中心、金融机构、上市公司及中大型企业和政务机构均已采购"雨燕智宣"服务。

某大型央企上市公司在全国拥有多家分公司，产品集群遍布各地，且营销路径各有特色，具有相当多精美的企业媒资。利用"雨燕智宣"，该企业建立了十七个视频号矩阵，通过将自家产品已有的精品媒资入库"雨燕智宣"，形成自有企业专属媒资库，轻松生成对应产品的营销短视频，完成品宣营销。

（每日经济新闻）

案例类别：组织机构

中国测试杂志社：从油印内刊到融合发展的 50 年

王植 罗菡 丁羽茜 吴懋宗 叶善蓉

五秩春秋，岁月如歌。中国测试杂志社从风雨中走来，一路见证了中国计量史的蓬勃发展。一本本期刊，一阵阵书香，记载着杂志社的历练与成长。从创刊初期的手工编辑、油印发行，到如今的数字化出版、新媒体矩阵运营，中国测试杂志社紧跟时代步伐，始终坚守"传播计量测试科学，弘扬计量历史文化"的使命，致力于为广大读者提供高质量的学术内容和专业服务，不断创新融合发展，取得了显著的成绩。

一、创刊初期：油印期刊的诞生与成长

1975 年，在四川省成都市的大邑县鹤鸣山下，中国测试杂志社的前身——中国计量科学研究院成都分院图书情报室正式创办《计量研究》。这本手工编辑、油印的内部刊物，在那个信息闭塞的艰苦年代，承载着全院科研人员对知识与情报的渴望。

创刊初期，负责编辑工作的图书情报室人员面临着种种困难，但他们凭借着对科研的热情和对知识的追求，从外文文献的翻译引进到国内外学术成果的推广，不断丰富和优化期刊内容。在他们的努力下，《计量研究》逐渐在计量测试领域崭露头角，为科研人员提供了一个交流与展示的平台。

二、发展变革：从《计量研究》到《中国测试》

随着时间的推移，《计量研究》经历了数次更名，无一不体现着期刊适应时代发展的变化和进步。2009 年，期刊正式更名为《中国测试》，这一变化不仅体现了刊物内容的扩展和深化，也彰显了其在计量测试领域的权威地位。同年，中国测试杂志社正式成立，为刊物的发展提供了更为坚实的组织保障。

在中国测试技术研究院的主管主办下，《中国测试》逐渐发展成为一本以"测试方法研究和技术标准研究"为主导的学术期刊，致力于打造国内一流专业期刊和知

识共享平台，开设前沿综述、测试方法、仪器设备、技术应用等栏目，覆盖工业、农业、国防、贸易、医学、交通、航天、建筑等各行各业的重要测试方法和技术标准。其强大的编委阵容和严谨的学术态度，使得《中国测试》在计量测试领域具有广泛的影响力和权威性。

一直以来，杂志社以期刊发展为基石，注重办刊高质量发展，学术影响力稳步提升。自2007年起，《中国测试》先后入选中国科技核心期刊和中文核心期刊，并持续入选。自2022年起，《中国测试》持续入选《科技期刊世界期刊影响力指数(WJCI)报告》，并入选全球“计量与标准化”学科Q2区。近年来，期刊复合影响因子也逐年增长，2023年达到1.89。获得中国科协“2022年度中国科技期刊卓越行动计划选育高水平办刊人才子项目——青年人才支持项目”，荣获“西牛奖”——西部科技期刊联盟第二届优秀中文科技期刊。

三、数字化转型：迎接新媒体时代

进入21世纪，数字化浪潮席卷全球。中国测试杂志社紧抓数字化、智能化出版变革新机遇，首批采用了网络首发、数字出版、新媒体传播等新兴出版模式，不断推动期刊数字化转型，与时俱进地提升期刊专业化和国际化水平。从审录、校对、同行评议等维度学习借鉴先进出版平台，优化本刊出版路径；借力XML结构化数据排版系统，建立适应于本刊编审要求的结构化模板，为数字化产品应用提供底层服务数据；采用网络首发模式，最大限度缩短发表周期，实现知识产权及时保护；对出版文章开展多元化宣传，实现文章增强出版。

2019年，杂志社成立新闻中心，以优质的学术资源为基础，融合全媒体技术，搭建行业要闻播报窗口和科技信息共享平台，先后建立中国测试科技资讯平台、“中国测试”微信公众号及新媒体矩阵等渠道，已成为具有行业影响力的全媒体数字服务中心，是计量测试科学领域同行交流沟通的重要平台。中国测试杂志社作为中国测试技术研究院的二级事业单位，我们融合传播“中测故事”；同时作为计量测试领域行业媒体，我们及时发布行业新闻、科技动态和学术成果等信息，为行业发声。

此外，中国测试杂志社主动承担起计量科学普及和计量文化宣传的社会责任。面向社会公众，努力建设科普工作长效机制。依托院优势技术能力和专家资源，不断延展科普内容，发挥科普传播在出版领域中的“精骑兵”作用，努力推进新时代科普工作高质量发展。特别是以国际单位制基本单位为主题，充分利用媒体创作能力、数字化技术手段等，创新制作《漫话计量——国际单位制（SI）的变革》系列科普动画，进一步搭建科学与公众之间的沟通桥梁，取得良好的社会反响。其中，《漫话计量——国际单位制（SI）的变革：秒》获评省科技厅“2023年四川省优秀科普微视频”一等奖；《漫话计量——国际单位制（SI）的变革：米》入选中国期刊协会第二届“期刊科普原创好作品”。

四、合作拓展：从学术期刊到多元化服务

《中国测试》已经从传统学术期刊向多元化的学术全媒体转型，努力建设“以期刊为核心，以科技服务和科学普及为两翼”的综合服务体。依托行业各细分领域编委及专家团队，充分发挥作为科技媒体的优势，举办学术论坛、学术交流，开展论文指导、行业培训，进行新技术宣传报道、新产品展示，提供学术情报、技术咨询、科技信息服务等，为计量测试行业搭建起一个立体的宣传窗口和交流平台，在促进学术繁荣、传播科学知识、弘扬科学精神以及促进行业发展等方面做了大量卓有成效的工作，获得行业内高度评价和认可，服务行业的能力和水平得到了不断提升。

在充分协商的基础上，本着自愿、平等、互利、诚信的原则，中国测试杂志社与计量测试领域内科研机构、高校和企业建立了长期稳定、优势互补的战略合作伙伴关系，共同推动我国计量测试技术事业的繁荣发展。

五、展望未来：继续笃行创新之路

数十载笃行创新，中国测试杂志社始终走在科学进步的前沿。展望未来，我们将继续秉承初心和使命，以更加开放、包容的姿态拥抱新时代的发展机遇；继续深化新闻出版深度融合发展，不断创新业务模式和服务方式；继续加强数字化技术应用和新媒体平台建设，提升内容生产效率和传播效果；继续拓展多元化业务领域和加强产学研用合作与交流，推动杂志社向更高层次、更广领域迈进；继续加强人才队伍建设和管理机制创新，提升杂志社的核心竞争力和可持续发展能力。

在传播和推动计量测试科学的道路上，中国测试杂志社将不断披荆斩棘、阔步前行，为推动我国计量测试领域的科技进步和产业发展贡献更大的力量。

（王植：中国测试杂志社新闻中心主任，罗菡：中国测试杂志社新闻中心多媒体创作师，丁羽茜：中国测试杂志社新闻中心平面设计师，吴懋宗：中国测试杂志社美术编辑，叶善蓉：中国测试杂志社社长）

中国测试公众号

案例类别：组织机构

《龙门阵》杂志：对出版社主办期刊融合出版高质量发展的探索

雷棚

2023年全国出版（版权）工作会议强调，“要加快出版深度融合，塑造出版发展新动能新优势，深入实施出版融合发展工程。”期刊作为出版行业的重要宣传阵地，融合发展是贯彻落实党中央媒体融合发展战略部署的重要举措，也是新形势下出版业高质量发展的必由之路。作为四川人民出版社主办期刊，《龙门阵》杂志紧随时代变化、政策部署，在困难中奋进。

一、期刊基本情况

1980年10月，在四川文化地标盐道街3号，颇具“川味”的《龙门阵》杂志诞生，一出版就大受欢迎。在诸多读者心中《龙门阵》是一部生动的且增长着的百科文库。

杂志荣誉颇多：首届“全国优秀社科期刊提名奖”、第二届“国家期刊奖百种重点期刊”、“四川省十佳期刊”、“四川省第二届优秀期刊”、“新中国60年有影响力的期刊”、“2016中国最美期刊”，等等。时代蝶变，《龙门阵》杂志内容更新为对传统节气文化的解读、民俗民风的延续、民间工艺的传承、创意新品的推荐、共同的时代记忆等，并讲述发生在我们身边的感人故事。风格自然，蕴含生活况味，富有地域特色。

二、期刊的创新与实践

随着数字技术的迭代更新，用户阅读方式的多元化，纸质期刊受到重创，征订数据逐年下滑，忧患笼罩在每个期刊人的头上。

值得庆幸的是，《龙门阵》杂志并非单打独斗，在主办单位四川人民出版社有限公司、主管单位新华文轩出版传媒股份有限公司的带领下，编辑部困则思变，积极面对变化，坚持内容为王，从新技术、新阅读角度，推动融合出版发展，建设集“微博+微信公众号+小程序”为一体的全媒体平台，积极探索数字藏品、元宇宙图书制作，为杂志实现增质提效。

（一）严格把控内容质量，优化结构设置

出版社主办期刊与普通期刊的不同之处在于，以图书出版的要求对标期刊。尤其是《龙门阵》杂志所在的四川人民出版社，兼顾社会效益与经济效益，对杂志内容的把控更加严格，审校就达8人次。杂志围绕党和国家重大决策部署、重大热点问题和重大活动，策划、组织、实施、创新主题出版。通过“岁时之悦”“世间印象”“往事深深”“推杯换盏”“走街串巷”等栏目，展示民俗、手艺等传统文化；通过“小星星乐园”栏目，展示少年的童真童趣；通过“诚实守信”“敬业奉献”“助人为乐”“见义勇为”“孝老爱亲”五个栏目，深入采访精神文明传承者，积极配合做好传统文化、模范精神的宣传工作。2023年刊登“大运成都：拥抱世界 成就梦想”“特色小镇，镇镇有名堂”“江风千里 源远流长”等主选题。坚持正向的价值观，持续进行内容创新，进行有价值、有意义的内容输出。

为技术创新和内容价值的深层次融合，实现“一个内容、多种创意，一个创意、多次开发，一次开发、多种产品，一种产品、多个形态”的内容生产方式，编辑部将杂志内容进行拆解组装，在保证内容质量的同时，以更好的形态适应不同的阅读媒介。

（二）部署融合发展路径，实现提质增效

“龙门阵”微信公众号从月发布更新到周发布，量变产生量变，用户数在短短两年内从0.2万人增长至1.27万人，微博浏览量最高达10.7万余次。在传统出版基础之上，运用融合出版思维，对外与数字技术单位合作，连续更新小程序设置，落实现代纸书业务，以扫二维码的方式实现“观天府、听川韵、吃巴适、耍安逸”的宣言，增强用户黏性，丰富出版内容。与知识网站洽谈合作，如龙源期刊网、博看网等，增强宣传推广力度，并获取数字版权收益。筛选创刊号、创刊十周年特刊、创刊四十周年特刊等封面进行数字藏品制作。

不仅如此，编辑部背靠出版社资源，为杂志进阶为图书提供了有力的支持。依托杂志长期对传统文化的记录与研究，编辑部策划出版《手艺的温度》图书，并发展为融合出版项目，制作元宇宙图书等。2021年，该项目文创产品入选国家新闻办公室对外推广局“幸福中国年”2021年春节文化主题出版物和文创产品专家推荐清单；2021年，该项目入选第十届中国数博会助力脱贫数字内容精品展；2022年，该项目非遗文创产品亮相2022年法兰克福国际书展；2022年，该项目入选非遗融合版权海外推广项目；2023年天府书展海外分场，《手艺

的温度》图书销售到澳大利亚、德国，非遗文创产品道明竹编平安扣、银花丝熊猫书签等销售到澳大利亚、德国、英国、马来西亚。策划出版图文集《时间的烟火：1995—2005成都城市影像记忆》，300多幅老照片将一个五光十色、活色生香，有诗有酒、有义有故事的成都串联起来。该书被成都市地方志编纂委员会办公室评为首批成都历史文化精品丛书，众多行业媒体、新媒体也相继报道该书内容及分享活动。

编辑部还积极参与各类阅读活动，如“我是期刊领读者”活动、4·23世界读书日“倡导定期阅读 助力书香天府”全民阅读、中国邮政集团“7天养成阅读习惯”全民阅读日活动、邮政集团订阅优惠活动等，以“赛”代练，从各个场景里获得更好的市场反馈，继而滋养杂志。

努力探索终有回响。《龙门阵》杂志连续多年入选农家书屋重点出版物推荐目录，多篇文章入选四川法治文学奖，获评博看网2023年“最受读者欢迎期刊奖”等，担任成都阅读协会理事单位和杂志阅读专委会委员、四川期刊协会理事单位。

三、以融合思维运营期刊

2024年，人工智能技术的普及和应用已经成为不可逆转的趋势，其性能也逐渐趋于稳定。AIGC工具渗入各行各业，对出版业的冲击着实不小，越来越多的出版单位开始布局人工智能的综合运用。期刊人应以融合思维运营期刊，主动去看见并运用新技术。

四川人民出版社有限公司也将设立人工智能创新工作室，《龙门阵》编辑部作为主力之一，将继续搭载新科技，打开新格局，借助新质生产力通过智能化手段采集更有价值的内容信息，并触达最有效的用户群体。

总之，出版社主办期刊应当以出版为导向，坚持办刊宗旨，在新质生产力的辅助下，发挥更大的宣传阵地作用。

（雷棚：《龙门阵》杂志编辑部主任）

案例类别：产品

强信心 聚民心 暖人心 筑同心

——“南充微报”打造融媒体时代宣传报道的“南充样本”

覃伟 王瑶 陈雯

作为南充日报社官方微信公众号——“南充微报”于2014年1月1日正式上线。经过10年运营，目前“粉丝”数量突破35万人，长期在南充媒体类微信公众号影响力中排名第一，已成为南充本地最具影响力的微信公众号之一，也是南充最早拥有国家互联网新闻信息采编发布资质的微信公众号。2月7日，在最新一期“南充微信影响力榜单”中，“南充微报”以综合指数1092.14分的成绩位列媒体类微信排行榜第一。

一、精心谋划 突出重点 讲好南充故事

筑牢主阵地、唱响主旋律、打好主动仗，这是主流媒体的职责与使命。一直以来，“南充微报”牢牢把握正确政治方向和舆论导向，依托党媒在信息资源权威、传播渠道多样、受众群体广泛的优势，打造适合移动互联网传播的精品报道，以思想性、时效性、互动性吸引受众，占领舆论传播高地，建成“新闻+服务+民生”的综合新媒体平台。

同时，“南充微报”在宣传报道中注重新闻的鲜活性、生动性、互动性，以形式多样的新闻产品吸引受众眼球，让受众喜闻乐见，始终坚持用新媒体手法让社会民生新闻变得好看，让主流化与年轻态有机统一，用新技术手段让受众拥有更具时尚化的阅读体验，努力创新报道手段和方法，通过图片、视频、GIF、SVG、H5、一图读懂等深度化、可视化、交互化、多样化相结合的新闻产品，实现传统纸媒和新媒体相加相融、做大做强主流媒体，打造成为“一次采集，多种生成，融媒矩阵”的全媒体播发格局。

二、高效对接 融合报道 拓展宣传深度

一直以来，“南充微报”不断挖掘、利用好重大主题宣传报道权威、原创、深度、及时等优势，让党的主流声音直抵各类用户终端，抢占舆论制高点，通过新闻作品与人民群众实现共情、产生共鸣、发生共振，形成广泛的传播效应。2022年9月，“南充微报”精心制作的图文报道《南充一分钟，心动不止60秒》，被新华社客户端主动关注转发，传播量迅速突破100万次，

部分图片在公益宣传音乐电影《南充之恋》呈现。

同时，“南充微报”注重新闻报道鲜活性、生动性、互动性。2023 年 2 月起，“南充微报”创新生产方式，进一步优化版式，确定清新、淡雅的文艺风格，推出“诗画山水之约”系列产品，《诗画山水之约①丨张澜故里：不负“梅”好时光 万株梅花绽放》《诗画山水之约②丨七坪寨：低头抚云，抬手摘星，带给你向往的生活》《诗画山水之约③丨带上〈南充赏花地图〉，寻找春日的浪漫吧》等稿件受到读者好评。

三、见微知著 春风化雨 体现宣传温度

在 2023 年五一劳动节期间，南充微报推出了《致敬所有平凡而伟大的劳动者》《5 条线路，N 种玩法！这个五一去南充 LANG 起来》《假期余额不多，快来南充民宿，让你住进诗画里……》等新媒体产品。同时，5 月 29 日晚，第九届全国优秀儿童戏剧展演在南充市大木偶剧院隆重开幕，“南充微报”提前策划，推出 34 张剧目及活动倒计时原创海报，并第一时间推出优秀儿童戏剧展演稿件，影响力不断扩大。

四、善打大仗 敢打硬仗 推进人才建设

融媒体时代，新闻信息就犹如不断涌来的水，在互联网的纵横沟壑里日夜流淌，不论内容表现载体发生怎样的变化，核心要素仍是内容，作为内容生产环节不可或缺的是采编人才，作为新闻传播内容的加工者和把关者，在以数字化为主要特征的融媒体时代，采编人员不仅要有较强的文字编辑能力，在文字上力求严谨、专业、可读以及正确的价值导向，而且要具备较强的技术能力，能及时处理各种图片、视频和编辑文字，利用数字技术，对内容进行多种形式的延伸，以更快更好的形式呈现给受众，并扩大其传播范围。

成绩属于过去，携手再创辉煌。“南充微报”采编队伍将继续在“眼力”“脑力”“笔力”上锤炼自己，多推出读者和受众爱读、爱看、爱传的优秀作品，做一个全媒体时代的新媒体编辑，是时代的命题，是打造新型主流媒体的必备本领，也正是传播南充好故事的责任担当。

（覃伟：南充日报社融媒体中心总编辑，王瑶：南充日报社融媒体中心编辑，陈雯：南充日报社全媒总编办编辑）

南充微报公众号

案例类别：产品

赋圣蓬安：客户端上的“两个中心”

覃伟 祝剑雄 罗玉明

近年来，四川省南充日报社坚持以习近平总书记关于媒体融合发展的重要论述为指导，积极推动主力军全面挺进主战场，着力构建包含 20 多个平台的全媒体传播体系。2020 年初，重点打造的新闻客户端“南充见”正式上线运行，截至 2024 年 1 月已投入 1000 多万元，建成融合新闻、政务、服务等功能的综合平台，在全国首创的“1 市 +9 县”媒体融合模式受到中宣部和省委宣传部肯定和推广，并到北京大学分享经验做法。2024 年 1 月，用户总量达 330 万，占常住人口 60%，走在全国市州党端最前列，中报协在全国范围发出通报表扬。

“南充见”坚持在实践中探索、在探索中创新，在蓬安县分端——“赋圣蓬安”试点打造全国首批文明实践中心、融媒体中心“两个中心”融合样板，以融合优服务，以服务聚人心，持续推动媒体融合走新走实。

一、整合资源，平台阵地一体化

“1 市 +9 县”融合模式让各客户端互联互通、交叉赋能、共建共享，着力解决资源分散、下载量少、资金浪费，以及文明实践活动“宣而不广”等问题。

（一）用户资源共通

“1+9”模式充分发挥聚合优势，有效会集各县（市、

区）潜在用户，顺利实现市级主端、县级分端同步“增粉”、相互引流，持续壮大用户资源。目前，10个客户端用户总数超335万，每个客户端的用户数也是335万，在全国地市级媒体中遥遥领先（各分端用户数均突破属地常住人口30%，最高的达到70%）。

（二）线上平台贯通

“南充见”融媒云供市县10个客户端共用，名称可分别自主设置，如“南充见”“赋圣蓬安”“阆中古城”等，用户可通过“集结号”在10个客户端之间自由切换，实现一端在手、十端都有。重点在“赋圣蓬安”试点开发“新闻＋文明实践＋政务服务＋民生服务＋舆情分析＋应急广播”模式，同时搭载文明实践“掌上终端”，开设“志愿服务”“百姓点单”等栏目，全面收集群众需求，构建起城市15分钟、农村20分钟便民服务圈。

（二）内外互联互通

秉承集约高效、避免重复、技术安全原则，建立志愿服务阵地资源、人才队伍、活动项目、群众需求数据库，与中国志愿服务网云端互通，适时采集志愿者和志愿服务信息，有效解决志愿服务数据同步采集、一体认证问题。同时，接入“四川观察”“南充见”等省、市级技术平台，实现互联互通，借势借力放大传播效应。

二、整合力量，运行管理一体化

为解决新闻信息内容少、社会化生产不足、日活率提升困难等问题，“南充见”突出机制创新、流程再造，以试点牵引、赋能基层宣传思想工作加速蝶变。

（一）“大生产”思维促进力合

有效整合全市媒体资源和生产要素，推动市县媒体常态化合作、协同化生产，共同策划重大宣传主题，联合制作融媒体产品。任何一端的原创精品，可向其他九端同步“秒推”，使传播效果呈现几何级提升，实现重要稿件互传共用，齐声奏响市县宣传“协奏曲”。同时，打通中省主流媒体、海外华文媒体外宣通道，助力南充享誉全国、走向世界，协力唱响对外宣传“好声音”。

（二）“大宣传”理念引领人合

坚持一切围绕试点干，以试点工作为“牛鼻子”，撬动理论舆论、内宣外宣、文明文化、网上网下等板块主动融入，形成宣传思想工作强大合力。建立党政引领、党员干部带头、志愿者合奏机制，全面整合各基层党组织、志愿服务组织力量，迅速会聚起962支志愿服务队伍、13.21万名志愿大军，从中选聘全民通讯员1000余名、特约评论员1000余名、志愿宣讲员200余名。

（三）“清单式”管理推动事合

紧紧聚焦平台融合、机制融合、功能融合、提升下载量、日活率和培育志愿服务品牌等六项重点任务，精心谋划、系统梳理制定出试点工作任务清单、活动清单和志愿服务品牌培育清单三张清单，明确目标任务、工作举措、责任主体和完成时限，全面释放新时代文明实践中心人气优势、活动优势、内容优势，与融媒体中心传播优势、技术优势、平台优势叠加、聚合、交融，共同融出新项目、新作品、新活力。

三、整合功能，综合运用一体化

围绕“举旗帜、聚民心、育新人、兴文化、展形象”使命任务，全面提高试点工作实效性、针对性，让党的声音“飞入寻常百姓家”，努力成为服务群众的“贴心人”。

（一）拓展思想传播“新模式”

文艺化让理论宣讲“有热度”。创排金钱板《二十大精神干劲添》等宣讲作品5个，深入机关、企业、农村、社区、学校、工地开展“文艺＋理论”微宣讲20余场。云端化让理论传播“有广度”。开设“相如之声”云课堂，在调频广播和应急广播上开播《每日习语金句》栏目，制作宣讲视频音频200余条，早中晚定时推送，全覆盖满足群众“学习”需求。

（二）唱宏主流舆论“最强音”

对内宣传有声有色。明确要求全县所有单位的新闻、信息等必须在“赋圣蓬安”首发。组织动员全部政务新媒体、100余家“自媒体”入驻。广泛招募、全面培训全民通讯员，制定《全民通讯员考核奖励办法》，鼓励引导新闻信息社会化生产。社会宣传走心走实。联合引导广大志愿者积极投身“发现蓬安美”等社会宣传活动，累计开展活动30余项，推出社宣新媒体作品100余个。

（三）架起服务群众“连心桥”

菜单式提供服务。通过“网上收集、网下问需、组织点题”等方式汇集需求，累计推出“百姓点单”志愿服务项目400余个，服务群众5万余人次。闭环式优化服务。建成线上询单、点单、派单、接单、评单、奖单相贯通的志愿服务模式，实现新时代文明实践活动闭环管理，为群众提供精细化服务3000余次，好评率超过95%。呼叫式精准服务。开通志愿服务热线，推出特色服务清单和项目20余个，网络打车式精准对接，累计办理群众个性化需求1600余人次。

（四）引领精神文明“新风尚”

以活动为媒凝聚向心力。举办“晒晒我的团圆年”“寻味蓬安”等活动30余个，组织系列网络投票评选活动10余个，确保“月月有主题，周周有活动”，极大提升下载量和日活率。榜样引领汇聚正能量。培树陈建清、薛小玉等一批先进典型，建成一批好人榜、家风长廊、村风长廊，集中展示凡人善举。嘉许激励广聚“志愿红”。多渠道筹集善款设立300万元“文明资金”，定期开展嘉许活动，共100余人次受到嘉许激励，其中5名“十佳志愿者”子女自选就读学校。

（五）助力基层治理“现代化”

舆论监督发“点球”。持续开展“有奖报料”活动，鼓励广大志愿者反映“痛点、难点、堵点”问题；联合策划各类监督活动，开展“不文明行为曝光台”活动20余期。化解舆情防风险。实行12小时首回制，开设“报料”专栏，集纳舆情回复情况统一呈现。每日汇总研判舆情信息，并根据群众诉求，转化生成志愿服务项目。应急广播增效能。用数字化为传统广播赋能，将应急广播融入“赋圣蓬安”，实时推送新闻资讯和预警信息，全面打通宣传、教育、服务群众的“最后一米”。

（覃伟：南充日报社融媒体中心总编辑，祝剑雄：蓬安县融媒体中心主任，罗玉明：蓬安县融媒体中心副主任）

南充见 APP

案例类别：组织机构

“全景遂宁”客户端

遂宁传媒集团有限责任公司

2020年媒体融合以来，遂宁传媒集团以市级融媒体中心建设全国首批试点为契机，聚焦“全景遂宁”客户端建设运营，坚持以“六个一体化”为总抓手，推动质量、效率、动力“三大变革”，实现跃升式发展，逐步成为集信息资讯发布、城市综合运营、基层社会治理、本地生活服务于一体的市级新型传播平台和融媒矩阵龙头。截至2024年5月，“全景遂宁”客户端下载量201万+、超过市域常住人口的75%，先后入选2021全国地市融媒体客户端传播力TOP10案例、2022全国地市新媒体客户端影响力二十大案例。2023年8月，在中国报业新媒体（客户端）发展大会上，“全景遂宁”客户端入选全国报业新媒体管理体制机制创新优秀案例，全国仅4个案例入选。2023年11月，遂宁传媒集团的新媒体平台遂宁新闻网、“全景遂宁”客户端荣获中国城市新闻网媒联盟优秀网媒提名奖。

一、创新做法

遂宁传媒集团坚持以“全景遂宁”客户端引领媒体融合改革，以自我革命精神全面推动主力军挺进主战场。

（一）围绕夯实支撑力，推进体制机制一体化改革

加强组织领导。成立集团党委书记任组长的客户端建设运营工作领导小组及内容、技术、运营等工作专班，统筹推进客户端各项工作。深化机构改革。围绕做大做强客户端，科学设置集团内设机构，推动采编经营280余名干部职工聚焦客户端干事创业。做实运行保障。建立采编、经营、技术等6类106项制度，保障客户端高效有序运转。

（二）围绕提高生产力，推进信息内容一体化生产

推进生产流程集约高效。着眼以客户端内容生产为重点，建设600平方米融媒小厨，将6个采集部和5个编发部人员实行一体化工序定位、流水线生产作业，生产效率提高17%。推进产品形态融合创新。组建客户端创意产品部、短视频部，紧扣短视频风口，突出可视化表达，2022年，短视频阅读量1000万+的20个、100万+的180个。推进生产态势全民上阵。大兴开门办端之风，发展3152人的UGC内容队伍，在客户端开设全民拍、涪江号等UGC板块，市域重大事件首报率达到95%以上。

（三）围绕扩大影响力，推进平台终端一体化布局

构筑全媒传播矩阵。建成以“全景遂宁”客户端为引领，覆盖报、台、网、微、抖、屏、号的全媒体传播矩阵。建强全媒生产平台。打通传统媒体报纸、电视、广播和新媒体生产平台数据接口，推动文字、视频素材共享共用、媒资共享共用，实现新兴媒体和传统媒体一体化生产。搭建全媒联动系统。客户端向上接通省级平台接口，加入天府融媒联合体。向下与县媒客户端实现“一键切换”，实现信息交互、互办栏目。

（四）围绕提升驱动力，推进技术应用一体化赋能

赋能内容生产。积极运用5G、大数据、云计算、VR、AR、MR等新技术。建好客户端内容生产平台——“遂州云”融媒平台，“AIGC短视频创作”荣获遂宁市2023年数字经济优秀应用场景。赋能媒体运营。投资2000多万元，装备“5G”融媒直播车和4K超高清电视

转播车，“5G+4K”技术赋能全市重要会议、重大活动，参与成都世界大学生运动会和杭州亚运会赛事电视转播，是四川省唯一参加此次赛事转播的市级媒体。自主开发城市消费券发放、人力资源管理、智慧会议服务等12项系统，其中党建知识答题系统覆盖全市超过90%党员。赋能安全刊播。引入人工智能审核，完成网络安全三级等保建设，获评四川省网络安全和信息化工作先进集体。

（五）围绕激发创造力，推进人才队伍一体化建设

用“足”培养模式提能力。践行“四力”，组织1300余人次参加中省市专业培训，开展传媒讲堂21期，积极与中省媒体和高校加强合作，与西华师范大学、四川传媒学院等高校签约实习基地，实现人才向全媒转变。用“活”岗位管理增活力。推行首席制，设置首席记者、首席编辑、首席技术官、首席数据官等岗位，引导不同岗位、不同层次人才向“高精尖”迈进。科学设计薪酬绩效考核办法，实现事业、企业人员薪酬同标准，晋升无区别。员工年平均工资较融合前增长20%，匹配福利年人均增加1.5万元。用“好”项目团队添动力。积极推行“项目制”，先后组建了代运维工作室、遂悦短视频工作室等项目团队6个，代运维遂宁发布、红土先锋、投资遂宁等新媒体项目46个。

（六）围绕增强竞争力，推进引导服务一体化实施

发展“新闻＋政务”，搭起党和群众“连心桥”。“全景遂宁”客户端爆料、问政、社区等板块收到有效留言2314条，协同相关部门处理实际问题580件。发展“新闻＋服务”，搭起便民为民“连心桥”。在客户端打造涵盖就医挂号、生活缴费、网上办税等49项本地生活服务功能的综合服务平台。针对重大工作、舆情热点，常态化开展市民体验团、市民观察团等互动活动。发展“新闻＋商务”，搭起营商赢商“连心桥”。承办中国锂业大会等会务展演活动110场，与舍得酒业、明星电力等数家上市企业加强合作。加快推进占地66亩的遂宁市融媒数字产业园项目建设。2022年，集团营收突破1亿元。

二、主要成效

目前，“全景遂宁”客户端已成为遂宁市最权威的新闻资讯发布平台、最畅通的网络问政议政平台、最具特色的智慧城市服务平台、最具活力的生活分享互动平台，在社会效益、经济效益方面都取得了良好的成效和社会反响。

（一）主力军全面挺进主战场，主流舆论阵地不断壮大

以互联网思维优化资源配置，推动主流舆论占领新兴传播阵地。实现“365×24”全天候、“新兴媒体＋传统媒体”全渠道、“图文＋视听＋融合内容”全形态提供新闻信息服务。“全景遂宁”客户端月活137万，新媒体矩阵粉丝（用户）超660万。“遂宁发布”连续9年获得“微政四川年度十佳市（州）政务新媒体”荣誉。

（二）专业化引领精品化，优质内容产能大幅提升

坚持“内容为王”思维，用专业人才打造精品内容，在网端首页首屏版面优化、微信头条策划储备、产品及短视频质量提升、用户互动品牌打造等方面多点发力，推出众多群众喜闻乐见的融媒体产品。创办的大型监督类直播节目《阳光问廉》在2022年直播3期，每期浏览量超百万。新媒体产品《“122”交通安全小剧场系列》获得2022全国地市新媒体百条优秀视频新闻案例一等奖，新媒体编辑赵鑫获得“2022年四川新媒体应用技能大赛”优秀奖。《蓝天救援队驰援土耳其》系列报道引发全网关注，总浏览量达3300万＋。原创短视频《六岁女孩误吞口香糖痛哭流涕》实时浏览量达5314万，冲上抖音实时热搜榜第二名。31件作品获得中省市新闻奖。

（三）深耕本土联动成渝“双圈”，区域影响力迅速增强

“全景遂宁”客户端成为遂宁市委、市政府在互联网上的喉舌和重要宣传阵地，深耕本土资讯，用服务赢得受众，品牌影响力迅速增强。强化区域合作意识，与川渝九地媒体成立涪江流域新媒体联盟，共享媒体平台资源、共创媒体活动品牌，2023年开展“行进涪江·川渝九地高质量发展媒体调研行”联合采访活动受到广泛好评。与重庆市潼南区融媒体中心跨省联动，在客户端互设栏目，互派记者，共同开展大型采访等，赋能“遂潼一体化发展”。近年来，累计接待全国同行120批1080人次前来考察调研。2023年7月，“全景遂宁”客户端入选新华社新闻信息中心发布的全国“市级融媒体中心融合发展典型事例”，为四川省唯一入选事例。

三、下步打算

下一步，遂宁传媒集团将进一步顺应移动化、数据化、智能化的发展趋势，积极探索市县媒体一体化发展路径，以“全景遂宁”客户端为引领，全面变革智媒生产，迈向互联网深水区，加快推进遂宁市融媒数字产业园项目建设，加速向文化数字产业转型，力争到2025年，打造成为全省领先、全国一流的市级新型主流媒体。

（遂宁传媒集团有限责任公司）

案例类别：产品

察民情 听民意 惠民生

——泸州市网络问政平台 走好网上群众路线

罗荣 汤颂

习近平总书记指出，过不了互联网这一关，就过不了长期执政这一关。各级党政机关和领导干部要学会通过网络走群众路线，增强人民幸福感、推动互联网发展。

为畅通网民诉求表达渠道，建设社情民意收集窗口，搭建党委政府与群众沟通桥梁，扼制网上恶意炒作风气，由泸州市纪委监委机关、市委宣传部、市委网信办联合主办，泸州新闻网承办的泸州市网络问政平台，以前端思维为指导，立足网民队伍变“赶”为“请”，网络舆情变“堵”为“引”的方针，认真践行网上群众路线，切实让平台成为察民情、听民意、惠民生的重要渠道。

目前，泸州市网络问政平台全面实现市、县（区）、乡镇（街道）三级全覆盖，已开通市级部门、区县、乡镇（街道、部门）490个端口联网。经过十余年的持续建设，泸州网络问政平台成功搭建起党委政府和群众之间“连心桥”，平台实现网民回流100万以上。

2012年以来，泸州市创新打造“有话请您说”——泸州市网络问政平台，通过“横向到边的覆盖体系、纵向到底的服务体系、闭环解决的制度体系”三大体系建设，成为泸州民意汇聚、舆情集散、基层治理的重要阵地。《人民日报》对泸州市网络问政平台走好网上群众路线的“泸州经验”给予报道。2017年，泸州市网络问政平台被列为泸州市委、市政府践行网上群众路线的示范阵地；2021年，被列为泸州市委“民心守护”工程主要载体；同年，入选国家新闻出版署颁发中国报业深度融合发展创新案例，在全国271家媒体单位申报的367个案例中，仅有2个地市州级媒体获此殊荣；2023年获得“泸州市首批网络综合治理数字化应用场景示范项目”称号。

一、网络问政平台获此殊荣，成功之处在哪里呢

归纳起来，我们认为，有八个方面的亮点。

（一）24小时在线+点对点问政+平台交办

泸州市网络问政平台通过技术创新与传统媒体融合，利有互联网互联互通，打造“24小时在线政府”，让不同年龄段的网民可以直接问政部门，想什么时候问就什么时候问、想在哪里问就在哪里问、想用什么问就用什么问，打通了服务群众的“最后一公里”。针对网民有时“问错门”的情况，平台工作人员审核时第一时间转交办给相应单位受理。

（二）首问责任制+转办联办机制

各参与问政单位安排专人负责群众网络问政办理工作，收集、下载、登记、整理群众网络问政，在2个工作日内处理问政件。问政单位收到非职责范围内的网络问政，在2个工作日内向网络问政平台申请转办，并注明转办单位和理由。网络问政平台编辑经核实沟通后及时转办。对需要多个单位联合办理的问政事项，由首问受理单位在2个工作日内向网络问政平台申请联合办理，并注明申请联合办理单位和理由。网络问政平台编辑核实沟通后及时转办。由首问单位牵头回复，涉及的其他单位在规定时限内将相关内容发至首问单位。

（三）办理全流程查询+短信提醒

为夯实问政一站式处理，让群众少跑路，从2014年开始，平台启用短信提醒方式。网民提交的问政被受理后，网民则可收到短信提示；平台将问政件派发到相关单位，其办理单位负责同志便可收到提醒短信。网民还可以通过手机查看问政办理进度条，从问政到办结后评价，均实现全流程追踪。随着网络问政3.0版本的上线，部门转办和联办过程已实现全流程追踪。

（四）问政件回复公开+仅本人可见

网络问政平台实行问政件网上公开查看，避免了同类问题，反复问政而造成公共资源浪费的现象；但涉及未成年人、个人隐私、宗教信仰等方面的内容，以及明确了不能公开报道的重点建设项目、刑（民）事案件、群体性事件、影响泸州城市形象及预判可能带来负面舆情的敏感内容，平台和办理单位均可设置为仅本人可见，其他网民无法查看。

（五）一对一答疑+新闻会客厅集中回应

除了问政人在网上问政部门，为拓展网上网下参与社会治理的深度，提升“媒体+政务”“媒体+服务”全媒体服务水平。泸州网络问政平台每周邀请一位县区或部门主要负责人参加访谈直播，针对各个时间段大家的热点问题，及时回复社会关切，帮助解决群众面临的实际难题。比如，疫情期间，针对市民接种疫苗存在的疑问，邀请了市卫生健康委和疾控中心专家在线答疑解惑，营造了强信心、聚民心、暖人心、筑同心的良好氛围。“有话请您说”网络问政平台自开通以来，已组织在线访谈334期，回答网民提问8438个，访谈视频点击210.89万次。

（六）问政人评价 + 第三方评价

网络问政平台实行满意度评价制度，相关职能部门解决问题是否满意由群众说了算。限时办结后群众不满意，可以直接给“差评”。每月还会开展“第三方评价”，每月邀请5名社会评委站在中立的角度，评议职能部门处理问题是否到位。平台运行从过去的“围着转”到如今的“跟进办”，让部门主动服务群众。从“你定调”到“我考评”，有效提高了群众满意率。

（七）每月通报 + 媒体曝光

平台把网络问政的出发点和落脚点都放在取得实效、解决问题上。建立定期通报机制。网络问政平台每月对各区县和园区、市级部门网络问政的办理情况进行梳理排名，按程序送审后进行网络通报，并报市政府办公室书面通报。为发挥舆论监督的积极作用，《泸州日报》《川江都市报》上开辟“帮你问了”“民生连线“等专题专栏，对群众反映强烈的突出问题进行追踪报道，有力推动了群众诉求及时就地解决。

（八）绩效考核 + 纪检问责

平台建立诉求办理督办机制。对办理回复“发回重办”件，问政人和第三方评价仍不满意的，或消极应付、推诿扯皮、不按规定时间和要求办理的，被上级部门批评或引发次生舆情的，报市政府办公室，由市政府办公室进行通报批评，并纳入年度目标绩效管理。市纪委监委将各级各部门网络问政工作履职履责情况纳入各级纪检监察机构日常监督中，按程序对群众反映强烈、涉及重大民生事项的问题进行重点督办。

二、通过10多年的探索，泸州市网络问政平台在精准解决老百姓诉求，走好新时代网上群众路线，有什么样的成效

（一）建成了社会舆论的“蓄水池”

截至2023年底，泸州市网络问政平台共有88641名注册用户在平台留言，有141564件群众诉求在平台上得以回复、引导、解决，网民对办理结果满意度评价达到99.67%。问政量从2013年的1986件，到2015的9199件，再到2023年的16254件，问政量逐年递增，满意度不降反升。群众对平台的信任度不断增加，让越来越多的群众愿意通过这一平台表达诉求，各类社会舆论信息汇聚于此，形成了舆情、舆论信息的“蓄水池”，为泸州市舆情中心提供了大量参考信息。在两会、疫情防控等重大节点和社会事件面前，网络问政平台也积极发挥了舆情信息的“晴雨表”和“温度计”作用。

（二）疏导了公众情绪的“众怒症”

从2023年的问政内容来看，主要集中在咨询、投诉、建议、求决四个主要类别。网民在这里获得了与党委政府平等对话的待遇，很多小问题、小矛盾、小情绪得到解决、疏导，有效避免了大问题、大矛盾、大情绪的产生。这里并没有成为社会舆论漩涡的风暴口，相反却成为大家理性解决问题的文明窗口，成为社会矛盾的减震器，公众的情绪得到了疏导，政府一出事，舆论一边倒的言论，在泸州得到有效改观。

（三）夯实了社会治理“新基层”

上门咨询吃不完的闭门羹，身陷纠纷要各部门跑断腿才能解决，投诉建议长时间无人回应……这些困扰社会基层治理的难题，随着“互联网 +”的东风，20多万件问政事项，在泸州市网络问政平台的作用下，冰融消解。网络治理是社会基层治理的重要组成部分，互联网人群更是社会治理的大基层。泸州市网络问政平台做活“媒体 + 服务”优势，用有限的行政成本，成功搭建起具有媒体服务、公共职能、在线政务、舆情引导、社会治理等综合性功能的平台，让社会基层治理更具“速度”“精度”和“温度”。

（罗荣：泸州新闻网总编辑，汤颂：泸州新闻网副总编辑）

案例类别：产品

主流媒体在突发事件中的使命、担当和高效

——以泸县融媒体中心抗疫宣传为例

王钦友　黄祖泉　黄刚

每当突发事件发生时，主流媒体体现出的主流价值始终与使命、担当和高效紧密结合。在媒体深度融合过程中，“扩大主流价值影响力版图”是其目标与任务。

2020年1月25日，泸县启动突发公共卫生事件一级应急响应。30多天来，泸县融媒体中心克服采编人员严重不足、年龄偏大等问题，在县疫情防控指挥部的正确领

导下，牢牢把握正确舆论导向，坚持贴近实际、贴近生活、贴近现场、贴近群众，创新内容形式，创新方法手段，推出了一大批有思想深度、有感染力、说服力、影响力的优秀新闻作品，全景式报道了泸县人民在县委、县政府的领导下全力抗疫的生动事迹，唱响了主旋律、弘扬了正能量、激发了凝聚力、振奋了精神、展现了泸县形象。

一、情况介绍

（一）全频共振全面开花

整个抗疫宣传中，泸县融媒体中心矩阵全平台共同发力，全频共振。从2020年除夕开始历时30天，泸县融媒体中心在历时30天的宣传报道中，在泸县电视“泸县新闻”、“爱泸县”客户端、“泸县发布”微信公众号、“泸县发布”微博、“泸县新闻网”、泸县广播电台“村村响”、“泸县融媒”抖音、“龙城快讯”等平台，共发布、播出稿件5753条次，创历史新高。

（二）栏目设置灵活多样

泸县新闻围绕“‘战’疫情”大主题，设置了“抗疫进行时”“现场直击”“系列访谈——共同守护”“小小心愿”“抗疫情知识问答”“战疫情保供给”“战疫情保生产”“战疫情人勤春早”等子栏目；爱泸县客户端设置了“人物”“动态”“微视频”“视频直击”“一线”“权威发布”等栏目；泸县发布设置了“镜头”“创意提醒”“创意类作品”“人物故事合集”等专栏；泸县人民广播电台设置了“最后一公里”战“疫”、抗“疫”公益广告、抗“疫”评书、小黄陪你“战”疫情、小蔡陪你“战”疫情、党员先锋模范故事展播、抗“疫”攻坚我们在行动！健康小课堂、法制天地、抗“疫”宣传标语、抗“疫”公告通知、抗“疫”公益广告、曝光台、抗“疫”歌曲、抗“疫”诗歌、抗“疫”说书等栏目。

（三）爆款产品影响广泛

“泸县融媒”抖音作品无人机喊话系列成为创新防疫宣传的亮点系列，“圈粉”无数，其中的无人机喊话系列第一集《幺儿乖回家》播放810万，第二集《帅哥很帅，但口罩也要戴》2523万，第三集《婆婆别聚集》3093万，第五集《婆婆活到九百九》370万，第七集《特殊时期生活依然那么甜》460万。其他类作品也有多个爆款，《乡村防疫宣传大喇叭》1030万，《交警硬核劝返》3026万，《打牌逮到坐单间》178万，《闯关必遭》1982万，《撒泼打人，捉》1543万，《惊！逃避检疫飞车猛撞》1274万，《泸州媳妇硬核教育胡闹冲卡老公》826万，作品也获得了超高人气，泸县融媒抖音号也从战“疫”打响以来的3.2万涨到现在的48万；泸县发布坚持原创，策划靠前，一日一主题，制作精美，共推出稿件43条，总阅读78.3万，平均1.8万，阅读数上万的有28条。其中，《泸县“硬核”无人机喊话：戴上口罩，抓紧回家！》阅读数突破10万+，留言超过200条；《H5丨接力！我是泸县人，我承诺！》阅读数2.1万，通过H5接力承诺的人次超过10万+，《壮士出征，泸县第一批支援湖北医疗队今日启程》阅读数超过5万，留言近500条。

（四）对外宣传有力有效

在历时30天的宣传报道中，泸县融媒体中心共在省级以上主流媒体发表作品562条次，其中中央级媒体发表作品104条次。

二、主要举措

（一）建立组织领导机制

加强组织领导，建立“中心统一领导、各小组协同配合、记者编辑积极参与”的工作机制。

1. 建立组织领导机构。成立新型冠状病毒感染的肺炎疫情防控机制领导组。由中心主任任组长，其余副职任副组长，下设综合协调小组、编辑播发小组、新闻采集小组、后勤保障小组。

2. 建立健全目标管理体制。泸县是劳务输出大县，疫情防控形势异常严峻。战“疫”之初，中心制定了内宣任务、外宣目标，在泸县新型冠状病毒感染的肺炎疫情防控指挥部的统一领导下，每天由参加县指挥部专项工作会的中心主要领导制定目标、确定选题，综合小组监督检查，各小组每天建立工作台账，每天由专人汇总。后勤组时刻人文关怀，在防疫物资、吃住行上关怀备至，增强了战斗在一线的全媒记者编辑归家感。

（二）规范操作运行机制

1. 增强四力打造过硬队伍。此次疫情事发突然，湖北及武汉回泸县人员多。大战在即，如何适应新的宣传形势对中心来说是一次实战和考验。为此中心要求记者编辑在实践中增强脚力、眼力、脑力、笔力，走到最基层，说老百姓听得懂的话，写“沾泥土”“带露珠”“冒热气”的文章，广播村村响要响进群众家里，无人机喊话系列要喊进群众心里，指挥部指令要传达进老百姓脑力。一大批优秀融媒作品更加接“地气”、聚“人气”。黄平、李杰等新入职员工担起了重任，新老“传帮带”完成，地毯式、全覆盖、轰炸式宣传初见成效，得到市县领导肯定。

2. 全面执行“三审三校”制。由于此次疫情重大、涉及面广，稍有不慎就将影响泸县疫情防控大局，造成不必要的恐慌。为此，中心在过去“三审三校”制的基础上，为了稳妥推进工作，使稿件在第一时间抵达观众和用户，按照县指挥部制定的信息传播制度，中心重新定义“三审三校”制度。即把记者和责任编辑定为初审、分管领导二审、中心主要领导终审。遇有特殊要求文稿请宣传部常务副部长审定，再交指挥部相关领导终审，确保中心近六千余件融媒作品零差错，圆满完成疫情防控宣传任务。

（三）完善绩效激励机制

1. 实行绩效考核。疫情防控期间，适逢中心融媒改革进入深水区。在中心疫情防控领导组的领导下，在各小组积极配合下，绩效考核积分制得到有效实施。一大批优秀融媒产品在中央、省级媒体发布、播出，内宣工作突破发展，外宣工作创历史新高。

2.优化选拔干部。疫情来势凶猛。中心领导身先士卒，一直战斗在抗疫情第一线，融媒记者编辑尤其是年轻人义无反顾，冲锋在前，涌现了一大批讲政治、懂业务的优秀人才和干部后备队伍。目前，已推荐副科级干部一名，后备干部5名，有效地激励了全媒记者编辑的工作积极性，为他们提供了发挥才华的平台保障。

三、特色亮点

（一）缜密研判精准策划

自2020年1月25日泸县启动突发公共卫生事件一级应急响应以来，泸县融媒体中心由中心主要领导和分管领导组织相关人员进行形势研判，迅速召开每日策划会，确定单日采编方向，明确采编选题，为每天的稿件发布确定了正确的宣传导向。相关平台负责人召集部门人员召开选题分析会，明确采访要点、编辑要求，确保选题落地落实。

（二）创意选题量质并举

新媒工作室看重策划创意，深度挖掘成员潜能，在本次宣传抗疫中展现了强大的策划能力和制作能力，图文类推出了专题《镜头》之“感动”“温暖”“坚守”等，视频类作品《航拍下的泸县》等，海报画报类作品“背影”“春天到了，一切都会更好的”“春耕图”等，创意类作品H5“接力！我是泸县人，我承诺！”、H5“非常时期，元宵节我们这样过——”、H5“轻松一刻丨“战疫”趣味小测试上线，你能通关吗？”，小程序“为中国加油！快来点亮你的“战疫专属”头像——”等，人物合集类共推出“党员”“90后”“志愿者”等，宣传倡议类作品“为了107万人的安全，请积极配合”“不出门就是我们的战斗方式，请执行！”“齐心抗“疫”，我们是泸县人，我们更是一家人！”“坚持就是胜利，泸县人能做到！”“疫情防控，这是一场没有旁观者的全民行动！”“警惕！疫情还未结束，放松不得！！！”等，得到了读者的高度认可。

（三）新兴媒体强势领军

泸县融媒体中心根据“移动优先”的媒体发展要求，确定了爱泸县APP和泸县发布作为宣传的重点平台，秉承碎片化、全覆盖、密集轰炸和精品化结合的特点，量质并重，泸县融媒体中心融媒产品在30天内，爱泸县APP每天推出作品不少于30条，共上载刊发疫情防控稿件937条，以图文视频为主要表现形式，阅读数近400万；泸县发布原创度高，一日一策划，一日一主题，确保每期有质量、每条是精品。共推出稿件43条，阅读数上万的28条，好作品多、爆款多、影响力大。“泸县融媒”抖音在本次抗疫宣传中异军突起，起到了轰动效应，作品爆款量大，其中无人机喊话系列共推出作品8条，总阅读数上亿。“泸县融媒”抖音粉丝由3.2万猛涨到48万。可以说，泸县融媒体中心在突发事件发生时，主流媒体主流价值的抵达率、价值认同发挥得淋漓尽致。

（四）传统媒体厚实发力

泸县新闻聚焦新闻现场，深入镇街，采访抗疫人和事，每天为观众带来单日最新最全的新闻资讯。泸县人民广播电台由日常的3小时的村村响播出时间段，提升为17个小时的应急广播时段，采用老百姓听得懂，喜欢听的方式进行，内容涵盖方言疫情知识、最新疫情资讯、方言短剧等。截至2021年初，共播出稿件3840条次，奏响了防控宣传的“最强音”。

综上所述，泸县融媒体中心在突发事件面前，坚持秉承以人为本，促进认同，凝聚共识的主流价值观念，以使命、担当和高效为己任，在媒体深度融合的改革中，贡献了泸县案例和力量。

（王钦友：泸县融媒体中心主任，黄祖泉：泸县融媒体中心副主任，黄刚：泸县融媒体中心机关党委书记）

案例类别：组织机构

南充市高坪区：因地制宜 深耕细作 乘势打造本土融媒“旗舰”

南充市高坪区融媒体中心

根据中央、四川省委关于“抓好县级融媒体中心建设”系列部署，2019年3月，高坪区启动县级融媒体中心建设，同年12月挂牌成立。2022年2月28日，中心被四川省委宣传部确定为全省2021年度县级融媒体中心10个省级示范点之一，同时入围2021—2022年度全国县级融媒体中心建设优秀案例，中宣部媒体融合专家组也曾两次到中心进行调研。

一、突出重构重塑，打造新型融媒“新阵地”

（一）以客户端为核心突破

突出移动优先，重点开发集新闻宣传、信息发布、政务服务、互动交流等多功能为一体的手机客户端“云上高坪”，全力打造高坪人爱看爱用的本土旗舰融媒传播平台。上线运行以来，经不断优化升级，“云上高坪”系统运行更加稳定、内容功能更加丰富、用户体验更加舒适。目前已设置一级栏目20余个，吸纳200余个区级部门、乡镇（街道）、单位和自媒体入驻，总用户数超52万，占高坪区常住人口的90%，已成为了解高坪、爱上高坪、玩转高坪的首选APP，并获得南充市2020年度优秀网络品牌、2023年四川省优秀县级融媒体中心网络平台等荣誉称号。

（二）以矩阵网为关键支撑

充分整合区域内网、微、视、屏宣传平台资源，积极构建资源集约、结构合理、差异发展、协同高效的全媒体传播网络，打造了以“云上高坪”APP为核心，“微高坪”微信公众号、“高坪播报”官方微博、“云上高坪”抖音号、“高坪播报”（电视）、高坪周刊（报纸）五大媒体平台为引领，40余个官方“两微”平台为补充的全媒体矩阵，形成了多元传播、同步发声的生动局面。

（三）以合作链为拓展路径

坚持“借梯登高”“借船出海”，持续深化与中省市主流新闻媒体对接合作，积极入驻新华社、四川观察、川报观察、南充见、直播南充等中省市新媒体平台，借势借力传播高坪声音、讲述高坪故事，同时依托“云上高坪”手机客户端链接区外城市APP 20余个，实现信息互联互通、资源共享，进一步提升高坪的知名度和美誉度。

二、专注内容内涵，打造融媒传播“新高地”

（一）再造生产流程

打破传统媒体运行模式，通过“中央厨房”实现一体策划、一次采集、多种生成、多元发布，构建了“新媒体首发、全媒体跟进、融媒体传播”格局。截至2024年4月，依托中心六大媒体平台共发布、转载新闻稿件近70000条，向中省市权威媒体共推送外宣稿件2300余条。

（二）潜心打造精品

建立“四位一体”新闻策划机制，每季一研判、每月一主题、每周一策划、每日一报题，打造了一大批精品力作。其中，《南充：非遗技艺“活”起来 文旅品牌放异彩》荣获中国广播电视大奖2021—2022年度广播电视节目奖电视信息类三等奖；《中欧班列始发站 三个90后的“通关行动”》荣获2022年度四川省新闻奖县级融媒类消息一等奖、2022年四川省县级融媒新闻奖消息类一等奖；《村民一餐饭 装着乡村振兴大民生》《工地板凳交流会 让党的二十大精神入脑入心》荣获2022年四川省县级融媒新闻奖消息三等奖。

（三）紧跟技术前沿

大胆运用H5、VR、微直播等新技术手段，推出了一批网友喜闻乐见的新媒体爆款作品。“云上高坪”抖音号粉丝量近40万，单条最高播放量高达1.4亿，点赞达235万；开设“慢直播”栏目，在城区设立了3个点位，24小时全方位展现大美高坪；先后开展直播活动50余场，累计观看3000多万人次。

三、聚焦民生民声，搭建服务群众“新平台”

（一）提升“新闻＋政务”功能

在“云上高坪”手机客户端开设政务服务板块，提供网上办税、车驾服务、工商登记、政务信息查询等政务服务功能，努力打造“指尖上的政务服务中心”。2022年3月，全省首家区内智慧政务系统正式开通运行。

（二）提升“新闻＋服务”功能

努力打通与群众生活息息相关的水、电、气、医、行、旅等服务通道，提供全方位的生活信息服务，把服务前台搬到掌上，目前已初步实现交通出行查询、通讯充值缴费、酒店景区预订等20余项服务功能，进一步优化了用户体验、增强了用户黏性。

（三）提升“新闻＋电商”功能

吸引王府井吉选超市、吉麦润生活超市等本地大型商超260余家入驻；积极搭建高坪特色产品网络销售平台，成功承接阙家橙花季等各类网络促销活动，开设“捡相因”栏目，拉动市场消费近1000万元；开展“直播助农”“非遗年货节”等活动20余场次，带动农产品销售500多万元。

（四）提升“新闻＋舆情”功能

通过“云上高坪”APP开设网络问政栏目，为群众建言献策、反映诉求、吐槽爆料提供通道，由区纪委监委跟踪督促各部门（单位）、乡镇（街道）办理情况，并纳入年终目标绩效考核，平均每年累计收集处理各类建议、意见、诉求1000余条，回复率达100%；同时，联合交警二大队开设新栏目“交通违法举报平台”，及时解决身边各类道路交通违法行为，受到群众一致好评。

四、倾力引才育才，建强融合发展“新力量”

（一）拓宽引才渠道

针对专业人才匮乏、现有编制不足问题，将原来的7个编制增加到18个，并将融媒体采编和管理人才纳入“嘉陵江英才工程”“人才强区战略”等人才引进项目。同时，瞄准具有网络思维和创新意识的年轻群体，每年通过社会化招聘、高校双选会、校园招聘会等方式，及时引进新鲜血液，截至目前，已择优选聘专业人才34名。

（二）创新育才模式

推行“以老带新”“师徒结对”“技能比武”“好稿评选”“首席记者（编辑）”，促进业务骨干快速成长；坚持“走出去”学习和“请进来”培训相结合，组团先后赴仁寿、华蓥等标杆区县学习取经，选派干部职工参加省委宣传部统一培训，精心开展“融媒大讲堂”15期，聘请省内知名专家教授和资深媒体人专业辅导；与西华师范大学共建实习基地，拓展专业人才培育通道。

（三）优化用才机制

积极探索建立灵活用人机制和激励机制，持续完善《员工绩效考核方案》《采编人员绩效考核办法（试行）》《运营部绩效考核办法（试行）》等制度，建立以实绩为主的考核指标核算绩效，打破编内编外人员身份差别，实现同岗同酬、优劳优酬，一线记者每月绩效最高可达1万元。同时，坚持人岗相适原则，先后选拔8名优秀聘用人员充实到公司管理层，为其进一步施展才华、发挥作用提供空间和“舞台”；实行《职工待岗制度（试行）》，进一步激发干部职工的责任感、使命感和紧迫感，激励全体职工履职尽责、担当作为。

（南充市高坪区融媒体中心）

贵州省

案例类别：组织机构

发展新质生产力 打造融合传播“云”航母

——贵州日报报刊社“天眼新闻”客户端

王璐瑶 田旻佳

2024年1月31日，习近平总书记在中共中央政治局第十一次集体学习时强调，加快发展新质生产力，扎实推进高质量发展。

从2019年上线至今，由贵州日报报刊社、贵州日报当代融媒体集团倾力打造的现象级主流新闻客户端“天眼新闻”打造融合传播“云”航母。此举是深入学习贯彻习近平总书记关于媒体融合发展系列重要讲话精神的重要举措、重要改革和重要探索。如今，“天眼新闻”已形成了全媒体、多平台共享分发的传播格局，完成了从传统媒体向现代化媒体转型。

2023年，“天眼新闻”客户端传播力综合指数在全国省级党报中排名第9，客户端总阅读量超过80亿次，向用户推送包括全国报刊数据在内的稿件80余万条。

一、平台融合，合而为一

加快推进媒体深度融合发展，关键词是“融”与“合”。2019年，贵州日报社和当代贵州杂志社整体合并，原贵州日报社的今贵州新闻客户端与当代贵州杂志社的当代贵州客户端整合，打造全新的“天眼新闻”客户端；当代先锋网整合今贵州网重新改版升级上线；旗下其他微信、微博平台坚持能整则整、能融尽融，全部迁入融媒体“中央厨房”，以频道形式与“天眼新闻”客户端融合发展，夯实以“天眼新闻”为核心的融媒体矩阵。

延展融媒传播生态体系建设，以用户为中心，统筹用好报、刊、网、端、音、视、微、号力量，横向覆盖抖音、微信、微博、快手等平台，坚持内容不间断、关键节点振大音、融合呈现多样化，牢牢抢占舆论阵地，扩展“天眼新闻”全媒体品牌效应。

在平台融合过程中，贵州日报报刊社搭建起一座庞大的“一体化新闻创作分发平台”，完成各子系统中的资源迁移汇集，链接所有记者编辑人员，联通各地记者站，耦合县级融媒体中心，塑造了全新的开放传播生态，提升了生产力、传播力、内驱力三大能力。

目前，“天眼新闻”客户端已为全省市、州、县及垂直重点行业部门开设185个频道，开通全国党报党刊数字报，设置中英双语频道“FAST”。同时，强化内外协作，在省内层面组建贵州首个“贵州融媒体云上编辑部”，在全国层面携手 27 家省市主流新媒体共同组建区块链新闻编辑部。

二、流程再造，自我革命

一改传统媒体烦琐且耗时的生产模式，贵州日报报刊社将先进技术与内容体系充分聚合、深度融合，促进体制机制改革创新，以传播力为导向，实施移动优先战略。在全国党媒中首次实行“移动端为主”的绩效考核办法，即以移动优先为导向，把传播力作为最重要的考核指标之一，实行“以网端传播力发稿费、党报党刊无稿费”的绩效考核新办法，形成更加符合互联网传播规律的考核机制。

大刀阔斧改革生产机制，对策、采、编、发四大环节进行改革，将原有报、刊、网、端 4 条“生产线”合而为一。采编人员实现大融合，采访部室不再按媒介形态设置，而是按照行业划分，如时政、经济、社会、科教等。选拔业务骨干组建特种作战的“天眼战队”，专攻主题采访、重大活动和会议报道。

再造生产流程，依靠先进的云采编系统，打破传统媒体和新兴媒体的边界，接通所有新闻信息生产部门的人员、信息、图片、技术、设计等资源，实现数据互联；重构传播生态，各采访部门与市州记者站、县级融媒体中心、通讯员队伍协同采访，将鲜活新闻采写回来，经过审校后进入云采编系统，编辑对稿件进行二次设计、创作，生成适合不同媒体终端发布的融媒体产品。

三、策划先行，内容为魂

选题竞争是重头、稿件竞争成常态。创新制定“季策划、月策划、周策划、日策划、时策划和紧急策划”以及“部门策划、个人策划”的“6+2”选题策划制度，在先期记者海量报题、系统海量分析的基础上，遴选优秀选题进行头脑风暴，以“创意”为引领强化内容创新。

围绕中心工作抓原创，在主题策划中抓重点。建立“新闻宣传管理办公室 + 融媒体指挥中心、编辑中心、采访中心、技术中心”的“1+4”指挥调度体系，聚焦全国两会、贵州省两会、中国国际大数据产业博览会等重要时间节点，推动大批优质原创融媒体报道“泉涌”。2019 年以来，策划推出的《爬行的人也能顶天立地》《主席送毛衣情暖清江水》等原创融媒体报道共获中国新闻奖 5 次。2023 年，围绕“多彩贵州·从万桥飞架看中国奋斗”重大主题，推出了一大批有面有线有点、有景有情有思的行进式、体验式、见闻式、盘点式报道，在“天眼新闻”的“云”航母上通过不同平台展开了超 3 亿次的覆盖式传播。

围绕社会民生抓爆款，在日常策划中挖亮点。推动选题策划会覆盖全时段、全层面。如聚焦火爆“出圈”的“村 BA”“村超”赛事，充分利用海报、长图、短视频、直播等读者喜闻乐见的融媒体形式，推出《贵州“村超”为什么火？这里有中国乡村幸福的模样》等融媒体报道，生动阐述“村字头”赛事推动乡村振兴的生动实践。同时，充分发挥主流媒体舆论监督作用，聚焦群众关注的热点、难点、堵点问题，在各平台重要位置开设《天眼问政》栏目收集民情、解答疑问。组建“天眼问政律师团”提供免费法律援助，组建“天眼问政专家团”及时回应社会关切，推动“天眼问政进社区”，打造的“天眼问政”AI 主播帮帮哥辣评民生热点，追踪问题解决。

四、技术创新，为我所控

只有把传播领域的核心技术掌握在自己手中，才能真正掌握发展的主动权。贵州日报报刊社聚焦核心技术自主可控，举全社之力自主研发“天眼云融媒体平台”，推动传播平台、传播内容、传播方式向数字化和智能化转型。

从“逐步占领”到“为我所控”，变“借船出海”为“造船出海”，以“虚拟软件、架构设计、消化吸收、集成创新”为理念，在“云端”之上构筑了“既为我所用、更为我所控”的技术底座，依托数据与人工智能技术实现融合发展，实现了技术、应用、模式层面的创新，拿出更多拥有报刊社标签的技术产品，把握网络发展的主动权。

2023 年，“天眼云融媒体平台”获国家版权局《计算机软件著作权登记证书》，入选“中国报业协会新媒体（客户端）发展大会主旨报告优秀案例”，入选“全国媒体融合技术应用创新案例”，荣获“王选新闻科学技术奖”二等奖。

从纸墨印刷到形成报、刊、网、端、音、视、微、号八大平台矩阵，从“纸媒”奔赴“全媒”，贵州日报报刊社用主流价值导向驾驭算法，用先进技术支撑助力改革，内容与技术“双核驱动”发展新质生产力，打造“天眼新闻”融合传播“云”航母，挺进舆论主战场。

（王璐瑶：贵州日报报刊社编委、天眼新闻采编中心兼国际传播中心主任，田旻佳：贵州日报报刊社天眼新闻采编中心副主任）

案例类别：组织机构

贵州组建首个融媒体云上编辑部：立足基层打造生态破圈提升县级融媒体中心主流舆论阵地建设活力

王璐瑶 田旻佳

随着媒体融合向纵深发展，作为“最后一公里”，县级融媒体中心发挥着主流舆论阵地、综合服务平台、社区信息枢纽的重要作用；省级传播平台则拥有更广泛的覆盖面和更丰富的资源，为县级融媒体中心提供强有力的支持和帮助，能有效提升县级融媒体中心主流舆论阵地建设活力。

基于此，贵州日报报刊社联合贵州96家县级融媒体中心及部分行业融媒体中心搭建了贵州融媒体云上编辑部。经过4年的不断融合、壮大与探索，现已成为贵州县级媒体合唱主流好声音的“第一IP”。在新时代的乡村振兴实践中，助力全省县级融媒体中心实现“共建、共享、共融、共赢”。

一、背景与起因

县级融媒体中心建设是党中央将宣传思想文化工作向基层覆盖的重大举措。2019年5月，贵州省88个县（市、区）和8个新区（开发区、旅游区）融媒体中心全部建成挂牌并投入实际运行，已全部建立新媒体矩阵，初步形成分众传播、分类覆盖的格局。

县级融媒体中心作为我国媒体融合深度发展的必然产物，在“主流舆论阵地、综合服务平台、社区信息枢纽”等方面发挥了重要作用。建设初期，大量县级融媒体中心刚刚起步，还深陷于工作模式陈旧、专业技术能力短板明显、传播平台局限于本地等问题。亟须“借船出海”以解决人才储备不足、生产力低下等问题。贵州日报报刊社以“云编辑”为理念，跨越时间与空间，组建了常年有400余名编辑共同作业的贵州融媒体云上编辑部，协助入驻的各成员单位实现内容、技术、创意、策划等方面的“云端共建”。

二、做法与措施

（一）共建一个云端：在阵地上实现融合

2020年，“天眼新闻”客户端发布了以贵州省县级融媒体中心优质稿件综合融媒体产品的《贵州融媒体云周刊》创刊号，标志着贵州融媒体云上编辑部的成立。

贵州融媒体云上编辑部一方面不断鼓励县级融媒体中心搭乘“快车”，依托县级频道进行内容生产投放，由“天眼新闻”各编辑组进行内容的精准投放和分发；另一方面利用众筹的特点，每周向各县级融媒体中心推出多个选题筹集内容，以“小切口”反映中国式现代化，深度聚焦基层一线报道对象。

这些来自基层的鲜活内容，以每周一期《贵州融媒体云周刊》的形式在客户端、微信、百家号等不同传播载体进行发布。截至2024年4月1日，已编发168期，实现了贵州省县级融媒体中心报道全覆盖。同时，遴选优质稿件刊登在《贵州日报》“天眼新闻”版，在不断编辑稿件的过程中助力县级融媒体中心提质增效。2023年，《贵州日报》“天眼新闻”版“云上编辑部”栏目发布了来自全省各融媒体中心稿件的683篇，实现了省级媒体与县级媒体、传统媒体与新兴媒体的互联互通。

如今，在贵州日报报刊社帮助下，已为全省96个县级融媒体中心研发完成新闻客户端，并在原有县级新闻客户端的基础上免费建设新时代文明实践中心服务功能，成为集信息发布、文明实践、政务服务、便民服务、舆论引导、理论宣讲等功能为一体的新型县级客户端，其中14个县级融媒体中心新闻客户端已经上架运营。这些县融客户端与“天眼新闻”客户端之间互联互通，互为传播。

（二）共讲一个故事：依托策划实现共赢

与传统的区域媒体相比，县级融媒体中心能通过本土化语言表达，有效提升受众对宣传信息的关注度。贵州融媒体云上编辑部入驻单位通过发挥自身区域优势，共同讲好新时代的新故事，取得了“1+1>2”的宣传效果。

随着短视频和直播被网友关注的程度日渐提升，贵州融媒体云上编辑部逐步联动入驻单位通过短视频平台发力，形成传统媒体与现代视听媒介的良性互动。比如，联合独山县融媒体中心、普安县融媒体中心、榕江县融媒体中心等推出《7名解放军保护群众剿匪牺牲 当地村民守护祭奠烈士74年 网友：希望年轻人传承下去》等一批来自基层的短视频新闻产品和直播内容，在抖音、快手、视频号上进行了投放，取得了良好的传播效应。在2024年全国两会期间，联合全省9个市（州）的县级融媒体中心推出“文旅局在约你上春山”系列MV短视频，带起了一波“上春山”的热度。

贵州融媒体云上编辑部扎根国内也聚焦海外，在

2023 年全国“两会”期间，与十余个县级融媒体中心共同策划，请贵州 18 个世居民族“变身”网络主播为自己家乡代言，推出《贵州，该你上场了！》系列中英双语短视频和创意海报。该作品在国内的客户端、网站以及海外的 Facebook、Twitter 等网络平台进行广泛传播和实时互动，中国驻英领事等外交大咖及海外网络大 V 点赞转发，全网相关新闻报道点击量超过 1 亿次。

（三）共塑一种生态，大屏小屏同频共振

以云端作为媒介，以策划带动先行，随着媒体融合向纵深发展，要做好媒体融合发展这篇大文章，势必需要各级媒体同频共振，共塑生态加强主流舆论阵地建设。

线上联动跨越时空突破边界。在贵州融媒体云上编辑部内，编辑通过云连线的方式召开云端策划会，不断抛出“金点子”，让报道“玩”得起、“落”得下。在重大时间节点时，携手省级党媒的同时联动多地县级融媒体中心，推出报刊网端微抖联动产品。从《二万五千里的红色征途》系列报道到《我们村的喜事儿传北京》系列报道，再到 2024 年爆款“出圈”的《村里喜事捎北京》系列报道，实现了跨省云端内容在纸面与网络的多重曝光，不断增强传播力、引导力、影响力与公信力。

线下联动架起桥梁共促学习。为真正解决县级融媒体中心的实际难题，贵州融媒体云上编辑部从“输血式”合作迈向“造血式”协作，注重调动激发县级融媒体中心的内生动力。如组织新闻业务骨干通过全省会议交流、专题培训等形式，前往县级融媒体中心授课和蹲点调研采访。通过举办“贵州媒体深度融合案例分享会”，与全省 202 家报纸、期刊、县级融媒体中心共同组建“贵州融媒创新联合体”等，推动线下联动落地生根。

三、成效与反响

贵州融媒体云上编辑部的实践与探索，“破圈”提升了县级融媒体中心主流舆论阵地建设活力，对更好地引导社会舆论起到了重要作用。

融合资源，形成一股强大合力。县级融媒体中心原本就是将传统媒体与新媒体整合并发，形成集中发布攻势。贵州融媒体云上编辑部依托共享理念，助推形成舆论矩阵，以网友喜闻乐见的方式来将生动鲜活的融媒体报道呈现在全国网友面前。

融合平台，打通媒体形态隔阂。贵州融媒体云上编辑不仅打通新媒体发稿平台，更融合传统媒体的刊发平台，有效形成了县级媒体与省级媒体联动、新媒体与传统媒体联动、线上产品与线下活动联动。

融合协同，对内对外两手齐抓。秉持着协同发展的理念，贵州融媒体云上编辑部形成纽带作用，不断对外链接入驻单位的各类内容，提供更多机会向省内外媒体学习，打通省内省外的联动双循环。

通过以“云”为媒、资源整合和协作共享等系列行之有效的举措，经过 4 年的不断融合实践与探索，贵州融媒体云上编辑部成员逐渐多元化，“朋友圈”不断扩大，影响力日益提升，在云端之上实现了多形态、多平台的共享。其为媒体融合从“相融”迈向“深融”提供了一条可落地实施、可参考借鉴的创新路径。

（王璐瑶：贵州日报报刊社编委、天眼新闻采编中心兼国际传播中心主任，田旻佳：贵州日报报刊社天眼新闻采编中心副主任）

贵州融媒体云周刊

案例类别：产品

贵州广播电视台“全国现象级融媒体平台”

周挺 宋煜 屠鹤立 陆健超 张文彬

一、项目背景

为深入贯彻落实习近平总书记关于媒体融合发展重要论述精神，以党的二十大精神为指引，按照《关于加快推进媒体深度融合发展的意见》的要求，贵州广播电视台以“百姓关注”品牌为基础，以高质量发展为目标，集合相关资源，建立适应全媒体生产传播的一体化组织架构，致力于打造在贵州省最具权威性和竞争力，在全国具有较高知名度和影响力的民生新闻类现象级融媒体平台，全力推动广电媒体主力军全面挺进主战场。

二、所属领域及重要性

为达成以上战略目标，贵州广播电视台于2022年5月完成《全国现象级融媒体平台》技术项目建设，项目由前端融媒体演播室制作系统与后端全球区域直播空间分发系统两部分组成。该项目在融媒体内容制作与分发中发挥了重要作用，成功打造了一批兼具社会效益和经济效益的融媒体节目；逐渐形成和完善了一套易于操作、灵活多变的融媒体制播流程，为融合传播新业态和新模式提供了有力支撑。

三、主要技术内容

演播室技术系统采用以NDI为核心的制作技术；云上全区域直播空间为后端分发板块，其主要技术内容如下。

演播室融媒体制播系统以FULL NDI协议为标准进行系统内信号传输、调度、处理，将所有网络上的其他格式流媒体以及基带设备的SDI信号转换为NDI标准接口，系统包括IP化手机连线、远程制作、轻量化在线包装功能模块，以及其他功能性软件。通过台业务网，以FULL NDI网络传输实现各演播室集群制作功能，支持对各种格式网络流信号的调度与处理，系统呈现完全开放式、全生态式的架构。利用NDI Bridge技术实现远程制作功能：异地多点制作局域网通过公网互通，并且可以将控制信号、Tally、元数据等一起传输，实现全功能远程控制。

后端信号分发方面，在七牛云上拥有全球区域直播空间，具备自有直播域名、云导播台、PUB转推流和直播推流录制服务，直播信号分发至主IP《百姓关注》APP、抖音、快手、头条、微博、B站等。“微兔工具”是通过七牛云直播SDK自主研发的微信小程序，无须启用演播室，能使用手机拍摄并快速发起推流直播。

以NDI为构架的视音频制作系统，配以低延迟高安全性的全网分发，组成了一套完善的融媒体节目制播解决方案，打造出了一个拥有广泛应用场景，高效率、高质量、全流程的制播一体平台。

四、融合经验体会

（一）广播级的新媒体视音频质量

前端演播室利用NDI技术可靠的浅压缩算法，将SDI信号IP化的同时，最大程度保留原画质，并对接入的网络信号，如网络流信号、手机连线信号等，进行了优化处理，直播空间中的直播推流数量保存与推流数量均无限制，七牛云直播没有限制推流码率，支持常见分辨率以及对应码率。《百姓关注》使用的码率为3 Mbps，画质为1080P，前后端信号处理方式均保证了播出画面的高质量。

（二）技术系统的高灵活性和强扩展性

IP化的制播系统，通过简单的网络扩展与控制软件，可实现自定义的多系统制作。目前已通过台业务网，将数个演播室联通成为演播室集群，实现包括控制信号在内的全功能调用，为在线新媒体节目制作提供了多场景转换、多系统联动，通过对NDI Bridge应用，使用公网进行多地网络视音频信号交互，让跨区域远距离联合制播成为现实，为新媒体联盟之间相互协作机制下的大传播提供了技术支撑。

（三）多格式信号高度兼容

在演播室内容生产中，可以更快速地部署及重组包括摄像机、在线包装、包括但不限于RTMP、SRT等网络流媒体信号、计算机GPU输出和无线投屏设备等视音频信号，将所有可用资源集中于同一制作系统中集中切换，融合生产。在互联网传播中，更广泛的信息获取渠道，更深入的信息处理能力，决定了信息传播密度，能有效提升内容价值和传播力。

在后端分发上也具备极高的兼容性。输入信号支持HTTP、RTMP、RTSP等主流协议，支持各自常见视音频及图片格式。

（四）简单快捷的轻量化、移动化制播流程

小程序快速接入的手机连线以及微兔工具手机实时推流，通过极轻量化手段打破了时空限制。手机连线低延时、高质量、多向性特点适用于多信息汇聚与发挥传统媒体内容提供者具有的专业、深度等优势。微兔工具针对移动网络环境的多变性，提供了一套可供开发者灵活选择的编码参数集合，可灵活调节相应分辨率和码率并实时监测全链路网络情况，自适应调整直播流，满足复杂网络条件下流畅直播需求。

五、平台运行情况及成果

2022年5月至2024年4月，《百姓关注大连线》每晚5小时直播总时长8000小时，邀请连线嘉宾1500余人。发起主题直播2000余场。

演播室突发新闻直播时，通过对技术系统功能的组合应用，从抓取热点至直播开始，时间控制在20分钟以内。

公网内视频直接拉流，快捷调用全网相关视频内容；通过PAD无线投屏的方式，将任意网络上可展示信息实时接入系统参与直播；小程序快速接入的多点手机连线，将世界各地的相关问题专家与现场拍客视音频信号汇聚至演播室与主持人互动，通过演播室汇聚各方信息。直播时，演播室单独推流一路嘉宾全屏信号至后台，可打

点将该时间段内的流视频以 m3u8 格式保存到《百姓关注》存储服务器中，经二次加工后实时发布在各个短视频平台。2022 年 5 月至 2024 年 4 月，突发事件直播观看量多为百万级别，其中，观看量超千万以上的直播 5 场以上，例如，2022 年 11 月 15 日《山东泰安发生持枪抢劫银行事件丨回访现场》，抖音端观看量 1121.8 万，直播拆条短视频全网观看量 2218.6 万。2023 年 3 月 31 日，使用横竖屏同步播出方式进行《“村 BA”让贵州“疯狂上分”》直播，横屏制作保证自有平台播出需求，竖屏制作内容分发至快手平台，取得收视超 8000 万人次，全网过亿的好成绩。2023 年 2 月，《百姓关注》记者远赴土耳其使用微兔工具小程序进行推流直播，完成了《土耳其地震系列直播》相关报道，其间有央视新闻、《人民日报》、新华社等 100 多家媒体转发，全网流量超 20 亿次。

利用该平台，还相继拓展了电商带货、音乐互动娱乐、电子竞技等内容，极大地丰富了融媒体节目的制作形式，既加强了我台在互联网时代的影响力，又提高了自身的技术竞争力，实现了社会效益和经济效益的双丰收。

平台系统技术优势与自主开发相结合，为节目生产提供了丰富的技术手段与更加高效和稳定的工作流程，有效提升了贵州广播电视台融媒体传播影响力。2024 年 3 月，广电主流媒体 EMC 融播指数榜，贵州广播电视台公共频道位居电视频道综合榜第四、社交平台榜第一、短视频平台榜第五。

（周挺：贵州广播电视台电视录制中心主任，宋煜：贵州广播电视台电视录制中心副主任，屠鹤立：贵州广播电视台电视录制中心演播制作工作室科长，陆健超、张文彬：贵州广播电视台电视录制中心演播制作工作室副科长）

案例类别：产品

“融媒问政”的贵阳实践

——贵阳日报传媒集团做好融媒加法多元服务群众

周治友 况顺强 刘昶 陈颖 汪红霞

为深入贯彻落实习近平总书记关于媒体融合发展的重要论述和“各级党政机关要学会走网上群众路线”的重要指示精神，按照贵阳市委、市政府要求，贵阳日报传媒集团在推进媒体深度融合过程中，以服务群众为关键内核，积极发挥媒体功能，不断深化贵阳融媒问政机制，搭建融媒问政线上平台，深入群众开展线下走访，形成网上网下同心圆，将贵阳融媒问政平台打造成“党群连心桥”“民意聚合地”。

自 2019 年 12 月上线以来，“融媒问政”已成为贵阳市委、市政府践行网上群众路线、开展社会基层治理的重要平台和举措。贵阳日报传媒集团始终坚持“党政主导、督查支持、舆论监督、群众评价”的创新模式，对外积极构建主流媒体、人大代表、政协委员、专家学者等多方参与的问政格局，对内抽调百余名采编、技术、数据分析业务骨干组建专班团队，撬动贵阳贵安 730 余家市县两级部门为民办事，有效解决一批群众急难愁盼问题，使问政过程成为干部受教育、群众得实惠的过程。贵阳融媒问政工作多次得到中宣部、省委宣传部充分肯定，先后被国家新闻出版署评为中国报业深度融合发展创新案例、被贵州省委网信办评为“走好网上群众路线”优秀案例。

一、围绕中心抓服务，办理民生实事六万余件

融媒问政平台优化问需于民、问计于民、问效于民的工作机制，紧盯群众急难愁盼、加大协调督促力度，累计受理群众问题建议 62585 件，办结率 96.69%，市民满意率 87.44%。其中，解决搁置两年以上的历史性问题 400 余件。

（一）聚焦贵人，服务“强环境”

提升“贵人服务 · 贵阳在行动”主题服务专区工作质效，走访服务企业 140 余家，开展电话访问调查 23400 余次，将收集的问题建议转相关责任单位抓好办理，推动贵阳高新区天华高科因动力电不足无法投产、贵阳地利物流园如厕收费等 200 余个问题解决。

（二）聚焦群众，关切“强民生”

开设“‘一圈两场三改’我有话说”“我来谈谈农村‘五治’”“我为治堵献一策”“一起聊聊垃圾分类”“市民 @ 代表委员”“融媒 + 督查”“市民共话贵安新区高质量发展”等 7 个主题服务专区，排忧解难、引导舆论，推动开阳县大坪村农户改厕“留尾巴”等一批民生问题解决，得到群众认可和好评。

（三）聚焦志愿，服务“圆心愿”

整合“融媒问政”平台与贵阳市新时代文明实践中心、市级融媒体中心工作力量，建立“两心相悦”工作制度，开发心愿拼单功能，共享问题建议，多元服务回应群众关切。多方合力解决云岩区四川巷“小广告”整饬、花溪区十里河滩福寿螺泛滥等群众诉求2万余件。

二、优化机制抓提升，构建多方参与问政格局

按照《贵阳贵安“融媒问政”问题建议办理工作实施细则（试行）》，将群众急难愁盼、反映久拖不决的民生难题作为“问什么”的主要内容，将被问政主责单位、区市县主要负责人作为“问谁”的主要对象，将“现场问政＋线上问政”作为“怎么问”的主要形式，形成环环相扣的全程办理工作链条。

（一）搭建“融媒问政智库”

由60名市人大代表、65名市政协委员、50名社会督查员组成“融媒问政观察员”队伍，搭建“融媒问政智库”，合力办好民生实事，推动南明区金南街未交付道路变“停车场”、云岩区人民大道沿线地下通道扶梯“睡大觉”、数博大道云博路建筑垃圾无人管等23个问题解决。

（二）打造问政答政矩阵

通过常态化问题融媒问政平台线上办→需跟进问题“新闻＋政务”线下办→难办结问题“融媒＋督查”专题办→个性化问题“融媒问政面对面”协调办→焦点问题“融媒问政现场办公会”现场办等形式，完善“融媒问政”答政机制，打造问政答政矩阵，真正以解决问题的实际成效检验问政效果。

（三）擦亮问政监督品牌

以“融媒问政现场办公会”栏目为龙头，以“融媒问政面对面”栏目为辅助，扣紧舆论监督与平台转办的工作链条，充分调动各级领导干部主动“答题”的积极性，将“融媒问政”打造成“四下基层”的有效载体。贵阳四大班子主要领导带头开展“融媒问政”现场办公，不仅推动群众反映问题化解，也引发了较高的社会关注。其中，市委书记在南明区开展融媒问政现场办公的新闻——《市委书记的牵挂》于2023年12月22日播出，全网播放量2011.9万人次，网友留言超过1万条。随后，贵阳市多个区（市、县、开发区）主要领导也先后参加“融媒问政面对面”，直面问题、解决问题，多条稿件登上今日头条热榜、微博同城热榜。

三、真督实查抓问效，强化结果综合运用

为直奔问题、直击要害，真正把问题解决在一线、矛盾化解在一线、工作落实在一线，融媒问政平台发挥新闻舆论监督作用，把镜头笔头对准急难愁盼，持续整肃“庸懒散软浮推”作风顽疾，全力解决群众烦心事操心事揪心事。

（一）坚持正面导向，营造良好氛围

在融媒问政平台开设“市民点赞榜”“问政回访”等专栏，对办理问题建议快、工作举措实、办理成效好的案例进行正面宣传。“贵阳融媒问政”栏目累计刊播全媒体稿件36358条，收获网络主动点击量超6.7亿次，网友评论逾835万条。

（二）坚持问题导向，开展融媒督查

制定《“融媒＋督查”工作办法》等制度，成立“融媒＋督查”工作小组，由督查干部与问政记者联合开展“融媒＋督查”400余次，直面问题强化监督，确保形成工作闭环，推动南明区青山小区15号院落垃圾堆无人清理、乌当区新星园小区商户无法缴纳电费等250余件问题解决，相关做法在国办、省政府系统政务督查干部能力提升培训班上作为经验交流发言。形成《融媒问政内参专报》15期、《融媒问政情况反映》109期、《融媒问政信息专报》61期，为市委、市政府领导决策提供参考。

（三）坚持结果导向，严肃问效问责

将融媒问政问题建议办理情况纳入贵安新区各单位各部门、市直部门、开发区年度综合考核内容。对年度考核得分较低的地方和部门，在贵阳贵安融媒问政工作推进会上，点名通报批评，提出整改要求。

“融媒问政”是贵阳贵安问政于民、问需于民、问效于民的重要平台。下一步，贵阳日报传媒集团将继续做好融媒问政平台运营执行工作，从群众、干部、政府、监督“四个维度”着力，确保融媒问政问出群众民意、问出干部作风、问出政府绩效、问出监督力度，真正把“融媒问政”打造成为贵阳贵安践行群众路线、转变干部作风、强化舆论监督的工作品牌，更好把惠民生、暖民心、顺民意的工作做到群众心坎上。

（周治友：贵阳日报传媒集团党委副书记、总编辑，况顺强：贵阳日报传媒集团党委委员、副总编辑，刘昶、陈颖：贵阳日报传媒集团新媒体运营中心融媒问政栏目负责人，汪红霞：贵阳日报传媒集团新媒体运营中心商务部负责人）

“贵阳融媒问政”微信小程序

案例类别：产品

以强服务推进媒体深度融合的贵阳探索

——“爽贵阳”智慧民生综合服务平台建设实践

佘崇忠 魏成华 刘文强 戴金松 张强

“爽贵阳”智慧民生综合服务平台（原“壹刻宝社区融媒服务平台”）是贵阳日报传媒集团按照中宣部关于推进融媒体中心主流舆论阵地、综合服务平台、社区信息枢纽三大功能建设的要求，以“15 分钟生活圈”为场景打造的融媒体民生服务平台。自 2021 年 11 月上线以来，平台坚持以“在宣传中服务群众，在服务中宣传群众”为目标，持续完善公共服务体系，不断提高基本公共文化服务的覆盖面和适用性，全力打造具备民生服务、宣传引导和社会治理综合服务效能的媒体融合新模式。

作为媒体深度融合发展的创新探索，经过两年多的发展，“爽贵阳”平台承载形式从单一的小程序拓展到“爽贵阳”APP 与省级统一政务平台的“爽贵阳”专区，功能数量从 90 余个增长到 400 余个，逐步成长为贵阳贵安统一的城市级智慧民生综合服务平台。2023 年，“爽贵阳”平台成功入选第三届中国报业深度融合发展创新案例，得到中宣部主题调研组的充分认可。

一、建设历程

2021 年，贵阳市入选全国首批城市一刻钟便民生活圈试点。同年 10 月，按照贵阳市委宣传部要求，贵阳日报传媒集团以“数字赋能、资源整合、服务下沉、社会参与、产业运营”为原则，以“贵阳融媒大脑”技术平台为基础，以“15 分钟生活圈”为应用场景，聚焦“教业文卫体、老幼食住行”等民生需求，正式启动建设“壹刻宝”社区融合服务平台，全力推动全市公共文化服务下沉。

2023 年 6 月，根据《中共贵阳市委全面深化改革委员会 2023 年工作要点》《贵阳市深化支撑“强民生”改革专项小组工作实施方案》等文件要求，“壹刻宝”平台纳入贵阳市“强民生”工作，并以该平台为抓手推动公共服务设施共建共享。

2024 年 1 月，贵阳市委、市政府明确将“壹刻宝”作为贵阳市智慧民生综合服务平台进行建设，并更名为“爽贵阳”。随后，贵阳市“两会”明确将打造“爽贵阳”智慧民生综合服务平台列为 2024 年贵阳贵安为民办“十件实事”。

二、具体做法

立足发展高度、治理维度、民生温度，贵阳日报传媒集团将媒体自身的深度融合发展拓展到与城市发展需要融合，紧紧围绕“15 分钟生活圈”涉及的民生需求，横向主动对接全市各级各部门与企事业单位，纵向积极争取省级平台和国家级垂管系统的民生服务功能，逐步建成了全市服务功能最全的民生服务平台。

（一）聚焦媒体融合，打造新型主流舆论阵地

以代管代建代运营贵阳市融媒体中心为契机，贵阳日报传媒集团全面整合贵阳市 2 家主流媒体、15 个县级融媒体中心、66 家市级单位融媒体分中心的宣传与服务资源，围绕“教业文卫体 老幼食住行”十大民生需求，以服务信息为主要传播内容，将“爽贵阳”打造成为群众需要的城市级媒体宣传主流舆论阵地。

同时，以“爽贵阳”作为舆论宣传的统一品牌，在全市范围内启动建设“爽贵阳”智慧屏新型社区传播阵地。3 年来，顺利建成了可实现分级分类管理的智慧屏播控系统，并在全市各级党政机关单位、各类办事大厅、社区、学校、医院以及重点街道铺设了 1000 余块“爽贵阳智慧屏”，围绕贵阳市中心工作与便民服务信息发布内容 20000 余条次，覆盖超过 3000 万人次。

（二）聚合民生服务，建设民生服务统一入口

聚焦“城市民生服务的统一入口”功能定位，贵阳日报传媒集团根据群众日常生活需要，积极对接民生领域各级各部门，接入市级服务应用 80 余项，自主开发应用功能 40 余项，逐步建成了包含 127 项服务内容、416 个服务功能的市级民生服务体系。同时，接入省级服务系统平台 3000 余项服务，通过业务融合和数据融合实现多平台服务和数据整合，打造可信、可用、可依赖的民生综合服务入口。

截至 2024 年 4 月，“爽贵阳”平台已导入全市各类民生服务设施、机构 20000 多个，为全市 852 所学校、87 个文化场馆与爱国主义教育基地、13 个公共体育场地（场馆）提供统一的在线预约系统，拥有注册用户（下载量）140 多万，2023 年为 350 余万市民提供了场馆预约、中考查分、赏花预约等服务。

（三）聚焦“德法共治”，探索社会治理创新模式

作为城市基层社会治理创新探索的重要切口，以“一站式”汇集“12345”、市长信箱、融媒问政、文明实践等各类渠道民意信息为基础，“爽贵阳”智慧民生综合服务平台逐步整合各级各类线下服务阵地与服务内容，积极打造舆论监督、服务引导、纾难解忧的“民情蓄水池”，创新探索“德法共治”的城市基层社会治理新模式。

2023年，“爽贵阳”平台通过推动融媒问政与文明实践工作深度融合，解决云岩区四川巷“野广告”整饬、花溪区十里河滩福寿螺泛滥等群众诉求3.2万余件，有效提升群众生活品质。在此基础上，以“爽贵阳”平台建设为契机，以“线上＋线下”融合服务为抓手，推动“融媒问政直通车”线下问政、招募“社区心愿团长”“志愿小哥服务队”接单市民“心愿”、组织开展“社区文化邻里节”活动，不断实现组织群众、宣传群众、凝聚群众、服务群众的一体化，持续将“德治＋法治＋自治‘三治并举’”的基层治理方式落到实处。

三、发展规划

城市有“数”，“慧”民生活。接下来，聚焦各类智慧民生服务现实需求，贵阳日报传媒集团将进一步精准规划、统筹布局，充分利用数据优势、用活数据资源、发挥数据价值，不断拓展丰富应用场景，努力创建省市融通、差异运营，打造具有贵阳贵安特色的民生服务品牌，持续提升人民群众对美好生活的获得感、幸福感。

（一）进一步推进社区服务应用场景建设

继续以“15分钟生活圈”为应用场景，紧紧围绕“教业文卫体 老幼食住行”民生需求，与各职能部门深入合作，将涉及群众生活的服务功能、生活场景与消费业态通过技术开发、平台聚合、资源聚集等方式，将社会治理与文化服务、商业服务进行深度融合，构建社区生活、电商生态、活动运营等功能板块，发展多元业务，通过“融媒＋”模式，构建城市生活服务平台。

（二）探索社会效益与经济效益融合的发展模式

以“15分钟生活圈”为场景，探索建立“新闻＋政务服务商务”的运营模式，集中运用自身媒体优势和传播力量，在政务服务与公共服务中汇集资源，将商业供给与群众需求进行有机结合，搭建供需双方的连接渠道，通过“融媒＋”方式实现商业运营，培育消费场景，产生经济效益，推动高质量发展。

（三）构建线上线下相融合的O2O服务运营模式

聚合和开发招生考试、招聘就业、场馆（地）预约、健康管理、社区养老、数字食堂、安居服务、智慧出行等民生服务，联通各级各类“15分钟生活圈”线下服务，积极导入社会线下场馆场地、群众活动等线下资源，引入到家、养老、培训等线下服务，将线上功能与线下互动进行充分的融合，构建“线上有应用线下有支撑、线下有服务线上有呈现”的O2O服务运营模式。

（余崇忠：贵阳日报传媒集团党委书记、社长，魏成华：贵阳日报传媒集团新媒体运营中心总监，刘文强：贵阳日报传媒集团新媒体运营中心媒体融合执行总监，戴金松：贵阳日报传媒集团新媒体运营中心壹刻宝事业部主任，张强：贵阳日报传媒集团新媒体运营中心民生部副主任）

爽贵阳APP

案例类别：产品

发挥传统媒体资源优势 促进报业经营转型发展

——安顺日报社创新开展“走进100个美丽乡村”线下大型社会宣传活动

郭修

作为传统媒体的报业具有“纯事业单位、企业化管理”的显著特征，社会效益与经济效益的良性平衡，是媒体经营转型发展的内在矛盾，也是促进媒体自身发展的重要基础。加快经营转型、提升经营效益不仅是建成媒体经济支撑体系的现实要求，也是主流媒体扩大自身传播力、引导力、影响力、公信力的长远考量。在当前移动化、平台化、智能化的新媒体融合环境中，传统报业如何发挥自身优势、如何创新多元经营模式，是当前传统报业主流媒体面临的重要课题。

近年来，安顺日报社按照“深耕主业、融合创新、

多元发展”的工作思路，以服务党委政府巩固拓展脱贫攻坚成果与乡村振兴有效衔接的中心工作为主线，发挥传统媒体资源优势，创新开展“走进100个美丽乡村”线下大型社会宣传活动，通过活动举办，有效助推和带动乡村产业发展、乡村环境建设、乡村社会治理，乡村传统文化的传承弘扬和传播等，为建设宜居宜业的和美乡村，探索了一个地州市传统报业“新闻+活动”“新闻+服务”的典型案例。

一、活动背景

习近平总书记指出，新闻宣传工作要充分尊重新闻传播规律，创新方法手段，切实提高党的新闻舆论传播力、引导力、影响力和公信力。其中，提升新闻舆论引导力作为重要的工作目标，关系着社会主流价值的有效传播、推介宣扬和推广。为了进一步提升新闻媒体的舆论引导力，安顺日报社创新开展“走进100个美丽乡村”大型线下社会宣传活动，集旅游观光、徒步健身、文化传播多种元素为一体，形成一个变线上为线下、变平面为平台、变单向为双向、变品牌为资源、变传播为服务、变读者为用户的社会宣传平台。

二、具体做法

（一）聚合用户资源，实现线上线下互动

安顺日报社充分发挥各新闻媒体宣传优势，抢占移动数字化端口，依托党报，丰富新闻内容，改进内容呈现方式，有效聚合、激活广大读者用户资源，为主流舆论引导、全媒体经营打下了坚实的基础。通过活动搭建城市与农村之间的桥梁，让城市、城镇、景区和乡村景点连成一体，达到景点串成景区，景区串成线路，形成乡村旅游全区域、乡村产业全领域、旅游受众全民化的格局，助力乡村文旅融合一体发展。

（二）发挥平台优势，宣传党的方针政策

活动通过内容创新和平台创新相结合，把内容作为主线，有效运用安顺日报全媒体中心平台进行传播，并使用了小程序、图文直播、视频直播等新功能，发挥了全媒体宣传的优势，有效宣传了党的方针政策和各类乡村文化，收到了党的声音进万家的良好宣传效果。以2023年走进安顺市镇宁自治县沙子乡弄染村为例，走的是红军长征经过地，赏的是特色农业蜂糖李产业，呈现的是乡村发展新貌，带动了广大农户增收。此外，活动还通过中央、省、市主流媒体以及今日头条、腾讯、搜狐、新浪微博等商网路径进行全方位传播，让受众感知获取渠道更加全面丰富，随着线上线下参与人数的增加，既大力宣传了和美乡村的美丽景色、产业发展、人文特色，又把党的好声音传到了万户千家。

（三）创新助农模式，力推农特产品走出大山

通过“走进100个美丽乡村”线下大型社会宣传活动的举办，组建“安顺日报助农团”，借力“走进100个美丽乡村”活动覆盖广泛受众的渠道，建设报业助农直播平台，宣传推广全市特色农特产品，深入挖掘电商发展潜力，通过抖音、淘宝、微信等多个直播平台进行宣传推广，让广大消费者足不出户，就能买到新鲜天然的农特产品，从而拓宽广大农民群众的销售渠道，使手机成为“新农具”，让直播成为“新农活”，有效地实现了把农业生产转变为经济效益，切实增加群众收入，实现了脱贫致富目的。

三、经验成效

截至2024年4月，安顺日报社“走进100个美丽乡村”线下大型社会宣传活动，已举办39站次，参与人数累计超35万余人次。《安顺日报》旗下新媒体“悦读帮”微信公众号视频号《悦游记之走进100个美丽乡村》栏目，腾讯、今日头条、优酷等点击率达500万+，视频直播200万+人进行在线观看，增加了关注度、参与度。全方位地宣传推进，多角度地教育引导，广泛性地全民参与，营造出了昂扬向上、幸福和谐的美丽乡村建设的良好氛围。2017年，第二届中国（杭州）传媒创新合作项目交流大会上，安顺日报社“走进100个美丽乡村”项目荣膺“2017传媒创新合作项目TOP100”；2018年，安顺日报社“走进100个美丽乡村”项目荣获“2017至2018年度中国报业新媒体项目创新奖30强”荣誉称号；2019年，安顺日报社荣获教育部颁发的全国类的“2019年终身学习品牌项目奖”和省级的“贵州省2019年终身学习品牌项目奖”；2022年，“走进100个美丽乡村”创新案例成功入选首部《中国新闻出版深度融合发展年鉴》。

（一）整合资源，赋能和促进乡村旅游发展

“走进100个美丽乡村”大型社会宣传活动常年持续开展，已经成为发展我市乡村全域旅游的有力抓手，在社宣活动的同时融入跑步、骑行、写生、采风、摄影、民俗探寻、农耕体验、传统文化挖掘、手工艺制作体验、农业生产实践，等等，让游客在走进的过程中真正感受美丽乡村的风景风物风情风貌和特色产业。“走进100个美丽乡村”社宣活动把美丽乡村景区连成线路，犹如把珍珠串成项链，以点带面，连点成线，互动发展，而且走一个村火一个村，掀起了乡村旅游新热潮。

（二）全民健身，打造全民健康生活新载体

安顺日报社“走进100个美丽乡村”大型社会宣传活动，每次都要围绕美丽乡村策划10公里左右的健康徒步线路，让广大参与者围绕线路进行健康徒步，徒步活动带来了健康向上、朴素自然的生活理念，许多参加活动的群众，通过“走”这一形式既锻炼身体，也宣传了美丽乡村的人文美景、特色产业。许多市民每到周末都

会自发地组织参与到活动中来，健身徒步、打卡乡村已成为业余生活中不可或缺的重要元素。

（三）助农服务，促进乡村振兴工作有效开展

《安顺日报》充分发挥媒体资源优势，在着力推动乡村旅游发展与乡村全面振兴的有机融合、全力推动乡村旅游蓬勃发展的过程中，谋划出安顺乡村旅游消费市场规模，推动一批乡村农特产品挖掘出来。比如，帮助西秀区刘官乡大黑村销售农产品、带动紫云自治县猫营镇黄鹤营村的蓝莓和普定县化处镇水井村的莲藕、白岩村韭黄系列产品及关岭云上刺梨酒的销售。39 站农特产品销售累计达千万元，有力地促进了把特色农产品转变为实际经济效益，实实在在地增加了广大群众收入。

四、两点启示

一是传统主流媒体做好线下大型社会宣传活动，切实推动媒体经营转型发展，也要始终要牢记党的新闻舆论工作的职责和使命，充分发挥主流媒体强大传播力、引导力、影响力、公信力的作用，要与广大受众形成线上线下同心圆，经营转型也才有正确方向，也才能适应社会发展变化。

二是传统报业如何发挥自身优势，用好文产发展、媒体品牌等方面的独家资源，为媒体融合以后如何经营发展打下良好基础，我们除了要做强媒体主业之外，走出走好多元化经营发展道路要形成共识。经营工作要立足报业经营现状，立足自身优势、盯住市场定位、谋求思路创新，避免因循守旧依赖传统的“签约宣传”经营方式，要切实处理好办报过程中主业与产业的关系，不断进行新型宣传方式的大胆创新。

总而言之，传统报业主流媒体在进入媒体深度融合时代以后，特别要注重自己作为传递党的声音的党媒的角色意识与担当，报业媒体要成为全社会信息传播健康有序发展的平衡者和守护者。在一个“人人都是麦克风、个个都是传播者”的全媒体时代，报业作为主流媒体应当立足社会传播的全局和大局，要充分发挥好为整个社会传播的信息、意见和情绪的平衡起到守护者、平衡者的巨大作用。

（郭修：安顺日报社党委副书记、总编辑）

悦读帮 Club 公众号

案例类别：组织机构

“四全媒体”建设推动四力提升融创未来

——桐梓县融媒体中心媒体深度融合的探索与实践

令狐艳 陈秀秀 彭光杰

党的十八大以来，以习近平同志为核心的党中央高度重视媒体融合发展，对新形势下党的宣传思想工作作出了重大部署。2018 年 8 月 21—22 日，习近平总书记在全国宣传思想工作会议上发表重要讲话，要求“要扎实抓好县级融媒体中心建设，更好引导群众、服务群众”。2018 年 10 月，贵州省桐梓县被中宣部列为县级融媒体中心建设重点联系推动县，桐梓县先行先试、率先突破，于 2018 年 12 月 29 日正式挂牌成立桐梓县融媒体中心。五年来，桐梓县融媒体中心守正创新、锐意改革，通过深度融合，传播力、引导力、影响力、公信力大幅提升，走出了主流媒体更好引领群众、教育群众、服务群众，融合开创未来的广阔道路。

一、抓好顶层设计，推动媒体融合走深走实

（一）坚持管建并举

坚持党管宣传、党管媒体、党管意识形态工作，围绕建设“主流舆论阵地、综合服务平台、社区信息枢纽”三大目标，从县委层面作出一系列安排部署，研究制定《关于支持桐梓县融媒体中心发展的意见》《桐梓县“四全媒体”建设绩效考核办法》，明确要求必须坚持正确方向、坚持优化布局、坚持移动优先、坚持“媒体+”理念，加强资金、产业扶持和薪酬改革，落实落细管方向、管阵地、管导向、管队伍各项工作，确保媒体融合沿着正

确方向推进。

（二）推动一体发展

按照“融为一体、合而为一”总要求，桐梓县融媒体中心根据媒体属性配置队伍、优化内部机构，设主任1名、副主任3名，其中一名副主任兼任总编辑，下设编辑部、采访部、技术部、播控部、广告栏目部、制作部、战略发展部、党政信息服务部、办公室“八部一室”。成立桐梓县融合传媒有限公司，为中心独资控股的独立核算、自主经营、自收自支企业单位，不定编、不定级。形成内容生产、产业发展和后勤技术保障三大系统同频共振、同向发力的工作格局，有效解决了基层媒体资源分散、宣传口径不一致、产业发展方向不明等问题。

（三）放大一体效能

按照“资源通融、内容兼融、宣传互融、利益共融”建设模式，将现有73名工作人员，实行骨干采编人员、公司采编运营人员梯次配置、统一采编调度、统一绩效考核的工作机制，再造策、采、编、审、发一体化流程，集中打造以“娄山关”为品牌的涵盖电视、广播、移动客户端、微信、微博、音频、视频“七位一体”的移动平台传播矩阵。通过重塑组织架构、再造生产流程、重建激励机制、重构传播矩阵，全力推进媒体融合提质增效、健康发展。

二、加强改革创新，激发融合活力

推进以绩效考核为核心的激励性薪酬体系改革，实行以岗定薪、岗变薪变、动态管理的分配机制，因地制宜推动绩效考核改革。紧扣全媒体时代舆论生态、媒体格局、传播方式的特点，在充分调查研究的基础上，立足县情实际，创新实施桐梓县“四全媒体”建设绩效考核办法，将媒体引导力、影响力、公信力、传播力建设分别作为全程媒体、全息媒体、全员媒体、全效媒体的考核内容，制定考核细则、量化考核标准、落实考核结果，以创新求突破，以考核促融合。

（一）建设“四全媒体”提升媒体“四力”

围绕“全程媒体”要求，重点突出“引导力”建设，考核全媒体稿件数量、日生产量、日生产时长等指标。围绕“全息媒体”要求，重点突出“影响力”建设，考核融媒传播平台数、粉丝数、外宣排名等指标。围绕“全员媒体”要求，重点突出“公信力”建设，考核转载上级重要信息、理论文章情况和舆情梳理报送等指标。围绕“全效媒体”要求，重点突出“传播力”建设，考核点击量、新榜指数、点赞数、活跃粉丝数等指标。同时，把内容生产、流程管理、传播效果、平台建设、技术运用、产业发展等方面纳入考核范围，推动全过程、全环节、全要素深度融合。

（二）强化考核管理提升工作效能

在全县目标绩效管理考核的基础上，由县委宣传部牵头对县融媒体中心“四全媒体”建设进行专项考核，结合媒体“四力”建设情况形成考核结果、确定绩效考核奖系数。县融媒体中心编内人员奖励性绩效工资和县财政统发的目标考核奖两部分为“四全媒体”目标绩效考核奖的基数。考核奖系数乘以基数，构成“四全媒体”目标绩效考核奖总数。县融媒体中心按照内部绩效考核办法再进行二次分配，不足部分由公司盈利部分上缴财政后返还补足。打破了“吃大锅饭”的局面，充分释放新闻生产力，激发媒体融合发展活力。

三、催化融合蝶变，加快打造新型主流媒体

桐梓县融媒体中心成立五年以来，坚持改革创新破冰发展壁垒，媒体引导力、影响力、公信力、传播力进一步提升。

（一）品牌效应突显

“娄山关”媒体矩阵成为集信息发布、问政投诉、舆情监测、民生服务为一体的综合服务平台，“娄山关”品牌成为桐梓群众最依赖的媒体品牌，让主旋律真正成为“最强音”，引导广大群众把党的理论和路线方针政策变成自觉行动。县融媒体中心“娄山关”微信公众号长期居于全国县级媒体微信号百强榜之列，“桐梓发布”微信公众号进入贵州省媒体微信影响力排行榜，目前，中心全平台用户98万，比融合前增长50余万。

（二）产品竞争力增强

催生出一批传播广、点击量高、口碑好的融媒体产品。由中心采访推送的徐世勇、彭枫、魏发府、黄金龙、王邦成等先进典型人物，先后荣获“全国优秀人民警察”“全国最美志愿者”“全省道德模范”“新时代的贵州人”、遵义市“最美志愿者”等荣誉称号。围绕全县“四新四化”、高标准农田建设、“村晚”等采写的稿件多次被中央和省、市级媒体平台转载发布。拍摄制作的快闪《唱支山歌给党听》获得上海普陀区红歌大赛三等奖和遵义市“争做新时代遵义好网民”网络视频评选活动优秀作品奖，《记者去哪儿》融媒栏目在抖音平台举办的多彩贵州精彩蝶变挑战赛中获得优秀奖。创新开设的《婧瑶李有话说》广播直播栏目，通过视频方式，实现电台可视化传播；拍摄制作的《知竹》《方竹·清白不浮华》《归来》等高质量公益广告、微电影，增强正面宣传表现力和感染力；策划打造《桐梓哥妹仔》《聊聊桐梓》《我代言》等系列本土栏目，成为家喻户晓的融媒品牌，获本地群众一致好评。2023年，全平台总点击量达到2.2亿次，是融合之前的10倍。

（三）服务水平提升

创新探索“云”服务模式。“云课堂”助力健康桐梓建设，“云招聘”破解就业难题，“云代言”助推乡村振兴，“云监督”推动文明城市创建。“娄山关”微信公众号、“娄山关”客户端接通“全程网办”事项，

让“数据多跑路”“群众少跑腿”。推出《你反映我咨询》《小关带你办》等一系列民生服务栏目，把民意收集及文件政策放在群众“家门口”，群众足不出户就能反映解决关心关注的问题，切实把服务群众同教育引导群众结合起来，不断在引导群众中提升为民服务的水平，在服务群众中引导群众、发动群众。

（四）“造血”功能强化

在坚持舆论导向、社会效益先行的基础上，拓宽经营渠道，走进社会市场，打造“直播经济”“短视频经济”“带货经济”，推广大娄山方竹、娄山黄焖鸡、花秋土鸡、新站椪柑等一系列县内网红农特产品；以活动为载体，整合县域少儿文艺资源和中心平台优势，拓宽文化服务领域，举办了桐梓县首届少儿网络春晚和“早安桐梓”大型直播，积极吸纳社会经济，盘活副业。中心以产业发展反哺事业形式，不断强化基层媒体“造血功能”，有力推动媒体长效发展和可持续发展。

桐梓县融媒体中心将始终坚持以习近平新时代中国特色社会主义思想为指导，认真贯彻落实媒体深度融合发展的总体要求，坚持正确方向，坚持一体发展，坚持移动优先，坚持科学布局，坚持改革创新，不断加快“一地一端”建设，深化“四全媒体”绩效考核改革，提升“娄山关”媒体品牌竞争力，强化媒体服务功能，切实发挥主流舆论阵地、综合服务平台、社区信息枢纽和舆情蓄水池功能，着力打造县级融媒体中心建设运营“桐梓样板”。

（令狐艳：中共桐梓县委宣传部副部长、桐梓县融媒体中心主任，陈秀秀：桐梓县融媒体中心办公室主任，彭光杰：桐梓县融媒体中心采访部主任）

云南省

案例类别：产品

小语种人工智能在国际传播中的创新运用

祖红兵 黄议娴

党的十八大以来，党中央高度重视国际传播工作，习近平总书记多次发表重要讲话、作出重要批示，为推动国际传播守正创新，理顺内宣外宣体制，加强国际传播能力建设提供了根本遵循。

云南是我国面向南亚东南亚国家开放的重要通道，正在加快建设我国面向南亚东南亚的辐射中心，提升对南亚东南亚国家国际传播能力是云南媒体的职责和使命。近年来，适应时代发展与技术进步，云南省南亚东南亚区域国际传播中心（以下简称云南国传中心），持续推动技术赋能国际传播，取得了积极成效。其中，2023 年，联合云南网联合打造云南首个缅语 3D 超写实 AI 数字人泰伦哥(Dr.Htike Lwin Ko) 和首个老挝语 3D 超写实 AI 数字人坎普（Khamhou），被评为第三届中国报业深度融合发展创新案例。

一、项目情况介绍

（一）云南首个缅语、老语超写实 AI 数字人

数字人是利用人工智能、机器学习和大数据等前沿技术，模拟人类行为和表达的虚拟实体。通过新技术赋能，将数字人应用于国际传播，可实现国际传播语言、形象、思维本土化，最大限度减少信息传播壁垒，提升传播精准度和精细化水平。

2023 年，云南国传中心联合云南网，聚焦对缅甸和老挝国际传播能力的提升，打造云南首个缅语 3D 超写实 AI 数字人泰伦哥和首个老挝语 3D 超写实 AI 数字人坎普，将“数字员工”纳入国际传播新闻队伍，推出“AI 主播读党的二十大报告”“AI 主播读两会”等节目，在对象国受众中获得了积极反响。

该项目基于传媒领域的数字业态创新与实践，在大数据、人工智能技术赋能下，通过 AI 主播的加持，打造有立体感、有互动性的新闻产品，面向对象国受众提供新型传播服务，实现国际传播路径创新。此外，项目发挥云南国传中心缅甸语、老挝语等小语种对外传播优势，在内容生产、传播途径、传播反馈方面进行模式创新，打造更贴近对象国的有特色、有影响力的传播产品。

项目通过整合传播渠道，面向国内外全媒介用户，

将AI主播应用于“澜湄趴”公众号、云桥网、云报客户端、缅文《吉祥》杂志、老挝文《占芭》杂志、海外社交媒体等云南国传中心外宣平台，实现内容二次传播，受到读者广泛关注和好评。

（二）新技术赋能新变化

1. 数字人生产加工体系。此次缅语、老挝语3D超写实AI数字人的打造，整合了多模态交互技术、虚拟数字人设定、建模和动作捕捉、AI学习大脑的开发等多项技术，实现AI主播语音、唇动、肢体动作的相互配合，使播报更加自然流畅。数字人还可通过AI智能学习，掌握多语种播报能力。

2. 全新的融媒体传播生态圈。推出“AI主播读党的二十大报告”“AI主播读两会”等节目，改变以文字见长的传统报道方式，通过视听方式，提高受众获取信息的效率和丰富度，实现良好传播效果和社会效果。

3. 智能翻译技术的运用。项目融合了机器翻译、语音识别、自然语言理解技术。云南国传中心在现有小语种资源基础上，邀请国内知名缅语、老挝语译审专家对内容进行审核，辅以人工智能识别，最大限度减少了语义折损，确保语言表述精准，增加受众观看、阅读的亲切度。

二、成效及社会反响

（一）促进区域国际传播数字化发展

云南打造首个缅语、老挝语AI数字人，为党的二十大、两会报道注入科技“创新力”，充分彰显AI技术在国际传播领域应用的前沿成果。小语种虚拟数字人突破语言、时差、地域等限制，在对缅、对老挝传播中充当媒体“中介物”。一方面，针对不同地区的受众进行精准的传播，另一方面，在一定程度上避免了因为国内外形象与语言差异、刻板印象及理解偏见等问题而使传播效果打折的情况发生。此外，项目为面向南亚东南亚受众提供源源不断的数字化内容和产品打下了基础，实现报道及信息发布的持续性和多元性。

（二）提升传播曝光率

用好AI技术，在党代会、两会等重大宣传节点精心策划推出“AI主播读二十大报告”“AI主播读两会”节目，探索小语种AI主播在更广领域的运用，创造更多应用场景，形成持续推广热度。项目汇聚技术创新、小语种内容生产等方面的优势，形成立体化对外传播体系，在云南国传中心外宣平台及对象国媒体进行内容输出，极大地增加传播曝光率，吸引了大量网友参与互动，持续形成网络传播热点。

（三）具有较强行业推广价值

聚合国内外优势资源，通过人工智能、大数据等技术，打造面向缅甸、老挝传播的小语种数字人，形成多产品形态的数字传播新模式，这不仅是推动人工智能技术与国际传播深度融合的一次有意义的实践，也为面向更多南亚东南亚国家传播的小语种数字人奠定了基础，助力小语种国际传播能力建设向着更加智能化、精准化、个性化的方向发展，技术成熟后可发掘出较大经济效益。

三、获得经验及体会

（一）发挥优势，小语种AI助力国际传播的首次尝试

南亚东南亚地区是我国媒体开展国际传播的重点区域。云南与南亚东南亚国家地缘相近、人文相亲，具有开展区域国际传播的重要优势。但面向南亚东南亚国家传播，还面临西方媒体先发优势造成对象国受众对华刻板印象、内容产品不够多元、传播主体和形式较为单一等问题。此次云南发挥区位优势，打造缅语、老挝语AI数字人主播，通过技术赋能，利用拥有对象国形象和语言功能的智能主播开展传播，增加传播亲和力，减少因文化隔阂、刻板印象造成的传播摩擦，提升传播精准化和精细化水平。

（二）整合资源，技术和内容团队的无缝衔接

面向南亚东南亚国家打造小语种AI数字人主播，需要技术团队、翻译团队、内容生产团队等的积极配合。此次小语AI数字人项目整合了云南国传中心、云南网小语种新闻产品生产团队、技术运营团队、机器翻译团队等资源。云南国传中心具有对老挝开展传播19年的历史，运营有我国唯一在老挝出版的老语《占芭》杂志、云桥网老挝语频道、“澜湄趴”微信公众号老挝语频道，和老挝人民革命党中央机关报《人民报》开展报纸版面、网站新媒体专栏合作，积累了丰富的对老挝的传播经验。团队的配合、资源的整合，创造多元传播场景，助力我国在新型国际传播中占据优势地位。

（三）把握时机，扩大国际传播影响力。

党代会、两会是我国政治生活中的大事，备受国内外舆论关注。在南亚东南亚国家，许多媒体都会报道我国党代会和两会。因此，抓住党代会、两会等重要节点，利用小语种AI数字人面向缅甸、老挝等南亚东南亚国家开展传播，既可利用技术优势，适应国际传播沉浸式、全息化的趋势，增强传播互动性，又可发挥我国媒体对中国国际形象“自塑”的优势，避免国外媒体“他塑”形成的报道偏差和隔阂。

（祖红兵：云南日报报业集团国际传播交流中心记者，黄议娴：云南省南亚东南亚区域国际传播中心编辑）

案例类别：产品

借船出海做好城市营销 一粒来自昆明的种子开出绚丽花朵

戴兴 李欣怡

由昆明信息港策划实施的大型主题线上线下互动活动——“2021COP15春城之邀——一粒来自昆明的种子”在全国范围内有效提高了公众对会议的知晓率、参与度和互动性。其间推出的种子互动申领程序面向全国发放2万份由反映云南·昆明生物多样性之美的明信片及花种组成的盲盒，吸引近600万网友参与。通过特色的线上宣传活动成功地做到了借船出海做好昆明的城市营销，一粒来自昆明的种子开出绚丽花朵。

整个主题宣传活动依托媒体深度融合理念积极推进，以用户为核心，实现用户参与活动，让用户成为内容生产者、内容传播者、传播方式创新者。活动还创新设置了网络专题、申领程序、图集、短视频、互动H5等各种产品形态，联动全国63个城市网媒发布宣传推广，在全国范围内形成多轮传播高潮，实现了全国网友共同聚焦COP15，聚焦云南·昆明的目标。

一、不断“尝鲜” 融入新技术，开拓新的传播方式

主题宣传活动紧扣昆明城市名片及云南丰富的生物多样性这两大特色，以花与明信片相结合的形式对云南省昆明市进行展示。昆明信息港积极联系中国知名野生动物摄影师及云南本土知名摄影师，多轮甄选后选择昆明城市景观、云南自然保护区及本土特色动植物、昆虫等24张图片作为明信片用图，以小见大展示昆明城市特色和云南生态文明建设成效。考虑到“抽盲盒”这一形式在年轻网民群体中风靡，花种以盲盒形式进行包装，只有在成功种植长大后才会知晓品种。种花种、猜品种引发了大批网民的关注，不仅增加了趣味性，突出了昆明城市名片，也把“来自昆明的花种，种下生物多样性保护的种子”这一理念根植于受众的心中。

宣传期间，还推出“2021COP15春城之邀——一粒来自昆明的种子”线上申领程序作为内容载体，全国网友均可通过微信一键登录平台并直接进行盲盒申领，便捷易上手降低了受众使用“门槛”。程序内还设置“CBD COP15”及“春城盛装待客来”两个板块，通过图、文、短视频相结合的形式向全国网友科普COP15，展示云南昆明在生物多样性保护和生态文明建设等方面所取得的成绩。在宣传上，主题宣传活动也紧紧抓住资讯可视化这一重点，制作视频动画、互动H5及手机专题等产品，创新的表达形式让受众不仅愿意看也愿意转发，把阅读变成了“悦读”。

二、构建多平台传播矩阵，实现“1+N”的传播裂变

宣传方面，昆明信息港作为昆明城市门户新闻网站，充分发挥网络媒体优势，积极利用旗下新闻站、微信公众号、微博、今日头条号、搜狐号、抖音等全媒体平台推送活动宣传内容。而结合不同平台受众阅读习惯，所有内容的表现形式都进行了优化调整以实现精准投放。

此外，活动还联动重庆、杭州、南京等30个全国城市重点新闻网站开展相关宣传活动。通过构建多渠道、多层面、多频次地传播矩阵，实现宣传推广及新闻报道贯穿活动，呈现逐步升温的宣传势态，把内涵丰富、形式多样的活动及时、鲜活地呈献给全国网友，实现了“1+N”的传播裂变。

三、依托地方UGC平台，实现网友在线互动交流

活动期间，昆明信息港在彩龙社区开设了主题图文短视频征集通道，并在新浪微博、微信及小红书平台开设#一粒来自昆明的种子#话题，依托UGC平台实现网友在线互动、交流。目前，已有超万名网友在平台上晒出他们收到的“盲盒”，分享他们与盲盒相遇的心情和故事。

与互动平台的有机结合，让主题宣传不再是单向输出，通过记录种子成长这一过程搭建网友与活动的情感链接，也让网友们成为优质内容的创作者和传播者。这其中涌现出来的不少故事也为后续宣传采访提供了素材，实现了优质内容的二次传播。

四、线上线下联动，实现更好延展

本次活动定位为COP15科普及云南·昆明城市宣传，利用互联网“参与方式便捷、参与门槛低”的优势，引

发全国各地网友关注。4个月时间，527万人次参与，以昆明为原点辐射全国，带动全国网友聚焦云南昆明，关注COP15及生物多样性保护。此外，活动积极与全国各地重点新闻网站进行联动，扩大在全国各地的影响力，打造一张云南省生物多样性保护的网络名片。

活动于2021年6月启动，同步昆明市大型商业体开展启动仪式，此次活动结合大会宣传、生物多样性保护和生态文明建设等宣传内容，以文化创意集市形式开展，现场设置有生物多样性保护沙龙、"种子邮局"互动区、身边的生物多样性展示区及城市志愿服务区，通过滇派面塑、答题集邮戳、共绘生物多样性等线下互动增加活动体验感，当日累计过万人次参与到线下活动中来。此外，本次活动还前往昆明市各社区开展线下宣传推广，实现了线上线下联动宣传。

时至今日，活动已吸引万余名网友在微博、微信、小红书、彩龙社区等平台分享参与感受，记录种子成长及身边的生物多样性，为COP15宣传形成了良好的氛围，通过互动带动更多网友了解云南·昆明生物多样性的魅力和昆明的城市特色。

（戴兴、李欣怡：昆明市融媒体中心昆明信息港记者）

陕西省

案例类别：组织机构

链接Z时代 传统《女友》绽放新兴光芒

朱晓静

一、期刊概况

陕西女友传媒发展有限公司前身为女友杂志社，1988年创建成立，同年创刊《女友》杂志，历经30多年的发展与蜕变，走出了一条既符合市场发展规律又具有《女友》特色的媒体融合之路，成为具有高知名度、高美誉度的中国本土女性期刊知名品牌，赢得社会各界广泛认可，2015年被授予"国家级数字出版转型示范单位"，并因连续15年坚持在海外办刊被评为"国家文化出口重点企业"。

《女友》始终关注美好生活，深刻影响着广大中国女性的思想认知和价值观，曾位列世界期刊500强妇女类第16，多次荣膺国家期刊奖、中国出版政府奖、中国最美期刊奖等国家级奖项，入选"百强社科期刊"，多篇组文入选中宣部主办的"期刊主题宣传好文章"。

《女友》主动、积极应对传播环境变化，推动传统媒体和新兴媒体的融合发展，目前已构建完成14个融媒体平台，包括：《女友》系列杂志、女友网、"女友家园"微博、"女友校园"微博、"NYSTYLE第一星球"微博、"女友传媒集团"微信、"女友家园"微信、"NYSTYLE第一星球"微信以及女友头条号、百家号、企鹅号、小红书、视频号等，全平台粉丝累计超过500万，形成了以平面期刊、数字出版为主体，集文化创意、影视策划创作、新媒体运营为一体的跨媒体、跨地区、跨国界的综合性文化传媒集团。

二、融合路径及阶段成果

（一）创新体制，打造新型主流媒体

拨付专项资金，配备专业人员，包含融媒体编辑、技术、运营人员在内共计32人，负责《女友》的数字化转型及融媒体发展业务。积极引入技术支持力量，完善管理及人才培训机制，促使团队成员自觉实现由传统媒体从业者到现代融媒体从业者的快速转型，为大力推进新媒体业务的创新和开拓打下坚实基础。

（二）立体交互，引领转型升级

以《女友》杂志为核心，完成了采、编、发流程再造，一次生产，多次精准分发，各平台立体交互，多层次广覆盖，实现了对《女友》优质内容IP的转换与再造，形成了强大的传播实力。

新媒体用户从2014年的不足10万，到2023年的500万。2021—2023年，《女友》新媒体各平台总阅读量超过13亿，其中，《女友》杂志预售相关阅读数据为

10亿+，形成了强大的新媒体矩阵和传播实力，不断提升舆论传播力、引导力、影响力和公信力。

重磅打造了“融媒体直播间”，迈入直播新时代，立足立体化内容生产体系，形成了独特的“一次采编、多平台分发、全媒体宣传”的传播模式，量身打造专属网络直播方案，助力各品牌在新时代直播领域实现突围。声光电的完美结合，让“女友”品牌拥有了“穿梭时空”的新活力。

（三）内容为魂，打造优质内容为核心的融媒体生态圈

坚持策划先行，“内容为魂”，以内容为核心进行裂变，践行多元化传播，充分发挥女性媒体的特色和优势；紧扣重大事件和社会热点，围绕广大女性关心的话题和热衷参与的活动，不断推出特别策划和系列活动，全频联动、全网覆盖，携手大V、大号助攻，引发“爆款”内容，不断凸显主流媒体的公信力和影响力。

在强化内容生产实力的同时，构建内容数据库，将《女友》全媒体平台种类多样、内容丰富的新媒体产品全部纳入数据库系统，实现传统媒体优质内容资源与移动互联网科技信息技术的深度融合。

（四）赋能业态，激活发展新力量

近年来，《女友》成功实施了多个国家级大型数字出版项目，拍摄了数百集文化专题片、微视频。2019—2022年，在视频领域重点发力，组建专业的音视频内容制作团队，积极参与国家文化共享工程建设，拍摄制作了200多集文化专题片、微视频等，其中，45集微视频《诗中游长安》登录“学习强国”APP，并在陕西电视台完整播出；打造女友“文艺复新”直播访谈，开启都市生活的美学盛宴，实现了“女友”在音视频领域的全新突破。

作为女性时尚生活方式品牌，2010年起，《女友》每年发布“中国能量女性榜”，褒扬中国女性力量。近年来，与国际计划（美国）陕西代表处，共同组织实施“陕西女性青年就业项目”，策划组织“百名女性肖像展”、“百名青春老人展”、“陕西百家百福·最美全家福影像展”、“家书传乡音·大型家书文化多媒体展”、“‘不妆，不装’陕西百名女性素颜肖像展”等大型融合活动，赋能新业态，激活发展新力量。

（五）聚焦Z时代，焕发新活力

《女友》紧抓年轻群体，聚焦Z时代，服务新青年，让传统媒体绽放新兴力量：创办国内新锐时尚数字媒体“NYSTYLE”，内容涵盖时装大片、时装电影、前卫时尚TVC等多方位领域，以正能量明星报道链接年轻用户，凝聚了一大批年轻的“95后”“00后”粉丝。“NYSTYLE”微博年度阅读量超2.4亿次，单条最高800万，月均阅读量近3000万。作为《女友》IP的衍生品牌，“NYSTYLE”成长迅速，影响力壮大，成为Z时代年轻人的能量聚集地。

（六）精准发力，跨界营销火出圈

2019年至今，《女友》创新技术和手段，在陕西省首创互联网发行新模式，链接新时代年轻人，营造良好的舆论氛围。

《女友》借助互联网对每月新刊采取全方位网络销售，实现发行量逆势大增，完成了融媒体时代期刊发行方式的创新尝试，提升了杂志销量，2022年度、2023年度分别在全网实现了3亿+、7亿+的话题阅读点击量，取得了良好的社会效益和经济效益，为传统媒体如何在新形势下创新传播主流声音、抢占互联网宣传主阵地积累了先进经验。

其中，2023年第8期《女友》杂志，专访、拍摄了正能量综艺节目《种地吧》的10位少年，当期杂志在女友官方淘宝店实现销售码洋达到53万元，销售过程中，相关内容阅读总量达到306.2万次，转发量7161次，点赞量8998次，评论量28840次，在Z时代中深入传播了社会主流价值观，实现了媒体融合建设和盈利之间的双向循环。

这一模式和做法，在首届陕西媒体融合传播创新案例评选中获“创新营销奖”，在2020年度陕西省宣传思想文化工作创新竞赛项目中获二等奖，并入选“2020年度全国新闻出版深度融合发展创新案例”。

从传统媒体到新兴媒体，从传统发行到跨界营销，充分体现了《女友》的媒体担当，有力推动了传统期刊转型融合发展，也为传统媒体如何在新形势下创新传播主流声音、抢占互联网宣传主阵地积累了先进经验。

三、行业发展借鉴意义

（一）平台创新是融合条件，为融合发展打好基础

构建种类多样、内容多元、渠道多元的融媒体平台，提升品牌影响力；不断丰富业态，以互联网思维打通行业壁垒，涵养品牌含金量，推进媒体融合的多元发展，让传统媒体绽放新兴光芒。

（二）思想创新是融合动力，为转型升级提供有力支撑

拆掉内墙，思想转型，保持新锐的精神坚持探索。媒体融合的路径及运营模式是多样化的，适合的才是最好的，与其坐而论道，不如积极尝试，只要去做就有机会。

（三）业态创新是成长活力，推动媒体融合向纵深发展

传统媒体要主动与新媒体融合，通过新理念、新业态、新模式，以互动传播为特点，实现媒体融合的传播力、交互力和服务力，实现社会效益和经济效益的相统一。

（朱晓静：《女友》全媒体主编）

女友传媒集团公众号

案例类别：组织机构

《百花》杂志：坚持媒体融合发展方向 坚守公共文化理论阵地

撒小虎

一、案例背景

融媒体时代，期刊向信息化、网络化纵深推进，期刊运营生态发生巨大改变，尤其是随着个人智能终端（手机）普及率的提高，4G、5G 网络无缝覆盖对接，全社会迎来了“自媒体时代”，大众的节假日及碎片时间除了必要的生活活动外，基本上都给了“流量”，纸媒的发展陷入夹缝中求生存的境地。《百花》杂志是由陕西省文化和旅游厅主管，陕西省文化馆主办，面向全国公开发行的正式出版刊物，1957 年创刊，原名《群众艺术》。贾平凹的《一双袜子》、路遥的《中南海的灯光》均发表于 1973 年的《群众艺术》。在 20 世纪 70 年代末至 80 年代，《百花》为文学陕军的崛起搭建了展示作品的平台，在全省乃至全国文化艺术界都产生过深远影响。现如今，作为公共文化理论建设的行业平台，《百花》更注重社会效益，追求对具体人群（主要为爱好文艺的人民群众和文化工作者）的影响力。随着国家相关融媒体政策的贯彻执行，杂志与媒体融合发展已是大势所趋，《百花》杂志也在探索一条转型之路。

二、主要做法

（一）打造高质量刊物，树立公共文化理论研究高地

《百花》编辑部严格按照《出版管理条例》《期刊出版管理规定》等关于出版内容管理、采编活动管理的相关条款，做到规范出版。《百花》杂志现每期 128 页，约 25 万字，每年 12 期。截至 2024 年 5 月，在中国知网上发文 2378 篇，总下载量 62476 次，总被引用 318 次，引起了各大学术网站的广泛关注，并于 2023 年 6 月正式被国家哲学社会科学文献中心、国家哲学社会科学学术期刊数据库所收录。

《百花》杂志入驻了陕西省委图书馆，于陕西嘉汇汉唐书城省委店“悦栖小站”摆放。《百花》杂志还积极投身公益，为白河县志愿者协会捐赠图书。2023 年，《百花》杂志举办了第一届“百花绽放”群众文学创作大赛活动，在全省收获广泛好评。2024 年 3 月，《百花》杂志还启动了第二届“百花绽放”群众文学创作大赛的征稿活动。

（二）搭建融媒体平台，促进优秀文化资源数字化

《百花》杂志改变以单一纸质刊物承载内容的形式，陆续完成了微信公众号、抖音官方账号、微博官方账号、头条新闻、喜马拉雅官方账号、微视频等互联网平台的搭建。截至 2024 年 5 月，《百花》杂志摄制公共文化、时政、非遗技艺等短视频 555 条；制作微信公众号采编和原创内容 645 篇、微博 1868 条、抖音视频 631 条；累计总阅读量 1.82 亿、直录播 49 次、粉丝 10.5 万人、获赞 356.14 万。《百花》下一步媒体融合工作重点在于内容制作和平台推广，适时开展小程序的开发。

（三）拓宽办刊思路，打造特色文化专刊

《百花》杂志积极主动与全省公共文化工作结合起来，走出编辑部，与有需要的单位和部门开展定制化内容服务。2021 年与陕西师范大学文学院联合打造的《陕西师范大学非遗研培专栏》。2021 年，与安康市文化和旅游局创建了《安康市公共文化旅游服务创新案例及理论研究》专栏以及与渭南市文化艺术中心联办皮影专刊；2022 年 9 月，与陕西省文化和旅游厅联合出版公共文化服务案例专刊。

（四）转变表现形式，让内容生动起来

当今快节奏的生活方式，如何让刻板的文字生动起来，让读者更便捷地接受内容呢？《百花》杂志通过配音、拍摄等方式，转变作品表现形式，将《百花悬念故事》在喜马拉雅平台上线，当月获得了过万的收听量。

2021 年 12 月，《百花》开展了“众志成城、长安常安”主题征文活动。入选的作品在微信公众号、新浪微博刊发，还将诗歌《你们》《这个新春快点来》请刘远等艺术家配音后，在喜马拉雅《百花》官方账号播送。《百花》还将一线扶贫工作队队员写的短篇小说《凤还巢》改编成微电影剧本，予以筹拍，还即将开设《群文人讲群文》栏目配合微纪录片将群文人的工作常态直观展现给大众。

（五）结合公共文化服务特点，打造精品活动

《百花》杂志借助文化馆业务工作，开展了网络直播、精品群众文化网课、送文化下乡、线下培训等活动。截至目前，与中国知网共同举办了三届“创一门课”优秀案例征集活动，调动全省各级文化馆音乐、舞蹈、美术、文学等各类专业干部录制网络课程，在中国知网平台播放推广。《百花》杂志还联合汉中市南郑区文化馆举办汉中市南郑区百名工匠（竹编）传承人黎坪镇培训班；联合汉中市南郑区文化馆在黎坪镇举办传承人培训班。

（六）深度挖掘刊物资源，探索文旅融合新形式

2022 年 2 月，《百花》杂志在汉中举办了《百花》新春走基层活动暨非物质文化遗产交流研学之旅，本次活动是杂志在文旅融合上的一次尝试，亦是传统纸媒向媒体融合方向的转型。2022 年 6 月，《百花》杂志与勉县武侯墓博物馆签订的战略合作协议内容初步落成，非遗研学基地正式开园，此次合作将“非遗进景区”及“文旅融合”带入武侯墓景区，积极探索“非遗 + 旅游”文旅融合新模式。《百花》杂志还与西安美术学院设计艺术学院的教学活动结合起来，探索了杂志与高校传统文化教育的融合方式。

三、创新启示

新媒体具有传播空间快速广泛、传播方式多元化、大数据分析精准便捷等优势，为传统纸质刊物的发展提供了广阔的空间。公益性行业期刊的生命力在于如何积极将新技术转变为刊物内容传播的手段和途径，将刊物与公共文化馆的业务范围、服务形式作为优质内容传播给受众，并形成自己的品牌优势，启示如下。

（一）融合文化馆服务内容，打造精品栏目，建立互动机制，引领公共文化理论发展

加强与各级文化馆、高等院校、学术团体合作，会集知名作家、文艺工作者、文坛新秀、学生等作者团体，以精品栏目为抓手，扶持优质作品，打造专属文化名片。举办写作培训班，通过培训建立一支刊物通讯员和优秀作者队伍，加强与基层文化机构和工作者的联系，提高作者写作水平。

（二）融合数字化文化馆建设，实现差异化服务

借助数字化文化馆建设要求，将文化馆业务建设与刊物内容结合，以文化馆业务工作为基础，再创新融合到《百花》杂志的栏目内容里，形成线上线下的有机互动。

（三）以资源创新融合为动力，打造《百花》专属品牌

《百花》杂志可以成为作者与读者的沟通者角色，将优质的内容推送给需要优质内容的人。第一，对历史积累的优质内容进行再创作再利用。第二，通过作者授权，对优质剧本和小说进行好文到好剧的深度创作改编，成为儿童剧、话剧、戏曲的新的表现形式。第三，以“好文 + 好物”的推荐模式，打造“《百花》+”文创品牌。

（撒小虎：陕西省文化馆《百花》编辑部副主编）

百花杂志公众号

案例类别：组织机构

聚焦一体化 打造智媒体
——榆林传媒中心榆林发布客户端融合发展实践

韩万胜

从2018年正式启动媒体融合改革以来，榆林传媒中心围绕构建“新闻+政务+服务+商务”四大生态，倾力打造自主可控的移动传播平台——榆林发布客户端。客户端上线以来，持续优化升级，明晰发展路径，完成了内容、渠道、产品、技术的融合运用，将做好榆林重要时政、重大事件和民生关切为主要内容的融媒新闻报道为第一要务，立体呈现榆林发展情况，生动讲述榆林好故事。

2023年2月至5月，榆林传媒中心与陕西省广电网络公司合作，建设了融媒体共享平台，升级优化榆林发布客户端。在经历多次技术更新和产品迭代后，榆林发布客户端融入陕西全省媒体融合“一张网、一朵云”整体网络架构，率先实现与陕西省级技术平台和县级融媒体中心平台三级平台互联贯通、业务协同，建成策、采、编、审、发、评各环节一体化、集约高效内容生产管理体系，形成具有榆林特色的传播体系。目前，榆林发布客户端下载量突破40万，年浏览量2000多万，日活跃用户3万多，已成为榆林最权威、陕西较有影响的网络主流舆论阵地。

一、明确功能定位，优化服务能力

榆林发布客户端突出特点，坚持“移动化、可视化、本土化、特色化、精品化”的思路，通过三级打通的融媒体共享平台及凡闻大数据，实现内容汇聚生产、协同指挥调度、运营数据管理、技术研发支撑四个赋能，将从单纯的平面新闻客户端，向图文新闻+视频资讯+政务信息+工具服务端转型，一方面突出本地资讯的立体化呈现，组建起立足本土辐射全网的新闻舆论场，全面提升榆林传媒中心的新闻舆论传播影响力，建好主阵地、主战场；另一方面全面树牢服务理念，打通省到县的数据平台及与政企服务的接口，为党政部门、企事业单位、广大用户提供信息宣发、信息反馈、服务工具、办事通道等，成为信息服务的主要参与者、主力军。

二、统一内容管理，构建全新生产生态系统

榆林发布客户端内容生态上，以报纸、网络、电视、广播的一体化布局，立体呈现传播体系架构，重点突出“览新闻、读报纸、看电视、听广播、阅杂志、刷视频、查问政”的“七位一体”。新闻板块通过“推荐”“知天下”“信天游”“黄土地”“爱公益”等丰富的频道设置，呈现全球、全国、全省、本土鲜活的新闻资讯、文化动态、生动故事等。专设“县市区”频道，聚合全市14家县级媒体单位和工业园区的媒体内容，让用户登上平台一体纵览全域资讯；开设的看电视、听广播、阅杂志等功能，满足用户各类视听需求；服务板块汇聚秦务院和本土问政等7大类40项平台，实现媒体的全方位精准服务；“驼视频”板块聚合呈现榆林传媒中心短视频、栏目、广播剧、微电影等精品视频资源，选播用户生产内容，采用一体式界面，增强交互，吸睛吸粉。

在日常应用中，客户端以应用好融媒体共享平台为核心，深化人员配给、职能分工，全流程深度融合报、台、播、网各媒介的“策、采、编、审、发、评”业务流程。编辑通过统一的内容管理后台，实现线索汇聚、选题策划、指挥调度、稿件采编、审核发布等链条化生产，达到一体策划、一体采编、一体发布、统一后台、数据共享、协同高效运行。载体多样、手段先进、渠道丰富、内容鲜活、覆盖广泛的现代传播体系正在逐步建立起来。

三、坚持内容为王，创新融媒产品

主动适应用户信息需求，积极创新内容形式方法，运用短视频、移动直播、H5、无人机航拍等新技术手段，推出一大批有特色、有分量、有影响的融媒体精品。

（一）注重选题策划

坚持围绕市上中心工作和煤博会、两会、重点项目建设、三个年活动、三秦楷模等重点，通过调度会、编前会、小组研讨会等形式，定选题、定角度、定形式，形成了

月有策划、周有选题、日有调度的选题策划制度。

（二）做精融媒产品

1. 以大主题多内容、多资讯主导网络主阵地。应用海报、长图、图解等形式创作和运用了近50期《二十大金句》《每日一学丨党的二十大精神百题》等融媒体产品，在全网兴起学习宣传贯彻党的二十大精神的热潮。

2. 围绕重大时政、重大活动立体谋篇、多点开花。策划微视频《小妍探两会》，制作《图解丨2022榆林答卷》、H5《红红火火的榆林2022》、资讯《非遗名片》和系列海报作品《榆林的“国字号”非遗》等，集视频、图文于一体，通过生动准确的表现形式，确保节目内容翔实和形式新颖鲜活，得到了市内外媒体大量转发，为宣传榆林打响了声势。

3. 加强网络新闻传播创新。将榆林网《塞上风》评论专栏扩容至客户端，与报纸政教部合力推出评论栏目《画外音》，提高网络宣传议题设置能力和舆论引导水平。

四、发挥创作优势，紧跟短视频风口

榆林发布客户端突出视频传播功能，致力于打造本土移动端视频端主窗口，充分发挥电视采编团队的创作优势，将短视频作为主发力点，在榆林发布客户端集纳短视频、直播、栏目、微电影、广播剧等，精心打造“驼视频”杂志品牌。在平台和技术的支撑下，客户端注重多元化视频及个性化内容生产，推出以真人模型的榆林传媒中心AI主播，给用户带来不一样的视觉体验，进一步打造视频内容生态圈，催生了“小红热线”“四嫂秒杀”“小王漫说新闻”“游说”“百姓剧场”等一批网红视频品牌，推出了《信天游》《张有才发家》《马福生》等多部广播剧、微电影。另外，通过设置驼视频栏目和话题，吸引网民参与拍摄投稿，提升本土视频的传播力、影响力，为全省客户端可视化生态的融合提供了样本。

同时，应用广电秦岭视云，融合手机与传统专业摄像机设备，采用云导播设备，实现跨区域、远距离同时直播；打通视频直播与非编系统，提升直播画质；支持向其他直播主体、平台提供直播流地址，便于多平台同时直播；支持投票、问卷、抽奖等直播互动功能。今年上半年，客户端开展了“非遗赶大集”“煤博会”“绥德文化艺术节”“全国自行车大赛”“榆林学院百年校庆”等40余场网络直播活动，发挥出传播快捷、表现直观等优势，扩大网络宣传的效果和影响力。

五、聚合政务服务功能，实现服务精准化

除了提供最权威的新闻服务外，榆林发布客户端后台直接与秦务员政务服务系统、榆林“12345”问政系统、健康陕西公众服务等系统打通，在应用端集成了公共服务、便民服务、教育服务、医保服务、社保服务、贷款查询、其他常用信息查询7大类40个系统的便民服务接口，方便网民了解信息、便捷办事。特别是接入新上线的榆林“12345”问政系统，将用户问政贴文、转办进度、回复情况等接口清晰呈现，方便用户办事情解难题，截至2024年3月，“12345”问政平台总浏览量突破3000万人次，日均浏览量近2万人次。

同时为政企和机构建立“榆林号”，为榆林全市各单位部门、机构企业等提供个性化定制服务、内容代管服务、活动策划服务，构建了纵横联通、协同发展的业务体系。

六、先进技术赋能，搭建智媒生产新场景

通过广电“秦岭云”技术支撑，榆林发布客户端部署本地化存储和云存储，搭建了网络媒资库，统一管理平台内的文稿、图片、音视频等媒体资源，实现资源高效利用和自主可控。同时，引入“人工智能”技术，实现从数据采集、模型部署，到媒体产业+AI落地全流程，为“采、编、发”内容生产环节提供了如智能写稿、智能剪辑、语音识别、智能校对等智慧化应用服务，提高了内容生产效率；客户端后台统一对接多个系统和中台，方便用户在应用端一次登录跳转业务子系统，进一步增强应用端的黏性和体验感。另外，客户端采集上报用户数据，生成用户画像，再通过平台系统智能推荐引擎组成推荐信息流推荐给用户。

站在新的起点，榆林传媒中心将始终突出移动优先战略，牢记举旗帜、聚民心、育新人、兴文化、展形象使命任务，激发融合发展新动力，完善改进机制体制，瞄准前沿传播技术，拓展传播渠道，研发融媒产品，加快建成区域主流舆论阵地、综合服务平台和权威信息渠道，为奋力谱写榆林高质量发展新篇章贡献传媒力量。

（韩万胜：榆林传媒中心党委书记、主任）

案例类别：产品

宝鸡日报社《深度·宝鸡》栏目

宝鸡日报社

党的十八大以来，习近平总书记就加强和改进新闻舆论工作提出了一系列富有创见的新观点、新论断、新要求，这些重要论述是习近平新时代中国特色社会主义思想的重要组成部分，内涵丰富、思想深邃。为认真贯彻落实习近平总书记关于宣传工作的重要讲话重要指示精神，根据宝鸡市委主要领导在报社调研时的要求，2021 年 8 月，宝鸡日报社推出了《深度·宝鸡》栏目，选取关系宝鸡高质量发展全局的大事要事和群众关心关注的热点难点开展深度报道，取得了良好的社会效益和广泛的传播效果。

一、项目创新性

近年来，由于网络媒体的快速发展，全国不少地方党媒党刊面临互联网转型发展等一系列挑战和困境。宝鸡日报社全面落实中央和省市的有关要求，深刻把握“党报姓党”职责使命，认真实践“党的新闻舆论工作必须创新理念、内容、体裁、形式、方法、手段、业态、体制、机制”等讲话要求，不断提升新时代新闻传播影响力、向心力、凝聚力的核心动力源泉。

深度报道一直被视为报纸与屏幕媒体抢夺受众的重要阵地，甚至被认为是彰显报纸内容生产王者的核心产品之一。在全媒体阅读时代，大量数据证明，深度报道仍然是传统媒体最大的优势和最具吸引力的报道方式。《宝鸡日报》经过缜密的市场分析和专业的研判，把深度报道作为媒体创新发展的一把“重武器”来开展。

在开展深度报道的过程中，宝鸡日报社始终把握驾驭“深”和“度”两个重点。作为党媒党刊，在深度报道选题中，将党和国家关心的人民所想、所急、所盼放在首位，将“正能量”挺在首位，并围绕群众关心的大事、要事、关键事进行选题，且能够与区域内社会经济大战的大局紧密联系起来，力求靶向锁定民本焦点、热点问题，通过全景式的揭示本质，从而使新闻的各项要素得到最完整的保真，起到凝心聚力、答疑解惑、团结奋进等重要作用，同时，宝鸡日报新媒体——“掌上宝鸡”、宝鸡网、宝鸡日报官方微信、微博进行了 50 篇稿件的宣传推送相关活动报道内容，其传播力自然与其他选题不可同日而语。

二、项目亮点

《深度·宝鸡》栏目，选取关系宝鸡高质量发展全局的大事要事和群众关心关注的热点难点开展深度报道，每期至少占用两个整版的篇幅。每期报道，由宝鸡市委主要领导参与策划选题，领导、记者、编辑坐在一起，讨论采访思路和写作框架，随后记者深入基层采访大量相关人物和事件，成文过程中，通过不断优化稿件结构和驾驭语言的能力，继而多维度、多元化采写出这篇深度稿件。

近年来，《深度·宝鸡》专栏刊载的深度报道中的新闻事实，对事态发展进行前瞻和对未来社会走向进行了精准预测。这些问题，引起了党和政府的高度重视，进而得出理性启迪，使得问题得以被迅速解决，促进和谐社会的建设。同时，《深度·宝鸡》所刊发的文章，已经多次刊印成书，不但成为宝鸡市委党校干部培训的重要教材之一，更成为我市招商引资中客商“看宝鸡”的重要窗口。

三、社会效益

宝鸡日报社《深度·宝鸡》专栏不仅仅是在纸质正报上刊发，同时还引入全媒体理念，通过图片、视频、记者出镜等多种方式，在微博、公众号、掌上宝鸡等平台同步编辑刊载。这种“集团军”出击的方式，俘获了大批点击量和阅读量，各方面数据都屡创新高。

报社推出了每期报道见报当天，还同时编发《送阅件》，呈送各位市级领导参阅，编印的全彩《〈宝鸡日报 深度·宝鸡〉汇编》（上），被市上确定为全市换届后县区党政班子能力提升专题培训班的参考教材。

《深度·宝鸡》瞄准宝鸡市经济社会发展的焦点和广大群众关注的热点选题入手，通过深入扎实的调查揭示本质，给人以立体化的感知，刊发的社区服务、机器人产业发展、经二路商圈、西部班列等专题深度报道，都在社会上产生了广泛的影响。目前《深度·宝鸡》已刊 50 多期，《宝鸡如何留住年轻人？》《宝鸡县域经济路在何方？》《近 40 万人去哪儿了？》《奋楫扬帆的宝鸡“芯”》《国企老家属院改造，提升 14 万户居民幸福感》等一批深度稿件，得到了市委主要领导的批示，并在社会上产生了热烈反响。

四、团队优势

深度报道在很多地方媒体中，之所以难写难采难出彩，很大程度上是因为人才缺乏、没有综合素质过硬的写作团队。宝鸡日报社《深度·宝鸡》栏目能够取得成功的最大优势，就是有一支素质过硬的采访团队。

每期深度报道采访活动，报社相关领导担任总指挥，从全报社抽调优秀的业务骨干进行采访写稿。每个采访选题，由记者提前进行线索摸排和前期的准备，提前商讨、制定好详细的采访方案，其他部门积极配合参加。在记者采访前、采访中、采访后这三个环节，宝鸡日报社还有一个很好的制度，就是领导、记者、编辑坐在一起，开个“圆桌会议”。这个会议上，原则是“桌前无大小，采访立规矩”。每个人都能充分表达自己的想法，在采访之前碰撞出思想上的“火花”，而这种“火花”，直接影响着记者采访的方向、角度和切入点。同时，各个部门相互配合，充分发挥自身优势，有分工采访，也有合作报道，体现出了良好的团队作战优势，使得采访写作十分出彩。

五、行业示范推广价值

有传播学家做过试验，研究人在了解外部世界时对各种信息的接收程度，最后得出结论是：人获得的信息中有20%左右来自文字、30%左右来自声音、40%来自图形和图像。因此，在传播过程中，调动受众的感官越多，传播的效果就越好。

宝鸡日报社的《深度·宝鸡》专栏之所以成功，正是因为充分融合了图片、音频、视频、动画等多媒体手段，全面、立体、形象、深入地展示新闻事件，对新闻资源进行深度挖掘和利用。同时，还能借助评论、弹幕等方式，与读者形成有效、及时、快速的互动，进一步拓宽深度报道的广度和宽度。

深度报道，既立足当下，又面向未来。当下的社会，快餐式新闻充分迎合着人们的阅读习惯，与其说深度报道和“短、平、快”的快餐式新闻是竞争关系，还不如说，深度报道特有的更深沉、更持久、更深刻的特点，有能力与快餐式文化形成“鼎立”关系，在媒体融合发展时代做出了新的探索。

（宝鸡日报社）

《深度·宝鸡》栏目

案例类别：产品

宝鸡日报社：AI与历史文化名人聊宝鸡

宝鸡日报社

一、项目创新性

随着人工智能技术的迅猛发展，AI已经渗透到我们生活的方方面面。作为《宝鸡日报》2024年重点技术创新型AIGC新媒体创意项目产品，我们创新性地将AI技术与历史文化传承相结合，通过AI技术模拟历史文化名人的形象与智慧，从“AI技术+文化宣传”这一独特角度入手，选取宝鸡历史文化中的经典典故，用AI技术构建数字人物形象和故事框架，通过AI数字人与历史文化名人“穿越时空”的对话形式，讲述了宝鸡的优秀历史文化，以全新的方式展示宝鸡这座历史文化名城的魅力。

（一）技术创新

本项目采用了先进的深度学习算法和自然语言处理技术，使AI能够模拟出历史文化名人的语言风格、思维方式，甚至个性特征。这种技术创新使得AI与历史文化名人的对话更加生动逼真，仿佛穿越时空，与古人对话。

（二）内容创新

本项目不仅关注技术的实现，更注重内容的创新。我们精心挑选了宝鸡地区具有代表性的历史文化名人，如周公旦、秦始皇等，通过AI技术让他们“复活”，与公众分享他们的智慧与见解。这种内容创新使得宝鸡的历史文化得以传承和发扬，同时也为公众提供了一个全新的了解宝鸡历史文化的窗口。

（三）形式创新

本项目采用线上线下的形式，通过微信公众号、小程序、线下展览等多种渠道，让更多的人能够参与到项目中来。这种形式创新使得项目的传播范围更广、影响力更大。

二、项目亮点

（一）文化与科技融合

本项目将科技与文化完美结合，通过 AI 技术展现宝鸡的历史文化魅力。这种融合不仅提升了项目的文化内涵，也使得科技更加贴近人们的生活，增强了项目的吸引力。

（二）创意元素丰富

该新媒体产品目前已发布六期，以千年时空为线，采取勾连过去现在的跨时空叙事，将过往当下成就对应展示，每期一主题。用硬核知识点，解析宝鸡历史文化的智慧所在，网感讲述节奏明快。正是这种形式对应的时空穿越感，让典型故事绽放新光芒，让创新的报道形式拉近当下年轻受众的心灵距离，产生浓郁的情感链接。这种将过去当下智慧结合的融媒创作手法，结合动画、漫画等年轻人喜闻乐见的时尚新鲜形式，增强内容表现力，从而打造出兼具历史质感、生活质感和时尚质感的产品新样态。

（三）教育意义深远

本项目不仅是一个科技展示项目，更是一个具有深远教育意义的项目。通过参与项目，公众可以深入了解宝鸡的历史文化，增强文化自信，提升文化素养。

三、社会效益

（一）文化传承与推广

本项目通过 AI 技术将宝鸡的历史文化以全新的方式呈现给公众，有助于提升宝鸡的文化软实力，推动宝鸡文化的传承与推广。同时，也让更多的人了解和关注宝鸡，提升了宝鸡的知名度和影响力。作品发布后，《宝鸡日报》自有平台点击量过万，其他平台点击量达数 20 万 +，唤起了群众对本地文化的自豪感，激发起群众对宝鸡优秀历史文化的互通互动共情共鸣。广大读者反响热烈、转发积极。

（二）科技普及与教育

本项目中的 AI 技术展示和互动体验，不仅让公众感受到科技的魅力，也提升了公众对人工智能技术的认知和接受度。同时，项目中的历史文化内容也为公众提供了一个学习的平台，有助于提升公众的文化素养和历史意识。

（三）社会交流与互动

通过线上线下的互动形式，本项目促进了社会各界的交流与互动，增进了人们对宝鸡历史文化的认同感和归属感。同时，也为宝鸡的文化旅游产业发展提供了新的思路和方向。

四、团队优势

（一）技术实力雄厚

我们的团队拥有丰富的 AIGC 技术研发经验，包括深度学习、自然语言处理等领域。团队成员具备扎实的专业背景和丰富的项目实践经验，能够确保项目的顺利实施。

（二）文化底蕴深厚

团队成员对宝鸡的历史文化有着深入的研究和了解，能够准确把握历史文化名人的特点和风格，为 AI 模拟提供精准的内容支持。

（三）创新能力突出

团队成员具备强烈的创新意识和实践能力，能够不断探索新的技术应用和文化表达方式，为项目的创新性和亮点提供有力保障。

五、行业示范推广价值

（一）引领行业发展趋势

本项目将 AI 技术与历史文化传承相结合，为文化旅游、数字创意等相关行业提供了新的发展方向和思路。项目的成功实施将引领行业向更加智能化、文化化的方向发展。

（二）提供可借鉴经验

本项目在技术创新、内容创新、形式创新等方面积累了丰富的经验，为其他类似项目的开展提供了可借鉴的范例。同时，项目在团队建设、资源整合等方面也形成了有效的模式和方法，有助于提升整个行业的水平。

（三）扩大行业影响力

通过本项目的推广和宣传，将提升人工智能技术在文化旅游、数字创意等领域的应用水平，增强行业的社会认知度和影响力。同时，也将推动更多企业和机构关注历史文化传承与创新发展，形成更加浓厚的行业氛围和合作机制。

（四）社会价值和深远意义

通过 AI 技术与历史文化的融合，我们旨在让更多的人了解宝鸡、爱上宝鸡，同时也为人工智能技术的发展和应用探索新的可能。我们相信，在团队的共同努力下，这个项目将取得圆满成功，并为行业发展和社会进步做出积极贡献。

（宝鸡日报社）

"AI 与历史文化名人聊宝鸡"融媒产品

案例类别：产品

安康市融媒体文科创孵化基地项目

安康日报社

安康日报社近年来大力实施安康市融媒体文科创孵化基地项目“12345”工程，“1”是一个定位：打造国家级创新创业示范基地；“2”是两个架构：文化创意集聚和数字经济链接；“3”是建设三个中心：“文化+”短视频直播中心、就业创业培训孵化中心、文化科技创意中心暨数字影城；“4”是实现四大目标：助力媒体融合发展、助力乡村振兴人才培养、助力区域特色产品推广、助力新闻媒体队伍“四力”提升；“5”是为安康富硒食品、文旅康养、特色美食、毛绒玩具及安康道情皮影戏、八岔戏、弦子戏等五大有地方特色的产业数字赋能。

2023年7月9日，全国地市媒体全媒体传播体系建设推进大会在内蒙古乌兰浩特市举行，安康市融媒体文科创孵化基地获全国报业“示范项目”大奖。2023年底，安康市融媒体文科创孵化基地又先后被安康市科技局、安康市人社局认定为2023年度市级众创空间和市级创业孵化示范基地。

一、项目运营情况

安康市融媒体文科创孵化基地创办于2022年6月，由安康日报社委托安康融媒文化产业发展有限公司实施，项目分三期建设，一期利用安康日报社自持房产开发建设“文化+”短视频直播中心暨主播培训基地1个，孵化融媒文化产业发展公司3个，同步实施文化创意产品开发和运用；二期建设就业创业培训孵化中心；三期建设文化科技创意中心暨数字影城。一基地三中心带动辐射毗邻的商业街区，将文化创意、科技创新展示、直播电商、教育培训、IP文创产品创意设计、特色文化体验、数字电影观影、电影剧本孵化和制片基地、网络休闲娱乐、艺术品展示销售、数字转化应用、信息技术开发与应用、特色美食展示、儿童游乐等系列业态进行整合，形成以体验式互动消费和文化消费为主导，其他消费为辅助的文化创意产业综合体，面积近20000平方米。整个项目聚合传媒、文旅、文创产业主体和产业要素，建设安康市融媒体中心、文化产业孵化基地，推进形成媒体深度融合和文化产业一体化发展格局。

二、平台打造

安康市融媒体文科创孵化基地致力搭建为企业加速、产业支撑、空间设计、企业服务于一体的孵化平台，目前，首批孵化企业16家，带动就业107人。专门为基地企业的创业提供咨询指导、营销策划、项目规划、科技成果转化、创业培训、创业实践、人才引进、投融资政策对接及指导、“飞地”合作和本地代办等“一站式”服务。目前，用于孵化面积2155.1平方米，主体区域划分为：培训中心、文化科技创意展示中心、多功能直播中心、孵化中心、创业办公中心、商务洽谈中心、创意工作室等一体化服务平台，为入驻企业提供低成本、全要素、全服务、开放式的创业科技空间，拥有40余个办公工位供企业直接入驻办公。

三、成效与反响

融媒体文科创孵化基地以党报党刊作为依托和载体，利用安康当地特有文化元素，借助安康日报社智库资源，结合现代科技、数字技术等高科技对文化资源进行创造与提升，通过知识产权的开发和运用，产生出高附加值文化创意产品，赋能科技成果转化。基地发挥党媒品牌影响力和自身定位的资源优势，一方面整合政府资源、服务机构、导师团队和专家智库，另一方面链接市场、掌握需求，直接对接入驻企业给予服务和指导帮助。通过基地的成熟运转和不断完善，打造形成安康特色文化科技创意展示街区，拓展安康本土文化与文旅体验、创意衍生、文创产品研发与路演，以及科技体验的综合发展空间，为推动地方经济发展，促进安康市文科旅产业融合提质增效打造核心基础。

2023年至2024年3月，融媒体文科创孵化基地通过线上线下组织开展创业培训、创业沙龙、文创产品研发、城市会客厅主题直播、项目发布、创意大赛、文旅推介、公益助农等活动16余场1840人次，孵化辐射带动作用显著。

四、融合经验体会

（一）项目创新性

2022 年 8 月，中共中央办公厅、国务院办公厅印发了《“十四五”文化发展规划》强调，贯彻新发展理念，构建新发展格局，推动高质量发展，文化是重要支点，必须进一步发展壮大文化产业，强化文化赋能，充分发挥文化在激活发展动能、提升发展品质、促进经济结构优化升级中的作用。

安康日报社是安康市委直属的正县级事业单位，负责市委机关报《安康日报》的编辑出版工作。现在面临的现状是报纸广告行业急剧萎缩，自身发展存在巨大困难，亟须自身找到一条长远发展的路子。安康日报社所处地理位置优越，比邻汉江北岸，是安康市“一江两岸”核心区，具备巨大商业开发运营价值，加之报社自身作为资深智库，有海量的媒体数据和资源可以开发，特别是安康本地文化资源，是不可复制、不可替代的优质资源。

项目建成后将成为安康地区最大的毛绒玩具主题街区、文旅融合示范街区。通过对文旅主题街区的建设，拓展安康主城区文化旅游产业发展空间，与“一湖两岸”的西城阁、安澜楼、历史博物馆等文化旅游项目形成融合圈，扩大“一湖两岸”文化旅游经营规模。项目可以塑造城市映象，弘扬安康文化，推广安康当地特色旅游产品，拉动城市旅游及相关服务业发展，增强集群效应，推动地方经济发展的同时打造城市对外新名片，使之成为全省乃至全国都具有创新性、代表性及影响力的媒体融合、文旅融合项目。

（二）项目亮点

项目在融合创新一体化发展中，注重着眼和布局地方文化、传统文化和文化创意业态，同时促进报业媒体的结构调整和优化升级。加强文化创作生产平台建设，充分利用闲置设施、盘活存量用地和建设资源，发展文化产业；把握消费升级大趋势，以新兴文化消费引领新供给，引导网络文化消费、定制文化消费，创建特色鲜明的亲民便民的文化消费场所，带动文化消费跨越式发展。壮大网络视听产业，以短视频创作培训及实践入手，加快布局视频直播带货新业态，促进视频文化与社交电商、网络直播、短视频等在线新经济结合，打造“文化 + 平台 + 网红 + 电商”新型业态，形成“IP+ 内容体验 + 衍生品 + 互联网农业文创电商”模式。同时，推动文化与旅游、体育、教育、信息等融合发展，延伸产业链。坚持以文塑旅、以旅彰文，推动文化和旅游乃至消费在更广范围、更深层次、更高水平上融合发展，打造独具魅力的地方文化旅游体验。

（三）社会效益

安康市“十四五”文化产业发展规划提出要“聚集聚合传媒、文旅、文创产业主体和产业要素，建设安康市融媒体中心、文化产业孵化基地及运行产业园区中心数据库等内容”。这些政策为安康市融媒体文科创孵化基地项目提供了政策支撑，为具体业态发展指明了方向，该项目建设符合这些政策要求，顺应社会主要矛盾的历史性变化，争取和利用好这些政策来运营建设安康市融媒体文科创孵化基地项目，着力于将基地打造为安康地区围绕文化产业旅游及相关服务的产业示范项目，对繁荣壮大文化旅游产业，提升城市综合服务功能，推动地方经济发展，满足人民日益增长的美好生活需要，都具有重要作用。

（四）经济效益

融媒体文科创孵化基地作为产业创业型综合服务平台，本身已经具备吸引文化、科技、创意等产业的聚合影响力，在降低企业成本和减少投资风险，带动就业、开展培训、项目合作、市场推广、提高综合产能中发挥着巨大作用。2023 年度基地推动在孵企业收益达 1000 万元。

项目选址地处安康市新城区中心地段，地理位置优越、交通十分便利、人气兴旺。通过融媒体文科创孵化基地建设，辐射带动周边汉城国际商业街区，形成以文化消费为主导，其他消费为辅助的文化创意产业综合体。一是满足本区域的公共服务功能，提升周边商业品牌价值；二是满足周边乃至社会就业；三是对“一江两岸”大旅游元素的补充，提升安康主城区旅游服务功能，打造安康文化消费、旅游体验一站式全功能综合体，缔造安康新地标、城市对外明信片。最终目的是让消费者在富有文化内涵和特色体验的项目里感受文化时尚魅力，打造全市“一湖两岸”核心文旅街区、夜间经济示范区、省级最具特色文科创展示街区、全国融媒毛绒玩具创意中心。

（安康日报社）

案例类别：组织机构

坚持内容为王 引领主流舆论

——汉中日报社围绕议程设置加强内容供给创新案例报告

邬正鹏

在媒体传播体系加速迭代背景下，汉中日报社瞄准传统媒体最核心的能力——议程设置能力建设不放松，即牢牢把握新闻舆论工作要坚持正确舆论导向这一核心定位，坚持“引流主流舆论、反映百姓心声”这一核心办报理念，深入学习领会、全面深刻把握习近平文化思想的战略部署，并自觉将其贯彻落实到全媒体时代变革中。重点是补短强弱，针对过去党报定位传统、传播内容创新不足、新闻叙事话语不够新颖，传播手段路径单一、传播主体平台薄弱、网络舆论正面引导不够、采编人员综合素养不高、新闻资源共享利用不足等诸多薄弱环节与现实问题，坚持内容为王，着力提升新闻舆论的传播力、引导力、影响力、公信力。通过加快全媒体流程再造，强化新闻采编人员培训，打造党媒舆论传播新格局、赢得融合发展主动权，目前已经形成了资源集约、结构合理、差异发展、协同高效、全省地市级党报领先的全媒体传播体系。

一、基本情况

《汉中日报》是中共汉中市委机关报，是西北地区创刊最早的地市党报之一，其前身为1949年5月1日在湖北省十堰市郧阳县创刊的《陕南日报》，距今已有75年历史。目前，汉中日报社采编队伍70余人，旗下拥有《汉中日报》报纸、汉中新闻网、汉中日报客户端、汉中发布微信公众号、汉中日报微信公众号、汉中发布微博、汉中日报微博、汉中日报抖音号、汉中日报视频号、汉中发布视频号、汉中日报今日头条号、汉中发布今日头条号等14个媒体平台。截至目前，汉中日报社新媒体总粉丝量超260万人，开辟话题阵地20余个，年均阅读量逐年上升。

二、改革背景

近五年，UGC模式盛行，议程设置的主体日益多元化。在新媒体语境下，不仅是传统媒体，个人、社交媒体平台、博客、短视频和其他在线内容创作者都成为了议程设置的参与者。这导致了议程设置的分散化，传统媒体不再拥有对议程设置的独特地位。因此，党媒在内容为王和独立叙事能力上下功夫，在新媒体时代变得更加重要。随着信息的海量增长和用户注意力的分散，高质量的内容和独特的叙事方式成为吸引和保持观众的关键。对此，汉中日报社坚持守正创新，加强新闻策划，以创新议程设置方式为突破口，加强采编队伍建设，以提供有价值、有深度、有吸引力的内容为抓手，加强内容供给侧建设，以构建强大的跨平台报道能力为目标，确保了在新媒体环境中持续保持竞争力。

三、工作措施和成效

（一）握指成拳、整合采编力量

汉中日报社坚持内容建设人才先行理念，加快推进新闻宣传资源的有效整合和媒体融合向纵深发展，创新重组采编架构。在不改变机构编制的前提下，打破传统的记者部、周刊部设置，成立全媒体采访中心、新媒体中心、纸媒编辑中心和融媒体工作室，实行人员整合优化、业务融通发展，满足“一体策划、一次采集、多种生成”的全媒体采访需求。

（二）久久为功，增强全员素能

探索全媒体人才培养体系，持续树立内容精品意识，练好基本功，打造有眼力、有脑力、有笔力、有脚力，提笔能写、张口能说、问策能对、遇事能谋、办事能成的新时代融媒体传播生力军。近三年，开办120期传媒大讲堂夜校专班、以讲促学擂台赛专班、理论专班，邀请高校教授、省内外知名新闻人和报社资深媒体人进行授课，全体采编人员上讲台、谈体会、谈收获，通过岗位练兵，起到了以赛促学、锤炼队伍的作用；同时创新探索“前方+后方”“采访小分队”“党员突击队”等新闻采访模式，对新入职人员采取“一对一”“老带新”拜师做法，全方位激发了大家的工作积极性和主动性。

（三）加强策划，形成传播新矩阵

把议程设置作为更好提升主流媒体传播力、引导力、影响力和公信力的先导性工程和采编“一号工程”，由

社长和总编辑排兵布阵、全程参与，把重大主题策划与日常新闻策划结合起来，策划多场大型全媒体采访行动，不断创新报道形式、提升传播质效。近一年，《汉中日报》传播矩阵裂变效应明显，全网单条（篇）达到1000万次阅读量或粉丝互动点赞达到十万级的新闻作品有38件。特别是对习近平总书记来汉中考察的宣传有力有效，汉中日报社第一时间开设了《习近平总书记在四川和陕西汉中考察》《牢记嘱托 感恩奋进 扎实做好历史文化传承和生态保护》专题专栏，编发一系列深度报道和评论文章，持续掀起宣传高潮，重磅推出42个整版、60篇原创稿件、50条短视频，全网总阅读量超6.5亿人次。在后续报道中，我们策划推出的落实总书记指示的融媒专栏——《天汉文物邀您共赏汉中千年光华》系列创新产品10期，受到陕西报业协会等业内读者广泛好评。

汉中日报社持续推动内容供给创新，纸媒以深度版为代表，突出“高度”“深度”“温度”，新媒体各平台精耕细作、简约精编，增强报道的接近性、可读性和吸引力。2023年，《汉中日报》全平台发稿5万余篇，传播力位居全市第一、全省前三。初步取得了以下三个阶段成效。

第一阶段：汉中日报社以“汉中发布”微信公众号为重点，抽调一批年轻骨干力量管理运维，在实践中学习新媒体，在实践中锻炼队伍，粉丝量三年来从17万增长到48万，传播指数稳居汉中政务新媒体第一名，全省地市级政务新媒体第一方阵。

第二阶段：“汉中发布”作为龙头引领，在今日头条、微博、抖音、视频号等社交平台上的8个媒体账号同步实现了快速增长，2020年至2023年总阅读量分别为3.15亿人次、9.8亿人次、25亿人次、32亿人次。至此，汉中日报社已不再是单纯意义上的传统报社，而是一个初具雏形的新型主流媒体。

第三阶段：2022年12月26日，汉中日报社精心打造的汉中日报客户端成功上线，标志着汉中日报社建成了“自主可控新媒体平台”，定位为“新闻+政务+服务+商务”的综合性客户端，着力打造服务和商务模块，增强了客户端用户黏性，进一步巩固壮大了主流媒体舆论阵地。通过坚定不移落实移动优先战略，倾力打造的汉中日报客户端、汉中发布微信公众号、汉中日报抖音号三个新媒体主阵地，采取“前方+后方”“采访小分队”“党员突击队”等模式，积极采写短小精悍、鲜活生动的稿件，并根据不同平台优先级，丰富稿件内容和形式，让新闻即时有效发布。

四、案例与经验启示

（一）加强内容供给创新必须提升“脚力眼力脑力笔力”

习近平总书记指出，要“不断增强脚力、眼力、脑力、笔力，努力打造一支政治过硬、本领高强、求实创新、能打胜仗的宣传思想工作队伍”。汉中日报社聚焦推动媒体融合高质量发展主线，以提高全员综合素质为目标，以培养锻炼一批能扛重担、适应改革需要的全媒体采编队伍为抓手，办好“传媒大讲堂”；领导带头常态化开展“调研式采访”，深入县区部门深挖亮点，寻找活鱼，以上率下为采编人员做示范，持续强作风、改文风，锤炼了采编队伍担当实干好作风。同时，完善双向交流制度，既“上挂”来报社跟班学习，又“下派”骨干记者下县采访，有效实现基层通讯员和报社记者素能双提升。

（二）加强内容供给创新目标必须顺势而为

新时代以来，新闻传播理念、内容、体裁、形式、方法、手段、业态、体制、机制等方面发生根本性变革，汉中日报社抢抓时代机遇，勇挑时代重担，始终遵循新闻传播规律，努力适应不同受众的信息需求，加强受众分析，稳中求进、适度改革采编队伍，扩大传播矩阵，把握住了新闻舆论的时机、尺度、效果。在党的新闻舆论工作创新方面，较好发挥了第三方平台传播优势建设的自主可控平台——汉中日报客户端，利用科技化、智能化手段，大幅提升了新闻舆论工作效能。

（三）加强内容供给创新必须上下联动

推动更多正能量形成了传播大流量、抢占舆论制高点是党媒的重要职责。传播到达面广而大，则意味着传播力强；传播到达面窄而小，则其传播力弱。《汉中日报》坚持开门办报，发挥资源整合优势，与汉中市11个县区建立市县媒体联合报道组，共同采写、编辑、推送新闻作品，并加大向中省媒体推送力度，在县区专栏编发，既扩大了县区传播力、影响力，又形成精品内容县区融媒体二次传播、引领自媒体多次传播的新格局。

（邬正鹏：汉中日报社办公室副主任）

甘肃省

案例类别：产品

现象级活动 创新性报道
——“十八少年下凉州·与叶舟同行”大型文学寻根之旅

奔流新闻

习近平总书记指出，“举精神之旗、立精神之柱、建精神家园，都离不开文艺。”2023年4月下旬，奔流新闻围绕著名作家叶舟的长篇小说《凉州十八拍》，策划了“十八少年下凉州·与叶舟同行”大型文学寻根之旅活动，邀请了北京大学、复旦大学、南京大学等国内10所知名高校的18位博士生与叶舟一起走进甘肃省武威市，完成了一次具有开创性的行读之旅。围绕一部文学作品和作品发生地，邀请国内一流高校的18位文学博士展开行进式对话，不但在甘肃开了先河，在国内也是首创之举，因而得到各界广泛关注，影响力巨大，成为弘扬优秀中华文化、讲述中国故事的一次成功范例。先后入选2023年中国报业新媒体优秀案例、2023年度书业营销推展“营销金案”。

一、事件介绍，一场别开生面的文学策划活动

叶舟是甘肃文化的一张名片，打造叶舟文化IP是奔流新闻文化建设的抓手之一。围绕叶舟的诗歌创作，奔流新闻曾成功举办了“月光照耀甘肃省·叶舟诗歌丝路行”大型朗诵会、“铁马冰河·丝路诗篇”大型朗诵会等具有广泛影响力的线下文化活动。

2023年，叶舟历时四年创作，聚焦河西走廊文化、历史、人物的史诗巨著《凉州十八拍》进入大众视野，被文学评论界认为是一部“中华民族的义勇之书”，“是对‘一带一路’倡议在文化上、在文学上的呼应”，“是中国当代文学的‘补气’之作”，“是一部关于伟大地理和伟大文明的史诗”。

立足弘扬优秀中华文化，讲好中国故事，奔流新闻精心策划推出“十八少年下凉州·与叶舟同行”大型文学寻根之旅专题活动。2023年4月15日至4月19日，北京大学、复旦大学、南京大学、中国人民大学、中山大学、武汉大学、北京师范大学、厦门大学、南京师范大学、上海师范大学等国内10所知名高校的18位博士生与叶舟一起，从兰州出发，一路西行来到武威，行进式考察了乌鞘岭、八步沙林场、天梯山石窟、红崖山水库、瑞安堡、白塔寺、雷台汉墓、武威市博物馆、五凉文化博物馆、武威文庙等10余处自然人文景观和文化地标，于4月18日下午在武威文庙举行了文学对话主活动。

为将本次文学寻根之旅活动在全网扩大传播，奔流新闻邀请了新华网、《中国日报》、中新社、《甘肃日报》、《新京报》、澎湃新闻、潮新闻、南都N视频、封面新闻、极目新闻、齐鲁壹点、天眼新闻、大象新闻、《现代快报》、新甘肃、每日甘肃网等国内数十家知名媒体记者现场参与报道，《人民日报》、人民网、央视频等中央媒体对相关报道进行了转载转发。

“十八少年下凉州·与叶舟同行”大型文学寻根之旅专题阅读量超过1000万人次，武威文庙文学对话主活动直播全网累计观看量达300余万人次，微博话题总浏览量超过810万。《人民日报》、人民网、新华网、《中国日报》、中新社、《新京报》、澎湃新闻、潮新闻等20余家媒体对本次活动进行了跟进报道，全网累计阅读量达2000万+，形成了“刷屏”效应。

二、社会效果，一次讲述中国故事的现象级活动

从活动期间及后期反馈情况来看，参与活动博士生及媒体记者对甘肃的风土人情、文化底蕴留下了极其深刻的印象。知名高校、文学界、出版界、媒体界及广大网友对奔流新闻的策划能力、报道质量和服务水平给予高度赞扬，认为文学寻根之旅是一次策划出新、执行得力、传播广泛的高质量宣传甘肃文化、讲述中国故事的现象级活动。

（一）开创性策划

《凉州十八拍》是一部文学巨制，凉州是一座历史

文化名城。围绕这部文学作品和作品故事发生地，邀请国内一流学府18位文学博士展开行进式对话，同时邀请20多家主流媒体参与报道，不但在甘肃开了先河，在国内也是首创之举，因而得到各界广泛关注，影响力巨大。从而也为讲述新时代甘肃故事开辟新的路径。

（二）现象级活动

从“文物表情包”“推开甘肃的门”等爆款新媒体产品，到“非遗新青年 闪耀中国范”等主题策划报道，再到“十八少年下凉州”大型文学寻根之旅活动，作为全域主流媒体，奔流新闻一以贯之积极探索甘肃文化创新传播方式方法。“十八少年下凉州”文学寻根之旅因其新颖独特的主题和创意，在文学界引起的反响，在媒体界引发的关注和传播，都堪称“轰动效应”，是2024年到目前为止国内为数不多的现象级文化活动。

三、奔流新闻，甘肃最具文化气质的新媒体平台

奔流新闻客户端上线于2021年12月4日，由甘肃省委宣传部主管，甘肃日报报业集团、甘肃新媒体集团主办。奔流新闻以“讲好中国故事、讲好‘一带一路’故事、讲好新时代甘肃故事”为宗旨，是甘肃唯一的全域性综合型移动新媒体传播平台，也是目前甘肃最活跃、最具文化气质的新媒体平台。

奔流新闻立足甘肃深厚的历史文化资源，主动承担起推动中华优秀传统文化“创造性转化、创新性发展”的历史使命，不断增强创意文化内容供给，从策划、制作、发布、互动形成了全流程“闭环”，先后推出了《甘肃文物表情包》《推开甘肃的门》《铜奔马》《敦煌妙音》等流量超千万的爆款产品。尤其是依托打造的丝绸之路（甘肃）文化创意传播中心，持续输出“推开甘肃的门”系列文化IP，并面向省内外提供美丽乡村文化创意设计、城市IP形象设计智力服务，还策划推出诸如“十八少年下凉州”的创新性文化活动，不断挖掘甘肃文化的新爆点。目前，奔流新闻已被认为是甘肃文化创意传播的“策源地”和“新高地”。

（奔流新闻）

“十八少年下凉州·与叶舟同行”大型文学寻根之旅专题

案例类别：组织机构

守正创新深化媒体融合 开放自信讲好敦煌故事

李国辉

中华文明以海纳百川闻名于世，敦煌文化以开放包容彰显自信。讲好敦煌故事，传播敦煌声音，也是时代赋予敦煌媒体人的历史使命和责任担当。

近年来，敦煌市融媒体中心以习近平新时代中国特色社会主义思想为指导，深入学习贯彻党的二十大精神、习近平总书记视察甘肃和敦煌时的重要讲话精神，立足传承弘扬敦煌文化的历史使命和责任担当，坚定文化自信，秉持开放包容，坚持守正创新，讲好敦煌故事，传播中国声音，不断增强新闻舆论传播力、引导力、影响力和公信力，探索出了县级融媒体中心建设发展的“敦煌模式”。

一、基本做法

（一）在做强主流舆论上固本培元守正创新

以学习宣传贯彻党的二十大精神为统领，全媒体开设《学习贯彻二十大 踔厉奋发开新局》《凝神谋发展 实干兴敦煌》等10多个固定主题栏目和《当好东道主 办好文博会》《敦煌文化研学季》等30多个阶段性栏目，在大敦煌文化旅游经济圈、农文旅融合发展等领域积极策划选题，推出了一批有分量的全媒体报道。围绕宣传弘扬敦煌文化，策划开设《牢记总书记嘱托》《人类敦煌 心向往之》《敦煌文化环球连线》《敦煌文化进校园》

等特色栏目，成系列、高频次采编新闻节目、制作播发短视频。“鸣沙山下骆驼红绿灯”“万人星空演唱会”“人类敦煌 心向往之”等网络话题火爆“出圈”。“敦煌舞课间操”和“敦煌文化校服”受到新华社、人民网等主流媒体和网络媒体广泛转发。精心策划《来敦煌！跟着总书记感受文化自信》《敦煌文化研学季》《年从敦煌来》《以旅游促进民族交流交往交融》《外国人眼中的敦煌》等系列短视频，同时邀请专家学者解读敦煌文化，持续举办石窟文化、莫高精神、敦煌舞蹈、敦煌书法、敦煌诗词等网络直播活动，引发受众共情共鸣。

（二）在深化机制改革上大刀阔斧革故鼎新

中心大胆探索、开拓创新，打破原有机构岗位和身份界限，整合撤并部门，优化生产流程，不认身份认岗位，不比资历比业绩，按照以岗定责、以岗定薪，人随岗走、薪随岗变，薪酬向一线岗位倾斜的原则，将岗位划分为9个绩效工资类别，并将在编人员的绩效工资全部纳入动态考核，实行总额控制、奖优罚劣，同工同酬、多劳多得。全面开展竞岗双选，推行两级考核，中层干部全部公开竞聘，先领任务，后当干部，部门主任与职工之间双向选择，实现优化组合。坚持问题导向，通过开展“早课半小时”“夜间充电”“月学季考”提升行动，着力提升新闻宣传质量水平；采取团队化运作、项目制考核、企业化管理的方式，推行内部轮岗、晋级降级、平台包抓、节目评优和“金种子”培养计划，切实发挥绩效考核推进媒体融合的“指挥棒”作用。按照积分管理、动态考核、评聘分离、能上能下的原则，改革专业技术岗位评聘晋升工作，鼓励人尽其才、才尽其用。经过各项改革措施的推进落实，打破“大锅饭”和“平均主义”，形成“多劳多得、优绩优酬”的良好工作氛围。全体职工的工资待遇较中心成立前平均上涨30%以上，特别是一线采编人员，最高涨幅达到50%。

（三）在加快媒体融合上顺势而为推陈出新

积极争取敦煌市出台《贯彻〈关于加快推进全省媒体深度融合发展的若干措施〉实施意见》，在入驻人民号、新华号、央视频等主流媒体和互联网平台的基础上，加强与中央主流媒体合作，建成运行敦煌＆人民网丝路融媒体工作室，入驻“三农”头条“振兴号”，与中新社甘肃分社开展国际传播战略合作，与新华社合作共建敦煌文化国际传播中心，打造新时代敦煌融媒宣传矩阵。同时积极争取项目资金，建成运行敦煌文化国际传播中心媒体工作室，借力央级媒体推进国际传播。中心坚持深耕本土，深挖市场潜力，走“媒体＋政务服务商务”的产业融合发展之路，开展本地特色农产品、旅游文创产品、文旅研学产品等线上营销。举办“人大代表替你问”电视问政节目，开办“春风行动”系列直播带岗和《“杏”有灵犀 思念“邮”你》等助农直播活动，各平台粉丝量和互动指数大幅增长。截至2023年底，敦煌融媒各类宣传平台共37个，年发稿量9万条，浏览量10亿＋，粉丝数240万。在2023年度甘肃省融媒体中心传播力榜单中排名第二。

（四）在扩大对外宣传上借船出海聚力迎新

争取敦煌市委研究制定《关于进一步加强对外传播力建设的实施意见》。2023年6月18日成功举办敦煌文化国际传播中心全球启幕暨敦煌城市品牌标识发布仪式，上线“Dunhuang”脸书、推特海外社交账号，敦煌文化国际传播中心（东京站）和新华社国际网红工作室敦煌调研基地同步揭牌授牌，敦煌文化国际传播中心成为全国第一个以文化为核心的城市国际传播中心。以此为基础，又申请开通“人类敦煌 心向往之”脸书、推特、优途、照片墙等账号，形成敦煌文化国际传播的海媒矩阵。中心还以世界遗产为纽带，与澳大利亚天和电视台、澳门广电股份有限公司以及安徽黄山、重庆大足、新疆昌吉、四川都江堰等世界遗产地的33个城市广电媒体结盟合作、组团发展，并发挥联盟秘书长单位作用，在联盟组织开展敦煌文博会宣传推介、城市宣传片互播和“让世界遗产走进生活”广电联盟春晚活动，创造了广电媒体跨区域、国际化的合作模式，也为世界遗产的传承弘扬探索出了新的路径。

二、工作成效

（一）国际传播开局良好

目前，开通运营的6个海外社交账号累计发布图文视频1300余条（个），总曝光量560多万次，粉丝6.4万人。其中，“体验敦煌的社火”“在敦煌市中心庆祝中国龙年”等春节系列图文和视频帖累计曝光量88万，敦煌初冬雪景视频和图文帖累计曝光量20.9万，敦煌大型情景音画剧《千手千眼》图文帖曝光量15.3万，外国小姐姐敦煌变装打卡和韩国知名博主打卡敦煌美食视频帖曝光量14.4万。

（二）对外宣传提质增效

2022年，有50条新闻在央视多个频道播出，其中《新闻联播》播出11条。2023年，上报央视播出新闻80条，其中《新闻联播》播出12条，中央及省级新媒体平台发稿9000多条，外宣工作再创历年新高。

（三）节目创优捷报频传

2023年，有19件作品在省级或全国行业协会获奖，其中1件作品获中国广播电视大奖提名荣誉，3件作品获甘肃新闻奖一、二等奖，4件作品获甘肃省短视频大赛金、银奖，综合成绩排全省前列；2024年有6件原创作品和2件参与作品获甘肃新闻奖，获奖条数、奖项等级和获奖率排名甘肃省县融媒第一。中心还荣获“2023年度甘肃省通联协作十佳单位”荣誉称号。

（四）《敦煌文化进校园》融媒报道入选全国优秀案例

《敦煌文化进校园》系列报道中，“敦煌舞课间操”

和“敦煌文化校服”引爆网络。《敦煌文化进校园》全媒体融合报道被新华社评选为全国县融中心央地联动、融合报道典型案例，入选全国县融中心综合影响力典型事例。

三、融合体会

“媒体融合关键在融为一体、合而为一。”敦煌市融媒体中心始终坚持党媒姓党，紧紧依靠党委政府；坚持内容为王、移动优先，改革为重、技术为要；坚持深耕本土、沉淀用户，全媒为本、人才为宝；坚持以深化改革为基础、以信息技术为支撑、以新媒体化为方向、以融合创新为手段、以舆论引导为主责、以服务群众为宗旨，持续推进思维观念、内容生产、渠道平台、经营管理等方面的深度融合。始终秉持传承弘扬敦煌文化的历史使命和责任担当，以推进媒体深度融合发展服务共建“一带一路”为主线，以打造敦煌文化国际传播中心为抓手，固本培元、守正创新，努力在做强主流舆论、扩大对外宣传、深化机制改革、创新媒体运营、建强人才队伍、争创全国一流六个方面实现新突破，用正能量赢得大流量，让好声音变成最强音。

（李国辉：敦煌市融媒体中心主任）

“掌上敦煌”客户端

案例类别：产品

加强国际传播能力建设的敦煌实践

——敦煌文化国际传播中心建设

李国辉

“敦煌文化是各种文明长期交流融汇的结晶。”习近平总书记在敦煌研究院座谈时指出：“敦煌文化展示了中华民族的文化自信。要推动敦煌文化研究服务共建‘一带一路’。”

2022年以来，敦煌市融媒体中心深入学习贯彻习近平总书记关于加强国际传播能力建设以及在敦煌研究院座谈时的重要讲话精神，秉持传承弘扬敦煌文化的历史使命和责任担当，以推动敦煌文化宣传服务共建“一带一路”为主线，以打造敦煌文化国际传播中心为抓手，弘扬敦煌文化、传承莫高精神，讲好敦煌故事、传播中国声音，聚力打造“人类敦煌 心向往之”国际传播品牌，探索出了县级融媒体中心开展国际传播的“敦煌模式”。中国新闻核心期刊《传媒》和《甘肃日报（理论版）》刊登《加强国际传播能力建设的敦煌实践》《做好敦煌文化的传播者》等理论文章。

一、敦煌文化国际传播中心建设的主体架构

敦煌文化国际传播中心是以“一带一路”为线脉，以“敦煌文化”为载体，以“一矩阵+两平台+两基地”为主体架构的全国第一个以文化为核心的城市国际传播中心。

（一）“一矩阵”即：打造敦煌文化国际传播融媒矩阵

依托新华社等中央主流媒体，打造一体化、集群式的敦煌文化国际传播矩阵，吸引国家和省级主流媒体在敦煌设立工作机构，运营好Facebook、Twitter、YouTube等海外社交平台，加强国际传播能力建设。

（二）“两平台”即：搭建“一带一路”国际媒体传播平台和智慧敦煌融媒体平台

巩固壮大世界文化和自然遗产城市中国广电媒体联盟，加强与东亚文化之都城市和国际友好城市主流媒体的合作交流，推进敦煌故事和敦煌声音的“点对点”传播和区域化表达。依托敦煌市融媒体中心，建设国际传播媒体工作室、5G数字影视制作中心、4K全媒体演播室、演播大厅等，构建“智慧融媒系统”和“智能共享系统”，打造敦煌国际传播“素材库”和“资源池”。

（三）“两基地”即：建好敦煌国际传媒实训基地和敦煌影视产业孵化基地

加强与传媒高校的交流合作，签订战略合作协议，共建传媒实训基地，组织师生来敦煌开展文化自信教育、文化艺术研学和影视创作、毕业实习等社会实践活动。打造“大敦煌影视圈”产业品牌，积极引进国内外影视剧组来敦煌取景拍摄，以影视剧拉动文化旅游、扩大国

际传播。

二、敦煌文化国际传播中心建设工作进展

（一）强化媒体合作，共建敦煌文化国际传播中心

敦煌市融媒体中心积极邀请新华社、中央广播电视总台、中新社、中国日报社等单位领导和媒体同人现场指导敦煌文化国际传播中心建设。与新华社新闻信息中心签订战略合作协议，共建敦煌文化国际传播中心。2023 年 6 月 18 日成功举办敦煌文化国际传播中心全球启幕暨敦煌城市品牌标识发布仪式，上线“Dunhuang”Facebook、Twitter 海外社交账号，敦煌文化国际传播中心（东京站）和新华社国际网红工作室敦煌调研基地同步揭牌授牌。以此为基础，敦煌融媒又申请开通“人类敦煌 心向往之”Facebook、Twitter、YouTube、Instagram 账号，形成敦煌文化国际传播海媒矩阵，通过图文及视频等媒介，向海外用户展示敦煌城市及历史文化的多元魅力。

（二）拓宽宣传渠道，打造敦煌文化国际传播矩阵

积极争取敦煌市委研究制定《关于进一步加强对外传播能力建设的实施意见》，加强与中央主流媒体战略合作。入驻人民号、央视频等主流媒体平台，与人民网合作设立丝路融媒体工作室，与中新社甘肃分社签订《加强国际传播能力建设战略合作协议》，构建国际传播矩阵。持续推进敦煌文化国际传播中心建设项目，实施国际传播融媒矩阵建设及平台提升改造项目，建成运行敦煌文化国际传播中心媒体工作室。

（三）坚持守正创新，以文传声讲好敦煌故事

围绕宣传弘扬敦煌文化，敦煌市融媒体中心策划开设《牢记总书记嘱托》《人类敦煌 心向往之》《敦煌文化环球连线》《敦煌文化大讲堂》《敦煌文化进校园》等特色栏目，成系列、高频次采编新闻节目、制作播发短视频，扩大敦煌文化对外宣传。“鸣沙山下骆驼红绿灯”“万人星空演唱会”“人类敦煌 心向往之”等网络话题火爆“出圈”。精心策划《来敦煌！跟着总书记感受文化自信》《敦煌文化研学季》《年从敦煌来》《数说敦煌》《以旅游促进民族交流交往交融》《外国人眼中的敦煌》等系列短视频，体现中华文化内核和敦煌文化特色，引发受众共情共鸣。

（四）强化责任担当，携手发展世界遗产城市媒体联盟

以世界遗产为纽带，敦煌市融媒体中心与澳大利亚天和电视台、澳门广电股份有限公司以及河北承德、云南丽江、重庆大足、四川都江堰、安徽黄山等世界遗产地的 33 个城市广电媒体结盟合作、组团发展，并发挥秘书长单位作用，在联盟组织开展了敦煌文博会宣传推介、城市宣传片互播和“让世界遗产走进生活”广电联盟春晚活动，进一步增强中国世界文化和自然遗产城市的国际传播力。

三、敦煌文化国际传播中心建设成效

（一）国际传播开局良好

目前，开通运营的 6 个海外社交账号累计发布图文视频内容 1300 余条（个），总曝光量 560 多万次，粉丝 6.4 万人。其中，“体验敦煌的社火”“在敦煌市中心庆祝中国龙年”等春节系列图文和视频帖累计曝光量 88 万，敦煌初冬雪景视频和图文帖累计曝光量 20.9 万，敦煌大型情景音画剧《千手千眼》图文帖曝光量 15.3 万，外国小姐姐敦煌变装打卡和韩国知名博主打卡敦煌美食视频帖曝光量 14.4 万，敦煌鸣沙山壮美日出图文帖曝光量 8.5 万。

（二）对外宣传提质增效

依托敦煌文化国际传播中心，积极策划筛选优质全媒体产品向主流媒体平台报送，对外讲好敦煌故事。2023 年上报央视播出新闻 80 条，其中《新闻联播》播出 12 条，中央及省级新媒体平台发稿 9000 多条，外宣工作创历年新高。

（三）节目创优捷报频传

中心制订《鼓励创作优秀作品（成果）绩效激励暂行办法》，深化激励机制，鼓励创新创优，2023 年有 19 件作品在省级或全国获奖，其中 1 件作品获中国广播电视大奖提名荣誉，3 件作品获甘肃新闻奖一、二等奖；2024 年有 6 件原创作品和 2 件参与作品获甘肃新闻奖，获奖条数、奖项等级和获奖率均为甘肃省县融媒第一。

（四）《敦煌文化进校园》融媒报道入选全国优秀案例

《敦煌文化进校园》系列报道中，“敦煌舞课间操”和“敦煌文化校服”引爆网络，受到新华社、人民网等主流媒体和网络媒体广泛转发。《敦煌文化进校园》全媒体融合报道被新华社评选为全国县融中心央地联动、融合报道典型案例，入选全国县融中心综合影响力典型事例。

（李国辉：敦煌市融媒体中心主任）

《冬日敦煌 温暖静谧》融媒视频

案例类别：组织机构

突出新闻＋民族特色 打造本土融媒精品

郎玉红

肃南裕固族自治县融媒体中心（以下简称肃南县融媒）是在全国媒体融合大背景下成长起来的少小民族自治县主流媒体。肃南裕固族自治县地处河西走廊中部，祁连山北麓，是甘肃独有、全国唯一的裕固族自治县。地域辽阔，物产丰饶，平均海拔3200米。是国务院确定的人口较少民族县，裕固族人口10675人，是甘肃省委、省政府确定纳入比照涉藏地区扶持政策范围的县区。因此，从传统媒体到媒体融合的进程中，历经了认知上的“瓶颈”和技术上的“阵痛”。

一、顶层设计为少数民族牧区媒体带来新机遇、注入新动能

作为少小民族地区的县级新闻单位，原本广播电视建设就滞后，新媒体建设没有基础、底子薄弱，软硬件的配置与融媒体发展的要求差距很大。数字化、网络化任务欠账多，媒体融合前，平均每年在中央级传统媒体发稿量4篇左右；在省级传统媒体发稿20篇左右；在市级传统媒体发稿量300篇（条）左右，外宣渠道狭窄，举步维艰。

2018年，习近平总书记提出“扎实抓好县级融媒体中心建设，把引导群众、服务群众作为建设标准”，这使长期处于艰边牧区和行业边缘地带的肃南裕固族自治县媒体终于有机会进入政策关注的焦点区域，获得了前所未有的发展机遇。

2019年，挂牌成立县融媒体中心以来，肃南县融媒先后建成新闻指挥调度、交互式全景演播、网络安全保护二级等保等系统，硬件设施升级更新。外宣数据成喷涌式增长，仅2023年第一季度，肃南县融媒在中央级媒体刊播数量超过600余篇（条）；在省级媒体刊播超过700余篇（条）；在市级媒体刊播超过500余篇（条）。2022年，中央重点新闻媒体对县区报道统计，肃南县融媒排名甘肃省第23。裕固族自治县的“名头”终于从深山起飞，跨越崇山峻岭，展现在世人面前。

二、移动优先，从简单“相加”到深入“相融”

（一）深化机制体制改革

在机构改革大潮的推动下，2019年2月，根据《肃南县融媒体中心建设工作方案》，将县广播电视台、县委报道组进行整合，组建县融媒体中心，确立为县政府直属事业单位，归口县委宣传部领导，核定编制数22名。

（二）少小民族自治县现代化全媒体多业态传媒转型成功

目前肃南县融媒已形成“两微一端”抖音、快手等10个发布平台的多媒体传播矩阵。形成了“端、微、号、台”多元融合发展新格局。“山水肃南”客户端累计下载用户达常住人口的50%。客户端传播力和影响力持续增长。“山水肃南”APP排名全省第7。被甘肃省确定为广播电视基本公共服务县级标准化试点县。

三、以内容为王，立足本土，从“出圈”到“出彩”

（一）突出媒体融合＋民族共同富裕特色，持续输出优质融媒产品

重点突出媒体融合＋民族融合＋各民族共同富裕特色，立足于肃南县裕固族、藏族、汉族、蒙古族等，20多个民族聚居的特色文化资源，勠力同心积极培育民族品牌县级媒体，精心打造“肃南融媒”团队形象和“网络大V”“网红”。在全网推出《中国裕固族》《我为肃南代言》等一大批高质量、高互动的土味原创产品，阅读量达到千万人次。

各民族全媒体记者践行“四力”，用心血记录肃南人民奋力谱写各民族共同富裕先行区的生动实践，采写的“肃南盘道山、皇城抽水蓄能电站项目开工”“甘肃肃南20万只牛羊借牧，祁连山‘放假’”等一大批“沾泥土”“带露珠”“冒热气”的鲜活报道，冲上央视热搜榜，在互联网新闻中激荡起一圈圈涟漪，民族县级新媒体传播已经在祁连山北麓站稳脚跟，健步如飞迈进传

媒新时代。

（二）以人民为中心，引导各族群众“视频问政”，积极参与自治县高质量发展

推出了一档视频问政栏目《民声会客厅》，在栏目中，各民族老百姓可直接与政府职能部门对话，使各类民生问题有组织认领、有部门解决答复。达到了融媒体促成政民无阻碍沟通的目的，节目一经播出，就引发热烈反响和积极参与，成为具有本土风格的《焦点访谈》栏目，受到市委、市政府的高度评价，并被作为典型案例和宣传经验在全市六县区推广。

（三）为弘扬传承民族文化，在全媒体平台生产《民族之窗》专栏

拍摄制作县域内各民族为主的《民族之窗》栏目，内容涵盖婚嫁风俗、民族服饰、非物质文化遗产、民族歌舞、牧区生产等各个方面。制作播出的《裕固族婚礼》《香巴拉却科》《剪马鬃》《留神羊》《织褐子》《剃头礼》《裕固族传承人的梦想》等视频，多角度讲述牧区故事，多层次呈现民族文化，节目播出后“圈粉”无数。被西北民大选为实习基地。

四、坚持“新闻＋政务服务商务”理念，抓牧区民生服务，不断增强融合发展活力

打造民族地区智慧媒体，“山水肃南”客户端实现了与甘肃云技术、数据、传播平台的有效对接。开设融媒＋新闻信息、融媒＋新时代文明实践、融媒＋同城服务等功能，肃南同城板块侧重社会效益，为县域内外免费提供吃穿住行、智慧旅游等信息，各类商业信息免费入驻同城，为营造优越的营商环境，有效实现融媒体民生服务功能。

五、“全”链传播，构建互通互联“大外宣”

本着“绿水青山就是金山银山”和“资源共享、优势互补、共赢发展”的原则，牵头倡导河西走廊融12家县级媒体成立旅游环保宣传联盟，重点做好旅游文化资源的外宣推介和客源互动，促进了河西走廊各民族文化旅游产业的繁荣发展。

同时主动融入上级新媒体矩阵，“借船出海，扬己声名”，与中国新闻社合作拍摄《裕固族姑娘带你看甘肃》系列专访48期，足迹覆盖甘肃省14个市州，节目受到国内各类媒体的转载传播，点击量过亿。

六、针对“人少业务多”县域特色，打造新型牧区全媒体宣传队伍

肃南裕固族自治县面积2.4万平方公里，每平方公里1.6人。常常面临“坐车四小时，采访十分钟”的困境。对此，肃南县融媒实施了“宣传包乡二对一”和“两个倒逼”措施，暨每位班子成员“认领”一名记者，“承包”一个乡镇。主动搜集基层群众对新闻报道的意见建议，倒逼肃南县融媒主动强化媒体服务水平。同时，根据通讯员提供的新闻线索和用户生产的内容，记者主播全年进农牧村天数达到150天以上，倒逼新闻从业者自我革命，在远离办公区的草原上，围绕一个报道主题，生成广播、电视、短视频、平面文稿等多媒体产品，从而深度转型成为策、采、编、发样样精通的全媒体人才。

七、发展前景和预期成果

下一步，肃南县融媒将打好“内容为王”牌，下活“深度融合”棋，打好“人才培养”拳，织牢“粉丝互动”网。把肃南裕固族自治县融媒体中心打造成为密切党和各族群众血肉联系的基础民心工程。让牧区各民族人民像石榴籽一样紧紧抱在一起，团结在党中央周围。在民族地区媒体融合发展中，贡献融媒智慧，打造肃南样板！

（郎玉红：肃南裕固族自治县融媒体中心办公室主任）

山水肃南客户端

青海省

案例类别：产品

一条欠发达地区传统媒体融合发展之路

辛勤 史永寿 彭娜

你可能无法想象，拉起一张帘子、支起一张桌子、架起一部手机，就是一间媒体直播间。西海都市报社《请进，我们的直播间》栏目就是这样起家的。

三年多来，报社边探索边实践，边学习边改进，积极“链接”渐行渐远的读者，讲述他们的奋斗故事和幸福生活，传递爱党爱国、向上向善的正能量，全力讲好涉藏地区民族团结、生态文明建设、高质量发展的故事，走出一条欠发达地区传统媒体深度融合发展路径。

一、与时俱进，迎难而上

青海是稳疆固藏的战略要地。党的十八大以来，习近平总书记两次到青海考察，两次参加全国人大青海代表团审议并发表重要讲话，明确青海“三个最大”省情定位——“青海最大的价值在生态、最大的责任在生态、最大的潜力也在生态”，寄予青海“在推进青藏高原生态保护和高质量发展上不断取得新成就”的殷切期望，为青海擘画打造生态文明高地、建设产业“四地”的发展蓝图。

如何讲好青海故事，传播好青海声音，引发报社思考：全媒体时代，传统媒体如何突围，如何快速、立体、全方位、多层次传播党的好政策，如何更好地展现青海发展成果，如何提升主流媒体的传播力、引导力、影响力和公信力。

2020 年，报社创新新闻生产方式和传播途径，策划一档直播栏目——《请进，我们的直播间》，邀请各行各业优秀人才和普通群众做客直播间，分享他们的奋斗故事和幸福生活，传递爱党爱国、向上向善的正能量。

策划一出，反对声强烈。有人认为，网络上充斥着各种信息，网民刷短视频的目的更倾向于娱乐，网络直播只适用于自媒体，传统媒体无法获取流量，难以赢得关注。

报社毅然决定与时俱进，迎难而上，利用网络直播平台，讲好涉藏地区民族团结、生态文明建设、高质量发展的故事，传播涉藏地区好声音。

二、一穷二白，从零开始

2020 年 9 月，《请进，我们的直播间》栏目诞生。

栏目以“讲述百姓故事，传播青海声音”为宗旨，每周两期，以“文字报道 + 海报 + 短视频 + 直播”的形式呈现，通过“《西海都市报》+ 微信公众号 + 微信视频号 + 抖音 + 快手 + 新浪微博 + 西海都市报客户端 + 哔哩哔哩 + 趣看视频云”多平台聚合发力，实现一次采集、多次生成、多元发布。

每一期直播，栏目组根据当下热点精心策划选题，邀请嘉宾参与直播，用心制作直播预告海报，严格把关直播内容，避免低俗化，又使直播具有“网感”，吸引网友关注，引发网友共鸣。第二天，报纸刊发相关报道，配以直播回放二维码，使新闻报道更契合媒体融合的传播规律和发展规律，更贴近网友的个性化需求，让新闻更有温度、更有深度、更贴近用户。

栏目组一穷二白，在办公区拉起一张帘子、支起一张桌子、架起一部手机起家，一切从零开始。嘉宾走进直播间，忍不住感叹：“你们的直播间真简陋！”

不仅直播间简陋，直播团队也简陋。没有专业的主播，文字记者变身主播；没有专业的摄像，视频记者变身摄像；没有专业的导播，网络编辑变身导播……由于人员紧张，在社编委会的大力支持下，临时抽调人员，一有直播就聚集起来，组成一支临时团队。

三、移动直播，身临其境

栏目组邀请环卫工人、志愿者、援青干部、电商达人、第一书记、体育健将、民间艺人、全国劳模、大国工匠等走到镜头前，把话筒交给他们，倾听他们的故事。

除邀请嘉宾做客直播间外，栏目组还把直播间搬进社区、乡村、企业、牧区，掀起移动新闻直播新风，通过沉浸式的体验，让网友获得身临其境之感，极大提高新闻的真实性与时效性。

2021 年 10 月 10 日，联合国生物多样性大会在云南昆明召开前一天，栏目组把直播间搬到海拔 4000 米的澜沧江源头，邀请三江源国家公园的生态管护员畅聊守护生态、保护生物多样性的故事。

2022 年 4 月初，上海疫情牵动着 592 万青海各族儿女的心，青海省委省政府紧急调配物资支援上海。栏目组推出三场直播，直击青海支援上海物资发车仪式现场，邀请援青干部做客直播间，连线上海市民，同步配发多条短视频，1000 万网友见证青沪情深。

2022 年 7 月 1 日，栏目组赴青海原子城国家级爱国主义教育示范基地直播，邀请曾经隐姓埋名的工作者及科学家的后代追忆那段激情燃烧的岁月，弘扬“两弹一星”精神。

2023 年 10 月 6 日，奥运冠军、亚运冠军切阳什姐载誉凯旋，栏目组在西宁机场对话冠军。

2023 年 12 月 19 日，积石山 6.2 级地震造成青海省海东市多地严重受灾，栏目组第一时间赶赴现场直播，把震区画面及时传送给全国网友，回应百万网友关切。

……

四、融合发展，合作共赢

目前，栏目已直播 400 多期，邀请嘉宾 900 人次，制作宣传海报 400 多张，拍摄短视频 300 余条，刊发报道 800 多篇，培养一大批忠实粉丝，用实际行动践行“四力”，在助力青海打赢疫情防控攻坚战、筑牢国家生态安全屏障、助推青海高质量发展、铸牢中华民族共同体意识等方面产生巨大聚合作用。

在不断摸索和总结中，栏目逐步形成自身独有的风格，逐步锻炼出一支能够承接大型现场直播的专业团队。2021 年 12 月，栏目组在青海省财政的支持下，投入 90 万元资金，改造会议室，终于拥有了一间自己的直播间。因空间有限，它既是直播间也是会议室，与专业的直播间比还有差距。

2022 年 8 月，栏目组申请 60 万元资金，购置 AI 采编录播一体机、慢直播机、摇臂、全景相机等专业设备，直播间完成二期建设。

与此同时，栏目大胆尝试省级媒体与县级融媒体业务互通共享，通过合作交流实现共同进步。如 2021 年 7 月 1 日，栏目组推出庆祝中国共产党成立 100 周年“把最动听的歌声献给党”青海九地红歌联唱快闪直播活动。

栏目组还走出青海与省外媒体联动，共绘民族团结“同心圆”。2023 年 3 月 8 日，赴甘肃兰州直播，讲述西宁好人在兰州勇跳黄河救人的英雄事迹；2023 年 3 月 20 日，与湖北经视一同全程直播西宁患儿转院，护送患儿顺利抵达四川就医……

五、观念改变，乐于宣传

一场场直播，改变了许多人的观念和态度。有的嘉宾从未接触过直播，刚开始有抵触情绪，担心自己讲不好故事，造成不良影响。尝试后，他们乐于分享，乐于宣传家乡。

2022 年 7 月，栏目组赴青海省海东市化隆回族自治县阿河滩地质文化村直播，邀请来自中国地质大学（北京）的援青干部、化隆县副县长刘江及化隆县副县长冶桂兰参与直播。这场直播极大地调动了当地干部和群众的宣传积极性，人人变成宣传员，积极宣传当地文化旅游。身在国外的网友点赞：“通过直播看到青海翻天覆地的变化，听到乡音感到格外亲切。”

一路走来，栏目有效发挥媒体深度融合新模式、新技术、新平台的示范引领作用，创下多个第一：建设青海第一个融媒体新闻直播间，创办青海第一个融媒体栏目，成为青海第一个直播流量突破 1000 万的栏目，当选青海第一个中国报业深度融合发展创新案例。

2022 年，栏目凭借主题鲜明、富有特色、注重借势、善于整合的优势，荣获第 32 届青海新闻奖一等奖。2023 年，栏目被评为第三届中国报业深度融合发展创新案例。

站在新的起点，报社将继续奋勇前行、开拓创新，始终以正确的舆论引导人，以高尚的精神塑造人，以优秀的作品鼓舞人，牢固占领舆论阵地，实现更加深度的融合发展，在高原大地唱响主旋律、弘扬正能量。

（辛勤：西海都市报社副总编辑，史永寿：西海都市报社编委，彭娜：西海都市报社记者）

宁夏回族自治区

案例类别：组织机构

感悟新思想磅礴伟力 塑造主流舆论新格局

宋学宏 刘雪峰

思想是行动的先导，理论是实践的指南。全国宣传思想文化工作会议首次提出并系统阐述了习近平文化思想，赋予宣传思想文化工作新的使命，也为我们做好党的新闻舆论工作提供了根本遵循。作为党的新闻舆论工作主力军主渠道主阵地，中宁县融媒体中心深刻感悟新思想磅礴伟力，聚焦“七个着力”，锐意创新求突破，聚力发展造精品，巩固壮大奋进新时代的主流思想舆论，不断开创融媒体中心高质量发展新局面。

目前，中宁县融媒体中心已建成广播、电视、手机客户端、微信公众号、视频号、抖音号、网站、微博等集主流舆论阵地、综合服务平台、社区信息枢纽为一体的自有融媒体平台，并在人民号、央视频、学习强国、黄河云视等中央及自治区新媒体平台开设中宁县融媒体中心账号。拥有各类关注用户达80余万人，全网共发布信息8万余条，作品累计浏览量超过25亿+人次。“掌上中宁”客户端APP获评中国“互联网+”特色政务平台；中宁县融媒体中心建设典型案例分析被录入《全国广电媒体融合实战案例蓝皮书》，入选全国新闻出版深度融合发展创新案例。

一、强化政治担当，始终坚守党的新闻舆论工作的根本

党媒作为党和人民的喉舌，是宣传党的理论和路线方针政策的重要阵地，“必须把政治方向摆在第一位，牢牢坚持党性原则，牢牢坚持马克思主义新闻观，牢牢坚持正确舆论导向，牢牢坚持正面宣传为主”。站在新起点上，我们从坚定拥护“两个确立”、坚决做到“两个维护”的政治高度，努力在学懂弄通做实习近平文化思想上下功夫、走在前，突出示范引领、做到学用结合，深刻领会习近平文化思想的重大意义、丰富内涵和实践要求，全面把握宣传思想文化工作“三个事关”的深刻要义，将“七个着力”作为做好新闻舆论工作的根本遵循，自觉扛起“举旗帜、聚民心、育新人、兴文化、展形象”的使命任务，围绕打造新型主流媒体的目标，深入研究谋划发展路径，创新开展各项工作，切实把学习成效转化为实践成果。坚持党管宣传、党管意识形态、党管媒体不动摇，牢固树立政治家办台、办网意识，始终胸怀大局、把握大势、着眼大事，自觉将新闻宣传事业置于党中央和区、市、县党委的统领之下，牢固树立正确政治方向、舆论导向、价值取向，确保融媒体中心各媒体平台导向正确、可管可控。

二、坚持内容为王，巩固壮大奋进新时代的主流思想舆论

我们不断磨炼“四力”，在深化内化转化上用心用情用力，自觉把习近平文化思想贯彻落实到新闻宣传工作的各方面全过程，创新体制机制、生产理念、方法手段，持续输出上接天线、下接地气、有思想、有温度、有品质、传播广的优质内容，巩固壮大奋进新时代的主流思想舆论。

（一）以培根铸魂为牵引，奏响学习教育“最强音”

把学习宣传贯彻习近平新时代中国特色社会主义思想作为首要政治任务和重大工作责任，扎实推进习近平新时代中国特色社会主义思想进网络，牢牢占据首页首屏首条；开设《学习进行时》《深入学习宣传贯彻党的二十大精神》《奋楫扬帆启新程 勇毅笃行谋新篇 贯彻落实党的二十大精神微访谈》《学习贯彻习近平新时代中国特色社会主义思想主题教育》《学思想 强党性 重实践 建新功》《新思想引领新征程》等专题专栏，让党的创新理论飞入寻常百姓家，引导各族群众感党恩、听党话、

跟党走。把传播主流价值、弘扬社会正能量作为重要使命任务，充分运用各类媒体平台，开设《新时代文明实践》《弘扬社会主义核心价值观 共筑中国梦》《时代楷模——最美奋斗者》《红色诗词里的党史故事》《学习身边榜样》《清风悦读》《微廉说》等专题专栏，创新方式方法、加强融合传播，线上线下同频共振，加强革命传统教育、爱国主义教育、青少年思想道德教育，把红色基因传承好，确保红色江山永不变色。

目前，中宁县融媒体中心通过广播、电视、中宁网、掌上中宁客户端、微信公众号平台、抖音号、视频号、学习强国共发布相关图文、音视频信息8000余条。

（二）以主题主线为重点，书写砥砺奋进“新时代”

坚持围绕中心、服务大局，以高度的政治责任感宣传好党中央、国务院重大决策部署和重要会议精神。围绕区市县工作要求和“六个示范县”建设目标，聚焦乡村振兴、民营经济、产业发展、六权改革、民生改善、安全环保等方面，加强新闻策划，统筹网上网下、内宣外宣等各类资源，开设《强信心 稳经济 促发展》《乡村行 看振兴》《新特优 看发展》《民营经济迎着春分向未来》《铸牢中华民族共同体意识》《天天讲安全》《杞福中宁》《教育新视听》《杞乡青语》《反电信诈骗》等专题专栏，宣传好中宁县创新引领持续加强、新产业新产品增势较好、新业态较为活跃，广袤乡村振兴蝶变、城镇社区和风骀荡等动人实践，全景化展现自信自强、开放包容的中宁形象，为中宁经济社会高质量发展营造良好舆论氛围。不仅如此，中宁县融媒体中心还时刻坚持以人民为中心的工作方向和创作导向，持续推出《法律时空》系列节目，通过接听群众热线电话、邀请律师在线解答的方式，针对普通百姓生活中极易遇到的法律问题，以案件解析为侧重点，为听众普及法律知识，为群众解疑释惑。

另外，在宣传中，我们不断强化标杆意识和精品意识，策划生产更多适合移动传播、社交传播的短视频、H5等融媒体产品，提升正面宣传的表现力、感染力，让正能量更强劲、主旋律更高昂，为奋力谱写中国式现代化中宁篇章凝聚奋进力量。2023年，中宁县融媒体中心在央视频发布信息1095条、人民号发布信息1094条、学习强国发布信息854条。两部短视频被推荐至学习强国总平台2023年航拍“我的美丽家乡”栏目，在同类作品中表现出色，其中《宁夏中宁：魅力杞乡 风景如画》累计浏览量达84万+，入围全国50强，获得2023年航拍“我的美丽家乡”短视频征集活动优秀作品。短视频《天湖国家湿地公园》《滋养杞乡的母亲河》《南山公园 森林氧吧》被新华社客户端“四季旅行”“千城胜景”等栏目推送宣传，对推介中宁起到了积极的宣传作用。

三、实施创新引领，努力构建深度融合的全媒体传播体系

我们将深刻把握媒体发展的新趋势新方向，始终把“媒体深度融合”作为推动媒体高质量发展的不竭动力和强大引擎，不断优化内部设置、强化资源配置，加强全媒体传播体系建设，努力构建融媒传播新格局。

（一）升级硬件支撑

工欲善其事，必先利其器。中宁县融媒体中心积极争取中央、自治区项目资金，加强广播电视基本公共服务体系标准化建设和应急广播体系建设，巩固提升广播电视基本公共服务能力和水平。加强融媒体生产发布平台建设和信息技术应用开发，推动全媒体采编平台、移动新闻客户端、制播系统升级改造、数据存储系统扩容升级及设施设备更新迭代，全面提升媒体融合发展的硬件技术支撑。

（二）聚力全媒传播

积极适应融媒改革新要求，有的放矢，对掌上中宁客户端、中宁网等网络平台现有板块进行优化升级，使平台设置更加科学合理，便民利民。利用传统节日、重要时间节点，开展形式多样的线上活动，增强用户的互动体验。2024年世界读书日期间，利用微信公众号和掌上中宁客户端积极开展“共读红色经典 赓续精神血脉”线上共读活动、“阅读王者”挑战赛、“书香致远 字句铿锵”语录展三项线上活动，累计浏览量50万+，取得良好社会效果。为进一步弘扬中华传统美德，加强家庭家教家风建设，通过掌上中宁客户端、微信公众号开展“幸福到万家”移风易俗示范户网络点赞活动，切实发挥先进典型教育人、鼓舞人、引领人的重要作用，累计参与人次59万+。2024年元旦、春节期间，利用视频号和“掌上中宁”客户端积极开展元宵节、广场舞大赛、社火展演等现场直播活动，及时制作相关短视频在各平台广泛传播，累计观看100万+人次。积极联系中宁县所有社区，让其入驻“掌上中宁”客户端，为其提供个性化信息发布服务，让基层的声音、基层的故事第一时间通过“掌上中宁”客户端传向四方，增加了基层的体验感、成就感，也通过身边人、身边事让基层群众更加关注“掌上中宁”客户端，增加用户黏性，提高中宁融媒的传播力和影响力。

今后，中宁县融媒体中心将继续以习近平新时代中国特色社会主义思想为指导，深入学习贯彻习近平文化思想，开拓创新、积极作为，不断提升县级融媒体的传播力、引导力、影响力、公信力，奋力开创宣传工作新局面。

（宋学宏：中宁县融媒体中心主任，刘雪峰：中宁县融媒体中心副主任）

新疆维吾尔自治区

案例类别：组织机构

《新疆艺术》杂志推动媒体融合发展现状

李丹莉 若扎·伯斯汗

一、引言

面对新媒体时代的机遇与挑战，《新疆艺术》杂志社因势而谋、应势而动、顺势而为，持续推进出版融合发展，加快发行渠道数字化转型，更好发挥刊物在意识形态领域阵地作用。《新疆艺术》杂志社2024年改革创新、与时俱进，在栏目策划、选题内容、传播方式等方面进行突破发展，推动期刊融合发展，努力实现传统纸质媒体和新兴媒体优势互补、一体发展，使主流媒体具有强大传播力、引导力、公信力，形成网上网下同心圆，也是应对日益复杂严峻的网络意识形态斗争形势，夯实党执政的社会基础和群众基础。

《新疆艺术》杂志社在与“国家哲学社会科学学术期刊库”“中国知网”“超星期刊数据库”“龙源网”等国内知名数据库合作的基础上，与博看网等网站实现数据共享合作，推出电子期刊，从传统营销到互联网融合，充分体现了《新疆艺术》杂志社勇于担当、敢于作为的工作激情，身体力行推动传统杂志转型融合发展。结合新兴媒体的发展态势，2024年期刊不断加强微信公众号建设，探索视频发展模式，提升网络宣传力度。将组稿信息传播出去、优质稿件吸引回来、优秀学术成果传播开来，加快从相加阶段到相融阶段，向着“具有强大影响力、竞争力的新型主流期刊”的方向迈进。

二、推动媒体融合，发挥意识形态领域主阵地作用

随着大数据、云计算、人工智能等技术的发展，传统的舆论生态、媒体格局、传播方式发生了深刻的变革，人们已经迈入了万物互联、万物皆媒的时代。作为传统媒体的期刊，创新期刊传播方式、谋求媒体融合发展成为一项紧迫的课题。为此，《新疆艺术》杂志社在选题策划阶段，通过人工智能技术的介入，以及大数据的分析，在同类选题中选择更为优质的选题。杂志社负责人带领栏目编辑，通过网络大数据、访谈交流等方式，深入高校、艺术研究院所、读者群等社会各界，多层次多方位进行走访调研，听取专家学者对杂志提出的意见与建议，进一步规范管理，推陈出新，坚持“出精品、创名刊、求发展”的工作方针，认真谋划栏目及内容设置、数字出版渠道、新媒体平台运营，多方面多要素提升杂志的影响力、传播力。

三、加快期刊数字化转型升级，打破传统媒介的壁垒

网络化、数据化已成为学术理论期刊发展的必然方向，走出传统纸媒的“舒适圈”，迎合数字出版的发展趋势已成为期刊生存的必然选择。《新疆艺术》准确把握了出版行业的新动向，与“国家哲学社会科学学术期刊库”“中国知网”“超星期刊数据库”“龙源网”等国内知名数据库合作，杂志连续两年荣获“国家哲学社会科学文献中心艺术学最受欢迎期刊”奖项，据该平台发布的《中文期刊用户关注度报告（2022年）》显示，在对全国83种艺术期刊全年的阅读指数、下载指数、关注度指数进行计算统计后，《新疆艺术》杂志的关注度位列第一。截至2024年5月，仅在知网平台，《新疆艺术》文献总下载次数为17万余次，总被引次数为770余次。2024年10月，在中国科教影视协会举办的全国“科雷杯”大赛中，杂志社组织推荐的多部科普视频获奖，

杂志社荣获优秀组织奖，负责人李丹莉荣获个人贡献奖。期刊网络化、数字化的出版模式已初见成效。

结合人们的移动端阅览习惯，杂志仍在优化推进电子期刊，2024年《新疆艺术》与博看网等各网站达成合作，读者通过扫描二维码等方式进入博看数字出版小程序进行阅览，极大便利了移动端的阅读与分享。

四、探讨艺术与科学融合发展，探索与相关部门有效合作机制

艺术发展交织着科学的进步，也是科学发展在当代文化建设中的重要体现。艺术与科学的融合发展正在给予人们认识科学、感受艺术、探索世界的新视角。《新疆艺术》开辟了"艺术与科学"栏目，该栏目与时俱进、具有一定的创新性与先锋性，属于独具特色的栏目。该栏目探讨艺术与科学二者在理论和实践方面的交流、交叉与交融的可行性，研究艺术中的科学，亦研究科学中的艺术，探求艺术与科学交融的新思维、新方法，促进艺术与科学交融的良性发展。"艺术与科学"栏目的设置，得到全国艺术理论界的高度认可与关注，多所重点高校研究生导师有意向带领研究生配合本杂志进行专题研究。杂志社不定期召开"科学与艺术"理论研讨会、沙龙等活动，邀请国内资深专家学者进行专业研讨，探索与各高校、艺术研究院、文化馆等单位的有效合作机制。

五、视听融合，增强期刊传播力、影响力

互联网时代，人们获取信息的途径逐渐多元化，争取每一位潜在受众的"注意力"变得难能可贵，"短平快"成为媒体抢占信息高地的重要因素。而作为专业性、学术性较强的艺术理论期刊，《新疆艺术》一向存在读者群体、传播空间较为有限的问题，为此，期刊进一步强化互联网思维，牢固树立一体化发展、移动端优先的理念，积极创新传播推广的方式，改变了传统的作者—期刊—读者的单向传播路径，以多渠道的期刊推广吸引同行、相关领域爱好者，甚至是"路人"的关注，努力做到"上通天线，下接地气"，从而为艺术理论的传播与推广创造更多的可能性。2024年初，《新疆艺术》杂志社在全国"期刊阅读新时代——分享好刊，阅读有我"主题征文中，有三篇文章获奖。

《新疆艺术》充分发掘了微信公众号在学术传播与推广方面的独特优势，及时且高频率的内容更新提升了公众号的阅读量，也为期刊赢得了更多的关注。在此过程中，《新疆艺术》充分利用艺术期刊的独特的优势，通过极富美感与吸引力的绘画及书法作品吸引"网络原住民"的注意力，通过具有极强视觉冲击力的图文组合争取每一位潜在受众的阅览。《新疆艺术》还通过与新疆爱森电影制片有限公司联合摄制系列科普微视频的形式，进一步丰富了公众号的内容，通过视听融合的形式争取更多的关注。在第二届"期刊科普原创好作品"推荐活动中，科普视频《那拉提》入选。

结合短视频用户在我国互联网用户中的极高比重，《新疆艺术》杂志社将进一步探索短视频在学术推广、艺术传播领域的多元功能，尤其发挥这种视听体验在推广非物质文化遗产方面的独特优势，通过表现技艺传承，让中华优秀传统文化贴近大众、吸引大众、感染大众。期刊将进一步扩展抖音、快手等传播平台，扩大短视频内容的受众面，提升期刊的传播力与影响力。同时，期刊将进一步利用艺术期刊的图文优势，在小红书、微博等以视觉导向为主的社交平台上扩大宣传推广力度，在艺术氛围浓厚的社群网络中赢得更多关注，尝试通过线上数字化的艺术展览的形式向更多平台用户"种草"，向广泛的社群网络用户传播推广最新的艺术理论成果，宣传推介新疆独具魅力的文艺作品。

总之，党的十八大以来，以习近平同志为核心的党中央高度重视宣传思想文化工作，为期刊高质量发展指明了前进方向，提供了根本遵循。期刊出版工作是党的宣传思想文化工作的重要组成部分，是意识形态工作的重要阵地，作为新疆的省级艺术理论期刊，更是要在创新主题宣传方式方法上持续用力，推动理论通俗化、大众化，让新时代的文艺理论得到广泛传播，更好地服务于中华优秀传统文化的创造性转化、创新性发展，更好发挥期刊在宣传推介优秀文艺作品方面的积极作用。

（李丹莉：新疆文联《新疆艺术》杂志社主持工作副主编、编审、一级作家，若扎·伯斯汗：新疆文联《新疆艺术》杂志社助理编辑）

新疆艺术杂志社公众号

案例类别：产品

探索融合之路 传递城市温度

——一个石油城市微信公众号的“破圈”密码

李利利

2013 年 8 月 19 日，习近平总书记在全国宣传思想工作会议上提出“加快传统媒体和新兴媒体融合发展”的重大任务。“十四五”规划建议明确提出，要推进媒体深度融合、实施全媒体传播工程、做强新型主流媒体、建强用好县级融媒体中心，媒体融合发展逐步成为国家战略。

2023 年 10 月 25 日，克拉玛依市融媒体中心挂牌成立，标志着新闻宣传事业发展站上新起点、实现新跨越、迈上新征程。

十多年来，克拉玛依市融媒体中心积极运用新媒体创新传播方式，守正创新、坚持弘扬社会正能量、坚持正确方向，在人才技术、机制管理、信息生产传播等多个方面竭力打造克拉玛依融媒微信公众号，紧紧围绕学习宣传贯彻党的二十大精神这一主线，持续深化理论宣传，壮大主流思想舆论，讲好新时代克拉玛依故事，推出了一批批有态度、有温度、有深度的报道。

一、坚持内容为王，探索融合之道

“克拉玛依融媒”微信公众号前身是克拉玛依日报微信公众号，于 2023 年 12 月 31 日更名为“克拉玛依融媒”，截至 2024 年 3 月，拥有近 18 万粉丝。

2013 年 11 月，彼时名为“克拉玛依网”的克拉玛依融媒微信公众号正式与“粉丝”见面，初始“粉丝”量为 4411 人。随着传播力、引导力、影响力的不断提升，融媒微信的老“粉丝”黏性持续增强，新“粉丝”不断会聚。

2014 年，“粉丝”量为 56583 人；2015 年，“粉丝”量为 81609 人；2016 年，“粉丝”量为 85002 人；2017 年，“粉丝”量为 85303 人；2018 年，“粉丝”量为 88353 人；2019 年，“粉丝”量突破 9 万人；2020 年，“粉丝”量为 96608 人；2021 年 8 月 6 日，“粉丝”量突破 10 万人；2022 年 10 月 16 日，“粉丝”量突破 13 万人；2023 年 1 月 13 日，“粉丝”量突破 14 万人；2023 年 3 月 22 日，“粉丝”量突破 15 万人；2023 年 5 月 24 日，“粉丝”量突破 16 万人；2023 年 12 月 13 日，“粉丝”量突破 17 万人。

“粉丝”量从 0 到 10 万，融媒微信用了 8 年，而自 2021 年 8 月，“粉丝量”突破 10 万起，融媒微信的“增粉”之势如同按下了“快进键”——从 10 万到 13 万用了 14 个月；从 13 万到 14 万用了 3 个月；从 14 万到 15 万、从 15 万到 16 万，均只用了两个月。

自诞生之日起，克拉玛依融媒微信就始终聚焦本土，坚持围绕克拉玛依市委、市政府中心工作，持续发布权威、新鲜、优质的内容，全方位、多维度、高质量地呈现克拉玛依的发展进步。

贴近民生是融媒微信的另一鲜明特色。借助克拉玛依市融媒体中心多样化的信息来源优势，融媒微信运营团队总能在第一时间发布有关市民衣、食、住、行的各类信息。

如今，在深入挖掘展现本土内容和对内容质量进行全方面把控的坚持下，在本地及全疆乃至全国众多“粉丝”的支持下，融媒微信厚积薄发，“粉丝”人群越来越庞大，“涨粉”周期却越来越短，并且已实现不限条数推送，用户黏性维持在稳定水平，日均阅读量超过万人次。

二、秉承用户思维，加强交互体验

近几年，根据克拉玛依融媒体中心全媒体生态化发展的要求，融媒微信进一步深入研究公众号运营思路，通过大数据手段对“粉丝”精准画像，分析分发渠道的特点和用户阅读习惯，根据不同年龄段人群所关注的重点方面，以满足用户碎片化的阅读需求为目标，持续加强内容策划服务性和实用性，促进各项运营指标稳中有升。

2019 年以来，融媒微信敏锐地抓住逐步显现的“群媒体”传播生态，将通过微信群的传播分享作为提高公众号图文阅读量的重要分发渠道，制作了大量惠民政策类、便民服务类、商品物价类、社区资讯类等本土原创内容，创造了一个又一个“粉丝”社群化关注和分享转发的热点。

2021 年，人民网发布的《2021 全国党报融合传播指数报告》专门提到，克拉玛依融媒作为地级市党媒，融媒微信深耕本土传播，关注本土故事，发布了一篇讲述江苏扬州和新疆克拉玛依两地医护人员因抗疫相恋结婚的推文，阅读量突破 10 万，点赞量达 2 万，是所有省级和地市级党报微信点赞量最高的。

2022 年，共有 149 篇政策宣传类和 74 篇生活资讯类图文链接成为“霸屏”流量作品。其中，《克拉玛依最新便民信息大汇总》这一图文链接发布不到两天，阅读量即达到了4万余次，成为2022年度克拉玛依微信社交群组中被转发的“爆款”之一。

疫情防控期间，融媒微信每天坚持发布防控信息，让市民百姓及时接收最新动态，微信小编后台及时回复“粉丝”留言，让更多用户感受到融媒微信的权威性与“人情味”。

2023年，融媒微信开辟“话题”栏目，紧跟热点，发布有关克拉玛依人身边的大小事情，引起话题讨论，累计发布20余条话题，其中#年轻人的第一辆车，你建议油车还是电车？#、#昨日克拉玛依大风旷工，原因是……#等话题引发众“粉丝”关注，浏览量近2万人次，纷纷留言给出建议或意见，融媒微信小编坚持回复“粉丝”留言，维持用户黏性。

截至2024年3月，日报微信共计发布各类图文作品5万余条，总浏览量已达上亿次，单个图文作品最高浏览量达20万人次，对内起到了凝聚人心、服务大众的作用，对外则展示了蓬勃进步、活力四射的克拉玛依形象。

三、立足本土之根，创新党媒传播

围绕“以正能量赢得高流量”的定位，融媒微信始终坚持传播有价值、有思想、有温度、有品质的内容，结合互联网“移动端、视频化、交互性”的传播规律，对权威、优质本土新闻内容进行“二次加工”，以表达方式创新为新闻产品赋能，积极探索可视化图表、动态漫画长图等各种创新有趣、贴近生活的表现形式，做到“让易于理解蕴含深刻见解，让喜闻乐见充满真知灼见”。

作为一个党媒新媒体传播渠道，融媒微信在经历了用户红利引入期、品牌转型成长期的发展阶段后，步入了平台运营成熟期，已成长为克拉玛依最具影响力和公信力的官方新媒体平台之一，先后荣获第六届中国互联网品牌大奖“全国最佳微信公众号”、第七届中国互联网品牌大奖“全国新媒体100强”等一系列荣誉。

2023年6月15日，国家新闻出版署公布了第三届中国报业深度融合发展创新案例评选结果，克拉玛依融媒微信公众号入选内容创新类案例，成为全疆唯一入选的微信平台。经评审，共在全国范围内遴选出60个创新案例，克拉玛依融媒微信公众号在新疆维吾尔自治区党委宣传部的推荐下成功上榜，与人民日报社、新华社以及部分国家部委下属媒体一同入选。

尽管有成绩和荣誉“加身”，但融媒微信始终保持着“不进则退”的忧患意识和“与时俱进”的创新激情，密切关注微信的发展变化，并根据变化随时做好应对。

当前，融媒微信运营团队正在积极探索如何以更加灵活多样的方式呈现各类主题系列报道，并积极设置评议话题，着力增强留言互动频次，以每个图文作品的评论区为窗口，通过收集越来越多的反馈，进一步广接地气，和更多的关注用户“交朋友”，让更多人看到一个蓬勃发展的克拉玛依，传递出克拉玛依的声音。

（李利利：新疆克拉玛依市融媒体中心编辑）

克拉玛依融媒公众号

新疆生产建设兵团

案例类别：产品

技术赋能 创新破圈

——“团炬·帮”成为兵团解决群众困难诉求主平台

蒋革 贺伟

进入移动互联和智能互联的新时代，围绕“新闻+”的要求，主流媒体如何创新破圈，建好一个能发挥出联系群众、引导群众、服务群众的连接功能的平台成为当务之急。

兵团日报社党委以积极回应群众诉求关切，健全走好网上群众路线的实现路径为目标，坚持移动优先策略，积极实行媒体深度融合，让新技术赋能新媒体，以创新新平台来破圈，以先进技术这一“原动力”来催生新兴主流媒体新应用、新产品、新样态，打造出了一款群众可感知的有用APP为目标的新媒体——《兵团日报》团炬客户端。重点推出“新闻+服务”功能，建设了“团炬·帮”平台。经过两年多的运营，目前成效显著，曾得到自治区及兵团主要领导多次肯定与勉励。中宣部也三次阅评表扬。2022年8月26日，中宣部《新闻阅评》第219期专门刊发《“团炬”客户端在新疆兵团战疫中挑大梁》一文，对兵团日报社以团炬客户端为主体的新媒体，有效开展疫情防控新闻宣传与防疫信息服务给予高度评价，因“新疆《兵团日报》充分发挥新闻+服务”功能着力将“帮”平台打造成为党群干群“连心桥”被中宣部选入服务群众新媒体优秀案例。如今，团炬客户端“团炬·帮”平台已成为兵团解决群众困难诉求主平台。

一、功能介绍

《兵团日报》立足兵团权威发布平台定位和“四全媒体”建设要求，重点围绕“新闻+服务”要求，建设云上群众路线“团炬·帮”平台，联通了兵团政务服务平台，紧贴民生提供多样化服务，方便职工群众自助办理养老医疗保险、住房公积金等事项，了解疫情防控、医疗卫生等资讯，自助查询学历、天气、火车、航班等信息。同时开设“问政咨询服务”板块，帮助收集解决群众急难盼愁问题、诉求和意见，当好公众情绪的“观察哨”，舆情表达的“听诊器”，社情民意的“直通车”，网络诉求的“导流台”。

职工群众在“团炬·帮”平台可通过6类入口（咨询、建议、投诉、求助、举报、表扬）填写对应表单向平台寻求帮助。平台支持用户在线向开启云帮助的融媒号体提交文字、图片、视频等求助内容，支持是否公开、是否匿名。支持对可公开的用户求助内容的展示与处理进展、回复显示。支持后台对求助信息的汇聚管理，包括查询与查看展示到广场等操作，支持操作记录查看。问政支持用户在线通过提交视频、图片、文字、个人资料等信息向平台发起问政。支持用户问政内容的展示、处理进展、回复内容公布。后台可管理内容的展示与排序。支持对问政信息的汇聚管理，包括查询与查看、分发、处理、回复等，支持操作记录查看。

二、技术创新

（一）三方服务联通

联通多种政企的三方服务，实现多方协同工作，提高社会治理效率。

（二）人性化智能交互

社会治理云帮助平台采用人性化智能交互设计，群众可更加自然、便捷地与平台进行交互。

（三）智能化推荐

可根据群众的需求和历史行为，进行智能化推荐，让大家更好地找到自己关心的问题。

（四）数据驱动力

基于大数据技术，可进行数据分析和挖掘，为决策提供数据支持。

三、应用效果

（一）团炬客户端成为兵团宣传中流砥柱

2021年，兵团日报社用400万媒体融合平台基础能力提升项目资金，与四川封面科技有限公司合作开发建设团炬客户端，2021年10月7日上线运营。

截至2024年2月，“团炬”安卓应用平台下载量突破107万，用户数近45万，覆盖兵团近1/8人口。每日活跃用户近6000人，用户数和活跃用户数比例88∶1左右。在团炬云采编后台，已有10余万条各类用户留言。团炬以较小投入取得较好效果，成为兵团最具影响力客户端。

（二）“团炬·帮”平台成为兵团群众困难诉求反映及办理主渠道

“团炬·帮”平台填补了兵团媒体没有线上群众工作平台的空白，上线以来累计收到群众留言5648条，办理率超过97.5%。基本做到了件件有回复，事事有回音。

1. 坚定政治立场，守好意识形态主阵地。始终毫不动摇地坚持党管宣传、党管意识形态的原则，把正确政治方向摆在第一位，牢牢把握“表达姓网、内核姓党”的网宣特点，主动占领新媒体传播的制高点，引领正确网络舆论，营造清朗干净网络空间，实现了“百姓诉求有回应，网上疙瘩能解开，一人涉法万人普法”的效果。

2022年8月，四师出现了“疫情指挥部，防控失败”的网络舆情事件，平台联合新疆检察微博矩阵、四师相关职能部门展开线上强势公开回应，线下快速依法处理，终将此舆情事件压缩到最小范围，当事人在社交平台账号消除了错误言论，消除负面影响。四师领导说，处置舆情风险，守好意识形态阵地，“团炬·帮”平台给他们作出了很好的示范。

2. 找准服务定位，当好各族群众贴心人。“团炬·帮”平台在工作内容上从“单纯宣传”转型到“政务优先、服务优先”，工作模式变为“线上接单—线下处置—线上回复”，形成兵、师、团、连四级联动的“帮帮链”和线索处置的“流水线”。在捕捉群众情绪问题中做到首战有我，通过与网民零距离互动，引导网民依法、理性、文明有序表达诉求，顺带电话陪网友唠嗑，疏解网友焦虑情绪，有效消解了表现在网络上的负面情绪。

2022年疫情期间，“团炬·帮”平台每天长达十余小时在线展开正面回复和耐心引导，宣传防控政策，解答法律问题，协助解决职工返乡、就医就学、农副产品采收销售各类困难诉求。8月28日，石河子市一商户求助“店铺电已用完，店内冰箱冻货解冻有积水渗出，存在安全隐患”，工作人员立刻协调相关部门，当天予以解决。一师、七师、十二师职工求助“被困外地，地里棉花无法采收”“葡萄、桃子、南瓜熟了运不出去”，平台联系当地团场帮助采收，协调通行证帮着运到市场上。围观网友盛赞“疫情无情，媒体有情”。

3. 激活服务潜能，做好基层辅政排头兵。在解决群众诉求的实践中，“团炬·帮”平台服务体系不断完善，服务能力不断提升，效率不断提速，释放出了1+1 > 2的效能，在兵团基层治理中起到了帮忙不添乱的作用。

（1）公开“回执单”，提升“黏合度”。网民诉求实际是“在线订单”，“团炬·帮”平台公开线上回复的内容是网民可查收的“回执”。而网名们围观“回执”，则搭建起了媒体、基层组织和职工群众三方互信关系，达到了“一人诉求 = 万人解难”的效果，减少了群体性事件的发生，给基层组织提前预了警，事后减了压，实现了政务新媒体在网评工作中的辅政作用。

2022年10月，104团中豪润园和紫金城居民反映蔬菜包有问题，公布答复结果后，从后台敏锐感觉到职工群众的投诉情绪有变化，工作人员给团领导去电话“就此事可能有人挑唆，会引起群体事件”预了警。

（2）拓展“朋友圈”，建立“共同体”。为更好落地线下办理工作，“团炬·帮”平台与自治区、兵团各单位建立良性互动关系，畅通上下左右联动渠道，以“独管”带“都管”，形成多元共治、联合推进、共同发力的网络“枫桥经验”共同体。建立起“系统内纵督促，系统外横协调”两个机制，纵向要求各师党委宣传部派专人做平台联络员，起到承上启下作用，督促办事部门履职尽责。横向协调兵团相关部门发挥好职能作用，适时介入师、团、连的诉求处置中，使职工群众“找得到、问得清、办得成”。

在解决六师群众“口味王槟榔经销商市场经理出售假货”诉求时，就联动六师党委宣传部、兵团消费者协会和北京浩天（乌鲁木齐）律师事务所等多家单位同时出面解决。

（3）办好“暖心事”，打造“新品牌”。在与兵、师、团、连四级联动中，融情于群众，寓心于服务，网上怨气怨言因及时传递而被及时消解，群众诉求得到快速解决而感到公平正义就在身边。首先，联动中架起“连心桥”。90团职工因粮食种植问题和连里产生矛盾，求助“这个钱该不该我们交”，“团炬·帮”平台联系兵团和五师农业农村局，纠正了基层组织不妥当做法，及时维护了职工权益，化解了矛盾；三师网友反映项目单位拖欠工资，平台协调兵团劳动监察总队为121名农民工索回136.7万元工钱。其次，互动中传递“温度”。用心用情解决网友诉求，把网事办成百姓满意实事。有九师职工反映套种小茴香没有经验，平台在南疆找到专家传经送宝；34团网友求助买婴儿奶粉困难，平台协调回团的车辆从300多公里外的库尔勒为其带回。最后，能动中释放“善意”。与基层干部和职工群众同心共情，把职工群众的事当成自己的事，愁事都能办成美事。在网友眼中，媒体就是搞宣传的，“团炬·帮”平台却管起了“闲事”，把“闲事”管成了“正事”。三坪农场有职工反映需带一岁孩子去湖南省儿童医院治先天性胫骨假关节，平台联手湖南红网请知名专家梅海波教授亲自手术，职工激动地说：“我孩子这辈子不受罪了”，事后给平台送来锦旗感谢；223团六连职工反映“癫痫药物没有了”，平台协调团里从和静县给她买回药物送到家中。正因为线上线下同步发力，点点滴滴的善心善举，塑造出了“团炬·帮”平台贴近百姓心的服务型形象，成为一个兵团上下都交口称赞的新品牌！

四、结语

网上群众路线只有起点，没有终点。党的二十大报告指出，要“健全网络综合治理体系，推动形成良好网络生态”，“团炬·帮”平台将切实把学习贯彻党的二十大精神转化为履职尽责的实际成效，进一步走深走细走实走好网上群众路线，持续打造有温度有深度有高度的为民服务平台，与大家一起携手共绘网络文明美好画卷，营造健康文明的网络空间。

（蒋革：兵团日报社副总编辑，贺伟：兵团日报社新媒体部编辑）

团炬客户端

出版发行类

案例类别：产品

全媒体时代红色经典出版路径之探

——以《星火燎原》融合出版实践为例

李丹阳

党的十八大以来，不断推动全面深化改革，在文化领域，从国家战略层面提出要推动传统媒体与新兴媒体融合发展。2014 年 8 月 18 日，中共中央全面深化改革委员会审议通过《关于推动传统媒体和新兴媒体融合发展的指导意见》。我国主流媒体顺势而动，积极打造新型融媒体矩阵，各传统出版社也相继转型，立足自身品牌，在主题出版、大众出版、教育出版、专业及学术出版和少儿阅读服务等多个领域，分别开辟独具特色的融合出版新模式，传统媒体与新兴媒体加速融合，由一到多、由点及面的立体化、多维度、多形态融媒体产品纷至沓来。

作为全军唯一的综合性出版社，解放军出版社拥有大量丰富、权威的出版资源。为满足全媒体时代广大读者多元化阅读需求，将我党我军的红色基因传承下去，2018 年底，中央军委政治工作部组织编辑、解放军出版社成立项目组启动《星火燎原》全新再版工作，《星火燎原·精选本》（融媒书）、《星火燎原全集》（融媒书）先后于 2019 年庆祝新中国成立 70 周年、2021 年庆祝中国共产党建党 100 周年之际，以融合出版的方式呈现在广大读者的面前。纸质书与融媒电子书、有声读物、微视频、动态沙画、动态漫画、H5、AR 等多种原创配套融媒体产品集于一体，实现可读、可看、可听、可互动、可分享的功能，为读者带来多样化的阅读体验，是红色经典出版工作在融合出版时代做出的一次重要创新实践。

一、重塑纸书经典，系统化规模化呈现丛书全新面貌

《星火燎原》的出版工作始于 1956 年 7 月，是中央军委批准发起的“中国人民解放军三十年”征文活动的结晶。这套丛书也是毛泽东主席生前唯一亲笔题写书名，朱德作序，千余名开国将帅、省部级以上领导及革命亲历者撰写的红色经典，曾被翻译成英、法、德、日等 13 种文字，在国内外发行近千万册，其中《朱德的扁担》《老山界》《记一辆纺车》等近 40 篇文章被选入全国中小学语文课本，被誉为“用红宝石砌成的万里长城，记述中国革命战争的东方史诗”。

《星火燎原》的出版前后历时 60 余年。1958 年至 1963 年，仅有 8 卷出版；1982 年建军 55 周年之际，10 卷本《星火燎原》丛书出版；2007 年庆祝中国人民解放军建军 80 周年之际，在重新审视、编辑当年来稿的基础上，推出了 10 卷本《星火燎原·未刊稿》，使一批具有史料价值、文学价值、弥足珍贵但此前未能收入丛书的文章得以与读者见面；2009 年庆祝新中国成立 60 周年前夕，本着记录历史、传承文化、尊重原著的编辑原则，在原《星火燎原》丛书和《星火燎原·未刊稿》的基础上，又恢复并增补 415 篇文章，出版了 20 卷本《星火燎原全集》，使得所有符合要求的稿件得以结集出版，共计 1705 篇。

2018 年《星火燎原》全新再版项目启动后，项目组在 2009 年出版的 20 卷本《星火燎原全集》基础上，根据最新党史军史权威资料，对全部文章及作者信息重新进行核实完善，先于 2019 年推出 3 卷本《星火燎原·精选本》（融媒书），按照“铁心向党”“信念如磐”“骁勇善战”“创新制胜”“作风优良”“鱼水情深”6 个专题，于 1705 篇文章中精选出 100 篇进行分类编排，生动诠释人民军队红色血脉、全面反映革命斗争历程、突出展现党史军史大事要事；又于 2021 年推出 20 卷本《星火燎原全集》（融媒书），突破 2009 年版全集的编排体例（该版本前 10 卷是以 1982 年版《星火燎原》丛书为基础进行编排，后 10 卷是以 2007 年版未刊稿为基础编排，因此前后两部分各为一条时间线，相对独立），将 1705 篇文章按照中国共产党领导的革命历史脉络，以文章所述

故事发生时间为序，重新排列编辑为新 20 卷，系统呈现党领导人民军队夺取土地革命战争、抗日战争、解放战争伟大胜利的历史，并从马克思主义中国化最新成果的经典文献中进行节选，分别作为 20 卷每卷开篇的“卷首语”，同时围绕重大历史事件、重大决策部署和重要战役战斗等，划分 64 个板块，每个板块前设置“导读”，使全书文章与“卷首语”“导读”融为一体，共同构成波澜壮阔、气势恢宏的革命战争历史画卷，使读者能够更全面更系统更客观更具时代感地品读这部红色经典巨著。

二、强调用户思维，以互联网技术助力红色经典融合出版

融合出版是互联网媒体技术迅速发展的必然趋势，既意味着内容的融合创新，也包含了思维模式和技术运用的深度融合。

对于红色经典，同时具有互联网用户身份的当代读者已不再满足于纸书的单一阅读。《星火燎原》全新再版工作中，项目组充分考量用户需求，以用户思维，利用互联网技术创新创作模式，突破媒介载体的界限，将传统纸书与新兴媒体的资源、优势相互补充、融合，实现了多元产品的全媒体生产、立体化传播。

有声阅读是听觉主导的阅读方式。在全媒体时代，有声读物以其高度的伴随性、多样化场景的可选择性以及情感传递的丰富直接性，受到越来越多读者的青睐。纸媒出版和有声读物的同步策划、制作、分发与传播成为常态。《星火燎原》项目组制作了百篇精选文章的有声读物，由瞿弦和、张筠英、于芳等数十位涵盖不同年龄段、性别、音色、情感特质的著名演播艺术家和专业播音员演播，在形式上既有单人演播、双人对播，也有多人分角色演播。在各种场景以及不同的情节发展中，还配有极富代入感或充分烘托情绪的音乐和特效，很好地满足了喜欢“听”书这一用户群体的需求。

全媒体时代是信息快节奏传递和接收的时代，微视频正在以其传播内容多元化、传播风格短平快、传播渠道精准化、传播效果裂变式等特点，成为应用范围最为广泛、最受欢迎的诸多传播形式中的佼佼者，其在主旋律领域也发挥着重要的宣传作用。《星火燎原》项目组对标整个革命战争史的重大事件、重要人物、重要政策等，选取全集中最具代表性和感染力的文章，结合珍贵历史影像资料和独家文献，拍摄了系列微视频，以现代的讲述方式对整部书的经典内容进行再创作，使受众能够利用碎片化时间快速了解人民军队的革命战争史，使经典文学、权威史料以微视频的形式得到全新的呈现和传播。此外，项目组还分别制作了 10 个动态沙画和 5 个动态漫画，从小人物、小视角入手，以拉近当代人与历史人物、历史场景、历史事件的距离，满足了不同年龄段不同偏好的用户需求。

全媒体时代，互联网新技术的运用、社交媒体的兴起，使得人们在线上社交圈进行知识和信息交流、分享的活动越来越多，这也为出版人提供了新思路。《星火燎原》项目组策划制作了 3 个 H5 产品和 1 个 AR 产品，使用户得以感受更丰富的内容、更多样的形式和更多重的交互体验。其中，第一个 H5 产品是长幅画卷版《星火燎原：红色画卷》，用户可以看到从中共一大到开国大典期间与《星火燎原》一书相关的 20 个手绘典型场景：既有反映党的领导的画面，也有战争场景，还有反映民众支持、支援人民军队的画面；一些特定场景还设计了相应的音效、动效，使整幅画卷“活”了起来。第二个 H5 产品是朗读版《用我的声音传递“星火”》，用户可在专业播音老师的示范指导下，在线录制属于自己的“星火金句”有声链接，实现用户内容生产，并分享给好友。第三个 H5 产品是答题版《读〈星火燎原〉学党史军史》，100 道题目均是与《星火燎原》相关的党史军史题；同时分为文字题、图片题、音频题、视频题，类型丰富，难易结合；通过大数据分析，列出前 100 名的排行榜，并弹出相应的分享页或海报页，满足用户的社交需求。《星火燎原》AR 产品则是以书中《从藏身洞到地道战》一文为基础设计制作的一款“地道战”互动体验产品。用户可随屏幕中的女孩抵达抗战时期冀中平原的一个小村庄，寻找三个地道入口，并在女孩的指引下点击翻板，体验地道的防水、防火、防毒功能，之后还将进入地道战实战环节进行互动操作，将地道战相关知识的普及与用户的互动充分地结合在了一起。

这些融媒产品均可被独立分发到不同的社交媒体平台、网站等，进行内容的传播、宣传和推广；同时，项目组为实现融媒矩阵的一体化传播，还将全集电子版图书与配套制作的所有融媒体产品进行整合，开发 PC 端和移动端两个版本的融媒电子书，采用微服务架构设计模式，进行组件式开发，兼具在线阅读、全文检索、智能导航等功能，使文字、图片、音频、视频、H5、AR 等各种融媒体产品资源模块既可独立运行，又可彼此关联，并根据用户需求和操作进行资源模块的快速跳转；此外，融媒电子书采用的电子书版权保护技术和流媒体加密技术等，也充分保证了出版方和用户的数据安全。以上系列融媒体产品和集大成的融媒电子书，也均以二维码形式分别附于《星火燎原·精选本》（融媒书）和《星火燎原全集》（融媒书）中，读者通过手机扫描即可获取所有资源。

三、顺融合大势而为，开拓全媒体时代红色经典出版新路径

红色经典图书承载着我党我军的基因血脉，蕴含着伟大的革命精神。如何在全媒体时代做好红色经典的融

合出版工作，让当代读者更好地了解我党我军的革命史、斗争史、英雄史、发展史，更深刻地感悟中国共产党人的精神谱系，破解中国革命的制胜密码，是出版人尤其是主题出版工作者需要认真思考和解决的重要课题。

《星火燎原》的融合出版，为出版界提供了一条参考之路：一是基于用户思维，根据用户需求编辑红色经典图书和创作相关融媒体产品，将更利于用户系统化、科学化理解原著内容，以消解因文化差异或认知盲区所造成的文本误读或理解偏差；二是融合出版模式，使项目产品形态从单一的纸书转型到纸书与电子书、有声书、视频、动漫、沙画、H5、AR 等多维度、多元化、多形态的视听结合、互动性强的融媒体产品深度结合、同步推出，使红色经典更加鲜活、更接地气，极大程度地提高了用户参与度，增强了用户黏度；三是立体多样、深度融合的现代传播体系，使依据不同受众喜好开发制作的融媒体产品，在泛众化传播与精准化分众推送上得以有效结合，能够基本实现传播类型与渠道的全覆盖。

正是基于以上因素，《星火燎原》的融合出版实践收获了诸多肯定：新华社、《新闻联播》《军事报道》连续播出出版消息和读者反馈；《人民日报》《光明日报》《求是》、人民网、光明网、中国军网等各大报刊、门户网站刊发消息和评论文章；系列融媒体产品被“学习强国”等平台推介；融媒电子书上线不到一个月，点击量便突破 15 万；有声读物入选“2020 年度全国有声读物精品出版工程”；微视频《“星火”接力者》获军事题材微视频作品特别奖；《星火燎原·精选本》(融媒书)被中央军委“不忘初心 牢记使命”主题教育领导小组列为军队“不忘初心 牢记使命”主题教育读物，在“庆祝中华人民共和国成立 70 周年大型成就展”展出；《星火燎原全集》(融媒书)入选国家新闻出版署“2023 年度数字出版精品遴选推荐计划”；丛书和配套融媒体产品还被多家军事院校和多支部队用作开展学习教育的辅助教学方式，获得一致好评。

红色经典《星火燎原》的出版实践证明，基于用户思维，多维度、立体化、不断创新的融合出版方式丰富了主题出版的呈现形式，增强了表达的维度、广度和深度，赢得了更多受众，立体多样的传播体系，提升了传播效益。在全媒体时代，出版界应顺势而为，不断更新出版理念，加快内容生产、应用场景、传播方式、用户交互等层面的深度融合，加速人工智能、大数据分析等技术的运用，建构智慧全媒体生态系统，更好地为受众提供优质内容和服务，实现传播力的精准化与最大化。

（李丹阳：解放军新闻传播中心出版社副编审）

案例类别：产品

中华书局：“籍合网”项目

穆荷怡

一、项目概况

“籍合网”是由中华书局打造的国家级古籍数字化整理与应用的综合服务平台，入选了 2022 年度数字出版优质平台遴选推荐计划，也是“十四五”重点出版物出版规划项目之一。“籍合网”秉持着权威与创新并重的原则，面向社会提供古籍整理与出版的数字化全流程服务。

“籍合网”以“产学研”相结合模式，将专业化的精品内容和智能化的技术手段接轨，驱动资源、技术、人才三聚合，着力推动产业的结构性升级，为古籍领域的融合出版与创新开辟了一条新的道路，推动中华优秀传统文化进一步传播与发展。

二、业务模式

（一）古籍数字出版

在产业服务集群中，古籍数据库是核心产品。自“籍合网”上线以来，共发布数据库 30 余个。其中，《中华经典古籍库》已经发布到第十一期，收录了 20 多家出版单位及机构的整理本古籍成果，充分体现了新中国古籍整理和研究水平，是国内使用最广泛的古籍数据库。同时，发挥内容选题策划优势，广泛与作者合作开拓专题数据库，发布了《中华石刻数据库》《小学文献数据库》《历代进士登科数据库》《殷墟甲骨文数据库》等系列产品。

如今“籍合网”数据库资源规模达到 38 亿字以上，种类丰富，涵盖专业古籍整理出版资源 25 亿字，学术资源2.8亿字，普及资源3亿字，石刻资源7万余篇，文史工具资源150万余条，历代登科人物10万余条，木版年画18000余幅，书法作品10000余种，甲骨文卜辞14万余条，其他专题性典籍资源3亿字，构成了全国最大的整理本古籍资源数据库。

为解决古籍中各类生僻字的在线检索和显示问题，"籍合网"同步研发了"中华书局宋体字库"，收录超过15万字符，除了楷书汉字，还包括小篆、金文、悉昙梵文、甲骨文等专门字体，构成了古籍数字化必备的基础设施。

（二）科技赋能与创新

古籍数字化工作，不仅是利用出版社资源，还要为出版社内容生产提供支持。因此，利用技术手段加速古籍整理和编辑出版，促进融合发展，成为"籍合网"的核心业务之一。为解决古籍数据编校工作量大、专业化程度高的问题，"籍合网"建立古籍整理众包平台以及"i编纂"系统程序；目前已拥有7000余人在线古籍编校队伍，共发布任务5万个，处理16亿字。通过"众包"形式，为古籍数字化的项目提供编校力量，促成了多个大型古籍整理出版项目快速落地，如《中华大藏经续编》《民国线装书总目》等。

技术是提升古籍整理和数字化效率的关键，随着人工智能和深度学习技术的发展，大批量古籍文献自动化整理成为可能。"籍合网"也着眼于解决古籍整理、编辑、出版的自动化问题。立足于大数据中心存储的80亿字古籍资源，通过机器的深度学习，"籍合网"研发了古籍文字OCR识别、自动标点、引文校对、繁简转化、专名识别等一系列智能工具集，并推出古籍智能整理平台，实现全流程智能化的古籍整理。这些技术工具的落地，与众包平台相结合，在古籍数字化整理和编辑过程中爆发出巨大的能量，未来可以应用于诸多场景。

（三）人才培养

随着参与古籍整理"众包"的人员日益增加，"籍合网"开始关注于古籍人才的专业化培养，发布了古籍整理和编辑培训系统——籍合学院，一方面提升参与众包的人员编校水平，另一方面满足广大读者、学生学习古籍整理知识的要求。籍合学院与业内专家广泛合作，提供内容专业、质量可靠、种类丰富的线上课程，在线培训课程包含理论通识课、技能课、案例课、专题知识课，目前已经上线39门课217课时，在建课程有33门160课时，填补了出版行业内古籍整理编辑在线培训课程的空缺，满足读者对于古籍整理知识的学习；利用这些课程举办专题性的中华书局古籍整理训练营，学生可以在线完成学习、考核、认证、实践的全部环节；部分课程授权中宣部干部学院，进入在线编辑学时，弥补了古籍整理编辑在选择编辑继续教育学时缺乏专业课程的空缺。

三、创新特点

第一，"籍合网"着眼于古籍数字化整理与应用的全流程，打通人才培养、科技赋能、版权保护、内容编辑、知识加工、成果展示等各个关键节点，将各个业务模块作为一个整体有机地组织起来，相互驱动，共同增益，在实现经济增长的同时，进行行业转型和升级。

第二，"籍合网"突破性地从版权资源出发，在古籍整理出版领域率先实现了跨地域、跨集团的资源合作，一改此前行业内古籍数据库主要采用未经整理的公版资源且文本质量不尽人意的状况；同时接洽业内专家，开创了优先策划数据库的古籍整理出版模式，形成全新、及时的知识发布和传播路径。

第三，"籍合网"立足于近80亿字的古籍大数据，瞄准先进理论和前沿技术，整合数据库系统、自然语言处理、文本挖掘与知识发现等方面的科研成果，研发了一系列以人工智能为基础的自动化古籍整理工具集，系统性解决古籍整理中的痛点问题。

第四，"籍合网"首次以古籍整理工作为线索打造古籍整理工作平台，通过任务"众包"的分配模式突破地域障碍和个体时间分散难题，同时聚合、积累了一批古籍编校人才；为进一步强化人才的专业培养，率先在古籍整理领域开展大规模、专业化的线上培训业务，提供了人才培养新模式。

四、社会效益

（一）形成了统一的古籍数字化优质成果输出平台

通过研发并整合高质量、多元化的古籍数据库产品和技术工具，达到了专业资源集群的规模效应，为社会各界用户群体查找、获取优质的古籍内容资源和便捷的技术工具提供了一站式服务，为全面提升人民群众文化素养，增强文化自觉和文化自信提供了积极的响应、支持。

（二）推出了可供行业参考的古籍数字化标准

在实践过程中，建立了一系列古籍数字化的标准规范与工作指南，并参与了教育部、国家语委组织的《古籍印刷通用字规范字形表》编制工作，自建古籍专业字库，基于形成的标准服务于其他出版社或机构的古籍数字化生产，推动了古籍数字化生产的规范化、标准化、信息化。

（三）有效推动了中华传统文化的国际化传播

"籍合网"通过遴选并生产权威、优质的传统文化资源，面向海外广泛传播，并在北美、欧洲、东亚等国际一流高等院校、公共图书馆中实现用户转化，增强国家文化软实力，维护了国家的文化安全和国际形象。

（四）保证了古籍领域专业人才的长期储备

"籍合网"通过权威、高效、便捷的人才培养新模式，奠定了稳定的人才基础，也在优秀的传统文化中注入了新鲜的血液和活动力，推动了相关事业的顺利开展，为古籍整理事业的持续发展提供了保障。

［穆荷怡：中华书局古联（北京）数字传媒科技有限公司产品部主任］

案例类别：产品

“殷墟甲骨文数据库”项目

汪涵

甲骨文是刻写在龟甲兽骨上的商王朝后期文字，这一文字是中国迄今发现的最早的成熟文字系统。这些文字不仅具有极高的文物价值，也具有相当高的史料价值和学术研究价值，在120余年的发掘整理研究过程中，甲骨学已经成为一门举世瞩目的国际性显学。

近年来，随着甲骨学文献成果的相继出版，为甲骨学工作者的深入研究提供了丰富的材料。但是传统的纸质甲骨著录图书在资源的更新和整合上面临诸多限制，使得纸制甲骨学文献成果不太适应现代化的研究环境。统一的、公共的数字化甲骨研究平台已迫在眉睫，研究者亟须一款收录完整、质量精良、检索方式细致的甲骨文数据库。

中华书局古联（北京）数字传媒科技有限公司“殷墟甲骨文数据库”的开发建设，一方面将现有各类著录图书及研究成果进行了汇编整理，对重复收录的甲骨图像进行标记，对诸家甲骨释文及摹写进行考订；另一方面对于未来新出学术成果，甲骨文数据库通过线上的形式可以直接对过往内容进行修订，跟进学术前沿。

一、“殷墟甲骨文数据库”的主要内容

“殷墟甲骨文数据库”是以陈年福教授的甲骨文整理成果为基础，进一步增补、修订而成的数字化产品。收录近6万片甲骨，参考国内外数十种甲骨文著录文献，以及近十几年甲骨缀合的成果。共计卜辞143856条，每条均包含摹写与释文两部分，并著录卜辞分类、具体来源出处和所属贞人组。每条卜辞条目均可对应甲骨图像，图像既有照片，也有拓片和摹写，和一般甲骨著录图书的体例保持一致。每张图像命名方式亦与原书相同，便于使用者引用、核对。读者可通过甲骨编号检索甲骨图像，通过甲骨文检索摹写内容，也可通过楷体字检索释文内容。

该项目配套建设了甲骨文字库，共收录1.3万个甲骨文摹写形体，全部摹写形体由陈年福教授整理。借助甲骨文字库，即可实现甲骨字形检索功能。产品中附有甲骨文辅助输入工具，按照字库中所列163个部首将全部甲骨摹写字形分门别类，用户可通过部首检字的方法查询到全部所需甲骨摹写字形。

此外，数据库还收录了陈年福教授对甲骨单字与词汇的释义成果，汇总而成“甲骨字典”功能。该字典既可实现字头检索，也可实现甲骨文中所出词汇的释义内容检索，惠及广大有甲骨文释字和释词查询需求的读者。

二、“殷墟甲骨文数据库”的亮点

（一）甲骨文摹写数字化成果首次问世

该本数据库的文本内容主要分为摹写和释文两部分。甲骨文数据库的摹写成果弥补了以往市场中甲骨文数字化产品无法通过甲骨摹写字形进行检索的空白，让研究者可以直接通过甲骨字形检索，而不必再通过楷体字形搜索释文，使检索更为精确。此外，甲骨文摹写本身就是对甲骨片进行整理的结果，对于不熟悉甲骨文的初学者而言也大有助益。

（二）汇集学界最新释文研究成果

甲骨文研究和甲骨单字考释日新月异，学界不断有新成果问世。单纯参照整理著录图书制作的甲骨文数据库虽然存在一定体量，但是大多都跟不上学界的新进展。陈氏吐故纳新，参以己意，一边留意学界新发现、新成果，一边及时更新数据，保证了本数据库能够紧跟甲骨文研究发展的脚步。

三、完善的甲骨缀合关系标注

该数据库不仅在甲骨单字考释方面能够及时更新，在甲骨缀合、甲骨辨伪等研究上也十分注意。缀合是甲骨文研究的一个重要领域，是指将甲骨碎片经过拼接，变为完整或较为完整的卜辞。该库不仅大规模综合整理了多位学者出版的缀合专著，而且时刻留意学界动态，对最新的缀合成果及时借鉴，汇总而成一套体现学界最新研究成果的缀合关系表。甲骨文数据库依照此表将全部出土甲骨进行关联，让用户不论检索任何一片甲骨，只要当前学界对该片甲骨有缀合成果，缀合的甲骨片均可与被检索甲骨一并显示。

四、“殷墟甲骨文数据库”的价值

（一）解决现有成果内容陈旧的问题

当前市场所见甲骨类数据库采用考释成果往往直接

从甲骨著录图书摘录，而著录图书的出版时间多有在十几年乃至几十年之前，内容之陈旧若此。最新的研究成果却没有途径进行数字化平台的发表，这对于学界的认知更新也是一种阻碍。

该项目所建甲骨文数据库使用陈年福教授多年整理成果。陈先生博采众家之长，吸收学界最新研究成果，汇集而成一套能够体现甲骨研究最前沿状态的数字化资料，充分利用数字科技的优势，让未来的甲骨研究能够更好地并入数字化的轨道。

（二）填补甲骨文研究领域字库的缺失

在甲骨数据库的制作过程中有一个最基础的问题需要解决，就是甲骨文字库的建设。在这方面，虽然已有多家单位都做出了自己的字库和字体，但由于字形描摹不准确等种种原因并没有得到广泛推广和使用。一套规范、描摹准确的甲骨字体是甲骨研究数字化所必需的。

该项目配套建设中华书局甲骨文字体文件，在甲骨文数据库中使用该字体文件，即可实现甲骨字形检索、复制功能。该字体为陈年福教授摹写成果，质量精良，体现当前最新学术发展水平。可为相关领域进行研究、出版提供必要的基础支持。

（三）避免资源后续重复建设、标准不一

由于目前甲骨文收藏单位和研究单位十分复杂，存在资源库重复开发和建设的情况。不仅造成了社会资源的浪费，也为研究者的资源检索带来困难。同时，由于目前建设的甲骨类数据库至今没有统一的数据库著录和运行系统标准，为今后甲骨研究成果的整合带来颇多隐患。因此，数据库内资源格式、内容、标引、著录及字体等方面需要建立一套统一的、符合学术发展需求的规范化标准。

甲骨文数据库所用数据基本囊括全部甲骨著录图书所收甲骨，对不同著录图书中出现的重片甲骨进行标注，检索重片时可实现跳转。避免了以往同类数据中内容重复、冗杂的问题。更重要的是，该项目依托陈年福教授的多年研究成果，建立起了一套尊重学术研究和产业发展的客观规律的甲骨文数据著录规范，包含 xml 数据编辑规范、图像命名规则等，以求解决现阶段甲骨文数字化各自为政、标准互通难、成果互通难的问题。

甲骨文等冷门绝学的振兴是新时代社会科学工作者的重要使命，古籍数字化也是未来学术发展的方向。甲骨文数据库充分调研了中国甲骨文研究的发展现状，对传统出版物的局限提供了数字化解决方案。

［汪涵：中华书局古联（北京）数字传媒科技有限公司产品部项目经理］

案例类别：产品

《中国戏曲影像库》融合发展实践

许菁 郭小涛

一、集团简介

中国数字文化集团有限公司（以下简称中数集团）是财政部代表国务院履行出资人职责的中央文化企业，于 2011 年在北京设立。中数集团以文化数字化为主营业务，是文化和旅游部直属单位中首家被认定的国家级高新技术企业，并入选国家文化和科技融合示范基地、首批文化和旅游部技术创新中心建设单位、出版融合发展特色示范单位和国家文化产业示范基地。

发展定位：中数集团深度践行国家文化数字化战略，以国家文化大数据体系建设为支撑，依循文化数字化、数字文化产业化的发展路径，形成“1+4”数字文化发展架构。“1”为国家文化大数据体系建设，“4”为“中数创意”“中数在线”“中数非遗”“中国数字文化链”四个平台，促进数字文化产业链、产业集群、产业双创发展，建设开放共享的数字文化产业新生态。

主营业务：作为新型的数字文化内容生产商和综合服务商，中数集团以数字文化产品内容创意制作、数字出版发行及综合服务为主要业务，业务范围涉及音像制品、4K/8K 影视节目、高品质音频节目、电子出版物、互联网出版物、网络研发服务和运营管理、文化大数据、数字非遗等诸多文化产业领域。

发展优势：集团具有国家音像出版、电子出版、互联网出版及国家级广播电视制作、电影电视海外版版权引进、营业性演出等特许经营资质。具备专业电影电视摄制、高品质录音、大型工业级扫描等技术和装备，拥有运营管理、创意策划、网络研发、数字采集、影视制作、音乐制作、出版发行等专业化综合型人才队伍。

中数集团自成立以来，始终坚持贯彻落实文化强国战略和数字中国建设，发挥文化央企引领作用。在文化和旅游部党组的坚强领导下，积极推动中华优秀传统文化创造性转化、创新性发展，积极探索高质量发展的新体制、新机制、新模式，在技术创新、资源整合、产业培育、改革改制等方面奋发有为、开拓进取。

二、项目介绍

戏曲艺术是中国文学的重要组成部分。戏曲对于中国文化，不仅形成了中国文化的价值体系，而且最终铸成中国文化的诗性特征和人格魅力。《中国戏曲影像库》（www.xqyxk.com）是中数集团推出的集戏曲门户网站＋戏曲数据库＋戏曲移动赏析的综合性戏曲传播平台。平台精选中国传统优秀戏曲剧目，通过选名家、集精品，用数字视频影像的方式，将全国优秀的戏曲艺术家、优秀的代表作品集中制作，形成高质量数字化影像库，并面向大众和机构两个渠道推出。平台获得了2023年度数字出版精品遴选推荐计划。

平台主要由首页、影像库、戏曲大观园三大板块组成，内容以中国传统优秀戏曲剧目为基础，精选并集成近当代优秀戏曲演员的代表剧目，通过在全国范围内选名家、集精品，用数字视频影像的方式，内容涵盖100余位“中国文化艺术政府奖—文华表演奖”或“中国戏剧梅花奖”等获得者的代表性剧目集中制作，形成影像库，实现了戏曲艺术的传播和留存。平台采用现代科技手段进行数字化制作保存戏曲资料，形成了一个戏曲门户网站与戏曲数据库与移动赏析相结合的创新发展平台，是新时代“互联网＋”戏曲艺术传承的又一创新。

三、具体成效及社会反响

《中国戏曲影像库》主要面向个人以及公共文化馆、图书馆、博物馆等机构用户，以版权销售、会员制服务、广告等营销模式对外提供服务，未来我们还将打造线上线下融合的“戏曲专题”品牌活动，以此扩大中华传统戏曲艺术的影响力。截至目前，平台已经为全国读者提供了全面、多样的中华戏曲音乐服务；足迹遍布全国除台湾、西藏以外所有的省、自治区、直辖市，远赴香港、澳门；用户包括国家级馆（院）、十余家省级图书馆、文化馆，几十家专业音乐艺术院校和上百家公共图书馆和高校图书馆，影响面较大，深受读者喜欢，在创造了广泛的社会效益同时，也带来了较好的经济收益。

四、融合经验体会

（一）产品建设

《中国戏曲影像库》通过中数集团现有剧目＋集成其他机构戏曲内容＋自主录制三种方式分别设置了看·戏曲、听·戏曲、学·戏曲动态、戏曲百科、戏曲故事栏目。在“听·戏曲”栏目又细分为京剧、越剧、潮剧、粤剧、汉剧、高甲戏等72个门类，以满足不同用户的需求。平台既满足喜欢看戏、听戏、学戏的戏迷票友，又可以为戏曲专业的学生学习使用，还能为戏曲的普及推广服务。

（二）内容特点

1. 平台以视频影像为主，音频和相关图文资料展示为辅，对戏曲内容及知识进行全方位展示和传播。

2. 平台上线了多达183部来自全国各剧种的戏曲演出影像及5000余首音频，实现可看、可听、可学、可赏。

3. 平台提供戏曲故事等系列知识普及资料1000余条，探寻著名戏曲唱段的历史沿革、逸闻逸事、故事背景，挖掘故事内涵及时代意义，呈现立体生动的“戏曲故事”图景，打造一个集专业性、趣味性为一体的互动平台。

4. 平台通过PC端网站、HTML5等形式，为传统戏曲提供了立体的媒体矩阵式的传播展示方式。

（三）艺术特色

中国戏曲集文学、舞蹈、音乐、表演等于一身是一门综合性的艺术，凝聚着中国传统文化的美学思想精髓，承载着独特的戏剧观，闪耀着独特的艺术光辉。

基于全国范围内优秀戏曲，特别是中数集团承担的国家文化工程中国京剧、戏曲“像音像”所摄制剧目，通过选名家、集精品，用数字视频影像的方式，将全国最好的戏曲艺术家、最好的代表作品集中制作，形成影像库，不仅便于为戏曲艺术的教学与研究、学习与传承提供依据和参照，更有利于戏曲艺术的传播和留存，是“互联网＋”时代戏曲艺术传承的创新。

为后人传承一批经典、留下一批精品、积累一批家底，除上述作用外，还能为广大戏迷提供欣赏与品鉴的渠道，未来还能为大众提供一个戏曲艺术的展示平台，进一步推动戏曲艺术的普及和提高。

五、小结

为了让更多的受众感受戏曲艺术，中数集团基于中国戏曲影像库的打造，汇集行业力量，将拍摄制作更多优质戏曲音像资源，通过抢抓国家文化数字化战略机遇，大力开展国家文化大数据体系建设。并依托戏曲资源数字化成果，深入挖掘其所蕴含的丰富文化价值和经济价值，推动戏曲文化资源数字化成果转化为生产要素，实现对戏曲文化资源进行数字化转化和场景化开发，让优秀戏曲文化资源借助数字技术“活起来”，使有限的投入无限地服务广大人民群众对文化资源使用的新需求。

（许菁：北京中数世纪传媒科技有限公司总经理，郭小涛：北京东方影音公司主管）

案例类别：产品

《中华传统音乐数据库平台》融合发展实践

孙涛

一、集团简介

中国数字文化集团有限公司（以下简称中数集团）是财政部代表国务院履行出资人职责的中央文化企业，于2011年在北京设立。中数集团以文化数字化为主营业务，是文化和旅游部直属单位中首家被认定的国家级高新技术企业，并入选国家文化和科技融合示范基地、首批文化和旅游部技术创新中心建设单位、出版融合发展特色示范单位和国家文化产业示范基地。

发展定位：中数集团深度践行国家文化数字化战略，以国家文化大数据体系建设为支撑，依循文化数字化、数字文化产业化的发展路径，形成“1+4”数字文化发展架构。“1”为国家文化大数据体系建设，“4”为“中数创意”“中数在线”“中数非遗”“中国数字文化链”四个平台，促进数字文化产业链、产业集群、产业双创发展，建设开放共享的数字文化产业新生态。

主营业务：作为新型的数字文化内容生产商和综合服务商，中数集团以数字文化产品内容创意制作、数字出版发行及综合服务为主要业务，业务范围涉及音像制品、4K/8K影视节目、高品质音频节目、电子出版物、互联网出版物、网络研发服务和运营管理、文化大数据、数字非遗等诸多文化产业领域。

发展优势：集团具有国家音像出版、电子出版、互联网出版及国家级广播电视制作、电影电视海外版版权引进、营业性演出等特许经营资质。具备专业电影电视摄制、高品质录音、大型工业级扫描等技术和装备，拥有运营管理、创意策划、网络研发、数字采集、影视制作、音乐制作、出版发行等专业化综合型人才队伍。

中数集团自成立以来，始终坚持贯彻落实文化强国战略和数字中国建设，发挥文化央企引领作用。在文化和旅游部党组的坚强领导下，积极推动中华优秀传统文化创造性转化、创新性发展，积极探索高质量发展的新体制、新机制、新模式，在技术创新、资源整合、产业培育、改革改制等方面奋发有为，开拓进取。

二、项目介绍

民乐经典荟萃，华夏余音绕梁。中华传统音乐资源数据库平台是以我国民族民间音乐音视频资源为主的大型专业音乐典藏平台。平台集历史价值、艺术价值、研究价值、学术价值于一体，体现了我国传统音乐的内在特质和丰富多彩的表现形式。平台打造时，我们广泛邀请专家共同参与，严格参照学术标准，对2万余种入库曲目音源做了细致的分类、考证和整理，实现了可看、可听、可学。并于2021年，入选了国家新闻出版署数字出版精品遴选推荐计划。

三、主要内容

（一）民族音乐

民族的才是世界的，为进一步弘扬中华民族优秀音乐文化，拓宽中国传统音乐传播途径，结合自身丰富的音乐资源优势，精心挑选珍贵且品相绝佳的民乐音乐资源进行信息重新梳理与考证，倾力推出了以中国传统音乐为主题的子库——中华民族音乐资源数据库，打造了一个荟萃民乐经典，体验数字化典藏，保护与传播民族音乐文化的数字艺术殿堂。以我国民族音乐文化内容为主题的大型专业音乐典藏资源平台，集历史价值、艺术价值、研究价值、学术价值于一体，体现了中华传统音乐各种风格、种类、民族、年代，包含多个地方音乐和特色音乐资源，内容分类清晰，检索方便，让珍贵的民族音乐贴近现代人的生活，使聆听民乐变得更加容易。

中华民族音乐资源数据库平台针对所有曲目资源信息做了细致的整理，专家学者团队、音乐学专业编辑共同参与，严格按照学术标准，将库内所有曲目分为歌曲、器乐、歌舞、戏曲以及曲艺五个大类。此外，还对出版信息、录音年代、创作者信息、唱词、乐谱等信息进行了细致的考证与梳理，提供最翔实的唱片与曲目信息，并增添了丰富多元的主题词信息。

（二）戏曲

“演悲欢离合，当代岂无前代事；观抑扬褒贬，座中常有剧中人”，戏曲于方寸天地展现出的艺术魅力是中华文化在漫长的时间过程中，经历历史的筛选而沉淀下来的精髓，是中华民族艺术之美的集中展现。

通过收录大量戏曲资源，打造了子库——中华曲艺老唱片数据库。子库涵盖近百种戏曲种类，有京剧、评剧、越剧、昆曲这样的大剧种，也有彩调剧、甬剧、泗州戏等地方戏剧种和稀有剧种。并对所有曲目的唱词、版本等史料作了大量细致的考订，对原唱片的录音年代、伴奏乐队、合作者、演职人员等重新进行了考证梳理。此外，子库内所有曲目资源，按照历史背景、剧目类型、主要行当、艺术流派等进行了专项分类，方便检索研究。

子库以戏曲老唱片为载体，拥有数量众多的戏曲艺术名家的老唱片资源，如梅兰芳、程砚秋、谭鑫培、余叔岩、白玉霜等戏曲名家。通过对老唱片精细的修复与数字化，使得老唱片音质得以还原，让听众可以聆听戏曲大师真声，回味经典戏曲唱段。

（三）曲艺

中数集团多年来一直致力于从民间收集整理众多与曲艺相关的老唱片音源，并将其进行数字化修复与典藏，并将所有曲艺资源集中整合打造了子库——中华曲艺老唱片数据库平台，涵盖近百种曲艺曲种，让百花争艳的曲艺艺术得以重获生机。

中国曲艺作为中国民俗与民风的一种结晶，都有中华各民族各土地的印记， 是民族喜闻乐见的音乐艺术，更是宝贵的非物质文化遗产，因此我们必须立足传承，将使珍贵的曲艺艺术得到发扬，并且和当前时代接轨，从内容形式和传播方式上都创新发展。“中华曲艺老唱片数据库”子库的建成，弥补了曲艺文化在资源整合、保护传播方面的缺失，拓宽了听众获取曲艺资源的渠道，让曲艺文化在“中华曲艺老唱片数据库平台”的辅助下继续说唱中华民族的故事！

目前，子库内包含各地区、各民族的近百种曲艺曲种，听众在数据库中可以聆听到北方曲艺京韵大鼓、山东琴书、北京琴书、河南坠子、相声、二人转等，也可以欣赏南方曲艺如苏州评弹、四川清音、粤曲、莲花落等。同时收录了汉族勾栏瓦舍里的说书唱曲、藏民族雪域高原的口述史诗、新疆达斡尔族戈壁沙滩的“乌钦”、蒙古族辽阔草原的蒙古长调都是最原汁原味的民间曲艺艺术。因此数据库中除了大家耳熟能详的汉族曲艺，还有大量的少数民族曲艺品种，少数民族曲艺独特的学术价值也为数据库增添色彩，让数据库更具研究价值。

（四）丝绸之路上的民族音乐

丝绸之路起源于西汉，是我国古代通往西方的重要通商贸易之路，更是东西方文化交流的桥梁。丝绸之路将历史上最主要的古代文明联系起来，开通之初即是古印度、古希腊、古波斯和古代中国的交流中心，成为各民族宗教、文学、美术、音乐等文化交流碰撞的重要媒介，也成就了古代丝绸之路文化艺术的鼎盛。就丝绸之路沿途各地的民族音乐而言，各种音乐元素相互碰撞、融通，造就了丝绸之路上民族音乐的特有风格。中数集团通过收集、整理，打造了子库——丝绸之路上的民族音乐赏析数据库，旨在搭建一个民族音乐平台，以民族音乐探寻丝绸之路艺术发展的脉络，并对丝绸之路上的民族音乐进行保护、传承与传播。

子库植根于丝绸之路沿线各地区丰富的音乐文化艺术，主要涵盖我国陕西、甘肃、青海、新疆等地，是对我国丝绸之路所经区域最完整的音乐采集。将丝绸之路上的各种音乐体裁倾尽收录，包括陕西秦腔、敦煌大曲、青海花儿、新疆木卡姆、哈萨克族民歌等，音乐品种丰富、音乐形式多样。还将当代作曲家与表演艺术家的新民乐作品与各届“丝绸之路国际艺术节”优秀音乐作品一概囊括，为听众呈现新时代背景下，丝绸之路民族音乐的新发展。同时，本着“代表性历史音像优先选择”的原则，对老录音资料进行修复和数字化保存，对各国几近失传的民族音乐进行发掘和整理，还原丝路各地共同的音乐记忆。

四、小结

中数集团始终致力于对中华传统音乐文化的收集、保护与传承，使珍贵的中华传统音乐资源更加贴近现代人的生活。下一步中数集团将依托音像资源数字化服务文化和旅游部技术创新中心，解决文化行业数字化等关键问题，开展音像资源数字化技术、音像资源数据化服务等研究方向的技术创新，实现音像资源数字化服务的工程化和产业化。立足共性关键技术攻关，促进数字资源转化为数据应用，设计并探索面向市场的产品化、可推广、可复制的商业模式。并以用户需求为导向，进一步完善平台内容和功能建设，推进出版深度融合发展，为传承和发展中华优秀传统文化、建设文化强国贡献中数出版力量。

（孙涛：中国数字文化集团有限公司数字出版部副主任）

案例类别：产品

悦读轻听——盲校通用辅助阅读 APP

刘楠

一、项目背景

2017 年 9 月 13 日，由中宣部、财政部、文化部、国家新闻出版广电总局、中国残联组织实施的“盲人数字阅读推广工程”在国家图书馆启动。“盲人数字阅读推广工程”是指利用数字出版传播平台和盲用阅读设备，向盲人提供数字有声读物、电子盲文和定制化、持续性知识文化服务。

为深入贯彻习近平新时代中国特色社会主义思想和党中央关于全民阅读工作的重要部署，保障视障群体基本阅读权益，助力特殊群体获取知识、自立自强，人民教育电子音像出版社策划研发了“悦读轻听——盲人通用辅助阅读”APP（以下简称悦读轻听 APP）。

二、产品简介

悦读轻听 APP 是响应“盲人数字阅读推广工程”号召，结合教育信息化的发展趋势和特殊教育的特点，运用 AI 视觉识别、TTS 语音合成等先进技术，研发的一款辅助弱视人群阅读普通纸质书籍的工具型 APP。悦读轻听 APP 功能简洁易用，能够有效改善弱势人群的阅读体验，通过提供数字有声读物与持续性的知识文化服务，提升盲人阅读服务水平，同时大力推动盲人阅读的普及工作，为解决盲人阅读难题作出积极贡献。此外，悦读轻听 APP 为盲校学生提供了一个普通纸质书籍的有声阅读渠道，有利于改善视障学生的阅读体验和学习条件，提高他们的科学文化素质。

悦读轻听 APP 支持在线和离线两种模式。用户只需通过智能手机摄像头扫描纸质图书页面，结合语速调节、语音翻页等功能，便可轻松实现纸质图书的“有声化”阅读，更好地帮助视障学生运用信息技术提高学习能力、改善生活质量、适应社会发展。

三、项目组织

该项目由人民教育电子音像出版社研发和运营。人民教育电子音像出版社成立于 1999 年，是人民教育出版社为加快电子音像教材建设，充分满足基础教育对电子音像教材的需求，推动我国电子音像出版事业的发展，独资设立的出版企业。

人民教育电子音像出版社主要从事学前教育、义务教育、高中阶段、职业教育和特殊教育等方面的电子音像数字出版物的编辑、制作、出版和发行业务，建立了高效完备的研发和出版发行体系，拥有专业的人才队伍和国内一流的出版物制作系统。多年来依托人民教育出版社在教育及出版领域优势，秉持服务亿万师生的初心，出版电子音像教材和数字出版物一万余种，多次承担国家级出版工程建设，实施多项国家出版基金和中宣部主题出版项目，屡次荣获中国出版政府奖、中华优秀出版物奖等重要奖项。

近年来，人民教育电子音像出版社积极推进出版创新和新技术应用，积极探索实践转型升级、融合发展之路。构建“实体出版物 + 网络服务”融媒体出版模式，加强系统平台建设，加快推进产品融合创新，不断优化扩展营销模式。出版融合工作形成多元化、立体化、规模化的新发展格局。

四、依托平台和运营模式

悦读轻听 APP 依托人民教育电子音像出版社的融合出版销售平台。该平台是利用信息技术对多年积累的音频、视频等多媒体资源进行数字化处理，以优质资源为基础研发适用于网络销售的产品形态，将移动客户端和电脑客户端作为主要渠道的网络化销售平台。

悦读轻听 APP 采用纸质图书配套光盘和学习资源的运营模式，在一定程度上促进了产品的良好发展。目前，APP 内的数字资源主要有盲校信息技术教科书和最美中国系列儿童精品绘本。

五、社会效益和经济效益

中国盲人协会数据显示，我国现有 1700 多万名视力残疾人。视障群体作为社会大家庭的成员，也渴望便捷地获取信息，欣赏优秀的作品，拥有多样的文化需求。发展特殊教育是推进教育公平、实现教育现代化的重要内容。人民教育电子音像出版社策划研发的“悦读轻听——盲人通用辅助阅读”APP 免费提供给弱视学生使用，能够帮助他们跨越视力障碍，更便捷地获取知识和文化给养，具有显著的社会效益。

悦读轻听 APP 借助数字信息技术帮助弱视学生有效阅读和学习，进一步鼓励学生获得成功学习的体验，树立自信心，让知识和信息像阳光般滋养心田。APP 内容资源以信息技术学科为切入点研发，与图书配套发行，具有一定的经济效益，未来将为盲校学生提供全学科全学段的阅读资源与服务。

（刘楠：人民教育电子音像出版社有限公司数字媒体编辑部高级编辑）

悦读轻听 APP

案例类别：产品

“人教点读” APP

人教数字出版有限公司

自 2012 年成立起，人教数字出版有限公司（以下简称人教数字公司）以推进出版融合与教育数字化发展为己任，依托人民教育出版社品牌、资源及市场渠道优势，持续深化打造基础教育全学科数字产品资源体系，其中以 APP 应用为核心的移动学习类产品至今已累计服务用户超过 1 亿。2016 年，人教数字公司利用前沿移动互联技术，精心研发推出“人教点读” APP。该产品以其优质的创新学习模式和应用体验，赢得数以千万用户的青睐，显著促进教育信息化发展进程。

经过 8 年持续优化迭代，“人教点读” APP 已成为教育出版界少数直接服务 C 端用户的旗舰产品。产品依据国家基础教育课程标准与人教版教材，以发展学生核心素养、增强学习兴趣、提升学习效率效果为目标，利用人工智能、大数据和融媒体呈现等综合手段，发展成为融学科教材、配套资源、学习工具为一体的立体化学习平台。目前“人教点读” APP 使用已覆盖全国 32 个省（自治区、直辖市）的 2300 多万用户。

一、平台建设：紧贴纸质教材 致力服务学生

作为一款面向中小学生的学习平台，围绕教材做好内容研发是平台建设的基础和关键。“人教点读” APP 以统编版、人教版纸质教材为蓝本，陆续开发上线了包括语文、道德与法治、历史三科统编教材和数学、英语、地理、物理、化学、生物学、音乐、体育与健康、美术、科学等人教版教材在内的电子教材。该产品超越了纸质教材的基本功能和内涵，通过集成教材点读、语音评测、拼写测评等功能，丰富了学习体验，促进了学生自主学习能力的培养，同时为建立全面科学的评价体系提供了支持。

“人教点读” APP 还紧贴中小学生学习需求，对经典教育资源进行二次开发。推出语文、数学、英语等核心学科的优质数字教育资源，精准攻克学习中的重难点问题，全方位支持学生的自主学习进程；打造音乐、历史、足球、童书等多学科数字配套资源，全面提升中小学生的综合素养；研发字词学习、单词记忆、古诗词赏析、同步写字等学习工具，简化学习流程，强化基础知识，为学生的全面发展奠定坚实基础。

作为一款立体化的学习平台，“人教点读” APP 不断融合 5G、大数据、云计算、语音评测等最新人工智能技术，创新内容资源学习形式，提升产品使用效果。“人教点读” APP 充分运用最新语音识别、文字识别等人工智能技术，以字、词、句、知识点、文章等维度为切入点，不断强化和完善点读、朗读、评测、多元练习等互动功能；记录分析用户的学习、行为数据，以图表等形式进行多维呈现，周期性地向用户提供个性化学习反馈，强化个性化学习效果；持续优化与完善用户体验，提升用户使用产品的活跃度和易用性。

二、团队建设：打造专业团队 探索创新发展

“人教点读” APP 的日益成熟和完善，得益于人教数字公司多年来打造出的一支跨领域专业团队。其涵盖了产品管理、内容开发、技术实施、运营策略和设计创新等多方面人才，聚合形成一支协作且高效的产品研发团队。这不仅是传统出版社向市场化 C 端用户市场转型

的重要一步，也是在组织架构和人才培养方面的一次大胆尝试，真正探索出一条具有人教特色的移动学习产品发展创新之路。

这条创新之路始终以用户需求为核心。在深入分析市场和竞品的同时，团队积极征询教育专家和用户的意见，确保产品满足实际需求；持续迭代提升产品设计的人机交互和细节，追求卓越使用体验；采用敏捷开发模式，重构传统出版组织结构，实现从内容生产到产品设计，从技术应用到数据分析的全流程数字化出版。

团队还十分重视用户生命周期管理，通过联动、联运和推广等创新方式，构建起一个可持续的运营生态系统。利用新媒体平台拓展运营渠道，搭建用户沟通平台，提供更多的延伸服务。同时，通过研发文创产品和举办线上活动，增强用户对品牌的认同感和满意度。

三、社会价值：围绕立德树人 用心培根铸魂

人教数字公司以立德树人为目标，致力于打造符合时代需求的高质量数字教育产品。2021 年，依据统编版语文教材配套读物，“人教点读”APP 推出“快乐读书吧”有声课程。这套课程与课堂教学紧密结合，通过经典故事和人物展现中华传统文化，不仅为教师增加了教学素材，也为学生开辟了自主学习的新途径，促进学生深入理解中华优秀传统文化，培养正确的价值观和文化自信。该课程荣获“2021 年全国有声读物精品出版工程”和“2022 年向全国青少年推荐百种优秀出版物”的殊荣。

2021 年，“人教点读”APP 成功入选“百佳数字出版精品项目”，以优异的发展成绩向建党百年献礼。“人教点读”APP 还开发了“学党史树理想”有声读物，以更加生动、鲜活的形式和内容，把青少年党史学习教育引向深入。该套有声读物于 2022 年 6 月正式上线，面向用户免费开放。同年，该课程成功入选国家新闻出版署“2022 年全国有声读物精品出版工程”。

人教数字公司始终将履行社会责任放在首位，长期致力于社会公益，多年来持续向边远地区、民族地区捐赠数字产品。2022 年，“人教点读”APP 向新疆和田地区墨玉县希望小学师生捐赠使用权限，支持当地教育发展。这一行动得到了教育部门和师生家长的高度评价，体现了公司落实党的二十大教育政策、致力于提供高质量教育服务、满足人民教育需求的决心和努力。

（人教数字出版有限公司）

案例类别：产品

国别区域与全球治理数据平台

俞孟令

在不断开创中国特色大国外交新局面的过程中，以区域国别学研究助力外交决策日益成为国家的重要关切。社会科学文献出版社紧跟国家战略，推动出版深度融合发展，打造了国别区域与全球治理数据平台（以下简称 CRGG 数据平台）这一学术性数字产品，旨在促进区域国别学的学科建设，协助学术机构用户强化咨政建言能力，为推动构建人类命运共同体、积极参与全球治理体系改革和建设等提供学理支撑。

截至 2024 年 4 月，CRGG 数据平台已建设成为业界稀缺的、能够覆盖全球所有的 196 个国家和主要国际区域的学术资源及研究服务平台，入选了“十三五”国家重点电子出版物出版规划增补项目、国家文化产业发展项目库，已获得第十一届中国数字出版博览会“2020—2021 年度优秀品牌”等荣誉。

一、项目情况介绍

（一）项目概况

CRGG 数据平台于 2017 年启动建设，以服务中国特色大国外交、区域国别学的学科建设为导向，全方位整合统计数据、科研成果、基础资料等各类型内容资源，围绕学术需求开展产品架构设计和技术功能开发，打造区域国别学学术资源及研究服务平台。2019 年 3 月，CRGG 数据平台上线运行，致力于提供内容资源获取、科研技术支持、成果发布与传播等多层次、全方位的研究服务，发挥提升学科发展水平、助力新型智库建设、服务国家对外战略的产品效用。

（二）聚焦内容资源建设，打造专业化、一站式的区域国别学学术资源平台

1. 整合优质内容资源，确保产品学术专业性。CRGG

数据平台依托社科文献专业完备的出版成果体系，整合“十四五”时期国家重点出版物出版专项规划项目——新版《列国志》和《国际组织志》，以及相关皮书、集刊、专著、档案等多维度的学术成果，借助传统出版内容资源优势，为产品的学术专业性奠定坚实基础。截至 2024 年 4 月，已收录图书近 5000 本、报告 10 万余篇、字数 21 亿字。

2. 广泛开展资源整合，支持一站式获取科研所需的各类型资源。CRGG 数据平台借助数据采集等技术手段，持续扩充资源规模与资源类型，已整合近 120 万条国别统计数据、23 万余份国际组织文件、近 7000 个国际组织和近 5000 个智库机构的名录信息、5000 余条基金项目信息、1200 余位专家学者及 900 余家科研机构信息，汇集区域国别学研究相关的各类型资源，形成一站式获取的学术资源平台，提升用户的科研效率和获取资源的便捷性。

（三）依托学科特性和用户需求，打造综合性的区域国别学研究服务平台

1. 紧密围绕学科特性开展产品建设

（1）形成专业的知识关联体系。依托具有区域国别学专业背景的数字编辑，对内容资源的标题、关键词、中图分类、区域、时代等字段进行标引，形成系统、专业的知识关联体系，为资源的合理化组织和高效利用、构建学科化产品架构奠定基础。

（2）构建学科化产品架构。聚焦区域国别学核心研究对象、重点关注领域、学科属性，建设覆盖全球的国别研究库、区域研究库，并以学科为维度建设二级子库，以便综合把握各学科内容资源，构建跨学科知识网络，适应交叉学科需要；建设国际组织研究库，收录各国际组织在全球治理领域的研究成果；建设全球智库研究库，收录智库报告类资源，契合学科的决策咨询属性；结合学科研究热点，持续推出学术专题库。

（3）开发可辅助学术科研的实用功能。依托有学科针对性的技术功能，不断提升产品的学术实用性和使用体验。例如，通过数据采集和数据清洗，整合收录区域国别学研究较为分散的内容资源，最大限度地节省用户自行收集、筛选资源的时间；通过对国别统计数据的可视化处理，直观呈现各国发展趋势；通过数据对比分析功能，助力开展国别比较研究。

2. 基于用户需求，提供综合性研究服务。通过学术路演、学术会议等方式，加强与区域国别学研究机构等用户的联系，开展需求调研。基于收集的需求，开展定制化专题库建设、成果发布平台建设等多种研究服务，持续丰富和优化服务模式，提升服务能力，促进用户的成果研创和成果传播，实现从单一学术资源平台向综合性研究服务平台的转型。

二、具体成效与社会反响

CRGG 数据平台深耕区域国别学研究垂直领域，已建设成为业界稀缺的、能够覆盖全球所有国家和主要国际区域的学术资源及研究服务平台，在提升区域国别学科研效率、助力高质量学术成果研创、促进区域国别学的学科建设、提升该领域智库机构的咨政建言能力方面有着较高的实用价值，发挥出为中国特色大国外交、推动构建人类命运共同体等提供学理支撑的社会效益。

截至 2024 年 4 月，CRGG 数据平台已入选“十三五”国家重点电子出版物出版规划增补项目、国家文化产业发展项目库，获得了第十一届中国数字出版博览会“2020—2021 年度优秀品牌”、中国国际大数据产业博览会第二届新闻出版大数据高峰论坛“数字出版创新成果奖”等荣誉。拥有中共中央党校、中国现代国际关系研究院、北京大学、清华大学、中国人民大学、北京外国语大学、外交学院、国家图书馆、首都图书馆等近 300 家正式及试用机构用户，销售回款达到 1200 余万元。

三、融合发展经验体会

（一）紧跟国家战略，做好顶层设计

社科文献将推动出版深度融合发展与服务国家战略结合起来，紧跟国家推进区域国别学研究的战略需要，配合教育部在全国推进设立区域国别学研究机构、相关研究服务需求日益旺盛的时间节点，适时启动 CRGG 数据平台项目建设。社领导统筹部署，在全社层面召开项目建设推进专题会，对项目方案进行充分论证，做好产品建设的顶层设计和整体规划；同时，为项目建设提供经费与人员支持，制定激励政策，建立起坚实的制度保障。

（二）以用户需求为中心开展产品建设

推动融合发展需要坚持用户导向。数字编辑应充分树立用户思维，加强对深层次、个性化用户需求的理解与分析，实现自身向产品经理的转型。CRGG 数据平台在产品策划过程中，面向用户多方开展需求调研，将用户需求作为资源整合、产品设计、功能开发等各方面工作的依据，基于用户需求持续提升产品使用体验，打造与区域国别学需求高度匹配的垂类产品。

（三）实现传统出版与数字技术的融合

传统出版与数字技术的联动已成为融合发展的必然趋势。在产品建设过程中，一方面应立足传统出版的优质内容资源，提升学术专业性和内容质量，另一方面应借助数字技术，充分盘活并深度挖掘内容资源，丰富资源利用和研究服务方式，以此满足个性化的用户需求、适应多元化的产品应用场景。

（俞孟令：社会科学文献出版社数字出版分社数字编辑）

CRGG 数据平台

案例类别：产品

以马克思主义研究数据库建设助力哲学社会科学发展

——社会科学文献出版社马克思主义研究数据库融合发展实践

潘晓颖

马克思主义研究数据库是社会科学文献出版社（以下简称社科文献社）落实党中央关于学术资源库建设有关精神的号召，基于数字学术知识服务理念，以习近平新时代中国特色社会主义思想为指导，打造的聚焦马克思主义理论研究的学科服务平台，为马克思主义理论研究和建设提供优质的内容资源和专业便捷的数据库服务。

一、项目背景与理念

2022年4月，中宣部印发的《关于推动出版深度融合发展的实施意见》指出："加强重要领域专业数据库建设，推动出版单位打造代表国家水平的党史文献、社科文献、科技文献、学术文献、古籍整理融合出版精品，推出更多具有中国特色、世界影响的数据库项目。"

为进一步繁荣哲学社会科学，继续推进马克思主义中国化、时代化、大众化，助力二十一世纪马克思主义、当代中国马克思主义发展，社科文献社依托社内马克思主义理论优质内容资源和专家资源，充分利用大数据、人工智能等技术，倾力打造马克思主义研究数据库，以更好满足数字时代学者学术科研数字化的个性需求，助力学术交流、成果发布、资源共享，为推动构建学术共同体添砖加瓦。平台建设定位紧紧围绕学科建设、科研服务与知识服务。

二、以服务学科建设为导向的内容建设

（一）精准科研定位 服务学科建设

数据库以马克思主义研究知识服务平台建设为定位，以推动马克思主义理论学科数字化建设为宗旨，以数字化手段助力马克思主义理论研究与建设。立足马克思主义理论各二级学科，涵盖经典马克思主义中国化研究、党史党建、思想政治教育、中国近现代史基本问题研究、经典马克思主义研究和国外马克思主义研究等学科类文献资源。分门别类做实基础学科资源知识服务。

（二）整合优质内容资源 推动学术共同体协同建设

数据库整合社科文献社可授权的马克思主义研究的全部数字资源，涵盖丛套图书2000余本、篇章（论文）及研究报告2万余篇，总字数超6亿字。库内资源的作者队伍权威，多来自重点马克思主义学院或知名党政科研机构，内容依托于专业编辑严格把关后的正式出版物，资源层次涵盖国家社科基金项目成果、教育部人文社科基金项目成果、中国社会科学院创新工程项目成果，以及其他省部级研究成果。

（三）突出主题出版 助力学科发展

数据库分设基础学科研究知识服务板块和热点焦点议题研究知识服务板块。前者涵盖经典马克思主义中国化研究、党史党建、思想政治教育、中国近现代史基本问题研究、经典马克思主义研究和国外马克思主义研究等学科类文献资源；后者开设中国式现代化研究、领航新时代研究、脱贫攻坚与全面建成小康社会研究、人类命运共同体、乡村振兴研究、人类文明新形态研究、意识形态与社会思潮研究、当代资本主义研究和苏联东欧研究等分类主题资源板块。研究热点聚焦二十大专栏，助力学习贯彻二十大精神。

三、以服务学术科研为导向的功能设计

（一）多维度条件检索

数据库提供强大的全文检索能力，用户可依据多维度条件进行高级检索操作，从而实现对目标信息的精准定位与获取。支持按学科分类、主题资源、作者、关键词、出版时间等多种条件筛选，以满足用户在不同需求下的精细化检索需求。更为便捷的是，平台还支持二次检索功能，用户可在初次检索结果的基础上，进一步细化检索条件，以获取更为精确和全面的信息。

（二）多类型阅读模式

数据库提供便捷的在线流式阅读服务、轻松流畅的阅读体验。阅读过程中，用户可以根据个人阅读习惯，利用书签、划线、笔记等辅助功能开展个性化的阅读管理和知识整理，通过全文搜索功能，可以快速定位所需内容，提高阅读效率。

数据库为了满足不同用户的阅读需求，提供原版PDF在线阅读服务，确保与纸书版式、页码完全一致，以便带来原汁原味的阅读体验。同时，支持文本选取复制功能，用户可按需复制内容，并可选择按页复制，方便信息整理和传播。

数据库的功能建设以服务科研为导向，以增强用户体验为核心，引入精细化检索设置、"笔记划线""文

献引用”等阅读功能，旨在协助科研人员提升检索精度和参阅效率，打造更为便捷、高效的学术资源获取体验。通过不断优化和完善功能设计，为科研人员提供更为全面、精准、便捷、高效的学术资源服务，满足其在科研过程中的多样化需求，推动学术研究深入发展。

四、数据库建设突出亮点

马克思主义研究数据库以促进图书出版资源共享与增值利用为己任，充分考虑专家学者资源获取渠道多样化的诉求，在建设方面集科学性、专业化、特色化于一体，注重资源的分级分类呈现，在多次信息整合中实现学术资源价值最大化。

（一）科学性、时代化

平台建设方面，依托社科文献社在数字学术科研服务方面积累的丰富经验，充分听取数字出版领域专家学者建议，对既有出版资源进行全方位数字化整合，打造马克思主义理论专题数据检索平台。页面设计具有较强的交互性，科研人员可根据需求自行创建电子书单，打造自己的“线上图书馆”，尊重用户检索习惯和阅读习惯，同时可建立电子读书笔记方便信息获取。

（二）系统性、专业化

数据库拟建初期多次召开线上线下论证会，邀请马克思主义理论专家学者围绕平台内容布局进行专业化论证。在兼顾马克思主义理论学科体系和社科文献社现有图书品种分布的前提下，尽可能涵盖学科体系所涉及方向。学科专业编辑全程深度参与内容建设，紧跟学科前沿动态，以满足科研人员在专业研究和学习中的需求，提升了数据库的专业性。

（三）原创性、特色化

在兼顾全面性的同时，充分突出优势出版资源。建社以来，社会科学社已成为苏联东欧研究、世界社会主义研究、当代资本主义研究等学术研究领域的出版重镇，在该领域曾出版300余个经典图书品种。

五、项目成效与社会反响

数据库自上线以来已累计服务高等院校等机构50余家，服务相关学者、高校师生达数万人。伴随内容的不断扩充和知识体系的日益完善，马克思主义研究数据库作为马克思主义理论学科不可或缺的数字化资源库的同时，正日益成为学界深入学习习近平新时代中国特色社会主义思想的优秀内容资源平台。作为长期建设产品，马克思主义研究数据库将持续提升用户体验，扩充内容资源，为更多学者提供优质的学术内容服务。2023年“马克思主义研究数据库”在第六届中国数字出版创新论坛中荣获推优案例殊荣。

在学术资源服务领域，我们致力于构建一个高效、便捷的高校内部统一发现平台。数据库进入高校内部统一发现平台，增加CARSI联盟认证登录。联盟高校的学者和读者可以便捷地利用个人身份认证信息，在无须烦琐注册和验证流程的情况下，直接登录并访问。这既简化了用户的登录步骤，又确保了访问过程的安全性和可靠性。

六、数据库融合经验

在传统出版模式下，作者与编辑的角色相对固定，作者负责提供内容，编辑则负责内容的加工与呈现。在融合发展背景下，出版社需要进一步整合全社范围内的学科类数据资源，以服务学科的发展，同时推动传统出版与数字出版的深度融合。学科专业编辑参与数据库建设不仅可以充分发挥学科编辑的专业性、提升编辑的职业素养和综合能力，还有助于编辑在数字化时代中更好地适应市场需求，实现个人价值的最大化。

为了提升产品的竞争力，社科文献开展广泛合作，与学习出版社等机构共同探索融合发展创新亮点，补充优质内容资源。在内容运营管理方面，我们结合高校学科建设，不断优化服务流程和内容质量，以提供更加优质的知识服务。

综上所述，通过编辑转型、深度挖掘创新服务模式以及广泛合作等措施，社科文献社不断推动项目建设融合经验的积累与提升，为出版业的可持续发展贡献力量。

（潘晓颖：社会科学文献出版社数字出版分社融合发展业务中心编辑）

案例类别：产品

中国社会科学年鉴数据库

中国社会科学出版社

一、产品介绍

“中国社会科学年鉴数据库”是国内唯一的哲学社会科学学术类年鉴数据库，集中展示了哲学社会科学学各学科的发展信息，是研究学术史与梳理学科发展的重要工具书。

数据库以学科为基点，对500余卷学术年鉴进行深度加工和标引。包含110万个词条、9万篇文章、0.8万篇学科综述、11万条大事记、2万条会议纪要。基本覆盖社会科学一级学科和部分重要的二级学科，系统全面地反映学科发展脉络，持续记录和追踪学术、学科发展变化。形成了国内唯一成规模、有较高学术品质的学科年鉴集群。

数据库是传统优质出版资源数字化、知识化、产品化升级的典型示范，实现了纸电同步出版，是对当代中国哲学社会科学发展史的全面数字化呈现。

二、内容资源

“中国社会科学年鉴数据库”已整合50种500余卷学术年鉴资源，覆盖哲学社会科学绝大多数重要学科，另外整合了《哲学社会科学学科发展报告》112种。

（一）学科年鉴

序号	年鉴种类	卷数
1	中国新闻年鉴	41
2	中国哲学年鉴	40
3	中国考古学年鉴	39
4	世界经济年鉴	37
5	中国人口年鉴	37
6	中国文学年鉴	37
7	中国社会科学院年鉴	26
8	中国民族研究年鉴	20
9	中国地方志年鉴	19
10	中国经济伦理学年鉴	15
11	中国宗教研究年鉴	14
12	马克思主义理论研究与学科建设年鉴	12
13	郭沫若研究年鉴	11
14	中国伦理学年鉴	11
15	中国辽夏金研究年鉴	9
16	美国年鉴	9
17	司马迁与《史记》研究年鉴	9
18	中国社会学年鉴	8
19	中国经济学年鉴	8
20	中国语言学年鉴	8
21	中国边疆学年鉴	5
22	中国比较文学年鉴	5
23	中国新闻传播学年鉴	5
24	中国生态文明建设年鉴	4
25	茅盾研究年鉴	4
26	中国民俗学年鉴	4
27	中国管理学年鉴	4
28	中国艺术学年鉴	3
29	湘学年鉴	3
30	中国政府绩效管理年鉴	3
31	中国政府管理年鉴	2
32	中国俄罗斯东欧中亚研究年鉴	2
33	中国宋史研究年鉴	2
34	中外人文交流年鉴	2
35	中国非洲研究年鉴	2
36	中国产业经济学年鉴	2
37	中国古代史年鉴	2
38	中国拉丁美洲研究年鉴	2
39	中国学术年鉴（人文社会科学版）	2
40	全国社会科学院年鉴	1
41	中国教育学年鉴	1
42	延安文艺研究年鉴	1
43	东西方哲学年鉴	1
44	国际安全大数据年鉴	1
45	中国历史学年鉴	1
46	当代中国史研究年鉴	1
47	中国金融学年鉴	1
48	中国日本研究年鉴	1
49	群学年鉴	1
50	中国人力资源管理年鉴	1

（二）学科发展报告

序号	书名
1	马克思主义理论学科前沿研究报告（2012）
2	马克思主义理论学科前沿研究报告（2011）
3	马克思主义理论学科前沿研究报告（2014—2015）
4	马克思主义理论学科前沿研究报告（2013—2014）
5	马克思主义理论学科前沿研究报告 (2010—2012)

6	财贸与金融学科前沿研究报告（2010—2012）
7	经济学学科前沿研究报告 (2010—2012)
8	社会学与社会发展学科前沿研究报告（2010—2012）
9	法学与国际法学科前沿研究报告（2010—2012）
10	民国政治史研究
11	新中国马克思主义研究 70 年
12	新中国财政学研究 70 年
13	新中国语言文字研究 70 年
14	新中国经济建设 70 年
15	新中国经济学研究 70 年 . 全 2 册
16	新中国管理学研究 70 年
17	新中国社会建设 70 年
18	新中国社会主义发展道路 70 年
19	新中国生态文明建设 70 年
20	新中国法治建设 70 年
21	新中国法学研究 70 年
22	新中国民族语言学研究 70 年
23	新中国民族学与人类学研究 70 年
24	新中国民俗学研究 70 年
25	新中国服务经济研究 70 年
26	新中国新闻与传播学研究 70 年
27	新中国文学研究 70 年
28	新中国政治学研究 70 年
29	新中国技术经济研究 70 年
30	新中国宗教学研究 70 年
31	新中国国际问题研究 70 年
32	新中国哲学研究 70 年
33	新中国历史学研究 70 年
34	新中国劳动经济学研究 70 年
35	新中国农业农村发展研究 70 年
36	新中国人口学研究 70 年
37	新中国产业与区域经济研究 70 年
38	文学、语言学科前沿研究报告（2010—2012）
39	数量与技术经济学科前沿研究报告（2010—2012）
40	政治学、民族学与新闻传播学学科前沿研究报告（2010—2012）
41	当代中美关系研究（1979—2009）
42	当代中国逻辑学研究（1949—2009）
43	当代中国近代经济史研究（1949—2019）
44	当代中国近代经济史研究
45	当代中国近代社会史研究（1949—2019）
46	当代中国近代社会史研究
47	当代中国近代思想史研究（1949—2019）
48	当代中国近代思想史研究
49	当代中国近代史研究（1949—2019）全 2 卷
50	当代中国近代史研究（1949—2009）
51	当代中国近代史理论研究（1949—2019）
52	当代中国近代史理论研究
53	当代中国近代史史料学研究
54	当代中国边疆研究（1949—2014）
55	当代中国边疆研究（1949—2019）
56	当代中国语言学研究（1949—2019）
57	当代中国语言学研究（1949—2015）
58	当代中国艺术学研究（1949—2009）
59	当代中国美学研究（1949—2019）
60	当代中国美学研究（1949—2009）
61	当代中国美学学术史
62	当代中国经济学理论研究（1949—2009）
63	当代中国简帛学研究（1949—2019）
64	当代中国简帛学研究
65	当代中国社会建设研究
66	当代中国的日本研究（1981—2020）
67	当代中国的日本研究（1981—2011）
68	当代中国的文化研究（约 1990—2010）
69	当代中国现代文学研究（1949—2019）
70	当代中国现代文学研究（1949—2009）
71	当代中国法学研究：1949—2019
72	当代中国法学研究（1949—2009）
73	当代中国水利史（1949—2011）
74	当代中国晚清政治史研究（1949—2019）
75	当代中国晚清政治史研究
76	当代中国文艺理论研究（1949—2019）全二卷
77	当代中国文艺理论研究（1949—2009）
78	当代中国文艺学研究：1949—2019
79	当代中国文艺学研究（1949—2019）
80	当代中国文艺学研究（1949—2009）
81	当代中国敦煌学研究：1949—2019
82	当代中国教育学术思想研究（1949—2009）
83	当代中国政治思潮研究
84	当代中国拉丁美洲研究
85	当代中国宗教学研究（1949—2019）
86	当代中国宗教学研究（1949—2009）
87	当代中国外国文学研究（1949—2019）
88	当代中国外国文学研究（1949—2009）
89	当代中国基督宗教史研究
90	当代中国国际法研究（1949—2009）
91	当代中国国际政治学研究
92	当代中国哲学研究（1949—2009）
93	当代中国台湾史研究
94	当代中国古代文学研究（1949—2019）下卷
95	当代中国古代文学研究（1949—2019）上卷
96	当代中国古代文学研究
97	当代中国历史地理学研究（1949—2019）
98	当代中国世界经济学研究（1979—2019）

99	当代中国世界经济学研究
100	当代中国世界历史学研究（1949—2019）
101	当代中国世界历史学研究
102	当代中国、信息情报研究与图书馆学学科前沿研究报告（2010—2012）
103	工业经济与农村发展学科前沿研究报告 (2010—2012)
104	国际问题前沿研究报告：西亚非洲、拉美与美国、日本 (2010—2012)
105	国际问题前沿研究报告：欧洲与俄罗斯东欧中亚 (2010—2012)
106	国际问题前沿研究报告：世界经济政治与亚太地区（2010—2012）
107	哲学与宗教学科前沿研究报告（2010—2012）
108	人口、城市与环境学科前沿研究报告（2010—2012）
109	中国近代史与边疆史地学科前沿研究报告（2010—2012）
110	中国经济学 60 年（1949—2009）
111	中国历史与考古学科前沿研究报告（2010—2012）
112	世界史学科前沿研究报告（2010—2012）

三、功能特色

（一）主题标签

从所有年鉴中提炼出具有相似属性的实体，利用元数据管理技术构建出统一标准的年鉴、文章、论文、图书、课题、会议、人物、大事记等内容模型，将不同类别年鉴里的此类信息以排行榜单、活动地图、时间轴等可视化形式进行对比、排行、趋势展现，形成每本年鉴的特色栏目。

（二）检索服务

用户可通过关键词从多个维度快速检索、筛选定位到相关内容，可从多个维度全方位获得单本年鉴的综合画像，也可通过一个或多个维度纵向对比了解学科发展。

对搜索结果中的年鉴分布、时间分布、热门人物及机构进行了统计分析，帮助用户深入挖掘检索词的相关信息。对某个种类的年鉴，可以查看其不同卷次中篇章数量、综述概况、图表数量、图书数量、最佳论文数量的发展和变化趋势。

（三）知识挖掘

通过自然语言处理引擎产品，对用户搜索结果、年鉴、学科发展报告中的高频词汇、相关人物、相关机构、热点事件等内容进行精准抽取，为网站相关区域提供模块化、自动化、开放化的分析与呈现。

（四）智能推荐

基于用户行为推荐相关内容，帮助用户基于兴趣快速建立自己的知识体系，用户浏览某篇文章时，系统会智能推荐相似的文章。

通过智能推荐算法的使用，帮助用户快速获取当前搜索、浏览行为的相关内容，提升用户的阅读兴趣。

（五）多种阅读方式

支持“PDF 原版阅读”、“网页全文阅读”和“拼接阅读”。拼接阅读可以把章节搜索结果中或者不同年份年鉴的不同文章快速拼接到一起，形成定制化的阅读列表进行快速阅读。

（六）学术专题

按照不同主题通过信息重组建立学术专题，让用户享受内容重组后的思想文化盛宴。

（七）热点排行

“排行榜”汇聚了 30 天内的热门年鉴、学科发展报告、文献综述以及热点文章，帮助用户快速找到热门内容。

四、服务方式

《中国社会科学年鉴数据库》支持在线版包库、本地镜像托管、资源定制等多种服务方式。

五、社会效益

《中国社会科学年鉴数据库》在 2018 年荣获中国出版协会“优秀知识资源”，2020 年荣获“第十五届中国（北京）国际文化产业博览会”中国数字出版创新论坛“出版融合创新优秀案例暨出版智库推优”。

2020 年上半年，为了响应行业倡议，配合国家防疫抗疫的工作大局，中国社会科学出版社免费向公众开放《中国社会科学文库》与《中国社会科学年鉴数据库》的全库在线使用权限，并制作了抗疫内容专题和突发公共事件处理资政专题。数据库免费开放的三个月时间，收到了很好的社会反响。

2020 年 6 月，中国社会科学年鉴数据库与中国教育和科研计算机网联邦认证与资源共享基础设施（CARSI）成功实现了数据库的对接，为联盟内几百所高校的师生在校外访问出版社数据库创造了便利条件。

六、经济效益

《中国社会科学年鉴数据库》于 2018 年上线至 2023 年底，已有 570 多家国内机构（含香港 2 家、台湾 5 家）、6 家国外机构用户开通试用。页面访问次数超过 400 万，累计用户访问量已经超过 100 万次。中国社会科学院、北京师范大学、吉林大学、宁夏大学、西南政法大学、新疆政法学院、广西民族大学、广东开放大学等十几家重点机构已付费购买，累计实现销售收入近 350 万元。

（中国社会科学出版社）

中国社会科学年鉴数据库

案例类别：产品

“天工讲堂”平台助力数字化教育形成新质生产力

韩菲

一、顺应时代浪潮，建设数字化学习高地

在国家大力发展现代制造业和战略性新兴产业的背景下，装备制造业对各类人才需求旺盛，如何构建专业型、复合型人才的数字化教学体系和学习平台已成为各级各类院校教育的重中之重。自 2019 年以来，国务院、教育部、财政部等多部门接连印发《“十四五”普通高等教育本科国家级规划教材建设实施方案》《国家职业教育改革实施方案》等文件，提出打造人才培养高地、打造创新服务平台、打造高水平专业群，提升教育数字化水平。

机械工业出版社（以下简称机工社）基于多年深耕装备制造业领域的专业出版经验，结合自身数字化转型升级，于 2020 年 12 月上线了装备制造业知识学习的新高地——“天工讲堂”。机工社通过整合社内外资源，持续加大投入，创新产品体系、业务模式和制度保障体系，形成了“天工讲堂”平台的内容资源富集、技术支撑有力、迭代进化灵活、服务手段多样、两个效益明显的发展局面。该平台于 2020 年 12 月上线，至 2023 年底的三年内，总用户数达到近 20 万人，上线了 1000 多种各专业领域的数字内容产品，学习素材量超过 17000 个（集），最高单日访问量已突破 10000 人次，单课最高观看量已超 20 万人次，荣获由国家新闻出版署评选的“2021 年度数字出版精品遴选计划”提名奖和由中国出版协会颁发的“2020 年度出版融合创新优秀案例暨出版智库推优”等奖项和荣誉。

二、产品内容来源多样、形态丰富

“天工讲堂”平台的内容来源多样，一部分是依托于机工社建成的多个专业领域的资源库，实现了社内资源的共享和再利用；另一部分内容则由机工社数字产业各部门开发；还有一部分内容是院校教师为了开展教学活动而在“天工讲堂”平台上开设的数字课程。

“天工讲堂”平台的产品形态有 6 种，即数字教材、数字课程、题库、虚拟仿真、随书资源和音频课。用户可以使用这 6 种形态的数字产品进行自由组合，形成综合性的学习资源集合体。

（一）数字教材

数字教材是一种主要的新形态教材。机工社的数字教材采用了通用的 H5 技术，实现了直接在教材内观看音视频、做题判题、操作 3D 模型、下载学习资料等学习功能。目前，机工社已有上百种数字教材发布和运营，机工社是国内首批上线运营数字教材产品的出版社之一。

（二）数字课程

数字课程是由音视频、图片、动画、模型、3D 互动、文档、工程文件等素材构成的一种数字内容产品。众多的素材按照类似于教材目录的结构进行组织，学员无须纸质教材，通过这门数字课程就可以学习到这门课的所有知识。

（三）题库

教师可以在平台上创建、导入十几种题型的试题，还可以插入图片、音视频。题库还提供组卷功能，题目顺序、选项顺序都可以随机排列。题库产品使教、学、练、测、评形成了一个闭环。

（四）虚拟仿真

虚拟仿真是解决实验实训过程中“三高三难”问题（高投入、高难度、高风险，难实施、难观摩、难再现）的有效手段，“天工讲堂”平台支持 WebGL 技术规范的虚拟仿真压缩包，通过练习使学员享受到沉浸式的学习感受。

（五）随书资源

随书资源是指纸质图书上的二维码或图书的扩展学习内容。与数字课程不同的是，随书资源针对的仅是书中的重点和难点，而非所有知识点，彼此之间也没有严格的结构、顺序关系。

（六）音频课

音频课是“天工讲堂”平台支持的一种产品形态，供受学习场景和学习设备限制的学员使用。我们从满足学员需要的角度出发，为其提供尽可能多、尽可能全面的学习体验。

三、“一站式”聚合服务，多场景功能设计满足各类用户需求

坚持从用户出发的平台功能设计，切实关注教师的教学需求、学生的学习需求、企业的培训需求，“天工讲堂”

平台锁定用户视角，通过多轮功能迭代升级，实现了目前“一站式”多场景服务的功能聚合。具体功能如下。

（一）满足数字教材出版、运营的需求

“天工讲堂”平台依托机工社数十年教材出版的底蕴，综合采用各项新技术，克服种种困难，积极探索出一条数字教材的编写、审校、出版、营销销售的路径。截至 2023 年 12 月底，机工社共有 13 种数字教材荣获了教育部评定的“十四五”国家级规划教材称号。

（二）满足院校教学和企业培训的需求

“天工讲堂”平台支持 SPOC（Small Private Online Course，小规模限制性在线课程），这正好契合了院校教学和企业培训的内部、熟人教学应用场景。教学者在平台上建好 SPOC 后，学员在平台上学习，双方还可以讨论互动，教学者在后台可以随时查看学习者的学习进度、作业、练习、考试等情况，平台还会根据教学者的设定自动对每一位学习者的学习情况进行打分。

（三）满足院校开设公开课的需求

为了实现优质资源共享，教育部鼓励教师将优秀的课程向其他院校甚至全社会公开，MOOC（Massive Open Online Courses，大型开放式在线课程）建设蔚然成风。教育部、各省市评选的一流课程或精品课程，也多以 MOOC 的形式在互联网上进行教学。“天工讲堂”平台为广大教师提供了包括建课、教学、互动、评价、发证、报奖等在内的全流程功能。2022 年，“天工讲堂”上的《汽车发动机检修典型项目实训》一课荣获了教育部评定的国家级在线精品课程称号，并已对接国家职业教育智慧教育平台进行推广。

四、协同共建行之有效的融合发展机制

“天工讲堂”平台在机工社内部属于支撑型业务定位，这一定位使平台的发展得到了保障。2019 年，机工社成立了数字出版工作委员会，由各部门“一把手”协同开展数字出版工作。同年，机工社制定发布了《数字出版产业三年行动纲要（2019—2021）》。机工社还设立了产业基金，近年来每年投入千万元的自有资金用于数字化基础设施建设、产品开发和平台升级等各个方面。

机工社鼓励内部跨部门开展合作，协同开发各种数字产品，分社和平台两方都可全额计算销售回款，用于核算平台和分社的相关 KPI。对于一线编辑，在内部评奖评优时设置优秀数字产品奖，在奖金考核中也适当向从事数字项目的人员倾斜，激活参与平台建设和运营的积极性。

与任何产业创新一样，出版业融合发展同样需要决策者明确方向、坚定信心、持续投入。机工社在利用自身领域优势方面，不仅链接了装备制造业、工程科技领域中的产学研用各环节的主体，打造了基于“天工讲堂”平台的行业内容生态圈，并不断升级平台，有效放大出版效能，以融合出版、数字出版的新手段、新方法助力数字化教育形成新质生产力，为各年龄段、各院校的专业人士和师生提供更优质的学习内容和学习体验。

（韩菲：机械工业出版社有限公司数字资源创作中心副主任）

案例类别：产品

中国少年儿童新闻出版总社：中少智绘阅读主题活动平台

中国少年儿童新闻出版总社

《幼儿画报》创刊于 1982 年，由中国少年儿童新闻出版总社（以下简称中少总社）出品，创刊近 40 年积累了丰富的内容资源，包括绘本、儿歌、故事、动画、音频故事等，深受学龄前幼儿读者喜爱，为百万中国家庭提供丰富多彩的优质原创内容。《幼儿画报》积极参与教育部《幼儿园教师胜任力发展研究》项目开展图画书综合主题活动教学研究，在全国三百多所一级一类幼儿园开展了丰富多重的绘本主题教研活动，积累了丰富的绘本主题活动实践经验。

为更好地服务于幼儿园、家庭、社区、机构等用户，中少总社以《幼儿画报》的优质内容资源为基础，结合幼儿园绘本主题活动理论和实践，通过软硬件的结合，

将绘本阅读、绘本欣赏、绘本主题活动等内容资源进行整合，开发了中少智绘阅读主题活动平台（以下简称中少智绘）。通过生动、活泼、互动等多种形式的教育过程，构建全方位全时段的儿童教育活动新场景。让幼儿园、机构、社区、图书馆可以轻松开展绘本主题阅读活动，打造有特色的绘本主题活动方案。

一、中少智绘的平台建设

中少智绘通过主题融合五大领域活动内容，提供活动系统、幼儿材料包等子产品和服务，引领机构开展绘本阅读课程和延伸活动；通过家园共育小程序构建浸润式教育环境，提供优质线上学习内容等工具和资源，全方位、全时段地建构幼儿阅读学习环境，培养幼儿阅读兴趣，挖掘幼儿发展潜能，提升幼儿整体素养。

（一）活动系统

中少智绘是一套结合软件、硬件、内容的交互式系统，是产品的核心系统，包括绘本学堂、主题活动库、绘本书架等工具，即时帮助机构打造生动活泼的绘本阅读场景，实现与名家大师面对面的绘本解读活动。

其中，绘本学堂涵盖多主题、多领域图画书，导入、解读和回顾板块帮助幼儿理解图画书，爱上阅读；活动板块搭建主题下的多领域活动，丰富机构活动内容，让幼儿在情境中阅读，在活动中学习；共育板块将活动内容延伸至家庭，提供亲子阅读指导工具，真正实现全民阅读的书香社会。

主题活动库覆盖五大领域（含语言、健康、社会、科学、艺术）、600套活动方案，充实丰富机构各类活动方案，协助园所、图书馆打造特色品牌；可满足不同机构全年活动所需，并能与机构传统活动主题完美融合。

（二）多主题拓展阅读

中少智绘为培养孩子探究性阅读和创造性阅读的能力，还加入了多主题拓展阅读内容。比如，有童话、安全、国学、益智、情商等动画产品模块，每一个模块里面有百种左右的拓展产品。

（三）教师培训

依托中少智绘的优质教育内容和品牌资源，打造园所服务体系，助力教师提升“教师胜任力”，支持幼儿园开展“阅读教育”特色教育。

围绕“阅读教育”，解读教育理念、课程实施、环境创设、教学方式、家庭教育、教学教研等实施方案。定期举办教师的绘本教学赛课活动，以赛促研，助力老师的能力成长。

（四）家园共育

中少智绘助力家园共育，致力于拉近幼儿园与家长的距离，实现教师、家长、孩子之间的分享与交流，开发了家园共育小程序，让教师轻松实现家校沟通，方便家长和孩子一起阅读绘本。

（五）幼儿手工材料包

幼儿手工材料包礼盒分大、中、小三个年龄段，以多元材料匹配系统主题活动内容，以情景性实践、互动式游戏提升幼儿认知能力，以丰富多样的手工材料开发幼儿的创作潜能。

（六）中少智绘书库

中少智绘书库是在中少阳光图书馆、九神鹿绘本馆、七彩云世界绘本馆以及国内外优质儿童绘本资源的基础上，通过三重图书筛选机制形成的专业书库。我们定期更新智绘书库和智绘数字阅读资源内容。根据学龄前幼儿的阅读问题和特点，精选出儿童绘本阅读书单；根据幼儿园教师职业素养提升的要求，精选出教师阅读书单；根据亲子阅读和家庭教育的问题，精选出家长阅读书单。帮助机构实现0—7岁幼儿全方位一体化的阅读教育活动解决方案。

（七）家庭产品

《幼儿画报》由团中央直属中国少年儿童新闻出版总社有限公司出版，1982年创刊，是久经考验的老牌期刊，获奖无数，其中就包括“中国出版政府奖”中国出版最高奖项。

二、中少智绘的平台优势

基于传统出版内容优势资源建设，广泛应用于图书馆、绘本馆、亲子阅读中心、幼儿园等机构和用户，通过将书刊和数字内容与幼儿阅读教育相结合，促进中少总社从传统出版商向内容服务商的转型，积极探索出版+教育的融合发展新模式，建立亲子共读的桥梁。

（中国少年儿童新闻出版总社）

案例类别：产品

建设高质量出版平台 推动期刊协同发展

——SciEngine 科技期刊全流程数字出版与知识服务平台

中国科技出版传媒股份有限公司

SciEngine 科技期刊全流程数字出版与知识服务平台（以下简称 SciEngine 平台）是中国科技出版传媒股份有限公司（科学出版社）从国家战略和期刊需求出发，打造的具有我国自主知识产权、集全流程数字化生产与国际化传播于一体的科技期刊出版服务平台。SciEngine 平台以服务国家高端科研论文和促进科技信息交流为目标，以自有高水平国际期刊群的内容资源为核心，秉承国际先进出版理念，以高效、准确、细致、灵活为平台设计导向，通过平台集聚和学术引领，推动我国科技期刊协同发展，服务我国世界一流期刊建设。

一、打造全链条出版平台，促进期刊深度融合发展

科学出版社从 2014 年开始搭建集论文投审、内容生产、数据仓储、资源发布、学术提升、营销推广及科学评价的全链条数字出版与知识服务体系，加快从“借船出海”向“造船出海”的转换。SciEngine 平台加快建设，2016 年 4 月，SciEngine V1.0 上线，搭建 XML 生产排版系统与 SciEngine 网刊系统；2018 年 2 月，SciEngine V2.0 上线，集成电子商务，实现书刊一体化；2019 年 1 月，SciCloud 投审稿系统 V1.0 上线，搭建中英文双语平台；2021 年 10 月，SciEngine 新一代生产平台上线，实现 XML 自动转换、排版、拼版全新升级。2023 年 6 月，SciEngine 科技期刊全流程数字出版与知识服务平台 V3.0 在第六届世界科技期刊论坛上发布。

SciEngine 平台搭建了灵活可配的投审稿系统，实现了基于结构化数据的自动化排版和出版周期的全流程管理，支持微信同步审稿、在线校对，对接国际主流期刊数据库、搜索引擎、第三方知识发现平台、社交媒体和科技媒体，建立了文献检索与学术发现、富媒体阅读与中英文双语展现、精准推送与定制阅读、学术营销推广等功能，打通了全链条数字出版服务，为平台期刊传播尤其是海外传播提供了技术支撑和服务保障，助力一流期刊建设，积极推进我国科技期刊集群化建设。截至 2024 年 3 月，SciEngine 平台已展示期刊 438 种，平台刊载文章量 45 万余篇，阅读量超过 4300 万余次。

二、提供全方位知识服务，助力一流期刊建设

SciEngine 平台加速实施技术创新，面向知识服务不断升级。应用科研大数据、人工智能等先进技术，成功构建用户画像，实现精准推送、科研分析、期刊影响力评价分析和提升等多种知识服务功能，提高在百度和谷歌被检索能力，置入自荐推送功能，增强刊名和关键词被检索能力，持续提升期刊和学术内容显示度，为科研和出版提供规范、有序服务支撑。从语义检索、机器阅读理解、大数据精准推荐与传播、大型数据库并发加载等方面提高文献传播效率和读者使用体验。

科学出版社不断加强对 SciEngine 平台智能出版工具的探索研究，如智能选刊与转稿、稿件自动提交、稿件智能创新性检测、学术不端自动检测、智能在线审校、审稿专家精准匹配、结构化自动排版工具、图片学术查重、科大讯飞的中英文自动转译、智谱“秒读论文”视频合成、知识图谱应用、基于知识的精准搜索等智能出版工具。通过技术为学术出版赋能，使出版更加高效、更加优质，更好地推动我国一流期刊建设，带动我国学术出版行业的发展。

三、营造开放科学生态，推动期刊出版转型升级

为加快推进我国科技期刊向开放获取转型，科学出版社积极开展科技期刊的 OA 出版转换，遵循 FAIR 原则，基于自主平台制定 OA 出版政策、出版标准、数据规范和出版协议，开展 OA 出版咨询评价。兼容数据期刊的托管，升级适配开放评审和开放数据等出版形式。

目前，平台开放获取期刊 169 种，开放获取论文 6.3 万篇。平台已支撑《国家科学进展》《生物化学和生物物理学》《中国科学数据》等学术期刊和数据期刊的全流程出版，推动科学内容和数据共享与再利用，提升科学数据价值。

四、强化出版服务能力，兼具社会效益和经济效益

随着 SciEngine 学术期刊出版传播平台的不断建设

和完善，逐步吸引更多的海外合作期刊回归自主出版。高质量学术期刊集群规模的有效扩大，也将不断提升我国学术话语权和影响力，加快我国科学界进一步融入国际学术圈和搭建全球学术共同体科研交流渠道，成为推进我国开放科学建设、维护我国知识产权和信息安全的保障。

SciEngine 平台获得了多个部委的项目支持和荣誉。2015 年获财政部文化产业发展专项资金；2016 年获国家新闻出版署“全国报刊媒体融合创新案例 20 佳”；2019 年获中国科协“中国科技期刊卓越行动计划集群化试点项目”；2022 年入选中宣部国家文化产业发展项目库第二批入库重点项目和国家新闻出版署“出版融合发展工程数字出版优质平台遴选推荐计划”。

近年来，科学出版社 SciEngine 平台以自有高水平国际期刊集群为引领，充分发挥科技期刊集群化发展优势，加快期刊协同发展。以开放获取期刊自主办刊模式，主动融入国际开放出版生态，探索从免费订阅和混合订阅向开放获取的出版转换，为 OA 期刊创办、海外期刊回归国内自主出版提供经验。未来，科学出版社将更多地研发和集成先进的智能化出版工具，进一步加快推进我国科研成果的广泛传播，不断提升我国学术话语权和影响力，为打造中国学术品牌贡献力量！

（中国科技出版传媒股份有限公司）

SciEngine 平台

案例类别：产品

中科医库

王向雨 韩笑洁 王雪松

在国家推动媒体融合和数字化转型的大背景下，科学出版社中科数字出版传媒有限公司（以下简称中科数媒）响应《健康中国 2030》规划纲要，联手全国权威医疗机构及知名专家，借助互联网信息技术打造了临床案例库知识服务云平台——中科医库。

中科医库通过选取临床医学各学科常见病、多发病以及一些疑难病，并对精选的临床案例进行解析、点评，融入理论知识及诊疗关键要点，将顶级专家的临床思维、最新的临床进展、规范的诊疗路径、先进的手术范式等优质医学资源服务于两大核心用户群体：一是急需提升临床思维和技能的年轻医师和医学生；二是医疗资源相对匮乏的中西部地区，旨在通过共享优质医学资源，促进地区间医疗水平的均衡发展。

一、中科医库平台功能建设

中科医库平台采用了先进的B/S架构，通过三层体系（表现层、应用层、数据层）的优化配置，实现了用户界面的友好交互、业务逻辑的高效处理和数据资源的安全管理。

中科医库完成了包括前台展示、后台管理、用户交互、多终端发布的开发，并体现了以下特点。

（一）强化用户交互

案例资源采用主体数据加附加数据的交互形式。主体数据即该案例的完整临床资料，包括主诉、现病史、个人史、既往史、体格检查、辅助检查、入院诊疗过程等。附加数据包括专家点评、诊疗分析、问题思考、要点注释、图片标注等；具体点评或分析的内容包括但不局限于对临床知识点的回顾、对病例撰写要点的提示、对鉴别诊断的思考、对下一步检查及治疗手段的选择、对手术适应证的考量等。

（二）辅助临床决策

以临床思维为框架模式的病种学习体系，为不同层次的用户提供不同维度和形式的精选案例，用户通过问诊、体格检查、辅助检查结果的判读做出诊断并制定治疗方案，模拟临床真实接诊过程，反复进行临床思维训练，提升决策能力。

（三）分级分类学习

进一步优化了学科分层、分级和分类体系，案例/术式从简单至复杂、从常见至罕见、从经典至疑难、从单学科至多学科等分类编撰、展示。

（四）跨库精准检索

针对不同学科的特点，平台提供差异化、特色化的专题板块，辅以多维度的智能检索，使用户快速准确获得相关内容资源。

二、中科医库资源建设

在资源建设方面，中科医库采取 PGC 模式，通过与医学专家紧密合作，确保案例专业性和权威性。中科医库内容资源的高品质主要体现在以下几个方面。

（一）原创性、专业性与实时性

中科医库对于合作专家进行严格甄选，比如中科医库的合作专家包括吴孟超院士、张金哲院士、葛均波院士、董家鸿院士、王俊院士等，以及一批具有较高学术造诣和丰富临床经验的中青年专家。所选案例均为专家根据学科特点和临床经验精心挑选，提出诊疗关键所在，并结合自身的临床经验予以点评。

中科医库的案例均为第一手临床资源，而非已发表内容的二次加工。平台提供的内容资源均为独家获取，其中大量视频（包括操作和手术等）均为中科医库团队自主策划、拍摄、设计、制作、审核、加工，尤其手术室、实验室等特殊场景的拍摄，团队动画人员在手术关键环节插入动画等，具有较高的学术价值、极强的实践指导价值和真切的观摩价值。

中科医库紧跟医学发展中的新情况、新变化、新趋势、新发展，不断策划、增加、更新平台内容资源。

（二）系统性与全面性

中科医库平台资源的获取进行了严格的学科 / 亚专科内容策划与设计，保证了学科内容的全面与纵深，能为各级医师提供差异化服务。

截至 2024 年 5 月，中科医库平台累计完成案例 22919 例，图片 22226 张，视频时长 10090 分钟，电子书篇章 112917 条。参照国际疾病分类（ICD–11），已覆盖 2000 余种疾病，涵盖内、外、妇、儿等 30 多个临床学科及亚专科。中科医库完成了肿瘤影像案例库、北京医院神经内科诊疗案例库、北京积水潭医院手外科基本操作视频库、神经内科临床思维案例库等 35 个专科数据库。

（三）内容高质量与规范化

中科医库对收集来的医学案例进行深度数据加工，包括数据碎片化、结构化和标准化。根据医学主题词进行数据提取、生成元数据，并根据医学主题词表的层级关系，建立数据之间的层级关系。中科数媒的数字化选题论证和出版流程确保了内容的学术要求和出版质量。

三、中科医库取得的成绩

（一）所获荣誉

2017 年，“中科医库”入选新闻出版改革发展项目库。2018 年，获财政部文化产业发展专项资金支持。2019 年，在第十二届新闻出版业互联网发展大会评选中获“优秀知识服务平台”荣誉。2020 年，在第十五届中国北京国际文化创意产业博览会中国数字出版创新论坛获得“出版融合创新优秀案例暨出版智库推优”荣誉。2021 年，入选国家新闻出版署出版融合发展工程年度数字出版精品遴选推荐计划。

（二）全国推广情况

中科医库已成为全国医学生、临床医师在线学习培训的高质量案例式资源数据库。中科医库用户遍布全国 26 个省（自治区、直辖市），试用用户 301 家，购买用户超过 60 家，累计收入超 3000 万元。

（三）专业化人才培养与业务能力提升

中科医库团队融合了策划编辑、数字编辑、技术开发、技术运维以及销售等不同岗位的复合型人才，尤其是培养了视频编导和技术开发等关键岗位的知识服务人才。通过中科医库项目公司深化了对互联网平台、产品和传播规律的认识，积累了出版在技术融合、产品设计、用户管理、流量分发、渠道推广等全生态、全媒体、全渠道的运营经验。中科医库的建设也促进公司开始从设计驱动向用户需求驱动，从内容出版到知识服务，从信息出版向内容、技术服务转型的新探索。

四、中科医库最新发展

2024 年，中科数媒以市场为导向，以内容驱动为核心，以最新技术为支撑，优化升级公司各条产品线，并全新推出人工智能系列产品。2024 年 3 月 5 日，公司推出了与自研人工智能技术相结合、功能更强大的“中科医库 · MedAsk 版”。该版本融合了科学出版社正式出版的近万种医学图书内容，并以此为基础开发了医学“基础知识库”。公司持续与专业内容机构合作，提升资源规模和学术影响力。展望未来，中科医库将继续围绕“面向人民群众健康”的初心使命，进一步强化服务各级各类用户提升诊疗水平的能力，为我国卫生健康事业的发展贡献自己的力量。

（王向雨：中科数字出版传媒有限公司产品四部总监，韩笑洁：中科数字出版传媒有限公司产品一部总监，王雪松：中科数字出版传媒有限公司产品二部总监）

中科医库 PC 端

案例类别：产品

中国建筑数字图书馆

汪智 张秀已

一、企业简介

中国建筑出版传媒有限公司（原中国建筑工业出版社，以下简称建工社）创建于 1954 年，隶属于住房和城乡建设部的中央一级科技出版单位，拥有出版融合发展重点实验室、出版业科技与标准重点实验室两个国家级重点实验室，连续四届获评我国出版业最高荣誉“中国出版政府奖”先进出版单位，先后荣获“优秀图书出版单位”“全国优秀出版社”“全国百佳图书出版单位”“数字出版转型示范单位” “国家数字复合出版系统工程应用试点单位” “融合发展旗舰示范单位”等荣誉和称号，累计出版了 4 万余种出版物，其中 600 余种获国家级或省部级奖项，已经成为建设行业科技出版的主力军和品牌强社。

建工社根据集团化发展战略和数字化出版转型战略，成立全资子公司建知（北京）数字传媒有限公司（以下简称建知公司）。

建知公司目前设综合办公室、融合出版事业部、数字图书事业部、知识服务事业部、市场运营部、资源部、技术部、融媒体中心 8 个部门，现有职工 64 人，其中取得硕士学位的 25 人，40 岁（含）以下青年职工 52 人。负责运营多个专业数字内容平台，研发包括电子出版物、音像制品、网络出版物等多种形态的数字出版产品，配合建工社纸质出版物提供全面数字网络增值产品和服务，为纸质图书增值赋能，先后通过国家高新技术企业和中关村高新企业认定，成为双高新技术企业。

二、平台简介

中国建筑数字图书馆是建工社打造、建知公司建设运营的建筑行业服务平台。平台以建工社的大量优秀出版物为依托，实时更新正版专业电子书，整合建筑领域优秀的视频、案例等多种类型专业知识资源，致力于为建筑领域科研院校等机构提供包括基础文献资料、互动知识服务和科研辅助等一整套学术知识服务。

平台 2017 年上线，2020 年入选第十届中国数字出版博览会出版战“疫”数字内容精品展；2022 年优化前后端架构，实现全文内容检索、目录跳转阅读，并开发移动端实现 PC 端、移动端全面覆盖；2023 年实现纸电同步，至今共收录 16000 余种优质资源。远程登录网址 dlib.cabplink.com 或关注“建工社数图”微信公众号，可便捷使用平台海量电子资源。

三、平台资源建设

（一）资源概况

平台资源为建筑领域优秀出版物，由图书、案例、连续出版物、图库、课程、视频等六大品类构成，包括建筑专业手册、资料集、词典等工具类图书；建筑领域案例、图集、题集、解析等功能性图书；行业报告、期刊、年鉴等科研用书；建筑专业教学用书及培训课程；建筑名家名作、丛书、学术著作等。资源为高等院校、科研院所、行业学协会、设计施工单位和建筑行业院士专家及学者的专业研究成果，角度专业、来源权威、品质优良、数量丰富。

（二）资源特色

平台资源出版年份为 1977 年至当年出版新书，出版时间跨度大；资源覆盖职业资格考试、建筑与城乡规划、工程管理、园林景观、艺术设计、结构 · 设备 · 市政、建筑施工、教材教辅、设计软件应用、标准与法规、辞典 · 连续出版物、大众读物等土木建筑领域；细分为建筑学、城乡建设 · 市政工程 · 环境工程、城市规划 · 城市设计、房地产开发管理、室内设计 · 装饰装修、园林景观、建筑结构与岩土等 43 个类别，内容垂直、专业性强。

四、平台创新经验

（一）内容运营理念创新

平台划分基础电子书和精品库两部分，各有特色。

基础电子书由建筑专业图书类资源构成，目前收录 15000 余种资源，资源实时更新，涵盖《建筑施工手册（第五版）》《建筑设计资料集（第三版）》等建工社重点丛书、《建筑领域碳达峰碳中和技术丛书》等热门系列及《大美中国系列丛书》等获奖珍藏系列丛书，能够满足机构用户日常学习阅读需求、助力机构电子资源馆藏建设。

精品库为建工社图书资源系统整理、精细加工、深度整合而成，实现知识类型化、模块化、系统化呈现，目前共 20 余个精品库系列，800 余种资源，涉及图书、连续出版物、视频、案例、图集、课程等 6 大品类，其中视频类资源总时长约 400 小时，精品图书及连续出版物 14000 余万字，精品图片 23000 余幅，多个系列获得国家级奖项，如《中国室内设计艺术 千年回眸》获得中国出版政府奖和中华优秀出版物奖双提名、《数字建造丛书》获得第五届中国出版政府奖图书奖、《中国古建筑丛书》获得第四届中国出版政府奖图书奖提名奖、《中国传统建筑解析与传承》入选国家出版基金项目、《中国精致建筑 100》获得 2017 年度输出版优秀图书奖，能够为土木建筑类教育教学机构情景类、动画类教学提供支撑，满足用户多形式学习需求，促进人才深度培养。

（二）平台技术创新

平台基于 spring cloud 微服务核心技术，采用建知公司自主研发知阅阅读器，所采用核心技术在第十届中国数字出版博览会评选中获得 2019—2020 年数字出版“创新技术”荣誉。平台在线阅读器使用渐进式前端框架 VUE 研发，采用自下向上增量开发的设计，结合后台基于 spring cloud 微服务技术的数据接口，融合了腾讯云视频点播、二进制流解析、数据实时在线解密、epub 在线解析以及原生 js 等各类技术，完成了图书等多种类型的资源在线使用，功能包括内容的呈现、检索、阅读记录等，以数据实时在线加密解密保证核心内容数据的安全性，依托集群化的微服务后台数据接口保证用户访问速度，通过对接资源访问权限接口、用户信息接口来完成访客身份核实。同时兼容 PC 端和移动端视觉效果，用户也获得更好的阅读体验。

平台以建工社参与编制的《中国出版物在线信息交换 图书产品信息格式规范》（GB/T 30330-2013）等国家标准、《专业内容数字阅读技术 标准体系表》（CY/T 179-2019）、《专业内容数字阅读技术 阅读功能与标签》（CY/T 180-2019）等行业标准系列技术研究成果为基础构建核心功能、提升平台技术、优化平台功能，已取得“建筑数字图书馆平台（简称：建筑数字图书馆）2.0”“知阅阅读器平台 V1.0”“建筑数字图书馆移动端平台 2.0”等重要计算机软件著作权登记证书，实现标准系列技术成果平台产业化应用。

（三）访问及营销模式创新

1. 平台访问模式

平台以对 IP 地址授权方式为机构用户提供常规访问服务。机构用户在其注册的 IP 地址范围内，登录网址直接访问平台已授权资源，无须下载、无须输入用户名和密码，使用便捷。

为应对机构用户 IP 地址范围外使用需求，平台与中国教育和科研计算机网联邦认证与资源共享基础设施（CERNET Authentication and Resource Sharing Infrastructure，简称 CARSI）建立合作，实现 CARSI 平台已认证上线机构的授权用户（身份类别如学生、教职工、校友等）以任意联网方式通过 CARSI 登录访问平台已授权资源，无须 VPN，不受校园 IP 地址的授权限制。

平台已推出 H5 移动端，用户可以在 PC、智能手机、PAD 等终端设备访问已授权资源，资源阅读页面自适应终端设备，不受使用设备影响。

2. 平台营销模式

销售理念：打破依赖传统线下区域代理的单一销售观念，采取区域代理与项目销售并行、线上与线下相结合的多渠道、多类型营销推广方式；以市场需求为导向，推出年订阅模式、自选订购、本地化镜像支持服务等多样化服务模式，提供定制服务。

营销方式：以点带面，着重促成建筑领域重点高校、标杆单位购买，建设样板案例、发挥标杆机构影响力，以带动行业内其他机构购买；配备专业服务团队，提供优质售后服务以促进用户二次购买。

五、产品的意义

（一）社会效益

建工社坚持社会效益为先，积极履行社会责任、回馈社会。疫情期间，建工社积极响应教育部“停课不停学、不停教”的号召，通过平台发起了“抗疫期间免费提供电子教材”的公益活动，配合各院校在疫情防控期间顺利开展教学工作，共克时艰。活动期间免费向 400 多所高校、百万师生提供建工社出版的 2000 余种电子教材，保障线上教学，至学生返校时，平台共提供约 17 万次免费阅读，阅读页数超 400 万页，阅读时长 70 多万分钟。

（二）经济收益

平台自上线至今，共为 500 余所机构提供服务，付费机构包含清华大学等知名高校，共 20 余所，累积销售金额 400 余万元，已成为建工社数字出版业务新亮点。

（三）出版融合意义

平台充分发挥建工社品牌影响力，在传统纸质图书数字化展现形式、阅读体验方面做出了积极的探索，通过技术研发创新产品不断迭代升级，积累了宝贵的出版融合经验、锻炼了复合型人才，为建工社的数字化转型升级打下了坚实的基础，为推动建工社发展乃至于行业发展提供新动能，为专业科技出版与技术的融合进行了有益的尝试和探索。

［汪智：中国建筑出版传媒有限公司建知（北京）数字传媒有限公司监事，张秀已：中国建筑出版传媒有限公司建知（北京）数字传媒有限公司市场专员］

建工社数图公众号

案例类别：产品

《地图上的古城——成都》数字藏品

中国地图出版社集团有限公司地图空间站团队

中国地图出版社集团有限公司是自然资源部直属大型中央文化企业，经过70年的经营发展及专业积淀，已成为国家法定地图的权威出版机构、国内地图出版的龙头企业、旅游出版的领军企业。集团始终坚持把社会效益放在首位，努力推动社会效益与经济效益有机统一，紧密围绕国家在社会主义文化强国建设、生态文明建设和自然资源管理等方面的战略部署，编制、出版、发行服务国家、服务社会、服务民生的各类地图、书刊和文化产品，同时立足自身权威的地图数据库和资源库，为各级政府和企事业单位提供优质地图与地理信息服务，是集大数据时空分析，海量信息地图综合呈现，地图融媒体产品研发，高精地图、实景三维应用服务等于一身的综合性地图出版及地理信息解决方案提供商，致力于讲好中国故事,传播好中国声音,推动中国文化“走出去”，提升中国城市影响力，为促进国家社会经济发展和文化市场繁荣作出了积极贡献。

一、项目背景

地图是人类表达世界认知和反映客观世界的工具，是人类的第三语言。而古地图作为人类的一项重要文化遗产，蕴含着丰富的历史人文和自然地理信息。可以反映出一个历史时期城市的位置、布局和功能等，城市的大致街道形态也可以得到体现，是建筑史、城市史研究的重要参考资料。

数字藏品是指使用区块链技术，对应特定的作品、艺术品生成的唯一数字凭证，在保护其数字版权的基础上，实现真实可信的数字化发行、购买、收藏和使用。随着数字藏品在国内的蓬勃发展，其已经成为年青一代了解、学习和传承文化的新载体。

数字藏品作为近两年兴起的数字出版物的新形态，其特点与传统出版物,尤其是地图出版物有着诸多相似。首先是数字藏品与出版物一样，都具有艺术性和收藏性；其次是数字藏品与出版物都有版权、可复制、可发行，这与出版社的内容生产是相同逻辑的；最后是地图出版物的特点，它需要很强的符号性和强视觉性，与数字藏品的表现形式特点也相似。

因此,该案例积极尝试以数字技术赋能地图出版,以“地图+”的形式推出了这款《地图上的古城——成都》数字藏品，打破传统出版的载体束缚，打造多角度、多维度的体验感。

二、“地图+”数字藏品的制作

（一）展现形式

该案例制作的数字藏品参考《四川省城街道图》《成都府地图》等古地图文献中所呈现的古成都地理位置要素，利用3D建模技术，结合艺术创作再现成都古都风貌，展现巴蜀文化。发行的数字藏品以文件夹形式展现。数字藏品的文件夹指包含两种及以上的单独数字藏品，打包为一体进行出版发行的产品。《地图上的古城——成都》数字藏品包含：古成都手绘地图、古城墙3D模型、贡院3D模型及配套视频。

（二）手绘古地图

古地图作为人类的一项重要文化遗产，蕴含着丰富的历史人文和自然地理信息。古成都平面手绘地图是整个数字藏品的基础,设计团队参考大量历史文献和县志，选取不同时期多张成都的平面图，以清代成都古城为蓝本，在保留古地图风格的基础上，加入复古的艺术元素创作，在保留古地图风格的同时，鲜明直观地展示了古成都主干道、水系及城市空间布局。

（三）3D建模古建筑

该数字藏品利用3D建模技术，打破传统出版的载体束缚，打造多角度、多维度的体验感。建模应用软件C4D，它内置的变形、克隆等功能操作简单便捷，能有效提高建模效率。模型贴图应用Maya软件，主要考虑到UV工具（纹理贴图）较丰富，方便整理。成都古城墙和贡院的3D复原模型是整个数字藏品的创新所在，在考证了大量的历史文献和县志后，以成都古地图平面图为基础，按古地图中实际标注位置,选取了最能代表该时期的两个建筑(群)作为本数字藏品的3D建模原型，立体模拟还原成都古城城墙、城楼、城门等建筑风貌，充分展现蓉城文化底蕴。

三、融合创新及成果

（一）人才配合及成本控制

该案例由中国地图出版社集团融媒体出版营销中心

负责，数字藏品的设计技术团队在产品的研发过程中基本形成，主要由项目负责人、项目经理、美术编辑、3D建模师、视频编辑等成员组成。数字藏品很大程度上缩减了复制加工成本，但在策划创意及技术成本方面的投入是极高的。主要成本投入涉及项目调研、资料收集、视觉设计、3D建模、专家审核、版权、营销宣传等方面。但就《地图上的古城——成都》数字藏品来说，其内容从手绘地图到模型塑造，再到宣传物料主要为设计技术团队原创，相对降低了产品的第三方支出。

（二）平台选择及社会合作

数字藏品作为新生事物，在很多方面仍有待完善，因此在选择平台时慎重考量因素核心还是合规性、安全稳定性以及较好的用户体验。在调研了目前市面上较流行的几大数字藏品平台后，最终选定与蚂蚁集团旗下品牌“鲸探·数字藏品”平台（以下简称鲸探平台）。

鲸探平台采用蚂蚁集团的区块链技术，蚂蚁集团是全球范围内区块链相关技术专利储备量最大的科技公司，且多年来在文化版权领域也有诸多投入，不管是技术还是产品都为发展数字藏品业务提供了扎实基础。同时，结合调研可知，鲸探平台是最早明确并表态反对一切形式的炒作，反对任何形式的数字藏品商品价格恶意炒作，反对数字藏品金融产品化，维护文化行业底线，保护原创内容知识产权。这些原因促使我们选择鲸探作为中国地图出版社集团走近“元宇宙”的起点。

（三）社会效益及经济效益

中国地图出版社集团推出的《地图上的古城——成都》数字藏品，于2022年8月8日12点上线蚂蚁集团旗下数字藏品平台“鲸探”，单份售价25元，藏品限量发售10000份，上线后2分钟内售罄。

作为初次尝试，数字藏品定价及发行量是根据产品投入成本和目标平台往期数字藏品的市场反馈而确定。该数字藏品一经上市即受到广大收藏者的青睐，虽然整体单价不高，收益较为有限，但作为“元宇宙”初次尝试，基本符合盈利预期，是一次与平台合作的成功实践。

在社会效益方面，作为全网首个地图主题的数字藏品，出版发行后被多家媒体报道，获得了收藏者的一致好评，并荣获第六届中国数字出版创新论坛创新案例。

尽管当前数字藏品领域热度有降温的趋势，但数字领域对于企业技术布局和品牌发展具有重要的意义。《地图上的古城——成都》数字藏品是中国地图出版社集团首次尝试以“地图+区块链”的形式出版发行的数字藏品。藏品立足传播中华优秀传统文化，围绕地图出版主业开展策划创新。目前数字藏品对于中国地图出版社集团的核心不在于盈利本身，更重要的是对视野的拓展和对创新的鼓励，以全新的技术手段二次激活集团多年来积累的优质内容，并大胆利用前沿技术赋能数字出版形式，为广大读者和收藏者，创造更多、更好、更有内涵的精神食粮是我们当下的目标和方向。

（中国地图出版社集团有限公司地图空间站团队）

案例类别：产品

中国癌症地图融合出版项目

中国地图出版社集团有限公司地理信息技术中心

中国地图出版社集团有限公司是自然资源部直属大型中央文化企业，经过70年的经营发展及专业积淀，已成为国家法定地图的权威出版机构、国内地图出版的龙头企业、旅游出版的领军企业。集团始终坚持把社会效益放在首位，努力推动社会效益与经济效益有机统一，紧密围绕国家在社会主义文化强国建设、生态文明建设和自然资源管理等方面的战略部署，编制、出版、发行服务国家、服务社会、服务民生的各类地图、书刊和文化产品，同时立足自身权威的地图数据库和资源库，为各级政府和企事业单位提供优质地图与地理信息服务，是集大数据时空分析、海量信息地图综合呈现、地图融媒体产品研发、高精地图、实景三维应用服务等于一身的综合性地图出版及地理信息解决方案提供商，致力于讲好中国故事，传播好中国声音，推动中国文化“走出去”，提升中国城市影响力，为促进国家社会经济发展和文化市场繁荣作出了积极贡献。

中国癌症地图融合出版项目采用多媒体地图的方式展现了我国主要癌症的地理分布情况和时空演变情况。项目整合纸质出版图集、动态在线网站系统、电子书三位一体，以《中国癌症地图集》为主要内容，并以图集内容为依托，通过对2014—2017年中国癌症分布数据的科学整理与归纳分析，建设和发布了中国癌症地图数字展示系统。通过对图集内容数字化和媒体化，研发了图集电子书，向用户提供在线下载和本地阅读服务。

一、项目人员构成

《新闻出版业“十三五”科技发展规划总体思路》指出，“十三五”期间，加快内容资源数字化处理，数字内容智能化和知识化组织、管理、呈现、存储等技术研发与应用，推动新闻出版业转型升级。建设面向社会公众提供阅读服务的公共服务平台，支持开展阅读指导和服务，以线上产品推介、内容推送与线下实体发行、阅读活动相结合，充分满足多层次、多角度的公众需求，实现传统形态与数字形态内容产品的全面推送。根据以上精神，中国地图出版社集团有限公司立项了中国癌症地图融合出版项目，联合国家癌症中心、中国医学科学院肿瘤医院、中国科学院地理科学与资源研究所、中国疾病预防控制中心慢性非传染性疾病预防控制中心等单位共同完成。项目图集被国家新闻出版署列为“十三五”国家重点出版物出版规划项目。《中国癌症地图集》于2019年入选2019年出版百种科技新书，在2021年获得中国出版政府奖图书奖提名奖。依托项目成果在国内外发表了多篇高水平学术论文。

二、平台打造

该项目以《中国癌症地图集》为主要内容，并以《中国癌症地图集》为内容依托，通过对2014—2017年中国癌症分布数据的科学整理与归纳分析，采用先进的在线动态地图可视化技术，建设和发布了中国癌症地图数字展示系统；通过对图集内容数字化和媒体化，研发了图集电子书，向用户提供在线下载和本地阅读服务。

项目新编制的癌症地图集距我国20世纪70年代基于普查数据出版的《中华人民共和国恶性肿瘤地图集》已有40余年，这是改革开放40年的巨大成就，也是癌症流行趋势的全面总结。项目研发的中国癌症地图数字展示系统也是国内首个以地图形式展示癌症时空分布的在线服务平台，项目成果对癌症防控具有重要的历史意义和现实意义。项目成果为确定癌症高发区和癌症防治重点区域，为我国制定中长期慢病防治规划提供了重要资料，为多学科科学研究、癌症早诊早治和医疗资源配置提供了有力数据支撑。同时，可以为WHO、IARC提供我国的癌症信息成果，提高我国在该领域的影响力。

该项目整合纸质出版图集、动态在线网站系统、电子书三位一体，并首次采用在线动态地图方式展现了我国主要癌症的地理分布情况和时空演变情况，更能直接反映癌症负担情况，覆盖了我国34个省级行政单位的所有地区，首次将港澳台的数据同步展示，具有良好的完整性。40年前的癌症图集涵盖15类主要癌症，该项目覆盖了我国癌症负担较重的20类癌症，同时展示癌症粗发病率和世标发病率，便于将项目成果用于指导不同目标的科学研究工作和政策制定。

项目平台数据丰富度高，具有权威性：项目运用统计地理信息软件和统计技术对现有数据进行统计分析和加工处理，实现以区县为单位的癌症地图信息展示，数据覆盖全国2854个区县各类癌症的发病情况。项目建立了国内首个癌症地图数字展示系统：该系统采用在线动态地图、统计图表等可视化手段和动态分析技术、直观地展示癌症数据的时空分布特征，为各相关用户提供在线的联机数据共享服务，实现了增量资源同步数字化；项目内容受各界认可并被给予高度评价：项目受到了各地医疗卫生行政管理部门、疾病预防控制中心、肿瘤医院、肿瘤防治研究所等单位工作人员和各大医学高校师生的普遍欢迎和高度认可。

三、社会合作

该项目主要面向各省（直辖市、自治区）医疗卫生系统单位和全国各大医学高校图书馆。项目图集通过系统内部交流宣传和图书交流会展览等渠道推广应用。项目互联网产品和电子书产品主要面向各省（直辖市、自治区）医疗卫生系统单位和公众群体，累计点击量超10万次。

四、经济效益和社会效益

癌症是威胁我国人民健康的重大公共卫生问题。《中国癌症地图集》是进入21世纪以来我国编纂出版的第一部癌症类专业地图集，也是近40年我国癌症时空分布资料的首次汇总、整合和更新。项目研发的中国癌症地图数字展示系统也是国内首个以地图形式展示癌症时空分布的在线服务平台。该项目立足于我国近年来癌症防治工作的实际，在真实客观反映当前我国癌症发病和死亡现状的基础上，结合地理环境、饮食和生活习惯差异等因素，分析各类癌症发病情况的空间分布特点，重新设定高发地区和重点防治区域，可视化展示了我国癌症的人群分布和地区分布等流行病学特征，为病因学研究提供了可靠信息，为研究我国居民健康发展趋势、卫生事业发展方向、策略及重大疾病的防治提供了科学依据。

该项目成果是近40年我国癌症流行趋势的全面总结，也是我国近年来癌症防治事业发展和进步的结晶，具有十分重要的科学、使用价值和社会经济效益，主要体现在：

一是详细阐释了当前我国各地区、各类癌症的发病和死亡情况全貌，直观呈现了我国主要癌症的地理分布情况，为癌症的早诊早治、加强癌症重点区域管控和政府优化医疗资源配置提供了真实准确的科学依据，对科学指导我国癌症防控工作具有十分重要的意义。

二是形成了我国癌症防治领域的最新的可视化信息成果，为加强与世界卫生组织、国际癌症研究机构（IARC）等国际组织的交流合作提供了可视化材料，有利于提高中国在该领域的世界影响力。

三是对地图编纂中专题数据的处理和兼容问题进行了积极探索，形成了较为完整的编制体例、数据处理模式和风格模式，为以后疾病类专项地图（集）和其他专业地图（集）的编纂提供了参考。

（中国地图出版社集团有限公司地理信息技术中心）

案例类别：产品

汲古慧今 古籍新生
——《永乐大典》高清影像数据库

国家图书馆出版社

一、引言

《永乐大典》是明朝永乐年间一部集中国古代典籍于大成的类书，涵盖了中华民族数千年来的知识财富，是国家图书馆的镇馆之宝。但由于历经战火，《永乐大典》副本惨遭浩劫，大多毁于火灾和战乱，也有相当一部分被后人以修书之名窃走，现今仅存800余卷且散落于世界各地。古籍记载着中华民族过往的辉煌，是文明的载体，是不能割裂的民族记忆。进入数字化时代，国家图书馆认真贯彻落实《关于推进实施国家文化数字化战略的意见》《关于推进新时代古籍工作的意见》和全国古籍整理出版规划领导小组印发的《2021—2035年国家古籍工作规划》，利用数字技术开展古籍活化利用工作，积极推进公共数字文化资源发展建设，深入探究中华优秀传统文化创新性保护传承。

二、项目简介

2023年2月8日，“《永乐大典》高清影像数据库”在国家图书馆正式发布，并免费向公众开放。“《永乐大典》高清影像数据库”是由全国古籍整理出版规划领导小组规划指导，由国家图书馆委托国家图书馆出版社建设，入选2021年国家古籍数字化工程专项经费资助项目。北京大学数字人文研究中心以字节跳动数字人文开放实验室为基地承担该项目的设计与研发工作。

“《永乐大典》高清影像数据库（第一辑）”是《永乐大典》系统性保护研究整理工程的组成部分，致力于开展存世大典的文献数字化、全文化与数字版本征集，全面展示大典风貌及版本魅力，传播大典相关知识与文化，为相关学术研究提供文献资源支撑。项目坚持开放建设、公益服务，积极探索文本结构化、知识体系化、利用智能化的研究和实践，为传承弘扬中华优秀传统文化、赓续中华文脉做出贡献。目前，数据库第一辑共收录中国国家图书馆藏《永乐大典》四十册、七十五卷，共涉及14个韵部、17个韵字、1800部书，除呈现《永乐大典》高精图像、整体风貌及相关知识外，还尝试对部分大典内容做了知识标引示范，对后续《永乐大典》的智慧数据建设进行了探索。

三、《永乐大典》高清影像数据库特色功能

“《永乐大典》高清影像数据库”是古籍数字化技术创新与应用研究的一次全新突破，数据库专门通过设置初见、流光、惊鸿、珠联、缀玉、遗编六大板块，实现了数字化全文识别和版式还原，使大典的风貌、内容在数字条件下实现永续保存和广泛传播，并借助技术手段使公众能直观了解《永乐大典》的编纂体例、历史变迁、存藏情况等知识，开创性地将为学术研究服务与为大众普及古籍知识相结合。例如，“流光”板块，以时间为轴记述了《永乐大典》600多年聚散流变、悲欢离合的历史，包含“鸿篇问世”“浴火重生”“监守自盗”“兵连祸结”“残章犹散”“合浦珠还”六个部分。读者点开任一时间节点，便可查看当时发生的历史故事。为了还原《永乐大典》原貌，数据库利用了数字还原交互技术，为读者提供了沉浸式的体验阅读，让读者可以身临其境

地“触摸”大典。

另外，数据库采用了可视化叙事，通过整理大典的时间、地点、事件、叙事线索，串联起大典的历史，并应用图像、动画、音效等技术手段，对《永乐大典》600多年的聚散流变进行可视化呈现，便于公众了解这一鸿篇著作的成书、传播和回归情况。同时，运用地理信息系统（GIS）技术，实现对大典流转历史的可视化展示，在数据库“遗珠”板块，用户只要点击卷册，即可直观地看到该册大典在世界范围内的流转状况。数据库将地理信息系统与3D技术结合，为每一册现存《永乐大典》都建立了一个包含时间地理要素的时空演变模型。在数据库的“缀玉”板块，数据库还采用了智能检索技术，开发了数字辑佚功能，用户只要点击或检索大典引用书籍名称，即可将对应书目的内容全部定位，方便了对大典引用古籍的利用，助力相关学术研究。

高清影像、专业内容、可触摸的沉浸式体验……对于社会公众而言，可以通过“《永乐大典》高清影像数据库”清晰直观地了解《永乐大典》的外观、字体、版式、内容及流散情况等，这使得《永乐大典》不再是被束之高阁的文化珍品，而是可感知、可阅读的传世遗产。

四、数据库具体成效与社会反响

“该数据库历经两年建设，坚持在学术性基础上突出普及性，目的就是展示典籍之美，让大众更好走近经典、爱上古籍，让《永乐大典》在新时代展现新的光彩。”国家图书馆副馆长、国家图书馆出版社社长魏崇表示。

据统计，《永乐大典》高清影像数据库在上线不久后，总点击量就突破300万次，相关话题“40册永乐大典首次公开”登上抖音热榜，播放量超过4000万，点赞超过120万。许多网友直呼“惊艳、感动”。还有些网友通过数据库了解到这部国宝的曲折命运和存藏状况后，表示“心痛、惋惜”。“这个数据库真的很牛。”中国古典文献学专业出身的文娴对这个数据库的数字辑佚、全书检索、复制引用等功能赞不绝口。北京师范大学历史学院副教授项旋作为数据库的经常使用者，认为“《永乐大典》高清影像数据库”特色鲜明，功能完善。他举例，“大典概览”等导读部分不仅提供了《永乐大典》的尺寸、卷数、成书、贮藏、流散等信息，还详尽介绍了认识《永乐大典》所必需的古籍体式、装帧、韵部、辑佚等知识，且以生动的形式呈现出来。《光明日报》、《新京报》、《人民日报》、央视网等官方媒体称“《永乐大典》高清影像数据库不仅深受广大公众的喜爱，还向业界展示了数字与人文结合的巨大潜力与魅力。”

除此之外，业界多位领导与专家也对《永乐大典》高清影像数据库给予了高度肯定和评价，认为图书馆与高校、科技企业合作，为古籍数字人文建设提供了一个合作样板，为后续进一步提升《永乐大典》的知识体系化、利用智能化打下了很好的基础，也为未来全国智慧图书馆体系建设发展提供一个可资借鉴的重要模式。汲古慧今、普惠世人。“《永乐大典》高清影像数据库”兼具学术性与普及性，是用数字化手段保存珍贵古籍、激活古籍生命力、提高公共文化服务效能的典型示范范例。

五、古籍数字化出版发展的思考

保护和传承中华古籍不仅是维护中华文明根基的重要任务，更是向世界传播中华文化智慧、造就中华文明新形态的关键环节。在学术意义上，古籍数字化意味着运用数字技术对古籍进行收藏与保护、整理与研究、呈现与出版，而在更广阔的人类文明衍进层面，数字化使古籍中的智慧精华，能够通过趣味性、前沿性和大众化的方式，得到传播与推广。针对古籍数字化出版，笔者有以下思考。

首先是加强统筹规划，推进行业主体协同建设，助力中华古籍高效数字化传播。当前全国尚有大量古籍未被数字化，应制定出台古籍数字化建设统一标准，在元数据规范、技术选型、平台功能等方面进行系统规划。加强各类图书馆、互联网企业、出版社等在古籍数字化建设中的联通渠道和共享机制，编制全国性古籍馆藏联合目录以及数字化古籍联合目录，打造一体化检索平台。完善古籍数字化建设版权保护，分析制定针对古籍整理、技术开发、活化设计等不同环节的版权认定与保护细则，规范行业与市场发展。

其次，加强数字化出版的版权意识。在古籍数字化过程中，版权问题很难界定，在实际操作中，将古籍转换为数字内容需要大量资源投入。如果新形成的内容没有一定程度的保护，将影响数字化投入方的积极性，同时也难以形成商业化的版权流通。对于内容的深度开发结果（如句读、标点、标注等），以及人工智能在训练过程中未经同意使用古籍整理成果的问题，还都需要我们进一步研究。

再次，辩证地分析与使用前沿技术。技术推动了古籍数字化的快速发展，但在此过程中，需要保持清醒的技术认识，不能过分强调技术。古籍数字化的目的是保护和传播优秀传统文化，因此在进行数字化内容的选择时，需要进行价值判断，而非简单地依赖技术处理。我们需要继承“广勘异本、择善而从”“述而不作、信而好古”等学术传统，建立规范的古籍数字化流程。只有充分吸收利用专业人员的研究成果，才能更好地揭示古籍蕴含的价值。这些是技术无论发展到何种阶段都无法替代的。

最后，我们需要将古籍数字化产品普及，与教育相结合，能够以新鲜、趣味的方式提升育人效果。教育机构与出版机构、科技企业等统筹规划，建立面向不同学习阶段的古代文化教学资源库，推动古籍整理、智能开发、数字出版和校园应用一体化发展。举办灵活多样的古籍相关主题活动，培养学生学习兴趣，以线上线下联通的方式推动青少年传承中华文明。

六、结论

保护古籍的目的在于传承，而其保护的意义则在于传播。我们应该既看到古籍数字化带来的光明前景，又要认识到其中存在的问题，并积极梳理和解决。只有这样，古籍数字化才能在精度、广度和深度上取得更大进步，从而让古籍更好地活化，为中华民族优秀文化实现更好地传承。

（国家图书馆出版社）

案例类别：产品

图传文脉 典承中华

——“中国古籍图典资源库”建设与发布

国家图书馆出版社

国家图书馆出版社有限公司是由文化和旅游部主管，国家图书馆主办的中央级出版社。近年来，出版社积极贯彻《关于做好国家文化大数据体系建设工作的通知》相关精神，积极推进国家文化大数据体系的建设，在发展战略与规划方面进行了一些新的探索和实践，将珍贵古籍的深度整理与开发，包括古籍文化创意产品研发、古籍普及化出版和古籍数字化复合出版等内容作为未来出版社重点发展方向。

一、“中国古籍图典资源库”的建设概况

凭借多年来积累的古籍数字化的成果、经验和资源优势，国家图书馆出版社于2021—2022年在专家的指导下，在丰富的古籍图片类资源积累的基础上，整合了历史上出版过的相关图书以及建设“中国历史文献总库”中积累的数字资源，决定将“国家文化大数据体系建设——基于历代典籍整理的中国传统文化图典深度标引与素材库建设”作为一项重要的发展战略进行实施。

历经两期的开发和建设，“中国古籍图典资源库”作为国家图书馆出版社承担的2015年中央文化产业发展专项资金项目“中国传统文化图典资源库”及2021年和2022年的中央文化企业国有资本经营预算支出项目“国家文化大数据体系建设——基于历代典籍整理的中国传统文化图典深度标引与素材库建设”的阶段性成果“中国古籍图典资源库”，于2024年4月正式发布上线，这是国家图书馆出版社在积极推进古籍数字化以及古籍整理利用转型升级，助力国家文化大数据体系和全国智慧图书馆体系建设，推动融合出版工作方面又一个新的探索和实践。

二、“中国古籍图典资源库”的特点

这个项目从海量的传统文化典籍中搜集整理具有中国传统文化特色的图像，进行规范化著录、细致标引、合理分类，一方面将具有价值的内容解析为单独的图像素材，实现传统文化元素的新解析、再创作，成为新的文化元素，为文化创意产业、文化大数据提供新的资源；另一方面通过结合新的技术手段及经营理念，对中华文化中的图像素材进行深度开发，把文化瑰宝转化为各种数字化文化产品和服务。

“中国古籍图典资源库”在2023年入选“国家新闻出版署2023年度数字出版精品遴选推荐计划”和“国家新闻出版署2023年度出版业科技与标准创新示范项目”。这是国家层面对出版社深度参与国家文化大数据体系建设、以实际行动响应和实践国家文化数字化战略的高度肯定。国家图书馆出版社将继续深入推进古籍数字化进程，进一步提高古籍转化利用的效率！

作为国家文化大数据体系建设作为重要建设内容和抓手，“中国古籍图典资源库”在传统文化图典领域，为中华文化素材库的建设提供了助力。中华文化素材库是国家文化大数据体系建设的重要组成部分。

三、“中国古籍图典资源库”的亮点

该项目累计完成10万张图像的深度标引和分类。

（一）种类较为丰富

图像来源不仅有《中华再造善本》《原北平图书馆藏甲库善本丛书》《古今图书集成》等综合性图书，还

有《鸿雪因缘图记》等版画年画、文学插图，以及样式雷图档、方志（含舆图）、家谱（含人物图像、宗祠图）、印谱、佛道教典籍（含图像、版画）等，涉及古籍千余种。

（二）分类较为完善

古籍图典资源分类按照题材、地域、颜色、风格和应用场景五类设置。其中，题材分为 28 个大类 50 个小类。这些分类不仅能够涵盖现有古籍图籍的特点，也更加符合现代搜索习惯。二级分类和关键词的复合标引，最大限度地使分类搜集有效指向需求。地域分华北、东北、华东、华中、华南、西南、西北地区以及中国台湾地区、香港和澳门等区域，更加适应现代设计需求；图片风格分为工笔、写意、油画、版画四类，基本涵盖古籍文献插图的绘画风格；颜色分为彩色和黑白两类；应用场景分为工业设计、建筑设计、服装设计、装潢装饰、舞美设计、动漫游戏、文化旅游、创意设计、文具用品、文化教育十类。

（三）实现细粒度标引

经过提炼，总结出最适合古籍图片的标引类目，共标引 18 项。其中 11 项为必填项：图片名称、是否组图（是或者否）、来源书名称、图书作者、年代（朝代）、分类、地域、图片风格、颜色、应用场景、图中文字；7 个非必填项为组图名称、组图编号、组图中的顺序（此三项为组图的填写项）、来源书版本、公元年（如果有具体公元年可填写）、相关类、图作者。我们组织专业标引团队对 10 万余张古籍插图进行了细粒度标引，对图片中有中华传统文化内涵的元素进行定位、识别并添加标签词的说明，充分考虑到现代设计行业的需求，将古籍图片中的元素转化为当代有价值的素材，推动文化资源贸易的开展。如古籍中的脸谱、服饰、建筑、书画等各类图片中均可提取出各种形态的动物、植物、昆虫、纹样等元素，服务于各行业、各类型艺术创作。

四、“中国古籍图典资源库”的创新之处

创新一：从细粒度标引到元素交易

细粒度标引有商业价值的元素，在国家文化大数据交易平台上进行元素交易，推动文化资源贸易活动的开展。

创新二：矢量化加工

元素矢量化加工大幅增加素材库产品的服务附加值，使素材库更符合广大设计工作者的需求，更受艺术设计群体的欢迎。

创新三：科研产出

对素材库建设过程中采用自然语言进行深度标引而获取的数万个标引词、标签词进行专业性规范，制定了《中国传统文化图典标引词后控词表》以及编制规则，为国家文化大数据体系在文化素材领域提供一种参照模式。

创新四：支持标签词跳转

图典素材库详情页展示所含元素标签词支持跳转检索，方便用户查找含有相同标签词的不同类型、不同风格的图片。

五、行业示范推广价值

（一）促进国家文化大数据体系建设

通过该项目的建设，能够在传统文化图典领域为中华文化素材库的建设和完善提供助力，促进国家文化大数据体系建设。

（二）积极参与全国文化大数据的文化资源交易

我们与国家文化大数据产业联盟建立联系，实地走访参观产业联盟秘书处，了解国家文化大数据体系发展状况。安装部署“国家文化大数据体系底层关联集成系统”，通过 VPN 专网接入底层关联系统，精选 62 种古籍的 5200 多张图片上传至底层关联系统，取得 ISLI 编码。我们还与伏羲云合作，探索利用伏羲云进行数据展示。

作为首批示范进场单位，我社在全国文化大数据交易平台的“数据超市”展示了《庆赏升平》脸谱图、《永乐大典》门字卷部分纹样图、国家图书馆藏《样式雷》图档等珍贵图片，点击量排名第一，实现了良好的行业示范推广价值。

（三）已实现交易情况

2023 年 4 月，国家图书馆出版社在深圳文交所的全国文化大数据交易平台上成功交易两幅图片，同年 11 月出版社又在江苏文交所的华东区域文化大数据交易平台上同一家民营公司成功交易了二十余幅传统纹样矢量图，交易总金额达 5.3 万元。国家图书馆出版社在文化大数据交易平台上将持续上传纹样元素产品，以促进文化数据资源的交易和流通，实现数据资源的商业价值。

“古籍图典资源库”在传统文化图典领域，为中华文化素材库的建设和完善提供助力，促进国家文化大数据体系建设。在建设过程中，国家图书馆出版社成为首批接入国家文化专网和装配底层关联集成系统的单位之一，实现了国家文化大数据体系“物理分布、逻辑关联”的关键一步。2023 年 6 月，出版社被授牌“国家文化大数据标识基地”成员单位，为后续深度开发文献资源以及文化数据资源的提取、标引和分类等工作积累宝贵经验、树立行业典范！

（国家图书馆出版社）

案例类别：产品

知识产权信息多语言智能翻译与服务系统

张孝飞 周聪

一、实施背景

2008年，国务院印发《国家知识产权战略纲要》，提出“加强国际和区域知识产权信息资源及基础设施建设与利用的交流合作”；2020年，中共中央总书记习近平在主持中央政治局第二十五次集体学习时指出“创新是引领发展的第一动力，保护知识产权就是保护创新”；2021年，国务院印发《“十四五”国家知识产权保护和运用规划》，提出“积极参与国际知识产权数据标准制定，加强国际知识产权数据交换”。

基于国家知识产权保护的背景，知识产权出版社有限责任公司积极响应国家号召，深入贯彻习近平新时代中国特色社会主义思想，将培育和践行社会主义核心价值观与出版社实际工作相结合，以新一代人工智能机器翻译技术为基础，以知识产权大数据为依托，自主研发了知识产权信息多语言智能翻译与服务系统。该系统提供多语言知识产权机器翻译、多语言专利文献同步出版、多语言专利信息检索等全方位的国际化知识产权信息服务，突破语言障碍，为科技创新研发人员、专业翻译人员、知识产权相关从业者提供优质、高效的机器翻译专业服务和知识产权信息服务。

二、系统介绍

（一）系统功能

知识产权信息多语言智能翻译与服务系统利用自主研发的专利机器翻译核心技术实现了中国专利文献的汉语、英语、日语、德语、韩语、法语、俄语、西班牙语、葡萄牙语、阿拉伯语10个语种的在线同步出版发行及10大语种之间、共90个语种方向的互译，其中中日翻译准确率达98%，中英、中德准确率达95%。系统在整合全球100余个国家、组织和地区1.5亿条专利数据的基础上，提供全文检索、语义检索、跨语言检索等多种检索功能，实现了专利著录项信息、同族信息、引证信息、法律状态信息等多种信息的融合查询和自动翻译。

（二）技术应用

该系统以人工智能机器翻译技术为核心，以国内收录最完整的知识产权大数据资源库（数据总量超过300T，数据种类多达194种，专利数据覆盖100余个国家）为基础，共包括数据库、基于PC端的网络信息服务、基于移动端的网络信息服务、人工智能技术的出版应用四种主要形态，形式多样，数量丰富。用户可通过网址和账号快速访问该系统。此外，考虑不同用户的工作背景、安全需求和使用条件，系统还可提供本地化部署、API接口调用及定制化服务。用户类型分为企业用户和个人用户，并按流量收取费用。

（三）渠道运营

该系统通过运营基础设施建设和精细化运营策略的实施，逐步构建了线上和线下相结合的运营模式。建立了比较完整的运营团队并明确了团队人员的权责，建立了完善的运营通报和反馈机制，规范服务流程，调整并优化运营内外对接机制，确定线上线下协同运营沟通机制和实施流程。在精细化运营阶段，通过对线上和线下产品的逐步完善，规划打造线上线下专属产品，构建了完善的运营推广流程与规范，调动内外资源加强运营力度，全面提升和优化用户的视觉体验、交互体验、信任体验和情感体验。

（四）人员构成

建设了一支数十人的专业团队，其中博士、硕士人员占比接近95%且均毕业于国内外知名院校，技术人员（包括拥有相关技术背景人员、核心研发人员、技术类专家等）占比65%，专业人才（包括综合运营人员、数字出版编辑人员、产品经理、新闻出版行业专家、互联网行业专家等）占比69%。

（五）自主创新

该系统创新性突出，其核心算法及相应的支撑软件共获得了8件发明专利及15件软件著作权的授权，形成了比较完善的核心技术知识产权布局保护体系。本系统采用的核心创新技术有：多策略神经网络机器翻译模型、面向神经网络的多语种词法分析和多源信息融合技术、海量翻译知识库的自动获取及多层次语料双语对齐技术、大规模预训练迁移学习、用词一致性处理和高效的基于句子级细粒度负载均衡调度算法等。

三、经济效益

该系统致力于为我国经济发展和科技创新服务。通过利用全球知识产权大数据，可以及时了解全球产业创新发展动态，为判断产业发展方向提供依据；可以有效跟踪技术发展趋势，获取国内外最新技术进展，从而准确设定技术研发方向，避免重复性研究；还可以避开已有知识产权技术陷阱，降低研发投资风险，为研发投资决策和技术开发活动保驾护航。

该系统自 2018 年 9 月上线以来，以其全面的知识产权大数据资源、核心的专利机器翻译技术、强大的多语言翻译服务能力和优质的售后服务逐步得到业内的支持和认可，获得了包括新华网、《光明日报》、中国经济网、《China Daily》等多家官方媒体的关注和报道，国际上的传播度和品牌认知度呈明显上升趋势，发展态势良好，现已形成较为庞大的国内和国际用户群。截至 2024 年 4 月，系统用户注册量达 30 余万，并与 IBM、法国 Questel、中国贸促会、香港永新、中咨、SIPTO、中博世达、三友、爱译集团等大型涉外专利代理机构、律师事务所和科技公司签订合作协议，与多家高等学校和科研院所开展密切合作，产生了良好的经济效益。

四、社会效益

该系统突破语言障碍问题，对展示和推广我国的专利科技成果、推动全球专利文献版权交易起到了极大的促进作用。此外，以版权交易、信息服务为突破口加快我国数字出版的全球化发展，有助于提升国家软实力，也为我国文化事业的繁荣发展注入新的活力、开拓新的方向，也有利于提高我国在政治、经济、文化、科技等领域的国际地位和核心竞争力。在知识经济时代，知识产权数据的有效利用，对于提升我国整体自主创新能力、建设创新型国家都具有十分显著的意义。

五、归纳总结

知识产权信息多语言智能翻译与服务系统解决了全球知识产权信息跨语言障碍带来的巨大难题，对数字出版和知识产权的全球化发展做出了重要贡献。今后，该系统将继续纵深推进出版融合发展，深度融合赋能新时代知识产权行业高质量发展，并为知识产权领域从业者提供更加优质、高效的专业服务。

（张孝飞：知识产权出版社科技文献机器翻译研究院院长，周聪：知识产权出版社科技文献机器翻译研究院研发组长）

知识产权信息多语言智能翻译与服务系统

案例类别：产品

中国现代江河水利志数据库

张慧一

近年来，党中央和国务院对新形势下的水利工作作出了一系列重大部署，国家对水利的投入和支持力度不断加大，对水利科技研发推广、水利科普以及水文化建设也提出了更高的要求。同时，国家对知识服务和新媒体融合发展等给予了前所未有的重视，出台了多项国家级规章规划和指导意见等重要文件，从各个方面给予了大力支持，从政策上有力地刺激和推动了出版行业转型升级与融合发展。

中国水利水电出版传媒集团有限公司作为一家大型中央国有文化企业，积极响应国家政策，紧跟文化产业发展趋势，发挥内容优势，运用先进技术，切实推动传统出版和新兴出版深度融合。2011 年，数字出版中心成立，组织开展融合出版业务、归口管理和开发各类出版物的数字内容资源，聚集了数字与全媒体产品研发与运营、技术支持、项目管理、标准与数据管理等方面的专门人才，是一个结构合理、专业性突出的团队。2020年10月，集团根据改革发展总体要求，以数字出版中心为基础，对下属奔流电子音像出版社进行实体化改造，成立了奔流电子音像出版（北京）有限公司，数字出版中心的业务和人员整体转入公司，步入了公司化、市场化、专业化发展的新轨道，实现从资源型向市场型、从单一内容服务向全方位综合服务的转变，做强做优水利水电领域知识资源的集成与服务。

一、中国现代江河水利志数据库建设成果

中国现代江河水利志数据库（以下简称水利志库，网址：http://slz.digiwater.cn）是中国水利水电出版传媒集团知识服务产品矩阵的重要组成部分，它将我国范围内的水利志书进行收集、整理、整合、加工，形成系统全面的资源数据，并定期更新，构建了一个完整客观的各流域、各行政区，各类水利工程、各细分专业门类的历史沿革、发展脉络等信息的资料库，全面、科学、形象、便捷地反映我国水利建设的历史和现状，实现了江河水利志资源共享、信息增值，为管理、科研、教育等工作提供客观、系统翔实的知识资源，更好地发挥志书存史、资治和教化的功用。

该数据库通过知识挖掘，带动水利水电专业知识服务模式创新其特点主要如下。

（一）多渠道资源系统全面

该库收录了新中国成立以来编修的400多册各级各类水利志书内容，涉及流域水利志、水利工程志、水库志、湖泊志、水土保持志、水文志、灌区与堤防志、机构与人物志，以及各省、市、县的行政区水利志等。其中，许多各地水利部门的内部内容资源，是依托集团在水利水电行业独特的优势获得了版权单位的独家授权。资源收集、分析后，根据特有的数字化加工和建设标准，进行加工入库。该库在我国水利志书资源收集方面，具有系统、全面、唯一的特点。

（二）多维度展示简明清晰

该库根据水利志的特有性质确定了整体架构，建立各个资源之间的关联关系，按行政区和流域两种维度展示全貌，设置了图书、条目、图片、大事记四个具体的功能模块，用户可以根据自身需求查看检索；在大事记对比功能页，用户选择地域与时间即可进行水利大事记的对比，为水利水电科研、工程提供实用支持。

（三）多条件检索精细便捷

该库根据资源特点和用户群体的普遍需求设计检索功能，统一检索入口可对全库内容进行统一检索，按不同维度导航展示结果；高级检索通过字段多级联合查询，进行准确检索以获得用户预期得到的结果；精细化搜索按不同分类，实现包括图书、条目、图片、大事记等不同分类检索，并且图片、音视频等多媒体内容可独立检索展示。

（四）多样化服务特色鲜明

该库充分发挥挖掘水利水电行业独特的内容资源与专家基础，汇集细分专业领域的数字内容资源并将其进行知识化，不仅提供数字阅读、知识库等特色服务，更提供在此基础上衍生的咨询与解决方案服务，实现对水利水电相关行业高附加值的增值服务，满足不断加快的改革发展步伐和用户对高质量知识服务更加迫切的需求。

二、精准服务水利水电行业，社会效益突出

（一）助力于国家水安全战略实施

水利志库通过对志书内容资源的系统整合、加工、挖掘，为“用数据决策、用数据治理、用数据创新”管理机制的建立增添新方法，为水利水电行业推进水资源科学开发、强化水安全保障的决策和项目推进过程提供了专业有效的知识服务，实现了水利水电行业数据资源的开放和共享，服务水安全保障政策的贯彻落实。

（二）服务水利水电行业发展改革

水利志库紧密围绕水利中心工作，为改革发展提供更加及时、有效、权威的参考资料和知识服务，提高水利工程管理的现代化水平，强化科技兴水，提高水利行业信息化水平，服务于水利行业发展改革的大局，促进科技兴水战略的实现。

（三）提升细分领域知识服务能力

水利志库在规模化资源与组织、文本挖掘等方面均进行了技术实践，为水利志书的系统分类提供了技术依据，实现相关数据的展示以及关联数据的推荐，为水利知识服务提供了技术支撑。这些新技术的研发和应用可以满足个性化越来越突出的知识服务市场的需求，充分提升集团在水利水电行业细分领域的知识服务能力。

三、以经济效益助力融合出版持续发展

水利志库服务对象主要包括相关各级政府部门、高等院校、研究机构、决策咨询机构、大中型企业单位、图书馆等，以及个人用户，提供高质量、智能化、权威、系统的数据库产品和衍生的咨询类服务等，满足用户对

专业性高质量知识服务的迫切需求，采取对垂直领域的精准营销创造经济价值。由于内容资源和知识产品将随着时间的累积越来越显示其独特的价值，用户数量也在持续增长，长期经济效益可观。传统出版物也能借助数字出版的优势获取更大销量，整合更多优秀作者资源，实现对传统纸质图书出版业务的全方位反哺，促进整体效率和经济效益的提高。

四、行业示范推广价值

水利志库根据专题资源结构特点和应用场景需求，对数据进行更深层次的挖掘开发和有机组合关联，提高了用户对数据内容的获取能力，丰富了数据的展现形式。该库对传统出版资源的挖掘、开发和重组、对新形式新领域的探索，为提高出版工作的科技含量提供了可供参考的案例，在促进专业出版领域转型升级与融合发展方面做出了有益尝试，取得了显著成效。该库积极探索一体化知识服务，使出版单位从单一的提供出版服务发展到提供内容资源、乃至于打造知识服务体系，为传统专业出版单位的创新发展积累了经验。

［张慧一：中国水利水电出版传媒集团奔流电子音像出版（北京）有限公司研发与运营部主任］

中国现代江河水利志数据库

案例类别：产品

“中国人的家”水与传统民居数字博物馆项目

王勤熙

一、单位介绍

中国水利水电出版传媒集团有限公司（以下简称集团）是国务院出资、水利部主管的国有文化企业集团。集团基于融合创新理念，致力于出版传媒全文化产业链运作，开展图书出版、数字产品生产、电子音像产品制作、知识资源加工、文化产品营销、研学游学教育等业务，着力打造一流的水利水电文化企业集团，成为水利水电行业最具规模最具权威的知识资源中心和知识服务中心。

二、项目简介

“中国人的家”水与传统民居数字博物馆项目收集整合了我国最具代表性的300个传统民居的地理位置、水生态环境、建筑形制、文化习俗等相关内容资源并以此为基础打造了集数据查阅下载、科普教育、交流合作、技术咨询于一体的在线数据库服务平台。该项目旨在为社会大众、青少年群体以及科研设计单位及学校提供相关科研成果数据，以及民居展示、科普教育、技术咨询等方面的服务与支持。同时全方位展现我国传统民居的特色与内涵，增强社会大众尤其是青少年对中华传统文化的认识和理解，体验数字化应用带来的价值和意义。

三、平台打造

该项目利用信息技术、互联网、数据库等技术，聚集国内相关建筑科研院所、高等院校以及专家学者的优质传统民居与水生态环境内容资源和产品，建设而成的集传统民居展示、科普教育、专业数据查阅下载、行业交流与合作、技术咨询于一体的数字内容和数字产品运营网站，实现中国居住文化、水文化和传统民居文化的传播普及，以及与之相关的内容资源的共建共享。

该项目在功能和技术上具有较高水平，包括以下几方面。

（一）个性化双入口界面，满足不同群体需求

本网站设计主题鲜明、简洁大方，入口界面设置“青少版”和“大众版”双入口，满足青少年及成人大众不同的内容需求与审美需求。

（二）民居资源在线查询，方便快捷

本网站对于传统民居与其水生态环境等相关信息查询途径多样、方便快捷。用户可按照行政区划、地理位置、流域分布、形制特征等不同维度进行联合查询；可按关键词进行模糊检索；可通过关联查找传统民居当地民风习俗的相关内容；可提供传统民居计算机三维模型及水生态环境数据等资料。同时，本网站提供公益免费阅读服务和收费阅读下载服务，用户可根据需要下载文本、影像和数字内容等相关资料。

（三）立体化科普展示，虚拟现实相结合

该项目民居展厅区域，以VR虚拟现实技术和建筑动画视频为基础，将30个具有代表性的传统民居进行了数字化复原。用户可以足不出户便身临其境地感受到民居的三维立体空间，加深对民居建筑特色、结构特征、装饰艺术的印象。

（四）活动发布展示，线上线下相结合

该项目研学课堂与花样活动区域，时时发布传统民居类的研学活动与科普课堂，用户可以线上报名线下参与，活动后的相关报道也会在本区域动态发布。本区域旨在“产学研”相结合，为传统民居与水生态环境领域的科研开发、产业发展提供合作平台和科普宣传。

四、社会合作

该项目自启动以来，积极寻求社会各界的广泛合作，旨在共同推动中华优秀传统文化的传承与发展。项目与中国水利水电科学研究院、清华大学、北京交通大学等科研院所及高校建立了深度合作关系。同时，项目还与北京史家小学、三里河三小等多所知名学校，北京科学中心等权威科普场馆展开合作，将数字资源与线下课程、研学活动相结合，通过课堂讲座、虚拟漫游、科学实验、动手拼装以及小组讨论等多元化教学环节，使少年儿童全面而深入地学习我国传统民居的建筑特色和家文化的博大精深。此外，项目也积极寻求与国际文化交流与合作，推动中华文化的国际传播。在“中巴青少年文化交流周”期间，为巴基斯坦代表团一行策划开展了“Chinese Traditional Houses”科普活动。通过这些社会合作，项目不仅丰富了自身的内涵与形式，也为传统文化的传承与发展注入了新的活力。

五、社会效益

（一）具有优秀传统文化的传承意义

我国传统民居，作为漫长历史的见证者，自身所蕴含的传统文化值得社会大众广泛了解学习。通过浏览“中国人的家”水与传统民居数字博物馆，可了解中国传统的民居特色与建筑文化，学习到其中蕴藏的朴素科学原理和巧妙的工程技术，理解人与自然环境如何和谐相处，从而提升其人文素养，加深对生态文明的认识，增强民族自豪感和文化自信。

（二）具有指导民居保护与修复的现实意义

我国传统民居历史悠久、造型丰富、装饰精美，具有极高的保护价值，但在高速的城市化发展进程中，不少珍贵的传统民居被摧毁，也有大量传统民居因年久失修而逐渐消失。本项目将典型民居进行数字复原，结合生活场景制作VR漫游科普视频，使消失的或正在消失的传统民居“活”了起来。

（三）具有科普水知识、保护水生态的教育意义

在我国古代，因没有便利的输水管道，古人们大多逐水而居，因此水与传统民居成为一个密不可分的整体。集团在“水与民居”领域深耕多年，积累了大量的内容资源与专家资源。本项目通过将传统民居与水生态环境的内容资源进行再度整合与特色展示，使水相关知识普及更广泛、更深入、更全面，传播更直接、更快捷、更高效。

（四）具有助力国家大数据战略的重大意义

《中华人民共和国国民经济和社会发展第十四个五年规划和2035年远景目标纲要》指出，要“实施文化产业数字化战略”“建设国家文化大数据体系”。“中国人的家”水与传统民居数字博物馆项目中所使用的内容数据资源均来源于国内相关建筑科研院所、高等院校以及专家学者，准确性高、权威性强，且具有便捷、可视化的内容数据访问功能，为用户搜索民居相关数据提供了便捷的途径。

六、经济效益

该项目在经济效益方面展现出文化品牌优势。首先，依托本项目成功打造《中国人的家》融合出版科普绘本，该绘本获北京市科协科普创作出版资金资助10万元，并入选《2022年农家书屋重点出版物推荐目录》，进一步拓宽了绘本销售渠道，为出版社带来了可观的销售收入。同时，该项目还积极探索线上线下相结合的运营模式，举办了丰富多样的科普课程与研学活动。这些活动吸引了大量公众参与，累计上课次数超100次，课程收入超50万元。这些成绩不仅展示了该项目在文化传播和科普教育方面的成效，也充分证明了“中国人的家”品牌在市场上的强大吸引力和竞争力。

（王勤熙：中国水利水电出版传媒集团北京中水传媒文化有限公司科普教育部主任）

案例类别：产品

中国中医药出版社：多元融合　创新发展

——中医药数字阅读终端项目融合实践

张峘宇　翟理　李祖民

移动互联网时代，专业出版社在向用户提供知识服务的方向上进入一个更加多元和创新的阶段。在此背景下，中国中医药出版社有限公司响应党和国家对媒体融合发展和中医药传承创新发展的指示和要求，整合中医药精品出版资源和音视频资源倾力打造了“中医药数字阅读终端”项目。

该项目是出版社建设的融合，包括PC/移动端平台、数字阅读终端、新媒体等载体的知识服务综合体，并适应出版社在全民阅读活动和校园实体书吧方面的业务需求。采用落地式可触摸电子屏的形式，拓展中医药文化知识的传播渠道，落实国家中医药管理局“中医药进校园、进社区、进家庭”的工作要求，有助于进一步传播弘扬中华优秀传统文化，普及中医药知识。

一、聚合多形态资源，凸显精品内容优势

“中医药数字阅读终端”项目是中医药行业目前唯一一款整合了教材、学术著作、古籍和期刊的综合性数字阅读平台，其内容资源依托于中医药出版行业的“国家队”，提供最权威、最专业、最翔实的中医药数字服务平台，并将在此前提下逐步整合更多的文献、杂志、期刊资源，打造行业旗舰级的数字化平台。

目前，平台汇集了包括教材教辅、考试用书、中医古籍、学术著作、科普生活和工具书6个大类、超过6000种电子书，以及超过10000篇碎片化知识文章。其中包含“全国高等中医药院校规划教材”“中医 / 中西医执业医师资格考试用书”等行业级独家教育教学资源、“中国古医籍整理丛书”等“出版政府奖”获奖作品和国家重点资助的学术资源，以及《中国民间疗法》等期刊资源，还包括中医药行业规划教材配套类、中医药科普类、中医药知识付费类等专业的音视频课程资源，全面满足行业内的院校、医院、科研机构在教学支撑、理论研究、文化科普方面的需要。

二、技术引领创新，“平台 + 设备”融合建设

“中医药数字阅读终端”运用了基于云服务的互联网、微服务、SaaS等技术，实现内容精准触达。终端采用高清液晶屏幕，色彩丰富鲜明。系统设计简洁，采用上下分屏设计，上屏为功能模块专区、下屏资源推荐专区。功能操作简单易用，支持图书检索、全文检索、高级检索、书内检索等多种检索方式，并且支持多点触控，高灵敏度书写更流畅，可识别多种触摸手势，具有集功能模块化、资源分类化、管理一体化等特点。

“数字资源平台 + 高清液晶触控大屏”的直观展现形式，能帮助用户用最准确的方式找到所需要的专业内容。终端不仅支持中医药图书、期刊和年鉴等数字资源阅读、中医药音视频资源播放，并且机构可对自有数字资源、资讯进行展示。终端还搭载了中医药纸质书、电子书销售等专业知识服务。另外，终端提供所在地即时天气、限行服务、自定义时间自动关机、待机广告展示等服务，同时还可提供资源在线版和资源本地版两种模式，以适用于不同的用户场景。

三、打造多元产品体验，形成品牌效应

“中医药数字阅读终端”旨在为广大中医药爱好者、从业人员、研究者以及医学院校师生提供一个便捷、高效且个性化的中医药学习、研究和实践平台。通过举办、参加发行会议、图书馆长会、教材研讨会等行业性会议，给项目提供充分曝光机会，让行业上下了解本项目的定位和进展情况，使“中医药数字阅读终端”的品牌形象深入人心。响应中宣部、教育部、财政部等11部委联合下发的《关于支持实体书店发展的指导意见》与《教育部办公厅关于进一步支持高校校园实体书店发展的指导意见》，落地“中医数字图书馆”+ 数字阅读终端模式，配合院校构建智慧校园、智慧图书馆，给院校用户提供校园实体书店的智慧化整体解决方案服务。值得一提的是，中医药数字阅读终端还收录了全国中医药文化宣传教育基地的VR场景，如河南南阳医圣祠、湖北蕲春李时珍陵园、红四方面军总医院中医部旧址等多所全国中医药文化宣传教育基地VR场景，实现线上观看展览。

四、双效并举，助力中医药文化传播

2023年，国务院办公厅印发了《中医药振兴发展重

大工程实施方案》，其中提出了支持创作高质量的中医药图书、纪录片、影视剧以及各类新媒体产品，打造有代表性的中医药文化节目和中医药动漫作品。实施中医药文化传播行动，推动建设一批中医药文化宣传教育基地并达到国家级建设标准，推动建设若干中医药文化体验场馆，支持建设中医药健康文化知识角，广泛开展中医药文化主题活动。中小学进一步丰富中医药文化教育，开展中医药文化专题教育活动，建设校园中医药文化角和学生社团。

目前，中医药数字阅读终端已在国家中医药管理局阅读空间、悦读中医书吧·北京店、中华中医药学会阅读空间等地投入使用，并已联合北京中医药大学、辽宁中医药大学、河南中医药大学等8家中医药大学进行共建共享。完全符合实施方案中所提出的各项目标要求，是出版社落实党和国家对中医药振兴发展方针政策的创新举措和融合探索。在之后的工作中，出版社将持续推动中医药数字阅读终端进入各级各类图书馆、博物馆、院校、医疗机构、政府机关、社区等公共场馆提供专业的中医药知识服务，传播与弘扬中医药文化，拓展“中医药文化科普传播平台”的传播渠道，落实“中医药进校园、进社区、进家庭”的工作要求，打造出版社“中医药文化科普排头兵”的品牌形象。

2023年12月，中医药数字阅读终端项目入选由《中国新闻出版广电报》评选的“年度出版发行业创新案例28强”。

（张峘宇：中国中医药出版社副社长，翟理：中国中医药出版社数字技术中心副主任，李祖民：中国中医药出版社数字技术中心医学运维专员）

案例类别：产品

融合发展背景下的主题出版

——以“公民科学素质融合出版”项目为例

薛红玉 吴微

习近平总书记指出：“科技创新、科学普及是实现创新发展的两翼，科学普及，与科技创新同等重要。”建设创新型国家关键在科技创新，基础在全民科学素质的提升。科学素质是国民素质的重要组成部分，是社会文明进步的基础。公民具备科学素质是指崇尚科学精神，树立科学思想，掌握基本科学方法，了解必要科技知识，并具有应用其分析判断事物和解决实际问题的能力。提升科学素质，对于公民树立科学的世界观和方法论，对于增强国家自主创新能力和文化软实力、建设社会主义现代化强国，具有十分重要的意义。

该项目以服务创新驱动发展战略为根本目的，以推动全民科学素质提升为主要目标，以《全民科学素质学习大纲》为内容标准，以融媒体出版为主要成果形式，以提高全民科学素质服务高质量发展为目标，以践行社会主义核心价值观、弘扬科学精神为主线，服务于《全民科学素质行动计划纲要》确定的五大重点人群，有针对性地开发符合各人群实际需求、认知特点和阅读习惯的全媒体产品，立足于融合出版，力争实现“立体开发、多维呈现、精准投放、迭代增值”。

一、项目创新性

“公民科学素质”融合出版项目是中国科学技术协会科普信息化建设重点科普工程“科普中国”的成果之一，实现了围绕科普核心内容资源的创意立体开发、产品多维呈现、专家严格把控、渠道全面传播。该项目通过开发图书、动漫视频、音频、电子书、专题网站等多样化形式，满足受众多渠道多样化阅读需求，成果丰硕，实现了社会效益与经济效益的高度统一，对服务公民科学素质提升发挥了积极作用。

（一）创意立体开发

“公民科学素质”融合出版项目内容定位为：围绕创新驱动发展战略，从科技创新的驱动作用、科学精神和科学思想的引领作用、科学与社会思辨性命题等视角组织核心科普内容开发；受众定位为五类重点人群，领导干部和公务员、农民、城镇劳动者、社区居民、青少年，并根据青少年认知水平和接受能力的差异化特征，将青少年群体细化为中学生、小学生。

在内容定位和受众定位明确后，根据我社科普传统出版和科普信息化项目（科普中国）的聚合优势，根据细分受众的阅读（使用）需求，制订了“立体开发、梯级实现”的选题创意研发计划。选题创意涵盖：纸质出版物选题（图书、挂图），音像电子出版物选题（动漫、科普微视频、电子挂图），融媒体选题（融媒体图书、融媒体挂图），两微多端选题（微博、微信、APP、PC终端、大屏等），在线获取资源选题（科普中国云、科普中国网在线资源），活动创意（全民科学素质答题、科技阅读活动、科学素质大赛）等。

（二）产品多维呈现

“公民科学素质”融合出版项目确定了以“传统出版与新兴出版融合发展”理念为指导的工作原则，采用“1+X”全媒体生产方式，“1”是核心内容，“X”是产品形式。

该项目核心内容研发团队由科学家团队、作家团队、编辑团队共同组成。科学家团队由林群、秦大河等院士领衔，由具有丰富创作经验的百余位科研领军人物、一线科学家组成，负责科学化文本的撰写工作，保证文本的权威性和科学性。作家团队由叶永烈、卞毓麟等知名作家领衔，由在科学文艺领域具有深厚创作积累的十余位职业作家组成，负责对科学化文本的二次创作和加工，提升内容的通俗性和艺术性。编辑团队由科普图书编辑、数字编辑、美术编辑组成，根据不同产品形态对内容的要求，对本项目的核心内容资源进行专业加工。

经过对核心内容的精雕细琢，项目组根据公民科学素质融合出版项目选题创意梯级开发计划，逐步实现了产品的多维呈现。该项目实现开发的产品包括以下内容。

纸质产品：《中国公民科学素质系列读本》（6种），《阿优学科学》漫画书（3册），《科普中国》系列宣传小册子（32种），科普挂图（1种）。

音像电子产品：《公民科学素质动漫微视频》（300余条视频），《中国公民科学素质系列读本》电子书（6种），电子挂图（1种）。

两微多端产品：两微多端推送文章（400余篇）、视频观看、数字内容资源在线浏览和下载。

在线获取资源：《中国公民科学素质系列读本》电子书、《公民科学素质动漫微视频》在科普中国云、科普中国网的开放获取资源，公民科学素质大赛题库。

公益活动：“科技书香·科技创新院士公开课”“科普图书公益漂流”和科学素质大赛等科普公益活动。

（三）渠道精准投放

“公民科学素质”融合出版项目通过线下、线上渠道实现了向细分受众的精准投放，收到良好的传播效果。

线下渠道：在实体书店、网店渠道基础上，充分发挥中国科协及《全民科学素质行动计划纲要》办公室成员单位的渠道优势，通过中组部干部教育培训系统、科协系统、工会系统，以及农家书屋、中小学图书馆配书等渠道，实现图书针对纲要重点人群的精准投放。

线上渠道：依托科普信息化工程“科普中国”云、网、端进行推送。“科普中国”云平台根据精准的用户数据分析，对不同年龄、教育水平、职业背景、阅读需求的受众进行定向精准投放，并通过科普中国媒体矩阵（包括人民网、光明网、新华网、求是网等主流媒体以及腾讯、百度、新浪等商业网站），实现该项目在线资源的高效、精准分发。

（四）产出迭代增值

“公民科学素质”融合出版项目基于核心科普内容，实现了产品的迭代增值，该项目系列产品推出后，微视频全网播放点击量突破20亿次，数字内容资源下载达到5000多万次，图书销量破百万册的良好业绩。同时还获得了包括国家科技进步奖（科普类二等奖）、出版政府奖提名奖（数字出版物）、河南省科技进步奖在内的多个重量级奖项。视频英文版在美国、印度、星空卫视等海外媒体播映。此外内容被翻译成藏文、维文、哈萨克文、蒙文等版本，在少数民族地区广泛传播。

二、项目亮点

习近平总书记指出：“科技创新、科学普及是实现创新发展的两翼，科学普及，与科技创新同等重要。”高度重视科学普及工作，已经成为一项国家战略。科学素养不仅是指了解科学真相，还要有能力基于事实去做科学判断。“十三五”期间，中国公民具备科学素养比例由2015年的6.2%提升到2020年10%以上。该项目融合出版的有效运作，实现了全介质传播、全方位运营，使全民科学素质工作从内容、形态、渠道、影响力等方面达到了全覆盖。

（一）全媒体传播体系建设的顶层设计，提高全民科学素质

“公民科学素质”融合出版项目通过技术升级、内容制作、组织重构交叉融合，建构具备整体融合新形态，形成了全新的全体系生产模式。以图书＋动漫＋音频＋漫画＋电子书等多种形式进行通俗易懂的全媒体阐述，让“生硬”的科学知识更加具象化、形象化、生活化，更具吸引力，从而开拓了科普全媒体传播体系的新形式。该项目作为普及科学知识、传播科学文化、弘扬科学精神、宣传科学思想的重要工具，对提高全民科学素质有着重要的现实意义，造就了新型的科学思维，为实现“中国梦”，为推进人类科技进步做出贡献。

（二）前沿技术赋能优质内容，实现内容有效、高效传播

科普的关键和难点在于普，在于有效的传播。一改传统的纸质图书单一的出版发行形式，该项目率先拓宽了科普内容的传播方式。在视听体验方面持续发力，在原有技术积累的基础上推出更加符合媒体用户感官需求的高清视听技术，实现从纸质图书到动漫＋音频＋漫画＋挂图的转变，实现了产品的多元呈现。此外，该项目紧密依托“科普中国”等平台的传播优势，创新组建深度融合团队，实现内容融合生态的多屏共振，以互联网的

技术基底实现媒体深度融合协同化、生态化演进。

（三）典型项目聚合构建全媒体传播体系，建构主流舆论新格局

该项目采取“全媒体＋贯通式”传播矩阵，通过一体统筹、多元发布，构建集约化全媒体传播体系，以“科普中国”为支点，以贯通式发布为体系，横向联通电视台、网络视频平台、自媒体平台、科普大屏等；纵向联通各地科技馆、新华书店等，打破传统媒体时代图书构建渠道的单一性、形式的单一性和传播效果的不可知性，丰富了科学知识媒介形式构建的手段，打造互联互通、互补互促的全媒体传播体系可持续发展生态圈。

三、社会效益和经济效益的高度统一

“公民科学素质”融合出版项目有效带动科学普及教育和网络技术的融合发展，拓展全民科学普及教育的跨媒体传播作用，切实提高公众科普教育的广泛性、趣味性和国际化，其社会意义重大。经过7年持续运营现有渠道和拓展新增渠道，图书最终配发超120万余册，为各地提升全民科学素质提供了有力的抓手。第三方渠道累计已达409个，可实现科普资源快速精准传播。其网络视频点播量超过30亿次，在央视频道、中国教育台等电视台多次获得同期收视率第一，电视观众覆盖20亿人次，在全国各地地铁（20万多块显示屏）和公交持续播出，并推广发行至美国、印度、马来西亚等海外国家和地区，实现了中国优秀科普文化向世界输出。

“公民科学素质”融合出版项目获得第五届中国出版政府奖音像电子网络出版物奖提名奖、“弘扬社会主义核心价值观 共筑中国梦”优秀原创网络视听节目、中国科普作家协会“优秀科普作品图书金奖”、科技部“2016年全国优秀科普作品奖”、中国科普作家协会优秀科普作品奖（科普影视动画类）银奖、第二十七届浙江省电视“牡丹奖”、《中国梦（浙江）网络视频大赛最佳动画片、河南省科学技术进步奖二等奖等荣誉。

自2014年开始建设到2022年不断发展成熟，内容资源目前仍在全国进行广泛传播，后期包括科普内容多样化建设成为了很多机构采用的形式，包括多家机构和单位都采用动漫视频等方式进行科普内容演绎、全媒体打造等，成为行业科普内容传播的典范。

（薛红玉：中国科学技术出版社融合发展部主任，吴微：中国科学技术出版社融合发展部编辑）

“中国公民科学素质系列读本”专题

案例类别：产品

华服志

——中华传统服饰文化领域融合出版探索实践

徐屹然

“华服志”是基于中华服饰文化知识内容建设的融合出版传播品牌。“华”字既有“中华”的含义，也有“华美、华丽”的意思，“志”也有两层含义，一层含义是“记录、传承”，另一层含义是“志向”。以“志在中华服饰文化、链接服装产业未来 ”为宗旨，华服志以数据库为开端，围绕服饰文化知识服务为核心，经过近三年的探索，逐渐形成“以服饰文化内容为核心，以知识服务为开端，以营销矩阵和品牌活动为抓手，以课程培训为拓展”的融合出版基本模式。“华服志”也逐渐赢得市场和用户的青睐和肯定，初步建立起中华服饰文化知识传播的品牌形象，形成了集知识服务、融合出版、文化教育、电子商务、科技融合创新为一体的中华服饰文化传播生态。

一、融合业务基础

华服志网站是整个华服志品牌探索的基础和核心。网站内容依托中国纺织出版社有限公司七十年来的专业出版积淀，是一个中华服饰文化资源汇聚与分发的在线平台，可实现数据化后的中华服饰专业内容按用户需求进行精准检索、构建知识体系、主题资源重组以及电子商务。网站分资源库、主题库、华服严选、华服动态四大板块。项目建设具有如下特色和亮点。

（一）丰富的内容资源

网站通过对社内外优秀的中华服饰文化数字资源整

合，大规模将服饰专业内容数据化，目前上线数字资源图书 2000 余种；图片近 40000 张；音视频 500 小时；古籍文献上万目；辞条近万条。

（二）深度的知识标引

网站拥有专业的编辑团队，将中华服饰文化知识进行组织创新，能够更加便于检索，符合市场的实际需求，通过严谨的审校流程，持续的过程优化，将知识完美的呈现。

（三）专业的分类体系

网站构建六大主题库，每一专题建有二级目录十余项，三级目录近百项，级级深入，细化专题。专业的分类体系能够更加符合市场的实际需求，帮助用户解决实际问题。真正地做到将知识转化成生产力，来影响市场，弘扬中华服饰文化。

（四）权威的学术观点

网站通过跟院校科研力量的深入合作，聘请服装行业相关学者、专家对网站架构及内容层层把关，并收录学术专著、发展报告、论文文献等学术观点，开展华美讲堂，持续输出优质内容，弘扬中华传统服饰文化。

二、融合发展模式

从网站建设出发，按照市场运作、品牌建设的发展思路，按照如下路径进行了融合发展实践探索。

（一）以服饰文化内容为核心

党的十八大以来，习近平总书记高度重视传承和弘扬中华优秀传统文化，鲜明提出创造性转化、创新性发展的方针。党的二十大再次提出我们要传承中华优秀传统文化，不断提升国家文化软实力和中华文化影响力，提出要坚守中华文化立场，提炼展示中华文明的精神标识和文化精髓，加快构建中国话语和中国叙事体系。作为一家以纺织服装专业出版为特色的出版社，对传统服饰文化的传承和弘扬一直以来是我们的使命和重要的出版板块。基于出版社自身的文化属性和内容优势，结合当下“汉服热”等社会现象，我们将服饰文化定位为我社在专业出版领域开展融合出版探索的内容核心。

（二）以知识服务为开端

结合自身的内容出版优势，梳理存量和增量资源，构建专业领域的数据库产品，便成为迈进出版融合领域的第一步，也是开展其他融合产品的基础。同时，充分发挥出版社与专业院校的天然联系，通过图书推荐、院校走访、学者交流等机会，将数据库产品与传统图书产品的营销相结合，积累华服志的第一批 B 端机构用户。目前，华服志在线数据库已经是一个相对成熟的数据库产品，也成为各纺织服装院校教学及科研的重要补充。同时，2021 年初，利用小鹅通开设了华服志的 C 端店铺，将以服饰文化内容为核心的电子书、纸书、知识课程等融为一体，初步形成了知识产品的融合体系，同时开始了对 B 端和 C 端的知识服务。

（三）以营销矩阵和品牌活动为抓手

在数据库的建设工作中，编辑人员对服饰领域的知识有了更加深入和较为全面的理解和认识，利用当下主流的自媒体平台，我们在微信、微博、B 站等开设了账号，尝试构建华服志的自媒体品牌传播矩阵。同时，将自媒体内容建设进行系统梳理，设定了华服时课、约会博物馆、华服撰稿人、华服小百科等栏目，将相关联的内容资源重新编排、改编，逐步积累 C 端用户，得到诸多用户的关注。在此基础之上，我们开始思考、策划、参与了一系列的活动，比如作为学术媒体支持成功参与了首届华服设计大赛，第三届“中国华服日”等活动。同时，开始举办自己的品牌讲座活动——华美讲堂。讲堂采用线上和线下相结合的方式，聚焦服饰文化、艺术和时尚领域，以专业内容的大众表达为特色，持续推动中华文化的传播与创新。每年举办 8—12 期，得到了诸多用户的广泛关注和持续参与。目前，华美讲堂不仅已经成为华服志的品牌活动，也成为新书出版后重要的宣传推广方式，既加强了与作者的联系，又有效服务了读者，有效增强了用户黏性。

（四）以课程培训为拓展

在华服志融合传播体系的整体构建中，基于对内容的理解以及用户、市场需求的分析，最终我们选择了在“内容 + 课程”这个方向上率先寻求融合发展的新突破。2022 年以来，我们陆续开发了《零基础旗袍课》《中式马甲课》《汉服褙子课》《非遗盘扣课》《中国传统服装设计师》系列课等多门中国传统服饰文化手作课程，将中华传统服饰文化与当代人追求美好生活方式的需求有机融合，通过课程进行陪伴式教学，让用户在亲手制作传统服饰的过程中体验、感受、学习中华传统文化，并使其成为当下人们生活的一部分，受到用户的广泛好评和一致肯定。

三、社会效益及经济效益

通过数据库服务、课程内容服务、活动服务等多种服务形式，华服志目前在传统服饰文化知识服务领域初步赢得了一席之地，在院校端以及普通大众用户端都获得了广泛认可和一致好评。

（一）华服志助力院校教学

华服志网站是国内唯一的服饰专业全资源类型呈现平台，也是第一个聚焦中华传统服饰文化价值挖掘与应用的知识服务平台。网站通过现代科技手段将优秀的中华服饰文化数字资源予以整合、标引、分类，其内容丰富，分类科学，检索方便，同时，网站汇集了诸多服装专业院校的教材、课件以及行业名师的具有指导意义的文章著作，并基于学科教育体系进行了分类整理，为院校教育提供了有益补充。

（二）助力中华传统文化的传承和国际传播

华服志项目以知识服务为切入点，将传统文化及手作课程紧密结合，将文化和技艺有机融合，同时采用了线上传播的方式，解决了传统线下手作课程受时间和地域限制的局限性，取得了良好的传播效果。目前，课程传播已经触达新加坡、美国、日本、中国香港等多个国家和地区，得到广大学员的一致好评。

（徐屹然：中国纺织出版社有限公司数字出版分社社长）

案例类别：产品

“最高人民法院数字图书馆平台”项目

人民法院电子音像出版社

党的十八大以来，最高人民法院深入学习贯彻习近平新时代中国特色社会主义思想、深入贯彻落实习近平法治思想和习近平文化思想，深入贯彻落实党的二十大精神。特别是习近平总书记在党的二十大报告中强调指出，要推进文化自信自强，铸就社会主义文化新辉煌，要建设“网络强国”“数字中国”。为此，人民法院电子音像出版社作为中央文化企业，认真贯彻党中央、院党组决策部署，积极参与智慧法院建设，不断推进法院信息化建设与加强法院文化建设，发挥法治文化出版企业传媒工作的职责使命，最高人民法院数字图书馆（以下简称数字图书馆）平台正是在这样的背景下因势而谋，应势而生的。

一、项目创新性

（一）内容资源突出“专”“全”“特”

1. 文献资源“专”。数字图书馆围绕法律专业分类，广泛搜集图书、期刊、报纸、音视频、案例等各类文献资源。除原有各级法院图书馆的图书报刊资源外，还采购古今中外法律类纸质文献资源、法律典籍、珍本善本，将纸质资源数字化。同时，组织专业编辑团队，对中华法系、历史重大案件等资料进行了全面、广泛的搜集、整理和加工。

2. 数据库资源“全”。数字图书馆通过采购和采集大量元数据，建成十二大类自有的法律专业数据库，是目前国内聚集数字法律文献容量最大的单体资源库。此外，聚集了国际三大法律资讯服务商专为中国法律群体打造的律商联讯、威科先行、HeinOnline期刊库等数据库，以及法信平台等中文法律数据库，是我国目前聚集专业法律数据库数量最多的网络平台。

3. 案件资源“特”。数字图书馆利用法院系统独有资源，既挖掘呈现人民司法历史中重大案件的档案资料，也充分展现人民法院信息化建设的最新成果，实现对案件全流程数据资料和各类视听资料，按权限管理分门别类多样化呈现。

（二）展现形式突出全面、创新

1. 多媒体融合展现。传统图书馆主要依赖文字和图片来展示文献资源，而数字图书馆则通过引入音视频、动画等多媒体元素，为用户提供更加生动、丰富的阅读体验。比如，对于法律案例的展示，除文字描述外，还配合视频庭审记录、专家讲解等多媒体资源，使用户能够更全面地了解案例背景和判决过程。

2. 交互式展示方式。数字图书馆通过引入虚拟现实（VR）技术，身临其境地参观虚拟人民法院审判成就展，感受不同阅读环境的氛围；同时，还可以通过点击、拖拽等操作与展示内容进行互动，更深入地参与和体验文献资源。

二、项目亮点

（一）首次完成国内最大规模的法律数据资源聚集

数字图书馆囊括海量的法律数据资源，包括电子图书、电子期刊、学位论文、数据库、音视频及案例资源等。目前总计囊括国内外150个数据库、1.53亿篇文献、法律培训音视频达5584小时、文献总字数达到3.4万亿字，是全球最大的中文法律数字图书馆。海量资源分布在不同的系统中，形态不同，组织方式各异，既包括传统文献的数字化，也包括各种类型的原生数字资源，还包括其他虚拟馆藏。

（二）首次全维度呈现古今中外大案名案全貌

数字图书馆汇集了一批古今中外极富研究价值的大案名案，并从裁判原文、诉讼档案、庭审视频、历史影像、文献记载和舆论报道等多维角度全方位审视古今中外案例。所收录案例总数不少于500件，为古代案例研究、域外案例的比较法研究提供一手资料。

（三）首次汇集展现中华法系立法典籍研究成果

数字图书馆中华法系专区不但首次汇集呈现了我国从商到清12个朝代最具代表性的145部立法文献，而且从海量文献中匹配出当代对古代立法的研究成果，对于弘扬中华法律文化具有积极意义。

（四）首次集中展现国内外大法官等风采

数字图书馆为最高人民法院十一任院长和共和国现任大法官建立了专库，作为法治社会建设的重要参与者和推动者，当代法学名家、知名律师也都有专库，从中印证中国法律精英在法治建设之路上的坚实足迹。

（五）首次实现法律文献系统内外互联共享

数字图书馆提供文献传递的服务。法官通过文献传递方式，获得各个学科领域的中文期刊 10000 余种，核心来源收录期刊不少于 3500 种。有了这座桥梁，全国法院干警就能从互联网世界便捷地获得无限海量知识资源，实现馆藏图书借阅与文献传递。

三、主要技术应用

（一）数字化技术和大数据分析技术

数字图书馆将传统的纸质文献资源转化为数字化资源，按统一标准对法律类有关的文字、图片、声音、图像等各种信息进行数字化转换和处理，对数字资源进行有序组织和优化整合，并通过专业的聚类分析和指数因子评价，实现对资源的科学分类和评价。

（二）深度挖掘和智能应用技术

利用已基本完成的法律知识图谱，与 IBM 等顶级人工智能团队合作，对底层海量法律文献知识资源和案例数据进行智能化开发，实现更为智能数据支撑和认知决策，为人民法院司法公正，司法为民提供更为高效的支撑和保障。

四、服务模式

（一）线上线下一体化服务模式

数字图书馆、手机端 APP 和线下智能办公本硬件设备融为一体，为用户提供更为全面快捷的司法审判资料检索服务。用户可以通过线上数字图书馆随时访问丰富的电子资源，利用手机端 APP 进行移动阅读，同时还可以在线下阅读本硬件设备上享受舒适的实体阅读。这种融合创新模式将数字技术与传统阅读相结合，实现了阅读方式的多样化和无缝衔接，满足了用户多样化的需求。

（二）分馆定制化服务模式

数字图书馆结合地方法院司法审判的工作实际，从内容采编、创意策划、软件开发，直至上线推广的全部环节，高效整合、紧密衔接，摸索总结出“15 日分馆建设上线机制”，通过分馆定制化服务实现唯一法院系统内的互通。利用总馆资源优势覆盖全国各级法院，将各级法院的自有资源与最高人民法院数字图书馆的海量资源结合，通过自上而下、自下而上的资源的直联互通、共享，形成特色鲜明、高效便捷，集中展示地方各层法院具有本院审判、执行特色的独特司法实践经验，以文献、图书、报道、视频等多形式集中展现地方法院工作成果，成为各地方法院分馆风采展示的窗口。

五、社会效益

数字图书馆是法院系统最大、最全、最权威的专业化资源中心和知识服务中心，是中国法院系统建设“智慧法院”的信息化基础设施和智库平台、中国法律大数据集成与服务平台、中国法治社会建设支持平台、中华法律文化传播平台。通过提供多层次、多样性、专业化的数字图书馆服务，为全国法院干警提升司法办案及调研学习质效，为构建学习型法院提供了重要的数字化智力支持，为法律共同体和全社会提供全面的法律资讯信息综合服务，有效提高法律出版业知识资源聚合度与知识资源生产供给能力，提高了知识服务型产品的传播力和影响力，推动学习型社会、创新型国家建设。截至 2024 年 4 月，全国法院系统开通数字图书馆账号 72836 个，累计访问量达 1200 万次，开设广东高院、上海一中院、鄂尔多斯东胜区法院等 14 家地方法院分馆，累计联通 367 家人民法院，累计服务 4.5 万多名法院干警。

六、行业示范及推广价值

“最高人民法院数字图书馆”是传统专业出版社在数字化转型升级和媒体融合发展方面的一个成功范例。该平台将我国的图书馆服务从传统模式推进到智能化的知识数据服务模式，提升了我国新兴图书馆数字化的建设运营水平，为其他行业提供了可借鉴的数字化转型路径。

“最高人民法院数字图书馆”的成功推出，既是贯彻落实网络强国战略和国家大数据战略，推进“智慧法院”建设，促进司法为民、公正司法的具体举措，也是贯彻落实习近平法治思想，贯彻落实党的二十大报告关于“国家文化数字化战略”的切实推进，极大地影响和改变法官办案、学习方式，进一步提高审判工作质量和效率，为司法为民、公正司法提供有力服务和保障。同时可以为广大群众提供便捷、高效的信息检索和查询服务，提高法律服务的效率和质量，提升法律从业者的专业素养和综合能力，促进弘扬社会主义核心价值观和社会主义法治精神。同时为全球法律界人士了解中国司法现状和法治文明提供了即时、公开、权威的平台和通道，增进了法律专业人士对各国不同司法制度理解与司法文化认识。进一步加深我国推动司法公开、公正、提升司法公信、维护司法权威在全球的正面影响，对建设法治中国，树立中国在国际上文明法治的国家形象起到积极的推进作用。

（人民法院电子音像出版社）

最高人民法院数字图书馆

案例类别：产品

《中国民法典评注》融合出版项目

人民法院电子音像出版社

《民法典》是新中国成立后第一部以法典命名的法律，是习近平法治思想的生动实践和重要载体，在中国特色社会主义法律体系中具有重要地位，是一部固根本、稳预期、利长远的基础性法律。“《中国民法典评注》融合出版项目”是人民法院电子音像出版社深入贯彻落实习近平法治思想，贯彻落实党中央和最高人民法院党组关于做好《民法典》学习贯彻实施工作的要求，依托“法信”平台丰富的法律数字版权资源和数字出版及大数据技术，专门研发的民法典融媒体研习工具。

一、项目内容

“《中国民法典评注》融合出版项目”由《中国民法典评注》丛书与基于PC端的“法信”平台“学习民法典专区”数据库和基于移动端的“中国民法典评注”小程序组成，形成了集图书、数据库、小程序为一体，数字平台与传统出版图书相结合的融媒体产品。

（一）《中国民法典评注》丛书

《中国民法典评注》由中国人民大学一级教授、中国民法学研究会会长王利明教授担任总主编，丛书共分为七编十二册，涵盖《民法典》各分编，总字数541万字。丛书内容包括“条文主旨与法条原文”“法条由来”“法条评注”“其他问题”四个部分，紧跟法律、司法解释发布步伐，融入《个人信息保护法》《人脸识别司法解释》相关内容，以及《民法典》出台后最高人民法院集中清理的一批司法解释（新增7件、新修111件、废止116件），是具有中国特色的法典评注类标杆作品。该套丛书将学者经典评注和实务案例相结合，以条文解读和突出司法适用的指导性为核心导向，深度阐释《民法典》新理念新理论新规则，着重探究《民法典》条文理解与实务操作中的疑难问题，突出《民法典》人文关怀，是体现鲜明时代特色的经典力作。

（二）“法信”平台“学习民法典专区”

“法信”平台“学习民法典专区”对《民法典》1260条法律条文逐条梳理，展示法条变迁、新旧对照，汇集司法解释、立法资料、参考文献，智能推送关联法条、相关案例，为法律人即时查询、研习民法典提供精准、快捷工具。该平台上线后被最高人民法院指定为全国法院学习民法典数字平台，并在法律职业群体中影响广泛。

（三）“中国民法典评注”小程序

该项目配套研发“中国民法典评注”小程序，图书中每条评注内容均可通过小程序查看并收听，小程序包括“法典评注”“音频学习”“新旧对照”“关联法条”“关联案例”“参阅文献”等多样化内容，帮助广大读者全方位全景式系统化学习《民法典》。

二、项目创新性及亮点

（一）具有中国特色的法典评注类标杆作品，助力民法典学术研究和实践应用

《民法典》在我国法律体系中，是一部重要的基本法，是社会生活的百科全书，是时代精神、民族精神的立法表达。在《民法典》颁布实施的历史节点，把握法学前沿，第一时间建设推出集数字平台和传统图书为一体的融媒体产品，对深入贯彻实施《民法典》、有效促进《民法典》法学研究、法律适用等都具有时代意义。

（二）中国民法学研究会会长王利明教授领衔，集结博导级专家团队匠心打造

该项目由中国人民大学一级教授、中国民法学研究会会长、民法学家王利明担任总主编并亲自承担重要篇目的撰写工作。王利明教授作为中国民法学研究的引领者，作为《民法典》起草组成员，对《民法典》有着更为深刻的理解和思考。在王利明教授的主持下，该项目萃集了国内民法学领域60余位教授和博导级专家精心编写，对《民法典》1260个法条进行逐一权威评释，集各家理论研究经验和专长于其中，具有高度权威性和专业性。

（三）图书结合评注小程序和民法典数据库，线上线下、文本音频深度融合

该项目打造传统纸书与数字平台融合发展的产品形

态，探索传统出版与数字出版的深度融合。数字平台作为图书内容的分发平台，汇集图书出版优质内容资源；传统图书通过发放账号邀请码吸引目标用户群体，通过二维码扫码方式进入小程序，与数字平台实现联动。

（四）提供法条的全维度一站式解析服务和系统、全面、权威、专业的法律内容资源

依托“法信”平台系统、全面的法律内容资源，特别是系统、全面的最高人民法院司法信息资源以及最高人民法院对于民法典理解与适用的权威观点和专业解读，提供《民法典》法典全文、司法解释、立法资料、参考图书、参考文献、类案检索、域外立法、法条识别、专题讲座、学习答疑等内容资源和一站式解析服务，全方位满足对于《民法典》贯彻实施、研习适用的知识需求。

三、主要技术应用

1. 依托“法信”独有中国最大的法律与案例分类导航体系——法信大纲。以我国成文法律体系的七大部门法条文为纲，以从案例、案由中提炼出的法律纠纷点为目，逐层递推法律关系、层层分解法律事实，最终在不同民事法律关系点上推送一揽子的法律知识元。

2. 采用以法律知识体系图谱为底层的检索推送技术对各类法律碎片化的知识元进行分类聚合与串联推送。

3. 采用数据挖掘、分布式计算技术对裁判文书段落进行无限维度、多条件的自由组合和层层剖析。

4. 采用自然语义分析和分词技术对裁判文书的法律专业术语进行匹配转化，实现智能化支持用自然语言（非法言法语）一键式查找案情高度相似的既往判决。

5. 采用正则表达式和文本解析技术对裁判文书预设多重维度匹配类案。利用大数据的聚类分析和智能排序功能，帮助法律人在办案时进行类案比对。

6. 采用微信小程序的形式进行数据的展示和检索功能的运行，具有直达用户、广泛传播、便利使用、有利于资源整合等特点和优势，紧密结合当下学习民法典的需求和潮流，为学习贯彻民法典提供便捷路径，适应时代发展。

四、社会效益和经济效益

（一）社会效益

1. 项目上线后产生较大社会影响

该项目依托“法信”平台 200 万用户规模迅速占领了市场，在推行全民学习《民法典》的背景下，平台一经上线推广应用，即获得热烈的反响、持续的好评，广泛应用于各类领域、各种场景，用户群体显著增多，呈现出全面健康可持续的发展态势，上线至今累计访问量达到 500 万，平均日活用户 3000 人。

2. 项目推出后获得了一系列荣誉奖项

该项目 2021 年 12 月入选《“十四五”时期国家重点图书、音像、电子出版物出版专项规划》，2022 年 7 月荣获“2022 年数字阅读推荐作品”，2023 年 4 月荣获“第八届中华优秀出版物奖音像电子出版物提名奖”，2024 年 3 月荣获“第七届中国数字出版创新论坛出版融合发展优秀案例”，获得多方关注和赞誉，产生了广泛而积极的社会影响。

（二）经济效益

该项目通过线上线下多平台传播，图书已发行 1.7 万册，发货码洋 291 万元，数字平台经济效益共计已实现约 800 万元。随着《民法典》的深入贯彻落实，结合理论发展实践新成果，迎合广大审判、实务人员的需求，该项目将不断迭代升级，可预见未来具有更广阔的市场空间，带来更好的经济效益。

五、行业示范推广价值

该项目出版上线后，得到法律界及相关需求人士的广泛应用和一致好评，在提升民法典专业研习能力，加大普法宣传力度，推动营造尊法学法守法用法的良好环境上做出了突出贡献，实现了社会效益和经济效益的双丰收，并且仍然在持续产生着良好的双效影响，积极促推国家法治发展进步，助推出版行业融合发展进步，在知识资源组织、数据智能推送、中台知识服务，以及数字出版与传统出版融合发展等方面都具有良好的行业示范推广价值。

（人民法院电子音像出版社）

“中国民法典评注”小程序

案例类别：产品

全媒体与智媒体时代专业出版社知识生产与服务创新研究

赵静 于成龙

随着信息技术的飞速发展，全媒体和智媒体时代已经到来，信息传播方式和受众阅读习惯发生了深刻变化。专业出版社作为知识生产和服务的重要机构，必须紧跟时代步伐，创新发展模式，以满足日益多样化的读者需求。作为市场监管总局主办主管的中央文化企业，工商出版社是市场监管系统一家集期刊、报纸、年鉴、图书、新媒体和数字出版全媒介于一体的综合性新闻出版单位，在全媒体和智媒体时代背景下，积极探索知识生产和服务的新路径，通过新媒体矩阵、社群、知识服务、活动等多个层面的融合发展，实现了知识服务边界的拓展，为专业出版社的发展提供了有益的经验。

一、社群运维：打造市场监管领域的专业社群

工商出版社以新媒体和数字出版部为主体，建立了服务市场监管和综合执法工作的“市场监管半月沙龙”新媒体矩阵（以下简称半月沙龙），依托出版社图书、期刊、年鉴、新媒体的综合信息资源，矩阵年阅读量超过 2 亿次，始终在市场监管系统政务新媒体传播格局中保持领先地位。矩阵发布的作品“助力企业纾困”精准企业年报辅导、“3·15”期间系列宣传报道等多篇引爆朋友圈的 10 万 + 文章，先后获十余项省部级专业奖项，吸引了大量市场监管干部的关注和参与。半月沙龙充分发挥新媒体深度链接读者的作用，打造全国市场监管所长群、广告监管执法群、执法办案法律适用群、消费维权群等多层次的社群，为市场监管系统的专业人士提供了一个深度知识交流学习的平台。

在社群建立后，半月沙龙通过举办公益课程、讨论热点话题、提供优质内容等方式，不断提升群内活跃度。例如，针对基层市场监管干部对业务培训的需求，半月沙龙策划推出“所长课堂”系列双周公益课程；针对基层文章发布的需求，推出“百位所长谈”活动；针对基层对市场监管执法重难点的需求，持续输出优质内容；针对受委托的调研、研究课题，在群内组织交流讨论。这些活动不仅增加了与基层市场监管干部的黏性，也促进了社群的壮大和发展。目前，包括所长群在内的各社群已形成自发交流的良性循环。

二、设立微课堂：提供实战、实用、实效的在线培训

社群运营过程中，半月沙龙密切关注群内讨论的问题以及群成员共同的业务需求，将链接的新媒体用户直接驱动知识服务产品开发。针对群成员讨论的高频日常监管执法疑难问题，半月沙龙推出手把手教系列微课堂付费课程，并搭建了“市场监管微课堂”在线知识服务平台。该系列微课堂以“实战、实用、实效”为特点，课程内容紧密围绕基层市场监管干部的实际业务需求，通过案例分析、实操教学等方式，帮助基层一线市场监管干部掌握解决日常监管执法疑难问题的有效方法。这些课程受到基层市场监管干部的一致好评，实现盈利。

三、打造新媒体产品：推动知识服务产品多元化

半月沙龙在媒体化运营思维的指导下，推动知识服务产品不断迈向多元化。除了在线培训平台外，还开发了依托知识体系构建的多种服务产品。如针对人工审校难免会出现不规范、疏漏等问题，2023 年，半月沙龙上线市场监管融媒审核宝，对日常公文、网站文章、媒体报道、新媒体稿件、图片、视频等在发布前进行自动化、智能化的错误及敏感词检测，快速识别政治敏感内容、常见错别字、不规范表述等，提高内容审核校对工作效率。针对市场监管领域网络舆情燃点低、热度高、极易被炒作的热点，半月沙龙上线“市场监督管理融媒体综合资讯服务平台”舆情监测系统，实现社会热点话题、突发事件、重大情报的快速识别和定向追踪，对有较大影响的重要时间快速发现、快速应对。针对市场监管工作涉及的各类法律法规众多的现状，半月沙龙上线市场监管法律法规库，为广大执法干部提供具有特色功能的高效法律信息检索功能。这些产品不仅满足了市场监管系统内部的需求，也为广大读者提供了便捷、高效的知识服务。

四、活动策划与实施：增强新媒体矩阵影响力

近年来，半月沙龙策划开展了多个全国性、易于产

生知识服务衍生产品的活动，如社会共治典型案例寻访回访、电子数据取证大比武、公平竞争审查大比武、舆情处置大赛等，并就活动相关成果出版图书，不断为知识生产提供原动力。这些活动不仅增强了市场监管半月沙龙新媒体矩阵的影响力、吸引用户关注，还能增强用户互动、促进内容传播，以及为平台创造更多的商业机会。

在全媒体和智媒体时代背景下，专业出版社面临着前所未有的机遇和挑战必须紧跟时代步伐，创新发展模式。工商出版社通过新媒体矩阵、社群、知识服务、活动等多个层面的融合发展，实现了知识服务边界的拓展和创新发展，满足日益多样化的读者需求。这不仅增强了读者对出版社的信任和忠诚度，也提升了出版社的品牌影响力。只有这样，才能在全媒体和智媒体时代中立于不败之地，实现可持续发展。

（赵静：中国工商出版社有限公司新媒体和数字出版部编辑，于成龙：中国工商出版社有限公司新媒体和数字出版部主任）

案例类别：产品

中国乡村振兴知识服务项目

费运巧 刁毓 任玉晶 彭卓

中国乡村振兴知识服务项目是中国农业科学技术出版社自主研发功能和内容的知识服务平台，与技术公司合作开发的融合出版产品。

一、融合发展人员构成

中国农业科学技术出版社是农业农村部主管、中国农业科学院主办的农业科技专业出版社，自 2013 年开始探索融合出版业务，2014 年成立数字出版中心，作为负责数字出版业务的专门部门，后来逐步分化为 3 个部门，分别负责内部流程数字化和数字版权管理、数字出版和知识服务业务以及传媒传播服务。3 个部门现共有职工 10 人，知识结构涵盖农学、计算机科学、数字出版、教育科学、数字媒体等，占出版社总人数的 15%。中国乡村振兴知识服务项目组人员包含产品经理、数字资源管理人员、市场运营人员等。

二、项目介绍

（一）产品策划

立足乡村振兴重要战略，以问题为导向，以用户需求为核心，以产品和内容为切入点，融合乡村振兴相关行业专家和科技创新成果，打造多种服务形式并存的专业知识服务模式，以专家服务、智库服务、成果转化、项目服务为途径，打通专家、知识、成果、产业各个节点，疏通农业知识服务链关键堵点，打通上下游，切实解决地方乡村振兴的实际问题，不断扩宽知识服务促进乡村振兴的实施路径。产品的目标客户为乡村振兴领域的高校、科研机构、农业企业、基层涉农政府管理单位等，目标用户为这些机构内人员，包括高校师生、科研人员、农业企业员工、政府的基层工作人员等。

（二）数据库内容

内容涵盖了农业前沿理论知识、农业产业技术知识、农业相关科普知识、农业文化及农耕文明相关内容、种植和养殖行业数据等内容资源，基本覆盖了乡村五大振兴的各个方面。数据库除常见的电子书库和视频库外，还有期刊论文库、百科专题知识库、行业数据库、农业问答库和自有著作权的高清图库，同时还会实时发布最新的农业科技快讯。平台在知识组织方面采用分类主题词表和本体相结合的方式，同时支持全文检索、分类检索、全文阅读、按章阅读等方式。

（三）平台开发

该项目中出版社与技术公司共建共享，合作运营的合作方式是亮点之一。出版社拥有内容资源、专家资源，但是软件开发能力弱，技术公司具备成熟的开发能力和一定的产品推广能力，双方合作取长补短，共担风险，共享盈利。平台合作开发弥补了出版在技术能力上的短板，实现平台的良好运营，在出版社运维经费有限的前提下，可以对系统功能快速升级，用户提出的问题可得到快速响应，提升了用户的使用体验，为平台不断注入活力，并为平台可持续发展提供了基础。

（四）知识服务

从在线内容服务延伸出来的知识服务是本项目最大的亮点。知识服务是指基于中国农业科学院丰富的专家资源和科技创新成果资源以及本项目运营人员对乡村振兴各有关主体（包含基层地方政府单位、涉农高校、农业职业院校、农业企业、非农企业等）知识和信息需求的理解，以专家服务、智库服务、成果转化、项目服务为途径，助力乡村振兴各有关主体打通或延伸产业链，解决各地乡村产业发展关键问题，以产业振兴为抓手，促进地方产业兴旺、生态宜居、乡风文明、治理有效、生态宜居。

三、社会效益和经济效益

（一）社会效益

该项目的推广一是有利于全面贯彻落实党的理论和路线方针政策，全面贯彻落实党的二十大精神，深入宣传贯彻习近平新时代中国特色社会主义思想，认真落实党中央、国务院及中宣部、财政部、农业农村部各项决策部署，进一步贯彻落实2021—2024年中央一号文件、《中共中央办公厅 国务院办公厅关于加快推进媒体深度融合发展的意见》《全国乡村产业发展规划（2020—2025年）》《数字农业农村发展规划（2019—2025年）》《乡村振兴科技支撑行动实施方案》等文件精神，推动乡村振兴战略落地；二是为机构用户和个人用户提供高质量知识服务，有利于探索新型农业科技知识服务模式，传统的大水漫灌式知识传播方式，无法满足用户的个性化、易于理解、好吸收的需求，在面对浩瀚的知识海洋，用户很难快速地定位到乡村振兴相关知识，通过资源聚合、挖掘、组织、多媒体呈现等相关技术，向用户提供精准的知识服务，提供覆盖全面、类型丰富、个性化乡村振兴知识内容；三是有利于推动乡村振兴知识传播模式转型升级，为我国专业出版领域数字出版业态提供可资借鉴的发展模式，传统的知识传播模式存在供需矛盾问题，很多农业科研成果、科技知识没有得到广泛的传播和使用，通过权威的知识内容、前沿的科技资料结合现代信息技术，以多种媒体形式，投放到目标用户手中，改变传统的知识获取方式，让用户随时随地可获取乡村振兴相关知识内容。

（二）经济效益

该项目上线2年以实现净盈利。首先，项目采用合作开发模式，节约了大量开发成本，因此本项目出版社的前期投入仅有已完成建设的分类主题词表、本体、各类内容资源和人力成本。截至2023年12月底，该项目已实现营收200多万元，主要为数据库产品授权使用费及个性化知识服务项目服务费。产品已推广至80余家农业高校、6个科研机构、12个政府机构、3个农业企业，实现营收80余万元；以数据库为载体的个性化知识服务项目实现营收100余万元。此外，该项目还获得2021北京宣传文化引导基金资助，获得资助经费15万元。

（费运巧、刁毓：中国农业科学技术出版社有限公司数字出版中心业务经理，任玉晶：中国农业科学技术出版社有限公司数字出版中心负责人，彭卓：中国农业科学技术出版社有限公司副社长）

中国乡村振兴知识服务平台

案例类别：产品

人大芸窗智慧题库：大数据驱动的智能测评和个性化学习平台

廖熠

随着科技的飞速发展，数字教育已经成为教育领域不可或缺的一部分。在这个信息爆炸的时代，知识的更新速度前所未有，传统的教育模式正面临着前所未有的挑战。数字教育产品以其便捷性、互动性和个性化等特点，通过网络平台、移动应用和云技术等，为教师和学生提供了更加丰富多样的教学方式和学习体验。中国人民大学出版社（以下简称人大社）在教育信息化2.0时代面向不同场景、不同终端、不同阶段的用户需求，形成了“人大芸窗”智慧教育品牌，全方面建构数字化教育解决方案。其中，“人大芸窗智慧题库”通过深度融合教育资源与信息技术，不仅赋予了教师们一个得力的教学助手，还为学生的个性化学习和多元化发展提供了坚实的支撑。

一、融合发展人员构成：跨学科团队的创新协作

“人大芸窗智慧题库”由多方专业人才组成的跨学科团队精心打造，他们基于各自的专业知识和丰富经验，在创新协作中共同推动着项目的进步。这个团队汇集了学科编辑、数字编辑、技术工程师和运维人员等多元角色。这个团队不仅具备深厚的学科素养，还能够运用前沿技术解决实际问题，通过跨学科合作，共同推动产品的创新与完善，持续优化用户体验，确保题库的教育内容和技术支持两方面都保持领先地位。

学科编辑负责提供优质内容支持，从政治关、学术关等方面确保题库的教育价值和专业性；数字编辑负责题库内容的编校与更新，保证题目的准确性和时效性；技术团队开发和维护技术平台，保障产品的稳定性和易用性；运营团队则负责市场调研、用户反馈收集和产品推广，确保题库能够满足用户需求并持续优化。通过这样的跨学科团队协作，人大社得以更有效地响应市场变化，满足用户需求。

二、优质平台打造：丰富多样的内容与优质的用户体验

“人大芸窗智慧题库”基于“人大芸窗数字教材平台”核心资源制作，覆盖了多个学科领域，为教师和学生提供了丰富多样的教学内容。为了满足不同教师的个性化需求，题库平台支持手动组卷和自动组卷两种方式，教师可以根据自己的教学计划和学生的学习情况，灵活选择组卷方式，生成符合实际需求的试卷。平台界面设计简洁流畅，操作流程直观易懂，使得教师能够轻松快捷地组织和管理试卷，极大地提高了教学效率。

除了丰富的内容和优质的用户体验外，“人大芸窗智慧题库”还注重题目的科学性和针对性。题库中的题目都经过精心设计和挑选，旨在考查学生的知识掌握情况和思维能力。同时，题库还提供了详细的答案和解析，帮助学生更好地理解题目和掌握知识点。这种科学、系统、全面的教学设计，使得“人大芸窗智慧题库”成为学生学习的重要辅助工具。

三、社会合作：携手共进，扩大影响力

为了进一步扩大社会影响力，“人大芸窗智慧题库”积极与学校、行业协会、学术团队及各类教育机构等多方建立合作关系。通过广泛的合作，“人大芸窗智慧题库”不仅在多所高校得到深入应用，而且已经覆盖全国数百所高等学府，并成为部分学校教学改革的试点项目和重要工具。通过与高校的合作实践，“人大芸窗智慧题库”得以在教育教学中得到广泛应用和验证，同时也为高校的教学改革提供了新的思路和工具。

四、社会效益：提升教育质量，推动教育公平

“人大芸窗智慧题库”曾于2021年获评第五届中国数字出版创新论坛出版融合发展优秀案例，深受行业认可。其推广使用对高等教育领域产生了深远的社会效益。

首先，“人大芸窗智慧题库”有效提高了教学质量和学习效率。通过提供丰富的教学内容和灵活的学习方式，“人大芸窗智慧题库”有助于激发学生的学习兴趣和积极性，培养学生的自主学习能力和创新思维。同时，题库中的题目设计科学、针对性强，能够帮助学生更好地掌握知识点和提升解题能力。

其次，“人大芸窗智慧题库”的广泛应用还促进了教育资源的均衡分配。在传统的教育模式下，优质的教育资源往往集中在少数地区和学校，而“人大芸窗智慧题库”则打破了这种地域限制，使得更多的学生能够享受到优质的教育资源。这种均衡分配的教育资源有助于缩小不同地区、不同学校之间的教育差距，推动教育公平的实现。

最后，“人大芸窗智慧题库”的推广使用还为教育信息化提供了有力支撑。随着信息技术的不断发展，教育信息化已经成为教育领域的重要趋势。“人大芸窗智慧题库”为教育信息化提供了丰富的教学资源和先进的教学工具，推动了教育信息化的进程和发展。

五、经济收益：实现社会价值与经济效益的双重丰收

除了显著的社会效益外，“人大芸窗智慧题库”还为人大社带来了良好的经济效益。随着用户基数的增长和合作范围的扩大，产品的销售收入逐年上升。这主要得益于“人大芸窗智慧题库”优质的教学内容和良好的用户体验，使得越来越多的教师和学生选择使用该产品。同时，人大社还通过提供增值服务和定制化解决方案等方式进一步拓宽了收入来源，为用户提供了更全面的教学支持和服务。这种数字化转型不仅提升了出版社的竞争力，也为其未来的发展奠定了坚实的基础。同时，“人大芸窗智慧题库”的成功实践还为其他数字教育产品的发展提供了可借鉴的模式和经验。

“人大芸窗智慧题库”作为大数据驱动的智能测评和个性化学习平台，在融合发展人员构成、平台打造、社会合作、社会效益和经济收益等方面取得了显著的成就，其成功的实践经验充分展示了数字教育产品的多重价值及其对教育领域的深远影响。随着技术的不断进步和市场的进一步开拓，“人大芸窗智慧题库”还积极引入AI、大模型等新技术持续迭代产品，有望在教育领域发挥更加重要的作用。

（廖熠：中国人民大学出版社数字教育事业部总监）

案例类别：产品

高校思想政治理论课智慧教育平台

孙兴芳

党的十八大以来，以习近平同志为核心的党中央高度重视思政课改革创新，思政课在党中央治国理政战略全局中地位日益凸显。为深入学习贯彻习近平总书记关于思政课建设的重要指示精神，有效破解思政课改革创新中的痛点难点问题，不断增强思政课的思想性、理论性和亲和力、针对性，中国人民大学出版社（以下简称人大社）依托中国人民大学马克思主义理论及相关学科的集群优势，结合一系列思政课教育教学的新理念、新经验和新做法，打造马克思主义理论研究和文献支撑平台、思想政治理论课教学资源共享平台和思想政治理论课数字化教学平台，构建高校思想政治理论智慧教育平台（以下简称平台）体系，赋能新时代思政课建设。

一、组建专业团队，研发与支撑能力融为一体

为满足平台研发、运营相关的技术服务与支持工作，人大社专门组建了由马克思主义理论相关学科背景的运营人员和能独立承担研发运维的技术人员组成的项目组，兼具学科素养和技术能力，专业化团队的价值在项目的建设和运营过程中得到充分显示。

组内综合运营团队主要包括编辑策划、视频录制等人员。编辑策划团队均为马克思主义理论相关学科专业编辑，具备优秀的学科背景及相关工作经验，立足全流程管理，承担网站平台更新维护、课程资源、数字化产品、视频课程、活动会议策划实施、文案编写等工作。视频录制团队主要负责视频拍摄、直播、动画剪辑等全流程视频拍摄制作。项目团队围绕推进习近平新时代中国特色社会主义思想“三进”工作，以新中国成立70周年、中国共产党成立100周年、党的二十大等重要节点为契机，不断更新教学内容，创新教学方法，革新教学手段，在提升思政课教学效果上精准发力。

组内研发设计团队能独立承担大型研发、运维及设计工作，如系统架构、数据库设计、后台研发、前端设计等任务，服务器软硬件环境、数据库及安全设备的运维服务。研发设计团队充分运用互联网、大数据、人工智能等先进技术，研发在线备课系统为教师提供教学大纲管理、教学课件制作、课堂互动内容制作三大服务；针对思政课教学中的重点热点难点问题，组织网络集体备课会；围绕教材重点难点问题，发布教学重点难点解析视频。

二、搭建内容完善、功能齐全、技术领先的服务平台

平台突显了马克思主义经典文献的理论厚度，思想政治理论课程资源共享的传播速度以及思政课教师集体备课、数字化教学的服务广度，为全国思政课专兼职教师教育教学提供全方位、立体化服务。

（一）完整系统的马克思主义理论研究和文献支撑平台

该平台以知识元为核心整合数字资源，形成电子图书数据库、期刊数据库、报纸数据库和论文数据库，并通过可靠的文献支撑系统，建立关键词库、可视化知识图谱、匹配课程章节等形式，为思政课教师提供定制化、个性化的文献资源服务。目前该平台已持续更新百万条图书、期刊、文献等相关资源，逐步建设成为国内领先、门类齐全、结构合理、完整系统的马克思主义文献数据库。

（二）丰富优质的思想政治理论课教学资源共享平台

该平台通过深度整合碎片化的教学资源，建设覆盖每门思政课、服务一线教学的示范教学库、教学课件库、重难点解析库、习题库等，从参考示范课到关联教学素材再到在线制作教学课件、教案，为思政课教师提供全流程、一站式的在线备课服务。目前，该平台已上线教学资源万余条，建成涵盖全部思政课的教学数据库群。

（三）高效便捷的思想政治理论课数字化教学平台

该平台运用先进的云技术，将电脑端和移动端进行无缝结合，打破了传统网上教学的单向性和局限性，融合思政课教、学、练、考以及综合应用于一体，为教师和学生提供权威、先进、丰富的思政课教学资源与优质的在线教育课程服务。特别是在疫情期间，为包括中国人民大学在内的多所高校有效保障了思政课线上教学。

三、用好用足内容资源，彰显数字融合出版价值和服务能力

平台针对思政课改革创新的时代刚需，在用好用足

内容资源、因应党和国家重大思想理论宣传教育重任、彰显数字出版价值和服务能力方面不断创新。依托平台服务模式，人大社为北京高校思想政治理论课高精尖创新中心搭建了高校思想政治理论课课程资源平台，为国防科技大学搭建了思想政治理论课智慧教育平台，目前已持续为全国2900多所高校的14万余名思政课专兼职教师教育教学提供全方位、立体化服务，总浏览量超1000万人次，同时出版社也获得了稳定的收入来源，进而推动数字化转型和升级。其社会效益主要表现为：

第一，习近平总书记强调，要推动思政课改革创新，不断增强思政课的思想性、理论性和亲和力、针对性，该平台运用现代信息技术，有效弥合思政课深刻理论性与精准时效性在现实教学活动中的差距，及时将党和国家的最新方针政策融入思政课教学过程中，保障思政课教学内容的与时俱进。

第二，习近平总书记强调，思政课的本质是讲道理。思政课要以透彻的学理分析回应学生，以彻底的思想理论说服学生，用真理的强大力量引导学生。该平台集聚中国人民大学马克思主义理论学科群优势，搭建集体备课系统，为思政课教师结合马克思主义经典文献开展重大理论和现实问题研究助力，推动解决思政课教学过程政治性和学理性相统一、价值性和知识性相统一的问题。

第三，习近平总书记指出，要为全国大中小学思政课教学提供更多“金课”。现实中由于地区、学校、学科、师资差异等原因，教学水平参差不齐。该平台聚合全国高校思政课教育教学力量，汇集顶尖理论成果、利用尖端网络技术，在最大程度上推动全国思政课教师队伍凝聚共识、深化交流、优势互补，实现思政课教学资源的共建共享。

平台立足北京引领全国，成为思政教育领域校企合作模式的新标杆，随着平台的进一步推广和使用，必将为建设“高精尖”水平的思政课，推动全国高校思政课改革创新发挥支持保障和示范引领作用。

（孙兴芳：中国人民大学出版社思政项目组负责人）

案例类别：产品

《英语》（新标准）小学全能训练数字方案

外语教学与研究出版社有限责任公司

外研通基于《英语》（新标准）教材，结合外研通智能点读笔，以外研通APP为数字载体，将传统纸质点读书转化为线上数字点读资源，面向使用《英语》（新标准）教材一年级起点和三年级起点的学生建设了一套集电子图书、点读点视、音频点播、视频播放、动画配音、口语评测、单词拼写、拓展阅读于一体的新标准小学英语一站式全能训练数字方案。软硬件设备相结合，最大程度提升用户学习体验。

一、融合发展人员构成

该项目团队共17人，其中技术人员13人，英语教育及产品研发专业人才4人。

二、项目价值与社会效益

目前，国内外各大教育出版社都在积极地研究、探索数字化转型。以数字化内容为中心，意味着产品可以更加多样化，灵活性进一步提高。外研通利用行业前沿技术，将传统纸质点读书转化为线上数字点读资源，并以此为依托不断进行研发，深度挖掘产品价值。推出的产品可以在内容库中测试，并迅速、低成本地向市场推出。这种新型产品开发流程不仅可以降低成本，提高利润，还可以使产品具有更大的灵活性，更能帮助教材出版社与终端用户，无论是教师还是学生，都建立起相对稳固的关系，是推进传统出版产业转型创新，带动传统媒体与新媒体融合发展的一次宝贵尝试。

（一）社会效益

1. 服务教师课堂教学，提高课堂教学效率与质量。教师可根据外研通提供的《英语》（新标准）小学全能训练数字方案有效开展课堂教学，帮助学生实现对语言的深度学习。

2. 服务学生自主学习，培养学生自主学习习惯和能力。外研通APP结合外研通智能点读笔和纸质点读书，利用网络平台搭建了相对完整的学习环境。操作简单，学习时长合理，符合线上学习特点及视力保护的需求，帮助学生提高自主学习能力。

3. 服务农村提高教育质量，缩小城乡教育差距、促进教育公平。外研通《英语》（新标准）小学全能训练数字方案打破了地域限制，使得全国所有地区的学生都能接触到优质学习资源。为缩小城乡教育差距、促进教育公平做出一定贡献。

4. 服务应对重大公共事件，提升基础教育应对重大突发事件的能力。2020 年，面对突如其来的新冠肺炎疫情，外研社积极响应教育部“停课不停教、停课不停学”工作，上线外研通 APP 电子点读书功能及新标准教材相关数字学习方案，为提升基础教育应对重大突发事件的能力做出最大努力。

（二）经济效益

截至 2023 年 11 月，外研通 APP 累计注册用户数达 2178251 人，分布地区覆盖全国 31 个省（区、市），受到教师、学生和家长的广泛好评。项目累计收入超 450 万元。

三、项目成果情况

（一）服务模式

《英语》（新标准）小学全能训练数字方案为在线数字资源一站式服务。

（二）主要技术

《英语》（新标准）小学全能训练数字方案使用八项主要技术：

1. 图片、声音、视频等富媒体基于热区关联关系进行数字教材加工。

2. 英语阅读能力自适应测试与个性化图书推荐技术。

3. 符合人类记忆规律的单词训练技术。

4. 口语评测多维度打分与纠错技术。

5. 基于深度神经网络的图像识别技术。

6. 基于深度神经网络的语音合成技术。

7. 基于开源 FFmpeg 视频声音合成技术。

8. 基于大数据的学情分析技术。

（三）内容质量

新标准小学英语一站式全能训练数字方案将学习软件与硬件设备相结合，最大程度提升用户学习体验；完美结合《英语》（新标准）每册教材的模块话题及语言知识，实时更新学习报告，助力学生强化自主学习能力。

《英语》（新标准）小学全能训练数字方案涵盖《英语》（新标准）小学阶段一年级起点、三年级起点共 20 本教材，针对每本教材均开设一套相应精品课程。每套课程以单元为单位，共 20 节课程，每节课程均包含“课本随心点”“强化视听说”“名师讲重点”“单词大闯关”“趣味配音秀”“拓展阅读包”以及“学习报告”。“课本随心点”“强化视听说”“名师讲重点”“单词大闯关”“趣味配音秀”帮助学生掌握新课标核心词汇和小学阶段必备句型，从而做到可以熟练进行日常英文对话。“拓展阅读包”融合了《大猫英语分级读物》《丽声北极星分级绘本（外研版）》《多维阅读》《悠游阅读成长计划》等优质读物资源，帮助学生进行课外补充阅读，拓展视野。“学习报告”环节可以即时反馈学生学习情况，了解当前阶段所学内容以及掌握情况。

外研通 APP 基于大数据分析，实现学习内容个性化推荐。数据采集详细记录学习者每日学习的时长、口语评测数据、单词错误频次、试题错误率、英语阅读能力测试水平等数据，实现对英语学习者听说读写各维度的详细分析，并针对当前水平推荐合适的英语读物，针对薄弱项推荐合适的针对练习。

四、结语

《英语》（新标准）小学全能训练数字方案推出科学合理的自主学习流程：课本随心点、强化视听说、单词大闯关、趣味配音秀以及拓展读物包。从家庭教育、学校教育和社会教育方面起到了一定的积极作用。

家庭教育方面，本方案帮助学生在家庭进行自主学习，实时更新学习报告，英语能力可视化。学校教育方面，此方案帮助教师提升教学效率和教学质量，从“单维度”课堂转向“多维度”智动课堂，帮助加快学校教育的数字化、信息化。社会教育方面，此方案缩小城乡教育差距，促进教育公平，通过技术赋能，促进外研社优质教育资源共享，有助于扩大线上优质教育资源供给、推动教育公平发展和质量提升。

（外语教学与研究出版社有限责任公司）

案例类别：产品

Unipus 外语智慧教学解决方案

外语教学与研究出版社有限责任公司

Unipus 外语智慧教学解决方案（以下简称 Unipus）是由外语教学与研究出版社（以下简称外研社）及旗下公司北京外研在线数字科技有限公司（以下简称外研在线）联合推出的面向高等数字外语教育领域的一站式平台。

一、人员构成

作为 Unipus 的建设主体，外研在线聚焦数字化人才队伍建设，不断加大研发投入。目前，外研在线拥有 502 名员工，其中研发团队占比超过 60%。

外研在线不仅拥有传统出版专业编辑团队，还广泛吸收来自腾讯、字节跳动、好未来、新东方等互联网与教育企业的优秀人才，涵盖产品、研发、运营和市场等领域。外研在线大力推动传统出版编辑与互联网人才的深度融合，以推进出版与数字业务融合发展。

二、平台打造

Unipus 依托 Unipus Cloud 云平台，以“7U4i”产品体系为引导，将优质教材、海量数据与人工智能技术等深度结合、应用创新，为高校提供集新形态教材、U 校园智慧教学云平台、iTEST 智能测评云平台、iWrite 英语写作教学与评阅系统、学科型智慧教室等在内的数字内容、智能软件和智慧硬件，融通“教、学、评、研、管”五大方向，实现精准化、个性化教学，切实助力施教者、驱动学习者、提效管理者，以信息技术赋能教育教学，助力实现高等教育全方位深刻变革，为建设以数字化为特征的高等教育新形态贡献力量。

（一）新形态教材

自 2021 年起，外研在线深入开展了新形态教材的理论研究与实践探索，研创并举，强化顶层设计。基于外研在线的数字技术，外研社积极打造立体化教材，通过 U 校园智慧教学云平台以“教材 + 配套数字课程”构筑优质教材内容底座；研发智慧版教材，以“经典教材 + 优质网课”实现课堂教学的时空延伸、个性化需求的灵活应对以及学习效果的智慧管控，实践数字增值；推出思政智慧版教材，打造“经典教材 + 思政数字课程”的大学英语思政育人解决方案，紧随政策指导。仅在 2023 年，外研在线新形态教材销量就突破了 15 万册。

（二）U 校园智慧教学云平台

U 校园智慧教学云平台（以下简称 U 校园）采用基于大数据的设计，应用数据科学和机器学习技术，提供高效的教学管理、立体化的教学资源、互动式的教学环境、多维度的评价支撑，涵盖《新视野大学英语》《新标准大学英语》《新标准职业英语综合教程》《新时代职业英语》《新职业英语》及“理解当代中国”系列等教材数字教程。

U 校园的教学资源库内容丰富，提供形式多样、体裁多元的音频、视频、文本资源，并持续更新。U 校园的在线交互式课件支持教师根据校情、学情对课件内容进行编辑，实现对教材内容的增删改调，满足个性化教学需求；在线交互式课件内嵌签到、选人、投票、词云等实用的课堂互动工具，以及白板、画笔、橡皮擦等教学工具，同时支持手机 APP 遥控课件，灵活翻页，方便教师高效组织课堂活动。U 校园还提供机器智能评阅、教师评阅、生生互评相结合的多元评价体系，实现以评促教，以评促学。

（三）iTEST 智能测评云平台

iTEST 智能测评云平台（以下简称 iTEST）为高校外语教学提供在线测评资源与服务。基于云服务的基础架构和大数据分析的核心理念，iTEST 支持各类规模、多种模式的考试，将日常教学、自主学习和测试评估有效结合，通过高质量云题库、个性化题库管理系统以及覆盖测评全流程的在线管理系统，为院系建立多维度评价体系、进行数字化教学评估提供专业的解决方案。

自上线以来，iTEST 支持了全国 1000 多所高校的无纸化考试，并连续多年组织基于公网的全国大学英语四、六级在线模考，单次考试参与人数达数十万。在 2023 年 12 月至 2024 年 1 月的期末考试中，iTEST 支持考试院校近 400 所，考试场次超过 2.7 万场，参考人次超过 350 万。

（四）iWrite 英语写作教学与评阅系统

iWrite 英语写作教学与评阅系统（以下简称 iWrite）是为满足高校教师的英语写作教学、科研需求，满足学生的英语写作学习、测评需求而设计的写作智能评阅产品。基于对英语写作教学的深入研究，iWrite 提供丰富多元的写作教学资源，实现对作文语言、内容、篇章结构、技术规范的智能评阅，并深度结合机评与人评，为英语写作的教、学、评、研、管提供全方位解决方案。iWrite 推出基于机器翻译、基于语言模型、基于规则的三核语法纠错模型引擎，实现多维度智能评分、多类别语法纠错。截至目前，iWrite 服务全国 3000 余所高校的 430 多万用户。

（五）学科型智慧教室

外研在线发挥核心内容优势，推出资源、平台、硬件与服务四位一体的学科型智慧教室，包括智能写作中心、计算机辅助翻译实验室、外语技能综合实训室、教师发展智能实验室、虚拟仿真外语实验教学中心、混合式教学实践中心等。以虚拟仿真外语实验教学中心为例。该项目以外研社优质资源为基础，自主研发 VR 课程，创设多模态、高仿真的 3D 语言文化学习场景，利用虚拟仿真技术特有的沉浸性、交互性、构想性，实施以学生为中心，以文化体验、口语训练、实践演练、情境实操为路径的教学模式。

截至 2023 年 10 月，外研在线已为 22 个院校建设了 34 个不同主题的学科型智慧教室，其中 17 个院校方案已完成验收。典型案例如与北京外国语大学合作共建的“全球语言文化 VR 实验室”等。

三、社会合作

基于 Unipus，外研在线与全国大中小学建立了广泛联系。截至 2024 年 4 月，外研在线服务全国 31 个省、市、自治区的 1100 余所高校、600 余所职业院校和 14000 余所中小学。比如，外研在线与长安大学外国语学院联手打造“数字化教学合作示范基地”，携手广东省外语艺术职业学院共建学科型智慧教室，等等。

四、社会效益

在推动外语教育变革和出版深度融合的同时，外研社和外研在线牢记作为国企、校企的社会责任，多次支持边远地区的教育普惠公平，荣获了国家新闻出版署、教育部、科技部等主管部门和组织机构颁发的多项奖项，并被多家主流媒体广泛报道。

2022 年 5 月，人民日报客户端发表题为“林芝：依托数字化教学手段为外语教育注入新活力”的报道，高度肯定外研在线助力西藏地区教育质量提升、促进教育公平的不懈努力。

2023 年 1 月，外研社“基于人工智能评阅引擎的在校教学资源编校审核系统”入选国家新闻出版署 2022 年出版业科技与标准创新示范项目“科技创新成果”。

2023 年 9 月，外研社入选国家新闻出版署评选的“2023 年度出版融合发展示范单位”，外研 U 学入选“2023 年度数字出版精品遴选推荐计划”。

五、经济效益

基于 Unipus，外研在线加速布局全学段业务，目前已涵盖高等教育、基础教育、职业教育和成人教育市场。2023 财年外研在线实现收入 4.03 亿元，同比增长 17%。

（外语教学与研究出版社有限责任公司）

案例类别：产品

“美丽中国”儿童主题教育融媒体出版项目

北京师范大学出版社（集团）有限公司

儿童是国家未来的希望，文化是民族的血脉。由北京师范大学出版社策划推出的“美丽中国”儿童主题教育融媒体出版项目旨在传承中华民族精神命脉，通过挖掘和阐发中华优秀传统文化、中国现代文明和生态文明理念，以融媒体的方式，为儿童提供富有教育意义的阅读材料，让中华优秀传统文化独一无二的理念、智慧、气度和神韵成为植根儿童内心深处最早的文化自信和民族自豪，培养有中国根、中国心和中国情的快乐中国娃。

“美丽中国”儿童主题教育融媒体出版项目由四大内容板块构成，分别是幼儿园阶段的主题课程、小学阶段的阅读课程及拓展阅读丛书、扶贫公益地方定制课程以及系列原创绘本。这些内容以系列图书、游戏材料、音视频及互动课件资源的形式呈现，通过融媒体平台实现内容的提供与专业指导。其中，幼儿园阶段的主题课程涵盖多个挖掘和阐发中华优秀传统文化的主题，通过多种形式呈现给儿童；小学阶段的阅读课程及拓展阅读丛书则是部编版小学语文教材的补充和拓展，旨在提升儿童的阅读能力和文化素养；扶贫公益地方定制课程则是根据地方需求研发的课程资源，旨在推动教育的均衡发展；系列原创绘本则涵盖多个领域的内容，通过分级阅读平台指导家庭开展科学的亲子阅读活动。

面向 3—12 岁的儿童、家长和教师，涵盖学校和家庭两种阅读学习场景。在学校场景中，项目针对幼儿园的教育活动以及小学语文和阅读课程，通过融媒体平台提供丰富的教学资源和互动体验，促进儿童对中华优秀传统文化的认知与理解。在家庭场景中，项目将提供延伸阅读材料和指导，帮助家长更好地陪伴孩子进行阅读和学习，营造良好的家庭阅读氛围。

一、平台打造

按照“课前备课—课中实施活动—课后评价—家校沟通—分级阅读指导”的场景化流程，围绕“美丽中国”主题教育提供“图书 + 平台 + 资源”全方位支持体系和标准化服务。

（一）课前场景——备课

教师使用纸质版教师指导用书备课；也可以进入平台，查看电子教案备课。同时教师也可以在手机或电脑中浏览活动的配套数字资源，熟悉活动课件。

（二）课中场景——开展教学活动

开展教学活动中，教师可以直接打开活动对应的课件资源播放。平台中包含丰富的中国主题资源，涵盖“ 中国高铁 ”“绿水青山 ”“中国年 ”“惊蛰动起来 ”“感悟汉字文化 ”“中国民间故事 ”等 50 多个中国主题。资源类型多样，包含故事、儿歌、歌曲、动画、电子绘本、互动游戏。

在电子白板中进行互动游戏时，教师可邀请儿童直接在屏幕进行操作，多名儿童可以重复操作，增强教学的互动性以及儿童的参与感。

（三）课后场景——儿童发展评价

平台为教师提供了儿童发展评价工具，教师可利用评价工具观察和评估儿童发展状况，从而帮助教师评估课程实施效果。

（四）家校共育反馈

提供与课程相联系的家校共育内容，以及阅读学习反馈，帮助家长了解学校学习内容，更好地在家与儿童互动，督促儿童完成家庭阅读延伸任务。

教师可以在手机微信端一键推送，家长可立即收到消息推送，自愿完成家庭游戏或阅读活动。

（五）家庭场景——分级阅读指导

利用出版社优质的阅读资源，在家庭端开发了分级阅读平台，指导家庭有效地进行亲子阅读或儿童自主阅读。同时，为儿童提供阅读能力测评和读物实际阅读效果的评估服务。家长登录后，可指导儿童完成对应的阅读任务，包括读前指导、读中练习、读后拓展实践几大部分。

二、社会合作

目前“美丽中国” 儿童主题教育融媒体出版项目已经在北京市、甘肃省、河北省、四川省、新疆维吾尔自治区等多地使用，覆盖学校 3000 余家，覆盖用户 160 余万。其中，“美丽中国”系列课程资源之“美丽中国 · 凉山州”学前学会普通话课程，作为北京师范大学的扶贫公益项目，落地四川省凉山州，以图书和音频的方式帮助凉山幼儿在学前阶段普及普通话教育，为民族地区从源头上打破“贫困积累循环效应”、 根除贫困代际传递奠定坚实的基础。

三、项目创新性及亮点

首先，项目依托北京师范大学教育学部专家团队及出版社专业的研发团队，开发了一批适合儿童的“红色”主题教育资源，为儿童教育提供了丰富的内容支持；其次，项目采用融媒体出版的形式，将传统出版与新媒体技术相结合，为儿童提供了更加生动、有趣的阅读体验；最后，项目注重教育的均衡发展，通过公益扶贫项目为贫困地区的教育事业贡献力量，体现了项目的社会责任感和使命感。

四、社会效益和经济效益

（一）社会效益

该项目一方面通过具有中国特色的资源支持和挖掘地方特色文化资源等服务，将优质的内容传递给教师及儿童，并通过课题的引领和平台的收集积累来自全国各地的具有地方特色的传统文化和现代文明课程资源，提升中华优秀传统文化和中国现代文明的影响力。另一方面，利用信息化的手段，以国家出版总署带领的融媒体课题引领教学教研、生成地方文化特色课程的服务模式，为发展水平相对落后的地区和园所也提供了优质且形式多样的教育资源、教师培训和教学教研，促进教育公平。

（二）经济效益

该项目于 2019 年上线，到 2020 年底，使用幼儿园及学校达到 1000 余家，目前平台累积收入已达 300 万元，项目通过课程与课题支持服务，打造用户黏性和忠诚度，并依托于此开展各类线上和线下活动，对出版社后续活动运营和用户维系起到积极作用。家校共育平台作为 C 端用户入口，逐步触达家长用户，提供家庭延伸分级阅读服务，通过平台也带动了北师大出版社小学与幼儿园阶段图书销量 3.1 个亿。

未来，我们将进一步深化项目内容，拓展使用场景，提升用户体验，为更多儿童提供优质的教育资源和服务。

［北京师范大学出版社（集团）有限公司］

案例类别：产品

“慧听说训练系统”项目

北京京师讯飞教育科技有限公司

“慧听说训练系统”项目是针对北京市中高考英语改革，依托北京师范大学出版社优质的内容资源，利用科大讯飞一流的智能语音评测技术，推出的听说训练考试用书＋模拟训练系统线下线上相结合的融媒体出版解决方案。系统严格按照听说考试流程建立学生仿真人机考试场景，支持同步练习、全真模拟、专项训练、考前冲刺多种训练模式，帮助学生轻松应对中高考。

一、项目建设团队

项目团队由公司产品、设计、前后端开发等 10 人组成，团队平均年龄 34 周岁，平均司龄 54 个月，本科及以上学历覆盖率 100%，团队成员普遍具备出色的沟通和协作能力，能够有效地合作，完成任务。

二、项目获得的荣誉

2018 年 1 月在中国出版协会、中国新闻出版研究院主办的第十一届新闻出版业互联网发展大会评选中荣获“优秀数字教育平台”；2018 年 7 月，获得国家版权局颁发的计算机软件著作权登记证书；2021 年 9 月获得中国出版协会“出版融合发展优秀案例年度推优”。

三、项目创新性

（一）内容创新

在内容资源上，充分发挥北师大出版集团优质资源优势，所有资源均由课程标准组专家、教材编写组专家、教研员、一线骨干教师等进行深入的教学研究并且审核把关，经过严格的三审三校流程，科学合理地设置课程内容，实现课程内容的科学化、专业化，提升一线教师和学生的教与学的效能。

（二）技术创新

系统采用业内最先进的评测引擎，对学生录音进行精准评测，并给出多维度的评测报告。“评测系统”对听说结果进行即时评测，确保训练效果与考试一致，精准权威；系统将先进的大数据技术、人工智能技术与现代的教育理念、学科知识以及鲜活的教学素材深度融合，突破传统的教学资源形式，研发具有创新性、突破性。

（三）服务创新

系统覆盖网站、PC 客户端、慧听说 APP—学生端、慧听说 APP—教师端等多个终端，深入挖掘用户的实际需求，聚焦用户使用场景，根据用户的英语学习数据和表现，提供个性化的学习建议和指导，为用户提供一个高效、个性化和互动性强的英语学习环境，帮助用户在听说能力上取得显著进步。

四、项目的目标用户

慧听说训练系统主要面向使用小、初、高学段北师大版英语教材，用于提高英语口语能力的学生以及教师用户，目前覆盖全国 13 万师生用户。

五、项目的技术应用

慧听说训练系统基于 Docker 容器技术实现自动化部署，其架构依托 Spring Boot 微服务框架，以集群形式提供业务支持。系统通过 RESTful API 以轻量级、高效传输数据的方式提供服务，有效减少了性能损耗和资源占用。部署在云服务器之上，不仅优化了数据安全性和完整性，也为系统稳定性提供了坚实基础。系统集成了成熟的数据监控机制，确保了服务的连续性和可靠性。客户端采用 C/S 架构本地化部署，使得用户可以通过客户端软件无缝连接服务端，进行听说训练。在音频处理方面，系统支持文件的持续上传与同步，保障了数据的完整性和评测结果的准确性。在前端开发上，慧听说训练系统采用了 Electron 框架与 Vue 3、Node.js、WebSocket 等前沿技术，使得系统具备了快速启动（小于 5 秒）的特性。此外，系统支持包括 Windows、macOS、UOS 在内的主流操作系统，运行起来快速而稳定。

六、社会效益

慧听说训练系统产品覆盖北京地区，每年为数万中考、高考考生提供稳定的备考服务。产品覆盖教师端、学生端，可在电脑和手机上使用，满足学生不同场景的训练需求，系统运行稳定。

七、经济效益

系统总注册用户达到13万人，并且还在快速增长，日活跃量2500人次左右，每日做题次数达上万次。截至2024年4月，销售配套图书10多万余册，销售码洋730多万元，网站零售收入49万元。

八、行业示范推广价值

慧听说训练系统从技术创新与教育理念的前沿融合、服务模式创新与资源整合的全新范式、用户体验与市场适应性等方面进行探索，有一定的行业借鉴意义。

（一）技术创新与教育理念的前沿融合

慧听说训练系统作为教育技术领域的一项创新产品，在技术层面展现了行业领先性，系统采用了AI语音识别技术和自适应学习算法，不仅提高了学习效率和效果，也为教育行业树立了技术融合的新标杆。另外，系统秉承以学生为中心的教育理念，通过个性化学习和互动式教学方法，激发学生的学习兴趣和参与度，实现了教育理念的现代化转变，对行业的发展趋势具有重要的引导作用。

（二）服务模式创新与资源整合的全新范式

系统的服务模式创新和资源整合能力同样具有推广价值。系统能够将教学资源产品化，满足不同教学场景的需求，这种资源整合和场景定制的服务模式，不仅提升了教学质量和效率，也为教育行业提供了新的服务范式。同时，系统利用大数据分析用户行为，提供个性化的学习建议，这种数据驱动的决策方式为教育产品的优化和个性化服务提供了新的思路。

（三）用户体验与市场适应性

系统的跨平台学习体验和市场适应性，使其能够覆盖更广泛的用户群体，满足不同用户的需求。支持跨平台使用的特性，确保了用户能够在任何设备上无缝学习，这种便捷性对提升用户满意度和忠诚度起到了关键作用。系统的市场适应性体现在其能够快速响应市场变化，根据用户需求调整服务内容，这种灵活性和适应性为教育产品的市场推广提供了宝贵的经验。

（北京京师讯飞教育科技有限公司）

案例类别：产品

“建筑邦”高质量融合出版项目 赋能中国建筑传播

王云石　王硿　刘博超

一、建设背景：适应潮流，抢抓机遇

21世纪10年代，随着互联网、移动通信、云计算等技术的迅猛发展和快速普及，为传统出版业的数字化转型升级创造了前所未有的可能性。数字技术的不断革新，使得出版物的内容形式、传播渠道、消费方式产生了更理想的解决方案。数字出版，以其传播速度快、覆盖范围广、交互性强等特点，受到出版社领导的关注。

2012年，天津大学出版社依托自身出版优势，结合新媒体技术，创办“建筑邦”品牌全媒体数字阅读服务矩阵。“建筑邦”是推动天津大学出版社传统出版与数字出版融合发展的重要战略，旨在为建筑设计领域的专业人士提供数字化阅读产品和服务。

二、发展历程：与时俱进的十年

（一）产品创建——强化自身优势

在项目建设初期，天津大学出版社结合天津大学学科优势及社会影响力，通过“建筑邦”快速集聚了数千名中国优秀建筑设计师，上百名院士、大师、国内顶尖学者，创作发表了数千个反映中国建设快速发展的建筑设计项目案例，为数万名建筑领域专业人员提供宝贵的文献、资料，推动了中国优秀的建筑设计成果的分享、交流、主题出版。

（二）产品升级——响应历史浪潮

自习近平总书记作出“加快传统媒体和新兴媒体融合发展”重要指示，2013 年至 2023 年的十年间，国家一系列政策发布，有力推动了数字出版的转型和发展。在资金、技术等方面的支持下，出版行业数字出版转型快速发展；在政府的监管下，建立了良好的行业秩序，优化了市场环境，为整个产业的健康发展奠定了坚实基础。

在财政资金和社内投入支持下，“建筑邦”品牌全媒体数字阅读服务矩阵升级发展为“中国建筑设计专业领域全媒体出版云服务平台”（以下简称建筑邦平台）。建筑邦平台的建设，进一步明确了“建筑邦”的产品定位和发展战略，完成了对人员队伍、平台技术、产品形态进行了全面升级，确定了以“讲好中国故事，传播中国建筑文化”为核心的主题云出版策略。

（三）蓬勃发展——承担社会使命

“中国建筑设计专业领域全媒体出版云服务平台”的建设以及主题云出版策略的确定，受到了包括文物学会、建筑学会在内社会各界的关注。依托云出版矩阵，2017 年至今，天津大学出版社出版了《中国建筑文化遗产》系列丛书、《建筑之美系列专题片——文化建筑》系列音像制品、“中国建筑遗产测绘研究成果综合利用服务平台”四有资料数据库、《1km2 紧凑城市和日常尺度》电子出版物等数百种以中国建筑为主题的出版物，出版形式涉及传统出版、电子出版物出版、音像制品出版、数据库出版、网络媒体出版，涵盖建筑遗产、建筑文化、城市更新等一系列回应时代需求的内容题材。

（四）宣传阵地——弘扬时代主旋律

“中国建筑设计专业领域全媒体出版云服务平台”项目自 2019 年入选国家新闻出版署“2019 年度数字出版精品遴选推荐计划”、2021 年入选国家新闻出版署“百佳数字出版精品项目献礼建党百年专栏”，进一步受到社会各界重视和认同。在中国文物学会、中国建筑学会指导下，天津大学出版社联合《中国建筑文化遗产》《建筑评论》编辑部，与四川省政府相关部门、深圳市政府相关部门等先后组织了新时代文物保护研究与实践学术研讨会、深圳改革开放建筑遗产与文化城市建设研讨会十余次大型学术活动，并协助“中国文物学会 20 世纪建筑遗产委员会”传播了 9 批 20 世纪中国建筑文化遗产历史资料、学术资料，出版了各种形态出版物数十种，抢救性记录了各地方近代建筑文化历史，讴歌新中国成立后城市发展的巨大变迁。

三、不忘初心：明确出版方向，把控出版品质

建筑的“类型”是从文化母体而来，是集体生活的历史积累，它不断吸收新元素，但其本质总是可被辨认。建筑的发展往往反映了当时的社会文化背景与技术成就，从文化角度来看，一座建筑的整体表现可以视为一张名片，是了解一座城市的真正内涵，包括内在与外在的特色自然衍生出的一种建筑特色。

习近平在十九大报告中提出，要坚定文化自信，推动社会主义文化繁荣兴盛。建筑设计领域的文化回归是一种必然趋势。它体现了对历史与传统的尊重、对现代建筑设计的创新以及对全球化的回应。更多的建筑师在创作中关注传统文化元素，将其融入现代建筑设计中，形成了一种独特的文化风格。

天津大学出版社在“中国建筑设计专业领域全媒体出版云服务平台”项目建设中，将开放的作品共享平台，转型为以展现中国建筑成果为导向，以主题出版为核心，以建筑文化为内涵，以优质作者为集群，以数字化云出版为模式的专业领域全媒体出版云服务平台。在此基础上制定了“挖掘中国传统建筑文化内涵，为中国建筑文化追根溯源”“探索具有时代内涵中国建筑文化”“探索中国建筑文化在现代建筑中的表现，孕育中国建筑设计流派”三个阶段选题策略，期望通过数字出版回应建设中国建筑话语体系的建设。

通过对文化自信的坚持与宣传，天津大学出版社获得了社会的广泛认可，出版了《雄安新区现代综合枢纽规划建设报告》《高教师范的遗产：走进安庆师范大学红楼 · 敬敷书院》等一系列具有历史性、时代性，反映中国历史脉络，体现中国建设与发展的优秀作品。

从未来发展情况看，建筑邦平台有望通过深化专业内容、加强矩阵融合、关注城市更新与文化再生、可持续发展以及拓展服务范围等方式，实现更加全面和多元化的发展。

（王云石：天津大学出版社有限责任公司副社长，王硉：天津大学出版社有限责任公司数字出版中心主任，刘博超：天津大学出版社有限责任公司数字出版中心编辑）

建筑邦公众号

案例类别：产品

中医疫病古籍整理数据库

郑月林

《中医疫病古籍整理数据库》是由上海交通大学出版社（以下简称上海交大社）策划打造的关于疫病古籍类的专门类数据库，数据库以国内相关大学及中医研究机构拥有的古籍为基础，充分利用我社丰富的数据库建设经验，建设的一个中医疫病古籍数字化平台，从而为医学院校、医疗机构、科研院所等提供中医疫病古籍检索服务。

一、缘起：疫情就是命令，出版人的一次主动出击

2020 年初，新冠肺炎疫情突然暴发，给世界各国人民的健康和生命安全造成了巨大的威胁。在疫情防控中，中医中药早期介入，全程参与，成为疫情防控工作的一大亮点。在疫情防控中使用的"三药三方"，就是由传统经方化裁而来，充分体现了中医经典古籍的价值。中医药学在两千多年的实践和发展中积累了丰富的经验，充分证明了中医中药的安全性和有效性。尤其是对于新发的传染病，人类在短时间内对其认识严重不足，中医中药可以利用对症治疗的优势，充分发挥中医中药的可及性，在第一时间将症状控制好，为后续现代医学的对因治疗及深入研究争取时间。疫情就是命令，出版人也当在其中有所作为。于是，上海交大社在 2020 年下半年即开始策划中医疫病古籍数据库，并进行了一系列前期准备，如方案策划、中医古籍资源和作者团队寻找、数据库框架构思等。上海交大社在数据库领域深耕多年，出版社数据库的发展已有清晰定位，即利用学校和出版社的优势，发展具有一定特色的专门类数据库。同时上海交大社在数据库技术、文献整理与识别、数据库营销等方面积累了丰富的经验，已建成了《中国地方历史文献数据库》《东京审判文献数据库》《中国司法档案数据库 · 江津卷》《中国商会档案数据库》等一系列特色数据库。

在上海交大社一步步落实数据库的过程中，2021 年 4 月，首届国家古籍数字化工程专项经费资助项目开始申报，上海交大社进行了申报，并于当年 11 月成功获批，成为获批的 27 个项目之一，也是获批的 4 个医学类项目之一。以此为契机，《中医疫病古籍整理数据库》的开发与建设驶上了快车道。

二、建设：疫情风暴下的艰难推进

在数据库策划之初，项目组选定张伯礼院士作为项目的学术负责人，但由于张伯礼院士在当时工作非常繁忙，为了保证项目的顺利实施，张伯礼院士提出可以担任项目的学术总顾问。最终，项目确定了以张伯礼院士、陈凯先院士、仝小林院士、严世芸国医大师作为项目的学术总顾问，上海中医药学会会长、上海市卫健委副主任、上海市中医药管理局副局长胡鸿毅主任医师担任项目的学术负责人，同时成立了以上海中医药大学科技人文研究院一批资深中医药学专家、古籍文献专家为专家团队的项目学术组。参与团队还包括全国 30 多家国家疫病基地的负责人。此外，数据库其他参与人员也均具有丰富的古籍研究与整理经验，众多专家的加盟保障了数据库内容资源的专业性和先进性。2022 年 1 月 16 日，在上海交大社以线上、线下相结合的方式举行了《中医疫病古籍整理数据库》建设启动暨专家研讨会。会议根据项目的建设情况，进一步明确了古籍的选本范围、疫病关键词及分类依据，确定了数据库的主要建设架构。此外，上海交大社也已确定了数据的录入、整理及校对等合作伙伴。这一系列工作的顺利开展，为数据库的建设打下了良好的基础。

2022 年 3 月后，由于上海的疫情多次反复并日趋严重，很多工作只能在线上进行。4—5 月，上海更是经历了 2 个月的封城，使建库工作遇到了更大的困难。其间，项目团队、专家团队及建设团队根据需要随时在线上举行会议，商讨数据库建设进度及遇到的各种难题。2022 年 6 月中下旬，等到上海疫情全面稳定后，各项工作才逐步转入正轨，数据库建设工作才又重新驶入快车道。

三、项目成果：对中医疫病古籍的一次全面系统整理

项目对始于《黄帝内经》至清末与疫病相关的中医古籍文献进行了一次全面系统的梳理，建成后的数据库以中医病症为纲，从源到流按理、法、方、药进行梳理

和挖掘，同时以朝代、作者、药物、方剂、辨证分型等作为关键词进行标引，内容系统、全面。数据库按照《中医病证分类与代码》（GB/T15657–2021）进行分类和亚分类，给使用者提供标准、客观的分类参考。建成后的数据库大小为120GB，收录总字数8000多万字。收录疫病相关古籍1200余种，确定中医疫病5个大类140余个小类，确定疫病关键词200余种。数据库可供中医文献研究者参考，也可为临床医师治疗相关疫病提供一定的指导。

四、项目社会效益和主要经验

（一）社会效益

2022年11月2日，国家古籍整理出版规划领导小组办公室组织专家对数据库进行了线上验收。与会专家在答辩验收后，一致认为本数据库达到了立项之初的各项要求，数据库运行流畅，检索方便，具有较高的使用价值。11月17日，《中医疫病古籍整理数据库》作为8个优秀案例之一，以视频的方式向中宣部、教育部相关领导及专家进行了汇报，获得一致好评。该数据库所取得的社会效益主要有：

第一，本数据库是国内第一个系统收集整理有关中医疫病古籍文献的专门类数据库，具有一定的原创性、实用性与先进性。数据库对我国中医药学宝库中与疫病相关文献的深度挖掘和系统整理，有利于对中医药学的传承与发扬。而数据库与中医疫病古籍相结合的这种现代形式，既有利于保存古籍文献资源，又方便快速检索和利用文献，提高使用效率，从而更好地为教学、科研及临床服务。

第二，有利于对中医药的深度挖掘，促进中医药产业的健康发展；同时，在重大疫情防控中，利用中医药研发难度相对较低、研发周期相对较短、价格相对低廉的特点，既可以降低整个社会的疫病防控成本，又可以保护广大人民群众的生命健康。

（二）主要经验

《中医疫病古籍整理数据库》从2020年开始策划，到2022年11月通过验收，走过了2年的历程，主要经验有：

首先是天时，是国家对中医药事业的高度重视。习近平总书记多次强调："要做好中医药守正创新、传承发展工作。"另外就是新冠疫情的肆虐也为《中医疫病古籍整理数据库》的研发提供了现实的需求。

其次是地利，上海交大社充分依托上海中医药大学、上海交通大学等高校的学科优势以及古籍资源及整理方面的优势，才使得本项目具有现实的可行性，也为项目的顺利建成提供了有力的支持。

最后是人和，项目顾问团队、项目学术负责人、出版社领导的倾力支持，以及项目负责人、项目执行团队和数据库开发建设团队的通力合作，保证了项目在遇到困难与挫折时，均能够得以及时、圆满的解决，从而使本项目能够最终按期顺利完成。

（郑月林：上海交通大学出版社有限公司医学分社副社长）

中医疫病古籍整理数据库

案例类别：产品

交我学教材出版服务平台项目

俞瑜

交我学教材出版服务平台是由上海交通大学出版社推出的一项创新性教育出版服务项目。该平台旨在为学生、教师和作者服务，主要提供多媒体、强互动、个性化、即时性的教材资源，支持跨平台使用，并提供便捷的管理和编辑工具，同时保持平台和技术不断更新，以促进教学效果、学习体验和出版效率的提升。

一、项目特色

（一）多媒体，强互动

在当今信息时代，教材以单纯纸质出版的形式无法满足学生对丰富、生动学习体验的需求。交我学教材出版服务平台以多媒体、强互动为特色，通过结合文字、图片、音视频和3D等多种媒体形式，为用户呈现更加生动有趣的学习内容。这样的多媒体展示不仅在视觉和听觉上激发学生的感官，还通过包含题目、练习和模拟实验等各种互动元素，让学生能够更深入地探索知识，激发思维，培养创造力。

（二）个性化，即时性

个性化学习是当前教育领域的重要趋势之一。交我学平台通过引入丰富的多媒体元素和互动内容，能够更好地满足学生个性化学习需求。学生可以根据自身兴趣和学习节奏，自主选择适合自己的学习方式和路径，从而更有效地吸收知识、提升技能。同时，在交我学平台上，学生可以获得即时的反馈和评估，帮助他们及时发现问题、改进学习方法，提高学习效率。这种即时性的反馈不仅促进了学生的学习动力，也有助于建立更加积极的学习氛围。

（三）多平台，易便携

随着移动互联网的普及，学习方式也在发生巨大的变化。交我学平台具备跨平台适配能力，用户可以在电脑、平板电脑、智能手机等设备上随时随地访问教材资源，进行学习和阅读。这种便捷性和灵活性使得学习不再受限于时间和空间，为用户带来更加自由、便利的学习体验，助力他们更好地融入学习氛围，实现个人成长与知识获取的无缝链接。

（四）易管理，利分析

教师是教育过程中的重要角色，在学生成绩提升和教学改进方面起着至关重要的作用。交我学平台专为教师设计了班级管理功能，帮助教师轻松实现对学生学情的监控，并对数据进行深入分析。通过学情监控和个性化指导，教师可以更准确地了解学生学习状态，及时发现问题，调整教学策略，从而提高教学效率和学生成绩。这种数据驱动的教学方式有效地改善教学质量，满足不同学生的学习需求。

（五）易编纂，多工具

数字化时代赋予教材编纂者更多的可能性和便利。交我学平台提供数字教材智慧编辑云平台，为作者们提供多种工具，实现“所见即所得”式的编纂过程。作者们可以利用多种工具快速简便地进行编纂工作，创作出高质量的教材内容。这种易编纂、多工具协助的方式节省了时间成本，同时激发了作者们的创作灵感，推动教材内容的多样化和个性化发展。

（六）多更新，多改进

随着科技的快速发展，教育领域的需求也在不断变化。交我学平台对教育资源的持续改进与更新至关重要，以保持其在行业内的竞争优势。通过定期更新内容、增加新功能、反馈用户意见等方式，平台能够不断提升服务质量，满足用户不断变化的需求。

通过扩大特色和优势，交我学教材出版服务平台致力于提供优质的教育资源和服务，促进教学效果和学习体验的提升。在数字化、智能化的潮流下，该平台引领教育领域迈向全新的未来，为教育事业的发展注入新的活力与创意。通过强调上述六大特色，交我学平台助力教育出版领域实现更高水平的数字化转型。这一平台不仅为学生提供了更为生动有趣的学习体验，也赋予教师更多便捷和有效管理教学的手段，同时为作者们提供了创编教材更高效率的途径。

二、预期社会效益

交我学教材出版服务平台的预期社会效益将在多个方面体现。

（一）深度融合发展引领

交我学平台的智能化和数字化特点将引领出版深度融合发展，推动教育信息化建设，为未来教育发展奠定基础。

（二）教育均等化促进

通过多媒体、强互动的教材形式，平台将帮助消除地域和教育资源不均衡问题，提供更具启发性和趣味性的学习体验，促进教育均等化发展。

（三）教学效率提升

多平台支持和便捷的管理分析工具将帮助教师更好地监控学生学情，提供个性化指导，从而提升教学效率和质量，实现更高水平的教育成果。

（四）知识传播与共享

平台为作者提供的易编纂多工具将推动教材创作的数字化转型，加速优秀教育资源的生成和传播，促进学术研究成果的应用与分享。

（五）教育生态改善

该项目的推出将有助于完善教育生态环境，激发学生学习兴趣，提高教学效率，并为教育事业的可持续发展注入新的活力。

三、融合出版经验

交我学教材出版服务平台具有多媒体、个性化、多平台、易管理、易编纂和持续更新的特点。用户反馈显示，平台所提供的丰富互动元素和多种展示形式，使学习更加富有趣味和启发性；跨平台适配性让学生和教师可以随时随地获取教材资源，提高了学习与教学的便捷性；班级管理功能有效帮助教师监控学情，提供定制化指导，提升了教学效率和质量；而其中的数字教材智慧编辑云平台，让教材编写更加高效，节省了时间成本，增加了创作灵感。这些特点的融合，使得交我学教材出版服务平台成为教育出版领域的一个创新之举，为学术研究和教育事业的进步贡献着力量。

通过整合优质教育资源和前沿技术工具，交我学教材出版服务平台致力于打造一个开放、创新的教育共享平台，引领教育出版行业的数字化转型，助力教学改革和学术发展。

未来，我们将不断完善平台功能，拓展合作伙伴，持续提升服务水平，为教育工作者和学习者提供更加优质、便捷的教育资源和服务。

（俞瑜：上海交通大学出版社融合发展中心编辑）

交我学教材出版服务平台

案例类别：产品

华东师范大学出版社“教育汇”：创新驱动发展 持续探索深度融合

钱渊欣 崔璨

自2014年中央深改组通过《关于推动传统媒体和新兴媒体融合发展的指导意见》以来，历经多年发展，出版融合已成为当下出版业发展的大趋势，华东师范大学出版社（以下简称华东师大社）近年来围绕“以用户为中心”的核心，坚持内容为王，树立精品意识，不断探索教育出版的高质量融合发展之路。在社内新一代出版融合平台的基础上，孵化了以“教育汇”（原名“华狮小助手”)为代表的一系列优质教育出版融合创新产品。

一、创新驱动，打造出版融合精品

围绕中央文件精神，华东师大社开始逐步推动出版融合发展，紧盯新技术前沿和行业发展趋势，创新理念观念、管理体制、经营机制和生产方式。2018年，全力打造出新一代出版融合底层支撑平台——“‘智慧树’教育出版云平台”，并基于该平台，汇集全社资源打造了出版社官方对外发布平台——“华狮小助手”，逐渐实现从纯粹的教育图书出版向以教育出版为基础、以教育服务为目的、以教育资源整合开发为核心的出版升级。

“华狮小助手”能够为广大读者用户提供华东师大社全系列图书的配套资源、教辅音视频、付费精品电子书和课程等。对于传统编辑而言，通过云平台可以调取社内资源，“所见即所得”地拼装产品，再快速地发布到“华狮小助手”上，为用户持续提供优质知识服务。

凭借丰富的线上资源、精准的用户服务、便捷的产品拼装功能等特色，“华狮小助手”入选国家新闻出版署2020年度数字出版精品遴选推荐计划。

二、产品全新升级改版，打造教育出版生态圈

2022年4月，中宣部印发《关于推动出版深度融合发展的实施意见》，为新时代出版深度融合发展擘画新方位，为出版单位探索融合发展锚定新坐标，更为新时代出版业实现高质量发展提供了新动能，标志着出版融合发展进入了新阶段。

为了统一融合产品发布渠道、建立数字运营体系、更好地服务用户，“华狮小助手”也从2021年开始全面升级改版，并更名为“教育汇”。“教育汇”（原名“华狮小助手”）不仅赋能传统出版，成功地扩展了纸质图书的附属融合产品功能、吸引了大批教育类用户群体；还通过精准化管控二维码，增强内容安全；同时积极拥抱技术更新，以人工智能技术实现内容的创新和功能的改进。

该产品的亮点主要包括三个方面。

（一）提升终端产品的触达力

1.“教育汇”开辟并完善数字运营体系。随着出版社用户群日益庞大，为满足多样化的用户需求，更好地服务C端用户，优化提升用户黏性，华东师大社以“教育汇”为阵地，建立并不断完善具有特色的数字运营体系。

依托“教育汇”积极开展数字运营活动，通过在

“教育汇”公众号每周发布高质量推文；与新媒体平台的 KOL 合作直播，将公域流量导入私域；制作营销短视频，将数字产品介绍给家长；在微信、QQ 群内发起有赞拼团或组织开展趣味活动；在朋友圈等平台发布创意海报带动二次传播；制作精美文创产品打造品牌效应等方式，扩展销售渠道，实现营收增长。

2023 年度，平台年访问量高达 5100 万次，新增注册用户 69 万人，累积注册用户数接近 380 万人，全年数字精品课程直接销售收入超 250 万元。

2. 丰富的线上资源及学习功能，逐步打造完善课程体系。经过十几年的数字化建设，华东师大社已积累万余册的图书、数以百万计的图片和音视频资源。同时，为了满足用户对数字精品教育资源的需求，华东师大社基于“教育汇”，研发、引进大量覆盖多学科、跨年级的精品课程，如《上海名校名卷》作文视频资源、奥数教程视频资源、《市北初级中学资优生培养教材》配套视频资源等。而随着人工智能技术的兴起，华东师大社也创新教育模式、打造智能教辅服务体系，其中“智能作文”辅导系统引入 AI 新技术，能够提供作文修改提升等功能，适合 C 端用户个性化学习需求。

目前，“教育汇”平台上已有 2000 余种电子书、2 万多个音视频课程，内容涵盖学前、K12、教师教育、社科、教育心理等各类读物的多媒体配套资源，正逐渐形成完整的课程体系，为中小学教育提供全方面的知识服务。

（二）赋能传统出版的融合力

产品底层基于出版社全力打造的新一代融合出版平台——“智慧树”教育出版云平台。云平台将企业内部资源进行全方位管理，并将对外发布提供知识服务的内容分发到外部云服务器上，形成“一次制作、多次发布”的全流程“发布端融合”模式。同时，可以根据需求不断迭代“教育汇”平台的功能，添加或删减模块，对平台界面进行调整，从而更好地满足用户学习需求，真正打造“以用户为中心”的融合出版模式。

自 2018 年正式上线以来，云平台通过提供大量模板以及“所见即所得”的编辑方式，使融合出版物的制作变得便捷、高效，极大地方便了编辑的融合出版工作，提升编辑生产力。

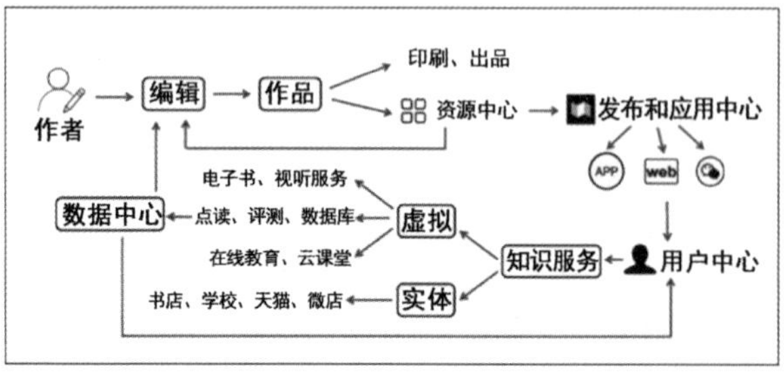

“智慧树”教育出版云平台

（三）增强内容安全的管控力

产品的底层数字内容安全同样受到关注。目前，“教育汇”中已承载 400 余种纸质图书的二维码配套数字资源，相关二维码近 3 万个，随着二维码出版物逐步增多，管理和安全风险不断增大，为了规范二维码出版物的制作流程，使融合出版业务能够安全有序地开展，2022 年华东师大社打造一套“智慧树”二维码出版物内容监管系统，简称“码管家”。

“码管家”是一套针对纸质出版物二维码安全监管的软件整体解决方案，对标国家新闻出版署 2023 年 8 月发布的《出版物二维码应用管理要求》行业标准。该系统综合运用网络智能检测、大数据等技术手段，实现了逐层检索、随时替换、外链隔离等三大功能，部署后能够 7 × 24 小时对二维码进行安全扫描，有效地保证了链接的安全性。

该系统自应用以来，提高了“教育汇”平台上纸书融合出版的安全监管力度，有效地助力了纸数融合业务，为出版社的深度融合发展扫清部分障碍，可为整个出版行业高质量发展保驾护航。

三、结语

在“教育汇”带动下，华东师大社出版融合发展已逐步从“相加”到“相融”，从“你是你、我是我”到“你中有我、我中有你”，逐步走出一条具有特色的教育出版融合发展道路。

华东师大社将继续围绕“内容、用户、技术、运营”四个维度进一步探索深度融合，打造精品数字产品，并利用人工智能技术探索内容生成、产品开发、数字运营等环节，真正满足用户个性化需求，同时保障出版安全，以生态化的产品矩阵、高效率的流程作业、融合的发布端和创新的业务模式发挥平台的文化引领作用，打造新质生产力，推动新闻出版业的深度融合发展，努力成为出版融合领域的标杆。

（钱渊欣：华东师范大学出版社信息中心主任，崔璨：华东师范大学出版社信息中心科研助理）

教育汇客户端

案例类别：产品

北方国家版权交易中心：“数字工厂＋收益权交易”创新服务模式 赋能出版融合深度发展

李昊千 王鹏

近年来，我国数字版权产业正迎来一个高速发展的阶段。随着Web 3.0时代的到来，越来越多的网络视频、数字音乐、数字文创等，通过人工智能AIGC、虚拟现实、大数据模型、区块链等技术，基于版权资源的整合、保护、运营、交易来获得版权收益，数字版权资源的价值日益凸显。

数字版权作为数字经济发展的重要引擎，正以其强大的生命力和创新性，成为满足人民日益增长的文化需求、增强人民精神力量的有效途径。它不仅为文化创作者提供了更为广阔的创作平台和更为丰富的创作手段，也为消费者带来了更加多元、个性化的文化体验。

这对于传统出版行业来说，这一变革既是机遇也是挑战。传统出版行业需要积极拥抱数字化转型，充分利用数字版权产业的发展机遇，拓展自身的业务范围和盈利渠道。同时，也需要面对数字版权开发、保护、交易、运营等方面的新挑战，加强自身的版权管理能力，提升在数字版权市场中的竞争力。

在这样的时代背景下，北方国家版权交易中心依托金融资质和权益类交易平台，构建国内首个“数字工厂＋权益类交易”全版权创新服务模式，在全国出版融合领域具备较强的示范意义和领先地位，打通以金融创新推动版权数字化成果转化的新渠道，促进版权价值的快速提升和出版单位收益最大化。

一、“数字工厂”加速版权数字化成果转化

在数字版权领域，北方国家版权交易中心充分发挥资源聚集优势，并基于数字内容开发运营团队和完善的硬件设备，构建“数字工厂”体系，提供从版权数字化设计、开发、运营直至权益类交易的全版权开发运营创新服务，致力于做全国出版行业的“出版融合发展、数字化转型”一站解决供应商。

在数字化版权设计方面，“数字工厂”面向版权所有方和传统文化出版单位输出版权数字化深加工及运营服务，包含调研、评估、分析、咨询等服务，并对版权数字化开发进行策划，有针对性地设计高转化率的数字化产品开发运营方案。

在版权数字化开发方面，“数字工厂”根据版权资源的基本情况及制定好的版权数字化开发策划方案，针对不同版权的属性选择最具转化能力的数字化产品形态进行开发，可开发版权数字化产品包括电子书、有声书、视频课、动漫、广播剧、影视、微短剧、游戏、AR、VR、数字文创、元宇宙等20余个领域，可打造高附加值数字产品并提供相关运营服务，根据不同的版权数字化产品针对性设计运营动线，实现最优转化。

同时，依托交易中心金融资质和权益类交易平台，构建国内首个“数字工厂＋权益类交易”全版权创新服务模式，在全国出版融合领域具备较强的示范意义和领先地位，打通以金融创新推动版权数字化成果转化的新渠道，促进版权价值的快速提升和出版单位收益最大化：版权资源经过数字化开发，形成数字产品；其未来一段时期内的运营收益权，经专业机构评估后，以标的物的形式在北方国家版权交易中心权益类交易平台进行挂牌交易；北方国家版权交易中心针对交易信息发布挂牌公告，吸引投资方参与竞价与摘牌。由此放大交易效果，促进版权价值的提升与快速转化。

目前，中心“数字工厂”与全国270余家出版社形成业务合作，累计开发出版行业版权数字化产品近6000项，开发总时长超6万分钟，内容线上总浏览量3100万次，累计运营收入达3000万元。与全国58家出版单位实现出版融合产品收益权挂牌12329项，总金额9303万元；成交9478项，总金额6359万元。

二、培育发展“出版融合发展＋科技＋交易”新场景及价值生态

在“数字工厂＋权益类交易”创新服务模式的基础上，北方国家版权交易中心积极开发各个领域、各个行业的可交易的版权及知识产权产品，并逐步策划出更多标的物在版权中心进行挂牌交易。在现有的版权交易、出版融合版权收益权交易的基础上，通过渠道资源拓展，在动漫、有声、影视、短剧、元宇宙等领域实现挂牌标的品类突破，并逐步向数字版权交易、数字资产交易方向延伸。

在2023年度，中心创造了国家级版权交易场所“版权＋金融”模式下国内多项首次挂、摘牌，包括元宇宙、

有声书、微短剧、影视收益权交易及数字版权交易等，挂牌金额达 1.6 个亿。同步策划打造国内首个“版权 + 收益权”线上移动交易业务模式，通过跨界实现“数字工厂”为出版融合发展基础前提下，构架国家级数字文创版权交易平台、版权交易平台移动端、版权收益权交易（版权众筹）平台移动端三大版权交易服务平台，重点布局移动端，助力出版融合发展在 AIGC(人工智能)和新媒体产品形式跨越发展，实现“出版 + 金融 + 科技”的飞跃发展。

三、关于探索新兴技术、新兴产业赋能出版融合的思考

（一）利用人工智能技术推动出版融合产业变革

引入 AIGC（如 ChatGPT、Sora）等先进的人工智能大模型技术，对传统出版物内容进行深度分析和数字化加工处理，实现个性化推荐、智能对话、智能编辑、智能校对、数字内容自动生成等功能，提升出版效率和质量。

同时，基于大模型技术拓展新的应用场景，探索 AIGC 下 Sora 音视频在出版行业的更多应用场景，如虚拟现实（VR）、增强现实（AR）等，通过数字化手段为读者提供更加丰富和沉浸式的阅读体验。满足现代读者对于更具交互性和娱乐性的阅读方式的需求。

（二）通过出版融合 + 科技 + 金融的创新发展模式，实现出版融合快速发展，数字产品增值

1. 开发核心数字产品：以优质内容为基础，开发具有市场竞争力的数字产品，如有声书、元宇宙图书等，以满足广泛读者的多样化需求。

2. 加强版权保护：建立完善的版权保护机制，通过技术监测手段和法律途径如版权登记存证，维护原创作品的合法权益。

3. 实现类金融化运作：借鉴金融市场运作方式，将优质出版融合产品内容进行版权资产证券化，创设融资渠道，例如推行“版权众筹”业务，吸引社会资本参与。

4. 扩大交易规模：通过建立正规版权交易场所，构建高效的交易平台，促进出版融合产品的版权、收益权、数字资产等交易规模化发展，提升整个行业的市场竞争力和盈利潜力。

（三）探索数字资产（出版融合数字产品）交易在出版融合产业的应用

通过出版融合数字产品，实现数字资产入表，采用“数字文创藏品 + 区块链技术”为出版物提供独特标识和所有权证明，将每本电子书、每幅插画转化为独一无二的数字资产。

将数字资产与区块链相结合，创造可多次交易的出版融合模式。例如，通过发行限量版的数字艺术品或电子书，赋予其独特的所有权证明和交易属性，与纸质图书结合，实现后续发行和交易流通。

在此基础上，出版单位可以与 IP 开发、非遗、数据或资产交易所等机构展开跨界合作，共同开发数字文创版权产品和数字文创藏品交易项目，实现向金融、科技等领域的跨界融合发展。

（李昊千：北方国家版权交易中心有限公司副总经理，王鹏：北方国家版权交易中心有限公司版权开发运营中心主任）

北方国家版权交易中心公众号

案例类别：产品

红色记忆·贵州长征国家公园公共文化服务平台

高雨佳

一、项目概况

长征在我们党、国家、军队发展史上具有十分伟大的意义，对中华民族历史进程具有十分深远的影响。贵州是红军长征途经的重要省份，“红色记忆·贵州长征国家公园公共文化服务平台”的开发，是以长征沿线一系列主题明确、内涵清晰、影响突出的长征文物和文化资源为主干，通过对贵州红色经典出版物内容资源的分析解读，按照全国文化信息共享工程地方资源建设项目

的标准和规范进行资源加工和整合，以“一主库多子库”的平台模式对资源内容进行构建，并根据长征文化资源的特点与功能细分，提供资源聚合、多角度全方位呈现、多维度检索、个性化阅读和推送等服务。平台建成之后不只线上传播，通过政府资金的带动，将内嵌“红色记忆”平台软件的数字阅读桌落地贵州省9个地区新华书店、贵州省图书馆、贵州省警示教育基地、高校、社区等多种场所，提高了项目知名度以及硬件的使用率，拓展贵州省红色文化公共服务体系，形成一个全面覆盖又具有区域特点的公共文化服务平台。

二、建设内容

（一）推动红色资源数字化保护，弘扬伟大长征精神

贵州是中国工农红军长征停留时间最长、留下遗迹最多的省份。项目建设之初，贵州出版集团以及相关领导就提出从出版融合高质量发展的角度出发，构建一个充分利用新技术、满足大众多样化需求的创新平台，“红色记忆·贵州长征国家公园公共文化服务平台”为此做出了很多探索和实践。收录了多本贵州出版集团出版的经典红色图书以及贵州省党史办、贵州各地长征文化纪念馆等单位提供的大量内容资源，以“一主库多子库”模式进行开发构建。其中，主库为“长征文化主题库”，包含长征遗址、长征建筑、长征器物、长征文献、长征事件、长征文艺、长征研究等7大基本分类体系。子库为“长征红色人物资料库”以及“地区红色文化专题库”，还有包含了长征中红军衣食住行的“长征文物回忆录”栏目、“长征故事图书馆”栏目、红色文化旅游“红色黔行”栏目、“长征声影”栏目、“时事政治”栏目以及“活动专栏”等多样性的内容展现形式。收录了贵州出版集团出版的经典红色图书及典籍35册，此外还录入了贵州省党史办、贵州各地长征文化纪念馆等单位提供的大量内容资源，包含贵州省各地区长征遗址词条1433条、长征建筑词条279条、长征文献27个、长征事件词条220条、长征文艺诗词歌107条、长征研究词条159条。长征人物资料库中包含了红色人物191个，其中红色人物书信词条584条。

（二）推动红色文化数字化公共服务建设，凝聚年轻受众

“红色记忆·贵州长征国家公园公共文化服务平台”上线后，项目通过中央补助地方公共文化服务体系建设专项资金的带动，进入了第二阶段数字化公共服务建设当中。项目组成员走进高校、书店等开展了诸多宣推活动，吸纳了一批年轻用户。首先选择贵州省内4家具有代表性的红色新华书店进行现场宣传，包括遵义市遵义会议会址1935书店、铜仁市印江木黄会师纪念馆书店、黔东南地区黎平会议会址书店、黔西南地区晴隆阿妹戚托二十四道拐书店。其中，遵义会议会址内的1935红色书店，是内嵌“红色记忆”平台软件数字阅读桌的首家试点。以书店为依托来组织红色文化宣演活动以及沙龙讲座，提高了项目知名度以及硬件的使用率。在取得初步的成效后，陆续在贵州省贵阳市、遵义市、安顺市、毕节地区、黔西南州、黔南州等9个地区新华书店进行投放。

此外还选取了贵州省图书馆长征主题馆、贵州省司法厅及下属警示教育基地、全国优秀党支部小碧乡社区、贵州省交通职业技术学院等地进行投放，让项目“进机关、进校园、进社区、进场馆”，千千万万用户随时共享红色文化资源，坚定青少年的理想和信仰，让青少年读懂长征精神，更广泛地传送鲜活教材。

三、社会合作情况

“红色记忆·贵州长征国家公园公共文化服务平台”在运营方式上也在不断地进行创新。在宣传推广方面，《中国新闻出版广电报》《中国出版传媒商报》等行业媒体对“红色记忆·贵州长征国家公园公共文化服务平台”进行了大篇幅的采访报道，认为项目有效促进了公共文化服务方式创新，显著提升了文化惠民效果。在市场运营层面，平台积极运用自己的特色优势与高校形成了紧密合作，通过“内容＋科技＋服务”的模式为学校提供定制服务，学生不仅能通过平台在线上学习红色文化理论知识及历史内涵，线下通过实景教室亲身体会革命胜利的不易，在潜移默化中树立起崇高的理想，在红色文化精神的感召下，学生的理想信念和学习积极性会得到极大提升，红色文化也将在课堂教学中得到有效的推广和传承。

四、融合发展人员构成

贵州数字出版有限公司为了快速推进融合发展数字出版业务，在人才队伍建设下足功夫，积累了组织管理经验和人才资源。公司已建立一支年轻化、富有朝气的项目团队。

其中副编审1名，系统分析师1名，出版专业编辑中级人员4名，新媒体编辑4名，技术人员5名，市场推广人员2名。能够为内容资源提供数字化产品策划、新媒体平台搭建、移动客户端制作、市场运营推广等多项技术服务，为项目提供了有力的技术保障。

五、项目成果

2023年入选“十四五”国家重点出版物出版规划；国家出版基金2022年主题出版项目；中宣部“2021年度主题出版重点出版物”；国家新闻出版署融合发展工程“2021年度数字出版精品遴选推荐计划”。

六、社会效益

红色文化资源是党和人民宝贵的精神财富，“红色记忆·贵州长征国家公园公共文化服务平台”通过数字化手段对红色资源进行有效的保护和传播，这些红色文化资源不仅承载着中国革命历史的光辉，还反映了中华民族的文化底蕴，具有深厚的历史渊源和文化内涵，所展示的内容和文化内涵，不仅有助于人们更加深刻地了解中国革命历史，也有助于人们更好地理解中华民族的历史文化传承，从而弘扬中华民族的文化自信和精神风貌。通过构建数字化公共文化服务的方式，拓宽红色资源信息共享的范围，建设数字文化消费新场景，满足当今数字时代下大众的需求。

七、经济效益

“红色记忆·贵州长征国家文化公园公共文化服务平台”在充实内容资源和市场运营方面持续发力，以“内容＋终端＋实景”的模式与贵州省内高校合作“红色文化进校园”思政课堂建设，达成了市场销售目标，目前已形成了有效的可持续的商业盈利模式。下一步，平台将与红色文物保护开发工作结合，助力红色文旅，利用数字化技术开发文物文创产品，进一步升级“红色记忆·贵州红色文化公共服务平台”的更多特色功能，推动贵州红色文化资源的数字化产业发展。

（高雨佳：贵州数字出版有限公司知识服务部总监）

红色记忆·贵州长征国家文化公园公共文化服务平台

案例类别：产品

《桥“瞧”贵州》全媒体融合数字出版项目

崔秋仪

一、单位介绍

贵州数字出版有限公司作为贵州出版集团对数字出版进行探索的全资子公司，立足贵州长征文化、非遗文化、本草风物文化、桥梁文化等特色文化资源，聚焦主题数字出版和精品数字出版，精耕细作小而精的数字产品。该公司于 2021 年入选国家新闻出版署融合发展工程“出版融合特色单位”。

项目团队专注于主题数字出版和精品数字出版，重点推进知识服务与融合出版精品项目。其中团队建设的“红色记忆·贵州长征国家公园公共文化服务平台”2021 年入选“中宣部主题出版重点出版物”以及“国家新闻出版署数字出版精品遴选推荐计划”，2023 年入选“十四五”国家重点出版物出版规划增补项目；“本草风物志·中草药数据库”入选 2019 年“国家新闻出版署数字出版精品遴选推荐计划”，2021 年入选“百佳数字出版精品项目献礼建党百年专栏”“全国新闻出版深度融合发展创新案例”，并入编《中国新闻出版深度融合发展年鉴·2021 年卷》；“贵州非遗云村寨”项目 2019 年获第二届新闻出版大数据高峰论坛数字出版创新成果奖，2022 年 12 月获得贵阳市大数据发展管理局《贵阳贵安 2022 年度优秀数字应用场景》。

二、项目背景

（一）应用数字技术让中国文化瑰宝活起来

2018 年 8 月 21 日至 22 日习近平总书记在全国宣传思想工作会议上的讲话：“中华民族在几千年历史中创造和延续的中华优秀传统文化，是中华民族的根和魂。要把优秀传统文化的精神标识提炼出来、展示出来，把优秀传统文化中具有当代价值、世界意义的文化精髓提炼出来、展示出来。”中国 5G 技术与虚拟数字技术相叠加，数字经济元宇宙催发了媒介大变革，从而引发媒介和受众大变迁，全面开启数字 IP 时代。

该项目对贵州桥梁以及桥梁所承载的文化进行保护、继承、弘扬，在迎接中国共产党第二十次全国代表大会召开等重要时间节点和重大事件上，对新时代党和国家事业的发展，开展爱国主义教育、培育社会主义核心价值，弘扬革命精神、继承革命文化，具有重要的推动作用。

（二）开发数字出版物让贵州桥梁精神走出去

贵州地处云贵高原，平均海拔在 1100 米左右，地势西高东低，自中部向北、东、南三面倾斜，素有“八山一水一分田”之说。贵州地貌为高原、山地、丘陵和盆地四种基本类型，其中 92.5% 的面积为山地和丘陵，是全国唯一没有平原支撑的省份。因此，贵州的桥梁建设，需要不断攻克地形险要、地质复杂、气象多变、吊装难和运输难等诸多难题。也正因为如此，贵州桥梁建设在跨度、高度、桥墩高度等方面，不断刷新着中国、亚洲乃至世界的纪录，不断超越自我。据资料统计，以从水面到桥面距离为标准，目前已建成高度排名世界前 10 的桥梁，贵州有 5 座；排名前 100 的桥梁，贵州有 46 座；而高度超过 300 米的超级桥梁，全世界 23 座，其中多达 16 座在贵州。

该项目纵观贵州桥梁从古至今所承载的文化内涵，对这些桥梁以及桥梁所承载的文化进行保护、继承、弘扬。同时，通过数字出版、全媒体融合数字开发的形式记录贵州桥梁创造的世界奇迹，反映了贵州跨越赶超“黄金十年”的发展成就。

三、产品形式及应用场景

（一）展现形式

（线上）数字科普互动 +（线下）AR 数字展示。

（二）应用场景

贵州桥梁在此项目中将承担起城市名片的数字化科普对象。在博物馆、图书馆、文化馆、纪念馆、景区等地设置宣传二维码，同时制作线上的专属程序。选取贵州具有代表性的桥梁，深度向公众讲解贵州桥梁在建设中的故事、解读知识密码，并通过数字化的体现，复现建设细节。用户可以在最终的数字产品中，点击相应的条目了解桥梁的相关信息，最终实现多种终端均可完成信息的融合接收，同时达到任何用户、任何时间、任何地点、以任何终端满足用户对贵州桥梁文化的多元化体验、认知、信息服务和市场需求，从而实现对贵州桥梁文化的全媒体开发和数字化传承。

《桥“瞧”贵州》全媒体融合数字出版项目紧密贴合“传承保护 + 活化利用”，把贵州桥梁建设中的故事转化成“文化 +、旅游 +、科技 +”等体验，让贵州桥梁更加可感、可知、可追。

（三）展现内容

项目从五个维度纵览贵州发展历史、桥梁历史。怀古桥——古代劳动人民智慧的结晶，黔贵大地的文化根系，贵州发展的历史年鉴；红色桥——革命文化的物质载体，中国共产党为解放全中国砥砺奋斗里程碑式的见证；三线桥——西部开发史上，气吞山河的史诗，贵州现代化的工业体系的奠基者；小康桥——孜孜以求、百年圆梦，贵州全面建成小康社会的历史答卷；复兴桥——伟大时代奋斗印记，新时代新征程，初心不忘再出发。

《桥“瞧”贵州》线上程序通过“桥梁地图”“桥梁故事”“数字桥梁”“桥梁周边”四个板块展示，内涵桥梁基础数据库、桥梁三维动态展示，航拍景观展示，桥梁营建历史等内容。每个模块均设置有互动功能，如点赞、分享、留言。

1. 桥梁地图：以地图的形式将贵州省桥梁所在地点标出，用户可点击进入其中某一桥梁的具体介绍，进入“桥梁故事”“数字桥梁”的展示。

2. 桥梁故事：用户点击后，将展示这一桥梁的建成流程、工程技术呈现、展现形式介绍、解读工程知识密码。

3. 数字桥梁：360° 旋转展示桥梁，并配有音频和文字介绍。

（四）逻辑结构图

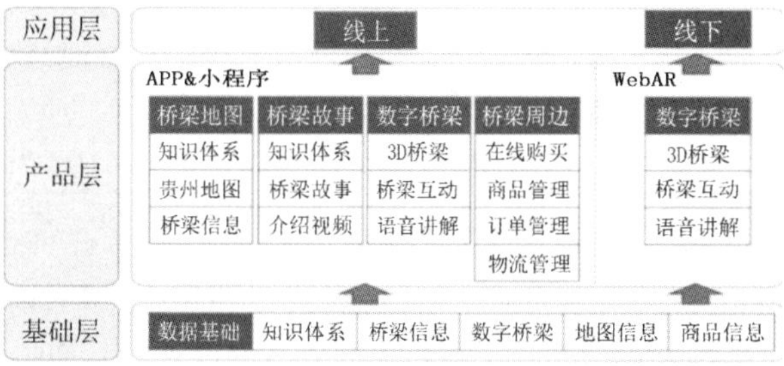

四、项目成果

该项目为建设一期，目前已收集整理贵州桥梁相关文字资料 30 余万字，项目一期选取贵州 12 座代表性桥梁进行航拍，精选航拍图片及视频用于项目展示模块的素材储备；选取三种不同建造类型的桥梁为基础，进行三维搭建，制作三维数字模型；搭建《桥“瞧”贵州》服务展示程序设计，程序内包含桥梁介绍，施工过程展示，桥梁航拍视频，三维模型展示等功能；在项目宣推方面，配套制作项目宣传片，设计运用复古类型三孔桥与条形码结合的项目 LOGO，为项目宣传起到了良好的展示效果。

社会效益指标：全媒体数字出版物《桥“瞧”贵州》

项目于2022年获贵州省出版传媒事业发展专项资金资助，先后参加了第十八届中国（深圳）国际文化产业博览交易会和第十二届中国数字出版博览会，在展会上《桥“瞧”贵州》项目吸引了包括传统出版单位、数字技术服务企业、数字传播企业、渠道服务商、高校、科研院校等单位的关注，通过项目内部资源较为全面地展示了贵州发展的新风貌。

经济效益指标：项目已入驻贵州省内新华书店进行试用，服务人群已近百万。项目与贵州省内多所高校、博物馆、桥梁管理处初步达成合作意向，在项目完成后计划部署接入校内、馆内的桥梁虚拟博物馆中。

服务对象满意度指标：全媒体数字出版物《桥“瞧”贵州》项目在多次展会上都大获好评。在第十二届中国数字出版博览会上，项目还获中宣部主要领导的口头指导，并凭借此项目的创新性项目团队获第十二届中国数字出版博览会“优秀展示单位”“优秀数字内容服务商”等荣誉。

（崔秋仪：贵州数字出版有限公司知识服务部责任编辑）

案例类别：产品

非遗云村寨：贵州非物质文化遗产数据建设及产品孵化应用平台

钟艾容

一、单位介绍

贵州数字出版有限公司作为贵州出版集团对数字出版进行探索的全资子公司，立足贵州长征文化、非遗文化、本草风物文化、桥梁文化等特色文化资源，聚焦主题数字出版和精品数字出版，精耕细作小而精的数字产品。该公司于2021年入选国家新闻出版署融合发展工程“出版融合特色单位”。

项目团队专注于主题数字出版和精品数字出版，重点推进知识服务与融合出版精品项目。其中团队建设的“红色记忆·贵州长征国家公园公共文化服务平台”2021年入选“中宣部主题出版重点出版物”以及“国家新闻出版署数字出版精品遴选推荐计划”，2023年入选“十四五”国家重点出版物出版规划增补项目；“本草风物志·中草药数据库”入选2019年“国家新闻出版署数字出版精品遴选推荐计划”，2021年入选“百佳数字出版精品项目献礼建党百年专栏”“全国新闻出版深度融合发展创新案例”，并入编《中国新闻出版深度融合发展年鉴·2021年卷》；“贵州非遗云村寨”项目2019年获第二届新闻出版大数据高峰论坛数字出版创新成果奖，2022年12月获得贵阳市大数据发展管理局《贵阳贵安2022年度优秀数字应用场景》。

二、人员构成

项目团队规模共19人，其中技术人员6人，内容编辑6人，运营人员7人。

三、项目建设

2021年，中共中央办公厅、国务院办公厅印发《关于进一步加强非物质文化遗产保护工作的意见》，意见指出，要加大非物质文化遗产传播普及力度，健全非物质文化遗产保护传承体系，提高区域性整体保护制度。贵州非物质文化遗产极其丰富，非遗民族文化是多彩贵州“四大文化工程”战略重要组成部分，传承传播非遗文化，对助力多彩贵州民族特色文化强省战略具有重要意义。

非遗云村寨项目充分挖掘贵州非遗文化的人文内涵和地域特色，创新性的以“云村寨”的概念对项目进行了策划，项目组选取了贵州省具代表性的两个传统村落“踩月亮之乡——盖赖村”“苗族蜡染传承地——基加村”作为样本，集合了村寨720° 全景VR、非遗传承人口述史/访谈录、文创产品、非遗视听、非遗传承人等。同时利用盖赖村的多种文化元素为样本，打造《非遗云村寨元宇宙图书——盖赖篇》，并与贵州省民族博物馆合作，进行对外发布与推广。

在非遗文化知识服务方面，以“非遗学术”“非遗视听”和“非遗图书”三个板块，全面解读非遗相关文化。其中，“非遗学术”收录了民间文学、传统舞蹈、传统音乐等十大类目，包含了37000余项条目内容，用户可以查看到每一个条目的文字图片以及内容出处。“非遗视听”板块包含60余个音视频，“非遗图书”板块包含了贵州出版集团所出版的近500册非遗文化精品图书，供用户查找和阅读非遗知识。此外还有“非遗研学”以及“非遗文创”，用户可以选择亲身体验研学活动、了解非遗旅行路线、线上购买或定制传承人打造的银饰、蜡染等精美商品。

该项目从看、听、说、玩多方面对贵州不同村寨所拥有的非遗文化进行全方位解读、呈现和体验，是当前国内在非遗文化方面专、精、特、新的综合服务平台。

四、项目合作

该项目以线上知识服务体验＋非遗文创＋非遗研学等多重内容形成服务模式，为非遗手工艺人提供产品展示和销售渠道，形成集线上展示、解读、销售于一体的商业模式。同时与省级、国家级传承人达成合作，积极推动他们的手工产品进展会、进校园、进景点。

五、项目亮点

该项目亮点主要在于非遗传播的“多元赋能”及非遗保护的“活态化传承”。项目通过“非遗＋文创”“非遗＋研学”“非遗＋展览”等多形态跨界合作，不断拓展非遗文化新业态；利用大数据、虚拟现实、元宇宙等技术手段，打造非遗村寨VR体验、元宇宙图书、非遗数字藏品，实现非遗文化的数字化传承；以村寨为基点，保护非物质文化遗产的活态性，对文化的传承和保护更立体。

六、主要技术

产品模块上，项目以人工智能、大数据、虚拟现实等技术为手段，打造村寨VR体验、元宇宙图书、数字藏品等产品形态。网站建设上，项目基于微服务架构开发，可支撑快速的业务拓展和迭代。通过将不同的功能（如浏览、搜索、支付、评论等）分解为独立的微服务，以更小、更灵活的模块进行组合，持续为用户提供优秀的访问体验。

七、社会效益

（一）技术赋能，让非遗文化“活起来”

该项目通过技术赋能非遗文化，将贵州村寨的人文风情、民俗文化呈现在元宇宙空间中，实现人与虚拟空间的交互，能有效打破传播壁垒，满足用户对非物质文化遗产的多元化体验和认知需求，让贵州非遗文化“活起来”。

（二）产学研结合，让非遗文化“走出去”

该项目已与国家知识服务平台对接，并正在积极对接国家文化数字化战略，以提升贵州非遗文化传播度。项目参加由中国新闻出版传媒集团推出的“社长代言出版深度融合发展项目”系列融媒体报道，在行业内引起积极反响。在传播方面，项目与贵州省民族博物馆、贵州省非物质文化遗产保护中心合作，邀请非遗专家、传承人对项目进行解读推介，通过双语报道将非遗文化传播到国际，对于贵州非遗“走出去”起到了积极的推动作用。

八、经济效益

该项目通过非遗数字藏品、文创产品及文旅研学服务实现盈利，当前已产生收益52.5万元。文创设计方面，通过与非遗传承人合作开发设计高质量文创产品，通过线上新媒体平台及线下展会、活动实现销售，当前销售已超过20万元。非遗元宇宙图书、数字藏品已与上海大学新闻传播学院合作，实现销售额30余万元。非遗文旅研学当前已进入策划实施阶段，已形成两条特色鲜明的研学服务线路，并与广州大学等多所院校形成合作，预计将借助贵州“村BA”“村超”等文化现象产生的旅游红利，积极推动非遗文旅研学服务，为项目持续产生良好的社会经济收益。

九、行业示范推广价值

（一）打通以非遗文化服务为核心的产业模式

该项目通过对贵州在地文化特色的挖掘，打造成集非遗文创在线销售、非遗研学、非遗元宇宙体验等于一体的综合电商文化服务平台，形成“文化＋文创＋研学＋传播”的产业闭环，持续产生收益。

（二）实现非遗文化的历史性保护和全球化传播

该项目将历史悠久的贵州非遗文化与现代技术相结合，并通过新闻报道的方式进行国内外推广，实现双语国际传播。真正按照中宣部领导对数字出版、融合出版提出的“贯通古今、融通数实、联通中外”的要求，让具有悠久历史的贵州非遗文化更为直观地展示出来，并产生价值、创造效益，努力实现走出去。

（钟艾容：贵州数字出版有限公司知识服务部责任编辑）

“非遗云村寨”平台

案例类别：产品

青岛城市传媒：青少年科普和创新文化传播平台

青岛出版集团

为深入落实习近平总书记关于“科技创新”的系列讲话精神和《“十四五”国家科普和创新文化建设规划》的具体举措，青岛城市传媒于2020年1月开始实施“青少年科普和创新文化传播平台”项目。项目建设期为5年，按照项目规划，将利用互联网技术、营地集训、专家指导等手段，通过一系列模块化的课程结构，建立科学思维方法、习惯，把互联网、教育技术和社会资源融为一体，打造教育+、互联网+、旅游+的新业态。项目建设期内，将立足科普、人文、历史等要素，以自主开发的STEAM课程为核心，以科学探究训练营、集装箱科普实验室、科学探索集训营等为载体，为8—12岁少年儿童打造高品质科学教育学习和训练品牌。同时，嫁接互联网平台，对相关资源分类别、有步骤地实施数字化加工，生成形式多样、适合多个层面用户使用的公益性产品和商业化产品，应用于科普学习、线上阅读、游戏互动、模拟展馆等环节中，满足用户在科学实践、传统文化、自然探索、研学旅行等领域不同形态、不同场景的多元需求，力争打造成为中国的“Discovery”。

一、当前实施情况和市场前景

（一）互联网平台开发

随着线上阅读的兴起，特别是受此次疫情的影响，全国的青少年读者都转入了在线数字课堂，线上可以提供给读者更丰富的阅读体验。在项目的活动发布、线上学习、游戏互动、模拟展馆等环节中，将对科学实践、自然探索、研学旅行等版权资源进行遴选和整理，利用自主开发的资源加工平台，对其分类别、有步骤地实施数字化加工，生成形式多样、适合多个层面用户使用的公益性产品和商业化产品。

主要功能频道设置：一是内容在线订阅，提供文字、图片、音频、视频及读者弹幕等数字内容服务，根据用户体验定价，提供10%—15%的免费阅读，之后进行收费阅读；二是主题科普，推出系列模拟展馆，如“捍卫森林”“保护海洋”“珍奇动物”“你不知道的世界”等；三是每日科普，每日推送科普知识，配合有奖竞猜；四是科学训练营，设置STEAM课程，包括网上科学普及、探究、训练，人工智能学习，集装箱实验室实践，训练营集训等；五是融入VR、AR等技术手段，推出海洋、自然科学、航空航天等数字体验类产品；六是开发课程配套的小游戏，通过寓教于乐的方式提升儿童对课程的兴趣；七是活动发布，按时发布活动通知，通过宣传推介，让更多人参与到线上线下活动中，对不同爱好的粉丝建立圈层，深挖粉丝经济。

未来，在线上运营过程中，还将围绕受众的年龄、性别、爱好、阅读场景、阅读时长、关注点、付费习惯进行重点分析，利用大数据为项目整体发展赋能。

（二）训练方法课程研发

该项目的竞争力核心是“课程研发”。公司基于多年来积累的教育资源和少儿科普资源，正在精心研发以“发现从身边开始”为品牌的四大体系13门研学课程，通过激发儿童的好奇心、培养兴趣入手，引导其在动手和实践中发现问题，在思考中培养自主解决问题的能力，最后形成某一特定领域的课题分析和研究报告，达到闭环管理。课程设计除了科学、技术、工程、艺术等现代学科的教育新理念，同时融合齐鲁文化等传统文化内容，强调学生的跨学科、趣味性、体验性、情境性、协作性、设计性、艺术性、实证性、技术增强性9个核心理念，提升学生解决现实问题的能力。截至2024年3月，项目已完成两门课程的研发，一是结合《欢乐艺术博物馆》系列，开发了少儿艺商培养课程“小小艺术大师班”，构建了高水准的艺术大师班课程。二是结合中国传统文化图书《小原始人》系列，配套丰富的线上内容，开发出家长课堂、品格秘籍小程序、山海研究院、勋章收集者小游戏等配套产品。

（三）训练场景模块搭建

项目活动场景主要分为公益体验模式和收费模式。公益体验模式利用现场展览、流动体验馆等载体，以塑造品牌影响为主要目的，例如项目建设期间将依托中科院、海洋智库、航空学会、美国国家地理协会等战略合作伙伴科普资源优势，举办“行走的科学”“快乐阅读大篷车”等百余场线下体验活动，结合学校、家庭、社会教育机构等资源，免费宣传推广项目。收费模式以研学服务、博物馆参观为主，项目建设期内将通过搭建“博物馆+研学基地+集装箱”的实体场景，承载训练和活动落地。一是在人流密集的商圈打造两处专属研学基地，设计开发科学探索、艺术体验、岩壁攀岩、拓展训练、活字印刷、汉字演变等活动项目，完成后分别可容纳400人研学。二是拟开办科普博物馆，打造一所集科学探索、历史文物、传统文化于一体的综合性博物馆。三是为了打破活动区域限制，建设10处科学体验集装箱，将博物馆、研学基地内的展品、课程等包装成适合场景布局以及运输搭建的形态，提升课程实施灵活度，扩大活动覆盖面。比如集装箱中的DIY体验课，通过讲解陶瓷的起源和发展，让儿童对陶瓷的演变有初步认识，在兴趣中进行DIY制作，带着问题探索事物背后的知识点，利用类似的传播规律，汇集、分析、整合成为具有经济价值的专业课题。再如装箱中的石碑实验室，通过实地感觉、触摸石碑，让儿童了解碑刻汉字的演变过程，以此延伸出石头风化与环境的关系，将历史人文与自然科学融合贯通。

二、项目社会效益和经济效益分析

该项目在经过一定的投入期后，预计将获得可观的社会效益和经济效益。

（一）社会效益方面

1. 促进全民科学素质。习近平总书记提出：科技创新和科学普及是实现创新发展的两翼，要把科学普及放在与科技创新同等重要的位置，普及科学知识、弘扬科学精神、传播科学思想、倡导科学方法，在全社会推动形成讲科学、爱科学、学科学、用科学的良好氛围，使蕴藏在亿万人民中间的创新智慧充分释放、创新力量充分涌流。创建全国青少年科普与创新文化基地，是落实习近平总书记讲话精神和《“十四五”国家科普和创新文化建设规划》文件精神的具体举措。

2. 平衡教育资源。现阶段，我国教育资源区域分布失调，不同等级城市教育资源及水平相差较大，具体体现在教育硬件及应用滞后、优质教育资源匮乏、教育信息化人才缺失等方面。本项目具有优质的线上内容体系，可以突破时空限制，有利于优质教育资源的整合。

3. 培养孩子的创新思维能力。通过打通“发现从身边开始”为品牌的课程体系，增强孩子的学习能力，引导孩子更加善于观察和发现生活中的科学奥秘，学会在思考中发现问题，培养自主解决问题的能力。

（二）经济效益方面

科普研学训练是拥有千亿级规模的新蓝海。通过开展课程研发、教师培训、营地组织等各项工作，组织设计实施特色课程，满足学校、社会、家庭有计划、有组织、有评价的实践教育需求，探索教育研学的新模式。

1. 线上知识付费。将优质的信息知识体系高精粹、定制化，以多元化的形式呈现，打造线上多重形态，通过线上分区收费模式满足客户不同需求。

2. 虚拟现实和数字教材等前沿技术产品销售。通过将数字教材、内容资源植入虚拟现实技术（VR），动态感受三维立体逼真图像，模拟环境、感知、自然技能和传感等，延伸相关科技产品销售，丰富完善项目的收入来源结构。

3. 博物馆门票。博物馆日常开馆营业收取的门票作为最基础和传统的收入来源，开馆后定期进行主题更换，不断进行内部布局调整，提升浏览环境体验感，吸引更多参观者。

4. 研学服务。项目以科学探究训练营、活字印刷体验馆、虚拟现实科学体验馆、集装箱科普实验室、科学探索集训营为载体，打造高品质科学教育学习和训练品牌研学服务，与相关学校合作，进一步提升科学教育普及化发展。

5. 课程付费。依托版权优势，利用营地集训、专家指导等方式，通过一系列模块化的课程结构，研发相关培训课程以及开展课题研究，组织设计实施特色课程，同时带动收入。

6. 大数据变现。项目依托平台互动数据识别用户特性，深层次挖掘数据变现，进行进一步互动，挖掘下一层消费，通过全渠道链接整合所有与消费者交互的渠道，以及线下多端线上的形式，让数据可连接，实现数据变现。

（青岛出版集团）

案例类别：产品

“国宝进校园——《中国历史》文物缩微博物馆”融合出版项目

大象出版社

文物是中华五千年浩瀚历史的物证，每一个文物都是一段无言的历史。通过它们，我们可以看到不同历史时期的历史文化、人文风俗，近距离地感受当时的生产生活细节。习近平总书记曾经指出，让收藏在博物馆里的文字、陈列在广阔大地上的遗址、写在古籍里的文字活起来，让中华文明同世界各国人民创造的丰富多彩的文明一道，为人类提供正确的精神指引和强大动力。

为使中学历史课本中所涉及的文物“活”起来，把它们请进校园，搬上课堂，大象出版社策划对初中《中国历史》教材所涉及的文物进行缩微制作，建成《中国历史》缩微文物博物馆，方便教师进行学科教学，提升学生学习历史的兴趣。同时，随着信息技术尤其是人工智能等技术的快速发展，虚拟现实技术、增强现实技术在业内应用，加快了出版行业转型升级的步伐，出版内容创新机制和创新业态正在改变着新时代的出版业。根据国家“五育并举”“跨学科融合”“科学教育做加法”等相关教育政策和教育改革的最新形势，结合市场需求，经过反复论证，大象出版社启动“国宝进校园——《中国历史》文物缩微博物馆”立体化、多介质的融合出版项目，由社长汪林中和副总编李光杰担任项目负责人，项目组成员则包括数字出版技术创新部李云照主任和郭孟春、贾大伟、王大宝、程靖媛等人，以国宝文物为引子，探索中国传统文化教育出版服务新模式，创新内容建设新机制。

一、按照统编教材体系，建设《中国历史》文物缩微博物馆，让学生亲手触摸缩微高仿文物，感受源远流长的中华文明

对照初中《中国历史》统编教材所涉及的90件文物，进行文物缩微仿真制作，同时研发中国音乐文物套装、中国绘画文物套装、中国青铜器文物套装和中国瓷器文物套装，形成基本套系加四大特色套装的实物产品形态，配套融合图书手册。例如，中国音乐文物套装以两周古代音乐文物中的春秋编钟、春秋编磬、木瑟、立鼓、陶埙、排箫、古琴七个文物为一个单元进行仿真制作，有针对性地研发古代乐器复原类教育出版融合产品，实现古乐器及音乐的教育传播。

二、利用出版新兴业态，搭建《中国历史》文物数字博物馆，让学生沉浸式体验元宇宙场景，传承魅力无限的中华文化

对《中国历史》文物缩微博物馆所含文物进行3D建模，在数字场景中建设一个按照历史时序的综合馆和中国绘画、中国青铜器、中国瓷器、中国音乐文物四个特色场馆，打造国内第一个元宇宙形态的《中国历史》文物缩微数字博物馆。使学生通过手机或者可穿戴设备在虚拟现实环境中亲手触摸文物，了解每个文物的样貌、故事以及所涉及的历史文化知识，感受历史的厚重和艺术的魅力，帮助学生提升历史学科学习兴趣，拓宽学习空间，扩大知识视野，提高艺术鉴赏力和文化素养。

后期，随着内容的不断扩充，拟将《中国历史》文物缩微数字博物馆的元宇宙场景进一步拓展，构建基于青少年中国历史教育和中国优秀传统文化教育的“中华文明数字教育元宇宙”，以创新的元宇宙展演形式助力中华优秀传统教育，弘扬和传播中华优秀传统文化，讲好中国故事。

三、借助教育研学政策，开发“趣味考古”等系列研学课程，让学生亲身融入历史文物考古，享受素养教育的研学服务

依托《中国历史》文物缩微博物馆融合出版项目，以文物为线索设计综合教育实践课程。使学生从观察认识文物开始，文物的加工工艺与修复，到每一个文物关联的知识模块的研究性学习。课程通过一个个文物的讲述和趣味的活动设计，让学生了解文物知识、文物的制作工艺以及文物背后的中国历史，同时兼顾历史考古、艺术鉴赏、口才训练、音乐以及手工制作等交叉融合，为中小学校提供好教好学好玩的课程内容服务，帮助学生厚植中华文化基因，培养文化自信。

四、出版融合深度发展，挖掘高仿缩微文物配套纸数资源，让学生触及寓教于乐知识学习，融会贯通历史知识体系

以《中国历史》文物缩微博物馆选取的代表性文物为线索，从时间和空间两个维度针梳理历史知识脉络，帮助学生提升学习效率。开发出特点显著的纸数融合图书：①知识的系统性与延伸性。在对初中所涵盖历史知识进行解构的前提下，既保证学生阅读的趣味，又是对于历史课堂知识的补充性学习；②语言文字的生动有趣。在学生饶有趣味的阅读之下能够轻松掌握所涵盖的知识内容；③多媒体呈现方式。图书配套音视频数字资源，纸数融合，扫码即可随时随地采用多种方式展开学习；④选择文物的典型性。除现有90件文物之外，根据各个知识模块的需要，补充相关联的文物知识，拓展学生的学习视野。

五、紧紧跟踪市场热点，研发文物相关系列教育文创产品，培养青年学生文化自豪感，凸显历史文化教育功能

近年来，历史文创产品市场火爆，其主要是以青年视角解构历史文化，激发出年轻人对中国文化的喜爱、

自信和自豪。项目适时研发出的文创产品包括文物纸模、文物冰箱贴、文物扑克牌、文物石膏模型等。在此基础上，围绕中学历史课本中的文物，开发成系列的教育文创产品，重点开发典型器物IP，培养青年学生对中国历史文化的自豪感。

六、集合内容研发成果，创新中国历史文物内容表达方式，基于人工智能技术大模型，打造历史智慧学习模式

依托“国宝进校园——《中国历史》缩微文物博物馆”融合出版项目各个子项目中生动有趣的数字化资源，整合大象出版社有关历史学科的数字化资源，以人工智能技术与历史学科的深度融合为目标，建立一个学习便捷高效、轻松有趣的国内有影响力的中学历史智慧教室学习大模型，实现服务师生历史学科的教学与学习的目标。

国宝进校园——《中国历史》缩微文物博物馆融合出版项目，立足出版产业发展大局，紧扣打造出版新质生产力的内在要求，把握科技先导和数智融合关键着力点，在出版内容创新、融合出版模式探索等方面，规划了切实可行的实施路径。目前该项目已入选《中原出版传媒集团“十四五”时期“十大工程”2024年度重点项目和重点工作任务》，高质量发展是硬道理，项目建设是硬抓手，通过该项目的实施，创新教育出版服务模式，在长三角区域的部分国际中学，项目以“一校一策一特色”即将落地，课程开发内容已落地河南省区域部分学校，项目的社会效益和经济效益初显，更将在业内产生一定的示范效应，为大象出版社的高质量发展积蓄更大的动能。

（大象出版社）

案例类别：产品

“百年党史·青年说”音频传播项目

广东人民出版社有限公司

为庆祝中国共产党成立100周年，扎实开展党史学习教育，弘扬红色文化，以红色精神传播涵养湾区青年，让红色基因、革命薪火代代相传，广东人民出版社有限公司主动牵头策划，联合广州市文明办、广州市社科联、暨南大学声海工作室、广州市社科社团党委、荔枝APP等机构和媒体，组织了“百年党史·青年说”音频传播展示活动；还与香港联合出版集团旗下香港中和出版有限公司及香港联合电子出版有限公司、香港巴士的报公司签订合作协议，分别在“知书”公众号和“巴士的报”平台上线及播放，进一步扩大湾区传播。

该活动是“百年征程 百年初心——第十一届广州学术季”的重要活动之一。在广东省委网信办、省文明办联合主办的第八届广东省网络文化精品宣传推广活动中获得“建党百年主题网络文化精品”称号，国家新闻出版署入选“出版融合发展工程2021年度数字出版精品遴选推荐计划”。

一、青年“说”党史 党史学习创新“潮”

该活动特色是通过青年人喜爱的网络传播方式，抓住青年自带的流量，吸引他们听党史故事，甚至引导鼓励青年“说”党史故事，把学习党史与培育时代新人相结合，让红色基因、革命薪火代代传承，达到学史明理、学史增信、学史崇德、学史力行的目标，这是一种推进精神文明建设守正创新、传播文明新风尚的创新方式。另外，以普通话和粤语双语讲好党史故事是本次活动的一大亮点。

该活动凭借声音伴随性强、传播广泛、制作便捷的突出优势，自5月4日上线后，48小时内点击收听人次破15万。迅速在青年圈子形成线上党史学习的新浪潮。

二、百期“青年说”故事皆自书中来

“百年党史·青年说”所有音频作品创作素材均来自该社近年来正式出版的红色文化系列图书及即将推出的省委宣传部重点项目《红色广东丛书》。例如，革命人物的故事来自《红色广东南粤英烈传》《中共名人在广东》《老一辈革命家的广东印迹》等书。地区专题的革命遗址是从《全国革命老区县发展史丛书·广东卷》《广

东原中央苏区县历史丛书》等海量书籍文献中精选而来。档案专题里的故事则大量取材于《红色歌谣》《红画往事》《红色书简》《广东改革开放发展史》等书籍。

按照点面结合、时空结合、雅俗结合的原则，“百年党史·青年说”分为人物、事件、地区、档案四大专题，每个专题20—30个故事，共100个故事。其中，“人物专题”里的30位革命先烈，既有人们熟知的彭湃、张太雷等中国共产党早期领导人，也有邓中夏、阮啸仙、黄学增等广东工农运动领袖；“事件专题”讲述了北伐战争、中共三大、第一次国共合作、华侨和港澳同胞支援祖国抗日等重要历史事件；“地区专题”侧重介绍广东各地革命历史和红色革命遗址；“档案专题”系列，既有老一辈革命家在战火硝烟年代留下的一封封珍贵家书，也有红色歌谣中熟悉的旋律、红色符号中的集体记忆。

这些故事着重知识性、故事性、经典性、通俗性，适合音频形态传播。5月4日上线后，每天上线一期，共计100期音频。

三、“双语”讲党史 青年之声传湾区

该活动策划团队邀请近20名港澳台大学生和近40名广东大学生，共同以普通话和粤语双语讲述100段党的故事、革命的故事、英雄的故事，通过青年宣传青年、影响青年、带动青年，引导他们知党史、听党话、跟党走，把革命先辈开创的伟大事业不断推向前进。来自香港的张琦琪对录制工作抱有极大的热情，她说：“我对党史一直很感兴趣，现在能够参与这样一个可以了解更多党史、领会党史精神的活动，我感到十分荣幸和自豪，一定会用自己的声音讲好党史故事。”

项目于2021年“五四”青年节当天上线互联网音频平台，目前已推出181期，短期内点击量超过150万人次，系列音频作品皆纳入“广东基层党建数字学习书包”。为更好推动党史学习教育在湾区青年中开展，加强湾区青少年群体“四史”教育，不断厚植爱党爱国爱社会主义情感，项目联合香港出版公司推出100期粤语节目，以“粤声粤语”在香港上线播放。该项目与香港联合出版集团旗下香港中和出版有限公司及香港联合电子出版有限公司签订合作协议，全部粤语节目在其平台“知书”上在香港地区上线及播放，项目的辐射度与影响力进一步增强。预计可进一步推动节目在东南亚及其他海外地区播放。

《中国青年报》、《中国社会科学报》、《南方日报》、《广州日报》、网易新闻、南方+、荔枝APP、花城+、今日头条、大洋网、中国广州发布等20家媒体进行了报道。广东省网信办方面评价：“一个严肃类题材，一个纯音频作品，做成这样，是可圈可点，值得点赞的！”

综上，本次展播活动较好实现了纸质图书向融媒体内容的转化。内容是出版的核心，也是融合发展的核心，新媒体技术改变的是呈现形式和传播渠道，读者和市场对优质内容的需求并没有改变。创作团队在对近百种图书进行篇目精选和二次创作的过程中，既注意将其内容精华进行凝练，又力求避免流水账和保持完整性；既兼顾主题鲜明、分类明晰、地域平衡等基本原则，又考虑内容资源整合的可实现率。

团队从策划主题方向、确定故事篇目、整理出版资源和内容素材到撰写音频稿件，整个过程中始终遵循尊重历史、客观严谨的原则，将历史真实性、内容权威性与文学生动性紧密结合，同时充分考虑红色历史的知识性、故事性、经典型与通俗性，实现了各方面的有机统一。

另外，活动以青年读者视角准确定位融合发展方向。“青年说”通过当代青年人容易接触到的网络传播方式、日益流行的听书习惯、喜爱的短故事内容，抓住不可估量的青年流量，吸引他们从好奇、主动了解到养成习惯地去听党史故事，立足粤港澳大湾区的文化特色，以普、粤双语的创新形式引导粤港澳青年更好参与。同时还深刻把握青年读者希望迫切需要表达自我的特点，同步开发“青年读”专栏，实现了教育传播与互动传播的良好融合，引导鼓励青年开口朗读党史故事，使得纸质图书内容的影响力、生命力进一步延伸，青年读者不仅能听懂、了解以往呈现在历史书中的党史故事，更能尝试跟读、说好每一个党史故事，融入自己的个人理解与感受，真正学深学透这些故事及其革命精神。

“青年说”在呈现形式和传播方式上，做到了以下几种关系特征之间的平衡：一是主题严肃性与媒体活跃性之间的平衡，在讲述重大革命事件和英烈故事时怀有敬畏之心；二是内容权威性与形式生动性之间的平衡，能处理好历史陈述真实客观与表现形式生动之间的关系，在内容梳理和二次创作过程中确保史实准确无误、有权威出处可循；三是主流宣传与大众参与度之间的关系，随着马克思主义大众化深入推进、党史学习热潮兴起，越来越多人渴望能学习到系统、权威的主题性内容，对主题出版融合发展带来更高的要求，“青年说”通过提高大众特别是青年读者参与度，更有助于广大青年尤其是粤港澳地区青年理解并主动传承红色文化。

（广东人民出版社有限公司）

案例类别：产品

立足岭南文化内容资源 打造专业知识服务平台

——广东人民出版社“岭南文化智慧知识库”

郑泽钒 李军峰

一、立足广州，服务岭南

岭南文化，是岭南地区人民在历史长河中日益积累所沉淀的精华荟萃，是中华民族优秀传统文化的重要组成部分，承载着智慧与思想、历史与人文，是我们了解历史和传承文化的重要载体。在信息化、数字化浪潮席卷全球的今天，传统的保护和传承方式已难以满足现代社会对于信息获取和文化交流的需求。在这样的背景下，传统出版社想要打好转型升级和高质量发展的攻坚战，就必须主动适应数字化、智慧化的要求，积极推进自身转型升级。作为华南地区出版事业的领航者和孵化器，广东人民出版社始终坚持以“为人民多出好书，为文化创造价值”为办社理念，牢记党社使命，坚守人文情怀，不断创新出版和传播方式，大力推进自身转型升级和融合发展。

“岭南文化智慧知识库”是广东人民出版社在信息技术时代面对岭南文化内容资源的散失、传承方式单一等诸多挑战时进行新产品方案的有益尝试，旨在通过现代信息技术手段，推动岭南文化的广泛传播和岭南文化资源的深度挖掘。具体来说，岭南文化智慧知识库是对丰富的岭南文化资源进行数字化、知识化和智能化处理，具备出版内容资源标准数字化、知识化制作，以及生成式人工智能初步应用的全流程业态，能为广大相关专业人员和读者提供全面、深入、高质量的专业知识服务，是一个功能丰富、技术先进、用户体验优良的文化传承与信息服务平台。

岭南文化智慧知识库依托于广东人民出版社丰富的岭南文化内容资源，以及先进的人工智能技术，已初步实现了专业知识服务。岭南文化智慧知识库的建立，不仅有力地推动了岭南文化的传承与创新，促进了岭南文化的保护和利用，满足了岭南文化内容资源数字化和智慧化利用的时代要求，也为用户提供了便捷、高效的文化信息服务和强大的知识支持。

二、数智赋能，模式创新

2022年6月，中共中央宣传部印发的《关于推动出版深度融合发展的实施意见》明确指出要“充分发挥技术支撑作用”。技术赋能是岭南文化内容资源数字化、知识化的必然要求，模式创新是岭南文化内容资源智能化、智慧化的必由之路，推动岭南文化内容资源数字化和智慧化利用是出版深度融合发展的应有之义。

目前，岭南文化智慧知识库采用包括大数据处理、云计算、人工智能等在内的先进信息技术，对岭南地区丰富的文化资源进行深度挖掘、系统整合与智慧化应用。体现为以下两个方面。

（一）高标准的数字化、知识化制作，构建知识体系

岭南文化智慧知识库对与岭南文化相关的纸质文献和出版物进行了数字化制作，将传统的纸质资源转化为可在线访问、检索和利用的数字资源，同时形成了一套完善的数字化标准，包括但不限于文件格式、元数据规范、数据规范等内容。通过高标准的数字化处理，确保了原始资料的真实性和完整性。同时，知识库对专业内容进行知识化制作，主要涉及对内容进行深度挖掘、整理和组织，便于用户能够更加直观、便捷地获取所需信息，原本零散的信息被转化为结构化的知识体系，大大提高了信息的应用广度和深度。

（二）高效率的智能问答，打造智能互动的知识伙伴

岭南文化智慧知识库通过引入自然语言处理、机器学习等技术，不仅能存储和检索已有的岭南文化知识数据，还能根据用户的查询动态生成相关的摘要、解释或推荐内容。用户可以通过提问的方式，获取关于岭南文化某个话题的详细信息；或者根据个人兴趣，得到个性化的内容推荐。这种交互式的服务模式极大地丰富了用户的体验，使得知识库不再是静态的信息仓库，而是能够智能互动的知识伙伴。

三、应用丰富，前景广阔

岭南文化智慧知识库是集出版物标准化数据制作、知识资源数据制作、生成式人工智能应用为一体的综合性服务平台。无论是学者研究、教育传播还是文化交流，用户都可以在这个平台上找到高质量的内容和服务。专

业编辑可以通过知识库积累选题资源、辅助编校工作；研究人员可以通过知识库深入挖掘岭南历史事件的细节；教育工作者可以借助知识库制作内容丰富、形式多样的教学材料；普通读者也可以在这里轻松了解岭南文化的各个方面。

（一）专业编辑的工作辅助

对于岭南文化相关的选题，编辑或作者既能通过知识图谱推送专业资源内容，提高查询和比对相同、相近、相关内容的效率，又能提高工作效率，同时积累作者和选题资源。基于专业的岭南文化数据资源，通过人工智能技术和自然语言组织系统，可辅助编辑和作者进行内容编写工作，并通过规范性、敏感词、版权的审查功能，快速完成系统生成内容编校相关的规定动作。

（二）出版资源的有效整合

岭南文化智慧知识库初步建立了以专题库为形式的应用产品，同时关联了图书和其他相关岭南文化专题其他销售平台。此外，还可通过人工按需求创建专题数据库，以满足个性化的需求。这些专题库通过词云矩阵进行展示，并形成关联，增加了同一资源复用的可能性；词云矩阵形成权重较高的词语相关专题库，由知识图谱自动形成，增加了同一数据资源基础的多维度产品形成。另外，岭南文化智慧知识库各专题库的资源数据，可作为其他数字出版产品的资源基础，也可以由此产生新的选题资源。

（三）专业内容资源的服务增值

岭南文化智慧知识库的 AI 问答功能充分利用了大数据和人工智能技术，其本身在提供专业知识智能问答的服务同时，就是创造流量和增加用户黏度的一种重要手段。既可以新增流量，也可以通过其他方式接入流量入口，从而增加专业内容提供的服务价值。提高纸质图书的阅读体验，最大限度地获取来源于纸质图书读者的高品质流量，增加用户黏度，发掘发行成果的创新价值。

（四）专业知识数据制作能力

伴随岭南文化相关业务的不断推进，以及出版社融合出版工作的需要，具备高效率、低成本、高质量、低风险的资源数据制作能力会越来越重要。面对多变的市场需求，当现有的数据不能完全满足个性化需求的时候，特别是仅缺少小部分内容资源数据时，针对性较强的内容资源产品需求，需要快速高效地完成数字化工作，从而覆盖这方面的细分市场。同时依据《国家新闻出版署关于调整向中国版本图书馆缴送出版物样本范围和数量的通知》（国新出发〔2020〕8 号）相关规定，出版单位应缴送其全部出版物的数字版样本，数字样书的缴送已经成为出版社的规定动作。数字样书缴送过程当中，可能出现的缴送错误、内容错误、数据错误，需要高效、及时、可控的应变能力；同时对于重要出版内容，完全自主可控的数字化能力，最大限度的保障了版权安全。

（五）专业语料库

岭南文化智慧知识库达到一定规模之后，可以形成同质类、系统类、专用类的语料库。基于大规模真实文本的岭南文化语料库，对于语料的检索应用、采集加工以及专业内容的机器翻译、内容处理，或人工智能自主学习的训练数据都有着市场应用价值，既可以自研相应的应用服务，也可以提供数据给相关的专业的语料应用平台。

（郑泽钒、李军峰：广东人民出版社有限公司信息数据运营中心编辑）

案例类别：产品

粤教翔云数字教材应用平台 3.0

广东省出版集团数字出版有限公司

一、平台概述

粤教翔云数字教材应用平台 3.0（门户网址：gdtextbook.com，以下简称粤教翔云平台）围绕“应用服务导向、优质资源共享、教育变革创新”，形成了以数字教材为核心的智慧教学整体解决方案，能有效支撑义务教育阶段师生在教、学、练、测、评各环节高效率开展数字化教学。粤教翔云平台通过建设统一网关服务、统一授权服务、统一开放平台、统一数据分析平台等，搭建了数字教材生态服务的底座，形成稳定的“资源 + 模式 + 平台 + 服务”数字教材供应模式，其用户规模之大、供应教材品种之多、覆盖学科之全在国内处于领先水平，得到了行业的广泛关注。

2020年，粤教翔云平台荣获中国出版协会、中国新闻出版研究院颁发的“互联网+出版创新项目”和中国出版协会“出版融合创新优秀案例暨出版智库推优”，入选国家新闻出版署“2020年度数字出版精品遴选推荐计划”。2021年，粤教翔云平台入选中国出版协会“年度出版融合发展优秀案例”和荣获中国数字出版博览会组委会“年度数字出版优秀品牌”。2022年，粤教翔云平台入选中国新闻技术工作者联合会“年度技术赋能‘新闻+’推荐案例”。

目前，粤教翔云平台已被列入中共广东省委、广东省人民政府出台的《关于推动基础教育深化改革高质量发展的意见》（粤发〔2020〕6号）中“广东省基础教育综合改革工程”十大任务目标之一和广东省人民政府印发的《广东教育发展“十四五”规划》中，将作为广东省未来一段时间的重点推进项目。

二、建设和运营

（一）应用创新，以逐步迭代的策略构建新生态

在设计理念上，粤教翔云平台坚持把教育出版深度融合发展作为主攻方向，从教材供给数字化入手，致力解决教育数字化的基础性、根本性问题。粤教翔云平台以“数字出版+数字化教育”为基础赋能布局“出版+教育”新业态，涵盖数字教材生产、发行和应用，在全国教材出版单位的支持下，共同开发数字教材并提供数字化教育服务，逐步实现由传统教育出版发行商向教育综合运营、服务、技术、集成商的角色转变。

（二）版本覆盖，缓解优质数字教育资源均衡化

截至2024年4月，粤教翔云平台已上线包括人教版、粤教版、北师大版等36个版本共372册的数字教材，覆盖义务教育阶段小学8个学科、初中13个学科，教师通过粤教翔云平台生成的资源已超过120万条。粤教翔云平台覆盖了“一站五端”（门户网站、教师PC端、学生PC端、学生iOS端、学生安卓端、小程序端），是集教学、教研、备课、学习为一体的资源应用平台，形成了以数字教材为核心的智慧教学整体解决方案。粤教翔云平台提供基于数字教材的教学应用模块，支持翻转课堂、主题探究、问题解决及自定义模式四类教学应用模式，能多维度满足师生开展创新型教学活动的需求。

（三）技术创新，实现规模化教育与个性化培养

聚焦课程、教学、评价、治理等环节，利用互联网和人工智能、大数据技术推行“无感式”“伴随式”课程与质量监测，通过粤教翔云平台实现规模化教育与个性化培养有机结合，高质量辅助科学决策和治理，制定符合学生发展需求的个性化培养方案。

第一，粤教翔云平台具有伴随式学情数据采集能力，可以精准定位学生问题与学习需求，聚焦教学盲区，支持教学决策，从而实现分层、个性化的智能教学评估与诊断，为教师精准授课提供简便易行的支撑能力。第二，自主开发“粤教翔云数字教材用户行为数据分析平台”。通过此平台的可视化应用效果模块，开展数字教材应用的效果监测，能根据用户数据有效实现用户区域分级、分校、分类管理，并能自动呈现各地市应用效果分析数据图表，为省、地、市、区、校五级提供应用决策、评价、效果等多维度大数据，全过程的数据跟踪有助于提升教师专业能力。第三，利用粤教翔云平台的线上服务特点，将优质数字教育资源在线辐射农村和边远地区薄弱学校，立足“互联网+”人才培养新模式，通过数字教材规模化、常态化应用，推进学生学习方式变革，引导学生自主、合作、探究学习，提高学生学习效率和质量。

（四）落地服务，形成“教材纸数一体的服务模式”

为服务好广大师生，粤教翔云平台建立了涵盖“教学内容+教育行政+教学研究+学术团体+信息技术+师生培训+大数据分析”七个维度的服务体系，实现“平台服务零距离”“应用服务全覆盖”“教学服务全响应”。正式上线至今，平台已为广东省义务教育阶段学校（含教学点）超过1.9万所逾1600万名师生提供数字教材应用服务，开展省、市、区（县）和学校多层级数字教材应用培训共787场，参与人员超过167.35人次，教学研究活动共148场，参与人员超过18.9万人次，建立241所示范校。从2023年秋季学期开始，广东省将粤教翔云平台所搭载的数字教材及应用服务纳入《广东省2023年中小学教学用书目录》，与各地区选用的纸质教材版本配套使用，形成了“教材纸数一体的服务模式”。

三、社会价值和反响

（一）模式创新，推动“课堂革命”提质增效

聚焦破解教育改革和数字化应用“最后一公里”，在推进数字教材应用的同时，强化课堂教学流程再造、模式创新、目标重建，推进信息技术环境下的“课堂革命”。

第一，平台在一定程度上缓解了优质数字教育资源均衡化的问题，有效帮助广东省缩小区域之间、城乡之间、校际之间优质教学资源的差距，为经济落后地区学生提供了高效的数字化学习工具，让更多孩子共享优质教育、助力解决一代人的学习观念问题。减轻了教师在开发数字资源方面的工作量和负担，提高了教师的工作效能。第二，平台提供基于数字教材的创新型教学应用模块，满足师生开展创新型教学活动的需求，通过打造时空和教学深度融合、线下线上虚实融合的智能学习空间，为师生带来更易用、更高效、更稳定的场景化数字教学体验。第三，建立涵盖“教学内容+教育行政+教学研究+学术团体+信息技术+师生培训+大数据分析”七个维度的服务体系，全天为各地市中小学提供符合当地需求的个性化快速响应服务，实现“平台服务零距离”“应用

服务全覆盖”“教学服务全响应”。

（二）成功探索出一条以“出版 + 科技”促进出版深度融合发展的有效路径，助力打造出版数字化转型新质生产力

粤教翔云平台实现了“云上”数字教材生产和应用，拥有多项自主研发的数字出版关键技术，结合各方面的政策和内容资源优势，发挥产业聚集效应，给出版业带来一条可行的“出版 + 科技”融合发展路径。粤教翔云平台以技术赋能数字教材生产，以数据驱动优质内容资源供应和应用模式创新，构建多维度的数字教材服务模式，搭建专业化的数字空间安全保障体系，推动出版产业从内容生产到服务全链条数字化转型，助力打造出版业在数字经济时代下的新质生产力，促进行业高质量发展。

粤教翔云数字教材应用平台取得的成效在数字出版方面引起业界的热烈关注，其覆盖用户规模之大、覆盖品种之多、覆盖学科之全、覆盖区域应用水平之不均衡在国内尚无先例，被业界誉为中国教育数字出版中的一项里程碑。

（广东省出版集团数字出版有限公司）

案例类别：产品

中国—东盟传统医药全媒体出版平台建设项目

卢颖

一、项目概述

“中国—东盟传统医药全媒体出版平台建设项目”是广西科学技术出版社为实现业态转型、产业升级而实施的复合出版项目。项目以平台建设为抓手，策划出版了一批以中医药、广西民族医药为基础的传统医药纸质图书、数字出版物，以及推出了网站和多媒体资源库。项目以出版为载体，以数字化技术为手段，以文化交流为纽带，积极打造传统医药文化数字化资源集聚高地，有效集成我国传统医药产学研多方面优势，辐射东盟及其他国际区域，推动中国文化输出，促进中国与东盟传统医药科技文化的交流。

二、项目背景

中医药是中华民族的伟大创造，传承创新发展中医药是新时代中国特色社会主义事业的重要内容。广西壮、瑶、苗、侗等少数民族经过数千年的医疗实践积累了丰富的经验，形成了民族医药特色资源，为中药资源的利用和医药产业发展提供了良好的基础。其中，壮医药、瑶医药是广西中医药民族医药的杰出代表。广西壮族自治区作为中草药资源大省（区），中医药资源丰富，中药壮瑶药产业发展潜力巨大。

作为中国中医药资源大省和中国对东盟开放合作的前沿窗口，近年来广西大力推进中医药产业发展。

在当前中国与东盟携手深化传统医药合作的背景下，在广西重视发展面向东盟的信息化建设情形下，同时也基于业态融合发展的考虑，“中国—东盟传统医药全媒体出版平台建设项目”应运而生。项目以传播传统医药文化，加深中国与东盟国家合作和交流为宗旨，将宝贵的中医药和民族医药发展成果通过全媒体形式立体展示，让中医药和民族医药得以更好的记录和传承。

三、项目产品

目前，该项目产品包括传统医药类图书出版（含壮文出版、版权输出、东盟语种图书翻译），网站及资源库建设，硬件平台建设和软件平台建设等。

（一）拥有大量传统医药自主版权的特色内容资源

该项目的实施，背靠广西科学技术出版社的中医药图书出版品牌，拥有大量自主版权优势内容，实现内容与品牌的最佳组合，保证了平台建设质量。传统医药是出版社的重点出版门类，在网站开发阶段完成之后，出版社仍持续开发相关出版物，保证项目的可持续发展。出版社动员全社编辑积极参与该项目，所有编辑均有机会参与该项目的出版工作。各个出版中心紧密协作，数字出版中心主要负责数字资源的加工和转化，其他出版中心负责“中国—东盟传统医药文库”图书的出版工作。

（二）网站及多媒体资源库

该项目建设“传统医药苑”网站，重点打造专题数据库——“中国—东盟传统医药数据库”。项目已完成传统医药电子书、图书配套操作演示视频、系列养生食疗菜谱视频等多媒体内容的制作与数字加工、入库等工作。

四、项目亮点

（一）有效增强中国传统医药文化的输出能力

该项目的实施，有效增强中国传统医药文化的输出能力，持续推进中国与东盟国家在传统医药领域的科技文化交流，达到培养融合出版人才队伍、推动产业链延伸目的。项目的建设，以传统医药科技文化交流为出发点，以出版为载体，依托广西、立足全国、辐射东盟、面向世界。

（二）探索传统医药图书的融合发展转型新路径

该项目打造融合出版产品，大力弘扬中华文化，推动中华优秀传统医药文化创造性转化、创新性发展。项目运用融合出版理念，孵化大批全媒体出版物，促进文化交流和产业融合发展，深度探索传统医药图书的融合发展转型新路径。

（三）发挥广西文化产业面向东盟优势

该项目充分发挥广西文化产业面向东盟优势，助推以中医药文化为代表的中华传统优秀文化的对外传播。广西在中国与东盟的合作交流中具有区位优势，是中国文化产业向东盟“走出去”的前沿和窗口。当前，加强民心相通，有必要加强文化的沟通与交流。项目从出版的角度出发，宣传中华传统医药文化、广西传统医药文化，将文化魅力传播至世界的每个角落，推动中华文化“走出去”。

五、项目面向东盟推广采取的措施

（一）促进传统医药文化“走出去”“引进来”

该项目实施方广西科学技术出版社精心策划多种传统医药图书选题，推出越语版、泰文版、柬埔寨语版、英文版等多种外文版，在越南、泰国等东盟国家出版。同时，从东盟国家引进具有独特诊疗技法的传统医药图书。

（二）签订图书版权贸易协议

以版贸合作方式促进项目成果面向东盟国家输出。广西科学技术出版社与越南书籍知识文化股份公司、印度尼西亚联通书局、柬埔寨和平书局等机构签订了图书版权贸易协议，推动版权图书产品的对外输出，助力中华传统医药文化的国际传播。

（三）保持高频的文化交流活动

广西科学技术出版社与东盟国家有关出版机构保持高频的文化交流活动。一是邀请东盟国家的出版机构代表通过线上线下方式参与项目实施方组织的会议论坛，共商项目推进事宜。二是在国内外重要书展上开辟中国传统医学图书展示区，推动中国传统医药文化“走出去”。

六、项目获奖

该项目荣获“2022年广西面向东盟的数字化建设典型案例”、第十届新闻出版业互联网平台系列评选的“优秀互联网创新项目”、第六届中国数字出版创新论坛的推优案例。

七、项目经验

（一）构建中国—东盟传统医药文化的新型合作模式

广西科学技术出版社邀请包括中国权威中医药专家、东盟国家医药专家等在内的专业人士共同参与建设“中国—东盟传统医药全媒体出版平台”项目建设工作。凭借平台的优质内容的吸引力，采用数字化手段发布，以传统医药为载体，配合多媒体出版物传播医药文化，有效加强中国与东盟在传统医药领域的交流与合作。

（二）系统化梳理和盘活民族传统医药文化资源

该项目通过系统化梳理和盘活民族传统医药文化资源，创新融合产品形态，让传统医药文化在新时代绽放新光彩。通过具体实践，探索传统医药图书的全媒体出版之路，为出版业数字化转型升级提供案例经验。

（三）推动优秀的传统医药版权图书产品“走出去”

该项目持续推动优秀的传统医药版权图书产品“走出去”，重点打造面向东盟、辐射全球的以壮瑶医为代表的传统医药文化数字化资源集聚新高地，对外传播中国优秀传统医药文化，生动讲好“中国故事”“广西故事”。

八、结语

综合来看，项目集资源整合、数字化转型、产业融合发展于一体，富有创新性，发展前景广阔，具有可推广价值。项目将继续推进平台高质量建设，助力传统医药文化的国际交流，深化文明互鉴，推动中国与东盟在文化领域的合作再上新台阶。

（卢颖：广西科学技术出版社有限公司数字出版中心副主任）

传统医药苑

案例类别：产品

以版权贸易为桥梁 促进中国与东盟国家文化交流

朱杰墨子 何凯俊

近年来，国家出台了许多支持新闻出版业“走出去”的相关政策，为出版单位“走出去”提供了诸多机遇。在中国—东盟自由贸易区建成的有利条件下，广西科学技术出版社积极落实“融合发展”理念，打造“中国—东盟版权贸易服务平台”（以下简称版贸平台）。版贸平台于 2018 年 8 月启动，2019 年 8 月正式上线。版贸平台提供版权产品的多语种信息发布与贸易等服务，网站采用汉、英、越、泰、马来西亚、印度尼西亚、缅甸、老挝、菲律宾、高棉等 10 种语言建设主界面。版贸平台合作的国内外优秀出版机构有 145 家，总体上线图书 3000 余种（含中文、英文及东盟小语种），获“出版融合创新优秀案例暨出版智库推优”荣誉；入选第二届“一带一路”出版合作典型案例（国际营销和渠道）；获第三届广西对外传播奖对外传播项目类三等奖；2022 年度广西壮族自治区文化产业发展专项资金扶持。版贸平台越南版权工作室入选《中国新闻出版广电报》评选的 2023 年度出版发行行业创新案例。通过建设版贸平台和扩大版权影响力，广西科学技术出版社入选 2022 年广西壮族自治区版权示范单位和 2023 年中国图书海外馆藏影响力出版百强单位。

一、基于区位优势，打造交流合作窗口

广西与东盟国家海陆相连，在中国与东盟的合作交流中具有区位优势。广西与东盟国家保持着广泛的经贸、文化和社会交往，中国—东盟博览会永久落户广西南宁。版贸平台积极响应相关政策的号召，增强向东盟“走出去”的主动性，以版权为纽带，推动中华文化“走出去”。版贸平台的搭建，有利于进一步发挥广西在中国与东盟文化交往的作用，助推中国与东盟国家的版权贸易合作，兼具“引进来”“走出去”，为中国与东盟国家的出版单位提供版权贸易服务和信息服务，助力提升中国对东盟国家的文化传播与交流能力。

版贸平台聚焦中国与东盟各国文化机构的版权所有人、版权代理商、出版商等专业用户群体，为中国与东盟各国提供文化产品版权展示、资讯交流、版权代理、版权贸易、文化交流等专业综合服务。项目以图书、动漫、影视、文创等版贸服务为主，适时延伸到网络文学、游戏、演艺等领域。版贸平台在数字平台基础上，促进中国—东盟出版产业的繁荣发展，助力形成新的产业集聚效应，带动区域文化产业的总体提升和推动产业长远发展。同时，以东盟国家为重点，实现版权贸易，推动文化交流，促进中国与东盟国家、“一带一路”沿线国家甚至欧美国家出版机构达成长期版权贸易合作，实现中华文化更快、更好地传播。

二、创新合作机制，线上线下同步建设

版贸平台探索构建新型版权贸易和共同出版的合作机制，一是建设线上“中国—东盟版权贸易服务网”和“中国—东盟版权资源库”；二是线下通过版权交流活动形成国内外文化朋友圈，并建设国外版权贸易工作站；三是探索一套高效务实的中国—东盟版权贸易合作机制。

线上方面，版贸平台充分利用数字技术、数字渠道，积极探索和推动“走出去”的数字转型。平台网站现建设有图书、动漫、影视、文创、版权登记作品、资讯、资源库等板块，尝试拓宽版权数字化产业链，优化版权贸易洽谈方式。同时，借力各大媒体及书展平台进行宣传，提高平台影响力，扩大跨区域的市场规模。瞄准国际受众需求，把优秀传统文化中具有当代价值、世界意义的版权图书对外展示，把反映当代中国发展进步的文化成果推向世界。同时，引进东盟国家优秀出版物，促进双方开展文化贸易往来。

线下方面，版贸平台开展一系列版权相关的活动，积极宣传展示项目成果。同步推进建设海外版权贸易服务实体，以越南版权工作室为基点，相继推进马来西亚、印度尼西亚等海外工作室的建设，通过联系海外文化机构或文化友人，开拓当地版权贸易服务市场，推动版权贸易项目落地，布局海外市场营销。

三、以版权贸易为媒，促进文化交流

版权贸易是扩大文化产品影响力的重要方式之一。版权贸易的发展与扩大有助于加强中国与各国的政治互信、经贸互惠和文化交流。版权平台立足广西、服务全国、对接东盟，推动中国与东盟国家之间的文化互动从“交流”

层面走向深入“融合”。

版贸平台以东盟国家为重点积极开展版权业务，并拓展到“一带一路”沿线国家及欧美国家，实现《剪影·六位国家级非遗剪纸大师作品系列》《中国种子》等一批优秀图书输出美国、德国、法国、加拿大、印度、哈萨克斯坦、尼泊尔、越南、缅甸等国家，同时版权输出了医药卫生、心理生活、实用技术、农林牧渔等多种类别的图书，加强了文化和技术的交流。版权输出美国的《打败新型冠状病毒——要让孩子知道的卫生好习惯》（英文版）入选中宣部对外推广局“外文版科普作品库”，《海上丝绸之路》《神奇的中医推拿》分别入选中国图书对外推广计划、丝路书香工程，《遇见白头叶猴》（英文版）入选第四届“一带一路”出版合作典型案例，《电化学样欢迎的理论基础和应用技术》《石墨烯》等分别荣获 2021、2022 年度输出版优秀图书奖。此外，版贸平台在纪念中缅建交 70 周年之际，隆重推出反映中缅两国出版合作最新成果的《缅甸绘画艺术》等图书；以及全力打造由中国和东盟国家的艺术创作者共同创作的《中国—东盟经典民间故事》系列绘本（共 11 册），宣传中国和东盟国家魅力文化、弘扬中国和东盟国家民族智慧。

围绕重大展会和时间节点，版贸平台举办了一系列版权活动。近年来共承办版权活动 11 场，2023 年 1 月至今共有 12 家国内外媒体，达近 30 次中外报道宣传平台活动。包括广西版权“走出去”座谈会、“携手共进合作共赢”国际图书版权圆桌对话活动、中国—马来西亚知识产权交流座谈会、中国—东盟传统文化的传承与传播分享会、2023 年世界知识产权日主题座谈会、“一带一路”版权贸易交流暨《中国种子》新书推介会、“开放合作·共享共赢”版权贸易交流会、中越版权贸易座谈会暨合作签约仪式，以及多场版权沙龙活动等。通过这些活动，有效凝聚了版权资源，促进行业的交流和发展。

版贸平台顺应版权发展趋势并针对市场需求，深挖版权贸易潜力，探索新型版权合作机制，为合作伙伴提供优质的版权贸易服务，为中国文化产品“走出去”和东盟文化产品“引进来”提供内容和服务支撑，有效助力中国与东盟国家的文化交流，为全球读者推介更多优质的文化产品，为不断提升中国文化软实力和讲好中国故事、传播好中国声音而不懈努力。

［朱杰墨子：广西科学技术出版社有限公司总编办公室（版权部）主任，何凯俊：广西科学技术出版社有限公司总编办公室（版权部）主管］

中国—东盟版权贸易服务平台

案例类别：产品

沉浸式多人演播想象力开发音频课

——《捣蛋头上学记·脑洞研究院》

廖珊

一、项目背景和目的

2016 年，得到、知乎、分答、喜马拉雅、蜻蜓 FM 等知识付费类平台异军突起，知识付费行业逐步迈向产业化，2016 年被业界称为“知识付费元年”。自 2016 年以来，中国知识付费用户规模呈高速增长态势，2021 年已达 4.77 亿人，2022 年底突破 5 亿人。而在儿童知识服务领域，有声作品更是呈井喷发展态势，得到、喜马拉雅纷纷增设少年得到、喜马拉雅儿童 APP，2020 年，儿童有声阅读市场达到 78.3 亿元的规模。

在这样的大环境下，如何开发适合孩子收听，同时又有着优质教育内容的有声读物，尤为重要。而对许多孩子来说，作文常常是件让人头疼的事。但在对作文痛苦无比的同时，孩子们却并不排斥对幻想小说的喜爱。幻想与文字的结合，为孩子们打开新世界的大门的同时，也展示了一种新的作文方式，那就是：把想象力放在作文里。而这里的想象，并不一定需要魔法棒、飞天扫帚、隐身衣才能实现，生活中最常见的物品、事情，都可以成为想象的发动机，在生活中启发想象力，不仅能开拓视野，锻炼思维，同时也是解决作文难题的一大法宝。

这是我们最初开发这张专辑的初衷。而在策划中我们发现，紧紧围绕“脑洞”这一理念，让孩子在轻松的氛围中，提升写作能力的同时，培养想象力的思维能力，也是受用一生的思维能力。

二、项目主要内容

2018 年，我们首度策划的音频专辑《想象力 365》，知名儿童文学作家段立欣每天针对生活中的一件小事、一件物品或一个瞬间进行想象力启发课，365 天，365 种想象，共同开启孩子写作的另类轨道。

2021—2022 年，我们联合智点江山（北京）文化有限公司旗下的“棒棒老师 FM”喜马拉雅主播号，对《想象力 365》进行了全面升级，将其定名为《捣蛋头上学记·脑洞研究院》。我们在原有文本的基础上，引入捣蛋头（高大威）、棒棒老师、牛一、巴佳佳、小本等人物 IP，加入互动和情景化环节，加大课程的故事化和娱乐化元素，以故事说写作，用想象觅素材，在轻松的声音剧场里，让孩子们爱上写作，同时开发自身的想象力思维。

三、项目特点及优势

（一）目标用户精准锁定

《捣蛋头上学记·脑洞研究院》针对自身特点，将目标用户锁定为以下两种人群：5—12 岁孩子，听故事，拓展想象力；5—12 岁孩子家长，亲子互动，培养孩子开阔的思维和良好品格。目标用户男女比例配比：各占 50%。

（二）“IP 化 + 故事化”的呈现形式，符合儿童的收听习惯

课程 IP 化，用最吸引儿童的声音形式和故事 IP，开发孩子的想象力思维和写作能力，让孩子在开脑洞中，成为自己的童话大王。

（三）紧扣“脑洞”这一市场关键词，为课程后续开发提供了无限可能

“脑洞”，不仅仅是想象力开发的重要组成部分，更是课程后续衍生开发的重要关键词。“将脑洞进行到底”，我们将围绕这一思想核心，开发脑洞故事机、脑洞翻转课、脑洞元宇宙等线上线下系列衍生产品，扩大“脑洞”的市场影响力，为广大少年儿童提供全方位立体沉浸式的想象力开发思维训练课程服务。

1. 脑洞故事机。以《捣蛋头上学记·脑洞研究院》音频项目为出发点，衍生开发图书、动漫、影视等形式多样的故事产品，全方位展示“将脑洞进行到底”的理念。

2. 脑洞翻转课。我们拟与樊登读书·翻转课堂合作，以“学生翻转成为老师，老师翻转成为学生”的互动形式，重新解构“脑洞”，提炼出“脑洞”背后的想象力思维、发散思维等开发技巧，同时还原“脑洞研究院”中的故事场景，让孩子们在风趣幽默的氛围中生发奇思妙想，锻炼思维能力。

（四）项目 IP 化，衍生开发文创产品

以“捣蛋头上学记”系列 IP 为基点，接力出版社联合广西壮族自治区博物馆（全国博物馆联盟）、耶鲁拉文化科技三方联合开发“博物馆里的动物世界”文博神兽 IP 龙吨吨，挖掘文物背后的历史故事，围绕特色馆藏及区域文化传统特色打造具有较强差异化格调的笔记本，从而串联起文物的前世今生，让孩子们在趣味性和权威性兼具的一系列活动中，感受文物的魅力，触摸中华上下五千年的悠久历史文化。

目前该笔记本分为“及第龙”“博学龙”“书香龙”“博学龙”四个系列，2024 年 2 月已联合广西各地市新华书店，广西壮族自治区博物馆，抖音、小红书达人等全线上市，力争探索出版领域文创市场化的新方向。

四、项目社会效益和经济效益分析

《捣蛋头上学记·脑洞研究院》于 2022 年 4 月 29 日正式上线，截至 2022 年 11 月 17 日，仅喜马拉雅单平台，已收获播放量为 539.8 万，喜马拉雅儿童新品榜最高排名 NO.12，亲子教育畅销榜最高排名 NO.23。同时，从 2022 年 5 月 16 日开始，我们在线上开展了“‘让想象力再飞一会儿’·收集飞翔卡活动”，每周在音频评论区放出七张“想象力飞翔卡”，吸引孩子进行想象力写作接龙，共有 1.6 万人参与，起到了较好的推广效果。

《捣蛋头上学记·脑洞研究院》的音频开发，不仅紧扣孩子作文难等教育热点，有较强的现实意义，还进一步提升了接力出版社数字出版板块品牌，完善接力出版社广西出版中心产品结构，同时在少儿音频产品的新形态拓展的探索迈出了有力的一步。

（廖珊：接力出版社有限公司广西出版中心数字出版部副主任）

《捣蛋头上学记·脑洞研究院》喜马拉雅音频专题

案例类别：产品

敦煌遗书数据库：促进文化传承 服务学术 引领新时代出版转型升级

莫朝富

2022年8月，由广西师范大学出版社建设的敦煌遗书数据库顺利完成上线运营，该数据库入选2021年国家古籍数字化工程，获评第六届“中国出版创新论坛创新案例”。

该数据库以敦煌遗书文物、文献、文字三重价值研究体系为设计思路，以条记目录为资源组织标准，整合广西师大出版社自有敦煌遗书图书、数据库资源、方广锠教授积累资料等全球敦煌遗书资料，构建一个专业的、开放的、功能强大的、对敦煌研究者黏性强的平台；并且，这不仅仅只是一个提供敦煌资料查询服务的数据库，还是一个专业的在线研究、数字出版服务平台，从而彻底解决数据库的内容不全、功能不完善、现有成果难发布等问题，可以为相关领域的研究学者提供具有重要版本价值和学术价值的宝贵资料。

一、数据库内容丰富，功能强大

（一）收录内容丰富

目前，数据库拥有海量的内容资源，包括广西师范大学出版社出版的英国国家图书馆藏敦煌遗书，以及部分其他馆藏敦煌遗书，共196册。所有内容资源经过XML数据加工后，入库资源共有22862个条目，文字超过4800万字，图片超过16万幅。

（二）基础功能适用

该数据库具有十多项功能，其中自动输入、输入自检、数据更新、条记目录与图版对照阅读等属于数据库自身管理的功能，但因数据的准确性直接关系到使用，所以这些功能也是十分重要的基础功能。多种检索、统计分析、文献分类、缀残提示、数据输出、数据链接等功能则属于使用功能，这些功能为用户了解已经输入的敦煌遗书数据提供较大的方便，是一项具有较大使用价值的创造性研究成果。

（三）检索、统计功能强大

该数据库具备多样化的搜索功能，允许用户通过编号、文献名、分类、首尾题和年代等五个主要维度进行资料查询。首尾题、分类和年代这三个维度的搜索可以进一步细化，例如，通过文献名来查找首题或尾题，或者通过首尾题来定位文献名；分类搜索能够实现从文献名到分类号或从分类号到文献名的双向查询；年代搜索则提供公元年份、世纪、干支以及中原（敦煌）统治世系等多种方式。这样的搜索途径设计，旨在迎合用户多样化的查询需求。

该数据库具备高效的统计功能，允许用户通过装帧形态、保存状态、长度分析、纸数分析、字数、行数、字体等多元统计入口进行数据查询，并结合收藏单位、文献名、年代等多种预设参数进行组合统计。这样的设计使得用户能够快速地获取特定的统计数据及相关文献。

先进搜索和统计分析功能极大地便利了用户，尤其是学术研究者，为他们提供了迅速、精确、有针对性的研究资源，这将显著提高敦煌文献研究的效率和质量。

二、全面、规范揭示敦煌遗书内容

敦煌遗书以其悠久的历史、浩瀚的数量、丰富的文献种类、多元的文化背景、深厚的内涵、多样的形态以及分散的收藏位置而著称，呈现出七个显著的特征。相应地，敦煌遗书的编目数据也表现出了四大特质：庞大的数据量、多样的数据形态、复杂的数据间关系以及数据本身的不固定性。鉴于此，传统的书本式目录，以其平面树状结构和静态展示方式，无法充分展现敦煌遗书丰富的信息，也无法准确体现其价值和敦煌研究的真实情况。因此，必须借助现代数据库技术，才能有效地完成这一任务。

该数据库采用条记目录著录体系，对文献的内容、物质载体、保护状况、外观特性、内在价值以及文献之间的相互联系等各个方面进行了深入的记录，包含了超过40个详细的著录条目，以全面展示每一份敦煌遗书的多维度信息。这种条记目录以其规范性、详尽性、全面性和系统性，构成了一个标准的著录框架，为敦煌遗书的研究者提供了必要的研究路径和表达准则。此外，数据库还为用户提供了关于条记目录和专业词汇的解释、使用指南以及参考工具，极大地便利了用户的使用体验。

三、为敦煌学研究提供助力

该数据库构建在方广锠教授对敦煌遗书所提出的文物、文献、文字三个层次的理论框架之上，并贯彻了其以条记目录为研究线索的思路。数据库不仅作为敦煌学研究的关键工具，提供了丰富内容和基础功能，而且还囊括了数据采集、全文校对、全文搜索、字库展示等关键参考资料。一方面，它提供了遗书分类目录、遗书文献通用名称、历史朝代通览、历代年号通检、干支年通检以及相关学术参考文献等珍贵的研究资源。另一方面，数据库还特别提供了敦煌遗书的缀残功能，为研究者修复残缺文献提供了重要的参考信息。

该数据库试图为研究者提供相关学术论文（题录）、学术专题论坛、研究成果发布等功能，为敦煌学研究提供一个专业性研学平台。敦煌遗书数据库的建成，可以让研究者高效率、高质量地利用敦煌遗书中的各种资料，引导研究者更便捷地开掘敦煌遗书这一资料宝库。

四、结语

敦煌遗书数据库提供了一个可供参考和推广的资源碎片化、内容体系化、研究集中化的专业学术出版类数据库解决方案。该数据库成功上线运营的社会效益显著，学术意义重大。“敦煌数据库”作为敦煌遗书数字化的重要组成部分，具有重大意义；同时作为传统出版企业转型升级的一个数字出版平台，也有重要的实践意义。数据库的顺利实施，是将中华文化“走出去”的战略和海外文献回归落到实处，必将极大促进敦煌学术研究与研究成果出版的发展与繁荣。

（莫朝富：广西师范大学出版社集团有限公司融合发展中心业务主管）

案例类别：产品

老年教育云服务项目

梁志平

一、内容精要

“老年教育云服务项目”起步于 2016 年，由广西师范大学出版社集团有限公司下属的全资子公司广西师范大学出版社（上海）有限公司创立并运营。

该项目集合了中国老龄事业发展基金会和全国老年大学的渠道与在线教育资源，实现面向机构、团体、社区、家庭与个人的老年教育传播全覆盖，挖掘新技术在老年教育领域的应用潜力，创新性解决学员、教师、课程、管理与终端等综合性难题，构建全场景的老年教育融媒体平台。

“老年教育云服务项目”是国内老年教育领域一个兼具 B2B、B2C 和 B2B2C 模式的云服务平台，充分利用现代互联网技术，涵盖PC端——远程教育网、移动端——乐龄云课堂小程序、微信公众号。集课程开发、教学管理、学员选课、学习和过程跟踪、评估测试、大数据分析和公益宣传于一体，提供多终端、多场景相融合的教学应用。同时通过与各级老年大学、社区学校联动，以城乡、社区为依托，将线上老年教育延伸到社区，利用现有社区活动场所，提供在线学习资源、“乐龄读书会”等活动，组织线下辅导交流，提高老年人的参与度和互动性，激发老年教育的学习活力。为老年人提供多途径、多层次、多专业的学习机会，真正让他们实现“老有所学、老有所教、老有所乐、老有所为”，从而带动老年教育产业的升级和发展。

二、特色分析

（一）丰富的在线课程资源、多终端的学习模式、多渠道的覆盖

该项目不断开发多元化的老年在线教育课程，创新老年教育新模式，从乐器演奏、文艺兴趣、智能生活、拳操健身、文学历史、养生保健、心理健康、法律法规、家庭理财、旅游文化等课程满足老年人不同的文化学习需求，丰富老年人的晚年生活。

截至 2024 年 3 月，已累计在线视频课程 1415 门，近 14000 个课时，总时长约 8064 小时，最热门课程学习次数达到 46 万人次。开设 173 门直播课，直播教学 3027 场，面向全社会老年人招生，以在直播授课形式，使老年人通过智能手机、电脑、家庭智能电视等终端，足不出户参加在线各类学习交流活动。多元化的老年教育课程既满足了老年人不同的文化学习需求，丰富了老年人的晚年生活。

“老年教育云服务项目”不仅提供传统的电脑端学习模式，还支持手机、平板等移动终端的学习模式，实现了多终端的学习模式。①电脑端学习：通过电脑等设备，老年人可以在“远程教育网”上进行在线课程学习、

资料查阅等学习活动；②移动端学习：借助移动设备（如手机、平板电脑等），支持老年人随时随地在线学习。打开微信直接通过“乐龄云课堂”小程序、公众号进入在线课堂，使学习更加便捷，这种方式的优点在于不需要另外下载其他应用，使用“门槛”低，使用率高。通过运用大数据和人工智能等技术，推荐适合每位老年人个性化需求的学习内容，提升了学习的针对性和效果。

该项目通过国家老年大学、中国老龄事业发展基金会、中国老年大学协会远程教育工作委员会的渠道推广，可辐射全国28个省、自治区、直辖市老年大学，253个区、县级老年学校，38000个街道、社区老年远程学习点，使552万名老年学员受益。目前“老年教育云服务”平台已满足超过46万名注册老年用户的在线学习需求，微信班级交流群1090个，群内学员21万人，取得了良好的社会反响，得到广大老年用户的喜爱和一致好评。

（二）公益引领与产业培育相辅相成

“老年教育云服务项目”始于公益并坚持公益引领，服务、合作对象从中国老年大学协会远程教育工作委员会到中国老龄事业发展基金会“老年教育公益行动项目”再到国家老年大学，同时，最大限度地连接了各大平台的资源与社会力量，公益的效能不断提升。在公益的引领之下，各类老年教育机构与老年群体成为项目运营方稳定的客群，这是该项目产业孵化的重要基础，运营方的各个产品线也在推进之中，产品所得收益也将助力老年教育公益事业的高质量发展。

（三）探索出版融合发展的新路径，新兴出版反哺传统出版

“老年教育云服务项目”的实践，为广西师范大学出版社积累并提供了丰富的内容资源、作者资源、渠道资源以及读者资源，进而开辟出全新的传统出版领域。

1. 老年读物。由广西师范大学出版社出版，中国老龄事业发展基金会主编的《50岁开始的“你好人生”》系列丛书，针对老年人日常生活各方面的需求，解决老年人的困惑，丰富老年人的生活，帮助他们适应变化迅速的现代社会，让老年生活更为方便、多彩、有价值感。引导老年人树立积极老龄观，有利于倡导老年人终身学习。丛书第一辑共6种已出版发行，分别为：老年身体保健读本《我能活过100岁》、老年心理健康与人际关系读本《老去并不可怕》、多样化养老方式介绍《养老方式选择多》、安全科普读本《好好保护自己》、新科技科普读本《新名词我全懂》、未来生活指南《走进未来生活》。

2. 老年教育教材开发。配合直播教学，开发、出版了一批为教学所服务的配套教材，目前主要以器乐类为主。教材有明确的教学目标，适合老年人特点和认知水平，以实用技艺、方法为主，配以适当的基础理论知识，使老年人能结合自己的阅历更好地学习和掌握新知识。另外，在印刷字号方面，加大字号，以便于老年人阅读。例如《陶笛入门》直播课，出版了《陶笛基础教程》，除了纸质教材外，还配套音像教材，做到动静结合，把知识性、趣味性、实用性和娱乐性融合为一体，进一步提升老年学员的学习兴趣，提高教学质量。

3. 老年思政课配套读本。中共中央办公厅印发了《关于加强新时代离退休干部党的建设工作的意见》（以下简称《意见》），《意见》强调要重点对离退休干部党员和离退休干部党组织提出要求、作出规定，同时体现对所有离退休干部的教育引导、管理监督、关心帮助。对标《意见》要求的相关学习内容结合远程教育和出版社优势，邀请中央党校与各高校马院等思政教育专家共同开发老年思政教育课，以及配套的读本系列。目前已与相关院校沟通组稿中。

三、价值提炼

广西师范大学出版社集团有限公司在《“十四五”发展规划纲要》中，确立了“聚焦主业，深耕教育，提升学术，融延发展”的战略；在教育出版板块，提出“教育板块进一步拓宽做强”的发展目标，统筹推进学前教育、基础教育、职业教育、高等教育、家庭教育、老年教育的全面发展，推动教育出版向“大教育”“泛教育”产业延伸，实现教育出版、教育培训、教育服务发展能力的全面优化；在融合出版板块的举措是，“推动出版优势资源向文化、教育、创意等相关业态进行产业链的延伸和生态链的构建”。“老年教育云服务项目”是广西师范大学出版社执行“十四五”发展规划的重要成果之一。

加强供给侧改革、优化服务供给能力，是出版高质量发展的主线和抓手；适应数字化发展趋势，是出版融合发展的重要课题；“老年教育云服务项目”基于我国人口老龄化的现状与趋势，为老年人提供知识服务，让老年人真正做到“老有所学”，是以融合出版的方式，进行的一项出版供给侧的优化尝试。

项目上线后，取得了良好的社会效益，受到老年大学、机构、老年用户的认可。满足老龄化社会的客观需求，实现了老年教育普惠性、广覆盖、大众化的需求，向老年群体提供多层次，多专业的学习机会，随时随地自主学习，发挥老年人余热，减轻老龄化带来的社会压力，使老年人实现个人价值。有效解决老年大学实体教育的短板，以更加开放、自由、灵活的教育模式，解决了老年教育的现实难题。

［梁志平：广西师范大学出版社（上海）有限公司副总经理］

乐龄云课堂小程序

案例类别：产品

青少年科学素养提升整体服务平台：科学教育的创新实践

朱晨杭　马欣波

青少年科学素养的提升已经成为国家教育发展的重要战略目标之一。随着科技的不断发展和社会需求的不断变化，传统的教育模式已经不能满足青少年全面发展的需求。因此，如何利用现代科技手段和教育资源，提升青少年的科学素养，成为当前教育界亟待解决的问题之一。

一、项目背景

青少年科学素养的提升已经成为国家教育改革的重要方向。2023 年 5 月 29 日，教育部等十八部委联合印发《关于加强新时代中小学科学教育工作的意见》，旨在适应科技发展和产业变革需要，从课程教材、实验教学、师资培养、实践活动、条件保障等方面强化顶层设计，充分整合校内外资源，推进学校主阵地与社会大课堂的有机衔接，为中小学生提供更加优质的科学教育，全面提升学生的科学素质。

在《全民科学素质行动规划纲要（2021—2035 年）》的指导下，我国加大了对科学教育的投入力度，提出了一系列政策和措施，力求培养更多具备科学素养的人才。然而，实际情况显示，当前我国青少年的科学素养水平仍然不高，远未达到国家的要求和社会的期待。针对这一问题，浙江教育出版集团所属浙江青云在线教育科技有限公司于 2019 年启动了“青少年科学素养提升整体服务平台”建设项目。该平台以为科技强国夯实人才基础、拓展青少年科学视野、提升我国科学教育水平为目标。

二、项目主要内容及服务模式

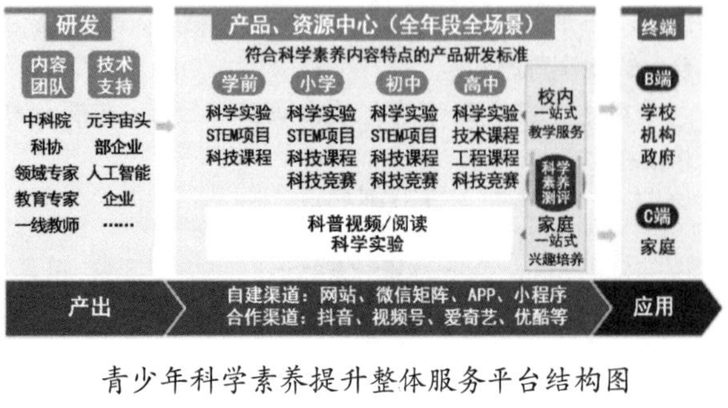

青少年科学素养提升整体服务平台结构图

“青少年科学素养提升整体服务平台”是一站式的科学教育服务平台，以广大青少年、教师、家长为主要服务对象，通过提供丰富的教育资源和个性化的服务，帮助青少年建立科学知识体系、养成科学思维、掌握科学方法和技能，提升科学实践能力，培养创新精神。

平台分为学校端和家庭端。通过多端协同，优势互补，资源共享，赋能传统出版，用科技手段为学校和学生提供优质的教育服务。

在学校端，平台已成为优质内容生产者的聚合地，为学校提供包括科学实验（幼儿）、VR 科学实验（小学 / 初中）、STEM 学习项目（小学 / 初中）、智慧农业、人工智能、航空航天、气象等在内的校内课程资源、教师培训等，以整体解决方案的形式服务广大学校。

在家庭端，平台与中科院、中国科学技术协会、百度秒懂少儿等单位合作，研发了包括《中国大科学装置》《大国脊梁——中国科学家故事》《科学的力量》在内的上百部涵盖科学百科、人文艺术、自然环境等主题的科普视频。为保障平台内容及时触达 C 端用户，平台还自建了青云端系列微信公众号矩阵、浙教学习 APP“素养”频道等在内的渠道。

同时，平台还在优酷、腾讯、爱奇艺等 OTT 端进行知识付费内容合作，扩大影响力，通过丰富的内容资源，完善知识付费课程产品布局，为家庭提供科学阅读、科学实验等一站式兴趣培养方案，满足青少年多样化与差异性的学习需求，促进家校合作。

三、项目成果

目前，“青少年科学素养提升整体服务平台”已服务 400 余所学校，20 多万名学生，由“浙江省 STEAM 教育协同创新中心成员单位”指导，教师公益培训走进杭州、嘉兴、合肥等多地的中小学校，已完成的 100 余场培训得到各地学校和参训老师的一致好评。

同时，平台通过丰富的内容资源和完善知识付费课程产品布局，触达家庭端用户。自有 APP 渠道已有 100 多万用户，科普视频内容在全网播放量累计达百万次。

平台上线以来，收获了各级各部门的认可，入选“2022 年度数字出版优质平台遴选推荐计划”、“十四五”

国家重点出版项目规划，荣获浙江省第三届中小学STEAM教育大会暨首届项目学习博览会“展示创意奖”、2020浙江省网络视听年度媒体融合创新案例、浙江省文化产业创新案例等。

四、项目价值

经过几年的运营，平台不仅使浙江教育出版集团的创新项目类型更加多元、创新团队相对成型稳定、人才结构持续优化、基于组织变革的创新保障体系更加健全，也为出版业的数字融合发展做出了积极的示范，在强化互联网思维、实施精品战略、深度融合发展等方面作出了榜样。

（一）依托内容资源，创新内容转化形式，构建出版新常态

平台依托浙江教育出版集团丰厚的出版资源和作者资源，以及浙教社与中科院携手打造的中国科普教育出版基地建设项目，将优质的内容资源与技术深度融合，在呈现方式、传播渠道、服务模式等方面全方位创新，实现了对传统出版的创新性转化和创造性发展，在出版融合发展方面作了大量有益的探索。“内容＋技术＋线上推广平台”的组合，有力支撑起了数字网络时代的出版新常态。

（二）融入新技术与新理念，为科学教育赋能

在前沿技术赋能内容方面，平台注重实现青少年科学教育的专业化和个性化。平台采用VR/AR、大数据算法等技术，搭建个性化的XR课堂，构建在线课程、在线实验、在线阅读等学习形式，创新科学教学手段，以新技术带来新体验，打破地域限制，满足学生个性化学习需求，为青少年科学素养提升赋能。

（三）探索“双减”政策的实施路径，助力教育均衡

“双减”政策的实施是当前基础教育领域的重要议题，推进“双减”政策的关键在于如何通过教育改革实现“提质”“增量”。“提质”即提高学校教育的质量。平台利用前沿、高效的技术手段，打通学校、社会两个场景，实现校内校外科学教育的有机衔接。搭建的在线学习平台，不仅能够帮助学生提升学业水平，还能有效培养其科学素养。“增量”即增加优质教育资源的供给量。平台上线以来，提供了涵盖科普及专业科技等在内的课程资源、教师培训，以及富媒体数字教材、视频、VR/AR交互应用等科学阅读内容，有助于促进我国基础教育的均衡发展，提升青少年的科学素养。

五、结语

“青少年科学素养提升整体服务平台”的建设为出版单位强化顶层设计、树立互联网思维、实施精品战略、加快融合发展做出了有益的尝试，更为传统出版的融合发展提供了可行的方向、路径和范本，具有重要的示范意义。

（朱晨杭：浙江教育出版社集团有限公司浙江青云在线教育科技有限公司出版部编辑，马欣波：浙江教育出版社集团有限公司浙江青云在线教育科技有限公司副总经理）

案例类别：产品

浙江文艺出版社“一书一世界”短视频＋直播营销新模式

蒋莉

一、项目基本情况

（一）项目简介

“一书一世界”短视频＋直播营销新模式是浙江文艺出版社基于当下的营销与传播环境，将视听化内容引流以及直播销售模式与传统出版相结合的融合发展项目。

传统的图书出版一直局限于纸质载体，短视频＋直播的模式可以将优质的图书内容转化为吸引人的视听内容，再通过多个新媒体平台广泛传播，从而吸引更多读者的关注，使他们不仅能够轻松获取有益知识，了解图书的内容和阅读能带来的价值，也使他们更愿意分享和参与，这样不仅可以提高图书的综合价值，带来更高的销售额，还可以增强读者对图书与出版社的认知度和信任度，达成稳固有效的双向交流。

因而通过短视频＋直播的方式用高质量的视听内容

把多个新媒体平台联结在一起为自己服务，也成为出版行业适应新媒体变化、实现自己双效目标的有效手段。

（二）项目背景与意义

出版进入全媒体时代，人们的阅读习惯与流量获取方式大幅改变，短视频不再是辅助销售的手段，而已然成为传播的主流。同时，图书的销售链路也发生了巨大改变，从门店到传统电商到新媒体电商，读者的购买途径完全改变。

面对图书在传播与销售上的变化，出版社作为源头，该如何改变现状，借势全媒体，主动发起产品融合并在销售领域突围？浙江文艺出版社尝试以短视频和直播破局，通过产生优质的视听内容来搭建可转化的短视频矩阵，配合直播销售模式，一方面吸引大众注意力，把注意力转化为购买力，另一方面通过短视频和直播积累丰富的数字资源创造多元产品，打通图书与衍生产品之间的销售壁垒，提高自营渠道变现能力和营收占比。探索通过新途径将新产品和新渠道融合为一体的新的发展道路。

正是通过自己的多平台短视频 + 直播模式，浙江文艺出版社建立了一条连接内容和需求的桥梁，初步建成了自有新媒体矩阵，加大了作者、读者与出版社三者之间的联结和黏性，大大提高了图书的传播度和转化力，同时实现了多元产品的创新与销售，带来了快速增长和高转化，探索出一条独特的融合之路。

二、项目建设情况与社会反响

（一）项目架构

浙江文艺出版社历来重视新媒体建设，于 2021 年启动了短视频 + 直播账号打造项目，经过两年的实践，浙江文艺出版社依据内容的来源和转化方向，初步构建了三种短视频账号类型，分别是作家账号、自有出版达人账号和自营官方账号，这三种账号各有侧重，又互相联结，形成了自有亮点又能联动转化的视听内容账号矩阵。

其中作家账号除展现作家的动向、文学见解外，还着重展示作家在生活中的另一面，比如阿来老师还是个植物学家，王旭烽老师是茶文化教授，骆平老师能引领多个高知女性话题等。其中，阿来老师的账号，在众多作家账号中表现突出，不论是发布的内容还是粉丝评论反馈均在作家账号中排名前列，且通过作家账号的运营，出版社与平台官方的关系日益密切，能更好地掌握平台发展动态。

浙江文艺出版社的官方抖音账号，仅靠直播粉丝已超过 31 万，销售图书横跨文学、情感、动漫等垂类，年销售额超过 3000 万元，目前已稳居出版社自播前三，其中最高单品销售额超过 300 万元，最高短视频单条带货超过 2000 册，最高订单转化率达到 1.4%，已经在账号上实现了达人与品牌相结合的效应，并且有了批量复制拓展的可能性。

以出版社自己培养的新媒体人员的个人账号为主的自有出版达人账号，依据达人个性都有不同的标签，同时又保持着与官方主账号的互动，其中漫漫读账号的抖音号、快手号粉丝已累计超过 80 万，在同类达人中排名前列，且已开始实现异业广告收入。

（二）项目成果

自 2021 年 6 月启动短视频 + 直播账号打造项目以来，浙江文艺出版社直接以直播入局，目前已在抖音、快手、视频号、小红书等多家平台建立了十余个自营短视频账号，视频和直播内容横跨文学、亲子、动漫、收藏、生活等多个方面，其中 4 个账号粉丝数超过 10 万，累积粉丝 200 多万；浙江文艺出版社抖音官方账号单账号直播年销售额超过 3000 万元，最快单场直播 1 小时即破销售额百万元，是“百万社”中唯一的地方出版社；2023 年，整个短视频 + 矩阵年销售额超过 4000 万元；依据每个账号的不同标签，已建立 6 个粉丝群，粉丝黏性和转化率良好。已有多个品牌和文化企业前来洽谈合作。

三、项目发展规划

（一）裂变账号形成更稳固的矩阵

浙江文艺出版社建立多平台短视频与直播账号矩阵是为了更好地为社内图书服务，由于每个社的图书品类都不单一，且大多拥有多条产品线，在运营的过程中很快就发现不能简单地以图书分类来规划视频内容，应该多站在读者的角度考虑内容，事实是读者对视频内容有非常明显的标签依赖，账号的发展并非依靠品类而是人群，矩阵建设也不能只是简单地在多平台增设一个账号，而是要提前认真区分账号人群，为不同的人群谋划不同的内容。

因而浙江文艺出版社调整思路，形成了新的账号裂变方式：即以主账号为中心阵地，有意识地按人群需求拓展几条不同的视频内容生产线，在人群测试稳定后，裂变子账号将人群引入，成为一个与主账号随时互动的更垂的新账号，以此来形成更稳固的矩阵。正是在这种思路的引导下，浙江文艺出版社已经在抖音平台尝试裂变出了浙江文艺出版社落魄山分社和浙江文艺出版社文学亲子分社两个不同的子账号，并尝试在多平台复制。裂变后的新账号人群清晰，需求明确，视频内容方向明确，还可以随时与主账号联动，是一种牢固的矩阵形式。

（二）与自营渠道联合的利润探索

短视频 + 直播的运营模式不只是为了传播，更是为了转化。目前浙江文艺出版社已在多平台建立 8 个自营店铺，与前端的视频直播运营相配合，可直接实现销售转化。

在不断变化的销售市场中，出版社主要依赖各个渠道商进行销售，免不了会被渠道牵制甚至压榨利润，而自营账号与自营渠道全部由社里自行掌控，两者的结合，不仅可以让出版社直接了解读者们的需求，更可以通过前后端相连的闭环直接掌握销售，让出版社获取更高的利润。

（三）多元产品开发

出版社一直以来都是优质内容的生产者，随着科技的发展，优质内容的呈现方式已不再单一。在全媒体时代，人们需求更是日益多元化，会想要方便的、不一样的、有价值的，这些都值得我们去发掘。短视频与直播的模式就更直击读者的真实需求，从而反哺出版端创造更多元更贴近读者需求的产品，这些产品不论在内容上还是形式上都将是多元化的，它们将区别于传统意义上的图书，重在给读者不一样的特别体验。

比如有些读者没有大量时间阅读，又想了解图书的内容，就可以制作系列的讲书的音频和视频；有些读者希望自己的图书更有价值，就可以为他们定制一批特装版，同时也与普通的市场大货区分，不参与渠道打折，把价值感拉满；有些读者不满足于仅有图书，就可以将原有的图书版权再开发，制作周边产品。可以说，一旦出版社将途径打开，切实以读者的需求为指引，就可以超越纸书载体，围绕核心IP开发丰富的衍生品、数字品，成为真正的融合产品的生产者。

正是在这种思路的引领下，浙江文艺出版社依托自建的短视频与直播矩阵，尝试了特装图书、课程和衍生品的开发与销售，都获得了一定成绩，其中“剑来”的周边产品仅半年销售就达到400万元，极大地满足了读者们的需求，也带来了可观的利润。

（四）未来规划

接下来，浙江文艺出版社将按照之前探索的经验，通过平台复制、品类复制与账号复制等多种形式发展联合成为更稳固的短视频+直播账号矩阵，了解更多的读者需求，服务更多的作家，根据读者和作者的双向需求沉淀数字内容，开发多元产品，反哺选题规划，在矩阵中实现图书、数字产品与非图的多项销售，带来粉丝数量和销售金额的同时大幅增长，从而更好地探索出版社融合发展。

（蒋莉：浙江文艺出版社新媒体数字部主任）

案例类别：产品

以重点出版项目为基 推动深度融合出版转型

——以“瓷上世界”文化走出去融合发展与传播平台项目建设为例

陈冬华 梁雨寒

一、项目背景

2013年秋，习近平总书记提出共建“丝绸之路经济带”和“21世纪海上丝绸之路”的构想，简称“一带一路”倡议。陶瓷不仅是古代丝绸之路上的重要商品，更是古代中国与世界经济文化交流的纽带，是中华民族与世界人民友好交往的历史见证。中国陶瓷的发展史及其对外交流史，与当代的“一带一路”倡议在理念上一脉相承，相互印证。

2014年12月，第三届外销瓷国际学术研讨会召开，会上海内外专家学者的交流研讨论证了项目的可行性。江西出版集团主要领导在深入调研的基础上，第一时间召集学术、出版、影视、技术领域专家组建项目团队推动有关工作，旨在将项目打造为以主题图书为引领，结合纪录片摄制、数据库建设、网络平台打造、研究交流中心建设等子项目群于一体的大型文化综合项目，向世界推介中国陶瓷文化。“瓷上世界”文化走出去融合发展与传播平台项目应运而生。

二、项目建设内容

项目是由一套图书为引领、系列图书和纪录片做推动、三大中心为支撑的陶瓷文化出版、纪录片和产业平台的综合性文化产业平台。

一套图书是指“瓷上世界”丛书，图书分为《瓷行天下》《瓷耀世界》《瓷上文化》三册，由国内相关领域知名专家学者执笔担纲，于2017年12月出版，凭借新颖的叙述角度和深入浅出的写作风格，获得了良好的海内外市场反响。

《瓷上世界》纪录片以直观的视听形式展现中国外销瓷的悠久历史与深刻内涵，与图书形成有效互补。

2016年开始正式启动国内国际拍摄，目前已完成制作。

三个中心是“瓷上世界”项目鉴证备案中心、媒体传播中心、研究交流中心，目前已经投入运营，成为出版社多元化发展探索过程中的里程碑，进一步拓展了融合出版工程的实施路径和运作模式。

项目实施以来，先后入选“十三五”国家重点图书出版规划项目、国家出版基金资助项目，获中央财政专项资金资助，并自筹配套资金进行建设。获国家级、行业级荣誉多项，其中《瓷行天下》荣获2018年度“中国好书”、入选2020年全国有声读物精品出版工程；“瓷上世界”系列图书走进“一带一路”沿线国家，入选2020年“一带一路”出版合作优秀案例奖等系列奖项，2021年入选国家新闻出版署出版融合发展工程年度项目。

三、项目建设的现实意义

（一）建设中国特色社会主义文化事业的现实需要

通过推动陶瓷文化“走出去”，讲好中国故事，展现中国形象，有助于构建文化自信，同时也切中了传承发扬中华优秀传统文化、推动传统文化创造性转化的迫切需求，为推动社会主义文化的繁荣兴盛贡献力量。

（二）传承发扬中华优秀传统文化的历史需要

陶瓷是中国传统文化的瑰宝，通过传承弘扬历史悠久、意蕴丰富的中国传统陶瓷文化，在提升国民文化素养和国家文化软实力的同时，还可以为当代中国陶瓷产业的转型复兴提供思路借鉴。

（三）探索现代文化企业转型升级的迫切需求

“瓷上世界”项目将出版社的专业优势、资源积累与新兴技术深度整合，为企业高质量发展与融合转型提供了契机，也有利于培养融合出版创新型、复合型人才，完善人才队伍建设。

四、项目建设带来的经验

（一）立足国家战略，坚持正确导向

从根源上看，“瓷上世界”项目之所以取得成功，正是由于在策划阶段，便立足新时代新的文化使命，旗帜鲜明站稳人民立场，同时充分研究国家文化发展战略和政策导向，从文化软实力建设和文化强国建设的大局出发，抓住了中华优秀传统文化创造性转化、创新性发展这条主线，传承弘扬中华文脉，展现中华文明强劲的历史张力，并推动中华优秀传统文化、革命文化和社会主义先进文化三者的有机结合。

（二）高位推动，统筹协作

在项目的执行阶段，形成了三位一体的全面保障体系。一是由地方国有出版集团高位推动，充分整合和调动出版资源、营销资源，借助平台优势推动项目运营水平提升，提升项目市场影响力。二是由上级主管部门全程深度介入，以更宏观的视角，更深远的立意，提升项目的品质格局，实现社会效益和经济效益最大化。三是校企、校馆全方位合作。扩大高校、博物馆、美术馆等专业机构参与力量，不但提升了项目成果的专业性与权威性，更能让项目成果反哺专业机构工作开展，服务相关学术研究和思想文化宣传工作。

（三）立足地方特色文化资源，展现世界性视野

“陶瓷”是中华文明的独特标识，是江西文化的典型符号，通过项目向世界展现中华文化的魅力，一是要注意工作方法，提前布局海外市场，将“走出去”工作前置考虑，尤其是版权输出工作，要提前接洽联络相关海外出版机构，最好做到国内版上市后，海外版紧随其后或同步发行，保证项目的时效性和连贯性。二是要注意表达方式，讲好中国故事，关键在于世界性视野，在“走出去”的过程中尤其要注意叙述风格，不能生硬输出观点，要用海外人民能够理解、能够接受的语言风格，以润物细无声的形式讲好中国故事。

（四）以融合出版赋能传统出版

传统出版是融合出版的基础，融合出版是传统出版的延伸。通过项目平台的建设，不但与相关领域的专家学者建立起了联系，更为之后一系列选题的策划提供了思路，尤其在“外销瓷”和“陶瓷文化大众阅读”两个细分领域有了新开拓。总的来说，与传统出版相比，融合出版项目不但整合了更多元化的出版资源，也具备更及时的市场信息反馈能力和更高的信息收集效率，能及时关注到学术前沿动态，便于发掘大众兴趣点，为传统出版选题策划提供多元化思路，充实出版社的选题储备。

（五）以项目为平台，强化人才队伍建设

人才是项目实施最核心的要素，是一切工作开展的前提。“瓷上世界”项目成为优秀出版人才干事创业的重要平台，至少从四个方面强化了江西美术出版社的人才队伍建设水平：一是发掘锻炼了业务熟练度高、综合素质突出、创新能力强的融合出版人才；二是培养了面对考验沉得住气、大局意识、凝聚力强高端核心人才和项目管理人才；三是形成了结构合理、可持续性强的人才梯队，巩固了以老带新的工作机制；四是通过项目进一步完善了人才激励机制，激发了人才干事创业的积极性和创造性。

五、未来展望

（一）进一步提升产业和品牌价值

在未来，“瓷上世界”项目将继续延伸品牌内涵并

提升战略价值，为出版社的高质量发展尤其是新时代融合出版水平的提升持续贡献力量。同时，以三大中心为代表的平台建设将成为新项目的孵化场、新机制的试验场和新型人才的演练场，进一步推动产业链条的完善和品牌价值的提升。

（二）进一步推进新质生产力的发展

平台使用新技术应用为传统出版带来的无限活力，打破了行业壁垒，让优质文化内容通过融合出版平台释放。新技术新媒体的多种表现形式让专业内容更加容易普及，助力中国优秀传统文化的传播。

（三）进一步拓展融合出版项目领域

以项目为经验模板，持续深化与国内高校、收藏机构等的战略合作，在出版选题策划和促进学术研究方面共同探索新路径。同时，最大程度发挥项目三大中心功能的同时为文化出版、学术出版、精品出版的实施构建良好的生态，推动融合出版项目领域由“陶瓷”向“大美术”“大艺术”拓展。

六、结语

习近平总书记在考察江西时强调要擦亮“千年瓷都”亮丽名片，证明了“瓷上世界”项目策划的内在逻辑具有持续的吸引力和可挖掘性，持续深挖陶瓷出版与党的文化方针政策具有一致性，是践行新的文化使命的具体体现。

“瓷上世界”文化走出去融合发展与传播平台项目作为江西出版集团的重点项目，不仅扩大了中国陶瓷文化的国际影响力，还为企业的高质量发展与融合转型提供了契机。展望未来，我们将继续探索融合出版的新模式、新路径，为推动中国特色社会主义文化事业的繁荣兴盛做出更大贡献。

（陈冬华：江西美术出版社有限责任公司新媒体出版部主任，梁雨寒：江西美术出版社有限责任公司书法综合编辑部编辑）

案例类别：产品

滕王阁江右文化数字体验馆项目

夏阳春

一、总体介绍

依托璀璨的江右文化资源和江西出版集团丰富的内容资源，江西中文传媒数字出版有限公司在2022年8月与南昌市滕王阁景区进行了文旅数字化领域的全面合作，投资建设“滕王阁江右文化数字体验馆”（以下简称数字体验馆）。数字体验馆由滕王阁北园“数字展馆”及滕王阁主楼西出口大厅“江右聚场”两部分组成，“数字展馆”利用大量数字化前沿科技，将江右文化以数字化形式向游客进行生动的展示，使游客可以与江右先贤进行数字化互动，全面了解江右文化。“江右聚场”则以赣版书籍和数字化展项为依托，为游客提供一个休息购物的场景。

二、项目建设意义

数字体验馆是根据中共中央、国务院印发的《数字中国建设整体布局规划》及江西省《关于加快文化强省建设的实施意见》文件精神，以数字化的方式深入挖掘赣文化的深厚底蕴，对促进互联网技术发展成果和中华优秀传统文化传承发展、促进江右文化传播和文旅融合具有重要历史和现实意义。

以“江右文化”为概念的数字文旅项目，在江西省属于首次推出。在滕王阁建设“江右文化数字体验馆”为这座千年名楼注入了现代科技元素。在这里，雄伟的历史名楼、绚烂的江右文化和数字化虚拟空间完美地融合在一起，给游客带来数字化的别样体验，可以说在江西文旅产业中起到了标杆作用。

数字体验馆利用大量前沿科技，整合开发江右文化资源，使之成为江西省“以文促旅”的标杆，加上江西出版传媒集团拥有丰富的内容资源、文化数字化能力和滕王阁景区的强大品牌影响力。数字体验馆对促进江西省文化资源、旅游资源的充分利用，实现科技成果向现实生产力转化，具有非常重要的意义。

三、项目建设内容

数字体验馆是为了积极探索数字文旅发展新路径，自 2022 年开始江西中文传媒数字出版有限公司就开发了“江右文化大数据底座”。该“大数据底座”是目前国内最大的含人物、事件等在内的江右文化大数据平台。第一期归集整理的“庐陵文化”“浔阳文化”“临川文化”“豫章文化”“书院文化”大数据内容中仅可搜索词条就达到 6 万余条。

依托“大数据底座”，数字出版公司投资并建设了数字体验馆项目。数字体验馆“数字展馆”部分利用人工智能、动作捕捉、交互科技、高速面部建模等前沿科技，整合开发江右文化资源，创新性地开发了“壮游江右人物入画”“壮游江右知识星谱图”“江右先贤行迹图”“王勃剧场”“赣音袅袅”“天地立心”“挑战诗人”“AI 诗词”等展项，以生动活泼的数字化形式传播书院、诗词、商帮、戏曲等江西优秀传统文化，通过全新的江右名人朋友圈谱系模式使枯燥的大数据以普通游客喜闻乐见的“游戏”形式呈现。向游客再现江右文化风貌，使游客可以与先贤进行超时空的交流。“江右聚场”的设计以赣版书籍展示、江西非遗文化、江右文创产品为特色，辅以“牡丹换角”“豫章八景”“江右文化图”等数字化展项向游客讲述江西故事，传播江西声音，唱响“江西风景独好”品牌。

四、项目主要技术应用

数字体验馆使用大数据技术比较全面地将地方文化元素和各种科技手段相融合，并在大数据平台上构建各类数字化展项，不仅使得展项的内容具备常看常新的能力，给用户带来更好的体验，同时也为后续平台的运营，新应用的构建打下基础，其他技术的应用也贴合项目，为游客提供丰富的数字化体验。

（一）地方文化知识图谱构建技术

通过文化数据的采集、挖掘、AI 分析，构建江右文化数据库和知识图谱，并提供大数据平台对数据库进行管理和应用。

（二）壮游元宇宙入画，3D 数字人构建

用户拍照扫脸，通过 3D 数字人技术构建用户的虚拟数字分身，进入壮游画卷进行互动。

（三）短视频 MGC 技术

用户在与各类展项互动的过程中，通过短视频 MGC 技术采集用户体验的全过程，并根据用户的特点进行自动化的短视频生成。

（四）新型的数据可视化表达

结合文化数据的特点和应用场景，提供丰富的数据可视化组件对文化数据进行呈现和表达，让用户一眼能读懂江右文化的重点和特色。

五、社会效益和经济效益

数字体验馆以向全国乃至全世界传递江西文化符号为己任，以社会效益为首选，为了更好地传播江右文化，数字出版公司将“江右文化数字体验馆”在夜间向前来滕王阁夜游的游客免费开放，实现了文旅充分融合的生动局面。

从 2022 年 10 月至 2024 年 4 月，数字体验馆累计接待游客超过百万人次。在出版工作上，数字出版公司还依托“大数据底座”向江西出版传媒集团下属出版社提供江右文化名人、知识等方面的大数据服务。

2023 年，数字出版公司以大数据底座为基础开发的“江右大数据图谱”“AI 作诗”“挑战诗人”等展项参加江西数字文化产业展、深圳文博会等大型展会获得省内外多家媒体报道。同时，依托滕王阁“江右文化数字体验馆”开展了 5 次全民阅读活动，在活动中依托大数据底座开发的江右知识问答系统结合传统江右文化书籍阅读，起到了非常好的阅读体验效果。

2024 年 1 月，CCTV-13 央视新闻频道播出的大型特别节目《古韵新风》系列报道走进江西南昌，以“用现代科技呈现文化之美”为主题对数字体验馆进行了报道，带领千万观众一睹该项目的绰约风采！实现了促进江西文化旅游产业发展，弘扬赣鄱文化，润泽百姓生活的目的。

2023 年，数字体验馆入选了文旅部“2023 年文化和旅游数字化创新示范案例”（江西省唯一入选项目）及江西省委宣传部“2023 年度江西省文化产业扶持资金支持项目”。2024 年，数字体验馆入选江西省发展改革委“第二批省数字技术应用场景示范项目名单”产生了良好的社会效益。同时，数字体验馆还兼顾了一定的经济效益，主要收入来源于数字馆门票销售、文创产品开发销售、研学课程开发销售等，并将数字展项向全省文旅单位进行了推广，九江博物馆、余江文化馆在数字化升级改造中，已经应用了数字体验馆多项新产品新技术。自 2023 年 6 月开馆至 2023 年 12 月销售额达 259 万余元。

（夏阳春：江西中文传媒数字出版有限公司总经理）

案例类别：产品

数字中国·大运河文化数字资源库

江苏凤凰科学技术出版社有限公司

2019 年，中共中央办公厅、国务院办公厅印发《大运河文化保护传承利用规划纲要》，大运河国家文化公园建设写入国家“十四五”发展规划；2022 年 5 月，中共中央办公厅、国务院办公厅又印发《关于推进实施国家文化数字化战略的意见》，推动建设文化数字化基础设施和服务平台，建设国家文化大数据体系，全景呈现中华文化，全民共享中华文化数字化成果。

在此背景之下，江苏凤凰科学技术出版社基于自身的资源优势，打造了“数字中国·大运河文化数字资源库”，旨在将平台建设成为集成运河主题的文献典籍、图片、音频、视频、课程以及全网运河相关学术研究成果的综合性平台。建成后的平台将以多元立体的数字化形式活态再现大运河的历史文化内涵，实现对运河文化的弘扬和传承，为大运河文化带建设以及国家文化大数据体系建设提供有力支持。

该项目推出之后得到各级领导和相关机构的关注和肯定，入选第六届中国数字出版创新论坛创新案例、2022 数字江苏建设优秀实践成果、2022 年江苏省出版传媒融合发展创新案例，并获得 2021 年、2013 年江苏省级现代服务业（新闻出版）发展专项资金资助。

一、团队组建

“数字中国·大运河文化数字资源库”主办单位江苏凤凰科学技术出版社成立于 1978 年，具有较强的综合实力，先后获得“全国优秀出版社”“全国百佳图书出版单位”“全国新闻出版系统先进集体”“中国出版政府奖先进出版单位奖”等荣誉称号和奖励，有众多图书获国家及省部级以上奖项。在精心发展图书出版的同时，出版社积极探索融合出版转型，努力实现高质量发展。

早在 2012 年，江苏凤凰科学技术出版社就专门成立运河出版中心，集聚百余位运河专家，耗费近十年编纂出版我国第一部运河通志《中国运河志》，积累了重要的运河学术资源。为了推动专业出版内容资源的综合利用向纵深发展，出版社决定在《中国运河志》研究基础之上，启动“数字中国·大运河文化数字资源库”项目建设。出版社通过项目制的形式，以《中国运河志》原班编辑团队为基础，跨部门抽调人员，配备融合出版精干力量，组建本项目团队，为项目创研和实施提供人才保障。

二、平台建设与合作

“数字中国·大运河文化数字资源库”建设主要经过三个阶段。

第一阶段，依托专家力量，建设大运河文化知识基础数据库。经过十余年运河专业出版的积累，凝聚了北京大学、清华大学、复旦大学、中山大学、山东大学、聊城大学、中国文化遗产研究院、中国水利史研究所等高校和科研机构百余位国内一流专家学者，在运河研究领域具有极高的权威性。

第二阶段，深度挖掘与整合加工内容资源，形成新的数据价值。平台制订大运河文化知识元数据标准体系，对文献典籍、图书、音频、视频、资讯、实时监测数据、绘画作品、期刊论文、档案资料等多种形式的内容资源，进行结构化处理和存储、深度挖掘和分析、定制化重组和提取，打造数据资源池。利用知识图谱、信息可视化、人工智能、3DGIS 系统以及增强现实等技术，构造形成多模融合、语义关联、可溯可信的运河知识大数据，实现中国大运河的数字化表达与活化再现。

第三阶段，重构专业知识资源，创新二次开发、多元发布。面向大运河文化传承保护利用、大运河文旅融合发展的需要，对传统知识信息在知识元层级进行互联重组，以人工智能提升知识内容的深度、广度并进行多元发布，达到将传统出版与新兴出版相融合，创新二次开发。

该平台专注于在大运河文化领域精耕细作，在建设工作中，保持合作共赢的态度，积极推进平台共建共享，以建设兼具开放性、专业化、特色化的数字人文运河知识服务平台为目标，致力于构建运河文化数字基础设施工程。第一，长期保持、深化与高校及科研机构的合作，推进运河主题资源的聚合与生长，深化平台在运河研究方面的便捷性、科学性和中心性，推动“运河学”的研究和发展。第二，不断推动与创意、技术团队的合作，以更富创意的形式，推动运河文化的传播。平台已与相关团队合作开发运河 VR 影片、AR 运河美术展、小游戏、剧本杀等产品，实现多元产品开发和多场景应用。第三，积极推动与各级政府部门和文博机构的合作，通过展示、宣传大运河文化和历史遗存，促进文旅产业发展和生态文明建设。目前，平台已在扬州中国大运河博物馆专屏展示，接入江苏省大运河文化宣传平台“中国大运河”。

三、社会效益

“数字中国 · 大运河文化数字资源库”在当前及今后的文化建设和中华文明研究中具有广阔的应用前景。

（一）构建智慧型数据库，活态再现中华优秀传统文化

该资源库基于知识图谱对大运河文化知识体系进行重构和数字化还原、可视化呈现，促进中华文化全景呈现，中华文化数字化成果全民共享。

（二）推动大运河文化资源利用和文旅经济发展

目前，大运河文化带和国家文化公园建设正在全国多省市积极推进，已建成数十家对外开放的大运河文化场馆。本资源库的知识信息服务不仅便于展示、宣传大运河历史文化遗存，还有助于各级政府部门科学利用大运河文化资源，促进运河相关的经济、文旅产业发展和生态文明建设。

（三）为大运河文化学术研究提供专业支撑

“一部运河史，即是半部中华文明史。”当前，学界正在切实地推进研究保护好、传承好、利用好大运河历史文化资源和精神内涵等课题。数字资源库之于学界是难能可贵的研究资源，为阐释弘扬大运河的精神文化内涵奠定坚实的基础。

该平台在建设过程中，得到了各界的关注与认可，先后参加扬州中国大运河博物馆开馆、深圳文博会、南京融交会、北京数博会、江苏书展等大型展览，得到中央电视台、《北京晚报》、澎湃新闻、《现代快报》等多家媒体关注与报道。

四、经济效益

该平台初创期间，基于中国第一部运河通志——《中国运河志》在学术领域的影响力，以及前期销售积攒的良好口碑，快速建立知名度，为平台持续领先和盈利提供保障。运营期间，平台持续开发各种形式产品，促进网站整体运作体系日趋完善，主要有以下两种形式。第一是资源运营。基于数据资源，提供知识信息定制服务。通过知识付费模式，开放知识条目、知识图谱等知识单元，目前已有京杭大运河博物馆、苏州科技大学等多个高校和科研单位使用；借助品牌运营，提升出版社运河出版板块影响力，促进线上线下产品运营良性互动。第二是增值服务。通过信息化、智能化、交互化的技术手段呈现专题内容，带给观众高科技、沉浸式的体验。目前，平台开发了 VR 影片、小游戏、剧本杀、文创等产品并投入运营，产生了直接的经济效益。

（江苏凤凰科学技术出版社有限公司）

数字中国 · 大运河文化数字资源库

案例类别：产品

元宇宙图书融合生态创新项目

袁璐

一、项目背景

“元宇宙”是整合多种新技术而产生的新型虚实相融的互联网应用和社会形态，这一概念风靡商业圈、传媒界和整个互联网领域，全世界范围内的大小型企业公司都试图抢先布局元宇宙版图，试图在这个新赛道上实现领先和抢跑。目前，各个行业都在尝试与元宇宙的结合，传统出版业必须紧跟时代步伐，积极拥抱新技术，以创新和变革来应对市场的新需求和新挑战。在元宇宙时代，出版社应该充分研究适合元宇宙场景的阅读产品、阅读内容和服务，以满足人们全新的阅读需求，让读者感受到书的魅力。

元宇宙图书是基于纸质书的内容，通过XR设备，以场景构建、三维设计、智能交互、区块链等为技术基础，让纸质书中未能充分描绘的内容可以在元宇宙中得到生动的展现，可以让读者“亲临”书中世界，不再是读者，而是成为场景中的一员，甚至还能留下自己的“足迹”。

二、项目简介

元宇宙概念的提出是继互联网过后的又一次颠覆性的数字革命，它不是优化性的迭代技术，而是具备开拓性、整合性，是现有技术的叠加和集聚，这种极具驱动力、包容性和创新力的结构性能量的技术空间能够赋予出版业态以无限的增量和动能，使传统的图书出版业摆脱下行的颓势，借助元宇宙之势重焕生机。元宇宙图书融合生态创新项目是从图书出版场景出发，聚焦传统出版业态与元宇宙应用耦合后所可能产生的生态图景进行构想和描绘，为未来可预见时间内的数字出版业进路的优化和可持续发展提供一定的启示。

元宇宙图书融合生态创新项目将利用云计算、大数据、人工智能、元宇宙、区块链等高新技术，以新质生产力为发展重点，以数字技术集成为动力，以抢占元宇宙关键环节为目标，主动布局元宇宙重点赛道，结合文旅、科技、图书、动画、游戏、音视频、文创等展开融合出版合作计划，打造创新出版业态合作发展生态平台，实现优势互补，推动融合出版内容资源与数字文创产业链跨界整合，以世界眼光、战略思维推动文创产业化、产业文创化，实现集群发展、跨界融合、品牌引领，大力提升文创产业。

元宇宙图书融合生态创新项目精选四川人民出版社8本具有代表性的品种：少儿类《神奇飞船之中华寻宝》《皮艾可儿童职业启蒙趣味绘本系列》《孔夫子的论语课》《啵啵女王的烦恼》；文博类《瓷器改变世界》《湖北省博物馆》；传统文化类《手艺的温度》及地方文化类《时间的烟火》，共投入300万元的资金进行元宇宙化改造。这不仅是一次技术上的革新，更是对传统出版模式的一次大胆尝试和突破。

通过引入元宇宙技术，这些图书被赋予了全新的生命。读者可以更加深入地沉浸在书中的世界里，享受前所未有的互动式阅读体验。同时，元宇宙化图书也打破了传统静态阅读的限制，使内容更加丰富多彩，更具吸引力和趣味性。

三、项目建设内容

（一）《神奇飞船之中华寻宝》

在元宇宙空间中搭建图书中的三个重点省级行政区代表的场景，体验对应特色交互。如在竹林里喂养熊猫、面向布达拉宫绘制藏戏面具、在湖北博物馆里演奏编钟。读者可以体验到多样化趣味交互的同时，还能领略祖国大好河山和省级行政区的特色文化。

（二）《瓷器改变世界》

本书在元宇宙内建设瓷器博物馆，通过数字人熊猫“川宝”详细讲解相关瓷器。以古今中外为序，从镇馆之宝的青花五彩英国皇室纹章盘，逐步讲述中国瓷器如何漂洋过海，海外的瓷器对世界带来的巨大影响。馆内展品可以拿到手中近距离360°观赏，多幅史实照片包括书信、瓷器画作等，为读者展示中国源远流长的瓷器文化。

（三）《手艺的温度》《时间的烟火》及《啵啵女王的烦恼》

元宇宙阅读空间为读者提供了一个全新的、沉浸式的阅读体验。在这个空间里，读者不再是被动的接受者，而是成为主动的参与者。他们可以自由地选择想要阅读的书籍，然后“走进”书中，与书中的人物、情节和环境进行深度的互动。比如，在阅读一本历史小说时，读者可以“穿越”到那个时代，亲眼看到历史事件的发生，与书中的人物进行对话，甚至参与到书中的情节中去。

除了提供沉浸式的阅读体验外，元宇宙阅读空间还支持多种交互方式。读者可以通过手势、语音等方式与图书进行互动，例如翻页、搜索、标注等。这种交互方式让读者能够更加方便地获取信息，也使得阅读过程更加有趣和生动。

元宇宙阅读空间的另一个重要特点是其社交性。在这个空间里，读者可以与其他读者进行交流和互动，分享自己的阅读心得和感受。这种社交功能不仅增强了阅读的乐趣，还有助于培养读者的阅读兴趣和习惯。

四、项目实施的社会效益及经济效益

出版作为一种传播方式，与国家治理体系与治理能力现代化、社会主义意识形态建设、先进文化建设与传播、经济发展等方面都具有紧密的内在关联。在元宇宙空间中，出版话语体系构建、产业链重构、出版价值重塑和数字技术赋能等内容都将成为元宇宙出版建设与发展的核心命题，面向元宇宙的新兴出版模式和出版业态变革已在酝酿之中。元宇宙图书融合生态创新项目构建的经济体系，为每本书定制个性化场景，创建“一书一世界”，加深书本阅读沉浸感“元宇宙”与“实体纸书”的深度结合，放大纸书核心内容，打造场景、交互式体验开发，让读者进入“书中场景”，赋予视觉、听觉、触觉三大感官升级。

元宇宙系统的建构与发展，将对现有的出版产业链结构形成颠覆性的重构，形成契合元宇宙系统的新型元宇宙出版产业链。出版产业链中的作者、内容出版商、技术服务商、产品服务分销商等角色或被高级人工智能融合。元宇宙空间中爆炸式增长的数据、信息、知识等生产要素，将为元宇宙出版产业链的各个环节都注入数据价值，从而形成以数据、算力、算法为驱动的新型出版产业链。元宇宙出版的实质是出版与数字技术智能化、智慧化融合至高级阶段的成果，元宇宙数字技术则成为“元出版”业态的“赋能发动机”。

不仅如此，该项目为融合创新开辟新渠道，打造新产品，进一步拓宽纸质图书边界、拓展市场盈利空间、抢占新技术革命的先机，从而提高出版单位定价能力、盈利能力。元宇宙图书融合生态创新项目的意义不仅限于特定行业，它将推动整个元宇宙文化融合生态体系的建设和发展。推动传统行业的创新与升级，提升文化传播、旅游体验、文博展示和商业活动的质量与效果，促进知识共享、文化交流和经济发展的全球化。

（袁璐：四川人民出版社元宇宙—融合出版部主任）

案例类别：产品

福建人民出版社：融合发展与数字赋能的幼教平台

——七彩树幼教资源库

庄郁军

学前教育在培养儿童的综合素质和发展潜能方面发挥着至关重要的作用，而数字化教学则是数字技术和教学课程的整合，指在教育领域建立互联网等数字化学习平台以辅助学习。为了适应学前教育的深化改革和数字化发展的趋势，依托福建人民出版社长期积累的幼儿教育出版资源，充分发挥出版社作为内容供给端的资源优势，七彩树幼教资源库应运而生。作为融合发展和数字赋能的幼教平台，七彩树幼教资源库致力于提供全面丰富的学前教育资源，支持幼儿园教师的教学活动，促进幼儿的全面发展。

一、平台概况

平台以习近平新时代中国特色社会主义思想为指导，贯彻《中共中央 国务院关于学前教育深化改革规范发展的若干意见》，落实党的二十大精神和党的教育方针，遵循《幼儿园教育指导纲要（试行）》《3—6 岁儿童学习与发展指南》中对教育目标、教育内容提出的要求，以及《中华人民共和国学前教育法（草案）》中的有关条例。

七彩树幼教资源库的打造经历了多个阶段。初期阶段，项目团队通过对幼儿园所的调研，对现有的幼教资源进行梳理和整合，构建了初步的配套数字化平台架构，制订了技术开发需求。完成技术开发后，在为期半年的试运行阶段，进行了技术升级和功能优化，提升了平台的用户体验和服务质量。在此基础上，不断丰富和更新平台的内容，以满足不同用户的需求，通过市场推广和宣传活动，扩大了平台的影响力和知名度。

项目的建设旨在服务于幼教资源的管理和幼儿园教学场景的应用，涉及幼教资源的收集、整理、存储、内容编辑、流程管理、数字产品制作、发布运营等各个环节。平台资源包含图书、期刊、文档、图片、课件、音频、视频等多种形式的资源管理，涵盖了资源的增加、删除、修改、查询等功能。平台为使用者提供了内容创作编辑的功能，用户可以通过在线编辑加工资源，或者在线上传资源。主要功能包括：提供“所见即所得”的内容编辑器，支持用户对资源进行二次编辑加工，生成个性化资源，以提升用户体验。支持在线审稿，对教师提交的审稿结果进行三审发布，确保内容质量和平台的专业性。

平台遵循以下三个原则建设与运行。

1. 遵循幼儿身心发展规律。该平台所适配的内容遵循幼儿身心发展规律，实现园内园外家园共育，以及普适化与个性化等产品的有效供给。研发和更新游戏、活动操作实践材料，围绕落实幼儿园保教“以游戏为基本活动”的要求，运用数字技术拆解教学步骤，满足幼儿园教师的教学使用，支持和引导幼儿通过直接感知、实际操作和亲身体验获取经验的需要。

2. 适应学前教育深化改革及改进保育教育实践的需要。研发幼师教育系列图书，以满足不同园区因地制宜特色化的保育实践和幼儿教师多样化的学习发展需求。此外，整合符合幼儿身心特点的优质游戏活动资源和体现福建特色文化、优秀传统文化、现代生活特色的绘本。

这些开发的内容配合数字平台在教学中的使用，适应学前教育深化改革及改进保育教育实践的需要，配合全面提升迭代的教师用书和操作材料，研发特色化产品，以满足幼儿多样化的学习需求。

3. 适应移动互联网和智能设备普及。该平台适应移动互联网和智能设备普及的现实，促进内容资源与数字技术融合，全面升级数字化支持服务体系，构建全方位、高品质的教育信息化服务。对此前已完成开发的一期项目进行迭代，将其升级为功能更为完善的学前教育资源服务平台，适应多产品线资源沉淀与投送、幼师与家长服务保障融合创新发展的需要。我们还将大幅度扩充资源供给，创设幼教资源均等化的数字软环境，用信息化手段辅助解决幼师在教育实践过程中的困惑和问题，促进幼师知识服务体系、科学育儿理念等城乡区域发展平衡，发挥城镇优质幼儿园和农村乡镇中心园的辐射带动作用。

二、人员构成

七彩树幼教资源库的人员构成涵盖了编辑团队、技术维护团队和专家顾问团队。编辑团队负责内容的策划、编撰和编辑工作；技术维护团队负责平台的技术支持和维护；专家顾问团队则为平台的发展提供学术指导和支持。

三、社会合作

七彩树幼教资源库与福建省内主要的图书发行渠道以及部分幼儿园开展了合作，共同探讨和解决幼儿教育领域的难题，为纸质图书及幼儿园各项活动展开提供了充足的数字资源支撑，充分发挥资源内容供给端的优势，与合作伙伴共享资源、互惠互利，实现了资源共享和优势互补，共同推动学前教育的改革和发展。

四、社会效益与经济效益

七彩树幼教资源库的建设和运营为学前教育的改革和提升起到了积极作用。平台为广大幼儿园教师提供了丰富多样的教学资源和培训服务，提升了他们的教学水平和专业能力。平台为幼儿提供了优质的教育资源，促进了幼儿的全面发展和个性成长。未来平台还将为家长提供更便捷的信息获取和家校沟通渠道，增强了家庭与学校的合作与共育。

作为融合发展和数字赋能的幼教平台，七彩树幼教资源库在促进学前教育改革和提升教师教育水平方面取得了显著成效。未来，我们将继续加大投入和努力，进一步扩大平台的影响力和服务范围，为幼儿教育事业的发展贡献更大的力量。

（庄郁军：福建人民出版社编辑）

七彩树幼教资源库平台

案例类别：组织机构

夯基础 织网络 搭平台 深化推进全民阅读服务效能

——湖北新华实施“党团队悦读”计划的探索与实践

李悦

湖北新华党委积极响应党的二十大报告中“深化全民阅读活动”的号召，通过实施“五个融入”工作法，即党建工作融入公司治理结构、融入学习型组织建设、融入企业文化建设、融入生产经营工作、融入各项重要活动，湖北新华将其嵌入推进全民阅读的实践中，取得初步成效。湖北新华党委书记、董事长邱从军强调的“深化融合创新”，旨在通过这些举措，实现党建工作与业务工作的无缝对接，相互促进，共同发展。这种做法不仅能够提升企业的内部管理水平和员工素养，同时也对外展示了企业积极参与社会文化建设的责任感，为推动社会的全民阅读风尚作出了积极贡献。

一、相关背景

新华书店作为推广全民阅读的重要阵地，如何发挥作用、展现担当，更好地推进主责主业的高质量发展，是当前面临的一项重要课题。实践中，湖北新华充分认识到，要提升全民阅读服务能力，核心是要加强人员队伍的能力建设，归根结底，就是要做好“人”的工作，湖北新华通过“党建+业务”深度融合，不断赋能人员队伍服务能力转型升级，以此推进全民阅读服务效能的问题。

为此，在深入调查研究的基础上，要肩负起深化全民阅读的湖北新华担当，应以三类人群为切入点。一是党员干部。湖北新华书店党员干部的能力素质是否适应线上形势变化和工作需要？二是职场青年。如何以职场青年带动系统、影响社会？三是青少年。针对青少年，湖北新华应为可为的结合点又在哪里？直面这两个问题，并探寻解决之道，就是湖北新华努力的方向！

二、主要做法

基于这样的认识，湖北新华优化党建带团建机制，探索实践“党团队悦读”计划：一是党委深化新华人才建设，以湖北新华“阅读悦青春”新媒体技能竞赛为主要抓手，夯实服务全民阅读的人才队伍基础；二是指导团委加强横向联系，联学共建推进企事业单位互通互融，织密服务全民阅读的网络；三是联动发挥省内高校和省少工委等单位优势，推动青少年全民阅读阵地建设和品牌培育。

（一）夯实基础，持续开展“阅读悦青春”新媒体技能竞赛，培养推进全民阅读旗手

随着互联网的迅速发展，湖北新华急切需要一支熟悉运用新媒体的人才队伍，方可为读者提供精准化的服务。为此，湖北新华集团党委近年来连续开展了“阅读悦青春”新媒体技能竞赛，通过短视频创作荐书、阅读之美拍摄、全民阅读课件制作讲解、朗读者诵读（慧悦读）、全民阅读金点子征集等方式，分享具有思想深度、文化品质、市场价值的好书、好文、好课件、好声音，在提升青年员工业务本领的同时，激发其干事创业的积极性和高质量服务全民阅读的潜能。

“阅读悦青春”新媒体技能竞赛为全民阅读服务能力提升带来了积极的效果。一是提升了新媒体技能水平，大赛为参赛者提供了一个展示和提升自己新媒体技能的平台。通过比赛，参赛者可以接触到最新的行业趋势和技术，提高自己的新媒体领域专业水平，湖北新华每年参与新媒体技能竞赛青年人数近千人次，逐条展示作品近500篇，公司新媒体潜力人才逐步被挖掘。二是强化了团队合作能力建设。青年员工参与构建教育服务平台、倍阅学习网、小程序、微店等，打造一般图书、教材、教辅等线上一体化业务，如“教育服务数字化项目工程”注册学生达百万人，在合作中提升了有效沟通、协作和解决问题的能力。三是推动了一线业务高速增长。技能竞赛助力新媒体平台新增粉丝近100万，增幅达到300%，累计点击量1200多万次，带动微店销售显著增长。

（二）织密网络，组建“联学共建”青年读书活动项目，探索建立全民阅读网格化服务

企事业单位是各地推进全民阅读的“最初一公里”，湖北新华推动与相关主管单位联合发文，依托团中央和新华书店总店2023年度发起的“书香青春进新华·健康悦读正当时”，结合湖北新华自有的“书香校园公益性”等品牌项目，构建网格化服务，通过联学共建方式，共同开展理论学习、读书荐书、阅读分享、亲子交流等活动，在荆楚大地的机关单位营造了浓厚的阅读氛围。

湖北新华在与相关企事业单位开展读书活动的实践中形成自身切实有效的“方法论”。创新合作模式，坚持“走出去”策略：主动与企事业单位开展丰富多样的青年读书活动，不断提升活动人群覆盖面，扩大新华读书活动品牌影响力，在活动开展中积累了良好的口碑；构建服务新范式，提升读书服务能力：新华读书活动主动拥抱市场需求，提供相关读书活动服务，通过“阅读+体验+服务”的新型产品业态，有效推动了阅读产品的提档升级。活动开展以来，先后指导推动全省县市州开展共学共建活动百余次，参与人数近百万，湖北新华“朋友圈”进一步扩大。与此同时，活动效能进一步推动业务增长，助力湖北新华实体书店和线上平台新增会员120多万人，年增长率超100%。

（三）搭建平台，打造校外实践教育新华书店特色基地，充盈“第二课堂”，促进青少年全面健康成长

湖北新华认真贯彻落实党和国家战略，围绕助力抓好“党的事业后继有人”这个根本大计，结合“双减”政策，充分发挥湖北教育大省、高教强省的优势，联合高校和省少工委，带动旗下倍阅校园书店开展“大学生红色经典诵读”活动，成立少先队校外实践教育新华书店特色基地、组建新华书店校外辅导员队伍，将书店打造成为服务青少年的阅读平台和文化活动基地，着力培育树立社会主义核心价值观，强化青少年爱国主义教育，助其扣好人生第一粒扣子。

校外实践教育新华书店特色基地的成立及相关活动的开展，一是有助于深入了解并传承革命文化，青少年能够更加直观地感受到革命先烈的英勇无畏和坚定信念，从而激发爱国热情和民族精神；二是能够提升文化素养和人文精神，青少年群体一方面能够学习到提升文学鉴赏的能力和写作能力，另一方面能够学习到积极向上的人生观和价值观，有助于培养健全人格和高尚情操；三是促进思想教育和核心价值观的塑造，帮助个人树立正确的世界观、人生观和价值观，对自身的成长和发展具有重要意义。

目前，湖北新华已建成倍阅高校书店27家，开展线上线下活动千余场，惠及50余万高校师生；成立少先队校外实践教育特色基地84家，选育校外辅导员88人，协同开展全民阅读活动14700余场。

三、经验启示

作为探索党建与业务创新融合的一项生动实践，湖北新华从“党团队悦读”计划取得的初步成效中深刻感受到，要持续提升全民阅读效能。

（一）要更加坚定“党建＋业务”深度融合的履职理念

实践证明，无论是夯实内部人才队伍，织密联学共建网络，还是搭建青少年实践平台，都需要业务部门、党群部门围绕中心、服务大局，把党建工作打造成“一块铁”，下好全省业务“一盘棋”。

（二）要更加坚定创新赋能、科技赋能的转型发展理念

努力把创新发展作为第一动力，并充分拥抱和借助互联网科技的巨大力量，积极迎接后疫情时代的发展挑战，通过开展新媒体技能竞赛、整合优质外延资源，联动发挥实体书店和线上平台优势，带动全省新华书店深耕公共文化服务，探索党建与全民阅读融合的有益实践，实现实体书店的价值再造，线上平台的厚积薄发。

（三）要更加坚定践行共建共享、互联互通的工作理念

推进全民阅读，新华书店不能单打独斗，需要全社会的共同力量。乘树立文化自信、建设文化强国的东风，将努力练好自身内功和积极“引进来＋走出去”相结合，建立协同机制，统筹整合资源，立足于省情、店情，寻找“最大公约数”，努力唱响共建共享、互联互通的“合奏曲”，汇聚服务全民阅读的整体合力。

总之，湖北新华将深入贯彻习近平文化思想，牢记服务全民阅读使命，扛起新华事业责任，答好时代发展问卷；以青春“星光之辉”，成奋进“燎原之势力”，为文化强国建设贡献湖北新华党团队力量。

［李悦：湖北省新华书店（集团）有限公司团委书记、数字运营中心副经理、新媒体部经理］

案例类别：组织机构

“四维阅读”青少年阅读工程

彭唐思宇

“四维阅读”青少年阅读工程是基于全民阅读视域下多部门分头推进中小学校园阅读的基础上，通过建立“省域整体协同机制”、探索构建“整体解决方案”，从而将校园阅读向整体化、系统化、专业化和智能化方向纵深推进的一项创新性阅读服务项目。从校园阅读的育人目标、理论构建、覆盖范围、推进机制、资源研发、课程实施、师资培训、技术手段等8个方面整体创新升级，提质增效，实现了湖南省校园阅读从小学到全学段，从教研单线发力到多级多方联动，从课外书系建构到课内精读、课外泛读双书系建设，从线下课程实施到线上线下融合，最终实现从阅读素养培育走向启智铸魂的育人价值全面提升。

一、项目建设情况

（一）项目建设路径

自2019年末，湖南省新华书店联合中南传媒出版集团旗下出版社，以省、市教科院教研专家为主导，开启了以语文课程为原点，以核心素养为导向，覆盖全学段的校园阅读深度服务。组建起了一支由国家级阅读推广人、作家、教育专家、湖湘名师组成的校园阅读指导团队。以“四维阅读”系列丛书为基础，从编写理念、体例设计、书目及选文的甄选标准、配套教学设计、课程资源、管理服务平台建设等方面进行研讨设计，从而形成了“四维阅读”青少年书香工程解决方案。

（二）项目主要内容

1.一个指向启智铸魂的阅读资源体系。以“四维阅读”精读和“共享书屋”泛读为核心的资源体系，既满足从小学到高中阶段阅读能力培养需求，发掘阅读“深度”；又实现从课内到课外的阅读能力迁移，开拓阅读“广度”。其中“四维阅读”系列丛书立足课堂教学，以每学期精读3本好书为目标，整套丛书目前共计79个品种，与“共享书屋”泛读体系相互补充，从而满足了学生个性化阅读、师生共读和亲子阅读需要。

2. 一个指向怎么读和怎么教的线上课程系统。平台分设专而精的“教师端”和小而优的“学生端”课程系统。教师端设有“四维课堂”“教学资源”“教学指导”等栏目，提供了“四维阅读”教案、课件、测评题库和跨界资源等教研资料，为教师提供一站式阅读管理；学生端提供的导读课音视频（阅前观看）、精读 / 交流课音视频（阅中观看）、阅读理解测试题（阅后测评）和初高中阅读微课（随文观看），为学生架起进入文本的桥梁。

3. 一个立体化、品牌化的活动体系。通过策划省级阅读品牌活动，完善区域性自选活动菜单，补充校级特色化活动方案，为师生提供阅读素养实践平台，搭建活动“中央厨房”，丰富多彩的阅读活动，将教材文本与“四维阅读”相结合，实现课内外阅读融通，搭建从“阅读输入到表达输出”的完整闭环。

4. 一个多层级的阅读师资培训系统。推动中小学阅读教育高质量发展，必然离不开高素质、专业化的中小学教师队伍，校园阅读的落地关键在师资。通过构建省市县三级培训机制，开展六大专题培训，同时提供线上教师学习资源，力求把各市州、县教育部门和中小学校的阅读教育服务工作做深做实，培养一批阅读种子教师，提高教师阅读指导能力和阅读课程实施管理能力。

5. 一个省域智能化阅读服务管理平台。阅读服务管理平台“新华阅逗”主要包括：微信公众号、微信小程序（学生端 / 教师端）、教师教研公益网阅逗网和线下共享书屋借阅打卡机。联结精读、泛读的导学、教研资源，构建上至区域、学校，下至班级和学生个体的、全方位、多层次的管理体系。目前，平台公众号关注人数 135621 人，总计用户 1012682 人。

二、整体运营情况

截至 2023 年 12 月底，湖南新华通过品牌活动、教研培训、产品升级等形式使“四维阅读”青少年书香工程日趋完善。在品牌活动方面，“‘阅美湖湘点亮成长’湖南省中小学阅读教育论坛”已成为全省校园阅读建设的品牌名片，吸引了来自全国教育、出版领域的专家学者、语文教研员、一线阅读指导老师代表、中小学生代表等人群参与，线上的直播观看突破 750 万人次。获得各级教育部门和广大师生的一致好评。教研培训上，“湖南省阅读教师指导能力提升培训班”打造了青少年高质量、高品位阅读的指导示范平台，帮助指导引领更多中小学教师有力、有序、有效地开展阅读教育活动，培训覆盖湖南省 14 个市州和 88 个县区小学、初中语文教研员及优秀教师代表，在湖南教育发布、晨视频等直播平台有超过 6800 万人次的在线观看学习。此外，还深入市县共计开展教师教研指导培训近 300 场，覆盖 3 万余名校长、教师。

通过“四维阅读”青少年书香工程积极探索构建符合学生需要、科学系统的阅读课程体系，组织多种多样的阅读活动，丰富学生阅读内容，完善阅读指导目录。以阅读培养学生的核心素养，实现学生自主全面发展。进而为各类学校的教育教学改革提供可复制、可借鉴的阅读方案，为教育行政部门对全民阅读工程的决策提供重要依据。

三、品牌社会影响

经过 4 年沉淀累积，“四维阅读”青少年书香工程正深刻影响湖南中小学语文教学和教育改革。助力许多中小学校在阅读活动开展、校本阅读课程构建、校园阅读文化建设等方面做了有意义的探索。在 2021 年，“四维阅读”青少年书香工程获得湖南省财政厅文化事业和文化产业发展专项资金支持。2022 年，该项目荣获湖南省教育厅主办的“第五届湖南省基础教育教学成果奖”二等奖，并作为湖南省优秀青少年阅读品牌代表，亮相全国“首届全民阅读大会”。下一步，湖南新华将持续优化精读引领，构建校园阅读生态的“点线面”。以“四维阅读”丛书引领的校园阅读生态建设，从阅读内容上按照以“点”发力、以“线”贯穿、以“面”覆盖的形式，持续推进全民阅读基础设施及服务体系建设，做到校园阅读有场所、学生阅读有产品、教师教读有内容，开创丰富多元的阅读生态新局面。

（彭唐思宇：湖南新华书店有限责任公司校园阅读项目组副部长）

·中国新闻出版深度融合发展概览·

The Overview of the Deep Integration Development of China's Press and Publication

中国新闻出版深度融合发展概览目录

www.news.cn
新华网
www.xinhuanet.com

人物类高端访谈《新华访谈》

《新华访谈》是新华社新华网品牌栏目，新华网迄今为止时间最长、品牌影响力最大的访谈类栏目接受采访的嘉宾超过20000人次，6次获得中国新闻奖，具有强大的社会影响力、公信力和号召力。

趣味互动轻访谈《是你呀，中国特色之乡》

《是你呀，中国特色之乡》是新华访谈的子IP产品，节目以轻松活泼的主基调，配合沉浸式、趣味化、互联网语态的活力表达方式，挖掘中国经济发展的地方优势和独特亮点。

光明网
gmw.cn
见微
调研
乡村智理72计
见微调研 扫码观看
把论文写在祖国的大地上

樓蘭
LOULAN

楼兰国际传播智慧云平台

Loulan Global Intelligent Digital Marketing Service

楼兰国际传播智慧云平台

中央广播电视总台国际在线的科技创新型全球传播PaaS服务平台。利用国内外社媒平台体系庞大的受众群体建立自有的全球传播渠道；以数据为核心，串联起策略设计、内容生产、效果评估、舆情监测、落地活动，“大小屏”传播等环节，实现全球传播生态的良性运转；成为政企全球传播的首选央级媒体服务商，支持14家海内外社交媒体平台的内容运营和推广，覆盖300+海外主流媒体，根据客户传播目的和要求，通过海外市场调研分析，结合不同国家的媒体规则、受众习惯等，为客户策划和定制全球传播方案。

掌握全球万余位网红数据库资源，涵盖文化、科技等30多个种类，支持根据客户营销需求在世界80多个国家地区，定制开发网红。基于宣传目标和品牌定位及受众的注意力所在，为客户建立领先的策略和独特的本地化创意，助力品牌完美融入当地。

核心技术优势

- 官方信息发布平台建设运维
- 新质生产力解决方案
- 国内外主流媒体合作传播及传播能力提升
- KOL及青年特色的中外人文文化交流活动
- 新媒体视域下的全品类策划生产

产品服务

- 安全可控的平台搭建能力
- 内容智能生产与管理能力
- 国传数智引擎能力
- 智能舆情监测分析能力
- 智能数据引擎能力

樓蘭
LOULAN

覆盖社媒平台

Facebook　Twitter　Instagram　VK　YouTube　Podcast　TikTok

微博　微信　央视频　Linkedin　抖音　哔哩哔哩　快手

楼兰平台　楼兰官网　楼兰公众号

CMG 中央广播电视总台　CRIonline 国际在线 cri.cn　樓蘭 LOULAN

红网 REDNET.CN

红网成立于2001年，是国内第一批成立的地方重点新闻网站之一，担负着建设“互联网上的湖南主流传播平台”的使命，按照湖南省委“一报一台一网一刊”的建设布局，红网作为“党网”并明确为湖南主流媒体的“一网”。

经过20多年的创新实践和融合发展，红网已成为全国地方新闻网站的排头兵，在全国地方新闻网站中走出了一条政治红亮、传播红火、效益红润的融合发展之路。构建了全国独一无二的省市县三级分站体系、“网报端微视屏”六位一体的现代立体传播矩阵。共拥有新媒体用户数8000多万，综合影响力排省级地方重点新闻网站前列。打造的《红辣椒评论》《中国志》《百姓呼声》《问政湖南》《H5丨改革开放40年·长沙有多“长”》等栏目和作品先后五次获中国新闻奖一等奖，先后被评为“中国最具影响力新闻网站”“中国十大创新传媒”“中国地方新闻网站十大品牌”。

winshare 文轩

四川数字出版传媒有限公司

四川数字出版传媒有限公司是全国首家A+H大型国有出版传媒上市企业、全国文化30强企业新华文轩全资公司，是经国家新闻出版总署批准，目前四川唯一一家拥有互联网出版、音像出版、电子出版物出版、游戏出版、网络文学出版等为一体的综合性文化产业企业。公司业务涵盖教育、演艺、游戏、音像、文化产业园区运营、传媒等领域。

公司以弘扬民族传统文化、促进数字出版产业的发展为己任，致力于通过践行“突出主业、超越主业”发展思路，在各大板块谋篇布局，积累和沉淀四川乃至全国大量的数字文化资源和渠道，已树立起“中国西部音乐基地”“苍穹悦读”“知信链”“数字藏书”等全国特色数字文化品牌。

公司近年来呈现多元融合发展趋势，在电子音像和网络出版策划方面精耕细作，出版产品多次荣获国家级奖励（中华优秀出版物奖）和项目资金支持（国家出版基金）。同时，高度重视数字融合技术发展开拓，牵头全国行业团标制定，在区块链版权平台的开发应用及推广、网络游戏和网络文学出版运营推广等产业方面均走在了行业前列，荣获“2022年四川省区块链优秀企业”“2022年四川省版权示范单位”等荣誉称号。

作为数字出版企业，公司重视孵化原创融合出版产品开发，包括AR/VR出版和原创网络文学作品及衍生品开发等。各类创新融合出版项目和出版物获得多项省部级奖项。2021—2023年数字出版公司4个项目入选民族文字出版专项资助项目；1个项目入选国家新闻出版署出版业科技与标准示范项目。

苍穹看书：https://newshop.scszcb.com/h5/#/

满洲里市融媒体中心

Manzhouli Media Integration Center

满洲里市融媒体中心成立于2019年8月，将原满洲里报社、满洲里广播电视台、俄语新闻中心、微波站四家单位合而为一，是满洲里市独家新闻宣传机构，也是内蒙古自治区首家实现报、网、台、端全面融合的县级融媒体机构。中心坚持“党建引领，导向为魂，移动为先，内容为王，创新为要，融合发展”的工作思路，重构了“策、采、编、发、评”一体化业务流程，实现了“一体策划、一次采集，多种生成、多元发布、全媒体覆盖”的工作格局，重点建设“1+2+N”品牌传播集群，打造了《满洲里日报》、《满洲里报（俄文）》、满洲里电视综合频道、满洲里综合广播调频、满e融媒客户端、阿科诺中俄双语客户端等18个媒体平台，搭建了全媒体传播矩阵。满洲里市融媒体中心融合案例入选2020年《中国传媒融合创新研究报告》；在首届全国县级融媒体中心舆论引导能力建设年会上，满洲里市融媒体中心舆论引导力建设作为典型经验进行分享；作品《让城市更文明　让生活更美好》获得全国县级融媒体行销创新大赛公益作品铜奖；《讲好中国故事的亮丽窗口——阿科诺客户端》入围2023年全国广播电视媒体融合成长项目，是内蒙古自治区首次入围该项目。

近几年，满洲里市融媒体中心致力于国际传播力建设，重点打造的“阿科诺”融媒品牌项目，以“讲好中国故事的亮丽窗口”为理念，主要包括“阿科诺”中俄双语网站、“阿科诺”中俄双语APP、VK、Twitter、Facebook账号等。以建设“阿科诺”融媒体系列产品为核心，充分发挥口岸城市地缘、人缘、文缘优势，搭建了科学完整的网、微、端架构，开启了中俄媒体交流合作的新篇章，构建了“一带一路”上最具活力的中俄融媒体品牌矩阵。

全媒体矩阵

网络直播

扩大国际朋友圈

走进社区看民生

《中国护理管理》杂志

CHINESE NURSING MANAGEMENT

北京冬奥

北京冬奥护理专题
北京冬奥会冰壶赛事医疗保障的护理管理实践与体会

北京冬奥护理专题
北京冬奥会雪车雪橇中心医疗保障团队的筹备与建设

特别策划

2022年7期特别策划
香港回归祖国25周年

2022年12期特别策划
我们这十年

传承与创新 融合与发展
——中医临床护理十年发展与思考

近十年我国护理质量管理与控制工作的发展历程与展望

十年砥砺奋进，擘画安宁疗护护理事业蓝图

人物专访

基于专科护理联盟的肺病护理专科资源共享模式探索
——访上海市肺科医院护理部主任毛燕君

用关怀的力量守护生命的尊严
——访北京大学首钢医院院长顾晋

云课堂

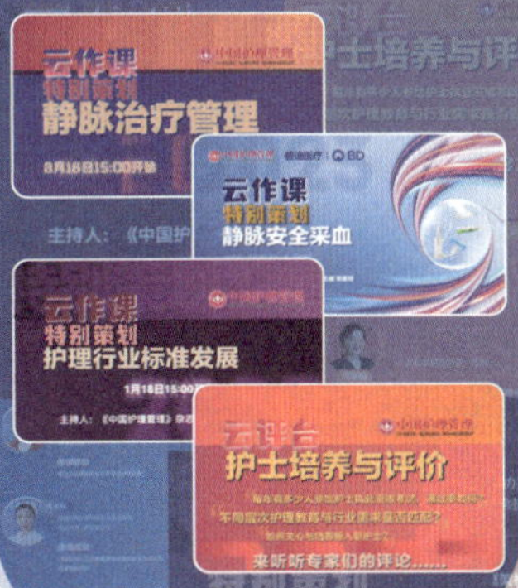

一切为了人民健康——我们这十年

基于环节色块的手术室标本链式管理方案的构建及应用

智能盆底康复APP的开发及在老年女性压力性尿失禁患者中的应用

《中国护理管理》杂志创刊于2001年，是由国家卫生健康委医院管理研究所主办的学术性期刊。杂志为160页月刊，已入选中国科技论文统计源期刊（中国科技核心期刊）、中国科学引文数据库（CSCD）来源期刊、《中文核心期刊要目总览》（2023版）。除定期出版发行外，杂志社每年举办"中国护理管理大会""护理管理创新发展与科研能力提升研讨会""基于岗位胜任力的护理科学管理培训"等，还组织编写了《爱在人间》《点亮生命之光》《为了生命的托附》《护理管理工具与方法》等书籍。于2015年获中国期刊协会颁发的"中国医药卫生媒体最佳实践创新奖"，于2019年、2020年荣获委管出版单位主题宣传优秀期刊，于2021年获"2020年度全国新闻出版深度融合发展创新案例"奖。

"中国护理管理"微信公众号于2014年5月创建，现关注量超过58万，通过广泛传播护士群体的职业风貌，在全社会营造"爱护护士、尊重护士"的和谐氛围；"科学家庭护理"科普服务号有20余万关注量，为一线医护人员搭建科普工作平台，以"传播护理科学，普惠社会大众"为宗旨，围绕主题卫生日及生活中所需要的医疗护理科学知识进行传播。2020年"中国护理管理"微信公众号开设"云作课"（作者讲文章撰写）、云评台（专家点评业内热点）两个云课堂模块，同期也增加了对期刊学术文章的新媒体改编推送，这项活动展示了期刊的学术水平，提高了优质作者投稿积极性，也锻炼了编辑的选稿和加工能力，起到了良好的宣传效应。

扫一扫
欢迎关注
CNM

科学家庭护理　期刊助手　官方公众号　新浪微博

ISSN 1673-7571
CN 11-5550/R

中国数字医学
CHINA DIGITAL MEDICINE

杂志简介

2006年12月创刊
自2009年起连续入选：
中国科技核心期刊
（中国科技论文统计源期刊）

办刊宗旨：及时反映国内外数字医学发展动态，积极推动我国医疗卫生信息化快速发展。

办刊方针：报道数字医学动态进展，传播数字医学理论方法，探究数字医学发展趋势，解读数字医学技术难题，展示数字医学科研成果，传递数字医学市场信息。

基本信息：本刊由国家卫生健康委员会主管，国家卫生健康委医院管理研究所主办。每月15日出版，面向国内外公开发行。

权威智库：本刊依托国内外数字医学领域著名专家学者和业界精英，组成阵容强大、志存高远的智囊团：专家指导委员会、编辑委员会和理事会，为杂志成长发展运筹帷幄、保驾护航。

编辑定位：为广大读者提供最权威的理论知识、最前沿的技术产品、最实用的方式方法、最新颖的活动资讯、最深入的通讯报道、最热心的读者服务和最开放的交流平台，做中国医疗卫生信息化建设发展的忠实记录者、理性推动者和历史见证者。

出版风格：追求科技前沿性、注重理论实践性、体现行业权威性、强化专业导向性，把《中国数字医学》办成具有国际视野和专业水准的权威杂志。

出版形式：以数字医学科技学术论文为主体，打造业界管理者和从业者学术探讨、交流互动、传播信息、获取知识的重要平台。

读者对象：面向各级医疗卫生行政主管部门、医疗卫生机构、医学高等院校、医学科研单位、IT企业的领导者和管理者，以及医疗卫生信息化工作者、医疗卫生领域的从业者、教职学员和热心关注信息化的各界人士。

公众号　　订阅小程序　　E-CHINC融媒体平台

主管单位 国家卫生健康委员会 主办单位 国家卫生健康委医院管理研究所

中国医疗管理科学

CHINESE JOURNAL OF MEDICAL MANAGEMENT SCIENCES

2014年5月创刊·双月刊 中国人文社会科学引文数据库收录·万方数据库、中国知网数据库收录

《中国医疗管理科学》杂志创刊于2014年5月，其中国标准连续出版物刊号为ISSN 2095-7432；CN 10-1208/R。《中国医疗管理科学》是由**国家卫生健康委员会主管，国家卫生健康委医院管理研究所主办**的国内外公开发行的专业学术性期刊，**办刊宗旨为**刊发医疗管理科学研究报告和学术论文，介绍国内外医疗管理领域先进技术和成熟经验，推动医疗管理科学化进程，提升医疗服务水平和效率，服务国家医疗体系建设和卫生事业发展。**编委会由**享誉国内医疗管理领域的知名专家组成。**读者对象为**医疗卫生机构的管理人员、科研人员、临床医务人员、临床科室主任、政府卫生管理人员、高等医学院校的卫生事业管理专业人员及相关研究机构的研究人员、专家学者等。杂志为双月刊，128页码，每逢单月15日出版。

十年耕耘，硕果累累·十年探索，砥砺奋进·十年华章，共谱辉煌

《中国医疗管理科学》杂志创刊以来，以引领医疗管理科学未来为己任，配合国家和主管、主办单位部署的各项医疗管理工作任务和学科发展目标，努力实现：以科技为先导，立足中国医疗服务需求，重点探讨提高医疗服务质量和水平，加强医疗技术科学化管理，加速医疗科技与国际尖端接轨；不断完善医疗服务体系建设，提升全民健康保障能力等方面的研究和学术交流。杂志主要栏目有：医药卫生体制改革、医疗管理科学论坛、医疗体系建设、医疗资源管理、医疗保障制度、医疗质量管理、医疗技术管理、绩效管理、医疗安全、医疗信息化、社区医疗管理、医疗职业健康、慢病管理、病种管理、学科建设、合理用药、医患关系、监测与管理、护理管理、研究与实践、基层医疗管理、调查研究、医疗大事记、医疗文献研究、国外医疗管理等。**目前已被万方数据库、中国知网数据库和中国人文社会科学引文数据库等全文收录。**

微信公众号 订阅扫码

榆林传媒中心

榆林传媒中心办公大楼

榆林传媒中心融媒体报道指挥中心

榆林传媒中心文创作品展厅

近年来，榆林传媒中心发扬敢为人先、敢啃“硬骨头”的精神，坚持守正创新、移动优先、一体发展，实融、真融、深融，深入推进党建业务、机构设置、人事管理、薪酬绩效、职称评聘、考核奖惩、机关服务、技术运维、全媒采访、发布传播等“十个一体化”，实现纸媒与广电媒体、传统媒体与新兴媒体在内容、渠道、平台、经营、管理等方面的深度融合，基本达到“你就是我、我就是你”的融合目标。被中宣部、财政部、广电总局确定为全国市级融媒体中心建设试点。主要做法如下。

机构设置一体化上，彻底打破原报纸、广电、网站、新媒体部门界限，按照融合发展需要设置部门、调整人员，做到党政后勤、全媒体策采、新媒体编辑运营、技术保障等所有机构人员“融为一体、合而为一”。

人事管理一体化上，全体干部职工变身份管理为岗位管理，实行“打破身份，全员聘任制”。

薪酬绩效一体化上，按照“以岗定薪、岗变薪变、倾斜一线”的原则，实行“岗位工资+绩效工资”分配制度，实现多劳多得、优劳优得。

职称评聘一体化上，开展职称改革试点，全面打破专业技术人员职称上升“一顶一”瓶颈，基本做到符合条件的技术业务骨干职称应评尽评、应聘尽聘。

考核奖惩一体化上，制定一系列行政和业务管理办法，干部职工的年度考核、评优、评奖激励和差错事故、违规违纪处罚上，做到一体考评，一把尺子考量。

机关服务一体化上，成立统一的党政综合办、监察审计室、人力资源部、财务核算部、机关事务部等科室，全面负责党政后勤服务保障工作。

技术运维一体化上，率先在全国攻克纸媒、广电媒体、网络媒体信息互通技术壁垒，实现了文字、图片、视频内外网全覆盖、自由调用。建成市级融媒体系统平台，实现了与省级技术平台和县级融媒体中心技术平台业务对接兼容，形成省、市、县三级平台贯通、业务协同的良性发展格局。

全媒采访一体化上，坚持移动优先，实施一线记者“4321”考核激励制度改革（记者为移动端供稿考核占比40%，报纸、电视、广播平台考核分别占比30%、20%、10%），倒逼记者成长为“能写、能拍、能剪、能编”的全媒体记者，实现一支队伍服务多个平台的融合目标。

发布传播一体化上，率先在全省建成市级融媒体报道指挥中心，一次性将报、台、播、网和新媒体新闻业务“融为一体、合而为一”，实现统一策划、统一指挥、统一采编、统一发布、统一运营。

党建业务一体化上，确立党建引领融合改革的战略思路，围绕融合抓党建，抓好党建促融合，有效解决了党建和业务“两张皮”的问题。

融合改革以来，建成拥有30个传播平台的全媒体机构，打造出了《走出家乡的榆林人》“小红热线”“郝记者讲好故事”“四嫂秒杀”“小王说新闻”等多个融媒品牌。共创作体现本土特色的生产纪录片23部、广播剧6部、微电影72部、全媒体直播330余场。累计推出浏览量1000万+的作品107件、100万+的922件、10万+的3415件。全媒体总用户量由2018年的22万增长到1670万，经营收入较融合前增长50%，干部职工人均收入增长40%。共取得全国性、省级、市级荣誉1135项，其中省级以上301项。

潍坊日報 1984-2024

扛牢党媒担当 赋能更好潍坊

潍坊日报创刊40周年

40年春华秋实，40年芳华无限。

1984年7月1日，潍坊日报在改革开放的时代巨变中诞生。

作为中共潍坊市委机关报，自诞生之日起，潍坊日报就肩负着为时代和城市发展鼓与呼的神圣使命。一张张泛黄的报纸，文字力透纸背，在一代代潍坊人的集体记忆中，熔铸城市光荣历史。

从铅与火到光与电，再到数与网，从四开小报到对开大报，再到创刊潍坊晚报形成一社两报格局，从固守传统媒体阵地，到解放思想、更新观念，坚定不移推进媒体深度融合改革，秉承城市开放包容、敢为人先精神基因的潍坊日报人，一直走在改革创新发展之路上。目前，建成潍坊日报、潍坊晚报、潍坊新闻网、潍坊融媒客户端、走向世界·中国潍坊杂志和新媒体矩阵六大宣传平台，攥指成拳，综合发力，牢牢占据了舆论宣传阵地制高点。

新起点再赴新征程。在媒体融合的大潮中，潍坊日报社全面实施深度报道、新媒体综合竞争力、青年记者成长成才等“八大提升行动”，着力打造舆论宣传高地、民意信息枢纽、“新闻+”产业品牌，全力建设全国地市级一流新型主流媒体，将全市人民的不懈奋斗和价值追求，镌刻进城市发展、时代前行的绚丽画卷，为更好潍坊建设贡献党媒力量。

潍坊融媒APP　潍坊融媒微信公众号　潍坊日报微信公众号　潍坊晚报微信公众号　潍坊融媒视频号　潍坊融媒抖音号　潍坊新闻网　潍坊融媒央视频号　潍坊晚报今日头条号　潍坊融媒人民号　潍坊新闻网微博　潍坊晚报微博

中国邮政发行畅销报刊

2017年度向全国少年儿童推荐的百种优秀报刊

“百种优秀期刊进连队”杂志

半月選讀

选出精彩 读出人生

《半月选读》杂志社是由中共中央宣传部国家新闻出版署主管，中国出版协会主办，面向全国发行的文化综合类期刊。连续多年入选邮政报刊发行百强，是全国邮政十大重点报刊之一。

中宣部（国家新闻出版署） 主管 中国出版协会 主办

邮发代号 80-464

理念宗旨 2021年年底，《半月选读》杂志应时而变，全方位改版，进一步明确自己的办刊宗旨：传承和弘扬中华优秀传统文化，深入落实全民阅读。传播真善美，传递正能量，为读者提供一本符合时代内涵且具有创新表达形式的传统文化类生活文摘。

内容定位 执古御今，持经达变。作为阅读类的半月刊，积极落实中央关于弘扬中华优秀传统文化和深化全民阅读的精神，尝试讲清楚中华优秀传统文化包含哪些内容，充分满足当代读者短频快、碎片化阅读的需求。注重知识性、可读性、趣味性。

期刊特色 《半月选读》期刊特色是以中国文化中优美的“汉字”组织策划每一期的主题，“一字一期，一期一字”。特色栏目有：史事探读、书画雅读、经典赏读、教育之光、非遗览读、健康伴读等。栏目策划以当期主题字为切入点，带领读者探寻中华优秀传统文化中的宝藏。

欢迎订阅

国内统一刊号：CN11-5378/C
定价：8.00 元
全年：192.00元
全国各地邮局均可订阅

更多精彩
扫码关注
半月选读杂志
微信公众号

中国新闻出版深度融合发展年鉴

◆ 中国唯一新闻出版深度融合发展纪年文献

◆ 新闻出版深度融合发展的综合性、权威性、史料性专业大型工具书

◆ 涵盖报业、出版、期刊、新闻网站、广播电视（融媒体中心）实践创新案例

（2021年卷）

（2021—2024年卷）

·特别关注·

Special Concern

2021年中国报业深度融合发展创新案例亮点赏析

案例1：农民日报社全媒体采编平台（农民日报社）

农民日报社建设国内首家基于同架构混合云模式的融媒体支撑平台，深度运用大数据技术，打造了一体化的采编生产、多渠道协同分发、多终端呈现的融媒体业务平台——三农传媒云。

亮点赏析：

1. 将大数据技术深度融合于融媒体全业务流程。平台依托于安全组件技术和服务，打造了同架构混合云计算平台，实现资源在私有云和公有云之间稳态和敏态的灵活调度，满足业务对于稳定运行和敏捷创新的共同诉求，通过混合云管理平台，实现对业务服务和计算资源的统一规划与管控，构建IT架构的新模式，完成云上云下的安全数据分析和融合，建立云端的安全指挥中心，构建三农传媒云的可视化安全指挥中心，实现报社业务系统日常安全管理运维工作的标准化、例行化，并融入到业务系统整体运行维护体系之中，实现行业安全监测与行业威胁识别，构建基于人工智能AI和大数据分析的安全分析和管理平台。

2. 平台建设遵循“统一规划，分步实施”的原则，具有先进连续、灵活兼容、安全稳定等特点。报社从业务应用系统要求出发，根据信息技术及其标准的发展趋势，采用云计算架构模式，使新建立的系统能够最大限度适应今后技术和业务发展变化的需要。平台可与报社已有业务系统、设备无缝兼容，在不同场地、不同环境均能灵活调整发挥最高效率，系统可全年不间断稳定运行，关键业务系统设备不存在单点故障隐患，并提供完备的备份和灾难恢复措施，保障在业务系统出现重大故障后能在十分钟内迅速恢复，当发生入侵时能够及时检测并自动屏蔽和恢复。

案例2：天津海河传媒中心报网融合媒体平台（天津海河传媒中心）

天津海河传媒中心依托新技术构建的津云新媒体平台，以“报网融合媒体平台”创新改造了机制流程，改传统媒体生产方式为融媒体生产方式，让采编力量积累了一整套因地制宜、高效互动的协作模式，保障了时政要闻稿件及时播发，让传统纸媒内容、资源汇聚移动端，达成重大主题宣传协同策划实施。

亮点赏析：

1. 整合内部资源，打造24小时全息媒体，实现全场景覆盖。《天津日报》《今晚报》和津云通过数据可视化技术、多媒体融合技术以及虚拟现实技术带来的沉浸式体验，使新闻图片、视频等各种元素结合，为读者创造生动的新闻场景，同时使得信息以交互体验的方式得以呈现，融合报道赋予受众更多选择权，进一步提高受众参与感、互动感和真实感。

2. 打通外部渠道，技术赋能一键分发、安全审核。依托津云新媒体推出内容一键多发平台，使图文、视频等经过一次后台编发，就能在客户端、PC端、学习强国平台以及头条、抖音、快手等媒体账号上同步发布，显著提升内容传播效能。使用AI辅助审核技术对网民上传的海量用户头像、视频内容等进行敏感图形识别，与人工审核相配合，把住了内容安全第一道关卡。

3. 依托大数据监测，掌握舆论场风向，指导运营优化。津云中央厨房利用信息采集、大数据分析等技术，可提供当前社会热点、舆情风向等作为议题设置的参考线索。对稿件进行多维度统计分析，包括传播力、累计访问量、是否原创等，并以这些指标为依据对稿件进行等级评定。该套系统的应用为新媒体内容优化方向提供数据支持，以便带给用户更丰富更优质的内容，推动内容的传播程度。

案例3：“橙柿互动”主流都市融媒体传播体系（杭州日报报业集团）

都市快报“橙柿互动”主流都市融媒体传播体系以城市大数据、电商能力为技术驱动，以同城社交为用户基础，用优质新闻引导舆论，凝聚城市向心力，参与社会治理，构建了“优质新闻+同城社交+新消费”的都市融媒体模式，深度参与城市发展，在中国报业深度融合发展的大潮中走出了一条具有杭州城市鲜明特色的融合发展道路。

亮点赏析：

1. 大数据技术把控舆论风向，以优质新闻为先锋，凝聚城市共识。东京奥运会第一天，温州姑娘王璐瑶在女子气步枪项目预赛中发挥不理想被淘汰。赛后，王璐瑶发了一条社交动态，遭遇了大量网络暴力。监控到这一情况，“橙柿互动”形成报道迅速发声，努力引导舆论“不要以一时成败来论英雄”，并以＃王璐瑶仍是浙江了不起的姑娘＃为主话题词发布了微博。《人民日报》等多家中央媒体纷纷参与，引发全国网友对什么是奥运精神的大讨论。当天微博热搜上排名第一，话题阅读超5.6亿次。

2. 以同城社交为内核，夯实用户基础。“橙柿互动”重点打造的浙江中小学生写作学习平台——“爱写作的狮子”，紧密联结杭城师生家长和中小学生，目前是杭州、浙江最有影响力的教育品牌之一。同名微信公众号从2017年的2万粉丝，截至2021年8月，已迅速扩大到百万粉丝。此外，都市快报·橙柿互动每年通过举办未来生活节、西湖音乐节、杭州奇妙夜等一系列大型线下活动，促进同城社交，夯实用户基础。每年举办的系列线下大型活动，吸引30万人次到场参加。

3. 以电商能力为技术驱动，服务市民百姓、实现自我造血。作为国内最早涉足电商能力建设的媒体之一，旗下电商平台——快抱（橙柿互动APP前身），通过线上线下双渠道，构建全网络系统性的电商服务能力，具有直播带货、发放消费券、秒抢、留言、外链、众筹等功能，通过立体、多元、精准的互动样式，把单一属性的阅读用户转化成付费留资用户。从新闻服务到生活服务，“橙柿互动”在媒体融合转型中的电商能力建设，在带来“有效用户沉淀”“经营收入增长”“媒体影响力延展”的过程中，扮演了有益角色。2021年1—8月，已实现整体电商交易额过4000万元，年交易用户突破30万。

4. 以城市大脑为大数据支撑，参与社会治理。“橙柿互动”融媒体以“橙柿直通车”为抓手，在党委政府和市民之间架起沟通桥梁，持续推动百姓关心的相关问题得到解决。“橙柿直通车”自推出以来，截至2021年8月已举办30多场线下圆桌会，邀请专家学者、政府官员和市民面对面商讨问题，共接到反映问题的留言23000多条，帮助市民解决12000多件实事。

案例4：“赣鄱云”融媒体智慧平台（江西日报融媒体传播有限公司）

“《江西日报》+赣鄱云”融媒体智慧平台以从机制体制、多级联动、技术赋能等方面启动媒体深度融合改革，推动江西省各厅局和各县（市、区）媒体融合深度发展，构建了具有强大影响力和竞争力的新型主流媒体，走出了一条媒体融合的“江西路径”。

亮点赏析：

1. 移动优先，先端后报，高位推动，全员培训。《江西日报》坚持移动优先，报端云合一，全面整合《江西日报》、“赣鄱云”、江西新闻客户端，将党报的内容优势转化为新媒体的传播优势。坚持先端后报原则，所有采编人员必须完成“赣鄱云”的定额考核任务，每位记者每个月从“三量”（数量、质量、流量）进行考核，并与月绩效挂钩，对各采编部门进行每日排名，所有新媒体稿件参与好稿评比。高位推动媒体深度融合，成立社长为组长的媒体融合推进小组，江西日报社总编辑兼任江西新闻客户端（“赣鄱云”融媒体中心）总编辑，实现扁平化管理。实施全员大规模培训，每个人至少轮训一个月，并形成普及培训和不定期专员培训的有效结合。

2. 同频共振，全省各级融媒体联成“一张网”。《江西日报》以“云”端统一供给中央厨房、传播平台、大数据为保证，以江西新闻客户端分端或独端为展现，实现省、市、县三级在内容、用户、技术、数据、传播平台打通共享，带动全省各级融媒体发展，多级联动壮大主流舆论。实现全省70个县级客户端同步布局，各县（市、区）生产的新闻产品不仅在本地站点媒体平台上传播，还可通过“赣鄱云”实现在全省各平台进行传播。“赣鄱云”不仅向下与市县级融媒体中心联动，还向上与央媒进行联动，与全国25个兄弟省主流融媒体中心进行联动，形成“横向到边，纵向到底”的传播格局，达到海量传播效果。

3. 技术赋能，云媒时代迈向智媒时代。以用户为中心不断迭代。“赣鄱云”通过技术驱动打造智慧新闻客户端，AR产品交互、电视直播等互动功能满足用户阅读广泛性与互动性；在服务群众方面，与赣服通打通，增加50多项便民服务功能模块。新闻生产步入智能化，“赣鄱云”不断融入AI技术，从内容安全识别到数字新闻生产，已经实现直播、微视频、卡通、数据新闻、H5交互等智能化新闻生产模式，更是在世界VR产业大会实现国内首次“AR直播”，推出了全省首张AR报纸。向县级融媒进行技术赋能，为合作的县级融媒体中心提供上门培训专项服务指导，制定“赣鄱云2021春季服务行动方案”。开展“赣鄱云+”探索。江西日报社充分发挥“赣鄱云”平台渠道与技术优势，不断研发新的智能化媒体产品。“赣鄱云+Future智慧电台”“赣鄱云+社会治理大数据”等新产品的上线，助力县级融媒体中心打通服务群众“最后一公里”。

案例5：南方智媒云（广东南方新媒体科技有限公司）

南方报业传媒集团提出“三个一体化”战略（内容一体化生产、技术一体化支撑、经营一体化统筹）和“移动化、平台化、可视化、智慧化”的实施路径，制定了高质量发展三年行动计划，成立广东南方新媒体科技有限公司，举集团之力打造集团及广东省的融媒体中心平台——南方智媒云。该平台是服务于集团媒体主营业务的总技术底盘，规划了二百多个系统和服务，着力于打造三大业务平台及四大底层支撑中台。

亮点赏析：

1. 构建全媒体传播体系，提升传播力建设。通过南方智媒云建设，实现全媒介、全形态传播，支持报、刊、网、端、微、屏、号等全媒介产品和业务形态，支持图文、音视频、直播、海报、条漫、H5、AR/VR、AI 人脸融合、虚拟主播等全形态内容产品。充分发挥专业生产(PGC)和开放生产(UGC)各自优势，专业生产上，提供更加专业智能的生产工具，以提高生产效能，如研发创作工具平台，提供信息地图、通用金句、点赞留言互动等工具等；开放生产上，针对不同对象搭建相应开放生产平台，积极发动创作者参与生产，扩大优质内容来源，如搭建南方拍客报料平台，成为与用户建立联系，收集民情、了解民生的利器等；贯穿策、采、编、审、发、评、馈全链条，建立全流程平台产品线；构建业务全流程生态闭环，使产品上线运营效果可追踪可检验，充分利用大数据手段对用户访问行为进行全程记录。依托南方智媒云强大的平台支撑能力，南方 + 传播力与日俱增。

2. 构建政务新媒体开放生产平台，促进区域媒体升级发展。截至 2021 年 8 月，广东省已超过 7000 家政务机构入驻“南方智媒云”开设南方号，全面覆盖 21 个地市和 18 个垂直系统。打造广东省县级融媒体中心统一技术平台，对县级融媒体中心平台提供管理、内容输出、技术能力输出、服务输出等。

3. 自主研发新技术，支撑新型主流媒体智能化生产及智慧化传播。自主研发文字转语音、语音转文字、智能审核、自动提取标签、视频自动转码等数十项重磅实用的智能能力，以强大算力代替人工，实现机器自动化智能处理，把采编人员从重复性、有规则规律性的劳动中解放出来，更多地从事更高端的创意策划、高品质内容生产工作；创新研发了基于“南方党媒算法”的强化主流价值导向的智能推荐技术，系统在根据用户兴趣进行机器推荐的基础上，特别增加制定了符合党媒主流价值的算法规则，赋予编辑可干预和引导的能力，以向特定用户进行个性化定制推送和推荐，实现更精准、智慧、快捷和正能量的传播；研发广东省新冠肺炎疫情地图实时动态查询系统，通过球面经纬度距离计算得出用户周边病例分布情况，便于公众及时掌握病例活动轨迹，对促进疫情防控起到了重要作用。项目累计获得软件著作权 32 项，申请专利 11 件。

4. 创新管理，推动平台再造及组织流程再造。在建设期间全新构建中央厨房项目，全面掌握系统源代码，进一步打通内容生产端和传播端平台，策、采、编、审、发、评、馈业务链条更加紧密，实现平台完全自主可控，解决“卡脖子”问题，掌握产品技术主动权。同时在南方智媒云建设和平台再造过程中，技术部门与业务部门积极探讨、共同拟定多项管理制度和规范，通过“技术 + 制度”，以使平台规范有序运转，促进集团战略更好落地。

案例 6：四川日报全媒体一体化深度融合创新（四川日报报业集团）

四川日报全媒体以中央顶层设计为指引，进一步找准推进媒体融合迈向纵深的路径，以《四川日报》为引领，以川观新闻为驱动，以四川在线为协同，以打造“智能 + 智慧 + 智库”的智媒体为抓手，以建立全媒体传播体系为重点，推进《四川日报》、川观新闻、四川在线向“一支队伍、一个平台、三大终端、全媒一体”深度融合创新，推动一体化智媒体建设。

亮点赏析：

1. 立足国家治理的站位来谋划。以川报智媒体建设为抓手的川报一体化深度融合创新将新闻宣传和舆论动员的天然属性与国家治理相结合，推进国家治理现代化进程，做舆论定向的举旗者、做社会运转的协调者、做智能治理的创新者。

2. 坚定做强自主传播平台。川报智媒体通过全面建设移动新平台、大力运用移动新技术、持续创造移动新内容，努力实现三个转变：基因转变，把重点转移到移动互联网平台建设上来；阵地转变，以川观新闻客户端为驱动，把川观新闻作为传播中心思想、壮大主流舆论的主平台、主阵地；“武器”转变，升级采编装备、技术装备、产品运营装备。通过持续推动川观新闻迭代升级，不断强化“看四川，观天下”的品牌标识，以此带动各终端的全要素一体化运营，通过改革创新、深度融合，相互呼应、共同成长，形成同向同步、同频共振的共同体，构建深度融合、全媒一体“大平台”。通过对长期累积的政经资源、品牌优势的开发拓展以及对已经建立起来的多元产品矩阵体系进行优化调整，构建具有广泛覆盖力的本土互联网生态型平台。

3. 以先进技术为引领。立足人工智能时代，坚持技术引领，推进智媒体技术创新，运用全息新技术，提升传播全效能，全力打造以移动互联网为主阵地、以人工智能技术为主支撑、符合技术演进主趋势的智能媒体、智库媒体，建设全国领先的智媒新物种。

4. 坚持开门生产。坚持走群众路线，打通用户生产渠道，搭建并做强“川观拍客”“川观号”等 UGC、PGC 产品，以开放的心态吸引用户参与内容生产。

案例 7：“侠客岛”栏目（人民日报社）

侠客岛工作室是人民日报社最早探索媒体融合的工作室之一，创办于 2014 年 2 月。创办十年来，侠客岛坚持以时政热点新闻解读为主业，内容丰富优质，话语清新活泼，在微信、微博、抖音、视频号、门户网站、主要资讯客户端等多个媒体平台落地，在国内外舆论场尤其是互联网舆论场拥有广泛影响力，全网用户量超2000万，遍及全球五大洲，覆盖全国所有省区市，以20—50岁的用户为主体，具有受教育程度高、品牌忠诚度高等特点。

亮点赏析：

1. 以进促稳，在众声喧哗中掌握舆论主导权。十年间，侠客岛充分发挥“舆论场轻骑兵”作用，以权威、理性、客观的姿态，紧跟重大话题和社会热点，积极而稳妥地做好舆论引导，拓展了主流媒体的传播力、引导力、影响力、公信力，“热点问题看侠客岛”成为众多网友的阅读期待。

2. 敢于亮剑，在对外舆论斗争中大显身手。面对严峻复杂的国际舆论斗争，侠客岛始终坚持中国立场、中国表达，在中美经贸摩擦、南海争端、打击“台独”“港独”等事件中，创作了一批剑锋锐利的原创融媒作品，向世界响亮发出中国声音。

3. 以融促变，锻造网友喜闻乐见的新媒体品牌。经过十年努力，侠客岛已发展为拥有文字、音视频、海报、线下活动、文创产品等多种呈现形式并覆盖主流移动互联网平台的党报新媒体品牌，用户知识层次高、黏性强，以各级党政机关干部、企事业单位人员、各领域专家和高校师生为主，其中不乏省部级以上领导干部。

案例8：“人民名医”直播平台（健康时报社）

《人民日报》健康客户端、人民日报社《健康时报》联合推出“人民名医”平台，以权威名医线上疾病教育和直播咨询为主要形式，打造多平台直播、多渠道畅达、多介质呈现、多载体传播的媒体深度融合内容生态，集成最新音视频制作与传输技术，依托人民日报健康客户端，打造一个全国权威名医、主流媒体网络平台、优质医药产业、社会公众网友四方联动、紧密参与、可持续发展的模式。

亮点赏析：

1. 以直播内容为孵化母体，实现多平台、多渠道、多介质、多载体“八爪鱼”式内容供给创新。《人民名医》每期从“人民名医”（原“国之名医”）榜单中，邀请一位院士、院长、科室主任、学科带头人、著名专家，联动人民视频、央视频、腾讯视频、百度视频等28个播出平台，围绕常见病、高发病种在线答疑。（1）实现多平台、多渠道的内容供给。根据节目视频内容，每期通过人工智能技术，自动生成多个疾病教育知识点，分发到人民日报健康客户端、健康时报网、健康时报客户端、《健康时报》、健康时报微博以及学习强国、腾讯、百度、今日头条、网易、知乎等28个主流媒体、网络平台公号，实现一次生产，“八爪鱼”式多渠道内容供给。（2）实现多介质、多载体的内容供给。直播的核心知识点，同步生成文字、视频、音频、图片等多介质内容产品，供给到抖音、快手、微视、喜马拉雅、小米音箱等音、视频多载体平台。每期直播融合报、网、端、微等多个平台，平均制作发布38+张海报、4+篇文章、2+《健康时报》报道，创建或丰富人民日报健康客户端“查疾病”板块3+条关联词条、3+条短视频，覆盖28个全国主流媒体和网络平台公众号，充分实现纸媒、手机端，文字、图片、视频等多介质、多载体的融合传播。

2. 实现疾病管理一体化信息供给，解决“患者就医信息饥渴症”，把医生从重复性的疾病解答中解放出来。面对慢性病多发、公众寻医问诊的迫切需求，每期节目联动百度、腾讯、知乎等大数据平台，征集和筛选网友对该病种搜索量最多、最为关心的问题，生成多个咨询问答，由直播名医即时答疑。截至2022年2月，直播覆盖56个单病种学科的560期内容，问诊答疑总时长接近3万余分钟。在网友个体咨询、轻问诊基础上，进行数据开发，已逐次形成1000余种疾病的热门问答。这些问答以线上、线下方式延伸、链接到医院临床门诊、病床管理的患者教育，致力于解决“患者就医信息饥渴症”，帮助医生从重复性的疾病解答中解放出来，以更大精力专注诊疗，推动《人民名医》平台成为临床医生的重要助手。

3. 严格的质量控制，打造集约高效的内容品牌。（1）专家级别高。栏目定位“名医直播”，人民日报健康客户端与《健康时报》每年发布的“人民名医”榜单已成为栏目重要的专家资源库，成为《人民名医》最重要的核心资源与独家优势。栏目累计与国内300余家三甲医院、80余家国家级临床专业专委会开展合作。截至2022年2月，已有17位院士、137位全国知名三甲医院院长、316位主（副）委、三甲医院科室主任、正高级别以上591位权威专家做客直播，涵盖56个单病种疾病学科。（2）落地平台多。每期节目在人民日报健康客户端、人民视频、央视频、腾讯新闻、今日头条、抖音、快手等国内28个主流媒体、网络平台落地，实现一次直播、多平台落地，最大程度扩大优质内容覆盖面，受众面广、社会影响大。节目全网年度累计观看量达12.97亿，全网每期平均累计播放量达150万，单期节目播放量最高达880万。（3）多环节管理。内容生产上，每期直播均由运营、采访、编辑、视觉设计、主持、技术等6个专业团队参与，涵盖16个环节，包括网友话题征集、专家摸排、邀约确定、专家意见征询、直播主题确定、直播文案撰写、主任审定、海报设计、预告发布、台本撰写、全网分发、网友互动、直播后分发等，形成严格的质量控制体系。（4）直播样式新。栏目集成最新直播技术，已实现演播室访谈直播、远程连线直播、场地探访直播、医患在线实时咨询等四类直播形式。2020年2月12日至2021年，《人民名医》采用时延约束、带宽控制等，优化视频传输算法的连线工具，开创远程连线新模式，于业内率先推出新冠肺炎防治特别策划主题系列，后陆续推出肿瘤名家连线多学科会诊直播，全国各地名院、权威医生远程连线直播，让名医沟通无界限、在线交流无阻碍，真正实现医患互通零距离，累计在线观看量超过8亿人次。

案例9：“记录小康生活 见证时代变迁”微视频（经济日报社）

2021年3月14日，经济日报社启动“记录小康生活 见证时代变迁”——庆祝中国共产党成立100周年微视频征集活动，是当年第一家围绕建党百年主题开展视频征集活动的中央媒体。在为期100天的征集中收到作品超7000件，《感受小康》等相关展播作品全网播放量超过8亿次。投稿作品题材多元、素材丰富、视角多样，包括党史题材、脱贫攻坚、大国工程、文化传承、家庭故事等，真实生动反映了我国经济社会发展的巨大变化和取得的辉煌成就。

亮点赏析：

1. 精心组织，拓展主题宣传维度。《经济日报》举办面向全社会的微视频征集活动，目的是动员广大网民用自己的镜头和视角，以自己的体验和感受我国经济社会巨大变化，抒发爱党爱国之情。此次活动的开展，也是传统纸媒用好短视频等新媒体手段做好主题宣传、推动媒体深度融合发展的积极探索。通过微视频征集组织广大网民参与到重大主题宣传中来，符合移动时代的传播特点和规律；引导网民自己讲述身边变化和发展成就，更有说服力和可信度。同时，为保证征集作品与活动主题的契合度，并设定征集主题围绕“见证辉煌”“奋斗者”“红色记忆”“我想对党说”等多个关键词，对投稿者进行创作指引；为确保活动热度，征集分四个阶段，每阶段主推一个小主题。

2. 用好作品，汇聚网民积极能量。活动期间，通过《经济日报》自有平台及抖音、西瓜视频、视觉中国、小红书等第三方平台渠道投稿的作品超7000件，作品数量和质量都远超预期。这些投稿作品来源广泛、主题丰富、形式多样，整体质量较高，从中能清晰地感受到当前短视频的发展态势，也能感受到广大网民通过短视顿反映生活、表达情感的意愿。优秀作品的持续供给是征集活动成功的根本，传播好作品则是扩大活动效果的关键。在征集活动中，《经济日报》设计了两种作品展播模式：一是直接展播，确保各平台投稿作品得到及时充分的展示和传播；二是二次展播，结合重要时间节点，通过同主题集纳、混剪创作等方式，对征集作品进行深度加工和二次创作。

3. 及时研讨，扩大征集活动成果。2021年6月，《经济日报》就此次征集活动举办专题研讨会，邀请部分投稿作者代表，清华大学、中国人民大学、中国传媒大学等高校学者，媒体同行、平台负责人，分享创作经验，围绕如何抓住短视频风口、推动深度融合发展等问题进行探讨交流。与会专家认为，经济日报社组织的微视频征集活动，让百姓故事走进舆论场C位，以普通人视角、全社会参与、汇聚大众智慧和能量的方式做好重大主题宣传，充分发挥了主流媒体价值引领的作用，为传统媒体解决深度融合中简单相加、机械合并等问题找到了一个适合的切口。

案例10：抗击新冠病毒的中国方案（Fighting COVID-19-the Chinese Way，中国日报社）

为助力全球抗击新冠肺炎疫情，维护全球卫生安全，在国务院新闻办公室、国家卫健委、科技部、国家药监局和国家中医药管理局等单位的指导支持下，中国日报网于2020年3月上线推出权威、系统和科学展的疫情防控举措和方案的外文百科综合网络信息服务平台——“抗击新冠病毒的中国方案”专题网站（以下简称网站），分享中国方案、中国经验，为海外民众提供疫情防控信息服务，讲好中国抗击疫情故事，得到国际社会广泛关注。

亮点赏析：

1. 整合优质资源，全媒体国际化专业团队高效完成网站建设。在中国日报社编委会的领导下，以中国日报网团队为班底，深度联动全社各部门、海外机构，成立专题网站建设工作组，与指导单位保持高效联系，仅用一周时间就完成“中国方案”网站的建设工作，并实现顺利上线。

2. 以权威信息发布为根本、创新服务为关键，全面系统介绍“战”疫中国方案。网站在定位上突出知识性、科普性、服务性和公益性，设置“最新进展”“权威问答”“科普知识”“最新视频”“AI智能查询”“健康指南”“中医药诊疗”和“权威资料”等8个栏目，通过图文、视频、直播、动画等多媒体手段，持续发布权威信息，提供多形式的在线信息咨询服务。

3. 精准应用先进技术，创新服务与交互手段，及时回应海外民众需求。网站把创新性和服务能力作为重点，合理应用科学可视化、语音识别、流媒体、二维码、人工智能、语义识别等先进技术，着力提升网站的服务质量和服务创新力。如“AI智能查询”栏目，每周吸引近百人咨询；“科普知识”通过大量应用图表、动画等形式实现“科学可视化”；上线多语种自动翻译功能，覆盖法语、西班牙语、德语、阿拉伯语、意大利语等五个语种；持续优化文章页跟帖评论功能，并主动开设热线邮箱，海外访问者跟帖留言累计超过2万条，点赞转发超过13万次，热线邮箱收到邮件超过1000封。

4. 深入开展研究，专业调研报告为国际抗疫合作提供重要借鉴。网站于2020年4月首发《抗击新冠肺炎疫情的中国实践》中英双语专题调研报告，《中国日报》

整合全社全球传播资源，第一时间进行全媒体宣介，得到国内外各界的积极关注和广泛好评，报告内容被美国福克斯新闻、俄罗斯通讯社等近200家海外主流媒体，以及世界经济论坛等国际组织全文转发、转引，覆盖超过2亿受众。

5.主动作为，服务高质，网站获得全球各界广泛关注。网站上线一年多，共发布图文、图表图解、视频、动画等信息产品超过2400篇/件，页面海外阅读量近6000万次，吸引来自194个国家和地区网民访问和关注。自上线以来，美联社、英国《每日电讯报》、雅虎财经等近20个国家的200多家境外主流媒体和网站，通过多语种报道、转载、转引网站上线消息和重点信息服务产品，覆盖了欧、美、亚、非地区超过3亿受众。

案例11：《新360行》（工人日报社）

《新360行》是《工人日报》专为移动端量身打造的融媒短视频栏目，于2019年8月正式推出。栏目聚焦中国经济转型升级过程中不断涌现的新职业，通过这些新职业从业者的故事，折射社会进步和时代变迁，以小切口、大情怀、高站位、全新视角赞美新时代、唱响劳动者之歌。

亮点赏析：

1.以项目制的形式运作，整合社内社外力量、资源，打造全媒体采编队伍。该栏目从创办之初就以项目制的形式运行，打破报社采编各部门的行政壁垒，整合报、网、微、端、刊的资源，每一期基本两三人自由搭档完成。同时，对外加大与各地工会、企业、融媒体中心对接，依托报社的品牌和平台优势，让通讯员提供选题或新闻素材，在降低成本的同时整合了视频资源，丰富了产品内容。

2.尊重互联网传播规律，追求原创内容，创新叙事模式。在叙事手法上，《新360行》用3分钟左右的短视频讲故事，通过VLOG、跟拍、记者出镜等多种形式，不断创新表达方式，努力探索多元化的表现手法，满足不同用户的不同需求。在叙事内容上，栏目追求原创，确定用短视频讲述中国工人故事的主基调，不光关注新兴的职业，更关注从事新职业的人，他们的就业经过、心路历程、人生故事都是栏目关注的，用户看完，不光记住了这个新职业，更记住了从事这一职业的人，有时候因为这个人才对这个职业印象深刻，这是栏目努力追求的方向。

3.以用户为中心，突出“工”字特色，以正能量赢得流量。该栏目聚焦为用户提供有效、实用、有营养的信息，承担主流媒体应尽职责，关注新产业、新业态、新商业模式带来的新职业，先后推出《电子竞技员》《快递员》《代驾司机》等新职业从业者故事，为相关部门制定新就业形态劳动者权益保护的“顶层设计”提供参考。疫情期间，栏目专门推出《专业消毒员》《社区网格员》《核酸检测员》等节目，将镜头对准奋战在抗疫一线的劳动者，讲述他们的动人故事。同时，栏目也关注传统产业所诞生的新职业，比如《林业碳汇业务员》《地下管网智能检测修复员》，这些脱胎于传统行业的新职业，借助于新技术、新设备、新产品的广泛运用，带动工作创新，成为推动经济发展的重要动力。

4.品牌创新，提升综合大报的核心竞争力。该栏目强调打造精品内容：设计《新360行》LOGO，规范视频片头和片尾，为APP端配套醒目海报，统一推送时间为每周五的16：30左右，从而使栏目具有高辨识度，最终达到提升栏目知名度的目的。

案例12：“融媒云厨”视频（中国青年报社）

中青报通过强大的青年视角策划能力和依托“融媒云厨”新媒体产品策划、制作、分发能力，形成了以微观视角切入、故事化讲述、新媒体创制、正能量主题落脚的全新报道形式，探索文化类视频产品、思政类视频产品、新闻类视频产品等新品种，推出了一系列立足青年视角、聚焦青年话题、符合青年话语体系的融媒产品。

亮点赏析：

1.融合方式下的内容创制。中青报通过“融媒云厨”机制策划打造多款视频节目，包括访谈、微电影、记录片等。如短视频栏目《氧气视频》以记者讲述的形式，聚焦消费及相关领域，内容以“深度解读+资讯评论”为主。截至2021年底，共制作、传播视频节目70余期，在中青报客户端首发，报社多平台传播，单条全网最高阅读量111万次，微博端#氧气视频#话题阅读量2400多万次；融媒视听微综艺节目《榜样阅读》，围绕“纪念五四运动100周年”“爱国情奋斗者”“脱贫攻坚”重大宣传主题制作；轻综艺节目《中国吸引力》系列节目围绕中国特色社会治理方案、弘扬中华优秀文化、科技创新、脱贫攻坚等主题，邀请外国青年走访中国大地、探寻中国故事、感知中国动力；诗歌雅集文化传承节目《邻家诗话》以古诗词为内容核心，通过美景、美文让诗词贴近每一个人的生活，同时采用朗诵、音乐、舞蹈、绘画等表演形式融入情感共鸣和互动体验，多维度诠释诗歌的文化内涵，注重知识的趣味性呈现。

2.立足青年引导与服务，打造思政学习与青年就业服务模块。青年思政学习模块精心挑选中青报近年来创制的融媒精品课程，开设了党史学习、经典诵读、时政国情、理想信念、爱国主义、道德品行、人物事迹、团员意识、团务百科等板块，截至2021年底，拥有各类思政学习课程100余部。如“红船边的思政课”节目既有思政课、又有话剧演出，既在红船边，又在礼堂中，形式多样，场景多元，实现了实时在线学习人数超过130万，累计观看量超247万。

3.技术支持“新闻资讯+服务双管齐下”、灵活定制内容审核工作流程。除常规的新闻资讯模块外，客户端自主研发思政学习平台和就业平台两大子系统，已实现学习模块、就业模块和中青号（UGC）模块等服务性功能。系统支持针对不同渠道和内容组织形式的自由定义工作流程及其流程中的负责人或审批人以及工作规则，并可针对不同的场景设置不同的工作流，从系统应用角度最大程度保证了业务层面的使用体验。

案例 13："天平阳光"一体化移动平台 2.0 版（人民法院新闻传媒总社）

天平阳光一体化移动平台（以下简称天平阳光）由最高人民法院所属人民法院新闻传媒总社打造，是实现信息内容、技术应用、平台终端、管理手段共融互通的中国法院移动门户。

亮点赏析：

1. 打造人民法院新闻宣传主阵地，重视原创内容生产创作。平台坚持内容为王，专注内容质量，与最高人民法院机关报《人民法院报》和全国法院政务网站群从内容到渠道深度融合，汇聚人民法院新闻传媒总社旗下报纸、杂志、网站、新媒体等平台资讯及各主流媒体时政法治资讯。开启 UGC 功能，上线以来，截至 2021 年底，已有全国 3256 家法院入驻，累计发布多种形式的融媒体原创新闻稿件 221 万余篇，形成以最高人民法院账号为引领，各级法院账号全面覆盖、全时响应的融媒体传播矩阵，全面呈现政法领域自媒体平台内容新生态。天平阳光（2020 年 12 月上线）更加重视原创短视频内容生产，制作并发布《法眼看天下》等多部原创视频；围绕司法改革重点、热点精心打造的"天平小剧场"视频栏目，成功塑造了鲜活、亲切、接地气的现象级 IP——《民法君》，将老百姓日常生活中可能遇到的法律问题以一分钟趣演案例的方式进行演绎。

2. 打造全国法院诉讼服务集合地，服务智慧法院转型升级。天平阳光以服务人民法院审判体系和审判能力现代化为目标，集成人民法院自有数据资源和服务平台，接入四大司法公开平台、法律法规查询、法院公告发布、执行监督举报、网络拍卖公告、诉讼指南、文书模板、失信人地图等 10 余项服务。天平阳光全新接入"人民法院在线服务"平台，用户可一键直达所在省的分平台参与诉讼事务，在移动互联网上搭建起"一站式服务大厅"，让人民群众体验到"一机在手、服务全有"的便利。

3. 打造法院干警线上学习新园地，助力新时代人民法院党建工作。结合法院审判业务和法官队伍建设实际，探索"互联网 + 学习 / 党建"模式，设计开发"天平学院"和"天平党建"，助力全国法院干警学习培训和党建工作从"线下"到"线上"，从信息化向智慧化转换。截至 2021 年底，"天平党建上线习近平系列重要讲话 10 个专题内容，上线党建学习视频 260 余部；"天平学院"上线有关民事、刑事等五大类别 2000 余部课程视频，上线民法典、政法实务讲堂等五大专题 600 余部课程视频，开设线上法律类辩论专题 30 余场，为加强政法队伍能力建设、提升法律人群职业素养提供强有力的智力支撑。

4. 打造垂直社交平台，增加平台用户凝聚力。依托"天平号"打造法院系统社交平台"法律圈"，吸引时政、法律、文化等领域专业人士入驻，为用户建立"熟人社交"，用户可通过即时通讯和群聊、短视频拍摄和分享等社交功能进行深度互动；举办"天平杯·随手拍"大赛，征集作品 3 万余篇，全平台阅读量 7300 余万；助力人民法院打好诉源治理"组合拳"，邀请全国 4600 余名人民调解员入驻平台，开设"我的调解日志"专栏，以短视频方式展示调解过程中的收获与成果，有效提升了用户生产的积极性、趣味性、互动性，切实增强用户黏性。

案例 14：i 自然全媒体（中国自然资源报社）

"i 自然全媒体"是中国自然资源报社重点打造的自然资源领域融媒矩阵平台，以微信公众号为主阵地，统筹运维新浪微博、网站、头条号、百家号、澎湃号、抖音号等多个平台，实现统一策、采、编、发流程协同作业。融媒矩阵平台主打原创和独家，借助视频、文字、手绘、动画、直播、H5、海报等多种传播手段，形成快速发布、政策解读、通讯报道等多角度、全链条式服务模式。

亮点赏析：

1. 做好重大主题融合创新报道。2020 年，中国自然资源报社"i 自然全媒体"组织前后方记者编辑全程跟踪报道距上次时隔 15 年的珠峰高程测量工作，通过三维视频、直播、海报、现场短视频等多种方式，从珠峰测量路程、珠峰测量先进技术、测量队员的采访、攀登珠峰成功、测量珠峰成功等多维度，前后方协调联动，对 2020 珠峰高程测量做了全程报道，《人民日报》、新华社、央视等多家中央主流媒体转播，呈"刷屏"之势；仅微博的一直播平台，单场直播观看量超 1700 万；报道累计生产短视频超 50 条；图文形式的测量日记展现测量现场、测量过程中的收获与体会，受到追捧；微博上话题聚合，得到了 3.5 亿人次的围观，7.5 万人次参与讨论。仅学习强国学习平台，阅读量超 6000 万。

2. 系列、专题式报道引共鸣。"i 自然全媒体"充分调动各方专业资源，在重大事件、重大节庆中打"组合拳"，不断推出系列视频、专题报道。如为庆祝中国共产党成立 100 周年，"i 自然全媒体"推出献礼作品"自然资源百年印记"系列融媒报道，展示我国在海洋、测绘、地矿等方面发展的沧桑变幻。作品在"i 自然全媒体"微信公众号上首推后，学习强国学习平台、自然资源部微信公众号、北京日报客户端等媒体迅速转载，并以专栏形式对系列报道予以连载。单篇点击量 5 万 +，最高阅读量 49 万 +，网络平台总阅读量 600 万次 +。

3. 手绘、动画绘出自然特色，VLOG、直播记录现场，H5 增强互动新体验，互动海报出圈刷屏。手绘作品成为“i 自然全媒体”产品特色，如《我爱你，大自然》《功成凌绝顶》，等等。在手绘基础上，“i 自然全媒体”开辟动画新形式，《“八不准”动画》系列阅读量 20 万 +。在自然资源部组织的“以习近平生态文明思想为指引——人与自然和谐共生”主题采访活动中，“i 自然全媒体”采编团队，通过 VLOG 展现各地绿色发展理念。“i 自然全媒体”还在新浪微博、抖音号、头条号上都开展了直播，仅微博一年就进行了 38 场直播，总播放量达 1081.1 万。“i 自然全媒体”还多次推出视觉产品——海报，从长图海报、系列海报、系列壁纸到动图海报等，用创意带给读者极大的冲击力。

案例 15：“好生活在路上”交通发展成就融媒体宣传项目（中国交通报社有限公司）

从新中国成立 70 周年，到中国共产党建党 100 周年，在交通运输部政策研究室指导下，中国交通报社联合国广东方网络（北京）有限公司（以下简称国广东方），策划开展了“好生活在路上”交通发展成就融媒体宣传活动，成功实施“交通扶贫川西十二图鉴”和“在路上看新疆”系列短视频宣传。经过协同策划、深入采访、精心制作、矩阵式推广，活动在报网两端共发布视频 800 条、文图 450 篇次，视频点击量 1.2 亿次，微博话题阅读量 7.1 亿，覆盖报、网、电视三端共计 10 亿人次。

亮点赏析：

1. 邀请专业第三方加盟。报社邀请专业制作团队国广东方总体策划选题，作为 CIBN 互联网电视业务和中国广播电视网络有限公司宽带电视业务的整体运营服务商，国广东方拥有丰富的渠道资源，邀请网络大 V 和专业的 VLOG 制作团队加盟，从主题切入、拍摄水准、制作质量、包装形式、推广手段等各方面深入思考和分析，保证视频制作的高水准。同时与新浪微博酷燃视频团队合作，充分利用其团队丰富的微博资源，制定非常专业的推广方案。

2. 报、网、大屏相结合扩大宣传影响力。根据相应时期宣传主题，结合全国和当地政府交通运输工作重点，报社与制作团队一起，在收集素材的基础上制定了总体策划方案、现场采访方案、前期踩点方案等，并在各方的协助支持下先期赴现场进行踩点，行程近两万公里，到数十个村庄实地察看，与 140 多人面对面交流，收集了旅游路、资源路、典型人物、特色文化等方面近 100 个典型素材，掌握了大量感人的一手材料。根据踩点采访和现场协调情况，完善拍摄制作脚本，“交通扶贫川西十二图鉴”确定了 1+1+3×4 的视频组合方式（1 个专题片、1 部纪录片，交通美景、交通人物、美食 3 个主题，每个主题制作 4 组视频日记），“在路上看新疆”确定了 5 集纪实、4 大特刊、数十部短视频的组合方式，以微博为发布主平台，以新媒体运作方式为主，报、网、大屏相结合扩大宣传影响力。

3. 制作适合全媒体多形态传播的内容和形式。一是紧扣核心主题，深化价值传播。整合多个媒体的多种内容形态和互动方式，将个人的努力奋斗、家庭的温馨有爱、团队的相互支持与观众在情感层面进行深度交流，引发观众共鸣，并升华到家国情怀的理想追求和深情大爱。二是整合多方资源，使用多种形态。整合多种传播载体，手机、PC、电视多终端，使用图片、博文、视频内容、媒体传播活动等多种内容形态，以大众传播关注点为内核，以媒体平台特点为包装形态，实现融媒体传播；将乡村振兴、交通建设、带领当地致富发展的带头人等正能量元素推广出去，实现传播量和影响力的最大化。三是剖析平台受众差异，定制化传播内容。除专题片和横屏短视频内容外，根据不同媒体的受众定位差异，针对各平台的主流内容展现形式、用户内容偏好等，定制宣传内容，灵活使用标题、介绍文案、图片、竖屏短视频等，以最接近受众的表达方式进行阐述，形成更大的宣传结合面。四是设置互动激励，强力助推二次传播。结合活动话题，从贴近生活、易引发大众关注与讨论的角度进行话题切入，发起转赞评抽奖、有奖话题互动等相关活动，设置相应奖励机制，吸引观众参与，激励观众进行话题内容的二次传播，进一步促进话题热度提升。

4. 形成宣传矩阵，全网平台宣发。一是在微博平台，以报社“交通发布”微博账号为首发，在微博平台形成宣传矩阵，同时协调头条新闻、《光明日报》等 50 余家官方蓝 V 全程参与互动；邀请 19 位名人录制助力短视频，并通过百万粉丝级金 V 助推，增加互动人群覆盖面；新浪微博“首页视窗”及“Tips”特别推荐；策划有奖互动转发，调动网友积极性，推高微博话题热度。二是通过交通运输部微信、抖音，以及四川、新疆交通运输系统微信微博等政府平台转发，并在《中国交通报》、交通强国 APP、中国交通新闻网等行业媒体刊发。三是通过人民日报客户端、学习强国学习平台、中国网等中央主流媒体广泛转发；将视频第一时间同步到抖音、快手、B 站、优酷、腾讯、爱奇艺、今日头条、百度百家号等 20 余家第三方视频平台。四是在 CIBN 高清影视、CIBN 酷视频等互联网电视大屏端同步。五是梳理整理图文在全网平台宣传发布，协调中央网信办全网推荐。

案例 16：新体育网融媒体智能传播服务平台（中国体育报业总社有限公司）

新体育网融媒体智能传播服务平台，在国家体育总局、中华全国体育总会、中国奥委会领导和支持下，由中国体育报业总社有限公司建设、运营，2018 年 5 月正式上线。该平台定位为服务体育强国建设的顶级体育全媒体传播平台，以“新时代 新体育 新生活”为核心理念，以媒体深度融合为目标，以一体化融媒体采编系统为依托，以互联网站、手机网站、各社交媒体平台和第三方应用程序(APP)为主要服务形式，通过构建PC端、移动终端无缝衔接，以图文、音频、视频、直播等全媒体形式，准确、及时、全面、生动报道国内外体育信息，宣传中国体育成就，满足用户全方位、多角度、跨时段、多媒体的体育信息消费需求，为体育事业改革发展营造良好舆论氛围。

亮点赏析：

1. 以新体育网为核心打造体育新媒体传播矩阵。中国体育传播矩阵以新体育网为内容生产核心，包括建设新体育网体育传播全媒体平台(PC端、WAP端、APP、微博、微信公众号、短视频)，新体育网数据库、各中间件和接口，新体育网全媒体内容管理系统；建设中国奥委会“三微一端”，包括微博、微信、微视频及客户端平台；建设健身堂客户端、青少年体育客户端。平台上线以来，为学习强国体育频道、国家体育总局官方账号头条号、各协会社交媒体账号提供内容和运营。截至2021年8月底，新体育网全媒体平台共发布图文、视频、融媒体稿件近55000篇，为学习强国体育频道供稿14601篇、中国奥委会官方微博供稿1607篇。

2. 先进技术提供功能支撑，一体化融媒体采编工作机制保障协同发力。新体育网通过与专业技术团队合作，定制开发平台功能，通过混合云方式进行布署。平台由指挥中心、内容制作中心、数据库体系、内容分发体系、全媒体数据反馈追踪系统构成，形成“一体策划，一次采集，多种生成，多元传播”合作运行机制。

3. 守正创新，生产精品融媒体内容，取得良好的社会效益和经济效益。平台上线以来，打造了一系列优质体育资讯、视频、直播、动漫等创断精品内容，包括体育舆情、互动IP等创新产品。东京奥运会期间，新体育网对中国体育代表团参赛情况进行全景式报道，累计发稿量2355篇。在视频制作方面，为宣传北京冬奥会制作的冰雪系列动漫上线后受到年轻用户的广泛好评和积极反馈，新浪微博话题阅读量超1600万，并由北京体育电影周推荐到2021米兰国际体育电影节。

案例17：“慢火车向着小康开”融媒体系列报道项目（《人民铁道》报业有限公司）

为展现铁路人在打赢脱贫攻坚战、全面建成小康社会中的担当作为，《人民铁道》报业有限公司组织开展了为期3个月的“慢火车向着小康开”系列融媒体报道活动，在全国媒体中首次全媒体全景式聚焦81对公益性“慢火车”，讲述人民群众走向小康生活的生动实践。

亮点赏析：

1. 系统梳理、全景呈现，创造“慢火车”报道多项纪录。该报道以“慢火车向着小康开”为主题，时间自2020年8月持续至10月，报道范围涵盖铁路部门在全国范围内常态化开行的所有公益性“慢火车”，数量多达81对，地域覆盖21个省份，经停530个车站，年运送沿线群众1200万人次。这是铁路主流媒体发挥行业优势、专业优势和媒体融合优势，整合全路优质新闻资源对全国公益性“慢火车”开展的一次全景式纪录和系统化梳理，涉及的慢火车数量之多、范围之广，均创造我国媒体有关“慢火车”报道新纪录。

2. 上下联动、横向联合，充分发挥铁路媒体矩阵融合作用。“慢火车”系列主题报道是《人民铁道》报业有限公司推动“四全”媒体建设、推进媒体深度融合发展一次“实战演练”。81对公益性“慢火车”涉及的84条线路均实行全媒体项目组运作模式，各采编部门和各记者站及各铁路局融媒体中心骨干人员组成了十余个全媒体报道项目组，构建了《人民铁道》报业有限公司+铁路局集团公司融媒体中心+基层站段融媒体工作室三级媒体矩阵，下沉到全国各地进行纪实性报道，是铁路行业近年来开展的参与人数最多、融合效果最好的一次大型主题采访活动。

3. 移动优先、全媒发力，全面提升行业主流媒体的传播力、引导力、影响力、公信力。“慢火车向着小康开”系列融媒体报道坚持移动优先、全媒发力，报纸、新媒体、视频、网站“八仙过海”各显神通，呈现了表现形式多、传播手段广等特点。报纸推出《“慢火车”向着小康开》栏目，微信公众号开设“慢火车向着小康开”专题，与“中国铁路”微信公众号内外联动，共推送相关报道100余篇，并在头条号等多个入驻客户端同步发布，营造了强大宣传声势。人民铁道视频以“时光·温情”为主题，通过实拍内容讲述沿线村民、学生、铁路职工等群体和“慢火车”的故事，并在中国铁路官方抖音号举办直播活动。人民铁道网制作了《“慢火车”向着小康开》专题网页，集纳性地推出相关报道，有效汇集了报道资源，放大了传播效果。

案例18：北京头条客户端（北京青年报社）

北京头条客户端是北京青年报社推进媒体深度融合、坚持移动优先战略的重要举措。自2018年12月上线以来，客户端主打新闻资讯、青年服务、文化精品直播等，推出“政知”、“深一度”、“北青即时”、“青流”视频、“后台”直播、“北青号”人文写作平台、“青睐”文化直播等具有北青特色的频道、栏目，运用图文、视频、短视频、直播等多种技术传播手段，打造以新闻和资讯发布为主、融合多种功能、具有重要影响力的新型融媒体平台。

亮点赏析：

1. 具有良好的受众基础，北青品牌深入人心。新媒体产品在北京地区和全国范围内都已形成了较强的影响力。

2. 具有强大的内容生产能力。多年来北青深耕新闻生产领域，旗下新闻产品横跨报纸、期刊、网站、微信、微博等各个门类。内容类型丰富：即时新闻，追求更快的新闻发布速度，24 小时为用户提供全方位的资讯信息；深度报道，充分发挥北青的深度报道优势，为用户提供新闻事件的深度解读，努力成为国内深度报道领域的领跑者；“青流”视频，制作出高质量的新闻资讯类短视频作品，建设影音资讯品牌类栏目；文化精品直播，依托北青在各文化领域的丰富资源，重点打造“后台”直播，打造头部产品，吸引高端用户，形成品质口碑；开发“北青号”系统，打造人文写作平台，吸引优秀作者创作、传播优质内容，助力北青创新发展，进一步提高社会影响力。

3. 运营机制具有优势。北青重塑和优化内容生产模式、组织架构、新闻生产流程、考评体系等，所有的编辑记者从事的工作将不再有传统媒体和新媒体之分；转变生产模式，以报纸为中心的线性生产模式向以新媒体生产传播为中心的融媒体生产模式转变，重塑组织架构，以产品为中心，以频道为基本单元，调整编辑部的架构和人员配置，从组织设置上保障实现“一次采集、多种生成、多元传播”。

4. 成熟的运营理念优势。客户端采用个性化订阅、大数据分析、算法精准推送的模式提供资讯，采用“先本地后全国”的以点带面的模式进行推广。

5. 运营保障优势。客户端的内容源依托自有采编团队及北青旗下媒体内容源，提供 7×24 小时不间断滚动式更新，为用户带来国际国内最及时、最真实、视角最独特的新鲜资讯。技术团队结合大数据分析结果，精准深入地了解用户需求，利用先进算法，智能化推荐最个性化的内容资讯。

案例 19：纪念中国人民志愿军抗美援朝出国作战全景数据库（辽宁日报传媒集团有限公司）

“纪念中国人民志愿军抗美援朝出国作战全景数据库”以技术驱动内容，以技术引擎弘扬主流价值，打造在全国产生广泛影响的纪念中国人民志愿军抗美援朝出国作战全景数据库，2020 年 9 月正式上线。

亮点赏析：

1. 致敬“最可爱的人”，走心互动脱颖而出。辽宁是抗美援朝出征地。为了纪念这段不能忘却的记忆，为了唱响那支不老的英雄赞歌，为了传承赓续伟大的抗美援朝精神，《辽宁日报》新媒体通过打造“纪念中国人民志愿军抗美援朝出国作战 70 周年大型全景新闻互动平台”致敬“最可爱的人”。产品开设“纪念”板块滚动播放抗美援朝牺牲烈士名单，突出“浸入式”体验、“代入感”互动，用户点击鲜花便会有片片花瓣飘落，同时也成为第 N 个为 197653 名烈士献花的人，有效实现话题引领、舆论引导、氛围营造、跨圈层传播的效果，激发广大网友的共情与共鸣。

2. “技术 + 内客”双驱动，巧妙营造沉浸式体验。平台整体设计采用传统的下拉浏览模式，“辽宁贡献”“独家影像”“《东北日报》”“时间轴线”“英雄”“见证”“遗迹”等多样态模块有机组合，打造出递进式的主题报道内容，大量运用 H5、短视须、图解等多媒体交互手段以及词云智能推荐、云图库大数据呈现等最新技术，紧跟传播新形态变化，促进可视场景化表达，让用户的体验感和参与感提升到一个新的高度。

3. 手绘动画融合运用，着力增强视觉冲击。用色彩赋予页面丰富的政治寓意，视觉设计以国旗的红、黄两色为主基调，既烘托出浓重热烈的胜利气氛，又具有鲜明的时代象征意义；渐变色处理和手绘动图过渡产生一种视觉效果极佳的流动感，营造出深沉、大气、律动、有张力的视觉效果。

案例 20：百年大党 老外讲故事（新民晚报社）

为迎接党的百年华诞，在上海市委宣传部的部署指导下，在上海市委网信办的支持下，上海市政府新闻办与新民晚报社共同策划、制作推出《百年大党 老外讲故事》百集融媒体产品，从 2021 年 4 月 8 日到 7 月 16 日，邀请 30 多个国家的 100 位在沪外国人，分享在中国、在上海生活工作的故事，成为主流媒体建党百年报道中的一款现象级产品。据不完全统计，截至 2021 年底，在字节跳动（抖音、今日头条、西瓜视顿）、新浪微博、腾讯新闻等境内商业平台的总点击量 11.38 亿次，总点赞量 184 万次。主中央网信办对 100 期产品中的 82 篇进行全网推送，其中传播效果最好的是第 4 集《奥斯卡：我希望为上海赢得更多冠军》，点击量 1653 万 + 人次。此外，在 Twitter、Facebook、YouTube、Instagram 等境外平台累计点击量将近 1 亿人次。

亮点赏析：

1. 创意先行：“外眼”视角引发共情。立足上海地缘优势和人缘优势——作为党的诞生地和初心始发地有红色遗迹遗址和纪念设施 612 处，超过 28 万外国人在沪就业，让在中国生活的老外讲故事给老外听，更真实生动，有说服力和感染力，也更容易在国际舆论场引发同频共振和共情。

2. 流程再造：有效整合各方资源。项目举全报社之力，历时半年多，多达 89 人直接参与。在报社内部，要求各岗位、各部门协同作战，有效整合资源。项目团队确定了规范有效的在线管理流程——每集视频历经 13 步，向不同渠道输出 5 个版本。汇总审稿流程、修改意见、责任人和产品输出情况到共享文档中，依据“红、绿、蓝、黄、橙”5种色块提示落实送审、修改、翻译、上传等操作，大大降低沟通成本，提高了制作效率。在外部协作方面，市政府新闻办、市委网信办不遗余力地推广和宣发，积极整合各方资源，为扩大影响力和传播力发挥了关键作用。项目还聚合上海外国语大学的专业翻译团队，明显提升了翻译的速度和质量，多语种版视频于2021年7月18日上线。

3. 传播为重：众人拾柴合力推广。《新民晚报》做好主动推荐，海外账号“Voice of the Bund”在海外社交平台每日更新英文版视频，《新民晚报海外版》向14国合作媒体发稿近300篇。“老外讲故事”专题出现在“学习强国”学习平台的首页显著位置，中国国际电视台、《中国日报》等中央外宣媒体和人民日报英文客户端重点推送。通过多个平台落地海外，覆盖近2亿受众，国际媒体尤其是主人公所在国家媒体高度关注。

4. 机制探索：线下拓展打造IP。《百年大党 老外讲故事》百集融媒体产品发布后，在外国人中实现圈层传播。报社通过线上线下结合与拓展，积极探索机制化运作，打造独特IP。成立“老外讲故事俱乐部”，吸引更多外国友人加入，分享他们的中国故事，借此契机，挖掘更多外宣主题，团结和凝聚这些重要的外宣力量。在“老外讲故事俱乐部”逐步完善后，《新民晚报》还将打造“新民拍客平台”建设，在俱乐部内发展一批老外拍客，请这些外国友人积极助力内外宣工作。

案例21：“百年之诗”建党百年融媒体策划报道（解放日报社）

“百年之诗”是《解放日报》·上观新闻为庆祝中国共产党成立100周年推出的融媒体特别策划。报道选择9首主题、作者以及创作背景和百年党史息息相关的诗歌，邀请9组观众熟知和喜爱的演艺界人士担任“百年之诗”朗读大使，分别朗读9首诗歌，与大众一起重温百年求索之路。沪上年轻的音乐人选取了每首诗歌的片段、重新组合、填词、谱曲，创作说唱歌曲《燎原》，并由“冲吧少女组合”演唱。在这支MV里，有精美的手绘动画，也有充满青春气息的歌唱。该作品是党报首次尝试“破圈”的探索和实践。除在上观新闻平台首发外，2021年6月19日开始陆续在学习强国、《人民日报》、抖音、快手微博、网易云音乐等11个平台发布，视频总阅读量、播放量接近4亿，微博用户创作相关内容超140万条。

亮点赏析：

1. 围绕一个核心进行多点策划，内容呈现方式多样。该项目围绕9首诗歌（核心），派生出一支Rap歌曲、一首MV、9位明星朗诵视频和一个H5的传播矩阵。除了源头核心一致，每一个产品的策划思路和内容呈现方式、引爆点都是不同的。例如，Rap歌词是9首诗的片段以及《国际歌》；MV画面既有女团的真人实拍，又有象征意象性质的手绘动漫，其中手绘动漫的整体脚本思路和诗歌相关，但不完全是诗歌的简单再现；明星朗诵视频的引爆点自然是明星本人，但也加入了和诗歌历史背景相关的图片资料作为补充；最后一个H5则是最终集成呈现，即便如此，H5里的文案和视觉素材，又是专门为这个产品打造的。

2. 改变过往传统思维，巧借外力进行宣传预热。该项目一改过往主题报道自弹自唱的惯性思维，从一开始就巧借外力，报社采编力量也从直接的采访者、写作者，变成策划者，岗位覆盖文字、平面设计、动画制作、明星外联、运营推广等。年轻的记者和编辑通过整合各种资源，请来张颂文、白宇、阿云嘎、郑云龙、张艺兴、张子枫、龚俊、李佳琦、时代少年团等9组观众熟知和喜爱的演艺界人士担任“百年之诗”朗读大使，也请到了沪上年轻的音乐人和“冲吧少女组合”。

3. 多个平台，同步呈现。该策划由《解放日报》·上观新闻联合“学习强国”上海学习平台、微博共同主办。网易云音乐作为战略合作平台独家上线《百年之诗》音频专辑，此外快手、快看点、华为浏览器、腾讯新闻、百度百家号、今日头条、抖音和哔哩哔哩等互联网平台也同步呈现相关内容，力求更多覆盖受众群体。

案例22：古韵新声话长江（江苏新华云媒科技股份有限公司）

新华报业传媒集团交汇点新闻2019年1月启动了“古韵新声话长江”新闻专题和栏目的策划与执行，采用文图、视频、音频、GIF动画、H5、5G消息等多元表达方式，报道长江沿线生态文明建设的最新成果，对相关古诗词和历史故事等滨江传统文化内容生产传播，进行“长江大保护”及其重大意义的科普宣传和深度解读。

亮点赏析：

1. 报道内容上以“闻古韵、听新声”为主线。“古韵新声话长江”栏目内容每周推出一期，根据每周的新闻热点或重大时间节点，选择不同的主题，邀请社会各界人士，结合自己的工作、生活实际畅谈长江大保护，再由“长江大保护小使者”朗诵一首与当期采访主题相关的长江诗词，每一期的内容由视频、图文、音频和GIF动画结合呈现。

2. 报道形式上以“互动性、社群化”为主打。为构建“古韵新声话长江”的传播体系，在明确主题的前提下，通过对标我国大气、水、土壤污染防治三大行动计划，确定自2019年到2030年的报道时间线，并决定通过长达12年持续跟进，建立“成长”社群，仅2019年线下“长江大保护小使者”已逾400名，参与者覆盖苏川渝鄂沪等多个省区市，线上参与活动人数超过42万。

通过将活动内容中的文字、图片、视频，以及诗词、歌曲、绘画等收集整理，新华报业传媒集团在当年的系列报道中重点推出了《6397公里的守护》的互动H5产品，用儿童朗诵古诗词“古韵”加长江生态环境自然原声“新声”的形式，通过手绘长江长卷，巧妙设置具有代表性、标志性的景观、动植物等画面，全景记录长江流域生态、文化保护的生动图景。

3. 报道传播上以“多集道、强品牌”为主政。“古韵新声话长江”系列中，不仅报道素材多元化，不同平台、不可形态的矩阵传播也有重要成果，有效强化参与性、突出现场感、实现沉浸式。在系列报道中，《6397公里的守护》荣获第三十届中国新闻奖新媒体创意互动一等奖，这是江苏新闻界首次拿到同类奖项。截至2021年底，活动直播和相关稿件总浏览量过亿，形成品牌效应。

案例23：青少年党史国史教育基地VR网络地图多元教育实践（南京《现代家庭报》传媒有限公司）

南京家庭教育网团队在南京市关工委和南京报业传媒集团指导下，精心制作了南京市关心下一代党史国史教育基地VR网络地图。该项目采取自助体验式服务，访客可以通过电脑和手机自主登录南京家庭教育网，浏览VR网络地图，参与线上打卡和主题征文活动，沉浸式体验南京各大红色基地，自发进行活动反馈。该项目策划上线的“颂建党百年 做时代新人”南京市关心下一代党史国史教育基地网络地图浏览打卡暨“童声庆党生”征文活动，旨在推动将传统阅读与实践体会相结合，将爱国主义教育基地与新型传播载体、传播手段相结合，生动活泼地开展线上爱党爱国主义教育，展现时代新人的精神面貌。

亮点赏析：

1.VR技术打造沉浸式体验。南京市关心下一代党史国史教育基地VR网络地图针对真实的南京党史国史教育基地展馆，通过VR全景摄像技术，精选重点景观进行全景拍摄，并形成VR虚拟展馆，展示真实展馆的精华，支持在不同的景点间快速跳转，给观众提供身临其境的参观感受。

2. 线上浏览打破时空限制。在首批上线的十个红色教育基地中，有少数因为路途较远鲜少有人去游览。项目以互联网为载体，让青少年可以通过手机和电脑实现线上浏览，不再受时空限制，减少因家长繁忙无法陪同前往的影响，极大地提高了党史学习的便利性和效率。

3. 打卡留言实现互动交流。项目除了实景展现场馆原貌外，还在页面下端设置“打卡感言”“征文投稿”的功能，推动爱国主义教育基地与新型传播载体、传播手段相结合。青少年打卡、投稿后，根据投稿数量和质量，按照比例分别产生作品奖和组织奖，根据奖项领发荣誉证书。优秀征文、打卡祝福作品和评选结果将在南京家庭教育网进行线上展示、公布，部分优秀文章将集结汇编，并在《家教周报》上选登。部分优秀短视频将汇编剪辑，并在南京市关工委抖音号上推送。

案例24：极目新闻（湖北日报传媒集团）

2021年，湖北日报传媒集团因势而谋、应势而动、顺势而为，加快推动媒体融合发展，以集团旗下的《楚天都市报》为基础，打造了一个面向全国的新媒体品牌客户端——“极目新闻”。2021年3月28日正式上线，形成了以客户端为龙头，多个第三方平台号为支撑的“1+N”新型主流媒体矩阵，在内容生产和机制创新上取得了显著成效，初步实现了“一体化”融合质效，构建起集约高效的内容生产和传播体系。

亮点赏析：

1. 始终坚持导向为魂、移动为先、内容为王、创新为要。（1）立足国内、放眼全球，聚焦国内外重大热点事件，大力弘扬社会正能量，以高品质赢得高流量。围绕目标定位，极目新闻从创立之初就对内设机构进行改革，比如成立集成创新部，专门负责综合信息集成、连线采访和直播等报道。（2）引领导向，服务大局，以深度报道、先锋评论提高舆论引导力，传播好中国声音。捕捉国内外热点事件，及时发声，疏解民众情绪，引导民众关注。

2. 锚定机制创断，坚持系统观念，推动媒体融合步步为营。（1）遵循规律一体相融，推进“移动优先、全媒呈现”。在构建一体化新型内容生产关系的过程中，极目新闻的主要探索有：建立每周内容生产专题会制度，会商研究融合中内容生产遇到的急难问题，提出解决方案，建立长效机制。极目新闻始终坚持一体化发展方向，贯彻“移动优先”和“端网速度、纸媒深度”的理念，所有报道均先在端网呈现，纸媒再进行精选、集成，实现同一题材多种呈现，以内容不断创新，满足受众不断变化的需求。（2）创新融合生产形式，革新全媒传播手段。首先以“移动优先”理念，一体化再造内容生产流程，顺应“终端随人走、信息围人转”的要求，坚持“移动优先”策略，建立扁平化快速响应机制，打造跨部门的扁平化快速响应机制，策采编发考评一体化改革，构建全媒体传播体系。其次不断创新传播手段，丰富融媒呈现方式。极目新闻对纸媒表现形式不断推陈出新，同时更熟练地运用多种传播手段和方法，将消息、通讯、评论等通过短视频、海报、H5、条漫等手段进行广泛传播，催化融合质变，放大一体效能。

案例25：《跟着总书记学党史》大型融媒项目（广州日报社）

《广州日报》自2021年1月起策划推出《跟着总书

记学党史》——庆祝中国共产党成立100周年全媒体大型报道和传播活动。该项目产生1.8亿+阅读量，被纳入广州市党史学习教育工作整体部署，通过线上线下带动广大党员群众参与党史学习教育，掀起了一场覆盖广州、辐射大湾区的“红色旋风”，获得中宣部和广东省委宣传部专题阅评表扬。

亮点赏析：

1. 贯通中央精神：提高政治站位，围绕核心锚定方向。自2020年7月起启动庆祝建党百年主题宣传策划工作，9月起先后派出多路全媒体记者深入采访，2021年1月1日正式推出《跟着总书记学党史》全媒体大型报道，早于2月20日党史学习教育动员大会决定在全党开展中共党史学习教育。项目从“总书记@的共产党员”“总书记点赞的伟大精神”“总书记走过的红色史迹”“总书记讲述的中国故事”四个维度布局谋篇，每个序列推出10篇蹲点式报道。报道由“故事钩沉+专家新读+广州实践+随堂练习题”组成，通过回访百年党史中值得铭记的人、事、地方、精神，深入探寻共产党人的精神实质，生动描摹党的光辉历程。截至2021年6月底，四大系列总阅读量超8000万，近20篇视频（稿件）登上学习强国学习平台。

2. 贯通基层群众：创新话语表达，主流声音更入人心。在《跟着总书记学党史》整体策划中，项目尤为强调贴近人、贴近基层、贴近生活的叙事方式，组织开展深入群众、深入基层、深入人心“三深入”系列报道和传播活动，力图实现主题宣传既接天线又接地气。新花城客户端上线《跟着总书记学党史》学习排位赛党史知识有奖答题活动，让市民网友在答题闯关中学习百年党史。短短七天，吸引超20万人参加，在羊城掀起答题学习热潮，并为新花城客户端新增大量下载。

3. 贯通政务资源：联动党委政府，合力演奏“大合唱”。策划团队提出发挥党媒影响和内容优势，积极寻求政务资源合作的组织思路，与政务资源深度“握手”在广州开出全国首辆党史学习教育结合为民服务集市主题大篷车——学习实践大篷车，融合了学党史、悟思想、办实事、开新局的5大“台”（学习宣讲大讲台、为民服务大平台、红色经典大看台、专题展览大展台、知识普及大擂台），开进广州各条街道、各个社区，开展红色巡展和移动“政务大厅”为民服务，覆盖数百万人次。《广州日报》充分发挥内容、平台优势，有效联结政府资源，依托“主流媒体+职能部门”形成强大合力，做到“1+1>2”，打通了党史学习教育和为民实践服务的“最后一公里”。

4. 贯通媒介形式：多元传播赋能，好声音成为最强音。《广州日报》将《跟着总书记学党史》作为检验近年来媒体深度融合发展成效的试炼场，广泛利用先进技术，探索多元呈现模式，推出了大量可视化呈现、交互式传播的爆款产品。如借助搭载的AR体感等创新技术，大篷车可实现“视、听、看、说、互”体验，市民走进车厢，即可参观一场移动智慧广州党建文化体验展。通过人机交互实现重温入党宣誓、答题冲关、“换装”军装照、VR逛馆等体验，也可通过互动大屏《跟着总书记诵读经典》H5，诵读典故语录，测评诵读水平……

案例26：湘江战役红色文化创新宣传（广西日报传媒集团有限公司）

党史学习教育“湘江战役红色文化创新宣传”项目由广西日报传媒集团创作院线电影《湘江1934·向死而生》及同名连环画图书作品组成，通过线上线下的活动、多渠道多元化的传播构建完成。

亮点赏析：

1. 小人物反映大主题讲好红色故事。电影《湘江1934·向死而生》安排了两条主线，一条以湘江战役中发生的三大阻击战为内容，另一条讲述中央革命军事委员会通讯员——福建龙岩籍红军小战士黄玉长生与壮族放牛娃韦二牛在战斗中共同成长的感人故事。两条主线既有战争历史的宏大叙事，又有人物细节的生动刻画，将革命先烈“向死而生”的精神共同推向高潮。选择以少年为主角讲述湘江战役，能使青少年观众有强烈的代入感，加深对红军长征这一重要历史事件的理解，让下一代更好传承红色精神。

2. 媒体融合创新发展、产业转型新探索。广西日报传媒集团以媒体融合为抓手，加大产业多元探索力度。集团做大做强做优“广西云”融媒体生态系统，强化“四圈深融”顶层设计，打造立足广西、连通全国，辐射东盟，具有区域性国际影响力的融媒体品牌，在内容、平台、渠道、产品、技术、新业态等方面深化融合发展，不断取得新突破。目前，文化影视方面，青少年可看的革命传统题材作品还不够多，用动画这一喜闻乐见方式制作的作品更少，《湘江1934·向死而生》很好地填补了广西、西南地区以及全国这一方面的空白。项目在宣传上，既组织了线下首映发布会、进校园、进科技馆，推动了全国院线公映，同时新闻网站、微信视频号、新闻客户端、电视台、县级融媒体中心等平台联合发力，还在腾讯视频等商业平台授权播放，融合传播的创新让受众范围不断扩大，掀起全民观看红色动画电影的热潮。项目推出同名连环画图书，与电影形成宣传合力，相得益彰。

3. 淬炼精品受到各界充分肯定。2019年《湘江1934·向死而生》分别在北京、南宁和桂林举行了全国首映式、点映式和观影座谈会；2020年10月起，分别在南宁、桂林、柳州等市举行了校园巡映，力度大、覆盖面广，效果好。同名图书也获得共青团组织、学校、图书馆、博物馆企业的认可和支持。

案例 27：每经全平台内容传播矩阵（成都每日经济新闻社有限公司）

《每日经济新闻》自 2012 年始，启动商业平台入驻覆盖战略部署。截至 2021 年底，共计入驻信息平台 15 个、视频平台 6 个，成功构建了每经全平台内容传播矩阵，全年传播浏览量超 360 亿次，合计覆盖订阅用户超一亿，影响力长期位居人民号、微博、微信视频号、抖音前列。

亮点赏析：

1. 音、视频平台财经媒体中影响力遥遥领先。一是市场化主流财经媒体粉丝量、传播量排名第一。《每日经济新闻》抖音粉丝量 760 万（数据截至 2022 年 6 月）、快手 79 万，微信视频号 30 万，喜马拉雅 29 万。二是短视频渠道亮点作品不断。如“安踏将退出 BCI 组织”抖音短视频播放量近 7000 万。三是原创 IP 建设独树一帜。《每日经济新闻》以人物脱口秀形式打造财经原创 IP“N 小黑财经”，截至 2022 年 6 月，已成为主流财经媒体前十短视频 KOL，抖音号粉丝量 326 万、快手 99 万，真正做到了内容下沉、用户喜欢、有担当有责任。

2. 主流商业信息平台全覆盖，创断手段引领行业。一是微博第一财经大 V，全程覆盖全息传播。二是网络平台差异化运营，全员交互全效触达。《每日经济新闻》结合商业平台传播特点进行信息内容运营分发，在人民号、澎湃湃客、凤凰号等侧重泛时政内容的传播；腾讯、今日头条、百度百家号、一点资讯等侧重于财经内容推送与互动；在知乎、雪球平台，强化 PUGC 概念，财经记者、编辑从专业视角与用户互动问答，引导舆论。三是微信公众号以深度专业树立“内容为王”金字招牌。每日经济新闻微信公众号聚焦泛财经新闻，通过“以优质内容吸引用户，以海量用户扩展影响力”的策略已积累 260 万优质用户。全年阅读 10 万 + 的稿件数超 120 条。

案例 28：2021COP15 春城之邀—— 一粒来自昆明的种子（昆明信息港传媒有限责任公司）

服务于 COP15 第一阶段会议宣传的大型主题线上线下互动活动——“2021COP15 春城之邀——一粒来自昆明的种子”自 2021 年 6 月启动以来，在全国范围内有效提高了公众对会议的知晓率、参与度和互动性。其间推出的种子互动申领程序面向全国发放 2 万份由反映云南・昆明生物多样性之美的明信片及花种组成的盲盒，吸引 527 万名网友参与。

亮点赏析：

1. 不断“尝鲜”融入新技术、新趋势、新传播方式。主题宣传活动紧扣昆明城市名片及云南丰富的生物多样性这两大特色，以花与明信片相结合的形式对云南昆明进行展示。昆明信息港积极联系中国知名野生动物摄影师及云南本土知名摄影师，多轮甄选后选择了昆明城市景观、云南自然保护区及本土特色动植物、昆虫等 24 张图片作为明信片用图，以小见大展示昆明城市特色和云南生态文明建设成效，考虑到“抽盲盒”这一形式在年轻网民群体中风靡，花种以盲盒形式进行包装，只有在成功种植长大后才会知晓品种。种花种、猜品种引发了大批网民的关注，不仅增加了趣味性，突出了昆明城市名片，也把“来自昆明的花种种下生物多样性保护的种子”这一理念根植于受众的心中。宣传期间，还推出“2021COP15 春城之邀——一粒来自昆明的种子”线上申领程序作为内容载体，全国网友均可通过微信一键登录平台并直接进行盲盒申领，便捷易上手降低了受众使用门槛。在宣传上，主题宣传活动制作视频动画、互动 H5 及手机专题等产品，创新的表达形式让受众不仅愿意看也愿意转发，把阅读变成了“悦读”。

2. 构建多平台传播矩阵。宣传方面，昆明信息港作为昆明城市门户新闻网站，充分发挥网络媒体优势，积极利用旗下新闻网站、微信公众号、微博、今日头条号、搜狐号、抖音等全媒体平台推送活动宣传内容。此外，活动还联动重庆、杭州、南京等 30 个全国城市重点新闻网站开展相关宣传活动。通过构建多渠道、多层面、多频次地传播矩阵，实现宣传推广及新闻报道贯穿活动，呈现逐步升温的宣传势态，把内涵丰富、形式多样的活动，及时、鲜活地呈献给全国网友。

3. 依托 UGC 平台，实现网友在线互动、交流。活动期间，昆明信息港在彩龙社区开设了主题图文短视频征集通道，并在新浪微博、微信及小红书平台开设 # 一粒来自昆明的种子 # 话题，依托 UGC 平台实现网友在线互动、交流。2021 年底，活动已有超万名网友在平台内晒出他们收到的“盲盒”，分享他们与盲盒相遇的心情和故事。

案例 29：“矿业界”新媒体矩阵（中国矿业报社）

“矿业界”是自然资源部中国地质调查局所属的中国矿业报社着力打造的新媒体品牌，是中国地质调查局精准服务我国矿业高质量发展的重要信息服务平台，也是我国地矿行业受众群最大、传播力最强、影响力最广的融媒体矩阵平台。

亮点赏析：

1.“矿业界”微信公众号：聚焦垂类、专业解读。截至 2021 年底，关注用户近 25 万人，日均阅读量超过 1.6 万次。该公众号是全国地矿行业这一垂直领域内影响力最大、关注度最高的公众号，以编发全球矿业领域最新政策、市场动态、资源项目、投资条件、企业数据、科技资讯、金融资本、人才装备、法律事务等方面的信息为主，重点宣传“绿色、安全、和谐、智能、高效”

矿业发展新理念，宣传促进国际矿业合作发展的政策，解读国内矿业发展规划和政策法规，分析研判经济形势、资源形势和市场形势，跟踪研究行业发展重大问题与政策建议，推广勘查开发新理念、新技术、新方法、新模式、新经验等。

2.“矿业界”APP客户端、门户网站：打造平台、聚合资源。截至2021年底，下载量近3万人次，共吸引全国200余家地矿类企事业单位入驻开通“矿业号”。该客户端是一个集矿业资讯、矿业政策、矿业数据、交易信息、矿业社交等于一体的综合信息服务平台，已以作价投资方式入股“北京矿世科技有限公司”开展成果转化。

3.“矿业界”第三方信息发布平台：统一品牌IP。中国矿业报社以“矿业界”为统一品牌IP，开通了新华号、头条号、新浪微博等第三方账号，入驻了全国党媒信息平台和各大第三方信息发布平台，精选大量原创内容进行分发，满足个性化的信息获取需求。

4.“矿业界”短视频平台：注重原创科普。“矿业界”品牌IP入驻抖音、快手、微视、视频号、B站等主流短视频平台，关注用户量约70万人，近两年创作系列原创短视频，包括矿业行业资讯类的《今日说矿》《行情评述》等栏目，权威访谈类的《矿世奇谈》《矿世奇说》等栏目，地学科普类的《小奚游记》《神奇矿物在哪里》《一分钟地质》等栏目，总播放量近500万人次。

5.“矿业界”系列主题活动：发挥IP影响力。依托IP在行业内的广大影响力，组织开展一系列主题活动。例如“年度矿业经济人物投票”“全国最美矿山、最美矿工征集展播”等均在行业内得到了广泛支持和高度关注，以发掘、宣传先进典型的方式，宣传生态文明建设最新成果，传播“绿色、安全、和谐、智能、高效”的矿业发展新理念，各平台推出了百余篇10万+文章。此外还通过举办系列行业论坛、项目与服务推介，积极开展市场服务。

6.“矿业界”数据与信息服务：打造专业智库。依托中国地质调查局国际矿业研究中心，发挥媒体型智库作用，组织开展全球资源形势、矿业金融、矿业政策、矿业市场、矿业科技等发展态势研究工作，先后发布《全球矿业发展报告2019》《全球矿业发展报告2020—2021》《全球矿业市场发展态势与展望2020》《中国矿业企业履行社会责任报告》《全球锂、钴、镍、锡、钾盐矿产资源储量评估报告》等研究报告；组织开展保障国家战略性矿产资源安全等关键问题研究，编写《矿业内参》《矿业舆情》等内部刊物，提供政府及企业决策参考，得到国家相关部门和矿业企业高度肯定。发挥矿业行业数据库和信息服务平台作用，通过建立全球资源储量、关键金属产业链、全球50强矿业企业等数据库，以“矿业界”APP为移动端入口，全力构建全球矿业大数据信息服务平台，为矿业企业开展国际投资合作提供精准服务。

案例30：“中国水事”融媒体矩阵（中国水利报社）

中国水利报社高度重视融媒体建设，整合平台资源，创新构建“中国水事”融媒体矩阵（包括微信号、新华号、抖音号、头条号、快手号、百家号、微视号、澎湃号等）。截至2021年底，“中国水事”融媒体矩阵所属各平台日均活跃用户超2亿人，总覆盖人数超10亿人。

亮点赏析：

1. 创新整合宣传资源，构建水事传播新格局。通过入驻各新媒体平台，在全国水利系统率先打造权威性高、覆盖面广的融媒体矩阵。

2. 创新宣传形式，增强宣传实效。“中国水事”融媒体矩阵自创建以来，加大内容创新力度，推出图文、漫画、动画、短视频、H5等多种形式作品，同时，加强活动策划，在重要时间节点通过融媒体矩阵开展主题活动，以用户喜闻乐见的方式，大大提升宣传效果。比如，快手短视频平台推出《人民至上 生命至上——2020年防汛进行时系列报道》专题，该专题是中国水利报社聚焦水旱灾害防御工作开展的短视频系列报道，时间跨度之长、内容涉及之广前所未有。在团队的共同努力下，防汛系列短视频专题报道共刊发短视频近40条，内容突出“短、实、新、活”，专题浏览量超1.8亿人次。同时，加大报网融合力度，推出大量融媒体作品，内容包括水旱灾害防御、重大水利工程建设、水生态建设、脱贫攻坚等，相关作品累计阅读量上亿人次。

3. 创新宣传体制机制，提升舆论引导力。一是将原网络新闻中心与视频部门整合组建新媒体中心（影视制播中心），进一步提升融媒体矩阵内容生产和运维管理能力。二是整合各部门新媒体平台，统一由新媒体中心集中负责运维管理。在宣传上根据实际需要，既可针对同一作品集中通过各平台宣传推广，又可以结合各平台特点，制作不同作品，实现精准宣传，大大提升舆论引导力。三是加大报网融合力度，实现跨部门联合，制作推出一批高质量的融媒体报道作品。

案例31：文化和旅游内容分发服务平台（中国文化传媒集团有限公司）

文化和旅游内容分发服务平台以中传云文旅号平台作为内容汇聚和分发中心，对接新华网、人民网、百度等160多个媒体渠道平台，为各级各类文化和旅游单位建立媒体联动矩阵，一键分发内容到中传云各类媒体及互联网流量平台，利用大数据实现各类用户画像整合和精准推送，通过内容分发平台实现优质文化和旅游资源触达不同渠道的海量用户，从而推进媒体深度融合发展。

亮点赏析：

1. 基于中传云平台，形成信息处理分发能力。以全文检索和信息推送技术为基础，建设内容主要包括基础技术支撑平台、文化和旅游媒体联动矩阵管理系统、文化和旅游分发渠道管控系统、文化和旅游用户画像与大数据系统。以 API、H5 等技术接口形式为各类移动互联网应用提供文化和旅游内容，为其分发渠道提供优质文化和旅游内容。

2. 以合作互联为手段，构建行业信息服务矩阵。通过实现分发内容接入、审核及发布，向文化和旅游周边工具、浏览器、天气、交通、社交、地图、电商、直播等工具类平台推送文化和旅游资讯。

3. 以传播分发为目标，立足行业提供专业信息服务。文化和旅游内容分发服务平台每天利用大数据实现各类用户画像整合和精准推送，通过内容分发平台实现优质文化和旅游资源触达不同渠道的海量用户，从而推动融合创新发展。

案例 32："壹生"客户端（中国医学论坛报社）

"壹生"移动客户端是中国医学论坛报社在融媒体时代积极转型升级的战略级产品，致力于为医务工作者打造值得信赖的医学知识服务平台。自 2015 年上线以来，客户端以内容建设为根本，以先进技术为支撑，不断拓展应用场景、创新学习形式和传播形式，通过系统性的医学专业课程帮助临床医生提升诊疗能力。

亮点赏析：

1. 注重专业、品质和实用性，打造新型知识服务平台。为保障平台高质量可持续发展，报社在推动现有编辑人员融合转型的同时，积极引进互联网行业技术型人才，逐步形成了由内容、产品、技术、运营、视觉等专业人员构成的多元化人才队伍，为客户端的研发和迭代工作提供了人才支撑。在内容建设方面，平台注重内容质量和专业度展现，发挥专业媒体特长，与全国各大医学会、各大医院及医疗机构、各领域医学专家建立长期合作关系，邀请部分专家指导并参与平台的筹划及搭建、系列课程的策划组织和内容审核等工作，确保了所有课程的专业性、权威性和临床实用性。在传播方面，平台依托自有官网、微博、12 个微信订阅号、30 个微信服务号及报纸构筑的全媒体传播体系，为全国 400 万名医务工作者提供便捷、高效的知识服务。在学习形式方面，平台研发的"训练营"新型线上学习产品，采用观看体验更流畅的流媒体视频播放技术，通过体系化课程设置、教学视频交互体验、打卡学习、随堂测验、学习笔记、社群互动等功能，进一步提升用户的参与度和学习效果。

2. 开拓大型基层公益项目，促进医药卫生体制改革。2017 年启动"星火计划——提升基层医生规范化诊疗水平大型公益培训项目"，活动以壹生 APP 作为线上培训平台，以冠心病、高血压等心血管疾病，癌症、早期癌症筛查等重大疾病，常见病、多发病为切入点，切实提升基层诊疗水平，助力分级诊疗，弥合地区差异。

3. 策划新冠防控视频专栏，助力海内外科学抗疫。2020 年 1 月，及时推出《新型冠状病毒肺炎科学防控》系列视频栏目，直播和讲座数量超过 160 讲，累计观看达到 1032 万人次。4 月，举办《中非连线，携手抗疫——中国—赞比亚新冠肺炎防控视频会议》，60 余家赞方医疗机构代表及中赞近 2 万名医务工作者在壹生平台在线观看了直播活动。

4. 全站云部署，创新应用前沿新技术，筑起平台技术堡垒，赋能医学教育发展。使用大数据平台、知识图谱、画像技术、智能服务、音视频底层技术、直播窄带高清技术、云互动技术、内容智能校对纠错技术等 9 项技术实现以用户学习行为轨迹数据为基础，基于视频观看、答题等行为数据，通过认知推理等相关技术对基层医生用户关注的医疗知识做出智能分析，通过算法在医学专家知识库匹配出合理的候选知识列表。

案例 33：智能化科学新闻生产及论文可视化服务（中国科学报社）

中国科学报社在 60 多年科技新闻报道的深厚基础上，开始进行内容创作方式的创新，全面提升智能化新闻生产能力，推出智能化科学新闻生产系统和"小柯"机器人。科学新闻智能化生产系统"小柯"机器人由中国科学报社联手北京大学王选计算机研究所研发，2019 年 8 月上线。

亮点赏析：

1. 坚持内容专业性、技术创新性。在技术应用方面，该系统以论文新闻报道为主线，以机器人写作为助力，内容坚持专业性、垂直性，深挖科教界，细分学科领域，运用自动文摘和机器翻译等人工智能技术，针对包括《自然》《科学》《细胞》《新英格兰医学杂志》《柳叶刀》等在内的国际公认的约 100 种主流学术期刊上发表的重点论文进行研究，开发应用于中、英文论文摘要及新闻报道的跨语种写作机器人，实现上述期刊论文摘要及新闻报道的自动采集、自动撰写、自动发布。

2. 利用融媒体资源，打通传播。在生产海量科学新闻之外，系统利用中国科学报社丰富的融媒体资源，在传播渠道方面打通了报纸、网站、博客、微信公众号、微博、头条号等多媒体平台，发布图文和视频报道。

3. 专业编校保障产品质量。"小柯"机器人的审核团队由来自国内外知名高校、科研院所的一线科研人员和拥有数年一线科技报道经验的资深采编人员组成，能够对将要进行可视化转化的科技论文进行解读、剖析和科普转化，再由专业科学美编、3D 设计师进行制作。

4. 精准服务带来营收增长。由于服务人群的精准性，依托"小柯"机器人系统，中国科学报社衍生出一项新的业务方向——论文可视化，起到向学术共同体推介研究进展乃至向社会公众普及科学新知识的作用，同时助力科研人员将抽象的文字描述转化为直观的视觉呈现，大幅度提高科研论文在同领域及跨学科领域的传播覆盖率。

案例34：“阳光理政”平台（河北报业传媒集团有限公司）

河北日报报业集团充分运用自身媒体优势，依托科技支撑，打造民生服务信息化平台“阳光理政”，关注民生和服务民生，提供更加贴近群众的实用易用民生信息服务，将更多的民生服务“送货上门”，让群众足不出户就能享受社会公共服务的便捷。

亮点赏析：

1. 打造民生服务信息化平台，畅通群众与党政部门沟通渠道。“阳光理政”平台运用新技术、新机制、新模式，打造民生服务信息化平台，紧紧围绕人民群众的民生需求，打通网页、微博、微信、客户端、小程序、抖音等多媒体通道，7×24小时不间断接收全省网民留言，为群众提供政务事务服务、监督投诉、社会化便民服务，实现多渠道综合服务，搭建起党和政府同群众沟通交流的新平台。据统计，2021年，该平台共收到全省各地网民有效留言10.8万件。

2. 联动6500家党政部门和民生单位，为民服务解难题。2021年，该平台共解决群众民生诉求9万余件。截至2021年底，平台已汇聚省市县乡四级6500多家党政部门和民生单位，形成覆盖全省的民生服务体系，实现群众的服务诉求精准对接、快速办理。这些部门收到的一般性诉求7日内办结；较复杂诉求21日内办结或给出处理方案，力争“事事有着落、件件有回音”，交通、教育、环保等重点民生实事问题得到圆满解决。

3. 发挥媒体监督优势，督促举措出台助推高质量发展。该平台充分发挥媒体监督职能，坚持舆论监督报道，通过记者实地查看、明察暗访，督促有关部门及时出台相应举措，监督问题获得切实解决，推动政府部门改进工作，解决矛盾，助推高质量发展。

案例35：南财智库（广东南方财经全媒体集团股份有限公司

南方财经全媒体集团智库（以下简称南财智库）坚持社会效益为主，坚定拥护党和国家各项大政方针与重要改革举措，并注重营造良好的经济发展舆论。在此基础上，创新发展智库业务。

亮点赏析：

1. 依托人才优势，成立多个研究院和课题组，形成智库矩阵，集中服务我国相关中央职能部门、多个地方政府等。南财智库拥有100名资深采编人员组成的研究员队伍，外脑专家库约500名。南财智库矩阵包括21世纪经济研究院、21世纪资产管理研究院、粤港澳大湾区研究院、南财合规科技研究院、21新健康研究院、广东海丝研究院等，主要的智库报告涵盖高质量发展、地方营商环境、城市研究、反垄断、资产管理研究、ESG测评、大湾区等领域。南财智库旗下拳头产品“城市通课题组”，研判营商环境现状与优化方向，定期发布研究报告，为地方政府服务。“理财通课题组”定期更新理财数据，发布理财产品报告，为投资者服务。南财智库每年举办智库发布周，累计发布报告、指数榜单500份。

2. 以自有数据库作为支撑，提供精准信息服务，实现数据与业务的深度融合。作为国内首家全媒体集团成立的财经类智库，并且智库服务有集团自创的“南财云平台”数据库支撑，做到智库服务信息精准化。作为南财智库服务的数据库支撑，粤港澳大湾区（广东）财经数据中心已经列入广东省“十四五”规划重点建设项目和广东省文化改革发展“十四五”规划重点建设项目，智库研究员和技术人员已推出理财通、城市通、资讯通三大数据产品的2.0版本，实现大数据支撑与财经媒体深度融合。

3. 南财智库全力打造高端智库论坛。2019年承办广东省委宣传部委托的习近平新时代中国特色社会主义经济思想研讨会，获得省委省政府领导高度评价。自2019年以来，已成功举办三届南方财经国际论坛。该论坛由中央广播电视总台、广东省外办、广东省贸促会、广州市外办指导，南方财经全媒体集团主办，是一个资本市场的专业性论坛，致力于加强中国与世界资本体系的双向融合，深化中国资本市场改革，促进大湾区资本市场发展，提升中国、广东及大湾区在国际资本市场的地位。

案例36：城事智库（西安华商网络传媒有限公司）

2018年10月，华商传媒集团成立城事智库，旨在通过对大数据的抓取研究，更准确、更科学地发现经济社会发展中存在的问题和社会治理存在的漏洞，帮助政府、企业实现基于大数据的在线声誉管理及发展趋势研判，并通过专项报告、方案制定等形式，为城市治理和消费升级提供解决方案，让政府、企业、消费者都能“心中有数”。

亮点赏析：

1. 创立“35城指数”指标体系，科学体现新型城市建设步伐。“十三五”期间，我国提出“建设和谐宜居城市”的规划，这其中特别提到“加快新型城市建设”，其核心概括为“1+5”，即“1”是“建设和谐宜居城市”，“5”是“绿色城市、智慧城市、创新城市、人文城市和紧凑城市”。基于此，城事智库通过对全国35个主要城市的综合数据挖掘、研究，建立数据模型，设立了“35

城指数”指标体系。“35城指数”充分考虑我国建设新型城市的发展目标以及城市现有发展水平，设计了8个一级指标（创新、房地产、国际化、交通、经济、宜居、人文、旅游）、31个二级指标、46个三级指标，为新型城市建设及治理提供有益参考。

2. 对城市产业和区城进行长尾细分，顺应分众化、差异化传播趋势，推出个性化、订制化内容产品。城事智库在“35城”指标体系的基础上，结合媒体自身与城市产业的传统联动优势，逐步打造了包括城事教育研究院、城事青年研究院、城事悦读研究院、城事新消费研究院、城事文旅研究院等在内的系列产业智库矩阵。通过智库专家+行业观察员+数据分析师的三级研究体系，深度挖掘各产业领域的垂直数据，根据产业相应时期具体需求和“痛点”，提出具有建设性、可操作性的思路和建议，先后发布《西安市民阅读报告》《博物馆之城报告》《运动友好城市大数据报告》《陕西中老年生活研究调查》《2021理想城市发展报告》等数据产品，服务陕西经济改革发展，为陕西在大数据和人工智能时代创新社会治理模式提供了样板和借鉴。

3. 线上全媒体，线下多场景，实现内容产品与服务的多样化展示、多介质推送、多元化传播。一是在内容生产端，城事智库依托媒体对现代融媒传播方式的深刻理解，建立了图文、视频、图解、条漫、动画、MV、AR/XR七维制作流程体系，针对用户的圈层、学历、职业、年龄、阅读习惯等特性，设计不同的融媒制作策略，将厚重、枯燥的数据内容“翻译”成简洁、有趣、条理清晰的内容产品展现。二是在内容传播端，充分联动传媒集团内外部及线上线下资源，打造四层传播渠道体系。对内，深度整合华商全媒体各介质资源，借助个性化、差异化的精准推送方式，统筹报、网、端、微、屏等多种传播介质，实现资源共享、信息互通、传播互补；对外，城事智库与各头部互联网平台合作，利用头条、企鹅、网易、UC、百度、抖音、快手、B站等渠道，对智库内容产品进行第二层传播。在线上，城事智库除进行泛媒体渠道做传播外，还根据每一期的具体内容，通过行业或圈层KOL，将内容产品推到相应的圈层和产业人群中，实现内容产品的第三层传播；在线下，城事智库通过组织讲座、分享、沙龙、论坛、评选、颁奖等活动，开展多种形态的体验式传播，推动内容产品的第四层传播。

案例37：人民网“领导留言板”平台（人民网股份有限公司）

人民网“领导留言板”是《人民日报》专门为中央部委和地方各级党委政府主要负责同志搭建的网上群众工作平台，既是干部群众沟通的便捷桥梁，也是提升治理能力的重要手段，在舆论场发挥着独特作用。

亮点赏析：

1. 深入贯彻落实习近平总书记重要指示精神。党的十八大以来，人民日报社编委会认真学习领会、深入贯彻落实习近平总书记“要通过网络走群众路线”的重要指示精神，全力推进人民网“领导留言板”建设，要求能通过留言板体察民意、汇集民智、凝聚民力、改善民生，为人民群众搭建一个真实有序的民主参与通道和高效管用的问题解决平台。

2. 与各地区各部门共同研究制定办理流程。目前，全国31个省区市已全部出台制度办法，积极推进做好人民网网上群众留言办理工作。建立健全留言收集研判、限时办理、跟踪回访、考核评价等工作机制，为“通过网络走群众路线”提供了广泛的制度保障。

3. 积极发挥主流媒体舆论监督职能。人民网“领导留言板”具有新闻网站和政务平台的双重身份。多年来，人民网“领导留言板”一方面积极发挥办事平台的服务功能，另一方面认真履行作为网络媒体的监督职能，通过内参、公开报道、议题征集等多种形式，为党政机关回应群众诉求、创新社会治理提供决策参考。

案例38：“天闻”海外舆情监测系统（参考消息报社）

“天闻”海外舆情监测系统（以下简称“天闻”系统）是参考消息报社为中央部委、地方政府、部队单位及部分科研机构开放的综合类国际信息服务平台。该平台融合专线供稿、人工智能翻译、大数据分析与可视化于一体，全面汇总展示海外主要媒体、智库、政府机构、国际组织和科研机构信息动向，以中英文双语界面第一时间立体展示，并可根据用户需求生成分类专题等高附加值信息产品。

亮点赏析：

1. 以互联网思维全面重塑优化传统的“国际参考报道”业务，实现对领导机关和部委单位等大批用户在线服务，服务时效和内容容量实现“指数级”跨越，并已形成常态化运营，实现良好的社会效益和经济效益。“天闻”系统采用在线服务方式，全平台由三大主题板块组成：一是基于大数据和人工智能翻译技术建设的海外信息大数据库；二是由专业团队运营的国际参考信息专页；三是定制化政务参阅简报及研报。

2. 充分运用人工智能翻译、大数据及网络监测等前沿技术，建成实时更新的海外信息大数据库，形成可为特定行业提供服务的智库、舆情等领域垂类聚合平台。

3. 在服务形式上，紧扣“媒体+政务服务”方向，为中央部委、地方政府提供急需的一手海外信息，成为国际舆情监测、国际动向研究等领域重要基础设施，并在舆论斗争、新冠疫情溯源等工作中发挥重要作用。

4. 充分发挥报业单位特有的内容人才队伍优势，将人机协作、内容运营作为平台特色，与技术企业产品形成差异化竞争，将传统报业单位优势与业态变化需求相结合，形成融合发展创新成果。

案例39：“健康中国”政务新媒体平台（健康报社有限公司）

“健康中国”政务新媒体平台是由国家卫生健康委主管、健康报社主办的国家级官方政务新媒体平台。平台充分利用健康领域的优质资源，严格管理内容来源，发布权威的卫生健康行业大政方针、健康科学知识、健康新闻、专家解读等信息。

亮点赏析：

1. 聚焦核心定位，汇聚各方资源，践行“四全媒体”，打造现象级矩阵化新型主流媒体平台。平台聚焦党的意识形态阵地、政府与公众联系与服务纽带、行业发展宣传服务平台、报社增长新动能支撑等4个核心定位，坚持“权威、理性、温暖”的调性，以“政府主导、行业共建、全民共享”为宗旨，汇聚各方资源，手机客户端有近5000家政府机关、医疗卫生机构和专业公共卫生机构等入驻，愿景是打造面向公众的国家级健康资讯与服务入口。截至2022年4月，平台拥有健康中国APP、微信公众号、微博、头条、抖音等20余家平台。

2. 重视舆论引导、传播权威声音，打造优质内容产品、策划创意爆款，持续探索直播领域。疫情防控期间，平台7×24小时围绕疫情相关权威资讯和科普内容展开多种形式宣传，推送通俗易懂的科普知识和政策图解、视频。同时，与国务院客户端、学习强国等合作协同推出定点医院查询、问答、地图等服务产品，其中发热门诊与定点医院查询服务查询量突破百万。平台持续探索线上直播领域，聚合国家级专家资源，打造精品科普直播栏目，邀请国家级知名专家参与，10余个头部流量平台同步直播，观看人次上亿。

3. 打造“健康中国”政务新媒体可视化工作室。工作室直接对接文件起草司局需求，将精简概述长篇文字，集合简单、便捷、动感的新媒体技术，制作H5、一图读懂、宣传海报等融媒体产品，让网友愿意看、看得懂、易传播。

4. 高度重视网络安全，坚持“三审三校”。平台严把政治关、法律关、政策关、保密关、文字关，杜绝重大错误，坚决守好“责任田”；完善值班值守制度，加强日常监测，确保信息更新及时、内容准确权威，进一步提升网络舆论引导水平；提升安全防护能力，通过国家信息安全等级保护三级认证。

案例40：中电传媒舆情信息采集系统（中电传媒股份有限公司）

中电传媒舆情监测系统是电力传媒数据研发中心通过自主研发、模块采购集成开发的大数据系统，主要针对互联网中涉及电力及能源行业的结构化、非结构化数据进行海量采集，具备自然语言处理、统计分析、二次分发等功能。

亮点赏析：

1. 构筑技术优势，搭建分布式信息采集、善用数据挖掘和自然语言处理、二次分发降本提效。系统采用分布式互联网信息采集技术，可通过扩充服务器规模扩展采集能力，以应对日益膨胀的互联网信息规模，满足存储信息量大、数据灾备的需求。通过网页内容智能提取、自然语言内容分析技术、自动分类、多语种识别、情感分析等功能，降低人工配置网站模板的工作量，极大提高自然语言处理模块在电力能源行业领域信息分析的准确性，减少分析人员工作量，通过机器自学习训练对电力能源细分行业、事件定制语料库信息进行判断。

2. 丰富集团业态，提高办公自动化水平，释放大量人力。系统自上线以来，应用于信息采集、舆情监测、新闻传播力评估等多个场景。舆情信息采集方面，经过多年实践，形成了大数据采集—分析—应用的成熟业态，每年向集团贡献可观利润。以“机器＋人工”智能采集方式监测，建立舆情工作微信群，中电传媒采用“7×24”小时“机器＋人工”的方式进行全网信息监测，遇重大国际、国内能源舆情事件立刻发送群内。提供定制化分析报告，汇集国际国内重要信息。传播力评估方面，通过垂直检索技术，锁定媒体名称、传播平台、稿件内容等指标，进行全网垂直采集，在相似度分析筛选后，评估指定媒体或指定稿件在互联网中的传播情况。

案例41：融媒中心政务服务媒体矩阵（哈尔滨日报社）

哈尔滨日报社从2017年开始推进“一支队伍、多个平台”的机制和流程再造，将原《哈尔滨日报》、《新晚报》、哈尔滨新闻网记者整合成一支哈报集团全媒体记者队伍，实行新闻资源统一布局、一支队伍统一指挥、资源一体化管理，初步实现了“融为一体，合而为一”；以互联网思维、全媒体视角审视和谋划宣传思想文化工作的内容、对象、方法、手段，打通各个领域、统筹各种资源，形成整体合力，利用媒体既有资源打造政务服务媒体矩阵，承接相关机关、部门、单位媒体宣传服务项目，依托新运营模式，开展“媒体＋政务服务”工作。

亮点赏析：

1. 成立政务服务中心、工作室，实现专职专责对接服务。2016年，哈尔滨日报社成立政务服务中心，作为报社政务服务的总承包商、生产商、供应商，承担报社政务项目对接服务，承接相关机关、部门、单位媒体宣传服务项目。代运维微信公众号、网站，充分利用媒体资源实现“专业的人做专业的事”，负责媒体宣传外包单位内部期刊、两微一端一网、画册文集及部分报纸专栏的采写编辑和代运营；负责服务外包单位对上宣传和相关线下活动策划运营。成立“市人大新闻宣传工作室”“教育工作室”“医疗工作室”“旅游工作室”“地铁工作室”等多个工作室配合政务服务工作，利用报社的采编、渠道、资源等专业优势，搭建全媒体宣传矩阵，形成传统媒体和新兴媒体互联互动、文字和图像报道全景呈现的全方位、立体式报道模式，力求更及时、更直观、更生动、更全面地呈现政务新闻，全面发挥新闻报道宣传告知、引导教育和吸引参与的作用，推动政务服务新闻宣传工作发展、完善和创新。

2. 实战练兵，建设全媒体新闻人才队伍。通过报社融媒中心的指挥，完成对传统采编流程的深度重塑，打造出一支符合新时代新闻工作需要的政治坚定、业务精湛、全面实现转型升级的全媒体新闻人才队伍，并且运用新技术、新手段、新平台、新思维，坚定不移地为提高新闻舆论传播力、引导力、影响力、公信力而努力奋斗。

3. 依托丰富内容产品形式，构建全媒资讯传播格局。政务服务中心全媒体矩阵紧跟哈尔滨日报社全媒体矩阵的变化，在传播方式上已具备全面应用文字、图片、H5、视频、直播、AR、VR等复合传播手段的技术与能力，初步建立起报纸、网络、移动端、户外等一次采集、多元生成、多端传播、优势互补的全媒资讯传播格局。

4. 政务服务矩阵推进媒体深度融合。2021年，哈尔滨日报社建设的市融媒体官方客户端“冰城+”正式上线，报社将政务资源及工作室资源平移到客户端，开设“志愿者”“健康卫生”“教育”“地铁生活”等多项专栏，开设“冰城号”，丰富客户端内容建设的同时，实现核心媒体平台引领的“新闻+政务服务”功能，打造新传播形式，有效推进媒体深度融合工作。

案例42：新时代江阴融媒基层治理新平台（江阴传媒集团有限公司）

江阴市融媒体中心（传媒集团）2019年成立，已形成报、台、网、微、端、屏“六位一体”现代传播体系，在内容、渠道、平台、经营、管理上深度融合，逐渐成为具有强大舆论引导力、内容生产力和市场竞争力的生态级县域融媒标杆。

亮点赏析：

1. 驭时而进，用中央精神为融合收获政策红利。一是思想破冰、制度破壁。成立江阴传媒集团，实行“一套班子，两块牌子”，事业单位企业化管理。二是全媒思维、全域变革。形成“1+4+3”框架，“1”是党委会、董事会，为决策领导层；“4”是四个委员会，即编辑委员会、经营委员会、运营管理委员会、技术委员会；“3”是新闻生产、产业经营、人力资源管理三大改革。三是价值先导，技术先行。与“荔枝云”紧密合作，建设“中央厨房”全媒体生产指挥中心，将大数据、云计算、人工智能融入策、采、编、发全流程，确定“5G+4K+8K+AI”为技术布局方向，积极运用AI播报、机器人采写等。

2. 生态重塑，用创新创造为融合提供发展动能。一是移动优先，增强主流舆论影响力。以“中央厨房”为新闻资讯集散枢纽，再造内容生产流程，让受众参与生产和传播的全过程，实现全媒体各端口24小时梯度推送、全面覆盖。二是突破定式，增强产业经营竞争力。坚持事业支持产业、产业反哺事业，重点培育“政务服务、教育培训、影视演艺、文化创意、印务发行、应急培训、户外广告、电子商务”等传媒产业。三是文化引育，增强人才技术推动力。构建以能力和业绩为导向的战略人力资源管理新体系，统一建立激励先进、鼓励创新的考核导向，实行以岗定薪、岗变薪变、动态管理的分配机制。

3. 数据赋能，用服务群众为融合赢得未来空间。一是打造自主可控的城市级平台。推动最江阴APP整合全市63个市级部门、2000多项服务功能，下载量超230万，注册用户超160万，高峰期日活量达80万。二是成立大数据公司，大力发展数字经济。联合成立江阴市大数据股份有限公司，打造特色大数据管理和服务平台，做好全市信息化项目“一网统建”，推动数据从“资源”向“资产”转变。三是参与智慧城市建设，推动县域治理现代化。参与智慧城市项目建设、运营、维护和投资管理等，构建“1+1+N”的江阴“城市大脑”，即1个数据资产中心、1个智能化城市大脑中枢平台和N个公共服务应用，打造智慧医院、智慧交通、智慧社区等应用场景，为数智政府建设赋能。

案例43：“政务服务123”全媒体全案营销（盐阜大众报报业集团）

盐阜大众报报业集团依托新型主流媒体区域平台“众媒云”，打造“政务服务123”全媒体全案营销运营模式，以“需求定位内容，内容驱动流量，流量赋能服务”，有力提升“新闻+政务服务商务”能力。在满足用户需求的同时，塑造新型媒体经营服务品牌，增强自身造血功能，实现自身可持续发展。

亮点赏析：

“政务服务123”全媒体全案营销是在“一体化深融”理念下的顶层设计。所谓“一体化”深融，是以整体观、系统论推进媒体融合，从顶层设计的角度，对内容采编发、组织生态、管理机制、技术应用、平台终端、广告经营等作出的深度调整和完善，实现各种媒介资源、生产要素有效整合，打造“融为一体、合而为一”的全媒体格局。“政务服务123”全媒体全案营销具体内容包含十个方面。

1. 党报：一策二深三专版。

2. 网上：一端二微三新媒。

3. 视频：一短二直三专题。

4. 政务：一秘二厅三舆情。

5. 智库：一参二智三数据。
6. 媒资：一库二馆三影像。
7. 技术：一建二保三智能。
8. 外宣：一采二发三广传。
9. 线下：一训二联三共建。
10. 产业：一展二创三数智。

案例44：杭州“城市大脑”市域媒体一体化云平台（杭州日报报业集团）

杭州“城市大脑”市域媒体一体化云平台建设旨在通过整合“城市大脑”的平台优势和市域媒体的新闻内容生产能力，实现市域媒体平台与城市大脑“双向”赋能，统筹协调杭州市、区及镇街三级宣传资源、加强媒体数据资源共享、实现市域媒体的深度融合。

亮点赏析：

1. 推动“城市大脑”可感可知。在“城市大脑”建立民生新闻板块，让民生新闻丰富“城市大脑”运用，以内容驱动媒体平台赋能“城市大脑”。在“城市大脑”数字界面设立新闻场景，集合呈现市区两级媒体优质内容，并运用链接及嵌入式呈现方式，激活“城市大脑”各类应用，同时加强新闻宣传和线下活动的主动策划，使用新闻直达及新闻场景关联技术，提升“城市大脑”的用户黏性和活力，增强市民对“城市大脑”的可感可知性，使“城市大脑”真正成为杭州市民天天上、常常用的数字城市“金名片”。

2. 市域媒体平台与城市大脑“双向”赋能。推动市级媒体、区县融媒体中心、镇街微融站三级利用“杭州云”统一平台向“城市大脑”新闻平台供稿。通过“杭州云”统一平台，提升区县融媒体中心、镇街微融站的供稿积极性，增加“城市大脑”APP新闻平台的日发稿量。

3. 打造特色化主题宣传平台。打破杭州“城市大脑”市域媒体一体化平台媒体部门各自指挥、各自为战的局面，实现市域媒体重大主题宣传的深度融合。通过PC、手机、大屏的联动方式，实现日常选题策划和重要新闻的统一发布，协调各部门报道工作，监控各项任务进展情况，提升工作绩效。

4. “市域一张网”互联互通。利用“城市大脑”庞大的用户规模和先进的数字技术，赋能市域媒体智能化生产传播，充分发挥“新闻＋数据”的集合优势，全面助推“数智杭州”建设，构建基于“杭州云”的统一化“城市大脑”APP发布及传播数据的汇聚平台。

案例45：安徽党媒云“乡镇融”平台（安徽日报报业集团）

安徽党媒云“乡镇融”项目利用全媒体手段，依托安徽新闻网、安徽日报客户端、安徽农村网、《安徽日报农村版》、安徽日报农村版微信公众号等，立足“报、网、微、端”互动，打通安徽党媒乡村宣传“最后一公里”，为乡镇提供新闻宣传、形象推介、活动直播、舆情分析、通讯员培训等综合性服务。

亮点赏析：

1. 省级党媒直达乡镇村，体现乡镇特点、党媒特色。省级党报报业集团为乡镇提供新媒体宣传平台，这是全国省级党媒中的唯一一例，在全国属于首创。截至2021年6月，有506个乡镇入驻平台，占乡镇总数约40%，辐射全省农村人口50%以上。8家农村商业银行、1家农业保险公司也先后入驻。

2. 依托技术创新，充分利用平台资源，打通融媒系统。项目依托安徽新闻网、安徽日报客户端、《安徽日报》和《安徽日报农村版》报纸版面、微信公众号等，通过“报、网、微、端”互动，为乡镇提供新闻宣传服务。在安徽新闻网开设“乡镇融”PC端专区，在安徽日报客户端开设“乡镇融”移动端专区，每个合作乡镇一个网络专页、一个手机专页、一个入驻号。与技术开发企业密切合作，开发设计具有自主知识产权的“乡镇融”采编软件，实现移动端、PC端的一键发布、多端呈现，技术上达到了国内相关行业的领先水平。

3. 坚持走好全媒体时代的群众路线。平台多次为合作县市区、乡镇举办通讯员业务培训班，发展基层通讯员1000多名，联系“三农”方面的政策和科技专家40多人，使之成为党媒与地方政府、受众联系互动的纽带。

4. 放眼未来，做好长期规划。下一步，乡镇融平台将为入驻单位提供新闻宣传服务的基础上，不断整合资源，拓展服务领域，延伸服务链条，提供形象推介、活动直播、直播带货、技术辅导等综合性服务，在资源展示、农产品销售、招商引资、乡村旅游等方面，为合作入驻单位提供力所能及的支持。

案例46：“智慧海都”产业数字化平台（海峡都市报社）

海峡都市报社提出“以新闻为中心向以影响力为中心转型，从报纸、互联网平台向移动互联网平台转型，从产业实体化向产业数字化转型”的战略目标，以APP为主要终端出口，接入区块链、SaaS等技术体系，构建集新闻资讯、生活服务、智库服务等为一体的“交互生态圈”，打造“智慧海都”产业数字化平台。

亮点赏析：

1. 福建省首家由主流媒体打造的“新闻＋服务＋政务＋商务”的创新性平台。平台依靠3D、VR、AR等新技术打造“新闻＋服务”媒体生态圈。一期上线六大板块：海都播报为用户精选有用实用的信息、方便快捷的服务；海都到家将500多项家政服务搬到线上，为市民提供品质服务；海都教育打造“全年龄段学习教育平台”；

海都民声畅通的投诉渠道，打造面向公众的发声平台；海都商城服务“三农”助力“乡村振兴”，提供购物一站式服务；生育与健康板块与福建省计生协会深度合作，建立融信息、宣传、教育、活动为一体的计生服务板块。

2. 舆情导向促进多个民生服务板块联动，打通服务“最后一公里”。平台以“数据驱动增长”为理念，瞄准“AI(人工智能)+媒体+产业”的发展方向，借力大数据、人工智能、区块链、SaaS、VR等新技术，强化用户个性化需求推荐与精准投放目标，形成跨媒体、社群营销、万物智联的网络购物、交互、生活圈，助力海峡都市报社优化数十万份报纸与上千万微信公众号的受众群、微博粉丝群等的服务体验，打破因数据壁垒形成的“数据孤岛”局面，实现多平台数据的融汇。

案例47：齐鲁壹点媒体中台（山东齐鲁壹点传媒有限公司）

齐鲁壹点媒体中台，通过搭建内容、数据和技术三大中台，为用户、客户提供包括智能采集、生产、分发、接收、反馈等在内的内容生产服务，包括智能营销、智能活动、用户画像、壹点智库、蛙眼舆情、智慧社区等在内的数据服务，以及包括新媒体产品研发、智媒AI、区块链和“互联网+政务服务”等在内的技术服务。

亮点赏析：

1. 基于多项核心技术，打造智能生产运营一体化的内容生产与传播平台。平台对媒体内容进行自动化采集、存储、处理、共享，包含稿件库、图片库、视频库、音频库四大模块；壹点云智能创作平台包括创作、抓取、审核、推荐、分发、追踪等多个智能系统，向所有个人用户免费开放；内容策划运营平台整合齐鲁壹点内部资源，提供全方位内容策划与运营；视频直播电商平台包含媒体生产运营全流程的七大业务板块，能为用户提供视频直播的全方位能力加持；党建齐鲁智慧云平台聚集各方资源于一体；新媒体产品运营平台为多平台及新媒体矩阵等产品提供内容运营服务。

2. 搭建一切业务数据化、一切数据业务化的传媒大数据运营中台。智能营销平台实现从媒体聚合—用户匹配—合理出价—精准曝光—高效反馈的全程数字化、智能化营销，满足流量端变现需求、低成本获客需求、用户端价值信息获取需求；智能活动平台针对大型活动提供有效解决方案，解决数据流失的痛点和数据复用等问题；依托壹点数据仓中巨量用户数据和海量的外部合作数据，为企业、行业客户提供精准数据分析及运营服务；智库平台通过内容、数据和资源的深度融合，快速生产出目标产品；蛙眼舆情平台对全网数据信息进行24小时实时监测、预警和研判；智慧社区平台是媒体主导的集智慧党建、智能安防、智慧物业、社区全媒、生活服务于一体的社区生活服务类平台，助力媒体深度参与社会治理。

3. 基于“传媒+技术”深度融合搭建技术中台。新媒体产品研发平台助力县级融媒体中心建设、行业融媒体中心建设；智媒AI平台从用户和数据角度出发，涵盖多样化系统模块，可以进行整体或部分输出；区块链平台是基于Fabric技术自主搭建的一条企业级联盟链；“互联网+政务服务”平台针对政务、商务技术性服务需求提供专业解决方案，大幅提升市场监管效率和效果。

案例48：基于开封政务服务的媒体融合创新平台（开封日报社）

开封日报社将政府网站运维作为推进媒体深度融合发展的“先行地”“实验区”，推动主力军全面挺进主战场，以内容建设为根本、先进技术为支撑、创新管理为保障，探索“新闻+政务服务”全新运营模式，使开封政府门户网站成为开封对外展示政府治理能力和城市魅力的重要窗口。

亮点赏析：

1. 发挥平台优势，拓展政务服务。(1)精准定向市场，携手市政府拓展政务合作；(2)推动主力军全面挺进主战场，以互联网思维优化资源配置；(3)打造一流办公场所，加强专业技能培训。

2. 坚持内容为王，深度贴近受众。走好全媒体时代群众路线，运用新技术新手段生产群众更喜爱的内容，强调惠民性、便民性。(1)在政策解读上下功夫；(2)在做好便民服务上下功夫；(3)在畅通群众参政议政渠道上下功夫；(4)在创新内容的发布形式上下功夫。

3. 创新内客表现形式，推进内容生产供给侧结构性改革。(1)突出原创内容，突出网站特色；(2)开启政务访谈，打通“政民互动”可视化渠道；(3)搭建“一网通办”网络问政平台，打造网络问政“开封模式”；(4)发挥政务平台优势，拓展“1+N”政务服务。

4. 严格标准规范，确保安全运行。制定多项有关制度，健全信息采集、审核、发布、更新机制，保证网站发布信息的全面、准确、及时和安全。运维过程中，为鼓励大家不断创新，出台了《开封市政府门户网站创新考核制度》，为内容生产供给侧结构性改革提供制度保障。(1)创新考核制度，激发创作积极性；(2)做好日常维护；(3)重视信息发布和内容保障工作。

5. 技术打造“开封模式”，构建政府与群众的“连心桥”。运维中心不断推进“互联网+政务服务”，让数据多跑路，让群众少跑路，与开封政务服务网深度融合，达成“一网通办”。搭建网络问政平台，打造网络问政“开封模式”。

案例49：上游新闻客户端“帮帮频道”（重庆上游新闻传媒有限公司）

上游新闻本着“互联网 + 群众路线”的思路，在2018年底筹办了帮帮频道。帮帮频道依托上游新闻客户端设置“曝光台”“帮你问”“找答人”“玩社群”“城事通”等民生服务板块，通过融媒体手段，整合多方资源，搭建政民互动新桥梁，创新开拓党媒与用户之间的新连接。

亮点赏析：

1. 打通体制流程壁垒，建立常态化信息反馈机制。帮帮频道邀请本地2000多家政府机构、职能部门和街道乡镇到平台上“落户”，市民在生活中发现任何问题，都可以拿起手机把各种新闻线索反馈到上游新闻帮帮频道“曝光台”。为提高回复的效率和质量，提供职能部门详细通讯录，备注工作人员手机号码，同时要求机关部门的问答要又快又准，工作人员要及时整理成书面报告向用户反馈。

2. 群众管理城市的平台，及时疏导矛盾。目前，重庆市民通过上游新闻帮帮频道参与城市管理已经常态化。通过用户在客户端传递信息，媒体梳理跟进、部门解答督办等方式，曝光台力促化解矛盾、解决问题。

3. 利用技术优势，联合对应市级职能部门搭建智能媒资平台。联动线上机构和互联网资源，形成智能化服务平台，积极协助相关部门做好舆论引导工作。

4. 运营社群，用主流正能量价值影响新生代。和大批本地的行业专家、网络大V、优秀社群合作，搭建涉及多行业领域的“找答人”板块，两会期间特别推出《V观两会》栏目，邀请深受当地年轻人欢迎的重庆方言推广大V，就多个民众关心的话题进行探讨；陆续整合1900多个不同类别的社群，让拥有共同爱好的用户实现高频互动；招募社群分享达人300余名，通过“群推”方式，将上游新闻与有关政策性信息的资讯问答分享到各大社群，帮助群众答疑解惑。

案例50：贵阳市融媒问政平台（贵阳日报传媒集团）

2019年12月，贵阳市委、市政府积极创新实践党的群众路线，创造性打造贵阳市融媒问政平台，建立贵阳融媒问政工作机制，推出市县两级媒体协作实施的大型媒体融合政务服务品牌。问政平台紧盯群众的急难愁盼问题开展建议受理、问题反映、转办回复、民生服务和舆论监督等融媒服务。

亮点赏析：

1. 构建常态化问政工作机制，努力探索“上网交心下网服务”创新机制。一是创造性打造贵阳市融媒问政平台，广泛收集群众问题；二是基本形成“横向覆盖贵阳贵安、纵向通达市县两级”的工作格局；三是形成全方位统筹机制，强化责任落实；四是强化督查考核结果应用。

2. 坚持以人民满意为评价标准，双向发力强化责任落实。一是公开发布“成绩单”，平台定期对各单位办结率、回复率、满意率等重点指标进行排名，倒逼相关责任部门整改落实；二是公开接受市民阅评；三是结合“媒体 + 督查”的模式，推动问题整改解决。

3. 可视化民意数据提供决策参考，打造民意“蓄水池”、群众“连心桥”。一是广泛开设新闻专栏，以问政工作为群众带来扎实服务成效；二是聚焦群众急难愁盼，提供决策参考；三是凝聚社会共识，汇聚贵阳高质量发展的精神力量。

案例51：基于VR的报网多态内容整合展示（解放军新闻传播中心）

作为党和军队的重要舆论阵地、党在军队的喉舌，改革强军中诞生的解放军新闻传播中心，为展现全军官兵践行习近平强军思想、践行技术牵引融合思路，2021年3月全国两会报道中，由解放军新闻传播中心网络部智媒工作室主导，联合《解放军报》、八一电视（现名“八一视频”）等共同制作的《2021全国两会·军队代表委员强军路上续写荣光》富媒体作品，首创“基于VR的报网多态内容融合展示”新形式，全方位、多角度展现官兵投身到练兵备战中的昂扬精神风貌。

亮点赏析：

1. 打通平台链路，实现更丰富的多端融合展示。依托VR富媒体编辑器构建虚拟场景，基于HTML5搭建交互式页面框架，实现纸报与数字媒体，Web与移动互联网、PC与手机、全媒体阅读大屏与VR眼镜等的融合展示与分享，凝聚形成更强大的传播合力。

2. 基于用户思维，打造高效立体式展示新形式。展示作品整合全国两会期间，由《解放军报》发表的10位军队委员代表相关文稿和中国军网发布的人物相关图文、视频等内容，通过专业的“提纯”和剪辑，融合报纸文字和新媒体形式的严谨与生动，丰富不同年龄层观众的阅读偏好，并为有限的纸报空间做内容的无限延展，展现了团队在报网多态内容融合展示上的深入思考和最新探索。

案例52：“读特”AI飞卡阅读（深圳报业集团）

深圳报业集团全力打造了与深圳城市地位相匹配的“改革开放第一端”——读特客户端。集团秉承技术引领发展的宗旨，推出了全国首创的AI飞卡阅读模式，将新闻资讯以AI智能技术分发，以视觉化和视频化的卡片直观呈现，提供全新的资讯阅读体验，用创意和创新阅读体验方式传递主流价值。

亮点赏析：

1. 重视用户体验，创新内容展现形式，“轻”阅读重传播。读特依据人体工程学原理，打造一键切换功能，只需两个手势即可快速切换不同模式。在飞卡阅读模式下，内容以大标题加核心内容提要融汇在一张卡片上，让受众能在最短的时间内掌握新闻的核心要义。

2.“千人千面”，算法赋能个性化推荐。依据深圳报业集团原创文章和“白名单”转载的主流信息库，飞卡模式采用AI智能推荐技术，以机器算法为机制，精准推送新闻，辅以人工和社交分发（粉丝分发）作为算法分发的补充，既能满足场景传播的个性化需求，又实现了信息传播的高效化，源源不断为受众提供优质的新闻内容和服务供给。

3.多种新技术综合，全链条自研，创新前端呈现模式。读特飞卡阅读模式的创新，是全国新闻客户端中的一次首创。读特飞卡阅读在内容生产和评论审核中充分应用大数据、人工智能以及科学可视化技术，由大数据嵌入内容生产，深新智媒平台每日汇总全网热点，热点实效性达分钟级。UGC内容生产由人工智能参与审核，审核速度达秒级。

4.立足未来，兼容未来全场景传播阅读需求。飞卡模式兼顾未来的全场景传播阅读需求，客户端的呈现需求也逐渐从图文列表模式向视觉卡片列表模式转换。

案例53：“九霄”融媒体生态系统（珠海传媒集团有限责任公司）

珠海传媒集团以整合珠海报业集团和广电集团为基础，与市内其他国有传媒类资源一并整合的创新型媒体融合组织形式——“九霄”融媒体生态系统，实现从全媒体融合管理到宣传指挥管理的全系统覆盖和升级，为珠海全市宣传舆论工作“一盘棋”提供强大技术支撑。

亮点赏析：

1.突破狭义融媒，开创国内先河。“九霄”融媒体生态系统不仅在国内首次实现“广电+报纸+新媒体+户外媒体”的统一指挥、内容共享和生产协同，同时打通各区融媒管理为政务媒体提供的生产平台的媒体服务平台，从而实现从市级到区级传媒系统的全面一体化生产和管理。

2.技术赋能内容生产，实现多系统全环节融合。“九霄”融媒体生态系统由宣传管理、舆情管理和网信管理三个大模块及若干个子功能所组成，涵盖宣传指挥、网信管理、舆情监控、融媒生产、传播监测、智能采访、融媒发布、媒资管理、融媒考评等九大系统，是国内首个实现报、视、广、网、屏、牌、端全平台整合，策、采、编、发、评、效、数全环节融合的媒体生产工具。

3.打通多系统接口壁垒，实现系统工具全覆盖。“九霄”融媒体生态系统是全国领先的同时支持电视、报纸制作分发的工具。通过打通多种系统间的接口，将电视、报纸的数据、流程全面融通，结合广播、新媒体及户外媒体平台的管理发布能力，从而实现系统工具的全媒体、全覆盖。

案例54：封面传媒区块链新闻存证系统（四川封面传媒有限责任公司）

四川封面传媒有限责任公司结合自身多年的媒体行业领域经验，自主开发基于区块链技术的新闻版权存证系统。这是区块链在行业领域应用的一个尝试，也是目前公认的媒体行业契合于区块链的技术应用场景。

亮点赏析：

1.合理选用区块链集群，完美协调稳定性与灵活性。封面区块链基于封面K8s集群建立，天然具备K8s强大的动态调度、自动扩容、服务发现等优势，使用K8s的服务发现替代传统搭建中的IP绑定，可保证在运行期间，集群扩容，容器迁移都不会影响到区块链网络的运行。

2.多技术结合，实现业务自动化运营。在服务层、接口层以及应用层中，服务层主要由共识算法、PVC、数据通道和智能合约等组成，共识算法保证交易对账本的有序写入；PVC存储需要持久化的数据文件，主要为账本文件；数据通道保证多组织节点之间的权限控制与数据可见性控制；智能合约提供区块链应用的自动化支持，通过编写自定义合约，可以使业务逻辑自动化。

3.接口支撑多种需求，解决数据共享难题。接口层主要对外提供接口支撑，分为：账本接口、区块链监听接口和联盟网络接口。账本接口主要提供对账本的相关操作支持；区块监听接口则负责区块链世界状态的监听，可对运行状态、实时并发度等进行实时监控与数据收集；联盟网络接口则主要提供给Bass平台使用等。

4.用户思维导向，复杂技术便捷化。应用层有封面新闻版权溯源系统、封面区块链浏览器和封面Bass平台。

案例55：新疆“石榴云”技术支撑平台（新疆日报社）

新疆融媒体技术平台暨县级融媒体中心技术支撑平台（以下简称“石榴云”平台）建设由自治区党委宣传部统筹全局，作出“集约建设、一体赋能、统一管理”的总设计，打造“全疆一张网”，由新疆日报社［新疆报业传媒（集团）有限公司］与国内领先水平技术公司合作建成“石榴云”平台。“石榴云”引入云计算、大数据、人工智能等技术，建成媒体服务系统、宣传管理系统、运营管理系统、数据分析系统、移动客户端系统、综合服务系统、即时通信系统、计算服务、生产支撑工具、智能支撑工具等十大系统，着力构建出区地县三级一体化全媒体传播体系。

亮点赏析：

1.微服务技术赋能持续快速迭代，模块化开发加强可管理性与稳定性。项目采用微服务技术架构和DevOps持续集成模式来完成各系统模块。

2. 宣传管理与媒体生产无缝衔接，资源共享、安全高效。“石榴云”平台创新地将宣传管理部门引入平台，使其与各级媒体单位实现高效对接。整体项目采取了“大平台 + 小平台”建设模式。宣传管理平台和媒体生产平台同时基于“石榴云”平台共用资源、共享数据，但互不干扰。

3. 智能技术深度嵌入，优化生产全流程，降本增效。“石榴云”平台将人工智能和大数据技术无缝嵌入媒体生产全流程，通过人机协作方式实现生产的智慧赋能，运用云计算、大数据、人工智能等技术，通过云端为自治区各媒体开展采编发业务、公共服务、运营活动提供技术赋能。同时以技术为驱动推动各媒体在生产方式和业务流程等方面进行改革，帮助各级媒体在内容生产中享受到智能化技术带来的高效便利。

案例 56：深化融合发展的体制机制创新实践（中央纪委国家监委新闻传播中心）

2020 年 1 月，中央纪委国家监委撤销中国纪检监察报社、网络中心、网络技术中心，设立新闻传播中心，形成“报、网、端、微”一体运行、融合发展的工作格局，有力壮大了全面从严治党主流舆论阵地。《中国纪检监察报》2022 年征订量在高位运行基础上创历史新高；中央纪委国家监委网站 2021 年度访问量较改革前的 2019 年增长约 75%；2021 年底客户端下载量和微信公众号粉丝量分别较改革前增长约 15% 和 38%。

亮点赏析：

1. 重塑组织架构，强化一体运行机制。将自收自支的中国纪检监察报社、参公管理的网络中心和财政补助的网络技术中心，整合设立成为一家公益二类事业单位，实现体制上的一体运行。成立中心党委，负责党的建设、重大事项决策和干部人事工作；成立主任办公会，研究、处理日常工作；设立编委会，组织实施宣传报道工作。打破过去平台和部门间的界限和壁垒，有力保障了中心工作的一体谋划、一体推进。

2. 优化部门设置，壮大新闻采编力量。一体整合原报网人才资源，设立 22 个部门，其中采编部门 16 个、综合部门 6 个，专职采访部门由原来的 1 个增至 5 个，专职采写人员增加到改革前的 6 倍，有力充实采编力量。采编部门职责明确，时政新闻和纪检监察新闻宣传各环节、各板块都有部门专责承担，重点选题、重大报道统一调度、统一指挥，新闻生产力快速释放，作品原创率大大提高，传播点击率不断刷新。

3. 再造采编流程，提升融媒传播效应。实行统一的策划会、编前会制度，根据选题属性特点，研究传播策略，调配人手力量；实行统一的值班终审制度，根据成稿情况和媒介属性供应不同终端；重构总编室职能，衔接策、采、编、发全链条，加强采编工作的组织协调、督办落实；建立统一的多媒体技术平台，实现多媒体内容一体化管理。报纸注重“深”，网站彰显“全”，客户端突出“快”，微信体现“灵”，重大策划、重点栏目、重头稿件实现多平台协同联动、梯次传播，放大融合传播效应。

4. 拓展对外合作，增强资源聚合能力。聚合信息资源，建立纪检监察系统信息报送机制、纪检监察组和省区市纪委监委分片跑口机制和重点领域新闻联络机制，及时收集新闻线索。整合地方优质资源，探索形成中心策划、统筹、把关，地方制作、包装的融媒体产品协同生产机制。加强与主流媒体和成熟商业媒体的合作，既共同打造新媒体精品，又“借船出海”，推动重要内容的多渠道分发和二次传播，推出一批叫得响、传播广、影响好的新媒体产品。

5. 深化人员融合，大力培养全媒体人才。统一各平台人员薪酬体系，提升干部职工归属感。实行绩效考核，进行积分计酬，有效改变以往固定劳务占比过大、激励作用不明显的弊端。开展评优评先，每月评选好作品、好策划、好编辑和每月之星，激发干部职工的责任心和使命感。加强轮岗交流，建立视频记者融入采访部门的机制。加强全媒体能力培训，开办“新闻大讲堂”，建立每周值班业务讲评制度，集中开展新闻采编人员资格培训，大力培养全媒体人才。加强实践历练，以重大主题报道为牵引，把编辑记者放在急难险重任务中砥砺意志、增长本领，打造出一支政治强、作风硬、本领过关的新闻采编队伍。

案例 57：推倒“四堵墙”打造媒体“超级协同”机制（巴彦淖尔日报社）

巴彦淖尔日报社积极探索适合自身实际的融媒体之路，在体制机制上进行大刀阔斧的改革与创新，推倒报社院墙、部门墙、层级墙、干部职工心墙，形成以“策、采、编、发、考、馈”的全闭环融媒体为生态平台，“超级协同”的媒体融合机制。

亮点赏析：

1. 推倒报社院墙，坚持开门办报，积极整合线上线下外部资源。第一，组建拍客团。积极与市内摄影爱好者联系，和 130 多名摄影师签约，解决优质图片和短视频稿源问题。第二，对《巴彦淖尔日报》文化版改版，成立日报地方文化传播中心，丰富优质内容的供给。同时组织作家、摄影家开展采风活动，以作家的笔触、摄影家的视角展现巴彦淖尔大地的美景，以文化艺术的方式为全市绿色高质量发展助力。第三，创作更多贴近群众、接地气、带烟火气的新闻作品。

2. 推倒部门墙，整合多部门资源，实行策采一体化。在重要节点、重要活动上强调全系产品、集团出击的概念，由《巴彦淖尔日报》策采中心负责整体策划，调动四大采编部门所有记者共同完成任务。

3. 推倒层级墙，全员考核，鼓励编辑记者自主创作，着重培养多维人才。引入阿米巴管理理念，鼓励编辑记者带头跨部门、跨平台、跨工程，按兴趣和任务自由组合，按项目组织生产内容。创新提出打造“九段记者”，着力培养编辑记者“多读讲、走看想、写同创”9种能力，着力培养一批“提笔能写、看稿能编、对镜能讲、举机能拍”的一专多能融媒体人才。

4. 推倒干部职工心墙，打造协同作战机制。推行亮点管理，每半月对各媒体进行内容点评；建立《社长通报》和“一周媒体亮点”激励机制，对各媒体一周内取得成绩突出的个人和亮点工作、各短视频战队的“战报”和排名，在报社一楼大厅电子大屏幕滚动播放，在精神层面给予奖励。开展全员培训、岗位练兵活动。建立重大新闻稿件交流群。通过跨部门的联动，巴彦淖尔日报社创造一种超级协同的联动模式。

案例 58：新媒体栏目 IP 制（浙江日报报业集团）

《浙江日报》持续深化体制机制改革，积极探索新型全媒体生产工作机制，以新媒体栏目为牵引，力争打造一批有浙报辨识度、市场竞争力，在全网范围内有较强传播力、影响力的栏目IP，加快推动主力军挺进主战场、打好主动仗。

亮点赏析：

1. 健全培育机制，引导主力军挺进主战场。2020年6月，集团编委会发布《关于鼓励采编人员申报新媒体栏目的办法（试行）》，并启动新媒体栏目申报，号召年轻采编人员参与栏目主编角逐，拓宽采编人员业务成长通道的同时，采用“赛马”机制优中选优。该办法配套推出考核激励机制给到资源倾斜。最终从55个项目中确定了《“跑”遍浙江》《90talk》《逸晨看5G》《有医说医》《数一数二》《温州女人》《横有戏》《海鲜会烧伐》首批8个立项栏目。各新媒体栏目以栏目主编为中心，自行组建团队，2020年8月正式运营，在多个网友高度关注的领域尝试创新可视化报道，通过多种方式呈现以吸引用户，并配套客户端头条推送及《浙江日报》品牌露出，打造可持续栏目IP。

2. 营造争先创优氛围，推动采编人员全媒化转型。通过给予栏目团队一定的授权，采编人员尤其是年轻骨干的独立策划、采写、融媒体产品制作水平得到充分锻炼。“新赛道”甄选出高潜力员工，推动他们快速成长，新媒体栏目运行过程中，也产生了不少叫好又叫座的新媒体产品，也为党媒产品如何在主战场打造主流气质这一课题进行了有益的实践探索。

3. “迭代”升级，聚焦核心用户生产内容精品。《浙江日报》依托先前的经验聚焦核心用户——全省省市县乡村五级党员干部和广大党员，推出了更有针对性、精准性的8个新媒体栏目。《潮声》围绕省委的重大决策部署及时发声，篇幅短小精悍干货多，易于互联网传播；《区域经济观察员》以专业视角分析浙江区域经济的发展特点、亮点，常被央媒和商业头部平台转载；《书记县长冲冲冲》聚焦“一线总指挥”群体，关注全省各县（市、区）书记和县（市、区）长的所思所想所为。针对各个栏目特点，集团在多平台进行了精准分发。

4. 升级栏目制探索，丰富融媒体呈现。2021年5月底，《浙江日报》专门成立原点工作室、一线调查工作室，由文字、图片、摄影摄像、设计等多工种跨部门组建融合报道团队。其中，原点工作室，一方面，在省委重大决策部署发布和推进过程中，以更高、更多元的角度，及时发出权威声音；另一方面，灵活切换可视化长图、H5、音频、短视频等融媒体形态，积极探索5G、VR、AR等新技术应用，以内容质量和传播形式的“双引擎”驱动，推动时政报道走深、走实、走活，“原点图说”等新媒体产品一经推出，迅速受到广大党员干部的欢迎。

案例 59：潇湘晨报全域全媒体内容聚合与分发平台（潇湘晨报社）

2019年，潇湘晨报社重组内容生产流程，以产业互联网思维，打造全域全媒体内容聚合与分发平台，进入内容产业新赛道，通过流程优化、平台再造，打造具有强大影响力和竞争力的新型湖南主流媒体平台。

亮点赏析：

1. 确保导向安全，“机器智能处理 + 人工优化审核”双保险。平台将人工智能信息聚合与分发技术运用到新闻采集、生产、审核、分发、接收、反馈等生产流程中。建设三大中心和六个功能模块，将人工智能信息聚合与分发技术运用到内容生产全流程中。三大中心是全网监控聚合中心、资讯类平台分发中心和工具类平台分发中心。六大功能模块是内容采集模块、数据清洗模块、静态建模模块、内容审核模块、内容分发模块和广告管理模块。平台还研发了人工审核运营功能模块，以解决机器无法解决的敏感内容导向安全问题，为安全输出、系统优化保驾护航。

2. 核心技术领先确保内容可管可控。集成大数据、云计算、人工智能等多项算法推荐技术，将技术运用内容生产运营全流程中，建立“人机结合”的内容审核模式，由“机器 + 人工”审核共同完成媒体三审制流程，确保内容导向安全、可管可控，打造全域全媒体内容聚合与分发平台。

3. 资源整合理念与内容变现理念创新。《潇湘晨报》与下游互联网平台达成利润分成共识，围绕内容流通、交换与交易的“多边”授权与分配设计规则，建立两个协作圈，即媒体内容合作圈、媒体与非媒体机构的内容合作圈。通过内容互换、收益分成等方式，完成内容提量，打造规模庞大的版权资源库。

4. 产业发展潜力大，已形成有效变现闭环。平台扩容《潇湘晨报》内容生产和资源整合效能，放大专业内容影响；平台的分发渠道覆盖广，传统互联网平台、各类应用工具类平台均助力原创和聚合内容的全域全媒体分发变现，商业模式清晰。

5. 打通政府联结群众的“最后一公里”。《潇湘晨报》将原创优质内容和聚合的泛资讯信息分发渠道覆盖全网，让主旋律抵达用户的每一个互联网使用场景中，为主流价值观传播提供渠道丰富、覆盖广泛、传播有效、可管可控的新路径，实现湖南省内部分政务网站信息的及时分发，让党和政府的声音覆盖全网，打通政府联结群众的“最后一公里”。

案例 60：重报集团新闻内容生产及运营监管服务平台（重庆日报报业集团）

重庆日报报业集团新闻内容生产及运营监管服务平台（以下简称平台），运用大数据、云计算等最新先进科技成果，对全集团所有媒体新闻内容生产，即策、采、编、发、播实行全流程监管，实现集团全域、全息、动态化新闻全新管理和新闻管理的重大创新、战略转型，推进集团传统媒体与新兴媒体的深度融合发展。平台月活跃用户达 430 万，累计综合用户 7200 万，2021 年底日均覆盖影响 6.1 亿人次，累计收入上亿元，利润 6000 多万元。

亮点赏析：

1. 用新技术破解数字化管理难题，“六大系统”功能构成集团庞大数据库。“六大功能板块系统”，“新闻监控（含新闻指挥调度系统）”调度所有编辑记者，实时掌握稿件传播路径及覆盖范围；“智能决策分析系统”运用大数据快速呈现全国热点；“传播效果分析系统”集纳集团所有原创稿件指标，运算得出直观传播效果指数；“版权保护维权系统”能自动锁定打标集团的原创新闻，一旦有非合作方采用，平台自动预警并完成截屏取证；“资源中心”将全国 3 万多家媒体纳入数据库进行监测和传播效果分析；“用户资产管理系统”包括多项用户资料，帮助指导各媒体针对用户开发新闻产品和提供定制服务。

2. 全面整合人力、内容、宣传全流程，构建全新一体化新闻管理服务体系。该平台既是集团新闻管理平台又是服务平台。集团新闻管理中心负责常态化运营和统筹协调服务，制定集团新闻指挥调度制度、集团新闻总值班制、全集团巡查审读机制、“中央厨房”重大时政报道指挥运行机制、每日亮点互推上报机制、常态化日常监管和传播效果分析机制等各项制度。开启 24 小时全集团新闻值班巡查督办、每日集团新闻舆情传播力分析专报、每周各报网、官方微信、微博、客户端监测分析，每月、每季、半年、全年集团传播力分析报告以及重大主题报道集团各媒体传播力定向分析等工作制度，及时回馈稿件传播效果，指导采编人员优化选题、指导采访。

第三届中国报业深度融合发展创新案例亮点赏析

案例 1：环球时报海外传播平台（《环球时报》社有限公司）

2022 年，环球时报英文版海外社交媒体账号着力打造环球漫评、环球图解、精品视频等新媒体栏目，积极寻求突破创新、持续发力，着力讲好中国故事；力推全新“英勇熊猫”漫评工作室，精心打造推特“微社评”，做好对外舆论斗争的尖兵。

亮点赏析：

1. 新媒体栏目创新：聚焦全球，引领舆论。环球时报英文版社交媒体账号创新设置环球漫评、环球图解等新媒体栏目，持续输出高质量内容，实现了形式与内容的双向突破。

2. 技术引领创新：深度融合，颠覆传统。在传播形式上，团队利用原创手绘动画、3D 插画、AI 画作等新兴技术，为观众带来全新的视觉体验，打造了一批极具影响力的精品内容。

3. 观点传播优势：微社评，决定大舆论。环球时报英文版推特账号以“微社评”为新型舆论工具，围绕全球关注的冬奥会、中美交锋、俄乌冲突、台湾问题等重要议题，累计刊发 134 条微社评。这些微社评的影响力不容小觑，被法新社、俄新社等主流外媒转载1000余篇次，展现了微观视角引领大舆论的力量。

4. 全球影响力：逆势上扬，形成全球话语体系。尽管面临美国的打压限流，环球时报英文版推特账号依然成为2022年国传主力媒体中唯一“涨粉”的媒体主账号。在佩洛西事件中，10天内“涨粉”超过1.8万。同时，脸书主账号粉丝数达到7200万，粉丝规模在全球媒体脸书账号中排名第六，仅次于CNN主账号，是《纽约时报》主账号的四倍，足见全球影响力的凸显。

案例2：《工人日报》系列“工”字特色融媒栏目（工人日报社）

《工人日报》系列“工”字特色融媒栏目建设，是《工人日报》媒体融合以品牌创建带动内容建设的深入探索，也是一套擦亮“工”特色融媒产品的组合拳。

亮点赏析：

1. 打造“工”字特色融媒产品传播矩阵。《工人日报》始终重视讲好中国故事、中国工会故事、中国工人故事，大力弘扬劳模精神、劳动精神、工匠精神，并形成鲜明的“工”字特色。在媒体融合发展的新时期，继续打造“工”字特色，在《工人日报》新媒体平台上陆续推出“工小妹”“工道”“打工新鲜事”“工人君@权益”“观·天下”“体·视界”“乐健康”“班组天地”“劳动者权益小课堂”等一批极具“工”字特色的融媒产品，形成具有广泛影响力和传播力的新媒体矩阵。

2. 创新工作机制，实现全员参与，解决“两张皮”问题。加快推进媒体深度融合发展，要求媒体人必须全面把握媒体融合发展的趋势。《工人日报》通过品牌创建带动内容建设，不断创新工作机制，让传统部门编辑参与新媒体产品生产制作，解决融合发展过程中的“两张皮”问题，实现全员参与。

3. 坚持移动优先，适应新媒体传播规律进行创新。工人日报社要求传统编辑部门承办新媒体的栏目或频道，逐步实现主力军进主战场。同时要求传统部门编辑做新媒体，不能是报纸内容向新媒体平台的简单平移，而必须是适应新媒体的传播规律进行工作创新，适应移动化、平台化趋势。

4. 创新绩效考评机制，为系列“工”字特色融媒栏目建设提供动力支持。为激励融媒体产品提质出新，《工人日报》不断创新绩效考评机制，在每周星稿评定、季度星稿评定以及年度报社好新闻的评选中，增设多个新媒体奖项。

案例3：中青报·中青网大思政课云平台［中青网新媒体科技（北京）有限公司］

中青报·中青网大思政课云平台具有鲜明的融合特色。中青网PC端、中青报客户端、中青报报纸版面三位一体，云平台生产的思政精品、举办的活动，通过中青报全媒体端口深度触达用户，在青年群体中的影响力进一步扩大、夯实。

亮点赏析：

1. 聚焦核心，持续做好习近平新时代中国特色主义思想青年化解读。扎实推进青年大学习行动。中青报与团中央宣传部联合推出“一起学党史”、学习宣传贯彻党的二十大精神等主题H5团课；中青网策划制作《习近平与大学生朋友们》等融媒产品；中青报客户端开设“党史答题”专栏。

2. 为党育人，紧紧围绕关注青年，青年关注创制思政融媒产品。云平台立足青年视角，回应青年关切。定期对青年现象和青年问题开展调查，全平台理论选题青年化，思政原创课程关注青年现实问题，提升针对性有效性。

3. 加强传播手段和表达方式创新，注重互动体验。云平台重视内容深度与形式创新结合，多重手段增强产品对青年的思想引领力。比如建党百年之际，开展“红船边的思政课”，邀请中共一大代表王尽美长孙与思政名师、党史专家“重走一大路”，前往嘉兴南湖红船边，开启初心之旅。

4. 打通思政小课堂、社会大课堂、网络云课堂，让思政学习生动有趣。云平台实现优质思政教育资源汇聚云端，挖掘高校课堂思政内容精品，展示高校思政社会实践活动及产品。“大思政”记者坚持深入一线采写各地思政课现况；“思政第一课”有趣有料；“强国学堂”有声有色；“美育公开课”有知有味。

5. 整合优质资源，依托共青团、高校等渠道扩大影响力。云平台联动各级团组织、全国高校等，对接其他网站及新媒体平台。

6. 云平台示范性强，延展性好，具备可持续发展能力。云平台课程可透过互联网供给三四线城市，进入城镇乡村，助力全国范围内思政教育水平的提升。云平台原创课程内容扎实，实用性强，得到广泛认可；云平台功能持续升级，满足定制化思政学习服务。

案例4：国家电网全媒体传播平台（英大传媒投资集团有限公司）

基于国家电网全媒体传播体系的新型媒体平台，主要包含英大传媒融媒体中心、融媒体技术平台、电网头条传播平台、数字报平台、媒体大数据中心和中央厨房运作机制。自2022年正式上线以来，建成以策、采、编、发、存、运营一体化指挥、全流程监控的融媒体中心，全媒体体系实现整体运营。

亮点赏析：

1. 一体化运作。上下联动的一体化新闻运作模式，对上实现对国家电网公司新闻宣传任务协调落实的全流程监控管理，对下面向记者站开放平台，将记者站新闻工作纳入融媒体平台机制中；移动编辑部模式，移动采编APP与融媒体生产平台对接，实现与后方编辑及指挥报道大屏的实时联动；融合媒体大数据中心，在行业媒体首次建成新闻数据标准体系。

2. 技术驱动业务整合。以融媒体技术平台为核心，构建“融为一体、合而为一”的全媒体传播体系；以电网头条“三微一端”为旗舰，打造更具传播力影响力的新型媒体平台；以建设数字报为抓手，提高纸媒到达率和覆盖面；以记者站为纽带，与省级公司融媒体中心建立广泛连接；以大数据中心为资源整合平台，实现新闻、出版深度融合。

3. 社会效益显著。一是为建立适应移动互联网传播的新闻生产方式、生产流程和指挥体系提供了有力的技术支撑；二是解放媒体生产力，提升融媒体新闻产品生产能力和互联网传播能力；三是提升媒体生产、传播、运营智能化、移动化、可视化水平。

4. 媒体收入稳步增长。在经济效益方面，新媒体业务收入持续增长，2016年的1284万元增长到2022年的2661万元。平台运营手段多样化，包括H5可视化广告、视频广告、直播、活动增值服务、运营服务等，形成了立体化的跨媒体形态整合营销。

案例5：新京报全媒体传播矩阵平台（新京报社）

新京报社以《新京报》品牌为核心，建设了一个以新京报APP为内容分发中心的全媒体矩阵，将信息传播到各大社交平台，构建包括“一报一刊两网三端四阵”在内的全媒体传播平台。

亮点赏析：

1. 强大的覆盖力。新京报社全媒体传播矩阵覆盖报纸、杂志、网站、客户端等多种媒介形态，实现了信息的互融互通。截至2023年3月，全渠道网络覆盖人数超过2.9亿，全网端口达到260多个，每日全网阅读量超过5亿，每日视频播放量达到3.5亿以上。

2. 扁平化组织架构。新京报社以APP为中心进行采编流程的再造，实现了从传统媒体到新媒体的整体转型，打破了以往媒体的板块分割运作模式，统筹采访、编辑和技术力量，实现“一次采集、多元生成、多渠道传播”的工作格局。

3. 内容产品视听化移动化。新京报社的全媒体矩阵传播平台以移动优先、视频优先的策略，打破了传统的信息传播方式，实现了内容的视听化和动态化。

4. 版权合作放大效能。新京报社强化内容版权意识，特别是新媒体版权意识，加大了版权合作力度，确保全网络主要平台的全覆盖，也促进了版权收入的大幅度增长。

5. 示范价值日益凸显。新京报社依托新闻采编、社会调查、深度报道等内容优势，在舆论传播、舆情分析、政务服务、智库研究、教育培训、品牌推广、文创研发、活动会展等方面实现了“新闻+”功能拓展，推动了与行业媒体平台、商业媒体平台的共享共融，同时也积极搭建常态化交流互动平台，吸纳更多媒体单位加入，共同打造全天候、多层次、多形态、多声部的全媒体传播体系。

案例6：“草原云”融媒体平台（内蒙古日报社）

内蒙古“草原云”融媒体平台是内蒙古自治区党委宣传部的省级技术平台，由内蒙古日报社统一建设和运营，免费提供给旗县融媒体中心使用，“草原云”融媒体平台是蒙汉双语平台，可在同一系统内实现汉语和蒙古语采编业务融合生产发布。

亮点赏析：

1. 多层次汇聚用户。截至2023年3月，“草原云”融媒体平台入驻单位110家，生产平台总用户数5041家，“草原全媒”客户端及各旗县客户端装机量（整体下载量）超过1500万，日均启动用户数30554，日均启动次数176767，日均发稿量1807，日均点击量215056。

2. 省地一体化协同发布。“草原云”依靠全区入驻媒体的规模效应和协调联动机制，可以在全区范围共享原始素材和创意策划，实现全区各媒体间业务融合，是内容发布一体化运营、指挥调度“一盘棋”统筹的省级技术平台。

3. 数据共享与服务对接。“草原云”积极推动与学习强国、蒙速办、草原书屋等其他平台的数据共享和服务对接工作，让“草原云”的所有入驻单位从中获益。

4. 讲好“本地故事”。2022年6月22日，内蒙古党委宣传部统筹指导、内蒙古日纸社牵头组织实施，依托“草原云”融媒体平台，搭建独立站点来组建“内蒙古好故事”资源库（对外宣传），设置网页版和移动APP两种操作后台，便于用户随时随地不受使用设备限制来使用该资源库。

案例7：“龙头+”新型传播矩阵（黑龙江日报报业集团）

黑龙江日报报业集团以旗下的龙头新闻客户端为旗舰，构建了一个多终端的新型传播矩阵。截至2023年3月，龙头新闻下载量突破2000万，跻身全国省级党报客户端第11位，成为东北地区移动传播领头羊。

亮点赏析：

1. 多终端覆盖，搭建传播矩阵。目前，以龙头新闻为旗舰，平面媒体、直播平台、新闻网站、视频账号、音频账号、微信和微博等多终端构成新型传播矩阵，“龙头+”传播舰队规模初具。

2. 视觉化呈现，实现全媒体升级。视频、H5、动漫、海报等视觉产品，不再是文字报道的附属，而是独立的个性化、常态化报道。北京冬奥会中国体育代表团的9块金牌，4块来自黑龙江籍运动员。为充分展现冰雪运动的龙江力量，我们与国内体育解说大V连线直播，观众突破1000万。北京冬奥会期间，播放量突破百万的抖音产品达19款。

3. 模式创新与激励机制。龙头新闻上线后，集团经营即明确“向新媒领域转段、向多元方向拓展”的战略目标，从传统报纸广告收入一枝独秀，向新媒体收入、创新服务和活动营销等多元方向转型。2022年初出台《十类创收运营新模式实施方案》，强化顶层设计，丰富经营产品，优化经营机构，激发创新活力，全方位推动传统媒体与新媒体经营深度融合。

案例8：《吉林日报》新型主流媒体矩阵［吉林日报社（吉林日报报业集团）］

《吉林日报》以“四个坚定不移”为统领，以“一体化”为工作格局，在充分发动、有序启动、全员行动中培育创意频道栏目，打造工作室，推出新闻网红，以沙龙、路演等形式让特色频道栏目脱颖而出。

亮点赏析：

1. 构建“六位一体”全媒体传播矩阵。由《吉林日报》系列报刊、大吉网、吉林日报公众号、吉林日报微博、彩练新闻客户端、户外大屏组成的“报、刊、网、微、端、屏”终端体系；由吉林日报头条号、抖音号、视频号等分发平台账号；以及掌上吉林、吉林农村报头条号、北方法制网、东西南北新媒体等系列报刊新媒体平台、账号；代运营的“学习强国”吉林学习平台、新时代E支部等组成，实现了立体化、矩阵式、多层次、全方位、多屏共振的传播格局。

2. 强化技术赋能创造媒体+模式。新闻客户端2.0版升级迭代强化技术赋能，采用先进移动互联网传媒技术，对原有底层逻辑和技术架构进行改造，打造省级党报“新闻+政务服务商务”头部应用。在传统新闻形态基础上，转型为多点移动直播、云视听、长短视频和音频占主导，并以技术驱动优质内容生产、管理改革，以智慧媒体服务数字经济、网红经济的数字融媒终端。

3. 传播手段与激励机制同步创新。举办新媒体孵化沙龙进行预热，社领导和一线采编人员齐聚创意空间，激荡“头脑风暴”；启动融媒体频道栏目首轮征选工作；举行融媒体创意频道栏目路演会，对频道栏目与项目给予启动经费与设备支持。对频道和栏目管理者赋能赋权，常态化实施对融媒优秀作品奖励和“问题产品”追溯惩戒。

4. 做优重大主题宣传。党的二十大期间，全媒体传播矩阵的效能发挥明显。客户端带头，全面发力，加大融媒产品采写、制作力度，同时依托纸媒采访内容，采取分众化垂直化碎片化处理，综合运用“特刊”“下拉式海报长图”“聚合式包装”、H5、短视频、MV等手段，制作可读性、互动性强的新媒体产品，用规模传播释放报道的集群效应。

案例9：第一财经融媒体生产传播平台（上海第一财经报业有限公司）

《第一财经》全力构建全媒体传播体系架构，建构以第一财经APP为旗舰的“端、网、号”新媒体传播体系、产品体系、用户体系和经营体系。《第一财经》在互联网方面加强投入，三分之二以上的人力投入到互联网主阵地。

亮点赏析：

1. 专注专业优质内容。《第一财经》推出多个独家调查报道，在“河南村镇银行储户红码事件”“全国停贷潮系列报道”和“秦皇岛港铜精矿离奇失踪报道”中体现出显著的社会影响与公共效益，彰显了在专业财经报道领域的持续突破力。

2. 强化运营手段。第一财经客户端与一财网经历多次更新和升级迭代，CMS、UMS系统整体性功能升级，一财会员体系及各项权益产品全新上线，进一步增强用户活跃度和产品黏性。

3. 创新媒体表现方式。平台化产品“一财号”截至2023年3月，已有700名国内顶尖的专家、学者、企业家和文化名人入驻，每日刊发独家首发授权文章，并上线视频观点新模式。

4. 视频IP持续迭代。聚焦国际尖端资源的内容品牌《直通亚洲交易所》引发业界关注，这是中国媒体首次系统性向境内市场呈现境外亚洲交易所发展面貌；《云上会》诞生子品牌“下半年”，形成全媒体产品包；打造“首席读数据”资讯视频，在重要经济数据公布的关键节点快速密集推出，形成轻量而重磅的解读。

5. 深耕垂直领域。一财研究院继续深耕专业赛道，《全球新冠疫情下航运现状与上海应对方案》《从数据看疫情影响下的中国经济：“保市场主体”依然是重中之重》等都产生了较强的社会影响力。同时还发布了《2021人民币汇率年报》《2022中国宏观经济半年报：且共风雨》《全球疫情报告》等旗舰报告。

案例10：海峡国际传播中心矩阵（海峡导报社）

《海峡导报》作为全国唯一以对台宣传为主的综合性市民生活报，拥有一报、一网（台海网）、一杂志（《海峡商业》），共计5000万粉丝订阅用户矩阵。长期以来，《海峡导报》深耕对台新闻传播领域，从2009年开始，连续参与、举办九届海峡媒体峰会，为做好国际传播积累了大量的经验和技术。

亮点赏析：

1. 夯实国际传播理论积累。从2021年6月以来，海峡导报社开展深刻的理论学习，并就海峡导报社如何进一步做大做强外宣工作进行了探讨和评估，投入诸多资源到国际传播领域，同时也加大对相关人员的培训，行稳以致远，采用“赛马机制”鼓励员工多方探索，对运营效果良好的国际传播项目进行孵化和推广。2022年3月9日，在《海峡导报》成立23周年社庆之际，同步揭牌了海峡国际传播中心，以期做大做强国际传播事业。

2. 着力培养多语种人才体系。海峡国际传播中心成立以来，经过一年的建设，已形成50人的运营规模，并招聘了一批英语、日语、俄语、西班牙语人才，在这些外语区开设账号，在国际上讲好两岸故事，传播好两岸声音。2022年，海峡国际传播中心境外传播累计覆盖量达7500万，到2023年3月，累计覆盖量达8500万。

3. 构建多元化对外传播矩阵。YouTube账号“海峡导报”目前有2.3万+订阅量，主要为华人华侨、港澳台同胞，其中台湾同胞超半数。2022年1月以来，发布视频图文等约1600条，覆盖量达3680万，播放量达1208万，获得大量的点赞和评论等。陆影TV矩阵从2021年底开始运营，“粉丝”数20万+。此外，《海峡导报》“平民英雄”脸书账号以传播中国大陆好人好事为主，采用中英双语形式，2022年共发布405条，覆盖量36万+。“Welcome to新大陆”以台商的视角看中国大陆，2022年总发帖数588条，总阅读量52万+。

案例11：新黄河客户端平台型新媒体旗舰项目（济南日报报业集团）

新黄河客户端2021年4月28日上线，依托1996年创刊的《济南时报》整体转型，与《经济观察报》推进基因重组，立足济南，服务山东，面向全国，秉持“新锐、人文、理性、建设性”内容定位，充分运用全媒体传播方式打造新型传播平台，主打优质原创内容的视频化呈现，打造具有全国重要影响力和强大传播力的主流新媒体平台，建设“新闻+政务服务商务”智慧媒体平台。

亮点赏析：

1. 全员转型，创新布局。新黄河客户端是在《济南时报》的基础上，全员转型新媒体主战场的探索。设立7×24小时中央厨房、融媒体指挥中心，采访范围辐射北京、上海、西安、成都、沈阳等全国重点城市。与《经济观察报》强强联合，共同设立《奔流》专栏，围绕全国政经热点，持续推出具备全国视野和全国影响力的原创政经深度报道。与20家国家部委建立联系，成为部委新闻发布会固定受邀媒体。

2. 优质内容，视觉呈现。“深度报道可视化呈现”是新黄河客户端的最大特色之一。所有深度报道都实现有字、有声、有影，通过综合运用GIF动图、视频、漫绘、MG动画、图表等视觉元素，营造沉浸式轻松态阅读体验。

3. 广泛合作，共享资源。新黄河发起成立主流媒体分发协作平台，与央视新闻、新华网、澎湃新闻、《北京日报》等全国400多家主流媒体建立良好的合作互动关系；布局抖音、快手、小红书等视频平台。

4. 智慧加持，公共服务。持续深耕“新闻+政务服务”，发力会展活动策展执行、智库咨询服务、舆情监测与危机公关三大板块，持续提升服务力。

5. 持续创新，示范引领。新黄河客户端先后获得“全国报业媒体融合案例”优秀奖、“2021—2022年度全国十大省市级新闻客户端”、第七届金梧奖“年度推荐新闻平台”、第三届蝉鸣奖“年度增长突破奖”等，新黄河全国热点深度调查报道组获评“山东省青年突击队”称号；获得“山东体育强省建设先进集体”等。

案例12：湖北日报传媒集团“三轮驱动”全媒体传播体系（湖北日报传媒集团）

湖北日报传媒集团将媒体深度融合发展作为推进集团高质量发展的头等大事，在思路、机制、平台、人才等多个层面创新突破，初步构建起覆盖海量用户、拥有强大传播力影响力的“三轮驱动”全媒体传播体系。

亮点赏析：

1. 聚力“主轮”，创新突破，打造共建共治共享的区域超级传播平台和具有全国影响力的特色新媒体品牌。湖北日报传媒集团提出，将湖北日报客户端这一“主轮”打造成为省市县融合联动、跨行业跨领域共建共治共享的区域超级传播平台。聚力“主轮”，充分释放内部潜能；创新突破，平台下沉，充分挖掘外部资源；聚合形成多层次多梯队全媒体传播体系。

2. 做强“副轮”，科学布局，建设拥有海量用户的头部大号矩阵，培育“专精特新”垂直分众账号。目前，《湖北日报》第三方平台大号中，官方抖音号和快手号粉丝分别为4200万和730万，粉丝量均位居全国省级党报第一，自账号开通以来，在传播效果上成效卓著。湖北日报微信公众号粉丝量680万，2020年、2021年连续两年影响力位居全国省级党报官微第一名；湖北日报官方微博和官方头条号，“粉丝”量也分别达到了629万和239万。从2022年6月起，集团各单位掀起了一场场“头脑风暴”，经过数轮论证和筛选，集团最终确定重点培育“i跑者”“支部加油站”“江樵品史”“职教研究所”“极目情缘”等10个账号，涉及体育健身、党建服务、历史、职业教育、婚恋等垂直分众领域。

3. “三轮驱动”加快党报媒体融合发展步伐，努力实现社会效益和经济效益双丰收。“三轮驱动”全媒体传播体系建设，可以更好地传递中央和省委声音，推动各项决策部署落实落地；并进一步巩固和壮大主流舆论、维护意识形态安全；进一步提升党报融合传播能力，推动湖北省媒体产业发展。

案例 13：《潇湘晨报》短视频平台及现代传播体系（潇湘晨报社）

《潇湘晨报》着力构建全媒体传播矩阵，坚持“开放化、智能化、数据化、社交化”的发展方向，进入短视频产业新赛道，通过流程优化、平台再造、用户运营，打造具有强大传播力、影响力和竞争力的新型湖南主流媒体平台。

亮点赏析：

1. 内容生产体系创新，打造“一大系统 + 三大终端”。一大系统即智慧媒体内容运营系统，负责项目内容组织与资源拓展，涵盖内容生产与集成中心、数据中心和 AI 服务中心三大模块；三大终端即晨视频 APP、全网分发体系、小程序集群，旨在以精品短视频为切口拓展传播关系网，协同报纸、网站、官方微博、官方微信等传播渠道，打造跨域、立体的现代传播体系。

2. 传播渠道创新，超 6000 万粉丝团让正能量更强劲、主旋律更高昂。截至 2022 年 12 月底，晨视频客户端更新迭代超 20 次，下载量逾 300 万次；在全网 20 多个平台开设的以晨视频为呼号的账号超过 120 个，传播矩阵日均视频播放量超 7000 万次。潇湘晨报微博粉丝 1666 万，潇湘晨报抖音号粉丝 1569 万，潇湘晨报快手号粉丝 522 万，潇湘晨报百家号粉丝 353 万 +，潇湘晨报头条号粉丝 234 万，潇湘晨报企鹅号粉丝 207 万 +，潇湘晨报微信公众号粉丝 100 万，传播矩阵全网粉丝总量超 6000 万，日均视频阅读量达 7000 万次。

3. 技术催化融合质变，实现精细化运营。该项目采用语音识别、图像分析、人脸识别等人工智能技术，对素材的标签化、结构化缩减后期剪辑的制作时间，提高剪辑效率，降低视频制作的技术门槛。采用“AI+ 人工”的方式，对各方内容进行严格审核，实现多个维度的智能审核。引入关键帧抽取工具，辅助人工审核，节约审核成本。持续进行审核算法的优化，建立自主黑库，提升智能审核效能，确保内容可管可控。通过算法推荐，为用户精准推送所感兴趣的内容。运用区块链等技术建立科学的激励机制，平台、内容生产者、用户形成稳固的利益共同体，推动平台可持续发展。

案例 14：《羊城晚报》“1+2+3+N”立体移动传播链 [羊城晚报报业集团（羊城晚报社）]

近年来，《羊城晚报》（以下简称羊晚）有序推进以移动传播为主方向的转型发展，立足“羊城派”这一移动生产传播主阵地，重点进行以组织重构、内容建设、渠道拓展、流程再造等为核心的一系列改革探索，不断强化“1+2+3+N”立体移动传播链建设。

亮点赏析：

1. 强化立体移动传播链建设。所谓“1+2+3+N”，“1”是指羊城派，这是整个传播链的基础和中枢。这款基于本土“新闻 + 文化 + 社交 + 服务 + 活动”的客户端产品，是羊晚推进媒体融合转型发展的核心抓手；“2”是指羊晚的“两微”，这是传播链中社交传播的两大主阵地；“3”是指短视频平台、核心传播平台、头部商业平台三个传播矩阵，这是传播链中适配多层次用户传播、形成羊晚自身传播特色体系的关键环节；“N”是指喜马拉雅、B 站等更多新兴移动传播渠道。

2. 内容触达时政、社会、民生全方位。依托羊晚集团强大的采编资源，精心运营的“新热榜”板块第一时间提供本土热闻、时政动向、生活资讯，针尖板块“记者帮”则介入各类民生困扰、消费维权，搭起共建共治共享的新平台。

3. 权威性与时效性并重。注重权威性与时效性，是羊晚立体移动内容传播的另一特性。以短视频传播矩阵的打造为例，羊晚专门组建了一支包括视频编辑、主播、审核人员在内的专业团队，在实际运营中形成了快速发现热点，第一时间制作、审核、发布视频的一整套相对完整、安全可靠的生产流程，可及时追踪全网热点，发布真实、权威信息，确保内容生产与传播的“时度效”。

4. 立体化全渠道传播。羊晚“两微”，官博进行短平快信息的传播；微信公众号则通过“新闻 + 服务”，对热点事件进行整合传播。羊城派客户端充分利用采编资源和技术优势构建起移动新阅资讯平台，“两微”成了其重要的社交分发渠道，发挥议题设置和互动传播优势，形成立体化传播。三大传播矩阵以及新兴传播渠道的拓展，则使传播链晋级为“云端堡垒”。

案例 15：南财金融服务全媒体平台（广东南方财经全媒体集团股份有限公司）

作为粤港澳大湾区首个综合金融终端，南财金融终端 2022 年 10 月上线，这是一款面向各类金融投资机构、政府部门、研究机构和学术机构等不同类型机构从业人员的金融终端和工作平台，提供涵盖股票、基金、宏观、产业等全财经领域的数据和资讯服务。

亮点赏析：

1. 运用金融数据提高金融机构专业服务能力。金融数据方面，南财金融终端为金融机构客户配有高速行情和股票、基金、理财数据。其中，南财自主加工理财数据，打造中国首个权威银行理财评级体系 AssetSTAR，上线相应金融科技 SaaS 系统产品，对标国际标普评级和晨星评级。基金模块拥有南财原创衍生指标和模型计算，助力银行理财子公司或者银行财富管理部门等客户快速查找相关理财和基金产品，通过理财、基金数据完成同业产品对比监测、内部数据分析，助力理财客户经理充分运用数据服务投资客户。

2. 发挥城市数据研究优势助力信息监测和决策服务。城市数据方面，南财金融终端致力于服务政府和企业客户，为客户提供粤港澳大湾区城市数据，以及高频模拟预测和高频经济数据监测服务。南财金融终端依托粤港澳大湾区（广东）财经数据中心，结合高频模拟算法，基于日度高频数据估算下一月度数据，进一步提高预判价值，助力分析决策。

3. 整合资讯数据打造专业信息服务平台。资讯数据方面，南方财经全媒体集团拥有超过 100 名一线专业财经记者、研究员与分析师，充分运用深耕金融、财经、产业等领域积累的大量财经类数据，通过 8 大核心数据库，源源不断地为全市场提供独家、快速、深度的资讯与报告。

4. 完善技术架构提供一站式金融信息服务。技术架构层面，南财金融终端前端界面完全采用 Electron+Vue 架构，成为目前市场上少有的完全基于 Electron 和纯 Web 架构打造的开放式金融终端，同时适配 Windows 平台、IOS 平台和国产操作系统，成为适配系统最全的少数金融终端之一，为全平台用户提供一站式金融信息服务。

案例 16：自由贸易“333”国际传播平台（海南日报报业集团）

海南日报报业集团以海南国际传播中心为总抓手，用好用活自由贸易港政策，以制度创新为驱动，在加强国际传播能力建设、着力打造具有较强国际影响的区域性外宣旗舰媒体、通过讲好海南故事来讲好中国故事方面扎实推进原创性研究和探索，初步构建起海南自由贸易港“333”国际传播体系，在国家多层次国际传播主体建设中走出了一条具有自由贸易港特色的“海南路径”。

亮点赏析：

1. 高点定位：系统推进中国特色自由贸易港“333”国际传播体系建设。以海南国际传播中心为总抓手，统筹全省国际传播资源，打通宣传、统战、网信、公安、外事、侨务、群团、市县、院校、园区、智库、媒体等外宣渠道，系统推进中国特色自由贸易港“333”国际传播体系建设，构建海南自由贸易港“大外宣”格局，“政府机构—主流媒体—社会力量”的传播主体矩阵在国际传播体系建设过程中逐渐形成，以多个视角、多元主体发出海南声音。

2. 高端传播：以高层级渠道、精准化传播推动“海南故事传遍世界”。报台两大传媒集团国际传播板块的有效整合，实现了在“333”国际传播体系下，海南国际传播中心、三沙卫视两大省级外宣旗舰媒体并驾齐驱、协同出海的格局。海南国际传播中心已建立起以“海南国际传播网为核心，推特、脸书、油管、照片墙、VK 等海外主流社交媒体账号集群为重点，海外多种传播渠道为补充”的多层次国际传播平台矩阵，同时不断加强海南国际传播网的运营，提升网站的“管总”功能，集纳全省、全国及世界主流媒体关于海南自由贸易港的正面报道，网站“中央稿库中央化”进一步提高，国际供稿能力进一步增强。

3. 高位谋划：打造具有鲜明印记的中国特色自由贸易港国际传播平台。海南国际传播中心持续推进平台、渠道、内容、队伍、人脉、话语、评估“七位一体”建设，按照打基础、促提升、成体系“三步走”战略安排，制定“111333”总体发展布局，致力打造具有鲜明印记的中国特色自由贸易港国际传播交流平台，成为拥有先进传播理念、以互联网为主渠道向海外用户讲好海南故事、传播中国声音的现代化新型主流外宣媒体机构。

案例 17：重庆国际传播中心海外传播平台（重庆日报报业集团）

2018 年 6 月，经重庆市委宣传部批准，重庆日报报业集团正式成立全国第一个省级国际传播专业媒体机构——重庆国际传播中心。同年 8 月，中心在纽约联合国总部正式举行 iChongqing 英文网站以及海外社交媒体平台的上线仪式。

亮点赏析：

1. 全面拓宽海外传播渠道，着力提升海外影响力。在 iChongqing 英文网站之外，重庆国际传播中心通过一系列海外社交媒体平台构建海外传播矩阵，包括 Facebook（脸书）、Twitter（推特）、YouTube（优兔）、Instagram（图响）、Linkedin（领英）等系列账号。2022 年 12 月，Bridging News 陆海财经英文客户端相继在海外和国内应用市场上线。如今，中心海外平台已成为重庆对外传播的主阵地，外国人了解重庆的主渠道，平台海外影响力位列全国省级国际传播媒体前列。同时，在平台内容生产方面也取得了显著成效。

2. 创新构建国际传播新体系，扩展重庆海外“朋友圈”。重庆国际传播中心发挥海媒的社交属性，发展“外交使节 + 国际政要 +KOL\COL+ 国际组织 + 国际名城”多层次宽领域的朋友圈。在党的二十大、两会、生态文明建设、西洽会、智博会等报道中，多次在海媒上通过线上活动、直播连线、内容提及等方式联动驻外使领馆、当地媒体、省市外宣旗舰号、文化团体、亲华友华海外人士，线上合力，共同打造传播合力。

3. 探索重整外宣流程，顺应国际传播规律，创新实践中国话语和中国叙事体系。实行“出口定制”，促进内容生产流程与国际接轨。采取“‘三外’的出口定制”生产流程：外向选题——利用海外舆情大数据工具，专业采编团队分析海外网民特点和对中国的关注热点，结合重庆及中国西部资源会商选题；外文原创——由具有海外经历采编人员或外籍专家直接生产外文产品；外专审核——由外籍语言专家审核文法；内控把关——实行“三审三校”。

案例18：“壹刻宝”社区融媒服务平台（贵阳日报传媒集团）

“壹刻宝”社区融媒服务平台，是贵阳市融媒体中心（贵阳日报传媒集团）按照贵阳市委实施“一圈两场三改”的部署和市委宣传部“推进‘一圈两场三改’建设六大行动计划”，打造的便民服务平台。

亮点赏析：

1. 融媒赋能城市公共文化服务。“壹刻宝”社区融媒服务平台通过对接市教育局、市场监管局、公积金管理中心、民政局、体育局、文旅局、老年大学、人才市场、市公交公司、轨道公司、农投公司等20余家市直部门和企事业单位，整合80余项便民服务功能。统筹全市公共文化服务场所等资源的存量，通过大数据运用的创新，实现公共文化服务便捷、高效的提升。

2. 数字资源赋能社区文化消费。“壹刻宝”社区融媒服务平台通过与人民网、腾讯、网易、百度等国内头部数字平台合作，以数字化的优质文化资源赋能全市基层文化服务，运用先进数字技术与内容，让基层群众享受更优质、更便捷、更开放的电子阅读、有声读物、文化视频、游戏娱乐等数字化公共文化服务资源。

3. 文化赋能城市精神文明建设。“壹刻宝”社区融媒服务平台动员全市宣传、网信、文化以及科协等十支文旅领域的“文军”队伍，立足自身优势，制定专门方案，形成理论、新闻、文化、艺术、旅游、网信、文明创建、志愿者、科普等十支文军，定期在社区开展各类公共文化服务活动。

4. 活动赋能文化惠民工程。“壹刻宝”社区融媒服务平台积极组织市、区两级图书馆、文化馆、纪念馆、陈列馆等公共文化服务场馆资源，积极争取与省博物馆、省地质博物馆、省图书馆、省科技馆、省文化馆、省美术馆以及各高校图书馆等省级文化场馆的支撑，发动贵阳社会文化场馆参与社区公益服务，让优势文化资源快速走进社区，服务基层群众。

“壹刻宝”社区融媒服务平台统筹市、区两级宣传、文化、体育、科技、科协等部门，以“三下乡”、戏曲进社区、书香贵阳、红色电影进社区等形式，全年开展文艺演出、书画展览、电影放映、科普宣传、体育活动等。

案例19：“人民日报评论”新媒体账号群建设（人民日报社）

“人民日报评论”新媒体账号群是人民日报社评论部深入推进媒体融合发展的拳头产品，2014年1月6日创办，以推送、传播党报评论为主要特色。

亮点赏析：

1. 提升内容品质，做好主流内容的“放大器”。“社论”“评论员文章”“任仲平”“任平”“仲音”等重要评论，是《人民日报》的金字招牌。“人民日报评论”积极推动报网融合，拆解内容、提炼主题、更新形式，让这些报纸上的重要评论，成为微信、微博、头条号等平台上的“王牌部队”，把党报楷体字写到了全媒体平台，主流内容被更多用户看到、读到、听到。

2. 拓宽传播平台，成为主流价值的“扩音器”。作为新媒体账号群的“人民日报评论”，既有深入诠释党中央精神的重要评论，也有迅速切入社会热点的时评和寻求与年轻人对话的音频评论。“人民日报评论”新媒体账号群的两个原创评论栏目《人民锐见》《睡前聊一会儿》，着力改进文风、创新表达、融合语态，成为舆论场的轻骑兵。

3. 传播效果显著，形成主流话语的“新表达”。十年来，“人民日报评论”不断发力报纸评论融合传播，努力做好新媒体评论生产创作，在全媒体舆论场助力构筑新时代“主流叙述”。

案例20：新华每日电讯抖音号［新华每日（北京）文化传媒有限责任公司］

《新华每日电讯》自2020年4月8日进驻抖音以来，在内容创新方面做了诸多有益探索和尝试，迅速打造了一个“现象级账号”“黑马账号”，提升了主流媒体在短视频领域的话语主动权、引导权，并且为其他传统媒体提供了转型思路，拓宽了采编经营两加强的可能。

亮点赏析：

1. 开辟重大核心报道新路径。电讯在抖音号开设“每日学习”短视频专栏，在新华每日电讯抖音账号内开设“每日学习”短视频专栏，持续报道习近平总书记出席重要会议、国内考察调研、参加重大活动等。截至2023年3月15日，该专栏播发稿件453条，累计播放量超60亿，累计获赞超4亿。

2. 树立央媒转型升级新样本。仅两年多的时间就成为主流媒体“第一梯队”的现象级账号，为传统媒体探索新媒体转型提供参考对象。新华每日电讯账号开通以来累计“涨粉”超4200万、累计获赞24.8亿，是短视频平台中名副其实的“黑马账号”。

3. 探索“相加”到“相融”的新机制。《新华每日电讯》延续新华社主办时政大报的定位与站位，以短视频形态“再造一份主流媒体”，创造性地将报纸本身的优质板块，如“每日人物”“每日调查”“每日一评”等，以受众喜闻乐见的形式“迁移”到短视频账号，并创设了符合自身媒体定位的“每日热闻”“每日记忆”等特色板块，在权威性、主流化与可视性、接地气之间找到均衡点。真正从“相加”迈向“相融”，解决了传统媒体融合发展中容易出现的传统采编业务与新媒体“两张皮”的困境。

4. 推出成风化人的新业态。创造特色系列“每日暖闻”，传播那些暖心故事和正能量瞬间，总播放量超数十亿，更好地体现了主流媒体“成风化人”的功能。《新华每日电讯》坚持主流媒体定位，推出“每日暖闻”专栏，聚焦正能量报道，成为暖视频领域的一股清流。

案例 21：中国日报客户端（中国日报网）

中国日报客户端 2009 年 9 月在苹果商店上线推出，是《中国日报》融合传播主平台，是全社的全媒体“移动头版”，国际传播的主渠道、主阵地。2022 年，中国日报网客户端以内容建设为根本，不断提升技术创新应用力度，提高用户服务能力，传播力、引导力、影响力持续提升，截至 2022 年底，全球累计下载量达 3900 万，保持“国内领先，国际一流”水平。

亮点赏析：

1. 全球首推，首发新闻报道。全社海内外机构发挥 7 天 24 小时新闻接力机制作用，以客户端为移动头版，“零时差”地向海外推送中国大地的发展故事、中国共产党治国理政故事、中国人民圆梦故事、中国文化创新故事，在中国重大新闻英文报道中，屡次成为全球首推、首发，被国际主流媒体广泛转引转载。

2. 重点热点议题持续发声。不断提高对国际涉华热点的发现力、研判力和引导力，针对美西方政客以及境外媒体对我国涉疫、涉疆、涉港台等不实报道和抹黑言论，以客户端为主战场，主动设置议题，开展针对性的回应和驳斥，坚持主动反制与“借嘴说话”相结合，广泛凝聚海内外共识，重大问题对外发声能力持续提高。《大家热评》英文评论视频专栏全年推出 60 多期节目，在涉疆、涉藏、涉港、涉台等重点热点上，邀约中外知名学者专家发出权威声音，在客户端首发后在各平台都获得广泛关注，全球传播量超 5000 万。

3. 引领科技趋势，创新传播形式。2022 年以来，客户端不断将 XR、AR、VR 等虚拟技术融入传播实践，通过搭建高逼真、虚实结合的虚拟演播室，在日常报道和重大主题中不断推出沉浸式融媒作品，增强用户体验的场景感、交互感和沉浸感，得到海内外网友和业界的高度评价。

案例 22：中央纪委国家监委网站客户端 APP（中央纪委国家监委新闻传播中心）

中央纪委国家监委网站客户端 APP 是中央纪委国家监委官方门户网站移动新媒体平台，是中央纪委国家监委信息公开、新闻发布、政策阐释、民意倾听、网络举报的重要渠道。其充分发挥宣传报道纪检监察工作高质量发展第一方阵“轻骑兵”作用，作为“党风政风监督举报平台”的掌上入口，架起与人民群众沟通的桥梁。

亮点赏析：

1. 重要信息即时发布。客户端 APP 常设要闻、学习、视频、党风、审查调查、巡视、民生、评论、纪法、文化、科技、专题、信息公开等 13 个频道，重要信息在 APP 发布弹窗 (PUSH) 后，由新华社、人民网、央视等媒体转发，响应时间不超 5 分钟。

2. 传播方式立体化创新。紧扣中央纪委全会工作部署，及时准确刊发新任务新要求，发挥移动平台优势，注重分众化传播、体现差异化表达，主动策划制作一系列形式丰富、时效性强的宣传阐释类新媒体产品。聚焦主责主业、日常监督，推出一批有创意、接地气的融媒体产品，通过 Vlog、Alog、Plog 等多种形式，沉浸式、亲历式讲述新时代纪检监察工作高质量发展生动实践。

3. 技术驱动一体化协同创断。为打造互动式，服务式、体验式新闻信息特色服务，投入大量人力、物力、财力，技术运维总成本年均 600 万元以上。紧跟新时代技术发展趋势，客户端上线以来先后进行两次重大改版，年均维护升级 10 余次。2022 年，智能改版升级《中国纪检监察报》“数字报”模块、开发 AI 语音播报功能、嵌入文字智能核校系统。通过流程优化、信息内容、技术应用、管理手段的共融互通，打通客户端 APP 与数字报刊、新媒体采编平台“关节”，疏通“报、网、端、微”一体运行“经络”，形成资源集约、结构合理、差异发展、协同高效的全媒体传播格局。

案例 23：“法治号”平台 3.0 版（法治日报社）

“法治号”是中央级法治新闻资讯和法律服务聚合平台，兼具法治资讯传播、政法动态发布、公共法律服务、舆情热点监测等功能，是法治日报社针对全国立法、执法、司法、守法、普法等领域面向社会公众打造的最具权威性和影响力的信息发布和法律服务平台，提供移动端内容生产和分发全流程服务，共同构建法治领域主流舆论生态系统的重要举措。

亮点赏析：

1. 创新传播方式。顺应互联网传播移动化、社交化、视频化特点，推出文稿、视频、图片、图集、图表、漫画、H5、AR 等产品，提高互联网思维，形成多元融合传播影力。

2. 创新交互体验。在客户端强化“以用户为中心”的媒体理念，融合互动评论、智能推荐，语音合成、AR 增强现实技术给用户带去视、听、读、聊的智能化交互体验，助推传播力提升。

3. 创新内容创作。充分应用大数据、人工智能、视频直播等技术，通过热点发现、舆情监测、版权监测等应用辅助内容智能创作，重塑新闻生产和信息传播的各个环节。

4. 创新平台架构。通过订阅号形式实现全国各级政法机关和法治媒体、政法大V入驻，打造“法治号”政法新闻智能聚合平台，盘活移动端原创优质新闻内容生产力，聚合传播政法正能量。

5. 创新服务模式。实现“政法宣传与舆论引导，法治舆情监测与意识形态管理，法律法规解读与公共法律服务”的有机融合，打造“新闻 + 舆情 + 法律服务”的综合服务平台。

6.“出国”跨界合作。通过与腾讯、抖音、快手等新媒体业态龙头企业合作，优化短视频新闻的采集、制作、分发能力；与腾讯内容平台的信息、流量数据打通，实现信息共享、流量共涨。

案例24：“我家住在长江边”主题宣传（中国水运报社有限公司）

2020年9月至12月，“我家住在长江边”主题宣传活动，记者深入沿江宜宾、重庆、宜昌、武汉、镇江、江阴等地组织了14场网络直播，网络话题总观看人数1000万 +，点赞量700万 +，3次登上微博热搜榜，“学习强国”平台开辟直播专题，全网点击量高达2.6亿次，形成现象级传播效果，是交通水运行业新闻宣传守正创新的一次突破。

亮点赏析：

1. 立足国家战略，注重人文关怀，主动借势发力。“我家住在长江边”依托网络直播、线上短视频和图文征集等形式，引导广大网友发现长江之美、感知长江绿色变化，讲述普通人与长江的“家”“国”故事，满足公众的情感表达。

2. 利用新媒体互动优势，扩大主题宣传影响力。主动设置议题，精心策划“每月一评”和“每周一展”活动内容，吸引众多网友踊跃参与。在“长江之美”“长江之变”和“长江之城”评选活动中，线上征集到网友2000多部图文、视频作品，不少作品单部传播量都超10万。

3. 把握不同平台的传播特点，分众投放，多方联动。报社认真研究新媒体传播规律，在多个平台分众化精准传播，在“学习强国”平台《实播中国》栏目开通“我家住在长江边”展示专题，点击量已超50万。在快手平台举办14场网络直播，并一度被快手平台推荐头条显示。在中央、地方和行业媒体平台上及时刊载新闻稿30多篇次。

4. 创新求变，多方联动，打造现象级传播。活动开设“我家住在长江边”和“看长江就是在看中国”两个微博话题，两个话题均登上热搜榜，阅读量双双过亿；与重庆发布、武汉发布、江西发布、四川发布等沿江地方政务大V共同发力，联动讲好长江故事，成功带热长江话题，成为现象级新媒体传播。

5. 广聚贤才，强化队伍支撑保障。在行业内发掘一批能写、能拍、能导、能播的优秀新媒体人才，组建成新媒体通联队伍，为开展新媒体宣传活动打下了坚实的基础。以活动为载体，通过作品征集、直播抽奖等环节设计，提升新媒体平台黏性，打造出一批长江“铁粉”。

案例25：信睿播客（北京信睿文化传播有限公司）

“信睿播客”2021年12月入驻小宇宙、喜马拉雅、网易云音乐、QQ音乐、荔枝播客、苹果Podcast、中信书院等垂直类播客平台及各大互联网主流音频平台。2023年2月，“信睿播客”将节目的广播权授权湖南广播电视台，在调频106.9全天滚动播出，这是中文报业第一档以思想与艺术深度讨论为主题的播客。

亮点赏析：

1. 选题涵盖广泛，直击社会热点。“信睿播客”每月2期更新一期。截至2023年3月，共推出26期节目，平均节目时长60分钟，选题涵盖知识生产、元宇宙、智能穿戴、“饭圈”研究、健身潮、心理热、ChatGPT等技术革命及新生活方式类议题，每期平均网络播放量达3万次。全网累计播放总量超过75万次。

2. 策划严密把关，升维传播效果。“信睿播客”在保持专业性、严谨性的基础上，更加注重内容的感染力及互动性，力求还原知识的“现场状态”，为每个“偶然”进入我们视域的话题、事件或文化产品，提供结构化的思考与历史的景深。

3. 聚焦专业深度，深耕学术领域。截至2023年3月，“信睿播客”已推出的26期节目共邀请来自经济学、社会学、人类学、历史学、传播学、哲学、建筑学、古生物学、脑科学等15个学科领域共37位中青年学者，其中超过90%在海内外重点大学拥有长聘教职。以播客节目为抓手，信睿打造出一个既专业又开放、在各个领域有着丰厚知识储备、对社会现实具有及时响应能力的知识共同体，为学术出版积累了充足的选题储备。

案例26：长安街知事（北京日报社）

2014年11月，旨在把党报传统优势嫁接到新媒体阵地上的长安街知事工作室应运而生，2019年长安街知事编辑部正式成立，在内核层面优化组织构架、资源配置。完成自我改造，适应建立新型主流媒体的客观要求。

亮点赏析：

1. 党报底色、首都站位、全国视野。创办以来，长安街知事凭借时政、时事、国际热点等独具一格的特色内容脱颖而出。在策采编发各环节中，长安街知事始终坚持首都党报的价值取向，下大力气处理好速度与深度，戾气与正气、内容与形式三组关系。在国家反腐、扫黑行动及“崔范争锋”“张扣扣案”等敏感个案中站稳国家立场、法治立场，保持建设性心态，致力于做政府与公众沟通的桥梁；在修例风波、新冠疫情、台海局势等重大事件中坚定维护国家主权利益，发挥重要的舆论引导功能。此外，在强化新闻报道“有料儿”的同时，还注重让新闻报道富有知识性、趣味性等。

2. 多元一体，深耕全媒体建设。截至2023年3月，长安街知事已形成集图文、音视、直播等众多内容产品于一身的多元化态势，各分发平台累计用户达3500万，发稿量、阅读量、爆款数连年保持高速增长，逐渐超越地方媒体属性，成为影响力覆盖全国、拥有全媒体传播矩阵的头部账号。

案例27：我和我的家乡@最美乡愁（天津海河传媒中心）

天津海河传媒中心发挥媒体融合优势，在中央厨房的指挥下，一支由报纸、电视、新媒体组建的创作团队（以下简称创作团队），从2021年10月18日起推出《我和我的家乡@最美乡愁》大型融媒体报道，成为一次媒体融合的破圈实践。该融媒体报道通过在报纸端呈现文字、图片、手绘画卷，在电脑端、手机端和电视端推出网络专题、H5产品和短视频的形式，讲述“新时代农民”在乡村振兴路上追求美好生活的奋斗故事，呈现出情境式、沉浸式、交互式的“最美乡愁”。

亮点赏析：

1. 以小见大，创新表达方式。创作团队通过“地毯式”的摸排调研，最终确定以葫芦、地毯、螃蟹、玫瑰、萨克斯、民宿等产业为抓手的10个故事。为让故事更有年轻化表达和国际化视角，创作团队联系到有“中国农村发展课题调研”的外国友人，带着他们开始了为期三个多月的乡村之行。创作团队、外国友人与老乡们在半米多深的河里摸螃蟹，走进工厂里学习制作技艺，同归乡的青年人探讨致富经……每位看似朴素的农民身上都充满着对祖国的热爱，这种“平凡中的伟大”，折射了中国实施乡村振兴战略的有力举措。

2. 贴近受众，客观性与趣味性相结合。为将文化差异与乡村特色充分融合，打造国际化的作品，增强趣味性，创作团队选定以Vlog的形式进行短视频拍摄，并采用脱口秀、访谈等不同的风格。创意的设计让短视频在保持新闻真实客观的同时，更具观赏性，让用户能够沉浸其中，分享乡村振兴的幸福感。

3. 传播加持，赋能乡村振兴发展。在融媒体报道的直接作用下，10个故事中涉及的产业项目收入大幅增长。比如，天津市武清区崔黄口镇的地毯销售，2021年最后两个月的收入超过2900万元；宁河区七海里镇小站稻合作社收入超过600万元；蓟州区小穿芳峪村民宿收入超过76万元。在报道宝坻区大口屯镇西刘举人庄村的玫瑰花产品后，网络订单速增20万元。据不完全统计，10个故事中涉及的产业项目收入与报道相关的，增收超5000万元，对乡村振兴推动和提振士气都起到了鼓舞和激励的作用。

案例28：《辽宁日报》重大主题报道可视化项目——“辽报视频”（辽宁日报传媒集团有限公司）

“辽报视频”项目从新闻性、精品性、技术性上突破，探索运用无人机航拍、延时摄影、5G直播、AI人工智能、XR扩展现实、3D建模、工业模型采集等先进技术，大胆创新应用场景，推出一系列有质感、有流量、有创意的优质视频作品，实践出一条“党报重大主题宣传可视化转型”的发展路径。

亮点赏析：

1. 以用户为中心，多终端分发主流声音。《辽宁日报》以用户为中心的策划思维推动主题宣传，站在终端视角度量选题，持续探索让主流声音真正入眼入脑入心的有效路径。2021年，在建党100周年之际，《辽宁日报》策划制作系列短视频《请回答1921—2021》，由十位“90后”记者担纲，在全国17个省市区的红色地标实景拍摄，从百年党史中汇聚素材，用青春化的视角、大众化的语言、可视化的呈现，生动讲述老故事、深入挖掘新故事，展现百年大党的梦想与追求、情怀与担当。

2. 以原创为核心，全方位提高优质内容价值。项目运用无人机航拍、延时摄影、5G直播、AI人工智能、XR扩展现实、3D建模、工业模型采集等先进技术，大胆创新应用场景。例如，为更加生动地呈现辽宁省博物馆史上规模最大的特展“和合中国”所展示的珍贵文物，“辽报视频”推出创意动画《“动”见奇珍》。作品以竖屏形式拍摄呈现，用动画做包装，以充满质感的创意展现传世重器、精品书绘、缥缃翰墨，用文物之美解读“和合共生，美美与共”的中华智慧。

3. 以融合发展为目标，围绕视频再造流程。一是围绕视频再造采编流程，将视频作为核心产品，将视频生产力作为核心竞争力。二是组建视频专业团队，打造视频模块、频道和栏目，常态化开展视频生产。三是推动记者全媒体转型，不只用笔记录，更用镜头记录，让每一处新闻现场都有“视频”在场，全面扩大、全力增强视频产品供给。

案例29：《城晚辣么说》新闻栏目（吉林省城市晚报传媒有限责任公司）

《城晚辣么说》是《城市晚报》推出的一档视频类新闻脱口秀。该节目打破传统纸媒的次元壁，拥抱新青年，积极探索新的表达方式和渠道。主要特色是“新闻”与“评论”两种形式的结合，主持人用轻松明快的语言风格为观众播报点评新闻。

亮点赏析：

1. 打造“短平快”服务模式。自2020年7月31日推出，截至2022年12月底共制作播出534期节目，节目固定为每周5—6期，每期时长2分钟左右。通过打造“短平快”的服务模式，节目吸引了大量受众群体。《城晚辣么说》在抖音平台的总播放量近13亿，话题播放量11.5亿。其中，过500万播放量的节目18期，过千万播放量的节目6期；抖音平台粉丝量达170万，全网粉丝量近190万。

2. 创新表达方式，提升社会效益。《城晚辣么说》的目标和宗旨是打破传统纸媒的次元壁，吸引年轻观众，积极探索新的表达方式和传播渠道。节目主要关注一些社会热点话题、观象，拨开表面的乱象，抓住问题的本质，用诙谐、犀利的一句话，进行点评。为新闻评论节目注入新鲜的血液与活力，让观众在轻松一笑之余，有所思考。

3. 深化媒体转型，强化市场转化。《城晚辣么说》创办2年多累计营收近200万元，成为传统媒体寻找新的利润增长点的有益尝试。未来，该栏目将继续在新闻评论领域中发挥重要作用，为观众提供更多有趣、有深度的新闻解读和观点分析。

案例30：《大家聊巨变》系列纪录短片（文汇报社）

在上海市委宣传部、市委外宣办指导下，文汇报社联合上海市社联、上海社科院推出《大家聊巨变》系列纪录片，以学者视角阐释习近平新时代中国特色社会主义思想在上海的生动实践。这是上海媒体在重大理论宣传阐释中深度融合创新方式，利用大众化、通俗化融合传播手段，取得巨量传播效果的成功尝试。

亮点赏析：

1. 以专家视角生动阐释新时代上海十年巨变。2022年10月初推出第一季，8位上海知名学者将学理观察与场景化讲述相融合，深入浅出、由点及面，多维度地观察新时代10年的伟大变革，探索“人民城市”建设的上海方案，展示中国式现代化的光明前景，让思想的魅力和理性的光芒，照进幸福生活的方方面面。在此基础上，12月推出《大家聊巨变》系列纪录短片第二季，邀请沪上6位知名学者以学理观察和亲身感受，讲述这座城市一棒接着一棒干，将人民对美好生活的向往高质量转化为“实景画”的上海智慧和上海方案。

2. 探索专家访谈类深度报道的融媒体创新表达。作为上海主流媒体推出的大型系列融媒体产品，作品凸显鲜明的人文特色、知识涵养和审美张力，以理论的高度、思想的深度、叙事的温度，积极构建中国话语和中国叙事体系，为专家访谈类深度报道探索融媒体创新表达和全媒体传播方式。

3. 以小切口展现宏大主题赢得广泛共情共鸣。面对一个个宏大的主题，短片并没有面面俱到、泛泛而谈，而是从一个小切口、一个具象入手策划和创作，以“四两拨千斤”的方式，借助学者的精准点化，将巨变背后的道和理充分地说透、厘清，以更为引人入胜的方式，洞悉巨变历程中的智慧和经验，更好地讲好中国故事，构建中国话语和中国叙事体系。

案例31：IP SHANGHAI（上海东方报业有限公司）

2021年11月，上海市委宣传部、市委外宣办举办了上海城市形象资源共享平台IP SHANGHAI，授权上海报业集团旗下澎湃新闻全面建设和运营，开创了政府主导、媒体运营、机构发力、人人参与的城市外宣新模式，使之成为国内首个集聚合征集、共享传播、孵化创新为一体的数字化城市形象资源共享平台。

亮点赏析：

1. 构建众创型资源共享模式，探索“人人外宣”新理念。虎年春节，IP SHANGHAI推出数字互动拜年H5，22万市民参与的数字互动拜年帖，全网浏览量突破1000万次。“人人守沪 向春而行”故事征集活动，征集图片1.04万张，文章1200篇，联动各类全市大型抗疫征集活动20个，全网浏览量达到5600万次。“我和我的上海”故事征集，收到故事投稿近千篇，活动全网总浏览量近1000万人次。策划、发起“喝杯咖啡，一句话告白上海”上海城市形象主题传播活动，促使城市IP品牌“上海咖啡文化周”的全网关注度超过1500万人次。

2. 探寻孵化城市IP的崭新途径。利用共享传播优势，平台积极探寻孵化城市IP的崭新途径。国有企业、跨国企业、互联网企业、广告设计公司等陆续开始与平台展开各种形式的IP合作。依据入驻用户上传资源数据，平台定期发布“上海城市形象资源贡献榜”。未来，平台还将适时发布“上海服务IP榜”“上海购物IP榜”“上海制造IP榜”“上海文化IP榜”等垂直类榜单。

3. 创新发布两大战略产品。首先，以自身为样本，创建IP SHANGHAI学术研究模式。其次，发布首个TP SHANGHAI传播实践产品。

案例32：基于5G技术打造大运河、长江文化IP（江苏现代快报传媒有限公司）

《现代快报》基于5G技术，利用多种科技手段，创新融合线上平台建设、融媒体产品开发制作，以及线下会展、博物馆产品建设等为一体，聚合各类相关资源，致力于打造大运河文化、长江文化传播的IP。

亮点赏析：

1. 沉浸式体验的“5G 大运河”。《现代快报》自 2019 年起探索“5G 大运河”沉浸式体验项目，基于 5G 等前沿技术应用，融合裸眼 3D、AR、VR 等多种交互体验。2021 年，“5G 大运河沉浸式体验馆”落户扬州中国大运河博物馆成为常设展区，运营以来，每天万名游客前来排队打卡。同年 9 月底，5G 大运河“搬”到深圳文博会，成为场内最热门的打卡点之一。2021 年关于 5G 大运河报道的全网阅读量超过 1.2 亿。

2. 多端聚合的“中国大运河”平台。“中国大运河”是由《现代快报》全权负责开发运营的江苏省大运河文化带和大运河长江国家文化公园建设工作领导小组办公室官方平台，包括微信公众号、小程序、手机 Web 端、PC 端、微博等矩阵，第一时间为公众提供大运河权威资讯，聚合运河沿线城市及运河相关部门，充分展示大运河文化带的建设成果。

3. 长尾价值明显的“5G 飞越长江”IP。2022 年，“5G 飞越长江”IP 建设启动，包括“最美长江”影像全民征集、实播长江、裸眼 3D 等。这也是在大运河成功经验的基础上，对前沿技术赋能长江文化应用的再次升级。

案例 33：“坡子街”大众读写实践（泰州报业传媒集团）

2019 年起，《泰州晚报》对副刊实施改版。以“大众写作，大众阅读、大众推广”为宗旨，以“非虚构、接地气、抒真情”为标准，在提高报纸品位、树立报纸品牌的同时，使“推动全民阅读、建设书香社会”得到具体实践。

亮点赏析：

1. 组建作者群，开通公众号。改版后的“坡子街”作品焕然一新，从原先的每周 1 版增加到每周 10 个版。截至 2023 年 3 月，拥有 1500 多名作者，公众号粉丝近 10 万人。在公众号上刊发 4000 多篇各类文章，总阅读量超 1000 万。这一举措为广大作者提供了展示自己才华的平台，也为读者提供了更加丰富多样的内容选择。

2. 组织线下活动，促进文化交流。组织多种形式的文学采风活动、征文活动、作品点评会等，不少学校把“坡子街”副刊的文章作为乡土教材。2021 年 7 月，组织坡子街作者走进毕节，报道“毕节故事”，让东部沿海地区读者更加了解贵州。这一做法获得贵州省委常委、宣传部相关领导的专门批示。

3. 推出盲人朗读栏目，扩大全民阅读传播。为了进一步扩大全民阅读的传播范围，推出盲人朗读栏目，每天从“坡子街”中精选一篇美文，由全国范围内优秀的盲人朗读者进行朗读。这一举措不仅为盲人朋友提供了参与阅读的机会，也丰富了全民阅读的形式，截至 2023 年 3 月已吸纳全国 28 个省市 72 位优秀盲人朗读者加盟。通过推出盲人朗读栏目，“坡子街”打破了传统阅读形式的局限，让更多的人能够参与到阅读之中。

4. 编辑出版《坡子街文萃》(2019—2020)。为了总结和展示“坡子街”大众读写实践的成果，编辑出版《坡子街文萃》。该书包含 175 位作者的作品，由言实出版社出版。该书的出版不仅是对“坡子街”实践成果的一种肯定，也是对作者辛勤创作的一种肯定和鼓励，对于推动泰州地区书香氛围的营造和全民阅读的普及起到了积极的推动作用。

案例 34：寻赣记（江西日报社）

《寻赣记》是江西日报社推出的原创全媒体文化品牌，立足江西本土文化的挖掘和传播，精耕细作，内容融新闻性、知识性、文学性为一体，以一个个新颖的创意，将版面、短视频、直播、H5、海报、地图、折页等文本样式打破、重组、融通，形成全媒体传播，丰富副刊的表现形式，活跃读者的文化生活，亦构建良好的副刊生态圈。

亮点赏析：

1. 全媒体传播，丰富内容表现形式。《寻赣记》内容上取深度报道之长，形式上取杂志版式设计之美，传播上注重全媒体传播之广，截至 2023 年 3 月推出五季，“从考古看江西”“粉江西”“从古籍看江西”“课本里的江西”“书院江西”，内容与形式并重，报纸与网端齐飞，通过开阔的视角、创意的表达，总点击量突破 2 亿人次，收获了良好反响。

2.“纸”“屏”齐飞，打破传统内容边界。《寻赣记·从考古看江西》，在报纸上连开 8 版，同时在新媒体上开疆拓土，围绕江西入选“百年百大考古发现”的考古发现制作了 5 个专题视频；手机端长图将江西十件重量级“国宝”打包呈现，其中的一张底图由 300 多层图像元素合并而来；同步上线的“赣地寻宝图”H5 小游戏，玩家一边快乐寻宝，一边学习到专业的考古知识……这些融媒体作品在江西新闻客户端首发，“学习强国”平台和众多网站、新闻客户端、微信公众号、微博，以及抖音、快手等平台转发。

3. 创新表达方式，引领新文化生活。2022 年 9 月 2 日推出的《寻赣记·课本里的江西》，采用时下流行的“我们”体，以青春活泼的语言，全面深入地挖掘，分为“追定了，我们的信仰”“美极了，我们的家园”“太赞了，我们的文脉”“酷呆了，我们的天团”等系列，串联起江西的百代人文，共谱“江右风雅颂”。在报纸上采用杂志化呈现的同时，制作了 1 个先导片，5 个专题视频，全网推送。此外，还与江西省话剧团联合制作了一台 45 分钟的“我的课本·我的江西”诵读会，被江西省教育部门作为电教材料，向全省中小学校推广。

案例 35：海报新闻新媒体（山东省互联网传媒集团）

海报新闻客户端是大众报业集团认真贯彻落实中央和山东省委、省政府有关要求，2018 年 12 月 12 日上线的省级媒体融合移动端传播品牌。“海报新闻”承担着新闻资讯传播、政务服务、技术服务、大数据分析应用及舆情管理等六大功能。

亮点赏析：

1. 以融媒精品为核心，全面提升内容生产力、资源聚合力、舆论引导力。以“四全媒体”建设为核心，完善“中央厨房”指挥下的一体策划、一次采集、多种生成、多元传播机制；全天候监控抓取媒体、商业平台及网络热点线索，“策—采—编—审—发—评”全流程统一指挥，高效运转；配备全国各地原创队伍，建成覆盖全国、独立自主、可管可控的全国性原创采编网络。

2. 以先进技术为支撑，有效赋能媒体生产传播和影响力提升。通过“齐鲁智慧媒体云”平台，对双活数据中心进行云化改造，形成“私有云 + 公有云”的混合云基础架构，为上层数据、应用提供网络、计算、存储等基础资源支撑，为打造快速、高效、智能化生产传播的移动互联网平台提供技术保障。进军“元宇宙”，上线山东首个国有数字藏品交易服务平台“海豹数藏”，自主研发“大众链”区块链技术，延伸开发沉浸空间、数字虚拟人等系列产品。

3. 以平台型媒体建设为目标，提升用户黏性，加快新业态新模式探索。“海报新闻”逐步向海量用户和机构全面开放平台，向政务、商业、民生和公益领域不断延伸服务功能，全面接入省市数据中心和政务服务平台，打通内容提供和数字服务，建设“新闻 + 政务 + 服务 + 商务”生态，实现由媒体平台向平台型媒体转型。

案例 36：“掌上洛阳”客户端（洛阳日报报业集团）

“掌上洛阳”客户端，是由洛阳日报报业集团自主研发，拥有自主知识产权的手机 APP，2015 年正式上线。截至 2023 年 3 月，“掌上洛阳”下载量 150 万，日活用户 17 万 +，服务功能 30 余项，是洛阳最权威、最及时、最具影响力的第一移动发布平台。

亮点赏析：

1. 快速发展，成为洛阳媒体融合创新发展主平台。2022 年底，洛阳日报报业集团“掌上洛阳”客户端 3.2.4 新版本上线，客户端的界面形象、内容呈现、服务功能、技术后台再次提档升级。

2. 不断迭代，“新闻 + 政务服务商务”出实招有实效。“掌上洛阳”不断探索重大主题宣传中的融媒体方向，依据互联网传播规律、年轻受众特点、生产特色化产品实现交互传播。包括文图专题、海报、长图、视频、音频、H5、互动游戏、视频（图文）直播等综合表达形式，成为重大主题宣传的“标配”。

3. 广泛链接资源，以客户端为中心建立全网传播矩阵。“掌上洛阳”客户端借助第三方平台，特别是一批头部平台的传播渠道，将自产内容通过多平台、多账号、多方式传播，提高信息曝光率、传播效率和影响力。同时打造功能模块“洛阳号”和建设各县区频道，有效聚合洛阳具有权威发布职能的政务新媒体和机构新媒体资源。此外，“掌上洛阳”的品牌栏目“百姓呼声”是目前洛阳最大的网上问政平台，入驻市直单位达到 123 家，群众诉求在这里可“一键”抵达洛阳各相关职能部门，该栏目也成为洛阳单位走好网上群众路线的最重要平台。

案例 37：《体坛周报》音视频内容服务（体坛传媒集团股份有限公司）

2022 年，体坛传媒围绕北京冬奥会和卡塔尔世界杯两个世界大赛，突出“视听结合”的内容格局，搭建自有平台 + 入驻商业平台的立体传播渠道，在满足广大体育爱好者多样化需求的同时，向世界输出体育强国的中国故事，擦亮“体坛”的金字招牌，实现经济效益与社会效益的双丰收。

亮点赏析：

1. 读、视、听三类内容立体布局。2022 年，体坛传媒的报道重点是北京冬奥会，《体坛周报》派出 4 名官方持证记者、2 名新闻中心注册记者进行一线采访，与 20 位编辑、50 位记者一起构成立体报道系统。冬奥会期间，体坛各平台共发布图文和音视频报道 5200 条，曝光量 7.5 亿。

2. 音视频形式多元，实现海量内容输出。2022 年底，卡塔尔世界杯体坛传媒派出体育专业媒体中最大的持证记者报道团，前后方联动，百余名采编人员集团作战。打造包括直播聊球、深度特稿、视频连线、短视频、音频播客在内的多元化精品内容矩阵。独家打造的《大晚上聊个球》节目，23 场大型直播，每天一位足坛巨星名帅，与中国球迷面对面互动聊球，解读赛事热点，爆料幕后花絮。如此大规模地调动足坛顶级球星教练资源进行直播，这在中国体育媒体史上尚属首次。

3. 自由平台与商业平台入驻相结合，影响力遍布海内外。《体坛知道》是体坛视频团队制作的冬奥会轻科普轻访谈节目，冬奥会之前，体坛团队深入冬奥会举办现场，邀请到冬奥会场馆建造者、冬奥会场馆工作人员、前冬奥会冠军成员，对 2022 北京冬奥会场馆、赛道和各类设施进行科普讲解，视频总计 9 期，冬奥会期间全部上传至体坛周报海外视频账号，为海外观众带来冬奥会比赛背后的故事。体坛还通过体坛网英文版、体坛加推特号、体坛周报优兔号，向国外传递第一手冬奥消息，对外讲好中国故事。

案例 38：观海融媒客户端（珠海特区报社）

“观海融媒”客户端是珠海传媒集团为推动媒体融合向纵深发展打造的手机新媒体。上线以来，以“观海”为主平台，推出了一大批创意新颖、催人奋进、鼓舞人心的融媒体产品，全力打造珠海最权威、最及时、最丰富的智慧信息平台，做珠澳深度合作第一融媒平台。

亮点赏析：

1. 立足湾区、服务澳门，做珠澳深度合作第一融媒平台。作为粤港澳大湾区的重要一极，珠澳近年来合作进一步加深，“观海”自上线起，就主动承担湾区门户媒体的责任，先后上线“大湾区”“澳门”“深圳”“中山”等频道。2021 年，《横琴粤澳深度合作区建设总体方案》公布及合作区管理机构揭牌后，“观海”推出“合作区”频道，与《珠海特区报》联动每天推出《横琴潮》专刊，记录合作区发展脚步。

2. 权威发声、移动传播，做珠海资讯服务第一移动平台。“观海”强化阵地管理，紧跟时代脉搏，贴近群众生活，包括重大新闻、政策消息、民生服务等内容的发布，均将“移动优先”一以贯之，“先网后报”“先网后台”，全集团新闻产品均以“观海”为传播起点，大力推进平台化建设战略，调动集团各采编团队和内容生产团队的积极性，打造个性化品牌栏目入驻“观海”，日均发布稿件超过 120 篇，日均刊发原创稿件超过 60 篇。

3. 守正创新、爆款迭出，做珠海媒体融合产品第一发布平台。“观海”以内容建设为根本，精心策划做好日常宣传和重大主题策划，已成为珠海传媒集团各采编播力量协同、融合创新的主平台，各种形态的短视频、创意海报、H5、SVG、动画条漫等一批原创产品如雨后春笋般快速生长，活力迸发。

4. 直击现场、实时互动，做珠海第一直播平台。“观海”把直播作为特色栏目运营，强调直击现场、贴近民生、强化互动，以每日常态化慢直播 + 每周多场主题直播相结合，有效增加用户黏性。

案例 39：《西海都市报》新媒体专栏《请进，我们的直播间》（西海都市报社）

《请进，我们的直播间》栏目通过创新新闻生产方式和传播途径，推进《西海都市报》深度融合发展工作。该栏目是中国西部乃至全国传统纸媒融合工作中典型的“互联网 +”案例，是涉藏地区移动互联网端融媒体独创栏目，在青海省内可谓一枝独秀。

亮点赏析：

1. 深度融合，打造直播空间。栏目旨在讲述百姓故事，传播青海声音，邀请青海各行业优秀人才和普通百姓，如环卫工人、志愿者、援青干部、电商达人、第一书记、体育健将、民间艺人、全国劳模、全国先进工作者等做客直播间，讲述他们的奋斗故事，传递爱国爱党、向善向上的正能量。并不断尝试将直播间搬到乡村、企业、社区、牧区等一线。

2. 守正创新，拓展传播阵地。栏目自创办以来，坚持每周两期直播访谈，直播 180 多期，共邀请嘉宾 650 人次，平台总流量 3000 多万，刊发相关报道 160 多篇，制作宣传海报 180 余张，拍摄短视频 100 余条。栏目在创办过程中，不断推陈出新，不断解决融合技术新难题，无论每期直播主题策划，还是访谈形式，都力求新突破，使栏目更贴近网友的个性化需求，更符合头部账号的传播规则。

3. 多媒体展示，立体化传播。该栏目以文字报道 + 海报 + 短视频 + 直播的形式，采取“新华社现场云、趣看视频云、西海都市报 + 微信公众号 + 微信视频号 + 抖音 + 快手 + 新浪微博 + 西海都市报 APP”多平台聚合发力，多角度、多渠道、全方位宣传，牢牢掌握主流媒体的话语权，让更多人听到青海好声音，使新闻报道更具融合传播的特点，更有温度、更有深度、更贴近用户。

4. 用户思维，强化有效传播良性互动。该栏目突破媒体融合初期内容与平台简单相加的状态，创意理念新颖，形式活泼，技术展现方式独特，契合当下融合传播的内容规律和平台规律，在移动互联网端掀起了视频新闻直播的新风。

案例 40：克拉玛依日报微信公众号（克拉玛依日报社）

克拉玛依日报微信公众号是克拉玛依影响力最大、用户活跃度最高的微信公众号之一，当前关注人数达 15 万人，且具有每年 200 万元以上的创收能力，先后荣获第六届中国互联网品牌大奖“全国最佳微信公众号”、第七届中国互联网品牌大奖“全国新媒体 100 强”等一系列荣誉，刊发在该公众号上的多部融媒体作品也先后获得新疆新闻奖等各类省部级新闻奖。

亮点赏析：

1. 移动优先。克拉玛依日报微信公众号 2013 年 11 月正式运营，设置“看头条”“有说法”“身边事”“身边人”“讲故事”等十余个原创栏目，并提供公交查询、预约挂号等多项便民服务。

2. 内容引流。以满足用户碎片化的阅读需求为目标，制作了许多篇幅较短、文风平实亲切、快速传播的本地政策类和便民服务类微信图文作品，持续增强公众号图文的群转发的趋势并收效显著。

3. 长效机制。克拉玛依日报微信公众号已成长为具有每年 200 万元以上创收能力的本土资深新媒体平台。

一个人口不足50万的地级市党报运营的微信公众号达到这一经营创收水平，可以说在全疆范围内是绝无仅有的。

案例41：中证智能财讯（中国证券报有限责任公司）

中证智能财讯由《中国证券报》原创研发，新华智云技术支持，依托前者在金融证券领域30年的资源和经验，以及后者在业内领先的语义识别算法，是目前市场上唯一一款上市公司定期报告智能资讯产品。

亮点赏析：

1. 高智能化。智能化高，凭借强大的机器语义识别能力实现对人工的百分之百替代；时效性强，将数据抓取、计算、生成的复杂流程整合为一键瞬时完成；准确率高，以第三方数据库数据为基准，对数据的抓取和计算基本无差错，得到市场的验证。

2. 覆盖面广。对全市场5000余家上市公司的年报、半年报、季报、业绩预报、业绩快报实现无死角全覆盖；逻辑严谨，产品精选50多项财报核心指标搭建模型，逻辑清晰，结构合理，真实反映公司主营业务、盈利水平、资本效率、可持续发展等最新状态，并有纵向与横向对比，视野开阔，一目了然。

3. 界面友好。提示醒目，通过独创的“红绿黄灯”警示系统，将投资亮点与风险因素在财讯最前端加以提示，提供重要的决策依据；界面友好，产品图表文并茂，机器语言与自然语句有机结合，阅读体验良好。

4. 高价值资讯。中证智能财讯化繁为简，为中小投资者提供有价值、可信赖、易理解的上市公司资讯，也能有力配合监管部门大力推进投资者教育活动，提升其整体素质及长期投资理念。监管部门还能从中发现上市公司在公司治理环节存在的隐患，提高监管效率和服务质量。上市公司也能从本产品这面“镜子”中，深入了解自身、行业及宏观。

案例42：“好老师”平台（中国教育报刊社）

中国教育报“好老师”平台，是中国教育报刊社在探索媒体融合发展的过程中，以提升行业服务能力为目标，孵化出的一个服务中小学教师专业发展的移动端学习平台，形成了包括“好老师”APP、“好老师”H5、“好老师”微信公众号、《中国教育报》好老师专刊在内的具有融合特色的融媒体矩阵与多元学习入口。

亮点赏析：

1. 发挥媒体优势，深耕行业服务。第一，充分利用媒体平台调研能力，在中国教育报全媒体平台，尤其是中国教育报移动端平台，进行教师发展痛点问题的征集和分析；第二，“好老师”平台自2015年开始探索，积累了大量用户学习数据，通过分析用户对近2000多节课程的学习行为，加之与用户积极交流、组建群落等，较为精准地把握了用户的需求；第三，依托《中国教育报》在行业深耕多年的影响力，直接走进教育局、走进学校、走到教师中开展深入的专业调研工作。

2. 彰显品牌力量，凝聚一流名师。“好老师”平台充分发挥《中国教育报》的号召力，把全国一流名师资源聚集到“好老师”专家团队中来，建立了由数百名全国名专家、名师、名校长组建的讲师库。名专家来自高校和专业教育研究机构，名师名校长来自教育一线，都是各自领域的专业权威，对于课程主题的把握能力和痛点问题的覆盖能力都非常强，从讲师能力素质与结构上确保了课程品质。平台上线以来，基础教育领域的全国顶级名师，基本上都在平台上授过课。

3. 完善课程体系，打造生态化平台。通过在APP上连续开展读书会、打卡活动组织以及群聊功能开发等，帮助用户激发学习动力、寻找相伴而行的共同体。同时，基于用户需求研发高品质课程内容，为用户进行个性化选择开拓广阔空间。截至2023年3月，在“好老师”平台线上课程有2000多节，主要形式为视频直播课、视频录播课、音频录播课、社群学习营等，覆盖60多个主题模块。例如，教师读写、职业素养、发展规划、学习科学在课堂、家校协同育人、教师信息化素养提升等课程模块。

案例43：文旅中国“云演播”平台（中国文化传媒集团有限公司）

文旅中国“云演播”平台依托中国文化传媒集团中传云平台及文化和旅游部艺术数字资源库的总体架构，五大应用服务和全媒体发布渠道，加上标准规范体系和信息安全保障体系，共同形成云演播平台的技术和应用服务能力。参考NTLive(英国国家大剧院云演播)模式，为艺术院团提供高清影像视频版权服务，进行剧目运营、新闻宣传、内容制作和技术服务，建设文旅中国云演播垂类网站、客户端、小程序，与外部平台形成传播矩阵，通过数字资源集聚、专题重组和内容分发，形成以传播收益为主要目标的云演播案合传播体系。

亮点赏析：

1. 打造线上线下贯通联动机制。以聚合代理的角色，协助各院团完成艺术数字化、创新化发展，用提升资源商业议价能力，助力院团双效合一的现实需求，打通云演播的变现渠道，降低院团内容运营成本，将高清影像视频向剧院发行，通过线上平台的广告、会员付费等方式取得收益。

2. 依托技术优势实现资源数字化管理。为院团提供数字化内容生产、存储、二次制作、分发传播及版权保护体系。院团数字资源在入库时，以标签化技术依据数字资源之间的关系进行图谱化处理，为文化行政部门和各院团提供数据支撑。

3. 精准满足用户需求。建立云演播媒体矩阵，进行内容二次制作，满足用户在线欣赏、浏览与学习的需求，链接视频平台、演出院团、刷院、公众用户的需求。

4. 社会效益显现。制作“大师课”“云讲堂”“艺术科普课”，组织艺术研学课，对接地方文旅企业与各类企业文化需求，将公共文化、艺术普及教育及公众艺术素养提升相结合，最大化发挥艺术数字资源的社会价值。项目资金以自筹为主，2022 年集团申报的“现实题材优秀舞台艺术剧目展演”项目荣获国家艺术基金管理中心“传播交流推广资助项目”并资助费用 120 万元，全部用于云演播平台的建设和运营。

案例 44：“1+1+N”一体化新媒体服务体系（中国税务报社）

近年来，中国税务报社对媒体融合发展的目标和路径进行深入思考和积极探索，按照“税务媒体＋政务服务”的融合发展战略，发挥内容生产优势，创新构建“1+1+N”一体化新媒体服务体系，为营造税收大宣传格局贡献智慧和力量。第一个“1”是指提供新媒体账号运维服务；第二个“1”是指提供新媒体产品制作服务；“N”是指通过以上两种方式，为税务总局和省、市、县（区）税务局多级多地税务机关开展税收宣传提供优质服务。

亮点赏析：

1. 整合资源，构建新媒体矩阵。目前，中国税务报社新媒体和网络中心已与国家税务总局及包括江西省税务局、海口市税务局在内的 22 个税务局签署了合作协议，成功运营国家税务总局新媒体矩阵、中国税务报新媒体矩阵、上海市税务局微信、江西省税务局微信、云南省税务局微信、海口市税务局微信等，服务对象粉丝累计达 4046 万；为安徽省税务局、深圳市税务局、厦门市税务局、青岛市税务局、南宁市税务局等多个税务局提供新媒体产品策划、采编、制作、分发“一体化”服务等，发挥税务新媒体矩阵式宣传效应，不断壮大中国税务声音。

2. 联动策划，创新内容形式。“1+1+N”一体化新媒体服务体系通过联动税务总局及各地税务机关，共同策划生产出一大批适应融媒体时代发展、迎合受众需求的优秀原创作品，包括短视频、MG 动画、政策图解、整合式报道、数据新闻、互动漫画、H5 创意产品等形式多样的新媒体作品，这些作品内容丰富，形式多样，形成了矩阵式传播，取得了良好的传播效果和社会影响力，有力推动了税务系统媒体深度融合发展。

3. 社会效益经济效益双丰收。在社会效益方面，项目通过提供专业运维和产品制作服务，为服务对象乃至全国税务系统搭建了一个有传播力、影响力的新媒体矩阵，实现集约化管理、集群化发声，让主流税收舆论传播得更广、更远。在经济效益方面，“1+1+N”一体化新媒体服务体系提供的两种政务服务模式，每年可创造收入近千万元，仍有新客户在不断谈签中，实现了社会效益与经济效益相统一。

案例 45：乡村振兴地头云端融（《山西农民报》社有限责任公司）

《山西农民报》2022 年 5 月 29 日成立“乡村振兴专家团”，通过智库建设、平台再造、渠道共融、多屏互动，有效整合媒介资源、生产要素，创新实践“新闻＋服务”的媒体深度融合新路径，为全省推进乡村振兴工作贡献媒体力量。

亮点赏析：

1. 媒体＋智库力量，实现报道的共创共享。《山西农民报》“新闻＋服务”的创新举措，将媒体服务功能聚焦基层、扎根一线，用足“现场”弱化“说教”，用足媒体资源、用活传播手段，逐步探索出主流媒体与推动乡村振兴的社会力量互联互通、互补互助、协作发声的互融关系，在全省营造出同向发力、共促振兴的“大宣传”氛围，切实凸显媒体融合的社会效益。

2. 活动＋专家队伍，实现服务的联合联动。《山西农民报》持续深入举办大量的“三送”下乡活动和论坛，通过“活动＋专家队伍”的形式，搭建一个有效平台，按照新媒体时代的市场化需求，有针对性地开展专家团服务活动，助力全省乡村振兴。

3. 平台＋市场运作，实现要素的集成增效。专家团的成立，将借助“平台＋新闻＋政务＋服务＋商务”模式，紧紧围绕乡村振兴中的热点、难点、焦点，做好乡村振兴理论研究，通过深入调研、专题论证、科学决策，定期向政府和行业主管部门提供建设性意见，为乡村振兴提供理论支撑和智力支持。乡村振兴专家团的平台建设，不仅有效推动了更多的专家教授走出大学课堂，通过更接地气的线上线下科技服务，实现科研成果落地见效，形成了助力乡村振兴的新力量，而且为广大农民带来了更加精准化、专业化的服务，有效提升了农民的科技务农意识，同时也为媒体融合发展注入活力和动力，实现“三方共赢”。

案例 46：手造产业数字化与融媒体传播服务平台（青岛日报报业集团）

手造产业数字化与融媒体传播服务平台，通过推出专访、专栏、纪录片、长图等融媒体宣传形式，举办系列赛事活动，搭建产业链平台建设等多种手段，掀起了手造艺术社会化传播的热潮，实现了媒体影响力扩大、多方资源聚合、手造文化产业链构建等综合效果，为媒体转型发展、推进文化“两创”提供了样本。

亮点赏析：

1. 举办手造盛会，擦亮“山东手造·青岛有礼”文化品牌。以“新动能·新手造·新创意”为主题，策划举办青岛市首届手造节，现场设置总长近 700 米的手造艺术展区，让手造艺人与市民群众近距离互动，当天发布“第一批青岛市手造乡土名村”“第一批山东手造·青岛名录”“青岛市‘山东手造’重点产业”情况等成果。

2. 开展系列大赛活动，掀起手造艺术社会传播热潮。开展“青岛手造创新设计大赛”“青岛市少年手造设计大赛”“山东手造”文创创意集市、2022 年青岛市“文化和自然遗产日”主题活动暨青岛文创产品大赛、第一届全国编织艺术展 & 回归艺术展等 20 多项主题活动，营造浓厚的热爱手造、参与手造的社会氛围。

3. 多种新媒体形式持续宣传，传播手造时代精神。持续推出系列主题报道和新媒体产品，设专栏、推专题、作专访，推介手造领军品牌和优秀手艺人，社会面关注手造的热度大幅提升。推出“手造大咖说”系列专访、《守艺人》纪录片、原创报道等，链接手造企事业单位、手工艺创作者，征集海量作品，展现传统手工艺在新时代绽放的无穷魅力和城市深厚的文化底蕴。

4. 搭建产业平台融合社会资源，激活手造产业链。平台以“手造产品销售 + 手造文化传播”为服务模式，致力于手造文化的传承、保护与发扬，以新零售方式运营手造文创产品，促进手造文旅创意产品研发、生产和销售；以“服务 + 宣传 + 销售 + 产业孵化”为运营模式，整合上下游产业，进行社会化宣传与销售；梳理青岛各类手造资源，深入挖掘非遗代表性项目、特色手工艺、博物馆文创等项目，整合青岛手造精品搭建手造数字地图；广泛链接青岛手造相关企业、组织和个人。

案例 47：影像创意工厂（大河传媒有限公司）

影像创意工厂，是大河传媒有限公司多年来倾力打造的国内专业互联网短视频运营服务商，现拥有一支专业视频拍摄、制作、运营团队，专注于“媒体 + 商业”影像服务，业务覆盖国内多省市、延伸海外，主要产品及服务包含视频新闻、TVC 广告、宣传片、微纪录片、微电影、视频号代运营、视频拍摄制作培训等。

亮点赏析：

1. 全方位创新。一是运营理念创新；二是产品品类创新；三是生产流程创新；四是传播渠道创新；五是人才培养机制创新。

2. 社会效益显著。该工厂在影像技术方面，采用动画、沙画、曲艺、航拍、棚拍、虚拟现实等多种方式方法，创新丰富视频展现形式，围绕党建汇报、文旅文创、科技创新、疫情防控等主题，多次联合政府、企业、地市、媒体等，形成重点策划。作品可根据客户需要，制定营销传播计划，通过报、网、端等自有平台及其他第三方渠道进行推广，扩大影响力。

3. 示范推广价值突出。2022 年，影像创意工厂通过视频制作、培训业务、广告投放、IP 招商、直播等业务实现商业变现，通过大河传媒有限公司各产品业务间的相互影响、相互赋能，进一步实现了影像创意工厂联网短视频运营服务商的迭代升级，并取得了良好的经济效益，全年业务收入突破 1500 万元。自创立以来，从首创影像管理服务模式，到成立豫视频学院，再到实行工厂制，在服务市场过程中取得了良好的社会效益和经济效益，对于传媒的转型升级和融媒改革，具有一定的示范推广价值。

案例 48：“粤菜师傅”融媒体项目（广州日报报业集团）

《广州日报》“粤菜师傅”系列融媒体产品围绕广东省委省政府的粤菜师傅工程中心工作，立足加强策划、全媒呈现、创新服务，打通粤菜师傅工程向社区传播的“最后一公里”，以媒体力量推动乡村振兴、粤菜文化相关的一二三产业融合发展。

亮点赏析：

1. 以粤菜文化传播为支点，撬动乡村振兴、基层社会治理。重点打造“师傅来了”系列的活动品牌，邀请粤菜师傅深入社区、住宅小区、校园、景区等，与社区居民交流岭南烹饪文化精妙。还与一些乡村地区的文明办和社区新时代文明实践中心携手，使粤菜师傅工程的推广活动与基层党建和基层社会治理服务度紧密结合起来，获得更好的传播和推广效果。

2. 全方位讲好广东故事。经过几年的品牌培育，新花城 APP 粤菜师傅频道的栏目已步入正轨。频道利用文字、图片和视频等融媒体手段，对粤菜师傅工程在促进乡民就业、乡村产业、乡村民生等方面的成效进行了较为全面和深入的报道。

3. 培育新一代手艺人。为加强与用户互动，新花城客户端“粤菜师傅”频道启动线上线下互动答疑功能“师傅请问”，分两批邀请 9 位各有所长的粤菜名厨进驻，向用户提供烹饪技巧、食材选择、营养搭配等多方面的解疑服务；特别是为其中一些年轻的乡村粤菜师傅提供了良好的自我宣传平台，为培育打造新一代网红粤菜师傅助力。

4. 深耕垂类赛道培育私域流量。粤菜师傅工程融媒体产品团队长期深耕粤菜报道领域，并已经在煲汤、食疗、厨艺、烘焙等多个粤菜文化的细分领域积累了一定的忠实“粉丝”。通过粤菜师傅工程系列融媒体产品的制作和传播，社区运营进一步扩大基础，在微信上建立和运营了多个垂直领域社群，覆盖超过 20 万精准用户粉丝，在提升粤菜师傅工程影响力、扩大乡村振兴“声量”等方面起到了较好的作用。

案例49：广西非遗传承创新应用（广西日报传媒集团）

广西日报传媒集团组建由内容采编、策划运营、视觉设计、技术开发等不同岗位参与的广西云非遗传播团队，率先在国内主流媒体中开展常态化非遗系统性传播，在“媒体+非遗”融合重点领域和关键环节实现率先突破。依托集团旗下全媒体矩阵，相关非遗融媒体产品覆盖人群超千万，每期《爱上非遗》报道全网阅读量约25万人次。通过举办非遗展览、非遗进校园、非遗研学、非遗座谈等活动，累积覆盖人群超50万人。

亮点赏析：

1. 构建本地活态乡土文化资源库。团队赴广西各地采访非遗代表性传承人，深入挖掘广西民间艺术、戏曲曲艺、手工技艺、民族服饰、民俗活动等项目，用情用心采写、拍摄、调研，团队遍访100多位非遗传承人，采集200余万字、4万多张原创非遗图片、200多小时非遗视频素材，数据覆盖广西14个设区市，形成民族、医药、美食、传统技艺等系列的数据采集。

2. 通过“非遗+”，扩大广西非遗传承能见度。拓展非遗+文旅，探寻传统文化和现代生活的联结点；拓展非遗+教育，助力优秀文化薪火相传；拓展非遗+科普，挖掘非遗与现代科技融合焕新路；建立非遗智库，共谋非遗传承新路径。

3. 力推品牌工程，以精品推动非遗“破壁出圈”。开设《爱上非遗 “桂”在传承》《爱上非遗科普展》等大型个性化融媒体专题，精美的原创图片和手绘场景，在页面中徐徐展开，让网友沉浸式体验非遗魅力；设计制作《六堡陈醇 瑶乡传情——茶韵越千年》手绘H5互动专题，整合视频、评论、深度报道等融媒体产品，并设置点赞和网友评论功能，作品点击量约35万人次；通过海报设计、创意短视频拍摄制作、图解等融媒精品，多渠道、多手段全方位展示非遗之美，建立广西云非遗融合传播品牌。

案例50：“川观答题”党的创新理论学习教育平台（四川日报报业集团）

四川日报社川观新闻客户端以“新闻+党建+移动互联网”的运营服务模式，创新推出党的创新理论学习教育平台——川观答题，两年来先后与四川省委组织部、省委宣传部、省直机关工委等20多家单位开展学习教育活动，近100万名基层党员在此学习党的二十大精神、重温百年党史，累计答题人次达1.5亿，阅读量超6亿，受到党史学习教育中央第八指导组和中宣部新闻阅评点赞。

亮点赏析：

1. 思想办端，把党的创新理论讲清楚讲明白。自2021年党史学习教育开始，川观答题通过对话专家学者、勾勒思维导图、推出精品题库、创新答题玩法，对重大理论热点反应及时，解析全面、准确、专业、解渴，配以各种理论融媒产品，帮助读者更加方便和轻松地进行理论学习和思考，成为全省基层党员理论学习不可或缺的助手。

2. 技术赋能，实现大规模社交化学习。一方面，针对基层党员日常工作琐碎繁杂的现实情况，巧妙设计离线PK的匹配赛、极限赛，便于用户灵活安排时间，随时发起挑战，系统自动匹配对手并记录成绩。另一方面，面对基层党组织理论学习存在的针对性不强、效果检验难等问题，推出多项功能，提供个性需求，鼓励用户积极参与。

3. 走深走实，全面深入各级各类党组织。加强农村、城市、国有企业、机关、事业单位、高校等传统领域党组织建设，联合四川省直机关工委、省国资委、团省委等20多家厅局推出答题，累计覆盖全省120个省直机关、21市（州）、183（区）县、104家中央及省属国企、128所高校、16270家基层党组织。面向总工会、公共机构、四川省妇联、新的社会阶层联合会等推出答题，有效提升基层党组织政治功能和组织功能。

4. 助力公益，实现社会效益最大化。用户要通过答题、签到、阅读、组队等方式获取、积累虚拟公益货币，该货币既可作为全省排名的依据，也可申请种树、义诊、爱心出行等公益项目。用户众筹成功解锁、公益项目后，项目由川观新闻及其公益伙伴在真实世界完成。借此，以用户名义完成诸多为民办实事的项目。

案例51：“银川石榴云”传播平台（银川市新闻媒体中心）

“银川石榴云”是银川市新闻传媒中心媒体融合工作不断推进、对新闻报道新模式的不断探索，其平台整合报纸、电视、广播、新媒体到“石榴云”上，有效地突破以往媒体各自为战、宣传效果不佳的困局，为媒体民族团结工作报道，探索出一条崭新的路径。

亮点赏析：

1. 融媒体传播，让民族团结主题深入人心。银川市新闻传媒中心各类新媒体平台粉丝总量约600万，整合各个媒体后，利用数量庞大的受众群体，让“石榴云”的每一条稿件、每一个视频、每一个动漫，都迸发出传统媒体以往不敢想象的能量。同时，在线下，通过权威性较强的《银川日报》、《银川新闻联播》、银川新闻广播等整合呼应“石榴云”，开设“打造铸牢中华民族意识共同体示范市”专栏，对有关民族团结类的新闻进行大量的报道。仅开设半年，“银川石榴云”便刊播各类稿件800余篇，总点击量过50万次。

2. 省市县区全覆盖，实现联通互动。“银川石榴云”

传播中心正式上线，银川市下辖的各个县（市）区利用融媒体中心，陆续开设银川“石榴云”传播分中心。市县两级“石榴云”传播中心实现共享融通，“银川石榴云”的触角扎实地深入到基层。同时，与中央媒体也有良好及有效的互动。

3. 社会效益凸显，中华民族共同体意识宣传教育成效斐然。“银川石榴云”上线后，这一成功经验被作为典型在全国民族团结进步创建工作经验交流会上进行分享。目前，有多位自治区、银川市领导对此进行调研、考察；众多宁夏区内单位和国内兄弟城市专程对此进行考察交流。“银川石榴云”正在建立各类民族宣讲队伍，开设“铸牢中华民族共同体意识”网络大课堂，开设“铸牢中华民族共同体意识”3D 展馆，持续通过活动深化民族团结进步宣传教育，为推进民族工作高质量发展贡献媒体力量。

案例 52：金融大数据采集与应用平台（金融时报社）

2022 年金融时报社金融大数据采集与应用平台建设完成，实现了对微信、微博、各类网站、论坛、客户端等网络平台内容，尤其是金融相关内容的自动抓取和实时分析，在此基础上预判热点事件，同时及时捕捉舆论焦点，为《金融时报》新闻报道提供素材的同时，可对大众进行正确的舆论引导。

亮点赏析：

1. 打造新一代金融信息采集架构。该项目为全面打造新一代金融信息采集与处理平台，技术上的整体底层基础架构采用超融合数据中心作为基础架构底座，满足业务资源灵活扩展性及业务故障转移的高可靠性，数据中心内置丰富安全组件，提升数据中心整体安全能力。

2. 双重保障平台稳健运行。灾备系统对该平台进行 CDP 实时备份，当超融合数据中心发生突发故障时，能够应急拉起业务，保证业务平台能够正常提供服务。零信任作为业务安全访问网关，不论在内网或外网进行业务访问，都需要通过细化的权限访问和动态认证，保障业务平台访问的安全性。

3. 全息抓取同步甄别。该平台具备自动抓取和实时分析各类网络平台上内容的能力，独具慧眼，洞察金融市场动向。

案例 53：5G 超高清暨智能媒资管理平台（新华报业传媒集团）

新华报业传媒集团 5G 超高清暨智能媒资管理平台的建设，引入超高清视频处理、大数据和 AI 技术，升级“交汇云”视频直播平台，建立智能媒资管理系统，提供多形态的超高清视频内容制作、直播能力，全面汇聚集团媒体资源，解决海量视音频、图片等资源长期保存管理问题，建立媒资上传、下载和流通结算平台，提升生产能力和生产效率，满足新媒体发布时间快、用户访问量大的需求。

亮点赏析：

1. 多维技术升级赋能新闻生产。（1）视频超高清化；（2）生产智能化；（3）流程一体化。

2. 虚拟体验优化互动场景。支持云导播、虚拟场景、VR/AR 直播，实现沉浸式内容发布。

3. 跨界合作，打造媒资价值生态链。和中科大洋、华为、曙光、东软、阿里等多家业界头部公司合作，支持多域联动、多用户入驻，打造内容合作、技术合作的生态圈。

4. 机制革新，放大资源效能。（1）提升媒资管理水平；（2）提升媒资生产协同；（3）提升拓展服务能力。

案例 54：智能化内容安全卫士（南方报业传媒集团）

智能化内容安全卫士（以下简称内容安全卫士）通过南方新闻网自主研发的“多维知识图谱 + 自然语言语义 + 图像识别”技术，将南方报业传媒集团 70 余年省委机关报内容把关能力及南方网服务全省 6000 多家党政机关、群团组织、事业单位、公司企业的政务网站和新媒体积累的知识数据进行智能化、数字化转化，实现对文本内容在涉政表述、不良信息、错别字、黄赌毒有害信息等方面的精准检测，实现对图片中的人物、LOGO、旗帜、标语等内容的安全检测，实现对视频内容的抽查检测。以算力替代人力、云端替代线下的方式，创新“新闻 + 政务服务商务 + 技术”高质量发展的商业模式。

亮点赏析：

1. 多媒体检测，专注于重大差错把关。内容安全卫士专注于重大差错把关，可精准识别危害国家安全的不良信息，实现对文本内容在涉政表述、不良信息、错别字、黄赌毒有害信息等方面的精准检测，实现对图片中的人物、LOGO、旗帜、标语等内容的安全检测，实现对视频内容的抽查检测。

2. 人工 + 智能，构建党媒知识图谱。内容安全卫士通过人工 + 智能双轨并行的方式，组建专业的知识图谱运维团队和自然语言语义核心技术攻关团队，搭建囊括危害国家安全信息、反动 LOGO 旗帜图片、重点人物画像等信息的知识库，构建具备党媒特色的知识图谱，并根据时事动态调整、持续更新。

3. 应用广泛，覆盖全省各级单位。内容安全卫士作为以云端服务、年度租用为模式的互联网产品，一直进行服务模式的创新扩展。截至 2023 年 3 月，已为广东省 6000 多家政务网站和新媒体提供服务，覆盖全省各级单位，付费用户数近 4 万，累计覆盖用户数超百万。

4. 产学研共建，提升内容检测能力。为进一步提升内容安全卫士的核心能力，南方新闻网通过自主研发和产学研合作相结合的方式，建立起聚焦媒体深度融合发展的技术研发体系，瞄准“数字化生产和智能化把关及传播”领域进行技术攻关，与高校和科研单位开展产学研合作。

案例 55：小语种人工智能创新运用（云南省南亚东南亚区域国际传播中心）

小语种人工智能创新运用由云南省南亚东南亚区域国际传播中心、云南网联合打造，基于对传媒领域的数字业态创新与实践，以新技术带动传媒领域的数字业态创新与升级，促进信息化产业与传媒的融合发展，实现人工智能在国际传播中的创新运用。

亮点赏析：

1. 数智化技术的深度嵌入。此次 3D 超写实 AI 数字人的打造，整合多模态交互技术、虚拟数字人设定、建模和动作捕捉、AI 学习大脑的开发等多项技术，属于业内领先水平，实现 AI 主播语音、唇动、肢体动作的相互配合，使交互更加智能生动，播报更加自然流畅。

2. 全新的融媒体传播生态圈。“AI 主播读两会”的方式，将可视化的信息图表、说明文字、声音内容相结合构成一篇报道，改变了传统的以文字见长的新闻报道方式。全国“两会”的重点内容通过视频传递给受众，使受众可视可听，提高受众获取信息的效率和丰富度。“轻量化”视读体验，突出重点、有分段、有层次、有递进。

3. 智能翻译技术的运用。该项目融合机器翻译、语音识别、自然语言理解技术，在视频内容的审核上，区域国际传播中心特别邀请缅语译审专家和翻译专家，辅以人工智能识别，最大程度减少语义折损，增加观看、阅读的亲切度。

4. 两个效益相统一。该项目主要聚焦社会效益，技术成熟后可同步发掘较大的经济效益。通过人工智能、云计算、大数据、物联网、5G、区块链、虚拟数字孪生等信息化技术，创新传播形式，构建线上数字文化传播新格局。

案例 56：《中国交通报》融媒体生产传播机制创新（中国交通报社有限公司）

中国交通报社有限公司紧紧围绕交通运输中心工作，准确把握行业媒体发展定位，锚定全媒体传播体系建设，加大人力物力投入，加强全媒体采编队伍建设，推进体制机制创新，不断向引领交通运输行业主流舆论、具有强大影响力和竞争力的新型主流媒体目标迈进。

亮点赏析：

1. 加大投入，强基固本。2014 年 1 月，中国交通报社在原网络信息中心的基础上，成立新媒体中心，并在成立之后持续加大投入，累计投入约 3880 万元建网络、添设备、护网安。

2. 创新机制，举全社之力形成破题之势。党的十八大以来，中国交通报社探索构建切合报社发展实际、契合行业媒体特点、适应交通运输需要的融合发展路径和模式，实现了“三级跳”：第一步，要求各采编部门刀刃向内做好“自转”。采编人员向全媒体化发展，推进策采编发融媒体化，实现“一体策划、一次采集、多种生成、多元发布”。第二步，要求新媒体中心借船出海做好“公转”。进驻第三方平台，进行差异化推送，逐渐形成包括报、网、端、微及 15 个“交通发布”系列第三方平台以及各中心新媒体账号的融媒体传播矩阵。第三步，推进机构改革，成立融媒体中心，将“自转”与“公转”合而为一，实现畅行无碍的“自由流转”。

3. 切中肯綮，行稳致远。中国交通报社在广泛调研其他媒体融媒体机制建设经验做法的基础上，起草并实施了《中国交通报社有限公司融媒体生产传播管理办法》及配套考核细则、安全管理实施细则。强化创新中的关键环节是构建行之有效的保障制度，以此才能行稳致远。

4. 扎实推进，塑造主流舆论新格局。中国交通报社明确“主体、主办、主管、主责”，以各部、室、中心主要领导为第一责任人，建立起融媒体生产传播会商机制及周例会、月例会制度等完整、清晰、可视、可控的流程机制。

案例 57：“沈阳发布”政务信息协同共享发布管理机制（沈阳日报社）

“沈阳发布”政务新媒体矩阵具有政务信息发布首发权，能够为用户推送权威、及时的新闻信息，提供有效、有用的服务资讯，实现政府及其职能部门与用户的互动交流，满足用户对重要信息的“一站式”获取。

亮点赏析：

1. 重搭框架，变革组织体系。“新闻发布会 + 网络直播平台 +‘沈阳发布’新媒体发布矩阵”，由宣传主管部门、外宣部门、新闻处室、媒体单位、运维团队等形成组织执行架构，职责分工明确，建立领导层的议事机制，建立信息分发的工作机制，形成“一场发布会、一次采集、全网传播”的全新格局。

2. 全面创新，放大传播效能。“沈阳发布”新媒体矩阵践行守正创新的要求，充分把握全媒体时代的受众接受习惯，发挥视频直播的特性和优势，实现全媒传播。

3. 做强内容，服务城市发展。从“融”字破题，通过做优内容、精准阐释，以群众易于接受的直播互动形式推送，实现事半功倍的传播效果和有力的服务模式。

4. 重视策划，让传播务实有效。“沈阳发布”新媒体矩阵围绕加强策划报道、提升内容质量、扩大影响力和传播力等方面推进“沈阳发布”建设工作，政务信息协同发布共享机制建设取得明显效果。

案例 58：无锡日报报业集团垂直类媒体深度整合机制创新［无锡日报报业集团（无锡日报社）］

无锡日报报业集团 2017 年 9 月率先成立“教育融媒中心”，全面完成集团旗下各媒体教育条线新闻的采写，同时承担全部教育行业的经营任务。2019 年年底，集团将原本分散在各个媒体的垂直行业资源再次整合，相继成立财经、健康、房产融媒事业部，参照教育融媒中心的运作模式，在采编与经营两分开的前提下实行一体化运作。2022 年 2 月，集团突破体制障碍，把垂直行业作为深融深改试点，全面整合垂直行业资源，成立融媒体运营中心。

亮点赏析：

1.“主流媒体 + 专业平台”运营模式。2022 年，中心相继主办中国（无锡）国际宠物展、2022 无锡夏季车展、“江南晚报杯”无锡市青少年超级足球联赛、第八届长三角国际教育博览会等大型活动。这些活动都是“主流媒体 + 专业平台”运营模式的一次又一次成功尝试，通过品牌活动有力地提升传统媒体的品牌影响力，营造无锡报业发力品牌活动营销的浓厚氛围，凸显集团进军大型商业活动蓝海的硬实力，实现社会效益的最大化。

2. 打造全媒体运营“多面手”。经过一次又一次的历练，中心收获一批能随时集结、冲出去就能打仗的全媒体记者，收获一批会策划能谈判的项目主管，更是收获了一大批新闻、视频、主持、活动都能 HOLD 住的“多面手”，锻造了一支特别能吃苦、特别能战斗、特别能奉献的团队。

3. 深度融合机制创新成效显著。实践证明，融合改革是大势所趋、人心所向，“融”掉的是条块和藩篱，“合”起的是人心和力量。员工的积极性、生产力被迅速释放出来。新的组织体系，优化了资源配置，激发了团队活力。2022 年，融媒体运营中心总营收突破 4500 万元，实现近 20% 的快速增长，特别是财经事业部和健康事业部，增幅较上年同期超 30%。中心也成为稳定集团媒体广告经营创收的主力军。

案例 59：华龙网创新媒体深度融合管理机制（重庆华龙网集团股份有限公司）

近年来，华龙网集团坚持以内容建设为根本、先进技术为支撑、创新管理为保障，着力练好内功，不断创新媒体深度融合管理机制，以“新闻 + 政务服务商务”为产业版图，打造具有华龙网辨识度的有形载体、有效抓手，推出“News+VIP”全链条服务生态图谱，提升党网“四力”，增强自我造血机能，打造现代传播体系与大数据人工智能综合布局的新型媒体集团。

亮点赏析：

1. 全天候无边界的信息服务模式。7 × 24 小时“不打烊”，精准满足用户、客户需求，给用户、客户以预期之外的极致服务回馈。同时，通过自身的迭代，把最前沿的技术、新的互联网玩法，引入到各区县各企业，将能力全方位通过渠道输出，对合作伙伴的产业、生产经营管理进行内容 + 技术 + 运营的赋能，创建合作共赢的发展氛围。

2. 系统化科技感的深度媒体融合。基于舆论生态、传播格局的深刻变化，结合新形势、新要求，华龙网在“走出去、请进来”充分调研基础上，遵循新闻宣传规律、网络传播规律、文化产业和市场经济规律，凝聚全集团广大员工智慧，在坚持新闻立网的基础上，进行全方位系统化梳理，明确坚持以新闻事业为龙头，以技术驱动为核心，以“互联网 +”产业为动力，以大数据应用为基础，打造现代传播体系与大数据人工智能综合布局的新型媒体集团的发展战略。

3. 逆势突破自动自发的双效统一。随着不断深化改革，不断迭代组织架构，更好地破除壁垒、激发内生动力，华龙网集团在企业现代化治理体系构建上更加完善，媒体品牌影响力不断提升，技术实力不断增强，产业结构不断优化，资产规模不断扩大，收入利润持续增长。2022 年，在受疫情严重冲击的情况，华龙网集团实现收入总额 33084 万元，利润总额 3701 万元。

案例 60：《成都日报》“大锦观 · 精纸媒”深度融合改革中体制机制创新（成都日报社）

2022 年，《成都日报》以互联网思维优化资源配置，启动实施“大锦观 · 精纸媒”媒体深度融合改革，深化改革后，《成都日报》锦观新闻构建起一报（《成都日报》）一端（锦观新闻客户端）两微（锦观新闻、成都日报微信公众号，锦观新闻微博）一屏（电子阅报屏）的新型城市党报智能化传播矩阵。

亮点赏析：

1. 聚焦主责主业，新闻内容生产传播能力显著提升。坚持“内容为王”，始终保持党报内容定力，专注内容质量，扩大优质内容产能，创新内容表现形式，提升内容传播效果。新型城市党报智能化传播矩阵起势成形：（1）主流舆论阵地展现新作为。推动评论、理论、智库三大板块形成合力，创设微博“锦江快评”评论品牌，以快出击，引导网络舆情，抢抓重要时机打造“现象级”产品。（2）舆论引领水平取得新成效。锦观新闻微信一年生产 77 个微信 10 万 + 产品，较上一年 34 个实现了倍增。融媒体产品《山里来信了》荣获第 32 届中国新闻奖，29 件作品荣获四川新闻奖，媒体品牌影响力显著提升。

2. 强化业态创新，技术赋能新媒体生产成效突出。短视频领域建设迈出新步伐。报社强化技术支撑，建成5G演播室，全面提升视频生产品质和效能。全年视频发稿16000余条。

3. 产业转型升级，探索报业高质量发展路径。依托“大锦观·精纸媒”深化改革，2022年报社在探索党报经营多元化转型升级上迈出重要步伐，经营收入首次突破3亿元。报社坚持稳定存量，瞄准增量，整合垂类，多元拓展的思路，积极进入政务新媒体代运营、整合营销策划、活动项目承接等新赛道，新媒体代运营业务打开新局面，经营项目签约3000万元，其他政务新媒体代运营达1300万元，较上一年度增加70%。着眼专业化、市场化，报社成立第一家全资子公司——锦观传媒公司，为报社产业事业发展提供全新平台。

主流新媒体平台推荐页应如何布局

——以“学习强国”学习平台为例

范占英

推荐页是主流新媒体平台的“门面”和“入口”，布局好推荐页对于建设好整个平台至关重要。本文以“学习强国”学习平台为例，浅谈通过应时而变、识机而变、随心而变、均衡和谐的推荐页布局，来提升主流新媒体平台凝聚力和引领力，进一步服务好读者的方法。

从时间角度——应时而变，形成有节奏的页面

就技术而言，新媒体平台每天上线的稿件数量没有上限，上线时间、上线位置可以随时调整，高度灵活。这就给新媒体平台的页面布局以巨大施展空间。从时间角度考虑主流新媒体平台推荐页布局，长以“年”计谋划页面，短以“秒”计调整页面，可以形成推荐页在一年里重点不断、亮点频出、有条不紊的节奏，更好地满足、引导、启发读者。

长以“年”计谋划页面。即在年初、年中等时间点，对全年可预见的重点内容提前策划安排，做好落实，并在相应时间上线。可以“年”计着手谋划的内容主要包括全年重要节点、大事、重要节日、节气、纪念日、仪式等。有些事件持续时间较长，在一段时间内上线都有时效，对于这类稿件，可以微调上线时间，使其与全年其他重点亮点内容统筹兼顾、平衡分布。以“学习强国”学习平台推荐页2022年布局为例，党的二十大召开、全国两会、建军95周年、春节、端午节、烈士纪念日等事件和节点均在年初就进行了策划，并如期上线，形成全年亮点不断、丰富鲜活的页面形象，唱响了主旋律，增强了引领力。

短以“秒”计调整页面。现实中，会有大量临机或突发信息需要上线，这类内容往往不为独家享有，对于这类稿件，平台及时反映十分必要。这时，新媒体之间常以“秒”为单位比拼上线速度。另有一些独家策划的内容，上线时间也需要精心考虑，特别是要考虑各稿件上线时间的呼应配合关系，使推荐页在一天、一小时、一分钟，甚至一秒钟内体现出丰富的变化。“学习强国”学习平台策划的数十个“每日系列”栏目，上线时间就分布在每天24小时之内，这种在一天的不同时间上线稿件的整体布局，配合每天随时上线的大量单条内容，在一天中形成了时时刻刻新内容不断，页面应时而变的节奏感。

从空间角度——识机而变，形成有韵律的页面

为了满足主流新媒体平台数亿读者的多样化需求，让同一读者在同一天的不同时间打开页面能常看常新，提高阅读黏性，可以采取重要内容轮流“高位”，不同类型内容穿插排布的页面布局。

重要内容轮流“高位”。推荐页杂糅多类型稿件，这些稿件以标题或标题加图片的形式排列，只有被读者点开阅读才能更好地发挥作用。为了增大读者与适应性稿件相遇的概率，实现读者的点击阅读，可以不断动态调整推荐页的稿件高低位置，不断将高质量的“低位”稿件轮流上调到“高位”，形成稿件在页面起起伏伏的动态，保持页面活力。

“高位”的最高处是置顶区，在这一位置，自然要放最重要的内容。对于“学习强国”学习平台而言，首屏是习近平总书记的重要新闻、重要讲话精神，党中央

的重要部署等相关内容。在此屏之下的10屏左右，曝光率仍然很高，仍属于“高位”。在“学习强国”学习平台推荐页，无论党中央大局、基层一线声音，不论是新闻，还是理论……只要是充满正能量的时新好稿，都有机会调整到“高位”。

稿件动态调整频率的高低，形成了页面调整的节奏。可以半天调整一次，也可以半小时调整一次，可以一次大量调整，也可以微调部分稿件。调整的时间和幅度，因稿件内容、数量、重要性等而定，需要仔细斟酌、识机而变。

不同类型穿插排布。新媒体平台使用视、听、图、文4种表现形式中的一种或多种组合形式来表达内容，其中，图文内容相对较“静”，需要读者投入更多的专注力，读起来相对较“累”。视音频内容相对较“动”，读者只要被动注意即可，读起来相对轻松。在主流新媒体平台布局中，可将“动”“静”内容穿插间隔排布，形成动态平衡，使读者在阅读时有张有弛。

从心理角度——随心而变，形成有温度的页面

读者的阅读行为是通过心理活动实现的，只有让最适合的稿件在读者最需要、最关注的“时机”出现，才能让读者感受到平台的贴心暖心，感受到推荐页春风十里的宜人温度。

满足个性化需求。主流新媒体平台的读者众多，不同性别、年龄，来自不同专业领域的读者对内容的需求不尽相同。即使是同一位读者，在不同时间也会有不同的阅读需求，要顺应读者心理规律布局推荐页。比如，家长特别关注教育类信息，为了满足家长们的需求，可将教育大政方针类内容安排到推荐页的较高位置。“学习强国”学习平台在顺应心理规律布局页面同时，还在推荐页设置了“亮点”专区，这一区域约占一屏位置，是读者的私人定制专区，“亮点”可根据读者的个性化阅读习惯和“点亮”类别的不同分别显示不同内容，这使推荐页能更好地满足读者的个性化需求。

寻找共性化需求。在布局推荐页面时，如果只考虑个性化需求和分众化传播，难免过于繁杂，挂一漏万，而以某种分类方式找出众多读者的共性需求，求出读者心理“公约数”，这种方式既简便可行，又能对读者的阅读行为有所引导，可以作为推荐页布局的常用方法。如，可按工作日和休息日寻找共性，工作日以安排工作类内容为主，休息日以安排休闲类内容为主。工作日的上班时间以工作内容为主，起床、午休及晚上休息时间以休闲内容为主。具体而言，在工作日6：00—9：00是多数读者出行高峰，此时的读者大多心情焦急、移动频繁，注意力不易长时间集中，但精力较充沛，较为理性，可布局易于被接受的短新闻、短视频、美图、美文类等内容。傍晚5：00—7：00是多数读者的下班放学出行期，此时的读者移动频繁、身体疲惫、急躁情绪减缓，可布局娱乐类内容和短信息。夜间10：00—凌晨1：00是读者的睡前时间，此时的读者多处于安静环境，心情平静、较为感性，可以安排长文、长视频、慢节奏、感性、安静的内容。

从视觉角度——均衡和谐，形成“高颜值”的页面

在主流新媒体平台推荐页，由视、听、图、文多种形式组合成的众多稿件以无图、外露单图或三图等形式排布，页面中还有专题封面图、视频截图等。推荐页要致力于通过一定方式组合页面，布局出美观、和谐的整体页面形象，以引发读者好的情绪，促进阅读行为。

统一色调。人的第一感觉是视觉，对视觉影响最大的是色彩，色彩比内容更早给读者留下印象，对人们的心理活动有着重要影响，特别是和情绪有非常密切的关系。具有统一的色调，才能让页面呈现出统一、和谐、稳定的状态，让读者的视觉感到舒适。

要高度重视页面整体色彩调性的统一。“学习强国”学习平台推荐页注重色调的统一。以2021年9月30日布局为例，由于当天为烈士纪念日，平台大量上线了带有暗色、冷色图片的稿件，形成了庄重肃穆的页面氛围。由于第二天为国庆节，平台同时上线了少量带有亮色、红色体现喜庆氛围的花坛、灯笼等图片，少量对比色彩的加入不仅没有违和感，而且使烈士纪念日的页面布局庄重而不压抑，统一而不呆板。

专题卡片、大图、三图或视频截图稿件给人以明快疏朗感，连续的纯文字稿件给人以密集沉重感。在推荐页整体色彩布局时，还要将有图片的彩色稿件和无图片的纯文字稿件间隔排布，相互穿插，使色彩均衡。

协调字号。为了突出重点内容，许多主流新媒体平台会上线由美术编辑自行设计的专题海报封面，封面上醒目写有专题的名称。在布局推荐页时，无论是海报图片本身，还是图中的字号都要避免大的过大、小的过小，要使这些专题封面图尺寸大小相当，图中主标题的字号大体相当，以免使读者在浏览页面时因视觉焦距反复调整引起视觉疲劳。

（范占英：“学习强国”学习平台记者；本文摘自《中国新闻出版广电报》2023年4月18日）

5G 智慧电台《红色讲解员》建党百年融媒报道项目

——智慧广播开创基层传播新模式 千地千频传递湖湘百年红色故事

黄荣

一、项目背景与意义

《红色讲解员》是由湖南广电 5G 智慧电台携手全国 100 家电台的广播电台从业者，为献礼建党百年庆祝活动而启动的重大融媒体宣传报道活动。该项目以红色故事为载体，以全国各地各县市的 100 个正工作在红色旧址和纪念馆中的“讲解员”为切入口，打造 100 期（展播 50 期）优质音频节目，并联动学习强国、《人民日报》党媒平台等中央主流媒体平台，将湖南这片红色热土上发生的百年红色故事传递给千家万户，为建党百年的庆祝活动增添了浓墨重彩的一笔。

二、科文融合的创新实践

（一）内容出新：红色故事的深度挖掘与沉浸体验

湖南广播电视台广播传媒中心 5G 智慧电台项目团队以党史人物生平留下或复制还原的“老物件、老书信、老声音”为载体，塑造还原一个鲜活的党史人物，梳理出一批具有代表性和影响力的多时期的红色故事。通过邀请当地红色讲解员、亲历者、专家学者等讲述红色故事，让受众在聆听中感受历史的厚重和时代的变迁。

《红色讲解员》项目注重将红色故事与现实生活相结合，通过讲述红色故事中的英雄人物、感人事迹等，用百年后的青年人视角切入，进行一次跨越近百年的历史对话，激励他们在新的历史时期继续奋斗。这种将历史与现实相结合的内容创新方式，增强了红色故事的感染力和影响力。

（二）技术革新：iMango 系统的智慧赋能与高效互动

《红色讲解员》项目在技术应用上进行了大胆尝试和创新。5G 智慧电台利用自主研发的 iMango 人工智能编排系统，利用大数据、区块链、人工智能系统等新技术，从经典性、稀缺性、关联度等多个维度设计数据模型，从海量红色故事甄选题材，进行云端协同创作，并以云平台一键分发。通过技术优势，项目团队将红色故事制作成高质量的音频节目，并通过全国百家广播电台进行联播，开创了内容制作“百频共创 千频联播”的新格局，有效地提升了基层媒体制播水平，让正能量更强劲、主旋律更高昂。

项目还借助技术优势，实现了节目内容的高互动性和高参与性。通过线上互动平台，受众可以参与节目讨论，分享自己的红色故事等，增强了受众的参与感和归属感。

（三）传播创新：融媒时代的多台基层联动与全媒覆盖

《红色讲解员》节目通过云平台一键分发节目至全国合作电台，快速、准确地把红色故事送到全国各地、田间地头，节目传播安全高效，推动了传播模式的创新。

项目采取多平台联动的方式，通过广播、电台、网络等多种媒体形式进行宣传推广。在广播方面，将节目《红色讲解员》向全国 500+ 电台分发并共享，通过县域电台、村村响同步播出，创造建党百年基层传播的新模式；在电台方面，合作电台通过 FM 端、新媒体端联合报道，集中宣传资源制造“热搜”“话题”“榜单”。在网络方面，通过社交媒体、短视频平台等多种渠道进行宣传推广，联动人民日报党媒平台、学习强国等主流平台矩阵进行传播。同时打通“村村响”大喇叭，更是把百年红色故事送到了老百姓的家门口。这种多平台联动的方式扩大了节目的传播范围和影响力。

同时，项目团队还注重全媒体覆盖的策略。通过整合各种资源，以文字、图片、音频、视频等多种形式的内容，实现了对红色故事的全方位、多角度报道，为受众呈现了一个立体、生动的红色世界。这种全媒体覆盖的策略提高了节目的可读性和可视性，传递了红色故事的魅力和价值。

三、项目具体成效与社会影响

（一）获奖情况

2021 年获得由中共长沙市委宣传部指导，马栏山（长沙）视频文创园管理委员会主办的“百年风华，视听传颂”马栏山杯红色视听作品大赛音频类节目银奖；在 2021 声音探索者大会暨北京广播节上，获评“百年之声——建党百年作品展播”活动优秀作品；入选国家广播电视总局发布的“2021 年第三季度广播电视创新创优节目”；入选湖南广播电视局“2021 年广播电视创新创优评选扶持节目”。

（二）社会反响

《红色讲解员》系列报道从报名、海选、制作到播出，来自全国各地的优秀红色选题和节目素材纷至沓来，节目共精选展播50期，从巴山蜀水到皖南崇山，从东方明珠到岭南大地，故事动人，情感真实，反响热烈。节目展现了多样化的“特色讲解员”，并联动《百炼成钢》电视剧的主演们倾情献声，多频共振，节目首播后微博话题阅读量超300万，近10家主流媒体广泛报道，同时在学习强国等平台同步宣传，《红色讲解员》成为“七一”期间受众喜闻乐见的讨论话题。

四、融合经验体会

（一）加强资源整合与共享

通过联合全国百家广播电台共同制作和传播节目，《红色讲解员》项目创造了建党百年基层传播的新模式，取得了良好的传播效果，也体现了不同媒体之间可以通过交流与合作，加强资源整合与共享，助推传播内容优化和传播效果提升。

（二）注重技术创新和内容创新

在《红色讲解员》项目中，利用5G智慧电台打造全新音频内容平台，制造属于湖南的百年红色热点话题，进一步提升了湘区的地标性红色文化品牌价值。因此，注重技术创新和内容创新，有助于推出更多优秀的媒体产品和服务。

（三）开创党建宣传基层融合传播新模式

《红色讲解员》项目以新技术服务基层，打通“村村响”大喇叭，更是把百年红色故事送到了老百姓的家门口，开创了党建宣传基层融合传播的新模式，为媒体融合注入新动力。

（四）履行社会责任，展现媒体担当

作为党媒国企，《红色讲解员》项目不仅是一次红色文化传播活动，更是一次媒体履行社会责任、担当时代使命的务实探索。

五、结语

《红色讲解员》建党百年融媒报道项目是一次跨越时空的红色文化之旅，也是一次媒体融合创新的生动实践。借助5G智慧电台新技术打造的具有地方特色的红色文化精品，并通过全国百家广播电台的联播网络将节目送到了基层一线，唤起了人们对红色历史的深刻记忆与共鸣。未来，5G智慧电台将持续深化媒体融合创新实践，为推动媒体行业的创新发展贡献自己的力量。

（黄荣：湖南芒果智媒科技发展有限公司总经理）

“国际传播在线”应用：完善现代国际传播机制

张宇宜 周翌 薛怡 杨晓萌 袁芝碧 孔令朋 卞冰莹 林参 张文斌 林於华 马丽丽

习近平总书记在中共中央政治局第三十次集体学习时的重要讲话中提到，必须加强顶层设计和研究布局，构建具有鲜明中国特色的战略传播体系，着力提高国际传播影响力、中华文化感召力、中国形象亲和力、中国话语说服力、国际舆论引导力。传播大脑科技（浙江）股份有限公司（以下简称传播大脑）在浙江省委宣传部的指导下，以浙江省数字化改革为牵引，真正贯彻落实习近平总书记重要指示精神，打造“国际传播在线”应用，构建现代化国际传播战略体系，形成多跨、多元、多主体的浙江外宣新格局，加速政府工作制度与计算机技术的紧密融合。

一、数字化赋能国际传播，实现工作流程再造

针对国际传播的五大痛点，以数字化改革推动浙江省外宣业务流程再造，初步实现国际传播体系重塑。“国际传播在线”应用搭建五大工作场景，汇聚外宣工作流程至统一平台，建设三端应用，打造全流程闭环，实现工作效率提升。

（一）重构外宣业务流程

针对国际传播感知不足、国际话语权不高、国际舆论引导不易、国际传播力量不集中、外媒记者采访管理缺乏有效手段的痛点，重新梳理国际传播业务流程，形成全球涉浙报道地图、主题正面推送、国际舆论斗争、出海联盟、外媒记者采访管理五大业务板块，全方位多角度囊括浙江省外宣工作业务流程，围绕加强全省国际传播工作系统性研究和整体性规划，构建紧密联动、高效协同、合力推进的大外宣工作格局。

（二）建设多种业务端

打造驾驶舱、工作台、政务移动工作端（浙政钉

应用）。驾驶舱按业务逻辑展现五大业务板块，呈现可视化信息、数据、分析图表等，实现业务信息直观、全面显示，辅助政府管理者快速理解关键信息并及时做出工作部署和策略调整。工作台将浙江省优质出海媒体内容、素材在同一库中进行统一管理，利用大数据人工智能及人工审核的方式，对内容进行标签设置、归档保存、分类展示。政务移动工作端结合驾驶舱、工作台的功能，适配移动端的特性，方便使用者随时随地掌握信息。

（三）建立业务算法模型

产生海外媒体、记者、涉浙报道等 19 类业务数据，建立大数据分析模型。基于 Document level 分析形成单个国家的报道情感指数模型，使用 Sigmoid 算法变形技术形成全球热度指数模型，基于外媒记者的历史数据和情感分析及采访主题形成外媒记者采访事件分析模型，基于账号指令响应度和匹配度形成联盟出海账号传播力指数模型。系统内共形成 16 个海外场景的算法模型，整体围绕正向引导、话题推送、线上线下结合的方式，更好地对外宣工作予以技术支持。

二、涉浙信息实时获取，提升省域国际形象

实时获取全球媒体发布的涉浙信息，建设指数模型深入分析，及时调整对外传播策略，提高对外传播的时效性和准确性，促进国际形象的提升。

（一）监测全球涉浙信息

采用大数据、云计算等技术，通过层次聚类算法按国家、媒体维度分类生成场景数据，准确捕捉并分析全球涉浙信息。深入剖析全球公众对浙江各领域的观感与评价，精准反映民意趋势。科学衡量浙江国际影响力，以量化的传播效果与认知变化数据，辅助国际传播策略制定与形象塑造。

（二）研判海媒报道情感

依托应用将 195 个国家和地区的主流媒体纳入监测范围，运用深度学习算法与情感分析模型，精确识别海外媒体对浙江相关报道的情感倾向，构建热度指数、情感指数两大核心指标，提供省域国际形象评价数据层面支撑。

（三）科学引导外媒采访

系统分析外媒记者所属媒体、历史报道等数据，提供科学的研判依据，扭转以往对外媒记者来访一拒了之的态度，提升国家或地区的国际形象与透明度，促进信息公平与国际舆论平衡，推动公共政策讨论与国际合作，有效保护受访对象权益与社会稳定，提升传媒行业专业水平与国际交流，产生多方面的社会效益。

三、出海聚力成效评估，国际传播效能提升

汇聚多元化传播力量，形成海外传播矩阵效应，建设共享资源平台，促进新媒体赋能国际传播，建立效能指数，实现评估和闭环管理。

（一）凝聚出海队伍力量

系统集中全省出海力量，汇聚省市英文网站集群能力，覆盖全省 90 个区县。利用协作平台，消除“信息孤岛”现象，打破地域与时间限制，简化工作流程，实现团队成员间的信息共享、共通，工作台的使用改变了以往外宣力量分散、形成不了合力的局面，呈现可合作可关联的出海力量总体架构。

（二）打造外宣素材库

共建共享出海素材库，大幅提升资源集成度，文字、图片、视频等多元素材系统归档，检索便捷，有效解决信息碎片化问题，显著提升了工作效率。面对热点事件时，迅速调取相关资料，第一时间有效回应，提升外宣工作的及时性和影响力。合作共享机制建立，实现资源最大化利用与协同创新，推动外宣工作迈上新台阶。

“国际传播在线”应用涵盖新闻信息处理、网络技术、新媒体技术、信息系统工程及其他新闻科技专业，集信息共享、工作协同、数据分析于一体，面向对外传播管理。应用数据来源和工作对象均面向全球，完成跨部门、跨业务、跨语言要求，既有理论沉淀也有实战成效。应用助力实现外宣工作的集约化管理，从整体上推动省域治理能力的质量变革、效率变革、动力变革，完善现代国际传播机制，提升浙江省对外传播工作的效率和效果。

［张宇宜：传播大脑科技（浙江）股份有限公司总经理，周翌：传播大脑科技（浙江）股份有限公司首席运营官，薛怡：传播大脑科技（浙江）股份有限公司数字文化事业部总监，杨晓萌：传播大脑科技（浙江）股份有限公司产品研发中心—创新业务线—数据产品部主任，袁芝碧：传播大脑科技（浙江）股份有限公司产品研发中心—创新业务线—数据产品部产品专家，孔令朋：传播大脑科技（浙江）股份有限公司产品研发中心—创新业务线—数据产品部高级 JAVA 开发专家，卞冰莹：传播大脑科技（浙江）股份有限公司数字文化事业部—国际运营部副主任，林参：传播大脑科技（浙江）股份有限公司产品研发中心—政企业务线—政企技术组产品助理，张文斌：传播大脑科技（浙江）股份有限公司产品研发中心—政企业务线—政企技术组高级 WEB 开发工程师，林於华：传播大脑科技（浙江）股份有限公司产品研发中心—产研中台—体验设计部资深体验设计师，马丽丽：传播大脑科技（浙江）股份有限公司产品研发中心—产研中台—质量管理部测试工程师］

基于IPTV的多屏智能营销系统

申玉红 滕永坤 刘鹏 肖芳 宋樱棋

一、项目简介

海看网络科技（山东）股份有限公司借助人工智能技术，结合实际运营场景打造的IPTV多屏智能营销系统，利用丰富的数据画像、智能推荐和智能审核能力，进行数据智能分组精准营销，实现了“科技+媒体”在IPTV领域的创新应用，推动大数据、智能营销、智能推荐等人工智能技术与智能传播运营的融合发展。

IPTV智能营销系统面向山东省1600万IPTV用户，以大数据和智能推荐等技术为支撑，实现了从内容智能审核、智能推荐到频道个性化定制以及大小屏智能交互能力的系统化输出。该系统极大地提升了IPTV平台运营的效率，在大幅节省人力运营成本的基础上，给用户提供了全新的电视观看体验，同时也带来了良好的社会效益和经济效益。

二、项目内容

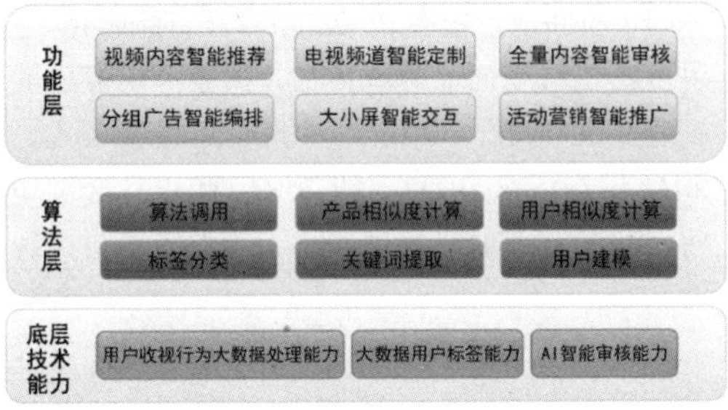

智能营销系统能力架构图

IPTV智能营销系统以大数据处理能力、大数据用户标签能力、AI智能审核能力为底层能力，搭载核心算法调用、关键词提取、产品相似度计算、用户相似度计算、标签分类、用户建模等核心技术，在此基础上集成了视频内容智能推荐、电视频道智能定制、MA智能审核、标签广告智能编排、活动营销智能推广、大小屏智能交互六大子系统。

（一）音视频内容的智能化推荐

IPTV智能营销系统具有向用户进行“千人千面”内容推荐的智能运营能力，利用底层大数据技术实现对用户收视行为数据的结构化整理分析，并通过行为预测模型、节目预测模型开展用户行为预测，充分挖掘用户的IPTV收视行为、习惯等数据资源，给出精准的内容推荐结果。

在算力方面实现GPU池化和并行计算，有效提高资源使用效率，对海量的用户收视数据进行快速处理，在算法方面配有完整的媒资标签库，结合机器学习、统计分析、数据挖掘等多种算法，开发人工智能搜索引擎系统，实现个性化的节目智能推荐，从千人一面转变为千人千面，满足用户多样化收视需求。

（二）电视频道的个性化定制

IPTV智能营销系统除了在点播中应用智能推荐，还支持直播电视频道的个性化定制。将点播内容以直播化形式呈现，不但能快速响应专题热点，还能依据用户喜好进行内容定制。能够快速聚合资源，进行营销造势，支持广告定制，针对品牌创建定制化频道进行品牌展示，满足业务多样性需求。

电视频道智能定制不仅改变了传统的推荐位打开方式，用视频直播的方式直接呈现给用户，同时为用户提供了更加丰富的直播收视内容，也让看电视这一休闲活动重新回归最便捷的交互方式。

（三）图文视频的智能化审核

智能营销系统推送内容全部经由系统智能审核通过后上线，智能审核采用语音识别技术、图像识别技术、基于色彩特征和纹理的图像分类相结合的图像分类技术等人工智能技术，通过机器学习技术建立审核认知模型，能够进行数据存储、在线分析、管理平台、准实时分析、数据总线、离线分析、数据呈现，从而把好网络视听内容的导向关、内容关、质量关、传播关、人员关，加强对内容质量、功能格式、制作质量、版权关系等方面的监督审查。

（四）标签广告的智能化编排

基于用户画像数据标签库，可以对IPTV用户从收视习惯、内容偏好、消费级别、活跃情况等方面做出自动标签分组，在IPTV智能营销系统中可通过用户标签进行组合分组，向不同用户精准投放活动及营销内容。

智能标签广告不但能将广告投放至指定的运营商、指定区域、指定用户群，也可将指定内容定时投放至指定位置，实现目标用户的有效触达。同时智能分组具备完善的数据分析能力，可详细查看每个广告策略触达目标用户的情况，统计曝光数据、点击数据、转换数据等，并出具多维度的数据分析报告，不但为后续的营销策略优化提供数据支持，也能进一步完善用户标签、优化用户画像。

（五）活动营销的智能化推广

智能营销系统在活动营销配置上支持个性化定义，可在电视端多个模块、多种位置、多个节点配置多种形式的图文、视频等广告内容，例如在直播场景中，智能营销平台可在用户换台的过程中，向用户推荐点播视频、直播流、互动活动、广告等内容；同样在点播场景中，在页面楼层、弹窗、广告位也可根据用户行为进行特定内容推荐。

营销推荐形式顺应用户操作习惯，内容迎合用户喜好，可最大程度降低用户反感，且不影响其他业务正常运行。投放时间和时段可控，推荐频次可根据用户事实行为动态调整，并建有素材库对广告物料进行统一管理，推荐内容经层层审核，保证安全可控万无一失。

（六）大小屏的智能化交互

IPTV 智能营销系统搭配的移动端 IPTV 手机伴侣，是集手机遥控、一键投屏、跨屏活动、产品订购等功能于一体的手机助手型产品。手机 IPTV 可与电视端的智能营销活动进行大小屏互动，电视端上线的大转盘、九宫格抽奖、答题活动、调研问卷、投票等活动，都可在移动端进行同步参与，用户在移动端进行信息填写，方便用户信息上传和追踪，中奖信息也能在手机端同步查看。同时在移动端还具备数据收集和分析能力，对于用户参与活动的次数、分享情况、获奖情况能做到准确分析，数据传输安全可靠，与电视端形成完整功能闭环。

IPTV 手机伴侣的遥控器功能可以借助语音遥控，搜索更加高效快捷，无论是看直播还是看点播都可以通过手机进行操控，极大地方便了用户的操作体验，也完美契合了广电总局关于用户看电视难问题的整改要求，给广大用户提供了更加便捷的电视操作路径，彻底摒弃繁多复杂的各种遥控器。

三、具体成效与社会反响

该系统已正式应用于山东 IPTV 集成播控平台，服务全省超 1600 万用户。自 2022 年在山东 IPTV 上线后，借助智能化营销互动能力快速吸引新老用户参与，无论在活跃数据还是订购转化方面均有明显大幅提升。

山东联通 IPTV：2022 年 5 月活动上线 6 天总浏览人数达到 40 万人，较 2021 年“双 12”活动环比增长 81%，用户激活率为 70%，激活人数增长 41%。

山东电信 IPTV：2022 年 7 月活动期间增值订购量比 2021 年同期增幅 27%，增值收入同比增幅 41%，用户参与度提升了 36%。

四、融合经验

（一）智能营销标杆，促进 IPTV 产业升级

项目开创了 IPTV 领域的智能化营销标杆，不仅为用户提供了极佳的收视和操控体验，也为企业和品牌方建立了精准的智能化营销平台。项目在 IPTV 领域的创新技术，必将极大抢占新媒体营销产业先机，带动数字经济的快速发展，推动科技和媒体产业的融合。

（二）AI 能力加持，构建行业智能监管新方式

该项目通过 AI 审核 + 人工并行的方式，创新内容审核模式，从源头上大幅降低了不合规内容的概率，大大提升了审核效率。同时，也同监管部门构筑了内容安全长城，有效保护青少年儿童不再受违禁节目及广告影响，建立健全违规失信联合惩戒机制，降低监控成本。

（三）提升操控体验，解决电视操作复杂问题

项目搭配的手机 IPTV 具有手机遥控器、一键投屏、跨屏交互等功能，不仅能够帮助用户解决看电视操作复杂、遥控器繁多等问题，还能通过数据标签和 AI 算法减少无效广告对观众的干扰，提升用户的观看体验，改观用户对“电视广告”的认知。

（四）拉新促活留存，带动 IPTV 订购转化

项目实现跨屏覆盖跨域传播，探索广电媒体的“内容 + 营销”和“大屏 + 小屏”的融合运营新模式。该项目自 2022 年在山东 IPTV 上线以来，用户月活平均提升了 3.5%，月均观看时长增长 25%，直接带动订购转化增幅 9.5%。

［申玉红：海看网络科技（山东）股份有限公司副总经理，滕永坤：海看网络科技（山东）股份有限公司运营商事业部总经理，刘鹏：海看网络科技（山东）股份有限公司运营商事业部副总经理，肖芳：海看网络科技（山东）股份有限公司运营商事业部支撑部总监，宋樱棋：海看网络科技（山东）股份有限公司运营商事业部支撑部产品经理］

数传集团：人工智能出版融合整体解决方案

武汉理工数字传播工程有限公司

武汉理工数字传播工程有限公司（以下简称数传集团）是一家专注出版行业的人工智能解决方案服务商，成立十年来，每年服务于全国300多家出版社，是全国文化企业30强提名企业。

数传集团始终走在技术最前沿，以最新的技术赋能出版融合转型。2023年底推出了出版行业首个AIGC大模型——BooksGPT，并以此为技术底座支持，打造了“AI编辑室”以及“RAYS7.0版本”的人工智能出版融合整体解决方案，全面推动我国出版融合转型升级。

一、打造出版行业首个“数字员工”

“AI编辑室”包含庞大且功能齐全的人工智能助理，他们深入参与到出版的选题策划、内容创作、编辑加工与审校、发行营销、读者服务等几个关键环节，深度参与编辑日常工作全流程，让编辑工作更加高效、更加数智化。让数字员工优化出版业传统人力工作，帮助出版业实现提质、降本、增效，重构员工体系，重塑出版流程的重大目标。

在选题策划阶段，传统的选题策划多依赖编辑的个人经验和与发行部门一起做的市场调研，但编辑的个人经验有限，难免会有疏漏和偏颇之处，市场调研仅仅凭个人或出版社之力也很难做全。在AI编辑工作室中，数传集团针对出版单位在选题策划中的痛点、难点，打造了数智化资讯助理、选题策划助理。一方面，让人工智能替代以往人工的资讯信息查找、收集和分析，浏览最新资讯、了解行业动态、解读图书榜单，为图书选题做好相关信息储备；另一方面让人工智能帮助编辑做自动化的市场研究、竞品分析，替代编辑撰写翔实、完整的选题报告，整个环节提效达到70%—80%，大大地节省了编辑的时间，释放了人力资源成本。

在内容创作阶段，在传统的写作方式中，作者主要依赖平时的生活经验和知识积累，结合查阅所得的相关资料，在此基础上按照自己的语言习惯生成作品，是一项非常繁重的工作。不光是对于作者，内容创作对于编辑来说，也是一项非常繁重的工作。编辑需要花费大量的时间，和作者一起构思图书的大纲、思考故事应该如何推进、为图书文稿做润色加工，还需要为图书生产插图、封面图等各种类型的图片，甚至还需要为图书撰写适配各渠道的书评。基于以上问题，数传集团也研发出了四位数字创作者，以匹配图书创作和细分领域的创作需求。首先是AI作者助理，AI作者助理可以帮助编辑和作者撰写提纲、创作内容、准备素材、加工润色、优化稿件结构，而且有别于通用大模型的写作能力，BooksGPT大模型对标的是名家名著、优秀作品集，是用这些素材进行的底层训练，所以在保证作品原创性的同时，还能保证产出物的品质。经过反复测试，AI作者助理可以节省作者73%写作时间，非常高产。其次，在细分领域上，为童书专门设置的AI儿童作者，以儿童多元智能发展为算法训练的理论基础，对标国内外优质的获奖作品、教育部推荐书单进行训练，创作的内容不仅具有原创性，还有很强的故事性、可读性和教育性。再次，针对外文书的出版打造了AI译者，AI译者有别于谷歌、有道一类的翻译软件，它能很好地保留原文稿的语言风格和思想内核，媲美人工翻译效果，还能保持原文档的格式输出，便于比对，也减少重新排版的时间。同样因为它是基于BooksGPT大模型的数字创作者，因此有强大的学习能力，支持行业术语库、个人语料库的训练，满足不同出版社、图书的行业规范和个性化需求。最后是AI画师，AI画师具备迅速、低成本地创作和图书相关的各种类型图片的能力，出图效果媲美有5—8年经验的美编，出图速度快、质量高、成本低。

在编辑加工与审校环节，数传集团充分响应出版单位“提升审核效率”“改进响应时间”“压缩审校成本”的诉求，研发出了适合出版行业的、赶超市面上自动校对软件的AI审校工具。它能做到针对文本内容，进行多重维度的识别和计算，发挥大模型的优势，像人一样地去理解全文。根据测试，数传集团的审校工具万字审校时间小于10分钟，误报率小于500%，可检查出15种知识差错，18种内容风险，而普通校对软件仅能检测出不到十种。一般10万字的书稿，人工审校一次需要2—3天，但AI审校无须人工参与，不占用编辑时间，AI处理完成后编辑仅需选择是否采纳即可。数传AI编辑工作室的审校能力在各维度上都超越了市面上的其他审校产品。这不仅能处理更大的工作量，也无须显著增加审核成本。

通过审校后，图书下印上市。在传统营销中，出版社需要手动撰写适配多个平台的文案需耗费数小时，且平台规则又不是很清楚；但是 AIGC 时代，后端营销的工作可以变得更科学，围绕数据和营销效果作更加科学的决策。当前，数传集团已经训练出非常成熟的发行营销 AI 助理，不仅能帮助出版单位在各个新媒体渠道进行营销推广，实现即时营销文案撰写、短视频和直播内容自动生成、平台运营政策快问快查，更能通过算力对大数据进行分析计算，精准描绘用户画像，以达到为读者进行个性化推送的最终效果。

二、推出 AIGC 智能服务数字人——书小二

经过以上环节的图书到达读者手中了，过去几年，数传集团的核心产品 RAYS 平台一直在通过智能二维码匹配图文、音视频等内容，把传统图书改造为“现代纸书”。但 2023 年初，数传集团对其中做了一项重大调整，推出了服务读者的辅助阅读产品——书小二数字人。匹配在每本图书上的数字人，可以就本书内容随时和读者答疑解惑，交流互动，即时问答，高效阅读，特别在教育类图书和学术类图书上，解析、速读等功能深受读者的欢迎。它充分突破了传统多媒体资源的桎梏，让读者与图书产生更深一步的联动。数字人上市这不到一年的时间，已有 100 多家出版单位在使用，几千个数字人此时此刻正服务着上百万的读者。

三、核心产品 RAYS7.0 实现重大升级

除了“AI 编辑室”，“RAYS”作为数传集团的核心产品，也进行了重大升级，实现了向 7.0 版本的跨越。7.0 版本无论是从策划方案、视觉呈现、应用匹配，还是运营服务上都有质的飞跃。同时能针对图书的特点和亮点，实现“一书一码”的高端定制，让传统纸书插上数字化的翅膀，成为具有读者服务能力、线上盈利能力的“现代纸书”。同时，RAYS 的后端将为每个出版单位创建属于自己的读者数据库，深度分析每位扫码进入“现代纸书”读者的数据信息，帮助出版单位了解用户偏好，从而制作出更多读者喜闻乐见的优质图书作品，为读者提供更加高效、精准、智能的读者服务。

四、推动出版深度融合，实现双效合一

数传集团的人工智能解决方案，通过 AI 赋能整个出版流程，首先，将增加出版单位核心岗位人才密度，改善人才结构，助力出版单位数字化转型；其次，将促进业务增长，编辑有更多时间去学习新技能、了解市场读者需求、寻找优质内容，从而出版更加优质的图书；再次，将显著提升出版工作效率，AIGC 将帮助编辑处理日常工作中简单重复的任务，提升纸书的整体出版发行效率；最后，也能更加精准地捕捉读者的需求，让生产的图书更符合读者的阅读偏好，提升图书数字化及制作数字内容的效益，最终推动出版融合的整体转型。

（武汉理工数字传播工程有限公司）

跨屏融合 创新互动
——云南 IPTV 多屏智能互动系统的应用探索

段葱葱 保雯 陈勰磊

以习近平新时代中国特色社会主义思想为指导，全面贯彻落实党的二十大精神，深入学习贯彻习近平文化思想和全国宣传思想文化工作会议精神，媒体深度融合的行业任务持续推进。在全媒体时代，大小屏互动和融合服务是重要的行业发展方向。大小屏具有各自的特殊优势，大小屏互动能在发挥大屏视听优势的同时借助小屏的强交互体验，承载多种业务，完善相应服务。据此，云南爱上网络有限责任公司推出并优化了大小屏互动产品——云南 IPTV 多屏智能互动系统，依托于云南 IPTV，通过手机实现 IPTV 遥控操作。

一、智能互动创新媒体融合方式

云南 IPTV 多屏智能互动系统，以微信小程序为载体，

结合微信公众平台的开放能力，根据用户切实需求实现了跨屏、分享、预约、收藏等功能。

（一）将手机变为遥控器，实现电视智慧控制

用户通过微信扫描 IPTV 页面二维码即可进入云南 IPTV 多屏智能互动系统，将微信与机顶盒绑定后，可实现遥控器控制、推屏播放、互动分享、预约收藏等功能，内容因此走出大屏、深入用户。同时在手机端增加了用户问题反馈模块，方便用户反馈使用问题，及时优化更新。

（二）一键分享扩大产品传播范围

分享作为用户和产品之间的一座桥梁，在产品的传播中扮演着重要的角色，是拉新以及促活的重要手段，云南 IPTV 多屏智能互动系统通过分享，借助社交类 APP 的流量，达到拉新、留存、促活的作用，同时借助用户的社交圈子，帮助快速传播和获取目标用户。此外，分享是内容最有效的分发途径，大大降低了营销成本。

（三）突破专网和公网限制，实现跨屏跨域跨网

云南 IPTV 多屏智能互动系统采用“端到云到端”的模式，实现跨屏（双向打通电视和移动互联网，完成从大屏到小屏、小屏到大屏的切换）、跨域（突破时间和空间地域的限制）、跨网（从 IPTV 专网到互联网）。通过云南 IPTV 微信互动平台管理系统，管理员可进行系统管理、公众号管理、内容管理。后台服务器采用 SSM 框架进行研发。公众号和微信小程序后台接口开发遵循微信相关 API 和文档。影片和节目投屏采用 WebScoket 消息转发、消息队列、IO 多路复用、UDP 协议等方式进行传输指令。云南 IPTV 多屏智能互动系统采用经典的三层架构体系，每一层中再根据功能进一步分层。

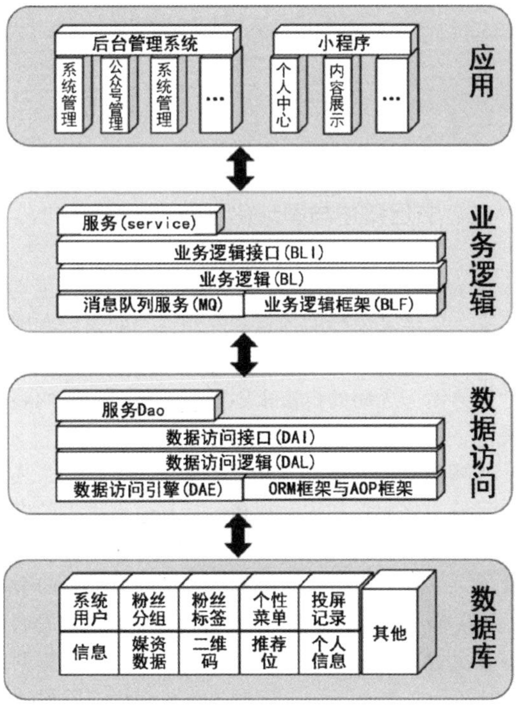

云南 IPTV 多屏智能互动系统软件结构

（四）一次绑定即可永久使用，充分提升用户使用体验

云南 IPTV 多屏智能互动系统从用户角度出发，最大程度减少用户操作，仅需首次绑定即可永久使用，避免每次开机均重新扫码的烦琐操作，极大提升用户的使用体验。

（五）实现家庭场景下的一对多互动连接

电视大屏作为家庭端产品，在家庭使用场景中往往是一对多连接，一对一连接已不满足实际使用场景需求。云南 IPTV 多屏智能互动系统支持一对多互动连接，实现必要的可扩展性和稳定性。

二、云南 IPTV 多屏智能互动系统应用经验总结

云南 IPTV 多屏智能互动系统正式上线运行的时间已有四年，在设计阶段和部署上线的过程中，碰到了很多问题，也取得了一些有益的经验。

（一）多 APK 的部署模式实现大小屏互动功能持续可用

为了维护的方便，系统建设初期设计仅使用一个 APK 实现所有功能，用户仅需安装一个 APK，即可满足所有功能，后续也仅需对一个 APK 进行升级。

但在实际测试中却发现，由于安装于机顶盒的 APK 需要获取到部分机顶盒系统权限，如果把所有功能放在一个 APK 中，每次升级均需要机顶盒厂家配合。因此，经过讨论和验证，采用了双 APK 的部署方式：一个 APK 负责需要系统权限的功能，一个 APK 负责互动功能。前者首次安装成功后（通过机顶盒升级安装），基本不需要再进行升级，而后者由于不需要获取系统签名，可以在机顶盒厂家不参与的情况下，随时根据功能需求进行升级迭代。同时运行两个 APK，可以实现互相“保活”的功能，即如果一个 APK 被机顶盒系统关闭后，另一个 APK 检测到，会马上将被关闭的 APK 开启。采用该种多 APK 的部署模式，实现了云南 IPTV 多屏智能互动系统功能的持续可用。

（二）专网和互联网的隔离与对接保证 IPTV 平台安全

云南 IPTV 是在 IPTV 专网中运行的，但是要实现大小屏互动，那么 IPTV 平台的机顶盒终端就要接收通过手机从互联网发送来的消息。为充分保证 IPTV 平台的安全，满足 IPTV 平台的可管可控，保证 IPTV 专网与互联网的分离，基于现有平台架构，仅把负责与微信平台和微信小程序对接的服务器与公网实现互联，同时在出口配置防火墙，对 IP 和端口进行严格的限制。虽然仍通过微信小程序对 IPTV 机顶盒进行遥控，但是所有操作均通过服务器进行转发，手机无法直接操纵或连接机顶盒。

三、大小屏互动发展的启示

（一）大小屏互动是未来发展趋势

作为市场发展的新蓝海，电视逐步完成了从“看电视”到“用电视”和“玩电视”的升级转型。智能设备高速发展的同时，电视屏与其他屏的交互成为媒体深度融合的有利实践。大屏与小屏的融合，以其不可替代的传播优势和用户影响力，提升了内容辐射力度，充分实现了渠道互补。

（二）保持大小屏并重或并举思维

要实现大小屏互动不能有大屏垄断思维，而要保持平等对待、优势互补的思维。只有在平等的基础上，才能真正实现合作共赢；该适合小屏的用小屏，该适合大屏的用大屏，才能真正实现“小”辅助“大”，同时“大”辅助“小”。

（三）通过技术和产品创新，让智能化产品更适老

随着人口老龄化程度的持续加深，多屏互动成为积极应对人口老龄化的重要实践。大小屏互动将以其操作简单、场景扩展等优势助力智慧养老，通过进一步的技术和产品创新，充分提高电视大屏对“银发群体”的适用性和服务能力。

四、结语

大小屏互动是未来发展趋势，未来云南IPTV将继续积极探索融合新发展，从电视游戏、互动教育、数字健康等多方面探索大小屏联动的合作模式。

随着5G、人工智能等新一代信息技术的发展和逐步普及，电视大屏的适用场景、适用范围都将逐步扩展，电视大屏的创新应用也将会越来越丰富。这种发展趋势将对传统电视传播方式和传播效果产生变革性的影响。媒体深度融合的进一步发展要积极探索大小屏互动等新的产业突破点，以期在利用电视大屏优势为用户提供更丰富更多元的服务的同时，扩展电视大屏的生态价值。

（段葸葸：云南爱上网络有限责任公司总经理，保雯：云南爱上网络有限责任公司产品管理部数据分析师，陈勰磊：云南爱上网络有限责任公司产品管理部总监）

新质生产力 推动华语影视出海新纪元

吕益

一、引言

随着全球化进程的加速，影视作品的国际传播变得日益普遍，华语综艺节目的国际化尤为显著。《奔跑吧》作为一档深受欢迎的华语综艺节目，2024年4月开播的第12季，尝试了一系列创新策略以增强节目对海外受众的吸引力。《奔跑吧》第12季从节目创作和全球宣传推广层面出发，与深圳雅文信息传播有限公司（以下简称雅文传播）尝试出海的联合创作推广模式，是国内综艺行业努力从全球节目模式产业的被动接受者，向参与者、建设者、创新者的转型。《奔跑吧》第12季的出海表现，不仅在内容创作上实现了创新，还在推广和运营上采用了先进的数智化运营合推广工具，有效克服当前综艺出海的挑战，提升节目在海外的受众适配度和市场竞争力。

二、节目概述与国际化创新

《奔跑吧12》由浙江卫视制作，自2024年4月发布以来，凭借其独特的创意和充满活力的内容在国际上广受好评。尽管《奔跑吧》走过10年，行至第12季，但“兄弟团”之间的情谊永不变，与相伴十年的观众共续长情。

《奔跑吧12》不仅保留了经典的游戏玩法，还增加了多元的文化元素和国际视角，旨在吸引更多的全球观众。在第12季发布会期间，《奔跑吧》携手全球传播合作伙伴——雅文传播，共同举行了海外多平台的全球直播，并联动“兄弟团”录制了针对海外主题的精彩内容，双方首次尝试国产综艺节目出海的全球化本土化创作宣发模式（Glocalization），该模式主张在创作阶段兼顾海外市场本地化的诉求，彻底改变了国产综艺以本土观众

为唯一导向的传统生产机制，成为国产综艺影视出海的又一个里程碑。

三、全球化本土化策略（Glocalization）

全球化本土化创作宣发模式（Glocalization）针对当地观众的文化背景和口味进行定制，使观众更容易理解，并产生共鸣和喜爱。通过本土化处理，节目可以避免和减少文化冲突和误解，促进跨文化交流和理解。节目可以更好地适应不同国家和地区的市场需求，扩大受众群体，使节目更具传播力和竞争力，与当地节目竞合，提升知名度和影响力，真正增加国际市场覆盖率。

（一）内容创作

2022—2023年期间，雅文传播先后策划了《奔跑吧》马来西亚线下粉丝互动体验见面会、导演姚译添的TikTok全球直播秀等活动，以“线上+线下”的形式展开，将《奔跑吧》IP全矩阵在国际市场的影响力推向了新的高度。截至2024年4月，《奔跑吧》节目在海外曝光量已超过200亿，YouTube及Facebook平台订阅户数已突破300万，全面覆盖美国、新加坡、越南、马来西亚等国家，海外超过200个国家和地区，深入影响到海外粉丝近千万。

2024年，节目制作团队深入研究目标市场的文化特征和观众喜好，调整节目内容以适应各地观众。《奔跑吧》12季的制作方以雅文传播在全球化运营实践为依据，根据不同国家或地区的文化、市场需求和观众喜好，针对特定的海外市场进行内容的定制化处理，以适应特定地区的市场诉求。首先，在创作的前期和过程中，适当调整节目中的文化符号、习俗和元素，使之更符合当地观众的认知和喜好（例如，本季部分内容在马来西亚地区取景录制，将中马文化巧妙融合，做到你中有我、我中有你，文化共鉴）。其次，《奔跑吧》第12季的节目内容将翻译成不同国家的语言，以便更多的观众能够理解和欣赏（例如，雅文传播在泰国将本季内容翻译为泰语）。最后，该模式主张增加海外本土粉丝的专题活动，邀请当地观众熟悉和喜爱的嘉宾参与节目，增加吸引力。

（二）新质生产力——数智化工具的应用

在华语影视大量出海的背景下，新质生产力的引入标志着一场变革的开始。以人工智能产品如Sora为代表的数智媒体技术，为华语影视内容的国际传播带来了前所未有的挑战与机遇。《奔跑吧12》与雅文传播的合作，不仅在内容创作上实现了创新，更在国际推广和媒资运营上采用了先进的数智化工具，有效克服了文化差异、语言障碍、传播渠道等问题。

雅文传播依托自研的智能分发工具iVedioForce，以及i-TuBi、V-Pulse等系列数智产品，为《奔跑吧12》的出海推广提供了深度运营与有效传播的支持。技术的深化应用提升了节目的国际传播效率，增强了内容的本地化适配度，从而实现了以下几个方面。

1. 文化差异的克服：节目制作团队利用数智化工具精确捕捉目标市场的文化特征和观众喜好，实施有效的本土化内容创作策略，从而减少文化冲突，帮助海外受众更方便地理解中国制作的综艺节目。

2. 语言障碍的突破：智能翻译和多语种支持功能使节目能够跨越语言障碍，吸引更广泛的国际观众群体。

3. 传播渠道的拓展：一键分发功能通过数智化工具实现，迅速将节目内容推广至多个国际社交媒体平台，极大拓宽了传播渠道并增加了国际覆盖率。

4. 内容优化的数据支持：统计分析工具提供的详尽数据反馈为节目内容的持续优化提供了科学依据，促使节目能够不断进行调整和改进，更好地满足国际市场的需求。

5. 商业模式的创新：数智化工具的应用开辟了节目商业模式创新的途径，通过市场精准定位和个性化营销策略，增强了节目的商业潜力和市场竞争力。

综上所述，技术的深化应用不仅为《奔跑吧12》的国际传播带来了革命性的变化，更为华语影视内容的全球化发展提供了新的思路和方法。

四、结论

《奔跑吧12》采用的全球化本土化创作宣发模式（Glocalization），不仅标志着中国综艺节目在国际市场的进一步拓展，也体现了中国综艺内容创作、国际发行模式创新的尝试。一方面，《奔跑吧》第12季节目在内容创作和商业模式上进行了创新，提升了综艺内容的国际化表达。另一方面，数智工具等新质生产力的引入，《奔跑吧12》将以更高效率、更多元化地向海外推广。同时，也将激励更多中国综艺节目走出国门，向世界展示中国文化的魅力。《奔跑吧12》通过其全球化本土化策略，不仅展示了中国综艺节目的创新力，也为其他国内节目提供了出海的成功案例。随着技术的进步和全球化的深入，新质生产力将在推动华语影视出海方面发挥越来越重要的作用。

（吕益：深圳雅文信息传播有限公司高级策划经理）

· 重点实验室 ·

Key Laboratory

科技部关于批准建设媒体融合与传播等4个国家重点实验室的通知

国科发基〔2019〕372号

教育部、人民日报社、新华通讯社、中央广播电视总台：

国家重点实验室是国家组织开展基础研究和应用基础研究、聚集和培养优秀科技人才、开展高水平学术交流、具备先进科研装备的重要科技创新基地，是国家创新体系的重要组成部分。

为适应全媒体时代发展需求，推动媒体融合向纵深发展，强化科技支撑，经专家评审，科技部决定批准建设“媒体融合与传播国家重点实验室”“传播内容认知国家重点实验室”“媒体融合生产技术与系统国家重点实验室”“超高清视音频制播呈现国家重点实验室”等4个实验室（见附件）。

请你们抓紧组织各实验室依托单位按照国家重点实验室相关管理办法的规定和要求，落实有关政策和建设经费，组织科研队伍、引进和培养优秀人才、开展体制机制创新、完善和提升实验研究条件、建立“开放、流动、联合、竞争”的运行机制，做好国家重点实验室建设与运行管理工作。

特此通知。

附件：批准建设的国家重点实验室名单

科技部

2019年11月6日

（此件主动公开）

附件

批准建设的国家重点实验室名单

实验室名称	依托单位	主管部门
媒体融合与传播国家重点实验室	中国传媒大学	教育部
传播内容认知国家重点实验室	人民日报社人民网	人民日报社
媒体融合生产技术与系统国家重点实验室	新华通讯社新媒体中心	新华通讯社
超高清视音频制播呈现国家重点实验室	中央广播电视总台	中央广播电视总台

科学技术部（媒体融合领域）国家重点实验室平台

媒体融合与传播国家重点实验室（中国传媒大学）

媒体融合与传播国家重点实验室是科技部 2019 年 11 月 6 日批准建设的国家重点实验室，由教育部主管，依托中国传媒大学进行建设。

1. 建设总体目标。面向媒体融合纵深发展，扭转国际传播领域西强我弱态势的国家战略需求，创建媒体融合传播理论及服务模式，构建先进的媒体融合传播关键核心技术体系，推进创新内容生产、信息触达、认知解码、效能评价等信息传播全链条信息计算模型和技术体系，全面提升我新闻舆论和国际传播工作的“传播力、引导力、影响力、公信力”，为中国特色国家战略传播体系构建提供科学理论、关键核心技术支撑和实战平台。最终建成融汇自然科学与社会科学，以自然科学数理理论与方法创新解决社会科学重大问题的“实验室中的实验室”，使之成为信息传播领域服务国家战略的国之重器、国家安全的智库、科研创新的理论高地、高精尖媒体融合人才培养的重要基地。

2. 建设重点任务。实验室通过信息科学、社会科学和认知科学的交叉研究，面向媒体融合传播理论、媒体融合的服务模式、媒体信息计算与智能处理、国际传播四个方向，聚焦媒体融合的传播机理、服务模式和计算方法，开展服务信息传播效能提升的应用基础研究。攻关认知可控内容智能生产、复杂场景群体传播规律解析、跨域跨文化群体认知测绘、传播策略与导控、可信认知解码、全媒体传播效能评价等媒体融合传播基础理论与关键技术，建设媒体融合与国际传播先导示范平台，在国际传播、社会治理、公共服务等领域形成重大应用，推动构建具有鲜明中国特色的国家战略传播体系。

传播内容认知全国重点实验室（人民日报社人民网）

2019 年 11 月 6 日，在中央领导亲切关怀和中宣部精心指导下，科技部批准由人民日报社主管，依托人民网建设传播内容认知国家重点实验室。实验室建设是深入贯彻落实习近平文化思想，顺应“四全媒体”发展趋势，加快推进媒体深度融合发展的重要举措和重大工程。2022 年 5 月，实验室经过科技部严格比选，成为 500 多个国家重点实验室中，第一批改组为“全国重点实验室”的 20 家实验室之一。重组后的实验室坚持聚焦国家重大需求，打造国家战略科技力量。

实验室建设聚焦主流价值观精准传播、内容智能审核与安全评级、基于传播内容领域的网络空间治理三个方向开展研究，用技术赋能主流价值观传播，维护国家政治安全、意识形态安全和文化安全。研究方向如下：

1. 主流价值观精准传播理论科学与计算。通过社会科学与信息科学的融合创新，开展主流价值观理论知识体系、可解析可溯源的主流价值观知识引擎、细粒度主流价值观量化方法与计算模型、多维度多尺度传播内容认知模型等研究工作，推动主流价值观内容的认知智能化。

2. 内容智能审核和风控评级。面向传播内容安全，开展全媒体内容信息处理与语义解析、多角度内容风险智能检测、大规模跨模态内容检索与知识推理、人工智能伦理与算法安全等研究工作，推动全媒体内容风控能力提升。

3. 基于内容传播领域的国家网络空间治理。开展内容传播科学基础理论与方法、网络空间信息传播与全域态势感知、社交媒体情感认知与计算、网络用户与群体画像、全媒体内容推荐分发与场景化传播、网络空间智能引导与群智决策、网络空间多维治理体系构建等研究工作，推动网络内容生态领域健康有序发展。

4. 智能计算设施在内容传播领域的应用（筹）。建设智能认知计算平台等人工智能新型基础设施，开展面向融媒体的异构算力优化、分布式算力协同等相关研究工作，为媒体行业和内容产业提供高可靠的分布式算力，推动智能计算设施在内容传播领域的应用。

媒体融合生产技术与系统国家重点实验室（新华社新媒体中心）

媒体融合生产技术与系统国家重点实验室于 2019 年 12 月正式揭牌运行。这是在中宣部指导下、科技部批准建设的媒体融合生产领域首个国家重点实验室。

媒体融合生产技术与系统国家重点实验室统筹新华社技术研发力量，依托新华社技术局、新华社新媒体中心、新华网等单位组建研究单元。聚焦智能化采编发技术、新闻融合生产系统、视频智能化生产系统等领域开展研究；聚焦音频信号技术媒体应用开展研究；聚焦空天信息技术媒体应用研究，并前瞻性布局卫星互联网研究；聚焦多模态新闻信息搜索与算法开展研究。

新华融合媒体科技发展（北京）有限公司是新华社媒体融合生产技术与系统国家重点实验室运营主体，新华社直属企业，通过技术赋能、整合营销服务，数字化赋能宣传思想工作和数字经济。

超高清视音频制播呈现国家重点实验室（中央广播电视总台）

2019年，中央广播电视总台超高清视音频制播呈现国家重点实验室获批成立，成为国家科研机构。按照习近平总书记“国家科研机构要以国家战略需求为导向，着力解决影响制约国家发展全局和长远利益的重大科技问题，加快建设原始创新策源地，加快突破关键核心技术”的要求，积极推进媒体与新一代信息技术深度融合发展。

中央广播电视总台超高清视音频制播呈现国家重点实验室聚焦超高清电视关键技术和核心系统设备国产化，聚焦北京冬奥会4K/8K超高清直播，在超高清电视“采、编、存、播、传”制播呈现全链路关键技术取得突破。首创超高清电视IP化制播平台，研发超高清电视智能化制作平台，发明8K/4K/HD电视无阻塞、高确定性、超宽带的IP信号交换技术，构建全球首个4K/8K超高清电视IP化制播呈现技术系统；发明研制XR虚实融合超高清制作技术及制作系统；结合研发超高清智能修复增强系统和4K/8K伴随HD智能制作系统；首创“百城千屏”8K超高清公共大屏传播平台，提出异构网络的视音频同步传输方法，自主研发三维声(Audio Vivid，菁彩声)技术，研制了基于“云听”客户端的“百城千屏”音频同步传输及呈现系统，实现超高清电视高可靠传播和高质量呈现。

中央广播电视总台超高清视音频制播呈现国家重点实验室的创新成果在建党百年庆祝活动、北京冬奥会、央视春晚等重大活动中得到成功应用，在超高清领域树立了中国标杆，引领了中国超高清电视产业快速发展，产生了良好的社会和经济效益。

国家新闻出版署出版业科技与标准重点实验室

编者按：根据《国家新闻出版署关于开展出版业科技与标准重点实验室申报工作的通知》（国新出发函〔2020〕239号）要求，经对申报的重点实验室进行综合评审，2021年2月3日，国家新闻出版署（国新出发函〔2021〕7号）正式发布42家实验室为出版业科技与标准重点实验室。

序号	牵头单位	实验室名称
1	北京大学	新闻出版智能媒体技术重点实验室
2	北京理工大学出版社有限责任公司	出版产业通用数据交换技术重点实验室
3	北京师范大学	出版业用户行为大数据分析与应用重点实验室
4	北京体育大学	体育融合出版可视化技术重点实验室
5	北京印刷学院	新闻出版领域关键技术研发及应用综合实验室
6	北京语言大学出版社有限公司	出版业“一带一路”国别化语言服务关键技术研发与应用重点实验室
7	北京卓众出版有限公司	科技期刊数字出版及全流程管理重点实验室
8	北方工业大学	CNONIX国家标准应用与推广重点实验室

（续表）

序号	牵头单位	实验室名称
9	电子工业出版社有限公司	基于区块链的出版业知识服务模式创新及应用重点实验室
10	高等教育出版社有限公司	“智能 +”教育融合出版创新与应用重点实验室
11	古联（北京）数字传媒科技有限公司	古籍数字化与知识工程重点实验室
12	南京大学	智慧出版与知识服务重点实验室
13	清华大学出版社有限公司	教育领域融合出版知识挖掘与服务重点实验室
14	人民教育出版社有限公司	数字教育出版技术与标准重点实验室
15	山东数字出版传媒有限公司	融合出版内容传播创新应用重点实验室
16	陕西师范大学	西部多语种文化资源智慧出版重点实验室
17	上海出版印刷高等专科学校	智能与绿色柔版印刷重点实验室
18	上海理工大学	可信数字版权生态与标准重点实验室
19	时代新媒体出版社有限责任公司	文化资源数字出版与知识服务重点实验室
20	四川大学出版社有限责任公司	融合出版超高清视频技术应用重点实验室
21	苏州工业园区新国大研究院	增强现实技术（AR）融合出版重点实验室
22	武汉大学	语义出版与知识服务重点实验室
23	武汉理工大学	融合出版智能服务技术与标准重点实验室
24	新华文轩出版传媒股份有限公司	出版业科技与标准综合重点实验室
25	知识产权出版社有限责任公司	知识产权内容挖掘与服务重点实验室
26	中共党史出版社	中共党史数字影像和虚拟仿真（VR）教程与推广标准研究重点实验室
27	中国版权保护中心	DCI 技术研究与应用联合重点实验室
28	中国传媒大学	融合出版与文化传播重点实验室
29	中国大百科全书出版社有限公司	百科知识融合创新出版工程重点实验室
30	中国建筑出版传媒有限公司	富媒体出版资源管理与数据应用重点实验室
31	中国科学技术信息研究所	富媒体数字出版内容组织与知识服务重点实验室
32	中国科学院文献情报中心	学术期刊新型出版与知识服务重点实验室

（续表）

序号	牵头单位	实验室名称
33	中国科学院自动化研究所	数字版权服务技术重点实验室
34	中国民主法制出版社有限公司	数字影音互动科技与标准重点实验室
35	中国农业科学院农业信息研究所	农业融合出版知识挖掘与知识服务重点实验室
36	中国新闻出版研究院	出版业技术与标准应用重点实验室
37	中国医学科学院医学信息研究所	医学融合出版知识技术重点实验室
38	中国印刷科学技术研究院	印刷环保与智能技术重点实验室
39	中国中医药出版社有限公司	中医药知识挖掘与出版创新服务重点实验室
40	《中华医学杂志》社有限责任公司	医学期刊知识挖掘与服务重点实验室
41	中宣部机关服务中心（信息中心）	新闻出版业高新技术应用综合实验室
42	中原大地传媒股份有限公司	数字出版应用智能部署重点实验室

（国家新闻出版署）重点实验室推荐

出版融合发展（武汉）重点实验室

出版融合发展（武汉）重点实验室（以下简称实验室）是全国首批20个出版融合发展重点实验室之一，以武汉理工大学和长江出版传媒股份有限公司为依托单位，武汉理工数字传播工程有限公司（数传集团）为共建单位，于2016年12月获国家新闻出版署批准建设。目前，实验室是全国300多家出版单位的出版融合智能服务机构。

实验室紧盯国际新技术前沿与出版业发展趋势，创新科研理念、管理体制、经营机制与产品业态，尤其着眼模式创新，加强对出版融合发展共性关键技术的研发、共享与管理，实现高水平科研人才与新兴数字技术的对接，为传统出版与数字技术的融合发展提供智力支撑、技术保障与经验示范。

实验室共建单位数传集团于2014年开发了拥有完全独立自主知识产权的出版融合平台——RAYS。在RAYS的助力下，纸质图书不再局限于单一的表现形式，而是升级成为兼具双向交互、用户服务、数据分析和线上盈利能力的全新融合出版产品——“现代纸书”。读者只要进入“现代纸书”世界，便能尽享与书籍相关但不相同、丰富多彩、表达多样的知识服务体系。RAYS平台不仅帮助出版单位找到读者，又围绕着个人的文化需求继续为其提供相关的文化服务，拓宽了出版单位为读者提供的内容边界和服务深度，也让出版单位获取纸质图书之外的增值收益，同时还建立起自己的读者数据库和私域流量，为后续高质量发展奠定了坚实基础。

截至2024年，实验室已将传统纸书改造为“现代纸书”总印册量72亿册，覆盖读者总数超过2.2亿人次，对行业发展产生了巨大影响。

2023年，被誉为AIGC元年，实验室也同步推出了为出版界服务的人工智能系列产品。其中，专门针对出版领域的AIGC大模型——BOOKSGPT精准地聚焦于图书出版的数字化，从出版流程的智能化管理，到书籍知识库的构建，再到与读者之间的智能交互，BOOKSGPT

都展现了其强大的底层技术支持。在它的基础上，实验室推出了“AI编辑室”以及全面升级的“RAYS7.0版本”。

“AI编辑室”是一个集结了出版流程中各项专业能力的人工智能助理团队，它们深度融入编辑的日常工作中，全面助力出版行业实现品质提升、成本降低和效率飞跃。在全新升级的“RAYS7.0版本”中，实验室更创造性地引入了AIGC数字人技术。这些数字人不仅是学识渊博的读书助手，能够全方位、多角度地帮助读者解读图书及其相关内容，还是积极主动、全年无休的读者客服，能够主动与读者互动、共读。自数字人上市以来，短短不到一年的时间，已获得了100多家出版单位的青睐并投入使用。

目前，实验室已与中国新闻出版研究院、中国出版协会、中国编辑学会、中国版权协会、中国期刊协会等业内权威研究机构；纽约大学、佩斯大学、牛津布鲁克斯大学、墨尔本大学等高校，建立了战略合作，联合开展项目研究、产品开发和人才培养工作，是出版融合领域的重要研究基地、高层次人才培养基地、高水平学术交流平台。

中国建筑出版传媒有限公司出版融合发展重点实验室

中国建筑出版传媒有限公司（以下简称建工社）出版融合发展重点实验室（以下简称实验室）是在国家新闻出版署的高度重视和严格评选下批准成立的。

实验室以建工社为牵头单位，联合北京建筑大学作为共建单位，开展专业出版向知识服务转型研究、形成知识服务商业新模式的研究机构。实验室主要研究方向为开展建筑专业领域内容资源库建设及服务研究，探索适合数字技术产品与服务的销售模式，研发和应用建筑信息模型技术，研究虚拟仿真、虚拟现实等前沿技术，研发适合专业用户的新产品、新业态。

一、研究路径

发挥传统出版内容优势，研发和运用虚拟仿真、虚拟现实等前沿技术，结合传统建筑、建筑设计、建筑结构、建筑施工、建筑设备等出版资源特点，形成一批可复制、能应用能落地的生产、教学、科研成果及VR数字出版物；结合建工社规划的13个专业资源库，全面建设内容资源库，研发和应用基于桌面及移动端的虚拟平台，打通数字技术渠道，满足行业仿真需求；开展专业出版向提供知识服务转型研究，丰富知识服务体系，创新盈利模式。

二、研究成果

（一）中国建筑出版在线

实验室依托建工社2012年启动的“中国建筑全媒体资源库与信息服务平台”项目，充分发挥建筑领域专业出版社的品牌优势，搭建以优质图书资源为核心内容的“中国建筑全媒体资源库”，构建建筑专业数字出版信息服务平台、资源采集加工平台、复合出版平台，开展了以“中国建筑出版在线”（www.cabplink.com）为品牌的在线服务（建筑图书、职业考试、标准检索、教材服务、中国建筑数字图书馆、建筑资源平台），实现了对数字产品的展示、营销、服务、交互等功能，为建设行业人员提供全方位、多终端、立体化、多渠道的信息服务。

平台形成以专业知识服务平台建设为工作基础与核心，建立了“168N”的架构体系，围绕1个综合数字出版平台——“中国建筑出版在线”，通过“ERP系统”“数字内容运营平台”“大数据整合分析应用平台”等6个底层技术为支撑，组建“工程建设标准知识资源库”“建造师全程知识服务”“中国建筑教育数字化知识服务”等8个专业知识库集群及知识服务平台，在内容供给侧持续发力，面向建设行业领域策划开发N个成熟的数字产品。“中国建筑出版在线”上线以来在行业中已形成广泛的影响力和品牌效益，入选国家新闻出版署“2019年度数字出版精品遴选推荐计划”等荣誉。

（二）建工社微课程

实验室的核心成果是中国建筑出版在线的子频道“职业考试”平台，主要开展一二级建造师、造价工程师、消防工程师等职业资格的网络在线知识服务，纸数结合，并以音视频在线学习、题库、移动终端学习等服务方式，为读者提供多种形态产品和服务；同时为正版考试用书的读者提供文档、音视频等形式的增值服务；开展了从业人员技能提升继续教育知识服务；并开通微信公众号“建工社微课程”和APP，方便读者在移动端随时随地学习，打造了多终端学习一站式解决方案，拥有360多万专业粉丝。

（三）住房城乡建设领域法规标准知识服务平台（简称“建标知网”）

在实验室的实践探索中，为了满足建筑从业人员对标准规范专业化和个性化的需求，建工社开发建设了“建标知网”平台，依托工程建设标准体系，打造了集“两轴”（查标准、用标准）、“四核”（智能化检索、碎片化学习、内容强关联、专家知识分享）为一体的标准知识服务生态圈，只为给广大工程技术人员提供更专业、更便捷、更高效的服务和体验。

“建标知网”面向城乡规划、勘察设计、建筑施工、市政公用、工程管理与房地产等工程技术人员及高等大专院校相关专业师生，提供专业可靠、内容全面、更新及时、高效便捷的“查标准”和“用标准”服务，在专业领域资源库方面进行了有益的探索。

（四）数字教材

实验室依托建工社多年积累的纸质优质教材资源，开发建设“数字教材”平台，支持集电子书阅读、视音频播放、在线习题、试卷、案例、图集、课件下载、表格检索、活动图、公式计算、标准规范查询、知识体系建设等多种资源及功能于一体的新形态教材出版。支持面向作者的编辑标引平台、面向学生/读者的在线阅读平台，面向教师的辅助教学平台，在教育教学出版领域探索新产品、新服务模式。

出版融合发展重点实验室的建设，为探索新兴技术在出版领域的融合应用提供了平台，其研究成果和实践经验为出版行业提供示范借鉴，为促进出版业转型升级提供智力支撑和技术保障。

古籍数字化与知识工程重点实验室

古籍数字化与知识工程重点实验室（以下简称实验室）成立于2016年，是原国家新闻出版广电总局首批新闻出版业科技与标准专业领域重点实验室之一，2021年2月国家新闻出版署发布《国家新闻出版署关于开展出版业科技与标准重点实验室申报工作的通知》（国新出发函〔2020〕239号），“古籍数字化与知识工程重点实验室”再次入选。

实验室牵头单位为古联（北京）数字传媒科技有限公司，共建单位为北京师范大学、中国科学院软件研究所、中国科学技术信息研究所、中科软科技股份有限公司，研究方向主要为古籍整理智能出版、古籍知识库、古籍数字化汉字处理、古籍文本自然语言处理与语义关联等。

实验室自成立以来一直积极响应国家“十三五”“十四五”规划中有关推进古籍数字化工程的相关要求，积极开展古籍文本结构化、知识体系化、利用智能化的研究和实践，利用数字人文的新兴研究趋势，以“产学研”相结合模式驱动资源整合、技术融合和人才聚合，实验室入选2017年度、2018年度、2021年度、2022年度、2023年度“优秀实验室”。

古籍整理智能出版为实验室长期以来深耕的重点领域，取得了丰硕的建设成果。

在智能整理技术的研发与产品化方面，实验室以古籍整理和古籍数字化的基础工作为线索，再造线上工作流程，通过众包任务管理及在线编辑器，灵活挂接OCR智能识别、繁简转换、自动标点、自动标线等古籍文献整理和编辑加工模块。目前完成了主要技术的研发并实现产品化，如实验室研发的基于机器学习的智能OCR识别模型、自动标点标线模型，以及基于专家词表的繁简转换技术等，在测试和实际应用中都表现出了比较好的效果，应用这些技术的OCR智能识别系统、古籍自动标点标线系统、古籍智能整理平台等陆续上线籍合网提供服务。在对外提供古籍数字化项目的建设服务中，也应用了这些智能技术辅助阅读。在相关的编校服务项目中，实现文本获取、文本自动标点等预处理操作，结合自研的众包系统、在线编辑器等，完成古籍文献的整理工作。

在出版科技研究方面，实验室牵头单位古联公司已取得43个软件著作权登记证书，“自动标点工具系统”“古籍数字化编辑器”“数据中心系统”等古籍整理智能化、数字化处理系统均已取得软著证书。古联公司与共建单位中科软科技股份有限公司还完成了文达编校软件的开发和产品化，该软件是面向古籍整理、文史哲专业图书出版的编校辅助系统，融合了多种古籍数字化技术服务研发成果，如标点处理、字形规范检查、纪年检查、引文核查等编校常用功能，目前已协助多家兄弟出版单位完成大批量的文稿检查、引文核查等。

在出版相关的标准研制方面，实验室牵头单位古联公司积极构建、不断完善自有企业标准，并向外部推广。“古籍数字化标准体系研究与应用”项目荣获中国质量协会2020年质量技术奖二等奖。在汉字处理的标准建设方面，实验室及共建单位成员参与起草了《古籍印刷通用字规范字形表》，该规范于2022年5月1日正式实施，在推动语言文字规范化、标准化、信息化方面发挥作用。

在古籍知识库方面，古联公司与北师范联合完成了智能书目算法及系统的研发工作，该算法通过对古籍书目文献著录的书目条目的识别、关联，实现古籍登记、著录中的自动核目，并在此过程中建立古籍文献之间的关联关系、古籍文献及相关的作者、时代、版本等信息的关联关系，形成古籍文献知识库。该算法在《中国古籍总目》（网络版）等多个项目中得到应用。

在古籍数字化汉字处理方向，为满足古籍整理出版及古籍数字化事业发展需要，实验室牵头单位古联公司建设了近15万字的“中华书局宋体”字库，用以解决古籍中各类生僻字的在线检索和显示的问题，除今文字外，也包含甲骨文、说文小篆、梵文等特殊字符，涵盖广泛。此外，还与领域内专家合作建设了大陆首套悉昙体梵文字库和大型甲骨原文摹写字库等。

实验室未来会继续积极推动古籍数字化与知识工程的研究和应用，为古籍的传承和推广作出更大贡献。实验室未来发展将在原有基础上，以中华优秀传统文化为根基，以专业古籍整理为核心，以传统文化普及为使命，参与行业标准构建，以严格规范要求自身内容生产；以“产学研”相结合模式，把科研理论研究与企业实际研发需求结合起来，实现古籍数字领域科学研究“硬”成果与“软”成果的共同发展，驱动资源、技术、人才三聚合，建立我国古籍资源数字化优秀出版和学术传播平台、古籍数字出版研究基地和高层次技术人才培养基地；瞄准古籍知识挖掘与服务研究领域的先进理论和前沿技术，整合古籍优势资源和数据库系统、自然语言处理、文本挖掘与知识发现等方面的科研成果，实现古籍文献整理的创造性转化和创新型发展。

富媒体出版资源管理与数据应用重点实验室

富媒体出版资源管理与数据应用重点实验室（以下

简称实验室）以中国建筑出版传媒有限公司（以下简称建工社）为牵头单位，联合中国新闻出版研究院、广联达科技股份有限公司、北京工业大学作为共建单位，在国家新闻出版署的指导下批准设立，是新闻出版领域重点实验室。

实验室主要研究方向为：①基于内容资源标识符关联及复合形态内容资源管理、加工质量管理相关技术研究；②富媒体内容呈现及交互技术研究；③出版大数据的管理和运营研究。

实验室结合建工社融合出版实践，本着产、学、研、用一体化的思路，以建工社为核心，汇集新闻出版领域权威研究机构、建筑领域技术单位和高等学府，整合建筑领域专业权威的内容资源、专家作者、技术力量和专业编辑团队，有利于形成建筑领域数字出版和知识服务的创新研究与应用。通过共性关键技术的跟踪、攻关与应用研究，推动出版内容、形式、方法和手段的创新。

在实验室科技与标准成果的支撑下，建工社开发建设的数字产品在行业获得了良好的口碑，在国家新闻出版署的出版业科技与标准创新示范项目评选中，建工社入选“2021年标准应用示范单位”“2022年科技应用示范单位”，与此同时，实验室还获评“2021年度出版业优秀科技与标准重点实验室”，这是读者用户和主管部门对我们的双重肯定。

一、科技研究成果

实验室科研成果主要包含以下三方面：

1. 基于内容资源标识符关联及复合形态内容资源管理、加工质量管理相关技术研究成果。实验室开展内容资源标引工作，已经完成了关联关系（知识在线）在线管理与服务支撑系统在部分专业垂直领域内容建设中的初步探索尝试。在内容组织呈现上，实验室与共建单位开展以执业考试建造师核心课程为切入点的知识体系及知识图谱的研究建设，形成自适应学习的价值闭环。

2. 富媒体内容呈现及交互技术研究成果。实验室结合北京工业大学智能建造专业学科优势及智能建造虚拟仿真实验室的研究成果，以及建工社数字资源的积累，利用富媒体内容呈现及交互技术，利用内容可视化和沉浸技术，利用新型搜索引擎和知识图谱（知识可视化）技术，挖掘、分析、构建、绘制和显示知识及它们之间的相互联系，结合人工智能交互界面技术的研究，从语音交互等应用场景出发，形成一套以用户为中心的数字产品建设及研发流程。研制了建造师核心课程3D立体动画系列学习内容等产品，实现内容发布的多样化。

3. 出版大数据的管理和运营研究成果。依托建工社建设的“基于ISLI与CNONIX标准构建建筑业大数据整合分析应用平台”项目，实验室通过大数据平台数据应用，实现全面分析、数据感知、数据决策、数据运营，也为建工社融合出版提供强大技术支撑。

此外，结合微信二维码技术，将线下的知识载体与线上的知识服务紧密结合，用知运中台管理系统为用户提供精准的内容服务。

2023年，实验室创建了可为用户提供智能知识问答、智能知识写作、智能答题等服务的住建AI；研制开发“二级建造师学员学习能力评价模型”，进一步拓展了技术支撑能力，精准服务读者用户。

二、标准研究成果

近几年，实验室在融合发展探索中将知识服务作为出版主要方向，进行了多年的实践探索和理论总结，陆续组织编制并发布了一系列的专业知识服务标准规范，共参与制定了14项标准，其中国家标准3项，行业标准3项，团体标准3项，企业标准5项，成为构建专业领域知识体系并促进专业内容的数字出版和知识服务产业发展的有力支撑。实现了从基础面向应用，也为行业内知识服务产品的科学管理和有效利用提供支持与帮助。

三、软件著作权取得成果

实验室依托建工社积极推进数字化出版转型和融合发展，始终坚持走技术创新、业务创新的发展道路，不断加强技术研发队伍的培养、资金投入和知识产权积累，大幅提高了技术研发能力，累计获得了38项国家版权局颁发的计算机软件著作权登记，形成了核心自主知识产权。

经过多年的建设，实验室已基本形成“资源投入—成果产出—成果转化”的循环机制，充分发挥了科技创新的孵化器和试验田作用，以提高出版业的科技含金量，增强出版业的核心竞争力，进一步激发创新创造活力，形成发展新动能，为构建出版业全新发展格局做出贡献。

农业融合出版知识挖掘与知识服务重点实验室

农业融合出版知识挖掘与知识服务重点实验室（以下简称实验室）是2021年2月国家新闻出版署批准设立的42家出版业科技与标准重点实验室之一。实验室以中国农业科学院农业信息研究所为依托单位，中国农业科学技术出版社有限公司和北京万方数据股份有限公司为共建单位。实验室主任为赵瑞雪研究员，学术委员会主任为中国工程院刘旭院士。现有固定人员40人，高级职称23人，平均年龄41岁，拥有一支年富力强的人才队伍。

一、主要研究方向

实验室以促进科技创新成果传播交流、提升我国农业知识服务水平为宗旨，通过自主创新，解决我国农业领域知识挖掘与知识服务的技术及应用难点，在数据资源加工与管理和知识服务的技术研究、应用研究和产业化推进等方面全方位开展工作，具体研究方向包括农业数据资源加工与管理技术、农业知识服务关键技术、农业知识服务模式创新等三个方面，并在此研究基础上发挥共建单位互补优势，以应用为导向，促进农业数据资源管理和知识服务技术及产业发展。

二、研究工作进展

1. 建成了农业领域最大的综合性农业科技大数据知识库，为数据密集型和智能科研的深度应用提供了高质量数据底座。突破多源异构海量知识资源汇聚治理关键技术，探索构建了基于人工智能技术的全文碎片化加工管理技术体系，研发了大数据治理管控中台，持续打造了农业领域最大的综合性、本地化农业科技大数据知识库。

2. 构建了集数据融合、知识组织和智能服务全链条的新型精准知识服务关键技术体系。开展了数据融合及汇聚治理、文本数据挖掘与知识计算、知识图谱自动构建、跨模态资源关联、语义搜索、知识自动抽取和智能重构、基于情境感知的知识获取、个性化服务定制等关键技术研究，自主研制了农业专业领域智能计算、智能搜索、智能问答、精准推荐引擎。

3. 初步研建了中国农业期刊集成服务平台。平台累计签约入驻期刊达 140 种，收录论文近 9 万期、142 万篇，全文可下载论文 9 万篇。年访问量 48.5 万次，访客数 37.3 万人次，在提升农业科技期刊整体质量和影响力的同时，提升了农业领域学术期刊出版的知识服务能力。

三、建设成效

三年来，实验室按照“抓质量、出精品”的总体要求持续推进关键技术研发、平台系统建设、运营及服务等各项重点工作，在运营效能提升、成果产出和成果转化等方面取得显著成效。

1. 在经费保障方面，积极通过承担国家级、省部级项目及成果转化累计投入经费达 7000 万元。

2. 在制度建设方面，研究制定并优化完善实验室内部规章制度 10 余项，组建由 15 名行业知名专家学者担任的学术委员会并召开学术会议，保障实验室有序健康的运行。

3. 在人员队伍和人才培养方面，现有固定人员 40 人，培养研究生 30 人，发布开放课题 17 项并柔性引进合作人才 16 人，还引进博士后 1 人开展相关研究工作，1 名固定人员入选中国科协青年人才托举工程。

4. 在科研工作方面，共承担科技创新 2030 重大项目、国家重点研发计划课题等国家级、省部级以上项目 30 余项；发表论文 44 篇（SCI 6 篇）；出版著作 5 部；获得发明专利 7 件、软件著作权 34 件；获北京市科技进步二等奖等奖励 4 项，成果转化收入超 2000 万元。

5. 在运营效能提升方面，实验室积极争取依托单位的支持，建成占地面积约 100 平方米的研讨与成果展示空间，用于实验室相关日常研讨会议的进行。

四、未来发展计划

实验室将依托中国农科院信息所在农业知识服务领域的综合研究优势，结合共建单位在融合出版领域的运营优势和数据资源支撑能力有效建立、快速发展、稳步提高，紧密围绕研究方向，进行关键技术的研发和实验室装备能力建设，努力建成国内领先、国际先进的基础性、跨学科、开放式的农业融合出版知识挖掘与知识服务研究机构，带动我国农业融合出版知识挖掘与知识服务研究与应用可持续发展。

中医药知识挖掘与出版创新服务重点实验室

中医药知识挖掘与出版创新服务重点实验室，是为响应党和国家对媒体融合发展和中医药传承创新发展的指示，根据国家新闻出版署相关工作要求，由中国中医药出版社有限公司牵头，联合中国中医科学院中医药信息研究所、安徽中医药大学和北京大生道科技有限公司共同申报、共同建设的出版业科技与标准重点实验室，也是中医药行业首家国家出版业重点实验室。

一、建设基础

作为牵头单位，中国中医药出版社有限公司直属于国家中医药管理局，是目前国内规模最大、最具权威性的中医药专业出版机构，为“全国百佳图书出版单位”。迄今已出版图书超过 10000 种，专业编辑和数字编辑数量超过 60 人，拥有“悦读中医”知识服务平台、“医开讲”中医药行业教育云平台、“袋鼠医学”医学培训教育云平台、“中医数字图书馆”等核心产品，新媒体矩阵长期排行全国出版业前 30 名，数字业务年收入突破千万元。

经过 30 余年的积累，中国中医药出版社有限公司在中医药古籍整理方面拥有丰富的资源和经验，同时也承担了多项国家标准和行业标准的出版任务，《名医全书大成》《中医经典文库》《中国古医籍整理丛书》等系列在专业领域影响巨大，得到社会广泛认可。

二、工作进展

自 2020 年 10 月以来，实验室先后完成了组织申报、制度与规划起草、正式揭牌成立等工作，并计划在近期开展成立学术委员会和课题立项等工作。

2020年10月，前期沟通、协调与申报；2021年2月，实验室正式获批并获得行业媒体权威报道；2021年3月，起草工作规划与规章制度；2021年6月，实验室正式揭牌；2021年7月，参加出版业重点实验室交流汇报；2021年11月，正式成立学术委员会并建立首批课题；2022年，由该实验室申报的“人工智能在中医古籍图书整理和中医智慧诊疗中的研究与应用”成果获得出版业科技与标准创新示范项目荣誉。

三、成果和预期效益

中医药知识挖掘与出版创新服务重点实验室，将在国家新闻出版署的指导与各共建单位的参与下，以“知识服务”为主体，以“标准”和“科技”为重点研究领域，持续加强在理论成果、人才培养、应用落地和国际出版等方面的建设与产出，进一步促进数字化转型进程，推动包括出版社在内的各共建单位全方位、立体化、多层次融合发展。

媒体融合领域成立国家重点实验室的历史逻辑与时代使命

李旭彦 叶珲

2019年1月25日，中央政治局就全媒体时代和媒体融合发展举行第十二次集体学习。习近平总书记在主持学习时强调，推动媒体融合发展、建设全媒体成为我们面临的一项紧迫课题。为适应全媒体时代发展需求，推动媒体融合向纵深发展，科技部于2019年11月6日批准依托中国传媒大学、人民日报社、新华社、中央广播电视总台等4家单位建设媒体融合领域国家重点实验室，聚集国内优势研究力量开展媒体融合科学前沿问题研究和关键核心技术攻关，强化科技创新的引领和支撑。本文以技术与社会互构的历史视角，梳理信息传播、交流沟通技术的发展及其与制度、文化的互动，分析在智能传播的发展趋势下技术与社会互动的历史逻辑以及媒体融合领域国家重点实验室的历史使命，指出作为“国之重器”的国家重点实验室应如何立足当代的技术语境，应对媒体融合领域亟待解决的前沿关键性问题。

一、技术创新与社会变迁之间互动的历史逻辑

1948年，当时还在贝尔公司担任工程师职位的克劳德·香农（Claude Shannon）与沃伦·韦弗（Warren Weaver）一道基于数理统计的思维发表了《传播的数学理论》（*The Mathematical Theory of Communication*）。这篇后来被称为“信息理论唯一的奠基之作”的论文在工程学意义上揭示了信息流动是如何发生的问题——我们是怎么从一系列可能的变量汇总选择一个特定信息，基于香农将传播系统总结的信源、传输者、信道、接收器和信宿五个物理部分，随之有关信息的测量及一系列的生产与传输即得以产生。而在同年，美国政治学家哈罗德·拉斯韦尔（Harold Lasswell）提出了一个更加广为人知的传播模型——5W模式。从这两个描述信息传播的模型结构来看，从信源（传播者）到信宿（受众）的线性过程有异曲同工之妙——这似乎可以体现媒介与传播研究作为跨学科领域的特色，然而正如丹尼斯·麦奎尔（Dennis McQuail）等人指出的那样，不同的学科根据他们各自研究的取向来确定传播问题的边界——在香农和韦弗那里，传播是物理信息的流动；而在拉斯韦尔那里，传播是有话语意义的社会实践。边界分明的割裂感实则向我们展示了这样一个事实——传播模式上的看似统一并没有消弭有关传播、媒介这些话语内部的混淆性——至少在香农和拉斯韦尔那里，传播分别有着物理信息本身与有意义的社会实践之间的差异。甚至韦弗在评论香农经典的信息理论观点时开宗明义地强调“信息不应该与意义相混淆”。也就是说，信息论将物理信息流动视为无差别过程，信息传播背后的深意与之所代表的社会价值只是呈现在信息洪流中0和1的不同组合而已——而信息传播中的社会价值恰恰是作为社会科学的传播学所关心的核心所在。

这一根本性差异使得对于传播与信息的研究发展成为自然科学的信息通信研究和人文社会科学的传播研究两个彼此割裂的学科传统。前者关注物理信息流动的实现与效率提升，后者则关心作为人类社会实践的交流、传播行为的历史实在与文化实在。在后者看来，交流与传播是一种普遍的社会现象，它广泛存在于不同历史时期之中和文化背景下，交流与传播的能力是人类拥有的一种突出特征。不过，随着互联网与数字智能技术的普及，世界上越来越多的人正参与到随时随地的交流与传播之中。各种各样的移动互联终端、虚拟现实体验、可穿戴

设备得到普及，当下我们已经显著地体察到媒介的概念也已经变得泛化，任何客观物质乃至作为主体的人都能在智能技术的作用下成为实现连接性（connectiveness）的媒介。“万物皆媒”的隐喻实质上就是描述在当下技术条件所构成的中介环境下，交流与传播行为成为“人之所以为人的必要条件”。这一被当下的传播研究界称为“中介化”或曰“媒介化”（mediated）的趋势，曾几何时被片面地理解 为“媒介决定论”（the media did it）的判断，现在则不断提醒我们物质技术发展已然成为重塑社会组织方式、人与人连接方式的基础推动力，同时也成为影响社会结构性变革的关键要素。

事实上，在学术研究的脉络中，不断有学者指出人类社会实践的文明发展史始终是在与传播技术的互动中不断演进的。在哈罗德·伊尼斯（Harrod Innis）、马歇尔·麦克卢汉（Marshall McLuhan）、弗雷德里希·基特勒（Kittler）等一批在今天被称为推动媒体研究“物质性转向”学者的理论视野推动下，我们也更加清晰地注意到，对于信息流动的技术分析较之对其符号表征、内容解读的诠释而言似乎更具有基础性。媒介环境学派的代表人物麦克卢汉终其一生都醉心于探讨“信息技术从总体上对人类事务带来的改变”。麦克卢汉认为，传播中的信息易得性（accessibility）既是信息与传播技术发明和普及的目的之一，同时信息与传播手段也反过头来制约着人们如何以言处事（do things with words）。而从历史上看，大到社会文化与人类文明的变迁都需要在传播技术的界面上演进——在媒介环境学派开山鼻祖伊尼斯的思想脉络中，传播行为、传播媒介是政治组织方式与社会形态建构的基础变量，也是人类文明的历史进程的关键要素。在他所进行的对历史上影响诸多帝国文明兴衰的“离心力”和“向心力”的研究尝试中，伊尼斯发现了媒介对于文明的重要意义。

因此，正如丹麦学者延森指出的那样，我们在讨论媒介技术如何实现人与人的连接、社会的组织与整合时，也更应该聚焦于“从作为技术的媒介，转向作为实践的传播”。也就是说，我们顺着人类历史和社会的发展脉络，可以发现技术不仅提供了人类交流、传播活动所倚仗的工具与平台，同时技术自身以及技术之间的差异也孕育着人类历史、社会实践本身的演进逻辑。比如，以印刷媒介的滥觞为标志，基于共同的通俗方言，大量复制、大规模扩散的印刷技术为物质基础的“印刷资本主义”促使现代意义上的民族以“想象的共同体”（Imagined Communities）的方式得以形塑。这一建构性机制的完成有赖于本雅明所总结的大众传播技术“复制”和“扩散”两大基本逻辑——对特定信息、文本内容的一对一复制、存储和再现，以及摆脱身体在场、参与传播网络人数规模等限制的巨大空间扩散潜能。而曼纽尔·卡斯特（Manuel Castle）写就于千禧之年的《网络社会的崛起》则提示我们，全球化的深入和以互联网为代表的新兴通信技术的普及，整合了“大众传播”以及各种不同类型的人际交往，形成了社会从微观到宏观层面新的交流、传播与协作的模式。新型的技术网络释放了古已有之的社会网络的“连接性”潜能，更加去中心化、网络化的传播模式带动了更加扁平化的社会组织模式。世界范围内的人员、资本和信息的流动空前加剧，进而深度重塑了群体的行动结构以及个体的认同机制。

当然，从另一方面来看，在特定的历史阶段中，社会的新技术和新的制度将会催生对于传播的知识生产的结构性需求。正如约翰·彼得斯（John Peters）指出的那样，19 世纪后半叶，电报的发端预示着电子媒介的兴起，这宣告了人类的信息传递活动首次得以摆脱物质实体位移而实现。这一人类的实践行为则推动了我们现在称为的“大众传播”（mass communication）的概念出现——从现代意义上看，媒介是一类特殊资源——出于明确意图，人类将其用于服务自身发展的行动中，然而直到 19 世纪，传播这一话语才随着电报的发明而进入公共话语所讨论的范畴内。甚至直到 1960 年，“媒介”才真正成为一个用于描述“实现跨时空社会交往的不同技术与机构”的术语。换言之，传播技术的演进同时也提供给人们结构性更新有关传播、媒介知识的契机。时至今日，有关“媒介融合”“传播模式转型”“数字社会转型”等围绕着技术变革所释放社会动能的阐释话语甚嚣尘上，历史地看，也正是技术剧烈变革下新一轮知识生产结构性需求的产物。

从上文的论述中我们可以看出，事关信息通信、交往传播的技术发展始终是与人类的社会实践、社会发展扭结在一起的——在最微观的工具属性层面，新技术与新的社会机构通过技术的变革改变着传播的范围——互联网诞生于军方，经科学领域进入社会生活以及商业领域，并成为公共交流与传播中普遍可及的媒介。与此同时，在宏观社会制度层面，社会文化、价值观念和结构性的制度设计也始终与人类在特定历史时期所能占有的传播物质工具存在互动关系，这就使得对于传播问题的研究具有工具属性的物质研究，也具有社会属性的抽象研究。因此，本段开头所描述的，聚焦物质维度的信息通信研究与聚焦抽象意义维度的传播研究之间的学科割裂现状是很难满足当下传播环境的问题研究需要的。而要实现这两种属性的整合，笔者认为延森所提出的认识路径值得参考——“工具和技术所蕴含的交流和 传播的潜能，但这些潜能中只有一部分在特定历史语境下，通过其间的社会机构得以实现”。

二、媒体融合多维度属性及其国外发展经验

所谓媒体融合，“从历史的角度看，可以被理解为一种交流与传播实践跨越不同的物质技术和社会机构的开放式迁移（open-ended migration）”。换言之，对于媒体融合的理解与认识应当首先在认识论上有效地串联物理学意义上无差别的信息，了解如何通过传播实现人

类行为，乃至文化观念、制度设计建构的实践过程。从这个角度出发，延森指出，媒体融合应该从物质、形式意涵与制度三个维度进行理解。

首先，媒介在物理属性上是一种传递信息的物质载体，古埃及、两河流域的莎草纸、四大发明之一的纸张、油墨印刷制品、电影胶片、电磁信号以及现在广泛应用的数字信号都是我们接触、感知外界信息的物质基础。其次，正如两河流域的芦苇被制成莎草纸、竹子木材被制成纸浆最后形成纸张，金属形成印刷模具，电磁信号演化成为广播一样，一种物质的潜在功能最终都将通过一种社会形式得以实现，并进一步影响着媒介使用者的日常实践。在这个过程中，媒介从它最初 的物质形式经由人类实践改造为具有“社会控制”影 响的物质与经济基础结构，换言之，成为基于人类历史与文化进程、蕴含有人类社会意义的影像、广电信号、话语方式、音乐等等。最后，正如伊尼斯所言，“媒介赋予了文化特殊的形态或肌理（shape or texture）。传播技术给社会和文化组织都打上了印记”。技术的迭代主导着媒介和传播形态的发展，而交往和传播作为影响人类实践的基础性社会行为，其基本形态的发展变化同样孕育着社会文化结构性变迁的可能性。

事实上，通过分析国外媒体融合的建设进程，我们也可以发现这条发展线索：即从单纯的技术创新、介质融合向制度设计、结构性的知识创新跨越。“媒体融 合”的概念最早于1983年由美国麻省理工学院教授伊索尔·浦尔（Ithiel Pool）提出，原意是指各种媒介呈现多功能一体化的趋势。国外媒介融合大致经历了3个阶段：首先是媒体互动阶段，开始是将传统媒体内容直接转移到自建的新媒体网站上，逐渐过渡为传统媒体和新兴媒体进行内容的互动和合作；其次是媒体整合阶段，不同类型的媒体组织机构进行融合，从独立经营转向联合运作；最后是媒体融合阶段，依靠大数据、云计算等信息技术挖掘媒体内容，将不同媒介形态（报纸、广播、电视、互联网等）融为一体。20世纪90年代以后，数字媒体随着计算机技术的进步而逐渐发展起来。有国内通过援引美国学者李奇·高登（Rich Gordon）的研究指出，在国外，深度的媒体融合立体地体现在技术网络平台崛起、媒体产业转型和新型信息市场开拓三个维度上，并通过媒体科技创新、所有权合并、组织结构融合、新闻生产方式革命等具体路径得以实现。这就在实际上指出了媒体融合应具有的超越单一技术创新的多元性。

根据对国内学者的梳理总结，国外的媒体融合进程呈现出技术带动形式创新，进而推动媒体组织架构，乃至所有权的深度融合。传统新闻业首先依托于虚拟现实技术所强化的场景感、人工智能和大数据技术实现的个性化推荐以及在区块链去中心化的核心特征带动下转变垂直化的信息传播关系，使传统媒体实践更加强调人的连接性，向更加符合网络社会中信息流动由独立节点构成的扁平网络这一客观规律转变。因此，如《华尔街日报》、英国广播公司（BBC）、《金融时报》等传统媒体通过精简机构、转型数字化等的方式完成平台化转型，体现出技术创新最终催生制度设计层面的改革发展。赫塞·范·迪克（Van Dijck，J. & Poell，T.）等欧美学者以“平台化”（platformization）来总结由创新带来的技术可供性（affordance）与社会关系、媒体生产之间的动态发展过程。

基于媒体融合大背景下的技术迭代与传播模式转型的需求，就传统媒体的内容优势如何满足互联网平台的特征，为传统新闻编辑室和媒体机构发展转型提供支持的媒体实验室在全球范围呈现出蓬勃发展的态势。传统媒体机构及集团，如《纽约时报》、CNN、时代华纳，纷纷通过组织研发力量、组建新闻实验室等研究 机构的方式提升其新闻生产流程与互联网时代信息流动规律的适配度，与此同时继续保持其传统专业性、权威性优势。此外，其他主体多元、特色各异的媒体实验室也在互联网和智能数字技术的蓬勃发展下纷至沓来。根据世界报业和新闻出版协会（WAN-IFRA）过去四年追踪全球29个国家/地区的123所媒体实验室的调研结果显示，全球媒体实验室数量增长迅速，现存或曾经活跃过的媒体实验室超过85%创建于2007年以后，67%的实验室创建于2011—2018年间。

这些媒体实验室致力于开发新产品和服务，尝试新的工作和思维方式，以应对数字化转型带来的挑战。其主要关注的问题集中在以下三个方面。

第一，对新产品、新技术的研发探索。比如美国许多媒体实验室在与脑科学、计算传播学等前沿学科协同合作的研究领域取得了丰硕的成果。例如，俄亥俄州立大学哥伦布分校设有研究观点与行为的动机机制与影响的神经系统科学实验室。

第二，对媒体生产流程、机制及相关问题的创新改革。比如，英国卡迪夫大学的数据正义实验室致力于探索数字化过程与社会正义的复杂关系，是该国具有代表性的数据新闻实验室。

第三，培养适应数字时代传播规律的新型人才，这类实验室主要是依托高等院校开展建设。比如哈佛大学的尼曼实验室，该科研平台对外开放，鼓励学员围绕新闻学主题展开独立的研究与写作。国际上媒体实验室的主办机构除了上文提及的新闻媒体，以及常见的高校科研院所等学术机构，同时还有由不同资金渠道资助的创业加速器和产业孵化器性质的实验室。比如，德国拜仁媒体实验室，它由当地的区域增长基金资助，帮助催化科技初创企业的想法和理念。另外还有专注于媒体创新的独立实验室，这类实验室与孵化器性质的实验室类似，主要致力于开发新的产品和服务，促进技术创新，实现市场盈利。

不同的实验室具有不同的组织运营特征，整体上呈现出很强的机制灵活性——有些实验室结合了企业和传统媒体的优势，创造新的产品或流程；有些实验室 独立于出版商，孵化和加速新的创意和业务；有些处于学术机构之中，致力于教学创新或研究。例如，作为传统媒体典型代表，BBC 的新闻实验室就是从一系列“黑客”活动发展而来的，通过与外部合作者互动，激励 BBC 新闻编辑室的创新。法国西南部的 Théophraste 是另一种类型的实验室，该实验室为开发新产品和新服务的初创企业提供服务、推动创新文化。

在媒体实验室成立的动机方面，除了在共性上弥补现有的媒体机构与学术机构面对智能化浪潮时的创新缺口外，还有如下动因推动着媒体实验室的发展，即成立新实验室探索新技术环境下的媒体、科研机构的运营机制改革，并寻求新工作方式、新观念方案的实践可能；向媒体机构输出新的知识和观念，为大学提供更丰富的教育资源；通过科研与学习改变人们对于跨学科协同、不同专业技能间配合协作的观念，培养、调整学术人才、业务人才的态度；将新兴技术、理论成果转化为可用的服务与产品，为新闻传媒实践所用，同时开发新的商业模式；以学术研究为核心的学术实验室还兼有将知识创新成果推广、转移到开发领域的职能，如致力于将知识成果尽可能转化为商业利用、公共服务的状态；在特定领域加速新的创新创业流程，填补社会空白，促进社会和经济变革等。

诚然，国外媒体融合进程发展如火如荼，但有研究显示国外学术界对于媒体融合的研究缺少与实际发展规模相匹配的关注度。这是因为国外媒体融合的底层驱动多是资本、技术与业务因素的作用，实现逻辑相对清晰——技术创新驱动业务创新，业务创新给资本运作带来新的增值模式。比如，国外有关互联网平台的研究就为我们勾勒出如下的发展逻辑——依赖于大数据算法等技术的不断优化，平台得以更加紧密地镶嵌进全球资本流通脉络中，成为资本主义在当代得以持续巩固的新手段。换言之，按照本文所沿用的认识技术发展、媒体融合的三个维度，技术创新持续地为资本主义再生产服务，并围绕着自由市场基本原则探索新的商业模式以实现盈利目的。

三、中国媒体融合建设的本土性诉求

从 2014 年中国媒体融合“元年战略”开始，在技术和市场的驱动下，传媒业经历了裂变与重组，新兴媒体迅速发展，两微一端、短视频、自媒体传播等一度成为媒体发展的变量，媒体融合让新兴媒体中的变量成长为提高传播效率、传播主流思想的增量。媒体的融合进程不断加快，从“媒体融合”转向“融合媒体”的动力机制逐渐形成。在如今媒体智能化快速发展的阶段，如何全面勾画智能媒体的全景图，如何深刻把握智能媒体的本质，是学界和业界共同面对和探索的新命题。自党的十八大以来，以习近平同志为核心的党中央作出推动传统媒体和新兴媒体融合发展的战略部署。媒体融合发展已上升至国家战略层面，是党中央着眼巩固宣传思想文化阵地、壮大主流思想舆论以及维护意识形态安全与政治安全作出的重大战略部署。布局并建设相关领域的国家重点实验室，对媒体融合与传播领域的基础理论、前沿应用与机制创新开展研究与探索，符合构建新型主流媒体（集团）、全媒体传播格局与现代传播体系这一国家重大需求。

但需要看到的是，客观而言，中国的媒体融合进程较之国外相对滞后，对标国外发展现状，存在如下三个需要回答与解决的问题。

第一，与媒体融合相关的学术研究有待进一步的系统化。有国内学者梳理指出，过去十年围绕“新媒体的信息传播模式及其社会影响”“社会化媒体”“新媒体的媒介形态”等关键领域的学术生产态势活跃，但是也有结构松散、研究尚不够成熟、理论体系不够稳定等不足，虽然呈现出多学科交叉融合的可喜趋势，但也因此容易在缺少核心问题与核心理论体系的情况下使得不同研究因为不同学科的问题意识差异而演化成为新的研究主题，且不利于不同学科之间的学术对话。

第二，需要在媒体融合的实践层面全面提升对媒体融合建设进程的综合认识，不能将其简单停留在对于新技术的研发与应用上。曾有学者指出，目前主流媒体关于“媒体融合”的认识尚未彻底摆脱传统媒体内容生产、分发和运行组织模式的思维框架，并未充分意识到“媒体融合”事关整个社会形态的宏观变革，在信息以偏平网络方式流动的“网络社会”，传统媒体组织是社会网络中的一个节点。从技术的底层逻辑来看，大数据和人工智能驱动了广电与互联网、移动互联网、物联网的全面结合。基于计算机芯片的发展、基础层算法技术的不断更新，人工智能各类关键技术的准确率和工作效率得到快速发展；随着计算机视觉、自然 语言处理、知识图谱和智能推荐的技术革新，媒体融合向着更智能、更便携、更个性化的方向发展，不断地重塑整个媒体格局。但与此同时，这也意味着智能融媒 体时代，媒体的社会功能日益拓展，如何让主流媒体借助移动传播，牢牢占据舆论引导、思想引领、文化传承、服务人民的传播制高点，使互联网这个最大变量变成 事业发展的最大增量，成为传统媒体转型所面临的前所未有的新问题。

第三，与国外逻辑清晰的发展进程相比，国内媒体融合囿于传统媒体的体制约束，实现逻辑较为复杂，面临的体制机制困境更多，地域与行业的发展不均衡。这一系列亟待解决的问题会引起更多研究者的关注，无论是制度层面，还是技术、业务层面，都需要全面、综合的考量。与此同时，针对上文所说的国外媒体融合进程所体现出的技术创新背后的结构性动力和意识形态逻辑，我们显然也应该将国外经验批判性地吸纳进中国的媒体融合发展进程中，解决媒体融合过程中所 面临的媒体对象复杂化、媒体数据规模化、媒体传播多样化等挑战难题，加强主流媒体舆论场的引导力，推动国家治理体系与能力现代化，促进社会良性发展，避免技术创新可能加剧的不平等。

四、媒体融合国家重点实验室的建设立足点与时代使命

我国在媒体融合发展上进行了积极探索，尤其是党的十八大以来，党中央高度重视媒体融合发展，规划了媒体融合的发展方向和战略目标。新兴技术作为媒 体融合发展的核心驱动力，加速了媒体融合的发展，推动媒体进入深度融合阶段。科技部在媒体融合领域布局建设了媒体融合与传播、传播内容认知、媒体融合生产技术与系统、超高清视音频制播呈现四个国家重点实验室。媒体融合领域国家重点实验室通过聚焦学科领域前沿科学问题和国家重大需求，开展可能引发重大变革的基础、应用基础研究和关键技术研发。

（一）媒介融合国家重点实验室功能与特色

四个国家重点实验室各有侧重、各具特色，是推动媒体融合发展的“国之重器”，是国家创新体系的重要组成部分。

1. 媒体融合与传播国家重点实验室

依托中国传媒大学建设的媒体融合与传播国家重点实验室研究方向包括媒体融合传播与未来形态、媒体融合的服务模式和媒体信息智能处理。主要研究内容为：重构传播本体论，建构传播与个体及社会新型交互关系理论；开展中国网络综合治理体系研究、媒介融合与社会治理模式创新研究和我国新闻传播业人工智能发展趋向研究；进行内容生产全域媒体智能生产模式、新闻与影视信息智能处理、音视频数据高效处理、媒体内容有效监管等研究。

组建“媒体融合与传播国家重点实验室”的主要目标是建设符合学术研究前沿潮流的媒体融合与传播的基础理论体系，旨在解决媒体融合领域存在的关键基础性问题，实现前瞻性基础研究和应用基础研究、引领性原创成果重大突破，进而加大科研成果应用转化力度。

2. 传播内容认知国家重点实验室

依托人民日报社人民网建设的传播内容认知国家重点实验室研究重点是以人工智能研究为核心，融合新闻传播学、控制科学、认知科学、系统科学、复 杂性科学等诸多学科，开展内容认知应用基础和应用研究。研究内容包括：主流价值观内容知识体系构建方法及技术研究和全媒体融合的认知推荐分发研究；内容智能审核和风控，全媒体内容理解与安全研究、跨平台内容的语义协同与态势认知研究；社交媒体网络集群效应的量化研究和内容传播态势多维可视化研究。

传播内容认知国家重点实验室将致力于利用人工智能针对内容领域的传播基础理论、底层技术和应用模式进行研究。其根本目标在于通过实验室的建设运 营，引领互联网内容生态健康有序发展，打造风清气正的网络空间。

3. 媒体融合生产技术与系统国家重点实验室

依托新华通讯社新媒体中心建设的媒体融合生产技术与系统国家重点实验室确立了跨媒体大规模感知、认知信息分析与推理，人机协同复杂问题分析、响应及评估两个研究方向。主要研究内容为：机器新闻 技术逻辑中对数据和事实按照预设的价值框架匹配，提取海量数据中价值信息和核心观点及故事化符号模态，优化改进机器生成新闻模型；情绪交互系统技术应用和智能媒体情绪芯片，优化不同媒体内容产品的量化测评和评估；精准场景语义分割和多传感器数据融合技术应用，优化混合现实场景的构建；虚拟现实智能建模技术和智能硬件技术，优化知识计算和可视化交互引擎服务能力。媒体融合生产技术与系统国家重点实验室，旨在通过探索智能技术的研发应用与媒体生产模式新的结合机制，推进生产模式和生产理念的变革，全面深化媒体生产的供给侧改革。

4. 超高清视音频制播呈现国家重点实验室

依托中央广播电视总台建设的超高清视音频制播呈现国家重点实验室围绕超高清视音频制播、分发与呈现开展一系列先进视音频和人工智能技术的基础研 究、应用示范和应用实践，推动“5G+4K/8K+AI”发展战略，带动我国超高清智慧媒体的发展，促进电视媒体与新媒体快速融合。超高清视音频制播呈现国家重点实验室旨在开展超高清视音频制播系统关键技术、视音频媒体传播理论与技术、视音频服务安全关键技术等基础研究、应用示范和应用实践，努力在新科技引领方面取得新突破，打造具有国际先进水平的超高清技术创新链，实现建设强大引领力、传播力、影响力的国际一流新型主流媒体的国家战略目标。四个媒体融合领域的国家重点实验室的根本目的是创建融媒体理论体系，引领智能融媒体的科研创新，搭建智能融媒体先导实验环境，培养智能融媒体高精尖人才，服务中国特色的媒体融合向纵深发展。要实现根本目的首先需要明确这一个事实，即媒体融合领域的科研工作需要立足技术创新、超越技术创新，充分认识到这一轮的技术革命是由技术革命带动人类交往、社会传播模式的革新，从而为整个社会发展带来“拐点”效应的结构性变革。

（二）媒介融合国家重点实验室建设的立足点

就主流媒体面临的挑战来说，在数字技术、网络技术和智能技术的推动之下，传媒领域内经历着持续的技术模式变革与业务体系变革，时至今日，在媒介环境已经深深被数字媒体、互联网、云计算、大数据、移动互联、人工智能等技术重塑和再造，无论是媒体内容本身的生产与提供，还是媒体内容产品的形态与体验，都已经远远超越了传统媒体时代单一来源、单一通道、单一体验的传统体系。而对于内容的源头，即内容由谁生产、从何而来，这一基本问题的答案也已经一再改变：从专业

精英到大众参与，从人类到算法，乃至于延及“万物为媒，万物有声”。媒体融合发展事关国家治理体系和治理能力现代化这一个大命题，在全媒体时代，媒体不仅肩负着信息生产与传播功能，而且在国家治理中也发挥着重要作用，媒体通过沟通社情民意、传递主流声音、实现党心民意同频共振等提升和优化治理效能。因此对于这一领域发挥着科研“国家队”作用的国家重点实验室来说，应将如下三个方面作为自身建设的立足点。

1. 媒体融合作为事关舆论宣传与意识形态安全的国家战略

首先，媒体融合发展已上升至国家发展战略层面，是党中央着眼巩固宣传思想文化阵地、壮大主流思想舆论以及维护意识形态安全与政治安全作出的重大战略部署。自党的十八大以来，以习近平同志为核心的党中央高度重视媒体融合发展。习近平总书记多次就推动媒体融合发展做出深刻阐述，在2014年8月18日召开的中央全面深化改革领导小组第四次会议提出了推动媒体融合发展的重大任务，印发了《关于推动传统媒体和新兴媒体融合发展的指导意见》。在2018年8月21日至22日召开的全国宣传思想工作会议上习近平总书记指出“要扎实抓好县级融媒体中心建设，更好引导群众、服务群众”。2018年11月14日习近平主持召开中央全面深化改革委员会第五次会议，印发了《关于加强县级融媒体中心建设的意见》。2019年1月25日，习近平总书记在就全媒体时代和媒体融合发展举行的中共中央政治局第十二次集体学习时强调，推动媒体融合发展、建设全媒体已经成为我们面临的一项紧迫课题。要运用信息革命成果，推动媒体融合向纵深发展。这些重要论述，不仅为推进媒体深度融合指明了方向、提供了遵循，也意味着媒体融合已成为国家发展战略议题，成为中央层面部署推进深化文化体制改革的重大举措。中宣部部长黄坤明强调，打通基层宣传思想文化工作“最后一公里”，要大力推进媒体融合发展，创新建设融媒体中心。推动媒体融合发展，是巩固宣传思想文化阵地、壮大主流思想舆论的战略举措。

此外，习近平总书记还在十九大报告当中指出：“建设现代化经济体系，必须把发展经济的着力点放在实体经济上；推动互联网、大数据、人工智能和实体经济的深度融合。”因此，媒体融合的深度发展还将与其他国家重大战略决策产生“联动效应”，如对接“一带一路”倡议精准扶贫、推动构建人类命运共同体等国家重大战略需求，突破传统媒体主流价值观传播模式，创新提出泛媒化时代的大传播新理论，建立人类精神文明与价值传播新模式。

2. 面向国民经济主战场的关键定位，紧贴新时代经济发展需求

开展媒体融合与传播基础理论创新研究，形成在媒体融合领域有中国特色的重大原创成果，建立面向媒体融合的公共服务与产业发展新理论、新模式。“用主流价值导向驾驭‘算法’，全面提高舆论引导能力，提升和优化治理效能。”最后，从传播未来长远发展来看，更需要持续提升媒体产品与服务质量，优化结构，增强我国媒体领域的国际竞争力与影响力，坚持不懈讲好中国故事，形成同我国综合国力相适应的国际话语权。

与此同时，作为文化创意产业的重要组成部分，传播具有无形资产丰富、智力要素集中、对相关产业的聚集和拉动作用明显等特征。我国智能媒体内容传播形态的变革必将通过交叉领域和边缘行业的形成放大这种特征，增加智能媒体传播的衍生价值和附加价值，带来较大的产业链效应和产业集聚效应。这是媒体融合向纵深发展的现实目标所在。

3. 强调技术伦理，增强技术创新的人文关怀

智能融媒体的创新发展需要从“数字伦理”（digital ethics）的角度探讨相应的规范与治理体系，发展兼顾传统的媒介伦理和以大数据、人工智能、虚拟现实为驱动的媒体智能化融合发展的新技术伦理研究，以适应人工智能时代科技发展带来对人类思想、经济生活形成的颠覆性挑战及由其产生的深刻严峻的哲学伦理学命题。数字伦理的问题已经有相关的学者从多个角度进行探讨，既有成果充分揭示智能媒体及其影响在现实层面已经充分展现出其从技术属性的溢出，开始逐渐凸显深远的社会属性。

因此，国重实验室需要立足对技术发展底层逻辑的深刻把握，深入探究智能媒体和大数据等科技发展带来的、与信息传播领域相关的伦理挑战及政策议题，尝试提出带有针对性及可操作性的传播伦理框架与道德原则。从国家战略、政策制定的宏观层面，学科建设、人才培养、理论创新的中观层面，以及教学课程体系研发的微观层面着手，有层次开展数字伦理问题的研究探讨。

五、结语

我国的媒体融合正在全方位深入开展，目前亟须从更为广阔的前瞻视角进行媒体融合与传播基础理论和共性技术的研究。对于媒体融合领域的国家重点实验室工作而言，在技术研发的基础之上，还应该充分展开对技术如何更好地融入社会现实需求的探索，在此基础上，通过国家重点实验室建设进一步提升我国媒体融合领域自主创新能力、舆论引导能力，在持续推进媒体融合向纵深发展的过程中回应国家治理体系和能力现代化之需。

（李旭彦：科技部高技术研究发展中心副研究员，叶珲：中国传媒大学国家传播创新研究中心助理研究员、媒体融合与传播国家重点实验室中国传媒大学助理研究员；本文摘自《现代传播——中国传媒大学学报》杂志2021年第4期）

·获奖·
Winning the Prize

2021 年中国报业深度融合发展创新案例

编者按：为深入贯彻落实党中央决策部署，推动报业高质量深度融合发展，充分发挥典型示范引领作用，2021 年 8 月，国家新闻出版署（国新出发电〔2021〕18 号）部署开展 2021 年中国报业深度融合发展创新案例征集工作。经评审，2021 年 12 月 20 日正式公布共评选出 60 个创新案例。创新案例展现了报业在内容、渠道、平台、经营、管理等方面的融合创新，体现了我国报业担当新时代宣传思想工作使命任务、深度融合发展的积极探索和最新成效，具有较强的代表性和示范性。

序号	类别	案例名称	申报单位	推荐单位
1	全媒体传播体系建设类	农民日报社全媒体采编平台	农民日报社	农民日报社
2	全媒体传播体系建设类	天津海河传媒中心报网媒合媒体平台	天津海河传媒中心	天津市委宣传部
3	全媒体传播体系建设类	“橙柿互动”主流都市融媒体传播体系	杭州日报报业集团	浙江省委宣传部
4	全媒体传播体系建设类	“赣鄱云”融媒体智慧平台	江西江报融媒体传播有限公司	江西省委宣传部
5	全媒体传播体系建设类	南方智媒云	广东南方新媒体科技有限公司	广东省委宣传部
6	全媒体传播体系建设类	四川日报全媒体一体化深度融合创新	四川日报报业集团	四川省委宣传部
7	网络内容建设类	“侠客岛”栏目	人民日报社	人民日报社
8	网络内容建设类	“人民名医”直播栏目	《健康时报》社有限责任公司	人民日报社
9	网络内容建设类	“记录小康生活 见证时代变迁”微视频	经济日报社	经济日报社
10	网络内容建设类	抗击新冠病毒的中国方案（Fighting COVID-19:the Chinese Way）	中国日报社	中国日报社
11	网络内容建设类	新 360 行	工人日报社	工人日报社
12	网络内容建设类	“融媒云厨”视频	中国青年报社	中国青年报社
13	网络内容建设类	“天平阳光”一体化移动平台 2.0 版	人民法院新闻传媒总社	最高人民法院

（续表）

序号	类别	案例名称	申报单位	推荐单位
14	网络内容建设类	i 自然全媒体	中国自然资源报社	自然资源部
15	网络内容建设类	“好生活在路上”交通发展成就融媒体宣传项目	中国交通报社有限公司	交通运输部
16	网络内容建设类	新体育网融媒体智能传播服务平台	中国体育报业总社有限公司	体育总局
17	网络内容建设类	“慢火车向着小康开”融媒体系列报道项目	《人民铁道》报业有限公司	中国国家铁路集团有限公司
18	网络内容建设类	北京头条客户端	北京青年报社	北京市委宣传部
19	网络内容建设类	纪念中国人民志愿军抗美援朝出国作战全景数据库	辽宁日报传媒集团有限公司	辽宁省委宣传部
20	网络内容建设类	百年大党 老外讲故事	新民晚报社	上海市委宣传部
21	网络内容建设类	“百年之诗”建党百年融媒体策划报道	解放日报社	上海市委宣传部
22	网络内容建设类	古韵新声话长江	江苏新华云媒科技股份有限公司	江苏省委宣传部
23	网络内容建设类	青少年党史国史教育基地 VR 网络地图多元教育实践	南京《现代家庭报》传媒有限公司	江苏省委宣传部
24	网络内容建设类	极目新闻	湖北楚天都市报传媒有限责任公司	湖北省委宣传部
25	网络内容建设类	《跟着总书记学党史》大型融媒项目	广州日报社	广东省委宣传部
26	网络内容建设类	湘江战役红色文化创新宣传	广西日报传媒集团有限公司	广西壮族自治区党委宣传部
27	网络内容建设类	每经全平台内容传播矩阵	成都每日经济新闻社有限公司	四川省委宣传部
28	网络内容建设类	2021COP15 春城之邀——一粒来自昆明的种子	昆明信息港传媒有限责任公司	云南省委宣传部
29	专业信息服务类	“矿业界”新媒体矩阵	中国矿业报社	自然资源部
30	专业信息服务类	“中国水事”融媒体矩阵	中国水利报社	水利部
31	专业信息服务类	文化和旅游内容分发服务平台	中国文化传媒集团有限公司	文化和旅游部
32	专业信息服务类	“壹生”客户端	中国医学论坛报社	国家卫生健康委
33	专业信息服务类	智能化科学新闻生产及论文可视化服务	中国科学报社	中国科学院
34	专业信息服务类	“阳光理政”平台	河北报业传媒集团有限公司	河北省委宣传部

（续表）

序号	类别	案例名称	申报单位	推荐单位
35	专业信息服务类	南财智库	广东南方财经全媒体集团股份有限公司	广东省委宣传部
36	专业信息服务类	城事智库	西安华商网络传媒有限公司	陕西省委宣传部
37	媒体＋政务服务商务类	人民网“领导留言板”平台	人民网股份有限公司	人民日报社
38	媒体＋政务服务商务类	“天闻”海外舆情监测系统	参考消息报社	新华社
39	媒体＋政务服务商务类	“健康中国”政务新媒体平台	健康报社有限公司	国家卫生健康委
40	媒体＋政务服务商务类	中电传媒舆情信息采集系统	中电传媒股份有限公司	国家能源局
41	媒体＋政务服务商务类	融媒中心政务服务媒体矩阵	哈尔滨日报社	黑龙江省委宣传部
42	媒体＋政务服务商务类	新时代江阴融媒基层治理新平台	江阴传媒集团有限公司	江苏省委宣传部
43	媒体＋政务服务商务类	“政务服务 123”全媒体全案营销	盐阜大众报报业集团	江苏省委宣传部
44	媒体＋政务服务商务类	杭州城市大脑市域媒体一体化云平台	杭州日报报业集团	浙江省委宣传部
45	媒体＋政务服务商务类	安徽党媒云“乡镇融”平台	安徽日报报业集团	安徽省委宣传部
46	媒体＋政务服务商务类	“智慧海都”产业数字化平台	海峡都市报社	福建省委宣传部
47	媒体＋政务服务商务类	齐鲁壹点媒体中台	山东齐鲁壹点传媒有限公司	山东省委宣传部
48	媒体＋政务服务商务类	基于开封政务服务的媒体融合创新平台	开封日报社	河南省委宣传部
49	媒体＋政务服务商务类	上游新闻客户端“帮帮频道”	重庆上游新闻传媒有限公司	重庆市委宣传部
50	媒体＋政务服务商务类	贵阳市融媒问政平台	贵阳日报传媒集团	贵州省委宣传部
51	前沿技术应用类	基于 VR 的报网多态内容融合展示	解放军新闻传播中心	中央军委政治工作部

（续表）

序号	类别	案例名称	申报单位	推荐单位
52	前沿技术应用类	“读特”AI飞卡阅读	深圳报业集团	广东省委宣传部
53	前沿技术应用类	“九霄”融媒体生态系统	珠海传媒集团有限责任公司	广东省委宣传部
54	前沿技术应用类	封面传媒区块链新闻存证系统	四川封面传媒有限责任公司	四川省委宣传部
55	前沿技术应用类	新疆“石榴云”技术支撑平台	新疆日报社	新疆维吾尔自治区党委宣传部
56	体制机制创新类	深化融合发展的体制机制创新实践	中央纪委国家监委新闻传播中心	中央纪委国家监委机关
57	体制机制创新类	推倒“四堵墙”，打造媒体“超级协同”机制	巴彦淖尔日报社	内蒙古自治区党委宣传部
58	体制机制创新类	新媒体栏目IP制	浙江日报报业集团	浙江省委宣传部
59	体制机制创新类	潇湘晨报全域全媒体内容聚合与分发平台	潇湘晨报社	湖南省委宣传部
60	体制机制创新类	重报集团新闻内容生产及运营监管服务平台	重庆日报报业集团	重庆市委宣传部

第三届中国报业深度融合发展创新案例

编者按：为深入贯彻落实习近平新时代中国特色社会主义思想和党的二十大精神，贯彻落实习近平总书记关于媒体融合发展的重要指示批示精神，持续推动报业高质量融合发展，扩大典型示范引领和辐射带动效应，2023年3月，国家新闻出版署（国新出发电〔2023〕10号）印发通知，组织开展第三届中国报业深度融合发展创新案例征集工作。经评审，2023年6月6日正式公布共遴选出60个创新案例。创新案例反映了我国报业融合发展向纵深推进取得的新进展新成效，具有较强的示范推广价值。

序号	案例类别	案例名称	申报单位	推荐单位
1	全媒体传播体系建设类	环球时报海外传播平台	《环球时报》社有限公司	人民日报社
2	全媒体传播体系建设类	工人日报系列“工”字特色融媒栏目	工人日报社	全国总工会

（续表）

序号	案例类别	案例名称	申报单位	推荐单位
3	全媒体传播体系建设类	中青报·中青网大思政课云平台	中青网新媒体科技（北京）有限公司	共青团中央
4	全媒体传播体系建设类	国家电网全媒体传播平台	英大传媒投资集团有限公司	国家电网有限公司
5	全媒体传播体系建设类	新京报全媒体传播矩阵平台	新京报社	北京市委宣传部
6	全媒体传播体系建设类	“草原云”融媒体平台	内蒙古日报社	内蒙古自治区党委宣传部
7	全媒体传播体系建设类	“龙头+”新型传播矩阵	黑龙江日报报业集团	黑龙江省委宣传部
8	全媒体传播体系建设类	吉林日报新型主流媒体矩阵	吉林日报社（吉林日报报业集团）	吉林省委宣传部
9	全媒体传播体系建设类	第一财经融媒体生产传播平台	上海第一财经报业有限公司	上海市委宣传部
10	全媒体传播体系建设类	海峡国际传播中心矩阵	海峡导报社	福建省委宣传部
11	全媒体传播体系建设类	新黄河客户端平台型新媒体旗舰项目	济南日报报业集团	山东省委宣传部
12	全媒体传播体系建设类	湖北日报传媒集团“三轮驱动”全媒体传播体系	湖北日报传媒集团（湖北日报社）	湖北省委宣传部
13	全媒体传播体系建设类	潇湘晨报短视频平台及现代传播体系	潇湘晨报社	湖南省委宣传部
14	全媒体传播体系建设类	羊城晚报“1+2+3+N”立体移动传播链	羊城晚报社	广东省委宣传部
15	全媒体传播体系建设类	南财金融服务全媒体平台	广东南方财经全媒体集团股份有限公司	广东省委宣传部
16	全媒体传播体系建设类	自由贸易港“333”国际传播平台	海南日报有限责任公司	海南省委宣传部
17	全媒体传播体系建设类	重庆国际传播中心海外传播平台	重庆日报报业集团	重庆市委宣传部
18	全媒体传播体系建设类	“壹刻宝”社区融媒服务平台	贵阳日报传媒集团	贵州省委宣传部
19	内容供给创新类	“人民日报评论”新媒体账号群建设	人民日报社	人民日报社
20	内容供给创新类	“新华每日电讯”抖音号	新华每日（北京）文化传媒有限责任公司	新华社
21	内容供给创新类	中国日报客户端	中报国际文化传媒（北京）有限公司	中国日报社

（续表）

序号	案例类别	案例名称	申报单位	推荐单位
22	内容供给创新类	中央纪委国家监委网站客户端	中央纪委国家监委新闻传播中心	中央纪委国家监委机关
23	内容供给创新类	“法治号”平台 3.0 版	法治日报社	司法部
24	内容供给创新类	“我家住在长江边”主题宣传	中国水运报社有限公司	交通运输部
25	内容供给创新类	信睿播客	北京信睿文化传媒有限公司	中信出版集团股份有限公司
26	内容供给创新类	长安街知事	北京日报社	北京市委宣传部
27	内容供给创新类	我和我的家乡 @ 最美乡愁	天津津云新媒体集团股份有限公司	天津市委宣传部
28	内容供给创新类	辽宁日报重大主题报道可视化项目——“辽报视频”	辽宁日报传媒集团有限公司	辽宁省委宣传部
29	内容供给创新类	《城晚辣么说》新闻栏目	吉林省城市晚报传媒有限责任公司	吉林省委宣传部
30	内容供给创新类	《大家聊巨变》系列纪录短片	文汇报社	上海市委宣传部
31	内容供给创新类	IP SHANGHAI	上海东方报业有限公司	上海市委宣传部
32	内容供给创新类	基于 5G 技术打造大运河、长江文化 IP	江苏现代快报传媒有限公司	江苏省委宣传部
33	内容供给创新类	“坡子街”大众读写实践	泰州报业传媒集团	江苏省委宣传部
34	内容供给创新类	寻赣记	江西日报社	江西省委宣传部
35	内容供给创新类	海报新闻新媒体	山东省互联网传媒集团股份有限公司	山东省委宣传部
36	内容供给创新类	“掌上洛阳”客户端	洛阳日报社	河南省委宣传部
37	内容供给创新类	体坛周报音视频内容服务	体坛传媒集团股份有限公司	湖南省委宣传部
38	内容供给创新类	观海融媒客户端	珠海传媒集团有限责任公司	广东省委宣传部
39	内容供给创新类	西海都市报新媒体专栏《请进，我们的直播间》	西海都市报社	青海省委宣传部
40	内容供给创新类	克拉玛依日报微信公众号	克拉玛依日报社	新疆维吾尔自治区党委宣传部
41	运营服务模式创新类	中证智能财讯	中国证券报有限责任公司	新华社

（续表）

序号	案例类别	案例名称	申报单位	推荐单位
42	运营服务模式创新类	“好老师”平台	中国教育报刊社	教育部
43	运营服务模式创新类	文旅中国“云演播”平台	中国文化传媒集团有限公司	文化和旅游部
44	运营服务模式创新类	“1+1+N”一体化新媒体服务体系	中国税务报社	税务总局
45	运营服务模式创新类	乡村振兴地头云端融	《山西农民报》社有限责任公司	山西省委宣传部
46	运营服务模式创新类	手造产业数字化与融媒体传播服务平台	青岛日报报业集团	山东省委宣传部
47	运营服务模式创新类	影像创意工厂	大河传媒有限公司	河南省委宣传部
48	运营服务模式创新类	“粤菜师傅”融媒体项目	广州日报社	广东省委宣传部
49	运营服务模式创新类	广西非遗传承创新应用	广西日报传媒集团有限公司	广西壮族自治区党委宣传部
50	运营服务模式创新类	“川观答题”党的创新理论学习教育平台	四川日报报业集团	四川省委宣传部
51	运营服务模式创新类	“银川石榴云”传播平台	银川市新闻传媒中心	宁夏回族自治区党委宣传部
52	数字技术应用类	金融大数据采集与应用平台	金融时报社	中国人民银行
53	数字技术应用类	5G 超高清暨智能媒资管理平台	江苏新华报业传媒集团有限公司	江苏省委宣传部
54	数字技术应用类	智能化内容安全卫士	南方日报社	广东省委宣传部
55	数字技术应用类	小语种人工智能创新运用	云南省南亚东南亚区域国际传播中心	云南省委宣传部
56	管理体制机制创新类	中国交通报融媒体生产传播机制创新	中国交通报社有限公司	交通运输部
57	管理体制机制创新类	“沈阳发布”政务信息协同共享发布管理机制	沈阳日报传媒集团有限公司	辽宁省委宣传部
58	管理体制机制创新类	无锡日报报业集团垂直类媒体深度融合机制创新	无锡报业发展有限公司	江苏省委宣传部
59	管理体制机制创新类	华龙网创新媒体深度融合管理机制	重庆华龙网集团股份有限公司	重庆市委宣传部
60	管理体制机制创新类	成都日报“大锦观·精纸媒”深度融合改革中体制机制创新	成都日报社	四川省委宣传部

2021 年度国家新闻出版署出版融合发展工程

编者按：为深入贯彻落实习近平总书记关于媒体融合发展的重要论述，国家新闻出版署自 2021 年 5 月起组织实施出版融合发展工程。经组织评审，2021 年 10 月 9 日，国家新闻出版署（国新出发〔2021〕15 号）正式公布出版融合发展工程 2021 年度入选项目和单位，20 个项目入选数字出版精品遴选推荐计划；20 个项目入选数字出版精品遴选推荐计划提名项目；8 家出版单位入选出版融合旗舰单位；12 家出版单位入选出版融合特色单位。入选项目和单位，反映了近年来我国出版融合发展取得的新进展新成效，从精品内容建设和企业主体建设层面彰显了我国出版融合发展的先进水平，体现了出版业适应全媒体时代信息传播趋势和读者阅读需求，积极推动转型升级的丰硕成果，具有较强的示范、引领、推广价值。

数字出版精品遴选推荐计划入选项目

序号	项目名称	申报单位	选送部门
1	习近平新时代中国特色社会主义思想概论课程精讲	中国人民大学出版社有限公司	教育部
2	“小书童”在线有声阅读平台	广西期刊传媒集团有限公司	广西壮族自治区新闻出版局
3	中华石刻数据库	古联（北京）数字传媒科技有限公司	中国出版集团
4	中华传统音乐数据库平台	中国数字文化集团有限公司	文化和旅游部
5	中国诗词小课	央广梦想（北京）文化传媒有限公司	北京市新闻出版局
6	中国科学家的故事——数字项目（共 80 集）	北京出版集团有限责任公司、北京少年儿童出版社	北京市新闻出版局
7	中国航天科学技术知识库	中国宇航出版有限责任公司	中国航天科技集团公司
8	中科医库 V2.0	中国科技出版传媒股份有限公司	中国科学院
9	方圆特教——智障儿童无障碍辅助教学融合出版云平台	方圆电子音像出版社有限责任公司	河北省新闻出版局
10	“尼山馆藏”海外推广项目	山东友谊出版社有限公司	山东省新闻出版局
11	民法通 APP	中国民主法制出版社有限公司	中国出版集团
12	交通教育融合出版服务平台	人民交通出版社股份有限公司	交通运输部
13	农业专业知识服务系统	中国农业科学院农业信息研究所	农业农村部

（续表）

序号	项目名称	申报单位	选送部门
14	“百年党史·青年说”音频传播展示活动	广东人民出版社有限公司	广东省新闻出版局
15	红色记忆·贵州红色文化公共服务平台	贵州数字出版有限公司	贵州省新闻出版局
16	每日中华名画	浙江大学出版社有限责任公司	浙江省新闻出版局
17	“美育音乐基础课程”数字出版和教育融合平台	人民音乐出版社有限公司	中国出版集团
18	党员教育数据库	人民出版社	中央宣传部
19	“瓷上世界”文化走出去融合发展与传播平台	江西美术出版社有限责任公司	江西省新闻出版局
20	商务印书馆语言资源知识服务平台（涵芬 APP）	商务印书馆有限公司	中国出版集团

数字出版精品遴选推荐计划提名项目

序号	项目名称	申报单位	选送部门
1	《党的十九届五中全会〈建议〉学习辅导百问》有声书	学习出版社有限公司	中央宣传部
2	中华医学期刊全文数据库	《中华医学杂志》社有限责任公司	中国科协
3	中医数字图书馆	中国中医药出版社有限公司	国家中医药局
4	中国水利统计年鉴数据库	中国水利水电出版社有限公司	水利部
5	中国社会科学文库	中国社会科学出版社	中国社科院
6	中国学术前沿期刊网	高等教育出版社有限公司	教育部
7	中国法治信息专业领域知识服务媒体融合应用平台	中国法制出版社有限公司	司法部
8	“天工讲堂”职业技能教育在线学习平台	机械工业出版社	中国机械工业联合会
9	华服志	中国纺织出版社有限公司	中国纺织工业联合会
10	华韵 APP	华韵文化科技有限公司	北京市新闻出版局

（续表）

序号	项目名称	申报单位	选送部门
11	向天而歌——百首瞽歌颂党恩	中国盲文出版社	中国残联
12	“百年·百部”纪念中国共产党成立100周年系列有声读物	中版集团数字传媒有限公司	中国出版集团
13	“耳语精灵”有声平台	二十一世纪出版社集团有限公司	江西省新闻出版局
14	“血与火”——全网重大主题宣传项目	浙江教育出版社集团有限公司	浙江省新闻出版局
15	盲人中、小学生无障碍阅读工程	广东大音音像出版社	广东省新闻出版局
16	知识产权信息多语言智能翻译与服务系统	知识产权出版社有限责任公司	国家知识产权局
17	指尖上的名师课堂——“大符头”钢琴系列数字融合出版产品	上海教育出版社有限公司	上海市新闻出版局
18	“美丽中国”儿童主题教育融媒体出版项目	北京师范大学出版社（集团）有限公司	教育部
19	冀人版国家课标小学《科学》教材新媒体资源开发项目	河北人民出版社有限责任公司	河北省新闻出版局
20	KaDa故事儿童绘本阅读平台	杭州红花朵朵网络技术有限公司	浙江省新闻出版局

出版融合旗舰单位

序号	单位名称	选送部门
1	人民出版社	中央宣传部
2	人民卫生出版社有限公司	国家卫生健康委
3	人民邮电出版社有限公司	工业和信息化部
4	人民教育出版社有限公司	教育部
5	三联生活传媒有限公司	中国出版集团
6	中国科技出版传媒股份有限公司	中国科学院
7	江苏凤凰出版传媒集团有限公司	江苏省新闻出版局
8	时代出版传媒股份有限公司	安徽省新闻出版局

出版融合特色单位

序号	单位名称	选送部门
1	上海交通大学出版社有限公司	上海市新闻出版局
2	中共重庆市委当代党员杂志社	重庆市新闻出版局
3	《中华医学杂志》社有限责任公司	中国科协
4	中国地图出版社有限公司	自然资源部
5	中国盲文出版社	中国残联
6	五洲传播出版传媒有限公司	中央宣传部
7	化学工业出版社有限公司	中国石油和化学工业联合会
8	北京卓众出版有限公司	中国机械工业联合会
9	北京语言大学出版社有限公司	教育部
10	社会科学文献出版社	中国社科院
11	贵州数字出版有限公司	贵州省新闻出版局
12	读者出版传媒股份有限公司	甘肃省新闻出版局

2022 年度国家新闻出版署出版融合发展工程

编者按：经组织评审，2022 年 9 月 13 日，国家新闻出版署（国新出发［2022］15 号）正式公布 2022 年度数字出版优质平台遴选推荐计划和出版融合发展优秀人才遴选培养计划入选名单，11 个项目入选数字出版优质平台遴选推荐计划；50 位同志入选出版融合发展优秀人才遴选培养计划（详细名单见“人物”篇章）。入选的数字出版优质平台，涉及专业、大众、少儿、教育和古籍等领域，涵盖出版单位和文化科技企业等机构，从平台层面反映了我国出版融合发展的新进展新成效，具有较强的示范推广价值。

数字出版优质平台遴选推荐计划入选名单

序号	项目名称	申报单位	主管部门
1	爱课程（中国大学 MOOC）平台	高等教育出版社有限公司	教育部

（续表）

2	“车学堂”交通安全教育综合服务平台	人民交通出版社股份有限公司	交通运输部
3	智汇三农——农业专业知识服务平台	中国农业出版社有限公司	农业农村部
4	人卫融合出版平台	人民卫生出版社有限公司	国家卫生健康委
5	SciEngine 学术期刊全流程数字出版与知识服务平台	中国科技出版传媒股份有限公司	中国科学院
6	籍合网	中华书局有限公司	中国出版集团有限公司
7	掌阅 iReader 数字阅读平台	掌阅科技股份有限公司	北京市新闻出版局
8	得到 APP	得到（天津）文化传播有限公司	天津市新闻出版局
9	“出口成章”青少年人文素养数字内容平台	大连厚仁教育科技有限公司	辽宁省新闻出版局
10	聚典数据开放平台	上海辞书出版社有限公司	上海市新闻出版局
11	青少年科学素养提升整体服务平台	浙江教育出版社集团有限公司	浙江省新闻出版局

2023 年度国家新闻出版署出版融合发展工程

编者按：经组织评审，2023 年 9 月 12 日，国家新闻出版署（国新出发〔2023〕19 号）正式公布 2023 年度数字出版精品遴选推荐计划和出版融合发展示范单位遴选推荐计划入选名单，41 个项目入选数字出版精品遴选推荐计划；30 家单位入选出版融合发展示范单位遴选推荐计划。入选的数字出版精品项目反映了近年来我国出版融合发展的新进展，入选的出版融合发展示范单位通过加大投入等取得了融合发展业务的积极成效，具有较强的代表性、示范性。

数字出版精品遴选推荐计划入选名单

序号	项目名称	申报单位
1	《习近平新时代中国特色社会主义思想学生读本》配套教学资源平台	人民教育出版社有限公司
2	“一带一路”非通用语数字教育资源项目	世界图书出版有限公司
3	山东影像全媒体库	山东画报社有限公司
4	万词王 APP	完美语言（北京）科技有限公司

（续表）

序号	项目名称	申报单位
5	少儿多维度阅读服务项目	浙江少年儿童出版社有限公司
6	“公民科学素质”融合出版项目	中国科学技术出版社有限公司
7	中华临床影像库	人民卫生出版社有限公司
8	中国乡村振兴知识服务项目	中国农业科学技术出版社有限公司
9	中国古生物地层知识库	中国科技出版传媒股份有限公司
10	中国戏曲影像库	中国数字文化集团有限公司
11	中国近代影像资料库	中国社会科学出版社
12	中国临床案例成果数据库	《中华医学杂志》社有限责任公司
13	凤凰职教知识服务项目	江苏凤凰职业教育图书有限公司
14	叫叫 APP	成都书声科技有限公司
15	外研 U 学	外语教学与研究出版社有限责任公司
16	“四维阅读”青少年书香工程	湖南省新华书店有限责任公司
17	古籍图典资源库	国家图书馆出版社有限公司
18	好好唠科——少儿科普知识服务融合出版项目	吉林科学技术出版社有限责任公司
19	老年教育云服务项目	广西师范大学出版社集团有限公司
20	红岩精神学习研究宣传数字服务项目	今日重庆杂志社有限公司
21	华夏云课堂：特殊儿童康复教育在线学习 APP	华夏出版社有限公司
22	红途循踪——红军长征在贵州史迹	贵州人民出版社有限公司
23	灵境·人民艺术馆	金报电子音像出版（北京）有限公司
24	实验空间——国家虚拟仿真实验教学课程建设与共享服务项目	高等教育出版社有限公司
25	定格摆拍偶动画《阿古顿巴》项目	西藏人民出版社
26	《乳娘》融媒体出版项目	安徽人民出版社
27	《星火燎原全集》融媒书	解放军新闻传播中心出版社
28	科学报国——功勋科学家的赤子心	河北冠林数字出版有限公司
29	荣宝斋红色经典书画鉴赏百帧（融合出版）	荣宝斋有限公司

（续表）

序号	项目名称	申报单位
30	科学数据出版服务——科学数据银行	中国科学院计算机网络信息中心
31	给孩子秒懂的古文明世界史	京版若晴科创文化发展（北京）有限公司
32	《穿越时空的中国长城》融合出版项目	中国大百科全书出版社有限公司
33	“课外时光”少儿个性化数字阅读知识服务项目	长江少年儿童出版社（集团）有限公司
34	《海晏晨昏》海昏侯解谜书融合出版项目	二十一世纪出版社集团有限公司
35	“悦读新疆”数字阅读项目	新疆人民出版社
36	殷墟甲骨文数据库	古联（北京）数字传媒科技有限公司
37	基于 AI 技术的智能制造知识服务系统	清华大学出版社有限公司
38	斑马 APP	西安交通大学出版社有限责任公司
39	数艺设	人民邮电出版社有限公司
40	数字人美	人民美术出版社有限公司
41	Researching 国际高水平学科刊群数字出版与传播项目	《中国激光》杂志社有限公司

出版融合发展示范单位遴选推荐计划入选名单

出版融合发展旗舰示范单位

序号	示范单位
1	人民交通出版社股份有限公司
2	中国少年儿童新闻出版总社有限公司
3	中国建筑出版传媒有限公司
4	中原大地传媒股份有限公司
5	电子工业出版社有限公司
6	外语教学与研究出版社有限责任公司
7	高等教育出版社有限公司

出版融合发展特色示范单位

序号	示范单位
1	人民法院电子音像出版社
2	广东省出版集团数字出版有限公司
3	上海辞书出版社有限公司
4	长江少年儿童出版社（集团）有限公司
5	中国人民大学出版社有限公司
6	中国中医药出版社有限公司
7	中国农业出版社有限公司
8	中国图书进出口（集团）有限公司
9	《中国国家地理》杂志社有限公司
10	《中国循环杂志》社有限责任公司
11	中国数字文化集团有限公司
12	石油工业出版社有限公司
13	北京师范大学出版社（集团）有限公司
14	古联（北京）数字传媒科技有限公司
15	华东师范大学出版社有限公司
16	机械工业出版社有限公司
17	学习出版社有限公司
18	知识产权出版社有限责任公司
19	咪咕数字传媒有限公司
20	浙江教育出版社集团有限公司
21	清华大学出版社有限公司
22	湖南岳麓书社有限责任公司
23	新疆电子音像出版社

2021 年全国有声读物精品出版工程入选项目

编者按：为进一步引导推动有声读物创作生产，以精品向建党百年华诞献礼，2021 年 3 月 23 日，国家新闻出版署（国新出发函〔2021〕12 号）决定组织实施 2021 年全国有声读物精品出版工程。经组织专家评审及公示，2021 年 11 月 11 日，国家新闻出版署（国新出发〔2021〕16 号）正式公布 37 个项目入选 2021 年全国有声读物精品出版工程。

序号	项目名称	申报单位
1	习近平新时代中国特色社会主义思想学习问答（有声版）	学习出版社有限公司
2	习近平的七年知青岁月（有声版）	中国盲文出版社
3	中国共产党简史（有声版）	人民出版社
4	新中国口述史（1949—1978）（有声版）	中国人民大学出版社有限公司
5	写给青少年的党史（有声书）	青岛出版社有限公司
6	红船	四川天地出版社有限公司 深圳市懒人在线科技有限公司
7	大家写小书・马恩经典著作新读（有声书）	红旗出版社有限责任公司 上海喜马拉雅科技有限公司
8	中国制度面对面（有声版）	学习出版社有限公司
9	镌刻在党旗上的保密故事	金城出版社有限公司
10	祖国的名称	高等教育出版社有限公司
11	脊梁——共和国勋章获得者的故事	浙江电子音像出版社有限公司
12	大国工程（有声版）	中国人民大学出版社有限公司
13	清风传家	中国方正出版社有限公司
14	精准扶贫路：赵家洼与赤溪	中南出版传媒集团股份有限公司 湖南教育出版社分公司
15	特困片区脱贫记	中国农业出版社有限公司

（续表）

序号	项目名称	申报单位
16	绿色奇迹塞罕坝	河北教育音像电子出版社有限责任公司
17	红领巾云广播（系列有声读物）	福建教育出版社有限责任公司
18	乌篷里的红	浙江少年儿童出版社有限公司
19	中国科学家	辽宁教育电子音像出版社有限公司
20	见证百年的科学经典（有声读物）	中国科学技术出版社有限公司
21	钱学森画传（有声读物）	上海交通大学出版社有限公司
22	胡杨魂（第一辑）	新疆音像出版社
23	藏羚羊背上的可可西里	青海人民出版社有限责任公司
24	不断裂的文明史：对中国国家认同的五千年考古学解读（有声读物）	四川人民出版社有限公司
25	中华传统文化名家课堂音频库	中国少年儿童新闻出版总社有限公司
26	文史哲通识读本丛书（有声书）	中国传媒大学出版社有限责任公司
27	美的常识（有声版）	人民美术出版社有限公司
28	中华之美——许译中国经典诗文集系列有声读物（汉英双语）	五洲传播出版传媒有限公司
29	听！国宝在说话	人民邮电出版社有限公司
30	解密物种起源少年科普丛书（有声读物）	地质出版社有限公司
31	穿越科学大事件（医学科普篇）	重庆大学电子音像出版社有限公司
32	“快乐读书吧”有声课程（第一辑）	人教数字出版有限公司
33	赛思叔叔的十万个为什么	上海科学技术出版社有限公司
34	艺术启蒙有声书——带孩子认识 99 位艺术家	重庆大学出版社有限公司
35	创新有声儿童版西游记	完美世界（北京）网络技术有限公司
36	流浪地球——刘慈欣经典作品集（有声版）	山西春秋电子音像出版社有限责任公司
37	大秦帝国（有声版）	山东人民出版社有限公司

2022 年全国有声读物精品出版工程入选项目

编者按：为引导有声读物高质量发展，推出更多思想精深、艺术精湛、制作精良的有声精品，2022 年 7 月 13 日，国家新闻出版署（国新出发电〔2022〕21 号）决定组织实施 2022 年全国有声读物精品出版工程。经专家评审及公示，2023 年 1 月 17 日，国家新闻出版署（国新出发电〔2023〕3 号）正式公布 41 个项目最终入选。

序号	项目名称	申报单位
1	习近平讲党史故事（有声版）	人民出版社
2	习近平用典（第一辑）（有声版）	人民日报出版社有限责任公司
3	论中国共产党历史（有声版）	中央文献出版社 学习强国学习平台有限责任公司
4	读懂中国共产党（有声版）	北京联合出版有限责任公司
5	北大红楼与中国共产党创建历史丛书（有声版）	北京出版集团有限责任公司
6	学党史树理想（有声版）	人教数字出版有限公司
7	小家与大党（有声版）	中国妇女出版社有限公司
8	新征程面对面（有声版）	学习出版社有限公司
9	望道：《共产党宣言》首部中文全译本的前世今生（有声版）	浙江文艺出版社有限公司
10	趣读马克思	人民出版社
11	铸魂——与孩子一起感悟革命岁月	人民教育电子音像出版社有限公司
12	重温红色经典 传承红岩精神	中国青年出版总社有限公司
13	烈火芳华——雨花英烈传	南京音像出版社有限公司
14	长津湖（有声版）	中文在线数字出版集团股份有限公司
15	天晓——1921（有声版）	万卷出版有限责任公司
16	靠山（有声版）	人民文学出版社有限公司
17	锦绣（有声版）	春风文艺出版社有限责任公司

（续表）

序号	项目名称	申报单位
18	国士无双	时代新媒体出版社有限责任公司
19	声波里的中国航天	中国科学技术出版社有限公司
20	长篇报告文学——中国饭碗	黑龙江教育出版社有限公司
21	也许今生不再相见	广州出版社有限公司
22	张桂梅和她的孩子们	希望出版社有限公司
23	我用一生爱中国： 伊莎白·柯鲁克的故事（有声版）	四川天地出版社有限公司 上海喜马拉雅科技有限公司
24	中华先贤人物故事汇（第一辑 55 种）（有声版）	中华书局有限公司
25	考古中国——15 位考古学家说上下五千年	中信出版集团股份有限公司
26	少年读中国哲学	青岛出版社有限公司 北京凯声文化传媒有限责任公司
27	这就是中国古建筑	生活·读书·新知三联书店有限公司
28	京剧，原来这么好玩	中国唱片（上海）有限公司
29	诗意还原 未来讲堂——古诗词名家诵读 与鉴赏	中国和平出版社有限责任公司
30	丝路上的敦煌：儿童历史文化百科	人民邮电出版社有限公司 童趣出版有限公司
31	杭州韵味	浙江教育出版社集团有限公司
32	讲给孩子的医学科普知识	二十一世纪出版社集团有限公司
33	晨诵暮读——小学语文朗读（12 册）	华东师范大学出版社有限公司
34	音乐导聆	高等教育电子音像出版社有限公司
35	小行星来的大力士	中国盲文出版社
36	野生动物救助站	安徽少年儿童出版社
37	青菜侦探社（第一季、第二季、第三季）	中国图书进出口（集团）有限公司
38	捣蛋头上学记·脑洞研究院	接力出版社有限公司
39	神奇博士时空穿梭之探访科学家	广东大音音像出版社

（续表）

序号	项目名称	申报单位
40	大海在说话	海洋出版社有限公司
41	棒棒虎人体迷宫大冒险	浙江少年儿童出版社有限公司

2021年出版业科技与标准创新示范项目

编者按：为更好发挥科技与标准在出版业高质量发展中的支撑作用，加强示范引领，促进成果转化，国家新闻出版署2021年开展了出版业科技与标准创新示范项目试点工作，广泛征集技术研发、标准研制等方面的优秀成果，以及在科技与标准应用方面具有示范作用的单位。经过评选，2021年12月2日（国新出发函〔2021〕202号）正式发布“2021年出版业科技与标准创新示范项目”入选名单。

一、科技类

（一）科技创新成果

1. 出版资源语义组织与智能阅读关键理论与技术（语义出版与知识服务重点实验室）

2. DCI体系版权服务基础设施1.0（DCI技术研究与应用联合实验室）

3. 凤凰智能校对系统（江苏凤凰报刊出版传媒有限公司）

4. 古籍智能整理出版工具集［古联（北京）数字传媒科技有限公司］

5. “古谱今译”融合出版技术（上海音乐出版社有限公司）

6. 个性化中文字库自动生成技术（新闻出版智能媒体技术重点实验室）

7. 基于物联网与人工智能技术的实体书店关键装备（新闻出版领域关键技术研发及应用综合实验室）

8. 基于智能技术的教育资源数据中台建设项目（高等教育出版社有限公司）

9. 面向出版领域的信息抽取与组织关键技术（CNONIX国家标准应用与推广实验室）

10. 印刷品机器视觉的颜色检测关键技术（智能与绿色柔版印刷重点实验室）

（二）科技应用示范单位

1. 北京师范大学出版社（集团）有限公司
2. 北京外研在线数字科技有限公司
3. 博库数字出版传媒集团有限公司
4. 电子工业出版社有限公司
5. 清华大学出版社有限公司
6. 融合出版智能服务技术与标准重点实验室
7. 四川文轩在线电子商务有限公司
8. 中国科学技术出版社有限公司
9. 知识产权内容挖掘与服务重点实验室
10. 安徽新华印刷股份有限公司

二、标准类

（一）标准创新成果

1. 新闻出版知识服务系列国家标准
2.《有声读物》行业标准
3.《数字版权唯一标识符》行业标准

（二）标准应用示范单位

1. 出版业用户行为大数据分析与应用重点实验室
2. 河南教育电子音像出版社有限责任公司
3. 中国建筑出版传媒有限公司
4. 中新金桥数字科技（北京）有限公司

2022年出版业科技与标准创新示范项目

编者按：为更好发挥科技与标准在出版业高质量发展中的作用，加强示范引领，促进成果转化，国家新闻出版署2022年实施了出版业科技与标准创新示范项目，广泛征集技术研发、标准研制等方面的优秀成果，以及在科技与标准应用方面具有示范作用的单位。经过评选，2023年1月10日（国新出发函〔2023〕1号）正式公布"2022年出版业科技与标准创新示范项目"入选名单。

一、科技类

（一）科技创新成果
1. 科技期刊XML一体化融合出版平台（科技期刊数字出版及全流程管理重点实验室）
2. 全媒体版权资产保护与服务平台（数字版权服务技术重点实验室）
3. 铀媒智能校对系统（上海蜜度信息技术有限公司）
4. 人教大数据业务服务平台（人教数字出版有限公司）
5. 虚拟仿真教学——实验空间（"智能+"教育融合出版创新与应用重点实验室）
6. 基于AI技术的智能制造知识服务平台（清华大学出版社有限公司）
7. 大数据互联的智能化数字化印刷（昆山科望快速印务有限公司）
8. 版面理解技术及其产业化（新闻出版智能媒体技术重点实验室）
9. 人工智能在中医古籍图书整理和中医智慧诊疗中的研究与应用（中医药知识挖掘与出版创新服务重点实验室）
10. 人工智能翻译多语种学术库（社会科学文献出版社）
11. 知识服务领域关联标识符注册解析系统（基于区块链的出版业知识服务模式创新及应用重点实验室）
12. 5G+MEC虚拟专网技术应用印刷融合创新（安徽新华印刷股份有限公司）
13. 敦煌壁画数字化开发与智能知识服务实践（语义出版与知识服务重点实验室）
14. 基于大数据技术数字化发行信息体验工程（出版业用户行为大数据分析与应用重点实验室）
15. 基于人工智能评阅引擎的在线教学资源编校审核系统（北京外研在线数字科技有限公司）
16. 流媒体技术中台和大数据技术在融媒教育云平台的应用（大象出版社有限公司）

（二）科技应用示范单位
1. 人民卫生出版社有限公司
2. 新华文轩出版传媒股份有限公司
3. 古联（北京）数字传媒科技有限公司
4. 中国建筑出版传媒有限公司
5. 中国人民大学出版社有限公司
6. 中国图书进出口（集团）有限公司
7. 苏州工业园区美柯乐制版印务有限责任公司
8. 博库网络有限公司
9. 东北财经大学出版社有限责任公司

二、标准类

（一）标准创新成果
1. 中小学数字教材系列国家标准
2.《基于 5G 数字音乐音质要求》团体标准

（二）标准应用示范单位
1. 江苏康普印刷科技股份有限公司
2. 深圳市裕同包装科技股份有限公司
3. 山东临沂新华印刷物流集团有限责任公司
4. 安徽教育网络出版有限公司
5. 陕西北人印刷机械有限责任公司

2022年度出版业优秀科技与标准重点实验室

编者按：国家新闻出版署经对42家出版业科技与标准重点实验室2022年度工作情况进行综合考核评价，2023年2月23日（国新出发函〔2023〕4号）正式公布8家实验室为2022年度出版业优秀科技与标准重点实验室。

序号	实验室名称	牵头单位
1	数字教育出版技术与标准重点实验室	人民教育出版社有限公司
2	新闻出版智能媒体技术重点实验室	北京大学
3	教育领域融合出版知识挖掘与服务重点实验室	清华大学出版社有限公司
4	“智能+”教育融合出版创新与应用重点实验室	高等教育出版社有限公司
5	智能与绿色柔版印刷重点实验室	上海出版印刷高等专科学校
6	古籍数字化与知识工程重点实验室	古联（北京）数字传媒科技有限公司
7	出版产业通用数据交换技术重点实验室	北京理工大学出版社有限责任公司
8	数字版权服务技术重点实验室	中国科学院自动化研究所

2021年度全国广播电视媒体融合先导单位、典型案例、成长项目

编者按：为全面贯彻落实习近平总书记关于媒体融合发展的重要论述，特别是在十九届中央政治局第十二次集体学习时的重要讲话精神，深入贯彻落实中央《关于加快推进媒体深度融合发展的意见》精神，加速全国广播电视媒体融合向纵深发展进程，充分发挥先进典型的示范作用和重点项目的带动作用，2021年广电总局办公厅（广电办发〔2021〕79号）继续开展全国广播电视媒体融合先导单位、典型案例、成长项目征集评选活动。经过初评、复评、现场终评和公示，2021年12月31日（广电办发〔2021〕368号）正式公布共评出的2021年度全国广播电视媒体融合先导单位10家、提名单位7家，全国广播电视媒体融合典型案例15个、提名案例7个，全国广播电视媒体融合成长项目15个、提名项目6个。

2021 年全国广播电视媒体融合先导单位、提名单位

先导单位名单
央广新媒体文化传媒（北京）有限公司
武汉广播电视台
安吉广播电视台
江苏荔星传媒有限责任公司
上海广播电视台融媒体中心
河南广播电视台全媒体营销策划中心
广州市番禺区融媒体中心
湖南快乐阳光互动娱乐传媒有限公司
北京新媒体（集团）有限公司
青岛市广播电视台

提名名单
湖北广播电视台融媒体新闻中心
中央宣传部电影卫星频道节目制作中心融媒体中心
安徽广播电视台
张家港市融媒体中心（传媒集团）
烟台广播电视台
贵州广电传媒集团有限公司
扬州广播电视台

2021 年度全国广播电视媒体融合典型案例、提名案例

典型案例名单	
长沙广播电视集团	“融媒体 + 城市服务”融合平台
中央广播电视总台	“玉渊谭天”融媒体品牌矩阵

（续表）

天津海河传媒中心	“老乡别急，我们帮你”脱贫攻坚直播带货系列公益活动项目
恩施土家族苗族自治州广播电视台	探索媒体融合恩施模式案例
湖北广播电视台	“POWER 融媒大脑”融媒体生产管理机制
南京广播电视集团	5G Live 南京城市直播平台
嘉兴市广播电视集团（嘉兴市广播电视总台）	“禾点点”新闻客户端
上海广播电视台	阿基米德项目
湖南快乐阳光互动娱乐传媒有限公司	“光芒”超高清云制播技术在大型综艺中的应用案例
三明市沙县区融媒体中心（三明市沙县区广播电视台）	探索新型媒体主动融入县域发展的沙县路径案例
西安广播电视台	媒体融合的“出圈”路案例
寿光市融媒体中心（传媒集团）	“一合两改三体系”的寿光实践案例
广东广播电视台	“飞越广东·全面小康”融合案例
衢州市广播电视台	乡村振兴融媒体中心项目
广西广播电视台	电商扶贫直播项目

提名名单	
天津海河传媒中心	《向群众汇报》项目
上海广播电视台	“一财全球”第一财经媒体融合与国际传播案例
中国教育电视台	“同上一堂课”全媒体空中课堂
成都市广播电视台	“世界熊猫青年记者追成都”三年行动计划案例
中国广电山东网络有限公司	网络平台融合项目
福建省广播影视集团	省级广电主流媒体融合新路径
宁国市融媒体中心（宁国市广播电视台）	智慧云屏项目

2021年度全国广播电视媒体融合成长项目、提名项目

成长项目名单	
中央广播电视总台	CGTN 数据新闻工作室项目
苏州市广播电视总台	移动场景主题电台“pop-up media”
湖南芒果无际科技有限公司	无际之城 5G 虚拟现实智能制作平台
长沙广播电视集团	人工智能手语电视播报系统
南京广播电视集团	天权区块链版权存证内容生态系统
安徽省蒙城县融媒体中心	“广电 + 乡村治理”综合应用平台
福建省广播影视集团	福耳摩思：“广电 + 北斗”智能生态平台
海南广播电视总台	5G+4K/VR 智慧广电产业平台
陕西广播电视台	大数据平台项目
中国广播电视网络有限公司	5G 广播标准和产业推进项目
黑龙江广播电视台	“凯小淇”虚拟主播对话机器人研发及应用项目
金华市广播电视台	“金彩云”智造平台
上海广播电视台	长三角之声项目
云南无线数字电视文化传媒股份有限公司	面向南亚东南亚互联网电视融媒体大数据平台
中广创思网络科技有限公司	“听见广播”融媒体平台

提名名单	
陕西广电网络传媒（集团）股份有限公司	微信电视双屏融合项目
江苏省广电有线信息网络股份有限公司	以“视界观”客户端为载体的全媒体　融合转型案例
天津海河传媒中心	津云融媒体工作室案例
重庆广播电视集团（总台）	“12320 优医生”融合智慧医疗服务平台
吉林广播电视台	沐耳 FM 融媒体项目 LITE 版
广东广播电视台	广播全媒体生产发布系统

2022年度全国广播电视媒体融合先导单位、典型案例、成长项目

编者按： 为深入贯彻落实习近平总书记关于推动媒体融合发展重要论述精神，特别是在十九届中央政治局第十二次集体学习时重要讲话精神，深入贯彻落实中央《关于加快推进媒体深度融合发展的意见》精神，加速全国广播电视媒体融合向纵深发展，充分发挥先进典型的示范作用和重点项目的带动作用，2022年3月广电总局办公厅（广电办发〔2022〕75号）继续开展全国广播电视媒体融合先导单位、典型案例、成长项目征集评选活动。经过初评、复评、现场终评和公示，2022年10月（广电办发〔2022〕301号）正式公布共评出的2022年度全国广播电视媒体融合先导单位10家、提名单位6家，全国广播电视媒体融合典型案例15个、提名案例7个，全国广播电视媒体融合成长项目15个、提名项目7个。

2022年全国广播电视媒体融合先导单位、提名单位

先导单位名单
中央广播电视总台新闻新媒体中心
黑龙江广播电视台
江苏省广播电视总台
浙江广播电视集团
河南广播电视台
湖北广播电视台融媒体新闻中心
无锡广播电视集团（无锡市广播电视台）
长沙广播电视集团
上海第一财经传媒有限公司
河北广电无线传媒股份有限公司

提名名单
辽宁广播电视集团（辽宁广播电视台）
浙江华数广电网络股份有限公司
重庆广播电视集团（总台）融媒体新闻中心

（续表）

贵州市广播电视信息网络股份有限公司
陕西广电融媒体集团（陕西广播电视台）经营中心
银川市新闻传媒中心

2022年全国广播电视媒体融合典型案例、提名案例

典型案例名单	
中央广播电视总台	2022北京冬奥会融媒体报道的创新突破
北京广播电视台	京津冀之声
齐齐哈尔市融媒体中心	创建区域新媒品牌，占领地方舆论高地 ——齐齐哈尔市融媒体中心媒体融合发展实践
上海东方龙新媒体有限公司	“精彩生活 不旁观”SMG视频流媒体平台百视TV媒体融合探索
江苏省广播电视总台	虚拟形象创作与应用：对虚拟现实生态链的新构建
绍兴市新闻传媒中心	地市级媒体融合改革的“绍兴样本”
安徽广播电视台	“七位一体”推进媒体深度融合的安徽实践
福建省广播影视集团	海峡卫视融合发展事业群
萍乡市新闻传媒中心	破“界”而“融”：萍乡市整合资源打造新型主流媒体探索
青岛市广播电视台	青岛广电“青骑兵”团队模式：人单合一自驱动，构建生态广电体系
武汉广播电视台	打造全媒体社会治理平台的融合创新探索 ——以武汉广播电视台电视问政为例
湖南广播电视台	全面释放优质产能 加快提升发展势能 ——湖南卫视挺进主战场的融合创新实践
广东广播电视台	广东广播电视台电视融媒体中心“融媒工作室矩阵”
海南广播电视台	《全球国货之光》开创“媒体+外事+电商”融合创新新模式
德阳市广播电视台	《德阳市民通》智慧城市新媒体平台

提名名单	
电影频道节目中心	“经典频传：看电影、学党史”系列短视频 ——开拓党史学习教育与媒体深度融合新实践
黑龙江广播电视台	龙广电 MCN
上海广播电视台	广播电视网络日播型融媒联播节目《民生一网通》
河南广播电视台	“共和国不会忘记 ——传承红色基因 我为烈士寻亲”大型公益寻亲融媒体活动
湖北广播影视台	乡村振兴新力量 内容传播新渠道 经营创收新赛道 ——垄上 MCN 打造广电 MCN “三新”发展模式
四川广播电视台	《三星堆新发现·揭秘》系列直播
西藏广播电视台	珠峰云平台

2022 年全国广播电视媒体融合成长项目、提名项目

成长项目名单	
中央广播电视总台	基于“百城千屏”业务模式的 8K 超高清节目呈现
河北广播电视台	河北“广电 +”互联网经济聚合平台产业项目暨河北广电 MCN 项目
上海广播电视台	上海广播音乐中心及融媒体应用支撑平台
苏州市广播电视总台	SBS《创赢未来》：构建垂类品牌运营新生态
温州广播电视传媒集团	温州人融媒资源平台
青岛市广播电视台	广播全媒体转型的“青岛路径”——青岛广播媒体融合创新实践
河南广播电视台	“融合经营 大象赋能”——大象 MCN 践行“融转用”
湖北广播电视台	长江云开启媒体深度融合新模式
湖南芒果无际科技有限公司	影视级 XR 虚拟拍摄系统
中广天泽传媒股份有限公司	中国 V 链
广东广播电视台	《老广的味道》融媒体项目
南宁广播电视台	“云上丝路”国际传播项目
四川广播电视台	四川观察：互联网品牌全链路服务平台
陕西广电融媒体集团有限公司	新型全媒体平台建设项目

提名名单	
北京广播电视台	北京城市声音金名片——北京之声
辽宁北斗云融媒科技有限公司	创新媒体融合加强模式 助力智慧城市建设
江苏省广播电视总台	《松鼠悦读》全媒体有声阅读平台
南京广播电视集团	奇迹畅娱 MCN：为城市广电的突围打开新空间
成都市广播电视台	Chengdu Plus 全球融媒体传播渠道平台
云南广播电视台	“多样星球”融媒栏目
陕西广电移动电视有限公司	新一代城市公共视频信息服务系统

2023 年度全国广播电视媒体融合先导单位、典型案例、成长项目

编者按：为深入学习宣传贯彻党的二十大精神，进一步落实党中央决策部署，推进全媒体传播体系建设，推动广播电视媒体深度融合发展，2023 年 3 月总局办公厅（广电办发〔2023〕69 号）继续开展了全国广播电视媒体融合先导单位、典型案例、成长项目征集评选活动。经过初评、复评、现场终评和公示，2023 年 8 月（广电办发〔2023〕243 号）正式公布共评出的 2023 年度全国广播电视媒体融合先导单位 10 家、提名单位 5 家，全国广播电视媒体融合典型案例 15 个、提名案例 8 个，全国广播电视媒体融合成长项目 15 个、提名项目 7 个。

2023 年全国广播电视媒体融合先导单位、提名单位

先导单位名单
中央广播电视总台视听新媒体中心
河南广播电视台大象新闻中心
尤溪县融媒体中心
陕西广电融媒体集团（陕西广播电视台）
北京广播电视台融媒体中心
长兴县融媒体中心

（续表）

阿克苏地区融媒体中心（阿克苏日报社、阿克苏地区广播电视台）
福建省广播影视集团融媒体资讯中心
江阴市融媒体中心
西安市广播电视台（集团）
提名名单
广州市广播电视台
吉林广播电视台
广西广播电视台
遂宁市新闻中心（遂宁传媒集团）
南宁广播电视台

2023年全国广播电视媒体融合典型案例、提名案例

典型案例名单	
河南广播电视台	“中国节日”系列节目
湖北广播电视台	从地面频道到数字媒体：湖北经视探索民生频道
数字化转型新路径	创建区域新媒品牌，占领地方舆论高地 ——齐齐哈尔市融媒体中心媒体融合发展实践
陕西广电融媒体集团 （陕西广播电视台）	“丝绸之路万里行”：开创全媒体国际传播生产运营新模式
江西广播电视台	打开智趣社区 刷新精彩生活——江西广电今视频客户端的探索实践
中央广播电视总台	融媒体微广播剧《千里江山》融合创新实践
上海广播电视台	“非遗来了”融媒体项目
安徽广播电视台	先声夺人 融合传播——“908新媒体”的破圈之路
广东广播电视台	《从农场到餐桌》——媒体与多产业融合助农的创新实践
南京广电集团	牛咔视频 云上南京——城市形象展示和传播总入口

（续表）

湖南风芒传媒有限公司	湖南广电短视频平台风芒 APP
浙江广播电视集团	“中国蓝名嘴”：广电记者主持人账号培育探索
新疆广播电视台	媒体融合背景下“海米提正能量”新媒体新闻品牌打造
河北广播电视台	河北广播电视台《冀有好物》：成功打造引擎型广电节目融合新模式
贵州广播电视台	“出圈”有迹可循——贵州广播电视台“村 BA”融合传播创新实践
成都市广播电视台	《天府工匠》大型技能挑战融媒体节目：创新主流价值融合传播的内容表达

提名名单	
四川广播电视台	四川观察：互联网品牌全链路服务平台
海南广播电视台	《大使家宴》开创节目与产业融合之路
深圳广播电影电视集团	守正创新 深耕特色 融合赋能——深圳广电“直新闻全媒融合建设”实践
苏州市广播电视总台	《大医生在线》新闻 + 健康智慧平台
邳州市融媒体中心	银杏融媒数字化探索赋能县域治理新实践
合肥市广播电视台	以融合思维破题 助内容创新出圈——以全媒体栏目《说合肥》为例
阿拉善广播电视台	《遇见·多彩阿拉善》地区主题品牌宣传项目
河南广播电视台	“中医药融媒矩阵及产业链”项目

2023 年全国广播电视媒体融合成长项目、提名项目

成长项目名单	
中央广播电视总台	总台算法建设
北京市海淀区融媒体中心	“掌上海淀”客户端依托数字孪生社区深度融入社会治理
湖南快乐阳光互动娱乐传媒有限公司	AI 自动化视频创作开放平台
河南广播电视台	河南交通广播交广领航

（续表）

西安广播电视台	“文化出圈，创意出海”——构建基于全球传播生态的城市外宣平台
安徽广播电视台	安徽卫视主持人事业部——聚力向云端
湖北广播电视台	《315·我们在行动》打造融媒时代舆论监督新模式
肃南裕固族自治县融媒体中心	突出新闻＋民族特色 打造本土融媒精品
四川广播电视台	四川观察“熊猫眼”（panda eyes）全球传播计划
河北广播电视台	“冀时”客户端
桐乡市传媒中心	县级融媒体中心媒体融合数字化先行项目
苏州市广播电视总台	新型智能化数据管理平台——“星聚”资源汇聚平台
红河州融媒体中心	新时代州市级媒体国际 传播的红河实践
沈阳广播电视台	沈阳现代化都市圈广电视听联盟

提名名单	
河南广播电视台	河南广播电视台“大象帮”平台
陕西广电网络传媒（集团）股份有限公司	“两中心三融合四赋能”的陕西省市级融媒体平台建设
中央广播电视总台	《声动中国》融媒体项目
贵州广播电视台	“融合创新 打造品牌”——《詹姆士的厨房》美食垂类融媒体项目
芜湖传媒中心	大江看看 APP——从“运营媒体”到“运营城市”
满洲里市融媒体中心	讲好中国故事的亮丽窗口——阿科诺客户端
宁津县融媒体中心	宁津县“智屏融合”智慧广电生态体系建设项目

2020年度全国新闻出版深度融合发展创新案例

编者按：为深入学习贯彻落实习近平总书记关于加快推进媒体深度融合发展的重要指示精神，贯彻落实两办《关于加快推进媒体深度融合发展的意见》，客观真实地反映各地区媒体深度融合发展的进程与现状，通过典型经验和创新案例进一步集中展示新闻出版单位深度融合的成果，发挥深度融合发展过程中涌现的新模式、新技术、新平台的示范引领作用，推动业界互学互鉴。2020年9月至12月，中国新闻出版传媒集团有限公司主办，中国新闻出版广电网、大方智库（北京）信息技术研究院承办组织开展了全国新闻出版深度融合发展创新案例征集活动。为确保案例征集工作的规范性、权威性，推荐出确有创新价值、示范意义、引领作用的优秀案例，活动主办方邀请行业相关部门领导、知名专家和新闻出版单位负责人组成专家推荐委员会，对报送的案例进行了严格审核，经过初审、复审、终审、终审复核等程序，按照审核得分情况并参考案例材料，2021年10月19日正式公布推荐入选案例482个。

传媒类创新案例入选名单（共301个）

序号	单位名称	案例名称
1	央广网文化传媒（北京）有限公司	习近平治国理政思想国家声音库 暨习近平新时代中国特色社会主义思想声音平台全媒体传播工程
2	光明网传媒有限公司	《习近平谈治国理政》（1—3卷）语音陪伴套装版
3	人民日报社	加快构建全媒体传播格局 ——人民日报社推进媒体深度融合发展综述
4	新华通讯社新媒体中心	AI合成主播项目
5	新华通讯社新媒体中心	“现场云”全国服务平台
6	中国青年报社	中国青年报社“融媒云厨”
7	人民政协报社	“假如我是委员”小程序
8	人民政协报社	“美丽四平 政协担当”融合报道项目
9	科技日报社	以“一库两翼三平台”为抓手 全力推进媒体深度融合发展——科技日报社“一库两翼三平台”专项规划纲要（2020—2022）
10	中国家庭报社	小家厨房
11	中国家庭报社	小家直播
12	中国审计报社	践行“四力”讲好中国审计故事 ——中国审计报社媒体融合产品案例

（续表）

序号	单位名称	案例名称
13	中国审计报社	中国审计报社审计移动传播服务平台
14	中国电力传媒集团有限公司	以能源电力视角的抗“疫”系列融媒体报道
15	中国电力传媒集团有限公司	“走向我们的小康生活·幸福来电”融媒体报道
16	人民法院新闻传媒总社	中国法院移动门户平台——天平阳光一体化移动平台
17	中国气象报社	创新融媒体运行机制 提升气象宣传效能
18	中国妇女报社	中国妇女报社融媒体中心 《网上妇女之家——中国女性数字传播与服务平台》
19	中国妇女报社	中国妇女报官方微博
20	中国旅游报社	中国旅游报社创新推动融合发展
21	中国石油报社	中国石油报社 5G 智慧融媒体生产管理系统创新案例
22	检察日报社	“民法知识”小程序
23	中国人事报刊社	“奋斗在脱贫攻坚一线的第一书记”征文
24	金融时报社	“反洗钱知识线上答题”题目
25	中国教育报刊社	中国教育报刊社建设“智融平台”推进媒体深度融合
26	团结报社	团结报社“数字团结”数据信息服务项目
27	团结报社	团结报社融媒体一体化平台项目
28	《健康时报》社有限责任公司	人民日报客户端
29	参考消息报社	“致敬最可爱的人——纪念抗美援朝 70 周年”大型融媒报道
30	精神文明报社	新时代四川精神文明建设全媒体综合服务平台
31	中国少年儿童新闻出版总社有限公司	“给孩子的两会新闻”系统融媒体产品
32	中华合作时报社	中国供销融媒体方阵
33	中华全国供销合作总社声像中心	蒲公英 TV 及视频会议系统
34	农银报业有限公司	“农银融媒”APP 项目
35	新京报社	新京报我们视频

（续表）

序号	单位名称	案例名称
36	新京报社	新京报全媒体传播矩阵平台
37	北京日报报业集团	坚持真打通真融合 重构党报集团运行体系 ——北京日报报业集团深度融合发展创新案例
38	上海日报社	上海日报英文采编发一揽子解决方案
39	上海日报社	驻沪跨国企业国际传播合作交流机制
40	浙江日报报业集团	天目新闻客户端
41	南方日报社	优化组织架构 推动深度融合发展
42	江西日报社江西新闻客户端	江西日报社“赣鄱云”融媒体智慧平台
43	江西日报社江西新闻客户端	全国首张 AR 直播报纸
44	湖南日报社	走向主战场 述说好生活——湖南日报社“走向胜利”主题报道
45	江苏新华日报传媒有限公司	“新华红”党建聚合服务创新团
46	江苏新华日报传媒有限公司	长三角健康融创汇
47	新华报业传媒集团	在中国 看 Frank 打开长三角“盲盒”
48	新华报业传媒集团	江苏紫金云美术馆一、二期建设项目
49	贵州日报当代融媒体集团 有限责任公司	全力打造贵州新闻传播“云”航母 ——贵州日报报刊社“天眼新闻”客户端
50	贵州日报当代融媒体集团 有限责任公司	贵州组建首个融媒体云上编辑部：立足为县级融媒体中心服务 提升县级融媒体中心主流舆论阵地建设活力
51	湖北日报传媒集团	湖北日报融媒体中心
52	大众报业集团（大众日报社）	“齐鲁智慧媒体云”深度融合服务平台
53	大众报业集团（大众日报社）	“发往前线的家书”大型融媒公益项目
54	山东大众日报融媒传播有限公司	“致敬白衣战士”系列融媒报道
55	广西日报社新媒体部	广西云数字媒体集团筹备组建
56	甘肃日报报业集团有限责任公司	打造全省一个平台 一张网——甘肃日报报业集团（甘肃新媒体集 团）助力全省县级融媒体中心建设的探索与实践
57	甘肃日报报业集团有限责任公司	推进媒体深度融合发展的“甘肃实践”——甘肃日报报业集团锐 意改革创新求变 推动融合转型取得丰硕成果

（续表）

序号	单位名称	案例名称
58	云南日报报业集团	云南省级融媒体云平台——云南智慧云
59	新疆日报社（新疆报业传播集团）	“石榴云”：智在融合 一体赋能 ——新疆“石榴云”融媒体技术平台
60	长城新媒体集团	冀云·融媒体平台：打造全国媒体深度融合“新样板”
61	济南日报报业集团	自主融媒云平台 赋能城市新发展
62	济南日报报业集团	泉城“总客服”暨济南市掌上 12345 智慧服务平台
63	兰州日报社	兰州日报社“双中心”融合案例
64	兰州日报社	兰美美融媒体系列作品
65	长江日报报业集团	《武汉这一刻》微纪录片栏目
66	长江日报报业集团	谨以此片献给我们一起走过的 2020
67	福州日报社	县级融媒体中心建设的福州探索
68	羊城晚报报业集团	羊城晚报报业集团全媒体指挥中心
69	羊城晚报报业集团	羊城晚报短视频传播矩阵
70	深圳报业集团视听中心	深圳报业集团视频集约生产与运营方案
71	深圳特区报社	“致敬拓黄牛·奋斗者的故事”系列短视频专题
72	深圳特区报社	读特客户端深化改革打造“改革开放第一端”
73	青岛日报报业集团	老年生活大学融合发展项目
74	青岛日报报业集团	“发现青岛——城市新地标·网红打卡地征集评选”活动
75	青岛报业传媒集团有限公司	“观海”全生态媒体融合一体化平台 ——青岛日报社（集团）全面推进媒体深度融合改革实践
76	青岛报业传媒集团有限公司	“智慧青岛”一体化服务平台
77	荆州日报传媒集团有限公司	荆州日报新闻梦工厂
78	荆州日报传媒集团有限公司	5+N 数字内容版权服务平台
79	盐阜大众报报业集团	基于聚合类技术应用的采编流程再造
80	盐阜大众报报业集团	地级市党媒新型主流媒体区域平台——众媒云

（续表）

序号	单位名称	案例名称
81	苏州日报报业集团（苏州日报社）	苏州“实境云课学法宝”学习平台
82	徐州报业传媒集团	建设大平台 打造徐州眼 ——徐州报业传媒集团推进汉风号建设的战略考量和现实路径
83	徐州报业传媒集团	专业化 系列化 项目化 平台化 ——徐州报业传媒集团视频业务发展探索
84	商丘日报报业集团	商丘日报在战“疫”中的融合创新报道探索
85	济宁报业传媒集团有限公司	欢迎来我村看看——大型融媒体网络扶贫公益平台
86	泰州报业传媒集团	打造泰州创客 助力创业富民
87	泰州日报社（泰州报业传媒集团）	创新融合发展思路助推地方主流媒体公众号跃居全省第一
88	厦门日报社	城市党媒纵深融合 打造内容生产“创新工场”——以厦门日报社湖里区全媒体记者站为例，探索党媒采编团队转型成长记
89	三峡日报社	宜昌市 12345 市民服务热线深度融合项目
90	三峡日报社	宜昌市市县一体融媒体中心平台项目
91	南充日报社	三国源论坛
92	南充日报社	建平台 深融合 重治理 强服务 ——全媒南充大数据平台（南充见 APP）运行模式探析
93	岳阳日报社	采编融合聚变发力 宣传报道“四力”齐升 ——岳阳日报媒体深度融合采编改革创新案例
94	宝鸡日报社	“宝报优选”电商平台（手机版）
95	宝鸡日报社	“走进巍巍秦岭 感受中华祖脉”大型采访活动
96	辽源日报社	“破”出融合格局 “立”住转型底气
97	广安日报社	“融”风起兮转型激
98	焦作日报社	融媒时代坚守党报阵地 分众传播走进广阔天地 ——解析焦作日报社“1+1”深耕服务模式
99	新华日报社常州分社	2020 世界工业与能源互联网暨国际工业装备博览会
100	新华日报社常州分社	2020 中国金坛全球招商网络大会
101	金华日报报业传媒集团	金华日报融媒体 3.0 模式

（续表）

序号	单位名称	案例名称
102	金华日报报业传媒集团	最美思政课——《此行无悔》进校园系列活动
103	深圳商报社	来了就是深圳人 快来领张“深份证”
104	深圳商报社	深圳商报 & 读创（中国商事主体第一端）
105	晶报社	“i 深圳”政务全媒体运营
106	晶报社	晶报说
107	潮州日报社	2020 年潮州市网上房地产交易展示会
108	德阳日报社	坚持“五个融合” 加快主力军向主阵地挺进
109	柳州日报社	在大歌中感悟 在融合中前行——从柳州日报社融媒体作品《“侗”力之音》创作特点看地方党报深度融合
110	柳州日报社	打造“四大三全”主流媒体
111	泸州日报社	川江号客户端
112	株洲日报社	着力推动从单纯办报向办全媒体转型
113	丽水日报报业传媒集团	“文旅 +”深度融合 推进全域旅游惠民卡发行
114	台州日报报业传媒集团	“好产品 台州造”大型服务活动系列报道
115	湛江日报社	从 0—100 万 湛江日报官方微信公众号创新发展之路
116	丹东日报社	推出“媒体 + 政务”“媒体 + 服务”“媒体 + 商务”系列产品
117	宜春日报社	重大主题报道地方党媒的融合创新实践
118	贵港日报社	利用新媒体矩阵开展新时代文明实践活动
119	新余日报社	新余日报社打造“媒体 + 政务 + 服务”融媒体服务平台
120	鹰潭日报社	媒体融合“鹰潭方案”——地级市融媒体中心平台建设的探索与实践
121	鹰潭日报社	政务公开“鹰潭模式”——鹰潭日报社打造独具特色政务客户端的探索与实践
122	安顺日报社	推进媒体融合 助力黔货出山
123	北京周报社	“对话太平洋”对美舆论斗争媒体深度融合

（续表）

序号	单位名称	案例名称
124	新民晚报社	新民晚报“全媒体工作室”： 个性人设＋垂直聚焦 打造“柔性轻骑兵”
125	新民晚报社	新民晚报《AI 动画：三毛进博记》： “技术＋创意”带动表达创新
126	南方都市报社	“最美逆行者”系列融媒产品
127	南方都市报社	《深爱 40 我圳好看》 40 小时不间断大直播以及相关融媒体创意报道
128	南方周末报社	南方周末内容付费工程
129	南方周末报社	善择——中国企业社会责任云平台
130	半岛都市报社	“半岛创意”全媒全案数字营销服务品牌
131	半岛都市报社	基于区块链技术下的“半岛智媒链”数字融媒项目
132	长春晚报社	新时代 新摇篮 新力量——2020 长春电影节城市定向赛
133	齐鲁晚报	齐鲁晚报·齐鲁壹点新型智慧媒体
134	齐鲁晚报	壹点云高招——2020 年山东高考招生咨询会系列融媒产品
135	扬子晚报	少年志教育融媒平台
136	扬子晚报	《战疫·苏史记》
137	深圳晚报社	深圳喜马拉雅
138	新闻报社	021 视频
139	泉州晚报社	泉州晚报社智媒体与大数据服务云平台构建与应用
140	河北青年报社	河北青年报社深度融合发展创新
141	江苏经济报社	5G+VR/AR 在新闻＋政务服务商务中的应用
142	北京科技报社	科普中国·科学答人
143	上海科技报社	打造家门口的科普集散中心 ——上海科技报社“智慧科普”的实践与思考
144	湖南科技报社	发挥专业媒体优势 打造科普融媒矩阵

（续表）

序号	单位名称	案例名称
145	陕西科技报社	社—政—企—媒 智慧科技融媒合作新模式
146	农业科技报社	《农业科技报》三农特色全媒体传播与服务体系创新案例
147	南方农村报社	广东农产品“保供·稳价·安心”数字平台
148	南方农村报社	“脱贫奔康·粤来粤好” ——广东“助力脱贫攻坚 共建美好时代”扶贫助农系列公益活动
149	人才就业社保信息报社	构建特色化八融八品体系 打造行业新兴主流媒体
150	辽宁教育周报出版有限公司	教育周报·在线学堂
151	广西科学技术普及传播中心	全媒体科普信息传播平台建设
152	广西科学技术普及传播中心	广西农技云课堂
153	辽宁北方教育报刊出版有限公司	《数学周报》社全流程数字化转型融合发展
154	淮北市传媒中心	坚持共融共通 打造新型传播平台
155	营口市新闻传媒中心	党的坚强领导推动媒体融合行稳致远
156	石嘴山市新闻传媒中心	以深化改革推进媒体深度融合 ——石嘴山市新闻传媒中心推动媒体深度融合发展创新案例
157	榆林传媒中心	坚持守正创新破立并举 构建融合发展体制机制
158	深圳国际文化产业博览交易会有限公司	第十六届中国（深圳）国际文化产业博览交易会（云上文博会）
159	深圳报业地铁传媒有限公司	“致敬深圳 40”——庆祝深圳经济特区建立 40 周年 地铁系列主题活动
160	成都深报地铁传媒有限公司	成都地铁广告融媒体在线化发展
161	贵州悦读文化传媒有限公司	安顺日报社“走进 100 个美丽乡村”活动
162	中共重庆市委当代党员杂志社	深度融合激发党刊全媒体活力 ——中共重庆市委当代党员杂志社融合出版、迭代发展的实践探索
163	南方杂志社	建设南方党建智库 服务全面从严治党
164	南方杂志社	持续推进“两个融合”着力打造 广东独具价值的党刊全媒体传播矩阵
165	家庭期刊集团有限公司	传统 IP+ 新媒体的融合创新发展

（续表）

序号	单位名称	案例名称
166	中国青年杂志社	全媒体讲好青年抗疫故事 中国青年杂志“2020 青春战疫”融媒体报道创新案例
167	人民画报社	人民画报“人民记忆”系列视频产品
168	《人民司法》杂志社	《人民司法》在线服务平台
169	三联生活传媒有限公司	三联生活周刊的融媒体发展与转型
170	三联生活传媒有限公司	三联中读
171	财新传媒有限公司	新闻付费阅读：财新的 践行与思考
172	中国青年出版总社有限公司	“青年文摘·好课”RAYS 现代纸书
173	读者出版传媒股份有限公司	读者蜂巢
174	《中国学术期刊（光盘版）》 电子杂志社有限公司	中国科技期刊卓越行动计划之科技期刊数字化运营国际平台
175	江西教育传媒集团有限公司	江西教育传媒集团组建融媒体中心促进媒体深度融合
176	黑龙江报刊传媒集团有限公司	内容学习平台建设——“易说”公众号
177	辽宁北方期刊出版集团有限公司	期刊集团编辑出版全流程数字化转型
178	广西期刊传媒集团有限公司	“小书童”在线有声阅读平台
179	广西期刊传媒集团有限公司	少儿期刊沉浸式互动内容打造
180	北京《瑞丽》杂志社有限公司	瑞丽融合创新发展：成立北京《瑞丽》数字科技有限公司
181	河南科技期刊传媒集团有限公司 （河南《创新科技》杂志社）	河南科技期刊传媒集团新闻出版深度融合发展创新案例
182	广东新周刊杂志社有限公司	创立新媒体公司 加快新周刊媒体融合转型
183	广东新周刊杂志社有限公司	全力打造 APP 项目 引领新周刊进入新锐 2.0 时代
184	《中国战略新兴产业》杂志社	“中国战略新兴产业”融媒体矩阵
185	贵州画报期刊传媒集团有限公司 （贵州新闻图片社有限公司）	智慧研学 APP——贵州研学旅行公共服务平台
186	贵州画报期刊传媒集团有限公司 （贵州新闻图片社有限公司）	视阅 APP——出版融媒体综合服务平台
187	《时尚 COSMO》杂志	中国姑娘

（续表）

序号	单位名称	案例名称
188	《时尚 COSMO》杂志	COSMO Hits
189	陕西女友传媒发展有限公司	陕西首创：《女友》杂志开创互联网发行新模式 推动媒体融合发展
190	辽宁《垂钓》期刊社有限公司	垂钓传媒深度融合发展创新探索之路
191	婚姻与家庭杂志社	婚姻与家庭幸福研习社
192	婚姻与家庭杂志社	中国家庭幸福成长计划项目
193	四川看熊猫杂志有限公司	看熊猫全媒体立体传播平台
194	湖南时代邮刊有限责任公司	催化融合质变 打造湖湘新型主流媒体
195	湖南时代邮刊有限责任公司	建立全媒体传播体系 促进内容生产深度融合
196	上海故事会文化传媒有限公司	故事会 APP 多元内容立体化分销云平台
197	《书香两岸》杂志社	帮助别人 点亮自己 在阅读和吟唱中找回生命那束不可或缺的光
198	吉林省意林杂志社有限公司	创新为媒 融合发展——《意林》杂志打造全网影响力的探索之路
199	中国国家地理杂志社《中华遗产》杂志	《中华遗产》杂志全媒体融合项目——赏音＋悦读＋乐享
200	北京承启文化传播有限公司	育朵：0—12 岁儿童成长知识服务平台 ——基于传统期刊的内容整合与挖掘
201	《知识就是力量》杂志社有限公司	《知识就是力量》杂志构建互联网＋阅读、 传播、活动三大媒体融合矩阵创新探索
202	《中华医学杂志》社有限责任公司	科技部、国家卫生健康委、中国科协、中华医学会 “新冠肺炎科研成果学术交流平台”
203	北京科印传媒文化股份有限公司	产业媒体的融合化转型探索
204	《中国中药杂志》编辑部	《中国中药杂志》媒体融合实践案例
205	有科期刊出版（北京）有限公司	从各自为战编辑部到行业核心国有企业·一级学会·一流高校 联合出版创新平台公司
206	《中国护理管理》杂志社	《中国护理管理》云课堂
207	《江苏船舶》编辑部	《江苏船舶》融合新媒体 助力船舶与海洋科技文化传播
208	《实用临床医药杂志》编辑部	《实用临床医药杂志》开启学术出版全网融合出版新征程
209	《实用临床医药杂志》编辑部	医工结合创新研究 突破交叉学科“蓝海”
210	《中国科学院院刊》编辑部	《中国科学院院刊》：“智库战‘疫’” ——释放国家高端科技智库媒体传播动能 践行智库期刊使命担当

（续表）

序号	单位名称	案例名称
211	《浙江林业》杂志社	深度融合《浙江林业》构建全媒体传播体系
212	襄阳广播电视台	襄阳广播电视台广播媒体融合发展探索
213	北京市大兴区融媒体中心	大兴开门办媒之风 打造媒体 +N 新模式
214	北京市大兴区融媒体中心	大兴区融媒体中心创新案例
215	上海市嘉定区融媒体中心	强化“新闻 + 政务服务商务”功能 更好引导群众服务群众
216	重庆市江津区融媒体中心	县级融媒体中心媒体融合改革的做法及成效
217	重庆市潼南区融媒体中心	重庆市潼南区五创新推进媒体融合
218	厦门市海沧区融媒体中心	坚持“内容为王”“移动优先” 打造党委政府联系群众主渠道的县融建设“海沧模式”
219	广州市增城区融媒体中心	融媒先导：优势互补 推动媒体融合出新出彩
220	邹城市融媒体中心	四融赋能 守正创新——打造媒体深度融合的“邹城路径”
221	昆山市融媒体中心	跨越县级媒体融合的“三大难题”
222	邳州市融媒体中心	银杏融媒：守正创新 做好“融”文章 ——县级融媒体中心建设的邳州实践
223	张家港市融媒体中心（传媒集团）	努力探索县级媒体融合发展的“张家港样本”
224	桐乡市传媒中心	“1+X”构建桐乡特色融媒体制度体系
225	桐乡市传媒中心	“AR 看桐乡”创新媒体传播方式
226	项城市融媒体中心	守正创新 全力推进媒体融合向纵深发展
227	项城市融媒体中心	项城融媒大数据平台成为脱贫攻坚的“助推器”
228	大冶市融媒体中心	建设主流舆论阵地 推进媒体融合发展
229	醴陵市融媒体中心	从相加到相融跨越 高质量打造县级融媒体中心 ——县级融媒体中心建设的醴陵实践
230	辛集市融媒体中心	发挥融媒体优势 形成舆论场合力
231	五指山市融媒体中心	五指山市融媒体中心机构组织改革创新
232	汝州市融媒体中心	坚持守正创新 全面融合发展
233	汝州市融媒体中心	《汝州旅游攻略：二十四节气》

（续表）

序号	单位名称	案例名称
234	赤壁市融媒体中心	云上赤壁：探索“新闻+”模式 打通服务群众最后一公里 ——云上赤壁探索构建深度参与基层社会治理模式
235	赤壁市融媒体中心	赤壁市融媒体中心：“融”创未来 打造区域新型主流媒体
236	腾冲市融媒体中心	腾冲市融媒体中心依托“i腾冲”APP助推“双中心”建设
237	宜昌市夷陵区融媒体中心	“媒体+旅游”云端见三峡 ——夷陵区融媒体中心创新拓宽增收渠道案例分析
238	衡阳市雁峰区融媒体中心	按下“快进键”念好“融字诀”全力做好融媒体中心建设
239	长治市上党区融媒体中心	上党区融媒体中心建设工作经验
240	长兴县融媒体中心	以互联网思维构建县域融媒体中心
241	香河县融媒体中心	根深才能叶茂 源远方能流长 ——扎实抓好县级融媒体中心建设的“香河模式”
242	武强县融媒体中心	守正创新 推进县级融媒体中心建设 打造融媒体改革“武强样板”
243	宁津县融媒体中心	实施“党媒强基工程”推进媒体深度融合
244	宁津县融媒体中心	宁津县“数字化电梯宣传服务终端”项目
245	寿县融媒体中心	全媒发声 当好疫情防控宣传主力军
246	寿县融媒体中心	践行“四力”强本领 融聚精彩凝硕果 ——开办寿县融媒大讲堂的创新做法与启示
247	如东县融媒体中心	如东融媒：先行先试 努力书写媒体融合发展新答卷
248	沛县融媒体中心	把握时代脉搏 再唱大风强音
249	尤溪县融媒体中心	系统化运营 全媒体联动 ——尤溪县“四创四融”推进媒体改革发展
250	巴东县融媒体中心	县级融媒体融合发展：媒体+政务+服务（电商）
251	保康县融媒体中心	“新闻+”到心坎上 ——保康县融媒体中心创新传播方式提升传播效能
252	茶陵县融媒体中心	看新颜 拼农货 邀你一起“云”游茶陵 ——《第一书记直播间》节目
253	分宜县融媒体中心	江西省分宜县：深化大融合 建设全媒体
254	城固县融媒体中心	“千万”网红有“娘家”共画网上网下同心圆 ——城固县创新设立新媒体达人工作室 践行全媒体时代群众路线

（续表）

序号	单位名称	案例名称
255	靖远县融媒体中心	依托“融媒体 + 网格化综合管理系统”提升社会治理能力
256	仁寿县融媒体中心	四川仁寿县：用好加减乘除法 算好基层治理明白账
257	松潘县融媒体中心	“三个第一” 铸就藏区“松潘经验”
258	富顺县融媒体中心	开发一个什么样的移动客户端
259	广南县融媒体中心	广南县融媒体中心深度融合发展 构建全媒体传播体系
260	盈江县融媒体中心	盈江县融媒体中心深度融合发展
261	中宁县融媒体中心	守正创新抓融合 奋楫扬帆启新程 ——中宁县融媒体中心建设的创新探索
262	贺兰县融媒体中心 （贺兰县广播电视台）	构筑生态圈 做大新增量 探索融媒体“五全五变”贺兰模式
263	人民网股份有限公司	人民视频
264	人民视听有限公司	“十二时辰长安秀”大型城市秀活动
265	人民网股份有限公司	“我的丰收 我的节”70 地庆丰收全媒体联动直播
266	人民视听有限公司	人民拍客
267	人民网信息技术有限公司	人民网内容风控业务
268	新华网股份有限公司	卫星新闻产品《卫星知识局》
269	新华网股份有限公司	新华网“思客数理话”富媒体升级项目
270	央广网文化传媒（北京）有限公司	《远山的回响》脱贫攻坚系列报道 全媒体谱写新时代山乡巨变的中国实践样本
271	检察日报社正义网	法律答“疫”
272	半月谈新媒体科技有限公司	半月谈基层党建融媒体学习站 提供智慧党建新体验
273	半月谈新媒体科技有限公司	半月谈 APP 党媒更懂公考
274	澎湃新闻网	澎湃在线内容风控智能平台
275	澎湃新闻网	澎湃新闻对政务平台的创新发展
276	重庆华龙网集团股份有限公司	华龙网融合创“芯” 加快打造新型媒体集团
277	重庆华龙网集团股份有限公司	重庆“1+41”融媒体客户端集群建设项目

（续表）

序号	单位名称	案例名称
278	山东省互联网传媒集团股份有限公司	大众舆情协同处理云平台
279	山东省互联网传媒集团股份有限公司	智慧党建云平台
280	四川封面传媒有限责任公司	第八届中国（绵阳）国际科技博览会云展馆
281	云南网际科技有限公司	新时代文明实践中心云平台
282	中国江苏网	融合创新 当好党的创新理论传播者 ——《习语常听》系列产品融合宣传创新
283	中国江苏网	让经典走进青年心中 让信仰点亮青春画卷 ——“马克思主义·青年说”系列活动融合宣传创新
284	大江网（中国江西网）	“大江网（中国江西网）+信息日报” 开启新兴媒体主导传统媒体融合发展新模式
285	陕西西部网	“蓝直播”——正能量事件类直播平台
286	陕西西部网	《陕西头条》客户端
287	多彩贵州网有限责任公司	创建有温度的政务民生服务 打造互联网文化传媒产业发展“新模式”——以“云上贵州多彩宝”深度融合发展探索为例
288	多彩贵州网有限责任公司	聚力打造贵州媒体融合发展的“多彩云”品牌 ——“多彩贵州宣传文化云”深度融合发展创新案例
289	广西新闻网	壮观客户端
290	湖南红网新媒体集团有限公司	深耕基层 壮大自我——红网深度融合发展创新案例
291	上海第一财经传媒有限公司	系列“云上会”：企业抗疫生存指南
292	广东南方报业移动媒体有限公司（南方+客户端）	“南方+”：广东省委省政府第一权威移动发布平台
293	湖南平安小精灵文化发展有限公司	5G智慧电台
294	山东舜网传媒股份有限公司	“大舜云”平台
295	金羊网	《岭南名医》栏目
296	武汉长江新媒体有限公司	“在线问诊”平台
297	武汉长江新媒体有限公司	“长江融媒”云平台
298	烟台日报社水母网站	2020年全国“放鱼日”公益活动

（续表）

序号	单位名称	案例名称
299	衡阳新闻网站	打造融媒矩阵 聚力全媒发声
300	东莞市阳光网络信息有限公司	阳光热线问政平台的融媒发展之路
301	贵港日报社贵港新闻网	贵港市网络问政平台

出版发行类创新案例入选名单（共 181 个）

序号	单位名称	案例名称
1	中版集团数字传媒有限公司	青少年儿童双语融媒体阅读产品——“知了”融阅读系列
2	中版集团数字传媒有限公司	“悦中医”知识服务平台
3	中国大百科全书出版社有限公司	“穿越时空的大运河”IP 运营平台
4	中国图书进出口（集团）有限公司	“易阅通 ++ 按需印刷 +”全产业链融合发展创新案例
5	中版文化传播有限公司	“诗词中国”融媒体出版传播平台
6	人民出版社	中国共产党思想理论资源数据库
7	人民出版社	党员教育数据库
8	人民东方出版传媒有限公司	东方出版社《笔尖上的诗词课》融媒体创新案例
9	人民东方出版传媒有限公司	东方出版社“柏杨系列”版权运营创新案例
10	人民教育出版社有限公司	人教网
11	人民教育出版社有限公司	教师网络培训和服务平台
12	人教数字出版有限公司	人教数字教材
13	人教数字出版有限公司	融合用户思维和生态理念的教学媒体创新 ——人教社创办《中小学数字化教学》的实践
14	人民教育电子音像出版社有限公司	“中华经典资源库”融合出版案例
15	人民教育电子音像出版社有限公司	《高中学习资源融媒体项目》（光盘 + 客户端）
16	高等教育出版社有限公司在线职业教育发展中心	“智慧职教”体系推动职业教育融合发展与教学创新
17	高等教育出版社有限公司	基于数字课程云平台（ICC 平台）的课程出版及应用服务

（续表）

序号	单位名称	案例名称
18	语文出版社有限公司	《普通话1000句》产品集群
19	外语教学与研究出版社有限责任公司	北京外研在线数字科技有限公司
20	外语教学与研究出版社有限责任公司	外研阅读平台
21	教育科学出版社有限公司	教育知识服务平台：“教育科学文库”
22	电子工业出版社有限公司	“悦系列”知识服务产品
23	人民邮电出版社有限公司	人邮融智知识服务平台
24	社会科学文献出版社	社会科学文献出版社融合发展管理创新之路
25	社会科学文献出版社	皮书数据库
26	中国社会科学出版社	中国近代影像资料库
27	中国社会科学出版社	中国社会科学文库
28	中国建筑出版传媒有限公司	中国建筑出版在线
29	化学工业出版社有限公司	化工安全教育公共服务平台（https://www.ciedu.com.cn）
30	人民卫生出版社有限公司	人卫社深度融合发展创新案例
31	人民卫生出版社有限公司	人卫融合教材
32	人民交通出版社有限公司	车学堂
33	人民交通出版社有限公司	中国航海知识服务平台——航海教育生态圈
34	中国地图出版社有限公司	AR · 3D《地图》数字教学资源系统（初中版）
35	中国地图出版社有限公司	《古诗词遇见中国地图》融合出版项目
36	五洲传播出版社	That's books阿语数字阅读平台
37	知识产权出版社有限责任公司	“中知编校”智能图书编校排系统
38	当代世界出版社有限公司	中国特色扶贫实践
39	中国水利水电出版传媒集团有限公司	“数字水”水利水电知识服务产品矩阵
40	中国水利水电出版传媒集团有限公司	“中国经典水利史料”融合出版案例
41	中国经济出版社有限公司	主题IP“他们正在改变中国”的品牌融合运营与发展

（续表）

序号	单位名称	案例名称
42	石油工业出版社有限公司	油气 E 作业
43	石油工业出版社有限公司	油气田开发知识服务平台
44	中国质量标准出版传媒有限公司	中国地理标志产品资源服务平台
45	人民法院出版社有限公司	《中华人民共和国民法典·法信小程序学习版》
46	人民法院电子音像出版社	法信·民法典小程序
47	中国农业出版社有限公司	“智汇三农”农业专业知识服务平台
48	现代出版社有限公司	人民的战疫——战“疫”优秀公益歌曲选集
49	测绘出版社有限公司	学生专用 AR 地球仪
50	中国中医药出版社有限公司	“悦读中医”知识服务平台
51	故宫出版社有限公司	《谜宫》
52	海豚出版社有限责任公司	“生动科学”AR 学习资源平台
53	中国科学技术大学出版社有限责任公司	基于合肥综合性国家科学中心平台的前沿科技出版传播中心
54	中国人民大学出版社有限公司	“人大芸窗”智慧教育打造融合出版生态 全方面建构数字化教育解决方案
55	中国人民大学出版社有限公司	中国思想文化传承融合发展实践及路径研究 ——以中国思想与文化名家数据库为例
56	清华大学出版社有限公司	“文泉学堂”系列专业知识和教学服务平台矩阵
57	同方知网数字出版技术股份有限公司	腾云数字出版平台
58	中国民族大学出版社有限责任公司 北京读者服务部	中国民族大学出版社团结书社特色文创产品开发
59	中国政法大学出版社有限责任公司	中国政法教育资源服务平台
60	国家开放大学出版社有限公司	开放云书院——融合出版服务现代远程开放教育创新案例
61	国开童媒（北京）文化传播有限公司	汉语分级阅读绘本
62	新华互联电子商务有限责任公司	新华书店网上商城
63	新华国采教育网络科技有限责任公司	传播数字“非遗”内容 践行文化强国使命
64	新华国采教育网络科技有限责任公司	全国大中专教材网络采选系统

（续表）

序号	单位名称	案例名称
65	北京荣宝斋科技有限公司	老字号焕发新活力——荣宝斋数字交易服务平台
66	北京理工大学出版社有限责任公司	Sun cloud 课程视频库
67	北京理工大学出版社有限责任公司	智荟数字出版社
68	北京师范大学出版社（集团）有限公司	京师书法产品
69	北京首都经济贸易大学出版社有限责任公司	《党性的诠释》
70	北京首都经济贸易大学出版社有限责任公司	以《决战金融街》IP 运作为例的图书融合创新
71	北京体育大学出版社	北京体育大学出版社内容可视化产品服务及应用
72	北京熙方国际数字文化传媒有限公司	“大家读书”融媒体传播项目 ——同听、同读、同学习《习近平谈治国理政》第三卷
73	古联（北京）数字传媒科技有限公司	古籍引文校对系统
74	古联（北京）数字传媒科技有限公司	古籍整理工作平台
75	北京学习云数字传媒有限公司	《中国制度面对面》融媒体出版物
76	天津人民出版社有限公司	“书匠中国”出版融合产业基地
77	新蕾出版社（天津）有限公司	神奇动画涂色书
78	天津教育出版社有限公司 / 天津天下出版科技有限公司	三代 AI+ 纸笔物联学习质量检测教辅书系
79	华东师范大学出版社有限公司	基于融合出版云平台的智慧教育产品群
80	英汉大词典编纂处	英汉大词典编纂处融合发展之路
81	上海教育出版社有限公司	砥才翼行 守正出新——上海砥翼教育科技有限公司出版深度融合发展创新案例
82	同济大学出版社有限公司 / 同济大学出版社德语与欧洲文化出版中心	德语教学与文化交流在线平台
83	上海外语教育出版社有限公司	WE 外语智慧教育平台
84	上海交通大学出版社有限公司	地方文献云出版平台
85	上海交通大学出版社有限公司	“慕知悦读”融合出版平台
86	上海辞书出版社有限公司	聚典数据开放平台

（续表）

序号	单位名称	案例名称
87	上海复旦大学电子音像出版社有限公司	“复旦 i 学”融媒体平台
88	上海复旦大学电子音像出版社有限公司	“复旦新学术”融媒体平台
89	学林出版社	文献中的百年党史
90	学林出版社	在一起
91	重庆出版集团有限公司	安全阅读云
92	重庆出版集团有限公司	渝书房＋楼下·健身阅读智慧屋
93	重庆西南师范大学出版社有限公司	“天生数学”新媒体矩阵
94	重庆大学出版社有限公司	融合出版业务服务系统
95	重庆至乐文化传播有限公司	出版工业互联网：聚合产业资源 赋能出版行业 推进业态创新
96	重庆至乐文化传播有限公司	渝教育——智慧教育一体化解决方案
97	浙江科学技术出版社有限公司	浙江科学技术出版社的全媒体融合发展： 科学防疫产品线纸电声一体化运营模式
98	浙江科学技术出版社有限公司	《好奇魔盒》融合发展知识服务体系
99	浙江教育出版社集团有限公司	基于“青云在线”打造 K12 数字教育整体解决方案
100	浙江教育出版社集团有限公司	移动端知识服务产品矩阵
101	浙江省新华书店集团有限公司	浙江省“云馆配”图书采选平台
102	杭州汉书数字出版传播有限公司	深度融合传播 唤醒沉睡的“资产” ——以《见证“倾听·人生”20 年精选集》为例
103	博库数字出版传媒集团有限公司	打造数字出版产业闭环 构建融合发展生态圈 ——博库数字出版传媒集团融合创新发展案例
104	博库数字出版传媒集团有限公司	深耕垂直领域 推动渠道与产品全面融合 ——天下网商新天网云媒体建设案例
105	大象出版社有限公司	大象课堂融媒教育云平台
106	中原农民出版社有限公司	“天下农书”数字图书馆
107	河南科学技术出版社有限公司	“小出版家”最美出版研学
108	郑州如一文化发展有限公司	出版创新转型示范品牌——玩美手工
109	河南教育电子音像出版社有限责任公司	数字教材应用云

（续表）

序号	单位名称	案例名称
110	广东教育出版社有限公司	融合创新主动破局 试水纪录片《屋脊的慧眼》
111	广东新世纪出版社有限公司	“小屁孩日记”系列
112	广东海燕电子音像出版社有限公司	教师培训在线服务系统
113	广州新华出版发行集团股份有限公司	“朝夕阅读 不负韶华”——2020广州读书月项目
114	广东经济出版社有限公司	广东经济出版社深度融合创新发展案例
115	广西科学技术出版社有限公司	广西科学技术出版社深度融合发展创新案例
116	广西科学技术出版社有限公司	左江花山岩画文化景观 VR 复合出版项目
117	广西教育出版社有限公司	“智慧禁毒”校园毒品预防教育示范基地项目
118	广西师范大学出版社集团有限公司	书天堂——基于流量运营的新阅读生态系统
119	漓江出版社有限公司	阿加莎的毒药（节目版有声书）
120	漓江出版社有限公司	中国村落文化数字出版平台
121	接力出版社有限公司	《人工智能》媒体融合出版项目
122	山东人民出版社有限公司	“素养根植”高中语文融媒体智能学习 APP
123	山东数字出版传媒有限公司	17IPBOX 文化创意服务平台
124	山东友谊出版社有限公司	“尼山馆藏”海外推广项目
125	山东教育出版社有限公司	“小荷听书”有声读物出版阅读平台
126	山东科学技术出版社有限公司	高等数学融合出版
127	山东画报出版社有限公司	《老照片》融合出版项目
128	明天出版社有限公司	《幼儿园》杂志现代纸书项目
129	明天出版社有限公司	《中国非物质文化遗产图画书大系》项目
130	时代出版传媒股份有限公司	构建“三体系五工程” 全面推进出版融合发展 ——时代出版传媒股份有限公司数字出版工作实践与探索
131	安徽人民出版社	党建融合发展案例——“智慧党员活动室”
132	安徽科学技术出版社	“乐龄听书”音视频内容服务平台
133	安徽教育出版社	《百年逐梦大别山》融合出版项目
134	安徽少年儿童出版社	童书互动式体验项目 AR 版《熊猫日记》系列

（续表）

序号	单位名称	案例名称
135	安徽美术出版社	毛笔书法学生必备资源包
136	安徽美术出版社	写好中国字系列项目
137	黄山书社	AR 四大名著
138	时代新媒体出版社有限责任公司	中小学黄梅戏富媒体读本——黄梅小镇
139	时代新媒体出版社有限责任公司	皖版书刊数字化综合服务平台
140	陕西师范大学出版总社有限公司	首阳教育云平台
141	陕西师范大学出版总社有限公司	丝绸之路历史地理信息开放平台
142	西北大学出版社有限责任公司	智慧教材
143	国家新闻出版署出版融合发展（武汉）重点实验室	RAYS 出版融合整体解决方案
144	湖北人民出版社有限公司	《朝读经典》全媒体出版与数字教育服务平台
145	华中科技大学出版社有限责任公司	图书出版数字化流程创新
146	湖北科学技术出版社有限公司	“乡村振兴书箱”复合出版工程
147	湖北科学技术出版社有限公司	“绿手指”绿色生活产业服务平台
148	湖北教育出版社有限公司	湖北教育 APP——湖北教育 K12 智能教育学习平台
149	长江少年儿童出版社（集团）有限公司	物联网、3D 打印等技术支持下的中小学创客教育课程
150	海豚传媒股份有限公司	父母教练
151	海豚传媒股份有限公司	中国小学生在线科学课
152	崇文书局有限公司	《马克思主义大辞典》融媒体资源库
153	湖北美术出版社有限公司	专业之道 尽精尽微——湖北美术出版社有限公司精心打造美术出版融合发展综合运营项目
154	长江出版社（武汉）有限公司	长江洪水防御全媒体出版平台
155	湖南人民出版社有限责任公司	湘潮党课——智慧党建整体解决方案
156	湖南教育出版社	贝壳网精准教育互动平台
157	中南大学出版社有限责任公司	融合出版试点：有色金属出版分社

（续表）

序号	单位名称	案例名称
158	中南大学出版社有限责任公司	基于课程出版理念打造金课教材《大学体育》
159	天闻数媒科技（北京）有限公司	天闻数媒智慧教育产品创新案例
160	江苏凤凰科学技术出版社有限公司	江苏中医在线
161	江苏凤凰科学技术出版社有限公司	农技耘 APP 融合发展项目
162	江苏凤凰少年儿童出版社有限公司	小凤凰 FM- 少儿知识服务平台
163	四川人民出版社有限公司	《手艺的温度——中华非物质文化遗产精粹》传统文化融合出版系列
164	四川人民出版社有限公司	《神奇飞船之中华寻宝》——“我爱我的祖国”少儿社会主义核心价值观融合出版系列
165	四川教育出版社有限公司	K12 阶段多学科教育出版数字整体化解决方案
166	四川大学出版社有限责任公司	基于高校在线教育需求的数字教材开发项目
167	成都西南交大出版社有限公司	“轨道在线”AR 数字教育平台
168	成都地图出版社有限公司	文化旅游互联网 + 平台
169	黑龙江科学技术出版社有限公司	抗疫电子出版物《这是个秘密——一个新冠病毒的自白》
170	哈尔滨工业大学出版社有限公司	航空 VR 科普产品 + 航天精神社会实践课程
171	读者出版传媒股份有限公司	“读者 · 新语文”中小学阅读与写作教育平台
172	甘肃教育出版社有限责任公司	敦煌书坊
173	内蒙古科学技术出版社	蓝色草原 · 听书平台
174	贵州人民出版社有限公司	《脱贫在路上：贵州脱贫攻坚群英谱》
175	贵州数字出版有限公司	“本草风物志 · 中草药数据库”
176	二十一世纪出版社集团有限公司	《大中华寻宝记》融合出版项目
177	江西教育出版社有限责任公司	基于 5G+ 大数据技术的“智慧作业”出版项目
178	辽宁科学技术出版社有限责任公司	汽车维修技师知识服务平台
179	辽宁民族出版社有限公司	中国蒙古学文库全媒体数字资源知识服务工程
180	辽宁鼎籍智造传媒有限公司	阅读吧 · 校园共享书房
181	辽宁鼎籍智造传媒有限公司	慧谷阅读全民阅读平台

首届智能传播案例 2022 年入选项目

编者按：为深入贯彻落实习近平总书记关于“建设全媒体，推动媒体融合向纵深发展”的重要指示精神，促进建立以内容建设为根本、先进技术为支撑、创新管理为保障的全媒体传播体系，中国广播电视社会组织联合会智能全媒体委员会围绕促进智能全媒体高质量创新性发展的工作目标，以大数据、人工智能和 5G 为代表的智能技术与媒体深度融合研究为基础，开展了首届智能传播案例征集工作。2022 年 12 月 1 日，经过专家审议和公示等环节，正式公布审定入选精品案例 29 项、创新案例 28 项。

智能传播精品案例

类别	案例	单位	主创（研究）人员
智能传播平台运营	校园融媒	央广网文化传媒（北京）有限公司河南分公司	李永军、彭华、陈振华、祁成瑞
智能传播平台运营	“五智融合 智媒赋能”闪电新闻运营实践	山东广播电视台融媒体资讯中心	谭鲁民、张晓博、崔维莉、殷明姝、董光强、李翔睿
智能传播平台运营	长江云新时代文明实践平台	湖北长江云新媒体集团有限公司	朱昊、代卓、蒋大可、刘鹏剑
智能传播平台运营	新浪“鹰眼平台”	北京新浪互联信息服务有限公司	集体
智能传播与智慧城市融合应用	津云中央厨房在辅助社会治理方面的创新应用	天津津云新媒体集团有限公司	韩颖新、刘雁军、张志怡、刘影、郑重、林强、张立智、穆柄薪
智能传播与智慧城市融合应用	河南广播电视台 IPTV 乡村电视业务	河南网络广播电视台有限公司	范祥林、岳嵩彪、常爱军、毛洪亮
智能传播与智慧城市融合应用	党史学习教育云平台	深圳广电集团华夏城视网络电视股份有限公司	集体
智能传播与智慧城市融合应用	天翼大喇叭	中国电信天翼物联科技有限公司	集体
智能传播技术研发	5G 智慧电台 iMango 智能广播系统	湖南广播电视台湖南平安小精灵文化发展有限公司	黄荣、董晓、杨浩、高铭徽
智能传播技术研发	津云移动内容管理系统	天津津云新媒体集团有限公司	张宁、刘建广、王冕

（续表）

类别	案例	单位	主创（研究）人员
智能传播技术研发	面向广电新媒体的智能运维平台	广东南方新媒体股份有限公司	王兵、罗泽文、周海亮、陈志业
智能传播技术研发	太极智能媒体融合服务解决方案	太极计算机股份有限公司	徐群浩、王凤美
智能传播技术研发	流媒体端 5G 多屏分现项目	山东广播电视台海看网络科技（山东）股份有限公司	隆龙、王光永、刘兆昆、赵鹤翔
智能传播技术研发	超高清全媒体转播车两车全功能 IP 级联项目	郑州广播电视台	集体
智能传播技术研发	广西整区广播电视无线发射台站智慧运维管理系统	广西广播电视技术中心	黄军飞、覃晓志、钟坚、谢坚斌、李峻宁、杨世旺、梁桐宁、莫磊
智能传播技术研发	天池云融媒体平台	吉林广播电视台	集体
智能传播技术研发	安徽皖云省级技术平台舆情管控系统	安徽皖云传媒科技股份有限公司	黄铮、李光杰、宋峰、谢维见
智能传播技术研发	广电融媒体智慧传播引擎应用终端	青岛广电传媒电子商务有限公司	马永臣、张逸璇
智能传播技术研发	山东省县级融媒体中心省级技术平台	山东广播电视台山东广电信通网络运营有限公司	魏素雅、刘金栋、杜震霖、王璐
智能传播技术研发	长江云 TV 智能运营平台	湖北长江云新媒体集团有限公司	代卓、谭兆清、李丹丹、吴思佳
智能传播技术研发	秀仓元宇宙互动营销引擎（MetaShow）	深圳好美互动视讯有限公司	涂松燕、何涛、裘珩、Teoh Chin Seng、马晓馨
智能传播终端研制	北京户外电子媒体联播管理平台	北京北广传媒城市电视有限公司	马鸣
智能传播人才培养	新浪“四季旅行”融媒项目	北京新浪互联信息服务有限公司	集体
智能传播人才培养	全媒体运营经理培养计划	山东依智教育科技有限公司	刘彩云
智能传播内容制作	《红色讲解员》建党百年融媒报道	湖南广播电视台湖南平安小精灵文化发展有限公司	黄荣、董晓、杨浩、高铭微
智能传播内容制作	全息数字科技馆	河南全息数字科技有限公司	杜向阳、王怡文、李洪威、程鹏鹏、王翔、石亚林

（续表）

类别	案例	单位	主创（研究）人员
智能直播产业	垄上 MCN	湖北长江云新媒体集团有限公司	邓海、杨斌、黄鹏、王汉敏
智能直播产业	智能虚拟主播	天津津云新媒体集团股份有限公司	刘雁军、齐竞竹、陈云鹏、周婷婷、刘浩、王晓迪
智能传播国际运营平台	数字内容国际分发与智能化运营服务系统（iVideoForce）	深圳雅文信息传播有限公司	汤敏杰、卢艺、周晓坤、陈晓华、原卓屹

智能传播创新案例

类别	案例	单位	主创（研究）人员
智能传播平台运营	“智慧融媒 多元平台”湖北广播电视台融媒体创新工场	湖北广播电视台制作中心	董伟、王海涛、高燕、王艺霏
智能传播平台运营	津云“天天”智能助手	天津津云新媒体集团股份有限公司	刘雁军、陈云鹏、于航、陈泽同、边志强、刘文治、李明军
智能传播平台运营	“金彩云”融媒体智造平台	浙江金华广播电视总台	集体
智能传播平台运营	湖北省域社会治理平台建设	湖北长江云新媒体集团有限公司	朱昊、赵轶、李瑛、蒋大可
智能传播平台运营	云视点 IP/ 内容聚合分发交换平台（Visify）	深圳云视点信息科技有限公司	陈晟炜、李培泷、王秀秀、Tina Novika、刘林佶
智能传播与智慧城市融合应用	山东 IPTV“智慧广电 + 公共服务”项目	山东广播电视台海看网络科技（山东）股份有限公司	韩雪飞、贾音、黄冠卿
智能传播与智慧城市融合应用	巴渝和事佬 APP	重庆广电都视传媒有限责任公司	集体
智能传播与智慧城市融合应用	以“今日闵行”客户端助力城市数字化转型	上海市闵行区融媒体中心	范仲毅、徐恺凯、王群
智能传播与智慧城市融合应用	国防教育 XR 元宇宙体验馆	北京齐乐无穷文化科技有限公司	马子涵、周道、董峰、罗顶、徐沁妤
智能传播与智慧城市融合应用	智慧园区大数据管理平台	江苏叁拾叁信息技术有限公司	刘卫民
智能传播技术研发	智慧屏幕播控管理终端	山东广播电视台山东广电信通网络运营有限公司	肖伟、文伽宁、王翔宇、刘桂锦

（续表）

类别	案例	单位	主创（研究）人员
智能传播技术研发	南方新媒体智能推荐基础支撑平台	广东南方新媒体股份有限公司	王兵、张智骞、王庆宝、郭永康
智能传播技术研发	“天时乐”智能助手	湖北省广播电视研究所	江汉文、李君、张翼鹤、蔡宏伍
智能传播技术研发	安徽皖云智能短视频生产系统	安徽皖云传媒科技股份有限公司	李光杰、黄铮、宋峰、汤云龙
智能传播技术研发	广播直播智能语音互动系统	北京讯听网络技术有限公司	杨硕、雷鹏、杨会林、潘峰、王莉莉、郭欣
智能传播技术研发	“VR+党建馆”助推智慧党建升级	中盈立信（北京）科技有限公司	唐云峰、李海兵
智能传播技术研发	融媒体驾驶舱	浙江省安吉县融媒体中心	杨子、林磊、童振昌
智能传播技术研发	智能机器人摄像系统在融媒体演播室应用	深圳兆通影视科技有限公司	曲向东
智能传播技术研发	《有哇数据》SaaS服务平台	深圳雅文信息传播有限公司	武大可、盛子曰、李威龙、黄燕贤、吴星星
智能传播内容制作	新浪“锐视频”	北京新浪互联信息服务有限公司	集体
智能传播内容制作	利用全媒直播开展反诈法治宣传	福建省安溪县融媒体中心	林凌霜、苏伟篇、吕海燕、康鹏
智能传播内容制作	自由视角拍摄技术在红色杂技剧《英雄虎胆》中的应用	广西广播电视台综艺旅游频道	闵宇佳、刘源
智能传播内容制作	全媒体女性原创综艺类节目《姐姐加油》	FM104.4海口生活广播	支晓
智能传播内容制作	“我的家乡我的年”联通视频彩铃趣拜年	济宁广播电视台	邓寅婻、梅景坤、王宁、郑凯
智能传播内容制作	“青春少年梦”融媒体产品	贵阳市南明区融媒体中心	谢桐、石湘、王强、崔娣宁
智能直播产业	河南省茶产业直播基地	河南申城印象茶业有限公司	王春地、王堃锦、符哲、王宁
智能直播产业	安吉算术直播基地	浙江省安吉县融媒体中心	胡炜、郎斌、杨帆
智能传播人才培养	县融标准化全员培训项目	湖北长江云新媒体集团有限公司	赵轶、陈晓帆、彭尧、李雪婷

第二届智能传播案例 2023 年入选项目

编者按：经过专家审议和公示等环节，2023 年 12 月 22 日，正式发布中国广播电视社会组织联合会主办的第二届智能传播案例 16 个入选项目。

智能传播精品案例

案例	单位	主创（研究）人员
新华社媒体融合生产技术与系统国家重点实验室	“问道”学习知识云权威思想智能问答学习平台	蔡津津、张垚、邓海滢、吕海梅、钟尧丹
国广国际在线网络（北京）有限公司	楼兰国际传播智慧云平台	刘驰、刘波、段蕾、冀璐、王学磊
河南广播电视台卫星传输中心	卫星传输中心数据中心的建设与运营	王世栋、付巍、李新建、张晓、任予
江苏省广播电视总台	基于“中心云＋边缘云”架构的融合业务系统	顾建国、王亮、顾国颖、孙谦诚、梁学科
广州市广播电视台	“粤伴湾”MCN 文化湾区智慧融媒孵化计划	傅志群、许玮茵、刘旻晨、雷亚琦、李姿
湖南广播电视台湖南平安小精灵文化发展有限公司	5G 智慧电台	黄荣、曾红斌、朱亮羽、谢少华、向军
山东广播电视台海看网络科技（山东）股份有限公司	基于 IPTV 的多屏智能营销系统	申玉红、滕永坤、刘鹏、肖芳、宋樱棋
湖北长江云新媒体集团有限公司	长江数字文创大数据服务平台	朱昊、代卓、蒋大可、张伟杰

智能传播创新案例

案例	单位	主创（研究）人员
贵州广播电视台	全国现象级融媒体平台	周挺、宋煜、屠鹤立、陆健超、张文彬
河北广播电视台	《美丽河北》慢直播	郜永胜、张甜、吴志超、严冲、曹中会
广州市广播电视台	虚拟数字人智能 AI 交互系统应用	傅志群、汤庆聪、朱志旖、孙亮、何早阳

（续表）

案例	单位	主创（研究）人员
福建网龙计算机网络信息技术有限公司	元宇宙访谈全媒体平台	林通、葛岩、李辉煌、何秀凤、张晟
北京法宣在线智能科技有限公司	智慧普法依法治理云平台	吴丽华、孙红涛、宋玉珍
深圳雅文信息传播有限公司	iVideo Force 支撑海外新媒体运营之数智平台“爱威福”	武大可、陈晟炜、刘林佶、陈淑莹、许仲豪
鹤壁市广播电视台	《鹤壁第一房产》全媒体智能平台	郭攀登、周会杰、张占杰、任敬、杨芳
艺雅伟业（北京）科技发展有限公司	数字化智慧阅读与知识服务平台	詹宏伟、张棣

2021 年度全国地方党媒融合发展创新项目

编者按：为深入贯彻落实习近平总书记关于媒体融合发展的重要论述，2021 年 8 月份，由中华全国新闻工作者协会指导，中国地市报研究会组织开展了 2021 年度全国地方党媒融合发展创新项目征集活动。由全国媒体融合专家、中国新闻奖获得者代表、媒体单位负责人代表等组成专家推荐委员会，经过初审、复审、定审、终审复核，2021 年 11 月份共推荐 2021 年度全国地方党媒融合发展创新项目 90 项，其中示范项目 23 项、优秀项目 67 项。

全国地方党媒融合发展创新示范项目（共 23 个）

序号	地域	申报单位	项目名称	项目类型
1	河南	郑州报业集团	正观新闻项目	网络内容建设及服务创新类
2	山东	济南日报报业集团	“黄河云”媒体融合平台项目	媒体融合传播技术类
3	上海	松江区融媒体中心	融媒体背景下构建对外传播体系的实践创新项目	全媒体传播体系建设类
4	广东	惠州报业传媒集团	东江舆情研究院项目	媒体融合传播技术类
5	河南	洛阳日报报业集团	“掌上洛阳”新闻 + 政务 + 服务功能平台项目	网络内容建设及服务创新类
6	浙江	温州日报报业集团	“1+9”融媒运行体系项目	全媒体传播体系建设类
7	广东	东莞报业传媒集团	东视频项目	网络内容建设及服务创新类

（续表）

序号	地域	申报单位	项目名称	项目类型
8	浙江	金华日报社	金华小记者平台项目	网络内容建设及服务创新类
9	浙江	湖州市新闻传媒中心	96345 数字惠民服务项目	网络内容建设及服务创新类
10	湖南	长沙晚报报业集团	翰飞网格宝社区网格化综合管理平台项目	全媒体传播体系建设类
11	广东	清远日报社	清远乡村新闻官创客中心项目	创新数字经济发展类
12	湖北	三峡日报社	“宜格微视”智慧社区视频平台项目	网络内容建设及服务创新类
13	江苏	徐州报业传媒集团	“百年风华”大型融媒体报道项目	网络内容建设及服务创新类
14	湖北	荆州日报社	5＋N 数字内容版权服务平台项目	网络内容建设及服务创新类
15	河北	邯郸日报社	党媒智库服务项目	媒体融合传播技术类
16	山东	济南日报报业集团	济南融媒参与社会治理综合服务平台项目	媒体融合传播技术类
17	四川	南充日报社	全媒南充大数据平台项目	媒体融合传播技术类
18	广东	佛山日报社	佛山云展平台项目	媒体融合传播技术类
19	福建	尤溪融媒体中心	“媒体＋城市服务”尤溪综合支付云平台项目	创新数字经济发展类
20	江苏	无锡日报报业集团	无锡“融·媒＋”党建联盟项目	创新数字经济发展类
21	广东	珠海传媒集团	全息体验式互动儿童剧项目	创新数字经济发展类
22	甘肃	兰州日报社	兰州短视频产业园项目	创新数字经济发展类
23	湖南	衡阳日报社	抖音话题挑战赛项目	网络内容建设及服务创新类

全国地方党媒融合发展创新优秀项目（共 67 个）

序号	地域	申报单位	项目名称	项目类型
1	浙江	温州日报报业集团	温州“宣传嘉”云平台项目	全媒体传播体系建设类
2	宁夏	银川市新闻传媒集团	银川市党建融媒体中心项目	全媒体传播体系建设类
3	浙江	湖州市新闻传媒中心	南太湖智媒云项目	全媒体传播体系建设类
4	湖北	荆州日报社	城市融媒体中心项目	全媒体传播体系建设类

（续表）

序号	地域	申报单位	项目名称	项目类型
5	内蒙古	兴安日报社	党报融媒体中心项目	全媒体传播体系建设类
6	山东	济宁报业传媒集团	欢迎来我村看看 ——大型融媒体网络扶贫公益平台项目	全媒体传播体系建设类
7	安徽	黄山日报社	党报全媒体机制创新项目	全媒体传播体系建设类
8	江西	九江日报社	“九”字系列融媒体工作室项目	全媒体传播体系建设类
9	江西	抚州日报社	党报“中央厨房”项目	全媒体传播体系建设类
10	福建	闽西日报社	党报融合发展打造新型主流媒体项目	全媒体传播体系建设类
11	福建	三明市融媒体中心	市级党媒融合发展项目	全媒体传播体系建设类
12	福建	尤溪融媒体中心	“四创四融”尤溪模式项目	全媒体传播体系建设类
13	重庆	江津区融媒体中心	城市融媒体中心项目	全媒体传播体系建设类
14	湖北	荆门日报社	创新“新闻＋政务”服务项目	全媒体传播体系建设类
15	湖北	鄂州市融媒体中心	地市融媒体中心项目	全媒体传播体系建设类
16	广东	惠州报业传媒集团	党媒传播体系建设项目	全媒体传播体系建设类
17	广东	东莞报业传媒集团	全媒体名记名编工作室项目	全媒体传播体系建设类
18	甘肃	兰州日报社	户外智慧主流舆论阵地建设项目	全媒体传播体系建设类
19	甘肃	兰州日报社	融媒体中心与新时代文明实践中心融合项目	全媒体传播体系建设类
20	河南	平顶山日报社	平观新闻客户端“新闻＋政务服务商务”创新项目	网络内容建设及服务创新类
21	河南	南阳日报社	“拥抱全媒体时代 小屏在我”项目	网络内容建设及服务创新类
22	贵州	黔西南日报社	摆脱贫困 携手小康 ——地方党报全媒体联合报道项目	网络内容建设及服务创新类
23	河南	周口报业传媒集团	“文物里的周口”项目	网络内容建设及服务创新类
24	河南	新乡日报社	新乡日报微信公众号项目	网络内容建设及服务创新类
25	河南	三门峡日报社	全媒体传播“崤函作家访谈”项目	网络内容建设及服务创新类

（续表）

序号	地域	申报单位	项目名称	项目类型
26	山东	威海日报社	区域综合信息服务平台项目	网络内容建设及服务创新类
27	江西	井冈山报社	党报融媒体矩阵项目	网络内容建设及服务创新类
28	江西	新余日报社	“掌上问政 · 党风政风”网络问政平台项目	网络内容建设及服务创新类
29	江苏	无锡日报报业集团	“太湖潮”网评阵地项目	网络内容建设及服务创新类
30	江苏	无锡日报报业集团	无锡观察“5G 会客厅”项目	网络内容建设及服务创新类
31	江苏	镇江日报社	“百年路 新征程”百名新青年对话百位老党员全媒体行动项目	网络内容建设及服务创新类
32	江苏	镇江日报社	“镇有议思”项目	网络内容建设及服务创新类
33	浙江	金华日报社	金报姐妹花项目	网络内容建设及服务创新类
34	浙江	金华日报社	思政星课堂项目	网络内容建设及服务创新类
35	浙江	温州日报报业集团	温州市网络问政平台项目	网络内容建设及服务创新类
36	浙江	湖州市新闻传媒中心	湖州市政务公开掌上专区项目	网络内容建设及服务创新类
37	云南	西双版纳报社	“傣语读报”项目	网络内容建设及服务创新类
38	云南	德宏传媒集团	党媒短视频融合项目	网络内容建设及服务创新类
39	四川	南充日报社	南充微报微信公众号项目	网络内容建设及服务创新类
40	四川	泸州日报社	川江号客户端项目	网络内容建设及服务创新类
41	湖北	荆门日报社	晚报微信公众号项目	网络内容建设及服务创新类
42	湖北	荆门日报社	市委书记专属版项目	网络内容建设及服务创新类
43	湖北	黄冈日报社	“四合四法”打造新媒品牌项目	网络内容建设及服务创新类
44	湖南	衡阳雁峰区融媒体中心	融媒体传播矩阵项目	网络内容建设及服务创新类
45	湖南	株洲日报社	“知株侠”微信公众号项目	网络内容建设及服务创新类
46	湖南	郴州日报传媒集团	5G 智慧融媒体项目	网络内容建设及服务创新类
47	广东	梅州日报社	掌上梅州 APP 6.0 项目	网络内容建设及服务创新类

（续表）

序号	地域	申报单位	项目名称	项目类型
48	广东	茂名日报社	党媒全媒体现场云直播项目	网络内容建设及服务创新类
49	广东	深圳报业集团宝安日报社	“新闻报道＋手绘长卷＋视频”融媒项目	网络内容建设及服务创新类
50	广东	梅州日报社	梅州柚·早新闻项目	网络内容建设及服务创新类
51	广东	梅州日报社	梅州市社情智库研究院项目	网络内容建设及服务创新类
52	广东	深圳报业集团宝安日报社	“宝安湾”客户端项目	网络内容建设及服务创新类
53	广西	柳州日报社	“微姐”“权哥”个性IP项目	网络内容建设及服务创新类
54	甘肃	天水日报社	党媒全媒体指挥中心项目	网络内容建设及服务创新类
55	新疆	昌吉日报社	昌吉日报微信公众号项目	网络内容建设及服务创新类
56	新疆	哈密日报社	“哈密日报＋”打造现象级产品项目	网络内容建设及服务创新类
57	湖北	三峡日报社	政务新媒体智能监管平台	媒体融合传播技术类
58	福建	泉州晚报社	党媒智媒体与大数据服务云平台构建与应用项目	媒体融合传播技术类
59	云南	红河日报社	党报会议云项目	媒体融合传播技术类
60	湖北	三峡日报社	新时代文明实践中心云平台项目	媒体融合传播技术类
61	广东	珠海传媒集团	九霄融媒体生态系统项目	媒体融合传播技术类
62	山东	济南日报报业集团	济南教育融媒体中心项目	创新数字经济发展类
63	江西	井冈山报社	“夜庐陵好去处”项目	创新数字经济发展类
64	湖北	咸宁日报社	“党媒助农”线上平台项目	创新数字经济发展类
65	广东	惠州报业传媒集团	惠州名特优新农产品展销中心项目	创新数字经济发展类
66	广东	惠州报业传媒集团	融合教育——小惠同学项目	创新数字经济发展类
67	广西	梧州日报社	“茶船古道·新丝路”六堡茶行销全球网络直播项目	创新数字经济发展类

第二届（2022 年度）全国地方党媒融合发展创新项目

编者按：为深入学习贯彻党的二十大精神，深入学习贯彻习近平总书记关于推动媒体融合发展的重要论述，扎实推进中央办公厅、国务院办公厅《关于加快推进媒体深度融合发展的指导意见》和《推进地市级媒体加快深度融合发展实施方案》精神落地见效。2022 年底至 2023 年初，由中华全国新闻工作者协会指导，中国地市报研究会组织开展了第二届（2022 年度）全国地方党媒融合发展创新项目征集活动。经专家推荐委员会评审，2023 年 6 月份共推荐第二届全国地方党媒融合发展创新项目 152 项，其中示范项目 37 项、优秀项目 115 项。

全国地方党媒融合发展创新示范项目

示范项目名单	
济南日报报业集团	新黄河“聚光灯”媒体直播分发联盟平台
苏州日报社	“苏报头条里的中国梦”全媒体报道
佛山市新闻传媒中心	“佛山 +”客户端
深圳龙岗融媒集团	“七彩阳光”融媒 + 教育矩阵
三明市融媒体中心	“3+6+N”全媒体传播矩阵
泰州日报社	“微泰州”微信公众号
南阳日报社	媒体融合发展的南阳模式
荆门日报社	“九派通”客户端
德州日报社	融媒编发中心传播矩阵
青岛日报社	iQingDao 国际传播矩阵
潍坊日报社	潍坊融媒全媒体传播矩阵
韶关日报社	“这里是韶关”新闻短视频
深圳宝安日报社	“在宝安过年 · 旺得虎（wonderful）”抖音挑战赛
中山日报社	“My Zhongshan 老外 @ 中山”短视频节目
徐州报业传媒集团	“二十大喜讯到我村”系列 H5 融媒报道
宜昌三峡融媒体中心	Gorgeous Yichang 国际传播平台

（续表）

示范项目名单	
吐鲁番市融媒体中心	重大主题全媒体报道
黄冈日报社	“党史上的黄冈粮食”大型融媒系列报道
湘潭日报社	“新农村八景图”全媒体报道
昭通日报社	“多彩乌蒙庆丰收”全媒体报道
黄石日报社	“大地回春 万象‘耕’新”全媒体报道
银川市新闻传媒中心	“奔流到海不复回”黄河航拍全媒体报道
惠州日报社	非凡十年 VR 展馆
伊犁日报社	“伊犁好地方”移动平台
清远日报社	区块链原创内容侵权监控平台
泉州晚报社	泉州网 VR 云平台
台州日报社	台报智媒云平台
东莞日报社	舆情与智库研究院
福州日报社	福州新店古城遗址文化园区
金华市新闻传媒中心	金小彩社区新闻 + 民生融通互联网传播
开封日报社	“新闻 + 政务服务商务”跨界平台
安康日报社	传媒文创孵化基地
重庆三峡融媒体中心	电商会展数字产业新业态
安庆市新闻传媒中心	市级媒体融合发展改革的安庆样板
阿克苏地区融媒体中心	媒体融合改革的阿克苏模式
榆林传媒中心	“一体化”推进榆林市级全媒融合
珠海传媒集团	市级媒体融合改革的珠海范本

全国地方党媒融合发展创新优秀项目

优秀项目名单	
济南日报报业集团	1.“区县融媒·发布汇”联动平台 2.“码上商量”全媒体平台
银川市新闻传媒中心	1.“银川石榴云”传播中心 2. 市级媒体深度融合的银川样本
洛阳日报报业集团	1.“掌上洛阳”新闻 + 政务 + 服务功能平台 2.“百姓呼声”互联网便民问政平台
赣南日报社	“赣南红”客户端
许昌日报社	许昌时刻抖音号“深耕本地”项目
平顶山日报社	“平报融媒”项目
三明市融媒体中心	“e 三明”客户端
黄冈日报社	“一网链全媒”矩阵
郴州日报社	1.“郴州发布”微信公众号 2. 首届旅发大会全媒体报道
邵阳日报社	报网微抖屏深度融合的融媒体中心
阜阳日报社	1.“颍淮新闻”客户端 2. 阜阳“政能量”工作室
钦州新闻传媒中心	融媒体中心的钦州探索
龙岩市融媒体中心	1. 融媒体内容生产创新实践 2. 全媒体人才培养的龙岩模式
井冈山报社	融媒体矩阵
梅州日报社	1. 全媒体传播矩阵 2.“乡村振兴采风行”融媒体采风活动 3.“周末去哪里”系列宣传视频
贵港日报社	“贵港记忆 遇见非遗”电子书刊
邯郸新闻传媒中心	党媒新媒体矩阵
乌鲁木齐晚报社	“掌上乌鲁木齐”客户端升级迭代
开封日报社	1. 报网微端屏抖融合宣传平台 2.“喜迎党的二十大”全媒体报道

（续表）

优秀项目名单	
上饶日报社	“奋进新征程 建功新时代”融媒系列报道
新乡日报社	“聚焦盛会”党的二十大全媒体报道
漯河日报社	1+N 全媒体传播体系
呼和浩特日报社	晚报新媒体中心内容创新
重庆三峡融媒体中心	1.“看万州”客户端 2. 全媒体传播平台
淄博日报社	博览编发平台
宝鸡日报社	全媒体传播矩阵
兴安日报社	铸牢中华民族共同体意识的兴安融合探索
济宁日报社	1.“一网一端 N 号一户外”的融媒矩阵 2.“孔子爷爷说文明”动漫系列剧
聊城日报社	1. 全媒体传播平台建设 2. 媒体综合服务平台
临汾日报社	“临汾云”综合客户端
泸州日报社	1.“川江号”新闻客户端 2. 传媒集群综合服务平台
哈密市融媒体中心	全媒体联动宣传矩阵
柳州日报社	央地媒体联动打造国际传播精品的柳州实践
江城日报社	1.“这十年我的小幸福”系列视频报道 2.“橹声激荡松江水 逐梦船扬振兴帆”大型全媒体报道
酒泉日报社	“大河奔腾看酒泉”系列报道
南通日报社	“十年奋进路”系列微纪录片
苏州日报社	1.“播报官”融媒传播 2. 海棠花红 · 党建行动“亮出来”全媒体新闻行动
无锡日报报业集团	1.“网事悉心办”系列报道 2. 融媒体运营中心改革项目
徐州报业传媒集团	行走的党课党建活动
镇江报业传媒集团	1.“创意写作 全城接力”内容生产创新实践 2.“赵亚夫的‘成绩单’”H5 报道

（续表）

优秀项目名单	
新余日报社	“以新闻之力 助推乡村振兴”网络公益宣传活动
台州日报社	1.“探寻宋韵文化台州版图”大型融媒体行动 2. 台州云上房展会
佛山市新闻传媒中心	1.“高明村长开讲”栏目 2.“到佛山 逛禅城”特色街区活动品牌
深圳龙岗融媒集团	1. 海报特攻队防疫公益宣传 2. 龙岗融媒国企化改革探索实践
惠州日报社	1.“东坡传风雅 双城一线牵”双城联动之惠州全媒体传播 2. 媒体融合的“三融生态”机制
中山日报社	1.“消防员叔叔来敲门”科普互动视频节目 2. 新媒体活动管理平台
珠海传媒集团	1. 第十四届中国航展全媒体报道 2. 国产大飞机“鲲龙”H5 报道
珠江商报社	1. 大良街道“从河说起”融媒宣传 2.“均安故事”融媒宣传
梧州日报社	1.“诗朗诵二十四节气”系列短视频 2. 梧州“零距离问政”数字平台
左江日报社	“食在崇左”视频栏目
黔西南日报社	“辉煌四十年·奋进黔西南”全媒体报道
邢台日报社	1.“在希望的田野上”大型融媒体采访活动 2. 邢台市文创项目库
眉山日报社	“东坡传风雅 双城一线牵”双城联动之眉山全媒体传播
白城日报社	媒体融合新生态
南阳日报社	新媒体内容创新实践
三门峡日报	“我们生长的地方”系列视频
黄石日报社	“老小区·新网红”全媒体报道
大理日报社	大理两会融媒体报道
湛江日报社	1.“报小拍”新闻短视频栏目 2. 湛江红树林文化 IP
西双版纳报社	“章哈赞傣乡”栏目

（续表）

优秀项目名单	
遵义日报社	遵义图库
常州日报社	“5G 书香党建”融媒体平台 2.0 版
石狮市融媒体中心	1.5G 高清网络直播系统 2. “1+2+10+N”媒体融合的石狮模式
东莞日报社	1. 东莞图库 2. “文化强市”服务品牌
荆门日报社	融媒体采编平台
青岛日报社	1. 观海星辰移动采编平台 2. 老年教育线上综合服务平台
宁波日报报业集团	1. “甬上云”全媒体指挥平台 2. “人社周周说”融媒工作室
福州日报社	“一碗福州”美食商务平台
九江日报社	“九江城管随手拍”智慧城市管理模式
嘉兴市新闻传媒中心	特色文旅夜市活动品牌
金华市新闻传媒中心	金报战疫求助平台
保定新闻传媒中心	“在保定”城市数字综合平台
宜昌三峡融媒体中心	1. 长江・三峡建博会云上观展 2. “清廉宜昌”融媒体中心
随州日报社	“融媒体公益行”品牌
岳阳日报社	乡村振兴宣传服务一体化云平台
锡林郭勒日报社	全媒体服务平台
泉州晚报社	1. 东南公益“同心抗疫”融媒实践 2. 智慧城市运营
来宾市融媒体中心	媒体深度融合之来宾路径
鄂州市融媒体中心	媒体深度融合的鄂州探索
鄂尔多斯市融媒体中心	市级融媒改革的鄂尔多斯样板
红河州融媒体中心	媒体深度融合一体化的红河实践
抚州市融媒体中心	地市级媒体深度融合的抚州探索

· 人物 ·

Characters

2022年度入选国家新闻出版署出版融合发展优秀人才遴选培养计划

编者按：2022年3月15日，国家新闻出版署（国新出发〔2022〕4号）2022年度出版融合发展工程优先启动实施2个子计划。其中一个项目是出版融合发展优秀人才遴选培养计划，重点遴选培养一批思想政治素质过硬、创新创造能力突出、引领发展表现出色的出版融合发展复合型人才。经组织评审，2022年9月13日，国家新闻出版署（国新出发〔2022〕15号）正式公布2022年度出版融合发展优秀人才遴选培养计划入选名单，50位同志入选。

出版融合发展优秀人才遴选培养计划入选名单

序号	姓名	申报单位	主管部门
1	于成龙	中国工商出版社有限公司	市场监管总局
2	马宏	山西教育出版社有限责任公司	山西省新闻出版局
3	马益新	商务印书馆有限公司	中国出版集团有限公司
4	王子敬	中原大地传媒股份有限公司	河南省新闻出版局
5	王凯	北京凯声文化传媒有限责任公司	北京市新闻出版局
6	王恒	河北冠林数字出版有限公司	河北省新闻出版局
7	王惠	江苏凤凰出版传媒股份有限公司	江苏省新闻出版局
8	邓迎	《中国激光》杂志社有限公司	上海市新闻出版局
9	龙正武	人教数字出版有限公司	教育部
10	任玉晶	中国农业科学技术出版社有限公司	农业农村部
11	刘利	清华大学出版社有限公司	教育部
12	刘德昌	新疆电子音像出版社	新疆维吾尔自治区新闻出版局
13	刘磊	读者出版集团有限公司	甘肃省新闻出版局
14	刘锟翔	机械工业出版社有限公司	中国机械工业联合会
15	朱亮亮	中国人民大学出版社有限公司	教育部
16	许贬甦	福建教育出版社有限责任公司	福建省新闻出版局
17	吴雷	时代新媒体出版社有限责任公司	安徽省新闻出版局

（续表）

序号	姓名	申报单位	主管部门
18	宋凯	辽宁出版集团有限公司	辽宁省新闻出版局
19	宋斌	人民法院出版社有限公司	最高人民法院
20	张军亮	陕西三秦出版社有限责任公司	陕西省新闻出版局
21	张程程	北京文华在线信息技术有限公司	北京市新闻出版局
22	张磊	中国铁道出版社有限公司	中国国家铁路集团有限公司
23	李海涛	人民邮电出版社有限公司	工业和信息化部
24	杨欢	中文天地出版传媒集团股份有限公司	江西省新闻出版局
25	杨洁	中国宇航出版有限责任公司	中国航天科技集团有限公司
26	汪凡云	中南大学出版社有限责任公司	湖南省新闻出版局
27	汪智	中国建筑出版传媒有限公司	住房城乡建设部
28	沈锡宾	《中华医学杂志》社有限责任公司	中国科协
29	陈培颖	中国科学院自动化研究所	中国科学院
30	侯笑宇	中国地图出版社有限公司	自然资源部
31	俞力莎	生活·读书·新知三联书店有限公司	中国出版集团有限公司
32	姜钰	北京师范大学出版社（集团）有限公司	教育部
33	洪涛	中华书局有限公司	中国出版集团有限公司
34	胡涛	社会科学文献出版社	中国社科院
35	赵悦	人民出版社	中央宣传部
36	赵祥斌	山东画报出版社有限公司	山东省新闻出版局
37	徐屹然	中国纺织出版社有限公司	中国纺织工业联合会
38	聂庆	英大传媒投资集团有限公司	国家电网有限公司
39	贾大林	北京语言大学出版社有限公司	教育部
40	商其坤	外语教学与研究出版社有限责任公司	教育部
41	曹喆	高等教育出版社有限公司	教育部

（续表）

序号	姓名	申报单位	主管部门
42	梁菲	学习出版社有限公司	中央宣传部
43	温强	化学工业出版社有限公司	中国石油和化学工业联合会
44	程安寅	浙江教育出版社集团有限公司	浙江省新闻出版局
45	葛艳聪	国家图书馆出版社有限公司	文化和旅游部
46	董宇	五洲传播出版传媒有限公司	中央宣传部
47	董良广	人民卫生电子音像出版社有限公司	国家卫生健康委
48	谢文亮	广东财经大学期刊中心	广东省新闻出版局
49	谢俊波	湖北长江传媒数字出版有限公司	湖北省新闻出版局
50	颜显森	中国少年儿童新闻出版总社有限公司	共青团中央

《中国新闻出版深度融合发展年鉴》2021—2023年度领军人物

编者按：《中国新闻出版深度融合发展年鉴》作为唯一一部翔实记录和反映我国新闻出版深度融合发展的综合性、权威性、史料性大型工具书及纪年文献，依托大方智库（北京）信息技术研究院科研团队和第三方知名新媒体平台，通过网络搜索和语义分析模型，按照业界知名度、社会影响力和文章引用等网络数据指标，结合专家提名推荐的方式遴选出业界领军人物60名（其中新闻传媒领军人物40人，出版发行领军人物20人），旨在表彰在业界深度融合发展中具有创新思想和卓越领导力、作出突出贡献的代表人物。

新闻传媒领军人物

（按姓名笔画为序）

姓名	单位及职务
丁时照	深圳报业集团党委书记、社长
才华烨	《中国国家地理》杂志社副社长兼新媒体首席执行官
王水明	浙江日报报业集团副总编辑、党委委员，潮新闻总编辑
王会军	大连新闻传媒集团党委书记、董事长

（续表）

姓名	单位及职务
双传学	新华报业传媒集团董事长，新华日报社党委书记、社长
王学瑞	天津市滨海新区融媒体中心主任
王树民	英大传媒投资集团有限公司总编辑
王晓伟	长兴县融媒体中心党委副书记、总编辑
田世刚	《人民铁道》报业有限公司党委书记、总经理
邓国超	贵州日报报刊社社长
邓海华	健康报社党委书记、社长
华小波	瑞安市融媒体中心总编辑，瑞安传媒集团有限公司总经理
齐建国	青岛日报社党委书记、社长，青岛报业传媒集团董事长
向泽映	重庆报业集团董事长、社长
关国锋	河南日报报业集团副总经理，顶端新闻董事长
孙锡炯	珠海传媒集团党委书记、董事长
戎明昌	南方都市报社党委书记、总裁
李芸	上海报业集团党委书记、社长
佟志伟	北京市海淀区委宣传部副部长，海淀区融媒体中心主任
宋春风	广西日报社副总编辑，广西云数字媒体集团有限公司董事长、总编辑
李春燕	重庆华龙网集团股份有限公司党委书记、董事长
张敏	尤溪县融媒体中心主任，尤溪县广播电视台台长
吴梦寒	甘肃新媒体集团总编辑，新甘肃客户端总编辑、总经理
李鹏	四川日报报业集团党委副书记、总编辑
赵兵	长城新媒体集团有限公司党委书记、董事长
周治友	贵阳日报传媒集团党委副书记、总编辑
屈艳枝	开封日报报业集团党委副书记、总编辑
陈锡初	无锡日报报业集团（无锡日报社）党委书记、总裁（社长）

（续表）

姓名	单位及职务
杨蕾	《中国激光》杂志社有限公司总经理
祝青	安吉县融媒体中心（安吉新闻集团）党委书记、主任（董事长）
徐红梅	满洲里市融媒体中心主任
黄国治	新黄河客户端总编辑，《济南时报》总编辑，山东经济观察报传媒有限公司董事长
黄常开	南方报业传媒集团原党委书记、原社长
韩万胜	榆林传媒中心党委书记、主任
焦洪斌	天津市南开区融媒体中心
韩颖新	天津海河传媒中心党委委员，天津津云新媒体集团党委书记、董事长
虞伟	广东南方财经控股有限公司总经理
魏传强	齐鲁晚报·齐鲁壹点党总支书记、总经理，山东齐鲁壹点传媒有限公司董事长
魏均民	中华医学会杂志社社长兼总编辑
魏建东	绍兴市新闻传媒中心（传媒集团）党委书记、主任、董事长、总经理

出版发行领军人物

（按姓名笔画为序）

姓名	单位及职务
丁伟	河北出版传媒集团党委书记、董事长
马永强	读者出版集团有限公司党委副书记、总经理
王芳	外研集团党委书记、董事长，外语教学与研究出版社社长
王佳家	中科数字出版传媒有限公司董事长
王雪凝	人民卫生出版社有限公司党委书记、董事长
白冰	接力出版社总编辑
朱于国	人民教育出版社副总编辑，人民教育电子音像出版社社长， 人教数字出版有限公司党总支书记、董事长
刘东风	陕西师范大学出版总社社长

（续表）

姓名	单位及职务
许悦	云南新华书店集团有限公司党委书记、董事长
李永强	中国人民大学出版社有限公司党委书记、董事长
宋吉述	江苏凤凰出版传媒股份有限公司总经理
肖宏	《中国学术期刊（光盘版）》电子杂志社有限公司总编辑，同方知网数字出版技术股份有限公司党委委员、副总经理
李琪	四川数字出版传媒有限公司总经理、总编辑
邱从军	湖北省新华书店（集团）有限公司党委书记、董事长
咸大庆	中国建筑出版传媒公司总经理
贾庆鹏	青岛出版集团有限公司党委书记、董事长
秦俊俊	江苏凤凰新华书店集团有限公司党委书记、董事长
班峰	天津出版传媒集团党委书记、董事长
彭玻	湖南出版投资控股集团党委书记、董事长，中南出版传媒集团董事长
谭君铁	广东出版集团、南方出版传媒股份有限公司党委书记、董事长

徐红梅：一名新闻人的坚守与创新

徐红梅，女，汉族，出生于1976年4月，中共党员。1997年7月参加工作，研究生学历。2002年7月加入中国共产党，2019年任现职满洲里市融媒体中心主任。

一、注重理论学习，忠诚党的新闻事业

从事新闻宣传工作27年，从一名记者成长为总编辑，始终坚守热爱这份事业。能够始终坚持对党忠诚，自觉加强理论武装，积极学习习近平新时代中国特色社会主义思想，学习党的路线方针政策，并且贯彻落实于工作生活的方方面面，做到真学、真信、笃行。特别是在融媒体中心改革过程中，注重理论学习研究和业务本领提高，先后在《记者观察》《新闻论坛》等国内期刊发表《探析融媒体时代新闻创新意识和融合能力》《融媒体工作室模式初探》等专业论文24篇。

二、深耕业务创新，争做融媒改革实践者

2019年8月22日，满洲里市融媒体中心挂牌成立后即任中心主任。她打破原有机构和格局，将原报社、

原广播电视台、原俄语新闻中心、原微波站四家单位合而为一，成为自治区首家实现报、网、台、微波全面融合的新闻单位。部门整合的同时，重构了“策、采、编、发、评”一体化业务流程，初步实现了“一体策划、一次采集，多种生成、多元发布、全媒体覆盖”的工作格局，推进了中心在媒体融合方面迈出的重要一步。半年之内建成了融媒体指挥调度中心，并打造了“草原新丝路工作室”和“新视野工作室”，集内宣与外宣于一体形成了满洲里融媒体工作新平台，主要产品包括满e融媒APP、阿科诺中俄双语网站、双语APP、双语触摸屏、Wi-Fi页面、VK网站、满洲里亚微信公众号等，实现了立体化宣传。“草原新丝路工作室”于2020年被内蒙古自治区党委宣传部评为“增强‘四力’先进集体”。2019年，在中国报业协会党报分会举办的“全国党报媒体融合创新单位”和“全国党报优秀融媒体平台”表彰活动中，满洲里市融媒体中心荣膺“全国党报媒体融合创新单位”。在2019中国融媒创新发展年会上，《满洲里日报》获得“2019中国融媒创新发展最具传播影响力区域报”，新丝路APP获得“2019中国融媒创新发展优秀APP”，满洲里日报公众号获得“中国融媒创新发展报刊微信公众号影响力10佳”称号。2020年，在第二届中国融媒创新发展调研结果发布中，满e融媒APP荣获优秀客户端、满洲里市融媒体中心微信公众号荣获“最具传播影响力微信公众号10强”、《满洲里日报》获得“最具传播影响力区域报”荣誉称号。满洲里市融媒体中心融合案例入选“中国传媒融合创新研究报告”。在首届全国县级融媒体中心舆论引导能力建设年会上，满洲里市融媒体中心舆论引导力建设被作为典型经验进行分享。

三、讲好中国故事，努力实现外宣新跨越

在满洲里市委宣传部任副部长分管全市对外宣传工作期间，徐红梅提出“五有三化”外宣工作机制，创建了新公路口岸信息中心外宣基地；举办了首届三国媒体对话会；口岸外宣工作始终走在自治区的前列。2017年满洲里被国家列为“边境之窗工程”外宣六个试点口岸。她组织拍摄了反映满洲里特色的中、英、俄三种文字的微电影《满洲里亚》和满洲里高清城市宣传片《中俄交汇满是精彩》；策划制作了俄文版《满洲里服务手册》《满洲里市手绘旅游示意图》等特色外宣品。

主动积极对接境外媒体，与近20家俄罗斯媒体签署了合作协议，建立了新闻信息互换机制，以“阿科诺”品牌为载体开展多项交流合作，传播链条不断延伸，在俄罗斯后贝加尔边疆区、布里亚特自治共和国、伊尔库茨克州形成一定的影响力，当地民众对“阿科诺”中俄双语网站认可度较高。

四、个人简历及获奖情况

1997年9月—2007年3月任满洲里报社编辑部主任；2007年3—9月任满洲里市文明办副主任；2007年9月—2010年3月任满洲里市委宣传部副部长、俄语新闻中心主任；2010年3月—2014年1月任满洲里市外宣办主任、市委宣传部副部长、俄语新闻中心主任；2014年1月—2016年5月任满洲里市外宣办主任、市委宣传部副部长、报社总编辑；2016年5月—2019年5月任满洲里市外宣办主任、报社总编辑；2019年5—8月任满洲里报社总编辑；2019年8月至今任满洲里市融媒体中心主任。

徐红梅同志个人于2016年被内蒙古自治区党委宣传部授予“‘责任担当 服务圆’ 先进个人”称号；2017年被中国报刊产业联盟授予“2017传媒中国年度创新人物”称号；2017年被内蒙古自治区党委宣传部、自治区妇联授予“尽责圆梦践行者 北疆最美女性先进个人”称号；2019年被中国融媒发展年会组委会授予“2019中国融媒创新发展年度人物”；2022年在全国优秀区域融媒体作品调研结果发布中获得“优秀区域融媒创新发展年度人物”；2023年被中国广告协会广播电视融媒体工作委员会评为“2023广播电视融媒体营销创新杰出人物”。

韩万胜：地市级媒体融合发展的先锋

在没有中省具体可操作的指导性文件指引，没有成熟经验和先例可借鉴的情况下，榆林传媒中心党委书记、主任韩万胜带领榆林主流媒体人，从2018年4月起，发扬敢为人先、敢啃硬骨头的精神，久久为功推进媒体深度融合发展，率先在陕西建成集报纸、电视、广播、网络、新媒体融合发展的新型地市级主流媒体，率先在陕西建设省市县三级互联互通的市级融媒体平台，率先在全国攻克报纸、电视、网络信息互通技术壁垒，率先在全国地市级媒体建立起适应全媒体融合发展的机构和体制机制，在体制机制上实现“你就是我、我就是你”“融为一体、合而为一”的融合格局。2022年榆林传媒中心被中宣部、财政部、国家广电总局确定为全国市级融媒体中心建设试点，使榆林市级媒体融合改革走在陕西省乃至全国前列。

韩万胜刚上任时面临三家市级媒体急需搬迁入驻新闻大厦集体办公，内部运行运营不畅通；领导班子没有配齐，机构人员需要整合，全媒体人才亟待培训，人心急需聚合；体制机制不顺，规章制度急待完善，激励机制还未健全，流程急需再造，经营管理需要提升等诸多复杂而艰巨的任务。他抱着“唯改革者进，唯创新者强，唯改革创新者胜”的理念，按照“打造陕甘宁蒙晋交界最具影响力的新型主流媒体、全省地市级媒体深度融合范本”的战略目标，用改革创新的思路办法破解难题、激发活力，闯出了一条地市级媒体融合发展的新路。

一、谋划顶层设计，勇做媒体融合改革的践行者

担任过榆林市深改办副主任的韩万胜深知，坚持党的领导，改革才能始终沿着正确的方向发展。他一上任就提出“党建引领媒体融合改革”的思路，并一以贯之地付诸实施。

媒体融合发展难在顶层设计，重在党委政府支持。在他的全力争取和推动下，2018年11月，榆林市委、市政府出台《关于推动传统媒体与新兴媒体融合发展的实施意见》，为全面深入推进媒体融合发展，提供了强大的制度保障和政策支持。

媒体融合发展必须有一个政治强、敢担当、作风硬的领导班子和干部队伍。在市委支持下，他本人的全力推动下，榆林传媒中心领导班子全部配齐，党委（纪委）、机关党委、党支部三级党组织完成组建换届，并将支部整合与机构改革并轨，实现三级党组织书记“党政一肩挑”全覆盖，为媒体融合改革发展提供强有力的组织保障。

聚焦“主责主业”是新时代媒体人的职责使命所在。韩万胜围绕融合抓党建，抓好党建促融合，力推“责任清单”，明确“主体责任”，夯实“一岗双责”，明责、履责、尽责，形成“书记抓、抓书记”党建工作新格局，有效解决了党建和业务“两张皮”问题。

二、破壁体制机制，勇做媒体融合发展的改革者

曾深耕于基层企业改革和农村“三权”改革的韩万胜十分清楚，固化的体制不破、僵化的机制不除，改革绝难成功。他坚持改革驱动，从固守到变革，从机构设置、干部人事制度、绩效考核制度等关键环节上大破大立，激发媒体人的创新创造活力。

在机构设置和资源整合上，合理设置领导职数，优化整合内设机构，压缩行政管理部门，强化业务部门，扩大新媒体部门。合并整合3家新闻单位的党务、政务、编务、财务、技术、后勤等部门，统一管理；报纸记者部、电视新闻部整合为新闻采访部，统一采访业务；成立榆林新新传媒有限责任公司，统一经营业务。新媒体部门由1个增加到6个。

干部人事制度改革方面：全体干部职工变身份管理为岗位管理，实行“打破身份，全员聘任制”；实行中层干部聘任制，员工双向选聘制；激活选人用人机制，加大选拔优秀年轻干部力度，3年内达到退休的人员不再担任行政职务；推行职称改革试点，打破专业技术人员上升“瓶颈”。

绩效考核制度改革方面：按照“以岗定薪、岗变薪变、倾斜一线”的原则，实行“岗位工资+绩效工资”分配模式；同时将收入与效益挂钩，每年从经营创收中提取不超总收入的60%用于绩效考核；设立“总编辑奖”“金点子奖”“好新闻奖”“突出贡献奖”等，最大限度激励采编人员创优。改革后干部职工人均收入增长40%。

三、发力迭代升级，勇做媒体融合发展的推动者

习惯于将理论转化为实践成果的韩万胜认识到，媒体融合不是简单“加减乘除”的物理融合，而是先进技术加持下的，内容、渠道、平台等方面的化学融合。他全速推进传播技术平台迭代升级，从相加到相融，加快建设全媒体传播体系，塑造主流舆论新格局。

根据媒体融合实际需要，他提出按照“实际、实用、实效”和“不跟风、不攀比、不浪费”原则，持续升级融媒体技术平台。2018年在全省率先建成市级融媒体报道指挥中心，统一了全媒体策划、采编、发布；2019年在全国率先攻克纸媒、广电媒体、网络媒体采编平台互联互通技术难关，建起全中心“一张网”“一个库”“一条船”的系统平台，实现了文字、图片、视频资源共享；2023年在全省率先建成市级融媒体平台，融入全省“一张网、一朵云”网络架构，形成省、市、县三级采编平台贯通、业务协同的良性发展格局。三次技术平台升级，使榆林传媒中心真正构建起“报、台、播、网、新媒体”五位一体的新型传播体系，形成“移动优先、一体策划、一次采集、多种生成、多渠道发布”的传播格局，建起从客户端、微博、网站到微信、广播，到电视、报纸的顺次发布机制。

韩万胜还积极主导各媒体平台升级改版，不断适应互联网时代传播需要。对标《人民日报》全面改版了《榆林日报》，发行量跃升至6万份；实现三套广播频率直播节目可视化，两套电视节目实现高标清同步播出，广播、电视播出质量“双提升”；复刊双月刊文学杂志《陕北文学》，并通过陕北文学微信公众号推送；两次升级改版榆林发布客户端、榆林网，完成榆林视听高清化改造，建成短视频品牌“驼视频”，入驻抖音、快手、微视第三方平台账号19个，形成拥有30个发布平台的新型主流媒体传播矩阵。

四、力推内容创新，勇做媒体融合发展的引领者

有长期基层工作经验的韩万胜清楚转型创新的主攻方向，他提出以“稳报纸、转电视、扩广播、优移动”的思路，推进新闻内容供给侧结构性改革，提升舆论引导能力。

在他的主导下，《榆林日报》实现从内容到形式的全面创新，形成鲜明的版面风格和新闻报道特色；电视台推出《超级课堂》《艺术家档案》等特色节目，挖掘本土文化资源，每年至少制作推出本土特色纪录片、专题片2部以上，《榆林长城记事》《薪火榆林》《榆林骄子——胡星元》等获得广泛好评；广播引进湖南电台播出系统和节目体系，入驻湖南官方音频平台，传播力极大提升；在移动新媒体方面，力推主流媒体“主力军”挺进“主阵地”，创新宣传报道内容形式，运用短视频、移动直播、H5等手段，推出一大批有特色、有分量、有影响的融媒体产品，累计刊播浏览量1000万+的作品100余件、100万+的800余件。他还亲自参与融媒体作品策划创作，在今年疫情期间由他亲自主持策划和制作的《武汉，我们等你……》《春光》等多件融媒体作品成为爆款产品。

他积极整合内部人力、设备、技术资源，开辟新的内容创作领域，累计制作播出《树蛙》《我们一家人》《张有才发家》等6部广播剧，摄制《省城陪读》电视剧1部，投资并参与制作《老腰鼓》电影1部，培育出《主播出探馆》《陕北是个好地方》《直播榆林》等多个全媒体直播品牌，并在全媒体各平台推送，带动全媒体影响力、传播力大提升，榆林传媒中心各媒体平台总用户由2018年初的22万增加到1670万。

五、试水媒体跨界，勇做媒体融合发展的先行者

熟悉新时代媒体融合发展形势的韩万胜，牢记媒体不仅是新闻信息发布者，更是信息传播者、服务提供者、关系建构者，他坚持“互联网+思维”，从媒界到跨界，抢占发展制高点。在做精做强新闻宣传主业的基础上，加快建立起“新闻+政务+服务”的综合传播模式。“百姓问政”“12345”便民服务热线等直接服务群众的便民服务入驻榆林发布客户端，并进行追踪报道，解决百姓争难盼问题，媒体传播力、引导力、影响力、公信力显著提升。

在经营活动中，始终把社会效益放在首位，坚持采编与经营分开，实行全媒运营模式，实现了“1+1>2”的效果，广告经营收入、报纸发行量、印务经营收入呈现逆势上扬的态势。在长远发展上，积极探索“传媒+产业”的发展路径，依托榆林新新传媒有限责任公司拉长传媒产业链，主动开拓宣传推广、演出运营、活动展览、教育培训、文化研发等领域，厚植后发优势，逐步构建媒体产业生态圈。

历史总会青睐敢为人先、改革创新、奋发进取、务求实效的奋进者。传媒中心媒体融合改革得到中省市的关注。2018年12月和2022年7月陕西省委宣传部两次在榆林召开市级媒体融合发展现场会，交流推广榆林传媒中心融合发展经验，成为全省市级媒体融合发展标杆示范单位。榆林传媒中心改革创新案例获得陕西省宣传思想文化工作创新竞赛一等奖；市直单位年度目标责任考核中，连续五年被评为优秀单位，2021年被榆林市委、市政府评为“榆林市先进集体”。融合改革5年多，他带领榆林传媒中心干部职工共取得全国性、省级、市级荣誉1100项，其中省级以上300多项，累计接待全国各级媒体单位学习考察100多批次。韩万胜个人在第八届中国报协党建工作论文评选中，《“两

手抓、两促进”——围绕融合抓党建，抓好党建促融合》获得特等奖，他还获得“第七届传媒中国年度融合创新人物”称号。

当前，勇于自我超越的韩万胜，按照习近平总书记擘画的媒体融合发展蓝图，在加快推进全国市级融媒中心试点的道路上奋力奔跑。

李琪：跨界融合——一位引领出版新风尚的创新者

李琪，女，大学本科，中共党员，编审职称。现任四川数字出版传媒有限公司总经理、总编辑，兼任四川大学出版专业硕士研究生业界导师。

一、工作经历与成果

四川数字出版传媒有限公司在李琪女士的领导下，自2016年起实现扭亏为盈，并持续保持每年盈利的稳健发展态势。她以敏锐的洞察力和卓越的策划能力，成功主持、策划、终审多个数字出版项目、电子音像出版物及网络出版物，这些项目多次入选国家级项目并荣获国家级奖项。

二、荣誉奖项

主持出版的《探秘川剧变脸》荣获第七届中华优秀出版物（音像电子游戏出版物）奖；《日头日头照着我》入选原国家新闻出版广电总局“2015年优秀网络文学原创作品推介”；“知信链”平台荣获中宣部“2023出版业科技与标准创新示范项目”、工信部“2022年区块链典型应用案例”、成都市国家区块链创新应用试点项目、四川省新经济应用场景等多项荣誉；“数字藏书”荣获“数字中国西部第二届（数字四川第四届）产品最具潜力推广奖”二等奖，并入选《数字四川优秀成果集》优秀产品。公司荣获“四川省数字出版转型示范单位”、“2022年四川省版权示范单位”等荣誉。

三、项目主持与建设

主持中国音数协团标《版权管理区块链技术应用指南》及《数字藏品应用参考》的编写工作，为行业标准化建设贡献力量；牵头建设“全国文化大数据交易联盟链”“知信链”“新华链”“中国数字文交链”“苍穹元宇宙可信生态联盟”等项目，推动文化产业的数字化转型和创新发展；主持建设“知信链”区块链版权服务平台和“数字藏书”等融合出版项目，通过技术手段提升资源的综合和增值利用价值。

四、社会贡献与影响力

长期从事数字出版及出版融合业务，在工作期间，以习近平新时代中国特色社会主义思想为指导，自觉坚持四项基本原则，自觉执行党的各项方针政策，有大局意识和政治意识，政治素质好。在工作和业务管理工作中始终坚定不移地执行党的出版方针，遵守出版纪律，严格遵循出版工作的职业道德规范，全心全意地出好书，为繁荣党的出版事业兢兢业业，努力工作，出版了一批“两个效益”俱佳的出版物，工作上取得了一系列的优异成绩。从传统的图书出版、教材教辅出版、电子音像出版到现在的网络出版、数字出版，是一个较为成熟的网络出版、数字出版、融合出版项目的策划者、编辑出版者和终审把关者。

主持、策划、终审的多种数字出版项目多次入选国家级项目，荣获国家级奖项。主持出版的《中国·四川依然美丽》荣获第四届中华优秀出版物（音像出版物）奖，《探秘川剧变脸》荣获第七届中华优秀出版物（音像电子游戏出版物）奖，《冷的冰峰热的血》入选“中宣部主题出版物”，《日头日头照着我》入选原国家新闻出版广电总局“2015年优秀网络文学原创作品推介”，《法兰克百科全书》获得“十佳出版新技术应用 ”“2023年四川省游戏科普作品三等奖”，《崛起——5·12四川抗震救灾启示录》获“四川出版物奖·音像制品奖”一等奖，《用电脑上网找信息》获“四川出版物奖·电子出版物奖”一等奖，主持并终审出版游戏出版物上百种。牵头建设了知信链平台入选中宣部“2023年出版业科技与标准创新示范项目”、中央网信办“2023年区块链创新应用案例”、工信部“2022年区块链典型应用案例”、四川省新经济应用场景、2021四川省区块链行业优秀应用奖等奖项。“数字藏书”荣获“数字中国西部第二届（数字四川第四届）产品最具潜力推广奖”二等奖等荣誉。

2012年担任四川数字出版传媒有限公司总经理以来，数字公司由一个单一的传统电子音像出版单位，扭亏为盈，从2016年起公司年均盈利增幅超过20%，公司转型为集互联网出版、新媒体运营于一体的综合性出版服务商，树立了数字出版及传媒的领军形象。获四川省新闻出版局“四川省数字出版转型示范单位”，四川省版权局“2022年四川省版权示范单位”，“十佳出版新技术应用企业”，四川省经济和信息化厅“四川省新经济应用新场景”，成都市经济和信息化局“2023年成都市新经济梯度培育企业种子企业”，成都市新经济发展委员会“2022年成都市国家区块链创新应用试点项目”，“2022年成都市获批网络游戏出版号相关研发、运营、出版单位（企业）表彰”，锦江区“2020产业示范优秀企业（数字传媒业企业）”等。

个人基于实践从事数字出版专业研究，现为四川大学出版专业硕士研究生业界导师，培养数字出版应用型人才队伍，主持中国音数协团标《版权管理区块链技术应用指南》《数字藏品应用参考》，研究课题《AR/VR出版及平台化研究》并结项“国家新闻出版署出版融合发展（四川新华）重点实验室课题”。发表论文如《AR出版在职业教育与培训市场的应用探讨》（《出版与印刷》2020年第2期）；《经管MOOC数字化作品出版探析》（《四川教育》第6期，总第585期）；《从美国按需出版印刷的今天看我国图书按需出版印刷业务的明天》（《四川教育》第7期下，总第587期）；《出版社内部激励机制探索》（第五届四川省出版理论研讨会论文三等奖）等。对于新媒体出版、数字出版、融合出版、区块链版权应用等有前沿性的理论和实践成果。

传统媒体与新媒体深度融合10年探索

——《中国国家地理》杂志社副社长兼新媒体首席执行官才华烨

一、人物简历

才华烨，汉族，中共党员，毕业于天津师范大学新闻专业。现任《中国国家地理》杂志社副社长、新媒体首席执行官。兼任国家新闻出版署培训部特聘教师、中国期刊协会数字分会《中国数字期刊行业资讯》专家委员会委员、中国人民大学新闻学院跨媒体教学改革指导委员会委员、全国新闻出版标准化技术委员会委员、天津师范大学新闻传播学院新闻学专业导师、西藏那曲市索县经济社会发展和精准扶贫精准脱贫工作专家顾问等社会职务，曾在2009年清华EMBA媒体班、2019年中欧创新传媒班、2021年清华传播学院智媒班学习深造。

在20年的《中国国家地理》杂志社工作中，足迹遍布七大洲四大洋和全国各省会城市，曾经三次带队深入阿尔金山国家级自然保护区，是国内首位抵达阿尔金无人区三大湖泊的女性媒体人。多年行走在青藏高原、横断山区、地球第三极等地。

主编畅销书《入藏八线》《康巴腹地》，总策划“100个最美观景拍摄点”十余个省的评选和《发现西藏》《发现青海》等中国国家地理发现系列图书。主导推出了《中国国家地理》（大拉萨特刊）、《中国国家地理》（第三极特刊）、《中国国家地理》（你不知道的拉萨特刊）、《中国国家地理》（阿坝州特刊）、《中国国家地理》（甘孜州特刊）、《中国国家地理》（凉山州特刊）等。

十余年时间专注在传统媒体向新媒体深度融合发展的探索实践中。2003年加盟《中国国家地理》杂志社，创建市场部，开拓市场、提升品牌；2005年负责《中国国家地理》杂志社55周年庆典的市场推广，组织“中国最美的地方”媒体组和网络组的评选。2008年起，负责组建全新的中国国家地理新媒体公司。同时，中国国家地理官网全新改版。2013—2023 年，中国国家地理新媒体强势发展，截至 2024 年 5 月，中国国家地理官方微博 1154 万 + 粉丝、官方微信 378 万 + 粉丝、官方视频号 200 万 + 粉丝，中国国家地理景观号的抖音、快手、小红书、B 站各平台均超百万粉丝，推出中国国家地理官方客户端、畅读、优品小程序等，带领中国国家地理新媒体全网超 3000 万粉丝。全国首家推出新媒体平台基于地理 LBS 定位杂志随行读随心读的阅读导航一体式体验。

二、荣誉与奖项

2013 年，中国国家地理新媒体荣获“中国企业领袖与媒体领袖年会”颁发的“影响中国 2013 年度最具广告传播价值新媒体奖”；2014 年，中国国家地理微博、官方 APP、微信公众号分别荣获中国科学技术协会科学普及部颁发的“公众喜爱的科普作品”推介作品；2015 年，《中国国家地理》荣获“2015 期刊数字影响力 100 强”称号；2016 年，荣获“微博 2016 新媒体影响力最具服务力”媒体；2022 年，获百家号“2022 年最具影响力”媒体；2023 年，荣获中国经济传媒协会颁发的“2023 中国经济媒体应用创新典型案例”及 2023（第二届）“企业营销传播典型案例”；“中国国家地理景观”荣获快手平台 2022 年度、2023 年度影响力媒体。

三、人物自述

2003 年，我来到《中国国家地理》杂志社工作，那一年还是传统纸媒风风火火、蒸蒸日上的时候。

2013 年，是中国国家地理新媒体发展的第 5 个年头，已历经从手机报的兴盛到衰落，从简单的传统期刊电子化到全新客户端电子杂志的阅读体验，从免费阅读到收费的各种挑战。这一年，中国国家地理客户端位居 iPhone 平板电脑旅行类媒体应用第一，也是从这一年开始，我意识到 IOS 和安卓两个系统的不兼容，各种版本的不兼容，对我们把纸刊阅读习惯简单搬来做电子杂志，这是个发展“瓶颈”。

创新突破势在必行。中国国家地理新媒体团队推出了可以适配不同操作系统全新阅读体验的电子杂志，这是抛弃原有的纸刊阅读习惯，完全按照适合手机端阅读的电子杂志排版方式，同时也让我们实现了把数字化转为数据化。

作为一个新闻科班毕业的传统媒体人，从 2008 年杂志社成立新媒体公司起，李栓科社长把这个全新的板块交给我来打拼和探索，我就和中国国家地理新媒体一起学习、探索和成长，从中国国家地理官网网址 www.cng.com.cn 更名为 www.dili360.com，从手机报内容简单的杂志摘录到完全的原创栏目内容打造，我意识到新媒体的发展和传统媒体有很大的不同，首先就是要接受市场的变化，我们的读者已经越来越多的走向手机端，要接受全新的科技引领下的新媒体发展，接受苹果进入中国市场后 APP 应用带来的读者阅读习惯的改变。一方面，作为传统媒体的我们，一定要坚守《中国国家地理》“推开自然之门 昭示人文精华”内容为王的宗旨；另一方面，面对新媒体如何创新，如何在传统媒体向新媒体发展的领域继续让《中国国家地理》品牌长盛不衰，是摆在我面前非常大的历史考验。

2013 年到 2023 年，这 10 年时间也是中国国家地理新媒体发展突飞猛进的 10 年。我们尝试了很多种出版融合发展的方式，从最初简单的杂志上的二维码延展阅读视频内容，到以特刊为案例，从策划开始就按照出版融合的方式全面做内容和传播的策划。

四川省凉山州自古就是南方丝绸之路和茶马古道的必经之地，也是习近平总书记深情牵挂、始终惦记的地方之一。“发现大美凉山”系列报道是在国家《“十四五”旅游业发展规划》提出的推进文化强国建设，要求坚持以文塑旅、以旅彰文，推进文化和旅游融合发展的背景下，着力打造凉山州脱贫攻坚后文旅品牌的融合报道。

我亲自带领由科学家、摄影家、作家、编辑组成的《中国国家地理》专业采风团，历时半年三次考察，走遍了凉山 17 个县（市）的万里河山；从策划、采风、编辑到印刷制作以及新媒体的短视频到微纪录片等报道，坚持用地理思维、科学表达为读者讲述凉山州的故事。纸刊以地理为维度，自然山川与人文历史为线轴，分“山河秘境”“南丝之路”“民族之州”“宝藏凉山”4 大板块，以最真挚的文字、最具视觉冲击力的图片讲述、解读凉山之美，同时纸刊上有视频二维码延展阅读。制作的微纪录片《凉山不是一座山》、短视频《发现凉山》在新媒体矩阵平台播放，向观众展示了凉山州璀璨夺目的人文历史和雄奇壮美的自然风光。凉山彝族火把节的直播报道更是带领用户线上感受最浓郁的民族风情。这些出版融合系列报道从专业角度、全新视野、全方位、立体化深度展示凉山州历史人文景观、自然地理风貌及经济社会发展变化，发挥了《中国国家地理》传统媒体和新媒体平台的资源优势。

凉山州特刊上市后，屡屡登上《中国国家地理》各类图书期刊销量榜首，同时也在中国国家地理畅读小程序发行电子杂志。微纪录片及短视频在新媒体矩阵平台累计播放量超过 920 万。# 发现大美凉山 # 微博话题阅读量超 5057 万，微博要闻榜排名第八位，凉山州同城热搜榜第一，获得众多媒体关注转发，微信公众号单篇报道阅读量 9.3 万，“火把节”及“开渔节”直播在线观看人数超 81 万，新媒体整体曝光受众超 5700 万，取得了非常好的传播效果，是我们出版深度融合最好的案例。

出版与科技的交汇：王佳家的跨界融合与出版创新

王佳家，临床医学背景，工商管理硕士，编审，现任中科数字出版传媒有限公司董事长。他的职业生涯跨越了从策划编辑到集团高管多个不同职位。曾获得全国新闻出版行业领军人才、2017年度第十一届新闻出版业互联网年度创新人物。

王佳家董事长不仅精通出版流程、熟悉知识服务体系整体构建的战略布局，还持续关注内容产业发展趋势，积极探索数字媒体、知识付费等融合发展商业创新模式。拥有丰富的数字化转型、业务创新经验，善于将互联网思维融入传统业务。拥有十余年管理背景，善于激发下属活力、培养可持续发展的高绩效团队，沟通协调及组织管理能力突出，能够与领导、同事、主管部门、合作单位建立顺畅高效的工作关系。他构建了以出版社、高校、行业专家、政府部门、销售渠道为代表的优质行业资源。

王佳家董事长凭借其公司治理经验和敏锐的洞察力，以及创新精神和对行业发展趋势的深刻理解，展现了卓越的市场前瞻性。不仅在战略决策和执行力方面表现卓越，也推动了公司业务的持续增长。

1. 职业生涯

王佳家董事长担任中国科技传媒股份有限公司（科学出版社）策划编辑、高职组负责人、中职组负责人、副社长、社长、总编辑助理兼数字教育发展部主任，中国科技出版传媒集团董事会秘书、综合管理部主任、总编部主任。供职科学出版社期间，带领卫生职业教育分社三年内将经营业绩推向公司分社首位。

2. 重要成就

主持策划国家规划教材累计200余种，总数位居全国第三。20余种教材获评国家优秀教材奖。被教育部确定为中等职业学校专业教学标准（护理、药剂专业）制订单位及专业技能课教材立项单位，其中“医药卫生类专业课程制定标准研究”课题获职业教育教学改革课题研究三等奖。

3. 业务创新

王佳家董事长牵头组建科学出版社数字教育发展部，积极探索传统业务与新兴媒体融合的商业模式，从教育数字化顶层设计入手，快速集聚质优量大的各类数字资源。他主持研发数款应用级数字产品，代表性项目包括：“爱医课互动教学平台”（AR）——内置千余门互动课程及百万余道标准化试题，该产品2015年获得第十九届全国信息化教学高等教育组一等奖（教育部中央电教馆）；2017年荣获中国数字媒体创意大赛优秀奖。“中科云教育综合教育服务平台”（爱一课、Coursegate）——入选2016年度国家新闻出版改革发展项目库，并获得财政部文化产业发展专项资金支持（800万元）。2017年获第十一届新闻出版业互联网“知识服务创新”奖。“人体生命科学馆”（AR/VR）——入选2017年度国家新闻出版改革发展项目库，并获得财政部文化产业发展专项资金支持（350万元）。医学在线教育联盟——由科学出版社与北京大学医学部共同牵头成立，建设覆盖三大医学三大专业（临床医学、护理、药学）的100门在线课程。

4. 管理及团队建设

参与出版社各类重大项目和选题论证、评审和监督，拟订工作流程优化方案、业务标准、管理修订办法等管理制度，协同公司人才引进的能力评估。推动编校队伍建设与管理，指导出版社人员的招聘、培训、工作量计调及绩效管理，管理期间培养多名业务骨干，并实现0编辑事故的优秀表现。

5. 培训经历

中共中央党校中央和国家机关分校处级干部培训班毕业（2021年4—6月）。

6. 职称证书

AMAC基金从业人员资格、编审（高级职称）。

7. 学术成果

①《卫生职业教育教材发展现状及策划思路探讨》（《卫生职业教育》，统计源核心期刊，国家级医学教育类学术期刊）；②《新传播形势下医学类电子音像出版物内容建设思考》（《科技与出版》，CSSCI来源期刊、北大中文核心期刊）；③《基于出版转型背景下的医学教育类产品内容建设刍议》（《科技与出版》，CSSCI来源期刊、北大中文核心期刊）；④《传统出版企业的教育类互联网产品设计与运营管理的SWOT分析及对策》（《中国编辑》，CSSCI来源期刊、北大中文核心期刊）；⑤《威立出版公司的数字化转型发展》（《传媒》，CSSCI来源期刊、北大中文核心期刊）；⑥《信息化教学设计理论与实践》（主编，科学出版社出版发行）。

张敏：勇立潮头 迎风奔跑 县级媒体融合改革的“扛旗手”

张敏，尤溪县融媒体中心主任、尤溪县广播电视台台长、福建省朱子文化传媒有限公司董事长、高级记者（正高职称），中国传媒大学博士生导师、福建省高层次（B级）人才。

张敏主任从事新闻宣传工作20多年，在政治上思想上行动上始终与党中央保持高度一致，遵纪守法，对工作兢兢业业，任劳任怨，对业务精益求精，各项工作取得骄人成绩。如今，尤溪县融媒体中心不仅是福建省县级融媒体改革的一面旗帜，也是全国县级媒体融合改革的一面旗帜。

尤溪县融媒体中心先后被评为：全国广播电视系统先进集体、全国广播电视媒体融合先导单位、全国广播电视媒体融合典型案例、全国互联网新闻信息稿源单位、中宣部新时代县级融媒体发展的新路径典型案例、全国县级融媒体中心舆论引导能力建设十大典型案例、中国媒体深度融合创新案例、中国应用新闻传播十大创新案例、全国新闻出版深度融合发展创新案例、全国地方党媒融合发展创新示范项目、全国市县20强电视台、全国县级十佳电视台、全国市县媒体融合先导单位、全国推动城市创新·广播影视影响力机构、TV地标中国电视和网络视听综合实力优秀团队、全国微视频短片“最佳制作单位”、全国县级广播电视系统百佳先进局（台）、全国新农村建设电视媒体贡献奖、改革开放四十年全国百佳县级广播电视台、全国普法工作先进单位、全国巾帼建功先进集体，福建省优秀县级融媒体中心30强（一等奖）、福建省广播电视媒体融合先导单位、福建省广播电视系统先进集体、福建省青年五四奖章集体标兵、福建省十佳影视创作机构、福建省文明单位、福建省融媒体新闻协作先进集体、福建省文明单位、福建省工人先锋号、福建省巾帼文明岗、福建省全民国防教育先进集体、福建省新春走基层先进集体、福建省优秀人才示范站，三明市改革创新特别贡献奖（三等功）、三明市先进基层党组织等荣誉称号。全国县级短视频人才孵化基地、中国市县电视台影视研发基地、中国传媒大学县级融媒体中心建设培训基地，福建省市县电视台融合发展实训基地、福建省乡村振兴产业直播基地、福建省电视艺术家协会创作基地、浙江传媒学院产学研实践教学基地、中南大学文学与新闻传播学院实践教学基地、华侨大学新闻与传播学院实践教学基地、山西传媒学院产学研实践教学基地、吉林艺术学院实践教学基地、三明学院人文与新闻传播学院教学实践基地。

20多年来，张敏主任参与编写出版《中国广播新力量》《中国区域广电融合发展与创新传播》《中国市县融媒体中心建设报告》《中国区域主流媒体助推基层治理的尤溪探索》《勇立潮头 奔跑在媒体融合最前沿》等专著，在省级以上报刊发表论文20多篇，有123件作品获市级以上奖项。先后被评为：全国德艺双馨电视艺术工作者、全国新闻出版广播影视系统先进工作者、“激情·奉献·廉洁——全国广播电视和网络视听先进事迹报告会”先进个人、全国媒体融合发展专家库首批专家、全国新闻宣传传媒实践学术成果“最佳编导”、全国推动城市创新·广播影视与新媒体创新人物、全国县（市区）级广播电视系统优秀台长、全国县（市区）级广播电视系统百名优秀工作者、全国互联网影视智库“影视风控师”特邀专家，福建省最美文化工作者、福建省十佳新闻工作者、福建省国防人物、福建省新春走基层先进个人、福建省媒体融合发展专家库首批专家、首届福建省十佳县域青年电视工作者、福建省文化改革发展项目专家库成员、福建省广播电视局评审库专家、福建省五一劳动奖章、福建省级高层次（B级）人才，三明市优秀共产党员。被聘为中国传媒大学国家治理与政治传播专业博士生导师和中国传媒大学公共管理专业硕士（MPA）业界导师、中南大学、三明学院和吉林艺术学院客座教授。中国电视艺术家协会会员、中国广播电视社会组织联合委员会节目交易委员会副会长、中国广播电视社会组织委员会短视频短片委员会理事、中国电视艺术家协会市县融媒体委员会副会长、中国广告协会广播电视融媒体工作委员会副主任。

20多年来，张敏主任都有好几次调动提拔的机会，由于对基层广播电视事业的挚爱和领导、同志们的挽留，始终坚守在一线岗位，不弃不离，无私奉献。经过长期的不懈努力，从一名普通的记者，成为全国县级媒体融合改革的先行者和推动者。特别是习近平总书记提出加快县级融媒体建设工作后，积极响应总书记号召，在福建省率先进行媒体融合改革，探索实践的“四创四融”（机制创活、技术创新、内容创优、产业创效）经验，在全省乃至全国开辟了一条县级媒体融合改革发展的新路子，开创了独特的“尤溪模式”，得到了相关领导的肯定、专家学者和同行的认可，被中宣部和国家广电总局列为典型案例。2021年，尤溪县融媒体中心与中国传媒大学签订横向科研项目协议（2021—2025），张敏主任任课题组长，就“县级融媒体中心向综合服务平台升级的理论建构”等6个项目进行研究。同年，他还领队开发“尤溪县数字乡村公共服务平台”，平台入选“福建省数字乡村试点县”、北京市广电局2022年度“媒体融合创新技术与服务应用”入库项目，获“王选新闻科学技术奖”项目奖。

做好“事业＋产业”上，在张敏主任带领下的福建省朱子文化传媒有限公司每年创收3000万元以上，是福建省县级经营业绩最好的公司，2020—2023年度连续四年获福建省国有影视企业社会效益评价考核“优秀”等次。2018年以来，全国800多个单位5000多人前来参观考察学习。张敏主任还多次应国家广电总局和相关单位邀请，到北京、河北、成都、西藏、新疆、重庆等地及部分高校作经验交流。

新华社、中央广播电视总台、《人民日报》、《光明日报》、《求是》杂志、《福建日报》、福建广播电视台、《三明日报》、三明广播电视台等中央以及省市许多媒体对尤溪县融媒体中心媒体融合做法进行了报道。2023年12月23日，由中国传媒大学主办的融媒体发展“尤溪现象”专题研讨会在北京召开，“尤溪模式”引发政界、业界、学界广泛关注，并在全国推广。

祝青：我们走在大路上

祝青，现任浙江省安吉县融媒体中心（安吉新闻集团）党委书记、主任、董事长。长期在宣传文化系统工作，自2020年主持中心工作以来，坚持新闻立业、产业兴业，主导安吉县融媒体中心（安吉新闻集团）第二轮体制机制改革，带领中心（集团）融合发展走在全国县级媒体前列，中央深改办专题信息刊发安吉媒体智慧融合经验，国家广电总局授予全国广播电视媒体融合先导单位，浙江省委省政府授予全省改革创新成绩突出集体荣誉，连续五年营收增长20%以上，2023年达到6.67亿元，同比增长37%。个人荣获2021浙江省网络视听年度人物、“激情·奉献·廉洁—2023年全国广播电视和网络视听先进事迹报告会”先进个人等荣誉，在《中国广播》《新闻战线》《中国记者》等业内核心期刊发表论文10余篇，参与撰写《中国传媒融合创新研究报告》《中国新媒体发展报告（2023）》相关章节。

一、做精新闻主业，讲好中国故事

坚守新闻主责主业，把复杂问题简单化、简单问题精细化，极力提升安吉“绿水青山就是金山银山”理念诞生地的知名度影响力。

（一）主题宣传凝心聚力

围绕中心工作大局，依托声屏报网、两微一端、抖音视频号等全媒体传播矩阵，每年推出100个以上沉浸式、协同感强的主题报道，形成“阶段性栏目统领、全媒体报道连贯”的主题新闻宣传模式，积极营造干部群众同呼吸、共奋斗的干事氛围，让群众喜看爱看。

（二）向外宣传量质并举

实施大媒大网、首页首屏、头条重栏上稿工程，每年在央省级重点媒体刊播新闻1000条以上，近三年，该中心在央视《新闻联播》《中国之声》以及浙江电视新闻、浙江广播新闻刊播条数均居浙江省县级媒体前茅；同时积极参与筹办国际传播工作部，和中国国际广播电视台、浙江卫视Z视介及十多家海外华文新媒体合作，向海外传播安吉。

（三）精品创优亮点频现

近五年，该中心共有31个新闻作品和短视频获得第三十一届中国新闻奖等国家级奖项，是全国唯一连续两届获得中国广播电视大奖的县级媒体，其中《我是红红石榴籽》《乡村里的“智慧大脑”主题研学》分别入选国家广电总局年度优秀少儿节目精品节目和扶持项目，连续6年获得浙江省新闻奖（广播电视部分）、浙江省广播电视新闻奖一等奖，连续16年实现浙江省广播电视对农考核优秀。

二、强化新闻赋能，推进产业发展

运用“新闻+”运营模式，用媒体能量、新闻力量赋予文创、数字、农业等产业发展无比强大的生命力。

（一）大力繁荣文化生活

在传统房展、车展等单一活动模式基础上，将文创活动拓展至文化展演、文化展陈、文化研学、文化集市、文化交流等方面，每年精心策划文化展演活动百余场，推动夜市经济组织文化集市50余场，进村入企义务演出活动20余场，组织山外少年来安吉5000余名，并通过新闻宣传提升活动知名度和参与度，用群众“口碑”树立文创“丰碑”。

（二）深入参与社会治理

承担全县数字化建设，在全国率先进入数媒相融发展领域，研发近300个数字化应用，其中省级场景应用达11个，并依托新闻传播广而告之，提升老百姓的知晓率、参与率、幸福感和认可度，较好实现新闻让数字活起来、数字让新闻火起来的双向赋能作用，相关数字产品还在全国24个省417个市县复制推广落地，其自主研发的“爱安吉”新闻客户端作为县域唯一的“新闻+政务服务商务”平台，已在58万人口的县域实现注册用户45万，日活率达11%，成为中宣部确定的全国示范项目。

（三）创新开启共富新路

承接运营区域公用品牌“安吉优品汇”，秉持“优品内在、新闻赋能、文化加持”理念，运用短视频展播、文字专题等形式推出“优品故事汇”新媒体栏目，创作安吉白茶、安吉竹林鸡、安吉优品汇竹啤等产品视频200多个，将每期产品主题宣传视频进行广泛宣传，提升“安吉优品汇”知名度和影响力；在2023年第一个完整运营年，“安吉优品汇”销售额就突破6亿元，助力村集体收入2000万元，带动农户增收3000万元，用“融媒+”扛起乡村振兴的大旗。

三、坚持改革创新，激活内部动能

将体制机制改革作为县媒融合的首要任务，完善绩效考核、加快人才培养，激发员工干事创业激情。

（一）深入推进体制改革

在全国县媒基本融合完成之时，又率先实施第二次体制机制深入改革，推进深度融合，明确融媒体中心主抓新闻主业，新闻集团主推产业经营，确立了安吉融媒体中心事业单位企业管理的公司化运营模式。率先发布全国首个县级融媒体中心5年发展战略规划，为安吉打造全国县级融媒体中心样板提供系统性规划方案，为全国县级融媒体下一步深度融合发展提供创新探索。

（二）全面实施绩效考核

在单位内部打破身份限制，实行全员绩效考核，实现同工同酬，建立“以实绩为导向”的薪酬分配制度，按月度、季度、年度对员工工作业绩进行全面量化考核，根据考核情况发放考核奖励。同时，在员工职级晋升、干部提拔、评优评先等工作中，注重以实绩实效评价干部能力作风情况，营造良好用人导向的干事风尚，如编外人员不仅可以担任中层干部，还可以担任集团班子成员，截至2024年5月，中心中层干部中50%为编外人员。

（三）加快提升人才培养

构筑专家顾问团、揭榜挂帅者、项目领衔人、文化工作室、星级员工制等五位一体的人才选培育用工作机制，实行年轻干部岗前、岗中、岗后全过程管理，切实做到能上能下，让有能力的干部在全工作周期都能建功立业；深入开展早餐知心会、子女陪考假、喜报送到家等关心关爱员工十项实务，形成从善如流、团结如一的良好氛围。截至2024年5月，有8人次获得国家级网络视听领军人物、省级青年创新人才和南太湖领军人才等荣誉，一人入选全国广电系统先进事迹报告团成员。

·教育与培训·

Education and Training

新时代出版融合发展人才队伍建设的现状与对策

李文娟

党的十八大以来，出版业以习近平新时代中国特色社会主义思想为指导，全面贯彻落实习近平总书记关于宣传工作的重要思想和关于出版工作的重要论述，积极适应全媒体时代发展大势，以高质量发展为主题，坚持一体化发展方向，逐步推动出版深度融合发展，不断开拓并巩固壮大数字时代网上出版主阵地。十年来，数字出版产业蓬勃发展，已经成为“出版业高质量发展的新引擎，弘扬社会主义核心价值观的新阵地，人民群众精神文化生活的新家园”。但在数字出版产业规模不断扩大的同时，出版融合发展人才队伍建设仍然比较薄弱，成为制约出版深度融合发展的重要因素之一。

2020 年 9 月，中共中央办公厅、国务院办公厅印发《关于加快推进媒体深度融合发展的意见》，提出要“大力培养全媒体人才，实行更加积极、开放、有效的人才引进政策，提高主流媒体人才吸引力和竞争力”，要“优化人才队伍结构，把更多熟悉新媒体的中青年优秀人才充实到关键岗位，充分释放人才活力”。2021 年 3 月发布的“十四五”规划则明确要“实施出版融合发展工程”。可见，促进出版深度融合发展、进一步推进新闻出版业数字化转型升级是“十四五”期间的工作重点。因此有必要对中国特色社会主义进入新时代以来出版融合发展人才队伍建设的现状和存在的问题进行研究，并提出针对性强的解决方案，为新阶段新征程上出版融合发展人才队伍建设作出贡献。

一、出版融合发展人才队伍建设现状

2014 年 4 月，原国家新闻出版广电总局、财政部联合发布《关于推动新闻出版业数字化转型升级的指导意见》，明确要求“支持、鼓励高校设立专业课程，联合研究机构，培养面向出版企业数字化转型升级的专业人才，定向输送出版与科技专业知识相融合的基础性人才。支持相关技术企业与高校、研究机构联合开展数字出版业务高级人才培养。支持、鼓励技术企业提供技术支撑，参与高校、研究机构的高级人才培养计划，开展面向出版企业在岗高级数字出版人才的培养”。这成为新时代出版主管部门指导数字出版人才队伍建设的主要方针。在前述指导意见和各种配套措施的引导下，出版融合发展人才队伍建设取得了一定成就，规模效应初步显现。中国人民大学中国就业研究所发布的《数字文化产业就业研究报告（2020）》显示，数字文化产业中游戏、电竞、直播和网络文学这 4 个典型领域总就业人数约 3000 万人，其中，全职就业约为 1145 万人，与数字出版密切相关的从业人员超过 100 万人。另据中国音像与数字出版协会副秘书长李弘测算，数字编辑类从业人员数量应该在 80 万到 150 万。从业人员数量的急剧攀升造就了一支年轻的从业人员队伍。出版融合发展从业人员年龄大多集中在 25 岁至 35 岁，多数具有研究生（含）以上学历，高学历、年轻化、知识结构新等趋势明显。

现阶段，出版融合发展从业人员大多在体制外。从职称结构来看，无职称的较多，其次拥有初级职称和中级职称，拥有高级职称的从业人员最少；从专业背景来看，计算机相关专业的出版融合从业人员并不多，大多有其他学科的专业背景，来自传统编辑转岗的出版融合从业人员也不多。虽然自 2015 年起全国出版专业技术人员职业资格考试（简称“全国出版职业资格考试”）中增加了数字出版考核的内容比重，并设置了供从事出版融合工作的考生作答的选答题，但实际报名并参加考试的出版融合从业人员并不多，这与全国出版专业职业资格考试办公室开展的考生数据分析结果吻合。此外，经过近十年的发展，目前出版单位引进出版融合发展人才主要通过社会招聘、自有员工培训、引进相关专业毕业生、引进留学人才等途径。培养出版融合人才的方式主要有内部定期培训、员工自觉学习、外派学习、出国学习等。各单位对人才的激励方式主要有精神激励、薪酬激励、股权激励等。综上所述，目前出版单位引进、培养、激励出版融合从业人员的途径较多，在一定程度上促进了出版融合发展人才队伍的建设。

二、出版融合发展人才队伍建设存在的一些问题

在国家推动出版业深度融合发展的背景下，出版融合发展人才队伍建设取得了一定成就，但也存在一些问题，概括起来主要有几个方面。

1. 出版融合发展人才队伍建设不平衡问题显著

出版融合发展人才队伍建设存在的不平衡现象总结起来主要有以下四个方面。一是从事出版融合发展工作

的人员数量较少。数字出版从业人员绝大多数集中在数字教育、数字阅读、网络游戏、动漫、音乐等数字出版产值增长较快的领域，从事出版融合发展业务的人才数量相对较少。这是因为传统出版单位中的数字出版业务规模尚小，能成为支柱型经济来源的不多，转型升级的压力依然巨大，一定程度上对资源投入和人力投入形成掣肘。二是出版单位间融合发展复合型人才的分布和流向呈现两极分化的态势。随着数字化转型升级的深入推进，一些出版单位转型决心坚定、方向明确、新业务初具规模，社会效益和经济效益俱佳，成为业内出版融合发展“典范型”单位；也有一些“观望待发型”出版单位，观念陈旧、动作迟缓、成效甚微。前者和后者差距越来越大，出版融合发展正呈现“强者恒强”趋势，人才由此多向“强者”流动。三是区域的发展不平衡导致的人才单向流动的趋势愈来愈明显。积聚丰富传统出版资源的地区，数字化转型升级业绩也相对突出，随着信息、技术、资金等关键要素资源向经济发达地区聚集，区域间人才发展不均衡态势进一步加剧。四是部分出版单位的融合发展人才队伍存在结构性不足的问题。例如，在一些市场化程度较高的出版社、期刊社，部分出版融合发展从业人员技术水平高、业务能力强，但基本的编辑能力有所欠缺，较大程度上影响了出版融合产品的质量。

2. 大多数出版融合发展人才没有被纳入职业资格管理

2014 年 10 月发布的《深化新闻出版体制改革实施方案》提出要“完善包括新闻网站和网络出版单位相关人员在内的专业技术人员职业资格制度”，将包括出版融合发展人才在内的全媒体人才纳入职业资格管理是国家的预期目标。但前面提到过，实际报名并参加全国出版职业资格考试的出版融合从业人员并不多。造成这个现象的主要原因有两个：一是现有全国出版职业资格考试主要是面向国有出版单位从业人员的，大量实际从业的非国有出版单位人员不能报考，这是造成出版融合从业人员大多没有被纳入职业资格管理的主要原因；二是包括出版融合从业人员在内的广大数字出版从业人员在实际工作中需要熟练掌握的业务内容与传统出版编辑差异较大，虽然现行的全国出版职业资格考试有配套的《数字出版基础》教材，并设有供数字出版从业人员作答的选答题，但目前仍是一份试卷，适合数字出版从业人员的题量和题型有限，因此这部分人员参加目前统一考试的效果不太理想。

3. 高校出版融合发展人才培养与业界需求存在一定差距

近十年出版融合发展人才培养与业界需求的错位主要体现在两个方面。首先，现阶段高校培养出来的出版融合发展人才体量较小，远远不能满足日益增长的业界用人需求。据统计，“我国共有 55 所高校开设了编辑出版学本科专业，19 所高校开设了数字出版本科专业，28 所高校开设了出版硕士专业，27 所高校开设了与出版相关的硕士研究生方向或专业”。出版专业高等教育虽然有了一定的基础，但与蓬勃发展的业界需求还存在不小的差距，复合型的出版融合发展人才更是稀缺。其次，出版融合发展人才培养脱离实际的问题比较突出。目前高校培养的出版融合发展人才主要有两类：人文社科类专业比较强的高校培养的复合型人才侧重信息内容而轻技术手段；理工类专业比较强的高校培养的复合型人才侧重技术手段而轻信息内容。且不论是哪一种方向，学生学到的多为课本上的理论知识，缺乏实践经验，毕业工作后难以快速适应和匹配岗位的需求。这有两个原因：一是部分教师理论知识功底很深，但缺乏一线从业经验，知识结构得不到及时更新，难以在课堂教学环节中与时俱进地普及出版融合发展信息；二是课程结构设置不太合理，部分高校数字出版专业虽然已经开设了与实际工作场景切合度、匹配度较高的课程，但这些课程在学生必修的学分中所占比例较小，绝大多数仍以传统课程为主，达不到培养复合型出版融合发展人才的要求。

4. 出版融合发展人才流动性较大

出版单位普遍反映，出版融合发展人才队伍流动性大，更迭率较高。具体来讲，编辑岗位人员流动相对较小，运营岗位流动相对较大，人员更替较为频繁，且组织结构相对不稳定。出版融合发展人才队伍流动大是很多单位面临的一个困境，直接影响和制约了其出版融合业务的可持续发展。目前出版融合人才流动存在以下两个现象。一是转制为企业的出版单位的部分融合发展人才向事业单位流动。经过多年的深化改革，虽然绝大多数国有出版单位已经转制为企业，但相应的人才管理制度仍然与市场化程度较高企业的人力资源管理方式差距较大。事业、企业的退休保障存在较大的差异，导致部分年纪稍大的骨干融合发展人才从企业向事业回流，这一点在部分高校出版社、期刊社（如高校学报）尤为突出。二是稀缺的高层次出版融合发展人才向行业外流动。造成人才外流的主要原因是待遇问题。大部分已经转制的出版单位，其经济效益、人才待遇等诸方面与其他行业的企业相比差距较大，一些具备核心竞争力的出版融合发展人才因此向“待遇高地”转移。

三、对出版融合发展人才队伍建设的建议

2016 年 4 月，习近平总书记在网络安全和信息化工作座谈会上的讲话指出，“人才是第一资源”。强调“要把我们的事业发展好，就要聚天下英才而用之”，“没有一支优秀的人才队伍，没有人才创造力迸发、活力涌流，是难以成功的。念好了人才经，才能事半功倍”。党的十九大将“人才战略”作为新时代必须坚持的七大战略之一，提出“人才是实现民族振兴、赢得国际竞争主动

的战略资源”。2022年是迈入“十四五”时期的关键年，在全党全国人民喜迎二十大之际，出版行业要围绕立足新发展阶段、贯彻新发展理念、构建新发展格局，坚持解放思想、实事求是、守正创新，为推动出版深度融合发展锻造一支政治素质过硬、业务能力超强的人才队伍。

1. 坚持党的领导，守好出版阵地

2013年8月，习近平总书记在全国宣传思想工作会议上提出“两个巩固”的重要论述，强调“宣传思想工作就是要巩固马克思主义在意识形态领域的指导地位，巩固全党全国人民团结奋斗的共同思想基础”。“所有宣传思想部门和单位，所有宣传思想战线上的党员、干部都要旗帜鲜明坚持党性原则”，要求“各级各类传播渠道都要坚持党的领导。牢记守土有责、守土负责、守土尽责，加大管理力度、提高管理水平，确保所属宣传思想文化阵地坚持正确导向”。意识形态关乎旗帜、关乎道路、关乎国家政治安全。近几年来，美西方针对我国的意识形态攻击比比皆是，疫情期间尤为如此，我们面临来自国际国内的巨大压力挑战。习近平总书记要求宣传思想战线加强“对意识形态阵地管理，落实谁主管谁主办谁管理和属地管理，防止给错误思想观点传播提供渠道”。出版融合发展需要大量的新媒体新技术，需要大量使用互联网，这恰恰是意识形态工作的前沿阵地。要确保出版融合产品内容舆论导向正确，就必须坚持党的领导，坚持党性原则，选拔坚决同党中央保持高度一致、坚决维护中央权威的出版融合发展人才充实队伍。在日常工作中，出版融合发展人才必须深刻领悟“两个确立”的决定性意义，增强“四个意识”、坚定“四个自信”、做到“两个维护”，坚持解放思想、实事求是、守正创新，按照高举旗帜、围绕大局、服务人民、改革创新的总要求，增强政治意识、大局意识、责任意识，深刻理解和把握新时代出版工作的政治导向和使命任务，熟练掌握规范出版活动的相关法律法规，增强把关能力和鉴别能力，从而弘扬主旋律，传播正能量，提高出版物的宣传引导水平，守好出版阵地。

2. 坚持人才为先，营造有利于人才成长的制度环境

2016年3月21日，中共中央印发的《关于深化人才发展体制机制改革的意见》全文公布。习近平总书记作出重要指示，要求“着力破除体制机制障碍，向用人主体放权，为人才松绑，让人才创新创造活力充分迸发，使各方面人才各得其所、尽展其长”。2021年1月，出版行政管理部门积极落实总书记的指示精神，与人力资源社会保障部联合发布《关于深化出版专业技术人员职称制度改革的指导意见》，要求“建立科学公正的评价体系和评审机制，鼓励出版专业技术人员深耕专业，让作出贡献的人才有成就感和获得感”。2021年底印发《出版业“十四五”时期发展规划》，进一步提出要“健全以创新能力、质量、实效、贡献为导向的出版人才评价体系，对紧缺的特殊人才实施特殊政策，构建充分体现知识、技术等创新要素价值的激励机制，鼓励在人才引进、绩效考核等方面加大对出版融合发展业务的支持力度”。具体而言，在政府层面，2022年将启动出版融合发展优秀人才遴选培养计划，重点遴选培养一批思想政治素质过硬、创新创造能力突出、引领发展表现出色的出版融合发展复合型人才。在行业层面，可考虑借鉴职业经理人制度，通过市场化选聘人才的办法，逐步实施出版融合发展重大项目首席专家制度。此外，建议与人力资源社会保障部门协商，在出版融合发展重点人才的引进和晋升方面，以及人才退休后的社会保障体系等方面打通制度关隘，将其纳入中央或地方人力资源社会保障部门承认的人才评定序列及社会保障体系，从根本上解决人才发展的后顾之忧。

3. 坚持统一管理，加快职业资格管理全覆盖进程

《关于深化出版专业技术人员职称制度改革的指导意见》提出，在健全评审制度方面，鼓励“积极吸收从事融合出版、版权运营等业务的优秀资深人员和专家学者参加”；在畅通评价渠道方面，要求“进一步打破户籍、地域、身份等制约，畅通各类出版专业技术人员职称申报渠道”。明确“从事与出版物策划、数字出版相关的非公有制经济组织、社会组织的出版专业技术人员可按属地原则参加考试或评审”。《出版业“十四五”时期发展规划》进一步要求“畅通数字出版从业人员职业资格考试渠道，健全完善继续教育培训和职称评定的长效机制”。可见，将出版融合发展人才纳入职业资格管理是新时代加强出版工作的重要举措，相关的职称制度改革也已经提上日程，接下来就是细化和完善具体的路线图了。在准入制度方面，建议面向出版融合从业人员的职业资格考试仍然在全国出版职业资格考试的框架之内进行，但可改变现有的在一份试卷内设选答题的模式，单出一份面向包括出版融合从业人员在内的广大数字出版从业人员的试卷。这样既保证了公平公正，也能解决各自实际业务操作方面差异较大的问题。此种方式不涉及现有的考试制度层面的变化，可以较快推进。在登记注册管理方面，建议逐步探索实施全行业性的出版专业技术人员登记注册管理制度，做到包括出版融合发展人才在内的所有从业人员，尤其是非国有出版单位的从业人员职业资格管理全覆盖，推进和完善出版全行业人才队伍建设的专业化和职业化进程。

4. 坚持服务行业，培养业界急需人才

2022年4月，中央宣传部印发《关于推动出版深度融合发展的实施意见》，要求“夯实人才培养基础”，“发挥高校人才培养重要作用，在出版学科建设中加强融合发展理论与实践人才培养，支持重点高校与出版单位、数字出版企业等合作培养急需紧缺人才”。《出版业“十四五”时期发展规划》提出，要“加强创新型、应用型、复合型人才培养”。业界对数字出版人才的需求具有鲜明的层次性，高校数字出版专业人才应结合人

才定位分不同层次培养。高校应该根据自身客观条件，创新人才培养理念，明确职业岗位定位和培养目标，创新出版融合人才培养模式，以此对应细分的岗位需求。除了培养专门岗位人才，高校也要为业界培养一批知识广博、学养深厚，既了解多种专业领域知识，又掌握各种媒介技术，同时还熟悉各类出版产品业务流程的数字出版通才。建议高校紧跟出版深度融合发展步伐，在培养模式和课程设置上与时俱进、有所突破，调动学生自主学习的热情，实现教学相长。具体而言，对于专科阶段的人才培养，建议要结合生源结构将人才培养目标设定在技术加工层面，在培养过程中着重加强培养学生熟练运用各种数字出版软件实现文字录入、图像处理、排版制作及对信息内容进行数字化和结构化处理等工作的能力。在出版融合发展工作中，这类擅长实务操作的技术型人才非常稀缺，需求量很大。对于本科阶段的人才培养，建议要以培养学生的创新思维为目标，大幅度增加全媒体出版内容管理、营销等方面内容，适度增开出版融合发展领域前沿课程。对于研究生阶段的人才培养，建议在确保学生系统学习数字出版相关理论知识的前提下，探索定制型的差异化人才培养模式，以满足行业对高端人才的需求。

5. 坚持守正创新，促进人才合理流动

习近平总书记在网络安全和信息化工作座谈会上强调，"引进人才力度要进一步加大"，要求"抓紧调研，制定吸引人才、培养人才、留住人才的办法"，"营造宽松环境，提供广阔平台"，"在人才流动上要打破体制界限，让人才能够在政府、企业、智库间实现有序顺畅流动。国外那种'旋转门'制度的优点，我们也可以借鉴"。《关于加快推进媒体深度融合发展的意见》（简称《意见》）强调要"实行更加积极、开放、有效的人才引进政策"，"充分释放人才活力"。总书记的指示和上述《意见》为出版融合发展人才的合理流动提供了根本遵循、指明了前进方向。前述《关于深化出版专业技术人员职称制度改革的指导意见》提到对主要从事融合出版工作的人员，"进一步打破户籍、地域、身份等制约"，"支持鼓励其参加考试或评审"。有鉴于此，首先建议今后在初级中级职称统一考试、高级职称统一评审的前提下，出版主管部门通过职业资格全国统一管理等措施解决国有出版单位与民营出版公司之间、传统出版单位与各类新兴媒体之间出版融合发展人才相对封闭等问题，推动全行业从业人员的专业化和职业化进程，实现杰出人才双向流动。可尝试采取类似"挂职"交流等方式，创造机会鼓励出版融合发展人才互相学习，达到"双赢"。其次，建议进一步通过创新奖励政策、完善薪酬体系等方式留住出版融合发展人才并吸引有志于从事出版融合发展工作的业外优秀人才，完善体制内外、行业内外人才的市场交流机制。最后，在国家倡导智库建设的大背景下，政府、研究机构和各用人单位可联合探索建设出版融合发展的行业智库，培养造就一批致力于推动出版深入融合发展的高精尖人才。

（李文娟：中国新闻出版研究院副研究员；本文摘自《出版与印刷》杂志2022年第2期）

培养融合型出版人才 助力文化强国建设

毛俊宁

党的十九届五中全会将"建成文化强国"列入2035年基本实现社会主义现代化远景目标。文运同国运相牵，文脉同国脉相连，建成文化强国意义重大，而文化强国建设离不开人才建设。本文拟探讨如何深刻把握文化强国建设要求，深入理解新技术给出版业带来的巨大转变，进而探讨融合型出版人才培养的路径和方式。

一、深入理解新技术给出版业带来的巨大转变

新技术带来阅读方式的巨大转变。随着5G、大数据、云计算、物联网、人工智能等技术的加速发展，人们的阅读方式发生了巨大转变，电子书、有声读物、短视频、直播、AR+VR等多种媒介形式大大丰富了人们的阅读方式，阅读的数字化趋势愈加明显。这里所说的阅读的数字化即指数字阅读，主要有两层含义：一是阅读对象的数字化，即阅读的内容是以数字化的方式呈现出来。二是阅读方式的数字化，即阅读的载体、终端是带屏幕显示的电子仪器。与纸质阅读相比，新阅读方式显然更加方便快捷。其付费模式和视频平台类似，往往通过APP平台，采用卡包形式收费，消费者一次性消费，即可获

得短则一个月，长则数年的阅读时效。可即时满足消费需求，并逐渐产生消费黏性。

新技术带来阅读习惯的巨大转变。数字阅读正悄无声息地改变人们的阅读习惯，碎片化、快速阅读已逐渐成为人们的习惯。除了少年儿童这一群体还以纸质阅读为主要阅读方式外，数字阅读已经成为当下最普遍的阅读方式。我们暂且不讨论阅读效果的孰优孰劣，仅就阅读习惯而言，数字阅读的触角已深入我们的生活，逐渐成为人们生活习惯的一部分。

新技术带来阅读需求的巨大转变。阅读需求无疑是极具个性化的选择。然而随着时代的发展，人们的阅读兴趣正在数字阅读的引导下不断发展和转变。随着网络和信息技术的快速发展，大数据无疑已贯穿整个营销体系，并发挥日益重要的作用。通过收集和分析用户资料，数字平台会主动向用户推荐产品，同时不断尝试引导和激发用户新的兴趣点，来挖掘和创造阅读需求。而纸质图书只能通过线上线下信息的匹配，或不得不更多地契合这种新的需求才能赢得青睐。

新兴媒体影响越来越大，出版企业只有因势应时，加快构建融为一体、合二为一的全媒体传播格局，才能形成强大的传播力、引导力、影响力、公信力；才能有效地弘扬主旋律，传播正能量；才能使全体人民凝心聚力，为实现中华民族的伟大复兴而共同奋斗。

二、培养融合型出版人才的路径和方式

“致天下之治者在人才。”人才始终是出版业的核心资源和核心竞争力，只有培养大批融合型出版人才，才能真正为文化强国建设提供有效智力支撑。对此，中宣部印发《关于推动出版深度融合发展的实施意见》明确指出，“出版企业根据出版融合发展事业需要，制定相关人才建设规划、制度、举措，坚持全员参加与专人负责相结合、内部挖潜与外部引进相结合，不断扩充融合发展人才队伍。对专门从事融合发展业务的人员实施专项培养计划，在产品策划、内容编辑、技术开发、传播运营等方面，培养一大批骨干人才、青年英才、业务新秀，对优秀人才在考核评价、工资待遇、职业发展等方面给予更大支持。鼓励有条件的出版企业，聚焦融合发展前沿，跨单位调集优秀人才组建攻坚团队，在人才梯队、科研条件、资金投入等方面给予配套支持”。落实到出版实践中，笔者认为，出版企业可从以下 3 个方面开展培养工作。

1. 内外结合，加快融媒体人才队伍建设

基于新技术的发展已带来阅读方式和习惯的转变，出版企业应因形势变化，内外结合加快融媒体人才队伍的建设工作。一方面深挖自身优势，从内部培育潜力人才；另一方面拓宽视野，从外部引进融媒体人才。

就内部培育潜力人才而言，应大力鼓励编辑人员积极参加出版行业线上线下培训，培育编辑人员的融媒体出版意识，提高其融媒体业务技能。如参加全国宣传干部学院、中国出版协会、中国编辑学会等权威部门和机构组织的线上线下课程。有条件的出版企业，还可以寻求与高校等人才培养机构进行共建合作。参加高等院校、科研院所、行业协会、兄弟出版企业的会议、论坛，通过深度参与学习研讨、培训交流等活动，使其深刻体会阅读的数字化趋势，切身感受阅读习惯和阅读需求的转变，增加其转型发展的紧迫感和自觉性。同时，学习融媒体业务技能，使其善于利用新技术赋能产品策划、内容编辑、技术开发、传播运营等环节。

对在融媒体实践方面表现突出的员工，企业要敢于给平台、给机会、给激励。应设置好相关工作岗位，建立考评结合的人才评聘保障体系和有吸引力的薪酬体系，培育良好的融合出版工作氛围，使其在融媒体出版实践中不断汲取经验、提升能力、收获认可，进而成长为新型编辑人才。

同时，要拓宽视野，引进融媒体人才。所谓“他山之石，可以攻玉”，通过引进人才可以迅速解决实践中急难问题，也可以形成鲇鱼效应。鲇鱼效应原指鲇鱼在搅动小鱼生存环境的同时，也激活了小鱼的求生能力。在出版工作中，通过引进富有竞争力的人才，也可达到激发现有人员积极参与竞争，从而更快地转型发展的效果。当然，在这一过程中，还应高度重视团队精神的培养，营造团结协作的工作氛围。内部培养好潜力人才，同时用好、留住引进人才，使大家能够同心聚力，为实现融合发展的目标而努力。

2. 立足专业优势，积极打造精品项目

出版企业通过长期积累，大多已形成了各自的专业优势。掌握了大量的版权和作者资源以及专业出版经验和营销渠道，建立了与相关专业高校、科研院所的广泛联系，形成了各自的专业优势。专业优势也成为出版企业的立根之基和发展之源。如党政类出版企业、社科类出版企业、科技社、古籍社等。应围绕文化强国建设具体要求，着力引导编辑立足己社的专业优势，积极打造融媒体出版精品项目，切实推动高质量发展，助力文化强国建设。如积极申报国家“十四五”重点图书规划项目、国家出版基金项目、国家社科基金项目、国家自然科学基金、国家古籍出版规划项目、中华学术外译项目等。

所谓实践出真知，“纸上得来终觉浅，绝知此事要躬行”。各行各业都是如此，只有通过精勤的锻炼，才能收获真知和技能。出版企业应将精品项目视为锻炼和

考验编辑能力的试金石，让有培养能力的骨干编辑作为项目负责人，组建项目团队。在带领团队打造精品项目的过程中，其作为项目负责人既要及时跟进精品项目的论证、编校、印制、发行、宣传等各项工作，又要与团队成员、各个部门尤其使营销发行部门协同工作、沟通交流，还需要定期总结汇报项目进度等，在这个过程中，项目负责人和整个编辑团队的各项能力都能得到有效锻炼和提高，既培养了领军人才，又培养了后备人才。

3. 加强各部门的协同合作，积极开展融媒体营销实践

随着出版融合向纵深发展，出版工作已成为一项融合型工作。所以，亟须加强各部门的协同合作，积极开展融媒体营销实践，在实践中培养人才。酒香也怕巷子深，如果好的内容没有好的传播，也无法形成影响力。融合型出版人才不仅要做好产品策划、内容编辑工作，撰写书讯、书评等，还要熟悉融媒体时代传播运营的方式方法。要善于根据新的媒体传播特点，联合营销宣传部门共同创作能有效提升宣传效力的文案。而后利用网站、公众号、微博号、视频号、APP 等平台发布优质内容，并根据受众反馈的情况及时互动与调整，才能使这些新的媒体平台发挥出宣传效力，成为展现出版品牌和产品的重要窗口，有效扩大品牌影响力，增强用户信赖度并最终转化为购买力。

出版企业应明确融媒体编辑与营销宣传人员之间的分工与合作，明确责、权、利。要对积极参与营销宣传的编辑给予奖励性政策，使其发挥引领效应。

（毛俊宁：九州出版社总编室主任；本文摘自《中国新闻出版广电报》2022 年 10 月 10 日）

马克思主义出版观视域下融合出版人才培养的理念革新与路径优化

杨石华

全国科学技术名词审定委员会公布的 2022 版《编辑与出版学名词》正式将“融合出版”收录为公布名词，释义为：“将出版业务与新兴技术和管理创新融为一体的新型出版形态。”这意味着“融合出版”已经成为学界和业界普遍认可的一种新型出版形态。随着融合出版的不断发展，出版业对融合出版人才的需求将日益增加，相应的融合出版人才培养也被提上日程。2022 年中共中央宣传部印发《关于推动出版深度融合发展的实施意见》，就人才培养工作要求“发挥高校人才培养重要作用，在出版学科建设中加强融合发展理论与实践人才培养，支持重点高校与出版单位、数字出版企业等合作培养急需紧缺人才”。在出版教育中加快融合出版人才培养体系建设成为势在必行的重要任务。

一、融合出版人才培养研究的现状

虽然出版界早已开始探索融合出版实践，但人才队伍的建设始终是制约融合出版发展的主要因素之一。为此引发了学界与业界关于融合出版人才培养的诸多讨论。这些讨论与研究主要集中在以下几方面。

一是存在的问题分析。方卿指出在出版高等教育中存在“以交叉学科范式来建设出版学、培养出版人才，无原则地放大技术对学科建设和人才培养的影响”，这一倾向在融合出版人才培养中同样存在。李文娟指出出版融合发展人才队伍建设中存在着不平衡问题显著、高校人才培养与业界需求有一定差距、人才流动性较大等问题。

二是融合出版人才所需能力分析。杜永生指出融合出版人才应该具有跨媒体思维理念，能够根据不同媒介的特点将内容以不同的形式在不同的介质中呈现，实现内容一体化生产、多样化发布、多渠道传播，成为具备产品思维、市场运营、组织协调等能力的产品经理。程滨在此基础上将产品经理角色能力延展为综合管理能力。

三是融合出版人才培养的路径分析。在人才培养方面，学界和业界均有所讨论。在学校教育层面，雷启立在宏观方面提出需要通过“政校联合，有教无类，引企入教”来携手破圈，培养融合出版人才；黄先蓉和刘玲武在微观层面提出教学理念的转变最为重要，需要实现出版教育与媒介教育、理论教学与实践教学、学校教育与业界传授等各方面的融合。在出版单位层面，贾音认为在融合出版的背景下，出版单位需遵循编辑职业成长的规律，构建科学、系统的人才培养机制，培养编辑的互联网思维、跨界思维、极致思维、项目思维和文化知觉，以丰富出版内容与形式，实现出版

业的转型升级，进而促进出版业的良好发展。杜永生则指出需要通过融合出版基本技能考核，加快编辑向融合出版人才转变；依托融合出版的重大项目，在实战中锻炼和培养融合出版人才；创新体制机制，搭建融合人才培养支撑平台。

整体而言，既有的研究还处于初级阶段，主要是针对存在的问题提出相应实践经验性的人才培养对策，尚未形成具有普适性的融合出版人才培养体系建设方案。《新文科建设宣言》提出新文科建设要“紧扣国家软实力建设和文化繁荣发展新需求，紧跟新一轮科技革命和产业变革新趋势”并“坚持产出导向、坚持持续改进，构建中国特色的文科教育质量保障体系”这一指导思想，尤其是“坚持产出导向”这一主要任务的提出，为出版学科的建设及其在媒介融合环境下的融合出版人才培养提供了发展方向。为了更好地实现新文科建设背景下的融合出版人才培养，我们需要在马克思主义出版观这一根本基石上坚持守正，同时借鉴其他教育理念进行创新。

二、马克思主义出版观视域下融合出版人才培养的 CDIO 教育理念引入

融合出版人才培养，不仅需要正本清源、从出版学科自身的本质属性及其核心规律出发，还要与时俱进地借助现代媒介技术加强各种基础知识和融合出版技能的培养，这样才能更好地推动出版学这一新文科的深化发展。在这一过程中，坚持马克思主义出版观是融合出版人才培养中必不可少的基本环节。马克思主义出版观是马克思主义在出版业中的理论主张，它是中国特色出版学自主知识体系的重要组成部分，对出版学科建设和出版人才培养具有指引性作用。只有夯实了马克思主义出版观的价值理性，在融合出版人才培养中，才能更好地驾驭现代媒介技术的工具理性，从而以融合出版产品为人民服务和为社会主义服务。

在坚持马克思主义出版观的基础上，可引入 CDIO 工程教育理念，以革新融合出版人才培养理念。CDIO 是构思（conceive）、设计（design）、实施（implement）、运行（operate）的英文首字母缩写，是一种广泛应用于高等工科教育的新型教育理念，强调以产品的全生命周期（从构思、研发到运行乃至终结）为载体，开展人才培养。它强调让学生以主动的、实践的、课程之间有机联系的方式学习专业理论、技术与经验。这一教育理念率先在工科教育中被引进，并逐步外溢到人文社会科学教育中。对作为应用型学科的出版专业教育而言，它同样有着较好的适用性，尤其契合《新文科建设宣言》中所提出的“坚持产出导向”任务，满足了当下出版产业对融合出版人才的需求。因此，在出版教育中，融合出版专业人才培养可在“产出导向”的基础上，引入 CDIO 工程教育理念，围绕融合出版物构思、设计、实施、运行的产品生命周期强化产品产出设想与实践技能。

1. 在构思环节强化融合出版物的跨媒介叙事能力

跨媒介叙事（transmedia storytelling）是融合出版物的基本特征，融合出版人才应该具备构思跨媒介出版物的能力。数字化时代的出版物早已摆脱了纸张的物质性樊篱，在数字技术的赋权下呈现出一种多元杂糅的融合形态。借助融合出版物进行知识传播时，知识的连续统一体建构成为出版者所追求的基本价值目标，同时这也是马克思主义出版观在融合出版物中关于人民性的具体体现。融合出版物反映了数字时代下受众对信息或知识在多元化媒介中系统整合的现实需求，是对过去传统出版物通俗性与多元化表现形式的数字化升级。这种全新的价值目标及人民需求的实现，主要是通过跨媒介叙事来加以完成。融合出版物的研发，究其本质而言就是一种基于跨媒介叙事进行出版物构思的过程。跨媒介叙事并非新兴的叙事方式，而是自多元化媒介共生时就存在。它最初是由美国当代知名媒介和文化研究学者詹金斯（Henry Jenkins）用以指代一种综合运用多媒介平台进行叙事的全新方式。在加强融合出版物产出导向的教育理念时，跨媒介叙事能力的训练需要得到进一步强化，尤其是在印刷介质与数字视听介质间跨媒介叙事连续性和完整性的整合方面。这种跨媒介叙事能力培养的主要目的是产出的融合出版物能够整合不同媒介载体优势，并形成完整的知识连续统一体，以适应媒介融合深度发展背景下受众的需求。

2. 在设计环节强化融合出版物的协调性和平衡感

出版物设计是借助各种元素实现艺术与内容有机统一的过程。传统的出版物设计是指“运用色彩、图像、字体、材料等元素来展示出版物的一般内容”。融合出版物作为一种多媒介载体的出版形态，传统的设计元素已经不能完全体现其设计需求。融合出版物须借助技术手段，通过多元媒介融合，实现信息场景再现，使读者获得沉浸式阅读体验。而这也是马克思主义出版观在融合出版物制作中关于人民性原则的另一种体现。无论是传统出版物还是融合出版物在设计制作时都需要以满足人民群众的实际需求为基准。在媒介融合深度发展的背景下，为了更好地满足受众的实际需求，融合出版物的设计主要包括两方面：一是多元媒介的有机搭配和组合，如纸质图书、音像制品、电子出版物、视听产品以及各种智能终端、VR/AR 设备等；二是信息传达，即视觉、听觉、虚拟仿真触觉等多元化信息传达方式的整合。无论是媒介间的组合使用，还是信息传达的整合，融合出版物要想更好地体现人民性，就需要充分解决好协调性和平衡感这一关键性问题。一方面，融合出版物具有多种介质载体形式，通过有机搭配或组合各种介质载体，可以有效实现信息场景再现、真实还原特定的知识场景，

达到建构知识连续统一体的目的。在这一过程中，融合出版物的协调性尤为重要，因此并非介质载体形式越多越好，而是需要根据知识接受的效果来决定最终的介质载体搭配和组合方案。另一方面，在信息传达的整合过程中，多元感官的平衡感将会影响受众的知识接受效果。简单的视听平衡已经不能满足受众对融合出版物的需求，因此在视听平衡的基础上还需要加强新兴信息传播技术的应用设计，以实现视觉、听觉、触觉等多感官之间的信息传达平衡。

3. 在实施环节强化融合出版物的制作技能

融合出版物的制作技能主要包括跨媒介叙事的内容制作和新媒体技术运用。跨媒介叙事的内容制作既包括知识内容的系统性和连续性，也包括内容输出的编校质量。在这一过程中，应避免融合出版物出现"全而不精""多而无序"的情形。这就要求融合出版从业人员能够清晰认识并合理运用新媒体技术，呈现融合出版物的整体构思和设计理念。在融合出版物制作过程中，新媒体技术的运用应服务于知识传播的需要，强调价值理性引导工具理性的观念，而这就需要在马克思主义出版观的价值理念指导下来实现融合出版物的工具理性。在呈现融合出版物思想性、文化性、科学性等内容价值的同时，还需要充分考虑新媒体技术与内容传播效果间的适配性。因为只有选取匹配的视听传达技术才能更好地实现其知识传播效果，从而提高融合出版物在宣传党和国家各项思想主张时的社会影响力。这要求融合出版人才不仅要对各类题材的出版内容有丰富的编辑经验，还要精准掌握各项新媒介技术的特点及其功效，并能驾轻就熟地使用新媒介技术完美呈现出版物内容，实现两者融合。而这种制作技能的培养需要经过专门的训练并加以长期实践。

4. 在运行环节强化融合出版物的市场运营能力

融合出版物的研发设计最终需要落地成为产品，但这并不意味着整个产品生命周期的结束。融合出版物进入市场后，还需要接受社会和市场的双重检验，实现社会效益与经济效益。融合出版物作为一种新兴出版形态，用户接受及其市场推广并非一蹴而就，它同样需要通过一定的市场运营和推广宣传，尤其要对能够彰显主流价值、富有文化内涵、产生广泛影响的融合出版项目进行大力推广宣传。因此，在融合出版人才的培养中，市场运营能力的训练是必不可少的。党和国家高度重视推进融合出版的根本目的是更好地实现社会主义先进文化的繁荣发展，因此社会效益优先是马克思主义出版观在融合出版实践中的基本要求。在马克思主义出版观的指导下，融合出版人才应该围绕融合出版物社会效益的价值追求进行市场运营，让更多的受众意识到融合出版物的功能效用，使其自觉地在相应的应用场景中使用融合出版产品，从而提升自身素养和推进社会主义先进文化的繁荣发展。

三、马克思主义出版观视域下融合出版人才的综合能力培养

CDIO 工程教育理念高度重视人才培养中的专业基础知识、个人能力、人际交往和团队合作能力、系统综合能力。这些能力在融合出版人才培养实践中可转化为在融合出版物的构思、设计、实施、运行各环节中所需的跨媒介叙事、协调性和平衡感设计、产品制作、市场运营能力。要想更好地实现融合出版物的产出，融合出版人才的这些能力还需要被整合为更系统的综合能力。结合出版学科的知识体系及其实践特性，融合出版人才综合能力的大致结构应为一体两翼。一体即作为基本素养的马克思主义出版观，两翼即数字出版专业知识和融合出版实践技能。融合出版专业人才培养的根本目的是解决现实中的出版传播能力问题，而出版传播能力所涉及的一个根本问题是为谁服务。在社会主义体制下，人民的出版事业是为人民服务、为社会主义服务的。因此，我们所培养的融合出版人才应该在马克思主义出版观的统领下用融合出版产品服务社会主义文化建设。在培养融合出版人才的综合能力时，马克思主义出版观作为基本素养理应具有指导性地位，统领专业知识和实践能力。

1. 马克思主义出版观是融合出版人才的基本素养

在媒介融合环境下，融合出版物成为知识传播和价值引领的新型媒介工具，但在市场监管和相应法律规制尚未完善的社会背景下，融合出版物的工具理性会导致一些社会问题的出现，而要解决这些问题，融合出版的人才培养应高度重视马克思主义出版观教育，以价值理性统领工具理性。作为一种结合出版实务、新媒介技术、管理创新为一体的新型出版形态，融合出版的本质特性是出版活动的创新优化。在其创新发展中，满足受众新的信息传播形式和知识消费偏好是其核心驱动力。这种创新驱动力也是融合出版物人民性的具体体现之一。早在 2015 年，国家新闻出版广电总局和国家财政部发布的《关于推动传统出版和新兴出版融合发展的指导意见》中明确指出"推动传统出版和新兴出版融合发展，把传统出版的影响力向网络空间延伸，是出版业巩固壮大宣传思想文化阵地的迫切需要，是履行文化职责的迫切需要，是自身生存发展的迫切需要"。因此，融合出版作为出版转型发展的新兴业态，也是国家文化战略发展的需要，是贯彻落实党和国家方针政策的具体实践。在政策的驱动下，融合出版实践表现出明显的党性意涵。由此可见，中国特色的融合出版实践本身也在积极贯彻落实马克思主义出版观中的党性与人民性相统一的核心主张。故而，在强调"产出导向"的融合出版人才培养过程中，马克思主义出版观教育同样需要得到强化，它应作为一种基本素养贯穿整个综合能力培养，并成为融合出版物构思、设计、实施、运行各个环节的指导思想。

例如，在融合出版物的构思环节，需要对能够起到正面宣传和反映正能量的选题有所侧重，而主题出版这一类能够充分反映出版工作中的党性原则和实现社会效益优先原则的出版内容可重点考虑。

2. 数字出版专业知识是融合出版人才的必备知识

融合出版本质上是数字出版的一种创新实践，因此数字出版知识是融合出版人才必备的知识。正如“出版学学科建设必须有一些基础性的课程，这些课程构成了出版学学科建设和人才培养必须掌握的内容”一样，融合出版人才的培养同样需要一些基础性的课程。张志强和姚瑶对德国数字出版专业课程进行调查，总结出其主题大体包括：数字出版基本理论、数字出版技术、数字出版经济管理活动、数字出版涉及的法律问题。杨明和曾绚琦对我国高校数字出版专业的课程体系进行调查分析，归纳其核心课程包括：出版学基础理论、出版法规与政策、数字出版技术与方法、数字出版营销管理。就融合出版人才培养而言，所需的数字出版知识及其课程主要侧重于数字编辑出版理论、出版经营管理、数字出版技术与方法、出版法规与政策。目前这些课程的知识传授还存在理论多于实践、实训环节较为薄弱、缺乏生动的案例教学等问题，还有待进一步优化。为此，在强化融合出版人才综合能力产出时，需要对数字出版专业知识的传授方式加以调整，以实现知识传授效果的改进。一方面，在数字出版专业知识教学过程中需要任课教师引入最新的融合出版实践案例作为经验材料，增强理论知识的具象化。另一方面，在教学实践中还可以和出版企业建立融合出版实习实践基地，让学生到出版一线切身感受数字出版专业知识在融合出版产品“实施”流程环节中的实际运用，从而在“做中学”的过程中习得知识。

3. 融合出版实践技能是融合出版人才的必备能力

融合出版物在构思、设计、实施、运行阶段均需各种实践技能作为支撑。为了更好地实现融合出版物产出导向，培养能够综合运用各项融合出版实践技能的人才，尤其是同时具备数字技术运用能力、资源整合能力以及具有用户思维的知识服务能力的融合出版人才，是高等出版教育的时代任务。在这三种能力中，数字技术运用是底层的基础能力，是支撑融合出版物生产得以展开的基石。在能力训练时，实训课程的合理安排及融合出版实验室的空间供给是必不可少的。资源整合能力是将文字内容、新媒体技术、版权运营进行协同运用的能力，是中层的实用能力，也是保障融合出版物能够顺利实施的支柱。在能力训练时，国家新闻出版署评选的年度出版融合发展工程和全国有声读物精品出版工程等入选的优秀融合出版物都可以作为案例教学的对象，它们有助于学生更加直观地了解优秀融合出版物中各种资源的整合运用。知识服务是上层的统筹能力，是实现融合出版物构思与设计的基本保障。对过去知识进行“重构”和“再述”的知识综合能力是当下出版业知识服务的主要逻辑思路之一。在能力训练时，有针对性地培养学生的知识服务能力可以强化其对书报刊等传统媒介知识的媒体化和商业化思维。整体而言，在融合出版实践技能培养过程中，应以知识服务为逻辑起点，同时兼顾数字技术运用能力和资源整合能力的培养。在“做中学”的这一实践路径中，融合出版实践技能和数字出版专业知识的习得同时进行，两者相辅相成，把技术和理论知识转化为实践中的技能运用，从而完善融合出版人才所需的基础能力。

四、结语

融合出版人才的供给不足已成为制约出版产业繁荣发展的重要因素。在新信息传播环境下，高校出版专业教育工作者和出版界从业者应积极响应国家的号召，着力探索融合出版人才培养的新理念、新模式、新方法。在这一过程中，CDIO 工程教育理念是一个值得借鉴的理念资源，融合出版人才的培养需要以融合出版物产品产出为导向，强化其构思、设计、实施、运行各流程中所需的能力培养。与此同时，融合出版人才的培养必须高度重视马克思主义出版观在其综合能力中的基本素养地位，并用以统御数字出版专业知识和融合出版实践能力。为了更好地推动融合出版人才培养，校企合作和“政产学研用”的协同努力是必须的举措。为此，出版智库、国家新闻出版重点实验室以及融合出版技术服务企业都可以成为与高校出版院系协同合作的主体；在协同合作时需要就融合出版人才培养这一目标的产出结果形成基本共识，并允许在合作教学中求同存异；在协同探索多元化创新培养路径时，还需要围绕融合出版物的产出导向来区分学士、硕士、博士不同阶段的人才培养路径，从而有针对性地对其知识结构、实践技能进行差异化培养。

（杨石华：中国传媒大学传播研究院讲师；本文摘自《出版与印刷》杂志 2023 年第 2 期）

传媒业青年编辑在出版强国战略中的成长路径与实践创新

李建强

《中华人民共和国国民经济和社会发展第十四个五年规划和2035年远景目标纲要》提出到2035年我国要建成文化强国；《出版业“十四五”时期发展规划》提出加强出版人才队伍建设，加强创新型、应用型、复合型人才培养；中宣部《关于推动出版深度融合发展的实施意见》提出加快推动出版深度融合发展，构建数字时代新型出版传播体系。这些都给我们广大传媒从业人员带来更大的压力，也提出了更高的要求，而伴随各种数字化技术的快速发展，整个出版行业更加充满挑战和机遇，青年编辑的作用就尤为重要，结合多年编辑工作经验，个人感觉青年编辑成长要从“闯—学—练—数—融—精—匠”这七个方面发力。

一、发力点一：闯

闯既是一种态度，也是一种激情，有了闯的态度和激情，才能干好编辑工作，相信有激情的人事定成，部门则要为青年编辑提供放心闯、安心干的环境。

（一）让青年编辑放心闯、安心干

初入职场的青年编辑经验和能力可能不高，但青年人身上有老编辑曾想去追求而没能达成的希望，他们充满激情，有着无限的活力、潜力和创造力，极富创新热情和创新动力。有激情才能做好工作，才能策划出好的有创意的作品。因此，要让他们去闯，有想法可以大胆地去试。相反，就像永远叫不醒一个装睡的人一样，缺乏认真干好工作的激情是永远不可能把工作做好的。

（二）为青年编辑提供宽广的容错空间

当然闯也不是无任何限制的，要有闯的意识但绝不能蛮干，有了创意想法要及时与有经验的师傅或部门负责人汇报沟通以帮助把关，知晓哪些可以干、哪些不可以干，慢慢也就掌握了新闻出版署—上级单位—传媒集团—部门的各项工作规矩，超越规矩的做法也可以及时得以修正，即使出现差错也在可控范围内。

（三）与青年编辑进行平等沟通

我们部门一直在致力于为员工提供平等、宽松的工作环境，内部破除论资排辈、头衔崇拜思想，帮助青年人打消心中的顾虑，让他们放下思想包袱，鼓励创新性价值创造，青年同事们只要拿出激情和斗志，就必定能迈过泥泞、磨平拦路石。正如2023年火出圈的淄博烧烤与山大学子的双向奔赴一样，你给我冬天的温暖，我许你四月的春风。

二、发力点二：学

人非生而知之，皆学而知之。学习是成长进步的阶梯，我们成长的每一步都离不开学习，无论能力多么出众，我们的任何一项技能都不是生来就具备的，都是通过持续不断的艰苦努力学习得到的，部门就要培养青年编辑扎实学、务实干的能力。

（一）让青年编辑掌握专业知识和技能，大胆扎实学、务实干

出版是一个非常专业又知识密集型的行业，电力科技出版更甚，要懂得一些电力专业知识，具备较好的文字功底，还要具备较强的策划能力；要了解消费者心理学、传播学和出版法律知识，还要熟悉排版印刷技术。专业知识、文字、图片、声音、视频等都是出版工作中必须用到的武器，这些武器使用熟练了才能在战场上取得胜利，仅仅文字好不懂专业知识那作品可能就是很通顺的不合格品；只懂专业文字不好，那作品可能就是大多数人看不懂的天书。

（二）开展多样化的学习和研讨

青年编辑需要掌握各种技能和知识，成为既专又博的杂家，这就需要不断地在具体的工作中学习和实践。没有金刚钻，揽不了瓷器活，真本领从何而来呢，要从学习中来、从传承中来。通过参加多样化的内外部培训和在线学习等，从中熟悉出版业务和工作流程；通过到兄弟出版社或者出版机构去学习交流，拓宽视野、开阔眼界，从而增长见识；通过老员工的以老带新和青年编辑的以新促老，实现新老经验互传；通过定期工作评估和复盘，归纳总结项目运作过程中的问题和好做法，实现个人经验总结；通过部门内部的工作交流研讨，总结工作中的问题，避免再次发生，实现相互学习。我们部门也尝试把所有员工在具体工作实践中总结的经验、在探索中不断寻求的真理、在解决问题中不断把握的规律，形成方法推广到整个部门，我们坚信只要在这个春天有了好的开始，未来的夏天就一定火热，再后来的秋天就

一定有收获！

（三）建立导师制度和师徒传承机制

大多数青年编辑是一毕业就踏上了编辑工作岗位，虽然有一定的专业知识基础，但是仍存在理论知识和实际工作脱节的现象。在出版社内设立导师带领，能够快速把理论知识与实践相结合，让青年编辑快速成长。导师制度可以为青年编辑提供一对一的指导和反馈，帮助他们更好地理解编辑工作的本质和要求。通过与资深编辑合作完成实际图书项目，青年编辑可以从导师的经验和见解中受益，并逐步形成自己的编辑理念和风格。

三、发力点三：练

纸上谈兵，不如实践出真知，实践是创造力的源泉，实践是提高本领的途径，只有在实践中才能真正体会到知识的价值。青年编辑只有通过实践探索才能将所学知识转化为实际工作中应用的能力，部门则要建立良好的实践平台和机制。

（一）实践产生灵感，实践产生创新

广大青年编辑多是通过多年学校系统的学习，取得了进入出版行业的敲门砖，但一定要记住门敲开后砖也就碎了，大家都处在同一个起跑线上，只有努力工作，提高能力才能快速成长。在日常工作中保持紧张有序的工作状态，合理高效地利用好每天的工作时间，在关键岗位、重大项目的磨炼中总结经验，根据专业特色来形成自己的理论。坚持“在学中练、在练中干”；坚持扑下身子，沉到一线，练就“实干”本领。“纸上得来终觉浅，绝知此事要躬行”，要让青年编辑在实践中加强学习、实践中成长，从最开始的文稿处理、作者沟通，一点一滴地在实践中磨炼意志、锻炼才干、提升能力，学习到最真实的本领。

（二）在实践中提高能力和成长

我们部门鼓励青年编辑用自己坚强的心智、健康的心态去迎接成长道路上的各种考验。我们更加深知只有让青年编辑在实践锻炼中多接一些“烫手山芋”和多当几次“热锅蚂蚁”，只有让青年编辑把眼睛向下、脚步向下、身子向下，才能够更好地发现自己的短板；才能不负重托、担当作为、视信任为责任、视责任为使命；才能在务实的干事中享受拼搏奋斗的荣誉和成就。中国农业大学科技小院的同学在给习近平总书记的信中就提到，青年人就要“自找苦吃”。我们部门始终把大量的机会留给年轻人，选派他们到矛盾突出的地方、到重要项目建设的岗位上去，放权让他们去做一些技术攻关和策划一些重大选题，让青年编辑接受锻炼、积累经验，让他们安心追逐梦想。部门的重大选题策划、重要项目建设、柔性团队组建等都处处离不开青年编辑的身影，这些机会不仅可以让青年编辑锻炼自己的能力，还可以让他们更好地了解国网公司的业务和文化。爱出者爱返，福往者福来，投入就有回报，我也有幸看到并切实感受到部门员工的快速成长，我本人最期待的是培养出几个能将我这个前浪拍在沙滩上的后浪，这样我也可以自豪地对外人讲，那个后浪是我培养的。

四、发力点四：数

在数字化时代背景下，青年编辑的成长不仅需要扎实的专业知识和实践经验，还需要紧跟时代步伐，掌握并运用数字技术，推动内容创新、技术整合和平台拓展。

（一）内容创新与技术整合

青年编辑应积极探索如何将传统出版内容与新媒体技术相结合，创造出更具吸引力和传播力的出版物。例如，利用大数据分析读者偏好，精准定位市场，开发出更符合读者需求的内容产品。同时，通过整合 AR、VR 等前沿技术，为读者提供沉浸式的阅读体验，增强出版物的互动性和趣味性。

（二）平台拓展与渠道创新

青年编辑需要关注新兴的出版平台和渠道，如社交媒体、在线教育平台等，通过多渠道分发内容，扩大出版物的影响力。此外，还应积极探索与传统出版渠道的融合，如线上线下结合的营销策略，以及通过合作伙伴关系拓展新的销售和推广渠道。

（三）跨媒体融合与数据分析决策

青年编辑应具备跨媒体融合的能力，能够将文字、图片、音频、视频等多种媒介形式有效结合，创造出多元化的内容产品。同时，利用数据分析工具对市场趋势、用户行为等进行深入分析，为出版决策提供科学依据，从而提高出版效率和市场响应速度。

五、发力点五：融

在我国出版强国建设的关键时期，青年编辑作为行业发展的生力军，其成长和作用尤为关键。面对数字化、网络化、智能化的出版发展趋势，青年编辑需在多个方面发力，尤其是出版深度融合的实践，以推动出版业的持续创新和发展。

（一）战略规划与技术应用推广

青年编辑应具备宏观视野和战略思维，这不仅意味着要紧跟国家文化发展战略的步伐，更要敏锐地洞察市场需求和读者行为的变化，从而制定和调整出版内容和形式的长期规划。应积极学习和掌握新兴技术，如人工智能、区块链、云计算等，并探索这些技术在出版领域的创新应用。例如，利用 AI 进行内容推荐、版权保护等，不仅可以提升出版质量和效率，还能有效防范版权侵权风险，保护作者和出版机构的合法权益。此外，区块链技术的应用可以提高版权交易的透明度和安全性，为出版业的版权保护和管理提供新的解决方案。

（二）平台优化布局与跨媒体融合

当前的各传媒平台正向多元化方向发展，青年编辑需要深入理解各个出版平台的特点和优势，制定精细化的内容分发策略，实现出版物在不同平台间的有效融合和互补。他们应推动传统出版与新媒体的深度融合，打破媒介界限，创造出全新的阅读体验和传播模式。例如，通过多媒体互动书籍、在线阅读社区等方式，不仅能够增强用户的参与感和互动性，还能通过用户反馈及时优化内容，提升用户体验。同时，这也要求青年编辑具备跨媒介的内容策划和编辑能力，能够在纸质书、电子书、音频书、视频课程等多种形式之间进行无缝转换和创新组合。

（三）数据分析决策与商业模式创新

青年编辑应充分利用大数据分析工具，对市场趋势、用户行为、消费习惯等进行深入挖掘和分析，为出版决策提供科学的数据支持，提高市场预测的准确性。同时，应积极探索和实践新的商业模式，如基于用户数据分析的个性化推荐、定制化出版服务，以及通过内容付费、广告合作、跨界合作等多种渠道实现盈利，从而拓宽出版业的收益来源，增强行业的可持续发展能力。在这一过程中，深度融合的理念要求青年编辑不仅要关注内容的生产和分发，还要关注用户的消费体验和反馈，形成闭环的出版生态系统。

（四）国际视野与文化交流

青年编辑需要培养国际视野，关注全球出版动态，学习和借鉴国际先进的出版理念和经验。他们应积极参与国际交流与合作，推动中国出版“走出去”，通过国际合作、书展交流、版权贸易等方式，推广中国文化，增强中国出版物的国际影响力。同时，也应关注国际市场的反馈，不断优化和调整出版策略，使中国出版作品更好地适应全球市场的需求，提升中国出版的国际竞争力。在这一过程中，深度融合的理念也要求青年编辑在国际交流中不仅要传播内容，还要学习国际先进的出版技术和管理模式，实现技术和理念的双向融合。

六、发力点六：精

编辑工作涉及专业知识多、知识面广，编、印、发各环节都会产生与图书相关的成本支出，编辑必须提高成本意识，对各项工作都进行精益管控，才能取得良好的双效，强化青年编辑精细管理是提高图书质量和市场竞争力的重要手段。通过树立精细化管理理念、挖掘专业资源价值和建立健全精细化管理绩效评价制度，从而提高编辑团队的整体素质和工作效能，进而推动图书编辑工作的改进和创新。部门更要加强对青年编辑的精细化管理培训。

（一）树立精细化管理理念

传统的出版流程往往存在重视量而忽视质的问题，导致图书编辑的质量参差不齐，不符合市场需求。因此，需要对青年编辑树立精细化管理理念，即注重细节、关注质量，将精细化管理贯穿整个图书出版的全流程、全环节，确保图书品质的整体提升。同时，基于精细化管理原则，明确编辑工作的流程、对象、目标，并结合工作目标，细化每个节点目标，从而循序渐进推进工作，将精细化管理落到实处。

（二）挖掘行业资源价值，打造新时代精品力作

青年编辑在编辑过程中需结合行业知识和市场需求，对原始文稿进行提炼、修改、完善。因此，青年编辑需要在工作过程中广泛获取相关领域的行业资源，如行业报告、市场调研、权威书籍等，并加以消化、吸收，提高自身的专业素养和编辑水平。图书编辑要走进行业现场，捕捉当前社会关注的焦点和讨论的热点问题，了解各行业的需求和发展的方向，在结合出版社的选题方向及自身的专业领域基础上，开发出符合行业和读者需求的优质选题。挖掘行业资源还包括与作者、专家学者、行业从业者等建立密切的合作关系，借助他们的专业知识和经验，共同打造具有新时代特色的精品图书。

（三）建立健全精细化管理绩效评价制度

青年编辑的工作成果需要进行全面、科学的评价，从而激励编辑团队不断提升工作质量和效率。通过提炼相关考核要素，制定各个考核指标，然后对编辑质量、工作效率、创新能力等方面的指标进行能力等级评价，从而形成一个多维立体的绩效评价制度。同时，还可引入一些先进的绩效评价方法和工具，如360度评价、关键绩效指标等，以多维度评估编辑个人和团队的绩效表现，提高管理的科学性和精准性。

七、发力点七：匠

习近平总书记在国家电网公司下属的能源互联网领域高科技企业——南瑞集团有限公司考察调研时勉励年轻研发人员说，大家意气风发、朝气蓬勃，要立志高远、脚踏实地，一步一步往前走，以十年磨一剑的韧劲，以“一辈子办成一件事”的执着，攻关高精尖技术，成就有价值的人生，这正是对工匠精神的高度概括总结，编辑部门要持续培育青年编辑的工匠精神和综合能力。培育青年编辑的工匠精神和综合能力对于提高图书质量和市场竞争力至关重要，通过大力倡导工匠精神、建立培养工匠精神的制度，激发青年编辑的工作热情和创造力，提高编辑质量和效率，进而推动图书编辑工作的不断创新与发展。

（一）大力倡导工匠精神

国家高度重视文化的大发展和繁荣，积极推动和鼓励出版产品“走出去”，但是，近几年国家相关部门对图书质量进行的检查结果却不甚理想，这些问题的产生

与编辑工作密切相关。在这个新的时代背景下，我们的青年编辑要发扬“工匠精神”，实现图书产品的高质量和高品质。工匠精神是对编辑工作的热爱和追求卓越的态度，同时也是对编辑工作的高度负责和精益求精的态度，包括对自身工作的细致、精湛和专注的追求。倡导工匠精神可以通过多种方式实现，例如定期组织工匠精神培训课程，举办工匠精神展示活动等。在出版社内部，可以设立工匠荣誉奖励制度，表彰和激励具有工匠精神的员工，以帮助他们不断追求卓越，提升编辑质量和效率。也可以与行业协会、高校等开展合作，促进工匠精神的传播和交流，营造良好的工匠文化氛围。

（二）建立培养工匠精神的制度

工匠精神是一种精耕细作的意识，是对每个细节细心打磨、精益求精、追求卓越的理念和追求。培养工匠精神的重要手段就是要建立制度，这包括制定详细的岗位职责和工作流程，确保青年编辑对于编辑工作的细节和标准有清晰的认识。用制度来强调质量的重要性，把内容质量、编校质量、设计质量、印刷质量作为图书产品生命力的体现，确保青年编辑的工作有章可循。用制度来避免青年编辑一味追求经济效益最大化，避免用“短、平、快”的选题来获取短期利益，忽略产品质量。要让青年编辑明白出版行业属于意识形态领域，主要从事精神产品的生产，部门要用工匠精神来夯实基础，抓好结合，力争实现社会效益与经济效益的最佳统一。

八、结论与展望

未来出版强国建设背景下青年编辑的作用必将更为重要，作用也必将更为突出，出版强国建设也必将给青年编辑提供更为广阔的空间和舞台，期待有更多的青年编辑成长为大国工匠，也期待能与广大青年编辑相互赋能、彼此成就，一起向未来！

（李建强：英大传媒投资集团电网技术图书中心主任）

深度融合出版能力的三重向度及培养策略

欧华鹏

融合出版是“将出版业务与新兴技术和管理创新融为一体的新型出版形态”，从此可知，融合出版涉及新兴技术应用和制度创新。从“数字出版”到“出版深度融合”，意味着融合出版从“同业融合”转向“异业融合”，出版将全面介入不同服务对象的各个方面。在出版深度融合背景下，人才能力有三重向度：技术能力向度、管理能力向度、业务能力向度，出版人才培养要围绕这三个向度开展。

一、以技术能力向度培养出版融合人才

出版的发展历史与出版相关的载体技术、书写技术与印刷技术密切相关，技术进步始终是推动出版业发展的重要力量。如今，以移动互联网技术、大数据技术、人工智能技术、区块链技术等为通用技术的数字出版席卷全球，同时裹挟着网络首发技术、增强出版技术、数据出版技术、协创出版技术、可视化出版技术、语义出版技术、知识服务技术等特殊出版形态技术，新兴技术不可避免地成为出版深度融合的核心推动力。处于技术“风暴”中心的出版人员，其技术能力已成为极为重要的出版能力，对其培养应从两方面入手。

一方面要培养出版人才的技术应用能力。其中要重点培养网络平台技术、信息关联与传播技术、数字版权保护技术这三种技术应用能力。在出版深度融合背景下，出版人员要培养以 AAP 为代表的平台技术应用能力，将出版产品开发、发行、营销与 AAP 应用结合起来，打造出版企业与用户的双向数据通道、沟通交流通道，丰富互动功能；同时要培养信息关联与传播技术应用能力，这有助于出版人员提高出版知识服务能力，方便用户之间互动交流、信息传播、信息共享，提高知识传播效率、资源利用效率和知识服务质量；还要培养数字版权保护技术应用能力，要重点掌握 DRM 技术、数字水印技术的应用，不断提升数字版权保护技术，使数字出版产品在不同分销渠道、不同传播渠道中得到有效保护。

另一方面要培养出版人才的数据能力。数据是数字出版的核心元素，出版企业在出版深度融合环境中面临繁多的数据类型，比如语言文字、图形、图像、视频、音频、音乐、网络日志、地理位置等。这些数据分布在

出版的不同环节，出版人员应当培育和提升数据能力，其中包括了数据生产与采集、数据分析与甄别、数据运用与增值等方面能力的培育。培养数据生产与采集能力要强化规范性、全面性、真实性，确保能生产与采集规范、全面、真实的数据，为出版决策提供基础；培养数据甄别与分析能力要强化技术运用面向市场和合作伙伴，提高数据甄别能力，确保数据真实有效；培养数据运用与增值能力要强化面向出版产品生产流程、产品结构调整、战略策略优化、市场竞争，确保数据运用能取得良好成效，实现出版企业整体业务增值、出版产业以及临近产业增值。

二、以管理能力向度培养融合出版人才

出版深度融合是技术进步的结果，也是制度创新的结果，技术和制度是促进出版深度融合的“双因素”，无技术创新则出版将停滞于传统，无制度创新则技术发展会在旧制度里窒息，技术创新和制度创新之间存在着协同发展、协同演化的关系。管理制度创新反映着支配人们行为的规则的变更，其目的在于激发人们的积极性、创造性和主动性，促进技术进步和各种资源优化配置，实现企业的融合发展。

以管理能力向度培养融合出版人才，最重要的是推动出版人才的管理能力由管控转向协同。管控能力形成于传统出版格局，强调上级具有对下级的管理权限，下级处于从属地位，业务工作受到内部规章制度的严格限制，与外界相同或相近业务交流、对话较少。出版深度融合为市场和竞争范围带来了变化，比如市场边界被不断拓展，竞争范围不断加大，出版的逻辑重心由价值链转向价值网，不同的出版主体形成了互相联系、共创价值的新关系。处于出版企业外部的不同出版主体，出版企业对其并无实质的管控权限，这样就会形成一种基于平等地位的相互协同的关系，因此需要将传统出版环境下的管控能力转向协同能力，为出版企业创造更大的管理空间、发展空间。

培养协同能力要从四方面着手：一是培养通过交流的方式处理事务的能力。这体现不同出版主体之间并未因业务差异而隔阂，而是在交流中找到共同价值。二是培养通过合作的方式处理事务的能力。这体现不同出版主体之间有着共同的利益追求，而这种利益均得到双方共同认可，并且需要双方加强合作才能实现。三是培养通过共赢的方式处理事务的能力。这体现不同出版主体之间虽然是竞争关系，但并非是你死我活的恶性竞争，而是建立在互利共赢基础上的良性竞争，是出版市场良好秩序的建设者和维护者。四是培养通过平等的方式处理事务的能力。这体现不同出版主体的本质，不同出版主体并没有高低贵贱之分，而是同处于出版产业之中的价值创造者，具有平等的法律地位和权利义务，应当互相尊重并得到其他产业主体的尊重。

三、以业务能力向度培养融合出版人才

从“数字出版”到如今的“出版深度融合”，意味着出版从“同业融合”转向“异业融合”，出版将全面介入服务对象的各个方面，这需要出版人员具有服务对象的专业知识，培养相关业务能力。

以融合出版服务职业教育新形态教材的场景为例。在此场景中，出版深度融合是指在职业教育新形态教材开发的所有环节，即教材的规划、编写、审核、编校、印刷、选用、发行、服务、监督等，都有出版力量存在，这涉及大量与职业教育相关的专业知识和专业能力。这种情况下，出版人员的职业教育专业能力成为一种极为重要的能力，比如他们是否掌握作为开发教材基础的课程模式的能力，会深刻影响教材开发的效果。如今，我国出版单位的人才队伍与高职院校教师群体一样，大多数毕业于普通高校，他们“深受学科教育的影响，在工作过程中往往以学科逻辑、知识逻辑和理论逻辑为主，客观上忽视了能力逻辑、技术逻辑与实践逻辑”，这对职业教育新形态教材开发来说是很大的弊端。因此，对出版人员职业教育专业能力的培养就显得十分迫切，他们不仅要学习相关知识，如教材面向行业的全新生产技术、工艺标准、质量标准、新业态工作内容等，还要在教材开发过程中不断提升相关能力。

对服务对象专业能力的获得，一方面要通过不断学习获得，另一方面要在出版实践中获取。其中在出版实践中获取专业能力是当前出版人员能力增长的主要方式，也符合出版深度融合状态下的人才成长规律。

（欧华鹏：南宁职业技术学院学报编辑部副编审）

智能传播时代新闻教育的专业困境与路径突破

万亿 周莉

随着人工智能理论和技术的飞速发展，其在语音识别、文本识别、视频识别等领域取得了突破，成为引领新一轮科技革命和产业变革的战略性技术，并已经重塑了诸多传统行业模式。在新闻传播领域，人工智能技术的应用主要表现为机器人写作、算法推荐、AI 合成主播等，特别是 ChatGPT 智能文本生成技术的出现，其强大的文本分析和生成能力使得新闻生产、分发等环节被不断颠覆与重塑。这些新技术在推动传媒业变革的同时，传统的新闻知识、话语体系表现出明显的不适应，新闻人才的需求也发生了重大变化，倒逼着新闻教育的变革。新闻在我国不仅仅是一个专业，也是一项事业，所以智能传播时代的新闻教育向什么方向发展，以及如何变革是亟待解决的问题。

一、智能传播时代新闻教育的困境

（一）何为智能传播

历史上，每一次重要的技术革命都伴随着新闻传播行业的变革，技术进步是推动传媒业不断变革的动力。近年来，随着云计算、大数据、VR、人工智能等技术的不断发展，新闻传播行业发生了一些新变化，从机器写作的广泛应用到人工智能聊天机器人 ChatGPT 的出现，人与机器协同生产新闻的时代已经到来，这种变化也意味着我们已经进入了智能传播时代。

对于智能传播的内涵，研究者尚未达成共识。有研究者认为，智能传播是通过数字计算机在“模拟、延伸和扩展人的智能”的过程中，实现“感知环境、获取知识并使用知识”的信息生产活动。也有学者将其扩展至整个信息传播过程，认为智能传播是将人工智能技术应用在信息的生产与传播中的一种新的传播形式、体系和生态。具体到新闻传播领域，研究者认为智能传播是人工智能技术背景下新闻传播领域出现的新传播现象。其即指人工智能技术介入和参与的传播活动：可以发生于生产环节（如机器新闻生产），也可以发生在分发、使用环节（如算法推荐）；不仅包括以智能技术为中介的人类交往过程（不限于人际范围）及其影响，也包括人类与智能技术交往的人机传播过程及其影响。

总之，智能传播相对于之前的大众传播、社交传播，在技术基础、连接尺度、内容生产、分发方式等方面都有明显的不同。在此，我们还需要特别注意“智能传播”和“智能化媒体”（智媒）两个概念之间的区别，这二者是两个不同的事物，“智媒”更多强调的是发生在媒体内部的变革，媒体内部专业人士利用一些新兴技术对新闻生产手段进行创新，“智能媒体”只是智能传播的一个表现形态。

（二）智能传播对新闻生产的影响

智能传播时代的传媒业发生了巨大变化，尤其是新闻生产各环节已经被人工智能技术渗透，逐渐走向人机协同的新闻业态。2006 年，美国开始尝试使用机器写作，到 2013 年美联社已经开始使用算法自动生成新闻了，我国也从 2015 年开始大规模使用机器写作，这大大提高了新闻成稿的速度。同时，在人工智能技术下的算法推荐也已经能够进行个人的精准推送，比如今日头条的算法分发模式。2018 年，搜狗和新华社联合推出了全球首个 AI 合成主播——“克隆”出与真人主播拥有同样播报能力的“分身”，其不受工作时间地点的限制，也不会出现口误和忘词的情况，工作能力远超人类。2022 年 11 月底，人工智能聊天机器人 ChatGPT 被推出，截至 2023 年 1 月就收获了超 1 亿的用户，在新闻业中 ChatGPT 首先能够帮助记者生产内容，记者只需输入一些关键词，就可以生成相关内容，辅助记者写作。ChatGPT 作为人工智能聊天机器人，还可以在一定程度上代替新媒体运营人员与用户进行互动，这样节省了人工运营的成本。

从机器写作到生成式人工智能工具，人工智能技术对新闻生产的影响已经涉及信息采集、内容生产、新闻分发、用户反馈等全流程。（如图 1 所示）

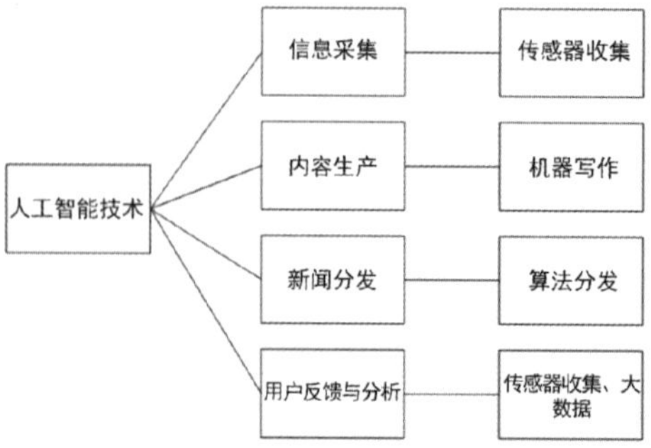

图 1　人工智能对新闻生产的影响

在信息采集环节，人工智能技术的应用主要表现为使用传感器收集信息或利用网络爬虫快速采集热点事件信息，相对于传统的记者实地采访大大提升了信息采集速度，而且信息也更加广泛有深度。传感器技术的使用给媒体带来便利的同时，也给媒体带来了挑战，传感器的数据在传媒业之外，相关的数据处理技术对媒体来说也是陌生的，如果不能及时变革，媒体未来可能一直处于劣势地位。

在内容生产方面，人工智能文本分析处理技术应用比较广泛，比如前文提到的机器写作。机器写作在数量和效率上完胜人类，它们可以瞬间阅读海量信息，筛选出关键内容，并根据搜集到的信息快速生成相关报道，现在机器人生成新闻报道的时间已经缩短至2秒以内，在体育和财经新闻领域应用广泛。不过，由于机器写作的模板化、套路化，机器写作目前仍是更多地应用于事实类新闻报道中，一些需要独立思考、发表意见、表达情感的社会新闻和评论性新闻中还是需要由新闻工作者完成。

在新闻分发环节，算法推送机制在一定程度上行使了传统新闻传播过程中“把关人”的职能。算法推荐更注重个性化服务，根据个体需求进行精准推送。表面上看来，个性化服务对个体更为便利，但如果个体只选择自己想关注和了解的信息，就会逐渐陷入“茧房”中，算法推荐更是加快了这个过程。当每个人都处于“茧房”中时，整个社会公共信息的传播、共识的形成就会变得困难。所以在智能传播时代，新闻工作者仍需要发挥“把关”作用，注重公共信息传播，发挥媒介的环境监测功能。

在用户反馈与分析环节，相对于传统的调查问卷，人工智能无疑是为新闻业提供了巨大便利，大数据式的分析，精准的用户画像，尤其是通过传感器收集用户的生理、心理数据，能从更深层次把握用户群体的特征，根据用户需求制作针对性新闻报道。但这也会涉及用户隐私等更多新闻伦理问题，这就对新闻工作者要求更高，在这个过程中如何把握这个“度”，以及如何合理利用人工智能技术。

（三）智能传播带来的新闻教育困境

随着人工智能等技术在新闻业中已经被广泛应用，媒体也在不断适应新变化做出相应改变。新闻行业的变化决定了新闻业的人才需求的变化，进而影响新闻教育变革的方向。从智能传播时代新闻生产各个环节的变化来看，当前新闻业的人才需求主要侧重以下几点：一是更倾向于需要有大数据、人工智能等专业背景的复合型人才，未来的新闻工作者既要会采写，也要了解代码等跨学科知识；二是新闻专业能力要求更为严格，机器虽然已经可以完成一些基础的工作，但需要深入思考的工作还是需要新闻工作者来完成；三是需要具有创新性思维的人才，创新是引领时代发展的动力，人与机器的最大区别是人类能独立思考，能创造，机器能代替人类简单的工作，但一些思辨性、创新性较强的工作只有人类能够完成；四是需要具备人文素养的新闻人才，人工智能已经参与到新闻生产的各个环节，甚至在一定程度上取代了部分新闻工作，但从本质来说，人工智能只是按照一定程序运行的“冷冰冰的机器”，不具备人文关怀，这就需要人对其进行补充，需要发挥人的主观价值，最后形成人与机器协同生产的生态。

由此，智能传播时代新闻业的变化给新闻教育带来了很多挑战，使其面临诸多困境。一是培养目标不能与时俱进。目前高校培养新闻人才仍是以培养传统的记者、编辑人才为目标，开设的课程普遍以新闻采访、写作、编辑和评论等传统的新闻教育为主，没有考虑业界对于新闻人才的需求。技术的发展不断地推动着传媒业的变革，媒体对人才的需求已经提升到人工智能技术层面，需要更多复合型人才，传统的培养目标已经不能适应时代发展的需要。二是课程体系不完善。在新闻专业招生时，绝大多数生源都是来自文史类，目前大多数国内高校设置相关课程时还是以新闻类课程为主，其他学科课程安排得很少，尤其是涉及大数据、编程这类理工科性质的课程，这就造成了学生跨学科知识的缺乏，在此背景下培养出来的人才显然不能满足智能传播时代的需要。虽然有些高校在课程设置方面也引入了计算机编程、数据新闻、数据挖掘、网页设计等课程，但是这些技术课程与新闻的融合度不高，技术和新闻的“两张皮”现象还很普遍。三是师资队伍较单一。目前绝大多数在新闻院校任职的老师都是新闻出身，很少有跨学科的老师，每位老师虽然都精通于自己所研究的领域，但对于跨学科课程的讲解还是有一定困难的。同时，当前高校中业界老师是偏少的，很多老师都是博士毕业之后直接去高校任教，没有丰富的实践经历，但新闻是应用性很强的学科，这样就会造成授课内容偏向理论方面，仍旧以传授书本知识为主，无法满足社会对人才的需求。

所谓“十年树木，百年树人”，教育是一个长期的过程，它会存在滞后性，在这样一个快速发展的时代，技术也飞快地迭代更新，可能新闻教育还处在应对上一次技术变革的浪潮中，但新技术的出现已经催促着新闻教育适应新需求进行革新。新闻教育目前不仅面临着传统的“技术滞后”问题，同时还需要应对人工智能等新技术的冲击，所以智能传播时代的新闻教育亟须进行变革。

二、技术革新中新闻教育改革的历次尝试

媒介技术的每一次革新都会带来对新闻业态不同程度的重塑，而为业界输送人才的新闻教育也在此框架中不断调整以适应社会需求，环环相扣的反应圈为每一次的技术更迭都画上了不同的时代记号。

（一）前数字时代：积极探索提质量

1918 年北京大学新闻学研究会的创立标志着我国新闻学教育发展的开端，但由于缺乏成熟新闻教育体系以及办报实践经验，这一时期的新闻教育更多是借鉴国外教学模式，“民国时期的大学制度经历了从学习日本到借鉴德国，再到模仿美国的转换过程”，上海圣约翰大学、北京平民大学、燕京大学、复旦大学等先后都采用美国密苏里大学新闻学院教育的“密苏里模式”。在经历战乱、新中国成立、动荡等一系列历史起伏后，以十一届三中全会为节点，社会各行业包括高等教育都开始走上正轨，通信等媒介技术也在这一时期得到升级革新，电视广播发展的强劲之势改变了报纸先前“一支独大”的发展模式，推动新闻教育开始逐渐转变教育模式，探索教育质量改革提升之路。

1983 年全国新闻教育工作座谈会形成共识“要培养一大批具有相当质量的新闻工作者”，从教育的“输入”到“输出”全程把控新闻人才的质量，并树立等级标准培养高质量人才。同时为适应报刊、广播、电视发展需要，高校新闻教育把培养采、写、编、播等专门人才作为目标，并于 1985 年在新闻类本科专业中增加了“广播电视专业”，顺应了媒介技术的发展势头，逐渐摆脱美国、苏联等模式，转而探索高质量中国特色新闻教育模式。20 世纪 90 年代，信息通信技术以及经济的进一步发展使得这一时期成为“电视争夺的时代”，推动新闻人才教育的进一步发展。1998 年教育部颁布了本科专业目录，将“新闻传播学正式升为一级学科，下设新闻学和传播学两个二级学科”，同时也将社会学、管理学、心理学等各种跨学科内容纳入到新闻传播教育事业的范围之内，以更好适应技术与经济发展形势下的人才需求，提升了新闻教育的质量并积累了丰富的经验。

（二）移动互联时代：创新教学促发展

20 世纪末我国与国际互联网全功能连接，“第四媒体”互联网作为媒介新角色登上历史舞台，开启中国的互联网时代。而自 21 世纪互联网逐步发展起来后，新旧媒介的融合便已经开始了，同时 3G 到 4G 的升级使得移动智能终端的发展改变了用户的网络使用模式，也改变了用户的传统新闻浏览习惯。截至 2012 年 6 月底，中国手机网民的规模达到了 3.88 亿，手机首次超越台式电脑成为第一大上网终端。在此趋势下 2012 年教育部增设“网络与新媒体”专业以适应新媒体的发展，2014 年中央全面深化改革领导小组在第四次会议上审议通过了《关于推动传统媒体和新兴媒体融合发展的指导意见》则更是将媒介融合推向国家政策的高度，网络的发展和媒介互联融合的趋势也引发新闻教育的革新。

面对互联网发展过程中新闻传播、呈现模式以及底层技术的改变，各高校纷纷做出改变。在专业设立方面，中国人民大学早在 2000 年就曾经开设“网络新闻”方向，又于 2007 年在“新闻学”专业中增设“数字新闻传播方向”，这种“立足于新媒体与传统媒体融合发展的客观变化，整合全院的教育资源来重新规划涉及的新专业方向，其目标是造就一批适应新媒体以及实现数字转型的传统媒体需要的新型新闻人才”。在课程设置方面，中国人民大学为适应中国社会转型与媒介技术蓬勃发展之势“加大‘文理渗透’的程度，培养既懂新闻业务，又懂传播技术的复合型人才”。复合型人才成为这一时期各学校教育的一种共同追求，2012 年复旦大学实行“2+2”模式便是顺应媒介融合趋势培养复合型新闻人才，通过选择跨专业学科的培养模式将新闻传播学科与非新闻传播学科进行结合，复合各种知识技术为一体，形成“宽口径”的育人模式。信息时代下的技术赋权使得新闻专业与非新闻专业的距离逐渐消散，信息的检索与传播变得更加容易，这就使得新闻教育在坚持新闻专业教育的同时又不能囿于学科当中，各学校都结合理工科等其他领域的知识拓宽新闻人的竞争力，顺应新媒体环境下对新闻人才要求的提升。

在专业实践与运用方面，中国人民大学借助广播电视教研室的力量和新媒体教研室的力量，为全体学生新开设了两门业务性的专业课程：音频视频内容制作、数字传播技术应用。清华大学 2007 年扩建的新闻与传播综合实验室中便包括网络媒体、数据资源等实验室资源，并在 2010 年以工作坊的形式开展了理论与实践相结合的新尝试，包含学术研究工作坊、媒介批评工作坊、新媒体工作坊、新媒体创业工作坊等，通过这种工作坊模式进一步推进技术与艺术、技术与新闻理论和传播理论的融合。

顺应媒介趋势培养跨媒介人才不仅仅意味着对多媒体技术的掌握，而更多的是要形成一种跨媒体的思维方式，且新闻传播作为一门实践性较强的学科，也需要对理论与实践进行双重把握。各学校通过创新专业方向、课程内容与范围，将技术发展特色与教育模式融合，为新媒介时代下新闻人才的复合发展提供了渠道。

（三）智能传播时代：汇聚资源求突破

2016 年“企鹅智库”与清华大学新媒体研究中心共同发布《中国新媒体趋势报告（2016）》，在对未来媒体的预测中，将“智媒来临”和“人机边界”作为了关键词，互联网技术在多领域的蓬勃发展使得社会逐渐步入了一个全新的智能时代，由此也催生了一场媒体革命，传播权利和关系的重构是这场变革的显著特征。2022 年推出的人工智能技术驱动下对话交互式的自然语言处理工具 ChatGPT 则更是引起了社会各行业的广泛关注，这一重大进展使得人们获取、选择、传播信息的方式产生巨大变革，催生了智能内容生成产品与产业链，进而在包括新闻业在内的诸多领域和行业引发了多重震荡效应。智能机器对信息传播的深度介入不仅给新闻从业者带来巨大的冲击，更是给新闻教育未来的发展提供了难题。

面对智能技术带来的机遇与挑战，各大高校分别做出了各具特色的教育实践转向与尝试。学校将前沿技术积极纳入课程当中，培养目标都不再是单一而固化的新闻专业人才，而是顺势而变的高级人才。人才培养方案是高等学校本科人才培养的核心组成部分，是学科教育理念的最直观呈现，是对人才培养目标与课程设置的详细阐释。从复旦大学人才培养方案的“2+2”到“2+X”的培养模式，可以看到“X”是基于学生个性化成长需求，在学分制下提供专业进阶、跨学科发展、创新创业等多种发展路径，更好地为学生创造专兼结合、互相贯通的多元发展空间多元发展课程，并由此推出计算机仿生传播等前沿技术相关课程；南京大学新闻传播学院则与美国斯坦福大学社交媒体实验室合作开设理论与实践相结合的《人机传播》课程，为学院的智能传播教育提供国际交流机会与视野，并在 2020 年被教育部认定为国家级一流本科实践课程的“未来编辑部”中与国内领先的数字资产平台万生华态科技有限公司联合开发《数字人与虚拟制片》课程，通过数字人制作软件、虚拟制片场景制作等内容为学生提供深入探索前沿媒介技术的机会。在华中科技大学、中国人民大学、北京师范大学等高校的课程设置中也都能找到相应类似的技术性知识课程，揭示智媒时代下新闻教育改革汇聚各种前沿资源求突破的一种路径。

除了在文化课程方面的变化，新闻实践也同样与智能时代的媒介特色相呼应，各高校的实验室和创新中心为新闻教育提供业界实践接口，汇聚教育资源和技术资源，为新闻教育实践提供思路。如中国传媒大学新闻学院在 2018 年底建成融媒体新闻实验室，为学生组织专题讲座与实践活动，与多家新闻媒体和调查研究机构合作开展大数据与数据新闻的研究与实践，实现了人才培养的良性循环；2020 年华中科技大学新闻与传播实验中心在原有实验中心的基础上进行改造，建成“全媒体与智能传播实验中心”暨“华中科技大学融媒体中心”，最大限度模拟目前融合媒介环境下业界一线的工作环境，提升实验教学质量和人才培养水平；2022 年北京师范大学新闻传播学院建立“传播创新与未来媒体实验平台”，整合学院已有的多个实验室资源，具有总价值达 1200 余万元的各类前沿科研仪器设备，包括前沿大型科研仪器 Cognionics Quick-30 32 导 EEG/ERPs 系统、BIOPAC MP160 无线多导生理记录仪、SMI RED250mobile 遥测式眼动追踪仪、HTC vive Pro Eye 虚拟现实头盔等多种高新设备，可以考察从传统的问卷测量场景到虚拟现实环境中智能媒体场景下的行为、生理、眼动和脑电指标，实现了传播学、心理学和认知神经科学等多学科、多种技术手段的交叉融合；浙江大学 2020 年成立数字沟通研究中心，助力推动浙大新闻传播学科的数字转型；南京大学新闻传播学院则配备新闻创新实验室、计算传播学实

表 1　各高校最新培养方案特色

培养方案时间	学校	培养目标	特色课程
2022	复旦大学	旨在培养复合型、创新型、应用型新闻传播专门人才	数据分析与信息可视化、计算机仿生传播
2021	华中科技大学	旨在培养适应媒介融合时代需要的应用复合型高级新闻传播人才	人工智能与数据科学、计算机及程序设计基础、媒介融合导论
2021	中国人民大学	旨在培养适应信息传播变革和社会发展需求的高端、专业、融合、创新型新闻传播人才	数字传播技术应用、全媒体传播实验、算法新闻
2021	北京师范大学	旨在面向媒体发展前沿，培养有宽厚人文社会科学和自然科学基础，掌握传播专业基本理论和技能，具有较强的国际视野和使用现代传媒技术能力，富于创新精神和高度社会责任感的精英人才	数字新闻与网络数据挖掘、数字媒体技术应用
2021	浙江大学	培养具有宽广的文化与科学基础、扎实的专业理论知识、超高的传媒实践技能、卓越的创新创业能力、德智体美劳全面发展、具有全球竞争力的高素质传媒创新人才和领导者	数据挖掘与可视化、人工智能初步
2021	南京大学	致力于培养适应数字时代要求、拥有深厚人文社会科学素养、全面掌握新闻专业技能、具备卓越发展潜质和创新能力的新闻传播专业人才	数字人与虚拟制片（理论＋实践）、智媒叙事、无人机视觉传播

验中心等教研机构，在探索中实现教学相长。各校的新闻实验室与研究平台或是新建或是升级，都在不断探索育人的新模式，整合资源为学生提供更多接触业界前沿的机会，虽然人工智能等机器还未能完全接入新闻实践，但把握趋势、充足技术理论与实践仍十分重要，智能媒体时代下新闻教育也需要逐渐向智能传媒教育的方向迈进。

在技术迭代速度不断加快的智能传播时代，新闻教育的人才培养仍存在滞后问题，各种人工智能技术的升级变化层出不穷，不断倒逼对新闻人才的建设，教育部门需要在引进技术培训的同时深度挖掘人才的主体能动性和专业潜能，将人与技术深度结合，努力实现新闻人才与新闻发展的适配性。

三、智能传播时代下新闻教育的走向

纵观各所高校的新闻教育改革实践，在应对人工智能技术改变传播形态的浪潮中，新闻教育培养跨学科的复合型人才乃大势所趋，计算机科学、人工智能等学科的知识、理论和资源需要与新闻教育有机结合。学科壁垒的打破也带来了学科“合法性”的反思：新闻业在人工智能时代如何立足？在众声喧哗中如何保护其“管辖权”？这是新闻教育亟待解决的问题。夯实新闻业务能力、嫁接人工智能技术，是新闻业适应人工智能浪潮的“变”；而加强新闻道德伦理，回归新闻业对“人”的关注，则是新闻业“不变”的立身之本。基于此，笔者认为在人工智能时代，新闻教育应当培养既具备过硬的新闻业务能力，又兼有人工智能专业能力，并恪守新闻道德伦理的“工”型人才，才能使新闻人在大浪淘沙中坚守阵地。

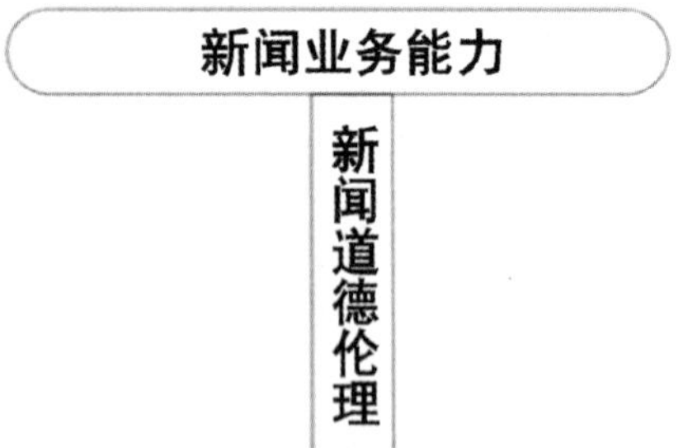

图 2　“工”型人才

（一）深化新闻业务能力教育

人工智能技术使得新闻生产快速化和自主化，极大提高了新闻生产效率。从自动爬取数据到算法分析数据，再到最终生成内容并分发，人工智能技术似乎在逐渐取代新闻记者的职能，但我们也可从中窥见新闻业未来的转向。

美国《时代》周刊创办人 Henry Luce 在 20 世纪中期便把新闻产品分为“快新闻”与“慢新闻”两种，认为“快新闻”是用最快速度对某时某地的某事做简略报道；“慢新闻”则是用较长时间去深入调查一条新闻事件的来龙去脉、前因后果。换言之，人工智能在报道短平快的新闻时，具有不可替代的优势，例如在 2017 年 8 月 8 日，九寨沟发生 7.0 级地震，中国地震台网机器人记者在 25 秒内将稿件发布，这也使得人工智能为新闻记者保留时间精力去深耕新闻，从而生产高质量内容。这恰恰也是众声喧哗的时代对新闻记者提出的新要求，新闻教育更应培养业务水平过硬的专业人才。

第一，加强师资队伍建设。目前，许多高校将获得博士学位作为引进专业教师的“敲门砖”，这也使得许多具有丰富一线经历的新闻从业人员无缘教师岗位。为丰富实践教学，打破人事藩篱是必要的选择。在建设师资队伍时，不仅要“重学术”，还要“重实践”。因此，应当积极引进国内外优秀新闻从业人员担任或兼任高校教师，例如华中师范大学新闻传播学院聘请来自《湖北日报》《中国青年报》《文汇报》等多家媒体的专业记者、编辑，丰富了学院师资队伍的建设。

第二，增设专业实践课程。通过切实可行的实践训练，学生可以从做中学，在技能练习中提高实践能力。例如，英国卡迪夫大学将课程体系的重心设定为专业技能培训，课程设置中不仅包括新闻采写等传统实践课程，还加入了多媒体课程，并配备先进的媒体实验室，提高学生对新兴媒体技术环境的适应能力。

第三，搭建专业实习平台。新闻高校应积极与业界展开合作，打通学界与业界资源共享的渠道，为新闻学子提供“大显身手”的平台。例如，吉林大学新闻与传播学院和“今日头条”签署战略协议，建立“产、学、研”合作平台。

第四，强化学科人文底蕴。“人工”相比于“人工智能”的优势，在于其独一无二的灵性与创造力。人工智能只能模仿审美路径，但却不能扩展审美体验。新闻院校应当积极开设文学、艺术学、音乐学等相关课程，帮助新闻学子积累审美体验，从而生产有美学积淀的新闻作品。

（二）融合人工智能专业教育

在某种程度上，人工智能技术为新闻生产提供了新的可能性，新闻内容、新闻消费也可能发生前所未有的变化。而如何驾驭技术，正如刘易斯·芒福德所提示的，“为了征服机器，使之满足人类的需要，我们必须了解机器，知其所以然”。

无论是通过爬取数据获取新闻线索，还是借助大数据工具生成数据新闻，抑或是借助人机交互技术实现“聊新闻”，都需要新闻从业人员具备人工智能相关专业的背景知识。简单学习相关知识还远远不够，这很容易导致技术与新闻相脱离，如何将人工智能知识与新闻相融合，这是当今新闻教育需要思考的问题。

融合的第一步在于寻找交叉点。比如，生产数据驱动型新闻需要具备哪些知识基础？哪些计算机知识能最高效地解决新闻生产难题？人才培养目标需要回答这些疑问。香港浸会大学传理学院成立人工智能媒体研究实验室，专注计算机科学在新闻学科领域的交叉技术应用与实践，包括新闻数据的分析与挖掘技术、可视化技术实践等，通过实验室的孵化培养，提升学生的大数据思维，以及在未来新闻报道中优秀的大数据分析能力。这也意味着，实现学科之间真正的融合需要学科思维的融合，而这项长期工程，需要从顶层设计开始着手，并于课程培养中不断践行。

（三）强化新闻道德伦理教育

人工智能技术改变的不仅仅是新闻生产的全流程，更重要的是，它使得媒介社会开始了“物的转向”。一方面，传播主体从“人工”迈向“人工智能”，机器人记者、AI主播等粉墨登场；另一方面，传播受众从复杂的人扁平化为数据标签，算法技术渗透日常生活，成为操控社会运行的“结构性力量”。最终导致新闻价值被“数据主义”引领，人本精神日渐式微。当人工智能的浪潮席卷而来，我们一边追逐技术，一边不断追问，到底何为新闻业的立身之本？学者杜骏飞指出：“新闻是人，新闻学是人学。”新闻教育也应当反思，在追逐人工智能的过程中，人工智能带来的新闻道德伦理问题我们又应当如何规避？基于此，在人工智能背景下，新闻教育更应当强化对新闻职业道德伦理的重视，避免“为技术而技术”。

新闻职业道德是一种主要针对新闻媒介及其从业者的职业行为的道德原则和道德规范。它是用于调整新闻行业内外的矛盾关系，规范新闻传播职业行为的一种道德。培养新闻职业道德，需要学院教育紧跟媒介现象，引领学生以反思性眼光剖析媒介乱象。如华中师范大学新闻传播学院从2014年10月开始打造媒介伦理案例库，该案例库是首批国家级一流本科课程《新闻道德与法规》的配套开放案例库，创建了学生全程参与和教师辅助引导的“线上线下双指导”模式。而在智能传播时代，面对数据隐私泄露、算法隐形偏见等媒介伦理问题，新闻教育也应努力揭开“皇帝的新衣”，直面人工智能技术带来的隐忧，积极探索新闻伦理问题的解决之道，培养具备社会责任感的新闻人。强调新闻职业道德，归根结底是强调对人的关怀，而这也回溯到新闻学作为“人学”的本真。如果说新闻业务能力和人工智能知识让新闻人有了前行的工具，那么新闻道德伦理则是支撑新闻人前行的精神引领，新闻人作为记录时代的“工匠”才有立足于社会的可能。

只有“变”才是永远不变的，智能传播时代对新闻从业人员提出了新要求，新闻教育作为培养新闻人才的途径，必须顺势而为，进行革新。我们可以从人才培养目标顶层设计着手，在完善培养方案和革新知识体系的基础上，重点培养新闻人才的跨学科融合能力和新闻业务能力。同时，新闻教育也应该注重业界实践经验的引入，加强师资队伍的建设。

在智能传播时代，新闻生产中人机协同生产的现象将越来越常见，人不再是新闻生产的唯一主体，人需要与机器协作完成任务，在这样的关系中新闻工作者应该如何把握这种关系，如何发挥人的主观能动性，机器生成内容是否具有人文性，“把关”的标准又是什么，这些都是新闻工作者需要面对的问题。这也对新闻教育提出了要求，智能时代背景下的新闻教育更应该注重人文精神的培养，人文精神不应该淹没于被技术充斥的时代，如此新闻教育才能培养出合格的新闻人才。

（万亿：华中师范大学新闻与传播学院院长、教授、博士生导师，周莉：华中师范大学新闻与传播学院教授、博士生导师；本文摘自《教育传媒研究》2023年第6期）

·政策与法规·

Policies and Regulations

互联网用户公众账号信息服务管理规定

第一章　总则

第一条　为了规范互联网用户公众账号信息服务，维护国家安全和公共利益，保护公民、法人和其他组织的合法权益，根据《中华人民共和国网络安全法》《互联网信息服务管理办法》《网络信息内容生态治理规定》等法律法规和国家有关规定，制定本规定。

第二条　在中华人民共和国境内提供、从事互联网用户公众账号信息服务，应当遵守本规定。

第三条　国家网信部门负责全国互联网用户公众账号信息服务的监督管理执法工作。地方网信部门依据职责负责本行政区域内互联网用户公众账号信息服务的监督管理执法工作。

第四条　公众账号信息服务平台和公众账号生产运营者应当遵守法律法规，遵循公序良俗，履行社会责任，坚持正确舆论导向、价值取向，弘扬社会主义核心价值观，生产发布向上向善的优质信息内容，发展积极健康的网络文化，维护清朗网络空间。

鼓励各级党政机关、企事业单位和人民团体注册运营公众账号，生产发布高质量政务信息或者公共服务信息，满足公众信息需求，推动经济社会发展。

鼓励公众账号信息服务平台积极为党政机关、企事业单位和人民团体提升政务信息发布、公共服务和社会治理水平，提供充分必要的技术支持和安全保障。

第五条　公众账号信息服务平台提供互联网用户公众账号信息服务，应当取得国家法律、行政法规规定的相关资质。

公众账号信息服务平台和公众账号生产运营者向社会公众提供互联网新闻信息服务，应当取得互联网新闻信息服务许可。

第二章　公众账号信息服务平台

第六条　公众账号信息服务平台应当履行信息内容和公众账号管理主体责任，配备与业务规模相适应的管理人员和技术能力，设置内容安全负责人岗位，建立健全并严格落实账号注册、信息内容安全、生态治理、应急处置、网络安全、数据安全、个人信息保护、知识产权保护、信用评价等管理制度。

公众账号信息服务平台应当依据法律法规和国家有关规定，制定并公开信息内容生产、公众账号运营等管理规则、平台公约，与公众账号生产运营者签订服务协议，明确双方内容发布权限、账号管理责任等权利义务。

第七条　公众账号信息服务平台应当按照国家有关标准和规范，建立公众账号分类注册和分类生产制度，实施分类管理。

公众账号信息服务平台应当依据公众账号信息内容生产质量、信息传播能力、账号主体信用评价等指标，建立分级管理制度，实施分级管理。

公众账号信息服务平台应当将公众账号和内容生产与账号运营管理规则、平台公约、服务协议等向所在地省、自治区、直辖市网信部门备案；上线具有舆论属性或者社会动员能力的新技术新应用新功能，应当按照有关规定进行安全评估。

第八条　公众账号信息服务平台应当采取复合验证等措施，对申请注册公众账号的互联网用户进行基于移动电话号码、居民身份证号码或者统一社会信用代码等方式的真实身份信息认证，提高认证准确率。用户不提供真实身份信息的，或者冒用组织机构、他人真实身份信息进行虚假注册的，不得为其提供相关服务。

公众账号信息服务平台应当对互联网用户注册的公众账号名称、头像和简介等进行合法合规性核验，发现账号名称、头像和简介与注册主体真实身份信息不相符的，特别是擅自使用或者关联党政机关、企事业单位等组织机构或者社会知名人士名义的，应当暂停提供服务并通知用户限期改正，拒不改正的，应当终止提供服务；发现相关注册信息含有违法和不良信息的，应当依法及时处置。

公众账号信息服务平台应当禁止被依法依约关闭的公众账号以相同账号名称重新注册；对注册与其关联度高的账号名称，还应当对账号主体真实身份信息、服务资质等进行必要核验。

第九条　公众账号信息服务平台对申请注册从事经济、教育、医疗卫生、司法等领域信息内容生产的公众账号，应当要求用户在注册时提供其专业背景，以及依照法律、行政法规获得的职业资格或者服务资质等相关材料，并进行必要核验。

公众账号信息服务平台应当对核验通过后的公众账号加注专门标识，并根据用户的不同主体性质，公示内容生产类别、运营主体名称、注册运营地址、统一社会信用代码、联系方式等注册信息，方便社会监督查询。

公众账号信息服务平台应当建立动态核验巡查制度，适时核验生产运营者注册信息的真实性、有效性。

第十条 公众账号信息服务平台应当对同一主体在本平台注册公众账号的数量合理设定上限。对申请注册多个公众账号的用户，还应当对其主体性质、服务资质、业务范围、信用评价等进行必要核验。

公众账号信息服务平台对互联网用户注册后超过六个月不登录、不使用的公众账号，可以根据服务协议暂停或者终止提供服务。

公众账号信息服务平台应当健全技术手段，防范和处置互联网用户超限量注册、恶意注册、虚假注册等违规注册行为。

第十一条 公众账号信息服务平台应当依法依约禁止公众账号生产运营者违规转让公众账号。

公众账号生产运营者向其他用户转让公众账号使用权的，应当向平台提出申请。平台应当依据前款规定对受让方用户进行认证核验，并公示主体变更信息。平台发现生产运营者未经审核擅自转让公众账号的，应当及时暂停或者终止提供服务。

公众账号生产运营者自行停止账号运营，可以向平台申请暂停或者终止使用。平台应当按照服务协议暂停或者终止提供服务。

第十二条 公众账号信息服务平台应当建立公众账号监测评估机制，防范账号订阅数、用户关注度、内容点击率、转发评论量等数据造假行为。

公众账号信息服务平台应当规范公众账号推荐订阅关注机制，健全技术手段，及时发现、处置公众账号订阅关注数量的异常变动情况。未经互联网用户知情同意，不得以任何方式强制或者变相强制订阅关注其他用户公众账号。

第十三条 公众账号信息服务平台应当建立生产运营者信用等级管理体系，根据信用等级提供相应服务。

公众账号信息服务平台应当建立健全网络谣言等虚假信息预警、发现、溯源、甄别、辟谣、消除等处置机制，对制作发布虚假信息的公众账号生产运营者降低信用等级或者列入黑名单。

第十四条 公众账号信息服务平台与生产运营者开展内容供给与账号推广合作，应当规范管理电商销售、广告发布、知识付费、用户打赏等经营行为，不得发布虚假广告、进行夸大宣传、实施商业欺诈及商业诋毁等，防止违法违规运营。

公众账号信息服务平台应当加强对原创信息内容的著作权保护，防范盗版侵权行为。

平台不得利用优势地位干扰生产运营者合法合规运营、侵犯用户合法权益。

第三章 公众账号生产运营者

第十五条 公众账号生产运营者应当按照平台分类管理规则，在注册公众账号时如实填写用户主体性质、注册地、运营地、内容生产类别、联系方式等基本信息，组织机构用户还应当注明主要经营或者业务范围。

公众账号生产运营者应当遵守平台内容生产和账号运营管理规则、平台公约和服务协议，按照公众账号登记的内容生产类别，从事相关行业领域的信息内容生产发布。

第十六条 公众账号生产运营者应当履行信息内容生产和公众账号运营管理主体责任，依法依规从事信息内容生产和公众账号运营活动。

公众账号生产运营者应当建立健全选题策划、编辑制作、发布推广、互动评论等全过程信息内容安全审核机制，加强信息内容导向性、真实性、合法性审核，维护网络传播良好秩序。

公众账号生产运营者应当建立健全公众账号注册使用、运营推广等全过程安全管理机制，依法、文明、规范运营公众账号，以优质信息内容吸引公众关注订阅和互动分享，维护公众账号良好社会形象。

公众账号生产运营者与第三方机构开展公众账号运营、内容供给等合作，应与第三方机构签订书面协议，明确第三方机构信息安全管理义务并督促履行。

第十七条 公众账号生产运营者转载信息内容的，应当遵守著作权保护相关法律法规，依法标注著作权人和可追溯信息来源，尊重和保护著作权人的合法权益。

公众账号生产运营者应当对公众账号留言、跟帖、评论等互动环节进行管理。平台可以根据公众账号的主体性质、信用等级等，合理设置管理权限，提供相关技术支持。

第十八条 公众账号生产运营者不得有下列违法违规行为：

（一）不以真实身份信息注册，或者注册与自身真实身份信息不相符的公众账号名称、头像、简介等；

（二）恶意假冒、仿冒或者盗用组织机构及他人公众账号生产发布信息内容；

（三）未经许可或者超越许可范围提供互联网新闻信息采编发布等服务；

（四）操纵利用多个平台账号，批量发布雷同低质信息内容，生成虚假流量数据，制造虚假舆论热点；

（五）利用突发事件煽动极端情绪，或者实施网络暴力损害他人和组织机构名誉，干扰组织机构正常运营，影响社会和谐稳定；

（六）编造虚假信息，伪造原创属性，标注不实信息来源，歪曲事实真相，误导社会公众；

（七）以有偿发布、删除信息等手段，实施非法网络监督、营销诈骗、敲诈勒索，谋取非法利益；

（八）违规批量注册、囤积或者非法交易买卖公众账号；

（九）制作、复制、发布违法信息，或者未采取措施防范和抵制制作、复制、发布不良信息；

（十）法律、行政法规禁止的其他行为。

第四章　监督管理

第十九条　公众账号信息服务平台应当加强对本平台公众账号信息服务活动的监督管理，及时发现和处置违法违规信息或者行为。

公众账号信息服务平台应当对违反本规定及相关法律法规的公众账号，依法依约采取警示提醒、限制账号功能、暂停信息更新、停止广告发布、关闭注销账号、列入黑名单、禁止重新注册等处置措施，保存有关记录，并及时向网信等有关主管部门报告。

第二十条　公众账号信息服务平台和生产运营者应当自觉接受社会监督。

公众账号信息服务平台应当在显著位置设置便捷的投诉举报入口和申诉渠道，公布投诉举报和申诉方式，健全受理、甄别、处置、反馈等机制，明确处理流程和反馈时限，及时处理公众投诉举报和生产运营者申诉。

鼓励互联网行业组织开展公众评议，推动公众账号信息服务平台和生产运营者严格自律，建立多方参与的权威调解机制，公平合理解决行业纠纷，依法维护用户合法权益。

第二十一条　各级网信部门会同有关主管部门建立健全协作监管等工作机制，监督指导公众账号信息服务平台和生产运营者依法依规从事相关信息服务活动。

公众账号信息服务平台和生产运营者应当配合有关主管部门依法实施监督检查，并提供必要的技术支持和协助。

公众账号信息服务平台和生产运营者违反本规定的，由网信部门和有关主管部门在职责范围内依照相关法律法规处理。

第五章　附则

第二十二条　本规定所称互联网用户公众账号，是指互联网用户在互联网站、应用程序等网络平台注册运营，面向社会公众生产发布文字、图片、音视频等信息内容的网络账号。

本规定所称公众账号信息服务平台，是指为互联网用户提供公众账号注册运营、信息内容发布与技术保障服务的网络信息服务提供者。

本规定所称公众账号生产运营者，是指注册运营公众账号从事内容生产发布的自然人、法人或者非法人组织。

第二十三条　本规定自 2021 年 2 月 22 日起施行。本规定施行之前颁布的有关规定与本规定不一致的，按照本规定执行。

中国出版政府奖评奖章程

国新出发〔2021〕2 号

第一章　总则

第一条　中国出版政府奖是贯彻落实《关于加强和改进出版工作的意见》和中央有关精神，根据《全国性文艺新闻出版评奖管理办法》，由国家新闻出版署主办的全国性奖项。

第二条　为保证中国出版政府奖评奖的公正性、科学性、权威性，制定本章程。

第三条　本章程适用于中国出版政府奖的各类子项奖。

第四条　设立中国出版政府奖的宗旨是，高举中国特色社会主义伟大旗帜，以习近平新时代中国特色社会主义思想为指导，坚持为人民服务、为社会主义服务，坚持百花齐放、百家争鸣，坚持创造性转化、创新性发展，贴近实际、贴近生活、贴近群众，弘扬主旋律、传播正能量，提高全民族思想道德素质、科学文化素质和身心健康素质，满足人民群众日益增长的精神文化需求。通过奖励、表彰优秀出版物和在出版领域作出突出贡献的先进单位、优秀人物，推动出版工作更好地承担举旗帜、聚民心、育新人、兴文化、展形象的使命任务，推动多出精品、多出人才，推动出版业高质量发展，助力社会主义文化强国建设。

第五条 评奖坚持公正、公平、公开原则，努力提高科学性、权威性，严格程序、严格标准、严格纪律，做到优中选优、宁缺毋滥。

第六条 中国出版政府奖评选范围包括：

（一）由国家出版主管部门批准设立的出版单位正式出版并公开发行的图书、期刊、音像制品、电子出版物和网络出版物，由国家出版主管部门批准设立的出版物印刷、复制单位生产的印刷品和复制品；

（二）由国家出版主管部门批准设立的图书、期刊、音像制品、电子出版物出版单位和网络出版服务单位，出版物印刷、复制单位，发行单位及在出版行业从事版权、教育、科研等方面工作的单位；

（三）在上述单位从事编辑、印刷、发行、版权、教育、科研等方面工作，取得优异成绩、作出突出贡献的人员。

第二章 奖项设置

第七条 中国出版政府奖设立 7 个子项奖，根据实际情况可以增设荣誉奖。荣誉奖主要表彰项目为图书，出版时间可以适当放宽，不占子项奖数额，数量视情而定。

7 个子项奖奖励数额共计 240 个，奖项设置如下：

（一）图书奖 60 个；

（二）期刊奖 20 个；

（三）音像制品、电子出版物和网络出版物奖 20 个；

（四）印刷复制奖 10 个；

（五）装帧设计奖 10 个；

（六）先进出版单位奖 50 个；

（七）优秀出版人物奖 70 个。

图书奖，期刊奖，音像制品、电子出版物和网络出版物奖，印刷复制奖，装帧设计奖设立提名奖（先进出版单位奖、优秀出版人物奖不设提名奖），共计 240 个，其中，图书提名奖 120 个，期刊提名奖 40 个，音像制品、电子出版物和网络出版物提名奖 40 个，印刷复制提名奖 20 个，装帧设计提名奖 20 个。

第八条 评选标准

（一）参评出版物应当无版权或其他法律纠纷，并且具备以下条件之一：

1. 紧扣时代主题，对学习宣传贯彻习近平新时代中国特色社会主义思想、全面贯彻党中央重大决策部署具有积极作用；

2. 内容健康向上，对于传播、积累科学技术和文化知识，促进经济发展和社会进步有较大贡献；

3. 社会效益显著，在本学科领域、本行业、全国有较大影响或在海外产生较好反响，具有较高的知名度和品牌效应；

4. 具有重要思想价值、科学价值、文化价值、艺术价值，有一定的创新性；

5. 制作精良，格调高雅，具有先进的印刷复制水平与较高的艺术品位；

6. 装帧设计简洁美观，不过度包装，兼顾审美性与实用性，给读者舒适的阅读体验。

（二）参评先进出版单位奖应当具备以下条件：

1. 深入学习宣传贯彻习近平新时代中国特色社会主义思想，全面贯彻党的基本理论、基本路线、基本方略，增强“四个意识”、坚定“四个自信”、做到“两个维护”，自觉承担举旗帜、聚民心、育新人、兴文化、展形象的使命任务；

2. 牢牢把握正确导向，模范遵守党规党纪和法律法规，严格落实意识形态工作责任制，制度完善、机制有效、管理有序；

3. 在围绕中心、服务大局，弘扬主旋律、传播正能量的主题出版工作中积极作为、表现突出；

4. 坚持深化改革、守正创新、繁荣发展，出版主业突出，以优秀作品自觉主动服务大局、服务群众，切实做到把社会效益放在首位，社会效益和经济效益相统一；

5. 领导班子团结向上，作风优良，管理规范，重视职工培养，注重高素质专业化人才队伍建设；

6. 在同类出版单位中具有较高的知名度和影响力。

（三）参评优秀出版人物奖应当具备以下条件：

1. 深入学习宣传贯彻习近平新时代中国特色社会主义思想，全面贯彻党的基本理论、基本路线、基本方略，增强“四个意识”、坚定“四个自信”、做到“两个维护”；

2. 模范遵守党规党纪和法律法规，遵守职业道德，作风正派，廉洁自律，坚持原则，诚信服务；

3. 在围绕中心、服务大局，弘扬主旋律、传播正能量的主题出版工作中积极作为、表现突出；

4. 具有强烈的事业心、责任感，爱岗敬业，刻苦钻研，求实创新，敢于担当，自觉增强脚力、眼力、脑力、笔力；

5. 具有较深的专业造诣、较高的业务素养、较强的工作能力，在本职岗位上成绩卓著，对出版工作有突出贡献。

第九条 中国出版政府奖原则上每三年评选一次。

第三章 评奖机构

第十条 国家新闻出版署成立中国出版政府奖评选工作领导小组（以下简称领导小组），负责中国出版政府奖评选工作的组织领导。领导小组下设办公室，负责评奖具体工作。

第十一条 各子项奖分别成立评审委员会及办公

室。

第十二条 各子项奖评审委员会根据本章程分别制定子项奖评奖办法和实施细则，并据此进行评审。

第十三条 各子项奖评审委员会采取无记名投票的方式，提出获奖建议名单。

第四章 评奖程序

第十四条 各省级新闻出版局，中央和国家机关各部委、各人民团体出版单位主管部门，中央军委政治工作部宣传局，中国出版集团有限公司负责组织本地区本部门的评选推荐工作。

第十五条 各地区各部门采取自下而上、基层推荐、逐级审核的方式进行推荐，将材料报送至各子项奖评审委员会办公室。各子项奖评审委员会组织评审。评审结果经领导小组审议后进行公示，领导小组办公室协调各子项奖评审委员会办公室对相关异议进行处理，按程序报批确定获奖名单。

第十六条 中国出版政府奖所有奖项同时评出，由国家新闻出版署公布获奖名单，组织表彰颁奖。各地区各部门可以结合实际给予适当奖励。

第五章 附则

第十七条 本章程由国家新闻出版署负责解释。

第十八条 本章程自印发之日起施行。新闻出版总署《关于印发中国出版政府奖评奖章程的通知》同时废止。

国家新闻出版署

2021 年 2 月 1 日

关于推动学术期刊繁荣发展的意见

中宣发［2021］17 号

学术期刊是开展学术研究交流的重要平台，是传播思想文化的重要阵地，是促进理论创新和科技进步的重要力量。加强学术期刊建设，对于提升国家科技竞争力和文化软实力，构筑中国精神、中国价值、中国力量具有重要作用。为做好学术期刊出版工作，推动学术期刊繁荣发展，提出如下意见。

一、总体要求

以习近平新时代中国特色社会主义思想为指导，紧紧围绕党和国家重大决策部署和宣传思想工作根本任务，坚持为人民服务、为社会主义服务，坚持百花齐放、百家争鸣，坚持正确政治方向、出版导向、价值取向，加快提升学术期刊内容质量和传播力影响力，不断完善把社会效益放在首位、社会效益和经济效益相统一的体制机制，为建设世界科技强国和社会主义文化强国作出更大贡献。

——坚持高举旗帜、服务大局。坚持马克思主义在意识形态领域的指导地位，深入学习宣传贯彻习近平新时代中国特色社会主义思想，增强“四个意识”，坚定“四个自信”，做到“两个维护”，充分发挥学术期刊独特作用，提高学术期刊围绕中心、服务大局能力，为社会主义现代化建设提供强大精神动力和智力支持。

——坚持追求卓越、创新发展。加强优质内容出版传播能力建设，创新内容载体、方法手段、业态形式、体制机制，实现学术组织力、人才凝聚力、创新引领力、品牌影响力明显提升，推动学术期刊加快向高质量发展阶段迈进，努力打造一批世界一流、代表国家学术水平的知名期刊。

——坚持优化布局、分类施策。加强顶层设计和系统谋划，推动资源有效配置，健全期刊准入退出机制，明确各类学术期刊功能定位，统筹推进传统出版和新兴出版融合发展，形成总量适度、动态调整、重点突出、结构合理的学术期刊出版格局。

——坚持建管并举、规范发展。坚持一手抓繁荣发展，一手抓引导管理，完善扶持措施，优化发展环境，改进评价体系，规范出版秩序，深化改革创新，推动学术期刊出版良性健康发展。

二、加强出版能力建设

（一）提升学术引领能力。引导学术研究立足中国实际，回应现实关切，把论文写在祖国的大地上，紧密服务党和国家中心工作和战略任务。哲学社会科学期刊要把深入研究、宣传、阐释习近平新时代中国特色社会主义思想，建设有中国特色、中国风格、中国气派的学科体系、学术体系和话语体系作为重大任务，加强理论武装与理论创新，围绕党和国家重大理论和实践问题，围绕群众关注的历史和现实问题，及时开展研究解读和引导辨析，为加快构建中国特色哲学社会科学贡献力量。科技期刊要围绕创新型国家和科技强国建设任务，聚焦国家重大战略需求，服务经济社会发展主战场。坚持问题导向，聚焦前沿领域，活跃学术空气，善于发现创新、鼓励创新、引领创新，对重大问题坚持长期跟踪。加强学术期刊作风学风建设，弘扬科学家精神，有效发挥学术期刊在学术质量、学术规范、学术伦理和科研诚信建设方面的引导把关作用，力戒功利浮躁，杜绝“关系稿”“人情稿”，坚决抵制和纠正学术不端行为。

（二）提升编辑策划与把关能力。坚持以创新水平和科学价值作为选稿用稿标准，加强编辑策划，围绕重大主题打造重点专栏、组织专题专刊。不断丰富内容形式，创新学科资讯、学术综述、学术评论等栏目设计。善于区分政治原则问题、思想认识问题、学术观点问题，切实把好政治导向关、学术质量关和价值取向关。加强编委会建设，完善同行评议机制，严格执行“三审三校”等内容把关制度，做到审稿记录长期可追溯、可核查，加强校对工作，切实提高编校质量。

（三）提升出版服务能力。优化出版流程，提高投审稿和出版的时效性，为有重大创新观点的高质量论文设立快速审稿发稿通道，注重为作者提供高水准的专业审稿意见。通过编辑评论、会议推介、新媒体推送等手段提升优秀文章传播效果。密切与学者和学术组织的联系互动，充分发挥学术期刊在学术交流中的桥梁纽带作用。注重培养青年作者，扩大作者的单位和地区覆盖面。

三、优化布局结构

（四）优化刊号资源配置。加强马克思主义学科期刊建设，加快完善基础学科、优势重点学科、新兴学科和交叉学科期刊布局，重视发展工程技术、科学普及、通俗理论、具有重要文化价值和传承意义的“绝学”和冷门学科等类别期刊。支持根据学科发展和建设需要创办新刊。原则上不再新批多学科综合性学报。着力解决内容同质化问题，支持现有学术期刊合理调整办刊定位，鼓励多学科综合性学报向专业化期刊转型，突出优势领域，做精专业内容，办好特色专栏，向“专、精、特、新”方向发展。

（五）推进集群化集团化建设。开展学术期刊集群化发展试点，以优质学术期刊为龙头重组整合资源，建设一批导向正确、品质一流、资源集约、具备核心竞争力的学术期刊集群。鼓励符合条件的学术期刊出版单位转企改制、做强做大。支持规模性出版企业探索协作办刊等模式，跨地域、跨部门、跨学科整合期刊出版资源，打通产业链，重构价值链，形成创新链，打造若干具备较强传播力影响力的学术期刊出版集团。

四、加快融合发展

（六）推动数字化转型。顺应媒体融合发展趋势，坚持一体化发展，通过流程优化、平台再造，实现选题策划、论文采集、编辑加工、出版传播的全链条数字化转型升级，探索网络优先出版、数据出版、增强出版、全媒体出版等新型出版模式。引导学术期刊适应移动化、智能化发展方向，进行内容精准加工和快速分发，推动学术成果大众普及和应用转化。推动学术期刊加强新媒体编辑力量和技术力量，完善相关内容审核把关机制。

（七）推进融合发展平台建设。支持大型学术期刊出版单位开发全流程数字出版平台、综合性学科资讯平台、知识服务平台，运营服务学者的虚拟学术社区。支持高校学报等综合性期刊建立协同出版机制，以专题形式编辑整合内容资源进行网上传播。支持办刊规模较大、技术基础较好的出版企业、期刊集群等聚合出版资源，打造专业化数字出版平台。加强学术期刊论文大数据中心建设，打造世界科技论文引文库。加强国家哲学社会科学文献中心、国家哲学社会科学学术期刊数据库建设，构建方便快捷、资源共享的哲学社会科学研究信息化平台。

五、提升国际传播能力

（八）提升开放办刊水平。支持学术期刊深化与国际同行交流合作，扩大作者群和读者群，积极参与全球学术治理。支持学术期刊根据发展需要选聘海外共同主编，适度增加编委会国际编委比例，充分发挥海外共同主编和国际编委在组稿、审稿、推介等方面的支持作用。鼓励中文学术期刊提供论文英文长摘要、外文学术期刊提供论文中文长摘要，加强期刊外文或双语学术网站建设。支持学术期刊根据学科发展和学术交流需要创办外文或双语学术期刊。

（九）积极开拓国际市场。支持大型学术期刊出版机构、学术期刊数据库提高国际化运作程度，扩大海外用户数量，提高市场开拓和竞争能力，成为我国学术“走出去”的重要平台。鼓励支持有条件的期刊出版企业设立海外分支机构，开展本土化运营。引导学术期刊出版单位增强版权保护和数据安全意识，与境外出版发行企业互利互惠开展合作。

六、优化发展环境

（十）规范学术期刊出版秩序。严格学术期刊出版资质，加强质量检查，严厉打击买卖刊号、承包经营等严重违规行为，加强对滥发质量低劣论文期刊的清理规范，完善退出机制建设。对“三审三校”等制度执行情况、期刊负责人任职资格等加强检查，强化期刊主编终审职责，有效解决编辑出版制度执行不到位、主编“挂名”“缺位”等问题。严厉打击假冒学术期刊、假冒学术期刊网站等非法活动。推动学术期刊出版单位积极应用学术出版规范相关国家标准和行业标准，加强防范惩处学术不端行为的机制建设和技术应用，鼓励期刊和行业协会制定发布关于出版伦理、行业规范的声明。推动期刊数据收录机构严格落实把关责任，健全学术期刊收录的前置审核和入库内容日常审核机制。

（十一）**完善学术期刊相关评价体系。**改进完善学术期刊评价体系，以内容质量评价为中心，坚持分类评价和多元评价，完善同行评价、定性评价，防止过度使用基于“影响因子”等指标的定量评价方法评价学术期刊特别是哲学社会科学期刊。探索建立哲学社会科学期刊评价的行业标准，加强对“核心期刊”“来源期刊”等涉哲学社会科学期刊评价的引导规范。引导相关单位在学术评价、人才评价中准确把握学术期刊的评价功能，防止简单“以刊评文”、以“核心期刊”“来源期刊”等评价学术期刊及论文质量，反对“唯论文”和论文“SCI至上”等不良倾向，避免SSCI、CSSCI等引文数据使用中的绝对化，鼓励实行论文代表作制度。本科生、研究生申请学位和毕业考核不与在学术期刊上发表论文情况简单挂钩。支持相关科研教育机构针对罔顾学术质量、商业利益至上的期刊建立预警名单。在科研课题申报、学术人才遴选中，应明确学术成果在我国期刊首发的比例，引导重大原创性科研成果更多在我国期刊发表。

（十二）**加强人才队伍建设。**深入开展增强脚力、眼力、脑力、笔力教育实践，努力造就一支政治强、业务精、作风正的高水平办刊队伍。完善学术期刊负责人岗位培训和从业人员继续教育培训体系，支持学术期刊开展多种形式的国际学术交流和赴外业务研修，适度增加中长期业务交流培训比重。在文化名家暨“四个一批”人才、宣传思想文化青年英才等人才培养项目中，加大对学术期刊从业人员培养力度。支持办刊单位出台政策措施，探索编研结合模式，将优秀学者和科研人员引入办刊队伍，支持教育科研单位教学科研人员与办刊人员双向流动。

七、加强指导扶持

（十三）**加强指导管理。**相关管理部门、各主管主办单位要把办好学术期刊作为加强党对出版工作全面领导的重要方面，强化重大问题的分析研判和重点任务的部署落实。主管主办单位和属地管理部门要切实落实意识形态工作责任制要求，履行主管主办和属地管理职责，及时出台相关引导措施，加强对学术期刊工作的经常性指导。教育科研单位要将所属学术期刊出版工作纳入本单位科研创新工作予以统筹考虑。学术期刊编辑人员职称评定应重点考核办刊业绩和出版专业技能。

（十四）**加大扶持力度。**充分发挥马克思主义理论研究和建设工程的指导引领作用，持续推进“中国科技期刊卓越行动计划”、国家社科基金“哲学社会科学精品期刊资助计划”等重大项目，对重点学术期刊予以支持资助，对我国优秀学术期刊及其刊发的重大创新成果加强宣传推介。学术期刊出版单位符合条件转制为企业的，可按规定享受相关税收优惠政策。支持符合条件的学术期刊出版企业上市融资。各地区各有关单位要结合实际，对优秀学术期刊予以积极支持。

中共中央宣传部
教育部
科技部
2021年5月18日

人力资源社会保障部 国家新闻出版署 关于深化新闻专业技术人员职称制度改革的指导意见

人社部发〔2021〕50号

各省、自治区、直辖市及新疆生产建设兵团人力资源社会保障厅（局）、新闻出版局，中央和国家机关各部委、各直属机构人事部门，中央军委政治工作部宣传局，各中央企业人事部门：

新闻专业技术人员是我国专业技术人才队伍的重要组成部分，是做好新闻舆论工作的重要力量。为贯彻落实中共中央办公厅、国务院办公厅印发的《关于深化职称制度改革的意见》，现就深化新闻专业技术人员职称制度改革提出如下指导意见。

一、总体要求

（一）指导思想

以习近平新时代中国特色社会主义思想为指导，全面贯彻落实党的十九大和十九届二中、三中、四中、五中全会精神，认真落实党中央、国务院决策部署，牢牢坚持党管宣传、党管意识形态、党管媒体和党管人才原则，深刻把握新闻舆论工作承担的职责和使命，按照增强脚力、眼力、脑力、笔力的要求，遵循新闻专业技术人员成长规律，健全完善符合新闻专业技术人员职业特点的职称制度，培养造就政治坚定、业务精湛、作风优良、党和人民放心的新闻舆论工作队伍。

（二）基本原则

1. 坚持正确导向。牢牢把握党的新闻舆论工作职责使命，紧密结合新闻专业技术人员的职业属性和岗位特点，突出政治评价标准，引导新闻专业技术人员坚持马克思主义新闻观，坚持正确政治方向、舆论导向、价值取向，提高新闻舆论传播力、引导力、影响力、公信力。

2. 坚持服务发展。围绕新时代新闻事业发展和人才队伍建设要求，充分发挥人才评价“指挥棒”和风向标作用，着力提升新闻专业技术人员政治素质、专业能力和职业素养，统筹推进新闻专业人才队伍建设，更好地服务党的宣传思想工作、新闻舆论工作。

3. 坚持科学评价。遵循新闻专业技术人员成长规律，以品德、能力、业绩、贡献为导向，科学设置职称评价标准，克服唯学历、唯资历、唯论文、唯奖项的倾向，建立科学公正的评价体系和评审机制，突出专业性、实践性和创新性，鼓励新闻专业技术人员多出精品力作。

4. 坚持以用为本。围绕用好用活人才，创新人才评价机制，促进职称评价结果与新闻专业技术人员培养使用相结合，鼓励用人单位将选人用人制度与新闻专业技术人员职称制度相衔接，更好地促进新闻专业技术人员职业发展。

二、主要内容

通过健全制度体系、完善评价标准、创新评价机制、促进与人才培养使用相结合、优化管理服务等措施，形成设置合理、评价科学、管理规范、服务全面的新闻专业技术人员职称制度。

（一）健全制度体系

1. 明确职称专业类别和名称。新闻专业技术人员职称分为记者和编辑两个专业类别，设初级、中级、高级三个层级，初级只设助理级，高级分设副高级和正高级。记者的初级、中级、副高级、正高级职称名称分别为助理记者、记者、主任记者、高级记者，编辑的初级、中级、副高级、正高级职称名称分别为助理编辑、编辑、主任编辑、高级编辑。

2. 实现职称制度与职业资格制度有效衔接。申报新闻专业技术人员职称应依法取得新闻记者证。首次取得新闻记者证且尚无专业技术职称的新闻专业技术人员，符合初级职称基本标准的，视为取得初级职称，并可作为申报高一级职称的条件。

3. 新闻专业技术人员各层级职称分别与事业单位专业技术岗位等级相对应。正高级对应专业技术岗位一至四级，副高级对应专业技术岗位五至七级，中级对应专业技术岗位八至十级，初级对应专业技术岗位十一至十三级。

（二）完善评价标准

1. 坚持德才兼备，以德为先。新闻专业技术人员必须坚持党对新闻舆论工作的领导，坚持以人民为中心的工作导向，牢记新闻舆论工作职责使命，做党和人民信赖的新闻工作者。坚持把思想政治素质放在职称评价的首位，全面考察新闻专业技术人员的政治立场、职业道德和从业操守。完善诚信承诺和失信惩戒机制，对通过弄虚作假、暗箱操作等违纪违规行为取得的职称，一律予以撤销。

2. 注重评价能力和业绩。注重评价新闻专业技术人员的能力素质和工作业绩，引导新闻专业技术人员全面掌握新闻理论知识，熟练运用业务技能，有效提升策划、采编、制作等实践能力。将新闻专业技术人员采写编辑的消息、通讯、评论，拍摄录制的图片、音频、视频，制作的新媒体作品等代表性成果作为职称评审的重要内容，注重成果的质量、贡献和影响力。科学对待论文、论著等研究成果。

3. 实行国家标准、地区标准和单位标准相结合。人力资源社会保障部会同国家新闻出版署等有关主管部门负责制定《新闻专业技术人员职称评价基本标准》(附后)。各地区人力资源社会保障部门会同新闻出版等有关管理部门可结合本地区实际情况，制定地区标准。具有自主评审权的用人单位可结合本单位实际，制定单位标准。地区标准和单位标准不得低于国家标准。

（三）创新评价机制

1. 丰富评价方式。健全以同行评审为基础的业内评价机制，注重社会和业内认可。完善以能力水平和业绩贡献为主的评价标准，综合采用个人述职、面试答辩、业绩展示、专家评议等多种评价方式，提高职称评价的针对性和科学性。

2. 健全评审制度。按照专业化组建、同行评议和业内认可的原则，遴选政治立场坚定、能力业绩突出的一线优秀资深新闻专业技术人员和高等院校、科研机构、行业协会声望较高的专家学者等担任评审专家，组建职称评审委员会。严格落实评审委员会核准备案制度。国务院有关部门和中央新闻单位成立的高级职称评审委员会报人力资源社会保障部核准备案，其他高级职称评审委员会报省级人力资源社会保障部门核准备案。

3. 畅通评价渠道。进一步打破户籍、地域、身份等制约，畅通各类新闻专业技术人员职称申报渠道。对在新闻工作中作出重大贡献或者急需紧缺的新闻专业技术人员，可适当放宽学历、资历、年限等条件限制，直接申报评审高级职称。对长期在艰苦边远地区和基层一线从事新闻工作的专业技术人员，重点考察其实际工作业绩，适当放宽学历和科研能力要求，引导新闻专业技术人员深入群众、扎根基层。

（四）促进职称制度与人才培养使用相结合

1. 与人才培养制度有效衔接。充分发挥职称制度对提高人才培养质量的导向作用，紧密结合新闻行业人才需求和职业标准，建立健全与职称制度相衔接的新闻与传播专业学位教育制度，加快培育新闻专业人才。推进职称制度与新闻专业技术人员继续教育制度相衔接，引导新闻专业技术人员更新知识、拓展技能，全面提升专业胜任能力。

2. 与用人制度有效衔接。新闻单位应当结合用人需求，根据职称评价结果合理使用新闻专业技术人员，实现职称评价结果与新闻专业技术人员聘用、考核、晋升等用人制度紧密结合、有效衔接。全面实行岗位管理、专业技术人才学术技术水平与岗位职责密切相关的事业单位，一般应在岗位结构比例内开展职称评审。不实行事业单位岗位管理的单位，可根据工作需要，择优聘任具有相应职称的新闻专业技术人员从事相关工作。健全完善新闻专业技术人员考核制度，加强聘后管理，在岗位聘用中实现人员能上能下。

（五）优化管理服务

1. 下放评审权限。发挥用人主体在职称评审中的主导作用，科学界定、合理下放职称评审权限，逐步将高级职称评审权下放到符合条件的新闻单位、行业协会或市地。自主评审单位组建的高级职称评审委员会应当按照管理权限报省级以上人力资源社会保障部门核准备案。

2. 加强监督管理。建立健全职称评审公开制度，实行政策公开、标准公开、程序公开、结果公开，接受社会和群众监督。建立健全职称评审回避制度、公示制度和随机抽查、巡查制度，建立复查、投诉机制，强化对评审全过程的监督管理。加强对自主评审工作的监管，对于不能正确行使评审权、不能确保评审质量的评审单位，暂停其自主评审工作直至收回评审权，并追究责任。

3. 优化评审服务。加强职称评审信息化建设，探索实行网上申报、审核、评审、公示等一体化服务。合理确定申报职称所需材料种类和内容，减少各类申报表格和纸质证明材料，简化申报手续和审核环节。

三、组织实施

（一）加强组织领导

深化新闻专业技术人员职称制度改革是分类推进职称制度改革的重要内容，各地区、各有关部门要充分认识改革的重大意义，高度重视改革工作。各级人力资源社会保障部门会同新闻出版等有关管理部门负责职称政策制定、组织实施和监督检查等工作。各有关部门要密切配合，建立有效工作机制，确保改革工作顺利实施。

（二）稳步有序推进

各地区、各有关部门要根据本指导意见精神，紧密结合实际，切实抓好改革的贯彻落实。在推进改革过程中，要深入开展调查研究，细化工作措施，完善工作预案，妥善做好新旧政策衔接工作。在改革中要认真总结经验，及时解决改革中出现的新情况、新问题，妥善处理改革、发展和稳定的关系。

（三）抓好宣传引导

各地区、各有关部门要深入细致做好政策解读、舆论宣传和思想政治工作，充分调动广大新闻专业技术人员的积极性，引导新闻专业技术人员积极参与职称制度改革，营造有利于新闻专业技术人员职称制度改革的良好氛围。

本指导意见适用于经国家有关主管部门依法批准设立，并列入新闻记者证核发范围、具有新闻采编业务的单位中，从事新闻采编业务的新闻专业技术人员。

军队可以参照本意见制定新闻专业技术人员职称评价具体办法。

附件：新闻专业技术人员职称评价基本标准

人力资源社会保障部
国家新闻出版署
2021 年 6 月 25 日

新闻专业技术人员职称评价基本标准

一、遵守中华人民共和国宪法和法律法规，坚持中国共产党的领导，拥护党的基本理论、基本路线和基本方略，忠于党的新闻事业。

二、坚持党性原则，坚持马克思主义新闻观，坚持以人民为中心的工作导向，认真履行新闻舆论工作职责使命。

三、具备良好的思想政治素质和职业道德、敬业精神，作风端正。

四、热爱新闻工作，具备相应的新闻专业知识和业务技能，认真履行岗位职责，实事求是。

五、依法取得新闻记者证，按照规定参加继续教育。

六、新闻专业技术人员参加各层级职称评价，除必须达到上述标准条件外，还应分别具备以下条件：

（一）助理记者、助理编辑

1. 具有基本的马克思主义理论水平，基本掌握新闻专业基础理论和专业知识。

2. 了解新闻传播规律，有一定的专业判断和分析能力，能独立进行某一方面的新闻采编工作。

3. 具备硕士学位或第二学士学位；或具备大学本科学历或学士学位，在新闻采编专业技术岗位上见习 1 年期满，经考核合格；或具备大学专科学历，从事新闻采编工作满 3 年。

（二）记者、编辑

1. 具有一定的马克思主义理论水平，掌握新闻专业基础理论和专业知识，有一定的新闻学术水平。

2. 熟悉新闻运作规律，有扎实的专业判断和分析能力，能独立进行新闻采编工作，能基本解决采编工作中的疑难问题，创造性地开展工作。

3. 能够指导初级新闻专业技术人员开展工作。

4. 具备博士学位；或具备硕士学位或第二学士学位，取得助理记者或助理编辑职称后，从事新闻采编工作满 2 年；或具备大学本科学历、学士学位或大学专科学历，取得助理记者或助理编辑职称后，从事新闻采编工作满 4 年。

（三）主任记者、主任编辑

1. 具有相当的马克思主义理论水平，全面掌握新闻专业理论和专业知识，有一定的新闻学术造诣。

2. 全面掌握新闻运作规律，有较深厚扎实的新闻采编实践功底，新闻工作经验比较丰富，能解决采编工作中的疑难问题，能够创造性地开展工作，工作业绩显著，采写或编发了为社会所认可的有一定影响力的新闻作品。

3. 是新闻采编专业领域全媒型或专家型的业务骨干，具有指导、培养中级及以下新闻专业技术人员的能力。

4. 取得一定的新闻相关理论研究成果，或主持完成新闻相关研究课题、调研报告等。

5. 具备博士学位，从事新闻采编工作满 2 年；或具备大学本科及以上学历或学士及以上学位，取得记者或编辑职称后，从事新闻采编工作满 5 年。

（四）高级记者、高级编辑

1. 具有较高的马克思主义理论水平，系统掌握新闻专业理论和专业知识，有较高的新闻学术造诣。

2. 系统掌握新闻运作规律，有深厚扎实的新闻采编实践功底，新闻工作经验丰富，能解决采编工作中的重大疑难问题，在采编业务方面有重大创新，工作业绩卓著，在新闻界有一定影响，采写或编发了为社会所认可的有较大影响力的新闻作品。

3. 是新闻采编专业领域全媒型或专家型的业务带头人，具有指导、培养副高级及以下新闻专业技术人员的能力。

4. 取得重大新闻相关理论研究成果，或其他创造性新闻相关研究成果，推动新闻行业发展。

5. 具备大学本科及以上学历或学士及以上学位，取得主任记者或主任编辑职称后，从事新闻采编工作满 5 年。

不具备上述规定的学历、年限等要求，业绩突出、作出重要贡献的，可破格申报，具体办法由各地区、各有关部门和单位另行制定。

关于推动出版深度融合发展的实施意见

中宣发［2022］13号

为深入学习贯彻习近平总书记关于媒体融合发展的重要论述，按照《中华人民共和国国民经济和社会发展第十四个五年规划和2035年远景目标纲要》有关部署，根据《出版业“十四五”时期发展规划》有关安排，围绕加快推动出版深度融合发展，构建数字时代新型出版传播体系，坚持系统推进与示范引领相结合的总体思路，制定如下实施意见。

一、加强出版融合发展战略谋划

1. 坚持正确发展方向。以习近平新时代中国特色社会主义思想为指导，深刻领悟“两个确立”的决定性意义，增强“四个意识”、坚定“四个自信”、做到“两个维护”，坚持党对出版工作的全面领导，弘扬和践行社会主义核心价值观，坚守中华文化立场，坚持把社会效益放在首位、实现社会效益和经济效益相统一，确保出版深度融合发展始终沿着正确方向前进。

2. 科学设定发展目标。锚定出版强国建设目标，对标《出版业“十四五”时期发展规划》，到“十四五”时期末，出版深度融合发展取得明显成效，传统出版与新兴出版“融为一体、合而为一”的体制机制更加健全，以内容建设为根本、先进技术为支撑、创新管理为保障的新型出版传播体系更加完善。推动主力军进入主战场，打造一批竞争力强、优势突出的出版融合发展示范企业，有效巩固数字时代出版发展主阵地，始终用主流价值引领网上出版舆论，进一步扩大主流价值影响力版图。

3. 统筹规划发展布局。鼓励各地区和各级各类出版单位立足实际、改革创新、做出特色，优化调整出版融合发展的种类、布局、结构，解决好功能重复、内容同质、力量分散问题，推动出版融合集约化、差异化、高质量发展。加强示范引领，深化开展出版融合发展工程，实施好产品、平台、企业、人才等相关系列子计划，突出重点，扶优助强，打造标杆，培育出版融合发展第一方阵和示范矩阵。对接国家区域发展战略，加强对数字出版基地（园区）的规范管理、考核评估、动态调整，发挥好数字出版基地（园区）的孵化、服务和支撑作用。

二、强化出版融合发展内容建设

4. 扩大优质内容供给。坚持内容为王，把握数字化、网络化、智能化方向，发挥出版单位内容资源和编辑把关优势，大力推进出版供给侧结构性改革，优化出版融合发展内容结构，加强网络原创优质内容建设，打造更多突出思想引领、彰显主流价值、富有文化内涵、产生广泛影响的出版融合发展项目，切实把出版内容优势转化为融合发展优势。探索通过版权合作、项目共建等方式，整合更多优质内容资源，形成品类齐全、内容丰富的出版融合发展资源池和项目库。

5. 创新内容呈现传播方式。积极贴近读者，增强服务意识，适应网络传播分众化、差异化趋势，探索通过用户画像、大数据分析等方式，充分把握数字时代不同受众群体的新型阅读需求，推出更多广为读者接受、适合网络传播的数字出版产品和服务。坚持效果导向，适应数字时代舆论生态、文化业态、传播形态的深刻变化，更加注重利用新型传播手段，加强全媒体运营推广，提高优质数字出版内容的到达率、阅读率和影响力。

6. 打造重点领域内容精品。大力实施精品战略，坚持精品引领、精品带动，构建主题突出、质量上乘的出版融合发展精品体系。围绕服务党和国家工作大局、满足人民群众精神文化生活新期待，打造宣传阐释习近平新时代中国特色社会主义思想、展示新时代伟大成就、弘扬中华优秀文化、彰显时代精神风貌、促进经济社会发展、服务高水平学术研究、引导青少年健康成长等方面的精品项目。加强重要领域专业数据库建设，推动出版单位打造代表国家水平的党史文献、社科文献、科技文献、学术文献、古籍整理融合出版精品，推出更多具有中国特色、世界影响的数据库项目。

三、充分发挥技术支撑作用

7. 加强前沿技术探索应用。紧盯技术发展前沿，用好信息技术革命成果，强化大数据、云计算、人工智能、区块链等技术应用，创新驱动出版深度融合发展。鼓励出版单位与高等院校、科研机构、科技企业等加强合作，搭建支撑出版融合发展的技术型高水平实验室，提升实验室建设效能，促进相关科技成果高效转化，为推动出版融合发展提供更大动能。

8. 促进成熟技术应用推广。着眼适合管用，充分挖掘满足出版融合发展业务需要的各类适配技术，促进数字出版内容的多介质、多角度延伸，打造出版融合发展新产品、新服务、新模式。建立科技工作与标准化工作联动机制，及时将科技创新成果融入相关标准，重点支持出版新型业态和融合技术等领域的标准研制，以高质量标准促进技术成果产业化应用。

9. 健全科技创新应用体系。强化出版企业创新主体地位，有效对接出版融合发展技术需求，促进各类创新要素整合集聚，形成以企业为主体、市场为导向、产学研用相衔接的技术创新体系。以出版业科技与标准创新项目为抓手，评选确定一批出版技术研发应用、标准研制推广等方面的优秀成果，推动科技创新有效赋能出版融合发展。

四、打造出版融合发展重点工程项目

10. 优化提升重大工程实施效果。深入推进“新时代 新经典——学习习近平新时代中国特色社会主义思想重点数字图书专栏”、中国共产党思想理论资源数据库等项目建设，丰富专栏和数据库内容形式，创新传播方式，持续推动形成网上学习党的创新理论浓厚氛围。加快推进国家古籍数字化工程，建设国家古籍数字化总平台、中国古籍总目网络版、古籍资源专题数据库，汇聚共享优质古籍数字化资源，更好地继承弘扬中华优秀传统文化。高标准建设《中国大百科全书》网络版、《辞海》网络版，创新编纂、出版、传播方式，更好满足读者对权威百科知识的新需求。

11. 着力打造重点品牌项目。推动出版单位实施品牌提升计划，立足优势领域精耕细作，充分发挥内容资源、作者资源、品牌资源优势，积极布局重点产品、服务和平台，集中力量打造读者认可度高、行业竞争力强的出版融合发展重点项目。实施数字出版精品遴选推荐计划、数字出版优质平台遴选推荐计划，着眼重点领域和关键环节打造示范样本，遴选推荐一批质量上乘、影响广泛的精品项目和优质平台，构建重点项目带动、全面协调推进的出版融合发展格局。

12. 做强做优头部示范企业。推动有条件、有实力的出版单位加大投入力度，大幅提升融合发展的资源聚合力、产品创新力、品牌运营力，打造技术领先、融合度高、精品聚集、示范性强的知名企业。实施出版融合发展示范单位遴选推荐计划，推出一批有影响的融合发展旗舰单位和特色单位，推动入选单位加强融合发展战略部署，加大资金、技术、资源、人才等方面投入，不断增强核心竞争力，带动出版融合发展向纵深推进。

13. 加强重要成果展示交流。用好北京国际图书博览会、中国数字出版博览会、中国数字阅读年会等重要展会平台，全面展示出版融合发展重要成果，进一步扩大重点项目和品牌企业的示范力引领力影响力。办好出版融合发展经验交流会，加强政策宣介、经验分享和案例交流，深入挖掘示范项目的典型意义和引领价值，进一步凝聚行业共识，坚定发展信心，推动深度融合。

五、建强出版融合发展人才队伍

14. 夯实人才培养基础。发挥高校人才培养重要作用，在出版学科建设中加强融合发展理论与实践人才培养，支持重点高校与出版单位、数字出版企业等合作培养急需紧缺人才。组织有关行业协会、研究机构等分层分类办好出版融合发展培训班、研修班，重点围绕融合发展新趋势、新理念、新技能，精心选配师资，打造精品课程，着力培养“一专多能”的出版融合发展人才。各级党委宣传部和各主管主办单位开展出版融合发展专题培训，对出版企业及其融合发展业务负责人、重点项目核心成员等加强培训，提升出版融合发展骨干队伍的思想政治素质和专业能力水平。

15. 强化高层次人才培养激励。加大国家重大文化出版人才工程对出版融合发展人才的重视支持力度，在文化名家暨“四个一批”人才评选、中国出版政府奖优秀出版人物奖评选中，增加融合发展人才入选比例，造就更多高层次复合型人才。实施好出版融合发展优秀人才遴选培养计划，突出优秀人才发现、培养、使用，打造一批思想政治素质过硬、创新创造能力突出、引领发展表现出色的出版融合发展人才。聚焦出版融合发展重大问题研究、重大技术攻关、重大工程建设，整合各方面优质资源和创新要素，在重大任务中打造融合发展高端人才和领跑团队。

16. 发挥企业人才建设主体作用。出版企业根据出版融合发展事业需要，制定相关人才建设规划、制度、举措，坚持全员参加与专人负责相结合、内部挖潜与外部引进相结合，不断扩充融合发展人才队伍。对专门从事融合发展业务的人员实施专项培养计划，在产品策划、内容编辑、技术开发、传播运营等方面，培养一大批骨干人才、青年英才、业务新秀，对优秀人才在考核评价、工资待遇、职业发展等方面给予更大支持。鼓励有条件的出版企业，聚焦融合发展前沿，跨单位调集优秀人才组建攻坚团队，在人才梯队、科研条件、资金投入等方面给予配套支持。

六、健全出版融合发展保障体系

17. 完善政策扶持机制。在出版单位年度核验、社会效益评价考核中强化出版融合发展情况考核，推动出版融合发展成效与有关评奖评优、出版资源配置联动挂钩，进一步激发出版深度融合发展活力。创新资金投入方式，引导推动各地区各有关部门根据实际加大对出版融合发展的资金支持力度，鼓励出版单位设立出版融合发展专项资金，推动国家出版基金对出版融合发展重大项目择优支持，强化出版融合发展资金保障。对出版融合发展精品项目、优质平台、示范单位、优秀人才等，在宣传推广展示、支持政策对接等方面适当倾斜。

18. 深化体制机制改革。健全数字化环境下一体化内容生产传播机制，全面推进机构融合、业务融合、资源要素融合，提高出版融合发展海量资源集聚、优质IP运营能力。在出版产业链上下游资源整合、出版与其他行业跨界融合等方面，加强改革创新，不断拓展融合发展新模式，形成数字时代出版融合发展新优势。鼓励出版企业大胆探索融合发展质量评估体系，建立以创新价值和综合贡献为导向的绩效评价机制，更好地促进出版深度融合发展。

19. 营造良好发展环境。坚持安全为要，用主流价值导向驾驭技术，加快构建数字内容安全风控体系，筑牢出版融合发展安全底线。强化版权意识，充分体现优质内容资源的市场价值，大力整治重点领域侵权盗版行为，有力遏制侵权盗版行为对出版融合发展的不利影响。坚持融合共生，支持出版单位之间、出版单位与网络平台之间通过项目合作、联合研发、资源共享等方式有效对接、优势互补，释放产业链各要素活力，构建良性的融合发展新格局新生态。

20. 逐级抓好贯彻落实。中央宣传部加强对出版深度融合发展的总体统筹、规划、布局，加大对出版融合发展重点工程项目的协调推进力度。各地党委宣传部和各主管主办单位要把推进出版深度融合发展作为落实意识形态工作责任制的重要内容，主要负责同志要亲自抓、负总责，既抓好谋划部署、统筹协调，又抓好政策支持、业务指导。出版单位要切实履行主体责任，把出版融合发展作为“一把手”工程，加强组织领导，优化资源配置，加大工作力度，把出版深度融合发展各项任务落到实处。

中共中央宣传部

2022年4月18日

新闻专业技术人员继续教育暂行规定

国新出发［2022］8号

第一章　总则

第一条　为进一步加强和规范新闻专业技术人员继续教育工作，不断提升新闻专业技术人员队伍素质，根据《干部教育培训工作条例》《专业技术人员继续教育规定》《新闻记者证管理办法》等，结合新闻工作实际，制定本规定。

第二条　在国家新闻出版、广播电视、网信主管部门批准设立的新闻单位从事新闻采编岗位工作，并持有新闻记者证的人员继续教育，适用本规定。

第三条　新闻专业技术人员继续教育工作坚持以习近平新时代中国特色社会主义思想为指导，牢牢把握党的新闻舆论工作职责使命，健全完善新闻专业技术人员教育培训机制，不断增强新闻专业技术人员脚力、眼力、脑力、笔力，培养造就一支政治坚定、业务精湛、作风优良、党和人民放心的新闻舆论工作队伍，为推动新时代党的新闻舆论工作提供人才保证和智力支持。

第四条　新闻专业技术人员继续教育工作遵循下列原则：

（一）服务大局，确保导向。紧紧围绕党的新闻舆论工作职责使命，深入开展马克思主义新闻观教育，把政治能力建设贯穿继续教育全过程，引导新闻专业技术人员始终坚持正确政治方向、舆论导向、价值取向，增强“四个意识”、坚定“四个自信”、做到“两个维护”。

（二）以人为本，按需施教。遵循新闻传播规律和人才成长规律，结合新闻专业技术人员岗位职责，加强职业道德教育，强化专业能力建设，引导新闻专业技术人员恪守职业操守、完善知识结构、全面提升岗位履职能力。

（三）改革创新，注重实效。创新方式方法，适应形势任务发展变化，建立健全继续教育培训内容更新机制，不断提高新闻专业技术人员继续教育的科学化水平，引导新闻专业技术人员运用所学知识指导实践、推动工作。

第五条 新闻专业技术人员享有参加继续教育的权利和接受继续教育的义务。新闻单位应当依照法律法规和国家有关规定，提取和使用职工教育经费，为本单位新闻专业技术人员参加继续教育提供保障和支持。新闻专业技术人员经所在单位同意，脱产或半脱产参加继续教育活动的，所在单位应当按照国家有关规定，保障工资、福利等待遇。

第二章 管理体制

第六条 新闻专业技术人员继续教育实行统筹规划、分级负责、分类指导的管理体制。

第七条 国家新闻出版署会同人力资源社会保障部负责对全国新闻专业技术人员继续教育工作进行综合管理和统筹协调，制定全国新闻专业技术人员继续教育政策，指导监督全国新闻专业技术人员继续教育工作的组织实施。

国家新闻出版署、广电总局、国家网信办根据职责分工，负责对本行业本领域新闻专业技术人员继续教育工作进行指导和监督。

第八条 各省级有关主管部门和人力资源社会保障部门，共同负责本地区新闻专业技术人员继续教育工作的综合管理和组织实施。

中央主要新闻单位经国家新闻出版主管部门批准后，可按要求自行组织新闻专业技术人员继续教育培训活动。

其他机关、企业、事业单位、社会团体等在各自职责范围内，依法做好本单位新闻专业技术人员继续教育的管理和实施工作。

第三章 内容与形式

第九条 新闻专业技术人员继续教育内容包括公需科目和专业科目。

公需科目包括新闻专业技术人员应当普遍掌握的政治理论、法律法规、职业道德等基本知识。专业科目包括新闻专业技术人员从事新闻工作必须具备并应当掌握的行业政策法规和新闻采访、媒体融合等专业知识，以及行业发展需要的新理论、新知识、新技术等。

国家新闻出版署、人力资源社会保障部统筹规划公需科目课程和教材建设，国家新闻出版署、广电总局、国家网信办会同人力资源社会保障部统筹规划本行业本领域继续教育专业科目课程和教材建设，定期发布继续教育公需科目指南、专业科目指南，对继续教育内容进行指导。

第十条 新闻专业技术人员可以选择参加继续教育的形式。具体形式有：

（一）参加省级以上有关主管部门、人力资源社会保障部门及其公布的继续教育机构组织的面授、网络等继续教育培训活动；

（二）参加国家教育行政主管部门承认的本科以上相关专业学历（学位）教育；

（三）承担省级以上有关主管部门或相关行业协会的新闻类研究课题，或承担国家级科研基金项目；

（四）在拥有国内统一连续出版物号、经国家新闻出版主管部门认定的学术期刊上发表新闻类或与工作相关的学术论文，公开出版与工作职责相关的学术著作、译著等；

（五）参加省级以上有关主管部门组织的新闻单位与高校互聘交流计划，担任高校有关课程（讲座）授课（报告）人；

（六）担任省级以上有关主管部门或相关行业协会组织的宣讲、巡讲，举办的培训班、学术会议、专题讲座等授课（报告）人；

（七）参加省级以上有关主管部门或相关行业协会组织的新闻类评比、竞赛等；

（八）参加省级以上有关主管部门组织的专项主题报道活动，所采写的作品（或提供的素材）在省级以上媒体主报、主屏、主频率或其所属新闻网站、新媒体平台首页首屏等刊播；

（九）参加所在单位或相关专业机构等组织的与本单位业务范围相关的专业类培训；

（十）省级以上有关主管部门、人力资源社会保障部门认可的其他继续教育形式。

第四章 学时管理

第十一条 新闻专业技术人员参加继续教育的时间，每年累计应不少于90学时。其中，专业科目学时一般不少于总学时的三分之二。

新闻专业技术人员参加继续教育取得的学时，在全国范围内当年度有效，不得结转或顺延至下一年度。

第十二条 新闻专业技术人员参加本规定第十条规定形式的继续教育，其学时计算标准如下：

（一）参加省级以上有关主管部门、人力资源社会保障部门及其公布的继续教育机构组织的面授培训，每天按8学时计算。

（二）参加省级以上有关主管部门、人力资源社会保障部门组织的网络培训，按实际学时计算，每年最多

40学时。

（三）参加国家教育行政主管部门承认的本科以上相关专业学历（学位）教育，获得学历（学位）当年度折算为40学时。

（四）独立承担省级以上有关主管部门或相关行业协会的新闻类研究课题，或独立承担国家级科研基金项目，课题结项的，当年度每项折算为40学时；与他人合作完成的，主持人每项折算为30学时，参与人每人每项折算为10学时。

（五）独立公开发表新闻类或与工作相关的学术论文，每篇折算为10学时；与他人合作发表的，每人每篇折算为5学时。每年最多折算为20学时。

（六）独立公开出版与工作职责相关的学术著作、译著等，每本折算为30学时；与他人合作出版的，第一作者每本折算为20学时，其他作者每人每本折算为10学时。每年最多折算为40学时。

（七）参加省级以上有关主管部门组织的新闻单位与高校互聘交流计划，担任高校有关课程（讲座）授课（报告）人，按实际授课（报告）时间的6倍计算学时。每年最多折算为50学时。

（八）担任省级以上有关主管部门或相关行业协会组织的宣讲、巡讲，举办的培训班、学术会议、专题讲座等授课（报告）人，按实际授课（报告）时间的6倍计算学时。每年最多折算为50学时。

（九）参加省级以上有关主管部门或相关行业协会组织的新闻类评比、竞赛等，获得优秀以上等次，获奖当年度每项折算为30学时，同一作品不累计计算。

（十）省级新闻单位新闻专业技术人员参加中央有关主管部门组织的专项主题报道活动，所采写的作品（或提供的素材）在中央媒体主报、主屏、主频率或其所属新闻网站、新媒体平台首页首屏等刊播，市级、县级新闻单位新闻专业技术人员参加省级以上有关主管部门组织的专项主题报道活动，所采写的作品（或提供的素材）在省级以上媒体主报、主屏、主频率或其所属新闻网站、新媒体平台首页首屏等刊播，每篇（条）折算为10学时。每年最多折算为20学时，同一作品不累计计算。

（十一）参加所在单位或相关专业机构等组织的与本单位业务范围相关的专业类培训，每年最多折算为30学时。

第十三条 新闻专业技术人员参加继续教育情况实行学时登记管理。学时登记实行分级负责、逐级审核，具体登记办法由国家新闻出版署、广电总局、国家网信办会同人力资源社会保障部分别制定。

省级有关主管部门每年将本地区新闻专业技术人员继续教育审核情况送同级人力资源社会保障部门备案。

第十四条 参加挂职锻炼或外派等重大专项工作的，由本单位出具证明，报省级有关主管部门备案，可视同参加继续教育；由于伤、病、孕等特殊原因无法在当年度完成继续教育学时的，由所在单位出具证明，可适当顺延完成。

第五章　继续教育机构

第十五条 国家新闻出版署、广电总局、国家网信办会同人力资源社会保障部指导加强新闻专业技术人员继续教育机构建设，推动构建分工明确、优势互补、布局合理、开放有序的继续教育培训体系。鼓励并引导行业协会、培训中心、高等院校等具备培训条件的单位参与新闻专业技术人员继续教育工作。

第十六条 继续教育机构每年须将培训方案、课程内容、授课师资等报当地有关主管部门审核。

第十七条 继续教育机构须具备与新闻专业技术人员继续教育相适应的教学设施、场所、师资队伍和管理力量，建立健全相应的组织机构和管理制度。

第十八条 继续教育机构应当认真组织实施新闻专业技术人员继续教育教学计划，严格执行有关学员、师资管理规定，严肃学习纪律，加强学风建设，根据考试考核结果如实出具新闻专业技术人员参加继续教育的证明。

第十九条 继续教育机构要突出政治引领，把提高政治觉悟、政治能力贯穿教学管理全过程，全面提升新闻专业技术人员政治素养、理论水平、思想作风和业务能力。

第二十条 建立继续教育师资库，建立健全符合新闻工作特点和新闻专业技术人员成长成才规律的师资动态管理机制。

第二十一条 各级有关主管部门、人力资源社会保障部门直接举办继续教育活动的，应当突出公益性，不得收取费用。

第二十二条 继续教育机构不得采取弄虚作假、欺诈等不正当手段招揽生源，不得以继续教育名义组织旅游或与培训无关的活动，不得以继续教育名义乱收费或只收费不培训，以及从事其他有关法律法规明令禁止的行为。

第六章　考核与监督

第二十三条 新闻单位应当建立本单位新闻专业技术人员继续教育与使用、晋升相衔接的激励机制，把新闻专业技术人员参加继续教育情况作为新闻专业技术人员考核评价、岗位聘用的重要依据。

第二十四条 新闻专业技术人员参加继续教育情况，应当作为聘任专业技术职务或者申报评定职称，以及新闻记者证年度核验、换发的重要条件。

第二十五条 省级以上有关主管部门、人力资源社会保障部门应当对新闻专业技术人员继续教育机构、新闻单位执行本规定的情况进行监督检查。

第二十六条 省级以上有关主管部门、人力资源社会保障部门应当定期组织或委托第三方评估机构对本地区新闻专业技术人员继续教育机构进行教学质量评估，评估结果作为评价继续教育机构办学质量的重要标准和承担下一年度继续教育任务的重要依据。

第二十七条 新闻单位违反本规定的，由省级以上有关主管部门责令改正。

第二十八条 新闻专业技术人员无正当理由不参加继续教育或者在学习培训期间违反学习纪律和管理制度的，所在单位可视情给予批评教育、不予报销或者要求退还培训费用等。

第二十九条 继续教育机构违反本规定的，由省级以上有关主管部门责令改正，并依法依规进行处理。

第七章　附则

第三十条 中国人民解放军和中国人民武装警察部队所属新闻单位新闻专业技术人员继续教育工作，参照本规定执行。

第三十一条 本规定由国家新闻出版署负责解释。

第三十二条 本规定自 2023 年 1 月 1 日起施行。

国家新闻出版署
人力资源社会保障部
国家广播电视总局
国家互联网信息办公室
2022 年 4 月 25 日

中国新闻奖评选办法

中国新闻奖是中央批准常设的全国优秀新闻作品最高奖，由中华全国新闻工作者协会主办，每年评选 1 次。

一、评奖宗旨

中国新闻奖评选坚持以习近平新时代中国特色社会主义思想为指导，坚持正确的政治方向、舆论导向、价值取向，发挥优秀新闻作品的示范引领作用，推动新闻战线开展增强“四力”教育实践，努力提高新闻舆论传播力、引导力、影响力、公信力，引导新闻战线增强“四个意识”、坚定“四个自信”、做到“两个维护”、把握“国之大者”，做好新时代新闻舆论工作，多出精品、多出人才，为全面建设社会主义现代化国家作出贡献。

二、参评范围

国家批准、具有新闻采编业务资质的新闻单位，在上年度原创并刊播的新闻作品均可参评。具有国内统一连续出版物号的报刊在上年度刊发的新闻业务研究文章可参评。

参评作品的作者应为新闻单位从事新闻采编工作的业务人员，包括与新闻单位具有相对稳定的聘用或合作关系的新闻采编工作人员。新闻单位非采编岗位人员和新闻院所教研人员可参评新闻业务研究项目。厅局级领导干部非作品主创人员不参评。副部级以上领导干部不参评。

上年度社会责任评价不合格的新闻单位主要负责人、直接当事人不得参评。3 年内有不良新闻职业道德记录的人员不得参评。

三、评选标准

参评作品应坚持马克思主义新闻观，体现“四向四做”，导向正确，内容真实，新闻性强，社会效果好。

四、评选项目

评选项目共 20 个，新闻单位的原创作品均可参评。基础类项目按作品体裁申报，专门类项目不限作品体裁。

（一）基础类

1. 消息：报道新近发生事实的新闻作品。应简明扼要，表述准确，时效性强，新闻要素齐全。

2. 评论：评析新闻事件、热点话题、社会现象的新闻作品。应观点鲜明，逻辑清晰，论据准确，论证有力。

3. 通讯：翔实报道新闻人物、事件的新闻作品。应主题鲜明，选材典型，结构合理，表述生动，感染力强。

4. 新闻专题：深入报道新闻人物、事件的音视频和多媒体作品。应主题鲜明，选材典型，结构合理，报道生动，感染力强。

5. 新闻纪录片：以纪实手法报道新闻事件、反映社会生活的视频作品。应具有较强的新闻性、思想性、艺术性，以及文献价值。以事实说话，结构严谨。

6. 系列报道：围绕某一主题所作的多角度、多侧面报道的集合作品，包括连续报道、组合报道。应结构完整，报道全面，作品之间关联性强。参评该项目，单件作品不得少于3篇。跨年度作品按刊播结束年度申报。

7. 新闻摄影：报道新闻的摄影作品。应现场拍摄，要素完整，新闻性、表现力强，文字说明简洁。

8. 新闻漫画：评论时事的漫画和动漫作品。应思想性、针对性强，富有艺术表现力。

9. 副刊作品：刊载于报纸副刊上的杂文、特写、报告文学。应思想性、新闻性、艺术性相统一，特色鲜明。

10. 新闻访谈：就新闻事件和热点话题与相关人员进行访谈的新闻作品。访谈部分应不少于全部内容或时长的三分之二。

11. 新闻直播：同步报道新闻事件的音视频新闻作品。应主题鲜明，信息丰富，现场感强。对同一新闻事件的间断性直播，可选取一个完整直播段参评。跨年度直播作品，首播时间和作品主体部分应在上一年度完成。一般性会议、演出、庆典、商务活动等的直播作品不参评。

12. 新闻编排：以动态消息为主的报纸新闻版面、广播电视新闻栏目编排作品。报纸新闻版面应政治性、新闻性、艺术性强，标题准确，图文并茂，版式新颖。广播电视栏目编排应编辑思想明确，编排合理流畅，主持人驾驭得当，制作水平较高。

13. 新闻专栏：新闻单位原创、有共同特征的新闻作品栏目。应连续刊播1年以上，年度内刊播不少于48周、每周不少于1次；栏目有统一的标识，内容与定位相符，形式新颖，特色鲜明，社会影响较大。报纸新闻专栏版面位置应相对固定，不含专刊专版。

14. 新闻业务研究：论述新闻理论和新闻报道实践的单篇文章。应立论正确，观点鲜明，论据可靠，论证充分，理论联系实践紧密。

（二）专门类

15. 重大主题报道：报道年度重大活动、重大主题的新闻作品。应政治性、思想性、新闻性强，受众面广，影响力大。

16. 国际传播：面向海外受众生产的新闻作品。应新闻性、针对性强，传播效果好，发挥作用突出。

17. 典型报道：报道全国性或区域性先进人物、先进集体、先进事迹、先进经验的新闻作品。应具有时代性、典型性、代表性，受众面广，影响力大。

18. 舆论监督报道：揭示社会存在问题、维护公平正义、促进时代进步的新闻作品。应事实准确充分，报道客观全面，富有建设性，切实促进实际问题的解决。

19. 融合报道：充分应用信息网络技术，综合运用多媒体手段报道的新闻作品。应主题鲜明、内涵丰富、形式新颖，传播效果较好。

20. 应用创新：应用信息网络技术，研发“新闻＋服务”的创新性信息服务产品。应内容丰富、技术先进、形式新颖，实用性、服务性强，有较好的社会效益。

五、奖励办法

设奖总额不超过380个。其中，一等奖不超过75个，二等奖115个左右，三等奖190个左右。根据需要设特别奖，不超过5个，视同一等奖。各评选项目的设奖数额，由评委会根据当届参评作品情况确定。

中国记协向获奖作品的作者、主创人员、编辑颁发证书，并向特别奖、一等奖作品的作者、主创人员颁发奖杯和奖金。二、三等奖作品的奖金由所在单位发放。

六、作品报送

实行组织推荐、自荐和他荐。组织推荐由新闻单位向中国记协委托的报送单位推荐；自荐、他荐由本人或他人向中国记协委托的报送单位或中国记协评奖办公室推荐。

作品参评应据实申报作者、编辑或主创人员。申报作者、编辑，以作品刊播时署名和排序为准。申报主创人员，可包括策划、采访、编辑、摄制等主要贡献人员。刊播时未署名，或作者、主创人员数量超出规定的，按“集体”申报。

七、评选程序

作品初评由各省（区、市）和新疆生产建设兵团记协，有关新闻单位、有关专业协会等报送单位组织。中国记协委托相关专业协会承担部分作品专项初评；作品定评由中国记协组织。获奖作品名单经审核后公布。

八、评选机构

评选机构为审核委员会和评选委员会。审核委员会负责审核参评作品材料，提出评选建议；评选委员会负责评选获奖作品。

审核委员和评选委员由中国记协聘任，任期一届，实行回避制和轮换制。审核委员会和评选委员会未召开期间，由评委会主任会议代行决定相关事项。

审核委员会、评选委员会常设工作机构为中国记协评奖办公室，负责受理参评作品，组织公示并受理举报，组织开展对参评作品的审核和评选等工作。

九、处罚规定

对违规参评作品，查实后取消参评资格或获奖资格。对违规报送参评作品的相关责任人和单位视不同情节予以处罚。对违反评选纪律的审核委员、评选委员，查实后取消其资格并予通报。

十、附则

1. 未尽事宜，由中国新闻奖评委会主任会议研究决定。

2. 中国记协享有参评作品的使用权。

3. 本办法由中国记协负责解释。

4. 本办法自公布之日起施行。

中华全国新闻工作者协会
2022 年 6 月 13 日

互联网用户账号信息管理规定

国家互联网信息办公室令第 10 号

第一章　总则

第一条　为了加强对互联网用户账号信息的管理，弘扬社会主义核心价值观，维护国家安全和社会公共利益，保护公民、法人和其他组织的合法权益，根据《中华人民共和国网络安全法》、《中华人民共和国个人信息保护法》、《互联网信息服务管理办法》等法律、行政法规，制定本规定。

第二条　互联网用户在中华人民共和国境内的互联网信息服务提供者注册、使用互联网用户账号信息及其管理工作，适用本规定。法律、行政法规另有规定的，依照其规定。

第三条　国家网信部门负责全国互联网用户账号信息的监督管理工作。

地方网信部门依据职责负责本行政区域内的互联网用户账号信息的监督管理工作。

第四条　互联网用户注册、使用和互联网信息服务提供者管理互联网用户账号信息，应当遵守法律法规，遵循公序良俗，诚实信用，不得损害国家安全、社会公共利益或者他人合法权益。

第五条　鼓励相关行业组织加强行业自律，建立健全行业标准、行业准则和自律管理制度，督促指导互联网信息服务提供者制定完善服务规范、加强互联网用户账号信息安全管理、依法提供服务并接受社会监督。

第二章　账号信息注册和使用

第六条　互联网信息服务提供者应当依照法律、行政法规和国家有关规定，制定和公开互联网用户账号管理规则、平台公约，与互联网用户签订服务协议，明确账号信息注册、使用和管理相关权利义务。

第七条　互联网个人用户注册、使用账号信息，含有职业信息的，应当与个人真实职业信息相一致。

互联网机构用户注册、使用账号信息，应当与机构名称、标识等相一致，与机构性质、经营范围和所属行业类型等相符合。

第八条　互联网用户注册、使用账号信息，不得有下列情形：

（一）违反《网络信息内容生态治理规定》第六条、第七条规定；

（二）假冒、仿冒、捏造政党、党政军机关、企事业单位、人民团体和社会组织的名称、标识等；

（三）假冒、仿冒、捏造国家（地区）、国际组织的名称、标识等；

（四）假冒、仿冒、捏造新闻网站、报刊社、广播电视机构、通讯社等新闻媒体的名称、标识等，或者擅自使用“新闻”、“报道”等具有新闻属性的名称、标识等；

（五）假冒、仿冒、恶意关联国家行政区域、机构所在地、标志性建筑物等重要空间的地理名称、标识等；

（六）以损害公共利益或者谋取不正当利益等为目的，故意夹带二维码、网址、邮箱、联系方式等，或者使用同音、谐音、相近的文字、数字、符号和字母等；

（七）含有名不副实、夸大其词等可能使公众受骗或者产生误解的内容；

（八）含有法律、行政法规和国家有关规定禁止的其他内容。

第九条 互联网信息服务提供者为互联网用户提供信息发布、即时通讯等服务的，应当对申请注册相关账号信息的用户进行基于移动电话号码、身份证件号码或者统一社会信用代码等方式的真实身份信息认证。用户不提供真实身份信息，或者冒用组织机构、他人身份信息进行虚假注册的，不得为其提供相关服务。

第十条 互联网信息服务提供者应当对互联网用户在注册时提交的和使用中拟变更的账号信息进行核验，发现违反本规定第七条、第八条规定的，应当不予注册或者变更账号信息。

对账号信息中含有“中国”、“中华”、“中央”、“全国”、“国家”等内容，或者含有党旗、党徽、国旗、国歌、国徽等党和国家象征和标志的，应当依照法律、行政法规和国家有关规定从严核验。

互联网信息服务提供者应当采取必要措施，防止被依法依约关闭的账号重新注册；对注册与其关联度高的账号信息，应当对相关信息从严核验。

第十一条 对于互联网用户申请注册提供互联网新闻信息服务、网络出版服务等依法需要取得行政许可的互联网信息服务的账号，或者申请注册从事经济、教育、医疗卫生、司法等领域信息内容生产的账号，互联网信息服务提供者应当要求其提供服务资质、职业资格、专业背景等相关材料，予以核验并在账号信息中加注专门标识。

第十二条 互联网信息服务提供者应当在互联网用户账号信息页面展示合理范围内的互联网用户账号的互联网协议（IP）地址归属地信息，便于公众为公共利益实施监督。

第十三条 互联网信息服务提供者应当在互联网用户公众账号信息页面，展示公众账号的运营主体、注册运营地址、内容生产类别、统一社会信用代码、有效联系方式、互联网协议（IP）地址归属地等信息。

第三章　账号信息管理

第十四条 互联网信息服务提供者应当履行互联网用户账号信息管理主体责任，配备与服务规模相适应的专业人员和技术能力，建立健全并严格落实真实身份信息认证、账号信息核验、信息内容安全、生态治理、应急处置、个人信息保护等管理制度。

第十五条 互联网信息服务提供者应当建立账号信息动态核验制度，适时核验存量账号信息，发现不符合本规定要求的，应当暂停提供服务并通知用户限期改正；拒不改正的，应当终止提供服务。

第十六条 互联网信息服务提供者应当依法保护和处理互联网用户账号信息中的个人信息，并采取措施防止未经授权的访问以及个人信息泄露、篡改、丢失。

第十七条 互联网信息服务提供者发现互联网用户注册、使用账号信息违反法律、行政法规和本规定的，应当依法依约采取警示提醒、限期改正、限制账号功能、暂停使用、关闭账号、禁止重新注册等处置措施，保存有关记录，并及时向网信等有关主管部门报告。

第十八条 互联网信息服务提供者应当建立健全互联网用户账号信用管理体系，将账号信息相关信用评价作为账号信用管理的重要参考指标，并据以提供相应服务。

第十九条 互联网信息服务提供者应当在显著位置设置便捷的投诉举报入口，公布投诉举报方式，健全受理、甄别、处置、反馈等机制，明确处理流程和反馈时限，及时处理用户和公众投诉举报。

第四章　监督检查与法律责任

第二十条 网信部门会同有关主管部门，建立健全信息共享、会商通报、联合执法、案件督办等工作机制，协同开展互联网用户账号信息监督管理工作。

第二十一条 网信部门依法对互联网信息服务提供者管理互联网用户注册、使用账号信息情况实施监督检查。互联网信息服务提供者应当予以配合，并提供必要的技术、数据等支持和协助。

发现互联网信息服务提供者存在较大网络信息安全风险的，省级以上网信部门可以要求其采取暂停信息更新、用户账号注册或者其他相关服务等措施。互联网信息服务提供者应当按照要求采取措施，进行整改，消除隐患。

第二十二条 互联网信息服务提供者违反本规定的，依照有关法律、行政法规的规定处罚。法律、行政法规没有规定的，由省级以上网信部门依据职责给予警告、通报批评，责令限期改正，并可以处一万元以上十万元以下罚款。构成违反治安管理行为的，移交公安机关处理；构成犯罪的，移交司法机关处理。

第五章　附则

第二十三条　本规定下列用语的含义是：

（一）互联网用户账号信息，是指互联网用户在互联网信息服务中注册、使用的名称、头像、封面、简介、签名、认证信息等用于标识用户账号的信息。

（二）互联网信息服务提供者，是指向用户提供互联网信息发布和应用平台服务，包括但不限于互联网新闻信息服务、网络出版服务、搜索引擎、即时通讯、交互式信息服务、网络直播、应用软件下载等互联网服务的主体。

第二十四条　本规定自 2022 年 8 月 1 日施行。本规定施行之前颁布的有关规定与本规定不一致的，按照本规定执行。

互联网信息服务深度合成管理规定

国家互联网信息办公室、工业和信息化部、公安部令第 12 号

第一章　总则

第一条　为了加强互联网信息服务深度合成管理，弘扬社会主义核心价值观，维护国家安全和社会公共利益，保护公民、法人和其他组织的合法权益，根据《中华人民共和国网络安全法》、《中华人民共和国数据安全法》、《中华人民共和国个人信息保护法》、《互联网信息服务管理办法》等法律、行政法规，制定本规定。

第二条　在中华人民共和国境内应用深度合成技术提供互联网信息服务（以下简称深度合成服务），适用本规定。法律、行政法规另有规定的，依照其规定。

第三条　国家网信部门负责统筹协调全国深度合成服务的治理和相关监督管理工作。国务院电信主管部门、公安部门依据各自职责负责深度合成服务的监督管理工作。

地方网信部门负责统筹协调本行政区域内的深度合成服务的治理和相关监督管理工作。地方电信主管部门、公安部门依据各自职责负责本行政区域内的深度合成服务的监督管理工作。

第四条　提供深度合成服务，应当遵守法律法规，尊重社会公德和伦理道德，坚持正确政治方向、舆论导向、价值取向，促进深度合成服务向上向善。

第五条　鼓励相关行业组织加强行业自律，建立健全行业标准、行业准则和自律管理制度，督促指导深度合成服务提供者和技术支持者制定完善业务规范、依法开展业务和接受社会监督。

第二章　一般规定

第六条　任何组织和个人不得利用深度合成服务制作、复制、发布、传播法律、行政法规禁止的信息，不得利用深度合成服务从事危害国家安全和利益、损害国家形象、侵害社会公共利益、扰乱经济和社会秩序、侵犯他人合法权益等法律、行政法规禁止的活动。

深度合成服务提供者和使用者不得利用深度合成服务制作、复制、发布、传播虚假新闻信息。转载基于深度合成服务制作发布的新闻信息的，应当依法转载互联网新闻信息稿源单位发布的新闻信息。

第七条　深度合成服务提供者应当落实信息安全主体责任，建立健全用户注册、算法机制机理审核、科技伦理审查、信息发布审核、数据安全、个人信息保护、反电信网络诈骗、应急处置等管理制度，具有安全可控的技术保障措施。

第八条　深度合成服务提供者应当制定和公开管理规则、平台公约，完善服务协议，依法依约履行管理责任，以显著方式提示深度合成服务技术支持者和使用者承担信息安全义务。

第九条　深度合成服务提供者应当基于移动电话号码、身份证件号码、统一社会信用代码或者国家网络身份认证公共服务等方式，依法对深度合成服务使用者进行真实身份信息认证，不得向未进行真实身份信息认证的深度合成服务使用者提供信息发布服务。

第十条　深度合成服务提供者应当加强深度合成内容管理，采取技术或者人工方式对深度合成服务使用者

的输入数据和合成结果进行审核。

深度合成服务提供者应当建立健全用于识别违法和不良信息的特征库，完善入库标准、规则和程序，记录并留存相关网络日志。

深度合成服务提供者发现违法和不良信息的，应当依法采取处置措施，保存有关记录，及时向网信部门和有关主管部门报告；对相关深度合成服务使用者依法依约采取警示、限制功能、暂停服务、关闭账号等处置措施。

第十一条 深度合成服务提供者应当建立健全辟谣机制，发现利用深度合成服务制作、复制、发布、传播虚假信息的，应当及时采取辟谣措施，保存有关记录，并向网信部门和有关主管部门报告。

第十二条 深度合成服务提供者应当设置便捷的用户申诉和公众投诉、举报入口，公布处理流程和反馈时限，及时受理、处理和反馈处理结果。

第十三条 互联网应用商店等应用程序分发平台应当落实上架审核、日常管理、应急处置等安全管理责任，核验深度合成类应用程序的安全评估、备案等情况；对违反国家有关规定的，应当及时采取不予上架、警示、暂停服务或者下架等处置措施。

第三章 数据和技术管理规范

第十四条 深度合成服务提供者和技术支持者应当加强训练数据管理，采取必要措施保障训练数据安全；训练数据包含个人信息的，应当遵守个人信息保护的有关规定。

深度合成服务提供者和技术支持者提供人脸、人声等生物识别信息编辑功能的，应当提示深度合成服务使用者依法告知被编辑的个人，并取得其单独同意。

第十五条 深度合成服务提供者和技术支持者应当加强技术管理，定期审核、评估、验证生成合成类算法机制机理。

深度合成服务提供者和技术支持者提供具有以下功能的模型、模板等工具的，应当依法自行或者委托专业机构开展安全评估：

（一）生成或者编辑人脸、人声等生物识别信息的；

（二）生成或者编辑可能涉及国家安全、国家形象、国家利益和社会公共利益的特殊物体、场景等非生物识别信息的。

第十六条 深度合成服务提供者对使用其服务生成或者编辑的信息内容，应当采取技术措施添加不影响用户使用的标识，并依照法律、行政法规和国家有关规定保存日志信息。

第十七条 深度合成服务提供者提供以下深度合成服务，可能导致公众混淆或者误认的，应当在生成或者编辑的信息内容的合理位置、区域进行显著标识，向公众提示深度合成情况：

（一）智能对话、智能写作等模拟自然人进行文本的生成或者编辑服务；

（二）合成人声、仿声等语音生成或者显著改变个人身份特征的编辑服务；

（三）人脸生成、人脸替换、人脸操控、姿态操控等人物图像、视频生成或者显著改变个人身份特征的编辑服务；

（四）沉浸式拟真场景等生成或者编辑服务；

（五）其他具有生成或者显著改变信息内容功能的服务。

深度合成服务提供者提供前款规定之外的深度合成服务的，应当提供显著标识功能，并提示深度合成服务使用者可以进行显著标识。

第十八条 任何组织和个人不得采用技术手段删除、篡改、隐匿本规定第十六条和第十七条规定的深度合成标识。

第四章 监督检查与法律责任

第十九条 具有舆论属性或者社会动员能力的深度合成服务提供者，应当按照《互联网信息服务算法推荐管理规定》履行备案和变更、注销备案手续。

深度合成服务技术支持者应当参照前款规定履行备案和变更、注销备案手续。

完成备案的深度合成服务提供者和技术支持者应当在其对外提供服务的网站、应用程序等的显著位置标明其备案编号并提供公示信息链接。

第二十条 深度合成服务提供者开发上线具有舆论属性或者社会动员能力的新产品、新应用、新功能的，应当按照国家有关规定开展安全评估。

第二十一条 网信部门和电信主管部门、公安部门依据职责对深度合成服务开展监督检查。深度合成服务提供者和技术支持者应当依法予以配合，并提供必要的技术、数据等支持和协助。

网信部门和有关主管部门发现深度合成服务存在较大信息安全风险的，可以按照职责依法要求深度合成服务提供者和技术支持者采取暂停信息更新、用户账号注册或者其他相关服务等措施。深度合成服务提供者和技术支持者应当按照要求采取措施，进行整改，消除隐患。

第二十二条 深度合成服务提供者和技术支持者违反本规定的，依照有关法律、行政法规的规定处罚；造成严重后果的，依法从重处罚。

构成违反治安管理行为的，由公安机关依法给予治安管理处罚；构成犯罪的，依法追究刑事责任。

第五章 附则

第二十三条 本规定中下列用语的含义：

深度合成技术，是指利用深度学习、虚拟现实等生成合成类算法制作文本、图像、音频、视频、虚拟场景等网络信息的技术，包括但不限于：

（一）篇章生成、文本风格转换、问答对话等生成或者编辑文本内容的技术；

（二）文本转语音、语音转换、语音属性编辑等生成或者编辑语音内容的技术；

（三）音乐生成、场景声编辑等生成或者编辑非语音内容的技术；

（四）人脸生成、人脸替换、人物属性编辑、人脸操控、姿态操控等生成或者编辑图像、视频内容中生物特征的技术；

（五）图像生成、图像增强、图像修复等生成或者编辑图像、视频内容中非生物特征的技术；

（六）三维重建、数字仿真等生成或者编辑数字人物、虚拟场景的技术。

深度合成服务提供者，是指提供深度合成服务的组织、个人。

深度合成服务技术支持者，是指为深度合成服务提供技术支持的组织、个人。

深度合成服务使用者，是指使用深度合成服务制作、复制、发布、传播信息的组织、个人。

训练数据，是指被用于训练机器学习模型的标注或者基准数据集。

沉浸式拟真场景，是指应用深度合成技术生成或者编辑的、可供参与者体验或者互动的、具有高度真实感的虚拟场景。

第二十四条　深度合成服务提供者和技术支持者从事网络出版服务、网络文化活动和网络视听节目服务的，应当同时符合新闻出版、文化和旅游、广播电视主管部门的规定。

第二十五条　本规定自 2023 年 1 月 10 日起施行。

新闻记者职业资格考试办法

国新出发〔2022〕21 号

第一章　总则

第一条　为深入贯彻习近平新时代中国特色社会主义思想和党的二十大精神，坚持和加强党对宣传思想工作的全面领导，落实党管宣传、党管意识形态、党管媒体的要求，加强新闻采编队伍管理，规范新闻采编秩序，促进党和国家新闻事业发展，依据《国务院对确需保留的行政审批项目设定行政许可的决定》和国家对职业资格管理的有关规定，制定本办法。

第二条　国家对新闻记者实行准入类职业资格制度，纳入全国专业技术人员职业资格制度的统一规划。

第三条　新闻记者职业资格考试，面向已入职新闻单位的从业人员，考评其是否具备从事新闻采编工作所必需的政治素养、业务能力和职业道德。

本办法所称新闻单位，是指国家有关主管部门依法批准设立并列入新闻记者证核发范围的单位。

第四条　中华人民共和国境内新闻单位从事新闻采编工作的人员，应当参加新闻记者职业资格考试合格并依法取得新闻记者证。

第五条　新闻记者职业资格考试实行全国统一考试制度，由国家统一组织、统一时间、统一大纲、统一试题、统一标准。

第六条　新闻记者职业资格考试应当坚持公平、公正、公开的原则，考试组织工作应当接受监察机关、保密机关和社会监督。

第二章　考试组织

第七条　新闻记者职业资格考试在国家新闻出版署、人力资源社会保障部的统一领导下进行，具体考务工作委托人力资源社会保障部人事考试中心组织实施。

各地考试工作由各省、自治区、直辖市新闻出版管理部门和人力资源社会保障行政部门共同负责。具体职责分工，由各地协商确定。

第八条　国家新闻出版署负责审定考试科目、考试大纲、考试题目，研究并建立考试题库。

人力资源社会保障部负责考试工作的组织实施，会同国家新闻出版署对考试进行检查、监督和指导，确定合格标准。

第三章　考试报名

第九条　报名参加新闻记者职业资格考试的人员，必须遵守中华人民共和国宪法和法律，拥护中国共产党领导和社会主义制度，认真学习宣传贯彻习近平新时代中国特色社会主义思想，坚决贯彻落实党的理论和路线方针政策，坚持正确政治方向、舆论导向、新闻志向、工作取向，热爱新闻工作，恪守职业道德。

第十条　报名参加新闻记者职业资格考试的人员，除应当具备本办法第九条所列基本条件外，还必须具备下列条件：

（一）具有完全民事行为能力；

（二）具有大学专科及以上学历；

（三）在新闻单位编制内或者与新闻单位签有劳动合同，新闻单位为非法人编辑部的人员，须为新闻单位的主管（主办）单位在编人员或者与主管（主办）单位签有劳动合同。

第十一条　有下列情形之一的人员，不得报名参加新闻记者职业资格考试，已经办理报名手续的报名无效，已经参加考试的考试成绩无效：

（一）受过刑事处罚的；

（二）被开除公职的；

（三）受党纪、政务处分期限未满的；

（四）被列入新闻采编不良从业行为记录并在限业期限内的；

（五）伪造学历、工作资历证明的；

（六）因严重失信行为被国家有关单位确定为失信联合惩戒对象并纳入国家信用信息共享平台的；

（七）国家新闻出版署、人力资源社会保障部规定的其他情形。

第十二条　参加考试的人员，须本人提出申请，经所在新闻单位审核同意，按照当地人力资源社会保障行政部门考试管理机构规定的程序和要求完成报名，凭准考证、身份证在指定的时间、地点参加考试。

中央单位主管、主办新闻单位的人员参加考试，实行属地管理原则。

第四章　考试内容

第十三条　新闻记者职业资格考试的内容和命题范围以国家新闻出版署公布的新闻记者职业资格考试大纲为准。

第十四条　新闻记者职业资格考试设置基础科目和专业科目，综合考核应试人员从事新闻采编工作应当具有的政治素养、业务能力和职业道德。

第五章　考试方式

第十五条　新闻记者职业资格考试原则上每年举行一次，具体考试日期按照人力资源社会保障部年度专业技术人员职业资格考试工作计划确定。

第十六条　新闻记者职业资格考试实行纸笔考试或者电子化考试。

第十七条　新闻记者职业资格考试实行全国统一评卷，统一确定合格分数线，考试成绩及合格分数线由人力资源社会保障部公布。

第六章　考试违纪处理

第十八条　应试人员在考试中存在违纪违规行为的，按照专业技术人员资格考试违纪违规行为处理规定处理；构成犯罪的，由司法机关依法追究刑事责任，并终身不得参加新闻记者职业资格考试。

应试人员及其他相关人员有违反治安管理行为的，由公安机关进行处理；构成犯罪的，由司法机关依法追究刑事责任。

第十九条　考试工作人员有违反工作纪律行为的，应当按照有关规定，视其情节、后果给予相应的处分；构成犯罪的，由司法机关依法追究刑事责任。

第七章　资格管理

第二十条　国家新闻出版署建立新闻记者职业资格数据库和诚信档案，将参加新闻记者职业资格考试合格人员以及依据本办法第十八条作出相应处理人员的有关信息，录入新闻记者职业资格数据库和诚信档案，并为应试人员、新闻单位和新闻出版管理部门提供线上查询服务。

第二十一条　新闻记者职业资格考试合格的人员，由所在新闻单位按规定为其申领新闻记者证。

第二十二条　国家对新闻记者依法实行执业准入管理，由国家新闻出版署统一核发新闻记者证。

第八章　附则

第二十三条　本办法施行前已获得国务院有关部门认定的新闻采编从业资格或者持有有效新闻记者证的人员，视同通过新闻记者职业资格考试。

第二十四条　本办法由国家新闻出版署、人力资源社会保障部按职责分工负责解释。

第二十五条　本办法自 2023 年 7 月 1 日起施行。其他相关规定，凡与本办法不一致的，按照本办法执行。

国家新闻出版署
人力资源社会保障部
2022 年 12 月 30 日

新闻记者职业资格考试实施细则

国新出发〔2022〕21号

第一条 根据《新闻记者职业资格考试办法》和有关法规规定，制定本实施细则。

第二条 国家新闻出版署成立全国新闻记者职业资格考试专家委员会，负责拟定考试大纲、考试命题、考试阅卷、提出考试合格标准等工作。

国家新闻出版署、人力资源社会保障部成立全国新闻记者职业资格考试办公室，设在国家新闻出版署，负责考试大纲、考试试题审定和考试监督检查等，承担考试日常管理工作。

第三条 新闻记者职业资格考试设立《新闻基础知识》和《新闻采编实务》2个科目。

2个科目考试在同一天上、下午分别进行，每个科目的考试时间均为3小时。

第四条 新闻记者职业资格考试成绩实行2年为一个周期的滚动管理方法，应试人员必须在连续的两个考试年度内参加全部应试科目考试合格，方可取得新闻记者职业资格考试成绩合格证明。合格证明由国家新闻出版署、人力资源社会保障部委托人力资源社会保障部人事考试中心制作发放。

第五条 新闻记者职业资格考试考点原则上设在直辖市和省会城市的大中专院校、中考高考定点学校或者考试机构建设的专门场所，优先安排在人事考试标准化考场、教育考试标准化考场进行。

第六条 新闻记者职业资格考试大纲在当年度考试6个月前向社会公布，保证应试人员及时了解考试要求，进行充分的学习、备考。

第七条 新闻记者职业资格考试坚持回避原则和考试与培训分开的原则。凡参与考试命审题、阅卷等工作的专家及工作人员，不得参加考试，也不得参与或者举办与考试内容相关的培训；参与考试组织实施的单位和机构，不得举办与考试内容相关的培训。

应试人员参加培训坚持自愿原则。

第八条 考试相关工作和试题试卷的秘密等级按照国家有关规定确定。各级考试实施机构会同有关部门切实做好考试各环节的安全保密工作。

第九条 参与考试组织实施的有关机构、专家及工作人员，应当严格执行专业技术人员资格考试有关法规规定，遵守考试工作纪律。

第十条 本细则由国家新闻出版署、人力资源社会保障部按职责分工负责解释。

第十一条 本细则自2023年7月1日起施行。其他相关规定，凡与本细则不一致的，按照本细则执行。

国家新闻出版署
人力资源社会保障部
2022年12月30日

生成式人工智能服务管理暂行办法

国家互联网信息办公室、国家发展和改革委员会、教育部、科学技术部、工业和信息化部、公安部、国家广播电视总局令第15号

第一章　总则

第一条 为了促进生成式人工智能健康发展和规范应用，维护国家安全和社会公共利益，保护公民、法人和其他组织的合法权益，根据《中华人民共和国网络安全法》、《中华人民共和国数据安全法》、《中华人民共和国个人信息保护法》、《中华人民共和国科学技术

进步法》等法律、行政法规，制定本办法。

第二条 利用生成式人工智能技术向中华人民共和国境内公众提供生成文本、图片、音频、视频等内容的服务（以下称生成式人工智能服务），适用本办法。

国家对利用生成式人工智能服务从事新闻出版、影视制作、文艺创作等活动另有规定的，从其规定。

行业组织、企业、教育和科研机构、公共文化机构、有关专业机构等研发、应用生成式人工智能技术，未向境内公众提供生成式人工智能服务的，不适用本办法的规定。

第三条 国家坚持发展和安全并重、促进创新和依法治理相结合的原则，采取有效措施鼓励生成式人工智能创新发展，对生成式人工智能服务实行包容审慎和分类分级监管。

第四条 提供和使用生成式人工智能服务，应当遵守法律、行政法规，尊重社会公德和伦理道德，遵守以下规定：

（一）坚持社会主义核心价值观，不得生成煽动颠覆国家政权、推翻社会主义制度，危害国家安全和利益、损害国家形象，煽动分裂国家、破坏国家统一和社会稳定，宣扬恐怖主义、极端主义，宣扬民族仇恨、民族歧视，暴力、淫秽色情，以及虚假有害信息等法律、行政法规禁止的内容；

（二）在算法设计、训练数据选择、模型生成和优化、提供服务等过程中，采取有效措施防止产生民族、信仰、国别、地域、性别、年龄、职业、健康等歧视；

（三）尊重知识产权、商业道德，保守商业秘密，不得利用算法、数据、平台等优势，实施垄断和不正当竞争行为；

（四）尊重他人合法权益，不得危害他人身心健康，不得侵害他人肖像权、名誉权、荣誉权、隐私权和个人信息权益；

（五）基于服务类型特点，采取有效措施，提升生成式人工智能服务的透明度，提高生成内容的准确性和可靠性。

第二章　技术发展与治理

第五条 鼓励生成式人工智能技术在各行业、各领域的创新应用，生成积极健康、向上向善的优质内容，探索优化应用场景，构建应用生态体系。

支持行业组织、企业、教育和科研机构、公共文化机构、有关专业机构等在生成式人工智能技术创新、数据资源建设、转化应用、风险防范等方面开展协作。

第六条 鼓励生成式人工智能算法、框架、芯片及配套软件平台等基础技术的自主创新，平等互利开展国际交流与合作，参与生成式人工智能相关国际规则制定。

推动生成式人工智能基础设施和公共训练数据资源平台建设。促进算力资源协同共享，提升算力资源利用效能。推动公共数据分类分级有序开放，扩展高质量的公共训练数据资源。鼓励采用安全可信的芯片、软件、工具、算力和数据资源。

第七条 生成式人工智能服务提供者（以下称提供者）应当依法开展预训练、优化训练等训练数据处理活动，遵守以下规定：

（一）使用具有合法来源的数据和基础模型；

（二）涉及知识产权的，不得侵害他人依法享有的知识产权；

（三）涉及个人信息的，应当取得个人同意或者符合法律、行政法规规定的其他情形；

（四）采取有效措施提高训练数据质量，增强训练数据的真实性、准确性、客观性、多样性；

（五）《中华人民共和国网络安全法》、《中华人民共和国数据安全法》、《中华人民共和国个人信息保护法》等法律、行政法规的其他有关规定和有关主管部门的相关监管要求。

第八条 在生成式人工智能技术研发过程中进行数据标注的，提供者应当制定符合本办法要求的清晰、具体、可操作的标注规则；开展数据标注质量评估，抽样核验标注内容的准确性；对标注人员进行必要培训，提升尊法守法意识，监督指导标注人员规范开展标注工作。

第三章　服务规范

第九条 提供者应当依法承担网络信息内容生产者责任，履行网络信息安全义务。涉及个人信息的，依法承担个人信息处理者责任，履行个人信息保护义务。

提供者应当与注册其服务的生成式人工智能服务使用者（以下称使用者）签订服务协议，明确双方权利义务。

第十条 提供者应当明确并公开其服务的适用人群、场合、用途，指导使用者科学理性认识和依法使用生成式人工智能技术，采取有效措施防范未成年人用户过度依赖或者沉迷生成式人工智能服务。

第十一条 提供者对使用者的输入信息和使用记录应当依法履行保护义务，不得收集非必要个人信息，不得非法留存能够识别使用者身份的输入信息和使用记录，不得非法向他人提供使用者的输入信息和使用记录。

提供者应当依法及时受理和处理个人关于查阅、复制、更正、补充、删除其个人信息等的请求。

第十二条 提供者应当按照《互联网信息服务深度合成管理规定》对图片、视频等生成内容进行标识。

第十三条 提供者应当在其服务过程中，提供安全、稳定、持续的服务，保障用户正常使用。

第十四条 提供者发现违法内容的，应当及时采取停止生成、停止传输、消除等处置措施，采取模型优化训练等措施进行整改，并向有关主管部门报告。

提供者发现使用者利用生成式人工智能服务从事违法活动的，应当依法依约采取警示、限制功能、暂停或者终止向其提供服务等处置措施，保存有关记录，并向有关主管部门报告。

第十五条 提供者应当建立健全投诉、举报机制，设置便捷的投诉、举报入口，公布处理流程和反馈时限，及时受理、处理公众投诉举报并反馈处理结果。

第四章 监督检查和法律责任

第十六条 网信、发展改革、教育、科技、工业和信息化、公安、广播电视、新闻出版等部门，依据各自职责依法加强对生成式人工智能服务的管理。

国家有关主管部门针对生成式人工智能技术特点及其在有关行业和领域的服务应用，完善与创新发展相适应的科学监管方式，制定相应的分类分级监管规则或者指引。

第十七条 提供具有舆论属性或者社会动员能力的生成式人工智能服务的，应当按照国家有关规定开展安全评估，并按照《互联网信息服务算法推荐管理规定》履行算法备案和变更、注销备案手续。

第十八条 使用者发现生成式人工智能服务不符合法律、行政法规和本办法规定的，有权向有关主管部门投诉、举报。

第十九条 有关主管部门依据职责对生成式人工智能服务开展监督检查，提供者应当依法予以配合，按要求对训练数据来源、规模、类型、标注规则、算法机制机理等予以说明，并提供必要的技术、数据等支持和协助。

参与生成式人工智能服务安全评估和监督检查的相关机构和人员对在履行职责中知悉的国家秘密、商业秘密、个人隐私和个人信息应当依法予以保密，不得泄露或者非法向他人提供。

第二十条 对来源于中华人民共和国境外向境内提供生成式人工智能服务不符合法律、行政法规和本办法规定的，国家网信部门应当通知有关机构采取技术措施和其他必要措施予以处置。

第二十一条 提供者违反本办法规定的，由有关主管部门依照《中华人民共和国网络安全法》、《中华人民共和国数据安全法》、《中华人民共和国个人信息保护法》、《中华人民共和国科学技术进步法》等法律、行政法规的规定予以处罚；法律、行政法规没有规定的，由有关主管部门依据职责予以警告、通报批评，责令限期改正；拒不改正或者情节严重的，责令暂停提供相关服务。

构成违反治安管理行为的，依法给予治安管理处罚；构成犯罪的，依法追究刑事责任。

第五章 附则

第二十二条 本办法下列用语的含义是：

（一）生成式人工智能技术，是指具有文本、图片、音频、视频等内容生成能力的模型及相关技术。

（二）生成式人工智能服务提供者，是指利用生成式人工智能技术提供生成式人工智能服务（包括通过提供可编程接口等方式提供生成式人工智能服务）的组织、个人。

（三）生成式人工智能服务使用者，是指使用生成式人工智能服务生成内容的组织、个人。

第二十三条 法律、行政法规规定提供生成式人工智能服务应当取得相关行政许可的，提供者应当依法取得许可。

外商投资生成式人工智能服务，应当符合外商投资相关法律、行政法规的规定。

第二十四条 本办法自2023年8月15日起施行。

· 附录 ·
Appendix

中国广播电视社会组织联合会智能全媒体委员会

中国广播电视社会组织联合会是经中央编办批准使用事业编制的国家广电总局主管的社会组织。中国广播电视社会组织联合会智能全媒体委员会（以下简称智能全媒体委员会）是经中国广播电视社会组织联合会第七届理事会审议同意、国家广播电视总局批准成立的中国广播电视社会组织联合会分支机构，简称“智媒委”，英文为 Intelligent All Media Committee（IAMC）。

智能全媒体委员会是智能全媒体新闻信息传播的全国性、专业性、综合性委员会，由全国广播电视系统和网络视听、信息科技行业中智能全媒体机构、组织和专业人员组成，是联系全国广电系统、网络视听、信息科技行业的桥梁和纽带。

智能全媒体委员会确定主要工作目标为：引导行业主体履行社会责任，推进诚信建设，加强职业培训，规范行业发展秩序；研究以人工智能、大数据、5G 为代表的智能技术与媒体深度融合的发展趋势和变革方向，针对“全程媒体、全息媒体、全员媒体、全效媒体”发展开展深入广泛的研究工作，大力培养全媒体人才，构建智能全媒体产业生态服务体系，引导智能全媒体领域新产品、新业态、新模式的创新发展。

积极促进广电网、电信网和互联网的融合发展，抓住智能技术带给主流媒体尤其是广电行业的重大战略机遇，瞄准互联网发展新的制高点，助力主流媒体“牢牢占据舆论引导、思想引领、文化传承、服务人民的传播制高点”，建立以内容建设为根本，先进技术为支撑，创新管理为保障的全媒体传播体系，努力打造全媒体对外传播格局，讲好中国故事，传播中华文化，开展国际交流与合作，促进中外文明交流互鉴，为实现中华民族伟大复兴的中国梦加油助力。

智能全媒体委员会将从八个方面开展工作：

一、依法制定行业自律规范，维护成员合法权益，规范行业发展秩序。

二、组织全国智能全媒体机构开展交流、展览、指数研究等活动，为智能全媒体高质量发展积极献计献策。

三、开展 5G、人工智能、大数据、云计算、物联网、VR/AR、区块链等技术与媒体融合创新发展的研究，联合有关机构建设联合实验室和协同创新基地等，深入推进研究与实践的融合。

四、建设以智库服务、人才培养、产业资本、创新应用、国际交流等为主体的智能全媒体产业生态服务体系。

五、促进智能技术与影视文化传媒产业融合发展的科创传媒产业园区建设发展。

六、协同信息通信和智能技术领域企业，以关键技术为全媒体机构发展赋能。

七、组织智能全媒体领域的调查研究、业务培训和案例征集等活动。

八、加强国际传播的理论研究，掌握国际传播的规律，开展丰富多样的国际交流与合作。

中国城市新闻网媒联盟

中国城市新闻网媒联盟（以下简称城市网盟），是由具备互联网新闻信息服务许可资质的国内主要城市主流新闻网媒，自愿建立的合作机制。城市网盟成立于 2004 年，原名为中国城市新闻网站联盟。现有成员 100 家以上，主要成员是省级及副省级城市、省会城市、重点地级城市的新闻网媒。

城市网盟成员必须坚持把政治方向摆在第一位，牢牢坚持党性原则，牢牢坚持马克思主义新闻观，牢牢坚持正确舆论导向，牢牢坚持正面宣传为主。必须遵守宪法、法律、法规和国家政策，践行社会主义核心价值观，遵守社会道德风尚。

城市网盟以推动城市网媒健康发展为目标，搭建成员交流合作平台，推进资讯、技术、资源共享，推动网媒内容、经营、技术和管理水平提高，发挥沟通信息、促进合作的桥梁和纽带作用。

城市网盟实行内容、技术、经营、管理等方面的定期或不定期交流协作制度。通过制订年度计划，每年召开若干次专业会议，举办若干次专业活动，促进网盟内部的深度交流和协作。通过设立专业委员会、专业协作体等形式，指导和引领网媒成员带有方向性、具有实效性的战略策略研究与实践。

城市网盟活动是城市网盟协作的平台：连续多年举办“网络媒体城市行”，网盟成员互为“东道主”，通过网媒讲城市发展故事，实现更广泛更有效的传播；城市舆情服务联盟和舆情研究院，研究舆情规律，开发舆情服务产品，重大舆情处置协作，为舆论引导提供了新平台；“一带一路”年度网络传播活动，整合网盟传播资源，创新热点引导方式；建立网络传播学院，开展网络传播能力培训，集全网盟之力，为网络传播能力提升服务、为网络传播人才培养服务；组建城市文旅协作体，通过网媒建立旅行目的地和旅游客源地的新通道，尝试旅游宣传和经营上的新突破；创建城市短视频联盟，组织“我的城市 我的梦”竞赛，实现传播精品生产、应用技术培训的有效结合。

城市网盟是自愿加入、自由退出的协作体，不是社会组织。

汇聚媒体融合发展典型经验 解读新型主流媒体建设方案

——评《中国新闻出版深度融合发展年鉴（2021年卷）》

沈正赋

《中国新闻出版深度融合发展年鉴（2021年卷）》（以下简称《年鉴》）是我国自推动和推进媒体融合发展战略以来的第一部大型年度报告和史料文库，汇聚了我国各级媒体融合发展的典型经验，解读了新型主流媒体的建设方案，全景式展示了国家级、省级、地市级和县级媒体融合发展的阶段性创新成果。

由资深传媒人魏明明主编的这部首创《年鉴》，其编纂特点和参考价值主要体现在以下几个方面。

关注媒体融合发展的最新进程与理论研究成果。2014年8月18日，习近平总书记主持召开中央深改组第四次会议，审议通过了《关于推动传统媒体和新兴媒体融合发展的指导意见》。这一年，被称为“媒体融合元年”。自此，我国的媒体融合发展按下了“开始键”。以习近平同志为核心的党中央高度重视媒体融合发展，注重加强顶层设计和媒体的体制机制创新，把推动媒体融合发展作为党中央的重大决策和战略进行全面部署与落实。从媒体融合发展到媒体深度融合发展，再到县级融媒体中心建设，层层推进，步步为营。2022年8月18日，中共中央宣传部举行“中国这十年”系列主题新闻发布会，中央宣传部副部长孙业礼正式宣布：中国这十年，我们着力促进媒体融合发展，各级各类媒体传播的内容方式发生重大转变，中央主要媒体完成创新转型，2585个县级融媒体中心建成运行，新闻舆论传播力、引导力、影响力、公信力大大提升。《年鉴》以“大事记”的方式记录下2014年至2020年我国媒体融合发展的历程及其每一个重要节点所取得的成就，为我国媒体融合发展史的谱写留下清晰的记忆。

党的十八大以来，习近平总书记多次深入到新闻媒体一线进行考察调研，并在多个重要场合就媒体融合发展的方式和路径作出了一系列重要论述。《年鉴》在开篇就以“特载”的形式把习近平总书记关于媒体融合发展重要论述进行了重点摘编与汇总，成为指导我国各级各类媒体推进媒体融合发展的根本遵循和行动指南。同时，《年鉴》还遴选了近年来学界和业界在媒体融合发展方面的理论研究文章，为媒体融合发展提供理论上的观照。

重点解析媒体深度融合发展的年度创新案例。由于世界范围内媒体融合发展都没有多少成功的经验和先例可以借鉴，我国各级各类媒体在推动和推进媒体融合发展过程中小心求证，大胆探索，积累了许多值得总结和推广的经验。《年鉴》收集了入选2020年度全国新闻出版深度融合发展创新案例475种，涉及报业集团、出版集团、期刊集团、新闻网站和县级融媒体中心等。这些创新案例在媒体融合发展的实践层面均进行了艰苦而有益的探索，其创造的经验和方案既具有媒体的本土化、个性化特征，又具有引领性、示范性的借鉴意义和推广价值。根据《年鉴》的逐一梳理，这些媒体的融合发展的路径大致反映在这样几个方面：其一，实施传播平台再造，整合原来各自为阵的报纸、广播、电视及其新闻网站、“两微一端”等，打通节点和堵点，实行统一化管理和运作，树立互联网思维，实施“视频优先”“移动优先”战略，打造新型综合性新闻生产与传播主流平台。其二，推进生产流程优化，在“中央厨房”的统一指挥和协调下，集策划、采写、编辑、审稿、发稿、评论、反馈为一体的全链条业务操作流程，实行“一次采集、多种生成、全媒传播”的新型生产与传播模式。其三，实行体制机制改革，从供给侧结构性问题入手，树立人才是第一生产力的理念，改变人才评价标准，调整绩效考核管理方法与体系，最大限度地调动工作人员的积极性和创造性。其四，开展资源要素整合，充分利用党媒的传统优势，坚持社会效益和经济效益相结合，构建“新闻+政务服务商务”新格局，重视科学技术的运用，激活市场机制，增强媒体版权意识，助力经济社会发展。上述这些深度融合发展创新案例中具有大量的、新鲜的第一手经验和充满媒体人智慧的建设方案，在方法论上无疑为国内其他各级各类媒体开展媒体深度融合提供了可资借鉴的样本库和参照系。

梳理近年来媒体融合发展的相关政策与信息。对于新闻媒体一线的工作者来说，国家的有关政策及其行业方面的资讯不可缺乏，它们是开展新闻业务工作尤其是推进媒体融合发展工作的指路明灯和重要参考。基于这一诉求和考量，《年鉴》还把原国家新闻出版总署、原国家新闻出版广电总局和国家新闻出版署等有关部门近年来出台的关于数字化转型升级和媒体融合发展的相关政策、指导意见，以及有关涉互联网新闻信息服务管理规定等进行了较为全面的搜集和整理，专设“政策与法规”一栏集约刊出，便于新闻媒体同行开展政策查询和工作咨询。此外，《年鉴》还对2014年至2020年的全国报刊和广播电视媒体融合创新、数字出版、有声读物精品工程等各类获奖案例或项目分年度进行展示，对与媒体融合发展相关的国家新闻出版署设立的重点实验室进行介绍，以及对全国高校媒体深度融合教学科研平台、新媒体专业硕士设置、智媒时代新闻人才培养、中国记协新媒体专业委员会等教育与培训信息进行整理和发布。这些相关政策和信息均聚焦“媒体深度融合发展”这一主题，是较为难得的宝贵资料和史料，值得新闻媒体及其业内人士收集、珍藏、学习与研究。

由此观之，《年鉴》可以为未来《中国媒体融合发展通史》提供书写素材、打下史实基础，为新闻传播业界推进媒体深度融合发展提供示范镜鉴、有助于同行观摩学习，为新闻传播学界的教学科研提供参考资料和理论阐释依据。

［沈正赋：安徽师范大学新闻与传播学院教授、博士生导师，本文原载于《中国地市报人》2022年第11期（总第430期）］